# Caderno de Estudos da *Lei Seca*

## Complementar

## Magistratura Federal

EDITORA
JusPODIVM
www.editorajuspodivm.com.br

Vade Mecum
para estudar

# Caderno de Estudos da Lei Seca

Complementar

## Magistratura Federal

**4ª edição**
revista, atualizada e ampliada

Coordenação
Márcio André Lopes Cavalcante

EDITORA *Jus*PODIVM
www.editorajuspodivm.com.br

Rua Canuto Saraiva, 131 – Mooca – CEP: 03113-010 – São Paulo – São Paulo
Tel: (11) 3582.5757
• Contato: https://www.editorajuspodivm.com.br/central-de-relacionamento



**Capa:** Ana Caquetti

**Diagramação:** Equipe *Jus*PODIVM

Atualizado até: 26.08.2024

C377c Cavalcante, Márcio André Lopes.
Caderno de Estudos da Lei Seca Complementar - Magistratura Federal / coordenação Márcio André Lopes Cavalcante – 4.ed., rev., atual. e ampl. - São Paulo: Editora Juspodivm, 2024.
848 p.

ISBN: 978-85-442-4711-2.

1. Legislação. 2. Direito Processual. 3. Magistratura judiciária. Cavalcante, Márcio André Lopes. II. Título.

CDD 348. 8102

Bibliotecária responsável:
Ana Carolina Ribeiro Mois – CRB7 – RJ 007348/0

# SOBRE O COORDENADOR

## MÁRCIO ANDRÉ LOPES CAVALCANTE

Juiz Federal (TRF da 1ª Região). Foi Defensor Público, Promotor de Justiça e Procurador do Estado. Dedica-se, há anos, ao estudo da jurisprudência por acreditar que se trata, atualmente, de uma das fontes do Direito, sendo, aliás, a mais dinâmica delas. Atua como "professor virtual" de milhares de alunos das mais diversas partes do país por meio do site "Dizer o Direito" (www.dizerodireito.com.br), do qual é editor.

Caderno de Estudos da Lei Seca

# APRESENTAÇÃO

A **Editora Juspodivm** tem o prazer de lançar mais um produto para potencializar sua preparação: o ***Caderno de Estudos da Lei Seca Complementar – Magistratura Federal***!

Depois do sucesso e dos pedidos de complementação do primeiro *Caderno de Estudos da Lei Seca*, preparamos um material direcionado à sua área! Para isso, foram convocados os mais renomados especialistas das principais carreiras, que selecionaram o conteúdo específico de cada uma delas.

Essa triagem foi feita com base nos editais e nas estatísticas de incidência nos concursos, além, é claro, da experiência dos autores de referência de cada carreira. O resultado é um material que complementa o *Caderno de Estudos da Lei Seca*, oferecendo uma oportunidade de aprendizado consistente e direcionada.

Com a união das duas obras, você terá a preparação integral que seu concurso exige. Afinal, o conceito é o mesmo: um produto com a proposta de turbinar seu aprendizado, aumentando seu rendimento por meio de um formato totalmente inovador, com letra maior, para garantir uma leitura mais confortável, e espaços para suas anotações, que permitem que você anote e inclua o que quiser. Os índices também foram transformados em *checklists*, nos quais é possível assinalar o conteúdo visto e revisto e se foram resolvidas as questões sobre o tema.

Marque, escreva, cole e use-o do seu jeito! À medida que você inserir as informações que considera importantes, o material ganhará a sua cara, com a vantagem de ter todas as suas anotações em um só lugar. Assim, você terá um conteúdo imprescindível para revisar depois – o seu!

Com intuito de acompanhar seus estudos, preparamos, também, como material complementar disponibilizado no site da editora, planilha do conteúdo programático dos últimos concursos de Juiz Federal com campo para preenchimento.

Assim, com mais este lançamento, pode-se afirmar que o compromisso da Editora Juspodivm com você persiste: apoiar seus estudos para a concretização dos seus sonhos, oferecendo conteúdo de qualidade, baseado totalmente no que você precisa.

Agradecemos antecipadamente por todas as sugestões e críticas que possibilitem a melhoria deste produto.

Conte conosco!

**Editora Juspodivm**

# SUMÁRIO

## DIREITO CONSTITUCIONAL

## DIREITO ADMINISTRATIVO

## DIREITO PENAL

## DIREITO PROCESSUAL PENAL

## DIREITO CIVIL

## DIREITO PROCESSUAL CIVIL



## DIREITO FINANCEIRO E TRIBUTÁRIO

## DIREITO EMPRESARIAL



## DIREITO PREVIDENCIÁRIO

## DIREITO AMBIENTAL

## DIREITO INTERNACIONAL

## DIREITO ELEITORAL



## SÚMULAS

# Direito Constitucional

# PLANO DE ESTUDO

| Diploma | Estudado | Revisão 1 | Revisão 2 | Revisão 3 | Questões |
|---|---|---|---|---|---|
| Lei nº 1.079/1950 | | | | | |
| Lei nº 1.579/1952 | | | | | |
| Lei nº 6.001/1973 | | | | | |
| Lei complementar nº 35/1979 *(Excertos)* | | | | | |
| Lei complementar nº 73/1993 *(Excertos)* | | | | | |
| Lei complementar nº 75/1993 *(Excertos)* | | | | | |
| Lei complementar nº 80/1994 *(Excertos)* | | | | | |
| Lei nº 9.507/1997 | | | | | |
| Lei nº 9.868/1999 *(Excertos)* | | | | | |
| Lei nº 9.882/1999 | | | | | |
| Lei nº 12.562/2011 | | | | | |
| Lei nº 13.188/2015 | | | | | |
| Lei nº 13.300/2016 | | | | | |

## LEI Nº 1.079, DE 10 DE ABRIL DE 1950

*Define os crimes de responsabilidade e regula o respectivo processo de julgamento.*

- D.O.U. de 12.4.1950.

O PRESIDENTE DA REPÚBLICA

Faço saber que o Congresso Nacional decreta e eu sanciono a seguinte Lei:

### PARTE PRIMEIRA. DO PRESIDENTE DA REPÚBLICA E MINISTROS DE ESTADO

**Art. 1º.** São crimes de responsabilidade os que esta Lei especifica.

SV, 46. A definição dos crimes de responsabilidade e o estabelecimento das respectivas normas de processo e julgamento são de competência legislativa privativa da União.

STF, 451. A competência especial por prerrogativa de função não se estende ao crime cometido após a cessação definitiva do exercício funcional.

- Decreto-lei 201/1967 – Dispõe sobre a responsabilidade dos Prefeitos e Vereadores.
- Os agentes políticos, com exceção do Presidente da República, encontram-se sujeitos a duplo regime sancionatório, de modo que se submetem tanto à responsabilização civil pelos atos de improbidade administrativa quanto à responsabilização político-administrativa por crimes de responsabilidade. STF. Plenário. Pet 3240 AgR/DF, rel. Min. Teori Zavascki, red. p/ o ac. Min. Roberto Barroso, julgado em 10/5/2018 (Info 901).

**Art. 2º.** Os crimes definidos nesta Lei, ainda quando simplesmente tentados, são passíveis da pena de perda do cargo, com inabilitação, até 5 (cinco) anos, para o exercício de qualquer função pública, imposta pelo Senado Federal nos processos contra o Presidente da República ou ministros de Estado, contra os ministros do Supremo Tribunal Federal ou contra o procurador-geral da República.

- CF/1988: arts. 52 e 85.

**Art. 3º.** A imposição da pena referida no artigo anterior não exclui o processo e julgamento do acusado por crime comum, na justiça ordinária, nos termos das leis de processo penal.

**Art. 4º.** São crimes de responsabilidade os atos do Presidente da República que atentarem contra a Constituição Federal, e, especialmente, contra:

**I** – a existência da União;

**II** – o livre exercício do poder Legislativo, do Poder Judiciário e dos poderes constitucionais dos Estados;

**III** – o exercício dos direitos políticos, individuais e sociais;

**IV** – a segurança interna do País;

**V** – a probidade na administração;

**VI** – a lei orçamentária;

**VII** – a guarda e o legal emprego dos dinheiros públicos;

**VIII** – o cumprimento das decisões judiciárias (Constituição, art. 89).

- Esse artigo não é mais importante porque se refere-se à Constituição de 1946.
- Leia o art. 85 da CF/1988: art. 85.

### TÍTULO I.

### CAPÍTULO I. DOS CRIMES CONTRA A EXISTÊNCIA DA UNIÃO

**Art. 5º.** São crimes de responsabilidade contra a existência política da União:

- CF/1988: art. 85, I.

1) entreter, direta ou indiretamente, inteligência com governo estrangeiro, provocando-o a fazer guerra ou cometer hostilidade contra a República, prometer-lhe assistência ou favor, ou dar-lhe qualquer auxílio nos preparativos ou planos de guerra contra a República;

2) tentar, diretamente, e por fatos, submeter a União ou algum dos Estados ou Territórios a domínio estrangeiro, ou dela separar qualquer Estado ou porção do território nacional;

3) cometer ato de hostilidade contra nação estrangeira, expondo a República ao perigo da guerra, ou comprometendo-lhe a neutralidade;

4) revelar negócios políticos ou militares, que devam ser mantidos secretos a bem da defesa da segurança externa ou dos interesses da Nação;

5) auxiliar, por qualquer modo, nação inimiga a fazer a guerra ou a cometer hostilidade contra a República;

6) celebrar tratados, convenções ou ajustes que comprometam a dignidade da Nação;

7) violar a imunidade dos embaixadores ou ministros estrangeiros acreditados no País;

8) declarar a guerra, salvo os casos de invasão ou agressão estrangeira, ou fazer a paz, sem autorização do Congresso Nacional;

9) não empregar contra o inimigo os meios de defesa de que poderia dispor;

10) permitir o Presidente da República, durante as sessões legislativas e sem autorização do Congresso Nacional, que forças estrangeiras transitem pelo território do País, ou, por motivo de guerra, nele permaneçam temporariamente;

11) violar tratados legitimamente feitos com nações estrangeiras.

### CAPÍTULO II. DOS CRIMES CONTRA O LIVRE EXERCÍCIO DOS PODERES CONSTITUCIONAIS

**Art. 6º.** São crimes de responsabilidade contra o livre exercício dos Poderes Legislativo e

Judiciário e dos poderes constitucionais dos Estados:

- CF/1988: arts. 49, II, e 85, II.

1) tentar dissolver o Congresso Nacional, impedir a reunião ou tentar impedir por qualquer modo o funcionamento de qualquer de suas Câmaras;

2) usar de violência ou ameaça contra algum representante da nação para afastá-lo da Câmara a que pertença ou para coagi-lo no modo de exercer o seu mandato bem como conseguir ou tentar conseguir o mesmo objetivo mediante suborno ou outras formas de corrupção;

3) violar as imunidades asseguradas aos membros do Congresso Nacional, das Assembleias Legislativas dos Estados, da Câmara dos Vereadores do Distrito Federal e das Câmaras Municipais;

4) permitir que força estrangeira transite pelo território do país ou nele permaneça quando a isso se oponha o Congresso Nacional;

- CF/1988: art. 84, XXII.

5) opor-se diretamente e por fatos ao livre exercício do Poder Judiciário, ou obstar, por meios violentos, ao efeito dos seus atos, mandados ou sentenças;

6) usar de violência ou ameaça, para constranger juiz, ou jurado, a proferir ou deixar de proferir despacho, sentença ou voto, ou a fazer ou deixar de fazer ato do seu ofício;

7) praticar contra os poderes estaduais ou municipais ato definido como crime neste artigo;

8) intervir em negócios peculiares aos Estados ou aos Municípios com desobediência às normas constitucionais.

## CAPÍTULO III. DOS CRIMES CONTRA O EXERCÍCIO DOS DIREITOS POLÍTICOS, INDIVIDUAIS E SOCIAIS

**Art. 7º.** São crimes de responsabilidade contra o livre exercício dos direitos políticos, individuais e sociais:

- CF/1988: art. 85, III.

1) impedir por violência, ameaça ou corrupção, o livre exercício do voto;

2) obstar ao livre exercício das funções dos mesários eleitorais;

3) violar o escrutínio de seção eleitoral ou inquinar de nulidade o seu resultado pela subtração, desvio ou inutilização do respectivo material;

4) utilizar o poder federal para impedir a livre execução da lei eleitoral;

5) servir-se das autoridades sob sua subordinação imediata para praticar abuso do poder, ou tolerar que essas autoridades o pratiquem sem repressão sua;

6) subverter ou tentar subverter por meios violentos a ordem política e social;

7) incitar militares à desobediência à lei ou infração à disciplina;

8) provocar animosidade entre as classes armadas ou contra elas, ou delas contra as instituições civis;

9) violar patentemente qualquer direito ou garantia individual constante do art. 141, e bem assim os direitos sociais assegurados no art. 157 da Constituição;

- Refere-se à Constituição de 1946.
- CF/1988: arts. 5º, 7º, e 201.

10) tomar ou autorizar, durante o estado de sítio, medidas de repressão que excedam os limites estabelecidos na Constituição.

## CAPÍTULO IV. DOS CRIMES CONTRA A SEGURANÇA INTERNA DO PAÍS

**Art. 8º.** São crimes contra a segurança interna do país:

- CF/1988: art. 85, IV.

1) tentar mudar por violência a forma de governo da República;

2) tentar mudar por violência a Constituição Federal ou de algum dos Estados, ou lei da União, de Estado ou Município;

3) decretar o estado de sítio, estando reunido o Congresso Nacional, ou no recesso deste, não havendo comoção interna grave nem fatos que evidenciem estar a mesma a irromper ou não ocorrendo guerra externa;

4) praticar ou concorrer para que se perpetre qualquer dos crimes contra a segurança interna, definidos na legislação penal;

5) não dar as providências de sua competência para impedir ou frustrar a execução desses crimes;

6) ausentar-se do País sem autorização do Congresso Nacional;

7) permitir, de forma expressa ou tácita, a infração de lei federal de ordem pública;

8) deixar de tomar, nos prazos fixados, as providências determinadas por lei ou tratado federal e necessárias à sua execução e cumprimento.

## CAPÍTULO V. DOS CRIMES CONTRA A PROBIDADE NA ADMINISTRAÇÃO

**Art. 9º.** São crimes de responsabilidade contra a probidade na administração:

- CF/1988: arts. 37, § 4º, e 84, V.
- Lei 8.429/1992 – Dispõe sobre as sanções aplicáveis aos agentes públicos nos casos de enriquecimento ilícito no exercício de mandato, cargo, emprego ou função na administração pública direta, indireta ou fundacional. (Lei de Improbidade Administrativa)

1) omitir ou retardar dolosamente a publicação das leis e resoluções do Poder Legislativo ou dos atos do Poder Executivo;

2) não prestar ao Congresso Nacional, dentro de 60 (sessenta) dias após a abertura da sessão legislativa, as contas relativas ao exercício anterior;

3) não tornar efetiva a responsabilidade dos seus subordinados, quando manifesta em delitos funcionais ou na prática de atos contrários à Constituição;

4) expedir ordens ou fazer requisição de forma contrária às disposições expressas da Constituição;

5) infringir, no provimento dos cargos públicos, as normas legais;

6) usar de violência ou ameaça contra funcionário público para coagi-lo a proceder ilegalmente, bem como utilizar-se de suborno ou de qualquer outra forma de corrupção para o mesmo fim;

7) proceder de modo incompatível com a dignidade, a honra e o decoro do cargo.

## CAPÍTULO VI. DOS CRIMES CONTRA A LEI ORÇAMENTÁRIA

- CF/1988: art. 85, VI.
- Lei 1.079/1950 – Define os crimes de responsabilidade e regula o respecti processo de julgamento.

**Art. 10.** São crimes de responsabilidade contra a lei orçamentária:

1) não apresentar ao Congresso Nacional a proposta do orçamento da República dentro dos primeiros dois meses de cada sessão legislativa;

2) exceder ou transportar, sem autorização legal, as verbas do orçamento;

3) realizar o estorno de verbas;

4) infringir, patentemente, e de qualquer modo, dispositivo da lei orçamentária;

5) deixar de ordenar a redução do montante da dívida consolidada, nos prazos estabelecidos em lei, quando o montante ultrapassar o valor resultante da aplicação do limite máximo fixado pelo Senado Federal;

- CF/1988: art. 52, VI.

6) ordenar ou autorizar a abertura de crédito em desacordo com os limites estabelecidos pelo Senado Federal, sem fundamento na lei orçamentária ou na de crédito adicional ou com inobservância de prescrição legal;

- CF/1988: arts. 98, § 5º, 165, § 8º, 167, V, § 3º.

7) deixar de promover ou ordenar na forma de lei, o cancelamento, a amortização ou a constituição de reserva para anular os efeitos da operação de crédito realizada com inobservância de limite, condição ou montante estabelecido em lei;

- CF/1988: art. 99, § 5º.

8) deixar de promover ou de ordenar a liquidação integral de operação de crédito por antecipação de receita orçamentária, inclusive os respectivos juros e demais encargos, até o encerramento do exercício financeiro;

9) ordenar ou autorizar, em desacordo com a lei, a realização de operação de crédito com qualquer um dos demais entes da Federação, inclusive suas entidades de administração indireta, ainda que na forma de novação, refinanciamento ou postergação de dívida contraída anteriormente;

10) captar recursos a título de antecipação de receita de tributo ou contribuição cujo fato gerador ainda não tenha ocorrido;

11) ordenar ou autorizar a destinação de recursos provenientes da emissão de títulos para finalidade diversa da prevista na lei que a autorizou;

12) realizar ou receber transferência voluntária em desacordo com limite ou condição estabelecida em lei.

## CAPÍTULO VII. DOS CRIMES CONTRA A GUARDA E LEGAL EMPREGO DOS DINHEIROS PÚBLICOS

- Lei 8.429/1992 – Dispõe sobre as sanções aplicáveis aos agentes públicos nos casos de enriquecimento ilícito no exercício de mandato, cargo, emprego ou função na administração pública direta, indireta ou fundacional. (Lei de Improbidade Administrativa)

**Art. 11.** São crimes de responsabilidade contra a guarda e o legal emprego dos dinheiros públicos:

1) ordenar despesas não autorizadas por lei ou sem observância das prescrições legais relativas às mesmas;

2) abrir crédito sem fundamento em lei ou sem as formalidades legais;

3) contrair empréstimo, emitir moeda corrente ou apólices, ou efetuar operação de crédito sem autorização legal;

4) alienar imóveis nacionais ou empenhar rendas públicas sem autorização em lei;

5) negligenciar a arrecadação das rendas, impostos e taxas, bem como a conservação do patrimônio nacional.

## CAPÍTULO VIII. DOS CRIMES CONTRA O CUMPRIMENTO DAS DECISÕES JUDICIÁRIAS

**Art. 12.** São crimes de responsabilidade contra as decisões judiciárias:

- CF/1988: art. 85, VII.
- CP: arts. 329 e 330.

1) impedir, por qualquer meio, o efeito dos atos, mandados ou decisões do Poder Judiciário;

2) recusar o cumprimento das decisões do Poder Judiciário no que depender do exercício das funções do Poder Executivo;

3) deixar de atender a requisição de intervenção federal do Supremo Tribunal Federal ou do Tribunal Superior Eleitoral;

- CF/88: arts. 49, IV e 84, X.

4) impedir ou frustrar pagamento determinado por sentença judiciária.

# TÍTULO II. DOS MINISTROS DE ESTADO

- CF/1988: arts. 87 e 88.

**Art. 13.** São crimes de responsabilidade dos ministros de Estado:

- Lei 8.429/1992 – Dispõe sobre as sanções aplicáveis aos agentes públicos nos casos de enriquecimento ilícito no exercício de mandato, cargo, emprego ou função na administração pública direta, indireta ou fundacional. (Lei de Improbidade Administrativa)

1) os atos definidos nesta Lei, quando por eles praticados ou ordenados;

2) os atos previstos nesta Lei, que os ministros assinarem com o Presidente da República ou por ordem deste praticarem;

3) a falta de comparecimento sem justificação, perante a Câmara dos Deputados ou o Senado Federal, ou qualquer das suas comissões, quando uma ou outra casa do Congresso os convocar para, pessoalmente, prestarem informações acerca de assunto previamente determinado;

4) não prestarem dentro em 30 (trinta) dias e sem motivo justo, a qualquer das Câmaras do Congresso Nacional, as informações que ela lhes solicitar por escrito, ou prestarem-nas com falsidade.

## PARTE SEGUNDA. PROCESSO E JULGAMENTO

## TÍTULO ÚNICO. DO PRESIDENTE DA REPÚBLICA E MINISTROS DE ESTADO

• CF/1988: arts. 85 e 88.

### CAPÍTULO I. DA DENÚNCIA

**Art. 14.** É permitido a qualquer cidadão denunciar o Presidente da República ou ministro de Estado, por crime de responsabilidade, perante a Câmara dos Deputados.

**Art. 15.** A denúncia só poderá ser recebida enquanto o denunciado não tiver, por qualquer motivo, deixado definitivamente o cargo.

**Art. 16.** A denúncia assinada pelo denunciante e com a firma reconhecida, deve ser acompanhada dos documentos que a comprovem, ou da declaração de impossibilidade de apresentá-los, com a indicação do local onde possam ser encontrados. Nos crimes de que haja prova testemunhal, a denúncia deverá conter o rol das testemunhas, em número de cinco no mínimo.

**Art. 17.** No processo de crime de responsabilidade, servirá de escrivão um funcionário da secretaria da Câmara dos Deputados, ou do Senado, conforme se achar o mesmo em uma ou outra casa do Congresso Nacional.

**Art. 18.** As testemunhas arroladas no processo deverão comparecer para prestar o seu depoimento, e a mesa da Câmara dos Deputados ou do Senado, por ordem de quem serão notificadas, tomará as providências legais que se tornarem necessárias para compeli-las à obediência.

### CAPÍTULO II. DA ACUSAÇÃO

• CF/1988: arts. 52, I, 86, e 102, II, b.

**Art. 19.** Recebida a denúncia, será lida no expediente da sessão seguinte e despachada a uma comissão especial eleita, da qual participem, observada a respectiva proporção, representantes de todos os partidos para opinar sobre a mesma.

**Art. 20.** A comissão a que alude o artigo anterior se reunirá dentro de 48 (quarenta e oito) horas e, depois de eleger seu presidente e relator, emitirá parecer, dentro do prazo de 10 (dez) dias, sobre se a denúncia deve ser ou não julgada objeto de deliberação. Dentro desse período poderá a comissão proceder as diligências que julgar necessárias ao esclarecimento da denúncia.

**§ 1º.** O parecer da comissão especial será lido no expediente da sessão da Câmara dos Deputados e publicado integralmente no Diário do Congresso Nacional e em avulsos, juntamente com a denúncia, devendo as publicações ser distribuídas a todos os deputados.

**§ 2º.** Quarenta e oito horas após a publicação oficial do parecer da comissão especial, será o mesmo incluído, em primeiro lugar, na ordem do dia da Câmara dos Deputados, para uma discussão única.

**Art. 21.** Cinco representantes de cada partido poderão falar, durante uma hora, sobre o parecer, ressalvado ao relator da comissão especial o direito de responder a cada um.

**Art. 22.** Encerrada a discussão do parecer, e submetido o mesmo a votação nominal, será a denúncia, com os documentos que a instruam, arquivada, se não for considerada objeto de deliberação. No caso contrário, será remetida por cópia autêntica ao denunciado, que terá o prazo de 20 (vinte) dias para contestá-la e indicar os meios de prova com que pretenda demonstrar a verdade do alegado.

**§ 1º.** Findo esse prazo e com ou sem a contestação, a comissão especial determinará as diligências requeridas, ou que julgar convenientes, e realizará as sessões necessárias para a tomada do depoimento das testemunhas de ambas as partes, podendo ouvir o denunciante e o denunciado, que poderá assistir pessoalmente, ou por seu procurador, a todas as audiências e diligências realizadas pela comissão, interrogando e contestando as testemunhas e requerendo a reinquirição ou acareação das mesmas.

**§ 2º.** Findas essas diligências, a comissão especial proferirá, no prazo de 10 (dez) dias, parecer sobre a procedência ou improcedência da denúncia.

**§ 3º.** Publicado e distribuído esse parecer na forma do § 1º do art. 20, será o mesmo incluído na ordem do dia da sessão imediata para ser submetido a duas discussões, com o interregno de 48 (quarenta e oito) horas entre uma e outra.

**§ 4º.** Nas discussões do parecer sobre a procedência ou improcedência da denúncia, cada representante de partido poderá falar uma só vez e durante uma hora, ficando as questões de ordem subordinadas ao disposto no § 2º do art. 20.

**Art. 23.** Encerrada a discussão do parecer, será o mesmo submetido a votação nominal, não sendo permitida, então, questões de ordem, nem encaminhamento de votação.

**§ 1º.** Se da aprovação do parecer resultar a procedência da denúncia, considerar-se-á decretada a acusação pela Câmara dos Deputados.

**§ 2º.** Decretada a acusação, será o denunciado intimado imediatamente pela mesa da Câmara dos Deputados, por intermédio do 1º secretário.

**§ 3º.** Se o denunciado estiver ausente do Distrito Federal, a sua intimação será solicitada pela mesa da Câmara dos Deputados, ao presidente do Tribunal de Justiça do Estado em que ele se encontrar.

**§ 4º.** A Câmara dos Deputados elegerá uma comissão de três membros para acompanhar o julgamento do acusado.

**§ 5º.** São efeitos imediatos ao decreto da acusação do Presidente da República, ou de ministro de Estado, a suspensão do exercício das funções do acusado e da metade do subsídio ou do vencimento, até sentença final.

**§ 6º.** Conforme se trate da acusação de crime comum ou de responsabilidade, o processo será enviado ao Supremo Tribunal Federal ou ao Senado Federal.

## CAPÍTULO III. DO JULGAMENTO

▸ CF/1988: art. 52, par. único.

**Art. 24.** Recebido no Senado o decreto de acusação com o processo enviado pela Câmara dos Deputados e apresentado o libelo pela comissão acusadora, remeterá o presidente cópia de tudo ao acusado, que, na mesma ocasião e nos termos dos §§ 2º e 3º do art. 23, será notificado para comparecer em dia prefixado perante o Senado.

**Parágrafo único.** Ao presidente do Supremo Tribunal Federal enviar-se-á o processo em original, com a comunicação do dia designado para o julgamento.

**Art. 25.** O acusado comparecerá, por si ou pelos seus advogados, podendo, ainda, oferecer novos meios de prova.

**Art. 26.** No caso de revelia, marcará o presidente novo dia para o julgamento e nomeará para a defesa do acusado um advogado, a quem se facultará o exame de todas as peças de acusação.

**Art. 27.** No dia aprazado para o julgamento, presentes o acusado, seus advogados, ou o defensor nomeado a sua revelia, e a comissão acusadora, o presidente do Supremo Tribunal Federal, abrindo a sessão, mandará ler o processo preparatório, o libelo e os artigos de defesa; em seguida inquirirá as testemunhas, que deverão depor publicamente e fora da presença umas das outras.

**Art. 28.** Qualquer membro da comissão acusadora ou do Senado, e bem assim o acusado ou seus advogados poderão requerer que se façam às testemunhas perguntas que julgarem necessárias.

**Parágrafo único.** A comissão acusadora, ou o acusado ou seus advogados, poderão contestar ou arguir as testemunhas sem contudo interrompê-las e requerer a acareação.

**Art. 29.** Realizar-se-á a seguir o debate verbal entre a comissão acusadora e o acusado ou os seus advogados pelo prazo que o presidente fixar e que não poderá exceder de 2 (duas) horas.

**Art. 30.** Findos os debates orais e retiradas as partes, abrir-se-á discussão sobre o objeto da acusação.

**Art. 31.** Encerrada a discussão o presidente do Supremo Tribunal Federal fará relatório resumido da denúncia e das provas da acusação e da defesa e submeterá à votação nominal dos senadores o julgamento.

**Art. 32.** Se o julgamento for absolutório produzirá, desde logo, todos os efeitos a favor do acusado.

**Art. 33.** No caso de condenação, o Senado por iniciativa do presidente fixará o prazo de inabilitação do condenado para o exercício de qualquer função pública; e no caso de haver crime comum deliberará ainda sobre se o presidente o deverá submeter à justiça ordinária, independentemente da ação de qualquer interessado.

**Art. 34.** Proferida a sentença condenatória, o acusado estará, *ipso facto*, destituído do cargo.

**Art. 35.** A resolução do Senado constará da sentença que será lavrada, nos autos do processo, pelo presidente do Supremo Tribunal Federal, assinada pelos senadores que funcionarem como juízes, transcrita na ata da sessão e, dentro desta, publicada no *Diário Oficial* e no *Diário do Congresso Nacional*.

**Art. 36.** Não pode interferir, em nenhuma fase do processo de responsabilidade do Presidente da República ou dos Ministros de Estado, o deputado ou senador:

*a)* que tiver parentesco consanguíneo ou afim, com o acusado, em linha reta; em linha colateral, os irmãos, cunhados, enquanto durar o cunhadio, e os primos coirmãos;

*b)* que, como testemunha do processo, tiver deposto de ciência própria.

**Art. 37.** O Congresso Nacional deverá ser convocado, extraordinariamente, pelo terço de uma de suas câmaras, caso a sessão legislativa se encerre sem que se tenha ultimado o julgamento do Presidente da República, ou de ministro de Estado, bem como no caso de ser necessário o início imediato do processo.

**Art. 38.** No processo e julgamento do Presidente da República e dos ministros de Estado, serão subsidiários desta lei naquilo em que lhes forem aplicáveis, assim os regimentos internos da Câmara dos Deputados e do Senado Federal, como o Código de Processo Penal.

# PARTE TERCEIRA.

## TÍTULO I.

## CAPÍTULO I. DOS MINISTROS DO SUPREMO TRIBUNAL FEDERAL

▸ CF/1988: arts. 101 a 103-B.

**Art. 39.** São crimes de responsabilidade dos ministros do Supremo Tribunal Federal:

1) alterar, por qualquer forma, exceto por via de recurso, a decisão ou voto já proferido em sessão do tribunal;

2) proferir julgamento, quando, por lei, seja suspeito na causa;

3) exercer atividade político-partidária;

4) ser patentemente desidioso no cumprimento dos deveres do cargo;

5) proceder de modo incompatível com a honra, dignidade e decoro de suas funções.

**Art. 39-A.** Constituem, também, crimes de responsabilidade do Presidente do Supremo Tribunal Federal ou de seu substituto quando no exercício da Presidência, as condutas previstas no art. 10 desta Lei, quando por eles ordenadas ou praticadas.

**Parágrafo único.** O disposto neste artigo aplica-se aos Presidentes, e respectivos substitutos quando no exercício da Presidência, dos Tribunais Superiores, dos Tribunais de Contas, dos Tribunais Regionais Federais, do Trabalho e Eleitorais, dos Tribunais de Justiça e de Alçada dos Estados e do Distrito Federal, e aos Juízes Diretores de Foro ou função equivalente no primeiro grau de jurisdição.

- Com a promulgação da Constituição de 1946, o Tribunal de Apelação passou a ter a denominação Tribunal de Justiça.
- EC 45/2004: art. 4º. Ficam extintos os tribunais de Alçada, onde houver, passando os seus membros a integrar os Tribunais de Justiça dos respectivos Estados, respeitadas a antiguidade e classe de origem. (...)

## CAPÍTULO II. DO PROCURADOR-GERAL DA REPÚBLICA

- CF/1988: art. 52, II.

**Art. 40.** São crimes de responsabilidade do procurador-geral da República:

1) emitir parecer, quando, por lei, seja suspeito na causa;

2) recusar-se à prática de ato que lhe incumba;

3) ser patentemente desidioso no cumprimento de suas atribuições;

4) proceder de modo incompatível com a dignidade e o decoro do cargo.

**Art. 40-A.** Constituem, também, crimes do Procurador-Geral da República, ou de seu substituto quando no exercício da chefia do Ministério Público da União, as condutas previstas no art. 10 desta Lei, quando por eles ordenadas ou praticadas.

**Parágrafo único.** O disposto neste artigo aplica-se:

**I** – ao Advogado-Geral da União;

**II** – aos Procuradores-Gerais do Trabalho, Eleitoral e Militar, aos Procuradores-Gerais de Justiça dos Estados e do Distrito Federal, aos Procuradores-Gerais dos Estados e do Distrito Federal, e aos membros do Ministério Público da União e dos Estados, da Advocacia-Geral da União, das Procuradorias dos Estados e do Distrito Federal, quando no exercício de função de chefia das unidades regionais ou locais das respectivas instituições.

# TÍTULO II. DO PROCESSO E JULGAMENTO

## CAPÍTULO I. DA DENÚNCIA

**Art. 41.** É permitido a todo cidadão denunciar, perante o Senado Federal, os ministros do Supremo Tribunal Federal e o procurador-geral da República, pelos crimes de responsabilidade que cometerem (arts. 39 e 40).

- CF/1988: art. 52, II.

**Art. 41-A.** Respeitada a prerrogativa de foro que assiste às autoridades a que se referem o parágrafo único do art. 39-A e o inciso II do parágrafo único do art. 40-A, as ações penais contra elas ajuizadas pela prática dos crimes de responsabilidade previstos no art. 10 desta Lei serão processadas e julgadas de acordo com o rito instituído pela Lei nº 8.038, de 28 de maio de 1990, permitido, a todo cidadão, o oferecimento da denúncia.

**Art. 42.** A denúncia só poderá ser recebida se o denunciado não tiver, por qualquer motivo, deixado definitivamente o cargo.

**Art. 43.** A denúncia, assinada pelo denunciante com a firma reconhecida, deve ser acompanhada dos documentos que a comprovem ou da declaração de impossibilidade de apresentá-los, com a indicação do local onde possam ser encontrados. Nos crimes de que haja prova testemunhal, a denúncia deverá conter o rol das testemunhas, em número de cinco, no mínimo.

**Art. 44.** Recebida a denúncia pela mesa do Senado, será lida no expediente da sessão seguinte e despachada a uma comissão especial, eleita para opinar sobre a mesma.

**Art. 45.** A comissão a que alude o artigo anterior, reunir-se-á dentro de 48 (quarenta e oito) horas e, depois de eleger o seu presidente e relator, emitirá parecer no prazo de 10 (dez) dias sobre se a denúncia deve ser, ou não, julgada objeto de deliberação. Dentro desse período poderá a comissão proceder às diligências que julgar necessárias.

**Art. 46.** O parecer da comissão, com a denúncia e os documentos que a instruírem será lido no expediente de sessão do Senado, publicado no *Diário do Congresso Nacional* e em avulsos, que deverão ser distribuídos entre os senadores, e dado para ordem do dia da sessão seguinte.

**Art. 47.** O parecer será submetido a uma só discussão, e a votação nominal, considerando-se aprovado se reunir a maioria simples de votos.

**Art. 48.** Se o Senado resolver que a denúncia não deve constituir objeto de deliberação, serão os papéis arquivados.

**Art. 49.** Se a denúncia for considerada objeto de deliberação, a mesa remeterá cópia de tudo ao denunciado, para responder à acusação no prazo de 10 (dez) dias.

**Art. 50.** Se o denunciado estiver fora do Distrito Federal, a cópia lhe será entregue pelo presidente do Tribunal de Justiça do Estado em que se achar. Caso se ache fora do País ou em lugar incerto e não sabido, o que será verificado pelo 1º secretário do Senado, a intimação far-se-á por edital, publicado no *Diário do Congresso*

*Nacional*, com a antecedência de 60 (sessenta) dias, aos quais se acrescerá, em comparecendo o denunciado, o prazo do art. 49.

**Art. 51.** Findo o prazo para a resposta do denunciado, seja esta recebida, ou não, a comissão dará parecer, dentro de 10 (dez) dias, sobre a procedência ou improcedência da acusação.

**Art. 52.** Perante a comissão, o denunciante e o denunciado poderão comparecer pessoalmente ou por procurador, assistir a todos os atos e diligências por ela praticados, inquirir, reinquirir, contestar testemunhas e requerer a sua acareação. Para esse efeito, a comissão dará aos interessados conhecimento das suas reuniões e das diligências a que deva proceder, com a indicação de lugar, dia e hora.

**Art. 53.** Findas as diligências, a comissão emitirá sobre elas o seu parecer, que será publicado e distribuído, com todas as peças que o instruírem, e dado para ordem do dia 48 (quarenta e oito) horas, no mínimo, depois da distribuição.

**Art. 54.** Esse parecer terá uma só discussão e considerar-se-á aprovado se, em votação nominal, reunir a maioria simples dos votos.

**Art. 55.** Se o Senado entender que não procede a acusação, serão os papéis arquivados. Caso decida o contrário, a mesa dará imediato conhecimento dessa decisão ao Supremo Tribunal Federal, ao Presidente da República, ao denunciante e ao denunciado.

**Art. 56.** Se o denunciado não estiver no Distrito Federal, a decisão ser-lhe-á comunicada à requisição da mesa, pelo presidente do Tribunal de Justiça do Estado onde se achar. Se estiver fora do País ou em lugar incerto e não sabido, o que será verificado pelo 1º secretário do Senado, far-se-á a intimação mediante edital pelo *Diário do Congresso Nacional*, com a antecedência de 60 (sessenta) dias.

**Art. 57.** A decisão produzirá desde a data da sua intimação os seguintes efeitos contra o denunciado:

*a)* ficar suspenso do exercício das suas funções até sentença final;

*b)* ficar sujeito à acusação criminal;

*c)* perder, até sentença final, 1/3 (um terço) dos vencimentos, que lhe será pago no caso de absolvição.

## CAPÍTULO II.
## DA ACUSAÇÃO E DA DEFESA

**Art. 58.** Intimado o denunciante ou o seu procurador da decisão a que aludem os três últimos artigos, ser-lhe-á dada vista do processo, na secretaria do Senado, para, dentro de 48 (quarenta e oito) horas, oferecer o libelo acusatório e o rol das testemunhas. Em seguida abrir-se-á vista ao denunciado ou ao seu defensor, pelo mesmo prazo para oferecer a contrariedade e o rol das testemunhas.

**Art. 59.** Decorridos esses prazos, com o libelo e a contrariedade ou sem eles, serão os autos remetidos, em original, ao presidente do Supremo Tribunal Federal, ou ao seu substituto legal, quando seja ele o denunciado, comunicando-se-lhe o dia designado para o julgamento e convidando-o para presidir a sessão.

**Art. 60.** O denunciante e o acusado serão notificados pela forma estabelecida no art. 56, para assistirem ao julgamento, devendo as testemunhas ser, por um magistrado, intimadas a comparecer à requisição da mesa.

**Parágrafo único.** Entre a notificação e o julgamento deverá mediar o prazo mínimo de 10 (dez) dias.

**Art. 61.** No dia e hora marcados para o julgamento, o Senado reunir-se-á, sob a presidência do presidente do Supremo Tribunal Federal ou do seu substituto legal. Verificada a presença de número legal de senadores, será aberta a sessão e feita a chamada das partes, acusador e acusado, que poderão comparecer pessoalmente ou pelos seus procuradores.

**Art. 62.** A revelia do acusador não importará transferência do julgamento, nem perempção da acusação.

**§ 1º.** A revelia do acusado determinará o adiamento do julgamento, para o qual o presidente designará novo dia, nomeando um advogado para defender o revel.

**§ 2º.** Ao defensor nomeado será facultado o exame de todas as peças do processo.

**Art. 63.** No dia definitivamente aprazado para o julgamento, verificado o número legal de senadores, será aberta a sessão e facultado o ingresso às partes ou aos seus procuradores. Serão juízes todos os senadores presentes, com exceção dos impedidos nos termos do art. 36.

**Parágrafo único.** O impedimento poderá ser oposto pelo acusador ou pelo acusado e invocado por qualquer senador.

**Art. 64.** Constituído o Senado em tribunal de julgamento, o presidente mandará ler o processo e, em seguida, inquirirá publicamente as testemunhas, fora da presença umas das outras.

**Art. 65.** O acusador e o acusado, ou os seus procuradores, poderão reinquirir as testemunhas, contestá-las sem interrompê-las e requerer a sua acareação. Qualquer senador poderá requerer sejam feitas as perguntas que julgar necessárias.

**Art. 66.** Finda a inquirição, haverá debate oral, facultadas a réplica e a tréplica entre o acusador e o acusado, pelo prazo que o presidente determinar.

**Parágrafo único.** Ultimado o debate, retirar-se-ão as partes do recinto da sessão e abrir-se-á uma discussão única entre os senadores sobre o objeto da acusação.

**Art. 67.** Encerrada a discussão, fará o presidente um relatório resumido dos fundamentos da acusação e da defesa, bem como das respectivas provas, submetendo em seguida o caso a julgamento.

## CAPÍTULO III.
## DA SENTENÇA

**Art. 68.** O julgamento será feito, em votação nominal pelos senadores desimpedidos que responderão "sim" ou "não" à seguinte pergunta enunciada pelo presidente: "Cometeu o acusado F o crime que lhe é imputado e deve ser condenado à perda do seu cargo?"

**Parágrafo único.** Se a resposta afirmativa obtiver, pelo menos, 2/3 (dois terços) dos votos dos senadores presentes, o presidente fará nova consulta ao plenário sobre o tempo não excedente de 5 (cinco) anos, durante o qual o condenado deverá ficar inabilitado para o exercício de qualquer função pública.

**Art. 69.** De acordo com a decisão do Senado, o presidente lavrará, nos autos, a sentença que será assinada por ele e pelos senadores, que tiverem tomado parte no julgamento, e transcrita na ata.

**Art. 70.** No caso de condenação, fica o acusado desde logo destituído do seu cargo. Se a sentença for absolutória, produzirá a imediata reabilitação do acusado, que voltará ao exercício do cargo, com direito à parte dos vencimentos de que tenha sido privado.

**Art. 71.** Da sentença, dar-se-á imediato conhecimento ao Presidente da República, ao Supremo Tribunal Federal e ao acusado.

**Art. 72.** SE no dia do encerramento do Congresso Nacional não estiver concluído o processo ou julgamento de ministro do Supremo Tribunal Federal ou do procurador-geral da República, deverá ele ser convocado extraordinariamente pelo terço do Senado Federal.

**Art. 73.** No processo e julgamento de ministro do Supremo Tribunal, ou do procurador-geral da República, serão subsidiários desta lei, naquilo em que lhes forem aplicáveis, o Regimento Interno do Senado Federal e o Código de Processo Penal.

# PARTE QUARTA.

# TÍTULO ÚNICO.

## CAPÍTULO I.
## DOS GOVERNADORES E SECRETÁRIOS DOS ESTADOS

**Art. 74.** Constituem crimes de responsabilidade dos governadores dos Estados ou dos seus secretários, quando por eles praticados, os atos definidos como crime nesta Lei.

- CPP: art. 87.
- Lei 7.106/1983 – Crimes de responsabilidade do Governador do Distrito Federal, dos Governadores dos Territórios Federais e de seus respectivos Secretários.

## CAPÍTULO II.
## DA DENÚNCIA, ACUSAÇÃO E JULGAMENTO

**Art. 75.** É permitido a todo cidadão denunciar o governador perante a Assembleia Legislativa, por crime de responsabilidade.

**Art. 76.** A denúncia, assinada pelo denunciante e com a firma reconhecida, deve ser acompanhada dos documentos que a comprovem, ou da declaração de impossibilidade de apresentá-los, com a indicação do local em que possam ser encontrados. Nos crimes de que houver prova testemunhal, conterá o rol das testemunhas, em número de cinco pelo menos.

**Parágrafo único.** Não será recebida a denúncia depois que o governador, por qualquer motivo, houver deixado definitivamente o cargo.

**Art. 77.** Apresentada a denúncia e julgada objeto de deliberação, se a Assembleia Legislativa, por maioria absoluta, decretar a procedência da acusação, será o governador imediatamente suspenso de suas funções.

**Art. 78.** O governador será julgado, nos crimes de responsabilidade, pela forma que determinar a Constituição do Estado e não poderá ser condenado, senão à perda do cargo, com inabilitação, até 5 (cinco) anos, para o exercício de qualquer função pública, sem prejuízo da ação da justiça comum.

**§ 1º.** Quando o tribunal de julgamento for de jurisdição mista, serão iguais, pelo número, os representantes dos órgãos que o integrarem, excluído o presidente, que será o presidente do Tribunal de Justiça.

**§ 2º.** Em qualquer hipótese, só poderá ser decretada a condenação pelo voto de 2/3 (dois terços) dos membros de que se compuser o tribunal de julgamento.

**§ 3º.** Nos Estados, onde as Constituições não determinarem o processo nos crimes de responsabilidade dos governadores, aplicar-se-á o disposto nesta lei, devendo, porém, o julgamento ser proferido por um tribunal composto de cinco membros do Legislativo e de cinco desembargadores, sob a presidência do Tribunal de Justiça local, que terá direito de voto no caso de empate. A escolha desse tribunal será feita: a dos membros do Legislativo, mediante eleição pela Assembleia; a dos desembargadores, mediante sorteio.

- É inconstitucional disposição de Constituição estadual ou Lei Orgânica distrital que, em desacordo com o previsto no art. 78, § 3º, da Lei nº 1.079/50, atribuam à Assembleia ou Câmara Legislativa o julgamento do Governador por crime de responsabilidade. STF. Plenário. ADI 3.466/DF, Rel. Min. Eros Grau, redator do acórdão Min. Roberto Barroso, julgado em 15/5/2023 (Info 1094).

**§ 4º.** Esses atos deverão ser executados dentro em 5 (cinco) dias contados da data em que a Assembleia enviar ao presidente do Tribunal de Justiça os autos do processo, depois de decretada a procedência da acusação.

**Art. 79.** No processo e julgamento do governador serão subsidiários desta lei naquilo em que lhe forem aplicáveis, assim o regimento interno da Assembleia Legislativa e do Tribunal de Justiça, como o Código de Processo Penal.

**Parágrafo único.** Os secretários de Estado, nos crimes conexos com os dos governadores, serão sujeitos ao mesmo processo e julgamento.

## DISPOSIÇÕES GERAIS

**Art. 80.** Nos crimes de responsabilidade do Presidente da República e dos ministros de Estado, a Câmara dos Deputados é tribunal de pronúncia e o Senado Federal, tribunal de julgamento; nos crimes de responsabilidade dos ministros do Supremo Tribunal Federal e do procurador-geral da República, o Senado Federal é, simultaneamente, tribunal de pronúncia e julgamento.

**Parágrafo único.** O Senado Federal, na apuração e julgamento dos crimes de responsabilidade, funciona sob a presidência do presidente do Supremo Tribunal, e só proferirá sentença condenatória pelo voto de 2/3 (dois terços) dos seus membros.

**Art. 81.** A declaração de procedência da acusação nos crimes de responsabilidade só poderá ser decretada pela maioria absoluta da Câmara que a proferir.

**Art. 82.** Não poderá exceder de 120 (cento e vinte) dias, contados da data da declaração da procedência da acusação, o prazo para o processo e julgamento dos crimes definidos nesta Lei.

**Art. 83.** Esta Lei entrará em vigor na data da sua publicação, revogadas as disposições em contrário.

Rio de Janeiro, 10 de abril de 1950;
129º da Independência e 62º da República.

EURICO G. DUTRA

Honório Monteiro

Sylvio de Noronha

Canrobert P. da Costa

Raul Fernandes

Guilherme da Silveira

João Valdetaro de Amorim e Mello

Daniel de Carvalho

Clemente Mariani

Armando Trompowsky

# LEI Nº 1.579, DE 18 DE MARÇO DE 1952

*Dispõe sobre as Comissões Parlamentares de Inquérito.*

- D.O.U. de 21.3.1952

O PRESIDENTE DA REPÚBLICA Faço saber que o Congresso Nacional decreta e eu sanciono a seguinte Lei:

- Lei 10.001/2000 – Dispõe sobre a prioridade nos procedimentos a serem adotados pelo Ministério Público e por outros órgãos a respeito das conclusões das comissões parlamentares de inquérito.

**Art. 1º.** As Comissões Parlamentares de Inquérito, criadas na forma do § 3º do art. 58 da Constituição Federal, terão poderes de investigação próprios das autoridades judiciais, além de outros previstos nos regimentos da Câmara dos Deputados e do Senado Federal, com ampla ação nas pesquisas destinadas a apurar fato determinado e por prazo certo.

**Parágrafo único.** A criação de Comissão Parlamentar de Inquérito dependerá de requerimento de um terço da totalidade dos membros da Câmara dos Deputados e do Senado Federal, em conjunto ou separadamente.

**Art. 2º.** No exercício de suas atribuições, poderão as Comissões Parlamentares de Inquérito determinar diligências que reputarem necessárias e requerer a convocação de Ministros de Estado, tomar o depoimento de quaisquer autoridades federais, estaduais ou municipais, ouvir os indiciados, inquirir testemunhas sob compromisso, requisitar da administração pública direta, indireta ou fundacional informações e documentos, e transportar-se aos lugares onde se fizer mister a sua presença. )

**Art. 3º.** Indiciados e testemunhas serão intimados de acordo com as prescrições estabelecidas na legislação penal.

**§ 1º.** Em caso de não comparecimento da testemunha sem motivo justificado, a sua intimação será solicitada ao juiz criminal da localidade em que resida ou se encontre, nos termos dos arts. 218 e 219 do Decreto-Lei nº 3.689, de 3 de outubro de 1941 – Código de Processo Penal.

**§ 2º.** O depoente poderá fazer-se acompanhar de advogado, ainda que em reunião secreta.

**Art. 3º-A.** Caberá ao presidente da Comissão Parlamentar de Inquérito, por deliberação desta, solicitar, em qualquer fase da investigação, ao juízo criminal competente medida cautelar necessária, quando se verificar a existência de indícios veementes da proveniência ilícita de bens.

**Art. 4º.** Constitui crime:

**I** – impedir, ou tentar impedir, mediante violência, ameaça ou assuadas, o regular funcionamento de Comissão Parlamentar de Inquérito, ou o livre exercício das atribuições de qualquer dos seus membros:

Pena – a do art. 329 do Código Penal.

**II** – fazer afirmação falsa, ou negar ou calar a verdade como testemunha, perito, tradutor ou intérprete, perante a Comissão Parlamentar de Inquérito:

Pena – a do art. 342 do Código Penal.

**Art. 5º.** As Comissões Parlamentares de Inquérito apresentarão relatório de seus trabalhos à respectiva Câmara, concluindo por projeto de resolução.

**§ 1º.** Se forem diversos os fatos, objeto de inquérito, a comissão dirá, em separado, sobre cada um, podendo fazê-lo antes mesmo de finda a investigação dos demais.

**§ 2º.** A incumbência da Comissão Parlamentar de Inquérito termina com a sessão legislativa em que tiver sido outorgada, salvo deliberação da respectiva Câmara, prorrogando-a dentro da legislatura em curso.

**Art. 6º.** O processo e a instrução dos inquéritos obedecerão ao que prescreve esta Lei, no que lhes for aplicável, às normas do processo penal.

**Art. 6º-A.** A Comissão Parlamentar de Inquérito encaminhará relatório circunstanciado, com suas conclusões, para as devidas providências, entre outros órgãos, ao Ministério Público ou à Advocacia-Geral da União, com cópia da documentação, para que promovam a responsabilidade civil ou criminal por infrações apuradas e adotem outras medidas decorrentes de suas funções institucionais.

**Art. 7º.** Esta Lei entrará em vigor na data de sua publicação, revogadas as disposições em contrário.

Rio de Janeiro, 18 de março de 1952;
131º da Independência e 64º da República.

GETÚLIO VARGAS

Francisco Negrão de Lima

Renato de Almeida Guillobel

Newton Estilac Leal

João Neves da Fontoura

Horácio Lafer

Álvaro de Souza Lima

João Cleofas

E. Simões Filho

Segadas Viana

Nero Moura

## LEI Nº 6.001, DE 19 DE DEZEMBRO DE 1973

*Dispõe sobre o Estatuto do Índio.*

- DOU de 21.12.1973,
- Ler arts. 22, XIV. 231 e 232, CF.
- Lei 14.701/2023 (Dispõe que as reservas, os parques e as colônias agrícolas indígenas constituídos nos termos desta lei, serão considerados áreas indígenas reservadas.)

O Presidente da República. Faço saber que o Congresso Nacional decreta e eu sanciono a seguinte Lei:

### TÍTULO I
### DOS PRINCÍPIOS E DEFINIÇÕES

**Art. 1º** Esta Lei regula a situação jurídica dos índios ou silvícolas e das comunidades indígenas, com o propósito de preservar a sua cultura e integrá-los, progressiva e harmoniosamente, à comunhão nacional.

**Parágrafo único.** Aos índios e às comunidades indígenas se estende a proteção das leis do País, nos mesmos termos em que se aplicam aos demais brasileiros, resguardados os usos, costumes e tradições indígenas, bem como as condições peculiares reconhecidas nesta Lei.

**Art. 2º** Cumpre à União, aos Estados e aos Municípios, bem como aos órgãos das respectivas administrações indiretas, nos limites de sua competência, para a proteção das comunidades indígenas e a preservação dos seus direitos:

**I** - estender aos índios os benefícios da legislação comum, sempre que possível a sua aplicação;

**II** - prestar assistência aos índios e às comunidades indígenas ainda não integrados à comunhão nacional;

**III** - respeitar, ao proporcionar aos índios meios para o seu desenvolvimento, as peculiaridades inerentes à sua condição;

**IV** - assegurar aos índios a possibilidade de livre escolha dos seus meios de vida e subsistência;

**V** - garantir aos índios a permanência voluntária no seu *habitat*, proporcionando-lhes ali recursos para seu desenvolvimento e progresso;

**VI** - respeitar, no processo de integração do índio à comunhão nacional, a coesão das comunidades indígenas, os seus valores culturais, tradições, usos e costumes;

**VII** - executar, sempre que possível mediante a colaboração dos índios, os programas e projetos tendentes a beneficiar as comunidades indígenas;

**VIII** - utilizar a cooperação, o espírito de iniciativa e as qualidades pessoais do índio, tendo em vista a melhoria de suas condições de vida e a sua integração no processo de desenvolvimento;

**IX** - garantir aos índios e comunidades indígenas, nos termos da Constituição Federal, a posse permanente das terras tradicionalmente ocupadas em 5 de outubro de 1988, reconhecendo-lhes o direito ao usufruto exclusivo das riquezas naturais e de todas as utilidades naquelas terras existentes; *(Redação dada pela Lei 14.701/2023)*

**X** - garantir aos índios o pleno exercício dos direitos civis e políticos que em face da legislação lhes couberem.

**Parágrafo único.** (Vetado.)

**Art. 3º** Para os efeitos de lei, ficam estabelecidas as definições a seguir discriminadas:

**I** - Índio ou Silvícola - É todo indivíduo de origem e ascendência pré-colombiana que se identifica e é identificado como pertencente a um grupo étnico cujas características culturais o distinguem da sociedade nacional;

**II** - Comunidade Indígena ou Grupo Tribal - É um conjunto de famílias ou comunidades índias, quer vivendo em estado de completo isolamento em relação aos outros setores da comunhão nacional, quer em contatos intermitentes ou permanentes, sem contudo estarem neles integrados.

**Art. 4º** Os índios são considerados:

**I** - Isolados - Quando vivem em grupos desconhecidos ou de que se possuem poucos e vagos informes através de contatos eventuais com elementos da comunhão nacional;

**II** - Em vias de integração - Quando, em contato intermitente ou permanente com grupos estranhos, conservam menor ou maior parte das condições de sua vida nativa, mas aceitam algumas práticas e modos de existência comuns aos demais setores da comunhão nacional, da qual vão necessitando cada vez mais para o próprio sustento;

**III** - Integrados - Quando incorporados à comunhão nacional e reconhecidos no pleno exercício dos direitos civis, ainda que conservem usos, costumes e tradições característicos da sua cultura.

## TÍTULO II DOS DIREITOS CIVIS E POLÍTICOS

### CAPÍTULO I DOS PRINCÍPIOS

**Art. 5º** Aplicam-se aos índios ou silvícolas as normas dos artigos 145 e 146 da Constituição Federal, relativas à nacionalidade e à cidadania.

› Refere-se aos arts. 231 e 232, CF/1988.

**Parágrafo único.** O exercício dos direitos civis e políticos pelo índio depende da verificação das condições especiais estabelecidas nesta Lei e na legislação pertinente.

**Art. 6º** Serão respeitados os usos, costumes e tradições das comunidades indígenas e seus efeitos, nas relações de família, na ordem de sucessão, no regime de propriedade e nos atos ou negócios realizados entre índios, salvo se optarem pela aplicação do direito comum.

**Parágrafo único.** Aplicam-se as normas de direito comum às relações entre índios não integrados e pessoas estranhas à comunidade indígena, excetuados os que forem menos favoráveis a eles e ressalvado o disposto nesta Lei.

### CAPÍTULO II DA ASSISTÊNCIA OU TUTELA

› art. 4º, p.u., CC/2002: A capacidade dos indígenas será regulada por legislação especial.

**Art. 7º** Os índios e as comunidades indígenas ainda não integrados à comunhão nacional ficam sujeito ao regime tutelar estabelecido nesta Lei.

**§ 1º** Ao regime tutelar estabelecido nesta Lei aplicam-se no que couber, os princípios e normas da tutela de direito comum, independendo, todavia, o exercício da tutela da especialização de bens imóveis em hipoteca legal, bem como da prestação de caução real ou fidejussória.

**§ 2º** Incumbe a tutela à União, que a exercerá através do competente órgão federal de assistência aos silvícolas.

**Art. 8º** São nulos os atos praticados entre o índio não integrado e qualquer pessoa estranha à comunidade indígena quando não tenha havido assistência do órgão tutelar competente.

**Parágrafo único.** Não se aplica a regra deste artigo no caso em que o índio revele consciência e conhecimento do ato praticado, desde que não lhe seja prejudicial, e da extensão dos seus efeitos.

**Art. 9º** Qualquer índio poderá requerer ao Juiz competente a sua liberação do regime tutelar previsto nesta Lei, investindo-se na plenitude da capacidade civil, desde que preencha os requisitos seguintes:

**I** - idade mínima de 21 anos;

**II** - conhecimento da língua portuguesa;

**III** - habilitação para o exercício de atividade útil, na comunhão nacional;

**IV** - razoável compreensão dos usos e costumes da comunhão nacional.

**Parágrafo único.** O Juiz decidirá após instrução sumária, ouvidos o órgão de assistência ao índio e o Ministério Público, transcrita a sentença concessiva no registro civil.

**Art. 10.** Satisfeitos os requisitos do artigo anterior e a pedido escrito do interessado, o órgão de assistência poderá reconhecer ao índio, mediante declaração formal, a condição de integrado, cessando toda restrição à capacidade, desde que, homologado judicialmente o ato, seja inscrito no registro civil.

**Art. 11.** Mediante decreto do Presidente da República, poderá ser declarada a emancipação da comunidade indígena e de seus membros, quanto ao regime tutelar estabelecido em lei, desde que requerida pela maioria dos membros do grupo e comprovada, em inquérito realizado pelo órgão federal competente, a sua plena integração na comunhão nacional.

**Parágrafo único.** Para os efeitos do disposto neste artigo, exigir-se-á o preenchimento, pelos requerentes, dos requisitos estabelecidos no artigo 9º.

### CAPÍTULO III DO REGISTRO CIVIL

**Art. 12.** Os nascimentos e óbitos, e os casamentos civis dos índios não integrados, serão registrados de acordo com a legislação comum, atendidas as peculiaridades de sua condição quanto à qualificação do nome, prenome e filiação.

**Parágrafo único.** O registro civil será feito a pedido do interessado ou da autoridade administrativa competente.

**Art. 13.** Haverá livros próprios, no órgão competente de assistência, para o registro administrativo de nascimentos e óbitos dos índios, da cessação de sua incapacidade e dos casamentos contraídos segundo os costumes tribais.

**Parágrafo único.** O registro administrativo constituirá, quando couber documento hábil para proceder ao registro civil do ato correspondente, admitido, na falta deste, como meio subsidiário de prova.

### CAPÍTULO IV DAS CONDIÇÕES DE TRABALHO

**Art. 14.** Não haverá discriminação entre trabalhadores indígenas e os demais trabalhadores, aplicando-se-lhes todos os direitos e garantias das leis trabalhistas e de previdência social.

› **STJ, 657.** Atendidos os requisitos de segurada especial no RGPS e do período de carência, a indígena menor de 16 anos faz jus ao salário-maternidade.

**Parágrafo único.** É permitida a adaptação de condições de trabalho aos usos e costumes da comunidade a que pertencer o índio.

**Art. 15.** Será nulo o contrato de trabalho ou de locação de serviços realizado com os índios de que trata o artigo 4º, I.

**Art. 16.** Os contratos de trabalho ou de locação de serviços realizados com indígenas em processo de integração ou habitantes de parques ou colônias agrícolas dependerão de prévia aprovação do órgão de proteção ao índio, obedecendo, quando necessário, a normas próprias.

**§ 1º** Será estimulada a realização de contratos por equipe, ou a domicílio, sob a orientação do órgão competente, de modo a favorecer a continuidade da via comunitária.

**§ 2º** Em qualquer caso de prestação de serviços por indígenas não integrados, o órgão de proteção ao índio exercerá permanente fiscalização das condições de trabalho, denunciando os abusos e providenciando a aplicação das sanções cabíveis.

**§ 3º** O órgão de assistência ao indígena propiciará o acesso, aos seus quadros, de índios integrados, estimulando a sua especialização indigenista.

## TÍTULO III
## DAS TERRAS DOS ÍNDIOS

### CAPÍTULO I
### DAS DISPOSIÇÕES GERAIS

**Art. 17.** Reputam-se terras indígenas:

**I** - as terras ocupadas ou habitadas pelos silvícolas, a que se referem os artigos 4º, IV, e 198, da Constituição;

› Refere-se aos arts. 231 e 232, CF/1988.

**II** - as áreas reservadas de que trata o Capítulo III deste Título;

**III** - as terras de domínio das comunidades indígenas ou de silvícolas.

**Art. 18.** As terras indígenas não poderão ser objeto de arrendamento ou de qualquer ato ou negócio jurídico que restrinja o pleno exercício da posse direta pela comunidade indígena ou pelos silvícolas.

**§ 1º** Nessas áreas, é vedada a qualquer pessoa estranha aos grupos tribais ou comunidades indígenas a prática da caça, pesca ou coleta de frutos, assim como de atividade agropecuária ou extrativa.

**§ 2º** (Vetado.)

**Art. 19.** As terras indígenas, por iniciativa e sob orientação do órgão federal de assistência ao índio, serão administrativamente demarcadas, de acordo com o processo estabelecido em decreto do Poder Executivo.

**§ 1º** A demarcação promovida nos termos deste artigo, homologada pelo Presidente da República, será registrada em livro próprio do Serviço do Patrimônio da União (SPU) e do registro imobiliário da comarca da situação das terras.

**§ 2º** Contra a demarcação processada nos termos deste artigo não caberá a concessão de interdito possessório, facultado aos interessados contra ela recorrer à ação petitória ou à demarcatória.

**Art. 20.** Em caráter excepcional e por qualquer dos motivos adiante enumerados, poderá a União intervir, se não houver solução alternativa, em área indígena, determinada a providência por decreto do Presidente da República.

**§ 1º** A intervenção poderá ser decretada:

*a)* para pôr termo à luta entre grupos tribais;

*b)* para combater graves surtos epidêmicos, que possam acarretar o extermínio da comunidade indígena, ou qualquer mal que ponha em risco a integridade do silvícola ou do grupo tribal;

*c)* por imposição da segurança nacional;

*d)* para a realização de obras públicas que interessem ao desenvolvimento nacional;

*e)* para reprimir a turbação ou esbulho em larga escala;

*f)* para a exploração de riquezas do subsolo de relevante interesse para a segurança e o desenvolvimento nacional.

**§ 2º** A intervenção executar-se-á nas condições estipuladas no decreto e sempre por meios suasórios, dela podendo resultar, segundo a gravidade do fato, uma ou algumas das medidas seguintes:

*a)* contenção de hostilidades, evitando-se o emprego de força contra os índios;

*b)* deslocamento temporário de grupos tribais de uma para outra área;

*c)* remoção de grupos tribais de uma para outra área.

**§ 3º** Somente caberá a remoção de grupo tribal quando de todo impossível ou desaconselhável a sua permanência na área sob intervenção, destinando-se à comunidade indígena removida área equivalente à anterior, inclusive quanto às condições ecológicas.

**§ 4º** A comunidade indígena removida será integralmente ressarcida dos prejuízos decorrentes da remoção.

**§ 5º** O ato de intervenção terá a assistência direta do órgão federal que exercita a tutela do índio.

**Art. 21.** As terras espontânea e definitivamente abandonadas por comunidade indígena ou grupo tribal reverterão, por proposta do órgão federal de assistência ao índio e mediante ato declaratório do Poder Executivo, à posse e ao domínio pleno da União.

### CAPÍTULO II
### DAS TERRAS OCUPADAS

**Art. 22.** Cabe aos índios ou silvícolas a posse permanente das terras que habitam e o direito ao usufruto exclusivo das riquezas naturais e de todas as utilidades naquelas terras existentes.

**Parágrafo único.** As terras ocupadas pelos índios, nos termos deste artigo, serão bens inalienáveis da União (artigo 4º, IV, e 198, da Constituição Federal).

› Vide arts. 231 e 232, CF/1988.

**Art. 23.** Considera-se posse do índio ou silvícola a ocupação efetiva da terra que, de acordo com os usos, costumes e tradições tribais, detém e onde habita ou exerce atividade indispensável à sua subsistência ou economicamente útil.

**Art. 24.** O usufruto assegurado aos índios ou silvícolas compreende o direito à posse, uso e percepção das riquezas naturais e de todas as utilidades existentes nas terras ocupadas, bem assim ao produto da exploração econômica de tais riquezas naturais e utilidades.

**§ 1º** Incluem-se, no usufruto, que se estende aos acessórios e seus acrescidos, o uso dos mananciais e das águas dos trechos das vias fluviais compreendidos nas terras ocupadas.

**§ 2º** É garantido ao índio o exclusivo exercício da caça e pesca nas áreas por ele ocupadas, devendo ser executadas por forma suasória as medidas de polícia que em relação a ele eventualmente tiverem de ser aplicadas.

**Art. 25.** O reconhecimento do direito dos índios e grupos tribais à posse permanente das terras por eles habitadas, nos termos do artigo 198, da Constituição Federal, independerá de sua demarcação, e será assegurado pelo órgão federal de assistência aos silvícolas, atendendo à situação atual e ao consenso histórico sobre a antiguidade da ocupação, sem prejuízo das medidas cabíveis que, na omissão ou erro do referido órgão, tomar qualquer dos Poderes da República.

## CAPÍTULO III
## DAS ÁREAS RESERVADAS

**Art. 26.** A União poderá estabelecer, em qualquer parte do território nacional, áreas destinadas à posse e ocupação pelos índios, onde possam viver e obter meios de subsistência, com direito ao usufruto e utilização das riquezas naturais e dos bens nelas existentes, respeitadas as restrições legais.

**Parágrafo único.** As áreas reservadas na forma deste artigo não se confundem com as de posse imemorial das tribos indígenas, podendo organizar-se sob uma das seguintes modalidades:

*a)* reserva indígena;

*b)* parque indígena;

*c)* colônia agrícola indígena.

**Art. 27.** Reserva indígena é uma área destinada a servidor de *habitat* a grupo indígena, com os meios suficientes à sua subsistência.

**Art. 28.** Parque indígena é a área contida em terra na posse de índios, cujo grau de integração permita assistência econômica, educacional e sanitária dos órgãos da União, em que se preservem as reservas de flora e fauna e as belezas naturais da região.

**§ 1º** Na administração dos parques serão respeitados a liberdade, usos, costumes e tradições dos índios.

**§ 2º** As medidas de polícia, necessárias à ordem interna e à preservação das riquezas existentes na área do parque, deverão ser tomadas por meios suasórios e de acordo com o interesse dos índios que nela habitem.

**§ 3º** O loteamento das terras dos parques indígenas obedecerá ao regime de propriedade, usos e costumes tribais, bem como às normas administrativas nacionais, que deverão ajustar-se aos interesses das comunidades indígenas.

**Art. 29.** Colônia agrícola indígena é a área destinada à exploração agropecuária, administrada pelo órgão de assistência ao índio, onde convivam tribos aculturadas e membros da comunidade nacional.

**Art. 30.** Território federal indígena é a unidade administrativa subordinada à União, instituída em região na qual pelo menos um terço da população seja formado por índios.

**Art. 31.** As disposições deste Capítulo serão aplicadas, no que couber, às áreas em que a posse decorra da aplicação do artigo 198, da Constituição Federal.

## CAPÍTULO IV
## DAS TERRAS DE DOMÍNIO INDÍGENA

**Art. 32.** São de propriedade plena do índio ou da comunidade indígena, conforme o caso, as terras havidas por qualquer das formas de aquisição do domínio, nos termos da legislação civil.

**Art. 33.** O índio, integrado ou não, que ocupe como próprio, por dez anos consecutivos, trecho de terra inferior a cinquenta hectares, adquirir-lhe-á a propriedade plena.

**Parágrafo único.** O disposto neste artigo não se aplica às terras do domínio da União, ocupadas por grupos tribais, às áreas reservadas de que trata esta Lei, nem às terras de propriedade coletiva de grupo tribal.

## CAPÍTULO V
## DA DEFESA DAS TERRAS INDÍGENAS

**Art. 34.** O órgão federal de assistência ao índio poderá solicitar a colaboração das Forças Armadas e Auxiliares e da Polícia Federal, para assegurar a proteção das terras ocupadas pelos índios e pelas comunidades indígenas.

**Art. 35.** Cabe ao órgão federal de assistência ao índio a defesa judicial ou extrajudicial dos direitos dos silvícolas e das comunidades indígenas.

**Art. 36.** Sem prejuízo do disposto no artigo anterior, compete à União adotar as medidas administrativas ou propor, por intermédio do Ministério Público Federal, as medidas judiciais adequadas à proteção da posse dos silvícolas sobre as terras que habitem.

**Parágrafo único.** Quando as medidas judiciais previstas neste artigo forem propostas pelo órgão federal de assistência, ou contra ele, a União será litisconsorte ativa ou passiva.

**Art. 37.** Os grupos tribais ou comunidades indígenas são partes legítimas para a defesa dos seus direitos em juízo, cabendo-lhes, no caso, a assistência do Ministério Público Federal ou do órgão de proteção ao índio.

**Art. 38.** As terras indígenas são inusucapíveis e sobre elas não poderá recair desapropriação, salvo o previsto no artigo 20.

## TÍTULO IV
## DOS BENS E RENDA DO PATRIMÔNIO INDÍGENA

**Art. 39.** Constituem bens do Patrimônio Indígena:

**I** - as terras pertencentes ao domínio dos grupos tribais ou comunidades indígenas;

**II** - o usufruto exclusivo das riquezas naturais e de todas as utilidades existentes nas terras ocupadas por grupos tribais ou comunidades indígenas e nas áreas a eles reservadas;

**III** - os bens móveis ou imóveis, adquiridos a qualquer título.

**Art. 40.** São titulares do Patrimônio Indígena:

**I** - a população indígena do País, no tocante a bens ou rendas pertencentes ou destinadas aos silvícolas, sem discriminação de pessoas ou grupos tribais;

**II** - o grupo tribal ou comunidade indígena determinada, quanto à posse e usufruto das terras por ele exclusivamente ocupadas, ou a ele reservadas;

**III** - a comunidade indígena ou grupo tribal nomeado no título aquisitivo da propriedade, em relação aos respectivos imóveis ou móveis.

**Art. 41.** Não integram o Patrimônio Indígena:

**I** - as terras de exclusiva posse ou domínio do índio ou silvícola, individualmente considerado, e o usufruto das respectivas riquezas naturais e utilidades;

**II** - a habitação, os móveis e utensílios domésticos, os objetos de uso pessoal, os instrumentos de trabalho e os produtos da lavoura, caça, pesca e coleta ou do trabalho em geral dos silvícolas.

**Art. 42.** Cabe ao órgão de assistência a gestão do Patrimônio Indígena, propiciando-se, porém, a participação dos silvícolas e dos grupos tribais na administração dos próprios bens, sendo-lhes totalmente confiado o encargo, quando demonstrem capacidade efetiva para o seu exercício.

**Parágrafo único.** O arrolamento dos bens do Patrimônio Indígena será permanentemente atualizado, procedendo-se à fiscalização rigorosa de sua gestão, mediante controle interno e externo, a fim de tornar efetiva a responsabilidade dos seus administradores.

**Art. 43.** A renda indígena é a resultante da aplicação de bens e utilidades integrantes do Patrimônio Indígena, sob a responsabilidade do órgão de assistência ao índio.

**§ 1º** A renda indígena será preferencialmente reaplicada em atividades rentáveis ou utilizada em programas de assistência ao índio.

**§ 2º** A reaplicação prevista no parágrafo anterior reverterá principalmente em benefício da comunidade que produziu os primeiros resultados econômicos.

**Art. 44.** As riquezas do solo, nas áreas indígenas, somente pelos silvícolas podem ser exploradas, cabendo-lhes com exclusividade o exercício da garimpagem, faiscação e cata das áreas referidas.

**Art. 45.** A exploração das riquezas do subsolo nas áreas pertencentes aos índios, ou do domínio da União, mas na posse de comunidades indígenas, far-se-á nos termos da legislação vigente, observado o disposto nesta Lei.

**§ 1º** O Ministério do Interior, através do órgão competente de assistência aos índios, representará os interesses da União, como proprietária do solo, mas a participação no resultado da exploração, as indenizações e a renda devida pela ocupação do terreno, reverterão em benefício dos índios e constituirão fontes de renda indígena.

**§ 2º** Na salvaguarda dos interesses do Patrimônio Indígena e do bem-estar dos silvícolas, a autorização de pesquisa ou lavra, a terceiros, nas posses tribais, estará condicionada a prévio entendimento com o órgão de assistência ao índio.

**Art. 46.** O corte de madeira nas florestas indígenas, consideradas em regime de preservação permanente, de acordo com a letra g e § 2º, do artigo 3º, do Código Florestal, está condicionado à existência de programas ou projetos para o aproveitamento das terras respectivas na exploração agropecuária, na indústria ou no reflorestamento.

- Refere-se à Lei 4.771/1965 (antigo Código Florestal.)
- Lei 12.651/2012 (Código Florestal).

## TÍTULO V
## DA EDUCAÇÃO, CULTURA E SAÚDE

**Art. 47.** É assegurado o respeito ao patrimônio cultural das comunidades indígenas, seus valores artísticos e meios de expressão.

**Art. 48.** Estende-se à população indígena, com as necessárias adaptações, o sistema de ensino em vigor no País.

**Art. 49.** A alfabetização dos índios far-se-á na língua do grupo a que pertençam, e em português, salvaguardado o uso da primeira.

**Art. 50.** A educação do índio será orientada para a integração na comunhão nacional mediante processo de gradativa compreensão dos problemas gerais e valores da sociedade nacional, bem como do aproveitamento das suas aptidões individuais.

**Art. 51.** A assistência aos menores, para fins educacionais, será prestada, quanto possível, sem afastá-los do convívio familiar ou tribal.

**Art. 52.** Será proporcionada ao índio a formação profissional adequada, de acordo com o seu grau de aculturação.

**Art. 53.** O artesanato e as indústrias rurais serão estimulados, no sentido de elevar o padrão de vida do índio com a conveniente adaptação às condições técnicas modernas.

**Art. 54.** Os índios têm direito aos meios de proteção à saúde facultados à comunhão nacional.

**Parágrafo único.** Na infância, na maternidade, na doença e na velhice, deve ser assegurada ao silvícola, especial assistência dos poderes públicos, em estabelecimentos a esse fim destinados.

**Art. 55.** O regime geral da previdência social será extensivo aos índios, atendidas as condições sociais, econômicas e culturais das comunidades beneficiadas.

› STJ, 657. Atendidos os requisitos de segurada especial no RGPS e do período de carência, a indígena menor de 16 anos faz jus ao salário-maternidade.

## TÍTULO VI
## DAS NORMAS PENAIS

### CAPÍTULO I
### DOS PRINCÍPIOS

**Art. 56.** No caso de condenação de índio por infração penal, a pena deverá ser atenuada e na sua aplicação o Juiz atenderá também ao grau de integração do silvícola.

**Parágrafo único.** As penas de reclusão e de detenção serão cumpridas, se possível, em regime especial de semiliberdade, no local de funcionamento do órgão federal de assistência aos índios mais próximos da habitação do condenado.

**Art. 57.** Será tolerada a aplicação, pelos grupos tribais, de acordo com as instituições próprias, de sanções penais ou disciplinares contra os seus membros, desde que não revistam caráter cruel ou infamante, proibida em qualquer caso a pena de morte.

### CAPÍTULO II
### DOS CRIMES CONTRA OS ÍNDIOS

**Art. 58.** Constituem crimes contra os índios e a cultura indígena:

**I** - escarnecer de cerimônia, rito, uso, costume ou tradição culturais indígenas, vilipendiá-los ou perturbar, de qualquer modo, a sua prática. Pena - detenção de um a três meses;

› art. 208, CP.

**II** - utilizar o índio ou comunidade indígena como objeto de propaganda turística ou de exibição para fins lucrativos.

Pena - detenção de dois a seis meses;

**III** - propiciar, por qualquer meio, a aquisição, o uso e a disseminação de bebidas alcoólicas, nos grupos tribais ou entre índios não integrados.

Pena - detenção de seis meses a dois anos.

**Parágrafo único.** As penas estatuídas neste artigo são agravadas de um terço, quando o crime for praticado por funcionário ou empregado do órgão de assistência ao índio.

› art. 327, CP.

**Art. 59.** No caso de crime contra a pessoa, o patrimônio ou os costumes, em que o ofendido seja índio não integrado ou comunidade indígena, a pena será agravada de um terço.

› Se um indivíduo que tinha uma fazenda em uma terra indígena, ao receber ordem para desocupar o local, destrói as acessões (construções e plantações) que havia feito no local, ele pratica, em tese, o delito de dano qualificado (art. 163, parágrafo único, III, do CP). Isso porque essas terras pertencem à União (art. 20, XI, da CF/88), de forma que, consequentemente, as acessões também são patrimônio público federal. STF. 2ª Turma. Inq 3670/RR, Rel. Min. Gilmar Mendes, julgado em 23/9/2014 (Info 760).

## TÍTULO VII
## DISPOSIÇÕES GERAIS

**Art. 60.** Os bens e rendas do Patrimônio Indígena gozam de plena isenção tributária.

**Art. 61.** São extensivos aos interesses do Patrimônio Indígena os privilégios da Fazenda Pública, quanto à impenhorabilidade de bens, rendas e serviços, ações especiais, prazos processuais, juros e custas.

**Art. 62.** Ficam declaradas a nulidade e a extinção dos efeitos jurídicos dos atos de qualquer natureza que tenham por objeto o domínio, a posse ou a ocupação das terras habitadas pelos índios ou comunidades indígenas.

› art. 231, § 6º, CF.

**§ 1º** Aplica-se o disposto deste artigo às terras que tenham sido desocupadas pelos índios ou comunidades indígenas em virtude de ato ilegítimo de autoridade e particular.

**§ 2º** Ninguém terá direito a ação ou indenização contra a União, o órgão de assistência ao índio ou os silvícolas em virtude da nulidade e extinção de que trata este artigo, ou de suas consequências econômicas.

**§ 3º** Em caráter excepcional e a juízo exclusivo do dirigente do órgão de assistência ao índio, será permitida a continuação, por prazo razoável dos efeitos dos contratos de arrendamento em vigor na data desta lei, desde que a sua extinção acarrete graves consequências sociais.

**Art. 63.** Nenhuma medida judicial será concedida liminarmente em causas que envolvam interesse de silvícolas ou do Patrimônio Indígena, sem prévia audiência da União e do órgão de proteção ao índio.

**Art. 64.** (Vetado.)

**Parágrafo único.** (Vetado.)

**Art. 65.** O Poder Executivo fará, no prazo de cinco anos, a demarcação das terras indígenas, ainda não demarcadas.

**Art. 66.** O órgão de proteção ao silvícola fará divulgar e respeitar as normas da Convenção 107, promulgada pelo Decreto n. 58.824, de 14 julho de 1966.

**Art. 67.** É mantida a Lei n. 5.371, de 05 de dezembro de 1967.

**Art. 68.** Esta Lei entrará em vigor na data de sua publicação, revogadas as disposições em contrário.

Brasília, 19 de dezembro de 1973;
152º da Independência e 85º da República.
Emílio G. Médici
Alfredo Buzaid
Antônio Delfim Netto
José Costa Cavalcanti

# LEI COMPLEMENTAR Nº 35, DE 14 DE MARÇO DE 1979
## *(EXCERTOS)*

*Dispõe sobre a Lei Orgânica da Magistratura Nacional.*

‣ DOU de 14.3.1979

O PRESIDENTE DA REPÚBLICA

Faço saber que o Congresso Nacional decreta e eu sanciono a seguinte Lei Complementar:

(...)

## TÍTULO II. DAS GARANTIAS DA MAGISTRATURA E DAS PRERROGATIVAS DO MAGISTRADO

## CAPÍTULO I. DAS GARANTIAS DA MAGISTRATURA

### SEÇÃO I. DA VITALICIEDADE

**Art. 25.** Salvo as restrições expressas na Constituição, os magistrados gozam das garantias de vitaliciedade, inamovibilidade e irredutibilidade de vencimentos.

‣ O juiz substituto também goza da garantia da inamovibilidade, mesmo que ainda não seja vitalício. Vale ressaltar que a inamovibilidade não é absoluta, podendo ser afastada por motivo de interesse público segundo decisão motivada da maioria absoluta do respectivo tribunal ou do Conselho Nacional de Justiça, assegurada ampla defesa. STF. Plenário. MS 25747/SC, rel. Min. Gilmar Mendes, julgado em 17/5/2012 (Info 666).

(...)

**Art. 28.** O magistrado vitalício poderá ser compulsoriamente aposentado ou posto em disponibilidade, nos termos da Constituição e da presente Lei.

**Art. 29.** Quando, pela natureza ou gravidade da infração penal, se torne aconselhável o recebimento de denúncia ou de queixa contra magistrado, o tribunal, ou seu órgão especial, poderá, em decisão tomada pelo voto de dois terços de seus membros, determinar o afastamento do cargo do magistrado denunciado.

### SEÇÃO II. DA INAMOVIBILIDADE

**Art. 30.** O juiz não poderá ser removido ou promovido senão com seu assentimento, manifestado na forma da lei, ressalvado o disposto no art. 45, item I.

**Art. 31.** Em caso de mudança da sede do juízo será facultado ao juiz remover-se para ela ou para comarca de igual entrância, ou obter a disponibilidade com vencimentos integrais.

### SEÇÃO III. DA IRREDUTIBILIDADE DE VENCIMENTOS

**Art. 32.** Os vencimentos dos magistrados são irredutíveis, sujeitos, entretanto, aos impostos gerais, inclusive o de renda, e aos impostos extraordinários.

**Parágrafo único.** A irredutibilidade dos vencimentos dos magistrados não impede os descontos fixados em lei, em base igual à estabelecida para os servidores públicos, para fins previdenciários.

## CAPÍTULO II. DAS PRERROGATIVAS DO MAGISTRADO

**Art. 33.** São prerrogativas do magistrado:

**I** - ser ouvido como testemunha em dia, hora e local previamente ajustados com a autoridade ou juiz de instância igual ou inferior;

**II** – não ser preso senão por ordem escrita do tribunal ou do órgão especial competente para o julgamento, salvo em flagrante de crime inafiançável, caso em que a autoridade fará imediata comunicação e apresentação do magistrado ao presidente do tribunal a que esteja vinculado (*Vetado*).;

**III** – ser recolhido a prisão especial, ou a sala especial de Estado-Maior, por ordem e à disposição do tribunal ou do órgão especial competente, quando sujeito a prisão antes do julgamento final;

**IV** – não estar sujeito a notificação ou a intimação para comparecimento, salvo se expedida por autoridade judicial;

**V** – portar arma de defesa pessoal.

**Parágrafo único.** Quando, no curso de investigação, houver indício da prática de crime por parte do magistrado, a autoridade policial, civil ou militar, remeterá os respectivos autos ao tribunal ou órgão especial competente para o julgamento, a fim de que prossiga na investigação.

**Art. 34.** Os membros do Supremo Tribunal Federal, do Tribunal Federal de Recursos, do Superior Tribunal Militar, do Tribunal Superior Eleitoral e do Tribunal Superior do Trabalho têm o título de ministro; os dos Tribunais de Justiça, o de desembargador; sendo o de juiz privativo dos integrantes dos outros tribunais e da magistratura de primeira instância.

## TÍTULO III. DA DISCIPLINA JUDICIÁRIA

## CAPÍTULO I. DOS DEVERES DO MAGISTRADO

**Art. 35.** São deveres do magistrado:

**I** - cumprir e fazer cumprir, com independência, serenidade e exatidão, as disposições legais e atos de ofício;

**II** – não exceder injustificadamente os prazos para sentenciar ou despachar;

**III** – determinar as providências necessárias para que os atos processuais se realizem nos prazos legais;

**IV** – tratar com urbanidade as partes, os membros do Ministério Público, os advogados, as testemunhas, os funcionários e auxiliares da justiça, e atender aos que o procurarem, a qualquer momento, quando se trate de providência que reclame e possibilite solução de urgência;

**V** - residir na sede da comarca, salvo autorização do órgão disciplinar a que estiver subordinado;

**VI** - comparecer pontualmente à hora de iniciar-se o expediente ou a sessão, e não se ausentar injustificadamente antes de seu término;

**VII** - exercer assídua fiscalização sobre os subordinados, especialmente no que se refere à cobrança de custas e emolumentos, embora não haja reclamação das partes;

**VIII** - manter conduta irrepreensível na vida pública e particular.

**Art. 36.** É vedado ao magistrado:

**I** - exercer o comércio ou participar de sociedade comercial, inclusive de economia mista, exceto como acionista ou quotista;

**II** - exercer cargo de direção ou técnico de sociedade civil, associação ou fundação, de qualquer natureza ou finalidade, salvo de associação de classe, e sem remuneração;

**III** - manifestar, por qualquer meio de comunicação, opinião sobre processo pendente de julgamento, seu ou de outrem, ou juízo depreciativo sobre despachos, votos ou sentenças, de órgãos judiciais, ressalvada a crítica nos autos e em obras técnicas ou no exercício do magistério.

**Parágrafo único.** *(VETADO).*

**Art. 37.** Os tribunais farão publicar, mensalmente, no órgão oficial, dados estatísticos sobre seus trabalhos no mês anterior, entre os quais: o número de votos que cada um de seus membros, nominalmente indicado, proferiu como relator e revisor; o número de feitos que lhe foram distribuídos no mesmo período; o número de processos que recebeu em consequência de pedido de vista ou como revisor; a relação dos feitos que lhe foram conclusos para voto, despacho e lavratura de acórdão, ainda não devolvidos, embora decorridos os prazos legais, com as datas das respectivas conclusões.

**Parágrafo único.** Compete ao presidente do tribunal velar pela regularidade e pela exatidão das publicações.

**Art. 38.** Sempre que, encerrada a sessão, restarem em pauta ou em mesa mais de 20 (vinte) feitos sem julgamento, o presidente fará realizar uma ou mais sessões extraordinárias, destinadas ao julgamento daqueles processos.

**Art. 39.** Os juízes remeterão, até o dia 10 de cada mês, ao órgão corregedor competente de segunda instância, informação a respeito dos feitos em seu poder, cujos prazos para despacho ou decisão hajam sido excedidos, bem como indicação do número de sentenças proferidas no mês anterior.

## CAPÍTULO II. DAS PENALIDADES

**Art. 40.** A atividade censória de tribunais e conselhos é exercida com o resguardo devido à dignidade e à independência do magistrado.

**Art. 41.** Salvo os casos de impropriedade ou excesso de linguagem, o magistrado não pode ser punido ou prejudicado pelas opiniões que manifestar ou pelo teor das decisões que proferir.

**Art. 42.** São penas disciplinares:

**I** - advertência;

**II** - censura;

**III** - remoção compulsória;

**IV** - disponibilidade com vencimentos proporcionais ao tempo de serviço;

**V** - aposentadoria compulsória com vencimentos proporcionais ao tempo de serviço;

**VI** - demissão.

**Parágrafo único.** As penas de advertência e de censura somente são aplicáveis aos juízes de primeira instância.

**Art. 43.** A pena de advertência aplicar-se-á reservadamente, por escrito, no caso de negligência no cumprimento dos deveres do cargo.

**Art. 44.** A pena de censura será aplicada reservadamente, por escrito, no caso de reiterada negligência no cumprimento dos deveres do cargo, ou no de procedimento incorreto, se a infração não justificar punição mais grave.

**Parágrafo único.** O juiz punido com a pena de censura não poderá figurar em lista de promoção por merecimento pelo prazo de 1 (um) ano, contado da imposição da pena.

**Art. 45.** O tribunal ou seu órgão especial poderá determinar, por motivo de interesse público, em escrutínio secreto e pelo voto de dois terços de seus membros efetivos:

**I** - a remoção de juiz de instância inferior;

**II** - a disponibilidade de membro do próprio tribunal ou de juiz de instância inferior, com vencimentos proporcionais ao tempo de serviço.

**Parágrafo único.** Na determinação de quorum de decisão aplicar-se-á o disposto no parágrafo único do art. 24.

**Art. 46.** O procedimento para a decretação da remoção ou disponibilidade de magistrado obedecerá ao prescrito no art. 27 desta Lei.

**Art. 47.** A pena de demissão será aplicada:

**I** - aos magistrados vitalícios, nos casos previstos no art. 26, I e II;

**II** - aos juízes nomeados mediante concurso de provas e títulos, enquanto não adquirirem a vitaliciedade, e aos juízes togados temporários, em caso de falta grave, inclusive nas hipóteses previstas no art. 56.

**Art. 48.** Os regimentos internos dos tribunais estabelecerão o procedimento para a apuração de faltas puníveis com advertência ou censura.

## CAPÍTULO III. DA RESPONSABILIDADE CIVIL DO MAGISTRADO

**Art. 49.** Responderá por perdas e danos o magistrado, quando:

**I** - no exercício de suas funções, proceder com dolo ou fraude;

**II** – recusar, omitir ou retardar, sem justo motivo, providência que deva ordenar de ofício, ou a requerimento das partes.

**Parágrafo único.** Reputar-se-ão verificadas as hipóteses previstas no inciso II somente depois que a parte, por intermédio do escrivão, requerer ao magistrado que determine a providência, e este não lhe atender o pedido dentro de 10 (dez) dias.

- CPC/2015, art. 143. O juiz responderá, civil e regressivamente, por perdas e danos quando:
  I - no exercício de suas funções, proceder com dolo ou fraude;
  II - recusar, omitir ou retardar, sem justo motivo, providência que deva ordenar de ofício ou a requerimento da parte.
  Parágrafo único. As hipóteses previstas no inciso II somente serão verificadas depois que a parte requerer ao juiz que determine a providência e o requerimento não for apreciado no prazo de 10 (dez) dias.

(...)

## TÍTULO IV. DOS VENCIMENTOS, VANTAGENS E DIREITOS DOS MAGISTRADOS

### CAPÍTULO I. DOS VENCIMENTOS E VANTAGENS PECUNIÁRIAS

(...)

**Art. 65.** Além dos vencimentos, poderão ser outorgados, aos magistrados, nos termos da lei, as seguintes vantagens:

**I** – ajuda de custo, para despesas de transporte e mudança;

- Ajuda de custo para transporte e mudança de magistrados. A LC 35/1979 (LOMAN) prevê, em seu art. 65, I, o pagamento de indenização para custeio de despesas com transporte e mudança. Apesar de a LOMAN estabelecer que a matéria será regulada em lei, esse diploma legal nunca foi editado. Por conta disso, o STF afirmou que é possível aplicar, de forma subsidiária, a norma que rege os servidores públicos federais (Lei 8.112/1990) que, em seu arts. 53 e 54, disciplina a ajuda de custo para transporte e mudança. STF. 2ª Turma. AO 1656/DF, Rel. Min. Cármen Lúcia, julgado em 5/8/2014 (Info 753).

**II** – ajuda de custo, para moradia, nas localidades em que não houver residência oficial à disposição do Magistrado;

**III** – salário-família;

**IV** – diárias;

**V** – representação;

**VI** – gratificação pela prestação de serviço à Justiça Eleitoral;

**VII** – gratificação pela prestação de serviço à Justiça do Trabalho, nas comarcas onde não forem instituídas Juntas de Conciliação e Julgamento;

**VIII** – gratificação adicional de 5% (cinco por cento) por quinquênio de serviço, até o máximo de sete;

**IX** – gratificação de magistério, por aula proferida em curso oficial de preparação para a magistratura ou em Escola Oficial de Aperfeiçoamento de Magistrados (artigos 78, § 1º, e 87, § 1º), exceto quando receba remuneração específica para esta atividade;

**X** – gratificação pelo efetivo exercício em comarca de difícil provimento, assim definida e indicada em lei.

**§ 1º.** A verba de representação, salvo quando concedida em razão do exercício de cargo em função temporária, integra os vencimentos para todos os efeitos legais.

**§ 2º.** É vedada a concessão de adicionais ou vantagens pecuniárias não previstas na presente Lei, bem como em bases e limites superiores aos nela fixados.

**§ 3º.** Caberá ao respectivo Tribunal, para aplicação do disposto nos incisos I e II deste artigo, conceder ao Magistrado auxílio-transporte em até 25% (vinte e cinco por cento), auxílio-moradia em até 30% (trinta por cento), calculados os respectivos percentuais sobre os vencimentos e cessando qualquer benefício indireto que, ao mesmo título, venha sendo recebido (*Vetado*). (*§ 3º com eficácia suspensa pela Resolução 31/1993 do Senado Federal*)

(...)

## TÍTULO V. DA MAGISTRATURA DE CARREIRA

### CAPÍTULO I. DO INGRESSO

**Art. 78.** O ingresso na magistratura de carreira dar-se-á mediante nomeação, após concurso público de provas e títulos, organizado e realizado com a participação do Conselho Seccional da Ordem dos Advogados do Brasil.

- CF/1988:
- Art. 93. Lei complementar, de iniciativa do Supremo Tribunal Federal, disporá sobre o Estatuto da Magistratura, observados os seguintes princípios:
- I - ingresso na carreira, cujo cargo inicial será o de juiz substituto, mediante concurso público de provas e títulos, com a participação da Ordem dos Advogados do Brasil em todas as fases, exigindo-se do bacharel em direito, no mínimo, três anos de atividade jurídica e obedecendo-se, nas nomeações, à ordem de classificação; (Redação dada pela Emenda Constitucional nº 45, de 2004).
- Momento de comprovação dos três anos de atividade jurídica. A comprovação do triênio de atividade jurídica exigida para o ingresso no cargo de juiz substituto, nos termos do art. 93, I, da CF, deve ocorrer no momento da inscrição definitiva no concurso público. STF. Plenário. RE 655265/DF, rel. orig. Min. Luiz Fux, red. p/ o acórdão Min. Edson Fachin, julgado em 13/4/2016 (repercussão geral) (Info 821).

(...)

Brasília, 14 de março de 1979;
158º da Independência e 91º da República.
Ernesto Geisel Armando Falcão

# LEI COMPLEMENTAR Nº 73, DE 10 DE FEVEREIRO DE 1993 (*EXCERTOS*)

*Institui a Lei Orgânica da Advocacia-Geral da União e dá outras providências.*

- DOU de 11.2.1993

O PRESIDENTE DA REPÚBLICA Faço saber que o Congresso Nacional decreta e eu sanciono a seguinte Lei Complementar:

## TÍTULO I. DAS FUNÇÕES INSTITUCIONAIS E DA COMPOSIÇÃO

## CAPÍTULO I. DAS FUNÇÕES INSTITUCIONAIS

**Art. 1º.** A Advocacia-Geral da União é a instituição que representa a União judicial e extrajudicialmente.

**Parágrafo único.** À Advocacia-Geral da União cabem as atividades de consultoria e assessoramento jurídicos ao Poder Executivo, nos termos desta Lei Complementar.

## CAPÍTULO II. DA COMPOSIÇÃO

**Art. 2º.** A Advocacia-Geral da União compreende:

**I** – órgãos de direção superior:

*a)* o Advogado-Geral da União;

*b)* a Procuradoria-Geral da União e a da Fazenda Nacional;

*c)* Consultoria-Geral da União;

*d)* o Conselho Superior da Advocacia-Geral da União; e

*e)* a Corregedoria-Geral da Advocacia da União;

**II** – órgãos de execução:

*a)* as Procuradorias Regionais da União e as da Fazenda Nacional e as Procuradorias da União e as da Fazenda Nacional nos Estados e no Distrito Federal e as Procuradorias Seccionais destas;

*b)* a Consultoria da União, as Consultorias Jurídicas dos Ministérios, da Secretaria-Geral e das demais Secretarias da Presidência da República e do Estado-Maior das Forças Armadas;

**III** – órgão de assistência direta e imediata ao Advogado-Geral da União: o Gabinete do Advogado-Geral da União;

**IV** – (*VETADO*).

**§ 1º.** Subordinam-se diretamente ao Advogado-Geral da União, além do seu gabinete, a Procuradoria-Geral da União, a Consultoria-Geral da União, a Corregedoria-Geral da Advocacia-Geral da União, a Secretaria de Controle Interno e, técnica e juridicamente, a Procuradoria-Geral da Fazenda Nacional.

**§ 2º.** As Procuradorias Seccionais, subordinadas às Procuradorias da União e da Fazenda Nacional nos Estados e no Distrito Federal, serão criadas, no interesse do serviço, por proposta do Advogado-Geral da União.

**§ 3º.** As Procuradorias e Departamentos Jurídicos das autarquias e fundações públicas são órgãos vinculados à Advocacia-Geral da União.

**§ 4º.** O Advogado-Geral da União é auxiliado por dois Secretários-Gerais: o de Contencioso e o de Consultoria.

**§ 5º.** São membros da Advocacia-Geral da União: o Advogado-Geral da União, o Procurador-Geral da União, o Procurador-Geral da Fazenda Nacional, o Consultor-Geral da União, o Corregedor-Geral da Advocacia da União, os Secretários-Gerais de Contencioso e de Consultoria, os Procuradores Regionais, os Consultores da União, os Corregedores-Auxiliares, os Procuradores-Chefes, os Consultores Jurídicos, os Procuradores Seccionais, os Advogados da União, os Procuradores da Fazenda Nacional e os Assistentes Jurídicos.

# TÍTULO II. DOS ÓRGÃOS DA ADVOCACIA-GERAL DA UNIÃO

## CAPÍTULO I. DO ADVOGADO-GERAL DA UNIÃO

**Art. 3º.** A Advocacia-Geral da União tem por chefe o Advogado-Geral da União, de livre nomeação pelo Presidente da República, dentre cidadãos maiores de 35 anos, de notável saber jurídico e reputação ilibada.

**§ 1º.** O Advogado-Geral da União é o mais elevado órgão de assessoramento jurídico do Poder Executivo, submetido à direta, pessoal e imediata supervisão do Presidente da República.

**§ 2º.** O Advogado-Geral da União terá substituto eventual nomeado pelo Presidente da República, atendidas as condições deste artigo.

**Art. 4º.** São atribuições do Advogado-Geral da União:

**I** – dirigir a Advocacia-Geral da União, superintender e coordenar suas atividades e orientar-lhe a atuação;

**II** – despachar com o Presidente da República;

**III** – representar a União junto ao Supremo Tribunal Federal;

**IV** – defender, nas ações diretas de inconstitucionalidade, a norma legal ou ato normativo, objeto de impugnação;

**V** – apresentar as informações a serem prestadas pelo Presidente da República, relativas a medidas impugnadoras de ato ou omissão presidencial;

**VI** – desistir, transigir, acordar e firmar compromisso nas ações de interesse da União, nos termos da legislação vigente;

› Lei 9.469/1997 – Regulamenta o disposto no inciso VI do art. 4º da LC 73/1993.

**VII** – assessorar o Presidente da República em assuntos de natureza jurídica, elaborando pareceres e estudos ou propondo normas, medidas e diretrizes;

**VIII** – assistir o Presidente da República no controle interno da legalidade dos atos da Administração;

**IX** – sugerir ao Presidente da República medidas de caráter jurídico reclamadas pelo interesse público;

**X** – fixar a interpretação da Constituição, das leis, dos tratados e demais atos normativos, a ser uniformemente seguida pelos órgãos e entidades da Administração Federal;

**XI** – unificar a jurisprudência administrativa, garantir a correta aplicação das leis, prevenir e dirimir as controvérsias entre os órgãos jurídicos da Administração Federal;

**XII** – editar enunciados de Súmula administrativa, resultantes de jurisprudência iterativa dos tribunais;

**XIII** – exercer orientação normativa e supervisão técnica quanto aos órgãos jurídicos das entidades a que alude o Capítulo IX do Título II desta Lei Complementar;

**XIV** – baixar o Regimento Interno da Advocacia-Geral da União;

**XV** – proferir decisão nas sindicâncias e nos processos administrativos disciplinares promovidos pela Corregedoria-Geral e aplicar penalidades, salvo a de demissão;

**XVI** – homologar os concursos públicos de ingresso nas Carreiras da Advocacia-Geral da União;

**XVII** – promover a lotação e a distribuição dos Membros e servidores, no âmbito da Advocacia-Geral da União;

**XVIII** – editar e praticar os atos normativos ou não, inerentes a suas atribuições;

**XIX** – propor, ao Presidente da República, as alterações a esta Lei Complementar.

**§ 1º**. O Advogado-Geral da União pode representá-la junto a qualquer juízo ou tribunal.

**§ 2º**. O Advogado-Geral da União pode avocar quaisquer matérias jurídicas de interesse desta, inclusive no que concerne a sua representação extrajudicial.

**§ 3º**. É permitida a delegação das atribuições previstas no inciso VI ao Procurador-Geral da União, bem como a daquelas objeto do inciso XVII deste artigo, relativamente a servidores.

(...)

## CAPÍTULO IV. DA PROCURADORIA-GERAL DA UNIÃO

**Art. 9º.** À Procuradoria-Geral da União, subordinada direta e imediatamente ao Advogado-Geral da União, incumbe representá-la, judicialmente, nos termos e limites desta Lei Complementar.

**§ 1º**. Ao Procurador-Geral da União compete representá-la junto aos tribunais superiores.

**§ 2º**. Às Procuradorias-Regionais da União cabe sua representação perante os demais tribunais.

**§ 3º**. Às Procuradorias da União organizadas em cada Estado e no Distrito Federal, incumbe representá-la junto à primeira instância da Justiça Federal, comum e especializada.

**§ 4º**. O Procurador-Geral da União pode atuar perante os órgãos judiciários referidos nos §§ 2º e 3º, e os Procuradores Regionais da União junto aos mencionados no § 3º deste artigo.

## CAPÍTULO V. DA CONSULTORIA-GERAL DA UNIÃO

**Art. 10.** À Consultoria-Geral da União, direta e imediatamente subordinada ao Advogado-Geral da União, incumbe, principalmente, colaborar com este em seu assessoramento jurídico ao Presidente da República produzindo pareceres, informações e demais trabalhos jurídicos que lhes sejam atribuídos pelo chefe da instituição.

**Parágrafo único.** Compõem a Consultoria-Geral da União o Consultor-Geral da União e a Consultoria da União.

## CAPÍTULO VI. DAS CONSULTORIAS JURÍDICAS

**Art. 11.** Às Consultorias Jurídicas, órgãos administrativamente subordinados aos Ministros de Estado, ao Secretário-Geral e aos demais titulares de Secretarias da Presidência da República e ao Chefe do Estado-Maior das Forças Armadas, compete, especialmente:

**I** – assessorar as autoridades indicadas no *caput* deste artigo;

**II** – exercer a coordenação dos órgãos jurídicos dos respectivos órgãos autônomos e entidades vinculadas;

**III** – fixar a interpretação da Constituição, das leis, dos tratados e dos demais atos normativos a ser uniformemente seguida em suas áreas de atuação e coordenação quando não houver orientação normativa do Advogado-Geral da União;

**IV** – elaborar estudos e preparar informações, por solicitação de autoridade indicada no *caput* deste artigo;

**V** – assistir a autoridade assessorada no controle interno da legalidade administrativa dos atos a serem por ela praticados ou já efetivados, e daqueles oriundos de órgão ou entidade sob sua coordenação jurídica;

**VI** – examinar, prévia e conclusivamente, no âmbito do Ministério, Secretaria e Estado--Maior das Forças Armadas:

*a)* os textos de edital de licitação, como os dos respectivos contratos ou instrumentos congêneres, a serem publicados e celebrados;

*b)* os atos pelos quais se vá reconhecer a inexigibilidade, ou decidir a dispensa, de licitação.

## CAPÍTULO VII. DA PROCURADORIA-GERAL DA FAZENDA NACIONAL

**Art. 12.** À Procuradoria-Geral da Fazenda Nacional, órgão administrativamente subordinado ao titular do Ministério da Fazenda, compete especialmente:

**I** – apurar a liquidez e certeza da dívida ativa da União de natureza tributária, inscrevendo-a para fins de cobrança, amigável ou judicial;

**II** – representar privativamente a União, na execução de sua dívida ativa de caráter tributário;

**III** – *(VETADO)*;

**IV** – examinar previamente a legalidade dos contratos, acordos, ajustes e convênios que interessem ao Ministério da Fazenda, inclusive os referentes à dívida pública externa, e promover a respectiva rescisão por via administrativa ou judicial;

**V** – representar a União nas causas de natureza fiscal.

**Parágrafo único.** São consideradas causas de natureza fiscal as relativas a:

**I** – tributos de competência da União, inclusive infrações à legislação tributária;
**II** – empréstimos compulsórios;
**III** – apreensão de mercadorias, nacionais ou estrangeiras;
**IV** – decisões de órgãos do contencioso administrativo fiscal;
**V** – benefícios e isenções fiscais;
**VI** – créditos e estímulos fiscais à exportação;
**VII** – responsabilidade tributária de transportadores e agentes marítimos;
**VIII** – incidentes processuais suscitados em ações de natureza fiscal.

**Art. 13.** A Procuradoria-Geral da Fazenda Nacional desempenha as atividades de consultoria e assessoramento jurídicos no âmbito do Ministério da Fazenda e seus órgãos autônomos e entes tutelados.

**Parágrafo único.** No desempenho das atividades de consultoria e assessoramento jurídicos, a Procuradoria-Geral da Fazenda Nacional rege-se pela presente Lei Complementar.

**Art. 14.** (*VETADO*).

(...)

## TÍTULO III. DOS MEMBROS EFETIVOS DA ADVOCACIA-GERAL DA UNIÃO

(...)

## CAPÍTULO IV. DOS DIREITOS, DOS DEVERES, DAS PROIBIÇÕES, DOS IMPEDIMENTOS E DAS CORREIÇÕES

### SEÇÃO I. DOS DIREITOS

**Art. 26.** Os membros efetivos da Advocacia-Geral da União têm os direitos assegurados pela Lei nº 8.112, de 11 de dezembro de 1990, e nesta Lei Complementar.

**Parágrafo único.** Os cargos das carreiras da Advocacia-Geral da União têm o vencimento e remuneração estabelecidos em lei própria.

### SEÇÃO II. DOS DEVERES, DAS PROIBIÇÕES E DOS IMPEDIMENTOS

**Art. 27.** Os membros efetivos da Advocacia-Geral da União têm os deveres previstos na Lei nº 8.112, de 11 de dezembro de 1990, sujeitando-se ainda às proibições e impedimentos estabelecidos nesta Lei Complementar.

**Art. 28.** Além das proibições decorrentes do exercício de cargo público, aos Membros efetivos da Advocacia-Geral da União é vedado:
**I** – exercer advocacia fora das atribuições institucionais;
**II** – contrariar Súm, parecer normativo ou orientação técnica adotada pelo Advogado-Geral da União;
**III** – manifestar-se, por qualquer meio de divulgação, sobre assunto pertinente às suas funções, salvo ordem, ou autorização expressa do Advogado-Geral da União.

▸ Considerando-se a natureza do cargo, é constitucional a necessidade de ordem ou autorização expressa do Advogado-Geral da União para manifestação do advogado público sobre assunto pertinente às suas funções, ressalvadas a liberdade de cátedra e a comunicação às autoridades competentes acerca de ilegalidades constatadas. STF. Plenário. ADI 4.652/DF, Rel. Min. Roberto Barroso, julgado em 13/6/2023 (Info 1098).

**Art. 29.** É defeso aos Membros efetivos da Advocacia-Geral da União exercer suas funções em processo judicial ou administrativo:
**I** – em que sejam parte;
**II** – em que hajam atuado como advogado de qualquer das partes;
**III** – em que seja interessado parente consanguíneo ou afim, em linha reta ou colateral, até o segundo grau, bem como cônjuge ou companheiro;
**IV** – nas hipóteses da legislação processual.

**Art. 30.** Os Membros efetivos da Advocacia-Geral da União devem dar-se por impedidos:
**I** – quando hajam proferido parecer favorável à pretensão deduzida em juízo pela parte adversa;
**II** – nas hipóteses da legislação processual.

**Parágrafo único.** Nas situações previstas neste artigo, cumpre seja dada ciência, ao superior hierárquico imediato, em expediente reservado, dos motivos do impedimento, objetivando a designação de substituto.

**Art. 31.** Os Membros efetivos da Advocacia-Geral da União não podem participar de comissão ou banca de concurso, intervir no seu julgamento e votar sobre organização de lista para promoção ou remoção, quando concorrer parente consanguíneo ou afim, em linha reta ou colateral, até o segundo grau, bem como cônjuge ou companheiro.

(...)

## TÍTULO IV. DAS CITAÇÕES, DAS INTIMAÇÕES E DAS NOTIFICAÇÕES

**Art. 35.** A União é citada nas causas em que seja interessada, na condição de autora, ré, assistente, oponente, recorrente ou recorrida, na pessoa:
**I** – do Advogado-Geral da União, privativamente, nas hipóteses de competência do Supremo Tribunal Federal;
**II** – do Procurador-Geral da União, nas hipóteses de competência dos tribunais superiores;
**III** – do Procurador-Regional da União, nas hipóteses de competência dos demais tribunais;
**IV** – do Procurador-Chefe ou do Procurador-Seccional da União, nas hipóteses de competência dos juízos de primeiro grau.

**Art. 36.** Nas causas de que trata o art. 12, a União será citada na pessoa:
**I** – (*VETADO*);
**II** – do Procurador-Regional da Fazenda Nacional, nas hipóteses de competência dos demais tribunais;

**III** – do Procurador-Chefe ou do Procurador-Seccional da Fazenda Nacional nas hipóteses de competência dos juízos de primeiro grau.

**Art. 37.** Em caso de ausência das autoridades referidas nos arts. 35 e 36, a citação se dará na pessoa do substituto eventual.

**Art. 38.** As intimações e notificações são feitas nas pessoas do Advogado da União ou do Procurador da Fazenda Nacional que oficie nos respectivos autos.

## TÍTULO V. DOS PARECERES E DA SÚMULA DA ADVOCACIA-GERAL DA UNIÃO

**Art. 39.** É privativo do Presidente da República submeter assuntos ao exame do Advogado-Geral da União, inclusive para seu parecer.

**Art. 40.** Os pareceres do Advogado-Geral da União são por este submetidos à aprovação do Presidente da República.

**§ 1º.** O parecer aprovado e publicado juntamente com o despacho presidencial vincula a Administração Federal, cujos órgãos e entidades ficam obrigados a lhe dar fiel cumprimento.

**§ 2º.** O parecer aprovado, mas não publicado, obriga apenas as repartições interessadas, a partir do momento em que dele tenham ciência.

**Art. 41.** Consideram-se, igualmente, pareceres do Advogado-Geral da União, para os efeitos do artigo anterior, aqueles que, emitidos pela Consultoria-Geral da União, sejam por eles aprovados e submetidos ao Presidente da República.

**Art. 42.** Os pareceres das Consultorias Jurídicas, aprovados pelo Ministro de Estado, pelo Secretário-Geral e pelos titulares das demais Secretarias da Presidência da República ou pelo Chefe do Estado-Maior das Forças Armadas, obrigam, também, os respectivos órgãos autônomos e entidades vinculadas.

**Art. 43.** A Súmula da Advocacia-Geral da União tem caráter obrigatório quanto a todos os órgãos jurídicos enumerados nos arts. 2º e 17 desta Lei Complementar.

**§ 1º.** O enunciado da Súmula editado pelo Advogado-Geral da União há de ser publicado no *Diário Oficial da União*, por 3 (três) dias consecutivos.

**§ 2º.** No início de cada ano, os enunciados existentes devem ser consolidados e publicados no *Diário Oficial da União*.

**Art. 44.** Os pareceres aprovados do Advogado-Geral da União inserem-se em coletânea denominada "Pareceres da Advocacia-Geral da União", a ser editada pela Imprensa Nacional.

(...)

Brasília, 10 de fevereiro de 1993, 172º da Independência e 105º da República.

Itamar Franco

Maurício Corrêa

# LEI COMPLEMENTAR Nº 75, DE 20 DE MAIO DE 1993 (*EXCERTOS*)

*Dispõe sobre a organização, as atribuições e o estatuto do Ministério Público da União.*

› DOU de 21.5.1993

O PRESIDENTE DA REPÚBLICA

Faço saber que o Congresso Nacional decreta e eu sanciono a seguinte Lei Complementar:

## TÍTULO I. DAS DISPOSIÇÕES GERAIS

### CAPÍTULO I. DA DEFINIÇÃO, DOS PRINCÍPIOS E DAS FUNÇÕES INSTITUCIONAIS

**Art. 1º.** O Ministério Público da União, organizado por esta Lei Complementar, é instituição permanente, essencial à função jurisdicional do Estado, incumbindo-lhe a defesa da ordem jurídica, do regime democrático, dos interesses sociais e dos interesses individuais indisponíveis.

**Art. 2º.** Incumbem ao Ministério Público as medidas necessárias para garantir o respeito dos Poderes Públicos e dos serviços de relevância pública aos direitos assegurados pela Constituição Federal.

**Art. 3º.** O Ministério Público da União exercerá o controle externo da atividade policial tendo em vista:

*a)* o respeito aos fundamentos do Estado Democrático de Direito, aos objetivos fundamentais da República Federativa do Brasil, aos princípios informadores das relações internacionais, bem como aos direitos assegurados na Constituição Federal e na lei;

*b)* a preservação da ordem pública, da incolumidade das pessoas e do patrimônio público;

*c)* a prevenção e a correção de ilegalidade ou de abuso de poder;

*d)* a indisponibilidade da persecução penal;

*e)* a competência dos órgãos incumbidos da segurança pública.

**Art. 4º.** São princípios institucionais do Ministério Público da União a unidade, a indivisibilidade e a independência funcional.

**Art. 5º.** São funções institucionais do Ministério Público da União:

**I** – a defesa da ordem jurídica, do regime democrático, dos interesses sociais e dos interesses individuais indisponíveis, considerados, dentre outros, os seguintes fundamentos e princípios:

*a)* a soberania e a representatividade popular;

*b)* os direitos políticos;

*c)* os objetivos fundamentais da República Federativa do Brasil;

*d)* a indissolubilidade da União;

*e)* a independência e a harmonia dos Poderes da União;

*f)* a autonomia dos Estados, do Distrito Federal e dos Municípios;
*g)* as vedações impostas à União, aos Estados, ao Distrito Federal e aos Municípios;
*h)* a legalidade, a impessoabilidade, a moralidade e a publicidade, relativas à administração pública direta, indireta ou fundacional, de qualquer dos Poderes da União;
**II** – zelar pela observância dos princípios constitucionais relativos:
*a)* ao sistema tributário, às limitações do poder de tributar, à repartição do poder impositivo e das receitas tributárias e aos direitos do contribuinte;
*b)* às finanças públicas;
*c)* à atividade econômica, à política urbana, agrícola, fundiária e de reforma agrária e ao sistema financeiro nacional;
*d)* à seguridade social, à educação, à cultura e ao desporto, à ciência e à tecnologia, à comunicação social e ao meio ambiente;
*e)* à segurança pública;
**III** – a defesa dos seguintes bens e interesses:
*a)* o patrimônio nacional;
*b)* o patrimônio público e social;
*c)* o patrimônio cultural brasileiro;
*d)* o meio ambiente;
*e)* os direitos e interesses coletivos, especialmente das comunidades indígenas, da família, da criança, do adolescente e do idoso;
**IV** – zelar pelo efetivo respeito dos Poderes Públicos da União, dos serviços de relevância pública e dos meios de comunicação social aos princípios, garantias, condições, direitos, deveres e vedações previstos na Constituição Federal e na lei, relativos à comunicação social;
**V** – zelar pelo efetivo respeito dos Poderes Públicos da União e dos serviços de relevância pública quanto:
*a)* aos direitos assegurados na Constituição Federal) relativos às ações e aos serviços de saúde e à educação;
*b)* aos princípios da legalidade, da impessoalidade, da moralidade e da publicidade;
**VI** – exercer outras funções previstas na Constituição Federal e na lei.
**§ 1º.** Os órgãos do Ministério Público da União devem zelar pela observância dos princípios e competências da Instituição, bem como pelo livre exercício de suas funções.
**§ 2º.** Somente a lei poderá especificar as funções atribuídas pela Constituição Federal e por esta Lei Complementar ao Ministério Público da União, observados os princípios e normas nelas estabelecidos.

## CAPÍTULO II.
## DOS INSTRUMENTOS DE ATUAÇÃO

**Art. 6º.** Compete ao Ministério Público da União:
**I** – promover a ação direta de inconstitucionalidade e o respectivo pedido de medida cautelar;
**II** – promover a ação direta de inconstitucionalidade por omissão;
**III** – promover a arguição de descumprimento de preceito fundamental decorrente da Constituição Federal;
**IV** – promover a representação para intervenção federal nos Estados e no Distrito Federal;
**V** – promover, privativamente, a ação penal pública, na forma da lei;
**VI** – impetrar habeas corpus e mandado de segurança;
**VII** – promover o inquérito civil e a ação civil pública para:
*a)* a proteção dos direitos constitucionais;
*b)* a proteção do patrimônio público e social, do meio ambiente, dos bens e direitos de valor artístico, estético, histórico, turístico e paisagístico;
*c)* a proteção dos interesses individuais indisponíveis, difusos e coletivos, relativos às comunidades indígenas, à família, à criança, ao adolescente, ao idoso, às minorias étnicas e ao consumidor;
*d)* outros interesses individuais indisponíveis, homogêneos, sociais, difusos e coletivos;
**VIII** – promover outras ações, nelas incluído o mandado de injunção sempre que a falta de norma regulamentadora torne inviável o exercício dos direitos e liberdades constitucionais e das prerrogativas inerentes à nacionalidade, à soberania e à cidadania, quando difusos os interesses a serem protegidos;
**IX** – promover ação visando ao cancelamento de naturalização, em virtude de atividade nociva ao interesse nacional;
**X** – promover a responsabilidade dos executores ou agentes do estado de defesa ou do estado de sítio, pelos ilícitos cometidos no período de sua duração;
**XI** – defender judicialmente os direitos e interesses das populações indígenas, incluídos os relativos às terras por elas tradicionalmente habitadas, propondo as ações cabíveis;
**XII** – propor ação civil coletiva para defesa de interesses individuais homogêneos;
**XIII** – propor ações de responsabilidade do fornecedor de produtos e serviços;
**XIV** – promover outras ações necessárias ao exercício de suas funções institucionais, em defesa da ordem jurídica, do regime democrático e dos interesses sociais e individuais indisponíveis, especialmente quanto:
*a)* ao Estado de Direito e às instituições democráticas;
*b)* à ordem econômica e financeira;
*c)* à ordem social;
*d)* ao patrimônio cultural brasileiro;
*e)* à manifestação de pensamento, de criação, de expressão ou de informação;
*f)* à probidade administrativa;
*g)* ao meio ambiente;
**XV** – manifestar-se em qualquer fase dos processos, acolhendo solicitação do juiz ou por sua iniciativa, quando entender existente interesse em causa que justifique a intervenção;
**XVI** – (VETADO).
**XVII** – propor as ações cabíveis para:

*a)* perda ou suspensão de direitos políticos, nos casos previstos na Constituição Federal;
*b)* declaração de nulidade de atos ou contratos geradores do endividamento externo da União, de suas autarquias, fundações e demais entidades controladas pelo Poder Público Federal, ou com repercussão direta ou indireta em suas finanças;
*c)* dissolução compulsória de associações, inclusive de partidos políticos, nos casos previstos na Constituição Federal);
*d)* cancelamento de concessão ou de permissão, nos casos previstos na Constituição Federal;
*e)* declaração de nulidade de cláusula contratual que contrarie direito do consumidor;
**XVIII** – representar:
*a)* ao órgão judicial competente para quebra de sigilo da correspondência e das comunicações telegráficas, de dados e das comunicações telefônicas, para fins de investigação criminal ou instrução processual penal, bem como manifestar-se sobre representação a ele dirigida para os mesmos fins;
*b)* ao Congresso Nacional, visando ao exercício das competências deste ou de qualquer de suas Casas ou comissões;
*c)* ao Tribunal de Contas da União, visando ao exercício das competências deste;
*d)* ao órgão judicial competente, visando à aplicação de penalidade por infrações cometidas contra as normas de proteção à infância e à juventude, sem prejuízo da promoção da responsabilidade civil e penal do infrator, quando cabível;
**XIX** – promover a responsabilidade:
*a)* da autoridade competente, pelo não exercício das incumbências, constitucional e legalmente impostas ao Poder Público da União, em defesa do meio ambiente, de sua preservação e de sua recuperação;
*b)* de pessoas físicas ou jurídicas, em razão da prática de atividade lesiva ao meio ambiente, tendo em vista a aplicação de sanções penais e a reparação dos danos causados;
**XX** – expedir recomendações, visando à melhoria dos serviços públicos e de relevância pública, bem como ao respeito, aos interesses, direitos e bens cuja defesa lhe cabe promover, fixando prazo razoável para a adoção das providências cabíveis.
**§ 1º.** Será assegurada a participação do Ministério Público da União, como instituição observadora, na forma e nas condições estabelecidas em ato do Procurador-Geral da República, em qualquer órgão da administração pública direta, indireta ou fundacional da União, que tenha atribuições correlatas às funções da Instituição.
**§ 2º.** A lei assegurará a participação do Ministério Público da União nos órgãos colegiados estatais, federais ou do Distrito Federal, constituídos para defesa de direitos e interesses relacionados com as funções da Instituição.

**Art. 7º.** Incumbe ao Ministério Público da União, sempre que necessário ao exercício de suas funções institucionais:
**I** – instaurar inquérito civil e outros procedimentos administrativos correlatos;
**II** – requisitar diligências investigatórias e a instauração de inquérito policial e de inquérito policial militar, podendo acompanhá-los e apresentar provas;
**III** – requisitar à autoridade competente a instauração de procedimentos administrativos, ressalvados os de natureza disciplinar, podendo acompanhá-los e produzir provas.

**Art. 8º.** Para o exercício de suas atribuições, o Ministério Público da União poderá, nos procedimentos de sua competência:
**I** – notificar testemunhas e requisitar sua condução coercitiva, no caso de ausência injustificada;
**II** – requisitar informações, exames, perícias e documentos de autoridades da Administração Pública direta ou indireta;
**III** – requisitar da Administração Pública serviços temporários de seus servidores e meios materiais necessários para a realização de atividades específicas;
**IV** – requisitar informações e documentos a entidades privadas;
**V** – realizar inspeções e diligências investigatórias;
**VI** – ter livre acesso a qualquer local público ou privado, respeitadas as normas constitucionais pertinentes à inviolabilidade do domicílio;
**VII** – expedir notificações e intimações necessárias aos procedimentos e inquéritos que instaurar;
**VIII** – ter acesso incondicional a qualquer banco de dados de caráter público ou relativo a serviço de relevância pública;
**IX** – requisitar o auxílio de força policial.
**§ 1º.** O membro do Ministério Público será civil e criminalmente responsável pelo uso indevido das informações e documentos que requisitar; a ação penal, na hipótese, poderá ser proposta também pelo ofendido, subsidiariamente, na forma da lei processual penal.
**§ 2º.** Nenhuma autoridade poderá opor ao Ministério Público, sob qualquer pretexto, a exceção de sigilo, sem prejuízo da subsistência do caráter sigiloso da informação, do registro, do dado ou do documento que lhe seja fornecido.
**§ 3º.** A falta injustificada e o retardamento indevido do cumprimento das requisições do Ministério Público implicarão a responsabilidade de quem lhe der causa.
**§ 4º.** As correspondências, notificações, requisições e intimações do Ministério Público quando tiverem como destinatário o Presidente da República, o Vice-Presidente da República, membro do Congresso Nacional, Ministro do Supremo Tribunal Federal, Ministro de Estado, Ministro de Tribunal Superior, Ministro do Tribunal de Contas da União ou chefe de missão diplomática de caráter permanente serão encaminhadas e levadas a efeito pelo Procurador-Geral da República ou outro órgão do Ministério Público a quem essa atribuição seja delegada, cabendo às autoridades mencio-

nadas fixar data, hora e local em que puderem ser ouvidas, se for o caso.

**§ 5º.** As requisições do Ministério Público serão feitas fixando-se prazo razoável de até 10 (dez) dias úteis para atendimento, prorrogável mediante solicitação justificada.

## CAPÍTULO III. DO CONTROLE EXTERNO DA ATIVIDADE POLICIAL

**Art. 9º.** O Ministério Público da União exercerá o controle externo da atividade policial por meio de medidas judiciais e extrajudiciais, podendo:

**I** - ter livre ingresso em estabelecimentos policiais ou prisionais;

**II** - ter acesso a quaisquer documentos relativos à atividade-fim policial;

- MPF não tem acesso irrestrito a todos os relatórios de inteligência produzidos pela Diretoria de Inteligência da Polícia Federal. O controle externo da atividade policial exercido pelo Ministério Público Federal não lhe garante o acesso irrestrito a todos os relatórios de inteligência produzidos pela Diretoria de Inteligência do Departamento de Polícia Federal, mas somente aos de natureza persecutório-penal. O controle externo da atividade policial exercido pelo Parquet deve circunscrever-se à atividade de polícia judiciária, conforme a dicção do art. 9º da LC n. 75/93, cabendo-lhe, por essa razão, o acesso aos relatórios de inteligência policial de natureza persecutório-penal, ou seja, relacionados com a atividade de investigação criminal. O poder fiscalizador atribuído ao Ministério Público não lhe confere o acesso irrestrito a "todos os relatórios de inteligência" produzidos pelo Departamento de Polícia Federal, incluindo aqueles não destinados a aparelhar procedimentos investigatórios criminais formalizados. STJ. 1ª Turma. REsp 1.439.193-RJ, Rel. Min. Gurgel de Faria, julgado em 14/6/2016 (Info 587).

**III** - representar à autoridade competente pela adoção de providências para sanar a omissão indevida, ou para prevenir ou corrigir ilegalidade ou abuso de poder;

**IV** - requisitar à autoridade competente a instauração de inquérito policial sobre a omissão ou fato ilícito ocorrido no exercício da atividade policial;

**V** - promover a ação penal por abuso de poder.

**Art. 10.** A prisão de qualquer pessoa, por parte de autoridade federal ou do Distrito Federal e Territórios, deverá ser comunicada imediatamente ao Ministério Público competente, com indicação do lugar onde se encontra o preso e cópia dos documentos comprobatórios da legalidade da prisão.

## CAPÍTULO IV. DA DEFESA DOS DIREITOS CONSTITUCIONAIS

**Art. 11.** A defesa dos direitos constitucionais do cidadão visa à garantia do seu efetivo respeito pelos Poderes Públicos e pelos prestadores de serviços de relevância pública.

**Art. 12.** O Procurador dos Direitos do Cidadão agirá de ofício ou mediante representação, notificando a autoridade questionada para que preste informação, no prazo que assinar.

**Art. 13.** Recebidas ou não as informações e instruído o caso, se o Procurador dos Direitos do Cidadão concluir que direitos constitucionais foram ou estão sendo desrespeitados, deverá notificar o responsável para que tome as providências necessárias a prevenir a repetição ou que determine a cessação do desrespeito verificado.

**Art. 14.** Não atendida, no prazo devido, a notificação prevista no artigo anterior, a Procuradoria dos Direitos do Cidadão representará ao poder ou autoridade competente para promover a responsabilidade pela ação ou omissão inconstitucionais.

**Art. 15.** É vedado aos órgãos de defesa dos direitos constitucionais do cidadão promover em juízo a defesa de direitos individuais lesados.

**§ 1º.** Quando a legitimidade para a ação decorrente da inobservância da Constituição Federal, verificada pela Procuradoria, couber a outro órgão do Ministério Público, os elementos de informação ser-lhe-ão remetidos.

**§ 2º.** Sempre que o titular do direito lesado não puder constituir advogado e a ação cabível não incumbir ao Ministério Público, o caso, com os elementos colhidos, será encaminhado à Defensoria Pública competente.

**Art. 16.** A lei regulará os procedimentos da atuação do Ministério Público na defesa dos direitos constitucionais do cidadão.

## CAPÍTULO V. DAS GARANTIAS E DAS PRERROGATIVAS

**Art. 17.** Os membros do Ministério Público da União gozam das seguintes garantias:

**I** - vitaliciedade, após 2 (dois) anos de efetivo exercício, não podendo perder o cargo senão por sentença judicial transitada em julgado;

**II** - inamovibilidade, salvo por motivo de interesse público, mediante decisão do Conselho Superior, por voto de 2/3 (dois terços) de seus membros, assegurada ampla defesa;

**III** - (VETADO).

**Art. 18.** São prerrogativas dos membros do Ministério Público da União:

**I** - institucionais:

*a)* sentar-se no mesmo plano e imediatamente à direita dos juízes singulares ou presidentes dos órgãos judiciários perante os quais oficiem;

- Prerrogativa do MP de se sentar ao lado direito do juiz. Os membros do Ministério Público possuem a prerrogativa institucional de se sentarem à direita dos juízes ou dos presidentes dos Tribunais perante os quais oficiem, independentemente de estarem atuando como parte ou fiscal da lei. Trata-se de previsão do art. 41, XI, da Lei nº 8.625/93 e do art. 18, I, "a", da LC 75/93. STJ. 2ª Turma. RMS 23.919-SP, Rel. Min. Mauro Campbell Marques, julgado em 5/9/2013 (Info 529).

*b)* usar vestes talares;

*c)* ter ingresso e trânsito livres, em razão de serviço, em qualquer recinto público ou privado, respeitada a garantia constitucional da inviolabilidade do domicílio;

*d)* a prioridade em qualquer serviço de transporte ou comunicação, público ou privado, no território nacional, quando em serviço de caráter urgente;

*e)* o porte de arma, independentemente de autorização;

*f)* carteira de identidade especial, de acordo com modelo aprovado pelo Procurador-Geral da República e por ele expedida, nela se consignando as prerrogativas constantes do inciso I, alíneas *c*, *d* e *e* do inciso II, alíneas *d*, e *e* *f*, deste artigo;

**II** – processuais:

*a)* do Procurador-Geral da República, ser processado e julgado, nos crimes comuns, pelo Supremo Tribunal Federal e pelo Senado Federal, nos crimes de responsabilidade;

*b)* do membro do Ministério Público da União que oficie perante tribunais, ser processado e julgado, nos crimes comuns e de responsabilidade, pelo Superior Tribunal de Justiça;

*c)* do membro do Ministério Público da União que oficie perante juízos de primeira instância, ser processado e julgado, nos crimes comuns e de responsabilidade, pelos Tribunais Regionais Federais, ressalvada a competência da Justiça Eleitoral;

*d)* ser preso ou detido somente por ordem escrita do tribunal competente ou em razão de flagrante de crime inafiançável, caso em que a autoridade fará imediata comunicação àquele tribunal e ao Procurador-Geral da República, sob pena de responsabilidade;

*e)* ser recolhido à prisão especial ou à sala especial de Estado-Maior, com direito a privacidade e à disposição do tribunal competente para o julgamento, quando sujeito a prisão antes da decisão final; e a dependência separada no estabelecimento em que tiver de ser cumprida a pena;

*f)* não ser indiciado em inquérito policial, observado o disposto no parágrafo único deste artigo;

*g)* ser ouvido, como testemunhas, em dia, hora e local previamente ajustados com o magistrado ou a autoridade competente;

*h)* receber intimação pessoalmente nos autos em qualquer processo e grau de jurisdição nos feitos em que tiver que oficiar.

- Intimação pessoal dos membros do Ministério Público no processo penal. O termo inicial da contagem do prazo para impugnar decisão judicial é, para o Ministério Público, a data da entrega dos autos na repartição administrativa do órgão, sendo irrelevante que a intimação pessoal tenha se dado em audiência, em cartório ou por mandado. STJ. 3ª Seção. REsp 1.349.935-SE, Rel. Min. Rogério Schietti Cruz, julgado em 23/8/2017 (recurso repetitivo) (Info 611).

**Parágrafo único.** Quando, no curso de investigação, houver indício da prática de infração penal por membro do Ministério Público da União, a autoridade policial, civil ou militar, remeterá imediatamente os autos ao Procurador-Geral da República, que designará membro do Ministério Público para prosseguimento da apuração do fato.

**Art. 19.** O Procurador-Geral da República terá as mesmas honras e tratamento dos Ministros do Supremo Tribunal Federal; e os demais membros da Instituição, as que forem reservadas aos magistrados perante os quais oficiem.

**Art. 20.** Os órgãos do Ministério Público da União terão presença e palavra asseguradas em todas as sessões dos colegiados em que oficiem.

**Art. 21.** As garantias e prerrogativas dos membros do Ministério Público da União são inerentes ao exercício de suas funções e irrenunciáveis.

**Parágrafo único.** As garantias e prerrogativas previstas nesta Lei Complementar não excluem as que sejam estabelecidas em outras leis.

(...)

## CAPÍTULO VII.
## DA ESTRUTURA

**Art. 24.** O Ministério Público da União compreende:

**I** – o Ministério Público Federal;

**II** – o Ministério Público do Trabalho;

**III** – o Ministério Público Militar;

**IV** – o Ministério Público do Distrito Federal e Territórios.

**Parágrafo único.** A estrutura básica do Ministério Público da União será organizada por regulamento, nos termos da lei.

(...)

# TÍTULO II.
# DOS RAMOS DO MINISTÉRIO PÚBLICO DA UNIÃO

## CAPÍTULO I.
## DO MINISTÉRIO PÚBLICO FEDERAL

### SEÇÃO I.
### DA COMPETÊNCIA, DOS ÓRGÃOS E DA CARREIRA

**Art. 37.** O Ministério Público Federal exercerá as suas funções:

**I** – nas causas de competência do Supremo Tribunal Federal, do Superior Tribunal de Justiça, dos Tribunais Regionais Federais e dos Juízes Federais, e dos Tribunais e Juízes Eleitorais;

**II** – nas causas de competência de quaisquer juízes e tribunais, para defesa de direitos e interesses dos índios e das populações indígenas, do meio ambiente, de bens e direitos de valor artístico, estético, histórico, turístico e paisagístico, integrantes do patrimônio nacional;

**III** – (VETADO).

**Parágrafo único.** O Ministério Público Federal será parte legítima para interpor recurso extraordinário das decisões da Justiça dos Estados nas representações de inconstitucionalidade.

**Art. 38.** São funções institucionais do Ministério Público Federal as previstas nos Capítulos I, II, III e IV do Título I, incumbindo-lhe, especialmente:

**I** – instaurar inquérito civil e outros procedimentos administrativos correlatos;

**II** – requisitar diligências investigatórias e instauração de inquérito policial, podendo acompanhá-los e apresentar provas;

**III** – requisitar à autoridade competente a instauração de procedimentos administrativos, ressalvados os de natureza disciplinar, podendo acompanhá-los e produzir provas;

**IV** – exercer o controle externo da atividade das polícias federais, na forma do artigo 9º;

**V** – participar dos Conselhos Penitenciários;

**VI** – integrar os órgãos colegiados previstos no § 2º do artigo 6º, quando componentes da estrutura administrativa da União;

**VII** – fiscalizar a execução da pena, nos processos de competência da Justiça Federal e da Justiça Eleitoral.

- CPC/2015, art. 176. O Ministério Público atuará na defesa da ordem jurídica, do regime democrático e dos interesses e direitos sociais e individuais indisponíveis.
- Art. 177. O Ministério Público exercerá o direito de ação em conformidade com suas atribuições constitucionais.
- Art. 178. O Ministério Público será intimado para, no prazo de 30 (trinta) dias, intervir como fiscal da ordem jurídica nas hipóteses previstas em lei ou na Constituição Federal e nos processos que envolvam:
  I – interesse público ou social;
  II – interesse de incapaz;
  III – litígios coletivos pela posse de terra rural ou urbana.
  Parágrafo único. A participação da Fazenda Pública não configura, por si só, hipótese de intervenção do Ministério Público.
- Art. 179. Nos casos de intervenção como fiscal da ordem jurídica, o Ministério Público:
  I – terá vista dos autos depois das partes, sendo intimado de todos os atos do processo;
  II – poderá produzir provas, requerer as medidas processuais pertinentes e recorrer.
- Art. 180. O Ministério Público gozará de prazo em dobro para manifestar-se nos autos, que terá início a partir de sua intimação pessoal, nos termos do art. 183, § 1º.
  § 1º Findo o prazo para manifestação do Ministério Público sem o oferecimento de parecer, o juiz requisitará os autos e dará andamento ao processo.
  § 2º Não se aplica o benefício da contagem em dobro quando a lei estabelecer, de forma expressa, prazo próprio para o Ministério Público.
- Art. 181. O membro do Ministério Público será civil e regressivamente responsável quando agir com dolo ou fraude no exercício de suas funções.

**Art. 39.** Cabe ao Ministério Público Federal exercer a defesa dos direitos constitucionais do cidadão, sempre que se cuidar de garantir-lhes o respeito:

**I** – pelos Poderes Públicos Federais;

**II** – pelos órgãos da administração pública federal direta ou indireta;

**III** – pelos concessionários e permissionários de serviço público federal;

**IV** – por entidades que exerçam outra função delegada da União.

- Legitimidade do MP para pleitear tratamento médico ou entrega de medicamentos. O Ministério Público é parte legítima para pleitear tratamento médico ou entrega de medicamentos nas demandas de saúde propostas contra os entes federativos, mesmo quando se tratar de feitos contendo beneficiários individualizados, porque se refere a direitos individuais indisponíveis, na forma do art. 1º da Lei n. 8.625/1993 (Lei Orgânica Nacional do Ministério Público). STJ. 1ª Seção. REsp 1.682.836-SP, Rel. Min. Og Fernandes, julgado em 25/04/2018 (recurso repetitivo) (Info 624).
- O Ministério Público é parte legítima para ajuizamento de ação civil pública que vise o fornecimento de remédios a portadores de certa doença. STF. Plenário. RE 605533/MG, Rel. Min. Marco Aurélio, julgado em 15/8/2018 (repercussão geral) (Info 911).

**Art. 40.** O Procurador-Geral da República designará, dentre os Subprocuradores-Gerais da República e mediante prévia aprovação do nome pelo Conselho Superior, o Procurador Federal dos Direitos do Cidadão, para exercer as funções do ofício pelo prazo de 2 (dois) anos, permitida uma recondução, precedida de nova decisão do Conselho Superior.

**§ 1º.** Sempre que possível, o Procurador não acumulará o exercício de suas funções com outras do Ministério Público Federal.

**§ 2º.** O Procurador somente será dispensado, antes do termo de sua investidura, por iniciativa do Procurador-Geral da República, anuindo a maioria absoluta do Conselho Superior.

**Art. 41.** Em cada Estado e no Distrito Federal será designado, na forma do artigo 49, III, órgão do Ministério Público Federal para exercer as funções do ofício de Procurador Regional dos Direitos do Cidadão.

**Parágrafo único.** O Procurador Federal dos Direitos do Cidadão expedirá instruções para o exercício das funções dos ofícios de Procurador dos Direitos do Cidadão, respeitado o princípio da independência funcional.

**Art. 42.** A execução da medida prevista no art. 14 incumbe ao Procurador Federal dos Direitos do Cidadão.

**Art. 43.** São órgãos do Ministério Público Federal:

**I** – o Procurador-Geral da República;

**II** – o Colégio de Procuradores da República;

**III** – o Conselho Superior do Ministério Público Federal;

**IV** – as Câmaras de Coordenação e Revisão do Ministério Público Federal;

**V** – a Corregedoria do Ministério Público Federal;

**VI** – os Subprocuradores-Gerais da República;

**VII** – os Procuradores Regionais da República;

**VIII** – os Procuradores da República.

**Parágrafo único.** As Câmaras de Coordenação e Revisão poderão funcionar isoladas ou reunidas, integrando Conselho Institucional, conforme dispuser o seu regimento.

**Art. 44.** A carreira do Ministério Público Federal é constituída pelos cargos de Subprocurador-Geral da República, Procurador Regional da República e Procurador da República.

**Parágrafo único.** O cargo inicial da carreira é o de Procurador da República e o do último nível o de Subprocurador-Geral da República.

(...)

## SEÇÃO V. DAS CÂMARAS DE COORDENAÇÃO E REVISÃO DO MINISTÉRIO PÚBLICO FEDERAL

**Art. 58.** As Câmaras de Coordenação e Revisão do Ministério Público Federal são os órgãos setoriais de coordenação, de integração e de revisão do exercício funcional na instituição.

**Art. 59.** As Câmaras de Coordenação e Revisão serão organizadas por função ou por matéria, através de ato normativo.

**Parágrafo único.** Regimento Interno que disporá sobre o funcionamento das Câmaras de Coordenação e Revisão será elaborado pelo Conselho Superior.

**Art. 60.** As Câmaras de Coordenação e Revisão serão compostas por três membros do Ministério Público Federal, sendo um indicado pelo Procurador-Geral da República e dois pelo Conselho Superior, juntamente com seus suplentes, para um mandato de 2 (dois) anos, dentre integrantes do último grau da carreira, sempre que possível.

**Art. 61.** Dentre os integrantes da Câmara de Coordenação e Revisão, um deles será designado pelo Procurador-Geral para a função executiva de Coordenador.

**Art. 62.** Compete às Câmaras de Coordenação e Revisão:

**I** – promover a integração e a coordenação dos órgãos institucionais que atuem em ofícios ligados ao setor de sua competência, observado o princípio da independência funcional;

**II** – manter intercâmbio com órgãos ou entidades que atuem em áreas afins;

**III** – encaminhar informações técnico-jurídicas aos órgãos institucionais que atuem em seu setor;

**IV** – manifestar-se sobre o arquivamento de inquérito policial, inquérito parlamentar ou peças de informação, exceto nos casos de competência originária do Procurador-Geral;

**V** – resolver sobre a distribuição especial de feitos que, por sua contínua reiteração, devam receber tratamento uniforme;

**VI** – resolver sobre a distribuição especial de inquéritos, feitos e procedimentos, quando a matéria, por sua natureza ou relevância, assim o exigir;

**VII** – decidir os conflitos de atribuições entre os órgãos do Ministério Público Federal.

**Parágrafo único.** A competência fixada nos incisos V e VI será exercida segundo critérios objetivos previamente estabelecidos pelo Conselho Superior.

(...)

## CAPÍTULO III. DA DISCIPLINA

### SEÇÃO I. DOS DEVERES E VEDAÇÕES

**Art. 236.** O membro do Ministério Público da União, em respeito à dignidade de suas funções e à da Justiça, deve observar as normas que regem o seu exercício e especialmente:

**I** – cumprir os prazos processuais;

**II** – guardar segredo sobre assunto de caráter sigiloso que conheça em razão do cargo ou função;

**III** – velar por suas prerrogativas institucionais e processuais;

**IV** – prestar informações aos órgãos da administração superior do Ministério Público, quando requisitadas;

**V** – atender ao expediente forense e participar dos atos judiciais, quando for obrigatória a sua presença; ou assistir a outros, quando conveniente ao interesse do serviço;

**VI** – declarar-se suspeito ou impedido, nos termos da lei;

**VII** – adotar as providências cabíveis em face das irregularidades de que tiver conhecimento ou que ocorrerem nos serviços a seu cargo;

**VIII** – tratar com urbanidade as pessoas com as quais se relacione em razão do serviço;

**IX** – desempenhar com zelo e probidade as suas funções;

**X** – guardar decoro pessoal.

**Art. 237.** É vedado ao membro do Ministério Público da União:

**I** – receber, a qualquer título e sob qualquer pretexto, honorários, percentagens ou custas processuais;

**II** – exercer a advocacia;

**III** – exercer o comércio ou participar de sociedade comercial, exceto como cotista ou acionista;

**IV** – exercer, ainda que em disponibilidade, qualquer outra função pública, salvo uma de magistério;

**V** – exercer atividade político-partidária, ressalvada a filiação e o direito de afastar-se para exercer cargo eletivo ou a ele concorrer.

### SEÇÃO II. DOS IMPEDIMENTOS E SUSPEIÇÕES

**Art. 238.** Os impedimentos e as suspeições dos membros do Ministério Público são os previstos em lei.

(...)

Brasília, 20 de maio de 1993, 172º da Independência e 105º da República.

Itamar Franco

Maurício Corrêa

# LEI COMPLEMENTAR Nº 80, DE 12 DE JANEIRO DE 1994

***(Excertos)***

*Organiza a Defensoria Pública da União, do Distrito Federal e dos Territórios e prescreve normas gerais para sua organização nos Estados, e dá outras providências.*

O PRESIDENTE DA REPÚBLICA Faço saber que o Congresso Nacional decreta e eu sanciono a seguinte Lei:

## TÍTULO I. DISPOSIÇÕES GERAIS

**Art. 1º.** A Defensoria Pública é instituição permanente, essencial à função jurisdicional do Estado, incumbindo-lhe, como expressão e instrumento do regime democrático, fundamentalmente, a orientação jurídica, a promoção dos direitos humanos e a defesa, em todos os graus, judicial e extrajudicial, dos direitos individuais e coletivos, de forma integral e gratuita, aos necessitados, assim considerados na forma do inciso LXXIV do art. 5º da Constituição Federal.

**Art. 2º.** A Defensoria Pública abrange:

**I** – a Defensoria Pública da União;

**II** – a Defensoria Pública do Distrito Federal e dos Territórios;

**III** – as Defensorias Públicas dos Estados.

**Art. 3º.** São princípios institucionais da Defensoria Pública a unidade, a indivisibilidade e a independência funcional.

**Parágrafo único.** (*VETADO*).

**Art. 3º-A.** São objetivos da Defensoria Pública:

**I** – a primazia da dignidade da pessoa humana e a redução das desigualdades sociais;

**II** – a afirmação do Estado Democrático de Direito;

**III** – a prevalência e efetividade dos direitos humanos; e

**IV** – a garantia dos princípios constitucionais da ampla defesa e do contraditório.

**Art. 4º.** São funções institucionais da Defensoria Pública, dentre outras:

**I** – prestar orientação jurídica e exercer a defesa dos necessitados, em todos os graus;

**II** – promover, prioritariamente, a solução extrajudicial dos litígios, visando à composição entre as pessoas em conflito de interesses, por meio de mediação, conciliação, arbitragem e demais técnicas de composição e administração de conflitos;

**III** – promover a difusão e a conscientização dos direitos humanos, da cidadania e do ordenamento jurídico;

**IV** – prestar atendimento interdisciplinar, por meio de órgãos ou de servidores de suas Carreiras de apoio para o exercício de suas atribuições;

**V** – exercer, mediante o recebimento dos autos com vista, a ampla defesa e o contraditório em favor de pessoas naturais e jurídicas, em processos administrativos e judiciais, perante todos os órgãos e em todas as instâncias, ordinárias ou extraordinárias, utilizando todas as medidas capazes de propiciar a adequada e efetiva defesa de seus interesses;

**VI** – representar aos sistemas internacionais de proteção dos direitos humanos, postulando perante seus órgãos;

**VII** – promover ação civil pública e todas as espécies de ações capazes de propiciar a adequada tutela dos direitos difusos, coletivos ou individuais homogêneos quando o resultado da demanda puder beneficiar grupo de pessoas hipossuficientes;

**VIII** – exercer a defesa dos direitos e interesses individuais, difusos, coletivos e individuais homogêneos e dos direitos do consumidor, na forma do inciso LXXIV do art. 5º da Constituição Federal;

**IX** – impetrar *habeas corpus*, mandado de injunção, *habeas data* e mandado de segurança ou qualquer outra ação em defesa das funções institucionais e prerrogativas de seus órgãos de execução;

**X** – promover a mais ampla defesa dos direitos fundamentais dos necessitados, abrangendo seus direitos individuais, coletivos, sociais, econômicos, culturais e ambientais, sendo admissíveis todas as espécies de ações capazes de propiciar sua adequada e efetiva tutela;

**XI** – exercer a defesa dos interesses individuais e coletivos da criança e do adolescente, do idoso, da pessoa portadora de necessidades especiais, da mulher vítima de violência doméstica e familiar e de outros grupos sociais vulneráveis que mereçam proteção especial do Estado;

**XII** – (*VETADO*);

**XIII** – (*VETADO*).

**XIV** – acompanhar inquérito policial, inclusive com a comunicação imediata da prisão em flagrante pela autoridade policial, quando o preso não constituir advogado;

**XV** – patrocinar ação penal privada e a subsidiária da pública;

**XVI** – exercer a curadoria especial nos casos previstos em lei;

**XVII** – atuar nos estabelecimentos policiais, penitenciários e de internação de adolescentes, visando a assegurar às pessoas, sob quaisquer circunstâncias, o exercício pleno de seus direitos e garantias fundamentais;

**XVIII** – atuar na preservação e reparação dos direitos de pessoas vítimas de tortura, abusos sexuais, discriminação ou qualquer outra forma de opressão ou violência, propiciando o acompanhamento e o atendimento interdisciplinar das vítimas;

**XIX** – atuar nos Juizados Especiais;

**XX** – participar, quando tiver assento, dos conselhos federais, estaduais e municipais afetos às funções institucionais da Defensoria Pública, respeitadas as atribuições de seus ramos;

**XXI** – executar e receber as verbas sucumbenciais decorrentes de sua atuação, inclusive quando devidas por quaisquer entes públicos, destinando-as a fundos geridos pela Defensoria Pública e destinados, exclusivamente, ao aparelhamento da Defensoria Pública e à capacitação profissional de seus membros e servidores;

**XXII** – convocar audiências públicas para discutir matérias relacionadas às suas funções institucionais.

**§ 1º.** (*VETADO*).

**§ 2º.** As funções institucionais da Defensoria Pública serão exercidas inclusive contra as Pessoas Jurídicas de Direito Público.

**§ 3º.** (*VETADO*).

**§ 4º.** O instrumento de transação, mediação ou conciliação referendado pelo Defensor Público valerá como título executivo extrajudicial, inclusive quando celebrado com a pessoa jurídica de direito público.

**§ 5º** A assistência jurídica integral e gratuita custeada ou fornecida pelo Estado será exercida pela Defensoria Pública.

**§ 6º** A capacidade postulatória do Defensor Público decorre exclusivamente de sua nomeação e posse no cargo público.

- Defensor Público não precisa de inscrição na OAB para exercer suas funções. Os Defensores Públicos NÃO precisam de inscrição na OAB para exerceram suas atribuições. O art. 3º, § 1º, da Lei 8.906/94 deve receber interpretação conforme à Constituição de modo a se concluir que não se pode exigir inscrição na OAB dos membros das carreiras da Defensoria Pública. O art. 4º, § 6º, da LC 80/94 afirma que a capacidade postulatória dos Defensores Públicos decorre exclusivamente de sua nomeação e posse no cargo público, devendo esse dispositivo prevalecer em relação ao Estatuto da OAB por se tratar de previsão posterior e específica. Vale ressaltar que é válida a exigência de inscrição na OAB para os candidatos ao concurso da Defensoria Pública porque tal previsão ainda permanece na Lei. STJ. 2ª Turma. REsp 1.710.155-CE, Rel. Min. Herman Benjamin, julgado em 01/03/2018 (Info 630).

**§ 7º** Aos membros da Defensoria Pública é garantido sentar-se no mesmo plano do Ministério Público.

**§ 8º** Se o Defensor Público entender inexistir hipótese de atuação institucional, dará imediata ciência ao Defensor Público-Geral, que decidirá a controvérsia, indicando, se for o caso, outro Defensor Público para atuar.

**§ 9º** O exercício do cargo de Defensor Público é comprovado mediante apresentação de carteira funcional expedida pela respectiva Defensoria Pública, conforme modelo previsto nesta Lei Complementar, a qual valerá como documento de identidade e terá fé pública em todo o território nacional.

**§ 10.** O exercício do cargo de Defensor Público é indelegável e privativo de membro da Carreira.

**§ 11.** Os estabelecimentos a que se refere o inciso XVII do *caput* reservarão instalações adequadas ao atendimento jurídico dos presos e internos por parte dos Defensores Públicos, bem como a esses fornecerão apoio administrativo, prestarão as informações solicitadas e assegurarão acesso à documentação dos presos e internos, aos quais é assegurado o direito de entrevista com os Defensores Públicos.

- CPC/2015, art. 185. A Defensoria Pública exercerá a orientação jurídica, a promoção dos direitos humanos e a defesa dos direitos individuais e coletivos dos necessitados, em todos os graus, de forma integral e gratuita. (...)
- Art. 186. A Defensoria Pública gozará de prazo em dobro para todas as suas manifestações processuais.
  § 1º O prazo tem início com a intimação pessoal do defensor público, nos termos do art. 183, § 1º.
  § 2º A requerimento da Defensoria Pública, o juiz determinará a intimação pessoal da parte patrocinada quando o ato processual depender de providência ou informação que somente por ela possa ser realizada ou prestada.
  § 3º O disposto no *caput* aplica-se aos escritórios de prática jurídica das faculdades de Direito reconhecidas na forma da lei e às entidades que prestam assistência jurídica gratuita em razão de convênios firmados com a Defensoria Pública.
  § 4º Não se aplica o benefício da contagem em dobro quando a lei estabelecer, de forma expressa, prazo próprio para a Defensoria Pública. (...)
- Art. 187. O membro da Defensoria Pública será civil e regressivamente responsável quando agir com dolo ou fraude no exercício de suas funções.

**Art. 4º-A.** São direitos dos assistidos da Defensoria Pública, além daqueles previstos na legislação estadual ou em atos normativos internos:

**I** – a informação sobre:

*a)* localização e horário de funcionamento dos órgãos da Defensoria Pública;

*b)* a tramitação dos processos e os procedimentos para a realização de exames, perícias e outras providências necessárias à defesa de seus interesses;

**II** – a qualidade e a eficiência do atendimento;

**III** – o direito de ter sua pretensão revista no caso de recusa de atuação pelo Defensor Público;

**IV** – o patrocínio de seus direitos e interesses pelo defensor natural;

**V** – a atuação de Defensores Públicos distintos, quando verificada a existência de interesses antagônicos ou colidentes entre destinatários de suas funções.

# TÍTULO II. DA ORGANIZAÇÃO DA DEFENSORIA PÚBLICA DA UNIÃO

## CAPÍTULO I. DA ESTRUTURA

**Art. 5º.** A Defensoria Pública da União compreende:

**I** – órgãos de administração superior:

*a)* a Defensoria Pública-Geral da União;

*b)* a Subdefensoria Pública-Geral da União;

*c)* o Conselho Superior da Defensoria Pública da União;

*d)* a Corregedoria-Geral da Defensoria Pública da União;

**II** – órgãos de atuação:

*a)* as Defensorias Públicas da União nos Estados, no Distrito Federal e nos Territórios;

*b)* os Núcleos da Defensoria Pública da União;

**III** – órgãos de execução:

*a)* os Defensores Públicos Federais nos Estados, no Distrito Federal e nos Territórios.

### SEÇÃO I. DO DEFENSOR PÚBLICO-GERAL FEDERAL E DO SUBDEFENSOR PÚBLICO-GERAL FEDERAL

**Art. 6º.** A Defensoria Pública da União tem por chefe o Defensor Público-Geral Federal, nomeado pelo Presidente da República, dentre membros estáveis da Carreira e maiores de 35 (trinta e cinco) anos, escolhidos em lista tríplice formada pelo voto direto, secreto, plurinominal e obrigatório de seus membros, após a aprovação de seu nome pela maioria absoluta dos membros do Senado Federal, para mandato de 2 (dois) anos, permitida uma recondução, precedida de nova aprovação do Senado Federal.

**§ 1º.** (*VETADO*).

**§ 2º.** (*VETADO*).

**Art. 7º.** O Defensor Público-Geral Federal será substituído, em suas faltas, impedimentos, licenças e férias, pelo Subdefensor Público-Geral Federal, nomeado pelo Presidente da República, dentre os integrantes da Categoria Especial da Carreira, escolhidos pelo Conselho Superior, para mandato de 2 (dois) anos.

**Parágrafo único.** A União poderá, segundo suas necessidades, ter mais de um Subdefensor Público-Geral Federal.

**Art. 8º.** São atribuições do Defensor Público-Geral, dentre outras:

**I** – dirigir a Defensoria Pública da União, superintender e coordenar suas atividades e orientar-lhe a atuação;

**II** – representar a Defensoria Pública da União judicial e extrajudicialmente;

**III** – velar pelo cumprimento das finalidades da Instituição;

**IV** – integrar, como membro nato, e presidir o Conselho Superior da Defensoria Pública da União;

**V** – submeter ao Conselho Superior proposta de criação ou de alteração do Regimento Interno da Defensoria Pública-Geral da União;

**VI** – autorizar os afastamentos dos membros da Defensoria Pública da União;

**VII** – estabelecer a lotação e a distribuição dos membros e dos servidores da Defensoria Pública da União;

**VIII** – dirimir conflitos de atribuições entre membros da Defensoria Pública da União, com recurso para seu Conselho Superior;

**IX** – proferir decisões nas sindicâncias e processos administrativos disciplinares promovidos pela Corregedoria-Geral da Defensoria Pública da União;

**X** – instaurar processo disciplinar contra membros e servidores da Defensoria Pública da União, por recomendação de seu Conselho Superior;

**XI** – abrir concursos públicos para ingresso na carreira da Defensoria Pública da União;

**XII** – determinar correições extraordinárias;

**XIII** – praticar atos de gestão administrativa, financeira e de pessoal;

**XIV** – convocar o Conselho Superior da Defensoria Pública da União;

**XV** – designar membro da Defensoria Pública da União para exercício de suas atribuições em órgão de atuação diverso do de sua lotação ou, em caráter excepcional, perante Juízos, Tribunais ou Ofícios diferentes dos estabelecidos para cada categoria;

**XVI** – requisitar de qualquer autoridade pública e de seus agentes, certidões, exames, perícias, vistorias, diligências, processos, documentos, informações, esclarecimentos e demais providências necessárias à atuação da Defensoria Pública;

**XVII** – aplicar a pena da remoção compulsória, aprovada pelo voto de 2/3 (dois terços) do Conselho Superior da Defensoria Pública da União, assegurada ampla defesa;

**XVIII** – delegar atribuições a autoridade que lhe seja subordinada, na forma da lei.

**XIX** – requisitar força policial para assegurar a incolumidade física dos membros da Defensoria Pública da União, quando estes se encontrarem ameaçados em razão do desempenho de suas atribuições institucionais;

**XX** – apresentar plano de atuação da Defensoria Pública da União ao Conselho Superior.

**Parágrafo único.** Ao Subdefensor Público-Geral Federal, além da atribuição prevista no art. 7º desta Lei Complementar, compete:

**I** – auxiliar o Defensor Público-Geral nos assuntos de interesse da Instituição;

**II** – desincumbir-se das tarefas e delegações que lhe forem determinadas pelo Defensor Público-Geral.

(...)

## SEÇÃO IV. DA DEFENSORIA PÚBLICA DA UNIÃO NOS ESTADOS, NO DISTRITO FEDERAL E NOS TERRITÓRIOS

**Art. 14.** A Defensoria Pública da União atuará nos Estados, no Distrito Federal e nos Territórios, junto às Justiças Federal, do Trabalho, Eleitoral, Militar, Tribunais Superiores e instâncias administrativas da União.

**§ 1º.** A Defensoria Pública da União deverá firmar convênios com as Defensorias Públicas dos Estados e do Distrito Federal, para que estas, em seu nome, atuem junto aos órgãos de primeiro e segundo graus de jurisdição referidos no *caput*, no desempenho das funções que lhe são cometidas por esta Lei Complementar.

**§ 2º.** Não havendo na unidade federada Defensoria Pública constituída nos moldes desta Lei Complementar, é autorizado o convênio com a entidade pública que desempenhar essa função, até que seja criado o órgão próprio.

**§ 3º.** A prestação de assistência judiciária pelos órgãos próprios da Defensoria Pública da União dar-se-á, preferencialmente, perante o Supremo Tribunal Federal e os Tribunais superiores.

**Art. 15.** Os órgãos de atuação da Defensoria Pública da União em cada Estado, no Distrito Federal e nos Territórios serão dirigidos por Defensor Público-Chefe, designado pelo Defensor Público-Geral, dentre os integrantes da carreira.

**Parágrafo único.** Ao Defensor Público-Chefe, sem prejuízo de suas funções institucionais, compete, especialmente:

**I** – coordenar as atividades desenvolvidas pelos Defensores Públicos Federais que atuem em sua área de competência;

**II** – sugerir ao Defensor Público-Geral providências para o aperfeiçoamento das atividades institucionais em sua área de competência;

**III** – deferir ao membro da Defensoria Pública da União sob sua coordenação direitos e vantagens legalmente autorizados, por expressa delegação de competência do Defensor Público-Geral;

**IV** – solicitar providências correicionais ao Defensor Público-Geral, em sua área de competência;

**V** – remeter, semestralmente, ao Corregedor-Geral, relatório das atividades na sua área de competência.

**Art. 15-A.** A organização da Defensoria Pública da União deve primar pela descentralização, e sua atuação deve incluir atendimento interdisciplinar, bem como a tutela dos interesses individuais, difusos, coletivos e individuais homogêneos.

## SEÇÃO V. DOS NÚCLEOS DA DEFENSORIA PÚBLICA DA UNIÃO NOS ESTADOS, NO DISTRITO FEDERAL E NOS TERRITÓRIOS

**Art. 16.** A Defensoria Pública da União nos Estados, no Distrito Federal e nos Territórios poderá atuar por meio de Núcleos.

**Art. 17.** Os Núcleos são dirigidos por Defensor Público-Chefe, nos termos do art. 15 desta Lei Complementar.

## SEÇÃO VI. DOS DEFENSORES PÚBLICOS FEDERAIS

**Art. 18.** Aos Defensores Públicos Federais incumbe o desempenho das funções de orientação, postulação e defesa dos direitos e interesses dos necessitados, cabendo-lhes, especialmente:

**I** – atender às partes e aos interessados;

**II** – postular a concessão de gratuidade de justiça para os necessitados;

**III** – tentar a conciliação das partes, antes de promover a ação cabível;

**IV** – acompanhar e comparecer aos atos processuais e impulsionar os processos;

**V** – interpor recurso para qualquer grau de jurisdição e promover revisão criminal, quando cabível;

**VI** – sustentar, oralmente ou por memorial, os recursos interpostos e as razões apresentadas por intermédio da Defensoria Pública da União;

**VII** – defender os acusados em processo disciplinar.

**VIII** – participar, com direito de voz e voto, do Conselho Penitenciário;

**IX** – certificar a autenticidade de cópias de documentos necessários à instrução de processo administrativo ou judicial, à vista da apresentação dos originais;

**X** – atuar nos estabelecimentos penais sob a administração da União, visando ao atendimento jurídico permanente dos presos e sentenciados, competindo à administração do sistema penitenciário federal reservar instalações seguras e adequadas aos seus trabalhos, franquear acesso a todas as dependências do estabelecimento independentemente de prévio agendamento, fornecer apoio administrativo, prestar todas as informações solicitadas, assegurar o acesso à documentação dos presos e internos, aos quais não poderá, sob fundamento algum, negar o direito de entrevista com os membros da Defensoria Pública da União.

# CAPÍTULO II. DA CARREIRA

**Art. 19.** A Defensoria Pública da União é integrada pela Carreira de Defensor Público Federal, composta de 3 (três) categorias de cargos efetivos:

› Lei 12.763/2012 – Criação de cargos de Defensor Público Federal.

**I** – Defensor Público Federal de 2ª Categoria (inicial);

**II** – Defensor Público Federal de 1ª Categoria (intermediária);

**III** – Defensor Público Federal de Categoria Especial (final).

**Art. 20.** Os Defensores Públicos Federais de 2ª Categoria atuarão junto aos Juízos Federais, aos Juízos do Trabalho, às Juntas e aos Juízes Eleitorais, aos Juízes Militares, às Auditorias Militares, ao Tribunal Marítimo e às instâncias administrativas.

**Art. 21.** Os Defensores Públicos Federais de 1ª Categoria atuarão nos Tribunais Regionais Federais, nas Turmas dos Juizados Especiais Federais, nos Tribunais Regionais do Trabalho e nos Tribunais Regionais Eleitorais.

**Art. 22.** Os Defensores Públicos Federais de Categoria Especial atuarão no Superior Tribunal de Justiça, no Tribunal Superior do Trabalho, no Tribunal Superior Eleitoral, no Superior Tribunal Militar e na Turma Nacional de Uniformização dos Juizados Especiais Federais.

**Parágrafo único.** (*VETADO*).

**Art. 23.** O Defensor Público-Geral atuará junto ao Supremo Tribunal Federal.

## SEÇÃO I. DO INGRESSO NA CARREIRA

**Art. 24.** O ingresso na Carreira da Defensoria Pública da União far-se-á mediante aprovação prévia em concurso público, de âmbito nacional, de provas e títulos, com a participação da Ordem dos Advogados do Brasil, no cargo inicial de Defensor Público Federal de 2ª Categoria.

**§ 1º.** Do regulamento do concurso constarão os programas das disciplinas sobre as quais versarão as provas, bem como outras disposições pertinentes à sua organização e realização.

**§ 2º.** O edital de abertura de inscrições no concurso indicará, obrigatoriamente, o número de cargos vagos na categoria inicial da carreira.

**Art. 25.** O concurso de ingresso realizar-se-á, obrigatoriamente, quando o número de vagas exceder a 1/5 (um quinto) dos cargos iniciais da carreira e, facultativamente, quando o exigir o interesse da administração.

**Art. 26.** O candidato, no momento da inscrição, deve possuir registro na Ordem dos Advogados do Brasil, ressalvada a situação dos proibidos de obtê-la, e comprovar, no mínimo, 2 (dois) anos de prática forense, devendo indicar sua opção por uma das unidades da Federação onde houver vaga.

**§ 1º.** Considera-se como atividade jurídica o exercício da advocacia, o cumprimento de estágio de Direito reconhecido por lei e o desempenho de cargo, emprego ou função, de nível superior, de atividades eminentemente jurídicas.

**§ 2º.** Os candidatos proibidos de inscrição na Ordem dos Advogados do Brasil comprovarão o registro até a posse no cargo de Defensor Público.

**Art. 26-A.** Aos aprovados no concurso deverá ser ministrado curso oficial de preparação à Carreira, objetivando o treinamento específico para o desempenho das funções técnico-jurídicas e noções de outras disciplinas necessárias à consecução dos princípios institucionais da Defensoria Pública.

**Art. 27.** O concurso será realizado perante bancas examinadoras constituídas pelo Conselho Superior.

## SEÇÃO II.
## DA NOMEAÇÃO, DA LOTAÇÃO E DA DISTRIBUIÇÃO

**Art. 28.** O candidato aprovado no concurso público para ingresso na carreira da Defensoria Pública será nomeado pelo Presidente da República para cargo inicial da carreira, respeitada a ordem de classificação e o número de vagas existentes.

**Art. 29.** Os Defensores Públicos Federais serão lotados e distribuídos pelo Defensor Público-Geral Federal, assegurado aos nomeados para os cargos iniciais o direito de escolha do órgão de atuação, desde que vago e obedecida a ordem de classificação no concurso.

(...)

# CAPÍTULO III.
# DA INAMOVIBILIDADE E DA REMOÇÃO

**Art. 34.** Os membros da Defensoria Pública da União são inamovíveis, salvo se apenados com remoção compulsória, na forma desta Lei Complementar.

**Art. 35.** A remoção será feita a pedido ou por permuta, sempre entre membros da mesma categoria da carreira.

**Art. 36.** A remoção compulsória somente será aplicada com prévio parecer do Conselho Superior, assegurada ampla defesa em processo administrativo disciplinar.

**Art. 37.** A remoção a pedido far-se-á mediante requerimento ao Defensor Público-Geral, nos 15 (quinze) dias seguintes à publicação, no *Diário Oficial*, do aviso de existência de vaga.

**§ 1º.** Findo o prazo fixado no *caput* deste artigo e, havendo mais de um candidato à remoção, será removido o mais antigo na categoria e, ocorrendo empate, sucessivamente, o mais antigo na carreira, no serviço público da União, no serviço público em geral, o mais idoso e o mais bem classificado no concurso para ingresso na Defensoria Pública.

- O STF declarou a inconstitucionalidade da expressão "no serviço público da União, no serviço público em geral" contida no art. 37, § 1º. Isso porque é inválida a adoção de critérios estranhos ao desempenho da função institucional para efeito de desempate na promoção e na remoção por antiguidade de membros da Defensoria Pública (STF. Plenário. ADI 7303, Rel. Min. Alexandre de Moraes, julgado em 26/06/2023).

**§ 2º.** A remoção precederá o preenchimento da vaga por promoção.

**Art. 38.** Quando por permuta, a remoção será concedida mediante requerimento do interessado, atendida a conveniência do serviço e observada a ordem de antiguidade na Carreira.

# CAPÍTULO IV.
# DOS DIREITOS, DAS GARANTIAS E DAS PRERROGATIVAS DOS MEMBROS DA DEFENSORIA PÚBLICA DA UNIÃO

(...)

## SEÇÃO III.
## DAS GARANTIAS E DAS PRERROGATIVAS

**Art. 43.** São garantias dos membros da Defensoria Pública da União:

**I** – a independência funcional no desempenho de suas atribuições;

**II** – a inamovibilidade;

**III** – a irredutibilidade de vencimentos;

**IV** – a estabilidade.

**Art. 44.** São prerrogativas dos membros da Defensoria Pública da União:

**I** – receber, inclusive quando necessário, mediante entrega dos autos com vista, intimação pessoal em qualquer processo e grau de jurisdição ou instância administrativa, contando-se-lhes em dobro todos os prazos;

- Intimação pessoal com o recebimento dos autos na instituição. O Ministério Público e a Defensoria Pública possuem a prerrogativa de intimação pessoal das decisões em qualquer processo ou grau de jurisdição, sendo que o prazo de recurso deve ser contado a partir do recebimento dos autos com vista. Caso o processo tenha sido remetido à Instituição para intimação pessoal com vista dos autos, a contagem dos prazos para a Defensoria Pública ou para o Ministério Público tem início com a entrada dos autos no setor administrativo do órgão, sendo despicienda a aposição no processo do ciente por parte do seu membro. STJ. 3ª Turma. REsp 1.278.239-RJ, Rel. Min. Nancy Andrighi, julgado em 23/10/2012 (Info 507). STF. 1ª Turma. RHC 116061/ES, Rel. Min. Rosa Weber, julgado em 23/4/2013 (Info 703).

**II** – não ser preso, senão por ordem judicial escrita, salvo em flagrante, caso em que a autoridade fará imediata comunicação ao Defensor Público-Geral;

**III** – ser recolhido a prisão especial ou a sala especial de Estado-Maior, com direito a privacidade e, após sentença condenatória transitada em julgado, ser recolhido em dependência separada, no estabelecimento em que tiver de ser cumprida a pena;

**IV** – usar vestes talares e as insígnias privativas da Defensoria Pública;

**V** – (*VETADO*);

**VI** – ter vista pessoal dos processos fora dos cartórios e secretarias, ressalvadas as vedações legais;

**VII** – comunicar-se, pessoal e reservadamente, com seus assistidos, ainda quando esses se acharem presos ou detidos, mesmo incomunicáveis, tendo livre ingresso em estabelecimentos policiais, prisionais e de internação coletiva, independentemente de prévio agendamento;

**VIII** – examinar, em qualquer repartição pública, autos de flagrantes, inquéritos e processos, assegurada a obtenção de cópias e podendo tomar apontamentos;

**IX** – manifestar-se em autos administrativos ou judiciais por meio de cota;

**X** – requisitar de autoridade pública e de seus agentes exames, certidões, perícias, vistorias, diligências, processos, documentos, informações, esclarecimentos e providências necessárias ao exercício de suas atribuições;

**XI** – representar a parte, em feito administrativo ou judicial, independentemente de mandato, ressalvados os casos para os quais a lei exija poderes especiais;

- Dispensa de procuração para atuar como representante do assistente de acusação. Em regra, o Defensor Público não precisa de mandato (procuração) para representar a parte em processos administrativos ou judiciais. Isso está previsto na LC 80/94. Exceção: será necessária procuração se o Defensor Público for praticar algum dos atos para os quais a lei exige poderes especiais (exemplos: transigir, desistir, renunciar – art. 38 do CPC 1973 / art. 105 do CPC 2015). Se a vítima (ou seus sucessores) quiser ingressar no processo criminal como assistente de acusação, será necessário que outorgue uma procuração ao Defensor Público para que este a represente em juízo?
NÃO. Quando a Defensoria Pública atuar como representante do assistente de acusação, é dispensável a juntada de procuração com poderes especiais. O Defensor Público deve juntar procuração judicial somente nas hipóteses em que a lei exigir poderes especiais. Atuar como representante do assistente de acusação não é considerado um poder especial, não se exigindo procuração especial. A participação da Defensoria Pública como representante do assistente de acusação pode ser negada sob o argumento de que a vítima ou seus sucessores não são hipossuficientes ("pobres")?
NÃO. Compete à própria Defensoria o direito de apurar o estado de carência de seus assistidos. STJ. 5ª Turma. HC 293.979-MG, Rel. Min. Gurgel de Faria, julgado em 5/2/2015 (Info 555).
Defensoria Pública não precisa provar ao juiz que réu procurou a instituição. A escolha do advogado é um direito do acusado, sendo nulo o julgamento no qual a Defensoria Pública peticiona nos autos informando que irá fazer a defesa do réu e esta petição é indeferida pelo juízo sob o argumento de que não houve comprovação de que o acusado procurou a Instituição. STF. 2ª Turma. HC 111532/SP, rel. Min. Ricardo Lewandowski, julgado em 7/8/2012.

**XII** – deixar de patrocinar ação, quando ela for manifestamente incabível ou inconveniente aos interesses da parte sob seu patrocínio, comunicando o fato ao Defensor Público-Geral, com as razões de seu proceder;

**XIII** – ter o mesmo tratamento reservado aos magistrados e demais titulares dos cargos das funções essenciais à justiça;

**XIV** – ser ouvido como testemunha, em qualquer processo ou procedimento, em dia, hora e local previamente ajustados com a autoridade competente;

**XV** – *(VETADO)*;

**XVI** – *(VETADO)*.

**Parágrafo único.** Quando, no curso de investigação policial, houver indício de prática de infração penal por membro da Defensoria Pública da União, a autoridade policial, civil ou militar, comunicará, imediatamente, o fato ao Defensor Público-Geral, que designará membro da Defensoria Pública para acompanhar a apuração.

## CAPÍTULO V. DOS DEVERES, DAS PROIBIÇÕES, DOS IMPEDIMENTOS E DA RESPONSABILIDADE FUNCIONAL

### SEÇÃO I. DOS DEVERES

**Art. 45.** São deveres dos membros da Defensoria Pública da União:

**I** – residir na localidade onde exercem suas funções;

**II** – desempenhar, com zelo e presteza, os serviços a seu cargo;

**III** – representar ao Defensor Público-Geral sobre as irregularidades de que tiver ciência, em razão do cargo;

**IV** – prestar informações aos órgãos de administração superior da Defensoria Pública da União, quando solicitadas;

**V** – atender ao expediente forense e participar dos atos judiciais, quando for obrigatória a sua presença;

**VI** – declarar-se suspeito ou impedido, nos termos da lei;

**VII** – interpor os recursos cabíveis para qualquer instância ou Tribunal e promover revisão criminal, sempre que encontrar fundamentos na lei, jurisprudência ou prova dos autos, remetendo cópia à Corregedoria-Geral.

### SEÇÃO II. DAS PROIBIÇÕES

**Art. 46.** Além das proibições decorrentes do exercício de cargo público, aos membros da Defensoria Pública da União é vedado:

**I** – exercer a advocacia fora das atribuições institucionais;

**II** – requerer, advogar, ou praticar em Juízo ou fora dele, atos que de qualquer forma colidam com as funções inerentes ao seu cargo, ou com os preceitos éticos de sua profissão;

**III** – receber, a qualquer título e sob qualquer pretexto, honorários, percentagens ou custas processuais, em razão de suas atribuições;

**IV** – exercer o comércio ou participar de sociedade comercial, exceto como cotista ou acionista;

**V** – exercer atividade político-partidária, enquanto atuar junto à justiça eleitoral.

### SEÇÃO III. DOS IMPEDIMENTOS

**Art. 47.** Ao membro da Defensoria Pública da União é defeso exercer suas funções em processo ou procedimento:

**I** – em que seja parte ou, de qualquer forma, interessado;

**II** – em que haja atuado como representante da parte, perito, Juiz, membro do Ministério Público, Autoridade Policial, Escrivão de Polícia, Auxiliar de Justiça ou prestado depoimento como testemunha;

**III** – em que for interessado cônjuge ou companheiro, parente consanguíneo ou afim em linha reta ou colateral, até o 3º grau;

**IV** – no qual haja postulado como advogado de qualquer das pessoas mencionadas no inciso anterior;

**V** – em que qualquer das pessoas mencionadas no inciso III funcione ou haja funcionado como Magistrado, membro do Ministério Público, Autoridade Policial, Escrivão de Polícia ou Auxiliar de Justiça;

**VI** – em que houver dado à parte contrária parecer verbal ou escrito sobre o objeto da demanda;

**VII** – em outras hipóteses previstas em lei.

**Art. 48.** Os membros da Defensoria Pública da União não podem participar de comissão, banca de concurso, ou qualquer decisão, quando o julgamento ou votação disser respeito a seu cônjuge ou companheiro, ou parente consanguíneo ou afim em linha reta ou colateral, até o 3º grau.

## SEÇÃO IV. DA RESPONSABILIDADE FUNCIONAL

**Art. 49.** A atividade funcional dos membros da Defensoria Pública da União está sujeita a:

**I** – correição ordinária, realizada anualmente pelo Corregedor-Geral e por seus auxiliares, para verificar a regularidade e eficiência dos serviços;

**II** – correição extraordinária, realizada pelo Corregedor-Geral e por seus auxiliares, de ofício ou por determinação do Defensor Público-Geral.

**§ 1º.** Cabe ao Corregedor-Geral, concluída a correição, apresentar ao Defensor Público-Geral relatório dos fatos apurados e das providências a serem adotadas.

**§ 2º.** Qualquer pessoa pode representar ao Corregedor-Geral sobre os abusos, erros ou omissões dos membros da Defensoria Pública da União.

**Art. 50.** Constituem infrações disciplinares, além de outras definidas em Lei Complementar, a violação dos deveres funcionais e vedações contidas nesta Lei Complementar, bem como a prática de crime contra a Administração Pública ou ato de improbidade administrativa.

**§ 1º.** Os membros da Defensoria Pública da União são passíveis das seguintes sanções:

**I** – advertência;

**II** – suspensão por até 90 (noventa) dias;

**III** – remoção compulsória;

**IV** – demissão;

**V** – cassação da aposentadoria.

**§ 2º.** A advertência será aplicada por escrito nos casos de violação dos deveres e das proibições funcionais, quando o fato não justificar a imposição de pena mais grave.

**§ 3º.** A suspensão será aplicada em caso de reincidência em falta punida com advertência ou quando a infração dos deveres ou das proibições funcionais, pela sua gravidade, justificar a sua imposição.

**§ 4º.** A remoção compulsória será aplicada sempre que a falta praticada, pela sua gravidade e repercussão, tornar incompatível a permanência do faltoso no órgão de atuação de sua lotação.

**§ 5º.** A pena de demissão será aplicável nas hipóteses previstas em lei, e no caso de reincidência em falta punida com suspensão ou remoção compulsória.

**§ 6º.** As penas de demissão e cassação da aposentadoria serão aplicadas pelo Presidente da República e as demais pelo Defensor Público-Geral, garantida sempre a ampla defesa, sendo obrigatório o inquérito administrativo nos casos de aplicação de remoção compulsória, suspensão, demissão e cassação da aposentadoria.

**§ 7º.** Prescrevem em 2 (dois) anos, a contar da data em que foram cometidas, as faltas puníveis com advertência, suspensão e remoção compulsória, aplicando-se, quanto às demais, os prazos previstos em lei.

**Art. 51.** A qualquer tempo poderá ser requerida revisão do processo disciplinar, quando se aduzirem fatos novos ou circunstâncias suscetíveis de provar a inocência do apenado ou de justificar a imposição de pena mais branda.

**§ 1º.** Poderá requerer a instauração de processo revisional o próprio interessado ou, se falecido ou interdito, o seu cônjuge ou companheiro, ascendente, descendente ou irmão.

**§ 2º.** Se for procedente a revisão, será tornado sem efeito o ato punitivo ou aplicada a penalidade adequada restabelecendo-se os direitos atingidos pela punição, na sua plenitude.

(...)

Brasília, 12 de janeiro de 1994, 173º da Independência e 106º da República.

Itamar Franco

Maurício Corrêa

# LEI Nº 9.507, DE 12 DE NOVEMBRO DE 1997

*Regula o direito de acesso a informações e disciplina o rito processual do* habeas data.

- D.O.U. de 13.11.1997

O PRESIDENTE DA REPÚBLICA

Faço saber que o Congresso Nacional decreta e eu sanciono a seguinte Lei:

- Lei 12.527/2011 – Regula o acesso a informações previsto no inciso XXXIII do art. 5º, no inciso II do § 3º do art. 37 e no § 2º do art. 216 da CF.
- O *habeas data* é uma ação que tem por finalidade garantir o acesso de uma pessoa a informações sobre ela que estejam armazenadas em arquivos ou bancos de dados de entidades governamentais ou públicas. Trata-se de uma garantia, um *writ*, um remédio constitucional previsto no art. 5º, LXXII, "a", da CF/88:
- Art. 5º (...) LXXII – Conceder-se-á

  a) para assegurar o conhecimento de informações relativas à pessoa do impetrante, constantes de registros ou bancos de dados de entidades governamentais ou de caráter público;

**Art. 1º.** (*VETADO*).

**Parágrafo único.** Considera-se de caráter público todo registro ou banco de dados contendo informações que sejam ou que possam ser transmitidas a terceiros ou que não sejam de uso privativo do órgão ou entidade produtora ou depositária das informações.

- Lei 9.265/1996 – Regulamenta o inciso LXXVII do art. 5º da Constituição, dispondo sobre a gratuidade dos atos necessários ao exercício da cidadania.
- Possibilidade de se obter dados do contribuinte que constem nos sistemas dos órgãos fazendários. O habeas data é a garantia constitucional adequada para a obtenção dos dados concernentes ao pagamento de tributos do próprio contribuinte constantes dos sistemas informatizados de apoio à arrecadação dos órgãos da administração fazendária dos entes estatais. No caso concreto, o STF reconheceu que o contribuinte pode ajuizar habeas data para ter acesso às informações relacionadas consigo e que estejam presentes no sistema SINCOR da Receita Federal. O SINCOR (Sistema de Conta Corrente de Pessoa Jurídica) é um banco de dados da Receita Federal no qual ela armazena as informações sobre os débitos e créditos dos contribuintes pessoas jurídicas.

A decisão foi tomada com base no SINCOR, mas seu raciocínio poderá ser aplicado para outros bancos de dados mantidos pelos órgãos fazendários. STF. Plenário. RE 673707/MG, Rel. Min. Luiz Fux, julgado em 17/6/2015 (repercussão geral) (Info 790).

**Art. 2º.** O requerimento será apresentado ao órgão ou entidade depositária do registro ou banco de dados e será deferido ou indeferido no prazo de 48 (quarenta e oito) horas.

**Parágrafo único.** A decisão será comunicada ao requerente em 24 (vinte e quatro) horas.

**Art. 3º.** Ao deferir o pedido, o depositário do registro ou do banco de dados marcará dia e hora para que o requerente tome conhecimento das informações.

**Parágrafo único.** (*VETADO*).

**Art. 4º.** Constatada a inexatidão de qualquer dado a seu respeito, o interessado, em petição acompanhada de documentos comprobatórios, poderá requerer sua retificação.

**§ 1º.** Feita a retificação em, no máximo, 10 (dez) dias após a entrada do requerimento, a entidade ou órgão depositário do registro ou da informação dará ciência ao interessado.

**§ 2º.** Ainda que não se constate a inexatidão do dado, se o interessado apresentar explicação ou contestação sobre o mesmo, justificando possível pendência sobre o fato objeto do dado, tal explicação será anotada no cadastro do interessado.

**Art. 5º.** (*VETADO*).

**Art. 6º.** (*VETADO*).

**Art. 7º.** Conceder-se-á *habeas data*:

> STJ, 2. Não cabe o *habeas data* (CF/88, art. 5º, LXXII, "a") se não houve recusa de informações por parte da autoridade administrativa.

**I** – para assegurar o conhecimento de informações relativas à pessoa do impetrante, constantes de registro ou banco de dados de entidades governamentais ou de caráter público;

**II** – para a retificação de dados, quando não se prefira fazê-lo por processo sigiloso, judicial ou administrativo;

**III** – para a anotação nos assentamentos do interessado, de contestação ou explicação sobre dado verdadeiro mas justificável e que esteja sob pendência judicial ou amigável.

**Art. 8º.** A petição inicial, que deverá preencher os requisitos dos arts. 282 a 285 do Código de Processo Civil, será apresentada em duas vias, e os documentos que instruírem a primeira serão reproduzidos por cópia na segunda.

- Refere-se aos dispositivos do CPC/1973.
- CPC/15: arts. 319 a 331.

**Parágrafo único.** A petição inicial deverá ser instruída com prova:

**I** – da recusa ao acesso às informações ou do decurso de mais de 10 (dez) dias sem decisão;

**II** – da recusa em fazer-se a retificação ou do decurso de mais de 15 (quinze) dias, sem decisão; ou

**III** – da recusa em fazer-se a anotação a que se refere o § 2º do art. 4º ou do decurso de mais de 15 (quinze) dias sem decisão.

> STJ, 2. Não cabe o *habeas data* (CF/88, art. 5º, LXXII, "a") se não houve recusa de informações por parte da autoridade administrativa.

**Art. 9º.** Ao despachar a inicial, o juiz ordenará que se notifique o coator do conteúdo da petição, entregando-lhe a segunda via apresentada pelo impetrante, com as cópias dos documentos, a fim de que, no prazo de 10 (dez) dias, preste as informações que julgar necessárias.

**Art. 10.** A inicial será desde logo indeferida, quando não for o caso de *habeas data*, ou se lhe faltar algum dos requisitos previstos nesta Lei.

**Parágrafo único.** Do despacho de indeferimento caberá recurso previsto no art. 15.

**Art. 11.** Feita a notificação, o serventuário em cujo cartório corra o feito, juntará aos autos cópia autêntica do ofício endereçado ao coator, bem como a prova da sua entrega a este ou da recusa, seja de recebê-lo, seja de dar recibo.

**Art. 12.** Findo o prazo a que se refere o art. 9º, e ouvido o representante do Ministério Público dentro de 5 (cinco) dias, os autos serão conclusos ao juiz para decisão a ser proferida em 5 (cinco) dias.

**Art. 13.** Na decisão, se julgar procedente o pedido, o juiz marcará data e horário para que o coator:

**I** – apresente ao impetrante as informações a seu respeito, constantes de registros ou bancos de dados; ou

**II** – apresente em juízo a prova de retificação ou da anotação feita nos assentamentos do impetrante.

**Art. 14.** A decisão será comunicada ao coator, por correio, com aviso de recebimento, ou por telegrama, radiograma ou telefonema, conforme o requerer o impetrante.

**Parágrafo único.** Os originais, no caso de transmissão telegráfica, radiofônica ou telefônica deverão ser apresentados à agência expedidora, com a firma do juiz devidamente reconhecida.

**Art. 15.** Da sentença que conceder ou negar o *habeas data* cabe apelação.

**Parágrafo único.** Quando a sentença conceder o *habeas data*, o recurso terá efeito meramente devolutivo.

**Art. 16.** Quando o *habeas data* for concedido e o Presidente do Tribunal ao qual competir o conhecimento do recurso ordenar ao juiz a suspensão da execução da sentença, desse seu ato caberá agravo para o Tribunal a que presida.

**Art. 17.** Nos casos de competência do Supremo Tribunal Federal e dos demais Tribunais caberá ao relator a instrução do processo.

**Art. 18.** O pedido de *habeas data* poderá ser renovado se a decisão denegatória não lhe houver apreciado o mérito.

**Art. 19.** Os processos de *habeas data* terão prioridade sobre todos os atos judiciais, exceto *habeas corpus* e mandado de segurança. Na instância superior, deverão ser levados a julgamento na primeira sessão que se seguir à data em que, feita a distribuição, forem conclusos ao relator.

**Parágrafo único.** O prazo para a conclusão não poderá exceder de 24 (vinte e quatro) horas, a contar da distribuição.

**Art. 20.** O julgamento do *habeas data* compete:

**I** – originariamente:

*a)* ao Supremo Tribunal Federal, contra atos do Presidente da República, das Mesas da Câmara dos Deputados e do Senado Federal, do Tribunal de Contas da União, do Procurador-Geral da República e do próprio Supremo Tribunal Federal;

› CF/88: art. 102, I, d.

*b)* ao Superior Tribunal de Justiça, contra atos de Ministro de Estado ou do próprio Tribunal;

› CF/88: art. 105, I, b.

*c)* aos Tribunais Regionais Federais contra atos do próprio Tribunal ou de juiz federal;

› CF/88: art. 108, I, c.

*d)* a juiz federal, contra ato de autoridade federal, excetuados os casos de competência dos tribunais federais;

› CF/88: art. 109, VIII.

*e)* a tribunais estaduais, segundo o disposto na Constituição do Estado;

› CF/88: art. 125.

*f)* a juiz estadual, nos demais casos;

› CF/88: art. 125.

**II** – em grau de recurso:

*a)* ao Supremo Tribunal Federal, quando a decisão denegatória for proferida em única instância pelos Tribunais Superior;

› CF/88: art. 102, II, a.

*b)* ao Superior Tribunal de Justiça, quando a decisão for proferida em única instância pelos Tribunais Regionais Federais;

*c)* aos Tribunais Regionais Federais, quando a decisão for proferida por juiz federal;

› CF/88: art. 108, II.

*d)* aos Tribunais Estaduais e ao do Distrito Federal e Territórios, conforme dispuserem a respectiva Constituição e a lei que organizar a Justiça do Distrito Federal;

**III** – mediante recurso extraordinário ao Supremo Tribunal Federal, nos casos previstos na Constituição.

**Art. 21.** São gratuitos o procedimento administrativo para acesso a informações e retificação de dados e para anotação de justificação, bem como a ação de *habeas data*.

**Art. 22.** Esta Lei entra em vigor na data de sua publicação.

**Art. 23.** Revogam-se as disposições em contrário.

Brasília, 12 de novembro de 1997; 176º da Independência e 109º da República.

FERNANDO HENRIQUE CARDOSO

Iris Rezende

# LEI Nº 9.868, DE 10 DE NOVEMBRO DE 1999

## (EXCERTOS)

*Dispõe sobre o processo e julgamento da ação direta de inconstitucionalidade e da ação declaratória de constitucionalidade perante o Supremo Tribunal Federal.*

› DOU de 11.11.1999

O PRESIDENTE DA REPÚBLICA

Faço saber que o Congresso Nacional decreta e eu sanciono a seguinte Lei:

## CAPÍTULO I
## DA AÇÃO DIRETA DE INCONSTITUCIONALIDADE E DA AÇÃO DECLARATÓRIA DE CONSTITUCIONALIDADE

**Art. 1º** Esta Lei dispõe sobre o processo e julgamento da ação direta de inconstitucionalidade e da ação declaratória de constitucionalidade perante o Supremo Tribunal Federal.

› CF/88, art. 102. Compete ao Supremo Tribunal Federal, precipuamente, a guarda da Constituição, cabendo-lhe: I - processar e julgar, originariamente: a) a ação direta de inconstitucionalidade de lei ou ato normativo federal ou estadual e a ação declaratória de constitucionalidade de lei ou ato normativo federal.

## CAPÍTULO II
## DA AÇÃO DIRETA DE INCONSTITUCIONALIDADE

### SEÇÃO I
### DA ADMISSIBILIDADE E DO PROCEDIMENTO DA AÇÃO DIRETA DE INCONSTITUCIONALIDADE

**Art. 2º** Podem **propor** a ação direta de inconstitucionalidade:

› Mesma redação do art. 103 da CF/88.

**I** - o Presidente da República;

**II** - a Mesa do Senado Federal;

**III** - a Mesa da Câmara dos Deputados;

**IV** - a Mesa de Assembleia Legislativa ou a Mesa da Câmara Legislativa do Distrito Federal;

**V** - O Governador de Estado ou o Governador do Distrito Federal;

**VI** - O Procurador-Geral da República;

**VII** - o Conselho Federal da Ordem dos Advogados do Brasil;

**VIII** - partido político com representação no Congresso Nacional;

**IX** - Confederação sindical ou entidade de classe de âmbito nacional.

› ABERT tem legitimidade para propor ADI. A Associação Brasileira de Emissoras de Rádio e Televisão (ABERT) possui legitimidade para propor ADI contra ato normativo que previa que a competência para autorizar o pedido de trabalho de crianças e adolescentes em espetáculos artísticos seria da Justiça do Trabalho. A ABERT enquadra-se no conceito de entidade de classe de âmbito nacional (art. 103, IX, da CF/88) e possui pertinência temática para questionar ato normativo que versa sobre esse tema, considerando a participação de crianças e adolescentes nos programas de suas associadas. STF. Plenário. ADI 5326/DF, Rel. Min. Marco Aurélio, julgado em 27/9/2018 (Info 917).

**Art. 3º.** A petição **indicará:**

**I** - O **dispositivo** da lei ou do **ato normativo** impugnado e os **fundamentos jurídicos** do pedido em relação a cada uma das impugnações;

STF, 642. Não cabe ação direta de inconstitucionalidade de lei do Distrito Federal derivada da sua competência legislativa municipal.

**II** - o **pedido**, com suas especificações.

**Parágrafo único.** A petição inicial, acompanhada de instrumento de procuração, quando subscrita por advogado, será apresentada em **duas vias**, devendo conter cópias da lei ou do ato normativo impugnado e dos documentos necessários para comprovar a impugnação.

- Petição inicial da ADI/ADC. Se a petição inicial da ADI ou da ADC for assinada por advogado, deverá ser acompanhada de procuração. Exige-se que essa procuração tenha poderes especiais e indique, de forma específica, os atos normativos que serão objeto da ação. STF. Plenário. ADI 4430/DF, rel. Min. Dias Toffoli, 27, 28 e 29/6/2012; ADI 4795 MC/DF, rel. Min. Dias Toffoli, 27, 28 e 29/6/2012 (Info 672).

Procuração com poderes específicos para o ajuizamento de ADI. O advogado que assina a petição inicial da ação direta de inconstitucionalidade precisa de procuração com poderes específicos. A procuração deve mencionar a lei ou ato normativo que será impugnado na ação. Repetindo: não basta que a procuração autorize o ajuizamento de ADI, devendo indicar, de forma específica, o ato contra o qual se insurge. Caso esse requisito não seja cumprido, a ADI não será conhecida. Vale ressaltar, contudo, que essa exigência constitui vício sanável e que é possível a sua regularização antes que seja reconhecida a carência da ação. STF. Plenário. ADI 4409/SP, Rel. Min. Alexandre de Moraes, julgado em 6/6/2018 (Info 905).

Cumulação de ADI com ADC.O legitimado poderá ajuizar uma ação direta de inconstitucionalidade (ADI) requerendo a inconstitucionalidade do art. XX da Lei ZZZ e, na mesma ação, pedir que o art. YY seja declarado constitucional? É possível, em uma mesma ação, cumular pedido típico de ADI com pedido típico de ADC? SIM. O STF entendeu que é possível a cumulação de pedidos típicos de ADI e ADC em uma única demanda de controle concentrado. A cumulação de ações, neste caso, além de ser possível, é recomendável para a promoção dos fins a que destinado o processo objetivo de fiscalização abstrata de constitucionalidade, destinado à defesa, em tese, da harmonia do sistema constitucional. A cumulação objetiva permite o enfrentamento judicial coerente, célere e eficiente de questões minimamente relacionadas entre si. Rejeitar a possibilidade de cumulação de ações, além de carecer de fundamento expresso na Lei 9.868/1999, traria como consequência apenas o fato de que o autor iria propor novamente a demanda, com pedido e fundamentação idênticos, ação que seria distribuída por prevenção. STF. Plenário. ADI 5316 MC/DF, Rel. Min. Luiz Fux, julgado em 21/5/2015 (Info 786).

Na ADI a causa de pedir é aberta. O STF, ao julgar as ações de controle abstrato de constitucionalidade, não está vinculado aos fundamentos jurídicos invocados pelo autor.

Assim, pode-se dizer que na ADI, ADC e ADPF, a causa de pedir (causa petendi) é aberta. Isso significa que todo e qualquer dispositivo da Constituição Federal ou do restante do bloco de constitucionalidade poderá ser utilizado pelo STF como fundamento jurídico para declarar uma lei ou ato normativo inconstitucional. STF. Plenário. ADI 3796/PR, Rel. Min. Gilmar Mendes, julgado em 8/3/2017 (Info 856).

Nova ADI por inconstitucionalidade material contra ato reconhecido formalmente constitucional. A Lei "X" foi questionada no STF por meio de ADI. Na ação, o autor afirmou que a lei seria formalmente inconstitucional. O STF julgou a ADI improcedente, declarando a lei constitucional. Quatro anos mais tarde, outro legitimado ajuíza nova ADI contra a Lei "X", mas desta vez alega que ela é materialmente inconstitucional. Essa ação poderia ter sido proposta? O STF poderá, nesta segunda ação, declarar a lei materialmente inconstitucional? SIM. Na primeira ação, o STF não discutiu a inconstitucionalidade material da Lei "X" (nem disse que ela era constitucional nem inconstitucional do ponto de vista material). Logo, nada impede que uma segunda ADI seja proposta questionando, agora, a inconstitucionalidade material da lei e nada impede que o STF decida declará-la inconstitucional sob o aspecto material. O fato de o STF ter declarado a validade formal de uma norma não interfere nem impede que ele reconheça posteriormente que ela é materialmente inconstitucional. STF. Plenário. ADI 5081/DF, Rel. Min. Roberto Barroso, julgado em 27/5/2015 (Info 787).

**Art. 4º** A petição inicial inepta, **não** fundamentada e a manifestamente improcedente serão **liminarmente indeferidas** pelo relator.

**Parágrafo único.** Cabe **agravo** da decisão que **indeferir** a petição inicial.

- Não se aplica ao processo objetivo de controle abstrato de constitucionalidade a norma que concede prazo em dobro à Fazenda Pública. Não se conta em dobro o prazo recursal para a Fazenda Pública em processo objetivo, mesmo que seja para interposição de recurso extraordinário em processo de fiscalização normativa abstrata. Não há, nos processos de fiscalização normativa abstrata, a prerrogativa processual dos prazos em dobro. Não se aplica ao processo objetivo de controle abstrato de constitucionalidade a norma que concede prazo em dobro à Fazenda Pública. Assim, por exemplo, a Fazenda Pública não possui prazo recursal em dobro no processo de controle concentrado de constitucionalidade, mesmo que seja para a interposição de recurso extraordinário. STF. Plenário. ADI 5814 MC-AgR-AgR/RR, Rel. Min. Roberto Barroso; ARE 830727 AgR/SC, Rel. para acórdão Min. Cármen Lúcia, julgados em 06/02/2019 (Info 929).

**Art. 5º** Proposta a ação direta, **não** se admitirá **desistência.**

**Parágrafo único.** (VETADO)

**Art. 6º** O relator pedirá **informações** aos órgãos ou às autoridades das quais emanou a lei ou o ato normativo impugnado.

**Parágrafo único.** As informações serão prestadas no prazo de trinta dias contado do **recebimento do pedido.**

**Art. 7º Não** se admitirá **intervenção de terceiros** no processo de ação direta de inconstitucionalidade.

**§ 1º** (VETADO)

**§ 2º** O relator, considerando a relevância da matéria e a representatividade dos postulantes, poderá, por **despacho irrecorrível**, admitir, observado o prazo fixado no parágrafo anterior, a **manifestação de outros órgãos ou entidades.**

**Art. 8º** Decorrido o prazo das informações, serão **ouvidos**, sucessivamente, o Advogado-Geral da União e o Procurador-Geral da República, que deverão manifestar-se, cada qual, no prazo de quinze dias.

**Art. 9º** Vencidos os prazos do artigo anterior, o relator **lançará o relatório**, com cópia a todos os Ministros, e pedirá dia para julgamento.

**§ 1º** Em caso de necessidade de esclarecimento de matéria ou circunstância de fato ou de notória insuficiência das informações existentes nos autos, **poderá** o relator requisitar informações adicionais, designar perito ou comissão de peritos para que emita parecer sobre a questão, ou fixar data para, em **audiência pública**, ouvir depoimentos de pessoas com experiência e autoridade na matéria.

**§ 2º** O relator poderá, ainda, **solicitar informações** aos Tribunais Superiores, aos Tribunais federais e aos Tribunais estaduais acerca da aplicação da norma impugnada no âmbito de sua jurisdição.

**§ 3º** As informações, perícias e audiências a que se referem os parágrafos anteriores serão realizadas no prazo de trinta dias, **contado da solicitação do relator.**

## SEÇÃO II
## DA MEDIDA CAUTELAR EM AÇÃO DIRETA DE INCONSTITUCIONALIDADE

- CF/88: art. 102, I, p.

**Art. 10. Salvo** no período de recesso, a **medida cautelar** na ação direta será concedida por decisão da **MAIORIA ABSOLUTA** dos membros do Tribunal, observado o disposto no art. 22, após a audiência dos órgãos ou autoridades dos quais emanou a lei ou ato normativo impugnado, que deverão pronunciar-se no prazo de cinco dias.

**§ 1º** O relator, **julgando indispensável**, ouvirá o Advogado-Geral da União e o Procurador-Geral da República, no prazo de três dias.

**§ 2º** No julgamento do pedido de medida cautelar, será **facultada sustentação oral** aos representantes judiciais do requerente e das autoridades ou órgãos responsáveis pela expedição do ato, na forma estabelecida no Regimento do Tribunal.

**§ 3º** Em caso de **excepcional urgência**, o Tribunal **poderá** deferir a medida cautelar **sem** a audiência dos órgãos ou das autoridades das quais emanou a lei ou o ato normativo impugnado.

**Art. 11.** Concedida a medida cautelar, o Supremo Tribunal Federal fará **publicar** em seção especial do Diário Oficial da União e do Diário da Justiça da União a parte dispositiva da decisão, no prazo de dez dias, devendo solicitar as informações à autoridade da qual tiver emanado o ato, observando-se, no que couber, o procedimento estabelecido na Seção I deste Capítulo.

**§ 1º** A medida cautelar, dotada de **eficácia contra todos**, será concedida com **efeito *EX NUNC***, **salvo** se o Tribunal entender que deva conceder-lhe **eficácia retroativa.**

**§ 2º** A concessão da medida cautelar torna **aplicável a legislação anterior** acaso existente, **salvo** expressa manifestação em sentido contrário.

**Art. 12.** Havendo pedido de medida cautelar, o relator, em face da **relevância da matéria** e de **seu especial significado** para a ordem social e a segurança jurídica, **poderá**, após a prestação das informações, no prazo de dez dias, e a manifestação do Advogado-Geral da União e do Procurador-Geral da República, **sucessivamente**, no prazo de cinco dias, submeter o processo diretamente ao Tribunal, que terá a **faculdade** de julgar definitivamente a ação. (Vide ADO Nº 26)

## CAPÍTULO II-A
## DA AÇÃO DIRETA DE INCONSTITUCIONALIDADE POR OMISSÃO

### SEÇÃO I
### DA ADMISSIBILIDADE E DO PROCEDIMENTO DA AÇÃO DIRETA DE INCONSTITUCIONALIDADE POR OMISSÃO

**Art. 12-A.** Podem **propor** a ação direta de inconstitucionalidade por **OMISSÃO** os legitimados à propositura da ação direta de inconstitucionalidade e da ação declaratória de constitucionalidade.

**Art. 12-B.** A **petição** indicará:

**I** - a **omissão inconstitucional total ou parcial** quanto ao cumprimento de dever constitucional de legislar ou quanto à adoção de providência de índole administrativa;

**II** - o **pedido**, com suas especificações.

**Parágrafo único.** A petição inicial, acompanhada de instrumento de procuração, se for o caso, será apresentada em **2 (duas) vias**, devendo conter cópias dos documentos necessários para comprovar a alegação de omissão.

**Art. 12-C.** A petição inicial inepta, **não** fundamentada, e a manifestamente improcedente serão **liminarmente indeferidas** pelo relator.

**Parágrafo único.** Cabe **agravo** da decisão que indeferir a petição inicial.

**Art. 12-D.** Proposta a ação direta de inconstitucionalidade por omissão, **não** se admitirá **desistência**

**Art. 12-E. Aplicam-se** ao procedimento da ação direta de inconstitucionalidade por omissão, no que couber, as disposições constantes da Seção I do Capítulo II desta Lei.

**§ 1º** Os demais titulares referidos no art. 2º desta Lei **poderão manifestar-se**, por escrito, sobre o objeto da ação e pedir a juntada de documentos reputados úteis para o exame da matéria, **no prazo das informações**, bem como apresentar memoriais.

**§ 2º** O relator **poderá solicitar** a manifestação do Advogado-Geral da União, que deverá ser encaminhada no prazo de 15 (quinze) dias.

**§ 3º** O Procurador-Geral da República, nas ações em que **não** for autor, terá **vista do processo**, por 15 (quinze) dias, após o decurso do prazo para informações.

### SEÇÃO II
### DA MEDIDA CAUTELAR EM AÇÃO DIRETA DE INCONSTITUCIONALIDADE POR OMISSÃO

**Art. 12-F.** Em caso de **excepcional urgência e relevância da matéria**, o Tribunal, por decisão da **MAIORIA ABSOLUTA** de seus membros, observado o disposto no art. 22, **poderá** conceder **medida cautelar**, após a audiência dos órgãos ou autoridades responsáveis pela omissão inconstitucional, que deverão pronunciar-se no prazo de 5 (cinco) dias.

**§ 1º** A medida cautelar poderá consistir na **suspensão** da aplicação da lei ou do ato normativo questionado, no caso de omissão parcial, bem como na suspensão de processos judiciais ou de procedimentos administrativos, ou ainda em outra providência a ser fixada pelo Tribunal.

**§ 2º** O relator, julgando **indispensável**, ouvirá o Procurador-Geral da República, no prazo de 3 (três) dias.

**§ 3º** No julgamento do pedido de medida cautelar, será **facultada sustentação oral** aos representantes judiciais do requerente e das autoridades ou órgãos responsáveis pela omissão inconstitucional, na forma estabelecida no Regimento do Tribunal.

**Art. 12-G.** Concedida a medida cautelar, o Supremo Tribunal Federal fará **publicar**, em seção especial do Diário Oficial da União e do Diário da Justiça da União, a parte dispositiva da decisão no prazo de 10 (dez) dias, devendo solicitar as informações à autoridade ou ao órgão responsável pela omissão inconstitucional, observando-se, no que couber, o procedimento estabelecido na Seção I do Capítulo II desta Lei.

### SEÇÃO III
### DA DECISÃO NA AÇÃO DIRETA DE

### INCONSTITUCIONALIDADE POR OMISSÃO

**Art. 12-H.** Declarada a inconstitucionalidade por omissão, com observância do disposto no art. 22, será dada **ciência** ao Poder competente para a adoção das **providências necessárias.**

**§ 1º** Em caso de omissão imputável a órgão administrativo, **as providências** deverão ser adotadas no prazo de 30 (trinta) dias, ou em **prazo razoável** a ser estipulado excepcionalmente pelo Tribunal, tendo em vista as circunstâncias específicas do caso e o interesse público envolvido.

**§ 2º** Aplica-se à decisão da ação direta de inconstitucionalidade por omissão, no que couber, o disposto no Capítulo IV desta Lei.

## CAPÍTULO III
## DA AÇÃO DECLARATÓRIA DE CONSTITUCIONALIDADE

### SEÇÃO I
### DA ADMISSIBILIDADE E DO PROCEDIMENTO DA AÇÃO DECLARATÓRIA DE CONSTITUCIONALIDADE

**Art. 13.** Podem **propor** a ação declaratória de constitucionalidade de lei ou ato normativo federal:

**I** - o Presidente da República;

**II** - a Mesa da Câmara dos Deputados;

**III** - a Mesa do Senado Federal;

**IV** - o Procurador-Geral da República.

**Art. 14.** A **petição inicial** indicará:

**I** - o **dispositivo da lei** ou do **ato normativo** questionado e os **fundamentos jurídicos** do pedido;

**II** - o **pedido**, com suas especificações;

**III** - a existência de **controvérsia judicial relevante** sobre a aplicação da disposição objeto da ação declaratória.

- ADC e controvérsia judicial relevante. A Lei 9.868/99, ao tratar sobre o procedimento da ADC, prevê, em seu art. 14, os requisitos da petição inicial. Um desses requisitos exigidos é que se demonstre que existe controvérsia judicial relevante sobre a lei objeto da ação. Em outras palavras, só cabe ADC se houver uma divergência na jurisprudência sobre a constitucionalidade daquela lei, ou seja, é necessário que existam juízes ou Tribunais decidindo que aquela lei é inconstitucional. Se não existirem decisões contrárias à lei, não há razão para se propor a ADC. É possível que uma lei, dias após ser editada, já seja objeto de ADC? É possível preencher o requisito da "controvérsia judicial relevante" com poucos dias de vigência do ato normativo? SIM. Mesmo a lei ou ato normativo possuindo pouco tempo de vigência, já é possível preencher o requisito da controvérsia judicial relevante se houver decisões julgando essa lei ou ato normativo inconstitucional. O STF decidiu que o requisito relativo à existência de controvérsia judicial relevante é qualitativo e não quantitativo. Em outras palavras, para verificar se existe a controvérsia, não se examina apenas o número de decisões judiciais. Não é necessário que haja muitas decisões em sentido contrário à lei. Mesmo havendo ainda poucas decisões julgando inconstitucional a lei, já pode ser possível o ajuizamento da ADC se o ato normativo impugnado for uma emenda constitucional (expressão mais elevada da vontade do parlamento brasileiro) ou, mesmo em se tratando de lei, se a matéria nela versada for relevante e houver risco de decisões contrárias à sua constitucionalidade se multiplicarem. STF. Plenário. ADI 5316 MC/DF, Rel. Min. Luiz Fux, julgado em 21/5/2015 (Info 786).

**Parágrafo único.** A petição inicial, acompanhada de instrumento de procuração, quando subscrita por advogado, será apresentada em **duas vias**, devendo conter cópias do ato normativo questionado e dos documentos necessários para comprovar a procedência do pedido de declaração de constitucionalidade.

**Art. 15.** A petição inicial inepta, **não** fundamentada e a manifestamente improcedente serão **liminarmente indeferidas** pelo relator.

**Parágrafo único.** Cabe **agravo** da decisão que indeferir a petição inicial.

**Art. 16.** Proposta a ação declaratória, **não** se admitirá **desistência.**

**Art. 17.** (VETADO)

**Art. 18.** **Não** se admitirá **intervenção de terceiros** no processo de ação declaratória de constitucionalidade.

**§ 1º** (VETADO)

**§ 2º** (VETADO)

**Art. 19.** Decorrido o prazo do artigo anterior, será aberta **vista** ao Procurador-Geral da República, que deverá pronunciar-se no prazo de quinze dias.

**Art. 20.** Vencido o prazo do artigo anterior, o relator lançará o **relatório**, com cópia a todos os Ministros, e pedirá dia para julgamento.

**§ 1º** Em caso de necessidade de esclarecimento de matéria ou circunstância de fato ou de notória insuficiência das informações existentes nos autos, **poderá** o relator requisitar **informações adicionais**, designar perito ou comissão de peritos para que emita parecer sobre a questão ou fixar data para, em audiência pública, ouvir depoimentos de pessoas com experiência e autoridade na matéria.

**§ 2º** O relator **poderá** solicitar, ainda, informações aos Tribunais Superiores, aos Tribunais federais e aos Tribunais estaduais acerca da aplicação da norma questionada no âmbito de sua jurisdição.

**§ 3º** As informações, perícias e audiências a que se referem os parágrafos anteriores serão realizadas no prazo de trinta dias, contado da solicitação do relator.

### SEÇÃO II
### DA MEDIDA CAUTELAR EM AÇÃO DECLARATÓRIA DE CONSTITUCIONALIDADE

**Art. 21.** O Supremo Tribunal Federal, por decisão da MAIORIA ABSOLUTA de seus membros, **poderá** deferir pedido de **medida cautelar** na ação declaratória de constitucionalidade, consistente na determinação de que os juízes e os Tribunais **suspendam** o julgamento dos processos que envolvam a aplicação da lei ou do ato normativo objeto da ação até seu julgamento definitivo.

**Parágrafo único.** Concedida a medida cautelar, o Supremo Tribunal Federal fará publicar em seção especial do Diário Oficial da União a parte dispositiva da decisão, no prazo de dez dias, devendo o Tribunal proceder ao julgamento da ação no prazo de cento e oitenta dias, sob pena de **perda de sua eficácia.**

## CAPÍTULO IV
## DA DECISÃO NA AÇÃO DIRETA DE INCONSTITUCIONALIDADE E NA AÇÃO DECLARATÓRIA DE CONSTITUCIONALIDADE

**Art. 22.** A decisão sobre a constitucionalidade ou a inconstitucionalidade da lei ou do ato normativo somente será tomada se presentes na sessão pelo menos OITO Ministros.

**Art. 23.** Efetuado o julgamento, **proclamar-se-á** a constitucionalidade ou a inconstitucionalidade da disposição ou da norma impugnada se num ou noutro sentido se tiverem manifestado pelo menos SEIS Ministros, quer se trate de ação direta de inconstitucionalidade ou de ação declaratória de constitucionalidade.

**Parágrafo único.** Se **não** for alcançada a maioria necessária à declaração de constitucionalidade ou de inconstitucionalidade, estando **ausentes** Ministros em número que possa influir no julgamento, este será **suspenso** a fim de aguardar-se o comparecimento dos Ministros ausentes, até que se atinja o número necessário para prolação da decisão num ou noutro sentido.

**Art. 24.** Proclamada a **constitucionalidade**, julgar-se-á **improcedente** a ação direta ou **procedente** eventual ação declaratória; e, proclamada a **inconstitucionalidade**, julgar-se-á **procedente** a ação direta ou **improcedente** eventual ação declaratória.

**Art. 25.** Julgada a ação, far-se-á a **comunicação** à autoridade ou ao órgão responsável pela expedição do ato.

**Art. 26.** A decisão que declara a constitucionalidade ou a inconstitucionalidade da lei ou do ato normativo em ação direta ou em ação declaratória é **irrecorrível**, **ressalvada** a interposição de **embargos declaratórios**, **não** podendo, igualmente, ser objeto de **ação rescisória.**

**Art. 27.** Ao declarar a inconstitucionalidade de lei ou ato normativo, e tendo em vista razões de segurança jurídica ou de excepcional interesse social, **poderá** o Supremo Tribunal Federal, por maioria de DOIS TERÇOS de seus membros, **restringir os efeitos** daquela declaração ou decidir que ela só tenha **eficácia a partir de seu trânsito em julgado ou de outro momento** que venha a ser fixado.

- É constitucional a norma contida no art. 27 da Lei nº 9.868/99, que permite a modulação de efeitos, pelo STF, da decisão que declara a inconstitucionalidade de lei ou ato normativo. Além disso, o STF também declarou constitucionais: i) a parte final do § 2º do art. 11; ii) o art. 21; iii) a parte final do art. 26. STF. Plenário. ADI 2154/DF e ADI 2258/DF, Rel. Min. Dias Toffoli, redatora do acórdão Min. Cármen Lúcia, julgados em 03/04/2023 (Info 1089).

**Art. 28.** Dentro do prazo de dez dias após o trânsito em julgado da decisão, o Supremo Tribunal Federal fará **publicar** em seção especial do Diário da Justiça e do Diário Oficial da União a parte dispositiva do acórdão.

**Parágrafo único.** A declaração de constitucionalidade ou de inconstitucionalidade, inclusive a interpretação conforme a Constituição e a declaração parcial de inconstitucionalidade sem redução de texto, têm **eficácia contra todos e efeito vinculante** em relação aos órgãos do Poder Judiciário e à Administração Pública federal, estadual e municipal.

(...)

Brasília, 10 de novembro de 1999;
178º da Independência e 111º da República.
Fernando Henrique Cardoso
José Carlos Dias

# LEI Nº 9.882, DE 3 DE DEZEMBRO DE 1999

*Dispõe sobre o processo e julgamento da arguição de descumprimento de preceito fundamental, nos termos do § 1º do art. 102 da Constituição Federal.*

- D.O.U. 06.12.1999

O PRESIDENTE DA REPÚBLICA Faço saber que o Congresso Nacional decreta e eu sanciono a seguinte Lei:

**Art. 1º** A arguição prevista no § 1º do art. 102 da Constituição Federal será **proposta** perante o Supremo Tribunal Federal, e terá por objeto **evitar ou reparar lesão a preceito fundamental**, resultante de ato do Poder Público.

**Parágrafo único. Caberá** também arguição de descumprimento de preceito fundamental:

**I** - quando for **relevante** o fundamento da controvérsia constitucional sobre lei ou ato normativo federal, estadual ou municipal, incluídos os anteriores à Constituição; (Vide ADIN 2.231-8, de 2000)

- É constitucional a Lei nº 9.882/99, que dispõe sobre o processo e julgamento da arguição de descumprimento de preceito fundamental. A Lei nº 9.882/99 foi editada com estrita observância à ordem constitucional e representa verdadeiro marco na mudança do tipo de fiscalização realizada pelo Supremo Tribunal Federal, com ênfase na tutela dos preceitos fundamentais não amparados pelos outros meios de controle concentrado de constitucionalidade. STF. Plenário. ADI 2.231/DF, Rel. Min. Roberto Barroso, julgado em 22/05/2023 (Info 1095).
- ADPF não pode ser usada para impugnar normas secundárias. A ADPF é, via de regra, meio inidôneo para processar questões controvertidas derivadas de normas secundárias e de caráter tipicamente regulamentar. STF. Plenário. ADPF 210 AgR, Rel. Min. Teori Zavascki, julgado em 06/06/2013.
- Não cabimento de ADPF contra decisão judicial transitada em julgado. Não cabe arguição de descumprimento de preceito fundamental (ADPF) contra decisão judicial transitada em julgado. Este instituto de controle concentrado de constitucionalidade não tem como função desconstituir a coisa julgada. STF. Decisão monocrática. ADPF 81 MC, Rel. Min. Celso de Mello, julgado em 27/10/2015 (Info 810).
- ADPF para questionar interpretação judicial de norma constitucional. É cabível ADPF para questionar interpretação judicial de norma constitucional. Em outras palavras, cabe ADPF para dizer que a interpretação que está sendo dada pelos juízes e Tribunais a respeito de determinado dispositivo constitucional está incorreta e, com isso, viola preceito fundamental. STF. Plenário. ADPF 216/DF, Rel. Min. Cámen Lúcia, julgado em 14/3/2018 (Info 894).

**II** – (VETADO)

**Art. 2º Podem propor** arguição de descumprimento de preceito fundamental:

- CF/88: art. 103.

**I** - os **legitimados** para a ação direta de inconstitucionalidade;

**II** - (VETADO)

**§ 1º** Na hipótese do inciso II, **faculta-se** ao interessado, mediante representação, solicitar a propositura de arguição de descumprimento de preceito fundamental ao Procurador-Geral da República, que, examinando os fundamentos jurídicos do pedido, decidirá do cabimento do seu ingresso em juízo.

**§ 2º** (VETADO)

**Art. 3º** A **petição inicial** deverá conter:

**I** - a indicação do **preceito fundamental** que se considera violado;

**II** - a indicação do **ato questionado**;

**III** - a prova da **violação** do preceito fundamental;

**IV** - o **pedido**, com suas especificações;

**V** - se for o caso, a comprovação da existência de **controvérsia judicial relevante** sobre a aplicação do preceito fundamental que se considera violado.

**Parágrafo único.** A petição inicial, acompanhada de instrumento de mandato, se for o caso, será apresentada em **duas vias**, devendo conter cópias do ato questionado e dos documentos necessários para comprovar a impugnação.

**Art. 4º** A petição inicial será **indeferida liminarmente**, pelo relator, quando não for o caso de arguição de descumprimento de preceito fundamental, faltar algum dos requisitos prescritos nesta Lei ou for inepta.

**§ 1º** **Não** será admitida arguição de descumprimento de preceito fundamental quando houver qualquer **outro** meio eficaz de sanar a lesividade.

- Fungibilidade entre ADPF e ADI. A ADPF e a ADI são fungíveis entre si. Assim, o STF reconhece ser possível a conversão da ADPF em ADI quando imprópria a primeira, e vice-versa. No entanto, essa fungibilidade não será possível quando a parte autora incorrer em erro grosseiro. É o caso, por exemplo, de uma ADPF proposta contra uma Lei editada em 2013, ou seja, quando manifestamente seria cabível a ADI por se tratar de norma posterior à CF/88. STF. Plenário. ADPF 314 AgR, Rel. Min. Marco Aurélio, julgado em 11/12/2014 (Info 771).
- ADPF é subsidiária. Segundo a jurisprudência do STF, a ADPF, como instrumento de fiscalização abstrata das normas, está submetida, cumulativamente, ao requisito da relevância constitucional da controvérsia suscitada e ao regime da subsidiariedade. STF. Plenário. ADPF 210 AgR, Rel. Min. Teori Zavascki, julgado em 06/06/2013.
- Cabimento de ADPF contra conjunto de decisões judiciais que determinaram a expropriação de recursos do Estado-membro. O Estado do Rio de Janeiro vive uma grave crise econômica, estando em débito com o pagamento de fornecedores e atraso até mesmo no pagamento da remuneração dos servidores públicos. Os órgãos e entidades também estão sem dinheiro para custear os serviços públicos. Diante disso, diversas ações (individuais e coletivas) foram propostas, tanto na Justiça comum estadual como também na Justiça do Trabalho, pedindo a realização desses pagamentos. Os órgãos judiciais estavam acolhendo os pedidos e determinando a apreensão de valores nas contas do Estado para a concretização dos pagamentos. Neste cenário, o Governador do Estado ajuizou ADPF no STF com o objetivo de suspender os efeitos de todas as decisões judiciais do TJRJ e do TRT da 1ª Região que tenham determinado o arresto, o sequestro, o bloqueio, a penhora ou a liberação de valores das contas administradas pelo Estado do Rio de Janeiro. O STF afirmou que a ADPF é instrumento processual adequado para esse pedido e deferiu a medida liminar. O conjunto de decisões questionadas são atos típicos do Poder Público passíveis de impugnação por meio de APDF. STF. Plenário. ADPF 405 MC/RJ, Rel. Min. Rosa Weber, julgado em 14/6/2017 (Info 869).

**§ 2º** Da decisão de indeferimento da petição inicial caberá **agravo**, no prazo de cinco dias.

**Art. 5º** O Supremo Tribunal Federal, por decisão da MAIORIA ABSOLUTA de seus membros, **poderá deferir** pedido de **medida liminar** na arguição de descumprimento de preceito fundamental.

**§ 1º** Em caso de extrema urgência ou perigo de lesão grave, ou ainda, em período de recesso, poderá o relator conceder a **liminar,** ad referendum do Tribunal Pleno.

**§ 2º** O relator **poderá** ouvir os órgãos ou autoridades responsáveis pelo ato questionado, bem como o Advogado-Geral da União ou o Procurador-Geral da República, no prazo comum de cinco dias.

**§ 3º** A liminar **poderá** consistir na determinação de que juízes e tribunais **suspendam** o andamento de processo ou os efeitos de decisões judiciais, ou de qualquer outra medida que apresente relação com a matéria objeto da argüição de descumprimento de preceito fundamental, **salvo** se decorrentes da **coisa julgada.** (Vide ADIN 2.231-8, de 2000)

**§ 4º** (VETADO)

**Art. 6º** Apreciado o pedido de liminar, o relator **solicitará** as **informações** às autoridades responsáveis pela prática do ato questionado, no prazo de dez dias.

**§ 1º** Se entender necessário, **poderá o relator** ouvir as partes nos processos que ensejaram a arguição, requisitar informações adicionais, designar perito ou comissão de peritos para que emita parecer sobre a questão, ou ainda, fixar data para declarações, em audiência pública, de pessoas com experiência e autoridade na matéria.

**§ 2º** Poderão ser autorizadas, a critério do relator, **sustentação oral e juntada de memoriais,** por requerimento dos interessados no processo.

**Art. 7º** Decorrido o prazo das informações, o relator lançará o **relatório,** com cópia a todos os ministros, e pedirá dia para julgamento.

**Parágrafo único.** O **Ministério Público**, nas arguições que não houver formulado, terá vista do processo, por cinco dias, após o decurso do prazo para informações.

**Art. 8º** A decisão sobre a arguição de descumprimento de preceito fundamental somente será tomada se presentes na sessão pelo menos dois terços dos Ministros.

**§ 1º** (VETADO)

**§ 2º** (VETADO)

**Art. 9º** (VETADO)

**Art. 10.** Julgada a ação, far-se-á comunicação às autoridades ou órgãos responsáveis pela prática dos atos questionados, fixando-se as condições e o modo de **interpretação e aplicação** do preceito fundamental.

**§ 1º** O presidente do Tribunal **determinará o imediato cumprimento** da decisão, lavrando-se o acórdão posteriormente.

**§ 2º** Dentro do prazo de dez dias contado a partir do **trânsito em julgado** da decisão, sua parte dispositiva será **publicada** em seção especial do Diário da Justiça e do Diário Oficial da União.

**§ 3º** A decisão terá **eficácia contra todos e efeito vinculante** relativamente aos demais órgãos do Poder Público.

- É possível celebrar acordo em ADPF. É possível que seja celebrado um acordo no bojo de uma arguição de descumprimento de preceito fundamental (ADPF)? SIM. É possível a celebração de acordo num processo de índole objetiva, como a ADPF, desde que fique demonstrado que há no feito um conflito intersubjetivo subjacente (implícito), que comporta solução por meio de autocomposição. Vale ressaltar que, na homologação deste acordo, o STF não irá chancelar ou legitimar nenhuma das teses jurídicas defendidas pelas partes no processo. O STF irá apenas homologar as disposições patrimoniais que forem combinadas e que estiverem dentro do âmbito da disponibilidade das partes. A homologação estará apenas resolvendo um incidente processual, com vistas a conferir maior efetividade à prestação jurisdicional. STF. Plenário. ADPF 165/DF, Rel. Min. Ricardo Lewandowski, julgado em 1º/3/2018 (Info 892).

**Art. 11.** Ao declarar a inconstitucionalidade de lei ou ato normativo, no processo de arguição de descumprimento de preceito fundamental, e tendo em vista razões de segurança jurídica ou de excepcional interesse social, **poderá** o Supremo Tribunal Federal, por MAIORIA DE DOIS TERÇOS de seus membros, **restringir os efeitos** daquela declaração ou decidir que ela só tenha eficácia a **partir de seu trânsito em julgado** ou de **outro momento** que venha a ser fixado.

**Art. 12.** A decisão que julgar procedente ou improcedente o pedido em argüição de descumprimento de preceito fundamental é **irrecorrível, não** podendo ser objeto de ação rescisória.

**Art. 13.** Caberá **reclamação** contra o descumprimento da decisão proferida pelo Supremo Tribunal Federal, na forma do seu Regimento Interno.

**Art. 14.** Esta Lei entra em vigor na data de sua publicação.

Brasília, 3 de dezembro de 1999; 178º da Independência e 111º da República.

Fernando Henrique Cardoso

José Carlos Dias

# LEI Nº 12.562, DE 23 DE DEZEMBRO DE 2011

*Regulamenta o inciso III do art. 36 da Constituição Federal, para dispor sobre o processo e julgamento da representação interventiva perante o Supremo Tribunal Federal.*

- D.O.U. de 26.12.2011; ret. D.O.U. 27.12.2011

A PRESIDENTA DA REPÚBLICA Faço saber que o Congresso Nacional decreta e eu sanciono a seguinte Lei:

**Art. 1º.** Esta Lei dispõe sobre o processo e julgamento da representação interventiva prevista no inciso III do art. 36 da Constituição Federal.

**Art. 2º.** A representação será proposta pelo Procurador-Geral da República, em caso de violação aos princípios referidos no inciso VII do art. 34 da Constituição Federal, ou de recusa, por parte de Estado-Membro, à execução de lei federal.

**Art. 3º.** A petição inicial deverá conter:

**I** – a indicação do princípio constitucional que se considera violado ou, se for o caso de recusa à aplicação de lei federal, das disposições questionadas;

**II** – a indicação do ato normativo, do ato administrativo, do ato concreto ou da omissão questionados;

**III** – a prova da violação do princípio constitucional ou da recusa de execução de lei federal;

**IV** – o pedido, com suas especificações.

**Parágrafo único.** A petição inicial será apresentada em 2 (duas) vias, devendo conter, se for o caso, cópia do ato questionado e dos documentos necessários para comprovar a impugnação.

**Art. 4º.** A petição inicial será indeferida liminarmente pelo relator, quando não for o caso de representação interventiva, faltar algum dos requisitos estabelecidos nesta Lei ou for inepta.

**Parágrafo único.** Da decisão de indeferimento da petição inicial caberá agravo, no prazo de 5 (cinco) dias.

**Art. 5º.** O Supremo Tribunal Federal, por decisão da maioria absoluta de seus membros, poderá deferir pedido de medida liminar na representação interventiva.

**§ 1º.** O relator poderá ouvir os órgãos ou autoridades responsáveis pelo ato questionado, bem como o Advogado-Geral da União ou o Procurador-Geral da República, no prazo comum de 5 (cinco) dias.

**§ 2º.** A liminar poderá consistir na determinação de que se suspenda o andamento de processo ou os efeitos de decisões judiciais ou administrativas ou de qualquer outra medida que apresente relação com a matéria objeto da representação interventiva.

**Art. 6º.** Apreciado o pedido de liminar ou, logo após recebida a petição inicial, se não houver pedido de liminar, o relator solicitará as informações às autoridades responsáveis pela prática do ato questionado, que as prestarão em até 10 (dez) dias.

**§ 1º.** Decorrido o prazo para prestação das informações, serão ouvidos, sucessivamente, o Advogado-Geral da União e o Procurador-Geral da República, que deverão manifestar-se, cada qual, no prazo de 10 (dez) dias.

**§ 2º.** Recebida a inicial, o relator deverá tentar dirimir o conflito que dá causa ao pedido, utilizando-se dos meios que julgar necessários, na forma do regimento interno.

**Art. 7º.** Se entender necessário, poderá o relator requisitar informações adicionais, designar perito ou comissão de peritos para que elabore laudo sobre a questão ou, ainda, fixar data para declarações, em audiência pública, de pessoas com experiência e autoridade na matéria.

**Parágrafo único.** Poderão ser autorizadas, a critério do relator, a manifestação e a juntada de documentos por parte de interessados no processo.

**Art. 8º.** Vencidos os prazos previstos no art. 6º ou, se for o caso, realizadas as diligências de que trata o art. 7º, o relator lançará o relatório, com cópia para todos os Ministros, e pedirá dia para julgamento.

**Art. 9º.** A decisão sobre a representação interventiva somente será tomada se presentes na sessão pelo menos 8 (oito) Ministros.

**Art. 10.** Realizado o julgamento, proclamar-se-á a procedência ou improcedência do pedido formulado na representação interventiva se num ou noutro sentido se tiverem manifestado pelo menos 6 (seis) Ministros.

**Parágrafo único.** Estando ausentes Ministros em número que possa influir na decisão sobre a representação interventiva, o julgamento será suspenso, a fim de se aguardar o comparecimento dos Ministros ausentes, até que se atinja o número necessário para a prolação da decisão.

**Art. 11.** Julgada a ação, far-se-á a comunicação às autoridades ou aos órgãos responsáveis pela prática dos atos questionados, e, se a decisão final for pela procedência do pedido formulado na representação interventiva, o Presidente do Supremo Tribunal Federal, publicado o acórdão, levá-lo-á ao conhecimento do Presidente da República para, no prazo improrrogável de até 15 (quinze) dias, dar cumprimento aos §§ 1º e 3º do art. 36 da Constituição Federal.

**Parágrafo único.** Dentro do prazo de 10 (dez) dias, contado a partir do trânsito em julgado da decisão, a parte dispositiva será publicada em seção especial do Diário da Justiça e do Diário Oficial da União.

**Art. 12.** A decisão que julgar procedente ou improcedente o pedido da representação interventiva é irrecorrível, sendo insuscetível de impugnação por ação rescisória.

**Art. 13.** Esta Lei entra em vigor na data de sua publicação.

Brasília, 23 de dezembro de 2011; 190º da Independência e 123º da República.

Dilma Rousseff

José Eduardo Cardozo

Luís Inácio Lucena Adams

## LEI Nº 13.188, DE 11 DE NOVEMBRO DE 2015

*Dispõe sobre o direito de resposta ou retificação do ofendido em matéria divulgada, publicada ou transmitida por veículo de comunicação social.*

- D.O.U. de 12.11.2015
- v. CF/1988: art. 5º, V.
- v. Lei 12.965/2014 – Estabelece princípios, garantias, direitos e deveres para o uso da Internet no Brasil (Lei do Marco Civil na internet).
- v. Lei 9.504/1997 – Estabelece normas para as eleições.

A PRESIDENTA DA REPÚBLICA Faço saber que o Congresso Nacional decreta e eu sanciono a seguinte Lei:

**Art. 1º.** Esta Lei disciplina o exercício do direito de resposta ou retificação do ofendido em matéria divulgada, publicada ou transmitida por veículo de comunicação social.

- v. Lei 9.504/1997: art. 58.

**Art. 2º.** Ao ofendido em matéria divulgada, publicada ou transmitida por veículo de comunicação social é assegurado o direito de resposta ou retificação, gratuito e proporcional ao agravo.

**§ 1º.** Para os efeitos desta Lei, considera-se matéria qualquer reportagem, nota ou notícia divulgada por veículo de comunicação social, independentemente do meio ou da plataforma de distribuição, publicação ou transmissão que utilize, cujo conteúdo atente, ainda que por equívoco de informação, contra a honra, a intimidade, a reputação, o conceito, o nome, a marca ou a imagem de pessoa física ou jurídica identificada ou passível de identificação.

**§ 2º.** São excluídos da definição de matéria estabelecida no § 1º deste artigo os comentários realizados por usuários da internet nas páginas eletrônicas dos veículos de comunicação social.

**§ 3º.** A retratação ou retificação espontânea, ainda que a elas sejam conferidos os mesmos destaque, publicidade, periodicidade e dimensão do agravo, não impedem o exercício do direito de resposta pelo ofendido nem prejudicam a ação de reparação por dano moral.

**Art. 3º.** O direito de resposta ou retificação deve ser exercido no prazo decadencial de 60 (sessenta) dias, contado da data de cada divulgação, publicação ou transmissão da matéria ofensiva, mediante correspondência com aviso de recebimento encaminhada diretamente ao veículo de comunicação social ou, inexistindo pessoa jurídica constituída, a quem por ele responda, independentemente de quem seja o responsável intelectual pelo agravo.

**§ 1º.** O direito de resposta ou retificação poderá ser exercido, de forma individualizada, em face de todos os veículos de comunicação social que tenham divulgado, publicado, republicado, transmitido ou retransmitido o agravo original.

**§ 2º.** O direito de resposta ou retificação poderá ser exercido, também, conforme o caso:

**I** – pelo representante legal do ofendido incapaz ou da pessoa jurídica;

**II** – pelo cônjuge, descendente, ascendente ou irmão do ofendido que esteja ausente do País ou tenha falecido depois do agravo, mas antes de decorrido o prazo de decadência do direito de resposta ou retificação.

**§ 3º.** No caso de divulgação, publicação ou transmissão continuada e ininterrupta da mesma matéria ofensiva, o prazo será contado da data em que se iniciou o agravo.

**Art. 4º.** A resposta ou retificação atenderá, quanto à forma e à duração, ao seguinte:

**I** – praticado o agravo em mídia escrita ou na internet, terá a resposta ou retificação o destaque, a publicidade, a periodicidade e a dimensão da matéria que a ensejou;

**II** – praticado o agravo em mídia televisiva, terá a resposta ou retificação o destaque, a publicidade, a periodicidade e a duração da matéria que a ensejou;

**III** – praticado o agravo em mídia radiofônica, terá a resposta ou retificação o destaque, a publicidade, a periodicidade e a duração da matéria que a ensejou.

**§ 1º.** Se o agravo tiver sido divulgado, publicado, republicado, transmitido ou retransmitido em mídia escrita ou em cadeia de rádio ou televisão para mais de um Município ou Estado, será conferido proporcional alcance à divulgação da resposta ou retificação.

**§ 2º.** O ofendido poderá requerer que a resposta ou retificação seja divulgada, publicada ou transmitida nos mesmos espaço, dia da semana e horário do agravo.

**§ 3º.** A resposta ou retificação cuja divulgação, publicação ou transmissão não obedeça ao disposto nesta Lei é considerada inexistente.

**§ 4º.** Na delimitação do agravo, deverá ser considerado o contexto da informação ou matéria que gerou a ofensa.

**Art. 5º.** Se o veículo de comunicação social ou quem por ele responda não divulgar, publicar ou transmitir a resposta ou retificação no prazo de 7 (sete) dias, contado do recebimento do respectivo pedido, na forma do art. 3º, restará caracterizado o interesse jurídico para a propositura de ação judicial.

**§ 1º.** É competente para conhecer do feito o juízo do domicílio do ofendido ou, se este assim o preferir, aquele do lugar onde o agravo tenha apresentado maior repercussão.

- v. CC: arts. 70 e segs.

**§ 2º.** A ação de rito especial de que trata esta Lei será instruída com as provas do agravo e do pedido de resposta ou retificação não atendido, bem como com o texto da resposta ou retificação a ser divulgado, publicado ou transmitido, sob pena de inépcia da inicial, e processada no prazo máximo de 30 (trinta) dias, vedados:

**I** – a cumulação de pedidos;

- v. CPC/2015: art. 327.

**II** – a reconvenção;

- v. CPC/2015: arts. 343 e segs.

**III** – o litisconsórcio, a assistência e a intervenção de terceiros.

- v. CPC/2015: arts. 113 e segs., e 119 e segs.

**§ 3º.** (VETADO).

**Art. 6º.** Recebido o pedido de resposta ou retificação, o juiz, dentro de 24 (vinte e quatro) horas, mandará citar o responsável pelo veículo de comunicação social para que:

**I** – em igual prazo, apresente as razões pelas quais não o divulgou, publicou ou transmitiu;

**II** – no prazo de 3 (três) dias, ofereça contestação.

**Parágrafo único.** O agravo consistente em injúria não admitirá a prova da verdade.

**Art. 7º.** O juiz, nas 24 (vinte e quatro) horas seguintes à citação, tenha ou não se manifestado o responsável pelo veículo de comunicação, conhecerá do pedido e, havendo prova capaz de convencer sobre a verossimilhança da alegação ou justificado receio de ineficácia do provimento final, fixará desde logo as condições e a data para a veiculação, em prazo não superior a 10 (dez) dias, da resposta ou retificação.

**§ 1º.** Se o agravo tiver sido divulgado ou publicado por veículo de mídia impressa cuja circulação seja periódica, a resposta ou retificação será divulgada na edição seguinte à da ofensa ou, ainda, excepcionalmente, em edição extraordinária, apenas nos casos em que o prazo entre a ofensa e a próxima edição indique desproporcionalidade entre a ofensa e a resposta ou retificação.

**§ 2º.** A medida antecipatória a que se refere o *caput* deste artigo poderá ser reconsiderada ou modificada a qualquer momento, em decisão fundamentada.

**§ 3º.** O juiz poderá, a qualquer tempo, impor multa diária ao réu, independentemente de pedido do autor, bem como modificar-lhe o valor ou a periodicidade, caso verifique que se tornou insuficiente ou excessiva.

**§ 4º.** Para a efetivação da tutela específica de que trata esta Lei, poderá o juiz, de ofício ou mediante requerimento, adotar as medidas cabíveis para o cumprimento da decisão.

**Art. 8º.** Não será admitida a divulgação, publicação ou transmissão de resposta ou retificação que não tenha relação com as informações contidas na matéria a que pretende responder nem se enquadre no § 1º do art. 2º desta Lei.

**Art. 9º.** O juiz prolatará a sentença no prazo máximo de 30 (trinta) dias, contado do ajuizamento da ação, salvo na hipótese de conversão do pedido em reparação por perdas e danos.

**Parágrafo único.** As ações judiciais destinadas a garantir a efetividade do direito de resposta ou retificação previsto nesta Lei processam-se durante as férias forenses e não se suspendem pela superveniência delas.

**Art. 10.** Das decisões proferidas nos processos submetidos ao rito especial estabelecido nesta Lei, poderá ser concedido efeito suspensivo pelo tribunal competente, desde que constatadas, em juízo colegiado prévio, a plausibilidade do direito invocado e a urgência na concessão da medida.

- O STF declarou a a inconstitucionalidade da expressão "em juízo colegiado prévio".
  Admitir que um juiz integrante de tribunal não possa ao menos conceder efeito suspensivo a recurso dirigido contra decisão de juiz de primeiro grau é subverter a lógica hierárquica estabelecida pela Constituição, pois é o mesmo que atribuir ao juízo de primeira instância mais poderes que ao magistrado de segundo grau de jurisdição.
  Ademais, o poder geral de cautela, assim compreendido como a capacidade conferida ao magistrado de determinar a realização de medidas de caráter provisório, ainda que inominadas no CPC, é ínsito ao exercício da jurisdição e uma forma de garantir a efetividade do processo judicial (art. 297 do CPC).
  No caso, o poder geral de cautela se faz essencial porque o direito de resposta é, por natureza, satisfativo, de modo que, uma vez exercido, não há como ser revertido.
  Desse modo, a interpretação literal do art. 10 da Lei nº 13.188/2015, atribuindo exclusivamente a colegiado de tribunal o poder de deliberar sobre a concessão de efeito suspensivo a recurso em face de decisão que tenha assegurado o direito de resposta, dificultaria sensivelmente a reversão liminar de decisão concessiva do direito de resposta, com risco, inclusive, de tornar ineficaz a apreciação do recurso pelo tribunal.
  STF. Plenário. ADI 5415/DF, ADI 5418/DF e ADI 5436/DF, Rel. Min. Dias Toffoli, julgado em 11/3/2021 (Info 1009).

**Art. 11.** A gratuidade da resposta ou retificação divulgada pelo veículo de comunicação, em caso de ação temerária, não abrange as custas processuais nem exime o autor do ônus da sucumbência.

**Parágrafo único.** Incluem-se entre os ônus da sucumbência os custos com a divulgação, publicação ou transmissão da resposta ou retificação, caso a decisão judicial favorável ao autor seja reformada em definitivo.

**Art. 12.** Os pedidos de reparação ou indenização por danos morais, materiais ou à imagem serão deduzidos em ação própria, salvo se o autor, desistindo expressamente da tutela específica de que trata esta Lei, os requerer, caso em que o processo seguirá pelo rito ordinário.

**§ 1º.** O ajuizamento de ação cível ou penal contra o veículo de comunicação ou seu responsável com fundamento na divulgação, publicação ou transmissão ofensiva não prejudica o exercício administrativo ou judicial do direito de resposta ou retificação previsto nesta Lei.

**§ 2º.** A reparação ou indenização dar-se-á sem prejuízo da multa a que se refere o § 3º do art. 7º.

**Art. 13.** O art. 143 do Decreto-Lei nº 2.848, de 7 de dezembro de 1940 (Código Penal), passa a vigorar acrescido do seguinte parágrafo único:

‣ Alteração incorporada ao texto do referido Decreto-Lei.

**Art. 14.** Esta Lei entra em vigor na data de sua publicação.

Brasília, 11 de novembro de 2015; 194º da Independência e 127º da República.

Dilma Rousseff

José Eduardo Cardozo

# LEI Nº 13.300, DE 23 DE JUNHO DE 2016

*Disciplina o processo e o julgamento dos mandados de injunção individual e coletivo e dá outras providências.*

‣ D.O.U. de 24.6.2016

O VICE-PRESIDENTE DA REPÚBLICA, no exercício do cargo de PRESIDENTE DA REPÚBLICA:

Faço saber que o Congresso Nacional decreta e eu sanciono a seguinte Lei:

**Art. 1º.** Esta Lei disciplina o processo e o julgamento dos mandados de injunção individual e coletivo, nos termos do inciso LXXI do art. 5º da Constituição Federal.

‣ CPC/15: art. 1.027.

**Art. 2º.** Conceder-se-á mandado de injunção sempre que a falta total ou parcial de norma regulamentadora torne inviável o exercício dos direitos e liberdades constitucionais e das prerrogativas inerentes à nacionalidade, à soberania e à cidadania.

**Parágrafo único.** Considera-se parcial a regulamentação quando forem insuficientes as normas editadas pelo órgão legislador competente.

**Art. 3º.** São legitimados para o mandado de injunção, como impetrantes, as pessoas naturais ou jurídicas que se afirmam titulares dos direitos, das liberdades ou das prerrogativas referidos no art. 2º e, como impetrado, o Poder, o órgão ou a autoridade com atribuição para editar a norma regulamentadora.

**Art. 4º.** A petição inicial deverá preencher os requisitos estabelecidos pela lei processual e indicará, além do órgão impetrado, a pessoa jurídica que ele integra ou aquela a que está vinculado.

‣ CPC/15: art. 319 e ss.

**§ 1º.** Quando não for transmitida por meio eletrônico, a petição inicial e os documentos que a instruem serão acompanhados de tantas vias quantos forem os impetrados.

**§ 2º.** Quando o documento necessário à prova do alegado encontrar-se em repartição ou estabelecimento público, em poder de autoridade ou de terceiro, havendo recusa em fornecê-lo por certidão, no original, ou em cópia autêntica, será ordenada, a pedido do impetrante, a exibição do documento no prazo de 10 (dez) dias, devendo, nesse caso, ser juntada cópia à segunda via da petição.

**§ 3º.** Se a recusa em fornecer o documento for do impetrado, a ordem será feita no próprio instrumento da notificação.

**Art. 5º.** Recebida a petição inicial, será ordenada:

**I** – a notificação do impetrado sobre o conteúdo da petição inicial, devendo-lhe ser enviada a segunda via apresentada com as cópias dos documentos, a fim de que, no prazo de 10 (dez) dias, preste informações;

**II** – a ciência do ajuizamento da ação ao órgão de representação judicial da pessoa jurídica interessada, devendo-lhe ser enviada cópia da petição inicial, para que, querendo, ingresse no feito.

**Art. 6º.** A petição inicial será desde logo indeferida quando a impetração for manifestamente incabível ou manifestamente improcedente.

‣ CPC/15: art. 330.

**Parágrafo único.** Da decisão de relator que indeferir a petição inicial, caberá agravo, em 5 (cinco) dias, para o órgão colegiado competente para o julgamento da impetração.

**Art. 7º.** Findo o prazo para apresentação das informações, será ouvido o Ministério Público, que opinará em 10 (dez) dias, após o que, com ou sem parecer, os autos serão conclusos para decisão.

**Art. 8º.** Reconhecido o estado de mora legislativa, será deferida a injunção para:

**I** – determinar prazo razoável para que o impetrado promova a edição da norma regulamentadora;

**II** – estabelecer as condições em que se dará o exercício dos direitos, das liberdades ou das prerrogativas reclamados ou, se for o caso, as condições em que poderá o interessado promover ação própria visando a exercê-los, caso não seja suprida a mora legislativa no prazo determinado.

**Parágrafo único.** Será dispensada a determinação a que se refere o inciso I do *caput* quando comprovado que o impetrado deixou de atender, em mandado de injunção anterior, ao prazo estabelecido para a edição da norma.

**Art. 9º.** A decisão terá eficácia subjetiva limitada às partes e produzirá efeitos até o advento da norma regulamentadora.

**§ 1º.** Poderá ser conferida eficácia ultra partes ou erga omnes à decisão, quando isso for inerente ou indispensável ao exercício do direito, da liberdade ou da prerrogativa objeto da impetração.

**§ 2º.** Transitada em julgado a decisão, seus efeitos poderão ser estendidos aos casos análogos por decisão monocrática do relator.

**§ 3º.** O indeferimento do pedido por insuficiência de prova não impede a renovação da impetração fundada em outros elementos probatórios.

**Art. 10.** Sem prejuízo dos efeitos já produzidos, a decisão poderá ser revista, a pedido de qualquer interessado, quando sobrevierem relevantes modificações das circunstâncias de fato ou de direito.

**Parágrafo único.** A ação de revisão observará, no que couber, o procedimento estabelecido nesta Lei.

**Art. 11.** A norma regulamentadora superveniente produzirá efeitos ex nunc em relação aos beneficiados por decisão transitada em julgado, salvo se a aplicação da norma editada lhes for mais favorável.

**Parágrafo único.** Estará prejudicada a impetração se a norma regulamentadora for editada antes da decisão, caso em que o processo será extinto sem resolução de mérito.

**Art. 12.** O mandado de injunção coletivo pode ser promovido:

**I** – pelo Ministério Público, quando a tutela requerida for especialmente relevante para a defesa da ordem jurídica, do regime democrático ou dos interesses sociais ou individuais indisponíveis;

**II** – por partido político com representação no Congresso Nacional, para assegurar o exercício de direitos, liberdades e prerrogativas de seus integrantes ou relacionados com a finalidade partidária;

**III** – por organização sindical, entidade de classe ou associação legalmente constituída e em funcionamento há pelo menos 1 (um) ano, para assegurar o exercício de direitos, liberdades e prerrogativas em favor da totalidade ou de parte de seus membros ou associados, na forma de seus estatutos e desde que pertinentes a suas finalidades, dispensada, para tanto, autorização especial;

**IV** – pela Defensoria Pública, quando a tutela requerida for especialmente relevante para a promoção dos direitos humanos e a defesa dos direitos individuais e coletivos dos necessitados, na forma do inciso LXXIV do art. 5º da Constituição Federal.

**Parágrafo único.** Os direitos, as liberdades e as prerrogativas protegidos por mandado de injunção coletivo são os pertencentes, indistintamente, a uma coletividade indeterminada de pessoas ou determinada por grupo, classe ou categoria.

**Art. 13.** No mandado de injunção coletivo, a sentença fará coisa julgada limitadamente às pessoas integrantes da coletividade, do grupo, da classe ou da categoria substituídos pelo impetrante, sem prejuízo do disposto nos §§ 1º e 2º do art. 9º.

**Parágrafo único.** O mandado de injunção coletivo não induz litispendência em relação aos individuais, mas os efeitos da coisa julgada não beneficiarão o impetrante que não requerer a desistência da demanda individual no prazo de 30 (trinta) dias a contar da ciência comprovada da impetração coletiva.

**Art. 14.** Aplicam-se subsidiariamente ao mandado de injunção as normas do mandado de segurança, disciplinado pela Lei nº 12.016, de 7 de agosto de 2009, e do Código de Processo Civil, instituído pela Lei nº 5.869, de 11 de janeiro de 1973, e pela Lei nº 13.105, de 16 de março de 2015, observado o disposto em seus arts. 1.045 e 1.046.

**Art. 15.** Esta Lei entra em vigor na data de sua publicação.

Brasília, 23 de junho de 2016; 195º da Independência e 128º da República.

MICHEL TEMER

Alexandre de Moraes

Fábio Medina Osório

# Direito Administrativo

# PLANO DE ESTUDO

| Diploma | Estudado | Revisão 1 | Revisão 2 | Revisão 3 | Questões |
|---|---|---|---|---|---|
| Decreto nº 20.910/1932 | | | | | |
| Decreto-lei nº 25/1937 | | | | | |
| Decreto-lei nº 3.365/1941 | | | | | |
| Decreto-lei nº 4.597/1942 | | | | | |
| Decreto-lei nº 9.760/1946 | | | | | |
| Lei nº 4.132/1962 | | | | | |
| Lei nº 4.595/1964 *(Excertos)* | | | | | |
| Decreto-lei nº 1.075/1970 | | | | | |
| Lei nº 5.741/1971 | | | | | |
| Lei nº 6.383/1976 | | | | | |
| Lei nº 8.257/1991 | | | | | |
| Lei nº 8.617/1993 | | | | | |
| Lei nº 8.629/1993 | | | | | |
| Lei complementar nº 76/1993 | | | | | |
| Lei nº 8.745/1993 | | | | | |
| Lei nº 9.074/1995 | | | | | |
| Lei nº 9.790/1999 | | | | | |
| Lei nº 9.873/1999 | | | | | |

| Diploma | Estudado | Revisão 1 | Revisão 2 | Revisão 3 | Questões |
|---|---|---|---|---|---|
| Medida Provisória nº 2.220/2001 | | | | | |
| Lei nº 12.813/2013 | | | | | |
| Lei nº 12.846/2013 | | | | | |
| Lei nº 12.990/2014 | | | | | |
| Lei nº 13.019/2014 | | | | | |
| Lei nº 13.334/2016 | | | | | |
| Lei nº 13.460/2017 | | | | | |
| Lei nº 13.848/2019 *(Excertos)* | | | | | |
| Lei nº 13.934/2019 | | | | | |

## DECRETO Nº 20.910, DE 6 DE JANEIRO DE 1932

*Regula a prescrição quinquenal.*

- D.O.U. 8.11.1932

O Chefe do Governo Provisório da República dos Estados Unidos do Brasil, usando das atribuições contidas no art. 1º do Dec. nº 19.398, de 11 de novembro de 1930, decreta:

**Art. 1º.** As dívidas passivas da União, dos Estados e dos Municípios, bem assim todo e qualquer direito ou ação contra a Fazenda federal, estadual ou municipal, seja qual for a sua natureza, prescrevem em 5 (cinco) anos, contados da data do ato ou fato do qual se originarem.

- Aplica-se o regime normativo prescricional das pessoas jurídicas de direito público, previsto no Decreto nº 20.910/1932 e no Decreto-Lei nº 4.597/1942, às entidades da Administração Indireta com personalidade de direito privado que atuem na prestação de serviços públicos essenciais sem finalidade lucrativa e sem natureza concorrencial. STJ. Corte Especial. EREsp 1.725.030-SP, Rel. Min. Raul Araújo, julgado em 14/12/2023 (Info 14 – Edição Extraordinária).

> STJ, 85. Nas relações jurídicas de trato sucessivo em que a Fazenda Pública figure como devedora, quando não tiver sido negado o próprio direito reclamado, a prescrição atinge apenas as prestações vencidas antes do qüinqüênio anterior à propositura da ação.

- CTN, art. 174. A ação para a cobrança do crédito tributário prescreve em cinco anos, contados da data da sua constituição definitiva.
- Lei 9.873/1999, art. 1º Prescreve em cinco anos a ação punitiva da Administração Pública Federal, direta e indireta, no exercício do poder de polícia, objetivando apurar infração à legislação em vigor, contados da data da prática do ato ou, no caso de infração permanente ou continuada, do dia em que tiver cessado.
- Decreto-lei 4.597/1942, arts. 2º e 3º.
- Regra geral da prescrição em ações contra a Fazenda Pública. O prazo prescricional aplicável às ações de indenização contra a Fazenda Pública é de 5 (CINCO) anos, conforme previsto no Decreto 20.910/32, e não de três anos (regra do Código Civil), por se tratar de norma especial, que prevalece sobre a geral. STJ. 1ª Seção. REsp 1.251.993-PR, Rel. Min. Mauro Campbell, julgado em 12/12/2012 (recurso repetitivo) (Info 512).

> Súmula 647-STJ: São imprescritíveis as ações indenizatórias por danos morais e materiais decorrentes de atos de perseguição política com violação de direitos fundamentais ocorridos durante o regime militar.

- Se não houver lei estadual ou municipal prevendo o prazo prescricional da sanção de polícia, este prazo será de 5 anos, com base no art. 1º do Decreto 20.910/32. A legislação de cada ente deverá prever o prazo prescricional da sanção de polícia. No âmbito federal o prazo é de 5 anos, com fundamento na Lei nº 9.873/99. Caso não haja lei estadual ou municipal sobre o assunto, deverá ser aplicado o prazo prescricional de 5 anos por força, não da Lei n. 9.873/99, mas sim do art. 1º do Decreto 20.910/32. As disposições contidas na Lei nº 9.873/99 não são aplicáveis às ações administrativas punitivas desenvolvidas por Estados e Municípios, pois o seu art. 1º é expresso ao limitar sua incidência ao plano federal. Assim, inexistindo legislação local específica, incide, no caso, o prazo prescricional previsto no art. 1º do Decreto 20.910/32. STJ. 2ª Turma. AgInt no REsp 1409267/PR, Rel. Min. Assusete Magalhães, julgado em 16/03/2017.
- Reconhecimento administrativo pela Fazenda e renúncia ao prazo prescricional. Caso o Poder Público tenha reconhecido administrativamente o débito, o termo inicial do prazo prescricional de 5 anos para que servidor público exija seu direito será a data desse ato de reconhecimento. Para o STJ, o reconhecimento do débito implica renúncia, pela Administração, ao prazo prescricional já transcorrido. STJ. 1ª Turma. AgRg no AgRg no AREsp 51.586-RS, Rel. Min. Benedito Gonçalves, julgado em 13/11/2012 (Info 509).

**Art. 2º.** Prescrevem igualmente no mesmo prazo todo o direito e as prestações correspondentes a pensões vencidas ou por vencerem, ao meio soldo e ao montepio civil e militar ou a quaisquer restituições ou diferenças.

**Art. 3º.** Quando o pagamento se dividir por dias, meses ou anos, a prescrição atingirá progressivamente as prestações, à medida que completarem os prazos estabelecidos pelo presente decreto.

> STF, 443. A prescrição das prestações anteriores ao período previsto em lei não ocorre, quando não tiver sido negado, antes daquele prazo, o próprio direito reclamado, ou a situação jurídica de que ele resulta.

**Art. 4º.** Não corre a prescrição durante a demora que, no estudo, no reconhecimento ou no pagamento da dívida, considerada líquida, tiverem as repartições ou funcionários encarregados de estudar e apurá-la.

**Parágrafo único.** A suspensão da prescrição, neste caso, verificar-se-á pela entrada do requerimento do titular do direito ou do credor nos livros ou protocolos das repartições públicas, com designação do dia, mês e ano.

**Art. 5º.** *(Revogado pela Lei nº 2.211, de 1954).*

**Art. 6º.** O direito à reclamação administrativa, que não tiver prazo fixado em disposição de lei para ser formulada, prescreve em 1 (um) ano a contar da data do ato ou fato do qual a mesma se originar.

**Art. 7º.** A citação inicial não interrompe a prescrição quando, por qualquer motivo, o processo tenha sido anulado.

- Lei 6.830/1980, art. 8º, § 2º.

**Art. 8º.** A prescrição somente poderá ser interrompida uma vez.

**Art. 9º.** A prescrição interrompida recomeça a correr, pela metade do prazo, da data do ato que a interrompeu ou do último ato ou termo do respectivo processo.

**Art. 10.** O disposto nos artigos anteriores não altera as prescrições de menor prazo, constantes das leis e regulamentos, as quais ficam subordinadas às mesmas regras.

**Art. 11.** Revogam-se as disposições em contrário.

Rio de Janeiro, 6 de janeiro de 1932,
111º da Independência e 44º da República.
Getulio Vargas.
Oswaldo Aranha.

## DECRETO-LEI Nº 25, DE 30 DE NOVEMBRO DE 1937

*Organiza a proteção do patrimônio histórico e artístico nacional.*

- D.O.U. de 6.12.1937; rep. D.O.U. de 11.12.1937.

O PRESIDENTE DA REPÚBLICA, usando da atribuição que lhe confere o art. 180 da Constituição, decreta:

## CAPÍTULO I. DO PATRIMÔNIO HISTÓRICO E ARTÍSTICO NACIONAL

**Art. 1º.** Constitui o patrimônio histórico e artístico nacional o conjunto dos bens móveis e imóveis existentes no país e cuja conservação seja de interesse público, quer por sua vinculação a fatos memoráveis da história do Brasil, quer por seu excepcional valor arqueológico ou etnográfico, bibliográfico ou artístico.

- Importante ler o art. 216 da CF/1988.

**§ 1º.** Os bens a que se refere o presente artigo só serão considerados parte integrante do patrimônio histórico o artístico nacional, depois de inscritos separada ou agrupadamente num dos quatro Livros do Tombo, de que trata o art. 4º desta Lei.

**§ 2º.** Equiparam-se aos bens a que se refere o presente artigo e são também sujeitos a tombamento os monumentos naturais, bem como os sítios e paisagens que importe conservar e proteger pela feição notável com que tenham sido dotados pela natureza ou agenciados pela indústria humana.

- Lei 9.605/1998, art. 63. Alterar o aspecto ou estrutura de edificação ou local especialmente protegido por lei, ato administrativo ou decisão judicial, em razão de seu valor paisagístico, ecológico, turístico, artístico, histórico, cultural, religioso, arqueológico, etnográfico ou monumental, sem autorização da autoridade competente ou em desacordo com a concedida: Pena – reclusão, de um a três anos, e multa.

**Art. 2º.** A presente lei se aplica às coisas pertencentes às pessoas naturais, bem como às pessoas jurídicas de direito privado e de direito público interno.

**Art. 3º.** Excluem-se do patrimônio histórico e artístico nacional as obras de origem estrangeira:

1) que pertençam às representações diplomáticas ou consulares acreditadas no país;

2) que adornem quaisquer veículos pertencentes a empresas estrangeiras, que façam carreira no país;

3) que se incluam entre os bens referidos no art. 10 da Introdução do Código Civil, e que continuam sujeitas à lei pessoal do proprietário;

4) que pertençam a casas de comércio de objetos históricos ou artísticos;

5) que sejam trazidas para exposições comemorativas, educativas ou comerciais:

6) que sejam importadas por empresas estrangeiras expressamente para adorno dos respectivos estabelecimentos.

**Parágrafo único.** As obras mencionadas nas alíneas 4 e 5 terão guia de licença para livre trânsito, fornecida pelo Serviço ao Patrimônio Histórico e Artístico Nacional.

## CAPÍTULO II. DO TOMBAMENTO

- CF/1988, art. 216 (...) § 1º O Poder Público, com a colaboração da comunidade, promoverá e protegerá o patrimônio cultural brasileiro, por meio de inventários, registros, vigilância, tombamento e desapropriação, e de outras formas de acautelamento e preservação.
- Lei 8.394/1991 (Preservação, organização e proteção dos acervos documentais privados dos presidentes da República)

**Art. 4º.** O Serviço do Patrimônio Histórico e Artístico Nacional possuirá quatro Livros do Tombo, nos quais serão inscritas as obras a que se refere o art. 1º desta Lei, a saber:

1) no Livro do Tombo Arqueológico, Etnográfico e Paisagístico, as coisas pertencentes às categorias de arte arqueológica, etnográfica, ameríndia e popular, e bem assim as mencionadas no § 2º do citado art. 1º.

2) no Livro do Tombo Histórico, as coisas de interesse histórico e as obras de arte histórica;

3) no Livro do Tombo das Belas Artes, as coisas de arte erudita, nacional ou estrangeira;

4) no Livro do Tombo das Artes Aplicadas, as obras que se incluírem na categoria das artes aplicadas, nacionais ou estrangeiras.

**§ 1º.** Cada um dos Livros do Tombo poderá ter vários volumes.

**§ 2º.** Os bens, que se incluem nas categorias enumeradas nas alíneas 1, 2, 3 e 4 do presente artigo, serão definidos e especificados no regulamento que for expedido para execução da presente lei.

**Art. 5º.** O tombamento dos bens pertencentes à União, aos Estados e aos Municípios se fará de ofício, por ordem do diretor do Serviço do Patrimônio Histórico e Artístico Nacional, mas deverá ser notificado à entidade a quem pertencer, ou sob cuja guarda estiver a coisa tombada, a fim de produzir os necessários efeitos.

**Art. 6º.** O tombamento de coisa pertencente à pessoa natural ou à pessoa jurídica de direito privado se fará voluntária ou compulsoriamente.

**Art. 7º.** Proceder-se-á ao tombamento voluntário sempre que o proprietário o pedir e a coisa se revestir dos requisitos necessários para constituir parte integrante do patrimônio histórico e artístico nacional, a juízo do Conselho Consultivo do Serviço do Patrimônio Histórico e Artístico Nacional, ou sempre que o mesmo proprietário anuir, por escrito, à notificação, que se lhe fizer, para a inscrição da coisa em qualquer dos Livros do Tombo.

**Art. 8º.** Proceder-se-á ao tombamento compulsório quando o proprietário se recusar a anuir à inscrição da coisa.

**Art. 9º.** O tombamento compulsório se fará de acordo com o seguinte processo:

1) o Serviço do Patrimônio Histórico e Artístico Nacional, por seu órgão competente, notificará o proprietário para anuir ao tombamento, dentro do prazo de quinze dias, a contar do recebimento da notificação, ou para, si o quiser impugnar, oferecer dentro do mesmo prazo as razões de sua impugnação.

2) no caso de não haver impugnação dentro do prazo assinado que é fatal, o diretor do Serviço do Patrimônio Histórico e Artístico Nacional mandará por simples despacho que se proceda à inscrição da coisa no competente Livro do Tombo.

3) se a impugnação for oferecida dentro do prazo assinado, far-se-á vista da mesma, dentro de outros quinze dias fatais, ao órgão de que houver emanado a iniciativa do tombamento, a fim de sustentá-la. Em seguida, independentemente de custas, será o processo remetido ao Conselho Consultivo do Serviço do Patrimônio Histórico e Artístico Nacional, que proferirá decisão a respeito, dentro do prazo de sessenta dias, a contar do seu recebimento. Dessa decisão não caberá recurso.

**Art. 10.** O tombamento dos bens, a que se refere o art. 6º desta Lei, será considerado provisório ou definitivo, conforme esteja o respectivo processo iniciado pela notificação ou concluído pela inscrição dos referidos bens no competente Livro do Tombo.

**Parágrafo único.** Para todos os efeitos, salvo a disposição do art. 13 desta Lei, o tombamento provisório se equiparará ao definitivo.

## CAPÍTULO III. DOS EFEITOS DO TOMBAMENTO

**Art. 11.** As coisas tombadas, que pertençam à União, aos Estados ou aos Municípios, inalienáveis por natureza, só poderão ser transferidas de uma à outra das referidas entidades.

**Parágrafo único.** Feita a transferência, dela deve o adquirente dar imediato conhecimento ao Serviço do Patrimônio Histórico e Artístico Nacional.

**Art. 12.** A alienabilidade das obras históricas ou artísticas tombadas, de propriedade de pessoas naturais ou jurídicas de direito privado sofrerá as restrições constantes da presente lei.

**Art. 13.** O tombamento definitivo dos bens de propriedade particular será, por iniciativa do órgão competente do Serviço do Patrimônio Histórico e Artístico Nacional, transcrito para os devidos efeitos em livro a cargo dos oficiais do registro de imóveis e averbado ao lado da transcrição do domínio.

**§ 1º.** No caso de transferência de propriedade dos bens de que trata este artigo, deverá o adquirente, dentro do prazo de trinta dias, sob pena de multa de dez por cento sobre o respectivo valor, fazê-la constar do registro, ainda que se trate de transmissão judicial ou causa mortis.

**§ 2º.** Na hipótese de deslocação de tais bens, deverá o proprietário, dentro do mesmo prazo e sob pena da mesma multa, inscrevê-los no registro do lugar para que tiverem sido deslocados.

**§ 3º.** A transferência deve ser comunicada pelo adquirente, e a deslocação pelo proprietário, ao Serviço do Patrimônio Histórico e Artístico Nacional, dentro do mesmo prazo e sob a mesma pena.

**Art. 14.** A. coisa tombada não poderá sair do país, senão por curto prazo, sem transferência de domínio e para fim de intercâmbio cultural, a juízo do Conselho Consultivo do Serviço do Patrimônio Histórico e Artístico Nacional.

**Art. 15.** Tentada, a não ser no caso previsto no artigo anterior, a exportação, para fora do país, da coisa tombada, será esta sequestrada pela União ou pelo Estado em que se encontrar.

- Lei 13.105/15, art. 301.

**§ 1º.** Apurada a responsabilidade do proprietário, ser-lhe-á imposta a multa de cinquenta por cento do valor da coisa, que permanecerá sequestrada em garantia do pagamento, e até que este se faça.

**§ 2º.** No caso de reincidência, a multa será elevada ao dobro.

**§ 3º.** A pessoa que tentar a exportação de coisa tombada, além de incidir na multa a que se referem os parágrafos anteriores, incorrerá, nas penas cominadas no Código Penal para o crime de contrabando.

- CP, art. 334.

**Art. 16.** No caso de extravio ou furto de qualquer objeto tombado, o respectivo proprietário deverá dar conhecimento do fato ao Serviço do Patrimônio Histórico e Artístico Nacional, dentro do prazo de cinco dias, sob pena de multa de dez por cento sobre o valor da coisa.

**Art. 17.** As coisas tombadas não poderão, em caso nenhum ser destruídas, demolidas ou mutiladas, nem, sem prévia autorização especial do Serviço do Patrimônio Histórico e Artístico Nacional, ser reparadas, pintadas ou restauradas, sob pena de multa de cinquenta por cento do dano causado.

**Parágrafo único.** Tratando-se de bens pertencentes à União, aos Estados ou aos municípios, a autoridade responsável pela infração do presente artigo incorrerá pessoalmente na multa.

**Art. 18.** Sem prévia autorização do Serviço do Patrimônio Histórico e Artístico Nacional, não se poderá, na vizinhança da coisa tombada, fazer construção que lhe impeça ou reduza a visibilidade, nem nela colocar anúncios ou cartazes, sob pena de ser mandada destruir a obra ou retirar o objeto, impondo-se neste caso a multa de cinquenta por cento do valor do mesmo objeto.

**Art. 19.** O proprietário de coisa tombada, que não dispuser de recursos para proceder às obras de conservação e reparação que a mesma requerer, levará ao conhecimento do Serviço do Patrimônio Histórico e Artístico Nacional a necessidade das mencionadas obras, sob pena de multa correspondente ao dobro da importância em que for avaliado o dano sofrido pela mesma coisa.

- Responsabilidade pela conservação do imóvel tombado. A responsabilidade de reparar e conservar o imóvel tombado é do proprietário, salvo quando demonstrado que ele não dispõe de recurso para proceder à reparação. STJ. 2ª Turma. AgRg no AREsp 176.140-BA, Rel. Min. Castro Meira, julgado em 18/10/2012 (Info 507).

**§ 1º.** Recebida a comunicação, e consideradas necessárias as obras, o diretor do Serviço do Patrimônio Histórico e Artístico Nacional mandará executá-las, a expensas da União, devendo as mesmas ser iniciadas dentro do prazo de seis meses, ou providenciará para que seja feita a desapropriação da coisa.

**§ 2º.** À falta de qualquer das providências previstas no parágrafo anterior, poderá o proprietário requerer que seja cancelado o tombamento da coisa.

- Lei 6.292/1975 – Tombamento de bens no Instituto do Patrimônio Histórico e Artístico Nacional (IPHAN).

**§ 3º.** Uma vez que verifique haver urgência na realização de obras e conservação ou reparação em qualquer coisa tombada, poderá o Serviço do Patrimônio Histórico e Artístico Nacional tomar a iniciativa de projetá-las e executá-las, a expensas da União, independentemente da comunicação a que alude este artigo, por parte do proprietário.

**Art. 20.** As coisas tombadas ficam sujeitas à vigilância permanente do Serviço do Patrimônio Histórico e Artístico Nacional, que poderá inspecioná-los sempre que for julgado conveniente, não podendo os respectivos proprietários ou responsáveis criar obstáculos à inspeção, sob pena de multa de cem mil-réis, elevada ao dobro em caso de reincidência.

**Art. 21.** Os atentados cometidos contra os bens de que trata o art. 1º desta Lei são equiparados aos cometidos contra o patrimônio nacional.

## CAPÍTULO IV. DO DIREITO DE PREFERÊNCIA

**Art. 22.** *(Revogado pela Lei nº 13.105, de 2015)*

## CAPÍTULO V. DISPOSIÇÕES GERAIS

**Art. 23.** O Poder Executivo providenciará a realização de acordos entre a União e os Estados, para melhor coordenação e desenvolvimento das atividades relativas à proteção do patrimônio histórico e artístico nacional e para a uniformização da legislação estadual complementar sobre o mesmo assunto.

**Art. 24.** A União manterá, para a conservação e a exposição de obras históricas e artísticas de sua propriedade, além do Museu Histórico Nacional e do Museu Nacional de Belas Artes, tantos outros museus nacionais quantos se tornarem necessários, devendo, outrossim, providenciar no sentido de favorecer a instituição de museus estaduais e municipais, com finalidades similares.

**Art. 25.** O Serviço do Patrimônio Histórico e Artístico Nacional procurará entendimentos com as autoridades eclesiásticas, instituições científicas, históricas ou artísticas e pessoas naturais ou jurídicas, com o objetivo de obter a cooperação das mesmas em benefício do patrimônio histórico e artístico nacional.

**Art. 26.** Os negociantes de antiguidades, de obras de arte de qualquer natureza, de manuscritos e livros antigos ou raros são obrigados a um registro especial no Serviço do Patrimônio Histórico e Artístico Nacional, cumprindo-lhes, outrossim, apresentar semestralmente ao mesmo relações completas das coisas históricas e artísticas que possuírem.

**Art. 27.** Sempre que os agentes de leilões tiverem de vender objetos de natureza idêntica a dos mencionados no artigo anterior, deverão apresentar a respectiva relação ao órgão competente do Serviço do Patrimônio Histórico e Artístico Nacional, sob pena de incidirem na multa de cinquenta por cento sobre o valor dos objetos vendidos.

**Art. 28.** Nenhum objeto de natureza idêntica à dos referidos no art. 26 desta Lei poderá ser posto à venda pelos comerciantes ou agentes de leilões, sem que tenha sido previamente autenticado pelo Serviço do Patrimônio Histórico e Artístico Nacional, ou por perito em que o mesmo se louvar, sob pena de multa de cinquenta por cento sobre o valor atribuído ao objeto.

**Parágrafo único.** A. autenticação do mencionado objeto será feita mediante o pagamento de uma taxa de peritagem de cinco por cento sobre o valor da coisa, se este for inferior ou equivalente a um conto de réis, e de mais cinco mil-réis por conto de réis ou fração, que exceder.

**Art. 29.** O titular do direito de preferência goza de privilégio especial sobre o valor produzido em praça por bens tombados, quanto ao pagamento de multas impostas em virtude de infrações da presente lei.

**Parágrafo único.** Só terão prioridade sobre o privilégio a que se refere este artigo os créditos inscritos no registro competente, antes do tombamento da coisa pelo Serviço do Patrimônio Histórico e Artístico Nacional.

**Art. 30.** Revogam-se as disposições em contrário.

Rio de Janeiro, 30 de novembro de 1937,
116º da Independência e 49º da República.
Getúlio Vargas
Gustavo Capanema

# DECRETO-LEI Nº 3.365, DE 21 DE JUNHO DE 1941

*Dispõe sobre desapropriações por utilidade pública.*

- D.O.U. de 18.7.1941

O Presidente da República, usando da atribuição que lhe confere o art. 180 da Constituição, DECRETA:

**DISPOSIÇÕES PRELIMINARES**

**Art. 1º.** A desapropriação por utilidade pública regular-se-á por esta lei, em toda o território nacional.

- CF/88, art. 5º (...) XXIV - a lei estabelecerá o procedimento para desapropriação por necessidade ou utilidade pública, ou por interesse social, mediante justa e prévia indenização em dinheiro, ressalvados os casos previstos nesta Constituição;
- CF/88, art. 22. Compete privativamente à União legislar sobre: (...) II - desapropriação;
- Importante ler os arts. 182, §§ 3º e 4º, III, 184 a 186 da CF/88.
- Lei 4.132/1962 (Desapropriação por interesse social).
- Lei 4.504/1964 (Estatuto da Terra), arts. 18 a 23.

**Art. 2º.** Mediante declaração de utilidade pública, todos os bens **poderão ser desapropriados**

pela União, pelos Estados, Municípios, Distrito Federal e Territórios.

**§ 1º** A desapropriação do separo aéreo ou do subsolo só se tornará necessária, quando de sua utilização resultar **prejuízo patrimonial** do proprietário do solo.

**§ 2º** Será exigida autorização legislativa para a desapropriação dos bens de domínio dos Estados, dos Municípios e do Distrito Federal pela União e dos bens de domínio dos Municípios pelos Estados. *(Redação dada pela Lei 14.620/2023)*

**§ 2º-A.** Será dispensada a autorização legislativa a que se refere o § 2º quando a desapropriação for realizada mediante acordo entre os entes federativos, no qual serão fixadas as respectivas responsabilidades financeiras quanto ao pagamento das indenizações correspondentes. *(Acrescido pela Lei 14.620/2023)*

**§ 3º** É **vedada** a desapropriação, pelos Estados, Distrito Federal, Territórios e Municípios de ações, cotas e direitos representativos do capital de instituições e empresas cujo funcionamento dependa de **autorização** do Governo Federal e se subordine à sua fiscalização, **salvo** mediante prévia autorização, por **decreto** do Presidente da República.

> STF, 157. É necessária prévia autorização do Presidente da República para desapropriação, pelos Estados, de empresa de energia elétrica.

**Art. 3º** Poderão promover a desapropriação mediante autorização expressa constante de lei ou contrato: *(Redação dada pela Lei 14.620/2023)*

**I** - os concessionários, inclusive aqueles contratados nos termos da Lei nº 11.079, de 30 de dezembro de 2004 (Lei de Parceria Público-Privada), permissionários, autorizatários e arrendatários; *(Redação dada pela Lei 14.620/2023)*

**II** - as entidades públicas; *(Redação dada pela Lei 14.273/2021)*

**III** - as entidades que exerçam funções delegadas do poder público; e *(Redação dada pela Lei 14.273/2021)*

**IV** - o contratado pelo poder público para fins de execução de obras e serviços de engenharia sob os regimes de empreitada por preço global, empreitada integral e contratação integrada. *(Redação dada pela Lei 14.620/2023)*

**Parágrafo único.** Na hipótese prevista no inciso IV do *caput*, o edital deverá prever expressamente: *(Acrescido pela Lei 14.620/2023)*

**I** - o responsável por cada fase do procedimento expropriatório;

**II** - o orçamento estimado para sua realização;

**III** - a distribuição objetiva de riscos entre as partes, incluído o risco pela variação do custo das desapropriações em relação ao orçamento estimado.

**Art. 4º.** A desapropriação poderá abranger a **área contígua necessária** ao desenvolvimento da obra a que se destina, e as **zonas que se valorizarem extraordinariamente**, em consequência da realização do serviço. Em qualquer caso, a declaração de utilidade pública **deverá** compreendê-las, mencionando-se quais as indispensáveis à continuação da obra e as que se destinam á revenda.

**Parágrafo único.** Quando a desapropriação executada pelos autorizados a que se refere o art. 3º destinar-se a planos de urbanização, de renovação urbana ou de parcelamento ou reparcelamento do solo previstos no plano diretor, o edital de licitação poderá prever que a receita decorrente da revenda ou da utilização imobiliária integre projeto associado por conta e risco do contratado, garantido ao poder público responsável pela contratação, no mínimo, o ressarcimento dos desembolsos com indenizações, quando essas ficarem sob sua responsabilidade. *(Redação dada pela Lei 14.620/2023)*

**Art. 4º-A.** Quando o imóvel a ser desapropriado caracterizar-se como núcleo urbano informal ocupado predominantemente por população de baixa renda, nos termos do § 2º do art. 9º da Lei nº 13.465, de 11 de julho de 2017, e seu regulamento, o ente expropriante deverá prever, no planejamento da ação de desapropriação, medidas compensatórias. *(Acrescido pela Lei 14.620/2023)*

**§ 1º** As medidas compensatórias a que se refere o *caput* incluem a realocação de famílias em outra unidade habitacional, a indenização de benfeitorias ou a compensação financeira suficiente para assegurar o restabelecimento da família em outro local, exigindo-se, para este fim, o prévio cadastramento dos ocupantes.

**§ 2º** Poderá ser equiparada à família ou à pessoa de baixa renda aquela ocupante da área que, por sua situação fática específica, apresente condição de vulnerabilidade, conforme definido pelo expropriante.

**Art. 5º.** Consideram-se **casos de utilidade pública**:

a) a segurança nacional;

b) a defesa do Estado;

c) o socorro público em caso de calamidade;

d) a salubridade pública;

e) a criação e melhoramento de centros de população, seu abastecimento regular de meios de subsistência;

f) o aproveitamento industrial das minas e das jazidas minerais, das águas e da energia hidráulica;

g) a assistência pública, as obras de higiene e decoração, casas de saúde, clínicas, estações de clima e fontes medicinais;

h) a exploração ou a conservação dos serviços públicos;

i) a abertura, conservação e melhoramento de vias ou logradouros públicos; a execução de planos de urbanização; o parcelamento do solo, com ou sem edificação, para sua melhor utilização econômica, higiênica ou estética; a construção ou ampliação de distritos industriais.

j) o funcionamento dos meios de transporte coletivo;

k) a preservação e conservação dos monumentos históricos, e artísticos, isolados ou integrados em conjuntos urbanos ou rurais, bem

como as medidas necessárias a manter-lhes e realçar-lhes os aspectos mais valiosos ou característicos e, ainda, a proteção de paisagens e locais particularmente dotados pela natureza;
l) a preservação e a conservação adequada de arquivos, documentos e outros bens moveis de valor histórico ou artístico;
m) a construção de edifícios públicos, monumentos comemorativos e cemitérios;
n) a criação de estádios, aeródromos ou campos de pouso para aeronaves;
o) a reedição ou divulgação de obra ou invento de natureza científica, artística ou literária;
p) os demais casos previstos por leis especiais.

**§ 1º** A construção ou ampliação de distritos industriais, de que trata a alínea i do Caput deste artigo, inclui o loteamento das áreas necessárias à instalação de indústrias e atividades correlatas, bem como a revenda ou locação dos respectivos lotes a empresas previamente qualificadas.

**§ 2º** A efetivação da desapropriação para fins de criação ou ampliação de distritos industriais depende de **aprovação**, prévia e expressa, pelo Poder Público competente, do respectivo projeto de implantação.

**§ 3º** Ao imóvel desapropriado para implantação de **parcelamento popular**, destinado às classes de menor renda, **não** se dará outra utilização **nem haverá** retrocessão.

**§ 4º** Os bens desapropriados para fins de utilidade pública e os direitos decorrentes da respectiva imissão na posse poderão ser alienados a terceiros, locados, cedidos, arrendados, outorgados em regimes de concessão de direito real de uso, de concessão comum ou de parceria público-privada e ainda transferidos como integralização de fundos de investimento ou sociedades de propósito específico. *(Redação dada pela Lei 14.273/2021)*

**§ 5º** Aplica-se o disposto no § 4º nos casos de desapropriação para fins de execução de planos de urbanização, de renovação urbana ou de parcelamento ou reparcelamento do solo, desde que seja assegurada a destinação prevista no referido plano de urbanização ou de parcelamento do solo. *(Redação dada pela Lei 14.620/2023)*

**§ 6º** Comprovada a inviabilidade ou a perda objetiva de interesse público em manter a destinação do bem prevista no decreto expropriatório, o expropriante deverá adotar uma das seguintes medidas, nesta ordem de preferência: *(Acrescido pela Lei 14.620/2023)*

**I** - destinar a área não utilizada para outra finalidade pública; ou

**II** - alienar o bem a qualquer interessado, na forma prevista em lei, assegurado o direito de preferência à pessoa física ou jurídica desapropriada.

**§ 7º** No caso de desapropriação para fins de execução de planos de urbanização, de renovação urbana ou de parcelamento ou reparcelamento do solo, as diretrizes do plano de urbanização ou de parcelamento do solo deverão estar previstas no plano diretor, na legislação de uso e ocupação do solo ou em lei municipal específica. *(Acrescido pela Lei 14.620/2023)*

**Art. 6º.** A declaração de utilidade pública far-se-á por **decreto** do Presidente da República, Governador, Interventor ou Prefeito.

**Art. 7º** Declarada a utilidade pública, ficam as autoridades administrativas do expropriante ou seus representantes autorizados a ingressar nas áreas compreendidas na declaração, inclusive para realizar inspeções e levantamentos de campo, podendo recorrer, em caso de resistência, ao auxílio de força policial. *(Redação dada pela Lei 14.620/2023)*

**Parágrafo único.** Em caso de dano por excesso ou abuso de poder ou originário das inspeções e levantamentos de campo realizados, cabe indenização por perdas e danos, sem prejuízo da ação penal. *(Acrescido pela Lei 14.620/2023)*

**Art. 8º.** O Poder Legislativo poderá tomar a iniciativa da desapropriação, cumprindo, neste caso, ao Executivo, praticar os atos necessários à sua efetivação.

**Art. 9º.** Ao Poder Judiciário é **vedado**, no processo de desapropriação, decidir se se **verificam ou não** os casos de utilidade pública.

**Art. 10.** A desapropriação deverá efetivar-se mediante **acordo ou intentar-se judicialmente**, dentro de cinco anos, contados da data da expedição do respectivo decreto e findos os quais este caducará. Neste caso, somente decorrido um ano, poderá ser o mesmo bem objeto de nova declaração.

**Parágrafo único. Extingue-se** em cinco anos o direito de propor ação que vise a indenização por restrições decorrentes de atos do Poder Público.

**Art. 10-A.** O poder público deverá **notificar** o proprietário e apresentar-lhe oferta de **indenização.**

**§ 1º** A **notificação** de que trata o *caput* deste artigo **conterá:**

**I** - cópia do ato de declaração de utilidade pública;

**II** - planta ou descrição dos bens e suas confrontações;

**III** - valor da oferta;

**IV** - informação de que o prazo para aceitar ou rejeitar a oferta é de 15 (quinze) dias e de que o silêncio será considerado rejeição;

**V** - (VETADO na Lei nº 13.867, de 26/8/2019)

**§ 2º** Aceita a oferta e realizado o pagamento, será lavrado **acordo**, o qual será **título hábil** para a transcrição no registro de imóveis.

**§ 3º** Rejeitada a oferta, ou transcorrido o prazo sem manifestação, o poder público procederá na forma dos arts. 11 e seguintes deste Decreto-Lei. (Artigo acrescido pela Lei nº 13.867, de 26/8/2019)

**Art. 10-B.** Feita a opção pela **mediação** ou pela **via arbitral**, o particular indicará um dos órgãos ou instituições especializadas em mediação ou arbitragem **previamente cadastrados** pelo órgão responsável pela desapropriação.

ADMINISTRATIVO

**§ 1º** A mediação seguirá as normas da Lei nº 13.140, de 26 de junho de 2015, e, subsidiariamente, os regulamentos do órgão ou instituição responsável.

**§ 2º** Poderá ser eleita câmara de mediação criada pelo poder público, nos termos do art. 32 da Lei nº 13.140, de 26 de junho de 2015.

**§ 3º** (VETADO na Lei nº 13.867, de 26/8/2019)

**§ 4º** A arbitragem seguirá as normas da Lei nº 9.307, de 23 de setembro de 1996, e, subsidiariamente, os regulamentos do órgão ou instituição responsável.

**§ 5º** (VETADO na Lei nº 13.867, de 26/8/2019) (Artigo acrescido pela Lei nº 13.867, de 26/8/2019)

**DO PROCESSO JUDICIAL**

**Art. 11.** A ação, quando a União for autora, será proposta no Distrito Federal ou no foro da Capital do Estado onde for domiciliado o réu, perante o juízo privativo, se houver; sendo outro o autor, no foro da situação dos bens.

- CF/1988, art. 109. Aos juízes federais compete processar e julgar: I - as causas em que a União, entidade autárquica ou empresa pública federal forem interessadas na condição de autoras, rés, assistentes ou oponentes, exceto as de falência, as de acidentes de trabalho e as sujeitas à Justiça Eleitoral e à Justiça do Trabalho.

**Art. 12.** Somente os juizes que tiverem **garantia de vitaliciedade, inamovibilidade e irredutibilidade de vencimentos** poderão conhecer dos processos de desapropriação.

**Art. 13.** A **petição inicial**, alem dos requisitos previstos no Código de Processo Civil, **conterá** a oferta do preço e será instruída com um exemplar do contrato, ou do jornal oficial que houver publicado o decreto de desapropriação, ou cópia autenticada dos mesmos, e a planta ou descrição dos bens e suas confrontações.

- Os requisitos da petição inicial estão previstos nos arts. 319 a 321 do CPC/2015.
- Dispensa de citação do cônjuge na ação de desapropriação por utilidade pública. Na ação de desapropriação por utilidade pública, a citação do proprietário do imóvel desapropriado dispensa a do respectivo cônjuge. A desapropriação por utilidade pública rege-se pelo Decreto-Lei nº 3.365/41. A ação de desapropriação é uma ação de natureza real, uma vez que tem por objeto (pedido) a propriedade de um bem imóvel. O CPC/2015 determina que, nas ações que versem sobre direitos reais imobiliários, em regra, tanto o réu como o seu cônjuge devem ser citados (art. 73, § 1º, I) (art. 10, § 1º do CPC/1973). Essa regra não se aplica nas ações de desapropriação por utilidade pública. Se a Fazenda Pública ajuíza ação de desapropriação por utilidade pública contra o proprietário, o seu cônjuge não precisará ser citado. Isso porque o art. 16 do DL 3.365/1941 (Lei das Desapropriações) dispõe que a "citação far-se-á por mandado na pessoa do proprietário dos bens; a do marido dispensa a da mulher". Logo, não se aplica o § 1º do art. 10 do CPC/1973 (art. 73, § 1º, I, do CPC/2015) considerando que esta é norma geral em relação ao art. 16 do DL 3.365/41, que é lei específica. STJ. 2ª Turma. REsp 1.404.085-CE, Rel. Min. Herman Benjamin, julgado em 5/8/2014 (Info 547).

**Parágrafo único.** Sendo o valor da causa igual ou inferior a dois contos de réis (2:000$0), **dispensam-se** os autos suplementares.

**Art. 14.** Ao despachar a inicial, o juiz designará um **perito** de sua livre escolha, sempre que possível, técnico, para proceder à avaliação dos bens.

**Parágrafo único.** O autor e o réu **poderão** indicar assistente técnico do perito.

**Art. 15.** Se o expropriante **alegar urgência** e depositar quantia arbitrada de conformidade com o art. 685 do Código de Processo Civil, o juiz mandará imití-lo **provisoriamente na posse** dos bens.

> STF, 164. No processo de desapropriação, são devidos juros compensatórios desde a antecipada imissão de posse, ordenada pelo juiz, por motivo de urgência.
>
> STF, 476. Desapropriadas as ações de uma sociedade, o Poder desapropriante, imitido na posse, pode exercer, desde logo, todos os direitos inerentes aos respectivos títulos.
>
> STJ, 69. Na desapropriação direta, os juros compensatórios são devidos desde a antecipada imissão na posse e, na desapropriação indireta, a partir da efetiva ocupação do imóvel.
>
> STJ, 70. Os juros moratórios, na desapropriação direta ou indireta, contam-se desde o trânsito em julgado da sentença.

- Atenção: a súmula 70 do STJ está superada, em parte.
- A ausência do depósito previsto no art. 15 do Decreto-Lei nº 3.365/41 para o deferimento de pedido de imissão provisória na posse veiculado em ação de desapropriação por utilidade pública não implica a extinção do processo sem resolução do mérito, mas, tão somente, o indeferimento da tutela provisória. STJ. 1ª Turma. REsp 1930735-TO, Rel. Min. Regina Helena Costa, julgado em 28/2/2023 (Info 767).
- Se a ação de desapropriação for proposta por uma pessoa jurídica de direito público: não se aplica a súmula 70 do STJ. Isso porque após o trânsito em julgado o valor fixado na sentença ainda será inscrito como precatório e o art. 100 da CF/88 confere um prazo mínimo para ele ser pago. A Constituição afirma que, uma vez inscrito até 1º de julho de um ano, o precatório deverá ser pago até o final do ano seguinte. Logo, enquanto estiver dentro desse prazo conferido pela CF/88, não há que se falar em mora (não sendo devidos os juros de mora). Assim, se a ação foi proposta por pessoa jurídica de direito público, os juros moratórios serão contados a partir de 1º de janeiro do exercício financeiro seguinte àquele em que o pagamento deveria ser efetuado, nos termos do art. 100 da CF/88. Aplica-se aqui a regra prevista no art. art. 15-B do Decreto-Lei nº 3365/41 (incluído pela MP nº 1577/97).
- Se a ação de desapropriação for proposta por pessoa jurídica de direito privado (empresas públicas, sociedades de economia mista*, concessionárias etc.): Aplica-se a súmula 70 do STJ e o termo inicial dos juros moratórios será o trânsito em julgado da sentença. Isso porque as entidades privadas não gozam dessa regra especial de pagamento por meio de precatórios. ***Atenção:** É aplicável o regime dos precatórios às empresas públicas e sociedades de economia mista prestadoras de serviço público próprio do Estado e de natureza não concorrencial (STF. Plenário. ADPF 387/PI, Rel. Min. Gilmar Mendes, julgado em 23/3/2017).

**§ 1º** A imissão provisória poderá ser feita, independente da citação do réu, mediante o **depósito:**

> STF, 652. Não contraria a Constituição o art. 15, § 1º, do Decreto-lei 3365/1941 (Lei da desapropriação por utilidade pública).

- Em regra, a posse do expropriante sobre o bem somente ocorre quando tiver concluído o processo de desapropriação e paga a indenização. No entanto, o art. 15 do Decreto-Lei 3.365/41 prevê a possibilidade de imissão provisória na posse em caso de urgência. Para o STF, a imissão provisória não viola o princípio da justa e prévia indenização (art. 5º, XXIV, da CF/88)

a) do preço oferecido, se este for superior a 20 (vinte) vezes o valor locativo, caso o imóvel esteja sujeito ao imposto predial;

b) da quantia correspondente a **20 (vinte) vezes** o valor locativo, estando o imóvel sujeito ao imposto predial e sendo menor o preço oferecido;

c) do valor cadastral do imóvel, para fins de lançamento do imposto territorial, urbano ou rural, caso o referido valor tenha sido atualizado no ano fiscal imediatamente anterior;

d) **não** tendo havido a atualização a que se refere o inciso c , o juiz fixará independente de avaliação, a importância do depósito, tendo em vista a época em que houver sido fixado originalmente o valor cadastral e a valorização ou desvalorização posterior do imóvel.

**§ 2º** A alegação de urgência, que **não** poderá ser **renovada**, obrigará o expropriante a requerer a imissão provisória dentro do prazo improrrogável de 120 (cento e vinte) dias.

**§ 3º** Excedido o prazo fixado no parágrafo anterior **não** será concedida a imissão provisória.

**§ 4º** A imissão provisória na posse será **registrada** no registro de imóveis competente.

**Art. 15-A.** No caso de imissão prévia na posse, na desapropriação por necessidade ou utilidade pública ou na desapropriação por interesse social prevista na Lei nº 4.132, de 10 de setembro de 1962, na hipótese de haver divergência entre o preço ofertado em juízo e o valor do bem fixado na sentença, expressos em termos reais, poderão incidir juros compensatórios de até 6% a.a. (seis por cento ao ano) sobre o valor da diferença eventualmente apurada, contado da data de imissão na posse, vedada a aplicação de juros compostos. *(Redação dada pela Lei 14.620/2023)*

**§ 1º** Os juros compensatórios destinam-se apenas a compensar danos correspondentes a lucros cessantes comprovadamente sofridos pelo proprietário, não incidindo nas indenizações relativas às desapropriações que tiverem como pressuposto o descumprimento da função social da propriedade, previstas no art. 182, § 4º, inciso III, e no art. 184 da Constituição. *(Redação dada pela Lei 14.620/2023)*

**§ 2º** O disposto no *caput* aplica-se também às ações ordinárias de indenização por apossamento administrativo ou por desapropriação indireta e às ações que visem à indenização por restrições decorrentes de atos do poder público. *(Redação dada pela Lei 14.620/2023)*

**§ 3º** Nas ações referidas no § 2º, o poder público não será onerado por juros compensatórios relativos a período anterior à aquisição da propriedade ou da posse titulada pelo autor da ação. *(Redação dada pela Lei 14.620/2023)*

**§ 4º**. ~~Nas ações referidas no § 3º, não será o Poder Público onerado por juros compensatórios relativos a período anterior à aquisição da propriedade ou posse titulada pelo autor da ação.~~

**Art. 15-B.** Nas ações a que se refere o art. 15-A, os **juros moratórios** destinam-se a **recompor** a perda decorrente do atraso no efetivo pagamento da indenização fixada na decisão final de mérito, e somente serão devidos à razão de até **seis por cento ao ano**, a partir de 1º de janeiro do exercício seguinte àquele em que o pagamento deveria ser feito, nos termos do art. 100 da Constituição.

**Art. 16.** A **citação** far-se-á por mandado na pessoa do proprietário dos bens; a do marido dispensa a da mulher; a de um sócio, ou administrador, a dos demais, quando o bem pertencer a sociedade; a do administrador da coisa, no caso de condomínio, **exceto** o de edifício de apartamento constituindo cada um propriedade autônoma, a dos demais condôminos e a do inventariante, e, se **não** houver, a do cônjuge, herdeiro, ou legatário, detentor da herança, a dos demais interessados, quando o bem pertencer a espólio.

**Parágrafo único.** Quando **não** encontrar o citando, mas ciente de que se encontra no território da jurisdição do juiz, o oficial portador do mandado marcará desde logo hora certa para a citação, ao fim de 48 horas, independentemente de nova diligência ou despacho.

**Art. 17.** Quando a ação **não** for proposta **no foro do domicílio ou da residência do réu**, a citação far-se-á por **precatória**, se o mesmo estiver em lugar certo, fora do território da jurisdição do juiz.

**Art. 18.** A citação far-se-á por **edital** se o citando **não** for conhecido, ou estiver em lugar ignorado, incerto ou inacessível, ou, ainda, no estrangeiro, o que dois oficiais do juízo certificarão.

**Art. 19.** Feita a citação, a causa seguirá com o **rito ordinário.**

**Art. 20.** A contestação só poderá versar sobre vício do processo judicial ou impugnação do preço; qualquer outra questão deverá ser decidida por **ação direta.**

**Art. 21.** A instância **não** se interrompe. No caso de falecimento do réu, ou perda de sua capacidade civil, o juiz, logo que disso tenha conhecimento, nomeará **curador à lide**, até que se lhe habilite o interessado.

**Parágrafo único.** Os atos praticados da data do falecimento ou perda da capacidade à investidura do curador à lide poderão ser **ratificados ou impugnados** por ele, ou pelo representante do espólio, ou do incapaz.

**Art. 22.** Havendo concordância sobre o preço, o juiz o **homologará**, por sentença no despacho saneados.

- Lei 13.105/15, art. 487, III, b. Haverá resolução de mérito quando o juiz: (...) III - homologar: (...) b) a transação.

**Art. 23.** Findo o prazo para a contestação e **não** havendo concordância expressa quanto ao preço, o perito apresentará o laudo em carteiro até cinco dias, pelo menos, antes da audiência de instrução e julgamento.

**§ 1º** O perito **poderá requisitar** das autoridades públicas os esclarecimentos ou documentos que se tornarem necessários à elaboração do laudo, e deverá indicar nele, entre outras circunstâncias atendíveis para a fixação da indenização, as enumeradas no art. 27. Ser-lhe-ão abonadas, como custas, as despesas com certidões o, a arbítrio do juiz, as de outros documentos que juntar ao laudo.

**§ 2º** Antes de proferido o despacho saneados, poderá o perito solicitar **prazo especial** para apresentação do laudo.

**Art. 24.** Na audiência de instrução e julgamento proceder-se-á na conformidade do Código de Processo Civil. Encerrado o debate, O juiz proferirá sentença fixando o **preço da indenização.**

**Parágrafo único.** Se **não** se julgar habilitado a decidir, o juiz designará desde logo outra audiência que se realizará dentro de 10 dias afim de publicar a sentença.

**Art. 25.** O principal e os acessórios serão computados em **parcelas autônomas.**

**Parágrafo único.** O juiz poderá arbitrar quantia módicas para desmonte e transporte de maquinismos instalados e em funcionamento.

**Art. 26.** No valor da indenização, que será contemporâneo da avaliação, **não** se incluirão os direitos de terceiros contra o expropriado.

- Valor da indenização. O art. 26 do Decreto-Lei nº 3.365/41 determina que o valor da indenização será calculado com base no preço do imóvel no momento da perícia (avaliação): "no valor da indenização, que será contemporâneo da avaliação, não se incluirão os direitos de terceiros contra o expropriado. "A avaliação de que trata esse artigo é a administrativa ou a judicial? Em outras palavras, o valor da indenização a ser paga será calculado com base no preço do imóvel no momento da avaliação administrativa ou judicial? No momento da avaliação judicial. Nas desapropriações para fins de reforma agrária, o valor da indenização deve ser contemporâneo à avaliação efetivada em juízo, tendo como base o laudo adotado pelo juiz para a fixação do justo preço, pouco importando a data da imissão na posse ou mesmo a da avaliação administrativa.

- De fato, a avaliação efetivada em juízo, ordinariamente, deverá se reportar à época em que for realizada – e não ao passado – para fixar a importância correspondente ao bem objeto da expropriação, haja vista que exigir que esses trabalhos técnicos refiram-se à realidade passada (de anos, muitas vezes) pode prejudicar a qualidade das avaliações e o contraditório. Logo, quando o art. 26 do DL 3.365/41 afirma que a indenização, em regra, deverá corresponder ao valor do imóvel apurado na data da perícia, ela está se referindo à avaliação judicial. STJ. 2ª Turma. AgRg no REsp 1.459.124-CE, Rel. Min. Herman Benjamin, julgado em 18/9/2014 (Info 549).

**§ 1º** Serão atendidas as **benfeitorias necessárias** feitas após a desapropriação; as úteis, quando feitas com **autorização** do expropriante.

STF, 23. Verificados os pressupostos legais para o licenciamento da obra, não o impede a declaração de utilidade pública para desapropriação do imóvel, mas o valor da obra não se incluirá na indenização, quando a desapropriação for efetivada.

**§ 2º** Decorrido prazo superior a um ano a partir da avaliação, o Juiz ou Tribunal, antes da decisão final, determinará a **correção monetária do valor apurado**, conforme índice que será fixado, trimestralmente, pela Secretaria de Planejamento da Presidência da República.

STF, 164. No processo de desapropriação, são devidos juros compensatórios desde a antecipada imissão de posse, ordenada pelo juiz, por motivo de urgência.

STF, 254. Incluem-se os juros moratórios na liquidação, embora omisso o pedido inicial ou a condenação.

STJ, 12. Em desapropriação, são cumuláveis juros compensatórios e moratórios.

STJ, 56. Na desapropriação para instituir servidão administrativa são devidos os juros compensatórios pela limitação de uso da propriedade.

STJ, 102. A incidência dos juros moratórios sobre os compensatórios, nas ações expropriatórias, não constitui anatocismo vedado em lei.

STJ, 113. Os juros compensatórios, na desapropriação direta, incidem a partir da imissão na posse, calculados sobre o valor da indenização, corrigido monetariamente.

STJ, 114. Os juros compensatórios, na desapropriação indireta, incidem a partir da ocupação, calculados sobre o valor da indenização, corrigido monetariamente.

**Art. 27.** O juiz indicará na sentença os fatos que motivaram o seu convencimento e deverá atender, especialmente, à estimação dos bens para efeitos fiscais; ao preço de aquisição e interesse que deles aufere o proprietário; à sua situação, estado de conservação e segurança; ao valor venal dos da mesma espécie, nos últimos cinco anos, e à valorização ou depreciação de área remanescente, pertencente ao réu.

STF, 617. A base de cálculo dos honorários de advogado em desapropriação é a diferença entre a oferta e a indenização, corrigidas ambas monetariamente.

**§ 1º** A sentença que fixar o valor da indenização quando este for **superior** ao preço oferecido condenará o desapropriante a pagar honorários do advogado, que serão fixados entre **meio e cinco por cento** do valor da diferença, observado o disposto no § 4º do art. 20 do Código de Processo Civil, **não** ~~podendo os honorários ultrapassar R$ 151.000,00 (cento e cinqüenta e um mil reais)~~. (Parágrafo acrescido pela Lei nº 2.786, de 21/5/1956, e com nova redação dada pela Medida Provisória nº 2.183-56, de 24/8/2001)

STJ, 141. Os honorários de advogado em desapropriação direta são calculados sobre a diferença entre a indenização e a oferta, corrigidas monetariamente.

- As ações de desapropriação por utilidade pública orientam-se especialmente pelas disposições do Decreto-Lei nº 3.365/1941.

O art. 27, § 1º do DL estabelece base de cálculo e percentuais próprios para a fixação dos honorários, distintos da ordenação geral do CPC.

O preceito contempla opção do legislador pela existência de ônus de sucumbência apenas quando o valor indenizatório for superior à oferta inicial. A base de cálculo dos honorários corresponderá à diferença entre ambos, o que aparentemente elege como critério não o valor condenatório propriamente, porque este seria o equivalente à própria indenização arbitrada, mas a um parâmetro ligado à condenação.

Apesar de o texto do dispositivo fazer remissão claramente à fase de conhecimento - tanto que remete à definição da indenização e à oferta inicial, que vem consignada na petição inicial -, o Decreto-Lei disciplina a sucumbência para as ações de desapropriação. Portanto, é devida a sua observância em todas as suas fases, no que for cabível.

Sendo cabível a sucumbência no caso da fase de cumprimento de sentença, a sua estipulação é regida com base na mesma diferença entre indenização e oferta inicial, tendo em vista que esses parâmetros já foram definidos na fase de conhecimento. Nesse sentido, afasta-se a utilização da equidade - porque ausentes as hipóteses autorizativas.

STJ. 2ª Turma. REsp 2.075.692-SP, Rel. Min. Mauro Campbell Marques, julgado em 8/8/2023 (Info 783).

- O STF declarou a constitucionalidade da estipulação de parâmetros mínimo (0,5%) e máximo (5%) para a concessão de honorários advocatícios e a inconstitucionalidade da expressão "não podendo os honorários ultrapassar R$ 151.000,00 (cento e cinquenta e um mil reais)" prevista no § 1º do art. 27. STF. Plenário. ADI 2332/DF, Rel. Min. Roberto Barroso, julgado em 17/5/2018 (Info 902).
- Lei 13.105/15, arts. 82, 84 e 85.

**§ 2º** A transmissão da propriedade, decorrente de desapropriação amigável ou judicial, **não** ficará sujeita ao imposto de lucro imobiliário.

**§ 3º** O disposto no § 1º deste artigo **se aplica:**

**I** - ao procedimento contraditório especial, de rito sumário, para o processo de desapropriação de imóvel rural, por interesse social, para fins de reforma agrária;

**II** - às ações de indenização por apossamento administrativo ou desapropriação indireta.

**§ 4º** O valor a que se refere o § 1º será atualizado, a partir de maio de 2000, no dia 1º de janeiro de cada ano, com base na variação acumulada do Índice de Preços ao Consumidor Amplo - IPCA do respectivo período.

**Art. 28.** Da sentença que fixar o preço da indenização caberá **apelação** com efeito simplesmente **devolutivo,** quando interposta pelo expropriado, e com ambos os efeitos, quando o for pelo expropriante.

**§ 1º** A sentença que condenar a Fazenda Pública em quantia **superior ao dobro** da oferecida fica sujeita ao **duplo grau** de jurisdição.

**§ 2º** Nas causas de valor igual ou inferior a dois contos de réis (2:000$0), observar-se-á o disposto no art. 839 do Código de Processo Civil.

**Art. 29.** Efetuado o pagamento ou a consignação, expedir-se-á, em favor do expropriante, **mandado de imissão de posse,** valendo a sentença como título hábil para a transcrição no registo de imóveis.

**Art. 30.** As **custas** serão pagas pelo autor se o réu aceitar o preço oferecido; em caso contrário, pelo vencido, ou em proporção, na forma da lei.

**Art. 31.** Ficam **sub-rogados** no preço quaisquer ônus ou direitos que recaiam sobre o bem expropriado.

**Art. 32.** O pagamento do preço será **prévio e em dinheiro.**

STF, 416. Pela demora no pagamento do preço da desapropriação não cabe indenização complementar além dos juros.

**§ 1º** As **dívidas fiscais** serão deduzidas dos valores depositados, quando inscritas e ajuizadas.

**§ 2º** Incluem-se na disposição prevista no § 1º as **multas** decorrentes de inadimplemento e de obrigações fiscais.

**§ 3º** A discussão acerca dos valores inscritos ou executados será realizada em **ação própria**.

**Art. 33.** O depósito do preço fixado por sentença, à disposição do juiz da causa, é considerado **pagamento prévio** da indenização.

**§ 1º** O depósito far-se-á no Banco do Brasil ou, onde este **não** tiver agência, em estabelecimento bancário acreditado, a critério do juiz.

**§ 2º** O desapropriado, ainda que discorde do preço oferecido, do arbitrado ou do fixado pela sentença, poderá levantar até **80% (oitenta por cento)** do depósito feito para o fim previsto neste e no art. 15, observado o processo estabelecido no art. 34.

**Art. 34.** O **levantamento do preço** será deferido mediante **prova** de propriedade, de quitação de dívidas fiscais que recaiam sobre o bem expropriado, e publicação de editais, com o prazo de 10 dias, para conhecimento de terceiros.

**Parágrafo único.** Se o juiz verificar que há **dúvida fundada** sobre o domínio, o preço ficará em depósito, ressalvada aos interessados a ação própria para disputá-lo.

**Art. 34-A.** Se houver concordância, reduzida a termo, do expropriado, a **decisão concessiva da imissão provisória na posse implicará** a aquisição da propriedade pelo expropriante com o consequente registro da propriedade na matrícula do imóvel.

**§ 1º** A concordância escrita do expropriado **não implica renúncia** ao seu direito de questionar o preço ofertado em juízo.

**§ 2º** Na hipótese deste artigo, o expropriado poderá levantar **100% (cem por cento)** do depósito de que trata o art. 33 deste Decreto-Lei.

**§ 3º** Do valor a ser levantado pelo expropriado devem ser deduzidos os valores dispostos nos §§ 1º e 2º do art. 32 deste Decreto-Lei, bem como, a critério do juiz, aqueles tidos como necessários para o custeio das despesas processuais.

**§ 4º** Após a apresentação da contestação pelo expropriado, se não houver oposição expressa com relação à validade do decreto desapropriatório, deverá ser determinada a imediata transferência da propriedade do imóvel para o expropriante, independentemente de anuência expressa do expropriado, e prosseguirá o processo somente para resolução das questões litigiosas. *(Acrescido pela Lei 14.421/2022)*

**Art. 35.** Os bens expropriados, uma vez incorporados á Fazenda Pública, **não podem** ser objeto de reivindicação, ainda que fundada em nulidade do processo de desapropriação. Qualquer ação, julgada procedente, resolver-se-á em **perdas e danos.**

**Art. 36.** **É permitida** a **ocupação temporária**, que será indenizada, afinal, por ação própria, de terrenos **não** edificados, vizinhos às obras e necessários à sua realização. O expropriante prestará **caução**, quando exigida.

**Art. 37.** Aquele cujo bem for prejudicado extraordinariamente em sua destinação econômica pela dessa procriação de áreas contíguas terá direito a reclamar perdas e danos do expropriante.

**Art. 38.** O **réu responderá** perante terceiros, e por ação própria, pela omissão ou sonegação de quaisquer informações que possam interessar à marcha do processo ou ao recebimento da indenização.

**Art. 39.** A ação de desapropriação pode ser proposta durante as **férias forenses**, e **não** se interrompe pela superveniência destas.

**Art. 40.** O expropriante poderá constituir **servidões**, mediante indenização na forma desta lei.

**Art. 41.** As disposições desta lei aplicam-se aos processos de desapropriação em curso, **não** se permitindo depois de sua vigência outros termos e atos além dos por ela admitidos, nem o seu processamento por forma diversa da que por ela é regulada.

**Art. 42.** No que esta lei for omissa aplica-se o Código de Processo Civil.

**Art. 43.** Esta lei entrará em vigor 10 dias depois de publicada, no Distrito Federal, e 30 dias nos Estados e Território do Acre, revogadas as disposições em contrário.

Rio de Janeiro, em 21 de junho de 1941, 120º da Independência e 53º da República.
Getúlio Vargas.
Francisco Campos.



## DECRETO-LEI Nº 4.597, DE 19 DE AGOSTO DE 1942

*Dispõe sobre a prescrição das ações contra a Fazenda Pública e dá outras providências.*

- D.O.U. 20.8.1942
- A ementa refere-se à Constituição de 1937.
- Aplica-se o regime normativo prescricional das pessoas jurídicas de direito público, previsto no Decreto nº 20.910/1932 e no Decreto-Lei nº 4.597/1942, às entidades da Administração Indireta com personalidade de direito privado que atuem na prestação de serviços públicos essenciais sem finalidade lucrativa e sem natureza concorrencial. STJ. Corte Especial. EREsp 1.725.030-SP, Rel. Min. Raul Araújo, julgado em 14/12/2023 (Info 14 – Edição Extraordinária).

O PRESIDENTE DA REPÚBLICA, usando da atribuição que lhe confere o art. 180 da Constituição, decreta:

**Art. 1º.** Salvo o caso do foro do contrato, compete, à justiça de cada Estado e à do Distrito Federal, processar e julgar as causas em que for interessado, como autor, réu assistente ou opoente, respectivamente, o mesmo Estado ou seus Municípios, e o Distrito Federal.

**Parágrafo único.** O disposto neste artigo não se aplica às causas já ajuizadas.

**Art. 2º.** O Dec. 20.910, de 6 de janeiro de 1932, que regula a prescrição quinquenal, abrange as dívidas passivas das autarquias, ou entidades e órgãos paraestatais, criados por lei e mantidos mediante impostos, taxas ou quaisquer contribuições exigidas em virtude de lei federal, estadual ou municipal, bem como a todo e qualquer direito e ação contra os mesmos.

**Art. 3º.** A prescrição das dívidas, direitos e ações a que se refere o Dec. 20.910, de 6 de janeiro de 1932, somente pode ser interrompida uma vez, e recomeça a correr, pela metade do prazo, da data do ato que a interrompeu, ou do último do processo para a interromper; consumar-se-á a prescrição no curso da lide sempre que a partir do último ato ou termo da mesma, inclusive da sentença nela proferida, embora passada em julgado, decorrer o prazo de dois anos e meio.

STF, 383. A prescrição em favor da Fazenda Pública recomeça a correr, por dois anos e meio, a partir do ato interruptivo, mas não fica reduzida aquém de cinco anos, embora o titular do direito a interrompa durante a primeira metade do prazo.

**Art. 4º.** As disposições do artigo anterior aplicam-se desde logo a todas as dívidas, direitos e ações a que se referem, ainda não extintos por qualquer causa, ajuizados ou não, devendo a prescrição ser alegada e decretada em qualquer tempo e instância, inclusive nas execuções de sentença.

**Art. 5º.** Este Decreto-lei entrará em vigor na data de sua publicação, revogadas as disposições em contrário.

Rio de Janeiro, 19 de agosto de 1942,
121º da Independência e 54º da República.
Getulio Vargas.
Alexandre Marcondes Filho.
A. de Souza Costa.

# DECRETO-LEI Nº 9.760, DE 5 DE SETEMBRO DE 1946

*Dispõe sobre os bens imóveis da União dá outras providêncais.*

‣ DOU de 6.9.1946

O PRESIDENTE DA REPÚBLICA, usando da atribuição que lhe confere o artigo 180, da Constituição,

DECRETA:

## TÍTULO I
## DOS BENS IMÓVEIS DA UNIÃO

## CAPÍTULO I
## DA DECLARAÇÃO DOS BENS

### SEÇÃO I
### DA ENUNCIAÇÃO

**Art. 1º.** Incluem-se entre os bens imóveis da União:

a) os terrenos de marinha e seus acrescidos ;

b) os terrenos marginais dos rios navegáveis, em Territórios Federais, se, por qualquer título legítimo, não pertencerem a particular;

c) os terrenos marginais de rios e as ilhas nestes situadas na faixa da fronteira do território nacional e nas zonas onde se faça sentir a influência das marés;

d) as ilhas situadas nos mares territoriais ou não, se por qualquer título legítimo não pertencerem aos Estados, Municípios ou particulares;

e) a porção de terras devolutas que fôr indispensável para a defesa da fronteira, fortificações, construções militares e estradas de ferro federais;

f) as terras devolutas situadas nos Territórios Federais;

g) as estradas de ferro, instalações portuárias, telégrafos, telefones, fábricas oficinas e fazendas nacionais;

h) os terrenos dos extintos aldeamentos de índios e das colônias militares, que não tenham passado, legalmente, para, o domínio dos Estados, Municípios ou particulares;

i) os arsenais com todo o material de marinha, exército e aviação, as fortalezas, fortificações e construções militares, bem como os terrenos adjacentes, reservados por ato imperial;

j) os que foram do domínio da Coroa;

k) os bens perdidos pelo criminoso condenado por sentença proferida em processo judiciário federal;

l) os que tenham sido a algum título, ou em virtude de lei, incorporados ao seu patrimônio.

### SEÇÃO II
### DA CONCEITUAÇÃO

**Art. 2º.** São terrenos de marinha, em uma profundidade de 33 (trinta e três) metros, metros horizontalmente, para a parte da terra, da posição da linha do preamar-médido de 1831:

a) os situados no continente, na costa marítima e nas margens dos rios e lagoas, até onde se faça sentir a influência das marés;

b) os que contornam as ilhas situadas em zona onde se faça sentir a influência das marés.

**Parágrafo único.** Para os efeitos dêste artigo a influência das marés é caracterizada pela oscilação periódica de 5 (cinco) centímetros pelo menos, do nível das águas, que ocorra qualquer época do ano.

**Art. 3º.** São terrenos acrescidos de marinha os que se tiverem formado natural ou artificialmente, Para o lado do mar ou dos rios e lagoas, em seguimento aos terrenos de marinha.

**Art. 4º.** São terrenos marginais os que banhados pelas correntes navegáveis, fora do alcance das marés, vão até a distância de 15 (quinze) metros, medidos horizontalmente para a parte da terra, contados dêsde a linha média das enchentes ordinárias.

**Art. 5º.** São devolutas, na faixa da fronteira, nos Territórios Federais e no Distrito Federal, as terras que, não sendo próprios nem aplicadas a algum uso público federal, estadual territorial ou municipal, não se incorporaram ao domínio privado:

a) por fôrça da Lei nº 601, de 18 de setembro de 1850, Decreto nº 1.318, de 30 de janeiro de 1854, e outras leis e decretos gerais, federais e estaduais,

b) em virtude de alienação, concessão ou reconhecimento por parte da União ou dos Estados;
c) em virtude de lei ou concessão emanada de govêrno estrangeiro e ratificada ou reconhecida, expressa ou implìcitamente, pelo Brasil, em tratado ou convenção de limites:
d) em virtude de sentença judicial com fôrça de coisa julgada;
e) por se acharem em posse contínua e incontestada com justo título e boa fé, por têrmo superior a 20 (vinte) anos;
f) por se acharem em posse pacífica e ininterrupta, por 30 (trinta) anos, independentemente de justo título e boa fé;
g) por fôrça de sentença declaratória proferida nos têrmos do art. 148 da Constituição Federal, de 10 de Novembro de 1937.

**Parágrafo único.** A posse a que a União condiciona a sua liberalidade não pode constituir latifúndio e depende do efetivo aproveitamento e morada do possuidor ou do seu preposto, integralmente satisfeitas por êstes, no caso de posse de terras situadas na faixa da fronteira, as condições especiais impostas na lei.

## CAPÍTULO II
## DA IDENTIFICAÇÃO DOS BENS

### SEÇÃO I
### DISPOSIÇÕES GERAIS

**Arts. 6º a 8º.** *(Revogados pela Lei 11.481/2007)*

### SEÇÃO II
### DA DEMARCAÇÃO DOS TERRENOS DE MARINHA

**Art. 9º.** É da competência do Serviço do Patrimônio da União (S.P.U.) a determinação da posição das linhas do preamar médio do ano de 1831 e da média das enchentes ordinárias.

**Parágrafo único.** A partir da linha demarcatória posicionada na forma do *caput* deste artigo, o procedimento de demarcação física de limites entre os terrenos de domínio da União e os imóveis de terceiros poderá ser realizado pela União, por outros entes públicos ou por particulares, nos termos definidos em ato do Secretário de Coordenação e Governança do Patrimônio da União, observados os procedimentos licitatórios quando for o caso. *(Acrescido pela Lei 14.474/2022)*

**Art. 10.** A determinação será feita à vista de documentos e plantas de autenticidade irrecusável, relativos àquele ano, ou, quando não obtidos, a época que do mesmo se aproxime.

**Art. 11.** A Secretaria de Coordenação e Governança do Patrimônio da União realizará, no âmbito do processo demarcatório, audiência pública de demarcação das áreas da União, presencial ou eletrônica, nos Municípios abrangidos pelo trecho a ser demarcado. *(Redação dada pela Lei 14.474/2022)*

**§ 1º** A Secretaria de Coordenação e Governança do Patrimônio da União notificará o Município sobre a abertura do processo demarcatório e a apresentação de documentos históricos, cartográficos e institucionais, informando a respeito da realização da audiência e da cooperação na execução de procedimentos técnicos, inclusive quanto à publicidade perante a população local. *(Redação dada pela Lei 14.474/2022)*

**§ 2º** A Secretaria de Coordenação e Governança do Patrimônio da União fará o convite para a audiência pública, por meio de publicação em seu sítio eletrônico institucional e no Diário Oficial da União em até 30 (trinta) dias de sua realização, não descartados outros meios de publicidade. *(Redação dada pela Lei 14.474/2022)*

**§ 3º** Na audiência pública, além de colher documentos históricos, cartográficos e institucionais relativos ao trecho a ser demarcado, a Secretaria de Coordenação e Governança do Patrimônio da União apresentará à população interessada informações e esclarecimentos sobre o processo demarcatório, recebendo os referidos documentos em até 30 (trinta) dias após a sua realização. *(Redação dada pela Lei 14.474/2022)*

**§ 4º** *(Revogado pela Lei 14.474/2022)*

**§ 5º** As audiências públicas a serem realizadas nos Municípios abrangidos pelo mesmo trecho a ser demarcado poderão ser simultâneas ou agrupadas. *(Acrescido pela Lei 14.474/2022)*

**Art. 12.** Após a realização dos trabalhos técnicos que se fizerem necessários, o Superintendente do Patrimônio da União no Estado determinará a posição da linha demarcatória por despacho.

**Parágrafo único.** *(Revogado pela Lei 13.139/2015)*

**Art. 12-A.** A Secretaria do Patrimônio da União do Ministério do Planejamento, Orçamento e Gestão fará notificação pessoal dos interessados certos alcançados pelo traçado da linha demarcatória para, no prazo de 60 (sessenta) dias, oferecerem quaisquer impugnações.

**§ 1º** Na área urbana, considera-se interessado certo o responsável pelo imóvel alcançado pelo traçado da linha demarcatória até a linha limite de terreno marginal ou de terreno de marinha que esteja cadastrado na Secretaria do Patrimônio da União ou inscrito no cadastro do Imposto Predial e Territorial Urbano (IPTU) ou outro cadastro que vier a substituí-lo.

**§ 2º** Na área rural, considera-se interessado certo o responsável pelo imóvel alcançado pelo traçado da linha demarcatória até a linha limite de terreno marginal que esteja cadastrado na Secretaria do Patrimônio da União e, subsidiariamente, esteja inscrito no Cadastro Nacional de Imóveis Rurais (CNIR) ou outro que vier a substituí-lo.

**§ 3º** O Município e o Instituto Nacional de Colonização e Reforma Agrária (Incra), no prazo de 30 (trinta) dias contado da solicitação da Secretaria do Patrimônio da União, deverão fornecer a relação dos inscritos nos cadastros previstos nos §§ 1º e 2º.

**§ 4º** A relação dos imóveis constantes dos cadastros referidos nos §§ 1º e 2º deverá ser fornecida pelo Município e pelo Incrano prazo de 30 (trinta) dias contado da solicitação da Secretariado Patrimônio da União.

**§ 5º** A atribuição da qualidade de interessado certo independe da existência de título registrado no Cartório de Registro de Imóveis.

**Art. 12-B.** A Secretaria do Patrimônio da União do Ministério do Planejamento, Orçamento e Gestão fará notificação por edital, por meio de publicação em jornal de grande circulação no local do trecho demarcado e no Diário Oficial da União, dos interessados incertos alcançados pelo traçado da linha demarcatória para, no prazo de 60 (sessenta) dias, apresentarem quaisquer impugnações, que poderão ser dotadas de efeito suspensivo nos termos do parágrafo único do art. 61 da Lei no 9.784, de 29 de janeiro de 1999.

**Art. 12-C.** Fica a Secretaria do Patrimônio da União (SPU) autorizada a concluir até 31 de dezembro de 2025 a identificação dos terrenos marginais de rio federal navegável, dos terrenos de marinha e seus acrescidos, de que tratam os arts. 2º, 3º e 4º deste Decreto-Lei.

**Parágrafo único.** A conclusão de que trata este artigo refere-se ao disposto no *caput* do art. 12 deste Decreto-Lei.

**Art. 13.** Tomando conhecimento das impugnações eventualmente apresentadas, o Superintendente do Patrimônio da União no Estado reexaminará o assunto e, se confirmar sua decisão, notificará os recorrentes que, no prazo improrrogável de 20 (vinte) dias contado da data de sua ciência, poderão interpor recurso, que poderá ser dotado de efeito suspensivo, dirigido ao Secretário do Patrimônio da União do Ministério do Planejamento, Orçamento e Gestão.

**Parágrafo único.** O efeito suspensivo de que tratam o *caput* e o art. 12-B aplicar-se-á apenas à demarcação do trecho impugnado, salvo se o fundamento alegado na impugnação ou no recurso for aplicável a trechos contíguos, hipótese em que o efeito suspensivo, se deferido, será estendido a todos eles.

**Art. 14.** Da decisão proferida pelo Secretário de Coordenação e Governança do Patrimônio da União da Secretaria Especial de Desestatização, Desinvestimento e Mercados do Ministério da Economia será dado conhecimento aos recorrentes que, no prazo de 20 (vinte) dias, contado da data de sua ciência, poderão interpor recurso, sem efeito suspensivo, dirigido ao superior hierárquico, em última instância. (Artigo com redação dada pela Lei 13.874/2019)

## SEÇÃO III
## DA DEMARÇÃO DE TERRAS INTERIORES

**Art. 15.** Serão promovidas pelo S. P. U. as demarcações e aviventações de rumos, desde que necessárias à exata individuação dos imóveis de domínio da União e sua perfeita discriminação da propriedade de terceiros.

**Art. 16.** Na eventualidade prevista, no artigo anterior, o órgão local do S. P. U. convidará. por edital. sem prejuízo. sempre que possível, de convite por outro meio, os que se julgarem com direito aos imóveis confinantes a. dentro do prazo de 60 (sessenta) dias, oferecerem a exame os títulos, em que fundamentem seus direitos. e bem assim quaisquer documentos elucidativos, como plantas, memoriais, etc.

**Parágrafo único.** O edital será afirmado na repartição arrecadadora da Fazenda Nacional, na localidade da situação do imóvel, e publicado no órgão oficial do Estado ou Território, ou na fôlha que lhe publicar o expediente, e no Diário Oficial da União, em se tratando de imóvel situado no Distrito Federal.

**Art. 17.** Examinados os documentos exibidos pelos interessados e quaisquer outros de que possa dispor. o S. P. U., se entender aconselhável, proporá ao confinante a realização da diligência de demarcação administrativa, mediante prévia assinatura de têrmo em que as partes interessadas se comprometam a aceitar a decisão que fôr proferida em última instância pelo C. T. U., desde que seja o caso.

**§ 1º** Se não concordarem as partes na indicação de um só, os trabalhos demarcatórios serão efetuados por 2 (dois) peritos, obrigatòriamente engenheiros ou agrimensores, designados um pelo S. P. U., outro pelo confinante.

**§ 2º** Concluídas suas investigações preliminares os peritos apresentarão, conjuntamente ou não, laudo minucioso, concluindo pelo estabelecimento da linha divisória das propriedades demarcadas.

**§ 3º** Em face do laudo ou laudos apresentados, se houver acôrdo entre a União, representada pelo Procurador da Fazenda Pública, e o confinante, quanto ao estabelecimento da linha divisória, lavrar-se-á têrmo em livro próprio, do órgão local do S. P.U., efetuando o seu perito a cravação dos marcos, de acôrdo como vencido.

**§ 4º** O têrmo a que se refere o parágrafo anterior, isento de selos ou quaisquer emolumentos, terá fôrça, de escritura pública e por meio de certidão de inteiro teor será devidamente averbado no Registro Geral da situação dos imóveis demarcados.

**§ 5º** Não chegando as partes ao acôrdo a que se refere o § 3º dêste artigo, o processo será submetido ao exame do C. T. U., cuja decisão terá fôrça de sentença definitiva para a averbação aludida no parágrafo anterior.

**§ 6º** As despesas com a diligência da demarcação serão rateadas entre o confinante e a União, indenizada esta da metade a cargo daquele.

**Art. 18.** Não sendo atendido pelo confinante o convite mencionado no Art. 19. ou se êle se recusar a assinar o têrmo em que se comprometa aceitar a demarcação administrativa, o S. P. U. providenciará no sentido de se proceder a, demarcação judicial, pelos meios ordinários.

## SEÇÃO III-A
## DA DEMARCAÇÃO DE TERRENOS PARA REGULARIZAÇÃO FUNDIÁRIA DE INTERESSE SOCIAL

**Art. 18-A.** A União poderá lavrar auto de demarcação nos seus imóveis, nos casos de regularização fundiária de interesse social, com base no levantamento da situação da área a ser regularizada.

**§ 1º** Considera-se regularização fundiária de interesse social aquela destinada a atender a famílias com renda familiar mensal não superior a 5 (cinco) salários mínimos.

**§ 2º** O auto de demarcação assinado pelo Secretário do Patrimônio da União deve ser instruído com:

**I** – planta e memorial descritivo da área a ser regularizada, dos quais constem a sua descrição, com suas medidas perimetrais, área total, localização, confrontantes, coordenadas preferencialmente georreferenciadas dos vértices definidores de seus limites, bem como seu número de matrícula ou transcrição e o nome do pretenso proprietário, quando houver;

**II** – planta de sobreposição da área demarcada com a sua situação constante do registro de imóveis e, quando houver, transcrição ou matrícula respectiva;

**III** – certidão da matrícula ou transcrição relativa à área a ser regularizada, emitida pelo registro de imóveis competente e das circunscrições imobiliárias anteriormente competentes, quando houver;

**IV** – certidão da Secretaria do Patrimônio da União de que a área pertence ao patrimônio da União, indicando o Registro Imobiliário Patrimonial – RIP e o responsável pelo imóvel, quando for o caso;

**V** – planta de demarcação da Linha Preamar Média – LPM, quando se tratar de terrenos de marinha ou acrescidos; e

**VI** – planta de demarcação da Linha Média das Enchentes Ordinárias – LMEO, quando se tratar de terrenos marginais de rios federais.

**§ 3º** As plantas e memoriais mencionados nos incisos I e II do § 2º deste artigo devem ser assinados por profissional legalmente habilitado, com prova de anotação de responsabilidade técnica no competente Conselho Regional de Engenharia e Arquitetura – CREA.

**§ 4º** Entende-se por responsável pelo imóvel o titular de direito outorgado pela União, devidamente identificado no RIP.

**Art. 18-B.** Prenotado e autuado o pedido de registro da demarcação no registro de imóveis, o oficial, no prazo de 30 (trinta) dias, procederá às buscas para identificação de matrículas ou transcrições correspondentes à área a ser regularizada e examinará os documentos apresentados, comunicando ao apresentante, de 1 (uma) única vez, a existência de eventuais exigências para a efetivação do registro.

**Art. 18-C.** Inexistindo matrícula ou transcrição anterior e estando a documentação em ordem, ou atendidas as exigências feitas no art. 18-B desta Lei, o oficial do registro de imóveis deve abrir matrícula do imóvel em nome da União e registrar o auto de demarcação.

**Art. 18-D.** Havendo registro anterior, o oficial do registro de imóveis deve notificar pessoalmente o titular de domínio, no imóvel, no endereço que constar do registro imobiliário ou no endereço fornecido pela União, e, por meio de edital, os confrontantes, ocupantes e terceiros interessados.

**§ 1º** Não sendo encontrado o titular de domínio, tal fato será certificado pelo oficial encarregado da diligência, que promoverá sua notificação mediante o edital referido no *caput* deste artigo.

**§ 2º** O edital conterá resumo do pedido de registro da demarcação, com a descrição que permita a identificação da área demarcada, e deverá ser publicado por 2 (duas) vezes, dentro do prazo de 30 (trinta) dias, em um jornal de grande circulação local.

**§ 3º** No prazo de 15 (quinze) dias, contado da última publicação, poderá ser apresentada impugnação do pedido de registro do auto de demarcação perante o registro de imóveis.

**§ 4º** Presumir-se-á a anuência dos notificados que deixarem de apresentar impugnação no prazo previsto no § 3º deste artigo.

**§ 5º** A publicação dos editais de que trata este artigo será feita pela União, que encaminhará ao oficial do registro de imóveis os exemplares dos jornais que os tenham publicado.

**Art. 18-E.** Decorrido o prazo previsto no § 3º do art. 18-D desta Lei sem impugnação, o oficial do registro de imóveis deve abrir matrícula do imóvel em nome da União e registrar o auto de demarcação, procedendo às averbações necessárias nas matrículas ou transcrições anteriores, quando for o caso.

**Parágrafo único.** Havendo registro de direito real sobre a área demarcada ou parte dela, o oficial deverá proceder ao cancelamento de seu registro em decorrência da abertura da nova matrícula em nome da União.

**Art. 18-F.** Havendo impugnação, o oficial do registro de imóveis dará ciência de seus termos à União.

**§ 1º** Não havendo acordo entre impugnante e a União, a questão deve ser encaminhada ao juízo competente, dando-se continuidade ao procedimento de registro relativo ao remanescente incontroverso.

**§ 2º** Julgada improcedente a impugnação, os autos devem ser encaminhados ao registro de imóveis para que o oficial proceda na forma do art. 18-E desta Lei.

**§ 3º** Sendo julgada procedente a impugnação, os autos devem ser restituídos ao registro de imóveis para as anotações necessárias e posterior devolução ao poder público.

**§ 4º** A prenotação do requerimento de registro da demarcação ficará prorrogada até o cumprimento da decisão proferida pelo juiz ou até seu cancelamento a requerimento da União, não se aplicando às regularizações previstas nesta Seção o cancelamento por decurso de prazo.

## SEÇÃO IV
## DA DISCRIMINAÇÃO DE TERRAS DA UNIÃO

### *SUBSEÇÃO I*
### *DISPOSIÇÕES PRELIMINARES*

**Art. 19.** Incumbe ao S. P. U. promover, em nome da Fazenda Nacional, a discriminação administrativa das terras na faixa de fronteira e nos Territórios Federais, bem como de outras terras do domínio da União, a fim de escreve-las, medi-las e extremá-las do domínio particular.

**Art. 20.** Aos bens imóveis da União, do indevidamente ocupados, invadidos, turbados na posse, ameaçados de perigos ou confundidos em suas limitações, cabem os remédios de direito comum.

**Art. 21.** Desdobra-se em duas fases ou instâncias o processo discriminatório, uma administrativa ou amigável, outra judicial, recorrendo a Fazenda Nacional à segunda, relativamente àqueles contra quem não houve surtido ou não puder surtir efeitos a primeira.

**Parágrafo único.** Dispensar-se-á, todavia, a fase administrativa ou amigável, nas discriminatórias, em que a Fazenda Nacional verificar ser a mesma de todo ou em grande parte ineficaz pela incapacidade, ausência ou conhecida oposição da totalidade ou maioria dos interessados.

### *SUBSEÇÃO II*
### *DA DISCRIMINAÇÃO ADMINISTRATIVA*

**Art. 22.** Precederá à abertura da instância administrativa o estudo e reconhecimento prévio da área discriminada, por engenheiro ou agrimensor com exercício no órgão local do S. P. U., que apresentará relatório ou memorial descritivo:

a) do perímetro com suas características e continência certa ou aproximada ;

b) das propriedades e posses nêle localizadas ou a êle confinantes, com os nomes e residências dos respectivos proprietários e possuidores;

c) das criações, benfeitorias e culturas, encontradas, assim como de qualquer manifestação evidente de posse das terras;

d) de um croquis circunstanciado quanto possível;

e) de outras quaisquer informações interessantes.

**Art. 23.** Com o memorial e documentos que porventura o instruírem, o Procurador da Fazenda Pública iniciará o processo, convocando os interessados para em dia, hora e lugar indicados com prazo antecedente não menor de 60 (sessenta) dias se instalarem os trabalhos de discriminação e apresentarem as partes seus títulos documentos e informações que lhe possam interessar.

**§ 1º** O processo discriminatório correrá na sede da situação da área discriminada ou de sua maior parte;

**§ 2º** A convocação ou citação será feita aos proprietários, possuidores, confinantes, a todos os interessados em geral, inclusive as mulheres casadas, por editais, e, além disso, cautelàriamente, por carta aquêles cujos nomes constarem do memorial do engenheiro ou agrimensor.

**§ 3º** Os editais serão afixado em lugares públicos nas sedes dos municípios e distritos de paz, publicados 3 (três) vêzes do Diário Oficial da União, do Estado ou Território, consoante seja o caso, ou na fôlha que lhe dar publicidade ao expediente, e 2 (duas) vêzes, na imprensa local, onde houver.

**Art. 24.** No dia, hora e lugar aprazados, o Procurador da Fazenda Pública, acompanhado do engenheiro ou agrimensor autor do memorial, do escrivão para isso designado pelo Chefe do órgão local do S.P.U., e dos servidores dêste, que forem necessários, abrirá a diligência, dará por instalados os trabalhos e mandará fazer pelo escrivão a chamada dos interessados, procedendo-se a seguir ao recebimento, exame e conferência dos memoriais, requerimentos, informações, títulos e documentos apresentados pelos mesmos, bem como ao arrolamento das testemunhas informantes e indicação de 1 (um) ou 2 (dois) peritos que os citados porventura queiram eleger, por maioria de votos, para acompanhar e esclarecer o engenheiro ou agrimensor nos trabalhos topográficos.

**§ 1º** Com os documentos, pedidos e informações, deverão os interessados, sempre que lhes fôr possível e tanto quanto o fôr prestar esclarecimentos, por escrito ou verbalmente, para serem reduzidos a têrmo pelo escrivão, acêrca da origem e seqüência de seus títulos ou posse, da localização, valor estimado e área certa ou aproximada das terras de que se julgarem legítimos senhores ou possuidores, de suas confrontações, dos nomes dos confrontantes, da natureza, qualidade, quantidades e valor das benfeitorias culturas e criações nelas existentes e o montante do impôsto territorial porventura pago.

**§ 2º** As testemunhas oferecidas podem ser ouvidas desde logo e seus depoimentos tomados por escrito, como elementos instrutivos do direito dos interessados.

**§ 3º** A diligência se prolongará por tantos dias quantos necessários, lavrando-se diàriamente auto do que se passa, com assinatura dos presentes.

**§ 4º** Ultimados os trabalhos desta diligência, serão designados dia e hora para a seguinte, ficando as partes, presentes e revéis, convocadas para ela sem mais intimação.

**§ 5º** Entre as duas diligências mediará intervalo de 30 (trinta) e 60 (sessenta) dias, durante o qual o Procurador da Fazenda Pública estudará os autos, habilitando-se a pronunciar sôbre as alegações, documentos e direitos dos interessados.

**Art. 25.** A segunda diligência instalar-se-á com as formalidades da primeira, tendo por objeto a audiência dos interessados de lado a lado, o acôrdo que entre êles se firmar sôbre a propriedade e posses que forem reconhecidas, o registro dos que são excluídos do processo, por não haverem chegado a acôrdo ou serem revéis, e a designação do ponto de partida dos trabalhos topográficos; o que tudo se assentará em autos circunstanciados, com assinatura dos interessados presentes.

**Art. 26.** Em seguida o engenheiro ou agrimensor acompanhado de tantos auxiliares quantos necessários, procederá aos trabalhos geodésicos e topográficos de levantamento da planta geral das terras, sua situação quanto à divisão administrativa e judiciária do Estado, Distrito ou Território, sua discriminação, medição e demarcação, separando as da Fazenda Nacional das dos particulares.

**§ 1º** O levantamento técnico se fará com instrumentos de precisão, orientada a planta segundo o meridiano do lugar e determinada e declinação da agulha magnética.

**§ 2º** A planta deve ser tão minuciosa quanto possível, assinalando as correntes de água com seu valor mecânico, e conformação orográfica aproximativa dos terrenos, as construções existentes, os quinhões de cada um, com as respectivas áreas e situação na divisão administrativa e judiciária do Estado, Distrito ou Território, valos, cercas, muros, tapumes, limites ou marcos divisórios, vias de comunicação e por meio de convenções, as culturas, campos, matas, capoeiras, cerrados, caatingas e brejos.

**§ 3º** A planta será acompanhada de relatório que descreverá circunstanciadamente as indicações daquela, as propriedades culturais, mineralógicas, pastoris e industriais do solo a qualidade e quantidade das várias áreas de vegetação diversa, a distância dos povoados, pontos de embarque e vias de comunicação.

**§ 4º** Os peritos nomeados e as partes que quiserem poderão acompanhar os trabalhos topográficos.

**§ 5º** Se durante êstes surgirem dúvidas que interrompam ou embaracem as operações, o engenheiro ou agrimensor as submeterá ao Chefe do órgão local do S. P. U. para que as resolva com a parte interessada, ouvindo os peritos e testemunhas, se preciso.

**Art. 27.** Tomar-se-á nos autos têrmo à parte para cada um dos interessados, assinado pelo representante do órgão local do S. P. U., contendo a descrição precisa, das linhas e marcos divisórios, culturas e outras especificações constantes da planta geral e relatório do engenheiro ou agrimensor.

**Art. 28.** Findos os trabalhos, de tudo se lavrará auto solene e circunstanciado, em que as partes de lado a lado reconheçam e aceitem, em todos os seus atos, dizeres e operações, a discriminação feita.

O auto fará menção expressa de cada um dos têrmos a que alude o artigo antecedente e será assinado por todos os interessados, fazendo-o em nome da União, o Procurador da Fazenda Pública.

**Art. 29.** A discriminação administrativa ou amigável não confere direito algum contra terceiros, senão contra a União e aqueles que forem partes no feito.

**Art. 30.** É lícito ao interessado tirar no S. P. U., para seu título, instrumento de discriminação, em forma de carta de sentença, contendo o têrmo e auto solene a que aludem os arts. 27 e 28. Tal carta, assinada pelo Diretor do S. P. U., terá fôrça orgânica de instrumento público e conterá todos os requisitos necessários, para transcrições e averbações nos Registros Públicos.

**Parágrafo único.** Para a providência de que trata êste artigo, subirão ao Diretor do S. P. U., em traslado todas as peças que interessem ao despacho do pedido, com o parecer do órgão local do mesmo Serviço.

**Art. 31.** Os particulares não pagam custas no processo discriminatório administrativo, salvo pelas diligências a seu exclusivo interêsse e pela expedição das cartas de discriminação, para as quais as taxas serão as do Regimento de Custas.

**Parágrafo único.** Serão fornecidas gratuitamente as certidões necessárias à instrução do processo e as cartas de discriminação requeridas pelos possuidores de áreas consideradas diminutas, cujo valor declarado não seja superior a Cr$ 5.000,00 (cinco mil cruzeiros), a critério do S.P.U.

*SUBSECÃO III*
*DA DISCRIMINAÇÃO JUDICIAL*

**Art. 32.** Contra queles que discordarem em qualquer têrmo da instância administrativa ou por qualquer motivo não entrarem em composição amigável, abrirá União, por seu representante em Juízo, a instância judicial contenciosa.

**Art. 33.** Correrá o processo judiciário de discriminação perante o Juizo competente, de côdo com a organização judiciária.

**Art. 34.** Na petição inicial, a União requererá a citação dos proprietários, possuidores, confinantes e em geral de todos os interessados, para acompanharem o processo de discriminação até o final, exibindo seus títulos de propriedade ou prestando minuciosas informações sôbre suas posses ou ocupações, ainda que sem títulos documentários.

**Parágrafo único.** A petição será instruída com o relatório a que alude o artigo 22.

**Art. 35.** A citação inicial compreenderá todos os atos do processo discriminatório sendo de rigor a citação da mulher casada e do Ministério Público, quando houver menor interessado.

**Art. 36.** A forma e os prazos de citação obedecerão ao que dispõe o Código do Processo Civil.

**Art. 37.** Entregue em cartório o mandato de citação pessoal devidamente cumprido e findo o prazo da citação edital, terão os interessados o prazo comum de 30 (trinta) dias para as providências ao artigo seguinte.

**Art. 38.** Com os títulos, documentos e informações, deverão os interessados oferecer esclarecimentos por escrito, tão minuciosos quanto possível, especialmente acêrca da origem e seqüência de seus títulos, posses e ocupação.

**Art. 39.** Organizados os autos, têlos-á com vista por 60 (sessenta) dias o representante da União em Juízo para manifestar-se em memorial minucioso sôbre os documentos, informações e pretensões dos interessados, bem como sôbre o direito da União às terras que não forem do domínio particular, nos têrmos do artigo 5º dêste Decreto-Lei.

**Parágrafo único.** O Juiz poderá prorrogar, mediante requerimento, o prazo de que trata êste artigo no máximo por mais 60 (sessenta) dias.

**Art. 40.** No memorial, depois de requerer a exclusão das áreas que houver reconhecido como do domínio particular, na forma do artigo antecedente, pedirá, a Procuradoria da República a discriminação das remanescentes como de domínio da União, indicando todos os elementos indispensáveis para esclarecimento da causa e, especialmente, os característicos das áreas que devam ser declaradas do mesmo domínio.

**Art. 41.** No memorial pedir-se-á a produção das provas juntamente com as perícias necessárias à demonstração do alegado pela União.

**Art. 42.** Devolvidos os autos a cartório, dar-se-á por edital, com prazo de 30 (trinta) dias, conhecimento das conclusões do memorial aos interessados, para que possam, querendo, concordar com as conclusões da Fazenda Nacional, e requerer a regularização de sua posses ou sanar quaisquer omissões que hajam cometido na defesa de seus direitos.

Êste edital será publicado 1 (uma) vez no Diário Oficial da União, do Estado, ou do Território, consoante seja o caso, ou na fôlha que lhe publicar o expediente, bem como na imprensa local, onde houver.

**Art. 43.** Conclusos os autos, o Juiz tomando conhecimento do memorial da União excluirá as áreas por essa reconhecidas como do domínio particular e quanto ao pedido de discriminação das áreas restantes, nomeará para as operações discriminatórias o engenheiro ou agrimensor, 2 (dois) peritos da confiança dêle Juiz e os suplentes daquele e dêstes.

**§ 1º** O engenheiro ou agrimensor e seu suplente, serão propostos pelo S.P.U. dentre os servidores de que dispuser, ficando-lhe facultado o contratar auxiliares para os serviços de campo.

**§ 2º** Poderão as partes, por maioria de votos, indicar, ao Juiz, assistente técnico de sua confiança ao engenheiro ou agrimensor.

**Art. 44.** Em seguida terão as partes o praso comum de 20 (vinte) dias para contestação, a contar da publicação do despacho a que se refere o artigo precedente, e que se fará no Diário Oficial da União, do Estado ou do Território, consoante seja o caso, ou na fôlha que lhe editar o expediente, bem como na imprensa local, se houver.

**Art. 45.** Se nenhum interessado contestar o pedido, o Juiz julgará de plano procedente a ação.

**Parágrafo único.** Havendo contestação, a causa tomará o curso ordinário e o Juiz proferirá o despacho saneador.

**Art. 46.** No despacho saneador procederá o Juiz na forma do art. 294 do Código do Processo Civil.

**Art. 47.** Se não houver sido requerida prova, alguma ou findo o prazo para sua produção, mandará o Juiz que se proceda à audiência da instrução e julgamento na forma do Código de Processo Civil.

**Art. 48.** Proferida a sentença e dêle intimados os interessados, iniciar-se-á, a despeito de qualquer recurso, o levantamento e demarcação do perímetro declarado devoluto, extremando-o das áreas declaradas particulares, contestes e incontestes; para o que requererá a Fazenda Nacional, ou qualquer dos interessados, designação de dia, hora e lugar para comêço das operações técnicas da discriminação, notificadas as partes presentes ou representadas, o engenheiro ou agrimensor e os peritos.

**§ 1º** O recurso da sentença será o que determinar o Código do Processo Civil para decisões, análogas;

**§ 2º** O recurso subirá ao Juizo ad quem nos autos suplementares, que se organizarão como no processo ordinário;

**§ 3º** Serão desde logo avaliadas, na forma do direito, as benfeitorias indenizáveis dos interessados que foram excluídos ou de terceiros, reconhecidos de boa fé pela sentença (Código do Processo Civil, art. 996, parágrafo único).

**Art. 49.** Em seguida, o engenheiro ou agrimensor, acompanhado de seus auxiliares procederá aos trabalhos geográficos e topográficos de levantamento da planta, geral das terras, sua situação quanto à divisão administrativa e judiciária do Estado, Distrito ou Território, sua discriminação, medição e demarcação, separando-as das terras particulares.

**Parágrafo único.** Na demarcação do perímetro devoluto atenderá o engenheiro ou agrimensor à sentença, títulos, posses, marcos, rumos, vestígios encontrados, fama da vizinhança, informações de testemunhas e antigos conhecedores do lugar e a outros elementos que coligir.

**Art. 50.** A planta levantada com os requisitos do artigo antecedente, será instruída pelo engenheiro ou agrimensor com minucioso relatório ou memorial, donde conste necessàriamente a descrição de tôdas as glebas devolutas abarcadas pelo perímetro geral. Para execução dêsses trabalhos o Juiz marcará prazo prorrogável a seu prudente arbítrio.

**Art. 51.** A planta, que será autenticada pelo Juiz, engenheiro ou agrimensor e peritos, deverá ser tão minuciosa quanto possível, assinalando as correntes dágua, a conformação orográfica aproximativa dos terrenos, as construções existentes, os quinhões de cada um, com as respectivas áreas e situação na divisão administrativa e judiciária do Estado, Distrito ou Território, valos, cêrcas, muros, tapumes, limites ou marcos divisórios, vias de comunicação e, por meio de convenções, as culturas, campos, matas, capoeiras, cerrados, caatingas e brejos.

**Art. 52.** O relatório ou memorial descreverá circunstanciadamente as indicações da planta, as propriedades culturais, mineralógicas, pastoris e industriais do solo, a qualidade e quantidade das várias áreas de vegetação diversa, a distância dos povoados, pontos de embarque e vias de comunicação.

**Art. 53.** Se durante os trabalhos técnicos da discriminação surgirem dúvidas que reclamem a deliberação do Juiz, a êste as submeterá o engenheiro ou agrimensor a fim de que as resolva, ouvidos, se preciso, os peritos.

**Parágrafo único.** O Juiz ouvirá os peritos, quando qualquer interessado alegar falta que deva ser corrigida.

**Art. 54.** As plantas serão organizadas com observância das normas técnicas que lhes forem aplicáveis.

**Art. 55.** À planta anexar-se-ão o relatório ou memorial descritivo e as cadernetas das operações de campo, autenticadas pelo engenheiro ou agrimensor.

**Art. 56.** Concluídas as operações técnicas de discriminação, assinará o Juiz o prazo comum de 30 (trinta) dias aos interessados e outro igual à Fazenda Nacional, para sucessivamente falarem sôbre o feito.

**Art. 57.** A seguir, subirão os autos à conclusão do Juiz para êste homologar a discriminação e declarar judicialmente do domínio da União as, terras devolutas apuradas no perímetro discriminado e incorporadas ao patrimônio dos particulares, respectivamente, as declaradas do domínio particular, ordenando antes as diligências ou retificações que lhe parecerem necessárias para sua sentença homologatória.

**Parágrafo único.** Será meramente devolutivo, o recurso que couber contra a sentença homologatória.

**Art. 58.** As custas do primeiro estádio da causa serão pagas pela, parte vencida; as do estádio das operações executivas, topográficas e geodésicas, sê-lo-ão pela União e pelos particulares pro-rata, na proporção da área dos respectivos domínios.

**Art. 59.** Constituirá atentado, que o Juiz coibirá, mediante simples monitório, o ato da parte que no decurso do processo, dilatar a área de seus domínios ou ocupações, assim como o do terceiro que se intruzar no imóvel em discriminação.

**Art. 60.** As áreas disputadas pelos que houverem recorrido da sentença a que alude o art. 48, serão discriminadas com as demais, descritas no relatório ou memorial do engenheiro ou agrimensor e assinaladas na planta, em convenções específicas, a fim de que, julgados os recursos se atribuam à União ou aos particulares conforme o caso, mediante simples juntada aos autos da decisão superior, despacho do Juiz mandando cumpri-la e anotação do engenheiro ou agrimensor na planta.

**Parágrafo único.** Terão os recorrentes direito de continuar a intervir nos atos discriminatórios e deverão ser para êles intimados até decisão final dos respectivos recursos.

## SEÇÃO V
## DA REGULARIZAÇÃO DA OCUPAÇÃO DE IMÓVEIS PRESUMIDAMENTE DE DOMÍNIO DA UNIÃO

**Art. 61.** O S. P. U. exigirá de todo aquêle que estiver ocupando imóvel presumidamente pertencente à União, que lhe apresente os documentos e títulos comprobatórios de seus direitos sôbre o mesmo.

**§ 1º** Para cumprimento do disposto neste artigo, o órgão local do S. P. U., por edital, sem prejuízo de intimação por outro meio, dará aos interessados o prazo de 60 (sessenta) dias, prorrogáveis por igual têrmo, a seu prudente arbítrio.

**§ 2º** O edital será afixado na repartição arrecadadora da Fazenda Nacional, na localidade da situação do imóvel, e publicado no órgão oficial do Estado ou Território, ou na fôlha que lhe publicar o expediente, e no Diário Oficial da União, em se tratando de imóvel situado no Distrito Federal.

**Art. 62.** Apreciados os documentos exibidos pelos interessados e quaisquer outros que possa produzir, o S. P. U., com seu parecer, submeterá ao C. T. U. a apreciação do caso.

**Parágrafo único.** Examinado o estado de fato e declarado o direito que lhe é aplicável, o C.T.U. restituirá o processo ao S.P.U. para cumprimento da decisão, que então proferir.

**Art. 63.** Não exibidos os documentos na forma prevista no art. 61, o S.P.U. declarará irregular a situação do ocupante, e, imediatamente, providenciará no sentido de recuperar a União a posse do imóvel esbulhado.

**§ 1º** Para advertência a eventuais interessados de boa fé e imputação de responsabilidades civis e penais se fôr o caso, o S.P.U. tornará pública, por edital, a decisão que declarar a irregularidade da detenção do imóvel esbulhado.

**§ 2º** A partir da publicação da decisão a que alude o § 1º, se do processo já não constar a prova do vício manifesto da ocupação anterior, considera-se constituída em má fé a detenção de imóvel do domínio presumido da União, obrigado o detentor a satisfazer plenamente as composições da lei.

# TÍTULO II
# DA UTILIZAÇÃO DOS BENS IMÓVEIS DA UNIÃO

## CAPÍTULO I
## DISPOSIÇÕES GERAIS

**Art. 64.** Os bens imóveis da União não utilizados em serviço público poderão, qualquer que seja a sua natureza, ser alugados, aforados ou cedidos.

**§ 1º** A locação se fará quando houver conveniência em tornar o imóvel produtivo, conservando porém, a União, sua plena propriedade, considerada arrendamento mediante condições especiais, quando objetivada a exploração de frutos ou prestação de serviços.

**§ 2º** O aforamento se dará quando coexistirem a conveniência de radicar-se o indivíduo ao solo e a de manter-se o vínculo da propriedade pública.

**§ 3º** A cessão se fara quando interessar à União Concientizar, com a permissão da utilização gratuita de imóvel seu, auxílio ou colaboração que entenda prestar.

**Art. 65.** *(Revogado pela Lei 9.636/1998)*

**Art. 66.** *(Revogado pela Lei 9.636/1998)*

**Art. 67.** Cabe privativamente ao S.P.U. a fixação do valor locativo e venal das imóveis de que trata êste Decreto-Lei.

**Art. 68.** Os foros, laudêmios, taxas, cotas, aluguéis e multas serão recolhidos na estação arrecadadora da Fazenda Nacional com jurisdição na localidade do imóvel.

**Parágrafo único.** Excetuam-se dessa disposição os pagamentos que, na forma dêste Decreto-Lei, devam ser efetuados mediante desconto em fôlha.

**Art. 69.** As repartições pagadoras da União remeterão mensalmente ao S. P. U. relação nominal dos servidores que, a título de taxa ou aluguel, tenham sofrido desconto em fôlha de pagamento, com indicação das importância, correspondentes.

**Parágrafo único.** O desconto a que se refere o presente artigo não se somará a outras consignações, para efeiro de qualquer limite.

**Art. 70.** O ocupante do próprio nacional, sob qualquer das modalidades previstas neste Decreto-Lei, é obrigado a zelar pela conservação do imóvel, sendo responsável pelos danos ou prejuizos que nele tenha causado.

**Art. 71.** O ocupante de imóvel da União sem assentimento desta poderá ser sumàriamente despejado e perderá, sem direito a qualquer indenização, tudo quanto haja incorporado ao solo, ficando ainda sujeito ao disposto nos arts. 513, 515 e 517 do Código Civil.

**Parágrafo único.** Excetuam-se dessa disposição os ocupantes de boa fé, com cultura efetiva e moradia habitual, e os direitos assegurados por êste Decreto-Lei.

**Art. 72.** Os editais de convocação a concorrências serão obrigatoriamente afixados, pelo prazo mínimo de 15 dias, na estação arrecadadora da Fazenda Nacional com jurisdição na localidade do imóvel e, quando convier, em outras repartições federais, devendo, ainda, sempre que possível, ter ampla divulgação em órgão de imprensa oficial e por outros meios de publicidade.

**Parágrafo único.** A fixação do edital será sempre atestada pelo Chefe da repartição em que se tenha feito.

**Art. 73.** As concorrências serão realizadas na sede da repartição local do S. P. U.

**§ 1º** Quando o Diretor do mesmo Serviço julgar conveniente, poderá, qualquer concorrência ser realizada na sede do órgão central da repartição.

**§ 2º** Quando o objeto da concorrência for imóvel situado em lugar distante ou de difícil comunicação, poderá o Chefe da repartição local do S. P. U. delegar competência ao Coletor Federal da localidade para realizá-la.

**§ 3º** As concorrências serão aprovadas pelo chefe da repartição local do S.P.U., ad referendum do Diretor do mesmo Serviço, salvo no caso previsto no § 1º dêste artigo, era que compete ao Diretor do S.P.U. aprová-las.

**Art. 74.** Os têrmos, ajustes ou contratos relativos a imóveis da União, serão lavrados na repartição local ao S. P. U. e terão, para qualquer efeito, fôrça de escritura pública. sendo isentos de publicação, para seu registro pelo Tribunal de Contas.

**§ 1º** Quando as circunstâncias aconselharem, poderão os atos de que trata o presente artigo ser lavrados em repartição arrecadadora da, Fazenda Nacional, situada na localidade do imóvel

**§ 2º** Os têrmos de que trata o item I do art. 85 serão lavrados na sede da repartição a que tenha sido entregue o imóvel.

**§ 3º** São isentos de registro pelo Tribunal de Contas os têrmos e contratos celebrados para os fins previstos nos arts. 79 e 80 dêste Decreto-Lei.

**Art. 75.** Nos têrmos, ajustes e contratos relativos a imóveis, a União será, representada por Procurador da Fazenda Pública que poderá, para êsse fim delegar competência a outro servidor federal.

**§ 1º** Nos têrmos de que trata o artigo 79, representará o S.P.U. o Chefe de sua repartição local, que, no interêsse do serviço, poderá para isso delegar competência a outro funcionário do Ministério da Fazenda.

**§ 2º** Os têrmos a que se refere o art. 85 serão assinados perante o Chefe da repartição interessada.

## CAPÍTULO II
## DA UTILIZAÇÃO EM SERVIÇO PÚBLICO

### SEÇÃO I
### DISPOSIÇÕES GERAIS

**Art. 76.** São considerados como utilizados em serviço público os imóveis ocupados:

**I** – por serviço federal;
**II** – por servidor da União, como residência em caráter obrigatório.

**Art. 77.** A administração dos próprios nacionais aplicados em serviço público compete às repartições que os tenham a seu cargo, enquanto durar a aplicação. Cessada esta passarão êses imóveis, independentemente do ato especial. à administração do S.P.U.

**Art. 78.** O S.P.U velará para que não sejam mantidos em uso público ou administrativo imóveis da União que ao mesmo, uso não sejam estritamente necessários, levando ao conhecimento da autoridade competente as ocorrências que a êsse respeito se verifiquem.

## SEÇÃO II
## DA APLICAÇÃO EM SERVIÇO FEDERAL

**Art. 79.** A entrega de imóvel para uso da Administração Pública Federal direta compete privativamente à Secretaria do Patrimônio da União – SPU.

**§ 1º** A entrega, que se fará mediante têrmo, ficará sujeita a confirmação 2 (dois) anos após a assinatura do mesmo, cabendo ao S.P.U. ratificá-la, desde que, nêsse período tenha o imóvel sido devidamente utilizado no fim para que fôra entregue.

**§ 2º** O chefe de repartição, estabelecimento ou serviço federal que tenha a seu cargo próprio nacional, não poderá permitir, sob pena de responsabilidade, sua invasão, cessão, locação ou utilização em fim diferente do que lhe tenha sido prescrito.

**§ 3º** Havendo necessidade de destinar imóvel ao uso de entidade da Administração Pública Federal indireta, a aplicação se fará sob o regime da cessão de uso.

**§ 4º** Não subsistindo o interesse do órgão da administração pública federal direta na utilização de imóvel da União entregue para uso no serviço público, deverá ser formalizada a devolução mediante termo acompanhado de laudo de vistoria, recebido pela gerência regional da Secretaria do Patrimônio da União, no qual deverá ser informada a data da devolução.

**§ 5º** Constatado o exercício de posse para fins de moradia em bens entregues a órgãos ou entidades da administração pública federal e havendo interesse público na utilização destes bens para fins de implantação de programa ou ações de regularização fundiária ou para titulação em áreas ocupadas por comunidades tradicionais, a Secretaria do Patrimônio da União fica autorizada a reaver o imóvel por meio de ato de cancelamento da entrega, destinando o imóvel para a finalidade que motivou a medida, ressalvados os bens imóveis da União que estejam sob a administração do Ministério da Defesa e dos Comandos da Marinha, do Exército e da Aeronáutica, e observado o disposto no inciso III do § 1º do art. 91 da Constituição Federal.

**§ 6º** O disposto no § 5º deste artigo aplica-se, também, a imóveis não utilizados para a finalidade prevista no ato de entrega de que trata o *caput* deste artigo, quando verificada a necessidade de sua utilização em programas de provisão habitacional de interesse social.

## SEÇÃO III
## DA RESIDÊNCIA OBRIGATÓRIA DE SERVIDOR DA UNIÃO

**Art. 80.** A residência de servidor da União em próprio nacional ou em outro imóvel utilizado em serviço publico federal, sòmente será considerada obrigatória quando fôr indispensável, por necessidade de vigilância ou assistência constante.

**Art. 81.** O ocupante, em caráter obrigatório de próprio nacional ou de outro imóvel utilizado em serviço público federal, fica, sujeito ao pagamento da taxa de 3% (três por cento) ao ano sôbre o valor atualizado, do imóvel ou da parte nêle ocupada, sem exceder a 20% (vinte por cento) do seu vencimento o salário.

**§ 1º** Em caso de ocupação de imóvel alugado pela União, a taxa será de 50% (cinqüenta por cento) sôbre o valor locativo da parte ocupada.

**§ 2º** A taxa de que trata o presente artigo será arrecadada mediante desconto mensal em fôlha de pagamento.

**§ 3º** É isento do pagamento da taxa o servidor da União que ocupar;
**I** – construção improvisada, junto à obra em que esteja trabalhando;
**II** – próprio nacional ou prédio utilizado por serviço público federal, em missão de caráter transitório, de guarda, plantão, proteção ou assistência: ou
**III** – Alojamentos militares ou instalações semelhantes.

**§ 4º** O servidor que ocupar próprio nacional ou outro imóvel utilizado em serviço público da União, situado na zona rural, pagará apenas a taxa anual de 0,50, sôbre o valor atualizado do imóvel, ou da parte nêle ocupada.

**§ 5º** A taxa de uso dos imóveis ocupados por servidores militares continuará a ser regida pela legislação específica que dispõe sobre a remuneração dos militares, resguardado o disposto no § 3º em se tratando de residência em alojamentos militares ou em instalações semelhantes.

**Art. 82.** A obrigatoriedade da residência será determinada expressamente por ato do ministro de Estado, sob a jurisdição de cujo Ministério se encontrar o imóvel, ouvido previamente o SPU.

**Parágrafo único.** Os imóveis residenciais administrados pelos órgãos militares e destinados a ocupação por servidor militar, enquanto utilizados nesta finalidade, serão considerados de caráter obrigatório, independentemente dos procedimentos previstos neste artigo.

**Art. 83.** O ocupante, em caráter obrigatório, de próprio nacional, não poderá no todo ou em parte, cedê-lo, alugá-lo ou dar-lhe destino diferente do residencial.

**§ 1º** A infração do disposto neste artigo constituirá falta grave, para o fim previsto no artigo 234 do Decreto-Lei nº 1.713, de 28 de outubro de 1939.

**§ 2º** Verificada a hipótese prevista no parágrafo anterior, o S. P. U., ouvida a repartição interessada, examinará a necessidade de ser mantida a condição de obrigatoriedade de residência no imóvel, e submeterá o assunto, com o seu parecer e pelos meios competentes, à deliberação do Presidente da República.

**Art. 84.** Baixado o ato a que se refere o art. 82 se o caso fôr de residência em próprio nacional, o Ministério o remeterá, por cópia, ao S.P.U.

**Parágrafo único.** A repartição federal que dispuser de imóvel que deva ser ocupado nas condições previstas no § 3º do art. 81 dêste Decreto-Lei, comunica-lo-á ao S. P. U., justificando-o.

**Art. 85.** A repartição federal que tenha sob sua jurisdição imóvel utilizado como residência obrigatória de servidor da União deverá:

**I** – entregá-lo ou recebê-lo do respectivo ocupante, mediante têrmo de que constarão as condições prescritas pelo S. P. U.;

**II** – remeter cópia do têrmo ao S. P. U.;

**III** – comunicar à repartição pagadora competente a importância do desconto que deva ser feito em fôlha de pagamento, para o fim previsto no § 2º do artigo 81, remetendo ao S. P. U. cópia dêsse expediente;

**IV** – comunicar ao S. P. U. qualquer alteração havida no desconto a que se refere o item anterior, esclarecendo devidamente o motivo que a determinou: e

**V** – comunicar imediatamente ao S.P.U. qualquer infração das disposições dêste Decreto-Lei, bem como a cessação da obrigatoriedade de residência, não podendo utilizar o imóvel em nenhum outro fim sem autorisação do mesmo Serviço.

## CAPÍTULO III
## DA LOCAÇÃO

### SEÇÃO I
### DISPOSIÇÕES GERAIS

**Art. 86.** Os próprios nacionais não aplicados, total ou parcialmente, nos fins previstos no art. 76 dêste Decreto-Lei, poderão, a juízo do S.P.U., ser alugados:

**I** – para residência de autoridades federais ou de outros servidores da União, no interêsse do serviço:

**II** – para residência de servidor da União, em caráter voluntário;

**III** – a quaisquer interessados.

**Art. 87.** A locação de imóveis da União se fará mediante contrato, não ficando sujeita a disposições de outras leis concernentes à locação.

**Art. 88.** É proibida a sublocação do imóvel, no todo ou em parte, bem como a transferência de locação.

**Art. 89.** O contrato de locação poderá ser rescindido:

**I** – quando ocorrer infração do disposto no artigo anterior;

**II** – quando os alugueis não forem pagos nos prazos estipulados;

**III** – quando o imóvel fôr necessário a serviço público, e desde que não tenha a locação sido feita em condições especiais, aprovadas pelo Ministro da Fazenda;

**IV** – quando ocorrer inadimplemento de cláusula contratual.

**§ 1º** Nos casos previstos nos itens I e II, a rescisão dar-se-à de pleno direito, imitindo-se a União sumàriamente na posse da coisa locada.

**§ 2º** Na hipótese do item III, a rescisão poderá ser feita em qualquer tempo, por ato administrativo da União, sem que esta fique por isso obrigada a pagar ao locatário indenização de qualquer espécie, excetuada a que se refira a benfeitorias necessárias.

**§ 3º** A rescisão, no caso do parágrafo anterior, será feita por notificação, em que se consignará o prazo para restituição do imóvel, que será:

a) de 90 (noventa) dias, quando situado em zona urbana;

b) de 180 (cento e oitenta) dias, quando em zona rural.

**§ 4º** Os prazos fixados no parágrafo precedente poderão, a critério do S.P.U., ser prorrogados, se requerida a prorrogação em tempo hábil e justificadamente.

**Art. 90.** As benfeitorias necessárias só serão indenizáveis pela União, quando o S.P.U. tiver sido notificado da realização das mesmas dentro de 120 (cento e vinte) dias contados da sua execução.

**Art. 91.** Os aluguéis serão pagos:

**I** – mediante desconto em fôlha de pagamento, quando a locação se fizer na forma do item I do art. 86;

**II** – mediante recolhimento à estação arrecadadora da Fazenda Nacional, nos casos previstos nos itens II e III do mesmo art. 86.

**§ 1º** O S. P. U. comunicará às repartições competentes a importância, dos descontos que devam ser feitos para os fins previstos nêste artigo.

**§ 2º** O pagamento dos aluguéis de que trata o item II dêste artigo será garantido por depósito em dinheiro, em importância correspondente a 3 (três) meses de aluguel.

### SEÇÃO II
### DA RESIDÊNCIA DE SERVIDOR DA UNIÃO, NO INTERÊSSE DO SERVIÇO

**Art. 92.** Poderão ser reservados pelo S. P. U. próprios nacionais, no todo ou em parte, para moradia de servidores da União no exercício de cargo em comissão ou função gratificada, ou que, no interêsse do serviço, convenha, residam nas repartições respectivas ou nas suas proximidades.

**Parágrafo único.** A locação se fará sem concorrência e por aluguel correspondente à parte ocupada do imóvel.

**Art. 93.** As repartições que necessitem de imóveis para o fim previsto no artigo anterior, solicitarão sua reserva ao S. P. U., justificando a necessidade.

**Parágrafo único.** Reservado o imóvel e assinado o contrato le locação, o S. P. U. fará sua entrega ao servidor que deverá, ocupá-lo.

### SEÇÃO III
### DA RESIDÊNCIA VOLUNTÁRIA DE SERVIDOR DA UNIÃO

**Art. 94.** Os próprios nacionais não aplicados nos fins previstos no artigo 76 ou no item I do art. 86 dêste Decreto-Lei, e que se prestem para moradia, poderão ser alugados para residência de servidor da União.

**§ 1º** A locação se fará, pelo aluguel que for fixado e mediante concorrência, que versará sôbre as qualidades preferenciais dos candidatos, relativas ao número de dependentes, remuneração e tempo de serviço público.

**§ 2º** As qualidades preferenciais serão apuradas conforme tabela organizada pelo S. P. U. e aprovada pelo Diretor Geral da Fazenda Nacional, tendo em vista o amparo dos mais necessitados.

### SEÇÃO IV
### DA LOCAÇÃO A QUAISQUER INTERESSADOS

**Art. 95.** Os imóveis da União não aplicados em serviço público e que não forem utilizados nos fins previstos nos itens I e II do art. 86, poderão ser alugados a quaisquer interessados.

**Parágrafo único.** A locação se fará, em concorrência pública e pelo maior prêço oferecido, na base mínima da Valor locativo fixado.

**Art. 96.** Em se tratando de exploração de frutos ou prestação de serviços, a locação se fará sob forma de arrendamento, mediante condições especiais, aprovadas pelo Ministro da Fazenda.

**Parágrafo único.** Salvo em casos especiais, expressamente determinados em lei, não se fará arrendamento por prazo superior a 20 (vinte) anos.

**Art. 97.** Terão preferência para a locação de próprio nacional os Estados e Municípios, que, porém, ficarão sujeitos ao pagamento da cota ou aluguel fixado e ao cumprimento das demais obrigações estipuladas em contrato.

**Art. 98.** Ao possuidor de benfeitorias, que estiver cultivando, por si e regularmente, terras compreendidas entre as de que trata o art. 65, fica assegurada a preferência para o seu arrendamento, se tal regime houver sido julgado aconselhável para a utilização das mesmas.

**Parágrafo único.** Não usando dêsse direito no prazo que for estipulada, será o possuidor das benfeitorias indenizado do valor das mesmas, arbitrado pelo S. P. U.

## CAPÍTULO IV
## DO AFORAMENTO

### SEÇÃO I
### DISPOSIÇÕES GERAIS

**Art. 99.** A utilização do terreno da União sob regime de aforamento dependerá de prévia autorização do Presidente da República, salvo se ja permitida em expressa disposição legal.

**Parágrafo único.** Em se tratando de terreno beneficiado com construção constituída de unidades autônomas, ou, comprovadamente, para tal fim destinado, o aforamento poderá ter por objeto as partes ideais correspondentes às mesmas unidades.

**Art. 100.** A aplicação do regime de aforamento a terras da União, quando autorizada na forma dêste Decreto-Lei, compete ao S. P. U., sujeita, porém, a prévia audiência:

a) dos Ministérios da Guerra, por intermédio dos Comandos das Regiões Militares; da Marinha por intermédio das Capitanias dos Portos; da Aeronáutica por intermédio dos Comandos das Zonas Aéreas, quando se tratar de terrenos situados dentro da faixa de fronteiras, da faixa de 100 (cem) metros ao longo da costa marítima ou de uma circunferência de 1.320 (mil trezentos e vinte) metros de raio em tôrno das fortificações e estabelecimentos militares;

b) do Ministério da Agricultura, por intermédio dos seus órgãos locais interessados, quando se tratar de terras suscetíveis de aproveitamento agrícola ou pastoril;

c) do Ministério da Viação e Obras Públicas por intermédio de seus órgãos próprios locais quando se tratar de terrenos situados nas proximidades de obras portuárias ferroviárias, rodoviárias, de saneamento ou de irrigação;

d) das Prefeituras Municipais, quando se tratar de terreno situado em zona que esteja sendo urbanizada.

**§ 1º** A consulta versará sôbre zona determinada devidamente caracterizada.

**§ 2º** Os órgãos consultados deverão se pronunciar dentro de 30 (trinta) dias do recebimento da consulta, prazo que poderá ser prorrogado por outros 30 (trinta) dias quando solicitado, importando o silêncio em assentimento à aplicação do regime enfitêutico na zona caracterizada na consulta.

**§ 3º** As impugnações, que se poderão restringir a parte da zona sôbre que haja versado a consulta, deverão ser devidamente fundamentadas.

**§ 4º** O aforamento, à vista de ponderações dos órgãos consultados, poderá subordinar-se a condições especiais.

**§ 5º** Considerada improcedente a impugnação, a autoridade submeterá o recurso à autoridade superior, nos termos estabelecidos em regulamento. (Parágrafo com redação dada pela Lei 13.874/2019)

**§ 6º** Nos casos de aplicação do regime de aforamento gratuito com vistas à regularização fundiária de interesse social, ficam dispensadas as audiências previstas neste artigo, ressalvados os bens imóveis sob administração do Ministério da Defesa e dos Comandos do Exército, da Marinha e da Aeronáutica.

**§ 7º** Quando se tratar de imóvel situado em áreas urbanas consolidadas e fora da faixa de segurança de que trata o § 3º do art. 49 do Ato das Disposições Constitucionais Transitórias, serão dispensadas as audiências previstas neste artigo e o procedimento será estabelecido em norma da Secretaria do Patrimônio da União.

**Art. 101.** Os terrenos aforados pela União ficam sujeitos ao foro de 0,6% (seis décimos por cento) do valor do respectivo domínio pleno, que será anualmente atualizado.

**Parágrafo único.** O não-pagamento do foro durante três anos consecutivos, ou quatro anos intercalados, importará a caducidade do aforamento.

**Art. 102.** *(Revogado pelo Decreto-Lei 2.398/1987)*

**Art. 103.** O aforamento extinguir-se-á:

**I** – por inadimplemento de cláusula contratual;

**II** – por acordo entre as partes;

**III** – pela remição do foro, nas zonas onde não mais subsistam os motivos determinantes da aplicação do regime enfitêutico;

**IV** – pelo abandono do imóvel, caracterizado pela ocupação, por mais de cinco anos, sem contestação, de assentamentos informais de baixa renda, retornando o domínio útil à União; ou

**V** – por interesse público, mediante prévia indenização.

**§ 1º** Consistindo o inadimplemento de cláusula contratual no não-pagamento do foro durante três anos consecutivos, ou quatro anos intercalados, é facultado ao foreiro, sem prejuízo do disposto no art. 120, revigorar o aforamento mediante as condições que lhe forem impostas.

**§ 2º** Na consolidação pela União do domínio pleno de terreno que haja concedido em aforamento, deduzir-se-á do valor do mesmo domínio a importância equivalente a 17% (dezessete por cento), correspondente ao valor do domínio direto.

## SEÇÃO II
## DA CONSTITUIÇÃO

**Art. 104.** Decidida a aplicação do regime enfitêutico a terrenos compreendidos em determinada zona, a SPU notificará os interessados com preferência ao aforamento nos termos dos arts. 105 e 215, para que o requeiram dentro do prazo de cento e oitenta dias, sob pena de perda dos direitos que porventura lhes assistam.

**Parágrafo único.** A notificação será feita por edital afixado na repartição arrecadadora da Fazenda Nacional com jurisdição na localidade do imóvel, e publicado no Diário Oficial da União, mediante aviso publicado três vezes, durante o período de convocação, nos dois jornais de maior veiculação local e, sempre que houver interessados conhecidos, por carta registrada.

**Art. 105.** Tem preferência ao aforamento:

1º – os que tiverem título de propriedade devidamente transcrito no Registo de Imóveis;

2º – os que estejam na posse dos terrenos, com fundamento em título outorgado pelos Estados ou Municípios;

3º – os que, necessariamente, utilizam os terrenos para acesso às suas propriedades;

4º – os ocupantes inscritos até o ano de 1940, e que estejam quites com o pagamento das devidas taxas, quanto aos terrenos de marinha e seus acréscidos;

5º – *(Revogado pela Lei 9.636/1998)*

6º – os concessionários de terrenos de marinha, quanto aos seus acréscidos desde que êstes não possam constituir unidades autônomas;

7º – os que no terreno possuam benfeitoriais, anteriores ao ano de 1940, do valor apreciável em relação ao daquele;

8º – *(Revogado pela Lei 9.636/1998)*

9º – *(Revogado pela Lei 9.636/1998)*

10º – *(Revogado pela Lei 9.636/1998)*

**§ 1º** As divergências sobre propriedade, servidão ou posse devem ser decididas pelo Poder Judiciário.

**§ 2º** A decisão da Secretaria do Patrimônio da União quanto ao pedido formulado com fundamento no direito de preferência previsto neste artigo constitui ato vinculado e somente poderá ser desfavorável, de forma fundamentada, caso haja algum impedimento, entre aqueles já previstos em lei, informado em consulta formulada entre aquelas previstas na legislação em vigor, ou nas hipóteses previstas no inciso II do art. 9o da Lei no 9.636, de 15 de maio de 1998.

**Art. 106.** Os pedidos de aforamento serão dirigidos ao Chefe do órgão local do S.P.U., acompanhados dos documentos comprobatorios dos direitos alegados pelo interessado e de planta ou croquis que identifique o terreno.

**Art. 107.** *(Revogado pelo Decreto-Lei 2.398/1987)*

**Art. 108.** O Superintendente do Patrimônio da União no Estado apreciará a documentação e, deferindo o pedido, calculará o foro, com base no art. 101, e concederá o aforamento, devendo o foreiro comprovar sua regularidade fiscal perante a Fazenda Nacional até o ato da contratação.

**Parágrafo único.** O Ministério do Planejamento, Orçamento e Gestão estabelecerá diretrizes e procedimentos simplificados para a concessão do aforamento de que trata o *caput*.

**Art. 109.** Concedido o aforamento, será lavrado em livro próprio da Superintendência do Patrimônio da União o contrato enfitêutico de que constarão as condições estabelecidas e as características do terreno aforado.

**Art. 110.** Expirado o prazo de que trata o art. 104 e não havendo interesse do serviço público na manutenção do imóvel no domínio pleno da União, a SPU promoverá a venda do domínio útil dos terrenos sem posse, ou daqueles que se encontrem na posse de quem não tenha atendido à notificação a que se refere o mesmo artigo ou de quem, tendo requerido, não tenha preenchido as condições necessárias para obter a concessão do aforamento.

**Art. 111.** *(Revogado pelo Decreto-Lei 2.398/1987)*

## SEÇÃO III
## DA TRANSFERÊNCIA

**Arts. 112 a 115.** *(Revogados pelo Decreto-Lei 2.398/1987)*

**Art. 115-A.** Efetuada a transação e transcrito o título no registro de imóveis, o antigo foreiro, exibindo os documentos comprobatórios, deverá comunicar a transferência à Superintendência do Patrimônio da União, no prazo de até sessenta dias, sob pena de permanecer responsável pelos débitos que vierem a incidir sobre o imóvel até a data da comunicação.

**Art. 116.** Efetuada a transação e transcrito o título no Registro de imóveis, o adquirente, exibindo os documentos comprobatórios, deverá requerer, no prazo de 60 (sessenta) dias, que para o seu nome se transfiram as obrigações enfitêuticas.

**§ 1º** A transferência das obrigações será feita mediante averbação, no órgão local do S.P.U., do título de aquisição devidamente transcrito no Registro de Imóveis, ou, em caso de transmissão parcial do terreno mediante têrmo.

**§ 2º** O adquirente estará sujeito à multa de 0,50% (cinquenta centésimos por cento), por mês ou fração, sobre o valor do terreno, caso não requeira a transferência no prazo estabelecido no *caput* deste artigo.

**§ 3º** Para fatos geradores anteriores a 22 de dezembro de 2016, a cobrança da multa de que trata o § 2º deste artigo será efetuada de forma proporcional, regulamentada por intermédio de ato específico da Secretaria do Patrimônio da União (SPU).

**Art. 117.** *(Revogado pelo Decreto-Lei 2.398/1987)*

## SEÇÃO IV
## DA CADUCIDADE E REVIGORIÇÃO

**Art. 118.** Caduco o aforamento na forma do parágrafo único do art. 101, o órgão local da SPU notificará o foreiro, por edital, ou quando possível por carta registrada, marcando-lhe o prazo de noventa dias para apresentar qualquer reclamação ou solicitar a revigoração do aforamento.

**Parágrafo único.** Em caso de apresentação de reclamação, o prazo para o pedido de revigoração será contado da data da notificação ao foreiro da decisão final proferida.

**Art. 119.** Reconhecido o direito do requerente e pagos os foros em atraso, o chefe do órgão local da Secretaria do Patrimônio da União concederá a revigoração do aforamento.

**Parágrafo único.** A Secretaria do Patrimônio da União disciplinará os procedimentos operacionais destinados à revigoração de que trata o *caput* deste artigo.

**Art. 120.** A revigoração do aforamento poderá ser negada se a União necessitar do terreno para serviço público, ou, quanto às terras de que trata o art. 65, quando não estiverem as mesmas sendo utilizadas apropriadamente, obrigando-se, nesses casos, à indenização das benfeitorias porventura existentes.

**Art. 121.** Decorrido o prazo de que trata o art. 118, sem que haja sido solicitada a revigoração do aforamento, o Chefe do órgão local do S.P.U. providenciará no sentido de ser cancelado o aforamento no Registro de Imóveis e procederá na forma do disposto no art. 110.

**Parágrafo único.** Nos casos de cancelamento do registro de aforamento, considera-se a certidão da Secretaria do Patrimônio da União de cancelamento de aforamento documento hábil para o cancelamento de registro nos termos do inciso III do *caput* do art. 250 da Lei nº 6.015, de 31 de dezembro de 1973.

## SEÇÃO V
## DA REMISSÃO

**Art. 122.** Autorizada, na forma do disposto no art. 103, a remissão do aforamento dos terrenos compreendidos em determinada zona, o S.P.U. notificará os foreiros, na forma do parágrafo único do art. 104, da autorização concedida.

**Parágrafo único.** A decisão da Secretaria do Patrimônio da União sobre os pedidos de remissão do aforamento de terreno de marinha e/ou acrescido de marinha localizado fora da faixa de segurança constitui ato vinculado.

**Art. 123.** A remição do aforamento será feita pela importância correspondente a 17% (dezessete por cento) do valor do domínio pleno do terreno, excluídas as benfeitorias.

**Art. 124.** Efetuado o resgate, o órgão local do S.P.U. expedirá certificado de remissão, para averbação no Registro de Imóveis.

# CAPÍTULO V
# DA CESSÃO

**Art. 125.** *(Revogado pela Lei 9.636/1998)*

**Art. 126.** *(Revogado pela Lei 9.636/1998)*

# CAPÍTULO VI
# DA OCUPAÇÃO

**Art. 127.** Os atuais ocupantes de terrenos da União, sem título outorgado por esta, ficam obrigados ao pagamento anual da taxa de ocupação.

**§ 1º** *(Revogado pelo Decreto-Lei 2.398/1987)*

**§ 2º** *(Revogado pelo Decreto-Lei 2.398/1987)*

**Art. 128.** O pagamento da taxa será devido a partir da inscrição de ocupação, efetivada de ofício ou a pedido do interessado, não se vinculando ao cadastramento do imóvel.

**§ 1º** *(Revogado pela Lei 13.139/2015)*

**§ 2º** *(Revogado pela Lei 13.139/2015)*

**§ 3º** *(Revogado pela Lei 13.139/2015)*

**§ 4º** Caso o imóvel objeto do pedido de inscrição de ocupação não se encontre cadastrado, a Secretaria do Patrimônio da União do Ministério do Planejamento, Orçamento e Gestão efetuará o cadastramento.

**Art. 129.** *(Revogado pelo Decreto-Lei 2.398/1987)*

**Art. 130.** *(Revogado pelo Decreto-Lei 2.398/1987)*

**Art. 131.** A inscrição e o pagamento da taxa de ocupação, não importam, em absoluto, no reconhecimento, pela União, de qualquer direito de propriedade do ocupante sôbre o terreno ou ao seu aforamento, salvo no caso previsto no item 4 do artigo 105

**Art. 132.** A União poderá, em qualquer tempo que necessitar do terreno, imitir-se na posse do mesmo, promovendo sumàriamente a sua desocupação, observados os prazos fixados no § 3º, do art. 89.

**§ 1º** As benfeitorias existentes no terreno sòmente serão indenizadas, pela importância arbitrada pelo S.P.U., se por êste fôr julgada de boa fé a ocupação.

**§ 2º** Do julgamento proferido na forma do parágrafo anterior, cabe recurso para o C.T.U., no prazo de 30 (trinta) dias da ciência dada ao ocupante.

**§ 3º** O preço das benfeitorias serão, depositado em Juizo pelo S.P.U., desde que a parte interessada não se proponha a recebê-lo.

**Art. 132-A.** Efetuada a transferência do direito de ocupação, o antigo ocupante, exibindo os documentos comprobatórios, deverá comunicar a transferência à Superintendência do Patrimônio da União, no prazo de até sessenta dias, sob pena de permanecer responsável pelos débitos que vierem a incidir sobre o imóvel até a data da comunicação.

**Art. 133.** *(Revogado pela Lei 9.636/1998)*

## TÍTULO III
## DA ALIENAÇÃO DOS BENS IMÓVEIS DA UNIÃO

### CAPÍTULO I
### DISPOSIÇÕES GERAIS

**Arts. 134 a 140.** *(Revogados pelo Decreto-Lei 2.398/1987)*

### CAPÍTULO II
### DOS IMÓVEIS UTILIZÁVEIS EM FINS RESIDENCIAIS

**Arts. 141 a 144.** *(Revogados pelo Decreto-Lei 2.398/1987)*

### CAPÍTULO III
### DOS IMÓVEIS UTILIZÁVEIS EM FINS COMERCIAIS OU INDUSTRIAIS

**Arts. 145 a 148.** *(Revogados pelo Decreto-Lei 2.398/1987)*

### CAPÍTULO IV
### DOS TERRENOS DESTINADOS A FINS AGRÍCOLAS E DE COLONIZAÇÃO

**Art. 149.** Serão reservados em zonas rurais, mediante escolha do Ministério da Agricultura, na forma da lei, terrenos da União, para estabelecimento de núcleos coloniais.

**§ 1º** Os terrenos assim reservados, excluídas as áreas destinadas à sede, logradouros e outros serviços gerais do núcleo, serão loteadas para venda de acôrdo com plano organizado pelo Ministério da Agricultura.

**§ 2º** O Ministério da Agricultura remeterá ao S.P.U. cópia do plano geral do núcleo, devidamente aprovado.

**Art. 150.** Os lotes de que trata o § 1º do artigo anterior serão vendidos a nacionais que queiram dedicar-se à agricultura e a estrangeiros agricultores, a critério, na forma da lei, do Ministério da Agricultura.

**Art. 151.** O preço de venda dos lotes será estabelecido por comissão de avaliação designada pelo Diretor da Divisão de Terras e Colonização (D.T.C.) do Departamento Nacional da Produção Vegetal, do Ministério da Agricultura.

**Art. 152.** O preço da aquisição poderá ser pago em prestações anuais, até o máximo de 15 (quinze), compreendendo amortização e juros de 6 % (seis por cento) ao ano, em total constante e discriminável conforme o estado real da dívida.

**§ 1º** A Primeira prestação vencer-se-à no último dia do terceiro ano e as demais no último dos anos restantes, sob pena de multa de mora de 5% (cinco por cento) ao ano sôbre o valor da dívida.

**§ 2º** Em caso de atraso de pagamento superior a 2 (dois) anos proceder-se-à à cobrança executiva da dívida, salvo motivo justificado, a critério da D.T.C.

**§ 3º** O adquirente poderá, em qualquer tempo, antecipar o pagamento da dívida, bem como fazer amortizações em cotas parciais, não inferiores a Cr$ 1.000,00 (um mil cruzeiros), para o fim de reduzir a importância ou o número das prestações, ou ambos.

**Art. 153.** Ajustada a transação, lavrar-se-à contrato de promessa de compra e venda, de que constarão tôdas as condições que hajam sido estipuladas.

**Parágrafo único.** Para elaboração da minuta do contrato a D.T.C. remeterá ao S.P.U. os elementos necessários, concernentes à qualificação do adquirente, à identificação do lote e às obrigações estabelecidas, quanto ao pagamento e à utilização do terreno.

**Art. 154.** Pago o preço total da aquisição, e cumpridas as demais obrigações assumidas, será lavrado o contrato definitivo de compra e venda.

**Parágrafo único.** Em caso de falecimento do adquirente que tenha pago 3 (três) prestações, será dispensado o pagamento do restante da divida aos seus herdeiros, aos quais será outorgado o titulo definitivo.

**Art. 155.** O promitente comprador e, quanto a núcleos coloniais não emancipados, o proprietário do lote, não poderão onerar nem por qualquer forma transferir o imóvel, sem prévia licença da D.T.C.

**Parágrafo único.** A D.T.C. dará conhecimento ao S. P. U. das licenças que tiver concedido para os fins de que trata o presente artigo.

**Art. 156.** As terras de que trata o Art. 65 poderão ser alienadas sem concorrência, pelo S.P.U., com prévia audiência do Ministério da Agricultura, aos seus arrendatários, possuidores ou ocupantes.

**Parágrafo único.** A alienação poderá ser feita nas condições previstas nos arts. 152, 153 e 154, vencível, porém, a primeira prestação no último dia do primeiro ano, e excluída a dispensa de que trata, o parágrafo único do art. 154.

**Art. 157.** Os contratos de que tratam os artigos anteriores, são sujeitos às disposições dêste Decreto-Lei.

**Art. 158.** Cabe ao S.P.U. fiscalizar o pagamento das prestações devidas e à D.T.C. o cumprimento das demais obrigações contratuais.

## CAPÍTULO V
## DOS TERRENOS OCUPADOS

**Arts. 159 a 163.** *(Revogados pelo Decreto-Lei 2.398/1987)*

## CAPÍTULO VI
## DA LEGITIMAÇÃO DE POSSE DE TERRAS DEVOLUTAS

**Art. 164.** Proferida a sentença homologatória a que se refere o art. 57, iniciará a Fazenda Nacional a execução, sem embargo de qualquer recurso, requerendo preliminarmente ao Juíz da causa a intimação dos possuidores de áreas reconhecidas ou julgadas devolutas a legitimarem suas posses, caso o queiram, a lei o permita e o Govêrno Federal consinta-lhes fazê-lo, mediante pagamento das custas que porventura estiverem devendo e recolhimento aos cofres da União, dentro de 60 (sessenta) dias, da taxa de legitimação.

**Parágrafo único.** O têrmo de 60 (sessenta) dias começará a correr da data em que entrar em cartório a avaliação da área possuída.

**Art. 165.** Declarar-se-ão no requerimento aqueles a quem o Govêrno Federal recusa legitimação.

Dentro de 20 (vinte) dias da intimação os possuidores que quiserem e puderem legitimar suas posses fa-lo-ão saber, mediante comunicação autêntica ao Juiz da causa ou ao S.P.U.

**Art. 166.** Consistirá a taxa de legitimação em porcentagem sôbre a avaliação, que será feita por perito residente no foro rei sitae, nomeado pelo Juíz.

O perito não terá direito a emolumentos superiores os cifrados no Regimento de Custas Judiciais.

**Art. 167.** A avaliação recairá exclusivamente sôbre o valor do solo, excluído o das benfeitorias, culturas, animais, acessórios e pertences do legitimante.

**Art. 168.** A taxa será de 5% (cinco por cento) em relação posses tituladas de menos de 20 (vinte) e mais de 10 (dez) anos, de 10% (dez por cento) às tituladas e menos de 10 (dez) anos: de 20% (vinte por cento) e 15% (quinze por cento) para as não tituladas respectivamente de 15 quinze) anos ou menos de 30 (trinta) e mais de 15 (quinze) .

**Art. 169.** Recolhidas aos cofres públicos nacionais as custas porventura devidas as da avaliação e a taxa de legitimação expedirá o Diretor do S.P.U., a quem ubirá o respectivo processo, o título de legitimação pelo qual pagará o legitimante apenas o sêlo devido.

**§ 1º** O titulo será confeccionado em forma de carta de sentença, com todos os característicos e individuações da propriedade a que se refere, segundo modêlo oficial.

**§ 2º** Deverá ser registrado em livro a isso destinado pelo S.P.U., averbando-se a o lado em coluna própria, a publicação no Diário Oficial da União, do Estado ou do Território, consoante seja , caso, ou na fôlha que lhe publicar o expediente bem como a transcrição que do respectivo título se fizer no Registro Geral de Imóveis da Comarca de situação das terras, segundo o artigo subsequente.

**Art. 170.** Será o título transcrito no competente Registro Geral de Imóveis, feita a necessária publicação no Diário Oficial da União, do Estado ou do Território, conforme o caso, ou na fôlha que lhe editar o expediente.

**§ 1º** O oficial do Registro de Imóveis remeterá ao S.P.U. uma certidão em relatório da transcrição feita, a fim de ser junta aos autos.

**§ 2º** Incorrerá na multa de Cr$.. 200,00 (duzentos cruzeiros) a Cr$... 1.000,00 (um mil cruzeiros), aplicada pela autoridade judiciária local, a requerimento do S.P.U., o oficial que não fizer a transcrição ou remessa dentro de 30 (trinta) dias do recebimento do título.

**Art. 171.** Contra os que, sendo-lhes permitido fazer, não fizerem a legitimação no prazo legal, promoverá o S.P.U., a execução de sentença por mandado de imissão de posse.

**Art. 172.** Providenciará o S.P.U. a transcrição no competente Registro Geral de Imóveis, das terras sôbre que versar a execução, assim como de todas declaradas de domínio da União e a êle incorporadas, para o que se habilitará

ADMINISTRATIVO

com carta de sentença, aparelhada no estilo do direito comum.

**Art. 173.** Aos brasileiros naturalizados natos ou possuidores de áreas consideradas diminutas, atendendo-se ás peculiaridades locais, com títulos extremamente perfeitos de aquisições de boa fé, é licito requerer e ao S.O.U, conceder expedição de título de domínio, sem taxa ou com taxa inferior á fixada no presente Decreto-Lei

**Art. 174.** O Governo Federal negará legitimação, quando assim entender de justiça, de interêsse público ou quando assim lhe ordenar a disposição da lei, cumprindo-lhe, se fôr o caso, indenizar as benfeitorias feitas de boa fé.

## TÍTULO IV
## DA JUSTIFICAÇÃO DE POSSE DE TERRAS DEVOLUTAS

**Art. 175.** Aos interessados que se acharem nas condições das letras e, f, g, e parágrafo único do art. 5º será facultada a justificação administrativa de suas posses perante o órgão local do S.P.U., a fim de se forrarem a possíveis inquietações da parte da União e a incômodos de pleitos em tela judicial.

**Art. 176.** As justificações só têm eficácia nas relações dos justificantes com a Fazenda Nacional e não obstam, ainda em caso de malogro, ao uso dos remédios que porventura lhes caibam e a dedução de seus direitos em Juízo, na forma e medida da legislação civil.

**Art. 177.** O requerimento de justificação será dirigido ao Chefe do órgão local do S.P.U., indicando o nome, nacionalidade, estado civil e residência do requerente e de seu representante no local da posse, se o tiver; a data da posse e os documentos que possam determinar a época do seu início e continuidade; a situação das terras e indicação da área certa ou aproximada, assim como a natureza das benfeitorias, culturas e criações que houver, com o valor real ou aproximado de uma e outras, a descrição dos limites da posse com indicação de todos os confrontantes e suas residências, o rol de testemunhas documentos que acaso corroborem o alegado.

**Art. 178.** Recebido, protocolado e autuado o requerimento com os documentos que o instruírem, serão os autos distribuídos ao Procurador da Fazenda Pública para tomar conhecimento do pedido e dirigir o processo.

**Parágrafo único.** se o pedido não se achar em forma, ordenará o referido Procurador ao requerente que complete as omissões, que contiver se se achar em forma ou fôr sanado das omissões, admiti-lo-á a processo

**Art. 179.** Do pedido dar-se-á então conhecimento a terceiros, por aviso circunstanciado publicado 3 (três vezes dentro de 60 (sessenta) dias, no Diário Oficial da União, do Estado ou Território, consoante for o caso, ou na fôlha que lhe der publicidade ao expediente, e 2 (duas) vêzes com intervalo de 20 (vinte) dias no jornal da Comarca, ou Município onde estiverem as terras, se houver adiantadas as respectivas despesas pelo requerente.

**Art. 180.** Poderão contestar e pedido, terceiros por êle prejudicados, dentro de 30 (trinta) dias, depois de findo o prazo edital.

**Parágrafo único.** A contestação mencionará o nome e residência do contestante, motivos de sua oposição e provas em que se fundar. Apresentada a contestação ou findo o prazo para ela marcado, o Procurador da Fazenda Pública requisitará ao S.P.U. um dos seus engenheiros ou agrimensores para, em face dos autos, proceder a uma vistoria sumária da área objeto da justificação e prestar tôdas as informações que interessem ao despacho do pedido.

**Art. 181.** Realizada a vistoria, serão as partes admitidas, uma após outra, a inquirir suas testemunhas, cujos depoimentos serão reduzidos a escrito em forma breve pelo escrivão ad hoc, que fôr designado para servir no processo.

**Art. 182.** Terminadas as inquirições serão os autos encaminhados, com parecer do Procurador da Fazenda Pública ao Chefe do órgão local do S.P.U., para decidir o caso de acôrdo com as provas colhidas e com outras que possa, determinar ex-offício.

**Art. 183.** Da decisão proferida pelo Chefe do órgão local do S.P.U. cabe ao Procurador da Fazenda Pública e às partes, recurso voluntário e para o Conselho de Terras da União (C. T. U.), dentro do prazo de 30 (trinta) dias da ciência dada aos interessados pessoalmente ou por carta registrada.

**Parágrafo único.** Antes de presente ao C. T. U. subirão os autos do recurso ao Diretor do S. P. U. para manifestar-se sôbre o mesmo.

**Art. 184.** Julgada procedente a justificação e transitando em julgado a decisão administrativa, expedirá o Diretor do S.P.U., à vista do processo respectivo, título recognitivo do dominio do justificante, título que será devidamente formalizado como o de legitimação.

**Art. 185.** Carregar-se-ão às partes interessadas as custas e despesas feitas, salvo as de justificação com assento no art. 148 da Constituição Federal, que serão gratuitas, quando julgadas procedentes.

A contagem se fará pelo Regimento das Custas Judiciais.

## TÍTULO V
## DO CONSELHO DE TERRAS DA UNIÃO

**Art. 186.** Fica criado, no Ministério da Fazenda, o Conselho de Terras da União (C.T.U.), órgão coletivo de julgamento e deliberação, na esfera administrativa, de questões concernentes a direitos de propriedade ou posse de imóveis entre a União e terceiros, e de consulta do Ministro da Fazenda.

**Parágrafo único.** O C.T.U. terá, além disso, as atribuições especificas que lhe forem conferidas no presente Decreto-Lei.

**Art. 187.** O C.T.U. será constituí-do por 6 (seis) membros, nomeados pelo Presidente da República, e cujos mandatos, com a duração de 3 (três) anos, serão renovados pelo têrço.

**§ 1º** As nomeações recairão em 3 (três) servidores da União, 2 (dois) dos quais Engenheiros e 1 (um) Bacharel em Direito, dentre nomes indicados pelo Ministro da Fazenda, e os restantes escolhidos de listas tríplices apresentadas pela Federação Brasileira de Engenheiros, pela Ordem dos Advogados do Brasil e pela Federação das Associações de Proprietários de Imóveis, do Brasil ou, na falta dêstes, por entidades congêneres.

**§ 2º** Os Conselhos terão Suplentes, indicados e nomeados na mesma forma daqueles.

**§ 3º** Aos Suplentes cabe, quando convocados pelo Presidente do Conselho, substituir, nos impedimentos temporário, e nos casos de perda ou renúncia de mandato, os respectivos Conselheiros.

**Art. 188.** O C.T.U. será presidido por um Conselheiro, eleito anualmente pelos seus pares na primeira reunião de cada ano.

**Parágrafo único.** Concomitantemente com a do Presidente, far-se-á a eleição do Vice-Presidente, que substituirá aquele em suas faltas e impedimentos.

**Art. 189.** O C.T.U. funcionará com a maioria de seus membros e realizará no mínimo 8 (oito) sessões mensais,das quais será lavrada ata circunstanciada.

**Art. 190.** Os processos submetidos ao Conselho serão distribuídos, em sessão, ao Conselheiro relator, mediante sorteio.

**§ 1º** Os Conselheiros poderão reter pelo prazo de 15 (quinze) dias, prorrogável, quando solicitado, a critério do Conselho, os processos que lhe tenham sido distribuídos para o relatório, ou conclusos, mediante pedido de vista.

**§ 2º** Ao Presidente do Conselho, além das que lhes forem cometidas pelo Regimento, compete as mesmas atribuições dos demais Conselheiros.

**Art. 191.** O C.T.U. decidirá por maioria de votos dos membros presentes, cabendo ao seu Presidente, além do de qualidade, o voto de desempate.

**Art. 192.** Das decisões do Conselho caberá recurso para o próprio Conselho, no prazo de 20 (vinte) dias úteis, contados da data da decisão proferida.

**Parágrafo único.** Os recursos sòmente serão julgados com a presença de no mínimo igual número dos membros presentes á sessão em que haja sido preferida a decisão recorrida.

**Art. 193.** Junto ao conselho serão admitidas procuradores das partes interessadas no julgamento aos quais será permitido pronunciamento oral em sessão, constando do processo o instrumento do mandato.

**§ 1º** A Fazenda Nacional será representada por servidor da União, designado pelo Ministro da Fazenda, cabendo-lhe ter visto dos processos, pelo prazo improrrogável de 15 (quinze) dias antes do julgamento e depois de estudados pelo Conselheiro relator

**§ 2º** O Representante da Fazenda terá Suplente, pela mesma forma designado, que o substituíra em suas faltas e impedimentos.

**Art. 194.** O C.T.U., votará e aprovará seu Regimento.

**Parágrafo único.** Nenhuma alteração se fará no Regimento sem aprovação do Conselho em 2 (duas) sessões consecutivas, a que estejam presentes pelo menos 5 (cinco) Conselheiros.

**Art. 195.** O Conselho terá uma Secretaria, que será chefiada por um Secretário e téra os auxiliares necessários, todos designados pelo Diretor Geral da Fazenda Nacional.

**Parágrafo único.** Ao Secretário competirá, além das atribuições que lhe forem cometidas no Regimento, lavrar e assinar ns atas das sessões, que serão submetidas à aprovação do Conselho.

**Art. 196.** O Conselho, que sem causa justificada, a critério do próprio Conselho, faltar a 4 (quatro) sessões Consecutivas, perderá o mandato.

**Art. 197.** Serão considerados de efetivo exercício os dias em que o Conselheiro, servidor da União, ou o Representante da Fazenda estiver afastado do serviço público ordinário, em virtude de comparecimento a sessão do Conselho.

## TÍTULO V. DISPOSIÇÕES FINAIS E TRANSITÓRIAS

**Art. 198.** A União tem por insubsistentes e nulas quaisquer pretensões sôbre o domínio pleno de terrenos de marinha e seus acrescidos, salvo quando originais em títulos por ela outorgadas na forma do presente Decreto-Lei.

**Art. 199.** A partir da data da publicação do presente Decreto-Lei, cessarão as atribuições cometidas a outros órgãos da administração federal que não o C.T.U., concernentes ao exame e julgamento na esfera administrativa de questões entre a União e terceiros relativas á propriedade ou posse de imóvel.

**§ 1º** Os órgãos a que se refere êste artigo remeterão ao C. T. U., dentro de 30 (trinta) dias, os respectivos processos pendentes de decisão final.

**§ 2º** Poderá, a critério do Govêrno, ser concedido novo prazo para apresentação, ao C.T.U., dos títulos de que trata o art. 2 º do Decreto-Lei nº 893, de 26 de novembro de 1938.

**Art. 200.** Os bens imóveis da União, seja qual fôr a sua natureza, não são sujeitos a usucapião.

**Art. 201.** São consideradas divida ativa da União para efeito de cobrança executiva, as provenientes de aluguéis, taxas, foros, laudêmios e outras contribuições concernentes utilização de bens imóveis da União.

**Art. 202.** Ficam confirmadas as demarcações de terrenos de marinha com fundamento em lei vigente na época em que tenham sido realizadas.

**Art. 203.** Fora dos casos expressos em lei, não poderão as terras devolutas da União ser alienadas ou concedidas senão a título oneroso.

**Parágrafo único.** Até que sejam regularmente instalados nos Territórios Federais os orgãos locais do S. P. U., continuarão os Governadores a exercer as atribuições que a lei lhes confere, no que respeita às concessões de terras.

**Art. 204.** Na faixa de fronteira observar-se-á rigorosamente, em matéria de concessão de terras, o que a respeito estatuir a lei especial, cujos dispositivos prevalecerão em qualquer circunstância.

**Art. 205.** A pessoa estrangeira, física ou jurídica, não serão alienadas, concedidos ou transferidos imóveis da União situados nas zonas de que trata a letra a do art. 100, exceto se houver autorização do Presidente da República.

**§ 1º** Fica dispensada a autorização quando se tratar de unidade autônoma de condomínios, regulados pela Lei nº 4.591, de 16 de dezembro de 1964, desde que o imóvel esteja situado em zona urbana, e as frações ideais pretendidas, em seu conjunto, não ultrapassem 1/3 (um terço) de sua área total.

**§ 2º** A competência prevista neste artigo poderá ser delegada ao Ministro de Estado do Planejamento, Orçamento e Gestão, permitida a subdelegação ao Secretário do Patrimônio da União do Ministério do Planejamento, Orçamento e Gestão.

**§ 3º** Exclusivamente para pessoas físicas, fica dispensada a autorização quando se tratar de transferência de titularidade de terrenos de até mil metros quadrados, situados dentro da faixa de cem metros ao longo da costa marítima.

**§ 4º** A dispensa de que trata o § 3º deste artigo aplica-se, também, aos processos de transferência protocolados na Secretaria do Patrimônio da União (SPU) até 22 de dezembro de 2016.

**Art. 206.** Os pedidos de aforamento de terrenos da União, já formulados ao S. P U., deverão prosseguir em seu processamento, observadas, porém, as disposições dêste Decreto-Lei, no que fôr aplicável.

**Art. 207.** A D T. C. do Departamento Nacional da Produção Vegetal do Ministério da Agricultura, remeterá ao S. P U., no prazo de 180 (cento e oitenta) dias da publicação dêste Decreto-Lei, cópia das plantas dos núcleos coloniais, bem como dos têrmos, ajustes, contratos e títulos referentes à aquisição de lotes dos mesmos núcleos, e, ainda, relação dos adquirentes e dos pagamentos por êles efetuados.

**Art. 208.** Dentro de 90 (noventa) dias da publicação dêste Decreto-Lei, as repartições federais interessadas deverão remeter ao S. P. U. relação dos imóveis de que necessitem, total ou parcialmente, para os fins previstos no artigo 76 e no item I do artigo 86, justificando o pedido.

**Parágrafo único.** Findo êsse prazo, o S. P. U. encaminhará dentro de 30 (trinta) dias ao Presidente da República as relações que dependam de sua aprovação, podendo dar aos demais imóveis da União a aplicação que julgar conveniente, na forma dêste Decreto-Lei.

**Art. 209.** As repartições federais deverão remeter ao S. P.U., no prazo de 60 (sessenta) dias da publicação dêste Decreto-Lei, relação dos imóveis que tenham a seu cargo, acompanhada da documentação respectiva, com indicação dos que estejam servindo de residência de servidor da União, em caráter obrigatório, e do ato determinante da obrigatoriedade.

**Art. 210.** Fica cancelada tôda dívida existente, até à data da publicação dêste Decreto-Lei oriunda de aluguel de imóvel ocupado por servidor da União como residência em caráter obrigatório, determinado em lei, regulamento, regimento ou outros atos do Govêrno.

**Art. 211.** Enquanto não forem aprovadas, na forma dêste Decreto-Lei, as relações de que trata o art. 208, os ocupantes de imóveis que devam constituir residência obrigatória de servidor da União, ficam sujeitos ao pagamento do aluguel comum que fôr fixado.

**Art. 212.** Serão mantidas as locações, mediante contrato, de imóveis da União, existentes na data da publicação dêste Decreto-Lei.

**Parágrafo único.** Findo o prazo contratual, o S. P. U. promoverá a conveniente utilização do imóvel.

**Art. 213.** Havendo, na data da publicação dêste Decreto-Lei, prédio residencial ocupado sem contrato e que não seja necessário aos fins previstos no artigo 76 e no item I do artigo 86, o S. P. U. promoverá a realização de concorrência para sua regular locação.

**§ 1º** Enquanto não realizada a concorrência, poderá o ocupante permanecer no imóvel, pagando o aluguel fôr fixado.

**§ 2º** Será mantida a locação, independentemente de concorrência, de próprio nacional ocupado por servidor da União pelo tempo ininterrupto de 3 (três) ou mais anos, contados da data da publicação dêste Decreto-Lei, desde que durante êsse período tenha o locatário pago com pontualidade os respectivos aluguéis e, a critério do S. P. U., conservado satisfatòriamete o imóvel.

**§ 3º** Na hipótese prevista no parágrafo precedente, o órgão local do S. P. U. promoverá imediatamente a assinatura do respectivo contrato de locação, mediante o aluguel que fôr fixado.

**§ 4º** Nos demais casos, ao ocupante será assegurada, na concorrência, preferência à locação, em igualdade de condições.

**§ 5º** Ao mesmo ocupante far-se-á notificação, com antecedência de 30 (trinta) dias, da abertura da concorrência.

**Art. 214.** No caso do artigo anterior, sendo, porém, necessário o imóvel aos f'ins nêle mencionados ou não convindo à União alugá-lo por prazo certo, poderá o ocupante nêle permanecer, sem contrato, pagando o aluguel que fôr fixado enquanto não utilizar-se a União do imóvel ou não lhe der outra aplicação.

**Art. 215.** Os direitos peremptos por fôrça do disposto nos arts. 20, 28 e 35 do Decreto-Lei nº 3.438, de 17 de Julho de 1941, e 7º do Decreto-Lei nº 5.666, de 15 da Julho de 1943, ficam revigorados correndo os prazos para o seu exercício da data da notificação de que trata o art. 104 dêste Decreto-Lei.

**Art. 216.** O Ministro de Estado da Economia, diretamente ou por ato do Secretário Especial de Desestatização, Desinvestimento e Mercados do Ministério da Economia, ouvido previamente o Secretário de Coordenação e Governança do Patrimônio da União, editará os atos necessários à execução do disposto neste Decreto-Lei. (Artigo com redação dada pela Lei 13.874/2019)

**Art. 217.** O presente Decreto-Lei entra em vigor na data de sua publicação.

**Art. 218.** Revogam-se as disposições em contrário.

Rio de Janeiro, 5 de Setembro de 1946, 125º da Independência e 58 º da República.

Eurico G. Dutra.

Gastão Vidigal.

Carlos Coimbra da Luz.

# LEI Nº 4.132, DE 10 DE SETEMBRO DE 1962

*Define os casos de desapropriação por interesse social e dispõe sobre sua aplicação.*

- D.O.U. de 7.11.1962

O PRESIDENTE DA REPÚBLICA Faço saber que o Congresso Nacional decreta e eu sanciono a seguinte Lei:

**Art. 1º.** A desapropriação por interesse social será decretada para promover a justa distribuição da propriedade ou condicionar o seu uso ao bem-estar social, na forma do art. 147 da Constituição Federal.

- Referência de acordo com a Constituição de 1946.
- CF/88, art. 5º (...) XXIII – a propriedade atenderá a sua função social;
- CF/88, art. 5º (...) XXIV – a lei estabelecerá o procedimento para desapropriação por necessidade ou utilidade pública, ou por interesse social, mediante justa e prévia indenização em dinheiro, ressalvados os casos previstos nesta Constituição;
- Importante ler os arts. 184 a 186 da CF/88.
- LC 76/1993 (Procedimento contraditório especial, de rito sumário, para o processo de desapropriação de imóvel rural).
- A desapropriação por interesse social para fins de reforma agrária é de competência privativa da União e será precedida de decreto declarando o imóvel de interesse social, para fins de reforma agrária (art. 2º da LC 76/93).
- Decreto-lei 3.365/1941 (Desapropriações por utilidade pública.

**Art. 2º.** Considera-se de interesse social:

**I** – o aproveitamento de todo bem improdutivo ou explorado sem correspondência com as necessidades de habitação, trabalho e consumo dos centros de população a que deve ou possa suprir por seu destino econômico;

**II** – a instalação ou a intensificação das culturas nas áreas em cuja exploração não se obedeça a plano de zoneamento agrícola *(vetado)*;

**III** – o estabelecimento e a manutenção de colônias ou cooperativas de povoamento e trabalho agrícola;

**IV** – a manutenção de posseiros em terrenos urbanos onde, com a tolerância expressa ou tácita do proprietário, tenham construído sua habitação, formando núcleos residenciais de mais de dez famílias;

**V** – a construção de casas populares;

**VI** – as terras e águas suscetíveis de valorização extraordinária, pela conclusão de obras e serviços públicos, notadamente de saneamento, portos, transporte, eletrificação, armazenamento de água e irrigação, no caso em que não sejam ditas áreas socialmente aproveitadas;

**VII** – a proteção do solo e a preservação de cursos e mananciais de água e de reservas florestais;

**VIII** – a utilização de áreas, locais ou bens que, por suas características, sejam apropriados ao desenvolvimento de atividades turísticas.

**IX** - a destinação de áreas às comunidades indígenas que não se encontravam em área de ocupação tradicional em 5 de outubro de 1988, desde que necessárias à reprodução física e cultural, segundo seus usos, costumes e tradições. *(Acrescido pela Lei 14.701/2023, vetado pelo Presidente da República, mantido pelo Congresso Nacional e publicado no DOU de 28.12.2023)*

**§ 1º.** O disposto no item I deste artigo só se aplicará nos casos de bens retirados de produção ou tratando-se de imóveis rurais cuja produção, por ineficientemente explorados, seja inferior à média da região, atendidas as condições naturais do seu solo e sua situação em relação aos mercados.

**§ 2º.** As necessidades de habitação, trabalho e consumo serão apuradas anualmente segundo a conjuntura e condições econômicas locais, cabendo o seu estudo e verificação às autoridades encarregadas de velar pelo bem-estar e pelo abastecimento das respectivas populações.

**Art. 3º.** O expropriante tem o prazo de 2 (dois) anos, a partir da decretação da desapropriação por interesse social, para efetivar a aludida desapropriação e iniciar as providências de aproveitamento do bem expropriado.

**Parágrafo único.** *(VETADO).*

**Art. 4º.** Os bens desapropriados serão objeto de venda ou locação, a quem estiver em condições de dar-lhes a destinação social prevista.

**Art. 5º.** No que esta Lei for omissa aplicam-se as normas legais que regulam a desapropriação por utilidade pública, inclusive no tocante ao processo e à justa indenização devida ao proprietário.

**Art. 6º.** Revogam-se as disposições em contrário.

Brasília, 10 de setembro de 1962; 141º da Independência e 74º da República.

JOÃO GOULART

Francisco Brochado da Rocha

Hermes Lima

Renato Costa Lima

ADMINISTRATIVO

# LEI Nº 4.595, DE 31 DE DEZEMBRO DE 1964 (*EXCERTOS*)

*Dispõe sobre a Política e as Instituições Monetárias, Bancárias e Creditícias, cria o Conselho Monetário Nacional e dá outras providências.*

- D.O.U. de 31.12.1964; ret. 3.2.1965

O PRESIDENTE DA REPÚBLICA Faço saber que o Congresso Nacional decreta e eu sanciono a seguinte Lei:

## CAPÍTULO I. DO SISTEMA FINANCEIRO NACIONAL

- Lei 13.294/2016 – Dispõe sobre o prazo para emissão de recibo de quitação integral de débitos de qualquer natureza pelas instituições integrantes do Sistema Financeiro Nacional, nos termos da Lei 4.595/1964.

**Art. 1º.** O sistema Financeiro Nacional, estruturado e regulado pela presente Lei, será constituído:

**I** – do Conselho Monetário Nacional;

**II** – do Banco Central do Brasil;

**III** – do Banco do Brasil S.A.;

**IV** – do Banco Nacional do Desenvolvimento Econômico;

**V** – das demais instituições financeiras públicas e privadas.

## CAPÍTULO II. DO CONSELHO MONETÁRIO NACIONAL

**Art. 2º.** Fica extinto o Conselho da atual Superintendência da Moeda e do Crédito, e criado em substituição, o Conselho Monetário Nacional, com a finalidade de formular a política da moeda e do crédito como previsto nesta Lei, objetivando o progresso econômico e social do País.

**Art. 3º.** A política do Conselho Monetário Nacional objetivará:

**I a III** – *(Revogados pela LC 179/2021)*

**IV** – orientar a aplicação dos recursos das instituições financeiras, quer públicas, quer privadas; tendo em vista propiciar, nas diferentes regiões do País, condições favoráveis ao desenvolvimento harmônico da economia nacional;

**V** – propiciar o aperfeiçoamento das instituições e dos instrumentos financeiros, com vistas à maior eficiência do sistema de pagamentos e de mobilização de recursos;

**VI** – zelar pela liquidez e solvência das instituições financeiras;

**VII** – coordenar as políticas monetária, creditícia, orçamentária, fiscal e da dívida pública, interna e externa.

**Art. 4º.** Compete ao Conselho Monetário Nacional, segundo diretrizes estabelecidas pelo Presidente da República:

**I e II** – *(Revogados pela LC 179/2021)*

**III** – aprovar os orçamentos monetários, preparados pelo Banco Central da República do Brasil, por meio dos quais se estimarão as necessidades globais de moeda e crédito;

**IV** – determinar as características gerais (*Vetado*) das cédulas e das moedas;

**V** – fixar as diretrizes e normas da política cambial, inclusive quanto a compra e venda de ouro e quaisquer operações em Direitos Especiais de Saque e em moeda estrangeira;

**VI** – disciplinar o crédito em todas as suas modalidades e as operações creditícias em todas as suas formas, inclusive aceites, avais e prestações de quaisquer garantias por parte das instituições financeiras;

**VII** – coordenar a política de que trata o art. 3º desta Lei com a de investimentos do Governo Federal;

**VIII** – regular a constituição, funcionamento e fiscalização dos que exercerem atividades subordinadas a esta Lei, bem como a aplicação das penalidades previstas;

**IX** – limitar, sempre que necessário, as taxas de juros, descontos comissões e qualquer outra forma de remuneração de operações e serviços bancários ou financeiros, inclusive os prestados pelo Banco Central da República do Brasil, assegurando taxas favorecidas aos financiamentos que se destinem a promover:

– recuperação e fertilização do solo;

– reflorestamento;

– combate a epizootias e pragas, nas atividades rurais;

– eletrificação rural;

– mecanização;

– irrigação;

– investimento indispensáveis às atividades agropecuárias;

**X** – determinar a percentagem máxima dos recursos que as instituições financeiras poderão emprestar a um mesmo cliente ou grupo de empresas;

**XI** – estipular índices e outras condições técnicas sobre encaixes, mobilizações e outras relações patrimoniais, a serem observadas pelas instituições financeiras;

**XII** – expedir normas gerais de contabilidade e estatística a serem observadas pelas instituições financeiras;

**XIII** – delimitar, com periodicidade não inferior a 2 (dois) anos o capital mínimo das instituições financeiras privadas, levando em conta sua natureza, bem como a localização de suas sedes e agências ou filiais;

**XIV** – *(Revogado pela LC 179/2021)*

**XV** – estabelecer para as instituições financeiras públicas, a dedução dos depósitos de pessoas jurídicas de direito público que lhes detenham o controle acionário, bem como dos das respectivas autarquias e sociedades de economia mista, no cálculo a que se refere o inciso anterior;

**XVI e XVII** – *(Revogados pela LC 179/2021)*

**XVIII** – outorgar ao Banco Central da República do Brasil o monopólio das operações de câmbio quando ocorrer grave desequilíbrio no balanço de pagamentos ou houver sérias razões para prever a iminência de tal situação;

**XIX** – *(Revogado pela LC 179/2021)*

**XX** – autoriza o Banco Central da República do Brasil e as instituições financeiras públicas federais a efetuar a subscrição, compra e venda de ações e outros papéis emitidos ou de responsabilidade das sociedades de economia mista e empresas do Estado;

**XXI** – disciplinar as atividades das bolsas de valores e dos corretores de fundos públicos;

**XXII** – estatuir normas para as operações das instituições financeiras públicas, para preservar sua solidez e adequar seu funcionamento aos objetivos desta Lei;

**XXIII** – fixar, até 15 (quinze) vezes a soma do capital realizado e reservas livres, o limite além do qual os excedentes dos depósitos das instituições financeiras serão recolhidos ao Banco Central da República do Brasil ou aplicados de acordo com as normas que o Conselho estabelecer;

**XXIV** – decidir de sua própria organização; elaborando seu regimento interno no prazo máximo de 30 (trinta) dias;

**XXV** – *(Revogado pela LC 179/2021)*

**XXVI** – conhecer dos recursos de decisões do Banco Central da República do Brasil;

**XXVII** – aprovar o regimento interno e as contas do Banco Central do Brasil e decidir sobre seu orçamento e sobre seus sistemas de contabilidade, bem como sobre a forma e prazo de transferência de seus resultados para o Tesouro Nacional, sem prejuízo da competência do Tribunal de Contas da União;

**XXVIII** – aplicar aos bancos estrangeiros que funcionem no País as mesmas vedações ou restrições equivalentes, que vigorem nas praças de suas matrizes, em relação a bancos brasileiros ali instalados ou que nelas desejem estabelecer-se;

**XXIX** – colaborar com o Senado Federal, na instrução dos processos de empréstimos externos dos Estados, do Distrito Federal e dos Municípios, para cumprimento do disposto no art. 63, II, da Constituição Federal;

**XXX** – expedir normas e regulamentação para as designações e demais efeitos do art. 7º, desta Lei;

**XXXI** – *(Revogado pela Lei 14.286/2021)*

**XXXII** – regular os depósitos a prazo de instituições financeiras e demais sociedades autorizadas a funcionar pelo Banco Central do Brasil, inclusive entre aquelas sujeitas ao mesmo controle acionário ou coligadas.

**§ 1º.** O Conselho Monetário Nacional, no exercício das atribuições previstas no inciso VIII deste artigo, poderá determinar que o Banco Central da República do Brasil recuse autorização para o funcionamento de novas instituições financeiras, em função de conveniências de ordem geral.

**§ 2º.** Competirá ao Banco Central da República do Brasil acompanhar a execução dos orçamentos monetários e relatar a matéria ao Conselho Monetário Nacional, apresentando as sugestões que considerar convenientes.

**§ 3º.** *(Revogado pela LC 179/2021)*

**§ 4º.** O Conselho Monetário Nacional poderá convidar autoridades, pessoas ou entidades para prestar esclarecimentos considerados necessários.

**§ 5º.** Nas hipóteses do art. 4º, inciso I, e do § 6º, do art. 49, desta Lei, se o Congresso Nacional negar homologação à emissão extraordinária efetuada, as autoridades responsáveis serão responsabilizadas nos termos da Lei nº 1.079, de 10.4.1950.

**§ 6º.** O Conselho Monetário Nacional encaminhará ao Congresso Nacional, até 31 de março de cada ano, relatório da evolução da situação monetária e creditícia do País no ano anterior, no qual descreverá, minudentemente as providências adotadas para cumprimento dos objetivos estabelecidos nesta Lei, justificando, destacadamente, os montantes das emissões de papel-moeda que tenham sido feitas para atendimento das atividades produtivas.

**§ 7º.** O Banco Nacional da Habitação é o principal instrumento de execução da política habitacional do Governo Federal e integra o sistema financeiro nacional, juntamente com as sociedades de crédito imobiliário, sob orientação, autorização, coordenação e fiscalização do Conselho Monetário Nacional e do Banco Central da República do Brasil, quanto à execução, nos termos desta Lei, revogadas as disposições especiais em contrário.

**Art. 5º.** As deliberações do Conselho Monetário Nacional entendem-se de responsabilidade de seu Presidente para os efeitos do art. 104, I, letra *b*, da Constituição Federal e obrigarão também os órgãos oficiais, inclusive autarquias e sociedades de economia mista, nas atividades que afetem o mercado financeiro e o de capitais.

**Art. 6º.** *(Revogado pela LC 179/2021)*

(...)

## CAPÍTULO III.
## DO BANCO CENTRAL DA REPÚBLICA DO BRASIL

**Art. 8º.** A atual Superintendência da Moeda e do Crédito é transformada em autarquia federal, tendo sede e foro na Capital da República, sob a denominação de Banco Central da República do Brasil, com personalidade jurídica e patrimônio próprios este constituído dos bens, direitos e valores que lhe são transferidos na forma desta Lei e ainda da apropriação dos juros e rendas resultantes, na data da vigência desta Lei, do disposto no art. 9º do Decreto-Lei número 8.495, de 28.12.1945, dispositivo que ora é expressamente revogado.

**Parágrafo único.** Os resultados obtidos pelo Banco Central do Brasil, consideradas as receitas e despesas de todas as suas operações, serão, a partir de 1º de janeiro de 1988, apurados pelo regime de competência e transferidos para o Tesouro Nacional, após compensados eventuais prejuízos de exercícios anteriores.

**Art. 9º.** Compete ao Banco Central da República do Brasil cumprir e fazer cumprir as disposições que lhe são atribuídas pela legislação em vigor e as normas expedidas pelo Conselho Monetário Nacional.

**Art. 10.** Compete privativamente ao Banco Central da República do Brasil:

**I** – emitir moeda-papel e moeda metálica, nas condições e limites autorizados pelo Conselho Monetário Nacional (*Vetado*);

**II** – executar os serviços do meio-circulante;

**III** – determinar o recolhimento de até 100% (cem por cento) do total dos depósitos à vista e de até 60% (sessenta por cento) de outros títulos contábeis das instituições financeiras, seja na forma de subscrição de Letras ou Obrigações do Tesouro Nacional ou compra de títulos da Dívida Pública Federal, seja através de recolhimento em espécie, em ambos os casos entregues ao Banco Central do Brasil, a forma e condições por ele determinadas, podendo:

*a)* adotar percentagens diferentes em função:

1. das regiões geoeconômicas;
2. das prioridades que atribuir às aplicações;
3. da natureza das instituições financeiras;

*b)* determinar percentuais que não serão recolhidos, desde que tenham sido reaplicados em financiamentos à agricultura, sob juros favorecidos e outras condições por ele fixadas.

**IV** – receber os recolhimentos compulsórios de que trata o inciso anterior e, ainda, os depósitos voluntários à vista das instituições financeiras, nos termos do inciso III e § 2° do art. 19;

**V** – realizar operações de redesconto e empréstimo com instituições financeiras públicas e privadas, consoante remuneração, limites, prazos, garantias, formas de negociação e outras condições estabelecidos em regulamentação por ele editada; *(Redação dada pela LC 179/2021)*

**VI** – Exercer o controle do crédito sob todas as suas formas;

**VII** – Efetuar o controle dos capitais estrangeiros, nos termos da lei;

**VIII** – Ser depositário das reservas oficiais de ouro e moeda estrangeira e de Direitos Especiais de Saque e fazer com estas últimas todas e quaisquer operações previstas no Convênio Constitutivo do Fundo Monetário Internacional;

**IX** – Exercer a fiscalização das instituições financeiras e aplicar as penalidades previstas;

**X** – Conceder autorização às instituições financeiras, a fim de que possam:

*a)* funcionar no País;

*b)* instalar ou transferir suas sedes, ou dependências, inclusive no exterior;

*c)* ser transformadas, fundidas, incorporadas ou encampadas;

*d)* praticar operações de câmbio, crédito real e venda habitual de títulos da dívida pública federal, estadual ou municipal, ações Debêntures, letras hipotecárias e outros títulos de crédito ou mobiliários;

*e)* ter prorrogados os prazos concedidos para funcionamento;

*f)* alterar seus estatutos;

*g)* alienar ou, por qualquer outra forma, transferir o seu controle acionário.

**XI** – Estabelecer condições para a posse e para o exercício de quaisquer cargos de administração de instituições financeiras privadas, assim como para o exercício de quaisquer funções em órgãos consultivos, fiscais e semelhantes, segundo normas que forem expedidas pelo Conselho Monetário Nacional;

**XII** – efetuar, como instrumento de política monetária, operações de compra e venda de títulos públicos federais, consoante remuneração, limites, prazos, formas de negociação e outras condições estabelecidos em regulamentação por ele editada, sem prejuízo do disposto no art. 39 da Lei Complementar nº 101, de 4 de maio de 2000; *(Redação dada pela LC 179/2021)*

**XIII** – Determinar que as matrizes das instituições financeiras registrem os cadastros das firmas que operam com suas agências há mais de um ano.

**XIV** – aprovar seu regimento interno; *(Acrescido pela LC 179/2021)*

**XV** – efetuar, como instrumento de política cambial, operações de compra e venda de moeda estrangeira e operações com instrumentos derivativos no mercado interno, consoante remuneração, limites, prazos, formas de negociação e outras condições estabelecidos em regulamentação por ele editada. *(Acrescido pela LC 179/2021)*

**§ 1º.** No exercício das atribuições a que se refere o inciso IX deste artigo, com base nas normas estabelecidas pelo Conselho Monetário Nacional, o Banco Central da República do Brasil, estudará os pedidos que lhe sejam formulados e resolverá conceder ou recusar a autorização pleiteada, podendo (*Vetado*) incluir as cláusulas que reputar convenientes ao interesse público.

**§ 2º.** Observado o disposto no parágrafo anterior, as instituições financeiras estrangeiras dependem de autorização do Poder Executivo, mediante decreto, para que possam funcionar no País (*Vetado*).

**§ 3º** O Banco Central do Brasil informará previamente ao Conselho Monetário Nacional sobre o deferimento de operações na forma estabelecida no inciso V do *caput* deste artigo, sempre que identificar a possibilidade de impacto fiscal relevante. *(Acrescido pela LC 179/2021)*

**Art. 11.** Compete ainda ao Banco Central da República do Brasil:

**I** – Entender-se, em nome do Governo Brasileiro, com as instituições financeiras estrangeiras e internacionais.

**II** – Promover, como agente do Governo Federal, a colocação de empréstimos internos ou externos, podendo, também, encarregar-se dos respectivos serviços.

**III** – Atuar no sentido do funcionamento regular do mercado cambial, da estabilidade relativa das taxas de câmbio e do equilíbrio no balanço de pagamentos, podendo para esse fim comprar e vender ouro e moeda estrangeira, bem como realizar operações de crédito no exterior, inclusive as referentes aos Direitos Especiais de Saque, e separar os mercados de câmbio financeiro e comercial.

**IV** – *(Revogado pela LC 179/2021)*

**V** – Emitir títulos de responsabilidade própria, de acordo com as condições estabelecidas pelo Conselho Monetário Nacional.

**VI** – Regular a execução dos serviços de compensação de cheques e outros papéis.

**VII** – Exercer permanente vigilância nos mercados financeiros e de capitais sobre empresas que, direta ou indiretamente, interfiram nesses mercados e em relação às modalidades ou processos operacionais que utilizem.

**VIII** – Prover, sob controle do Conselho Monetário Nacional, os serviços de sua Secretaria.

**§ 1º.** No exercício das atribuições a que se refere o inciso VIII do artigo 10 desta Lei, o Banco Central do Brasil poderá examinar os livros e documentos das pessoas naturais ou jurídicas que detenham o controle acionário de instituição financeira, ficando essas pessoas sujeitas ao disposto no artigo 44, § 8º, desta Lei.

**§ 2º.** O Banco Central da República do Brasil instalará delegacias, com autorização do Conselho Monetário Nacional, nas diferentes regiões geoeconômicas do País, tendo em vista a descentralização administrativa para distribuição e recolhimento da moeda e o cumprimento das decisões adotadas pelo mesmo Conselho ou prescritas em lei.

**Art. 12.** O Banco Central da República do Brasil operará exclusivamente com instituições financeiras públicas e privadas, vedadas operações bancárias de qualquer natureza com outras pessoas de direito público ou privado, salvo as expressamente autorizadas por lei.

**Art. 13.** Os encargos e serviços de competência do Banco Central, quando por ele não executados diretamente, serão contratados de preferência com o Banco do Brasil S.A., exceto nos casos especialmente autorizados pelo Conselho Monetário Nacional.

**Art. 14.** *(Revogado pela LC 179/2021)*

**Art. 15.** O regimento interno do Banco Central da República do Brasil, a que se refere o inciso XXVII, do art. 4º, desta Lei, prescreverá as atribuições do Presidente e dos Diretores e especificará os casos que dependerão de deliberação da Diretoria, a qual será tomada por maioria de votos, presentes no mínimo o Presidente ou seu substituto eventual e 2 (dois) outros Diretores, cabendo ao Presidente também o voto de qualidade.

**Parágrafo único.** A Diretoria se reunirá, ordinariamente, 1 (uma) vez por semana, e, extraordinariamente, sempre que necessário, por convocação do Presidente ou a requerimento de, pelo menos, dois de seus membros.

**Art. 16.** Constituem receita do Banco Central do Brasil as rendas:

**I** – de operações financeiras e de outras aplicações de seus recursos;

**II** – das operações de câmbio, de compra e venda de ouro e de quaisquer outras operações em moeda estrangeira;

**III** – eventuais, inclusive as derivadas de multas e de juros de mora aplicados por força do disposto na legislação em vigor.

## CAPÍTULO IV. DAS INSTITUIÇÕES FINANCEIRAS

### SEÇÃO I. DA CARACTERIZAÇÃO E SUBORDINAÇÃO

**Art. 17.** Consideram-se instituições financeiras, para os efeitos da legislação em vigor, as pessoas jurídicas públicas ou privadas, que tenham como atividade principal ou acessória a coleta, intermediação ou aplicação de recursos financeiros próprios ou de terceiros, em moeda nacional ou estrangeira, e a custódia de valor de propriedade de terceiros.

**Parágrafo único.** Para os efeitos desta Lei e da legislação em vigor, equiparam-se às instituições financeiras as pessoas físicas que exerçam qualquer das atividades referidas neste artigo, de forma permanente ou eventual.

**Art. 18.** As instituições financeiras somente poderão funcionar no País mediante prévia autorização do Banco Central da República do Brasil ou decreto do Poder Executivo, quando forem estrangeiras.

**§ 1º.** Além dos estabelecimentos bancários oficiais ou privados, das sociedades de crédito, financiamento e investimentos, das caixas econômicas e das cooperativas de crédito ou a seção de crédito das cooperativas que a tenham, também se subordinam às disposições e disciplina desta Lei no que for aplicável, as bolsas de valores, companhias de seguros e de capitalização, as sociedades que efetuam distribuição de prêmios em imóveis, mercadorias ou dinheiro, mediante sorteio de títulos de sua emissão ou por qualquer forma, e as pessoas físicas ou jurídicas que exerçam, por conta própria ou de terceiros, atividade relacionada com a compra e venda de ações e outros quaisquer títulos, realizando nos mercados financeiros e de capitais operações ou serviços de natureza dos executados pelas instituições financeiras.

**§ 2º.** O Banco Central da Republica do Brasil, no exercício da fiscalização que lhe compete, regulará as condições de concorrência entre instituições financeiras, coibindo-lhes os abusos com a aplicação da pena (*Vetado*) nos termos desta Lei.

**§ 3º.** Dependerão de prévia autorização do Banco Central da República do Brasil as campanhas destinadas à coleta de recursos do público, praticadas por pessoas físicas ou jurídicas abrangidas neste artigo, salvo para subscrição pública de ações, nos termos da lei das sociedades por ações.

(...)

## SEÇÃO III. DAS INSTITUIÇÕES FINANCEIRAS PÚBLICAS

**Art. 22.** As instituições financeiras públicas são órgãos auxiliares da execução da política de crédito do Governo Federal.

**§ 1º.** O Conselho Monetário Nacional regulará as atividades, capacidade e modalidade operacionais das instituições financeiras públicas federais, que deverão submeter à aprovação daquele órgão, com a prioridade por ele prescrita, seus programas de recursos e aplicações, de forma que se ajustem à política de crédito do Governo Federal.

**§ 2º.** A escolha dos Diretores ou Administradores das instituições financeiras públicas federais e a nomeação dos respectivos Presidentes e designação dos substitutos observarão o disposto no art. 21, parágrafos 1º e 2º, desta Lei.

**§ 3º.** A atuação das instituições financeiras públicas será coordenada nos termos do art. 4º desta Lei.

**Art. 23.** O Banco Nacional do Desenvolvimento Econômico é o principal instrumento de execução de política de investimentos do Governo Federal, nos termos das Leis números 1.628, de 20.6.1952 e 2.973, de 26.11.1956.

**Art. 24.** As instituições financeiras públicas não federais ficam sujeitas às disposições relativas às instituições financeiras privadas, assegurada a forma de constituição das existentes na data da publicação desta Lei.

**Parágrafo único.** As Caixas Econômicas Estaduais equiparam-se, no que couber, às Caixas Econômicas Federais, para os efeitos da legislação em vigor, estando isentas do recolhimento a que se refere o art. 4º, inciso XIV, e à taxa de fiscalização, mencionada no art. 16, desta Lei.

## SEÇÃO IV. DAS INSTITUIÇÕES FINANCEIRAS PRIVADAS

**Art. 25.** As instituições financeiras privadas, exceto as cooperativas de crédito, constituir-se-ão unicamente sob a forma de sociedade anônima, devendo a totalidade de seu capital com direito a voto ser representada por ações nominativas.

**§ 1º.** Observadas as normas fixadas pelo Conselho Monetário Nacional as instituições a que se refere este artigo poderão emitir até o limite de 50% (cinquenta por cento) de seu capital social em ações preferenciais, nas formas nominativas, e ao portador, sem direito a voto, às quais não se aplicará o disposto no parágrafo único do art. 81 do Decreto-lei nº 2.627, de 26 de setembro de 1940.

**§ 2º.** A emissão de ações preferenciais ao portador, que poderá ser feita em virtude de aumento de capital, conversão de ações ordinárias ou de ações preferenciais nominativas, ficará sujeita a alterações prévias dos estatutos das sociedades, a fim de que sejam neles incluídas as declarações sobre:

**I** – as vantagens, preferenciais e restrições atribuídas a cada classe de ações preferenciais, de acordo com o Decreto-lei nº 2.627, de 26 de setembro de 1940;

**II** – as formas e prazos em que poderá ser autorizada a conversão das ações, vedada a conversão das ações preferenciais em outro tipo de ações com direito a voto.

**§ 3º.** Os títulos e cautelas representativas das ações preferenciais, emitidos nos termos dos parágrafos anteriores, deverão conter expressamente as restrições ali especificadas.

**Art. 26.** O capital inicial das instituições financeiras públicas e privadas será sempre realizado em moeda corrente.

**Art. 27.** Na subscrição do capital inicial e na de seus aumentos em moeda corrente, será exigida no ato a realização de, pelo menos 50% (cinquenta por cento) do montante subscrito.

**§ 1º.** As quantias recebidas dos subscritores de ações serão recolhidas no prazo de 5 (cinco) dias, contados do recebimento, ao Banco Central da República do Brasil, permanecendo indisponíveis até a solução do respectivo processo.

**§ 2º.** O remanescente do capital subscrito, inicial ou aumentado, em moeda corrente, deverá ser integralizado dentro de um ano da data da solução do respectivo processo.

**Art. 28.** Os aumentos de capital que não forem realizados em moeda corrente, poderão decorrer da incorporação de reservas, segundo normas expedidas pelo Conselho Monetário Nacional, e da reavaliação da parcela dos bens do ativo imobilizado, representado por imóveis de uso e instalações, aplicados no caso, como limite máximo, os índices fixados pelo Conselho Nacional de Economia.

**Art. 29.** As instituições financeiras privadas deverão aplicar, de preferência, não menos de 50% (cinquenta por cento) dos depósitos do público que recolherem, na respectiva Unidade Federada ou Território.

**§ 1º.** O Conselho Monetário Nacional poderá, em casos especiais, admitir que o percentual referido neste artigo seja aplicado em cada Estado e Território isoladamente ou por grupos de Estados e Territórios componentes da mesma região geoeconômica.

**§ 2º.** (*Revogado pelo Decreto-lei nº 48, de 1966*).

**Art. 30.** As instituições financeiras de direito privado, exceto as de investimento, só poderão participar de capital de quaisquer sociedades com prévia autorização do Banco Central da República do Brasil, solicitada justificadamente e concedida expressamente, ressalvados os casos de garantia de subscrição, nas condições que forem estabelecidas, em caráter geral, pelo Conselho Monetário Nacional.

**Parágrafo único.** (*VETADO*).

**Art. 31.** As instituições financeiras levantarão balanços gerais a 30 de junho e 31 de dezembro de cada ano, obrigatoriamente, com observância das regras contábeis estabelecidas pelo Conselho Monetário Nacional.

**Art. 32.** As instituições financeiras públicas deverão comunicar ao Banco Central da República do Brasil a nomeação ou a eleição de diretores e membros de órgãos consultivos, fiscais e semelhantes, no prazo de 15 (quinze) dias da data de sua ocorrência.

**Art. 33.** As instituições financeiras privadas deverão comunicar ao Banco Central da República do Brasil os atos relativos à eleição de diretores e membros de órgão consultivos, fiscais e semelhantes, no prazo de 15 (quinze) dias de sua ocorrência, de acordo com o estabelecido no art. 10, inciso X, desta Lei.

**§ 1º.** O Banco Central da República do Brasil, no prazo máximo de 60 (sessenta) dias, decidirá aceitar ou recusar o nome do eleito, que não atender às condições a que se refere o artigo 10, inciso X, desta Lei.

**§ 2º.** A posse do eleito dependerá da aceitação a que se refere o parágrafo anterior.

**§ 3º.** Oferecida integralmente a documentação prevista nas normas referidas no art. 10, X, desta Lei, e decorrido, sem manifestação do Banco Central da República do Brasil, o prazo mencionado no § 1º deste artigo, entender-se-á não ter havido recusa a posse.

**Art. 34.** É vedado às instituições financeiras realizar operação de crédito com a parte relacionada.

**I** – (Revogado pela Lei 13.506/2017)
**II** – (Revogado pela Lei 13.506/2017)
**III** – (Revogado pela Lei 13.506/2017)
**IV** – (Revogado pela Lei 13.506/2017)
**V** – (Revogado pela Lei 13.506/2017)
**§ 1°** (Revogado pela Lei 13.506/2017)
**§ 2°** (Revogado pela Lei 13.506/2017)

**§ 3°** Considera-se parte relacionada à instituição financeira, para efeitos deste artigo:

**I** – seus controladores, pessoas físicas ou jurídicas, nos termos do art. 116 da Lei n° 6.404, de 15 de dezembro de 1976;

**II** – seus diretores e membros de órgãos estatutários ou contratuais;

**III** – o cônjuge, o companheiro e os parentes, consanguíneos ou afins, até o segundo grau, das pessoas mencionadas nos incisos I e II deste parágrafo;

**IV** – as pessoas físicas com participação societária qualificada em seu capital; e

**V** – as pessoas jurídicas:

a) com participação qualificada em seu capital;

b) em cujo capital, direta ou indiretamente, haja participação societária qualificada;

c) nas quais haja controle operacional efetivo ou preponderância nas deliberações, independentemente da participação societária; e

d) que possuírem diretor ou membro de conselho de administração em comum.

**§ 4°** Excetuam-se da vedação de que trata o *caput* deste artigo, respeitados os limites e as condições estabelecidos em regulamentação:

**I** – as operações realizadas em condições compatíveis com as de mercado, inclusive quanto a limites, taxas de juros, carência, prazos, garantias requeridas e critérios para classificação de risco para fins de constituição de provisão para perdas prováveis e baixa como prejuízo, sem benefícios adicionais ou diferenciados comparativamente às operações deferidas aos demais clientes de mesmo perfil das respectivas instituições;

**II** – as operações com empresas controladas pela União, no caso das instituições financeiras públicas federais;

**III** – as operações de crédito que tenham como contraparte instituição financeira integrante do mesmo conglomerado prudencial, desde que contenham cláusula contratual de subordinação, observado o disposto no inciso V do art. 10 desta Lei, no caso das instituições financeiras bancárias;

**IV** – os depósitos interfinanceiros regulados na forma do inciso XXXII do *caput* do art. 4° desta Lei;

**V** – as obrigações assumidas entre partes relacionadas em decorrência de responsabilidade imposta a membros de compensação e demais participantes de câmaras ou prestadores de serviços de compensação e de liquidação autorizados pelo Banco Central do Brasil ou pela Comissão de Valores Mobiliários e suas respectivas contrapartes em operações conduzidas no âmbito das referidas câmaras ou prestadores de serviços; e

**VI** – os demais casos autorizados pelo Conselho Monetário Nacional.

**§ 5°** Considera-se também realizada com parte relacionada qualquer operação que caracterize negócio indireto, simulado ou mediante interposição de terceiro, com o fim de realizar operação vedada nos termos deste artigo.

**§ 6°** O Conselho Monetário Nacional disciplinará o disposto neste artigo, inclusive a definição de operação de crédito, de limites e de participação qualificada.

**Art. 35.** *(Revogado pela Lei nº 13.506, de 2017)*

**Art. 36.** (*Revogado pela Lei nº 13.506, de 2017*)

**Art. 37.** As instituições financeiras, entidades e pessoas referidas nos artigos 17 e 18 desta Lei, bem como os corretores de fundos públicos, ficam, obrigados a fornecer ao Banco Central da República do Brasil, na forma por ele determinada, os dados ou informes julgados necessários para o fiel desempenho de suas atribuições.

**Art. 38.** (*Revogado pela Lei Complementar nº 105, de 2001*)

**Art. 39.** Aplicam-se às instituições financeiras estrangeiras, em funcionamento ou que venham a se instalar no País, as disposições da presente Lei, sem prejuízo das que se contém na legislação vigente.

**Art. 40.** (*Revogado pela Lei Complementar nº 130, de 2009*)

**Art. 41.** (*Revogado pela Lei Complementar nº 130, de 2009*)

## CAPÍTULO V. DAS PENALIDADES

- Lei 7.492/1986 – Define os crimes contra o sistema financeiro nacional.

**Arts. 42 a 44.** *(Revogados pela Lei nº 13.506, de 2017)*

**Art. 45.** As instituições financeiras públicas não federais e as privadas estão sujeitas, nos termos da legislação vigente, à intervenção efetuada pelo Banco Central da República do Brasil ou à liquidação extrajudicial.

**Parágrafo único.** A partir da vigência desta Lei, as instituições de que trata este artigo não poderão impetrar concordata.

(...)

Brasília em 31 de dezembro de 1964;
143º da Independência e 76º da República.
H. CASTELLO BRANCO
Otávio Gouveia de Bulhões
Daniel Faraco
Roberto de Oliveira Campos

# DECRETO-LEI Nº 1.075, DE 22 DE JANEIRO DE 1970

*Regula a imissão de posse, initio litis, em imóveis residenciais urbanos.*

- D.O.U. de 22.1.1970

O PRESIDENTE DA REPÚBLICA, usando da atribuição que lhe confere o art. 55, I, da Constituição, e

Considerando que, na cidade de São Paulo, o grande número de desapropriações em zona residencial ameaça desalojar milhares de famílias;

Considerando que os proprietários de prédios residenciais encontram dificuldade, no sistema jurídico vigente, de obter, *initio litis*, uma indenização suficiente para a aquisição de nova casa própria;

Considerando que a oferta do poder expropriante, baseada em valor cadastral do imóvel, é inferior ao valor real apurado em avaliação no processo de desapropriação;

Considerando, finalmente, que o desabrigo dos expropriados causa grave risco à segurança nacional, por ser fermento de agitação social,

DECRETA:

**Art. 1º.** Na desapropriação por utilidade pública de prédio urbano residencial, o expropriante, alegando urgência, poderá imitir-se provisoriamente na posse do bem, mediante o depósito do preço oferecido, se este não for impugnado pelo expropriado em cinco dias da intimação da oferta.

- CF/1988, art. 182, § 3º.
- Dec.-lei 3.365/1941, arts. 5º ao 10, e 15 a 15-B.

**Art. 2º.** Impugnada a oferta pelo expropriado, o juiz, servindo-se, caso necessário, de perito avaliador, fixará em 48 horas o valor provisório do imóvel.

**Parágrafo único.** O perito, quando designado, deverá apresentar o laudo no prazo máximo de 5 (cinco) dias.

**Art. 3º.** Quando o valor arbitrado for superior à oferta, o juiz só autorizará a imissão provisória na posse do imóvel, se o expropriante complementar o depósito para que este atinja a metade do valor arbitrado.

**Art. 4º.** No caso do artigo anterior, fica, porém, fixado em 2.300 salários mínimos vigentes na região, o máximo do depósito a que será obrigado o expropriante.

**Art. 5º.** O expropriado, observadas as cautelas previstas no art. 34 do Dec.-lei nº 3.365, de 21 de junho de 1941, poderá levantar toda a importância depositada e complementada nos termos do art. 3º.

**Parágrafo único.** Quando o valor arbitrado for inferior ou igual ao dobro do preço oferecido, é lícito ao expropriado optar entre o levantamento de 80% (oitenta por cento) do preço oferecido ou da metade do valor arbitrado.

**Art. 6º.** O disposto neste Decreto-lei só se aplica à desapropriação de prédio residencial urbano, habitado pelo proprietário ou compromissário comprador, cuja promessa de compra esteja devidamente inscrita no Registro de Imóveis.

- CC, arts. 1.417 e 1.418.
- Lei 6.015/1973, arts. 167, I, 9 e 20, e 172.

**Art. 7º.** Este Decreto-lei entra em vigor na data de sua publicação, aplicando-se às ações já ajuizadas.

**Art. 8º.** Revogam-se as disposições em contrário.

Brasília, 22 de janeiro de 1970;
149º da Independência e 82º da República.
EMÍLIO G. MÉDICI
Alfredo Buzaid

# LEI Nº 5.741, DE 1 DE DEZEMBRO DE 1971

*Dispõe sobre a proteção do financiamento de bens imóveis vinculados ao Sistema Financeiro da Habitação.*

- D.O.U. de 2.12.1971

O PRESIDENTE DA REPÚBLICA Faço saber que o Congresso Nacional decreta e eu sanciono a seguinte Lei:

- Lei 9.514/1997 – Dispõe sobre o Sistema de Financiamento Imobiliário, institui a alienação fiduciária de coisa imóvel.
- Lei 4.380/1964 – Institui a correção monetária nos contratos imobiliários de interesse social, o sistema financeiro para aquisição da casa própria, cria o Banco Nacional da Habitação (BNH), e Sociedades de Crédito Imobiliário, as Letras Imobiliárias, o Serviço Federal de Habitação e Urbanismo.

**Art. 1º.** Para a cobrança de crédito hipotecário vinculado ao Sistema Financeiro da Habitação criado pela Lei nº 4.380, de 21 de agosto de 1964, é lícito ao credor promover a execução de que tratam os artigos 31 e 32 do Decreto-lei nº 70, de 21 de novembro de 1966, ou ajuizar a ação executiva na forma da presente Lei.

**Art. 2º.** A execução terá início por petição escrita, com os requisitos do art. 282 do Código de Processo Civil, apresentada em 3 (três) vias, servindo a segunda e terceira de mandado e contrafé, e sendo a primeira instruída com:

**I** – o título da dívida devidamente inscrita;

**II** – a indicação do valor das prestações e encargos cujo não pagamento deu lugar ao vencimento do contrato;

**III** – o saldo devedor, discriminadas as parcelas relativas a principal, juros, multa e outros encargos contratuais fiscais e honorários advocatícios;

**IV** – cópia dos avisos regulamentares reclamando o pagamento da dívida, expedidos segundo instruções do Banco Nacional da Habitação.

**Art. 3º.** O devedor será citado para pagar o valor do crédito reclamado ou depositá-lo em juízo no prazo de 24 (vinte e quatro) horas, sob pena de lhe ser penhorado o imóvel hipotecado.

▸ CPC/15, arts. 797 e ss.

**§ 1º.** A citação far-se-á na pessoa do réu e de seu cônjuge ou de seus representantes legais.

**§ 2º.** Se o executado e seu cônjuge se acharem fora da jurisdição da situação do imóvel, a citação far-se-á por meio de edital, pelo prazo de 10 (dez) dias, publicado, uma vez no órgão oficial do Estado e, pelo menos, duas vezes em jornal local de grande circulação, onde houver.

**Art. 4º.** Se o executado não pagar a dívida indicada no inciso II do art. 2º, acrescida das custas e honorários de advogado ou não depositar o saldo devedor, efetuar-se-á penhora do imóvel hipotecado, sendo nomeado depositário o exequente ou quem este indicar.

▸ CPC/15, arts. 797 e ss.

**§ 1º.** Se o executado não estiver na posse direta do imóvel, o juiz ordenará a expedição de mandado de desocupação contra a pessoa que o estiver ocupando, para entregá-lo ao exequente no prazo de 10 (dez) dias.

**§ 2º.** Se o executado estiver na posse direta do imóvel, o juiz ordenará que o desocupe no prazo de 30 (trinta) dias, entregando-o ao exequente.

**Art. 5º.** O executado poderá opor embargos no prazo de dez (10) dias contados da penhora e que serão recebidos com efeito suspensivo, desde que alegue e prove:

**I** – que depositou por inteiro a importância reclamada na inicial;

**II** – que resgatou a dívida, oferecendo desde logo a prova da quitação.

**Parágrafo único.** Os demais fundos de fundamentos de embargos, previstos no artigo 741 do Código de Processo Civil, não suspendem a execução.

**Art. 6º.** Rejeitados os embargos referidos no *caput* do artigo anterior, o juiz ordenará a venda do imóvel hipotecado, em praça pública, por preço não inferior do saldo devedor, expedindo-se edital pelo prazo de 10 (dez) dias.

**Parágrafo único.** O edital será afixado à porta do edifício onde tiver sede o juízo e publicado 3 (três) vezes, por extrato, em um dos jornais locais de maior circulação, onde houver.

**Art. 7º.** Não havendo licitante na praça pública, o Juiz adjudicará, dentro de 48 (quarenta e oito) horas, ao exequente o imóvel hipotecado, ficando exonerado o executado da obrigação de pagar o restante da dívida.

**Art. 8º.** É lícito ao executado remir o imóvel penhorado, desde que deposite em juízo, até a assinatura do auto de arrematação, a importância que baste ao pagamento da dívida reclamada mais custas e honorários advocatícios; caso em que convalescerá o contrato hipotecário.

**Art. 9º.** Constitui crime de ação pública, punido com a pena de detenção de 6 (seis) meses a 2 (dois) anos e multa de 5 (cinco) a 20 (vinte) salários mínimos, invadir alguém, ou ocupar, com o fim de esbulho possessório, terreno ou unidade residencial construída ou em construção, objeto de financiamento do Sistema Financeiro da Habitação.

**§ 1º.** Se o agente usa de violência, incorre também nas penas a esta cominada.

**§ 2º.** É isento da pena de esbulho o agente que, espontaneamente, desocupa o imóvel antes de qualquer medida coativa.

**§ 3º.** O salário a que se refere este artigo é o maior mensal vigente no País, à época do fato.

**Art. 10.** A ação executiva, fundada em outra causa que não a falta de pagamento pelo executado das prestações vencidas, será processada na forma do Código de Processo Civil, que se aplicará, subsidiariamente, a ação executiva de que trata esta Lei.

**Art. 11.** Ficam dispensadas de averbação no Registro de Imóveis as alterações contratuais de qualquer natureza, desde que não importem em novação objetiva da dívida, realizadas em operações do Sistema Financeiro da Habitação, criado pela Lei nº 4.380, de 21 de agosto de 1964, sejam as operações consubstanciadas, em instrumentos públicos ou particulares, ou em cédulas hipotecárias.

**Parágrafo único.** O registro da cédula hipotecária limitar-se-á à averbação de suas características originais, a que se refere o art. 13 do Decreto-lei nº 70, de 21 de novembro de 1966, ficando dispensadas de averbação também as alterações que decorram da circulação do título.

**Art. 12.** As entidades credoras integrantes do Sistema Financeiro da Habitação ficam obrigadas a fornecer por escrito, no prazo de 5 (cinco) dias, as informações sobre as alterações de que trata o artigo 11, quando requeridas por interessados.

**Art. 13.** Esta Lei entra em vigor na data de sua publicação.

**Art. 14.** Revogam-se as disposições em contrário.

Brasília, 1º de dezembro de 1971;
150º da Independência e 83º da República.
EMÍLIO G. MÉDICI
Alfredo Buzaid
José Costa Cavalcanti

# LEI Nº 6.383, DE 7 DE DEZEMBRO DE 1976

*Dispõe sobre o Processo Discriminatório de Terras Devolutas da União, e dá outras Providências.*

› D.O.U. de 9.12.1976; ret. D.O.U. de 15.12.1976.

O PRESIDENTE DA REPÚBLICA:

Faço saber que o Congresso Nacional decreta e eu sanciono a seguinte Lei:

## CAPÍTULO I DAS DISPOSIÇÕES PRELIMINARES

**Art. 1º.** O processo discriminatório das terras devolutas da União será regulado por esta Lei.

› Arts. 20 a 188 da Constituição Federal

› Art. 19 do Dec.-lei 9.760/1946 (Dispõe sobre os bens imóveis da União)

**Parágrafo único.** O processo discriminatório será administrativo ou judicial.

› Arts. 32 e 33 do Dec.-lei 9.760/1946 (Dispõe sobre os bens imóveis da União)

## CAPÍTULO II DO PROCESSO ADMINISTRATIVO

**Art. 2º.** O processo discriminatório administrativo será instaurado por Comissões Especiais constituídas de três membros, a saber: um bacharel em direito do Serviço Jurídico do Instituto Nacional de Colonização e Reforma Agrária - INCRA, que a presidirá; um engenheiro agrônomo e um outro funcionário que exercerá as funções de secretário.

› Arts. 20 a 31 do Dec.-lei 9.760/1946 (Dispõe sobre os bens imóveis da União)

**§ 1º.** As Comissões Especiais serão criadas por ato do presidente do Instituto Nacional de Colonização e Reforma Agrária - INCRA, e terão jurisdição e sede estabelecidas no respectivo ato de criação, ficando os seus presidentes investidos de poderes de representação da União, para promover o processo discriminatório administrativo previsto nesta Lei.

**§ 2º.** O Instituto Nacional de Colonização e Reforma Agrária - INCRA, no prazo de 30 (trinta) dias após a vigência desta Lei, baixará Instruções Normativas, dispondo, inclusive, sobre o apoio administrativo às Comissões Especiais.

**Art. 3º.** A Comissão Especial instruirá inicialmente o processo com memorial descritivo da área, no qual constará:

**I** - o perímetro com suas características e confinância, certa ou aproximada, aproveitando, em princípio, os acidentes naturais;

**II** - a indicação de registro da transcrição das propriedades;

**III** - o rol das ocupações conhecidas;

**IV** - o esboço circunstanciado da gleba a ser discriminada ou seu levantamento aerofotogramétrico;

**V** - outras informações de interesse.

**Art. 4º.** O presidente da Comissão Especial convocará os interessados para apresentarem, no prazo de 60 (sessenta) dias e em local a ser fixado no edital de convocação, seus títulos, documentos, informações de interesse e, se for o caso, testemunhas.

› Art. 23, *caput*, do Dec.-lei 9.760/1946 (Dispõe sobre os bens imóveis da União)

**§ 1º.** Consideram-se de interesse as informações relativas à origem e sequência dos títulos, localização, valor estimado e área certa ou aproximada das terras de quem se julgar legítimo proprietário ou ocupante; suas confrontações e nome dos confrontantes; natureza, qualidade e valor das benfeitorias; culturas e criações nelas existentes; financiamento e ônus incidentes sobre o imóvel e comprovantes de impostos pagos, se houver.

**§ 2º.** O edital de convocação conterá a delimitação perimétrica da área a ser discriminada com suas características e será dirigido, nominalmente, a todos os interessados, proprietários, ocupantes, confinantes certos e respectivos cônjuges, bem como aos demais interessados incertos ou desconhecidos.

**§ 3º.** O edital deverá ter a maior divulgação possível, observado o seguinte procedimento:

› Art. 23, § 3º do Dec.-lei 9.760/1946 (Dispõe sobre os bens imóveis da União)

a) afixação em lugar público na sede dos municípios e distritos, onde se situar a área nele indicada;

› Art. 23, § 3º do Dec.-lei 9.760/1946 (Dispõe sobre os bens imóveis da União)

b) publicação simultânea, por duas vezes, no Diário Oficial da União, nos órgãos oficiais do Estado ou Território Federal e na imprensa local, onde houver, com intervalo mínimo de 8 (oito) e máximo de 15 (quinze) dias entre a primeira e a segunda.

› Art. 23, § 3º do Dec.-lei 9.760/1946 (Dispõe sobre os bens imóveis da União)

**§ 4º.** O prazo de apresentação dos interessados será contado a partir da segunda publicação no Diário Oficial da União.

**Art. 5º.** A Comissão Especial autuará e processará a documentação recebida de cada interessado, em separado, de modo a ficar bem caracterizado o domínio ou a ocupação com suas respectivas confrontações.

**§ 1º.** Quando se apresentarem dois ou mais interessados no mesmo imóvel, ou parte dele, a Comissão Especial procederá à apensação dos processos.

**§ 2º.** Serão tomadas por termo as declarações dos interessados e, se for o caso, os depoimentos de testemunhas previamente arroladas.

**Art. 6º.** Constituído o processo, deverá ser realizada, desde logo, obrigatoriamente, a vistoria para identificação dos imóveis e, se forem necessárias, outras diligências.

› Art. 24, *caput*, do Dec.-lei 9.760/1946 (Dispõe sobre os bens imóveis da União)

**Art. 7º.** Encerrado o prazo estabelecido no edital de convocação, o presidente da Comissão Especial, dentro de 30 (trinta) dias improrrogáveis, deverá pronunciar-se sobre as alegações, títulos de domínio, documentos dos interessados e boa-fé das ocupações, mandando lavrar os respectivos termos.

› Art. 24, § 5º do Dec.-lei 9.760/1946 (Dispõe sobre os bens imóveis da União)

**Art. 8º.** Reconhecida a existência de dúvida sobre a legitimidade do título, o presidente da Comissão Especial reduzirá a termo as irregularidades encontradas, encaminhando-o à Procuradoria do Instituto Nacional de Colonização e Reforma Agrária – INCRA, para propositura da ação competente.

**Art. 9º.** Encontradas ocupações, legitimáveis ou não, serão lavrados os respectivos termos de identificação, que serão encaminhados ao órgão competente do Instituto Nacional de Colonização e Reforma Agrária – INCRA, para as providências cabíveis.

**Art. 10.** Serão notificados, por ofício, os interessados e seus cônjuges para, no prazo não inferior a 8 (oito) nem superior a 30 (trinta) dias, a contar da juntada ao processo do recibo de notificação, celebrarem com a União os termos cabíveis.

- Art. 23, § 2º do Dec.-lei 9.760/1946 (Dispõe sobre os bens imóveis da União)

**Art. 11.** Celebrado, em cada caso, o termo que couber, o presidente da Comissão Especial designará agrimensor para, em dia e hora avençados com os interessados, iniciar o levantamento geodésico e topográfico das terras objeto de discriminação, ao fim da qual determinará a demarcação das terras devolutas, bem como, se for o caso, das retificações objeto de acordo.

- Art. 24, *caput*, do Dec.-lei 9.760/1946 (Dispõe sobre os bens imóveis da União)

**§ 1º.** Aos interessados será permitido indicar um perito para colaborar com o agrimensor designado.

**§ 2º.** A designação do perito, a que se refere o parágrafo anterior, deverá ser feita até a véspera do dia fixado para início do levantamento geodésico e topográfico.

**Art. 12.** Concluídos os trabalhos demarcatórios, o presidente da Comissão Especial mandará lavrar o termo de encerramento da discriminação administrativa, do qual constarão, obrigatoriamente:

**I** – o mapa detalhado da área discriminada;

**II** – o rol de terras devolutas apuradas, com suas respectivas confrontações;

**III** – a descrição dos acordos realizados;

**IV** – a relação das áreas com titulação transcrita no Registro de Imóveis, cujos presumidos proprietários ou ocupantes não atenderam ao edital de convocação ou à notificação (artigos 4º e 10 desta Lei);

**V** – o rol das ocupações legitimáveis;

**VI** – o rol das propriedades reconhecidas; e

**VII** – a relação dos imóveis cujos títulos suscitaram dúvidas.

**Art. 13.** Encerrado o processo discriminatório, o Instituto Nacional de Colonização e Reforma Agrária – INCRA providenciará o registro, em nome da União, das terras devolutas discriminadas, definidas em lei, como bens da União.

**Parágrafo único.** Caberá ao oficial do Registro de Imóveis proceder à matrícula e ao registro da área devoluta discriminada em nome da União.

**Art. 14.** O não-atendimento ao edital de convocação ou à notificação (artigos 4º e 10 da presente Lei) estabelece a presunção de discordância e acarretará imediata propositura da ação judicial prevista no art. 19, II.

**Parágrafo único.** Os presumíveis proprietários e ocupantes, nas condições do presente artigo, não terão acesso ao crédito oficial ou aos benefícios de incentivos fiscais, bem como terão cancelados os respectivos cadastros rurais junto ao órgão competente.

**Art. 15.** O presidente da Comissão Especial comunicará a instauração do processo discriminatório administrativo a todos os oficiais de Registro de Imóveis da jurisdição.

**Art. 16.** Uma vez instaurado o processo discriminatório administrativo, o oficial do Registro de Imóveis não efetuará matrícula, registro, inscrição ou averbação estranhas à discriminação, relativamente aos imóveis situados, total ou parcialmente, dentro da área discriminada, sem que desses atos tome prévio conhecimento o presidente da Comissão Especial.

**Parágrafo único.** Contra os atos praticados com infração do disposto no presente artigo, o presidente da Comissão Especial solicitará que a Procuradoria do Instituto Nacional de Colonização e Reforma Agrária – INCRA utilize os instrumentos previstos no Código de Processo Civil, incorrendo o oficial do Registro de Imóveis infrator nas penas do crime de prevaricação.

**Art. 17.** Os particulares não pagam custas no processo administrativo, salvo para serviços de demarcação e diligências a seu exclusivo interesse.

- Art. 31 do Dec.-lei 9.760/1946 (Dispõe sobre os bens imóveis da União)

## CAPÍTULO III
## DO PROCESSO JUDICIAL

**Art. 18.** O Instituto Nacional de Colonização e Reforma Agrária – INCRA fica investido de poderes de representação da União, para promover a discriminação judicial das terras devolutas da União.

**Art. 19.** O processo discriminatório judicial será promovido:

**I** – quando o processo discriminatório administrativo for dispensado ou interrompido por presumida ineficácia;

**II** – contra aqueles que não atenderem ao edital de convocação ou à notificação (artigos 4º e 10 da presente Lei); e

**III** – quando configurada a hipótese do art. 25 desta Lei.

**Parágrafo único.** Compete à Justiça Federal processar e julgar o processo discriminatório judicial regulado nesta Lei.

**Art. 20.** No processo discriminatório judicial será observado o procedimento sumaríssimo de que trata o Código de Processo Civil.

**§ 1º.** A petição inicial será instruída com o memorial descritivo da área, de que trata o art. 3º desta Lei.

**§ 2º.** A citação será feita por edital, observados os prazos e condições estabelecidos no art. 4º desta Lei.

**Art. 21.** Da sentença proferida caberá apelação somente no efeito devolutivo, facultada a execução provisória.

**Art. 22.** A demarcação da área será procedida, ainda que em execução provisória da sentença, valendo esta, para efeitos de registro, como título de propriedade.

**Parágrafo único.** Na demarcação observar-se-á, no que couber, o procedimento prescrito nos artigos 959 a 966 do Código de Processo Civil.

**Art. 23.** O processo discriminatório judicial tem caráter preferencial e prejudicial em relação às ações em andamento, referentes a domínio ou posse de imóveis situados, no todo ou em parte, na área discriminada, determinando o imediato deslocamento da competência para a Justiça Federal.

**Parágrafo único.** Nas ações em que a União não for parte, dar-se-á, para os efeitos previstos neste artigo, a sua intervenção.

## CAPÍTULO IV
## DAS DISPOSIÇÕES GERAIS E FINAIS

**Art. 24.** Iniciado o processo discriminatório, não poderão alterar-se quaisquer divisas na área discriminada, sendo defesa a derrubada da cobertura vegetal, a construção de cercas e transferências de benfeitorias a qualquer título, sem assentimento do representante da União.

**Art. 25.** A infração ao disposto no artigo anterior constituirá atentado, cabendo a aplicação das medidas cautelares previstas no Código de Processo Civil.

**Art. 26.** No processo discriminatório judicial os vencidos pagarão as custas a que houverem dado causa e participarão pro rata das despesas da demarcação, considerada a extensão da linha ou linhas de confrontação com as áreas públicas.

**Art. 27.** O processo discriminatório previsto nesta Lei aplicar-se-á, no que couber, às terras devolutas estaduais, observado o seguinte:

**I** – na instância administrativa, por intermédio de órgão estadual específico, ou através do Instituto Nacional de Colonização e Reforma Agrária – INCRA, mediante convênio;

**II** – na instância judicial, na conformidade do que dispuser a Lei de Organização Judiciária local.

**Art. 28.** Sempre que se apurar, através de pesquisa nos registros públicos, a inexistência de domínio particular em áreas rurais declaradas indispensáveis à segurança e ao desenvolvimento nacionais, a União, desde logo, as arrecadará mediante ato do presidente do Instituto Nacional de Colonização e Reforma Agrária – INCRA, do qual constará:

**I** – a circunscrição judiciária ou administrativa em que está situado o imóvel, conforme o critério adotado pela legislação local;

**II** – a eventual denominação, as características e confrontações do imóvel.

**§ 1º.** A autoridade que promover a pesquisa, para fins deste artigo, instruirá o processo de arrecadação com certidão negativa comprobatória da inexistência de domínio particular, expedida pelo Cartório de Registro de Imóveis, certidões do Serviço do Patrimônio da União e do órgão estadual competente que comprovem não haver contestação ou reclamação administrativa promovida por terceiros, quanto ao domínio e posse do imóvel.

**§ 2º.** As certidões negativas mencionadas neste artigo consignarão expressamente a sua finalidade.

**Art. 29.** O ocupante de terras públicas, que as tenha tornado produtivas com o seu trabalho e o de sua família, fará jus à legitimação da posse de área contínua até 100 (cem) hectares, desde que preencha os seguintes requisitos:

**I** – não seja proprietário de imóvel rural;

**II** – comprove a morada permanente e cultura efetiva, pelo prazo mínimo de 1 (um) ano.

**§ 1º.** A legitimação da posse de que trata o presente artigo consistirá no fornecimento de uma Licença de Ocupação, pelo prazo mínimo de mais 4 (quatro) anos, findo o qual o ocupante terá a preferência para aquisição do lote, pelo valor histórico da terra nua, satisfeitos os requisitos de morada permanente e cultura efetiva e comprovada a sua capacidade para desenvolver a área ocupada.

**§ 2º.** Aos portadores de Licenças de Ocupação, concedidas na forma da legislação anterior, será assegurada a preferência para aquisição de área até 100 (cem) hectares, nas condições do parágrafo anterior, e, o que exceder esse limite, pelo valor atual da terra nua.

**§ 3º.** A Licença de Ocupação será intransferível inter vivos e inegociável, não podendo ser objeto de penhora e arresto.

**Art. 30.** A Licença de Ocupação dará acesso aos financiamentos concedidos pelas instituições financeiras integrantes do Sistema Nacional de Crédito Rural.

**§ 1º.** As obrigações assumidas pelo detentor de Licença de Ocupação serão garantidas pelo Instituto Nacional de Colonização e Reforma Agrária – INCRA.

**§ 2º.** Ocorrendo inadimplência do favorecido, o Instituto Nacional de colonização e Reforma Agrária – INCRA cancelará a Licença de Ocupação e providenciará a alienação do imóvel, na forma da lei, a fim de ressarcir-se do que houver assegurado.

**Art. 31.** A União poderá, por necessidade ou utilidade pública, em qualquer tempo que necessitar do imóvel, cancelar a Licença de Ocupação e imitir-se na posse do mesmo, promovendo, sumariamente, a sua desocupação no prazo de 180 (cento e oitenta) dias.

**§ 1º.** As benfeitorias existentes serão indenizadas pela importância fixada através de avaliação pelo Instituto Nacional de Colonização e Reforma Agrária - INCRA, considerados os valores declarados para fins de cadastro.

**§ 2º.** Caso o interessado se recuse a receber o valor estipulado, o mesmo será depositado em juízo.

**§ 3º.** O portador da Licença de Ocupação, na hipótese prevista no presente artigo, fará jus, se o desejar, à instalação em outra gleba da União, assegurada a indenização, de que trata o § 1º deste artigo, e computados os prazos de morada habitual e cultura efetiva da antiga ocupação.

**Art. 32.** Não se aplica aos imóveis rurais o disposto nos artigos 19 a 31, 127 a 133, 139, 140 e 159 a 174 do Decreto-Lei nº 9.760, de 5 de setembro de 1946.

**Art. 33.** Esta Lei entrará em vigor na data de sua publicação, aplicando-se, desde logo, aos processos pendentes.

**Art. 34.** Revogam-se a Lei nº 3.081, de 22 de dezembro de 1956, e as demais disposições em contrário.

Brasília, 7 de dezembro de 1976;
155º da Independência e 88º da República.
Ernesto Geisel
Armando Falcão
Alysson Paulinelli
Hugo de Andrade Abreu

## LEI Nº 8.257, DE 26 DE NOVEMBRO DE 1991

*Dispõe sobre a expropriação das glebas nas quais se localizem culturas ilegais de plantas psicotrópicas e dá outras providências.*

- D.O.U. de 27.11.1991

O PRESIDENTE DA REPÚBLICA
Faço saber que o Congresso Nacional decreta e eu sanciono a seguinte lei:

**Art. 1º** As glebas de qualquer região do país onde forem localizadas culturas ilegais de plantas psicotrópicas serão imediatamente expropriadas e especificamente destinadas ao assentamento de colonos, para o cultivo de produtos alimentícios e medicamentosos, sem qualquer indenização ao proprietário e sem prejuízo de outras sanções previstas em lei, conforme o art. 243 da Constituição Federal.

- CF, art. 243. As propriedades rurais e urbanas de qualquer região do País onde forem localizadas culturas ilegais de plantas psicotrópicas ou a exploração de trabalho escravo na forma da lei serão expropriadas e destinadas à reforma agrária e a programas de habitação popular, sem qualquer indenização ao proprietário e sem prejuízo de outras sanções previstas em lei, observado, no que couber, o disposto no art. 5º.
  Parágrafo único. Todo e qualquer bem de valor econômico apreendido em decorrência do tráfico ilícito de entorpecentes e drogas afins e da exploração de trabalho escravo será confiscado e reverterá a fundo especial com destinação específica, na forma da lei.

**Parágrafo único.** Todo e qualquer bem de valor econômico apreendido em decorrência do tráfico ilícito de entorpecentes e drogas afins será confiscado e reverterá em benefício de instituições e pessoal especializado no tratamento e recuperação de viciados e no aparelhamento e custeio de atividades de fiscalização, controle, prevenção e repressão do crime de tráfico dessas substâncias.

**Art. 2º** Para efeito desta lei, plantas psicotrópicas são aquelas que permitem a obtenção de substância entorpecente proscrita, plantas estas elencadas no rol emitido pelo órgão sanitário competente do Ministério da Saúde.

**Parágrafo único.** A autorização para a cultura de plantas psicotrópicas será concedida pelo órgão competente do Ministério da Saúde, atendendo exclusivamente a finalidades terapêuticas e científicas.

**Art. 3º** A cultura das plantas psicotrópicas caracteriza-se pelo preparo da terra destinada a semeadura, ou plantio, ou colheita.

**Art. 4º** As glebas referidas nesta lei, sujeitas à expropriação, são aquelas possuídas a qualquer título.

**Parágrafo único.** (Vetado)

**Art. 5º** (Vetado)

**Art. 6º** A ação expropriatória seguirá o procedimento judicial estabelecido nesta lei.

**Art. 7º** Recebida a inicial, o Juiz determinará a citação dos expropriados, no prazo de cinco dias.

**§ 1º** Ao ordenar a citação, o Juiz nomeará perito.

**§ 2º** Após a investidura, o perito terá oito dias de prazo para entregar o laudo em cartório.

**Art. 8º** O prazo para contestação e indicação de assistentes técnicos será de dez dias, a contar da data da juntada do mandado de citação aos autos.

**Art. 9º** O Juiz determinará audiência de instrução e julgamento para dentro de quinze dias, a contar da data da contestação.

**Art. 10.** O Juiz poderá imitir, liminarmente, a União na posse do imóvel expropriando, garantindo-se o contraditório pela realização de audiência de justificação.

**Art. 11.** Na audiência de instrução e julgamento cada parte poderá indicar até cinco testemunhas.

**Art. 12.** É vedado o adiamento da audiência, salvo motivo de força maior, devidamente justificado.

**Parágrafo único.** Se a audiência, pela impossibilidade da produção de toda a prova oral no mesmo dia, tiver que ser postergada, em nenhuma hipótese será ela marcada para data posterior a três dias.

**Art. 13.** Encerrada a instrução, o Juiz prolatará a sentença em cinco dias.

- A expropriação prevista no art. 243 da Constituição Federal pode ser afastada, desde que o proprietário comprove que não incorreu em culpa, ainda que in vigilando ou in eligendo. STF. Plenário. RE 635336/PE, Rel. Min. Gilmar Mendes, julgado em 14/12/2016 (repercussão geral) (Info 851).

**Art. 14.** Da sentença caberá recurso na forma da lei processual .

**Art. 15.** Transitada em julgado a sentença expropriatória, o imóvel será incorporado ao patrimônio da União.

**Parágrafo único.** Se a gleba expropriada nos termos desta lei, após o trânsito em julgado da sentença, não puder ter em cento e vinte dias a destinação prevista no art. 1°, ficará incorporada ao patrimônio da União, reservada, até que sobrevenham as condições necessárias àquela utilização.

**Art. 16.** (Vetado)

**Art. 17.** A expropriação de que trata esta lei prevalecerá sobre direitos reais de garantia, não se admitindo embargos de terceiro, fundados em dívida hipotecária, anticrética ou pignoratícia.

**Arts. 18 e 19.** (Vetados)

**Art. 20.** O não cumprimento dos prazos previstos nesta lei sujeitará o funcionário público responsável ou o perito judicial a multa diária, a ser fixada pelo Juiz.

**Arts. 21 e 22.** (Vetados)

**Art. 23.** Aplicam-se subsidiariamente as normas do Código de Processo Civil.

**Art. 24.** Esta lei entra em vigor na data de sua publicação.

**Art. 25.** Revogam-se as disposições em contrário.

Brasília, 26 de novembro de 1991;
170° da Independência e 103° da República.
FERNANDO COLLOR
Jarbas Passarinho
Antonio Cabrera

## LEI Nº 8.617, DE 4 DE JANEIRO DE 1993

*Dispõe sobre o mar territorial, a zona contígua, a zona econômica exclusiva e a plataforma continental brasileiros, e dá outras providências.*

▸ DOU de 5.1.1993

O PRESIDENTE DA REPÚBLICA

Faço saber que o Congresso Nacional decreta e eu sanciono a seguinte Lei:

### CAPÍTULO I
### DO MAR TERRITORIAL

**Art. 1º** O mar territorial brasileiro compreende uma faixa de doze milhas marítima de largura, medidas a partir da linha de baixa-mar do litoral continental e insular, tal como indicada nas cartas náuticas de grande escala, reconhecidas oficialmente no Brasil.

**Parágrafo único.** Nos locais em que a costa apresente recorte profundos e reentrâncias ou em que exista uma franja de ilhas ao longo da costa na sua proximidade imediata, será adotado o método das linhas de base retas, ligando pontos apropriados, para o traçado da linha de base, a partir da qual será medida a extensão do mar territorial.

**Art. 2º** A soberania do Brasil estende-se ao mar territorial, ao espaço aéreo sobrejacente, bem como ao seu leito e subsolo.

**Art. 3º** É reconhecido aos navios de todas as nacionalidades o direito de passagem inocente no mar territorial brasileiro.

**§ 1º** A passagem será considerada inocente desde que não seja prejudicial à paz, à boa ordem ou à segurança do Brasil, devendo ser contínua e rápida.

**§ 2º** A passagem inocente poderá compreender o parar e o fundear, mas apenas na medida em que tais procedimentos constituam incidentes comuns de navegação ou sejam impostos por motivos de força ou por dificuldade grave, ou tenham por fim prestar auxilio a pessoas a navios ou aeronaves em perigo ou em dificuldade grave.

**§ 3º** Os navios estrangeiros no mar territorial brasileiro estarão sujeitos aos regulamentos estabelecidos pelo Governo brasileiro.

### CAPÍTULO II
### DA ZONA CONTÍGUA

**Art. 4º** A zona contígua brasileira compreende uma faixa que se estende das doze às vinte e quatro milhas marítimas, contadas a partir das linhas de base que servem para medir a largura do mar territorial.

**Art. 5º** Na zona contígua, o Brasil poderá tomar as medidas de fiscalização necessárias para:

**I** – evitar as infrações às leis e aos regulamentos aduaneiros, fiscais, de imigração ou sanitários, no seu territórios, ou no seu mar territorial;

**II** – reprimir as infrações às leis e aos regulamentos, no seu território ou no seu mar territorial.

### CAPÍTULO III
### DA ZONA ECONÔMICA EXCLUSIVA

**Art. 6º** A zona econômica exclusiva brasileira compreende uma faixa que se estende das doze às duzentas milhas marítimas, contadas a partir das linhas de base que servem para medir a largura do mar territorial.

**Art. 7º** Na zona econômica exclusiva, o Brasil tem direitos de soberania para fins de exploração e aproveitamento, conservação e gestão dos recursos naturais, vivos ou não-vivos, das águas sobrejacentes ao leito do mar, do leito do mar e seu subsolo, e no que se refere a outras atividades com vistas à exploração e ao aproveitamento da zona para fins econômicos.

**Art. 8º** Na zona econômica exclusiva, o Brasil, no exercício de sua jurisdição, tem o direito exclusivo de regulamentar a investigação científica marinha, a proteção e preservação do meio marítimo, bem como a construção, operação e uso de todos os tipos de ilhas artificiais, instalações e estruturas.

**Parágrafo único.** A investigação científica marinha na zona econômica exclusiva só poderá ser conduzida por outros Estados com o consentimento prévio do Governo brasileiro, nos termos da legislação em vigor que regula a matéria.

**Art. 9º** A realização por outros Estados, na zona econômica exclusiva, de exercícios ou manobras militares, em particular as que impliquem o uso de armas ou explosivas, somente poderá ocorrer com o consentimento do Governo brasileiro.

**Art. 10.** É reconhecidos a todos os Estados o gozo, na zona econômica exclusiva, das liberdades de navegação e sobrevôo, bem como de outros usos do mar internacionalmente lícitos, relacionados com as referidas liberdades, tais como os ligados à operação de navios e aeronaves.

## CAPÍTULO IV
## DA PLATAFORMA CONTINENTAL

**Art. 11.** A plataforma continental do Brasil compreende o leito e o subsolo das áreas submarinas que se estendem além do seu mar territorial, em toda a extensão do prolongamento natural de seu território terrestre, até o bordo exterior da margem continental, ou até uma distância de duzentas milhas marítimas das linhas de base, a partir das quais se mede a largura do mar territorial, nos casos em que o bordo exterior da margem continental não atinja essa distância.

**Parágrafo único.** O limite exterior da plataforma continental será fixado de conformidade com os critérios estabelecidos no art. 76 da Convenção das Nações Unidas sobre o Direito do Mar, celebrada em Montego Bay, em 10 de dezembro de 1982.

**Art. 12.** O Brasil exerce direitos de soberania sobre a plataforma continental, para efeitos de exploração dos recursos naturais.

**Parágrafo único.** Os recursos naturais a que se refere o *caput* são os recursos minerais e outros não-vivos do leito do mar e subsolo, bem como os organismos vivos pertencentes a espécies sedentárias, isto é, àquelas que no período de captura estão imóveis no leito do mar ou no seu subsolo, ou que só podem mover-se em constante contato físico com esse leito ou subsolo.

**Art. 13.** Na plataforma continental, o Brasil, no exercício de sua jurisdição, tem o direito exclusivo de regulamentar a investigação científica marinha, a proteção e preservação do meio marinho, bem como a construção, operação e o uso de todos os tipos de ilhas artificiais, instalações e estruturas.

**§ 1º** A investigação científica marinha, na plataforma continental, só poderá ser conduzida por outros Estados com o consentimento prévio do Governo brasileiro, nos termos da legislação em vigor que regula a matéria.

**§ 2º** O Governo brasileiro tem o direito exclusivo de autorizar e regulamentar as perfurações na plataforma continental, quaisquer que sejam os seus fins.

**Art. 14.** É reconhecido a todos os Estados o direito de colocar cabos e dutos na plataforma continental.

**§ 1º** O traçado da linha para a colocação de tais cabos e dutos na plataforma continental dependerá do consentimento do Governo brasileiro.

**§ 2º** O Governo brasileiro poderá estabelecer condições para a colocação dos cabos e dutos que penetrem seu território ou seu mar territorial.

**Art. 15.** Esta Lei entra em vigor na data de sua publicação.

**Art. 16.** Revogam-se o Decreto-Lei nº 1.098, de 25 de março de 1970, e as demais disposições em contrário.

Brasília, 4 de janeiro de 1993;
172º da Independência e 105º da República.
Itamar Franco
Fernando Henrique Cardoso

# LEI Nº 8.629, DE 25 DE FEVEREIRO DE 1993

*Dispõe sobre a regulamentação dos dispositivos constitucionais relativos à reforma agrária, previstos no Capítulo III, Título VII, da Constituição Federal.*

▸ DOU de 26.2.1993

O PRESIDENTE DA REPÚBLICA

Faço saber que o Congresso Nacional decreta e eu sanciono a seguinte Lei:

**Art. 1º** Esta Lei regulamenta e disciplina disposições relativas à reforma agrária, previstas no Capítulo III, Título VII, da Constituição Federal.

**Art. 2º** A propriedade rural que não cumprir a função social prevista no art. 9º é passível de desapropriação, nos termos desta Lei, respeitados os dispositivos constitucionais.

**§ 1º** Compete à União desapropriar por interesse social, para fins de reforma agrária, o imóvel rural que não esteja cumprindo sua função social.

**§ 2º** Para os fins deste artigo, fica a União, através do órgão federal competente, autorizada a ingressar no imóvel de propriedade particular para levantamento de dados e informações, mediante prévia comunicação escrita ao proprietário, preposto ou seu representante.

**§ 3º** Na ausência do proprietário, do preposto ou do representante, a comunicação será feita mediante edital, a ser publicado, por três vezes consecutivas, em jornal de grande circulação na capital do Estado de localização do imóvel.

**§ 4º** Não será considerada, para os fins desta Lei, qualquer modificação, quanto ao domínio, à dimensão e às condições de uso do imóvel, introduzida ou ocorrida até seis meses após a data da comunicação para levantamento de dados e informações de que tratam os §§ 2º e 3º.

**§ 5º** No caso de fiscalização decorrente do exercício de poder de polícia, será dispensada a comunicação de que tratam os §§ 2º e 3º.

**§ 6º** O imóvel rural de domínio público ou particular objeto de esbulho possessório ou invasão motivada por conflito agrário ou fundiário de caráter coletivo não será vistoriado, avaliado ou desapropriado nos dois anos seguintes à sua desocupação, ou no dobro desse prazo, em caso de reincidência; e deverá ser apurada

ADMINISTRATIVO

a responsabilidade civil e administrativa de quem concorra com qualquer ato omissivo ou comissivo que propicie o descumprimento dessas vedações.

- ADI 2.213 e 2.411: O STF, por maioria, ratificou o entendimento firmado de forma unânime pelo Tribunal no julgamento da medida cautelar e julgou parcialmente procedentes os pedidos formulados nas ADIs, a fim de atribuir interpretação conforme à Constituição a este dispositivo, em ordem a explicitar que o esbulho possessório ou invasão a que se refere o dispositivo deve ser anterior ou contemporâneo à vistoria e atingir porção significativa do imóvel, a ponto de alterar os graus de utilização da terra e de eficiência em sua exploração. *DJE* 01.03.2024

**§ 7º** Será excluído do Programa de Reforma Agrária do Governo Federal quem, já estando beneficiado com lote em Projeto de Assentamento, ou sendo pretendente desse benefício na condição de inscrito em processo de cadastramento e seleção de candidatos ao acesso à terra, for efetivamente identificado como participante direto ou indireto em conflito fundiário que se caracterize por invasão ou esbulho de imóvel rural de domínio público ou privado em fase de processo administrativo de vistoria ou avaliação para fins de reforma agrária, ou que esteja sendo objeto de processo judicial de desapropriação em vias de imissão de posse ao ente expropriante; e bem assim quem for efetivamente identificado como participante de invasão de prédio público, de atos de ameaça, sequestro ou manutenção de servidores públicos e outros cidadãos em cárcere privado, ou de quaisquer outros atos de violência real ou pessoal praticados em tais situações.

**§ 8º** A entidade, a organização, a pessoa jurídica, o movimento ou a sociedade de fato que, de qualquer forma, direta ou indiretamente, auxiliar, colaborar, incentivar, incitar, induzir ou participar de invasão de imóveis rurais ou de bens públicos, ou em conflito agrário ou fundiário de caráter coletivo, não receberá, a qualquer título, recursos públicos.

**§ 9º** Se, na hipótese do § 8º, a transferência ou repasse dos recursos públicos já tiverem sido autorizados, assistirá ao Poder Público o direito de retenção, bem assim o de rescisão do contrato, convênio ou instrumento similar.

**Art. 2º-A.** Na hipótese de fraude ou simulação de esbulho ou invasão, por parte do proprietário ou legítimo possuidor do imóvel, para os fins dos §§ 6º e 7º do art. 2º, o órgão executor do Programa Nacional de Reforma Agrária aplicará pena administrativa de R$ 55.000,00 (cinquenta e cinco mil reais) a R$ 535.000,00 (quinhentos e trinta e cinco mil reais) e o cancelamento do cadastro do imóvel no Sistema Nacional de Cadastro Rural, sem prejuízo das demais sanções penais e civis cabíveis.

**Parágrafo único.** Os valores a que se refere este artigo serão atualizados, a partir de maio de 2000, no dia 1º de janeiro de cada ano, com base na variação acumulada do Índice Geral de Preços – Disponibilidade Interna – IGP-DI, da Fundação Getúlio Vargas, no respectivo período.

**Art. 3º** (VETADO)

**§ 1º** (VETADO)

**§ 2º** (VETADO)

**Art. 4º** Para os efeitos desta Lei, conceituam-se:

**I** – Imóvel Rural – o prédio rústico de área contínua, qualquer que seja a sua localização, que se destine ou possa se destinar à exploração agrícola, pecuária, extrativa vegetal, florestal ou agroindustrial;

**II** – Pequena Propriedade – o imóvel rural:

a) de área até quatro módulos fiscais, respeitada a fração mínima de parcelamento;

b) (VETADO)

c) (VETADO)

**III** – Média Propriedade – o imóvel rural:

a) de área superior a 4 (quatro) e até 15 (quinze) módulos fiscais;

b) (VETADO)

**§ 1º** São insuscetíveis de desapropriação para fins de reforma agrária a pequena e a média propriedade rural, desde que o seu proprietário não possua outra propriedade rural.

**§ 2º** É obrigatória a manutenção no Sistema Nacional de Cadastro Rural (SNCR) de informações específicas sobre imóveis rurais com área de até um módulo fiscal.

**Art. 5º** A desapropriação por interesse social, aplicável ao imóvel rural que não cumpra sua função social, importa prévia e justa indenização em títulos da dívida agrária.

**§ 1º** As benfeitorias úteis e necessárias serão indenizadas em dinheiro.

**§ 2º** O decreto que declarar o imóvel como de interesse social, para fins de reforma agrária, autoriza a União a propor ação de desapropriação.

**§ 3º** Os títulos da dívida agrária, que conterão cláusula assecuratória de preservação de seu valor real, serão resgatáveis a partir do segundo ano de sua emissão, em percentual proporcional ao prazo, observados os seguintes critérios:

**I** – do segundo ao décimo quinto ano, quando emitidos para indenização de imóvel com área de até setenta módulos fiscais;

**II** – do segundo ao décimo oitavo ano, quando emitidos para indenização de imóvel com área acima de setenta e até cento e cinquenta módulos fiscais; e

**III** – do segundo ao vigésimo ano, quando emitidos para indenização de imóvel com área superior a cento e cinquenta módulos fiscais.

**§ 4º** Na hipótese de acordo administrativo ou acordo realizado no âmbito do procedimento previsto na Lei Complementar nº 76, de 6 de julho de 1993, o pagamento será efetuado de forma escalonada em Títulos da Dívida Agrária (TDA), resgatáveis em parcelas anuais, iguais e sucessivas, a partir do segundo ano de sua emissão, observadas as seguintes condições:

**I** – imóveis com área de até três mil hectares, no prazo de cinco anos;

**II** – imóveis com área superior a três mil hectares:

a) o valor relativo aos primeiros três mil hectares, no prazo de cinco anos;

b) o valor relativo à área superior a três mil e até dez mil hectares, em dez anos;

c) o valor relativo à área superior a dez mil hectares até quinze mil hectares, em quinze anos; e

d) o valor da área que exceder quinze mil hectares, em vinte anos.

**§ 5º** Os prazos previstos no § 4º, quando iguais ou superiores a dez anos, poderão ser reduzidos em cinco anos, desde que o proprietário concorde em receber o pagamento do valor das benfeitorias úteis e necessárias integralmente em TDA.

**§ 6º** Aceito pelo proprietário o pagamento das benfeitorias úteis e necessárias em TDA, os prazos de resgates dos respectivos títulos serão fixados mantendo-se a mesma proporcionalidade estabelecida para aqueles relativos ao valor da terra e suas acessões naturais.

**§ 7º** Na aquisição por compra e venda ou na arrematação judicial de imóveis rurais destinados à implementação de projetos integrantes do Programa Nacional de Reforma Agrária, o pagamento poderá ser feito em dinheiro, na forma estabelecida em regulamento.

**§ 8º** Na hipótese de decisão judicial transitada em julgado fixar a indenização da terra nua ou das benfeitorias indenizáveis em valor superior ao ofertado pelo expropriante, corrigido monetariamente, a diferença será paga na forma do art. 100 da Constituição Federal.

**§ 9º** Se houver imissão prévia na posse e, posteriormente, for verificada divergência entre o preço ofertado em juízo e o valor do bem fixado na sentença definitiva, expressos em termos reais, sobre a diferença eventualmente apurada incidirão juros compensatórios a contar da imissão de posse, em percentual correspondente ao fixado para os títulos da dívida agrária depositados como oferta inicial para a terra nua, vedado o cálculo de juros compostos.

**Art. 6º** Considera-se propriedade produtiva aquela que, explorada econômica e racionalmente, atinge, simultaneamente, graus de utilização da terra e de eficiência na exploração, segundo índices fixados pelo órgão federal competente.

- São constitucionais os arts. 6º e 9º da Lei nº 8.629/93, que exigem a presença simultânea do caráter produtivo da propriedade e da função social como requisitos para que determinada propriedade seja insuscetível de desapropriação, para fins de reforma agrária. STF. Plenário. ADI 3.865/DF, Rel. Min. Edson Fachin, julgado em 04/09/2023 (Info 1106).

**§ 1º** O grau de utilização da terra, para efeito do *caput* deste artigo, deverá ser igual ou superior a 80% (oitenta por cento), calculado pela relação percentual entre a área efetivamente utilizada e a área aproveitável total do imóvel.

**§ 2º** O grau de eficiência na exploração da terra deverá ser igual ou superior a 100% (cem por cento), e será obtido de acordo com a seguinte sistemática:

**I** – para os produtos vegetais, divide-se a quantidade colhida de cada produto pelos respectivos índices de rendimento estabelecidos pelo órgão competente do Poder Executivo, para cada Microrregião Homogênea;

**II** – para a exploração pecuária, divide-se o número total de Unidades Animais (UA) do rebanho, pelo índice de lotação estabelecido pelo órgão competente do Poder Executivo, para cada Microrregião Homogênea;

**III** – a soma dos resultados obtidos na forma dos incisos I e II deste artigo, dividida pela área efetivamente utilizada e multiplicada por 100 (cem), determina o grau de eficiência na exploração.

**§ 3º** Considera-se efetivamente utilizadas:

**I** – as áreas plantadas com produtos vegetais;

**II** – as áreas de pastagens nativas e plantadas, observado o índice de lotação por zona de pecuária, fixado pelo Poder Executivo;

**III** – as áreas de exploração extrativa vegetal ou florestal, observados os índices de rendimento estabelecidos pelo órgão competente do Poder Executivo, para cada Microrregião Homogênea, e a legislação ambiental;

**IV** – as áreas de exploração de florestas nativas, de acordo com plano de exploração e nas condições estabelecidas pelo órgão federal competente;

**V** – as áreas sob processos técnicos de formação ou recuperação de pastagens ou de culturas permanentes, tecnicamente conduzidas e devidamente comprovadas, mediante documentação e Anotação de Responsabilidade Técnica.

**§ 4º** No caso de consórcio ou intercalação de culturas, considera-se efetivamente utilizada a área total do consórcio ou intercalação.

**§ 5º** No caso de mais de um cultivo no ano, com um ou mais produtos, no mesmo espaço, considera-se efetivamente utilizada a maior área usada no ano considerado.

**§ 6º** Para os produtos que não tenham índices de rendimentos fixados, adotar-se-á a área utilizada com esses produtos, com resultado do cálculo previsto no inciso I do § 2º deste artigo.

**§ 7º** Não perderá a qualificação de propriedade produtiva o imóvel que, por razões de força maior, caso fortuito ou de renovação de pastagens tecnicamente conduzida, devidamente comprovados pelo órgão competente, deixar de apresentar, no ano respectivo, os graus de eficiência na exploração, exigidos para a espécie.

**§ 8º** São garantidos os incentivos fiscais referentes ao Imposto Territorial Rural relacionados com os graus de utilização e de eficiência na exploração, conforme o disposto no art. 49 da Lei nº 4.504, de 30 de novembro de 1964.

**§ 9º** Os laudos que indiquem o grau de utilização da terra e o grau de eficiência na exploração produzidos há mais de 5 (cinco) anos deverão, a pedido do proprietário, ser atualizados de acordo com as condições atuais da propriedade. *(Redação dada pela Lei 14.757/2023, vetado pelo Presidente da República, mantido pelo Congresso Nacional e publicado no DOU de 13.06.2024)*

**Art. 7º** Não será passível de desapropriação, para fins de reforma agrária, o imóvel que comprove estar sendo objeto de implantação de projeto técnico que atenda aos seguintes requisitos:

**I** – seja elaborado por profissional legalmente habilitado e identificado;

**II** – esteja cumprindo o cronograma físico-financeiro originalmente previsto, não admitidas prorrogações dos prazos;

**III** – preveja que, no mínimo, 80% (oitenta por cento) da área total aproveitável do imóvel seja efetivamente utilizada em, no máximo, 3 (três) anos para as culturas anuais e 5 (cinco) anos para as culturas permanentes;

**IV** – haja sido aprovado pelo órgão federal competente, na forma estabelecida em regulamento, no mínimo seis meses antes da comunicação de que tratam os §§ 2º e 3º do art. 2º.

**Parágrafo único.** Os prazos previstos no inciso III deste artigo poderão ser prorrogados em até 50% (cinquenta por cento), desde que o projeto receba, anualmente, a aprovação do órgão competente para fiscalização e tenha sua implantação iniciada no prazo de 6 (seis) meses, contado de sua aprovação.

**Art. 8º** Ter-se-á como racional e adequado o aproveitamento de imóvel rural, quando esteja oficialmente destinado à execução de atividades de pesquisa e experimentação que objetivem o avanço tecnológico da agricultura.

**Parágrafo único.** Para os fins deste artigo só serão consideradas as propriedades que tenham destinados às atividades de pesquisa, no mínimo, 80% (oitenta por cento) da área total aproveitável do imóvel, sendo consubstanciadas tais atividades em projeto:

**I** – adotado pelo Poder Público, se pertencente a entidade de administração direta ou indireta, ou a empresa sob seu controle;

**II** – aprovado pelo Poder Público, se particular o imóvel.

**Art. 9º** A função social é cumprida quando a propriedade rural atende, simultaneamente, segundo graus e critérios estabelecidos nesta lei, os seguintes requisitos:

**I** – aproveitamento racional e adequado;

**II** – utilização adequada dos recursos naturais disponíveis e preservação do meio ambiente;

**III** – observância das disposições que regulam as relações de trabalho;

**IV** – exploração que favoreça o bem-estar dos proprietários e dos trabalhadores.

**§ 1º** Considera-se racional e adequado o aproveitamento que atinja os graus de utilização da terra e de eficiência na exploração especificados nos §§ 1º a 7º do art. 6º desta Lei.

**§ 2º** Considera-se adequada a utilização dos recursos naturais disponíveis quando a exploração se faz respeitando a vocação natural da terra, de modo a manter o potencial produtivo da propriedade.

**§ 3º** Considera-se preservação do meio ambiente a manutenção das características próprias do meio natural e da qualidade dos recursos ambientais, na medida adequada à manutenção do equilíbrio ecológico da propriedade e da saúde e qualidade de vida das comunidades vizinhas.

**§ 4º** A observância das disposições que regulam as relações de trabalho implica tanto o respeito às leis trabalhistas e aos contratos coletivos de trabalho, como às disposições que disciplinam os contratos de arrendamento e parceria rurais.

**§ 5º** A exploração que favorece o bem-estar dos proprietários e trabalhadores rurais é a que objetiva o atendimento das necessidades básicas dos que trabalham a terra, observa as normas de segurança do trabalho e não provoca conflitos e tensões sociais no imóvel.

**§ 6º** (VETADO).

**Art. 10.** Para efeito do que dispõe esta lei, consideram-se não aproveitáveis:

**I** – as áreas ocupadas por construções e instalações, excetuadas aquelas destinadas a fins produtivos, como estufas, viveiros, sementeiros, tanques de reprodução e criação de peixes e outros semelhantes;

**II** – as áreas comprovadamente imprestáveis para qualquer tipo de exploração agrícola, pecuária, florestal ou extrativa vegetal;

**III** – as áreas sob efetiva exploração mineral;

**IV** – as áreas de efetiva preservação permanente e demais áreas protegidas por legislação relativa à conservação dos recursos naturais e à preservação do meio ambiente.

**V** – as áreas com remanescentes de vegetação nativa efetivamente conservada não protegidas pela legislação ambiental e não submetidas a exploração nos termos do inciso IV do § 3º do art. 6º desta Lei. *(Acrescido pela Lei 14.119/2021)*

**Art. 11.** Os parâmetros, índices e indicadores que informam o conceito de produtividade serão ajustados, periodicamente, de modo a levar em conta o progresso científico e tecnológico da agricultura e o desenvolvimento regional, pelos Ministros de Estado do Desenvolvimento Agrário e da Agricultura e do Abastecimento, ouvido o Conselho Nacional de Política Agrícola.

**Art. 12.** Considera-se justa a indenização que reflita o preço atual de mercado do imóvel em sua totalidade, aí incluídas as terras e acessões naturais, matas e florestas e as benfeitorias indenizáveis, observados os seguintes aspectos:

**I** – localização do imóvel;

**II** – aptidão agrícola;

**III** – dimensão do imóvel;

**IV** – área ocupada e ancianidade das posses;

**V** – funcionalidade, tempo de uso e estado de conservação das benfeitorias.

**§ 1º** Verificado o preço atual de mercado da totalidade do imóvel, proceder-se-á à dedução do valor das benfeitorias indenizáveis a serem pagas em dinheiro, obtendo-se o preço da terra a ser indenizado em TDA.

**§ 2º** Integram o preço da terra as florestas naturais, matas nativas e qualquer outro tipo de vegetação natural, não podendo o preço apurado superar, em qualquer hipótese, o preço de mercado do imóvel.

**§ 3º** O Laudo de Avaliação será subscrito por Engenheiro Agrônomo com registro de Anotação de Responsabilidade Técnica – ART, respondendo o subscritor, civil, penal e administrativamente, pela superavaliação comprovada ou fraude na identificação das informações.

**Art. 13.** As terras rurais de domínio da União, dos Estados e dos Municípios ficam destinadas, preferencialmente, à execução de planos de reforma agrária.

**Parágrafo único.** Excetuando-se as reservas indígenas e os parques, somente se admitirá a existência de imóveis rurais de propriedade pública, com objetivos diversos dos previstos neste artigo, se o poder público os explorar direta ou indiretamente para pesquisa, experimentação, demonstração e fomento de atividades relativas ao desenvolvimento da agricultura, pecuária, preservação ecológica, áreas de segurança, treinamento militar, educação de todo tipo, readequação social e defesa nacional.

**Art. 14.** (VETADO).

**Art. 15.** (VETADO).

**Art. 16.** Efetuada a desapropriação, o órgão expropriante, dentro do prazo de 3 (três) anos, contados da data de registro do título translativo de domínio, destinará a respectiva área aos beneficiários da reforma agrária, admitindo-se, para tanto, formas de exploração individual, condominial, cooperativa, associativa ou mista.

**Art. 17.** O assentamento de trabalhadores rurais deverá ser realizado em terras economicamente úteis, de preferência na região por eles habitada, observado o seguinte:

**I** – a obtenção de terras rurais destinadas à implantação de projetos de assentamento integrantes do programa de reforma agrária será precedida de estudo sobre a viabilidade econômica e a potencialidade de uso dos recursos naturais;

**II** – os beneficiários dos projetos de que trata o inciso I manifestarão sua concordância com as condições de obtenção das terras destinadas à implantação dos projetos de assentamento, inclusive quanto ao preço a ser pago pelo órgão federal executor do programa de reforma agrária e com relação aos recursos naturais;

**III** – nos projetos criados será elaborado Plano de Desenvolvimento de Assentamento – PDA, que orientará a fixação de normas técnicas para a sua implantação e os respectivos investimentos;

**IV** – integrarão a clientela de trabalhadores rurais, para fins de assentamento em projetos de reforma agrária, somente aqueles que satisfizerem os requisitos fixados para seleção e classificação previstos nesta Lei; e

**V** – a consolidação dos projetos de assentamento integrantes dos programas de reforma agrária dar-se-á com a concessão de créditos de instalação e a conclusão dos investimentos, bem como com a outorga do instrumento definitivo de titulação.

**§ 1º** *(Parágrafo acrescido pela MP 636/2013, e não mantido pela Lei 13.001/2014, na qual foi convertida)*

**§ 2º** Para a consolidação dos projetos de que trata o inciso V do *caput*, fica o Poder Executivo autorizado a conceder créditos de instalação aos assentados, nos termos do regulamento.

**§ 3º** Poderá ser contratada instituição financeira federal para a operacionalização da concessão referida no inciso V do *caput*, dispensada a licitação.

**§ 4º** As despesas relativas à concessão de crédito de que trata o inciso V do *caput* adequar-se-ão às disponibilidades orçamentárias e financeiras do órgão responsável pela execução do referido programa.

**§ 5º** O regulamento a que se refere o § 2º estabelecerá prazos, carências, termos, condições, rebates para liquidação e procedimentos simplificados para o cumprimento do disposto neste artigo.

**§ 6º** Independentemente da implementação dos requisitos exigidos no inciso V do *caput* deste artigo, considera-se consolidado o projeto de assentamento que atingir o prazo de quinze anos de sua implantação, salvo por decisão fundamentada do Incra.

**§ 7º** Os assentamentos que, em 1º de junho de 2017, contarem com quinze anos ou mais de criação, deverão ser consolidados em até três anos.

**§ 8º** A quitação dos créditos referidos no § 2º deste artigo não é requisito para a liberação das condições resolutivas do título de domínio ou da Concessão de Direito Real de Uso (CDRU), autorizada a cobrança da dívida na forma legal.

**Art. 18.** A distribuição de imóveis rurais pela reforma agrária far-se-á por meio de títulos de domínio, concessão de uso ou concessão de direito real de uso – CDRU instituído pelo art. 7º do Decreto-Lei nº 271, de 28 de fevereiro de 1967.

**§ 1º** Os títulos de domínio e a CDRU são inegociáveis pelo prazo de dez anos, contado da data de celebração do contrato de concessão de uso ou de outro instrumento equivalente, observado o disposto nesta Lei.

**§ 2º** Na implantação do projeto de assentamento, será celebrado com o beneficiário do programa de reforma agrária contrato de concessão de uso, gratuito, inegociável, de forma individual ou coletiva, que conterá cláusulas resolutivas, estipulando-se os direitos e as obrigações da entidade concedente e dos concessionários, assegurando-se a estes o direito de adquirir título de domínio ou a CDRU nos termos desta Lei.

**§ 3º** O título de domínio e a CDRU conterão cláusulas resolutivas e será outorgado ao beneficiário do programa de reforma agrária, de forma individual ou coletiva, após a realização dos serviços de medição e demarcação topográfica do imóvel a ser alienado.

**§ 4º** Regulamento disporá sobre as condições e a forma de outorga dos títulos de domínio e da CDRU aos beneficiários dos projetos de assentamento do Programa Nacional de Reforma Agrária.

**§ 5º** O valor da alienação, na hipótese de outorga de título de domínio, considerará o tamanho da área e será estabelecido entre 10% (dez por cento) e 50% (cinquenta por cento) do valor mínimo da pauta de valores da terra nua para fins de titulação e regularização fundiária elaborada pelo Incra, com base nos valores de imóveis avaliados para a reforma agrária, conforme regulamento.

**§ 6º** As condições de pagamento, carência e encargos financeiros serão definidas em regulamento, não podendo ser superiores às condições estabelecidas para os financiamentos concedidos ao amparo da Lei Complementar nº 93, de 4 de fevereiro de 1998, e alcançarão os títulos de domínio cujos prazos de carência ainda não expiraram.

**§ 7º** A alienação de lotes de até 1 (um) módulo fiscal, em projetos de assentamento criados em terras devolutas discriminadas e registradas em nome do Incra ou da União, ocorrerá de forma gratuita.

**§ 8º** São considerados não reembolsáveis:

**I** – os valores relativos às obras de infraestrutura de interesse coletivo;

**II** – aos custos despendidos com o plano de desenvolvimento do assentamento; e

**III** – aos serviços de medição e demarcação topográficos.

**§ 9º** O título de domínio ou a CDRU de que trata o *caput* poderão ser concedidos aos beneficiários com o cumprimento das obrigações estabelecidas com fundamento no inciso V do art. 17 desta Lei e no regulamento.

**§ 10.** Falecendo qualquer dos concessionários do contrato de concessão de uso ou de CDRU, seus herdeiros ou legatários receberão o imóvel, cuja transferência será processada administrativamente, não podendo fracioná-lo.

**§ 11.** Os herdeiros ou legatários que adquirirem, por sucessão, a posse do imóvel não poderão fracioná-lo.

**§ 12.** O órgão federal executor do programa de reforma agrária manterá atualizado o cadastro de áreas desapropriadas e das adquiridas por outros meios e de beneficiários da reforma agrária e disponibilizará os dados na rede mundial de computadores.

**§ 13.** Os títulos de domínio, a concessão de uso ou a CDRU a que se refere o *caput* deste artigo serão conferidos ao homem, na ausência de cônjuge ou companheira, à mulher, na ausência de cônjuge ou companheiro, ou ao homem e à mulher, obrigatoriamente, nos casos de casamento ou união estável.

**§ 14.** Para fins de interpretação, a outorga coletiva a que se refere o § 3º deste artigo não permite a titulação, provisória ou definitiva, a pessoa jurídica.

**§ 15.** Os títulos emitidos sob a vigência de norma anterior poderão ter seus valores reenquadrados, de acordo com o previsto no § 5º deste artigo, mediante requerimento do interessado, observados os termos estabelecidos em regulamento e vedada a restituição de valores já pagos que eventualmente excedam o valor devido após o reenquadramento.

**Art. 18-A.** Os lotes a serem distribuídos pelo Programa Nacional de Reforma Agrária não poderão ter área superior a 2 (dois) módulos fiscais ou inferior à fração mínima de parcelamento.

**§ 1º** Fica o Incra autorizado, nos assentamentos com data de criação anterior ao período de dois anos, contado retroativamente a partir de 22 de dezembro de 2016, a conferir o título de domínio ou a CDRU relativos às áreas em que ocorreram desmembramentos ou remembramentos após a concessão de uso, desde que observados os seguintes requisitos:

**I** – observância da fração mínima de parcelamento e do limite de área de até quatro módulos fiscais por beneficiário, observado o disposto no art. 8º da Lei nº 5.868, de 12 de dezembro de 1972;

**II** – o beneficiário não possua outro imóvel a qualquer título;

**III** – o beneficiário preencha os requisitos exigidos no art. 3º da Lei nº 11.326, de 24 de julho de 2006; e

**IV** – o desmembramento ou o remembramento seja anterior ao período de dois anos, contado retroativamente a partir de 22 de dezembro de 2016.

**§ 2º** O beneficiário titulado nos termos do § 1º não fará jus aos créditos de instalação de que trata o art. 17 desta Lei.

**§ 3º** Os títulos concedidos nos termos do § 1º deste artigo são inegociáveis pelo prazo de dez anos, contado da data de sua expedição.

**Art. 18-B.** Identificada a ocupação ou a exploração de área objeto de projeto de assentamento por indivíduo que não se enquadre como beneficiário do Programa Nacional de Reforma Agrária, o ocupante será notificado para desocupação da área, nos termos estabelecidos em regulamento, sem prejuízo de eventual responsabilização nas esferas cível e penal.

**Art. 19.** O processo de seleção de indivíduos e famílias candidatos a beneficiários do Programa Nacional de Reforma Agrária será realizado por projeto de assentamento, observada a seguinte ordem de preferência na distribuição de lotes:

**I** – ao desapropriado, ficando-lhe assegurada a preferência para a parcela na qual se situe a sede do imóvel, hipótese em que esta será excluída da indenização devida pela desapropriação;

**II** – aos que trabalham no imóvel desapropriado como posseiros, assalariados, parceiros ou arrendatários, identificados na vistoria;

**III** – aos trabalhadores rurais desintrusados de outras áreas, em virtude de demarcação de terra indígena, criação de unidades de conservação, titulação de comunidade quilombola ou outras ações de interesse público;

**IV** – ao trabalhador rural em situação de vulnerabilidade social que não se enquadre nas hipóteses previstas nos incisos I, II e III deste artigo;

**V** – ao trabalhador rural vítima de trabalho em condição análoga à de escravo;

**VI** – aos que trabalham como posseiros, assalariados, parceiros ou arrendatários em outros imóveis rurais;

**VII** – aos ocupantes de áreas inferiores à fração mínima de parcelamento.

**§ 1º** O processo de seleção de que trata o *caput* deste artigo será realizado pelo Incra com ampla divulgação do edital de convocação na internet e no Município em que será instalado o projeto de assentamento, bem como nos Municípios limítrofes, na forma do regulamento.

**§ 2º** Nos projetos de assentamentos ambientalmente diferenciados, definidos em regulamento, o processo de seleção será restrito às famílias que já residam na área, observadas as vedações constantes do art. 20 desta Lei.

**§ 3º** Caso a capacidade do projeto de assentamento não atenda todos os candidatos selecionados, será elaborada lista dos candidatos excedentes, com prazo de validade de dois anos, a qual será observada de forma prioritária quando houver substituição dos beneficiários originários dos lotes, nas hipóteses de desistência, abandono ou reintegração de posse.

**§ 4º** Esgotada a lista dos candidatos excedentes de que trata o § 3º deste artigo ou expirada sua validade, será instaurado novo processo de seleção específico para os lotes vagos no projeto de assentamento em decorrência de desistência, abandono ou reintegração de posse.

**§ 5º** A situação de vulnerabilidade social do candidato a que se refere o inciso IV do *caput* deste artigo será comprovada por meio da respectiva inscrição no Cadastro Único para Programas Sociais do Governo Federal (CadÚnico), ou em outro cadastro equivalente definido em regulamento.

**Art. 19-A.** Caberá ao Incra, observada a ordem de preferência de que trata o art. 19, classificar os candidatos a beneficiários do Programa Nacional de Reforma Agrária, segundo os seguintes critérios:

**I** – família mais numerosa cujos membros se proponham a exercer a atividade agrícola na área objeto do projeto de assentamento;

**II** – família ou indivíduo que resida há mais tempo no Município em que se localize a área objeto do projeto de assentamento para o qual se destine a seleção, ou nos Municípios limítrofes;

**III** – família chefiada por mulher;

**IV** – família ou indivíduo integrante de acampamento situado no Município em que se localize a área objeto do projeto de assentamento ou nos Municípios limítrofes;

**V** – filhos que tenham entre dezoito e vinte e nove anos de idade de pais assentados que residam na área objeto do mesmo projeto de assentamento;

**VI** – famílias de trabalhadores rurais que residam em área objeto de projeto de assentamento na condição de agregados; e

**VII** – outros critérios sociais, econômicos e ambientais estabelecidos por regulamento, de acordo com as áreas de reforma agrária para as quais a seleção é realizada.

**§ 1º** Regulamento estabelecerá a pontuação a ser conferida aos candidatos de acordo com os critérios definidos por este artigo.

**§ 2º** Considera-se família chefiada por mulher aquela em que a mulher, independentemente do estado civil, seja responsável pela maior parte do sustento material de seus dependentes.

**§ 3º** Em caso de empate, terá preferência o candidato de maior idade.

**Art. 20.** Não poderá ser selecionado como beneficiário dos projetos de assentamento a que se refere esta Lei quem:

**I** – for ocupante de cargo, emprego ou função pública remunerada;

**II** – tiver sido excluído ou se afastado do programa de reforma agrária, de regularização fundiária ou de crédito fundiário sem consentimento de seu órgão executor;

**III** – for proprietário rural, exceto o desapropriado do imóvel e o agricultor cuja propriedade seja insuficiente para o sustento próprio e o de sua família;

**IV** – for proprietário, cotista ou acionista de sociedade empresária em atividade;

**V** – for menor de dezoito anos não emancipado na forma da lei civil; ou

**VI** – auferir renda familiar proveniente de atividade não agrária superior a três salários mínimos mensais ou superior a um salário mínimo *per capita*.

**§ 1º** As disposições constantes dos incisos I, II, III, IV e VI do *caput* deste artigo aplicam-se aos cônjuges e conviventes, inclusive em regime de união estável, exceto em relação ao cônjuge que, em caso de separação judicial ou de fato, não tenha sido beneficiado pelos programas de que trata o inciso II do *caput* deste artigo.

**§ 2º** A vedação de que trata o inciso I do *caput* deste artigo, quando o exercício do cargo, emprego ou função pública for compatível com a exploração da parcela, não se aplica ao candidato: *(Redação dada pela Lei 14.757/2023)*

**I** - agente comunitário de saúde ou agente de combate às endemias; *(Acrescido pela Lei 14.757/2023)*

**II** - profissional da educação; *(Acrescido pela Lei 14.757/2023)*

**III** - profissional de ciências agrárias; *(Acrescido pela Lei 14.757/2023)*

**IV** - que preste outros serviços de interesse comunitário à comunidade rural ou à vizinhança da área objeto do projeto de assentamento. *(Acrescido pela Lei 14.757/2023)*

**§ 3º** São considerados serviços de interesse comunitário, para os fins desta Lei, as atividades prestadas nas áreas de saúde, educação, transporte, assistência social e agrária.

**§ 4º** Não perderá a condição de beneficiário aquele que passe a se enquadrar nos incisos I, III, IV e VI do *caput* deste artigo, desde que a atividade assumida seja compatível com a exploração da parcela pelo indivíduo ou pelo núcleo familiar beneficiado.

**Art. 20-A.** Fica o Incra autorizado a considerar beneficiário da reforma agrária quem já tenha sido assentado, mas que por razões sociais ou econômicas teve que se desfazer da posse ou do título, desde que se enquadre como beneficiário da reforma agrária e ocupe e explore a parcela há, no mínimo, 1 (um) ano. *(Acrescido pela Lei 14.757/2023)*

**Parágrafo único.** Fica vedada uma terceira obtenção de terras em assentamento de reforma agrária por parte do beneficiário.

**Art. 21.** Nos instrumentos que conferem o título de domínio, concessão de uso ou CDRU, os beneficiários da reforma agrária assumirão, obrigatoriamente, o compromisso de cultivar o imóvel direta e pessoalmente, ou por meio de seu núcleo familiar, mesmo que por intermédio de cooperativas, e o de não ceder o seu uso a terceiros, a qualquer título, pelo prazo de 10 (dez) anos.

**Parágrafo único.** A família beneficiária poderá celebrar o contrato de integração de que trata a Lei nº 13.288, de 16 de maio de 2016.

**Art. 22.** Constará, obrigatoriamente, dos instrumentos translativos de domínio, de concessão de uso ou de CDRU, cláusula resolutória que preveja a rescisão do contrato e o retorno do imóvel ao órgão alienante ou concedente, no caso de descumprimento de quaisquer das obrigações assumidas pelo adquirente ou concessionário.

**§ 1º** Após transcorrido o prazo de inegociabilidade de dez anos, o imóvel objeto de título translativo de domínio somente poderá ser alienado se a nova área titulada não vier a integrar imóvel rural com área superior a quatro módulos fiscais.

**§ 2º** Na hipótese de a parcela titulada passar a integrar zona urbana ou de expansão urbana, o Incra deverá priorizar a análise do requerimento de liberação das condições resolutivas.

**Art. 22-A.** As benfeitorias, reprodutivas ou não, existentes no imóvel destinado para reforma agrária poderão ser cedidas aos beneficiários para exploração individual ou coletiva ou doadas em benefício da comunidade de assentados, na forma estabelecida em regulamento.

**Art. 23.** O estrangeiro residente no País e a pessoa jurídica autorizada a funcionar no Brasil só poderão arrendar imóvel rural na forma da Lei nº 5.709, de 7 de outubro de 1971.

**§ 1º** Aplicam-se ao arrendamento todos os limites, restrições e condições aplicáveis à aquisição de imóveis rurais por estrangeiro, constantes da lei referida no *caput* deste artigo.

**§ 2º** Compete ao Congresso Nacional autorizar tanto a aquisição ou o arrendamento além dos limites de área e percentual fixados na Lei nº 5.709, de 7 de outubro de 1971, como a aquisição ou arrendamento, por pessoa jurídica estrangeira, de área superior a 100 (cem) módulos de exploração indefinida.

**Art. 24.** As ações de reforma agrária devem ser compatíveis com as ações da política agrícola, das políticas sociais e das constantes no Plano Plurianual da União.

**Art. 25.** O orçamento da União fixará, anualmente, o volume de títulos da dívida agrária e dos recursos destinados, no exercício, ao atendimento do Programa de Reforma Agrária.

**§ 1º** Os recursos destinados à execução do Plano Nacional de Reforma Agrária deverão constar do orçamento do ministério responsável por sua implementação e do órgão executor da política de colonização e reforma agrária, salvo aqueles que, por sua natureza, exijam instituições especializadas para a sua aplicação.

**§ 2º** Objetivando a compatibilização dos programas de trabalho e propostas orçamentárias, o órgão executor da reforma agrária encaminhará, anualmente e em tempo hábil, aos órgãos da administração pública responsáveis por ações complementares, o programa a ser implantado no ano subsequente.

**Art. 26.** São isentas de impostos federais, estaduais e municipais, inclusive do Distrito Federal, as operações de transferência de imóveis desapropriados para fins de reforma agrária, bem como a transferência ao beneficiário do programa.

**Art. 26-A.** Não serão cobradas custas ou emolumentos para registro de títulos translativos de domínio de imóveis rurais desapropriados para fins de reforma agrária.

**Art. 26-B.** Fica o Incra autorizado a regularizar a posse de lote em projeto de assentamento que tenha sido ocupado sem autorização, observado o disposto nos arts. 20 e 20-A desta Lei. *(Redação dada pela Lei 14.757/2023)*

**§ 1º** A regularização será processada a requerimento de quem estiver na posse plena do lote ou, de ofício, pelo Incra, desde que atendidas cumulativamente as seguintes condições: *(Redação dada pela Lei 14.757/2023)*

**I** - criação do projeto de assentamento há mais de 2 (dois) anos; *(Redação dada pela Lei 14.757/2023)*

**I-A** - ocupação e exploração da parcela diretamente pelo interessado há, no mínimo, 1 (um) ano; *(Acrescido pela Lei 14.757/2023)*

**II** – inexistência de candidatos excedentes interessados na parcela elencados na lista de selecionados de que trata o § 3º do art. 19 desta Lei para o projeto de assentamento;

**III** – observância pelo interessado dos requisitos de elegibilidade para ser beneficiário da reforma agrária; e

**IV** – quitação ou assunção pelo interessado, até a data de assinatura de novo contrato de concessão de uso, dos débitos relativos ao crédito de instalação reembolsável concedido ao beneficiário original.

**§ 2º** Atendidos os requisitos de que trata o § 1º deste artigo, o Incra celebrará contrato de concessão de uso nos termos do § 2º do art. 18 desta Lei.

**Art. 27.** Esta Lei entra em vigor na data de sua publicação.

**Art. 28.** Revogam-se as disposições em contrário.

Brasília, 25 de fevereiro de 1993, 172º da Independência e 105º da República.
Itamar Franco
Lázaro Ferreira Barbosa

# LEI COMPLEMENTAR Nº 76, DE 6 DE JULHO DE 1993

*Dispõe sobre o procedimento contraditório especial, de rito sumário, para o processo de desapropriação de imóvel rural, por interesse social, para fins de reforma agrária.*

- D.O.U. de 7.7.1993

O PRESIDENTE DA REPÚBLICA Faço saber que o Congresso Nacional decreta e eu sanciono a seguinte Lei Complementar:

**Art. 1º.** O procedimento judicial da desapropriação de imóvel rural por interesse social para fins de reforma agrária obedecerá ao contraditório especial, de rito sumário, previsto nesta Lei Complementar.

- CF/1988, art. 184 (...) § 3º. Cabe à lei complementar estabelecer procedimento contraditório especial, de rito sumário, para o processo judicial de desapropriação.

**Art. 2º.** A desapropriação de que trata esta Lei Complementar é de competência privativa da União e será precedida de decreto declarando o imóvel de interesse social, para fins de reforma agrária.

**§ 1º.** A ação de desapropriação, proposta pelo órgão federal executor da reforma agrária, será processada e julgada pelo juiz federal competente, inclusive durante as férias forenses.

**§ 2º.** Declarado o interesse social, para fins de reforma agrária, fica o expropriante legitimado a promover a vistoria e a avaliação do imóvel, inclusive com o auxílio de força policial, mediante prévia autorização do juiz, responsabilizando-se por eventuais perdas e danos que seus agentes vierem a causar, sem prejuízo das sanções penais cabíveis.

**Art. 3º.** A ação de desapropriação deverá ser proposta dentro do prazo de 2 (dois) anos, contado da publicação do decreto declaratório.

**Art. 4º.** Intentada a desapropriação parcial, o proprietário poderá requerer, na contestação, a desapropriação de todo o imóvel, quando a área remanescente ficar:

**I** – reduzida a superfície inferior à da pequena propriedade rural; ou

**II** – prejudicada substancialmente em suas condições de exploração econômica, caso seja o seu valor inferior ao da parte desapropriada.

**Art. 5º.** A petição inicial, além dos requisitos previstos no Código de Processo Civil, conterá a oferta do preço e será instruída com os seguintes documentos:

**I** – texto do decreto declaratório de interesse social para fins de reforma agrária, publicado no *Diário Oficial da União*;

**II** – certidões atualizadas de domínio e de ônus real do imóvel;

**III** – documento cadastral do imóvel;

**IV** – laudo de vistoria e avaliação administrativa, que conterá, necessariamente:

*a)* descrição do imóvel, por meio de suas plantas geral e de situação, e memorial descritivo da área objeto da ação;

*b)* relação das benfeitorias úteis, necessárias e voluptuárias, das culturas e pastos naturais e artificiais, da cobertura florestal, seja natural ou decorrente de florestamento ou reflorestamento, e dos semoventes;

- CC, arts. 96 e 97.

*c)* discriminadamente, os valores de avaliação da terra nua e das benfeitorias indenizáveis.

**V** – comprovante de lançamento dos Títulos da Dívida Agrária correspondente ao valor ofertado para pagamento de terra nua;

**VI** – comprovante de depósito em banco oficial, ou outro estabelecimento no caso de inexistência de agência na localidade, à disposição do juízo, correspondente ao valor ofertado para pagamento das benfeitorias úteis e necessárias.

**Art. 6º.** O juiz, ao despachar a petição inicial, de plano ou no prazo máximo de 48 (quarenta e oito) horas:

**I** – mandará imitir o autor na posse do imóvel;

**II** – determinará a citação do expropriando para contestar o pedido e indicar assistente técnico, se quiser;

**III** – expedirá mandado ordenando a averbação do ajuizamento da ação no registro do imóvel expropriando, para conhecimento de terceiros.

**§ 1º.** Inexistindo dúvida acerca do domínio, ou de algum direito real sobre o bem, ou sobre os direitos dos titulares do domínio útil, e do domínio direto, em caso de enfiteuse ou aforamento, ou, ainda, inexistindo divisão, hipótese em que o valor da indenização ficará depositado à disposição do juízo enquanto os interessados não resolverem seus conflitos em ações próprias, poderá o expropriando requerer o levantamento de oitenta por cento da indenização depositada, quitado os tributos e publicados os editais, para conhecimento de terceiros, a expensas do expropriante, duas vezes na imprensa local e uma na oficial, decorrido o prazo de trinta dias.

**§ 2º** O juiz poderá, para a efetivação da imissão na posse, requisitar força policial.

**§ 3º.** No curso da ação poderá o Juiz designar, com o objetivo de fixar a prévia e justa indenização, audiência de conciliação, que será realizada nos dez primeiros dias a contar da citação e na qual deverão estar presentes o autor, o réu e o Ministério Público. As partes ou seus representantes legais serão intimadas via postal.

**§ 4º.** Aberta a audiência, o Juiz ouvirá as partes e o Ministério Público, propondo a conciliação.

**§ 5º.** Se houver acordo, lavrar-se-á o respectivo termo, que será assinado pelas partes e pelo Ministério Público ou seus representantes legais.

**§ 6º.** Integralizado o valor acordado, nos dez dias úteis subsequentes ao pactuado, o Juiz expedirá mandado ao registro imobiliário, de-

ADMINISTRATIVO

terminando a matrícula do bem expropriado em nome do expropriante.

**§ 7º.** A audiência de conciliação não suspende o curso da ação.

**Art. 7º.** A citação do expropriando será feita na pessoa do proprietário do bem, ou de seu representante legal, obedecido o disposto no art. 12 do Código de Processo Civil.

**§ 1º.** Em se tratando de enfiteuse ou aforamento, serão citados os titulares do domínio útil e do domínio direto, exceto quando for contratante a União.

**§ 2º.** No caso de espólio, inexistindo inventariante, a citação será feita na pessoa do cônjuge sobrevivente ou na de qualquer herdeiro ou legatário que esteja na posse do imóvel.

**§ 3º.** Serão intimados da ação os titulares de direitos reais sobre o imóvel desapropriando.

**§ 4º.** Serão ainda citados os confrontantes que, na fase administrativa do procedimento expropriatório, tenham, fundamentadamente, contestado as divisas do imóvel expropriando.

**Art. 8º.** O autor, além de outras formas previstas na legislação processual civil, poderá requerer que a citação do expropriando seja feita pelo correio, através de carta com aviso de recepção, firmado pelo destinatário ou por seu representante legal.

**Art. 9º.** A contestação deve ser oferecida no prazo de 15 (quinze) dias e versar matéria de interesse da defesa, excluída a apreciação quanto ao interesse social declarado.

**§ 1º.** Recebida a contestação, o juiz, se for o caso, determinará a realização de prova pericial, adstrita a pontos impugnados do laudo de vistoria administrativa, a que se refere o art. 5º, inciso IV, e, simultaneamente:

**I** – designará o perito do juízo;

**II** – formulará os quesitos que julgar necessários;

**III** – intimará o perito e os assistentes para prestar compromisso, no prazo de 5 (cinco) dias;

**IV** – intimará as partes para apresentar quesitos, no prazo de 10 (dez) dias.

**§ 2º.** A prova pericial será concluída no prazo fixado pelo juiz, não excedente a 60 (sessenta) dias, contado da data do compromisso do perito.

**Art. 10.** Havendo acordo sobre o preço, este será homologado por sentença.

**Parágrafo único.** Não havendo acordo, o valor que vier a ser acrescido ao depósito inicial por força de laudo pericial acolhido pelo Juiz será depositado em espécie para as benfeitorias, juntado aos autos o comprovante de lançamento de Títulos da Dívida Agrária para terra nua, como integralização dos valores ofertados.

**Art. 11.** A audiência de instrução e julgamento será realizada em prazo não superior a 15 (quinze) dias, a contar da conclusão da perícia.

**Art. 12.** O juiz proferirá sentença na audiência de instrução e julgamento ou nos 30 dias subsequentes, indicando os fatos que motivaram o seu convencimento.

**§ 1º.** Ao fixar o valor da indenização, o juiz considerará, além dos laudos periciais, outros meios objetivos de convencimento, inclusive a pesquisa de mercado.

**§ 2º.** O valor da indenização corresponderá ao valor apurado na data da perícia ou ao consignado pelo juiz corrigido monetariamente até a data de seu efetivo pagamento.

**§ 3º.** Na sentença, o juiz individualizará o valor do imóvel, de suas benfeitorias e dos demais componentes do valor da indenização.

**§ 4º.** Tratando-se de enfiteuse ou aforamento, o valor da indenização será depositado em nome dos titulares do domínio útil e do domínio direto e disputado por via de ação própria.

**Art. 13.** Da sentença que fixar o preço da indenização caberá apelação com efeito simplesmente devolutivo, quando interposta pelo expropriado e, em ambos os efeitos, quando interposta pelo expropriante.

**§ 1º.** A sentença que condenar o expropriante, em quantia superior a 50% (cinquenta por cento) sobre o valor oferecido na inicial, fica sujeita a duplo grau de jurisdição.

**§ 2º.** No julgamento dos recursos decorrentes da ação desapropriatória não haverá revisor.

**Arts. 14 e 15.** *(Revogados pela Lei 13.465/2017)*

**Art. 16.** A pedido do expropriado, após o trânsito em julgado da sentença, será levantada a indenização ou o depósito judicial, deduzidos o valor de tributos e multas incidentes sobre o imóvel, exigíveis até a data da imissão na posse pelo expropriante.

**Art. 17.** Efetuado ou não o levantamento, ainda que parcial, da indenização ou do depósito judicial, será expedido em favor do expropriante, no prazo de 48 (quarenta e oito) horas, mandado translativo do domínio para o Cartório do Registro de Imóveis competente, sob a forma e para os efeitos da Lei de Registros Públicos.

**Parágrafo único.** O registro da propriedade nos cartórios competentes dar-se-á no prazo improrrogável de 3 (três) dias, contado da data da apresentação do mandado.

**Art. 18.** As ações concernentes à desapropriação de imóvel rural, por interesse social, para fins de reforma agrária, têm caráter preferencial e prejudicial em relação a outras ações referentes ao imóvel expropriando, e independem do pagamento de preparo ou de emolumentos.

**§ 1º.** Qualquer ação que tenha por objeto o bem expropriando será distribuída, por dependência, à Vara Federal onde tiver curso a ação de desapropriação, determinando-se a pronta intervenção da União.

**§ 2º.** O Ministério Público Federal intervirá, obrigatoriamente, após a manifestação das partes, antes de cada decisão manifestada no processo, em qualquer instância.

**Art. 19.** As despesas judiciais e os honorários do advogado e do perito constituem encargos do sucumbente, assim entendido o expropriado, se o valor da indenização for igual ou inferior ao preço oferecido, ou o expropriante, na hipótese de valor superior ao preço oferecido.

**§ 1º.** Os honorários do advogado do expropriado serão fixados em até 20% (vinte por cento) sobre a diferença entre o preço oferecido e o valor da indenização.

**§ 2º.** Os honorários periciais serão pagos em valor fixo, estabelecido pelo juiz, atendida à complexidade do trabalho desenvolvido.

**Art. 20.** Em qualquer fase processual, mesmo após proferida a sentença, compete ao juiz, a requerimento de qualquer das partes, arbitrar valor para desmonte e transporte de móveis e semoventes, a ser suportado, ao final, pelo expropriante, e cominar prazo para que o promova o expropriado.

**Art. 21.** Os imóveis rurais desapropriados, uma vez registrados em nome do expropriante, não poderão ser objeto de ação reivindicatória.

**Art. 22.** Aplica-se subsidiariamente ao procedimento de que trata esta Lei Complementar, no que for compatível, o Código de Processo Civil.

**Art. 23.** As disposições desta Lei Complementar aplicam-se aos processos em curso, convalidados os atos já realizados.

**Art. 24.** Esta Lei Complementar entra em vigor na data de sua publicação.

**Art. 25.** Revogam-se as disposições em contrário e, em especial, o Dec.-lei 554, de 25 de abril de 1969.

Brasília, 6 de julho de 1993,
172º da Independência e 105º da República.
Itamar Franco
José Antonio Barros Munhoz

# LEI Nº 8.745, DE 9 DE DEZEMBRO DE 1993

*Dispõe sobre a contratação por tempo determinado para atender à necessidade temporária de excepcional interesse público, nos termos do inciso IX do Art. 37 da Constituição Federal, e dá outras providências.*

- DOU de 10.12.1993

O PRESIDENTE DA REPÚBLICA

Faço saber que o Congresso Nacional decreta e eu sanciono a seguinte lei:

**Art. 1º** Para atender a necessidade temporária de excepcional interesse público, os órgãos da Administração Federal direta, as autarquias e as fundações públicas poderão efetuar contratação de pessoal por tempo determinado, nas condições e prazos previstos nesta Lei.

- CF/88, art. 37 (...) IX - a lei estabelecerá os casos de contratação por tempo determinado para atender a necessidade temporária de excepcional interesse público.

**Art. 2º** Considera-se necessidade temporária de excepcional interesse público:

**I** – assistência a situações de calamidade pública;

**II** – assistência a emergências em saúde pública;

**III** – realização de recenseamentos e outras pesquisas de natureza estatística efetuadas pela Fundação Instituto Brasileiro de Geografia e Estatística – IBGE;

**IV** – admissão de professor substituto e professor visitante;

**V** – admissão de professor e pesquisador visitante estrangeiro;

**VI** – atividades:

a) especiais nas organizações das Forças Armadas para atender à área industrial ou a encargos temporários de obras e serviços de engenharia;

b) de identificação e demarcação territorial;

c) *Revogada pela Lei 10.667/2003.*

d) finalísticas do Hospital das Forças Armadas;

- Alínea declarada inconstitucional, em controle concentrado, pelo Supremo Tribunal Federal, pela ADIN nº 3.237, publicada no DOU de 1/4/2014, limitando-se os efeitos da declaração de inconstitucionalidade para que ocorram um ano após a publicação da decisão final.

e) de pesquisa e desenvolvimento de produtos destinados à segurança de sistemas de informações, sob a responsabilidade do Centro de Pesquisa e Desenvolvimento para a Segurança das Comunicações – CEPESC;

f) de vigilância e inspeção, relacionadas à defesa agropecuária, no âmbito do Ministério da Agricultura e do Abastecimento, para atendimento de situações emergenciais ligadas ao comércio internacional de produtos de origem animal ou vegetal ou de iminente risco à saúde animal, vegetal ou humana;

g) desenvolvidas no âmbito dos projetos do Sistema de Vigilância da Amazônia – SIVAM e do Sistema de Proteção da Amazônia – SIPAM.

- Lei 12.501/2011.
- Alínea declarada inconstitucional, em controle concentrado, pelo Supremo Tribunal Federal, pela ADIN nº 3.237, publicada no DOU de 1/4/2014, limitando-se os efeitos da declaração de inconstitucionalidade para que ocorram quatro anos após a publicação da decisão final.

h) técnicas especializadas, no âmbito de projetos de cooperação com prazo determinado, implementados mediante acordos internacionais, desde que haja, em seu desempenho, subordinação do contratado ao órgão ou entidade pública.

i) técnicas especializadas necessárias à implantação de órgãos ou entidades ou de novas atribuições definidas para organizações existentes ou as decorrentes de aumento transitório no volume de trabalho que não possam ser atendidas mediante a aplicação do art. 74 da Lei nº 8.112, de 11 de dezembro de 1990;

- Lei 14.145/2021 (Autoriza a prorrogação de contratos por tempo determinado no âmbito do Ministério da Educação, FNDE, Inep, Capes e ANS).
- Decreto 6.479/2008.

j) técnicas especializadas de tecnologia da informação, de comunicação e de revisão de processos de trabalho, não alcançadas pela alínea *i* e que não se caracterizem como atividades permanentes do órgão ou entidade;

- Lei 14.145/2021 (Autoriza a prorrogação de contratos por tempo determinado no âmbito do Ministério da Educação, FNDE, Inep, Capes e ANS).
- Decreto 6.479/2008.

l) didático-pedagógicas em escolas de governo; e

- Decreto 6.479/2008.

m) de assistência à saúde para povos indígenas e de atividades temporárias de apoio às ações de proteção etnoambiental para povos indígenas; e *(Redação dada pela Lei 14.600/2023)*

n) com o objetivo de atender a encargos temporários de obras e serviços de engenharia destinados à construção, à reforma, à ampliação e ao aprimoramento de estabelecimentos penais; *(Acrescida pela Lei 13.886/2019)*

**VII** – admissão de professor, pesquisador e tecnólogo substitutos para suprir a falta de professor, pesquisador ou tecnólogo ocupante de cargo efetivo, decorrente de licença para exercer atividade empresarial relativa à inovação.

**VIII** – admissão de pesquisador, de técnico com formação em área tecnológica de nível intermediário ou de tecnólogo, nacionais ou estrangeiros, para projeto de pesquisa com prazo determinado, em instituição destinada à pesquisa, ao desenvolvimento e à inovação;

**IX** – combate a emergências ambientais, na hipótese de declaração, pelo Ministro de Estado do Meio Ambiente, da existência de emergência ambiental na região específica;

**X** – admissão de professor para suprir demandas decorrentes da expansão das instituições federais de ensino, respeitados os limites e as condições fixados em ato conjunto dos Ministérios do Planejamento, Orçamento e Gestão e da Educação.

**XI** – admissão de professor para suprir demandas excepcionais decorrentes de programas e projetos de aperfeiçoamento de médicos na área de atenção básica em saúde em regiões prioritárias para o Sistema Único de Saúde - SUS, mediante integração ensino-serviço, respeitados os limites e as condições fixados em ato conjunto dos Ministros de Estado do Planejamento, Orçamento e Gestão, da Saúde e da Educação.

**XII** – admissão de profissional de nível superior especializado para atendimento a pessoas com deficiência, nos termos da legislação, matriculadas regularmente em cursos técnicos de nível médio e em cursos de nível superior nas instituições federais de ensino, em ato conjunto do Ministério do Planejamento, Desenvolvimento e Gestão e do Ministério da Educação.

- Lei que institua hipóteses abrangentes e genéricas é inconstitucional. O STF decidiu que a lei do ente federativo regulamentando o art. 37, IX, da CF/88 não poderá prever hipóteses abrangentes e genéricas de contratações temporárias sem concurso público. Além disso, essa lei deverá especificar a contingência fática que caracteriza a situação de emergência. A Lei questionada no STF era do Município de Bertópolis/MG e dizia que seria possível a contratação temporária para "suprir necessidades de pessoal na área do magistério". Os Ministros entenderam que a lei municipal permitia, de forma genérica e abrangente, a contratação temporária de profissionais para a realização de atividade essencial e permanente (magistério), sem descrever as situações excepcionais e transitórias que fundamentam esse ato, como calamidades e exonerações em massa, por exemplo.STF. Plenário. RE 658026/MG, Rel. Min. Dias Toffoli, julgado em 9/4/2014 (Info 742).

**§ 1º** A contratação de professor substituto de que trata o inciso IV do *caput* poderá ocorrer para suprir a falta de professor efetivo em razão de:

**I** – vacância do cargo;

**II** – afastamento ou licença, na forma do regulamento; ou

**III** – nomeação para ocupar cargo de direção de reitor, vice-reitor, pró-reitor e diretor de *campus*.

**§ 2º** O número total de professores de que trata o inciso IV do *caput* não poderá ultrapassar 20% (vinte por cento) do total de docentes efetivos em exercício na instituição federal de ensino.

**§ 3º** As contratações a que se refere a alínea *h* do inciso VI serão feitas exclusivamente por projeto, vedado o aproveitamento dos contratados em qualquer área da administração pública.

**§ 4º** Ato do Poder Executivo disporá, para efeitos desta Lei, sobre a declaração de emergências em saúde pública.

**§ 5º** A contratação de professor visitante e de professor visitante estrangeiro, de que tratam os incisos IV e V do *caput*, tem por objetivo:

**I** – apoiar a execução dos programas de pós-graduação stricto sensu;

**II** – contribuir para o aprimoramento de programas de ensino, pesquisa e extensão;

**III** – contribuir para a execução de programas de capacitação docente; ou

**IV** – viabilizar o intercâmbio científico e tecnológico.

**§ 6º** A contratação de professor visitante e o professor visitante estrangeiro, de que tratam os incisos IV e V do *caput*, deverão:

**I** – atender a requisitos de titulação e competência profissional; ou II – ter reconhecido renome em sua área profissional, atestado por deliberação do Conselho Superior da instituição contratante.

**§ 7º** São requisitos mínimos de titulação e competência profissional para a contratação de professor visitante ou de professor visitante estrangeiro, de que tratam os incisos IV e V do *caput*:

**I** – ser portador do título de doutor, no mínimo, há 2 (dois) anos;

**II** – ser docente ou pesquisador de reconhecida competência em sua área; e

**III** – ter produção científica relevante, preferencialmente nos últimos 5 (cinco) anos.

**§ 8º** Excepcionalmente, no âmbito das Instituições da Rede Federal de Educação Profissional, Científica e Tecnológica, poderão ser contratados professor visitante ou professor visitante estrangeiro, sem o título de doutor, desde que possuam comprovada competência em ensino, pesquisa e extensão tecnológicos ou reconhecimento da qualificação profissional pelo mercado de trabalho, na forma prevista pelo Conselho Superior da instituição contratante.

**§ 9º** A contratação de professores substitutos, professores visitantes e professores visitantes estrangeiros poderá ser autorizada pelo dirigente da instituição, condicionada à existência de recursos orçamentários e financeiros para fazer frente às despesas decorrentes da contratação e ao quantitativo máximo de contratos estabelecido para a IFE.

**§ 10.** A contratação dos professores substitutos fica limitada ao regime de trabalho de 20 (vinte) horas ou 40 (quarenta) horas.

**Art. 3º** O recrutamento do pessoal a ser contratado, nos termos desta Lei, será feito mediante processo seletivo simplificado sujeito a ampla divulgação, inclusive através do *Diário Oficial da União*, prescindindo de concurso público.

**§ 1º** A contratação para atender às necessidades decorrentes de calamidade pública, de emergência ambiental e de emergências em saúde pública prescindirá de processo seletivo.

**§ 2º** A contratação de pessoal, nos casos do professor visitante referido nos incisos IV e V e nos casos das alíneas *a, d, e, g, l* e *m* do inciso VI e do inciso VIII do *caput* do art. 2º desta Lei, poderá ser efetivada em vista de notória capacidade técnica ou científica do profissional, mediante análise do *curriculum vitae*.

**§ 3º** As contratações de pessoal no caso das alíneas *h* e *i* do inciso VI do art. 2º desta Lei serão feitas mediante processo seletivo simplificado, observados os critérios e condições estabelecidos pelo Poder Executivo.

**Art. 4º** As contratações serão feitas por tempo determinado, observados os seguintes prazos máximos:

**I** – 6 (seis) meses, nos casos dos incisos I, II e IX do *caput* do art. 2º desta Lei;

**II** – 1 (um) ano, nos casos dos incisos III e IV, das alíneas *d* e *f* do inciso VI e do inciso X do *caput* do art. 2º;

**III** – 2 (dois) anos, nos casos das alíneas "b" e "e" do inciso VI do *caput* do art. 2º desta Lei; *(Redação dada pela Lei 14.724/2023)*

**IV** – 3 (três) anos, nos casos das alíneas "h" e "l" do inciso VI e dos incisos VII, VIII e XI do *caput* do art. 2º desta Lei;

**V** – 4 (quatro) anos, nos casos do inciso V e das alíneas "a", "g", "i", "j", "m" e "n" do inciso VI do *caput* do art. 2º desta Lei. *(Redação dada pela Lei 14.724/2023)*

**Parágrafo único.** É admitida a prorrogação dos contratos:

**I** – no caso do inciso IV, das alíneas b, d e f do inciso VI e do inciso X do *caput* do art. 2º, desde que o prazo total não exceda a 2 (dois) anos;

**II** – no caso do inciso III e da alínea e do inciso VI do *caput* do art. 2º, desde que o prazo total não exceda a 3 (três) anos;

**III** – nos casos do inciso V, das alíneas "a", "h", "l" e "n" do inciso VI e do inciso VIII do *caput* do art. 2º desta Lei, desde que o prazo total não exceda a 4 (quatro) anos; *(Redação dada pela Lei 14.724/2023)*

**IV** – nos casos das alíneas "g", "i", "j" e "m" do inciso VI do *caput* do art. 2º desta Lei, desde que o prazo total não exceda a 5 (cinco) anos; *(Redação dada pela Lei 14.724/2023)*

- Lei 14.145/2021 (Autoriza a prorrogação de contratos por tempo determinado no âmbito do Ministério da Educação, FNDE, Inep, Capes e ANS).

**V** – no caso dos incisos VII e XI do *caput* do art. 2º, desde que o prazo total não exceda 6 (seis) anos; e

**VI** – nos casos dos incisos I e II do *caput* do art. 2º desta Lei, pelo prazo necessário à superação da situação de calamidade pública ou das situações de emergências em saúde pública, desde que não exceda a 2 (dois) anos

**Art. 5º** As contratações somente poderão ser feitas com observância da dotação orçamentária específica e mediante prévia autorização do Ministro de Estado do Planejamento, Orçamento e Gestão e do Ministro de Estado sob cuja supervisão se encontrar o órgão ou entidade contratante, conforme estabelecido em regulamento.

- Decreto 10.728/2021 (Regulamenta este dispositivo.)

**Parágrafo único.** *(Revogado pela Lei 9.849/1999)*

**Art. 5º-A** Os órgãos e entidades contratantes encaminharão à Secretaria de Recursos Humanos do Ministério do Planejamento, Orçamento e Gestão, para controle do disposto nesta Lei, síntese dos contratos efetivados.

**Art. 6º** É proibida a contratação, nos termos desta Lei, de servidores da Administração direta ou indireta da União, dos Estados, do Distrito Federal e dos Municípios, bem como de empregados ou servidores de suas subsidiárias e controladas.

**§ 1º** Excetua-se do disposto no *caput* deste artigo, condicionada à formal comprovação da compatibilidade de horários, a contratação de:

**I** – professor substituto nas instituições federais de ensino, desde que o contratado não ocupe cargo efetivo integrante das carreiras de magistério de que trata a Lei nº 7.596, de 10 de abril de 1987;

**II** – profissionais de saúde em unidades hospitalares, quando administradas pelo Governo Federal e para atender às necessidades decorrentes de calamidade pública, desde que o contratado não ocupe cargo efetivo ou emprego permanente em órgão ou entidade da administração pública federal direta e indireta.

**§ 2º** Sem prejuízo da nulidade do contrato, a infração do disposto neste artigo importará responsabilidade administrativa da autoridade contratante e do contratado, inclusive, se for o caso, solidariedade quanto à devolução dos valores pagos ao contratado.

**Art. 7º** A remuneração do pessoal contratado nos termos desta lei será fixada:

**I** – nos casos dos incisos IV, X e XI do *caput* do art. 2º, em importância não superior ao valor da remuneração fixada para os servidores de final de Carreira das mesmas categorias, nos planos de retribuição ou nos quadros de cargos e salários do órgão ou entidade contratante;

**II** – nos casos dos incisos I a III, V, VI e VIII do *caput* do art. 2º, em importância não superior ao valor da remuneração constante dos planos de retribuição ou dos quadros de cargos e salários do serviço público, para servidores que desempenhem função semelhante, ou, não existindo a semelhança, às condições do mercado de trabalho; e

**III** – no caso do inciso III do art. 2º, quando se tratar de coleta de dados, o valor da remuneração poderá ser formado por unidade produzida, desde que obedecido ao disposto no inciso II deste artigo.

**§ 1º** Para os efeitos deste artigo, não se consideram as vantagens de natureza individual dos servidores ocupantes de cargos tomados como paradigma.

**§ 2º** Caberá ao Poder Executivo fixar as tabelas de remuneração para as hipóteses de contratações previstas nas alíneas h, i, j, l e m do inciso VI do *caput* do art. 2º.

**Art. 8º** Ao pessoal contratado nos termos desta lei aplica-se o disposto na Lei nº 8.647, de 13 de abril de 1993.

**Art. 9º** O pessoal contratado nos termos desta lei não poderá:

**I** – receber atribuições, funções ou encargos não previstos no respectivo contrato;

**II** – ser nomeado ou designado, ainda que a título precário ou em substituição, para o exercício de cargo em comissão ou função de confiança;

**III** – ser novamente contratado, com fundamento nesta Lei, antes de decorridos 24 (vinte e quatro) meses do encerramento de seu contrato anterior, salvo nas hipóteses dos incisos I e IX do art. 2º desta Lei, mediante prévia autorização, conforme determina o art. 5º desta Lei.

- É constitucional a quarentena para recontratação de servidores temporários prevista no art. 9º, III, da Lei 8.745/93. No âmbito da administração pública federal, é vedada a contratação temporária do mesmo servidor antes de decorridos 24 meses do encerramento do contrato anterior. Tal regra está prevista no art. 9º, III, da Lei nº 8.745/93:
- Art. 9º O pessoal contratado nos termos desta Lei não poderá: III - ser novamente contratado, com fundamento nesta Lei, antes de decorridos 24 (vinte e quatro) meses do encerramento de seu contrato anterior, salvo nas hipóteses dos incisos I e IX do art. 2º desta Lei, mediante prévia autorização, conforme determina o art. 5º desta Lei.
- O STF, ao analisar um caso concreto envolvendo a contratação temporária de professores, decidiu que essa regra é constitucional e fixou a seguinte tese: "É compatível com a Constituição Federal a previsão legal que exija o transcurso de 24 (vinte e quatro) meses, contados do término do contrato, antes de nova admissão de professor temporário anteriormente contratado." STF. Plenário. RE 635648/CE, Rel. Min. Edson Fachin, julgado em 14/6/2017 (Info 869).
- Situação excepcional na qual o STJ entendeu que não houve violação ao inciso III do art. 9º da Lei 8.745/93. Na hipótese de contratação de servidor temporário para outra função pública, por outro órgão, sem relação de dependência com aquele que o contratara anteriormente, não se aplica a vedação do art. 9º, III, da Lei n. 8.745/93.
- Assim, é possível nova contratação temporária, mesmo em prazo inferior a 24 meses, se for para outra função pública e para outro órgão sem qualquer relação de dependência com aquele para o qual a pessoa foi contratada anteriormente. A vedação prevista no art. 9º, III, da Lei nº 8.745/93 deve ser interpretada restritivamente, de acordo com a finalidade para qual foi criada, ou seja, impedir a continuidade do servidor temporário no exercício de funções públicas permanentes, em burla ao princípio constitucional que estabelece o concurso público como regra para a investidura em cargos públicos. STJ. 2ª Turma. REsp 1.433.037-DF, Rel. Min. Humberto Martins, julgado em 25/2/2014 (Info 540).

**Parágrafo único.** *(Revogado pela Lei 11.784/2008)*

**Art. 10.** As infrações disciplinares atribuídas ao pessoal contratado nos termos desta Lei serão apuradas mediante sindicância, concluída no prazo de trinta dias e assegurada ampla defesa.

**Art. 11.** Aplica-se ao pessoal contratado nos termos desta lei o disposto nos arts. 53 e 54; 57 a 59; 63 a 80; 97; 104 a 109; 110, incisos, I, *in fine*, e II, parágrafo único, a 115; 116, incisos I a V, alíneas *a* e *c*, VI a XII e parágrafo único; 117, incisos I a VI e IX a XVIII; 118 a 126; 127, incisos I, II e III, a 132, incisos I a VII, e IX a XIII; 136 a 142, incisos I, primeira parte, a III, e §§ 1º a 4º; 236; 238 a 242, da Lei nº 8.112, de 11 de dezembro de 1990 .

**Art. 12.** O contrato firmado de acordo com esta lei extinguir-se-á, sem direito a indenizações:

**I** – pelo término do prazo contratual;

**II** – por iniciativa do contratado.

**III** – pela extinção ou conclusão do projeto, definidos pelo contratante, nos casos da alínea *h* do inciso VI do art. 2º.

**§ 1º** A extinção do contrato, nos casos dos incisos II e III, será comunicada com a antecedência mínima de trinta dias.

**§ 2º** A extinção do contrato, por iniciativa do órgão ou entidade contratante, decorrente de conveniência administrativa, importará no pagamento ao contratado de indenização correspondente à metade do que lhe caberia referente ao restante do contrato.

- Competência para julgar demandas propostas por servidores temporários contra a Administração. A justiça comum é competente para processar e julgar causas em que se discuta a validade de vínculo jurídico-administrativo entre o poder público e servidores temporários. Dito de outra forma: a Justiça competente para julgar litígios envolvendo servidores temporários (art. 37, IX, da CF/88) e a Administração Pública é a JUSTIÇA COMUM (estadual ou federal). A competência NÃO é da Justiça do Trabalho, ainda que o autor da ação alegue que houve desvirtuamento do vínculo e mesmo que ele formule os seus pedidos baseados na CLT ou na lei do FGTS. STF. Plenário. Rcl 4351 MC-AgR/PE, rel. orig. Min. Marco Aurélio, red. p/ o acórdão Min. Dias Toffoli, julgado em 11/11/2015 (Info 807).

**Arts. 13 a 15.** *(Revogados pela Lei 11.440/2006)*

**Art. 16.** O tempo de serviço prestado em virtude de contratação nos termos desta Lei será contado para todos os efeitos.

**Art. 17.** Esta Lei entra em vigor na data de sua publicação.

**Art. 18.** Revogam-se as disposições em contrário, especialmente os arts. 232 a 235 da Lei nº 8.112, de 11 de dezembro de 1990.

Brasília, 9 de dezembro de 1993,
172º da Independência e 105º da República.
Itamar Franco
Romildo Canhim
Arnaldo Leite Pereira

# LEI Nº 9.074, DE 7 DE JULHO DE 1995

*Estabelece normas para outorga e prorrogações das concessões e permissões de serviços públicos e dá outras providências.*

- DOU de 8.7.1995; rep. DOU de 28.9.1998.
- Lei 12.783/2013

O PRESIDENTE DA REPÚBLICA

Faço saber que o Congresso Nacional decreta e eu sanciono a seguinte Lei:

## CAPÍTULO I
## DAS DISPOSIÇÕES INICIAIS

**Art. 1º** Sujeitam-se ao regime de concessão ou, quando couber, de permissão, nos termos da Lei nº 8.987, de 13 de fevereiro de 1995, os seguintes serviços e obras públicas de competência da União:

**I** – (VETADO)

**II** – (VETADO)
**III** – (VETADO)
**IV** – vias federais, precedidas ou não da execução de obra pública;
**V** – exploração de obras ou serviços federais de barragens, contenções, eclusas ou outros dispositivos de transposição hidroviária de níveis, diques, irrigações, precedidas ou não da execução de obras públicas;
**VI** – estações aduaneiras e outros terminais alfandegados de uso público, não instalados em área de porto ou aeroporto, precedidos ou não de obras públicas;
**VII** – os serviços postais.
**§ 1º** *(Revogado pela Lei 11.668/2008)*
**§ 2º** O prazo das concessões e permissões de que trata o inciso VI deste artigo será de vinte e cinco anos, podendo ser prorrogado por dez anos.
**§ 3º** Ao término do prazo, as atuais concessões e permissões, mencionadas no § 2º, incluídas as anteriores à Lei nº 8.987, de 13 de fevereiro de 1995, serão prorrogadas pelo prazo previsto no § 2º.

**Art. 2º** É vedado à União, aos Estados, ao Distrito Federal e aos Municípios executarem obras e serviços públicos por meio de concessão e permissão de serviço público, sem lei que lhes autorize e fixe os termos, dispensada a lei autorizativa nos casos de saneamento básico e limpeza urbana e nos já referidos na Constituição Federal, nas Constituições Estaduais e nas Leis Orgânicas do Distrito Federal e Municípios, observado, em qualquer caso, os termos da Lei nº 8.987, de 1995.
**§ 1º** A contratação dos serviços e obras públicas resultantes dos processos iniciados com base na Lei nº 8.987, de 1995, entre a data de sua publicação e a da presente Lei, fica dispensada de lei autorizativa.
**§ 2º** Independe de concessão, permissão ou autorização o transporte de cargas pelos meios rodoviário e aquaviário.
**§ 3º** Independe de concessão ou permissão o transporte:
**I** – aquaviário, de passageiros, que não seja realizado entre portos organizados;
**II** – rodoviário e aquaviário de pessoas, realizado por operadoras de turismo no exercício dessa atividade;
**III** – de pessoas, em caráter privativo de organizações públicas ou privadas, ainda que em forma regular.
**§ 4º** A outorga para exploração indireta de ferrovias em regime de direito privado será exercida mediante autorização, na forma da legislação específica. *(Acrescido pela Lei 14.273/2021)*

**Art. 3º** Na aplicação dos arts. 42, 43 e 44 da Lei nº 8.987, de 1995, serão observadas pelo poder concedente as seguintes determinações:
**I** – garantia da continuidade na prestação dos serviços públicos;
**II** – prioridade para conclusão de obras paralisadas ou em atraso;
**III** – aumento da eficiência das empresas concessionárias, visando à elevação da competitividade global da economia nacional;
**IV** – atendimento abrangente ao mercado, sem exclusão das populações de baixa renda e das áreas de baixa densidade populacional inclusive as rurais;
**V** – uso racional dos bens coletivos, inclusive os recursos naturais.

## CAPÍTULO II
## DOS SERVIÇOS DE ENERGIA ELÉTRICA

### SEÇÃO I
### DAS CONCESSÕES, PERMISSÕES E AUTORIZAÇÕES

**Art. 4º** As concessões, permissões e autorizações de exploração de serviços e instalações de energia elétrica e de aproveitamento energético dos cursos de água serão contratadas, prorrogadas ou outorgadas nos termos desta e da Lei nº 8.987, e das demais.
‣ Decreto 11.314/2022 (Regulamenta este dispositivo.)
**§ 1º** As contratações, outorgas e prorrogações de que trata este artigo poderão ser feitas a título oneroso em favor da União.
**§ 2º** As concessões de geração de energia elétrica anteriores a 11 de dezembro de 2003 terão o prazo necessário à amortização dos investimentos, limitado a 35 (trinta e cinco) anos, contado da data de assinatura do imprescindível contrato, podendo ser prorrogado por até 20 (vinte) anos, a critério do Poder Concedente, observadas as condições estabelecidas nos contratos.
**§ 3º** As concessões de transmissão e de distribuição de energia elétrica, contratadas a partir desta Lei, terão o prazo necessário à amortização dos investimentos, limitado a trinta anos, contado da data de assinatura do imprescindível contrato, podendo ser prorrogado no máximo por igual período, a critério do poder concedente, nas condições estabelecidas no contrato.
**§ 4º** As prorrogações referidas neste artigo deverão ser requeridas pelo concessionário ou permissionário, no prazo de até trinta e seis meses anteriores à data final do respectivo contrato, devendo o poder concedente manifestar-se sobre o requerimento até dezoito meses antes dessa data.
**§ 5º** As concessionárias, as permissionárias e as autorizadas de serviço público de distribuição de energia elétrica que atuem no Sistema Interligado Nacional – SIN não poderão desenvolver atividades:
**I** – de geração de energia elétrica;
**II** – de transmissão de energia elétrica;
**III** – de venda de energia a consumidores de que tratam os arts. 15 e 16 desta Lei, exceto às unidades consumidoras localizadas na área de concessão ou permissão da empresa distribuidora, sob as mesmas condições reguladas aplicáveis aos demais consumidores

ADMINISTRATIVO

não abrangidos por aqueles artigos, inclusive tarifas e prazos, ressalvado o disposto no § 13;

**IV** – de participação em outras sociedades de forma direta ou indireta, ressalvado o disposto no art. 31, inciso VIII, da Lei nº 8.987, de 13 de fevereiro de 1995, e nos respectivos contratos de concessão; ou

**V** – estranhas ao objeto da concessão, permissão ou autorização, exceto nos casos previstos em lei e nos respectivos contratos de concessão.

**§ 6º** Não se aplica o disposto no § 5º deste artigo às concessionárias, permissionárias e autorizadas de distribuição e às cooperativas de eletrificação rural:

**I** – no atendimento a sistemas elétricos isolados;

**II** – no atendimento ao seu mercado próprio, desde que seja inferior a 500 (quinhentos) GWh/ano e a totalidade da energia gerada seja a ele destinada;

**III** – na captação, aplicação ou empréstimo de recursos financeiros destinados ao próprio agente ou a sociedade coligada, controlada, controladora ou vinculada a controladora comum, desde que destinados ao serviço público de energia elétrica, mediante anuência prévia da ANEEL, observado o disposto no inciso XIII do art. 3º da Lei nº 9.427, de 26 de dezembro de 1996, com redação dada pelo art. 17 da Lei nº 10.438, de 26 de abril de 2002, garantida a modicidade tarifária e atendido ao disposto na Lei nº 6.404, de 15 de dezembro de 1976.

**§ 7º** As concessionárias e as autorizadas de geração de energia elétrica que atuem no Sistema Interligado Nacional – SIN não poderão ser coligadas ou controladoras de sociedades que desenvolvam atividades de distribuição de energia elétrica no SIN.

**§ 8º** A regulamentação deverá prever sanções para o descumprimento do disposto nos §§ 5º, 6º e 7º deste artigo após o período estabelecido para a desverticalização.

**§ 9º** As concessões de geração de energia elétrica, contratadas a partir da Medida Provisória nº 144, de 11 de dezembro de 2003, terão o prazo necessário à amortização dos investimentos, limitado a 35 (trinta e cinco) anos, contado da data de assinatura do imprescindível contrato.

**§ 10.** Fica a Agência Nacional de Energia Elétrica – ANEEL autorizada a celebrar aditivos aos contratos de concessão de uso de bem público de aproveitamentos de potenciais hidráulicos feitos a título oneroso em favor da União, mediante solicitação do respectivo titular, com a finalidade de permitir que o início do pagamento pelo uso de bem público coincida com uma das seguintes situações, a que ocorrer primeiro:

**I** – o início da entrega da energia objeto de Contratos de Comercialização de Energia no Ambiente Regulado – CCEAR; ou

**II** – a efetiva entrada em operação comercial do aproveitamento.

**§ 11.** Quando da solicitação de que trata o § 10 deste artigo resultar postergação do início de pagamento pelo uso de bem público, a celebração do aditivo contratual estará condicionada à análise e à aceitação pela ANEEL das justificativas apresentadas pelo titular da concessão para a postergação solicitada.

**§ 12.** No caso de postergação do início do pagamento, sobre o valor não pago incidirá apenas atualização monetária mediante a aplicação do índice previsto no contrato de concessão.

**§ 13.** As concessionárias do serviço público de distribuição de energia elétrica poderão, conforme regulação da Aneel, negociar com consumidores de que tratam os arts. 15 e 16 desta Lei, afastada a vedação de que trata o inciso III do § 5º, contratos de venda de energia elétrica lastreados no excesso de energia contratada para atendimento à totalidade do mercado.

**Art. 4º-A** Os concessionários de geração de aproveitamentos hidrelétricos outorgados até 15 de março de 2004 que não entrarem em operação até 30 de junho de 2013 terão o prazo de 30 (trinta) dias para requerer a rescisão de seus contratos de concessão, sendo-lhes assegurado, no que couber:

**I** – a liberação ou restituição das garantias de cumprimento das obrigações do contrato de concessão;

**II** – o não pagamento pelo uso de bem público durante a vigência do contrato de concessão;

**III** – o ressarcimento dos custos incorridos na elaboração de estudos ou projetos que venham a ser aprovados para futura licitação para exploração do aproveitamento, nos termos do art. 28 da Lei nº 9.427, de 26 de dezembro de 1996.

**§ 1º** O poder concedente poderá expedir diretrizes complementares para fins do disposto neste artigo.

**§ 2º** A fim de garantir a condição estabelecida no inciso II do *caput*, fica assegurada ao concessionário a devolução do valor de Uso de Bem Público – UBP efetivamente pago e ou a remissão dos encargos de mora contratualmente previstos.

**Art. 4º-B** As concessionárias de distribuição de energia elétrica sujeitas a controle societário comum que, reunidas, atendam a critérios de racionalidade operacional e econômica, conforme regulamento, poderão solicitar o reagrupamento das áreas de concessão com a unificação do termo contratual.

**Art. 4º-C.** O concessionário, permissionário ou autorizatário de serviços e instalações de energia elétrica poderá apresentar plano de transferência de controle societário como alternativa à extinção da outorga, conforme regulação da Aneel.

**§ 1º** O plano de transferência de controle societário deverá demonstrar a viabilidade da troca de controle e o benefício dessa medida para a adequação do serviço prestado.

**§ 2º** A aprovação do plano de transferência de controle societário pela Aneel suspenderá o processo de extinção da concessão.

**§ 3º** A transferência do controle societário, dentro do prazo definido pela Aneel, ensejará o arquivamento do processo de extinção da concessão.

**Art. 4º-D.** *(VETADO na Lei 13.360/2016)*

**Art. 4º-E.** A concessionária de serviço público de distribuição de energia elétrica que adquirir prestadora de serviço público de distribuição de energia elétrica com mercado próprio inferior a 700 GWh/ano (setecentos gigawatts por ano), da qual é supridora, total ou parcialmente, terá direito, pelo prazo de 10 (dez) anos, a: *(Acrescido pela Lei 14.182/2021)*

**I** - 25% (vinte e cinco por cento) do valor da subvenção de que tratam os incisos XIII e XVIII do *caput* do art. 13 da Lei nº 10.438, de 26 de abril de 2002, recebida pela prestadora de serviço público de distribuição de energia elétrica adquirida; ou *(Redação dada pela Lei 14.299/2022)*

**II** - 55% (cinquenta e cinco por cento) do ganho econômico proporcionado aos consumidores atendidos pela prestadora de serviço público de distribuição de energia elétrica adquirida. *(Acrescido pela Lei 14.182/2021)*

**§ 1º** O ganho econômico de que trata o inciso II do *caput* deste artigo corresponde ao resultado da multiplicação do mercado anual da prestadora de serviço público de distribuição de energia elétrica adquirida pela diferença entre a sua tarifa média de fornecimento e a tarifa média, considerando todo o País, de fornecimento das concessionárias do serviço público de distribuição de energia elétrica. *(Acrescido pela Lei 14.182/2021)*

**§ 2º** Os valores de que tratam os incisos I e II do *caput* deste artigo serão: *(Acrescido pela Lei 14.182/2021)*

**I** - apurados no ano em que ocorrer a aquisição; e

**II** - corrigidos pela variação média anual das tarifas, considerando todo o País, de fornecimento de energia elétrica praticadas pelas concessionárias do serviço público de distribuição de energia elétrica.

**§ 3º** O incentivo de que trata este artigo é condicionado ao agrupamento das outorgas na forma do art. 4º-B desta Lei. *(Acrescido pela Lei 14.182/2021)*

**Art. 5º** São objeto de concessão, mediante licitação:

**I** – o aproveitamento de potenciais hidráulicos e a implantação de usinas termoelétricas de potência superior a 50.000 kW (cinquenta mil quilowatts) destinados a execução de serviço público;

**II** – o aproveitamento de potenciais hidráulicos de potência superior a 50.000 kW (cinquenta mil quilowatts) destinados a produção independente de energia elétrica;

**III** – de UBP, o aproveitamento de potenciais hidráulicos de potência superior a 50.000 kW (cinquenta mil quilowatts) destinados a uso exclusivo de autoprodutor, resguardado direito adquirido relativo às concessões existentes.

**§ 1º** Nas licitações previstas neste e no artigo seguinte, o poder concedente deverá especificar as finalidades do aproveitamento ou da implantação das usinas.

**§ 2º** Nenhum aproveitamento hidrelétrico poderá ser licitado sem a definição do "aproveitamento ótimo" pelo poder concedente, podendo ser atribuída ao licitante vencedor a responsabilidade pelo desenvolvimento dos projetos básico e executivo.

**§ 3º** Considera-se "aproveitamento ótimo", todo potencial definido em sua concepção global pelo melhor eixo do barramento, arranjo físico geral, níveis d'água operativos, reservatório e potência, integrante da alternativa escolhida para divisão de quedas de uma bacia hidrográfica.

**Art. 6º** As usinas termelétricas destinadas à produção independente poderão ser objeto de concessão mediante licitação ou autorização.

**Art. 7º** São objeto de autorização:

**I** – a implantação de usinas termoelétricas de potência superior a 5.000 kW (cinco mil quilowatts) destinadas a uso exclusivo do autoprodutor e a produção independente de energia;

**II** – o aproveitamento de potenciais hidráulicos de potência superior a 5.000 kW (cinco mil quilowatts) e igual ou inferior a 50.000 kW (cinquenta mil quilowatts) destinados a uso exclusivo do autoprodutor e a produção independente de energia.

**Parágrafo único.** As usinas termelétricas referidas neste e nos arts. 5º e 6º não compreendem aquelas cuja fonte primária de energia é a nuclear.

**Art. 8º** O aproveitamento de potenciais hidráulicos e a implantação de usinas termoelétricas de potência igual ou inferior a 5.000 kW (cinco mil quilowatts) estão dispensados de concessão, permissão ou autorização, devendo apenas ser comunicados ao poder concedente.

**§ 1º** Não poderão ser implantados aproveitamentos hidráulicos descritos no *caput* que estejam localizados em trechos de rios em que outro interessado detenha Registro Ativo para desenvolvimento de Projeto Básico ou Estudo de Viabilidade no âmbito da Aneel, ou ainda em que já haja aproveitamento outorgado.

**§ 2º** No caso de empreendimento hidroelétrico igual ou inferior a 5.000 kW (cinco mil quilowatts) construído em rio sem inventário aprovado pela Aneel, na eventualidade de o empreendimento ser afetado por aproveitamento ótimo do curso de água, não caberá qualquer ônus ao poder concedente ou à Aneel.

**§ 3º** Os empreendimentos hidroelétricos de potência igual ou inferior a 5.000 kW (cinco mil quilowatts) deverão respeitar a partição de quedas aprovada no inventário do respectivo rio.

**Art. 9º** É o poder concedente autorizado a regularizar, mediante outorga de autorização, o aproveitamento hidrelétrico existente na data de publicação desta Lei, sem ato autorizativo.

**Parágrafo único.** O requerimento de regularização deverá ser apresentado ao poder concedente no prazo máximo de cento e oitenta dias da data de publicação desta Lei.

**Art. 10.** Cabe à Agência Nacional de Energia Elétrica – ANEEL, declarar a utilidade pública, para fins de desapropriação ou instituição de servidão administrativa, das áreas necessárias à implantação de instalações de concessionários, permissionários e autorizados de energia elétrica.

## SEÇÃO II
## DO PRODUTOR INDEPENDENTE DE ENERGIA ELÉTRICA

**Art. 11.** Considera-se produtor independente de energia elétrica a pessoa jurídica ou empresas reunidas em consórcio que recebam concessão ou autorização do poder concedente, para produzir energia elétrica destinada ao comércio de toda ou parte da energia produzida, por sua conta e risco.

**Parágrafo único.** O Produtor Independente de energia elétrica estará sujeito às regras de comercialização regulada ou livre, atendido ao disposto nesta Lei, na legislação em vigor e no contrato de concessão ou no ato de autorização, sendo-lhe assegurado o direito de acesso à rede das concessionárias e permissionárias do serviço público de distribuição e das concessionárias do serviço público de transmissão.

**Art. 12.** A venda de energia elétrica por produtor independente poderá ser feita para:

**I** – concessionário de serviço público de energia elétrica;

**II** – consumidor de energia elétrica, nas condições estabelecidas nos arts. 15 e 16;

**III** – consumidores de energia elétrica integrantes de complexo industrial ou comercial, aos quais o produtor independente também forneça vapor oriundo de processo de co-geração;

**IV** – conjunto de consumidores de energia elétrica, independentemente de tensão e carga, nas condições previamente ajustadas com o concessionário local de distribuição;

**V** – qualquer consumidor que demonstre ao poder concedente não ter o concessionário local lhe assegurado o fornecimento no prazo de até cento e oitenta dias contado da respectiva solicitação.

**Parágrafo único.** A comercialização na forma prevista nos incisos I, IV e V do *caput* deste artigo deverá ser exercida de acordo com critérios gerais fixados pelo Poder Concedente.

**Art. 13.** O aproveitamento de potencial hidráulico, para fins de produção independente, dar-se-á mediante contrato de concessão de uso de bem público, na forma desta Lei.

**Art. 14.** As linhas de transmissão de interesse restrito aos aproveitamentos de produção independente poderão ser concedidas ou autorizadas, simultânea ou complementarmente, aos respectivos contratos de uso do bem público.

## SEÇÃO III
## DAS OPÇÕES DE COMPRA DE ENERGIA ELÉTRICA POR PARTE DOS CONSUMIDORES

**Art. 15.** Respeitados os contratos de fornecimento vigentes, a prorrogação das atuais e as novas concessões serão feitas sem exclusividade de fornecimento de energia elétrica a consumidores com carga igual ou maior que 10.000 kW, atendidos em tensão igual ou superior a 69 kV, que podem optar por contratar seu fornecimento, no todo ou em parte, com produtor independente de energia elétrica.

**§ 1º** Decorridos três anos da publicação desta Lei, os consumidores referidos neste artigo poderão estender sua opção de compra a qualquer concessionário, permissionário ou autorizado de energia elétrica do sistema interligado.

**§ 2º** Decorridos cinco anos da publicação desta Lei, os consumidores com carga igual ou superior a 3.000 kW, atendidos em tensão igual ou superior a 69 kV, poderão optar pela compra de energia elétrica a qualquer concessionário, permissionário ou autorizado de energia elétrica do mesmo sistema interligado.

**§ 2º-A.** A partir de 1º de janeiro de 2019, os consumidores que, em 7 de julho de 1995, consumirem carga igual ou superior a 3.000 kW (três mil quilowatts) e forem atendidos em tensão inferior a 69 kV poderão optar pela compra de energia elétrica a qualquer concessionário, permissionário ou autorizatário de energia elétrica do sistema.

**§ 3º** Após oito anos da publicação desta Lei, o poder concedente poderá diminuir os limites de carga e tensão estabelecidos neste e no art. 16.

**§ 4º** Os consumidores que não tiverem cláusulas de tempo determinado em seus contratos de fornecimento só poderão exercer a opção de que trata este artigo de acordo com prazos, formas e condições fixados em regulamentação específica, sendo que nenhum prazo poderá exceder a 36 (trinta e seis) meses, contado a partir da data de manifestação formal à concessionária, à permissionária ou à autorizada de distribuição que os atenda.

**§ 5º** O exercício da opção pelo consumidor não poderá resultar em aumento tarifário para os consumidores remanescentes da concessionária de serviços públicos de energia elétrica que haja perdido mercado.

**§ 6º** É assegurado aos fornecedores e respectivos consumidores livre acesso aos sistemas de distribuição e transmissão de concessionário e permissionário de serviço público, mediante ressarcimento do custo de transporte envolvido, calculado com base em critérios fixados pelo poder concedente.

**§ 7º** O consumidor que exercer a opção prevista neste artigo e no art. 16 desta Lei deverá garantir o atendimento à totalidade de sua carga, mediante contratação, com um ou mais fornecedores, sujeito a penalidade pelo descumprimento dessa obrigação, observado o disposto no art. 3º, inciso X, da Lei nº 9.427, de 26 de dezembro de 1996.

**§ 8º** Os consumidores que exercerem a opção prevista neste artigo e no art. 16 desta Lei poderão retornar à condição de consumidor atendido mediante tarifa regulada, garantida a continuidade da prestação dos serviços, nos termos da lei e da regulamentação, desde que informem à concessionária, à permissionária ou à autorizada de distribuição local, com antecedência mínima de 5 (cinco) anos.

**§ 9º** Os prazos definidos nos §§ 4º e 8º deste artigo poderão ser reduzidos, a critério da concessionária, da permissionária ou da autorizada de distribuição local.

**§ 10.** Até 31 de dezembro de 2009, respeitados os contratos vigentes, será facultada aos consumidores que pretendam utilizar, em suas unidades industriais, energia elétrica produzida por geração própria, em regime de autoprodução ou produção independente, a redução da demanda e da energia contratadas ou a substituição dos contratos de fornecimento por contratos de uso dos sistemas elétricos, mediante notificação à concessionária de distribuição ou geração, com antecedência mínima de 180 (cento e oitenta) dias.

**Art. 16.** É de livre escolha dos novos consumidores, cuja carga seja igual ou maior que 3.000 kW, atendidos em qualquer tensão, o fornecedor com quem contratará sua compra de energia elétrica.

## SEÇÃO IV
## DAS INSTALAÇÕES DE TRANSMISSÃO E DOS CONSÓRCIOS DE GERAÇÃO

**Art. 17.** O poder concedente deverá definir, dentre as instalações de transmissão, as que se destinam à formação da rede básica dos sistemas interligados, as de âmbito próprio do concessionário de distribuição, as de interesse exclusivo das centrais de geração e as destinadas a interligações internacionais.

**§ 1º** As instalações de transmissão de energia elétrica componentes da rede básica do Sistema Interligado Nacional – SIN serão objeto de concessão, mediante licitação, na modalidade de concorrência ou de leilão e funcionarão integradas ao sistema elétrico, com regras operativas aprovadas pela Aneel, de forma a assegurar a otimização dos recursos eletroenergéticos existentes ou futuros.

**§ 2º** As instalações de transmissão de âmbito próprio do concessionário de distribuição poderão ser consideradas pelo poder concedente parte integrante da concessão de distribuição.

**§ 3º** As instalações de transmissão de interesse restrito das centrais de geração poderão ser consideradas integrantes das respectivas concessões, permissões ou autorizações.

**§ 4º** As instalações de transmissão, existentes na data de publicação desta Lei, serão classificadas pelo poder concedente, para efeito de prorrogação, de conformidade com o disposto neste artigo.

**§ 5º** As instalações de transmissão, classificadas como integrantes da rede básica, poderão ter suas concessões prorrogadas, segundo os critérios estabelecidos nos arts. 19 e 22, no que couber.

**§ 6º** As instalações de transmissão de energia elétrica destinadas a interligações internacionais outorgadas a partir de 1º de janeiro de 2011 e conectadas à rede básica serão objeto de concessão de serviço público de transmissão, mediante licitação na modalidade de concorrência ou leilão, devendo ser precedidas de Tratado Internacional.

**§ 7º** As instalações de transmissão necessárias aos intercâmbios internacionais de energia elétrica outorgadas até 31 de dezembro de 2010 poderão ser equiparadas, para efeitos técnicos e comerciais, aos concessionários de serviço público de transmissão de que trata o § 6º, conforme regulação da Aneel, que definirá, em especial, a receita do agente, as tarifas de que tratam os incisos XVIII e XX do art. 3º da Lei nº 9.427, de 26 de dezembro de 1996, e a forma de ajuste dos contratos atuais de importação e exportação de energia.

**§ 8º** Fica vedada a celebração de novos contratos de importação ou exportação de energia elétrica pelo agente que for equiparado ao concessionário de serviço público de transmissão de que trata o § 7º.

**Art. 18.** É autorizada a constituição de consórcios, com o objetivo de geração de energia elétrica para fins de serviços públicos, para uso exclusivo dos consorciados, para produção independente ou para essas atividades associadas, conservado o regime legal próprio de cada uma, aplicando-se, no que couber, o disposto no art. 23 da Lei nº 8.987, de 1995.

**Parágrafo único.** Os consórcios empresariais de que trata o disposto no parágrafo único do art. 21, podem manifestar ao poder concedente, até seis meses antes do funcionamento da central geradora de energia elétrica, opção por um dos regimes legais previstos neste artigo, ratificando ou alterando o adotado no respectivo ato de constituição.

## SEÇÃO V
## DA PRORROGAÇÃO DAS CONCESSÕES ATUAIS

**Art. 19.** A União poderá, visando garantir a qualidade do atendimento aos consumidores a custos adequados, prorrogar, pelo prazo de até vinte anos, as concessões de geração de energia elétrica, alcançadas pelo art. 42 da Lei nº 8.987, de 1995, desde que requerida a prorrogação, pelo concessionário, permissionário ou titular de manifesto ou de declaração de usina termelétrica, observado o disposto no art. 25 desta Lei.

**§ 1º** Os pedidos de prorrogação deverão ser apresentados, em até um ano, contado da data da publicação desta Lei.

**§ 2º** Nos casos em que o prazo remanescente da concessão for superior a um ano, o pedido de prorrogação deverá ser apresentado em até seis meses do advento do termo final respectivo.

**§ 3º** Ao requerimento de prorrogação deverão ser anexados os elementos comprobatórios de qualificação jurídica, técnica, financeira e administrativa do interessado, bem como comprovação de regularidade e adimplemento de seus encargos junto a órgãos públicos, obrigações fiscais e previdenciárias e compromissos contratuais, firmados junto a órgãos e entidades da Administração Pública Federal, referentes aos serviços de energia elétrica, inclusive ao pagamento de que trata o § 1º do art. 20 da Constituição Federal.

**§ 4º** Em caso de não apresentação do requerimento, no prazo fixado nos §§ 1º e 2º deste artigo, ou havendo pronunciamento do poder concedente contrário ao pleito, as concessões, manifestos ou declarações de usina termelétrica serão revertidas para a União, no vencimento do prazo da concessão, e licitadas.

**§ 5º** (VETADO)

**Art. 20.** As concessões e autorizações de geração de energia elétrica alcançadas pelo parágrafo único do art. 43 e pelo art. 44 da Lei nº 8.987, de 1995, exceto aquelas cujos empreendimentos não tenham sido iniciados até a edição dessa mesma Lei, poderão ser prorrogadas pelo prazo necessário à amortização do investimento, limitado a trinta e cinco anos, observado o disposto no art. 24 desta Lei e desde que apresentado pelo interessado:

**I** – plano de conclusão aprovado pelo poder concedente;

**II** – compromisso de participação superior a um terço de investimentos privados nos recursos necessários à conclusão da obra e à colocação das unidades em operação.

**Parágrafo único.** Os titulares de concessão que não procederem de conformidade com os termos deste artigo terão suas concessões declaradas extintas, por ato do poder concedente, de acordo com o autorizado no parágrafo único do art. 44 da Lei nº 8.987, de 1995.

**Art. 21.** É facultado ao concessionário incluir no plano de conclusão das obras, referido no inciso I do artigo anterior, no intuito de viabilizá-la, proposta de sua associação com terceiros na modalidade de consórcio empresarial do qual seja a empresa líder, mantida ou não a finalidade prevista originalmente para a energia produzida.

**Parágrafo único.** Aplica-se o disposto neste artigo aos consórcios empresariais formados ou cuja formação se encontra em curso na data de publicação desta Lei, desde que já manifestada ao poder concedente pelos interessados, devendo as concessões ser revistas para adaptá-las ao estabelecido no art. 23 da Lei nº 8.987, de 1995, observado o disposto no art. 20, inciso II e no art. 25 desta Lei.

**Art. 22.** As concessões de distribuição de energia elétrica alcançadas pelo art. 42 da Lei nº 8.987, de 1995, poderão ser prorrogadas, desde que reagrupadas segundo critérios de racionalidade operacional e econômica, por solicitação do concessionário ou iniciativa do poder concedente.

**§ 1º** Na hipótese de a concessionária não concordar com o reagrupamento, serão mantidas as atuais áreas e prazos das concessões.

**§ 2º** A prorrogação terá prazo único, igual ao maior remanescente dentre as concessões reagrupadas, ou vinte anos, a contar da data da publicação desta Lei, prevalecendo o maior.

**§ 3º** (VETADO)

**Art. 23.** Na prorrogação das atuais concessões para distribuição de energia elétrica, o poder concedente diligenciará no sentido de compatibilizar as áreas concedidas às empresas distribuidoras com as áreas de atuação de cooperativas de eletrificação rural, examinando suas situações de fato como prestadoras de serviço público, visando enquadrar as cooperativas como permissionárias de serviço público de energia elétrica.

**§ 1º** Constatado, em processo administrativo, que a cooperativa exerce, em situação de fato ou com base em permissão anteriormente outorgada, atividade de comercialização de energia elétrica a público indistinto localizado em sua área de atuação é facultado ao poder concedente promover a regularização da permissão, preservado o atual regime jurídico próprio das cooperativas.

**§ 2º** O processo de regularização das cooperativas de eletrificação rural será definido em regulamentação própria, preservando suas peculiaridades associativistas.

**§ 3º** As autorizações e permissões serão outorgadas às Cooperativas de Eletrificação Rural pelo prazo de até 30 (trinta) anos, podendo ser prorrogado por igual período, a juízo do poder concedente.

**Art. 24.** O disposto nos §§ 1º, 2º, 3º e 4º do art. 19 aplica-se às concessões referidas no art. 22.

**Parágrafo único.** Aplica-se, ainda, às concessões referidas no art. 20, o disposto nos §§ 3º e 4º do art. 19.

**Art. 25.** As prorrogações de prazo, de que trata esta Lei, somente terão eficácia com assinatura de contratos de concessão que contenham cláusula de renúncia a eventuais direitos preexistentes que contrariem a Lei nº 8.987, de 1995.

**§ 1º** Os contratos de concessão e permissão conterão, além do estabelecido na legislação em vigor, cláusulas relativas a requisitos mínimos de desempenho técnico do concessionário ou permissionário, bem assim, sua aferição pela fiscalização através de índices apropriados.

**§ 2º** No contrato de concessão ou permissão, as cláusulas relativas à qualidade técnica, referidas no parágrafo anterior, serão vinculadas a penalidades progressivas, que guardarão proporcionalidade com o prejuízo efetivo ou potencial causado ao mercado.

## CAPÍTULO III
## DA REESTRUTURAÇÃO DOS SERVIÇOS PÚBLICOS CONCEDIDOS

**Art. 26.** Exceto para os serviços públicos de telecomunicações, é a União autorizada a:

**I** – promover cisões, fusões, incorporações ou transformações societárias dos concessionários de serviços públicos sob o seu controle direto ou indireto;

**II** – aprovar cisões, fusões e transferências de concessões, estas últimas nos termos do disposto no art. 27 da Lei nº 8.987, de 1995;

**III** – cobrar, pelo direito de exploração de serviços públicos, nas condições preestabelecidas no edital de licitação.

**Parágrafo único.** O inadimplemento do disposto no inciso III sujeitará o concessionário à aplicação da pena de caducidade, nos termos do disposto na Lei nº 8.987, de 1995.

**Art. 27.** Nos casos em que os serviços públicos, prestados por pessoas jurídicas sob controle direto ou indireto da União, para promover a privatização simultaneamente com a outorga de nova concessão ou com a prorrogação das concessões existentes a União, exceto quanto aos serviços públicos de telecomunicações, poderá:

**I** – utilizar, no procedimento licitatório, a modalidade de leilão, observada a necessidade da venda de quantidades mínimas de quotas ou ações que garantam a transferência do controle societário;

**II** – fixar, previamente, o valor das quotas ou ações de sua propriedade a serem alienadas, e proceder a licitação na modalidade de concorrência.

**§ 1º** Na hipótese de prorrogação, esta poderá ser feita por prazos diferenciados, de forma a que os termos finais de todas as concessões prorrogadas ocorram no mesmo prazo que será o necessário à amortização dos investimentos, limitado a trinta anos, contado a partir da assinatura do novo contrato de concessão.

**§ 2º** Na elaboração dos editais de privatização de empresas concessionárias de serviço público, a União deverá atender às exigências das Leis n ºs 8.031, de 1990 e 8.987, de 1995, inclusive quanto à publicação das cláusulas essenciais do contrato e do prazo da concessão.

**§ 3º** O disposto neste artigo poderá ainda ser aplicado no caso de privatização de concessionário de serviço público sob controle direto ou indireto dos Estados, do Distrito Federal ou dos Municípios, no âmbito de suas respectivas competências.

**§ 4º** A prorrogação de que trata este artigo está sujeita às condições estabelecidas no art. 25.

**Art. 28.** Nos casos de privatização, nos termos do artigo anterior, é facultado ao poder concedente outorgar novas concessões sem efetuar a reversão prévia dos bens vinculados ao respectivo serviço público.

**§ 1º** Em caso de privatização de empresa detentora de concessão ou autorização de geração de energia elétrica, é igualmente facultado ao poder concedente alterar o regime de exploração, no todo ou em parte, para produção independente, inclusive, quanto às condições de extinção da concessão ou autorização e de encampação das instalações, bem como da indenização porventura devida.

**§ 2º** A alteração de regime referida no parágrafo anterior deverá observar as condições para tanto estabelecidas no respectivo edital, previamente aprovado pela ANEEL.

**§ 3º** É vedado ao edital referido no parágrafo anterior estipular, em benefício da produção de energia elétrica, qualquer forma de garantia ou prioridade sobre o uso da água da bacia hidrográfica, salvo nas condições definidas em ato conjunto dos Ministros de Estado de Minas e Energia e do Meio Ambiente, dos Recursos Hídricos e da Amazônia Legal, em articulação com os Governos dos Estados onde se localiza cada bacia hidrográfica.

**§ 4º** O edital referido no § 2º deve estabelecer as obrigações dos sucessores com os programas de desenvolvimento sócio-econômico regionais em andamento, conduzidos diretamente pela empresa ou em articulação com os Estados, em áreas situadas na bacia hidrográfica onde se localizam os aproveitamentos de potenciais hidráulicos, facultado ao Poder Executivo, previamente à privatização, separar e destacar os ativos que considere necessários à condução desses programas.

**Art. 29.** A modalidade de leilão poderá ser adotada nas licitações relativas à outorga de nova concessão com a finalidade de promover a transferência de serviço público prestado por pessoas jurídicas, a que se refere o art. 27, incluídas, para os fins e efeitos da Lei nº 8.031, de 1990, no Programa Nacional de Desestatização, ainda que não haja a alienação das quotas ou ações representativas de seu controle societário.

**Parágrafo único.** Na hipótese prevista neste artigo, os bens vinculados ao respectivo serviço público serão utilizados, pelo novo concessionário, mediante contrato de arrendamento a ser celebrado com o concessionário original.

**Art. 30.** O disposto nos arts. 27 e 28 aplica-se, ainda, aos casos em que o titular da concessão ou autorização de competência da União for empresa sob controle direto ou indireto dos Estados, do Distrito Federal ou dos Municípios, desde que as partes acordem quanto às regras estabelecidas.

## CAPÍTULO IV
## DAS DISPOSIÇÕES FINAIS

**Art. 31.** Nas licitações para concessão e permissão de serviços públicos ou uso de bem público, os autores ou responsáveis economicamente pelos projetos básico ou executivo podem participar, direta ou indiretamente, da licitação ou da execução de obras ou serviços.

**Art. 32.** A empresa estatal que participe, na qualidade de licitante, de concorrência para concessão e permissão de serviço público, poderá, para compor sua proposta, colher preços de bens ou serviços fornecidos por terceiros e assinar pré-contratos com dispensa de licitação.

**§ 1º** Os pré-contratos conterão, obrigatoriamente, cláusula resolutiva de pleno direito, sem penalidades ou indenizações, no caso de outro licitante ser declarado vencedor.

**§ 2º** Declarada vencedora a proposta referida neste artigo, os contratos definitivos, firmados entre a empresa estatal e os fornecedores de bens e serviços, serão, obrigatoriamente, submetidos à apreciação dos competentes órgãos de controle externo e de fiscalização específica.

**Art. 33.** Em cada modalidade de serviço público, o respectivo regulamento determinará que o poder concedente, observado o disposto nos arts. 3º e 30 da Lei nº 8.987, de 1995, estabeleça forma de participação dos usuários na fiscalização e torne disponível ao público, periodicamente, relatório sobre os serviços prestados.

**Art. 34.** A concessionária que receber bens e instalações da União, já revertidos ou entregues à sua administração, deverá:

**I** – arcar com a responsabilidade pela manutenção e conservação dos mesmos;

**II** – responsabilizar-se pela reposição dos bens e equipamentos, na forma do disposto no art. 6º da Lei nº 8.987, de 1995.

**Art. 35.** A estipulação de novos benefícios tarifários pelo poder concedente, fica condicionada à previsão, em lei, da origem dos recursos ou da simultânea revisão da estrutura tarifária do concessionário ou permissionário, de forma a preservar o equilíbrio econômico-financeiro do contrato.

**Parágrafo único.** A concessão de qualquer benefício tarifário somente poderá ser atribuída a uma classe ou coletividade de usuários dos serviços, vedado, sob qualquer pretexto, o benefício singular.

**Art. 36.** Sem prejuízo do disposto no inciso XII do art. 21 e no inciso XI do art. 23 da Constituição Federal, o poder concedente poderá, mediante convênio de cooperação, credenciar os Estados e o Distrito Federal a realizarem atividades complementares de fiscalização e controle dos serviços prestados nos respectivos territórios.

**Art. 37.** É inexigível a licitação na outorga de serviços de telecomunicações de uso restrito do outorgado, que não sejam passíveis de exploração comercial.

**Art. 38.** (VETADO)

**Art. 39.** Esta Lei entra em vigor na data de sua publicação.

**Art. 40.** Revogam-se o parágrafo único do art. 28 da Lei nº 8.987, de 1995, e as demais disposições em contrário.

Brasília, 7 de julho de 1995; 174º da Independência e 107º da República.

Fernando Henrique Cardoso

Raimundo Brito

# LEI Nº 9.790, DE 23 DE MARÇO DE 1999

*Dispõe sobre a qualificação de pessoas jurídicas de direito privado, sem fins lucrativos, como Organizações da Sociedade Civil de Interesse Público, institui e disciplina o Termo de Parceria, e dá outras providências.*

› DOU de 24.3.1999

O PRESIDENTE DA REPÚBLICA Faço saber que o Congresso Nacional decreta e eu sanciono a seguinte Lei:

› Lei 13.019/2014 – Estabelece o regime jurídico das parcerias entre a administração pública e as organizações da sociedade civil, em regime de mútua cooperação, para a consecução de finalidades de interesse público e recíproco, mediante a execução de atividades ou de projetos previamente estabelecidos em planos de trabalho inseridos em termos de colaboração, em termos de fomento ou em acordos de cooperação; define diretrizes para a política de fomento, de colaboração e de cooperação com organizações da sociedade civil.

› Decreto 3.100/1999 – Regulamenta a Lei 9.790/1999.

## CAPÍTULO I. DA QUALIFICAÇÃO COMO ORGANIZAÇÃO DA SOCIEDADE CIVIL DE INTERESSE PÚBLICO

**Art. 1º.** Podem qualificar-se como Organizações da Sociedade Civil de Interesse Público as pessoas jurídicas de direito privado sem fins lucrativos que tenham sido constituídas e se encontrem em funcionamento regular há, no mínimo, 3 (três) anos, desde que os respectivos objetivos sociais e normas estatutárias atendam aos requisitos instituídos por esta Lei.

**§ 1º.** Para os efeitos desta Lei, considera-se sem fins lucrativos a pessoa jurídica de direito privado que não distribui, entre os seus sócios ou associados, conselheiros, diretores, empregados ou doadores, eventuais excedentes operacionais, brutos ou líquidos, dividendos, bonificações, participações ou parcelas do seu patrimônio, auferidos mediante o exercício de suas atividades, e que os aplica integralmente na consecução do respectivo objeto social.

› Lei 13.019/2014, art. 2º, I.

**§ 2º.** A outorga da qualificação prevista neste artigo é ato vinculado ao cumprimento dos requisitos instituídos por esta Lei.

**Art. 2º.** Não são passíveis de qualificação como Organizações da Sociedade Civil de Interesse Público, ainda que se dediquem de qualquer forma às atividades descritas no art. 3º desta Lei:

**I** – as sociedades comerciais;

**II** – os sindicatos, as associações de classe ou de representação de categoria profissional;

**III** – as instituições religiosas ou voltadas para a disseminação de credos, cultos, práticas e visões devocionais e confessionais;

**IV** – as organizações partidárias e assemelhadas, inclusive suas fundações;

**V** – as entidades de benefício mútuo destinadas a proporcionar bens ou serviços a um círculo restrito de associados ou sócios;

**VI** – as entidades e empresas que comercializam planos de saúde e assemelhados;

**VII** – as instituições hospitalares privadas não gratuitas e suas mantenedoras;

**VIII** – as escolas privadas dedicadas ao ensino formal não gratuito e suas mantenedoras;

**IX** – as organizações sociais;

**X** – as cooperativas;

**XI** – as fundações públicas;

**XII** – as fundações, sociedades civis ou associações de direito privado criadas por órgão público ou por fundações públicas;

**XIII** – as organizações creditícias que tenham quaisquer tipo de vinculação com o sistema financeiro nacional a que se refere o art. 192 da Constituição Federal.

**Parágrafo único.** Não constituem impedimento à qualificação como Organização da Sociedade Civil de Interesse Público as operações destinadas a microcrédito realizadas com instituições financeiras na forma de recebimento de repasses, venda de operações realizadas ou atuação como mandatárias. *(Acrescido pela Lei 13.999/2020)*

**Art. 3º.** A qualificação instituída por esta Lei, observado em qualquer caso, o princípio da universalização dos serviços, no respectivo âmbito de atuação das Organizações, somente será conferida às pessoas jurídicas de direito privado, sem fins lucrativos, cujos objetivos sociais tenham pelo menos uma das seguintes finalidades:

**I** – promoção da assistência social;

**II** – promoção da cultura, defesa e conservação do patrimônio histórico e artístico;

**III** – promoção gratuita da educação, observando-se a forma complementar de participação das organizações de que trata esta Lei;

**IV** – promoção gratuita da saúde, observando-se a forma complementar de participação das organizações de que trata esta Lei;

**V** – promoção da segurança alimentar e nutricional;

**VI** – defesa, preservação e conservação do meio ambiente e promoção do desenvolvimento sustentável;

**VII** – promoção do voluntariado;

**VIII** – promoção do desenvolvimento econômico e social e combate à pobreza;

**IX** – experimentação, não lucrativa, de novos modelos socioprodutivos e de sistemas alternativos de produção, comércio, emprego e crédito;

**X** – promoção de direitos estabelecidos, construção de novos direitos e assessoria jurídica gratuita de interesse suplementar;

**XI** – promoção da ética, da paz, da cidadania, dos direitos humanos, da democracia e de outros valores universais;

**XII** – estudos e pesquisas, desenvolvimento de tecnologias alternativas, produção e divulgação de informações e conhecimentos técnicos e científicos que digam respeito às atividades mencionadas neste artigo.

**XIII** – estudos e pesquisas para o desenvolvimento, a disponibilização e a implementação de tecnologias voltadas à mobilidade de pessoas, por qualquer meio de transporte.

**Parágrafo único.** Para os fins deste artigo, a dedicação às atividades nele previstas configura-se mediante a execução direta de projetos, programas, planos de ações correlatas, por meio da doação de recursos físicos, humanos e financeiros, ou ainda pela prestação de serviços intermediários de apoio a outras organizações sem fins lucrativos e a órgãos do setor público que atuem em áreas afins.

**Art. 4º.** Atendido o disposto no art. 3º, exige-se ainda, para qualificarem-se como Organizações da Sociedade Civil de Interesse Público, que as pessoas jurídicas interessadas sejam regidas por estatutos cujas normas expressamente disponham sobre:

**I** – a observância dos princípios da legalidade, impessoalidade, moralidade, publicidade, economicidade e da eficiência;

▸ CF/88, art. 37, *caput*.

**II** – a adoção de práticas de gestão administrativa, necessárias e suficientes a coibir a obtenção, de forma individual ou coletiva, de benefícios ou vantagens pessoais, em decorrência da participação no respectivo processo decisório;

**III** – a constituição de conselho fiscal ou órgão equivalente, dotado de competência para opinar sobre os relatórios de desempenho financeiro e contábil, e sobre as operações patrimoniais realizadas, emitindo pareceres para os organismos superiores da entidade;

**IV** – a previsão de que, em caso de dissolução da entidade, o respectivo patrimônio líquido será transferido a outra pessoa jurídica qualificada nos termos desta Lei, preferencialmente que tenha o mesmo objeto social da extinta;

**V** – a previsão de que, na hipótese de a pessoa jurídica perder a qualificação instituída por esta Lei, o respectivo acervo patrimonial disponível, adquirido com recursos públicos durante o período em que perdurou aquela qualificação, será transferido a outra pessoa jurídica qualificada nos termos desta Lei, preferencialmente que tenha o mesmo objeto social;

**VI** – a possibilidade de se instituir remuneração para os dirigentes da entidade que atuem efetivamente na gestão executiva e para aqueles que a ela prestam serviços específicos, respeitados, em ambos os casos, os valores praticados pelo mercado, na região correspondente a sua área de atuação;

**VII** – as normas de prestação de contas a serem observadas pela entidade, que determinarão, no mínimo:

*a)* a observância dos princípios fundamentais de contabilidade e das Normas Brasileiras de Contabilidade;

*b)* que se dê publicidade por qualquer meio eficaz, no encerramento do exercício fiscal, ao relatório de atividades e das demonstrações financeiras da entidade, incluindo-se as certidões negativas de débitos junto ao INSS e ao FGTS, colocando-os à disposição para exame de qualquer cidadão;

*c)* a realização de auditoria, inclusive por auditores externos independentes se for o caso, da aplicação dos eventuais recursos objeto do Termo de Parceria conforme previsto em regulamento;

*d)* a prestação de contas de todos os recursos e bens de origem pública recebidos pelas Organizações da Sociedade Civil de Interesse Público será feita conforme determina o parágrafo único do art. 70 da Constituição Federal.

**Parágrafo único.** É permitida a participação de servidores públicos na composição de conselho ou diretoria de Organização da Sociedade Civil de Interesse Público.

**Art. 5º.** Cumpridos os requisitos dos arts. 3º e 4º desta Lei, a pessoa jurídica de direito privado sem fins lucrativos, interessada em obter a qualificação instituída por esta Lei, deverá formular requerimento escrito ao Ministério da Justiça, instruído com cópias autenticadas dos seguintes documentos:

**I** – estatuto registrado em cartório;

**II** – ata de eleição de sua atual diretoria;

**III** – balanço patrimonial e demonstração do resultado do exercício;

**IV** – declaração de isenção do imposto de renda;

**V** – inscrição no Cadastro Geral de Contribuintes.

**Art. 6º.** Recebido o requerimento previsto no artigo anterior, o Ministério da Justiça decidirá, no prazo de 30 (trinta) dias, deferindo ou não o pedido.

**§ 1º.** No caso de deferimento, o Ministério da Justiça emitirá, no prazo de 15 (quinze) dias da decisão, certificado de qualificação da requerente como Organização da Sociedade Civil de Interesse Público.

**§ 2º.** Indeferido o pedido, o Ministério da Justiça, no prazo do § 1º, dará ciência da decisão, mediante publicação no *Diário Oficial*.

**§ 3º.** O pedido de qualificação somente será indeferido quando:

**I** – a requerente enquadrar-se nas hipóteses previstas no art. 2º desta Lei;

**II** – a requerente não atender aos requisitos descritos nos arts. 3º e 4º desta Lei;

**III** – a documentação apresentada estiver incompleta.

**Art. 7º.** Perde-se a qualificação de Organização da Sociedade Civil de Interesse Público, a pedido ou mediante decisão proferida em processo administrativo ou judicial, de iniciativa popular ou do Ministério Público, no qual serão assegurados, ampla defesa e o devido contraditório.

**Art. 8º.** Vedado o anonimato, e desde que amparado por fundadas evidências de erro ou fraude, qualquer cidadão, respeitadas as prerrogativas do Ministério Público, é parte legítima para requerer, judicial ou administrativamente, a perda da qualificação instituída por esta Lei.

## CAPÍTULO II.
## DO TERMO DE PARCERIA

**Art. 9º.** Fica instituído o Termo de Parceria, assim considerado o instrumento passível de ser firmado entre o Poder Público e as entidades qualificadas como Organizações da Sociedade Civil de Interesse Público destinado à formação de vínculo de cooperação entre as partes, para o fomento e a execução das atividades de interesse público previstas no art. 3º desta Lei.

**Art. 10.** O Termo de Parceria firmado de comum acordo entre o Poder Público e as Organizações da Sociedade Civil de Interesse Público discriminará direitos, responsabilidades e obrigações das partes signatárias.

**§ 1º.** A celebração do Termo de Parceria será precedida de consulta aos Conselhos de Políticas Públicas das áreas correspondentes de atuação existentes, nos respectivos níveis de governo.

**§ 2º.** São cláusulas essenciais do Termo de Parceria:

**I** – a do objeto, que conterá a especificação do programa de trabalho proposto pela Organização da Sociedade Civil de Interesse Público;

**II** – a de estipulação das metas e dos resultados a serem atingidos e os respectivos prazos de execução ou cronograma;

**III** – a de previsão expressa dos critérios objetivos de avaliação de desempenho a serem utilizados, mediante indicadores de resultado;

**IV** – a de previsão de receitas e despesas a serem realizadas em seu cumprimento, estipulando item por item as categorias contábeis usadas pela organização e o detalhamento das remunerações e benefícios de pessoal a serem pagos, com recursos oriundos ou vinculados ao Termo de Parceria, a seus diretores, empregados e consultores;

**V** – a que estabelece as obrigações da Sociedade Civil de Interesse Público, entre as quais a de apresentar ao Poder Público, ao término de cada exercício, relatório sobre a execução do objeto do Termo de Parceria, contendo comparativo específico das metas propostas com os resultados alcançados, acompanhado de prestação de contas dos gastos e receitas efetivamente realizados, independente das previsões mencionadas no inciso IV;

**VI** – a de publicação, na imprensa oficial do Município, do Estado ou da União, conforme o alcance das atividades celebradas entre o órgão parceiro e a Organização da Sociedade Civil de Interesse Público, de extrato do Termo de Parceria e de demonstrativo da sua execução física e financeira, conforme modelo simplificado estabelecido no regulamento desta Lei, contendo os dados principais da documentação obrigatória do inciso V, sob pena de não liberação dos recursos previstos no Termo de Parceria.

**Art. 11.** A execução do objeto do Termo de Parceria será acompanhada e fiscalizada por órgão do Poder Público da área de atuação correspondente à atividade fomentada, e pelos Conselhos de Políticas Públicas das áreas correspondentes de atuação existentes, em cada nível de governo.

**§ 1º.** Os resultados atingidos com a execução do Termo de Parceria devem ser analisados por comissão de avaliação, composta de comum acordo entre o órgão parceiro e a Organização da Sociedade Civil de Interesse Público.

**§ 2º.** A comissão encaminhará à autoridade competente relatório conclusivo sobre a avaliação procedida.

**§ 3º.** Os Termos de Parceria destinados ao fomento de atividades nas áreas de que trata esta Lei estarão sujeitos aos mecanismos de controle social previstos na legislação.

**Art. 12.** Os responsáveis pela fiscalização do Termo de Parceria, ao tomarem conhecimento de qualquer irregularidade ou ilegalidade na utilização de recursos ou bens de origem pública pela organização parceira, darão imediata ciência ao Tribunal de Contas respectivo e ao Ministério Público, sob pena de responsabilidade solidária.

**Art. 13.** Sem prejuízo da medida a que se refere o art. 12 desta Lei, havendo indícios fundados de malversação de bens ou recursos de origem pública, os responsáveis pela fiscalização representarão ao Ministério Público, à Advocacia-Geral da União, para que requeiram ao juízo competente a decretação da indisponibilidade dos bens da entidade e o sequestro dos bens dos seus dirigentes, bem como de agente público ou terceiro, que possam ter enriquecido ilicitamente ou causado dano ao patrimônio público, além de outras medidas consubstanciadas na Lei nº 8.429, de 2 de junho de 1992, e na Lei Complementar nº 64, de 18 de maio de 1990.

**§ 1º.** O pedido de sequestro será processado de acordo com o disposto nos arts. 822 e 825 do Código de Processo Civil.

- Referem-se a dispositivos do CPC/1973 revogado pela Lei 13.105/2015.
- CPC/15, art. 301.

**§ 2º.** Quando for o caso, o pedido incluirá a investigação, o exame e o bloqueio de bens, contas bancárias e aplicações mantidas pelo demandado no País e no exterior, nos termos da lei e dos tratados internacionais.

**§ 3º.** Até o término da ação, o Poder Público permanecerá como depositário e gestor dos bens e valores sequestrados ou indisponíveis e velará pela continuidade das atividades sociais da organização parceira.

**Art. 14.** A organização parceira fará publicar, no prazo máximo de 30 (trinta) dias, contado da assinatura do Termo de Parceria, regulamento próprio contendo os procedimentos que adotará para a contratação de obras e serviços, bem como para compras com emprego de recursos provenientes do Poder Público, observados os princípios estabelecidos no inciso I do art. 4º desta Lei.

**Art. 15.** Caso a organização adquira bem imóvel com recursos provenientes da celebração do Termo de Parceria, este será gravado com cláusula de inalienabilidade.

**Art. 15-A.** (*VETADO* na Lei nº 13.019, de 2014)

- Lei 13.019/2014, art. 88. A Lei 9.790/1999 entra em vigor após decorridos 540 (quinhentos e quarenta) dias de sua publicação oficial. A vigência para os Municípios, a partir de 1º.01.2017; e por ato administrativo local, o disposto nesta Lei poderá ser implantado nos Municípios a partir da data decorrente do disposto no *caput*.

**Art. 15-B.** A prestação de contas relativa à execução do Termo de Parceria perante o órgão da entidade estatal parceira refere-se à correta aplicação dos recursos públicos recebidos e ao adimplemento do objeto do Termo de Parceria, mediante a apresentação dos seguintes documentos:

**I** – relatório anual de execução de atividades, contendo especificamente relatório sobre a execução do objeto do Termo de Parceria, bem como comparativo entre as metas propostas e os resultados alcançados;

**II** – demonstrativo integral da receita e despesa realizadas na execução;

**III** – extrato da execução física e financeira;

**IV** – demonstração de resultados do exercício;

**V** – balanço patrimonial;

**VI** – demonstração das origens e das aplicações de recursos;

**VII** – demonstração das mutações do patrimônio social;

**VIII** – notas explicativas das demonstrações contábeis, caso necessário;

**IX** – parecer e relatório de auditoria, se for o caso.

## CAPÍTULO III.
## DAS DISPOSIÇÕES FINAIS E TRANSITÓRIAS

**Art. 16.** É vedada às entidades qualificadas como Organizações da Sociedade Civil de Interesse Público a participação em campanhas de interesse político-partidário ou eleitorais, sob quaisquer meios ou formas.

**Art. 17.** O Ministério da Justiça permitirá, mediante requerimento dos interessados, livre acesso público a todas as informações pertinentes às Organizações da Sociedade Civil de Interesse Público.

**Art. 18.** As pessoas jurídicas de direito privado sem fins lucrativos, qualificadas com base em outros diplomas legais, poderão qualificar-se como Organizações da Sociedade Civil de Interesse Público, desde que atendidos aos requisitos para tanto exigidos, sendo-lhes assegurada a manutenção simultânea dessas qualificações, até 5 (cinco) anos contados da data de vigência desta Lei.

**§ 1º.** Findo o prazo de 5 (cinco) anos, a pessoa jurídica interessada em manter a qualificação prevista nesta Lei deverá por ela optar, fato que implicará a renúncia automática de suas qualificações anteriores.

**§ 2º.** Caso não seja feita a opção prevista no parágrafo anterior, a pessoa jurídica perderá automaticamente a qualificação obtida nos termos desta Lei.

**Art. 19.** O Poder Executivo regulamentará esta Lei no prazo de 30 (trinta) dias.

**Art. 20.** Esta Lei entra em vigor na data de sua publicação.

Brasília, 23 de março de 1999;
178º da Independência e 111º da República.
Fernando Henrique Cardoso
Renan Calheiros
Pedro Mallan
Ailton Barcelos Fernandes
Paulo Renato Souza
Francisco Dornelles
Waldeck Ornélas
José Serra
Paulo Paiva
Clovis de Barros Carvalho

# LEI Nº 9.873, DE 23 DE NOVEMBRO DE 1999

*Estabelece prazo de prescrição para o exercício de ação punitiva pela Administração Pública Federal, direta e indireta, e dá outras providências.*

› D.O.U. de 24.11.1999

Faço saber que o PRESIDENTE DA REPÚBLICA adotou a Medida Provisória 1.859-17, de 1999, que o Congresso Nacional aprovou, e eu, Antonio Carlos Magalhães, Presidente, para os efeitos do disposto no parágrafo único do art. 62 da Constituição Federal, promulgo a seguinte Lei:

**Art. 1º.** Prescreve em 5 (cinco) anos a ação punitiva da Administração Pública Federal, direta e indireta, no exercício do poder de polícia, objetivando apurar infração à legislação em vigor, contados da data da prática do ato ou, no caso de infração permanente ou continuada, do dia em que tiver cessado.

**§ 1º.** Incide a prescrição no procedimento administrativo paralisado por mais de 3 (três) anos, pendente de julgamento ou despacho, cujos autos serão arquivados de ofício ou mediante requerimento da parte interessada, sem prejuízo da apuração da responsabilidade funcional decorrente da paralisação, se for o caso.

**§ 2º.** Quando o fato objeto da ação punitiva da Administração também constituir crime, a prescrição reger-se-á pelo prazo previsto na lei penal.

› CP, arts. 109 a 119.

**Art. 1º-A.** Constituído definitivamente o crédito não tributário, após o término regular do processo administrativo, prescreve em 5 (cinco) anos a ação de execução da administração pública federal relativa a crédito decorrente da aplicação de multa por infração à legislação em vigor.

STJ, 467. Prescreve em cinco anos, contados do término do processo administrativo, a pretensão da Administração Pública de promover a execução da multa por infração ambiental.

**Art. 2º.** Interrompe-se a prescrição da ação punitiva:

**I** – pela notificação ou citação do indiciado ou acusado, inclusive por meio de edital;

**II** – por qualquer ato inequívoco, que importe apuração do fato;

**III** – pela decisão condenatória recorrível;

**IV** – por qualquer ato inequívoco que importe em manifestação expressa de tentativa de solução conciliatória no âmbito interno da administração pública federal.

**Art. 2º-A.** Interrompe-se o prazo prescricional da ação executória:

**I** – pelo despacho do juiz que ordenar a citação em execução fiscal;

**II** – pelo protesto judicial;

**III** – por qualquer ato judicial que constitua em mora o devedor;

**IV** – por qualquer ato inequívoco, ainda que extrajudicial, que importe em reconhecimento do débito pelo devedor;

**V** – por qualquer ato inequívoco que importe em manifestação expressa de tentativa de solução conciliatória no âmbito interno da administração pública federal.

**Art. 3º.** Suspende-se a prescrição durante a vigência:

**I** – dos compromissos de cessação ou de desempenho, respectivamente, previstos nos arts. 53 e 58 da Lei 8.884, de 11 de junho de 1994;

› Lei 12.529/2011 revogou a Lei 8.884/1994..

**II** – (*Revogado pela Lei nº 13.506, de 2017*)

**Art. 4º.** Ressalvadas as hipóteses de interrupção previstas no art. 2º, para as infrações ocorridas há mais de 3 (três) anos, contados do dia 1º de julho de 1998, a prescrição operará em 2 (dois) anos, a partir dessa data.

**Art. 5º.** O disposto nesta Lei não se aplica às infrações de natureza funcional e aos processos e procedimentos de natureza tributária.

**Art. 6º.** Ficam convalidados os atos praticados com base na Medida Provisória 1.859-16, de 24 de setembro de 1999.

**Art. 7º.** Esta Lei entra em vigor na data de sua publicação.

**Art. 8º.** Ficam revogados o art. 33 da Lei nº 6.385, de 1976, com a redação dada pela Lei nº 9.457, de 1997, o art. 28 da Lei nº 8.884, de 1994, e demais disposições em contrário, ainda que constantes de lei especial.

› Lei 12.529/2011 revogou a Lei 8.884/1994.

Congresso Nacional, em 23 de novembro de 1999; 178º da Independência e 111º da República.
Senador Antonio Carlos Magalhães
Presidente

# MEDIDA PROVISÓRIA Nº 2.220, DE 4 DE SETEMBRO DE 2001

*Dispõe sobre a concessão de uso especial de que trata o § 1º do art. 183 da Constituição, cria o Conselho Nacional de Desenvolvimento Urbano – CNDU e dá outras providências.*

› DOU de 5.9.2001.

O PRESIDENTE DA REPÚBLICA, no uso da atribuição que lhe confere o art. 62 da Constituição, adota a seguinte Medida Provisória, com força de lei:

## CAPÍTULO I
## DA CONCESSÃO DE USO ESPECIAL

**Art. 1º** Aquele que, até 22 de dezembro de 2016, possuiu como seu, por cinco anos, ininterruptamente e sem oposição, até duzentos e cinquenta metros quadrados de imóvel público situado em área com características e finalidade urbanas, e que o utilize para sua moradia ou de sua família, tem o direito à concessão de uso especial para fins de moradia em relação ao bem objeto da posse, desde que não seja proprietário ou concessionário, a qualquer título, de outro imóvel urbano ou rural.

**§ 1º** A concessão de uso especial para fins de moradia será conferida de forma gratuita ao homem ou à mulher, ou a ambos, independentemente do estado civil.

**§ 2º** O direito de que trata este artigo não será reconhecido ao mesmo concessionário mais de uma vez.

**§ 3º** Para os efeitos deste artigo, o herdeiro legítimo continua, de pleno direito, na posse de seu antecessor, desde que já resida no imóvel por ocasião da abertura da sucessão.

**Art. 2º** Nos imóveis de que trata o art. 1º, com mais de duzentos e cinquenta metros quadrados, ocupados até 22 de dezembro de 2016, por população de baixa renda para sua moradia, por cinco anos, ininterruptamente e sem oposição, cuja área total dividida pelo número de possuidores seja inferior a duzentos e cinquenta metros quadrados por possuidor, a concessão de uso especial para fins de moradia será conferida de forma coletiva, desde que os possuidores não sejam proprietários ou concessionários, a qualquer título, de outro imóvel urbano ou rural.

**§ 1º** O possuidor pode, para o fim de contar o prazo exigido por este artigo, acrescentar sua posse à de seu antecessor, contanto que ambas sejam contínuas.

**§ 2º** Na concessão de uso especial de que trata este artigo, será atribuída igual fração ideal de terreno a cada possuidor, independentemente da dimensão do terreno que cada um ocupe, salvo hipótese de acordo escrito entre os ocupantes, estabelecendo frações ideais diferenciadas.

**§ 3º** A fração ideal atribuída a cada possuidor não poderá ser superior a duzentos e cinquenta metros quadrados.

**Art. 3º** Será garantida a opção de exercer os direitos de que tratam os arts. 1º e 2º também aos ocupantes, regularmente inscritos, de imóveis públicos, com até duzentos e cinquenta metros quadrados, da União, dos Estados, do Distrito Federal e dos Municípios, que estejam situados em área urbana, na forma do regulamento.

**Art. 4º** No caso de a ocupação acarretar risco à vida ou à saúde dos ocupantes, o Poder Público garantirá ao possuidor o exercício do direito de que tratam os arts. 1º e 2º em outro local.

**Art. 5º** É facultado ao Poder Público assegurar o exercício do direito de que tratam os arts. 1º e 2º em outro local na hipótese de ocupação de imóvel:

**I** – de uso comum do povo;

**II** – destinado a projeto de urbanização;

**III** – de interesse da defesa nacional, da preservação ambiental e da proteção dos ecossistemas naturais;

**IV** – reservado à construção de represas e obras congêneres; ou

**V** – situado em via de comunicação.

**Art. 6º** O título de concessão de uso especial para fins de moradia será obtido pela via administrativa perante o órgão competente da Administração Pública ou, em caso de recusa ou omissão deste, pela via judicial.

**§ 1º** A Administração Pública terá o prazo máximo de doze meses para decidir o pedido, contado da data de seu protocolo.

**§ 2º** Na hipótese de bem imóvel da União ou dos Estados, o interessado deverá instruir o requerimento de concessão de uso especial para fins de moradia com certidão expedida pelo Poder Público municipal, que ateste a localização do imóvel em área urbana e a sua destinação para moradia do ocupante ou de sua família.

**§ 3º** Em caso de ação judicial, a concessão de uso especial para fins de moradia será declarada pelo juiz, mediante sentença.

**§ 4º** O título conferido por via administrativa ou por sentença judicial servirá para efeito de registro no cartório de registro de imóveis.

**Art. 7º** O direito de concessão de uso especial para fins de moradia é transferível por ato inter vivos ou causa mortis.

**Art. 8º** O direito à concessão de uso especial para fins de moradia extingue-se no caso de:

**I** – o concessionário dar ao imóvel destinação diversa da moradia para si ou para sua família; ou

**II** – o concessionário adquirir a propriedade ou a concessão de uso de outro imóvel urbano ou rural.

**Parágrafo único.** A extinção de que trata este artigo será averbada no cartório de registro de imóveis, por meio de declaração do Poder Público concedente.

**Art. 9º** É facultado ao poder público competente conceder autorização de uso àquele que, até 22 de dezembro de 2016, possuiu como seu, por cinco anos, ininterruptamente e sem oposição, até duzentos e cinquenta metros quadrados de imóvel público situado em área com características e finalidade urbanas para fins comerciais.

**§ 1º** A autorização de uso de que trata este artigo será conferida de forma gratuita.

**§ 2º** O possuidor pode, para o fim de contar o prazo exigido por este artigo, acrescentar sua posse à de seu antecessor, contanto que ambas sejam contínuas.

**§ 3º** Aplica-se à autorização de uso prevista no *caput* deste artigo, no que couber, o disposto nos arts. 4º e 5º desta Medida Provisória.

## CAPÍTULO II
## DO CONSELHO NACIONAL DE DESENVOLVIMENTO URBANO

**Art. 10.** Fica criado o Conselho Nacional de Desenvolvimento Urbano – CNDU, órgão deliberativo e consultivo, integrante da estrutura da Presidência da República, com as seguintes competências:

**I** – propor diretrizes, instrumentos, normas e prioridades da política nacional de desenvolvimento urbano;

**II** – acompanhar e avaliar a implementação da política nacional de desenvolvimento urbano, em especial as políticas de habitação, de saneamento básico e de transportes urbanos, e recomendar as providências necessárias ao cumprimento de seus objetivos;

**III** – propor a edição de normas gerais de direito urbanístico e manifestar-se sobre propostas de alteração da legislação pertinente ao desenvolvimento urbano;

**IV** – emitir orientações e recomendações sobre a aplicação da Lei nº 10.257, de 10 de julho de 2001, e dos demais atos normativos relacionados ao desenvolvimento urbano;

**V** – promover a cooperação entre os governos da União, dos Estados, do Distrito Federal e dos Municípios e a sociedade civil na formulação e execução da política nacional de desenvolvimento urbano; e

**VI** – elaborar o regimento interno.

**Art. 11.** O CNDU é composto por seu Presidente, pelo Plenário e por uma Secretaria-Executiva, cujas atribuições serão definidas em decreto.

**Parágrafo único.** O CNDU poderá instituir comitês técnicos de assessoramento, na forma do regimento interno.

**Art. 12.** O Presidente da República disporá sobre a estrutura do CNDU, a composição do seu Plenário e a designação dos membros e suplentes do Conselho e dos seus comitês técnicos.

**Art. 13.** A participação no CNDU e nos comitês técnicos não será remunerada.

**Art. 14.** As funções de membro do CNDU e dos comitês técnicos serão consideradas prestação de relevante interesse público e a ausência ao trabalho delas decorrente será abonada e computada como jornada efetiva de trabalho, para todos os efeitos legais.

## CAPÍTULO III
## DAS DISPOSIÇÕES FINAIS

**Art. 15.** O inciso I do art. 167 da Lei nº 6.015, de 31 de dezembro de 1973, passa a vigorar com as seguintes alterações:

(...)

**Art. 16.** Esta Medida Provisória entra em vigor na data de sua publicação.

Brasília, 4 de setembro de 2001; 180º da Independência e 113º da República.

Fernando Henrique Cardoso

Pedro Parente

# LEI Nº 12.813, DE 16 DE MAIO DE 2013

*Dispõe sobre o conflito de interesses no exercício de cargo ou emprego do Poder Executivo federal e impedimentos posteriores ao exercício do cargo ou emprego; e revoga dispositivos da Lei nº 9.986, de 18 de julho de 2000, e das Medidas Provisórias nºs 2.216-37, de 31 de agosto de 2001, e 2.225-45, de 4 de setembro de 2001.*

› DOU de 17.5.2013; ret. DOU de 20.5.2013.

A PRESIDENTA DA REPÚBLICA

Faço saber que o Congresso Nacional decreta e eu sanciono a seguinte Lei:

## CAPÍTULO I
## DISPOSIÇÕES GERAIS

**Art. 1º** As situações que configuram conflito de interesses envolvendo ocupantes de cargo ou emprego no âmbito do Poder Executivo federal, os requisitos e restrições a ocupantes de cargo ou emprego que tenham acesso a informações privilegiadas, os impedimentos posteriores ao exercício do cargo ou emprego e as competências para fiscalização, avaliação e prevenção de conflitos de interesses regulam-se pelo disposto nesta Lei.

**Art. 2º** Submetem-se ao regime desta Lei os ocupantes dos seguintes cargos e empregos:

**I** – de ministro de Estado;

**II** – de natureza especial ou equivalentes;

**III** – de presidente, vice-presidente e diretor, ou equivalentes, de autarquias, fundações públicas, empresas públicas ou sociedades de economia mista; e

**IV** – do Grupo-Direção e Assessoramento Superiores – DAS, níveis 6 e 5 ou equivalentes.

**Parágrafo único.** Além dos agentes públicos mencionados nos incisos I a IV, sujeitam-se ao disposto nesta Lei os ocupantes de cargos ou empregos cujo exercício proporcione acesso a informação privilegiada capaz de trazer vantagem econômica ou financeira para o agente público ou para terceiro, conforme definido em regulamento.

**Art. 3º** Para os fins desta Lei, considera-se:

**I** – conflito de interesses: a situação gerada pelo confronto entre interesses públicos e privados, que possa comprometer o interesse coletivo ou influenciar, de maneira imprópria, o desempenho da função pública; e

**II** – informação privilegiada: a que diz respeito a assuntos sigilosos ou aquela relevante ao processo de decisão no âmbito do Poder Executivo federal que tenha repercussão econômica ou financeira e que não seja de amplo conhecimento público.

**Art. 4º** O ocupante de cargo ou emprego no Poder Executivo federal deve agir de modo a prevenir ou a impedir possível conflito de interesses e a resguardar informação privilegiada.

**§ 1º** No caso de dúvida sobre como prevenir ou impedir situações que configurem conflito de interesses, o agente público deverá consultar a Comissão de Ética Pública, criada no âmbito do Poder Executivo federal, ou a Controladoria-Geral da União, conforme o disposto no parágrafo único do art. 8º desta Lei.

**§ 2º** A ocorrência de conflito de interesses independe da existência de lesão ao patrimônio público, bem como do recebimento de qualquer vantagem ou ganho pelo agente público ou por terceiro.

## CAPÍTULO II
## DAS SITUAÇÕES QUE CONFIGURAM CONFLITO DE INTERESSES NO EXERCÍCIO DO CARGO OU EMPREGO

**Art. 5º** Configura conflito de interesses no exercício de cargo ou emprego no âmbito do Poder Executivo federal:

**I** – divulgar ou fazer uso de informação privilegiada, em proveito próprio ou de terceiro, obtida em razão das atividades exercidas;

**II** – exercer atividade que implique a prestação de serviços ou a manutenção de relação de negócio com pessoa física ou jurídica que tenha interesse em decisão do agente público ou de colegiado do qual este participe;

**III** – exercer, direta ou indiretamente, atividade que em razão da sua natureza seja incompatível com as atribuições do cargo ou emprego, considerando-se como tal, inclusive, a atividade desenvolvida em áreas ou matérias correlatas;

**IV** – atuar, ainda que informalmente, como procurador, consultor, assessor ou intermediário de interesses privados nos órgãos ou entidades da administração pública direta ou indireta de qualquer dos Poderes da União, dos Estados, do Distrito Federal e dos Municípios;

**V** – praticar ato em benefício de interesse de pessoa jurídica de que participe o agente público, seu cônjuge, companheiro ou parentes, consanguíneos ou afins, em linha reta ou colateral, até o terceiro grau, e que possa ser por ele beneficiada ou influir em seus atos de gestão;

**VI** – receber presente de quem tenha interesse em decisão do agente público ou de colegiado do qual este participe fora dos limites e condições estabelecidos em regulamento; e

› Decreto 10.889/2021 (Regulamenta este dispositivo.)

**VII** – prestar serviços, ainda que eventuais, a empresa cuja atividade seja controlada, fiscalizada ou regulada pelo ente ao qual o agente público está vinculado.

**Parágrafo único.** As situações que configuram conflito de interesses estabelecidas neste artigo aplicam-se aos ocupantes dos cargos ou empregos mencionados no art. 2º ainda que em gozo de licença ou em período de afastamento.

## CAPÍTULO III
## DAS SITUAÇÕES QUE CONFIGURAM CONFLITO DE INTERESSES APÓS O EXERCÍCIO DO CARGO OU EMPREGO

**Art. 6º** Configura conflito de interesses após o exercício de cargo ou emprego no âmbito do Poder Executivo federal:

**I** – a qualquer tempo, divulgar ou fazer uso de informação privilegiada obtida em razão das atividades exercidas; e

**II** – no período de 6 (seis) meses, contado da data da dispensa, exoneração, destituição, demissão ou aposentadoria, salvo quando expressamente autorizado, conforme o caso, pela Comissão de Ética Pública ou pela Controladoria-Geral da União:

a) prestar, direta ou indiretamente, qualquer tipo de serviço a pessoa física ou jurídica com quem tenha estabelecido relacionamento relevante em razão do exercício do cargo ou emprego;

b) aceitar cargo de administrador ou conselheiro ou estabelecer vínculo profissional com pessoa física ou jurídica que desempenhe atividade relacionada à área de competência do cargo ou emprego ocupado;

c) celebrar com órgãos ou entidades do Poder Executivo federal contratos de serviço, consultoria, assessoramento ou atividades similares, vinculados, ainda que indiretamente, ao órgão ou entidade em que tenha ocupado o cargo ou emprego; ou

d) intervir, direta ou indiretamente, em favor de interesse privado perante órgão ou entidade em que haja ocupado cargo ou emprego ou com o qual tenha estabelecido relacionamento relevante em razão do exercício do cargo ou emprego.

**Art. 7º** (VETADO).

## CAPÍTULO IV
## DA FISCALIZAÇÃO E DA AVALIAÇÃO DO CONFLITO DE INTERESSES

**Art. 8º** Sem prejuízo de suas competências institucionais, compete à Comissão de Ética Pública, instituída no âmbito do Poder Executivo federal, e à Controladoria-Geral da União, conforme o caso:

**I** – estabelecer normas, procedimentos e mecanismos que objetivem prevenir ou impedir eventual conflito de interesses;

**II** – avaliar e fiscalizar a ocorrência de situações que configuram conflito de interesses e determinar medidas para a prevenção ou eliminação do conflito;

**III** – orientar e dirimir dúvidas e controvérsias acerca da interpretação das normas que regulam o conflito de interesses, inclusive as estabelecidas nesta Lei;

**IV** – manifestar-se sobre a existência ou não de conflito de interesses nas consultas a elas submetidas;

**V** – autorizar o ocupante de cargo ou emprego no âmbito do Poder Executivo federal a exercer atividade privada, quando verificada a inexistência de conflito de interesses ou sua irrelevância;

**VI** – dispensar a quem haja ocupado cargo ou emprego no âmbito do Poder Executivo federal de cumprir o período de impedimento a que se refere o inciso II do art. 6º, quando verificada a inexistência de conflito de interesses ou sua irrelevância;

**VII** – dispor, em conjunto com o Ministério do Planejamento, Orçamento e Gestão, sobre a comunicação pelos ocupantes de cargo ou emprego no âmbito do Poder Executivo federal de alterações patrimoniais relevantes, exercício de atividade privada ou recebimento de propostas de trabalho, contrato ou negócio no setor privado; e

**VIII** – fiscalizar a divulgação da agenda de compromissos públicos, conforme prevista no art. 11.

**Parágrafo único.** A Comissão de Ética Pública atuará nos casos que envolvam os agentes públicos mencionados nos incisos I a IV do art. 2º e a Controladoria-Geral da União, nos casos que envolvam os demais agentes, observado o disposto em regulamento.

**Art. 9º** Os agentes públicos mencionados no art. 2º desta Lei, inclusive aqueles que se encontram em gozo de licença ou em período de afastamento, deverão:

**I** – enviar à Comissão de Ética Pública ou à Controladoria-Geral da União, conforme o caso, anualmente, declaração com informações sobre situação patrimonial, participações societárias, atividades econômicas ou profissionais e indicação sobre a existência de cônjuge, companheiro ou parente, por consanguinidade ou afinidade, em linha reta ou colateral, até o terceiro grau, no exercício de atividades que possam suscitar conflito de interesses; e

**II** – comunicar por escrito à Comissão de Ética Pública ou à unidade de recursos humanos do órgão ou entidade respectivo, conforme o caso, o exercício de atividade privada ou o recebimento de propostas de trabalho que pretende aceitar, contrato ou negócio no setor privado, ainda que não vedadas pelas normas vigentes, estendendo-se esta obrigação ao período a que se refere o inciso II do art. 6º.

**Parágrafo único.** As unidades de recursos humanos, ao receber a comunicação de exercício de atividade privada ou de recebimento de propostas de trabalho, contrato ou negócio no setor privado, deverão informar ao servidor e à Controladoria-Geral da União as situações que suscitem potencial conflito de interesses entre a atividade pública e a atividade privada do agente.

## CAPÍTULO V
## DISPOSIÇÕES FINAIS

**Art. 10.** As disposições contidas nos arts. 4º e 5º e no inciso I do art. 6º estendem-se a todos os agentes públicos no âmbito do Poder Executivo federal.

**Art. 11.** Os agentes públicos mencionados nos incisos I a IV do art. 2º deverão, ainda, divulgar, diariamente, por meio da rede mundial de computadores – internet, sua agenda de compromissos públicos.

› Decreto 10.889/2021 (Regulamenta este dispositivo.)

**Art. 12.** O agente público que praticar os atos previstos nos arts. 5º e 6º desta Lei incorre em improbidade administrativa, na forma do art. 11 da Lei nº 8.429, de 2 de junho de 1992, quando não caracterizada qualquer das condutas descritas nos arts. 9º e 10 daquela Lei.

**Parágrafo único.** Sem prejuízo do disposto no *caput* e da aplicação das demais sanções cabíveis, fica o agente público que se encontrar em situação de conflito de interesses sujeito à aplicação da penalidade disciplinar de demissão, prevista no inciso III do art. 127 e no art. 132 da Lei nº 8.112, de 11 de dezembro de 1990, ou medida equivalente.

**Art. 13.** O disposto nesta Lei não afasta a aplicabilidade da Lei nº 8.112, de 11 de dezembro de 1990, especialmente no que se refere à apuração das responsabilidades e possível aplicação de sanção em razão de prática de ato que configure conflito de interesses ou ato de improbidade nela previstos.

**Art. 14.** (VETADO).

**Art. 15.** (VETADO).

Brasília, 16 de maio de 2013;
192º da Independência e 125º da República.
Dilma Rousseff
Miriam Belchior
Jorge Hage Sobrinho

# LEI Nº 12.846, DE 1º DE AGOSTO DE 2013

*Dispõe sobre a responsabilização administrativa e civil de pessoas jurídicas pela prática de atos contra a administração pública, nacional ou estrangeira, e dá outras providências.*

› D.O.U. 2.8.2013
› Decreto 11.129/2022 (Regulamenta a Lei 12.846/2013.)

A PRESIDENTA DA REPÚBLICA
Faço saber que o Congresso Nacional decreta e eu sanciono a seguinte Lei:

## CAPÍTULO I.
## DISPOSIÇÕES GERAIS

**Art. 1º.** Esta Lei dispõe sobre a responsabilização objetiva administrativa e civil de pessoas jurídicas pela prática de atos contra a administração pública, nacional ou estrangeira.

- CF/88, art. 37, § 6º.
- CC, arts. 927 a 954.

**Parágrafo único.** Aplica-se o disposto nesta Lei às sociedades empresárias e às sociedades simples, personificadas ou não, independentemente da forma de organização ou modelo societário adotado, bem como a quaisquer fundações, associações de entidades ou pessoas, ou sociedades estrangeiras, que tenham sede, filial ou representação no território brasileiro, constituídas de fato ou de direito, ainda que temporariamente.

**Art. 2º.** As pessoas jurídicas serão responsabilizadas objetivamente, nos âmbitos administrativo e civil, pelos atos lesivos previstos nesta Lei praticados em seu interesse ou benefício, exclusivo ou não.

- CF/88, art. 37, § 6º.

**Art. 3º.** A responsabilização da pessoa jurídica não exclui a responsabilidade individual de seus dirigentes ou administradores ou de qualquer pessoa natural, autora, coautora ou partícipe do ato ilícito.

**§ 1º.** A pessoa jurídica será responsabilizada independentemente da responsabilização individual das pessoas naturais referidas no *caput*.

**§ 2º.** Os dirigentes ou administradores somente serão responsabilizados por atos ilícitos na medida da sua culpabilidade.

**Art. 4º.** Subsiste a responsabilidade da pessoa jurídica na hipótese de alteração contratual, transformação, incorporação, fusão ou cisão societária.

**§ 1º.** Nas hipóteses de fusão e incorporação, a responsabilidade da sucessora será restrita à obrigação de pagamento de multa e reparação integral do dano causado, até o limite do patrimônio transferido, não lhe sendo aplicáveis as demais sanções previstas nesta Lei decorrentes de atos e fatos ocorridos antes da data da fusão ou incorporação, exceto no caso de simulação ou evidente intuito de fraude, devidamente comprovados.

**§ 2º.** As sociedades controladoras, controladas, coligadas ou, no âmbito do respectivo contrato, as consorciadas serão solidariamente responsáveis pela prática dos atos previstos nesta Lei, restringindo-se tal responsabilidade à obrigação de pagamento de multa e reparação integral do dano causado.

## CAPÍTULO II. DOS ATOS LESIVOS À ADMINISTRAÇÃO PÚBLICA NACIONAL OU ESTRANGEIRA

**Art. 5º.** Constituem atos lesivos à administração pública, nacional ou estrangeira, para os fins desta Lei, todos aqueles praticados pelas pessoas jurídicas mencionadas no parágrafo único do art. 1º, que atentem contra o patrimônio público nacional ou estrangeiro, contra princípios da administração pública ou contra os compromissos internacionais assumidos pelo Brasil, assim definidos:

**I** – prometer, oferecer ou dar, direta ou indiretamente, vantagem indevida a agente público, ou a terceira pessoa a ele relacionada;

**II** – comprovadamente, financiar, custear, patrocinar ou de qualquer modo subvencionar a prática dos atos ilícitos previstos nesta Lei;

**III** – comprovadamente, utilizar-se de interposta pessoa física ou jurídica para ocultar ou dissimular seus reais interesses ou a identidade dos beneficiários dos atos praticados;

**IV** – no tocante a licitações e contratos:

*a)* frustrar ou fraudar, mediante ajuste, combinação ou qualquer outro expediente, o caráter competitivo de procedimento licitatório público;

*b)* impedir, perturbar ou fraudar a realização de qualquer ato de procedimento licitatório público;

*c)* afastar ou procurar afastar licitante, por meio de fraude ou oferecimento de vantagem de qualquer tipo;

*d)* fraudar licitação pública ou contrato dela decorrente;

*e)* criar, de modo fraudulento ou irregular, pessoa jurídica para participar de licitação pública ou celebrar contrato administrativo;

*f)* obter vantagem ou benefício indevido, de modo fraudulento, de modificações ou prorrogações de contratos celebrados com a administração pública, sem autorização em lei, no ato convocatório da licitação pública ou nos respectivos instrumentos contratuais; ou

*g)* manipular ou fraudar o equilíbrio econômico-financeiro dos contratos celebrados com a administração pública;

**V** – dificultar atividade de investigação ou fiscalização de órgãos, entidades ou agentes públicos, ou intervir em sua atuação, inclusive no âmbito das agências reguladoras e dos órgãos de fiscalização do sistema financeiro nacional.

**§ 1º.** Considera-se administração pública estrangeira os órgãos e entidades estatais ou representações diplomáticas de país estrangeiro, de qualquer nível ou esfera de governo, bem como as pessoas jurídicas controladas, direta ou indiretamente, pelo poder público de país estrangeiro.

**§ 2º.** Para os efeitos desta Lei, equiparam-se à administração pública estrangeira as organizações públicas internacionais.

**§ 3º.** Considera-se agente público estrangeiro, para os fins desta Lei, quem, ainda que transitoriamente ou sem remuneração, exerça cargo, emprego ou função pública em órgãos, entidades estatais ou em representações diplomáticas de país estrangeiro, assim como em pessoas jurídicas controladas, direta ou indiretamente, pelo poder público de país estrangeiro ou em organizações públicas internacionais.

## CAPÍTULO III. DA RESPONSABILIZAÇÃO ADMINISTRATIVA

**Art. 6º.** Na esfera administrativa, serão aplicadas às pessoas jurídicas consideradas responsáveis pelos atos lesivos previstos nesta Lei as seguintes sanções:

**I** – multa, no valor de 0,1% (um décimo por cento) a 20% (vinte por cento) do faturamento bruto do último exercício anterior ao da instauração do processo administrativo, excluídos os tributos, a qual nunca será inferior à vantagem auferida, quando for possível sua estimação; e

**II** – publicação extraordinária da decisão condenatória.

**§ 1º**. As sanções serão aplicadas fundamentadamente, isolada ou cumulativamente, de acordo com as peculiaridades do caso concreto e com a gravidade e natureza das infrações.

**§ 2º**. A aplicação das sanções previstas neste artigo será precedida da manifestação jurídica elaborada pela Advocacia Pública ou pelo órgão de assistência jurídica, ou equivalente, do ente público.

**§ 3º**. A aplicação das sanções previstas neste artigo não exclui, em qualquer hipótese, a obrigação da reparação integral do dano causado.

**§ 4º**. Na hipótese do inciso I do *caput*, caso não seja possível utilizar o critério do valor do faturamento bruto da pessoa jurídica, a multa será de R$ 6.000,00 (seis mil reais) a R$ 60.000.000,00 (sessenta milhões de reais).

**§ 5º**. A publicação extraordinária da decisão condenatória ocorrerá na forma de extrato de sentença, a expensas da pessoa jurídica, em meios de comunicação de grande circulação na área da prática da infração e de atuação da pessoa jurídica ou, na sua falta, em publicação de circulação nacional, bem como por meio de afixação de edital, pelo prazo mínimo de 30 (trinta) dias, no próprio estabelecimento ou no local de exercício da atividade, de modo visível ao público, e no sítio eletrônico na rede mundial de computadores.

**§ 6º**. (VETADO).

**Art. 7º.** Serão levados em consideração na aplicação das sanções:

**I** – a gravidade da infração;

**II** – a vantagem auferida ou pretendida pelo infrator;

**III** – a consumação ou não da infração;

**IV** – o grau de lesão ou perigo de lesão;

**V** – o efeito negativo produzido pela infração;

**VI** – a situação econômica do infrator;

**VII** – a cooperação da pessoa jurídica para a apuração das infrações;

**VIII** – a existência de mecanismos e procedimentos internos de integridade, auditoria e incentivo à denúncia de irregularidades e a aplicação efetiva de códigos de ética e de conduta no âmbito da pessoa jurídica;

**IX** – o valor dos contratos mantidos pela pessoa jurídica com o órgão ou entidade pública lesados; e

**X** – (VETADO).

**Parágrafo único.** Os parâmetros de avaliação de mecanismos e procedimentos previstos no inciso VIII do *caput* serão estabelecidos em regulamento do Poder Executivo federal.

## CAPÍTULO IV. DO PROCESSO ADMINISTRATIVO DE RESPONSABILIZAÇÃO

**Art. 8º.** A instauração e o julgamento de processo administrativo para apuração da responsabilidade de pessoa jurídica cabem à autoridade máxima de cada órgão ou entidade dos Poderes Executivo, Legislativo e Judiciário, que agirá de ofício ou mediante provocação, observados o contraditório e a ampla defesa.

**§ 1º**. A competência para a instauração e o julgamento do processo administrativo de apuração de responsabilidade da pessoa jurídica poderá ser delegada, vedada a subdelegação.

**§ 2º**. No âmbito do Poder Executivo federal, a Controladoria-Geral da União – CGU terá competência concorrente para instaurar processos administrativos de responsabilização de pessoas jurídicas ou para avocar os processos instaurados com fundamento nesta Lei, para exame de sua regularidade ou para corrigir-lhes o andamento.

› Lei 13.341/2016, art. 1º, III (extinguiu a Controladoria-Geral da União).

**Art. 9º.** Competem à Controladoria-Geral da União – CGU a apuração, o processo e o julgamento dos atos ilícitos previstos nesta Lei, praticados contra a administração pública estrangeira, observado o disposto no Artigo 4 da Convenção sobre o Combate da Corrupção de Funcionários Públicos Estrangeiros em Transações Comerciais Internacionais, promulgada pelo Decreto nº 3.678, de 30 de novembro de 2000.

› Lei 13.341/2016, art. 1º, III (extinguiu a Controladoria-Geral da União).

**Art. 10.** O processo administrativo para apuração da responsabilidade de pessoa jurídica será conduzido por comissão designada pela autoridade instauradora e composta por 2 (dois) ou mais servidores estáveis.

**§ 1º**. O ente público, por meio do seu órgão de representação judicial, ou equivalente, a pedido da comissão a que se refere o *caput*, poderá requerer as medidas judiciais necessárias para a investigação e o processamento das infrações, inclusive de busca e apreensão.

**§ 2º**. A comissão poderá, cautelarmente, propor à autoridade instauradora que suspenda os efeitos do ato ou processo objeto da investigação.

**§ 3º**. A comissão deverá concluir o processo no prazo de 180 (cento e oitenta) dias contados da data da publicação do ato que a instituir e, ao final, apresentar relatórios sobre os fatos apurados e eventual responsabilidade da pessoa jurídica, sugerindo de forma motivada as sanções a serem aplicadas.

**§ 4º**. O prazo previsto no § 3º poderá ser prorrogado, mediante ato fundamentado da autoridade instauradora.

**Art. 11.** No processo administrativo para apuração de responsabilidade, será concedido à pessoa jurídica prazo de 30 (trinta) dias para defesa, contados a partir da intimação.

**Art. 12.** O processo administrativo, com o relatório da comissão, será remetido à autoridade instauradora, na forma do art. 10, para julgamento.

**Art. 13.** A instauração de processo administrativo específico de reparação integral do dano não prejudica a aplicação imediata das sanções estabelecidas nesta Lei.

**Parágrafo único.** Concluído o processo e não havendo pagamento, o crédito apurado será inscrito em dívida ativa da fazenda pública.

**Art. 14.** A personalidade jurídica poderá ser desconsiderada sempre que utilizada com abuso do direito para facilitar, encobrir ou dissimular a prática dos atos ilícitos previstos nesta Lei ou para provocar confusão patrimonial, sendo estendidos todos os efeitos das sanções aplicadas à pessoa jurídica aos seus administradores e sócios com poderes de administração, observados o contraditório e a ampla defesa.

**Art. 15.** A comissão designada para apuração da responsabilidade de pessoa jurídica, após a conclusão do procedimento administrativo, dará conhecimento ao Ministério Público de sua existência, para apuração de eventuais delitos.

## CAPÍTULO V. DO ACORDO DE LENIÊNCIA

- Lei 12.850/2013 – Define organização criminosa e dispõe sobre a investigação criminal, os meios de obtenção da prova, infrações penais correlatas e o procedimento criminal.
- Lei 12.529/2011, arts. 86 e 87.

**Art. 16.** A autoridade máxima de cada órgão ou entidade pública poderá celebrar acordo de leniência com as pessoas jurídicas responsáveis pela prática dos atos previstos nesta Lei que colaborem efetivamente com as investigações e o processo administrativo, sendo que dessa colaboração resulte:

**I** – a identificação dos demais envolvidos na infração, quando couber; e

**II** – a obtenção célere de informações e documentos que comprovem o ilícito sob apuração.

**§ 1º.** O acordo de que trata o *caput* somente poderá ser celebrado se preenchidos, cumulativamente, os seguintes requisitos:

**I** – a pessoa jurídica seja a primeira a se manifestar sobre seu interesse em cooperar para a apuração do ato ilícito;

**II** – a pessoa jurídica cesse completamente seu envolvimento na infração investigada a partir da data de propositura do acordo;

**III** – a pessoa jurídica admita sua participação no ilícito e coopere plena e permanentemente com as investigações e o processo administrativo, comparecendo, sob suas expensas, sempre que solicitada, a todos os atos processuais, até seu encerramento.

**§ 2º.** A celebração do acordo de leniência isentará a pessoa jurídica das sanções previstas no inciso II do art. 6º e no inciso IV do art. 19 e reduzirá em até 2/3 (dois terços) o valor da multa aplicável.

**§ 3º.** O acordo de leniência não exime a pessoa jurídica da obrigação de reparar integralmente o dano causado.

**§ 4º.** O acordo de leniência estipulará as condições necessárias para assegurar a efetividade da colaboração e o resultado útil do processo.

**§ 5º.** Os efeitos do acordo de leniência serão estendidos às pessoas jurídicas que integram o mesmo grupo econômico, de fato e de direito, desde que firmem o acordo em conjunto, respeitadas as condições nele estabelecidas.

**§ 6º.** A proposta de acordo de leniência somente se tornará pública após a efetivação do respectivo acordo, salvo no interesse das investigações e do processo administrativo.

**§ 7º.** Não importará em reconhecimento da prática do ato ilícito investigado a proposta de acordo de leniência rejeitada.

**§ 8º.** Em caso de descumprimento do acordo de leniência, a pessoa jurídica ficará impedida de celebrar novo acordo pelo prazo de 3 (três) anos contados do conhecimento pela administração pública do referido descumprimento.

**§ 9º.** A celebração do acordo de leniência interrompe o prazo prescricional dos atos ilícitos previstos nesta Lei.

**§ 10.** A Controladoria-Geral da União – CGU é o órgão competente para celebrar os acordos de leniência no âmbito do Poder Executivo federal, bem como no caso de atos lesivos praticados contra a administração pública estrangeira.

- Lei 13.341/2016, art. 1º, III (extinguiu a Controladoria-Geral da União).

**Art. 17.** A administração pública poderá também celebrar acordo de leniência com a pessoa jurídica responsável pela prática de ilícitos previstos na Lei nº 8.666, de 21 de junho de 1993, com vistas à isenção ou atenuação das sanções administrativas estabelecidas em seus arts. 86 a 88.

## CAPÍTULO VI. DA RESPONSABILIZAÇÃO JUDICIAL

**Art. 18.** Na esfera administrativa, a responsabilidade da pessoa jurídica não afasta a possibilidade de sua responsabilização na esfera judicial.

**Art. 19.** Em razão da prática de atos previstos no art. 5º desta Lei, a União, os Estados, o Distrito Federal e os Municípios, por meio das respectivas Advocacias Públicas ou órgãos de representação judicial, ou equivalentes, e o Ministério Público, poderão ajuizar ação com vistas à aplicação das seguintes sanções às pessoas jurídicas infratoras:

**I** – perdimento dos bens, direitos ou valores que representem vantagem ou proveito direta ou indiretamente obtidos da infração, ressalvado o direito do lesado ou de terceiro de boa-fé;

**II** – suspensão ou interdição parcial de suas atividades;

**III** – dissolução compulsória da pessoa jurídica;

**IV** – proibição de receber incentivos, subsídios, subvenções, doações ou empréstimos de órgãos ou entidades públicas e de instituições financeiras públicas ou controladas pelo poder público, pelo prazo mínimo de 1 (um) e máximo de 5 (cinco) anos.

**§ 1º.** A dissolução compulsória da pessoa jurídica será determinada quando comprovado:

**I** – ter sido a personalidade jurídica utilizada de forma habitual para facilitar ou promover a prática de atos ilícitos; ou

**II** – ter sido constituída para ocultar ou dissimular interesses ilícitos ou a identidade dos beneficiários dos atos praticados.

**§ 2º.** (VETADO).

**§ 3º.** As sanções poderão ser aplicadas de forma isolada ou cumulativa.

**§ 4º.** O Ministério Público ou a Advocacia Pública ou órgão de representação judicial, ou equivalente, do ente público poderá requerer a indisponibilidade de bens, direitos ou valores necessários à garantia do pagamento da multa ou da reparação integral do dano causado, conforme previsto no art. 7º, ressalvado o direito do terceiro de boa-fé.

**Art. 20.** Nas ações ajuizadas pelo Ministério Público, poderão ser aplicadas as sanções previstas no art. 6º, sem prejuízo daquelas previstas neste Capítulo, desde que constatada a omissão das autoridades competentes para promover a responsabilização administrativa.

**Art. 21.** Nas ações de responsabilização judicial, será adotado o rito previsto na Lei nº 7.347, de 24 de julho de 1985.

**Parágrafo único.** A condenação torna certa a obrigação de reparar, integralmente, o dano causado pelo ilícito, cujo valor será apurado em posterior liquidação, se não constar expressamente da sentença.

## CAPÍTULO VII. DISPOSIÇÕES FINAIS

**Art. 22.** Fica criado no âmbito do Poder Executivo federal o Cadastro Nacional de Empresas Punidas - CNEP, que reunirá e dará publicidade às sanções aplicadas pelos órgãos ou entidades dos Poderes Executivo, Legislativo e Judiciário de todas as esferas de governo com base nesta Lei.

**§ 1º.** Os órgãos e entidades referidos no *caput* deverão informar e manter atualizados, no Cnep, os dados relativos às sanções por eles aplicadas.

**§ 2º.** O Cnep conterá, entre outras, as seguintes informações acerca das sanções aplicadas:

**I** – razão social e número de inscrição da pessoa jurídica ou entidade no Cadastro Nacional da Pessoa Jurídica – CNPJ;

**II** – tipo de sanção; e

**III** – data de aplicação e data final da vigência do efeito limitador ou impeditivo da sanção, quando for o caso.

**§ 3º.** As autoridades competentes, para celebrarem acordos de leniência previstos nesta Lei, também deverão prestar e manter atualizadas no Cnep, após a efetivação do respectivo acordo, as informações acerca do acordo de leniência celebrado, salvo se esse procedimento vier a causar prejuízo às investigações e ao processo administrativo.

**§ 4º.** Caso a pessoa jurídica não cumpra os termos do acordo de leniência, além das informações previstas no § 3º, deverá ser incluída no Cnep referência ao respectivo descumprimento.

**§ 5º.** Os registros das sanções e acordos de leniência serão excluídos depois de decorrido o prazo previamente estabelecido no ato sancionador ou do cumprimento integral do acordo de leniência e da reparação do eventual dano causado, mediante solicitação do órgão ou entidade sancionadora.

**Art. 23.** Os órgãos ou entidades dos Poderes Executivo, Legislativo e Judiciário de todas as esferas de governo deverão informar e manter atualizados, para fins de publicidade, no Cadastro Nacional de Empresas Inidôneas e Suspensas – CEIS, de caráter público, instituído no âmbito do Poder Executivo federal, os dados relativos às sanções por eles aplicadas, nos termos do disposto nos arts. 87 e 88 da Lei nº 8.666, de 21 de junho de 1993.

**Art. 24.** A multa e o perdimento de bens, direitos ou valores aplicados com fundamento nesta Lei serão destinados preferencialmente aos órgãos ou entidades públicas lesadas.

**Art. 25.** Prescrevem em 5 (cinco) anos as infrações previstas nesta Lei, contados da data da ciência da infração ou, no caso de infração permanente ou continuada, do dia em que tiver cessado.

**Parágrafo único.** Na esfera administrativa ou judicial, a prescrição será interrompida com a instauração de processo que tenha por objeto a apuração da infração.

**Art. 26.** A pessoa jurídica será representada no processo administrativo na forma do seu estatuto ou contrato social.

**§ 1º.** As sociedades sem personalidade jurídica serão representadas pela pessoa a quem couber a administração de seus bens.

**§ 2º.** A pessoa jurídica estrangeira será representada pelo gerente, representante ou administrador de sua filial, agência ou sucursal aberta ou instalada no Brasil.

**Art. 27.** A autoridade competente que, tendo conhecimento das infrações previstas nesta Lei, não adotar providências para a apuração dos fatos será responsabilizada penal, civil e administrativamente nos termos da legislação específica aplicável.

**Art. 28.** Esta Lei aplica-se aos atos lesivos praticados por pessoa jurídica brasileira contra a administração pública estrangeira, ainda que cometidos no exterior.

**Art. 29.** O disposto nesta Lei não exclui as competências do Conselho Administrativo de Defesa Econômica, do Ministério da Justiça e do Ministério da Fazenda para processar e julgar fato que constitua infração à ordem econômica.

**Art. 30.** A aplicação das sanções previstas nesta Lei não afeta os processos de responsabilização e aplicação de penalidades decorrentes de:

**I** – ato de improbidade administrativa nos termos da Lei nº 8.429, de 2 de junho de 1992; e

**II** – atos ilícitos alcançados pela Lei nº 8.666, de 21 de junho de 1993, ou outras normas de licitações e contratos da administração pública, inclusive no tocante ao Regime Diferenciado de Contratações Públicas – RDC instituído pela Lei nº 12.462, de 4 de agosto de 2011.

**Art. 31.** Esta Lei entra em vigor 180 (cento e oitenta) dias após a data de sua publicação.

Brasília, 1º de agosto de 2013; 192º da Independência e 125º da República.

DILMA ROUSSEFF
José Eduardo Cardozo
Luís Inácio Lucena Adams
Jorge Hage Sobrinho

# LEI Nº 12.990, DE 9 DE JUNHO DE 2014

*Reserva aos negros 20% (vinte por cento) das vagas oferecidas nos concursos públicos para provimento de cargos efetivos e empregos públicos no âmbito da administração pública federal, das autarquias, das fundações públicas, das empresas públicas e das sociedades de economia mista controladas pela União.*

- DOU de 10.6.2014

A PRESIDENTA DA REPÚBLICA

Faço saber que o Congresso Nacional decreta e eu sanciono a seguinte Lei:

**Art. 1º** Ficam reservadas aos negros 20% (vinte por cento) das vagas oferecidas nos concursos públicos para provimento de cargos efetivos e empregos públicos no âmbito da administração pública federal, das autarquias, das fundações públicas, das empresas públicas e das sociedades de economia mista controladas pela União, na forma desta Lei.

**§ 1º** A reserva de vagas será aplicada sempre que o número de vagas oferecidas no concurso público for igual ou superior a 3 (três).

**§ 2º** Na hipótese de quantitativo fracionado para o número de vagas reservadas a candidatos negros, esse será aumentado para o primeiro número inteiro subsequente, em caso de fração igual ou maior que 0,5 (cinco décimos), ou diminuído para número inteiro imediatamente inferior, em caso de fração menor que 0,5 (cinco décimos).

**§ 3º** A reserva de vagas a candidatos negros constará expressamente dos editais dos concursos públicos, que deverão especificar o total de vagas correspondentes à reserva para cada cargo ou emprego público oferecido.

- Constitucionalidade do sistema de cotas raciais em concursos públicos. A Lei nº 12.990/2014 estabeleceu uma cota aos negros de 20% das vagas em concursos públicos realizados no âmbito da administração pública federal, das autarquias, das fundações públicas, das empresas públicas e das sociedades de economia mista controladas pela União. O STF declarou que essa Lei é constitucional e fixou a seguinte tese de julgamento: "É constitucional a reserva de 20% das vagas oferecidas nos concursos públicos para provimento de cargos efetivos e empregos públicos no âmbito da administração pública direta e indireta." STF. Plenário. ADC 41/DF, Rel. Min. Roberto Barroso, julgado em 8/6/2017 (Info 868).
- Obs1: a reserva de vagas tratada pela Lei nº 12.990/2014 vale para todos os três Poderes da União (Executivo, Legislativo e Judiciário), além do MPU e DPU.
- Obs2: a Lei nº 12.990/2014 não se aplica para os Estados, o Distrito Federal e os Municípios. No entanto, caso estes entes editem leis semelhantes, elas também são consideradas constitucionais.

**Art. 2º** Poderão concorrer às vagas reservadas a candidatos negros aqueles que se autodeclararem pretos ou pardos no ato da inscrição no concurso público, conforme o quesito cor ou raça utilizado pela Fundação Instituto Brasileiro de Geografia e Estatística – IBGE.

**Parágrafo único.** Na hipótese de constatação de declaração falsa, o candidato será eliminado do concurso e, se houver sido nomeado, ficará sujeito à anulação da sua admissão ao serviço ou emprego público, após procedimento administrativo em que lhe sejam assegurados o contraditório e a ampla defesa, sem prejuízo de outras sanções cabíveis.

- Além da autodeclaração, é possível que a Administração Pública adote critérios de heteroidentificação para analisar se o candidato se enquadra nos parâmetros da cota
- A Lei nº 12.990/2014 estabeleceu uma cota aos negros de 20% das vagas em concursos públicos da administração pública federal, direta e indireta. Segundo o art. 2º da Lei, poderão concorrer às vagas reservadas a candidatos negros aqueles que se autodeclararem pretos ou pardos no ato da inscrição no concurso público, conforme o quesito cor ou raça utilizado pelo IBGE. Trata-se do chamado critério da autodeclaração. O STF afirmou que este critério é constitucional. Entretanto, é possível também que a Administração Pública adote um controle heterônomo, sobretudo quando existirem fundadas razões para acreditar que houve abuso na autodeclaração. Assim, é legítima a utilização de critérios subsidiários de heteroidentificação dos candidatos que se declararam pretos ou pardos. A finalidade é combater condutas fraudulentas e garantir que os objetivos da política de cotas sejam efetivamente alcançados. Vale ressaltar que tais critérios deverão respeitar a dignidade da pessoa humana e assegurar o contraditório e a ampla defesa. Exemplos desse controle heterônomo: exigência de autodeclaração presencial perante a comissão do concurso; exigência de apresentação de fotos pelos candidatos; formação de comissões com composição plural para entrevista dos candidatos em momento posterior à autodeclaração. Essa conclusão do STF foi resumida na seguinte tese de julgamento: "É legítima a utilização, além da autodeclaração, de critérios subsidiários de heteroidentificação, desde que respeitada a dignidade da pessoa humana e garantidos o contraditório e a ampla defesa". STF. Plenário. ADC 41/DF, Rel. Min. Roberto Barroso, julgado em 8/6/2017 (Info 868).

**Art. 3º** Os candidatos negros concorrerão concomitantemente às vagas reservadas e às vagas destinadas à ampla concorrência, de acordo com a sua classificação no concurso.

**§ 1º** Os candidatos negros aprovados dentro do número de vagas oferecido para ampla concorrência não serão computados para efeito do preenchimento das vagas reservadas.

**§ 2º** Em caso de desistência de candidato negro aprovado em vaga reservada, a vaga será preenchida pelo candidato negro posteriormente classificado.

**§ 3º** Na hipótese de não haver número de candidatos negros aprovados suficiente para ocupar as vagas reservadas, as vagas remanescentes serão revertidas para a ampla concorrência e serão preenchidas pelos demais candidatos aprovados, observada a ordem de classificação.

**Art. 4º** A nomeação dos candidatos aprovados respeitará os critérios de alternância e proporcionalidade, que consideram a relação entre o número de vagas total e o número de vagas reservadas a candidatos com deficiência e a candidatos negros.

**Art. 5º** O órgão responsável pela política de promoção da igualdade étnica de que trata o § 1º do art. 49 da Lei nº 12.288, de 20 de julho de 2010, será responsável pelo acompanhamento e avaliação anual do disposto nesta Lei, nos moldes previstos no art. 59 da Lei nº 12.288, de 20 de julho de 2010.

**Art. 6º** Esta Lei entra em vigor na data de sua publicação e terá vigência pelo prazo de 10 (dez) anos.

- O STF deu interpretação conforme a Constituição ao art. 6º da Lei nº 12.990/2014, a fim de que o prazo nele constante seja entendido como marco temporal para avaliação da eficácia da ação afirmativa, determinação de prorrogação e/ou realinhamento e, caso atingido o objetivo da política, previsão de medidas para seu encerramento, ficando afastada a interpretação que extinga abruptamente as cotas raciais. Em outras palavras, tais cotas permanecerão sendo observadas até que se conclua o processo legislativo de competência do Congresso Nacional e, subsequentemente, do Poder Executivo. STF. Plenário. ADI 7.654 MC-Ref/DF, Rel. Min. Flávio Dino, julgado em 17/06/2024 (Info 1141).

**Parágrafo único.** Esta Lei não se aplicará aos concursos cujos editais já tiverem sido publicados antes de sua entrada em vigor.

Brasília, 9 de junho de 2014;
193º da Independência e 126º da República.
Dilma Rousseff
Miriam Belchior
Luiza Helena de Bairros

# LEI Nº 13.019, DE 31 DE JULHO DE 2014

*Estabelece o regime jurídico das parcerias entre a administração pública e as organizações da sociedade civil, em regime de mútua cooperação, para a consecução de finalidades de interesse público e recíproco, mediante a execução de atividades ou de projetos previamente estabelecidos em planos de trabalho inseridos em termos de colaboração, em termos de fomento ou em acordos de cooperação; define diretrizes para a política de fomento, de colaboração e de cooperação com organizações da sociedade civil; e altera as Leis nºs 8.429, de 2 de junho de 1992, e 9.790, de 23 de março de 1999.*

- D.O.U. 1.8.2014

A PRESIDENTA DA REPÚBLICA Faço saber que o Congresso Nacional decreta e eu sanciono a seguinte Lei:

- Lei 9.790/1999 – Dispõe sobre a qualificação de pessoas jurídicas de direito privado, sem fins lucrativos, como Organizações da Sociedade Civil de Interesse Público, institui e disciplina o Termo de Parceria.
- Decreto 8.726/2016 – Regulamenta a Lei 13.019/2014, para dispor sobre regras e procedimentos do regime jurídico das parcerias celebradas entre a administração pública federal e as organizações da sociedade civil.

**Art. 1º.** Esta Lei institui normas gerais para as parcerias entre a administração pública e organizações da sociedade civil, em regime de mútua cooperação, para a consecução de finalidades de interesse público e recíproco, mediante a execução de atividades ou de projetos previamente estabelecidos em planos de trabalho inseridos em termos de colaboração, em termos de fomento ou em acordos de cooperação.

## CAPÍTULO I. DISPOSIÇÕES PRELIMINARES

**Art. 2º.** Para os fins desta Lei, considera-se:

**I** – organização da sociedade civil:

*a)* entidade privada sem fins lucrativos que não distribua entre os seus sócios ou associados, conselheiros, diretores, empregados, doadores ou terceiros eventuais resultados, sobras, excedentes operacionais, brutos ou líquidos, dividendos, isenções de qualquer natureza, participações ou parcelas do seu patrimônio, auferidos mediante o exercício de suas atividades, e que os aplique integralmente na consecução do respectivo objeto social, de forma imediata ou por meio da constituição de fundo patrimonial ou fundo de reserva;

- Lei 9.790/1999, art. 1º.

*b)* as sociedades cooperativas previstas na Lei 9.867, de 10 de novembro de 1999; as integradas por pessoas em situação de risco ou vulnerabilidade pessoal ou social; as alcançadas por programas e ações de combate à pobreza e de geração de trabalho e renda; as voltadas para fomento, educação e capacitação de trabalhadores rurais ou capacitação de agentes de assistência técnica e extensão rural; e as capacitadas para execução de atividades ou de projetos de interesse público e de cunho social.

*c)* as organizações religiosas que se dediquem a atividades ou a projetos de interesse público e de cunho social distintas das destinadas a fins exclusivamente religiosos;

- CC, art. 44, IV e § 1º.

**II** – administração pública: União, Estados, Distrito Federal, Municípios e respectivas autarquias, fundações, empresas públicas e sociedades de economia mista prestadoras de serviço público, e suas subsidiárias, alcançadas pelo disposto no § 9º do art. 37 da Constituição Federal;

**III** – parceria: conjunto de direitos, responsabilidades e obrigações decorrentes de relação jurídica estabelecida formalmente entre a administração pública e organizações da sociedade civil, em regime de mútua cooperação, para a consecução de finalidades de interesse público e recíproco, mediante a execução de atividade ou de projeto expressos em termos de colaboração, em termos de fomento ou em acordos de cooperação;

- Lei 9.790/1999, arts. 9º a 15-B.

**III-A** – atividade: conjunto de operações que se realizam de modo contínuo ou permanente, das quais resulta um produto ou serviço necessário à satisfação de interesses compartilhados pela administração pública e pela organização da sociedade civil;

**III-B** – projeto: conjunto de operações, limitadas no tempo, das quais resulta um produto destinado à satisfação de interesses compartilhados pela administração pública e pela organização da sociedade civil;

**IV** – dirigente: pessoa que detenha poderes de administração, gestão ou controle da organização da sociedade civil, habilitada a assinar termo de colaboração, termo de fomento ou acordo de cooperação com a administração pública para a consecução de finalidades de interesse público e recíproco, ainda que delegue essa competência a terceiros;

**V** – administrador público: agente público revestido de competência para assinar termo de colaboração, termo de fomento ou acordo de cooperação com organização da sociedade civil para a consecução de finalidades de interesse público e recíproco, ainda que delegue essa competência a terceiros;

**VI** – gestor: agente público responsável pela gestão de parceria celebrada por meio de termo de colaboração ou termo de fomento, designado por ato publicado em meio oficial de comunicação, com poderes de controle e fiscalização;

**VII** – termo de colaboração: instrumento por meio do qual são formalizadas as parcerias estabelecidas pela administração pública com organizações da sociedade civil para a consecução de finalidades de interesse público e recíproco propostas pela administração pública que envolvam a transferência de recursos financeiros;

**VIII** – termo de fomento: instrumento por meio do qual são formalizadas as parcerias estabelecidas pela administração pública com organizações da sociedade civil para a consecução de finalidades de interesse público e recíproco propostas pelas organizações da sociedade civil, que envolvam a transferência de recursos financeiros;

**VIII-A** – acordo de cooperação: instrumento por meio do qual são formalizadas as parcerias estabelecidas pela administração pública com organizações da sociedade civil para a consecução de finalidades de interesse público e recíproco que não envolvam a transferência de recursos financeiros;

**IX** – conselho de política pública: órgão criado pelo poder público para atuar como instância consultiva, na respectiva área de atuação, na formulação, implementação, acompanhamento, monitoramento e avaliação de políticas públicas;

**X** – comissão de seleção: órgão colegiado destinado a processar e julgar chamamentos públicos, constituído por ato publicado em meio oficial de comunicação, assegurada a participação de pelo menos um servidor ocupante de cargo efetivo ou emprego permanente do quadro de pessoal da administração pública;

**XI** – comissão de monitoramento e avaliação: órgão colegiado destinado a monitorar e avaliar as parcerias celebradas com organizações da sociedade civil mediante termo de colaboração ou termo de fomento, constituído por ato publicado em meio oficial de comunicação, assegurada a participação de pelo menos um servidor ocupante de cargo efetivo ou emprego permanente do quadro de pessoal da administração pública;

**XII** – chamamento público: procedimento destinado a selecionar organização da sociedade civil para firmar parceria por meio de termo de colaboração ou de fomento, no qual se garanta a observância dos princípios da isonomia, da legalidade, da impessoalidade, da moralidade, da igualdade, da publicidade, da probidade administrativa, da vinculação ao instrumento convocatório, do julgamento objetivo e dos que lhes são correlatos;

**XIII** – bens remanescentes: os de natureza permanente adquiridos com recursos financeiros envolvidos na parceria, necessários à consecução do objeto, mas que a ele não se incorporam;

**XIV** – prestação de contas: procedimento em que se analisa e se avalia a execução da parceria, pelo qual seja possível verificar o cumprimento do objeto da parceria e o alcance das metas e dos resultados previstos, compreendendo duas fases:

a) apresentação das contas, de responsabilidade da organização da sociedade civil;

b) análise e manifestação conclusiva das contas, de responsabilidade da administração pública, sem prejuízo da atuação dos órgãos de controle;

**XV** – (Revogado pela Lei nº 13.204, de 2015).

**Art. 2º-A.** As parcerias disciplinadas nesta Lei respeitarão, em todos os seus aspectos, as normas específicas das políticas públicas setoriais relativas ao objeto da parceria e as respectivas instâncias de pactuação e deliberação.

**Art. 3º.** Não se aplicam as exigências desta Lei:

**I** – às transferências de recursos homologadas pelo Congresso Nacional ou autorizadas pelo Senado Federal naquilo em que as disposições específicas dos tratados, acordos e convenções internacionais conflitarem com esta Lei;

**II** – (Revogado pela Lei nº 13.204, de 2015);

**III** – aos contratos de gestão celebrados com organizações sociais, desde que cumpridos os requisitos previstos na Lei nº 9.637, de 15 de maio de 1998;

**IV** – aos convênios e contratos celebrados com entidades filantrópicas e sem fins lucrativos nos termos do § 1º do art. 199 da Constituição Federal;

**V** – aos termos de compromisso cultural referidos no § 1º do art. 9º da Lei 13.018, de 22 de julho de 2014;

**VI** – aos termos de parceria celebrados com organizações da sociedade civil de interesse público, desde que cumpridos os requisitos previstos na Lei nº 9.790, de 23 de março de 1999;

**VII** – às transferências referidas no art. 2º da Lei nº 10.845, de 5 de março de 2004, e nos arts. 5º e 22 da Lei nº 11.947, de 16 de junho de 2009;

**VIII** – (VETADO);

**IX** – aos pagamentos realizados a TÍTULO de anuidades, contribuições ou taxas associativas em favor de organismos internacionais ou entidades que sejam obrigatoriamente constituídas por:

a) membros de Poder ou do Ministério Público;

b) dirigentes de órgão ou de entidade da administração pública;

c) pessoas jurídicas de direito público interno;

d) pessoas jurídicas integrantes da administração pública;

**X** – às parcerias entre a administração pública e os serviços sociais autônomos.

**Art. 4º.** (Revogado pela Lei nº 3.204, de 2015).

**Art. 4º-A** Todas as reuniões, deliberações e votações das organizações da sociedade civil poderão ser feitas virtualmente, e o sistema de deliberação remota deverá garantir os direitos de voz e de voto a quem os teria em reunião ou assembleia presencial. *(Acrescido pela Lei 14.309/2022)*

## CAPÍTULO II. DA CELEBRAÇÃO DO TERMO DE COLABORAÇÃO OU DE FOMENTO

### SEÇÃO I. NORMAS GERAIS

**Art. 5º.** O regime jurídico de que trata esta Lei tem como fundamentos a gestão pública democrática, a participação social, o fortalecimento da sociedade civil, a transparência na aplicação dos recursos públicos, os princípios da legalidade, da legitimidade, da impessoalidade, da moralidade, da publicidade, da economicidade, da eficiência e da eficácia, destinando-se a assegurar:

**I** – o reconhecimento da participação social como direito do cidadão;

**II** – a solidariedade, a cooperação e o respeito à diversidade para a construção de valores de cidadania e de inclusão social e produtiva;

**III** – a promoção do desenvolvimento local, regional e nacional, inclusivo e sustentável;

**IV** – o direito à informação, à transparência e ao controle social das ações públicas;

**V** – a integração e a transversalidade dos procedimentos, mecanismos e instâncias de participação social;

**VI** – a valorização da diversidade cultural e da educação para a cidadania ativa;

**VII** – a promoção e a defesa dos direitos humanos;

**VIII** – a preservação, a conservação e a proteção dos recursos hídricos e do meio ambiente;

**IX** – a valorização dos direitos dos povos indígenas e das comunidades tradicionais;

**X** – a preservação e a valorização do patrimônio cultural brasileiro, em suas dimensões material e imaterial.

**Art. 6º.** São diretrizes fundamentais do regime jurídico de parceria:

**I** – a promoção, o fortalecimento institucional, a capacitação e o incentivo à organização da sociedade civil para a cooperação com o poder público;

**II** – a priorização do controle de resultados;

**III** – o incentivo ao uso de recursos atualizados de tecnologias de informação e comunicação;

**IV** – o fortalecimento das ações de cooperação institucional entre os entes federados nas relações com as organizações da sociedade civil;

**V** – o estabelecimento de mecanismos que ampliem a gestão de informação, transparência e publicidade;

**VI** – a ação integrada, complementar e descentralizada, de recursos e ações, entre os entes da Federação, evitando sobreposição de iniciativas e fragmentação de recursos;

**VII** – a sensibilização, a capacitação, o aprofundamento e o aperfeiçoamento do trabalho de gestores públicos, na implementação de atividades e projetos de interesse público e relevância social com organizações da sociedade civil;

**VIII** – a adoção de práticas de gestão administrativa necessárias e suficientes para coibir a obtenção, individual ou coletiva, de benefícios ou vantagens indevidos;

**IX** – a promoção de soluções derivadas da aplicação de conhecimentos, da ciência e tecnologia e da inovação para atender necessidades e demandas de maior qualidade de vida da população em situação de desigualdade social.

### SEÇÃO II. DA CAPACITAÇÃO DE GESTORES, CONSELHEIROS E SOCIEDADE CIVIL ORGANIZADA

**Art. 7º.** A União poderá instituir, em coordenação com os Estados, o Distrito Federal, os Municípios e organizações da sociedade civil, programas de capacitação voltados a:

**I** – administradores públicos, dirigentes e gestores;

**II** – representantes de organizações da sociedade civil;

**III** – membros de conselhos de políticas públicas;

**IV** – membros de comissões de seleção;

**V** – membros de comissões de monitoramento e avaliação;

**VI** – demais agentes públicos e privados envolvidos na celebração e execução das parcerias disciplinadas nesta Lei.

**Parágrafo único.** A participação nos programas previstos no *caput* não constituirá condição para o exercício de função envolvida na materialização das parcerias disciplinadas nesta Lei.

**Art. 8º.** Ao decidir sobre a celebração de parcerias previstas nesta Lei, o administrador público:

**I** – considerará, obrigatoriamente, a capacidade operacional da administração pública para celebrar a parceria, cumprir as obrigações dela decorrentes e assumir as respectivas responsabilidades;

**II** – avaliará as propostas de parceria com o rigor técnico necessário;

**III** – designará gestores habilitados a controlar e fiscalizar a execução em tempo hábil e de modo eficaz;

**IV** – apreciará as prestações de contas na forma e nos prazos determinados nesta Lei e na legislação específica.

**Parágrafo único.** A administração pública adotará as medidas necessárias, tanto na capacitação de pessoal, quanto no provimento dos recursos materiais e tecnológicos necessários, para assegurar a capacidade técnica e operacional de que trata o *caput* deste artigo.

## SEÇÃO III. DA TRANSPARÊNCIA E DO CONTROLE

**Art. 9º.** (Revogado pela Lei nº 3.204, de 2015).

**Art. 10.** A administração pública deverá manter, em seu sítio oficial na internet, a relação das parcerias celebradas e dos respectivos planos de trabalho, até cento e oitenta dias após o respectivo encerramento.

**Art. 11.** A organização da sociedade civil deverá divulgar na internet e em locais visíveis de suas sedes sociais e dos estabelecimentos em que exerça suas ações todas as parcerias celebradas com a administração pública.

**Parágrafo único.** As informações de que tratam este artigo e o art. 10 deverão incluir, no mínimo:

**I** – data de assinatura e identificação do instrumento de parceria e do órgão da administração pública responsável;

**II** – nome da organização da sociedade civil e seu número de inscrição no Cadastro Nacional da Pessoa Jurídica – CNPJ da Secretaria da Receita Federal do Brasil – RFB;

**III** – descrição do objeto da parceria;

**IV** – valor total da parceria e valores liberados, quando for o caso;

**V** – situação da prestação de contas da parceria, que deverá informar a data prevista para a sua apresentação, a data em que foi apresentada, o prazo para a sua análise e o resultado conclusivo.

**VI** – quando vinculados à execução do objeto e pagos com recursos da parceria, o valor total da remuneração da equipe de trabalho, as funções que seus integrantes desempenham e a remuneração prevista para o respectivo exercício.

**Art. 12.** A administração pública deverá divulgar pela internet os meios de representação sobre a aplicação irregular dos recursos envolvidos na parceria.

## SEÇÃO IV. DO FORTALECIMENTO DA PARTICIPAÇÃO SOCIAL E DA DIVULGAÇÃO DAS AÇÕES

**Art. 13.** (Vetado).

**Art. 14.** A administração pública divulgará, na forma de regulamento, nos meios públicos de comunicação por radiodifusão de sons e de sons e imagens, campanhas publicitárias e programações desenvolvidas por organizações da sociedade civil, no âmbito das parcerias previstas nesta Lei, mediante o emprego de recursos tecnológicos e de linguagem adequados à garantia de acessibilidade por pessoas com deficiência.

**Art. 15.** Poderá ser criado, no âmbito do Poder Executivo federal, o Conselho Nacional de Fomento e Colaboração, de composição paritária entre representantes governamentais e organizações da sociedade civil, com a finalidade de divulgar boas práticas e de propor e apoiar políticas e ações voltadas ao fortalecimento das relações de fomento e de colaboração previstas nesta Lei.

**§ 1º.** A composição e o funcionamento do Conselho Nacional de Fomento e Colaboração serão disciplinados em regulamento.

**§ 2º.** Os demais entes federados também poderão criar instância participativa, nos termos deste artigo.

**§ 3º.** Os conselhos setoriais de políticas públicas e a administração pública serão consultados quanto às políticas e ações voltadas ao fortalecimento das relações de fomento e de colaboração propostas pelo Conselho de que trata o *caput* deste artigo.

## SEÇÃO V. DOS TERMOS DE COLABORAÇÃO E DE FOMENTO

**Art. 16.** O termo de colaboração deve ser adotado pela administração pública para consecução de planos de trabalho de sua iniciativa, para celebração de parcerias com organizações da sociedade civil que envolvam a transferência de recursos financeiros.

**Parágrafo único.** Os conselhos de políticas públicas poderão apresentar propostas à administração pública para celebração de termo de colaboração com organizações da sociedade civil.

**Art. 17.** O termo de fomento deve ser adotado pela administração pública para consecução de planos de trabalho propostos por organizações da sociedade civil que envolvam a transferência de recursos financeiros.

## SEÇÃO VI. DO PROCEDIMENTO DE MANIFESTAÇÃO DE INTERESSE SOCIAL

**Art. 18.** É instituído o Procedimento de Manifestação de Interesse Social como instrumento por meio do qual as organizações da sociedade civil, movimentos sociais e cidadãos poderão apresentar propostas ao poder público para que este avalie a possibilidade de realização de um chamamento público objetivando a celebração de parceria.

**Art. 19.** A proposta a ser encaminhada à administração pública deverá atender aos seguintes requisitos:

**I** – identificação do subscritor da proposta;

**II** – indicação do interesse público envolvido;

**III** – diagnóstico da realidade que se quer modificar, aprimorar ou desenvolver e, quando possível, indicação da viabilidade, dos custos, dos benefícios e dos prazos de execução da ação pretendida.

**Art. 20.** Preenchidos os requisitos do art. 19, a administração pública deverá tornar pública a proposta em seu sítio eletrônico e, verificada a conveniência e oportunidade para realização do Procedimento de Manifestação de Interesse Social, o instaurará para oitiva da sociedade sobre o tema.

**Parágrafo único.** Os prazos e regras do procedimento de que trata esta Seção observarão regulamento próprio de cada ente federado, a ser aprovado após a publicação desta Lei.

**Art. 21.** A realização do Procedimento de Manifestação de Interesse Social não implicará necessariamente na execução do chamamento público, que acontecerá de acordo com os interesses da administração.

**§ 1º.** A realização do Procedimento de Manifestação de Interesse Social não dispensa a convocação por meio de chamamento público para a celebração de parceria.

**§ 2º.** A proposição ou a participação no Procedimento de Manifestação de Interesse Social não impede a organização da sociedade civil de participar no eventual chamamento público subsequente.

**§ 3º.** É vedado condicionar a realização de chamamento público ou a celebração de parceria à prévia realização de Procedimento de Manifestação de Interesse Social.

## SEÇÃO VII.
## DO PLANO DE TRABALHO

**Art. 22.** Deverá constar do plano de trabalho de parcerias celebradas mediante termo de colaboração ou de fomento:

**I** – descrição da realidade que será objeto da parceria, devendo ser demonstrado o nexo entre essa realidade e as atividades ou projetos e metas a serem atingidas;

**II** – descrição de metas a serem atingidas e de atividades ou projetos a serem executados;

**II-A** – previsão de receitas e de despesas a serem realizadas na execução das atividades ou dos projetos abrangidos pela parceria;

**III** – forma de execução das atividades ou dos projetos e de cumprimento das metas a eles atreladas;

**IV** – definição dos parâmetros a serem utilizados para a aferição do cumprimento das metas.

**V a X** – (Revogados pela Lei nº 13.204, de 2015).

**Parágrafo único.** (Revogado pela Lei nº 13.204, de 2015).

## SEÇÃO VIII.
## DO CHAMAMENTO PÚBLICO

**Art. 23.** A administração pública deverá adotar procedimentos claros, objetivos e simplificados que orientem os interessados e facilitem o acesso direto aos seus órgãos e instâncias decisórias, independentemente da modalidade de parceria prevista nesta Lei.

**Parágrafo único.** Sempre que possível, a administração pública estabelecerá critérios a serem seguidos, especialmente quanto às seguintes características:

**I** – objetos;

**II** – metas;

**III** – (Revogado pela Lei nº 13.204, de 2015);

**IV** – custos;

**V** – (Revogado pela Lei nº 13.204, de 2015);

**VI** – indicadores, quantitativos ou qualitativos, de avaliação de resultados.

**Art. 24.** Exceto nas hipóteses previstas nesta Lei, a celebração de termo de colaboração ou de fomento será precedida de chamamento público voltado a selecionar organizações da sociedade civil que tornem mais eficaz a execução do objeto.

**§ 1º.** O edital do chamamento público especificará, no mínimo:

**I** – a programação orçamentária que autoriza e viabiliza a celebração da parceria;

**II** – (Revogado pela Lei nº 13.204, de 2015);

**III** – o objeto da parceria;

**IV** – as datas, os prazos, as condições, o local e a forma de apresentação das propostas;

**V** – as datas e os critérios de seleção e julgamento das propostas, inclusive no que se refere à metodologia de pontuação e ao peso atribuído a cada um dos critérios estabelecidos, se for o caso;

**VI** – o valor previsto para a realização do objeto;

**VII** – (Revogado pela Lei nº 13.204, de 2015);

**VIII** – as condições para interposição de recurso administrativo;

**IX** – a minuta do instrumento por meio do qual será celebrada a parceria;

**X** – de acordo com as características do objeto da parceria, medidas de acessibilidade para pessoas com deficiência ou mobilidade reduzida e idosos.

**§ 2º.** É vedado admitir, prever, incluir ou tolerar, nos atos de convocação, cláusulas ou condições que comprometam, restrinjam ou frustrem o seu caráter competitivo em decorrência de qualquer circunstância impertinente ou irrelevante para o específico objeto da parceria, admitidos:

**I** – a seleção de propostas apresentadas exclusivamente por concorrentes sediados ou com representação atuante e reconhecida na unidade da Federação onde será executado o objeto da parceria;

**II** – o estabelecimento de cláusula que delimite o território ou a abrangência da prestação de atividades ou da execução de projetos, conforme estabelecido nas políticas setoriais.

**Art. 25.** (Revogado pela Lei nº 13.204, de 2015);

**Art. 26.** O edital deverá ser amplamente divulgado em página do sítio oficial da administração pública na internet, com antecedência mínima de trinta dias.

**Parágrafo único.** (Revogado pela Lei nº 13.204, de 2015).

**Art. 27.** O grau de adequação da proposta aos objetivos específicos do programa ou da ação em que se insere o objeto da parceria e, quando for o caso, ao valor de referência constante do chamamento constitui critério obrigatório de julgamento.

**§ 1º**. As propostas serão julgadas por uma comissão de seleção previamente designada, nos termos desta Lei, ou constituída pelo respectivo conselho gestor, se o projeto for financiado com recursos de fundos específicos.

**§ 2º**. Será impedida de participar da comissão de seleção pessoa que, nos últimos cinco anos, tenha mantido relação jurídica com, ao menos, uma das entidades participantes do chamamento público.

**§ 3º**. Configurado o impedimento previsto no § 2º, deverá ser designado membro substituto que possua qualificação equivalente à do substituído.

**§ 4º**. A administração pública homologará e divulgará o resultado do julgamento em página do sítio previsto no art. 26.

**§ 5º**. Será obrigatoriamente justificada a seleção de proposta que não for a mais adequada ao valor de referência constante do chamamento público.

**§ 6º**. A homologação não gera direito para a organização da sociedade civil à celebração da parceria.

**Art. 28.** Somente depois de encerrada a etapa competitiva e ordenadas as propostas, a administração pública procederá à verificação dos documentos que comprovem o atendimento pela organização da sociedade civil selecionada dos requisitos previstos nos arts. 33 e 34.

**§ 1º**. Na hipótese de a organização da sociedade civil selecionada não atender aos requisitos exigidos nos arts. 33 e 34, aquela imediatamente mais bem classificada poderá ser convidada a aceitar a celebração de parceria nos termos da proposta por ela apresentada.

**§ 2º**. Caso a organização da sociedade civil convidada nos termos do § 1º aceite celebrar a parceria, proceder-se-á à verificação dos documentos que comprovem o atendimento aos requisitos previstos nos arts. 33 e 34.

**§ 3º**. (Revogado pela Lei nº 13.204, de 2015)

**Art. 29.** Os termos de colaboração ou de fomento que envolvam recursos decorrentes de emendas parlamentares às leis orçamentárias anuais e os acordos de cooperação serão celebrados sem chamamento público, exceto, em relação aos acordos de cooperação, quando o objeto envolver a celebração de comodato, doação de bens ou outra forma de compartilhamento de recurso patrimonial, hipótese em que o respectivo chamamento público observará o disposto nesta Lei.

**Art. 30.** A administração pública poderá dispensar a realização do chamamento público:

**I** – no caso de urgência decorrente de paralisação ou iminência de paralisação de atividades de relevante interesse público, pelo prazo de até cento e oitenta dias;

**II** – nos casos de guerra, calamidade pública, grave perturbação da ordem pública ou ameaça à paz social;

**III** – quando se tratar da realização de programa de proteção a pessoas ameaçadas ou em situação que possa comprometer a sua segurança;

**IV** – (VETADO).

**V** – (VETADO);

**VI** – no caso de atividades voltadas ou vinculadas a serviços de educação, saúde e assistência social, desde que executadas por organizações da sociedade civil previamente credenciadas pelo órgão gestor da respectiva política.

**Art. 31.** Será considerado inexigível o chamamento público na hipótese de inviabilidade de competição entre as organizações da sociedade civil, em razão da natureza singular do objeto da parceria ou se as metas somente puderem ser atingidas por uma entidade específica, especialmente quando:

**I** – o objeto da parceria constituir incumbência prevista em acordo, ato ou compromisso internacional, no qual sejam indicadas as instituições que utilizarão os recursos;

**II** – a parceria decorrer de transferência para organização da sociedade civil que esteja autorizada em lei na qual seja identificada expressamente a entidade beneficiária, inclusive quando se tratar da subvenção prevista no inciso I do § 3º do art. 12 da Lei nº 4.320, de 17 de março de 1964, observado o disposto no art. 26 da Lei Complementar 101, de 4 de maio de 2000.

**Art. 32.** Nas hipóteses dos arts. 30 e 31 desta Lei, a ausência de realização de chamamento público será justificada pelo administrador público.

**§ 1º**. Sob pena de nulidade do ato de formalização de parceria prevista nesta Lei, o extrato da justificativa previsto no *caput* deverá ser publicado, na mesma data em que for efetivado, no sítio oficial da administração pública na internet e, eventualmente, a critério do administrador público, também no meio oficial de publicidade da administração pública.

**§ 2º**. Admite-se a impugnação à justificativa, apresentada no prazo de cinco dias a contar de sua publicação, cujo teor deve ser analisado pelo administrador público responsável em até cinco dias da data do respectivo protocolo.

**§ 3º**. Havendo fundamento na impugnação, será revogado o ato que declarou a dispensa ou considerou inexigível o chamamento público, e será imediatamente iniciado o procedimento para a realização do chamamento público, conforme o caso.

**§ 4º**. A dispensa e a inexigibilidade de chamamento público, bem como o disposto no art. 29, não afastam a aplicação dos demais dispositivos desta Lei.

## SEÇÃO IX.
## DOS REQUISITOS PARA CELEBRAÇÃO DE PARCERIAS

‣ Rubrica da Seção IX com redação alterada pela Lei 13.204/2015.

**Art. 33.** Para celebrar as parcerias previstas nesta Lei, as organizações da sociedade civil deverão ser regidas por normas de organização interna que prevejam, expressamente:

**I** – objetivos voltados à promoção de atividades e finalidades de relevância pública e social;

**II** – (Revogado pela Lei nº 13.204, de 2015);

**III** – que, em caso de dissolução da entidade, o respectivo patrimônio líquido seja transferido a outra pessoa jurídica de igual natureza que preencha os requisitos desta Lei e cujo objeto social seja, preferencialmente, o mesmo da entidade extinta;

**IV** – escrituração de acordo com os princípios fundamentais de contabilidade e com as Normas Brasileiras de Contabilidade;

*a)* (Revogada pela Lei nº 13.204, de 2015);

*b)* (Revogada pela Lei nº 13.204, de 2015).

**V** – possuir:

*a)* no mínimo, um, dois ou três anos de existência, com cadastro ativo, comprovados por meio de documentação emitida pela Secretaria da Receita Federal do Brasil, com base no Cadastro Nacional da Pessoa Jurídica – CNPJ, conforme, respectivamente, a parceria seja celebrada no âmbito dos Municípios, do Distrito Federal ou dos Estados e da União, admitida a redução desses prazos por ato específico de cada ente na hipótese de nenhuma organização atingi-los;

*b)* experiência prévia na realização, com efetividade, do objeto da parceria ou de natureza semelhante;

*c)* instalações, condições materiais e capacidade técnica e operacional para o desenvolvimento das atividades ou projetos previstos na parceria e o cumprimento das metas estabelecidas.

**§ 1º**. Na celebração de acordos de cooperação, somente será exigido o requisito previsto no inciso I.

**§ 2º**. Serão dispensadas do atendimento ao disposto nos incisos I e III as organizações religiosas.

**§ 3º**. As sociedades cooperativas deverão atender às exigências previstas na legislação específica e ao disposto no inciso IV, estando dispensadas do atendimento aos requisitos previstos nos incisos I e III.

**§ 4º**. (VETADO).

**§ 5º**. Para fins de atendimento do previsto na alínea c do inciso V, não será necessária a demonstração de capacidade instalada prévia.

**Art. 34.** Para celebração das parcerias previstas nesta Lei, as organizações da sociedade civil deverão apresentar:

**I** – (Revogado pela Lei nº 13.204, de 2015).

**II** – certidões de regularidade fiscal, previdenciária, tributária, de contribuições e de dívida ativa, de acordo com a legislação aplicável de cada ente federado;

**III** – certidão de existência jurídica expedida pelo cartório de registro civil ou cópia do estatuto registrado e de eventuais alterações ou, tratando-se de sociedade cooperativa, certidão simplificada emitida por junta comercial;

**IV** – (Revogado pela Lei nº 13.204, de 2015);

**V** – cópia da ata de eleição do quadro dirigente atual;

**VI** – relação nominal atualizada dos dirigentes da entidade, com endereço, número e órgão expedidor da carteira de identidade e número de registro no Cadastro de Pessoas Físicas – CPF da Secretaria da Receita Federal do Brasil – RFB de cada um deles;

**VII** – comprovação de que a organização da sociedade civil funciona no endereço por ela declarado;

**VIII** – (Revogado pela Lei nº 13.204, de 2015).

**Parágrafo único.** (VETADO):

**I** – (VETADO);

**II** – (VETADO);

**III** – (VETADO).

**Art. 35.** A celebração e a formalização do termo de colaboração e do termo de fomento dependerão da adoção das seguintes providências pela administração pública:

**I** – realização de chamamento público, ressalvadas as hipóteses previstas nesta Lei;

**II** – indicação expressa da existência de prévia dotação orçamentária para execução da parceria;

**III** – demonstração de que os objetivos e finalidades institucionais e a capacidade técnica e operacional da organização da sociedade civil foram avaliados e são compatíveis com o objeto;

**IV** – aprovação do plano de trabalho, a ser apresentado nos termos desta Lei;

**V** – emissão de parecer de órgão técnico da administração pública, que deverá pronunciar-se, de forma expressa, a respeito:

*a)* do mérito da proposta, em conformidade com a modalidade de parceria adotada;

*b)* da identidade e da reciprocidade de interesse das partes na realização, em mútua cooperação, da parceria prevista nesta Lei;

*c)* da viabilidade de sua execução;

*d)* da verificação do cronograma de desembolso;

*e)* da descrição de quais serão os meios disponíveis a serem utilizados para a fiscalização da execução da parceria, assim como dos procedimentos que deverão ser adotados para avaliação da execução física e financeira, no cumprimento das metas e objetivos;

*f)* (Revogada pela Lei nº 13.204, de 2015);

*g)* da designação do gestor da parceria;

*h)* da designação da comissão de monitoramento e avaliação da parceria;

*i)* (Revogada pela Lei nº 13.204, de 2015);

**VI** – emissão de parecer jurídico do órgão de assessoria ou consultoria jurídica da administração pública acerca da possibilidade de celebração da parceria.

**§ 1º**. Não será exigida contrapartida financeira como requisito para celebração de parceria, facultada a exigência de contrapartida em bens e serviços cuja expressão monetária será obrigatoriamente identificada no termo de colaboração ou de fomento.

**§ 2º.** Caso o parecer técnico ou o parecer jurídico de que tratam, respectivamente, os incisos V e VI concluam pela possibilidade de celebração da parceria com ressalvas, deverá o administrador público sanar os aspectos ressalvados ou, mediante ato formal, justificar a preservação desses aspectos ou sua exclusão.

**§ 3º.** Na hipótese de o gestor da parceria deixar de ser agente público ou ser lotado em outro órgão ou entidade, o administrador público deverá designar novo gestor, assumindo, enquanto isso não ocorrer, todas as obrigações do gestor, com as respectivas responsabilidades.

**§ 4º.** (Revogado pela Lei nº 13.204, de 2015);

**§ 5º.** Caso a organização da sociedade civil adquira equipamentos e materiais permanentes com recursos provenientes da celebração da parceria, o bem será gravado com cláusula de inalienabilidade, e ela deverá formalizar promessa de transferência da propriedade à administração pública, na hipótese de sua extinção.

**§ 6º.** Será impedida de participar como gestor da parceria ou como membro da comissão de monitoramento e avaliação pessoa que, nos últimos 5 (cinco) anos, tenha mantido relação jurídica com, ao menos, 1 (uma) das organizações da sociedade civil partícipes.

**§ 7º.** Configurado o impedimento do § 6º, deverá ser designado gestor ou membro substituto que possua qualificação técnica equivalente à do substituído.

**Art. 35-A.** É permitida a atuação em rede, por duas ou mais organizações da sociedade civil, mantida a integral responsabilidade da organização celebrante do termo de fomento ou de colaboração, desde que a organização da sociedade civil signatária do termo de fomento ou de colaboração possua:

**I** – mais de cinco anos de inscrição no CNPJ;

**II** – capacidade técnica e operacional para supervisionar e orientar diretamente a atuação da organização que com ela estiver atuando em rede.

**Parágrafo único.** A organização da sociedade civil que assinar o termo de colaboração ou de fomento deverá celebrar termo de atuação em rede para repasse de recursos às não celebrantes, ficando obrigada a, no ato da respectiva formalização:

**I** – verificar, nos termos do regulamento, a regularidade jurídica e fiscal da organização executante e não celebrante do termo de colaboração ou do termo de fomento, devendo comprovar tal verificação na prestação de contas;

**II** – comunicar à administração pública em até sessenta dias a assinatura do termo de atuação em rede.

**Art. 36.** Será obrigatória a estipulação do destino a ser dado aos bens remanescentes da parceria.

**Parágrafo único.** Os bens remanescentes adquiridos com recursos transferidos poderão, a critério do administrador público, ser doados quando, após a consecução do objeto, não forem necessários para assegurar a continuidade do objeto pactuado, observado o disposto no respectivo termo e na legislação vigente.

**Art. 37.** (Revogado pela Lei nº 13.204, de 2015).

**Art. 38.** O termo de fomento, o termo de colaboração e o acordo de cooperação somente produzirão efeitos jurídicos após a publicação dos respectivos extratos no meio oficial de publicidade da administração pública.

## SEÇÃO X.
## DAS VEDAÇÕES

**Art. 39.** Ficará impedida de celebrar qualquer modalidade de parceria prevista nesta Lei a organização da sociedade civil que:

**I** – não esteja regularmente constituída ou, se estrangeira, não esteja autorizada a funcionar no território nacional;

**II** – esteja omissa no dever de prestar contas de parceria anteriormente celebrada;

**III** – tenha como dirigente membro de Poder ou do Ministério Público, ou dirigente de órgão ou entidade da administração pública da mesma esfera governamental na qual será celebrado o termo de colaboração ou de fomento, estendendo-se a vedação aos respectivos cônjuges ou companheiros, bem como parentes em linha reta, colateral ou por afinidade, até o segundo grau;

**IV** – tenha tido as contas rejeitadas pela administração pública nos últimos cinco anos, exceto se:

*a)* for sanada a irregularidade que motivou a rejeição e quitados os débitos eventualmente imputados;

*b)* for reconsiderada ou revista a decisão pela rejeição;

*c)* a apreciação das contas estiver pendente de decisão sobre recurso com efeito suspensivo;

**V** – tenha sido punida com uma das seguintes sanções, pelo período que durar a penalidade:

*a)* suspensão de participação em licitação e impedimento de contratar com a administração;

*b)* declaração de inidoneidade para licitar ou contratar com a administração pública;

*c)* a prevista no inciso II do art. 73 desta Lei;

d) a prevista no inciso III do art. 73 desta Lei;

**VI** – tenha tido contas de parceria julgadas irregulares ou rejeitadas por Tribunal ou Conselho de Contas de qualquer esfera da Federação, em decisão irrecorrível, nos últimos 8 (oito) anos;

**VII** – tenha entre seus dirigentes pessoa:

*a)* cujas contas relativas a parcerias tenham sido julgadas irregulares ou rejeitadas por Tribunal ou Conselho de Contas de qualquer esfera da Federação, em decisão irrecorrível, nos últimos 8 (oito) anos;

*b)* julgada responsável por falta grave e inabilitada para o exercício de cargo em comissão ou função de confiança, enquanto durar a inabilitação;

*c)* considerada responsável por ato de improbidade, enquanto durarem os prazos estabelecidos nos incisos I, II e III do art. 12 da Lei 8.429, de 2 de junho de 1992.

**§ 1º**. Nas hipóteses deste artigo, é igualmente vedada a transferência de novos recursos no âmbito de parcerias em execução, excetuando-se os casos de serviços essenciais que não podem ser adiados sob pena de prejuízo ao erário ou à população, desde que precedida de expressa e fundamentada autorização do dirigente máximo do órgão ou entidade da administração pública, sob pena de responsabilidade solidária.

**§ 2º**. Em qualquer das hipóteses previstas no *caput*, persiste o impedimento para celebrar parceria enquanto não houver o ressarcimento do dano ao erário, pelo qual seja responsável a organização da sociedade civil ou seu dirigente.

**§ 3º**. (Revogado pela Lei nº 13.204, de 2015).

**§ 4º**. Para os fins do disposto na alínea a do inciso IV e no § 2º, não serão considerados débitos que decorram de atrasos na liberação de repasses pela administração pública ou que tenham sido objeto de parcelamento, se a organização da sociedade civil estiver em situação regular no parcelamento.

**§ 5º**. A vedação prevista no inciso III não se aplica à celebração de parcerias com entidades que, pela sua própria natureza, sejam constituídas pelas autoridades referidas naquele inciso, sendo vedado que a mesma pessoa figure no termo de colaboração, no termo de fomento ou no acordo de cooperação simultaneamente como dirigente e administrador público.

**§ 6º**. Não são considerados membros de Poder os integrantes de conselhos de direitos e de políticas públicas.

**Art. 40.** É vedada a celebração de parcerias previstas nesta Lei que tenham por objeto, envolvam ou incluam, direta ou indiretamente, delegação das funções de regulação, de fiscalização, de exercício do poder de polícia ou de outras atividades exclusivas de Estado.

**I** – (Revogado pela Lei nº 13.204, de 2015);

**II** – (Revogado pela Lei nº 13.204, de 2015).

**Parágrafo único.** (Revogado pela Lei nº 13.204, de 2015).

**Art. 41.** Ressalvado o disposto no art. 3º e no parágrafo único do art. 84, serão celebradas nos termos desta Lei as parcerias entre a administração pública e as entidades referidas no inciso I do art. 2º.

**Parágrafo único.** (Revogado pela Lei nº 13.204, de 2015).

## CAPÍTULO III. DA FORMALIZAÇÃO E DA EXECUÇÃO

### SEÇÃO I. DISPOSIÇÕES PRELIMINARES

**Art. 42.** As parcerias serão formalizadas mediante a celebração de termo de colaboração, de termo de fomento ou de acordo de cooperação, conforme o caso, que terá como cláusulas essenciais:

**I** – a descrição do objeto pactuado;

**II** – as obrigações das partes;

**III** – quando for o caso, o valor total e o cronograma de desembolso;

**IV** – (Revogado pela Lei nº 13.204, de 2015);

**V** – a contrapartida, quando for o caso, observado o disposto no § 1º do art. 35;

**VI** – a vigência e as hipóteses de prorrogação;

**VII** – a obrigação de prestar contas com definição de forma, metodologia e prazos;

**VIII** – a forma de monitoramento e avaliação, com a indicação dos recursos humanos e tecnológicos que serão empregados na atividade ou, se for o caso, a indicação da participação de apoio técnico nos termos previstos no § 1º do art. 58 desta Lei;

**IX** – a obrigatoriedade de restituição de recursos, nos casos previstos nesta Lei;

**X** – a definição, se for o caso, da titularidade dos bens e direitos remanescentes na data da conclusão ou extinção da parceria e que, em razão de sua execução, tenham sido adquiridos, produzidos ou transformados com recursos repassados pela administração pública;

**XI** – (Revogado pela Lei nº 13.204, de 2015);

**XII** – a prerrogativa atribuída à administração pública para assumir ou transferir a responsabilidade pela execução do objeto, no caso de paralisação, de modo a evitar sua descontinuidade;

**XIII** – (Revogado pela Lei nº 13.204, de 2015);

**XIV** – quando for o caso, a obrigação de a organização da sociedade civil manter e movimentar os recursos em conta bancária específica, observado o disposto no art. 51;

**XV** – o livre acesso dos agentes da administração pública, do controle interno e do Tribunal de Contas correspondente aos processos, aos documentos e às informações relacionadas a termos de colaboração ou a termos de fomento, bem como aos locais de execução do respectivo objeto;

**XVI** – a faculdade dos partícipes rescindirem o instrumento, a qualquer tempo, com as respectivas condições, sanções e delimitações claras de responsabilidades, além da estipulação de prazo mínimo de antecedência para a publicidade dessa intenção, que não poderá ser inferior a 60 (sessenta) dias;

**XVII** – a indicação do foro para dirimir as dúvidas decorrentes da execução da parceria, estabelecendo a obrigatoriedade da prévia tentativa de solução administrativa, com a participação de órgão encarregado de assessoramento jurídico integrante da estrutura da administração pública;

**XVIII** – (Revogado pela Lei nº 13.204, de 2015);

**XIX** – a responsabilidade exclusiva da organização da sociedade civil pelo gerenciamento administrativo e financeiro dos recursos recebidos, inclusive no que diz respeito às despesas de custeio, de investimento e de pessoal;

**XX** – a responsabilidade exclusiva da organização da sociedade civil pelo pagamento dos encargos trabalhistas, previdenciários, fiscais e comerciais relacionados à execução do objeto previsto no termo de colaboração ou de fomento, não implicando responsabilidade solidária ou subsidiária da administração pública a inadimplência da organização da sociedade civil em relação ao referido pagamento, os ônus incidentes sobre o objeto da parceria ou os danos decorrentes de restrição à sua execução.

**Parágrafo único.** Constará como anexo do termo de colaboração, do termo de fomento ou do acordo de cooperação o plano de trabalho, que deles será parte integrante e indissociável.

**I** – (Revogado pela Lei nº 13.204, de 2015);

**II** – (Revogado pela Lei nº 13.204, de 2015).

SEÇÃO II.
DAS CONTRATAÇÕES REALIZADAS PELAS ORGANIZAÇÕES DA SOCIEDADE CIVIL

**Art. 43.** (Revogado pela Lei nº 13.204, de 2015);

**Art. 44.** (Revogado pela Lei nº 13.204, de 2015);

SEÇÃO III.
DAS DESPESAS

**Art. 45.** As despesas relacionadas à execução da parceria serão executadas nos termos dos incisos XIX e XX do art. 42, sendo vedado:

**I** – utilizar recursos para finalidade alheia ao objeto da parceria;

**II** – pagar, a qualquer título, servidor ou empregado público com recursos vinculados à parceria, salvo nas hipóteses previstas em lei específica e na lei de diretrizes orçamentárias;

**III** – (Revogado pela Lei nº 13.204, de 2015);

**IV** – (VETADO);

**V** a IX – (Revogados pela Lei nº 13.204, de 2015);

**Art. 46.** Poderão ser pagas, entre outras despesas, com recursos vinculados à parceria:

**I** – remuneração da equipe encarregada da execução do plano de trabalho, inclusive de pessoal próprio da organização da sociedade civil, durante a vigência da parceria, compreendendo as despesas com pagamentos de impostos, contribuições sociais, Fundo de Garantia do Tempo de Serviço – FGTS, férias, décimo terceiro salário, salários proporcionais, verbas rescisórias e demais encargos sociais e trabalhistas;

*a)* (Revogada pela Lei nº 13.204, de 2015);

*b)* (Revogada pela Lei nº 13.204, de 2015);

*c)* (Revogada pela Lei nº 13.204, de 2015);

**II** – diárias referentes a deslocamento, hospedagem e alimentação nos casos em que a execução do objeto da parceria assim o exija;

**III** – custos indiretos necessários à execução do objeto, seja qual for a proporção em relação ao valor total da parceria;

**IV** – aquisição de equipamentos e materiais permanentes essenciais à consecução do objeto e serviços de adequação de espaço físico, desde que necessários à instalação dos referidos equipamentos e materiais.

**§ 1º.** A inadimplência da administração pública não transfere à organização da sociedade civil a responsabilidade pelo pagamento de obrigações vinculadas à parceria com recursos próprios.

**§ 2º.** A inadimplência da organização da sociedade civil em decorrência de atrasos na liberação de repasses relacionados à parceria não poderá acarretar restrições à liberação de parcelas subsequentes.

**§ 3º.** O pagamento de remuneração da equipe contratada pela organização da sociedade civil com recursos da parceria não gera vínculo trabalhista com o poder público.

**§ 4º.** (Revogado pela Lei nº 13.204, de 2015).

**§ 5º.** (VETADO).

**Art. 47.** (Revogado pela Lei nº 13.204, de 2015);

SEÇÃO IV.
DA LIBERAÇÃO DOS RECURSOS

**Art. 48.** As parcelas dos recursos transferidos no âmbito da parceria serão liberadas em estrita conformidade com o respectivo cronograma de desembolso, exceto nos casos a seguir, nos quais ficarão retidas até o saneamento das impropriedades:

**I** – quando houver evidências de irregularidade na aplicação de parcela anteriormente recebida;

**II** – quando constatado desvio de finalidade na aplicação dos recursos ou o inadimplemento da organização da sociedade civil em relação a obrigações estabelecidas no termo de colaboração ou de fomento;

**III** – quando a organização da sociedade civil deixar de adotar sem justificativa suficiente as medidas saneadoras apontadas pela administração pública ou pelos órgãos de controle interno ou externo.

**Art. 49.** Nas parcerias cuja duração exceda um ano, é obrigatória a prestação de contas ao término de cada exercício.

**I** – (Revogado pela Lei nº 13.204, de 2015).

**II** – (Revogado pela Lei nº 13.204, de 2015).

**III** – (Revogado pela Lei nº 13.204, de 2015).

**Art. 50.** A administração pública deverá viabilizar o acompanhamento pela internet dos processos de liberação de recursos referentes às parcerias celebradas nos termos desta Lei.

SEÇÃO V.
DA MOVIMENTAÇÃO E APLICAÇÃO FINANCEIRA DOS RECURSOS

**Art. 51.** Os recursos recebidos em decorrência da parceria serão depositados em conta corrente específica isenta de tarifa bancária na instituição financeira pública determinada pela administração pública.

**Parágrafo único.** Os rendimentos de ativos financeiros serão aplicados no objeto da parceria, estando sujeitos às mesmas condições de prestação de contas exigidas para os recursos transferidos.

**Art. 52.** Por ocasião da conclusão, denúncia, rescisão ou extinção da parceria, os saldos financeiros remanescentes, inclusive os provenientes das receitas obtidas das aplicações financeiras realizadas, serão devolvidos à administração pública no prazo improrrogável de trinta dias, sob pena de imediata instauração de tomada de contas especial do responsável, providenciada pela autoridade competente da administração pública.

**Art. 53.** Toda a movimentação de recursos no âmbito da parceria será realizada mediante transferência eletrônica sujeita à identificação do beneficiário final e à obrigatoriedade de depósito em sua conta bancária.

**§ 1º.** Os pagamentos deverão ser realizados mediante crédito na conta bancária de titularidade dos fornecedores e prestadores de serviços.

**§ 2º.** Demonstrada a impossibilidade física de pagamento mediante transferência eletrônica, o termo de colaboração ou de fomento poderá admitir a realização de pagamentos em espécie.

**Art. 54.** (Revogado pela Lei nº 13.204, de 2015);

## SEÇÃO VI.
## DAS ALTERAÇÕES

**Art. 55.** A vigência da parceria poderá ser alterada mediante solicitação da organização da sociedade civil, devidamente formalizada e justificada, a ser apresentada à administração pública em, no mínimo, trinta dias antes do termo inicialmente previsto.

**Parágrafo único.** A prorrogação de ofício da vigência do termo de colaboração ou de fomento deve ser feita pela administração pública quando ela der causa a atraso na liberação de recursos financeiros, limitada ao exato período do atraso verificado.

**Art. 56.** (Revogado pela Lei nº 13.204, de 2015);

**Art. 57.** O plano de trabalho da parceria poderá ser revisto para alteração de valores ou de metas, mediante termo aditivo ou por apostila ao plano de trabalho original.

**Parágrafo único.** (Revogado pela Lei nº 13.204, de 2015).

## SEÇÃO VII.
## DO MONITORAMENTO E AVALIAÇÃO

**Art. 58.** A administração pública promoverá o monitoramento e a avaliação do cumprimento do objeto da parceria.

**§ 1º.** Para a implementação do disposto no *caput*, a administração pública poderá valer-se do apoio técnico de terceiros, delegar competência ou firmar parcerias com órgãos ou entidades que se situem próximos ao local de aplicação dos recursos.

**§ 2º.** Nas parcerias com vigência superior a 1 (um) ano, a administração pública realizará, sempre que possível, pesquisa de satisfação com os beneficiários do plano de trabalho e utilizará os resultados como subsídio na avaliação da parceria celebrada e do cumprimento dos objetivos pactuados, bem como na reorientação e no ajuste das metas e atividades definidas.

**§ 3º.** Para a implementação do disposto no § 2º, a administração pública poderá valer-se do apoio técnico de terceiros, delegar competência ou firmar parcerias com órgãos ou entidades que se situem próximos ao local de aplicação dos recursos.

**Art. 59.** A administração pública emitirá relatório técnico de monitoramento e avaliação de parceria celebrada mediante termo de colaboração ou termo de fomento e o submeterá à comissão de monitoramento e avaliação designada, que o homologará, independentemente da obrigatoriedade de apresentação da prestação de contas devida pela organização da sociedade civil.

**§ 1º.** O relatório técnico de monitoramento e avaliação da parceria, sem prejuízo de outros elementos, deverá conter:

**I** – descrição sumária das atividades e metas estabelecidas;

**II** – análise das atividades realizadas, do cumprimento das metas e do impacto do benefício social obtido em razão da execução do objeto até o período, com base nos indicadores estabelecidos e aprovados no plano de trabalho;

**III** – valores efetivamente transferidos pela administração pública;

**IV** – (Revogado pela Lei nº 13.204, de 2015);

**V** – análise dos documentos comprobatórios das despesas apresentados pela organização da sociedade civil na prestação de contas, quando não for comprovado o alcance das metas e resultados estabelecidos no respectivo termo de colaboração ou de fomento;

**VI** – análise de eventuais auditorias realizadas pelos controles interno e externo, no âmbito da fiscalização preventiva, bem como de suas conclusões e das medidas que tomaram em decorrência dessas auditorias.

**§ 2º.** No caso de parcerias financiadas com recursos de fundos específicos, o monitoramento e a avaliação serão realizados pelos respectivos conselhos gestores, respeitadas as exigências desta Lei.

**Art. 60.** Sem prejuízo da fiscalização pela administração pública e pelos órgãos de controle, a execução da parceria será acompanhada e fiscalizada pelos conselhos de políticas públicas das áreas correspondentes de atuação existentes em cada esfera de governo.

**Parágrafo único.** As parcerias de que trata esta Lei estarão também sujeitas aos mecanismos de controle social previstos na legislação.

## SEÇÃO VIII.
## DAS OBRIGAÇÕES DO GESTOR

**Art. 61.** São obrigações do gestor:

**I** – acompanhar e fiscalizar a execução da parceria;

**II** – informar ao seu superior hierárquico a existência de fatos que comprometam ou possam comprometer as atividades ou metas da parceria e de indícios de irregularidades na gestão dos recursos, bem como as providências adotadas ou que serão adotadas para sanar os problemas detectados;

**III** – (VETADO);

**IV** – emitir parecer técnico conclusivo de análise da prestação de contas final, levando em consideração o conteúdo do relatório técnico de monitoramento e avaliação de que trata o art. 59;

**V** – disponibilizar materiais e equipamentos tecnológicos necessários às atividades de monitoramento e avaliação.

**Art. 62.** Na hipótese de inexecução por culpa exclusiva da organização da sociedade civil, a administração pública poderá, exclusivamente para assegurar o atendimento de serviços essenciais à população, por ato próprio e independentemente de autorização judicial, a fim de realizar ou manter a execução das metas ou atividades pactuadas:

**I** – retomar os bens públicos em poder da organização da sociedade civil parceira, qualquer que tenha sido a modalidade ou TÍTULO que concedeu direitos de uso de tais bens;

**II** – assumir a responsabilidade pela execução do restante do objeto previsto no plano de trabalho, no caso de paralisação, de modo a evitar sua descontinuidade, devendo ser considerado na prestação de contas o que foi executado pela organização da sociedade civil até o momento em que a administração assumiu essas responsabilidades.

**Parágrafo único.** As situações previstas no *caput* devem ser comunicadas pelo gestor ao administrador público.

## CAPÍTULO IV. DA PRESTAÇÃO DE CONTAS

### SEÇÃO I. NORMAS GERAIS

**Art. 63.** A prestação de contas deverá ser feita observando-se as regras previstas nesta Lei, além de prazos e normas de elaboração constantes do instrumento de parceria e do plano de trabalho.

**§ 1º.** A administração pública fornecerá manuais específicos às organizações da sociedade civil por ocasião da celebração das parcerias, tendo como premissas a simplificação e a racionalização dos procedimentos.

**§ 2º.** Eventuais alterações no conteúdo dos manuais referidos no § 1º deste artigo devem ser previamente informadas à organização da sociedade civil e publicadas em meios oficiais de comunicação.

**§ 3º.** O regulamento estabelecerá procedimentos simplificados para prestação de contas.

**Art. 64.** A prestação de contas apresentada pela organização da sociedade civil deverá conter elementos que permitam ao gestor da parceria avaliar o andamento ou concluir que o seu objeto foi executado conforme pactuado, com a descrição pormenorizada das atividades realizadas e a comprovação do alcance das metas e dos resultados esperados, até o período de que trata a prestação de contas.

**§ 1º.** Serão glosados valores relacionados a metas e resultados descumpridos sem justificativa suficiente.

**§ 2º.** Os dados financeiros serão analisados com o intuito de estabelecer o nexo de causalidade entre a receita e a despesa realizada, a sua conformidade e o cumprimento das normas pertinentes.

**§ 3º.** A análise da prestação de contas deverá considerar a verdade real e os resultados alcançados.

**§ 4º.** A prestação de contas da parceria observará regras específicas de acordo com o montante de recursos públicos envolvidos, nos termos das disposições e procedimentos estabelecidos conforme previsto no plano de trabalho e no termo de colaboração ou de fomento.

**Art. 65.** A prestação de contas e todos os atos que dela decorram dar-se-ão em plataforma eletrônica, permitindo a visualização por qualquer interessado.

**Art. 66.** A prestação de contas relativa à execução do termo de colaboração ou de fomento dar-se-á mediante a análise dos documentos previstos no plano de trabalho, nos termos do inciso IX do art. 22, além dos seguintes relatórios:

**I** – relatório de execução do objeto, elaborado pela organização da sociedade civil, contendo as atividades ou projetos desenvolvidos para o cumprimento do objeto e o comparativo de metas propostas com os resultados alcançados;

**II** – relatório de execução financeira do termo de colaboração ou do termo de fomento, com a descrição das despesas e receitas efetivamente realizadas e sua vinculação com a execução do objeto, na hipótese de descumprimento de metas e resultados estabelecidos no plano de trabalho.

**Parágrafo único.** A administração pública deverá considerar ainda em sua análise os seguintes relatórios elaborados internamente, quando houver:

**I** – relatório de visita técnica in loco eventualmente realizada durante a execução da parceria;

**II** – relatório técnico de monitoramento e avaliação, homologado pela comissão de monitoramento e avaliação designada, sobre a conformidade do cumprimento do objeto e os resultados alcançados durante a execução do termo de colaboração ou de fomento.

**Art. 67.** O gestor emitirá parecer técnico de análise de prestação de contas da parceria celebrada.

**§ 1º.** No caso de prestação de contas única, o gestor emitirá parecer técnico conclusivo para fins de avaliação do cumprimento do objeto.

**§ 2º.** Se a duração da parceria exceder um ano, a organização da sociedade civil deverá apresentar prestação de contas ao fim de cada exercício, para fins de monitoramento do cumprimento das metas do objeto.

**§ 3º.** (Revogado pela Lei nº 13.204, de 2015).

**§ 4º.** Para fins de avaliação quanto à eficácia e efetividade das ações em execução ou que já foram realizadas, os pareceres técnicos de que trata este artigo deverão, obrigatoriamente, mencionar:

**I** – os resultados já alcançados e seus benefícios;

**II** – os impactos econômicos ou sociais;

**III** – o grau de satisfação do público-alvo;

**IV** – a possibilidade de sustentabilidade das ações após a conclusão do objeto pactuado.

**Art. 68.** Os documentos incluídos pela entidade na plataforma eletrônica prevista no art. 65, desde que possuam garantia da origem e de seu signatário por certificação digital, serão considerados originais para os efeitos de prestação de contas.

**Parágrafo único.** Durante o prazo de 10 (dez) anos, contado do dia útil subsequente ao da prestação de contas, a entidade deve manter em seu arquivo os documentos originais que compõem a prestação de contas.

## SEÇÃO II.
## DOS PRAZOS

**Art. 69.** A organização da sociedade civil prestará contas da boa e regular aplicação dos recursos recebidos no prazo de até noventa dias a partir do término da vigência da parceria ou no final de cada exercício, se a duração da parceria exceder um ano.

**§ 1º.** O prazo para a prestação final de contas será estabelecido de acordo com a complexidade do objeto da parceria.

**§ 2º.** O disposto no *caput* não impede que a administração pública promova a instauração de tomada de contas especial antes do término da parceria, ante evidências de irregularidades na execução do objeto.

**§ 3º.** Na hipótese do § 2º, o dever de prestar contas surge no momento da liberação de recurso envolvido na parceria.

**§ 4º.** O prazo referido no *caput* poderá ser prorrogado por até 30 (trinta) dias, desde que devidamente justificado.

**§ 5º.** A manifestação conclusiva sobre a prestação de contas pela administração pública observará os prazos previstos nesta Lei, devendo concluir, alternativamente, pela:

**I** – aprovação da prestação de contas;

**II** – aprovação da prestação de contas com ressalvas; ou

**III** – rejeição da prestação de contas e determinação de imediata instauração de tomada de contas especial.

**§ 6º.** As impropriedades que deram causa à rejeição da prestação de contas serão registradas em plataforma eletrônica de acesso público, devendo ser levadas em consideração por ocasião da assinatura de futuras parcerias com a administração pública, conforme definido em regulamento.

**Art. 70.** Constatada irregularidade ou omissão na prestação de contas, será concedido prazo para a organização da sociedade civil sanar a irregularidade ou cumprir a obrigação.

**§ 1º.** O prazo referido no *caput* é limitado a 45 (quarenta e cinco) dias por notificação, prorrogável, no máximo, por igual período, dentro do prazo que a administração pública possui para analisar e decidir sobre a prestação de contas e comprovação de resultados.

**§ 2º.** Transcorrido o prazo para saneamento da irregularidade ou da omissão, não havendo o saneamento, a autoridade administrativa competente, sob pena de responsabilidade solidária, deve adotar as providências para apuração dos fatos, identificação dos responsáveis, quantificação do dano e obtenção do ressarcimento, nos termos da legislação vigente.

**Art. 71.** A administração pública apreciará a prestação final de contas apresentada, no prazo de até cento e cinquenta dias, contado da data de seu recebimento ou do cumprimento de diligência por ela determinada, prorrogável justificadamente por igual período.

**§§ 1º a 3º** (Revogados pela Lei nº 13.204, de 2015).

**§ 4º.** O transcurso do prazo definido nos termos do *caput* sem que as contas tenham sido apreciadas:

**I** – não significa impossibilidade de apreciação em data posterior ou vedação a que se adotem medidas saneadoras, punitivas ou destinadas a ressarcir danos que possam ter sido causados aos cofres públicos;

**II** – nos casos em que não for constatado dolo da organização da sociedade civil ou de seus prepostos, sem prejuízo da atualização monetária, impede a incidência de juros de mora sobre débitos eventualmente apurados, no período entre o final do prazo referido neste parágrafo e a data em que foi ultimada a apreciação pela administração pública.

**Art. 72.** As prestações de contas serão avaliadas:

**I** – regulares, quando expressarem, de forma clara e objetiva, o cumprimento dos objetivos e metas estabelecidos no plano de trabalho;

**II** – regulares com ressalva, quando evidenciarem impropriedade ou qualquer outra falta de natureza formal que não resulte em dano ao erário;

**III** – irregulares, quando comprovada qualquer das seguintes circunstâncias:

a) omissão no dever de prestar contas;

b) descumprimento injustificado dos objetivos e metas estabelecidos no plano de trabalho;

c) dano ao erário decorrente de ato de gestão ilegítimo ou antieconômico;

d) desfalque ou desvio de dinheiro, bens ou valores públicos.

**§ 1º.** O administrador público responde pela decisão sobre a aprovação da prestação de contas ou por omissão em relação à análise de seu conteúdo, levando em consideração, no primeiro caso, os pareceres técnico, financeiro e jurídico, sendo permitida delegação a autoridades diretamente subordinadas, vedada a subdelegação.

**§ 2º.** Quando a prestação de contas for avaliada como irregular, após exaurida a fase recursal, se mantida a decisão, a organização da sociedade civil poderá solicitar autorização para que o ressarcimento ao erário seja promovido por meio de ações compensatórias de interesse público, mediante a apresentação de novo plano de trabalho, conforme o objeto descrito no termo de colaboração ou de fomento e a área de atuação da organização, cuja mensuração econômica será feita a partir do plano de trabalho original, desde que não tenha havido dolo ou fraude e não seja o caso de restituição integral dos recursos.

## CAPÍTULO V. DA RESPONSABILIDADE E DAS SANÇÕES

### SEÇÃO I. DAS SANÇÕES ADMINISTRATIVAS À ENTIDADE

**Art. 73.** Pela execução da parceria em desacordo com o plano de trabalho e com as normas desta Lei e da legislação específica, a administração pública poderá, garantida a prévia defesa, aplicar à organização da sociedade civil as seguintes sanções:

**I** – advertência;

**II** – suspensão temporária da participação em chamamento público e impedimento de celebrar parceria ou contrato com órgãos e entidades da esfera de governo da administração pública sancionadora, por prazo não superior a dois anos;

**III** – declaração de inidoneidade para participar de chamamento público ou celebrar parceria ou contrato com órgãos e entidades de todas as esferas de governo, enquanto perdurarem os motivos determinantes da punição ou até que seja promovida a reabilitação perante a própria autoridade que aplicou a penalidade, que será concedida sempre que a organização da sociedade civil ressarcir a administração pública pelos prejuízos resultantes e após decorrido o prazo da sanção aplicada com base no inciso II.

**§ 1º.** As sanções estabelecidas nos incisos II e III são de competência exclusiva de Ministro de Estado ou de Secretário Estadual, Distrital ou Municipal, conforme o caso, facultada a defesa do interessado no respectivo processo, no prazo de dez dias da abertura de vista, podendo a reabilitação ser requerida após dois anos de aplicação da penalidade.

**§ 2º.** Prescreve em cinco anos, contados a partir da data da apresentação da prestação de contas, a aplicação de penalidade decorrente de infração relacionada à execução da parceria.

**§ 3º.** A prescrição será interrompida com a edição de ato administrativo voltado à apuração da infração.

### SEÇÃO II. DA RESPONSABILIDADE PELA EXECUÇÃO E PELA EMISSÃO DE PARECERES TÉCNICOS

**Art. 74.** (VETADO).

**Art. 75.** (Revogado pela Lei nº 13.204, de 2015);

**Art. 76.** (Revogado pela Lei nº 13.204, de 2015);

### SEÇÃO III. DOS ATOS DE IMPROBIDADE ADMINISTRATIVA

**Art. 77.** O art. 10 da Lei nº 8.429, de 2 de junho de 1992, passa a vigorar com as seguintes alterações:

› Alteração incorporada ao texto da referida lei.

**Art. 78.** O art. 11 da Lei nº 8.429, de 2 de junho de 1992, passa a vigorar acrescido do seguinte inciso VIII:

› Alteração incorporada ao texto da referida lei.

**Art. 78-A.** O art. 23 da Lei nº 8.429, de 2 de junho de 1992, passa a vigorar acrescido do seguinte inciso III:

› Alteração incorporada ao texto da referida lei.

## CAPÍTULO VI. DISPOSIÇÕES FINAIS

**Art. 79.** (VETADO).

**Art. 80.** O processamento das compras e contratações que envolvam recursos financeiros provenientes de parceria poderá ser efetuado por meio de sistema eletrônico disponibilizado pela administração pública às organizações da sociedade civil, aberto ao público via internet, que permita aos interessados formular propostas.

**Parágrafo único.** O Sistema de Cadastramento Unificado de Fornecedores – SICAF, mantido pela União, fica disponibilizado aos demais entes federados, para fins do disposto no *caput*, sem prejuízo do uso de seus próprios sistemas.

**Art. 81.** Mediante autorização da União, os Estados, os Municípios e o Distrito Federal poderão aderir ao Sistema de Gestão de Convênios e Contratos de Repasse – SICONV para utilizar suas funcionalidades no cumprimento desta Lei.

**Art. 81-A.** Até que seja viabilizada a adaptação do sistema de que trata o art. 81 ou de seus correspondentes nas demais unidades da federação:

**I** – serão utilizadas as rotinas previstas antes da entrada em vigor desta Lei para repasse de recursos a organizações da sociedade civil decorrentes de parcerias celebradas nos termos desta Lei;

**II** – os Municípios de até cem mil habitantes serão autorizados a efetivar a prestação de contas e os atos dela decorrentes sem utilização da plataforma eletrônica prevista no art. 65.

**Art. 81-B.** O ex-prefeito de Município ou o ex-governador de Estado ou do Distrito Federal cujo ente federado tenha aderido ao sistema de que trata o art. 81 terá acesso a todos os registros de convênios celebrados durante a sua gestão, até a manifestação final do concedente sobre as respectivas prestações de contas. *(Acrescido pela Lei 14.345/2022)*

**Art. 82.** (VETADO).

**Art. 83.** As parcerias existentes no momento da entrada em vigor desta Lei permanecerão regidas pela legislação vigente ao tempo de sua celebração, sem prejuízo da aplicação subsidiária desta Lei, naquilo em que for cabível, desde que em benefício do alcance do objeto da parceria.

**§ 1º.** As parcerias de que trata o *caput* poderão ser prorrogadas de ofício, no caso de atraso na liberação de recursos por parte da administração pública, por período equivalente ao atraso.

**§ 2º.** As parcerias firmadas por prazo indeterminado antes da data de entrada em vigor desta Lei, ou prorrogáveis por período superior ao inicialmente estabelecido, no prazo de até um ano após a data da entrada em vigor desta Lei, serão, alternativamente:

**I** – substituídas pelos instrumentos previstos nos arts. 16 ou 17, conforme o caso;

**II** – objeto de rescisão unilateral pela administração pública.

**Art. 83-A.** (VETADO).

**Art. 84.** Não se aplica às parcerias regidas por esta Lei o disposto na Lei nº 8.666, de 21 de junho de 1993.

**Parágrafo único.** São regidos pelo art. 116 da Lei 8.666, de 21 de junho de 1993, convênios:

**I** – entre entes federados ou pessoas jurídicas a eles vinculadas;

**II** – decorrentes da aplicação do disposto no inciso IV do art. 3º.

**Art. 84-A.** A partir da vigência desta Lei, somente serão celebrados convênios nas hipóteses do parágrafo único do art. 84.

**Art. 84-B.** As organizações da sociedade civil farão jus aos seguintes benefícios, independentemente de certificação:

**I** – receber doações de empresas, até o limite de 2% (dois por cento) de sua receita bruta;

**II** – receber bens móveis considerados irrecuperáveis, apreendidos, abandonados ou disponíveis, administrados pela Secretaria da Receita Federal do Brasil;

**III** – *(Revogado pela Lei 14.027/2020)*

**Art. 84-C.** Os benefícios previstos no art. 84-B serão conferidos às organizações da sociedade civil que apresentem entre seus objetivos sociais pelo menos uma das seguintes finalidades:

**I** – promoção da assistência social;

**II** – promoção da cultura, defesa e conservação do patrimônio histórico e artístico;

**III** – promoção da educação;

**IV** – promoção da saúde;

**V** – promoção da segurança alimentar e nutricional;

**VI** – defesa, preservação e conservação do meio ambiente e promoção do desenvolvimento sustentável;

**VII** – promoção do voluntariado;

**VIII** – promoção do desenvolvimento econômico e social e combate à pobreza;

**IX** – experimentação, não lucrativa, de novos modelos socioprodutivos e de sistemas alternativos de produção, comércio, emprego e crédito;

**X** – promoção de direitos estabelecidos, construção de novos direitos e assessoria jurídica gratuita de interesse suplementar;

**XI** – promoção da ética, da paz, da cidadania, dos direitos humanos, da democracia e de outros valores universais;

**XII** – organizações religiosas que se dediquem a atividades de interesse público e de cunho social distintas das destinadas a fins exclusivamente religiosos;

**XIII** – estudos e pesquisas, desenvolvimento de tecnologias alternativas, produção e divulgação de informações e conhecimentos técnicos e científicos que digam respeito às atividades mencionadas neste artigo.

**Parágrafo único.** É vedada às entidades beneficiadas na forma do art. 84-B a participação em campanhas de interesse político-partidário ou eleitorais, sob quaisquer meios ou formas.

**Art. 85.** O art. 1º da Lei nº 9.790, de 23 de março de 1999, passa a vigorar com a seguinte redação:

› Alteração incorporada ao texto da referida lei.

**Art. 85-A.** O art. 3º da Lei nº 9.790, de 23 de março de 1999, passa a vigorar acrescido do seguinte inciso XIII:

› Alteração incorporada ao texto da referida lei.

**Art. 85-B.** O parágrafo único do art. 4º da Lei nº 9.790, de 23 de março de 1999, passa a vigorar com a seguinte redação:

› Alteração incorporada ao texto da referida lei.

**Art. 86.** A Lei nº 9.790, de 23 de março de 1999, passa a vigorar acrescida dos seguintes arts. 15-A e 15-B:

› Alteração incorporada ao texto da referida lei.

**Art. 87.** As exigências de transparência e publicidade previstas em todas as etapas que envolvam a parceria, desde a fase preparatória até o fim da prestação de contas, naquilo que for necessário, serão excepcionadas quando se tratar de programa de proteção a pessoas ameaçadas ou em situação que possa comprometer a sua segurança, na forma do regulamento.

**Art. 88.** Esta Lei entra em vigor após decorridos quinhentos e quarenta dias de sua publicação oficial, observado o disposto nos §§ 1º e 2º deste artigo.

**§ 1º.** Para os Municípios, esta Lei entra em vigor a partir de 1º de janeiro de 2017.

**§ 2º**. Por ato administrativo local, o disposto nesta Lei poderá ser implantado nos Municípios a partir da data decorrente do disposto no *caput*.

Brasília, 31 de julho de 2014;
193º da Independência e 126º da República.
Dilma Rousseff
José Eduardo Cardozo
Guido Mantega
Miriam Belchior
Tereza Campello
Clélio Campolina Diniz
Vinícius Nobre Lages
Gilberto Carvalho
Luís Inácio Lucena Adams
Jorge Hage Sobrinho

# LEI Nº 13.334, DE 13 DE SETEMBRO DE 2016

*Cria o Programa de Parcerias de Investimentos – PPI; altera a Lei nº 10.683, de 28 de maio de 2003, e dá outras providências.*

‣ DOU de 13.9.2016, Edição extra; ret. DOU de 15.9.2016.

O PRESIDENTE DA REPÚBLICA Faço saber que o Congresso Nacional decreta e eu sanciono a seguinte Lei:

## CAPÍTULO I. DO PROGRAMA DE PARCERIAS DE INVESTIMENTOS

**Art. 1º.** Fica criado, no âmbito da Presidência da República, o Programa de Parcerias de Investimentos – PPI, destinado à ampliação e fortalecimento da interação entre o Estado e a iniciativa privada por meio da celebração de contratos de parceria para a execução de empreendimentos públicos de infraestrutura e de outras medidas de desestatização.

**§ 1º**. Podem integrar o PPI:

**I** – os empreendimentos públicos de infraestrutura em execução ou a serem executados por meio de contratos de parceria celebrados pela administração pública direta e indireta da União;

**II** – os empreendimentos públicos de infraestrutura que, por delegação ou com o fomento da União, sejam executados por meio de contratos de parceria celebrados pela administração pública direta ou indireta dos Estados, do Distrito Federal ou dos Municípios; e

**III** - as demais medidas do Programa Nacional de Desestatização a que se refere a Lei nº 9.491, de 9 de setembro de 1997; e (*Redação dada pela Lei 13.901/2019*)

**IV** - as obras e os serviços de engenharia de interesse estratégico. (*Acrescido pela Lei 13.901/2019*)

**§ 2º**. Para os fins desta Lei, consideram-se contratos de parceria a concessão comum, a concessão patrocinada, a concessão administrativa, a concessão regida por legislação setorial, a permissão de serviço público, o arrendamento de bem público, a concessão de direito real e os outros negócios público-privados que, em função de seu caráter estratégico e de sua complexidade, especificidade, volume de investimentos, longo prazo, riscos ou incertezas envolvidos, adotem estrutura jurídica semelhante.

**Art. 2º.** São objetivos do PPI:

**I** – ampliar as oportunidades de investimento e emprego e estimular o desenvolvimento tecnológico e industrial, em harmonia com as metas de desenvolvimento social e econômico do País;

**II** – garantir a expansão com qualidade da infraestrutura pública, com tarifas adequadas;

**III** – promover ampla e justa competição na celebração das parcerias e na prestação dos serviços;

**IV** - assegurar a estabilidade e a segurança jurídica, com a garantia da mínima intervenção nos negócios e investimentos; (*Redação dada pela Lei 13.901/2019*)

**V** - fortalecer o papel regulador do Estado e a autonomia das entidades estatais de regulação; e (*Redação dada pela Lei 13.901/2019*).

**VI** - fortalecer políticas nacionais de integração dos diferentes modais de transporte de pessoas e bens, em conformidade com as políticas de desenvolvimento nacional, regional e urbano, de defesa nacional, de meio ambiente e de segurança das populações, formuladas pelas diversas esferas de governo. (*Acrescido pela Lei 13.901/2019*)

**Art. 3º.** Na implementação do PPI serão observados os seguintes princípios:

**I** – estabilidade das políticas públicas de infraestrutura;

**II** – legalidade, qualidade, eficiência e transparência da atuação estatal; e

**III** – garantia de segurança jurídica aos agentes públicos, às entidades estatais e aos particulares envolvidos.

**Art. 4º.** O PPI será regulamentado por meio de decretos que, nos termos e limites das leis setoriais e da legislação geral aplicável, definirão:

**I** – as políticas federais de longo prazo para o investimento por meio de parcerias em empreendimentos públicos federais de infraestrutura e para a desestatização;

**II** – os empreendimentos públicos federais de infraestrutura qualificados para a implantação por parceria; (*Redação dada pela Lei 13.901/2019*)

**III** – as políticas federais de fomento às parcerias em empreendimentos públicos de infraestrutura dos Estados, do Distrito Federal ou dos Municípios; e (*Redação dada pela Lei 13.901/2019*)

**IV** – as obras e os serviços de engenharia de interesse estratégico. (*Acrescido pela Lei 13.901/2019*)

**Art. 5º** Os projetos qualificados no PPI serão tratados como empreendimentos de interesse estratégico e terão prioridade nacional perante todos os agentes públicos nas esferas administrativa e controladora da União, dos Estados, do Distrito Federal e dos Municípios. (*Redação dada pela Lei 13.901/2019*)

**Art. 6º.** Os órgãos, entidades e autoridades da administração pública da União com competências relacionadas aos empreendimentos do PPI formularão programas próprios visando à adoção, na regulação administrativa, independentemente de exigência legal, das práticas avançadas recomendadas pelas melhores experiências nacionais e internacionais, inclusive:

**I** – edição de planos, regulamentos e atos que formalizem e tornem estáveis as políticas de Estado fixadas pelo Poder Executivo para cada setor regulado, de forma a tornar segura sua execução no âmbito da regulação administrativa, observadas as competências da legislação específica, e mediante consulta pública prévia;

**II** – eliminação de barreiras burocráticas à livre organização da atividade empresarial;

**III** – articulação com o Conselho Administrativo de Defesa Econômica – CADE, bem como com a Secretaria de Acompanhamento Econômico – SEAE do Ministério da Fazenda, para fins de compliance com a defesa da concorrência; e

**IV** – articulação com os órgãos e autoridades de controle, para aumento da transparência das ações administrativas e para a eficiência no recebimento e consideração das contribuições e recomendações.

## CAPÍTULO II. DO CONSELHO DO PROGRAMA DE PARCERIAS DE INVESTIMENTOS DA PRESIDÊNCIA DA REPÚBLICA

**Art. 7º.** Fica criado o Conselho do Programa de Parcerias de Investimentos da Presidência da República – CPPI, com as seguintes competências:

**I** – opinar, previamente à deliberação do Presidente da República, quanto às propostas dos órgãos ou entidades competentes, sobre as matérias previstas no art. 4º desta Lei;

**II** – acompanhar a execução do PPI;

**III** – formular propostas e representações fundamentadas aos Chefes do Poder Executivo dos Estados, do Distrito Federal e dos Municípios;

**IV** – formular recomendações e orientações normativas aos órgãos, entidades e autoridades da administração pública da União;

**V** – exercer as funções atribuídas:

a) ao órgão gestor de parcerias público-privadas federais pela Lei nº 11.079, de 30 de dezembro de 2004;

b) ao Conselho Nacional de Integração de Políticas de Transporte pela Lei nº 10.233, de 5 de junho de 2001; e

c) ao Conselho Nacional de Desestatização pela Lei nº 9.491, de 9 de setembro de 1997;

**VI** – editar o seu regimento interno; (*Redação dada pela Lei 13.901/2019*)

**VII** – propor medidas que propiciem a integração dos transportes aéreo, aquaviário e terrestre e a harmonização de suas políticas setoriais; (*Acrescido pela Lei 13.901/2019*)

**VIII** – definir os elementos de logística do transporte multimodal a serem implementados por órgãos ou entidades da administração pública; (*Acrescido pela Lei 13.901/2019*)

**IX** – harmonizar as políticas nacionais de transporte com as políticas de transporte dos Estados, do Distrito Federal e dos Municípios, com vistas à articulação dos órgãos encarregados do gerenciamento dos sistemas viários e da regulação dos transportes interestaduais, intermunicipais e urbanos; (*Acrescido pela Lei 13.901/2019*)

**X** – aprovar, em função das características regionais, as políticas de prestação de serviços de transporte às áreas mais remotas ou de difícil acesso do País e submeter ao Presidente da República as medidas específicas para esse fim; e (*Acrescido pela Lei 13.901/2019*)

**XI** – aprovar as revisões periódicas das redes de transporte que contemplam as diversas regiões do País e propor ao Presidente da República e ao Congresso Nacional as reformulações do Sistema Nacional de Viação, instituído pela Lei nº 12.379, de 6 de janeiro de 2011, que atendam ao interesse nacional. (*Acrescido pela Lei 13.901/2019*)

**§ 1º** Ato do Poder Executivo federal definirá a composição do CPPI. (*Redação dada pela Lei 14.600/2023*)

**I a XI** – (*Revogados pela Lei 14.600/2023*)

**§ 2º** (*Revogado pela Lei 14.600/2023*)

**§ 3º**. A composição do Conselho do Programa de Parcerias de Investimento da Presidência da República observará, quando for o caso, o § 2º do art. 5º da Lei nº 9.491, de 9 de setembro de 1997.

**§ 4º**. As reuniões do Conselho serão dirigidas pelo Presidente da República ou, em suas ausências ou seus impedimentos, pelo Ministro de Estado Chefe da Casa Civil da Presidência da República. (*Redação dada pela Lei 13.901/2019*)

**§ 5º**. O Secretário Especial do Programa de Parcerias de Investimentos da Casa Civil da Presidência da República atuará como Secretário-Executivo do CPPI e participará de suas reuniões, sem direito a voto. (*Redação dada pela Lei 13.901/2019*)

**Art. 7º-A.** Caberá ao Ministro de Estado Chefe da Casa Civil da Presidência da República, em conjunto com o Ministro titular da pasta setorial correspondente, a prerrogativa de deliberar, nos casos de urgência e relevante interesse, *ad referendum* do CPPI. (*Acrescido pela Lei 13.901/2019*)

**Parágrafo único.** A decisão ad referendum a que se refere o *caput* deste artigo será submetida ao CPPI na primeira reunião após a deliberação.

## CAPÍTULO III DA SECRETARIA DO PROGRAMA DE PARCERIAS DE INVESTIMENTOS

**Art. 8º.** O PPI contará com a Secretaria Especial do Programa de Parcerias de Investimentos (SPPI), órgão subordinado à Casa Civil da

Presidência da República, com a finalidade de coordenar, monitorar, avaliar e supervisionar as ações do PPI e de apoiar as ações setoriais necessárias à sua execução. (*Redação dada pela Lei 13.901/2019*)

**I** – (*Revogado pela Lei 13.901/2019*)

**II e III** – (*Revogados pela Lei 13.502/2017*);

**IV** – (*Revogado pela Lei 13.901/2019*)

**V** – (*Revogado pela Lei 13.502/2017*);

**VI** – (*Revogado pela Lei 13.901/2019*)

**Art. 8º-A.** Compete à SPPI: (*Acrescido pela Lei 13.901/2019*)

**I** – coordenar, monitorar, avaliar e supervisionar as ações do PPI;

**II** – fomentar a integração das ações de planejamento dos órgãos setoriais de infraestrutura;

**III** – acompanhar e subsidiar, no exercício de suas competências, a atuação dos Ministérios, dos órgãos, das entidades setoriais e do Fundo de Apoio à Estruturação de Parcerias (Faep), sem prejuízo das competências legais dos Ministérios, dos órgãos e das entidades setoriais;

**IV** – apoiar, perante as instituições financeiras federais, as ações de estruturação de projetos que possam ser qualificados no PPI;

**V** – avaliar a consistência das propostas a serem submetidas para qualificação no PPI;

**VI** – buscar a qualidade e a consistência técnica dos projetos de parcerias qualificados no PPI;

**VII** – propor o aprimoramento regulatório nos setores e mercados que possuam empreendimentos qualificados no PPI;

**VIII** – apoiar o processo de licenciamento ambiental dos empreendimentos qualificados no PPI;

**IX** – divulgar os projetos do PPI, para permitir o acompanhamento público;

**X** – acompanhar os empreendimentos qualificados no PPI, para garantir a previsibilidade dos cronogramas divulgados;

**XI** – articular-se com os órgãos e as autoridades de controle, para garantir o aumento da transparência das ações do PPI;

**XII** – promover e ampliar o diálogo com agentes de mercado e da sociedade civil organizada, para divulgação de oportunidades de investimentos e aprimoramento regulatório;

**XIII** – promover a elaboração de estudos para resolução de entraves na implantação e no desenvolvimento de empreendimentos de infraestrutura;

**XIV** – promover as políticas públicas federais de fomento às parcerias em empreendimentos públicos de infraestrutura dos Estados, do Distrito Federal e dos Municípios;

**XV** – celebrar acordos, ajustes ou instrumentos congêneres com órgãos ou entidades da administração pública federal, estadual, distrital ou municipal, para a ação coordenada de projetos em regime de cooperação mútua;

**XVI** – exercer as atividades de Secretaria Executiva do Conselho de Participação no Fundo de Apoio à Estruturação e ao Desenvolvimento de Projetos de Concessão e Parcerias Público-Privadas da União, dos Estados, do Distrito Federal e dos Municípios; e

**XVII** – coordenar e secretariar o funcionamento do CPPI.

**Art. 8º-B.** Ao Secretário Especial do PPI compete: (*Acrescido pela Lei 13.901/2019*)

**I** – dirigir a SPPI, supervisionar e coordenar as suas atividades e orientar a sua atuação;

**II** – assessorar o Ministro de Estado Chefe da Casa Civil da Presidência da República nos assuntos relativos à atuação da SPPI, inclusive perante Ministérios, órgãos e entidades setoriais;

**III** – exercer a orientação normativa e a supervisão técnica quanto às matérias relativas às atribuições da SPPI;

**IV** – editar e praticar os atos normativos e os demais atos inerentes às suas atribuições;

**V** – atuar como Secretário-Executivo do CPPI.

**Art. 9º.** A SPPI deverá dar amplo acesso para o Congresso Nacional aos documentos e informações dos empreendimentos em execução do PPI, fornecendo, em até trinta dias, os dados solicitados.

**§ 1º.** Ao atender ao disposto no *caput*, a SPPI poderá exigir sigilo das informações fornecidas.

**§ 2º.** Cabe à SPPI enviar ao Congresso Nacional, até 30 de março do ano subsequente, relatório detalhado contendo dados sobre o andamento dos empreendimentos e demais ações no âmbito do PPI, ocorridos no ano anterior.

**Art. 9º-A.** A SPPI manterá mecanismos de diálogo com as confederações nacionais patronais setoriais, comissões temáticas e frentes parlamentares do Congresso Nacional do setor de infraestrutura, que poderão contribuir com estudos, pesquisas e análises temáticas para subsídio à tomada de decisões de caráter estratégico para a agenda de infraestrutura do País. (*Acrescido pela Lei 13.901/2019, vetado pelo Presidente da República, mantido pelo Congresso Nacional e publicado no DOU de 11/12/2019*)

**Art. 10.** (Revogado pela Lei nº 13.502, de 2017)

## CAPÍTULO IV. DA ESTRUTURAÇÃO DOS PROJETOS

**Art. 11.** Ao ministério setorial ou órgão com competência para formulação da política setorial cabe, com o apoio da SPPI, a adoção das providências necessárias à inclusão do empreendimento no âmbito do PPI.

**Art. 12.** Para a estruturação dos projetos que integrem ou que venham a integrar o PPI, o órgão ou entidade competente poderá, sem prejuízo de outros mecanismos previstos na legislação:

**I** – utilizar a estrutura interna da própria administração pública;

**II** – contratar serviços técnicos profissionais especializados;

**III** – abrir chamamento público;

**IV** - receber sugestões de projetos; (*Redação dada pela Lei 13.901/2019*)

**V** - (*Revogado pela Lei 13.901/2019*)

**Art. 13.** Observado o disposto no art. 3º da Lei nº 9.491, de 9 de setembro de 1997, e no § 3º do art. 10 da Lei nº 11.079, de 30 de dezembro de 2004, a licitação e celebração de parcerias dos empreendimentos públicos do PPI independem de lei autorizativa geral ou específica.

**Art. 13-A.** Os contratos de parceria a que se refere esta Lei que vierem a integrar a carteira de projetos do PPI não terão seus projetos licitados antes da submissão das minutas do edital e do contrato a consulta ou audiência pública. (*Acrescido pela Lei 13.901/2019*)

**Parágrafo único.** Caberá ao CPPI definir o local da audiência pública a que se refere o *caput* deste artigo.

## CAPÍTULO V. DO FUNDO DE APOIO À ESTRUTURAÇÃO DE PARCERIAS

**Art. 14.** Fica o BNDES autorizado a constituir e participar do Fundo de Apoio à Estruturação de Parcerias – FAEP, que terá por finalidade a prestação onerosa, por meio de contrato, de serviços técnicos profissionais especializados para a estruturação de parcerias de investimentos e de medidas de desestatização.

**§ 1º.** O FAEP terá natureza privada e patrimônio próprio separado do patrimônio dos cotistas, será sujeito a direitos e obrigações próprios e terá capacidade de celebrar, em seu nome, contratos, acordos ou qualquer ajuste que estabeleça deveres e obrigações e que seja necessário à realização de suas finalidades.

**§ 2º.** O FAEP possuirá prazo inicial de dez anos, renovável por iguais períodos.

**§ 3º.** O administrador e os cotistas do FAEP não responderão por qualquer obrigação do Fundo, salvo pela integralização das cotas que subscreverem.

**§ 4º.** O FAEP será administrado, gerido e representado judicial e extrajudicialmente pelo BNDES.

**§ 5º.** O FAEP poderá se articular com os órgãos ou entidades da União, dos Estados, do Distrito Federal e dos Municípios cuja atuação funcional seja ligada à estruturação, liberação, licitação, contratação e financiamento de empreendimentos e atividades, para troca de informações e para acompanhamento e colaboração recíproca nos trabalhos.

**§ 6º.** Constituem recursos do FAEP:

**I** – os oriundos da integralização de cotas, em moeda corrente nacional, por pessoas jurídicas de direito público, organismos internacionais e pessoas naturais ou jurídicas de direito privado, estatais ou não estatais;

**II** – as remunerações recebidas por seus serviços;

**III** – os recebidos pela alienação de bens e direitos, ou de publicações, material técnico, dados e informações;

**IV** – os rendimentos de aplicações financeiras que realizar; e

**V** – os recursos provenientes de outras fontes definidas em seu estatuto.

**§ 7º.** O FAEP destinará parcela do preço recebido por seus serviços como remuneração ao BNDES pela administração, gestão e representação do Fundo, de acordo com o seu estatuto.

**§ 8º.** O FAEP não pagará rendimentos a seus cotistas, assegurado a qualquer deles o direito de requerer o resgate total ou parcial de suas cotas, fazendo-se a liquidação com base na situação patrimonial do Fundo, sendo vedado o resgate de cotas em valor superior ao montante de recursos financeiros disponíveis ainda não vinculados às estruturações integradas já contratadas, nos termos do estatuto.

**§ 9º.** O estatuto do FAEP deverá prever medidas que garantam a segurança da informação, de forma a contribuir para a ampla competição e evitar conflitos de interesses nas licitações das parcerias dos empreendimentos públicos.

**Art. 15.** O FAEP poderá ser contratado diretamente por órgãos e entidades da administração pública para prestar serviços técnicos profissionais especializados visando à estruturação de contratos de parceria e de medidas de desestatização.

**Art. 16.** Para a execução dos serviços técnicos para os quais houver sido contratado, o FAEP poderá contratar, na forma da legislação, o suporte técnico de pessoas naturais ou jurídicas especializadas, cabendo aos agentes públicos gestores do Fundo, com o apoio da SPPI, a coordenação geral dos trabalhos e a articulação com os demais órgãos e entidades envolvidos.

## CAPÍTULO VI. DA LIBERAÇÃO DE EMPREENDIMENTOS DO PPI

**Art. 17.** Os órgãos, entidades e autoridades estatais, inclusive as autônomas e independentes, da União, dos Estados, do Distrito Federal e dos Municípios, com competências de cujo exercício dependa a viabilização de empreendimento do PPI, têm o dever de atuar, em conjunto e com eficiência, para que sejam concluídos, de forma uniforme, econômica e em prazo compatível com o caráter prioritário nacional do empreendimento, todos os processos e atos administrativos necessários à sua estruturação, liberação e execução.

**§ 1º.** Entende-se por liberação a obtenção de quaisquer licenças, autorizações, registros, permissões, direitos de uso ou exploração, regimes especiais, e títulos equivalentes, de natureza regulatória, ambiental, indígena, urbanística, de trânsito, patrimonial pública, hídrica, de proteção do patrimônio cultural, aduaneira, minerária, tributária, e quaisquer outras, necessárias à implantação e à operação do empreendimento.

**§ 2º.** Os órgãos, entidades e autoridades da administração pública da União com competências setoriais relacionadas aos empreendimentos do PPI convocarão todos os órgãos, entidades e autoridades da União, dos Estados, do Distrito Federal ou dos Municípios, que tenham competência liberatória, para participar da estruturação e execução do projeto e consecução dos objetivos do PPI, inclusive para a definição conjunta do conteúdo dos termos de referência para o licenciamento ambiental.

## CAPÍTULO VII. DISPOSIÇÕES FINAIS

**Art. 18.** A Lei nº 10.683, de 28 de maio de 2003, passa a vigorar com as seguintes alterações:

(...)

**Art. 19.** Fica criado o Cargo de Natureza Especial - CNE de Secretário-Executivo da SPPI.

**Art. 20.** A Empresa de Planejamento e Logística - EPL passa a ser vinculada à SPPI, cabendo-lhe prestar apoio ao CPPI.

**Art. 21.** Aplicam-se as disposições desta Lei, no que couber, aos empreendimentos empresariais privados que, em regime de autorização administrativa, concorram ou convivam, em setor de titularidade estatal ou de serviço público, com empreendimentos públicos a cargo de entidades estatais ou de terceiros contratados por meio das parcerias de que trata esta Lei.

**Art. 22.** Esta Lei entra em vigor na data de sua publicação.

Brasília, 13 de setembro de 2016;
195º da Independência e 128º da República.
Michel Temer
Henrique Meirelles
Maurício Quintella
Fernando Coelho Filho
Dyogo Henrique de Oliveira
José Sarney Filho

# LEI Nº 13.460, DE 26 DE JUNHO DE 2017

*Dispõe sobre participação, proteção e defesa dos direitos do usuário dos serviços públicos da administração pública.*

› DOU de 27.6.2017.

O PRESIDENTE DA REPÚBLICA Faço saber que o Congresso Nacional decreta e eu sanciono a seguinte Lei:

## CAPÍTULO I DISPOSIÇÕES PRELIMINARES

**Art. 1º** Esta Lei estabelece normas básicas para participação, proteção e defesa dos direitos do usuário dos serviços públicos prestados direta ou indiretamente pela administração pública.

**§ 1º** O disposto nesta Lei aplica-se à administração pública direta e indireta da União, dos Estados, do Distrito Federal e dos Municípios, nos termos do inciso I do § 3º do art. 37 da Constituição Federal.

**§ 2º** A aplicação desta Lei não afasta a necessidade de cumprimento do disposto:

**I** - em normas regulamentadoras específicas, quando se tratar de serviço ou atividade sujeitos a regulação ou supervisão; e

**II** - na Lei nº 8.078, de 11 de setembro de 1990, quando caracterizada relação de consumo.

**§ 3º** Aplica-se subsidiariamente o disposto nesta Lei aos serviços públicos prestados por particular.

**Art. 2º** Para os fins desta Lei, consideram-se:

**I** - usuário - pessoa física ou jurídica que se beneficia ou utiliza, efetiva ou potencialmente, de serviço público;

**II** - serviço público - atividade administrativa ou de prestação direta ou indireta de bens ou serviços à população, exercida por órgão ou entidade da administração pública;

**III** - administração pública - órgão ou entidade integrante da administração pública de qualquer dos Poderes da União, dos Estados, do Distrito Federal e dos Municípios, a Advocacia Pública e a Defensoria Pública;

**IV** - agente público - quem exerce cargo, emprego ou função pública, de natureza civil ou militar, ainda que transitoriamente ou sem remuneração; e

**V** - manifestações - reclamações, denúncias, sugestões, elogios e demais pronunciamentos de usuários que tenham como objeto a prestação de serviços públicos e a conduta de agentes públicos na prestação e fiscalização de tais serviços.

**Parágrafo único.** O acesso do usuário a informações será regido pelos termos da Lei nº 12.527, de 18 de novembro de 2011.

**Art. 3º** Com periodicidade mínima anual, cada Poder e esfera de Governo publicará quadro geral dos serviços públicos prestados, que especificará os órgãos ou entidades responsáveis por sua realização e a autoridade administrativa a quem estão subordinados ou vinculados.

**Art. 4º** Os serviços públicos e o atendimento do usuário serão realizados de forma adequada, observados os princípios da regularidade, continuidade, efetividade, segurança, atualidade, generalidade, transparência e cortesia.

## CAPÍTULO II DOS DIREITOS BÁSICOS E DEVERES DOS USUÁRIOS

**Art. 5º** O usuário de serviço público tem direito à adequada prestação dos serviços, devendo os agentes públicos e prestadores de serviços públicos observar as seguintes diretrizes:

**I** - urbanidade, respeito, acessibilidade e cortesia no atendimento aos usuários;

**II** - presunção de boa-fé do usuário;

**III** - atendimento por ordem de chegada, ressalvados casos de urgência e aqueles em que houver possibilidade de agendamento, asseguradas as prioridades legais às pessoas com deficiência, aos idosos, às gestantes, às lactantes e às pessoas acompanhadas por crianças de colo;

**IV** – adequação entre meios e fins, vedada a imposição de exigências, obrigações, restrições e sanções não previstas na legislação;

**V** – igualdade no tratamento aos usuários, vedado qualquer tipo de discriminação;

**VI** – cumprimento de prazos e normas procedimentais;

**VII** – definição, publicidade e observância de horários e normas compatíveis com o bom atendimento ao usuário;

**VIII** – adoção de medidas visando a proteção à saúde e a segurança dos usuários;

**IX** – autenticação de documentos pelo próprio agente público, à vista dos originais apresentados pelo usuário, vedada a exigência de reconhecimento de firma, salvo em caso de dúvida de autenticidade;

**X** – manutenção de instalações salubres, seguras, sinalizadas, acessíveis e adequadas ao serviço e ao atendimento;

**XI** – eliminação de formalidades e de exigências cujo custo econômico ou social seja superior ao risco envolvido;

**XII** – observância dos códigos de ética ou de conduta aplicáveis às várias categorias de agentes públicos;

**XIII** – aplicação de soluções tecnológicas que visem a simplificar processos e procedimentos de atendimento ao usuário e a propiciar melhores condições para o compartilhamento das informações;

**XIV** – utilização de linguagem simples e compreensível, evitando o uso de siglas, jargões e estrangeirismos; e

**XV** – vedação da exigência de nova prova sobre fato já comprovado em documentação válida apresentada.

**XVI** – comunicação prévia ao consumidor de que o serviço será desligado em virtude de inadimplemento, bem como do dia a partir do qual será realizado o desligamento, necessariamente durante horário comercial. *(Acrescido pela Lei 14.015/2020)*

**Parágrafo único.** A taxa de religação de serviços não será devida se houver descumprimento da exigência de notificação prévia ao consumidor prevista no inciso XVI do *caput* deste artigo, o que ensejará a aplicação de multa à concessionária, conforme regulamentação. *(Acrescido pela Lei 14.015/2020)*

**Art. 6º** São direitos básicos do usuário:

**I** – participação no acompanhamento da prestação e na avaliação dos serviços;

**II** – obtenção e utilização dos serviços com liberdade de escolha entre os meios oferecidos e sem discriminação;

**III** – acesso e obtenção de informações relativas à sua pessoa constantes de registros ou bancos de dados, observado o disposto no inciso X do *caput* do art. 5º da Constituição Federal e na Lei nº 12.527, de 18 de novembro de 2011;

**IV** – proteção de suas informações pessoais, nos termos da Lei nº 12.527, de 18 de novembro de 2011;

**V** – atuação integrada e sistêmica na expedição de atestados, certidões e documentos comprobatórios de regularidade; e

**VI** – obtenção de informações precisas e de fácil acesso nos locais de prestação do serviço, assim como sua disponibilização na internet, especialmente sobre:

a) horário de funcionamento das unidades administrativas;

b) serviços prestados pelo órgão ou entidade, sua localização exata e a indicação do setor responsável pelo atendimento ao público;

c) acesso ao agente público ou ao órgão encarregado de receber manifestações;

d) situação da tramitação dos processos administrativos em que figure como interessado; e

e) valor das taxas e tarifas cobradas pela prestação dos serviços, contendo informações para a compreensão exata da extensão do serviço prestado.

**VII** – comunicação prévia da suspensão da prestação de serviço. *(Acrescido pela Lei 14.015/2020)*

**Parágrafo único.** É vedada a suspensão da prestação de serviço em virtude de inadimplemento por parte do usuário que se inicie na sexta-feira, no sábado ou no domingo, bem como em feriado ou no dia anterior a feriado. *(Acrescido pela Lei 14.015/2020)*

**Art. 7º** Os órgãos e entidades abrangidos por esta Lei divulgarão Carta de Serviços ao Usuário.

**§ 1º** A Carta de Serviços ao Usuário tem por objetivo informar o usuário sobre os serviços prestados pelo órgão ou entidade, as formas de acesso a esses serviços e seus compromissos e padrões de qualidade de atendimento ao público.

**§ 2º** A Carta de Serviços ao Usuário deverá trazer informações claras e precisas em relação a cada um dos serviços prestados, apresentando, no mínimo, informações relacionadas a:

**I** – serviços oferecidos;

**II** – requisitos, documentos, formas e informações necessárias para acessar o serviço;

**III** – principais etapas para processamento do serviço;

**IV** – previsão do prazo máximo para a prestação do serviço;

**V** – forma de prestação do serviço; e

**VI** – locais e formas para o usuário apresentar eventual manifestação sobre a prestação do serviço.

**§ 3º** Além das informações descritas no § 2º, a Carta de Serviços ao Usuário deverá detalhar os compromissos e padrões de qualidade do atendimento relativos, no mínimo, aos seguintes aspectos:

**I** – prioridades de atendimento;

**II** – previsão de tempo de espera para atendimento;

**III** – mecanismos de comunicação com os usuários;

**IV** – procedimentos para receber e responder as manifestações dos usuários; e

**V** – mecanismos de consulta, por parte dos usuários, acerca do andamento do serviço solicitado e de eventual manifestação.

**§ 4º** A Carta de Serviços ao Usuário será objeto de atualização periódica e de permanente divulgação mediante publicação em sítio eletrônico do órgão ou entidade na internet.

**§ 5º** Regulamento específico de cada Poder e esfera de Governo disporá sobre a operacionalização da Carta de Serviços ao Usuário.

**§ 6º** Compete a cada ente federado disponibilizar as informações dos serviços prestados, conforme disposto nas suas Cartas de Serviços ao Usuário, na Base Nacional de Serviços Públicos, mantida pelo Poder Executivo federal, em formato aberto e interoperável, nos termos do regulamento do Poder Executivo federal. *(Acrescido pela Lei 14.129/2021, DOU 30.03.2021, em vigor 90 dias após a publicação para a União; 120 dias após a publicação para os Estados e o Distrito Federal; e 180 dias após a publicação para os Municípios)*

**Art. 8º** São deveres do usuário:

**I** – utilizar adequadamente os serviços, procedendo com urbanidade e boa-fé;

**II** – prestar as informações pertinentes ao serviço prestado quando solicitadas;

**III** – colaborar para a adequada prestação do serviço; e

**IV** – preservar as condições dos bens públicos por meio dos quais lhe são prestados os serviços de que trata esta Lei.

## CAPÍTULO III
## DAS MANIFESTAÇÕES DOS USUÁRIOS DE SERVIÇOS PÚBLICOS

**Art. 9º** Para garantir seus direitos, o usuário poderá apresentar manifestações perante a administração pública acerca da prestação de serviços públicos.

**Art. 10.** A manifestação será dirigida à ouvidoria do órgão ou entidade responsável e conterá a identificação do requerente.

**§ 1º** A identificação do requerente não conterá exigências que inviabilizem sua manifestação.

**§ 2º** São vedadas quaisquer exigências relativas aos motivos determinantes da apresentação de manifestações perante a ouvidoria.

**§ 3º** Caso não haja ouvidoria, o usuário poderá apresentar manifestações diretamente ao órgão ou entidade responsável pela execução do serviço e ao órgão ou entidade a que se subordinem ou se vinculem.

**§ 4º** A manifestação poderá ser feita por meio eletrônico, ou correspondência convencional, ou verbalmente, hipótese em que deverá ser reduzida a termo.

**§ 5º** No caso de manifestação por meio eletrônico, prevista no § 4º, respeitada a legislação específica de sigilo e proteção de dados, poderá a administração pública ou sua ouvidoria requerer meio de certificação da identidade do usuário.

**§ 6º** Os órgãos e entidades públicos abrangidos por esta Lei deverão colocar à disposição do usuário formulários simplificados e de fácil compreensão para a apresentação do requerimento previsto no *caput*, facultada ao usuário sua utilização.

**§ 7º** A identificação do requerente é informação pessoal protegida com restrição de acesso nos termos da Lei nº 12.527, de 18 de novembro de 2011.

**Art. 10-A.** Para fins de acesso a informações e serviços, de exercício de direitos e obrigações ou de obtenção de benefícios perante os órgãos e as entidades federais, estaduais, distritais e municipais ou os serviços públicos delegados, a apresentação de documento de identificação com fé pública em que conste o número de inscrição no Cadastro de Pessoas Físicas (CPF) será suficiente para identificação do cidadão, dispensada a apresentação de qualquer outro documento. *(Acrescido pela Lei 14.129/2021, DOU 30.03.2021, em vigor 90 dias após a publicação para a União; 120 dias após a publicação para os Estados e o Distrito Federal; e 180 dias após a publicação para os Municípios)*

**§ 1º** Os cadastros, os formulários, os sistemas e outros instrumentos exigidos dos usuários para a prestação de serviço público deverão disponibilizar campo para registro do número de inscrição no CPF, de preenchimento obrigatório, que será suficiente para sua identificação, vedada a exigência de apresentação de qualquer outro número para esse fim. *(Redação dada pela Lei 14.534/2023)*

**§ 2º** O número de inscrição no CPF poderá ser declarado pelo usuário do serviço público, desde que acompanhado de documento de identificação com fé pública, nos termos da lei.

**§ 3º** Ato de cada ente federativo ou Poder poderá dispor sobre casos excepcionais ao previsto no *caput* deste artigo.

**Art. 11.** Em nenhuma hipótese, será recusado o recebimento de manifestações formuladas nos termos desta Lei, sob pena de responsabilidade do agente público.

**Art. 12.** Os procedimentos administrativos relativos à análise das manifestações observarão os princípios da eficiência e da celeridade, visando a sua efetiva resolução.

**Parágrafo único.** A efetiva resolução das manifestações dos usuários compreende:

**I** – recepção da manifestação no canal de atendimento adequado;

**II** – emissão de comprovante de recebimento da manifestação;

**III** – análise e obtenção de informações, quando necessário;

**IV** – decisão administrativa final; e

**V** – ciência ao usuário.

## CAPÍTULO IV
## DAS OUVIDORIAS

**Art. 13.** As ouvidorias terão como atribuições precípuas, sem prejuízo de outras estabelecidas em regulamento específico:

**I** – promover a participação do usuário na administração pública, em cooperação com outras entidades de defesa do usuário;

**II** – acompanhar a prestação dos serviços, visando a garantir a sua efetividade;

**III** – propor aperfeiçoamentos na prestação dos serviços;

**IV** – auxiliar na prevenção e correção dos atos e procedimentos incompatíveis com os princípios estabelecidos nesta Lei;

**V** – propor a adoção de medidas para a defesa dos direitos do usuário, em observância às determinações desta Lei;

**VI** – receber, analisar e encaminhar às autoridades competentes as manifestações, acompanhando o tratamento e a efetiva conclusão das manifestações de usuário perante órgão ou entidade a que se vincula; e

**VII** – promover a adoção de mediação e conciliação entre o usuário e o órgão ou a entidade pública, sem prejuízo de outros órgãos competentes.

**Art. 14.** Com vistas à realização de seus objetivos, as ouvidorias deverão:

**I** – receber, analisar e responder, por meio de mecanismos proativos e reativos, as manifestações encaminhadas por usuários de serviços públicos; e

**II** – elaborar, anualmente, relatório de gestão, que deverá consolidar as informações mencionadas no inciso I, e, com base nelas, apontar falhas e sugerir melhorias na prestação de serviços públicos.

**Art. 15.** O relatório de gestão de que trata o inciso II do *caput* do art. 14 deverá indicar, ao menos:

**I** – o número de manifestações recebidas no ano anterior;

**II** – os motivos das manifestações;

**III** – a análise dos pontos recorrentes; e

**IV** – as providências adotadas pela administração pública nas soluções apresentadas.

**Parágrafo único.** O relatório de gestão será:

**I** – encaminhado à autoridade máxima do órgão a que pertence a unidade de ouvidoria; e

**II** – disponibilizado integralmente na internet.

**Art. 16.** A ouvidoria encaminhará a decisão administrativa final ao usuário, observado o prazo de trinta dias, prorrogável de forma justificada uma única vez, por igual período.

**Parágrafo único.** Observado o prazo previsto no *caput*, a ouvidoria poderá solicitar informações e esclarecimentos diretamente a agentes públicos do órgão ou entidade a que se vincula, e as solicitações devem ser respondidas no prazo de vinte dias, prorrogável de forma justificada uma única vez, por igual período.

**Art. 17.** Atos normativos específicos de cada Poder e esfera de Governo disporão sobre a organização e o funcionamento de suas ouvidorias.

## CAPÍTULO V
## DOS CONSELHOS DE USUÁRIOS

**Art. 18.** Sem prejuízo de outras formas previstas na legislação, a participação dos usuários no acompanhamento da prestação e na avaliação dos serviços públicos será feita por meio de conselhos de usuários.

**Parágrafo único.** Os conselhos de usuários são órgãos consultivos dotados das seguintes atribuições:

**I** – acompanhar a prestação dos serviços;

**II** – participar na avaliação dos serviços;

**III** – propor melhorias na prestação dos serviços;

**IV** – contribuir na definição de diretrizes para o adequado atendimento ao usuário; e

**V** – acompanhar e avaliar a atuação do ouvidor.

**Art. 19.** A composição dos conselhos deve observar os critérios de representatividade e pluralidade das partes interessadas, com vistas ao equilíbrio em sua representação.

**Parágrafo único.** A escolha dos representantes será feita em processo aberto ao público e diferenciado por tipo de usuário a ser representado.

**Art. 20.** O conselho de usuários poderá ser consultado quanto à indicação do ouvidor.

**Art. 21.** A participação do usuário no conselho será considerada serviço relevante e sem remuneração.

**Art. 22.** Regulamento específico de cada Poder e esfera de Governo disporá sobre a organização e funcionamento dos conselhos de usuários.

## CAPÍTULO VI
## DA AVALIAÇÃO CONTINUADA DOS SERVIÇOS PÚBLICOS

**Art. 23.** Os órgãos e entidades públicos abrangidos por esta Lei deverão avaliar os serviços prestados, nos seguintes aspectos:

**I** – satisfação do usuário com o serviço prestado;

**II** – qualidade do atendimento prestado ao usuário;

**III** – cumprimento dos compromissos e prazos definidos para a prestação dos serviços;

**IV** – quantidade de manifestações de usuários; e

**V** – medidas adotadas pela administração pública para melhoria e aperfeiçoamento da prestação do serviço.

**§ 1º** A avaliação será realizada por pesquisa de satisfação feita, no mínimo, a cada um ano, ou por qualquer outro meio que garanta significância estatística aos resultados.

**§ 2º** O resultado da avaliação deverá ser integralmente publicado no sítio do órgão ou entidade, incluindo o ranking das entidades com maior incidência de reclamação dos usuários na periodicidade a que se refere o § 1º, e servirá de subsídio para reorientar e ajustar os serviços prestados, em especial quanto ao cumprimento dos compromissos e dos padrões de qualidade de atendimento divulgados na Carta de Serviços ao Usuário.

**Art. 24.** Regulamento específico de cada Poder e esfera de Governo disporá sobre a avaliação da efetividade e dos níveis de satisfação dos usuários.

## CAPÍTULO VII
## DISPOSIÇÕES FINAIS E TRANSITÓRIAS

**Art. 25.** Esta Lei entra em vigor, a contar da sua publicação, em:

**I** – trezentos e sessenta dias para a União, os Estados, o Distrito Federal e os Municípios com mais de quinhentos mil habitantes;

**II** – quinhentos e quarenta dias para os Municípios entre cem mil e quinhentos mil habitantes; e

**III** – setecentos e vinte dias para os Municípios com menos de cem mil habitantes.

Brasília, 26 de junho de 2017;
196º da Independência e 129º da República.
MICHEL TEMER
Torquato Jardim
Dyogo Henrique de Oliveira
Wagner de Campos Rosário

# LEI Nº 13.848, DE 25 DE JUNHO DE 2019
## (EXCERTOS)

*Dispõe sobre a gestão, a organização, o processo decisório e o controle social das agências reguladoras, altera a Lei nº 9.427, de 26 de dezembro de 1996, a Lei nº 9.472, de 16 de julho de 1997, a Lei nº 9.478, de 6 de agosto de 1997, a Lei nº 9.782, de 26 de janeiro de 1999, a Lei nº 9.961, de 28 de janeiro de 2000, a Lei nº 9.984, de 17 de julho de 2000, a Lei nº 9.986, de 18 de julho de 2000, a Lei nº 10.233, de 5 de junho de 2001, a Medida Provisória nº 2.228-1, de 6 de setembro de 2001, a Lei nº 11.182, de 27 de setembro de 2005, e a Lei nº 10.180, de 6 de fevereiro de 2001.*

▸ DOU 26/06/2019

O PRESIDENTE DA REPÚBLICA

Faço saber que o Congresso Nacional decreta e eu sanciono a seguinte Lei:

**Art. 1º** Esta Lei dispõe sobre a gestão, a organização, o processo decisório e o controle social das agências reguladoras, altera a Lei nº 9.427, de 26 de dezembro de 1996, a Lei nº 9.472, de 16 de julho de 1997, a Lei nº 9.478, de 6 de agosto de 1997, a Lei nº 9.782, de 26 de janeiro de 1999, a Lei nº 9.961, de 28 de janeiro de 2000, a Lei nº 9.984, de 17 de julho de 2000, a Lei nº 9.986, de 18 de julho de 2000, a Lei nº 10.233, de 5 de junho de 2001, a Medida Provisória nº 2.228-1, de 6 de setembro de 2001, a Lei nº 11.182, de 27 de setembro de 2005, e a Lei nº 10.180, de 6 de fevereiro de 2001.

**Art. 2º** Consideram-se agências reguladoras, para os fins desta Lei e para os fins da Lei nº 9.986, de 18 de julho de 2000:

**I** - a Agência Nacional de Energia Elétrica (Aneel);

**II** - a Agência Nacional do Petróleo, Gás Natural e Biocombustíveis (ANP);

**III** - a Agência Nacional de Telecomunicações (Anatel);

**IV** - a Agência Nacional de Vigilância Sanitária (Anvisa);

**V** - a Agência Nacional de Saúde Suplementar (ANS);

**VI** - a Agência Nacional de Águas (ANA);

**VII** - a Agência Nacional de Transportes Aquaviários (Antaq);

**VIII** - a Agência Nacional de Transportes Terrestres (ANTT);

**IX** - a Agência Nacional do Cinema (Ancine);

**X** - a Agência Nacional de Aviação Civil (Anac);

**XI** - a Agência Nacional de Mineração (ANM).

**Parágrafo único.** Ressalvado o que dispuser a legislação específica, aplica-se o disposto nesta Lei às autarquias especiais caracterizadas, nos termos desta Lei, como agências reguladoras e criadas a partir de sua vigência.

**Art. 3º** A natureza especial conferida à agência reguladora é caracterizada pela ausência de tutela ou de subordinação hierárquica, pela autonomia funcional, decisória, administrativa e financeira e pela investidura a termo de seus dirigentes e estabilidade durante os mandatos, bem como pelas demais disposições constantes desta Lei ou de leis específicas voltadas à sua implementação.

**§ 1º** Cada agência reguladora, bem como eventuais fundos a ela vinculados, deverá corresponder a um órgão setorial dos Sistemas de Planejamento e de Orçamento Federal, de Administração Financeira Federal, de Pessoal Civil da Administração Federal, de Organização e Inovação Institucional, de Administração dos Recursos de Tecnologia da Informação e de Serviços Gerais.

**§ 2º** A autonomia administrativa da agência reguladora é caracterizada pelas seguintes competências:

**I** - solicitar diretamente ao Ministério da Economia:

a) autorização para a realização de concursos públicos;

b) provimento dos cargos autorizados em lei para seu quadro de pessoal, observada a disponibilidade orçamentária;

c) alterações no respectivo quadro de pessoal, fundamentadas em estudos de dimensionamento, bem como alterações nos planos de carreira de seus servidores;

**II** - conceder diárias e passagens em deslocamentos nacionais e internacionais e autorizar afastamentos do País a servidores da agência;

**III** - celebrar contratos administrativos e prorrogar contratos em vigor relativos a atividades de custeio, independentemente do valor.

**§ 3º** As agências reguladoras devem adotar práticas de gestão de riscos e de controle interno e elaborar e divulgar programa de integridade, com o objetivo de promover a adoção de medidas e ações institucionais destinadas à prevenção, à detecção, à punição e à remediação de fraudes e atos de corrupção.

## CAPÍTULO I
## DO PROCESSO DECISÓRIO DAS AGÊNCIAS REGULADORAS

**Art. 4º** A agência reguladora deverá observar, em suas atividades, a devida adequação entre meios e fins, vedada a imposição de obrigações, restrições e sanções em medida superior àquela necessária ao atendimento do interesse público.

**Art. 5º** A agência reguladora deverá indicar os pressupostos de fato e de direito que determinarem suas decisões, inclusive a respeito da edição ou não de atos normativos.

**Art. 6º** A adoção e as propostas de alteração de atos normativos de interesse geral dos agentes econômicos, consumidores ou usuários dos serviços prestados serão, nos termos de regulamento, precedidas da realização de Análise de Impacto Regulatório (AIR), que conterá informações e dados sobre os possíveis efeitos do ato normativo.

**§ 1º** Regulamento disporá sobre o conteúdo e a metodologia da AIR, sobre os quesitos mínimos a serem objeto de exame, bem como sobre os casos em que será obrigatória sua realização e aqueles em que poderá ser dispensada.

**§ 2º** O regimento interno de cada agência disporá sobre a operacionalização da AIR em seu âmbito.

**§ 3º** O conselho diretor ou a diretoria colegiada manifestar-se-á, em relação ao relatório de AIR, sobre a adequação da proposta de ato normativo aos objetivos pretendidos, indicando se os impactos estimados recomendam sua adoção, e, quando for o caso, quais os complementos necessários.

**§ 4º** A manifestação de que trata o § 3º integrará, juntamente com o relatório de AIR, a documentação a ser disponibilizada aos interessados para a realização de consulta ou de audiência pública, caso o conselho diretor ou a diretoria colegiada decida pela continuidade do procedimento administrativo.

**§ 5º** Nos casos em que não for realizada a AIR, deverá ser disponibilizada, no mínimo, nota técnica ou documento equivalente que tenha fundamentado a proposta de decisão.

**Art. 7º** O processo de decisão da agência reguladora referente a regulação terá caráter colegiado.

**§ 1º** O conselho diretor ou a diretoria colegiada da agência reguladora deliberará por maioria absoluta dos votos de seus membros, entre eles o diretor-presidente, o diretor-geral ou o presidente, conforme definido no regimento interno.

**§ 2º** É facultado à agência reguladora adotar processo de delegação interna de decisão, sendo assegurado ao conselho diretor ou à diretoria colegiada o direito de reexame das decisões delegadas.

**Art. 8º** As reuniões deliberativas do conselho diretor ou da diretoria colegiada da agência reguladora serão públicas e gravadas em meio eletrônico.

**§ 1º** A pauta de reunião deliberativa deverá ser divulgada no sítio da agência na internet com antecedência mínima de 3 (três) dias úteis.

**§ 2º** Somente poderá ser deliberada matéria que conste da pauta de reunião divulgada na forma do § 1º.

**§ 3º** A gravação de cada reunião deliberativa deve ser disponibilizada aos interessados na sede da agência e no respectivo sítio na internet em até 15 (quinze) dias úteis após o encerramento da reunião.

**§ 4º** A ata de cada reunião deliberativa deve ser disponibilizada aos interessados na sede da agência e no respectivo sítio na internet em até 5 (cinco) dias úteis após sua aprovação.

**§ 5º** Não se aplica o disposto nos §§ 1º e 2º deste artigo às matérias urgentes e relevantes, a critério do presidente, diretor-presidente ou diretor-geral, cuja deliberação não possa submeter-se aos prazos neles estabelecidos.

**§ 6º** Não se aplica o disposto neste artigo às deliberações do conselho diretor ou da diretoria colegiada que envolvam:

**I** - documentos classificados como sigilosos;

**II** - matéria de natureza administrativa.

**§ 7º** A agência reguladora deverá adequar suas reuniões deliberativas às disposições deste artigo, no prazo de até 1 (um) ano a contar da entrada em vigor desta Lei, e definir o procedimento em regimento interno.

**Art. 9º** Serão objeto de consulta pública, previamente à tomada de decisão pelo conselho diretor ou pela diretoria colegiada, as minutas e as propostas de alteração de atos normativos de interesse geral dos agentes econômicos, consumidores ou usuários dos serviços prestados.

**§ 1º** A consulta pública é o instrumento de apoio à tomada de decisão por meio do qual a sociedade é consultada previamente, por meio do envio de críticas, sugestões e contribuições por quaisquer interessados, sobre proposta de norma regulatória aplicável ao setor de atuação da agência reguladora.

**§ 2º** Ressalvada a exigência de prazo diferente em legislação específica, acordo ou tratado internacional, o período de consulta pública terá início após a publicação do respectivo despacho ou aviso de abertura no Diário Oficial da União e no sítio da agência na internet, e terá duração mínima de 45 (quarenta e cinco) dias, ressalvado caso excepcional de urgência e relevância, devidamente motivado.

**§ 3º** A agência reguladora deverá disponibilizar, na sede e no respectivo sítio na internet, quando do início da consulta pública, o relatório de AIR, os estudos, os dados e o material técnico usados como fundamento para as propostas submetidas a consulta pública, ressalvados aqueles de caráter sigiloso.

**§ 4º** As críticas e as sugestões encaminhadas pelos interessados deverão ser disponibilizadas na sede da agência e no respectivo sítio na internet em até 10 (dez) dias úteis após o término do prazo da consulta pública.

**§ 5º** O posicionamento da agência reguladora sobre as críticas ou as contribuições apresentadas no processo de consulta pública deverá ser disponibilizado na sede da agência e no respectivo sítio na internet em até 30 (trinta) dias úteis após a reunião do conselho diretor ou da diretoria colegiada para deliberação final sobre a matéria.

**§ 6º** A agência reguladora deverá estabelecer, em regimento interno, os procedimentos a serem observados nas consultas públicas.

**§ 7º** Compete ao órgão responsável no Ministério da Economia opinar, quando considerar pertinente, sobre os impactos regulatórios de minutas e propostas de alteração de atos normativos de interesse geral dos agentes econômicos, consumidores ou usuários dos serviços prestados submetidas a consulta pública pela agência reguladora.

**Art. 10.** A agência reguladora, por decisão colegiada, poderá convocar audiência pública para formação de juízo e tomada de decisão sobre matéria considerada relevante.

**§ 1º** A audiência pública é o instrumento de apoio à tomada de decisão por meio do qual é facultada a manifestação oral por quaisquer interessados em sessão pública previamente destinada a debater matéria relevante.

**§ 2º** A abertura do período de audiência pública será precedida de despacho ou aviso de abertura publicado no Diário Oficial da União e em outros meios de comunicação com antecedência mínima de 5 (cinco) dias úteis.

**§ 3º** A agência reguladora deverá disponibilizar, em local específico e no respectivo sítio na internet, com antecedência mínima de 5 (cinco) dias úteis do início do período de audiência pública, os seguintes documentos:

**I** - para as propostas de ato normativo submetidas a audiência pública, o relatório de AIR, os estudos, os dados e o material técnico que as tenha fundamentado, ressalvados aqueles de caráter sigiloso;

**II** - para outras propostas submetidas a audiência pública, a nota técnica ou o documento equivalente que as tenha fundamentado.

**§ 4º** A agência reguladora deverá estabelecer, em regimento interno, os procedimentos a serem observados nas audiências públicas, aplicando-se o § 5º do art. 9º às contribuições recebidas.

**Art. 11.** A agência reguladora poderá estabelecer, em regimento interno, outros meios de participação de interessados em suas decisões, diretamente ou por meio de organizações e associações legalmente reconhecidas, aplicando-se o § 5º do art. 9º às contribuições recebidas.

**Art. 12.** Os relatórios da audiência pública e de outros meios de participação de interessados nas decisões a que se referem os arts. 10 e 11 deverão ser disponibilizados na sede da agência e no respectivo sítio na internet em até 30 (trinta) dias úteis após o seu encerramento.

**Parágrafo único.** Em casos de grande complexidade, o prazo de que trata o *caput* poderá ser prorrogado por igual período, justificadamente, uma única vez.

**Art. 13.** A agência reguladora deverá decidir as matérias submetidas a sua apreciação nos prazos fixados na legislação e, em caso de omissão, nos prazos estabelecidos em seu regimento interno.

## CAPÍTULO II
## DA PRESTAÇÃO DE CONTAS E DO CONTROLE SOCIAL

### SEÇÃO I
### DO CONTROLE EXTERNO E DO RELATÓRIO ANUAL DE ATIVIDADES

**Art. 14.** O controle externo das agências reguladoras será exercido pelo Congresso Nacional, com auxílio do Tribunal de Contas da União.

**Art. 15.** A agência reguladora deverá elaborar relatório anual circunstanciado de suas atividades, no qual destacará o cumprimento da política do setor, definida pelos Poderes Legislativo e Executivo, e o cumprimento dos seguintes planos:

**I** - plano estratégico vigente, previsto no art. 17 desta Lei;

**II** - plano de gestão anual, previsto no art. 18 desta Lei.

**§ 1º** São objetivos dos planos referidos no *caput*:

**I** - aperfeiçoar o acompanhamento das ações da agência reguladora, inclusive de sua gestão, promovendo maior transparência e controle social;

**II** - aperfeiçoar as relações de cooperação da agência reguladora com o Poder Público, em particular no cumprimento das políticas públicas definidas em lei;

**III** - promover o aumento da eficiência e da qualidade dos serviços da agência reguladora de forma a melhorar o seu desempenho, bem como incrementar a satisfação dos interesses da sociedade, com foco nos resultados;

**IV** - permitir o acompanhamento da atuação administrativa e a avaliação da gestão da agência.

**§ 2º** O relatório anual de atividades de que trata o *caput* deverá conter sumário executivo e será elaborado em consonância com o relatório de gestão integrante da prestação de contas da agência reguladora, nos termos do art. 9º da Lei nº 8.443, de 16 de julho de 1992, devendo ser encaminhado pela agência reguladora, por escrito, no prazo de até 90 (noventa) dias após a abertura da sessão legislativa do Congresso Nacional, ao ministro de Estado da pasta a que estiver vinculada, ao Senado Federal, à Câmara dos Deputados e ao Tribunal de Contas da União, e disponibilizado aos interessados na sede da agência e no respectivo sítio na internet.

**§ 3º** (VETADO).

**§ 4º** É do presidente, diretor-presidente ou diretor-geral da agência reguladora o dever de cumprir os prazos estabelecidos neste artigo, sob pena de responsabilidade.

**Art. 16.** A agência reguladora deverá implementar, em cada exercício, plano de comunicação voltado à divulgação, com caráter informativo e educativo, de suas atividades e dos direitos dos usuários perante a agência reguladora e as empresas que compõem o setor regulado.

## SEÇÃO II
## DO PLANO ESTRATÉGICO, DO PLANO DE GESTÃO ANUAL E DA AGENDA REGULATÓRIA

**Art. 17.** A agência reguladora deverá elaborar, para cada período quadrienal, plano estratégico que conterá os objetivos, as metas e os resultados estratégicos esperados das ações da agência reguladora relativos a sua gestão e a suas competências regulatórias, fiscalizatórias e normativas, bem como a indicação dos fatores externos alheios ao controle da agência que poderão afetar significativamente o cumprimento do plano.

**§ 1º** O plano estratégico será compatível com o disposto no Plano Plurianual (PPA) em vigência e será revisto, periodicamente, com vistas a sua permanente adequação.

**§ 2º** A agência reguladora, no prazo máximo de 10 (dez) dias úteis, contado da aprovação do plano estratégico pelo conselho diretor ou pela diretoria colegiada, disponibilizá-lo-á no respectivo sítio na internet.

**Art. 18.** O plano de gestão anual, alinhado às diretrizes estabelecidas no plano estratégico, será o instrumento anual do planejamento consolidado da agência reguladora e contemplará ações, resultados e metas relacionados aos processos finalísticos e de gestão.

**§ 1º** A agenda regulatória, prevista no art. 21 desta Lei, integrará o plano de gestão anual para o respectivo ano.

**§ 2º** O plano de gestão anual será aprovado pelo conselho diretor ou pela diretoria colegiada da agência reguladora com antecedência mínima de 10 (dez) dias úteis do início de seu período de vigência e poderá ser revisto periodicamente, com vistas a sua adequação.

**§ 3º** A agência reguladora, no prazo máximo de 20 (vinte) dias úteis, contado da aprovação do plano de gestão anual pelo conselho diretor ou pela diretoria colegiada, dará ciência de seu conteúdo ao Senado Federal, à Câmara dos Deputados e ao Tribunal de Contas da União, bem como disponibilizá-lo-á na sede da agência e no respectivo sítio na internet.

**Art. 19.** O plano de gestão anual deverá:

**I** - especificar, no mínimo, as metas de desempenho administrativo e operacional e as metas de fiscalização a serem atingidas durante sua vigência, as quais deverão ser compatíveis com o plano estratégico;

**II** - prever estimativa de recursos orçamentários e cronograma de desembolso dos recursos financeiros necessários ao alcance das metas definidas.

**Parágrafo único.** As metas de desempenho administrativo e operacional referidas no inciso I do *caput* incluirão, obrigatoriamente, as ações relacionadas a:

**I** - promoção da qualidade dos serviços prestados pela agência;

**II** - promoção do fomento à pesquisa no setor regulado pela agência, quando couber;

**III** - promoção da cooperação com os órgãos de defesa da concorrência e com os órgãos de defesa do consumidor e de defesa do meio ambiente, quando couber.

**Art. 20.** O regimento interno de cada agência reguladora disporá sobre as condições para a revisão e sobre a sistemática de acompanhamento e avaliação do plano de gestão anual.

**Art. 21.** A agência reguladora implementará, no respectivo âmbito de atuação, a agenda regulatória, instrumento de planejamento da atividade normativa que conterá o conjunto dos temas prioritários a serem regulamentados pela agência durante sua vigência.

**§ 1º** A agenda regulatória deverá ser alinhada com os objetivos do plano estratégico e integrará o plano de gestão anual.

**§ 2º** A agenda regulatória será aprovada pelo conselho diretor ou pela diretoria colegiada e será disponibilizada na sede da agência e no respectivo sítio na internet.

## SEÇÃO III
## DA OUVIDORIA

**Art. 22.** Haverá, em cada agência reguladora, 1 (um) ouvidor, que atuará sem subordinação hierárquica e exercerá suas atribuições sem acumulação com outras funções.

**§ 1º** São atribuições do ouvidor:

**I** - zelar pela qualidade e pela tempestividade dos serviços prestados pela agência;

**II** - acompanhar o processo interno de apuração de denúncias e reclamações dos interessados contra a atuação da agência;

**III** - elaborar relatório anual de ouvidoria sobre as atividades da agência.

**§ 2º** O ouvidor terá acesso a todos os processos da agência reguladora.

**§ 3º** O ouvidor deverá manter em sigilo as informações que tenham caráter reservado ou confidencial.

**§ 4º** Os relatórios do ouvidor deverão ser encaminhados ao conselho diretor ou à diretoria colegiada da agência reguladora, que poderá se manifestar no prazo de 20 (vinte) dias úteis.

**§ 5º** Os relatórios do ouvidor não terão caráter impositivo, cabendo ao conselho diretor ou à diretoria colegiada deliberar, em última instância, a respeito dos temas relacionados ao setor de atuação da agência reguladora.

**§ 6º** Transcorrido o prazo para manifestação do conselho diretor ou da diretoria colegiada, o ouvidor deverá encaminhar o relatório e, se houver, a respectiva manifestação ao titular do ministério a que a agência estiver vinculada, à Câmara dos Deputados, ao Senado Federal e ao Tribunal de Contas da União, bem como divulgá-los no sítio da agência na internet.

**Art. 23.** O ouvidor será escolhido pelo Presidente da República e por ele nomeado, após prévia aprovação do Senado Federal, nos termos da alínea "f" do inciso III do art. 52 da Constituição Federal, devendo não se enquadrar nas hipóteses de inelegibilidade previstas no inciso I do *caput* do art. 1º da Lei Complementar nº 64, de 18 de maio de 1990, e ter notório conhecimento em administração pública ou em regulação de setores econômicos, ou no campo específico de atuação da agência reguladora.

**§ 1º** O ouvidor terá mandato de 3 (três) anos, vedada a recondução, no curso do qual somente perderá o cargo em caso de renúncia, condenação judicial transitada em julgado ou condenação em processo administrativo disciplinar.

**§ 2º** É vedado ao ouvidor ter participação, direta ou indireta, em empresa sob regulação da respectiva agência reguladora.

**§ 3º** O processo administrativo contra o ouvidor somente poderá ser instaurado pelo titular do ministério ao qual a agência está vinculada, por iniciativa de seu ministro ou do Ministro de Estado da Controladoria-Geral da União, em decorrência de representação promovida pelo conselho diretor ou pela diretoria colegiada da respectiva agência.

**§ 4º** Ocorrendo vacância no cargo de ouvidor no curso do mandato, este será completado por sucessor investido na forma prevista no *caput*, que exercerá o cargo pelo prazo remanescente, admitida a recondução se tal prazo for igual ou inferior a 2 (dois) anos.

**Art. 24.** O ouvidor contará com estrutura administrativa compatível com suas atribuições e com espaço em canal de comunicação e divulgação institucional da agência.

## CAPÍTULO III
## DA INTERAÇÃO ENTRE AS AGÊNCIAS REGULADORAS E OS ÓRGÃOS DE DEFESA DA CONCORRÊNCIA

**Art. 25.** Com vistas à promoção da concorrência e à eficácia na implementação da legislação de defesa da concorrência nos mercados regulados, as agências reguladoras e os órgãos de defesa da concorrência devem atuar em estreita cooperação, privilegiando a troca de experiências.

**Art. 26.** No exercício de suas atribuições, incumbe às agências reguladoras monitorar e acompanhar as práticas de mercado dos agentes dos setores regulados, de forma a auxiliar os órgãos de defesa da concorrência na observância do cumprimento da legislação de defesa da concorrência, nos termos da Lei nº 12.529, de 30 de novembro de 2011 (Lei de Defesa da Concorrência).

**§ 1º** Os órgãos de defesa da concorrência são responsáveis pela aplicação da legislação de defesa da concorrência nos setores regulados, incumbindo-lhes a análise de atos de concentração, bem como a instauração e a instrução de processos administrativos para apuração de infrações contra a ordem econômica.

**§ 2º** Os órgãos de defesa da concorrência poderão solicitar às agências reguladoras pareceres técnicos relacionados a seus setores de atuação, os quais serão utilizados como subsídio à análise de atos de concentração e à instrução de processos administrativos.

**Art. 27.** Quando a agência reguladora, no exercício de suas atribuições, tomar conhecimento de fato que possa configurar infração à ordem econômica, deverá comunicá-lo imediatamente aos órgãos de defesa da concorrência para que esses adotem as providências cabíveis.

**Art. 28.** Sem prejuízo de suas competências legais, o Conselho Administrativo de Defesa Econômica (Cade) notificará a agência reguladora do teor da decisão sobre condutas potencialmente anticompetitivas cometidas no exercício das atividades reguladas, bem como das decisões relativas a atos de concentração julgados por aquele órgão, no prazo máximo de 48 (quarenta e oito) horas após a publicação do respectivo acórdão, para que sejam adotadas as providências legais.

## CAPÍTULO IV
## DA ARTICULAÇÃO ENTRE AGÊNCIAS REGULADORAS

**Art. 29.** No exercício de suas competências definidas em lei, duas ou mais agências reguladoras poderão editar atos normativos conjuntos dispondo sobre matéria cuja disciplina envolva agentes econômicos sujeitos a mais de uma regulação setorial.

**§ 1º** Os atos normativos conjuntos deverão ser aprovados pelo conselho diretor ou pela diretoria colegiada de cada agência reguladora envolvida, por procedimento idêntico ao de aprovação de ato normativo isolado, observando-se em cada agência as normas aplicáveis ao exercício da competência normativa previstas no respectivo regimento interno.

**§ 2º** Os atos normativos conjuntos deverão conter regras sobre a fiscalização de sua execução e prever mecanismos de solução de controvérsias decorrentes de sua aplicação, podendo admitir solução mediante mediação, nos termos da Lei nº 13.140, de 26 de junho de 2015 (Lei da Mediação), ou mediante arbitragem por comissão integrada, entre outros, por representantes de todas as agências reguladoras envolvidas.

**Art. 30.** As agências reguladoras poderão constituir comitês para o intercâmbio de experiências e informações entre si ou com os órgãos integrantes do Sistema Brasileiro de Defesa da Concorrência (SBDC), visando a estabelecer orientações e procedimentos comuns para o exercício da regulação nas respectivas áreas e setores e a permitir a consulta recíproca quando da edição de normas que impliquem mudanças nas condições dos setores regulados.

## CAPÍTULO V
## DA ARTICULAÇÃO DAS AGÊNCIAS REGULADORAS COM OS ÓRGÃOS DE DEFESA DO CONSUMIDOR E DO MEIO AMBIENTE

**Art. 31.** No exercício de suas atribuições, e em articulação com o Sistema Nacional de Defesa do Consumidor (SNDC) e com o órgão de defesa do consumidor do Ministério da Justiça e Segurança Pública, incumbe às agências reguladoras zelar pelo cumprimento da legislação de defesa do consumidor, monitorando e acompanhando as práticas de mercado dos agentes do setor regulado.

**§ 1º** As agências reguladoras poderão articular-se com os órgãos e as entidades integrantes do SNDC, visando à eficácia da proteção e defesa do consumidor e do usuário de serviço público no âmbito das respectivas esferas de atuação.

**§ 2º** As agências reguladoras poderão firmar convênios e acordos de cooperação com os órgãos e as entidades integrantes do SNDC para colaboração mútua, sendo vedada a delegação de competências que tenham sido a elas atribuídas por lei específica de proteção e defesa do consumidor no âmbito do setor regulado.

**Art. 32.** Para o cumprimento do disposto nesta Lei, as agências reguladoras são autorizadas a celebrar, com força de título executivo extrajudicial, termo de ajustamento de conduta com pessoas físicas ou jurídicas sujeitas a sua competência regulatória, aplicando-se os requisitos do art. 4º-A da Lei nº 9.469, de 10 de julho de 1997.

**§ 1º** Enquanto perdurar a vigência do correspondente termo de ajustamento de conduta, ficará suspensa, em relação aos fatos que deram causa a sua celebração, a aplicação de sanções administrativas de competência da agência reguladora à pessoa física ou jurídica que o houver firmado.

**§ 2º** A agência reguladora deverá ser comunicada quando da celebração do termo de ajustamento de conduta a que se refere o § 6º do art. 5º da Lei nº 7.347, de 24 de julho de 1985, caso o termo tenha por objeto matéria de natureza regulatória de sua competência.

**Art. 33.** As agências reguladoras poderão articular-se com os órgãos de defesa do meio ambiente mediante a celebração de convênios e acordos de cooperação, visando ao intercâmbio de informações, à padronização de exigências e procedimentos, à celeridade na emissão de licenças ambientais e à maior eficiência nos processos de fiscalização.

## CAPÍTULO VI
## DA INTERAÇÃO OPERACIONAL ENTRE AS AGÊNCIAS REGULADORAS FEDERAIS E AS AGÊNCIAS REGULADORAS OU OS ÓRGÃOS DE REGULAÇÃO ESTADUAIS, DISTRITAIS E MUNICIPAIS

**Art. 34.** As agências reguladoras de que trata esta Lei poderão promover a articulação de suas atividades com as de agências reguladoras ou órgãos de regulação dos Estados, do Distrito Federal e dos Municípios, nas respectivas áreas de competência, implementando, a seu critério e mediante acordo de cooperação, a descentralização de suas atividades fiscalizatórias, sancionatórias e arbitrais, exceto quanto a atividades do Sistema Único de Saúde (SUS), que observarão o disposto em legislação própria.

**§ 1º** É vedada a delegação de competências normativas.

**§ 2º** A descentralização de que trata o *caput* será instituída desde que a agência reguladora ou o órgão de regulação da unidade federativa interessada possua serviços técnicos e administrativos competentes devidamente organizados e aparelhados para a execução das respectivas atividades, conforme condições estabelecidas em regimento interno da agência reguladora federal.

**§ 3º** A execução, por agência reguladora ou órgão de regulação estadual, distrital ou municipal, das atividades delegadas será permanentemente acompanhada e avaliada pela agência reguladora federal, nos termos do respectivo acordo.

**§ 4º** Na execução das atividades de fiscalização objeto de delegação, a agência reguladora ou o órgão regulador estadual, distrital ou municipal que receber a delegação observará as normas legais e regulamentares federais pertinentes.

**§ 5º** É vedado à agência reguladora ou ao órgão regulador estadual, distrital ou municipal conveniado, no exercício de competência fiscalizatória delegada, exigir de concessionária ou permissionária obrigação não prevista previamente em contrato.

**§ 6º** Além do disposto no § 2º deste artigo, a delegação de competências fiscalizatórias, sancionatórias e arbitrais somente poderá ser efetivada em favor de agência reguladora ou órgão de regulação estadual, distrital ou municipal que gozar de autonomia assegurada por regime jurídico compatível com o disposto nesta Lei.

**§ 7º** Havendo delegação de competência, a agência reguladora delegante permanecerá como instância superior e recursal das decisões tomadas no exercício da competência delegada.

**Art. 35.** No caso da descentralização prevista no *caput* do art. 34, parte da receita arrecadada pela agência reguladora federal poderá ser repassada à agência reguladora ou ao órgão de regulação estadual, distrital ou municipal, para custeio de seus serviços, na forma do respectivo acordo de cooperação.

**Parágrafo único.** O repasse referido no *caput* deste artigo deverá ser compatível com os custos da agência reguladora ou do órgão de regulação local para realizar as atividades delegadas.

## CAPÍTULO VII
## DISPOSIÇÕES FINAIS E TRANSITÓRIAS

(...)

**Art. 46.** (VETADO).

**Art. 47.** Até que sejam organizadas as ouvidorias na Aneel, na ANP e na ANA, as competências do ouvidor poderão ser exercidas, cumulativamente, por um dos membros do conselho diretor ou da diretoria colegiada, definido em ato do presidente, diretor-presidente ou diretor-geral da agência reguladora.

**Parágrafo único.** As ouvidorias referidas no *caput* deverão ser organizadas em até 120 (cento e vinte) dias após a entrada em vigor desta Lei.

**Art. 48.** A apreciação pelos órgãos de defesa da concorrência dos atos de que trata o § 1º do art. 7º da Lei nº 9.472, de 16 de julho de 1997, observará o disposto nos arts. 25 a 28 desta Lei.

**Art. 49.** Ficam mantidos os prazos de encerramento dos mandatos de diretores, conselheiros, presidentes, diretores-gerais e diretores-presidentes de agências reguladoras nomeados anteriormente à entrada em vigor desta Lei.

**Parágrafo único.** (VETADO).

**Art. 50.** Tendo em vista o cumprimento da regra da não coincidência de mandatos, disposta no art. 4º da Lei nº 9.986, de 18 de julho de 2000, os mandatos dos membros do conselho diretor ou da diretoria colegiada nomeados a partir da entrada em vigor desta Lei terão, como regra de transição, as durações fixadas de acordo com as hipóteses a seguir:

**I** - encerramento de 5 (cinco) mandatos em um mesmo ano: os prazos dos mandatos subsequentes, contados do primeiro mandato que se encerra, serão, respectivamente, de 2 (dois), 3 (três), 4 (quatro), 5 (cinco) e 6 (seis) anos, permitida uma única recondução do membro com mandato de 2 (dois) anos para exercer mandato de 5 (cinco) anos;

**II** - encerramento de 4 (quatro) mandatos em um mesmo ano: os prazos dos mandatos subsequentes, contados do primeiro mandato que se encerra, serão, respectivamente, de 2 (dois), 3 (três), 4 (quatro) e 5 (cinco) anos, permitida uma única recondução do membro com mandato de 2 (dois) anos para exercer mandato de 5 (cinco) anos;

**III** - encerramento de 3 (três) mandatos em um mesmo ano: os prazos dos mandatos subsequentes, contados do primeiro mandato que se encerra, serão, respectivamente, de 2 (dois), 3 (três) e 4 (quatro) anos, permitida uma única recondução do membro com mandato de 2 (dois) anos para exercer mandato de 5 (cinco) anos;

**IV** - encerramento de 2 (dois) mandatos em um mesmo ano: os prazos dos mandatos subsequentes serão de 5 (cinco) anos.

**Art. 51.** O disposto no art. 3º e, no que couber, nos arts. 14 a 20 desta Lei aplica-se ao Cade.

**Art. 52.** Revogam-se:

**I** - o arts. 6º, 7º e 22 da Lei nº 9.427, de 26 de dezembro de 1996;

**II** - os incisos XXVI e XXIX do art. 19 e os arts. 27, 42 e 45 da Lei nº 9.472, de 16 de julho de 1997;

**III** - os arts. 12, 19 e 20 da Lei nº 9.782, de 26 de janeiro de 1999;

**IV** - os arts. 8º, 14 e 15 da Lei nº 9.961, de 28 de janeiro de 2000;

**V** - o § 2º do art. 9º e o art. 10 da Lei nº 9.984, de 17 de julho de 2000;

**VI** - o art. 7º, o parágrafo único do art. 9º e o parágrafo único do art. 11 da Lei nº 9.986, de 18 de julho de 2000;

**VII** - o parágrafo único do art. 63 e o art. 78 da Lei nº 10.233, de 5 de junho de 2001;

**VIII** - o § 5º do art. 8º da Medida Provisória nº 2.228-1, de 6 de setembro de 2001;

**IX** - o art. 18 da Lei nº 11.182, de 27 de setembro de 2005.

**Art. 53.** Esta Lei entra em vigor após decorridos 90 (noventa) dias de sua publicação oficial.

Brasília, 25 de junho de 2019;
198º da Independência e 131º da República.
Jair Messias Bolsonaro
Paulo Guedes
Tarcisio Gomes de Freitas
Bento Albuquerque
Onyx Lorenzoni

# LEI Nº 13.934, DE 11 DE DEZEMBRO DE 2019

*Regulamenta o contrato referido no § 8º do art. 37 da Constituição Federal, denominado "contrato de desempenho", no âmbito da administração pública federal direta de qualquer dos Poderes da União e das autarquias e fundações públicas federais.*

› DOU de 12.12.2019

O PRESIDENTE DA REPÚBLICA

Faço saber que o Congresso Nacional decreta e eu sanciono a seguinte Lei:

**Art. 1º** Esta Lei regulamenta o contrato referido no § 8º do art. 37 da Constituição Federal, denominado "contrato de desempenho", no âmbito da administração pública federal direta de qualquer dos Poderes da União e das autarquias e fundações públicas federais.

**Art. 2º** Contrato de desempenho é o acordo celebrado entre o órgão ou entidade supervisora e o órgão ou entidade supervisionada, por meio de seus administradores, para o estabelecimento de metas de desempenho do supervisionado, com os respectivos prazos de execução e indicadores de qualidade, tendo como contrapartida a concessão de flexibilidades ou autonomias especiais.

**§ 1º** Meta de desempenho é o nível desejado de atividade ou resultado, estipulada de forma mensurável e objetiva para determinado período.

**§ 2º** Indicador de qualidade é o referencial utilizado para avaliar o desempenho do supervisionado.

**§ 3º** As flexibilidades e as autonomias especiais referidas no *caput* deste artigo podem compreender a ampliação da autonomia gerencial, orçamentária e financeira do supervisionado.

**Art. 3º** O contrato de desempenho constitui, para o supervisor, forma de autovinculação e, para o supervisionado, condição para a fruição das flexibilidades ou autonomias especiais.

**Art. 4º** Os chefes dos Poderes, por atos normativos próprios, definirão:

**I** - os órgãos ou entidades supervisores responsáveis por analisar, aprovar e assinar o contrato;

**II** - os requisitos gerenciais e demais critérios técnicos a serem observados para celebrar o contrato de desempenho.

**Art. 5º** O contrato de desempenho tem como objetivo fundamental a promoção da melhoria do desempenho do supervisionado, visando especialmente a:

**I** - aperfeiçoar o acompanhamento e o controle de resultados da gestão pública, mediante instrumento caracterizado por consensualidade, objetividade, responsabilidade e transparência;

**II** - compatibilizar as atividades do supervisionado com as políticas públicas e os programas governamentais;

**III** - facilitar o controle social sobre a atividade administrativa;

**IV** - estabelecer indicadores objetivos para o controle de resultados e o aperfeiçoamento das relações de cooperação e supervisão;

**V** - fixar a responsabilidade de dirigentes quanto aos resultados;

**VI** - promover o desenvolvimento e a implantação de modelos de gestão flexíveis, vinculados ao desempenho e propiciadores de envolvimento efetivo dos agentes e dos dirigentes na obtenção de melhorias contínuas da qualidade dos serviços prestados à comunidade.

**Art. 6º** O contrato de desempenho poderá conferir ao supervisionado, pelo período de sua vigência, as seguintes flexibilidades e autonomias especiais, sem prejuízo de outras previstas em lei ou decreto:

**I** - definição de estrutura regimental, sem aumento de despesas, conforme os limites e as condições estabelecidos em regulamento;

**II** - ampliação de autonomia administrativa quanto a limites e delegações relativos a:

a) celebração de contratos;

b) estabelecimento de limites específicos para despesas de pequeno vulto;

c) autorização para formação de banco de horas.

**Art. 7º** O contrato de desempenho deverá conter, entre outras, cláusulas que estabeleçam:

**I** - metas de desempenho, prazos de consecução e respectivos indicadores de avaliação;

**II** - estimativa dos recursos orçamentários e cronograma de desembolso dos recursos financeiros necessários à execução das ações pactuadas, referentes a toda a vigência do contrato;

**III** - obrigações e responsabilidades do supervisionado e do supervisor em relação às metas definidas;

**IV** - flexibilidades e autonomias especiais conferidas ao supervisionado;

**V** - sistemática de acompanhamento e controle, contendo critérios, parâmetros e indicadores a serem considerados na avaliação do desempenho;

**VI** - penalidades aplicáveis aos responsáveis, em caso de falta pessoal que provoque descumprimento injustificado do contrato;

**VII** - condições para revisão, prorrogação, renovação, suspensão e rescisão do contrato;

**VIII** - prazo de vigência, não superior a 5 (cinco) anos nem inferior a 1 (um) ano.

**Parágrafo único.** O supervisionado deve:

**I** - publicar o extrato do contrato em órgão oficial, sendo a publicação condição indispensável para a eficácia do contrato;

**II** - promover ampla e integral divulgação do contrato por meio eletrônico.

**Art. 8º** Constituem obrigações dos administradores do supervisionado:

**I** - promover a revisão dos processos internos para sua adequação ao regime especial de flexibilidades e autonomias, com definição de mecanismos de controle interno;

**II** - alcançar as metas e cumprir as obrigações estabelecidas, nos respectivos prazos.

**Art. 9º** Constituem obrigações dos administradores do supervisor:

**I** - estruturar procedimentos internos de gerenciamento do contrato de desempenho e acompanhar e avaliar os resultados, de acordo com os prazos, os indicadores e as metas de desempenho pactuados;

**II** - (VETADO);

**III** - dar orientação técnica ao supervisionado nos processos de prestação de contas.

**Art. 10.** O não atingimento de metas intermediárias, comprovado objetivamente, dá ensejo, mediante ato motivado, à suspensão do contrato e da fruição das flexibilidades e autonomias especiais, enquanto não houver recuperação do desempenho ou repactuação das metas.

**Art. 11.** O contrato poderá ser rescindido por acordo entre as partes ou por ato do supervisor nas hipóteses de insuficiência injustificada do desempenho do supervisionado ou de descumprimento reiterado das cláusulas contratuais.

**Art. 12.** Esta Lei entra em vigor após decorridos 180 (cento e oitenta) dias de sua publicação oficial.

Brasília, 11 de dezembro de 2019; 198º da Independência e 131º da República.

JAIR MESSIAS BOLSONARO

Paulo Guedes

# Direito Penal

# PLANO DE ESTUDO

| Diploma | Estudado | Revisão 1 | Revisão 2 | Revisão 3 | Questões |
| --- | --- | --- | --- | --- | --- |
| Lei nº 2.889/1956 | | | | | |
| Lei nº 4.729/1965 | | | | | |
| Decreto-lei nº 201/1967 | | | | | |
| Lei nº 6.385/1976 *(Excertos)* | | | | | |
| Lei nº 7.492/1986 | | | | | |
| Lei nº 7.716/1989 | | | | | |
| Lei nº 8.176/1991 | | | | | |
| Lei nº 9.472/1997 *(Excertos)* | | | | | |
| Lei nº 12.288/2010 | | | | | |
| Lei nº 12.694/2012 *(Excertos)* | | | | | |
| Lei nº 13.260/2016 | | | | | |
| Lei nº 13.344/2016 | | | | | |
| Decreto nº 11.491/2023 | | | | | |

## LEI Nº 2.889, DE 1º DE OUTUBRO DE 1956

*Define e pune o crime de genocídio.*

- D.O.U. de 2.10.1956; ret. DOU de 8.10.1956.

O PRESIDENTE DA REPÚBLICA

Faço saber que o Congresso Nacional decreta e eu sanciono a seguinte Lei:

- Decreto 4.388/2002 – Promulga o Estatuto de Roma do Tribunal Penal Internacional.
- Decreto 30.822/1952 – Promulga a Convenção para a Prevenção e a Repressão do Crime de Genocídio, concluída em Paris, a 11 de dezembro de 1948, por ocasião da III Sessão da Assembleia Geral das Nações Unidas.

**Art. 1º.** Quem, com a intenção de destruir, no todo ou em parte, grupo nacional, étnico, racial ou religioso, como tal:

- CP, art. 7º. Ficam sujeitos à lei brasileira, embora cometidos no estrangeiro: I - os crimes: (...) d) de genocídio, quando o agente for brasileiro ou domiciliado no Brasil;
- Decreto 4.388/2002, art. 6º (define o crime de genocício).
- Lei 8.072/1990, art. 1º (...). Parágrafo único. Considera-se também hediondo o crime de genocídio previsto nos arts. 1º, 2º e 3º da Lei nº 2.889, de 1º de outubro de 1956, tentado ou consumado.

*a)* matar membros do grupo;

*b)* causar lesão grave à integridade física ou mental de membros do grupo;

*c)* submeter intencionalmente o grupo a condições de existência capazes de ocasionar-lhe a destruição física total ou parcial;

*d)* adotar medidas destinadas a impedir os nascimentos no seio do grupo;

*e)* efetuar a transferência forçada de crianças do grupo para outro grupo.

Será punido:

com as penas do art. 121, § 2º, do Código Penal, no caso da letra *a*;

com as penas do art. 129, § 2º, no caso da letra *b*;

com as penas do art. 270, no caso da letra *c*;

com as penas do art. 125, no caso da letra *d*;

com as penas do art. 148, no caso da letra *e*.

**Art. 2º.** Associarem-se mais de três pessoas para prática dos crimes mencionados no artigo anterior:

- CP, art. 288.
- Lei 12.850/2013 – Define organização criminosa e dispõe sobre a investigação criminal, os meios de obtenção da prova, infrações penais correlatas e o procedimento criminal.

Pena – metade da cominada aos crimes ali previstos.

**Art. 3º.** Incitar, direta e publicamente, alguém a cometer qualquer dos crimes de que trata o art. 1º:

- CP, art. 286.

Pena – metade das penas ali cominadas.

**§ 1º.** A pena pelo crime de incitação será a mesma de crime incitado, se este se consumar.

**§ 2º.** A pena será aumentada de 1/3 (um terço), quando a incitação for cometida pela imprensa.

**Art. 4º.** A pena será agravada de 1/3 (um terço), no caso dos arts. 1º, 2º e 3º, quando cometido o crime por governante ou funcionário público.

**Art. 5º.** Será punida com 2/3 (dois terços) das respectivas penas a tentativa dos crimes definidos nesta Lei.

- CP, art. 14, II.

**Art. 6º.** Os crimes de que trata esta Lei não serão considerados crimes políticos para efeitos de extradição.

- CF/88, art. 5º, LII.

**Art. 7º.** Revogam-se as disposições em contrário.

Rio de Janeiro, 1 de outubro de 1956; 135º da Independência e 68º da República.

Juscelino Kubitschek

Nereu Ramos

## LEI Nº 4.729, DE 14 DE JULHO DE 1965

*Define o crime de sonegação fiscal e dá outras providências.*

- DOU de 19.7.1965.

O PRESIDENTE DA REPÚBLICA Faço saber que o Congresso Nacional decreta e eu sanciono a seguinte Lei:

**Art. 1º.** Constitui crime de sonegação fiscal:

- Lei 13.428/2017 – Altera a Lei 13.254/2016.
- Lei 13.254/2016 – Dispõe sobre o Regime Especial de Regularização Cambial e Tributária (RERCT) de recursos, bens ou direitos de origem lícita, não declarados ou declarados incorretamente, remetidos, mantidos no exterior ou repatriados por residentes ou domiciliados no País.
- Lei 8.137/1990 – Define crimes contra a ordem tributária, econômica e contra as relações de consumo.
- Decreto-Lei 1.060/1969 – Dispõe sobre a declaração de bens, dinheiros ou valores, existentes no estrangeiro, a prisão administrati e o sequestro de bens por infrações fiscais.

**I** – prestar declaração falsa ou omitir, total ou parcialmente, informação que deva ser produzida a agentes das pessoas jurídicas de direito público interno, com a intenção de eximir-se, total ou parcialmente, do pagamento de tributos, taxas e quaisquer adicionais devidos por lei;

- Decreto 3.000/1999 – Regulamenta a tributação, fiscalização, arrecadação e administração do Imposto sobre a Renda e Proventos de Qualquer Natureza.

**II** – inserir elementos inexatos ou omitir rendimentos ou operações de qualquer natureza em documentos ou livros exigidos pelas leis fiscais, com a intenção de exonerar-se do pagamento de tributos devidos à Fazenda Pública;

**III** – alterar faturas e quaisquer documentos relativos a operações mercantis com o propósito de fraudar a Fazenda Pública;

**IV** – fornecer ou emitir documentos graciosos ou alterar despesas, majorando-as, com o objetivo de obter dedução de tributos devidos à Fazenda Pública, sem prejuízo das sanções administrativas cabíveis;

**V** – exigir, pagar ou receber, para si ou para o contribuinte beneficiário da paga, qualquer percentagem sobre a parcela dedutível ou deduzida do Imposto sobre a Renda como incentivo fiscal. (Incluído pela Lei nº 5.569, de 1969)

Pena – detenção, de 6 (seis) meses a 2 (dois) anos, e multa de duas a cinco vezes o valor do tributo.

- Súm. 609 do STF.

**§ 1º.** Quando se tratar de criminoso primário, a pena será reduzida à multa de dez vezes o valor do tributo.

**§ 2º.** Se o agente cometer o crime prevalecendo-se do cargo público que exerce, a pena será aumentada da sexta parte.

**§ 3º.** O funcionário público com atribuições de verificação, lançamento ou fiscalização de tributos, que concorrer para a prática do crime de sonegação fiscal, será punido com a pena deste artigo, aumentada da terça parte, com a abertura obrigatória do competente processo administrativo.

**Art. 2º.** *(Revogado pela Lei nº 8.383, de 1991).*

**Art. 3º.** Somente os atos definidos nesta Lei poderão constituir crime de sonegação fiscal.

**Art. 4º.** A multa aplicada nos termos desta Lei será computada e recolhida, integralmente, como receita pública extraordinária.

**Art. 5º.** No art. 334, do Código Penal, substituam-se os §§ 1º e 2º pelos seguintes:

- Alteração incorporada ao texto do Código Penal.

**Art. 6º.** Quando se tratar de pessoa jurídica, a responsabilidade penal pelas infrações previstas nesta Lei será de todos os que, direta ou indiretamente ligados à mesma, de modo permanente ou eventual, tenham praticado ou concorrido para a prática da sonegação fiscal.

**Art. 7º.** As autoridades administrativas que tiverem conhecimento de crime previsto nesta Lei, inclusive em autos e papéis que conhecerem, sob pena de responsabilidade, remeterão ao Ministério Público os elementos comprobatórios da infração, para instrução do procedimento criminal cabível.

- Decreto 325/1991 – Disciplina a comunicação, ao Ministério Público Federal, da prática de ilícitos penais previstos na legislação tributária e de crime funcional contra a ordem tributária.

**§ 1º.** Se os elementos comprobatórios forem suficientes, o Ministério Público oferecerá, desde logo, denúncia.

**§ 2º.** Sendo necessários esclarecimentos, documentos ou diligências complementares, o Ministério Público os requisitará, na forma estabelecida no Código de Processo Penal.

**Art. 8º.** Em tudo o mais em que couber e não contrariar os arts. 1º a 7º desta Lei, aplicar-se-ão o Código Penal e o Código de Processo Penal.

**Art. 9º.** *(Revogado pela Lei nº 8.021, de 1990).*

**Art. 10.** O Poder Executivo procederá às alterações do Regulamento do Imposto de Renda decorrentes das modificações constantes desta Lei.

**Art. 11.** Esta Lei entrará em vigor 60 (sessenta) dias após sua publicação.

**Art. 12.** Revogam-se as disposições em contrário.

Brasília, em 14 de julho de 1965;
144º da Independência e 77º da República.

H. CASTELLO BRANCO

Milton Soares Campos

Octávio Bulhões

## DECRETO-LEI Nº 201, DE 27 DE FEVEREIRO DE 1967

*Dispõe sobre a responsabilidade dos prefeitos e vereadores, e dá outras providências.*

- D.O.U. de 27.2.1967; e ret. D.O.U. de 14.3.1967

O PRESIDENTE DA REPÚBLICA, usando da atribuição que lhe confere o § 2º do art. 9º do Ato Institucional n. 4, de 7 de dezembro de 1966, decreta:

**Art. 1º.** São crimes de responsabilidade dos prefeitos municipais, sujeitos ao julgamento do Poder Judiciário, independentemente do pronunciamento da Câmara dos Vereadores:

> **STF, 703.** A extinção do mandato do prefeito não impede a instauração de processo pela prática dos crimes previstos no art. 1º do DL 201/1967.
>
> **STJ, 164.** O prefeito municipal, após a extinção do mandato, continua sujeito a processo por crime previsto no art. 1. do Dec. Lei n. 201, de 27/02/67.

- Os Prefeitos Municipais, apesar do regime de responsabilidade político-administrativa previsto no Decreto-Lei 201/67, estão submetidos à Lei de Improbidade Administrativa, em face da inexistência de incompatibilidade entre as referidas normas. No mesmo sentido é o entendimento do STF:
  O processo e julgamento de prefeito municipal por crime de responsabilidade (Decreto-lei 201/67) não impede sua responsabilização por atos de improbidade administrativa previstos na Lei 8.429/1992, em virtude da autonomia das instâncias (STF. Plenário. RE 976566, Rel. Min. Alexandre de Moraes, julgado em 13/09/2019. Repercussão Geral – Tema 576).
  STJ. 1ª Turma. AREsp 2.031.414-MG, Rel. Min. Gurgel de Faria, julgado em 13/6/2023 (Info 779).

**I** – apropriar-se de bens ou rendas públicas, ou desviá-los em proveito próprio ou alheio;

- O crime do art. 1º, I, do Decreto-Lei 201/1967 é próprio, somente podendo ser praticado por prefeito, admitida, porém, a participação, nos termos do art. 29 do CP. Exemplo: Deputado Federal apresentou emenda parlamentar ao orçamento da União autorizando o repasse de recursos para o Município "X", verba destinada à aquisição de uma ambulância. O recurso foi transferido, foi realizada a licitação, mas o certame foi direcionado em favor de determinada empresa que superfaturou o preço. Ficou demonstrado que o Prefeito, o Deputado e os donos da empresa vencedora estavam em conluio para a prática dessa conduta. Desse modo, todos eles irão responder pelo delito do art. 1º, I, do DL 201/67. STF. 2ª Turma. Inq 3634/DF, Rel. Min. Gilmar Mendes, julgado em 2/6/2015 (Info 788).
- O pagamento de remuneração a funcionários fantasmas não configura apropriação ou desvio de verba pública, previstos pelo art. 1º, inciso I, do Decreto-Lei nº 201/67.
  O pagamento de salário não configura apropriação ou desvio de verba pública, previstos pelo art. 1º, I, do Decreto-Lei nº 201/67, pois a remuneração é devida, ainda que questionável a contratação de parentes do Prefeito.
- STJ. 6ª Turma. AgRg no AREsp 1162086-SP, Rel. Min. Nefi Cordeiro, julgado em 05/03/2020 (Info 667).

**II** – utilizar-se, indevidamente, em proveito próprio ou alheio, de bens, rendas ou serviços públicos;

**III** – desviar, ou aplicar indevidamente, rendas ou verbas públicas;

- Configura o crime do art. 1º, III, do DL 201/67, a conduta do Prefeito que utiliza verbas oriundas do Fundo Nacional de Saúde (vinculadas a determinado programa de saúde) para o pagamento de débitos da Secretaria Municipal de Saúde junto ao instituto de previdência do Município.

O delito previsto no art. 1º, III, do DL 201/1967 consiste em o administrador público aplicar verba pública em destinação diversa da prevista em lei. Não se trata, portanto, de desviar em proveito próprio.

Para a configuração deste crime, é irrelevante verificar se houve, ou não, efetivo prejuízo para a Administração Pública.

- STF. 1ª Turma. AP 984/AP, Rel. Min. Roberto Barroso, julgado em 11/6/2019 (Info 944).

**IV** – empregar subvenções, auxílios, empréstimos ou recursos de qualquer natureza, em desacordo com os planos ou programas a que se destinam;

**V** – ordenar ou efetuar despesas não autorizadas por lei, ou realizá-las em desacordo com as normas financeiras pertinentes;

**VI** – deixar de prestar contas anuais da administração financeira do Município à Câmara dos Vereadores, ou ao órgão que a Constituição do Estado indicar, nos prazos e condições estabelecidos;

**VII** – deixar de prestar contas no devido tempo, ao órgão competente, da aplicação de recursos, empréstimos, subvenções ou auxílios internos ou externos, recebidos a qualquer título;

- Se tiver havido a entrega da prestação de contas em momento posterior ao estipulado, mas se não tiver ficado suficientemente demonstrada a intenção de atrasar e de descumprir os prazos previstos para se prestar contas, não haverá crime por falta de elemento subjetivo (dolo).
- STJ. 6ª Turma. REsp 1695266/PB, Rel. Min. Rogerio Schietti Cruz, julgado em 23/06/2020 (Infos 676 e 677).

**VIII** – contrair empréstimos, emitir apólices, ou obrigar o Município por títulos de crédito, sem autorização da Câmara, ou em desacordo com a lei;

**IX** – conceder empréstimos, auxílios ou subvenções sem autorização da Câmara, ou em desacordo com a lei;

**X** – alienar ou onerar bens imóveis, ou rendas municipais, sem autorização da Câmara, ou em desacordo com a lei;

**XI** – adquirir bens, ou realizar serviços e obras, sem concorrência ou coleta de preços, nos casos exigidos em lei;

**XII** – antecipar ou inverter a ordem de pagamento a credores do Município, sem vantagem para o erário;

**XIII** – nomear, admitir ou designar servidor, contra expressa disposição de lei;

**XIV** – negar execução a lei federal, estadual ou municipal, ou deixar de cumprir ordem judicial, sem dar o motivo da recusa ou da impossibilidade, por escrito, à autoridade competente;

- Para a configuração do delito do art. 1º, XIV, é indispensável a inequívoca ciência do Prefeito. O art. 1º, XIV, do DL 201/67 prevê que o Prefeito pratica crime quando nega execução a lei federal, estadual ou municipal, ou deixa de cumprir ordem judicial, sem dar o motivo da recusa ou da impossibilidade, por escrito, à autoridade competente.

Vale ressaltar, no entanto, que, segundo entende o STF, para a configuração do delito em tela é indispensável que o MP comprove a inequívoca ciência do Prefeito a respeito da ordem judicial. Ex: em Joinville (SC), o juiz expediu ordem judicial determinando que o Município se abstivesse de praticar determinado ato administrativo. A ordem judicial foi endereçada à Procuradoria do Município. Mesmo após a intimação ser efetivada, o ato administrativo questionado foi praticado. Diante disso, o Ministério Público ofereceu denúncia contra o Prefeito, imputando-lhe a prática do crime previsto no art. 1º, XIV, do DL 201/67. O STF absolveu o réu. Segundo entenderam os Ministros, não foram produzidas provas de que o réu tenha tido conhecimento da ordem judicial ou que tenha concorrido para seu descumprimento. Para configuração do delito em tela, é indispensável que o MP comprove a inequívoca ciência do Prefeito a respeito da ordem judicial, não sendo suficiente que a determinação judicial tenha sido comunicada a terceiros. Para que o Prefeito pudesse ser responsabilizado criminalmente, seria indispensável a sua intimação pessoal. STF. 1ª Turma. AP 555/SC, Rel. Min. Rosa Weber, julgado em 6/10/2015 (Info 802).

**XV** – deixar de fornecer certidões de atos ou contratos municipais, dentro do prazo estabelecido em lei;

**XVI** – deixar de ordenar a redução do montante da dívida consolidada, nos prazos estabelecidos em lei, quando o montante ultrapassar o valor resultante da aplicação do limite máximo fixado pelo Senado Federal;

**XVII** – ordenar ou autorizar a abertura de crédito em desacordo com os limites estabelecidos pelo Senado Federal, sem fundamento na lei orçamentária ou na de crédito adicional ou com inobservância de prescrição legal;

**XVIII** – deixar de promover ou ordenar na forma de lei, o cancelamento, a amortização ou a constituição de reserva para anular os efeitos da operação de crédito realizada com inobservância de limite, condição ou montante estabelecido em lei;

**XIX** – deixar de promover ou de ordenar a liquidação integral de operação de crédito por antecipação de receita orçamentária, inclusive os respectivos juros e demais encargos, até o encerramento do exercício financeiro;

**XX** – ordenar ou autorizar, em desacordo com a lei, a realização de operação de crédito com qualquer um dos demais entes da Federação, inclusive suas entidades de administração indireta, ainda que na forma de novação, refinanciamento ou postergação de dívida contraída anteriormente;

**XXI** – captar recursos a título de antecipação de receita de tributo ou contribuição cujo fato gerador ainda não tenha ocorrido;

**XXII** – ordenar ou autorizar a destinação de recursos provenientes da emissão de títulos para finalidade diversa da prevista na lei que a autorizou;

**XXIII** – realizar ou receber transferência voluntária em desacordo com limite ou condição estabelecida em lei.

**§ 1º**. Os crimes definidos neste artigo são de ação pública, punidos os dos itens I e II, com a pena de reclusão, de 2 (dois) a 12 (doze) anos, e os demais, com a pena de detenção, de 3 (três) meses a 3 (três) anos.

**§ 2º**. A condenação definitiva em qualquer dos crimes definidos neste artigo, acarreta a perda do cargo e a inabilitação, pelo prazo de 5 (cinco) anos, para o exercício de cargo ou função pública, eletivo ou de nomeação, sem prejuízo da reparação civil do dano causado ao patrimônio público ou particular.

**STJ, 208.** Compete à Justiça Federal processar e julgar Prefeito Municipal por desvio de verba sujeita a prestação de contas perante órgão federal.

**STJ, 209.** Compete à Justiça Estadual processar e julgar Prefeito por desvio de verba transferida e incorporada ao patrimônio municipal.

- CF/1988, art. 29, X (julgamento do Prefeito perante o Tribunal de Justiça).

PENAL

**Art. 2º.** O processo dos crimes definidos no artigo anterior é o comum do juízo singular, estabelecido pelo Código de Processo Penal, com as seguintes modificações:

**I** – antes de receber a denúncia, o juiz ordenará a notificação do acusado para apresentar defesa prévia, no prazo de 5 (cinco) dias. Se o acusado não for encontrado para a notificação, ser-lhe-á nomeado defensor, a quem caberá apresentar a defesa, dentro do mesmo prazo;

**II** – ao receber a denúncia, o juiz manifestar-se-á, obrigatória e motivadamente, sobre a prisão preventiva do acusado nos casos dos itens I e II do artigo anterior, e sobre o seu afastamento do exercício do cargo durante a instrução criminal, em todos os casos;

**III** – do despacho, concessivo ou denegatório, de prisão preventiva, ou de afastamento do cargo do acusado, caberá recurso em sentido estrito, para o tribunal competente, no prazo de 5 (cinco) dias em autos apartados. O recurso do despacho que decretar a prisão preventiva ou o afastamento do cargo terá efeito suspensivo.

**§ 1º.** Os órgãos federais, estaduais ou municipais, interessados na apuração da responsabilidade do prefeito, podem requerer a abertura de inquérito policial ou a instauração da ação penal pelo Ministério Público, bem como intervir, em qualquer fase do processo, como assistente da acusação.

**§ 2º.** Se as providências para a abertura do inquérito policial ou instauração da ação penal não forem atendidas pela autoridade policial ou pelo Ministério Público estadual, poderão ser requeridas ao procurador-geral da República.

**Art. 3º.** O Vice-Prefeito, ou quem vier a substituir o Prefeito, fica sujeito ao mesmo processo do substituído, ainda que tenha cessado a substituição.

**Art. 4º.** São infrações político-administrativas dos Prefeitos Municipais sujeitas ao julgamento pela Câmara dos Vereadores e sancionadas com a cassação do mandato:

**I** – impedir o funcionamento regular da Câmara;

**II** – impedir o exame de livros, folhas de pagamento e demais documentos que devam constar dos arquivos da Prefeitura, bem como a verificação de obras e serviços municipais, por comissão de investigação da Câmara ou auditoria, regularmente instituída;

**III** – desatender, sem motivo justo, as convocações ou os pedidos de informações da Câmara, quando efeitos a tempo e em forma regular;

**IV** – retardar a publicação ou deixar de publicar as leis e atos sujeitos a essa formalidade;

**V** – deixar de apresentar à Câmara, no devido tempo, e em forma regular, a proposta orçamentária;

**VI** – descumprir o orçamento aprovado para o exercício financeiro;

**VII** – praticar, contra expressa disposição de lei, ato de sua competência ou omitir-se na sua prática;

**VIII** – omitir-se ou negligenciar na defesa de bens, rendas, direitos ou interesses do Município, sujeitos à administração da Prefeitura;

**IX** – ausentar-se do Município, por tempo superior ao permitido em lei, ou afastar-se da Prefeitura, sem autorização da Câmara dos Vereadores;

**X** – proceder de modo incompatível com a dignidade e o decoro do cargo.

**Art. 5º.** O processo de cassação do mandato do Prefeito pela Câmara, por infrações definidas no artigo anterior, obedecerá ao seguinte rito, se outro não for estabelecido pela legislação do Estado respectivo:

**I** – a denúncia escrita da infração poderá ser feita por qualquer eleitor, com a exposição dos fatos e a indicação das provas. Se o denunciante for Vereador, ficará impedido de votar sobre a denúncia e de integrar a Comissão processante, podendo, todavia, praticar todos os atos de acusação. Se o denunciante for o Presidente da Câmara, passará a Presidência ao substituto legal, para os atos do processo, e só votará se necessário para completar o quorum de julgamento. Será convocado o suplente do Vereador impedido de votar, o qual não poderá integrar a Comissão processante;

**II** – de posse da denúncia, o Presidente da Câmara, na primeira sessão, determinará sua leitura e consultará a Câmara sobre o seu recebimento. Decidido o recebimento, pelo voto da maioria dos presentes, na mesma sessão será constituída a Comissão processante, com três Vereadores sorteados entre os desimpedidos, os quais elegerão, desde logo, o Presidente e o Relator;

**III** – recebendo o processo, o Presidente da Comissão iniciará os trabalhos, dentro em 5 (cinco) dias, notificando o denunciado, com a remessa de cópia da denúncia e documentos que a instruírem, para que, no prazo de 10 (dez) dias, apresente defesa prévia, por escrito, indique as provas que pretender produzir e arrole testemunhas, até o máximo de dez. Se estiver ausente do Município, a notificação far-se-á por edital, publicado duas vezes, no órgão oficial, com intervalo de 3 (três) dias, pelo menos, contado o prazo da primeira publicação. Decorrido o prazo de defesa, a Comissão processante emitirá parecer dentro em 5 (cinco) dias, opinando pelo prosseguimento ou arquivamento da denúncia, o qual, neste caso, será submetido ao Plenário. Se a Comissão opinar pelo prosseguimento, o Presidente designará, desde logo, o início da instrução, e determinará os atos, diligências e audiências que se fizerem necessários, para o depoimento do denunciado e inquirição das testemunhas;

**IV** – o denunciado deverá ser intimado de todos os atos do processo, pessoalmente, ou na pessoa de seu procurador, com a antecedência, pelo menos, de 24 (vinte e quatro) horas, sendo-lhe permitido assistir às diligências e audiências, bem como formular perguntas e reperguntas às testemunhas e requerer o que for de interesse da defesa;

**V** – concluída a instrução, será aberta vista do processo ao denunciado, para razões escritas, no prazo de 5 (cinco) dias, e, após, a Comissão processante emitirá parecer final, pela procedência ou improcedência da acusação, e solicitará ao Presidente da Câmara a convocação de sessão para julgamento. Na sessão de julgamento, serão lidas as peças requeridas por qualquer dos Vereadores e pelos denunciados, e, a seguir, os que desejarem poderão manifestar-se verbalmente, pelo tempo máximo de 15 (quinze) minutos cada um, e, ao final, o denunciado, ou seu procurador, terá o prazo máximo de 2 (duas) horas para produzir sua defesa oral;

**VI** – concluída a defesa, proceder-se-á a tantas votações nominais quantas forem as infrações articuladas na denúncia. Considerar-se-á afastado, definitivamente, do cargo, o denunciado que for declarado, pelo voto de 2/3 (dois terços) pelo menos, dos membros da Câmara, incurso em qualquer das infrações especificadas na denúncia. Concluído o julgamento, o Presidente da Câmara proclamará imediatamente o resultado e fará lavrar ata que consigne a votação nominal sobre cada infração, e, se houver condenação, expedirá o competente decreto legislativo de cassação do mandato de Prefeito. Se o resultado da votação for absolutório, o presidente determinará o arquivamento do processo. Em qualquer dos casos, o Presidente da Câmara comunicará à Justiça Eleitoral o resultado;

**VII** – o processo, a que se refere este artigo, deverá estar concluído dentro em 90 (noventa) dias, contados da data em que se efetivar a notificação do acusado. Transcorrido o prazo sem o julgamento, o processo será arquivado, sem prejuízo de nova denúncia ainda que sobre os mesmos fatos.

**Art. 6º.** Extingue-se o mandato de Prefeito, e, assim, deve ser declarado pelo Presidente da Câmara de Vereadores, quando:

**I** – ocorrer falecimento, renúncia por escrito, cassação dos direitos políticos ou condenação por crime funcional ou eleitoral;

**II** – deixar de tomar posse, sem motivo justo aceito pela Câmara, dentro do prazo estabelecido em lei;

**III** – incidir nos impedimentos para o exercício do cargo, estabelecidos em lei, e não se desincompatibilizar até a posse, e, nos casos supervenientes, no prazo que a lei ou a Câmara fixar.

**Parágrafo único.** A extinção do mandato independe de deliberação do plenário e se tornará efetiva desde a declaração do fato ou ato extintivo pelo Presidente e sua inserção em ata.

**Art. 7º.** A Câmara poderá cassar o mandato de Vereador, quando:

**I** – utilizar-se do mandato para a prática de atos de corrupção ou de improbidade administrativa;

**II** – fixar residência fora do Município;

**III** – proceder de modo incompatível com a dignidade da Câmara ou faltar com o decoro na sua conduta pública.

**§ 1º.** O processo de cassação de mandato de Vereador é, no que couber, o estabelecido no art. 5º deste Decreto-lei.

**§ 2º.** *(Revogado pela Lei nº 9.504, de 1997).*

**Art. 8º.** Extingue-se o mandato do Vereador e assim será declarado pelo Presidente da Câmara, quando:

**I** – ocorrer falecimento, renúncia por escrito, cassação dos direitos políticos ou condenação por crime funcional ou eleitoral;

**II** – deixar de tomar posse, sem motivo justo aceito pela Câmara, dentro do prazo estabelecido em lei;

**III** – deixar de comparecer, em cada sessão legislativa anual, à terça parte das sessões ordinárias da Câmara Municipal, salvo por motivo de doença comprovada, licença ou missão autorizada pela edilidade; ou, ainda, deixar de comparecer a 5 (cinco) sessões extraordinárias convocadas pelo Prefeito, por escrito e mediante recibo de recebimento, para apreciação de matéria urgente, assegurada ampla defesa, em ambos os casos;

**IV** – incidir nos impedimentos para o exercício do mandato, estabelecidos em lei e não se desincompatibilizar até a posse, e, nos casos supervenientes, no prazo fixado em lei ou pela Câmara.

**§ 1º.** Ocorrido e comprovado o ato ou fato extintivo, o Presidente da Câmara, na primeira sessão, comunicará ao plenário e fará constar da ata a declaração da extinção do mandato e convocará imediatamente o respectivo suplente.

**§ 2º.** Se o Presidente da Câmara omitir-se nas providências do parágrafo anterior, o suplente do Vereador ou o Prefeito Municipal poderá requerer a declaração de extinção do mandato, por via judicial, e se procedente, o juiz condenará o Presidente omisso nas custas do processo e honorários de advogado que fixará de plano, importando a decisão judicial na destituição automática do cargo da Mesa e no impedimento para nova investidura durante toda a legislatura.

**§ 3º.** O disposto no item III não se aplicará às sessões extraordinárias que forem convocadas pelo Prefeito, durante os períodos de recesso das Câmaras Municipais.

**Art. 9º.** O presente Decreto-lei entrará em vigor na data de sua publicação, revogadas as Leis nºs 211, de 7 de janeiro de 1948, e 3.528, de 3 de janeiro de 1959, e demais disposições em contrário.

Brasília, 24 de fevereiro de 1967;
146º da Independência e 79º da República.
H. Castello Branco
Carlos Medeiros Silva

# LEI Nº 6.385, DE 7 DE DEZEMBRO DE 1976

## *(EXCERTOS)*

*Dispõe sobre o mercado de valores mobiliários e cria a Comissão de Valores Mobiliários.*

▸ D.O.U. de 9.12.1976

O PRESIDENTE DA REPÚBLICA Faço saber que o Congresso Nacional decretou e eu sanciono a seguinte Lei:

(...)

## CAPÍTULO VII-B.
## DOS CRIMES CONTRA O MERCADO DE CAPITAIS

**Manipulação do mercado**

**Art. 27-C.** Realizar operações simuladas ou executar outras manobras fraudulentas destinadas a elevar, manter ou baixar a cotação, o preço ou o volume negociado de um valor mobiliário, com o fim de obter vantagem indevida ou lucro, para si ou para outrem, ou causar dano a terceiros:

Pena – reclusão, de 1 (um) a 8 (oito) anos, e multa de até três vezes o montante da vantagem ilícita obtida em decorrência do crime.

**Uso indevido de informação privilegiada**

**Art. 27-D.** Utilizar informação relevante de que tenha conhecimento, ainda não divulgada ao mercado, que seja capaz de propiciar, para si ou para outrem, vantagem indevida, mediante negociação, em nome próprio ou de terceiros, de valores mobiliários:

Pena – reclusão, de 1 (um) a 5 (cinco) anos, e multa de até 3 (três) vezes o montante da vantagem ilícita obtida em decorrência do crime.

**Exercício irregular de cargo, profissão, atividade ou função**

**§ 1°** Incorre na mesma pena quem repassa informação sigilosa relativa a fato relevante a que tenha tido acesso em razão de cargo ou posição que ocupe em emissor de valores mobiliários ou em razão de relação comercial, profissional ou de confiança com o emissor.

**§ 2°** A pena é aumentada em 1/3 (um terço) se o agente comete o crime previsto no *caput* deste artigo valendo-se de informação relevante de que tenha conhecimento e da qual deva manter sigilo.

**Art. 27-E.** Exercer, ainda que a título gratuito, no mercado de valores mobiliários, a atividade de administrador de carteira, de assessor de investimento, de auditor independente, de analista de valores mobiliários, de agente fiduciário ou qualquer outro cargo, profissão, atividade ou função, sem estar, para esse fim, autorizado ou registrado na autoridade administrativa competente, quando exigido por lei ou regulamento: *(Redação dada pela Lei 14.317/2022)*

Pena – detenção, de 6 (seis) meses a 2 (dois) anos, e multa.

**Art. 27-F.** As multas cominadas para os crimes previstos nos arts. 27-C e 27-D deverão ser aplicadas em razão do dano provocado ou da vantagem ilícita auferida pelo agente.

**Parágrafo único.** Nos casos de reincidência, a multa pode ser de até o triplo dos valores fixados neste artigo.

## CAPÍTULO VIII. DAS DISPOSIÇÕES FINAIS E TRANSITÓRIAS

(...)

**Art. 31.** Nos processos judiciais que tenham por objeto matéria incluída na competência da Comissão de Valores Mobiliários, será esta sempre intimada para, querendo, oferecer parecer ou prestar esclarecimentos, no prazo de 15 (quinze) dias a contar da intimação.

**§ 1º.** A intimação far-se-á, logo após a contestação, por mandado ou por carta com aviso de recebimento, conforme a Comissão tenha, ou não, sede ou representação na comarca em que tenha sido proposta a ação.

**§ 2º.** Se a Comissão oferecer parecer ou prestar esclarecimentos, será intimada de todos os atos processuais subsequentes, pelo jornal oficial que publica expediente forense ou por carta com aviso de recebimento, nos termos do parágrafo anterior.

**§ 3º.** À Comissão é atribuída legitimidade para interpor recursos, quando as partes não o fizerem.

**§ 4º.** O prazo para os efeitos do parágrafo anterior começará a correr, independentemente de nova intimação, no dia imediato àquele em que findar o das partes.

**Art. 32.** As multas impostas pela Comissão de Valores Mobiliários, após a decisão final que as impôs na esfera administrativa, terão eficácia de título executivo e serão cobradas judicialmente, de acordo com o rito estabelecido pelo Código de Processo Civil para o processo de execução.

(...)

Brasília, 7 de dezembro de 1976;
155º da Independência e 88º da República.
Ernesto Geisel
João Paulo dos Reis Velloso
Mário Henrique Simonsen

# LEI Nº 7.492, DE 16 DE JUNHO DE 1986

*Define os crimes contra o Sistema Financeiro Nacional e dá outras providências.*

- D.O.U. 18.6.1986.

O PRESIDENTE DA REPÚBLICA

Faço saber que o Congresso Nacional decreta e eu sanciono a seguinte Lei:

**Art. 1º.** Considera-se instituição financeira, para efeito desta Lei, a pessoa jurídica de direito público ou privado, que tenha como atividade principal ou acessória, cumulativamente ou não, a captação, intermediação ou aplicação de recursos financeiros (*vetado*) de terceiros, em moeda nacional ou estrangeira, ou a custódia, emissão, distribuição, negociação, intermediação ou administração de valores mobiliários.

**Parágrafo único.** Equipara-se à instituição financeira:

**I** – a pessoa jurídica que capte ou administre seguros, câmbio, consórcio, capitalização ou qualquer tipo de poupança, ou recursos de terceiros;

- A agência de turismo devidamente credenciada para efetuar operações de câmbio é equiparada a instituição financeira e subordina-se à regular intervenção fiscalizatória do Bacen. STJ. 1ª Turma. REsp 1.434.625-CE, Rel. Min. Sérgio Kukina, julgado em 09/04/2019 (Info 647).

**I-A** – a pessoa jurídica que ofereça serviços referentes a operações com ativos virtuais, inclusive intermediação, negociação ou custódia; *(Acrescido pela Lei 14.478/2022)*

**II** – a pessoa natural que exerça quaisquer das atividades referidas neste artigo, ainda que de forma eventual.

**Dos crimes contra o Sistema Financeiro Nacional**

▸ Lei 8.078/1990, art. 2º, § 4º.

**Art. 2º.** Imprimir, reproduzir ou, de qualquer modo, fabricar ou pôr em circulação, sem autorização escrita da sociedade emissora, certificado, cautela ou outro documento representativo de título ou valor mobiliário:

▸ CP, art. 297, § 2º.

Pena – reclusão, de 2 (dois) a 8 (oito) anos, e multa.

**Parágrafo único.** Incorre na mesma pena quem imprime, fabrica, divulga, distribui ou faz distribuir prospecto ou material de propaganda relativo aos papéis referidos neste artigo.

**Art. 3º.** Divulgar informação falsa ou prejudicialmente incompleta sobre instituição financeira:

▸ Lei 11.101/2005, art. 170.

Pena – reclusão, de 2 (dois) a 6 (seis) anos, e multa.

**Art. 4º.** Gerir fraudulentamente instituição financeira:

▸ Lei 1.521/1951, art. 3º, IX.

Pena – reclusão, de 3 (três) a 12 (doze) anos, e multa.

**Parágrafo único.** Se a gestão é temerária:

Pena – reclusão, de 2 (dois) a 8 (oito) anos, e multa.

▸ Dolo no crime de gestão temerária. Está presente o dolo do delito de gestão temerária (art. 4º, parágrafo único, da Lei nº 7.492/1986) na realização, por alguma das pessoas mencionadas no art. 25 da Lei nº 7.492/1986, de atos que transgridam, voluntária e conscientemente, normas específicas expedidas pela CVM, CMN ou Bacen.

▸ O agente pratica o crime de gestão temerária quando viola deveres impostos por normas jurídicas voltadas aos administradores de instituições financeiras e que prevêem limites de risco aceitáveis. STJ. 6ª Turma. REsp 1.613.260-SP, Rel. Min. Maria Thereza de Assis Moura, julgado em 9/8/2016 (Info 588).

**Art. 5º.** Apropriar-se, quaisquer das pessoas mencionadas no art. 25 desta Lei, de dinheiro, título, valor ou qualquer outro bem móvel de que tem a posse, ou desviá-lo em proveito próprio ou alheio:

▸ CP: arts. 168 e 312.

Pena – reclusão, de 2 (dois) a 6 (seis) anos, e multa.

**Parágrafo único.** Incorre na mesma pena qualquer das pessoas mencionadas no art. 25 desta Lei, que negociar direito, título ou qualquer outro bem móvel ou imóvel de que tem a posse, sem autorização de quem de direito.

▸ CP, art. 171, § 2º.

**Art. 6º.** Induzir ou manter em erro sócio, investidor ou repartição pública competente, relativamente a operação ou situação financeira, sonegando-lhe informação ou prestando-a falsamente:

▸ CP, art. 171.

▸ Podem ser sujeitos ativos do crime previsto no art. 6º da Lei 7.492/86 pessoas naturais que se fizeram passar por membro ou representante de pessoa jurídica que não tinha autorização do Bacen para funcionar como instituição financeira. Configura o crime do art. 6º da Lei nº 7.492/86 (e não estelionato do art. 171 do CP) a falsa promessa de compra de valores mobiliários feita por falsos representantes de investidores estrangeiros para induzir investidores internacionais a transferir antecipadamente valores que diziam ser devidos para a realização das operações. STJ. 6ª Turma. REsp 1.405.989-SP, Rel. originário Min. Sebastião Reis Júnior, Rel. para o acórdão Min. Nefi Cordeiro, julgado em 18/8/2015 (Info 569).

Pena – reclusão, de 2 (dois) a 6 (seis) anos, e multa.

**Art. 7º.** Emitir, oferecer ou negociar, de qualquer modo, títulos ou valores mobiliários:

**I** – falsos ou falsificados;

▸ CP, art. 304.

**II** – sem registro prévio de emissão junto à autoridade competente, em condições divergentes das constantes do registro ou irregularmente registrados;

▸ Lei 6.385/1976: arts. 19 e 20.

**III** – sem lastro ou garantia suficientes nos termos da legislação;

**IV** – sem autorização prévia da autoridade competente, quando legalmente exigida:

Pena – reclusão, de 2 (dois) a 8 (oito) anos, e multa.

▸ Configuração do crime de gestão fraudulenta de instituição financeira. A absolvição quanto ao crime de emissão, oferecimento ou negociação de títulos fraudulentos (art. 7º da Lei nº 7.492/86) não ilide a possibilidade de condenação por gestão fraudulenta de instituição financeira (art. 4º, *caput*, da Lei nº 7.492/86). STJ. 6ª Turma. HC 285.587-SP, Rel. Rogerio Schietti Cruz, julgado em 15/3/2016 (Info 580).

**Art. 8º.** Exigir, em desacordo com a legislação (*vetado*), juro, comissão ou qualquer tipo de remuneração sobre operação de crédito ou de seguro, administração de fundo mútuo ou fiscal ou de consórcio, serviço de corretagem ou distribuição de títulos ou valores mobiliários:

Pena – reclusão, de 1 (um) a 4 (quatro) anos, e multa.

**Art. 9º.** Fraudar a fiscalização ou o investidor, inserindo ou fazendo inserir, em documento comprobatório de investimento em títulos ou valores mobiliários, declaração falsa ou diversa da que dele deveria constar:

▸ CP, art. 299.

Pena – reclusão, de 1 (um) a 5 (cinco) anos, e multa.

**Art. 10.** Fazer inserir elemento falso ou omitir elemento exigido pela legislação em demonstrativos contábeis de instituição financeira, seguradora ou instituição integrante do sistema de distribuição de títulos de valores mobiliários:

▸ CP, art. 299.

Pena – reclusão, de 1 (um) a 5 (cinco) anos, e multa.

**Art. 11.** Manter ou movimentar recurso ou valor paralelamente à contabilidade exigida pela legislação:

Pena – reclusão, de 1 (um) a 5 (cinco) anos, e multa.

**Art. 12.** Deixar, o ex-administrador de instituição financeira, de apresentar, ao interventor, liquidante, ou síndico, nos prazos e condições estabelecidas em lei as informações, declarações ou documentos de sua responsabilidade:

Pena – reclusão, de 1 (um) a 4 (quatro) anos, e multa.

**Art. 13.** Desviar (*vetado*) bem alcançado pela indisponibilidade legal resultante de intervenção, liquidação extrajudicial ou falência de instituição financeira:

PENAL

Pena – reclusão, de 2 (dois) a 6 (seis) anos, e multa.

**Parágrafo único.** Na mesma pena incorre o interventor, o liquidante ou o síndico que se apropriar de bem abrangido pelo *caput* deste artigo, ou desviá-lo em proveito próprio ou alheio.

**Art. 14.** Apresentar em liquidação extrajudicial, ou em falência de instituição financeira, declaração de crédito ou reclamação falsa, ou juntar a elas título falso ou simulado:

Pena – reclusão, de 2 (dois) a 8 (oito) anos, e multa.

**Parágrafo único.** Na mesma pena incorre o ex-administrador ou falido que reconhecer, como verdadeiro, crédito que não o seja.

**Art. 15.** Manifestar-se falsamente o interventor, o liquidante ou o síndico (*vetado*) a respeito de assunto relativo a intervenção, liquidação extrajudicial ou falência de instituição financeira:

Pena – reclusão, de 2 (dois) a 8 (oito) anos, e multa.

**Art. 16.** Fazer operar, sem a devida autorização, ou com autorização obtida mediante declaração (*vetado*) falsa, instituição financeira, inclusive de distribuição de valores mobiliários ou de câmbio:

Pena – reclusão, de 1 (um) a 4 (quatro) anos, e multa.

- Factoring que empresta dinheiro utilizando recursos de terceiros pratica o crime do art. 16 da Lei 7.492/86. Compete à Justiça Federal processar e julgar a conduta daquele que, por meio de pessoa jurídica instituída para a prestação de serviço de factoring, realiza, sem autorização legal, a captação, intermediação e aplicação de recursos financeiros de terceiros, sob a promessa de que estes receberiam, em contrapartida, rendimentos superiores aos aplicados no mercado. Isso porque a referida conduta se subsume, em princípio, ao tipo do art. 16 da Lei 7.492/1986 (Lei dos Crimes contra o Sistema Financeiro Nacional), consistente em fazer "operar, sem a devida autorização, ou com autorização obtida mediante declaração falsa, instituição financeira, inclusive de distribuição de valores mobiliários ou de câmbio". Ademais, nessa hipótese, apesar de o delito haver sido praticado por meio de pessoa jurídica criada para a realização de atividade de factoring, deve-se considerar ter esta operado como verdadeira instituição financeira, justificando-se, assim, a fixação da competência na Justiça Federal. STJ. 3ª Seção. CC 115.338-PR, Rel. Min. Marco Aurélio Bellizze, julgado em 26/6/2013 (Info 528).
- Venda premiada configura o crime do art. 16 da Lei 7.492/86. A simulação de consórcio por meio de venda premiada, operada sem autorização do Banco Central do Brasil, configura crime contra o sistema financeiro, tipificado pelo art. 16 da Lei nº 7.492/86, o que atrai a competência da Justiça Federal. STJ. 3ª Seção. CC 160.077-PA, Rel. Min. Joel Ilan Paciornik, julgado em 10/10/2018 (Info 637).

**Art. 17.** Tomar ou receber crédito, na qualidade de qualquer das pessoas mencionadas no art. 25, ou deferir operações de crédito vedadas, observado o disposto no art. 34 da Lei nº 4.595, de 31 de dezembro de 1964:

Pena – reclusão, de 2 (dois) a 6 (seis) anos, e multa.

**Parágrafo único.** Incorre na mesma pena quem:

**I** – em nome próprio, como controlador, ou na condição de administrador da sociedade, conceder ou receber adiantamento de honorários, remuneração, salário ou qualquer outro pagamento, nas condições referidas neste artigo;

**II** – de forma disfarçada, promover a distribuição ou receber lucros de instituição financeira.

**Art. 18.** Violar sigilo de operação ou de serviço prestado por instituição financeira ou integrante do sistema de distribuição de títulos mobiliários de que tenha conhecimento, em razão de ofício:

Pena – reclusão de 1 (um) a 4 (quatro) anos, e multa.

**Art. 19.** Obter, mediante fraude, financiamento em instituição financeira:

- O crime se consuma no momento em que assinado o contrato de obtenção de financiamento mediante fraude.
  Caso concreto: foram apresentados documentos falsos para a obtenção de financiamento imobiliário junto à CEF. O contrato de financiamento chegou a ser assinado e, posteriormente, a fraude foi descoberta, antes da liberação do crédito. Mesmo assim, o crime do art. 19 da Lei nº 7.492/86 deve ser considerado como consumado, não havendo mera tentativa.
  STJ. 5ª Turma.AgRg no REsp 2.002.450-SE, Rel. Min. Joel Ilan Paciornik, julgado em 17/4/2023 (Info 771).

Pena – reclusão, de 2 (dois) a 6 (seis) anos, e multa.

**Parágrafo único.** A pena é aumentada de 1/3 (um terço) se o crime é cometido em detrimento de instituição financeira oficial ou por ela credenciada para o repasse de financiamento.

**Art. 20.** Aplicar, em finalidade diversa da prevista em lei ou contrato, recursos provenientes de financiamento concedido por instituição financeira oficial ou por instituição credenciada para repassá-lo:

- CP, art. 315.

Pena – reclusão, de 2 (dois) a 6 (seis) anos, e multa.

**Art. 21.** Atribuir-se, ou atribuir a terceiro, falsa identidade, para realização de operação de câmbio:

Pena – detenção, de 1 (um) a 4 (quatro) anos, e multa.

- CP, art. 307.
- Crime do art. 21 da Lei 7.492/96 pressupõe fraude. A conduta prevista no art. 21, Lei nº 7.492/86, pressupõe fraude que tenha o potencial de dificultar ou impossibilitar a fiscalização sobre a operação de câmbio, com o escopo de impedir a constatação da prática de condutas delitivas diversas ou mesmo eventuais limites legais para a aquisição de moeda estrangeira. STJ. 6ª Turma. REsp 1.595.546-PR, Rel. Min. Nefi Cordeiro, julgado em 2/5/2017 (Info 604).
- Utilização de "laranjas" para comprar moeda estrangeira configura o crime do art. 21 da Lei 7.492/86. A utilização de terceiros ("laranjas") para aquisição de moeda estrangeira para outrem, ainda que tenham anuído com as operações, se subsome à conduta tipificada no art. 21 da Lei nº 7.492/86. O bem jurídico resta violado com a dissimulação de esconder a real identidade do adquirente da moeda estrangeira valendo-se da identidade, ainda que verdadeira, de terceiros. STJ. 6ª Turma. REsp 1.595.546-PR, Rel. Min. Nefi Cordeiro, julgado em 2/5/2017 (Info 604).

**Parágrafo único.** Incorre na mesma pena quem, para o mesmo fim, sonega informação que devia prestar ou presta informação falsa.

**Art. 22.** Efetuar operação de câmbio não autorizada, com o fim de promover evasão de divisas do País:

Pena – reclusão, de 2 (dois) a 6 (seis) anos, e multa.

**Parágrafo único.** Incorre na mesma pena quem, a qualquer título, promove, sem autorização legal, a saída de moeda ou divisa para o exterior, ou nele mantiver depósitos não declarados à repartição federal competente.

- A aplicação financeira não declarada à repartição federal competente no exterior se subsume ao tipo penal previsto na parte final do parágrafo único do art. 22 da Lei n. 7.492/1986.STJ. 5ª Turma. AREsp 774.523-SP, Rel. Min. Joel Ilan Paciornik, julgado em 07/05/2019 (Info 648).

**Art. 23.** Omitir, retardar ou praticar, o funcionário público, contra disposição expressa de lei, ato de ofício necessário ao regular funcionamento do sistema financeiro nacional, bem como a preservação dos interesses e valores da ordem econômico-financeira:

› CP, art. 319.

Pena – reclusão, de 1 (um) a 4 (quatro) anos, e multa.

**Art. 24.** *(VETADO).*

**Da aplicação e do procedimento criminal**

**Art. 25.** São penalmente responsáveis, nos termos desta Lei, o controlador e os administradores de instituição financeira, assim considerados os diretores, gerentes *(vetado)*.

**§ 1º.** Equiparam-se aos administradores de instituição financeira *(vetado)* o interventor, o liquidante ou o síndico. (Renumerado para pela Lei nº 9.080, de 1995)

**§ 2º.** Nos crimes previstos nesta Lei, cometidos em quadrilha ou coautoria, o coautor ou partícipe que através de confissão espontânea revelar à autoridade policial ou judicial toda a trama delituosa terá sua pena reduzida de 1 (um) a 2/3 (dois terços).

› Lei 12.850/2013 – Define organização criminosa e dispõe sobre a investigação criminal, os meios de obtenção da prova, infrações penais correlatas e o procedimento criminal.

**Art. 26.** A ação penal, nos crimes previstos nesta Lei, será promovida pelo Ministério Público Federal, perante a Justiça Federal.

› CF/88: arts. 109, VI e 129,I.

**Parágrafo único.** Sem prejuízo do disposto no art. 268 do Código de Processo Penal, aprovado pelo Dec.-lei nº 3.689, de 3 de outubro de 1941, será admitida a assistência da Comissão de Valores Mobiliários – CVM, quando o crime tiver sido praticado no âmbito de atividade sujeita à disciplina e à fiscalização dessa Autarquia, e do Banco Central do Brasil quando, fora daquela hipótese, houver sido cometido na órbita de atividade sujeita à sua disciplina e fiscalização.

**Art. 27.** Quando a denúncia não for intentada no prazo legal, o ofendido poderá representar ao Procurador-Geral da República, para que este a ofereça, designe outro órgão do Ministério Público para oferecê-la ou determine o arquivamento das peças de informação recebidas.

**Art. 28.** Quando, no exercício de suas atribuições legais, o Banco Central do Brasil ou a Comissão de Valores Mobiliários – CVM, verificar a ocorrência de crime previsto nesta Lei, disso deverá informar ao Ministério Público Federal, enviando-lhe os documentos necessários à comprovação do fato.

**Parágrafo único.** A conduta de que trata este artigo será observada pelo interventor, liquidante ou síndico que, no curso de intervenção, liquidação extrajudicial ou falência, verificar a ocorrência de crime de que trata esta Lei.

**Art. 29.** O órgão do Ministério Público Federal, sempre que julgar necessário, poderá requisitar, a qualquer autoridade, informação, documento ou diligência relativa à prova dos crimes previstos nesta Lei.

› CF/88, art. 129, VIII.

**Parágrafo único.** O sigilo dos serviços e operações financeiras não pode ser invocado como óbice ao atendimento da requisição prevista no *caput* deste artigo.

**Art. 30.** Sem prejuízo do disposto no art. 312 do Código de Processo Penal, aprovado pelo Dec.-lei nº 3.689, de 3 de outubro de 1941, a prisão preventiva do acusado da prática de crime previsto nesta Lei poderá ser decretada em razão da magnitude da lesão causada *(vetado)*.

› CPP: arts. 311 a 316.

**Art. 31.** Nos crimes previstos nesta Lei e punidos com pena de reclusão, o réu não poderá prestar fiança, nem apelar antes de ser recolhido à prisão, ainda que primário e de bons antecedentes, se estiver configurada situação que autoriza a prisão preventiva.

› Lei 7.960/1989, art. 1º, III, o.

**Art. 32.** *(VETADO).*

**§ 1º.** *(VETADO).*

**§ 2º.** *(VETADO).*

**§ 3º.** *(VETADO).*

**Art. 33.** Na fixação da pena de multa relativa aos crimes previstos nesta Lei, o limite a que se refere o § 1º do art. 49 do Código Penal, aprovado pelo Dec.-lei nº 2.848, de 7 de dezembro de 1940, pode ser estendido até o décuplo, se verificada a situação nele cogitada.

**Art. 34.** Esta Lei entra em vigor na data de sua publicação.

**Art. 35.** Revogam-se as disposições em contrário.

Brasília, 16 de junho de 1986;
165º da Independência 98º da República.
José Sarney
Paulo Brossard

## LEI Nº 7.716, DE 5 DE JANEIRO DE 1989

*Define os crimes resultantes de preconceitos de raça ou de cor.*

› D.O.U. de 6.1.1989; ret. DOU de 9.1.1989.

O PRESIDENTE DA REPÚBLICA

Faço saber que o Congresso Nacional decreta e eu sanciono a seguinte Lei:

› Lei 12.288/2010 – Institui o Estatuto da Igualdade Racial.

**Art. 1º.** Serão punidos, na forma desta Lei, os crimes resultantes de discriminação ou preconceito de raça, cor, etnia, religião ou procedência nacional.

› CF/1988: arts. 1º, III, 3º, IV, 5º, *caput*, VIII, XLI e XLII.
› CP, art. 140, § 3º.
› O STF decidiu que: 1) Até que sobrevenha lei emanada do Congresso Nacional destinada a implementar os mandados de criminalização definidos nos incisos XLI e XLII do art. 5º da Constituição, as condutas homofóbicas e transfóbicas, reais ou supostas, que envolvem aversão odiosa à orientação sexual ou à identidade de gênero de alguém, por traduzirem expressões de racismo, compreendido este em sua dimensão social, ajustam-se, por identidade de razão e mediante adequação típica, aos preceitos primários de incriminação definidos na Lei nº 7.716, de 08/01/1989, constituindo, também, na hipótese de homicídio doloso, circunstância que o qualifica, por configurar motivo torpe (art. 121, § 2º, I, "in fine"); 2) A repressão penal à prática da homotransfobia não alcança nem restringe ou limita o exercício da liberdade religiosa, qualquer que seja a denominação confessional professada, a cujos fiéis e ministros (sacerdotes, pastores, rabinos, mulás ou clérigos muçulmanos e

líderes ou celebrantes das religiões afro-brasileiras, entre outros) é assegurado o direito de pregar e de divulgar, livremente, pela palavra, pela imagem ou por qualquer outro meio, o seu pensamento e de externar suas convicções de acordo com o que se contiver em seus livros e códigos sagrados, bem assim o de ensinar segundo sua orientação doutrinária e/ou teológica, podendo buscar e conquistar prosélitos e praticar os atos de culto e respectiva liturgia, independentemente do espaço, público ou privado, de sua atuação individual ou coletiva, desde que tais manifestações não configurem discurso de ódio, assim entendidas aquelas exteriorizações que incitem a discriminação, a hostilidade ou a violência contra pessoas em razão de sua orientação sexual ou de sua identidade de gênero; 3) O conceito de racismo, compreendido em sua dimensão social, projeta-se para além de aspectos estritamente biológicos ou fenotípicos, pois resulta, enquanto manifestação de poder, de uma construção de índole histórico-cultural motivada pelo objetivo de justificar a desigualdade e destinada ao controle ideológico, à dominação política, à subjugação social e à negação da alteridade, da dignidade e da humanidade daqueles que, por integrarem grupo vulnerável (LGBTI+) e por não pertencerem ao estamento que detém posição de hegemonia em uma dada estrutura social, são considerados estranhos e diferentes, degradados à condição de marginais do ordenamento jurídico, expostos, em consequência de odiosa inferiorização e de perversa estigmatização, a uma injusta e lesiva situação de exclusão do sistema geral de proteção do direito (STF. Plenário. ADO 26/DF, julgado em 13/06/2019).

**Art. 2º.** *(VETADO).*

**Art. 2º-A** Injuriar alguém, ofendendo-lhe a dignidade ou o decoro, em razão de raça, cor, etnia ou procedência nacional. *(Acrescido pela Lei 14.532/2023)*

Pena – reclusão, de 2 (dois) a 5 (cinco) anos, e multa.

**Parágrafo único.** A pena é aumentada de metade se o crime for cometido mediante concurso de 2 (duas) ou mais pessoas.

**Art. 3º.** Impedir ou obstar o acesso de alguém, devidamente habilitado, a qualquer cargo da Administração Direta ou Indireta, bem como das concessionárias de serviços públicos:

- Lei 7.437/1985: arts. 8º e 9º.

Pena – reclusão de 2 (dois) a 5 (cinco) anos.

**Parágrafo único.** Incorre na mesma pena quem, por motivo de discriminação de raça, cor, etnia, religião ou procedência nacional, obstar a promoção funcional.

**Art. 4º.** Negar ou obstar emprego em empresa privada:

Pena – reclusão de 2 (dois) a 5 (cinco) anos.

**§ 1º.** Incorre na mesma pena quem, por motivo de discriminação de raça ou de cor ou práticas resultantes do preconceito de descendência ou origem nacional ou étnica:

**I** – deixar de conceder os equipamentos necessários ao empregado em igualdade de condições com os demais trabalhadores;

**II** – impedir a ascensão funcional do empregado ou obstar outra forma de benefício profissional;

**III** – proporcionar ao empregado tratamento diferenciado no ambiente de trabalho, especialmente quanto ao salário.

**§ 2º.** Ficará sujeito às penas de multa e de prestação de serviços à comunidade, incluindo atividades de promoção da igualdade racial, quem, em anúncios ou qualquer outra forma de recrutamento de trabalhadores, exigir aspectos de aparência próprios de raça ou etnia para emprego cujas atividades não justifiquem essas exigências.

**Art. 5º.** Recusar ou impedir acesso a estabelecimento comercial, negando-se a servir, atender ou receber cliente ou comprador:

- Lei 7.437/1985: arts. 4 e 6º.

Pena – reclusão de 1 (um) a 3 (três) anos.

**Art. 6º.** Recusar, negar ou impedir a inscrição ou ingresso de aluno em estabelecimento de ensino público ou privado de qualquer grau:

- Lei 7.437/1985, art. 7º.

Pena – reclusão de 3 (três) a 5 (cinco) anos.

**Parágrafo único.** Se o crime for praticado contra menor de 18 anos a pena é agravada de 1/3 (um terço).

**Art. 7º.** Impedir o acesso ou recusar hospedagem em hotel, pensão, estalagem ou qualquer estabelecimento similar:

- Lei 7.437/1985, art. 3º.

Pena – reclusão de 3 (três) a 5 (cinco) anos.

**Art. 8º.** Impedir o acesso ou recusar atendimento em restaurantes, bares, confeitarias, ou locais semelhantes abertos ao público:

- Lei 7.437/1985, art. 4º.

Pena – reclusão de 1 (um) a 3 (três) anos.

**Art. 9º.** Impedir o acesso ou recusar atendimento em estabelecimentos esportivos, casas de diversões, ou clubes sociais abertos ao público:

- Lei 7.437/1985, art. 5º.

Pena – reclusão de 1 (um) a 3 (três) anos.

**Art. 10.** Impedir o acesso ou recusar atendimento em salões de cabeleireiros, barbearias, termas ou casas de massagem ou estabelecimentos com as mesmas finalidades:

Pena – reclusão de 1 (um) a 3 (três) anos.

**Art. 11.** Impedir o acesso às entradas sociais em edifícios públicos ou residenciais e elevadores ou escada de acesso aos mesmos:

Pena – reclusão de 1 (um) a 3 (três) anos.

**Art. 12.** Impedir o acesso ou uso de transportes públicos, como aviões, navios, barcas, barcos, ônibus, trens, metrô ou qualquer outro meio de transporte concedido:

Pena – reclusão de 1 (um) a 3 (três) anos.

**Art. 13.** Impedir ou obstar o acesso de alguém ao serviço em qualquer ramo das Forças Armadas:

Pena – reclusão de 2 (dois) a 4 (quatro) anos.

**Art. 14.** Impedir ou obstar, por qualquer meio ou forma, o casamento ou convivência familiar e social:

Pena – reclusão de 2 (dois) a 4 (quatro) anos.

**Art. 15.** *(VETADO).*

**Art. 16.** Constitui efeito da condenação a perda do cargo ou função pública, para o servidor público, e a suspensão do funcionamento do estabelecimento particular por prazo não superior a 3 (três) meses.

- CP: arts. 91 e 92.

**Art. 17.** *(VETADO).*

**Art. 18.** Os efeitos de que tratam os arts. 16 e 17 desta Lei não são automáticos, devendo ser motivadamente declarados na sentença.

**Art. 19.** *(VETADO).*

**Art. 20.** Praticar, induzir ou incitar a discriminação ou preconceito de raça, cor, etnia, religião ou procedência nacional:

Pena – reclusão, de 1 (um) a 3 (três) anos, e multa.

**§ 1º.** Fabricar, comercializar, distribuir ou veicular símbolos, emblemas, ornamentos, distintivos ou propaganda que utilizem a cruz suástica ou gamada, para fins de divulgação do nazismo:

Pena – reclusão, de 2 (dois) a 5 (cinco) anos, e multa.

**§ 2º** Se qualquer dos crimes previstos neste artigo for cometido por intermédio dos meios de comunicação social, de publicação em redes sociais, da rede mundial de computadores ou de publicação de qualquer natureza: *(Redação dada pela Lei 14.532/2023)*

Pena – reclusão, de 2 (dois) a 5 (cinco) anos, e multa.

**§ 2º-A** Se qualquer dos crimes previstos neste artigo for cometido no contexto de atividades esportivas, religiosas, artísticas ou culturais destinadas ao público: *(Acrescido pela Lei 14.532/2023)*

Pena: reclusão, de 2 (dois) a 5 (cinco) anos, e proibição de frequência, por 3 (três) anos, a locais destinados a práticas esportivas, artísticas ou culturais destinadas ao público, conforme o caso.

**§ 2º-B** Sem prejuízo da pena correspondente à violência, incorre nas mesmas penas previstas no *caput* deste artigo quem obstar, impedir ou empregar violência contra quaisquer manifestações ou práticas religiosas. *(Acrescido pela Lei 14.532/2023)*

**§ 3º** No caso do § 2º deste artigo, o juiz poderá determinar, ouvido o Ministério Público ou a pedido deste, ainda antes do inquérito policial, sob pena de desobediência: *(Redação dada pela Lei 14.532/2023)*

**I** – o recolhimento imediato ou a busca e apreensão dos exemplares do material respectivo;

**II** – a cessação das respectivas transmissões radiofônicas, televisivas, eletrônicas ou da publicação por qualquer meio;

**III** – a interdição das respectivas mensagens ou páginas de informação na rede mundial de computadores.

**§ 4º.** Na hipótese do § 2º, constitui efeito da condenação, após o trânsito em julgado da decisão, a destruição do material apreendido.

**Art. 20-A.** Os crimes previstos nesta Lei terão as penas aumentadas de 1/3 (um terço) até a metade, quando ocorrerem em contexto ou com intuito de descontração, diversão ou recreação. *(Acrescido pela Lei 14.532/2023)*

**Art. 20-B.** Os crimes previstos nos arts. 2º-A e 20 desta Lei terão as penas aumentadas de 1/3 (um terço) até a metade, quando praticados por funcionário público, conforme definição prevista no Decreto-Lei nº 2.848, de 7 de dezembro de 1940 (Código Penal), no exercício de suas funções ou a pretexto de exercê-las. *(Acrescido pela Lei 14.532/2023)*

**Art. 20-C.** Na interpretação desta Lei, o juiz deve considerar como discriminatória qualquer atitude ou tratamento dado à pessoa ou a grupos minoritários que cause constrangimento, humilhação, vergonha, medo ou exposição indevida, e que usualmente não se dispensaria a outros grupos em razão da cor, etnia, religião ou procedência. *(Acrescido pela Lei 14.532/2023)*

**Art. 20-D.** Em todos os atos processuais, cíveis e criminais, a vítima dos crimes de racismo deverá estar acompanhada de advogado ou defensor público. *(Acrescido pela Lei 14.532/2023)*

**Art. 21.** Esta Lei entra em vigor na data de sua publicação.

**Art. 22.** Revogam-se as disposições em contrário.

Brasília, 5 de janeiro de 1989;
168º da Independência e 101º da República.
José Sarney
Paulo Brossard

## LEI Nº 8.176, DE 8 DE FEVEREIRO DE 1991

*Define crimes contra a ordem econômica e cria o Sistema de Estoques de Combustíveis.*

- D.O.U. 13.2.1991

O PRESIDENTE DA REPÚBLICA

Faço saber que o Congresso Nacional decreta e eu sanciono a seguinte Lei:

- Decreto 238/1991 – Dispõe sobre o Sistema Nacional de Estoques de Combustíveis e dá outras providências.

**Art. 1º.** Constitui crime contra a ordem econômica:

**I** – adquirir, distribuir e revender derivados de petróleo, gás natural e suas frações recuperáveis, álcool etílico hidratado carburante, e demais combustíveis líquidos carburantes em desacordo com as normas estabelecidas na forma da Lei;

**II** – usar gás liquefeito de petróleo em motores de qualquer espécie, saunas, caldeiras e aquecimentos de piscinas, ou para fins automotivos, em desacordo com as normas estabelecidas na forma da Lei.

Pena – detenção, de 1 (um) a 5 (cinco) anos.

**Art. 2º.** Constitui crime contra o patrimônio, na modalidade de usurpação, produzir bens ou explorar matéria-prima pertencentes à União, sem autorização legal ou em desacordo com as obrigações impostas pelo título autorizativo.

- É hipótese de crime permanente, a conduta tipificada no art. 2º da Lei nº 8.176/91, na modalidade de usurpação por exploração de matérias-primas pertencentes à União, enquanto verificada a prática de múltiplas condutas visando a extração do bem mineral, sem evidência de que o agente ativo intencionalmente cessou a atividade extrativa.
  STJ. 6ª Turma. REsp 1998631-BA, Rel. Min. Sebastião Reis Júnior, julgado em 07/06/2022 (Info 740).

Pena – detenção, de 1 (um) a 5 (cinco) anos, e multa.

**§ 1º.** Incorre na mesma pena aquele que, sem autorização legal, adquirir, transportar, industrializar, tiver consigo, consumir ou comercializar produtos ou matéria-prima, obtidos na forma prevista no *caput* deste artigo.

**§ 2º.** No crime definido neste artigo, a pena de multa será fixada entre dez e 360 dias-multa, conforme seja necessário e suficiente para a reprovação e a prevenção do crime.

**§ 3º.** O dia-multa será fixado pelo juiz em valor não inferior a 14 nem superior a 200 Bônus do Tesouro Nacional – BTN.

**Art. 3º.** (*VETADO*).

**Art. 4º.** Fica instituído o Sistema Nacional de Estoques de Combustíveis.

- Lei 9.478/1997 – Dispõe sobre a política energética nacional, as atividades relativas ao monopólio do petróleo, institui o Conselho Nacional de Política Energética e a Agência Nacional do Petróleo.

**§ 1º.** O Poder Executivo encaminhará ao Congresso Nacional, dentro de cada exercício financeiro, o Plano Anual de Estoques Estratégicos de Combustíveis para o exercício seguinte, do qual constarão as fontes de recursos financeiros necessários à sua manutenção.

**§ 2º.** O Poder Executivo estabelecerá, no prazo de 60 (sessenta) dias, as normas que regulamentarão o Sistema Nacional de Estoques de Combustíveis e o Plano Anual de Estoques Estratégicos de Combustíveis.

**Art. 5º.** Esta Lei entra em vigor 5 (cinco) dias após a sua publicação.

**Art. 6º.** Revogam-se as disposições em contrário, em especial o art. 18 da Lei nº 8.137, de 27 de dezembro de 1990, restaurando-se a numeração dos artigos do Dec.-lei nº 2.848, de 7 de dezembro de 1940 – Código Penal brasileiro, alterado por aquele dispositivo.

Brasília, 8 de fevereiro de 1991;
170° da Independência e 103° da República.
Fernando Collor
Jarbas Passarinho
Zélia M. Cardoso de Mello
Ozires Silva

## LEI Nº 9.472, DE 16 DE JULHO DE 1997
## *(Excertos)*

*Dispõe sobre a organização dos serviços de telecomunicações, a criação e funcionamento de um órgão regulador e outros aspectos institucionais, nos termos da Emenda Constitucional nº 8, de 1995.*

- DOU de 17.7.1997.

O PRESIDENTE DA REPÚBLICA

Faço saber que o Congresso Nacional decreta e eu sanciono a seguinte Lei:

### LIVRO I
### DOS PRINCÍPIOS FUNDAMENTAIS

**Art. 1º** Compete à União, por intermédio do órgão regulador e nos termos das políticas estabelecidas pelos Poderes Executivo e Legislativo, organizar a exploração dos serviços de telecomunicações.

**Parágrafo único.** A organização inclui, entre outros aspectos, o disciplinamento e a fiscalização da execução, comercialização e uso dos serviços e da implantação e funcionamento de redes de telecomunicações, bem como da utilização dos recursos de órbita e espectro de radiofrequências.

**Art. 2º** O Poder Público tem o dever de:

**I** – garantir, a toda a população, o acesso às telecomunicações, a tarifas e preços razoáveis, em condições adequadas;

**II** – estimular a expansão do uso de redes e serviços de telecomunicações pelos serviços de interesse público em benefício da população brasileira;

**III** – adotar medidas que promovam a competição e a diversidade dos serviços, incrementem sua oferta e propiciem padrões de qualidade compatíveis com a exigência dos usuários;

**IV** – fortalecer o papel regulador do Estado;

**V** – criar oportunidades de investimento e estimular o desenvolvimento tecnológico e industrial, em ambiente competitivo;

**VI** – criar condições para que o desenvolvimento do setor seja harmônico com as metas de desenvolvimento social do País.

**VII** – criar condições para ampliação da conectividade e da inclusão digital, priorizando a cobertura de estabelecimentos públicos de ensino. (Acrescido pela Lei 14.173/2021)

(...)

### CAPÍTULO II
### DAS SANÇÕES PENAIS

**Art. 183.** Desenvolver clandestinamente atividades de telecomunicação:

Pena – detenção de dois a quatro anos, aumentada da metade se houver dano a terceiro, e multa de R$ 10.000,00 (dez mil reais).

**Parágrafo único.** Incorre na mesma pena quem, direta ou indiretamente, concorrer para o crime.

**Art. 184.** São efeitos da condenação penal transitada em julgado:

**I** – tornar certa a obrigação de indenizar o dano causado pelo crime;

**II** – a perda, em favor da Agência, ressalvado o direito do lesado ou de terceiros de boa-fé, dos bens empregados na atividade clandestina, sem prejuízo de sua apreensão cautelar.

**Parágrafo único.** Considera-se clandestina a atividade desenvolvida sem a competente concessão, permissão ou autorização de serviço, de uso de radiofrequência e de exploração de satélite.

**Art. 185.** O crime definido nesta Lei é de ação penal pública, incondicionada, cabendo ao Ministério Público promovê-la.

(...)

Brasília, 16 de julho de 1997;
176º da Independência e 109º da República.
Fernando Henrique Cardoso
Iris Resende
Antonio Kandir
Sergio Motta
Cláudia Maria Costin

- Deixamos de publicar o anexo desta Lei.

# LEI Nº 12.288, DE 20 DE JULHO DE 2010

*Institui o Estatuto da Igualdade Racial; altera as Leis nºs 7.716, de 5 de janeiro de 1989, 9.029, de 13 de abril de 1995, 7.347, de 24 de julho de 1985, e 10.778, de 24 de novembro de 2003.*

▸ DOU 21.7.2010

O PRESIDENTE DA REPÚBLICA

Faço saber que o Congresso Nacional decreta e eu sanciono a seguinte Lei:

## TÍTULO I. DISPOSIÇÕES PRELIMINARES

**Art. 1º.** Esta Lei institui o Estatuto da Igualdade Racial, destinado a garantir à população negra a efetivação da igualdade de oportunidades, a defesa dos direitos étnicos individuais, coletivos e difusos e o combate à discriminação e às demais formas de intolerância étnica.

▸ CF: Arts. 3º, IV, 4º, VIII e 5º, XLI e XLII.

**Parágrafo único.** Para efeito deste Estatuto, considera-se:

**I** – discriminação racial ou étnico-racial: toda distinção, exclusão, restrição ou preferência baseada em raça, cor, descendência ou origem nacional ou étnica que tenha por objeto anular ou restringir o reconhecimento, gozo ou exercício, em igualdade de condições, de direitos humanos e liberdades fundamentais nos campos político, econômico, social, cultural ou em qualquer outro campo da vida pública ou privada;

**II** – desigualdade racial: toda situação injustificada de diferenciação de acesso e fruição de bens, serviços e oportunidades, nas esferas pública e privada, em virtude de raça, cor, descendência ou origem nacional ou étnica;

**III** – desigualdade de gênero e raça: assimetria existente no âmbito da sociedade que acentua a distância social entre mulheres negras e os demais segmentos sociais;

**IV** – população negra: o conjunto de pessoas que se autodeclaram pretas e pardas, conforme o quesito cor ou raça usado pela Fundação Instituto Brasileiro de Geografia e Estatística (IBGE), ou que adotam autodefinição análoga;

**V** – políticas públicas: as ações, iniciativas e programas adotados pelo Estado no cumprimento de suas atribuições institucionais;

**VI** – ações afirmativas: os programas e medidas especiais adotados pelo Estado e pela iniciativa privada para a correção das desigualdades raciais e para a promoção da igualdade de oportunidades.

**Art. 2º.** É dever do Estado e da sociedade garantir a igualdade de oportunidades, reconhecendo a todo cidadão brasileiro, independentemente da etnia ou da cor da pele, o direito à participação na comunidade, especialmente nas atividades políticas, econômicas, empresariais, educacionais, culturais e esportivas, defendendo sua dignidade e seus valores religiosos e culturais.

**Art. 3º.** Além das normas constitucionais relativas aos princípios fundamentais, aos direitos e garantias fundamentais e aos direitos sociais, econômicos e culturais, o Estatuto da Igualdade Racial adota como diretriz político-jurídica a inclusão das vítimas de desigualdade étnico-racial, a valorização da igualdade étnica e o fortalecimento da identidade nacional brasileira.

**Art. 4º.** A participação da população negra, em condição de igualdade de oportunidade, na vida econômica, social, política e cultural do País será promovida, prioritariamente, por meio de:

**I** – inclusão nas políticas públicas de desenvolvimento econômico e social;

**II** – adoção de medidas, programas e políticas de ação afirmativa;

**III** – modificação das estruturas institucionais do Estado para o adequado enfrentamento e a superação das desigualdades étnicas decorrentes do preconceito e da discriminação étnica;

**IV** – promoção de ajustes normativos para aperfeiçoar o combate à discriminação étnica e às desigualdades étnicas em todas as suas manifestações individuais, institucionais e estruturais;

**V** – eliminação dos obstáculos históricos, socioculturais e institucionais que impedem a representação da diversidade étnica nas esferas pública e privada;

**VI** – estímulo, apoio e fortalecimento de iniciativas oriundas da sociedade civil direcionadas à promoção da igualdade de oportunidades e ao combate às desigualdades étnicas, inclusive mediante a implementação de incentivos e critérios de condicionamento e prioridade no acesso aos recursos públicos;

**VII** – implementação de programas de ação afirmativa destinados ao enfrentamento das desigualdades étnicas no tocante à educação, cultura, esporte e lazer, saúde, segurança, trabalho, moradia, meios de comunicação de massa, financiamentos públicos, acesso à terra, à Justiça, e outros.

**Parágrafo único.** Os programas de ação afirmativa constituir-se-ão em políticas públicas destinadas a reparar as distorções e desigualdades sociais e demais práticas discriminatórias adotadas, nas esferas pública e privada, durante o processo de formação social do País.

**Art. 5º.** Para a consecução dos objetivos desta Lei, é instituído o Sistema Nacional de Promoção da Igualdade Racial (SINAPIR), conforme estabelecido no Título III.

## TÍTULO II. DOS DIREITOS FUNDAMENTAIS

### CAPÍTULO I. DO DIREITO À SAÚDE

**Art. 6º.** O direito à saúde da população negra será garantido pelo poder público mediante políticas universais, sociais e econômicas destinadas à redução do risco de doenças e de outros agravos.

**§ 1º.** O acesso universal e igualitário ao Sistema Único de Saúde (SUS) para promoção, proteção e recuperação da saúde da população negra será de responsabilidade dos órgãos e instituições públicas federais, estaduais, distritais e municipais, da administração direta e indireta.

**§ 2º.** O poder público garantirá que o segmento da população negra vinculado aos seguros privados de saúde seja tratado sem discriminação.

**Art. 7º.** O conjunto de ações de saúde voltadas à população negra constitui a Política Nacional de Saúde Integral da População Negra, organizada de acordo com as diretrizes abaixo especificadas:

**I** - ampliação e fortalecimento da participação de lideranças dos movimentos sociais em defesa da saúde da população negra nas instâncias de participação e controle social do SUS;

**II** - produção de conhecimento científico e tecnológico em saúde da população negra;

**III** - desenvolvimento de processos de informação, comunicação e educação para contribuir com a redução das vulnerabilidades da população negra.

**Art. 8º.** Constituem objetivos da Política Nacional de Saúde Integral da População Negra:

**I** - a promoção da saúde integral da população negra, priorizando a redução das desigualdades étnicas e o combate à discriminação nas instituições e serviços do SUS;

**II** - a melhoria da qualidade dos sistemas de informação do SUS no que tange à coleta, ao processamento e à análise dos dados desagregados por cor, etnia e gênero;

**III** - o fomento à realização de estudos e pesquisas sobre racismo e saúde da população negra;

**IV** - a inclusão do conteúdo da saúde da população negra nos processos de formação e educação permanente dos trabalhadores da saúde;

**V** - a inclusão da temática saúde da população negra nos processos de formação política das lideranças de movimentos sociais para o exercício da participação e controle social no SUS.

**Parágrafo único.** Os moradores das comunidades de remanescentes de quilombos serão beneficiários de incentivos específicos para a garantia do direito à saúde, incluindo melhorias nas condições ambientais, no saneamento básico, na segurança alimentar e nutricional e na atenção integral à saúde.

## CAPÍTULO II. DO DIREITO À EDUCAÇÃO, À CULTURA, AO ESPORTE E AO LAZER

### SEÇÃO I. DISPOSIÇÕES GERAIS

**Art. 9º.** A população negra tem direito a participar de atividades educacionais, culturais, esportivas e de lazer adequadas a seus interesses e condições, de modo a contribuir para o patrimônio cultural de sua comunidade e da sociedade brasileira.

**Art. 10.** Para o cumprimento do disposto no art. 9º, os governos federal, estaduais, distrital e municipais adotarão as seguintes providências:

**I** - promoção de ações para viabilizar e ampliar o acesso da população negra ao ensino gratuito e às atividades esportivas e de lazer;

**II** - apoio à iniciativa de entidades que mantenham espaço para promoção social e cultural da população negra;

**III** - desenvolvimento de campanhas educativas, inclusive nas escolas, para que a solidariedade aos membros da população negra faça parte da cultura de toda a sociedade;

**IV** - implementação de políticas públicas para o fortalecimento da juventude negra brasileira.

### SEÇÃO II. DA EDUCAÇÃO

**Art. 11.** Nos estabelecimentos de ensino fundamental e de ensino médio, públicos e privados, é obrigatório o estudo da história geral da África e da história da população negra no Brasil, observado o disposto na Lei nº 9.394, de 20 de dezembro de 1996.

**§ 1º.** Os conteúdos referentes à história da população negra no Brasil serão ministrados no âmbito de todo o currículo escolar, resgatando sua contribuição decisiva para o desenvolvimento social, econômico, político e cultural do País.

**§ 2º.** O órgão competente do Poder Executivo fomentará a formação inicial e continuada de professores e a elaboração de material didático específico para o cumprimento do disposto no *caput* deste artigo.

**§ 3º.** Nas datas comemorativas de caráter cívico, os órgãos responsáveis pela educação incentivarão a participação de intelectuais e representantes do movimento negro para debater com os estudantes suas vivências relativas ao tema em comemoração.

**Art. 12.** Os órgãos federais, distritais e estaduais de fomento à pesquisa e à pós-graduação poderão criar incentivos a pesquisas e a programas de estudo voltados para temas referentes às relações étnicas, aos quilombos e às questões pertinentes à população negra.

**Art. 13.** O Poder Executivo federal, por meio dos órgãos competentes, incentivará as instituições de ensino superior públicas e privadas, sem prejuízo da legislação em vigor, a:

**I** - resguardar os princípios da ética em pesquisa e apoiar grupos, núcleos e centros de pesquisa, nos diversos programas de pós-graduação que desenvolvam temáticas de interesse da população negra;

**II** - incorporar nas matrizes curriculares dos cursos de formação de professores temas que incluam valores concernentes à pluralidade étnica e cultural da sociedade brasileira;

**III** – desenvolver programas de extensão universitária destinados a aproximar jovens negros de tecnologias avançadas, assegurado o princípio da proporcionalidade de gênero entre os beneficiários;

**IV** – estabelecer programas de cooperação técnica, nos estabelecimentos de ensino públicos, privados e comunitários, com as escolas de educação infantil, ensino fundamental, ensino médio e ensino técnico, para a formação docente baseada em princípios de equidade, de tolerância e de respeito às diferenças étnicas.

**Art. 14.** O poder público estimulará e apoiará ações socioeducacionais realizadas por entidades do movimento negro que desenvolvam atividades voltadas para a inclusão social, mediante cooperação técnica, intercâmbios, convênios e incentivos, entre outros mecanismos.

**Art. 15.** O poder público adotará programas de ação afirmativa.

**Art. 16.** O Poder Executivo federal, por meio dos órgãos responsáveis pelas políticas de promoção da igualdade e de educação, acompanhará e avaliará os programas de que trata esta seção.

## SEÇÃO III.
## DA CULTURA

**Art. 17.** O poder público garantirá o reconhecimento das sociedades negras, clubes e outras formas de manifestação coletiva da população negra, com trajetória histórica comprovada, como patrimônio histórico e cultural, nos termos dos arts. 215 e 216 da Constituição Federal.

**Art. 18.** É assegurado aos remanescentes das comunidades dos quilombos o direito à preservação de seus usos, costumes, tradições e manifestos religiosos, sob a proteção do Estado.

**Parágrafo único.** A preservação dos documentos e dos sítios detentores de reminiscências históricas dos antigos quilombos, tombados nos termos do § 5º do art. 216 da Constituição Federal, receberá especial atenção do poder público.

**Art. 19.** O poder público incentivará a celebração das personalidades e das datas comemorativas relacionadas à trajetória do samba e de outras manifestações culturais de matriz africana, bem como sua comemoração nas instituições de ensino públicas e privadas.

**Art. 20.** O poder público garantirá o registro e a proteção da capoeira, em todas as suas modalidades, como bem de natureza imaterial e de formação da identidade cultural brasileira, nos termos do art. 216 da Constituição Federal.

**Parágrafo único.** O poder público buscará garantir, por meio dos atos normativos necessários, a preservação dos elementos formadores tradicionais da capoeira nas suas relações internacionais.

## SEÇÃO IV.
## DO ESPORTE E LAZER

**Art. 21.** O poder público fomentará o pleno acesso da população negra às práticas desportivas, consolidando o esporte e o lazer como direitos sociais.

**Art. 22.** A capoeira é reconhecida como desporto de criação nacional, nos termos do art. 217 da Constituição Federal.

**§ 1º.** A atividade de capoeirista será reconhecida em todas as modalidades em que a capoeira se manifesta, seja como esporte, luta, dança ou música, sendo livre o exercício em todo o território nacional.

**§ 2º.** É facultado o ensino da capoeira nas instituições públicas e privadas pelos capoeiristas e mestres tradicionais, pública e formalmente reconhecidos.

# CAPÍTULO III.
# DO DIREITO À LIBERDADE DE CONSCIÊNCIA E DE CRENÇA E AO LIVRE EXERCÍCIO DOS CULTOS RELIGIOSOS

**Art. 23.** É inviolável a liberdade de consciência e de crença, sendo assegurado o livre exercício dos cultos religiosos e garantida, na forma da lei, a proteção aos locais de culto e a suas liturgias.

**Art. 24.** O direito à liberdade de consciência e de crença e ao livre exercício dos cultos religiosos de matriz africana compreende:

**I** – a prática de cultos, a celebração de reuniões relacionadas à religiosidade e a fundação e manutenção, por iniciativa privada, de lugares reservados para tais fins;

**II** – a celebração de festividades e cerimônias de acordo com preceitos das respectivas religiões;

**III** – a fundação e a manutenção, por iniciativa privada, de instituições beneficentes ligadas às respectivas convicções religiosas;

**IV** – a produção, a comercialização, a aquisição e o uso de artigos e materiais religiosos adequados aos costumes e às práticas fundadas na respectiva religiosidade, ressalvadas as condutas vedadas por legislação específica;

**V** – a produção e a divulgação de publicações relacionadas ao exercício e à difusão das religiões de matriz africana;

**VI** – a coleta de contribuições financeiras de pessoas naturais e jurídicas de natureza privada para a manutenção das atividades religiosas e sociais das respectivas religiões;

**VII** – o acesso aos órgãos e aos meios de comunicação para divulgação das respectivas religiões;

**VIII** – a comunicação ao Ministério Público para abertura de ação penal em face de atitudes e práticas de intolerância religiosa nos meios de comunicação e em quaisquer outros locais.

**Art. 25.** É assegurada a assistência religiosa aos praticantes de religiões de matrizes africanas internados em hospitais ou em outras instituições de internação coletiva, inclusive àqueles submetidos a pena privativa de liberdade.

**Art. 26.** O poder público adotará as medidas necessárias para o combate à intolerância com as religiões de matrizes africanas e à discriminação de seus seguidores, especialmente com o objetivo de:

**I** - coibir a utilização dos meios de comunicação social para a difusão de proposições, imagens ou abordagens que exponham pessoa ou grupo ao ódio ou ao desprezo por motivos fundados na religiosidade de matrizes africanas;

**II** - inventariar, restaurar e proteger os documentos, obras e outros bens de valor artístico e cultural, os monumentos, mananciais, flora e sítios arqueológicos vinculados às religiões de matrizes africanas;

**III** - assegurar a participação proporcional de representantes das religiões de matrizes africanas, ao lado da representação das demais religiões, em comissões, conselhos, órgãos e outras instâncias de deliberação vinculadas ao poder público.

## CAPÍTULO IV. DO ACESSO À TERRA E À MORADIA ADEQUADA

### SEÇÃO I. DO ACESSO À TERRA

**Art. 27.** O poder público elaborará e implementará políticas públicas capazes de promover o acesso da população negra à terra e às atividades produtivas no campo.

**Art. 28.** Para incentivar o desenvolvimento das atividades produtivas da população negra no campo, o poder público promoverá ações para viabilizar e ampliar o seu acesso ao financiamento agrícola.

**Art. 29.** Serão assegurados à população negra a assistência técnica rural, a simplificação do acesso ao crédito agrícola e o fortalecimento da infraestrutura de logística para a comercialização da produção.

**Art. 30.** O poder público promoverá a educação e a orientação profissional agrícola para os trabalhadores negros e as comunidades negras rurais.

**Art. 31.** Aos remanescentes das comunidades dos quilombos que estejam ocupando suas terras é reconhecida a propriedade definitiva, devendo o Estado emitir-lhes os títulos respectivos.

**Art. 32.** O Poder Executivo federal elaborará e desenvolverá políticas públicas especiais voltadas para o desenvolvimento sustentável dos remanescentes das comunidades dos quilombos, respeitando as tradições de proteção ambiental das comunidades.

**Art. 33.** Para fins de política agrícola, os remanescentes das comunidades dos quilombos receberão dos órgãos competentes tratamento especial diferenciado, assistência técnica e linhas especiais de financiamento público, destinados à realização de suas atividades produtivas e de infraestrutura.

**Art. 34.** Os remanescentes das comunidades dos quilombos se beneficiarão de todas as iniciativas previstas nesta e em outras leis para a promoção da igualdade étnica.

### SEÇÃO II. DA MORADIA

**Art. 35.** O poder público garantirá a implementação de políticas públicas para assegurar o direito à moradia adequada da população negra que vive em favelas, cortiços, áreas urbanas subutilizadas, degradadas ou em processo de degradação, a fim de reintegrá-las à dinâmica urbana e promover melhorias no ambiente e na qualidade de vida.

**Parágrafo único.** O direito à moradia adequada, para os efeitos desta Lei, inclui não apenas o provimento habitacional, mas também a garantia da infraestrutura urbana e dos equipamentos comunitários associados à função habitacional, bem como a assistência técnica e jurídica para a construção, a reforma ou a regularização fundiária da habitação em área urbana.

**Art. 36.** Os programas, projetos e outras ações governamentais realizadas no âmbito do Sistema Nacional de Habitação de Interesse Social (SNHIS), regulado pela Lei nº 11.124, de 16 de junho de 2005, devem considerar as peculiaridades sociais, econômicas e culturais da população negra.

**Parágrafo único.** Os Estados, o Distrito Federal e os Municípios estimularão e facilitarão a participação de organizações e movimentos representativos da população negra na composição dos conselhos constituídos para fins de aplicação do Fundo Nacional de Habitação de Interesse Social (FNHIS).

**Art. 37.** Os agentes financeiros, públicos ou privados, promoverão ações para viabilizar o acesso da população negra aos financiamentos habitacionais.

## CAPÍTULO V. DO TRABALHO

**Art. 38.** A implementação de políticas voltadas para a inclusão da população negra no mercado de trabalho será de responsabilidade do poder público, observando-se:

**I** - o instituído neste Estatuto;

**II** - os compromissos assumidos pelo Brasil ao ratificar a Convenção Internacional sobre a Eliminação de Todas as Formas de Discriminação Racial, de 1965;

**III** - os compromissos assumidos pelo Brasil ao ratificar a Convenção nº 111, de 1958, da Organização Internacional do Trabalho (OIT), que trata da discriminação no emprego e na profissão;

**IV** - os demais compromissos formalmente assumidos pelo Brasil perante a comunidade internacional.

**Art. 39.** O poder público promoverá ações que assegurem a igualdade de oportunidades no mercado de trabalho para a população negra, inclusive mediante a implementação de medidas visando à promoção da igualdade nas contratações do setor público e o incentivo à adoção de medidas similares nas empresas e organizações privadas.

**§ 1º.** A igualdade de oportunidades será lograda mediante a adoção de políticas e programas de formação profissional, de emprego e de geração de renda voltados para a população negra.

**§ 2º.** As ações visando a promover a igualdade de oportunidades na esfera da administração pública far-se-ão por meio de normas estabelecidas ou a serem estabelecidas em legislação específica e em seus regulamentos.

**§ 3º.** O poder público estimulará, por meio de incentivos, a adoção de iguais medidas pelo setor privado.

**§ 4º.** As ações de que trata o *caput* deste artigo assegurarão o princípio da proporcionalidade de gênero entre os beneficiários.

**§ 5º.** Será assegurado o acesso ao crédito para a pequena produção, nos meios rural e urbano, com ações afirmativas para mulheres negras.

**§ 6º.** O poder público promoverá campanhas de sensibilização contra a marginalização da mulher negra no trabalho artístico e cultural.

**§ 7º.** O poder público promoverá ações com o objetivo de elevar a escolaridade e a qualificação profissional nos setores da economia que contem com alto índice de ocupação por trabalhadores negros de baixa escolarização.

**§ 8º** Os registros administrativos direcionados a órgãos e entidades da Administração Pública, a empregadores privados e a trabalhadores que lhes sejam subordinados conterão campos destinados a identificar o segmento étnico e racial a que pertence o trabalhador retratado no respectivo documento, com utilização do critério da autoclassificação em grupos previamente delimitados. *(Acrescido pela Lei 14.553/2023)*

**§ 9º** Sem prejuízo de extensão obrigatória a outros documentos ou registros de mesma natureza identificados em regulamento, aplica-se o disposto no § 8º deste artigo a: *(Acrescido pela Lei 14.553/2023)*

**I** - formulários de admissão e demissão no emprego;

**II** - formulários de acidente de trabalho;

**III** - instrumentos de registro do Sistema Nacional de Emprego (Sine), ou de estrutura que venha a suceder-lhe em suas finalidades;

**IV** - Relação Anual de Informações Sociais (Rais), ou outro documento criado posteriormente com conteúdo e propósitos a ela assemelhados;

**V** - documentos, inclusive os disponibilizados em meio eletrônico, destinados à inscrição de segurados e dependentes no Regime Geral de Previdência Social;

**VI** - questionários de pesquisas levadas a termo pela Fundação Instituto Brasileiro de Geografia e Estatística (IBGE), ou por órgão ou entidade posteriormente incumbida das atribuições imputadas a essa autarquia.

**Art. 40.** O Conselho Deliberativo do Fundo de Amparo ao Trabalhador (Codefat) formulará políticas, programas e projetos voltados para a inclusão da população negra no mercado de trabalho e orientará a destinação de recursos para seu financiamento.

**Art. 41.** As ações de emprego e renda, promovidas por meio de financiamento para constituição e ampliação de pequenas e médias empresas e de programas de geração de renda, contemplarão o estímulo à promoção de empresários negros.

**Parágrafo único.** O poder público estimulará as atividades voltadas ao turismo étnico com enfoque nos locais, monumentos e cidades que retratem a cultura, os usos e os costumes da população negra.

**Art. 42.** O Poder Executivo federal poderá implementar critérios para provimento de cargos em comissão e funções de confiança destinados a ampliar a participação de negros, buscando reproduzir a estrutura da distribuição étnica nacional ou, quando for o caso, estadual, observados os dados demográficos oficiais.

## CAPÍTULO VI.
## DOS MEIOS DE COMUNICAÇÃO

**Art. 43.** A produção veiculada pelos órgãos de comunicação valorizará a herança cultural e a participação da população negra na história do País.

**Art. 44.** Na produção de filmes e programas destinados à veiculação pelas emissoras de televisão e em salas cinematográficas, deverá ser adotada a prática de conferir oportunidades de emprego para atores, figurantes e técnicos negros, sendo vedada toda e qualquer discriminação de natureza política, ideológica, étnica ou artística.

**Parágrafo único.** A exigência disposta no *caput* não se aplica aos filmes e programas que abordem especificidades de grupos étnicos determinados.

**Art. 45.** Aplica-se à produção de peças publicitárias destinadas à veiculação pelas emissoras de televisão e em salas cinematográficas o disposto no art. 44.

**Art. 46.** Os órgãos e entidades da administração pública federal direta, autárquica ou fundacional, as empresas públicas e as sociedades de economia mista federais deverão incluir cláusulas de participação de artistas negros nos contratos de realização de filmes, programas ou quaisquer outras peças de caráter publicitário.

**§ 1º.** Os órgãos e entidades de que trata este artigo incluirão, nas especificações para contratação de serviços de consultoria, conceituação, produção e realização de filmes, programas ou peças publicitárias, a obrigatoriedade da prática de iguais oportunidades de emprego para as pessoas relacionadas com o projeto ou serviço contratado.

**§ 2º.** Entende-se por prática de iguais oportunidades de emprego o conjunto de medidas sistemáticas executadas com a finalidade de garantir a diversidade étnica, de sexo e de idade na equipe vinculada ao projeto ou serviço contratado.

**§ 3º.** A autoridade contratante poderá, se considerar necessário para garantir a prática de iguais oportunidades de emprego, requerer auditoria por órgão do poder público federal.

**§ 4º.** A exigência disposta no *caput* não se aplica às produções publicitárias quando abordarem especificidades de grupos étnicos determinados.

## TÍTULO III. DO SISTEMA NACIONAL DE PROMOÇÃO DA IGUALDADE RACIAL (SINAPIR)

### CAPÍTULO I. DISPOSIÇÃO PRELIMINAR

**Art. 47.** É instituído o Sistema Nacional de Promoção da Igualdade Racial (SINAPIR) como forma de organização e de articulação voltadas à implementação do conjunto de políticas e serviços destinados a superar as desigualdades étnicas existentes no País, prestados pelo poder público federal.

**§ 1º.** Os Estados, o Distrito Federal e os Municípios poderão participar do SINAPIR mediante adesão.

**§ 2º.** O poder público federal incentivará a sociedade e a iniciativa privada a participar do SINAPIR.

### CAPÍTULO II. DOS OBJETIVOS

**Art. 48.** São objetivos do SINAPIR:

**I** – promover a igualdade étnica e o combate às desigualdades sociais resultantes do racismo, inclusive mediante adoção de ações afirmativas;

**II** – formular políticas destinadas a combater os fatores de marginalização e a promover a integração social da população negra;

**III** – descentralizar a implementação de ações afirmativas pelos governos estaduais, distrital e municipais;

**IV** – articular planos, ações e mecanismos voltados à promoção da igualdade étnica;

**V** – garantir a eficácia dos meios e dos instrumentos criados para a implementação das ações afirmativas e o cumprimento das metas a serem estabelecidas.

### CAPÍTULO III. DA ORGANIZAÇÃO E COMPETÊNCIA

**Art. 49.** O Poder Executivo federal elaborará plano nacional de promoção da igualdade racial contendo as metas, princípios e diretrizes para a implementação da Política Nacional de Promoção da Igualdade Racial (PNPIR).

**§ 1º.** A elaboração, implementação, coordenação, avaliação e acompanhamento da PNPIR, bem como a organização, articulação e coordenação do SINAPIR, serão efetivados pelo órgão responsável pela política de promoção da igualdade étnica em âmbito nacional.

**§ 2º.** É o Poder Executivo federal autorizado a instituir fórum intergovernamental de promoção da igualdade étnica, a ser coordenado pelo órgão responsável pelas políticas de promoção da igualdade étnica, com o objetivo de implementar estratégias que visem à incorporação da política nacional de promoção da igualdade étnica nas ações governamentais de Estados e Municípios.

**§ 3º.** As diretrizes das políticas nacional e regional de promoção da igualdade étnica serão elaboradas por órgão colegiado que assegure a participação da sociedade civil.

**§ 4º** A Fundação Instituto Brasileiro de Geografia e Estatística (IBGE) realizará, a cada 5 (cinco) anos, pesquisa destinada a identificar o percentual de ocupação por parte de segmentos étnicos e raciais no âmbito do setor público, a fim de obter subsídios direcionados à implementação da PNPIR. *(Acrescido pela Lei 14.553/2023)*

**Art. 50.** Os Poderes Executivos estaduais, distrital e municipais, no âmbito das respectivas esferas de competência, poderão instituir conselhos de promoção da igualdade étnica, de caráter permanente e consultivo, compostos por igual número de representantes de órgãos e entidades públicas e de organizações da sociedade civil representativas da população negra.

**Parágrafo único.** O Poder Executivo priorizará o repasse dos recursos referentes aos programas e atividades previstos nesta Lei aos Estados, Distrito Federal e Municípios que tenham criado conselhos de promoção da igualdade étnica.

### CAPÍTULO IV. DAS OUVIDORIAS PERMANENTES E DO ACESSO À JUSTIÇA E À SEGURANÇA

**Art. 51.** O poder público federal instituirá, na forma da lei e no âmbito dos Poderes Legislativo e Executivo, Ouvidorias Permanentes em Defesa da Igualdade Racial, para receber e encaminhar denúncias de preconceito e discriminação com base em etnia ou cor e acompanhar a implementação de medidas para a promoção da igualdade.

**Art. 52.** É assegurado às vítimas de discriminação étnica o acesso aos órgãos de Ouvidoria Permanente, à Defensoria Pública, ao Ministério Público e ao Poder Judiciário, em todas as suas instâncias, para a garantia do cumprimento de seus direitos.

**Parágrafo único.** O Estado assegurará atenção às mulheres negras em situação de violência, garantida a assistência física, psíquica, social e jurídica.

**Art. 53.** O Estado adotará medidas especiais para coibir a violência policial incidente sobre a população negra.

**Parágrafo único.** O Estado implementará ações de ressocialização e proteção da juventude negra em conflito com a lei e exposta a experiências de exclusão social.

**Art. 54.** O Estado adotará medidas para coibir atos de discriminação e preconceito praticados por servidores públicos em detrimento da população negra, observado, no que couber, o disposto na Lei nº 7.716, de 5 de janeiro de 1989.

**Art. 55.** Para a apreciação judicial das lesões e das ameaças de lesão aos interesses da população negra decorrentes de situações de desigualdade étnica, recorrer-se-á, entre outros instrumentos, à ação civil pública, disciplinada na Lei nº 7.347, de 24 de julho de 1985.

## CAPÍTULO V. DO FINANCIAMENTO DAS INICIATIVAS DE PROMOÇÃO DA IGUALDADE RACIAL

**Art. 56.** Na implementação dos programas e das ações constantes dos planos plurianuais e dos orçamentos anuais da União, deverão ser observadas as políticas de ação afirmativa a que se refere o inciso VII do art. 4º desta Lei e outras políticas públicas que tenham como objetivo promover a igualdade de oportunidades e a inclusão social da população negra, especialmente no que tange a:

**I** – promoção da igualdade de oportunidades em educação, emprego e moradia;

**II** – financiamento de pesquisas, nas áreas de educação, saúde e emprego, voltadas para a melhoria da qualidade de vida da população negra;

**III** – incentivo à criação de programas e veículos de comunicação destinados à divulgação de matérias relacionadas aos interesses da população negra;

**IV** – incentivo à criação e à manutenção de microempresas administradas por pessoas autodeclaradas negras;

**V** – iniciativas que incrementem o acesso e a permanência das pessoas negras na educação fundamental, média, técnica e superior;

**VI** – apoio a programas e projetos dos governos estaduais, distrital e municipais e de entidades da sociedade civil voltados para a promoção da igualdade de oportunidades para a população negra;

**VII** – apoio a iniciativas em defesa da cultura, da memória e das tradições africanas e brasileiras.

**§ 1º.** O Poder Executivo federal é autorizado a adotar medidas que garantam, em cada exercício, a transparência na alocação e na execução dos recursos necessários ao financiamento das ações previstas neste Estatuto, explicitando, entre outros, a proporção dos recursos orçamentários destinados aos programas de promoção da igualdade, especialmente nas áreas de educação, saúde, emprego e renda, desenvolvimento agrário, habitação popular, desenvolvimento regional, cultura, esporte e lazer.

**§ 2º.** Durante os 5 (cinco) primeiros anos, a contar do exercício subsequente à publicação deste Estatuto, os órgãos do Poder Executivo federal que desenvolvem políticas e programas nas áreas referidas no § 1º deste artigo discriminarão em seus orçamentos anuais a participação nos programas de ação afirmativa referidos no inciso VII do art. 4º desta Lei.

**§ 3º.** O Poder Executivo é autorizado a adotar as medidas necessárias para a adequada implementação do disposto neste artigo, podendo estabelecer patamares de participação crescente dos programas de ação afirmativa nos orçamentos anuais a que se refere o § 2º deste artigo.

**§ 4º.** O órgão colegiado do Poder Executivo federal responsável pela promoção da igualdade racial acompanhará e avaliará a programação das ações referidas neste artigo nas propostas orçamentárias da União.

**Art. 57.** Sem prejuízo da destinação de recursos ordinários, poderão ser consignados nos orçamentos fiscal e da seguridade social para financiamento das ações de que trata o art. 56:

**I** – transferências voluntárias dos Estados, do Distrito Federal e dos Municípios;

**II** – doações voluntárias de particulares;

**III** – doações de empresas privadas e organizações não governamentais, nacionais ou internacionais;

**IV** – doações voluntárias de fundos nacionais ou internacionais;

**V** – doações de Estados estrangeiros, por meio de convênios, tratados e acordos internacionais.

# TÍTULO IV. DISPOSIÇÕES FINAIS

**Art. 58.** As medidas instituídas nesta Lei não excluem outras em prol da população negra que tenham sido ou venham a ser adotadas no âmbito da União, dos Estados, do Distrito Federal ou dos Municípios.

**Art. 59.** O Poder Executivo federal criará instrumentos para aferir a eficácia social das medidas previstas nesta Lei e efetuará seu monitoramento constante, com a emissão e a divulgação de relatórios periódicos, inclusive pela rede mundial de computadores.

**Art. 60.** Os arts. 3º e 4º da Lei nº 7.716, de 1989, passam a vigorar com a seguinte redação:

› Alterações incorporadas ao texto da referida norma.

**Art. 61.** Os arts. 3º e 4º da Lei nº 9.029, de 13 de abril de 1995, passam a vigorar com a seguinte redação:

"Art. 3º Sem prejuízo do prescrito no art. 2º e nos dispositivos legais que tipificam os crimes resultantes de preconceito de etnia, raça ou cor, as infrações do disposto nesta Lei são passíveis das seguintes cominações:

........................................................................................"

PENAL

"Art. 4º O rompimento da relação de trabalho por ato discriminatório, nos moldes desta Lei, além do direito à reparação pelo dano moral, faculta ao empregado optar entre:

................................................................................"

**Art. 62.** O art. 13 da Lei nº 7.347, de 1985, passa a vigorar acrescido do seguinte § 2º, renumerando-se o atual parágrafo único como § 1º:

"Art. 13. ....................................................................

§ 1º ..........................................................................

§ 2º Havendo acordo ou condenação com fundamento em dano causado por ato de discriminação étnica nos termos do disposto no art. 1º desta Lei, a prestação em dinheiro reverterá diretamente ao fundo de que trata o *caput* e será utilizada para ações de promoção da igualdade étnica, conforme definição do Conselho Nacional de Promoção da Igualdade Racial, na hipótese de extensão nacional, ou dos Conselhos de Promoção de Igualdade Racial estaduais ou locais, nas hipóteses de danos com extensão regional ou local, respectivamente."

**Art. 63.** O § 1º do art. 1º da Lei nº 10.778, de 24 de novembro de 2003, passa a vigorar com a seguinte redação:

"Art. 1º ......................................................................

§ 1º Para os efeitos desta Lei, entende-se por violência contra a mulher qualquer ação ou conduta, baseada no gênero, inclusive decorrente de discriminação ou desigualdade étnica, que cause morte, dano ou sofrimento físico, sexual ou psicológico à mulher, tanto no âmbito público quanto no privado.

................................................................................"

**Art. 64.** O § 3º do art. 20 da Lei nº 7.716, de 1989, passa a vigorar acrescido do seguinte inciso III:

› Alterações incorporadas ao texto da referida norma.

**Art. 65.** Esta Lei entra em vigor 90 (noventa) dias após a data de sua publicação.

Brasília, 20 de julho de 2010;
189º da Independência e
122º da República.
LUIZ INÁCIO LULA DA SILVA

## LEI Nº 12.694, DE 24 DE JULHO DE 2012 (EXCERTOS)

*Dispõe sobre o processo e o julgamento colegiado em primeiro grau de jurisdição de crimes praticados por organizações criminosas; altera o Decreto-Lei nº 2.848, de 7 de dezembro de 1940 – Código Penal, o Decreto-Lei nº 3.689, de 3 de outubro de 1941 – Código de Processo Penal, e as Leis nºs 9.503, de 23 de setembro de 1997 – Código de Trânsito Brasileiro, e 10.826, de 22 de dezembro de 2003; e dá outras providências*

› D.O.U. de 25.7.2012

A PRESIDENTA DA REPÚBLICA

Faço saber que o Congresso Nacional decreta e eu sanciono a seguinte Lei:

› Lei 12.850/2013 – Define organização criminosa e dispõe sobre a investigação criminal, os meios de obtenção da prova, infrações penais correlatas e o procedimento criminal.

**Art. 1º.** Em processos ou procedimentos que tenham por objeto crimes praticados por organizações criminosas, o juiz poderá decidir pela formação de colegiado para a prática de qualquer ato processual, especialmente:

**I** – decretação de prisão ou de medidas assecuratórias;

**II** – concessão de liberdade provisória ou revogação de prisão;

**III** – sentença;

**IV** – progressão ou regressão de regime de cumprimento de pena;

**V** – concessão de liberdade condicional;

**VI** – transferência de preso para estabelecimento prisional de segurança máxima; e

**VII** – inclusão do preso no regime disciplinar diferenciado.

**§ 1º.** O juiz poderá instaurar o colegiado, indicando os motivos e as circunstâncias que acarretam risco à sua integridade física em decisão fundamentada, da qual será dado conhecimento ao órgão correicional.

**§ 2º.** O colegiado será formado pelo juiz do processo e por 2 (dois) outros juízes escolhidos por sorteio eletrônico dentre aqueles de competência criminal em exercício no primeiro grau de jurisdição.

**§ 3º.** A competência do colegiado limita-se ao ato para o qual foi convocado.

**§ 4º.** As reuniões poderão ser sigilosas sempre que houver risco de que a publicidade resulte em prejuízo à eficácia da decisão judicial.

**§ 5º.** A reunião do colegiado composto por juízes domiciliados em cidades diversas poderá ser feita pela via eletrônica.

**§ 6º.** As decisões do colegiado, devidamente fundamentadas e firmadas, sem exceção, por todos os seus integrantes, serão publicadas sem qualquer referência a voto divergente de qualquer membro.

**§ 7º.** Os tribunais, no âmbito de suas competências, expedirão normas regulamentando a composição do colegiado e os procedimentos a serem adotados para o seu funcionamento.

**Art. 1º-A.** Os Tribunais de Justiça e os Tribunais Regionais Federais poderão instalar, nas comarcas sedes de Circunscrição ou Seção Judiciária, mediante resolução, Varas Criminais Colegiadas com competência para o processo e julgamento: (*Acrescido pela Lei 13.964/2019*)

**I** - de crimes de pertinência a organizações criminosas armadas ou que tenham armas à disposição;

**II** - do crime do art. 288-A do Decreto-Lei nº 2.848, de 7 de dezembro de 1940 (Código Penal); e

**III** - das infrações penais conexas aos crimes a que se referem os incisos I e II do *caput* deste artigo.

**§ 1º** As Varas Criminais Colegiadas terão competência para todos os atos jurisdicionais no decorrer da investigação, da ação penal e da execução da pena, inclusive a transferência do preso para estabelecimento prisional de segurança máxima ou para regime disciplinar diferenciado.

**§ 2º** Ao receber, segundo as regras normais de distribuição, processos ou procedimentos que tenham por objeto os crimes mencionados no *caput* deste artigo, o juiz deverá declinar da competência e remeter os autos, em qualquer fase em que se encontrem, à Vara Criminal Colegiada de sua Circunscrição ou Seção Judiciária.

**§ 3º** Feita a remessa mencionada no § 2º deste artigo, a Vara Criminal Colegiada terá competência para todos os atos processuais posteriores, incluindo os da fase de execução.

**Art. 2º.** Para os efeitos desta Lei, considera-se organização criminosa a associação, de 3 (três) ou mais pessoas, estruturalmente ordenada e caracterizada pela divisão de tarefas, ainda que informalmente, com objetivo de obter, direta ou indiretamente, vantagem de qualquer natureza, mediante a prática de crimes cuja pena máxima seja igual ou superior a 4 (quatro) anos ou que sejam de caráter transnacional.

**Art. 3º.** Os tribunais, no âmbito de suas competências, são autorizados a tomar medidas para reforçar a segurança dos prédios da Justiça, especialmente:

**I** – controle de acesso, com identificação, aos seus prédios, especialmente aqueles com varas criminais, ou às áreas dos prédios com varas criminais;

**II** – instalação de câmeras de vigilância nos seus prédios, especialmente nas varas criminais e áreas adjacentes;

**III** – instalação de aparelhos detectores de metais, aos quais se devem submeter todos que queiram ter acesso aos seus prédios, especialmente às varas criminais ou às respectivas salas de audiência, ainda que exerçam qualquer cargo ou função pública, ressalvados os integrantes de missão policial, a escolta de presos e os agentes ou inspetores de segurança próprios.

(...)

Brasília, 24 de julho de 2012;
191º da Independência e 124º da República.

Dilma Rousseff

José Eduardo Cardozo

## LEI Nº 13.260, DE 16 DE MARÇO DE 2016

*Regulamenta o disposto no inciso XLIII do art. 5º da Constituição Federal, disciplinando o terrorismo, tratando de disposições investigatórias e processuais e reformulando o conceito de organização terrorista; e altera as Leis nºs 7.960, de 21 de dezembro de 1989, e 12.850, de 2 de agosto de 2013.*

- D.O.U. de 17.3.2016

A PRESIDENTA DA REPÚBLICA

Faço saber que o Congresso Nacional decreta e eu sanciono a seguinte Lei:

- v. Lei 10.744/2003 – Dispõe sobre a assunção, pela União, de responsabilidades civis perante terceiros no caso de atentados terroristas, atos de guerra ou eventos correlatos, contra aeronaves de matrícula brasileira operadas por empresas brasileiras de transporte aéreo público, excluídas as empresas de táxi aéreo.
- v. Decreto 7.037/2009 – Aprova o Programa Nacional de Direitos Humanos (PNDH-3).
- v. Decreto 5.035/2004 – Regulamenta a Lei 10.744/2003, que dispõe sobre a assunção, pela União, de responsabilidades civis perante terceiros no caso de atentados terroristas, atos de Decreto-Lei 4.812/1942 – Dispõe sobre a requisição de bens imóveis e móveis, necessários às forças armadas e à defesa passiva da população.
- v. Decreto 678/1992 – Promulga a Convenção Americana sobre Direitos Humanos (Pacto de São José da Costa Rica), de 22 de novembro de 1969.
- v. Decreto 592/ 1992 – Atos Internacionais. Pacto Internacional sobre Direitos Civis e Políticos. Promulgação.

**Art. 1º.** Esta Lei regulamenta o disposto no inciso XLIII do art. 5º da Constituição Federal, disciplinando o terrorismo, tratando de disposições investigatórias e processuais e reformulando o conceito de organização terrorista.

**Art. 2º.** O terrorismo consiste na prática por um ou mais indivíduos dos atos previstos neste artigo, por razões de xenofobia, discriminação ou preconceito de raça, cor, etnia e religião, quando cometidos com a finalidade de provocar terror social ou generalizado, expondo a perigo pessoa, patrimônio, a paz pública ou a incolumidade pública.

**§ 1º.** São atos de terrorismo:

**I** – usar ou ameaçar usar, transportar, guardar, portar ou trazer consigo explosivos, gases tóxicos, venenos, conteúdos biológicos, químicos, nucleares ou outros meios capazes de causar danos ou promover destruição em massa;

**II** – (VETADO);

**III** – (VETADO);

**IV** – sabotar o funcionamento ou apoderar-se, com violência, grave ameaça a pessoa ou servindo-se de mecanismos cibernéticos, do controle total ou parcial, ainda que de modo temporário, de meio de comunicação ou de transporte, de portos, aeroportos, estações ferroviárias ou rodoviárias, hospitais, casas de saúde, escolas, estádios esportivos, instalações públicas ou locais onde funcionem serviços públicos essenciais, instalações de geração ou transmissão de energia, instalações militares, instalações de exploração, refino e processamento de petróleo e gás e instituições bancárias e sua rede de atendimento;

**V** – atentar contra a vida ou a integridade física de pessoa:

Pena – reclusão, de doze a trinta anos, além das sanções correspondentes à ameaça ou à violência.

**§ 2º.** O disposto neste artigo não se aplica à conduta individual ou coletiva de pessoas em manifestações políticas, movimentos sociais, sindicais, religiosos, de classe ou de categoria profissional, direcionados por propósitos sociais ou reivindicatórios, visando a contestar, criticar, protestar ou apoiar, com o objetivo de defender direitos, garantias e liberdades constitucionais, sem prejuízo da tipificação penal contida em lei.

**Art. 3º.** Promover, constituir, integrar ou prestar auxílio, pessoalmente ou por interposta pessoa, a organização terrorista:

Pena – reclusão, de cinco a oito anos, e multa.

**§ 1º.** (VETADO).

**§ 2º.** (VETADO).

**Art. 4º.** (VETADO).

**Art. 5º.** Realizar atos preparatórios de terrorismo com o propósito inequívoco de consumar tal delito:

- A tipificação da conduta descrita no art. 5º da Lei Antiterrorismo (atos preparatórios de terrorismo) exige a motivação por razões de xenofobia, discriminação ou preconceito de raça, cor, etnia e religião, expostas no art. 2º do mesmo diploma legal.
  STJ. 6ª Turma. HC 537118-RJ, Rel. Min. Sebastião Reis Júnior, julgado em 05/12/2019 (Info 663).

Pena – a correspondente ao delito consumado, diminuída de um quarto até a metade.

**§ 1º.** Incorre nas mesmas penas o agente que, com o propósito de praticar atos de terrorismo:

**I** – recrutar, organizar, transportar ou municiar indivíduos que viajem para país distinto daquele de sua residência ou nacionalidade; ou

**II** – fornecer ou receber treinamento em país distinto daquele de sua residência ou nacionalidade.

**§ 2º.** Nas hipóteses do § 1º, quando a conduta não envolver treinamento ou viagem para país distinto daquele de sua residência ou nacionalidade, a pena será a correspondente ao delito consumado, diminuída de metade a dois terços.

**Art. 6º.** Receber, prover, oferecer, obter, guardar, manter em depósito, solicitar, investir, de qualquer modo, direta ou indiretamente, recursos, ativos, bens, direitos, valores ou serviços de qualquer natureza, para o planejamento, a preparação ou a execução dos crimes previstos nesta Lei:

Pena – reclusão, de quinze a trinta anos.

**Parágrafo único.** Incorre na mesma pena quem oferecer ou receber, obtiver, guardar, mantiver em depósito, solicitar, investir ou de qualquer modo contribuir para a obtenção de ativo, bem ou recurso financeiro, com a finalidade de financiar, total ou parcialmente, pessoa, grupo de pessoas, associação, entidade, organização criminosa que tenha como atividade principal ou secundária, mesmo em caráter eventual, a prática dos crimes previstos nesta Lei.

**Art. 7º.** Salvo quando for elementar da prática de qualquer crime previsto nesta Lei, se de algum deles resultar lesão corporal grave, aumenta-se a pena de um terço, se resultar morte, aumenta-se a pena da metade.

**Art. 8º.** (VETADO).

**Art. 9º.** (VETADO).

**Art. 10.** Mesmo antes de iniciada a execução do crime de terrorismo, na hipótese do art. 5º desta Lei, aplicam-se as disposições do art. 15 do Decreto-Lei nº 2.848, de 7 de dezembro de 1940 – Código Penal.

**Art. 11.** Para todos os efeitos legais, considera-se que os crimes previstos nesta Lei são praticados contra o interesse da União, cabendo à Polícia Federal a investigação criminal, em sede de inquérito policial, e à Justiça Federal o seu processamento e julgamento, nos termos do inciso IV do art. 109 da Constituição Federal.

**Parágrafo único.** (VETADO).

**Art. 12.** O juiz, de ofício, a requerimento do Ministério Público ou mediante representação do delegado de polícia, ouvido o Ministério Público em vinte e quatro horas, havendo indícios suficientes de crime previsto nesta Lei, poderá decretar, no curso da investigação ou da ação penal, medidas assecuratórias de bens, direitos ou valores do investigado ou acusado, ou existentes em nome de interpostas pessoas, que sejam instrumento, produto ou proveito dos crimes previstos nesta Lei.

**§ 1º.** Proceder-se-á à alienação antecipada para preservação do valor dos bens sempre que estiverem sujeitos a qualquer grau de deterioração ou depreciação, ou quando houver dificuldade para sua manutenção.

**§ 2º.** O juiz determinará a liberação, total ou parcial, dos bens, direitos e valores quando comprovada a licitude de sua origem e destinação, mantendo-se a constrição dos bens, direitos e valores necessários e suficientes à reparação dos danos e ao pagamento de prestações pecuniárias, multas e custas decorrentes da infração penal.

**§ 3º.** Nenhum pedido de liberação será conhecido sem o comparecimento pessoal do acusado ou de interposta pessoa a que se refere o *caput* deste artigo, podendo o juiz determinar a prática de atos necessários à conservação de bens, direitos ou valores, sem prejuízo do disposto no § 1º.

**§ 4º.** Poderão ser decretadas medidas assecuratórias sobre bens, direitos ou valores para reparação do dano decorrente da infração penal antecedente ou da prevista nesta Lei ou para pagamento de prestação pecuniária, multa e custas.

**Art. 13.** Quando as circunstâncias o aconselharem, o juiz, ouvido o Ministério Público, nomeará pessoa física ou jurídica qualificada para a administração dos bens, direitos ou valores sujeitos a medidas assecuratórias, mediante termo de compromisso.

**Art. 14.** A pessoa responsável pela administração dos bens:

**I** – fará jus a uma remuneração, fixada pelo juiz, que será satisfeita preferencialmente com o produto dos bens objeto da administração;

**II** – prestará, por determinação judicial, informações periódicas da situação dos bens sob sua administração, bem como explicações e detalhamentos sobre investimentos e reinvestimentos realizados.

**Parágrafo único.** Os atos relativos à administração dos bens serão levados ao conhecimento do Ministério Público, que requererá o que entender cabível.

**Art. 15.** O juiz determinará, na hipótese de existência de tratado ou convenção internacional e por solicitação de autoridade estrangeira competente, medidas assecuratórias sobre bens, direitos ou valores oriundos de crimes descritos nesta Lei praticados no estrangeiro.

**§ 1º.** Aplica-se o disposto neste artigo, independentemente de tratado ou convenção internacional, quando houver reciprocidade do governo do país da autoridade solicitante.

**§ 2º.** Na falta de tratado ou convenção, os bens, direitos ou valores sujeitos a medidas assecuratórias por solicitação de autoridade estrangeira competente ou os recursos provenientes da sua alienação serão repartidos entre o Estado requerente e o Brasil, na proporção de metade, ressalvado o direito do lesado ou de terceiro de boa-fé.

**Art. 16.** Aplicam-se as disposições da Lei nº 12.850, de 2 agosto de 2013, para a investigação, processo e julgamento dos crimes previstos nesta Lei.

**Art. 17.** Aplicam-se as disposições da Lei nº 8.072, de 25 de julho de 1990, aos crimes previstos nesta Lei.

**Art. 18.** O inciso III do art. 1º da Lei nº 7.960, de 21 de dezembro de 1989, passa a vigorar acrescido da seguinte alínea p:

(...)

**Art. 19.** O art. 1º da Lei nº 12.850, de 2 de agosto de 2013, passa a vigorar com a seguinte alteração:

(...)

**Art. 20.** Esta Lei entra em vigor na data de sua publicação.

Brasília, 16 de março de 2016;
195º da Independência e 128º da República.
Dilma Rousseff
Wellington César Lima e Silva
Nelson Barbosa
Nilma Lino Gomes

## LEI Nº 13.344, DE 6 DE OUTUBRO DE 2016

*Dispõe sobre prevenção e repressão ao tráfico interno e internacional de pessoas e sobre medidas de atenção às vítimas; altera a Lei nº 6.815, de 19 de agosto de 1980, o Decreto-Lei nº 3.689, de 3 de outubro de 1941 (Código de Processo Penal), e o Decreto-Lei nº 2.848, de 7 de dezembro de 1940 (Código Penal); e revoga dispositivos do Decreto-Lei nº 2.848, de 7 de dezembro de 1940 (Código Penal).*

- DOU de 7.10.2016

O PRESIDENTE DA REPÚBLICA

Faço saber que o Congresso Nacional decreta e eu sanciono a seguinte Lei:

- Decreto 9.833/2019 – Dispõe sobre o Comitê Nacional de Enfrentamento ao Tráfico de Pessoas.
- Decreto 5.948/2006 – Aprova a Política Nacional de Enfrentamento ao Tráfico de Pessoas e institui Grupo de Trabalho Interministerial com o objetivo de elaborar proposta do Plano Nacional de Enfrentamento ao Tráfico de Pessoas (PNETP).
- Decreto 5.017/2004 – Promulga o Protocolo Adicional à Convenção das Nações Unidas contra o Crime Organizado Transnacional Relativo à Prevenção, Repressão e Punição do Tráfico de Pessoas, em Especial Mulheres e Crianças. (Protocolo de Palermo)
- Decreto 5.016/2004 – Promulga o Protocolo Adicional à Convenção das Nações Unidas contra o Crime Organizado Transnacional, relativo ao Combate ao Tráfico de Migrantes por Via Terrestre, Marítima e Aérea.
- Decreto 5.015/2004 – Promulga a Convenção das Nações Unidas contra o Crime Organizado Transnacional.
- Decreto 46.981/1959 – Promulga, com o respectivo Protocolo Final, a Convenção para a repressão do tráfico de pessoas e do lenocínio, concluída em Lake Success Nova York, em 21 de março de 1950, e assinada pelo Brasil em 5 de outubro de 1951.
- Lei 13.445/2017 (Lei de Migração).

**Art. 1º.** Esta Lei dispõe sobre o tráfico de pessoas cometido no território nacional contra vítima brasileira ou estrangeira e no exterior contra vítima brasileira.

- CP: arts. 83, V e 149-A

**Parágrafo único.** O enfrentamento ao tráfico de pessoas compreende a prevenção e a repressão desse delito, bem como a atenção às suas vítimas.

### CAPÍTULO I. DOS PRINCÍPIOS E DAS DIRETRIZES

**Art. 2º.** O enfrentamento ao tráfico de pessoas atenderá aos seguintes princípios:

**I** – respeito à dignidade da pessoa humana;

**II** – promoção e garantia da cidadania e dos direitos humanos;

**III** – universalidade, indivisibilidade e interdependência;

**IV** – não discriminação por motivo de gênero, orientação sexual, origem étnica ou social, procedência, nacionalidade, atuação profissional, raça, religião, faixa etária, situação migratória ou outro status;

**V** – transversalidade das dimensões de gênero, orientação sexual, origem étnica ou social, procedência, raça e faixa etária nas políticas públicas;

**VI** – atenção integral às vítimas diretas e indiretas, independentemente de nacionalidade e de colaboração em investigações ou processos judiciais;

**VII** – proteção integral da criança e do adolescente.

**Art. 3º.** O enfrentamento ao tráfico de pessoas atenderá às seguintes diretrizes:

**I** – fortalecimento do pacto federativo, por meio da atuação conjunta e articulada das esferas de governo no âmbito das respectivas competências;

**II** – articulação com organizações governamentais e não governamentais nacionais e estrangeiras;

**III** – incentivo à participação da sociedade em instâncias de controle social e das entidades de classe ou profissionais na discussão das políticas sobre tráfico de pessoas;

**IV** – estruturação da rede de enfrentamento ao tráfico de pessoas, envolvendo todas as esferas de governo e organizações da sociedade civil;

**V** – fortalecimento da atuação em áreas ou regiões de maior incidência do delito, como as de fronteira, portos, aeroportos, rodovias e estações rodoviárias e ferroviárias;

**VI** – estímulo à cooperação internacional;

PENAL

**VII** – incentivo à realização de estudos e pesquisas e ao seu compartilhamento;
**VIII** – preservação do sigilo dos procedimentos administrativos e judiciais, nos termos da lei;
**IX** – gestão integrada para coordenação da política e dos planos nacionais de enfrentamento ao tráfico de pessoas.

## CAPÍTULO II. DA PREVENÇÃO AO TRÁFICO DE PESSOAS

**Art. 4º.** A prevenção ao tráfico de pessoas dar-se-á por meio:
**I** – da implementação de medidas intersetoriais e integradas nas áreas de saúde, educação, trabalho, segurança pública, justiça, turismo, assistência social, desenvolvimento rural, esportes, comunicação, cultura e direitos humanos;
**II** – de campanhas socioeducativas e de conscientização, considerando as diferentes realidades e linguagens;
**III** – de incentivo à mobilização e à participação da sociedade civil; e
**IV** – de incentivo a projetos de prevenção ao tráfico de pessoas.

## CAPÍTULO III. DA REPRESSÃO AO TRÁFICO DE PESSOAS

**Art. 5º.** A repressão ao tráfico de pessoas dar-se-á por meio:
**I** – da cooperação entre órgãos do sistema de justiça e segurança, nacionais e estrangeiros;
**II** – da integração de políticas e ações de repressão aos crimes correlatos e da responsabilização dos seus autores;
**III** – da formação de equipes conjuntas de investigação.

## CAPÍTULO IV. DA PROTEÇÃO E DA ASSISTÊNCIA ÀS VÍTIMAS

**Art. 6º.** A proteção e o atendimento à vítima direta ou indireta do tráfico de pessoas compreendem:

- Lei 9.807/1999 – Estabelece normas para a organização e a manutenção de programas especiais de proteção a vítimas e a testemunhas ameaçadas, institui o Programa Federal de Assistência a Vítimas e a Testemunhas Ameaçadas e dispõe sobre a proteção de acusados ou condenados que tenham voluntariamente prestado efetiva colaboração à investigação policial e ao processo criminal.

**I** – assistência jurídica, social, de trabalho e emprego e de saúde;
**II** – acolhimento e abrigo provisório;
**III** – atenção às suas necessidades específicas, especialmente em relação a questões de gênero, orientação sexual, origem étnica ou social, procedência, nacionalidade, raça, religião, faixa etária, situação migratória, atuação profissional, diversidade cultural, linguagem, laços sociais e familiares ou outro status;
**IV** – preservação da intimidade e da identidade;
**V** – prevenção à revitimização no atendimento e nos procedimentos investigatórios e judiciais;
**VI** – atendimento humanizado;
**VII** – informação sobre procedimentos administrativos e judiciais.
**§ 1º** A atenção às vítimas dar-se-á com a interrupção da situação de exploração ou violência, a sua reinserção social, a garantia de facilitação do acesso à educação, à cultura, à formação profissional e ao trabalho e, no caso de crianças e adolescentes, a busca de sua reinserção familiar e comunitária.
**§ 2º** No exterior, a assistência imediata a vítimas brasileiras estará a cargo da rede consular brasileira e será prestada independentemente de sua situação migratória, ocupação ou outro status.
**§ 3º** A assistência à saúde prevista no inciso I deste artigo deve compreender os aspectos de recuperação física e psicológica da vítima.
**Art. 7º.** A Lei nº 6.815, de 19 de agosto de 1980, passa a vigorar acrescida dos seguintes artigos:
(...)

## CAPÍTULO V. DISPOSIÇÕES PROCESSUAIS

**Art. 8º.** O juiz, de ofício, a requerimento do Ministério Público ou mediante representação do delegado de polícia, ouvido o Ministério Público, havendo indícios suficientes de infração penal, poderá decretar medidas assecuratórias relacionadas a bens, direitos ou valores pertencentes ao investigado ou acusado, ou existentes em nome de interpostas pessoas, que sejam instrumento, produto ou proveito do crime de tráfico de pessoas, procedendo-se na forma dos arts. 125 a 144-A do Decreto-Lei nº 3.689, de 3 de outubro de 1941 (Código de Processo Penal).
**§ 1º.** Proceder-se-á à alienação antecipada para preservação do valor dos bens sempre que estiverem sujeitos a qualquer grau de deterioração ou depreciação, ou quando houver dificuldade para sua manutenção.
**§ 2º.** O juiz determinará a liberação total ou parcial dos bens, direitos e valores quando comprovada a licitude de sua origem, mantendo-se a constrição dos bens, direitos e valores necessários e suficientes à reparação dos danos e ao pagamento de prestações pecuniárias, multas e custas decorrentes da infração penal.
**§ 3º.** Nenhum pedido de liberação será conhecido sem o comparecimento pessoal do acusado ou investigado, ou de interposta pessoa a que se refere o *caput*, podendo o juiz determinar a prática de atos necessários à conservação de bens, direitos ou valores, sem prejuízo do disposto no § 1º.
**§ 4º.** Ao proferir a sentença de mérito, o juiz decidirá sobre o perdimento do produto, bem ou valor apreendido, sequestrado ou declarado indisponível.
**Art. 9º.** Aplica-se subsidiariamente, no que couber, o disposto na Lei nº 12.850, de 2 de agosto de 2013.
**Art. 10.** O Poder Público é autorizado a criar sistema de informações visando à coleta e à

gestão de dados que orientem o enfrentamento ao tráfico de pessoas.

**Art. 11.** O Decreto-Lei nº 3.689, de 3 de outubro de 1941 (Código de Processo Penal), passa a vigorar acrescido dos seguintes arts. 13-A e 13-B:

(...)

**Art. 12.** O inciso V do art. 83 do Decreto-Lei nº 2.848, de 7 de dezembro de 1940 (Código Penal), passa a vigorar com a seguinte redação:

(...)

**Art. 13.** O Decreto-Lei nº 2.848, de 7 de dezembro de 1940 (Código Penal), passa a vigorar acrescido do seguinte art. 149-A:

(...)

## CAPÍTULO VI. DAS CAMPANHAS RELACIONADAS AO ENFRENTAMENTO AO TRÁFICO DE PESSOAS

**Art. 14.** É instituído o Dia Nacional de Enfrentamento ao Tráfico de Pessoas, a ser comemorado, anualmente, em 30 de julho.

**Art. 15.** Serão adotadas campanhas nacionais de enfrentamento ao tráfico de pessoas, a serem divulgadas em veículos de comunicação, visando à conscientização da sociedade sobre todas as modalidades de tráfico de pessoas.

## CAPÍTULO VII. DISPOSIÇÕES FINAIS

**Art. 16.** Revogam-se os arts. 231 e 231-A do Decreto-Lei nº 2.848, de 7 de dezembro de 1940 (Código Penal).

**Art. 17.** Esta Lei entra em vigor após decorridos 45 (quarenta e cinco) dias de sua publicação oficial.

Brasília, 6 de outubro de 2016;
195º da Independência e 128º da República.
Michel Temer
Alexandre de Moraes
José Serra
Ricardo José Magalhães Barros
Osmar Terra
Grace Maria Fernandes Mendonça

# DECRETO Nº 11.491, DE 12 DE ABRIL DE 2023

*Promulga a Convenção sobre o Crime Cibernético, firmada pela República Federativa do Brasil, em Budapeste, em 23 de novembro de 2001.*

▸ DOU 13.04.2023

O VICE-PRESIDENTE DA REPÚBLICA, no exercício do cargo de PRESIDENTE DA REPÚBLICA, no uso da atribuição que lhe confere o art. 84, *caput*, inciso IV, da Constituição, e

Considerando que a República Federativa do Brasil firmou a Convenção sobre o Crime Cibernético, em Budapeste, em 23 de novembro de 2001;

Considerando que o Congresso Nacional aprovou a Convenção por meio do Decreto Legislativo nº 37, de 16 de dezembro de 2021; e

Considerando que o Governo brasileiro depositou, junto ao Secretário-Geral do Conselho da Europa, em 30 de novembro de 2022, o instrumento de ratificação à Convenção e que esta entrou em vigor para a República Federativa do Brasil, no plano jurídico externo, em 1º de março de 2023;

DECRETA:

**Art. 1º** Fica promulgada a Convenção sobre o Crime Cibernético, firmada em Budapeste, em 23 de novembro de 2001, anexa a este Decreto.

**Art. 2º** São sujeitos à aprovação do Congresso Nacional atos que possam resultar em revisão da Convenção e ajustes complementares que acarretem encargos ou compromissos gravosos ao patrimônio nacional, nos termos do inciso I do *caput* do art. 49 da Constituição.

**Art. 3º** Este Decreto entra em vigor na data de sua publicação.

Brasília, 12 de abril de 2023;
202º da Independência e 135º da República.
GERALDO JOSÉ RODRIGUES ALCKMIN FILHO
Maria Laura da Rocha

## CONVENÇÃO SOBRE O CRIME CIBERNÉTICO

**Preâmbulo**

Os Estados membros do Conselho da Europa e as demais Partes,

Considerando que o objetivo do Conselho da Europa é alcançar uma maior unidade entre seus membros;

Reconhecendo a importância de fomentar a cooperação com as outras Partes desta Convenção;

Convencidos da necessidade de buscar prioritariamente uma política criminal comum destinada à proteção da sociedade contra o crime cibernético, nomeadamente pela adoção de legislação apropriada e pela promoção da cooperação internacional, entre outras medidas;

Conscientes das profundas mudanças desencadeadas pela digitalização, interconexão e contínua globalização das redes informáticas;

Preocupados com os riscos de as redes informáticas e as informações eletrônicas também poderem ser utilizadas para a prática de crimes e de as provas dessas infrações poderem ser armazenadas e transferidas por meio dessas redes;

Reconhecendo a necessidade de cooperação entre os Estados e a indústria no combate aos crimes eletrônicos e a necessidade de proteger interesses legítimos no uso e desenvolvimento da tecnologia da informação;

Acreditando que um combate eficiente aos crimes cibernéticos exige uma cooperação internacional em assuntos penais mais intensa, rápida e eficaz;

Convencidos de que a presente Convenção é necessária para impedir ações conduzidas contra a confidencialidade, a integridade e a disponibilidade de sistemas informáticos, redes e dados de computador, bem como para impedir o abuso de tais sistemas, redes e dados, ao prever a criminalização de tais condutas, tal como se encontram descritas nesta Convenção, e ao prever a criação de competências suficientes para combater efetivamente tais crimes, facilitando a descoberta, a investigação e o julgamento dessas infrações penais em instâncias domésticas e internacionais, e ao estabelecer mecanismos para uma cooperação internacional rápida e confiável;

Atentos para a necessidade de assegurar o devido equilíbrio entre os interesses dos órgãos de persecução criminal e o respeito aos direitos humanos fundamentais, tal como previstos na Convenção Europeia para a Proteção dos Direitos Humanos e Liberdades Fundamentais, de 1950, no Pacto das Nações Unidas sobre Direitos Civis e Políticos, de 1966, bem como em outros tratados internacionais sobre direitos humanos que reafirmem o direito universal à liberdade de consciência, sem interferência de qualquer espécie, bem como o direito à liberdade de expressão, que inclui a liberdade de buscar, receber e compartilhar informações e ideias de qualquer espécie, independentemente de limites, e os direitos à intimidade e à privacidade;

Também preocupados com o direito à proteção de dados pessoais, como previsto, por exemplo, na Convenção Europeia para a Proteção de Dados Pessoais sujeitos a Processamento Eletrônico, de 1981;

Considerando a Convenção das Nações Unidas sobre Direitos da Criança, de 1989, e a Convenção da Organização Internacional do Trabalho para a Eliminação das Piores Formas de Trabalho Infantil, de 1999;

Levando em conta as atuais convenções do Conselho da Europa sobre cooperação em matéria criminal, bem como os tratados similares existentes entre membros do Conselho da Europa e outros Estados, e enfatizando que a presente Convenção visa a complementar esses pactos de modo a tornar as investigações criminais e os procedimentos relacionados a crimes informáticos mais eficientes e de modo a possibilitar a obtenção de provas digitais de uma infração penal;

Saudando as recentes conquistas que promovem o avanço da assistência mútua e da cooperação internacionais no combate à criminalidade cibernética, incluindo ações das Nações Unidas, da Organização para a Cooperação e o Desenvolvimento Econômico (OCDE), da União Europeia e do G8;

Evocando a Recomendação n. R (85) 10 do Comitê de Ministros relativa à aplicação prática da Convenção Europeia para Assistência Mútua em Assuntos Penais a respeito de cartas rogatórias para a interceptação de telecomunicações; a Recomendação n. R (88) 2 sobre violação de direitos autorais e direitos correlatos; a Recomendação n. R (87) 15, que regula o uso policial de dados pessoais; a Recomendação n. R (95) 4 sobre a proteção de dados pessoais nos serviços de telecomunicações, com referência especial aos serviços de telefonia; bem como a Recomendação n. R (89) 9, que estabelece diretrizes para os legislativos nacionais na definição de certos crimes informáticos e a Recomendação n. R (95) 13, que diz respeito a problemas de direito processual penal relacionados à tecnologia da informação;

Atentando para a Resolução n. 1, adotada durante a 21ª Conferência dos Ministros da Justiça europeus (Praga, de 10 a 11 de junho de 1997), que recomendou ao Conselho de Ministros apoiar o trabalho desenvolvido pelo Comitê Europeu para os Problemas Criminais (CDPC) sobre criminalidade cibernética, a fim de aprovar leis penais domésticas compatíveis e possibilitar meios eficazes de investigação de tais infrações, bem como para a Resolução n. 3, aprovada pela 23ª Conferência de Ministros da Justiça Europeus (Londres, 8 e 9 de junho de 2000), que encorajou as partes negociantes a continuar seus esforços para encontrar soluções adequadas para permitir que o maior número possível de Estados se tornem partes da Convenção e reconheceu a necessidade de um sistema de cooperação internacional imediato e eficiente, que considere devidamente as necessidades específicas da luta contra o crime cibernético;

Considerando também o Plano de Ação aprovado pelos Chefes de Estado e de Governo do Conselho da Europa, durante o seu segundo Encontro de Cúpula (Estrasburgo, 10 e 11 de outubro de 1997), para buscar respostas comuns para o desenvolvimento das novas tecnologias da informação, com base nos valores e princípios do Conselho da Europa;

Acordam o seguinte:

## CAPÍTULO I
## TERMINOLOGIA

**Artigo 1** - Definições

Para os fins desta Convenção:

a) "sistema de computador" designa qualquer aparelho ou um conjunto de aparelhos interconectados ou relacionados entre si que asseguram, isoladamente ou em conjunto, pela execução de um programa, o processamento eletrônico de dados;

b) "dado de computador" é qualquer representação de fatos, informações ou conceitos numa forma adequada para o processamento num sistema de computador que inclua um programa capaz de fazer o sistema realizar uma tarefa;

c) "provedor de serviços" significa:

(i) qualquer entidade pública ou privada que permite aos seus usuários se comunicarem por meio de um sistema de computador, e

(ii) qualquer outra entidade que realiza o processamento ou armazenamento de dados de computador em nome desses serviços de comunicação ou de seus usuários.

d) "dados de tráfego" designa quaisquer dados de computador referentes a uma comunicação por meio de um sistema informatizado, gerados por um computador que seja parte na cadeia de comunicação, e que indicam sua origem, destino, caminho, hora, data, extensão, duração ou tipo de serviço subordinado.

## CAPÍTULO II
## MEDIDAS A SEREM ADOTADAS NAS JURISDIÇÕES NACIONAIS

### SEÇÃO 1
### DIREITO PENAL

### TÍTULO 1
### CRIMES CONTRA A CONFIDENCIALIDADE, INTEGRIDADE E DISPONIBILIDADE DE DADOS E SISTEMAS DE COMPUTADOR

**Artigo 2** - Acesso ilegal

Cada Parte adotará medidas legislativas e outras providências necessárias para tipificar como crime, em sua legislação interna, o acesso doloso e não autorizado à totalidade de um sistema de computador ou a parte dele.

Qualquer Parte pode exigir para a tipificação do crime o seu cometimento mediante a violação de medidas de segurança; com o fim de obter dados de computador ou com outro objetivo fraudulento; ou contra um sistema de computador que esteja conectado a outro sistema de computador.

**Artigo 3** - Interceptação ilícita

Cada Parte adotará medidas legislativas e outras providências necessárias para tipificar como crime em sua legislação interna a interceptação ilegal e intencional, realizada por meios técnicos, de transmissões não-públicas de dados de computador para um sistema informatizado, a partir dele ou dentro dele, inclusive das emissões eletromagnéticas oriundas de um sistema informatizado que contenham esses dados de computador. Qualquer Parte pode exigir para a tipificação do crime o seu cometimento com objetivo fraudulento ou que seja praticado contra um sistema de computador que esteja conectado a outro sistema de computador.

**Artigo 4** - Violação de dados

1) Cada Parte adotará medidas legislativas e outras providências necessárias para tipificar como crimes, em sua legislação interna, a danificação, a eliminação, a deterioração, a alteração ou a supressão dolosas e não autorizadas de dados de computador.

2) Qualquer Parte pode reservar-se o direito de exigir que da conduta descrita no parágrafo 1 resulte sério dano para a vítima.

**Artigo 5** - Interferência em sistema

Cada Parte adotará medidas legislativas semelhantes e outras providências necessárias para tipificar como crime, em sua legislação interna, qualquer grave obstrução ou impedimento, dolosos e não autorizados, do funcionamento de um sistema de computador por meio da inserção, transmissão, danificação, apagamento, deterioração, alteração ou supressão de dados de computador.

**Artigo 6** - Uso indevido de aparelhagem

1) Cada Parte adotará medidas legislativas e outras providências necessárias para tipificar como crimes, em sua legislação interna, as seguintes condutas, quando dolosas e não autorizadas:

a) a produção, venda, aquisição para uso, importação, distribuição ou a disponibilização por qualquer meio de:

i. aparelho, incluindo um programa de computador, desenvolvido ou adaptado principalmente para o cometimento de quaisquer dos crimes estabelecidos de acordo com os artigos de 2 a 5;

ii. uma senha de computador, código de acesso, ou dados similares por meio dos quais se possa acessar um sistema de computador ou qualquer parte dele, com a intenção de usá-lo para a prática de quaisquer dos crimes previstos nos artigos de 2 a 5; e

b) a posse de qualquer dos instrumentos referidos nos parágrafos a.i ou ii, com a intenção de usá-los para a prática de quaisquer dos crimes previstos nos artigos de 2 a 5. Qualquer Parte pode exigir, por lei, a posse de um número mínimo de tais instrumentos, para que a responsabilidade criminal se materialize.

2) Este Artigo não deve ser interpretado para estabelecer responsabilidade criminal quando a produção, venda, aquisição para uso, importação, distribuição ou disponibilização por qualquer meio ou a posse referidos no parágrafo 1 deste Artigo não se destine à prática de qualquer dos crimes tipificados de acordo com os artigos 2 a 5 desta Convenção, como para, por exemplo, a realização de testes autorizados ou a proteção de um sistema de computador.

3) Cada Parte pode reservar-se o direito de não aplicar o parágrafo 1 deste Artigo, desde que a reserva não se refira à venda, distribuição ou a disponibilização por qualquer meio, dos itens ou instrumentos referidos no parágrafo 1 a.ii deste Artigo.

### TÍTULO 2
### CRIMES INFORMÁTICOS

**Artigo 7** - Falsificação informática

Cada Parte adotará medidas legislativas e outras providências necessárias para tipificar como crimes, em sua legislação interna, a inserção, alteração, apagamento ou supressão, dolosos e não autorizados, de dados de computador, de que resultem dados inautênticos, com o fim de que sejam tidos como legais, ou tenham esse efeito, como se autênticos fossem, independentemente de os dados serem ou não diretamente legíveis e inteligíveis. Qualquer Parte pode exigir, para a tipificação do crime, o seu cometimento com intenção de defraudar ou com outro objetivo fraudulento.

**Artigo 8** - Fraude informática

Cada Parte adotará medidas legislativas e outras providências necessárias para tipificar como crime, em sua legislação interna, a conduta de quem causar, de forma dolosa e não autorizada, prejuízo patrimonial a outrem por meio de:

a) qualquer inserção, alteração, apagamento ou supressão de dados de computador;

b) qualquer interferência no funcionamento de um computador ou de um sistema de computadores, realizada com a intenção fraudulenta de obter, para si ou para outrem, vantagem econômica ilícita.

## TÍTULO 3 CRIMES RELACIONADOS AO CONTEÚDO DA INFORMAÇÃO

**Artigo 9** - Pornografia infantil

1. Cada Parte adotará medidas legislativas e outras providências necessárias para tipificar como crimes, em sua legislação interna, as seguintes condutas, quando cometidas dolosamente e de forma não autorizadas:

a. produzir pornografia infantil para distribuição por meio de um sistema de computador;

b. oferecer ou disponibilizar pornografia infantil por meio de um sistema de computador;

c. distribuir ou transmitir pornografia infantil por meio de um sistema de computador;

d. adquirir, para si ou para outrem, pornografia infantil por meio de um sistema de computador;

e. possuir pornografia infantil num sistema de computador ou num dispositivo de armazenamento de dados de computador.

2. Para os fins do parágrafo 1, "pornografia infantil" inclui material pornográfico que represente visualmente:

a. um menor envolvido em conduta sexual explícita;

b. uma pessoa que pareça menor envolvida em conduta sexual explícita;

c. imagens realísticas retratando um menor envolvido em conduta sexual explícita.

3. Para os fins do parágrafo 2, o termo "menor" inclui todas as pessoas com menos de 18 anos de idade. Qualquer Parte pode, contudo, estabelecer um limite de idade diverso, que não será inferior a 16 anos.

4. Qualquer Parte pode reservar-se o direito de não aplicar, no todo ou em parte, o parágrafo 1, subparágrafos *d* e *e*, e o parágrafo 2, subparágrafos *b* e *c*.

## TÍTULO 4 VIOLAÇÃO DE DIREITOS AUTORAIS E DE DIREITOS CORRELATOS

**Artigo 10** - Violação de direitos autorais e de direitos correlatos

1. Cada Parte adotará medidas legislativas semelhantes e outras providências necessárias para tipificar como crimes, em sua legislação interna, a violação de direitos autorais, como definidos no direito local, segundo as obrigações assumidas sob o Ato de Paris, de 24 de julho de 1971, que modificou a Convenção de Berna para a Proteção de Obras Literárias e Artísticas, o Acordo sobre Aspectos Comerciais da Propriedade Intelectual e o Tratado de Direitos Autorais da OMPI, com exceção de quaisquer direitos morais conferidos por tais convenções, quando tal conduta violadora for cometida intencionalmente, em escala comercial e por meio de um sistema de computador.

2. Cada Parte adotará medidas legislativas e outras providências necessárias para tipificar como crimes, em sua legislação interna, a violação de direitos correlatos aos autorais, como definidos, no direito local, de acordo com as obrigações assumidas em face da Convenção Internacional para a Proteção de Artistas, Produtores de Fonogramas e Organizações Rádio-difusoras, assinada em Roma (Convenção de Roma), o Acordo sobre Aspectos Comerciais da Propriedade Intelectual e o Tratado da OMPI sobre Atuações Artísticas e Fonogramas, com exceção de quaisquer direitos morais conferidos por tais convenções, quando tal conduta violadora for cometida dolosamente, em escala comercial e por meio de um sistema de computador.

3. Qualquer Parte pode reservar-se o direito de não impor responsabilidade criminal no tocante às condutas dos parágrafos 1 e 2 deste Artigo em circunstâncias limitadas, desde que outras soluções jurídicas eficazes estejam disponíveis e que tal reserva não seja estipulada em detrimento das obrigações internacionais do Estado, estabelecidas nos instrumentos internacionais referidos nos parágrafos 1 e 2 deste Artigo.

## TÍTULO 5 OUTRAS FORMAS DE RESPONSABILIDADE E SANÇÕES

**Artigo 11** - Tentativa, auxílio ou instigação

1. Cada Parte adotará medidas legislativas e outras providências necessárias para tipificar como crimes, em sua legislação interna, o auxílio, a instigação ou a incitação, dolosos, à prática de quaisquer dos crimes estabelecidos de acordo com os Artigos 2 a 10 da presente Convenção, quando o favorecedor tenha a intenção de que tais infrações sejam de fato cometidas.

2. Cada Parte adotará medidas legislativas e outras providências necessárias para tipificar como crime, em sua legislação interna, a tentativa de cometer dolosamente quaisquer dos crimes estabelecidos de acordo com os Artigos 3 a 5, 7, 8, 9.1.a e *c* desta Convenção.

3. Qualquer Parte pode reservar-se o direito de não aplicar, no todo ou em parte, o parágrafo 2 deste Artigo.

**Artigo 12** - Responsabilidade penal da pessoa jurídica

1. Cada Parte adotará medidas legislativas e outras providências necessárias para assegurar que pessoas jurídicas possam ser consideradas penalmente responsáveis por crimes tipificados de acordo com esta Convenção, quando cometidos em seu benefício por qualquer pessoa física em posição de direção, que aja individualmente ou como integrante de um órgão da própria pessoa jurídica, com base:

a. no poder de representação da pessoa jurídica;

b. na autoridade de tomar decisões em nome da pessoa jurídica;

c. na autoridade de exercer controle interno na pessoa jurídica.

2. Além dos casos já previstos no parágrafo 1 deste Artigo, cada Parte tomará as medidas necessárias para assegurar que uma pessoa jurídica possa ser responsabilizada quando a falta de supervisão ou controle por uma pessoa natural dentre as referidas no parágrafo 1 deste Artigo tenha possibilitado o cometimento de um crime estabelecido de acordo com esta Convenção, por uma pessoa natural agindo sob autoridade dessa pessoa jurídica e em benefício dela.

3. Atendidos os princípios legais vigentes na Parte, a responsabilidade da pessoa jurídica pode ser civil, criminal ou administrativa.

4. Tal responsabilidade ocorrerá sem prejuízo da responsabilidade criminal das pessoas naturais que tenham cometido o crime.

**Artigo 13** - Sanções e medidas

1. Cada Parte adotará medidas legislativas e outras providências necessárias para assegurar que os crimes tipificados de acordo com os Artigos de 2 a 11 sejam punidos por meio de sanções criminais eficazes, adequadas e dissuasivas, que incluam a privação de liberdade.

2. Cada Parte assegurará que as pessoas jurídicas consideradas responsáveis de acordo com o Artigo 12 estejam sujeitas a sanções penais ou não-penais eficazes, proporcionais e dissuasivas, inclusive a penas pecuniárias.

## SEÇÃO 2
## DIREITO PROCESSUAL

### TÍTULO 1
### DISPOSIÇÕES GERAIS

**Artigo 14** - Âmbito de aplicação dos dispositivos processuais

1. Cada Parte adotará medidas legislativas e outras providências necessárias para estabelecer os poderes e procedimentos previstos nesta seção para o fim específico de promover investigações ou processos criminais.

2. Salvo se especificamente previsto no Artigo 21, cada Parte aplicará os poderes e procedimentos referidos no parágrafo 1 deste Artigo:

a. aos crimes tipificados de acordo com os Artigos de 2 a 11 desta Convenção;

b. a outros crimes cometidos por meio de um sistema de computador; e

c. para a coleta de provas eletrônicas da prática de um crime.

3. a. Qualquer Parte pode reservar-se o direito de aplicar as medidas referidas no Artigo 20 somente a crimes ou a categorias de crimes especificados na reserva, desde que o conjunto de tais crimes ou categorias de crimes não seja mais restrito do que o conjunto de crimes aos quais esse Estado aplica as medidas mencionadas no Artigo 21. Qualquer Parte poderá considerar restritiva uma reserva desse tipo, de modo a possibilitar a mais ampla aplicação da medida especificada no Artigo 20.

b. Quando uma Parte, em razão de obstáculos legais nacionais existentes ao tempo da adoção desta Convenção, não possa aplicar as medidas referidas nos Artigos 20 e 21 a comunicações transmitidas dentro de um sistema de computador de um provedor de serviço, cujo sistema:

i. estiver sendo operado em benefício de um grupo fechado de usuários, e

ii. não empregar redes públicas de comunicação, nem estiver conectado com outro sistema de computador, seja ele público ou privado, essa Parte pode reservar-se o direito de não aplicar essas medidas a tais comunicações. Qualquer outro Estado pode opor óbice a reserva dessa espécie, a fim de possibilitar a mais ampla aplicação das medidas referidas nos Artigos 20 e 21.

**Artigo 15** - Condições e garantias

1. Cada Parte assegurará que o estabelecimento, a implementação e a aplicação dos poderes e procedimentos previstos nesta seção sujeitem-se às condições e garantias instituídas na sua legislação interna, que estabelecerá proteção adequada aos direitos humanos e às liberdades públicas, incluindo os direitos nascidos em conformidade com as obrigações que esse Estado tenha assumido na Convenção do Conselho da Europa para a Proteção dos Direitos Humanos e das Liberdades Fundamentais, de 1950, na Convenção Internacional da ONU sobre Direitos Civis e Políticos, de 1966, e em outros instrumentos internacionais de direitos humanos, e que tais poderes e procedimentos incorporarão o princípio da proporcionalidade.

2. Tais condições e garantias incluirão, quando seja apropriado, tendo em vista a natureza do poder ou do procedimento, entre outros, controle judicial ou supervisão independente, fundamentação da aplicação, e limitação do âmbito de aplicação e da duração de tais poderes ou procedimentos.

3. Desde que conforme ao interesse público, em especial a boa administração da justiça, cada Parte levará em conta o impacto dos poderes e procedimentos previstos nesta seção sobre os direitos, obrigações e legítimos interesses de terceiros.

## TÍTULO 2
## PRESERVAÇÃO EXPEDITA DE DADOS ARMAZENADOS EM COMPUTADOR

**Artigo 16 -** Preservação expedita de dados de computador

1. Cada Parte adotará medidas legislativas e outras providências necessárias para permitir que a autoridade competente ordene ou obtenha a expedita preservação de dados de computador especificados, incluindo dados de tráfego, que tenham sido armazenados por meio de um sistema de computador, especialmente quando haja razões para admitir que os dados de computador estão particularmente sujeitos a perda ou modificação.

2. Se a Parte der efeito ao parágrafo 1 acima por meio de uma ordem a uma pessoa para preservar dados de computador determinados que estejam sob sua posse, detenção ou controle, o Estado adotará medidas legislativas e outras providências necessárias para obrigar essa pessoa a preservar e manter a integridade desses dados de computador pelo período de tempo necessário, até o máximo de 90 (noventa) dias, a fim de permitir à autoridade competente buscar sua revelação. Qualquer Parte pode estipular que tal ordem possa ser renovada subsequentemente.

3. Cada Parte adotará medidas legislativas e outras providências necessárias para obrigar o detentor dos dados ou terceiro encarregado da sua preservação, a manter em sigilo o início do procedimento investigativo por um período de tempo estabelecido na sua legislação interna.

4. Os poderes e procedimentos referidos neste Artigo estão sujeitos aos Artigos 14 e 15.

**Artigo 17 -** Preservação expedita e revelação parcial de dados de tráfego

1. Cada Parte adotará, a respeito dos dados de tráfego que devem ser preservados de acordo com o Artigo 16, medidas legislativas e outras providências pertinentes para:

a. assegurar que essa expedita preservação de dados de tráfego seja possível independentemente do número de provedores de serviço envolvidos na transmissão dessa comunicação; e

b. assegurar expedita revelação à autoridade competente da Parte, ou a uma pessoa indicada por essa autoridade, de um conjunto suficiente de dados de tráfego que permitam à Parte identificar os provedores de serviço e o caminho por meio do qual a comunicação se realizou.

2. Os poderes e procedimentos referidos neste artigo estarão sujeitos aos Artigos 14 e 15.

## TÍTULO 3
## ORDEM DE EXIBIÇÃO

**Artigo 18 -** Ordem de exibição

1. Cada Parte adotará as medidas legislativas e outras providências necessárias para dar poderes a autoridades competentes para ordenar:

a. a qualquer pessoa residente em seu território a entregar dados de computador especificados, por ela controlados ou detidos, que estejam armazenados num sistema de computador ou em qualquer meio de armazenamento de dados de computador;

b. a qualquer provedor de serviço que atue no território da Parte a entregar informações cadastrais de assinantes de tais serviços, que estejam sob a detenção ou controle do provedor.

2. Os poderes e procedimentos referidos neste artigo estão sujeitos aos Artigos 14 e 15.

3. Paras os fins deste Artigo, o termo "informações cadastrais do assinante" indica qualquer informação mantida em forma eletrônica ou em qualquer outra, que esteja em poder do provedor de serviço e que seja relativa a assinantes de seus serviços, com exceção dos dados de tráfego e do conteúdo da comunicação, e por meio da qual se possa determinar:

a. o tipo de serviço de comunicação utilizado, as medidas técnicas tomadas para esse fim e a época do serviço;

b. a identidade do assinante, o domicílio ou o endereço postal, o telefone e outros números de contato e informações sobre pagamento e cobrança, que estejam disponíveis de acordo com o contrato de prestação de serviço.

c. quaisquer outras informações sobre o local da instalação do equipamento de comunicação disponível com base no contrato de prestação de serviço.

## TÍTULO 4
## BUSCA E APREENSÃO DE DADOS DE COMPUTADOR

**Artigo 19 -** Busca e apreensão de dados de computador

1. Cada Parte adotará medidas legislativas e outras providências necessárias para dar poderes a suas autoridades competentes para busca ou investigação, em seu território:

a. de qualquer sistema de computador ou de parte dele e dos dados nele armazenados; e

b. de qualquer meio de armazenamento de dados de computador no qual possam estar armazenados os dados procurados em seu território.

2. Cada Parte adotará medidas legislativas e outras providências necessárias para assegurar que, quando a autoridade competente proceder a busca em um determinado sistema de computador ou em parte dele, de acordo com o parágrafo 1.a, e tiver fundadas razões para supor que os dados procurados estão armazenados em outro sistema de computador ou em parte dele, situado em seu território, e que tais dados são legalmente acessíveis a partir do sistema inicial, ou disponíveis a esse sistema, tal autoridade poderá estender prontamente a busca ou o acesso ao outro sistema.

3. Cada Parte adotará medidas legislativas e outras providências necessárias para dar poderes a suas autoridades competentes para apreender ou proteger dados de computador acessados de acordo com os parágrafos 1 ou 2. Estas medidas incluirão o poder de:

a. apreender ou proteger um sistema de computador ou parte dele ou um meio de armazenamento de dados;

b. fazer e guardar uma cópia desses dados de computador;

c. manter a integridade dos dados de computador relevantes;

d. tornar inacessíveis esses dados no sistema de computador acessado ou dele removê-los.

4. Cada Parte adotará medidas legislativas e outras providências necessárias para dar poderes a sua autoridade competente para determinar que qualquer pessoa que conheça o funcionamento do sistema de computador ou as medidas empregadas para proteger os dados nele armazenados que forneça, tanto quanto seja razoável, as informações necessárias para permitir as providências referidas nos parágrafos 1 e 2.

5. Os poderes e procedimentos referidos neste artigo estarão sujeitos aos dispositivos dos Artigos 14 e 15.

## TÍTULO 5
## OBTENÇÃO DE DADOS DE COMPUTADOR EM TEMPO REAL

**Artigo 20** - Obtenção de dados de tráfego em tempo real

1. Cada Parte adotará medidas legislativas e outras providências necessárias para dar poderes a suas autoridades competentes, no que seja pertinente a dados de tráfego, em tempo real, vinculados a comunicações específicas, ocorridas em seu território, por meio de um sistema de computador, para:

a. coletar tais dados ou gravá-los por meios técnicos, no território da Parte, e

b. obrigar um provedor de serviço, nos limites de sua capacidade técnica:

i. a reunir tais dados ou gravá-los por meios técnicos, no território da Parte;

ou

ii. a cooperar com as autoridades competentes ou auxiliá-las na obtenção ou gravação de tais dados.

2. Quando uma Parte, em razão dos princípios legais de seu sistema jurídico, não puder adotar as medidas referidas no parágrafo 1.a., a Parte poderá substituí-las por medidas legislativas e outras providências necessárias para assegurar a obtenção ou a gravação em tempo real, por meios técnicos aplicados em seu próprio território, dos dados de tráfego vinculados a uma comunicação específica, transmitida nesse território.

3. Cada Parte adotará medidas legislativas e outras providências necessárias para obrigar um provedor de serviço a manter em sigilo a execução de qualquer das atribuições investigativas estabelecidas neste Artigo e quaisquer informações relativas a elas.

4. Os poderes e procedimentos referidos neste Artigo obedecerão aos Artigos 14 e 15.

**Artigo 21** - Interceptação de dados de conteúdo

1. Cada Parte adotará medidas legislativas e outras providências necessárias, em relação a um conjunto de crimes graves a serem especificados pela legislação doméstica, e no que seja pertinente ao conteúdo de comunicações específicas, ocorridas em seu território, por meio de um sistema de computador, para dar poderes a suas autoridades competentes, a fim de que possam, em tempo real:

a. coletar ou gravar tais comunicações, por meios técnicos, no território dessa Parte, e

b. compelir um provedor de serviço, nos limites de sua capacidade técnica:

i. a coletar ou gravar tais comunicações, por meios técnicos, no território dessa Parte; ou

ii. a cooperar com as autoridades competentes, ou ajudá-las, na obtenção ou gravação do conteúdo dessas comunicações.

2. Quando uma Parte, em razão dos princípios legais de seu sistema jurídico, não puder adotar as medidas referidas no parágrafo 1.a., a Parte poderá substituí-las por medidas legislativas e outras providências necessárias para assegurar a obtenção ou a gravação em tempo real, por meios técnicos aplicados em seu próprio território, do conteúdo de comunicações específicas transmitidas nesse território.

3. Cada Parte adotará medidas legislativas e outras providências necessárias para obrigar um provedor de serviço a manter em sigilo a execução de qualquer das atribuições investigativas estabelecidas neste Artigo e quaisquer informações relativas a elas.

4. Os poderes e procedimentos referidos neste Artigo obedecerão aos Artigos 14 e 15.

## SEÇÃO 3
## JURISDIÇÃO

**Artigo 22** - Jurisdição

1. Cada Parte adotará medidas legislativas e outras providências necessárias para estabelecer jurisdição sobre qualquer dos crimes tipificados de acordo com os Artigos de 2 a 11 desta Convenção, quando a infração for cometida:

a. no seu território; ou por um seu nacional, se o crime for punível segundo as leis penais do local do fato ou se o crime for cometido fora da jurisdição de qualquer Parte.

b. a bordo de uma embarcação de bandeira dessa Parte; ou

c. a bordo de uma aeronave registrada conforme as leis dessa Parte; ou

d. por um seu nacional, se o crime for punível segundo as leis penais do local do fato ou se o crime for cometido fora da jurisdição de qualquer Parte.

2. Qualquer Parte pode reservar-se o direito de não aplicar ou aplicar somente em casos específicos ou em condições especiais as regras de jurisdição assentadas nos parágrafos 1.b a 1.d deste Artigo ou qualquer parte delas.

3. Cada Estado adotará medidas necessárias para estabelecer jurisdição sobre os crimes referidos no Artigo 24, parágrafo 1, desta Convenção, quando um suspeito da prática de tais crimes estiver em seu território e esta Parte não o extradite para outra Parte, somente em razão de sua nacionalidade, depois de um pedido de extradição.
4. Esta Convenção não exclui nenhuma espécie de jurisdição criminal exercida pela Parte de acordo com a sua legislação doméstica.
5. Se mais de uma Parte reivindicar jurisdição sobre suposto crime previsto nesta Convenção, as Partes envolvidas, quando conveniente, deverão promover consultas para determinar a jurisdição mais adequada para o processo.

## CAPÍTULO III
## COOPERAÇÃO INTERNACIONAL

### SEÇÃO 1
### PRINCÍPIOS GERAIS

### TÍTULO 1
### PRINCÍPIOS GERAIS DA COOPERAÇÃO INTERNACIONAL

**Artigo 23** - Princípios gerais da cooperação internacional
As Partes cooperarão entre si, de acordo com as disposições deste capítulo, e por meio da aplicação de instrumentos internacionais pertinentes de cooperação internacional em assuntos penais, de ajustes firmados com base em legislação uniforme ou de reciprocidade, e da legislação doméstica, o mais possível, para a realização das investigações ou procedimentos acerca de crimes de computador, ou para a coleta de provas eletrônicas desses crimes.

### TÍTULO 2
### PRINCÍPIOS RELATIVOS À EXTRADIÇÃO

**Artigo 24** - Extradição
1.a. Este Artigo aplica-se à extradição entre Estados a respeito dos crimes tipificados de acordo com os Artigos de 2 a 11 desta Convenção, desde que tais infrações sejam puníveis de acordo com as leis penais das duas Partes com pena privativa de liberdade cujo período máximo de seja de pelo menos 1 (um) ano, ou por uma sanção mais severa.
b. Quando uma pena mínima diferente for prevista em conformidade com um acordo de legislação uniforme ou de reciprocidade, ou conforme um tratado de extradição, inclusive a Convenção Europeia sobre Extradição (ETS n. 24), e quando esses pactos sejam aplicáveis a duas ou mais Partes, deverá prevalecer a pena mínima estabelecida de acordo com esses ajustes ou tratados.
2. Os crimes descritos no parágrafo 1 deste Artigo serão considerados extraditáveis em qualquer tratado de extradição existente entre as Partes. As Partes comprometem-se a considerar tais crimes extraditáveis em qualquer tratado que venha a ser concluído entre elas.
3. Se uma Parte que condiciona a extradição à existência de um tratado receber um pedido extradicional de outra Parte com a qual não mantém convenção de extradição, essa Parte pode considerar esta Convenção como a base legal para a extradição a respeito de qualquer crime referido no parágrafo 1 deste Artigo.
4. As Partes que não condicionam a extradição à existência de um tratado reconhecerão os crimes referidos no parágrafo 1 deste Artigo como infrações extraditáveis entre si.
5. A extradição sujeitar-se-á às condições estabelecidas na legislação da Parte requerida ou nos tratados de extradição aplicáveis, inclusive às razões pelas quais a Parte requerida pode recusar a extradição.
6. Se a extradição por um crime referido no parágrafo 1 deste Artigo for recusada somente em razão da nacionalidade da pessoa procurada, ou porque a Parte requerida considera ter jurisdição sobre o fato, a Parte requerida submeterá o caso, a pedido da Parte requerente, a suas autoridades competentes para persecução criminal e informará o resultado à Parte requerente no devido tempo. Essas autoridades decidirão e conduzirão as investigações e procedimentos do mesmo modo que agiriam em face de qualquer outro crime, de natureza semelhante, de acordo com as leis dessa Parte.
7. a. Ao tempo da assinatura da Convenção ou do depósito dos instrumentos de ratificação, aceitação, aprovação ou adesão, cada Parte comunicará ao Secretário-Geral do Conselho da Europa o nome e o endereço das autoridades responsáveis pela formalização ou recepção de pedidos de extradição ou de prisão cautelar, se não existir um tratado.
b. O Secretário-Geral do Conselho da Europa organizará e manterá atualizado um registro das autoridades indicadas pelas Partes. Cada Parte assegurará a todo tempo a correição de suas informações nesse registro.

### TÍTULO 3
### PRINCÍPIOS GERAIS DA ASSISTÊNCIA MÚTUA

**Artigo 25** - Princípios gerais da assistência mútua
1. As Partes, o mais possível, prestarão assistência umas às outras, para as investigações ou procedimentos relacionados a crimes de computador, ou para a obtenção de provas eletrônicas de um crime.
2. Cada Parte adotará medidas legislativas e outras providências para levar a cabo as obrigações estabelecidas nos Artigos de 27 a 35.
3. Cada Parte pode, em casos urgentes, solicitar assistência mútua ou fazer comunicados relativos a ela por meios de comunicação rápida, inclusive por fax ou email, desde que tais meios proporcionem níveis adequados de segurança e autenticidade (incluindo o uso de criptogra-

fia, se necessário), com posterior confirmação formal, se exigida pela Parte requerida. A Parte requerida aceitará e atenderá ao pedido por qualquer meio de comunicação expedito.

4. Ressalvadas as disposições em contrário dos artigos deste capítulo, a assistência mútua estará sujeita às condições estabelecidas pela legislação da Parte requerida ou pelos tratados de assistência mútua aplicáveis, inclusive às razões pelas quais a Parte requerida pode recusar-se a cooperar. A Parte requerida não exercerá o direito de recusar a assistência mútua em relação aos crimes referidos nos Artigos 2 a 11 se a recusa se fundar tão-somente no fato de a Parte considerar que o pedido se refere a simples delitos financeiros.

5. Quando, de acordo com as disposições deste capítulo, a Parte requerida estiver autorizada a condicionar a assistência mútua à existência de dupla tipicidade, considerar-se-á atendida essa condição, independentemente de a lei da referida Parte situar o crime na mesma categoria de delitos ou denominar o crime com a mesma terminologia que a Parte requerente, se a conduta que caracteriza o delito pelo qual se pediu a assistência for um ilícito penal conforme as suas leis.

**Artigo 26** - Informação espontânea

1. Qualquer Parte pode, dentro dos limites de sua legislação interna e ex officio, transmitir a outra Parte informações obtidas por seu próprio sistema investigativo, quando considerar que a revelação de tais informações pode auxiliar a Parte destinatária a iniciar ou a levar avante investigações ou procedimentos relativos a crimes tipificados de acordo com esta Convenção ou possam levar a um pedido de cooperação por aquela Parte, em conformidade com este capítulo.

2. Antes de fornecer tais informações, a Parte remetente pode solicitar sua manutenção em sigilo ou sua utilização condicional. Se a Parte destinatária não puder atender à solicitação, deverá notificar a Parte remetente, que então determinará se as informações serão fornecidas mesmo assim. Se a Parte destinatária aceitar as informações com imposição de condições, estará obrigada a seu cumprimento.

## TÍTULO 4
## PROCEDIMENTOS RELATIVOS A PEDIDOS DE ASSISTÊNCIA MÚTUA NA FALTA DE ACORDOS INTERNACIONAIS APLICÁVEIS

**Artigo 27** - Procedimentos relativos a pedidos de assistência mútua na falta de acordos internacionais aplicáveis

1. Quando não houver tratados de assistência mútua ou acordos de legislação uniforme ou de reciprocidade vigentes entre as Partes requerida e requerente, aplicar-se-ão as disposições dos parágrafos 2 a 9 deste Artigo. As regras deste Artigo não se aplicarão quando tais tratados, acordos ou legislação existirem, a menos que as Partes envolvidas concordem em aplicar alguns ou todos os demais parágrafos deste artigo, em lugar daqueles instrumentos.

2.a. Cada Parte indicará uma autoridade central ou autoridades centrais responsáveis por enviar e responder pedidos de assistência mútua, pela execução de tais pedidos ou por seu encaminhamento às autoridades competentes para o seu cumprimento.

b. As autoridades centrais comunicar-se-ão diretamente umas com as outras;

c. Cada Parte deverá, ao tempo da assinatura ou do depósito dos instrumentos de ratificação, aceitação, aprovação ou adesão, informar ao Secretário-Geral do Conselho da Europa os nomes e endereços das autoridades indicadas de acordo com este parágrafo;

d. O Secretário-Geral do Conselho da Europa organizará e manterá atualizado o cadastro das autoridades centrais indicadas pelas Partes. Cada Parte deverá assegurar a qualquer tempo a correição das informações repassadas ao registro.

3. Os pedidos de assistência mútua apresentados de acordo com este Artigo serão executados em conformidade com os procedimentos especificados pela Parte requerente, salvo se incompatíveis com a legislação da Parte requerida.

4. A Parte requerida pode, além das causas estabelecidas no Artigo 25, parágrafo 4, recusar assistência mútua se:

a. o pedido referir-se a uma infração penal que a Parte requerida considere um delito político ou um ilícito conexo a um crime político, ou

b. a Parte considere que a execução do pedido possa prejudicar sua soberania, segurança, ordem pública ou outros interesses essenciais.

5. A Parte requerida pode adiar o atendimento de um pedido se sua execução puder prejudicar investigações ou procedimentos criminais que estejam sendo conduzidos por seus órgãos públicos.

6. Antes de recusar ou adiar a assistência, a Parte requerida, se conveniente após consultas com a Parte requerente, verificará se o pedido pode ser atendido parcialmente ou mediante condições que se revelem necessárias.

7. A Parte requerida informará imediatamente à Parte requerente o resultado da execução de um pedido de assistência. Devem ser dadas as razões para qualquer recusa ou retardamento do pedido. A Parte requerida também informará à Parte requerente as razões que tenham impossibilitado o atendimento do pedido ou que provavelmente o retardem significativamente.

8. A Parte requerente pode solicitar à Parte requerida que mantenha em sigilo qualquer pedido apresentado de acordo com este capítulo, bem como seu objeto, salvo no que for necessário para a sua execução. Se a Parte requerida não puder atender a essa solicitação de confidencialidade, deverá informar imediatamente à Parte requerente, que então decidirá se ainda assim o pedido deve ser executado.

9. a. Em caso de urgência, os pedidos de assistência mútua ou as comunicações relacionadas

as eles podem ser enviados diretamente pelas autoridades judiciais da Parte requerente para autoridades semelhantes da Parte requerida. Em qualquer caso, uma cópia do pedido deve ser enviada concomitantemente para a autoridade central da Parte requerida por meio da autoridade central da Parte requerente.

b. Qualquer pedido ou comunicação feitos de acordo com este parágrafo pode ser apresentado ou realizado por meio da Organização Internacional de Polícia Criminal (Interpol).

c. Quando um pedido for feito de acordo com o subparágrafo a. deste Artigo e a autoridade recebedora não for competente para apreciar o pedido, esta deverá encaminhá-lo à autoridade nacional competente e informar diretamente à Parte requerente a providência adotada.

d. Pedidos ou comunicações feitos de acordo com este parágrafo e que não impliquem medidas coercitivas podem ser encaminhados pelas autoridades competentes da Parte requerente diretamente às autoridades competentes da Parte requerida.

e. Cada Parte poderá, ao tempo da assinatura ou do depósito dos instrumentos de ratificação, aceitação, aprovação ou adesão, informar ao Secretário-Geral do Conselho da Europa que, por motivos de eficiência, os pedidos feitos de acordo com este parágrafo devem ser enviados à sua autoridade central.

**Artigo 28** - Confidencialidade e limitações de uso

1. Quando não houver tratado de assistência mútua ou acordos de legislação uniforme ou de reciprocidade vigentes entre as Partes requerente e requerida serão aplicáveis as disposições deste Artigo. As regras deste Artigo não se aplicarão quando tais tratados, acordos ou legislação existirem, a menos que as Partes envolvidas concordem em aplicar alguns ou todos os demais parágrafos deste Artigo, em lugar daqueles instrumentos.

2. A Parte requerida pode condicionar o fornecimento de informação ou de dados em atendimento a um pedido:

a. à sua manutenção em sigilo, quando o pedido de assistência jurídica mútua não puder ser cumprido sem tal condição, ou

b. à sua não utilização para investigações ou procedimentos diversos daqueles indicados no pedido.

3. Se a Parte requerente não puder cumprir as condições referidas no parágrafo 2, deverá informar imediatamente à outra Parte, que então decidirá se ainda assim a informação será fornecida. Quando a Parte requerente aceitar as condições, estará obrigado a atendê-las.

4. Qualquer Parte que forneça informações ou dados sob uma condição referida no parágrafo 2 pode exigir que a outra Parte esclareça, em relação àquela condição, o uso feito de tais informações ou dados.

SEÇÃO 2
DISPOSIÇÕES ESPECÍFICAS

## TÍTULO 1
## ASSISTÊNCIA MÚTUA EM RELAÇÃO A MEDIDAS CAUTELARES

**Artigo 29** - Conservação expedita de dados armazenados em computador

1. Qualquer Parte pode pedir a outra Parte que determine a obtenção ou de qualquer modo obtenha a expedita conservação de dados armazenados por meio de um sistema de computador, localizado no território daquela outra Parte, em relação aos quais a Parte requerente pretende apresentar um pedido de assistência mútua para busca ou acesso, apreensão ou guarda, ou revelação dos dados.

2. Qualquer pedido de conservação feito de acordo com o parágrafo 1 deve especificar:

a. a autoridade que requer a conservação;

b. o crime sujeito à investigação ou procedimento criminal e um breve resumo dos fatos;

c. os dados de computador armazenados a serem conservados e sua relação com o crime;

d. qualquer informação disponível que identifique o detentor dos dados de computador armazenados ou a localização do sistema de computador;

e. a necessidade de conservação; e

f. que a Parte pretende apresentar um pedido de assistência mútua para a busca ou acesso, apreensão ou guarda, ou revelação dos dados armazenados em computador.

3. Ao receber o pedido de outra Parte, a Parte requerida adotará todas as medidas apropriadas para conservar, com presteza, os dados especificados, de acordo com sua legislação doméstica. Para resposta a um pedido de assistência, o princípio da dupla tipicidade não será exigido como condição para autorizar a conservação de dados.

4. Qualquer Parte que exija a dupla tipicidade como condição para atender a um pedido de assistência mútua para a busca ou acesso, apreensão ou guarda, ou revelação de dados armazenados pode, em relação a outros crimes que não os tipificados de acordo com os artigos 2 a 11 desta Convenção, reservar-se o direito de recusar o pedido de conservação em conformidade com este Artigo, quando a Parte requerida tenha motivos para crer que ao tempo da revelação a condição de dupla tipicidade não terá sido atendida.

5. Além disso, um pedido de conservação somente pode ser recusado se:

a. o pedido se referir a um crime que a Parte requerida considera delito político ou infração conexa com crime político, ou

b. a Parte requerida considerar que a execução do pedido pode prejudicar sua soberania, a segurança, a ordem pública ou outros interesses essenciais.

6. Quando a Parte requerida verificar que a conservação não assegurará a futura dispo-

nibilidade dos dados ou que irá ameaçar a confidencialidade ou de outro modo prejudicar a investigação da Parte requerente, deve informar imediatamente à Parte requerente, que então decidirá se ainda assim o pedido deve ser executado.

7. Qualquer conservação efetivada em resposta ao pedido referido no parágrafo 1 perdurará por prazo não inferior a 60 (sessenta) dias, a fim de permitir que a Parte requerente apresente um pedido de busca ou acesso, apreensão ou guarda, ou revelação dos dados. Depois da recepção de tal pedido, os dados continuarão protegidos até a decisão final.

**Artigo 30** - Revelação expedita de dados de tráfego conservados

1. Quando, no curso da execução de um pedido feito de acordo com o Artigo 29 para a conservação de dados de tráfego de uma comunicação específica, a Parte requerida descobrir que um provedor de serviços em outro Estado está envolvido na transmissão da comunicação, a Parte requerida deverá entregar rapidamente à Parte requerente dados de tráfego suficientes para identificar aquele provedor e o caminho por meio do qual se deu a comunicação.

2. A revelação de dados de tráfego de acordo com o parágrafo 1 somente pode ser recusada se:

a. o pedido referir-se a um crime considerado de natureza política pela Parte requerida ou a um crime conexo com um crime político; ou

b. a Parte requerida considerar que a execução do pedido pode prejudicar sua soberania, sua segurança, a ordem pública ou outros interesses essenciais.

## TÍTULO 2
## ASSISTÊNCIA MÚTUA EM RELAÇÃO A PODERES INVESTIGATIVOS

**Artigo 31** - Assistência mútua em relação ao acesso a dados de computador armazenados

1. Qualquer Parte pode pedir a outra Parte que realize busca, acesso, apreensão, guarda ou a revelação de dados armazenados por meio de um sistema de computador localizado no território da Parte requerida, inclusive dos dados que tenham sido conservados de acordo com o Artigo 29.

2. A Parte requerida responderá ao pedido por meio da aplicação dos instrumentos, acordos e leis internacionais mencionadas no Artigo 23, e em conformidade com outras disposições pertinentes deste capítulo.

3. O pedido receberá resposta rápida se:

a. houver motivos para supor que importantes dados estão especialmente vulneráveis a perda ou modificação; ou

b. os instrumentos, acordos e leis referidos no parágrafo 2 dispuserem de forma diferente no tocante à cooperação expedita.

**Artigo 32** - Acesso transfronteiriço a dados armazenados num computador, mediante consentimento, ou a sistema de acesso público

Uma Parte poderá, sem a autorização de outra Parte:

a. acessar dados de computador disponíveis ao público (fonte aberta), independentemente de onde os dados estejam geograficamente localizados; ou

b. acessar ou receber, por meio de um sistema de computador em seu território, dados de computador armazenados no território de outra Parte, se a Parte obtiver o legítimo e voluntário consentimento de uma pessoa que tenha autoridade legal para revelar os dados à Parte interessada, por meio de um sistema de computador.

**Artigo 33** - Assistência mútua na interceptação de dados de tráfego em tempo real

1. As Partes conceder-se-ão assistência mútua na interceptação, em tempo real, de dados de tráfego vinculados a uma comunicação específica transmitida no seu território por meio de um sistema de computador. Sem prejuízo das disposições do parágrafo 2, esta assistência será regida pelas condições e procedimentos estabelecidos pela legislação interna.

2. Cada Parte disponibilizará tal assistência pelo menos em relação aos crimes para os quais a interceptação de dados em tempo real seria possível, quando se tratasse de fatos similares de jurisdição nacional.

**Artigo 34** - Assistência mútua em relação à interceptação do conteúdo de comunicações

As Partes conceder-se-ão assistência mútua na interceptação ou gravação em tempo real do conteúdo de comunicações específicas transmitidas por meio de um sistema de computador, nas mesmas hipóteses permitidas de acordo com os tratados aplicáveis e as respectivas legislações domésticas.

## TÍTULO 3
## SISTEMA DE PLANTÃO 24 POR 7

**Artigo 35** - Sistema de plantão 24 por 7

1. Cada Parte indicará um órgão de contato disponível 24 horas por dia, 7 dias por semana, de modo a assegurar a assistência imediata para investigações ou procedimentos relacionados a crimes de computador e de dados, ou para a obtenção de provas eletrônicas de uma infração penal. Tal assistência incluirá a facilitação, ou, se permitido pelas leis e costumes jurídicos locais, a adoção direta das seguintes medidas:

a. o fornecimento de suporte técnico;

b. a conservação de dados de acordo com os artigos 29 e 30;

c. a coleta de provas, o fornecimento de informação jurídica e a localização de suspeitos.

2.a. O órgão de contato da Parte deve ser capaz de se comunicar com o órgão de contato de outra Parte de forma rápida.

b. Se o órgão de contato indicado por uma Parte não integrar a autoridade ou autoridades dessa mesma Parte, responsáveis pela assistência mútua internacional ou por extradição, o órgão de contato deve ser capaz de se coordenar com tal autoridade ou autoridades de forma breve.

3. Cada Parte assegurará que pessoal treinado e bem equipado estará a postos, de modo a facilitar a operação do sistema.

## CAPÍTULO IV
## DISPOSIÇÕES FINAIS

**Artigo 36** - Assinatura e vigência

1. Esta Convenção está aberta a assinatura dos Estados membros do Conselho da Europa e dos Estados não-membros que participaram de sua elaboração.

2. Esta Convenção está sujeita a ratificação, aceitação ou aprovação. Os instrumentos de ratificação, aceitação ou aprovação serão depositados junto ao Secretário- Geral do Conselho da Europa.

3. Esta Convenção entrará em vigor no primeiro dia do mês seguinte à expiração de um prazo de 3 (três) meses, que se contará da data em que cinco Estados, entre os quais pelo menos 3 (três) Estados membros do Conselho da Europa, tiverem expressado sua vontade de se submeter ao regime jurídico da Convenção, de acordo com as disposições dos parágrafos 1 e 2.

4. Para qualquer Estado signatário que expresse seu consentimento posterior, a Convenção entrará em vigor no primeiro dia do mês seguinte à expiração de um prazo de 3 t(rês) meses, a contar da data de expressão da vontade de se submeter ao regime jurídico da Convenção, de acordo com as disposições dos parágrafos 1 e 2.

**Artigo 37** - Adesão à Convenção

1. Depois da entrada em vigor desta Convenção, o Conselho de Ministros do Conselho da Europa, após consulta comum e após obter o consentimento unânime dos Estados signatários desta Convenção, pode convidar qualquer Estado que não seja membro do Conselho e que não tenha participado de sua elaboração para aderir a esta Convenção. A decisão será tomada pelo quórum majoritário estabelecido no artigo 20.d. do Estatuto do Conselho da Europa e pelo voto unânime dos representantes dos Estados convenentes com assento no Conselho de Ministros.

2. Para os Estados que aderirem à Convenção de acordo com o parágrafo 1, o tratado entrará em vigor no primeiro dia do mês seguinte ao vencimento de um prazo de 3 (três) meses, a contar da data de depósito do instrumento de adesão junto ao Secretário-Geral do Conselho da Europa.

**Artigo 38** - Aplicação territorial

1. Qualquer Estado pode, ao tempo da assinatura ou do depósito dos instrumentos de ratificação, aceitação, aprovação ou adesão, especificar o território ou territórios nos quais esta Convenção será aplicável.

2. Qualquer Estado pode, posteriormente, por meio de uma declaração endereçada ao Secretário-Geral do Conselho da Europa, estender a aplicação desta Convenção a qualquer outro território especificado na declaração. Para esses territórios, a Convenção entrará em vigor no primeiro dia do mês seguinte ao vencimento de um prazo de 3 (três) meses, a contar da data do recebimento da declaração pelo Secretário-Geral.

3. Qualquer declaração feita de acordo com os dois parágrafos anteriores, a respeito de qualquer território especificado em tal declaração, pode ser retirada por meio de notificação endereçada ao Secretário-Geral do Conselho da Europa. A retirada tornar-se-á eficaz no primeiro dia do mês seguinte à expiração de um prazo de 3 (três) meses, contados da data de recebimento de tal notificação pelo Secretário-Geral.

**Artigo 39** - Efeitos da Convenção

1. O objetivo desta Convenção é complementar os tratados e acordos bilaterais ou multilaterais aplicáveis entre as Partes, incluindo as disposições:

- da Convenção Europeia sobre Extradição, aberta a assinaturas em Paris, aos 13 dias de dezembro de 1957 (ETS n. 24);
- da Convenção Europeia sobre Assistência Mútua em Assuntos Penais, aberta a assinaturas em Estrasburgo, aos 20 dias de abril de 1959 (ETS n. 30);
- do Protocolo Adicional à Convenção Europeia sobre Assistência Mútua em Assuntos Penais, aberto a assinaturas aos 17 dias de março de 1978 (ETS n. 99).

2. Se duas ou mais Partes já tiverem concluído um tratado ou acordo sobre os assuntos abordados nesta Convenção ou se tiverem estabelecido de forma diversa seu relacionamento em tais assuntos, ou tendam a fazê-lo no futuro, tais Partes também estão autorizadas a aplicar esse acordo ou tratado ou a regular essas relações em conformidade com eles. Todavia, se as Partes estabeleceram suas relações a respeito dos assuntos considerados nesta Convenção de forma diversa da aqui regulada, elas deverão fazê-lo de maneira compatível com os objetivos e princípios da Convenção.

3. Nenhum artigo desta Convenção afetará outros direitos, restrições, obrigações e responsabilidades de uma Parte.

**Artigo 40** - Declarações

Por meio de uma notificação escrita endereçada ao Secretário-Geral do Conselho da Europa, qualquer Estado pode ao tempo da assinatura ou do depósito dos instrumentos de ratificação, aceitação, aprovação ou adesão, declarar que irá valer-se da faculdade de exigir elementos complementares, como estabelecido nos artigos 2, 3, 6 parágrafo 1.b, 7, 9 parágrafo 3, e 27 parágrafo 9.e.

**Artigo 41** - Cláusula federativa

1. Um Estado federal pode reservar-se o direito de assumir obrigações de acordo com o capítulo II desta Convenção em conformidade com os princípios fundamentais que regem o relacionamento entre seu governo central e as unidades estatais constitutivas ou outras entidades territoriais similares, desde que não

obstante seja capaz de cooperar na forma prevista no capítulo III.

2. Quando apresentar uma reserva de acordo com o parágrafo 1, um Estado federal não poderá aplicar os termos dessa reserva para excluir ou minorar substancialmente suas obrigações de dispor sobre as medidas estabelecidas no capítulo II. Esse Estado deve dispor especialmente sobre um amplo e eficaz sistema de persecução criminal relacionado a tais medidas.

3. Em relação às disposições desta Convenção cuja aplicação couber à jurisdição dos Estados federados ou a de outras entidades territoriais similares, que não estejam obrigadas pelo sistema constitucional federativo a adotar medidas legislativas, o governo federal informará às autoridades competentes de tais Estados federados sobre as preditas disposições, dando sua opinião favorável a elas e encorajando-os a dar-lhes efeito.

**Artigo 42** - Reservas

1. Por meio de uma notificação escrita endereçada ao Secretário-Geral do Conselho da Europa, qualquer Estado poderá, por ocasião da assinatura ou do depósito dos instrumentos de ratificação, aceitação, aprovação ou adesão, declarar que irá valer-se da reserva ou reservas previstas no Artigo 4, parágrafo 2; Artigo 6, parágrafo 3; Artigo 9, parágrafo 4; Artigo 10, parágrafo 3; Artigo 11, parágrafo 3; Artigo 14, parágrafo 3; Artigo 22, parágrafo 2; Artigo 29, parágrafo 4; e Artigo 41, parágrafo 1. Nenhuma outra reserva poderá ser apresentada.

**Artigo 43** - Status e retirada de reservas

1. Qualquer Parte que tenha apresentado uma reserva de acordo com o Artigo 42 pode retirá-la no todo ou em parte por meio de uma notificação endereçada ao Secretário- Geral do Conselho da Europa. Se a notificação mencionar que a retirada da reserva terá efeito numa data nela especificada, e se tal data for posterior ao dia no qual a notificação tiver sido recebida pelo Secretário-Geral, a retirada da reserva produzirá efeitos naquela data posterior.

2. Qualquer Parte que tenha apresentado uma reserva na forma do Artigo 42 deverá retirá-la, total ou parcialmente, assim que as circunstâncias permitirem.

3. O Secretário-Geral do Conselho da Europa pode periodicamente entrevistar-se com as Partes que tenham apresentado uma ou mais reservas na forma do Artigo 42 tendo em vista a retirada de tais reservas.

**Artigo 44** - Emendas

1. As emendas a esta Convenção podem ser propostas por qualquer Parte e o Secretário Geral do Conselho da Europa se encarregará de levá-las ao conhecimento dos Estados membros do Conselho da Europa, dos Estados não- membros que tenham participado da elaboração desta Convenção, bem como a qualquer Estado que tenha aderido ou que tenha sido convidado a aderir a esta Convenção de acordo com as disposições do Artigo 37.

2. Qualquer emenda proposta por uma Parte será levada ao conhecimento do Comitê Europeu para os Problemas Criminais (CDPC), que emitirá parecer sobre o projeto de emenda e o submeterá à apreciação do Conselho de Ministros.

3. O Conselho de Ministros examinará a proposta de emenda e levará em conta o parecer ofertado pelo CDPC e, depois de consultar-se com os Estados não-membros que sejam Partes desta Convenção, poderá adotar a emenda.

4. O texto de qualquer emenda adotada pelo Conselho de Ministros de acordo com o parágrafo 3 deste Artigo será encaminhado às Partes para aceitação.

5. Qualquer emenda adotada de acordo com o parágrafo 3 deste Artigo entrará em vigor 30 (trinta) dias depois de todas as Partes informarem ao Secretário-Geral a sua aceitação.

**Artigo 45** - Solução de controvérsias

1. O Comitê Europeu para os Problemas Criminais (CDPC) será informado das interpretações e da aplicação desta Convenção.

2. Em caso de controvérsias entre Partes acerca da interpretação ou aplicação desta Convenção, estas procurarão a composição do litígio por meio de negociação ou de qualquer outro meio pacífico, à sua escolha, inclusive a sujeição da controvérsia à CDPC, a um tribunal arbitral cujas decisões sejam imperativas para as Partes, ou à Corte Internacional de Justiça, como combinado pelas Partes envolvidas.

**Artigo 46** - Consultas entre as Partes

1. As Partes, quando conveniente, consultar-se-ão periodicamente para facilitar:

a. a utilização e a implementação eficientes desta Convenção, inclusive a identificação de quaisquer problemas a ela relativos, bem como dos efeitos de qualquer declaração ou reserva apresentada de acordo com esta Convenção;

b. a troca de informações sobre importantes inovações jurídicas, políticas ou tecnológicas relativas a crimes cibernéticos e à coleta de provas em forma eletrônica;

c. a apreciação de possível complementação ou introdução de emendas a esta Convenção.

2. O Comitê Europeu para os Problemas Criminais (CDPC) será informado periodicamente dos resultados das consultas referidas no parágrafo 1.

3. O CDPC, quando conveniente, facilitará as consultas mencionadas no parágrafo 1 e adotará as medidas necessárias para auxiliar as Partes nos seus esforços para complementar ou emendar a Convenção. Três anos depois de a presente Convenção entrar em vigor, o Comitê Europeu para os Problemas Criminais (CDPC) conduzirá, em cooperação com as Partes, uma revisão de todas as disposições desta Convenção, e se necessário, proporá as emendas adequadas.

4. Salvo se assumidas pelo Conselho da Europa, as despesas para a execução das disposições do parágrafo 1 serão suportadas pelas Partes na forma a ser estabelecida por estas.

5. As Partes serão auxiliadas pelo Secretariado do Conselho da Europa na execução de suas atribuições de acordo com este Artigo.

**Artigo 47** - Denúncia

1. Qualquer Parte poderá, a qualquer tempo, denunciar esta Convenção por meio de uma notificação endereçada ao Secretário-Geral do Conselho da Europa.

2. Tal denúncia tornar-se-á eficaz no primeiro dia do mês seguinte à expiração de um prazo de 3 (três) meses, contado da data de recepção da notificação pelo Secretário-Geral.

**Artigo 48** - Notificação

O Secretário-Geral do Conselho da Europa notificará os Estados membros do Conselho da Europa, os Estados não-membros que tenham participado da elaboração desta Convenção, bem como qualquer Estado que tenha aderido ou que tenha sido convidado a aderir a esta Convenção:

a. das assinaturas apostas à Convenção;

b. do depósito de todo e qualquer instrumento de ratificação, aceitação, aprovação ou adesão;

c. das datas de entrada em vigor desta Convenção para as Partes, de acordo com os artigos 36 e 37;

d. de toda declaração feita de acordo com o Artigo 40 ou de reserva apresentada com base no Artigo 42;

e. de qualquer outro ato, notificação ou comunicado relativo a esta Convenção.

Em testemunho do que os signatários, estando devidamente autorizados, assinaram esta Convenção. Feita em Budapeste, aos 23 dias do mês de novembro de 2001, em inglês e francês, em textos igualmente autênticos, numa única via, que será depositada nos arquivos do Conselho da Europa. O Secretário-Geral do Conselho da Europa enviará cópias autenticadas a cada um dos Estados membros, aos Estados não-membros que tenham participado da elaboração desta Convenção, e a todos os Estados convidados a aderir a ela".

# Direito Processual Penal

# PLANO DE ESTUDO

| Diploma | Estudado | Revisão 1 | Revisão 2 | Revisão 3 | Questões |
|---|---|---|---|---|---|
| Lei nº 8.038/1990 *(Excertos)* | | | | | |
| Lei nº 9.807/1999 *(Excertos)* | | | | | |
| Lei nº 10.446/2002 | | | | | |
| Lei nº 11.671/2008 | | | | | |
| Lei nº 12.037/2009 | | | | | |
| Lei nº 12.830/2013 | | | | | |
| Lei nº 13.060/2014 | | | | | |
| Decreto nº 8.858/2016 | | | | | |
| Lei nº 13.608/2018 *(Excertos)* | | | | | |

# LEI Nº 8.038, DE 28 DE MAIO DE 1990

*(EXCERTOS)*

*Institui normas procedimentais para os processos que especifica, perante o Superior Tribunal de Justiça e o Supremo Tribunal Federal.*

› D.O.U. 29.5.1990

O PRESIDENTE DA REPÚBLICA, faço saber que o Congresso Nacional decreta e eu sanciono a seguinte Lei:

› Lei 11.419/2006 – Dispõe sobre a informatização do processo judicial; altera a Lei 5.869/1973 (Código de Processo Civil).
› Resolução 693/2020 do STF – Regulamenta o processo judicial eletrônico no âmbito do Supremo Tribunal Federal e dá outras providências.
› Resolução 10/2015 do STJ/GP – Regulamenta o processo judicial eletrônico no Superior Tribunal de Justiça.

## TÍTULO I. PROCESSOS DE COMPETÊNCIA ORIGINÁRIA

### CAPÍTULO I. AÇÃO PENAL ORIGINÁRIA

› Lei 8.658/1993, art. 1º.

**Art. 1º.** Nos crimes de ação penal pública, o Ministério Público terá o prazo de 15 (quinze) dias para oferecer denúncia ou pedir arquivamento do inquérito ou das peças informativas.

› CF/88, art. 129.

**§ 1º.** Diligências complementares poderão ser deferidas pelo relator, com interrupção do prazo deste artigo.

› CPP, art. 798.

**§ 2º.** Se o indiciado estiver preso:

*a)* o prazo para oferecimento da denúncia será de 5 (cinco) dias;

*b)* as diligências complementares não interromperão o prazo, salvo se o relator, ao deferi-las, determinar o relaxamento da prisão.

› CF/88, art. 5º, LXV.

**§ 3º** Não sendo o caso de arquivamento e tendo o investigado confessado formal e circunstanciadamente a prática de infração penal sem violência ou grave ameaça e com pena mínima inferior a 4 (quatro) anos, o Ministério Público poderá propor acordo de não persecução penal, desde que necessário e suficiente para a reprovação e prevenção do crime, nos termos do art. 28-A do Decreto-Lei nº 3.689, de 3 de outubro de 1941 (Código de Processo Penal). (*Acrescido pela Lei 13.964/2019*)

**Art. 2º.** O relator, escolhido na forma regimental, será o juiz da instrução, que se realizará segundo o disposto neste capítulo, no Código de Processo Penal, no que for aplicável, e no Regimento Interno do Tribunal.

**Parágrafo único.** O relator terá as atribuições que a legislação processual confere aos juízes singulares.

**Art. 3º.** Compete ao relator:

**I** – determinar o arquivamento do inquérito ou de peças informativas, quando o requerer o Ministério Público, ou submeter o requerimento à decisão competente do Tribunal;

**II** – decretar a extinção da punibilidade, nos casos previstos em lei.

**III** – convocar desembargadores de Turmas Criminais dos Tribunais de Justiça ou dos Tribunais Regionais Federais, bem como juízes de varas criminais da Justiça dos Estados e da Justiça Federal, pelo prazo de 6 (seis) meses, prorrogável por igual período, até o máximo de 2 (dois) anos, para a realização do interrogatório e de outros atos da instrução, na sede do tribunal ou no local onde se deva produzir o ato.

**Art. 4º.** Apresentada a denúncia ou a queixa ao Tribunal, far-se-á a notificação do acusado para oferecer resposta no prazo de 15 (quinze) dias.

› CF/88, art. 5º, LIV e LV.

**§ 1º.** Com a notificação, serão entregues ao acusado cópia da denúncia ou da queixa, do despacho do relator e dos documentos por este indicados.

**§ 2º.** Se desconhecido o paradeiro do acusado, ou se este criar dificuldades para que o oficial cumpra a diligência, proceder-se-á à sua notificação por edital, contendo o teor resumido da acusação, para que compareça ao Tribunal, em 5 (cinco) dias, onde terá vista dos autos pelo prazo de 15 (quinze) dias, a fim de apresentar a resposta prevista neste artigo.

**Art. 5º.** Se, com a resposta, forem apresentados novos documentos, será intimada a parte contrária para sobre eles se manifestar, no prazo de 5 (cinco) dias.

**Parágrafo único.** Na ação penal de iniciativa privada, será ouvido, em igual prazo, o Ministério Público.

› CPP, art. 45.

**Art. 6º.** A seguir, o relator pedirá dia para que o Tribunal delibere sobre o recebimento, a rejeição da denúncia ou da queixa, ou a improcedência da acusação, se a decisão não depender de outras provas.

› CPP, art. 395.

**§ 1º.** No julgamento de que trata este artigo, será facultada sustentação oral pelo prazo de 15 (quinze) minutos, primeiro à acusação, depois à defesa.

**§ 2º.** Encerrados os debates, o Tribunal passará a deliberar, determinando o Presidente as pessoas que poderão permanecer no recinto, observado o disposto no inciso II, do art. 12, desta Lei.

**Art. 7º.** Recebida a denúncia ou a queixa, o relator designará dia e hora para o interrogatório, mandando citar o acusado ou querelado e intimar o órgão do Ministério Público, bem como o querelante ou o assistente, se for o caso.

- O interrogatório é o último ato da instrução também nas ações penais regidas pela Lei nº 8.038/90. Nos processos criminais que tramitam perante o STF e o STJ, cujo procedimento é regido pela Lei nº 8.038/90, o interrogatório também é o último ato de instrução. Apesar de não ter havido uma alteração específica do art. 7º da Lei 8.038/90, com base no CPP, entende-se que o interrogatório é um ato de defesa, mais bem exercido depois de toda a instrução, porque há possibilidade do contraditório mais amplo. Assim, primeiro devem ser ouvidas todas as testemunhas arroladas pela acusação e pela defesa para, só então, ser realizado o interrogatório. STF. 1ª Turma. AP 1027/DF, Rel. Min. Marco Aurélio, red. p/ o ac. Min. Luís Roberto Barroso, julgado em 2/10/2018 (Info 918).

**Art. 8º.** O prazo para defesa prévia será de 5 (cinco) dias, contado do interrogatório ou da intimação do defensor dativo.

**Art. 9º.** A instrução obedecerá, no que couber, ao procedimento comum do Código de Processo Penal.

- CPP: arts. 394 a 405.

**§ 1º.** O relator poderá delegar a realização do interrogatório ou de outro ato da instrução ao juiz ou membro de tribunal com competência territorial no local de cumprimento da carta de ordem.

- CPC/15: arts. 260, 262, 263 e 266.

**§ 2º.** Por expressa determinação do relator, as intimações poderão ser feitas por carta registrada com aviso de recebimento.

- CPC/15: arts. 231, I, 246 a 249, 269, § 1º, 274 e 275.

**Art. 10.** Concluída a inquirição de testemunhas, serão intimadas a acusação e a defesa, para requerimento de diligências no prazo de 5 (cinco) dias.

**Art. 11.** Realizadas as diligências, ou não sendo estas requeridas nem determinadas pelo relator, serão intimadas a acusação e a defesa para, sucessivamente, apresentarem, no prazo de 15 (quinze) dias, alegações escritas.

**§ 1º.** Será comum o prazo do acusador e do assistente, bem como o dos corréus.

**§ 2º.** Na ação penal de iniciativa privada, o Ministério Público terá vista, por igual prazo, após as alegações das partes.

**§ 3º.** O relator poderá, após as alegações escritas, determinar de ofício a realização de provas reputadas imprescindíveis para o julgamento da causa.

**Art. 12.** Finda a instrução, o Tribunal procederá ao julgamento, na forma determinada pelo regimento interno, observando-se o seguinte:

**I** – a acusação e a defesa terão, sucessivamente, nessa ordem, prazo de 1 (uma) hora para sustentação oral, assegurado ao assistente 1/4 (um quarto) do tempo da acusação;

**II** – encerrados os debates, o Tribunal passará a proferir o julgamento, podendo o Presidente limitar a presença no recinto às partes e seus advogados, ou somente a estes, se o interesse público exigir.

## CAPÍTULO II. RECLAMAÇÃO

**Arts. 13 a 18.** (Revogados pela Lei n º 13.105, de 2015)

## CAPÍTULO III. INTERVENÇÃO FEDERAL

**Art. 19.** A requisição de intervenção federal prevista nos incisos II e IV do art. 36 da Constituição Federal será promovida:

**I** – de ofício, ou mediante pedido de Presidente de Tribunal de Justiça do Estado, ou de Presidente de Tribunal Federal, quando se tratar de prover a execução de ordem ou decisão judicial, com ressalva, conforme a matéria, da competência do Supremo Tribunal Federal ou do Tribunal Superior Eleitoral;

**II** – de ofício, ou mediante pedido da parte interessada, quando se tratar de prover a execução de ordem ou decisão do Superior Tribunal de Justiça;

**III** – mediante representação do Procurador-Geral da República, quando se tratar de prover a execução de lei federal.

**Art. 20.** O Presidente, ao receber o pedido:

**I** – tomará as providências que lhe parecerem adequadas para remover, administrativamente, a causa do pedido;

**II** – mandará arquivá-lo, se for manifestamente infundado, cabendo do seu despacho agravo regimental.

**Art. 21.** Realizada a gestão prevista no inciso I do artigo anterior, solicitadas informações à autoridade estadual e ouvido o Procurador-Geral, o pedido será distribuído a um relator.

**Parágrafo único.** Tendo em vista o interesse público, poderá ser permitida a presença no recinto às partes e seus advogados, ou somente a estes.

**Art. 22.** Julgado procedente o pedido, o Presidente do Superior Tribunal de Justiça comunicará, imediatamente, a decisão aos órgãos do poder público interessados e requisitará a intervenção ao Presidente da República.

## CAPÍTULO IV. *HABEAS CORPUS*

- CF/88, art. 5º, LXVIII.

**Art. 23.** Aplicam-se ao *habeas corpus* perante o Superior Tribunal de Justiça as normas do Livro III, Título II, Capítulo X, do Código de Processo Penal.

## CAPÍTULO V. OUTROS PROCEDIMENTOS

**Art. 24.** Na ação rescisória, nos conflitos de competência, de jurisdição e de atribuições, na revisão criminal e no mandado de segurança, será aplicada a legislação processual em vigor.

- CF/88: arts. 5º, LXIX, 102, I, e 105, I.
- CPC/15: arts. 966 a 975
- CPP: arts. 621 a 631.

**Parágrafo único.** No mandado de injunção e no *habeas data*, serão observadas, no que couber, as normas do mandado de segurança, enquanto não editada legislação específica.

- CF/88, art. 5º, LXXI e LXXII.
- CPC/15: arts. 1.027 e 1.028.
- Lei 13.300/2016 – Disciplina o processo e o julgamento dos mandados de injunção individual e coletivo.
- Lei 12.016/2009 – Disciplina o mandado de segurança individual e coletivo.
- Lei 9.507/1997 – Regula o direito de acesso a informações e disciplina o rito processual do habeas data.

**Art. 25.** Salvo quando a causa tiver por fundamento matéria constitucional, competente ao Presidente do Superior Tribunal de Justiça, a requerimento do Procurador-Geral da República ou da pessoa jurídica de direito público interessada, e para evitar grave lesão à ordem, à saúde, à segurança e à economia pública, suspender, em despacho fundamentado, a execução de liminar ou de decisão concessiva de mandado de segurança, proferida, em única ou última instância, pelos Tribunais Regionais Federais ou pelos Tribunais dos Estados e do Distrito Federal.

**§ 1º.** O Presidente pode ouvir o impetrante, em 5 (cinco) dias, e o Procurador-Geral quando não for o requerente, em igual prazo.

**§ 2º.** Do despacho que conceder a suspensão caberá agravo regimental.

**§ 3º.** A suspensão de segurança vigorará enquanto pender o recurso, ficando sem efeito, se a decisão concessiva for mantida pelo Superior Tribunal de Justiça ou transitar em julgado.

> **STJ, 626.** A incidência do IPTU sobre imóvel situado em área considerada pela lei local como urbanizável ou de expansão urbana não está condicionada à existência dos melhoramentos elencados no CTN, art. 32, § 1º.

## TÍTULO II. RECURSOS

### CAPÍTULO I. RECURSO EXTRAORDINÁRIO E RECURSO ESPECIAL

- CPC/15: arts. 1.029 a 1.041.

**Arts. 26 a 29.** (Revogados pela Lei n º 13.105, de 2015)

### CAPÍTULO II. RECURSO ORDINÁRIO EM *HABEAS CORPUS*

**Art. 30.** O recurso ordinário para o Superior Tribunal de Justiça, das decisões denegatórias de *habeas corpus*, proferidas pelos Tribunais Regionais Federais ou pelos Tribunais dos Estados e do Distrito Federal, será interposto no prazo de 5 (cinco) dias, com as razões do pedido de reforma.

- O prazo para a interposição de recurso ordinário em habeas corpus contra decisão do TJ que nega liberdade para devedor de alimentos é de 5 dias (não é 15 dias). O prazo para interposição de recurso ordinário em habeas corpus, ainda que se trate de matéria não criminal, continua sendo de 5 dias, conforme prevê esse art. 30, que continuou em vigor mesmo com o CPC/2015. STJ. 3ª Turma. RHC 109.330-MG, Rel. Min. Nancy Andrighi, julgado em 09/04/2019 (Info 646).
- CF/88, art. 105, II, a.
- CPP, art. 650, I.

**Art. 31.** Distribuído o recurso, a Secretaria, imediatamente, fará os autos com vista ao Ministério Público, pelo prazo de 2 (dois) dias.

**Parágrafo único.** Conclusos os autos ao relator, este submeterá o feito a julgamento independentemente de pauta.

**Art. 32.** Será aplicado, no que couber, ao processo e julgamento do recurso, o disposto com relação ao pedido originário de *habeas corpus*.

- CF/88, art. 102, I, d e i.

### CAPÍTULO III. RECURSO ORDINÁRIO EM MANDADO DE SEGURANÇA

**Art. 33.** O recurso ordinário para o Superior Tribunal de Justiça, das decisões denegatórias de mandado de segurança, proferidas em única instância pelos Tribunais Regionais Federais ou pelos Tribunais de Estados e do Distrito Federal, será interposto no prazo de 15 (quinze) dias, com as razões do pedido de reforma.

- CF/88, art. 105, II, b.

**Art. 34.** Serão aplicadas, quanto aos requisitos de admissibilidade e o procedimento no Tribunal recorrido, as regras do Código de Processo Civil relativas à apelação.

- CPC/15: arts. 1.009 a 1.014.

**Art. 35.** Distribuído o recurso, a Secretaria, imediatamente, fará os autos com vista ao Ministério Público, pelo prazo de 5 (cinco) dias.

**Parágrafo único.** Conclusos os autos ao relator, este pedirá dia para julgamento.

### CAPÍTULO IV. APELAÇÃO CÍVEL E AGRAVO DE INSTRUMENTO

**Art. 36.** Nas causas em que forem partes, de um lado, Estado estrangeiro ou organismo internacional e, de outro, município ou pessoa domiciliada ou residente no País, caberá:

- CF/88, art. 105, II, b.

**I** – apelação da sentença;

- CPC/15: arts. 1.009 a 1.014.

**II** – agravo de instrumento, das decisões interlocutórias.

- CPC/15: arts. 1.015 a 1.020.

**Art. 37.** Os recursos mencionados no artigo anterior serão interpostos para o Superior Tribunal de Justiça, aplicando-se lhes, quanto aos requisitos de admissibilidade e ao procedimento o disposto no Código de Processo Civil.

- CPC/15: arts. 929 a 946.

## TÍTULO III. DISPOSIÇÕES GERAIS

**Art. 38.** (Revogado pela Lei n º 13.105, de 2015)

**Art. 39.** Da decisão do Presidente do Tribunal, de Seção, de Turma ou de Relator que causar gravame à parte, caberá agravo para o órgão especial, Seção ou Turma, conforme o caso, no prazo de 5 (cinco) dias.

> **STJ, 116.** A Fazenda Pública e o Ministério Público têm prazo em dobro para interpor agravo regimental no STJ.

- O CPC/2015 possui regra dizendo que o prazo para a interposição de qualquer agravo é de 15 dias úteis (art. 1.070 c/c art. 219).

Essa regra, no entanto, não se aplica para o agravo regimental interposto contra decisões monocráticas proferidas por Ministros do STF ou STJ em processos de natureza criminal. Isso porque existem previsões específicas que regem o tema no processo penal:

- o art. 39 da Lei nº 8.038/90 prevê que o prazo do agravo em matéria criminal é de 5 dias.
- o art. 798 do CPP prevê que os prazos no processo penal são contínuos, ou seja, não são contados em dias úteis.

STJ. 6ª Turma. AgRg no HC 851.985-SP, Rel. Min. Jesuíno Rissato (Desembargador convocado do TJDFT), julgado em 14/5/2024 (Info 817).

**Art. 40.** Haverá revisão, no Superior Tribunal de Justiça, nos seguintes processos:

**I** – ação rescisória;

**II** – ação penal originária;

**III** – revisão criminal.

**Art. 41.** Em caso de vaga ou afastamento do Ministro do Superior Tribunal de Justiça, por prazo superior a 30 (trinta) dias, poderá ser convocado Juiz de Tribunal Regional Federal ou Desembargador, para substituição, pelo voto da maioria absoluta dos seus membros.

**Art. 41-A.** A decisão de Turma, no Supremo Tribunal Federal e no Superior Tribunal de Justiça, será tomada pelo voto da maioria absoluta de seus membros. *(Redação dada pela Lei 14.836/2024)*

**Parágrafo único.** Em todos os julgamentos em matéria penal ou processual penal em órgãos colegiados, havendo empate, prevalecerá a decisão mais favorável ao indivíduo imputado, proclamando-se de imediato esse resultado, ainda que, nas hipóteses de vaga aberta a ser preenchida, de impedimento, de suspeição ou de ausência, tenha sido o julgamento tomado sem a totalidade dos integrantes do colegiado. *(Redação dada pela Lei 14.836/2024)*

**Art. 41-B.** As despesas do porte de remessa e retorno dos autos serão recolhidas mediante documento de arrecadação, de conformidade com instruções e tabela expedidas pelo Supremo Tribunal Federal e pelo Superior Tribunal de Justiça.

**Parágrafo único.** A secretaria do tribunal local zelará pelo recolhimento das despesas postais.

(...)

Brasília, 28 de maio de 1990;
169º da Independência e 102º da República.
Fernando Collor
Bernardo Cabral

# LEI Nº 9.807, DE 13 DE JULHO DE 1999 (EXCERTOS)

*Estabelece normas para a organização e a manutenção de programas especiais de proteção a vítimas e a testemunhas ameaçadas, institui o Programa Federal de Assistência a Vítimas e a Testemunhas Ameaçadas e dispõe sobre a proteção de acusados ou condenados que tenham voluntariamente prestado efetiva colaboração à investigação policial e ao processo criminal.*

- D.O.U. 14.7.1999

O PRESIDENTE DA REPÚBLICA

Faço saber que o Congresso Nacional decreta e eu sanciono a seguinte Lei:

## CAPÍTULO I. DA PROTEÇÃO ESPECIAL A VÍTIMAS E A TESTEMUNHAS

**Art. 1º.** As medidas de proteção requeridas por vítimas ou por testemunhas de crimes que estejam coagidas ou expostas a grave ameaça em razão de colaborarem com a investigação ou processo criminal serão prestadas pela União, pelos Estados e pelo Distrito Federal, no âmbito das respectivas competências, na forma de programas especiais organizados com base nas disposições desta Lei.

- CP, art. 344.
- CPP: arts. 202 a 225.

**§ 1º.** A União, os Estados e o Distrito Federal poderão celebrar convênios, acordos, ajustes ou termos de parceria entre si ou com entidades não governamentais objetivando a realização dos programas.

**§ 2º.** A supervisão e a fiscalização dos convênios, acordos, ajustes e termos de parceria de interesse da União ficarão a cargo do órgão do Ministério da Justiça com atribuições para a execução da política de direitos humanos.

**Art. 2º.** A proteção concedida pelos programas e as medidas dela decorrentes levarão em conta a gravidade da coação ou da ameaça à integridade física ou psicológica, a dificuldade de preveni-las ou reprimi-las pelos meios convencionais e a sua importância para a produção da prova.

**§ 1º.** A proteção poderá ser dirigida ou estendida ao cônjuge ou companheiro, ascendentes, descendentes e dependentes que tenham convivência habitual com a vítima ou testemunha, conforme o especificamente necessário em cada caso.

**§ 2º.** Estão excluídos da proteção os indivíduos cuja personalidade ou conduta seja incompatível com as restrições de comportamento exigidas pelo programa, os condenados que estejam cumprindo pena e os indiciados ou acusados sob prisão cautelar em qualquer de suas modalidades. Tal exclusão não trará prejuízo a eventual prestação de medidas de preservação da integridade física desses indivíduos por parte dos órgãos de segurança pública.

**§ 3º.** O ingresso no programa, as restrições de segurança e demais medidas por ele adotadas terão sempre a anuência da pessoa protegida, ou de seu representante legal.

**§ 4º.** Após ingressar no programa, o protegido ficará obrigado ao cumprimento das normas por ele prescritas.

**§ 5º.** As medidas e providências relacionadas com os programas serão adotadas, executadas e mantidas em sigilo pelos protegidos e pelos agentes envolvidos em sua execução.

**Art. 3º.** Toda admissão no programa ou exclusão dele será precedida de consulta ao Ministério Público sobre o disposto no art. 2º e deverá ser subsequentemente comunicada à autoridade policial ou ao juiz competente.

**Art. 4º.** Cada programa será dirigido por um conselho deliberativo em cuja composição haverá representantes do Ministério Público, do Poder Judiciário e de órgãos públicos e privados relacionados com a segurança pública e a defesa dos direitos humanos.

**§ 1º.** A execução das atividades necessárias ao programa ficará a cargo de um dos órgãos representados no conselho deliberativo, devendo os agentes dela incumbidos ter formação e capacitação profissional compatíveis com suas tarefas.

**§ 2º.** Os órgãos policiais prestarão a colaboração e o apoio necessários à execução de cada programa.

**Art. 5º.** A solicitação objetivando ingresso no programa poderá ser encaminhada ao órgão executor:

**I** - pelo interessado;

**II** - por representante do Ministério Público;

**III** - pela autoridade policial que conduz a investigação criminal;

**IV** - pelo juiz competente para a instrução do processo criminal;

**V** - por órgãos públicos e entidades com atribuições de defesa dos direitos humanos.

**§ 1º.** A solicitação será instruída com a qualificação da pessoa a ser protegida e com informações sobre a sua vida pregressa, o fato delituoso e a coação ou ameaça que a motiva.

**§ 2º.** Para fins de instrução do pedido, o órgão executor poderá solicitar, com a aquiescência do interessado:

**I** - documentos ou informações comprobatórias de sua identidade, estado civil, situação profissional, patrimônio e grau de instrução, e da pendência de obrigações civis, administrativas, fiscais, financeiras ou penais;

**II** - exames ou pareceres técnicos sobre a sua personalidade, estado físico ou psicológico.

**§ 3º.** Em caso de urgência e levando em consideração a procedência, gravidade e a iminência da coação ou ameaça, a vítima ou testemunha poderá ser colocada provisoriamente sob a custódia de órgão policial, pelo órgão executor, no aguardo de decisão do conselho deliberativo, com comunicação imediata a seus membros e ao Ministério Público.

**Art. 6º.** O conselho deliberativo decidirá sobre:

**I** - o ingresso do protegido no programa ou a sua exclusão;

**II** - as providências necessárias ao cumprimento do programa.

**Parágrafo único.** As deliberações do conselho serão tomadas por maioria absoluta de seus membros e sua execução ficará sujeita à disponibilidade orçamentária.

**Art. 7º.** Os programas compreendem, dentre outras, as seguintes medidas, aplicáveis isolada ou cumulativamente em benefício da pessoa protegida, segundo a gravidade e as circunstâncias de cada caso:

**I** - segurança na residência, incluindo o controle de telecomunicações;

**II** - escolta e segurança nos deslocamentos da residência, inclusive para fins de trabalho ou para a prestação de depoimentos;

**III** - transferência de residência ou acomodação provisória em local compatível com a proteção;

**IV** - preservação da identidade, imagem e dados pessoais;

**V** - ajuda financeira mensal para prover as despesas necessárias à subsistência individual ou familiar, no caso de a pessoa protegida estar impossibilitada de desenvolver trabalho regular ou de inexistência de qualquer fonte de renda;

**VI** - suspensão temporária das atividades funcionais, sem prejuízo dos respectivos vencimentos ou vantagens, quando servidor público ou militar;

**VII** - apoio e assistência social, médica e psicológica;

**VIII** - sigilo em relação aos atos praticados em virtude da proteção concedida;

**IX** - apoio do órgão executor do programa para o cumprimento de obrigações civis e administrativas que exijam o comparecimento pessoal.

**Parágrafo único.** A ajuda financeira mensal terá um teto fixado pelo conselho deliberativo no início de cada exercício financeiro.

**Art. 8º.** Quando entender necessário, poderá o conselho deliberativo solicitar ao Ministério Público que requeira ao juiz a concessão de medidas cautelares direta ou indiretamente relacionadas com a eficácia da proteção.

**Art. 9º.** Em casos excepcionais e considerando as características e gravidade da coação ou ameaça, poderá o conselho deliberativo encaminhar requerimento da pessoa protegida ao juiz competente para registros públicos objetivando a alteração de nome completo.

**§ 1º.** A alteração de nome completo poderá estender-se às pessoas mencionadas no § 1º do art. 2º desta Lei, inclusive aos filhos menores, e será precedida das providências necessárias ao resguardo de direitos de terceiros.

**§ 2º.** O requerimento será sempre fundamentado e o juiz ouvirá previamente o Ministério Público, determinando, em seguida, que o procedimento tenha rito sumaríssimo e corra em segredo de justiça.

**§ 3º.** Concedida a alteração pretendida, o juiz determinará na sentença, observando o sigilo indispensável à proteção do interessado:

**I** - a averbação no registro original de nascimento da menção de que houve alteração de nome completo em conformidade com o estabelecido nesta Lei, com expressa referência à sentença autorizatória e ao juiz que a exarou e sem a aposição do nome alterado;

**II** - a determinação aos órgãos competentes para o fornecimento dos documentos decorrentes da alteração;

**III** - a remessa da sentença ao órgão nacional competente para o registro único de identificação civil, cujo procedimento obedecerá às necessárias restrições de sigilo.

**§ 4º.** O conselho deliberativo, resguardado o sigilo das informações, manterá controle sobre a localização do protegido cujo nome tenha sido alterado.

**§ 5º.** Cessada a coação ou ameaça que deu causa à alteração, ficará facultado ao protegido solicitar ao juiz competente o retorno à situação anterior, com a alteração para o nome original, em petição que será encaminhada pelo conselho deliberativo e terá manifestação prévia do Ministério Público.

**Art. 10.** A exclusão da pessoa protegida de programa de proteção a vítimas e a testemunhas poderá ocorrer a qualquer tempo:

**I** – por solicitação do próprio interessado;

**II** – por decisão do conselho deliberativo, em consequência de:

*a)* cessação dos motivos que ensejaram a proteção;

*b)* conduta incompatível do protegido.

**Art. 11.** A proteção oferecida pelo programa terá a duração máxima de 2 (dois) anos.

**Parágrafo único.** Em circunstâncias excepcionais, perdurando os motivos que autorizam a admissão, a permanência poderá ser prorrogada.

**Art. 12.** Fica instituído, no âmbito do órgão do Ministério da Justiça com atribuições para a execução da política de direitos humanos, o Programa Federal de Assistência a Vítimas e a Testemunhas Ameaçadas, a ser regulamentado por decreto do Poder Executivo.

- Decreto 3.518/2000 – Regulamenta o Programa Federal de Assistência a Vítimas e a Testemunhas Ameaçadas, instituído pelo art. 12 da Lei 9.807/1999, e dispõe sobre a atuação da Polícia Federal nas hipóteses previstas nos arts. 2º, § 2º, 4º, § 2º, 5º, § 3º, e 15 da referida Lei.

(...)

Brasília, 13 de julho de 1999;
178º da Independência e 111º da República.
Fernando Henrique Cardoso
Renan Calheiros

## LEI Nº 10.446, DE 8 DE MAIO DE 2002

*Dispõe sobre infrações penais de repercussão interestadual ou internacional que exigem repressão uniforme, para os fins do disposto no inciso I do § 1º do art. 144 da Constituição.*

- DOU de 9.5.2002.

O PRESIDENTE DA REPÚBLICA Faço saber que o Congresso Nacional decreta e eu sanciono a seguinte Lei:

**Art. 1º** Na forma do inciso I do § 1º do art. 144 da Constituição, quando houver repercussão interestadual ou internacional que exija repressão uniforme, poderá o Departamento de Polícia Federal do Ministério da Justiça, sem prejuízo da responsabilidade dos órgãos de segurança pública arrolados no art. 144 da Constituição Federal, em especial das Polícias Militares e Civis dos Estados, **proceder à investigação**, dentre outras, das seguintes **infrações penais:**

**I** - seqüestro, cárcere privado e extorsão mediante seqüestro (arts. 148 e 159 do Código Penal), se o agente foi impelido por motivação política ou quando praticado em razão da função pública exercida pela vítima;

**II** - formação de cartel (incisos I, a, II, III e VII do art. 4º da Lei nº 8.137, de 27 de dezembro de 1990); e

**III** - relativas à violação a direitos humanos, que a República Federativa do Brasil se comprometeu a reprimir em decorrência de tratados internacionais de que seja parte; e

**IV** - furto, roubo ou receptação de cargas, inclusive bens e valores, transportadas em operação interestadual ou internacional, quando houver indícios da atuação de quadrilha ou bando em mais de um Estado da Federação;

**V** - falsificação, corrupção, adulteração ou alteração de produto destinado a fins terapêuticos ou medicinais e venda, inclusive pela internet, depósito ou distribuição do produto falsificado, corrompido, adulterado ou alterado (art. 273 do Decreto-Lei nº 2.848, de 7 de dezembro de 1940 - Código Penal);

**VI** - furto, roubo ou dano contra instituições financeiras, incluindo agências bancárias ou caixas eletrônicos, quando houver indícios da atuação de associação criminosa **em mais de um** Estado da Federação.

**VII** - quaisquer crimes praticados por meio da rede mundial de computadores que difundam conteúdo **misógino,** definidos como aqueles que propagam o ódio ou a aversão às mulheres. *(Acrescido pela Lei 13.642/2018)*

**Parágrafo único.** Atendidos os pressupostos do *caput*, o Departamento de Polícia Federal procederá à apuração de outros casos, desde que tal providência seja autorizada ou determinada pelo Ministro de Estado da Justiça.

**Art. 2º** Esta Lei entra em vigor na data de sua publicação.

Brasília, 8 de maio de 2002;
181º da Independência e 114º da República.
Fernando Henrique Cardoso
Miguel Reale Júnior

## LEI Nº 11.671, DE 8 DE MAIO DE 2008

*Dispõe sobre a transferência e inclusão de presos em estabelecimentos penais federais de segurança máxima e dá outras providências.*

- D.O.U. de 9.5.2008

O PRESIDENTE DA REPÚBLICA Faço saber que o Congresso Nacional decreta e eu sanciono a seguinte Lei:

- Decreto 6.877/2009 – Regulamenta a Lei 11.671/2008.

**Art. 1º.** A inclusão de presos em estabelecimentos penais federais de segurança máxima e a transferência de presos de outros estabelecimentos para aqueles obedecerão ao disposto nesta Lei.

**Art. 2º.** A atividade jurisdicional de execução penal nos estabelecimentos penais federais será desenvolvida pelo juízo federal da seção ou subseção judiciária em que estiver localizado o estabelecimento penal federal de segurança máxima ao qual for recolhido o preso.

▸ Lei 7.210/1984, art. 65.

**Parágrafo único.** O juízo federal de execução penal será competente para as ações de natureza penal que tenham por objeto fatos ou incidentes relacionados à execução da pena ou infrações penais ocorridas no estabelecimento penal federal. (*Acrescido pela Lei 13.964/2019*)

**Art. 3º** Serão incluídos em estabelecimentos penais federais de segurança máxima aqueles para quem a medida se justifique no interesse da segurança pública ou do próprio preso, condenado ou provisório. (*Redação dada pela Lei 13.964/2019*)

**§ 1º** A inclusão em estabelecimento penal federal de segurança máxima, no atendimento do interesse da segurança pública, será em regime fechado de segurança máxima, com as seguintes características: (*Acrescido pela Lei 13.964/2019*)

**I** - recolhimento em cela individual;

**II** - visita do cônjuge, do companheiro, de parentes e de amigos somente em dias determinados, por meio virtual ou no parlatório, com o máximo de 2 (duas) pessoas por vez, além de eventuais crianças, separados por vidro e comunicação por meio de interfone, com filmagem e gravações;

**III** - banho de sol de até 2 (duas) horas diárias; e

**IV** - monitoramento de todos os meios de comunicação, inclusive de correspondência escrita.

**§ 2º** Os estabelecimentos penais federais de segurança máxima deverão dispor de monitoramento de áudio e vídeo no parlatório e nas áreas comuns, para fins de preservação da ordem interna e da segurança pública, vedado seu uso nas celas e no atendimento advocatício, salvo expressa autorização judicial em contrário. (*Acrescido pela Lei 13.964/2019*)

**§ 3º** As gravações das visitas não poderão ser utilizadas como meio de prova de infrações penais pretéritas ao ingresso do preso no estabelecimento. (*Acrescido pela Lei 13.964/2019*)

**§ 4º** Os diretores dos estabelecimentos penais federais de segurança máxima ou o Diretor do Sistema Penitenciário Federal poderão suspender e restringir o direito de visitas previsto no inciso II do § 1º deste artigo por meio de ato fundamentado. (*Acrescido pela Lei 13.964/2019*)

**§ 5º** Configura o crime do art. 325 do Decreto-Lei nº 2.848, de 7 de dezembro de 1940 (Código Penal), a violação ao disposto no § 2º deste artigo. (Parágrafo acrescido pela Lei 13.964/2019)

**Art. 4º.** A admissão do preso, condenado ou provisório, dependerá de decisão prévia e fundamentada do juízo federal competente, após receber os autos de transferência enviados pelo juízo responsável pela execução penal ou pela prisão provisória.

▸ Ao Juízo Federal não compete realizar juízo de valor sobre as razões de fato emanadas pelo Juízo solicitante, sendo-lhe atribuído pelo art. 4.º da Lei n.º 11.671/2008, tão somente, o exame da regularidade formal da solicitação.
STJ. 3ª Seção. CC 168.595/RJ, Rel. Min. Laurita Vaz, julgado em 11/03/2020.

**§ 1º.** A execução penal da pena privativa de liberdade, no período em que durar a transferência, ficará a cargo do juízo federal competente.

**§ 2º.** Apenas a fiscalização da prisão provisória será deprecada, mediante carta precatória, pelo juízo de origem ao juízo federal competente, mantendo aquele juízo a competência para o processo e para os respectivos incidentes.

**Art. 5º.** São legitimados para requerer o processo de transferência, cujo início se dá com a admissibilidade pelo juiz da origem da necessidade da transferência do preso para estabelecimento penal federal de segurança máxima, a autoridade administrativa, o Ministério Público e o próprio preso.

**§ 1º.** Caberá à Defensoria Pública da União a assistência jurídica ao preso que estiver nos estabelecimentos penais federais de segurança máxima.

**§ 2º.** Instruídos os autos do processo de transferência, serão ouvidos, no prazo de 5 (cinco) dias cada, quando não requerentes, a autoridade administrativa, o Ministério Público e a defesa, bem como o Departamento Penitenciário Nacional – DEPEN, a quem é facultado indicar o estabelecimento penal federal mais adequado.

**§ 3º.** A instrução dos autos do processo de transferência será disciplinada no regulamento para fiel execução desta Lei.

**§ 4º.** Na hipótese de imprescindibilidade de diligências complementares, o juiz federal ouvirá, no prazo de 5 (cinco) dias, o Ministério Público Federal e a defesa e, em seguida, decidirá acerca da transferência no mesmo prazo.

**§ 5º.** A decisão que admitir o preso no estabelecimento penal federal de segurança máxima indicará o período de permanência.

**§ 6º.** Havendo extrema necessidade, o juiz federal poderá autorizar a imediata transferência do preso e, após a instrução dos autos, na forma do § 2º deste artigo, decidir pela manutenção ou revogação da medida adotada.

**§ 7º.** A autoridade policial será comunicada sobre a transferência do preso provisório quando a autorização da transferência ocorrer antes da conclusão do inquérito policial que presidir.

**Art. 6º.** Admitida a transferência do preso condenado, o juízo de origem deverá encaminhar ao juízo federal os autos da execução penal.

**Art. 7º.** Admitida a transferência do preso provisório, será suficiente a carta precatória remetida pelo juízo de origem, devidamente instruída, para que o juízo federal competente dê início à fiscalização da prisão no estabelecimento penal federal de segurança máxima.

**Art. 8º.** As visitas feitas pelo juiz responsável ou por membro do Ministério Público, às quais se referem os arts. 66 e 68 da Lei nº 7.210, de 11

PROCESSUAL PENAL

de julho de 1984, serão registradas em livro próprio, mantido no respectivo estabelecimento.

**Art. 9º.** Rejeitada a transferência, o juízo de origem poderá suscitar o conflito de competência perante o tribunal competente, que o apreciará em caráter prioritário.

**Art. 10.** A inclusão de preso em estabelecimento penal federal de segurança máxima será excepcional e por prazo determinado.

**§ 1º** O período de permanência será de até 3 (três) anos, renovável por iguais períodos, quando solicitado motivadamente pelo juízo de origem, observados os requisitos da transferência, e se persistirem os motivos que a determinaram. (Parágrafo com redação dada pela Lei 13.964/2019)

- Súmula 662-STJ: Para a prorrogação do prazo de permanência no sistema penitenciário federal, é prescindível a ocorrência de fato novo; basta constar, em decisão fundamentada, a persistência dos motivos que ensejaram a transferência inicial do preso.

**§ 2º.** Decorrido o prazo, sem que seja feito, imediatamente após seu decurso, pedido de renovação da permanência do preso em estabelecimento penal federal de segurança máxima, ficará o juízo de origem obrigado a receber o preso no estabelecimento penal sob sua jurisdição.

**§ 3º.** Tendo havido pedido de renovação, o preso, recolhido no estabelecimento federal em que estiver, aguardará que o juízo federal profira decisão.

**§ 4º.** Aceita a renovação, o preso permanecerá no estabelecimento federal de segurança máxima em que estiver, retroagindo o termo inicial do prazo ao dia seguinte ao término do prazo anterior.

**§ 5º.** Rejeitada a renovação, o juízo de origem poderá suscitar o conflito de competência, que o tribunal apreciará em caráter prioritário.

- Prorrogação da permanência no presídio federal. Permanecendo inalterados os fundamentos que justificaram a transferência de preso para presídio federal de segurança máxima, não cabe ao Juízo federal questionar as razões do Juízo estadual, sendo a renovação da permanência do apenado providência indeclinável, como medida excepcional e adequada para resguardar a ordem pública. STJ. 3ª Seção. CC 143.634/RJ, Rel. Min. Gurgel de Faria, julgado em 24/02/2016.

**§ 6º.** Enquanto não decidido o conflito de competência em caso de renovação, o preso permanecerá no estabelecimento penal federal.

**Art. 11.** A lotação máxima do estabelecimento penal federal de segurança máxima não será ultrapassada.

**§ 1º.** O número de presos, sempre que possível, será mantido aquém do limite de vagas, para que delas o juízo federal competente possa dispor em casos emergenciais.

**§ 2º.** No julgamento dos conflitos de competência, o tribunal competente observará a vedação estabelecida no *caput* deste artigo.

**Art. 11-A.** As decisões relativas à transferência ou à prorrogação da permanência do preso em estabelecimento penal federal de segurança máxima, à concessão ou à denegação de benefícios prisionais ou à imposição de sanções ao preso federal poderão ser tomadas por órgão colegiado de juízes, na forma das normas de organização interna dos tribunais. (Artigo acrescido pela Lei 13.964/2019)

**Art. 11-B.** Os Estados e o Distrito Federal poderão construir estabelecimentos penais de segurança máxima, ou adaptar os já existentes, aos quais será aplicável, no que couber, o disposto nesta Lei. (Artigo acrescido pela Lei 13.964/2019)

**Art. 12.** Esta Lei entra em vigor na data de sua publicação.

Brasília, 8 de maio de 2008;
187º da Independência e 120º da República.
Luiz Inácio Lula da Silva
Tarso Genro

## LEI Nº 12.037, DE 1º DE OUTUBRO DE 2009

*Dispõe sobre a identificação criminal do civilmente identificado, regulamentando o art. 5º, inciso LVIII, da Constituição Federal.*

- D.O.U. de 2.10.2009

O VICE-PRESIDENTE DA REPÚBLICA, no exercício do cargo de Presidente da República:

Faço saber que o Congresso Nacional decreta e eu sanciono a seguinte Lei:

**Art. 1º.** O civilmente identificado não será submetido a identificação criminal, salvo nos casos previstos nesta Lei.

- CF/88, art. 5º, LVIII.
- CPP, art. 6º, VIII.

**Art. 2º.** A identificação civil é atestada por qualquer dos seguintes documentos:

**I** – carteira de identidade;
**II** – carteira de trabalho;
**III** – carteira profissional;
**IV** – passaporte;
**V** – carteira de identificação funcional;
**VI** – outro documento público que permita a identificação do indiciado.

**Parágrafo único.** Para as finalidades desta Lei, equiparam-se aos documentos de identificação civis os documentos de identificação militares.

**Art. 3º.** Embora apresentado documento de identificação, poderá ocorrer identificação criminal quando:

**I** – o documento apresentar rasura ou tiver indício de falsificação;

- CP, art. 307.

**II** – o documento apresentado for insuficiente para identificar cabalmente o indiciado;

**III** – o indiciado portar documentos de identidade distintos, com informações conflitantes entre si;

**IV** – a identificação criminal for essencial às investigações policiais, segundo despacho da autoridade judiciária competente, que decidirá de ofício ou mediante representação da autoridade policial, do Ministério Público ou da defesa;

**V** – constar de registros policiais o uso de outros nomes ou diferentes qualificações;

**VI** – o estado de conservação ou a distância temporal ou da localidade da expedição do documento apresentado impossibilite a completa identificação dos caracteres essenciais.

**Parágrafo único.** As cópias dos documentos apresentados deverão ser juntadas aos autos do inquérito, ou outra forma de investigação, ainda que consideradas insuficientes para identificar o indiciado.

**Art. 4º.** Quando houver necessidade de identificação criminal, a autoridade encarregada tomará as providências necessárias para evitar o constrangimento do identificado.

**Art. 5º.** A identificação criminal incluirá o processo datiloscópico e o fotográfico, que serão juntados aos autos da comunicação da prisão em flagrante, ou do inquérito policial ou outra forma de investigação.

- CPP, art. 6º, VIII.

**Parágrafo único.** Na hipótese do inciso IV do art. 3º, a identificação criminal poderá incluir a coleta de material biológico para a obtenção do perfil genético.

**Art. 5º-A.** Os dados relacionados à coleta do perfil genético deverão ser armazenados em bancos de dados de perfis genéticos, gerenciado por unidade oficial de perícia criminal.

- Lei 12.654/2012 – Altera as Leis 12.037/2009, e 7.210/1984 (LEP), para prever a coleta de perfil genético como forma de identificação criminal.
- Decreto 7.950/2013 – Institui o Banco Nacional de Perfis Genéticos e a Rede Integrada de Bancos de Perfis Genéticos.

**§ 1º.** As informações genéticas contidas nos bancos de dados, de perfis genéticos não poderão revelar traços somáticos ou comportamentais das pessoas, exceto determinação genética de gênero, consoante as normas constitucionais e internacionais sobre os direitos humanos, genoma humano e dados genéticos.

**§ 2º.** Os dados constantes dos bancos de dados de perfis genéticos terão caráter sigiloso, respondendo civil, penal e administrativamente aquele que permitir ou promover sua utilização para fins diversos dos previstos nesta Lei ou em decisão judicial.

**§ 3º.** As informações obtidas a partir da coincidência de perfis genéticos deverão ser consignadas em laudo pericial firmado por perito oficial devidamente habilitado.

**Art. 6º.** É vedado mencionar a identificação criminal do indiciado em atestados de antecedentes ou em informações não destinadas ao juízo criminal, antes do trânsito em julgado da sentença condenatória.

**Art. 7º.** No caso de não oferecimento da denúncia, ou sua rejeição, ou absolvição, é facultado ao indiciado ou ao réu, após o arquivamento definitivo do inquérito, ou trânsito em julgado da sentença, requerer a retirada da identificação fotográfica do inquérito ou processo, desde que apresente provas de sua identificação civil.

**Art. 7º-A.** A exclusão dos perfis genéticos dos bancos de dados ocorrerá: (*Redação dada pela Lei 13.964/2019*)

**I** - no caso de absolvição do acusado; ou (*Acrescido pela Lei 13.964/2019*)

**II** - no caso de condenação do acusado, mediante requerimento, após decorridos 20 (vinte) anos do cumprimento da pena. (*Acrescido pela Lei 13.964/2019*)

**Art. 7º-B.** A identificação do perfil genético será armazenada em banco de dados sigiloso, conforme regulamento a ser expedido pelo Poder Executivo.

**Art. 7º-C.** Fica autorizada a criação, no Ministério da Justiça e Segurança Pública, do Banco Nacional Multibiométrico e de Impressões Digitais. (*Acrescido pela Lei 13.964/2019*)

**§ 1º** A formação, a gestão e o acesso ao Banco Nacional Multibiométrico e de Impressões Digitais serão regulamentados em ato do Poder Executivo federal.

**§ 2º** O Banco Nacional Multibiométrico e de Impressões Digitais tem como objetivo armazenar dados de registros biométricos, de impressões digitais e, quando possível, de íris, face e voz, para subsidiar investigações criminais federais, estaduais ou distritais.

**§ 3º** O Banco Nacional Multibiométrico e de Impressões Digitais será integrado pelos registros biométricos, de impressões digitais, de íris, face e voz colhidos em investigações criminais ou por ocasião da identificação criminal.

**§ 4º** Poderão ser colhidos os registros biométricos, de impressões digitais, de íris, face e voz dos presos provisórios ou definitivos quando não tiverem sido extraídos por ocasião da identificação criminal.

**§ 5º** Poderão integrar o Banco Nacional Multibiométrico e de Impressões Digitais, ou com ele interoperar, os dados de registros constantes em quaisquer bancos de dados geridos por órgãos dos Poderes Executivo, Legislativo e Judiciário das esferas federal, estadual e distrital, inclusive pelo Tribunal Superior Eleitoral e pelos Institutos de Identificação Civil.

**§ 6º** No caso de bancos de dados de identificação de natureza civil, administrativa ou eleitoral, a integração ou o compartilhamento dos registros do Banco Nacional Multibiométrico e de Impressões Digitais será limitado às impressões digitais e às informações necessárias para identificação do seu titular.

**§ 7º** A integração ou a interoperação dos dados de registros multibiométricos constantes de outros bancos de dados com o Banco Nacional Multibiométrico e de Impressões Digitais ocorrerá por meio de acordo ou convênio com a unidade gestora.

**§ 8º** Os dados constantes do Banco Nacional Multibiométrico e de Impressões Digitais terão caráter sigiloso, e aquele que permitir ou promover sua utilização para fins diversos dos previstos nesta Lei ou em decisão judicial responderá civil, penal e administrativamente.

**§ 9º** As informações obtidas a partir da coincidência de registros biométricos relacionados a crimes deverão ser consignadas em laudo pericial firmado por perito oficial habilitado.

**§ 10.** É vedada a comercialização, total ou parcial, da base de dados do Banco Nacional Multibiométrico e de Impressões Digitais.

**§ 11.** A autoridade policial e o Ministério Público poderão requerer ao juiz competente, no caso de inquérito ou ação penal instaurados, o acesso ao Banco Nacional Multibiométrico e de Impressões Digitais.

**Art. 8º.** Esta Lei entra em vigor na data de sua publicação.

**Art. 9º.** Revoga-se a Lei nº 10.054, de 7 de dezembro de 2000..

Brasília, 1º de outubro de 2009;
188º da Independência e 121º da República.

José Alencar Gomes da Silva

Luiz Paulo Teles Ferreira Barreto

## LEI Nº 12.830, DE 20 DE JUNHO DE 2013

*Dispõe sobre a investigação criminal conduzida pelo delegado de polícia.*

- DOU de 21.6.2013.

A PRESIDENTA DA REPÚBLICA Faço saber que o Congresso Nacional decreta e eu sanciono a seguinte Lei:

- CF/88: art. 144, IV, e § §4º e 6º.
- Lei 13.441/2017 – Altera a Lei 8.069/1990 (Estatuto da Criança e do Adolescente), para prever a infiltração de agentes de polícia na internet com o fim de investigar crimes contra a dignidade sexual de criança e de adolescente.

**Art. 1º.** Esta Lei dispõe sobre a investigação criminal conduzida pelo delegado de polícia.

- CPP: arts. 4º a 23.

**Art. 2º.** As funções de polícia judiciária e a apuração de infrações penais exercidas pelo delegado de polícia são de natureza jurídica, essenciais e exclusivas de Estado.

**§ 1º.** Ao delegado de polícia, na qualidade de autoridade policial, cabe a condução da investigação criminal por meio de inquérito policial ou outro procedimento previsto em lei, que tem como objetivo a apuração das circunstâncias, da materialidade e da autoria das infrações penais.

**§ 2º.** Durante a investigação criminal, cabe ao delegado de polícia a requisição de perícia, informações, documentos e dados que interessem à apuração dos fatos.

**§ 3º.** (VETADO).

**§ 4º.** O inquérito policial ou outro procedimento previsto em lei em curso somente poderá ser avocado ou redistribuído por superior hierárquico, mediante despacho fundamentado, por motivo de interesse público ou nas hipóteses de inobservância dos procedimentos previstos em regulamento da corporação que prejudique a eficácia da investigação.

**§ 5º.** A remoção do delegado de polícia dar-se-á somente por ato fundamentado.

**§ 6º.** O indiciamento, privativo do delegado de polícia, dar-se-á por ato fundamentado, mediante análise técnico-jurídica do fato, que deverá indicar a autoria, materialidade e suas circunstâncias.

**Art. 3º.** O cargo de delegado de polícia é privativo de bacharel em Direito, devendo-lhe ser dispensado o mesmo tratamento protocolar que recebem os magistrados, os membros da Defensoria Pública e do Ministério Público e os advogados.

**Art. 4º.** Esta Lei entra em vigor na data de sua publicação.

Brasília, 20 de junho de 2013;
192º da Independência e 125º da República.

Dilma Rousseff

José Eduardo Cardozo

Miriam Belchior

Luís Inácio Lucena Adams

## LEI Nº 13.060, DE 22 DE DEZEMBRO DE 2014

*Disciplina o uso dos instrumentos de menor potencial ofensivo pelos agentes de segurança pública, em todo o território nacional.*

- DOU de 23.12.2014.

A PRESIDENTA DA REPÚBLICA Faço saber que o Congresso Nacional decreta e eu sanciono a seguinte Lei:

- v. CF/88: art. 98, I.
- v. CPP: arts. 394, § 1º,III, 492,§ 1º, e 538.
- v. Lei 10.259/2001 – Dispõe sobre a instituição dos Juizados Especiais Cíveis e Criminais no âmbito da Justiça Federal.
- v. Lei 9.099/1995 – Dispõe sobre os Juizados Especiais Cíveis e Criminais.

**Art. 1º.** Esta Lei disciplina o uso dos instrumentos de menor potencial ofensivo pelos agentes de segurança pública em todo o território nacional.

**Art. 2º.** Os órgãos de segurança pública deverão priorizar a utilização dos instrumentos de menor potencial ofensivo, desde que o seu uso não coloque em risco a integridade física ou psíquica dos policiais, e deverão obedecer aos seguintes princípios:

**I** – legalidade;

**II** – necessidade;

**III** – razoabilidade e proporcionalidade.

**Parágrafo único.** Não é legítimo o uso de arma de fogo:

**I** – contra pessoa em fuga que esteja desarmada ou que não represente risco imediato de morte ou de lesão aos agentes de segurança pública ou a terceiros; e

**II** – contra veículo que desrespeite bloqueio policial em via pública, exceto quando o ato represente risco de morte ou lesão aos agentes de segurança pública ou a terceiros.

**Art. 3º.** Os cursos de formação e capacitação dos agentes de segurança pública deverão incluir conteúdo programático que os habilite ao uso dos instrumentos não letais.

**Art. 4º.** Para os efeitos desta Lei, consideram-se instrumentos de menor potencial ofensivo aqueles projetados especificamente para, com baixa probabilidade de causar mortes ou lesões permanentes, conter, debilitar ou incapacitar temporariamente pessoas.

**Art. 5º.** O poder público tem o dever de fornecer a todo agente de segurança pública instrumentos de menor potencial ofensivo para o uso racional da força.

**Art. 6º.** Sempre que do uso da força praticada pelos agentes de segurança pública decorrerem ferimentos em pessoas, deverá ser assegurada a imediata prestação de assistência e socorro médico aos feridos, bem como a comunicação do ocorrido à família ou à pessoa por eles indicada.

**Art. 7º.** O Poder Executivo editará regulamento classificando e disciplinando a utilização dos instrumentos não letais.

**Art. 8º.** Esta Lei entra em vigor na data de sua publicação.

Brasília, 22 de dezembro de 2014; 193º da Independência e 126º da República.

Dilma Rousseff
José Eduardo Cardozo
Claudinei do Nascimento

## DECRETO Nº 8.858, DE 26 DE SETEMBRO DE 2016

*Regulamenta o disposto no art. 199 da Lei nº 7.210, de 11 de julho de 1984 – Lei de Execução Penal.*

SV, 11. Só é lícito o uso de algemas em casos de resistência e de fundado receio de fuga ou de perigo à integridade física própria ou alheia, por parte do preso ou de terceiros, justificada a excepcionalidade por escrito, sob pena de responsabilidade disciplinar, civil e penal do agente ou da autoridade e de nulidade da prisão ou do ato processual a que se refere, sem prejuízo da responsabilidade civil do Estado.

‣ D.O.U. 27.9.2016.

O PRESIDENTE DA REPÚBLICA, no uso da atribuição que lhe confere o art. 84, *caput*, inciso IV, da Constituição, e tendo em vista o disposto no art. 199 da Lei nº 7.210, de 11 de julho de 1984 – Lei de Execução Penal, decreta:

**Art. 1º.** O emprego de algemas observará o disposto neste Decreto e terá como diretrizes:

**I** – o inciso III do *caput* do art. 1º e o inciso III do *caput* do art. 5º da Constituição, que dispõem sobre a proteção e a promoção da dignidade da pessoa humana e sobre a proibição de submissão ao tratamento desumano e degradante;

‣ CF/88, art. 5º, III.

**II** – a Resolução nº 2.010/2016, de 22 de julho de 2010, das Nações Unidas sobre o tratamento de mulheres presas e medidas não privativas de liberdade para mulheres infratoras (Regras de Bangkok); e

**III** – o Pacto de San José da Costa Rica, que determina o tratamento humanitário dos presos e, em especial, das mulheres em condição de vulnerabilidade.

‣ Decreto 678/1992: Artigo 4º, item 5.

**Art. 2º.** É permitido o emprego de algemas apenas em casos de resistência e de fundado receio de fuga ou de perigo à integridade física própria ou alheia, causado pelo preso ou por terceiros, justificada a sua excepcionalidade por escrito.

‣ CPP, art. 292, *caput*.

**Art. 3º.** É vedado emprego de algemas em mulheres presas em qualquer unidade do sistema penitenciário nacional durante o trabalho de parto, no trajeto da parturiente entre a unidade prisional e a unidade hospitalar e após o parto, durante o período em que se encontrar hospitalizada.

‣ CPP, art. 292, par. único.

**Art. 4º.** Este Decreto entra em vigor na data de sua publicação.

Brasília, 26 de setembro de 2016; 195º da Independência e 128º da República.

Michel Temer
Alexandre de Moraes

## LEI Nº 13.608, DE 10 DE JANEIRO DE 2018 *(EXCERTOS)*

*Dispõe sobre o serviço telefônico de recebimento de denúncias e sobre recompensa por informações que auxiliem nas investigações policiais; e altera o art. 4º da Lei nº 10.201, de 14 de fevereiro de 2001, para prover recursos do Fundo Nacional de Segurança Pública para esses fins.*

‣ DOU de 11.1.2018

O Presidente da República

Faço saber que o Congresso Nacional decreta e eu sanciono a seguinte Lei:

**Art. 1º** As empresas de transportes terrestres que operam sob concessão da União, dos Estados, do Distrito Federal ou dos Municípios são obrigadas a exibir em seus veículos, em formato de fácil leitura e visualização:

**I** – a expressão "Disque-Denúncia", relacionada a uma das modalidades existentes, com o respectivo número telefônico de acesso gratuito;

**II** – expressões de incentivo à colaboração da população e de garantia do anonimato, na forma do regulamento desta Lei.

**Art. 2º** Os Estados são autorizados a estabelecer serviço de recepção de denúncias por telefone, preferencialmente gratuito, que também poderá ser mantido por entidade privada sem fins lucrativos, por meio de convênio.

**Art. 3º** O informante que se identificar terá assegurado, pelo órgão que receber a denúncia, o sigilo dos seus dados.

**Art. 4º** A União, os Estados, o Distrito Federal e os Municípios, no âmbito de suas competências, poderão estabelecer formas de recompensa pelo oferecimento de informações que sejam úteis para a prevenção, a repressão ou a apuração de crimes ou ilícitos administrativos.

**Parágrafo único.** Entre as recompensas a serem estabelecidas, poderá ser instituído o pagamento de valores em espécie.

**Art. 4º-A.** A União, os Estados, o Distrito Federal e os Municípios e suas autarquias e fundações, empresas públicas e sociedades de economia mista manterão unidade de ouvidoria ou correição, para assegurar a qualquer pessoa o direito de relatar informações sobre crimes contra a administração pública, ilícitos administrativos ou quaisquer ações ou omissões lesivas ao interesse público. (*Acrescido pela Lei 13.964/2019*)

**Parágrafo único.** Considerado razoável o relato pela unidade de ouvidoria ou correição e procedido o encaminhamento para apuração, ao informante serão asseguradas proteção integral contra retaliações e isenção de responsabilização civil ou penal em relação ao relato, exceto se o informante tiver apresentado, de modo consciente, informações ou provas falsas.

**Art. 4º-B.** O informante terá direito à preservação de sua identidade, a qual apenas será revelada em caso de relevante interesse público ou interesse concreto para a apuração dos fatos. (*Acrescido pela Lei 13.964/2019*)

**Parágrafo único.** A revelação da identidade somente será efetivada mediante comunicação prévia ao informante e com sua concordância formal.

**Art. 4º-C.** Além das medidas de proteção previstas na Lei nº 9.807, de 13 de julho de 1999, será assegurada ao informante proteção contra ações ou omissões praticadas em retaliação ao exercício do direito de relatar, tais como demissão arbitrária, alteração injustificada de funções ou atribuições, imposição de sanções, de prejuízos remuneratórios ou materiais de qualquer espécie, retirada de benefícios, diretos ou indiretos, ou negativa de fornecimento de referências profissionais positivas. (*Acrescido pela Lei 13.964/2019*)

**§ 1º** A prática de ações ou omissões de retaliação ao informante configurará falta disciplinar grave e sujeitará o agente à demissão a bem do serviço público.

**§ 2º** O informante será ressarcido em dobro por eventuais danos materiais causados por ações ou omissões praticadas em retaliação, sem prejuízo de danos morais.

**§ 3º** Quando as informações disponibilizadas resultarem em recuperação de produto de crime contra a administração pública, poderá ser fixada recompensa em favor do informante em até 5% (cinco por cento) do valor recuperado.

(...)

Brasília, 10 de janeiro de 2018;
197º da Independência e 130º da República.
Michel Temer
Gustavo do Vale Rocha

# Direito Civil

# PLANO DE ESTUDO

| Diploma | Estudado | Revisão 1 | Revisão 2 | Revisão 3 | Questões |
|---|---|---|---|---|---|
| Decreto-lei nº 911/1969 | | | | | |
| Lei nº 6.015/1973 *(Excertos)* | | | | | |
| Lei nº 6.969/1981 *(Excertos)* | | | | | |
| Lei nº 8.009/1990 | | | | | |
| Lei nº 9.514/1997 *(Excertos)* | | | | | |
| Lei nº 12.965/2014 | | | | | |
| Lei nº 13.465/2017 *(Excertos)* | | | | | |

## DECRETO-LEI Nº 911, DE 1º DE OUTUBRO DE 1969

*Altera a redação do art. 66 da Lei nº 4.728, de 14 de julho de 1965, estabelece normas de processo sobre alienação fiduciária, e dá outras providências.*

- D.O.U. de 3.10.1969
- CC: arts. 1.361 a 1.368-A.
- Lei 9.514/1997: arts. 22 a 33.

Os Ministros da Marinha de Guerra, do Exército e da Aeronáutica Militar, usando das atribuições que lhes confere o art. 1º do Ato Institucional 5, de 13 de dezembro de 1968, decretam:

**Art. 1º.** O art. 66, da Lei nº 4.728, de 14 de julho de 1965, passa a ter a seguinte redação:

- O mencionado art. 66 foi revogado pela Lei 10.931/2004.

(...)

**Art. 2º.** No caso de inadimplemento ou mora nas obrigações contratuais garantidas mediante alienação fiduciária, o proprietário fiduciário ou credor poderá vender a coisa a terceiros, independentemente de leilão, hasta pública, avaliação prévia ou qualquer outra medida judicial ou extrajudicial, salvo disposição expressa em contrário prevista no contrato, devendo aplicar o preço da venda no pagamento de seu crédito e das despesas decorrentes e entregar ao devedor o saldo apurado, se houver, com a devida prestação de contas.

**STJ, 384.** Cabe ação monitória para haver saldo remanescente oriundo de venda extrajudicial de bem alienado fiduciariamente em garantia.

- CC, art. 1.364.

**§ 1º.** O crédito a que se refere o presente artigo abrange o principal, juros e comissões, além das taxas, cláusula penal e correção monetária, quando expressamente convencionados pelas partes.

**§ 2º.** A mora decorrerá do simples vencimento do prazo para pagamento e poderá ser comprovada por carta registrada com aviso de recebimento, não se exigindo que a assinatura constante do referido aviso seja a do próprio destinatário.

**STJ, 72.** A comprovação da mora é imprescindível à busca e apreensão do bem alienado fiduciariamente.

**STJ, 245.** A notificação destinada a comprovar a mora nas dívidas garantidas por alienação fiduciária dispensa a indicação do valor do débito.

- Para a comprovação da mora nos contratos garantidos por alienação fiduciária, é suficiente o envio de notificação extrajudicial ao devedor no endereço indicado no instrumento contratual, dispensando-se a prova do recebimento, quer seja pelo próprio destinatário, quer por terceiros.
STJ. 2ª Seção. REsps 1.951.662-RS e 1.951.888-RS, Rel. Min. Marco Buzzi, Rel. para acórdão Min. João Otávio de Noronha, julgado em 9/8/2023 (Recurso Repetitivo – Tema 1132) (Info 782).

**§ 3º.** A mora e o inadimplemento de obrigações contratuais garantidas por alienação fiduciária, ou a ocorrência legal ou convencional de algum dos casos de antecipação de vencimento da dívida, facultarão ao credor considerar, de pleno direito, vencidas todas as obrigações contratuais, independentemente de aviso ou notificação judicial ou extrajudicial.

- CC: arts. 394 a 401.

**§ 4º.** Os procedimentos previstos no *caput* e no seu § 2º aplicam-se às operações de arrendamento mercantil previstas na forma da Lei 6.099, de 12 de setembro de 1974.

**Art. 3º.** O proprietário fiduciário ou credor poderá, desde que comprovada a mora, na forma estabelecida pelo § 2º do art. 2º, ou o inadimplemento, requerer contra o devedor ou terceiro a busca e apreensão do bem alienado fiduciariamente, a qual será concedida liminarmente, podendo ser apreciada em plantão judiciário.

- A medida de busca e apreensão prevista no art. 3º do DL 911/69 somente pode ser proposta por instituição financeira ou pessoa jurídica de direito público titular de créditos fiscais e previdenciários. Isso porque, de acordo com o art. 8º-A do referido DL, o procedimento ali previsto somente é aplicável quando se tratar de operações do mercado financeiro e de capitais ou de garantia de débitos fiscais ou previdenciários. STJ. 4ª Turma. REsp 1.101.375-RS, Rel. Min. Luis Felipe Salomão, julgado em 4/6/2013 (Info 526).
- A organização da sociedade civil de interesse público - OSCIP -, mesmo ligada ao Programa Nacional de Microcrédito Produtivo Orientado - PNMPO, não pode ser classificada ou equiparada à instituição financeira, carecendo, portanto, de legitimidade ativa para requerer busca e apreensão de bens com fulcro no Decreto-Lei nº 911/69.
- O procedimento judicial de busca e apreensão previsto no DL 911/69 é um instrumento exclusivo das instituições financeiras lato sensu ou das pessoas jurídicas de direito público titulares de créditos fiscais e previdenciários. A OSCIP não se insere no conceito de instituição financeira nem pode ser a ela equiparada. STJ. 3ª Turma. REsp 1.311.071-SC, Rel. Min. Ricardo Villas Bôas Cueva, julgado em 21/3/2017 (Info 600).

**§ 1º.** Cinco dias após executada a liminar mencionada no *caput*, consolidar-se-ão a propriedade e a posse plena e exclusiva do bem no patrimônio do credor fiduciário, cabendo às repartições competentes, quando for o caso, expedir novo certificado de registro de propriedade em nome do credor, ou de terceiro por ele indicado, livre do ônus da propriedade fiduciária.

**§ 2º.** No prazo do § 1º, o devedor fiduciante poderá pagar a integralidade da dívida pendente, segundo os valores apresentados pelo credor fiduciário na inicial, hipótese na qual o bem lhe será restituído livre do ônus.

- O que se entende por "integralidade da dívida pendente"? Para que o devedor tenha de volta o bem, ele deverá pagar todo o valor do financiamento ou somente as parcelas já vencidas e não pagas (purgação da mora)? Todo o débito. Segundo decidiu o STJ, a Lei nº 10.931/2004, que alterou o DL 911/69, não mais faculta ao devedor a possibilidade de purgação de mora, ou seja, não mais permite que ele pague somente as prestações vencidas. Para que o devedor fiduciante consiga ter o bem de volta, ele terá que pagar a integralidade da dívida, ou seja, tanto as parcelas vencidas quanto as vincendas (mais os encargos), no prazo de 5 dias após a execução da liminar. Nos contratos firmados na vigência da Lei 10.931/2004, compete ao devedor, no prazo de 5 (cinco) dias após a execução da liminar na ação de busca e apreensão, pagar a integralidade da dívida – entendida esta como os valores apresentados e comprovados pelo credor na inicial –, sob pena de consolidação da propriedade do bem móvel objeto de alienação fiduciária. STJ. 2ª Seção. REsp 1.418.593-MS, Rel. Min. Luis Felipe Salomão, julgado em 14/5/2014 (recurso repetitivo) (Info 540).

**§ 3º.** O devedor fiduciante apresentará resposta no prazo de 15 (quinze) dias da execução da liminar.

- Em ação de busca e apreensão de bem alienado fiduciariamente, o termo inicial para a contagem do prazo de 15 dias para o oferecimento de resposta pelo devedor fiduciante é a data de juntada aos autos do mandado de citação devidamente cumprido (e não a data da execução da medida liminar). O mandado de busca e apreensão/citação veicula, simultaneamente, a comunicação ao devedor acerca da retomada do bem alienado fiduciariamente e sua citação, daí decorrendo dois prazos diversos: a) de 5 dias, contados da execução da liminar, para o pagamento da dívida; e b) de 15 dias, a contar da juntada do mandado aos autos, para o oferecimento de resposta.
- STJ. 3ª Turma. REsp 1.321.052-MG, Rel. Min. Ricardo Villas Bôas Cueva, julgado em 16/8/2016 (Info 588).
- É possível a discussão sobre a legalidade de cláusulas contratuais como matéria de defesa na ação de busca e apreensão decorrente de alienação fiduciária. Consolidou-se o entendimento no STJ de que é admitida a ampla defesa do devedor no âmbito da ação de busca e apreensão decorrente de alienação fiduciária, sendo possível discutir em contestação eventual abusividade contratual, uma vez que essa matéria tem relação direta com a mora, pois justificaria ou não a busca e apreensão do bem. STJ. 4ª Turma. REsp 1.296.788-SP, Rel. Min. Antonio Carlos Ferreira, julgado em 13/11/2012 (Info 509).

**§ 4º.** A resposta poderá ser apresentada ainda que o devedor tenha se utilizado da faculdade do § 2º, caso entenda ter havido pagamento a maior e desejar restituição.

**§ 5º.** Da sentença cabe apelação apenas no efeito devolutivo.

**§ 6º.** Na sentença que decretar a improcedência da ação de busca e apreensão, o juiz condenará o credor fiduciário ao pagamento de multa, em favor do devedor fiduciante, equivalente a 50% (cinquenta por cento) do valor originalmente financiado, devidamente atualizado, caso o bem já tenha sido alienado.

**§ 7º.** A multa mencionada no § 6º não exclui a responsabilidade do credor fiduciário por perdas e danos.

- CC, art. 402.

**§ 8º.** A busca e apreensão prevista no presente artigo constitui processo autônomo e independente de qualquer procedimento posterior.

**§ 9º.** Ao decretar a busca e apreensão de veículo, o juiz, caso tenha acesso à base de dados do Registro Nacional de Veículos Automotores – Renavam, inserirá diretamente a restrição judicial na base de dados do Renavam, bem como retirará tal restrição após a apreensão.

**§ 10.** Caso o juiz não tenha acesso à base de dados prevista no § 9º, deverá oficiar ao departamento de trânsito competente para que:

**I** – registre o gravame referente à decretação da busca e apreensão do veículo; e

**II** – retire o gravame após a apreensão do veículo.

**§ 11.** O juiz também determinará a inserção do mandado a que se refere o § 9º em banco próprio de mandados.

**§ 12.** A parte interessada poderá requerer diretamente ao juízo da comarca onde foi localizado o veículo com vistas à sua apreensão, sempre que o bem estiver em comarca distinta daquela da tramitação da ação, bastando que em tal requerimento conste a cópia da petição inicial da ação e, quando for o caso, a cópia do despacho que concedeu a busca e apreensão do veículo.

**§ 13.** A apreensão do veículo será imediatamente comunicada ao juízo, que intimará a instituição financeira para retirar o veículo do local depositado no prazo máximo de 48 (quarenta e oito) horas.

**§ 14.** O devedor, por ocasião do cumprimento do mandado de busca e apreensão, deverá entregar o bem e seus respectivos documentos.

**§ 15.** As disposições deste artigo aplicam-se no caso de reintegração de posse de veículos referente às operações de arrendamento mercantil previstas na Lei 6.099, de 12 de setembro de 1974.

**Art. 4º.** Se o bem alienado fiduciariamente não for encontrado ou não se achar na posse do devedor, fica facultado ao credor requerer, nos mesmos autos, a conversão do pedido de busca e apreensão em ação executiva, na forma prevista no Capítulo II do Livro II da Lei nº 5.869, de 11 de janeiro de 1973 – Código de Processo Civil.

SV, 25. É ilícita a prisão civil de depositário infiel, qualquer que seja a modalidade do depósito.

**Art. 5º.** Se o credor preferir recorrer à ação executiva, direta ou a convertida na forma do art. 4º, ou, se for o caso ao executivo fiscal, serão penhorados, a critério do autor da ação, bens do devedor quantos bastem para assegurar a execução.

**Parágrafo único.** Não se aplica à alienação fiduciária o disposto nos incisos VI e VIII do art. 649 do Código de Processo Civil.

**Art. 6º.** O avalista, fiador ou terceiro interessado que pagar a dívida do alienante ou devedor, se sub-rogará, de pleno direito, no crédito e na garantia constituída pela alienação fiduciária.

- CC: arts. 346 a 351.
- Lei 9.514/1997, art. 31.

**Art. 6º-A.** O pedido de recuperação judicial ou extrajudicial pelo devedor nos termos da Lei nº 11.101, de 9 de fevereiro de 2005, não impede a distribuição e a busca e apreensão do bem.

**Art. 7º.** Na falência do devedor alienante, fica assegurado ao credor ou proprietário fiduciário o direito de pedir, na forma prevista na lei, a restituição do bem alienado fiduciariamente.

**Parágrafo único.** Efetivada a restituição, o proprietário fiduciário agirá na forma prevista neste Decreto-lei.

- Lei 9.514/1997, art. 32.
- Lei 11.101/2005: arts. 49, § 3º, e 85 a 93.

**Art. 7º-A.** Não será aceito bloqueio judicial de bens constituídos por alienação fiduciária nos termos deste Decreto-Lei, sendo que, qualquer discussão sobre concursos de preferências deverá ser resolvida pelo valor da venda do bem, nos termos do art. 2º.§,I.

**Art. 8º.** O Conselho Nacional de Trânsito, no prazo máximo de 60 (sessenta) dias, a contar da vigência do presente Decreto-lei, expedirá normas regulamentares relativas à alienação fiduciária de veículos automotores.

**Art. 8º-A.** *(Revogado pela Lei 14.7112023)*

**Art. 8º-B.** Desde que haja previsão expressa no contrato em cláusula em destaque e após comprovação da mora na forma do § 2º do art. 2º deste Decreto-Lei, é facultado ao credor promover a consolidação da propriedade perante o competente cartório de registro de títulos e documentos no lugar do procedimento judicial a que se referem os arts. 3º, 4º, 5º e 6º deste Decreto-Lei. *(Acrescido pela Lei 14.711/2023)*

**§ 1º** É competente o cartório de registro de títulos e documentos do domicílio do devedor ou da localização do bem da celebração do contrato.

**§ 2º** Vencida e não paga a dívida, o oficial de registro de títulos e documentos, a requerimento do credor fiduciário acompanhado da comprovação da mora na forma do § 2º do art. 2º deste Decreto-Lei, notificará o devedor fiduciário para:

**I** - pagar voluntariamente a dívida no prazo de 20 (vinte) dias, sob pena de consolidação da propriedade;

**II** - apresentar, se for o caso, documentos comprobatórios de que a cobrança é total ou parcialmente indevida.

**§ 3º** O oficial avaliará os documentos apresentados na forma do inciso II do § 2º deste artigo e, na hipótese de constatar o direito do devedor, deverá abster-se de prosseguir no procedimento.

**§ 4º** Na hipótese de o devedor alegar que a cobrança é parcialmente indevida, caber-lhe-á declarar o valor que entender correto e pagá-lo dentro do prazo indicado no inciso I do § 2º deste artigo.

**§ 5º** É assegurado ao credor optar pelo procedimento judicial para cobrar a dívida ou o saldo remanescente na hipótese de frustração total ou parcial do procedimento extrajudicial.

**§ 6º** A notificação, a cargo do oficial de registro de títulos e documentos, será feita preferencialmente por meio eletrônico, a ser enviada ao endereço eletrônico indicado em contrato pelo devedor fiduciário.

**§ 7º** A ausência de confirmação do recebimento da notificação eletrônica em até 3 (três) dias úteis, contados do recebimento, implicará a realização da notificação postal, com aviso de recebimento, a cargo do oficial de registro de títulos e documentos, ao endereço indicado em contrato pelo devedor fiduciário, não exigido que a assinatura constante do aviso de recebimento seja a do próprio destinatário, desde que o endereço seja o indicado no cadastro.

**§ 8º** Paga a dívida, ficará convalescido o contrato de alienação fiduciária em garantia.

**§ 9º** Não paga a dívida, o oficial averbará a consolidação da propriedade fiduciária ou, no caso de bens cuja alienação fiduciária tenha sido registrada apenas em outro órgão, o oficial comunicará a este para a devida averbação.

**§ 10.** A comunicação de que trata o § 6º deste artigo deverá ocorrer conforme convênio das serventias, ainda que por meio de suas entidades representativas, com os competentes órgãos registrais.

**§ 11.** Na hipótese de não pagamento voluntário da dívida no prazo legal, é dever do devedor, no mesmo prazo e com a devida ciência do cartório de registro de títulos e documentos, entregar ou disponibilizar voluntariamente a coisa ao credor para a venda extrajudicial na forma do art. 8º-C deste Decreto-Lei, sob pena de sujeitar-se a multa de 5% (cinco por cento) do valor da dívida, respeitado o direito do devedor a recibo escrito por parte do credor.

**§ 12.** No valor total da dívida, poderão ser incluídos os valores dos emolumentos, das despesas postais e das despesas com remoção da coisa na hipótese de o devedor tê-la disponibilizado em vez de tê-la entregado voluntariamente.

**§ 13.** A notificação deverá conter, no mínimo, as seguintes informações:

**I** - cópia do contrato referente à dívida;

**II** - valor total da dívida de acordo com a possível data de pagamento;

**III** - planilha com detalhamento da evolução da dívida;

**IV** - boleto bancário, dados bancários ou outra indicação de meio de pagamento, inclusive a faculdade de pagamento direto no competente cartório de registro de títulos e documentos;

**V** - dados do credor, especialmente nome, número de inscrição no Cadastro de Pessoas Físicas (CPF) ou no Cadastro Nacional da Pessoa Jurídica (CNPJ), telefone e outros canais de contato;

**VI** - forma de entrega ou disponibilização voluntárias do bem no caso de inadimplemento;

**VII** - advertências referentes ao disposto nos §§ 2º, 4º, 8º e 10 deste artigo.

**Art. 8º-C** Consolidada a propriedade, o credor poderá vender o bem na forma do art. 2º deste Decreto-Lei. *(Acrescido pela Lei 14.711/2023)*

**§ 1º** Caso o bem não tenha sido entregue ou disponibilizado voluntariamente no prazo legal, o credor poderá requerer ao oficial de registro de títulos e documentos a busca e apreensão extrajudicial, com apresentação do valor atualizado da dívida e da planilha prevista no inciso III do § 13 do art. 8º-B deste Decreto-Lei. *(Acrescido pela Lei 14.711/2023, vetado pelo Presidente da República, mantido pelo Congresso Nacional e publicado na Edição Extra C do DOU de 22.12.2023)*

**§ 2º** Recebido o requerimento, como forma de viabilizar a busca e apreensão extrajudicial, o oficial adotará as seguintes providências: *(Acrescido pela Lei 14.711/2023, vetado pelo Presidente da República, mantido pelo Congresso Nacional e publicado na Edição Extra C do DOU de 22.12.2023)*

**I** - lançará, no caso de veículos, restrição de circulação e de transferência do bem no sistema de que trata o § 9º do art. 3º deste Decreto-Lei;

**II** - comunicará, se for o caso, aos órgãos registrais competentes para averbação da indisponibilidade do bem e da busca e apreensão extrajudicial;

**III** - lançará a busca e apreensão extrajudicial na plataforma eletrônica mantida pelos cartórios de registro de títulos e documentos por meio de suas entidades representativas, com base no art. 37 da Lei nº 11.977, de 7 de julho de 2009; e

**IV** - expedirá certidão de busca e apreensão extrajudicial do bem.

**§ 3º** Para facilitar a realização das providências de que tratam os incisos I e II do § 2º deste artigo, os órgãos de trânsito e outros órgãos de registro poderão manter convênios com os cartórios de registro de títulos e documentos, ainda que por meio das suas entidades representativas incumbidas de promover o sistema de registro eletrônico de que trata o art. 37 da Lei nº 11.977, de 7 de julho de 2009. *(Acrescido pela Lei 14.711/2023, vetado pelo Presidente da República, mantido pelo Congresso Nacional e publicado na Edição Extra C do DOU de 22.12.2023)*

**§ 4º** O credor, por si ou por terceiros mandatários, poderá realizar diligências para a localização dos bens. *(Acrescido pela Lei 14.711/2023, vetado pelo Presidente da República, mantido pelo Congresso Nacional e publicado na Edição Extra C do DOU de 22.12.2023)*

**§ 5º** Os terceiros mandatários de que trata o § 4º deste artigo poderão ser empresas especializadas na localização de bens. *(Acrescido pela Lei 14.711/2023, vetado pelo Presidente da República, mantido pelo Congresso Nacional e publicado na Edição Extra C do DOU de 22.12.2023)*

**§ 6º** Ato do Poder Executivo poderá definir requisitos mínimos para o funcionamento de empresas especializadas na localização de bens constituídas para os fins deste Decreto-Lei. *(Acrescido pela Lei 14.711/2023, vetado pelo Presidente da República, mantido pelo Congresso Nacional e publicado na Edição Extra C do DOU de 22.12.2023)*

**§ 7º** Apreendido o bem pelo oficial da serventia extrajudicial, o credor poderá promover a venda de que trata o caput deste artigo e deverá comunicá-la ao oficial de cartório de registro de títulos e documentos, o qual adotará as seguintes providências: *(Acrescido pela Lei 14.711/2023, vetado pelo Presidente da República, mantido pelo Congresso Nacional e publicado na Edição Extra C do DOU de 22.12.2023)*

**I** - cancelará os lançamentos e as comunicações de que trata o § 2º deste artigo;

**II** - averbará no registro pertinente ou, no caso de bens cuja alienação fiduciária tenha sido registrada apenas em outro órgão, comunicará a este para a devida averbação.

**§ 8º** O credor fiduciário somente será obrigado por encargos tributários ou administrativos vinculados ao bem a partir da aquisição da posse plena, o que se dará com a apreensão do bem ou com a sua entrega voluntária. *(Acrescido pela Lei 14.711/2023, vetado pelo Presidente da República, mantido pelo Congresso Nacional e publicado na Edição Extra C do DOU de 22.12.2023)*

**§ 9º** No prazo de 5 (cinco) dias úteis após a apreensão do bem, o devedor fiduciante terá o direito de pagar a integralidade da dívida pendente, segundo os valores apresentados pelo credor fiduciário no seu requerimento, hipótese na qual será cancelada a consolidação da propriedade e restituída a posse plena do bem. *(Acrescido pela Lei 14.711/2023, vetado pelo Presidente da República, mantido pelo Congresso Nacional e publicado na Edição Extra C do DOU de 22.12.2023)*

**§ 10.** No valor da dívida, o credor poderá incluir os valores com emolumentos e despesas com as providências do procedimento previsto neste artigo e no art. 8ºB deste Decreto-Lei, além dos tributos e demais encargos pactuados no contrato. *(Acrescido pela Lei 14.711/2023, vetado pelo Presidente da República, mantido pelo Congresso Nacional e publicado na Edição Extra C do DOU de 22.12.2023)*

**§ 11.** O procedimento extrajudicial não impedirá o uso do processo judicial pelo devedor fiduciante. *(Acrescido pela Lei 14.711/2023, vetado pelo Presidente da República, mantido pelo Congresso Nacional e publicado na Edição Extra C do DOU de 22.12.2023)*

**Art. 8º-D** No caso de a cobrança extrajudicial realizada na forma dos arts. 8º-B e 8º-C deste Decreto-Lei ser considerada indevida, o credor fiduciário sujeitar-se-á à multa e ao dever de indenizar de que tratam os §§ 6º e 7º do art. 3º deste Decreto-Lei. *(Acrescido pela Lei 14.711/2023)*

**Art. 8º-E** Quando se tratar de veículos automotores, é facultado ao credor, alternativamente, promover os procedimentos de execução extrajudicial a que se referem os arts. 8º-B e 8º-C desta Lei perante os órgãos executivos de trânsito dos Estados, em observância às competências previstas no § 1º do art. 1.361 da Lei nº 10.406, de 10 de janeiro de 2002 (Código Civil). *(Acrescido pela Lei 14.711/2023)*

**Parágrafo único.** Na hipótese de o credor exercer a faculdade de que trata o *caput* deste artigo, as empresas previstas no parágrafo único do art. 129-B da Lei nº 9.503, de 23 de setembro de 1997 (Código de Trânsito Brasileiro), praticarão os atos de processamento da execução, inclusive os atos de que trata o § 2º do art. 8º-C desta Lei. *(Acrescido pela Lei 14.711/2023, vetado pelo Presidente da República, mantido pelo Congresso Nacional e publicado na Edição Extra C do DOU de 22.12.2023)*

**Art. 9º.** O presente Decreto-lei entrará em vigor na data de sua publicação, aplicando-se, desde logo, aos processos em curso, revogadas as disposições em contrário.

Brasília, 1 de outubro de 1969;
148º Independência e 81º da República.

Augusto Hamann Rademaker Grünewald
Aurélio de Lyra Tavares
Márcio de Souza e Mello
Luís Antônio da Gama e Silva
Antônio Delfim Netto

## LEI Nº 6.015, DE 31 DE DEZEMBRO DE 1973
### *(EXCERTOS)*

*Dispõe sobre os Registros Públicos e dá outras providências.*

▸ D.O.U de 31.12.1973; rep. 16.9.1975 – supl.; ret. 30.10.1975

O PRESIDENTE DA REPÚBLICA
Faço saber que o Congresso Nacional decreta e eu sanciono a seguinte Lei:

- Lei 9.534/1997 – Dá no redação ao art. 30 da Lei 6.015/1973, que dispõe sobre os registros públicos; acrescenta inciso ao art. 1º da Lei 9.265/1996, que trata da gratuidade dos atos necessários ao exercício da cidadania; e altera os arts. 30 e 45 da Lei 8.935/1994, que dispõe sobre os serviços notariais e de registro.
- Lei 8.935/1994 – Regulamenta o art. 236 da CF, dispondo sobre serviços notariais e de registro. (Lei dos cartórios).
- Lei 7.433/1985 – Dispõe sobre os requisitos para a lavratura de escrituras públicas.

## TÍTULO I. DAS DISPOSIÇÕES GERAIS

### CAPÍTULO I. DAS ATRIBUIÇÕES

**Art. 1º.** Os serviços concernentes aos Registros Públicos, estabelecidos pela legislação civil para autenticidade, segurança e eficácia dos atos jurídicos, ficam sujeitos ao regime estabelecido nesta Lei.

- CC: arts. 9º e 10.

**§ 1º.** Os registros referidos neste artigo são os seguintes:

**I** – o registro civil de pessoas naturais;

- CC: arts. 1º a 40.

**II** – o registro civil de pessoas jurídicas;

- CC: arts. 44 a 46.

**III** – o registro de títulos e documentos;

- CC, art. 1.245.

**IV** – o registro de imóveis.

- CC: arts. 1.245 a 1.247.

**§ 2º.** Os demais registros reger-se-ão por leis próprias.

**§ 3º** Os registros serão escriturados, publicizados e conservados em meio eletrônico, nos termos estabelecidos pela Corregedoria Nacional de Justiça do Conselho Nacional de Justiça, em especial quanto aos: *(Redação dada pela Lei 14.382/2022)*

**I** - padrões tecnológicos de escrituração, indexação, publicidade, segurança, redundância e conservação; e *(Acrescido pela Lei 14.382/2022)*

**II** - prazos de implantação nos registros públicos de que trata este artigo. *(Acrescido pela Lei 14.382/2022)*

**§ 4º** É vedado às serventias dos registros públicos recusar a recepção, a conservação ou o registro de documentos em forma eletrônica produzidos nos termos estabelecidos pela Corregedoria Nacional de Justiça do Conselho Nacional de Justiça. *(Acrescido pela Lei 14.382/2022)*

(...)

### CAPÍTULO IV. DA PUBLICIDADE

**Art. 16.** Os oficiais e os encarregados das repartições em que se façam os registros são obrigados:

- CF/1988, art. 5º, LXXVI, a.

1º) a lavrar certidão do que lhes for requerido;
2º) a fornecer às partes as informações solicitadas.

**Art. 17.** Qualquer pessoa pode requerer certidão do registro sem informar ao oficial ou ao funcionário o motivo ou interesse do pedido.

**§ 1º** O acesso ou o envio de informações aos registros públicos, quando realizados por meio da internet, deverão ser assinados com o uso de assinatura avançada ou qualificada de que trata o art. 4º da Lei nº 14.063, de 23 de setembro de 2020, nos termos estabelecidos pela Corregedoria Nacional de Justiça do Conselho Nacional de Justiça. *(Acrescido pela Lei 14.382/2022)*

**§ 2º** Ato da Corregedoria Nacional de Justiça do Conselho Nacional de Justiça poderá estabelecer hipóteses de uso de assinatura avançada em atos que envolvam imóveis. *(Acrescido pela Lei 14.382/2022)*

**Art. 18.** Ressalvado o disposto nos arts. 45, 57, § 7º, e 95, parágrafo único, a certidão será lavrada independentemente de despacho judicial, devendo mencionar o livro de registro ou o documento arquivado no cartório.

**Art. 19.** A certidão será lavrada em inteiro teor, em resumo, ou em relatório, conforme quesitos, e devidamente autenticada pelo oficial ou seus substitutos legais, não podendo ser retardada por mais de 5 (cinco) dias.

**§ 1º** A certidão de inteiro teor será extraída por meio reprográfico ou eletrônico. *(Redação dada pela Lei 14.382/2022)*

**§ 2º** As certidões do registro civil das pessoas naturais mencionarão a data em que foi lavrado o assento. *(Redação dada pela Lei 14.382/2022)*

**§ 3º.** Nas certidões de Registro Civil, não se mencionará a circunstância de ser legítima, ou não, a filiação, salvo a requerimento do próprio interessado, ou em virtude de determinação judicial.

**§ 4º.** As certidões de nascimento mencionarão a data em que foi feito o assento, a data, por extenso, do nascimento e, ainda, expressamente, a naturalidade.

**§ 5º** As certidões extraídas dos registros públicos deverão, observado o disposto no § 1º deste artigo, ser fornecidas eletronicamente, com uso de tecnologia que permita a sua impressão pelo usuário e a identificação segura de sua autenticidade, conforme critérios estabelecidos pela Corregedoria Nacional de Justiça do Conselho Nacional de Justiça, dispensada a materialização das certidões pelo oficial de registro. *(Redação dada pela Lei 14.382/2022)*

**§ 6º** O interessado poderá solicitar a qualquer serventia certidões eletrônicas relativas a atos registrados em outra serventia, por meio do Sistema Eletrônico dos Registros Públicos (Serp), nos termos estabelecidos pela Corregedoria Nacional de Justiça do Conselho Nacional de Justiça. *(Acrescido pela Lei 14.382/2022)*

**§ 7º** A certidão impressa nos termos do § 5º e a certidão eletrônica lavrada nos termos do § 6º deste artigo terão validade e fé pública. *(Acrescido pela Lei 14.382/2022)*

**§ 8º** Os registros públicos de que trata esta Lei disponibilizarão, por meio do Serp, a visualização eletrônica dos atos neles transcritos, praticados, registrados ou averbados, na forma e nos prazos estabelecidos pela Corregedoria Nacional de Justiça do Conselho Nacional de Justiça *(Acrescido pela Lei 14.382/2022)*

**§ 9º** A certidão da situação jurídica atualizada do imóvel compreende as informações vigentes de sua descrição, número de contribuinte, proprietário, direitos, ônus e restrições, judiciais e administrativas, incidentes sobre o imóvel e o respectivo titular, além das demais informações necessárias à comprovação da propriedade e à transmissão e à constituição de outros direitos reais. *(Acrescido pela Lei 14.382/2022)*

**§ 10.** As certidões do registro de imóveis, inclusive aquelas de que trata o § 6º deste artigo, serão emitidas nos seguintes prazos máximos, contados a partir do pagamento dos emolumentos: *(Acrescido pela Lei 14.382/2022)*

**I** - 4 (quatro) horas, para a certidão de inteiro teor da matrícula ou do livro auxiliar, em meio eletrônico, requerida no horário de expediente, desde que fornecido pelo usuário o respectivo número;

**II** - 1 (um) dia, para a certidão da situação jurídica atualizada do imóvel; e

**III** - 5 (cinco) dias, para a certidão de transcrições e para os demais casos.

**§ 11.** No âmbito do registro de imóveis, a certidão de inteiro teor da matrícula conterá a reprodução de todo seu conteúdo e será suficiente para fins de comprovação de propriedade, direitos, ônus reais e restrições sobre o imóvel, independentemente de certificação específica pelo oficial. *(Acrescido pela Lei 14.382/2022)*

**§ 12.** Na localidade em que haja dificuldade de comunicação eletrônica, a Corregedoria-Geral da Justiça Estadual poderá autorizar, de modo excepcional e com expressa comunicação ao público, a aplicação de prazos maiores para emissão das certidões do registro de imóveis de que trata o § 10 deste artigo. *(Acrescido pela Lei 14.382/2022)*

**Art. 20.** No caso de recusa ou retardamento na expedição da certidão, o interessado poderá reclamar à autoridade competente, que aplicará, se for o caso, a pena disciplinar cabível.

**Parágrafo único.** Para a verificação do retardamento, o oficial, logo que receber alguma petição, fornecerá à parte uma nota de entrega devidamente autenticada.

**Art. 21.** Sempre que houver qualquer alteração posterior ao ato cuja certidão é pedida, deve o Oficial mencioná-la, obrigatoriamente, não obstante as especificações do pedido, sob pena de responsabilidade civil e penal, ressalvado o disposto nos artigos 45 e 95.

**Parágrafo único.** A alteração a que se refere este artigo deverá ser anotada na própria certidão, contendo a inscrição de que "a presente certidão envolve elementos de averbação à margem do termo.

(...)

## TÍTULO V.
## DO REGISTRO DE IMÓVEIS

### CAPÍTULO I.
### DAS ATRIBUIÇÕES

**Art. 167.** No Registro de Imóveis, além da matrícula, serão feitos:

- CPC/15, art. 406.

**I** – o registro:

1) da instituição de bem de família;

- CC: arts. 1.711 a 1.722.
- Lei 8.009/1990 – Dispõe sobre a impenhorabilidade do bem de família.

2) das hipotecas legais, judiciais e convencionais;

- CC: arts. 1.225, IX, 1.419 a 1.430, e 1.473 a 1.505.

3) dos contratos de locação de prédios, nos quais tenha sido consignada cláusula de vigência no caso de alienação da coisa locada;

- CC, art. 576.
- Lei 8.245/1991, art. 8º.

4) do penhor de máquinas e de aparelhos utilizados na indústria, instalados e em funcionamento, com os respectivos pertences ou sem eles;

5) das penhoras, arrestos e sequestro de imóveis;

6) das servidões em geral;

- CC: arts. 1.378 a 1.389.

7) do usufruto e do uso sobre imóveis e da habitação, quando não resultarem do direito de família;

- CC: arts. 1.390 a 1.416.

8) das rendas constituídas sobre imóveis ou a eles vinculadas por disposição de última vontade;

- CC: arts. 803 a 813.

9) dos contratos de compromisso de compra e venda de cessão deste e de promessa de cessão, com ou sem cláusula de arrependimento, que tenham por objeto imóveis não loteados e cujo preço tenha sido pago no ato de sua celebração, ou deva sê-lo a prazo, de uma só vez ou em prestações;

- CC: arts. 1.417 e 1.418.

10) da enfiteuse;

11) da anticrese;

- CC: arts. 1.506 a 1.510.

12) das convenções antenupciais;

13) *(Revogado pela Lei 13.986/2020)*

14) das cédulas de crédito, industrial;

15) dos contratos de penhor rural;

16) dos empréstimos por obrigações ao portador ou debêntures, inclusive as conversíveis em ações;

17) das incorporações, instituições e convenções de condomínio;

- CC: arts. 1.331 a 1.358.
- Lei 4.591/1964: arts. 9º, 32 e 33.

18) dos contratos de promessa de venda, cessão ou promessa de cessão de unidades autônomas condominiais e de promessa de permuta, a que se refere a Lei nº 4.591, de 16 de dezembro de 1964, quando a incorporação ou a instituição de condomínio se formalizar na vigência desta Lei; *(Redação dada pela Lei 14.382/2022)*

19) dos loteamentos urbanos e rurais;

- Lei 6.766/1979 – Dispõe sobre o Parcelamento do Solo Urbano.

20) dos contratos de promessa de compra e venda de terrenos loteados em conformidade com o Decreto-lei 58, de 10 de dezembro de 1937, e respectiva cessão e promessa de cessão, quando o loteamento se formalizar na vigência desta Lei;

‣ CC: arts. 1.417 e 1.418.

21) das citações de ações reais ou pessoais reipersecutórias, relativas a imóveis;

22) (*Revogado pela Lei nº 6.850, de 1980*);

23) dos julgados e atos jurídicos entre vivos que dividirem imóveis ou os demarcarem inclusive nos casos de incorporação que resultarem em constituição de condomínio e atribuírem uma ou mais unidades aos incorporadores;

24) das sentenças que nos inventários, arrolamentos e partilhas, adjudicarem bens de raiz em pagamento das dívidas da herança;

25) dos atos de entrega de legados de imóveis, dos formais de partilha e das sentenças de adjudicação em inventário ou arrolamento quando não houver partilha;

‣ CPC/15, art. 655.

26) da arrematação e da adjudicação em hasta pública;

‣ CPC/15: arts. 879 a 903.

27) do dote;

28) das sentenças declaratórias de usucapião;

29) da compra e venda pura e da condicional;

30) da permuta e da promessa de permuta; *(Redação dada pela Lei 14.382/2022)*

31) da dação em pagamento;

‣ CC: arts. 356 a 359.

32) da transferência, de imóvel a sociedade, quando integrar quota social;

33) da doação entre vivos;

34) da desapropriação amigável e das sentenças que, em processo de desapropriação, fixarem o valor da indenização;

35) da alienação fiduciária em garantia de coisa imóvel;

36) da imissão provisória na posse, quando concedida à União, aos Estados, ao Distrito Federal, aos Municípios ou às suas entidades delegadas, e respectiva cessão e promessa de cessão;

37) dos termos administrativos ou das sentenças declaratórias da concessão de uso especial para fins de moradia;

38) *(VETADO).*

39) da constituição do direito de superfície de imóvel urbano;

‣ CC, art. 167, I, 39.

40) do contrato de concessão de direito real de uso de imóvel público;

41) da legitimação de posse;

42) da conversão da legitimação de posse em propriedade, prevista no art. 60 da Lei 11.977, de 7 de julho de 2009;

43) da Certidão de Regularização Fundiária (CRF);

44) da legitimação fundiária; *(Redação dada pela Lei 14.382/2022)*

45) do contrato de pagamento por serviços ambientais, quando este estipular obrigações de natureza *propter rem*; e *(Redação dada pela Lei 14.382/2022)*

46) do ato de tombamento definitivo, sem conteúdo financeiro; *(Acrescido pela Lei 14.382/2022)*

47) do patrimônio rural em afetação em garantia; *(Acrescido pela Lei 14.421/2022)*

48) de outros negócios jurídicos de transmissão do direito real de propriedade sobre imóveis ou de instituição de direitos reais sobre imóveis, ressalvadas as hipóteses de averbação previstas em lei e respeitada a forma exigida por lei para o negócio jurídico, a exemplo do art. 108 da Lei nº 10.406, de 10 de janeiro de 2002 (Código Civil). *(Acrescido pela Lei 14.711/2023)*

**II** – a averbação:

1) das convenções antenupciais e do regime de bens diversos do legal, nos registros referentes a imóveis ou a direitos reais pertencentes a qualquer dos cônjuges, inclusive os adquiridos posteriormente ao casamento;

‣ CC: arts. 979, 1.536, VII, 1.640, par. único, e 1.653 a 1.657.

2) por cancelamento, da extinção dos ônus e direitos reais;

3) dos contratos de promessa de compra e venda, das cessões e das promessas de cessão a que alude o Decreto-lei nº 58, de 10 de dezembro de 1937, quando o loteamento se tiver formalizado anteriormente à vigência desta Lei;

4) da mudança de denominação e de numeração dos prédios, da edificação, da reconstrução, da demolição, do desmembramento e do loteamento de imóveis;

5) da alteração do nome por casamento ou por desquite, ou, ainda, de outras circunstâncias que, de qualquer modo, tenham influência no registro ou nas pessoas nele interessadas;

‣ Lei 6.515/1977: arts. 17 e 18.

6) dos atos pertinentes a unidades autônomas condominiais a que alude a Lei nº 4.591, de 16 de dezembro de 1964, quando a incorporação tiver sido formalizada anteriormente à vigência desta Lei;

7) das cédulas hipotecárias;

8) da caução e da cessão fiduciária de direitos reais relativos a imóveis; *(Redação dada pela Lei 14.382/2022)*

9) das sentenças de separação de dote;

10) do restabelecimento da sociedade conjugal;

11) das cláusulas de inalienabilidade, impenhorabilidade e incomunicabilidade impostas a imóveis, bem como da constituição de fideicomisso;

12) das decisões, recursos e seus efeitos, que tenham por objeto atos ou títulos registrados ou averbados;

13) *ex officio*, dos nomes dos logradouros, decretados pelo poder público;

14) das sentenças de separação judicial, de divórcio e de nulidade ou anulação de casamento, quando nas respectivas partilhas existirem imóveis ou direitos reais sujeitos a registro;

15) da rerratificação do contrato de mútuo com pacto adjeto de hipoteca em favor de entidade integrante do Sistema Financeiro da Habitação, ainda que importando elevação da dívida, desde que mantidas as mesmas partes

e que inexista outra hipoteca registrada em favor de terceiros;

16) do contrato de locação, para os fins de exercício de direito de preferência;

17) do Termo de Securitização de créditos imobiliários, quando submetidos a regime fiduciário;

18) da notificação para parcelamento, edificação ou utilização compulsórios de imóvel urbano;

19) da extinção da concessão de uso especial para fins de moradia;

20) da extinção do direito de superfície do imóvel urbano;

21) da cessão do crédito com garantia real sobre imóvel, ressalvado o disposto no item 35 deste inciso; *(Redação dada pela Lei 14.382/2022)*

22) da reserva legal;

23) da servidão ambiental.

24) do destaque de imóvel de gleba pública originária.

25) *(v. MP 458/2009 e Lei 11.952/2009).*

26) do auto de demarcação urbanística.

27) da extinção da legitimação de posse;

28) da extinção da concessão de uso especial para fins de moradia;

29) da extinção da concessão de direito real de uso.

30) da sub-rogação de dívida, da respectiva garantia fiduciária ou hipotecária e da alteração das condições contratuais, em nome do credor que venha a assumir essa condição nos termos do art. 31 da Lei nº 9.514, de 20 de novembro de 1997, ou do art. 347 da Lei nº 10.406, de 10 de janeiro de 2002 (Código Civil), realizada em ato único, a requerimento do interessado, instruído com documento comprobatório firmado pelo credor original e pelo mutuário, ressalvado o disposto no item 35 deste inciso; *(Redação dada pela Lei 14.382/2022)*

31) da certidão de liberação de condições resolutivas dos títulos de domínio resolúvel emitidos pelos órgãos fundiários;

32) do termo de quitação de contrato de compromisso de compra e venda registrado e do termo de quitação dos instrumentos públicos ou privados oriundos da implantação de empreendimentos ou de processo de regularização fundiária, firmado pelo empreendedor proprietário de imóvel ou pelo promotor do empreendimento ou da regularização fundiária objeto de loteamento, desmembramento, condomínio de qualquer modalidade ou de regularização fundiária, exclusivamente para fins de exoneração da sua responsabilidade sobre tributos municipais incidentes sobre o imóvel perante o Município, não implicando transferência de domínio ao compromissário comprador ou ao beneficiário da regularização.

33. *(Acrescido pela MP 922/2020, com vigência encerrada em 12 de novembro de 2020)*

34) da existência dos penhores previstos no art. 178 desta Lei, de ofício, sem conteúdo financeiro, por ocasião do registro no livro auxiliar em relação a imóveis de titularidade do devedor pignoratício ou a imóveis objeto de contratos registrados no Livro nº 2 - Registro Geral; *(Acrescido pela Lei 14.382/2022)*

35) da cessão de crédito ou da sub-rogação de dívida decorrentes de transferência do financiamento com garantia real sobre imóvel, nos termos do Capítulo II-A da Lei nº 9.514, de 20 de novembro de 1997; e *(Acrescido pela Lei 14.382/2022)*

36) do processo de tombamento de bens imóveis e de seu eventual cancelamento, sem conteúdo financeiro. *(Acrescido pela Lei 14.382/2022)*

37) da extensão da garantia real à nova operação de crédito, nas hipóteses autorizadas por lei. *(Acrescido pela Lei 14.711/2023)*

**Parágrafo único.** O registro previsto no item 3 do inciso I do *caput* e a averbação prevista no item 16 do inciso II do *caput* deste artigo serão efetuados no registro de imóveis da circunscrição onde o imóvel estiver matriculado, mediante apresentação de uma via do contrato assinado pelas partes, admitida a forma eletrônica e bastando a coincidência entre o nome de um dos proprietários e o do locador. *(Acrescido pela Lei 14.382/2022)*

**Art. 168.** Na designação genérica de registro, consideram-se englobadas a inscrição e a transcrição a que se referem as leis civis.

**Art. 169.** Todos os atos enumerados no art. 167 desta Lei são obrigatórios e serão efetuados na serventia da situação do imóvel, observado o seguinte: *(Redação dada pela Lei 14.382/2022)*

**I** - as averbações serão efetuadas na matrícula ou à margem do registro a que se referirem, ainda que o imóvel tenha passado a pertencer a outra circunscrição, observado o disposto no inciso I do § 1º e no § 18 do art. 176 desta Lei; *(Redação dada pela Lei 14.382/2022)*

**II** - para o imóvel situado em duas ou mais circunscrições, serão abertas matrículas em ambas as serventias dos registros públicos; e *(Redação dada pela Lei 14.382/2022)*

**III** - *(Revogado pela Lei 14.382/2022)*

**IV** - aberta matrícula na serventia da situação do imóvel, o oficial comunicará o fato à serventia de origem, para o encerramento, de ofício, da matrícula anterior. *(Acrescido pela Lei 14.382/2022)*

**§ 1º** O registro do loteamento e do desmembramento que abranger imóvel localizado em mais de uma circunscrição imobiliária observará o disposto no inciso II do *caput* deste artigo, e as matrículas das unidades imobiliárias deverão ser abertas na serventia do registro de imóveis da circunscrição em que estiver situada a unidade imobiliária, procedendo-se às averbações remissivas. *(Acrescido pela Lei 14.382/2022)*

**§ 2º** As informações relativas às alterações de denominação de logradouro e de numeração predial serão enviadas pelo Município à serventia do registro de imóveis da circunscrição onde estiver situado o imóvel, por meio do Serp, e as informações de alteração de numeração predial poderão ser arquivadas para uso oportuno e a pedido do interessado. *(Acrescido pela Lei 14.382/2022)*

**§ 3º** Na hipótese prevista no inciso II do *caput* deste artigo, as matrículas serão abertas: *(Acrescido pela Lei 14.382/2022)*

**I** - com remissões recíprocas;

**II** - com a prática dos atos de registro e de averbação apenas no registro de imóveis da circunscrição em que estiver situada a maior área, averbando-se, sem conteúdo financeiro, a circunstância na outra serventia; e

**III** - se a área for idêntica em ambas as circunscrições, adotar-se-á o mesmo procedimento e proceder-se-á aos registros e às averbações na serventia de escolha do interessado, averbada a circunstância na outra serventia, sem conteúdo financeiro.

**Art. 170.** O desmembramento territorial posterior ao registro não exige sua repetição no novo cartório.

**Art. 171.** Os atos relativos a vias férreas serão registrados na circunscrição imobiliária onde se situe o imóvel.

**Parágrafo único.** A requerimento do interessado, o oficial do cartório do registro de imóveis da circunscrição a que se refere o *caput* deste artigo abrirá a matrícula da área correspondente, com base em planta, memorial descritivo e certidão atualizada da matrícula ou da transcrição do imóvel, caso exista, podendo a apuração do remanescente ocorrer em momento posterior.

## CAPÍTULO II.
## DA ESCRITURAÇÃO

**Art. 172.** No Registro de Imóveis serão feitos, nos termos desta Lei, o registro e a averbação dos títulos ou atos constitutivos, declaratórios, translativos e extintivos de direitos reais sobre imóveis reconhecidos em lei, *inter vivos* ou *mortis causa*, quer para sua constituição, transferência e extinção, quer para sua validade em relação a terceiros, quer para a sua disponibilidade.

**Art. 173.** Haverá, no Registro de Imóveis, os seguintes livros:

**I** – Livro n. 1 – Protocolo;

**II** – Livro n. 2 – Registro Geral;

**III** – Livro n. 3 – Registro Auxiliar;

**IV** – Livro n. 4 – Indicador Real;

**V** – Livro n. 5 – Indicador Pessoal.

**Parágrafo único.** Observado o disposto no § 2º do art. 3º, desta Lei, os Livros ns. 2, 3, 4 e 5 poderão ser substituídos por fichas.

**Art. 174.** O Livro n. 1 – Protocolo – servirá para apontamento de todos os títulos apresentados diariamente, ressalvado o disposto no parágrafo único do art. 12 desta Lei.

**Art. 175.** São requisitos da escrituração do Livro n. 1 – Protocolo:

**I** – o número de ordem, que seguirá indefinidamente nos livros da mesma espécie;

**II** – a data da apresentação;

**III** – o nome do apresentante;

**IV** – a natureza formal do título;

**V** – os atos que formalizar, resumidamente mencionados.

**Art. 176.** O Livro n. 2 – Registro Geral – será destinado, à matrícula dos imóveis e ao registro ou averbação dos atos relacionados no art. 167 e não atribuídos ao Livro n. 3.

**§ 1º.** A escrituração do Livro nº 2 obedecerá às seguintes normas:

**I** - cada imóvel terá matrícula própria, que será aberta por ocasião do primeiro ato de registro ou de averbação caso a transcrição possua todos os requisitos elencados para a abertura de matrícula; *(Redação dada pela Lei 14.382/2022)*

**II** – são requisitos da matrícula:

1) o número de ordem, que seguirá ao infinito;

2) a data;

3) a identificação do imóvel, que será feita com indicação:

*a)* se rural, do código do imóvel, dos dados constantes do CCIR, da denominação e de suas características, confrontações, localização e área;

*b)* se urbano, de suas características e confrontações, localização, área, logradouro, número e de sua designação cadastral, se houver.

4) o nome, domicílio e nacionalidade do proprietário, bem como:

*a)* tratando-se de pessoa física, o estado civil, a profissão, o número de inscrição no Cadastro de Pessoas Físicas do Ministério da Fazenda ou do Registro Geral da cédula de identidade, ou à falta deste, sua filiação;

*b)* tratando-se de pessoa jurídica, a sede social e o número de inscrição no Cadastro Geral de Contribuintes do Ministério da Fazenda;

5) o número do registro anterior.

6) tratando-se de imóvel em regime de multipropriedade, a indicação da existência de matrículas, nos termos do § 10 deste artigo;

**III** – são requisitos do registro no Livro n. 2:

1) a data;

2) o nome, domicílio e nacionalidade do transmitente, ou do devedor, e do adquirente, ou credor, bem como:

*a)* tratando-se de pessoa física, o estado civil, a profissão e o número de inscrição no Cadastro de Pessoas Físicas do Ministério da Fazenda ou do Registro Geral da cédula de identidade, ou, à falta deste, sua filiação;

*b)* tratando-se de pessoa jurídica, a sede social e o número de inscrição no Cadastro Geral de Contribuintes do Ministério da Fazenda;

3) o título da transmissão ou do ônus;

4) a forma do título, sua procedência e caracterização;

5) o valor do contrato, da coisa ou da dívida, prazo desta, condições e mais especificações, inclusive os juros, se houver.

**§ 2º.** Para a matrícula e registro das escrituras e partilhas, lavradas ou homologadas na vigência do Decreto nº 4.857, de 9 de novembro de 1939, não serão observadas as exigências deste artigo, devendo tais atos obedecer ao disposto na legislação anterior.

**§ 3º**. Nos casos de desmembramento, parcelamento ou remembramento de imóveis rurais, a identificação prevista na alínea *a* do item 3 do inciso II do § 1º será obtida a partir de memorial descritivo, assinado por profissional habilitado e com a devida Anotação de Responsabilidade Técnica – ART, contendo as coordenadas dos vértices definidores dos limites dos imóveis rurais, georreferenciadas ao Sistema Geodésico Brasileiro e com precisão posicional a ser fixada pelo Incra, garantida a isenção de custos financeiros aos proprietários de imóveis rurais cuja somatória da área não exceda a quatro módulos fiscais.

**§ 4º**. A identificação de que trata o § 3º tornar-se-á obrigatória para efetivação de registro, em qualquer situação de transferência de imóvel rural, nos prazos fixados por ato do Poder Executivo.

**§ 5º**. Nas hipóteses do § 3º, caberá ao Incra certificar que a poligonal objeto do memorial descritivo não se sobrepõe a nenhuma outra constante de seu cadastro georreferenciado e que o memorial atende às exigências técnicas, conforme ato normativo próprio.

**§ 6º**. A certificação do memorial descritivo de glebas públicas será referente apenas ao seu perímetro originário.

**§ 7º**. Não se exigirá, por ocasião da efetivação do registro do imóvel destacado de glebas públicas, a retificação do memorial descritivo da área remanescente, que somente ocorrerá a cada 3 (três) anos, contados a partir do primeiro destaque, englobando todos os destaques realizados no período.

**§ 8º**. O ente público proprietário ou imitido na posse a partir de decisão proferida em processo judicial de desapropriação em curso poderá requerer a abertura de matrícula de parte de imóvel situado em área urbana ou de expansão urbana, previamente matriculado ou não, com base em planta e memorial descritivo, podendo a apuração de remanescente ocorrer em momento posterior.

**§ 9º** A instituição do direito real de laje ocorrerá por meio da abertura de uma matrícula própria no registro de imóveis e por meio da averbação desse fato na matrícula da construção-base e nas matrículas de lajes anteriores, com remissão recíproca.

**§ 10.** Quando o imóvel se destinar ao regime da multipropriedade, além da matrícula do imóvel, haverá uma matrícula para cada fração de tempo, na qual se registrarão e averbarão os atos referentes à respectiva fração de tempo, ressalvado o disposto no § 11 deste artigo.

**§ 11.** Na hipótese prevista no § 10 deste artigo, cada fração de tempo poderá, em função de legislação tributária municipal, ser objeto de inscrição imobiliária individualizada.

**§ 12.** Na hipótese prevista no inciso II do § 1º do art. 1.358-N da Lei nº 10.406, de 10 de janeiro de 2002 (Código Civil), a fração de tempo adicional, destinada à realização de reparos, constará da matrícula referente à fração de tempo principal de cada multiproprietário e não será objeto de matrícula específica.

**§ 13.** Para a identificação de que tratam os §§ 3º e 4º deste artigo, é dispensada a anuência dos confrontantes, bastando para tanto a declaração do requerente de que respeitou os limites e as confrontações. (*Acrescido pela Lei 13.838/2019*)

**§ 14.** É facultada a abertura da matrícula na circunscrição onde estiver situado o imóvel, a requerimento do interessado ou de ofício, por conveniência do serviço. *(Acrescido pela Lei 14.382/2022)*

**§ 15.** Ainda que ausentes alguns elementos de especialidade objetiva ou subjetiva, desde que haja segurança quanto à localização e à identificação do imóvel, a critério do oficial, e que constem os dados do registro anterior, a matrícula poderá ser aberta nos termos do § 14 deste artigo. *(Acrescido pela Lei 14.382/2022)*

**§ 16.** Se não forem suficientes os elementos de especialidade objetiva ou subjetiva, será exigida a retificação, no caso de requerimento do interessado na forma prevista no § 14 deste artigo, perante a circunscrição de situação do imóvel. *(Acrescido pela Lei 14.382/2022)*

**§ 17.** Os elementos de especialidade objetiva ou subjetiva que não alterarem elementos essenciais do ato ou negócio jurídico praticado, quando não constantes do título ou do acervo registral, poderão ser complementados por outros documentos ou, quando se tratar de manifestação de vontade, por declarações dos proprietários ou dos interessados, sob sua responsabilidade. *(Acrescido pela Lei 14.382/2022)*

**§ 18.** Quando se tratar de transcrição que não possua todos os requisitos para a abertura de matrícula, admitir-se-á que se façam na circunscrição de origem, à margem do título, as averbações necessárias. *(Acrescido pela Lei 14.382/2022)*

**Art. 176-A.** O registro de aquisição originária ensejará a abertura de matrícula relativa ao imóvel adquirido, se não houver, ou quando: *(Redação dada pela Lei 14.620/2023)*

**I** - atingir parte de imóvel objeto de registro anterior; ou *(Acrescido pela Lei 14.620/2023)*

**II** - atingir, total ou parcialmente, mais de um imóvel objeto de registro anterior. *(Acrescido pela Lei 14.620/2023)*

**§ 1º** A matrícula será aberta com base em planta e memorial descritivo do imóvel utilizados na instrução do procedimento administrativo ou judicial que ensejou a aquisição. *(Redação dada pela Lei 14.620/2023)*

**§ 2º** As matrículas atingidas deverão, conforme o caso, ser encerradas ou receber averbação dos respectivos desfalques, dispensada, para esse fim, a retificação do memorial descritivo da área remanescente. *(Redação dada pela Lei 14.620/2023)*

**§ 3º** *(Vetado na Lei 14.273/2021.)*

**§ 4º** Se a área adquirida em caráter originário for maior do que a constante do registro existente, a informação sobre a diferença apurada será averbada na matrícula aberta. *(Redação dada pela Lei 14.620/2023)*

**§ 4º-A.** Eventuais divergências entre a descrição do imóvel constante do registro e aquela apresentada pelo requerente não obstarão o registro. *(Acrescido pela Lei 14.620/2023)*

**§ 5º** O disposto neste artigo aplica-se, sem prejuízo de outros, ao registro de: *(Redação dada pela Lei 14.620/2023)*

**I** - ato de imissão provisória na posse, em procedimento de desapropriação;

**II** - carta de adjudicação, em procedimento judicial de desapropriação;

**III** - escritura pública, termo ou contrato administrativo, em procedimento extrajudicial de desapropriação.

**IV** - aquisição de área por usucapião ou por concessão de uso especial para fins de moradia; *(Acrescido pela Lei 14.620/2023)*

**V** - sentença judicial de aquisição de imóvel, em procedimento expropriatório de que tratam os §§ 4º e 5º do art. 1.228 da Lei nº 10.406, de 10 de janeiro de 2002 (Código Civil). *(Acrescido pela Lei 14.620/2023)*

**Art. 177.** O Livro n. 3 – Registro Auxiliar – será destinado ao registro dos atos que, sendo atribuídos ao Registro de Imóveis por disposição legal, não digam respeito diretamente a imóvel matriculado.

**Art. 178.** Registrar-se-ão no Livro n. 3 – Registro Auxiliar:

**I** – a emissão de debêntures, sem prejuízo do registro eventual e definitivo, na matrícula do imóvel, da hipoteca, anticrese ou penhor que abonarem especialmente tais emissões, firmando-se pela ordem do registro a prioridade entre as séries de obrigações emitidas pela sociedade;

**II** – as cédulas de crédito industrial, sem prejuízo do registro da hipoteca cedular; *(Redação dada pela Lei 13.986/2020)*

**III** – as convenções de condomínio edilício, condomínio geral voluntário e condomínio em multipropriedade;

**IV** – o penhor de máquinas e de aparelhos utilizados na indústria, instalados e em funcionamento, com os respectivos pertences ou sem eles;

**V** – as convenções antenupciais;

**VI** – os contratos de penhor rural;

**VII** – os títulos que, a requerimento do interessado, forem registrados no seu inteiro teor, sem prejuízo do ato, praticado no Livro n. 2.

**Art. 179.** O Livro n. 4 – Indicador Real – será o repositório de todos os imóveis que figurarem nos demais livros, devendo conter sua identificação, referência aos números de ordem dos outros livros e anotações necessárias.

**§ 1º.** Se não for utilizado o sistema de fichas, o Livro n. 4 conterá, ainda, o número de ordem, que seguirá indefinidamente, nos livros da mesma espécie.

**§ 2º.** Adotado o sistema previsto no parágrafo precedente, os oficiais deverão ter, para auxiliar a consulta, um livro-índice ou fichas pelas ruas, quando se tratar de imóveis urbanos, e pelos nomes e situações, quando rurais.

**Art. 180.** O Livro n. 5 – Indicador Pessoal – dividido alfabeticamente, será o repositório dos nomes de todas as pessoas que, individual ou coletivamente, ativa ou passivamente, direta ou indiretamente, figurarem nos demais livros, fazendo-se referência aos respectivos números de ordem.

**Parágrafo único.** Se não for utilizado o sistema de fichas, o Livro n. 5 conterá, ainda, o número de ordem de cada letra do alfabeto, que seguirá indefinidamente, nos livros da mesma espécie. Os oficiais poderão adotar, para auxiliar as buscas, um livro-índice ou fichas em ordem alfabética.

**Art. 181.** Poderão ser abertos e escriturados, concomitantemente, até 10 (dez) livros de "Registro Geral", obedecendo, neste caso, a sua escrituração ao algarismo final da matrícula, sendo as matrículas de número final 1 (um) feitas no Livro 2-1, as de final 2 (dois) no Livro 2-2 e as de final 3 (três) no Livro 2-3, e assim, sucessivamente.

**Parágrafo único.** Também poderão ser desdobrados, a critério do oficial, os Livros ns. 3 "Registro Auxiliar", 4 "Indicador Real" e 5 "Indicador Pessoal".

## CAPÍTULO III. DO PROCESSO DO REGISTRO

**Art. 182.** Todos os títulos tomarão, no Protocolo, o número de ordem que lhes competir em razão da sequência rigorosa de sua apresentação.

**Art. 183.** Reproduzir-se-á, em cada título, o número de ordem respectivo e a data de sua prenotação.

**Art. 184.** O Protocolo será encerrado diariamente.

**Art. 185.** A escrituração do Protocolo incumbirá tanto ao oficial titular como ao seu substituto legal, podendo, ser feita, ainda, por escrevente auxiliar expressamente designado pelo oficial titular ou pelo seu substituto legal mediante autorização do juiz competente, ainda que os primeiros não estejam nem afastados nem impedidos.

**Art. 186.** O número de ordem determinará a prioridade do título, e esta a preferência dos direitos reais, ainda que apresentados pela mesma pessoa mais de um título simultaneamente.

**Art. 187.** Em caso de permuta, e pertencendo os imóveis à mesma circunscrição, serão feitos os registros nas matrículas correspondentes, sob um único número de ordem no Protocolo.

**Art. 188.** Protocolizado o título, proceder-se-á ao registro ou à emissão de nota devolutiva, no prazo de 10 (dez) dias, contado da data do protocolo, salvo nos casos previstos no § 1º deste artigo e nos arts. 189, 190, 191 e 192 desta Lei. *(Redação dada pela Lei 14.382/2022)*

**§ 1º** Se não houver exigências ou falta de pagamento de custas e emolumentos, deverão ser registrados, no prazo de 5 (cinco) dias: *(Acrescido pela Lei 14.382/2022)*

**I** - as escrituras de compra e venda sem cláusulas especiais, os requerimentos de averbação de construção e de cancelamento de garantias;

**II** - os documentos eletrônicos apresentados por meio do Serp; e

**III** - os títulos que reingressarem na vigência da prenotação com o cumprimento integral das exigências formuladas anteriormente.

**§ 2º** A inobservância do disposto neste artigo ensejará a aplicação das penas previstas no art. 32 da Lei nº 8.935, de 18 de novembro de 1994, nos termos estabelecidos pela Corregedoria Nacional de Justiça do Conselho Nacional de Justiça. *(Acrescido pela Lei 14.382/2022)*

**Art. 189.** Apresentado título de segunda hipoteca, com referência expressa à existência de outra anterior, o oficial, depois de prenotá-lo, aguardará durante 30 (trinta) dias que os interessados na primeira promovam a inscrição. Esgotado esse prazo, que correrá da data da prenotação, sem que seja apresentado o título anterior, o segundo será inscrito e obterá preferência sobre aquele.

**Art. 190.** Não serão registrados, no mesmo dia, títulos pelos quais se constituam direitos reais contraditórios sobre o mesmo imóvel.

**Art. 191.** Prevalecerão, para efeito de prioridade de registro, quando apresentados no mesmo dia, os títulos prenotados no Protocolo sob número de ordem mais baixo, protelando-se o registro dos apresentados posteriormente, pelo prazo correspondente a, pelo menos, 1 (um) dia útil.

**Art. 192.** O disposto nos arts. 190 e 191 não se aplica às escrituras públicas, da mesma data e apresentadas no mesmo dia, que determinem, taxativamente, a hora da sua lavratura, prevalecendo, para efeito de prioridade, a que foi lavrada em primeiro lugar.

**Art. 193.** O registro será feito pela simples exibição do título, sem dependência de extratos.

**Art. 194.** Os títulos físicos serão digitalizados, devolvidos aos apresentantes e mantidos exclusivamente em arquivo digital, nos termos estabelecidos pela Corregedoria Nacional de Justiça do Conselho Nacional de Justiça. *(Redação dada pela Lei 14.382/2022)*

**Art. 195.** Se o imóvel não estiver matriculado ou registrado em nome do outorgante, o oficial exigirá a prévia matrícula e o registro do título anterior, qualquer que seja a sua natureza, para manter a continuidade do registro.

**Art. 195-A.** O Município poderá solicitar ao cartório de registro de imóveis competente a abertura de matrícula de parte ou da totalidade de imóveis públicos oriundos de parcelamento do solo urbano implantado, ainda que não inscrito ou registrado, por meio de requerimento acompanhado dos seguintes documentos:

**I** – planta e memorial descritivo do imóvel público a ser matriculado, dos quais constem a sua descrição, com medidas perimetrais, área total, localização, confrontantes e coordenadas preferencialmente georreferenciadas dos vértices definidores de seus limites;

**II** – comprovação de intimação dos confrontantes para que informem, no prazo de 15 (quinze) dias, se os limites definidos na planta e no memorial descritivo do imóvel público a ser matriculado se sobrepõem às suas respectivas áreas, se for o caso;

**III** – as respostas à intimação prevista no inciso II, quando houver; e

**IV** - planta de parcelamento ou do imóvel público a ser registrado, assinada pelo loteador ou elaborada e assinada por agente público da prefeitura, acompanhada de declaração de que o parcelamento encontra-se implantado, na hipótese de este não ter sido inscrito ou registrado.

**§ 1º**. Apresentados pelo Município os documentos relacionados no *caput*, o registro de imóveis deverá proceder ao registro dos imóveis públicos decorrentes do parcelamento do solo urbano na matrícula ou transcrição da gleba objeto de parcelamento.

**§ 2º**. Na abertura de matrícula de imóvel público oriundo de parcelamento do solo urbano, havendo divergência nas medidas perimetrais de que resulte, ou não, alteração de área, a situação de fato implantada do bem deverá prevalecer sobre a situação constante do registro ou da planta de parcelamento, respeitados os limites dos particulares lindeiros.

**§ 3º**. Não será exigido, para transferência de domínio, formalização da doação de áreas públicas pelo loteador nos casos de parcelamentos urbanos realizados na vigência do Decreto-Lei nº 58, de 10 de dezembro de 1937.

**§ 4º**. Recebido o requerimento e verificado o atendimento aos requisitos previstos neste artigo, o oficial do registro de imóveis abrirá a matrícula em nome do Município.

**§ 5º**. A abertura de matrícula de que trata o *caput* independe do regime jurídico do bem público.

**§ 6º** Na hipótese de haver área remanescente, a sua apuração poderá ocorrer em momento posterior.

**§ 7º** O procedimento definido neste artigo poderá ser adotado para abertura de matrícula de glebas municipais adquiridas por lei ou por outros meios legalmente admitidos, inclusive para as terras devolutas transferidas ao Município em razão de legislação estadual ou federal, dispensado o procedimento discriminatório administrativo ou judicial.

**§ 8º** O disposto neste artigo aplica-se, em especial, às áreas de uso público utilizadas pelo sistema viário do parcelamento urbano irregular.

**Art. 195-B.** A União, os Estados, o Distrito Federal e os Municípios poderão solicitar ao registro de imóveis competente a abertura de matrícula de parte ou da totalidade de imóveis urbanos sem registro anterior, cujo domínio lhe tenha sido assegurado pela legislação, por meio de requerimento acompanhado dos documentos previstos nos incisos I, II e III do *caput* do art. 195-A. *(Redação dada pela Lei 14.620/2023)*

**§ 1º**. Recebido o requerimento na forma prevista no *caput* deste artigo, o oficial do registro de imóveis abrirá a matrícula em nome do requerente, observado o disposto nos §§ 5º e 6º do art. 195-A.

**§ 2º** Sem prejuízo da possibilidade de requerer a abertura de matrícula para seus bens, nos termos do *caput*, o Município poderá, em acordo com o Estado, requerer, em nome deste, a abertura de matrícula de imóveis urbanos estaduais situados nos limites do respectivo território municipal no registro de imóveis competente. *(Redação dada pela Lei 14.620/2023)*

**§ 3º**. O procedimento de que trata este artigo poderá ser adotado pela União para o registro de imóveis rurais de sua propriedade, observado o disposto nos §§ 3º, 4º, 5º, 6º e 7º do art. 176 desta Lei.

**§ 4º**. Para a abertura de matrícula em nome da União com base neste artigo, a comprovação de que trata o inciso II do *caput* do art. 195-A será realizada, no que couber, mediante o procedimento de notificação previsto nos arts. 12-A e 12-B do Decreto-Lei nº 9.760, de 5 de setembro de 1946, com ressalva quanto ao prazo para apresentação de eventuais impugnações, que será de quinze dias, na hipótese de notificação pessoal, e de trinta dias, na hipótese de notificação por edital.

**Art. 196.** A matrícula será feita à vista dos elementos constantes do título apresentado e do registro anterior que constar do próprio cartório.

**Art. 197.** Quando o título anterior estiver registrado em outro cartório, o novo título será apresentado juntamente com certidão atualizada, comprobatória do registro anterior, e da existência ou inexistência de ônus.

**Art. 198.** Se houver exigência a ser satisfeita, ela será indicada pelo oficial por escrito, dentro do prazo previsto no art. 188 desta Lei e de uma só vez, articuladamente, de forma clara e objetiva, com data, identificação e assinatura do oficial ou preposto responsável, para que: *(Redação dada pela Lei 14.382/2022)*

**I a IV** - *(Revogados pela Lei 14.382/2022)*

**V** - o interessado possa satisfazê-la; ou *(Acrescido pela Lei 14.382/2022)*

**VI** - caso não se conforme ou não seja possível cumprir a exigência, o interessado requeira que o título e a declaração de dúvida sejam remetidos ao juízo competente para dirimi-la. *(Acrescido pela Lei 14.382/2022)*

**§ 1º** O procedimento da dúvida observará o seguinte: *(Acrescido pela Lei 14.382/2022)*

**I** - no Protocolo, o oficial anotará, à margem da prenotação, a ocorrência da dúvida;

**II** - após certificar a prenotação e a suscitação da dúvida no título, o oficial rubricará todas as suas folhas;

**III** - em seguida, o oficial dará ciência dos termos da dúvida ao apresentante, fornecendo-lhe cópia da suscitação e notificando-o para impugná-la perante o juízo competente, no prazo de 15 (quinze) dias; e

**IV** - certificado o cumprimento do disposto no inciso III deste parágrafo, serão remetidos eletronicamente ao juízo competente as razões da dúvida e o título.

**§ 2º** A inobservância do disposto neste artigo ensejará a aplicação das penas previstas no art. 32 da Lei nº 8.935, de 18 de novembro de 1994, nos termos estabelecidos pela Corregedoria Nacional de Justiça do Conselho Nacional de Justiça. *(Acrescido pela Lei 14.382/2022)*

**Art. 199.** Se o interessado não impugnar a dúvida no prazo referido no item III do artigo anterior, será ela, ainda assim, julgada por sentença.

**Art. 200.** Impugnada a dúvida com os documentos que o interessado apresentar, será ouvido o Ministério Público, no prazo de 10 (dez) dias.

**Art. 201.** Se não forem requeridas diligências, o juiz proferirá decisão no prazo de 15 (quinze) dias, com base nos elementos constantes dos autos.

**Art. 202.** Da sentença, poderão interpor apelação, com os efeitos devolutivo e suspensivo, o interessado, o Ministério Público e o terceiro prejudicado.

**Art. 203.** Transitada em julgado a decisão da dúvida, proceder-se-á do seguinte modo:

**I** – se for julgada procedente, os documentos serão restituídos à parte, independentemente de traslado, dando-se ciência da decisão ao oficial, para que a consigne no Protocolo e cancele a prenotação;

**II** – se for julgada improcedente, o interessado apresentará, de novo, os seus documentos, com o respectivo mandado, ou certidão da sentença, que ficarão arquivados, para que, desde logo, se proceda ao registro, declarando o oficial o fato na coluna de anotações do Protocolo.

**Art. 204.** A decisão da dúvida tem natureza administrativa e não impede o uso do processo contencioso competente.

**Art. 205.** Cessarão automaticamente os efeitos da prenotação se, decorridos 20 (vinte) dias da data do seu lançamento no Protocolo, o título não tiver sido registrado por omissão do interessado em atender às exigências legais. *(Redação dada pela Lei 14.382/2022)*

**Parágrafo único.** Nos procedimentos de regularização fundiária de interesse social, os efeitos da prenotação cessarão decorridos 40 (quarenta) dias de seu lançamento no Protocolo. *(Redação dada pela Lei 14.382/2022)*

**Art. 206.** Se o documento, uma vez prenotado, não puder ser registrado, ou o apresentante desistir do seu registro, a importância relativa às despesas previstas no art. 14 será restituída, deduzida a quantia correspondente às buscas e à prenotação.

**Art. 206-A.** Quando o título for apresentado para prenotação, o usuário poderá optar: *(Acrescido pela Lei 14.382/2022)*

- Lei 14.382/2022, art. 19: "O disposto no art. 206-A da Lei nº 6.015, de 31 de dezembro de 1973 (Lei de Registros Públicos), deverá ser implementado, em todo o território nacional, no prazo de 150 (cento e cinquenta) dias, contado da data de entrada em vigor desta Lei.".

**I** - pelo depósito do pagamento antecipado dos emolumentos e das custas; ou

**II** - pelo recolhimento do valor da prenotação e depósito posterior do pagamento do valor restante, no prazo de 5 (cinco) dias, contado da data da análise pelo oficial que concluir pela aptidão para registro.

**§ 1º** Os efeitos da prenotação serão mantidos durante o prazo de que trata o inciso II do *caput* deste artigo.

**§ 2º** Efetuado o depósito, os procedimentos registrais serão finalizados com a realização dos atos solicitados e a expedição da respectiva certidão.

**§ 3º** Fica autorizada a devolução do título apto para registro, em caso de não efetivação do pagamento no prazo previsto no *caput* deste artigo, caso em que o apresentante perderá o valor da prenotação.

**§ 4º** Os títulos apresentados por instituições financeiras e demais instituições autorizadas a funcionar pelo Banco Central do Brasil ou por entidades autorizadas pelo Banco Central do Brasil ou pela Comissão de Valores Mobiliários a exercer as atividades de depósito centralizado ou de registro de ativos financeiros e de valores mobiliários, nos termos dos arts. 22 e 28 da Lei nº 12.810, de 15 de maio de 2013, respectivamente, poderão efetuar o pagamento dos atos pertinentes à vista de fatura.

**§ 5º** O disposto neste artigo aplica-se às unidades federativas que adotem forma de pagamento por meio de documento de arrecadação.

**§ 6º** A reapresentação de título que tenha sido devolvido por falta de pagamento dos emolumentos, nos termos do § 3º deste artigo, dependerá do pagamento integral do depósito prévio.

**§ 7º** O prazo previsto no *caput* deste artigo não é computado dentro do prazo de registro de que trata o art. 188 desta Lei.

**Art. 207.** No processo, de dúvida, somente serão devidas custas, a serem pagas pelo interessado, quando a dúvida for julgada procedente.

**Art. 208.** O registro começado dentro das horas fixadas não será interrompido, salvo motivo de força maior declarado, prorrogando-se o expediente até ser concluído.

**Art. 209.** Durante a prorrogação nenhuma nova apresentação será admitida, lavrando o termo de encerramento no Protocolo.

**Art. 210.** Todos os atos serão assinados e encerrados pelo oficial, por seu substituto legal, ou por escrevente expressamente designado pelo oficial ou por seu substituto legal e autorizado pelo juiz competente ainda que os primeiros não estejam nem afastados nem impedidos.

**Art. 211.** Nas vias dos títulos restituídas aos apresentantes, serão declarados resumidamente, por carimbo, os atos praticados.

**Art. 212.** Se o registro ou a averbação for omissa, imprecisa ou não exprimir a verdade, a retificação será feita pelo Oficial do Registro de Imóveis competente, a requerimento do interessado, por meio do procedimento administrativo previsto no art. 213, facultado ao interessado requerer a retificação por meio de procedimento judicial.

**Parágrafo único.** A opção pelo procedimento administrativo previsto no art. 213 não exclui a prestação jurisdicional, a requerimento da parte prejudicada.

**Art. 213.** O oficial retificará o registro ou a averbação:

**I** – de ofício ou a requerimento do interessado nos casos de:

*a)* omissão ou erro cometido na transposição de qualquer elemento do título;

*b)* indicação ou atualização de confrontação;

*c)* alteração de denominação de logradouro público, comprovada por documento oficial;

*d)* retificação que vise a indicação de rumos, ângulos de deflexão ou inserção de coordenadas georeferenciadas, em que não haja alteração das medidas perimetrais;

*e)* alteração ou inserção que resulte de mero cálculo matemático feito a partir das medidas perimetrais constantes do registro;

*f)* reprodução de descrição de linha divisória de imóvel confrontante que já tenha sido objeto de retificação;

g) inserção ou modificação dos dados de qualificação pessoal das partes, comprovada por documentos oficiais, ou mediante despacho judicial quando houver necessidade de produção de outras provas;

**II** – a requerimento do interessado, no caso de inserção ou alteração de medida perimetral de que resulte, ou não, alteração de área, instruído com planta e memorial descritivo assinado por profissional legalmente habilitado, com prova de anotação de responsabilidade técnica no competente Conselho Regional de Engenharia e Arquitetura – Crea, bem assim pelos confrontantes.

- Lei 12.378/2010 – Regulamenta o exercício da Arquitetura e Urbanismo; cria o Conselho de Arquitetura e Urbanismo do Brasil – CAU/BR e os Conselhos de Arquitetura e Urbanismo dos Estados e do Distrito Federal – CAUs.

**§ 1º.** Uma vez atendidos os requisitos de que trata o *caput* do art. 225, o oficial averbará a retificação.

**§ 2º.** Se a planta não contiver a assinatura de algum confrontante, este será notificado pelo Oficial de Registro de Imóveis competente, a requerimento do interessado, para se manifestar em 15 (quinze) dias, promovendo-se a notificação pessoalmente ou pelo correio, com aviso de recebimento, ou, ainda, por solicitação do Oficial de Registro de Imóveis, pelo Oficial de Registro de Títulos e Documentos da comarca da situação do imóvel ou do domicílio de quem deva recebê-la.

**§ 3º.** A notificação será dirigida ao endereço do confrontante constante do Registro de Imóveis, podendo ser dirigida ao próprio imóvel contíguo ou àquele fornecido pelo requerente; não sendo encontrado o confrontante ou estando em lugar incerto e não sabido, tal fato será certificado pelo oficial encarregado da diligência, promovendo-se a notificação do confrontante mediante edital, com o mesmo prazo fixado no § 2º, publicado por duas vezes em jornal local de grande circulação.

**§ 4º.** Presumir-se-á a anuência do confrontante que deixar de apresentar impugnação no prazo da notificação.

**§ 5º.** Findo o prazo sem impugnação, o oficial averbará a retificação requerida; se houver impugnação fundamentada por parte de algum confrontante, o oficial intimará o requerente e o profissional que houver assinado a planta e o memorial a fim de que, no prazo de 5 (cinco) dias, se manifestem sobre a impugnação.

**§ 6º.** Havendo impugnação e se as partes não tiverem formalizado transação amigável para solucioná-la, o oficial remeterá o processo ao juiz competente, que decidirá de plano ou após instrução sumária, salvo se a controvérsia versar sobre o direito de propriedade de alguma das partes, hipótese em que remeterá o interessado para as vias ordinárias.

**§ 7º.** Pelo mesmo procedimento previsto neste artigo poderão ser apurados os remanescentes de áreas parcialmente alienadas, caso em que serão considerados como confrontantes tão somente os confinantes das áreas remanescentes.

**§ 8º.** As áreas públicas poderão ser demarcadas ou ter seus registros retificados pelo mesmo procedimento previsto neste artigo, desde que constem do registro ou sejam logradouros devidamente averbados.

**§ 9º.** Independentemente de retificação, dois ou mais confrontantes poderão, por meio de escritura pública, alterar ou estabelecer as divisas entre si e, se houver transferência de área, com o recolhimento do devido imposto de transmissão e desde que preservadas, se rural o imóvel, a fração mínima de parcelamento e, quando urbano, a legislação urbanística.

**§ 10.** Entendem-se como confrontantes os proprietários e titulares de outros direitos reais e aquisitivos sobre os imóveis contíguos, observado o seguinte: *(Redação dada pela Lei 14.382/2022)*

**I** - o condomínio geral, de que trata o Capítulo VI do Título III do Livro III da Parte Especial da Lei nº 10.406, de 10 de janeiro de 2002 (Código Civil), será representado por qualquer um dos condôminos; *(Acrescido pela Lei 14.382/2022)*

**II** - o condomínio edilício, de que tratam os arts. 1.331 a 1.358 da Lei nº 10.406, de 10 de janeiro de 2002 (Código Civil), será representado pelo síndico, e o condomínio por frações autônomas, de que trata o art. 32 da Lei nº 4.591, de 16 de dezembro de 1964, pela comissão de representantes; e *(Acrescido pela Lei 14.382/2022)*

**III** - não se incluem como confrontantes: *(Acrescido pela Lei 14.382/2022)*

a) os detentores de direitos reais de garantia hipotecária ou pignoratícia; ou

b) os titulares de crédito vincendo, cuja propriedade imobiliária esteja vinculada, temporariamente, à operação de crédito financeiro.

**§ 11.** Independe de retificação:

**I** – a regularização fundiária de interesse social realizada em Zonas Especiais de Interesse Social, promovida por Município ou pelo Distrito Federal, quando os lotes já estiverem cadastrados individualmente ou com lançamento fiscal há mais de 10 (dez) anos;

**II** – a adequação da descrição de imóvel rural às exigências dos arts. 176, §§ 3º e 4º, e 225, § 3º, desta Lei.

**III** – a adequação da descrição de imóvel urbano decorrente de transformação de coordenadas geodésicas entre os sistemas de georreferenciamento oficiais;

**IV** – a averbação do auto de demarcação urbanística e o registro do parcelamento decorrente de projeto de regularização fundiária de interesse social de que trata a Lei 11.977, de 7 de julho de 2009; e

**V** – o registro do parcelamento de glebas para fins urbanos anterior a 19 de dezembro de 1979, que esteja implantado e integrado à cidade, nos termos do art. 71 da Lei nº 11.977, de 7 de julho de 2009.

**§ 12.** Poderá o oficial realizar diligências no imóvel para a constatação de sua situação em face dos confrontantes e localização na quadra.

**§ 13.** Se não houver dúvida quanto à identificação do imóvel: *(Redação dada pela Lei 14.382/2022)*

**I** - o título anterior à retificação poderá ser levado a registro desde que requerido pelo adquirente, promovendo-se o registro em conformidade com a nova descrição; e *(Acrescido pela Lei 14.382/2022)*

**II** - a prenotação do título anterior à retificação será prorrogada durante a análise da retificação de registro. *(Acrescido pela Lei 14.382/2022)*

**§ 14.** Verificado a qualquer tempo não serem verdadeiros os fatos constantes do memorial descritivo, responderão os requerentes e o profissional que o elaborou pelos prejuízos causados, independentemente das sanções disciplinares e penais.

**§ 15.** Não são devidos custas ou emolumentos notariais ou de registro decorrentes de regularização fundiária de interesse social a cargo da administração pública.

**§ 16.** Na retificação de que trata o inciso II do *caput*, serão considerados confrontantes somente os confinantes de divisas que forem alcançadas pela inserção ou alteração de medidas perimetrais.

**§ 17.** Se, realizadas buscas, não for possível identificar os titulares do domínio dos imóveis confrontantes do imóvel retificando, definidos no § 10, deverá ser colhida a anuência de eventual ocupante, devendo os interessados não identificados ser notificados por meio de edital eletrônico, publicado 1 (uma) vez na internet, para se manifestarem no prazo de 15 (quinze) dias úteis, com as implicações previstas no § 4º deste artigo. *(Acrescido pela Lei 14.620/2023)*

**Art. 214.** As nulidades de pleno direito do registro, uma vez provadas, invalidam-no, independentemente de ação direta.

**§ 1º.** A nulidade será decretada depois de ouvidos os atingidos.

**§ 2º** Da decisão tomada no caso do § 1º caberá apelação ou agravo conforme o caso.

**§ 3º** Se o juiz entender que a superveniência de novos registros poderá causar danos de difícil reparação poderá determinar de ofício, a qualquer momento, ainda que sem oitiva das partes, o bloqueio da matrícula do imóvel.

**§ 4º** Bloqueada a matrícula, o oficial não poderá mais nela praticar qualquer ato, salvo com autorização judicial, permitindo-se, todavia, aos interessados a prenotação de seus títulos, que ficarão com o prazo prorrogado até a solução do bloqueio.

**§ 5º** A nulidade não será decretada se atingir terceiro de boa-fé que já tiver preenchido as condições de usucapião do imóvel.

**Art. 215.** São nulos os registros efetuados após sentença de abertura de falência, ou do termo legal nele fixado, salvo se a apresentação tiver sido feita anteriormente.

**Art. 216.** O registro poderá também ser retificado ou anulado por sentença em processo contencioso, ou por efeito do julgado em ação de anulação ou de declaração de nulidade de ato jurídico, ou de julgado sobre fraude à execução.

**Art. 216-A.** Sem prejuízo da via jurisdicional, é admitido o pedido de reconhecimento extrajudicial de usucapião, que será processado diretamente perante o cartório do registro de imóveis da comarca em que estiver situado o imóvel usucapiendo, a requerimento do interessado, representado por advogado, instruído com:

**I** - ata notarial lavrada pelo tabelião, atestando o tempo de posse do requerente e de seus antecessores, conforme o caso e suas circunstâncias, aplicando-se o disposto no art. 384 da Lei nº 13.105, de 16 de março de 2015 (Código de Processo Civil);

**II** - planta e memorial descritivo assinado por profissional legalmente habilitado, com prova de anotação de responsabilidade técnica no respectivo conselho de fiscalização profissional, e pelos titulares de direitos registrados ou averbados na matrícula do imóvel usucapiendo ou na matrícula dos imóveis confinantes;

**III** – certidões negativas dos distribuidores da comarca da situação do imóvel e do domicílio do requerente;

**IV** – justo título ou quaisquer outros documentos que demonstrem a origem, a continuidade, a natureza e o tempo da posse, tais como o pagamento dos impostos e das taxas que incidirem sobre o imóvel.

**§ 1º.** O pedido será autuado pelo registrador, prorrogando-se o prazo da prenotação até o acolhimento ou a rejeição do pedido.

**§ 2º.** Se a planta não contiver a assinatura de qualquer um dos titulares de direitos registrados ou averbados na matrícula do imóvel usucapiendo ou na matrícula dos imóveis confinantes, o titular será notificado pelo registrador competente, pessoalmente ou pelo correio com aviso de recebimento, para manifestar consentimento expresso em quinze dias, interpretado o silêncio como concordância.

**§ 3º.** O oficial de registro de imóveis dará ciência à União, ao Estado, ao Distrito Federal e ao Município, pessoalmente, por intermédio do oficial de registro de títulos e documentos, ou pelo correio com aviso de recebimento, para que se manifestem, em 15 (quinze) dias, sobre o pedido.

**§ 4º.** O oficial de registro de imóveis promoverá a publicação de edital em jornal de grande circulação, onde houver, para a ciência de terceiros eventualmente interessados, que poderão se manifestar em 15 (quinze) dias.

**§ 5º.** Para a elucidação de qualquer ponto de dúvida, poderão ser solicitadas ou realizadas diligências pelo oficial de registro de imóveis.

**§ 6º** Transcorrido o prazo de que trata o § 4º deste artigo, sem pendência de diligências na forma do § 5º deste artigo e achando-se em ordem a documentação, o oficial de registro de imóveis registrará a aquisição do imóvel com as descrições apresentadas, sendo permitida a abertura de matrícula, se for o caso.

**§ 7º.** Em qualquer caso, é lícito ao interessado suscitar o procedimento de dúvida, nos termos desta Lei.

**§ 8º.** Ao final das diligências, se a documentação não estiver em ordem, o oficial de registro de imóveis rejeitará o pedido.

**§ 9º.** A rejeição do pedido extrajudicial não impede o ajuizamento de ação de usucapião.

**§ 10.** Em caso de impugnação justificada do pedido de reconhecimento extrajudicial de usucapião, o oficial de registro de imóveis remeterá os autos ao juízo competente da comarca da situação do imóvel, cabendo ao requerente emendar a petição inicial para adequá-la ao procedimento comum, porém, em caso de impugnação injustificada, esta não será admitida pelo registrador, cabendo ao interessado o manejo da suscitação de dúvida nos moldes do art. 198 desta Lei. *(Redação dada pela Lei 14.382/2022)*

**§ 11.** No caso de o imóvel usucapiendo ser unidade autônoma de condomínio edilício, fica dispensado consentimento dos titulares de direitos reais e outros direitos registrados ou averbados na matrícula dos imóveis confinantes e bastará a notificação do síndico para se manifestar na forma do § 2º deste artigo.

**§ 12.** Se o imóvel confinante contiver um condomínio edilício, bastará a notificação do síndico para o efeito do § 2º deste artigo, dispensada a notificação de todos os condôminos.

**§ 13.** Para efeito do § 2º deste artigo, caso não seja encontrado o notificando ou caso ele esteja em lugar incerto ou não sabido, tal fato será certificado pelo registrador, que deverá promover a sua notificação por edital mediante publicação, por duas vezes, em jornal local de grande circulação, pelo prazo de quinze dias cada um, interpretado o silêncio do notificando como concordância.

**§ 14.** Regulamento do órgão jurisdicional competente para a correição das serventias poderá autorizar a publicação do edital em meio eletrônico, caso em que ficará dispensada a publicação em jornais de grande circulação.

**§ 15.** No caso de ausência ou insuficiência dos documentos de que trata o inciso IV do *caput* deste artigo, a posse e os demais dados necessários poderão ser comprovados em procedimento de justificação administrativa perante a serventia extrajudicial, que obedecerá, no que couber, ao disposto no § 5º do art. 381 e ao rito previsto nos arts. 382 e 383 da Lei nº 13.105, de 16 março de 2015 (Código de Processo Civil).

**Art. 216-B.** Sem prejuízo da via jurisdicional, a adjudicação compulsória de imóvel objeto de promessa de venda ou de cessão poderá ser efetivada extrajudicialmente no serviço de registro de imóveis da situação do imóvel, nos termos deste artigo. *(Acrescido pela Lei 14.382/2022)*

**§ 1º** São legitimados a requerer a adjudicação o promitente comprador ou qualquer dos seus cessionários ou promitentes cessionários, ou seus sucessores, bem como o promitente vendedor, representados por advogado, e o pedido deverá ser instruído com os seguintes documentos:

**I** - instrumento de promessa de compra e venda ou de cessão ou de sucessão, quando for o caso;

**II** - prova do inadimplemento, caracterizado pela não celebração do título de transmissão da propriedade plena no prazo de 15 (quinze) dias, contado da entrega de notificação extrajudicial pelo oficial do registro de imóveis da situação do imóvel, que poderá delegar a diligência ao oficial do registro de títulos e documentos;

**III** - ata notarial lavrada por tabelião de notas da qual constem a identificação do imóvel, o nome e a qualificação do promitente comprador ou de seus sucessores constantes do contrato de promessa, a prova do pagamento do respectivo preço e da caracterização do inadimplemento da obrigação de outorgar ou receber o título de propriedade; *(Vetado pelo Presidente da República na Lei 14.382/2022, mantido pelo Congresso Nacional e publicado na Edição Extra B do DOU de 5/1/2023)*

**IV** - certidões dos distribuidores forenses da comarca da situação do imóvel e do domicílio do requerente que demonstrem a inexistência de litígio envolvendo o contrato de promessa de compra e venda do imóvel objeto da adjudicação;

**V** - comprovante de pagamento do respectivo Imposto sobre a Transmissão de Bens Imóveis (ITBI);

**VI** - procuração com poderes específicos.

**§ 2º** O deferimento da adjudicação independe de prévio registro dos instrumentos de promessa de compra e venda ou de cessão e da comprovação da regularidade fiscal do promitente vendedor. *(Vetado pelo Presidente da República na Lei 14.382/2022, mantido pelo Congresso Nacional e publicado na Edição Extra B do DOU de 5/1/2023)*

**§ 3º** À vista dos documentos a que se refere o § 1º deste artigo, o oficial do registro de imóveis da circunscrição onde se situa o imóvel procederá ao registro do domínio em nome do promitente comprador, servindo de título a respectiva promessa de compra e venda ou de cessão ou o instrumento que comprove a sucessão.

## CAPÍTULO IV. DAS PESSOAS

**Art. 217.** O registro e a averbação poderão ser provocados por qualquer pessoa, incumbindo-lhe as despesas respectivas.

**Art. 218.** Nos atos a título gratuito, o registro pode também ser promovido pelo transferente, acompanhado da prova de aceitação do beneficiado.

**Art. 219.** O registro do penhor rural independe do consentimento do credor hipotecário.

**Art. 220.** São considerados, para fins de escrituração, credores e devedores, respectivamente:

**I** – nas servidões, o dono do prédio dominante e dono do prédio serviente;

**II** – no uso, o usuário e o proprietário;

**III** – na habitação, o habitante e proprietário;

**IV** – na anticrese, o mutuante e mutuário;

**V** – no usufruto, o usufrutuário e o nu-proprietário;

**VI** – na enfiteuse, o senhorio e o enfiteuta;

**VII** – na constituição de renda, o beneficiário e o rendeiro censuário;

**VIII** – na locação, o locatário e o locador;

**IX** – nas promessas de compra e venda, o promitente comprador e o promitente vendedor;

**X** – nas penhoras e ações, o autor e o réu;

**XI** – nas cessões de direitos, o cessionário e o cedente;

**XII** – nas promessas de cessão de direitos, o promitente cessionário e o promitente cedente.

## CAPÍTULO V. DOS TÍTULOS

▸ Lei 6.739/1979 – Dispõe sobre a Matrícula e o Registro de Imóveis Rurais.

**Art. 221.** Somente são admitidos a registro:

**I** – escrituras públicas, inclusive as lavradas em consulados brasileiros;

**II** - escritos particulares autorizados em lei, assinados pelas partes e pelas testemunhas, com as firmas reconhecidas; *(Redação dada pela Lei 14.620/2023)*

**III** – atos autênticos de países estrangeiros, com força de instrumento público, legalizados e traduzidos na forma da lei, e registrados no Cartório do Registro de Títulos e Documentos, assim como sentenças proferidas por tribunais estrangeiros após homologação pelo Supremo Tribunal Federal;

**IV** – cartas de sentença, formais de partilha, certidões e mandados extraídos de autos de processo.

**V** – contratos ou termos administrativos, assinados com a União, Estados, Municípios ou o Distrito Federal, no âmbito de programas de regularização fundiária e de programas habitacionais de interesse social, dispensado o reconhecimento de firma.

**VI** - contratos ou termos administrativos, assinados com os legitimados a que se refere o art. 3º do Decreto-Lei nº 3.365, de 21 de junho de 1941 (Lei da Desapropriação), no âmbito das desapropriações extrajudiciais. *(Acrescido pela Lei 14.620/2023)*

**§ 1º**. Serão registrados os contratos e termos mencionados no inciso V do *caput* assinados a rogo com a impressão dactiloscópica do beneficiário, quando este for analfabeto ou não puder assinar, acompanhados da assinatura de 2 (duas) testemunhas.

**§ 2º**. Os contratos ou termos administrativos mencionados no inciso V do *caput* poderão ser celebrados constando apenas o nome e o número de documento oficial do beneficiário, podendo sua qualificação completa ser efetuada posteriormente, no momento do registro do termo ou contrato, mediante simples requerimento do interessado dirigido ao registro de imóveis.

**§ 3º**. Fica dispensada a apresentação dos títulos previstos nos incisos I a V do *caput* deste artigo quando se tratar de registro do projeto de regularização fundiária e da constituição de direito real, sendo o ente público promotor da regularização fundiária urbana responsável pelo fornecimento das informações necessárias ao registro, ficando dispensada a apresentação de título individualizado, nos termos da legislação específica.

**§ 4º** Quando for requerida a prática de ato com base em título físico que tenha sido registrado, digitalizado ou armazenado, inclusive em outra serventia, será dispensada a reapresentação e bastará referência a ele ou a apresentação de certidão. *(Acrescido pela Lei 14.382/2022)*

**§ 5º** Os escritos particulares a que se refere o inciso II do *caput* deste artigo, quando relativos a atos praticados por instituições financeiras que atuem com crédito imobiliário autorizadas a celebrar instrumentos particulares com caráter de escritura pública, dispensam as testemunhas e o reconhecimento de firma. *(Acrescido pela Lei 14.620/2023)*

**§ 6º** Os contratos e termos administrativos mencionados no inciso VI deverão ser submetidos à qualificação registral pelo oficial do registro de imóveis, previamente ao pagamento do valor devido ao expropriado. *(Acrescido pela Lei 14.620/2023)*

**Art. 222.** Em todas as escrituras e em todos os atos relativos a imóveis, bem como nas cartas de sentença e formais de partilha, o tabelião ou escrivão deve fazer referência à matrícula ou ao registro anterior, seu número e cartório.

**Art. 223.** Ficam sujeitas à obrigação, a que alude o artigo anterior, as partes que, por instrumento particular, celebrarem atos relativos a imóveis.

**Art. 224.** Nas escrituras, lavradas em decorrência de autorização judicial, serão mencionados, por certidão, em breve relatório com todas as minúcias que permitam identificá-los, os respectivos alvarás.

**Art. 225.** Os tabeliães, escrivães e juízes farão com que, nas escrituras e nos autos judiciais, as partes indiquem, com precisão, os característicos, as confrontações e as localizações dos imóveis, mencionando os nomes dos confrontantes e, ainda, quando se tratar só de terreno, se esse fica do lado par ou do lado ímpar do logradouro, em que quadra e a que distância métrica da edificação ou da esquina mais próxima, exigindo dos interessados certidão do Registro Imobiliário.

**§ 1º**. As mesmas minúcias, com relação à caracterização do imóvel, devem constar dos instrumentos particulares apresentados em cartório para registro.

**§ 2º**. Consideram-se irregulares, para efeito de matrícula, os títulos nos quais a caracterização do imóvel não coincida com a que consta do registro anterior.

**§ 3º**. Nos autos judiciais que versem sobre imóveis rurais, a localização, os limites e as confrontações serão obtidos a partir de memorial descritivo assinado por profissional habilitado e com a devida Anotação de Responsabilidade Técnica – ART, contendo as coordenadas dos vértices definidores dos limites dos imóveis rurais, georreferenciadas ao Sistema Geodésico Brasileiro e com precisão posicional a ser fixada pelo Incra, garantida a isenção de custos financeiros aos proprietários de imóveis rurais cuja somatória da área não exceda a quatro módulos fiscais.

**Art. 226.** Tratando-se de usucapião, os requisitos da matrícula devem constar do mandado judicial.

## CAPÍTULO VI. DA MATRÍCULA

- Lei 6.739/1979 – Dispõe sobre a Matrícula e o Registro de Imóveis Rurais.

**Art. 227.** Todo imóvel objeto de título a ser registrado deve estar matriculado no Livro n. 2 – Registro Geral – obedecido o disposto no art. 176.

**Art. 228.** A matrícula será efetuada por ocasião do primeiro registro a ser lançado na vigência desta Lei, mediante os elementos constantes do título apresentado e do registro anterior nele mencionado.

- CPC/15, art. 406.

**Art. 229.** Se o registro anterior foi efetuado em outra circunscrição, a matrícula será aberta com os elementos constantes do título apresentado e da certidão atualizada daquele registro, a qual ficará arquivada em cartório.

**Art. 230.** Se na certidão constar ônus, o oficial fará a matrícula, e, logo em seguida ao registro, averbará a existência do ônus, sua natureza e valor, certificando o fato no título que devolver à parte, o que ocorrerá, também, quando o ônus estiver lançado no próprio cartório.

**Art. 231.** No preenchimento dos livros, observar-se-ão as seguintes normas:

**I** – no alto da face de cada folha será lançada a matrícula do imóvel, com os requisitos constantes do art. 176, e no espaço restante e no verso, serão lançados por ordem cronológica e em forma narrativa, os registros e averbações dos atos pertinentes ao imóvel matriculado;

**II** – preenchida uma folha, será feito o transporte para a primeira folha em branco do mesmo livro ou do livro da mesma série que estiver em uso, onde continuarão os lançamentos, com remissões recíprocas.

**Art. 232.** Cada lançamento de registro será precedido pela letra "R" e o da averbação pelas letras "AV", seguindo-se o número de ordem do lançamento e o da matrícula (ex.: R-1-1, R-2-1, AV-3-1, R-4-1, AV-5-1 etc.)

**Art. 233.** A matrícula será cancelada:

**I** – por decisão judicial;

**II** – quando em virtude de alienações parciais, o imóvel for inteiramente transferido a outros proprietários;

**III** – pela fusão, nos termos do artigo seguinte.

**Art. 234.** Quando dois ou mais imóveis contíguos pertencentes ao mesmo proprietário, constarem de matrículas autônomas, pode ele requerer a fusão destas em uma só, de novo número, encerrando-se as primitivas.

**Art. 235.** Podem, ainda, ser unificados, com abertura de matrícula única:

**I** – dois ou mais imóveis constantes de transcrições anteriores a esta Lei, à margem das quais será averbada a abertura da matrícula que os unificar;

**II** – dois ou mais imóveis, registrados por ambos os sistemas, caso em que, nas transcrições, será feita a averbação prevista no item anterior, as matrículas serão encerradas na forma do artigo anterior.

**III** - 2 (dois) ou mais imóveis contíguos objeto de imissão provisória registrada em nome da União, dos Estados, do Distrito Federal, dos Municípios ou de suas entidades delegadas ou contratadas e sua respectiva cessão e promessa de cessão. *(Redação dada pela Lei 14.620/2023)*

**§ 1º**. Os imóveis de que trata este artigo, bem como os oriundos de desmembramentos, partilha e glebas destacadas de maior porção, serão desdobrados em novas matrículas, juntamente com os ônus que sobre eles existirem, sempre que ocorrer a transferência de 1 (uma) ou mais unidades, procedendo-se, em seguida, ao que estipula o inciso II do art. 233.

**§ 2º**. A hipótese de que trata o inciso III somente poderá ser utilizada nos casos de imóveis inseridos em área urbana ou de expansão urbana e com a finalidade de implementar programas habitacionais ou de regularização fundiária, o que deverá ser informado no requerimento de unificação.

**§ 3º** Na hipótese de que trata o inciso III do *caput* deste artigo, a unificação poderá abranger matrículas ou transcrições relativas a imóveis contíguos àqueles que tenham sido objeto da imissão provisória na posse. *(Redação dada pela Lei 14.273/2021)*

**Art. 235-A.** Fica instituído o Código Nacional de Matrícula (CNM) que corresponde à numeração única de matrículas imobiliárias em âmbito nacional.

**§ 1º**. O CNM referente a matrícula encerrada ou cancelada não poderá ser reutilizado.

**§ 2º**. Ato da Corregedoria Nacional de Justiça do Conselho Nacional de Justiça regulamentará as características e a forma de implementação do CNM.

## CAPÍTULO VII.
## DO REGISTRO

› Lei 6.739/1979 – Dispõe sobre a Matrícula e o Registro de Imóveis Rurais.

**Art. 236.** Nenhum registro poderá ser feito sem que o imóvel a que se referir esteja matriculado.

**Art. 237.** Ainda que o imóvel esteja matriculado, não se fará registro que dependa da apresentação de título anterior, a fim de que se preserve a continuidade do registro.

**Art. 237-A.** Após o registro do parcelamento do solo, na modalidade loteamento ou na modalidade desmembramento, e da incorporação imobiliária, de condomínio edilício ou de condomínio de lotes, até que tenha sido averbada a conclusão das obras de infraestrutura ou da construção, as averbações e os registros relativos à pessoa do loteador ou do incorporador ou referentes a quaisquer direitos reais, inclusive de garantias, cessões ou demais negócios jurídicos que envolvam o empreendimento e suas unidades, bem como a própria averbação da conclusão do empreendimento, serão realizados na matrícula de origem do imóvel a ele destinado e replicados, sem custo adicional, em cada uma das matrículas recipiendárias dos lotes ou das unidades autônomas eventualmente abertas. *(Redação dada pela Lei 14.382/2022)*

**§ 1º** Para efeito de cobrança de custas e emolumentos, as averbações e os registros relativos ao mesmo ato jurídico ou negócio jurídico e realizados com base no *caput* deste artigo serão considerados ato de registro único, não importando a quantidade de lotes ou de unidades autônomas envolvidas ou de atos intermediários existentes. *(Redação dada pela Lei 14.382/2022)*

**§ 2º**. Nos registros decorrentes de processo de parcelamento do solo ou de incorporação imobiliária, o registrador deverá observar o prazo máximo de 15 (quinze) dias para o fornecimento do número do registro ao interessado ou a indicação das pendências a serem satisfeitas para sua efetivação.

**§ 3º**. O registro da instituição de condomínio ou da especificação do empreendimento constituirá ato único para fins de cobrança de custas e emolumentos.

**§ 4º** É facultada a abertura de matrícula para cada lote ou fração ideal que corresponderá a determinada unidade autônoma, após o registro do loteamento ou da incorporação imobiliária. *(Acrescido pela Lei 14.382/2022)*

**§ 5º** Na hipótese do § 4º deste artigo, se a abertura da matrícula ocorrer no interesse do serviço, fica vedado o repasse das despesas dela decorrentes ao interessado, mas se a abertura da matrícula ocorrer por requerimento do interessado, o emolumento pelo ato praticado será devido por ele. *(Acrescido pela Lei 14.382/2022)*

**Art. 238.** O registro de hipoteca convencional valerá pelo prazo de 30 (trinta) anos, findo o qual só será mantido o número anterior se reconstituída por novo título e novo registro.

**Art. 239.** As penhoras, arrestos e sequestro de imóveis serão registrados depois de pagas as custas do registro pela parte interessada, em cumprimento de mandado ou à vista de certidão do escrivão, de que constem, além dos requisitos exigidos para o registro, os nomes do juiz, do depositário, das partes e a natureza do processo.

**Parágrafo único.** A certidão será lavrada pelo escrivão do feito, com a declaração do fim especial a que se destina, após a entrega, em cartório, do mandado devidamente cumprido.

**Art. 240.** O registro da penhora faz prova quanto à fraude de qualquer transação posterior.

**Art. 241.** O registro da anticrese no Livro n. 2 declarará, também, o prazo, a época do pagamento e a forma de administração.

**Art. 242.** O contrato de locação, com cláusula expressa de vigência no caso de alienação do imóvel, registrado no Livro n. 2, consignará também, o seu valor, a renda, o prazo, o tempo e o lugar do pagamento, bem como pena convencional.

**Art. 243.** A matrícula do imóvel promovida pelo titular do domínio direto aproveita ao titular do domínio útil, e vice-versa.

**Art. 244.** As escrituras antenupciais serão registradas no Livro n. 3 do cartório do domicílio conjugal, sem prejuízo de sua averbação obrigatória no lugar da situação dos imóveis de propriedade do casal, ou dos que forem sendo adquiridos e sujeitos a regime de bens diverso do comum, com a declaração das respectivas cláusulas, para ciência de terceiros.

**Art. 245.** Quando o regime de separação de bens for determinado por lei, far-se-á a respectiva averbação nos termos do artigo anterior, incumbindo ao Ministério Público zelar pela fiscalização e observância dessa providência.

## CAPÍTULO VIII. DA AVERBAÇÃO E DO CANCELAMENTO

▸ CC: arts. 346 a 351.

**Art. 246.** Além dos casos expressamente indicados no inciso II do *caput* do art. 167 desta Lei, serão averbadas na matrícula as sub-rogações e outras ocorrências que, por qualquer modo, alterem o registro ou repercutam nos direitos relativos ao imóvel. *(Redação dada pela Lei 14.382/2022)*

**§ 1º**. As averbações a que se referem os itens 4 e 5 do inciso II do art. 167 serão as feitas a requerimento dos interessados, com firma reconhecida, instruído com documento dos interessados, com firma reconhecida, instruído com documento comprobatório fornecido pela autoridade competente. A alteração do nome só poderá ser averbada quando devidamente comprovada por certidão do Registro Civil.

**§ 1º-A** No caso das averbações de que trata o § 1º deste artigo, o oficial poderá providenciar, preferencialmente por meio eletrônico, a requerimento e às custas do interessado, os documentos comprobatórios necessários perante as autoridades competentes. *(Acrescido pela Lei 14.382/2022)*

**§ 2º**. Tratando-se de terra indígena com demarcação homologada, a União promoverá o registro da área em seu nome.

**§ 3º**. Constatada, durante o processo demarcatório, a existência de domínio privado nos limites da terra indígena, a União requererá ao Oficial de Registro a averbação, na respectiva matrícula, dessa circunstância.

**§ 4º**. As providências a que se referem os §§ 2º e 3º deste artigo deverão ser efetivadas pelo cartório, no prazo de 30 (trinta) dias, contado a partir do recebimento da solicitação de registro e averbação, sob pena de aplicação de multa diária no valor de R$ 1.000,00 (mil reais), sem prejuízo da responsabilidade civil e penal do Oficial de Registro.

**Art. 247.** Averbar-se-á, também, na matrícula, a declaração de indisponibilidade de bens, na forma prevista na Lei.

**Art. 247-A.** É dispensado o habite-se expedido pela prefeitura municipal para a averbação de construção residencial urbana unifamiliar de um só pavimento finalizada há mais de 5 (cinco) anos em área ocupada predominantemente por população de baixa renda, inclusive para o fim de registro ou averbação decorrente de financiamento à moradia. *(Acrescido pela Lei 13.865/2019)*

**Art. 248.** O cancelamento efetuar-se-á mediante averbação, assinada pelo oficial, seu substituto legal ou escrevente autorizado, e declarará o motivo que o determinou, bem como o título em virtude do qual foi feito.

**Art. 249.** O cancelamento poderá ser total ou parcial e referir-se a qualquer dos atos do registro.

**Art. 250.** Far-se-á o cancelamento:

**I** – em cumprimento de decisão judicial transitada em julgado;

**II** – a requerimento unânime das partes que tenham participado do ato registrado, se capazes, com as firmas reconhecidas por tabelião;

**III** – a requerimento do interessado, instruído com documento hábil.

**IV** – a requerimento da Fazenda Pública, instruído com certidão de conclusão de processo administrativo que declarou, na forma da lei, a rescisão do título de domínio ou de concessão de direito real de uso de imóvel rural, expedido para fins de regularização fundiária, e a reversão do imóvel ao patrimônio público.

**Art. 251.** O cancelamento de hipoteca só pode ser feito:

**I** – à vista de autorização expressa ou quitação outorgada pelo credor ou seu sucessor, em instrumento público ou particular;

**II** – em razão de procedimento administrativo ou contencioso, no qual o credor tenha sido intimado (art. 698 do Código de Processo Civil);

- CPC/15, art. 889, V.

**III** – na conformidade da legislação referente às cédulas hipotecárias.

**Art. 251-A.** Em caso de falta de pagamento, o cancelamento do registro do compromisso de compra e venda de imóvel será efetuado em conformidade com o disposto neste artigo. *(Acrescido pela Lei 14.382/2022)*

**§ 1º** A requerimento do promitente vendedor, o promitente comprador, ou seu representante legal ou procurador regularmente constituído, será intimado pessoalmente pelo oficial do competente registro de imóveis a satisfazer, no prazo de 30 (trinta) dias, a prestação ou as prestações vencidas e as que vencerem até a data de pagamento, os juros convencionais, a correção monetária, as penalidades e os demais encargos contratuais, os encargos legais, inclusive tributos, as contribuições condominiais ou despesas de conservação e manutenção em loteamentos de acesso controlado, imputáveis ao imóvel, além das despesas de cobrança, de intimação, bem como do registro do contrato, caso esse tenha sido efetuado a requerimento do promitente vendedor.

**§ 2º** O oficial do registro de imóveis poderá delegar a diligência de intimação ao oficial do registro de títulos e documentos da comarca da situação do imóvel ou do domicílio de quem deva recebê-la.

**§ 3º** Aos procedimentos de intimação ou notificação efetuados pelos oficiais de registros públicos, aplicam-se, no que couber, os dispositivos referentes à citação e à intimação previstos na Lei nº 13.105, de 16 de março de 2015 (Código de Processo Civil).

**§ 4º** A mora poderá ser purgada mediante pagamento ao oficial do registro de imóveis, que dará quitação ao promitente comprador ou ao seu cessionário das quantias recebidas no prazo de 3 (três) dias e depositará esse valor na conta bancária informada pelo promitente vendedor no próprio requerimento ou, na falta dessa informação, o cientificará de que o numerário está à sua disposição.

**§ 5º** Se não ocorrer o pagamento, o oficial certificará o ocorrido e intimará o promitente vendedor a promover o recolhimento dos emolumentos para efetuar o cancelamento do registro.

**§ 6º** A certidão do cancelamento do registro do compromisso de compra e venda reputa-se como prova relevante ou determinante para concessão da medida liminar de reintegração de posse.

**Art. 252.** O registro, enquanto não cancelado, produz todos os efeitos legais ainda que, por outra maneira, se prove que o título está desfeito, anulado, extinto ou rescindido.

**Art. 253.** Ao terceiro prejudicado é lícito, em juízo, fazer prova da extinção dos ônus, reais, e promover o cancelamento do seu registro.

**Art. 254.** Se, cancelado o registro, subsistirem o título e os direitos dele decorrentes, poderá o credor promover novo registro, o qual só produzirá efeitos a partir da nova data.

**Art. 255.** Além dos casos previstos nesta Lei, a inscrição de incorporação ou loteamento só será cancelada a requerimento do incorporador ou loteador, enquanto nenhuma unidade ou lote for objeto de transação averbada, ou mediante o consentimento de todos os compromissários ou cessionários.

**Art. 256.** O cancelamento da servidão, quando o prédio dominante estiver hipotecado, só poderá ser feito com aquiescência do credor, expressamente manifestada.

**Art. 257.** O dono do prédio serviente terá, nos termos da lei, direito a cancelar a servidão.

**Art. 258.** O foreiro poderá, nos termos da lei, averbar a renúncia de seu direito, sem dependência do consentimento do senhorio direto.

**Art. 259.** O cancelamento não pode ser feito em virtude de sentença sujeita, ainda, a recurso.

(...)

Brasília, 31 de dezembro de 1973; 152º da Independência e 85º da República.
Emílio G. Médici
Alfredo Buzaid

- Não publicamos os anexos desta lei.

## LEI Nº 6.969, DE 10 DE DEZEMBRO DE 1981
### (EXCERTOS)

***Dispõe sobre a aquisição, por usucapião especial, de imóveis rurais, altera a redação do § 2º do art. 589 do Código Civil e dá outras providências.***

- D.O.U. de 11.12.1981; ret. 14.12.1981
- Refere-se ao CC de 1916.

O PRESIDENTE DA REPÚBLICA Faço saber que o Congresso Nacional decreta e eu sanciono a seguinte Lei:

CIVIL

**Art. 1º.** Todo aquele que, não sendo proprietário rural nem urbano, possuir como sua, por 5 (cinco) anos ininterruptos, sem oposição, área rural contínua, não excedente de 25 (vinte e cinco) hectares, e a houver tornado produtiva com seu trabalho e nela tiver sua morada, adquirir-lhe-á o domínio, independentemente de justo título e boa-fé, podendo requerer ao juiz que assim o declare por sentença, a qual servirá de título para transcrição no Registro de Imóveis.

- CF/88, art. 191.
- CC: arts. 1.238 e ss.

**Parágrafo único.** Prevalecerá a área do módulo rural aplicável à espécie, na forma da legislação específica, se aquele for superior a 25 (vinte e cinco) hectares.

**Art. 2º.** A usucapião especial, a que se refere esta Lei, abrange as terras particulares e as terras devolutas, em geral, sem prejuízo de outros direitos conferidos ao posseiro, pelo Estatuto da Terra ou pelas leis que dispõem sobre processo discriminatório de terras devolutas.

**Art. 3º.** A usucapião especial não ocorrerá nas áreas indispensáveis à segurança nacional, nas terras habitadas por silvícolas, nem nas áreas de interesse ecológico, consideradas como tais as reservas biológicas ou florestais e os parques nacionais, estaduais ou municipais, assim declarados pelo Poder Executivo, assegurada aos atuais ocupantes a preferência para assentamento em outras regiões, pelo órgão competente.

**Parágrafo único.** O Poder Executivo, ouvido o Conselho de Segurança Nacional, especificará, mediante decreto, no prazo de 90 (noventa) dias, contados da publicação desta Lei, as áreas indispensáveis à segurança nacional, insuscetíveis de usucapião.

**Art. 4º.** A ação de usucapião especial será processada e julgada na comarca da situação do imóvel.

**§ 1º.** Observado o disposto no art. 126 da Constituição Federal, no caso de usucapião especial em terras devolutas federais, a ação será promovida na comarca da situação do imóvel, perante a Justiça do Estado, com recurso para o Tribunal Federal de Recursos, cabendo ao Ministério Público local, na primeira instância, a representação judicial da União.

**§ 2º.** No caso de terras devolutas, em geral, a usucapião especial poderá ser reconhecida administrativamente, com a consequente expedição do título definitivo de domínio, para transcrição no Registro de Imóveis.

- CF/88, art. 188.

**§ 3º.** O Poder Executivo, dentro de 90 (noventa) dias, contados da publicação desta Lei, estabelecerá, por decreto, a forma do procedimento administrativo a que se refere o parágrafo anterior.

**§ 4º.** Se, decorridos 90 (noventa) dias do pedido ao órgão administrativo, não houver a expedição do título de domínio, o interessado poderá ingressar com a ação de usucapião especial, na forma prevista nesta Lei, vedada a concomitância dos pedidos administrativo e judicial.

**Art. 5º.** Adotar-se-á, na ação de usucapião especial, o procedimento sumaríssimo, assegurada a preferência à sua instrução e julgamento.

**§ 1º.** O autor, expondo o fundamento do pedido e individualizando o imóvel, com dispensa da juntada da respectiva planta, poderá requerer, na petição inicial, designação de audiência preliminar, a fim de justificar a posse e, se comprovada esta, será nela mantido, liminarmente, até a decisão final da causa.

**§ 2º.** O autor requererá também a citação pessoal daquele em cujo nome esteja transcrito o imóvel usucapiendo, bem como dos confinantes e, por edital, dos réus ausentes, incertos e desconhecidos, na forma do art. 232 do Código de Processo Civil, valendo a citação para todos os atos do processo.

- Refere-se ao CPC de 1973.
- CPC/15, art. 554.

**§ 3º.** Serão cientificados por carta, para que manifestem interesse na causa, os representantes da Fazenda Pública da União, dos Estados, do Distrito Federal, dos Territórios e dos Municípios, no prazo de 45 (quarenta e cinco) dias.

**§ 4º.** O prazo para contestar a ação correrá da intimação da decisão que declarar justificada a posse.

**§ 5º.** Intervirá, obrigatoriamente, em todos os atos do processo, o Ministério Público.

**Art. 6º.** O autor da ação de usucapião especial terá, se o pedir, o benefício da assistência judiciária gratuita, inclusive para o Registro de Imóveis.

**Parágrafo único.** Provado que o autor tinha situação econômica bastante para pagar as custas do processo e os honorários de advogado, sem prejuízo do sustento próprio e da família, o juiz lhe ordenará que pague, com correção monetária, o valor das isenções concedidas, ficando suspensa a transcrição da sentença até o pagamento devido.

**Art. 7º.** A usucapião especial poderá ser invocada como matéria de defesa, valendo a sentença que a reconhecer como título para transcrição no Registro de Imóveis.

(...)

Brasília, em 10 de dezembro de 1981;
160º da Independência e 93º da República.
João Baptista De Figueiredo
Ibrahim Abi-Ackel
Amaury Stábile
Danilo Venturini

## LEI Nº 8.009, DE 29 DE MARÇO DE 1990

*Dispõe sobre a impenhorabilidade do bem de família.*

- D.O.U. de 30.3.1990

Faço saber que o Presidente da República adotou a Medida Provisória 143, de 1990, que o Congresso Nacional aprovou, e eu Nelson Carneiro, Presidente do Senado Federal, para os efeitos do disposto no parágrafo único do art. 62 da Constituição Federal, promulgo a seguinte Lei:

**Art. 1º** O imóvel residencial próprio do casal, ou da entidade familiar, é **impenhorável** e **não** responderá por qualquer tipo de dívida civil, comercial, fiscal, previdenciária ou de outra natureza, contraída pelos cônjuges ou pelos pais ou filhos que sejam seus proprietários e nele residam, **salvo** nas hipóteses previstas nesta lei.

STJ, 205. A Lei 8.009/90 aplica-se à penhora realizada antes de sua vigência.

STJ, 364. O conceito de impenhorabilidade de bem de família abrange também o imóvel pertencente a pessoas solteiras, separadas e viúvas.

STJ, 449. A vaga de garagem que possui matrícula própria no registro de imóveis não constitui bem de família para efeito de penhora.

- CF/1988, art. 226, *caput* e §4º.
- CC: arts. 1.711 a 1.722.
- CPC/15: arts. 260 a 265, 832 e 833.
- Lei 6.015/1973: arts. 167, I-1, e 260 a 265.

**Parágrafo único.** A impenhorabilidade **compreende** o imóvel sobre o qual se assentam a construção, as plantações, as benfeitorias de qualquer natureza e todos os equipamentos, inclusive os de uso profissional, ou móveis que guarnecem a casa, desde que quitados.

STJ, 364. O conceito de impenhorabilidade de bem de família abrange também o imóvel pertencente a pessoas solteiras, separadas e viúvas.

STJ, 449. A vaga de garagem que possui matrícula própria no registro de imóveis não constitui bem de família para efeito de penhora.

- CPC/15, art. 833.
- Os bens que guarnecem a residência (bem de família) são impenhoráveis excetuando-se aqueles encontrados em duplicidade, por não se tratarem de utensílios necessários à manutenção básica da unidade familiar. O aparelho de televisão e outros utilitários da vida moderna atual, em regra, são impenhoráveis quando guarnecem a residência do devedor, exegese que se faz do art. 1º, parágrafo único, da Lei nº 8.009/90. STJ. 4ª Turma. REsp 875.687/RS, Rel. Min. Luis Felipe Salomão, julgado em 09/08/2011.

**Art. 2º** **Excluem-se** da impenhorabilidade os veículos de **transporte**, **obras de arte** e **adornos** suntuosos.

- v. CPC/15, art. 835.
- Os imóveis residenciais de alto padrão ou de luxo não estão excluídos, em razão do seu valor econômico, da proteção conferida pela Lei nº 8.0009/90 aos bens de família.
- O simples fato de o imóvel ser de luxo ou de elevado valor, por si só, não afasta a proteção prevista na Lei nº 8.009/90. Assim, prevalece a proteção legal ao bem de família, independentemente de seu padrão. O intérprete não pode fazer uma releitura da lei a fim de excluir o imóvel da proteção do bem de família pelo simples fato de ela ser de elevado valor. STJ. 3ª Turma. AgInt no AREsp 1199556/PR, Rel. Min. Marco Aurélio Bellizze, julgado em 05/06/2018. STJ. 4ª Turma. AgInt no REsp 1669123/RS, Rel. Min. Lázaro Guimarães (Desembargador convocado do TRF 5ª Região), julgado em 15/03/2018.

**Parágrafo único.** No caso de imóvel locado, a impenhorabilidade aplica-se aos **bens móveis** quitados que guarneçam a residência e que sejam de propriedade do locatário, observado o disposto neste artigo.

**Art. 3º** A impenhorabilidade é oponível em qualquer **processo** de execução civil, fiscal, previdenciária, trabalhista ou de outra natureza, **salvo** se movido:

- CPC/15, art. 833, § 1º.

**I** – (*Revogado pela Lei Complementar nº 150, de 2015*);

**II** - pelo titular do crédito decorrente do **financiamento** destinado à construção ou à aquisição do imóvel, no **limite** dos créditos e acréscimos constituídos em função do respectivo contrato;

**III** - pelo credor da **pensão alimentícia**, resguardados os direitos, sobre o bem, do seu coproprietário que, com o devedor, integre união estável ou conjugal, observadas as hipóteses em que ambos responderão pela dívida;

**IV** - para cobrança de **impostos**, predial ou territorial, taxas e contribuições devidas em função do imóvel familiar;

- É possível a penhora do bem de família para assegurar o pagamento de dívidas oriundas de despesas condominiais do próprio bem. É possível a penhora de bem de família quando a dívida é oriunda de cobrança de taxas e despesas condominiais com base no art. 3º, IV, da Lei nº 8.009/90. STJ. 2ª Seção. AR 5.931/SP, Rel. Min. Paulo de Tarso Sanseverino, julgado em 09/05/2018.
- Para a aplicação da exceção à impenhorabilidade do bem de família prevista no art. 3º, IV, da Lei nº 8.009/1990 é preciso que o débito de natureza tributária seja proveniente do próprio imóvel que se pretende penhorar.
Exemplo: João celebrou com Pedro contrato de "permuta de imóveis urbanos". Ficou acertado que João transmitiria a propriedade de sua casa para Pedro e, em troca, Pedro faria a transferência de seu apartamento a João. Ficou consignado que cada parte iria transmitir o imóvel sem quaisquer dívidas tributárias. Depois da permuta e da transferência da posse, Pedro constatou que a casa cedida por João possuía débitos de IPTU. Para regularizar a situação, Pedro quitou essas dívidas. Em seguida, Pedro ajuizou ação contra João pedindo o ressarcimento desses valores considerando que houve um descumprimento do contrato neste ponto. O pedido foi julgado procedente. No cumprimento de sentença, Pedro pediu a penhora do apartamento que, depois da permuta, passou a pertencer a João e que é seu bem de família. Essa penhora não pode ser deferida porque não se enquadra no inciso IV do art. 3º da Lei. STJ. 3ª Turma. REsp 1332071-SP, Rel. Min. Marco Aurélio Bellizze, julgado em 18/02/2020 (Info 665).

**V** - para execução de **hipoteca** sobre o imóvel oferecido como garantia real pelo casal ou pela entidade familiar;

- Penhorabilidade de bem de família dado em hipoteca não registrada. O art. 3º da Lei nº 8.009/90 traz as hipóteses em que o bem de família legal pode ser penhorado. O inciso V afirma que o imóvel poderá ser penhorado, mesmo sendo bem de família, se ele foi dado como hipoteca (garantia real) de uma dívida em favor da entidade familiar e esta, posteriormente, não foi paga. Neste caso, o bem de família poderá ser alienado e seu produto utilizado para satisfazer o credor. Vale ressaltar que não é necessário que a hipoteca esteja registrada no cartório de Registro de Imóveis. Assim, a ausência de registro da hipoteca em cartório de registro de imóveis não afasta a exceção à regra de impenhorabilidade prevista no art. 3º, V, da Lei nº 8.009/90. Em outras palavras, o fato de a hipoteca não ter sido registrada não pode ser utilizado como argumento pelo devedor para evitar a penhora do bem de família. STJ. 3ª Turma. REsp 1.455.554-RN, Rel. Min. João Otávio de Noronha, julgado em 14/6/2016 (Info 585).
- O bem de família é IMPENHORÁVEL quando for dado em garantia real de dívida por um dos sócios da pessoa jurídica, cabendo ao credor o ônus da prova de que o proveito se reverteu à entidade familiar. O bem de família é PENHORÁVEL quando os únicos sócios da empresa devedora são os titulares do imóvel hipotecado, sendo ônus dos proprietários a demonstração de que não se beneficiaram dos valores auferidos. Assim, é possível a penhora de bem de família dado em garantia hipotecária pelo casal quando os cônjuges forem os únicos sócios da pessoa jurídica devedora. STJ. 2ª Seção. EAREsp 848.498-PR, Rel. Min. Luis Felipe Salomão, julgado em 25/04/2018 (Info 627).

**VI** - por ter sido adquirido **com produto de crime** ou para **execução** de sentença penal condenatória a ressarcimento, indenização ou perdimento de bens;

**VII** - por obrigação decorrente de **fiança** concedida em contrato de locação.

STJ, 549. É válida a penhora de bem de família pertencente a fiador de contrato de locação.

- É constitucional a penhora de bem de família pertencente a fiador de contrato de locação, seja residencial, seja comercial.
STF. Plenário. RE 1307334/SP, Rel. Min. Alexandre de Moraes, julgado em 8/3/2022 (Repercussão Geral – Tema 1127) (Info 1046).

**Art. 4º** **Não** se beneficiará do disposto nesta lei aquele que, sabendo-se insolvente, adquire de **má-fé** imóvel mais valioso para transferir a residência familiar, desfazendo-se ou **não** da moradia antiga.

**§ 1º** Neste caso, poderá o juiz, na respectiva ação do credor, transferir a impenhorabilidade para a **moradia familiar anterior**, ou **anular-lhe** a venda, liberando a mais valiosa para execução ou concurso, conforme a hipótese.

**§ 2º** Quando a residência familiar se constituir em **imóvel rural**, a impenhorabilidade restringir-se-á à sede de moradia, com os respectivos bens móveis, e, nos casos do art. 5º, inciso XXVI, da Constituição, à área limitada como pequena propriedade rural.

**Art. 5º** Para os efeitos de impenhorabilidade, de que trata esta lei, considera-se **residência** um **único imóvel** utilizado pelo casal ou pela entidade familiar para moradia **permanente**.

STJ, 486. É impenhorável o único imóvel residencial do devedor que esteja locado a terceiros, desde que a renda obtida com a locação seja revertida para a subsistência ou a moradia da sua família.

- Impenhorabilidade do único imóvel comercial do devedor que esteja alugado. Segundo a redação literal da súmula 486-STJ, "é impenhorável o único imóvel RESIDENCIAL do devedor que esteja locado a terceiros, desde que a renda obtida com a locação seja revertida para a subsistência ou a moradia da sua família." A 2ª Turma do STJ, contudo, ampliou esta proteção e decidiu que também é impenhorável o único imóvel COMERCIAL do devedor que esteja alugado quando o valor do aluguel é destinado unicamente ao pagamento de locação residencial por sua entidade familiar. STJ. 2ª Turma. REsp 1.616.475-PE, Rel. Min. Herman Benjamin, julgado em 15/9/2016 (Info 591).

Bem de família ocupado por familiar. Se o executado possui um único imóvel residencial, mas quem mora nele é um parente (ex.: filho), mesmo assim esse imóvel será considerado como bem de família, sendo impenhorável. Em outras palavras, constitui bem de família, insuscetível de penhora, o único imóvel residencial do devedor em que resida seu familiar, ainda que o proprietário nele não habite. STJ. 2ª Seção. EREsp 1.216.187-SC, Rel. Min. Arnaldo Esteves Lima, julgado em 14/5/2014 (Info 543).

Impenhorabilidade do imóvel em nome da sociedade empresária, mas no qual reside o sócio. A impenhorabilidade do bem de família no qual reside o sócio devedor não é afastada pelo fato de o imóvel pertencer à sociedade empresária. STJ. 4ª Turma. EDcl no AREsp 511.486-SC, Rel. Min. Raul Araújo, julgado em 3/3/2016 (Info 579).

**Parágrafo único.** Na hipótese de o casal, ou entidade familiar, ser possuidor de vários imóveis utilizados como residência, a impenhorabilidade recairá sobre o de **menor valor**, **salvo** se outro tiver sido registrado, para esse fim, no Registro de Imóveis e na forma do art. 70 do Código Civil.

- Refere-se ao art. 70 do Código Civil de 1916.

**Art. 6º** São canceladas as execuções suspensas pela Medida Provisória nº 143, de 8 de março de 1990, que deu origem a esta lei.

**Art. 7º** Esta lei entra em vigor na data de sua publicação.

STJ, 205. A Lei 8.009/90 aplica-se à penhora realizada antes de sua vigência.

**Art. 8º** Revogam-se as disposições em contrário.

Senado Federal, 29 de março de 1990; 169º da Independência e 102º da República.

FERNANDO COLLOR

Nelson Carneiro

# LEI Nº 9.514, DE 20 DE NOVEMBRO DE 1997

## *(EXCERTOS)*

*Dispõe sobre o Sistema de Financiamento Imobiliário, institui a alienação fiduciária de coisa imóvel e dá outras providências.*

- DOU de 21.11.1997 e retificado em 24.11.1997.

O PRESIDENTE DA REPÚBLICA

Faço saber que o Congresso Nacional decreta e eu sanciono a seguinte Lei:

(...)

## CAPÍTULO II
## DA ALIENAÇÃO FIDUCIÁRIA DE COISA IMÓVEL

**Art. 22.** A alienação fiduciária regulada por esta Lei é o negócio jurídico pelo qual o fiduciante, com o escopo de garantia de obrigação própria ou de terceiro, contrata a transferência ao credor, ou fiduciário, da propriedade resolúvel de coisa imóvel. *(Redação dada pela Lei 14.711/2023)*

**§ 1º** A alienação fiduciária poderá ser contratada por pessoa física ou jurídica, não sendo privativa das entidades que operam no SFI, podendo ter como objeto, além da propriedade plena:

**I** – bens enfitêuticos, hipótese em que será exigível o pagamento do laudêmio, se houver a consolidação do domínio útil no fiduciário;

**II** – o direito de uso especial para fins de moradia;

**III** – o direito real de uso, desde que suscetível de alienação;

**IV** – a propriedade superficiária.

**V** – os direitos oriundos da imissão provisória na posse, quando concedida à União, aos Estados, ao Distrito Federal, aos Municípios ou às suas entidades delegadas, e a respectiva cessão e promessa de cessão; *(Acrescido pela Lei 14.620/2023)*

**VI** – os bens que, não constituindo partes integrantes do imóvel, destinam-se, de modo duradouro, ao uso ou ao serviço deste. *(Acrescido pela Lei 14.620/2023)*

**§ 2º** Os direitos de garantia instituídos nas hipóteses dos incisos III e IV do § 1º deste artigo ficam limitados à duração da concessão ou direito de superfície, caso tenham sido transferidos por período determinado.

**§ 3º** A alienação fiduciária da propriedade superveniente, adquirida pelo fiduciante, é suscetível de registro no registro de imóveis desde a data de sua celebração, tornandose eficaz a partir do cancelamento da propriedade fiduciária anteriormente constituída. *(Acrescido pela Lei 14.711/2023)*

**§ 4º** Havendo alienações fiduciárias sucessivas da propriedade superveniente, as anteriores terão prioridade em relação às posteriores na excussão da garantia, observado que, no caso de excussão do imóvel pelo credor fiduciário anterior com alienação a terceiros, os direitos dos credores fiduciários posteriores sub-rogam-se no preço obtido, cancelando-se os registros das respectivas alienações fiduciárias. *(Acrescido pela Lei 14.711/2023)*

**§ 5º** O credor fiduciário que pagar a dívida do devedor fiduciante comum ficará subrogado no crédito e na propriedade fiduciária em garantia, nos termos do inciso I do *caput* do art. 346 da Lei nº 10.406, de 10 de janeiro de 2002 (Código Civil). *(Acrescido pela Lei 14.711/2023)*

**§ 6º** O inadimplemento de quaisquer das obrigações garantidas pela propriedade fiduciária faculta ao credor declarar vencidas as demais obrigações de que for titular garantidas pelo mesmo imóvel, inclusive quando a titularidade decorrer do disposto no art. 31 desta Lei. *(Acrescido pela Lei 14.711/2023)*

**§ 7º** O disposto no § 6º aplica-se à hipótese prevista no § 3º deste artigo. *(Acrescido pela Lei 14.711/2023)*

**§ 8º** O instrumento constitutivo da alienação fiduciária na forma do § 3º deve conter cláusula com a previsão de que trata o § 6º deste artigo. *(Acrescido pela Lei 14.711/2023)*

**§ 9º** Na hipótese de o fiduciário optar por exercer a faculdade de que trata o § 6º deste artigo, deverá informá-lo na intimação de que trata o § 1º do art. 26 desta Lei. *(Acrescido pela Lei 14.711/2023)*

**§ 10.** O disposto no § 3º do art. 49 da Lei nº 11.101, de 9 de fevereiro de 2005, beneficia todos os credores fiduciários, mesmo aqueles decorrentes da alienação fiduciária da propriedade superveniente. *(Acrescido pela Lei 14.711/2023)*

**Art. 23.** Constitui-se a propriedade fiduciária de coisa imóvel mediante registro, no competente Registro de Imóveis, do contrato que lhe serve de título.

- A ausência de registro do contrato que serve de título à propriedade fiduciária no Registro de Imóveis não retira a validade do ajuste entre os contratantes. Ainda que o registro do contrato no competente Registro de Imóveis seja imprescindível à constituição da propriedade fiduciária de coisa imóvel, nos termos do art. 23 da Lei nº 9.514/97, sua ausência não retira a validade e a eficácia dos termos livre e previamente ajustados entre os contratantes, inclusive da cláusula que autoriza a alienação extrajudicial do imóvel em caso de inadimplência.

  Vale ressaltar, contudo, que, para dar início à alienação extrajudicial do imóvel é, sim, imprescindível a efetivação do registro do contrato. Isso porque a constituição do devedor em mora e a eventual purgação desta se processa perante o Oficial de Registro de Imóveis, nos moldes do art. 26 da Lei nº 9.514/97.

  STJ. 2ª Seção. EREsp 1.866.844-SP, Rel. Min. Nancy Andrighi, Rel. para acórdão Min. Ricardo Villas Bôas Cueva, julgado em 27/9/2023 (Info 789).

**§ 1º** Com a constituição da propriedade fiduciária, dá-se o desdobramento da posse, tornando-se o fiduciante possuidor direto e o fiduciário possuidor indireto da coisa imóvel. *(Parágrafo único transformado em § 1º pela Lei 14.620/2023)*

**§ 2º** Caberá ao fiduciante a obrigação de arcar com o custo do pagamento do Imposto sobre a Propriedade Predial e Territorial Urbana (IPTU) incidente sobre o bem e das taxas condominiais existentes. *(Acrescido pela Lei 14.620/2023)*

**Art. 24.** O contrato que serve de título ao negócio fiduciário conterá:

**I** – o valor da dívida, sua estimação ou seu valor máximo; *(Redação dada pela Lei 14.711/2023)*

**II** – o prazo e as condições de reposição do empréstimo ou do crédito do fiduciário;

**III** – a taxa de juros e os encargos incidentes;

**IV** – a cláusula de constituição da propriedade fiduciária, com a descrição do imóvel objeto da alienação fiduciária e a indicação do título e modo de aquisição;

**V** – a cláusula que assegure ao fiduciante a livre utilização, por sua conta e risco, do imóvel objeto da alienação fiduciária, exceto a hipótese de inadimplência; *(Redação dada pela Lei 14.711/2023)*

**VI** – a indicação, para efeito de venda em público leilão, do valor do imóvel e dos critérios para a respectiva revisão;

**VII** – a cláusula que disponha sobre os procedimentos de que tratam os arts. 26-A, 27 e 27-A desta Lei. *(Redação dada pela Lei 14.711/2023)*

**Parágrafo único.** Caso o valor do imóvel convencionado pelas partes nos termos do inciso VI do *caput* deste artigo seja inferior ao utilizado pelo órgão competente como base de cálculo para a apuração do imposto sobre transmissão inter vivos, exigível por força da consolidação da propriedade em nome do credor fiduciário, este último será o valor mínimo para efeito de venda do imóvel no primeiro leilão.

**Art. 25.** Com o pagamento da dívida e seus encargos, resolve-se, nos termos deste artigo, a propriedade fiduciária do imóvel.

**§ 1º** No prazo de 30 (trinta) dias, contado da data de liquidação da dívida, o fiduciário fornecerá o termo de quitação ao devedor e, se for o caso, ao terceiro fiduciante. *(Redação dada pela Lei 14.711/2023)*

**§ 1º-A** O não fornecimento do termo de quitação no prazo previsto no § 1º deste artigo acarretará multa ao fiduciário equivalente a 0,5% (meio por cento) ao mês, ou fração, sobre o valor do contrato, que se reverterá em favor daquele a quem o termo não tiver sido disponibilizado no referido prazo. *(Acrescido pela Lei 14.711/2023)*

**§ 2º** À vista do termo de quitação de que trata o parágrafo anterior, o oficial do competente Registro de Imóveis efetuará o cancelamento do registro da propriedade fiduciária.

**§ 3º** *(Revogado pela Lei nº 12.810, de 15/5/2013)*

**Art. 26.** Vencida e não paga a dívida, no todo ou em parte, e constituídos em mora o devedor e, se for o caso, o terceiro fiduciante, será consolidada, nos termos deste artigo, a propriedade do imóvel em nome do fiduciário. *(Redação dada pela Lei 14.711/2023)*

- Em contrato de compra e venda de imóvel com garantia de alienação fiduciária devidamente registrado em cartório, a resolução do pacto, na hipótese de inadimplemento do devedor, devidamente constituído em mora, deverá observar a forma prevista na Lei nº 9.514/97, por se tratar de legislação específica, afastando-se, por conseguinte, a aplicação do Código de Defesa do Consumidor.

  STJ. 2ª Seção. REsp 1891498-SP, Rel. Min. Marco Buzzi, julgado 26/10/2022 (Recurso Repetitivo – Tema 1095) (Info 755).

**§ 1º** Para fins do disposto neste artigo, o devedor e, se for o caso, o terceiro fiduciante serão intimados, a requerimento do fiduciário, pelo oficial do registro de imóveis competente, a satisfazer, no prazo de 15 (quinze) dias, a prestação vencida e aquelas que vencerem até a data do pagamento, os juros convencionais, as penalidades e os demais encargos contratuais, os encargos legais, inclusive os tributos, as contribuições condominiais imputáveis ao imóvel e as despesas de cobrança e de intimação. *(Redação dada pela Lei 14.711/2023)*

**§ 1º-A** Na hipótese de haver imóveis localizados em mais de uma circunscrição imobiliária em garantia da mesma dívida, a intimação para purgação da mora poderá ser requerida a qualquer um dos registradores competentes e, uma vez realizada, importa em cumprimento do requisito de intimação em todos os procedimentos de excussão, desde que informe a totalidade da dívida e dos imóveis passíveis de consolidação de propriedade. *(Acrescido pela Lei 14.711/2023)*

**§ 2º** O contrato poderá estabelecer o prazo de carência, após o qual será expedida a intimação. *(Redação dada pela Lei 14.711/2023)*

**§ 2º-A** Quando não for estabelecido o prazo de carência no contrato de que trata o § 2º deste artigo, este será de 15 (quinze) dias. *(Acrescido pela Lei 14.711/2023)*

**§ 3º** A intimação será feita pessoalmente ao devedor e, se for o caso, ao terceiro fiduciante, que por esse ato serão cientificados de que, se a mora não for purgada no prazo legal, a propriedade será consolidada no patrimônio do credor e o imóvel será levado a leilão nos termos dos arts. 26-A, 27 e 27-A desta Lei, conforme o caso, hipótese em que a intimação poderá ser promovida por solicitação do oficial do registro de imóveis, por oficial de registro de títulos e documentos da comarca da situação do imóvel ou do domicílio de quem deva recebê-la, ou pelo correio, com aviso de recebimento, situação em que se aplica, no que couber, o disposto no art. 160 da Lei nº 6.015, de 31 de dezembro de 1973 (Lei de Registros Públicos). *(Redação dada pela Lei 14.711/2023)*

**§ 3º-A.** Quando, por duas vezes, o oficial de registro de imóveis ou de registro de títulos e documentos ou o serventuário por eles credenciado houver procurado o intimando em seu domicílio ou residência sem o encontrar, deverá, havendo suspeita motivada de ocultação, intimar qualquer pessoa da família ou, em sua falta, qualquer vizinho de que, no dia útil imediato, retornará ao imóvel, a fim de efetuar a intimação, na hora que designar, aplicando-se subsidiariamente o disposto nos arts. 252, 253 e 254 da Lei nº 13.105, de 16 de março de 2015 (Código de Processo Civil).

**§ 3º-B.** Nos condomínios edilícios ou outras espécies de conjuntos imobiliários com controle de acesso, a intimação de que trata o § 3º-A poderá ser feita ao funcionário da portaria responsável pelo recebimento de correspondência.

**§ 4º** Quando o devedor ou, se for o caso, o terceiro fiduciante, o cessionário, o representante legal ou o procurador regularmente constituído encontrar-se em local ignorado, incerto ou inacessível, o fato será certificado pelo serventuário encarregado da diligência e informado ao oficial de registro de imóveis, que, à vista da certidão, promoverá a intimação por edital publicado pelo período mínimo de 3 (três) dias em jornal de maior circulação local ou em jornal de comarca de fácil acesso, se o local não dispuser de imprensa diária, contado o prazo para purgação da mora da data da última publicação do edital. *(Redação dada pela Lei 14.711/2023)*

**§ 4º-A** É responsabilidade do devedor e, se for o caso, do terceiro fiduciante informar ao credor fiduciário sobre a alteração de seu domicílio. *(Acrescido pela Lei 14.711/2023)*

**§ 4º-B** Presume-se que o devedor e, se for o caso, o terceiro fiduciante encontram-se em lugar ignorado quando não forem encontrados no local do imóvel dado em garantia nem no endereço que tenham fornecido por último, observado que, na hipótese de o devedor ter fornecido contato eletrônico no contrato, é imprescindível o envio da intimação por essa via com, no mínimo, 15 (quinze) dias de antecedência da realização de intimação edilícia. *(Acrescido pela Lei 14.711/2023)*

**§ 4º-C** Para fins do disposto no § 4º deste artigo, considera-se lugar inacessível: *(Acrescido pela Lei 14.711/2023)*

**I** - aquele em que o funcionário responsável pelo recebimento de correspondência se recuse a atender a pessoa encarregada pela intimação; ou

**II** - aquele em que não haja funcionário responsável pelo recebimento de correspondência para atender a pessoa encarregada pela intimação.

**§ 5º** Purgada a mora no Registro de Imóveis, convalescerá o contrato de alienação fiduciária.

**§ 6º** O oficial do Registro de Imóveis, nos três dias seguintes à purgação da mora, entregará ao fiduciário as importâncias recebidas, deduzidas as despesas de cobrança e de intimação.

**§ 7º** Decorrido o prazo de que trata o § 1º sem a purgação da mora, o oficial do competente Registro de Imóveis, certificando esse fato, promoverá a averbação, na matrícula do imóvel, da consolidação da propriedade em nome do fiduciário, à vista da prova do pagamento por este, do imposto de transmissão inter vivos e, se for o caso, do laudêmio.

**§ 8º** O fiduciante pode, com a anuência do fiduciário, dar seu direito eventual ao imóvel em pagamento da dívida, dispensados os procedimentos previstos no art. 27.

**Art. 26-A.** Os procedimentos de cobrança, purgação de mora, consolidação da propriedade fiduciária e leilão decorrentes de financiamentos para aquisição ou construção de imóvel residencial do devedor, exceto as operações do sistema de consórcio de que trata a Lei nº 11.795, de 8 de outubro de 2008, estão sujeitos às normas especiais estabelecidas neste artigo. *(Redação dada pela Lei 14.711/2023)*

**§ 1º** A consolidação da propriedade em nome do credor fiduciário será averbada no registro de imóveis trinta dias após a expiração do prazo para purgação da mora de que trata o § 1º do art. 26 desta Lei.

**§ 2º** Até a data da averbação da consolidação da propriedade fiduciária, é assegurado ao devedor e, se for o caso, ao terceiro fiduciante pagar as parcelas da dívida vencidas e as despesas de que trata o inciso II do § 3º do art. 27 desta Lei, hipótese em que convalescerá o contrato de alienação fiduciária. *(Redação dada pela Lei 14.711/2023)*

**§ 3º** No segundo leilão, será aceito o maior lance oferecido desde que seja igual ou superior ao valor integral da dívida garantida pela alienação fiduciária mais antiga vigente sobre o bem, das despesas, inclusive emolumentos cartorários, dos prêmios de seguro, dos encargos legais, inclusive tributos, e das contribuições condominiais. *(Acrescido pela Lei 14.711/2023)*

**§ 4º** Se no segundo leilão não houver lance que atenda ao referencial mínimo para arrematação estabelecido no § 3º deste artigo, a dívida será considerada extinta, com recíproca quitação, hipótese em que o credor ficará investido da livre disponibilidade. *(Acrescido pela Lei 14.711/2023)*

**§ 5º** A extinção da dívida no excedente ao referencial mínimo para arrematação configura condição resolutiva inerente à dívida e, por isso, estende-se às hipóteses em que o credor tenha preferido o uso da via judicial para executar a dívida. *(Acrescido pela Lei 14.711/2023)*

**Art. 27.** Consolidada a propriedade em seu nome, o fiduciário promoverá leilão público para a alienação do imóvel, no prazo de 60 (sessenta) dias, contado da data do registro de que trata o § 7º do art. 26 desta Lei. *(Redação dada pela Lei 14.711/2023)*

- É constitucional o procedimento da Lei nº 9.514/1997 para a execução extrajudicial da cláusula de alienação fiduciária em garantia, haja vista sua compatibilidade com as garantias processuais previstas na Constituição Federal. STF. Plenário. RE 860.631/SP, Rel. Min. Luiz Fux, julgado em 26/10/2023 (Repercussão Geral – Tema 982) (Info 1114).

**§ 1º** Se no primeiro leilão público o maior lance oferecido for inferior ao valor do imóvel, estipulado na forma do inciso VI e do parágrafo único do art. 24 desta Lei, será realizado o segundo leilão nos quinze dias seguintes.

**§ 2º** No segundo leilão, será aceito o maior lance oferecido, desde que seja igual ou superior ao valor integral da dívida garantida pela alienação fiduciária, das despesas, inclusive emolumentos cartorários, dos prêmios de seguro, dos encargos legais, inclusive tributos, e das contribuições condominiais, podendo, caso não haja lance que alcance referido valor, ser aceito pelo credor fiduciário, a seu exclusivo critério, lance que corresponda a, pelo menos, metade do valor de avaliação do bem. *(Redação dada pela Lei 14.711/2023)*

**§ 2º-A** Para fins do disposto nos §§ 1º e 2º deste artigo, as datas, os horários e os locais dos leilões serão comunicados ao devedor e, se for o caso, ao terceiro fiduciante, por meio de correspondência dirigida aos endereços constantes do contrato, inclusive ao endereço eletrônico. *(Redação dada pela Lei 14.711/2023)*

**§ 2º-B** Após a averbação da consolidação da propriedade fiduciária no patrimônio do credor fiduciário e até a data da realização do segundo leilão, é assegurado ao fiduciante o direito de preferência para adquirir o imóvel por preço correspondente ao valor da dívida, somado às despesas, aos prêmios de seguro, aos encargos legais, às contribuições condominiais, aos tributos, inclusive os valores correspondentes ao imposto sobre transmissão inter vivos e ao laudêmio, se for o caso, pagos para efeito de consolidação da propriedade fiduciária no patrimônio do credor fiduciário, e às despesas inerentes aos procedimentos de cobrança e leilão, hipótese em que incumbirá também ao fiduciante o pagamento dos encargos tributários e das despesas exigíveis para a nova aquisição do imóvel, inclusive das custas e dos emolumentos. *(Redação dada pela Lei 14.711/2023)*

**§ 3º** Para os fins do disposto neste artigo, entende-se por:

**I** – dívida: o saldo devedor da operação de alienação fiduciária, na data do leilão, nele incluídos os juros convencionais, as penalidades e os demais encargos contratuais;

**II** - despesas: a soma das importâncias correspondentes aos encargos e às custas de intimação e daquelas necessárias à realização do leilão público, compreendidas as relativas aos anúncios e à comissão do leiloeiro; e *(Redação dada pela Lei 14.711/2023)*

**III** - encargos do imóvel: os prêmios de seguro e os encargos legais, inclusive tributos e contribuições condominiais. *(Acrescido pela Lei 14.711/2023)*

**§ 4º** Nos 5 (cinco) dias que se seguirem à venda do imóvel no leilão, o credor entregará ao fiduciante a importância que sobejar, nela compreendido o valor da indenização de benfeitorias, depois de deduzidos os valores da dívida, das despesas e dos encargos de que trata o § 3º deste artigo, o que importará em recíproca quitação, hipótese em que não se aplica o disposto na parte final do art. 516 da Lei nº 10.406, de 10 de janeiro de 2002 (Código Civil). *(Redação dada pela Lei 14.711/2023)*

**§ 5º** Se no segundo leilão não houver lance que atenda ao referencial mínimo para arrematação estabelecido no § 2º, o fiduciário ficará investido na livre disponibilidade do imóvel e exonerado da obrigação de que trata o § 4º deste artigo. *(Redação dada pela Lei 14.711/2023)*

**§ 5º-A** Se o produto do leilão não for suficiente para o pagamento integral do montante da dívida, das despesas e dos encargos de que trata o § 3º deste artigo, o devedor continuará obrigado pelo pagamento do saldo remanescente, que poderá ser cobrado por meio de ação de execução e, se for o caso, excussão das demais garantias da dívida, ressalvada a hipótese de extinção do saldo devedor remanescente prevista no § 4º do art. 26-A desta Lei. *(Acrescido pela Lei 14.711/2023)*

**§ 6º** *(Revogado pela Lei 14.711/2023)*

**§ 6º-A** Na hipótese de que trata o § 5º, para efeito de cálculo do saldo remanescente de que trata o § 5º-A, será deduzido o valor correspondente ao referencial mínimo para arrematação do valor atualizado da dívida, conforme estabelecido no § 2º deste artigo, incluídos os encargos e as despesas de cobrança. *(Acrescido pela Lei 14.711/2023)*

**§ 7º** Se o imóvel estiver locado, a locação poderá ser denunciada com o prazo de trinta dias para desocupação, salvo se tiver havido aquiescência por escrito do fiduciário, devendo a denúncia ser realizada no prazo de noventa dias a contar da data da consolidação da propriedade no fiduciário, devendo essa condição constar expressamente em cláusula contratual específica, destacando-se das demais por sua apresentação gráfica.

**§ 8º** Responde o fiduciante pelo pagamento dos impostos, taxas, contribuições condominiais e quaisquer outros encargos que recaiam ou venham a recair sobre o imóvel, cuja posse tenha sido transferida para o fiduciário, nos termos deste artigo, até a data em que o fiduciário vier a ser imitido na posse.

**§ 9º** O disposto no § 2º-B deste artigo aplica-se à consolidação da propriedade fiduciária de imóveis do FAR, na forma prevista na Lei nº 11.977, de 7 de julho de 2009.

**§ 10.** Os leilões e a publicação dos respectivos editais poderão ser realizados por meio eletrônico. *(Acrescido pela Lei 14.620/2023)*

**§ 11.** Os direitos reais de garantia ou constrições, inclusive penhoras, arrestos, bloqueios e indisponibilidades de qualquer natureza, incidentes sobre o direito real de aquisição do fiduciante não obstam a consolidação da propriedade no patrimônio do credor fiduciário e a venda do imóvel para realização da garantia. *(Acrescido pela Lei 14.711/2023)*

**§ 12.** Na hipótese prevista no § 11 deste artigo, os titulares dos direitos reais de garantia ou constrições sub-rogam-se no direito do fiduciante à percepção do saldo que eventualmente restar do produto da venda. *(Acrescido pela Lei 14.711/2023)*

**Art. 27-A.** Nas operações de crédito garantidas por alienação fiduciária de 2 (dois) ou mais imóveis, na hipótese de não ser convencionada a vinculação de cada imóvel a 1 (uma) parcela da dívida, o credor poderá promover a excussão em ato simultâneo, por meio de consolidação da propriedade e leilão de todos os imóveis em conjunto, ou em atos sucessivos, por meio de consolidação e leilão de cada imóvel em sequência, à medida do necessário para satisfação integral do crédito. *(Acrescido pela Lei 14.711/2023)*

**§ 1º** Na hipótese de excussão em atos sucessivos, caberá ao credor fiduciário a indicação dos imóveis a serem excutidos em sequência, exceto se houver disposição em sentido contrário expressa no contrato, situação em que a consolidação da propriedade dos demais ficará suspensa.

**§ 2º** A cada leilão, o credor fiduciário promoverá nas matrículas dos imóveis não leiloados a averbação do demonstrativo do resultado e o encaminhará ao devedor e, se for o caso, aos terceiros fiduciantes, por meio de correspondência dirigida aos endereços físico e eletrônico informados no contrato.

**§ 3º** Na hipótese de não se alcançar a quantia suficiente para satisfação do crédito, a cada leilão realizado, o credor recolherá o imposto sobre transmissão inter vivos e, se for o caso, o laudêmio, relativos ao imóvel a ser excutido em seguida, requererá a averbação da consolidação da propriedade e, no prazo de 30 (trinta) dias, realizará os procedimentos de leilão nos termos do art. 27 desta Lei.

**§ 4º** Satisfeito integralmente o crédito com o produto dos leilões realizados sucessivamente, o credor fiduciário entregará ao devedor e, se for o caso, aos terceiros fiduciantes, o termo de quitação e a autorização de cancelamento do registro da propriedade fiduciária de eventuais imóveis que restem a ser desonerados.

**Art. 28.** A cessão do crédito objeto da alienação fiduciária implicará a transferência, ao cessionário, de todos os direitos e obrigações inerentes à propriedade fiduciária em garantia.

**Art. 29.** O fiduciante, com anuência expressa do fiduciário, poderá transmitir os direitos de que seja titular sobre o imóvel objeto da alienação fiduciária em garantia, assumindo o adquirente as respectivas obrigações.

**Art. 30.** É assegurada ao fiduciário, ao seu cessionário ou aos seus sucessores, inclusive ao adquirente do imóvel por força do leilão público de que tratam os arts. 26-A, 27 e 27-A, a reintegração na posse do imóvel, que será concedida liminarmente, para desocupação no prazo de 60 (sessenta) dias, desde que comprovada a consolidação da propriedade em seu nome, na forma prevista no art. 26 desta Lei. *(Redação dada pela Lei 14.711/2023)*

**Parágrafo único.** Arrematado o imóvel ou consolidada definitivamente a propriedade no caso de frustração dos leilões, as ações judiciais que tenham por objeto controvérsias sobre as estipulações contratuais ou os requisitos procedimentais de cobrança e leilão, excetuada a exigência de notificação do devedor e, se for o caso, do terceiro fiduciante, não obstarão a reintegração de posse de que trata este artigo e serão resolvidas em perdas e danos. *(Redação dada pela Lei 14.711/2023)*

**Art. 31.** O fiador ou terceiro interessado que pagar a dívida ficará sub-rogado, de pleno direito, no crédito e na propriedade fiduciária.

**Parágrafo único.** Nos casos de transferência de financiamento para outra instituição financeira, o pagamento da dívida à instituição credora original poderá ser feito, a favor do mutuário, pela nova instituição credora.

**Art. 32.** Na hipótese de insolvência do fiduciante, fica assegurada ao fiduciário a restituição do imóvel alienado fiduciariamente, na forma da legislação pertinente.

**Art. 33.** Aplicam-se à propriedade fiduciária, no que couber, as disposições dos arts. 647 e 648 do Código Civil.

(...)

Brasília, 20 de novembro de 1997;
176º da Independência e 109º da República.
Fernando Henrique Cardoso
Pedro Malan
Antonio Kandir

# LEI Nº 12.965, DE 23 DE ABRIL DE 2014

*Estabelece princípios, garantias, direitos e deveres para o uso da Internet no Brasil.*

› D.O.U. 24.4.2014

A PRESIDENTA DA REPÚBLICA Faço saber que o Congresso Nacional decreta e eu sanciono a seguinte Lei:

## CAPÍTULO I. DISPOSIÇÕES PRELIMINARES

**Art. 1º.** Esta Lei estabelece princípios, garantias, direitos e deveres para o uso da internet no Brasil e determina as diretrizes para atuação da União, dos Estados, do Distrito Federal e dos Municípios em relação à matéria.

**Art. 2º.** A disciplina do uso da internet no Brasil tem como fundamento o respeito à liberdade de expressão, bem como:

**I** – o reconhecimento da escala mundial da rede;

**II** – os direitos humanos, o desenvolvimento da personalidade e o exercício da cidadania em meios digitais;

**III** – a pluralidade e a diversidade;

**IV** – a abertura e a colaboração;

**V** – a livre iniciativa, a livre concorrência e a defesa do consumidor; e

**VI** – a finalidade social da rede.

**Art. 3º.** A disciplina do uso da internet no Brasil tem os seguintes princípios:

**I** – garantia da liberdade de expressão, comunicação e manifestação de pensamento, nos termos da Constituição Federal;

**II** – proteção da privacidade;

**III** – proteção dos dados pessoais, na forma da lei;

**IV** – preservação e garantia da neutralidade de rede;

**V** – preservação da estabilidade, segurança e funcionalidade da rede, por meio de medidas técnicas compatíveis com os padrões internacionais e pelo estímulo ao uso de boas práticas;

**VI** – responsabilização dos agentes de acordo com suas atividades, nos termos da lei;

**VII** – preservação da natureza participativa da rede;

**VIII** – liberdade dos modelos de negócios promovidos na internet, desde que não conflitem com os demais princípios estabelecidos nesta Lei.

**Parágrafo único.** Os princípios expressos nesta Lei não excluem outros previstos no ordenamento jurídico pátrio relacionados à matéria ou nos tratados internacionais em que a República Federativa do Brasil seja parte.

**Art. 4º.** A disciplina do uso da internet no Brasil tem por objetivo a promoção:

**I** – do direito de acesso à internet a todos;

**II** – do acesso à informação, ao conhecimento e à participação na vida cultural e na condução dos assuntos públicos;

**III** – da inovação e do fomento à ampla difusão de novas tecnologias e modelos de uso e acesso; e

**IV** – da adesão a padrões tecnológicos abertos que permitam a comunicação, a acessibilidade e a interoperabilidade entre aplicações e bases de dados.

**Art. 5º.** Para os efeitos desta Lei, considera-se:

**I** – internet: o sistema constituído do conjunto de protocolos lógicos, estruturado em escala mundial para uso público e irrestrito, com a finalidade de possibilitar a comunicação de dados entre terminais por meio de diferentes redes;

**II** – terminal: o computador ou qualquer dispositivo que se conecte à internet;

**III** – endereço de protocolo de internet (endereço IP): o código atribuído a um terminal de uma rede para permitir sua identificação, definido segundo parâmetros internacionais;

**IV** – administrador de sistema autônomo: a pessoa física ou jurídica que administra blocos de endereço IP específicos e o respectivo sistema autônomo de roteamento, devidamente cadastrada no ente nacional responsável pelo registro e distribuição de endereços IP geograficamente referentes ao País;

**V** – conexão à internet: a habilitação de um terminal para envio e recebimento de pacotes de dados pela internet, mediante a atribuição ou autenticação de um endereço IP;

**VI** – registro de conexão: o conjunto de informações referentes à data e hora de início e término de uma conexão à internet, sua duração e o endereço IP utilizado pelo terminal para o envio e recebimento de pacotes de dados;

**VII** – aplicações de internet: o conjunto de funcionalidades que podem ser acessadas por meio de um terminal conectado à internet; e

**VIII** – registros de acesso a aplicações de internet: o conjunto de informações referentes à data e hora de uso de uma determinada aplicação de internet a partir de um determinado endereço IP.

**Art. 6º.** Na interpretação desta Lei serão levados em conta, além dos fundamentos, princípios e objetivos previstos, a natureza da internet, seus usos e costumes particulares e sua importância para a promoção do desenvolvimento humano, econômico, social e cultural.

## CAPÍTULO II. DOS DIREITOS E GARANTIAS DOS USUÁRIOS

**Art. 7º.** O acesso à internet é essencial ao exercício da cidadania, e ao usuário são assegurados os seguintes direitos:

**I** – inviolabilidade da intimidade e da vida privada, sua proteção e indenização pelo dano material ou moral decorrente de sua violação;

**II** – inviolabilidade e sigilo do fluxo de suas comunicações pela internet, salvo por ordem judicial, na forma da lei;

**III** – inviolabilidade e sigilo de suas comunicações privadas armazenadas, salvo por ordem judicial;

**IV** – não suspensão da conexão à internet, salvo por débito diretamente decorrente de sua utilização;

**V** – manutenção da qualidade contratada da conexão à internet;

**VI** – informações claras e completas constantes dos contratos de prestação de serviços, com detalhamento sobre o regime de proteção aos registros de conexão e aos registros de acesso a aplicações de internet, bem como sobre práticas de gerenciamento da rede que possam afetar sua qualidade;

**VII** – não fornecimento a terceiros de seus dados pessoais, inclusive registros de conexão, e de acesso a aplicações de internet, salvo mediante consentimento livre, expresso e informado ou nas hipóteses previstas em lei;

**VIII** – informações claras e completas sobre coleta, uso, armazenamento, tratamento e proteção de seus dados pessoais, que somente poderão ser utilizados para finalidades que:

*a)* justifiquem sua coleta;

*b)* não sejam vedadas pela legislação; e

*c)* estejam especificadas nos contratos de prestação de serviços ou em termos de uso de aplicações de internet;

**IX** – consentimento expresso sobre coleta, uso, armazenamento e tratamento de dados pessoais, que deverá ocorrer de forma destacada das demais cláusulas contratuais;

**X** – exclusão definitiva dos dados pessoais que tiver fornecido a determinada aplicação de internet, a seu requerimento, ao término da relação entre as partes, ressalvadas as hipóteses de guarda obrigatória de registros previstas nesta Lei e na que dispõe sobre a proteção de dados pessoais; *(Redação dada pela Lei 13.709/2018)*

**XI** – publicidade e clareza de eventuais políticas de uso dos provedores de conexão à internet e de aplicações de internet;

**XII** – acessibilidade, consideradas as características físico-motoras, perceptivas, sensoriais, intelectuais e mentais do usuário, nos termos da lei; e

**XIII** – aplicação das normas de proteção e defesa do consumidor nas relações de consumo realizadas na internet.

**Art. 8º.** A garantia do direito à privacidade e à liberdade de expressão nas comunicações é condição para o pleno exercício do direito de acesso à internet.

**Parágrafo único.** São nulas de pleno direito as cláusulas contratuais que violem o disposto no *caput*, tais como aquelas que:

**I** – impliquem ofensa à inviolabilidade e ao sigilo das comunicações privadas, pela internet; ou

**II** – em contrato de adesão, não ofereçam como alternativa ao contratante a adoção do foro brasileiro para solução de controvérsias decorrentes de serviços prestados no Brasil.

## CAPÍTULO III. DA PROVISÃO DE CONEXÃO E DE APLICAÇÕES DE INTERNET

### SEÇÃO I. DA NEUTRALIDADE DE REDE

**Art. 9º.** O responsável pela transmissão, comutação ou roteamento tem o dever de tratar de forma isonômica quaisquer pacotes de dados, sem distinção por conteúdo, origem e destino, serviço, terminal ou aplicação.

**§ 1º.** A discriminação ou degradação do tráfego será regulamentada nos termos das atribuições privativas do Presidente da República previstas no inciso IV do art. 84 da Constituição Federal, para a fiel execução desta Lei, ouvidos o Comitê Gestor da Internet e a Agência Nacional de Telecomunicações, e somente poderá decorrer de:

**I** – requisitos técnicos indispensáveis à prestação adequada dos serviços e aplicações; e

**II** – priorização de serviços de emergência.

**§ 2º.** Na hipótese de discriminação ou degradação do tráfego prevista no § 1º, o responsável mencionado no *caput* deve:

**I** – abster-se de causar dano aos usuários, na forma do art. 927 da Lei 10.406, de 10 de janeiro de 2002 – Código Civil;

**II** – agir com proporcionalidade, transparência e isonomia;

**III** – informar previamente de modo transparente, claro e suficientemente descritivo aos seus usuários sobre as práticas de gerenciamento e mitigação de tráfego adotadas, inclusive as relacionadas à segurança da rede; e

**IV** – oferecer serviços em condições comerciais não discriminatórias e abster-se de praticar condutas anticoncorrenciais.

**§ 3º.** Na provisão de conexão à internet, onerosa ou gratuita, bem como na transmissão, comutação ou roteamento, é vedado bloquear, monitorar, filtrar ou analisar o conteúdo dos pacotes de dados, respeitado o disposto neste artigo.

## SEÇÃO II. DA PROTEÇÃO AOS REGISTROS, AOS DADOS PESSOAIS E ÀS COMUNICAÇÕES PRIVADAS

**Art. 10.** A guarda e a disponibilização dos registros de conexão e de acesso a aplicações de internet de que trata esta Lei, bem como de dados pessoais e do conteúdo de comunicações privadas, devem atender à preservação da intimidade, da vida privada, da honra e da imagem das partes direta ou indiretamente envolvidas.

**§ 1º.** O provedor responsável pela guarda somente será obrigado a disponibilizar os registros mencionados no *caput*, de forma autônoma ou associados a dados pessoais ou a outras informações que possam contribuir para a identificação do usuário ou do terminal, mediante ordem judicial, na forma do disposto na Seção IV deste Capítulo, respeitado o disposto no art. 7º.

**§ 2º.** O conteúdo das comunicações privadas somente poderá ser disponibilizado mediante ordem judicial, nas hipóteses e na forma que a lei estabelecer, respeitado o disposto nos incisos II e III do art. 7º.

**§ 3º.** O disposto no *caput* não impede o acesso aos dados cadastrais que informem qualificação pessoal, filiação e endereço, na forma da lei, pelas autoridades administrativas que detenham competência legal para a sua requisição.

**§ 4º.** As medidas e os procedimentos de segurança e de sigilo devem ser informados pelo responsável pela provisão de serviços de forma clara e atender a padrões definidos em regulamento, respeitado seu direito de confidencialidade quanto a segredos empresariais.

**Art. 11.** Em qualquer operação de coleta, armazenamento, guarda e tratamento de registros, de dados pessoais ou de comunicações por provedores de conexão e de aplicações de internet em que pelo menos um desses atos ocorra em território nacional, deverão ser obrigatoriamente respeitados a legislação brasileira e os direitos à privacidade, à proteção dos dados pessoais e ao sigilo das comunicações privadas e dos registros.

- As empresas de tecnologia que operam aplicações de internet no Brasil devem cumprir determinações do Poder Judiciário brasileiro de fornecimento de dados para elucidação de investigações criminais, mesmo quando esses dados estiverem armazenados em servidores localizados em países estrangeiros.

As empresas de tecnologia defendiam a tese de que os juízes brasileiros não poderiam fazer requisições diretas às plataformas (ex: Facebook) se as informações estivessem armazenadas em servidores estrangeiros. Para as empresas, os juízes brasileiros, nesses casos, deveriam recorrer aos mecanismos diplomáticos de obtenção de prova, em especial o Acordo de Assistência Judiciária em Matéria Penal celebrado entre o Brasil e os EUA, conhecido como acordo MLAT.

Ocorre que, na prática, esses acordos são bastante complexos e morosos. Mesmo quando o governo do país em que as provas estão armazenadas concorda em compartilhá-las com o Brasil, é necessário que sejam cumpridas etapas formais desse processo. Essa letargia dificulta a apuração de delitos cometidos em ambiente virtual, como em casos de incitações públicas de violência entre Forças Armadas e instituições civis, tentativa de abolição violenta do Estado Democrático de Direito, ameaças contra autoridades públicas, terrorismo, pedofilia, além de difamação, calúnia e injúria.

Vale ressaltar que a decisão do STF não invalida esses acordos diplomáticos, mas deixa claro que, para apuração de crimes, os juízes brasileiros podem determinar a requisição de dados diretamente às empresas de tecnologia, conforme expressamente autorizado pelo art. 11 do Marco Civil da Internet.

O STF ressaltou que as empresas de internet que ofertam serviços no Brasil devem estar totalmente submetidas à jurisdição nacional, independentemente do local em que decidem instalar seus data centers.

Em suma: as empresas de tecnologia que operam aplicações de internet no Brasil sujeitam-se à jurisdição nacional e, como tal, devem cumprir as determinações das autoridades nacionais do Poder Judiciário – inclusive as requisições feitas diretamente – quanto ao fornecimento de dados eletrônicos para a elucidação de investigações criminais, ainda que parte de seus armazenamentos esteja em servidores localizados em países estrangeiros.

A solicitação direta de dados e comunicações eletrônicas das autoridades nacionais a empresas de tecnologia somente pode ser feita nas específicas hipóteses do art. 11 do Marco Civil da Internet e do art. 18 da Convenção de Budapeste, ou seja, nos casos de atividades de coleta e tratamento de dados no País, de posse ou controle dos dados por empresa com representação no Brasil e de crimes cometidos por indivíduos localizados em território nacional.

STF. Plenário. ADC 51/DF, Rel. Min. Gilmar Mendes, julgado em 23/2/2023 (Info 1084).

**§ 1º.** O disposto no *caput* aplica-se aos dados coletados em território nacional e ao conteúdo das comunicações, desde que pelo menos um dos terminais esteja localizado no Brasil.

**§ 2º.** O disposto no *caput* aplica-se mesmo que as atividades sejam realizadas por pessoa jurídica sediada no exterior, desde que oferte serviço ao público brasileiro ou pelo menos uma integrante do mesmo grupo econômico possua estabelecimento no Brasil.

**§ 3º.** Os provedores de conexão e de aplicações de internet deverão prestar, na forma da regulamentação, informações que permitam a verificação quanto ao cumprimento da legislação brasileira referente à coleta, à guarda, ao armazenamento ou ao tratamento de dados, bem como quanto ao respeito à privacidade e ao sigilo de comunicações.

**§ 4º.** Decreto regulamentará o procedimento para apuração de infrações ao disposto neste artigo.

**Art. 12.** Sem prejuízo das demais sanções cíveis, criminais ou administrativas, as infrações às normas previstas nos arts. 10 e 11 ficam sujeitas, conforme o caso, às seguintes sanções, aplicadas de forma isolada ou cumulativa:

**I** – advertência, com indicação de prazo para adoção de medidas corretivas;

**II** – multa de até 10% (dez por cento) do faturamento do grupo econômico no Brasil no seu último exercício, excluídos os tributos, considerados a condição econômica do infrator e o princípio da proporcionalidade entre a gravidade da falta e a intensidade da sanção;

**III** – suspensão temporária das atividades que envolvam os atos previstos no art. 11; ou

**IV** – proibição de exercício das atividades que envolvam os atos previstos no art. 11.

**Parágrafo único.** Tratando-se de empresa estrangeira, responde solidariamente pelo pagamento da multa de que trata o *caput* sua filial, sucursal, escritório ou estabelecimento situado no País.

### *SUBSEÇÃO I. DA GUARDA DE REGISTROS DE CONEXÃO*

**Art. 13.** Na provisão de conexão à internet, cabe ao administrador de sistema autônomo respectivo o dever de manter os registros de conexão, sob sigilo, em ambiente controlado e de segurança, pelo prazo de 1 (um) ano, nos termos do regulamento.

**§ 1º**. A responsabilidade pela manutenção dos registros de conexão não poderá ser transferida a terceiros.

**§ 2º**. A autoridade policial ou administrativa ou o Ministério Público poderá requerer cautelarmente que os registros de conexão sejam guardados por prazo superior ao previsto no *caput*.

**§ 3º**. Na hipótese do § 2º, a autoridade requerente terá o prazo de 60 (sessenta) dias, contados a partir do requerimento, para ingressar com o pedido de autorização judicial de acesso aos registros previstos no *caput*.

**§ 4º**. O provedor responsável pela guarda dos registros deverá manter sigilo em relação ao requerimento previsto no § 2º, que perderá sua eficácia caso o pedido de autorização judicial seja indeferido ou não tenha sido protocolado no prazo previsto no § 3º.

**§ 5º**. Em qualquer hipótese, a disponibilização ao requerente dos registros de que trata este artigo deverá ser precedida de autorização judicial, conforme disposto na Seção IV deste Capítulo.

**§ 6º**. Na aplicação de sanções pelo descumprimento ao disposto neste artigo, serão considerados a natureza e a gravidade da infração, os danos dela resultantes, eventual vantagem auferida pelo infrator, as circunstâncias agravantes, os antecedentes do infrator e a reincidência.

### *SUBSEÇÃO II. DA GUARDA DE REGISTROS DE ACESSO A APLICAÇÕES DE INTERNET NA PROVISÃO DE CONEXÃO*

**Art. 14.** Na provisão de conexão, onerosa ou gratuita, é vedado guardar os registros de acesso a aplicações de internet.

### *SUBSEÇÃO III. DA GUARDA DE REGISTROS DE ACESSO A APLICAÇÕES DE INTERNET NA PROVISÃO DE APLICAÇÕES*

**Art. 15.** O provedor de aplicações de internet constituído na forma de pessoa jurídica e que exerça essa atividade de forma organizada, profissionalmente e com fins econômicos deverá manter os respectivos registros de acesso a aplicações de internet, sob sigilo, em ambiente controlado e de segurança, pelo prazo de 6 (seis) meses, nos termos do regulamento.

**§ 1º**. Ordem judicial poderá obrigar, por tempo certo, os provedores de aplicações de internet que não estão sujeitos ao disposto no *caput* a guardarem registros de acesso a aplicações de internet, desde que se trate de registros relativos a fatos específicos em período determinado.

**§ 2º**. A autoridade policial ou administrativa ou o Ministério Público poderão requerer cautelarmente a qualquer provedor de aplicações de internet que os registros de acesso a aplicações de internet sejam guardados, inclusive por prazo superior ao previsto no *caput*, observado o disposto nos §§ 3º e 4º do art. 13.

**§ 3º**. Em qualquer hipótese, a disponibilização ao requerente dos registros de que trata este artigo deverá ser precedida de autorização judicial, conforme disposto na Seção IV deste Capítulo.

**§ 4º**. Na aplicação de sanções pelo descumprimento ao disposto neste artigo, serão considerados a natureza e a gravidade da infração, os danos dela resultantes, eventual vantagem auferida pelo infrator, as circunstâncias agravantes, os antecedentes do infrator e a reincidência.

**Art. 16.** Na provisão de aplicações de internet, onerosa ou gratuita, é vedada a guarda:

**I** – dos registros de acesso a outras aplicações de internet sem que o titular dos dados tenha consentido previamente, respeitado o disposto no art. 7º; ou

**II** – de dados pessoais que sejam excessivos em relação à finalidade para a qual foi dado consentimento pelo seu titular, exceto nas hipóteses previstas na Lei que dispõe sobre a proteção de dados pessoais. *(Redação dada pela Lei 13.709/2018)*

**Art. 17.** Ressalvadas as hipóteses previstas nesta Lei, a opção por não guardar os registros de acesso a aplicações de internet não implica responsabilidade sobre danos decorrentes do uso desses serviços por terceiros.

## SEÇÃO III. DA RESPONSABILIDADE POR DANOS DECORRENTES DE CONTEÚDO GERADO POR TERCEIROS

**Art. 18.** O provedor de conexão à internet não será responsabilizado civilmente por danos decorrentes de conteúdo gerado por terceiros.

**Art. 19.** Com o intuito de assegurar a liberdade de expressão e impedir a censura, o provedor de aplicações de internet somente poderá ser responsabilizado civilmente por danos decorrentes de conteúdo gerado por terceiros se, após ordem judicial específica, não tomar as providências para, no âmbito e nos limites técnicos do seu serviço e dentro do prazo assinalado, tornar indisponível o conteúdo apontado como infringente, ressalvadas as disposições legais em contrário.

**§ 1º**. A ordem judicial de que trata o *caput* deverá conter, sob pena de nulidade, identificação clara e específica do conteúdo apontado como infringente, que permita a localização inequívoca do material.

**§ 2º**. A aplicação do disposto neste artigo para infrações a direitos de autor ou a direitos conexos depende de previsão legal específica, que deverá respeitar a liberdade de expressão e demais garantias previstas no art. 5º da Constituição Federal.

**§ 3º**. As causas que versem sobre ressarcimento por danos decorrentes de conteúdos disponibilizados na internet relacionados à honra, à reputação ou a direitos de personalidade, bem como sobre a indisponibilização desses conteúdos por provedores de aplicações de internet, poderão ser apresentadas perante os juizados especiais.

**§ 4º.** O juiz, inclusive no procedimento previsto no § 3º, poderá antecipar, total ou parcialmente, os efeitos da tutela pretendida no pedido inicial, existindo prova inequívoca do fato e considerado o interesse da coletividade na disponibilização do conteúdo na internet, desde que presentes os requisitos de verossimilhança da alegação do autor e de fundado receio de dano irreparável ou de difícil reparação.

**Art. 20.** Sempre que tiver informações de contato do usuário diretamente responsável pelo conteúdo a que se refere o art. 19, caberá ao provedor de aplicações de internet comunicar-lhe os motivos e informações relativos à indisponibilização de conteúdo, com informações que permitam o contraditório e a ampla defesa em juízo, salvo expressa previsão legal ou expressa determinação judicial fundamentada em contrário.

**Parágrafo único.** Quando solicitado pelo usuário que disponibilizou o conteúdo tornado indisponível, o provedor de aplicações de internet que exerce essa atividade de forma organizada, profissionalmente e com fins econômicos substituirá o conteúdo tornado indisponível pela motivação ou pela ordem judicial que deu fundamento à indisponibilização.

**Art. 21.** O provedor de aplicações de internet que disponibilize conteúdo gerado por terceiros será responsabilizado subsidiariamente pela violação da intimidade decorrente da divulgação, sem autorização de seus participantes, de imagens, de vídeos ou de outros materiais contendo cenas de nudez ou de atos sexuais de caráter privado quando, após o recebimento de notificação pelo participante ou seu representante legal, deixar de promover, de forma diligente, no âmbito e nos limites técnicos do seu serviço, a indisponibilização desse conteúdo.

**Parágrafo único.** A notificação prevista no *caput* deverá conter, sob pena de nulidade, elementos que permitam a identificação específica do material apontado como violador da intimidade do participante e a verificação da legitimidade para apresentação do pedido.

## SEÇÃO IV.
## DA REQUISIÇÃO JUDICIAL DE REGISTROS

**Art. 22.** A parte interessada poderá, com o propósito de formar conjunto probatório em processo judicial cível ou penal, em caráter incidental ou autônomo, requerer ao juiz que ordene ao responsável pela guarda o fornecimento de registros de conexão ou de registros de acesso a aplicações de internet.

**Parágrafo único.** Sem prejuízo dos demais requisitos legais, o requerimento deverá conter, sob pena de inadmissibilidade:

**I** – fundados indícios da ocorrência do ilícito;

**II** – justificativa motivada da utilidade dos registros solicitados para fins de investigação ou instrução probatória; e

**III** – período ao qual se referem os registros.

**Art. 23.** Cabe ao juiz tomar as providências necessárias à garantia do sigilo das informações recebidas e à preservação da intimidade, da vida privada, da honra e da imagem do usuário, podendo determinar segredo de justiça, inclusive quanto aos pedidos de guarda de registro.

## CAPÍTULO IV.
## DA ATUAÇÃO DO PODER PÚBLICO

**Art. 24.** Constituem diretrizes para a atuação da União, dos Estados, do Distrito Federal e dos Municípios no desenvolvimento da internet no Brasil:

**I** – estabelecimento de mecanismos de governança multiparticipativa, transparente, colaborativa e democrática, com a participação do governo, do setor empresarial, da sociedade civil e da comunidade acadêmica;

**II** – promoção da racionalização da gestão, expansão e uso da internet, com participação do Comitê Gestor da internet no Brasil;

**III** – promoção da racionalização e da interoperabilidade tecnológica dos serviços de governo eletrônico, entre os diferentes Poderes e âmbitos da Federação, para permitir o intercâmbio de informações e a celeridade de procedimentos;

**IV** – promoção da interoperabilidade entre sistemas e terminais diversos, inclusive entre os diferentes âmbitos federativos e diversos setores da sociedade;

**V** – adoção preferencial de tecnologias, padrões e formatos abertos e livres;

**VI** – publicidade e disseminação de dados e informações públicos, de forma aberta e estruturada;

**VII** – otimização da infraestrutura das redes e estímulo à implantação de centros de armazenamento, gerenciamento e disseminação de dados no País, promovendo a qualidade técnica, a inovação e a difusão das aplicações de internet, sem prejuízo à abertura, à neutralidade e à natureza participativa;

**VIII** – desenvolvimento de ações e programas de capacitação para uso da internet;

**IX** – promoção da cultura e da cidadania; e

**X** – prestação de serviços públicos de atendimento ao cidadão de forma integrada, eficiente, simplificada e por múltiplos canais de acesso, inclusive remotos.

**Art. 25.** As aplicações de internet de entes do poder público devem buscar:

**I** – compatibilidade dos serviços de governo eletrônico com diversos terminais, sistemas operacionais e aplicativos para seu acesso;

**II** – acessibilidade a todos os interessados, independentemente de suas capacidades físico-motoras, perceptivas, sensoriais, intelectuais, mentais, culturais e sociais, resguardados os aspectos de sigilo e restrições administrativas e legais;

**III** – compatibilidade tanto com a leitura humana quanto com o tratamento automatizado das informações;

**IV** – facilidade de uso dos serviços de governo eletrônico; e

**V** – fortalecimento da participação social nas políticas públicas.

**Art. 26.** O cumprimento do dever constitucional do Estado na prestação da educação, em todos os níveis de ensino, inclui a capacitação, integrada a outras práticas educacionais, para o uso seguro, consciente e responsável da internet como ferramenta para o exercício da cidadania, a promoção da cultura e o desenvolvimento tecnológico.

**Art. 27.** As iniciativas públicas de fomento à cultura digital e de promoção da internet como ferramenta social devem:

**I** – promover a inclusão digital;

**II** – buscar reduzir as desigualdades, sobretudo entre as diferentes regiões do País, no acesso às tecnologias da informação e comunicação e no seu uso; e

**III** – fomentar a produção e circulação de conteúdo nacional.

**Art. 28.** O Estado deve, periodicamente, formular e fomentar estudos, bem como fixar metas, estratégias, planos e cronogramas, referentes ao uso e desenvolvimento da internet no País.

## CAPÍTULO V. DISPOSIÇÕES FINAIS

**Art. 29.** O usuário terá a opção de livre escolha na utilização de programa de computador em seu terminal para exercício do controle parental de conteúdo entendido por ele como impróprio a seus filhos menores, desde que respeitados os princípios desta Lei e da Lei nº 8.069, de 13 de julho de 1990 – Estatuto da Criança e do Adolescente.

**Parágrafo único.** Cabe ao poder público, em conjunto com os provedores de conexão e de aplicações de internet e a sociedade civil, promover a educação e fornecer informações sobre o uso dos programas de computador previstos no *caput*, bem como para a definição de boas práticas para a inclusão digital de crianças e adolescentes.

**Art. 30.** A defesa dos interesses e dos direitos estabelecidos nesta Lei poderá ser exercida em juízo, individual ou coletivamente, na forma da Lei.

**Art. 31.** Até a entrada em vigor da lei específica prevista no § 2º do art. 19, a responsabilidade do provedor de aplicações de internet por danos decorrentes de conteúdo gerado por terceiros, quando se tratar de infração a direitos de autor ou a direitos conexos, continuará a ser disciplinada pela legislação autoral vigente aplicável na data da entrada em vigor desta Lei.

**Art. 32.** Esta Lei entra em vigor após decorridos 60 (sessenta) dias de sua publicação oficial.

Brasília, 23 de abril de 2014;
193º da Independência e 126º da República.
Dilma Rousseff

# LEI Nº 13.465, DE 11 DE JULHO DE 2017
## (*Excertos*)

*Dispõe sobre a regularização fundiária rural e urbana, sobre a liquidação de créditos concedidos aos assentados da reforma agrária e sobre a regularização fundiária no âmbito da Amazônia Legal; institui mecanismos para aprimorar a eficiência dos procedimentos de alienação de imóveis da União; altera as Leis nºs 8.629, de 25 de fevereiro de 1993, 13.001, de 20 de junho de 2014, 11.952, de 25 de junho de 2009, 13.340, de 28 de setembro de 2016, 8.666, de 21 de junho de 1993, 6.015, de 31 de dezembro de 1973, 12.512, de 14 de outubro de 2011, 10.406, de 10 de janeiro de 2002 (Código Civil), 13.105, de 16 de março de 2015 (Código de Processo Civil), 11.977, de 7 de julho de 2009, 9.514, de 20 de novembro de 1997, 11.124, de 16 de junho de 2005, 6.766, de 19 de dezembro de 1979, 10.257, de 10 de julho de 2001, 12.651, de 25 de maio de 2012, 13.240, de 30 de dezembro de 2015, 9.636, de 15 de maio de 1998, 8.036, de 11 de maio de 1990, 13.139, de 26 de junho de 2015, 11.483, de 31 de maio de 2007, e a 12.712, de 30 de agosto de 2012, a Medida Provisória no 2.220, de 4 de setembro de 2001, e os Decretos-leis nºs 2.398, de 21 de dezembro de 1987, 1.876, de 15 de julho de 1981, 9.760, de 5 de setembro de 1946, e 3.365, de 21 de junho de 1941; revoga dispositivos da Lei Complementar nº 76, de 6 de julho de 1993, e da Lei nº 13.347, de 10 de outubro de 2016; e dá outras providências.*

- DOU de 12.7.2017, e retificado em 6.9.2017 e publicado texto consolidado no DOU de 8.9.2017

O PRESIDENTE DA REPÚBLICA *Faço saber que o Congresso Nacional decreta e eu sanciono a seguinte Lei:*

**Art. 1º** Esta Lei dispõe sobre a regularização fundiária rural e urbana, sobre a liquidação de créditos concedidos aos assentados da reforma agrária e sobre a regularização fundiária no âmbito da Amazônia Legal; institui mecanismos para aprimorar a eficiência dos procedimentos de alienação de imóveis da União; e dá outras providências.

(...)

## TÍTULO II DA REGULARIZAÇÃO FUNDIÁRIA URBANA

## CAPÍTULO I DISPOSIÇÕES GERAIS

## SEÇÃO I
## DA REGULARIZAÇÃO FUNDIÁRIA URBANA

**Art. 9º** Ficam instituídas no território nacional normas gerais e procedimentos aplicáveis à Regularização Fundiária Urbana (Reurb), a qual abrange medidas jurídicas, urbanísticas, ambientais e sociais destinadas à incorporação dos núcleos urbanos informais ao ordenamento territorial urbano e à titulação de seus ocupantes.

**§ 1º** Os poderes públicos formularão e desenvolverão no espaço urbano as políticas de suas competências de acordo com os princípios de sustentabilidade econômica, social e ambiental e ordenação territorial, buscando a ocupação do solo de maneira eficiente, combinando seu uso de forma funcional.

**§ 2º** A Reurb promovida mediante legitimação fundiária somente poderá ser aplicada para os núcleos urbanos informais comprovadamente existentes, na forma desta Lei, até 22 de dezembro de 2016.

**Art. 10.** Constituem objetivos da Reurb, a serem observados pela União, Estados, Distrito Federal e Municípios:

**I** – identificar os núcleos urbanos informais que devam ser regularizados, organizá-los e assegurar a prestação de serviços públicos aos seus ocupantes, de modo a melhorar as condições urbanísticas e ambientais em relação à situação de ocupação informal anterior;

**II** – criar unidades imobiliárias compatíveis com o ordenamento territorial urbano e constituir sobre elas direitos reais em favor dos seus ocupantes;

**III** – ampliar o acesso à terra urbanizada pela população de baixa renda, de modo a priorizar a permanência dos ocupantes nos próprios núcleos urbanos informais regularizados;

**IV** – promover a integração social e a geração de emprego e renda;

**V** – estimular a resolução extrajudicial de conflitos, em reforço à consensualidade e à cooperação entre Estado e sociedade;

**VI** – garantir o direito social à moradia digna e às condições de vida adequadas;

**VII** – garantir a efetivação da função social da propriedade;

**VIII** – ordenar o pleno desenvolvimento das funções sociais da cidade e garantir o bem-estar de seus habitantes;

**IX** – concretizar o princípio constitucional da eficiência na ocupação e no uso do solo;

**X** – prevenir e desestimular a formação de novos núcleos urbanos informais;

**XI** – conceder direitos reais, preferencialmente em nome da mulher;

**XII** – franquear participação dos interessados nas etapas do processo de regularização fundiária.

**Art. 11.** Para fins desta Lei, consideram-se:

**I** – núcleo urbano: assentamento humano, com uso e características urbanas, constituído por unidades imobiliárias de área inferior à fração mínima de parcelamento prevista na Lei nº 5.868, de 12 de dezembro de 1972, independentemente da propriedade do solo, ainda que situado em área qualificada ou inscrita como rural;

**II** – núcleo urbano informal: aquele clandestino, irregular ou no qual não foi possível realizar, por qualquer modo, a titulação de seus ocupantes, ainda que atendida a legislação vigente à época de sua implantação ou regularização;

**III** – núcleo urbano informal consolidado: aquele de difícil reversão, considerados o tempo da ocupação, a natureza das edificações, a localização das vias de circulação e a presença de equipamentos públicos, entre outras circunstâncias a serem avaliadas pelo Município;

**IV** – demarcação urbanística: procedimento destinado a identificar os imóveis públicos e privados abrangidos pelo núcleo urbano informal e a obter a anuência dos respectivos titulares de direitos inscritos na matrícula dos imóveis ocupados, culminando com averbação na matrícula destes imóveis da viabilidade da regularização fundiária, a ser promovida a critério do Município;

**V** – Certidão de Regularização Fundiária (CRF): documento expedido pelo Município ao final do procedimento da Reurb, constituído do projeto de regularização fundiária aprovado, do termo de compromisso relativo a sua execução e, no caso da legitimação fundiária e da legitimação de posse, da listagem dos ocupantes do núcleo urbano informal regularizado, da devida qualificação destes e dos direitos reais que lhes foram conferidos;

**VI** – legitimação de posse: ato do poder público destinado a conferir título, por meio do qual fica reconhecida a posse de imóvel objeto da Reurb, conversível em aquisição de direito real de propriedade na forma desta Lei, com a identificação de seus ocupantes, do tempo da ocupação e da natureza da posse;

**VII** – legitimação fundiária: mecanismo de reconhecimento da aquisição originária do direito real de propriedade sobre unidade imobiliária objeto da Reurb;

**VIII** – ocupante: aquele que mantém poder de fato sobre lote ou fração ideal de terras públicas ou privadas em núcleos urbanos informais.

**§ 1º** Para fins da Reurb, os Municípios poderão dispensar as exigências relativas ao percentual e às dimensões de áreas destinadas ao uso público ou ao tamanho dos lotes regularizados, assim como a outros parâmetros urbanísticos e edilícios.

**§ 2º** Constatada a existência de núcleo urbano informal situado, total ou parcialmente, em área de preservação permanente ou em área de unidade de conservação de uso sustentável ou de proteção de mananciais definidas pela União, Estados ou Municípios, a Reurb observará, também, o disposto nos arts. 64 e 65 da Lei nº 12.651, de 25 de maio de 2012, hipótese na qual se torna obrigatória a elaboração de estudos técnicos, no âmbito da Reurb, que justifiquem as melhorias ambientais em relação à situação de ocupação informal anterior, inclusive por meio de compensações ambientais, quando for o caso.

**§ 3º** No caso de a Reurb abranger área de unidade de conservação de uso sustentável que, nos termos da Lei nº 9.985, de 18 de julho de 2000, admita regularização, será exigida também a anuência do órgão gestor da unidade, desde que estudo técnico comprove que essas intervenções de regularização fundiária implicam a melhoria das condições ambientais em relação à situação de ocupação informal anterior.

**§ 4º** Na Reurb cuja ocupação tenha ocorrido às margens de reservatórios artificiais de água destinados à geração de energia ou ao abastecimento público, a faixa da área de preservação permanente consistirá na distância entre o nível máximo operativo normal e a cota máxima **maximorum**.

**§ 5º** Esta Lei não se aplica aos núcleos urbanos informais situados em áreas indispensáveis à segurança nacional ou de interesse da defesa, assim reconhecidas em decreto do Poder Executivo federal.

**§ 6º** Aplicam-se as disposições desta Lei aos imóveis localizados em área rural, desde que a unidade imobiliária tenha área inferior à fração mínima de parcelamento prevista na Lei nº 5.868, de 12 de dezembro de 1972.

**Art. 12.** A aprovação municipal da Reurb corresponde à aprovação urbanística do projeto de regularização fundiária e, na hipótese de o Município ter órgão ambiental capacitado, à aprovação ambiental. *(Redação dada pela Lei 14.118/2021)*

**§ 1º** Considera-se órgão ambiental capacitado o órgão municipal que possua em seus quadros ou à sua disposição profissionais com atribuição técnica para a análise e a aprovação dos estudos referidos no art. 11, independentemente da existência de convênio com os Estados ou a União.

**§ 2º** Os estudos referidos no art. 11 deverão ser elaborados por profissional legalmente habilitado, compatibilizar-se com o projeto de regularização fundiária e conter, conforme o caso, os elementos constantes dos arts. 64 ou 65 da Lei nº 12.651, de 25 de maio de 2012.

**§ 3º** Os estudos técnicos referidos no art. 11 aplicam-se somente às parcelas dos núcleos urbanos informais situados nas áreas de preservação permanente, nas unidades de conservação de uso sustentável ou nas áreas de proteção de mananciais e poderão ser feitos em fases ou etapas, sendo que a parte do núcleo urbano informal não afetada por esses estudos poderá ter seu projeto aprovado e levado a registro separadamente.

**§ 4º** A aprovação ambiental da Reurb prevista neste artigo poderá ser feita pelos Estados na hipótese de o Município não dispor de capacidade técnica para a aprovação dos estudos referidos no art. 11.

**Art. 13.** A Reurb compreende duas modalidades:

**I** – Reurb de Interesse Social (Reurb-S) – regularização fundiária aplicável aos núcleos urbanos informais ocupados predominantemente por população de baixa renda, assim declarados em ato do Poder Executivo municipal; e

**II** – Reurb de Interesse Específico (Reurb-E) – regularização fundiária aplicável aos núcleos urbanos informais ocupados por população não qualificada na hipótese de que trata o inciso I deste artigo.

**§ 1º** Serão isentos de custas e emolumentos, entre outros, os seguintes atos registrais relacionados à Reurb-S:

**I** – o primeiro registro da Reurb-S, o qual confere direitos reais aos seus beneficiários;

**II** – o registro da legitimação fundiária;

**III** – o registro do título de legitimação de posse e a sua conversão em título de propriedade;

**IV** – o registro da CRF e do projeto de regularização fundiária, com abertura de matrícula para cada unidade imobiliária urbana regularizada;

**V** – a primeira averbação de construção residencial, desde que respeitado o limite de até setenta metros quadrados;

**VI** – a aquisição do primeiro direito real sobre unidade imobiliária derivada da Reurb-S;

**VII** – o primeiro registro do direito real de laje no âmbito da Reurb-S; e

**VIII** – o fornecimento de certidões de registro para os atos previstos neste artigo.

**§ 2º** Os atos de que trata este artigo independem da comprovação do pagamento de tributos ou penalidades tributárias, sendo vedado ao oficial de registro de imóveis exigir sua comprovação.

**§ 3º** O disposto nos §§ 1º e 2º deste artigo aplica-se também à Reurb-S que tenha por objeto conjuntos habitacionais ou condomínios de interesse social construídos pelo poder público, diretamente ou por meio da administração pública indireta, que já se encontrem implantados em 22 de dezembro de 2016.

**§ 4º** Na Reurb, os Municípios e o Distrito Federal poderão admitir o uso misto de atividades como forma de promover a integração social e a geração de emprego e renda no núcleo urbano informal regularizado.

**§ 5º** A classificação do interesse visa exclusivamente à identificação dos responsáveis pela implantação ou adequação das obras de infraestrutura essencial e ao reconhecimento do direito à gratuidade das custas e emolumentos notariais e registrais em favor daqueles a quem for atribuído o domínio das unidades imobiliárias regularizadas.

**§ 6º** Os cartórios que não cumprirem o disposto neste artigo, que retardarem ou não efetuarem o registro de acordo com as normas previstas nesta Lei, por ato não justificado, ficarão sujeitos às sanções previstas no art. 44 da Lei nº 11.977, de 7 de julho de 2009, observado o disposto nos §§ 3º-A e 3º-B do art. 30 da Lei nº 6.015, de 31 de dezembro de 1973.

**§ 7º** A partir da disponibilidade de equipamentos e infraestrutura para prestação de serviço público de abastecimento de água, coleta de esgoto, distribuição de energia elétrica, ou outros serviços públicos, é obrigatório aos beneficiários da Reurb realizar a conexão da edificação à rede de água, de coleta de esgoto ou de distribuição de energia elétrica e adotar as demais providências necessárias à utilização do serviço, salvo disposição em contrário na legislação municipal.

### SEÇÃO II
### DOS LEGITIMADOS PARA REQUERER A REURB

**Art. 14.** Poderão requerer a Reurb:

**I** – a União, os Estados, o Distrito Federal e os Municípios, diretamente ou por meio de entidades da administração pública indireta;

**II** – os seus beneficiários, individual ou coletivamente, diretamente ou por meio de cooperativas habitacionais, associações de moradores, fundações, organizações sociais, organizações da sociedade civil de interesse público ou outras associações civis que tenham por finalidade atividades nas áreas de desenvolvimento urbano ou regularização fundiária urbana;

**III** – os proprietários de imóveis ou de terrenos, loteadores ou incorporadores;

**IV** – a Defensoria Pública, em nome dos beneficiários hipossuficientes; e

**V** – o Ministério Público.

**§ 1º** Os legitimados poderão promover todos os atos necessários à regularização fundiária, inclusive requerer os atos de registro.

**§ 2º** Nos casos de parcelamento do solo, de conjunto habitacional ou de condomínio informal, empreendidos por particular, a conclusão da Reurb confere direito de regresso àqueles que suportarem os seus custos e obrigações contra os responsáveis pela implantação dos núcleos urbanos informais.

**§ 3º** O requerimento de instauração da Reurb por proprietários de terreno, loteadores e incorporadores que tenham dado causa à formação de núcleos urbanos informais, ou os seus sucessores, não os eximirá de responsabilidades administrativa, civil ou criminal.

## CAPÍTULO II
## DOS INSTRUMENTOS DA REURB

### SEÇÃO I
### DISPOSIÇÕES GERAIS

**Art. 15.** Poderão ser empregados, no âmbito da Reurb, sem prejuízo de outros que se apresentem adequados, os seguintes institutos jurídicos:

**I** – a legitimação fundiária e a legitimação de posse, nos termos desta Lei;

**II** – a usucapião, nos termos dos arts. 1.238 a 1.244 da Lei nº 10.406, de 10 de janeiro de 2002 (Código Civil), dos arts. 9º a 14 da Lei nº 10.257, de 10 de julho de 2001, e do art. 216-A da Lei nº 6.015, de 31 de dezembro de 1973;

**III** – a desapropriação em favor dos possuidores, nos termos dos §§ 4º e 5º do art. 1.228 da Lei nº 10.406, de 10 de janeiro de 2002 (Código Civil);

**IV** – a arrecadação de bem vago, nos termos do art. 1.276 da Lei nº 10.406, de 10 de janeiro de 2002 (Código Civil);

**V** – o consórcio imobiliário, nos termos do art. 46 da Lei nº 10.257, de 10 de julho de 2001;

**VI** – a desapropriação por interesse social, nos termos do inciso IV do art. 2º da Lei nº 4.132, de 10 de setembro de 1962;

**VII** – o direito de preempção, nos termos do inciso I do art. 26 da Lei nº 10.257, de 10 de julho de 2001;

**VIII** – a transferência do direito de construir, nos termos do inciso III do art. 35 da Lei nº 10.257, de 10 de julho de 2001;

**IX** – a requisição, em caso de perigo público iminente, nos termos do § 3º do art. 1.228 da Lei nº 10.406, de 10 de janeiro de 2002 (Código Civil);

**X** – a intervenção do poder público em parcelamento clandestino ou irregular, nos termos do art. 40 da Lei nº 6.766, de 19 de dezembro de 1979;

**XI** – a alienação de imóvel pela administração pública diretamente para seu detentor, nos termos da alínea *f* do inciso I do art. 17 da Lei nº 8.666, de 21 de junho de 1993;

**XII** – a concessão de uso especial para fins de moradia;

**XIII** – a concessão de direito real de uso;

**XIV** – a doação; e

**XV** – a compra e venda.

**Art. 16.** Na Reurb-E, promovida sobre bem público, havendo solução consensual, a aquisição de direitos reais pelo particular ficará condicionada ao pagamento do justo valor da unidade imobiliária regularizada, a ser apurado na forma estabelecida em ato do Poder Executivo titular do domínio, sem considerar o valor das acessões e benfeitorias do ocupante e a valorização decorrente da implantação dessas acessões e benfeitorias.

**Parágrafo único.** As áreas de propriedade do poder público registradas no Registro de Imóveis, que sejam objeto de ação judicial versando sobre a sua titularidade, poderão ser objeto da Reurb, desde que celebrado acordo judicial ou extrajudicial, na forma desta Lei, homologado pelo juiz.

**Art. 17.** Na Reurb-S promovida sobre bem público, o registro do projeto de regularização fundiária e a constituição de direito real em nome dos beneficiários poderão ser feitos em ato único, a critério do ente público promovente.

**Parágrafo único.** Nos casos previstos no *caput* deste artigo, serão encaminhados ao cartório o instrumento indicativo do direito real constituído, a listagem dos ocupantes que serão beneficiados pela Reurb e respectivas qualificações, com indicação das respectivas unidades, ficando dispensadas a apresentação de título cartorial individualizado e as cópias da documentação referente à qualificação de cada beneficiário.

**Art. 18.** O Município e o Distrito Federal poderão instituir como instrumento de planejamento urbano Zonas Especiais de Interesse Social (ZEIS), no âmbito da política municipal de ordenamento de seu território.

**§ 1º** Para efeitos desta Lei, considera-se ZEIS a parcela de área urbana instituída pelo plano diretor ou definida por outra lei municipal, destinada preponderantemente à população de baixa renda e sujeita a regras específicas de parcelamento, uso e ocupação do solo.

**§ 2º** A Reurb não está condicionada à existência de ZEIS.

## SEÇÃO II
## DA DEMARCAÇÃO URBANÍSTICA

**Art. 19.** O poder público poderá utilizar o procedimento de demarcação urbanística, com base no levantamento da situação da área a ser regularizada e na caracterização do núcleo urbano informal a ser regularizado.

**§ 1º** O auto de demarcação urbanística deve ser instruído com os seguintes documentos:

**I** – planta e memorial descritivo da área a ser regularizada, nos quais constem suas medidas perimetrais, área total, confrontantes, coordenadas georreferenciadas dos vértices definidores de seus limites, números das matrículas ou transcrições atingidas, indicação dos proprietários identificados e ocorrência de situações de domínio privado com proprietários não identificados em razão de descrições imprecisas dos registros anteriores;

**II** – planta de sobreposição do imóvel demarcado com a situação da área constante do registro de imóveis.

**§ 2º** O auto de demarcação urbanística poderá abranger uma parte ou a totalidade de um ou mais imóveis inseridos em uma ou mais das seguintes situações:

**I** – domínio privado com proprietários não identificados, em razão de descrições imprecisas dos registros anteriores;

**II** – domínio privado objeto do devido registro no registro de imóveis competente, ainda que de proprietários distintos; ou

**III** – domínio público.

**§ 3º** Os procedimentos da demarcação urbanística não constituem condição para o processamento e a efetivação da Reurb.

**Art. 20.** O poder público notificará os titulares de domínio e os confrontantes da área demarcada, pessoalmente ou por via postal, com aviso de recebimento, no endereço que constar da matrícula ou da transcrição, para que estes, querendo, apresentem impugnação à demarcação urbanística, no prazo comum de trinta dias.

**§ 1º** Eventuais titulares de domínio ou confrontantes não identificados, ou não encontrados ou que recusarem o recebimento da notificação por via postal, serão notificados por edital, para que, querendo, apresentem impugnação à demarcação urbanística, no prazo comum de trinta dias.

**§ 2º** O edital de que trata o § 1º deste artigo conterá resumo do auto de demarcação urbanística, com a descrição que permita a identificação da área a ser demarcada e seu desenho simplificado.

**§ 3º** A ausência de manifestação dos indicados neste artigo será interpretada como concordância com a demarcação urbanística.

**§ 4º** Se houver impugnação apenas em relação à parcela da área objeto do auto de demarcação urbanística, é facultado ao poder público prosseguir com o procedimento em relação à parcela não impugnada.

**§ 5º** A critério do poder público municipal, as medidas de que trata este artigo poderão ser realizadas pelo registro de imóveis do local do núcleo urbano informal a ser regularizado.

**§ 6º** A notificação conterá a advertência de que a ausência de impugnação implicará a perda de eventual direito que o notificado titularize sobre o imóvel objeto da Reurb.

**Art. 21.** Na hipótese de apresentação de impugnação, poderá ser adotado procedimento extrajudicial de composição de conflitos.

**§ 1º** Caso exista demanda judicial de que o impugnante seja parte e que verse sobre direitos reais ou possessórios relativos ao imóvel abrangido pela demarcação urbanística, deverá informá-la ao poder público, que comunicará ao juízo a existência do procedimento de que trata o *caput* deste artigo.

**§ 2º** Para subsidiar o procedimento de que trata o *caput* deste artigo, será feito um levantamento de eventuais passivos tributários, ambientais e administrativos associados aos imóveis objeto de impugnação, assim como das posses existentes, com vistas à identificação de casos de prescrição aquisitiva da propriedade.

**§ 3º** A mediação observará o disposto na Lei nº 13.140, de 26 de junho de 2015, facultando-se ao poder público promover a alteração do auto de demarcação urbanística ou adotar qualquer outra medida que possa afastar a oposição do proprietário ou dos confrontantes à regularização da área ocupada.

**§ 4º** Caso não se obtenha acordo na etapa de mediação, fica facultado o emprego da arbitragem.

**Art. 22.** Decorrido o prazo sem impugnação ou caso superada a oposição ao procedimento, o auto de demarcação urbanística será encaminhado ao registro de imóveis e averbado nas matrículas por ele alcançadas.

**§ 1º** A averbação informará:

**I** – a área total e o perímetro correspondente ao núcleo urbano informal a ser regularizado;

**II** – as matrículas alcançadas pelo auto de demarcação urbanística e, quando possível, a área abrangida em cada uma delas; e

**III** – a existência de áreas cuja origem não tenha sido identificada em razão de imprecisões dos registros anteriores.

**§ 2º** Na hipótese de o auto de demarcação urbanística incidir sobre imóveis ainda não matriculados, previamente à averbação, será aberta matrícula, que deverá refletir a situação registrada do imóvel, dispensadas a retificação do memorial descritivo e a apuração de área remanescente.

**§ 3º** Nos casos de registro anterior efetuado em outra circunscrição, para abertura da matrícula de que trata o § 2º deste artigo, o oficial requererá, de ofício, certidões atualizadas daquele registro.

**§ 4º** Na hipótese de a demarcação urbanística abranger imóveis situados em mais de uma circunscrição imobiliária, o oficial do registro de imóveis responsável pelo procedimento comunicará as demais circunscrições imobiliárias envolvidas para averbação da demarcação urbanística nas respectivas matrículas alcançadas.

**§ 5º** A demarcação urbanística será averbada ainda que a área abrangida pelo auto de demarcação urbanística supere a área disponível nos registros anteriores.

**§ 6º** Não se exigirá, para a averbação da demarcação urbanística, a retificação da área não abrangida pelo auto de demarcação urbanística, ficando a apuração de remanescente sob a responsabilidade do proprietário do imóvel atingido.

## SEÇÃO III
## DA LEGITIMAÇÃO FUNDIÁRIA

**Art. 23.** A legitimação fundiária constitui forma originária de aquisição do direito real de propriedade conferido por ato do poder público, exclusivamente no âmbito da Reurb, àquele que detiver em área pública ou possuir em área privada, como sua, unidade imobiliária com destinação urbana, integrante de núcleo urbano informal consolidado existente em 22 de dezembro de 2016.

**§ 1º** Apenas na Reurb-S, a legitimação fundiária será concedida ao beneficiário, desde que atendidas as seguintes condições:

**I** - o beneficiário não seja concessionário, foreiro ou proprietário exclusivo de imóvel urbano ou rural; *(Redação dada pela Lei 14.118/2021)*

**II** – o beneficiário não tenha sido contemplado com legitimação de posse ou fundiária de imóvel urbano com a mesma finalidade, ainda que situado em núcleo urbano distinto; e

**III** – em caso de imóvel urbano com finalidade não residencial, seja reconhecido pelo poder público o interesse público de sua ocupação.

**§ 2º** Por meio da legitimação fundiária, em qualquer das modalidades da Reurb, o ocupante adquire a unidade imobiliária com destinação urbana livre e desembaraçada de quaisquer ônus, direitos reais, gravames ou inscrições, eventualmente existentes em sua matrícula de origem, exceto quando disserem respeito ao próprio legitimado.

**§ 3º** Deverão ser transportadas as inscrições, as indisponibilidades ou os gravames existentes no registro da área maior originária para as matrículas das unidades imobiliárias que não houverem sido adquiridas por legitimação fundiária.

**§ 4º** Na Reurb-S de imóveis públicos, a União, os Estados, o Distrito Federal e os Municípios, e as suas entidades vinculadas, quando titulares do domínio, ficam autorizados a reconhecer o direito de propriedade aos ocupantes do núcleo urbano informal regularizado por meio da legitimação fundiária.

**§ 5º** Nos casos previstos neste artigo, o poder público encaminhará a CRF para registro imediato da aquisição de propriedade, dispensados a apresentação de título individualizado e as cópias da documentação referente à qualificação do beneficiário, o projeto de regularização fundiária aprovado, a listagem dos ocupantes e sua devida qualificação e a identificação das áreas que ocupam.

**§ 6º** Poderá o poder público atribuir domínio adquirido por legitimação fundiária aos ocupantes que não tenham constado da listagem inicial, mediante cadastramento complementar, sem prejuízo dos direitos de quem haja constado na listagem inicial.

**Art. 24.** Nos casos de regularização fundiária urbana previstos na Lei nº 11.952, de 25 de junho de 2009, os Municípios poderão utilizar a legitimação fundiária e demais instrumentos previstos nesta Lei para conferir propriedade aos ocupantes.

## SEÇÃO IV
## DA LEGITIMAÇÃO DE POSSE

**Art. 25.** A legitimação de posse, instrumento de uso exclusivo para fins de regularização fundiária, constitui ato do poder público destinado a conferir título, por meio do qual fica reconhecida a posse de imóvel objeto da Reurb, com a identificação de seus ocupantes, do tempo da ocupação e da natureza da posse, o qual é conversível em direito real de propriedade, na forma desta Lei.

**§ 1º** A legitimação de posse poderá ser transferida por *causa mortis* ou por ato *inter vivos*.

**§ 2º** A legitimação de posse não se aplica aos imóveis urbanos situados em área de titularidade do poder público.

**Art. 26.** Sem prejuízo dos direitos decorrentes do exercício da posse mansa e pacífica no tempo, aquele em cujo favor for expedido título de legitimação de posse, decorrido o prazo de cinco anos de seu registro, terá a conversão automática dele em título de propriedade, desde que atendidos os termos e as condições do art. 183 da Constituição Federal, independentemente de prévia provocação ou prática de ato registral.

**§ 1º** Nos casos não contemplados pelo art. 183 da Constituição Federal, o título de legitimação de posse poderá ser convertido em título de propriedade, desde que satisfeitos os requisitos de usucapião estabelecidos na legislação em vigor, a requerimento do interessado, perante o registro de imóveis competente.

**§ 2º** A legitimação de posse, após convertida em propriedade, constitui forma originária de aquisição de direito real, de modo que a unidade imobiliária com destinação urbana regularizada restará livre e desembaraçada de quaisquer ônus, direitos reais, gravames ou inscrições, eventualmente existentes em sua matrícula de origem, exceto quando disserem respeito ao próprio beneficiário.

**Art. 27.** O título de legitimação de posse poderá ser cancelado pelo poder público emitente quando constatado que as condições estipuladas nesta Lei deixaram de ser satisfeitas, sem que seja devida qualquer indenização àquele que irregularmente se beneficiou do instrumento.

## CAPÍTULO III
## DO PROCEDIMENTO ADMINISTRATIVO

### SEÇÃO I
### DISPOSIÇÕES GERAIS

**Art. 28.** A Reurb obedecerá às seguintes fases:

**I** – requerimento dos legitimados;

**II** – processamento administrativo do requerimento, no qual será conferido prazo para manifestação dos titulares de direitos reais sobre o imóvel e dos confrontantes;

**III** – elaboração do projeto de regularização fundiária;

**IV** – saneamento do processo administrativo;

**V** – decisão da autoridade competente, mediante ato formal, ao qual se dará publicidade;

**VI** – expedição da CRF pelo Município; e

**VII** – registro da CRF e do projeto de regularização fundiária aprovado perante o oficial do cartório de registro de imóveis em que se situe a unidade imobiliária com destinação urbana regularizada.

**Parágrafo único.** Não impedirá a Reurb, na forma estabelecida nesta Lei, a inexistência de lei municipal específica que trate de medidas ou posturas de interesse local aplicáveis a projetos de regularização fundiária urbana.

**Art. 29.** A fim de fomentar a efetiva implantação das medidas da Reurb, os entes federativos poderão celebrar convênios ou outros instrumentos congêneres com o Ministério das Cidades, com vistas a cooperar para a fiel execução do disposto nesta Lei.

**Art. 30.** Compete aos Municípios nos quais estejam situados os núcleos urbanos informais a serem regularizados:

**I** – classificar, caso a caso, as modalidades da Reurb;

**II** – processar, analisar e aprovar os projetos de regularização fundiária; e

**III** – emitir a CRF.

**§ 1º** Na Reurb requerida pela União ou pelos Estados, a classificação prevista no inciso I do *caput* deste artigo será de responsabilidade do ente federativo instaurador.

**§ 2º** O Município deverá classificar e fixar, no prazo de até cento e oitenta dias, uma das modalidades da Reurb ou indeferir, fundamentadamente, o requerimento.

**§ 3º** A inércia do Município implica a automática fixação da modalidade de classificação da Reurb indicada pelo legitimado em seu requerimento, bem como o prosseguimento do procedimento administrativo da Reurb, sem prejuízo de futura revisão dessa classificação pelo Município, mediante estudo técnico que a justifique.

**§ 4º** Para as terras de sua propriedade, os órgãos da administração direta e as entidades da administração indireta da União, dos Estados, do Distrito Federal e dos Municípios ficam autorizados a instaurar, processar e aprovar a Reurb-S ou a Reurb-E e a utilizar os demais instrumentos previstos nesta Lei. *(Acrescido pela Lei 14.620/2023)*

**Art. 31.** Instaurada a Reurb, o Município deverá proceder às buscas necessárias para determinar a titularidade do domínio dos imóveis onde está situado o núcleo urbano informal a ser regularizado.

**§ 1º** Tratando-se de imóveis públicos ou privados, caberá aos Municípios notificar os titulares de domínio, os responsáveis pela implantação do núcleo urbano informal, os confinantes e os terceiros eventualmente interessados, para, querendo, apresentar impugnação no prazo de trinta dias, contado da data de recebimento da notificação.

**§ 2º** Tratando-se de imóveis públicos municipais, o Município deverá notificar os confinantes e terceiros eventualmente interessados, para, querendo, apresentar impugnação no prazo de trinta dias, contado da data de recebimento da notificação.

**§ 3º** Na hipótese de apresentação de impugnação, será iniciado o procedimento extrajudicial de composição de conflitos de que trata esta Lei.

**§ 4º** A notificação do proprietário e dos confinantes será feita por via postal, com aviso de recebimento, no endereço que constar da matrícula ou da transcrição, considerando-se efetuada quando comprovada a entrega nesse endereço.

**§ 5º** A notificação da Reurb também será feita por meio de publicação de edital, com prazo de trinta dias, do qual deverá constar, de forma resumida, a descrição da área a ser regularizada, nos seguintes casos:

**I** – quando o proprietário e os confinantes não forem encontrados; e

**II** – quando houver recusa da notificação por qualquer motivo.

**§ 6º** A ausência de manifestação dos indicados referidos nos §§ 1º e 4º deste artigo será interpretada como concordância com a Reurb.

**§ 7º** Caso algum dos imóveis atingidos ou confinantes não esteja matriculado ou transcrito na serventia, o Distrito Federal ou os Municípios realizarão diligências perante as serventias anteriormente competentes, mediante apresentação da planta do perímetro regularizado, a fim de que a sua situação jurídica atual seja certificada, caso possível.

**§ 8º** O requerimento de instauração da Reurb ou, na forma de regulamento, a manifestação de interesse nesse sentido por parte de qualquer dos legitimados garantem perante o poder público aos ocupantes dos núcleos urbanos informais situados em áreas públicas a serem regularizados a permanência em suas respectivas unidades imobiliárias, preservando-se as situações de fato já existentes, até o eventual arquivamento definitivo do procedimento.

**§ 9º** Fica dispensado o disposto neste artigo, caso adotados os procedimentos da demarcação urbanística.

**Art. 32.** A Reurb será instaurada por decisão do Município, por meio de requerimento, por escrito, de um dos legitimados de que trata esta Lei.

**Parágrafo único.** Na hipótese de indeferimento do requerimento de instauração da Reurb, a decisão do Município deverá indicar as medidas a serem adotadas, com vistas à reformulação e à reavaliação do requerimento, quando for o caso.

**Art. 33.** Instaurada a Reurb, compete ao Município aprovar o projeto de regularização fundiária, do qual deverão constar as responsabilidades das partes envolvidas.

**§ 1º** A elaboração e o custeio do projeto de regularização fundiária e da implantação da infraestrutura essencial obedecerão aos seguintes procedimentos: *(Parágrafo único transformado em § 1º pela Lei 14.118/2021)*

**I** – na Reurb-S, caberão ao Município ou ao Distrito Federal a responsabilidade de elaborar e custear o projeto de regularização fundiária e a implantação da infraestrutura essencial, quando necessária; *(Redação dada pela Lei 14.118/2021)*

a) *(Revogada pela Lei 14.118/2021)*

b) *(Revogada pela Lei 14.118/2021)*

**II** – na Reurb-E, a regularização fundiária será contratada e custeada por seus potenciais beneficiários ou requerentes privados;

**III** – na Reurb-E sobre áreas públicas, se houver interesse público, o Município poderá proceder à elaboração e ao custeio do projeto de regularização fundiária e da implantação da infraestrutura essencial, com posterior cobrança aos seus beneficiários.

**§ 2º** Na Reurb-S, fica facultado aos legitimados promover, a suas expensas, os projetos e os demais documentos técnicos necessários à regularização de seu imóvel, inclusive as obras de infraestrutura essencial nos termos do § 1º do art. 36 desta Lei. *(Redação dada pela Lei 14.118/2021)*

**Art. 34.** Os Municípios poderão criar câmaras de prevenção e resolução administrativa de conflitos, no âmbito da administração local, inclusive mediante celebração de ajustes com os Tribunais de Justiça estaduais, as quais deterão competência para dirimir conflitos relacionados à Reurb, mediante solução consensual.

**§ 1º** O modo de composição e funcionamento das câmaras de que trata o *caput* deste artigo será estabelecido em ato do Poder Executivo municipal e, na falta do ato, pelo disposto na Lei nº 13.140, de 26 de junho de 2015.

**§ 2º** Se houver consenso entre as partes, o acordo será reduzido a termo e constituirá condição para a conclusão da Reurb, com consequente expedição da CRF.

**§ 3º** Os Municípios poderão instaurar, de ofício ou mediante provocação, procedimento de mediação coletiva de conflitos relacionados à Reurb.

**§ 4º** A instauração de procedimento administrativo para a resolução consensual de conflitos no âmbito da Reurb suspende a prescrição.

**§ 5º** Os Municípios e o Distrito Federal poderão, mediante a celebração de convênio, utilizar os Centros Judiciários de Solução de Conflitos e Cidadania ou as câmaras de mediação credenciadas nos Tribunais de Justiça.

## SEÇÃO II
## DO PROJETO DE REGULARIZAÇÃO FUNDIÁRIA

**Art. 35.** O projeto de regularização fundiária conterá, no mínimo:

**I** – levantamento planialtimétrico e cadastral, com georreferenciamento, subscrito por profissional competente, acompanhado de Anotação de Responsabilidade Técnica (ART) ou Registro de Responsabilidade Técnica (RRT), que demonstrará as unidades, as construções, o sistema viário, as áreas públicas, os acidentes geográficos e os demais elementos caracterizadores do núcleo a ser regularizado;

**II** – planta do perímetro do núcleo urbano informal com demonstração das matrículas ou transcrições atingidas, quando for possível;

**III** – estudo preliminar das desconformidades e da situação jurídica, urbanística e ambiental;

**IV** – projeto urbanístico;

**V** – memoriais descritivos;

**VI** – proposta de soluções para questões ambientais, urbanísticas e de reassentamento dos ocupantes, quando for o caso;

**VII** – estudo técnico para situação de risco, quando for o caso;

**VIII** – estudo técnico ambiental, para os fins previstos nesta Lei, quando for o caso;

**IX** – cronograma físico de serviços e implantação de obras de infraestrutura essencial, compensações urbanísticas, ambientais e outras, quando houver, definidas por ocasião da aprovação do projeto de regularização fundiária; e

**X** – termo de compromisso a ser assinado pelos responsáveis, públicos ou privados, pelo cumprimento do cronograma físico definido no inciso IX deste artigo.

**Parágrafo único.** O projeto de regularização fundiária deverá considerar as características da ocupação e da área ocupada para definir parâmetros urbanísticos e ambientais específicos, além de identificar os lotes, as vias de circulação e as áreas destinadas a uso público, quando for o caso.

**Art. 36.** O projeto urbanístico de regularização fundiária deverá conter, no mínimo, indicação:

**I** – das áreas ocupadas, do sistema viário e das unidades imobiliárias, existentes ou projetadas;

**II** – das unidades imobiliárias a serem regularizadas, suas características, área, confrontações, localização, nome do logradouro e número de sua designação cadastral, se houver;

**III** – quando for o caso, das quadras e suas subdivisões em lotes ou as frações ideais vinculadas à unidade regularizada;

**IV** – dos logradouros, espaços livres, áreas destinadas a edifícios públicos e outros equipamentos urbanos, quando houver;

**V** – de eventuais áreas já usucapidas;

**VI** – das medidas de adequação para correção das desconformidades, quando necessárias;

**VII** – das medidas de adequação da mobilidade, acessibilidade, infraestrutura e relocação de edificações, quando necessárias;

**VIII** – das obras de infraestrutura essencial, quando necessárias;

**IX** – de outros requisitos que sejam definidos pelo Município.

**§ 1º** Para fins desta Lei, considera-se infraestrutura essencial os seguintes equipamentos:

**I** – sistema de abastecimento de água potável, coletivo ou individual;

**II** – sistema de coleta e tratamento do esgotamento sanitário, coletivo ou individual;

**III** – rede de energia elétrica domiciliar;

**IV** – soluções de drenagem, quando necessário; e

**V** – outros equipamentos a serem definidos pelos Municípios em função das necessidades locais e características regionais.

**§ 2º** A Reurb pode ser implementada por etapas, abrangendo o núcleo urbano informal de forma total ou parcial.

**§ 3º** As obras de implantação de infraestrutura essencial, de equipamentos comunitários e de melhoria habitacional, bem como sua manutenção, podem ser realizadas antes, durante ou após a conclusão da Reurb.

**§ 4º** O Município definirá os requisitos para elaboração do projeto de regularização, no que se refere aos desenhos, ao memorial descritivo e ao cronograma físico de obras e serviços a serem realizados, se for o caso.

**§ 5º** A planta e o memorial descritivo deverão ser assinados por profissional legalmente habilitado, dispensada a apresentação de Anotação de Responsabilidade Técnica (ART) no Conselho Regional de Engenharia e Agronomia (Crea) ou de Registro de Responsabilidade Técnica (RRT) no Conselho de Arquitetura e Urbanismo (CAU), quando o responsável técnico for servidor ou empregado público.

**§ 6º** Na hipótese de utilização, pelo poder público, de peças técnicas e projetos de regularização fundiária elaborados por empresas privadas e particulares em geral, será necessária, para a emissão da Certidão de Regularização Fundiária (CRF), a anuência dos autores ou de quem detenha os direitos autorais. *(Acrescido pela Lei 14.620/2023)*

**§ 7º** As unidades desocupadas e não comercializadas do titular originário do domínio da área alcançadas pela Reurb, na forma do inciso I do *caput* deste artigo, poderão ser caucionadas ou averbadas em alienação fiduciária e colocadas em garantia para as obras de infraestrutura essenciais, consignando-se o poder público como beneficiário da garantia estabelecida. *(Acrescido pela Lei 14.620/2023)*

**Art. 37.** Na Reurb-S, caberá ao poder público competente, diretamente ou por meio da administração pública indireta, implementar a infraestrutura essencial, os equipamentos comunitários e as melhorias habitacionais previstas nos projetos de regularização, assim como arcar com os ônus de sua manutenção, podendo utilizar-se de recursos financeiros públicos e privados. (Redação dada pela Lei 14.620/2023)

**§ 1º** Os projetos e as obras de infraestrutura essencial na Reurb-S ou Reurb-E, incluindo vias de acesso, iluminação pública, solução de esgotamento sanitário e de drenagem de águas pluviais, ligações domiciliares de abastecimento de água e de energia elétrica e valores despendidos com indenizações aos antigos proprietários, poderão ser financiados com recursos do Sistema Brasileiro de Poupança e Empréstimo (SBPE), do Fundo de Garantia do Tempo de Serviço (FGTS), do Fundo de Arrendamento Residencial (FAR) e do Fundo de Desenvolvimento Social (FDS), bem como por outras fontes de financiamento públicas, privadas ou internacionais. *(Acrescido pela Lei 14.620/2023)*

**§ 2º** Garantida a previsão de restituição integral dos valores disponibilizados, ficam autorizados a realizar as operações financeiras para as obras de infraestrutura referidas no § 1º os órgãos federais, estaduais e municipais, inclusive sociedades de economia mista, que operem na execução de política habitacional e de infraestruturas conexas. *(Acrescido pela Lei 14.620/2023)*

**§ 3º** As garantias para as operações financeiras para as obras de infraestrutura e melhorias essenciais para a Reurb são as previstas no art. 17 da Lei nº 9.514, de 20 de novembro de 1997, e deverão ser incluídas na Certidão de Regularização Fundiária (CRF). *(Acrescido pela Lei 14.620/2023)*

**§ 4º** O cálculo dos valores devidos pelos beneficiários da Reurb poderá ser realizado adotando-se como critério as áreas dos imóveis regularizados, individualmente considerados. *(Acrescido pela Lei 14.620/2023)*

**Art. 37-A.** Fica autorizada a transferência do direito de construir correspondente ao potencial construtivo passível de ser utilizado em outro local, prevista no art. 35 da Lei nº 10.257, de 10 de julho de 2001 (Estatuto da Cidade), para fins de viabilizar a elaboração de projetos, a indenização e a realização das obras de infraestrutura em projetos de Reurb-S. *(Acrescido pela Lei 14.620/2023)*

**Parágrafo único.** As prefeituras poderão receber imóveis para o atendimento das finalidades previstas neste artigo, oferecendo como contrapartida ao proprietário a possibilidade de transferência do potencial construtivo do bem doado ou desapropriado amigavelmente.

**Art. 38.** Na Reurb-E, o Distrito Federal ou os Municípios deverão definir, por ocasião da aprovação dos projetos de regularização fundiária, nos limites da legislação de regência, os responsáveis pela:

**I** – implantação dos sistemas viários;

**II** – implantação da infraestrutura essencial e dos equipamentos públicos ou comunitários, quando for o caso; e

**III** – implementação das medidas de mitigação e compensação urbanística e ambiental, e dos estudos técnicos, quando for o caso.

**§ 1º** As responsabilidades de que trata o *caput* deste artigo poderão ser atribuídas aos beneficiários da Reurb-E.

**§ 2º** Os responsáveis pela adoção de medidas de mitigação e compensação urbanística e ambiental deverão celebrar termo de compromisso com as autoridades competentes como condição de aprovação da Reurb-E.

**Art. 39.** Para que seja aprovada a Reurb de núcleos urbanos informais, ou de parcela deles, situados em áreas de riscos geotécnicos, de inundações ou de outros riscos especificados em lei, estudos técnicos deverão ser realizados, a fim de examinar a possibilidade de eliminação, de correção ou de administração de riscos na parcela por eles afetada.

**§ 1º** Na hipótese do *caput* deste artigo, é condição indispensável à aprovação da Reurb a implantação das medidas indicadas nos estudos técnicos realizados.

**§ 2º** Na Reurb-S que envolva áreas de riscos que não comportem eliminação, correção ou administração, os Municípios deverão proceder à realocação dos ocupantes do núcleo urbano informal a ser regularizado.

### SEÇÃO III
### DA CONCLUSÃO DA REURB

**Art. 40.** O pronunciamento da autoridade competente que decidir o processamento administrativo da Reurb deverá:

**I** – indicar as intervenções a serem executadas, se for o caso, conforme o projeto de regularização fundiária aprovado;

**II** – aprovar o projeto de regularização fundiária resultante do processo de regularização fundiária; e

**III** – identificar e declarar os ocupantes de cada unidade imobiliária com destinação urbana regularizada, e os respectivos direitos reais.

**Art. 41.** A Certidão de Regularização Fundiária (CRF) é o ato administrativo de aprovação da regularização que deverá acompanhar o projeto aprovado e deverá conter, no mínimo:

**I** – o nome do núcleo urbano regularizado;

**II** – a localização;

**III** – a modalidade da regularização;

**IV** – as responsabilidades das obras e serviços constantes do cronograma;

**V** – a indicação numérica de cada unidade regularizada, quando houver;

**VI** – a listagem com nomes dos ocupantes que houverem adquirido a respectiva unidade, por título de legitimação fundiária ou mediante ato único de registro, bem como o estado civil, a profissão, o número de inscrição no cadastro das pessoas físicas do Ministério da Fazenda e do registro geral da cédula de identidade e a filiação.

## CAPÍTULO IV
## DO REGISTRO DA REGULARIZAÇÃO FUNDIÁRIA

**Art. 42.** O registro da CRF e do projeto de regularização fundiária aprovado será requerido diretamente ao oficial do cartório de registro de imóveis da situação do imóvel e será efetivado independentemente de determinação judicial ou do Ministério Público.

**Parágrafo único.** Em caso de recusa do registro, o oficial do cartório do registro de imóveis expedirá nota devolutiva fundamentada, na qual indicará os motivos da recusa e formulará exigências nos termos desta Lei.

**Art. 43.** Na hipótese de a Reurb abranger imóveis situados em mais de uma circunscrição imobiliária, o procedimento será efetuado perante cada um dos oficiais dos cartórios de registro de imóveis.

**Parágrafo único.** Quando os imóveis regularizados estiverem situados na divisa das circunscrições imobiliárias, as novas matrículas das unidades imobiliárias serão de competência do oficial do cartório de registro de imóveis em cuja circunscrição estiver situada a maior porção da unidade imobiliária regularizada.

**Art. 44.** Recebida a CRF, cumprirá ao oficial do cartório de registro de imóveis prenotá-la, autuá-la, instaurar o procedimento registral e, no prazo de quinze dias, emitir a respectiva nota de exigência ou praticar os atos tendentes ao registro.

**§ 1º** O registro do projeto Reurb aprovado importa em:

**I** – abertura de nova matrícula, quando for o caso;

**II** – abertura de matrículas individualizadas para os lotes e áreas públicas resultantes do projeto de regularização aprovado; e

**III** – registro dos direitos reais indicados na CRF junto às matrículas dos respectivos lotes, dispensada a apresentação de título individualizado.

**§ 2º** Quando o núcleo urbano regularizado abranger mais de uma matrícula, o oficial do registro de imóveis abrirá nova matrícula para a área objeto de regularização, conforme previsto no inciso I do § 1º deste artigo, destacando a área abrangida na matrícula de origem, dispensada a apuração de remanescentes.

**§ 3º** O registro da CRF dispensa a comprovação do pagamento de tributos ou penalidades tributárias de responsabilidade dos legitimados.

**§ 4º** O registro da CRF aprovado independe de averbação prévia do cancelamento do cadastro de imóvel rural no Instituto Nacional de Colonização e Reforma Agrária (Incra).

**§ 5º** O procedimento registral deverá ser concluído no prazo de sessenta dias, prorrogável por até igual período, mediante justificativa fundamentada do oficial do cartório de registro de imóveis.

**§ 6º** O oficial de registro fica dispensado de providenciar a notificação dos titulares de domínio, dos confinantes e de terceiros eventualmente interessados, uma vez cumprido esse rito pelo Município, conforme o disposto no art. 31 desta Lei.

**§ 7º** O oficial do cartório de registro de imóveis, após o registro da CRF, notificará o Incra, o Ministério do Meio Ambiente e a Secretaria da Receita Federal do Brasil para que esses órgãos cancelem, parcial ou totalmente, os respectivos registros existentes no Cadastro Ambiental Rural (CAR) e nos demais cadastros relacionados a imóvel rural, relativamente às unidades imobiliárias regularizadas.

**§ 8º** O oficial do cartório de registro de imóveis, ao abrir as matrículas individuais decorrentes do projeto de regularização fundiária, deverá, nas matrículas de unidades imobiliárias cujo ocupante não venha a ser informado na lista de beneficiários da CRF, fazer constar o titular originário da matrícula na condição de proprietário anterior, não inserindo esse mesmo proprietário como titular atual da matrícula aberta, mas apenas inserindo, no campo relativo ao proprietário atual, texto informando que o futuro proprietário será oportunamente citado na matrícula quando do envio de listas complementares de beneficiários. *(Acrescido pela Lei 14.620/2023)*

**Art. 45.** Quando se tratar de imóvel sujeito a regime de condomínio geral a ser dividido em lotes com indicação, na matrícula, da área deferida a cada condômino, o Município poderá indicar, de forma individual ou coletiva, as unidades imobiliárias correspondentes às frações ideais registradas, sob sua exclusiva responsabilidade, para a especialização das áreas registradas em comum.

**Parágrafo único.** Na hipótese de a informação prevista no *caput* deste artigo não constar do projeto de regularização fundiária aprovado pelo Município, as novas matrículas das unidades imobiliárias serão abertas mediante requerimento de especialização formulado pelos legitimados de que trata esta Lei, dispensada a outorga de escritura pública para indicação da quadra e do lote.

**Art. 46.** Para atendimento ao princípio da especialidade, o oficial do cartório de registro de imóveis adotará o memorial descritivo da gleba apresentado com o projeto de regularização fundiária e deverá averbá-lo na matrícula existente, anteriormente ao registro do projeto, independentemente de provocação, retificação, notificação, unificação ou apuração de disponibilidade ou remanescente.

**§ 1º** Se houver dúvida quanto à extensão da gleba matriculada, em razão da precariedade da descrição tabular, o oficial do cartório de registro de imóveis abrirá nova matrícula para a área destacada e averbará o referido destaque na matrícula matriz.

**§ 2º** As notificações serão emitidas de forma simplificada, indicando os dados de identificação do núcleo urbano a ser regularizado, sem a anexação de plantas, projetos, memoriais ou outros documentos, convidando o notificado a comparecer à sede da serventia para tomar conhecimento da CRF com a advertência de que o não comparecimento e a não apresentação de impugnação, no prazo legal, importará em anuência ao registro.

**§ 3º** Na hipótese de o projeto de regularização fundiária não envolver a integralidade do imóvel matriculado, o registro será feito com base na planta e no memorial descritivo referentes à área objeto de regularização e o destaque na matrícula da área total deverá ser averbado.

**Art. 47.** Os padrões dos memoriais descritivos, das plantas e das demais representações gráficas, inclusive as escalas adotadas e outros detalhes técnicos, seguirão as diretrizes estabelecidas pela autoridade municipal ou distrital competente, as quais serão consideradas atendidas com a emissão da CRF.

**Parágrafo único.** Não serão exigidos reconhecimentos de firma nos documentos que compõem a CRF ou o termo individual de legitimação fundiária quando apresentados pela União, Estados, Distrito Federal, Municípios ou entes da administração indireta.

**Art. 48.** O registro da CRF produzirá efeito de instituição e especificação de condomínio, quando for o caso, regido pelas disposições legais específicas, hipótese em que fica facultada aos condôminos a aprovação de convenção condominial.

**Art. 49.** O registro da CRF será feito em todas as matrículas atingidas pelo projeto de regularização fundiária aprovado, devendo ser informadas, quando possível, as parcelas correspondentes a cada matrícula.

**Art. 50.** Nas matrículas abertas para cada parcela, deverão constar dos campos referentes ao registro anterior e ao proprietário:

**I** – quando for possível, a identificação exata da origem da parcela matriculada, por meio de planta de sobreposição do parcelamento com os registros existentes, a matrícula anterior e o nome de seu proprietário;

**II** – quando não for possível identificar a exata origem da parcela matriculada, todas as matrículas anteriores atingidas pela Reurb e a expressão "proprietário não identificado", dispensando-se nesse caso os requisitos dos itens 4 e 5 do inciso II do art. 167 da Lei nº 6.015, de 31 de dezembro de 1973.

**Art. 51.** Qualificada a CRF e não havendo exigências nem impedimentos, o oficial do cartório de registro de imóveis efetuará o seu registro na matrícula dos imóveis cujas áreas tenham sido atingidas, total ou parcialmente.

**Parágrafo único.** Não identificadas as transcrições ou as matrículas da área regularizada, o oficial do cartório de registro abrirá matrícula com a descrição do perímetro do núcleo urbano informal que constar da CRF e nela efetuará o registro.

**Art. 52.** Registrada a CRF, será aberta matrícula para cada uma das unidades imobiliárias regularizadas.

**Parágrafo único.** Para os atuais ocupantes das unidades imobiliárias objeto da Reurb, os compromissos de compra e venda, as cessões e as promessas de cessão valerão como título hábil para a aquisição da propriedade, quando acompanhados da prova de quitação das obrigações do adquirente, e serão registrados nas matrículas das unidades imobiliárias correspondentes, resultantes da regularização fundiária.

**Art. 53.** Com o registro da CRF, serão incorporados automaticamente ao patrimônio público as vias públicas, as áreas destinadas ao uso comum do povo, os prédios públicos e os equipamentos urbanos, na forma indicada no projeto de regularização fundiária aprovado.

**Parágrafo único.** A requerimento do Município, o oficial de registro de imóveis abrirá matrícula para as áreas que tenham ingressado no domínio público.

**Art. 54.** As unidades desocupadas e não comercializadas alcançadas pela Reurb terão as suas matrículas abertas em nome do titular originário do domínio da área.

**Parágrafo único.** As unidades não edificadas que tenham sido comercializadas a qualquer título terão suas matrículas abertas em nome do adquirente, conforme procedimento previsto nos arts. 84 e 98 desta Lei. *(Redação dada pela Lei 14.118/2021)*

## CAPÍTULO V
## DO DIREITO REAL DE LAJE

**Art. 55.** A Lei nº 10.406, de 10 de janeiro de 2002 (Código Civil), passa a vigorar com as seguintes alterações:

(...)

**Art. 56.** A Lei nº 6.015, de 31 de dezembro de 1973, passa a vigorar com as seguintes alterações:

(...)

**Art. 57.** O *caput* do art. 799 da Lei nº 13.105, de 16 de março de 2015 (Código de Processo Civil), passa a vigorar acrescido dos seguintes incisos X e XI:

(...)

## CAPÍTULO VI
## DO CONDOMÍNIO DE LOTES

**Art. 58.** A Lei nº 10.406, de 10 de janeiro de 2002 (Código Civil), passa a vigorar acrescida da SEÇÃO IV no CAPÍTULO VII do Título III do Livro III da Parte Especial:

(...)

## CAPÍTULO VII
## DOS CONJUNTOS HABITACIONAIS

**Art. 59.** Serão regularizados como conjuntos habitacionais os núcleos urbanos informais que tenham sido constituídos para a alienação de unidades já edificadas pelo próprio empreendedor, público ou privado.

**§ 1º** Os conjuntos habitacionais podem ser constituídos de parcelamento do solo com unidades edificadas isoladas, parcelamento do solo com edificações em condomínio, condomínios horizontais ou verticais, ou ambas as modalidades de parcelamento e condomínio.

**§ 2º** As unidades resultantes da regularização de conjuntos habitacionais serão atribuídas aos ocupantes reconhecidos, salvo quando o ente público promotor do programa habitacional demonstrar que, durante o processo de regularização fundiária, há obrigações pendentes, caso em que as unidades imobiliárias regularizadas serão a ele atribuídas.

**Art. 60.** Para a aprovação e registro dos conjuntos habitacionais que compõem a Reurb ficam dispensadas a apresentação do habite-se e, no caso de Reurb-S, as respectivas certidões negativas de tributos e contribuições previdenciárias.

## CAPÍTULO VIII
## DO CONDOMÍNIO URBANO SIMPLES

**Art. 61.** Quando um mesmo imóvel contiver construções de casas ou cômodos, poderá ser instituído, inclusive para fins de Reurb, condomínio urbano simples, respeitados os parâmetros urbanísticos locais, e serão discriminadas, na matrícula, a parte do terreno ocupada pelas edificações, as partes de utilização exclusiva e

CIVIL

as áreas que constituem passagem para as vias públicas ou para as unidades entre si.

**Parágrafo único.** O condomínio urbano simples será regido por esta Lei, aplicando-se, no que couber, o disposto na legislação civil, tal como os arts. 1.331 a 1.358 da Lei nº 10.406, de 10 de janeiro de 2002 (Código Civil).

**Art. 62.** A instituição do condomínio urbano simples será registrada na matrícula do respectivo imóvel, na qual deverão ser identificadas as partes comuns ao nível do solo, as partes comuns internas à edificação, se houver, e as respectivas unidades autônomas, dispensada a apresentação de convenção de condomínio.

**§ 1º** Após o registro da instituição do condomínio urbano simples, deverá ser aberta uma matrícula para cada unidade autônoma, à qual caberá, como parte inseparável, uma fração ideal do solo e das outras partes comuns, se houver, representada na forma de percentual.

**§ 2º** As unidades autônomas constituídas em matrícula própria poderão ser alienadas e gravadas livremente por seus titulares.

**§ 3º** Nenhuma unidade autônoma poderá ser privada de acesso ao logradouro público.

**§ 4º** A gestão das partes comuns será feita de comum acordo entre os condôminos, podendo ser formalizada por meio de instrumento particular.

**Art. 63.** No caso da Reurb-S, a averbação das edificações poderá ser efetivada a partir de mera notícia, a requerimento do interessado, da qual constem a área construída e o número da unidade imobiliária, dispensada a apresentação de habite-se e de certidões negativas de tributos e contribuições previdenciárias.

## CAPÍTULO IX
## DA ARRECADAÇÃO DE IMÓVEIS ABANDONADOS

**Art. 64.** Os imóveis urbanos privados abandonados cujos proprietários não possuam a intenção de conservá-los em seu patrimônio ficam sujeitos à arrecadação pelo Município ou pelo Distrito Federal na condição de bem vago.

**§ 1º** A intenção referida no *caput* deste artigo será presumida quando o proprietário, cessados os atos de posse sobre o imóvel, não adimplir os ônus fiscais instituídos sobre a propriedade predial e territorial urbana, por cinco anos.

**§ 2º** O procedimento de arrecadação de imóveis urbanos abandonados obedecerá ao disposto em ato do Poder Executivo municipal ou distrital e observará, no mínimo:

**I** – abertura de processo administrativo para tratar da arrecadação;

**II** – comprovação do tempo de abandono e de inadimplência fiscal;

**III** – notificação ao titular do domínio para, querendo, apresentar impugnação no prazo de trinta dias, contado da data de recebimento da notificação.

**§ 3º** A ausência de manifestação do titular do domínio será interpretada como concordância com a arrecadação.

**§ 4º** Respeitado o procedimento de arrecadação, o Município poderá realizar, diretamente ou por meio de terceiros, os investimentos necessários para que o imóvel urbano arrecadado atinja prontamente os objetivos sociais a que se destina.

**§ 5º** Na hipótese de o proprietário reivindicar a posse do imóvel declarado abandonado, no transcorrer do triênio a que alude o art. 1.276 da Lei nº 10.406, de 10 de janeiro de 2002 (Código Civil), fica assegurado ao Poder Executivo municipal ou distrital o direito ao ressarcimento prévio, e em valor atualizado, de todas as despesas em que eventualmente houver incorrido, inclusive tributárias, em razão do exercício da posse provisória.

**Art. 65.** Os imóveis arrecadados pelos Municípios ou pelo Distrito Federal poderão ser destinados aos programas habitacionais, à prestação de serviços públicos, ao fomento da Reurb-S ou serão objeto de concessão de direito real de uso a entidades civis que comprovadamente tenham fins filantrópicos, assistenciais, educativos, esportivos ou outros, no interesse do Município ou do Distrito Federal.

## CAPÍTULO X
## DA REGULARIZAÇÃO DA PROPRIEDADE FIDUCIÁRIA DO FUNDO DE ARRENDAMENTO RESIDENCIAL (FAR)

**Art. 66.** A Lei nº 11.977, de 7 de julho de 2009, passa a vigorar acrescida dos seguintes arts. 7º-A, 7º-B e 7º-C:

(...)

**Art. 67.** A Lei nº 9.514, de 20 de novembro de 1997, passa a vigorar com as seguintes alterações:

(...)

## CAPÍTULO XI
## DISPOSIÇÕES FINAIS E TRANSITÓRIAS

**Art. 68.** Ao Distrito Federal são atribuídas as competências, os direitos e as responsabilidades reservadas aos Estados e aos Municípios, na forma desta Lei.

**Art. 69.** As glebas parceladas para fins urbanos anteriormente a 19 de dezembro de 1979, que não possuírem registro, poderão ter a sua situação jurídica regularizada mediante o registro do parcelamento, desde que esteja implantado e integrado à cidade, podendo, para tanto, utilizar-se dos instrumentos previstos nesta Lei.

**§ 1º** O interessado requererá ao oficial do cartório de registro de imóveis a efetivação do registro do parcelamento, munido dos seguintes documentos:

**I** – planta da área em regularização assinada pelo interessado responsável pela regularização e por profissional legalmente habilitado, acompanhada da Anotação de Responsabilidade Técnica (ART) no Conselho Regional de Engenharia e Agronomia (Crea) ou de Registro de Responsabilidade Técnica (RRT) no Conselho de Arquitetura e Urbanismo (CAU), contendo o perímetro da área a ser regularizada e as subdivisões das quadras, lotes e áreas públicas, com as dimensões e numeração dos lotes, logradouros, espaços livres e outras áreas com destinação específica, se for o caso, dispensada a ART ou o RRT quando o responsável técnico for servidor ou empregado público;

**II** – descrição técnica do perímetro da área a ser regularizada, dos lotes, das áreas públicas e de outras áreas com destinação específica, quando for o caso;

**III** – documento expedido pelo Município, atestando que o parcelamento foi implantado antes de 19 de dezembro de 1979 e que está integrado à cidade.

**§ 2º** A apresentação da documentação prevista no § 1º deste artigo dispensa a apresentação do projeto de regularização fundiária, de estudo técnico ambiental, de CRF ou de quaisquer outras manifestações, aprovações, licenças ou alvarás emitidos pelos órgãos públicos.

**Art. 70.** As disposições da Lei nº 6.766, de 19 de dezembro de 1979, não se aplicam à Reurb, exceto quanto ao disposto nos arts. 37, 38, 39, no *caput* e nos §§ 1º, 2º, 3º e 4º do art. 40 e nos arts. 41, 42, 44, 47, 48, 49, 50, 51 e 52 da referida Lei.

**Art. 71.** Para fins da Reurb, ficam dispensadas a desafetação e as exigências previstas no inciso I do *caput* do art. 17 da Lei nº 8.666, de 21 de junho de 1993.

**Art. 72.** O art. 11 da Lei nº 11.124, de 16 de junho de 2005, passa a vigorar acrescido do seguinte § 4º:

› Alterações já incorporadas ao texto da referida lei.

**Art. 73.** Devem os Estados criar e regulamentar fundos específicos destinados à compensação, total ou parcial, dos custos referentes aos atos registrais da Reurb-S previstos nesta Lei.

Parágrafo único. Para que os fundos estaduais acessem os recursos do Fundo Nacional de Habitação de Interesse Social (FNHIS), criado pela Lei nº 11.124, de 16 de junho de 2005, deverão firmar termo de adesão, na forma a ser regulamentada pelo Poder Executivo federal.

**Art. 74.** Serão regularizadas, na forma desta Lei, as ocupações que incidam sobre áreas objeto de demanda judicial que versem sobre direitos reais de garantia ou constrições judiciais, bloqueios e indisponibilidades, ressalvada a hipótese de decisão judicial específica que impeça a análise, aprovação e registro do projeto de regularização fundiária urbana.

**Art. 75.** As normas e os procedimentos estabelecidos nesta Lei poderão ser aplicados aos processos administrativos de regularização fundiária iniciados pelos entes públicos competentes até a data de publicação desta Lei, sendo regidos, a critério deles, pelos arts. 288-A a 288-G da Lei nº 6.015, de 31 de dezembro de 1973, e pelos arts. 46 a 71-A da Lei nº 11.977, de 7 de julho de 2009.

**Art. 76.** O Sistema de Registro Eletrônico de Imóveis (SREI) será implementado e operado, em âmbito nacional, pelo Operador Nacional do Sistema de Registro Eletrônico de Imóveis (ONR).

**§ 1º** O procedimento administrativo e os atos de registro decorrentes da Reurb serão feitos por meio eletrônico, nos termos dos arts. 37 a 41 da Lei nº 11.977, de 7 de julho de 2009. *(Redação dada pela Lei 14.382/2022)*

**§ 2º** O ONR será organizado como pessoa jurídica de direito privado, sem fins lucrativos.

**§ 3º** (VETADO).

**§ 4º** Caberá à Corregedoria Nacional de Justiça do Conselho Nacional de Justiça exercer a função de agente regulador do ONR e zelar pelo cumprimento de seu estatuto.

**§ 5º** As unidades do serviço de registro de imóveis dos Estados e do Distrito Federal integram o SREI e ficam vinculadas ao ONR.

**§ 6º** Os serviços eletrônicos serão disponibilizados, sem ônus, ao Poder Judiciário, ao Poder Executivo federal, ao Ministério Público, aos entes públicos previstos nos regimentos de custas e emolumentos dos Estados e do Distrito Federal, e aos órgãos encarregados de investigações criminais, fiscalização tributária e recuperação de ativos.

**§ 7º** A administração pública federal acessará as informações do SREI por meio do Sistema Nacional de Gestão de Informações Territoriais (Sinter), na forma de regulamento.

**§ 8º** (VETADO).

**§ 9º** Fica criado o fundo para a implementação e custeio do SREI, que será gerido pelo ONR e subvencionado pelas unidades do serviço de registro de imóveis dos Estados e do Distrito Federal referidas no § 5º deste artigo. *(Acrescido pela Lei 14.118/2021)*

**§ 10.** Caberá ao agente regulador do ONR disciplinar a instituição da receita do fundo para a implementação e o custeio do registro eletrônico de imóveis, estabelecer as cotas de participação das unidades de registro de imóveis do País, fiscalizar o recolhimento e supervisionar a aplicação dos recursos e as despesas do gestor, sem prejuízo da fiscalização ordinária e própria como for prevista nos estatutos. *(Acrescido pela Lei 14.118/2021)*

**Art. 77.** A Medida Provisória nº 2.220, de 4 de setembro de 2001, passa a vigorar com as seguintes alterações:

(...)

**Art. 78.** A Lei nº 6.766, de 19 de dezembro de 1979, passa a vigorar com as seguintes alterações:

(...)

**Art. 79.** A Lei nº 10.257, de 10 de julho de 2001, passa a vigorar com as seguintes alterações:

(...)

**Art. 80.** O art. 7º da Lei nº 11.977, de 7 de julho de 2009, passa a vigorar acrescido do seguinte parágrafo único:

(...)

**Art. 81.** A Lei nº 6.015, de 31 de dezembro de 1973, passa a vigorar com as seguintes alterações:

(...)

**Art. 82.** A Lei nº 12.651, de 25 de maio de 2012, passa a vigorar com as seguintes alterações:

(...)

## TÍTULO III
## DOS PROCEDIMENTOS DE AVALIAÇÃO E ALIENAÇÃO DE IMÓVEIS DA UNIÃO

**Art. 83.** Os procedimentos para a Reurb promovida em áreas de domínio da União serão regulamentados em ato específico da Secretaria do Patrimônio da União (SPU), sem prejuízo da eventual adoção de procedimentos e instrumentos previstos para a Reurb.

**Art. 84.** Os imóveis da União objeto da Reurb-E que forem objeto de processo de parcelamento reconhecido pela autoridade pública poderão ser, no todo ou em parte, vendidos diretamente aos seus ocupantes, dispensados os procedimentos exigidos pela Lei nº 8.666, de 21 de junho de 1993.

**§ 1º** A venda aplica-se unicamente aos imóveis ocupados até 22 de dezembro de 2016, exigindo-se que o usuário seja regularmente inscrito e esteja em dia com suas obrigações para com a Secretaria do Patrimônio da União (SPU).

**§ 2º** A venda direta de que trata este artigo somente poderá ser concedida para, no máximo, dois imóveis, um residencial e um não residencial, regularmente cadastrados em nome do beneficiário na Secretaria do Patrimônio da União (SPU).

**§ 3º** A venda direta de que trata este artigo deverá obedecer à Lei nº 9.514, de 20 de novembro de 1997, ficando a União com a propriedade fiduciária dos bens alienados até a quitação integral, na forma dos §§ 4º e 5º deste artigo.

**§ 4º** Para ocupantes com renda familiar situada entre cinco e dez salários mínimos, a aquisição poderá ser realizada à vista ou em até duzentas e quarenta parcelas mensais e consecutivas, mediante sinal de, no mínimo, 5% (cinco por cento) do valor da avaliação, e o valor da parcela mensal não poderá ser inferior ao valor equivalente ao devido pelo usuário a título de taxa de foro ou ocupação, quando requerido pelo interessado.

**§ 5º** Para ocupantes com renda familiar acima de dez salários mínimos, a aquisição poderá ser realizada à vista ou em até cento e vinte parcelas mensais e consecutivas, mediante um sinal de, no mínimo, 10% (dez por cento) do valor da avaliação, e o valor da parcela mensal não poderá ser inferior ao valor equivalente ao devido pelo usuário a título de taxa de foro ou ocupação, quando requerido pelo interessado.

**§ 6º** A regulamentação do disposto neste artigo será efetuada pela Secretaria do Patrimônio da União (SPU) no prazo de doze meses contado da data de publicação desta Lei.

**Art. 85.** O preço de venda será fixado com base no valor de mercado do imóvel, segundo os critérios de avaliação previstos no art. 11-C da Lei nº 9.636, de 15 de maio de 1998, excluídas as acessões e as benfeitorias realizadas pelo ocupante.

**§ 1º** O prazo de validade da avaliação a que se refere o *caput* deste artigo será de, no máximo, doze meses.

**§ 2º** Nos casos de condomínio edilício privado, as áreas comuns, excluídas suas benfeitorias, serão adicionadas na fração ideal da unidade privativa correspondente.

**Art. 86.** As pessoas físicas de baixa renda que, por qualquer título, utilizem regularmente imóvel da União, inclusive imóveis provenientes de entidades federais extintas, para fins de moradia até 22 de dezembro de 2016, e que sejam isentas do pagamento de qualquer valor pela utilização, na forma da legislação patrimonial e dos cadastros da Secretaria do Patrimônio da União (SPU), poderão requerer diretamente ao oficial de registro de imóveis, mediante apresentação da Certidão de Autorização de Transferência (CAT) expedida pela SPU, a transferência gratuita da propriedade do imóvel, desde que preencham os requisitos previstos no § 5º do art. 31 da Lei nº 9.636, de 15 de maio de 1998.

**§ 1º** A transferência gratuita de que trata este artigo somente poderá ser concedida uma vez por beneficiário.

**§ 2º** A avaliação prévia do imóvel e a prévia autorização legislativa específica não configuram condição para a transferência gratuita de que trata este artigo.

**Art. 87.** Para obter gratuitamente a concessão de direito real de uso ou o domínio pleno do imóvel, o interessado deverá requerer à Secretaria do Patrimônio da União (SPU) a Certidão de Autorização de Transferência para fins de Reurb-S (CAT-Reurb-S), a qual valerá como título hábil para a aquisição do direito mediante o registro no cartório de registro de imóveis competente.

**Parágrafo único.** Efetivado o registro da transferência da concessão de direito real de uso ou do domínio pleno do imóvel, o oficial do cartório de registro de imóveis, no prazo de trinta dias, notificará a Superintendência do Patrimônio da União no Estado ou no Distrito Federal, informando o número da matrícula do imóvel e o seu Registro Imobiliário Patrimonial (RIP), o qual deverá constar da CAT-Reurb-S.

**Art. 88.** Na hipótese de imóveis destinados à Reurb-S cuja propriedade da União ainda não se encontre regularizada no cartório de registro de imóveis competente, a abertura de matrícula poderá ser realizada por meio de requerimento da Secretaria do Patrimônio da União (SPU), dirigido ao oficial do referido cartório, acompanhado dos seguintes documentos:

**I** – planta e memorial descritivo do imóvel, assinados por profissional habilitado perante o Conselho Regional de Engenharia e Agronomia (Crea) ou o Conselho de Arquitetura e Urbanismo (CAU), condicionados à apresentação da Anotação de Responsabilidade Técnica (ART) ou do Registro de Responsabilidade Técnica (RRT), quando for o caso; e

**II** – ato de discriminação administrativa do imóvel da União para fins de Reurb-S, a ser expedido pela Secretaria do Patrimônio da União (SPU).

**§ 1º** O oficial do cartório de registro de imóveis deverá, no prazo de trinta dias, contado da data de protocolo do requerimento, fornecer à Superintendência do Patrimônio da União no Estado ou no Distrito Federal a certidão da matrícula aberta ou os motivos fundamentados para a negativa da abertura, hipótese para a qual deverá ser estabelecido prazo para que as pendências sejam supridas.

**§ 2º** O disposto no *caput* deste artigo não se aplica aos imóveis da União submetidos a procedimentos específicos de identificação e demarcação, os quais continuam submetidos às normas pertinentes.

**Art. 89.** Os procedimentos para a transferência gratuita do direito real de uso ou do domínio pleno de imóveis da União no âmbito da Reurb-S, inclusive aqueles relacionados à forma de comprovação dos requisitos pelos beneficiários, serão regulamentados em ato específico da Secretaria do Patrimônio da União (SPU).

**Art. 90.** Ficam a União, suas autarquias e fundações autorizadas a transferir aos Estados, aos Municípios e ao Distrito Federal as áreas públicas federais ocupadas por núcleos urbanos informais, para que promovam a Reurb nos termos desta Lei, observado o regulamento quando se tratar de imóveis de titularidade de fundos.

**Art. 91.** O Decreto-Lei nº 2.398, de 21 de dezembro de 1987, passa a vigorar com as seguintes alterações:

(...)

**Art. 92.** A Lei nº 13.240, de 30 de dezembro de 2015, passa a vigorar com as seguintes alterações:

(...)

**Art. 93.** A Lei nº 9.636, de 15 de maio de 1998, passa a vigorar com as seguintes alterações:

(...)

**Art. 94.** O *caput* do art. 20 da Lei nº 8.036, de 11 de maio de 1990, passa a vigorar acrescido do seguinte inciso XIX:

(...)

**Art. 95.** O Decreto-Lei nº 1.876, de 15 de julho de 1981, passa a vigorar com as seguintes alterações:

(...)

**Art. 96.** O Decreto-Lei nº 9.760, de 5 de setembro de 1946, passa a vigorar com as seguintes alterações:

(...)

**Art . 97.** O art. 11 da Lei n º 13.139, de 26 de junho de 2015 , passa a vigorar com a seguinte redação:

(...)

## TÍTULO IV
## DISPOSIÇÕES FINAIS

**Art. 98.** Fica facultado aos Estados, aos Municípios e ao Distrito Federal utilizar a prerrogativa de venda direta aos ocupantes de suas áreas públicas objeto da Reurb-E, dispensados os procedimentos exigidos pela Lei nº 8.666, de 21 de junho de 1993, e desde que os imóveis se encontrem ocupados até 22 de dezembro de 2016, devendo regulamentar o processo em legislação própria nos moldes do disposto no art. 84 desta Lei.

**Art. 99.** O art. 28 da Lei nº 11.483, de 31 de maio de 2007, passa a vigorar com as seguintes alterações:

(...)

**Art. 100.** O art. 38 da Lei nº 12.712, de 30 de agosto de 2012, passa a vigorar com as seguintes alterações:

(...)

**Art. 101.** A Lei nº 6.015, de 31 de dezembro de 1973, passa a vigorar acrescida do seguinte art. 235-A:

(...)

**Art. 102.** Fica a União autorizada a doar ao Estado de Rondônia as glebas públicas arrecadadas e registradas em nome da União nele situadas.

**§ 1º** São excluídas da autorização de que trata o *caput* deste artigo:

**I** – as áreas relacionadas nos incisos II a XI do art. 20 da Constituição Federal;

**II** – as terras destinadas ou em processo de destinação pela União a projetos de assentamento;

**III** – as áreas de unidades de conservação já instituídas pela União e aquelas em processo de instituição, conforme regulamento;

**IV** – as áreas afetadas, de modo expresso ou tácito, a uso público, comum ou especial;

**V** – as áreas objeto de títulos expedidos pela União que não tenham sido extintos por descumprimento de cláusula resolutória;

**VI** – as áreas urbanas consolidadas, que serão objeto de doação diretamente da União ao Município, nos termos da Lei nº 11.952, de 25 de junho de 2009.

**§ 2º** As glebas objeto de doação ao Estado de Rondônia deverão ser preferencialmente utilizadas em atividades de conservação ambiental e desenvolvimento sustentável, de assentamento, de colonização e de regularização fundiária, podendo ser adotado o regime de concessão de uso previsto no Decreto-Lei nº 271, de 28 de fevereiro de 1967.

**§ 3º** As doações serão efetuadas de forma gradativa, à medida que reste comprovado que a gleba anteriormente transferida tenha sido destinada nos termos do § 2º deste artigo.

**§ 4º** A aquisição ou arrendamento de lotes por estrangeiros obedecerá aos limites, às condições e às restrições estabelecidos na legislação federal.

**§ 5º** A doação de glebas públicas federais aos Estados de Roraima e do Amapá será regida pela Lei nº 10.304, de 5 de novembro de 2001.

**§ 6º** O Poder Executivo da União editará ato para regulamentar este artigo, inclusive para fixar critérios de definição das glebas a serem alienadas.

**Art. 103.** Os interessados poderão, no prazo de cento e oitenta dias, requerer à Secretaria Especial de Agricultura Familiar e do Desenvolvimento Agrário, ao Incra e à Secretaria do Patrimônio da União (SPU) a revisão das decisões administrativas denegatórias, ainda que judicializadas, caso em que o pedido deverá ser objeto de análise final no prazo de um ano.

**Parágrafo único.** O disposto neste artigo não impede o interessado de pleitear direitos previstos nesta Lei, desde que preencha os pressupostos fáticos pertinentes.

**Art. 104.** O Decreto-Lei nº 3.365, de 21 de junho de 1941, passa a vigorar acrescido do seguinte art. 34-A:

(...)

**Art. 105.** Em caso de certificação de imóveis rurais em unidade de conservação situados em região de difícil acesso ou em que a implantação do marco físico implique supressão de cobertura vegetal, deverão ser utilizados vértices virtuais para fins de georreferenciamento.

**Art. 106.** O disposto nesta Lei aplica-se à ilha de Fernando de Noronha e às demais ilhas oceânicas e costeiras, em conformidade com a legislação patrimonial em vigor.

**Art. 107.** Decreto do Poder Executivo federal poderá regulamentar o disposto nesta Lei.

**Art. 108.** Esta Lei entra em vigor na data de sua publicação.

**Art. 109.** Ficam revogados:

**I** – os arts. 14 e 15 da Lei Complementar nº 76, de 6 de julho de 1993;

**II** – os arts. 27 e 28 da Lei nº 9.636, de 15 de maio de 1998;

**III** – os seguintes dispositivos da Lei nº 11.952, de 25 de junho de 2009:

a) o § 2º do art. 5º;

b) o parágrafo único do art. 18;

c) os incisos I, II, III e IV do *caput* e os §§ 1º e 2º, todos do art. 30; e

d) os §§ 4º e 5º do art. 15;

**IV** – o CAPÍTULO III da Lei no 11.977, de 7 de julho de 2009;

**V** – (VETADO);

**VI** – os arts. 288-B a 288-G da Lei nº 6.015, de 31 de dezembro de 1973;

**VII** – os arts. 2º, 3º, 7º e 13 da Lei nº 13.240, de 30 de dezembro de 2015;

**VIII** – o parágrafo único do art. 14, o § 5º do art. 24, o § 3º do art. 26 e os arts. 29, 34, 35 e 45 da Lei nº 9.636, de 15 de maio de 1998;

**IX** – o § 1º do art. 1º da Lei nº 13.347, de 10 de outubro de 2016.

Brasília, 11 de julho de 2017;
196º da Independência e 129º da República.

MICHEL TEMER
Torquato Jardim
Henrique Meirelles
Dyogo Henrique de Oliveira
Bruno Cavalcanti de Araújo
Eliseu Padilha

# Direito Processual Civil

# PLANO DE ESTUDO

| Diploma | Estudado | Revisão 1 | Revisão 2 | Revisão 3 | Questões |
|---|---|---|---|---|---|
| Lei nº 5.010/1966 *(Excertos)* | | | | | |
| Lei nº 6.830/1980 | | | | | |
| Lei nº 8.437/1992 | | | | | |
| Lei nº 9.289/1996 | | | | | |
| Lei nº 9.307/1996 | | | | | |
| Lei nº 10.259/2001 | | | | | |
| Lei nº 13.140/2015 | | | | | |

## LEI Nº 5.010, DE 30 DE MAIO DE 1966

*(EXCERTOS)*

*Organiza a Justiça Federal de primeira instância, e dá outras providências.*

› DOU de 1º.6.1966, ret. DOU de 14.6.1966 e 4.7.1966.

O Presidente da República

Faço saber que o Congresso Nacional decreta e eu sanciono a seguinte Lei:

### CAPÍTULO I DISPOSIÇÕES PRELIMINARES

**Art. 1º** A administração da Justiça Federal de primeira instância nos Estados, no Distrito Federal e nos Territórios, compete a Juízes Federais e Juízes Federais Substitutos, com a colaboração dos órgãos auxiliares instituídos em lei e pela forma nela estabelecida.

(...)

**Art. 3º** Cada um dos Estados e Territórios, bem como o Distrito Federal, constituirá uma Seção Judiciária, tendo por sede a respectiva Capital.

**Parágrafo único.** O Território de Fernando de Noronha compreender-se-á na Seção Judiciária do Estado de Pernambuco.

### CAPÍTULO II DO CONSELHO DA JUSTIÇA FEDERAL

**Art. 4º** A Justiça Federal terá um Conselho integrado pelo Presidente, Vice-Presidente e três Ministros do Tribunal Federal de Recursos, eleitos por dois anos.

**Parágrafo único.** Quando escolher os três Ministros que integrarão o Conselho, o Tribunal Federal de Recursos indicará, dentre eles, o Corregedor-Geral e elegerá, também, os respectivos Suplentes.

**Art. 5º** O Conselho da Justiça Federal funcionará junto ao Tribunal Federal de Recursos.

**Art. 6º** Ao Conselho da Justiça Federal compete:

**I** – conhecer de correição parcial requerida pela parte ou pela Procuradoria da República, no prazo de cinco dias, contra ato ou despacho do Juiz de que não caiba recurso, ou omissão que importe erro de ofício ou abuso de poder.

**II** – determinar, mediante provimento, as providências necessárias ao regular funcionamento da Justiça e à disciplina forense;

**III** – organizar e fazer realizar concursos para o provimento dos cargos de Juiz Federal Substituto e dos serviços auxiliares da Justiça Federal;

**IV** – propor ao Presidente da República, por intermédio do Ministério da Justiça e Negócios Interiores, a nomeação dos candidatos aprovados em concurso, obedecida a ordem de classificação, e os demais atos de provimento e vacância dos cargos de Juiz Federal Substituto e de servidor da Justiça Federal;

**V** – conceder licenças e férias aos Juízes;

**VI** – conceder licenças aos servidores da Justiça Federal, por prazo superior a noventa dias e praticar os demais atos de administração e disciplina do pessoal, sem prejuízo da ação do Corregedor-Geral, e dos Juízes Federais;

**VII** – proceder a correições gerais ordinárias, de dois em dois anos, em todos os Juízos e respectivas Secretarias, e, extraordinárias, quando julgar necessário;

**VIII** – elaborar e fazer publicar, anualmente até 30 de março, relatório circunstanciado dos serviços forenses de primeira instância, relativos ao ano anterior;

**IX** – estabelecer normas para a distribuição dos feitos em primeira instância;

**X** – fixar a competência administrativa dos Juízes;

**XI** – especializar Varas, fixar sede de Vara fora da Capital e atribuir competência pela natureza dos feitos a determinados Juízes (artigo 12);

**XII** – determinar a forma pela qual os Juízes Federais substitutos deverão auxiliar os Juízes Federais (artigo 14);

**XIII** – regular a distribuição dos feitos entre os Juízes Federais e entre estes os Juízes Federais Substitutos (artigo 16);

**XIV** – prover sobre as substituições dos Juízes (artigo 16);

**XV** – aplicar penas disciplinares aos Juízes e servidores da Justiça Federal;

**XVI** – determinar, mediante proposta do Diretor do Foro, a lotação dos serviços auxiliares da Seção Judiciária (artigo 38, parágrafo único);

**XVII** – elaborar o seu Regimento e submetê-lo à aprovação do Tribunal Federal de Recursos.

**Art. 7º** Dos atos e decisões do Conselho da Justiça Federal não caberá recurso administrativo.

**Art. 8º** O Conselho da Justiça Federal poderá delegar competência a Juízes Federais para correições gerais ou extraordinárias na Região a que pertencerem.

**Art. 9º** O relator da correição parcial poderá ordenar a suspensão, até trinta dias, do ato ou despacho impugnado, quando de sua execução possa decorrer dano irreparável.

## CAPÍTULO III
## DOS JUÍZES FEDERAIS

### SEÇÃO I
### DA JURISDIÇÃO E COMPETÊNCIA

(...)

**Art. 11.** A jurisdição dos Juízes Federais de cada Seção Judiciária abrange toda a área territorial nela compreendida.

**Parágrafo único.** Os Juízes, no exercício de sua jurisdição e no interesse da Justiça, poderão deslocar-se de sua sede para qualquer ponto da Seção.

**Art. 12.** Nas Seções Judiciárias em que houver mais de uma Vara, poderá o Conselho da Justiça Federal fixar-lhes sede em cidade diversa da Capital, especializar Varas e atribuir competência por natureza de feitos a determinados Juízes.

**Art. 13.** Compete aos Juízes Federais:

**I** – processar e julgar, em primeira instância, as causas sujeitas à jurisdição da Justiça Federal (artigo 10), ressalvado o disposto no art.15;

**II** – abrir, rubricar e encerrar os livros das respectivas Secretarias;

**III** – inspecionar, pelo menos uma vez por ano os serviços a cargo das Secretarias, providenciando no sentido de evitar ou punir erros, omissões ou abusos;

**IV** – dar conhecimento imediato da inspeção realizada ao Corregedor-Geral, em ofício reservado, solicitando-lhe as providências cabíveis;

**V** – fornecer, anualmente, dados para a organização de estatísticas;

**VI** – processar e julgar as suspeições argüidas, contra os auxiliares do Juízo;

**VII** – aplicar penas disciplinares aos servidores do próprio Juízo;

**VIII** – apresentar, anualmente, relatório circunstanciado dos trabalhos sob sua jurisdição.

**IX** – requisitar força federal ou estadual necessária ao cumprimento de suas decisões;

(...)

**Art. 15.** Quando a Comarca não for sede de Vara Federal, poderão ser processadas e julgadas na Justiça Estadual: (*Redação dada pela Lei 13.876/2019*)

**I** – (*Revogado pela Lei 13.043/2014*)

‣ *Art. 75 da Lei 13.043/201).*

**II** – as vistorias e justificações destinadas a fazer prova perante a administração federal, centralizada ou autárquica, quando o requerente for domiciliado na Comarca;

**III** - as causas em que forem parte instituição de previdência social e segurado e que se referirem a benefícios de natureza pecuniária, quando a Comarca de domicílio do segurado estiver localizada a mais de 70 km (setenta quilômetros) de Município sede de Vara Federal; (*Redação dada pela Lei 13.876/2019*)

**IV** – as ações de qualquer natureza, inclusive os processos acessórios e incidentes a elas relativos, propostas por sociedades de economia mista com participação majoritária federal contra pessoas domiciliadas na Comarca, ou que versem sobre bens nela situados.

**§ 1º** Sem prejuízo do disposto no art. 42 desta Lei e no parágrafo único do art. 237 da Lei nº 13.105, de 16 de março de 2015 (Código de Processo Civil), poderão os Juízes e os auxiliares da Justiça Federal praticar atos e diligências processuais no território de qualquer Município abrangido pela seção, subseção ou circunscrição da respectiva Vara Federal. (*Redação dada pela Lei 13.876/2019*)

**§ 2º** Caberá ao respectivo Tribunal Regional Federal indicar as Comarcas que se enquadram no critério de distância previsto no inciso III do *caput* deste artigo. (*Acrescido pela Lei 13.876/2019*)

(...)

### SEÇÃO IV
### DOS DEVERES E SANÇÕES

**Art. 28.** É vedado aos Juízes Federais e Juízes Federais Substitutos:

**I** – exercer atividade político-partidária;

**II** – participar de gerência ou administração de empresa industrial ou comercial;

**III** – exercer comércio ou participar de sociedade comercial, inclusive de sociedade de economia mista, de que o poder público tenha participação majoritária, exceto como acionista, cotista ou comanditário;

**IV** – exercer função de árbitro ou de juiz, fora dos casos previstos em lei.

**Art. 29.** Os Juizes Federais e os Juízes Federais Substitutos enviarão, anualmente, ao Conselho da Justiça Federal, cópia da sua declaração de bens apresentada a repartição do imposto de renda.

**Art. 30.** Os Juízes Federais e os Juízes Federais Substitutos deverão residir na cidade que for sede da Vara em que servirem, não podendo, quando em exercício e nos dias de expediente, ausentar-se sem autorização do Corregedor-Geral.

**Art. 31.** Os Juízes usarão toga durante as audiências.

**Art. 32.** Os Juízes Federais e os Juízes Federais Substitutos devem comparecer, nos dias úteis, a sede dos seus Juízos e aí permanecer durante o expediente, salvo, quando em cumprimento de diligência judicial.

(...)

## CAPÍTULO IV
## DOS SERVIÇOS AUXILIARES DA JUSTIÇA FEDERAL

(...)

### SEÇÃO II
### DAS ATRIBUIÇÕES DA SECRETARIA

**Art. 41.** À Secretaria compete:

**I** – receber e autuar petições, movimentar feitos, guardar e conservar processos e demais papéis que transitarem pelas Varas;
**II** – protocolar e registrar os feitos, e fazer anotações sobre seu andamento;
**III** – registrar as sentenças em livro próprio;
**IV** – remeter à Instância Superior os processos em grau de recurso;
**V** – preparar o expediente para despachos e audiências;
**VI** – exibir os processos para consulta pelos advogados e prestar informações sobre os feitos e seu andamento;
**VII** – expedir certidões extraídas de autos, livros, fichas e demais papéis sob sua guarda;
**VIII** – enviar despachos e demais atos judiciais para publicação oficial;
**IX** – realizar diligências determinadas pelos Juízes e Corregedores;
**X** – fazer a conta e a selagem correspondentes às custas dos processos, bem assim quaisquer cálculos previstos em lei;
**XI** – efetuar a liquidação dos julgados, na execução de sentença, quando for o caso;
**XII** – receber em depósito, guardar e avaliar bens penhorados ou apreendidos por determinação judicial;
**XIII** – expedir guias para o recolhimento à repartição competente de quantias devidas à Fazenda Pública;
**XIV** – realizar praças ou leilões judiciais;
**XV** – fornecer dados para estatísticas;
**XVI** – cadastrar o material permanente da Vara respectiva;
**XVII** – executar quaisquer atos determinados pelo Conselho da Justiça Federal, Corregedor-Geral, Diretor do Foro ou Juiz da Vara.

**Art. 42.** Os atos e diligências da Justiça Federal poderão ser praticados em qualquer Comarca do Estado ou Território pelos Juízes locais ou seus auxiliares, mediante a exibição de ofício ou mandado em forma regular.

**§ 1º** Somente se expedirá precatória, quando, por essa forma, for mais econômica e expedita a realização do ato ou diligência.

**§ 2º** As diligências em outras Seções sempre que possível, serão solicitadas por via telegráfica ou postal com aviso de recepção.

**§ 3º** As malas dos serviços da Justiça Federal terão franquia postal e gozarão de preferência em quaisquer serviços públicos de transporte.

**§ 4º** A Justiça Federal gozará, também, de franquia telegráfica.

**Art. 43.** Os oficiais de justiça terão carteira de identificação, visada pelo juiz da vara em que servirem e terão passe livre, quando em exercício de suas funções, nas empresas de transportes da respectiva Seção Judiciária.

**Art. 44.** Mediante ordem .judicial específica, os Oficiais de Justiça terão livre acesso aos registros imobiliários, bem como aos livros e documentos bancários, para o cumprimento de mandado de penhora, seqüestro, arresto, busca ou apreensão de bens ou dinheiro em favor da União ou de suas autarquias.

(...)

**Art. 62.** Além dos fixados em lei, serão feriados na Justiça Federal, inclusive nos Tribunais Superiores:
**I** – os dias compreendidos entre 20 de dezembro e 6 de janeiro, inclusive;
**II** – os dias da Semana Santa, compreendidos entre a quarta-feira e o Domingo de Páscoa;
**III** – os dias de segunda e terça-feira de Carnaval;
**IV** – os dias 11 de agosto, 1º e 2 de novembro e 8 de dezembro.

(...)

**Art. 66.** O prazo para conclusão do inquérito policial será de quinze dias, quando o indiciado estiver preso, podendo ser prorrogado por mais quinze dias, a pedido, devidamente fundamentado, da autoridade policial e deferido pelo Juiz a que competir o conhecimento do processo.

**Parágrafo único.** Ao requerer a prorrogação do prazo para conclusão do inquérito, a autoridade policial deverá apresentar o preso ao Juiz.

(...)

Brasília, em 30 de maio de 1966;
145º da Independência e 78º da República
H. Castello Branco
Mem de Sá

‣ Deixamos de publicar o anexo desta Lei.

# LEI Nº 6.830, DE 22 DE SETEMBRO DE 1980

*Dispõe sobre a cobrança judicial da Dívida Ativa da Fazenda Pública e dá outras providências.*

‣ D.O.U. 24.9.1980

O PRESIDENTE DA REPÚBLICA

Faço saber que o Congresso Nacional decreta e eu sanciono a seguinte Lei:

**Art. 1º.** A execução judicial para cobrança da Dívida Ativa da União, dos Estados, do Distrito Federal, dos Municípios e respectivas autarquias será regida por esta Lei e, subsidiariamente, pelo Código de Processo Civil.

‣ O Ministério Público possui legitimidade para propor a cobrança de multa decorrente de sentença penal condenatória transitada em julgado, com a possibilidade subsidiária de cobrança pela Fazenda Pública. Quem executa a pena de multa? • Prioritariamente: o Ministério Público, na vara de execução penal, aplicando-se a LEP. • Caso o MP se mantenha inerte por mais de 90 dias após ser devidamente intimado: a Fazenda Pública irá executar, na vara de execuções fiscais, aplicando-se a Lei nº 6.830/80. STF. Plenário. ADI 3150/DF, Rel. para acórdão Min. Roberto Barroso, julgado em 12 e 13/12/2018 (Info 927). STF. Plenário. AP 470/MG, Rel. Min. Roberto Barroso, julgado em 12 e 13/12/2018 (Info 927). Obs: a Súmula 521-STJ fica superada e deverá ser cancelada. Súmula 521-STJ: A legitimidade para a execução fiscal de multa pendente de pagamento imposta em sentença condenatória é exclusiva da Procuradoria da Fazenda Pública.

‣ CPC/15: arts. 46, § 5º e 782, § 2º.

**Art. 2º.** Constitui Dívida Ativa da Fazenda Pública aquela definida como tributária ou não tributária na Lei nº 4.320, de 17 de março de 1964, com as alterações posteriores, que estatui normas gerais de direito financeiro para elaboração e controle dos orçamentos e balanços da União, dos Estados, dos Municípios e do Distrito Federal.

**§ 1º.** Qualquer valor, cuja cobrança seja atribuída por lei às entidades de que trata o art. 1º, será considerado Dívida Ativa da Fazenda Pública.

**§ 2º.** A Dívida Ativa da Fazenda Pública, compreendendo a tributária e a não tributária, abrange atualização monetária, juros e multa de mora e demais encargos previstos em lei ou contrato.

› CTN, art. 161, § 1º.

**§ 3º.** A inscrição, que se constitui no ato de controle administrativo da legalidade, será feita pelo órgão competente para apurar a liquidez e certeza do crédito e suspenderá a prescrição, para todos os efeitos de direito, por 180 (cento e oitenta) dias ou até a distribuição da execução fiscal, se esta ocorrer antes de findo aquele prazo.

› CTN, art. 174, par. único.

**§ 4º.** A Dívida Ativa da União será apurada e inscrita na Procuradoria da Fazenda Nacional.

> **STJ, 139.** Cabe à Procuradoria da Fazenda Nacional propor execução fiscal para cobrança de crédito relativo ao ITR.

› Lei 8.022/1990, art. 1º.

**§ 5º.** O Termo de Inscrição de Dívida Ativa deverá conter:

› CTN, art. 202.

**I** – o nome do devedor, dos corresponsáveis e, sempre que conhecido, o domicílio ou residência de um e de outros;

**II** – o valor originário da dívida, bem como o termo inicial e a forma de calcular os juros de mora e demais encargos previstos em lei ou contrato;

**III** – a origem, a natureza e o fundamento legal ou contratual da dívida;

**IV** – a indicação, se for o caso, de estar a dívida sujeita à atualização monetária, bem como o respectivo fundamento legal e o termo inicial para o cálculo;

**V** – a data e o número da inscrição, no Registro de Dívida Ativa; e

**VI** – o número do processo administrativo ou do auto de infração, se neles estiver apurado o valor da dívida.

**§ 6º.** A Certidão de Dívida Ativa conterá os mesmos elementos do Termo de Inscrição e será autenticada pela autoridade competente.

**§ 7º.** O Termo de Inscrição e a Certidão de Dívida Ativa poderão ser preparados e numerados por processo manual, mecânico ou eletrônico.

**§ 8º.** Até a decisão de primeira instância, a Certidão de Dívida Ativa poderá ser emendada ou substituída, assegurada ao executado a devolução do prazo para embargos.

**§ 9º.** O prazo para a cobrança das contribuições previdenciárias continua a ser o estabelecido no art. 144 da Lei nº 3.807, de 26 de agosto de 1960.

**Art. 3º.** A Dívida Ativa regularmente inscrita goza da presunção de certeza e liquidez.

› CTN, art. 204, par. único.

**Parágrafo único.** A presunção a que se refere este artigo é relativa e pode ser ilidida por prova inequívoca, a cargo do executado ou de terceiro, a quem aproveite.

**Art. 4º.** A execução fiscal poderá ser promovida contra:

› CPC/15, art. 779.

**I** – o devedor;

**II** – o fiador;

**III** – o espólio;

**IV** – a massa;

**V** – o responsável, nos termos da lei, por dívidas, tributárias ou não, de pessoas físicas ou pessoas jurídicas de direito privado; e

**VI** – os sucessores a qualquer título.

**§ 1º.** Ressalvado o disposto no art. 31, o síndico, o comissário, o liquidante, o inventariante e o administrador, nos casos de falência, concordata, liquidação, inventário, insolvência ou concurso de credores, se, antes de garantidos os créditos da Fazenda Pública, alienarem ou derem em garantia quaisquer dos bens administrados, respondem, solidariamente, pelo valor desses bens.

› Lei. 11.101/2005 – Regula a recuperação judicial, a extrajudicial e a falência do empresário e da sociedade empresária.

**§ 2º.** À Dívida Ativa da Fazenda Pública, de qualquer natureza, aplicam-se as normas relativas à responsabilidade prevista na legislação tributária, civil e comercial.

**§ 3º.** Os responsáveis, inclusive as pessoas indicadas no § 1º deste artigo, poderão nomear bens livres e desembaraçados do devedor, tantos quantos bastem para pagar a dívida. Os bens dos responsáveis ficarão, porém, sujeitos à execução, se os do devedor forem insuficientes à satisfação da dívida.

› CPC/15, art. 794.

**§ 4º.** Aplica-se à Dívida Ativa da Fazenda Pública de natureza não tributária o disposto nos arts. 186 e 188 a 192 do Código Tributário Nacional.

**Art. 5º.** A competência para processar e julgar a execução da Dívida Ativa da Fazenda Pública exclui a de qualquer outro juízo, inclusive o da falência, da concordata, da liquidação, da insolvência ou do inventário.

> **STJ, 66.** Compete à Justiça Federal processar e julgar execução fiscal promovida por Conselho de fiscalização profissional.

› CF/88, art. 109, § 3º.

› Lei. 11.101/2005 – Regula a recuperação judicial, a extrajudicial e a falência do empresário e da sociedade empresária.

**Art. 6º.** A petição inicial indicará apenas:

> **STJ, 58.** Proposta a execução fiscal, a posterior mudança de domicílio do executado não desloca a competência já fixada.
>
> **STJ, 66.** Compete à Justiça Federal processar e julgar execução fiscal promovida por Conselho de fiscalização profissional.
>
> **STJ, 190.** Na execução fiscal, processada perante a Justiça Estadual, cumpre à Fazenda Pública antecipar o numerário destinado ao custeio das despesas com o transporte dos oficiais de justiça.
>
> **STJ, 251.** A meação só responde pelo ato ilícito quando o credor, na execução fiscal, provar que o enriquecimento dele resultante aproveitou ao casal.
>
> **STJ, 558.** Em ações de execução fiscal, a petição inicial não pode ser indeferida sob o argumento da falta de indicação do CPF e/ou RG ou CNPJ da parte executada.
>
> **STJ, 559.** Em ações de execução fiscal, é desnecessária a instrução da petição inicial com o demonstrativo de cálculo do débito, por tratar-se de requisito não previsto no art. 6º da Lei 6.830/1980.

› CPC/15, art. 319.

**I** – o juiz a quem é dirigida;

**II** – o pedido; e

**III** – o requerimento para a citação.

**§ 1º.** A petição inicial será instruída com a Certidão da Dívida Ativa, que dela fará parte integrante, como se estivesse transcrita.

**§ 2º.** A petição inicial e a Certidão de Dívida Ativa poderão constituir um único documento, preparado inclusive por processo eletrônico.

**§ 3º.** A produção de provas pela Fazenda Pública independe de requerimento na petição inicial.

**§ 4º.** O valor da causa será o da dívida constante da certidão, com os encargos legais.

**Art. 7º.** O despacho do juiz que deferir a inicial importa em ordem para:

**I** – citação, pelas sucessivas modalidades previstas no art. 8º;

> STJ, 414. A citação por edital na execução fiscal é cabível quando frustradas as demais modalidades.

**II** – penhora, se não for paga a dívida, nem garantida a execução, por meio de depósito, fiança ou seguro garantia;

**III** – arresto, se o executado não tiver domicílio ou dele se ocultar;

**IV** – registro da penhora ou do arresto, independentemente do pagamento de custas ou outras despesas, observado o disposto no art. 14; e

**V** – avaliação dos bens penhorados ou arrestados.

**Art. 8º.** O executado será citado para, no prazo de 5 (cinco) dias, pagar a dívida com os juros e multa de mora e encargos indicados na Certidão de Dívida Ativa, ou garantir a execução, observadas as seguintes normas:

› CPC/15, art. 828, *caput*.

**I** – a citação será feita pelo correio, com aviso de recepção, se a Fazenda Pública não a requerer por outra forma;

> STJ, 58. Proposta a execução fiscal, a posterior mudança de domicílio do executado não desloca a competência já fixada.

› CPC/15, art. 248.

**II** – a citação pelo correio considera-se feita na data da entrega da carta no endereço do executado; ou, se a data for omitida, no aviso de recepção, 10 (dez) dias após a entrega da carta à agência postal;

**III** – se o aviso de recepção não retornar no prazo de 15 (quinze) dias da entrega da carta à agência postal, a citação será feita por oficial de justiça ou por edital;

> STJ, 414. A citação por edital na execução fiscal é cabível quando frustradas as demais modalidades.

**IV** – o edital de citação será afixado na sede do juízo, publicado uma só vez no órgão oficial, gratuitamente, como expediente judiciário, com o prazo de 30 (trinta) dias, e conterá, apenas, a indicação da exequente, o nome do devedor e dos corresponsáveis, a quantia devida, a natureza da dívida, a data e o número da inscrição no Registro da Dívida Ativa, o prazo e o endereço da sede do juízo.

**§ 1º.** O executado ausente do País será citado por edital, com prazo de 60 (sessenta) dias.

**§ 2º.** O despacho do juiz, que ordenar a citação, interrompe a prescrição.

› CTN, art. 174, par. único, I.

**Art. 9º.** Em garantia da execução, pelo valor da dívida, juros e multa de mora e encargos indicados na Certidão da Dívida Ativa, o executado poderá:

**I** – efetuar depósito em dinheiro, à ordem do juízo em estabelecimento oficial de crédito, que assegure atualização monetária;

**II** – oferecer fiança bancária ou seguro garantia;

**III** – nomear bens à penhora, observada a ordem do art. 11; ou

**IV** – indicar à penhora bens oferecidos por terceiros e aceitos pela Fazenda Pública.

**§ 1º.** O executado só poderá indicar e o terceiro oferecer bem imóvel à penhora com o consentimento expresso do respectivo cônjuge.

**§ 2º.** Juntar-se-á aos autos a prova do depósito, da fiança bancária, do seguro garantia ou da penhora dos bens do executado ou de terceiros.

**§ 3º.** A garantia da execução, por meio de depósito em dinheiro, fiança bancária ou seguro garantia, produz os mesmos efeitos da penhora.

**§ 4º.** Somente o depósito em dinheiro, na forma do art. 32, faz cessar a responsabilidade pela atualização monetária e juros de mora.

**§ 5º.** A fiança bancária prevista no inciso II obedecerá às condições preestabelecidas pelo Conselho Monetário Nacional.

**§ 6º.** O executado poderá pagar parcela da dívida, que julgar incontroversa, e garantir a execução do saldo devedor.

**§ 7º.** As garantias apresentadas na forma do inciso II do *caput* deste artigo somente serão liquidadas, no todo ou parcialmente, após o trânsito em julgado de decisão de mérito em desfavor do contribuinte, vedada a sua liquidação antecipada. *(Acrescido pela Lei 14.689/2023, vetado pelo Presidente da República, mantido pelo Congresso Nacional e publicado na Edição Extra C do DOU de 22.12.2023)*

**Art. 10.** Não ocorrendo o pagamento, nem a garantia da execução de que trata o art. 9º, a penhora poderá recair em qualquer bem do executado, exceto os que a lei declare absolutamente impenhoráveis.

**Art. 11.** A penhora ou arresto de bens obedecerá à seguinte ordem:

**I** – dinheiro;

**II** – título da dívida pública, bem como título de crédito, que tenham cotação em Bolsa;

**III** – pedras e metais preciosos;

**IV** – imóveis;

**V** – navios e aeronaves;

**VI** – veículos;

**VII** – móveis ou semoventes; e

**VIII** – direitos e ações.

**§ 1º.** Excepcionalmente, a penhora poderá recair sobre estabelecimento comercial, industrial ou agrícola, bem como em plantações ou edifícios em construção.

**§ 2º.** A penhora efetuada em dinheiro será convertida no depósito de que trata o inciso I do art. 9º.

**§ 3º.** O juiz ordenará a remoção do bem penhorado para depósito judicial, particular ou da Fazenda Pública exequente, sempre que esta o requerer, em qualquer fase do processo.

**Art. 12.** Na execução fiscal, far-se-á a intimação da penhora ao executado, mediante publicação, no órgão oficial, do ato de juntada do termo ou do auto de penhora.

**§ 1º.** Nas comarcas do interior dos Estados, a intimação poderá ser feita pela remessa de cópia do termo ou do auto de penhora, pelo correio, na forma estabelecida no art. 8º, I e II, para a citação.

**§ 2º.** Se a penhora recair sobre imóvel, far-se-á a intimação ao cônjuge, observadas as normas previstas para a citação.

**§ 3º.** Far-se-á a intimação da penhora pessoalmente ao executado se, na citação feita pelo correio, o aviso de recepção não contiver a assinatura do próprio executado, ou de seu representante legal.

**Art. 13.** O termo ou auto de penhora conterá, também, a avaliação dos bens penhorados, efetuada por quem o lavrar.

**§ 1º.** Impugnada a avaliação, pelo executado, ou pela Fazenda Pública, antes de publicado o edital de leilão, o juiz, ouvida a outra parte, nomeará avaliador oficial para proceder a nova avaliação dos bens penhorados.

> STJ, 121. Na execução fiscal o devedor deverá ser intimado, pessoalmente, do dia e hora da realização do leilão.
>
> STJ, 128. Na execução fiscal haverá segundo leilão, se no primeiro não houver lanço superior à avaliação.

**§ 2º.** Se não houver, na comarca, avaliador oficial ou este não puder apresentar o laudo de avaliação no prazo de 15 (quinze) dias, será nomeada pessoa ou entidade habilitada, a critério do juiz.

**§ 3º.** Apresentado o laudo, o juiz decidirá de plano sobre a avaliação.

**Art. 14.** O oficial de justiça entregará contrafé e cópia do termo ou do auto de penhora ou arresto, com a ordem de registro de que trata o art. 7º, IV:

**I** – no Ofício próprio, se o bem for imóvel ou a ele equiparado;

**II** – na repartição competente para emissão de certificado de registro, se for veículo;

**III** – na Junta Comercial, na Bolsa de Valores, e na sociedade comercial, se forem ações, debênture, parte beneficiária, cota ou qualquer outro título, crédito ou direito societário nominativo.

**Art. 15.** Em qualquer fase do processo, será deferida pelo juiz:

**I** – ao executado, a substituição da penhora por depósito em dinheiro, fiança bancária ou seguro garantia; e

**II** – à Fazenda Pública, a substituição dos bens penhorados por outros, independentemente da ordem enumerada no art. 11, bem como o reforço da penhora insuficiente.

› CPC/15, art. 874, II.

**Art. 16.** O executado oferecerá embargos, no prazo de 30 (trinta) dias, contados:

**I** – do depósito;

**II** – da juntada da prova da fiança bancária ou do seguro garantia;

**III** – da intimação da penhora.

**§ 1º.** Não são admissíveis embargos do executado antes de garantida a execução.

**§ 2º.** No prazo dos embargos, o executado deverá alegar toda matéria útil à defesa, requerer provas e juntar aos autos os documentos e rol de testemunhas, até três, ou, a critério do juiz, até o dobro desse limite.

**§ 3º.** Não será admitida reconvenção, nem compensação, e as exceções, salvo as de suspeição, incompetência e impedimento, serão arguidas como matéria preliminar e serão processadas e julgadas com os embargos.

> STJ, 393. A exceção de pré-executividade é admissível na execução fiscal relativamente às matérias conhecíveis de ofício que não demandem dilação probatória.

**Art. 17.** Recebidos os embargos, o juiz mandará intimar a Fazenda, para impugná-los no prazo de 30 (trinta) dias, designando, em seguida, audiência de instrução e julgamento.

**Parágrafo único.** Não se realizará audiência, se os embargos versarem sobre matéria de direito ou, sendo de direito e de fato, a prova for exclusivamente documental, caso em que o juiz proferirá a sentença no prazo de 30 (trinta) dias.

**Art. 18.** Caso não sejam oferecidos os embargos, a Fazenda Pública manifestar-se-á sobre a garantia da execução.

**Art. 19.** Não sendo embargada a execução ou sendo rejeitados os embargos, no caso de garantia prestada por terceiro, será este intimado, sob pena de contra ele prosseguir a execução nos próprios autos, para, no prazo de 15 (quinze) dias:

**I** – remir o bem, se a garantia for real; ou

**II** – pagar o valor da dívida, juros e multa de mora e demais encargos, indicados na Certidão de Dívida Ativa, pelos quais se obrigou, se a garantia for fidejussória.

**Art. 20.** Na execução por carta, os embargos do executado serão oferecidos no juízo deprecado, que os remeterá ao juízo deprecante, para instrução e julgamento.

**Parágrafo único.** Quando os embargos tiverem por objeto vícios ou irregularidades de atos do próprio juízo deprecado, caber-lhe-á unicamente o julgamento dessa matéria.

**Art. 21.** Na hipótese de alienação antecipada dos bens penhorados, o produto será depositado em garantia da execução, nos termos previstos no art. 9º, I.

› CPC/15, art. 730.

**Art. 22.** A arrematação será precedida de edital, afixado no local do costume, na sede do juízo, e publicado, em resumo, uma só vez, gratuitamente, como expediente judiciário, no órgão oficial.

> STJ, 121. Na execução fiscal o devedor deverá ser intimado, pessoalmente, do dia e hora da realização do leilão.
>
> STJ, 128. Na execução fiscal haverá segundo leilão, se no primeiro não houver lanço superior à avaliação.

**§ 1º.** O prazo entre as datas de publicação do edital e do leilão não poderá ser superior a 30 (trinta), nem inferior a 10 (dez) dias.

**§ 2º.** O representante judicial da Fazenda Pública será intimado, pessoalmente, da realização do leilão, com a antecedência prevista no parágrafo anterior.

**Art. 23.** A alienação de quaisquer bens penhorados será feita em leilão público, no lugar designado pelo juiz.

**§ 1º.** A Fazenda Pública e o executado poderão requerer que os bens sejam leiloados englobadamente ou em lotes que indicarem.

- CPC/15, art. 891.

**§ 2º.** Cabe ao arrematante o pagamento da comissão do leiloeiro e demais despesas indicadas no edital.

- CPC/15, art. 884, par. único.

**Art. 24.** A Fazenda Pública poderá adjudicar os bens penhorados:

**I** – antes do leilão, pelo preço da avaliação, se a execução não for embargada ou se rejeitados os embargos;

**II** – findo o leilão:

*a)* se não houver licitante, pelo preço da avaliação;

*b)* havendo licitantes, com preferência, em igualdade de condições com a melhor oferta, no prazo de 30 (trinta) dias.

**Parágrafo único.** Se o preço da avaliação ou o valor da melhor oferta for superior ao dos créditos da Fazenda Pública, a adjudicação somente será deferida pelo juiz se a diferença for depositada, pela exequente, à ordem do juízo, no prazo de 30 (trinta) dias.

**Art. 25.** Na execução fiscal, qualquer intimação ao representante judicial da Fazenda Pública será feita pessoalmente.

**Parágrafo único.** A intimação de que trata este artigo poderá ser feita mediante vista dos autos, com imediata remessa ao representante judicial da Fazenda Pública, pelo cartório ou secretaria.

**Art. 26.** Se, antes da decisão de primeira instância, a inscrição de Dívida Ativa for, a qualquer título, cancelada, a execução fiscal será extinta, sem qualquer ônus para as partes.

**Art. 27.** As publicações de atos processuais poderão ser feitas resumidamente ou reunir num só texto os de diferentes processos.

**Parágrafo único.** As publicações farão sempre referência ao número do processo no respectivo juízo e ao número da correspondente inscrição de Dívida Ativa, bem como ao nome das partes e de seus advogados, suficientes para a sua identificação.

**Art. 28.** O juiz, a requerimento das partes, poderá, por conveniência da unidade da garantia da execução, ordenar a reunião de processos contra o mesmo devedor.

STJ, 515. A reunião de execuções fiscais contra o mesmo devedor constitui faculdade do Juiz.

- CPC/15: arts. 57 e 58.

**Parágrafo único.** Na hipótese deste artigo, os processos serão redistribuídos ao juízo da primeira distribuição.

**Art. 29.** A cobrança judicial da Dívida Ativa da Fazenda Pública não é sujeita a concurso de credores ou habilitação em falência, concordata, liquidação, inventário ou arrolamento.

- O concurso de preferência entre os entes federados na cobrança judicial dos créditos tributários e não tributários, previsto no parágrafo único do art. 187 da Lei nº 5.172/66 (Código Tributário Nacional) e no parágrafo único do art. 29 da Lei nº 6.830/80 (Lei de Execuções Fiscais), não foi recepcionado pela Constituição Federal de 1988. STF. Plenário. ADPF 357/DF, Rel. Min. Cármen Lúcia, julgado em 24/6/2021 (Info 1023).
- A Súmula 563 do STF e a Súmula 497 do STJ foram canceladas.

**Parágrafo único.** O concurso de preferência somente se verifica entre pessoas jurídicas de direito público, na seguinte ordem:

**I** – União e suas autarquias;

**II** – Estados, Distrito Federal e Territórios e suas autarquias, conjuntamente e *pro rata*;

**III** – Municípios e suas autarquias, conjuntamente e *pro rata*.

**Art. 30.** Sem prejuízo dos privilégios especiais sobre determinados bens, que sejam previstos em lei, responde pelo pagamento da Dívida Ativa da Fazenda Pública a totalidade dos bens e das rendas, de qualquer origem ou natureza, do sujeito passivo, seu espólio ou sua massa, inclusive os gravados por ônus real ou cláusula de inalienabilidade ou impenhorabilidade, seja qual for a data da constituição do ônus ou da cláusula, excetuados unicamente os bens e rendas que a lei declara absolutamente impenhoráveis.

**Art. 31.** Nos processos de falência, concordata, liquidação, inventário, arrolamento ou concurso de credores, nenhuma alienação será judicialmente autorizada sem a prova de quitação da Dívida Ativa ou a concordância da Fazenda Pública.

- Lei. 11.101/2005 – Regula a recuperação judicial, a extrajudicial e a falência do empresário e da sociedade empresária.

**Art. 32.** Os depósitos judiciais em dinheiro serão obrigatoriamente feitos:

**I** – na Caixa Econômica Federal, de acordo com o Dec.-lei nº 1.737, de 20 de dezembro de 1979, quando relacionados com a execução fiscal proposta pela União ou suas autarquias;

**II** – na Caixa Econômica ou no banco oficial da unidade federativa ou, à sua falta, na Caixa Econômica Federal, quando relacionados com execução fiscal proposta pelo Estado, Distrito Federal, Municípios e suas autarquias.

**§ 1º.** Os depósitos de que trata este artigo estão sujeitos à atualização monetária, segundo os índices estabelecidos para os débitos tributários federais.

**§ 2º.** Após o trânsito em julgado da decisão, o depósito, monetariamente atualizado, será devolvido ao depositante ou entregue à Fazenda Pública, mediante ordem do juízo competente.

**Art. 33.** O juízo, de ofício, comunicará à repartição competente da Fazenda Pública, para fins de averbação no Registro da Dívida Ativa, a decisão final, transitada em julgado, que der por improcedente a execução, total ou parcialmente.

**Art. 34.** Das sentenças de primeira instância proferidas em execuções de valor igual ou inferior a 50 (cinquenta) Obrigações Reajustáveis do Tesouro Nacional – ORTN, só se admitirão embargos infringentes e de declaração.

STF, 640. É cabível recurso extraordinário contra decisão proferida por juiz de primeiro grau nas causas de alçada, ou por turma recursal de juizado especial cível e criminal.

- Não é cabível mandado de segurança contra decisão proferida em execução fiscal no contexto do art. 34 da Lei n. 6.830/1980. STJ. 1ª Seção. IAC no RMS 54.712-SP, Rel. Min. Sérgio Kukina, julgado em 10/04/2019 (Info 648)

**§ 1º.** Para os efeitos deste artigo, considerar-se-á o valor da dívida monetariamente atualizado e acrescido de multa e juros de mora e demais encargos legais, na data da distribuição.

**§ 2º.** Os embargos infringentes, instruídos, ou não, com documentos novos, serão deduzidos, no prazo de 10 (dez) dias perante o mesmo juízo, em petição fundamentada.

**§ 3º.** Ouvido o embargado, no prazo de 10 (dez) dias, serão os autos conclusos ao juiz, que, dentro de 20 (vinte) dias, os rejeitará ou reformará a sentença.

**Art. 35.** Nos processos regulados por esta Lei, poderá ser dispensada a audiência de revisor, no julgamento das apelações.

**Art. 36.** Compete à Fazenda Pública baixar normas sobre o recolhimento da Dívida Ativa respectiva, em juízo ou fora dele, e aprovar, inclusive, os modelos de documentos de arrecadação.

**Art. 37.** O auxiliar de justiça que, por ação ou omissão, culposa ou dolosa, prejudicar a execução, será responsabilizado, civil, penal e administrativamente.

**Parágrafo único.** O oficial de justiça deverá efetuar, em 10 (dez) dias, as diligências que lhe forem ordenadas, salvo motivo de força maior devidamente justificado perante o juízo.

**Art. 38.** A discussão judicial da Dívida Ativa da Fazenda Pública só é admissível em execução, na forma desta Lei, salvo as hipóteses de mandado de segurança, ação de repetição do indébito ou ação anulatória do ato declarativo da dívida, esta precedida do depósito preparatório do valor do débito, monetariamente corrigido e acrescido dos juros e multa de mora e demais encargos.

- CTN: arts. 165 a 169.
- CPC/15: arts. 19 e 20.
- Lei 12.016/2009 – Disciplina o mandado de segurança individual e coletivo.

**Parágrafo único.** A propositura, pelo contribuinte, da ação prevista neste artigo importa em renúncia ao poder de recorrer na esfera administrativa e desistência do recurso acaso interposto.

**Art. 39.** A Fazenda Pública não está sujeita ao pagamento de custas e emolumentos. A prática dos atos judiciais de seu interesse independerá de preparo ou de prévio depósito.

**Parágrafo único.** Se vencida, a Fazenda Pública ressarcirá o valor das despesas feitas pela parte contrária.

- CPC/15: arts. 84 e 85.

**Art. 40.** O juiz suspenderá o curso da execução, enquanto não for localizado o devedor ou encontrados bens sobre os quais possa recair a penhora, e, nesses casos, não correrá o prazo de prescrição.

- É constitucional o art. 40 da Lei nº 6.830/1980 (Lei de Execução Fiscal – LEF), tendo natureza processual o prazo de um ano de suspensão da execução fiscal. Após o decurso desse prazo, inicia-se automaticamente a contagem do prazo prescricional tributário de cinco anos. STF. Plenário. RE 636562/SC, Rel. Min. Roberto Barroso, julgado em 17/02/2023 (Repercussão Geral – Tema 390) (Info 1083).

STJ, 314. Em execução fiscal, não localizados bens penhoráveis, suspende-se o processo por um ano, findo o qual se inicia o prazo da prescrição qüinqüenal intercorrente.

- CPC/15, art. 921.
- CTN, art. 174, par. único.

**§ 1º.** Suspenso o curso da execução, será aberta vista dos autos ao representante judicial da Fazenda Pública.

- CTN, art. 151.

**§ 2º.** Decorrido o prazo máximo de 1 (um) ano, sem que seja localizado o devedor ou encontrados bens penhoráveis, o juiz ordenará o arquivamento dos autos.

- O prazo de 1 (um) ano de suspensão do processo e do respectivo prazo prescricional previsto no art. 40, §§ 1º e 2º da Lei nº 6.830/80 (LEF) tem início automaticamente na data da ciência da Fazenda Pública a respeito da não localização do devedor ou da inexistência de bens penhoráveis no endereço fornecido, havendo, sem prejuízo dessa contagem automática, o dever de o magistrado declarar ter ocorrido a suspensão da execução. Sem prejuízo do disposto anteriormente: 1.1) nos casos de execução fiscal para cobrança de dívida ativa de natureza tributária (cujo despacho ordenador da citação tenha sido proferido antes da vigência da Lei Complementar n. 118/2005), depois da citação válida, ainda que editalícia, logo após a primeira tentativa infrutífera de localização de bens penhoráveis, o Juiz declarará suspensa a execução; e, 1.2) em se tratando de execução fiscal para cobrança de dívida ativa de natureza tributária (cujo despacho ordenador da citação tenha sido proferido na vigência da Lei Complementar nº 118/2005) e de qualquer dívida ativa de natureza não tributária, logo após a primeira tentativa frustrada de citação do devedor ou de localização de bens penhoráveis, o Juiz declarará suspensa a execução. STJ. 1ª Seção. REsp 1.340.553-RS, Rel. Min. Mauro Campbell Marques, julgado em 12/09/2018 (recurso repetitivo) (Info 635).

**§ 3º.** Encontrados que sejam, a qualquer tempo, o devedor ou os bens, serão desarquivados os autos para prosseguimento da execução.

- Para interrupção do prazo prescricional é necessário requerimento da Fazenda Pública que acarrete efetiva constrição ou efetiva citação. A efetiva constrição patrimonial e a efetiva citação (ainda que por edital) são aptas a interromper o curso da prescrição intercorrente, não bastando para tal o mero peticionamento em juízo, requerendo, v.g., a feitura da penhora sobre ativos financeiros ou sobre outros bens. Os requerimentos feitos pelo exequente, dentro da soma do prazo máximo de 1 (um) ano de suspensão mais o prazo de prescrição aplicável (de acordo com a natureza do crédito exequendo) deverão ser processados, ainda que para além da soma desses dois prazos, pois, citados (ainda que por edital) os devedores e penhorados os bens, a qualquer tempo - mesmo depois de escoados os referidos prazos -, considera-se interrompida a prescrição intercorrente, retroativamente, na data do protocolo da petição que requereu a providência frutífera. STJ. 1ª Seção. REsp 1.340.553-RS, Rel. Min. Mauro Campbell Marques, julgado em 12/09/2018 (recurso repetitivo) (Info 635).

**§ 4º.** Se da decisão que ordenar o arquivamento tiver decorrido o prazo prescricional, o juiz, depois de ouvida a Fazenda Pública, poderá, de ofício, reconhecer a prescrição intercorrente e decretá-la de imediato.

- Encerrado o prazo de 1 ano, inicia-se automaticamente a contagem do prazo prescricional. Havendo ou não petição da Fazenda Pública e havendo ou não pronunciamento judicial nesse sentido, findo o prazo de 1 (um) ano de suspensão, inicia-se automaticamente o prazo prescricional aplicável (de acordo com a natureza do crédito exequendo), durante o qual o processo deveria estar arquivado sem baixa na distribuição, na forma do art. 40, §§ 2º, 3º e 4º da Lei n. 6.830/1980 - LEF, findo o qual o Juiz, depois de ouvida a Fazenda Pública, poderá, de ofício, reconhecer a prescrição intercorrente e decretá-la de imediato. STJ. 1ª Seção. REsp 1.340.553-RS, Rel. Min. Mauro Campbell Marques, julgado em 12/09/2018 (recurso repetitivo) (Info 635).
- Falta de intimação da Fazenda Pública e efetivo prejuízo. A Fazenda Pública, em sua primeira oportunidade de falar nos autos (art. 278 do CPC/2015), ao alegar nulidade pela falta de qualquer intimação dentro do procedimento do art. 40 da LEF, deverá demonstrar o prejuízo que sofreu (exceto a falta da intimação que constitui o termo inicial - Tema 566, onde o prejuízo é presumido), por exemplo, deverá demonstrar a ocorrência de qualquer causa interruptiva ou suspensiva da prescrição. STJ. 1ª Seção. REsp 1.340.553-RS, Rel. Min. Mauro Campbell Marques, julgado em 12/09/2018 (recurso repetitivo) (Info 635).
- Juiz, ao reconhecer a prescrição intercorrente, deverá demonstrar os marcos que foram aplicados na contagem. O magistrado, ao reconhecer a prescrição intercorrente, deverá fundamentar o ato judicial por meio da delimitação dos marcos legais que foram aplicados na contagem do respectivo prazo, inclusive quanto ao

período em que a execução ficou suspensa. STJ. 1ª Seção. REsp 1.340.553-RS, Rel. Min. Mauro Campbell Marques, julgado em 12/09/2018 (recurso repetitivo) (Info 635).

**§ 5º.** A manifestação prévia da Fazenda Pública prevista no § 4º deste artigo será dispensada no caso de cobranças judiciais cujo valor seja inferior ao mínimo fixado por ato do Ministro de Estado da Fazenda.

**Art. 41.** O processo administrativo correspondente à inscrição de Dívida Ativa, à execução fiscal ou à ação proposta contra a Fazenda Pública será mantido na repartição competente, dele se extraindo as cópias autenticadas ou certidões, que forem requeridas pelas partes ou requisitadas pelo juiz ou pelo Ministério Público.

- Dec. 70.235/1972 – Dispõe sobre o processo administrati fiscal.

**Parágrafo único.** Mediante requisição do juiz à repartição competente, com dia e hora previamente marcados, poderá o processo administrativo ser exibido na sede do juízo, pelo funcionário para esse fim designado, lavrando o serventuário termo da ocorrência, com indicação, se for o caso, das peças a serem trasladadas.

**Art. 42.** Revogadas as disposições em contrário, esta Lei entrará em vigor 90 (noventa) dias após a data de sua publicação.

Brasília, 22 de setembro de 1980;
159º da Independência e 92º da República.
João Figueiredo
Ibrahim Abi-Ackel
Ernane Galvêas
Hélio Beltrão

# LEI Nº 8.437, DE 30 DE JUNHO DE 1992

*Dispõe sobre a concessão de medidas cautelares contra atos do Poder Público e dá outras providências.*

- D.O.U. de 1.7.1992

O PRESIDENTE DA REPÚBLICA

Faço saber que o Congresso Nacional decreta e eu sanciono a seguinte Lei:

**Art. 1º.** Não será cabível medida liminar contra atos do Poder Público, no procedimento cautelar ou em quaisquer outras ações de natureza cautelar ou preventiva, toda vez que providência semelhante não puder ser concedida em ações de mandado de segurança, em virtude de vedação legal.

- Lei 12.016/2009 – Disciplina o mandado de segurança individual e coletivo.

**§ 1º.** Não será cabível, no juízo de primeiro grau, medida cautelar inominada ou a sua liminar, quando impugnado ato de autoridade sujeita, na via de mandado de segurança, à competência originária de tribunal.

**§ 2º.** O disposto no parágrafo anterior não se aplica aos processos de ação popular e de ação civil pública.

- Lei 7.347/1985 – Disciplina a ação civil pública de responsabilidade por danos causados ao meio-ambiente, ao consumidor, a bens e direitos de valor artístico, estético, histórico, turístico e paisagístico (Vetado).
- Lei 4.717/1965 – Regula a ação popular.

**§ 3º.** Não será cabível medida liminar que esgote, no todo ou em parte, o objeto da ação.

**§ 4º.** Nos casos em que cabível medida liminar, sem prejuízo da comunicação ao dirigente do órgão ou entidade, o respectivo representante judicial dela será imediatamente intimado.

**§ 5º.** Não será cabível medida liminar que defira compensação de créditos tributários ou previdenciários.

**Art. 2º.** No mandado de segurança coletivo e na ação civil pública, a liminar será concedida, quando cabível, após a audiência do representante judicial da pessoa jurídica de direito público, que deverá se pronunciar no prazo de 72 (setenta e duas) horas.

- Lei 12.016/2009, art. 22, § 2º.
- Lei 7.347/1985, art. 4º.

**Art. 3º.** O recurso voluntário ou *ex officio*, interposto contra sentença em processo cautelar, proferida contra pessoa jurídica de direito público ou seus agentes, que importe em outorga ou adição de vencimentos ou de reclassificação funcional, terá efeito suspensivo.

**Art. 4º.** Compete ao presidente do tribunal, ao qual couber o conhecimento do respectivo recurso, suspender, em despacho fundamentado, a execução da liminar nas ações movidas contra o Poder Público ou seus agentes, a requerimento do Ministério Público ou da pessoa jurídica de direito público interessada, em caso de manifesto interesse público ou de flagrante ilegitimidade, e para evitar grave lesão à ordem, à saúde, à segurança e à economia públicas.

- A pessoa jurídica de direito privado delegatária de serviço público somente tem legitimidade ativa para ingressar com pedido de suspensão de segurança na hipótese em que estiver atuando na defesa de interesse público primário relacionado com os termos da própria concessão e prestação do serviço público.
  STJ. Corte Especial. AgInt na SLS 3169-RS, Rel. Min. Maria Thereza de Assis Moura, julgado em 15/3/2023 (Info 768).

**§ 1º.** Aplica-se o disposto neste artigo à sentença proferida em processo de ação cautelar inominada, no processo de ação popular e na ação civil pública, enquanto não transitada em julgado.

**§ 2º.** O Presidente do Tribunal poderá ouvir o autor e o Ministério Público, em 72 (setenta e duas) horas.

**§ 3º.** Do despacho que conceder ou negar a suspensão, caberá agravo, no prazo de ~~5 (cinco) dias~~, que será levado a julgamento na sessão seguinte a sua interposição.

- O CPC/2015 previu que o prazo do agravo interno contra decisões de Relator é de 15 dias. Nesse sentido, art. 1.070. É de 15 (quinze) dias o prazo para a interposição de qualquer agravo, previsto em lei ou em regimento interno de tribunal, contra decisão de relator ou outra decisão unipessoal proferida em tribunal.

**§ 4º.** Se do julgamento do agravo de que trata o § 3º resultar a manutenção ou o restabelecimento da decisão que se pretende suspender, caberá novo pedido de suspensão ao Presidente do Tribunal competente para conhecer de eventual recurso especial ou extraordinário.

**§ 5º** É cabível também o pedido de suspensão a que se refere o § 4º, quando negado provimento a agravo de instrumento interposto contra a liminar a que se refere este artigo.

**§ 6º** A interposição do agravo de instrumento contra liminar concedida nas ações movidas contra o Poder Público e seus agentes não prejudica nem condiciona o julgamento do pedido de suspensão a que se refere este artigo.

**§ 7º** O presidente do tribunal poderá conferir ao pedido efeito suspensivo liminar, se constatar, em juízo prévio, a plausibilidade do direito invocado e a urgência na concessão da medida.

**§ 8º** As liminares cujo objeto seja idêntico poderão ser suspensas em uma única decisão, podendo o Presidente do Tribunal estender os efeitos da suspensão a liminares supervenientes, mediante simples aditamento do pedido original.

**§ 9º** A suspensão deferida pelo Presidente do Tribunal vigorará até o trânsito em julgado da decisão de mérito na ação principal.

**Art. 5º.** Esta Lei entra em vigor na data de sua publicação.

**Art. 6º.** Revogam-se as disposições em contrário.

Brasília, 30 de junho de 1992; 171° da Independência e 104° da República.

Fernando Collor

Célio Borja

Marcílio Marques Moreira

## LEI Nº 9.289, DE 4 DE JULHO DE 1996

*Dispõe sobre as custas devidas à União, na Justiça Federal de primeiro e segundo graus e dá outras providências.*

- DOU de 5.7.1996 e republicado em 8.7.1996

O PRESIDENTE DA REPÚBLICA. Faço saber que o Congresso Nacional decreta e eu sanciono a seguinte Lei:

**Art. 1º** As custas devidas à União, na Justiça Federal de primeiro e segundo graus, são cobradas de acordo com as normas estabelecidas nesta Lei.

**§ 1°** Rege-se pela legislação estadual respectiva a cobrança de custas nas causas ajuizadas perante a Justiça Estadual, no exercício da jurisdição federal.

**§ 2°** As custas previstas nas tabelas anexas não excluem as despesas estabelecidas na legislação processual não disciplinadas por esta Lei.

**Art. 2°** O pagamento das custas é feito mediante documento de arrecadação das receitas federais, na Caixa Econômica Federal - CEF, ou, não existindo agência desta instituição no local, em outro banco oficial.

**Art. 3°** Incumbe ao Diretor de Secretaria fiscalizar o exato recolhimento das custas.

**Art. 4°** São isentos de pagamento de custas:

**I** - a União, os Estados, os Municípios, os Territórios Federais, o Distrito Federal e as respectivas autarquias e fundações;

**II** - os que provarem insuficiência de recursos e os beneficiários da assistência judiciária gratuita;

**III** - o Ministério Público;

**IV** - os autores nas ações populares, nas ações civis públicas e nas ações coletivas de que trata o Código de Defesa do Consumidor, ressalvada a hipótese de litigância de má-fé.

**Parágrafo único.** A isenção prevista neste artigo não alcança as entidades fiscalizadoras do exercício profissional, nem exime as pessoas jurídicas referidas no inciso I da obrigação de reembolsar as despesas judiciais feitas pela parte vencedora.

**Art. 5°** Não são devidas custas nos processos de habeas corpus e habeas data.

**Art. 6°** Nas ações penais subdivididas, as custas são pagas a final pelo réu, se condenado.

**Art. 7°** A reconvenção e os embargos à execução não se sujeitam ao pagamento de custas.

**Art. 8°** Os recursos dependentes de instrumento sujeitam-se ao pagamento das despesas de traslado.

**Parágrafo único.** Se o recurso for unicamente de qualquer das pessoas jurídicas referidas no inciso I do art. 4°, o pagamento das custas e dos traslados será efetuado a final pelo vencido, salvo se este também for isento.

**Art. 9°** Em caso de incompetência, redistribuído o feito a outro juiz federal, não haverá novo pagamento de custas, nem haverá restituição quando se declinar da competência para outros órgãos jurisdicionais.

**Art. 10.** A remuneração do perito, do intérprete e do tradutor será fixada pelo Juiz em despacho fundamentado, ouvidas as partes e à vista da proposta de honorários apresentada, considerados o local da prestação do serviço, a natureza, a complexidade e o tempo estimado do trabalho a realizar, aplicando-se, no que couber, o disposto no art. 33 do Código de Processo Civil.

**Art. 11.** Os depósitos de pedras e metais preciosos e de quantias em dinheiro e a amortização ou liquidação de dívida ativa serão recolhidos, sob responsabilidade da parte, diretamente na Caixa Econômica Federal, ou, na sua inexistência no local, em outro banco oficial, os quais manterão guias próprias para tal finalidade.

**§ 1°** Os depósitos efetuados em dinheiro observarão as mesmas regras das cadernetas de poupança, no que se refere à remuneração básica e ao prazo.

**§ 2°** O levantamento dos depósitos a que se refere este artigo dependerá de alvará ou de ofício do Juiz.

**Art. 12.** A unidade utilizada para o cálculo das custas previstas nesta Lei é a mesma utilizada para os débitos de natureza fiscal, considerando-se o valor fixado no primeiro dia do mês.

**Art. 13.** Não se fará levantamento de caução ou de fiança sem o pagamento das custas.

**Art. 14.** O pagamento das custas e contribuições devidas nos feitos e nos recursos que se processam nos próprios autos efetua-se da forma seguinte:

**I** - o autor ou requerente pagará metade das custas e contribuições tabeladas, por ocasião da distribuição do feito, ou, não havendo distribuição, logo após o despacho da inicial;

**II** - aquele que recorrer da sentença adiantará a outra metade das custas, comprovando o adiantamento no ato de interposição do recurso, sob pena de deserção, observado o disposto nos §§ 1º a 7º do art. 1.007 do Código de Processo Civil; (Redação dada pela Lei nº 13.105, de 2015)

**III** - não havendo recurso, e cumprindo o vencido desde logo a sentença, reembolsará ao vencedor as custas e contribuições por este adiantadas, ficando obrigado ao pagamento previsto no inciso II;

**IV** - se o vencido, embora não recorrendo da sentença, oferecer defesa à sua execução, ou embaraçar seu cumprimento, deverá pagar a outra metade, no prazo marcado pelo juiz, não excedente de três dias, sob pena de não ter apreciada sua defesa ou impugnação.

**§ 1º** O abandono ou desistência de feito, ou a existência de transação que lhe ponha termo, em qualquer fase do processo, não dispensa o pagamento das custas e contribuições já exigíveis, nem dá direito a restituição.

**§ 2º** Somente com o pagamento de importância igual à paga até o momento pelo autor serão admitidos o assistente, o litisconsorte ativo voluntário e o oponente.

**§ 3º** Nas ações em que o valor estimado for inferior ao da liquidação, a parte não pode prosseguir na execução sem efetuar o pagamento da diferença de custas e contribuições, recalculadas de acordo com a importância a final apurada ou resultante da condenação definitiva.

**§ 4º** As custas e contribuições serão reembolsadas a final pelo vencido, ainda que seja uma das entidades referidas no inciso I do art. 4º, nos termos da decisão que o condenar, ou pelas partes, na proporção de seus quinhões, nos processos divisórios e demarcatórios, ou suportadas por quem tiver dado causa ao procedimento judicial.

**§ 5º** Nos recursos a que se refere este artigo o pagamento efetuado por um recorrente não aproveita aos demais, salvo se representados pelo mesmo advogado.

**Art. 15.** A indenização de transporte, de que trata o art. 60 da Lei nº 8.112, de 11 de dezembro de 1990, destinada ao ressarcimento de despesas realizadas com a utilização do meio próprio de locomoção para a execução de serviços externos, será paga aos Oficiais de Justiça Avaliadores da Justiça Federal de primeiro e segundo graus, de acordo com critérios estabelecidos pelo Conselho da Justiça Federal, que fixará também o percentual correspondente.

**Parágrafo único.** Para efeito do disposto neste artigo, consideram-se como serviço externo as atividades exercidas no cumprimento das diligências fora das dependências dos Tribunais Regionais Federais ou das Seções Judiciárias em que os Oficiais de Justiça estejam lotados.

**Art. 16.** Extinto o processo, se a parte responsável pelas custas, devidamente intimada, não as pagar dentro de quinze dias, o Diretor da Secretaria encaminhará os elementos necessários à Procuradoria da Fazenda Nacional, para sua inscrição como dívida ativa da União.

**Art. 17.** Esta Lei entra em vigor na data de sua publicação.

**Art. 18.** Revogam-se as disposições em contrário, em especial a Lei nº 6.032, de 30 de abril de 1974, alterada pelas Leis nos 6.789, de 28 de maio de 1980, e 7.400, de 6 de novembro de 1985.

Brasília, 4 de julho de 1996;
175º da Independência e 108º da República.

Fernando Henrique Cardoso
Nelson A. Jobim

## TABELA DE CUSTAS

### TABELA I
### DAS AÇÕES CÍVEIS EM GERAL

a) Ações cíveis em geral:
um por cento sobre o valor da causa, com o mínimo de dez UFIR e o máximo de mil e oitocentos UFIR;
b) processo cautelar e procedimentos de jurisdição voluntária:
cinquenta por cento dos valores constantes da letra a;
c) causas de valor inestimável e cumprimento de carta rogatória:
dez UFIR.

### TABELA II
### DAS AÇÕES CRIMINAIS EM GERAL

a) Ações penais em geral, pelo vencido, a final:
duzentas e oitenta UFIR;
b) ações penais privadas:
cem UFIR;
c) notificações, interpelações e procedimentos cautelares:
cinquenta UFIR.

### TABELA III
### DA ARREMATAÇÃO, ADJUDICAÇÃO E REMIÇÃO

Arrematação, adjudicação e remição:
meio por cento do respectivo valor, com o mínimo de dez UFIR e o máximo de mil e oitocentas UFIR.
Observação:
As custas serão pagas pela interessada antes da assinatura do auto correspondente.

### TABELA IV
### DAS CERTIDÕES E CARTAS DE SENTENÇAS

- O STF, por unanimidade, julgou parcialmente procedente o pedido formulado na ADI 2259, de modo que, conferindo interpretação conforme à CF à Tabela IV da Lei nº 9.289/1996: "fica afastada sua incidência quando as certidões forem voltadas para a defesa de direitos ou o esclarecimento de situação de interesse pessoal, consoante a garantia de gratuidade contida no art. 5º, XXXIV, b, da Carta Magna, finalidades essas que se fazem presumidas quando a certidão pleiteada for concernente ao próprio requerente, sendo desnecessária, nessa hipótese, expressa e fundamentada demonstração dos fins e das razões do pedido". DJe de 27.02.2020

Certidões em geral, por folha expedida:
a) mediante processamento eletrônico de dados:
quarenta por cento do valor da UFIR;
b) por cópia reprográfica:
dez por cento do valor da UFIR.

# LEI Nº 9.307, DE 23 DE SETEMBRO DE 1996

*Dispõe sobre a arbitragem.*

- D.O.U. 24.9.1996

## CAPÍTULO I DISPOSIÇÕES GERAIS

**Art. 1º** As pessoas **capazes** de contratar poderão valer-se da **arbitragem** para dirimir litígios relativos a direitos patrimoniais **disponíveis.**

- CC: arts. 851 a 853.

**§ 1º** A **administração pública direta e indireta** poderá utilizar-se da arbitragem para dirimir conflitos relativos a direitos patrimoniais **disponíveis.**

**§ 2º** A autoridade ou o órgão **competente** da administração pública direta para a celebração de convenção de arbitragem é a mesma para a realização de acordos ou transações.

- Lei 8.987/1995, art. 23-A.
- Lei 11.079/2004, art. 11, III.

**Art. 2º** A arbitragem poderá ser de direito ou de eqüidade, a **critério das partes.**

**§ 1º** Poderão as partes escolher, livremente, as regras de direito que serão aplicadas na arbitragem, desde que **não** haja violação aos **bons costumes e à ordem pública.**

**§ 2º** Poderão, também, as partes convencionar que a arbitragem se realize com base nos **princípios gerais de direito**, nos **usos e costumes** e nas regras **internacionais** de comércio.

**§ 3º** A arbitragem que envolva a **administração pública** será sempre de direito e respeitará o princípio da publicidade.

## CAPÍTULO II DA CONVENÇÃO DE ARBITRAGEM E SEUS EFEITOS

**Art. 3º** As partes interessadas podem submeter a solução de seus litígios ao juízo arbitral mediante **convenção de arbitragem**, assim entendida a **cláusula compromissória** e o **compromisso arbitral.**

- CC, art. 853.

**Art. 4º** A **cláusula compromissória** é a convenção através da qual as partes em um contrato comprometem-se a submeter à arbitragem os litígios que **possam vir a surgir**, relativamente a tal contrato.

**§ 1º** A cláusula compromissória deve ser estipulada por **escrito,** podendo estar inserta no próprio contrato ou em documento apartado que a ele se refira.

**§ 2º** Nos **contratos de adesão**, a cláusula compromissória só terá **eficácia** se o aderente tomar a iniciativa de instituir a arbitragem ou concordar, **expressamente,** com a sua instituição, desde que por escrito em documento anexo ou em negrito, com a assinatura ou visto especialmente para essa cláusula.

- Com o ajuizamento, pelo consumidor, de ação perante o Poder Judiciário, presume-se a discordância dele em submeter-se ao juízo arbitral, sendo nula a cláusula de contrato de consumo que determina a utilização compulsória da arbitragem.
STJ. 2ª Seção.EREsp 1.636.889-MG, Rel. Min. Nancy Andrighi, julgado em 9/8/2023 (Info 784).
- CC: arts. 423 e 424.

**§ 3º** (VETADO)

**§ 4º** (VETADO)

**Art. 5º** Reportando-se as partes, na cláusula compromissória, às **regras de algum órgão arbitral** institucional ou entidade especializada, a arbitragem será instituída e processada de acordo com tais regras, podendo, igualmente, as partes estabelecer na própria cláusula, ou em outro documento, a forma convencionada para a instituição da arbitragem.

**Art. 6º** **Não** havendo acordo prévio sobre a forma de instituir a arbitragem, a parte interessada **manifestará** à outra parte sua intenção de dar início à arbitragem, por via postal ou por outro meio qualquer de comunicação, mediante comprovação de recebimento, convocando-a para, em dia, hora e local certos, **firmar** o compromisso arbitral.

**Parágrafo único.** **Não** comparecendo a parte convocada ou, comparecendo, recusar-se a firmar o compromisso arbitral, poderá a outra parte propor a demanda de que trata o art. 7º desta Lei, perante o órgão do Poder Judiciário a que, originariamente, tocaria o julgamento da causa.

**Art. 7º** Existindo cláusula compromissória e havendo **resistência** quanto à instituição da arbitragem, poderá a parte interessada **requerer a citação** da outra parte para comparecer em juízo a fim de lavrar-se o compromisso, designando o juiz audiência especial para tal fim.

**§ 1º** O autor indicará, com precisão, o objeto da arbitragem, instruindo o pedido com o documento que contiver a cláusula compromissória.

**§ 2º** Comparecendo as partes à audiência, o juiz tentará, previamente, a **conciliação** acerca do litígio. **Não** obtendo sucesso, tentará o juiz conduzir as partes à celebração, de comum acordo, do compromisso arbitral.

**§ 3º** **Não** concordando as partes sobre os termos do compromisso, **decidirá** o juiz, após ouvir o réu, sobre seu conteúdo, na própria audiência ou no prazo de dez dias, respeitadas as disposições da cláusula compromissória e atendendo ao disposto nos arts. 10 e 21, § 2º, desta Lei.

**§ 4º** Se a cláusula compromissória nada dispuser sobre a nomeação de árbitros, caberá ao juiz, ouvidas as partes, estatuir a respeito, podendo nomear **árbitro único** para a solução do litígio.

**§ 5º** A **ausência** do autor, sem justo motivo, à audiência designada para a lavratura do compromisso arbitral, importará a **extinção do processo sem julgamento de mérito.**

**§ 6º Não** comparecendo o réu à audiência, caberá ao juiz, ouvido o autor, estatuir a respeito do conteúdo do compromisso, nomeando **árbitro único.**

**§ 7º** A sentença que julgar procedente o pedido valerá como **compromisso arbitral.**

**Art. 8º** A cláusula compromissória é **autônoma** em relação ao contrato em que estiver inserta, de tal sorte que a nulidade deste **não** implica, necessariamente, a **nulidade da cláusula compromissória.**

**Parágrafo único.** Caberá ao árbitro decidir **de ofício**, ou por **provocação das partes**, as questões acerca da existência, validade e eficácia da convenção de arbitragem e do contrato que contenha a cláusula compromissória.

- O Poder Judiciário pode decretar a nulidade de cláusula arbitral (compromissória) sem que essa questão tenha sido apreciada anteriormente pelo próprio árbitro?
- Regra: Não. Segundo o art. 8º, parágrafo único da Lei de Arbitragem (Lei nº 9.307/96), antes de judicializar a questão, a parte que deseja arguir a nulidade da cláusula arbitral deve formular esse pedido ao próprio árbitro (REsp 1.302.900-MG). Exceção: compromissos arbitrais patológicos. O Poder Judiciário pode, nos casos em que prima facie é identificado um compromisso arbitral "patológico", isto é, claramente ilegal, declarar a nulidade dessa cláusula, independentemente do estado em que se encontre o procedimento arbitral. STJ. 3ª Turma. REsp 1.602.076-SP, Rel. Min. Nancy Andrighi, julgado em 15/9/2016 (Info 591).

**Art. 9º** O **compromisso arbitral** é a convenção através da qual as partes submetem um litígio à arbitragem de uma ou mais pessoas, podendo ser **judicial ou extrajudicial.**

- CC: arts. 851 a 853.

**§ 1º** O compromisso arbitral judicial celebrar-se-á por **termo nos autos**, perante o juízo ou tribunal, onde tem curso a demanda.

**§ 2º** O compromisso arbitral extrajudicial será celebrado por **escrito particular**, assinado por **duas** testemunhas, ou por **instrumento público.**

**Art. 10. Constará**, obrigatoriamente, do compromisso arbitral:

**I** - o nome, profissão, estado civil e domicílio das partes;

**II** - o nome, profissão e domicílio do árbitro, ou dos árbitros, ou, se for o caso, a identificação da entidade à qual as partes delegaram a indicação de árbitros;

**III** - a matéria que será objeto da arbitragem; e

**IV** - o lugar em que será proferida a sentença arbitral.

**Art. 11.** Poderá, ainda, o compromisso arbitral **conter:**

**I** - local, ou locais, onde se desenvolverá a arbitragem;

**II** - a autorização para que o árbitro ou os árbitros julguem por eqüidade, se assim for convencionado pelas partes;

**III** - o prazo para apresentação da sentença arbitral;

**IV** - a indicação da lei nacional ou das regras corporativas aplicáveis à arbitragem, quando assim convencionarem as partes;

**V** - a declaração da responsabilidade pelo pagamento dos honorários e das despesas com a arbitragem; e

**VI** - a fixação dos honorários do árbitro, ou dos árbitros.

**Parágrafo único.** Fixando as partes os **honorários** do árbitro, ou dos árbitros, no compromisso arbitral, este constituirá **título executivo extrajudicial; não** havendo tal estipulação, o árbitro requererá ao órgão do Poder Judiciário que seria competente para julgar, originariamente, a causa que os fixe por sentença.

**Art. 12. Extingue-se** o compromisso arbitral:

**I** - escusando-se qualquer dos árbitros, antes de aceitar a nomeação, desde que as partes tenham declarado, expressamente, **não** aceitar substituto;

**II** - falecendo ou ficando impossibilitado de dar seu voto algum dos árbitros, desde que as partes declarem, expressamente, **não** aceitar substituto; e

**III** - tendo expirado o prazo a que se refere o art. 11, inciso III, desde que a parte interessada tenha notificado o árbitro, ou o presidente do tribunal arbitral, concedendo-lhe o prazo de dez dias para a prolação e apresentação da sentença arbitral.

## CAPÍTULO III
## DOS ÁRBITROS

**Art. 13.** Pode ser árbitro **qualquer pessoa capaz** e que tenha a **confiança das partes.**

**§ 1º** As partes nomearão um ou mais árbitros, sempre em número **ímpar**, podendo nomear, também, os respectivos suplentes.

**§ 2º** Quando as partes nomearem árbitros em **número par**, estes estão autorizados, desde logo, a nomear **mais um árbitro. Não** havendo acordo, requererão as partes ao órgão do Poder Judiciário a que tocaria, originariamente, o julgamento da causa a nomeação do árbitro, aplicável, no que couber, o procedimento previsto no art. 7º desta Lei.

**§ 3º** As partes poderão, de comum acordo, **estabelecer** o processo de escolha dos árbitros, ou adotar as regras de um órgão arbitral institucional ou entidade especializada.

**§ 4º** As partes, de comum acordo, poderão **afastar** a aplicação de dispositivo do regulamento do órgão arbitral institucional ou entidade especializada que limite a escolha do árbitro único, coárbitro ou presidente do tribunal à respectiva lista de árbitros, autorizado o controle da escolha pelos órgãos competentes da instituição, sendo que, nos casos de impasse e arbitragem multiparte, deverá ser observado o que dispuser o regulamento aplicável.

**§ 5º** O árbitro ou o presidente do tribunal designará, **se julgar conveniente**, um **secretário**, que poderá ser um dos árbitros.

**§ 6º** No desempenho de sua função, o árbitro deverá proceder com imparcialidade, independência, competência, diligência e discrição.

**§ 7º** Poderá o árbitro ou o tribunal arbitral determinar às partes o **adiantamento** de verbas para despesas e diligências que julgar necessárias.

**Art. 14.** Estão **impedidos** de funcionar como árbitros as pessoas que tenham, com as partes ou com o litígio que lhes for submetido, algumas das relações que caracterizam os casos de impedimento ou suspeição de juízes, aplicando-se-lhes, no que couber, os mesmos deveres e responsabilidades, conforme previsto no Código de Processo Civil.

› CPC/15: arts. 144 e 145.

**§ 1º** As pessoas indicadas para funcionar como árbitro têm o **dever** de revelar, antes da aceitação da função, qualquer fato que denote **dúvida justificada** quanto à sua imparcialidade e independência.

**§ 2º** O árbitro somente poderá ser recusado por motivo ocorrido **após sua nomeação**. Poderá, entretanto, ser recusado por **motivo anterior** à sua nomeação, quando:

a) **não** for nomeado, diretamente, pela parte; ou

b) o motivo para a recusa do árbitro for conhecido **posteriormente à sua nomeação.**

**Art. 15.** A parte interessada em arguir a recusa do árbitro apresentará, nos termos do art. 20, a **respectiva exceção**, diretamente ao árbitro ou ao presidente do tribunal arbitral, deduzindo suas razões e apresentando as provas pertinentes.

**Parágrafo único.** Acolhida a exceção, será **afastado o árbitro suspeito ou impedido**, que será substituído, na forma do art. 16 desta Lei.

**Art. 16.** Se o árbitro escusar-se antes da aceitação da nomeação, ou, após a aceitação, vier a falecer, tornar-se impossibilitado para o exercício da função, ou for recusado, **assumirá seu lugar** o substituto indicado no compromisso, se houver.

**§ 1º Não** havendo substituto indicado para o árbitro, **aplicar-se-ão** as regras do órgão arbitral institucional ou entidade especializada, se as partes as tiverem invocado na convenção de arbitragem.

**§ 2º Nada** dispondo a convenção de arbitragem e **não** chegando as partes a um acordo sobre a nomeação do árbitro a ser substituído, procederá a parte interessada da forma prevista no art. 7º desta Lei, a menos que as partes tenham declarado, **expressamente**, na convenção de arbitragem, **não** aceitar substituto.

**Art. 17.** Os árbitros, quando no exercício de suas funções ou em razão delas, ficam **equiparados** aos **funcionários públicos**, para os **efeitos da legislação penal.**

**Art. 18.** O **árbitro é juiz de fato e de direito**, e a sentença que proferir **não** fica sujeita a recurso ou a homologação pelo Poder Judiciário.

› CPC/15, art. 515, VII.

## CAPÍTULO IV
## DO PROCEDIMENTO ARBITRAL

**Art. 19. Considera-se instituída** a arbitragem quando aceita a nomeação pelo árbitro, se for único, ou por todos, se forem vários.

**§ 1º** Instituída a arbitragem e entendendo o árbitro ou o tribunal arbitral que há necessidade de explicitar questão disposta na convenção de arbitragem, será elaborado, juntamente com as partes, **adendo** firmado por todos, que passará a fazer parte integrante da convenção de arbitragem.

**§ 2º** A instituição da arbitragem **INTERROMPE A PRESCRIÇÃO, retroagindo** à data do requerimento de sua instauração, ainda que extinta a arbitragem por ausência de jurisdição.

**Art. 20.** A parte que pretender arguir questões relativas à competência, suspeição ou impedimento do árbitro ou dos árbitros, bem como nulidade, invalidade ou ineficácia da convenção de arbitragem, deverá fazê-lo na **primeira oportunidade** que tiver de se manifestar, após a instituição da arbitragem.

**§ 1º** Acolhida a arguição de suspeição ou impedimento, será o árbitro **substituído** nos termos do art. 16 desta Lei, reconhecida a incompetência do árbitro ou do tribunal arbitral, bem como a nulidade, invalidade ou ineficácia da convenção de arbitragem, serão as partes **remetidas ao órgão do Poder Judiciário competente** para julgar a causa.

**§ 2º Não** sendo acolhida a argüição, terá **normal prosseguimento** a arbitragem, sem prejuízo de vir a ser examinada a decisão pelo órgão do Poder Judiciário competente, quando da eventual propositura da demanda de que trata o art. 33 desta Lei.

**Art. 21.** A arbitragem obedecerá ao procedimento estabelecido pelas partes na convenção de arbitragem, que poderá reportar-se às regras de um órgão arbitral institucional ou entidade especializada, facultando-se, ainda, às partes delegar ao próprio árbitro, ou ao tribunal arbitral, regular o procedimento.

**§ 1º Não** havendo estipulação acerca do procedimento, **caberá** ao árbitro ou ao tribunal arbitral discipliná-lo.

**§ 2º** Serão, sempre, respeitados no procedimento arbitral os **princípios** do contraditório, da igualdade das partes, da imparcialidade do árbitro e de seu livre convencimento.

**§ 3º** As partes poderão postular por **intermédio de advogado**, respeitada, sempre, a faculdade de designar quem as represente ou assista no procedimento arbitral.

**§ 4º Competirá** ao árbitro ou ao tribunal arbitral, no inicio do procedimento, tentar a **conciliação** das partes, aplicando-se, no que couber, o art. 28 desta Lei.

**Art. 22.** Poderá o árbitro ou o tribunal arbitral tomar o depoimento das partes, ouvir testemunhas e determinar a realização de perícias ou outras provas que julgar necessárias, mediante **requerimento das partes ou de ofício.**

**§ 1º** O depoimento das partes e das testemunhas será tomado em local, dia e hora previamente comunicados, por **escrito**, e reduzido a termo, assinado pelo depoente, ou a seu rogo, e pelos árbitros.

**§ 2º** Em caso de desatendimento, **sem justa causa**, da convocação para prestar depoimento pessoal, o árbitro ou o tribunal arbitral levará em consideração o comportamento da parte faltosa, ao proferir sua sentença; se a **ausência** for de testemunha, nas mesmas circunstâncias, poderá o árbitro ou o presidente do tribunal arbitral requerer à autoridade judiciária que conduza a testemunha renitente, comprovando a existência da convenção de arbitragem.

**§ 3º** A **revelia** da parte **não** impedirá que seja proferida a sentença arbitral.

**§ 4º** (Revogado)

**§ 5º** Se, durante o procedimento arbitral, um árbitro vier a ser substituído fica a critério do **substituto** repetir as provas já produzidas.

## CAPÍTULO IV-A
## DAS TUTELAS CAUTELARES E DE URGÊNCIA

**Art. 22-A.** Antes de instituída a arbitragem, as partes poderão recorrer ao Poder Judiciário para a concessão de **medida cautelar ou de urgência.**

**Parágrafo único. Cessa a eficácia** da medida cautelar ou de urgência se a parte interessada **não** requerer a instituição da arbitragem no prazo de 30 (trinta) dias, contado da data de efetivação da respectiva decisão.

**Art. 22-B.** Instituída a arbitragem, caberá aos árbitros manter, modificar ou revogar a medida cautelar ou de urgência concedida pelo Poder Judiciário.

**Parágrafo único.** Estando já instituída a arbitragem, a medida cautelar ou de urgência será requerida **diretamente aos árbitros.**

- É possível a penhora no rosto dos autos de procedimento de arbitragem para garantir o pagamento de dívida cobrada em execução judicial. Ex: a empresa "A" ajuizou execução de título extrajudicial contra a empresa "B"; a exequente sabia que a empresa "B" estava em procedimento de arbitragem com a empresa "C" discutindo um contrato; diante disso, a exequente pediu e o juiz decretou a penhora dos direitos, bens e valores que a empresa "B" eventualmente venha a receber caso seja vencedora no procedimento arbitral; assim, se a empresa "C" perder a arbitragem ela irá pagar os valores não para a empresa "B", mas sim para a empresa "A". STJ. 3ª Turma. REsp 1.678.224-SP, Rel. Min. Nancy Andrighi, julgado em 07/05/2019 (Info 648).

## CAPÍTULO IV-B
## DA CARTA ARBITRAL

**Art. 22-C.** O árbitro ou o tribunal arbitral poderá **expedir** carta arbitral para que o órgão jurisdicional nacional pratique ou determine o cumprimento, na área de sua competência territorial, de ato solicitado pelo árbitro.

**Parágrafo único.** No cumprimento da carta arbitral será observado o **segredo de justiça**, desde que comprovada a confidencialidade estipulada na arbitragem.

## CAPÍTULO V
## DA SENTENÇA ARBITRAL

- CPC/15, art. 515, VII.

**Art. 23.** A **sentença arbitral** será proferida no prazo estipulado pelas partes. Nada tendo sido convencionado, o prazo para a apresentação da sentença é de seis meses, contado da instituição da arbitragem ou da substituição do árbitro.

**§ 1º** Os árbitros poderão proferir **sentenças parciais.**

**§ 2º** As partes e os árbitros, de comum acordo, poderão **prorrogar o prazo** para proferir a sentença final.

**Art. 24.** A decisão do árbitro ou dos árbitros será expressa em documento **escrito.**

**§ 1º** Quando forem vários os árbitros, a decisão será tomada por **maioria.** Se **não** houver acordo majoritário, prevalecerá o **voto do presidente do tribunal arbitral.**

**§ 2º** O árbitro que divergir da maioria poderá, querendo, declarar seu **voto em separado.**

**Art. 25.** (Revogado)

**Art. 26.** São **requisitos obrigatórios** da sentença arbitral:

**I** - o relatório, que conterá os nomes das partes e um resumo do litígio;

**II** - os fundamentos da decisão, onde serão analisadas as questões de fato e de direito, mencionando-se, expressamente, se os árbitros julgaram por eqüidade;

**III** - o dispositivo, em que os árbitros resolverão as questões que lhes forem submetidas e estabelecerão o prazo para o cumprimento da decisão, se for o caso; e

**IV** - a data e o lugar em que foi proferida.

**Parágrafo único.** A sentença arbitral será assinada pelo árbitro ou por todos os árbitros. Caberá ao presidente do tribunal arbitral, na hipótese de um ou alguns dos árbitros **não** poder ou **não** querer assinar a sentença, certificar tal fato.

**Art. 27.** A sentença arbitral decidirá sobre a **responsabilidade das partes** acerca das custas e despesas com a arbitragem, bem como sobre **verba decorrente de litigância de má-fé**, se for o caso, respeitadas as disposições da convenção de arbitragem, se houver.

**Art. 28.** Se, no decurso da arbitragem, as partes chegarem a **acordo** quanto ao litígio, o árbitro ou o tribunal arbitral poderá, a **pedido das partes**, declarar tal fato mediante **sentença arbitral**, que conterá os requisitos do art. 26 desta Lei.

**Art. 29.** Proferida a sentença arbitral, dá-se por **finda a arbitragem**, devendo o árbitro, ou o presidente do tribunal arbitral, enviar cópia da decisão às partes, por via postal ou por outro meio qualquer de comunicação, mediante comprovação de recebimento, ou, ainda, entregando-a diretamente às partes, mediante recibo.

**Art. 30.** No prazo de 5 (cinco) dias, a contar do recebimento da notificação ou da ciência pessoal da sentença arbitral, **salvo** se outro prazo for acordado entre as partes, a parte interessada, mediante comunicação à outra parte, poderá **solicitar** ao árbitro ou ao tribunal arbitral que:

**I** - **corrija** qualquer erro material da sentença arbitral;

**II** - **esclareça** alguma obscuridade, dúvida ou contradição da sentença arbitral, ou se pronuncie sobre ponto omitido a respeito do qual devia manifestar-se a decisão.

**Parágrafo único.** O árbitro ou o tribunal arbitral decidirá no prazo de 10 (dez) dias ou em prazo acordado com as partes, **aditará a sentença arbitral** e notificará as partes na forma do art. 29.

**Art. 31.** A sentença arbitral produz, entre as partes e seus sucessores, os **mesmos efeitos** da sentença proferida pelos órgãos do Poder Judiciário e, sendo condenatória, constitui **título executivo.**

**Art. 32.** É **NULA** a sentença arbitral se:

**I** - for nula a convenção de arbitragem;

**II** - emanou de quem **não** podia ser árbitro;

**III** - **não** contiver os requisitos do art. 26 desta Lei;

**IV** - for proferida fora dos limites da convenção de arbitragem;

**V** - (Revogado)

**VI** - comprovado que foi proferida por prevaricação, concussão ou corrupção passiva;

**VII** - proferida fora do prazo, respeitado o disposto no art. 12, inciso III, desta Lei; e

**VIII** - forem desrespeitados os princípios de que trata o art. 21, § 2°, desta Lei.

**Art. 33.** A parte interessada poderá pleitear ao órgão do Poder Judiciário competente a **declaração de nulidade da sentença arbitral**, nos casos previstos nesta Lei.

**§ 1°** A demanda para a declaração de nulidade da sentença arbitral, parcial ou final, seguirá as regras do **procedimento comum**, previstas na Lei no 5.869, de 11 de janeiro de 1973 (Código de Processo Civil), e deverá ser proposta no prazo de até 90 (noventa) dias após o recebimento da notificação da respectiva sentença, parcial ou final, ou da decisão do pedido de esclarecimentos.

- Refere-se ao CPC/1973 revogado pela Lei 13.105/2015.

**§ 2°** A sentença que julgar procedente o pedido **declarará a nulidade** da sentença arbitral, nos casos do art. 32, e determinará, se for o caso, que o árbitro ou o tribunal profira nova sentença arbitral.

**§ 3°** A decretação da nulidade da sentença arbitral também poderá ser requerida na impugnação ao cumprimento da sentença, nos termos dos arts. 525 e seguintes do Código de Processo Civil, se houver execução judicial.

- Refere-se ao CPC/1973 revogado pela Lei 13.105/2015.

**§ 4°** A parte interessada poderá ingressar em juízo para requerer a **prolação de sentença arbitral complementar**, se o árbitro **não** decidir todos os pedidos submetidos à arbitragem.

## CAPÍTULO VI
## DO RECONHECIMENTO E EXECUÇÃO DE SENTENÇAS ARBITRAIS ESTRANGEIRAS

**Art. 34.** A **sentença arbitral estrangeira** será **reconhecida** ou **executada** no Brasil de conformidade com os tratados internacionais com eficácia no ordenamento interno e, na sua ausência, estritamente de acordo com os termos desta Lei.

**Parágrafo único.** Considera-se sentença arbitral **estrangeira** a que tenha sido **proferida fora do território nacional.**

**Art. 35.** Para ser reconhecida ou executada no Brasil, a sentença arbitral estrangeira está sujeita, unicamente, à **homologação do Superior Tribunal de Justiça.**

**Art. 36.** Aplica-se à homologação para reconhecimento ou execução de sentença arbitral estrangeira, no que couber, o disposto nos arts. 483 e 484 do Código de Processo Civil.

**Art. 37.** A homologação de sentença arbitral estrangeira será **requerida pela parte interessada**, devendo a **petição inicial** conter as indicações da lei processual, conforme o art. 282 do Código de Processo Civil, e ser instruída, **necessariamente**, com:

- Refere-se ao CPC/1973 revogado pela Lei 13.105/2015.
- CPC/15: arts. 319 e 515, VII.

**I** - o original da sentença arbitral ou uma cópia devidamente certificada, autenticada pelo consulado brasileiro e acompanhada de tradução oficial;

**II** - o original da convenção de arbitragem ou cópia devidamente certificada, acompanhada de tradução oficial.

**Art. 38.** Somente poderá ser **negada** a homologação para o reconhecimento ou execução de sentença arbitral estrangeira, quando o **réu demonstrar** que:

**I** - as partes na convenção de arbitragem eram incapazes;

**II** - a convenção de arbitragem **não** era válida segundo a lei a qual as partes a submeteram, ou, na falta de indicação, em virtude da lei do país onde a sentença arbitral foi proferida;

**III** - **não** foi notificado da designação do árbitro ou do procedimento de arbitragem, ou tenha sido violado o princípio do contraditório, impossibilitando a ampla defesa;

**IV** - a sentença arbitral foi proferida fora dos limites da convenção de arbitragem, e **não** foi possível separar a parte excedente daquela submetida à arbitragem;

**V** - a instituição da arbitragem **não** está de acordo com o compromisso arbitral ou cláusula compromissória;

**VI** - a sentença arbitral **não** se tenha, ainda, tornado obrigatória para as partes, tenha sido anulada, ou, ainda, tenha sido suspensa por órgão judicial do país onde a sentença arbitral for prolatada.

**Art. 39.** A homologação para o reconhecimento ou a execução da sentença arbitral estrangeira também será **denegada** se o **Superior Tribunal de Justiça constatar** que:

**I** - segundo a lei brasileira, o objeto do litígio **não** é suscetível de ser resolvido por arbitragem;

**II** - a decisão ofende a ordem pública nacional.

**Parágrafo único.** **Não** será considerada **ofensa à ordem pública nacional** a efetivação da citação da parte residente ou domiciliada no Brasil, nos moldes da convenção de arbitragem ou da lei processual do país onde se realizou a arbitragem, admitindo-se, inclusive, a citação postal com prova inequívoca de recebimento, desde que assegure à parte brasileira tempo hábil para o exercício do direito de defesa.

**Art. 40.** A denegação da homologação para reconhecimento ou execução de sentença arbitral estrangeira por vícios formais, **não** obsta que a parte interessada **renove o pedido**, uma vez **sanados os vícios apresentados.**

## CAPÍTULO VII
## DISPOSIÇÕES FINAIS

**Art. 41.** Os arts. 267, inciso VII; 301, inciso IX; e 584, inciso III, do Código de Processo Civil passam a ter a seguinte redação:

- Refere-se ao CPC/1973 revogado pela Lei 13.105/2015.
- O referido art. 584 do CPC/1973 está revogado pela Lei 11.232/2005.

(...)

**Art. 42.** O art. 520 do Código de Processo Civil passa a ter mais um inciso, com a seguinte redação:

- Refere-se ao CPC/1973 revogado pela Lei 13.105/2015.

(...)

**Art. 43.** Esta Lei entrará em vigor sessenta dias após a data de sua publicação.

**Art. 44.** Ficam revogados os arts. 1.037 a 1.048 da Lei nº 3.071, de 1º de janeiro de 1916, Código Civil Brasileiro; os arts. 101 e 1.072 a 1.102 da Lei nº 5.869, de 11 de janeiro de 1973, Código de Processo Civil; e demais disposições em contrário.

- Refere-se ao CPC/1973 revogado pela Lei 13.105/2015.

Brasília, 23 de setembro de 1996;
175º da Independência e 108º da República.

Fernando Henrique Cardoso

Nelson A. Jobim

# LEI Nº 10.259, DE 12 DE JULHO DE 2001

*Dispõe sobre a instituição dos Juizados Especiais Cíveis e Criminais no âmbito da Justiça Federal.*

- D.O.U. 13.7.2001

O PRESIDENTE DA REPÚBLICA

Faço saber que o Congresso Nacional decreta e eu sanciono a seguinte Lei:

STJ, 428. Compete ao Tribunal Regional Federal decidir os conflitos de competência entre juizado especial federal e juízo federal da mesma seção judiciária.

- Lei 12.153/2009 – Dispõe sobre os Juizados Especiais da Fazenda Pública no âmbito dos Estados, do Distrito Federal, dos Territórios e dos Municípios.
- Lei 9.099/1995 – Dispõe sobre os Juizados Especiais Cíveis e Criminais.

**Art. 1º** São instituídos os Juizados Especiais Cíveis e Criminais da Justiça Federal, aos quais se aplica, no que não conflitar com esta Lei, o disposto na Lei nº 9.099, de 26 de setembro de 1995.

STJ, 376. Compete a turma recursal processar e julgar o mandado de segurança contra ato de juizado especial.

**Art. 2º Compete** ao Juizado Especial Federal Criminal processar e julgar os feitos de competência da Justiça Federal relativos às **infrações de menor potencial ofensivo,** respeitadas as regras de conexão e continência.

**Parágrafo único.** Na **reunião** de processos, perante o juízo comum ou o tribunal do júri, decorrente da aplicação das regras de conexão e continência, **observar-se-ão os institutos** da transação penal e da composição dos danos civis.

**Art. 3º Compete** ao Juizado Especial Federal Cível processar, conciliar e julgar causas de competência da Justiça Federal até o valor de **sessenta salários mínimos**, bem como **executar** as suas sentenças.

- Ao autor que deseje litigar no âmbito de Juizado Especial Federal Cível, é lícito renunciar, de modo expresso e para fins de atribuição de valor à causa, ao montante que exceda os 60 (sessenta) salários mínimos previstos no art. 3º, *caput*, da Lei nº 10.259/2001, aí incluídas, sendo o caso, as prestações vincendas. STJ. 1ª Seção. REsp 1807665-SC, Rel. Min. Sérgio Kukina, julgado em 28/10/2020 (Recurso Repetitivo – Tema 1030) (Info 683)

**§ 1º Não** se incluem na competência do Juizado Especial Cível as **causas:**

**I** - referidas no art. 109, incisos II, III e XI, da Constituição Federal, as ações de mandado de segurança, de desapropriação, de divisão e demarcação, populares, execuções fiscais e por improbidade administrativa e as demandas sobre direitos ou interesses difusos, coletivos ou individuais homogêneos;

**II** - sobre bens imóveis da União, autarquias e fundações públicas federais;

**III** - para a anulação ou cancelamento de ato administrativo federal, salvo o de natureza previdenciária e o de lançamento fiscal;

**IV** - que tenham como objeto a impugnação da pena de demissão imposta a servidores públicos civis ou de sanções disciplinares aplicadas a militares.

**§ 2º** Quando a pretensão versar sobre obrigações vincendas, para fins de competência do Juizado Especial, a soma de doze parcelas **não** poderá exceder o valor referido no art. 3º, *caput*.

**§ 3º** No foro onde estiver instalada Vara do Juizado Especial, a sua competência é ABSOLUTA.

**Art. 4º** O Juiz poderá, de **ofício ou a requerimento** das partes, deferir medidas cautelares no curso do processo, para evitar dano de difícil reparação.

**Art. 5º** Exceto nos casos do art. 4º, somente será admitido recurso de **sentença definitiva.**

**Art. 6º** Podem ser **partes** no Juizado Especial Federal Cível:

- LC 123/2006, art. 74.

**I** - como autores, as **pessoas físicas** e as **microempresas e empresas de pequeno porte**, assim definidas na Lei nº 9.317, de 5 de dezembro de 1996;

**II** - como rés, a União, autarquias, fundações e empresas públicas federais.

**Art. 7º** As **citações e intimações** da União serão feitas na forma prevista nos arts. 35 a 38 da Lei Complementar nº 73, de 10 de fevereiro de 1993.

**Parágrafo único.** A citação das autarquias, fundações e empresas públicas será feita na **pessoa do representante máximo da entidade**, no local onde proposta a causa, quando ali instalado seu escritório ou representação; se não, na sede da entidade.

**Art. 8º** As partes serão **intimadas** da sentença, quando **não** proferida esta na audiência em que estiver presente seu representante, por ARMP (aviso de recebimento em mão própria).

**§ 1º** As demais intimações das partes serão feitas na **pessoa dos advogados ou dos Procuradores** que oficiem nos respectivos autos, pessoalmente ou por via postal.

**§ 2º** Os tribunais poderão organizar serviço de intimação das partes e de recepção de petições por meio eletrônico.

**Art. 9º** **Não** haverá **prazo diferenciado** para a prática de qualquer ato processual pelas pessoas jurídicas de direito público, inclusive a interposição de recursos, devendo a citação para audiência de conciliação ser efetuada com antecedência mínima de trinta dias.

**Art. 10.** As partes poderão designar, por escrito, **representantes** para a causa, advogado ou não.

- ADin 3.168-6/DF: O Tribunal, por maioria, afastou a inconstitucionalidade do dispositivo impugnado, desde que excluídos os feitos criminais, respeitado o teto estabelecido no artigo 3º, e sem prejuízo da aplicação subsidiária integral dos parágrafos do artigo 9º da Lei nº 9.099, de 26 de setembro de 1995. (DJe 03/08/2007)

**Parágrafo único.** Os representantes judiciais da União, autarquias, fundações e empresas públicas federais, bem como os indicados na forma do *caput*, ficam **autorizados a conciliar**, transigir ou desistir, nos processos da competência dos Juizados Especiais Federais.

- Decreto 4.250/2002, art. 1º.

**Art. 11.** A entidade pública ré deverá fornecer ao Juizado a documentação de que disponha para o esclarecimento da causa, apresentando-a até a instalação da audiência de conciliação.

**Parágrafo único.** Para a audiência de composição dos danos resultantes de **ilícito criminal** (arts. 71, 72 e 74 da Lei nº 9.099, de 26 de setembro de 1995), o representante da entidade que comparecer terá poderes para acordar, desistir ou transigir, na forma do art. 10.

**Art. 12.** Para efetuar o **exame técnico** necessário à conciliação ou ao julgamento da causa, o Juiz **nomeará** pessoa habilitada, que apresentará o laudo até cinco dias antes da audiência, independentemente de intimação das partes.

**§ 1º** Os honorários do técnico serão **antecipados** à conta de verba orçamentária do respectivo Tribunal e, quando vencida na causa a entidade pública, seu valor será **incluído** na ordem de pagamento a ser feita em favor do Tribunal.

**§ 2º** Nas ações previdenciárias e relativas à assistência social, havendo designação de exame, serão as partes intimadas para, em dez dias, apresentar quesitos e indicar assistentes.

**Art. 13.** Nas causas de que trata esta Lei, **não** haverá **reexame necessário.**

**Art. 14.** Caberá pedido de **uniformização** de interpretação de lei federal quando houver **divergência** entre decisões sobre questões de direito material proferidas por Turmas Recursais na interpretação da lei.

**§ 1º** O pedido fundado em divergência entre Turmas da mesma Região será julgado em **reunião conjunta** das Turmas em conflito, sob a presidência do Juiz Coordenador.

**§ 2º** O pedido fundado em divergência entre decisões de turmas de diferentes regiões ou da proferida em contrariedade a súmula ou jurisprudência dominante do STJ será julgado por Turma de Uniformização, integrada por juízes de Turmas Recursais, sob a presidência do Coordenador da Justiça Federal.

**§ 3º** A reunião de juízes domiciliados em cidades diversas será feita pela **via eletrônica.**

**§ 4º** Quando a orientação acolhida pela Turma de Uniformização, em questões de direito material, **contrariar** súmula ou jurisprudência dominante no Superior Tribunal de Justiça -STJ, a parte interessada poderá provocar a manifestação deste, que dirimirá a divergência.

- O que se entende por "jurisprudência dominante" para os fins desse dispositivo?
  Não há uma normatização específica.
  Diante disso, considerando a falta de baliza normativa específica, tem-se que a locução "jurisprudência dominante", para fins do manejo de pedido de uniformização de interpretação de lei federal (PUIL), deve abranger:
  - as hipóteses previstas no art. 927, III, do CPC;
  - os acórdãos do STJ proferidos em embargos de divergência;
  - os acórdãos do STJ proferidos em pedidos de uniformização de lei federal.

  STJ. 1ª Seção. PUIL 825-RS, Rel. Min. Sérgio Kukina, julgado em 24/5/23 (Info 777).
- Resolução 10/2007 do STJ – Dispõe sobre o processamento, no Superior Tribunal de Justiça, de incidente de uniformização da jurisprudência dos Juizados Especiais Federais.

**§ 5º** No caso do § 4º, presente a plausibilidade do direito invocado e havendo fundado receio de dano de difícil reparação, poderá o relator conceder, **de ofício ou a requerimento do interessado**, medida **liminar** determinando a suspensão dos processos nos quais a controvérsia esteja estabelecida.

**§ 6º** Eventuais pedidos de uniformização idênticos, recebidos subseqüentemente em quaisquer Turmas Recursais, ficarão **retidos nos autos**, aguardando-se pronunciamento do Superior Tribunal de Justiça.

**§ 7º** Se necessário, o relator pedirá informações ao Presidente da Turma Recursal ou Coordenador da Turma de Uniformização e ouvirá o Ministério Público, no prazo de cinco dias. Eventuais interessados, ainda que não sejam partes no processo, poderão se manifestar, no prazo de trinta dias.

**§ 8º** Decorridos os prazos referidos no § 7º, o relator incluirá o pedido em pauta na Seção, com **preferência** sobre todos os demais feitos, ressalvados os processos com réus presos, os habeas corpus e os mandados de segurança.

**§ 9º** Publicado o acórdão respectivo, os pedidos retidos referidos no § 6º serão apreciados pelas

Turmas Recursais, que poderão exercer **juízo de retratação** ou declará-los **prejudicados**, se veicularem tese **não** acolhida pelo Superior Tribunal de Justiça.

**§ 10.** Os Tribunais Regionais, o Superior Tribunal de Justiça e o Supremo Tribunal Federal, no âmbito de suas competências, expedirão normas regulamentando a composição dos órgãos e os procedimentos a serem adotados para o processamento e o julgamento do pedido de uniformização e do recurso extraordinário.

**Art. 15.** O **recurso extraordinário**, para os efeitos desta Lei, será processado e julgado segundo o estabelecido nos §§ 4º a 9º do art. 14, além da observância das normas do Regimento.

**Art. 16.** O **cumprimento do acordo ou da sentença**, com trânsito em julgado, que imponham obrigação de fazer, não fazer ou entrega de coisa certa, será **efetuado mediante ofício** do Juiz à autoridade citada para a causa, com cópia da sentença ou do acordo.

**Art. 17.** Tratando-se de obrigação de pagar quantia certa, após o trânsito em julgado da decisão, o **pagamento** será efetuado no prazo de sessenta dias, contados da entrega da requisição, por ordem do Juiz, à autoridade citada para a causa, na agência mais próxima da Caixa Econômica Federal ou do Banco do Brasil, independentemente de precatório.

**§ 1º** Para os efeitos do § 3º do art. 100 da Constituição Federal, as obrigações ali definidas como de pequeno valor, a serem pagas independentemente de precatório, terão como limite o **mesmo valor** estabelecido nesta Lei para a competência do Juizado Especial Federal Cível (art. 3º, *caput*).

**§ 2º** Desatendida a requisição judicial, o Juiz determinará o **seqüestro** do numerário suficiente ao cumprimento da decisão.

**§ 3º** São **vedados** o fracionamento, repartição ou quebra do valor da execução, de modo que o pagamento se faça, em parte, na forma estabelecida no § 1º deste artigo, e, em parte, mediante expedição do precatório, e a expedição de precatório complementar ou suplementar do valor pago.

**§ 4º** Se o valor da execução ultrapassar o estabelecido no § 1º, o pagamento far-se-á, sempre, por meio do precatório, sendo facultado à parte exeqüente a **renúncia** ao crédito do valor excedente, para que possa optar pelo pagamento do saldo sem o precatório, da forma lá prevista.

**Art. 18.** Os Juizados Especiais serão instalados por decisão do Tribunal Regional Federal. O Juiz presidente do Juizado designará os conciliadores pelo período de dois anos, admitida a **recondução**. O exercício dessas funções será **gratuito**, assegurados os direitos e prerrogativas do jurado (art. 437 do Código de Processo Penal).

**Parágrafo único.** Serão instalados Juizados Especiais Adjuntos nas localidades cujo movimento forense **não** justifique a existência de Juizado Especial, cabendo ao Tribunal designar a Vara onde funcionará.

**Art. 19.** No prazo de seis meses, a contar da publicação desta Lei, deverão ser instalados os Juizados Especiais nas **capitais dos Estados e no Distrito Federal.**

**Parágrafo único.** Na capital dos Estados, no Distrito Federal e em outras cidades onde for necessário, neste último caso, por decisão do Tribunal Regional Federal, serão instalados Juizados com **competência exclusiva** para ações previdenciárias.

**Art. 20.** Onde **não** houver Vara Federal, a causa poderá ser proposta no Juizado Especial Federal mais próximo do foro definido no art. 4º da Lei nº 9.099, de 26 de setembro de 1995, **vedada** a aplicação desta Lei no juízo estadual.

**Art. 21.** As **Turmas Recursais** serão **instituídas** por decisão do Tribunal Regional Federal, que definirá sua composição e área de competência, podendo abranger mais de uma seção.

**§ 1º** (Revogado pela Lei nº 12.665, de 13/6/2012)

**§ 2º** (Revogado pela Lei nº 12.665, de 13/6/2012)

**Art. 22.** Os Juizados Especiais serão coordenados por Juiz do respectivo Tribunal Regional, escolhido por seus pares, com mandato de dois anos.

**Parágrafo único.** O Juiz Federal, quando o exigirem as circunstâncias, poderá determinar o funcionamento do Juizado Especial em **caráter itinerante**, mediante autorização prévia do Tribunal Regional Federal, com antecedência de dez dias.

**Art. 23.** O Conselho da Justiça Federal poderá **limitar**, por até três anos, contados a partir da publicação desta Lei, a competência dos Juizados Especiais Cíveis, atendendo à necessidade da organização dos serviços judiciários ou administrativos.

**Art. 24.** O Centro de Estudos Judiciários do Conselho da Justiça Federal e as Escolas de Magistratura dos Tribunais Regionais Federais **criarão** programas de informática necessários para subsidiar a instrução das causas submetidas aos Juizados e **promoverão** cursos de aperfeiçoamento destinados aos seus magistrados e servidores.

**Art. 25.** **Não** serão remetidas aos Juizados Especiais as demandas ajuizadas até a data de sua instalação.

**Art. 26.** Competirá aos Tribunais Regionais Federais prestar o **suporte administrativo** necessário ao funcionamento dos Juizados Especiais.

**Art. 27.** Esta Lei entra em vigor seis meses após a data de sua publicação.

Brasília, 12 de julho de 2001;
180º da Independência e 113º da República.
Fernando Henrique Cardoso
Paulo de Tarso Tamos Ribeiro
Roberto Brant
Gilmar Ferreira Mendes

# LEI Nº 13.140, DE 26 DE JUNHO DE 2015

*Dispõe sobre a mediação entre particulares como meio de solução de controvérsias e sobre a autocomposição de conflitos no âmbito da administração pública; altera a Lei nº 9.469, de 10 de julho de 1997, e o Decreto nº 70.235, de 6 de março de 1972; e revoga o § 2º do art. 6º da Lei nº 9.469, de 10 de julho de 1997.*

› D.O.U. de 29.6.2015

A PRESIDENTA DA REPÚBLICA Faço saber que o Congresso Nacional decreta e eu sanciono a seguinte Lei:

**Art. 1º.** Esta Lei dispõe sobre a mediação como meio de solução de controvérsias entre particulares e sobre a autocomposição de conflitos no âmbito da administração pública.

**Parágrafo único.** Considera-se mediação a atividade técnica exercida por terceiro imparcial sem poder decisório, que, escolhido ou aceito pelas partes, as auxilia e estimula a identificar ou desenvolver soluções consensuais para a controvérsia.

## CAPÍTULO I. DA MEDIAÇÃO

### SEÇÃO I. DISPOSIÇÕES GERAIS

› v. CPC/15: arts, 3º, § 3º, 165 a 175, 250, IV, 303, § 1º, II, 308, § 3º, 319, VII, 334, 335, I e II, 340, §§ 3ºe 4º, 359, 565, *caput* e § 1º, 694, 695, e 696.

**Art. 2º.** A mediação será orientada pelos seguintes princípios:

**I** – imparcialidade do mediador;

**II** – isonomia entre as partes;

**III** – oralidade;

**IV** – informalidade;

**V** – autonomia da vontade das partes;

**VI** – busca do consenso;

**VII** – confidencialidade;

**VIII** – boa-fé.

**§ 1º.** Na hipótese de existir previsão contratual de cláusula de mediação, as partes deverão comparecer à primeira reunião de mediação.

**§ 2º.** Ninguém será obrigado a permanecer em procedimento de mediação.

**Art. 3º.** Pode ser objeto de mediação o conflito que verse sobre direitos disponíveis ou sobre direitos indisponíveis que admitam transação.

**§ 1º.** A mediação pode versar sobre todo o conflito ou parte dele.

**§ 2º.** O consenso das partes envolvendo direitos indisponíveis, mas transigíveis, deve ser homologado em juízo, exigida a oitiva do Ministério Público.

### SEÇÃO II. DOS MEDIADORES

#### *SUBSEÇÃO I. DISPOSIÇÕES COMUNS*

**Art. 4º.** O mediador será designado pelo tribunal ou escolhido pelas partes.

**§ 1º.** O mediador conduzirá o procedimento de comunicação entre as partes, buscando o entendimento e o consenso e facilitando a resolução do conflito.

**§ 2º.** Aos necessitados será assegurada a gratuidade da mediação.

**Art. 5º.** Aplicam-se ao mediador as mesmas hipóteses legais de impedimento e suspeição do juiz.

**Parágrafo único.** A pessoa designada para atuar como mediador tem o dever de revelar às partes, antes da aceitação da função, qualquer fato ou circunstância que possa suscitar dúvida justificada em relação à sua imparcialidade para mediar o conflito, oportunidade em que poderá ser recusado por qualquer delas.

**Art. 6º.** O mediador fica impedido, pelo prazo de um ano, contado do término da última audiência em que atuou, de assessorar, representar ou patrocinar qualquer das partes.

**Art. 7º.** O mediador não poderá atuar como árbitro nem funcionar como testemunha em processos judiciais ou arbitrais pertinentes a conflito em que tenha atuado como mediador.

**Art. 8º.** O mediador e todos aqueles que o assessoram no procedimento de mediação, quando no exercício de suas funções ou em razão delas, são equiparados a servidor público, para os efeitos da legislação penal.

#### *SUBSEÇÃO II. DOS MEDIADORES EXTRAJUDICIAIS*

**Art. 9º.** Poderá funcionar como mediador extrajudicial qualquer pessoa capaz que tenha a confiança das partes e seja capacitada para fazer mediação, independentemente de integrar qualquer tipo de conselho, entidade de classe ou associação, ou nele inscrever-se.

**Art. 10.** As partes poderão ser assistidas por advogados ou defensores públicos.

**Parágrafo único.** Comparecendo uma das partes acompanhada de advogado ou defensor público, o mediador suspenderá o procedimento, até que todas estejam devidamente assistidas.

#### *SUBSEÇÃO III. DOS MEDIADORES JUDICIAIS*

**Art. 11.** Poderá atuar como mediador judicial a pessoa capaz, graduada há pelo menos dois anos em curso de ensino superior de instituição reconhecida pelo Ministério da Educação e que tenha obtido capacitação em escola ou instituição de formação de mediadores, reconhecida pela Escola Nacional de Formação e Aperfeiçoamento de Magistrados – ENFAM ou pelos tribunais, observados os requisitos mínimos estabelecidos pelo Conselho Nacional de Justiça em conjunto com o Ministério da Justiça.

**Art. 12.** Os tribunais criarão e manterão cadastros atualizados dos mediadores habilitados e autorizados a atuar em mediação judicial.

**§ 1º.** A inscrição no cadastro de mediadores judiciais será requerida pelo interessado ao tribunal com jurisdição na área em que pretenda exercer a mediação.

**§ 2º.** Os tribunais regulamentarão o processo de inscrição e desligamento de seus mediadores.

**Art. 13.** A remuneração devida aos mediadores judiciais será fixada pelos tribunais e custeada pelas partes, observado o disposto no § 2º do art. 4º desta Lei.

## SEÇÃO III. DO PROCEDIMENTO DE MEDIAÇÃO

### *SUBSEÇÃO I. DISPOSIÇÕES COMUNS*

**Art. 14.** No início da primeira reunião de mediação, e sempre que julgar necessário, o mediador deverá alertar as partes acerca das regras de confidencialidade aplicáveis ao procedimento.

**Art. 15.** A requerimento das partes ou do mediador, e com anuência daquelas, poderão ser admitidos outros mediadores para funcionarem no mesmo procedimento, quando isso for recomendável em razão da natureza e da complexidade do conflito.

**Art. 16.** Ainda que haja processo arbitral ou judicial em curso, as partes poderão submeter-se à mediação, hipótese em que requererão ao juiz ou árbitro a suspensão do processo por prazo suficiente para a solução consensual do litígio.

**§ 1º.** É irrecorrível a decisão que suspende o processo nos termos requeridos de comum acordo pelas partes.

**§ 2º.** A suspensão do processo não obsta a concessão de medidas de urgência pelo juiz ou pelo árbitro.

**Art. 17.** Considera-se instituída a mediação na data para a qual for marcada a primeira reunião de mediação.

**Parágrafo único.** Enquanto transcorrer o procedimento de mediação, ficará suspenso o prazo prescricional.

**Art. 18.** Iniciada a mediação, as reuniões posteriores com a presença das partes somente poderão ser marcadas com a sua anuência.

**Art. 19.** No desempenho de sua função, o mediador poderá reunir-se com as partes, em conjunto ou separadamente, bem como solicitar das partes as informações que entender necessárias para facilitar o entendimento entre aquelas.

**Art. 20.** O procedimento de mediação será encerrado com a lavratura do seu termo final, quando for celebrado acordo ou quando não se justificarem novos esforços para a obtenção de consenso, seja por declaração do mediador nesse sentido ou por manifestação de qualquer das partes.

**Parágrafo único.** O termo final de mediação, na hipótese de celebração de acordo, constitui TÍTULO executivo extrajudicial e, quando homologado judicialmente, TÍTULO executivo judicial.

### *SUBSEÇÃO II. DA MEDIAÇÃO EXTRAJUDICIAL*

**Art. 21.** O convite para iniciar o procedimento de mediação extrajudicial poderá ser feito por qualquer meio de comunicação e deverá estipular o escopo proposto para a negociação, a data e o local da primeira reunião.

**Parágrafo único.** O convite formulado por uma parte à outra considerar-se-á rejeitado se não for respondido em até trinta dias da data de seu recebimento.

**Art. 22.** A previsão contratual de mediação deverá conter, no mínimo:

**I** – prazo mínimo e máximo para a realização da primeira reunião de mediação, contado a partir da data de recebimento do convite;

**II** – local da primeira reunião de mediação;

**III** – critérios de escolha do mediador ou equipe de mediação;

**IV** – penalidade em caso de não comparecimento da parte convidada à primeira reunião de mediação.

**§ 1º.** A previsão contratual pode substituir a especificação dos itens acima enumerados pela indicação de regulamento, publicado por instituição idônea prestadora de serviços de mediação, no qual constem critérios claros para a escolha do mediador e realização da primeira reunião de mediação.

**§ 2º.** Não havendo previsão contratual completa, deverão ser observados os seguintes critérios para a realização da primeira reunião de mediação:

**I** – prazo mínimo de dez dias úteis e prazo máximo de três meses, contados a partir do recebimento do convite;

**II** – local adequado a uma reunião que possa envolver informações confidenciais;

**III** – lista de cinco nomes, informações de contato e referências profissionais de mediadores capacitados; a parte convidada poderá escolher, expressamente, qualquer um dos cinco mediadores e, caso a parte convidada não se manifeste, considerar-se-á aceito o primeiro nome da lista;

**IV** – o não comparecimento da parte convidada à primeira reunião de mediação acarretará a assunção por parte desta de cinquenta por cento das custas e honorários sucumbenciais caso venha a ser vencedora em procedimento arbitral ou judicial posterior, que envolva o escopo da mediação para a qual foi convidada.

**§ 3º.** Nos litígios decorrentes de contratos comerciais ou societários que não contenham cláusula de mediação, o mediador extrajudicial somente cobrará por seus serviços caso as partes decidam assinar o termo inicial de mediação e permanecer, voluntariamente, no procedimento de mediação.

**Art. 23.** Se, em previsão contratual de cláusula de mediação, as partes se comprometerem a não iniciar procedimento arbitral ou processo judicial durante certo prazo ou até o implemento de determinada condição, o árbitro ou o juiz suspenderá o curso da arbitragem ou da ação pelo prazo previamente acordado ou até o implemento dessa condição.

**Parágrafo único.** O disposto no *caput* não se aplica às medidas de urgência em que o acesso ao Poder Judiciário seja necessário para evitar o perecimento de direito.

### *SUBSEÇÃO III.*
### *DA MEDIAÇÃO JUDICIAL*

**Art. 24.** Os tribunais criarão centros judiciários de solução consensual de conflitos, responsáveis pela realização de sessões e audiências de conciliação e mediação, pré-processuais e processuais, e pelo desenvolvimento de programas destinados a auxiliar, orientar e estimular a autocomposição.

**Parágrafo único.** A composição e a organização do centro serão definidas pelo respectivo tribunal, observadas as normas do Conselho Nacional de Justiça.

**Art. 25.** Na mediação judicial, os mediadores não estarão sujeitos à prévia aceitação das partes, observado o disposto no art. 5º desta Lei.

**Art. 26.** As partes deverão ser assistidas por advogados ou defensores públicos, ressalvadas as hipóteses previstas nas Leis nºs 9.099, de 26 de setembro de 1995, e 10.259, de 12 de julho de 2001.

**Parágrafo único.** Aos que comprovarem insuficiência de recursos será assegurada assistência pela Defensoria Pública.

**Art. 27.** Se a petição inicial preencher os requisitos essenciais e não for o caso de improcedência liminar do pedido, o juiz designará audiência de mediação.

**Art. 28.** O procedimento de mediação judicial deverá ser concluído em até sessenta dias, contados da primeira sessão, salvo quando as partes, de comum acordo, requererem sua prorrogação.

**Parágrafo único.** Se houver acordo, os autos serão encaminhados ao juiz, que determinará o arquivamento do processo e, desde que requerido pelas partes, homologará o acordo, por sentença, e o termo final da mediação e determinará o arquivamento do processo.

**Art. 29.** Solucionado o conflito pela mediação antes da citação do réu, não serão devidas custas judiciais finais.

### SEÇÃO IV.
### DA CONFIDENCIALIDADE E SUAS EXCEÇÕES

**Art. 30.** Toda e qualquer informação relativa ao procedimento de mediação será confidencial em relação a terceiros, não podendo ser revelada sequer em processo arbitral ou judicial salvo se as partes expressamente decidirem de forma diversa ou quando sua divulgação for exigida por lei ou necessária para cumprimento de acordo obtido pela mediação.

**§ 1º.** O dever de confidencialidade aplica-se ao mediador, às partes, a seus prepostos, advogados, assessores técnicos e a outras pessoas de sua confiança que tenham, direta ou indiretamente, participado do procedimento de mediação, alcançando:

**I** – declaração, opinião, sugestão, promessa ou proposta formulada por uma parte à outra na busca de entendimento para o conflito;

**II** – reconhecimento de fato por qualquer das partes no curso do procedimento de mediação;

**III** – manifestação de aceitação de proposta de acordo apresentada pelo mediador;

**IV** – documento preparado unicamente para os fins do procedimento de mediação.

**§ 2º.** A prova apresentada em desacordo com o disposto neste artigo não será admitida em processo arbitral ou judicial.

**§ 3º.** Não está abrigada pela regra de confidencialidade a informação relativa à ocorrência de crime de ação pública.

**§ 4º.** A regra da confidencialidade não afasta o dever de as pessoas discriminadas no *caput* prestarem informações à administração tributária após o termo final da mediação, aplicando-se aos seus servidores a obrigação de manterem sigilo das informações compartilhadas nos termos do art. 198 da Lei nº 5.172, de 25 de outubro de 1966 – Código Tributário Nacional.

**Art. 31.** Será confidencial a informação prestada por uma parte em sessão privada, não podendo o mediador revelá-la às demais, exceto se expressamente autorizado.

## CAPÍTULO II.
## DA AUTOCOMPOSIÇÃO DE CONFLITOS EM QUE FOR PARTE PESSOA JURÍDICA DE DIREITO PÚBLICO

### SEÇÃO I.
### DISPOSIÇÕES COMUNS

**Art. 32.** A União, os Estados, o Distrito Federal e os Municípios poderão criar câmaras de prevenção e resolução administrativa de conflitos, no âmbito dos respectivos órgãos da Advocacia Pública, onde houver, com competência para:

**I** – dirimir conflitos entre órgãos e entidades da administração pública;

**II** – avaliar a admissibilidade dos pedidos de resolução de conflitos, por meio de composição, no caso de controvérsia entre particular e pessoa jurídica de direito público;

**III** – promover, quando couber, a celebração de termo de ajustamento de conduta.

**§ 1º**. O modo de composição e funcionamento das câmaras de que trata o *caput* será estabelecido em regulamento de cada ente federado.

**§ 2º**. A submissão do conflito às câmaras de que trata o *caput* é facultativa e será cabível apenas nos casos previstos no regulamento do respectivo ente federado.

**§ 3º**. Se houver consenso entre as partes, o acordo será reduzido a termo e constituirá TÍTULO executivo extrajudicial.

**§ 4º**. Não se incluem na competência dos órgãos mencionados no *caput* deste artigo as controvérsias que somente possam ser resolvidas por atos ou concessão de direitos sujeitos a autorização do Poder Legislativo.

**§ 5º**. Compreendem-se na competência das câmaras de que trata o *caput* a prevenção e a resolução de conflitos que envolvam equilíbrio econômico-financeiro de contratos celebrados pela administração com particulares.

**Art. 33.** Enquanto não forem criadas as câmaras de mediação, os conflitos poderão ser dirimidos nos termos do procedimento de mediação previsto na Subseção I da Seção III do CAPÍTULO I desta Lei.

**Parágrafo único.** A Advocacia Pública da União, dos Estados, do Distrito Federal e dos Municípios, onde houver, poderá instaurar, de ofício ou mediante provocação, procedimento de mediação coletiva de conflitos relacionados à prestação de serviços públicos.

**Art. 34.** A instauração de procedimento administrativo para a resolução consensual de conflito no âmbito da administração pública suspende a prescrição.

**§ 1º**. Considera-se instaurado o procedimento quando o órgão ou entidade pública emitir juízo de admissibilidade, retroagindo a suspensão da prescrição à data de formalização do pedido de resolução consensual do conflito.

**§ 2º**. Em se tratando de matéria tributária, a suspensão da prescrição deverá observar o disposto na Lei nº 5.172, de 25 de outubro de 1966 – Código Tributário Nacional.

## SEÇÃO II. DOS CONFLITOS ENVOLVENDO A ADMINISTRAÇÃO PÚBLICA FEDERAL DIRETA, SUAS AUTARQUIAS E FUNDAÇÕES

**Art. 35.** As controvérsias jurídicas que envolvam a administração pública federal direta, suas autarquias e fundações poderão ser objeto de transação por adesão, com fundamento em:

**I** – autorização do Advogado-Geral da União, com base na jurisprudência pacífica do Supremo Tribunal Federal ou de tribunais superiores; ou

**II** – parecer do Advogado-Geral da União, aprovado pelo Presidente da República.

**§ 1º**. Os requisitos e as condições da transação por adesão serão definidos em resolução administrativa própria.

**§ 2º**. Ao fazer o pedido de adesão, o interessado deverá juntar prova de atendimento aos requisitos e às condições estabelecidos na resolução administrativa.

**§ 3º**. A resolução administrativa terá efeitos gerais e será aplicada aos casos idênticos, tempestivamente habilitados mediante pedido de adesão, ainda que solucione apenas parte da controvérsia.

**§ 4º**. A adesão implicará renúncia do interessado ao direito sobre o qual se fundamenta a ação ou o recurso, eventualmente pendentes, de natureza administrativa ou judicial, no que tange aos pontos compreendidos pelo objeto da resolução administrativa.

**§ 5º**. Se o interessado for parte em processo judicial inaugurado por ação coletiva, a renúncia ao direito sobre o qual se fundamenta a ação deverá ser expressa, mediante petição dirigida ao juiz da causa.

**§ 6º**. A formalização de resolução administrativa destinada à transação por adesão não implica a renúncia tácita à prescrição nem sua interrupção ou suspensão.

**Art. 36.** No caso de conflitos que envolvam controvérsia jurídica entre órgãos ou entidades de direito público que integram a administração pública federal, a Advocacia-Geral da União deverá realizar composição extrajudicial do conflito, observados os procedimentos previstos em ato do Advogado-Geral da União.

**§ 1º**. Na hipótese do *caput*, se não houver acordo quanto à controvérsia jurídica, caberá ao Advogado-Geral da União dirimi-la, com fundamento na legislação afeta.

**§ 2º**. Nos casos em que a resolução da controvérsia implicar o reconhecimento da existência de créditos da União, de suas autarquias e fundações em face de pessoas jurídicas de direito público federais, a Advocacia-Geral da União poderá solicitar ao Ministério do Planejamento, Orçamento e Gestão a adequação orçamentária para quitação das dívidas reconhecidas como legítimas.

**§ 3º**. A composição extrajudicial do conflito não afasta a apuração de responsabilidade do agente público que deu causa à dívida, sempre que se verificar que sua ação ou omissão constitui, em tese, infração disciplinar.

**§ 4º**. Nas hipóteses em que a matéria objeto do litígio esteja sendo discutida em ação de improbidade administrativa ou sobre ela haja decisão do Tribunal de Contas da União, a conciliação de que trata o *caput* dependerá da anuência expressa do juiz da causa ou do Ministro Relator.

**Art. 37.** É facultado aos Estados, ao Distrito Federal e aos Municípios, suas autarquias e fundações públicas, bem como às empresas públicas e sociedades de economia mista federais, submeter seus litígios com órgãos ou entidades da administração pública federal à Advocacia-Geral da União, para fins de composição extrajudicial do conflito.

**Art. 38.** Nos casos em que a controvérsia jurídica seja relativa a tributos administrados pela Secretaria da Receita Federal do Brasil ou a créditos inscritos em dívida ativa da União:

**I** – não se aplicam as disposições dos incisos II e III do *caput* do art. 32;

**II** – as empresas públicas, sociedades de economia mista e suas subsidiárias que explorem atividade econômica de produção ou comercialização de bens ou de prestação de serviços em regime de concorrência não poderão exercer a faculdade prevista no art. 37;

**III** – quando forem partes as pessoas a que alude o *caput* do art. 36:

a) a submissão do conflito à composição extrajudicial pela Advocacia-Geral da União implica renúncia do direito de recorrer ao Conselho Administrativo de Recursos Fiscais;

b) a redução ou o cancelamento do crédito dependerá de manifestação conjunta do Advogado-Geral da União e do Ministro de Estado da Fazenda.

**Parágrafo único.** O disposto neste artigo não afasta a competência do Advogado-Geral da União prevista nos incisos VI, X e XI do art. 4º da Lei Complementar nº 73, de 10 de fevereiro de 1993, e na Lei nº 9.469, de 10 de julho de 1997.

**Art. 39.** A propositura de ação judicial em que figurem concomitantemente nos polos ativo e passivo órgãos ou entidades de direito público que integrem a administração pública federal deverá ser previamente autorizada pelo Advogado-Geral da União.

**Art. 40.** Os servidores e empregados públicos que participarem do processo de composição extrajudicial do conflito, somente poderão ser responsabilizados civil, administrativa ou criminalmente quando, mediante dolo ou fraude, receberem qualquer vantagem patrimonial indevida, permitirem ou facilitarem sua recepção por terceiro, ou para tal concorrerem.

## CAPÍTULO III.
## DISPOSIÇÕES FINAIS

**Art. 41.** A Escola Nacional de Mediação e Conciliação, no âmbito do Ministério da Justiça, poderá criar banco de dados sobre boas práticas em mediação, bem como manter relação de mediadores e de instituições de mediação.

**Art. 42.** Aplica-se esta Lei, no que couber, às outras formas consensuais de resolução de conflitos, tais como mediações comunitárias e escolares, e àquelas levadas a efeito nas serventias extrajudiciais, desde que no âmbito de suas competências.

**Parágrafo único.** A mediação nas relações de trabalho será regulada por lei própria.

**Art. 43.** Os órgãos e entidades da administração pública poderão criar câmaras para a resolução de conflitos entre particulares, que versem sobre atividades por eles reguladas ou supervisionadas.

**Art. 44.** Os arts. 1º e 2º da Lei nº 9.469, de 10 de julho de1997, passam a vigorar com a seguinte redação:

- Alteração incorporada ao texto da referida lei.

**Art. 45.** O Decreto nº 70.235, de 6 de março de 1972, passa a vigorar acrescido do seguinte art. 14-A:

- Alteração incorporada ao texto do referido Decreto.

**Art. 46.** A mediação poderá ser feita pela internet ou por outro meio de comunicação que permita a transação à distância, desde que as partes estejam de acordo.

**Parágrafo único.** É facultado à parte domiciliada no exterior submeter-se à mediação segundo as regras estabelecidas nesta Lei.

**Art. 47.** Esta Lei entra em vigor após decorridos cento e oitenta dias de sua publicação oficial.

**Art. 48.** Revoga-se o § 2º do art. 6º da Lei nº 9.469, de 10de julho de 1997.

Brasília, 26 de junho de 2015;
194º da Independência e 127º da República.
Dilma Rousseff
José Eduardo Cardozo
Joaquim Vieira Ferreira Levy
Nelson Barbosa
Luís Inácio Lucena Adams

# Direito Financeiro e Tributário

# PLANO DE ESTUDO

| Diploma | Estudado | Revisão 1 | Revisão 2 | Revisão 3 | Questões |
|---|---|---|---|---|---|
| Lei nº 4.320/1964 | | | | | |
| Decreto-lei nº 2.164/1984 | | | | | |
| Lei nº 8.397/1992 | | | | | |
| Lei nº 9.393/1996 | | | | | |
| Lei nº 9.430/1996 | | | | | |
| Lei complementar nº 105/2001 | | | | | |
| Lei nº 10.522/2002 | | | | | |
| Lei nº 10.637/2002 | | | | | |
| Lei nº 11.457/2007 | | | | | |
| Lei nº 11.482/2007 *(Excertos)* | | | | | |
| Lei nº 12.529/2011 | | | | | |
| Lei complementar nº 148/2014 | | | | | |
| Lei nº 13.254/2016 | | | | | |

## LEI Nº 4.320, DE 17 DE MARÇO DE 1964

*Estatui Normas Gerais de Direito Financeiro para elaboração e controle dos orçamentos e balanços da União, dos Estados, dos Municípios e do Distrito Federal.*

- D.O.U. 23.3.1964; ret. 9.4.1964 e 3.6.1964

Faço saber que o Congresso Nacional decreta e eu sanciono a seguinte Lei:

**Disposição Preliminar**

**Art. 1º.** Esta Lei estatui normas gerais de direito financeiro para elaboração e controle dos orçamentos e balanços da União, dos Estados, dos Municípios e do Distrito Federal, de acordo com o disposto no art. 5º, XV, *b*, da Constituição Federal.

- Referência à Constituição Federal de 1946.
- CTN, art. 1º.
- LC 101/2000 – Estabelece normas de finanças públicas voltadas para a responsabilidade na gestão fiscal. (Lei de Responsabilidade Fiscal)
- Decreto 93.872/1986 – Dispõe sobre a unificação dos recursos de caixa do Tesouro Nacional, atualiza e consolida a legislação pertinente.
- Decreto-Lei 1.805/1980 – Dispõe sobre a transferência aos Estados, Distrito Federal, Territórios e Municípios das parcelas ou quotas-partes dos recursos tributários arrecadados pela União.

## TÍTULO I. DA LEI DE ORÇAMENTO

### CAPÍTULO I. DISPOSIÇÕES GERAIS

**Art. 2º.** A Lei de Orçamento conterá a discriminação da receita e despesa de forma a evidenciar a política econômico-financeira e o programa de trabalho do Governo, obedecidos os princípios de unidade universalidade e anualidade.

- CF/88: arts. 24, II, 84, XXIII, 165 a 169.

**§ 1º.** Integrarão a Lei de Orçamento:

**I** – sumário geral da receita por fontes e da despesa por funções do Governo;

**II** – quadro demonstrativo da receita e despesa segundo as categorias econômicas, na forma do Anexo 1;

**III** – quadro discriminativo da receita por fontes e respectiva legislação;

**IV** – quadro das dotações por órgãos do Governo e da Administração.

**§ 2º.** Acompanharão a Lei de Orçamento:

**I** – quadros demonstrativos da receita e planos de aplicação dos fundos especiais;

**II** – quadros demonstrativos da despesa, na forma dos Anexos 6 a 9;

**III** – quadro demonstrativo do programa anual de trabalho do Governo, em termos de realização de obras e de prestação de serviços.

**Art. 3º.** A Lei de Orçamento compreenderá todas as receitas, inclusive as de operações de crédito autorizadas em lei.

**Parágrafo único.** Não se consideram para os fins deste artigo as operações de crédito por antecipação da receita, as emissões de papel-moeda e outras entradas compensatórias, no ativo e passivo financeiros.

**Art. 4º.** A Lei de Orçamento compreenderá todas as despesas próprias dos órgãos do Governo e da Administração centralizada, ou que, por intermédio deles se devam realizar, observado o disposto no artigo 2º.

**Art. 5º.** A Lei de Orçamento não consignará dotações globais destinadas a atender indiferentemente a despesas de pessoal, material, serviços de terceiros, transferências ou quaisquer outras, ressalvado o disposto no artigo 20 e seu parágrafo único.

**Art. 6º.** Todas as receitas e despesas constarão da Lei de Orçamento pelos seus totais, vedadas quaisquer deduções.

**§ 1º.** As cotas de receitas que uma entidade pública deva transferir a outra incluir-se-ão, como despesa, no orçamento da entidade obrigada à transferência e, como receita, no orçamento da que as deva receber.

**§ 2º.** Para cumprimento do disposto no parágrafo anterior, o cálculo das cotas terá por base os dados apurados no balanço do exercício anterior àquele em que se elaborar a proposta orçamentária do Governo obrigado a transferência.

**Art. 7º.** A Lei de Orçamento poderá conter autorização ao Executivo para:

**I** – abrir créditos suplementares até determinada importância obedecidas as disposições do artigo 43;

**II** – realizar em qualquer mês do exercício financeiro, operações de crédito por antecipação da receita, para atender a insuficiências de caixa.

**§ 1º.** Em casos de *deficit*, a Lei de Orçamento indicará as fontes de recursos que o Poder Executivo fica autorizado a utilizar para atender a sua cobertura.

**§ 2º.** O produto estimado de operações de crédito e de alienação de bens imóveis somente se incluirá na receita quando umas e outras forem especificamente autorizadas pelo Poder Legislativo em forma que juridicamente possibilite ao Poder Executivo realizá-las no exercício.

**§ 3º.** A autorização legislativa a que se refere o parágrafo anterior, no tocante a operações de crédito, poderá constar da própria Lei de Orçamento.

**Art. 8º.** A discriminação da receita geral e da despesa de cada órgão do Governo ou unidade administrativa, a que se refere o artigo 2º, § 1º, III e IV, obedecerá à forma do Anexo 2.

**§ 1º**. Os itens da discriminação da receita e da despesa, mencionados nos artigos 11, § 4º, e 13, serão identificados por números de código decimal, na forma dos Anexos 3 e 4.

**§ 2º**. Completarão os números do código decimal referido no parágrafo anterior os algarismos caracterizadores da classificação funcional da despesa, conforme estabelece o Anexo 5.

**§ 3º**. O código geral estabelecido nesta Lei não prejudicará a adoção de códigos locais.

## CAPÍTULO II. DA RECEITA

**Art. 9º.** Tributo é a receita derivada instituída pelas entidades de direito público, compreendendo os impostos, as taxas e contribuições nos termos da Constituição e das leis vigentes em matéria financeira destinando-se o seu produto ao custeio de atividades gerais ou específicas exercidas por essa entidades. (Artigo vetado pelo Presidente da República e mantido pelo Congresso Nacional, em 4/5/1964).

**Art. 10.** *(VETADO).*

**Art. 11.** A receita classificar-se-á nas seguintes categorias econômicas: Receitas Correntes e Receitas de Capital.

**§ 1º**. São Receitas Correntes as receitas tributária, de contribuições, patrimonial, agropecuária, industrial, de serviços e outras e, ainda, as provenientes de recursos financeiros recebidos de outras pessoas de direito público ou privado, quando destinadas a atender despesas classificáveis em Despesas Correntes.

**§ 2º**. São Receitas de Capital as provenientes da realização de recursos financeiros oriundos de constituição de dívidas; da conversão, em espécie, de bens e direitos; os recursos recebidos de outras pessoas de direito público ou privado, destinados a atender despesas classificáveis em Despesas de Capital e, ainda, o *superavit* do Orçamento Corrente.

**§ 3º**. O *superavit* do Orçamento Corrente resultante do balanceamento dos totais das receitas e despesas correntes, apurado na demonstração a que se refere o Anexo 1, não constituirá item de receita orçamentária.

**§ 4º**. A classificação da receita obedecerá ao seguinte esquema:

RECEITAS CORRENTES
RECEITA TRIBUTÁRIA
    Impostos.
    Taxas.
    Contribuições de Melhoria.
RECEITA DE CONTRIBUIÇÕES
RECEITA PATRIMONIAL
RECEITA AGROPECUÁRIA
RECEITA INDUSTRIAL
RECEITA DE SERVIÇOS
TRANSFERÊNCIAS CORRENTES
OUTRAS RECEITAS CORRENTES
RECEITAS DE CAPITAL
OPERAÇÕES DE CRÉDITO
ALIENAÇÃO DE BENS
AMORTIZAÇÃO DE EMPRÉSTIMOS
TRANSFERÊNCIAS DE CAPITAL
OUTRAS RECEITAS DE CAPITAL

## CAPÍTULO III. DA DESPESA

**Art. 12.** A despesa será classificada nas seguintes categorias econômicas:

› Decreto-lei nº 1.805/1980, art. 3º, § 1º.

DESPESAS CORRENTES
    Despesas de Custeio.
    Transferências Correntes.
DESPESAS DE CAPITAL
    Investimentos.
    Inversões Financeiras.
    Transferências de Capital.

**§ 1º**. Classificam-se como Despesas de Custeio as dotações para manutenção de serviços anteriormente criados, inclusive as destinadas a atender a obras de conservação e adaptação de bens imóveis.

**§ 2º**. Classificam-se como Transferências Correntes as dotações para despesas as quais não corresponda contraprestação direta em bens ou serviços, inclusive para contribuições e subvenções destinadas a atender à manifestação de outras entidades de direito público ou privado.

**§ 3º**. Consideram-se subvenções, para os efeitos desta Lei, as transferências destinadas a cobrir despesas de custeio das entidades beneficiadas, distinguindo-se como:

**I** – subvenções sociais, as que se destinem a instituições públicas ou privadas de caráter assistencial ou cultural, sem finalidade lucrativa;

**II** – subvenções econômicas, as que se destinem a empresas públicas ou privadas de caráter industrial, comercial, agrícola ou pastoril.

**§ 4º**. Classificam-se como investimentos as dotações para o planejamento e a execução de obras, inclusive as destinadas à aquisição de imóveis considerados necessários à realização destas últimas, bem como para os programas especiais de trabalho, aquisição de instalações, equipamentos e material permanente e constituição ou aumento do capital de empresas que não sejam de caráter comercial ou financeiro.

**§ 5º**. Classificam-se como Inversões Financeiras as dotações destinadas a:

**I** – aquisição de imóveis, ou de bens de capital já em utilização;

**II** – aquisição de títulos representativos do capital de empresas ou entidades de qualquer espécie, já constituídas, quando a operação não importe aumento do capital;

**III** – constituição ou aumento do capital de entidades ou empresas que visem a objetivos comerciais ou financeiros, inclusive operações bancárias ou de seguros.

**§ 6º**. São Transferências de Capital as dotações para investimentos ou inversões financeiras que outras pessoas de direito público ou privado devam realizar, independentemente de contraprestação direta em bens ou serviços, constituindo essas transferências auxílios ou contribuições, segundo derivem diretamente da Lei de Orçamento ou de lei especialmente anterior, bem como as dotações para amortização da dívida pública.

**Art. 13.** Observadas as categorias econômicas do art. 12, a discriminação ou especificação da despesa por elementos, em cada unidade administrativa ou órgão de governo, obedecerá ao seguinte esquema:

DESPESAS CORRENTES

*Despesas de Custeio*

Pessoal Civil.
Pessoal Militar.
Material de Consumo.
Serviços de Terceiros.
Encargos Diversos.

*Transferências Correntes*

Subvenções Sociais.
Subvenções Econômicas.
Inativos.
Pensionistas.
Salário-Família e Abono Familiar.
Juros da Dívida Pública.
Contribuições de Previdência Social.
Diversas Transferências Correntes.

DESPESAS DE CAPITAL

*Investimentos*

Obras Públicas.
Serviços em Regime de Programação Especial.
Equipamentos e Instalações.
Material Permanente.
Participação em Constituição ou Aumento de Capital de Empresas ou Entidades Industriais ou Agrícolas.

*Inversões Financeiras*

Aquisição de Imóveis.
Participação em Constituição ou Aumento de Capital de Empresas ou Entidades Comerciais ou Financeiras.
Aquisição de Títulos Representativos de Capital de Empresa em Funcionamento.
Constituição de Fundos Rotativos.
Concessão de Empréstimos.
Diversas Inversões Financeiras.

*Transferências de Capital*

Amortização da Dívida Pública.
Auxílios para Obras Públicas.
Auxílios para Equipamentos e Instalações.
Auxílios para Inversões Financeiras.
Outras Contribuições.

**Art. 14.** Constitui unidade orçamentária o agrupamento de serviços subordinados ao mesmo órgão ou repartição a que serão consignadas dotações próprias.

**Parágrafo único.** Em casos excepcionais, serão consignadas dotações a unidades administrativas subordinadas ao mesmo órgão.

**Art. 15.** Na Lei de Orçamento a discriminação da despesa far-se-á no mínimo por elementos.

**§ 1º** Entende-se por elementos o desdobramento da despesa com pessoal, material, serviços, obras e outros meios de que se serve a administração pública para consecução dos seus fins.

**§ 2º** Para efeito de classificação da despesa, considera-se material permanente o de duração superior a 2 (dois) anos.

## SEÇÃO I. DAS DESPESAS CORRENTES

### *SUBSEÇÃO ÚNICA. DAS TRANSFERÊNCIAS CORRENTES*

**I) Das subvenções sociais**

**Art. 16.** Fundamentalmente e nos limites das possibilidades financeiras a concessão de subvenções sociais visará a prestação de serviços essenciais de assistência social, médica e educacional, sempre que a suplementação de recursos de origem privada aplicados a esses objetivos, revelar-se mais econômica.

**Parágrafo único.** O valor das subvenções, sempre que possível, será calculado com base em unidades de serviços efetivamente prestados ou postos à disposição dos interessados obedecidos os padrões mínimos de eficiência previamente fixados.

**Art. 17.** Somente à instituição cujas condições de funcionamento forem julgadas satisfatórias pelos órgãos oficiais de fiscalização serão concedidas subvenções.

**II) Das subvenções econômicas**

**Art. 18.** A cobertura dos *deficit* de manutenção das empresas públicas, de natureza autárquica ou não, far-se-á mediante subvenções econômicas expressamente incluídas nas despesas correntes do orçamento da União, do Estado, do Município ou do Distrito Federal.

**Parágrafo único.** Consideram-se, igualmente, como subvenções econômicas:

*a)* as dotações destinadas a cobrir a diferença entre os preços de mercado e os preços de revenda, pelo Governo, de gêneros alimentícios ou outros materiais;

*b)* as dotações destinadas ao pagamento de bonificações a produtores de determinados gêneros ou materiais.

**Art. 19.** A Lei de Orçamento não consignará ajuda financeira, a qualquer título, a empresa de fins lucrativos, salvo quando se tratar de subvenções cuja concessão tenha sido expressamente autorizada em lei especial.

## SEÇÃO II. DAS DESPESAS DE CAPITAL

### *SUBSEÇÃO PRIMEIRA. DOS INVESTIMENTOS*

**Art. 20.** Os investimentos serão discriminados na Lei de Orçamento segundo os projetos de obras e de outras aplicações.

**Parágrafo único.** Os programas especiais de trabalho que, por sua natureza, não possam cumprir-se subordinadamente às normas gerais de execução da despesa poderão ser custeados por dotações globais, classificadas entre as Despesas de Capital.

*SUBSEÇÃO SEGUNDA.*
*DAS TRANSFERÊNCIAS DE CAPITAL*

**Art. 21.** A Lei de Orçamento não consignará auxílio para investimentos que se devam incorporar ao patrimônio das empresas privadas de fins lucrativos.

**Parágrafo único.** O disposto neste artigo aplica-se às transferências de capital à conta de fundos especiais ou dotações sob regime excepcional de aplicação.

## TÍTULO II.
## DA PROPOSTA ORÇAMENTÁRIA

### CAPÍTULO I.
### CONTEÚDO E FORMA DA PROPOSTA ORÇAMENTÁRIA

**Art. 22.** A proposta orçamentária que o Poder Executivo encaminhará ao Poder Legislativo nos prazos estabelecidos nas Constituições e nas Leis Orgânicas dos Municípios, compor-se-á:

**I** – mensagem, que conterá: exposição circunstanciada da situação econômico-financeira, documentada com demonstração da dívida fundada e flutuante, saldos de créditos especiais, restos a pagar e outros compromissos financeiros exigíveis; exposição e justificação da política econômico-financeira do Governo; justificação da receita e despesa, particularmente no tocante ao orçamento de capital;

**II** – projeto de Lei de Orçamento;

**III** – tabelas explicativas, das quais, além das estimativas de receita e despesa, constarão, em colunas distintas e para fins de comparação:

*a)* a receita arrecadada nos três últimos exercícios anteriores àquele em que se elaborou a proposta;

*b)* a receita prevista para o exercício em que se elabora a proposta;

*c)* a receita prevista para o exercício a que se refere a proposta;

*d)* a despesa realizada no exercício imediatamente anterior;

*e)* a despesa fixada para o exercício em que se elabora a proposta; e

*f)* a despesa prevista para o exercício a que se refere a proposta;

**IV** – especificação dos programas especiais de trabalho custeados por dotações globais, em termos de metas visadas, decompostas em estimativa do custo das obras a realizar e dos serviços a prestar, acompanhadas de justificação econômica, financeira, social e administrativa.

**Parágrafo único.** Constará da proposta orçamentária, para cada unidade administrativa, descrição sucinta de suas principais finalidades, com indicação da respectiva legislação.

### CAPÍTULO II.
### DA ELABORAÇÃO DA PROPOSTA ORÇAMENTÁRIA

#### SEÇÃO PRIMEIRA.
#### DAS PREVISÕES PLURIENAIS

**Art. 23.** As receitas e despesas de capital serão objeto de um Quadro de Recursos de Aplicação de Capital, aprovado por decreto do Poder Executivo, abrangendo, no mínimo um triênio.

**Parágrafo único.** O Quadro de Recursos e de Aplicação de Capital será anualmente reajustado acrescentando-se-lhe as previsões de mais 1 (um) ano, de modo a assegurar a projeção contínua dos períodos.

**Art. 24.** O Quadro de Recursos e de Aplicação de Capital abrangerá:

**I** – as despesas e, como couber, também as receitas previstas em planos especiais aprovados em lei e destinados a atender a regiões ou a setores da administração ou da economia;

**II** – as despesas à conta de fundos especiais e, como couber, as receitas que os constituam;

**III** – em anexos, as despesas de capital das entidades referidas no Título X desta Lei, com indicação das respectivas receitas, para as quais forem previstas transferências de capital.

**Art. 25.** Os programas constantes do Quadro de Recursos e de Aplicação de Capital sempre que possível serão correlacionados a metas objetivas em termos de realização de obras e de prestação de serviços.

**Parágrafo único.** Consideram-se metas os resultados que se pretendem obter com a realização de cada programa.

**Art. 26.** A proposta orçamentária conterá o programa anual atualizado dos investimentos, inversões financeiras e transferências previstos no Quadro de Recursos e de Aplicação de Capital.

#### SEÇÃO SEGUNDA.
#### DAS PREVISÕES ANUAIS

**Art. 27.** As propostas parciais de orçamento guardarão estrita conformidade com a política econômico-financeira, o programa anual de trabalho do Governo e, quando fixado, o limite global máximo para o orçamento de cada unidade administrativa.

**Art. 28.** As propostas parciais das unidades administrativas, organizadas em formulário próprio, serão acompanhadas de:

**I** – tabelas explicativas da despesa, sob a forma estabelecida no artigo 22, III, *d, e* e *f;*

**II** – justificação pormenorizada de cada dotação solicitada, com a indicação dos atos de aprovação de projetos e orçamentos de obras públicas, para cujo início ou prosseguimento ela se destina.

**Art. 29.** Caberá aos órgãos de contabilidade ou de arrecadação organizar demonstrações mensais da receita arrecadada, segundo as rubricas, para servirem de base a estimativa da receita, na proposta orçamentária.

**Parágrafo único.** Quando houver órgão central de orçamento, essas demonstrações ser-lhe-ão remetidas mensalmente.

**Art. 30.** A estimativa da receita terá por base as demonstrações a que se refere o artigo anterior à arrecadação dos três últimos exercícios, pelo menos bem como as circunstâncias de ordem conjuntural e outras, que possam afetar a produtividade de cada fonte de receita.

**Art. 31.** As propostas orçamentárias parciais serão revistas e coordenadas na proposta geral, considerando-se a receita estimada e as novas circunstâncias.

## TÍTULO III. DA ELABORAÇÃO DA LEI DE ORÇAMENTO

**Art. 32.** Se não receber a proposta orçamentária no prazo fixado nas Constituições ou nas Leis Orgânicas dos Municípios, o Poder Legislativo considerará como proposta a Lei de Orçamento vigente.

**Art. 33.** Não se admitirão emendas ao projeto de Lei de Orçamento que visem a:

*a)* alterar a dotação solicitada para despesa de custeio, salvo quando provada, nesse ponto, a inexatidão da proposta;

*b)* conceder dotação para o início de obra cujo projeto não esteja aprovado pelos órgãos competentes;

*c)* conceder dotação para instalação ou funcionamento de serviço que não esteja anteriormente criado;

*d)* conceder dotação superior aos quantitativos previamente fixados em resolução do Poder Legislativo para concessão de auxílios e subvenções.

## TÍTULO IV. DO EXERCÍCIO FINANCEIRO

**Art. 34.** O exercício financeiro coincidirá com o ano civil.

**Art. 35.** Pertencem ao exercício financeiro:

**I** – as receitas nele arrecadadas;

**II** – as despesas nele legalmente empenhadas.

**Art. 36.** Consideram-se Restos a Pagar as despesas empenhadas mas não pagas até o dia 31 de dezembro distinguindo-se as processadas das não processadas.

**Parágrafo único.** Os empenhos que sorvem a conta de créditos com vigência plurienal, que não tenham sido liquidados, só serão computados como Restos a Pagar no último ano de vigência do crédito.

**Art. 37.** As despesas de exercícios encerrados, para as quais o orçamento respectivo consignava crédito próprio, com saldo suficiente para atendê-las, que não se tenham processado na época própria, bem como os Restos a Pagar com prescrição interrompida e os compromissos reconhecidos após o encerramento do exercício correspondente poderão ser pagos à conta de dotação específica consignada no orçamento, discriminada por elementos, obedecida, sempre que possível, a ordem cronológica.

**Art. 38.** Reverte à dotação a importância de despesa anulada no exercício, quando a anulação ocorrer após o encerramento deste considerar-se-á receita do ano em que se efetivar.

**Art. 39.** Os créditos da Fazenda Pública, de natureza tributária ou não tributária, serão escriturados como receita do exercício em que forem arrecadados, nas respectivas rubricas orçamentárias.

**§ 1º.** Os créditos de que trata este artigo, exigíveis pelo transcurso do prazo para pagamento, serão inscritos, na forma da legislação própria, como Dívida Ativa, em registro próprio, após apurada a sua liquidez e certeza, e a respectiva receita será escriturada a esse título.

**§ 2º.** Dívida Ativa Tributária é o crédito da Fazenda Pública dessa natureza, proveniente de obrigação legal relativa a tributos e respectivos adicionais e multas, e Dívida Ativa não-Tributária são os demais créditos da Fazenda Pública, tais como os provenientes de empréstimos compulsórios, contribuições estabelecidas em lei, multas de qualquer origem ou natureza, exceto as tributárias, foros, laudêmios, aluguéis ou taxas de ocupação, custas processuais, preços de serviços prestados por estabelecimentos públicos, indenizações, reposições, restituições, alcances dos responsáveis definitivamente julgados, bem assim os créditos decorrentes de obrigações em moeda estrangeira, de sub-rogação de hipoteca, fiança, aval ou outra garantia, de contratos em geral ou de outras obrigações legais.

- CTN, art. 202.
- Lei 6.830/1980, art. 2º.

**§ 3º.** O valor do crédito da Fazenda Nacional em moeda estrangeira será convertido ao correspondente valor na moeda nacional à taxa cambial oficial, para compra, na data da notificação ou intimação do devedor, pela autoridade administrativa, ou, à sua falta, na data da inscrição da Dívida Ativa, incidindo, a partir da conversão, a atualização monetária e os juros de mora, de acordo com preceitos legais pertinentes aos débitos tributários.

**§ 4º.** A receita da Dívida Ativa abrange os créditos mencionados nos parágrafos anteriores, bem como os valores correspondentes à respectiva atualização monetária, à multa e juros de mora e ao encargo de que tratam o art. 1º do Decreto-lei nº 1.025, de 21 de outubro de 1969, e o art. 3º do Decreto-lei nº 1.645, de 11 de dezembro de 1978.

**§ 5º.** A Dívida Ativa da União será apurada e inscrita na Procuradoria da Fazenda Nacional.

**Art. 39-A.** A União, o Estado, o Distrito Federal ou o Município poderá ceder onerosamente, nos termos desta Lei e de lei específica que o autorize, direitos originados de créditos tributários e não tributários, inclusive quando inscritos em dívida ativa, a pessoas jurídicas de direito privado ou a fundos de investimento regulamentados pela Comissão de Valores Mobiliários (CVM). *(Acrescido pela LC 208/2024)*

**§ 1º** Para fins do disposto no *caput*, a cessão dos direitos creditórios deverá:

**I** - preservar a natureza do crédito de que se tenha originado o direito cedido, mantendo as garantias e os privilégios desse crédito;

**II** - manter inalterados os critérios de atualização ou correção de valores e os montantes representados pelo principal, os juros e as multas, assim como as condições de pagamento e as datas de vencimento, os prazos e os demais termos avençados originalmente entre a Fazenda Pública ou o órgão da administração pública e o devedor ou contribuinte;

**III** - assegurar à Fazenda Pública ou ao órgão da administração pública a prerrogativa de cobrança judicial e extrajudicial dos créditos de que se tenham originado os direitos cedidos;

**IV** - realizar-se mediante operação definitiva, isentando o cedente de responsabilidade, compromisso ou dívida de que decorra obrigação de pagamento perante o cessionário, de modo que a obrigação de pagamento dos direitos creditórios cedidos permaneça, a todo tempo, com o devedor ou contribuinte;

**V** - abranger apenas o direito autônomo ao recebimento do crédito, assim como recair somente sobre o produto de créditos já constituídos e reconhecidos pelo devedor ou contribuinte, inclusive mediante a formalização de parcelamento;

**VI** - ser autorizada, na forma de lei específica do ente, pelo chefe do Poder Executivo ou por autoridade administrativa a quem se faça a delegação dessa competência;

**VII** - realizar-se até 90 (noventa) dias antes da data de encerramento do mandato do chefe do Poder Executivo, ressalvado o caso em que o integral pagamento pela cessão dos direitos creditórios ocorra após essa data.

**§ 2º** A cessão de direitos creditórios preservará a base de cálculo das vinculações constitucionais no exercício financeiro em que o contribuinte efetuar o pagamento.

**§ 3º** A cessão de direitos creditórios não poderá abranger percentuais do crédito que, por força de regras constitucionais, pertençam a outros entes da Federação.

**§ 4º** As cessões de direitos creditórios realizadas nos termos deste artigo não se enquadram nas definições de que tratam os incisos III e IV do art. 29 e o art. 37 da Lei Complementar nº 101, de 4 de maio de 2000 (Lei de Responsabilidade Fiscal), sendo consideradas operação de venda definitiva de patrimônio público.

**§ 5º** As cessões de direitos creditórios tributários são consideradas atividades da administração tributária, não se aplicando a vedação constante do inciso IV do art. 167 da Constituição Federal aos créditos originados de impostos, respeitados os §§ 2º e 3º deste artigo.

**§ 6º** A receita de capital decorrente da venda de ativos de que trata este artigo observará o disposto no art. 44 da Lei Complementar nº 101, de 4 de maio de 2000 (Lei de Responsabilidade Fiscal), devendo-se destinar pelo menos 50% (cinquenta por cento) desse montante a despesas associadas a regime de previdência social, e o restante, a despesas com investimentos.

**§ 7º** A cessão de direitos creditórios de que trata este artigo poderá ser realizada por intermédio de sociedade de propósito específico, criada para esse fim pelo ente cedente, dispensada, nessa hipótese, a licitação.

**§ 8º** É vedado a instituição financeira controlada pelo ente federado cedente:

**I** - participar de operação de aquisição primária dos direitos creditórios desse ente;

**II** - adquirir ou negociar direitos creditórios desse ente em mercado secundário;

**III** - realizar operação lastreada ou garantida pelos direitos creditórios desse ente.

**§ 9º** O disposto no § 8º deste artigo não impede a instituição financeira pública de participar da estruturação financeira da operação, atuando como prestadora de serviços.

**§ 10.** A cessão de direitos creditórios originados de parcelamentos administrativos não inscritos em dívida ativa é limitada ao estoque de créditos existentes até a data de publicação da respectiva lei federal, estadual, distrital ou municipal que conceder a autorização legislativa para a operação.

## TÍTULO V.
## DOS CRÉDITOS ADICIONAIS

**Art. 40.** São créditos adicionais, as autorizações de despesa não computadas ou insuficientemente dotadas na Lei de Orçamento.

**Art. 41.** Os créditos adicionais classificam-se em:

**I** – suplementares, os destinados a reforço de dotação orçamentária;

**II** – especiais, os destinados a despesas para as quais não haja dotação orçamentária específica;

**III** – extraordinários, os destinados a despesas urgentes e imprevistas, em caso de guerra, comoção intestina ou calamidade pública.

**Art. 42.** Os créditos suplementares e especiais serão autorizados por lei e abertos por decreto executivo.

**Art. 43.** A abertura dos créditos suplementares e especiais depende da existência de recursos disponíveis para ocorrer a despesa e será precedida de exposição justificativa.

**§ 1º.** Consideram-se recursos para o fim deste artigo, desde que não comprometidos:

**I** – o *superavit* financeiro apurado em balanço patrimonial do exercício anterior;

**II** – os provenientes de excesso de arrecadação;

**III** – os resultantes de anulação parcial ou total de dotações orçamentárias ou de créditos adicionais, autorizados em lei;

**IV** – o produto de operações de crédito autorizadas, em forma que juridicamente possibilite ao Poder Executivo realizá-las.

**§ 2º.** Entende-se por *superavit* financeiro a diferença positiva entre o ativo financeiro e o passivo financeiro, conjugando-se, ainda, os saldos dos créditos adicionais transferidos e as operações de crédito a eles vinculadas.

**§ 3º.** Entende-se por excesso de arrecadação, para os fins deste artigo, o saldo positivo das diferenças acumuladas mês a mês entre a arrecadação prevista e a realizada, considerando-se, ainda, a tendência do exercício.

**§ 4º.** Para o fim de apurar os recursos utilizáveis, provenientes de excesso de arrecadação, deduzir-se-á a importância dos créditos extraordinários abertos no exercício.

**Art. 44.** Os créditos extraordinários serão abertos por decreto do Poder Executivo, que deles dará imediato conhecimento ao Poder Legislativo.

**Art. 45.** Os créditos adicionais terão vigência adstrita ao exercício financeiro em que forem abertos, salvo expressa disposição legal em contrário, quanto aos especiais e extraordinários.

**Art. 46.** O ato que abrir crédito adicional indicará a importância, a espécie do mesmo e a classificação da despesa, até onde for possível.

## TÍTULO VI. DA EXECUÇÃO DO ORÇAMENTO

### CAPÍTULO I. DA PROGRAMAÇÃO DA DESPESA

**Art. 47.** Imediatamente após a promulgação da Lei de Orçamento e com base nos limites nela fixados, o Poder Executivo aprovará um quadro de cotas trimestrais da despesa que cada unidade orçamentária fica autorizada a utilizar.

**Art. 48.** A fixação das cotas a que se refere o artigo anterior atenderá aos seguintes objetivos:

*a)* assegurar às unidades orçamentárias, em tempo útil a soma de recursos necessários e suficientes a melhor execução do seu programa anual de trabalho;

*b)* manter, durante o exercício, na medida do possível o equilíbrio entre a receita arrecadada e a despesa realizada, de modo a reduzir ao mínimo eventuais insuficiências de tesouraria.

**Art. 49.** A programação da despesa orçamentária, para efeito do disposto no artigo anterior, levará em conta os créditos adicionais e as operações extraorçamentárias.

**Art. 50.** As cotas trimestrais poderão ser alteradas durante o exercício, observados o limite da dotação e o comportamento da execução orçamentária.

### CAPÍTULO II. DA RECEITA

**Art. 51.** Nenhum tributo será exigido ou aumentado sem que a lei o estabeleça, nenhum será cobrado em cada exercício sem prévia autorização orçamentária, ressalvados a tarifa aduaneira e o imposto lançado por motivo de guerra.

**Art. 52.** São objeto de lançamento os impostos diretos e quaisquer outras rendas com vencimento determinado em lei, regulamento ou contrato.

**Art. 53.** O lançamento da receita é ato da repartição competente, que verifica a procedência do crédito fiscal e a pessoa que lhe é devedora e inscreve o débito desta.

**Art. 54.** Não será admitida a compensação da observação de recolher rendas ou receitas com direito creditório contra a Fazenda Pública.

**Art. 55.** Os agentes da arrecadação devem fornecer recibos das importâncias que arrecadarem.

**§ 1º.** Os recibos devem conter o nome da pessoa que paga a soma arrecadada, proveniência e classificação, bem como a data e assinatura do agente arrecadador.

**§ 2º.** Os recibos serão fornecidos em uma única via.

**Art. 56.** O recolhimento de todas as receitas far-se-á em estrita observância ao princípio de unidade de tesouraria, vedada qualquer fragmentação para criação de caixas especiais.

**Art. 57.** Ressalvado o disposto no parágrafo único do artigo 3º desta Lei serão classificadas como receita orçamentária, sob as rubricas próprias, todas as receitas arrecadadas, inclusive as provenientes de operações de crédito, ainda que não previstas no Orçamento.

### CAPÍTULO III. DA DESPESA

**Art. 58.** O empenho de despesa é o ato emanado de autoridade competente que cria para o Estado obrigação de pagamento pendente ou não de implemento de condição.

**Art. 59.** O empenho da despesa não poderá exceder o limite dos créditos concedidos.

**§ 1º.** Ressalvado o disposto no art. 67 da Constituição Federal, é vedado aos Municípios empenhar, no último mês do mandato do prefeito, mais do que o duodécimo da despesa prevista no Orçamento vigente.

**§ 2º.** Fica, também, vedado aos Municípios, no mesmo período, assumir, por qualquer forma, compromissos financeiros para execução depois do término do mandato do prefeito.

**§ 3º.** As disposições dos parágrafos anteriores não se aplicam nos casos comprovados de calamidade pública.

**§ 4º.** Reputam-se nulos e de nenhum efeito os empenhos e atos praticados em desacordo com o disposto nos parágrafos 1º e 2º deste artigo, sem prejuízo da responsabilidade do prefeito nos termos do art. 1º, V, do Decreto-lei nº 201, de 27 de fevereiro de 1967.

**Art. 60.** É vedada a realização de despesa sem prévio empenho.

**§ 1º.** Em casos especiais previstos na legislação específica será dispensada a emissão da nota de empenho.

**§ 2º.** Será feito por estimativa o empenho da despesa cujo montante não se possa determinar.

**§ 3º.** É permitido o empenho global de despesas contratuais e outras, sujeitas a parcelamento.

**Art. 61.** Para cada empenho será extraído um documento denominado "nota de empenho" que indicará o nome do credor, a representação e a importância da despesa bem como a dedução desta do saldo da dotação própria.

**Art. 62.** O pagamento da despesa só será efetuado quando ordenado após sua regular liquidação.

**Art. 63.** A liquidação da despesa consiste na verificação do direito adquirido pelo credor tendo por base os títulos e documentos comprobatórios do respectivo crédito.

**§ 1º.** Essa verificação tem por fim apurar:

**I** – a origem e o objeto do que se deve pagar;

**II** – a importância exata a pagar;

- Lei 12.712/2012, art. 13, § 4º.
- Lei 12.793/2013, art. 1º.

**III** – a quem se deve pagar a importância, para extinguir a obrigação.

**§ 2º.** A liquidação da despesa por fornecimentos feitos ou serviços prestados terá por base:

**I** – o contrato, ajuste ou acordo respectivo;

**II** – a nota de empenho;

**III** – os comprovantes da entrega de material ou da prestação efetiva do serviço.

**Art. 64.** A ordem de pagamento é o despacho exarado por autoridade competente, determinando que a despesa seja paga.

**Parágrafo único.** A ordem de pagamento só poderá ser exarada em documentos processados pelos serviços de contabilidade.

**Art. 65.** O pagamento da despesa será efetuado por tesouraria ou pagadoria regularmente instituídos por estabelecimentos bancários credenciados e, em casos excepcionais, por meio de adiantamento.

**Art. 66.** As dotações atribuídas às diversas unidades orçamentárias poderão quando expressamente determinado na Lei de Orçamento ser movimentadas por órgãos centrais de administração geral.

**Parágrafo único.** É permitida a redistribuição de parcelas das dotações de pessoal, de uma para outra unidade orçamentária, quando considerada indispensável à movimentação de pessoal dentro das tabelas ou quadros comuns às unidades interessadas, a que se realize em obediência à legislação específica.

**Art. 67.** Os pagamentos devidos pela Fazenda Pública, em virtude de sentença judiciária, far-se-ão na ordem de apresentação dos precatórios e à conta dos créditos respectivos, sendo proibida a designação de casos ou de pessoas nas dotações orçamentárias e nos créditos adicionais abertos para esse fim.

**Art. 68.** O regime de adiantamento é aplicável aos casos de despesas expressamente definidos em lei e consiste na entrega de numerário a servidor, sempre precedida de empenho na dotação própria para o fim de realizar despesas, que não possam subordinar-se ao processo normal de aplicação.

**Art. 69.** Não se fará adiantamento a servidor em alcance nem a responsável por dois adiantamentos.

**Art. 70.** A aquisição de material, o fornecimento e a adjudicação de obras e serviços serão regulados em lei, respeitado o princípio da concorrência.

## TÍTULO VII. DOS FUNDOS ESPECIAIS

**Art. 71.** Constitui fundo especial o produto de receitas especificadas que por lei se vinculam à realização de determinados objetivos ou serviços, facultada a adoção de normas peculiares de aplicação.

**Art. 72.** A aplicação das receitas orçamentárias vinculadas a fundos especiais far-se-á através de dotação consignada na Lei de Orçamento ou em créditos adicionais.

**Art. 73.** Salvo determinação em contrário da lei que o instituiu, o saldo positivo do fundo especial apurado em balanço será transferido para o exercício seguinte, a crédito do mesmo fundo.

**Art. 74.** A lei que instituir fundo especial poderá determinar normas peculiares de controle, prestação e tomada de contas, sem de qualquer modo, elidir a competência específica do Tribunal de Contas ou órgão equivalente.

## TÍTULO VIII. DO CONTROLE DA EXECUÇÃO ORÇAMENTÁRIA

### CAPÍTULO I. DISPOSIÇÕES GERAIS

**Art. 75.** O controle da execução orçamentária compreenderá:

- CF/88: arts. 33, § 2º e 71.

**I** – a legalidade dos atos de que resultem a arrecadação da receita ou a realização da despesa, o nascimento ou a extinção de direitos e obrigações;

**II** – a fidelidade funcional dos agentes da administração, responsáveis por bens e valores públicos;

**III** – o cumprimento do programa de trabalho expresso em termos monetários e em termos de realização de obras e prestação de serviços.

### CAPÍTULO II. DO CONTROLE INTERNO

- CF/88: arts. 33, § 2º e 71.

**Art. 76.** O Poder Executivo exercerá os três tipos de controle a que se refere o artigo 75, sem prejuízo das atribuições do Tribunal de Contas ou órgão equivalente.

**Art. 77.** A verificação da legalidade dos atos de execução orçamentária será prévia, concomitante e subsequente.

**Art. 78.** Além da prestação ou tomada de contas anual, quando instituída em lei, ou por fim de gestão, poderá haver, a qualquer tempo, levantamento, prestação ou tomada de contas de todos os responsáveis por bens ou valores públicos.

**Art. 79.** Ao órgão incumbido da elaboração da proposta orçamentária ou a outro indicado na legislação, caberá o controle estabelecido no inciso III do artigo 75.

**Parágrafo único.** Esse controle far-se-á, quando for o caso, em termos de unidades de medida, previamente estabelecidos para cada atividade.

**Art. 80.** Compete aos serviços de contabilidade ou órgãos equivalentes verificar a exata observância dos limites das cotas trimestrais atribuídas a cada unidade orçamentária, dentro do sistema que for instituído para esse fim.

## CAPÍTULO III. DO CONTROLE EXTERNO

- CF/88: arts. 33, § 2º e 71.

**Art. 81.** O controle da execução orçamentária, pelo Poder Legislativo, terá por objetivo verificar a probidade da administração, a guarda e legal emprego dos dinheiros públicos e o cumprimento da Lei de Orçamento.

**Art. 82.** O Poder Executivo, anualmente, prestará contas ao Poder Legislativo, no prazo estabelecido nas Constituições ou nas Leis Orgânicas dos Municípios.

**§ 1º.** As contas do Poder Executivo serão submetidas ao Poder Legislativo, com Parecer prévio do Tribunal de Contas ou órgão equivalente.

**§ 2º.** Quando, no Município não houver Tribunal de Contas ou órgão equivalente, a Câmara de Vereadores poderá designar peritos contadores para verificarem as contas do prefeito e sobre elas emitirem parecer.

# TÍTULO IX. DA CONTABILIDADE

## CAPÍTULO I. DISPOSIÇÕES GERAIS

**Art. 83.** A contabilidade evidenciará perante a Fazenda Pública a situação de todos quantos, de qualquer modo, arrecadem receitas, efetuem despesas, administrem ou guardem bens a ela pertencentes ou confiados.

**Art. 84.** Ressalvada a competência do Tribunal de Contas ou órgão equivalente, a tomada de contas dos agentes responsáveis por bens ou dinheiros públicos será realizada ou superintendida pelos serviços de contabilidade.

**Art. 85.** Os serviços de contabilidade serão organizados de forma a permitirem o acompanhamento da execução orçamentária, o conhecimento da composição patrimonial, a determinação dos custos dos serviços industriais, o levantamento dos balanços gerais, a análise e a interpretação dos resultados econômicos e financeiros.

**Art. 86.** A escrituração sintética das operações financeiras e patrimoniais efetuar-se-á pelo método das partidas dobradas.

**Art. 87.** Haverá controle contábil dos direitos e obrigações oriundos de ajustes ou contratos em que a administração pública for parte.

**Art. 88.** Os débitos e créditos serão escriturados com individuação do devedor ou do credor e especificação da natureza, importância e data do vencimento, quando fixada.

**Art. 89.** A contabilidade evidenciará os fatos ligados à administração orçamentária, financeira patrimonial e industrial.

## CAPÍTULO II. DA CONTABILIDADE ORÇAMENTÁRIA E FINANCEIRA

**Art. 90.** A contabilidade deverá evidenciar, em seus registros, o montante dos créditos orçamentários vigentes, a despesa empenhada e a despesa realizada, à conta dos mesmos créditos, e às dotações disponíveis.

**Art. 91.** O registro contábil da receita e da despesa far-se-á de acordo com as especificações constantes da Lei de Orçamento e dos créditos adicionais.

**Art. 92.** A dívida flutuante compreende:

**I** – os restos a pagar, excluídos os serviços da dívida;

**II** – os serviços da dívida a pagar;

**III** – os depósitos;

**IV** – os débitos de tesouraria.

**Parágrafo único.** O registro dos restos a pagar far-se-á por exercício e por credor distinguindo-se as despesas processadas das não processadas.

**Art. 93.** Todas as operações de que resultem débitos e créditos de natureza financeira, não compreendidas na execução orçamentária, serão também objeto de registro, individuação e controle contábil.

## CAPÍTULO III. DA CONTABILIDADE PATRIMONIAL E INDUSTRIAL

**Art. 94.** Haverá registros analíticos de todos os bens de caráter permanente, com indicação dos elementos necessários para a perfeita caracterização de cada um deles e dos agentes responsáveis pela sua guarda e administração.

**Art. 95.** A contabilidade manterá registros sintéticos dos bens móveis e imóveis.

**Art. 96.** O levantamento geral dos bens móveis e imóveis terá por base o inventário analítico de cada unidade administrativa e os elementos da escrituração sintética na contabilidade.

**Art. 97.** Para fins orçamentários e determinação dos devedores, ter-se-á o registro contábil das receitas patrimoniais, fiscalizando-se sua efetivação.

**Art. 98.** A dívida fundada compreende os compromissos de exigibilidade superior a 12 (doze) meses, contraídos para atender a desequilíbrio orçamentário ou a financeiro de obras e serviços públicos.

**Parágrafo único.** A dívida fundada será escriturada com individuação e especificações que permitem verificar, a qualquer momento, a posição dos empréstimos, bem como os respectivos serviços de amortização e juros.

**Art. 99.** Os serviços públicos industriais, ainda que não organizados como empresa pública ou autárquica, manterão contabilidade especial para determinação dos custos, ingressos e resultados, sem prejuízo da escrituração patrimonial e financeiro comum.

**Art. 100.** As alterações da situação líquida patrimonial, que abrangem os resultados da execução orçamentária, bem como as variações independentes dessa execução e as superveniências e insubsistência ativas e passivas, constituirão elementos da conta patrimonial.

## CAPÍTULO IV.
## DOS BALANÇOS

**Art. 101.** Os resultados gerais do exercício serão demonstrados no Balanço Orçamentário, no Balanço Financeiro, no Balanço Patrimonial, na Demonstração das Variações Patrimoniais, segundo os Anexos 12, 13, 14 e 15 e os quadros demonstrativos constantes dos Anexos 1, 6, 7, 8, 9, 10, 11, 16 e 17.

**Art. 102.** O Balanço Orçamentário demonstrará as receitas e despesas previstas em confronto com as realizadas.

**Art. 103.** O Balanço Financeiro demonstrará a receita e a despesa orçamentárias bem como os recebimentos e os pagamentos de natureza extraorçamentária, conjugados com os saldos em espécie provenientes do exercício anterior, e os que se transferem para o exercício seguinte.

**Parágrafo único.** Os Restos a Pagar do exercício serão computados na receita extraorçamentária para compensar sua inclusão na despesa orçamentária.

**Art. 104.** A Demonstração das Variações Patrimoniais evidenciará as alterações verificadas no patrimônio, resultantes ou independentes da execução orçamentária, e indicará o resultado patrimonial do exercício.

**Art. 105.** O Balanço Patrimonial demonstrará:

**I** – o Ativo Financeiro;

**II** – o Ativo Permanente;

**III** – o Passivo Financeiro;

**IV** – o Passivo Permanente;

**V** – o Saldo Patrimonial;

**VI** – as Contas de Compensação.

**§ 1º.** O Ativo Financeiro compreenderá os créditos e valores realizáveis independentemente de autorização orçamentária e os valores numerários.

**§ 2º.** O Ativo Permanente compreenderá os bens, créditos e valores, cuja mobilização ou alienação dependa de autorização legislativa.

**§ 3º.** O Passivo Financeiro compreenderá as dívidas fundadas e outras, cujo pagamento independa de autorização orçamentária.

**§ 4º.** O Passivo Permanente compreenderá as dívidas fundadas e outras que dependam de autorização legislativa para amortização ou resgate.

**§ 5º.** Nas contas de compensação serão registrados os bens, valores, obrigações, e situações não compreendidas nos parágrafos anteriores e que, imediata ou indiretamente, possam vir a afetar o patrimônio.

**Art. 106.** A avaliação dos elementos patrimoniais obedecerá as normas seguintes:

**I** – os débitos e créditos, bem como os títulos de renda, pelo seu valor nominal, feita a conversão, quando em moeda estrangeira, à taxa de câmbio vigente na data do balanço;

**II** – os bens móveis e imóveis, pelo valor de aquisição ou pelo custo de produção ou de construção;

**III** – os bens de almoxarifado, pelo preço médio ponderado das compras.

**§ 1º.** Os valores em espécie, assim como os débitos e créditos, quando em moeda estrangeira, deverão figurar ao lado das correspondentes importâncias em moeda nacional.

**§ 2º.** As variações resultantes da conversão dos débitos, créditos e valores em espécie serão levadas à conta patrimonial.

**§ 3º.** Poderão ser feitas reavaliações dos bens móveis e imóveis.

## TÍTULO X.
## DAS AUTARQUIAS E OUTRAS ENTIDADES

**Art. 107.** As entidades autárquicas ou paraestatais, inclusive de previdência social ou investidas de delegação para arrecadação de contribuições parafiscais da União, dos Estados, dos Municípios e do Distrito Federal terão seus orçamentos aprovados por decreto do Poder Executivo, salvo se disposição legal expressa determinar que o sejam pelo Poder Legislativo.

**Parágrafo único.** Compreendem-se nesta disposição as empresas com autonomia financeira e administrativa cujo capital pertencer, integralmente, ao Poder Público.

**Art. 108.** Os orçamentos das entidades referidas no artigo anterior vincular-se-ão ao orçamento da União, dos Estados, dos Municípios e do Distrito Federal, pela inclusão:

**I** – como receita, salvo disposição legal em contrário, de saldo positivo previsto entre os totais das receitas e despesas;

**II** – como subvenção econômica, na receita do orçamento da beneficiária, salvo disposição legal em contrário, do saldo negativo previsto entre os totais das receitas e despesas.

**§ 1º.** Os investimentos ou inversões financeiras da União, dos Estados, dos Municípios e do Distrito Federal, realizados por intermédio das entidades aludidas no artigo anterior, serão classificados como receita de capital destas e despesa de transferência de capital daqueles.

**§ 2º.** As previsões para depreciação serão computadas para efeito de apuração do saldo líquido das mencionadas entidades.

**Art. 109.** Os orçamentos e balanços das entidades compreendidas no artigo 107 serão publicados como complemento dos orçamentos e balanços da União, dos Estados, dos Municípios e do Distrito Federal a que estejam vinculados.

**Art. 110.** Os orçamentos e balanços das entidades já referidas, obedecerão aos padrões e normas instituídas por esta Lei, ajustados às respectivas peculiaridades.

**Parágrafo único.** Dentro do prazo que a legislação fixar, os balanços serão remetidos ao órgão central de contabilidade da União, dos Estados, dos Municípios e do Distrito Federal, para fins de incorporação dos resultados, salvo disposição legal em contrário.

## TÍTULO XI. DISPOSIÇÕES FINAIS

**Art. 111.** O Conselho Técnico de Economia e Finanças do Ministério da Fazenda, além de outras apurações, para fins estatísticos, de interesse nacional, organizará e publicará o balanço consolidado das contas da União, Estados, Municípios e Distrito Federal, suas autarquias e outras entidades, bem como um quadro estruturalmente idêntico, baseado em dados orçamentários.

**§ 1º.** Os quadros referidos neste artigo terão a estrutura do Anexo 1.

**§ 2º.** O quadro baseado nos orçamentos será publicado até o último dia do primeiro semestre do próprio exercício e o baseado nos balanços, até o último dia do segundo semestre do exercício imediato àquele a que se referirem.

**Art. 112.** Para cumprimento do disposto no artigo precedente, a União, os Estados, os Municípios e o Distrito Federal remeterão ao mencionado órgão, até 30 de abril, os orçamentos do exercício, e até 30 de junho, os balanços do exercício anterior.

**Parágrafo único.** O pagamento, pela União, de auxílio ou contribuição a Estados, Municípios ou Distrito Federal, cuja concessão não decorra de imperativo constitucional, dependerá de prova do atendimento ao que se determina neste artigo.

**Art. 113.** Para fiel e uniforme aplicação das presentes normas, o Conselho Técnico de Economia e Finanças do Ministério da Fazenda atenderá a consultas, coligirá elementos, promoverá o intercâmbio de dados informativos, expedirá recomendações técnicas, quando solicitadas, e atualizará sempre que julgar conveniente, os anexos que integram a presente Lei.

**Parágrafo único.** Para os fins previstos neste artigo, poderão ser promovidas, quando necessário, conferências ou reuniões técnicas, com a participação de representantes das entidades abrangidas por estas normas.

**Art. 114.** Os efeitos desta Lei são contados a partir de 1º de janeiro de 1964 para o fim da elaboração dos orçamentos e a partir de 1º de janeiro de 1965, quanto às demais atividades estatuídas.

**Art. 115.** Revogam-se as disposições em contrário.

Brasília, 17 de março de 1964;
143º da Independência e 76º da República.
JOÃO GOULART
Abelardo Jurema
Sylvio Borges de Souza Motta
Jair Ribeiro
João Augusto de Araújo Castro
Waldyr Ramos Borges
Expedito Machado
Oswaldo Costa Lima Filho
Júlio Furquim Sambaquy
Amaury Silva
Anysio Botelho
Wilson Fadul
Antonio Oliveira Brito
Egydio Michaelsen

› Não publicamos os anexos a esta Lei.

# DECRETO-LEI Nº 2.164, DE 19 DE SETEMBRO DE 1984

*Institui incentivo financeiro para os adquirentes de moradia própria através do sistema Financeiro da Habitação, a equivalência salarial como critério de reajustamento das prestações e dá outras providências.*

› DOU de 21.9.1984

O PRESIDENTE DA REPÚBLICA, no uso de suas atribuições e tendo em vista o disposto no art. 55, item II, da Constituição,

DECRETA:

**Art. 1º.** O Banco Nacional da Habitação (BNH) concederá aos adquirentes de moradia própria através do Sistema Financeiro da Habitação (SFH), que estiverem em dia com suas obrigações contratuais, um incentivo financeiro proporcional aos valores das prestações mensais que se vencerem e forem efetivamente pagas no período de 1º de outubro de 1984 a 30 de setembro de 1985.

**§ 1º** Para os adquirentes com contratos firmados a partir de 1º de janeiro de 1981 e até a data da publicação deste Decreto-lei, o incentivo a que se refere o *caput* deste artigo corresponderá, em média, a 25% (vinte e cinco por cento) do valor das prestações, desde que não tenham sido beneficiados com reajustes parciais de suas prestações equivalentes a 80% (oitenta por cento) da variação do salário mínimo, correspondendo, nos demais casos, em média, a 15% (quinze por cento).

**§ 2º** Para os adquirentes com contratos firmados até 31 de dezembro de 1980, o incentivo corresponderá, em média, a 10% (dez por cento), desde que não tenham sido beneficiados com reajustes parciais de suas prestações equivalentes a 80% (oitenta por cento) da variação do salário-mínimo, correspondendo, nos demais casos, em média, a 5% (cinco por cento).

**§ 3º** Os adquirentes de moradia própria com contratos firmados na vigência deste Decreto-lei farão jus aos bônus que estiverem em vigor a partir do mês seguinte ao da assinatura do contrato e relativos ao incentivo de 15% (quinze por cento), em média, do valor das prestações.

**§ 4º** O adquirente que estiver em inadimplência fará jus ao incentivo previsto neste artigo em relação às prestações vincendas, a partir da data de apresentação do requerimento de regularização dos seus débitos, observado o disposto no art. 3º.

**Art. 2º.** O incentivo de que trata o artigo anterior será documentado por um bônus que conterá os seguintes requisitos mínimos:

**I** - nome do beneficiário;

**II** - identificação do contato;

**III** - mês de referência da prestação;

**IV** - valor do incentivo; e

**V** - prazo de validade de utilização.

**§ 1º** Os bônus serão utilizados pelo adquirente nos prazos neles fixados, para abatimento do valor das prestações a que corresponderem e até 30 (trinta) dias após os vencimentos das mesmas, constituindo, os respectivos valores, crédito do Agente Financeiro junto ao BNH.

**§ 2º** Os adquirentes com encargos em atraso somente farão jus aos bônus que se vencerem a partir da data de apresentação do requerimento a que se refere o artigo seguinte.

**§ 3º** Os bônus serão resgatados pelo BNH, no prazo máximo de 5 (cinco) anos, em parcelas mensais e remunerados aos mesmos juros estipulados nos contratos a que se vincularem, limitados a 7% (sete por cento) ao ano e acrescidos de correção monetária trimestral, de acordo com a variação da Utilidade-Padrão de Capital do referido Banco (UPC).

**Art. 3º** Os débitos em atraso decorrentes de contrato de aquisição de moradia própria celebrados no âmbito do S.F.H., para os efeitos previstos no art. 1º deste Decreto-lei, poderão ser regularizados mediante incorporação ao respectivo saldo devedor, desde que o adquirente o requeira ao Agente Financeiro. (Redação dada pelo Decreto-Lei nº 2.240, de 31.1.1985)

**§ 1º** Os Agentes Financeiros terão prazo de até 90 (noventa) dias, contados da data de apresentação do requerimento dos adquirentes, para formalizarem as incorporações de débitos em atraso previstas neste artigo. (Redação dada pelo Decreto-Lei nº 2.240, de 31.1.1985)

**§ 2º** Os adquirentes desempregados ou em estado de invalidez temporária poderão igualmente valer-se da faculdade prevista no *caput* deste artigo, fazendo jus ao incentivo previsto no art. 1º, na forma ali estabelecida. (Redação dada pelo Decreto-Lei nº 2.240, de 31.1.1985)

**§ 3º** Os adquirentes desempregados ou em estado de invalidez temporária poderão igualmente valer-se da faculdade prevista no *caput* deste artigo, fazendo jus ao incentivo previsto no artigo 1º, na forma ali estabelecida.

**Art. 4º.** (Revogado pelo Decreto-lei nº 2.406, de 1988)

**I** - (Revogado pelo Decreto-lei nº 2.406, de 1988)

**II** - (Revogado pelo Decreto-lei nº 2.406, de 1988)

**Art. 5º** O Poder Executivo, para atender às despesas decorrentes da aplicação deste Decreto-lei, fará consignar, nas Propostas de Orçamento da União relativas aos exercícios de 1985 a 1994, dotação anual de Cr$ 200.000.000.000,00 (duzentos bilhões de cruzeiros), em valores constantes de julho de 1984, atualizados monetariamente com base na variação estimada do valor nominal da Obrigação Reajustável do Tesouro Nacional (ORTN).

**§ 1º** Nos exercícios financeiros a que alude este artigo, poderão ser destacados do Fundo de Investimento Social (FINSOCIAL), de conformidade com diretrizes do Presidente da República, recursos correspondentes a 30% (trinta por cento) da dotação mencionada, para atender às despesas decorrentes da aplicação deste Decreto-lei, relativamente aos adquirentes de moradia própria através do SFH com renda de até 3 (três) salários-mínimos.

**§ 2º** Os recursos alocados na forma deste artigo serão mantidos em conta especial no BNH, sendo seu saldo corrigido monetariamente, com base na variação da UPC, e capitalizado trimestralmente à taxa de juros de 6% (seis por cento) ao ano, para atender às responsabilidades decorrentes do incentivo referido no artigo 1º.

**Art. 6º.** (Revogado pelo Decreto-lei nº 2.406, de 1988)

**I** - (Revogado pelo Decreto-lei nº 2.406, de 1988)

**II** - (Revogado pelo Decreto-lei nº 2.406, de 1988)

**III** - (Revogado pelo Decreto-lei nº 2.406, de 1988)

**§ 1º** (Revogado pelo Decreto-lei nº 2.406, de 1988)

**§ 2º** (Revogado pelo Decreto-lei nº 2.406, de 1988)

**§ 3º** (Revogado pelo Decreto-lei nº 2.406, de 1988)

**Art. 7º.** Caberá à Caixa Econômica Federal - CEF administrar diretamente os seguintes recursos do Fundo de Assistência Habitacional - FUNDHAB, criado pelo Decreto nº 89.284, de 10 de janeiro de 1984: (Redação dada pelo Decreto-Lei nº 2.240, de 31.1.1985)

**I** - os prêmios mensais do Seguro de Crédito do Adquirente, da Apólice de Seguro Habitacional, já arrecadados como contribuição ao FUNDHAB, a partir do mês de fevereiro de 1984, referentes aos financiamentos concedidos através de sua Carteira de Habitação, excluídos aqueles originários dos contratos de financiamento para os quais subsista a cobertura do referido seguro. (Redação dada pelo Decreto-Lei nº 2.240, de 31.1.1985)

**II** - as contribuições ao FUNDHAB, a partir do mês de fevereiro de 1984, dos vendedores, pessoas físicas ou jurídicas, de imóveis objeto de financiamento concedido por sua Carteira de Habitação a mutuário final. (Redação dada pelo Decreto-Lei nº 2.240, de 31.1.1985)

**III** - o valor equivalente a 30% (trinta por cento) do saldo eventualmente disponível do seguro de crédito, após a liquidação de todas as responsabilidades do referido seguro, mediante adiantamento de recursos, pelo BNH, ajustado em ato específico. (Incluído pelo Decreto-Lei nº 2.240, de 31.1.1985)

**Art. 8º.** (Revogado pela Lei nº 8.692, de 1993)

**Art. 9º.** As prestações mensais dos contratos de financiamento firmados no âmbito do SFH, vinculados ao Plano de Equivalência Salarial por Categoria Profissional (PES/CP) serão reajustadas no mês seguinte ao em que ocorrer a data-base da categoria profissional do mutuário utilizando-se a variação do Índice de Preços ao Consumidor (IPC) apurada nas respectivas datas-base. (Redação dada pela Lei nº 8.004, de 1990)

**§ 1º** Nas datas-base o reajuste das prestações contemplará também o percentual relativo ao ganho real de salário. (Redação dada pela Lei nº 8.004, de 1990)

**§ 2º** As prestações relativas a contratos vinculados ao Plano de Equivalência Salarial Plena serão reajustadas no mês seguinte ao dos reajustes salariais, inclusive os de caráter automático, complementar e compensatórios, e as antecipações a qualquer título. (Redação dada pela Lei nº 8.004, de 1990)

**§ 3º** Fica assegurado ao mutuário o direito de, a qualquer tempo, solicitar alteração da data-base, nos casos de mudança de categoria profissional, sendo que a nova situação prevalecerá a partir do reajuste anual seguinte. (Redação dada pela Lei nº 8.004, de 1990)

**§ 4º** O reajuste da prestação em função da primeira data-base ou após a opção pelo PES/CP terá como limite o índice de reajuste aplicado ao saldo devedor relativo ao período decorrido desde a data do evento até o mês do reajuste a ser aplicado à prestação, deduzidas as antecipações já repassadas às prestações.(Redação dada pela Lei nº 8.004, de 1990)

**§ 5º** A prestação mensal não excederá a relação prestação/salário verificada na data da assinatura do contrato, podendo ser solicitada a sua revisão a qualquer tempo. (Redação dada pela Lei nº 8.004, de 1990)

**§ 6º** Não se aplica o disposto no § 5º às hipóteses de redução de renda por mudança de emprego ou por alteração na composição da renda familiar em decorrência da exclusão de um ou mais co-adquirentes, assegurado ao mutuário nesses casos o direito à renegociação da dívida junto ao agente financeiro, visando a restabelecer o comprometimento inicial da renda. (Redação dada pela Lei nº 8.004, de 1990)

**§ 7º** Sempre que em virtude da aplicação do PES a prestação for reajustada em percentagem inferior ao da variação integral do IPC acrescida do índice relativo ao ganho real de salário, a diferença será incorporada em futuros reajustes de prestações até o limite de que trata o § 5º. (Redação dada pela Lei nº 8.004, de 1990)

**§ 8º** Os mutuários cujos contratos, firmados até 28 de fevereiro de 1986, ainda não assegurem o direito de reajustamento das prestações pelo PES/CP, poderão optar por este plano no mês seguinte ao do reajuste contratual da prestação. (Incluído pela Lei nº 8.004, de 1990)

**§ 9º** No caso de opção (§ 8º), o mutuário não terá direito a cobertura pelo Fundo de Compensação de Variações Salariais (FCVS) de eventual saldo devedor residual ao final do contrato, o qual deverá ser renegociado com o agente financeiro. (Incluído pela Lei nº 8.004, de 1990)

**Art. 10.** O critério de obtenção dos índices de aumento das prestações previsto no artigo anterior aplica-se, também, mediante a celebração de Termo Aditivo, aos contratos firmados até a data da publicação deste Decreto-lei, mantida, a critério do adquirente, a periodicidade de reajustamento das prestações estabelecida em seu contrato.

**§ 1º** A aplicação do disposto no *caput* deste artigo dependerá de requerimento do adquirente, em até 60 (sessenta) dias antes do mês do primeiro reajuste a ser realizado na conformidade do disposto no artigo anterior.

**§ 2º** Ficam dispensadas de registro, averbação e arquivamento, nos Cartórios de Registros de Imóveis e de Títulos e Documentos, as alterações contratuais decorrentes da aplicação do presente artigo, que terão, para todos os efeitos de lei, força de escritura pública.

**Art. 11.** Os adquirentes de moradia própria com contratos que estabeleçam periodicidade de reajuste de prestações semestral ou anual, cujo último reajuste não ultrapasse a dezembro de 1984, poderão, até 30 de novembro deste ano, de acordo com as instruções que vierem a ser expedidas pelo BNH, exercer a opção de reajuste parcial das prestações com base em 80% (oitenta por cento) do salário-mínimo conjugada ou não com a mudança do sistema de amortização, inclusive com efeito retroativo à data do último reajuste.

**Art. 12.** A partir do início da vigência do critério de equivalência salarial previsto no art. 9º, sempre que a época de reajuste da prestação, estabelecida em contrato, não recair no segundo mês subseqüente ao da alteração salarial da categoria profissional do adquirente, o primeiro reajustamento com base no critério instituído por este Decreto-lei será efetuado proporcionalmente ao número de meses transcorridos a partir do último reajuste até a data do reajustamento com base no referido critério.

**Parágrafo único.** O disposto neste artigo aplica-se, também, às hipóteses de alteração de data-base em razão da mudança da categoria profissional do adquirente ou de seu local de trabalho.

**Art. 13.** O BNH baixará as normas complementares para o cumprimento do disposto neste Decreto-lei, cabendo-lhe, ainda, fixar o mês de início de vigência do critério de reajuste previsto no *caput* do seu artigo 9º.

**Art. 14.** Este Decreto-lei entrará em vigor na data de sua publicação, revogadas as disposições em contrário.

Brasília (DF), em 19 de setembro de 1984;
163º da Independência e
96º da República.

João Figueiredo

Ernane Galvêas

Mário David Andreazza

Delfin Netto

## LEI Nº 8.397, DE 6 DE JANEIRO DE 1992

*Institui medida cautelar fiscal e dá outras providências.*

▸ D.O.U. 7.1.1992; ret. 16.1.1992

O PRESIDENTE DA REPÚBLICA

Faço saber que o Congresso Nacional decreta e eu sanciono a seguinte Lei:

✪ **Art. 1º.** O procedimento cautelar fiscal poderá ser instaurado após a constituição do crédito, inclusive no curso da execução judicial da Dívida Ativa da União, dos Estados, do Distrito Federal, dos Municípios e respectivas autarquias.

▸ Decreto 7.574/2011: arts. 45 e 46.

**Parágrafo único.** O requerimento da medida cautelar, na hipótese dos incisos V, alínea *b*, e VII, do art. 2º, independe da prévia constituição do crédito tributário.

✪ **Art. 2º.** A medida cautelar fiscal poderá ser requerida contra o sujeito passivo de crédito tributário ou não tributário, quando o devedor:

**I** – sem domicílio certo, intenta ausentar-se ou alienar bens que possui ou deixa de pagar a obrigação no prazo fixado;

**II** – tendo domicílio certo, ausenta-se ou tenta se ausentar, visando a elidir o adimplemento da obrigação;

**III** – caindo em insolvência, aliena ou tenta alienar bens;

**IV** – contrai ou tenta contrair dívidas que comprometam a liquidez do seu patrimônio;

**V** – notificado pela Fazenda Pública para que proceda ao recolhimento do crédito fiscal:

*a)* deixa de pagá-lo no prazo legal, salvo se suspensa sua exigibilidade;

*b)* põe ou tenta pôr seus bens em nome de terceiros;

**VI** – possui débitos, inscritos ou não em Dívida Ativa, que somados ultrapassem 30% (trinta por cento) do seu patrimônio conhecido;

▸ Lei 9.532/1997: arts. 64 e 64-A.

**VII** – aliena bens ou direitos sem proceder à devida comunicação ao órgão da Fazenda Pública competente, quando exigível em virtude de lei;

**VIII** – tem sua inscrição no cadastro de contribuintes declarada inapta, pelo órgão fazendário;

**IX** – pratica outros atos que dificultem ou impeçam a satisfação do crédito.

✪ **Art. 3º.** Para a concessão da medida cautelar fiscal é essencial:

**I** – prova literal da constituição do crédito fiscal;

**II** – provas documentais de algum dos casos mencionados no artigo antecedente.

**Art. 4º.** A decretação da medida cautelar fiscal produzirá, de imediato, a indisponibilidade dos bens do requerido, até o limite da satisfação da obrigação.

▸ CTN, art. 185-A.

**§ 1º.** Na hipótese de pessoa jurídica, a indisponibilidade recairá somente sobre os bens do ativo permanente, podendo, ainda, ser estendida aos bens do acionista controlador e aos dos que em razão do contrato social ou estatuto tenham poderes para fazer a empresa cumprir suas obrigações fiscais, ao tempo:

*a)* do fato gerador, nos casos de lançamento de ofício;

*b)* do inadimplemento da obrigação fiscal, nos demais casos.

**§ 2º.** A indisponibilidade patrimonial poderá ser estendida em relação aos bens adquiridos a qualquer título do requerido ou daqueles que estejam ou tenham estado na função de administrador (§ 1º), desde que seja capaz de frustrar a pretensão da Fazenda Pública.

**§ 3º.** Decretada a medida cautelar fiscal, será comunicada imediatamente ao registro público de imóveis, ao Banco Central do Brasil, à Comissão de Valores Mobiliários e às demais repartições que processem registros de transferência de bens, a fim de que, no âmbito de suas atribuições, façam cumprir a constrição judicial.

**Art. 5º.** A medida cautelar fiscal será requerida ao juiz competente para a execução judicial da Dívida Ativa da Fazenda Pública.

**Parágrafo único.** Se a execução judicial estiver em Tribunal, será competente o relator do recurso.

**Art. 6º.** A Fazenda Pública pleiteará a medida cautelar fiscal em petição devidamente fundamentada, que indicará:

**I** – o juiz a quem é dirigida;

**II** – a qualificação e o endereço, se conhecido, do requerido;

**III** – as provas que serão produzidas;

**IV** – o requerimento para citação.

✪ **Art. 7º.** O juiz concederá liminarmente a medida cautelar fiscal, dispensada a Fazenda Pública de justificação prévia e de prestação de caução.

**Parágrafo único.** Do despacho que conceder liminarmente a medida cautelar caberá agravo de instrumento.

**Art. 8º.** O requerido será citado para, no prazo de 15 (quinze) dias, contestar o pedido, indicando as provas que pretenda produzir.

**Parágrafo único.** Conta-se o prazo da juntada aos autos do mandado:

*a)* de citação, devidamente cumprido;

*b)* da execução da medida cautelar fiscal, quando concedida liminarmente.

**Art. 9º.** Não sendo contestado o pedido, presumir-se-ão aceitos pelo requerido, como verdadeiros, os fatos alegados pela Fazenda Pública, caso em que o juiz decidirá em 10 (dez) dias.

**Parágrafo único.** Se o requerido contestar no prazo legal, o juiz designará audiência de instrução e julgamento, havendo prova a ser nela produzida.

**Art. 10.** A medida cautelar fiscal decretada poderá ser substituída, a qualquer tempo, pela prestação de garantia correspondente ao valor da pretensão da Fazenda Pública, na forma do art. 9º da Lei nº 6.830, de 22 de setembro de 1980.

**Parágrafo único.** A Fazenda Pública será ouvida necessariamente sobre o pedido de substituição, no prazo de 5 (cinco) dias, presumindo-se da omissão a sua aquiescência.

✪ **Art. 11.** Quando a medida cautelar fiscal for concedida em procedimento preparatório, deverá a Fazenda Pública propor a execução judicial da Dívida Ativa no prazo de 60 (sessenta) dias, contados da data em que a exigência se tornar irrecorrível na esfera administrativa.

**Art. 12.** A medida cautelar fiscal conserva a sua eficácia no prazo do artigo antecedente e na pendência do processo de execução judicial da Dívida Ativa, mas pode, a qualquer tempo, ser revogada ou modificada.

**Parágrafo único.** Salvo decisão em contrário, a medida cautelar fiscal conservará sua eficácia durante o período de suspensão do crédito tributário ou não tributário.

**Art. 13.** Cessa a eficácia da medida cautelar fiscal:

**I** – se a Fazenda Pública não propuser a execução judicial da Dívida Ativa no prazo fixado no art. 11 desta Lei;

**II** – se não for executada dentro de 30 (trinta) dias;

**III** – se for julgada extinta a execução judicial da Dívida Ativa da Fazenda Pública;

**IV** – se o requerido promover a quitação do débito que está sendo executado.

**Parágrafo único.** Se, por qualquer motivo, cessar a eficácia da medida, é defeso à Fazenda Pública repetir o pedido pelo mesmo fundamento.

**Art. 14.** Os autos do procedimento cautelar fiscal serão apensados aos do processo de execução judicial da Dívida Ativa da Fazenda Pública.

**Art. 15.** O indeferimento da medida cautelar fiscal não obsta a que a Fazenda Pública intente a execução judicial da Dívida Ativa, nem influi no julgamento desta, salvo se o juiz, no procedimento cautelar fiscal, acolher alegação de pagamento, de compensação, de transação, de remissão, de prescrição ou decadência, de conversão do depósito em renda, ou qualquer outra modalidade de extinção da pretensão deduzida.

**Art. 16.** Ressalvado o disposto no art. 15, a sentença proferida na medida cautelar fiscal não faz coisa julgada, relativamente à execução judicial da Dívida Ativa da Fazenda Pública.

✪ **Art. 17.** Da sentença que decretar a medida cautelar fiscal caberá apelação, sem efeito suspensivo, salvo se o requerido oferecer garantia na forma do art. 10 desta Lei.

**Art. 18.** As disposições desta Lei aplicam-se, também, ao crédito proveniente das contribuições sociais previstas no art. 195 da Constituição Federal.

**Art. 19.** Esta Lei entra em vigor na data de sua publicação.

**Art. 20.** Revogam-se as disposições em contrário.

Brasília, 6 de janeiro de 1992;
171º da Independência e 104º da República.
Fernando Collor
Marcílio Marques Moreira

# LEI Nº 9.393, DE 19 DE DEZEMBRO DE 1996

*Dispõe sobre o Imposto sobre a Propriedade Territorial Rural – ITR, sobre pagamento da dívida representada por Títulos da Dívida Agrária e dá outras providências.*

- DOU de 20.12.1996

## CAPÍTULO I DO IMPOSTO SOBRE A PROPRIEDADE TERRITORIAL RURAL – ITR

### SEÇÃO I DO FATO GERADOR DO ITR

### DEFINIÇÃO

- Súmulas nº 74 e 583 do STF.
- CF: art. 153, VI e § 4º.
- CTN: arts. 29 a 34.
- Lei nº 4.504, de 30-11-1964, Estatuto da Terra.
- Lei nº 8.022, de 12-04-1990, que altera o sistema de administração das receitas federais.
- Dec.-lei nº 57, de 18-11-1966, que altera dispositivos sobre lançamento e cobrança do Imposto sobre a Propriedade Territorial Rural, institui normas sobre arrecadação da Dívida Ativa correspondente.

**Art. 1º.** O Imposto sobre a Propriedade Territorial Rural – ITR, de apuração anual, tem como fato gerador a propriedade, o domínio útil ou a posse de imóvel por natureza, localizado fora

FINANCEIRO E TRIBUTÁRIO

da zona urbana do município, em 1º de janeiro de cada ano.

‣ CF: art. 146, III, a.

**§ 1º.** O ITR incide inclusive sobre o imóvel declarado de interesse social para fins de reforma agrária, enquanto não transferida a propriedade, exceto se houver imissão prévia na posse.

‣ CF: art. 5º, XXII, XXIII e XXIV.

**§ 2º.** Para os efeitos desta Lei, considera-se imóvel rural a área contínua, formada de uma ou mais parcelas de terras, localizada na zona rural do município.

**§ 3º.** O imóvel que pertencer a mais de um município deverá ser enquadrado no município onde fique a sede do imóvel e, se esta não existir, será enquadrado no município onde se localize a maior parte do imóvel.

### IMUNIDADE

**Art. 2º.** Nos termos do art. 153, § 4º, in fine, da Constituição, o imposto não incide sobre pequenas glebas rurais, quando as explore, só ou com sua família, o proprietário que não possua outro imóvel.

‣ Esta Lei: art. 8º, § 3º.

**Parágrafo único.** Para os efeitos deste artigo, pequenas glebas rurais são os imóveis com área igual ou inferior a:

**I** – 100 ha, se localizado em município compreendido na Amazônia Ocidental ou no Pantanal mato-grossense e sul-mato-grossense;

**II** – 50 ha, se localizado em município compreendido no Polígono das Secas ou na Amazônia Oriental;

**III** – 30 ha, se localizado em qualquer outro município.

## SEÇÃO II
## DA ISENÇÃO

**Art. 3º.** São isentos do imposto:

‣ Esta Lei: art. 8º, § 3º.

**I** – o imóvel rural compreendido em programa oficial de reforma agrária, caracterizado pelas autoridades competentes como assentamento, que, cumulativamente, atenda aos seguintes requisitos:

*a)* seja explorado por associação ou cooperativa de produção;

*b)* a fração ideal por família assentada não ultrapasse os limites estabelecidos no artigo anterior;

*c)* o assentado não possua outro imóvel.

**II** – o conjunto de imóveis rurais de um mesmo proprietário, cuja área total observe os limites fixados no parágrafo único do artigo anterior, desde que, cumulativamente, o proprietário:

*a)* o explore só ou com sua família, admitida ajuda eventual de terceiros;

*b)* não possua imóvel urbano.

**Art. 3º-A.** Os imóveis rurais oficialmente reconhecidos como áreas ocupadas por remanescentes de comunidades de quilombos que estejam sob a ocupação direta e sejam explorados, individual ou coletivamente, pelos membros destas comunidades são isentos do Imposto sobre a Propriedade Territorial Rural – ITR. (Incluído pela Lei nº 13.043, de 2014)

**§ 1º.** Ficam dispensados a constituição de créditos da Fazenda Nacional, a inscrição na Dívida Ativa da União e o ajuizamento da respectiva execução fiscal, e cancelados o lançamento e a inscrição relativos ao ITR referentes aos imóveis rurais de que trata o *caput* a partir da data do registro do título de domínio previsto no art. 68 do Ato das Disposições Constitucionais Transitórias. (Incluído pela Lei nº 13.043, de 2014)

**§ 2º.** Observada a data prevista no § 1º, não serão aplicadas as penalidades estabelecidas nos arts. 7º e 9º para fatos geradores ocorridos até a data de publicação da lei decorrente da conversão da Medida Provisória nº 651, de 9 de julho de 2014, e ficam anistiados os valores decorrentes de multas lançadas pela apresentação da declaração do ITR fora do prazo. (Incluído pela Lei nº 13.043, de 2014)

## SEÇÃO III
## DO CONTRIBUINTE E DO RESPONSÁVEL

### CONTRIBUINTE

**Art. 4º.** Contribuinte do ITR é o proprietário de imóvel rural, o titular de seu domínio útil ou o seu possuidor a qualquer título.

‣ CTN: art. 31.

**Parágrafo único.** O domicílio tributário do contribuinte é o município de localização do imóvel, vedada a eleição de qualquer outro.

### RESPONSÁVEL

**Art. 5º.** É responsável pelo crédito tributário o sucessor, a qualquer título, nos termos dos arts. 128 a 133 da Lei nº 5.172, de 25 de outubro de 1966 (Sistema Tributário Nacional).

## SEÇÃO IV
## DAS INFORMAÇÕES CADASTRAIS

### ENTREGA DO DIAC

**Art. 6º.** O contribuinte ou o seu sucessor comunicará ao órgão local da Secretaria da Receita Federal (SRF), por meio do Documento de Informação e Atualização Cadastral do ITR – DIAC, as informações cadastrais correspondentes a cada imóvel, bem como qualquer alteração ocorrida, na forma estabelecida pela Secretaria da Receita Federal.

‣ Lei nº 8.022, de 12-04-1990, que altera o sistema de administração das receitas federais.

**§ 1º.** É obrigatória, no prazo de sessenta dias, contado de sua ocorrência, a comunicação das seguintes alterações:

**I** – desmembramento;

**II** – anexação;

**III** – transmissão, por alienação da propriedade ou dos direitos a ela inerentes, a qualquer título;

**IV** – sucessão causa mortis;

**V** – cessão de direitos;

**VI** – constituição de reservas ou usufruto.

**§ 2º.** As informações cadastrais integrarão o Cadastro de Imóveis Rurais – CAFIR, administrado pela Secretaria da Receita Federal, que poderá, a qualquer tempo, solicitar informações visando à sua atualização.

**§ 3º.** Sem prejuízo do disposto no parágrafo único do art. 4º, o contribuinte poderá indicar no DIAC, somente para fins de intimação, endereço diferente daquele constante do domicílio tributário, que valerá para esse efeito até ulterior alteração.

## ENTREGA DO DIAC FORA DO PRAZO

**Art. 7º.** No caso de apresentação espontânea do DIAC fora do prazo estabelecido pela Secretaria da Receita Federal, será cobrada multa de 1% (um por cento) ao mês ou fração sobre o imposto devido não inferior a R$ 50,00 (cinquenta reais), sem prejuízo da multa e dos juros de mora pela falta ou insuficiência de recolhimento do imposto ou quota.

## SEÇÃO V.
## DA DECLARAÇÃO ANUAL

**Art. 8º.** O contribuinte do ITR entregará, obrigatoriamente, em cada ano, o Documento de Informação e Apuração do ITR – DIAT, correspondente a cada imóvel, observadas data e condições fixadas pela Secretaria da Receita Federal.

**§ 1º.** O contribuinte declarará, no DIAT, o Valor da Terra Nua – VTN correspondente ao imóvel.

**§ 2º.** O VTN refletirá o preço de mercado de terras, apurado em 1º de janeiro do ano a que se referir o DIAT, e será considerado auto avaliação da terra nua a preço de mercado.

**§ 3º.** O contribuinte cujo imóvel se enquadre nas hipóteses estabelecidas nos arts. 2º e 3º fica dispensado da apresentação do DIAT. (Incluído pela Lei nº 13.043, de 2014)

## ENTREGA DO DIAT FORA DO PRAZO

**Art. 9º.** A entrega do DIAT fora do prazo estabelecido sujeitará o contribuinte à multa de que trata o art. 7º, sem prejuízo da multa e dos juros de mora pela falta ou insuficiência de recolhimento do imposto ou quota.

## SEÇÃO VI
## DA APURAÇÃO E DO PAGAMENTO

### *SUBSEÇÃO I*
### *DA APURAÇÃO*

## APURAÇÃO PELO CONTRIBUINTE

**Art. 10.** A apuração e o pagamento do ITR serão efetuados pelo contribuinte, independentemente de prévio procedimento da administração tributária, nos prazos e condições estabelecidos pela Secretaria da Receita Federal, sujeitando-se a homologação posterior.

**§ 1º.** Para os efeitos de apuração do ITR, considerar-se-á:

**I** – VTN, o valor do imóvel, excluídos os valores relativos a:

*a)* construções, instalações e benfeitorias;

*b)* culturas permanentes e temporárias;

*c)* pastagens cultivadas e melhoradas;

*d)* florestas plantadas;

**II** – área tributável, a área total do imóvel, menos as áreas:

*a)* de preservação permanente e de reserva legal, previstas na Lei nº 12.651, de 25 de maio de 2012; (Redação dada pela Lei nº 12.844, de 2013)

*b)* de interesse ecológico para a proteção dos ecossistemas, assim declaradas mediante ato do órgão competente, federal ou estadual, e que ampliem as restrições de uso previstas na alínea anterior;

*c)* comprovadamente imprestáveis para qualquer exploração agrícola, pecuária, granjeira, aquícola ou florestal, declaradas de interesse ecológico mediante ato do órgão competente, federal ou estadual;

*d)* sob regime de servidão ambiental; (Redação dada pela Lei nº 12.651, de 2012).

*e)* cobertas por florestas nativas, primárias ou secundárias em estágio médio ou avançado de regeneração; (Incluído pela Lei nº 11.428, de 2006)

*f)* alagadas para fins de constituição de reservatório de usinas hidrelétricas autorizada pelo poder público. (Incluído pela Lei nº 11.727, de 2008)

**III** – VTNt, o valor da terra nua tributável, obtido pela multiplicação do VTN pelo quociente entre a área tributável e a área total;

**IV** – área aproveitável, a que for passível de exploração agrícola, pecuária, granjeira, aquícola ou florestal, excluídas as áreas:

*a)* ocupadas por benfeitorias úteis e necessárias;

*b)* de que tratam as alíneas do inciso II deste parágrafo; (Redação dada pela Lei nº 11.428, de 2006)

**V** – área efetivamente utilizada, a porção do imóvel que no ano anterior tenha:

*a)* sido plantada com produtos vegetais;

*b)* servido de pastagem, nativa ou plantada, observados índices de lotação por zona de pecuária;

*c)* sido objeto de exploração extrativa, observados os índices de rendimento por produto e a legislação ambiental;

*d)* servido para exploração de atividades granjeira e aquícola;

*e)* sido o objeto de implantação de projeto técnico, nos termos do art. 7º da Lei nº 8.629, de 25 de fevereiro de 1993;

**VI** – Grau de Utilização – GU, a relação percentual entre a área efetivamente utilizada e a área aproveitável.

**§ 2º.** As informações que permitam determinar o GU deverão constar do DIAT.

**§ 3º.** Os índices a que se referem as alíneas "b" e "c" do inciso V do § 1º serão fixados, ouvido o Conselho Nacional de Política Agrícola, pela Secretaria da Receita Federal, que dispensará da sua aplicação os imóveis com área inferior a:

*a)* 1.000 ha, se localizados em municípios compreendidos na Amazônia Ocidental ou no Pantanal mato-grossense e sul-mato-grossense;

*b)* 500 ha, se localizados em municípios compreendidos no Polígono das Secas ou na Amazônia Oriental;

*c)* 200 ha, se localizados em qualquer outro município.

**§ 4º.** Para os fins do inciso V do § 1º, o contribuinte poderá valer-se dos dados sobre a área utilizada e respectiva produção, fornecidos pelo arrendatário ou parceiro, quando o imóvel, ou parte dele, estiver sendo explorado em regime de arrendamento ou parceria.

**§ 5º.** Na hipótese de que trata a alínea "c" do inciso V do § 1º, será considerada a área total objeto de plano de manejo sustentado, desde que aprovado pelo órgão competente, e cujo cronograma esteja sendo cumprido pelo contribuinte.

**§ 6º.** Será considerada como efetivamente utilizada a área dos imóveis rurais que, no ano anterior, estejam:

**I** – comprovadamente situados em área de ocorrência de calamidade pública decretada pelo Poder Público, de que resulte frustração de safras ou destruição de pastagens;

**II** – oficialmente destinados à execução de atividades de pesquisa e experimentação que objetivem o avanço tecnológico da agricultura.

**§ 7º.** A declaração para fim de isenção do ITR relativa às áreas de que tratam as alíneas "a" e "d" do inciso II, § 1º, deste artigo, não está sujeita à prévia comprovação por parte do declarante, ficando o mesmo responsável pelo pagamento do imposto correspondente, com juros e multa previstos nesta Lei, caso fique comprovado que a sua declaração não é verdadeira, sem prejuízo de outras sanções aplicáveis. (Incluído pela Medida Provisória nº 2.166-67, de 2001)

### VALOR DO IMPOSTO

**Art. 11.** O valor do imposto será apurado aplicando-se sobre o Valor da Terra Nua Tributável – VTNt a alíquota correspondente, prevista no Anexo desta Lei, considerados a área total do imóvel e o Grau de Utilização – GU.

**§ 1º.** Na hipótese de inexistir área aproveitável após efetuadas as exclusões previstas no art. 10, § 1º, inciso IV, serão aplicadas as alíquotas, correspondentes aos imóveis com grau de utilização superior a 80% (oitenta por cento), observada a área total do imóvel.

**§ 2º.** Em nenhuma hipótese o valor do imposto devido será inferior a R$ 10,00 (dez reais).

*SUBSEÇÃO II.*
*DO PAGAMENTO*

### PRAZO

**Art. 12.** O imposto deverá ser pago até o último dia útil do mês fixado para a entrega do DIAT.

**Parágrafo único.** À opção do contribuinte, o imposto a pagar poderá ser parcelado em até três quotas iguais, mensais e consecutivas, observando-se que:

**I** – nenhuma quota será inferior a R$ 50,00 (cinquenta reais);

**II** – a primeira quota ou quota única deverá ser paga até a data fixada no *caput*;

**III** – as demais quotas, acrescidas de juros equivalentes à taxa referencial do Sistema de Liquidação e de Custódia (SELIC) para títulos federais, acumulada mensalmente, calculados a partir do primeiro dia do mês subsequente à data fixada no *caput* até o último dia do mês anterior ao do pagamento, e de 1% (um por cento) no mês do pagamento, vencerão no último dia útil de cada mês;

**IV** – é facultado ao contribuinte antecipar, total ou parcialmente, o pagamento do imposto ou das quotas.

### PAGAMENTO FORA DO PRAZO

**Art. 13.** O pagamento do imposto fora dos prazos previstos nesta Lei será acrescido de:

**I** – multa de mora calculada à taxa de 0,33% (zero vírgula trinta e três por cento), por dia de atraso, não podendo ultrapassar 20% (vinte por cento), calculada a partir do primeiro dia subsequente ao do vencimento do prazo previsto para o pagamento do imposto até o dia em que ocorrer o seu pagamento;

**II** – juros de mora calculados à taxa a que se refere o art. 12, parágrafo único, inciso III, a partir do primeiro dia do mês subsequente ao vencimento do prazo até o mês anterior ao do pagamento, e de 1% (um por cento) no mês do pagamento.

## SEÇÃO VII.
## DOS PROCEDIMENTOS DE OFÍCIO

**Art. 14.** No caso de falta de entrega do DIAC ou do DIAT, bem como de subavaliação ou prestação de informações inexatas, incorretas ou fraudulentas, a Secretaria da Receita Federal procederá à determinação e ao lançamento de ofício do imposto, considerando informações sobre preços de terras, constantes de sistema a ser por ela instituído, e os dados de área total, área tributável e grau de utilização do imóvel, apurados em procedimentos de fiscalização.

**§ 1º.** As informações sobre preços de terra observarão os critérios estabelecidos no art. 12, § 1º, inciso II da Lei nº 8.629, de 25 de fevereiro de 1993, e considerarão levantamentos realizados pelas Secretarias de Agricultura das Unidades Federadas ou dos Municípios.

**§ 2º.** As multas cobradas em virtude do disposto neste artigo serão aquelas aplicáveis aos demais tributos federais.

## SEÇÃO VIII
## DA ADMINISTRAÇÃO DO IMPOSTO

### COMPETÊNCIA DA SECRETARIA DA RECEITA FEDERAL

**Art. 15.** Compete à Secretaria da Receita Federal a administração do ITR, incluídas as atividades de arrecadação, tributação e fiscalização.

- Lei nº 8.022, de 12-04-1990, que altera o sistema de administração das receitas federais.

**Parágrafo único.** No processo administrativo fiscal, compreendendo os procedimentos destinados à determinação e exigência do imposto, imposição de penalidades, repetição de indébito e solução de consultas, bem como a compensação do imposto, observar-se-á a legislação prevista para os demais tributos federais.

## CONVÊNIOS DE COOPERAÇÃO

**Art. 16.** A Secretaria da Receita Federal poderá celebrar convênio com o Instituto Nacional de Colonização e Reforma Agrária – INCRA, com a finalidade de delegar as atividades de fiscalização das informações sobre os imóveis rurais, contidas no DIAC e no DIAT.

**§ 1º.** No exercício da delegação a que se refere este artigo, o INCRA poderá celebrar convênios de cooperação com o Instituto Brasileiro do Meio Ambiente e dos Recursos Naturais Renováveis – IBAMA, Fundação Nacional do Índio – FUNAI e Secretarias Estaduais de Agricultura.

**§ 2º.** No uso de suas atribuições, os agentes do INCRA terão acesso ao imóvel de propriedade particular, para levantamento de dados e informações.

**§ 3º.** A Secretaria da Receita Federal, com o apoio do INCRA, administrará o CAFIR e colocará as informações nele contidas à disposição daquela Autarquia, para fins de levantamento e pesquisa de dados e de proposição de ações administrativas e judiciais. (Redação dada pela Lei nº 10.267, de 28.8.2001)

**§ 4º.** Às informações a que se refere o § 3º aplica-se o disposto no art. 198 da Lei nº 5.172, de 25 de outubro de 1966. (Redação dada pela Lei nº 10.267, de 2001)

**Art. 17.** A Secretaria da Receita Federal poderá, também, celebrar convênios com:

**I** – órgãos da administração tributária das unidades federadas, visando delegar competência para a cobrança e o lançamento do ITR;

**II** – a Confederação Nacional da Agricultura – CNA e a Confederação Nacional dos Trabalhadores na Agricultura – CONTAG, com a finalidade de fornecer dados cadastrais de imóveis rurais que possibilitem a cobrança das contribuições sindicais devidas àquelas entidades.

## SEÇÃO IX
## DAS DISPOSIÇÕES GERAIS

## DÍVIDA ATIVA – PENHORA OU ARRESTO

**Art. 18.** Na execução de dívida ativa, decorrente de crédito tributário do ITR, na hipótese de penhora ou arresto de bens, previstos no art. 11 da Lei nº 6.830, de 22 de setembro de 1980, será penhorado ou arrestado, preferencialmente, imóvel rural, não tendo recaído a penhora ou o arresto sobre dinheiro.

**§ 1º.** No caso do imóvel rural penhorado ou arrestado, na lavratura do termo ou auto de penhora, deverá ser observado, para efeito de avaliação, o VTN declarado e o disposto no art. 14.

**§ 2º.** A Fazenda Pública poderá, ouvido o INCRA, adjudicar, para fins fundiários, o imóvel rural penhorado, se a execução não for embargada ou se rejeitados os embargos.

**§ 3º.** O depósito da diferença de que trata o parágrafo único do art. 24 da Lei nº 6.830, de 22 de setembro de 1980, poderá ser feito em Títulos da Dívida Agrária, até o montante equivalente ao VTN declarado.

**§ 4º.** Na hipótese do § 2º, o imóvel passará a integrar o patrimônio do INCRA, e a carta de adjudicação e o registro imobiliário serão expedidos em seu nome.

## VALORES PARA APURAÇÃO DE GANHO DE CAPITAL

**Art. 19.** A partir do dia 1º de janeiro de 1997, para fins de apuração de ganho de capital, nos termos da legislação do imposto de renda, considera-se custo de aquisição e valor da venda do imóvel rural o VTN declarado, na forma do art. 8º, observado o disposto no art. 14, respectivamente, nos anos da ocorrência de sua aquisição e de sua alienação.

**Parágrafo único.** Na apuração de ganho de capital correspondente a imóvel rural adquirido anteriormente à data a que se refere este artigo, será considerado custo de aquisição o valor constante da escritura pública, observado o disposto no art. 17 da Lei nº 9.249, de 26 de dezembro de 1995.

## INCENTIVOS FISCAIS E CRÉDITO RURAL

**Art. 20.** A concessão de incentivos fiscais e de crédito rural, em todas as suas modalidades, bem como a constituição das respectivas contrapartidas ou garantias, ficam condicionadas à comprovação do recolhimento do ITR, relativo ao imóvel rural, correspondente aos últimos cinco exercícios, ressalvados os casos em que a exigibilidade do imposto esteja suspensa, ou em curso de cobrança executiva em que tenha sido efetivada a penhora.

- Até 31 de dezembro de 2021, as instituições financeiras privadas e públicas, inclusive as suas subsidiárias, fica dispensada, quando aplicável, de observar, nas contratações e nas renegociações de operações de crédito realizadas diretamente ou por meio de agentes financeiros, o art. 20 da Lei nº 9.393/1996 *(Redação dada pela Lei 14.179/2021)*

**Parágrafo único.** É dispensada a comprovação de regularidade do recolhimento do imposto relativo ao imóvel rural, para efeito de concessão de financiamento ao amparo do Programa Nacional de Fortalecimento da Agricultura Familiar – PRONAF.

## REGISTRO PÚBLICO

**Art. 21.** É obrigatória a comprovação do pagamento do ITR, referente aos cinco últimos exercícios, para serem praticados quaisquer dos atos previstos nos arts. 167 e 168 da Lei nº 6.015, de 31 de dezembro de 1973 (Lei dos Registros Públicos), observada a ressalva prevista no *caput* do artigo anterior, in fine.

**Parágrafo único.** São solidariamente responsáveis pelo imposto e pelos acréscimos legais, nos termos do art. 134 da Lei nº 5.172, de 25 de outubro de 1966 – Sistema Tributário Nacional, os serventuários do registro de imóveis que descumprirem o disposto neste artigo, sem prejuízo de outras sanções legais.

### DEPÓSITO JUDICIAL NA DESAPROPRIAÇÃO

**Art. 22.** O valor da terra nua para fins do depósito judicial, a que se refere o inciso I do art. 6º da Lei Complementar nº 76, de 6 de julho de 1993, na hipótese de desapropriação do imóvel rural de que trata o art. 184 da Constituição, não poderá ser superior ao VTN declarado, observado o disposto no art. 14.

**Parágrafo único.** A desapropriação por valor inferior ao declarado não autorizará a redução do imposto a ser pago, nem a restituição de quaisquer importâncias já recolhidas.

### CAPÍTULO II. DAS DISPOSIÇÕES FINAIS

**Art. 23.** Esta Lei entra em vigor na data de sua publicação, produzindo efeitos, quanto aos arts. 1º a 22, a partir de janeiro de 1997.

**Art. 24.** Revogam-se os arts. 1º a 22 e 25 da Lei nº 8.847, de 28 de janeiro de 1994.

Brasília, 19 de dezembro de 1996;
175º da Independência e 108º da República.

FERNANDO HENRIQUE CARDOSO

TABELA DE ALÍQUOTAS (Art. 11)

| Área total do imóvel (em hectares) | GRAU DE UTILIZAÇÃO - GU (EM %) | | | | |
|---|---|---|---|---|---|
| | Maior que | Maior que | Maior que | Maior que | Até 30 |
| | 80 | 65 até 80 | 50 até 65 | 30 até 50 | |
| Até 50 | 0,03 | 0,2 | 0,4 | 0,7 | 1 |
| Maior que 50 até 200 | 0,07 | 0,4 | 0,8 | 1,4 | 2 |
| Maior que 200 até 500 | 0,1 | 0,6 | 1,3 | 2,3 | 3,3 |
| Maior que 500 até 1.000 | 0,15 | 0,85 | 1,9 | 3,3 | 4,7 |
| Maior que 1.000 até 5.000 | 0,3 | 1,6 | 3,4 | 6 | 8,6 |
| Acima de 5.000 | 0,45 | 3 | 6,4 | 12 | 20 |

# LEI Nº 9.430, DE 27 DE DEZEMBRO DE 1996

*Dispõe sobre a legislação tributária federal, as contribuições para a seguridade social, o processo administrativo de consulta e dá outras providências.*

- DOU de 30.12.1996

## CAPÍTULO I IMPOSTO DE RENDA – PESSOA JURÍDICA

## SEÇÃO I APURAÇÃO DA BASE DE CÁLCULO

### PERÍODO DE APURAÇÃO TRIMESTRAL

**Art. 1º.** A partir do ano-calendário de 1997, o imposto de renda das pessoas jurídicas será determinado com base no lucro real, presumido, ou arbitrado, por períodos de apuração trimestrais, encerrados nos dias 31 de março, 30 de junho, 30 de setembro e 31 de dezembro de cada ano-calendário, observada a legislação vigente, com as alterações desta Lei.

- Esta Lei: arts. 8º, par. ún.; 25; 27, I, e 28.

**§ 1º.** Nos casos de incorporação, fusão ou cisão, a apuração da base de cálculo e do imposto de renda devido será efetuada na data do evento, observado o disposto no art. 21 da Lei nº 9.249, de 26 de dezembro de 1995.

**§ 2º.** Na extinção da pessoa jurídica, pelo encerramento da liquidação, a apuração da base de cálculo e do imposto devido será efetuada na data desse evento.

### PAGAMENTO POR ESTIMATIVA

**Art. 2º.** A pessoa jurídica sujeita a tributação com base no lucro real poderá optar pelo pagamento do imposto, em cada mês, determinado sobre base de cálculo estimada, mediante a aplicação dos percentuais de que trata o art. 15 da Lei nº 9.249, de 26 de dezembro de 1995, sobre a receita bruta definida pelo art. 12 do Decreto-Lei nº 1.598, de 26 de dezembro de 1977, auferida mensalmente, deduzida das devoluções, vendas canceladas e dos descontos incondicionais concedidos, observado o disposto nos §§ 1º e 2º do art. 29 e nos arts. 30, 32, 34 e 35 da Lei nº 8.981, de 20 de janeiro de 1995. (Redação dada pela Lei nº 12.973, de 2014)

- Esta Lei: arts. 6º; 8º; 14, § 2º; 28; 30 e 44, IV.
- Lei nº 9.718, de 27-11-1998, arts. 8º, § 2º, II, e 14, V, que altera a Legislação Tributária Federal.

**§ 1º.** O imposto a ser pago mensalmente na forma deste artigo será determinado mediante a aplicação, sobre a base de cálculo, da alíquota de quinze por cento.

**§ 2º.** A parcela da base de cálculo, apurada mensalmente, que exceder a R$ 20.000,00 (vinte mil reais) ficará sujeita à incidência de adicional de imposto de renda à alíquota de dez por cento.

**§ 3º.** A pessoa jurídica que optar pelo pagamento do imposto na forma deste artigo deverá apurar o lucro real em 31 de dezembro de cada ano, exceto nas hipóteses de que tratam os §§ 1º e 2º do artigo anterior.

**§ 4º.** Para efeito de determinação do saldo de imposto a pagar ou a ser compensado, a pessoa jurídica poderá deduzir do imposto devido o valor:

**I** – dos incentivos fiscais de dedução do imposto, observados os limites e prazos fixados na legislação vigente, bem como o disposto no § 4º do art. 3º da Lei nº 9.249, de 26 de dezembro de 1995;

**II** – dos incentivos fiscais de redução e isenção do imposto, calculados com base no lucro da exploração;

**III** – do imposto de renda pago ou retido na fonte, incidente sobre receitas computadas na determinação do lucro real;

**IV** – do imposto de renda pago na forma deste artigo.

## SEÇÃO II
## PAGAMENTO DO IMPOSTO

### ESCOLHA DA FORMA DE PAGAMENTO

**Art. 3º.** A adoção da forma de pagamento do imposto prevista no art. 1º, pelas pessoas jurídicas sujeitas ao regime do lucro real, ou a opção pela forma do art. 2º será irretratável para todo o ano-calendário.

› Esta Lei: art. 28.

**Parágrafo único.** A opção pela forma estabelecida no art. 2º será manifestada com o pagamento do imposto correspondente ao mês de janeiro ou de início de atividade.

### ADICIONAL DO IMPOSTO DE RENDA

**Art. 4º.** Os §§ 1º e 2º do art. 3º da Lei nº 9.249, de 26 de dezembro de 1995, passam a vigorar com a seguinte redação:

[...]

### IMPOSTO CORRESPONDENTE A PERÍODO TRIMESTRAL

**Art. 5º.** O imposto de renda devido, apurado na forma do art. 1º, será pago em quota única, até o último dia útil do mês subsequente ao do encerramento do período de apuração.

› Esta Lei: art. 28.

**§ 1º.** À opção da pessoa jurídica, o imposto devido poderá ser pago em até três quotas mensais, iguais e sucessivas, vencíveis no último dia útil dos três meses subsequentes ao de encerramento do período de apuração a que corresponder.

**§ 2º.** Nenhuma quota poderá ter valor inferior a R$ 1.000,00 (mil reais) e o imposto de valor inferior a R$ 2.000,00 (dois mil reais) será pago em quota única, até o último dia útil do mês subsequente ao do encerramento do período de apuração.

**§ 3º.** As quotas do imposto serão acrescidas de juros equivalentes à taxa referencial do Sistema Especial de Liquidação e Custódia – SELIC, para títulos federais, acumulada mensalmente, calculados a partir do primeiro dia do segundo mês subsequente ao do encerramento do período de apuração até o último dia do mês anterior ao do pagamento e de um por cento no mês do pagamento.

› Esta Lei: arts. 43, par. ún.; 61, § 3º; 62 e par. ún.

**§ 4º.** Nos casos de incorporação, fusão ou cisão e de extinção da pessoa jurídica pelo encerramento da liquidação, o imposto devido deverá ser pago até o último dia útil do mês subsequente ao do evento, não se lhes aplicando a opção prevista no § 1º.

### PAGAMENTO POR ESTIMATIVA

**Art. 6º.** O imposto devido, apurado na forma do art. 2º, deverá ser pago até o último dia útil do mês subsequente àquele a que se referir.

› Esta Lei: art. 28.

**§ 1º.** O saldo do imposto apurado em 31 de dezembro receberá o seguinte tratamento: (Redação dada pela Lei nº 12.844, de 2013)

**I** – se positivo, será pago em quota única, até o último dia útil do mês de março do ano subsequente, observado o disposto no § 2º; ou (Redação dada pela Lei nº 12.844, de 2013)

**II** – se negativo, poderá ser objeto de restituição ou de compensação nos termos do art. 74. (Redação dada pela Lei nº 12.844, de 2013)

**§ 2º.** O saldo do imposto a pagar de que trata o inciso I do parágrafo anterior será acrescido de juros calculados à taxa a que se refere o § 3º do art. 5º, a partir de 1º de fevereiro até o último dia do mês anterior ao do pagamento e de um por cento no mês do pagamento.

**§ 3º.** O prazo a que se refere o inciso I do § 1º não se aplica ao imposto relativo ao mês de dezembro, que deverá ser pago até o último dia útil do mês de janeiro do ano subsequente.

### DISPOSIÇÕES TRANSITÓRIAS

**Art. 7º.** Alternativamente ao disposto no art. 40 da Lei nº 8.981, de 20 de janeiro de 1995, com as alterações da Lei nº 9.065, de 20 de junho de 1995, a pessoa jurídica tributada com base no lucro real ou presumido poderá efetuar o pagamento do saldo do imposto devido, apurado em 31 de dezembro de 1996, em até quatro quotas mensais, iguais e sucessivas, devendo a primeira ser paga até o último dia útil do mês de março de 1997 e as demais no último dia útil dos meses subsequentes.

› Esta Lei: art. 28.

**§ 1º.** Nenhuma quota poderá ter valor inferior a R$ 1.000,00 (mil reais) e o imposto de valor inferior a R$ 2.000,00 (dois mil reais) será pago em quota única, até o último dia útil do mês de março de 1997.

**§ 2º.** As quotas do imposto serão acrescidas de juros calculados à taxa a que se refere o § 3º do art. 5º, a partir de 1º de abril de 1997 até o último dia do mês anterior ao do pagamento e de um por cento no mês do pagamento.

**§ 3º.** Havendo saldo de imposto pago a maior, a pessoa jurídica poderá compensá-lo com o imposto devido, correspondente aos períodos de apuração subsequentes, facultado o pedido de restituição.

**Art. 8º.** As pessoas jurídicas, mesmo as que não tenham optado pela forma de pagamento do art. 2º, deverão calcular e pagar o imposto de renda relativo aos meses de janeiro e fevereiro de 1997 de conformidade com o referido dispositivo.

› Esta Lei: art. 28.

**Parágrafo único.** Para as empresas submetidas às normas do art. 1º o imposto pago com base na receita bruta auferida nos meses de janeiro e fevereiro de 1997 será deduzido do que for devido em relação ao período de apuração encerrado no dia 31 de março de 1997.

## SEÇÃO III
## PERDAS NO RECEBIMENTO DE CRÉDITOS

### DEDUÇÃO

**Art. 9º.** As perdas no recebimento de créditos decorrentes das atividades da pessoa jurídica poderão ser deduzidas como despesas, para determinação do lucro real, observado o disposto neste artigo.

› Esta Lei: art. 28.

**§ 1º.** Poderão ser registrados como perda os créditos:

**I** – em relação aos quais tenha havido a declaração de insolvência do devedor, em sentença emanada do Poder Judiciário;

**II** – sem garantia, de valor:

*a)* até R$ 5.000,00 (cinco mil reais), por operação, vencidos há mais de seis meses, independentemente de iniciados os procedimentos judiciais para o seu recebimento;

*b)* acima de R$ 5.000,00 (cinco mil reais) até R$ 30.000,00 (trinta mil reais), por operação, vencidos há mais de um ano, independentemente de iniciados os procedimentos judiciais para o seu recebimento, porém, mantida a cobrança administrativa;

*c)* superior a R$ 30.000,00 (trinta mil reais), vencidos há mais de um ano, desde que iniciados e mantidos os procedimentos judiciais para o seu recebimento;

**III** – com garantia, vencidos há mais de dois anos, desde que iniciados e mantidos os procedimentos judiciais para o seu recebimento ou o arresto das garantias;

**IV** – contra devedor declarado falido ou pessoa jurídica em concordata ou recuperação judicial, relativamente à parcela que exceder o valor que esta tenha se comprometido a pagar, observado o disposto no § 5º. (Redação dada pela Lei nº 13.097, de 2015)

**§ 2º.** No caso de contrato de crédito em que o não pagamento de uma ou mais parcelas implique o vencimento automático de todas as demais parcelas vincendas, os limites a que se referem as alíneas a e b do inciso II do § 1º e as alíneas a e b do inciso II do § 7º serão considerados em relação ao total dos créditos, por operação, com o mesmo devedor. (Redação dada pela Lei nº 13.097, de 2015)

**§ 3º.** Para os fins desta Lei, considera-se crédito garantido o proveniente de vendas com reserva de domínio, de alienação fiduciária em garantia ou de operações com outras garantias reais.

**§ 4º.** No caso de crédito com pessoa jurídica em processo falimentar, em concordata ou em recuperação judicial, a dedução da perda será admitida a partir da data da decretação da falência ou do deferimento do processamento da concordata ou recuperação judicial, desde que a credora tenha adotado os procedimentos judiciais necessários para o recebimento do crédito. (Redação dada pela Lei nº 13.097, de 2015)

**§ 5º.** A parcela do crédito cujo compromisso de pagar não houver sido honrado pela pessoa jurídica em concordata ou recuperação judicial poderá, também, ser deduzida como perda, observadas as condições previstas neste artigo. (Redação dada pela Lei nº 13.097, de 2015)

**§ 6º.** Não será admitida a dedução de perda no recebimento de créditos com pessoa jurídica que seja controladora, controlada, coligada ou interligada, bem como com pessoa física que seja acionista controlador, sócio, titular ou administrador da pessoa jurídica credora, ou parente até o terceiro grau dessas pessoas físicas.

**§ 7º.** Para os contratos inadimplidos a partir da data de publicação da Medida Provisória nº 656, de 7 de outubro de 2014, poderão ser registrados como perda os créditos: (Incluído pela Lei nº 13.097, de 2015)

**I** – em relação aos quais tenha havido a declaração de insolvência do devedor, em sentença emanada do Poder Judiciário; (Incluído pela Lei nº 13.097, de 2015)

**II** – sem garantia, de valor: (Incluído pela Lei nº 13.097, de 2015)

*a)* até R$ 15.000,00 (quinze mil reais), por operação, vencidos há mais de seis meses, independentemente de iniciados os procedimentos judiciais para o seu recebimento;

*b)* acima de R$ 15.000,00 (quinze mil reais) até R$ 100.000,00 (cem mil reais), por operação, vencidos há mais de um ano, independentemente de iniciados os procedimentos judiciais para o seu recebimento, mantida a cobrança administrativa; e (Incluído pela Lei nº 13.097, de 2015)

*c)* superior a R$ 100.000,00 (cem mil reais), vencidos há mais de um ano, desde que iniciados e mantidos os procedimentos judiciais para o seu recebimento; (Incluído pela Lei nº 13.097, de 2015)

**III** – com garantia, vencidos há mais de dois anos, de valor: (Incluído pela Lei nº 13.097, de 2015)

*a)* até R$ 50.000,00 (cinquenta mil reais), independentemente de iniciados os procedimentos judiciais para o seu recebimento ou o arresto das garantias; e (Incluído pela Lei nº 13.097, de 2015)

*b)* superior a R$ 50.000,00 (cinquenta mil reais), desde que iniciados e mantidos os procedimentos judiciais para o seu recebimento ou o arresto das garantias; e (Incluído pela Lei nº 13.097, de 2015)

**IV** – contra devedor declarado falido ou pessoa jurídica em concordata ou recuperação judicial, relativamente à parcela que exceder o valor que esta tenha se comprometido a pagar, observado o disposto no § 5º. (Incluído pela Lei nº 13.097, de 2015)

**Art. 9º-A.** Na hipótese de inadimplência do débito, as exigências de judicialização de que tratam a alínea c do inciso II e a alínea *b* do inciso III do § 7º do art. 9º e o art. 11 desta Lei poderão ser substituídas pelo instrumento de que trata a Lei nº 9.492, de 10 de setembro de 1997, e os credores deverão arcar, nesse caso, com o pagamento antecipado de taxas, de emolumentos, de acréscimos legais e de demais despesas por ocasião da protocolização e dos demais atos. *(Acrescido pela Lei 14.043/2020)*

## REGISTRO CONTÁBIL DAS PERDAS

**Art. 10.** Os registros contábeis das perdas admitidas nesta Lei serão efetuados a débito de conta de resultado e a crédito:

› Esta Lei: art. 28.

**I** – da conta que registra o crédito de que trata a alínea a do inciso II do § 1º do art. 9º e a alínea a do inciso II do § 7º do art. 9º; (Redação dada pela Lei nº 13.097, de 2015)

**II** – de conta redutora do crédito, nas demais hipóteses.

**§ 1º.** Ocorrendo a desistência da cobrança pela via judicial, antes de decorridos cinco anos do vencimento do crédito, a perda eventualmente registrada deverá ser estornada ou adicionada ao lucro líquido, para determinação do lucro real correspondente ao período de apuração em que se der a desistência.

**§ 2º.** Na hipótese do parágrafo anterior, o imposto será considerado como postergado desde o período de apuração em que tenha sido reconhecida a perda.

**§ 3º.** Se a solução da cobrança se der em virtude de acordo homologado por sentença judicial, o valor da perda a ser estornado ou adicionado ao lucro líquido para determinação do lucro real será igual à soma da quantia recebida com o saldo a receber renegociado, não sendo aplicável o disposto no parágrafo anterior.

**§ 4º.** Os valores registrados na conta redutora do crédito referida no inciso II do *caput* poderão ser baixados definitivamente em contrapartida à conta que registre o crédito, a partir do período de apuração em que se completar cinco anos do vencimento do crédito sem que o mesmo tenha sido liquidado pelo devedor.

## ENCARGOS FINANCEIROS DE CRÉDITOS VENCIDOS

**Art. 11.** Após dois meses do vencimento do crédito, sem que tenha havido o seu recebimento, a pessoa jurídica credora poderá excluir do lucro líquido, para determinação do lucro real, o valor dos encargos financeiros incidentes sobre o crédito, contabilizado como receita, auferido a partir do prazo definido neste artigo.

› Esta Lei: art. 28.

**§ 1º.** Ressalvadas as hipóteses das alíneas a e b do inciso II do § 1º do art. 9º, das alíneas a e b do inciso II do § 7º do art. 9º e da alínea a do inciso III do § 7º do art. 9º, o disposto neste artigo somente se aplica quando a pessoa jurídica houver tomado as providências de caráter judicial necessárias ao recebimento do crédito. (Redação dada pela Lei nº 13.097, de 2015)

**§ 2º.** Os valores excluídos deverão ser adicionados no período de apuração em que, para os fins legais, se tornarem disponíveis para a pessoa jurídica credora ou em que reconhecida a respectiva perda.

**§ 3º.** A partir da citação inicial para o pagamento do débito, a pessoa jurídica devedora deverá adicionar ao lucro líquido, para determinação do lucro real, os encargos incidentes sobre o débito vencido e não pago que tenham sido deduzidos como despesa ou custo, incorridos a partir daquela data.

**§ 4º.** Os valores adicionados a que se refere o parágrafo anterior poderão ser excluídos do lucro líquido, para determinação do lucro real, no período de apuração em que ocorra a quitação do débito por qualquer forma.

## CRÉDITOS RECUPERADOS

**Art. 12.** Deverá ser computado na determinação do lucro real o montante dos créditos deduzidos que tenham sido recuperados, em qualquer época ou a qualquer título, inclusive nos casos de novação da dívida ou do arresto dos bens recebidos em garantia real.

› Esta Lei: art. 28.

**§ 1º.** Os bens recebidos a título de quitação do débito serão escriturados pelo valor do crédito ou avaliados pelo valor definido na decisão judicial que tenha determinado sua incorporação ao patrimônio do credor. (Incluído pela Lei nº 12.431, de 2011).

**§ 2º.** Nas operações de crédito realizadas por instituições financeiras autorizadas a funcionar pelo Banco Central do Brasil, nos casos de renegociação de dívida, o reconhecimento da receita para fins de incidência de imposto sobre a renda e da Contribuição Social sobre o Lucro Líquido ocorrerá no momento do efetivo recebimento do crédito. (Redação dada pela nº 12.715, de 2012)

## DISPOSIÇÃO TRANSITÓRIA

**Art. 13.** No balanço levantado para determinação do lucro real em 31 de dezembro de 1996, a pessoa jurídica poderá optar pela constituição de provisão para créditos de liquidação duvidosa na forma do art. 43 da Lei nº 8.981, de 20 de janeiro de 1995, com as alterações da Lei nº 9.065, de 20 de junho de 1995, ou pelos critérios de perdas a que se referem os arts. 9º a 12.

› Esta Lei: art. 28.

### SALDO DE PROVISÕES EXISTENTE EM 31.12.96

**Art. 14.** A partir do ano-calendário de 1997, ficam revogadas as normas previstas no art. 43 da Lei nº 8.981, de 20 de janeiro de 1995, com as alterações da Lei nº 9.065, de 20 de junho de 1995, bem como a autorização para a constituição de provisão nos termos dos artigos citados, contida no inciso I do art. 13 da Lei nº 9.249, de 26 de dezembro de 1995.

▸ Esta Lei: art. 28.

**§ 1º.** A pessoa jurídica que, no balanço de 31 de dezembro de 1996, optar pelos critérios de dedução de perdas de que tratam os arts. 9º a 12 deverá, nesse mesmo balanço, reverter os saldos das provisões para créditos de liquidação duvidosa, constituídas na forma do art. 43 da Lei nº 8.981, de 20 de janeiro de 1995, com as alterações da Lei nº 9.065, de 20 de junho de 1995.

**§ 2º.** Para a pessoa jurídica que, no balanço de 31 de dezembro de 1996, optar pela constituição de provisão na forma do art. 43 da Lei nº 8.981, de 20 de janeiro de 1995, com as alterações da Lei nº 9.065, de 20 de junho de 1995, a reversão a que se refere o parágrafo anterior será efetuada no balanço correspondente ao primeiro período de apuração encerrado em 1997, se houver adotado o regime de apuração trimestral, ou no balanço de 31 de dezembro de 1997 ou da data da extinção, se houver optado pelo pagamento mensal de que trata o art. 2º.

**§ 3º.** Nos casos de incorporação, fusão ou cisão, a reversão de que trata o parágrafo anterior será efetuada no balanço que servir de base à apuração do lucro real correspondente.

## SEÇÃO IV. RENDIMENTOS DO EXTERIOR

### COMPENSAÇÃO DE IMPOSTO PAGO

**Art. 15.** A pessoa jurídica domiciliada no Brasil que auferir, de fonte no exterior, receita decorrente da prestação de serviços efetuada diretamente poderá compensar o imposto pago no país de domicílio da pessoa física ou jurídica contratante, observado o disposto no art. 26 da Lei nº 9.249, de 26 de dezembro de 1995.

### LUCROS E RENDIMENTOS

**Art. 16.** Sem prejuízo do disposto nos arts. 25, 26 e 27 da Lei nº 9.249, de 26 de dezembro de 1995, os lucros auferidos por filiais, sucursais, controladas e coligadas, no exterior, serão:

**I** – considerados de forma individualizada, por filial, sucursal, controlada ou coligada;

**II** – arbitrados, os lucros das filiais, sucursais e controladas, quando não for possível a determinação de seus resultados, com observância das mesmas normas aplicáveis às pessoas jurídicas domiciliadas no Brasil e computados na determinação do lucro real.

**§ 1º.** Os resultados decorrentes de aplicações financeiras de renda variável no exterior, em um mesmo país, poderão ser consolidados para efeito de cômputo do ganho, na determinação do lucro real.

**§ 2º.** Para efeito da compensação de imposto pago no exterior, a pessoa jurídica:

**I** – com relação aos lucros, deverá apresentar as demonstrações financeiras correspondentes, exceto na hipótese do inciso II do *caput* deste artigo;

**II** – fica dispensada da obrigação a que se refere o § 2º do art. 26 da Lei nº 9.249, de 26 de dezembro de 1995, quando comprovar que a legislação do país de origem do lucro, rendimento ou ganho de capital prevê a incidência do imposto de renda que houver sido pago, por meio do documento de arrecadação apresentado.

**§ 3º.** Na hipótese de arbitramento do lucro da pessoa jurídica domiciliada no Brasil, os lucros, rendimentos e ganhos de capital oriundos do exterior serão adicionados ao lucro arbitrado para determinação da base de cálculo do imposto.

**§ 4º.** Do imposto devido correspondente a lucros, rendimentos ou ganhos de capital oriundos do exterior não será admitida qualquer destinação ou dedução a título de incentivo fiscal.

### OPERAÇÕES DE COBERTURA EM BOLSA DO EXTERIOR

**Art. 17.** Serão computados na determinação do lucro real os resultados líquidos, positivos ou negativos, obtidos em operações de cobertura (hedge) realizadas em mercados de liquidação futura, diretamente pela empresa brasileira, em bolsas no exterior.

▸ Esta Lei: art. 28.

**Parágrafo único.** A Secretaria da Receita Federal e o Banco Central do Brasil expedirão instruções para a apuração do resultado líquido, sobre a movimentação de divisas relacionadas com essas operações, e outras que se fizerem necessárias à execução do disposto neste artigo. (Incluído pela lei nº 11.033, de 2004)

## SEÇÃO V PREÇOS DE TRANSFERÊNCIA

### BENS, SERVIÇOS E DIREITOS ADQUIRIDOS NO EXTERIOR

**Arts. 18 e 18-A.** *(Revogados pela Lei 14.596/2023)*

### RECEITAS ORIUNDAS DE EXPORTAÇÕES PARA O EXTERIOR

**Arts. 19 a 20-B** . *(Revogados pela Lei 14.596/2023)*

### APURAÇÃO DOS PREÇOS MÉDIOS

**Art. 21.** *(Revogado pela Lei 14.596/2023)*

## JUROS

**Art. 22.** *(Revogado pela Lei 14.596/2023)*

## PESSOA VINCULADA – CONCEITO

**Art. 23.** *(Revogado pela Lei 14.596/2023)*

## PAÍSES COM TRIBUTAÇÃO FAVORECIDA

**Art. 24.** As disposições previstas nos arts. 1º a 37 da lei decorrente da conversão da Medida Provisória nº 1.152, de 28 de dezembro de 2022, aplicam-se também às transações efetuadas por pessoa física ou jurídica residente ou domiciliada no Brasil com qualquer entidade, ainda que parte não relacionada, residente ou domiciliada em país que não tribute a renda ou que a tribute a alíquota máxima inferior a 17% (dezessete por cento). *(Redação dada pela Lei 14.596/2023)*

- Esta Lei: art. 28.
- Lei nº 10.833, de 29-12-2003, art. 47, que altera a Legislação Tributária Federal.

**§ 1º.** Para efeito do disposto na parte final deste artigo, será considerada a legislação tributária do referido país, aplicável às pessoas físicas ou às pessoas jurídicas, conforme a natureza do ente com o qual houver sido praticada a operação.

**§ 2º.** *(Revogado pela Lei 14.596/2023)*

**§ 3º.** Para os fins do disposto neste artigo, considerar-se-á separadamente a tributação do trabalho e do capital, bem como as dependências do país de residência ou domicílio. (Incluído pela Lei nº 10.451, de 2002)

**§ 4º.** Considera-se também país ou dependência com tributação favorecida aquele cuja legislação não permita o acesso a informações relativas à composição societária de pessoas jurídicas, à sua titularidade ou à identificação do beneficiário efetivo de rendimentos atribuídos a não residentes. (Incluído pela Lei nº 11.727, de 2008)

- Lei nº 11.727, de 23-06-2008, art. 41, VI, que dispõe sobre medidas tributárias destinadas a estimular os investimentos e a modernização do setor de turismo, a reforçar o sistema de proteção tarifária brasileiro, a estabelecer a incidência de forma concentrada da Contribuição para o PIS/Pasep e da Contribuição para o Financiamento da Seguridade Social – Cofins na produção e comercialização de álcool.

**Art. 24-A.** As disposições previstas nos arts. 1º a 37 da lei decorrente da conversão da Medida Provisória nº 1.152, de 28 de dezembro de 2022, aplicam-se também às transações efetuadas por pessoa física ou jurídica residente ou domiciliada no Brasil com qualquer entidade residente ou domiciliada no exterior que seja beneficiária de regime fiscal privilegiado, inclusive na hipótese de parte não relacionada. *(Redação dada pela Lei 14.596/2023).*

- Lei nº 11.727, de 23-06-2008, art. 41, VI, que dispõe sobre medidas tributárias destinadas a estimular os investimentos e a modernização do setor de turismo, a reforçar o sistema de proteção tarifária brasileiro, a estabelecer a incidência de forma concentrada da Contribuição para o PIS/Pasep e da Contribuição para o Financiamento da Seguridade Social – Cofins na produção e comercialização de álcool.

**Parágrafo único.** Para fins do disposto neste artigo, considera-se regime fiscal privilegiado aquele que apresentar, no mínimo, uma das seguintes características: *(Redação dada pela Lei 14.596/2023).*

**I** - não tribute a renda ou que o faça a alíquota máxima inferior a 17% (dezessete por cento); *(Redação dada pela Lei 14.596/2023).*

**II** – conceda vantagem de natureza fiscal a pessoa física ou jurídica não residente: (Incluído pela Lei nº 11.727, de 2008)

*a)* sem exigência de realização de atividade econômica substantiva no país ou dependência; (Incluído pela Lei nº 11.727, de 2008)

*b)* condicionada ao não exercício de atividade econômica substantiva no país ou dependência; (Incluído pela Lei nº 11.727, de 2008)

**III** - não tribute os rendimentos auferidos fora de seu território ou o faça a alíquota máxima inferior a 17% (dezessete por cento); *(Redação dada pela Lei 14.596/2023)*

**IV** – não permita o acesso a informações relativas à composição societária, titularidade de bens ou direitos ou às operações econômicas realizadas. (Incluído pela Lei nº 11.727, de 2008)

**Art. 24-B.** O Poder Executivo poderá reduzir ou restabelecer os percentuais de que tratam o *caput* do art. 24 e os incisos I e III do parágrafo único do art. 24-A, ambos desta Lei. (Incluído pela Lei nº 11.727, de 2008)

- Lei nº 11.727, de 23-06-2008, art. 41, VI, que dispõe sobre medidas tributárias destinadas a estimular os investimentos e a modernização do setor de turismo, a reforçar o sistema de proteção tarifária brasileiro, a estabelecer a incidência de forma concentrada da Contribuição para o PIS/Pasep e da Contribuição para o Financiamento da Seguridade Social – Cofins na produção e comercialização de álcool.

**Parágrafo único.** O uso da faculdade prevista no *caput* deste artigo poderá também ser aplicado, de forma excepcional e restrita, a países que componham blocos econômicos dos quais o País participe. (Incluído pela Lei nº 11.727, de 2008)

## SEÇÃO VI
## LUCRO PRESUMIDO

## DETERMINAÇÃO

**Art. 25.** O lucro presumido será o montante determinado pela soma das seguintes parcelas:

**I** – o valor resultante da aplicação dos percentuais de que trata o art. 15 da Lei nº 9.249, de 26 de dezembro de 1995, sobre a receita bruta definida pelo art. 12 do Decreto-Lei nº 1.598, de 26 de dezembro de 1977, auferida no período de apuração de que trata o art. 1º, deduzida das devoluções e vendas canceladas e dos descontos incondicionais concedidos; e (Redação dada pela Lei nº 12.973, de 2014)

**II** – os ganhos de capital, os rendimentos e ganhos líquidos auferidos em aplicações financeiras, as demais receitas, os resultados positivos decorrentes de receitas não abrangidas pelo inciso I, com os respectivos valores decorrentes do ajuste a valor presente de que trata o inciso VIII do *caput* do art. 183 da Lei nº 6.404, de 15 de dezembro de 1976, e demais valores determinados nesta Lei, auferidos naquele mesmo período. (Redação dada pela Lei nº 12.973, de 2014)

**§ 1º**. O ganho de capital nas alienações de investimentos, imobilizados e intangíveis corresponderá à diferença positiva entre o valor da alienação e o respectivo valor contábil. (Incluído pela Lei nº 12.973, de 2014)

**§ 2º**. Para fins do disposto no § 1º, poderão ser considerados no valor contábil, e na proporção deste, os respectivos valores decorrentes dos efeitos do ajuste a valor presente de que trata o inciso III do *caput* do art. 184 da Lei nº 6.404, de 15 de dezembro de 1976. (Incluído pela Lei nº 12.973, de 2014)

**§ 3º**. Os ganhos decorrentes de avaliação de ativo ou passivo com base no valor justo não integrarão a base de cálculo do imposto, no momento em que forem apurados. (Incluído pela Lei nº 12.973, de 2014)

**§ 4º**. Para fins do disposto no inciso II do *caput*, os ganhos e perdas decorrentes de avaliação do ativo com base em valor justo não serão considerados como parte integrante do valor contábil. (Incluído pela Lei nº 12.973, de 2014)

**§ 5º**. O disposto no § 4º não se aplica aos ganhos que tenham sido anteriormente computados na base de cálculo do imposto. (Incluído pela Lei nº 12.973, de 2014)

## OPÇÃO

**Art. 26.** A opção pela tributação com base no lucro presumido será aplicada em relação a todo o período de atividade da empresa em cada ano-calendário.

**§ 1º**. A opção de que trata este artigo será manifestada com o pagamento da primeira ou única quota do imposto devido correspondente ao primeiro período de apuração de cada ano-calendário.

**§ 2º**. A pessoa jurídica que houver iniciado atividade a partir do segundo trimestre manifestará a opção de que trata este artigo com o pagamento da primeira ou única quota do imposto devido relativa ao período de apuração do início de atividade.

**§ 3º**. A pessoa jurídica que houver pago o imposto com base no lucro presumido e que, em relação ao mesmo ano-calendário, alterar a opção, passando a ser tributada com base no lucro real, ficará sujeita ao pagamento de multa e juros moratórios sobre a diferença de imposto paga a menor.

**§ 4º**. A mudança de opção a que se refere o parágrafo anterior somente será admitida quando formalizada até a entrega da correspondente declaração de rendimentos e antes de iniciado procedimento de ofício relativo a qualquer dos períodos de apuração do respectivo ano-calendário.

## SEÇÃO VII
## LUCRO ARBITRADO

## DETERMINAÇÃO

**Art. 27.** O lucro arbitrado será o montante determinado pela soma das seguintes parcelas:

**I** – o valor resultante da aplicação dos percentuais de que trata o art. 16 da Lei nº 9.249, de 26 de dezembro de 1995, sobre a receita bruta definida pelo art. 12 do Decreto-Lei nº 1.598, de 26 de dezembro de 1977, auferida no período de apuração de que trata o art. 1º, deduzida das devoluções e vendas canceladas e dos descontos incondicionais concedidos; e (Redação dada pela Lei nº 12.973, de 2014)

**II** – os ganhos de capital, os rendimentos e ganhos líquidos auferidos em aplicações financeiras, as demais receitas, os resultados positivos decorrentes de receitas não abrangidas pelo inciso I do *caput*, com os respectivos valores decorrentes do ajuste a valor presente de que trata o inciso VIII do *caput* do art. 183 da Lei nº 6.404, de 15 de dezembro de 1976, e demais valores determinados nesta Lei, auferidos naquele mesmo período. (Redação dada pela Lei nº 12.973, de 2014)

**§ 1º**. Na apuração do lucro arbitrado, quando não conhecida a receita bruta, os coeficientes de que tratam os incisos II, III e IV do art. 51 da Lei nº 8.981, de 20 de janeiro de 1995, deverão ser multiplicados pelo número de meses do período de apuração.

**§ 2º**. Na hipótese de utilização das alternativas de cálculo previstas nos incisos V a VIII do art. 51 da Lei nº 8.981, de 20 de janeiro de 1995, o lucro arbitrado será o valor resultante da soma dos valores apurados para cada mês do período de apuração.

**§ 3º**. O ganho de capital nas alienações de investimentos, imobilizados e intangíveis corresponderá à diferença positiva entre o valor da alienação e o respectivo valor contábil. (Incluído pela Lei nº 12.973, de 2014)

**§ 4º**. Para fins do disposto no § 3º, poderão ser considerados no valor contábil, e na proporção deste, os respectivos valores decorrentes dos efeitos do ajuste a valor presente de que trata o inciso III do *caput* do art. 184 da Lei nº 6.404, de 15 de dezembro de 1976. (Incluído pela Lei nº 12.973, de 2014)

**§ 5º**. Os ganhos decorrentes de avaliação de ativo ou passivo com base no valor justo não integrarão a base de cálculo do imposto, no momento em que forem apurados. (Incluído pela Lei nº 12.973, de 2014)

**§ 6º**. Para fins do disposto no inciso II do *caput*, os ganhos e perdas decorrentes de avaliação do ativo com base em valor justo não serão considerados como parte integrante do valor contábil. (Incluído pela Lei nº 12.973, de 2014)

**§ 7º**. O disposto no § 6º não se aplica aos ganhos que tenham sido anteriormente computados na base de cálculo do imposto. (Incluído pela Lei nº 12.973, de 2014)

# CAPÍTULO II
# CONTRIBUIÇÃO SOCIAL SOBRE O LUCRO LÍQUIDO

## SEÇÃO I
## APURAÇÃO DA BASE DE CÁLCULO E PAGAMENTO

▸ Lei nº 9.718, de 27-11-1998, art. 8º, § 2º, II, que altera a Legislação Tributária Federal.

### NORMAS APLICÁVEIS

**Art. 28.** Aplicam-se à apuração da base de cálculo e ao pagamento da contribuição social sobre o lucro líquido as normas da legislação vigente e as correspondentes aos arts. 1º a 3º, 5º a 14, 17 a 24-B, 26, 55 e 71. (Redação dada pela Lei nº 12.715, de 2012)

### EMPRESAS SEM ESCRITURAÇÃO CONTÁBIL

**Art. 29.** A base de cálculo da contribuição social sobre o lucro líquido, devida pelas pessoas jurídicas tributadas com base no lucro presumido ou arbitrado e pelas demais empresas dispensadas de escrituração contábil, corresponderá à soma dos valores:

**I** – de que trata o art. 20 da Lei nº 9.249, de 26 de dezembro de 1995;

**II** – os ganhos de capital, os rendimentos e ganhos líquidos auferidos em aplicações financeiras, as demais receitas, os resultados positivos decorrentes de receitas não abrangidas pelo inciso I do *caput*, com os respectivos valores decorrentes do ajuste a valor presente de que trata o inciso VIII do *caput* do art. 183 da Lei nº 6.404, de 15 de dezembro de 1976, e demais valores determinados nesta Lei, auferidos naquele mesmo período. (Redação dada pela Lei nº 12.973, de 2014)

### PAGAMENTO MENSAL ESTIMADO

**Art. 30.** A pessoa jurídica que houver optado pelo pagamento do imposto de renda na forma do art. 2º fica, também, sujeita ao pagamento mensal da contribuição social sobre o lucro líquido, determinada mediante a aplicação da alíquota a que estiver sujeita sobre a base de cálculo apurada na forma dos incisos I e II do artigo anterior.

# CAPÍTULO III
# IMPOSTO SOBRE PRODUTOS INDUSTRIALIZADOS

### CONTRIBUINTE SUBSTITUTO

**Art. 31.** O art. 35 da Lei nº 4.502, de 30 de novembro de 1964, passa a vigorar com a seguinte redação:

(...)

# CAPÍTULO IV
# PROCEDIMENTOS DE FISCALIZAÇÃO

## SEÇÃO I
## SUSPENSÃO DA IMUNIDADE E DA ISENÇÃO

**Art. 32.** A suspensão da imunidade tributária, em virtude de falta de observância de requisitos legais, deve ser procedida de conformidade com o disposto neste artigo.

▸ Lei nº 9.532, de 10-12-1997, art. 14, que altera a legislação tributária federal.

**§ 1º.** Constatado que entidade beneficiária de imunidade de tributos federais de que trata a alínea c do inciso VI do art. 150 da Constituição Federal não está observando requisito ou condição previsto nos arts. 9º, § 1º, e 14, da Lei nº 5.172, de 25 de outubro de 1966 – Código Tributário Nacional, a fiscalização tributária expedirá notificação fiscal, na qual relatará os fatos que determinam a suspensão do benefício, indicando inclusive a data da ocorrência da infração.

**§ 2º.** A entidade poderá, no prazo de trinta dias da ciência da notificação, apresentar as alegações e provas que entender necessárias.

**§ 3º.** O Delegado ou Inspetor da Receita Federal decidirá sobre a procedência das alegações, expedindo o ato declaratório suspensivo do benefício, no caso de improcedência, dando, de sua decisão, ciência à entidade.

**§ 4º.** Será igualmente expedido o ato suspensivo se decorrido o prazo previsto no § 2º sem qualquer manifestação da parte interessada.

**§ 5º.** A suspensão da imunidade terá como termo inicial a data da prática da infração.

**§ 6º.** Efetivada a suspensão da imunidade:

**I** – a entidade interessada poderá, no prazo de trinta dias da ciência, apresentar impugnação ao ato declaratório, a qual será objeto de decisão pela Delegacia da Receita Federal de Julgamento competente;

**II** – a fiscalização de tributos federais lavrará auto de infração, se for o caso.

**§ 7º.** A impugnação relativa à suspensão da imunidade obedecerá às demais normas reguladoras do processo administrativo fiscal.

**§ 8º.** A impugnação e o recurso apresentados pela entidade não terão efeito suspensivo em relação ao ato declaratório contestado.

**§ 9º.** Caso seja lavrado auto de infração, as impugnações contra o ato declaratório e contra a exigência de crédito tributário serão reunidas em um único processo, para serem decididas simultaneamente.

**§ 10.** Os procedimentos estabelecidos neste artigo aplicam-se, também, às hipóteses de suspensão de isenções condicionadas, quando a entidade beneficiária estiver descumprindo as condições ou requisitos impostos pela legislação de regência.

**§ 11.** (Revogado pela Lei nº 13.165, de 2015)

**§ 12.** A entidade interessada disporá de todos os meios legais para impugnar os fatos que determinam a suspensão do benefício. (Incluído pela Lei nº 11.941, de 2009)

## SEÇÃO II
## REGIMES ESPECIAIS DE FISCALIZAÇÃO

**Art. 33.** A Secretaria da Receita Federal pode determinar regime especial para cumprimento de obrigações, pelo sujeito passivo, nas seguintes hipóteses:

**I** – embaraço à fiscalização, caracterizado pela negativa não justificada de exibição de livros e documentos em que se assente a escrituração das atividades do sujeito passivo, bem como pelo não fornecimento de informações sobre bens, movimentação financeira, negócio ou atividade, próprios ou de terceiros, quando intimado, e demais hipóteses que autorizam a requisição do auxílio da força pública, nos termos do art. 200 da Lei nº 5.172, de 25 de outubro de 1966;

**II** – resistência à fiscalização, caracterizada pela negativa de acesso ao estabelecimento, ao domicílio fiscal ou a qualquer outro local onde se desenvolvam as atividades do sujeito passivo, ou se encontrem bens de sua posse ou propriedade;

**III** – evidências de que a pessoa jurídica esteja constituída por interpostas pessoas que não sejam os verdadeiros sócios ou acionistas, ou o titular, no caso de firma individual;

**IV** – realização de operações sujeitas à incidência tributária, sem a devida inscrição no cadastro de contribuintes apropriado;

**V** – prática reiterada de infração da legislação tributária;

**VI** – comercialização de mercadorias com evidências de contrabando ou descaminho;

**VII** – incidência em conduta que enseje representação criminal, nos termos da legislação que rege os crimes contra a ordem tributária.

**§ 1º.** O regime especial de fiscalização será aplicado em virtude de ato do Secretário da Receita Federal.

**§ 2º.** O regime especial pode consistir, inclusive, em:

**I** – manutenção de fiscalização ininterrupta no estabelecimento do sujeito passivo;

**II** – redução, à metade, dos períodos de apuração e dos prazos de recolhimento dos tributos;

**III** – utilização compulsória de controle eletrônico das operações realizadas e recolhimento diário dos respectivos tributos;

**IV** – exigência de comprovação sistemática do cumprimento das obrigações tributárias;

**V** – controle especial da impressão e emissão de documentos comerciais e fiscais e da movimentação financeira.

**§ 3º.** As medidas previstas neste artigo poderão ser aplicadas isolada ou cumulativamente, por tempo suficiente à normalização do cumprimento das obrigações tributárias.

**§ 4º.** A imposição do regime especial não elide a aplicação de penalidades previstas na legislação tributária.

**§ 5º.** Às infrações cometidas pelo contribuinte durante o período em que estiver submetido a regime especial de fiscalização será aplicada a multa de que trata o inciso I do *caput* do art. 44 desta Lei, duplicando-se o seu percentual. (Redação dada Lei nº 11.488, de 2007)

## SEÇÃO III
## DOCUMENTAÇÃO FISCAL

### ACESSO À DOCUMENTAÇÃO

**Art. 34.** São também passíveis de exame os documentos do sujeito passivo, mantidos em arquivos magnéticos ou assemelhados, encontrados no local da verificação, que tenham relação direta ou indireta com a atividade por ele exercida.

### RETENÇÃO DE LIVROS E DOCUMENTOS

**Art. 35.** Os livros e documentos poderão ser examinados fora do estabelecimento do sujeito passivo, desde que lavrado termo escrito de retenção pela autoridade fiscal, em que se especifiquem a quantidade, espécie, natureza e condições dos livros e documentos retidos.

**§ 1º.** Constituindo os livros ou documentos prova da prática de ilícito penal ou tributário, os originais retidos não serão devolvidos, extraindo-se cópia para entrega ao interessado.

**§ 2º.** Excetuado o disposto no parágrafo anterior, devem ser devolvidos os originais dos documentos retidos para exame, mediante recibo.

### LACRAÇÃO DE ARQUIVOS

**Art. 36.** A autoridade fiscal encarregada de diligência ou fiscalização poderá promover a lacração de móveis, caixas, cofres ou depósitos onde se encontram arquivos e documentos, toda vez que ficar caracterizada a resistência ou o embaraço à fiscalização, ou ainda quando as circunstâncias ou a quantidade de documentos não permitirem sua identificação e conferência no local ou no momento em que foram encontrados.

**Parágrafo único.** O sujeito passivo e demais responsáveis serão previamente notificados para acompanharem o procedimento de rompimento do lacre e identificação dos elementos de interesse da fiscalização.

### GUARDA DE DOCUMENTOS

**Art. 37.** Os comprovantes da escrituração da pessoa jurídica, relativos a fatos que repercutam em lançamentos contábeis de exercícios futuros, serão conservados até que se opere a decadência do direito de a Fazenda Pública constituir os créditos tributários relativos a esses exercícios.

### ARQUIVOS MAGNÉTICOS

**Art. 38.** O sujeito passivo usuário de sistema de processamento de dados deverá manter documentação técnica completa e atualizada do sistema, suficiente para possibilitar a sua auditoria, facultada a manutenção em meio magnético, sem prejuízo da sua emissão gráfica, quando solicitada.

### EXTRAVIO DE LIVROS E DOCUMENTOS

**Art. 39.** Revogado pela Lei nº 9.532, de 1997.

## SEÇÃO IV
## OMISSÃO DE RECEITA

### FALTA DE ESCRITURAÇÃO DE PAGAMENTOS

**Art. 40.** A falta de escrituração de pagamentos efetuados pela pessoa jurídica, assim como a manutenção, no passivo, de obrigações cuja exigibilidade não seja comprovada, caracterizam, também, omissão de receita.

### LEVANTAMENTO QUANTITATIVO POR ESPÉCIE

**Art. 41.** A omissão de receita poderá, também, ser determinada a partir de levantamento por espécie das quantidades de matérias-primas e produtos intermediários utilizados no processo produtivo da pessoa jurídica.

**§ 1º.** Para os fins deste artigo, apurar-se-á a diferença, positiva ou negativa, entre a soma das quantidades de produtos em estoque no início do período com a quantidade de produtos fabricados com as matérias-primas e produtos intermediários utilizados e a soma das quantidades de produtos cuja venda houver sido registrada na escrituração contábil da empresa com as quantidades em estoque, no final do período de apuração, constantes do livro de Inventário.

**§ 2º.** Considera-se receita omitida, nesse caso, o valor resultante da multiplicação das diferenças de quantidades de produtos ou de matérias-primas e produtos intermediários pelos respectivos preços médios de venda ou de compra, conforme o caso, em cada período de apuração abrangido pelo levantamento.

**§ 3º.** Os critérios de apuração de receita omitida de que trata este artigo aplicam-se, também, às empresas comerciais, relativamente às mercadorias adquiridas para revenda.

### DEPÓSITOS BANCÁRIOS

**Art. 42.** Caracterizam-se também omissão de receita ou de rendimento os valores creditados em conta de depósito ou de investimento mantida junto a instituição financeira, em relação aos quais o titular, pessoa física ou jurídica, regularmente intimado, não comprove, mediante documentação hábil e idônea, a origem dos recursos utilizados nessas operações.

**§ 1º.** O valor das receitas ou dos rendimentos omitido será considerado auferido ou recebido no mês do crédito efetuado pela instituição financeira.

**§ 2º.** Os valores cuja origem houver sido comprovada, que não houverem sido computados na base de cálculo dos impostos e contribuições a que estiverem sujeitos, submeter-se-ão às normas de tributação específicas, previstas na legislação vigente à época em que auferidos ou recebidos.

**§ 3º.** Para efeito de determinação da receita omitida, os créditos serão analisados individualizadamente, observado que não serão considerados:

**I** – os decorrentes de transferências de outras contas da própria pessoa física ou jurídica;

**II** – no caso de pessoa física, sem prejuízo do disposto no inciso anterior, os de valor individual igual ou inferior a R$ 1.000,00 (mil reais), desde que o seu somatório, dentro do ano-calendário, não ultrapasse o valor de R$ 12.000,00 (doze mil reais).

**§ 4º.** Tratando-se de pessoa física, os rendimentos omitidos serão tributados no mês em que considerados recebidos, com base na tabela progressiva vigente à época em que tenha sido efetuado o crédito pela instituição financeira.

**§ 5º.** Quando provado que os valores creditados na conta de depósito ou de investimento pertencem a terceiro, evidenciando interposição de pessoa, a determinação dos rendimentos ou receitas será efetuada em relação ao terceiro, na condição de efetivo titular da conta de depósito ou de investimento. (Incluído pela Lei nº 10.637, de 2002)

**§ 6º.** Na hipótese de contas de depósito ou de investimento mantidas em conjunto, cuja declaração de rendimentos ou de informações dos titulares tenham sido apresentadas em separado, e não havendo comprovação da origem dos recursos nos termos deste artigo, o valor dos rendimentos ou receitas será imputado a cada titular mediante divisão entre o total dos rendimentos ou receitas pela quantidade de titulares. (Incluído pela Lei nº 10.637, de 2002)

## SEÇÃO V
## NORMAS SOBRE O LANÇAMENTO DE TRIBUTOS E CONTRIBUIÇÕES

### AUTO DE INFRAÇÃO SEM TRIBUTO

**Art. 43.** Poderá ser formalizada exigência de crédito tributário correspondente exclusivamente a multa ou a juros de mora, isolada ou conjuntamente.

- Lei nº 10.865, de 30-04-2004, art. 19, que dispõe sobre a Contribuição para os Programas de Integração Social e de Formação do Patrimônio do Servidor Público e a Contribuição para o Financiamento da Seguridade Social incidentes sobre a importação de bens e serviços.

**Parágrafo único.** Sobre o crédito constituído na forma deste artigo, não pago no respectivo vencimento, incidirão juros de mora, calculados à taxa a que se refere o § 3º do art. 5º, a partir do primeiro dia do mês subsequente ao vencimento do prazo até o mês anterior ao do pagamento e de um por cento no mês de pagamento.

## MULTAS DE LANÇAMENTO DE OFÍCIO

**Art. 44.** Nos casos de lançamento de ofício, serão aplicadas as seguintes multas: (Redação dada pela Lei nº 11.488, de 2007)

- Lei nº 10.865, de 30-04-2004, art. 19, que dispõe sobre a Contribuição para os Programas de Integração Social e de Formação do Patrimônio do Servidor Público e a Contribuição para o Financiamento da Seguridade Social incidentes sobre a importação de bens e serviços.

**I** – de 75% (setenta e cinco por cento) sobre a totalidade ou diferença de imposto ou contribuição nos casos de falta de pagamento ou recolhimento, de falta de declaração e nos de declaração inexata; (Redação dada pela Lei nº 11.488, de 2007)

- Lei nº 10.892, de 13-07-2004, art. 2º, que altera os arts. 8º e 16 da Lei nº 9.311, de 24 de outubro de 1996, que institui a Contribuição Provisória sobre Movimentação ou Transmissão de Valores e de Créditos e Direitos de Natureza Financeira – CPMF.

**II** – de 50% (cinquenta por cento), exigida isoladamente, sobre o valor do pagamento mensal: (Redação dada pela Lei nº 11.488, de 2007)

*a)* na forma do art. 8º da Lei nº 7.713, de 22 de dezembro de 1988, que deixar de ser efetuado, ainda que não tenha sido apurado imposto a pagar na declaração de ajuste, no caso de pessoa física; (Incluída pela Lei nº 11.488, de 2007)

*b)* na forma do art. 2º desta Lei, que deixar de ser efetuado, ainda que tenha sido apurado prejuízo fiscal ou base de cálculo negativa para a contribuição social sobre o lucro líquido, no ano-calendário correspondente, no caso de pessoa jurídica. (Incluída pela Lei nº 11.488, de 2007)

**§ 1º** O percentual de multa de que trata o inciso I do *caput* deste artigo será majorado nos casos previstos nos arts. 71, 72 e 73 da Lei nº 4.502, de 30 de novembro de 1964, independentemente de outras penalidades administrativas ou criminais cabíveis, e passará a ser de: *(Redação dada pela Lei 14.689/2023)*

**I a IV** – Revogados pela Lei nº 11.488, de 2007.

**V** – Revogado pela Lei nº 9.716, de 26 de novembro de 1998. (Redação dada pela Lei nº 11.488, de 2007)

**VI** - 100% (cem por cento) sobre a totalidade ou a diferença de imposto ou de contribuição objeto do lançamento de ofício; *(Acrescido pela Lei 14.689/2023)*

**VII** - 150% (cento e cinquenta por cento) sobre a totalidade ou a diferença de imposto ou de contribuição objeto do lançamento de ofício, nos casos em que verificada a reincidência do sujeito passivo. *(Acrescido pela Lei 14.689/2023)*

**§ 1º-A**. Verifica-se a reincidência prevista no inciso VII do § 1º deste artigo quando, no prazo de 2 (dois) anos, contado do ato de lançamento em que tiver sido imputada a ação ou omissão tipificada nos arts. 71, 72 e 73 da Lei nº 4.502, de 30 de novembro de 1964, ficar comprovado que o sujeito passivo incorreu novamente em qualquer uma dessas ações ou omissões. *(Acrescido pela Lei 14.689/2023)*

**§ 1º-B**. *(Vetado na Lei 14.689/2023)*

**§ 1º-C**. A qualificação da multa prevista no § 1º deste artigo não se aplica quando: *(Acrescido pela Lei 14.689/2023)*

**I** - não restar configurada, individualizada e comprovada a conduta dolosa a que se referem os arts. 71, 72 e 73 da Lei nº 4.502, de 30 de novembro de 1964;

**II** - houver sentença penal de absolvição com apreciação de mérito em processo do qual decorra imputação criminal do sujeito passivo; e

**III** - *(Vetado na Lei 14.689/2023)*

**§ 1º-D**. *(Vetado na Lei 14.689/2023)*

**§ 2º**. Os percentuais de multa a que se referem o inciso I do *caput* e o § 1º deste artigo serão aumentados de metade, nos casos de não atendimento pelo sujeito passivo, no prazo marcado, de intimação para: (Redação dada pela Lei nº 11.488, de 2007)

**I** – prestar esclarecimentos; (Renumerado da alínea "a", pela Lei nº 11.488, de 2007)

**II** – apresentar os arquivos ou sistemas de que tratam os arts. 11 a 13 da Lei nº 8.218, de 29 de agosto de 1991; (Renumerado da alínea "b", com nova redação pela Lei nº 11.488, de 2007)

**III** – apresentar a documentação técnica de que trata o art. 38 desta Lei. (Renumerado da alínea "c", com nova redação pela Lei nº 11.488, de 2007)

**§ 3º**. Aplicam-se às multas de que trata este artigo as reduções previstas no art. 6º da Lei nº 8.218, de 29 de agosto de 1991, e no art. 60 da Lei nº 8.383, de 30 de dezembro de 1991.

**§ 4º**. As disposições deste artigo aplicam-se, inclusive, aos contribuintes que derem causa a ressarcimento indevido de tributo ou contribuição decorrente de qualquer incentivo ou benefício fiscal.

**§ 5º**. Aplica-se também, no caso de que seja comprovadamente constatado dolo ou má-fé do contribuinte, a multa de que trata o inciso I do *caput* sobre: (Incluído pela Lei nº 12.249, de 2010)

**I** – a parcela do imposto a restituir informado pelo contribuinte pessoa física, na Declaração de Ajuste Anual, que deixar de ser restituída por infração à legislação tributária; e (Incluído pela Lei nº 12.249, de 2010)

**II** – Vetado. (Incluído pela Lei nº 12.249, de 2010)

**§§ 6º e 7º** *(Vetados na Lei 14.689/2023)*

**Arts. 45 a 46.** Revogados pela Lei nº 11.488, de 2007.

## SEÇÃO VI
## APLICAÇÃO DE ACRÉSCIMOS DE PROCEDIMENTO ESPONTÂNEO

**Art. 47.** A pessoa física ou jurídica submetida a ação fiscal por parte da Secretaria da Receita Federal poderá pagar, até o vigésimo dia subsequente à data de recebimento do termo de início de fiscalização, os tributos e contribuições já declarados, de que for sujeito passivo como contribuinte ou responsável, com os acréscimos legais aplicáveis nos casos de procedimento espontâneo. (Redação dada pela Lei nº 9.532, de 1997)

## CAPÍTULO V
## DISPOSIÇÕES GERAIS

### SEÇÃO I
### PROCESSO ADMINISTRATIVO DE CONSULTA

**Art. 48.** No âmbito da Secretaria da Receita Federal, os processos administrativos de consulta serão solucionados em instância única.

**§ 1º.** A competência para solucionar a consulta ou declarar sua ineficácia, na forma disciplinada pela Secretaria da Receita Federal do Brasil, poderá ser atribuída: (Redação dada pela Lei nº 12.788, de 2013)

**I** - a unidade central; ou (Redação dada pela Lei nº 12.788, de 2013)

**II** - a unidade descentralizada. (Redação dada pela Lei nº 12.788, de 2013)

**§ 2º.** Os atos normativos expedidos pelas autoridades competentes serão observados quando da solução da consulta.

**§ 3º.** Não cabe recurso nem pedido de reconsideração da solução da consulta ou do despacho que declarar sua ineficácia.

**§ 4º.** As soluções das consultas serão publicadas pela imprensa oficial, na forma disposta em ato normativo emitido pela Secretaria da Receita Federal.

**§ 5º.** Havendo diferença de conclusões entre soluções de consultas relativas a uma mesma matéria, fundada em idêntica norma jurídica, cabe recurso especial, sem efeito suspensivo, para o órgão de que trata o inciso I do § 1º.

**§ 6º.** O recurso de que trata o parágrafo anterior pode ser interposto pelo destinatário da solução divergente, no prazo de trinta dias, contados da ciência da solução.

**§ 7º.** Cabe a quem interpuser o recurso comprovar a existência das soluções divergentes sobre idênticas situações.

**§ 8º.** O juízo de admissibilidade do recurso será realizado na forma disciplinada pela Secretaria da Receita Federal do Brasil. (Redação dada pela Lei nº 12.788, de 2013)

**§ 9º.** Qualquer servidor da administração tributária deverá, a qualquer tempo, formular representação ao órgão que houver proferido a decisão, encaminhando as soluções divergentes sobre a mesma matéria, de que tenha conhecimento.

**§ 10.** O sujeito passivo que tiver conhecimento de solução divergente daquela que esteja observando em decorrência de resposta a consulta anteriormente formulada, sobre idêntica matéria, poderá adotar o procedimento previsto no § 5º, no prazo de trinta dias contados da respectiva publicação.

**§ 11.** A solução da divergência acarretará, em qualquer hipótese, a edição de ato específico, uniformizando o entendimento, com imediata ciência ao destinatário da solução reformada, aplicando-se seus efeitos a partir da data da ciência.

**§ 12.** Se, após a resposta à consulta, a administração alterar o entendimento nela expresso, a nova orientação atingirá, apenas, os fatos geradores que ocorram após dado ciência ao consulente ou após a sua publicação pela imprensa oficial.

**§ 13.** A partir de 1º de janeiro de 1997, cessarão todos os efeitos decorrentes de consultas não solucionadas definitivamente, ficando assegurado aos consulentes, até 31 de janeiro de 1997:

**I** - a não instauração de procedimento de fiscalização em relação à matéria consultada;

**II** - a renovação da consulta anteriormente formulada, à qual serão aplicadas as normas previstas nesta Lei.

**§ 14.** A consulta poderá ser formulada por meio eletrônico, na forma disciplinada pela Secretaria da Receita Federal do Brasil. (Incluído pela Lei nº 12.788, de 2013)

**§ 15.** O Poder Executivo regulamentará prazo para solução das consultas de que trata este artigo. (Incluído pela Lei nº 12.788, de 2013)

**Art. 49.** Não se aplicam aos processos de consulta no âmbito da Secretaria da Receita Federal as disposições dos arts. 54 a 58 do Decreto nº 70.235, de 6 de março de 1972.

**Art. 50.** Aplicam-se aos processos de consulta relativos à classificação de mercadorias as disposições dos arts. 46 a 53 do Decreto nº 70.235, de 6 de março de 1972 e do art. 48 desta Lei.

**§ 1º.** O órgão de que trata o inciso I do § 1º do art. 48 poderá alterar ou reformar, de ofício, as decisões proferidas nos processos relativos à classificação de mercadorias.

**§ 2º.** Da alteração ou reforma mencionada no parágrafo anterior, deverá ser dada ciência ao consulente.

**§ 3º.** Em relação aos atos praticados até a data da ciência ao consulente, nos casos de que trata o § 1º deste artigo, aplicam-se as conclusões da decisão proferida pelo órgão regional da Secretaria da Receita Federal.

**§ 4º.** O envio de conclusões decorrentes de decisões proferidas em processos de consulta sobre classificação de mercadorias, para órgãos do Mercado Comum do Sul - MERCOSUL, será efetuado exclusivamente pelo órgão de que trata o inciso I do § 1º do art. 48.

## SEÇÃO II
## NORMAS SOBRE O LUCRO PRESUMIDO E ARBITRADO

**Art. 51.** Os juros de que trata o art. 9º da Lei nº 9.249, de 26 de dezembro de 1995, bem como os rendimentos e ganhos líquidos decorrentes de quaisquer operações financeiras, serão adicionados ao lucro presumido ou arbitrado, para efeito de determinação do imposto de renda devido.

**Parágrafo único.** O imposto de renda incidente na fonte sobre os rendimentos de que trata este artigo será considerado como antecipação do devido na declaração de rendimentos.

**Art. 52.** Na apuração de ganho de capital de pessoa jurídica tributada pelo lucro presumido ou arbitrado, os valores acrescidos em virtude de reavaliação somente poderão ser computados como parte integrante dos custos de aquisição dos bens e direitos se a empresa comprovar que os valores acrescidos foram computados na determinação da base de cálculo do imposto de renda.

**Art. 53.** Os valores recuperados, correspondentes a custos e despesas, inclusive com perdas no recebimento de créditos, deverão ser adicionados ao lucro presumido ou arbitrado para determinação do imposto de renda, salvo se o contribuinte comprovar não os ter deduzido em período anterior no qual tenha se submetido ao regime de tributação com base no lucro real ou que se refiram a período no qual tenha se submetido ao regime de tributação com base no lucro presumido ou arbitrado.

**Art. 54.** A pessoa jurídica que, até o ano-calendário anterior, houver sido tributada com base no lucro real deverá adicionar à base de cálculo do imposto de renda, correspondente ao primeiro período de apuração no qual houver optado pela tributação com base no lucro presumido ou for tributada com base no lucro arbitrado, os saldos dos valores cuja tributação havia diferido, independentemente da necessidade de controle no livro de que trata o inciso I do *caput* do art. 8º do Decreto-Lei nº 1.598, de 26 de dezembro de 1977. (Redação dada pela Lei nº 12.973, de 2014)

## SEÇÃO III
## NORMAS APLICÁVEIS A ATIVIDADES ESPECIAIS

### SOCIEDADES CIVIS

**Art. 55.** As sociedades civis de prestação de serviços profissionais relativos ao exercício de profissão legalmente regulamentada de que trata o art. 1º do Decreto-lei nº 2.397, de 21 de dezembro de 1987, passam, em relação aos resultados auferidos a partir de 1º de janeiro de 1997, a ser tributadas pelo imposto de renda de conformidade com as normas aplicáveis às demais pessoas jurídicas.

- Esta Lei: art. 28.

**Art. 56.** As sociedades civis de prestação de serviços de profissão legalmente regulamentada passam a contribuir para a seguridade social com base na receita bruta da prestação de serviços, observadas as normas da Lei Complementar nº 70, de 30 de dezembro de 1991.

**Parágrafo único.** Para efeito da incidência da contribuição de que trata este artigo, serão consideradas as receitas auferidas a partir do mês de abril de 1997.

**Art. 56-A.** A entidade privada de abrangência nacional e sem fins lucrativos, constituída pelo conjunto das cooperativas de crédito e dos bancos cooperativos, na forma da legislação e regulamentação próprias, destinada a administrar mecanismo de proteção a titulares de créditos contra essas instituições e a contribuir para a manutenção da estabilidade e a prevenção de insolvência e de outros riscos dessas instituições, é isenta do imposto de renda, inclusive do incidente sobre ganhos líquidos mensais e do retido na fonte sobre os rendimentos de aplicação financeira de renda fixa e de renda variável, bem como da contribuição social sobre o lucro líquido. (Incluído pela Lei nº 12.873, de 2013)

**§ 1º.** Para efeito de gozo da isenção, a referida entidade deverá ter seu estatuto e seu regulamento aprovados pelo Conselho Monetário Nacional. (Incluído pela Lei nº 12.873, de 2013)

**§ 2º.** Ficam autorizadas as transferências, para a entidade mencionada no *caput*, de recursos oriundos de recolhimentos realizados pelas cooperativas de crédito e bancos cooperativos, de forma direta ou indireta, ao Fundo Garantidor de Crédito de que trata o art. 4º da Lei nº 9.710, de 19 de novembro de 1998. (Incluído pela Lei nº 12.873, de 2013)

**§ 3º.** As transferências dos recursos de que trata o § 2º não serão tributadas, nos termos deste artigo. (Incluído pela Lei nº 12.873, de 2013)

**§ 4º.** Em caso de dissolução, por qualquer motivo, da entidade de que trata o *caput*, os recursos eventualmente devolvidos às associadas estarão sujeitos à tributação na instituição recebedora, na forma da legislação vigente. (Incluído pela Lei nº 12.873, de 2013)

**§ 5º.** O disposto neste artigo entra em vigor no dia seguinte ao da aprovação pelo Conselho Monetário Nacional do estatuto e do regulamento da entidade de que trata o *caput*. (Incluído pela Lei nº 12.873, de 2013)

### ASSOCIAÇÕES DE POUPANÇA E EMPRÉSTIMO

**Art. 57.** As Associações de Poupança e Empréstimo pagarão o imposto de renda correspondente aos rendimentos e ganhos líquidos, auferidos em aplicações financeiras, à alíquota de quinze por cento, calculado sobre vinte e oito por cento do valor dos referidos rendimentos e ganhos líquidos.

**Parágrafo único.** O imposto incidente na forma deste artigo será considerado tributação definitiva.

### EMPRESAS DE FACTORING

**Art. 58.** Fica incluído no art. 36 da Lei nº 8.981, de 20 de janeiro de 1995, com as alterações da Lei nº 9.065, de 20 de junho de 1995, o seguinte inciso XV:

- Alterações incorporadas ao texto da referida Lei.

### ATIVIDADE FLORESTAL

**Art. 59.** Considera-se, também, como atividade rural o cultivo de florestas que se destinem ao corte para comercialização, consumo ou industrialização.

### LIQUIDAÇÃO EXTRAJUDICIAL E FALÊNCIA

**Art. 60.** As entidades submetidas aos regimes de liquidação extrajudicial e de falência sujeitam-se às normas de incidência dos impostos e contribuições de competência da União aplicáveis às pessoas jurídicas, em relação às operações praticadas durante o período em que perdurarem os procedimentos para a realização de seu ativo e o pagamento do passivo.

- Lei nº 11.101, de 09-02-2005, dispõe sobre recuperação e falência de empresas.

## SEÇÃO IV
## ACRÉSCIMOS MORATÓRIOS

### MULTAS E JUROS

**Art. 61.** Os débitos para com a União, decorrentes de tributos e contribuições administrados pela Secretaria da Receita Federal, cujos fatos geradores ocorrerem a partir de 1º de janeiro de 1997, não pagos nos prazos previstos na legislação específica, serão acrescidos de multa de mora, calculada à taxa de trinta e três centésimos por cento, por dia de atraso.

- Lei nº 9.532, de 10-12-1997, art. 49, § 5º, b, que altera a legislação tributária federal.

**§ 1º.** A multa de que trata este artigo será calculada a partir do primeiro dia subsequente ao do vencimento do prazo previsto para o pagamento do tributo ou da contribuição até o dia em que ocorrer o seu pagamento.

**§ 2º.** O percentual de multa a ser aplicado fica limitado a vinte por cento.

**§ 3º.** Sobre os débitos a que se refere este artigo incidirão juros de mora calculados à taxa a que se refere o § 3º do art. 5º, a partir do primeiro dia do mês subsequente ao vencimento do prazo até o mês anterior ao do pagamento e de um por cento no mês de pagamento.

### PAGAMENTO EM QUOTAS-JUROS

**Art. 62.** Os juros a que se referem o inciso III do art. 14 e o art. 16, ambos da Lei nº 9.250, de 26 de dezembro de 1995, serão calculados à taxa a que se refere o § 3º do art. 5º, a partir do primeiro dia do mês subsequente ao previsto para a entrega tempestiva da declaração de rendimentos.

**Parágrafo único.** As quotas do imposto sobre a propriedade territorial rural a que se refere a alínea "c" do parágrafo único do art. 14 da Lei nº 8.847, de 28 de janeiro de 1994, serão acrescidas de juros calculados à taxa a que se refere o § 3º do art. 5º, a partir do primeiro dia do mês subsequente àquele em que o contribuinte for notificado até o último dia do mês anterior ao do pagamento e de um por cento no mês do pagamento.

### DÉBITOS COM EXIGIBILIDADE SUSPENSA

**Art. 63.** Na constituição de crédito tributário destinada a prevenir a decadência, relativo a tributo de competência da União, cuja exigibilidade houver sido suspensa na forma dos incisos IV e V do art. 151 da Lei nº 5.172, de 25 de outubro de 1966, não caberá lançamento de multa de ofício. (Redação dada pela Medida Provisória nº 2.158-35, de 2001)

**§ 1º.** O disposto neste artigo aplica-se, exclusivamente, aos casos em que a suspensão da exigibilidade do débito tenha ocorrido antes do início de qualquer procedimento de ofício a ele relativo.

**§ 2º.** A interposição da ação judicial favorecida com a medida liminar interrompe a incidência da multa de mora, desde a concessão da medida judicial, até 30 dias após a data da publicação da decisão judicial que considerar devido o tributo ou contribuição.

## SEÇÃO V
## ARRECADAÇÃO DE TRIBUTOS E CONTRIBUIÇÕES

### RETENÇÃO DE TRIBUTOS E CONTRIBUIÇÕES

**Art. 64.** Os pagamentos efetuados por órgãos, autarquias e fundações da administração pública federal a pessoas jurídicas, pelo fornecimento de bens ou prestação de serviços, estão sujeitos à incidência, na fonte, do imposto sobre a renda, da contribuição social sobre o lucro líquido, da contribuição para seguridade social – COFINS e da contribuição para o PIS/PASEP.

**§ 1º.** A obrigação pela retenção é do órgão ou entidade que efetuar o pagamento.

**§ 2º.** O valor retido, correspondente a cada tributo ou contribuição, será levado a crédito da respectiva conta de receita da União.

**§ 3º.** O valor do imposto e das contribuições sociais retido será considerado como antecipação do que for devido pelo contribuinte em relação ao mesmo imposto e às mesmas contribuições.

**§ 4º.** O valor retido correspondente ao imposto de renda e a cada contribuição social somente poderá ser compensado com o que for devido em relação à mesma espécie de imposto ou contribuição.

**§ 5º.** O imposto de renda a ser retido será determinado mediante a aplicação da alíquota de quinze por cento sobre o resultado da multiplicação do valor a ser pago pelo percentual de que trata o art. 15 da Lei nº 9.249, de 26 de dezembro de 1995, aplicável à espécie de receita correspondente ao tipo de bem fornecido ou de serviço prestado.

**§ 6º.** O valor da contribuição social sobre o lucro líquido, a ser retido, será determinado mediante a aplicação da alíquota de um por cento, sobre o montante a ser pago.

**§ 7º.** O valor da contribuição para a seguridade social - COFINS, a ser retido, será determinado mediante a aplicação da alíquota respectiva sobre o montante a ser pago.

**§ 8º.** O valor da contribuição para o PIS/PASEP, a ser retido, será determinado mediante a aplicação da alíquota respectiva sobre o montante a ser pago.

**§ 9º.** Até 31 de dezembro de 2017, fica dispensada a retenção dos tributos na fonte de que trata o *caput* sobre os pagamentos efetuados por órgãos ou entidades da administração pública federal, mediante a utilização do Cartão de Pagamento do Governo Federal - CPGF, no caso de compra de passagens aéreas diretamente das companhias aéreas prestadoras de serviços de transporte aéreo. (Incluído pela Lei nº 13.043, de 2014)

**Art. 65.** O Banco do Brasil S.A. deverá reter, no ato do pagamento ou crédito, a contribuição para o PIS/PASEP incidente nas transferências voluntárias da União para suas autarquias e fundações e para os Estados, Distrito Federal e Municípios, suas autarquias e fundações.

**Art. 66.** As cooperativas que se dedicam a vendas em comum, referidas no art. 82 da Lei nº 5.764, de 16 de dezembro de 1971, que recebam para comercialização a produção de suas associadas, são responsáveis pelo recolhimento da Contribuição para Financiamento da Seguridade Social - COFINS, instituída pela Lei Complementar nº 70, de 30 de dezembro de 1991 e da Contribuição para o Programa de Integração Social - PIS, criada pela Lei Complementar nº 7, de 7 de setembro de 1970, com suas posteriores modificações.

**§ 1º.** O valor das contribuições recolhidas pelas cooperativas mencionadas no *caput* deste artigo, deverá ser por elas informado, individualizadamente, às suas filiadas, juntamente com o montante do faturamento relativo às vendas dos produtos de cada uma delas, com vistas a atender aos procedimentos contábeis exigidos pela legislação.

**§ 2º.** O disposto neste artigo aplica-se a procedimento idêntico que, eventualmente, tenha sido anteriormente adotado pelas cooperativas centralizadoras de vendas, inclusive quanto ao recolhimento da Contribuição para o Fundo de Investimento Social - FINSOCIAL, criada pelo Decreto-lei nº 1.940, de 25 de maio de 1982, com suas posteriores modificações.

**§ 3º.** A Secretaria da Receita Federal poderá baixar as normas necessárias ao cumprimento e controle das disposições contidas neste artigo.

### DISPENSA DE RETENÇÃO DE IMPOSTO DE RENDA

**Art. 67.** Fica dispensada a retenção de imposto de renda, de valor igual ou inferior a R$ 10,00 (dez reais), incidente na fonte sobre rendimentos que devam integrar a base de cálculo do imposto devido na declaração de ajuste anual.

### UTILIZAÇÃO DE DARF

**Art. 68.** É vedada a utilização de Documento de Arrecadação de Receitas Federais para o pagamento de tributos e contribuições de valor inferior a R$ 10,00 (dez reais).

**§ 1º.** O imposto ou contribuição administrado pela Secretaria da Receita Federal, arrecadado sob um determinado código de receita, que, no período de apuração, resultar inferior a R$ 10,00 (dez reais), deverá ser adicionado ao imposto ou contribuição de mesmo código, correspondente aos períodos subsequentes, até que o total seja igual ou superior a R$ 10,00 (dez reais), quando, então, será pago ou recolhido no prazo estabelecido na legislação para este último período de apuração.

**§ 2º.** O critério a que se refere o parágrafo anterior aplica-se, também, ao imposto sobre operações de crédito, câmbio e seguro e sobre operações relativas a títulos e valores mobiliários - IOF.

**Art. 68-A.** O Poder Executivo poderá elevar para até R$ 100,00 (cem reais) os limites e valores de que tratam os arts. 67 e 68 desta Lei, inclusive de forma diferenciada por tributo, regime de tributação ou de incidência, relativos à utilização do Documento de Arrecadação de Receitas Federais, podendo reduzir ou restabelecer os limites e valores que vier a fixar. (Incluído pela Lei nº 11.941, de 2009)

### IMPOSTO RETIDO NA FONTE – RESPONSABILIDADE

**Art. 69.** É responsável pela retenção e recolhimento do imposto de renda na fonte, incidente sobre os rendimentos auferidos pelos fundos, sociedades de investimentos e carteiras de que trata o art. 81 da Lei nº 8.981, de 20 de janeiro de 1995, a pessoa jurídica que efetuar o pagamento dos rendimentos.

## SEÇÃO VI
## CASOS ESPECIAIS DE TRIBUTAÇÃO

### MULTAS POR RESCISÃO DE CONTRATO

**Art. 70.** A multa ou qualquer outra vantagem paga ou creditada por pessoa jurídica, ainda que a título de indenização, a beneficiária pessoa física ou jurídica, inclusive isenta, em virtude de rescisão de contrato, sujeitam-se à incidência do imposto de renda na fonte à alíquota de quinze por cento.

- Lei nº 11.196, de 21-11-2005, art. 132, IV, b, que institui o Regime Especial de Tributação para a Plataforma de Exportação de Serviços de Tecnologia da Informação – REPES, o Regime Especial de Aquisição de Bens de Capital para Empresas Exportadoras – RECAP e o Programa de Inclusão Digital; dispõe sobre incentivos fiscais para a inovação tecnológica.

**§ 1º.** A responsabilidade pela retenção e recolhimento do imposto de renda é da pessoa jurídica que efetuar o pagamento ou crédito da multa ou vantagem.

**§ 2º.** O imposto será retido na data do pagamento ou crédito da multa ou vantagem. (Redação dada pela Lei nº 11.196, de 2005)

**§ 3º.** O valor da multa ou vantagem será:

**I** – computado na apuração da base de cálculo do imposto devido na declaração de ajuste anual da pessoa física;

**II** – computado como receita, na determinação do lucro real;

**III** – acrescido ao lucro presumido ou arbitrado, para determinação da base de cálculo do imposto devido pela pessoa jurídica.

**§ 4º.** O imposto retido na fonte, na forma deste artigo, será considerado como antecipação do devido em cada período de apuração, nas hipóteses referidas no parágrafo anterior, ou como tributação definitiva, no caso de pessoa jurídica isenta.

**§ 5º.** O disposto neste artigo não se aplica às indenizações pagas ou creditadas em conformidade com a legislação trabalhista e àquelas destinadas a reparar danos patrimoniais.

## GANHOS EM MERCADO DE BALCÃO

**Art. 71.** Sem prejuízo do disposto no art. 74 da Lei nº 8.981, de 20 de janeiro de 1995, os ganhos auferidos por qualquer beneficiário, inclusive pessoa jurídica isenta, nas demais operações realizadas em mercados de liquidação futura, fora de bolsa, serão tributados de acordo com as normas aplicáveis aos ganhos líquidos auferidos em operações de natureza semelhante realizadas em bolsa.

- Esta Lei: art. 28.

**§ 1º.** Não se aplica aos ganhos auferidos nas operações de que trata este artigo o disposto no § 1º do art. 81 da Lei nº 8.981, de 20 de janeiro de 1995.

**§ 2º.** Somente será admitido o reconhecimento de perdas nas operações registradas nos termos da legislação vigente. (Redação dada pela Lei nº 10.833, de 2003)

## REMUNERAÇÃO DE DIREITOS

**Art. 72.** Estão sujeitas à incidência do imposto na fonte, à alíquota de quinze por cento, as importâncias pagas, creditadas, entregues, empregadas ou remetidas para o exterior pela aquisição ou pela remuneração, a qualquer título, de qualquer forma de direito, inclusive à transmissão, por meio de rádio ou televisão ou por qualquer outro meio, de quaisquer filmes ou eventos, mesmo os de competições desportivas das quais faça parte representação brasileira.

## SEÇÃO VII
## RESTITUIÇÃO E COMPENSAÇÃO DE TRIBUTOS E CONTRIBUIÇÕES

**Art. 73.** A restituição e o ressarcimento de tributos administrados pela Secretaria da Receita Federal do Brasil ou a restituição de pagamentos efetuados mediante DARF e GPS cuja receita não seja administrada pela Secretaria da Receita Federal do Brasil será efetuada depois de verificada a ausência de débitos em nome do sujeito passivo credor perante a Fazenda Nacional. (Redação dada pela Lei nº 12.844, de 2013)

**I a II** – Revogados pela Lei nº 12.844, de 2013.

**Parágrafo único.** Existindo débitos, não parcelados ou parcelados sem garantia, inclusive inscritos em Dívida Ativa da União, os créditos serão utilizados para quitação desses débitos, observado o seguinte: (Incluído pela Lei nº 12.844, de 2013)

**I** – o valor bruto da restituição ou do ressarcimento será debitado à conta do tributo a que se referir; (Incluído pela Lei nº 12.844, de 2013)

**II** – a parcela utilizada para a quitação de débitos do contribuinte ou responsável será creditada à conta do respectivo tributo. (Incluído pela Lei nº 12.844, de 2013)

**Art. 74.** O sujeito passivo que apurar crédito, inclusive os judiciais com trânsito em julgado, relativo a tributo ou contribuição administrado pela Secretaria da Receita Federal, passível de restituição ou de ressarcimento, poderá utilizá-lo na compensação de débitos próprios relativos a quaisquer tributos e contribuições administrados por aquele Órgão. (Redação dada pela Lei nº 10.637, de 2002)

- Súmula nº 464 do STJ.

**§ 1º.** A compensação de que trata o *caput* será efetuada mediante a entrega, pelo sujeito passivo, de declaração na qual constarão informações relativas aos créditos utilizados e aos respectivos débitos compensados. (Incluído pela Lei nº 10.637, de 2002)

**§ 2º.** A compensação declarada à Secretaria da Receita Federal extingue o crédito tributário, sob condição resolutória de sua ulterior homologação. (Incluído pela Lei nº 10.637, de 2002)

**§ 3º.** Além das hipóteses previstas nas leis específicas de cada tributo ou contribuição, não poderão ser objeto de compensação mediante entrega, pelo sujeito passivo, da declaração referida no § 1º: (Redação dada pela Lei nº 10.833, de 2003)

**I** – o saldo a restituir apurado na Declaração de Ajuste Anual do Imposto de Renda da Pessoa Física; (Incluído pela Lei nº 10.637, de 2002)

**II** – os débitos relativos a tributos e contribuições devidos no registro da Declaração de Importação. (Incluído pela Lei nº 10.637, de 2002)

**III** – os débitos relativos a tributos e contribuições administrados pela Secretaria da Receita Federal que já tenham sido encaminhados à Procuradoria-Geral da Fazenda Nacional para inscrição em Dívida Ativa da União; (Incluído pela Lei nº 10.833, de 2003)

**IV** – o débito consolidado em qualquer modalidade de parcelamento concedido pela Secretaria da Receita Federal – SRF; (Redação dada pela Lei nº 11.051, de 2004)

**V** - o débito que já tenha sido objeto de compensação não homologada, ainda que a compensação se encontre pendente de decisão definitiva na esfera administrativa; *(Redação dada pela Lei 13.670/2018)*

**VI** - o valor objeto de pedido de restituição ou de ressarcimento já indeferido pela autoridade competente da Secretaria da Receita Federal do Brasil, ainda que o pedido se encontre pendente de decisão definitiva na esfera administrativa; *(Redação dada pela Lei 13.670/2018)*

**VII** - o crédito objeto de pedido de restituição ou ressarcimento e o crédito informado em declaração de compensação cuja confirmação de liquidez e certeza esteja sob procedimento fiscal; *(Redação dada pela Lei 13.670/2018)*

**VIII** - os valores de quotas de salário-família e salário-maternidade; e *(Redação dada pela Lei 13.670/2018)*

**IX** - os débitos relativos ao recolhimento mensal por estimativa do Imposto sobre a Renda das Pessoas Jurídicas (IRPJ) e da Contribuição Social sobre o Lucro Líquido (CSLL) apurados na forma do art. 2º desta Lei. *(Redação dada pela Lei 13.670/2018)*

**X** - o valor do crédito utilizado na compensação que superar o limite mensal de que trata o art. 74-A desta Lei. *(Acrescido pela Lei 14.873/2024)*

**§ 4º.** Os pedidos de compensação pendentes de apreciação pela autoridade administrativa serão considerados declaração de compensação, desde o seu protocolo, para os efeitos previstos neste artigo. (Incluído pela Lei nº 10.637, de 2002)

**§ 5º.** O prazo para homologação da compensação declarada pelo sujeito passivo será de 5 (cinco) anos, contado da data da entrega da declaração de compensação. (Redação dada pela Lei nº 10.833, de 2003)

**§ 6º.** A declaração de compensação constitui confissão de dívida e instrumento hábil e suficiente para a exigência dos débitos indevidamente compensados. (Incluído pela Lei nº 10.833, de 2003)

**§ 7º.** Não homologada a compensação, a autoridade administrativa deverá cientificar o sujeito passivo e intimá-lo a efetuar, no prazo de 30 (trinta) dias, contado da ciência do ato que não a homologou, o pagamento dos débitos indevidamente compensados. (Incluído pela Lei nº 10.833, de 2003)

**§ 8º.** Não efetuado o pagamento no prazo previsto no § 7º, o débito será encaminhado à Procuradoria-Geral da Fazenda Nacional para inscrição em Dívida Ativa da União, ressalvado o disposto no § 9º. (Incluído pela Lei nº 10.833, de 2003)

**§ 9º.** É facultado ao sujeito passivo, no prazo referido no § 7º, apresentar manifestação de inconformidade contra a não-homologação da compensação. (Incluído pela Lei nº 10.833, de 2003)

**§ 10.** Da decisão que julgar improcedente a manifestação de inconformidade caberá recurso ao Conselho de Contribuintes. (Incluído pela Lei nº 10.833, de 2003)

**§ 11.** A manifestação de inconformidade e o recurso de que tratam os §§ 9º e 10 obedecerão ao rito processual do Decreto nº 70.235, de 6 de março de 1972, e enquadram-se no disposto no inciso III do art. 151 da Lei nº 5.172, de 25 de outubro de 1966 – Código Tributário Nacional, relativamente ao débito objeto da compensação. (Incluído pela Lei nº 10.833, de 2003)

**§ 12.** Será considerada não declarada a compensação nas hipóteses: (Redação dada pela Lei nº 11.051, de 2004)

**I** – previstas no § 3º deste artigo; (Incluído pela Lei nº 11.051, de 2004)

**II** – em que o crédito: (Incluído pela Lei nº 11.051, de 2004)

*a)* seja de terceiros; (Incluída pela Lei nº 11.051, de 2004)

*b)* refira-se a "crédito-prêmio" instituído pelo art. 1º do Decreto-Lei nº 491, de 5 de março de 1969; (Incluída pela Lei nº 11.051, de 2004)

*c)* refira-se a título público; (Incluída pela Lei nº 11.051, de 2004)

*d)* seja decorrente de decisão judicial não transitada em julgado; ou (Incluída pela Lei nº 11.051, de 2004)

*e)* não se refira a tributos e contribuições administrados pela Secretaria da Receita Federal – SRF. (Incluída pela Lei nº 11.051, de 2004)

*f)* tiver como fundamento a alegação de inconstitucionalidade de lei, exceto nos casos em que a lei: (Redação dada pela Lei nº 11.941, de 2009)

1 – tenha sido declarada inconstitucional pelo Supremo Tribunal Federal em ação direta de inconstitucionalidade ou em ação declaratória de constitucionalidade; (Incluído pela Lei nº 11.941, de 2009)

2 – tenha tido sua execução suspensa pelo Senado Federal; (Incluído pela Lei nº 11.941, de 2009)

3 – tenha sido julgada inconstitucional em sentença judicial transitada em julgado a favor do contribuinte; ou (Incluído pela Lei nº 11.941, de 2009)

4 – seja objeto de súmula vinculante aprovada pelo Supremo Tribunal Federal nos termos do art. 103-A da Constituição Federal. (Incluído pela Lei nº 11.941, de 2009)

**§ 13.** O disposto nos §§ 2º e 5º a 11 deste artigo não se aplica às hipóteses previstas no § 12 deste artigo. (Incluído pela Lei nº 11.051, de 2004)

**§ 14.** A Secretaria da Receita Federal – SRF disciplinará o disposto neste artigo, inclusive quanto à fixação de critérios de prioridade para apreciação de processos de restituição, de ressarcimento e de compensação. (Incluído pela Lei nº 11.051, de 2004)

**§ 15.** (Revogado pela Lei nº 13.137, de 2015)

**§ 16.** (Revogado pela Lei nº 13.137, de 2015)

**§ 17.** Será aplicada multa isolada de 50% (cinquenta por cento) sobre o valor do débito objeto de declaração de compensação não homologada, salvo no caso de falsidade da declaração apresentada pelo sujeito passivo. (Redação dada pela Lei nº 13.097, de 2015)

- O STF declarou a inconstitucionalidade do § 17 do art. 74 da Lei nº 9.430/96. É inconstitucional – por violar o direito fundamental de petição e o princípio da proporcionalidade – a aplicação de multa isolada pela mera não homologação de declaração de compensação quando não caracterizados má-fé, falsidade, dolo ou fraude. STF. Plenário. ADI 4905/DF, Rel. Min. Gilmar Mendes, julgado em 20/03/2023 (Info 1087).

**§ 18.** No caso de apresentação de manifestação de inconformidade contra a não homologação da compensação, fica suspensa a exigibilidade da multa de ofício de que trata o § 17, ainda que não impugnada essa exigência, enquadrando-se no disposto no inciso III do art. 151 da Lei nº 5.172, de 25 de outubro de 1966 – Código Tributário Nacional. (Incluído pela Lei nº 12.844, de 2013)

**Art. 74-A.** A compensação de crédito decorrente de decisão judicial transitada em julgado observará o limite mensal estabelecido em ato do Ministro de Estado da Fazenda. *(Acrescido pela Lei 14.873/2024)*

**§ 1º** O limite mensal a que se refere o *caput* deste artigo:

**I** - será graduado em função do valor total do crédito decorrente de decisão judicial transitada em julgado;

**II** - não poderá ser inferior a 1/60 (um sessenta avos) do valor total do crédito decorrente de decisão judicial transitada em julgado, demonstrado e atualizado na data da entrega da primeira declaração de compensação; e

**III** - não poderá ser estabelecido para crédito decorrente de decisão judicial transitada em julgado cujo valor total seja inferior a R$ 10.000.000,00 (dez milhões de reais).

**§ 2º** Para fins do disposto neste artigo, a primeira declaração de compensação deverá ser apresentada no prazo de até 5 (cinco) anos, contado da data do trânsito em julgado da decisão ou da homologação da desistência da execução do título judicial.

## SEÇÃO VIII
## UFIR

**Art. 75.** A partir de 1º de janeiro de 1997, a atualização do valor da Unidade Fiscal de Referência – UFIR, de que trata o art. 1º da Lei nº 8.383, de 30 de dezembro de 1991, com as alterações posteriores, será efetuada por períodos anuais, em 1º de janeiro.

- Lei nº 10.522, de 19-07-2002, art. 29, § 3º, que dispõe sobre o Cadastro Informativo dos créditos não quitados de órgãos e entidades federais.

**Parágrafo único.** No âmbito da legislação tributária federal, a UFIR será utilizada exclusivamente para a atualização dos créditos tributários da União, objeto de parcelamento concedido até 31 de dezembro de 1994.

## SEÇÃO IX
## COMPETÊNCIAS DOS CONSELHOS DE CONTRIBUINTES

**Art. 76.** Fica o Poder Executivo autorizado a alterar as competências relativas às matérias objeto de julgamento pelos Conselhos de Contribuintes do Ministério da Fazenda.

## SEÇÃO X
## DISPOSITIVO DECLARADO INCONSTITUCIONAL

**Art. 77.** Fica o Poder Executivo autorizado a disciplinar as hipóteses em que a administração tributária federal, relativamente aos créditos tributários baseados em dispositivo declarado inconstitucional por decisão definitiva do Supremo Tribunal Federal, possa: (Regulamento)

**I** – abster-se de constituí-los;

**II** – retificar o seu valor ou declará-los extintos, de ofício, quando houverem sido constituídos anteriormente, ainda que inscritos em dívida ativa;

**III** – formular desistência de ações de execução fiscal já ajuizadas, bem como deixar de interpor recursos de decisões judiciais.

## SEÇÃO XI
## JUROS SOBRE O CAPITAL PRÓPRIO

**Art. 78.** O § 1º do art. 9º da Lei nº 9.249, de 26 de dezembro de 1995, passa a vigorar com a seguinte redação:

- Alteração incorporada ao texto da referida Lei.

## SEÇÃO XII
## ADMISSÃO TEMPORÁRIA

**Art. 79.** Os bens admitidos temporariamente no País, para utilização econômica, ficam sujeitos ao pagamento dos impostos incidentes na importação proporcionalmente ao tempo de sua permanência em território nacional, nos termos e condições estabelecidos em regulamento.

**Parágrafo único.** O Poder Executivo poderá excepcionar, em caráter temporário, a aplicação do disposto neste artigo em relação a determinados bens. (Incluído pela Medida Provisória nº 2.189-49, de 2001)

# CAPÍTULO VI.
# DISPOSIÇÕES FINAIS

## EMPRESA INIDÔNEA

**Art. 80.** As inscrições no Cadastro Nacional da Pessoa Jurídica (CNPJ) serão suspensas quando se enquadrarem nas hipóteses de suspensão definidas pela Secretaria Especial da Receita Federal do Brasil. *(Redação dada pela Lei 14.195/2021)*

**§§ 1º a 4º.** *(Revogados pela Lei 14.195/2021)*

**Arts. 80-A a 80-C.** *(Revogados pela Lei 14.195/2021)*

**Art. 81.** As inscrições no CNPJ serão declaradas inaptas, nos termos e nas condições definidos pela Secretaria Especial da Receita Federal do Brasil, quando a pessoa jurídica: *(Redação dada pela Lei 14.195/2021)*

**I** - deixar de apresentar obrigações acessórias, por, no mínimo, 90 (noventa) dias a contar da omissão; *(Acrescido pela Lei 14.195/2021)*

**II** - não comprovar a origem, a disponibilidade e a efetiva transferência, se for o caso, dos recursos empregados em operações de comércio exterior; *(Acrescido pela Lei 14.195/2021)*

**III** - for inexistente de fato, assim considerada a entidade que: *(Acrescido pela Lei 14.195/2021)*

a) não dispuser de patrimônio ou de capacidade operacional necessários à realização de seu objeto, inclusive a que não comprovar o capital social integralizado;

b) não for localizada no endereço informado no CNPJ;

c) quando intimado, o seu representante legal:

1. não for localizado ou alegar falsidade ou simulação de sua participação na referida entidade ou não comprovar legitimidade para representá-la; ou

2. não indicar, depois de intimado, seu novo domicílio tributário;

d) for domiciliada no exterior e não tiver indicado seu procurador ou seu representante legalmente constituído no CNPJ ou, se indicado, não tiver sido localizado; ou

e) encontrar-se com as atividades paralisadas, salvo quando a paralisação for comunicada;

**IV** - realizar operações de terceiros, com intuito de acobertar seus reais beneficiários; *(Acrescido pela Lei 14.195/2021)*

**V** - tiver participado, segundo evidências, de organização constituída com o propósito de não recolher tributos ou de burlar os mecanismos de cobrança de débitos fiscais, inclusive por meio de emissão de documentos fiscais que relatem operações fictícias ou cessão de créditos inexistentes ou de terceiros; *(Acrescido pela Lei 14.195/2021)*

**VI** - tiver sido constituída, segundo evidências, para a prática de fraude fiscal estruturada, inclusive em proveito de terceiras empresas; ou *(Acrescido pela Lei 14.195/2021)*

**VII** - encontrar-se suspensa por no, mínimo, 1 (um) ano. *(Acrescido pela Lei 14.195/2021)*

**§ 1º** *(Revogado pela Lei 14.195/2021)*

**§ 2º** Para fins do disposto no inciso II do *caput* deste artigo, a comprovação da origem de recursos provenientes do exterior dar-se-á mediante, cumulativamente: *(Redação dada pela Lei 14.195/2021)*

**I** – prova do regular fechamento da operação de câmbio, inclusive com a identificação da instituição financeira no exterior encarregada da remessa dos recursos para o País; (Incluído pela Lei nº 10.637, de 2002)

**II** – identificação do remetente dos recursos, assim entendido como a pessoa física ou jurídica titular dos recursos remetidos. (Incluído pela Lei nº 10.637, de 2002)

**§ 3º**. No caso de o remetente referido no inciso II do § 2º ser pessoa jurídica deverão ser também identificados os integrantes de seus quadros societário e gerencial. (Incluído pela Lei nº 10.637, de 2002)

**§ 4º**. O disposto nos §§ 2º e 3º aplica-se, também, na hipótese de que trata o § 2º do art. 23 do Decreto-Lei nº 1.455, de 7 de abril de 1976. (Incluído pela Lei nº 10.637, de 2002)

**§ 5º**. *(Revogado pela Lei 14.195/2021)*

**Art. 81-A.** As inscrições no CNPJ serão declaradas baixadas após 180 (cento e oitenta) dias contados da declaração de inaptidão. *(Acrescido pela Lei 14.195/2021)*

**§ 1º** Poderão ainda ter a inscrição no CNPJ baixada as pessoas jurídicas que estejam extintas, canceladas ou baixadas nos respectivos órgãos de registro.

**§ 2º** O ato de baixa da inscrição no CNPJ não impede que, posteriormente, sejam lançados ou cobrados os débitos de natureza tributária da pessoa jurídica.

**§ 3º** Mediante solicitação da pessoa jurídica, poderá ser restabelecida a inscrição no CNPJ, observados os termos e as condições definidos pela Secretaria Especial da Receita Federal do Brasil.

**Art. 82.** Além das demais hipóteses de inidoneidade de documentos previstas na legislação, não produzirá efeitos tributários em favor de terceiros interessados o documento emitido por pessoa jurídica cuja inscrição no CNPJ tenha sido considerada ou declarada inapta.*(Redação dada pela Lei 14.195/2021)*

**Parágrafo único.** O disposto neste artigo não se aplica aos casos em que o adquirente de bens, direitos e mercadorias ou o tomador de serviços comprovarem a efetivação do pagamento do preço respectivo e o recebimento dos bens, direitos e mercadorias ou utilização dos serviços.

## CRIME CONTRA A ORDEM TRIBUTÁRIA

**Art. 83.** A representação fiscal para fins penais relativa aos crimes contra a ordem tributária previstos nos arts. 1º e 2º da Lei nº 8.137, de 27 de dezembro de 1990, e aos crimes contra a Previdência Social, previstos nos arts. 168-A e 337-A do Decreto-Lei nº 2.848, de 7 de dezembro de 1940 (Código Penal), será encaminhada ao Ministério Público depois de proferida a decisão final, na esfera administrativa, sobre a exigência fiscal do crédito tributário correspondente. (Redação dada pela Lei nº 12.350, de 2010)

**§ 1º**. Na hipótese de concessão de parcelamento do crédito tributário, a representação fiscal para fins penais somente será encaminhada ao Ministério Público após a exclusão da pessoa física ou jurídica do parcelamento. (Incluído pela Lei nº 12.382, de 2011).

**§ 2º.** É suspensa a pretensão punitiva do Estado referente aos crimes previstos no *caput*, durante o período em que a pessoa física ou a pessoa jurídica relacionada com o agente dos aludidos crimes estiver incluída no parcelamento, desde que o pedido de parcelamento tenha sido formalizado antes do recebimento da denúncia criminal. (Incluído pela Lei nº 12.382, de 2011).

**§ 3º.** A prescrição criminal não corre durante o período de suspensão da pretensão punitiva. (Incluído pela Lei nº 12.382, de 2011).

**§ 4º.** Extingue-se a punibilidade dos crimes referidos no *caput* quando a pessoa física ou a pessoa jurídica relacionada com o agente efetuar o pagamento integral dos débitos oriundos de tributos, inclusive acessórios, que tiverem sido objeto de concessão de parcelamento. (Incluído pela Lei nº 12.382, de 2011).

**§ 5º.** O disposto nos §§ 1º a 4º não se aplica nas hipóteses de vedação legal de parcelamento. (Incluído pela Lei nº 12.382, de 2011).

**§ 6º.** As disposições contidas no *caput* do art. 34 da Lei nº 9.249, de 26 de dezembro de 1995, aplicam-se aos processos administrativos e aos inquéritos e processos em curso, desde que não recebida a denúncia pelo juiz. (Renumerado do Parágrafo único pela Lei nº 12.382, de 2011).

**Art. 84.** Nos casos de incorporação, fusão ou cisão de empresa incluída no Programa Nacional de Desestatização, bem como nos programas de desestatização das Unidades Federadas e dos Municípios, não ocorrerá a realização do lucro inflacionário acumulado relativamente à parcela do ativo sujeito a correção monetária até 31 de dezembro de 1995, que houver sido vertida.

**§ 1º.** O lucro inflacionário acumulado da empresa sucedida, correspondente aos ativos vertidos sujeitos a correção monetária até 31 de dezembro de 1995, será integralmente transferido para a sucessora, nos casos de incorporação e fusão.

**§ 2º.** No caso de cisão, o lucro inflacionário acumulado será transferido, para a pessoa jurídica que absorver o patrimônio da empresa cindida, na proporção das contas do ativo, sujeitas a correção monetária até 31 de dezembro de 1995, que houverem sido vertidas.

**§ 3º.** O lucro inflacionário transferido na forma deste artigo será realizado e submetido a tributação, na pessoa jurídica sucessora, com observância do disposto na legislação vigente.

## FRETES INTERNACIONAIS

**Art. 85.** Ficam sujeitos ao imposto de renda na fonte, à alíquota de quinze por cento, os rendimentos recebidos por companhias de navegação aérea e marítima, domiciliadas no exterior, de pessoas físicas ou jurídicas residentes ou domiciliadas no Brasil.

**Parágrafo único.** O imposto de que trata este artigo não será exigido das companhias aéreas e marítimas domiciliadas em países que não tributam, em decorrência da legislação interna ou de acordos internacionais, os rendimentos auferidos por empresas brasileiras que exercem o mesmo tipo de atividade.

**Art. 86.** Nos casos de pagamento de contraprestação de arrendamento mercantil, do tipo financeiro, a beneficiária pessoa jurídica domiciliada no exterior, a Secretaria da Receita Federal expedirá normas para excluir da base de cálculo do imposto de renda incidente na fonte a parcela remetida que corresponder ao valor do bem arrendado.

## VIGÊNCIA

**Art. 87.** Esta Lei entra em vigor na data da sua publicação, produzindo efeitos financeiros a partir de 1º de janeiro de 1997.

## REVOGAÇÃO

**Art. 88.** Revogam-se:

**I** - o § 2º do art. 97 do Decreto-lei nº 5.844, de 23 de setembro de 1943, o Decreto-lei nº 7.885, de 21 de agosto de 1945, o art. 46 da Lei nº 4.862, de 29 de novembro de 1965 e o art. 56 da Lei nº 7.713, de 22 de dezembro de 1988;

**II** - o Decreto-lei nº 165, de 13 de fevereiro de 1967;

**III** - o § 3º do art. 21 do Decreto-lei nº 401, de 30 de dezembro de 1968;

**IV** - o Decreto-lei nº 716, de 30 de julho de 1969;

**V** - o Decreto-lei nº 815, de 4 de setembro de 1969, o Decreto-lei nº 1.139, de 21 de dezembro de 1970, o art. 87 da Lei nº 7.450, de 23 de dezembro de 1985 e os arts. 11 e 12 do Decreto-lei nº 2.303, de 21 de novembro de 1986;

**VI** - o art. 3º do Decreto-lei nº 1.118, de 10 de agosto de 1970, o art. 6º do Decreto-lei nº 1.189, de 24 de setembro de 1971 e o inciso IX do art. 1º da Lei nº 8.402, de 8 de janeiro de 1992;

**VII** - o art. 9º do Decreto-lei nº 1.351, de 24 de outubro de 1974, o Decreto-lei nº 1.411, de 31 de julho de 1975 e o Decreto-lei nº 1.725, de 7 de dezembro de 1979;

**VIII** - o art. 9º do Decreto-lei nº 1.633, de 9 de agosto de 1978;

**IX** - o número 4 da alínea "b" do § 1º do art. 35 do Decreto-lei nº 1.598, de 26 de dezembro de 1977, com a redação dada pelo inciso VI do art. 1º do Decreto-lei nº 1.730, de 17 de dezembro de 1979;

**X** - o Decreto-lei nº 1.811, de 27 de outubro de 1980, e o art. 3º da Lei nº 7.132, de 26 de outubro de 1983;

**XI** - o art. 7º do Decreto-lei nº 1.814, de 28 de novembro de 1980;

**XII** - o Decreto-lei nº 2.227, de 16 de janeiro de 1985;

**XIII** - os arts. 29 e 30 do Decreto-lei nº 2.341, de 29 de junho de 1987;

**XIV** - os arts. 1º e 2º do Decreto-lei nº 2.397, de 21 de dezembro de 1987;

**XV** - o art. 8º do Decreto-lei nº 2.429, de 14 de abril de 1988;

**XVI** - Revogado pela Lei nº 11.508, de 2007

**XVII** - o art. 40 da Lei nº 7.799, de 10 de julho de 1989;

**XVIII** – o § 5º do art. 6º da Lei nº 8.021, de 1990;
**XIX** – o art. 22 da Lei nº 8.218, de 29 de agosto de 1991;
**XX** – o art. 92 da Lei nº 8.383, de 30 de dezembro de 1991;
**XXI** – o art. 6º da Lei nº 8.661, de 2 de junho de 1993;
**XXII** – o art. 1º da Lei nº 8.696, de 26 de agosto de 1993;
**XXIII** – o parágrafo único do art. 3º da Lei nº 8.846, de 21 de janeiro de 1994;
**XXIV** – o art. 33, o § 4º do art. 37 e os arts. 38, 50, 52 e 53, o § 1º do art. 82 e art. 98, todos da Lei nº 8.981, de 20 de janeiro de 1995;
**XXV** – o art. 89 da Lei nº 8.981, de 20 de janeiro de 1995, com a redação dada pela Lei nº 9.065, de 20 de junho de 1995;
**XXVI** – os §§ 4º, 9º e 10 do art. 9º, o § 2º do art. 11, e o § 3º do art. 24, todos da Lei nº 9.249, de 26 de dezembro de 1995;
**XXVII** – a partir de 1º de abril de 1997, o art. 40 da Lei nº 8.981, de 1995, com as alterações introduzidas pela Lei nº 9.065, de 20 de junho de 1995.

Brasília, 27 de dezembro de 1996;
175º da Independência e
108º da República.

FERNANDO HENRIQUE CARDOSO

## LEI COMPLEMENTAR Nº 105, DE 10 DE JANEIRO DE 2001

*Dispõe sobre o sigilo das operações de instituições financeiras e dá outras providências.*

- D.O.U. 11.1.2001

O PRESIDENTE DA REPÚBLICA Faço saber que o Congresso Nacional decreta e eu sanciono a seguinte Lei Complementar:

**Art. 1º.** As instituições financeiras conservarão sigilo em suas operações ativas e passivas e serviços prestados.

- CTN, art. 198.
- Lei 4.595/1964 – Dispõe sobre a Política e as Instituições Monetárias, Bancárias e Creditícias, cria o Conselho Monetário Nacional e dá outras providências.

**§ 1º.** São consideradas instituições financeiras, para os efeitos desta Lei Complementar:
**I** – os bancos de qualquer espécie;
**II** – distribuidoras de valores mobiliários;
**III** – corretoras de câmbio e de valores mobiliários;
**IV** – sociedades de crédito, financiamento e investimentos;
**V** – sociedades de crédito imobiliário;
**VI** – administradoras de cartões de crédito;
**VII** – sociedades de arrendamento mercantil;
**VIII** – administradoras de mercado de balcão organizado;
**IX** – cooperativas de crédito;
**X** – associações de poupança e empréstimo;
**XI** – bolsas de valores e de mercadorias e futuros;
**XII** – entidades de liquidação e compensação;
**XIII** – outras sociedades que, em razão da natureza de suas operações, assim venham a ser consideradas pelo Conselho Monetário Nacional.

**§ 2º.** As empresas de fomento comercial ou *factoring*, para os efeitos desta Lei Complementar, obedecerão às normas aplicáveis às instituições financeiras previstas no § 1º.

**§ 3º.** Não constitui violação do dever de sigilo:
**I** – a troca de informações entre instituições financeiras, para fins cadastrais, inclusive por intermédio de centrais de risco, observadas as normas baixadas pelo Conselho Monetário Nacional e pelo Banco Central do Brasil;
**II** – o fornecimento de informações constantes de cadastro de emitentes de cheques sem provisão de fundos e de devedores inadimplentes, a entidades de proteção ao crédito, observadas as normas baixadas pelo Conselho Monetário Nacional e pelo Banco Central do Brasil;
**III** – o fornecimento das informações de que trata o § 2º do art. 11 da Lei nº 9.311, de 24 de outubro de 1996;
**IV** – a comunicação, às autoridades competentes, da prática de ilícitos penais ou administrativos, abrangendo o fornecimento de informações sobre operações que envolvam recursos provenientes de qualquer prática criminosa;
**V** – a revelação de informações sigilosas com o consentimento expresso dos interessados;
**VI** – a prestação de informações nos termos e condições estabelecidos nos artigos 2º, 3º, 4º, 5º, 6º, 7º e 9º desta Lei Complementar.
**VII** - o fornecimento de dados financeiros e de pagamentos, relativos a operações de crédito e obrigações de pagamento adimplidas ou em andamento de pessoas naturais ou jurídicas, a gestores de bancos de dados, para formação de histórico de crédito, nos termos de lei específica. (*Acrescido pela LC 166/2019*)

**§ 4º.** A quebra de sigilo poderá ser decretada, quando necessária para apuração de ocorrência de qualquer ilícito, em qualquer fase do inquérito ou do processo judicial, e especialmente nos seguintes crimes:

> SV, 14. É direito do defensor, no interesse do representado, ter acesso amplo aos elementos de prova que, já documentados em procedimento investigatório realizado por órgão com competência de polícia judiciária, digam respeito ao exercício do direito de defesa.

**I** – de terrorismo;
**II** – de tráfico ilícito de substâncias entorpecentes ou drogas afins;
**III** – de contrabando ou tráfico de armas, munições ou material destinado a sua produção;

- Lei 10.826/2003 – Estatuto do Desarmamento.

**IV** – de extorsão mediante sequestro;

- CP, art. 159.

**V** – contra o sistema financeiro nacional;

- Lei 7.492/1986 – Crimes Contra o Sistema Financeiro.

**VI** – contra a Administração Pública;

- CP: arts. 312 a 327.

**VII** – contra a ordem tributária e a previdência social;

- Lei 8.137/1990 – Crimes Contra a Ordem Tributária e Econômica.

**VIII** – lavagem de dinheiro ou ocultação de bens, direitos e valores;

▸ Lei 9.613/1998 – Crimes de Lavagem de Capitais.

**IX** – praticado por organização criminosa.

**Art. 2º.** O dever de sigilo é extensivo ao Banco Central do Brasil, em relação às operações que realizar e às informações que obtiver no exercício de suas atribuições.

**§ 1º.** O sigilo, inclusive quanto a contas de depósitos, aplicações e investimentos mantidos em instituições financeiras, não pode ser oposto ao Banco Central do Brasil:

**I** – no desempenho de suas funções de fiscalização, compreendendo a apuração, a qualquer tempo, de ilícitos praticados por controladores, administradores, membros de conselhos estatutários, gerentes, mandatários e prepostos de instituições financeiras;

**II** – ao proceder a inquérito em instituição financeira submetida a regime especial.

**§ 2º.** As comissões encarregadas dos inquéritos a que se refere o inciso II do § 1º poderão examinar quaisquer documentos relativos a bens, direitos e obrigações das instituições financeiras, de seus controladores, administradores, membros de conselhos estatutários, gerentes, mandatários e prepostos, inclusive contas correntes e operações com outras instituições financeiras.

**§ 3º.** O disposto neste artigo aplica-se à Comissão de Valores Mobiliários, quando se tratar de fiscalização de operações e serviços no mercado de valores mobiliários, inclusive nas instituições financeiras que sejam companhias abertas.

**§ 4º.** O Banco Central do Brasil e a Comissão de Valores Mobiliários, em suas áreas de competência, poderão firmar convênios:

**I** – com outros órgãos públicos fiscalizadores de instituições financeiras, objetivando a realização de fiscalizações conjuntas, observadas as respectivas competências;

**II** – com bancos centrais ou entidades fiscalizadoras de outros países, objetivando:

*a)* a fiscalização de filiais e subsidiárias de instituições financeiras estrangeiras, em funcionamento no Brasil, e de filiais e subsidiárias, no exterior, de instituições financeiras brasileiras;

*b)* a cooperação mútua e o intercâmbio de informações para a investigação de atividades ou operações que impliquem aplicação, negociação, ocultação ou transferência de ativos financeiros e de valores mobiliários relacionados com a prática de condutas ilícitas.

**§ 5º.** O dever de sigilo de que trata esta Lei Complementar estende-se aos órgãos fiscalizadores mencionados no § 4º e a seus agentes.

**§ 6º.** O Banco Central do Brasil, a Comissão de Valores Mobiliários e os demais órgãos de fiscalização, nas áreas de suas atribuições, fornecerão ao Conselho de Controle de Atividades Financeiras – COAF, de que trata o art. 14 da Lei nº 9.613, de 3 de março de 1998, as informações cadastrais e de movimento de valores relativos às operações previstas no inciso I do art. 11 da referida Lei.

**Art. 3º.** Serão prestadas pelo Banco Central do Brasil, pela Comissão de Valores Mobiliários e pelas instituições financeiras as informações ordenadas pelo Poder Judiciário, preservado o seu caráter sigiloso mediante acesso restrito às partes, que delas não poderão servir-se para fins estranhos à lide.

**§ 1º.** Dependem de prévia autorização do Poder Judiciário a prestação de informações e o fornecimento de documentos sigilosos solicitados por comissão de inquérito administrativo destinada a apurar responsabilidade de servidor público por infração praticada no exercício de suas atribuições, ou que tenha relação com as atribuições do cargo em que se encontre investido.

**§ 2º.** Nas hipóteses do § 1º, o requerimento de quebra de sigilo independe da existência de processo judicial em curso.

**§ 3º.** Além dos casos previstos neste artigo o Banco Central do Brasil e a Comissão de Valores Mobiliários fornecerão à Advocacia-Geral da União as informações e os documentos necessários à defesa da União nas ações em que seja parte.

**Art. 4º.** O Banco Central do Brasil e a Comissão de Valores Mobiliários, nas áreas de suas atribuições, e as instituições financeiras fornecerão ao Poder Legislativo Federal as informações e os documentos sigilosos que, fundamentadamente, se fizerem necessários ao exercício de suas respectivas competências constitucionais e legais.

**§ 1º.** As comissões parlamentares de inquérito, no exercício de sua competência constitucional e legal de ampla investigação, obterão as informações e documentos sigilosos de que necessitarem, diretamente das instituições financeiras, ou por intermédio do Banco Central do Brasil ou da Comissão de Valores Mobiliários.

▸ Lei 1.579/1952 – Comissão Parlamentar de Inquérito.

**§ 2º.** As solicitações de que trata este artigo deverão ser previamente aprovadas pelo Plenário da Câmara dos Deputados, do Senado Federal, ou do plenário de suas respectivas comissões parlamentares de inquérito.

**Art. 5º.** O Poder Executivo disciplinará, inclusive quanto à periodicidade e aos limites de valor, os critérios segundo os quais as instituições financeiras informarão à administração tributária da União, as operações financeiras efetuadas pelos usuários de seus serviços.

▸ Artigo regulamentado pelo Decreto 4.489/2002.

**§ 1º.** Consideram-se operações financeiras, para os efeitos deste artigo:

**I** – depósitos à vista e a prazo, inclusive em conta de poupança;

**II** – pagamentos efetuados em moeda corrente ou em cheques;

**III** – emissão de ordens de crédito ou documentos assemelhados;

**IV** – resgates em contas de depósitos à vista ou a prazo, inclusive de poupança;

**V** – contratos de mútuo;

**VI** – descontos de duplicatas, notas promissórias e outros títulos de crédito;

**VII** – aquisições e vendas de títulos de renda fixa ou variável;

**VIII** – aplicações em fundos de investimentos;

**IX** – aquisições de moeda estrangeira;

**X** – conversões de moeda estrangeira em moeda nacional;

**XI** – transferências de moeda e outros valores para o exterior;

**XII** – operações com ouro, ativo financeiro;

**XIII** – operações com cartão de crédito;

**XIV** – operações de arrendamento mercantil; e

**XV** – quaisquer outras operações de natureza semelhante que venham a ser autorizadas pelo Banco Central do Brasil, Comissão de Valores Mobiliários ou outro órgão competente.

**§ 2º**. As informações transferidas na forma do *caput* deste artigo restringirão a informes relacionados com a identificação dos titulares das operações e os montantes globais mensalmente movimentados, vedada a inserção de qualquer elemento que permita identificar a sua origem ou a natureza dos gastos a partir deles efetuados.

**§ 3º**. Não se incluem entre as informações de que trata este artigo as operações financeiras efetuadas pelas administrações direta e indireta da União, dos Estados, do Distrito Federal e dos Municípios.

**§ 4º**. Recebidas as informações de que trata este artigo, se detectados indícios de falhas, incorreções ou omissões, ou de cometimento de ilícito fiscal, a autoridade interessada poderá requisitar as informações e os documentos de que necessitar, bem como realizar fiscalização ou auditoria para a adequada apuração dos fatos.

**§ 5º**. As informações a que se refere este artigo serão conservadas sob sigilo fiscal, na forma da legislação em vigor.

- É possível que o Fisco requisite das instituições financeiras informações bancárias sobre os contribuintes sem intervenção do Poder Judiciário. As autoridades e os agentes fiscais tributários da União, dos Estados, do Distrito Federal e dos Municípios podem requisitar diretamente das instituições financeiras informações sobre as movimentações bancárias dos contribuintes. Esta possibilidade encontra-se prevista no art. 6º da LC 105/2001, que foi considerada constitucional pelo STF. Isso porque esta previsão não se caracteriza como "quebra" de sigilo bancário, ocorrendo apenas a "transferência de sigilo" dos bancos ao Fisco. Vale ressaltar que os Estados-Membros e os Municípios somente podem obter as informações previstas no art. 6º da LC 105/2001 uma vez regulamentada a matéria de forma análoga ao Decreto Federal nº 3.724/2001, observados os seguintes parâmetros: a) pertinência temática entre a obtenção das informações bancárias e o tributo objeto de cobrança no procedimento administrativo instaurado; b) prévia notificação do contribuinte quanto à instauração do processo e a todos os demais atos, garantido o mais amplo acesso do contribuinte aos autos, permitindo-lhe tirar cópias, não apenas de documentos, mas também de decisões; c) sujeição do pedido de acesso a um superior hierárquico; d) existência de sistemas eletrônicos de segurança que sejam certificados e com o registro de acesso; e, finalmente, e) estabelecimento de mecanismos efetivos de apuração e correção de desvios.

  A Receita Federal, atualmente, já pode requisitar tais informações bancárias porque possui esse regulamento. Trata-se justamente do Decreto 3.724/2001 acima mencionado, que regulamenta o art. 6º da LC 105/2001. O art. 5º da LC 105/2001, que obriga as instituições financeiras a informarem periodicamente à Receita Federal as operações financeiras realizadas acima de determinado valor, também é considerado constitucional. STF. Plenário. ADI 2390/DF, ADI 2386/DF, ADI 2397/DF e ADI 2859/DF, Rel. Min. Dias Toffoli, julgados em 24/2/2016 (Info 815). STF. Plenário. RE 601314/SP, Rel. Min. Edson Fachin, julgado em 24/2/2016 (repercussão geral) (Info 815).

**Art. 6º.** As autoridades e os agentes fiscais tributários da União, dos Estados, do Distrito Federal e dos Municípios somente poderão examinar documentos, livros e registros de instituições financeiras, inclusive os referentes a contas de depósitos e aplicações financeiras, quando houver processo administrativo instaurado ou procedimento fiscal em curso e tais exames sejam considerados indispensáveis pela autoridade administrativa competente.

- Artigo regulamentado pelo Decreto 3.724/2001.

**Parágrafo único.** O resultado dos exames, as informações e os documentos a que se refere este artigo serão conservados em sigilo, observada a legislação tributária.

**Art. 7º.** Sem prejuízo do disposto no § 3º do art. 2º, a Comissão de Valores Mobiliários, instaurado inquérito administrativo, poderá solicitar à autoridade judiciária competente o levantamento do sigilo junto às instituições financeiras de informações e documentos relativos a bens, direitos e obrigações de pessoa física ou jurídica submetida ao seu poder disciplinar.

**Parágrafo único.** O Banco Central do Brasil e a Comissão de Valores Mobiliários manterão permanente intercâmbio de informações acerca dos resultados das inspeções que realizarem, dos inquéritos que instaurarem e das penalidades que aplicarem, sempre que as informações forem necessárias ao desempenho de suas atividades.

**Art. 8º.** O cumprimento das exigências e formalidades previstas nos artigos 4º, 6º e 7º será expressamente declarado pelas autoridades competentes nas solicitações dirigidas ao Banco Central do Brasil, à Comissão de Valores Mobiliários ou às instituições financeiras.

**Art. 9º.** Quando, no exercício de suas atribuições, o Banco Central do Brasil e a Comissão de Valores Mobiliários verificarem a ocorrência de crime definido em lei como de ação pública, ou indícios da prática de tais crimes, informarão ao Ministério Público, juntando à comunicação os documentos necessários à apuração ou comprovação dos fatos.

**§ 1º**. A comunicação de que trata este artigo será efetuada pelos Presidentes do Banco Central do Brasil e da Comissão de Valores Mobiliários, admitida delegação de competência, no prazo máximo de 15 (quinze) dias, a contar do recebimento do processo, com manifestação dos respectivos serviços jurídicos.

**§ 2º**. Independentemente do disposto no *caput* deste artigo, o Banco Central do Brasil e a Comissão de Valores Mobiliários comunicarão aos órgãos públicos competentes as irregularidades e os ilícitos administrativos de que tenham conhecimento, ou indícios de sua prática, anexando os documentos pertinentes.

**Art. 10.** A quebra de sigilo, fora das hipóteses autorizadas nesta Lei Complementar, constitui crime e sujeita os responsáveis à pena de reclusão, de 1 (um) a 4 (quatro) anos, e multa, aplicando-se, no que couber, o Código Penal, sem prejuízo de outras sanções cabíveis.

**Parágrafo único.** Incorre nas mesmas penas quem omitir, retardar injustificadamente ou prestar falsamente as informações requeridas nos termos desta Lei Complementar.

**Art. 11.** O servidor público que utilizar ou viabilizar a utilização de qualquer informação obtida em decorrência da quebra de sigilo de que trata esta Lei Complementar responde pessoal e diretamente pelos danos decorrentes, sem prejuízo da responsabilidade objetiva da entidade pública, quando comprovado que o servidor agiu de acordo com orientação oficial.

**Art. 12.** Esta Lei Complementar entra em vigor na data de sua publicação.

**Art. 13.** Revoga-se o art. 38 da Lei nº 4.595, de 31 de dezembro de 1964.

Brasília, 10 de janeiro de 2001;
180º da Independência e 113º da República.
Fernando Henrique Cardoso
José Gregori
Pedro Malan
Martus Tavares

## LEI Nº 10.522, DE 19 DE JULHO DE 2002

*Dispõe sobre o Cadastro Informativo dos créditos não quitados de órgãos e entidades federais e dá outras providências.*

▸ *DOU de 22.7.2002*

O PRESIDENTE DA REPÚBLICA Faço saber que o Congresso Nacional decreta e eu sanciono a seguinte Lei:

▸ Lei 12.453/2011: art. 5º.

**Art. 1º.** O Cadastro Informativo de créditos não quitados do setor público federal (CADIN) passa a ser regulado por esta Lei.

**Art. 2º.** O CADIN conterá relação das pessoas físicas e jurídicas que:

**I** – sejam responsáveis por obrigações pecuniárias vencidas e não pagas, para com órgãos e entidades da Administração Pública Federal, direta e indireta;

**II** – estejam com a inscrição nos cadastros indicados, do Ministério da Fazenda, em uma das seguintes situações:

*a) cancelada no Cadastro de Pessoas Físicas – CPF; (Redação dada pela Lei nº 11.941, de 2009)*

*b)* declarada inapta perante o Cadastro Geral de Contribuintes – CGC.

**§ 1º.** Os órgãos e as entidades a que se refere o inciso I procederão, segundo normas próprias e sob sua exclusiva responsabilidade, às inclusões no CADIN, de pessoas físicas ou jurídicas que se enquadrem nas hipóteses previstas neste artigo.

**§ 2º.** A inclusão no CADIN far-se-á 75 (setenta e cinco) dias após a comunicação ao devedor da existência do débito passível de inscrição naquele Cadastro, fornecendo-se todas as informações pertinentes ao débito.

**§ 3º.** Tratando-se de comunicação expedida por via postal ou telegráfica, para o endereço indicado no instrumento que deu origem ao débito, considerar-se-á entregue após 15 (quinze) dias da respectiva expedição.

**§ 4º.** A notificação expedida pela Secretaria da Receita Federal do Brasil, pela Procuradoria-Geral da Fazenda Nacional ou pela Procuradoria-Geral Federal, dando conhecimento ao devedor da existência do débito ou da sua inscrição em Dívida Ativa atenderá ao disposto no § 2º deste artigo. (Redação dada pela Lei nº 11.941, de 2009)

**§ 5º.** Comprovado ter sido regularizada a situação que deu causa à inclusão no CADIN, o órgão ou entidade responsável pelo registro procederá, no prazo de 5 (cinco) dias úteis, à respectiva baixa.

**§ 6º.** Na impossibilidade de a baixa ser efetuada no prazo indicado no § 5º, o órgão ou a entidade credora fornecerá a certidão de regularidade do débito, caso não haja outros pendentes de regularização.

**§ 7º.** A inclusão no CADIN sem a expedição da comunicação ou da notificação de que tratam os §§ 2º e 4º, ou a não exclusão, nas condições e no prazo previstos no § 5º, sujeitará o responsável às penalidades cominadas pela Lei nº 8.112, de 11 de dezembro de 1990, e pelo Decreto-lei nº 5.452, de 1º de maio de 1943 (Consolidação das Leis do Trabalho).

**§ 8º.** O disposto neste artigo não se aplica aos débitos referentes a preços de serviços públicos ou a operações financeiras que não envolvam recursos orçamentários.

**Art. 3º** As informações fornecidas pelos órgãos e pelas entidades integrantes do Cadin serão centralizadas em um sistema de informações gerido pela Procuradoria-Geral da Fazenda Nacional, e será de sua atribuição a expedição de orientações de natureza normativa, inclusive quanto ao disciplinamento das respectivas inclusões e exclusões no sistema. *(Redação dada pela Lei 14.195/2021)*

**Parágrafo único.** As pessoas físicas e jurídicas incluídas no CADIN terão acesso às informações a elas referentes, diretamente junto ao órgão ou entidade responsável pelo registro, ou, mediante autorização, por intermédio de qualquer outro órgão ou entidade integrante do CADIN.

**Art. 4º.** A inexistência de registro no CADIN não implica reconhecimento de regularidade de situação, nem elide a apresentação dos documentos exigidos em lei, decreto ou demais atos normativos.

**§ 1º.** No caso de operações de crédito contratadas por instituições financeiras, no âmbito de programas oficiais de apoio à microempresa e empresa de pequeno porte, ficam as mutuárias, no caso de não estarem inscritas no CADIN, dispensadas da apresentação, inclusive aos cartórios, quando do registro dos instrumentos de crédito e respectivas garantias, de quaisquer certidões exigidas em lei, decreto ou demais atos normativos, comprobatórias da quitação de quaisquer tributos e contribuições federais.

**§ 2º** O disposto no § 1º deste artigo aplica-se: *(Redação dada pela Lei 14.690/2023)*

**I** - aos mini e pequenos produtores rurais; *(Acrescido pela Lei 14.690/2023)*

**II** - aos agricultores familiares, aos empreendedores familiares rurais e aos demais beneficiários da Política Nacional da Agricultura Familiar e Empreendimentos Familiares Rurais, bem como às cooperativas e associações da agricultura familiar de que trata o § 4º do art. 3º da Lei nº 11.326, de 24 de julho de 2006; e *(Acrescido pela Lei 14.690/2023)*

**III** - às pessoas naturais que exerçam atividade econômica e que aufiram, em cada ano-calendário, receita ou renda bruta igual ou inferior à máxima permitida para enquadramento como empresas de pequeno porte nos termos do inciso II do *caput* do art. 3º da Lei Complementar nº 123, de 14 de dezembro de 2006. *(Acrescido pela Lei 14.690/2023)*

**§ 3º** A dispensa de que trata o § 1º deste artigo terá validade de 180 (cento e oitenta) dias, contados da data da consulta de inexistência de registro no Cadin. *(Acrescido pela Lei 14.690/2023)*

**Art. 5º.** O CADIN conterá as seguintes informações:

**I** – nome e número de inscrição no Cadastro Geral de Contribuintes – CGC ou no Cadastro de Pessoas Físicas – CPF, do responsável pelas obrigações de que trata o art. 2º, inciso I;

**II** – nome e outros dados identificadores das pessoas jurídicas ou físicas que estejam na situação prevista no art. 2º, inciso II, inclusive a indicação do número da inscrição suspensa ou cancelada;

**III** – nome e número de inscrição no Cadastro Geral de Contribuintes – CGC, endereço e telefone do respectivo credor ou do órgão responsável pela inclusão;

**IV** – data do registro.

**Parágrafo único.** Cada órgão ou entidade a que se refere o inciso I do art. 2º manterá, sob sua responsabilidade, cadastro contendo informações detalhadas sobre as operações ou situações que tenham registrado no CADIN, inclusive para atender ao que dispõe o parágrafo único do art. 3º.

**Art. 6º.** É obrigatória a consulta prévia ao CADIN, pelos órgãos e entidades da Administração Pública Federal, direta e indireta, para:

- Até 31 de dezembro de 2021, as instituições financeiras privadas e públicas, inclusive as suas subsidiárias, fica dispensada, quando aplicável, de observar, nas contratações e nas renegociações de operações de crédito realizadas diretamente ou por meio de agentes financeiros, o art. 6º da Lei 10.522/2002. *(Redação dada pela Lei 14.179/2021)*

**I** – realização de operações de crédito que envolvam a utilização de recursos públicos;

**II** – concessão de incentivos fiscais e financeiros;

**III** – celebração de convênios, acordos, ajustes ou contratos que envolvam desembolso, a qualquer título, de recursos públicos, e respectivos aditamentos.

**Parágrafo único.** O disposto neste artigo não se aplica:

**I** – à concessão de auxílios a Municípios atingidos por calamidade pública reconhecida pelo Governo Federal;

**II** – às operações destinadas à composição e regularização dos créditos e obrigações objeto de registro no CADIN, sem desembolso de recursos por parte do órgão ou entidade credora;

**III** – às operações relativas ao crédito educativo e ao penhor civil de bens de uso pessoal ou doméstico.

**Art. 7º.** Será suspenso o registro no CADIN quando o devedor comprove que:

**I** – tenha ajuizado ação, com o objetivo de discutir a natureza da obrigação ou o seu valor, com o oferecimento de garantia idônea e suficiente ao Juízo, na forma da lei;

**II** – esteja suspensa a exigibilidade do crédito objeto do registro, nos termos da lei.

- CTN: art. 151.

**Art. 8º.** A não observância do disposto no § 1º do art. 2º e nos arts. 6º e 7º desta Lei sujeita os responsáveis às sanções da Lei nº 8.112, de 1990, e do Decreto-lei nº 5.452, de 1943.

**Art. 9º.** Fica suspensa, até 31 de dezembro de 1999, a aplicação do disposto no *caput* do art. 22, e no seu § 2º, do Decreto-lei nº 147, de 3 de fevereiro de 1967, na redação que lhes deram o art. 4º do Decreto-lei nº 1.687, de 18 de julho de 1979, e o art. 10 do Decreto-lei nº 2.163, de 19 de setembro de 1984.

**Parágrafo único.** O Ministro de Estado da Fazenda estabelecerá cronograma, prioridades e condições para a remessa, às unidades da Procuradoria-Geral da Fazenda Nacional, dos débitos passíveis de inscrição em Dívida Ativa da União e cobrança judicial.

**Art. 10.** Os débitos de qualquer natureza para com a Fazenda Nacional poderão ser parcelados em até sessenta parcelas mensais, a exclusivo critério da autoridade fazendária, na forma e condições previstas nesta Lei. (Redação dada pela Lei nº 10.637, de 2002)

**Parágrafo único.** (*Revogado pela Lei nº 11.941, de 2009*)

**Art. 10-A.** O empresário ou a sociedade empresária que pleitear ou tiver deferido o processamento da recuperação judicial, nos termos dos arts. 51, 52 e 70 da Lei nº 11.101, de 9 de fevereiro de 2005, poderá liquidar os seus débitos para com a Fazenda Nacional existentes, ainda que não vencidos até a data do protocolo da petição inicial da recuperação judicial, de natureza tributária ou não tributária, constituídos ou não, inscritos ou não em dívida ativa, mediante a opção por uma das seguintes modalidades: *(Redação dada pela Lei 14.112/2020)*

**I a IV** - *(Revogados pela Lei 14.112/2020)*

**V** - parcelamento da dívida consolidada em até 120 (cento e vinte) prestações mensais e sucessivas, calculadas de modo a observar os seguintes percentuais mínimos, aplicados sobre o valor da dívida consolidada no parcelamento: *(Acrescido pela Lei 14.112/2020)*

a) da primeira à décima segunda prestação: 0,5% (cinco décimos por cento);

b) da décima terceira à vigésima quarta prestação: 0,6% (seis décimos por cento);

c) da vigésima quinta prestação em diante: percentual correspondente ao saldo remanescente, em até 96 (noventa e seis) prestações mensais e sucessivas; ou

**VI** - em relação aos débitos administrados pela Secretaria Especial da Receita Federal do Brasil, liquidação de até 30% (trinta por cento) da dívida consolidada no parcelamento com a utilização de créditos decorrentes de prejuízo fiscal e de base de cálculo negativa da Contribuição Social sobre o Lucro Líquido (CSLL) ou com outros créditos próprios relativos aos tributos administrados pela Secretaria Especial da Receita Federal do Brasil, hipótese em que o restante poderá ser parcelado em até 84 (oitenta e quatro) parcelas, calculadas de modo a observar os seguintes percentuais mínimos, aplicados sobre o saldo da dívida consolidada: *(Acrescido pela Lei nº 14.112/2020)*

a) da primeira à décima segunda prestação: 0,5% (cinco décimos por cento);

b) da décima terceira à vigésima quarta prestação: 0,6% (seis décimos por cento);

c) da vigésima quinta prestação em diante: percentual correspondente ao saldo remanescente, em até 60 (sessenta) prestações mensais e sucessivas.

**§ 1º** *(Revogado pela Lei 14.112/2020)*

**§ 1º-A**. As opções previstas nos incisos V e VI do *caput* deste artigo não impedem que o empresário ou a sociedade empresária que pleitear ou tiver deferido o processamento da recuperação judicial, nos termos estabelecidos nos arts. 51, 52 e 70 da Lei nº 11.101, de 9 de fevereiro de 2005, opte por liquidar os referidos débitos para com a Fazenda Nacional por meio de outra modalidade de parcelamento instituído por lei federal, desde que atendidas as condições previstas na lei, hipótese em que será firmado ou mantido o termo de compromisso a que se refere o § 2º-A deste artigo, sob pena de indeferimento ou de exclusão do parcelamento, conforme o caso. *(Acrescido pela Lei 14.112/2020)*

**§ 1º-B**. O valor do crédito de que trata o inciso VI do *caput* deste artigo, decorrente de prejuízo fiscal e de base de cálculo negativa da CSLL, será determinado por meio da aplicação das seguintes alíquotas: *(Acrescido pela Lei 14.112/2020)*

**I** - 25% (vinte e cinco por cento) sobre o montante do prejuízo fiscal;

**II** - 20% (vinte por cento) sobre a base de cálculo negativa da CSLL, no caso das pessoas jurídicas de seguros privados, das pessoas jurídicas de capitalização e das pessoas jurídicas referidas nos incisos I, II, III, IV, V, VI, VII e X do § 1º do art. 1º da Lei Complementar nº 105, de 10 de janeiro de 2001;

**III** - 17% (dezessete por cento) sobre a base de cálculo negativa da CSLL, no caso das pessoas jurídicas referidas no inciso IX do § 1º do art. 1º da Lei Complementar nº 105, de 10 de janeiro de 2001;

**IV** - 9% (nove por cento) sobre a base de cálculo negativa da CSLL, no caso das demais pessoas jurídicas.

**§ 1º-C**. A adesão ao parcelamento abrangerá a totalidade dos débitos exigíveis em nome do sujeito passivo, observadas as seguintes condições e ressalvas: *(Acrescido pela Lei 14.112/2020)*

**I** - os débitos sujeitos a outros parcelamentos ou que comprovadamente sejam objeto de discussão judicial poderão ser excluídos, estes últimos mediante:

a) o oferecimento de garantia idônea e suficiente, aceita pela Fazenda Nacional em juízo; ou

b) a apresentação de decisão judicial em vigor e eficaz que determine a suspensão de sua exigibilidade;

**II** - a garantia prevista na alínea "a" do inciso I deste parágrafo não poderá ser incluída no plano de recuperação judicial, permitida a sua execução regular, inclusive por meio da expropriação, se não houver a suspensão da exigibilidade ou a extinção do crédito em discussão judicial;

**III** - o disposto no inciso II deste § 1º-C também se aplica aos depósitos judiciais regidos pela Lei nº 9.703, de 17 de novembro de 1998, e pela Lei nº 12.099, de 27 de novembro de 2009.

**§ 2º** Na hipótese de o sujeito passivo optar pela inclusão, no parcelamento de que trata este artigo, de débitos que se encontrem sob discussão administrativa ou judicial, submetidos ou não a causa legal de suspensão de exigibilidade, deverá ele comprovar que desistiu expressamente e de forma irrevogável da impugnação ou do recurso interposto, ou da ação judicial e, cumulativamente, que renunciou às alegações de direito sobre as quais se fundam a ação judicial e o recurso administrativo. *(Redação dada pela Lei 14.112/2020)*

**§ 2º-A**. Para aderir ao parcelamento de que trata este artigo, o sujeito passivo firmará termo de compromisso, no qual estará previsto: *(Acrescido pela Lei 14.112/2020)*

**I** - o fornecimento à Secretaria Especial da Receita Federal do Brasil e à Procuradoria-Geral da Fazenda Nacional de informações bancárias, incluídas aquelas sobre extratos de fundos ou aplicações financeiras e sobre eventual comprometimento de recebíveis e demais ativos futuros;

**II** - o dever de amortizar o saldo devedor do parcelamento de que trata este artigo com percentual do produto de cada alienação de bens e direitos integrantes do ativo não circulante realizada durante o período de vigência do plano de recuperação judicial, sem prejuízo do disposto no inciso III do § 4º deste artigo;

**III** - o dever de manter a regularidade fiscal;

**IV** - o cumprimento regular das obrigações para com o Fundo de Garantia do Tempo de Serviço (FGTS).

**§ 2º-B**. Para fins do disposto no inciso II do § 2º-A deste artigo: *(Acrescido pela Lei 14.112/2020)*

**I** - a amortização do saldo devedor implicará redução proporcional da quantidade de parcelas vincendas;

**II** - observado o limite máximo de 30% (trinta por cento) do produto da alienação, o percentual a ser destinado para a amortização do parcelamento corresponderá à razão entre o valor total do passivo fiscal e o valor total de dívidas do devedor, na data do pedido de recuperação judicial.

**§ 3º** O empresário ou a sociedade empresária poderá, a seu critério, desistir dos parcelamentos em curso, independentemente da modalidade, e solicitar o parcelamento nos termos estabelecidos neste artigo. *(Redação dada pela Lei 14.112/2020)*

**§ 4º** Implicará a exclusão do sujeito passivo do parcelamento: *(Redação dada pela Lei 14.112/2020)*

**I** - a falta de pagamento de 6 (seis) parcelas consecutivas ou de 9 (nove) parcelas alternadas; *(Acrescido pela Lei 14.112/2020)*

**II** - a falta de pagamento de 1 (uma) até 5 (cinco) parcelas, conforme o caso, se todas as demais estiverem pagas; *(Acrescido pela Lei 14.112/2020)*

**III** - a constatação, pela Secretaria Especial da Receita Federal do Brasil ou pela Procuradoria-Geral da Fazenda Nacional, de qualquer ato tendente ao esvaziamento patrimonial do sujeito passivo como forma de fraudar o cumprimento do parcelamento, observado, no que couber, o disposto no inciso II do § 2º-A deste artigo; *(Acrescido pela Lei 14.112/2020)*

**IV** - a decretação de falência ou extinção, pela liquidação, da pessoa jurídica optante; *(Acrescido pela Lei 14.112/2020)*

**V** - a concessão de medida cautelar fiscal, nos termos da Lei nº 8.397, de 6 de janeiro de 1992; *(Acrescido pela Lei 14.112/2020)*

**VI** - a declaração de inaptidão da inscrição no Cadastro Nacional da Pessoa Jurídica (CNPJ), nos termos dos arts. 80 e 81 da Lei nº 9.430, de 27 de dezembro de 1996; *(Acrescido pela Lei 14.112/2020)*

**VII** - a extinção sem resolução do mérito ou a não concessão da recuperação judicial, bem como a convolação desta em falência; ou *(Acrescido pela Lei 14.112/2020)*

**VIII** - o descumprimento de quaisquer das condições previstas neste artigo, inclusive quanto ao disposto no § 2º-A deste artigo. *(Acrescido pela Lei 14.112/2020)*

**§ 4º-A**. São consequências da exclusão prevista no § 4º deste artigo: *(Acrescido pela Lei 14.112/2020)*

**I** - a exigibilidade imediata da totalidade do débito confessado e ainda não pago, com o prosseguimento das execuções fiscais relacionadas aos créditos cuja exigibilidade estava suspensa, inclusive com a possibilidade de prática de atos de constrição e de alienação pelos juízos que as processam, ressalvada a hipótese prevista no inciso IV deste parágrafo;

**II** - a execução automática das garantias;

**III** - o restabelecimento em cobrança dos valores liquidados com os créditos, na hipótese de parcelamento na modalidade prevista no inciso VI do *caput* deste artigo;

**IV** - a faculdade de a Fazenda Nacional requerer a convolação da recuperação judicial em falência.

**§ 5º** O empresário ou a sociedade empresária poderá ter apenas 1 (um) parcelamento perante a Fazenda Nacional, cujos débitos constituídos, inscritos ou não em dívida ativa da União, poderão ser incluídos até a data do pedido de parcelamento. *(Redação dada pela Lei 14.112/2020)*

**§ 6º** A concessão do parcelamento não implica a liberação dos bens e dos direitos do devedor ou de seus responsáveis que tenham sido constituídos em garantia dos créditos. *(Redação dada pela Lei 14.112/2020)*

**§ 7º** O parcelamento referido nos incisos V e VI do *caput* deste artigo observará as demais condições previstas nesta Lei, ressalvado o disposto nos seguintes dispositivos: *(Redação dada pela Lei 14.112/2020)*

**I** - § 1º do art. 11; *(Acrescido pela Lei 14.112/2020)*

**II** - inciso II do § 1º do art. 12; *(Acrescido pela Lei 14.112/2020)*

**III** - inciso VIII do *caput* do art. 14; *(Acrescido pela Lei 14.112/2020)*

**IV** - § 2º do art. 14-A. *(Acrescido pela Lei 14.112/2020)*

**§ 7º-A**. As microempresas e as empresas de pequeno porte farão jus a prazos 20% (vinte por cento) superiores àqueles regularmente concedidos às demais empresas. *(Acrescido pela Lei 14.112/2020)*

**§ 8º** O disposto neste artigo aplica-se, no que couber, aos créditos de qualquer natureza das autarquias e das fundações públicas federais, ressalvada a modalidade de parcelamento de que trata o inciso VI do *caput* deste artigo. *(Redação dada pela Lei 14.112/2020)*

**§§ 9º e 10**. *(VETADOS na Lei 13.097/2015)*

**Art. 10-B.** O empresário ou a sociedade empresária que pleitear ou tiver deferido o processamento da recuperação judicial, nos termos dos arts. 51, 52 e 70 da Lei nº 11.101, de 9 de fevereiro de 2005, poderá parcelar os seus débitos para com a Fazenda Nacional existentes, ainda que não vencidos até a data do protocolo da petição inicial da recuperação judicial, relativos aos tributos previstos nos incisos I e II do *caput* do art. 14 desta Lei, constituídos ou não, inscritos ou não em dívida ativa, em até 24 (vinte e quatro) parcelas mensais e consecutivas, calculadas de modo a observar os seguintes percentuais mínimos, aplicados sobre o valor da dívida consolidada: *(Acrescido pela Lei 14.112/2020)*

**I** - da primeira à sexta prestação: 3% (três por cento);

**II** - da sétima à décima segunda prestação: 6% (seis por cento);

**III** - da décima terceira prestação em diante: percentual correspondente ao saldo remanescente, em até 12 (doze) prestações mensais e sucessivas.

**§ 1º** O disposto no art. 10-A desta Lei, exceto quanto aos incisos V e VI do *caput*, ao § 1º-B e ao inciso III do § 4º-A, aplica-se ao parcelamento de que trata este artigo.

**§ 2º** As microempresas e as empresas de pequeno porte farão jus a prazos 20% (vinte por cento) superiores àqueles regularmente concedidos às demais empresas.

**Art. 10-C.** Alternativamente ao parcelamento de que trata o art. 10-A desta Lei e às demais modalidades de parcelamento instituídas por lei federal porventura aplicáveis, o empresário ou a sociedade empresária que tiver o processamento da recuperação judicial deferido poderá, até o momento referido no art. 57 da Lei nº 11.101, de 9 de fevereiro de 2005, submeter à Procuradoria-Geral da Fazenda Nacional proposta de transação relativa a créditos inscritos em dívida ativa da União, nos termos da Lei nº 13.988, de 14 de abril de 2020, observado que: *(Acrescido pela Lei 14.112/2020)*

**I** - o prazo máximo para quitação será de até 120 (cento e vinte) meses, observado, no que couber, o disposto no § 3º do art. 11 da Lei nº 13.988, de 14 de abril de 2020;

**II** - o limite máximo para reduções será de até 70% (setenta por cento);

**III** - a apresentação de proposta ou a análise de proposta de transação formulada pelo devedor caberá à Procuradoria-Geral da Fazenda Nacional, em juízo de conveniência e oportunidade, obedecidos os requisitos previstos nesta Lei e em atos regulamentares, de forma motivada, observados o interesse público e os princípios da isonomia, da capacidade contributiva, da transparência, da moralidade, da livre concorrência, da preservação da atividade empresarial, da razoável duração dos processos e da eficiência, e utilizados como parâmetros, entre outros:

a) a recuperabilidade do crédito, inclusive considerando eventual prognóstico em caso de falência;

b) a proporção entre o passivo fiscal e o restante das dívidas do sujeito passivo; e

c) o porte e a quantidade de vínculos empregatícios mantidos pela pessoa jurídica;

**IV** - a cópia integral do processo administrativo de análise da proposta de transação, ainda que esta tenha sido rejeitada, será encaminhada ao juízo da recuperação judicial;

**V** - os seguintes compromissos adicionais serão exigidos do proponente, sem prejuízo do disposto no art. 3º da Lei nº 13.988, de 14 de abril de 2020:

a) fornecer à Procuradoria-Geral da Fazenda Nacional informações bancárias e empresariais, incluídas aquelas sobre extratos de fundos ou aplicações financeiras e sobre eventual comprometimento de recebíveis e demais ativos futuros;

b) manter regularidade fiscal perante a União;

c) manter o Certificado de Regularidade do FGTS;

d) demonstrar a ausência de prejuízo decorrente do cumprimento das obrigações contraídas com a celebração da transação em caso de alienação ou de oneração de bens ou direitos integrantes do respectivo ativo não circulante;

**VI** - a apresentação da proposta de transação suspenderá o andamento das execuções fiscais, salvo oposição justificada por parte da Procuradoria-Geral da Fazenda Nacional, a ser apreciada pelo respectivo juízo; e

**VII** - a rescisão da transação por inadimplemento de parcelas somente ocorrerá nas seguintes hipóteses:

a) falta de pagamento de 6 (seis) parcelas consecutivas ou de 9 (nove) parcelas alternadas; e

b) falta de pagamento de 1 (uma) até 5 (cinco) parcelas, conforme o caso, se todas as demais estiverem pagas.

**§ 1º** O limite de que trata o inciso I do *caput* deste artigo poderá ser ampliado em até 12 (doze) meses adicionais quando constatado que o devedor em recuperação judicial desenvolve projetos sociais, nos termos da regulamentação a que se refere a Lei nº 13.988, de 14 de abril de 2020.

**§ 2º** O disposto neste artigo aplica-se, no que couber, aos créditos de qualquer natureza das autarquias e das fundações públicas federais.

**§ 3º** Na hipótese de os créditos referidos no § 2º deste artigo consistirem em multa decorrente do exercício de poder de polícia, não será aplicável o disposto no inciso I do § 2º do art. 11 da Lei nº 13.988, de 14 de abril de 2020.

**§ 4º** Os Estados, o Distrito Federal e os Municípios poderão, por lei de iniciativa própria, autorizar que o disposto neste artigo seja aplicado a seus créditos.

**Art. 11.** O parcelamento terá sua formalização condicionada ao prévio pagamento da primeira prestação, conforme o montante do débito e o prazo solicitado, observado o disposto no § 1º do art. 13 desta Lei. (Redação dada pela Lei nº 11.941, de 2009)

**§ 1º**. Observados os limites e as condições estabelecidos em portaria do Ministro de Estado da Fazenda, em se tratando de débitos inscritos em Dívida Ativa, a concessão do parcelamento fica condicionada à apresentação, pelo devedor, de garantia real ou fidejussória, inclusive fiança bancária, idônea e suficiente para o pagamento do débito, exceto quando se tratar de microempresas e empresas de pequeno porte optantes pela inscrição no Sistema Integrado de Pagamento de Impostos e Contribuições das Microempresas e das Empresas de Pequeno Porte – SIMPLES, de que trata a Lei nº 9.317, de 5 de dezembro de 1996.

› LC 123/2006 revogou a Lei 9.317/1996.

**§ 2º**. Enquanto não deferido o pedido, o devedor fica obrigado a recolher, a cada mês, como antecipação, valor correspondente a uma parcela.

**§ 3º.** O não cumprimento do disposto neste artigo implicará o indeferimento do pedido.

**§§ 4º a 9º.** (*Revogados pela Lei 11.941/2009*).

**Art. 12.** O pedido de parcelamento deferido constitui confissão de dívida e instrumento hábil e suficiente para a exigência do crédito tributário, podendo a exatidão dos valores parcelados ser objeto de verificação. (Redação dada pela Lei nº 11.941, de 2009)

**§ 1º.** Cumpridas as condições estabelecidas no art. 11 desta Lei, o parcelamento será: (Incluído pela Lei nº 11.941, de 2009)

**I** – consolidado na data do pedido; e (Incluído pela Lei nº 11.941, de 2009)

**II** – considerado automaticamente deferido quando decorrido o prazo de 90 (noventa) dias, contado da data do pedido de parcelamento sem que a Fazenda Nacional tenha se pronunciado. (Incluído pela Lei nº 11.941, de 2009)

**§ 2º.** Enquanto não deferido o pedido, o devedor fica obrigado a recolher, a cada mês, como antecipação, valor correspondente a uma parcela. (Incluído pela Lei 11.941, de 2009)

**Art. 13.** O valor de cada prestação mensal, por ocasião do pagamento, será acrescido de juros equivalentes à taxa referencial do Sistema Especial de Liquidação e de Custódia – SELIC para títulos federais, acumulada mensalmente, calculados a partir do mês subsequente ao da consolidação até o mês anterior ao do pagamento, e de 1% (um por cento) relativamente ao mês em que o pagamento estiver sendo efetuado. (Redação dada pela Lei nº 11.941, de 2009)

**§ 1º.** O valor mínimo de cada prestação será fixado em ato conjunto do Secretário da Receita Federal do Brasil e do Procurador-Geral da Fazenda Nacional. (Incluído pela Lei 11.941, de 2009)

**§ 2º.** No caso de parcelamento de débito inscrito em Dívida Ativa da União, o devedor pagará custas, emolumentos e demais encargos legais. (Incluído pela Lei nº 11.941, de 2009)

**Art. 13-A.** O parcelamento dos débitos decorrentes das contribuições sociais instituídas pelos arts. 1º e 2º da Lei Complementar nº 110, de 29 de junho de 2001, será requerido perante a Caixa Econômica Federal, aplicando-se-lhe o disposto no *caput* do art. 10, nos arts. 11 e 12, no § 2º do art. 13 e nos arts. 14 e 14-B desta Lei. (Redação dada pela Lei nº 11.941, de 2009)

**§ 1º.** O valor da parcela será determinado pela divisão do montante do débito consolidado pelo número de parcelas. (Incluído pela Lei nº 11.345, de 2006)

**§ 2º.** Para fins do disposto no § 1º deste artigo, o montante do débito será atualizado e acrescido dos encargos previstos na Lei nº 8.036, de 11 de maio de 1990, e, se for o caso, no Decreto-Lei nº 1.025, de 21 de outubro de 1969. (Incluído pela Lei nº 11.345, de 2006)

**§ 3º.** O Ministro de Estado da Fazenda poderá, nos limites do disposto neste artigo, delegar competência para regulamentar e autorizar o parcelamento dos débitos não inscritos em dívida ativa da União. (Incluído pela Lei nº 11.345, de 2006)

**§ 4º.** A concessão do parcelamento dos débitos a que se refere este artigo inscritos em dívida ativa da União compete privativamente à Procuradoria-Geral da Fazenda Nacional. (Incluído pela Lei nº 11.345, de 2006)

**§ 5º.** É vedado o reparcelamento de débitos a que se refere o *caput*, exceto quando inscritos em Dívida Ativa da União. (Incluído pela Lei nº 11.941, de 2009)

**Art. 14.** É vedada a concessão de parcelamento de débitos relativos a:

**I** – tributos passíveis de retenção na fonte, de desconto de terceiros ou de sub-rogação; (Redação dada pela Lei nº 11.941, de 2009)

**II** – Imposto sobre Operações de Crédito, Câmbio e Seguro e sobre Operações relativas a Títulos e Valores Mobiliários – IOF, retido e não recolhido ao Tesouro Nacional;

**III** – valores recebidos pelos agentes arrecadadores não recolhidos aos cofres públicos.

**IV** – tributos devidos no registro da Declaração de Importação; (Incluído pela Lei nº 11.941, de 2009)

**V** – incentivos fiscais devidos ao Fundo de Investimento do Nordeste – FINOR, Fundo de Investimento da Amazônia – FINAM e Fundo de Recuperação do Estado do Espírito Santo – FUNRES; (Incluído pela Lei nº 11.941, de 2009)

**VI** – pagamento mensal por estimativa do Imposto sobre a Renda da Pessoa Jurídica – IRPJ e da Contribuição Social sobre o Lucro Líquido – CSLL, na forma do art. 2º da Lei nº 9.430, de 27 de dezembro de 1996; (Incluído pela Lei nº 11.941, de 2009)

**VII** – recolhimento mensal obrigatório da pessoa física relativo a rendimentos de que trata o art. 8º da Lei nº 7.713, de 22 de dezembro de 1988; (Incluído pela Lei nº 11.941, de 2009)

**VIII** – tributo ou outra exação qualquer, enquanto não integralmente pago parcelamento anterior relativo ao mesmo tributo ou exação, salvo nas hipóteses previstas no art. 14-A desta Lei; (Incluído pela Lei nº 11.941, de 2009)

**IX** – tributos devidos por pessoa jurídica com falência decretada ou por pessoa física com insolvência civil decretada; e (Incluído pela Lei nº 11.941, de 2009

**X** – créditos tributários devidos na forma do art. 4º da Lei nº 10.931, de 2 de agosto de 2004, pela incorporadora optante do Regime Especial Tributário do Patrimônio de Afetação. (Incluído pela Lei nº 11.941, de 2009)

**Parágrafo único.** (*Revogado pela Lei 11.941/2009*)

**Art. 14-A.** Observadas as condições previstas neste artigo, será admitido reparcelamento de débitos constantes de parcelamento em andamento ou que tenha sido rescindido. (Incluído pela Lei nº 11.941, de 2009)

**§ 1º.** No reparcelamento de que trata o *caput* deste artigo poderão ser incluídos novos débitos. (Incluído pela Lei nº 11.941, de 2009)

**§ 2º.** A formalização do pedido de reparcelamento previsto neste artigo fica condicionada ao recolhimento da primeira parcela em valor correspondente a: (Incluído pela Lei nº 11.941, de 2009)

**I** – 10% (dez por cento) do total dos débitos consolidados; ou (Incluído pela Lei nº 11.941, de 2009)

**II** – 20% (vinte por cento) do total dos débitos consolidados, caso haja débito com histórico de reparcelamento anterior. (Incluído pela Lei nº 11.941, de 2009)

**§ 3º**. Aplicam-se subsidiariamente aos pedidos de que trata este artigo as demais disposições relativas ao parcelamento previstas nesta Lei. (Incluído pela Lei nº 11.941, de 2009)

**Art. 14-B.** Implicará imediata rescisão do parcelamento e remessa do débito para inscrição em Dívida Ativa da União ou prosseguimento da execução, conforme o caso, a falta de pagamento: (Incluído pela Lei nº 11.941, de 2009)

**I** – de 3 (três) parcelas, consecutivas ou não; ou (Incluído pela Lei nº 11.941, de 2009)

**II** – de 1 (uma) parcela, estando pagas todas as demais. (Incluído pela Lei nº 11.941, de 2009)

**Art. 14-C.** Poderá ser concedido, de ofício ou a pedido, parcelamento simplificado, importando o pagamento da primeira prestação em confissão de dívida e instrumento hábil e suficiente para a exigência do crédito tributário. (Incluído pela Lei nº 11.941, de 2009)

**Parágrafo único.** Ao parcelamento de que trata o *caput* deste artigo não se aplicam as vedações estabelecidas no art. 14 desta Lei. (Incluído pela Lei nº 11.941, de 2009)

**Art. 14-D.** Os parcelamentos concedidos a Estados, Distrito Federal ou Municípios conterão cláusulas em que estes autorizem a retenção do Fundo de Participação dos Estados – FPE ou do Fundo de Participação dos Municípios – FPM. (Incluído pela Lei nº 11.941, de 2009)

**Parágrafo único.** O valor mensal das obrigações previdenciárias correntes, para efeito deste artigo, será apurado com base na respectiva Guia de Recolhimento do Fundo de Garantia do Tempo de Serviço e de Informações à Previdência Social – GFIP ou, no caso de sua não apresentação no prazo legal, estimado, utilizando-se a média das últimas 12 (doze) competências recolhidas anteriores ao mês da retenção prevista no *caput* deste artigo, sem prejuízo da cobrança ou restituição ou compensação de eventuais diferenças. (Incluído pela Lei nº 11.941, de 2009)

**Art. 14-E.** Mensalmente, a Secretaria da Receita Federal do Brasil e a Procuradoria-Geral da Fazenda Nacional divulgarão, em seus sítios na internet, demonstrativos dos parcelamentos concedidos no âmbito de suas competências. (Incluído pela Lei nº 11.941, de 2009)

**Art. 14-F.** A Secretaria da Receita Federal do Brasil e a Procuradoria-Geral da Fazenda Nacional, no âmbito de suas competências, editarão atos necessários à execução do parcelamento de que trata esta Lei. (Incluído pela Lei nº 11.941, de 2009)

**Art. 15.** Observados os requisitos e as condições estabelecidos nesta Lei, os parcelamentos de débitos vencidos até 31 de julho de 1998 poderão ser efetuados em até:

**I** – 96 (noventa e seis) prestações, se solicitados até 31 de outubro de 1998;

**II** – 72 (setenta e duas) prestações, se solicitados até 30 de novembro de 1998;

**III** – 60 (sessenta) prestações, se solicitados até 31 de dezembro de 1998.

**§ 1º**. O disposto neste artigo aplica-se aos débitos de qualquer natureza para com a Fazenda Nacional, inscritos ou não como Dívida Ativa, mesmo em fase de execução fiscal já ajuizada, ou que tenham sido objeto de parcelamento anterior, não integralmente quitado, ainda que cancelado por falta de pagamento.

**§ 2º**. A vedação de que trata o art. 14, na hipótese a que se refere este artigo, não se aplica a entidades esportivas e entidades assistenciais, sem fins lucrativos.

**§ 3º**. Ao parcelamento previsto neste artigo, inclusive os requeridos e já concedidos, a partir de 29 de junho de 1998, aplicam-se os juros de que trata o art. 13.

**§ 4º**. Constitui condição para o deferimento do pedido de parcelamento e sua manutenção a inexistência de débitos em situação irregular, de tributos e contribuições federais de responsabilidade do sujeito passivo, vencidos posteriormente a 31 de dezembro de 1997.

**§ 5º**. O Ministro de Estado da Fazenda fixará requisitos e condições especiais para o parcelamento previsto no *caput* deste artigo.

**Art. 16.** Os débitos para com a Fazenda Nacional, decorrentes de avais e outras garantias honradas em operações externas e internas e os de natureza financeira transferidos à União por força da extinção de entidades públicas federais, existentes em 30 de setembro de 1996, incluindo eventuais repactuações, poderão ser parcelados com prazo de até 72 (setenta e dois) meses, desde que os pedidos de parcelamento sejam protocolizados até 15 de abril de 1997, obedecidos aos requisitos e demais condições estabelecidos nesta Lei.

**§ 1º**. O saldo devedor da dívida será atualizado no primeiro dia útil de cada mês, de acordo com a variação da Taxa Referencial – TR, ocorrida no mês anterior, acrescida de 12% a.a. (doze por cento ao ano), mais 0,5% a.a. (cinco décimos por cento ao ano) sobre o saldo devedor destinado à administração do crédito pelo agente financeiro.

**§ 2º**. O parcelamento será formalizado, mediante a celebração de contrato de confissão, consolidação e parcelamento de dívida, sem implicar novação, junto ao Banco do Brasil S.A., na qualidade de agente financeiro do Tesouro Nacional.

**§ 3º**. Os contratos de parcelamento das dívidas decorrentes de honra de aval em operações externas incluirão, obrigatoriamente, cláusula que autorize o bloqueio de recursos na rede bancária, à falta de pagamento de qualquer parcela, decorridos 30 (trinta) dias do vencimento.

**Art. 17.** Fica acrescentado o seguinte parágrafo ao art. 84 da Lei nº 8.981, de 1995:

"Art. 84. (...)

(...)

§ 8º O disposto neste artigo aplica-se aos demais créditos da Fazenda Nacional, cuja inscrição e cobrança como Dívida Ativa da União seja de competência da Procuradoria-Geral da Fazenda Nacional."

**Art. 18.** Ficam dispensados a constituição de créditos da Fazenda Nacional, a inscrição como Dívida Ativa da União, o ajuizamento da respectiva execução fiscal, bem assim cancelados o lançamento e a inscrição, relativamente:

**I** – à contribuição de que trata a Lei nº 7.689, de 15 de dezembro de 1988, incidente sobre o resultado apurado no período-base encerrado em 31 de dezembro de 1988;

**II** – ao empréstimo compulsório instituído pelo Decreto-lei nº 2.288, de 23 de julho de 1986, sobre a aquisição de veículos automotores e de combustível;

**III** – à contribuição ao Fundo de Investimento Social – FINSOCIAL, exigida das empresas exclusivamente vendedoras de mercadorias e mistas, com fundamento no art. 9º da Lei nº 7.689, de 1988, na alíquota superior a 0,5% (cinco décimos por cento), conforme Leis nºs 7.787, de 30 de junho de 1989, 7.894, de 24 de novembro de 1989, e 8.147, de 28 de dezembro de 1990, acrescida do adicional de 0,1% (um décimo por cento) sobre os fatos geradores relativos ao exercício de 1988, nos termos do art. 22 do Decreto-lei nº 2.397, de 21 de dezembro de 1987;

**IV** – ao imposto provisório sobre a movimentação ou a transmissão de valores e de créditos e direitos de natureza financeira – IPMF, instituído pela Lei Complementar 77, de 13 de julho de 1993, relativo ao ano-base 1993 e às imunidades previstas no art. 150, inciso VI, alíneas *a*, *b*, *c* e *d*, da Constituição;

**V** – à taxa de licenciamento de importação, exigida nos termos do art. 10 da Lei nº 2.145, de 29 de dezembro de 1953, com a redação da Lei nº 7.690, de 15 de dezembro de 1988;

- Resolução 11/2005 do Senado Federal: "Art. 1º. É suspensa a execução do art. 10 da Lei Federal 2.145/1953, com a redação da Lei Federal 8.387/1991, em virtude de declaração de inconstitucionalidade em decisão definitiva do STF, nos autos do Recurso Extraordinário nº 188.107-1 - Santa Catarina."

**VI** – à sobretarifa ao Fundo Nacional de Telecomunicações;

**VII** – ao adicional de tarifa portuária, salvo em se tratando de operações de importação e exportação de mercadorias quando objeto de comércio de navegação de longo curso;

**VIII** – à parcela da contribuição ao Programa de Integração Social exigida na forma do Decreto-lei nº 2.445, de 29 de junho de 1988, e do Decreto-lei nº 2.449, de 21 de julho de 1988, na parte que exceda o valor devido com fulcro na Lei Complementar nº 7, de 7 de setembro de 1970, e alterações posteriores;

- Resolução 49/1995 do Senado Federal: "Art. 1º. É suspensa a execução dos Decretos-Leis 2.445/1988, e 2.449/1988, declarados inconstitucionais por decisão definitiva proferida pelo STF no Recurso Extraordinário nº 148.754-2/210/Rio de Janeiro."

**IX** – à contribuição para o financiamento da seguridade social – COFINS, nos termos do art. 7º da Lei Complementar nº 70, de 30 de dezembro de 1991, com a redação dada pelo art. 1º da Lei Complementar nº 85, de 15 de fevereiro de 1996;

- MP 2.158-35/2001: Art. 93, II, b, que revogou o art. 7º da LC 70/1991 e o art. 1º da LC 85/1996.

**X** – à Cota de Contribuição revigorada pelo art. 2º do Decreto-Lei nº 2.295, de 21 de novembro de 1986. (Incluído pela Lei nº 11.051, de 2004)

- Resolução 28/2005 do Senado Federal: "Art. 1º É suspensa a execução dos arts. 2º e 4º do Decreto-Lei 2.295/1986, em virtude de declaração de inconstitucionalidade em decisão definitiva do STF, nos autos do Recurso Extraordinário nº 408.830-4 - Espírito Santo."

**§ 1º.** Ficam cancelados os débitos inscritos em Dívida Ativa da União, de valor consolidado igual ou inferior a R$ 100,00 (cem reais).

**§ 2º.** Os autos das execuções fiscais dos débitos de que trata este artigo serão arquivados mediante despacho do juiz, ciente o Procurador da Fazenda Nacional, salvo a existência de valor remanescente relativo a débitos legalmente exigíveis.

**§ 3º.** O disposto neste artigo não implicará restituição *ex officio* de quantia paga.

**Art. 18-A.** Comitê formado de integrantes do Conselho Administrativo de Recursos Fiscais, da Secretaria Especial da Receita Federal do Brasil do Ministério da Economia e da Procuradoria-Geral da Fazenda Nacional editará enunciados de súmula da administração tributária federal, conforme o disposto em ato do Ministro de Estado da Economia, que deverão ser observados nos atos administrativos, normativos e decisórios praticados pelos referidos órgãos. (*Acrescido pela Lei 13.874/2019*)

**Art. 19.** Fica a Procuradoria-Geral da Fazenda Nacional dispensada de contestar, de oferecer contrarrazões e de interpor recursos, e fica autorizada a desistir de recursos já interpostos, desde que inexista outro fundamento relevante, na hipótese em que a ação ou a decisão judicial ou administrativa versar sobre: (*Redação dada pela Lei 13.874/2019*)

**I** – matérias de que trata o art. 18;

**II** - tema que seja objeto de parecer, vigente e aprovado, pelo Procurador-Geral da Fazenda Nacional, que conclua no mesmo sentido do pleito do particular; (*Redação dada pela Lei 13.874/2019*)

**III** – (VETADO). (Incluído pela Lei nº 12.788, de 2013)

**IV** - tema sobre o qual exista súmula ou parecer do Advogado-Geral da União que conclua no mesmo sentido do pleito do particular; (*Redação dada pela Lei 13.874/2019*)

**V** - tema fundado em dispositivo legal que tenha sido declarado inconstitucional pelo Supremo Tribunal Federal em sede de controle difuso e tenha tido sua execução suspensa por resolução do Senado Federal, ou tema sobre o qual exista enunciado de súmula vinculante ou que tenha sido definido pelo Supremo Tribunal Federal em sentido desfavorável à Fazenda Nacional em sede de controle concentrado de constitucionalidade; (*Redação dada pela Lei 13.874/2019*)

**VI** - tema decidido pelo Supremo Tribunal Federal, em matéria constitucional, ou pelo Superior Tribunal de Justiça, pelo Tribunal Superior do Trabalho, pelo Tribunal Superior Eleitoral ou pela Turma Nacional de Uniformização de Jurisprudência, no âmbito de suas competências, quando: (*Redação dada pela Lei 13.874/2019*)

a) for definido em sede de repercussão geral ou recurso repetitivo; ou (*Acrescida pela Lei 13.874/2019*)

b) não houver viabilidade de reversão da tese firmada em sentido desfavorável à Fazenda Nacional, conforme critérios definidos em ato do Procurador-Geral da Fazenda Nacional; e (*Acrescida pela Lei 13.874/2019*)

**VII** - tema que seja objeto de súmula da administração tributária federal de que trata o art. 18-A desta Lei. (*Redação dada pela Lei 13.874/2019*)

**§ 1º.** Nas matérias de que trata este artigo, o Procurador da Fazenda Nacional que atuar no feito deverá, expressamente: (Redação dada pela Lei nº 12.844, de 2013)

**I** – reconhecer a procedência do pedido, quando citado para apresentar resposta, inclusive em embargos à execução fiscal e exceções de pré-executividade, hipóteses em que não haverá condenação em honorários; ou (Incluído pela Lei nº 12.844, de 2013)

**II** – manifestar o seu desinteresse em recorrer, quando intimado da decisão judicial. (Incluído pela Lei nº 12.844, de 2013)

**§ 2º.** A sentença, ocorrendo a hipótese do § 1º, não se subordinará ao duplo grau de jurisdição obrigatório.

**§§ 3º a 5º.** (*Revogados pela Lei 13.874/2019*)

**§ 6º.** (*VETADO*). (Incluído pela Lei nº 12.788, de 2013)

**§ 7º** (*Revogado pela Lei 13.874/2019*)

**§ 8º** O parecer da Procuradoria-Geral da Fazenda Nacional que examina a juridicidade de proposições normativas não se enquadra no disposto no inciso II do *caput* deste artigo. (*Redação dada pela Lei 13.874/2019*)

**§ 9º** A dispensa de que tratam os incisos V e VI do *caput* deste artigo poderá ser estendida a tema não abrangido pelo julgado, quando a ele forem aplicáveis os fundamentos determinantes extraídos do julgamento paradigma ou da jurisprudência consolidada, desde que inexista outro fundamento relevante que justifique a impugnação em juízo. (*Acrescido pela Lei 13.874/2019*)

**§ 10.** O disposto neste artigo estende-se, no que couber, aos demais meios de impugnação às decisões judiciais. (*Acrescido pela Lei 13.874/2019*)

**§ 11.** O disposto neste artigo aplica-se a todas as causas em que as unidades da Procuradoria-Geral da Fazenda Nacional devam atuar na qualidade de representante judicial ou de autoridade coatora. (*Acrescido pela Lei 13.874/2019*)

**§ 12.** Os órgãos do Poder Judiciário e as unidades da Procuradoria-Geral da Fazenda Nacional poderão, de comum acordo, realizar mutirões para análise do enquadramento de processos ou de recursos nas hipóteses previstas neste artigo e celebrar negócios processuais com fundamento no disposto no art. 190 da Lei nº 13.105, de 16 de março de 2015 (Código de Processo Civil). (*Acrescido pela Lei 13.874/2019*)

**§ 13.** Sem prejuízo do disposto no § 12 deste artigo, a Procuradoria-Geral da Fazenda Nacional regulamentará a celebração de negócios jurídicos processuais em seu âmbito de atuação, inclusive na cobrança administrativa ou judicial da dívida ativa da União. (*Acrescido pela Lei 13.874/2019*)

**Art. 19-A.** Os Auditores-Fiscais da Secretaria Especial da Receita Federal do Brasil não constituirão os créditos tributários relativos aos temas de que trata o art. 19 desta Lei, observado: (*Acrescido pela Lei 13.874/2019*)

**I** - o disposto no parecer a que se refere o inciso II do *caput* do art. 19 desta Lei, que será aprovado na forma do art. 42 da Lei Complementar nº 73, de 10 de fevereiro de 1993, ou que terá concordância com a sua aplicação pela Secretaria Especial da Receita Federal do Brasil do Ministério da Economia; (*Redação dada pela Lei 13.874/2019*)

**II** - o parecer a que se refere o inciso IV do *caput* do art. 19 desta Lei, que será aprovado na forma do disposto no art. 40 da Lei Complementar nº 73, de 10 de fevereiro de 1993, ou que, quando não aprovado por despacho do Presidente da República, terá concordância com a sua aplicação pelo Ministro de Estado da Economia; ou (*Redação dada pela Lei 13.874/2019*)

**III** - nas hipóteses de que tratam o inciso VI do *caput* e o § 9º do art. 19 desta Lei, a Procuradoria-Geral da Fazenda Nacional deverá manifestar-se sobre as matérias abrangidas por esses dispositivos. (*Redação dada pela Lei 13.874/2019*)

**§ 1º** Os Auditores-Fiscais da Secretaria Especial da Receita Federal do Brasil do Ministério da Economia adotarão, em suas decisões, o entendimento a que estiverem vinculados, inclusive para fins de revisão de ofício do lançamento e de repetição de indébito administrativa. (*Redação dada pela Lei 13.874/2019*)

**§ 2º** O disposto neste artigo aplica-se, no que couber, aos responsáveis pela retenção de tributos e, ao emitirem laudos periciais para atestar a existência de condições que gerem isenção de tributos, aos serviços médicos oficiais. (*Redação dada pela Lei 13.874/2019*)

**Art. 19-B.** Os demais órgãos da administração pública que administrem créditos tributários e não tributários passíveis de inscrição e de cobrança pela Procuradoria-Geral da Fazenda Nacional encontram-se dispensados de constituir e de promover a cobrança com fundamento nas hipóteses de dispensa de que trata o art. 19 desta Lei. (*Acrescido pela Lei 13.874/2019*)

**Parágrafo único.** A aplicação do disposto no *caput* deste artigo observará, no que couber, as disposições do art. 19-A desta Lei.

**Art. 19-C.** A Procuradoria-Geral da Fazenda Nacional poderá dispensar a prática de atos processuais, inclusive poderá desistir de recursos interpostos, e autorizar a realização de acordos em fase de cumprimento de sentença, a fim de atender a critérios de racionalidade, de economicidade e de eficiência. *(Redação dada pela Lei 14.195/2021)*

**§ 1º** O disposto no *caput* deste artigo inclui o estabelecimento de parâmetros de valor para a dispensa da prática de atos processuais.

**§ 2º** A aplicação do disposto neste artigo não implicará o reconhecimento da procedência do pedido formulado pelo autor.

**§ 3º** O disposto neste artigo aplica-se, inclusive, à atuação da Procuradoria-Geral da Fazenda Nacional no âmbito do contencioso administrativo fiscal.

**Art. 19-D.** O disposto nos arts. 19, 19-B, 19-C, 19-F, 20-A, 20-B, 20-C e 20-D desta Lei e nos arts. 17 e 18 da Lei nº 14.195, de 26 de agosto de 2021, aplica-se, no que couber, à Procuradoria-Geral da União, à Procuradoria-Geral Federal e à Procuradoria-Geral do Banco Central do Brasil, sem prejuízo do disposto na Lei nº 9.469, de 10 de julho de 1997. *(Redação dada pela Lei 14.375/2022)*

**§ 1º** Aos órgãos da administração pública federal direta, representados pela Procuradoria-Geral da União, e às autarquias e fundações públicas, representadas pela Procuradoria-Geral Federal ou pela Procuradoria-Geral do Banco Central do Brasil, aplica-se, no que couber, o disposto no art. 19-B desta Lei. (*Redação dada pela Lei 13.874/2019*)

**§ 2º** Ato do Advogado-Geral da União disciplinará o disposto neste artigo. (*Acrescido pela Lei 13.874/2019*)

**Art. 19-E.** *(Revogado pela Lei 14.689/2023)*

**Art. 19-F.** A Procuradoria-Geral da Fazenda Nacional poderá contratar, por meio de processo licitatório ou credenciamento, serviços de terceiros para auxiliar sua atividade de cobrança. *(Acrescido pela Lei 14.195/2021)*

**§ 1º** Os serviços referidos no *caput* deste artigo restringem-se à execução de atos relacionados à cobrança administrativa da dívida ativa que prescindam da utilização de informações protegidas por sigilo fiscal, tais como o contato com os devedores por via telefônica ou por meios digitais, e à administração de bens oferecidos em garantia administrativa ou judicial ou penhorados em execuções fiscais, incluídas atividades de depósito, de guarda, de transporte, de conservação e de alienação desses bens.

**§ 2º** O órgão responsável, no âmbito de suas competências, deverá regulamentar o disposto neste artigo e definir os requisitos para contratação ou credenciamento, os critérios para seleção das dívidas, o valor máximo admissível e a forma de remuneração do contratado, que poderá ser por taxa de êxito, desde que demonstrada a sua maior adequação ao interesse público e às práticas usuais de mercado.

**Art. 20.** Serão arquivados, sem baixa na distribuição, por meio de requerimento do Procurador da Fazenda Nacional, os autos das execuções fiscais de débitos inscritos em dívida ativa da União pela Procuradoria-Geral da Fazenda Nacional ou por ela cobrados, de valor consolidado igual ou inferior àquele estabelecido em ato do Procurador-Geral da Fazenda Nacional. (*Redação dada pela Lei 13.874/2019*)

**§ 1º** Os autos de execução a que se refere este artigo serão reativados quando os valores dos débitos ultrapassarem os limites indicados.

**§ 2º**. Serão extintas, mediante requerimento do Procurador da Fazenda Nacional, as execuções que versem exclusivamente sobre honorários devidos à Fazenda Nacional de valor igual ou inferior a R$ 1.000,00 (mil reais). (Redação dada pela Lei nº 11.033, de 2004)

**§ 3º** (Revogado pela Lei nº 13.043, de 2014).

**§ 4º**. No caso de reunião de processos contra o mesmo devedor, na forma do art. 28 da Lei nº 6.830, de 22 de setembro de 1980, para os fins de que trata o limite indicado no *caput* deste artigo, será considerada a soma dos débitos consolidados das inscrições reunidas. (Incluído pela Lei nº 11.033, de 2004)

**Art. 20-A.** Nos casos de execução contra a Fazenda Nacional, é a Procuradoria-Geral da Fazenda Nacional autorizada a não opor embargos, quando o valor pleiteado pelo exequente for inferior àquele fixado em ato do Ministro da Fazenda. (Incluído pela Lei nº 12.649, de 2012)

**Art. 20-B.** Inscrito o crédito em dívida ativa da União, o devedor será notificado para, em até cinco dias, efetuar o pagamento do valor atualizado monetariamente, acrescido de juros, multa e demais encargos nela indicados. (Incluído pela Lei nº 13.606, de 2018)

**§ 1º** A notificação será expedida por via eletrônica ou postal para o endereço do devedor e será considerada entregue depois de decorridos quinze dias da respectiva expedição. (Incluído pela Lei nº 13.606, de 2018)

**§ 2º** Presume-se válida a notificação expedida para o endereço informado pelo contribuinte ou responsável à Fazenda Pública. (Incluído pela Lei nº 13.606, de 2018)

**§ 3º** Não pago o débito no prazo fixado no *caput* deste artigo, a Fazenda Pública poderá: (Incluído pela Lei nº 13.606, de 2018)

**I** - comunicar a inscrição em dívida ativa aos órgãos que operam bancos de dados e cadastros relativos a consumidores e aos serviços de proteção ao crédito e congêneres; e (Incluído pela Lei nº 13.606, de 2018)

**II** - averbar, inclusive por meio eletrônico, a certidão de dívida ativa nos órgãos de registro de bens e direitos sujeitos a arresto ou penhora, tornando-os indisponíveis. (Incluído pela Lei nº 13.606, de 2018)

- Parte final do inciso II, onde se lê "tornando-os indisponíveis", declarada inconstitucional, em controle concentrado, pelo STF, nas ADIs nºs 5.881, 5.886, 5.890, 5.925, 5.931 e 5.932, publicadas do DOU de 17.12.2020.

**Art. 20-C.** A Procuradoria-Geral da Fazenda Nacional poderá condicionar o ajuizamento de execuções fiscais à verificação de indícios de bens, direitos ou atividade econômica dos devedores ou corresponsáveis, desde que úteis à satisfação integral ou parcial dos débitos a serem executados. (Incluído pela Lei nº 13.606, de 2018)

**Parágrafo único.** Compete ao Procurador-Geral da Fazenda Nacional definir os limites, critérios e parâmetros para o ajuizamento da ação de que trata o *caput* deste artigo, observados os critérios de racionalidade, economicidade e eficiência. (Incluído pela Lei nº 13.606, de 2018)

**Art. 20-D.** Sem prejuízo da utilização das medidas judicias para recuperação e acautelamento dos créditos inscritos, se houver indícios da prática de ato ilícito previsto na legislação tributária, civil e empresarial como causa de responsabilidade de terceiros por parte do contribuinte, sócios, administradores, pessoas relacionadas e demais responsáveis, a Procuradoria-Geral da Fazenda Nacional poderá, a critério exclusivo da autoridade fazendária: (Incluído pela Lei nº 13.606, de 2018)

**I** - notificar as pessoas de que trata o *caput* deste artigo ou terceiros para prestar depoimentos ou esclarecimentos; (Incluído pela Lei nº 13.606, de 2018)

**II** - requisitar informações, exames periciais e documentos de autoridades federais, estaduais e municipais, bem como dos órgãos e entidades da Administração Pública direta, indireta ou fundacional, de qualquer dos Poderes da União, dos Estados, do Distrito Federal e dos Municípios; (Incluído pela Lei nº 13.606, de 2018)

**III** - instaurar procedimento administrativo para apuração de responsabilidade por débito inscrito em dívida ativa da União, ajuizado ou não, observadas, no que couber, as disposições da Lei nº 9.784, de 29 de janeiro de 1999. (Incluído pela Lei nº 13.606, de 2018)

**Art. 20-E.** A Procuradoria-Geral da Fazenda Nacional editará atos complementares para o fiel cumprimento do disposto nos arts. 20-B, 20-C e 20-D desta Lei. (Incluído pela Lei nº 13.606, de 2018)

**Art. 21.** Fica isento do pagamento dos honorários de sucumbência o autor da demanda de natureza tributária, proposta contra a União (Fazenda Nacional), que desistir da ação e renunciar ao direito sobre que ela se funda, desde que:

**I** – a decisão proferida no processo de conhecimento não tenha transitado em julgado;

**II** – a renúncia e o pedido de conversão dos depósitos judiciais em renda da União sejam protocolizados até 15 de setembro de 1997.

**Art. 22.** O pedido poderá ser homologado pelo juiz, pelo relator do recurso, ou pelo presidente do tribunal, ficando extinto o crédito tributário, até o limite dos depósitos convertidos.

**§ 1º.** Na hipótese de a homologação ser da competência do relator ou do presidente do tribunal, incumbirá ao autor peticionar ao juiz de primeiro grau que houver apreciado o feito, informando a homologação da renúncia para que este determine, de imediato, a conversão dos depósitos em renda da União, independentemente do retorno dos autos do processo ou da respectiva ação cautelar à vara de origem.

**§ 2º.** A petição de que trata o § 1º deverá conter o número da conta a que os depósitos estejam vinculados e virá acompanhada de cópia da página do órgão oficial onde tiver sido publicado o ato homologatório.

**§ 3º.** Com a renúncia da ação principal deverão ser extintas todas as ações cautelares a ela vinculadas, nas quais não será devida verba de sucumbência.

**Art. 23.** O ofício para que o depositário proceda à conversão de depósito em renda deverá ser expedido no prazo máximo de 15 (quinze) dias, contado da data do despacho judicial que acolher a petição.

**Art. 24.** As pessoas jurídicas de direito público são dispensadas de autenticar as cópias reprográficas de quaisquer documentos que apresentem em juízo.

**Art. 25.** O termo de inscrição em Dívida Ativa da União, bem como o das autarquias e fundações públicas federais, a Certidão de Dívida Ativa dele extraída e a petição inicial em processo de execução fiscal poderão ser subscritos manualmente, ou por chancela mecânica ou eletrônica, observadas as disposições legais. (Redação dada pela Lei nº 11.941, de 2009)

**Parágrafo único.** O disposto no *caput* deste artigo aplica-se, também, à inscrição em Dívida Ativa e à cobrança judicial da contribuição, multas e demais encargos previstos na legislação respectiva, relativos ao Fundo de Garantia do Tempo de Serviço.

**Art. 26.** Fica suspensa a restrição para transferência de recursos federais a Estados, Distrito Federal e Municípios destinados à execução de ações sociais ou ações em faixa de fronteira, em decorrência de inadimplementos objetos de registro no Cadin e no Sistema Integrado de Administração Financeira do Governo Federal - SIAFI. (Redação dada pela Lei nº 12.810, de 2013)

**Art. 26-A.** O órgão ou entidade que receber recursos para execução de convênios, contratos de repasse e termos de parcerias na forma estabelecida pela legislação federal estará sujeito a prestar contas da sua boa e regular aplicação, observando-se o disposto nos §§ 1º a 10 deste artigo. (Incluído pela Lei nº 12.810, de 2013)

**§ 1º.** Norma específica disporá sobre o prazo para prestação de contas e instauração de tomada de contas especial, se for o caso. (Incluído pela Lei nº 12.810, de 2013)

**§ 2º.** Quando a prestação de contas não for encaminhada no prazo estabelecido, será concedido o prazo máximo de 30 (trinta) dias para sua apresentação, ou recolhimento dos recursos, incluídos os rendimentos da aplicação no mercado financeiro, atualizados monetariamente e acrescidos de juros de mora, na forma da lei. (Incluído pela Lei nº 12.810, de 2013)

**§ 3º.** Para os convênios em que não tenha havido qualquer execução física nem utilização dos recursos, o recolhimento à conta única do Tesouro deverá ocorrer sem a incidência de juros de mora, mas com os rendimentos da aplicação financeira. (Incluído pela Lei nº 12.810, de 2013)

**§ 4º**. Apresentada a prestação de contas, o concedente deverá apreciá-la aprovando ou rejeitando, total ou parcialmente, as contas, de forma motivada. (Incluído pela Lei nº 12.810, de 2013)

**§ 5º**. Na ocorrência de uma das hipóteses de inadimplência previstas nos §§ 1º a 4º, ou no caso de as contas prestadas serem rejeitadas total ou parcialmente, o concedente registrará a inadimplência no sistema de gestão do instrumento e comunicará o fato ao órgão de contabilidade analítica a que estiver vinculado, para fins de instauração de tomada de contas especial, ou outro procedimento de apuração no qual sejam garantidos oportunizados o contraditório e a ampla defesa das partes envolvidas. (Incluído pela Lei nº 12.810, de 2013)

**§ 6º**. Confirmada a existência de prejuízo ao erário ou desvio dos recursos na forma do § 5o, serão implementadas medidas administrativas ou judiciais para recuperação dos valores, sob pena de responsabilização solidária. (Incluído pela Lei nº 12.810, de 2013)

**§ 7º**. Cabe ao prefeito e ao governador sucessores prestarem contas dos recursos provenientes de convênios, contratos de repasse e termos de parcerias firmados pelos seus antecessores. (Incluído pela Lei nº 12.810, de 2013)

**§ 8º**. Na impossibilidade de atender ao disposto no § 7º, deverão ser apresentadas ao concedente justificativas que demonstrem o impedimento de prestar contas e solicitação de instauração de tomada de contas especial. (Incluído pela Lei nº 12.810, de 2013)

**§ 9º**. Adotada a providência prevista no § 8o, o registro de inadimplência do órgão ou entidade será suspenso, no prazo de até 48 (quarenta e oito) horas, pelo concedente. (Incluído pela Lei nº 12.810, de 2013)

**§ 10.** Norma específica disporá sobre o prazo para registro de inadimplência no sistema de gestão do instrumento e a forma de notificação prévia com os referidos prazos. (Incluído pela Lei nº 12.810, de 2013)

**Art. 27.** Não cabe recurso de ofício das decisões prolatadas pela Secretaria da Receita Federal do Brasil, em processos relativos a tributos administrados por esse órgão: (Redação dada pela Lei nº 12.788, de 2013)

**I** – quando se tratar de pedido de restituição de tributos; (Incluído pela Lei nº 12.788, de 2013)

**II** – quando se tratar de ressarcimento de créditos do Imposto sobre Produtos Industrializados - IPI, da Contribuição para o PIS/Pasep e da Contribuição para o Financiamento da Seguridade Social - COFINS; (Incluído pela Lei nº 12.788, de 2013)

**III** – quando se tratar de reembolso do salário-família e do salário-maternidade; (Incluído pela Lei nº 12.788, de 2013)

**IV** – quando se tratar de homologação de compensação; (Incluído pela Lei nº 12.788, de 2013)

**V** – nos casos de redução de penalidade por retroatividade benigna; e (Incluído pela Lei nº 12.788, de 2013)

**VI** – nas hipóteses em que a decisão estiver fundamentada em decisão proferida em ação direta de inconstitucionalidade, em súmula vinculante proferida pelo Supremo Tribunal Federal e no disposto no § 6º do art. 19. (Incluído pela Lei nº 12.788, de 2013)

**Art. 28.** O inciso II do art. 3º da Lei nº 8.748, de 9 de dezembro de 1993, passa a ter a seguinte redação:

"(...)

II – julgar recurso voluntário de decisão de primeira instância nos processos relativos a restituição de impostos e contribuições e a ressarcimento de créditos do Imposto sobre Produtos Industrializados.

(...)"

**Art. 29.** Os débitos de qualquer natureza para com a Fazenda Nacional e os decorrentes de contribuições arrecadadas pela União, constituídos ou não, cujos fatos geradores tenham ocorrido até 31 de dezembro de 1994, que não hajam sido objeto de parcelamento requerido até 31 de agosto de 1995, expressos em quantidade de UFIR, serão reconvertidos para Real, com base no valor daquela fixado para 1º de janeiro de 1997.

**§ 1º**. A partir de 1º de janeiro de 1997, os créditos apurados serão lançados em Reais.

**§ 2º**. Para fins de inscrição dos débitos referidos neste artigo em Dívida Ativa da União, deverá ser informado à Procuradoria-Geral da Fazenda Nacional o valor originário dos mesmos, na moeda vigente à época da ocorrência do fato gerador da obrigação.

**§ 3º**. Observado o disposto neste artigo, bem assim a atualização efetuada para o ano de 2000, nos termos do art. 75 da Lei nº 9.430, de 27 de dezembro de 1996, fica extinta a Unidade Fiscal de Referência – UFIR, instituída pelo art. 1º da Lei nº 8.383, de 30 de dezembro de 1991.

**Art. 30.** Em relação aos débitos referidos no art. 29, bem como aos inscritos em Dívida Ativa da União, passam a incidir, a partir de 1º de janeiro de 1997, juros de mora equivalentes à taxa referencial do Sistema Especial de Liquidação e de Custódia – SELIC para títulos federais, acumulada mensalmente, até o último dia do mês anterior ao do pagamento, e de 1% (um por cento) no mês de pagamento.

**Art. 31.** Ficam dispensados a constituição de créditos da Comissão de Valores Mobiliários – CVM, a inscrição na sua Dívida Ativa e o ajuizamento da respectiva execução fiscal, bem assim cancelados o lançamento e a inscrição relativamente:

**I** – à taxa de fiscalização e seus acréscimos, de que trata a Lei nº 7.940, de 20 de dezembro de 1989, devida a partir de 1º de janeiro de 1990 àquela autarquia, pelas companhias fechadas beneficiárias de incentivos fiscais;

**II** – às multas cominatórias que tiverem sido aplicadas a essas companhias nos termos da Instrução CVM 92, de 8 de dezembro de 1988.

**§ 1º** O disposto neste artigo somente se aplica àquelas companhias que tenham patrimônio líquido igual ou inferior a R$ 10.000.000,00 (dez milhões de reais), conforme demonstrações financeiras do último exercício social, devidamente auditadas por auditor independente registrado na CVM e procedam ao cancelamento do seu registro na CVM, mediante oferta pública de aquisição da totalidade desses títulos, nos termos do art. 20 e seguintes da Instrução CVM nº 265, de 18 de julho de 1997, caso tenham ações disseminadas no mercado, em 31 de outubro de 1997.

**§ 2º** Os autos das execuções fiscais dos débitos de que trata este artigo serão arquivados mediante despacho do juiz, ciente o Procurador da CVM, salvo a existência de valor remanescente relativo a débitos legalmente exigíveis.

**§ 3º** O disposto neste artigo não implicará restituição de quantias pagas.

**Art. 32.** O art. 33 do Decreto nº 70.235, de 6 de março de 1972, que, por delegação do Decreto-lei 822, de 5 de setembro de 1969, regula o processo administrativo de determinação e exigência de créditos tributários da União, passa a vigorar com a seguinte alteração:

- Adin 1.976-7/DF: "[...] No mérito, o Tribunal julgou, por unanimidade, procedente a ação direta para declarar a inconstitucionalidade do artigo 32 da Medida Provisória nº 1.699-41/1998, convertida na Lei 10.522/2002, que deu nova redação ao artigo 33, § 2º, do Decreto 70.235/1972, [...]".

(...)

**Art. 33.** (*VETADO*).

**Art. 34.** Fica acrescentado o seguinte parágrafo ao art. 98 da Lei nº 8.212, de 24 de julho de 1991:

- Alteração incorporada ao texto da referida lei.

**Art. 35.** As certidões expedidas pelos órgãos da administração fiscal e tributária poderão ser emitidas pela internet (rede mundial de computadores) com as seguintes características:

**I** – serão válidas independentemente de assinatura ou chancela de servidor dos órgãos emissores;

**II** – serão instituídas pelo órgão emissor mediante ato específico publicado no *Diário Oficial da União* onde conste o modelo do documento.

**Art. 36.** O inciso II do art. 11 da Lei nº 9.641, de 25 de maio de 1998, passa a vigorar com a seguinte redação:

(...)

**Art. 37.** Os créditos do Banco Central do Brasil passíveis de inscrição e cobrança como Dívida Ativa e não pagos nos prazos previstos serão acrescidos de: (Redação dada pela Lei nº 12.548, de 2011)

**I** – juros de mora, contados do primeiro dia do mês subsequente ao do vencimento, equivalentes à taxa referencial do Sistema Especial de Liquidação e de Custódia – SELIC para os títulos federais, acumulada mensalmente, até o último dia do mês anterior ao do pagamento, e de 1% (um por cento) no mês do pagamento; (Redação dada pela Lei nº 12.548, de 2011)

**II** – multa de mora de 2% (dois por cento), a partir do primeiro dia após o vencimento do débito, acrescida, a cada 30 (trinta) dias, de igual percentual, até o limite de 20% (vinte por cento), incidente sobre o valor atualizado na forma do inciso I do *caput* deste artigo. (Redação dada pela Lei nº 12.548, de 2011)

**§ 1º.** Os juros de mora incidentes sobre os créditos provenientes de multas impostas em processo administrativo punitivo que, em razão de recurso, tenham sido confirmadas pela instância superior contam-se do primeiro dia do mês subsequente ao do vencimento, previsto na intimação da decisão de primeira instância. (Redação dada pela Lei nº 12.548, de 2011)

**§ 2º.** Os créditos referidos no *caput* deste artigo poderão ser parcelados em até 30 (trinta) parcelas mensais, a exclusivo critério do Banco Central do Brasil, na forma e condições por ele estabelecidas, incidindo sobre cada parcela a pagar os juros de mora previstos neste artigo. (Redação dada pela Lei nº 12.548, de 2011)

**Art. 37-A.** Os créditos das autarquias e fundações públicas federais, de qualquer natureza, não pagos nos prazos previstos na legislação, serão acrescidos de juros e multa de mora, calculados nos termos e na forma da legislação aplicável aos tributos federais. (Incluído pela Lei nº 11.941, de 2009)

**§ 1º.** Os créditos inscritos em Dívida Ativa serão acrescidos de encargo legal, substitutivo da condenação do devedor em honorários advocatícios, calculado nos termos e na forma da legislação aplicável à Dívida Ativa da União. (Incluído pela Lei nº 11.941, de 2009)

**§ 2º.** O disposto neste artigo não se aplica aos créditos do Banco Central do Brasil. (Incluído pela Lei nº 11.941, de 2009)

**Art. 37-B.** Os créditos das autarquias e fundações públicas federais, de qualquer natureza, poderão ser parcelados em até 60 (sessenta) prestações mensais. (Incluído pela Lei nº 11.941, de 2009)

**§ 1º.** O disposto neste artigo somente se aplica aos créditos inscritos em Dívida Ativa e centralizados nas Procuradorias Regionais Federais, Procuradorias Federais nos Estados e Procuradorias Seccionais Federais, nos termos dos §§ 11 e 12 do art. 10 da Lei nº 10.480, de 2 de julho de 2002, e do art. 22 da Lei nº 11.457, de 16 de março de 2007. (Incluído pela Lei nº 11.941, de 2009)

**§ 2º.** O parcelamento terá sua formalização condicionada ao prévio pagamento da primeira prestação, conforme o montante do débito e o prazo solicitado, observado o disposto no § 9º deste artigo. (Incluído pela Lei nº 11.941, de 2009)

**§ 3º.** Enquanto não deferido o pedido, o devedor fica obrigado a recolher, a cada mês, o valor correspondente a uma prestação. (Incluído pela Lei nº 11.941, de 2009)

**§ 4º.** O não cumprimento do disposto neste artigo implicará o indeferimento do pedido. (Incluído pela Lei nº 11.941, de 2009)

**§ 5º.** Considerar-se-á automaticamente deferido o parcelamento, em caso de não manifestação da autoridade competente no prazo de 90 (noventa) dias, contado da data da protocolização do pedido. (Incluído pela Lei nº 11.941, de 2009)

**§ 6º.** O pedido de parcelamento deferido constitui confissão de dívida e instrumento hábil e suficiente para exigência do crédito, podendo a exatidão dos valores parcelados ser objeto de verificação. (Incluído pela Lei nº 11.941, de 2009)

**§ 7º.** O débito objeto de parcelamento será consolidado na data do pedido. (Incluído pela Lei nº 11.941, de 2009)

**§ 8º.** O devedor pagará as custas, emolumentos e demais encargos legais. (Incluído pela Lei nº 11.941, de 2009)

**§ 9º.** O valor mínimo de cada prestação mensal será definido por ato do Procurador-Geral Federal. (Incluído pela Lei nº 11.941, de 2009)

**§ 10.** O valor de cada prestação mensal, por ocasião do pagamento, será acrescido de juros equivalentes à taxa referencial do Sistema Especial de Liquidação e de Custódia – SELIC para títulos federais, acumulada mensalmente, calculados a partir do mês subsequente ao da consolidação até o mês anterior ao do pagamento, e de 1% (um por cento) relativamente ao mês em que o pagamento estiver sendo efetuado. (Incluído pela Lei nº 11.941, de 2009)

**§ 11.** A falta de pagamento de 3 (três) parcelas, consecutivas ou não, ou de uma parcela, estando pagas todas as demais, implicará a imediata rescisão do parcelamento e, conforme o caso, o prosseguimento da cobrança. (Incluído pela Lei nº 11.941, de 2009)

**§ 12.** Atendendo ao princípio da economicidade, observados os termos, os limites e as condições estabelecidos em ato do Procurador-Geral Federal, poderá ser concedido, de ofício ou a pedido, parcelamento simplificado, importando o pagamento da primeira prestação em confissão de dívida e instrumento hábil e suficiente para a exigência do crédito. (Incluído pela Lei nº 11.941, de 2009)

**§ 13.** Observadas as condições previstas neste artigo, será admitido reparcelamento dos débitos, inscritos em Dívida Ativa das autarquias e fundações públicas federais, constantes de parcelamento em andamento ou que tenha sido rescindido. (Incluído pela Lei nº 11.941, de 2009)

**§ 14.** A formalização do pedido de reparcelamento fica condicionada ao recolhimento da primeira parcela em valor correspondente a: (Incluído pela Lei nº 11.941, de 2009)

**I** – 10% (dez por cento) do total dos débitos consolidados; ou (Incluído pela Lei nº 11.941, de 2009)

**II** – 20% (vinte por cento) do total dos débitos consolidados, caso haja débito com histórico de reparcelamento anterior. (Incluído pela Lei nº 11.941, de 2009)

**§ 15.** Aplicam-se subsidiariamente aos pedidos de reparcelamento, naquilo que não os contrariar, as demais disposições relativas ao parcelamento previstas neste artigo. (Incluído pela Lei nº 11.941, de 2009)

**§ 16.** O parcelamento de que trata este artigo será requerido exclusivamente perante as Procuradorias Regionais Federais, as Procuradorias Federais nos Estados e as Procuradorias Seccionais Federais. (Incluído pela Lei nº 11.941, de 2009)

**§ 17.** A concessão do parcelamento dos débitos a que se refere este artigo compete privativamente às Procuradorias Regionais Federais, às Procuradorias Federais nos Estados e às Procuradorias Seccionais Federais. (Incluído pela Lei nº 11.941, de 2009)

**§ 18.** A Procuradoria-Geral Federal editará atos necessários à execução do parcelamento de que trata este artigo. (Incluído pela Lei nº 11.941, de 2009)

**§ 19.** Mensalmente, a Procuradoria-Geral Federal divulgará, no sítio da Advocacia-Geral da União, demonstrativos dos parcelamentos concedidos no âmbito de sua competência. (Incluído pela Lei nº 11.941, de 2009)

**§ 20.** Ao disposto neste artigo aplicam-se subsidiariamente as regras previstas nesta Lei para o parcelamento dos créditos da Fazenda Nacional. (Incluído pela Lei nº 11.941, de 2009)

**Art. 37-C.** A Advocacia-Geral da União poderá celebrar os convênios de que trata o art. 46 da Lei nº 11.457, de 16 de março de 2007, em relação às informações de pessoas físicas ou jurídicas que tenham débito inscrito em Dívida Ativa das autarquias e fundações públicas federais. (Incluído pela Lei nº 11.941, de 2009)

**Art. 38.** Ficam convalidados os atos praticados com base na Medida Provisória nº 2.176-79, de 23 de agosto de 2001.

**Art. 39.** Ficam revogados o art. 11 do Decreto-lei nº 352, de 17 de junho de 1968, e alterações posteriores; o art. 10 do Decreto-lei nº 2.049, de 1º de agosto de 1983; o art. 11 do Decreto-lei nº 2.052, de 3 de agosto de 1983; o art. 11 do Decreto-lei nº 2.163, de 19 de setembro de 1984; os arts. 91, 93 e 94 da Lei nº 8.981, de 20 de janeiro de 1995.

**Art. 40.** Esta Lei entra em vigor na data de sua publicação.

Brasília, 19 de julho de 2002;
181º da Independência e 114º da República.
Fernando Henrique Cardoso
Pedro Malan

## LEI Nº 10.637, DE 30 DE DEZEMBRO DE 2002

*Dispõe sobre a não cumulatividade na cobrança da contribuição para os Programas de Integração Social (PIS) e de Formação do Patrimônio do Servidor Público (Pasep), nos casos que especifica; sobre o pagamento e o parcelamento de débitos tributários federais, a compensação de créditos fiscais, a declaração de inaptidão de inscrição de pessoas jurídicas, a legislação aduaneira, e dá outras providências.*

‣ DOU de 31.12.2002 - Edição extra

O PRESIDENTE DA REPÚBLICA Faço saber que o Congresso Nacional decreta e eu sanciono a seguinte Lei:

‣ Lei 10.833/2003: art. 15.

## CAPÍTULO I. DA COBRANÇA NÃO CUMULATIVA DO PIS E DO PASEP

**Art. 1º.** A Contribuição para o PIS/Pasep, com a incidência não cumulativa, incide sobre o total das receitas auferidas no mês pela pessoa jurídica, independentemente de sua denominação ou classificação contábil. (Redação dada pela Lei nº 12.973, de 2014)

**§ 1º.** Para efeito do disposto neste artigo, o total das receitas compreende a receita bruta de que trata o art. 12 do Decreto-Lei nº 1.598, de 26 de dezembro de 1977, e todas as demais receitas auferidas pela pessoa jurídica com os respectivos valores decorrentes do ajuste a valor presente de que trata o inciso VIII do *caput* do art. 183 da Lei nº 6.404, de 15 de dezembro de 1976. (Redação dada pela Lei nº 12.973, de 2014)

**§ 2º.** A base de cálculo da Contribuição para o PIS/Pasep é o total das receitas auferidas pela pessoa jurídica, conforme definido no *caput* e no § 1º. (Redação dada pela Lei nº 12.973, de 2014)

**§ 3º.** Não integram a base de cálculo a que se refere este artigo, as receitas:

**I** – decorrentes de saídas isentas da contribuição ou sujeitas à alíquota zero;

**II** – (VETADO);

**III** – auferidas pela pessoa jurídica revendedora, na revenda de mercadorias em relação às quais a contribuição seja exigida da empresa vendedora, na condição de substituta tributária;

‣ Lei 10.865/2004: art. 16.

**IV** – (Revogado pela Lei nº 11.727, de 2008);

**V** – referentes a:

*a)* vendas canceladas e aos descontos incondicionais concedidos;

*b)* reversões de provisões e recuperações de créditos baixados como perda, que não representem ingresso de novas receitas, o resultado positivo da avaliação de investimentos pelo valor do patrimônio líquido e os lucros e dividendos derivados de participações societárias, que tenham sido computados como receita; (Redação dada pela Lei nº 12.973, de 2014)

**VI** – de que trata o inciso IV do *caput* do art. 187 da Lei nº 6.404, de 15 de dezembro de 1976, decorrentes da venda de bens do ativo não circulante, classificado como investimento, imobilizado ou intangível; (Redação dada pela Lei nº 12.973, de 2014)

**VII** – decorrentes de transferência onerosa a outros contribuintes do Imposto sobre Operações relativas à Circulação de Mercadorias e sobre Prestações de Serviços de Transporte Interestadual e Intermunicipal e de Comunicação – ICMS de créditos de ICMS originados de operações de exportação, conforme o disposto no inciso II do § 1º do art. 25 da Lei Complementar nº 87, de 13 de setembro de 1996. (Incluído pela Lei nº 11.945, de 2009)

**VIII** – financeiras decorrentes do ajuste a valor presente de que trata o inciso VIII do *caput* do art. 183 da Lei nº 6.404, de 15 de dezembro de 1976, referentes a receitas excluídas da base de cálculo da Contribuição para o PIS/Pasep; (Incluído pela Lei nº 12.973, de 2014)

**IX** – relativas aos ganhos decorrentes de avaliação de ativo e passivo com base no valor justo; (Incluído pela Lei nº 12.973, de 2014)

**X** - *(Revogado pela Lei 14.789/2023)*

**XI** – reconhecidas pela construção, recuperação, reforma, ampliação ou melhoramento da infraestrutura, cuja contrapartida seja ativo intangível representativo de direito de exploração, no caso de contratos de concessão de serviços públicos; (Incluído pela Lei nº 12.973, de 2014)

**XII** – relativas ao valor do imposto que deixar de ser pago em virtude das isenções e reduções de que tratam as alíneas "a", "b", "c" e "e" do § 1º do art. 19 do Decreto-Lei nº 1.598, de 26 de dezembro de 1977; *(Redação dada pela Lei 14.592/2023)*

**XIII** – relativas ao prêmio na emissão de debêntures; e *(Redação dada pela Lei 14.592/2023)*

**XIV** – relativas ao valor do ICMS que tenha incidido sobre a operação. *(Acrescido pela Lei 14.592/2023)*

**Art. 2º.** Para determinação do valor da contribuição para o PIS/Pasep aplicar-se-á, sobre a base de cálculo apurada conforme o disposto no art. 1º, a alíquota de 1,65% (um inteiro e sessenta e cinco centésimos por cento).

‣ Lei 11.051/2004: art. 2º, § 1º.

**§ 1º.** Excetua-se do disposto no *caput* a receita bruta auferida pelos produtores ou importadores, que devem aplicar as alíquotas previstas: (Incluído pela Lei nº 10.865, de 2004)

**I** – nos incisos I a III do art. 4º da Lei nº 9.718, de 27 de novembro de 1998, e alterações posteriores, no caso de venda de gasolinas e suas correntes, exceto gasolina de aviação, óleo diesel e suas correntes e gás liquefeito de petróleo – GLP derivado de petróleo e de gás natural; (Redação dada pela Lei nº 10.925, de 2004)

**II** – no inciso I do art. 1º da Lei nº 10.147, de 21 de dezembro de 2000, e alterações posteriores, no caso de venda de produtos farmacêuticos, de perfumaria, de toucador ou de higiene pessoal nele relacionados; (Incluído pela Lei nº 10.865, de 2004)

**III** – no art. 1º da Lei nº 10.485, de 3 de julho de 2002, e alterações posteriores, no caso de venda de máquinas e veículos classificados nos códigos 84.29, 8432.40.00, 84.32.80.00, 8433.20, 8433.30.00, 8433.40.00, 8433.5, 87.01, 87.02, 87.03, 87.04, 87.05 e 87.06, da TIPI; (Incluído pela Lei nº 10.865, de 2004)

**IV** – no inciso II do art. 3º da Lei nº 10.485, de 3 de julho de 2002, no caso de vendas para comerciante atacadista ou varejista ou para consumidores, de autopeças relacionadas nos Anexos I e II da mesma Lei; (Incluído pela Lei nº 10.865, de 2004)

**V** – no *caput* do art. 5º da Lei nº 10.485, de 3 de julho de 2002, e alterações posteriores, no caso de venda dos produtos classificados nas posições 40.11 (pneus novos de borracha) e 40.13 (câmaras-de-ar de borracha), da TIPI; (Incluído pela Lei nº 10.865, de 2004)

**VI** – no art. 2º da Lei nº 10.560, de 13 de novembro de 2002, e alterações posteriores, no caso de venda de querosene de aviação; (Incluído pela Lei nº 10.865, de 2004)

**VII** – (Revogado pela Lei nº 13.097, de 2015).

**VIII** – (Revogado pela Lei nº 13.097, de 2015).

**IX** – (Revogado pela Lei nº 13.097, de 2015).

**X** – no art. 23 da Lei nº 10.865, de 30 de abril de 2004, no caso de venda de gasolinas e suas correntes, exceto gasolina de aviação, óleo diesel e suas correntes, querosene de aviação, gás liquefeito de petróleo – GLP derivado de petróleo e de gás natural. (Incluído pela Lei nº 10.925, de 2004)

**§ 1º-A.** Excetua-se do disposto no *caput* deste artigo a receita bruta auferida pelos produtores, importadores ou distribuidores com a venda de álcool, inclusive para fins carburantes, à qual se aplicam as alíquotas previstas no *caput* e no § 4º do art. 5º da Lei nº 9.718, de 27 de novembro de 1998. (Incluído pela Lei nº 11.727, de 2008).

**§ 2º.** Excetua-se do disposto no *caput* deste artigo a receita bruta decorrente da venda de papel imune a impostos de que trata o art. 150, inciso VI, alínea d, da Constituição Federal, quando destinado à impressão de periódicos, que fica sujeita à alíquota de 0,8% (oito décimos por cento). (Incluído pela Lei nº 10.865, de 2004)

**§ 3º.** Fica o Poder Executivo autorizado a reduzir a 0 (zero) e a restabelecer a alíquota incidente sobre receita bruta decorrente da venda de produtos químicos e farmacêuticos, classificados nos Capítulos 29 e 30 da TIPI, sobre produtos destinados ao uso em hospitais, clínicas e consultórios médicos e odontológicos, campanhas de saúde realizadas pelo poder público, laboratório de anatomia patológica, citológica ou de análises clínicas, classificados nas posições 30.02, 30.06, 39.26, 40.15 e 90.18, e sobre semens e embriões da posição 05.11, todos da TIPI. (Redação dada pela Lei nº 11.488, de 2007)

**§ 4º.** Excetua-se do disposto no *caput* deste artigo a receita bruta auferida por pessoa jurídica industrial estabelecida na Zona Franca de Manaus, decorrente da venda de produção própria, consoante projeto aprovado pelo Conselho de Administração da Superintendência da Zona Franca de Manaus – SUFRAMA, que fica sujeita, ressalvado o disposto nos §§ 1º a 3º deste artigo, às alíquotas de: (Incluído pela Lei nº 10.996, de 2004)

**I** – 0,65% (sessenta e cinco centésimos por cento), no caso de venda efetuada a pessoa jurídica estabelecida: (Incluído pela Lei nº 10.996, de 2004)

*a)* na Zona Franca de Manaus; e (Incluído pela Lei nº 10.996, de 2004)

*b)* fora da Zona Franca de Manaus, que apure a Contribuição para o PIS/PASEP no regime de não cumulatividade; (Incluído pela Lei nº 10.996, de 2004)

**II** – 1,3% (um inteiro e três décimos por cento), no caso de venda efetuada a: (Incluído pela Lei nº 10.996, de 2004)

*a)* pessoa jurídica estabelecida fora da Zona Franca de Manaus, que apure o imposto de renda com base no lucro presumido; (Incluído pela Lei nº 10.996, de 2004)

*b)* pessoa jurídica estabelecida fora da Zona Franca de Manaus, que apure o imposto de renda com base no lucro real e que tenha sua receita, total ou parcialmente, excluída do regime de incidência não cumulativa da Contribuição para o PIS/PASEP; (Incluído pela Lei nº 10.996, de 2004)

*c)* pessoa jurídica estabelecida fora da Zona Franca de Manaus e que seja optante pelo Sistema Integrado de Pagamento de Impostos e Contribuições – SIMPLES; e (Incluído pela Lei nº 10.996, de 2004)

*d)* órgãos da administração federal, estadual, distrital e municipal. (Incluído pela Lei nº 10.996, de 2004)

**§ 5º.** O disposto no § 4º também se aplica à receita bruta auferida por pessoa jurídica industrial ou comercial estabelecida nas Áreas de Livre Comércio de que tratam as Leis nºs 7.965, de 22 de dezembro de 1989, 8.210, de 19 de julho de 1991, e 8.256, de 25 de novembro de 1991, o art. 11 da Lei nº 8.387, de 30 de dezembro de 1991, e a Lei nº 8.857, de 8 de março de 1994. (Incluído pela Lei nº 11.945, de 2009).

**§ 6º.** A exigência prevista no § 4º deste artigo relativa ao projeto aprovado não se aplica às pessoas jurídicas comerciais referidas no § 5º deste artigo. (Incluído pela Lei nº 11.945, de 2009).

**Art. 3º.** Do valor apurado na forma do art. 2º a pessoa jurídica poderá descontar créditos calculados em relação a:

- Decreto 8.212/2014: art. 4º.

**I** – bens adquiridos para revenda, exceto em relação às mercadorias e aos produtos referidos: (Redação dada pela Lei nº 10.865, de 2004)

*a)* no inciso III do § 3º do art. 1º desta Lei; e (Redação dada pela Lei nº 11.727, de 2008)

*b)* nos §§ 1º e 1º-A do art. 2º desta Lei; (Redação dada pela Lei nº 11.787, de 2008)

**II** – bens e serviços, utilizados como insumo na prestação de serviços e na produção ou fabricação de bens ou produtos destinados à venda, inclusive combustíveis e lubrificantes, exceto em relação ao pagamento de que trata o art. 2º da Lei nº 10.485, de 3 de julho de 2002, devido pelo fabricante ou importador, ao concessionário, pela intermediação ou entrega dos veículos classificados nas posições 87.03 e 87.04 da TIPI; (Redação dada pela Lei nº 10.865, de 2004)

- Lei 11.051/2004: art. 9º.

**III** – (VETADO);

**IV** – aluguéis de prédios, máquinas e equipamentos, pagos a pessoa jurídica, utilizados nas atividades da empresa;

**V** – valor das contraprestações de operações de arrendamento mercantil de pessoa jurídica, exceto de optante pelo Sistema Integrado de Pagamento de Impostos e Contribuições das Microempresas e das Empresas de Pequeno Porte – SIMPLES; (Redação dada pela Lei nº 10.865, de 2004)

**VI** – máquinas, equipamentos e outros bens incorporados ao ativo imobilizado, adquiridos ou fabricados para locação a terceiros ou para utilização na produção de bens destinados à venda ou na prestação de serviços. (Redação dada pela Lei nº 11.196, de 2005)

**VII** – edificações e benfeitorias em imóveis de terceiros, quando o custo, inclusive de mão de obra, tenha sido suportado pela locatária;

**VIII** – bens recebidos em devolução, cuja receita de venda tenha integrado faturamento do mês ou de mês anterior, e tributada conforme o disposto nesta Lei.

**IX** – energia elétrica e energia térmica, inclusive sob a forma de vapor, consumidas nos estabelecimentos da pessoa jurídica. (Redação dada pela Lei nº 11.488, de 2007)

**X** – vale-transporte, vale-refeição ou vale-alimentação, fardamento ou uniforme fornecidos aos empregados por pessoa jurídica que explore as atividades de prestação de serviços de limpeza, conservação e manutenção. (Incluído pela Lei nº 11.898, de 2009)

**XI** – bens incorporados ao ativo intangível, adquiridos para utilização na produção de bens destinados a venda ou na prestação de serviços. (Incluído pela Lei nº 12.973, de 2014)

**§ 1º.** O crédito será determinado mediante a aplicação da alíquota prevista no *caput* do art. 2º desta Lei sobre o valor: (Redação dada pela Lei nº 10.865, de 2004)

**I** – dos itens mencionados nos incisos I e II do *caput*, adquiridos no mês;

**II** – dos itens mencionados nos incisos IV, V e IX do *caput*, incorridos no mês; (Redação dada pela Lei nº 10.684, de 2003)

**III** – dos encargos de depreciação e amortização dos bens mencionados nos incisos VI, VII e XI do *caput*, incorridos no mês; (Redação dada pela Lei nº 12.973, de 2014)

▸ Lei 11.051/2004: art. 2º.

**IV** – dos bens mencionados no inciso VIII do *caput*, devolvidos no mês.

**§ 2º.** Não dará direito a crédito o valor: (Redação dada pela Lei nº 10.865, de 2004)

**I** - de mão de obra paga a pessoa física; *(Redação dada pela Lei 14.592/2023)*

**II** - da aquisição de bens ou serviços não sujeitos ao pagamento da contribuição, inclusive no caso de isenção, esse último quando revendidos ou utilizados como insumo em produtos ou serviços sujeitos à alíquota 0 (zero), isentos ou não alcançados pela contribuição; e *(Redação dada pela Lei 14.592/2023)*

**III** - do ICMS que tenha incidido sobre a operação de aquisição. *(Acrescido pela Lei 14.592/2023)*

**§ 3º.** O direito ao crédito aplica-se, exclusivamente, em relação:

**I** – aos bens e serviços adquiridos de pessoa jurídica domiciliada no País;

**II** – aos custos e despesas incorridos, pagos ou creditados a pessoa jurídica domiciliada no País;

**III** – aos bens e serviços adquiridos e aos custos e despesas incorridos a partir do mês em que se iniciar a aplicação do disposto nesta Lei.

**§ 4º.** O crédito não aproveitado em determinado mês poderá sê-lo nos meses subsequentes.

**§ 5º.** (VETADO).

**§ 6º.** (VETADO).

**§ 7º.** Na hipótese de a pessoa jurídica sujeitar-se à incidência não cumulativa da contribuição para o PIS/Pasep, em relação apenas a parte de suas receitas, o crédito será apurado, exclusivamente, em relação aos custos, despesas e encargos vinculados a essas receitas.

**§ 8º.** Observadas as normas a serem editadas pela Secretaria da Receita Federal, no caso de custos, despesas e encargos vinculados às receitas referidas no § 7º e àquelas submetidas ao regime de incidência cumulativa dessa contribuição, o crédito será determinado, a critério da pessoa jurídica, pelo método de:

**I** – apropriação direta, inclusive em relação aos custos, por meio de sistema de contabilidade de custos integrada e coordenada com a escrituração; ou

**II** – rateio proporcional, aplicando-se aos custos, despesas e encargos comuns a relação percentual existente entre a receita bruta sujeita à incidência não cumulativa e a receita bruta total, auferidas em cada mês.

**§ 9º.** O método eleito pela pessoa jurídica será aplicado consistentemente por todo o ano-calendário, observadas as normas a serem editadas pela Secretaria da Receita Federal.

**§ 10.** (Revogado pela Lei nº 10.925, de 2004).

**§ 11.** (Revogado pela Lei nº 10.925, de 2004).

**§ 12.** Ressalvado o disposto no § 2º deste artigo e nos §§ 1º a 3º do art. 2º desta Lei, na aquisição de mercadoria produzida por pessoa jurídica estabelecida na Zona Franca de Manaus, consoante projeto aprovado pelo Conselho de Administração da Superintendência da Zona Franca de Manaus – SUFRAMA, o crédito será determinado mediante a aplicação da alíquota de 1% (um por cento) e, na situação de que trata a alínea b do inciso II do § 4º do art. 2º desta Lei, mediante a aplicação da alíquota de 1,65% (um inteiro e sessenta e cinco centésimos por cento). (Redação dada pela Lei nº 11.307, de 2006)

**§ 13.** Não integram o valor das máquinas, equipamentos e outros bens fabricados para incorporação ao ativo imobilizado na forma do inciso VI do *caput* deste artigo os custos de que tratam os incisos do § 2º deste artigo. (Incluído pela Lei nº 11.196, de 2005)

▸ A MP 413/2008 ao ser convertida na Lei 11.727/2008 não dispôs sobre o § 14.

**§ 15.** O disposto no § 12 deste artigo também se aplica na hipótese de aquisição de mercadoria produzida por pessoa jurídica estabelecida nas Áreas de Livre Comércio de que tratam as Leis nºs 7.965, de 22 de dezembro de 1989, 8.210, de 19 de julho de 1991, e 8.256, de 25 de novembro de 1991, o art. 11 da Lei nº 8.387, de 30 de dezembro de 1991, e a Lei nº 8.857, de 8 de março de 1994. (Incluído pela Lei nº 11.945, de 2009)

**§ 16.** Ressalvado o disposto no § 2º deste artigo e nos §§ 1º a 3º do art. 2º desta Lei, na hipótese de aquisição de mercadoria revendida por pessoa jurídica comercial estabelecida nas Áreas de Livre Comércio referidas no § 15, o crédito será determinado mediante a aplicação da alíquota de 0,65% (sessenta e cinco centésimos por cento). (Incluído pela Lei nº 11.945, de 2009).

**§ 17.** No cálculo do crédito de que tratam os incisos do *caput*, poderão ser considerados os valores decorrentes do ajuste a valor presente de que trata o inciso III do *caput* do art. 184 da Lei nº 6.404, de 15 de dezembro de 1976. (Incluído pela Lei nº 12.973, de 2014)

**§ 18.** O disposto nos incisos VI e VII do *caput* não se aplica no caso de bem objeto de arrendamento mercantil, na pessoa jurídica arrendatária. (Incluído pela Lei nº 12.973, de 2014)

**§ 19.** Para fins do disposto nos incisos VI e VII do *caput*, fica vedado o desconto de quaisquer créditos calculados em relação a: (Incluído pela Lei nº 12.973, de 2014)

**I** – encargos associados a empréstimos registrados como custo na forma da alínea "b" do § 1º do art. 17 do Decreto-Lei nº 1.598, de 26 de dezembro de 1977; e (Incluído pela Lei nº 12.973, de 2014)

**II** – custos estimados de desmontagem e remoção do imobilizado e de restauração do local em que estiver situado. (Incluído pela Lei nº 12.973, de 2014)

**§ 20.** No cálculo dos créditos a que se referem os incisos VI e VII do *caput*, não serão computados os ganhos e perdas decorrentes de avaliação de ativo com base no valor justo. (Incluído pela Lei nº 12.973, de 2014)

**§ 21.** Na execução de contratos de concessão de serviços públicos, os créditos gerados pelos serviços de construção, recuperação, reforma, ampliação ou melhoramento de infraestrutura, quando a receita correspondente tiver contrapartida em ativo intangível, representativo de direito de exploração, ou em ativo financeiro, somente poderão ser aproveitados, no caso do ativo intangível, à medida que este for amortizado e, no caso do ativo financeiro, na proporção de seu recebimento, excetuado, para ambos os casos, o crédito previsto no inciso VI do *caput*. (Incluído pela Lei nº 12.973, de 2014)

**§ 22.** O disposto no inciso XI do *caput* não se aplica ao ativo intangível referido no § 21. (Incluído pela Lei nº 12.973, de 2014)

**Art. 4º.** O contribuinte da contribuição para o PIS/Pasep é a pessoa jurídica que auferir as receitas a que se refere o art. 1º.

**Art. 5º.** A contribuição para o PIS/Pasep não incidirá sobre as receitas decorrentes das operações de:

**I** – exportação de mercadorias para o exterior;

**II** – prestação de serviços para pessoa física ou jurídica residente ou domiciliada no exterior, cujo pagamento represente ingresso de divisas; (Redação dada pela Lei nº 10.865, de 2004)

**III** – vendas a empresa comercial exportadora com o fim específico de exportação.

**§ 1º.** Na hipótese deste artigo, a pessoa jurídica vendedora poderá utilizar o crédito apurado na forma do art. 3º para fins de:

**I** – dedução do valor da contribuição a recolher, decorrente das demais operações no mercado interno;

**II** – compensação com débitos próprios, vencidos ou vincendos, relativos a tributos e contribuições administrados pela Secretaria da Receita Federal, observada a legislação específica aplicável à matéria.

**§ 2º.** A pessoa jurídica que, até o final de cada trimestre do ano civil, não conseguir utilizar o crédito por qualquer das formas previstas no § 1º, poderá solicitar o seu ressarcimento em dinheiro, observada a legislação específica aplicável à matéria.

**Art. 5º-A.** Ficam reduzidas a 0 (zero) as alíquotas da contribuição para o PIS/PASEP e da COFINS incidentes sobre as receitas decorrentes da comercialização de matérias-primas, produtos intermediários e materiais de embalagem, produzidos na Zona Franca de Manaus para emprego em processo de industrialização por estabelecimentos industriais ali instalados e consoante projetos aprovados pelo Conselho de Administração da Superintendência da Zona Franca de Manaus – SUFRAMA. (Redação dada pela Lei nº 10.865, de 2004)

- Lei 10.865/2004: art. 14, § 1º.

**Art. 6º.** (Revogado pela Lei nº 10.833, de 2003)

**Art. 7º.** A empresa comercial exportadora que houver adquirido mercadorias de outra pessoa jurídica, com o fim específico de exportação para o exterior, que, no prazo de 180 (cento e oitenta) dias, contado da data da emissão da nota fiscal pela vendedora, não comprovar o seu embarque para o exterior, ficará sujeita ao pagamento de todos os impostos e contribuições que deixaram de ser pagos pela empresa vendedora, acrescidos de juros de mora e multa, de mora ou de ofício, calculados na forma da legislação que rege a cobrança do tributo não pago.

**§ 1º.** Para efeito do disposto neste artigo, considera-se vencido o prazo para o pagamento na data em que a empresa vendedora deveria fazê-lo, caso a venda houvesse sido efetuada para o mercado interno.

**§ 2º.** No pagamento dos referidos tributos, a empresa comercial exportadora não poderá deduzir, do montante devido, qualquer valor a título de crédito de Imposto sobre Produtos Industrializados (IPI) ou de contribuição para o

PIS/Pasep, decorrente da aquisição das mercadorias e serviços objeto da incidência.

**§ 3º.** A empresa deverá pagar, também, os impostos e contribuições devidos nas vendas para o mercado interno, caso, por qualquer forma, tenha alienado ou utilizado as mercadorias.

**Art. 8º.** Permanecem sujeitas às normas da legislação da contribuição para o PIS/Pasep, vigentes anteriormente a esta Lei, não se lhes aplicando as disposições dos arts. 1º a 6º:

▸ Lei 10.865/2004: art. 16.

**I** – as pessoas jurídicas referidas nos §§ 6º, 8o e 9o do art. 3o da Lei nº 9.718, de 27 de novembro de 1998 (parágrafos introduzidos pela Medida Provisória nº 2.158-35, de 24 de agosto de 2001), e Lei nº 7.102, de 20 de junho de 1983;

**II** – as pessoas jurídicas tributadas pelo imposto de renda com base no lucro presumido ou arbitrado;

**III** – as pessoas jurídicas optantes pelo Simples;

**IV** – as pessoas jurídicas imunes a impostos;

**V** – os órgãos públicos, as autarquias e fundações públicas federais, estaduais e municipais, e as fundações cuja criação tenha sido autorizada por lei, referidas no art. 61 do Ato das Disposições Constitucionais Transitórias da Constituição de 1988;

**VI** – (VETADO);

**VII** – as receitas decorrentes das operações:

*a)* (Revogada pela Lei nº 11.727, de 2008)

*b)* sujeitas à substituição tributária da contribuição para o PIS/Pasep;

*c)* referidas no art. 5º da Lei nº 9.716, de 26 de novembro de 1998;

**VIII** – as receitas decorrentes de prestação de serviços de telecomunicações;

**IX** – (VETADO);

**X** – (VETADO); (Redação dada pela Lei nº 12.973, de 2014)

**XI** – as receitas decorrentes de prestação de serviços das empresas jornalísticas e de radiodifusão sonora e de sons e imagens. (Incluído pela Lei nº 10.684, de 2003)

**XII** – as receitas decorrentes de operações de comercialização de pedra britada, de areia para construção civil e de areia de brita. (Incluído pela Lei nº 12.693, de 2012)

**XIII** – as receitas decorrentes da alienação de participações societárias. (Incluído pela Lei nº 13.043, de 2014

**Art. 9º.** (VETADO).

**Art. 10.** A contribuição de que trata o art. 1º desta Lei deverá ser paga até o 25º (vigésimo quinto) dia do mês subsequente ao de ocorrência do fato gerador. (Redação dada pela Lei nº 11.933, de 2009)

**Parágrafo único.** Se o dia do vencimento de que trata o *caput* deste artigo não for dia útil, considerar-se-á antecipado o prazo para o primeiro dia útil que o anteceder. (Incluído pela Lei nº 11.933, de 2009)

**Art. 11.** A pessoa jurídica contribuinte do PIS/Pasep, submetida à apuração do valor devido na forma do art. 3º, terá direito a desconto correspondente ao estoque de abertura dos bens de que tratam os incisos I e II desse artigo, adquiridos de pessoa jurídica domiciliada no País, existentes em 1º de dezembro de 2002.

**§ 1º.** O montante de crédito presumido será igual ao resultado da aplicação do percentual de 0,65% (sessenta e cinco centésimos por cento) sobre o valor do estoque.

**§ 2º.** O crédito presumido calculado segundo os §§ 1º e 7º será utilizado em 12 (doze) parcelas mensais, iguais e sucessivas, a partir da data a que se refere o *caput* deste artigo. (Redação dada pela Lei nº 10.865, de 2004)

**§ 3º.** A pessoa jurídica que, tributada com base no lucro presumido, passar a adotar o regime de tributação com base no lucro real, terá, na hipótese de, em decorrência dessa opção, sujeitar-se à incidência não cumulativa da contribuição para o PIS/Pasep, direito a desconto correspondente ao estoque de abertura dos bens e ao aproveitamento do crédito presumido na forma prevista neste artigo.

**§ 4º.** O disposto no *caput* aplica-se também aos estoques de produtos acabados e em elaboração. (Incluído pela Lei nº 10.684, de 2003)

**§ 5º.** O disposto neste artigo aplica-se, também, aos estoques de produtos que não geraram crédito na aquisição, em decorrência do disposto nos §§ 7º a 9º do art. 3º desta Lei, destinados à fabricação dos produtos de que tratam as Leis nºs 9.990, de 21 de julho de 2000, 10.147, 21 de dezembro de 2000, 10.485, de 3 de julho de 2002, e 10.560, de 13 de novembro de 2002, ou quaisquer outros submetidos à incidência monofásica da contribuição. (Incluído pela Lei nº 10.865, de 2004)

**§ 6º.** As disposições do § 5º não se aplicam aos estoques de produtos adquiridos a alíquota 0 (zero), isentos ou não alcançados pela incidência da contribuição. (Incluído pela Lei nº 10.865, de 2004)

**§ 7º.** O montante do crédito presumido de que trata o § 5º deste artigo será igual ao resultado da aplicação da alíquota de 1,65% (um inteiro e sessenta e cinco centésimos por cento) sobre o valor do estoque, inclusive para as pessoas jurídicas fabricantes dos produtos referidos no art. 51 da Lei nº 10.833, de 29 de dezembro de 2003. (Redação dada pela Lei nº 10.925, de 2004)

**Art. 12.** Até 31 de dezembro de 2003, o Poder Executivo submeterá ao Congresso Nacional projeto de lei tornando não cumulativa a cobrança da Contribuição para o Financiamento da Seguridade Social (Cofins).

**Parágrafo único.** O projeto conterá também a modificação, se necessária, da alíquota da contribuição para o PIS/Pasep, com a finalidade de manter constante, em relação a períodos anteriores, a parcela da arrecadação afetada pelas alterações introduzidas por esta Lei.

## CAPÍTULO II. DAS OUTRAS DISPOSIÇÕES RELATIVAS À LEGISLAÇÃO TRIBUTÁRIA E ADUANEIRA

**Art. 13.** Poderão ser pagos até o último dia útil de janeiro de 2003, em parcela única, os débitos a que se refere o art. 11 da Medida Provisória nº 2.158-35, de 24 de agosto de 2001, vinculados ou não a qualquer ação judicial, relativos a fatos geradores ocorridos até 30 de abril de 2002.

**§ 1º.** Para os efeitos deste artigo, a pessoa jurídica deverá comprovar a desistência expressa e irrevogável de todas as ações judiciais que tenham por objeto os tributos a serem pagos e renunciar a qualquer alegação de direito sobre a qual se fundam as referidas ações.

**§ 2º.** Na hipótese de que trata este artigo, serão dispensados os juros de mora devidos até janeiro de 1999, sendo exigido esse encargo, na forma do § 4º do art. 17 da Lei nº 9.779, de 19 de janeiro de 1999, acrescido pela Medida Provisória nº 2.158-35, de 24 de agosto de 2001, a partir do mês:

**I** – de fevereiro do referido ano, no caso de fatos geradores ocorridos até janeiro de 1999;

**II** – seguinte ao da ocorrência do fato gerador, nos demais casos.

**§ 3º.** Na hipótese deste artigo, a multa, de mora ou de ofício, incidente sobre o débito constituído ou não, será reduzida no percentual fixado no *caput* do art. 6º da Lei nº 8.218, de 29 de agosto de 1991.

**§ 4º.** Para efeito do disposto no *caput*, se os débitos forem decorrentes de lançamento de ofício e se encontrarem com exigibilidade suspensa por força do inciso III do art. 151 da Lei nº 5.172, de 25 de outubro de 1966, o sujeito passivo deverá desistir expressamente e de forma irrevogável da impugnação ou do recurso interposto.

**Art. 14.** Os débitos de que trata o art. 13, relativos a fatos geradores vinculados a ações judiciais propostas pelo sujeito passivo contra exigência de imposto ou contribuição instituído após 1º de janeiro de 1999 ou contra majoração, após aquela data, de tributo ou contribuição anteriormente instituído, poderão ser pagos em parcela única até o último dia útil de janeiro de 2003 com a dispensa de multas moratória e punitivas.

**§ 1º.** Para efeito deste artigo, o contribuinte ou o responsável deverá comprovar a desistência expressa e irrevogável de todas as ações judiciais que tenham por objeto os tributos a serem pagos na forma do *caput*, e renunciar a qualquer alegação de direito sobre as quais se fundam as referidas ações.

**§ 2º.** O benefício de que trata este artigo somente poderá ser usufruído caso o contribuinte ou o responsável pague integralmente, no mesmo prazo estabelecido no *caput*, os débitos nele referidos, relativos a fatos geradores ocorridos de maio de 2002 até o mês anterior ao do pagamento.

**§ 3º.** Na hipótese deste artigo, os juros de mora devidos serão determinados pela variação mensal da Taxa de Juros de Longo Prazo (TJLP).

**Art. 15.** Relativamente aos tributos e contribuições administrados pela Secretaria da Receita Federal, o contribuinte ou o responsável que, a partir de 15 de maio de 2002, tenha efetuado pagamento de débitos, em conformidade com norma de caráter exonerativo, e divergir em relação ao valor de débito constituído de ofício, poderá impugnar, com base nas normas estabelecidas no Decreto nº 70.235, de 6 de março de 1972, a parcela não reconhecida como devida, desde que a impugnação:

**I** – seja apresentada juntamente com o pagamento do valor reconhecido como devido;

**II** – verse, exclusivamente, sobre a divergência de valor, vedada a inclusão de quaisquer outras matérias, em especial as de direito em que se fundaram as respectivas ações judiciais ou impugnações e recursos anteriormente apresentados contra o mesmo lançamento;

**III** – seja precedida do depósito da parcela não reconhecida como devida, determinada de conformidade com o disposto na Lei nº 9.703, de 17 de novembro de 1998.

**§ 1º.** Da decisão proferida em relação à impugnação de que trata este artigo caberá recurso nos termos do Decreto nº 70.235, de 6 de março de 1972.

**§ 2º.** A conclusão do processo administrativo-fiscal, por decisão definitiva em sua esfera ou desistência do sujeito passivo, implicará a imediata conversão em renda do depósito efetuado, na parte favorável à Fazenda Nacional, transformando-se em pagamento definitivo.

**§ 3º.** A parcela depositada nos termos do inciso III do *caput* que venha a ser considerada indevida por força da decisão referida no § 2º sujeitar-se-á ao disposto na Lei nº 9.703, de 17 de novembro de 1998.

**§ 4º.** O disposto neste artigo também se aplica a majoração ou a agravamento de multa de ofício, na hipótese do art. 13.

**Art. 16.** Aplica-se o disposto nos arts. 13 e 14 às contribuições arrecadadas pelo Instituto Nacional do Seguro Social (INSS), observada regulamentação editada por esse órgão, em especial quanto aos procedimentos no âmbito de seu contencioso administrativo.

**Art. 17.** A opção pela modalidade de pagamento de débitos prevista no *caput* do art. 5º da Medida Provisória nº 2.222, de 4 de setembro 2001, poderá ser exercida até o último dia útil do mês de janeiro de 2003, desde que o pagamento seja efetuado em parcela única até essa data.

**Parágrafo único.** Os débitos a serem pagos em decorrência do disposto no *caput* serão acrescidos de juros equivalentes à taxa do Sistema Especial de Liquidação e Custódia (Selic) para títulos federais, acumulada mensalmente, calculados a partir do mês de janeiro de 2002 até o mês anterior ao do pagamento, e adicionados de 1% (um por cento) relativamente ao mês em que o pagamento estiver sendo feito.

**Art. 18.** Os débitos relativos à contribuição para o Programa de Formação do Patrimônio do Servidor Público (Pasep) dos Estados, do Distrito Federal e dos Municípios, bem como de suas autarquias e fundações públicas, sem exigibilidade suspensa, correspondentes a fato gerador ocorrido até 30 de abril de 2002, poderão ser pagos mediante regime especial de parcelamento, por opção da pessoa jurídica de direito público interno devedora.

**Parágrafo único.** A opção referida no *caput* deverá ser formalizada até o último dia útil do mês de setembro de 2002, nos termos e condições estabelecidos pela Secretaria da Receita Federal.

**Art. 19.** O regime especial de parcelamento referido no art. 18 implica a consolidação dos débitos na data da opção e abrangerá a totalidade dos débitos existentes em nome da optante, constituídos ou não, inclusive os juros de mora incidentes até a data de opção.

**Parágrafo único.** O débito consolidado na forma deste artigo:

**I** - sujeitar-se-á, a partir da data da consolidação, a juros equivalentes à taxa do Selic para títulos federais, acumulada mensalmente, calculados a partir da data de deferimento do pedido até o mês anterior ao do pagamento, e adicionados de 1% (um por cento) relativamente ao mês em que o pagamento estiver sendo feito;

**II** - será pago mensalmente, até o último dia útil da primeira quinzena de cada mês, no valor equivalente a 5% (cinco por cento) do valor devido no mesmo mês pela optante, relativo ao Pasep correspondente ao fato gerador ocorrido no mês imediatamente anterior, até a liquidação total do débito;

**III** - a última parcela será paga pelo valor residual do débito, quando inferior ao referido no inciso II.

**Art. 20.** A opção pelo regime especial de parcelamento referido no art. 18 sujeita a pessoa jurídica:

**I** - à confissão irrevogável e irretratável dos débitos referidos no art. 19;

**II** - ao pagamento regular das parcelas do débito consolidado, bem como dos valores devidos relativos ao Pasep decorrentes de fatos geradores ocorridos posteriormente a 30 de abril de 2002.

**Parágrafo único.** A opção pelo regime especial exclui qualquer outra forma de parcelamento de débitos relativos ao Pasep.

**Art. 21.** A pessoa jurídica optante pelo regime especial de parcelamento referido no art. 18 será dele excluída nas seguintes hipóteses:

**I** - inobservância da exigência estabelecida no inciso I do art. 20;

**II** - inadimplência, por 2 (dois) meses consecutivos ou 6 (seis) alternados, relativamente ao Pasep, inclusive decorrente de fatos geradores ocorridos posteriormente a 30 de abril de 2002.

**§ 1º.** A exclusão da pessoa jurídica do regime especial implicará exigibilidade imediata da totalidade do crédito confessado e ainda não pago.

**§ 2º.** A exclusão será formalizada por meio de ato da Secretaria da Receita Federal e produzirá efeitos a partir do mês subsequente àquele em que a pessoa jurídica optante for cientificada.

**Art. 22.** (VETADO).

**Art. 23.** A opção pelo parcelamento alternativo ao Refis de que trata o art. 12 da Lei nº 9.964, de 10 de abril de 2000, regularmente efetuada, poderá ser convertida em opção pelo Refis, e vice-versa, na hipótese de erro de fato cometido por ocasião do primeiro pagamento efetuado, observadas as normas estabelecidas pelo Comitê Gestor do referido Programa.

**§ 1º.** A mudança de opção referida neste artigo deverá ser solicitada até o último dia útil do mês de janeiro de 2003.

**§ 2º.** A pessoa jurídica excluída do parcelamento alternativo ao Refis em razão de pagamento de parcela em valor inferior ao fixado no art. 12, § 1º, da Lei nº 9.964, de 10 de abril de 2000, acrescido de juros correspondentes à variação mensal da Taxa de Juros de Longo Prazo (TJLP), poderá ter sua opção restabelecida, observado o disposto no *caput*.

**§ 3º.** A conversão da opção nos termos deste artigo não implica restituição ou compensação de valores já pagos.

**Art. 24.** O *caput* do art. 10 da Lei nº 10.522, de 19 de julho de 2002, passa a vigorar com a seguinte redação:

› Alteração incorporada ao texto da referida lei.

**Art. 25.** Relativamente aos tributos e contribuições administrados pela Secretaria da Receita Federal, na hipótese de, na data do pagamento realizado de conformidade com norma de caráter exonerativo, o contribuinte ou o responsável estiver sob ação de fiscalização relativamente à matéria a ser objeto desse pagamento, a parcela não reconhecida como devida poderá ser impugnada no prazo fixado na intimação constante do auto de infração ou da notificação de lançamento, nas condições estabelecidas pela referida norma, inclusive em relação ao depósito da respectiva parcela dentro do prazo previsto para o pagamento do valor reconhecido como devido.

**Art. 26.** Poderão optar pelo Sistema Integrado de Pagamento de Impostos e Contribuições das Microempresas e das Empresas de Pequeno Porte (Simples), nas condições estabelecidas pela Lei nº 9.317, de 5 de dezembro de 1996, as pessoas jurídicas que se dediquem exclusivamente às atividades de:

**I** - agência de viagem e turismo;

**II** a IX - (VETADOS).

**Art. 27.** A operação de comércio exterior realizada mediante utilização de recursos de terceiro presume-se por conta e ordem deste, para fins de aplicação do disposto nos arts. 77 a 81 da Medida Provisória nº 2.158-35, de 24 de agosto de 2001.

**Art. 28.** As empresas de transporte internacional que operem em linha regular, por via aérea ou marítima, deverão prestar informações sobre tripulantes e passageiros, na forma e no prazo estabelecidos pela Secretaria da Receita Federal.

**Parágrafo único.** O descumprimento do disposto neste artigo ensejará a aplicação de multa no valor de:

**I** – R$ 5.000,00 (cinco mil reais) por veículo cujas informações não sejam prestadas; ou

**II** – R$ 200,00 (duzentos reais) por informação omitida, limitado ao valor de R$ 5.000,00 (cinco mil reais) por veículo.

**Art. 29.** As matérias-primas, os produtos intermediários e os materiais de embalagem, destinados a estabelecimento que se dedique, preponderantemente, à elaboração de produtos classificados nos Capítulos 2, 3, 4, 7, 8, 9, 10, 11, 12, 15, 16, 17, 18, 19, 20, 23 (exceto códigos 2309.10.00 e 2309.90.30 e Ex-01 no código 2309.90.90), 28, 29, 30, 31 e 64, no código 2209.00.00 e 2501.00.00, e nas posições 21.01 a 21.05.00, da Tabela de Incidência do Imposto sobre Produtos Industrializados - TIPI, inclusive aqueles a que corresponde a notação NT (não tributados), sairão do estabelecimento industrial com suspensão do referido imposto. (Redação dada pela Lei nº 10.684, de 2003)

**§ 1º.** O disposto neste artigo aplica-se, também, às saídas de matérias-primas, produtos intermediários e materiais de embalagem, quando adquiridos por:

**I** – estabelecimentos industriais fabricantes, preponderantemente, de:

a) componentes, chassis, carroçarias, partes e peças dos produtos a que se refere o art. 1º da Lei nº 10.485, de 3 de julho de 2002;

b) partes e peças destinadas a estabelecimento industrial fabricante de produto classificado no CAPÍTULO 88 da Tipi;

c) (*Revogada pela Lei 13.969/2019*).

**II** – pessoas jurídicas preponderantemente exportadoras.

**III** – estabelecimentos industriais fabricantes de bens de que trata o art. 16-A da Lei nº 8.248, de 23 de outubro de 1991, desde que façam jus ao crédito previsto no art. 4º da mesma Lei. (*Incluído pela Lei nº 13.969/2019*)

**§ 2º.** O disposto no *caput* e no inciso I do § 1º aplica-se ao estabelecimento industrial cuja receita bruta decorrente dos produtos ali referidos, no ano-calendário imediatamente anterior ao da aquisição, houver sido superior a 60% (sessenta por cento) de sua receita bruta total no mesmo período.

**§ 3º.** Para fins do disposto no inciso II do § 1º, considera-se pessoa jurídica preponderantemente exportadora aquela cuja receita bruta decorrente de exportação para o exterior, no ano-calendário imediatamente anterior ao da aquisição, tenha sido superior a 50% (cinquenta por cento) de sua receita bruta total de venda de bens e serviços no mesmo período, após excluídos os impostos e contribuições incidentes sobre a venda. (Redação dada pela Lei nº 12.715, de 2012)

**§ 4º** As matérias-primas, os produtos intermediários e os materiais de embalagem, importados diretamente, por encomenda ou por conta e ordem do estabelecimento de que tratam o *caput* e o § 1º deste artigo serão desembaraçados com suspensão do IPI. (*Parágrafo vetado pelo Presidente da República na Lei 13.755/2018, mantido pelo Congresso Nacional e publicado em 21.06.2019*)

**§ 5º.** A suspensão do imposto não impede a manutenção e a utilização dos créditos do IPI pelo respectivo estabelecimento industrial, fabricante das referidas matérias-primas, produtos intermediários e materiais de embalagem.

**§ 6º.** Nas notas fiscais relativas às saídas referidas no § 5º, deverá constar a expressão "Saída com suspensão do IPI", com a especificação do dispositivo legal correspondente, vedado o registro do imposto nas referidas notas.

**§ 7º.** Para os fins do disposto neste artigo, as empresas adquirentes deverão:

**I** – atender aos termos e às condições estabelecidos pela Secretaria da Receita Federal;

**II** – declarar ao vendedor, de forma expressa e sob as penas da lei, que atende a todos os requisitos estabelecidos.

**§ 8º.** (Revogado pela Lei nº 12.712, de 2012).

**Art. 30.** A falta de prestação das informações a que se refere o art. 5º da Lei Complementar nº 105, de 10 de janeiro de 2001, ou sua apresentação de forma inexata ou incompleta, sujeita a pessoa jurídica às seguintes penalidades:

**I** – R$ 50,00 (cinquenta reais) por grupo de cinco informações inexatas, incompletas ou omitidas;

**II** – R$ 5.000,00 (cinco mil reais) por mês-calendário ou fração, independentemente da sanção prevista no inciso I, na hipótese de atraso na entrega da declaração que venha a ser instituída para o fim de apresentação das informações.

**§ 1º.** O disposto no inciso II do *caput* aplica-se também à declaração que não atenda às especificações que forem estabelecidas pela Secretaria da Receita Federal, inclusive quando exigida em meio digital.

**§ 2º.** As multas de que trata este artigo serão:

**I** – apuradas considerando o período compreendido entre o dia seguinte ao término do prazo fixado para a entrega da declaração até a data da efetiva entrega;

**II** – majoradas em 100% (cem por cento), na hipótese de lavratura de auto de infração.

**§ 3º.** Na hipótese de lavratura de auto de infração, caso a pessoa jurídica não apresente a declaração, serão lavrados autos de infração complementares até a sua efetiva entrega.

**Art. 31.** A falta de apresentação dos elementos a que se refere o art. 6º da Lei Complementar nº 105, de 10 de janeiro de 2001, ou sua apresentação de forma inexata ou incompleta, sujeita a pessoa jurídica à multa equivalente a 2% (dois por cento) do valor das operações objeto da requisição, apurado por meio de procedimento fiscal junto à própria pessoa jurídica ou ao titular da conta de depósito ou da aplicação financeira, bem como a terceiros, por mês-calendário ou fração de atraso, limitada a 10% (dez por cento), observado o valor mínimo de R$ 50.000,00 (cinquenta mil reais).

**Parágrafo único.** À multa de que trata este artigo aplica-se o disposto nos §§ 2º e 3º do art. 30.

**Art. 32.** As entidades fechadas de previdência complementar poderão excluir da base de cálculo da contribuição para o PIS/Pasep e da Cofins, além dos valores já previstos na legislação vigente, os referentes a:

**I** – rendimentos relativos a receitas de aluguel, destinados ao pagamento de benefícios de aposentadoria, pensão, pecúlio e resgates;

**II** – receita decorrente da venda de bens imóveis, destinada ao pagamento de benefícios de aposentadoria, pensão, pecúlio e resgates;

**III** – resultado positivo auferido na reavaliação da carteira de investimentos imobiliários referida nos incisos I e II.

**Parágrafo único.** As entidades de que trata o *caput* poderão pagar em parcela única, até o último dia útil do mês de novembro de 2002, com dispensa de juros e multa, os débitos relativos à contribuição para o PIS/Pasep e à Cofins, constituídos ou não, inscritos ou não em Dívida Ativa, ajuizados ou a ajuizar, referentes a fatos geradores ocorridos até 31 de julho de 2002 e decorrentes de:

**I** – rendimentos relativos a receitas de aluguel, destinados ao pagamento de benefícios de aposentadoria, pensão, pecúlio e resgates;

**II** – receita decorrente da venda de bens imóveis, destinada ao pagamento de benefícios de aposentadoria, pensão, pecúlio e resgates;

**III** – resultado positivo auferido na reavaliação da carteira de investimentos imobiliários referida nos incisos I e II.

**Art. 33.** (VETADO).

**Art. 34.** A condição e a vedação estabelecidas, respectivamente, no art. 13, § 2º, III, *b*, da Lei nº 9.249, de 26 de dezembro de 1995, e no art. 12, § 2º, *a*, da Lei nº 9.532, de 10 de dezembro de 1997, não alcançam a hipótese de remuneração de dirigente, em decorrência de vínculo empregatício, pelas Organizações da Sociedade Civil de Interesse Público (Oscip), qualificadas segundo as normas estabelecidas na Lei nº 9.790, de 23 de março de 1999, e pelas Organizações Sociais (OS), qualificadas consoante os dispositivos da Lei nº 9.637, de 15 de maio de 1998.

**Parágrafo único.** O disposto neste artigo aplica-se somente à remuneração não superior, em seu valor bruto, ao limite estabelecido para a remuneração de servidores do Poder Executivo Federal.

**Art. 35.** A receita decorrente da avaliação de títulos e valores mobiliários, instrumentos financeiros, derivativos e itens objeto de hedge, registrada pelas instituições financeiras e demais entidades autorizadas a funcionar pelo Banco Central do Brasil, instituições autorizadas a operar pela Superintendência de Seguros Privados – Susep e sociedades autorizadas a operar em seguros ou resseguros em decorrência da valoração a preço de mercado no que exceder ao rendimento produzido até a referida data somente será computada na base de cálculo do Imposto de Renda das Pessoas Jurídicas, da Contribuição Social sobre o Lucro Líquido, da Contribuição para o Financiamento da Seguridade Social (Cofins) e da contribuição para o PIS/Pasep quando da alienação dos respectivos ativos.

**§ 1º.** Na hipótese de desvalorização decorrente da avaliação mencionada no *caput*, o reconhecimento da perda para efeito do Imposto de Renda das Pessoas Jurídicas e da Contribuição Social sobre o Lucro Líquido será computada também quando da alienação.

**§ 2º.** Para fins do disposto neste artigo, considera-se alienação qualquer forma de transmissão da propriedade, bem como a liquidação, o resgate e a cessão dos referidos títulos e valores mobiliários, instrumentos financeiros derivativos e itens objeto de hedge.

**§ 3º.** Os registros contábeis de que trata este artigo serão efetuados em contrapartida à conta de ajustes específica para esse fim, na forma a ser estabelecida pela Secretaria da Receita Federal.

**§ 4º.** Ficam convalidados os procedimentos efetuados anteriormente à vigência desta Lei, no curso do ano-calendário de 2002, desde que observado o disposto neste artigo.

**Art. 36.** (Revogado pela Lei nº 11.196, de 2005)

**Art. 37.** (Revogado pela Lei nº 11.727, de 2008).

**Art. 38.** Fica instituído, em relação aos tributos e contribuições administrados pela Secretaria da Receita Federal, bônus de adimplência fiscal, aplicável às pessoas jurídicas submetidas ao regime de tributação com base no lucro real ou presumido.

**§ 1º.** O bônus referido no *caput*:

**I** – corresponde a 1% (um por cento) da base de cálculo da CSLL determinada segundo as normas estabelecidas para as pessoas jurídicas submetidas ao regime de apuração com base no lucro presumido;

**II** – será calculado em relação à base de cálculo referida no inciso I, relativamente ao ano-calendário em que permitido seu aproveitamento.

**§ 2º.** Na hipótese de período de apuração trimestral, o bônus será calculado em relação aos 4 (quatro) trimestres do ano-calendário e poderá ser deduzido da CSLL devida correspondente ao último trimestre.

**§ 3º.** Não fará jus ao bônus a pessoa jurídica que, nos últimos 5 (cinco) anos-calendário, se enquadre em qualquer das seguintes hipóteses, em relação a tributos e contribuições administrados pela Secretaria da Receita Federal:

**I** – lançamento de ofício;

**II** – débitos com exigibilidade suspensa;

**III** – inscrição em dívida ativa;

**IV** – recolhimentos ou pagamentos em atraso;

**V** – falta ou atraso no cumprimento de obrigação acessória.

**§ 4º**. Na hipótese de decisão definitiva, na esfera administrativa ou judicial, que implique desoneração integral da pessoa jurídica, as restrições referidas nos incisos I e II do § 3º serão desconsideradas desde a origem.

**§ 5º**. O período de 5 (cinco) anos-calendário será computado por ano completo, inclusive aquele em relação ao qual dar-se-á o aproveitamento do bônus.

**§ 6º**. A dedução do bônus dar-se-á em relação à CSLL devida no ano-calendário.

**§ 7º**. A parcela do bônus que não puder ser aproveitada em determinado período poderá sê-lo em períodos posteriores, vedado o ressarcimento ou a compensação distinta da referida neste artigo.

**§ 8º**. A utilização indevida do bônus instituído por este artigo implica a imposição da multa de que trata o inciso I do *caput* do art. 44 da Lei nº 9.430, de 27 de dezembro de 1996, duplicando-se o seu percentual, sem prejuízo do disposto no § 2º. (Redação dada pela Lei nº 11.488, de 2007)

**§ 9º**. O bônus será registrado na contabilidade da pessoa jurídica beneficiária:

**I** – na aquisição do direito, a débito de conta de Ativo Circulante e a crédito de Lucro ou Prejuízos Acumulados;

**II** – na utilização, a débito da provisão para pagamento da CSLL e a crédito da conta de Ativo Circulante referida no inciso I.

**§ 10.** A Secretaria da Receita Federal estabelecerá as normas necessárias à aplicação deste artigo.

**Art. 39.** (Revogado pela Lei nº 11.196, de 2005)

**Art. 40.** (Revogado pela Lei nº 11.196, de 2005)

**Art. 41.** (VETADO).

**Art. 42.** (*Revogado pela Lei nº 11.196, de 2005*)

**Art. 43.** (*Revogado pela Lei nº 11.196, de 2005*)

**Art. 44.** (VETADO).

**Art. 45.** *(Revogado pela Lei 14.596/2023)*

**Art. 46.** O art. 13, *caput*, e o art. 14, I, da Lei nº 9.718, de 27 de novembro de 1998, passam a vigorar com a seguinte redação:

(...)

**Art. 47.** A pessoa jurídica integrante do Mercado Atacadista de Energia Elétrica (MAE), instituído pela Lei nº 10.433, de 24 de abril de 2002, poderá optar por regime especial de tributação, relativamente à contribuição para o Programa de Integração Social e de Formação do Patrimônio do Servidor Público (PIS/Pasep) e à Contribuição para o Financiamento da Seguridade Social (Cofins).

**§ 1º**. A opção pelo regime especial referido no *caput*:

**I** – será exercida mediante simples comunicado, nos termos e condições estabelecidos pela Secretaria da Receita Federal;

**II** – produzirá efeitos em relação aos fatos geradores ocorridos a partir do mês subsequente ao do exercício da opção.

**§ 2º**. Para os fins do regime especial referido no *caput*, considera-se receita bruta auferida nas operações de compra e venda de energia elétrica realizadas na forma da regulamentação de que trata o art. 14 da Lei nº 9.648, de 27 de maio de 1998, com a redação dada pela Lei nº 10.433, de 24 de abril de 2002, para efeitos de incidência da contribuição para o PIS/Pasep e da Cofins, os resultados positivos apurados mensalmente pela pessoa jurídica optante.

**§ 3º**. Na determinação da base de cálculo da contribuição para o PIS/Pasep e da Cofins, a pessoa jurídica optante poderá deduzir os valores devidos, correspondentes a ajustes de contabilizações encerradas de operações de compra e venda de energia elétrica, realizadas no âmbito do MAE, quando decorrentes de:

**I** – decisão proferida em processo de solução de conflitos, no âmbito do MAE, da Agência Nacional de Energia Elétrica (Aneel) ou em processo de arbitragem, na forma prevista no § 3º do art. 2o da Lei nº 10.433, de 24 de abril de 2002;

**II** – resolução da Aneel;

**III** – decisão proferida no âmbito do Poder Judiciário, transitada em julgado; e

**IV** – (VETADO).

**§ 4º**. A dedução de que trata o § 3º é permitida somente na hipótese em que o ajuste de contabilização caracterize anulação de receita sujeita à incidência do PIS/Pasep e da Cofins, na forma estabelecida pela Secretaria da Receita Federal.

**§ 5º**. Sem prejuízo do disposto nos §§ 3º e 4º, geradoras de energia elétrica optantes poderão excluir da base de cálculo da contribuição para o PIS/Pasep e da Cofins o valor da receita auferida com a venda compulsória de energia elétrica por meio do Mecanismo de Realocação de Energia, de que trata a alínea *b* do parágrafo único do art. 14 da Lei nº 9.648, de 27 de maio de 1998, introduzida pela Lei nº 10.433, de 24 de abril de 2002.

**§ 6º**. Aplicam-se ao regime especial de que trata este artigo as demais normas aplicáveis às contribuições referidas no *caput*, observado o que se segue:

**I** – em relação ao PIS/Pasep, não se aplica o disposto nos arts. 1º a 6º;

**II** – em relação aos fatos geradores ocorridos até 31 de agosto de 2002, o pagamento dos valores devidos correspondentes à Cofins e ao PIS/Pasep poderá ser feito com dispensa de multa e de juros moratórios, desde que efetuado em parcela única, até o último dia útil do mês de setembro de 2002.

**§ 7º**. (VETADO).

**Art. 48.** (VETADO).

**Art. 49.** O art. 74 da Lei nº 9.430, de 27 de dezembro de 1996, passa a vigorar com a seguinte redação:

(...)

**Art. 50.** O *caput* do art. 6º da Lei nº 9.826, de 23 de agosto de 1999, passa a vigorar com a seguinte redação:

(...)

**Art. 51.** O *caput* do art. 52 da Lei nº 9.532, de 10 de dezembro de 1997, passa a vigorar com a seguinte alteração:

(...)

**Art. 52.** O art. 33 do Decreto-Lei nº 1.593, de 21 de dezembro de 1977, passa a vigorar com a seguinte alteração:

(...)

**Art. 53.** É proibida a fabricação, em estabelecimento de terceiros, dos produtos do código 24.02.20.00 da Tipi.

**Parágrafo único.** Aos estabelecimentos que receberem ou tiverem em seu poder matérias-primas, produtos intermediários ou material de embalagem para a fabricação de cigarros para terceiros, aplica-se a penalidade prevista no inciso II do art. 15 do Decreto-Lei nº 1.593, de 21 de dezembro de 1977.

**Art. 54.** O papel para cigarros, em bobinas, somente poderá ser vendido, no mercado interno, a estabelecimento industrial fabricante de cigarros, classificados no código 2402.20.00 da Tabela de Incidência do IPI – TIPI, ou mortalhas. (Redação dada pela Lei nº 10.833, de 2003)

**§ 1º.** Os fabricantes e os importadores do papel de que trata o *caput* deverão: (Incluído pela Lei nº 10.833, de 2003)

**I** – exigir do estabelecimento industrial fabricante de cigarros a comprovação, no ato da venda, de que possui o registro especial de que trata o art. 1º do Decreto-Lei nº 1.593, de 21 de dezembro de 1977, e alterações posteriores; (Incluído pela Lei nº 10.833, de 2003)

**II** – prestar informações acerca da comercialização de papel para industrialização de cigarros, nos termos definidos pela Secretaria da Receita Federal. (Incluído pela Lei nº 10.833, de 2003)

**§ 2º.** O disposto no inciso I do § 1º não se aplica aos fabricantes de cigarros classificados no Ex 01 do código 2402.20.00 da TIPI. (Incluído pela Lei nº 10.833, de 2003)

**Art. 55.** (Revogado pela Lei nº 12.973, de 2014)

**Art. 56.** (VETADO).

**Art. 57.** O encargo de que trata o art 1º do Decreto-Lei nº 1.025, de 21 de outubro de 1969, inclusive na condição de que trata o art. 3º do Decreto-Lei nº 1.569, de 8 de agosto de 1977, nos pagamentos de débitos relativos a tributos e contribuições administrados pela Secretaria da Receita Federal, inscritos na Dívida Ativa da União, e efetuados a partir de 15 de maio de 2002, em virtude de norma de caráter exonerativo, inclusive nas hipóteses de que tratam os arts. 13 e 14 desta Lei, será calculado sobre os valores originalmente devidos, limitado ao valor correspondente à multa calculada nos termos do § 3º do art. 13.

**Art. 58.** O art. 42 da Lei nº 9.430, de 27 de dezembro de 1996, passa a vigorar acrescido dos seguintes §§ 5º e 6º:

(...)

**Art. 59.** O art. 23 do Decreto-Lei nº 1.455, de 7 de abril de 1976, passa a vigorar com as seguintes alterações:

(...)

**Art. 60.** O art. 81 da Lei nº 9.430, de 27 de dezembro de 1996, passa a vigorar com as seguintes alterações:

(...)

**Art. 61.** (VETADO).

**Art. 62.** O art. 15 da Lei nº 10.451, de 10 de maio de 2002, passa a vigorar com a seguinte redação:

(...)

**Art. 63.** (Revogado pela Lei nº 10.828, de 2003)

**Art. 64.** O art. 43 da Medida Provisória nº 2.158-35, de 2001, passa a vigorar acrescido do seguinte § 2º, renumerando-se o parágrafo único para § 1º:

(...)

**Art. 65.** (VETADO).

## CAPÍTULO III. DAS DISPOSIÇÕES FINAIS

**Art. 66.** A Secretaria da Receita Federal e a Procuradoria-Geral da Fazenda Nacional editarão, no âmbito de suas respectivas competências, as normas necessárias à aplicação do disposto nesta Lei.

**Art. 67.** (VETADO).

**Art. 68.** Esta Lei entra em vigor na data de sua publicação, produzindo efeitos:

**I** – a partir de 1º de outubro de 2002, em relação aos arts. 29 e 49;

**II** – a partir de 1º de dezembro de 2002, em relação aos arts. 1º a 6º e 8º a 11;

**III** – a partir de 1º de janeiro de 2003, em relação aos arts. 34, 37 a 44, 46 e 48;

**IV** – a partir da data da publicação desta Lei, em relação aos demais artigos.

Brasília, 30 de dezembro de 2002; 181o da Independência e 114o da República.

Fernando Henrique Cardoso

Pedro Malan

# LEI Nº 11.457, DE 16 DE MARÇO DE 2007

*Dispõe sobre a Administração Tributária Federal; altera as Leis nºs 10.593, de 6 de dezembro de 2002, 10.683, de 28 de maio de 2003, 8.212, de 24 de julho de 1991, 10.910, de 15 de julho de 2004, o Decreto-Lei nº 5.452, de 1º de maio de 1943, e o Decreto nº 70.235, de 6 de março de 1972; revoga dispositivos das Leis nºs 8.212, de 24 de julho de 1991, 10.593, de 6 de dezembro de 2002, 10.910, de 15 de julho de 2004, 11.098, de 13 de janeiro de 2005, e 9.317, de 5 de dezembro de 1996; e dá outras providências.*

› D.O.U. de 19.3.2007.

O PRESIDENTE DA REPÚBLICA

Faço saber que o Congresso Nacional decreta e eu sanciono a seguinte Lei:

## CAPÍTULO I
## DA SECRETARIA DA RECEITA FEDERAL DO BRASIL

**Art. 1º** A Secretaria da Receita Federal passa a denominar-se Secretaria da Receita Federal do Brasil, órgão essencial ao funcionamento do Estado, de caráter permanente, estruturado de forma hierárquica e diretamente subordinado ao Ministro de Estado da Fazenda e que tem por finalidade a administração tributária e aduaneira da União.

**Parágrafo único.** São essenciais e indelegáveis as atividades da administração tributária e aduaneira da União exercidas pelos servidores dos quadros funcionais da Secretaria da Receita Federal do Brasil.

**Art. 2º** Além das competências atribuídas pela legislação vigente à Secretaria da Receita Federal, cabe à Secretaria da Receita Federal do Brasil planejar, executar, acompanhar e avaliar as atividades relativas a tributação, fiscalização, arrecadação, cobrança e recolhimento das contribuições sociais previstas nas alíneas *a*, *b* e *c* do parágrafo único do art. 11 da Lei nº 8.212, de 24 de julho de 1991, e das contribuições instituídas a título de substituição.

**§ 1º** O produto da arrecadação das contribuições especificadas no *caput* deste artigo e acréscimos legais incidentes serão destinados, em caráter exclusivo, ao pagamento de benefícios do Regime Geral de Previdência Social e creditados diretamente ao Fundo do Regime Geral de Previdência Social, de que trata o art. 68 da Lei Complementar nº 101, de 4 de maio de 2000.

**§ 2º** Nos termos do art. 58 da Lei Complementar nº 101, de 4 de maio de 2000, a Secretaria da Receita Federal do Brasil prestará contas anualmente ao Conselho Nacional de Previdência Social dos resultados da arrecadação das contribuições sociais destinadas ao financiamento do Regime Geral de Previdência Social e das compensações a elas referentes.

**§ 3º** As obrigações previstas na Lei nº 8.212, de 24 de julho de 1991, relativas às contribuições sociais de que trata o *caput* deste artigo serão cumpridas perante a Secretaria da Receita Federal do Brasil.

**§ 4º** Fica extinta a Secretaria da Receita Previdenciária do Ministério da Previdência Social.

**Art. 3º** As atribuições de que trata o art. 2º desta Lei se estendem às contribuições devidas a terceiros, assim entendidas outras entidades e fundos, na forma da legislação em vigor, aplicandose em relação a essas contribuições, no que couber, as disposições desta Lei.

**§ 1º** A retribuição pelos serviços referidos no *caput* deste artigo será de 3,5% (três inteiros e cinco décimos por cento) do montante arrecadado, salvo percentual diverso estabelecido em lei específica.

**§ 2º** O disposto no *caput* deste artigo abrangerá exclusivamente contribuições cuja base de cálculo seja a mesma das que incidem sobre a remuneração paga, devida ou creditada a segurados do Regime Geral de Previdência Social ou instituídas sobre outras bases a título de substituição.

**§ 3º** As contribuições de que trata o *caput* deste artigo sujeitam-se aos mesmos prazos, condições, sanções e privilégios daquelas referidas no art. 2º desta Lei, inclusive no que diz respeito à cobrança judicial.

**§ 4º** A remuneração de que trata o § 1º deste artigo será creditada ao Fundo Especial de Desenvolvimento e Aperfeiçoamento das Atividades de Fiscalização – FUNDAF, instituído pelo Decreto-Lei nº 1.437, de 17 de dezembro de 1975.

**§ 5º** Durante a vigência da isenção pelo atendimento cumulativo aos requisitos constantes dos incisos I a V do *caput* do art. 55 da Lei nº 8.212, de 24 de julho de 1991, deferida pelo Instituto Nacional do Seguro Social - INSS, pela Secretaria da Receita Previdenciária ou pela Secretaria da Receita Federal do Brasil, não são devidas pela entidade beneficente de assistência social as contribuições sociais previstas em lei a outras entidades ou fundos.

**§ 6º** Equiparam-se a contribuições de terceiros, para fins desta Lei, as destinadas ao Fundo Aeroviário – FA , à Diretoria de Portos e Costas do Comando da Marinha – DPC e ao Instituto Nacional de Colonização e Reforma Agrária – INCRA e a do salárioeducação.

**Art. 4º** São transferidos para a Secretaria da Receita Federal do Brasil os processos administrativo-fiscais, inclusive os relativos aos créditos já constituídos ou em fase de constituição, e as guias e declarações apresentadas ao Ministério da Previdência Social ou ao Instituto Nacional do Seguro Social – INSS, referentes às contribuições de que tratam os arts. 2º e 3º desta Lei.

**Art. 5º** Além das demais competências estabelecidas na legislação que lhe é aplicável, cabe ao INSS:

**I** – emitir certidão relativa a tempo de contribuição;

**II** – gerir o Fundo do Regime Geral de Previdência Social;

**III** – calcular o montante das contribuições referidas no art. 2º desta Lei e emitir o correspondente documento de arrecadação, com vistas no atendimento conclusivo para concessão ou revisão de benefício requerido.

**Art. 6º** Ato conjunto da Secretaria da Receita Federal do Brasil e do INSS definirá a forma de transferência recíproca de informações relacionadas com as contribuições sociais a que se referem os arts. 2º e 3º desta Lei.

**Parágrafo único.** Com relação às informações de que trata o *caput* deste artigo, a Secretaria da Receita Federal do Brasil e o INSS são responsáveis pela preservação do sigilo fiscal previsto no art. 198 da Lei nº 5.172, de 25 de outubro de 1966.

**Art. 7º** Fica criado o cargo de Natureza Especial de Secretário da Receita Federal do Brasil, com a remuneração prevista no parágrafo único do art. 39 da Lei nº 10.683, de 28 de maio de 2003.

**Parágrafo único.** O Secretário da Receita Federal do Brasil será escolhido entre brasileiros de reputação ilibada e ampla experiência na área tributária, sendo nomeado pelo Presidente da República.

**Art. 7º-A** As atribuições e competências anteriormente conferidas ao Secretário da Receita Federal ou ao Secretário da Receita Previdenciária, relativas ao exercício dos respectivos cargos, transferem-se para o Secretário da Receita Federal do Brasil.

**Art. 8º** Ficam redistribuídos, na forma do § 1º do art. 37 da Lei nº 8.112 , de 11 de dezembro de 1990, dos Quadros de Pessoal do Ministério da Previdência Social e do INSS para a Secretaria da Receita Federal do Brasil os cargos ocupados e vagos da Carreira Auditoria-Fiscal da Previdência Social, de que trata o art. 7º da Lei nº 10.593, de 6 de dezembro de 2002.

**Art. 9º** A Lei nº 10.593, de 6 de dezembro de 2002, passa a vigorar com a seguinte redação:

(...)

**Art. 10.** Ficam transformados:

**I** – em cargos de Auditor-Fiscal da Receita Federal do Brasil, de que trata o art. 5º da Lei nº 10.593, de 6 de dezembro de 2002, com a redação conferida pelo art. 9º desta Lei, os cargos efetivos, ocupados e vagos de Auditor-Fiscal da Receita Federal da Carreira Auditoria da Receita Federal prevista na redação original do art. 5º da Lei nº 10.593, de 6 de dezembro de 2002, e de Auditor-Fiscal da Previdência Social da Carreira Auditoria-Fiscal da Previdência Social, de que trata o art. 7º da Lei nº 10.593, de 6 de dezembro de 2002;

**II** - em cargos de Analista-Tributário da Receita Federal do Brasil, de que trata o art. 5º da Lei nº 10.593, de 6 de dezembro de 2002, com a redação conferida pelo art. 9º desta Lei, os cargos efetivos, ocupados e vagos, de Técnico da Receita Federal da Carreira Auditoria da Receita Federal prevista na redação original do art. 5º da Lei nº 10.593, de 6 de dezembro de 2002, e os cargos efetivos, ocupados e vagos, dos servidores de que trata o art. 12 desta Lei redistribuídos para a Secretaria da Receita Federal do Brasil até a data da publicação da Medida Provisória nº 440, de 29 de agosto de 2008. (Redação dada pela Lei 11.907/2009, vetado pelo Presidente da República, mantido pelo Congresso Nacional e publicado no DOU de 30/4/2021).

- ADI 4.151 e 6.966: O STF, por unanimidade, (I) julgou parcialmente procedente o pedido formulado na ADI 4.151, tão somente para conferir interpretação conforme à Constituição a este dispositivo, de maneira a incluir em seus preceitos e efeitos o cargo de Analista Previdenciário; (II) julgou procedente o pedido formulado na ADI 6.966, com a confirmação da cautelar anteriormente concedida declarando a inconstitucionalidade formal da expressão "e os cargos efetivos, ocupados e vagos, dos servidores de que trata o art. 12 desta Lei redistribuídos para a Secretaria da Receita Federal do Brasil até a data da publicação da Medida Provisória nº 440, de 29 de agosto de 2008", presente neste dispositivo. DJE 09.01.2024

**§ 1º** Aos servidores titulares dos cargos transformados nos termos deste artigo fica assegurado o posicionamento na classe e padrão de vencimento em que estiverem enquadrados, sem prejuízo da remuneração e das demais vantagens a que façam jus na data de início da vigência desta Lei, observando-se, para todos os fins, o tempo no cargo anterior, inclusive o prestado a partir da publicação desta Lei.

**§ 2º** O disposto neste artigo aplica-se aos servidores aposentados, bem como aos pensionistas.

**§ 3º** A nomeação dos aprovados em concursos públicos para os cargos transformados na forma do *caput* deste artigo cujo edital tenha sido publicado antes do início da vigência desta Lei far-se-á nos cargos vagos alcançados pela respectiva transformação.

**§ 4º** Ficam transportados para a folha de pessoal inativo do Ministério da Fazenda os proventos e as pensões decorrentes do exercício dos cargos de Auditor-Fiscal da Previdência Social transformados nos termos deste artigo.

**§ 5º** Os atuais ocupantes dos cargos a que se refere o § 4º deste artigo e os servidores inativos que se aposentaram em seu exercício, bem como os respectivos pensionistas, poderão optar por permanecer filiados ao plano de saúde a que se vinculavam na origem, hipótese em que a contribuição será custeada pelo servidor e pelo Ministério da Fazenda.

**§ 6º** Ficam extintas a Carreira Auditoria da Receita Federal, mencionada na redação original do art. 5º da Lei nº 10.593, de 6 de dezembro de 2002, e a Carreira Auditoria-Fiscal da Previdência Social, de que trata o art. 7º daquela Lei.

**Art. 11.** Os Auditores-Fiscais da Receita Federal do Brasil cedidos a outros órgãos que não satisfaçam as condições previstas nos incisos I e II do § 8º do art. 4º da Lei nº 10.910, de 15 de julho de 2004, deverão entrar em exercício na Secretaria da Receita Federal do Brasil no prazo de 180 (cento e oitenta) dias da vigência desta Lei.

**§ 1º** Excluem-se do disposto no *caput* deste artigo cessões para o exercício dos cargos de Secretário de Estado, do Distrito Federal, de prefeitura de capital ou de dirigente máximo de autarquia no mesmo âmbito.

**§ 2º** O Poder Executivo poderá fixar o exercício de até 385 (trezentos e oitenta e cinco) Auditores-Fiscais da Receita Federal do Brasil no Ministério da Previdência Social ou na Superintendência Nacional de Previdência Complementar – PREVIC, garantidos os direitos e vantagens inerentes ao cargo, lotação de origem, remuneração e gratificações, ainda que na condição de ocupante de cargo em comissão ou função de confiança.

**§ 3º** Os Auditores-Fiscais da Receita Federal do Brasil a que se refere o § 2º executarão, em caráter privativo, os procedimentos de fiscalização das atividades e operações das entidades fechadas de previdência complementar, de competência da Previc, assim como das entidades e fundos dos regimes próprios de previdência social.

**§ 4º** No exercício da competência prevista no § 3º deste artigo, os Auditores-Fiscais da Receita Federal do Brasil poderão, relativamente ao objeto da fiscalização:

**I** – praticar os atos definidos na legislação específica, inclusive os relacionados com a apreensão e guarda de livros, documentos, materiais, equipamentos e assemelhados;

**II** – examinar registros contábeis, não se lhes aplicando as restrições previstas nos arts. 1.190 a 1.192 do Código Civil e observado o disposto no art. 1.193 do mesmo diploma legal.

**III** – lavrar ou propor a lavratura de auto de infração;

**IV** – aplicar ou propor a aplicação de penalidade administrativa ao responsável por infração objeto de processo administrativo decorrente de ação fiscal, representação, denúncia ou outras situações previstas em lei.

**§ 5º** Na execução dos procedimentos de fiscalização referidos no § 3º, ao Auditor-Fiscal da Receita Federal do Brasil é assegurado o livre acesso às dependências e às informações dos entes objeto da ação fiscal, de acordo com as respectivas áreas de competência, caracterizando-se embaraço à fiscalização, punível nos termos da lei, qualquer dificuldade oposta à consecução desse objetivo.

**§ 6º** É facultado ao Auditor-Fiscal da Receita Federal do Brasil a que se refere o § 2º exercer, em caráter geral e concorrente, outras atividades inerentes às competências do Ministério da Previdência Social e da Previc.

**§ 7º** Caberá aos Auditores-Fiscais da Receita Federal do Brasil em exercício na Previc constituir em nome desta, mediante lançamento, os créditos pelo não recolhimento da Taxa de Fiscalização e Controle da Previdência Complementar – TAFIC e promover a sua cobrança administrativa.

**Art. 12.** Sem prejuízo do disposto no art. 49 desta Lei, são redistribuídos, na forma do disposto no art. 37 da Lei nº 8.112, de 11 de dezembro de 1990, para a Secretaria da Receita Federal do Brasil, os cargos dos servidores que, na data da publicação desta Lei, se encontravam em efetivo exercício na Secretaria de Receita Previdenciária ou nas unidades técnicas e administrativas a ela vinculadas e sejam titulares de cargos integrantes:

**I** – do Plano de Classificação de Cargos, instituído pela Lei nº 5.645, de 10 de dezembro de 1970, ou do Plano Geral de Cargos do Poder Executivo de que trata a Lei nº 11.357, de 19 de outubro de 2006;

**II** – das Carreiras:

a) Previdenciária, instituída pela Lei nº 10.355, de 26 de dezembro de 2001;

b) da Seguridade Social e do Trabalho, instituída pela Lei nº 10.483, de 3 de julho de 2002;

c) do Seguro Social, instituída pela Lei nº 10.855, de 1º de abril de 2004;

d) da Previdência, da Saúde e do Trabalho, instituída pela Lei nº 11.355, de 19 de outubro de 2006.

**§§ 1º ao 3º** (VETADOS)

**§ 4º** Os servidores referidos neste artigo poderão, no prazo de 180 (cento e oitenta) dias contado da data referida no inciso II do *caput* do art. 51 desta Lei, optar por sua permanência no órgão de origem.

**§ 5º** Os servidores a que se refere este artigo perceberão seus respectivos vencimentos e vantagens como se em exercício estivessem no órgão de origem, até a vigência da Lei que disporá sobre suas carreiras, cargos, remuneração, lotação e exercício.

**§ 6º** *(VETADO na Lei 11.501/2007)*

**§ 7º** *(VETADO na Lei 11.501/2007)*

**§ 8º** *(VETADO na Lei 11.501/2007)*

**Art. 13.** Ficam transferidos os cargos em comissão e funções gratificadas da estrutura da extinta Secretaria da Receita Previdenciária do Ministério da Previdência Social para a Secretaria da Receita Federal do Brasil.

**Art. 14.** Fica o Poder Executivo federal autorizado a proceder à transformação, sem aumento de despesa, dos cargos em comissão e das funções de confiança existentes na Secretaria Especial da Receita Federal do Brasil do Ministério da Economia. *(Redação dada pela Lei 13.844/2019)*

**Parágrafo único.** Sem prejuízo das situações em curso, os cargos em comissão e as funções de confiança a que se refere o *caput* deste artigo, com exceção daqueles destinados ao assessoramento direto e ao gabinete do Secretário Especial da Receita Federal do Brasil, são privativos de servidores: *(Redação dada pela Lei 13.844/2019)*

**I** – ocupantes de cargos efetivos da Secretaria Especial da Receita Federal do Brasil do Ministério da Economia ou de servidores que tenham obtido aposentadoria nessa condição, hipótese esta restrita à ocupação de cargo em comissão; e *(Redação dada pela Lei 13.844/2019)*

**II** – alcançados pelo disposto no art. 12 desta Lei.

**Art. 15.** Os incisos XII e XVIII do *caput* do art. 29 da Lei nº 10.683, de 28 de maio de 2003, passam a vigorar com a seguinte redação:

(...)

## CAPÍTULO II
## DA PROCURADORIA-GERAL DA FAZENDA NACIONAL

**Art. 16.** A partir do 1º (primeiro) dia do 2º (segundo) mês subseqüente ao da publicação desta Lei, o débito original e seus acréscimos legais, além de outras multas previstas em lei, relativos às contribuições de que tratam os arts. 2º e 3º desta Lei, constituem dívida ativa da União.

**§ 1º** A partir do 1º (primeiro) dia do 13º (décimo terceiro) mês subseqüente ao da publicação desta Lei, o disposto no *caput* deste artigo se estende à dívida ativa do Instituto Nacional do Seguro Social – INSS e do Fundo Nacional de Desenvolvimento da Educação – FNDE decorrente das contribuições a que se referem os arts. 2º e 3º desta Lei.

**§ 2º** Aplica-se à arrecadação da dívida ativa decorrente das contribuições de que trata o art. 2º desta Lei o disposto no § 1º daquele artigo.

**§ 3º** Compete à Procuradoria-Geral Federal representar judicial e extrajudicialmente:

**I** – o INSS e o FNDE, em processos que tenham por objeto a cobrança de contribuições previdenciárias, inclusive nos que pretendam a contestação do crédito tributário, até a data prevista no § 1º deste artigo;

**II** – a União, nos processos da Justiça do Trabalho relacionados com a cobrança de contribuições previdenciárias, de imposto de renda retido na fonte e de multas impostas aos empregadores pelos órgãos de fiscalização das relações do trabalho, mediante delegação da Procuradoria-Geral da Fazenda Nacional.

**§ 4º** A delegação referida no inciso II do § 3º deste artigo será comunicada aos órgãos judiciários e não alcançará a competência prevista no inciso II do art. 12 da Lei Complementar nº 73, de 10 de fevereiro de 1993.

**§ 5º** Recebida a comunicação aludida no § 4º deste artigo, serão destinadas à Procuradoria-Geral Federal as citações, intimações e notificações efetuadas em processos abrangidos pelo objeto da delegação.

**§ 6º** Antes de efetivar a transferência de atribuições decorrente do disposto no § 1º deste artigo, a Procuradoria-Geral Federal concluirá os atos que se encontrarem pendentes.

**§ 7º** A inscrição na dívida ativa da União das contribuições de que trata o art. 3º desta Lei, na forma do *caput* e do § 1º deste artigo, não altera a destinação final do produto da respectiva arrecadação.

**Art. 17.** O art. 39 da Lei nº 8.212, de 24 de julho de 1991, passa a vigorar com a seguinte redação:

(...)

**Art. 18.** Ficam criados na Carreira de Procurador da Fazenda Nacional 1.200 (mil e duzentos) cargos efetivos de Procurador da Fazenda Nacional.

**Parágrafo único.** Os cargos referidos no *caput* deste artigo serão providos na medida das necessidades do serviço e das disponibilidades de recursos orçamentários, nos termos do § 1º do art. 169 da Constituição Federal.

**Art. 18-A.** Compete ao Advogado-Geral da União e ao Ministro de Estado da Fazenda, mediante ato conjunto, distribuir os cargos de Procurador da Fazenda Nacional pelas 3 (três) categorias da Carreira.

**Art. 19.** Ficam criadas, na Procuradoria-Geral da Fazenda Nacional, 120 (cento e vinte) Procuradorias Seccionais da Fazenda Nacional, a serem instaladas por ato do Ministro de Estado da Fazenda em cidades-sede de Varas da Justiça Federal ou do Trabalho .

**Parágrafo único.** Para estruturação das Procuradorias Seccionais a que se refere o *caput* deste artigo, ficam criados 60 (sessenta) cargos em comissão do Grupo-Direção e Assessoramento Superiores DAS-2 e 60 (sessenta) DAS-1, a serem providos na medida das necessidades do serviço e das disponibilidades de recursos orçamentários, nos termos do § 1º do art. 169 da Constituição Federal.

**Art. 20.** (VETADO).

**Art. 21.** Sem prejuízo do disposto no art. 49 desta Lei e da percepção da remuneração do respectivo cargo, será fixado o exercício na Procuradoria-Geral da Fazenda Nacional, a partir da data fixada no § 1º do art. 16 desta Lei, dos servidores que se encontrarem em efetivo exercício nas unidades vinculadas ao contencioso fiscal e à cobrança da dívida ativa na Coordenação Geral de Matéria Tributária da Procuradoria-Geral Federal, na Procuradoria Federal Especializada junto ao INSS, nos respectivos órgãos descentralizados ou nas unidades locais, e forem titulares de cargos integrantes:

**I** – do Plano de Classificação de Cargos instituído pela Lei nº 5.645, de 10 dezembro de 1970, ou do Plano Geral de Cargos do Poder Executivo de que trata a Lei nº 11.357, de 19 de outubro de 2006;

**II** – das Carreiras:

*a)* Previdenciária, instituída pela Lei nº 10.355, de 26 de dezembro de 2001;

*b)* da Seguridade Social e do Trabalho, instituída pela Lei nº 10.483, de 3 de julho de 2002;

*c)* do Seguro Social, instituída pela Lei nº 10.855, de 1º de abril de 2004;

*d)* da Previdência, da Saúde e do Trabalho, instituída pela Lei nº 11.355, de 19 de outubro de 2006.

**Parágrafo único.** Fica o Poder Executivo autorizado, de acordo com as necessidades do serviço, a fixar o exercício dos servidores a que se refere o *caput* deste artigo no órgão ou entidade ao qual estiverem vinculados.

**Art. 22.** As autarquias e fundações públicas federais darão apoio técnico, logístico e financeiro, pelo prazo de 24 (vinte e quatro) meses a partir da publicação desta Lei, para que a Procuradoria-Geral Federal assuma, de forma centralizada, nos termos dos §§ 11 e 12 do art. 10 da Lei nº 10.480, de 2 de julho de 2002, a execução de sua dívida ativa.

**Art. 23.** Compete à Procuradoria-Geral da Fazenda Nacional a representação judicial na cobrança de créditos de qualquer natureza inscritos em Dívida Ativa da União.

**Art. 24.** É obrigatório que seja proferida decisão administrativa no prazo máximo de 360 (trezentos e sessenta) dias a contar do protocolo de petições, defesas ou recursos administrativos do contribuinte.

**§ 1º** (VETADO)

**§ 2º** (VETADO)

## CAPÍTULO III
## DO PROCESSO ADMINISTRATIVO FISCAL

**Art. 25.** Passam a ser regidos pelo Decreto nº 70.235, de 6 de março de 1972:

**I** – a partir da data fixada no § 1º do art. 16 desta Lei, os procedimentos fiscais e os processos administrativo-fiscais de determinação e exigência de créditos tributários referentes às contribuições de que tratam os arts. 2º e 3º desta Lei;

**II** – a partir da data fixada no *caput* do art. 16 desta Lei, os processos administrativos de consulta relativos às contribuições sociais mencionadas no art. 2º desta Lei.

**§ 1º** O Poder Executivo poderá antecipar ou postergar a data a que se refere o inciso I do *caput* deste artigo, relativamente a:

**I** – procedimentos fiscais, instrumentos de formalização do crédito tributário e prazos processuais;

**II** – competência para julgamento em 1ª (primeira) instância pelos órgãos de deliberação interna e natureza colegiada.

**§ 2º** *(Revogado pela Lei 13.670/2018)*

**§ 3º** Aplicam-se, ainda, aos processos a que se refere o inciso II do *caput* deste artigo os arts. 48 e 49 da Lei nº 9.430, de 27 de dezembro de 1996.

**Art. 26.** O valor correspondente à compensação de débitos relativos às contribuições de que trata o art. 2º desta Lei será repassado ao Fundo do Regime Geral de Previdência Social no prazo máximo de 30 (trinta) dias úteis, contado da data em que ela for promovida de ofício ou em que for apresentada a declaração de compensação.

**Parágrafo único.** *(Revogado pela Lei 13.670/2018)*

**Art. 26-A.** O disposto no art. 74 da Lei nº 9.430, de 27 de dezembro de 1996:

**I** – aplica-se à compensação das contribuições a que se referem os arts. 2º e 3º desta Lei efetuada pelo sujeito passivo que utilizar o Sistema de Escrituração Digital das Obrigações Fiscais, Previdenciárias e Trabalhistas (eSocial), para apuração das referidas contribuições, observado o disposto no § 1º deste artigo;

**II** – não se aplica à compensação das contribuições a que se referem os arts. 2º e 3º desta Lei efetuada pelos demais sujeitos passivos; e

**III** – não se aplica ao regime unificado de pagamento de tributos, de contribuições e dos demais encargos do empregador doméstico (Simples Doméstico).

**§ 1º** Não poderão ser objeto da compensação de que trata o inciso I do *caput* deste artigo:

**I** – o débito das contribuições a que se referem os arts. 2º e 3º desta Lei:

a) relativo a período de apuração anterior à utilização do eSocial para a apuração das referidas contribuições; e

b) relativo a período de apuração posterior à utilização do eSocial com crédito dos demais tributos administrados pela Secretaria da Receita Federal do Brasil concernente a período de apuração anterior à utilização do eSocial para apuração das referidas contribuições; e

**II** – o débito dos demais tributos administrados pela Secretaria da Receita Federal do Brasil:

a) relativo a período de apuração anterior à utilização do eSocial para apuração de tributos com crédito concernente às contribuições a que se referem os arts. 2º e 3º desta Lei; e

b) com crédito das contribuições a que se referem os arts. 2º e 3º desta Lei relativo a período de apuração anterior à utilização do eSocial para apuração das referidas contribuições.

**§ 2º** A Secretaria da Receita Federal do Brasil disciplinará o disposto neste artigo.

**Art. 27.** Observado o disposto no art. 25 desta Lei, os procedimentos fiscais e os processos administrativo-fiscais referentes às contribuições sociais de que tratam os arts. 2º e 3º desta Lei permanecem regidos pela legislação precedente.

**Art. 28.** Ficam criadas, na Secretaria da Receita Federal do Brasil, 5 (cinco) Delegacias de Julgamento e 60 (sessenta) Turmas de Julgamento com competência para julgar, em 1ª (primeira) instância, os processos de exigência de tributos e contribuições arrecadados pela Secretaria da Receita Federal do Brasil, a serem instaladas mediante ato do Ministro de Estado da Fazenda.

**Parágrafo único.** Para estruturação dos órgãos de que trata o *caput* deste artigo, ficam criados 5 (cinco) cargos em comissão do Grupo-Direção e Assessoramento Superiores DAS-3 e 55 (cinqüenta e cinco) DAS-2, a serem providos na medida das necessidades do serviço e das disponibilidades de recursos orçamentários, nos termos do § 1º do art. 169 da Constituição Federal.

**Art. 29.** Fica transferida do Conselho de Recursos da Previdência Social para o 2º Conselho de Contribuintes do Ministério da Fazenda a competência para julgamento de recursos referentes às contribuições de que tratam os arts. 2º e 3º desta Lei.

**§ 1º** Para o exercício da competência a que se refere o *caput* deste artigo, serão instaladas no 2º Conselho de Contribuintes, na forma da regulamentação pertinente, Câmaras especializadas, observada a composição prevista na parte final do inciso VII do *caput* do art. 194 da Constituição Federal.

**§ 2º** Fica autorizado o funcionamento das Câmaras dos Conselhos de Contribuintes nas sedes das Regiões Fiscais da Secretaria da Receita Federal do Brasil.

**Art. 30.** No prazo de 30 (trinta) dias da publicação do ato de instalação das Câmaras previstas no § 1º do art. 29 desta Lei, os processos administrativo-fiscais referentes às contribuições de que tratam os arts. 2º e 3º desta Lei que se encontrarem no Conselho de Recursos da Previdência Social serão encaminhados para o 2º Conselho de Contribuintes.

**Parágrafo único.** Fica prorrogada a competência do Conselho de Recursos da Previdência

Social durante o prazo a que se refere o *caput* deste artigo.

**Art. 31.** São transferidos, na data da publicação do ato a que se refere o *caput* do art. 30 desta Lei, 2 (dois) cargos em comissão do Grupo-Direção e Assessoramento Superiores DAS-101.2 e 2 (dois) DAS-101.1 do Conselho de Recursos da Previdência Social para o 2º Conselho de Contribuintes.

## CAPÍTULO IV
## DO PARCELAMENTO DOS DÉBITOS PREVIDENCIÁRIOS DOS ESTADOS E DO DISTRITO FEDERAL

**Art. 32.** Os débitos de responsabilidade dos Estados e do Distrito Federal, de suas autarquias e fundações, relativos às contribuições sociais de que tratam as alíneas a e c do parágrafo único do art. 11 da Lei nº 8.212, de 24 de julho de 1991, com vencimento até o mês anterior ao da entrada em vigor desta Lei, poderão ser parcelados em até 240 (duzentas e quarenta) prestações mensais e consecutivas.

**§ 1º** Os débitos referidos no *caput* deste artigo são aqueles originários de contribuições sociais e obrigações acessórias, constituídos ou não, inscritos ou não em dívida ativa, incluídos os que estiverem em fase de execução fiscal ajuizada, e os que tenham sido objeto de parcelamento anterior não integralmente quitado ou cancelado por falta de pagamento.

**§ 2º** Os débitos ainda não constituídos deverão ser confessados de forma irretratável e irrevogável.

**§ 3º** Poderão ser parcelados em até 60 (sessenta) prestações mensais e consecutivas os débitos de que tratam o *caput* e os §§ 1º e 2º deste artigo com vencimento até o mês anterior ao da entrada em vigor desta Lei, relativos a contribuições não recolhidas:

**I** – descontadas dos segurados empregado, trabalhador avulso e contribuinte individual;

**II** – retidas na forma do art. 31 da Lei nº 8.212, de 24 de julho de 1991;

**III** – decorrentes de sub-rogação.

**§ 4º** Caso a prestação mensal não seja paga na data do vencimento, serão retidos e repassados à Secretaria da Receita Federal do Brasil recursos do Fundo de Participação dos Estados e do Distrito Federal suficientes para sua quitação, acrescidos de juros equivalentes à taxa referencial do Sistema Especial de Liquidação e de Custódia – Selic para títulos federais, acumulada mensalmente a partir do primeiro dia do mês subseqüente ao da consolidação do débito até o mês anterior ao do pagamento, acrescido de 1% (um por cento) no mês do pagamento da prestação.

**Art. 33.** Até 90 (noventa) dias após a entrada em vigor desta Lei, a opção pelo parcelamento será formalizada na Secretaria da Receita Federal do Brasil, que se responsabilizará pela cobrança das prestações e controle dos créditos originários dos parcelamentos concedidos.

**Art. 34.** A concessão do parcelamento objeto deste Capítulo está condicionada:

**I** – à apresentação pelo Estado ou Distrito Federal, na data da formalização do pedido, do demonstrativo referente à apuração da Receita Corrente Líquida Estadual, na forma do disposto na Lei Complementar nº 101, de 4 de maio de 2000, referente ao ano-calendário imediatamente anterior ao da entrada em vigor desta Lei;

**II** – ao adimplemento das obrigações vencidas a partir do primeiro dia do mês da entrada em vigor desta Lei.

**Art. 35.** Os débitos serão consolidados por Estado e Distrito Federal na data do pedido do parcelamento, reduzindo-se os valores referentes a juros de mora em 50% (cinqüenta por cento).

**Art. 36.** Os débitos de que trata este Capítulo serão parcelados em prestações mensais equivalentes a, no mínimo, 1,5% (um inteiro e cinco décimos por cento) da média da Receita Corrente Líquida do Estado e do Distrito Federal prevista na Lei Complementar nº 101, de 4 de maio de 2000.

**§ 1º** A média de que trata o *caput* deste artigo corresponderá a 1/12 (um doze avos) da Receita Corrente Líquida do ano anterior ao do vencimento da prestação.

**§ 2º** Para fins deste artigo, os Estados e o Distrito Federal se obrigam a encaminhar à Secretaria da Receita Federal do Brasil o demonstrativo de apuração da Receita Corrente Líquida de que trata o inciso I do art. 53 da Lei Complementar nº 101, de 4 de maio de 2000, até o último dia útil do mês de fevereiro de cada ano.

**§ 3º** A falta de apresentação das informações a que se refere o § 2º deste artigo implicará, para fins de apuração e cobrança da prestação mensal, a aplicação da variação do Índice Geral de Preços, Disponibilidade Interna – IGP-DI, acrescida de juros de 0,5% (cinco décimos por cento) ao mês, sobre a última Receita Corrente Líquida publicada nos termos da legislação.

**§ 4º** Às prestações vencíveis em janeiro, fevereiro e março aplicar-se-á o valor mínimo do ano anterior.

**Art. 37.** As prestações serão exigíveis no último dia útil de cada mês, a contar do mês subseqüente ao da formalização do pedido de parcelamento.

**§ 1º** No período compreendido entre a formalização do pedido e o mês da consolidação, o ente beneficiário do parcelamento deverá recolher mensalmente prestações correspondentes a 1,5% (um inteiro e cinco décimos por cento) da média da Receita Corrente Líquida do Estado e do Distrito Federal prevista na Lei Complementar nº 101, de 4 de maio de 2000, sob pena de indeferimento do pleito, que só se confirma com o pagamento da prestação inicial.

**§ 2º** A partir do mês seguinte à consolidação, o valor da prestação será obtido mediante a divisão do montante do débito parcelado, deduzidos os valores das prestações recolhidas nos termos do § 1º deste artigo, pelo número de prestações restantes, observado o valor mínimo de 1,5% (um inteiro e cinco décimos por cento) da média da Receita Corrente Líquida do Estado e do Distrito Federal prevista na Lei Complementar nº 101, de 4 de maio de 2000.

**Art. 38.** O parcelamento será rescindido na hipótese do inadimplemento:

**I** – de 3 (três) meses consecutivos ou 6 (seis) meses alternados, prevalecendo o que primeiro ocorrer;

**II** – das obrigações correntes referentes às contribuições sociais de que trata este Capítulo;

**III** – da parcela da prestação que exceder à retenção dos recursos do Fundo de Participação dos Estados e do Distrito Federal promovida na forma deste Capítulo.

**Art. 39.** O Poder Executivo disciplinará, em regulamento, os atos necessários à execução do disposto neste Capítulo.

**Parágrafo único.** Os débitos referidos no *caput* deste artigo serão consolidados no âmbito da Secretaria da Receita Federal do Brasil.

## CAPÍTULO V
## DISPOSIÇÕES GERAIS

**Art. 40.** Sem prejuízo do disposto nas Leis nºs 4.516, de 1º de dezembro de 1964, e 5.615, de 13 de outubro de 1970, a Empresa de Tecnologia e Informações da Previdência Social – DATAPREV fica autorizada a prestar serviços de tecnologia da informação ao Ministério da Fazenda, necessários ao desempenho das atribuições abrangidas por esta Lei, observado o disposto no inciso VIII do art. 24 da Lei nº 8.666, de 21 de junho de 1993, nas condições estabelecidas em ato do Poder Executivo.

**Art. 41.** Fica autorizada a transferência para o patrimônio da União dos imóveis que compõem o Fundo do Regime Geral de Previdência Social identificados pelo Poder Executivo como necessários ao funcionamento da Secretaria da Receita Federal do Brasil e da Procuradoria-Geral da Fazenda Nacional.

**Parágrafo único.** No prazo de 3 (três) anos, de acordo com o resultado de avaliação realizada nos termos da legislação aplicável, a União compensará financeiramente o Fundo do Regime Geral de Previdência Social pelos imóveis transferidos na forma do *caput* deste artigo.

**Art. 42.** A Consolidação das Leis do Trabalho – CLT, aprovada pelo Decreto-Lei nº 5.452, de 1º de maio de 1943, passa a vigorar com a seguinte redação:

(...)

**Art. 43.** A Lei nº 10.910, de 15 de julho de 2004, passa a vigorar com a redação seguinte, dando-se aos seus Anexos a forma dos Anexos I e II desta Lei:

(...)

**Art. 44.** O art. 23 do Decreto nº 70.235, de 6 de março de 1972, passa a vigorar acrescido dos §§ 7º, 8º e 9º, com a seguinte redação:

(...)

**Art. 45.** As repartições da Secretaria da Receita Federal do Brasil deverão, durante seu horário regular de funcionamento, dar vista dos autos de processo administrativo, permitindo a obtenção de cópias reprográficas, assim como receber requerimentos e petições.

**Parágrafo único.** A Secretaria da Receita Federal do Brasil adotará medidas para disponibilizar o atendimento a que se refere o *caput* deste artigo por intermédio da rede mundial de computadores e o recebimento de petições e requerimentos digitalizados.

## CAPÍTULO VI
## DISPOSIÇÕES TRANSITÓRIAS E FINAIS

**Art. 46.** A Fazenda Nacional poderá celebrar convênios com entidades públicas e privadas para a divulgação de informações previstas nos incisos II e III do § 3º do art. 198 da Lei nº 5.172, de 25 de outubro de 1966 – Código Tributário Nacional – CTN.

**Art. 47.** Fica o Poder Executivo autorizado a:

**I** – transferir, depois de realizado inventário, do INSS, do Ministério da Previdência Social e da Procuradoria-Geral Federal para a Secretaria da Receita Federal do Brasil e para a Procuradoria-Geral da Fazenda Nacional acervos técnicos e patrimoniais, inclusive bens imóveis, obrigações, direitos, contratos, convênios, processos administrativos e demais instrumentos relacionados com as atividades transferidas em decorrência desta Lei;

**II** – remanejar e transferir para a Secretaria da Receita Federal do Brasil dotações em favor do Ministério da Previdência Social e do INSS aprovadas na Lei Orçamentária em vigor, mantida a classificação funcional-programática, subprojetos, subatividades e grupos de despesas.

**§ 1º** Até que sejam implementados os ajustes necessários, o Ministério da Previdência Social e o INSS continuarão a executar as despesas de pessoal e de manutenção relativas às atividades transferidas, inclusive as decorrentes do disposto no § 5º do art. 10 desta Lei.

**§ 2º** Enquanto não ocorrerem as transferências previstas no *caput* deste artigo, o Ministé rio da Previdência Social, o INSS e a Procuradoria-Geral Federal prestarão à Secretaria da Receita Federal do Brasil e à Procuradoria-Geral da Fazenda Nacional o necessário apoio técnico, financeiro e administrativo.

**§ 3º** Inclui-se no apoio de que trata o § 2º deste artigo a manutenção dos espaços físicos atualmente ocupados.

**Art. 48.** Fica mantida, enquanto não modificados pela Secretaria da Receita Federal do Brasil, a vigência dos convênios celebrados e dos atos normativos e administrativos editados:

**I** – pela Secretaria da Receita Previdenciária;

**II** – pelo Ministério da Previdência Social e pelo INSS relativos à administração das contribuições a que se referem os arts. 2º e 3º desta Lei;

**III** – pelo Ministério da Fazenda relativos à administração dos tributos e contribuições de competência da Secretaria da Receita Federal do Brasil;

**IV** – pela Secretaria da Receita Federal.

**Art. 49.** (VETADO)

**Art. 50.** No prazo de 1 (um) ano da data de publicação desta Lei, o Poder Executivo encaminhará ao Congresso Nacional projeto de lei orgânica das Auditorias Federais, dispondo sobre direitos, deveres, garantias e prerrogativas dos servidores integrantes das Carreiras de que trata a Lei nº 10.593, de 6 de dezembro de 2002.

**Art. 51.** Esta Lei entra em vigor:

**I** – na data de sua publicação, para o disposto nos arts. 40, 41, 47, 48, 49 e 50 desta Lei;

**II** – no primeiro dia útil do segundo mês subseqüente à data de sua publicação, em relação aos demais dispositivos desta Lei.

**Art. 52.** Ficam revogados:

**I** – (VETADO)

**II** – a partir da data da publicação desta Lei, o parágrafo único do art. 5º da Lei nº 10.593, de 6 dezembro de 2002.

Brasília, 16 de março de 2007;
186º da Independência e 119º da República.
Luiz Inácio Lula da Silva
Tarso Genro
Tarso Genro
Luiz Marinho
Paulo Bernardo Silva
Dilma Rousseff
José Antonio Dias Toffoli

‣ Deixamos de publicar o anexo deste diploma.

# LEI Nº 11.482, DE 31 DE MAIO DE 2007

## (EXCERTOS)

*Efetua alterações na tabela do imposto de renda da pessoa física; dispõe sobre a redução a 0 (zero) da alíquota da CPMF nas hipóteses que menciona; altera as Leis nºs 7.713, de 22 de dezembro de 1988, 9.250, de 26 de dezembro de 1995, 11.128, de 28 de junho de 2005, 9.311, de 24 de outubro de 1996, 10.260, de 12 de julho de 2001, 6.194, de 19 de dezembro de 1974, 8.387, de 30 de dezembro de 1991, 9.432, de 8 de janeiro de 1997, 5.917, de 10 de setembro de 1973, 8.402, de 8 de janeiro de 1992, 6.094, de 30 de agosto de 1974, 8.884, de 11 de junho de 1994, 10.865, de 30 de abril de 2004, 8.706, de 14 de setembro de 1993; revoga dispositivos das Leis nºs 11.119, de 25 de maio de 2005, 11.311, de 13 de junho de 2006, 11.196, de 21 de novembro de 2005, e do Decreto-Lei nº 2.433, de 19 de maio de 1988; e dá outras providências.*

‣ DOU de 31.5.2007 edição extra.

O PRESIDENTE DA REPÚBLICA Faço saber que o Congresso Nacional decreta e eu sanciono a seguinte Lei:

**Art. 1º.** O imposto de renda incidente sobre os rendimentos de pessoas físicas será calculado de acordo com as seguintes tabelas progressivas mensais, em reais:

**I** – para o ano-calendário de 2007:

**Tabela Progressiva Mensal**

| Base de Cálculo (R$) | Alíquota (%) | Parcela a Deduzir do IR (R$) |
|---|---|---|
| Até 1.313,69 | – | – |
| De 1.313,70 até 2.625,12 | 15 | 197,05 |
| Acima de 2.625,13 | 27,5 | 525,19 |

**II** – para o ano-calendário de 2008:

**Tabela Progressiva Mensal**

| Base de Cálculo (R$) | Alíquota (%) | Parcela a Deduzir do IR (R$) |
|---|---|---|
| a Até 1.372,81 | – | – |
| De 1.372,82 até 2.743,25 | 15 | 205,92 |
| a Acima de 2.743,25 | 27,5 | 548,82 |

**III** – para o ano-calendário de 2009: (Redação dada pela Lei nº 11.945, de 2009)

**Tabela Progressiva Mensal**

| Base de Cálculo (R$) | Alíquota (%) | Parcela a Deduzir do IR (R$) |
|---|---|---|
| Até 1.434,59 | – | – |
| De 1.434,60 até 2.150,00 | 7,5 | 107,59 |
| De 2.150,01 até 2.866,70 | 15 | 268,84 |
| De 2.866,71 até 3.582,00 | 22,5 | 483,84 |
| Acima de 3.582,00 | 27,5 | 662,94 |

**IV** – para o ano-calendário de 2010: (Redação dada pela Lei nº 12.469, de 2011)

**Tabela Progressiva Mensal**

| Base de Cálculo (R$) | Alíquota (%) | Parcela a Deduzir do IR (R$) |
|---|---|---|
| Até 1.499,15 | – | – |
| De 1.499,16 até 2.246,75 | 7,5 | 112,43 |
| De 2.246,76 até 2.995,70 | 15 | 280,94 |
| De 2.995,71 até 3.743,19 | 22,5 | 505,62 |
| Acima de 3.743,19 | 27,5 | 692,78 |

**V** – para o ano-calendário de 2011: (Incluído pela Lei nº 12.469, de 2011)

**Tabela Progressiva Mensal**

| Base de Cálculo (R$) | Alíquota (%) | Parcela a Deduzir do IR (R$) |
|---|---|---|
| Até 1.566,61 | – | – |
| De 1.566,62 até 2.347,85 | 7,5 | 117,49 |
| De 2.347,86 até 3.130,51 | 15 | 293,58 |
| De 3.130,52 até 3.911,63 | 22,5 | 528,37 |

| Base de Cálculo (R$) | Alíquota (%) | Parcela a Deduzir do IR (R$) |
|---|---|---|
| Acima de 3.911,63 | 27,5 | 723,95 |

**VI** – para o ano-calendário de 2012: (Incluído pela Lei nº 12.469, de 2011)

**Tabela Progressiva Mensal**

| Base de Cálculo (R$) | Alíquota (%) | Parcela a Deduzir do IR (R$) |
|---|---|---|
| Até 1.637,11 | – | – |
| De 1.637,12 até 2.453,50 | 7,5 | 122,78 |
| De 2.453,51 até 3.271,38 | 15 | 306,80 |
| De 3.271,39 até 4.087,65 | 22,5 | 552,15 |
| Acima de 4.087,65 | 27,5 | 756,53 |

**VII** – para o ano-calendário de 2013: (Incluído pela Lei nº 12.469, de 2011)

**Tabela Progressiva Mensal**

| Base de Cálculo (R$) | Alíquota (%) | Parcela a Deduzir do IR (R$) |
|---|---|---|
| Até 1.710,78 | – | – |
| De 1.710,79 até 2.563,91 | 7,5 | 128,31 |
| De 2.563,92 até 3.418,59 | 15 | 320,60 |
| De 3.418,60 até 4.271,59 | 22,5 | 577,00 |
| Acima de 4.271,59 | 27,5 | 790,58 |

**VIII** – para o ano-calendário de 2014 e nos meses de janeiro a março do ano-calendário de 2015: (Redação dada pela Lei nº 13.149, de 2015)

**Tabela Progressiva Mensal**

| Base de Cálculo (R$) | Alíquota (%) | Parcela a Deduzir do IR (R$) |
|---|---|---|
| Até 1.787,77 | – | – |
| De 1.903,99 até 2.826,65 | 7,5 | 134,08 |
| De 2.679,30 até 3.572,43 | 15 | 335,03 |
| De 3.572,44 até 4.463,81 | 22,5 | 602,96 |
| Acima de 4.463,81 | 27,5 | 826,15 |

**IX** - a partir do mês de abril do ano-calendário de 2015 até o mês de abril do ano-calendário de 2023: *(Redação dada pela Lei 14.663/2023)*

**Tabela Progressiva Mensal** (Incluído pela Lei nº 13.149, de 2015)

| Base de Cálculo (R$) | Alíquota (%) | Parcela a Deduzir do IR (R$) |
|---|---|---|
| Até 1.903,98 | – | – |
| De 1.903,99 até 2.826,65 | 7,5 | 142,80 |
| De 2.826,66 até 3.751,05 | 15 | 354,80 |
| De 3.751,06 até 4.664,68 | 22,5 | 636,13 |
| Acima de 4.664,68 | 27,5 | 869,36 |

**X** - a partir do mês de maio do ano-calendário de 2023 até o mês de janeiro do ano-calendário de 2024: *(Redação dada pela Lei 14.848/2024)*

| Base de Cálculo (R$) | Alíquota (%) | Parcela a Deduzir do IR (R$) |
|---|---|---|
| Até 2.112,00 | 0 | 0 |
| De 2.112,01 até 2.826,65 | 7,5 | 158,48 |
| De 2.826,66 até 3.751,05 | 15 | 370,40 |
| De 3.751,06 até 4.664,68 | 22,5 | 651,73 |
| Acima de 4.664,68 | 27,5 | 884,96 |

**XI** - a partir do mês de fevereiro do ano-calendário de 2024: *(Acrescido pela Lei 14.848/2024)*

| Base de Cálculo (R$) | Alíquota (%) | Parcela a Deduzir do IR (R$) |
|---|---|---|
| Até 2.259,20 | 0 | 0 |
| De 2.259,21 até 2.826,65 | 7,5 | 169,44 |
| De 2.826,66 até 3.751,05 | 15 | 381,44 |
| De 3.751,06 até 4.664,68 | 22,5 | 662,77 |
| Acima de 4.664,68 | 27,5 | 896,00 |

**Parágrafo único.** O imposto de renda anual devido incidente sobre os rendimentos de que trata o *caput* deste artigo será calculado de acordo com tabela progressiva anual correspondente à soma das tabelas progressivas mensais vigentes nos meses de cada ano-calendário.

(...)

**Art. 9º.** As pessoas jurídicas com débitos vencidos relativos à Taxa de Fiscalização instituída pela Lei nº 7.940, de 20 de dezembro de 1989, poderão efetuar o pagamento dos seus débitos com redução de 30% (trinta por cento) nas multas e nos juros legalmente exigíveis, bem como mediante parcelamento em até 120 (cento e vinte) prestações mensais e sucessivas, desde que formulado requerimento com este sentido à Comissão de Valores Mobiliários – CVM no prazo de 120 (cento e vinte) dias após a publicação da Medida Provisória nº 340, de 29 de dezembro de 2006.

**§ 1º.** Apresentado requerimento de parcelamento nos termos previstos no *caput* deste artigo, a CVM promoverá a consolidação dos débitos respectivos e adotará as demais providências administrativas cabíveis.

**§ 2º.** A parcela mínima para fins do parcelamento de que trata o *caput* deste artigo não poderá ser inferior ao valor de R$ 200,00 (duzentos reais).

**§ 3º.** Além do disposto neste artigo, o parcelamento previsto no *caput* deste artigo deverá observar a regulamentação da CVM aplicável ao assunto.

**Art. 10.** O § 13 do art. 2º da Lei nº 8.387, de 30 de dezembro de 1991, passa a vigorar com a seguinte redação:

(...)

**Art. 11.** O prazo previsto no art. 17 da Lei nº 9.432, de 8 de janeiro de 1997, fica prorrogado até 8 de janeiro de 2022, nas navegações de cabotagem, interior fluvial e lacustre. (Redação dada pela Lei nº 13.458, de 2017)

**Art. 12.** O item 2.2.2 - Relação Descritiva das Rodovias do Sistema Rodoviário Nacional, constante do Anexo da Lei nº 5.917, de 10 de setembro de 1973, passa a vigorar acrescido da ligação rodoviária a seguir descrita:

(...)

**Art. 13.** O traçado definitivo e o número da ligação rodoviária de que trata o art. 12 desta Lei serão definidos pelo órgão competente.

**Art. 14.** (*VETADO*).

**Art. 15.** (*VETADO*).

**Art. 16.** O art. 53 da Lei nº 8.884, de 11 de junho de 1994, passa a vigorar com a seguinte redação:

› O art. 127 da Lei 12.529/2011 .revogou este dispositivo.

(...)

**Art. 17.** O art. 40 da Lei nº 10.865, de 30 de abril de 2004, passa a vigorar acrescido do seguinte § 6º:

(...)

**Arts. 18 a 23.** (*VETADOS*).

**Art. 24.** Esta Lei entra em vigor na data de sua publicação, produzindo efeitos em relação:

**I** - aos arts. 1º a 3º, a partir de 1º de janeiro de 2007;

**II** - aos arts. 20 a 22, após decorridos 90 (noventa) dias da publicação desta Lei;

**III** - aos demais artigos, a partir da data de publicação desta Lei.

**Art. 25.** Ficam revogados:

**I** - a partir de 1º de janeiro de 2007:

*a)* a Lei nº 11.119, de 25 de maio de 2005; e

*b)* os arts. 1º e 2º da Lei nº 11.311, de 13 de junho de 2006;

**II** - a partir da data de publicação desta Lei:

*a)* (*VETADO*).

*b)* o art. 131 da Lei nº 11.196, de 21 de novembro de 2005; e

*c)* o § 2º do art. 17 do Decreto-Lei nº 2.433, de 19 de maio de 1988.

Brasília, 31 de maio de 2007;
186º da Independência e 119º da República.
Luiz Inácio Lula da Silva
Tarso Genro
Guido Mantega
Alfredo Nascimento
Fernando Haddad
Miguel Jorge
José Antonio Dias Toffoli

# LEI Nº 12.529, DE 30 DE NOVEMBRO DE 2011

*Estrutura o Sistema Brasileiro de Defesa da Concorrência; dispõe sobre a prevenção e repressão às infrações contra a ordem econômica; altera a Lei nº 8.137, de 27 de dezembro de 1990, o Decreto-Lei nº 3.689, de 3 de outubro de 1941 – Código de Processo Penal, e a Lei nº 7.347, de 24 de julho de 1985; revoga dispositivos da Lei nº 8.884, de 11 de junho de 1994, e a Lei nº 9.781, de 19 de janeiro de 1999; e dá outras providências.*

› D.O.U. 1.12.2011; ret. DOU de 2.12.2011.

A PRESIDENTA DA REPÚBLICA

Faço saber que o Congresso Nacional decreta e eu sanciono a seguinte Lei:

## TÍTULO I. DISPOSIÇÕES GERAIS

### CAPÍTULO I. DA FINALIDADE

**Art. 1º.** Esta Lei estrutura o Sistema Brasileiro de Defesa da Concorrência – SBDC e dispõe sobre a prevenção e a repressão às infrações contra a ordem econômica, orientada pelos ditames constitucionais de liberdade de iniciativa, livre concorrência, função social da propriedade, defesa dos consumidores e repressão ao abuso do poder econômico.

› Lei 8.137/1990 – Define crimes contra a ordem tributária, econômica e contra as relações de consumo.

**Parágrafo único.** A coletividade é a titular dos bens jurídicos protegidos por esta Lei.

### CAPÍTULO II. DA TERRITORIALIDADE

**Art. 2º.** Aplica-se esta Lei, sem prejuízo de convenções e tratados de que seja signatário o Brasil, às práticas cometidas no todo ou em parte no território nacional ou que nele produzam ou possam produzir efeitos.

**§ 1º.** Reputa-se domiciliada no território nacional a empresa estrangeira que opere ou tenha no Brasil filial, agência, sucursal, escritório, estabelecimento, agente ou representante.

**§ 2º.** A empresa estrangeira será notificada e intimada de todos os atos processuais previstos nesta Lei, independentemente de procuração ou de disposição contratual ou estatutária, na pessoa do agente ou representante ou pessoa responsável por sua filial, agência, sucursal, estabelecimento ou escritório instalado no Brasil.

## TÍTULO II. DO SISTEMA BRASILEIRO DE DEFESA DA CONCORRÊNCIA

### CAPÍTULO I. DA COMPOSIÇÃO

**Art. 3º.** O SBDC é formado pelo Conselho Administrativo de Defesa Econômica – Cade e pela

Secretaria de Acompanhamento Econômico do Ministério da Fazenda, com as atribuições previstas nesta Lei.

## CAPÍTULO II. DO CONSELHO ADMINISTRATIVO DE DEFESA ECONÔMICA - CADE

**Art. 4º.** O Cade é entidade judicante com jurisdição em todo o território nacional, que se constitui em autarquia federal, vinculada ao Ministério da Justiça, com sede e foro no Distrito Federal, e competências previstas nesta Lei.

### SEÇÃO I. DA ESTRUTURA ORGANIZACIONAL DO CADE

**Art. 5º.** O Cade é constituído pelos seguintes órgãos:

**I** – Tribunal Administrativo de Defesa Econômica;

**II** – Superintendência-Geral; e

**III** – Departamento de Estudos Econômicos.

### SEÇÃO II. DO TRIBUNAL ADMINISTRATIVO DE DEFESA ECONÔMICA

**Art. 6º.** O Tribunal Administrativo, órgão judicante, tem como membros um Presidente e seis Conselheiros escolhidos dentre cidadãos com mais de 30 (trinta) anos de idade, de notório saber jurídico ou econômico e reputação ilibada, nomeados pelo Presidente da República, depois de aprovados pelo Senado Federal.

**§ 1º.** O mandato do Presidente e dos Conselheiros é de 4 (quatro) anos, não coincidentes, vedada a recondução.

**§ 2º.** Os cargos de Presidente e de Conselheiro são de dedicação exclusiva, não se admitindo qualquer acumulação, salvo as constitucionalmente permitidas.

**§ 3º.** No caso de renúncia, morte, impedimento, falta ou perda de mandato do Presidente do Tribunal, assumirá o Conselheiro mais antigo no cargo ou o mais idoso, nessa ordem, até nova nomeação, sem prejuízo de suas atribuições.

**§ 4º.** No caso de renúncia, morte ou perda de mandato de Conselheiro, proceder-se-á a nova nomeação, para completar o mandato do substituído.

**§ 5º.** Se, nas hipóteses previstas no § 4º deste artigo, ou no caso de encerramento de mandato dos Conselheiros, a composição do Tribunal ficar reduzida a número inferior ao estabelecido no § 1º do art. 9º desta Lei, considerar-se-ão automaticamente suspensos os prazos previstos nesta Lei, e suspensa a tramitação de processos, continuando-se a contagem imediatamente após a recomposição do quorum.

**Art. 7º.** A perda de mandato do Presidente ou dos Conselheiros do Cade só poderá ocorrer em virtude de decisão do Senado Federal, por provocação do Presidente da República, ou em razão de condenação penal irrecorrível por crime doloso, ou de processo disciplinar de conformidade com o que prevê a Lei nº 8.112, de 11 de dezembro de 1990 e a Lei nº 8.429, de 2 de junho de 1992, e por infringência de quaisquer das vedações previstas no art. 8º desta Lei.

**Parágrafo único.** Também perderá o mandato, automaticamente, o membro do Tribunal que faltar a 3 (três) reuniões ordinárias consecutivas, ou 20 (vinte) intercaladas, ressalvados os afastamentos temporários autorizados pelo Plenário.

**Art. 8º.** Ao Presidente e aos Conselheiros é vedado:

**I** – receber, a qualquer título, e sob qualquer pretexto, honorários, percentagens ou custas;

**II** – exercer profissão liberal;

**III** – participar, na forma de controlador, diretor, administrador, gerente, preposto ou mandatário, de sociedade civil, comercial ou empresas de qualquer espécie;

**IV** – emitir parecer sobre matéria de sua especialização, ainda que em tese, ou funcionar como consultor de qualquer tipo de empresa;

**V** – manifestar, por qualquer meio de comunicação, opinião sobre processo pendente de julgamento, ou juízo depreciativo sobre despachos, votos ou sentenças de órgãos judiciais, ressalvada a crítica nos autos, em obras técnicas ou no exercício do magistério; e

**VI** – exercer atividade político-partidária.

**§ 1º.** É vedado ao Presidente e aos Conselheiros, por um período de 120 (cento e vinte) dias, contado da data em que deixar o cargo, representar qualquer pessoa, física ou jurídica, ou interesse perante o SBDC, ressalvada a defesa de direito próprio.

**§ 2º.** Durante o período mencionado no § 1º deste artigo, o Presidente e os Conselheiros receberão a mesma remuneração do cargo que ocupavam.

**§ 3º.** Incorre na prática de advocacia administrativa, sujeitando-se à pena prevista no art. 321 do Decreto-Lei nº 2.848, de 7 de dezembro de 1940 – Código Penal, o ex-presidente ou ex-conselheiro que violar o impedimento previsto no § 1º deste artigo.

**§ 4º.** É vedado, a qualquer tempo, ao Presidente e aos Conselheiros utilizar informações privilegiadas obtidas em decorrência do cargo exercido.

#### *SUBSEÇÃO I. DA COMPETÊNCIA DO PLENÁRIO DO TRIBUNAL*

**Art. 9º.** Compete ao Plenário do Tribunal, dentre outras atribuições previstas nesta Lei:

**I** – zelar pela observância desta Lei e seu regulamento e do regimento interno;

**II** – decidir sobre a existência de infração à ordem econômica e aplicar as penalidades previstas em lei;

**III** – decidir os processos administrativos para imposição de sanções administrativas por infrações à ordem econômica instauradas pela Superintendência-Geral;

**IV** – ordenar providências que conduzam à cessação de infração à ordem econômica, dentro do prazo que determinar;

**V** – aprovar os termos do compromisso de cessação de prática e do acordo em controle de concentrações, bem como determinar à Superintendência-Geral que fiscalize seu cumprimento;

**VI** – apreciar, em grau de recurso, as medidas preventivas adotadas pelo Conselheiro-Relator ou pela Superintendência-Geral;

**VII** – intimar os interessados de suas decisões;

**VIII** – requisitar dos órgãos e entidades da administração pública federal e requerer às autoridades dos Estados, Municípios, do Distrito Federal e dos Territórios as medidas necessárias ao cumprimento desta Lei;

**IX** – contratar a realização de exames, vistorias e estudos, aprovando, em cada caso, os respectivos honorários profissionais e demais despesas de processo, que deverão ser pagas pela empresa, se vier a ser punida nos termos desta Lei;

**X** – apreciar processos administrativos de atos de concentração econômica, na forma desta Lei, fixando, quando entender conveniente e oportuno, acordos em controle de atos de concentração;

**XI** – determinar à Superintendência-Geral que adote as medidas administrativas necessárias à execução e fiel cumprimento de suas decisões;

**XII** – requisitar serviços e pessoal de quaisquer órgãos e entidades do Poder Público Federal;

**XIII** – requerer à Procuradoria Federal junto ao Cade a adoção de providências administrativas e judiciais;

**XIV** – instruir o público sobre as formas de infração da ordem econômica;

**XV** – elaborar e aprovar regimento interno do Cade, dispondo sobre seu funcionamento, forma das deliberações, normas de procedimento e organização de seus serviços internos;

**XVI** – propor a estrutura do quadro de pessoal do Cade, observado o disposto no inciso II do *caput* do art. 37 da Constituição Federal;

**XVII** – elaborar proposta orçamentária nos termos desta Lei;

**XVIII** – requisitar informações de quaisquer pessoas, órgãos, autoridades e entidades públicas ou privadas, respeitando e mantendo o sigilo legal quando for o caso, bem como determinar as diligências que se fizerem necessárias ao exercício das suas funções; e

**XIX** – decidir pelo cumprimento das decisões, compromissos e acordos.

**§ 1º.** As decisões do Tribunal serão tomadas por maioria, com a presença mínima de 4 (quatro) membros, sendo o quorum de deliberação mínimo de 3 (três) membros.

**§ 2º.** As decisões do Tribunal não comportam revisão no âmbito do Poder Executivo, promovendo-se, de imediato, sua execução e comunicando-se, em seguida, ao Ministério Público, para as demais medidas legais cabíveis no âmbito de suas atribuições.

**§ 3º.** As autoridades federais, os diretores de autarquia, fundação, empresa pública e sociedade de economia mista federais e agências reguladoras são obrigados a prestar, sob pena de responsabilidade, toda a assistência e colaboração que lhes for solicitada pelo Cade, inclusive elaborando pareceres técnicos sobre as matérias de sua competência.

**§ 4º.** O Tribunal poderá responder consultas sobre condutas em andamento, mediante pagamento de taxa e acompanhadas dos respectivos documentos.

**§ 5º.** O Cade definirá, em resolução, normas complementares sobre o procedimento de consultas previsto no § 4º deste artigo.

### *SUBSEÇÃO II.*
### *DA COMPETÊNCIA DO PRESIDENTE DO TRIBUNAL*

**Art. 10.** Compete ao Presidente do Tribunal:

**I** – representar legalmente o Cade no Brasil ou no exterior, em juízo ou fora dele;

**II** – presidir, com direito a voto, inclusive o de qualidade, as reuniões do Plenário;

**III** – distribuir, por sorteio, os processos aos Conselheiros;

**IV** – convocar as sessões e determinar a organização da respectiva pauta;

**V** – solicitar, a seu critério, que a Superintendência-Geral auxilie o Tribunal na tomada de providências extrajudiciais para o cumprimento das decisões do Tribunal;

**VI** – fiscalizar a Superintendência-Geral na tomada de providências para execução das decisões e julgados do Tribunal;

**VII** – assinar os compromissos e acordos aprovados pelo Plenário;

**VIII** – submeter à aprovação do Plenário a proposta orçamentária e a lotação ideal do pessoal que prestará serviço ao Cade;

**IX** – orientar, coordenar e supervisionar as atividades administrativas do Cade;

**X** – ordenar as despesas atinentes ao Cade, ressalvadas as despesas da unidade gestora da Superintendência-Geral;

**XI** – firmar contratos e convênios com órgãos ou entidades nacionais e submeter, previamente, ao Ministro de Estado da Justiça os que devam ser celebrados com organismos estrangeiros ou internacionais; e

**XII** – determinar à Procuradoria Federal junto ao Cade as providências judiciais determinadas pelo Tribunal.

### *SUBSEÇÃO III.*
### *DA COMPETÊNCIA DOS CONSELHEIROS DO TRIBUNAL*

**Art. 11.** Compete aos Conselheiros do Tribunal:

**I** – emitir voto nos processos e questões submetidas ao Tribunal;

**II** – proferir despachos e lavrar as decisões nos processos em que forem relatores;

**III** – requisitar informações e documentos de quaisquer pessoas, órgãos, autoridades e entidades públicas ou privadas, a serem mantidos sob sigilo legal, quando for o caso, bem como determinar as diligências que se fizerem necessárias;

**IV** – adotar medidas preventivas, fixando o valor da multa diária pelo seu descumprimento;

**V** – solicitar, a seu critério, que a Superintendência-Geral realize as diligências e a produção das provas que entenderem pertinentes nos autos do processo administrativo, na forma desta Lei;

**VI** – requerer à Procuradoria Federal junto ao Cade emissão de parecer jurídico nos processos em que forem relatores, quando entenderem necessário e em despacho fundamentado, na forma prevista no inciso VII do art. 15 desta Lei;

**VII** – determinar ao Economista-Chefe, quando necessário, a elaboração de pareceres nos processos em que forem relatores, sem prejuízo da tramitação normal do processo e sem que tal determinação implique a suspensão do prazo de análise ou prejuízo à tramitação normal do processo;

**VIII** – desincumbir-se das demais tarefas que lhes forem cometidas pelo regimento;

**IX** – propor termo de compromisso de cessação e acordos para aprovação do Tribunal;

**X** – prestar ao Poder Judiciário, sempre que solicitado, todas as informações sobre andamento dos processos, podendo, inclusive, fornecer cópias dos autos para instruir ações judiciais.

## SEÇÃO III.
## DA SUPERINTENDÊNCIA-GERAL

**Art. 12.** O Cade terá em sua estrutura uma Superintendência-Geral, com 1 (um) Superintendente-Geral e 2 (dois) Superintendentes-Adjuntos, cujas atribuições específicas serão definidas em Resolução.

**§ 1º.** O Superintendente-Geral será escolhido dentre cidadãos com mais de 30 (trinta) anos de idade, notório saber jurídico ou econômico e reputação ilibada, nomeado pelo Presidente da República, depois de aprovado pelo Senado Federal.

**§ 2º.** O Superintendente-Geral terá mandato de 2 (dois) anos, permitida a recondução para um único período subsequente.

**§ 3º.** Aplicam-se ao Superintendente-Geral as mesmas normas de impedimentos, perda de mandato, substituição e as vedações do art. 8º desta Lei, incluindo o disposto no § 2º do art. 8º desta Lei, aplicáveis ao Presidente e aos Conselheiros do Tribunal.

**§ 4º.** Os cargos de Superintendente-Geral e de Superintendentes-Adjuntos são de dedicação exclusiva, não se admitindo qualquer acumulação, salvo as constitucionalmente permitidas.

**§ 5º.** Durante o período de vacância que anteceder à nomeação de novo Superintendente-Geral, assumirá interinamente o cargo um dos superintendentes adjuntos, indicado pelo Presidente do Tribunal, o qual permanecerá no cargo até a posse do novo Superintendente-Geral, escolhido na forma do § 1º deste artigo.

**§ 6º.** Se, no caso da vacância prevista no § 5º deste artigo, não houver nenhum Superintendente Adjunto nomeado na Superintendência do Cade, o Presidente do Tribunal indicará servidor em exercício no Cade, com conhecimento jurídico ou econômico na área de defesa da concorrência e reputação ilibada, para assumir interinamente o cargo, permanecendo neste até a posse do novo Superintendente-Geral, escolhido na forma do § 1º deste artigo.

**§ 7º.** Os Superintendentes-Adjuntos serão indicados pelo Superintendente-Geral.

**Art. 13.** Compete à Superintendência-Geral:

**I** – zelar pelo cumprimento desta Lei, monitorando e acompanhando as práticas de mercado;

**II** – acompanhar, permanentemente, as atividades e práticas comerciais de pessoas físicas ou jurídicas que detiverem posição dominante em mercado relevante de bens ou serviços, para prevenir infrações da ordem econômica, podendo, para tanto, requisitar as informações e documentos necessários, mantendo o sigilo legal, quando for o caso;

**III** – promover, em face de indícios de infração da ordem econômica, procedimento preparatório de inquérito administrativo e inquérito administrativo para apuração de infrações à ordem econômica;

**IV** – decidir pela insubsistência dos indícios, arquivando os autos do inquérito administrativo ou de seu procedimento preparatório;

**V** – instaurar e instruir processo administrativo para imposição de sanções administrativas por infrações à ordem econômica, procedimento para apuração de ato de concentração, processo administrativo para análise de ato de concentração econômica e processo administrativo para imposição de sanções processuais incidentais instaurados para prevenção, apuração ou repressão de infrações à ordem econômica;

**VI** – no interesse da instrução dos tipos processuais referidos nesta Lei:

*a)* requisitar informações e documentos de quaisquer pessoas, físicas ou jurídicas, órgãos, autoridades e entidades, públicas ou privadas, mantendo o sigilo legal, quando for o caso, bem como determinar as diligências que se fizerem necessárias ao exercício de suas funções;

*b)* requisitar esclarecimentos orais de quaisquer pessoas, físicas ou jurídicas, órgãos, autoridades e entidades, públicas ou privadas, na forma desta Lei;

*c)* realizar inspeção na sede social, estabelecimento, escritório, filial ou sucursal de empresa investigada, de estoques, objetos, papéis de qualquer natureza, assim como livros comerciais, computadores e arquivos eletrônicos, podendo-se extrair ou requisitar cópias de quaisquer documentos ou dados eletrônicos;

*d)* requerer ao Poder Judiciário, por meio da Procuradoria Federal junto ao Cade, mandado de busca e apreensão de objetos, papéis de qualquer natureza, assim como de livros comerciais, computadores e arquivos magnéticos de empresa ou pessoa física, no interesse de inquérito administrativo ou de processo administrativo para imposição de sanções administrativas por infrações à ordem econômica, aplicando-se, no que couber, o disposto no art. 839 e seguintes da Lei nº 5.869, de 11 de janeiro de 1973 - Código de Processo Civil, sendo inexigível a propositura de ação principal;

- Lei 13.105/2015 revogou a Lei 5.869/1973.
- CPC/15, art. 301.

*e)* requisitar vista e cópia de documentos e objetos constantes de inquéritos e processos administrativos instaurados por órgãos ou entidades da administração pública federal;

*f)* requerer vista e cópia de inquéritos policiais, ações judiciais de quaisquer natureza, bem como de inquéritos e processos administrativos instaurados por outros entes da federação, devendo o Conselho observar as mesmas restrições de sigilo eventualmente estabelecidas nos procedimentos de origem;

**VII** - recorrer de ofício ao Tribunal quando decidir pelo arquivamento de processo administrativo para imposição de sanções administrativas por infrações à ordem econômica;

**VIII** - remeter ao Tribunal, para julgamento, os processos administrativos que instaurar, quando entender configurada infração da ordem econômica;

**IX** - propor termo de compromisso de cessação de prática por infração à ordem econômica, submetendo-o à aprovação do Tribunal, e fiscalizar o seu cumprimento;

**X** - sugerir ao Tribunal condições para a celebração de acordo em controle de concentrações e fiscalizar o seu cumprimento;

**XI** - adotar medidas preventivas que conduzam à cessação de prática que constitua infração da ordem econômica, fixando prazo para seu cumprimento e o valor da multa diária a ser aplicada, no caso de descumprimento;

**XII** - receber, instruir e aprovar ou impugnar perante o Tribunal os processos administrativos para análise de ato de concentração econômica;

**XIII** - orientar os órgãos e entidades da administração pública quanto à adoção de medidas necessárias ao cumprimento desta Lei;

**XIV** - desenvolver estudos e pesquisas objetivando orientar a política de prevenção de infrações da ordem econômica;

**XV** - instruir o público sobre as diversas formas de infração da ordem econômica e os modos de sua prevenção e repressão;

**XVI** - exercer outras atribuições previstas em lei;

**XVII** - prestar ao Poder Judiciário, sempre que solicitado, todas as informações sobre andamento das investigações, podendo, inclusive, fornecer cópias dos autos para instruir ações judiciais; e

**XVIII** - adotar as medidas administrativas necessárias à execução e ao cumprimento das decisões do Plenário.

**Art. 14.** São atribuições do Superintendente-Geral:

**I** - participar, quando entender necessário, sem direito a voto, das reuniões do Tribunal e proferir sustentação oral, na forma do regimento interno;

**II** - cumprir e fazer cumprir as decisões do Tribunal na forma determinada pelo seu Presidente;

**III** - requerer à Procuradoria Federal junto ao Cade as providências judiciais relativas ao exercício das competências da Superintendência-Geral;

**IV** - determinar ao Economista-Chefe a elaboração de estudos e pareceres;

**V** - ordenar despesas referentes à unidade gestora da Superintendência-Geral; e

**VI** - exercer outras atribuições previstas em lei.

## SEÇÃO IV.
## DA PROCURADORIA FEDERAL JUNTO AO CADE

**Art. 15.** Funcionará junto ao Cade Procuradoria Federal Especializada, competindo-lhe:

**I** - prestar consultoria e assessoramento jurídico ao Cade;

**II** - representar o Cade judicial e extrajudicialmente;

**III** - promover a execução judicial das decisões e julgados do Cade;

**IV** - proceder à apuração da liquidez dos créditos do Cade, inscrevendo-os em dívida ativa para fins de cobrança administrativa ou judicial;

**V** - tomar as medidas judiciais solicitadas pelo Tribunal ou pela Superintendência-Geral, necessárias à cessação de infrações da ordem econômica ou à obtenção de documentos para a instrução de processos administrativos de qualquer natureza;

**VI** - promover acordos judiciais nos processos relativos a infrações contra a ordem econômica, mediante autorização do Tribunal;

**VII** - emitir, sempre que solicitado expressamente por Conselheiro ou pelo Superintendente-Geral, parecer nos processos de competência do Cade, sem que tal determinação implique a suspensão do prazo de análise ou prejuízo à tramitação normal do processo;

**VIII** - zelar pelo cumprimento desta Lei; e

**IX** - desincumbir-se das demais tarefas que lhe sejam atribuídas pelo regimento interno.

**Parágrafo único.** Compete à Procuradoria Federal junto ao Cade, ao dar execução judicial às decisões da Superintendência-Geral e do Tribunal, manter o Presidente do Tribunal, os Conselheiros e o Superintendente-Geral informados sobre o andamento das ações e medidas judiciais.

**Art. 16.** O Procurador-Chefe será nomeado pelo Presidente da República, depois de aprovado pelo Senado Federal, dentre cidadãos brasileiros com mais de 30 (trinta) anos de idade, de notório conhecimento jurídico e reputação ilibada.

**§ 1º.** O Procurador-Chefe terá mandato de 2 (dois) anos, permitida sua recondução para um único período.

**§ 2º.** O Procurador-Chefe poderá participar, sem direito a voto, das reuniões do Tribunal, prestando assistência e esclarecimentos, quando requisitado pelos Conselheiros, na forma do Regimento Interno do Tribunal.

**§ 3º.** Aplicam-se ao Procurador-Chefe as mesmas normas de impedimento aplicáveis aos Conselheiros do Tribunal, exceto quanto ao comparecimento às sessões.

**§ 4º.** Nos casos de faltas, afastamento temporário ou impedimento do Procurador-Chefe, o Plenário indicará e o Presidente do Tribunal designará o substituto eventual dentre os integrantes da Procuradoria Federal Especializada.

#### SEÇÃO V.
#### DO DEPARTAMENTO DE ESTUDOS ECONÔMICOS

**Art. 17.** O Cade terá um Departamento de Estudos Econômicos, dirigido por um Economista-Chefe, a quem incumbirá elaborar estudos e pareceres econômicos, de ofício ou por solicitação do Plenário, do Presidente, do Conselheiro-Relator ou do Superintendente-Geral, zelando pelo rigor e atualização técnica e científica das decisões do órgão.

**Art. 18.** O Economista-Chefe será nomeado, conjuntamente, pelo Superintendente-Geral e pelo Presidente do Tribunal, dentre brasileiros de ilibada reputação e notório conhecimento econômico.

**§ 1º.** O Economista-Chefe poderá participar das reuniões do Tribunal, sem direito a voto.

**§ 2º.** Aplicam-se ao Economista-Chefe as mesmas normas de impedimento aplicáveis aos Conselheiros do Tribunal, exceto quanto ao comparecimento às sessões.

### CAPÍTULO III.
### DA SECRETARIA DE ACOMPANHAMENTO ECONÔMICO

**Art. 19.** Compete à Secretaria de Acompanhamento Econômico promover a concorrência em órgãos de governo e perante a sociedade cabendo-lhe, especialmente, o seguinte:

**I** – opinar, nos aspectos referentes à promoção da concorrência, sobre propostas de alterações de atos normativos de interesse geral dos agentes econômicos, de consumidores ou usuários dos serviços prestados submetidos a consulta pública pelas agências reguladoras e, quando entender pertinente, sobre os pedidos de revisão de tarifas e as minutas;

**II** – opinar, quando considerar pertinente, sobre minutas de atos normativos elaborados por qualquer entidade pública ou privada submetidos à consulta pública, nos aspectos referentes à promoção da concorrência;

**III** – opinar, quando considerar pertinente, sobre proposições legislativas em tramitação no Congresso Nacional, nos aspectos referentes à promoção da concorrência;

**IV** – elaborar estudos avaliando a situação concorrencial de setores específicos da atividade econômica nacional, de ofício ou quando solicitada pelo Cade, pela Câmara de Comércio Exterior ou pelo Departamento de Proteção e Defesa do Consumidor do Ministério da Justiça ou órgão que vier a sucedê-lo;

**V** – elaborar estudos setoriais que sirvam de insumo para a participação do Ministério da Fazenda na formulação de políticas públicas setoriais nos fóruns em que este Ministério tem assento;

**VI** – propor a revisão de leis, regulamentos e outros atos normativos da administração pública federal, estadual, municipal e do Distrito Federal que afetem ou possam afetar a concorrência nos diversos setores econômicos do País;

**VII** – manifestar-se, de ofício ou quando solicitada, a respeito do impacto concorrencial de medidas em discussão no âmbito de fóruns negociadores relativos às atividades de alteração tarifária, ao acesso a mercados e à defesa comercial, ressalvadas as competências dos órgãos envolvidos;

**VIII** – encaminhar ao órgão competente representação para que este, a seu critério, adote as medidas legais cabíveis, sempre que for identificado ato normativo que tenha caráter anticompetitivo.

**§ 1º.** Para o cumprimento de suas atribuições, a Secretaria de Acompanhamento Econômico poderá:

**I** – requisitar informações e documentos de quaisquer pessoas, órgãos, autoridades e entidades, públicas ou privadas, mantendo o sigilo legal quando for o caso;

**II** – celebrar acordos e convênios com órgãos ou entidades públicas ou privadas, federais, estaduais, municipais, do Distrito Federal e dos Territórios para avaliar e/ou sugerir medidas relacionadas à promoção da concorrência.

**§ 2º.** A Secretaria de Acompanhamento Econômico divulgará anualmente relatório de suas ações voltadas para a promoção da concorrência.

### TÍTULO III.
### DO MINISTÉRIO PÚBLICO FEDERAL PERANTE O CADE

**Art. 20.** O Procurador-Geral da República, ouvido o Conselho Superior, designará membro do Ministério Público Federal para, nesta qualidade, emitir parecer, nos processos administrativos para imposição de sanções administrativas por infrações à ordem econômica, de ofício ou a requerimento do Conselheiro-Relator.

## TÍTULO IV. DO PATRIMÔNIO, DAS RECEITAS E DA GESTÃO ADMINISTRATIVA, ORÇAMENTÁRIA E FINANCEIRA

**Art. 21.** Compete ao Presidente do Tribunal orientar, coordenar e supervisionar as atividades administrativas do Cade, respeitadas as atribuições dos dirigentes dos demais órgãos previstos no art. 5º desta Lei.

**§ 1º.** A Superintendência-Geral constituirá unidade gestora, para fins administrativos e financeiros, competindo ao seu Superintendente-Geral ordenar as despesas pertinentes às respectivas ações orçamentárias.

**§ 2º.** Para fins administrativos e financeiros, o Departamento de Estudos Econômicos estará ligado ao Tribunal.

**Art. 22.** Anualmente, o Presidente do Tribunal, ouvido o Superintendente-Geral, encaminhará ao Poder Executivo a proposta de orçamento do Cade e a lotação ideal do pessoal que prestará serviço àquela autarquia.

**Art. 23.** Instituem-se taxas processuais sobre os processos de competência do Cade, no valor de R$ 85.000,00 (oitenta e cinco mil reais), para os processos que têm como fato gerador a apresentação dos atos previstos no art. 88 desta Lei, e no valor de R$ 15.000,00 (quinze mil reais), para os processos que têm como fato gerador a apresentação das consultas referidas no § 4º do art. 9º desta Lei.

**Parágrafo único.** A taxa processual de que trata o *caput* deste artigo poderá ser atualizada por ato do Poder Executivo, após autorização do Congresso Nacional.

- A Lei 13.196/2015 no seu art. 2º não fez menção sobre o parágrafo único deste artigo.

**Art. 24.** São contribuintes da taxa processual que tem como fato gerador a apresentação dos atos previstos no art. 88 desta Lei qualquer das requerentes.

**Art. 25.** O recolhimento da taxa processual que tem como fato gerador a apresentação dos atos previstos no art. 88 desta Lei deverá ser comprovado no momento da protocolização do ato.

**§ 1º.** A taxa processual não recolhida no momento fixado no *caput* deste artigo será cobrada com os seguintes acréscimos:

**I** – juros de mora, contados do mês seguinte ao do vencimento, à razão de 1% (um por cento), calculados na forma da legislação aplicável aos tributos federais;

**II** – multa de mora de 20% (vinte por cento).

**§ 2º.** Os juros de mora não incidem sobre o valor da multa de mora.

**Art. 26.** (VETADO).

**Art. 27.** As taxas de que tratam os arts. 23 e 26 desta Lei serão recolhidas ao Tesouro Nacional na forma regulamentada pelo Poder Executivo.

**Art. 28.** Constituem receitas próprias do Cade:

**I** – o produto resultante da arrecadação das taxas previstas nos arts. 23 e 26 desta Lei;

**II** – a retribuição por serviços de qualquer natureza prestados a terceiros;

**III** – as dotações consignadas no Orçamento Geral da União, créditos especiais, créditos adicionais, transferências e repasses que lhe forem conferidos;

**IV** – os recursos provenientes de convênios, acordos ou contratos celebrados com entidades ou organismos nacionais e internacionais;

**V** – as doações, legados, subvenções e outros recursos que lhe forem destinados;

**VI** – os valores apurados na venda ou aluguel de bens móveis e imóveis de sua propriedade;

**VII** – o produto da venda de publicações, material técnico, dados e informações;

**VIII** – os valores apurados em aplicações no mercado financeiro das receitas previstas neste artigo, na forma definida pelo Poder Executivo; e

**IX** – quaisquer outras receitas, afetas às suas atividades, não especificadas nos incisos I a VIII do *caput* deste artigo.

**§ 1º.** (VETADO).

**§ 2º.** (VETADO).

**§ 3º.** O produto da arrecadação das multas aplicadas pelo Cade, inscritas ou não em dívida ativa, será destinado ao Fundo de Defesa de Direitos Difusos de que trata o art. 13 da Lei nº 7.347, de 24 de julho de 1985, e a Lei nº 9.008, de 21 de março de 1995.

**§ 4º.** As multas arrecadadas na forma desta Lei serão recolhidas ao Tesouro Nacional na forma regulamentada pelo Poder Executivo.

**Art. 29.** O Cade submeterá anualmente ao Ministério da Justiça a sua proposta de orçamento, que será encaminhada ao Ministério do Planejamento, Orçamento e Gestão para inclusão na lei orçamentária anual, a que se refere o § 5º do art. 165 da Constituição Federal.

**§ 1º.** O Cade fará acompanhar as propostas orçamentárias de quadro demonstrativo do planejamento plurianual das receitas e despesas, visando ao seu equilíbrio orçamentário e financeiro nos 5 (cinco) exercícios subsequentes.

**§ 2º.** A lei orçamentária anual consignará as dotações para as despesas de custeio e capital do Cade, relativas ao exercício a que ela se referir.

**Art. 30.** Somam-se ao atual patrimônio do Cade os bens e direitos pertencentes ao Ministério da Justiça atualmente afetados às atividades do Departamento de Proteção e Defesa Econômica da Secretaria de Direito Econômico.

## TÍTULO V. DAS INFRAÇÕES DA ORDEM ECONÔMICA

### CAPÍTULO I. DISPOSIÇÕES GERAIS

**Art. 31.** Esta Lei aplica-se às pessoas físicas ou jurídicas de direito público ou privado, bem como a quaisquer associações de entidades ou pessoas, constituídas de fato ou de direito, ainda que temporariamente, com ou sem personalidade jurídica, mesmo que exerçam atividade sob regime de monopólio legal.

**Art. 32.** As diversas formas de infração da ordem econômica implicam a responsabilidade da empresa e a responsabilidade individual de seus dirigentes ou administradores, solidariamente.

**Art. 33.** Serão solidariamente responsáveis as empresas ou entidades integrantes de grupo econômico, de fato ou de direito, quando pelo menos uma delas praticar infração à ordem econômica.

**Art. 34.** A personalidade jurídica do responsável por infração da ordem econômica poderá ser desconsiderada quando houver da parte deste abuso de direito, excesso de poder, infração da lei, fato ou ato ilícito ou violação dos estatutos ou contrato social.

**Parágrafo único.** A desconsideração também será efetivada quando houver falência, estado de insolvência, encerramento ou inatividade da pessoa jurídica provocados por má administração.

**Art. 35.** A repressão das infrações da ordem econômica não exclui a punição de outros ilícitos previstos em lei.

## CAPÍTULO II
## DAS INFRAÇÕES

**Art. 36.** Constituem infração da ordem econômica, independentemente de culpa, os atos sob qualquer forma manifestados, que tenham por objeto ou possam produzir os seguintes efeitos, ainda que não sejam alcançados:

**I** – limitar, falsear ou de qualquer forma prejudicar a livre concorrência ou a livre iniciativa;

**II** – dominar mercado relevante de bens ou serviços;

**III** – aumentar arbitrariamente os lucros; e

**IV** – exercer de forma abusiva posição dominante.

**§ 1º.** A conquista de mercado resultante de processo natural fundado na maior eficiência de agente econômico em relação a seus competidores não caracteriza o ilícito previsto no inciso II do *caput* deste artigo.

**§ 2º.** Presume-se posição dominante sempre que uma empresa ou grupo de empresas for capaz de alterar unilateral ou coordenadamente as condições de mercado ou quando controlar 20% (vinte por cento) ou mais do mercado relevante, podendo este percentual ser alterado pelo Cade para setores específicos da economia.

**§ 3º.** As seguintes condutas, além de outras, na medida em que configurem hipótese prevista no *caput* deste artigo e seus incisos, caracterizam infração da ordem econômica:

**I** – acordar, combinar, manipular ou ajustar com concorrente, sob qualquer forma:

a) os preços de bens ou serviços ofertados individualmente;

b) a produção ou a comercialização de uma quantidade restrita ou limitada de bens ou a prestação de um número, volume ou frequência restrita ou limitada de serviços;

c) a divisão de partes ou segmentos de um mercado atual ou potencial de bens ou serviços, mediante, dentre outros, a distribuição de clientes, fornecedores, regiões ou períodos;

d) preços, condições, vantagens ou abstenção em licitação pública;

**II** – promover, obter ou influenciar a adoção de conduta comercial uniforme ou concertada entre concorrentes;

**III** – limitar ou impedir o acesso de novas empresas ao mercado;

**IV** – criar dificuldades à constituição, ao funcionamento ou ao desenvolvimento de empresa concorrente ou de fornecedor, adquirente ou financiador de bens ou serviços;

**V** – impedir o acesso de concorrente às fontes de insumo, matérias-primas, equipamentos ou tecnologia, bem como aos canais de distribuição;

**VI** – exigir ou conceder exclusividade para divulgação de publicidade nos meios de comunicação de massa;

**VII** – utilizar meios enganosos para provocar a oscilação de preços de terceiros;

**VIII** – regular mercados de bens ou serviços, estabelecendo acordos para limitar ou controlar a pesquisa e o desenvolvimento tecnológico, a produção de bens ou prestação de serviços, ou para dificultar investimentos destinados à produção de bens ou serviços ou à sua distribuição;

**IX** – impor, no comércio de bens ou serviços, a distribuidores, varejistas e representantes preços de revenda, descontos, condições de pagamento, quantidades mínimas ou máximas, margem de lucro ou quaisquer outras condições de comercialização relativos a negócios destes com terceiros;

**X** – discriminar adquirentes ou fornecedores de bens ou serviços por meio da fixação diferenciada de preços, ou de condições operacionais de venda ou prestação de serviços;

**XI** – recusar a venda de bens ou a prestação de serviços, dentro das condições de pagamento normais aos usos e costumes comerciais;

**XII** – dificultar ou romper a continuidade ou desenvolvimento de relações comerciais de prazo indeterminado em razão de recusa da outra parte em submeter-se a cláusulas e condições comerciais injustificáveis ou anticoncorrenciais;

**XIII** – destruir, inutilizar ou açambarcar matérias-primas, produtos intermediários ou acabados, assim como destruir, inutilizar ou dificultar a operação de equipamentos destinados a produzi-los, distribuí-los ou transportá-los;

**XIV** – açambarcar ou impedir a exploração de direitos de propriedade industrial ou intelectual ou de tecnologia;

**XV** – vender mercadoria ou prestar serviços injustificadamente abaixo do preço de custo;

**XVI** – reter bens de produção ou de consumo, exceto para garantir a cobertura dos custos de produção;

**XVII** – cessar parcial ou totalmente as atividades da empresa sem justa causa comprovada;

**XVIII** – subordinar a venda de um bem à aquisição de outro ou à utilização de um serviço, ou subordinar a prestação de um serviço à utilização de outro ou à aquisição de um bem; e

**XIX** – exercer ou explorar abusivamente direitos de propriedade industrial, intelectual, tecnologia ou marca.

## CAPÍTULO III. DAS PENAS

**Art. 37.** A prática de infração da ordem econômica sujeita os responsáveis às seguintes penas:

**I** – no caso de empresa, multa de 0,1% (um décimo por cento) a 20% (vinte por cento) do valor do faturamento bruto da empresa, grupo ou conglomerado obtido, no último exercício anterior à instauração do processo administrativo, no ramo de atividade empresarial em que ocorreu a infração, a qual nunca será inferior à vantagem auferida, quando for possível sua estimação;

**II** – no caso das demais pessoas físicas ou jurídicas de direito público ou privado, bem como quaisquer associações de entidades ou pessoas constituídas de fato ou de direito, ainda que temporariamente, com ou sem personalidade jurídica, que não exerçam atividade empresarial, não sendo possível utilizar-se o critério do valor do faturamento bruto, a multa será entre R$ 50.000,00 (cinquenta mil reais) e R$ 2.000.000.000,00 (dois bilhões de reais);

**III** – no caso de administrador, direta ou indiretamente responsável pela infração cometida, quando comprovada a sua culpa ou dolo, multa de 1% (um por cento) a 20% (vinte por cento) daquela aplicada à empresa, no caso previsto no inciso I do *caput* deste artigo, ou às pessoas jurídicas ou entidades, nos casos previstos no inciso II do *caput* deste artigo.

**§ 1º.** Em caso de reincidência, as multas cominadas serão aplicadas em dobro.

**§ 2º.** No cálculo do valor da multa de que trata o inciso I do *caput* deste artigo, o Cade poderá considerar o faturamento total da empresa ou grupo de empresas, quando não dispuser do valor do faturamento no ramo de atividade empresarial em que ocorreu a infração, definido pelo Cade, ou quando este for apresentado de forma incompleta e/ou não demonstrado de forma inequívoca e idônea.

**Art. 38.** Sem prejuízo das penas cominadas no art. 37 desta Lei, quando assim exigir a gravidade dos fatos ou o interesse público geral, poderão ser impostas as seguintes penas, isolada ou cumulativamente:

**I** – a publicação, em meia página e a expensas do infrator, em jornal indicado na decisão, de extrato da decisão condenatória, por 2 (dois) dias seguidos, de 1 (uma) a 3 (três) semanas consecutivas;

**II** – a proibição de contratar com instituições financeiras oficiais e participar de licitação tendo por objeto aquisições, alienações, realização de obras e serviços, concessão de serviços públicos, na administração pública federal, estadual, municipal e do Distrito Federal, bem como em entidades da administração indireta, por prazo não inferior a 5 (cinco) anos;

**III** – a inscrição do infrator no Cadastro Nacional de Defesa do Consumidor;

**IV** – a recomendação aos órgãos públicos competentes para que:

a) seja concedida licença compulsória de direito de propriedade intelectual de titularidade do infrator, quando a infração estiver relacionada ao uso desse direito;

b) não seja concedido ao infrator parcelamento de tributos federais por ele devidos ou para que sejam cancelados, no todo ou em parte, incentivos fiscais ou subsídios públicos;

**V** – a cisão de sociedade, transferência de controle societário, venda de ativos ou cessação parcial de atividade;

**VI** – a proibição de exercer o comércio em nome próprio ou como representante de pessoa jurídica, pelo prazo de até 5 (cinco) anos; e

**VII** – qualquer outro ato ou providência necessários para a eliminação dos efeitos nocivos à ordem econômica.

**Art. 39.** Pela continuidade de atos ou situações que configurem infração da ordem econômica, após decisão do Tribunal determinando sua cessação, bem como pelo não cumprimento de obrigações de fazer ou não fazer impostas, ou pelo descumprimento de medida preventiva ou termo de compromisso de cessação previstos nesta Lei, o responsável fica sujeito a multa diária fixada em valor de R$ 5.000,00 (cinco mil reais), podendo ser aumentada em até 50 (cinquenta) vezes, se assim recomendar a situação econômica do infrator e a gravidade da infração.

**Art. 40.** A recusa, omissão ou retardamento injustificado de informação ou documentos solicitados pelo Cade ou pela Secretaria de Acompanhamento Econômico constitui infração punível com multa diária de R$ 5.000,00 (cinco mil reais), podendo ser aumentada em até 20 (vinte) vezes, se necessário para garantir sua eficácia, em razão da situação econômica do infrator.

**§ 1º.** O montante fixado para a multa diária de que trata o *caput* deste artigo constará do documento que contiver a requisição da autoridade competente.

**§ 2º.** Compete à autoridade requisitante a aplicação da multa prevista no *caput* deste artigo.

**§ 3º.** Tratando-se de empresa estrangeira, responde solidariamente pelo pagamento da multa de que trata o *caput* sua filial, sucursal, escritório ou estabelecimento situado no País.

**Art. 41.** A falta injustificada do representado ou de terceiros, quando intimados para prestar esclarecimentos, no curso de inquérito ou processo administrativo, sujeitará o faltante à multa de R$ 500,00 (quinhentos reais) a R$ 15.000,00 (quinze mil reais) para cada falta, aplicada conforme sua situação econômica.

**Parágrafo único.** A multa a que se refere o *caput* deste artigo será aplicada mediante auto de infração pela autoridade competente.

**Art. 42.** Impedir, obstruir ou de qualquer outra forma dificultar a realização de inspeção autorizada pelo Plenário do Tribunal, pelo Conselheiro-Relator ou pela Superintendência-Geral no curso de procedimento preparatório, inquérito administrativo, processo administrativo ou qualquer outro procedimento sujeitará o inspecionado ao pagamento de multa de R$ 20.000,00 (vinte mil reais) a R$ 400.000,00 (quatrocentos mil reais), conforme a situação econômica do infrator, mediante a lavratura de auto de infração pelo órgão competente.

**Art. 43.** A enganosidade ou a falsidade de informações, de documentos ou de declarações prestadas por qualquer pessoa ao Cade ou à Secretaria de Acompanhamento Econômico será punível com multa pecuniária no valor de R$ 5.000,00 (cinco mil reais) a R$ 5.000.000,00 (cinco milhões de reais), de acordo com a gravidade dos fatos e a situação econômica do infrator, sem prejuízo das demais cominações legais cabíveis.

**Art. 44.** Aquele que prestar serviços ao Cade ou a Seae, a qualquer título, e que der causa, mesmo que por mera culpa, à disseminação indevida de informação acerca de empresa, coberta por sigilo, será punível com multa pecuniária de R$ 1.000,00 (mil reais) a R$ 20.000,00 (vinte mil reais), sem prejuízo de abertura de outros procedimentos cabíveis.

**§ 1º.** Se o autor da disseminação indevida estiver servindo o Cade em virtude de mandato, ou na qualidade de Procurador Federal ou Economista-Chefe, a multa será em dobro.

**§ 2º.** O Regulamento definirá o procedimento para que uma informação seja tida como sigilosa, no âmbito do Cade e da Seae.

**Art. 45.** Na aplicação das penas estabelecidas nesta Lei, levar-se-á em consideração:

**I** – a gravidade da infração;

**II** – a boa-fé do infrator;

**III** – a vantagem auferida ou pretendida pelo infrator;

**IV** – a consumação ou não da infração;

**V** – o grau de lesão, ou perigo de lesão, à livre concorrência, à economia nacional, aos consumidores, ou a terceiros;

**VI** – os efeitos econômicos negativos produzidos no mercado;

**VII** – a situação econômica do infrator; e

**VIII** – a reincidência.

## CAPÍTULO IV. DA PRESCRIÇÃO

**Art. 46.** Prescrevem em 5 (cinco) anos as ações punitivas da administração pública federal, direta e indireta, objetivando apurar infrações da ordem econômica, contados da data da prática do ilícito ou, no caso de infração permanente ou continuada, do dia em que tiver cessada a prática do ilícito.

**§ 1º.** Interrompe a prescrição qualquer ato administrativo ou judicial que tenha por objeto a apuração da infração contra a ordem econômica mencionada no *caput* deste artigo, bem como a notificação ou a intimação da investigada.

**§ 2º.** Suspende-se a prescrição durante a vigência do compromisso de cessação ou do acordo em controle de concentrações.

**§ 3º.** Incide a prescrição no procedimento administrativo paralisado por mais de 3 (três) anos, pendente de julgamento ou despacho, cujos autos serão arquivados de ofício ou mediante requerimento da parte interessada, sem prejuízo da apuração da responsabilidade funcional decorrente da paralisação, se for o caso.

**§ 4º.** Quando o fato objeto da ação punitiva da administração também constituir crime, a prescrição reger-se-á pelo prazo previsto na lei penal.

**Art. 46-A.** Quando a ação de indenização por perdas e danos originar-se do direito previsto no art. 47 desta Lei, não correrá a prescrição durante o curso do inquérito ou do processo administrativo no âmbito do Cade. *(Acrescido pela Lei 14.470/2022)*

**§ 1º** Prescreve em 5 (cinco) anos a pretensão à reparação pelos danos causados pelas infrações à ordem econômica previstas no art. 36 desta Lei, iniciando-se sua contagem a partir da ciência inequívoca do ilícito.

**§ 2º** Considera-se ocorrida a ciência inequívoca do ilícito por ocasião da publicação do julgamento final do processo administrativo pelo Cade.

## CAPÍTULO V. DO DIREITO DE AÇÃO

**Art. 47.** Os prejudicados, por si ou pelos legitimados referidos no art. 82 da Lei nº 8.078, de 11 de setembro de 1990, poderão ingressar em juízo para, em defesa de seus interesses individuais ou individuais homogêneos, obter a cessação de práticas que constituam infração da ordem econômica, bem como o recebimento de indenização por perdas e danos sofridos, independentemente do inquérito ou processo administrativo, que não será suspenso em virtude do ajuizamento de ação.

**§ 1º** Os prejudicados terão direito a ressarcimento em dobro pelos prejuízos sofridos em razão de infrações à ordem econômica previstas nos incisos I e II do § 3º do art. 36 desta Lei, sem prejuízo das sanções aplicadas nas esferas administrativa e penal. *(Acrescido pela Lei 14.470/2022)*

**§ 2º** Não se aplica o disposto no § 1º deste artigo aos coautores de infração à ordem econômica que tenham celebrado acordo de leniência ou termo de compromisso de cessação de prática cujo cumprimento tenha sido declarado pelo Cade, os quais responderão somente pelos prejuízos causados aos prejudicados. *(Acrescido pela Lei 14.470/2022)*

**§ 3º** Os signatários do acordo de leniência e do termo de compromisso de cessação de prática são responsáveis apenas pelo dano que causaram aos prejudicados, não incidindo sobre eles responsabilidade solidária pelos danos causados pelos demais autores da infração à ordem econômica. *(Acrescido pela Lei 14.470/2022)*

**§ 4º** Não se presume o repasse de sobrepreço nos casos das infrações à ordem econômica previstas nos incisos I e II do § 3º do art. 36 desta Lei, cabendo a prova ao réu que o alegar. *(Acrescido pela Lei 14.470/2022)*

**Art. 47-A.** A decisão do Plenário do Tribunal referida no art. 93 desta Lei é apta a fundamentar a concessão de tutela da evidência, permitindo ao juiz decidir liminarmente nas ações previstas no art. 47 desta Lei. *(Acrescido pela Lei 14.470/2022)*

## TÍTULO VI. DAS DIVERSAS ESPÉCIES DE PROCESSO ADMINISTRATIVO

### CAPÍTULO I. DISPOSIÇÕES GERAIS

**Art. 48.** Esta Lei regula os seguintes procedimentos administrativos instaurados para prevenção, apuração e repressão de infrações à ordem econômica:

**I** – procedimento preparatório de inquérito administrativo para apuração de infrações à ordem econômica;

**II** – inquérito administrativo para apuração de infrações à ordem econômica;

**III** – processo administrativo para imposição de sanções administrativas por infrações à ordem econômica;

**IV** – processo administrativo para análise de ato de concentração econômica;

**V** – procedimento administrativo para apuração de ato de concentração econômica; e

**VI** – processo administrativo para imposição de sanções processuais incidentais.

**Art. 49.** O Tribunal e a Superintendência-Geral assegurarão nos procedimentos previstos nos incisos II, III, IV e VI do *caput* do art. 48 desta Lei o tratamento sigiloso de documentos, informações e atos processuais necessários à elucidação dos fatos ou exigidos pelo interesse da sociedade.

**Parágrafo único.** As partes poderão requerer tratamento sigiloso de documentos ou informações, no tempo e modo definidos no regimento interno.

**Art. 50.** A Superintendência-Geral ou o Conselheiro-Relator poderá admitir a intervenção no processo administrativo de:

**I** – terceiros titulares de direitos ou interesses que possam ser afetados pela decisão a ser adotada; ou

**II** – legitimados à propositura de ação civil pública pelos incisos III e IV do art. 82 da Lei nº 8.078, de 11 de setembro de 1990.

**Art. 51.** Na tramitação dos processos no Cade, serão observadas as seguintes disposições, além daquelas previstas no regimento interno:

**I** – os atos de concentração terão prioridade sobre o julgamento de outras matérias;

**II** – a sessão de julgamento do Tribunal é pública, salvo nos casos em que for determinado tratamento sigiloso ao processo, ocasião em que as sessões serão reservadas;

**III** – nas sessões de julgamento do Tribunal, poderão o Superintendente-Geral, o Economista-Chefe, o Procurador-Chefe e as partes do processo requerer a palavra, que lhes será concedida, nessa ordem, nas condições e no prazo definido pelo regimento interno, a fim de sustentarem oralmente suas razões perante o Tribunal;

**IV** – a pauta das sessões de julgamento será definida pelo Presidente, que determinará sua publicação, com pelo menos 120 (cento e vinte) horas de antecedência; e

**V** – os atos e termos a serem praticados nos autos dos procedimentos enumerados no art. 48 desta Lei poderão ser encaminhados de forma eletrônica ou apresentados em meio magnético ou equivalente, nos termos das normas do Cade.

**Art. 52.** O cumprimento das decisões do Tribunal e de compromissos e acordos firmados nos termos desta Lei poderá, a critério do Tribunal, ser fiscalizado pela Superintendência-Geral, com o respectivo encaminhamento dos autos, após a decisão final do Tribunal.

**§ 1º.** Na fase de fiscalização da execução das decisões do Tribunal, bem como do cumprimento de compromissos e acordos firmados nos termos desta Lei, poderá a Superintendência-Geral valer-se de todos os poderes instrutórios que lhe são assegurados nesta Lei.

**§ 2º.** Cumprida integralmente a decisão do Tribunal ou os acordos em controle de concentrações e compromissos de cessação, a Superintendência-Geral, de ofício ou por provocação do interessado, manifestar-se-á sobre seu cumprimento.

### CAPÍTULO II. DO PROCESSO ADMINISTRATIVO NO CONTROLE DE ATOS DE CONCENTRAÇÃO ECONÔMICA

#### SEÇÃO I. DO PROCESSO ADMINISTRATIVO NA SUPERINTENDÊNCIA-GERAL

**Art. 53.** O pedido de aprovação dos atos de concentração econômica a que se refere o art. 88 desta Lei deverá ser endereçado ao Cade e instruído com as informações e documentos indispensáveis à instauração do processo administrativo, definidos em resolução do Cade, além do comprovante de recolhimento da taxa respectiva.

**§ 1º**. Ao verificar que a petição não preenche os requisitos exigidos no *caput* deste artigo ou apresenta defeitos e irregularidades capazes de dificultar o julgamento de mérito, a Superintendência-Geral determinará, uma única vez, que os requerentes a emendem, sob pena de arquivamento.

**§ 2º**. Após o protocolo da apresentação do ato de concentração, ou de sua emenda, a Superintendência-Geral fará publicar edital, indicando o nome dos requerentes, a natureza da operação e os setores econômicos envolvidos.

**Art. 54.** Após cumpridas as providências indicadas no art. 53, a Superintendência-Geral:

**I** – conhecerá diretamente do pedido, proferindo decisão terminativa, quando o processo dispensar novas diligências ou nos casos de menor potencial ofensivo à concorrência, assim definidos em resolução do Cade; ou

**II** – determinará a realização da instrução complementar, especificando as diligências a serem produzidas.

**Art. 55.** Concluída a instrução complementar determinada na forma do inciso II do *caput* do art. 54 desta Lei, a Superintendência-Geral deverá manifestar-se sobre seu satisfatório cumprimento, recebendo-a como adequada ao exame de mérito ou determinando que seja refeita, por estar incompleta.

**Art. 56.** A Superintendência-Geral poderá, por meio de decisão fundamentada, declarar a operação como complexa e determinar a realização de nova instrução complementar, especificando as diligências a serem produzidas.

**Parágrafo único.** Declarada a operação como complexa, poderá a Superintendência-Geral requerer ao Tribunal a prorrogação do prazo de que trata o § 2º do art. 88 desta Lei.

**Art. 57.** Concluídas as instruções complementares de que tratam o inciso II do art. 54 e o art. 56 desta Lei, a Superintendência-Geral:

**I** – proferirá decisão aprovando o ato sem restrições;

**II** – oferecerá impugnação perante o Tribunal, caso entenda que o ato deva ser rejeitado, aprovado com restrições ou que não existam elementos conclusivos quanto aos seus efeitos no mercado.

**Parágrafo único.** Na impugnação do ato perante o Tribunal, deverão ser demonstrados, de forma circunstanciada, o potencial lesivo do ato à concorrência e as razões pelas quais não deve ser aprovado integralmente ou rejeitado.

## SEÇÃO II.
## DO PROCESSO ADMINISTRATIVO NO TRIBUNAL

**Art. 58.** O requerente poderá oferecer, no prazo de 30 (trinta) dias da data de impugnação da Superintendência-Geral, em petição escrita, dirigida ao Presidente do Tribunal, manifestação expondo as razões de fato e de direito com que se opõe à impugnação do ato de concentração da Superintendência-Geral e juntando todas as provas, estudos e pareceres que corroboram seu pedido.

**Parágrafo único.** Em até 48 (quarenta e oito) horas da decisão de que trata a impugnação pela Superintendência-Geral, disposta no inciso II do *caput* do art. 57 desta Lei e na hipótese do inciso I do art. 65 desta Lei, o processo será distribuído, por sorteio, a um Conselheiro-Relator.

**Art. 59.** Após a manifestação do requerente, o Conselheiro-Relator:

**I** – proferirá decisão determinando a inclusão do processo em pauta para julgamento, caso entenda que se encontre suficientemente instruído;

**II** – determinará a realização de instrução complementar, se necessário, podendo, a seu critério, solicitar que a Superintendência-Geral a realize, declarando os pontos controversos e especificando as diligências a serem produzidas.

**§ 1º**. O Conselheiro-Relator poderá autorizar, conforme o caso, precária e liminarmente, a realização do ato de concentração econômica, impondo as condições que visem à preservação da reversibilidade da operação, quando assim recomendarem as condições do caso concreto.

**§ 2º**. O Conselheiro-Relator poderá acompanhar a realização das diligências referidas no inciso II do *caput* deste artigo.

**Art. 60.** Após a conclusão da instrução, o Conselheiro-Relator determinará a inclusão do processo em pauta para julgamento.

**Art. 61.** No julgamento do pedido de aprovação do ato de concentração econômica, o Tribunal poderá aprová-lo integralmente, rejeitá-lo ou aprová-lo parcialmente, caso em que determinará as restrições que deverão ser observadas como condição para a validade e eficácia do ato.

**§ 1º**. O Tribunal determinará as restrições cabíveis no sentido de mitigar os eventuais efeitos nocivos do ato de concentração sobre os mercados relevantes afetados.

**§ 2º**. As restrições mencionadas no § 1º deste artigo incluem:

**I** – a venda de ativos ou de um conjunto de ativos que constitua uma atividade empresarial;

**II** – a cisão de sociedade;

**III** – a alienação de controle societário;

**IV** – a separação contábil ou jurídica de atividades;

**V** – o licenciamento compulsório de direitos de propriedade intelectual; e

**VI** – qualquer outro ato ou providência necessários para a eliminação dos efeitos nocivos à ordem econômica.

**§ 3º**. Julgado o processo no mérito, o ato não poderá ser novamente apresentado nem revisto no âmbito do Poder Executivo.

**Art. 62.** Em caso de recusa, omissão, enganosidade, falsidade ou retardamento injustificado, por parte dos requerentes, de informações ou documentos cuja apresentação for determinada pelo Cade, sem prejuízo das demais sanções cabíveis, poderá o pedido de aprovação do ato de concentração ser rejeitado por falta de provas, caso em que o requerente somente poderá realizar o ato mediante apresentação de novo pedido, nos termos do art. 53 desta Lei.

**Art. 63.** Os prazos previstos neste CAPÍTULO não se suspendem ou interrompem por qualquer motivo, ressalvado o disposto no § 5º do art. 6º desta Lei, quando for o caso.

**Art. 64.** (VETADO).

### SEÇÃO III.
### DO RECURSO CONTRA DECISÃO DE APROVAÇÃO DO ATO PELA SUPERINTENDÊNCIA-GERAL

**Art. 65.** No prazo de 15 (quinze) dias contado a partir da publicação da decisão da Superintendência-Geral que aprovar o ato de concentração, na forma do inciso I do *caput* do art. 54 e do inciso I do *caput* do art. 57 desta Lei:

**I** – caberá recurso da decisão ao Tribunal, que poderá ser interposto por terceiros interessados ou, em se tratando de mercado regulado, pela respectiva agência reguladora;

**II** – o Tribunal poderá, mediante provocação de um de seus Conselheiros e em decisão fundamentada, avocar o processo para julgamento ficando prevento o Conselheiro que encaminhou a provocação.

**§ 1º.** Em até 5 (cinco) dias úteis a partir do recebimento do recurso, o Conselheiro-Relator:

**I** – conhecerá do recurso e determinará a sua inclusão em pauta para julgamento;

**II** – conhecerá do recurso e determinará a realização de instrução complementar, podendo, a seu critério, solicitar que a Superintendência-Geral a realize, declarando os pontos controversos e especificando as diligências a serem produzidas; ou

**III** – não conhecerá do recurso, determinando o seu arquivamento.

**§ 2º.** As requerentes poderão manifestar-se acerca do recurso interposto, em até 5 (cinco) dias úteis do conhecimento do recurso no Tribunal ou da data do recebimento do relatório com a conclusão da instrução complementar elaborada pela Superintendência-Geral, o que ocorrer por último.

**§ 3º.** O litigante de má-fé arcará com multa, em favor do Fundo de Defesa de Direitos Difusos, a ser arbitrada pelo Tribunal entre R$ 5.000,00 (cinco mil reais) e R$ 5.000.000,00 (cinco milhões de reais), levando-se em consideração sua condição econômica, sua atuação no processo e o retardamento injustificado causado à aprovação do ato.

**§ 4º.** A interposição do recurso a que se refere o *caput* deste artigo ou a decisão de avocar suspende a execução do ato de concentração econômica até decisão final do Tribunal.

**§ 5º.** O Conselheiro-Relator poderá acompanhar a realização das diligências referidas no inciso II do § 1º deste artigo.

## CAPÍTULO III.
## DO INQUÉRITO ADMINISTRATIVO PARA APURAÇÃO DE INFRAÇÕES À ORDEM ECONÔMICA E DO PROCEDIMENTO PREPARATÓRIO

**Art. 66.** O inquérito administrativo, procedimento investigatório de natureza inquisitorial, será instaurado pela Superintendência-Geral para apuração de infrações à ordem econômica.

**§ 1º.** O inquérito administrativo será instaurado de ofício ou em face de representação fundamentada de qualquer interessado, ou em decorrência de peças de informação, quando os indícios de infração à ordem econômica não forem suficientes para a instauração de processo administrativo.

**§ 2º.** A Superintendência-Geral poderá instaurar procedimento preparatório de inquérito administrativo para apuração de infrações à ordem econômica para apurar se a conduta sob análise trata de matéria de competência do Sistema Brasileiro de Defesa da Concorrência, nos termos desta Lei.

**§ 3º.** As diligências tomadas no âmbito do procedimento preparatório de inquérito administrativo para apuração de infrações à ordem econômica deverão ser realizadas no prazo máximo de 30 (trinta) dias.

**§ 4º.** Do despacho que ordenar o arquivamento de procedimento preparatório, indeferir o requerimento de abertura de inquérito administrativo, ou seu arquivamento, caberá recurso de qualquer interessado ao Superintendente-Geral, na forma determinada em regulamento, que decidirá em última instância.

**§ 5º.** (VETADO).

**§ 6º.** A representação de Comissão do Congresso Nacional, ou de qualquer de suas Casas, bem como da Secretaria de Acompanhamento Econômico, das agências reguladoras e da Procuradoria Federal junto ao Cade, independe de procedimento preparatório, instaurando-se desde logo o inquérito administrativo ou processo administrativo.

**§ 7º.** O representante e o indiciado poderão requerer qualquer diligência, que será realizada ou não, a juízo da Superintendência-Geral.

**§ 8º.** A Superintendência-Geral poderá solicitar o concurso da autoridade policial ou do Ministério Público nas investigações.

**§ 9º.** O inquérito administrativo deverá ser encerrado no prazo de 180 (cento e oitenta) dias, contado da data de sua instauração, prorrogáveis por até 60 (sessenta) dias, por meio de despacho fundamentado e quando o fato for de difícil elucidação e o justificarem as circunstâncias do caso concreto.

**§ 10.** Ao procedimento preparatório, assim como ao inquérito administrativo, poderá ser dado tratamento sigiloso, no interesse das investigações, a critério da Superintendência-Geral.

**Art. 67.** Até 10 (dez) dias úteis a partir da data de encerramento do inquérito administrativo, a Superintendência-Geral decidirá pela instauração do processo administrativo ou pelo seu arquivamento.

**§ 1º.** O Tribunal poderá, mediante provocação de um Conselheiro e em decisão fundamentada, avocar o inquérito administrativo ou procedimento preparatório de inquérito administrativo arquivado pela Superintendência-Geral, ficando prevento o Conselheiro que encaminhou a provocação.

**§ 2º.** Avocado o inquérito administrativo, o Conselheiro-Relator terá o prazo de 30 (trinta) dias úteis para:

**I** – confirmar a decisão de arquivamento da Superintendência-Geral, podendo, se entender necessário, fundamentar sua decisão;

**II** – transformar o inquérito administrativo em processo administrativo, determinando a realização de instrução complementar, podendo, a seu critério, solicitar que a Superintendência-Geral a realize, declarando os pontos controversos e especificando as diligências a serem produzidas.

**§ 3º.** Ao inquérito administrativo poderá ser dado tratamento sigiloso, no interesse das investigações, a critério do Plenário do Tribunal.

**Art. 68.** O descumprimento dos prazos fixados neste capítulo pela Superintendência-Geral, assim como por seus servidores, sem justificativa devidamente comprovada nos autos, poderá resultar na apuração da respectiva responsabilidade administrativa, civil e criminal.

## CAPÍTULO IV.
## DO PROCESSO ADMINISTRATIVO PARA IMPOSIÇÃO DE SANÇÕES ADMINISTRATIVAS POR INFRAÇÕES À ORDEM ECONÔMICA

**Art. 69.** O processo administrativo, procedimento em contraditório, visa a garantir ao acusado a ampla defesa a respeito das conclusões do inquérito administrativo, cuja nota técnica final, aprovada nos termos das normas do Cade, constituirá peça inaugural.

**Art. 70.** Na decisão que instaurar o processo administrativo, será determinada a notificação do representado para, no prazo de 30 (trinta) dias, apresentar defesa e especificar as provas que pretende sejam produzidas, declinando a qualificação completa de até 3 (três) testemunhas.

**§ 1º.** A notificação inicial conterá o inteiro teor da decisão de instauração do processo administrativo e da representação, se for o caso.

**§ 2º.** A notificação inicial do representado será feita pelo correio, com aviso de recebimento em nome próprio, ou outro meio que assegure a certeza da ciência do interessado ou, não tendo êxito a notificação postal, por edital publicado no Diário Oficial da União e em jornal de grande circulação no Estado em que resida ou tenha sede, contando-se os prazos da juntada do aviso de recebimento, ou da publicação, conforme o caso.

**§ 3º.** A intimação dos demais atos processuais será feita mediante publicação no Diário Oficial da União, da qual deverá constar o nome do representado e de seu procurador, se houver.

**§ 4º.** O representado poderá acompanhar o processo administrativo por seu titular e seus diretores ou gerentes, ou por seu procurador, assegurando-se-lhes amplo acesso aos autos no Tribunal.

**§ 5º.** O prazo de 30 (trinta) dias mencionado no *caput* deste artigo poderá ser dilatado por até 10 (dez) dias, improrrogáveis, mediante requisição do representado.

**Art. 71.** Considerar-se-á revel o representado que, notificado, não apresentar defesa no prazo legal, incorrendo em confissão quanto à matéria de fato, contra ele correndo os demais prazos, independentemente de notificação.

**Parágrafo único.** Qualquer que seja a fase do processo, nele poderá intervir o revel, sem direito à repetição de qualquer ato já praticado.

**Art. 72.** Em até 30 (trinta) dias úteis após o decurso do prazo previsto no art. 70 desta Lei, a Superintendência-Geral, em despacho fundamentado, determinará a produção de provas que julgar pertinentes, sendo-lhe facultado exercer os poderes de instrução previstos nesta Lei, mantendo-se o sigilo legal, quando for o caso.

**Art. 73.** Em até 5 (cinco) dias úteis da data de conclusão da instrução processual determinada na forma do art. 72 desta Lei, a Superintendência-Geral notificará o representado para apresentar novas alegações, no prazo de 5 (cinco) dias úteis.

**Art. 74.** Em até 15 (quinze) dias úteis contados do decurso do prazo previsto no art. 73 desta Lei, a Superintendência-Geral remeterá os autos do processo ao Presidente do Tribunal, opinando, em relatório circunstanciado, pelo seu arquivamento ou pela configuração da infração.

**Art. 75.** Recebido o processo, o Presidente do Tribunal o distribuirá, por sorteio, ao Conselheiro-Relator, que poderá, caso entenda necessário, solicitar à Procuradoria Federal junto ao Cade que se manifeste no prazo de 20 (vinte) dias.

**Art. 76.** O Conselheiro-Relator poderá determinar diligências, em despacho fundamentado, podendo, a seu critério, solicitar que a Superintendência-Geral as realize, no prazo assinado.

**Parágrafo único.** Após a conclusão das diligências determinadas na forma deste artigo, o Conselheiro-Relator notificará o representado para, no prazo de 15 (quinze) dias úteis, apresentar alegações finais.

**Art. 77.** No prazo de 15 (quinze) dias úteis contado da data de recebimento das alegações finais, o Conselheiro-Relator solicitará a inclusão do processo em pauta para julgamento.

**Art. 78.** A convite do Presidente, por indicação do Conselheiro-Relator, qualquer pessoa poderá apresentar esclarecimentos ao Tribunal, a propósito de assuntos que estejam em pauta.

**Art. 79.** A decisão do Tribunal, que em qualquer hipótese será fundamentada, quando for pela existência de infração da ordem econômica, conterá:

**I** – especificação dos fatos que constituam a infração apurada e a indicação das providências a serem tomadas pelos responsáveis para fazê-la cessar;

**II** – prazo dentro do qual devam ser iniciadas e concluídas as providências referidas no inciso I do *caput* deste artigo;

**III** – multa estipulada;

**IV** – multa diária em caso de continuidade da infração; e

**V** – multa em caso de descumprimento das providências estipuladas.

**Parágrafo único.** A decisão do Tribunal será publicada dentro de 5 (cinco) dias úteis no Diário Oficial da União.

**Art. 80.** Aplicam-se às decisões do Tribunal o disposto na Lei nº 8.437, de 30 de junho de 1992.

**Art. 81.** Descumprida a decisão, no todo ou em parte, será o fato comunicado ao Presidente do Tribunal, que determinará à Procuradoria Federal junto ao Cade que providencie sua execução judicial.

**Art. 82.** O descumprimento dos prazos fixados neste CAPÍTULO pelos membros do Cade, assim como por seus servidores, sem justificativa devidamente comprovada nos autos, poderá resultar na apuração da respectiva responsabilidade administrativa, civil e criminal.

**Art. 83.** O Cade disporá de forma complementar sobre o inquérito e o processo administrativo.

## CAPÍTULO V. DA MEDIDA PREVENTIVA

**Art. 84.** Em qualquer fase do inquérito administrativo para apuração de infrações ou do processo administrativo para imposição de sanções por infrações à ordem econômica, poderá o Conselheiro-Relator ou o Superintendente-Geral, por iniciativa própria ou mediante provocação do Procurador-Chefe do Cade, adotar medida preventiva, quando houver indício ou fundado receio de que o representado, direta ou indiretamente, cause ou possa causar ao mercado lesão irreparável ou de difícil reparação, ou torne ineficaz o resultado final do processo.

**§ 1º.** Na medida preventiva, determinar-se-á a imediata cessação da prática e será ordenada, quando materialmente possível, a reversão à situação anterior, fixando multa diária nos termos do art. 39 desta Lei.

**§ 2º.** Da decisão que adotar medida preventiva caberá recurso voluntário ao Plenário do Tribunal, em 5 (cinco) dias, sem efeito suspensivo.

## CAPÍTULO VI. DO COMPROMISSO DE CESSAÇÃO

**Art. 85.** Nos procedimentos administrativos mencionados nos incisos I, II e III do art. 48 desta Lei, o Cade poderá tomar do representado compromisso de cessação da prática sob investigação ou dos seus efeitos lesivos, sempre que, em juízo de conveniência e oportunidade, devidamente fundamentado, entender que atende aos interesses protegidos por lei.

**§ 1º.** Do termo de compromisso deverão constar os seguintes elementos:

**I** – a especificação das obrigações do representado no sentido de não praticar a conduta investigada ou seus efeitos lesivos, bem como obrigações que julgar cabíveis;

**II** – a fixação do valor da multa para o caso de descumprimento, total ou parcial, das obrigações compromissadas;

**III** – a fixação do valor da contribuição pecuniária ao Fundo de Defesa de Direitos Difusos quando cabível.

**§ 2º.** Tratando-se da investigação da prática de infração relacionada ou decorrente das condutas previstas nos incisos I e II do § 3º do art. 36 desta Lei, entre as obrigações a que se refere o inciso I do § 1º deste artigo figurará, necessariamente, a obrigação de recolher ao Fundo de Defesa de Direitos Difusos um valor pecuniário que não poderá ser inferior ao mínimo previsto no art. 37 desta Lei.

**§ 3º.** (VETADO).

**§ 4º.** A proposta de termo de compromisso de cessação de prática somente poderá ser apresentada uma única vez.

**§ 5º.** A proposta de termo de compromisso de cessação de prática poderá ter caráter confidencial.

**§ 6º.** A apresentação de proposta de termo de compromisso de cessação de prática não suspende o andamento do processo administrativo.

**§ 7º.** O termo de compromisso de cessação de prática terá caráter público, devendo o acordo ser publicado no sítio do Cade em 5 (cinco) dias após a sua celebração.

**§ 8º.** O termo de compromisso de cessação de prática constitui TÍTULO executivo extrajudicial.

**§ 9º.** O processo administrativo ficará suspenso enquanto estiver sendo cumprido o compromisso e será arquivado ao término do prazo fixado, se atendidas todas as condições estabelecidas no termo.

**§ 10.** A suspensão do processo administrativo a que se refere o § 9º deste artigo dar-se-á somente em relação ao representado que firmou o compromisso, seguindo o processo seu curso regular para os demais representados.

**§ 11.** Declarado o descumprimento do compromisso, o Cade aplicará as sanções nele previstas e determinará o prosseguimento do processo administrativo e as demais medidas administrativas e judiciais cabíveis para sua execução.

**§ 12.** As condições do termo de compromisso poderão ser alteradas pelo Cade se se comprovar sua excessiva onerosidade para o representado, desde que a alteração não acarrete prejuízo para terceiros ou para a coletividade.

**§ 13.** A proposta de celebração do compromisso de cessação de prática será indeferida quando a autoridade não chegar a um acordo com os representados quanto aos seus termos.

**§ 14.** O Cade definirá, em resolução, normas complementares sobre o termo de compromisso de cessação.

**§ 15.** Aplica-se o disposto no art. 50 desta Lei ao Compromisso de Cessação da Prática.

**§ 16.** *(Vetado na Lei 14.470/2022)*

## CAPÍTULO VII. DO PROGRAMA DE LENIÊNCIA

**Art. 86.** O Cade, por intermédio da Superintendência-Geral, poderá celebrar acordo de leniência, com a extinção da ação punitiva da administração pública ou a redução de 1 (um) a 2/3 (dois terços) da penalidade aplicável, nos termos deste artigo, com pessoas físicas e jurídicas que forem autoras de infração à ordem econômica, desde que colaborem efetivamente com as investigações e o processo administrativo e que dessa colaboração resulte:

**I** – a identificação dos demais envolvidos na infração; e

**II** – a obtenção de informações e documentos que comprovem a infração noticiada ou sob investigação.

**§ 1º.** O acordo de que trata o *caput* deste artigo somente poderá ser celebrado se preenchidos, cumulativamente, os seguintes requisitos:

**I** – a empresa seja a primeira a se qualificar com respeito à infração noticiada ou sob investigação;

**II** – a empresa cesse completamente seu envolvimento na infração noticiada ou sob investigação a partir da data de propositura do acordo;

**III** – a Superintendência-Geral não disponha de provas suficientes para assegurar a condenação da empresa ou pessoa física por ocasião da propositura do acordo; e

**IV** – a empresa confesse sua participação no ilícito e coopere plena e permanentemente com as investigações e o processo administrativo, comparecendo, sob suas expensas, sempre que solicitada, a todos os atos processuais, até seu encerramento.

**§ 2º.** Com relação às pessoas físicas, elas poderão celebrar acordos de leniência desde que cumpridos os requisitos II, III e IV do § 1º deste artigo.

**§ 3º.** O acordo de leniência firmado com o Cade, por intermédio da Superintendência-Geral, estipulará as condições necessárias para assegurar a efetividade da colaboração e o resultado útil do processo.

**§ 4º.** Compete ao Tribunal, por ocasião do julgamento do processo administrativo, verificado o cumprimento do acordo:

**I** – decretar a extinção da ação punitiva da administração pública em favor do infrator, nas hipóteses em que a proposta de acordo tiver sido apresentada à Superintendência-Geral sem que essa tivesse conhecimento prévio da infração noticiada; ou

**II** – nas demais hipóteses, reduzir de 1 (um) a 2/3 (dois terços) as penas aplicáveis, observado o disposto no art. 45 desta Lei, devendo ainda considerar na gradação da pena a efetividade da colaboração prestada e a boa-fé do infrator no cumprimento do acordo de leniência.

**§ 5º.** Na hipótese do inciso II do § 4º deste artigo, a pena sobre a qual incidirá o fator redutor não será superior à menor das penas aplicadas aos demais coautores da infração, relativamente aos percentuais fixados para a aplicação das multas de que trata o inciso I do art. 37 desta Lei.

**§ 6º.** Serão estendidos às empresas do mesmo grupo, de fato ou de direito, e aos seus dirigentes, administradores e empregados envolvidos na infração os efeitos do acordo de leniência, desde que o firmem em conjunto, respeitadas as condições impostas.

**§ 7º.** A empresa ou pessoa física que não obtiver, no curso de inquérito ou processo administrativo, habilitação para a celebração do acordo de que trata este artigo, poderá celebrar com a Superintendência-Geral, até a remessa do processo para julgamento, acordo de leniência relacionado a uma outra infração, da qual o Cade não tenha qualquer conhecimento prévio.

**§ 8º.** Na hipótese do § 7º deste artigo, o infrator se beneficiará da redução de 1/3 (um terço) da pena que lhe for aplicável naquele processo, sem prejuízo da obtenção dos benefícios de que trata o inciso I do § 4º deste artigo em relação à nova infração denunciada.

**§ 9º.** Considera-se sigilosa a proposta de acordo de que trata este artigo, salvo no interesse das investigações e do processo administrativo.

**§ 10.** Não importará em confissão quanto à matéria de fato, nem reconhecimento de ilicitude da conduta analisada, a proposta de acordo de leniência rejeitada, da qual não se fará qualquer divulgação.

**§ 11.** A aplicação do disposto neste artigo observará as normas a serem editadas pelo Tribunal.

**§ 12.** Em caso de descumprimento do acordo de leniência, o beneficiário ficará impedido de celebrar novo acordo de leniência pelo prazo de 3 (três) anos, contado da data de seu julgamento.

**Art. 87.** Nos crimes contra a ordem econômica, tipificados na Lei nº 8.137, de 27 de dezembro de 1990, e nos demais crimes diretamente relacionados à prática de cartel, tais como os tipificados na Lei nº 8.666, de 21 de junho de 1993, e os tipificados no art. 288 do Decreto-Lei nº 2.848, de 7 de dezembro de 1940 - Código Penal, a celebração de acordo de leniência, nos termos desta Lei, determina a suspensão do curso do prazo prescricional e impede o oferecimento da denúncia com relação ao agente beneficiário da leniência.

**Parágrafo único.** Cumprido o acordo de leniência pelo agente, extingue-se automaticamente a punibilidade dos crimes a que se refere o *caput* deste artigo.

## TÍTULO VII. DO CONTROLE DE CONCENTRAÇÕES

## CAPÍTULO I. DOS ATOS DE CONCENTRAÇÃO

**Art. 88.** Serão submetidos ao Cade pelas partes envolvidas na operação os atos de concentração econômica em que, cumulativamente:

**I** – pelo menos um dos grupos envolvidos na operação tenha registrado, no último balanço, faturamento bruto anual ou volume de negócios total no País, no ano anterior à operação, equivalente ou superior a R$ 400.000.000,00 (quatrocentos milhões de reais); e

**II** – pelo menos um outro grupo envolvido na operação tenha registrado, no último balanço, faturamento bruto anual ou volume de negócios total no País, no ano anterior à operação, equivalente ou superior a R$ 30.000.000,00 (trinta milhões de reais).

**§ 1º**. Os valores mencionados nos incisos I e II do *caput* deste artigo poderão ser adequados, simultânea ou independentemente, por indicação do Plenário do Cade, por portaria interministerial dos Ministros de Estado da Fazenda e da Justiça.

**§ 2º**. O controle dos atos de concentração de que trata o *caput* deste artigo será prévio e realizado em, no máximo, 240 (duzentos e quarenta) dias, a contar do protocolo de petição ou de sua emenda.

**§ 3º**. Os atos que se subsumirem ao disposto no *caput* deste artigo não podem ser consumados antes de apreciados, nos termos deste artigo e do procedimento previsto no CAPÍTULO II do TÍTULO VI desta Lei, sob pena de nulidade, sendo ainda imposta multa pecuniária, de valor não inferior a R$ 60.000,00 (sessenta mil reais) nem superior a R$ 60.000.000,00 (sessenta milhões de reais), a ser aplicada nos termos da regulamentação, sem prejuízo da abertura de processo administrativo, nos termos do art. 69 desta Lei.

**§ 4º**. Até a decisão final sobre a operação, deverão ser preservadas as condições de concorrência entre as empresas envolvidas, sob pena de aplicação das sanções previstas no § 3º deste artigo.

**§ 5º**. Serão proibidos os atos de concentração que impliquem eliminação da concorrência em parte substancial de mercado relevante, que possam criar ou reforçar uma posição dominante ou que possam resultar na dominação de mercado relevante de bens ou serviços, ressalvado o disposto no § 6º deste artigo.

**§ 6º**. Os atos a que se refere o § 5º deste artigo poderão ser autorizados, desde que sejam observados os limites estritamente necessários para atingir os seguintes objetivos:

**I** – cumulada ou alternativamente:

a) aumentar a produtividade ou a competitividade;

b) melhorar a qualidade de bens ou serviços; ou

c) propiciar a eficiência e o desenvolvimento tecnológico ou econômico; e

**II** – sejam repassados aos consumidores parte relevante dos benefícios decorrentes.

**§ 7º**. É facultado ao Cade, no prazo de 1 (um) ano a contar da respectiva data de consumação, requerer a submissão dos atos de concentração que não se enquadrem no disposto neste artigo.

**§ 8º**. As mudanças de controle acionário de companhias abertas e os registros de fusão, sem prejuízo da obrigação das partes envolvidas, devem ser comunicados ao Cade pela Comissão de Valores Mobiliários - CVM e pelo Departamento Nacional do Registro do Comércio do Ministério do Desenvolvimento, Indústria e Comércio Exterior, respectivamente, no prazo de 5 (cinco) dias úteis para, se for o caso, ser examinados.

**§ 9º**. O prazo mencionado no § 2º deste artigo somente poderá ser dilatado:

**I** – por até 60 (sessenta) dias, improrrogáveis, mediante requisição das partes envolvidas na operação; ou

**II** – por até 90 (noventa) dias, mediante decisão fundamentada do Tribunal, em que sejam especificados as razões para a extensão, o prazo da prorrogação, que será não renovável, e as providências cuja realização seja necessária para o julgamento do processo.

**Art. 89.** Para fins de análise do ato de concentração apresentado, serão obedecidos os procedimentos estabelecidos no CAPÍTULO II do TÍTULO VI desta Lei.

**Parágrafo único.** O Cade regulamentará, por meio de Resolução, a análise prévia de atos de concentração realizados com o propósito específico de participação em leilões, licitações e operações de aquisição de ações por meio de oferta pública.

**Art. 90.** Para os efeitos do art. 88 desta Lei, realiza-se um ato de concentração quando:

**I** – 2 (duas) ou mais empresas anteriormente independentes se fundem;

**II** – 1 (uma) ou mais empresas adquirem, direta ou indiretamente, por compra ou permuta de ações, quotas, títulos ou valores mobiliários conversíveis em ações, ou ativos, tangíveis ou intangíveis, por via contratual ou por qualquer outro meio ou forma, o controle ou partes de uma ou outras empresas;

**III** – 1 (uma) ou mais empresas incorporam outra ou outras empresas; ou

**IV** – 2 (duas) ou mais empresas celebram contrato associativo, consórcio ou joint venture.

**Parágrafo único.** Não serão considerados atos de concentração, para os efeitos do disposto no art. 88 desta Lei, os descritos no inciso IV do *caput*, quando destinados às licitações promovidas pela administração pública direta e indireta e aos contratos delas decorrentes.

**Art. 91.** A aprovação de que trata o art. 88 desta Lei poderá ser revista pelo Tribunal, de ofício ou mediante provocação da Superintendência-Geral, se a decisão for baseada em informações falsas ou enganosas prestadas pelo interessado, se ocorrer o descumprimento de quaisquer das obrigações assumidas ou não forem alcançados os benefícios visados.

**Parágrafo único.** Na hipótese referida no *caput* deste artigo, a falsidade ou enganosidade será punida com multa pecuniária, de valor não inferior a R$ 60.000,00 (sessenta mil reais) nem superior a R$ 6.000.000,00 (seis milhões de reais), a ser aplicada na forma das normas do Cade, sem prejuízo da abertura de processo administrativo, nos termos do art. 67 desta Lei, e da adoção das demais medidas cabíveis.

## CAPÍTULO II.
## DO ACORDO EM CONTROLE DE CONCENTRAÇÕES

**Art. 92.** (VETADO).

# TÍTULO VIII.
# DA EXECUÇÃO JUDICIAL DAS DECISÕES DO CADE

## CAPÍTULO I.
## DO PROCESSO

**Art. 93.** A decisão do Plenário do Tribunal, cominando multa ou impondo obrigação de fazer ou não fazer, constitui TÍTULO executivo extrajudicial.

**Art. 94.** A execução que tenha por objeto exclusivamente a cobrança de multa pecuniária será feita de acordo com o disposto na Lei nº 6.830, de 22 de setembro de 1980.

**Art. 95.** Na execução que tenha por objeto, além da cobrança de multa, o cumprimento de obrigação de fazer ou não fazer, o Juiz concederá a tutela específica da obrigação, ou determinará providências que assegurem o resultado prático equivalente ao do adimplemento.

**§ 1º.** A conversão da obrigação de fazer ou não fazer em perdas e danos somente será admissível se impossível a tutela específica ou a obtenção do resultado prático correspondente.

**§ 2º.** A indenização por perdas e danos far-se-á sem prejuízo das multas.

**Art. 96.** A execução será feita por todos os meios, inclusive mediante intervenção na empresa, quando necessária.

**Art. 97.** A execução das decisões do Cade será promovida na Justiça Federal do Distrito Federal ou da sede ou domicílio do executado, à escolha do Cade.

**Art. 98.** O oferecimento de embargos ou o ajuizamento de qualquer outra ação que vise à desconstituição do TÍTULO executivo não suspenderá a execução, se não for garantido o juízo no valor das multas aplicadas, para que se garanta o cumprimento da decisão final proferida nos autos, inclusive no que tange a multas diárias.

**§ 1º.** Para garantir o cumprimento das obrigações de fazer, deverá o juiz fixar caução idônea.

**§ 2º.** Revogada a liminar, o depósito do valor da multa converter-se-á em renda do Fundo de Defesa de Direitos Difusos.

**§ 3º.** O depósito em dinheiro não suspenderá a incidência de juros de mora e atualização monetária, podendo o Cade, na hipótese do § 2º deste artigo, promover a execução para cobrança da diferença entre o valor revertido ao Fundo de Defesa de Direitos Difusos e o valor da multa atualizado, com os acréscimos legais, como se sua exigibilidade do crédito jamais tivesse sido suspensa.

**§ 4º.** (Revogado pela Lei nº 13.105, de 2015).

**Art. 99.** Em razão da gravidade da infração da ordem econômica, e havendo fundado receio de dano irreparável ou de difícil reparação, ainda que tenha havido o depósito das multas e prestação de caução, poderá o Juiz determinar a adoção imediata, no todo ou em parte, das providências contidas no TÍTULO executivo.

**Art. 100.** No cálculo do valor da multa diária pela continuidade da infração, tomar-se-á como termo inicial a data final fixada pelo Cade para a adoção voluntária das providências contidas em sua decisão, e como termo final o dia do seu efetivo cumprimento.

**Art. 101.** O processo de execução em juízo das decisões do Cade terá preferência sobre as demais espécies de ação, exceto habeas corpus e mandado de segurança.

## CAPÍTULO II.
## DA INTERVENÇÃO JUDICIAL

**Art. 102.** O Juiz decretará a intervenção na empresa quando necessária para permitir a execução específica, nomeando o interventor.

**Parágrafo único.** A decisão que determinar a intervenção deverá ser fundamentada e indicará, clara e precisamente, as providências a serem tomadas pelo interventor nomeado.

**Art. 103.** Se, dentro de 48 (quarenta e oito) horas, o executado impugnar o interventor por motivo de inaptidão ou inidoneidade, feita a prova da alegação em 3 (três) dias, o juiz decidirá em igual prazo.

**Art. 104.** Sendo a impugnação julgada procedente, o juiz nomeará novo interventor no prazo de 5 (cinco) dias.

**Art. 105.** A intervenção poderá ser revogada antes do prazo estabelecido, desde que comprovado o cumprimento integral da obrigação que a determinou.

**Art. 106.** A intervenção judicial deverá restringir-se aos atos necessários ao cumprimento da decisão judicial que a determinar e terá duração máxima de 180 (cento e oitenta) dias, ficando o interventor responsável por suas ações e omissões, especialmente em caso de abuso de poder e desvio de finalidade.

**§ 1º.** Aplica-se ao interventor, no que couber, o disposto nos arts. 153 a 159 da Lei 6.404, de 15 de dezembro de 1976.

**§ 2º.** A remuneração do interventor será arbitrada pelo Juiz, que poderá substituí-lo a qualquer tempo, sendo obrigatória a substituição quando incorrer em insolvência civil, quando for sujeito passivo ou ativo de qualquer forma de corrupção ou prevaricação, ou infringir quaisquer de seus deveres.

**Art. 107.** O juiz poderá afastar de suas funções os responsáveis pela administração da empresa que, comprovadamente, obstarem o cumprimento de atos de competência do interventor, devendo eventual substituição dar-se na forma estabelecida no contrato social da empresa.

**§ 1º.** Se, apesar das providências previstas no *caput* deste artigo, um ou mais responsáveis pela administração da empresa persistirem em obstar a ação do interventor, o juiz procederá na forma do disposto no § 2º deste artigo.

**§ 2º.** Se a maioria dos responsáveis pela administração da empresa recusar colaboração ao interventor, o juiz determinará que este assuma a administração total da empresa.

**Art. 108.** Compete ao interventor:

**I** – praticar ou ordenar que sejam praticados os atos necessários à execução;

**II** – denunciar ao Juiz quaisquer irregularidades praticadas pelos responsáveis pela empresa e das quais venha a ter conhecimento; e

**III** – apresentar ao Juiz relatório mensal de suas atividades.

**Art. 109.** As despesas resultantes da intervenção correrão por conta do executado contra quem ela tiver sido decretada.

**Art. 110.** Decorrido o prazo da intervenção, o interventor apresentará ao juiz relatório circunstanciado de sua gestão, propondo a extinção e o arquivamento do processo ou pedindo a prorrogação do prazo na hipótese de não ter sido possível cumprir integralmente a decisão exequenda.

**Art. 111.** Todo aquele que se opuser ou obstaculizar a intervenção ou, cessada esta, praticar quaisquer atos que direta ou indiretamente anulem seus efeitos, no todo ou em parte, ou desobedecer a ordens legais do interventor será, conforme o caso, responsabilizado criminalmente por resistência, desobediência ou coação no curso do processo, na forma dos arts. 329, 330 e 344 do Decreto-Lei nº 2.848, de 7 de dezembro de 1940 - Código Penal.

## TÍTULO IX. DISPOSIÇÕES FINAIS E TRANSITÓRIAS

**Art. 112.** (VETADO).

**Art. 113.** Visando a implementar a transição para o sistema de mandatos não coincidentes, as nomeações dos Conselheiros observarão os seguintes critérios de duração dos mandatos, nessa ordem:

**I** – 2 (dois) anos para os primeiros 2 (dois) mandatos vagos; e

**II** – 3 (três) anos para o terceiro e o quarto mandatos vagos.

**§ 1º.** Os mandatos dos membros do Cade e do Procurador-Chefe em vigor na data de promulgação desta Lei serão mantidos e exercidos até o seu término original, devendo as nomeações subsequentes à extinção desses mandatos observar o disposto neste artigo.

**§ 2º.** Na hipótese do § 1º deste artigo, o Conselheiro que estiver exercendo o seu primeiro mandato no Cade, após o término de seu mandato original, poderá ser novamente nomeado no mesmo cargo, observado o disposto nos incisos I e II do *caput* deste artigo.

**§ 3º.** O Conselheiro que estiver exercendo o seu segundo mandato no Cade, após o término de seu mandato original, não poderá ser novamente nomeado para o período subsequente.

**§ 4º.** Não haverá recondução para o Procurador-Chefe que estiver exercendo mandato no Cade, após o término de seu mandato original, podendo ele ser indicado para permanecer no cargo na forma do art. 16 desta Lei.

**Art. 114.** (VETADO).

**Art. 115.** Aplicam-se subsidiariamente aos processos administrativo e judicial previstos nesta Lei as disposições das Leis nºs 5.869, de 11 de janeiro de 1973 - Código de Processo Civil, 7.347, de 24 de julho de 1985, 8.078, de 11 de setembro de 1990, e 9.784, de 29 de janeiro de 1999.

- Lei 13.105/2015 revogou a Lei 5.869/1973.

**Art. 116.** O art. 4º da Lei nº 8.137, de 27 de dezembro de 1990, passa a vigorar com a seguinte redação:

(...)

**Art. 117.** O *caput* e o inciso V do art. 1º da Lei nº 7.347, de 24 de julho de 1985, passam a vigorar com a seguinte redação:

(...)

**Art. 118.** Nos processos judiciais em que se discuta a aplicação desta Lei, o Cade deverá ser intimado para, querendo, intervir no feito na qualidade de assistente.

**Art. 119.** O disposto nesta Lei não se aplica aos casos de dumping e subsídios de que tratam os Acordos Relativos à Implementação do Artigo VI do Acordo Geral sobre Tarifas Aduaneiras e Comércio, promulgados pelos Decretos nºs 93.941 e 93.962, de 16 e 22 de janeiro de 1987, respectivamente.

**Art. 120.** (VETADO).

**Art. 121.** Ficam criados, para exercício na Secretaria de Acompanhamento Econômico e, prioritariamente, no Cade, observadas as diretrizes e quantitativos estabelecidos pelo Órgão Supervisor da Carreira, 200 (duzentos) cargos de Especialistas em Políticas Públicas e Gestão Governamental, integrantes da Carreira de Especialista em Políticas Públicas e Gestão Governamental, para o exercício das atribuições referidas no art. 1º da Lei nº 7.834, de 6 de outubro de 1989, a serem providos gradualmente, observados os limites e a autorização específica da lei de diretrizes orçamentárias, nos termos do inciso II do § 1º do art. 169 da Constituição Federal.

**Parágrafo único.** Ficam transferidos para o Cade os cargos pertencentes ao Ministério da Justiça atualmente alocados no Departamento de Proteção e Defesa Econômica da Secretaria de Direito Econômico, bem como o DAS-6 do Secretário de Direito Econômico.

**Art. 122.** Os órgãos do SBDC poderão requisitar servidores da administração pública federal direta, autárquica ou fundacional para neles ter exercício, independentemente do exercício de cargo em comissão ou função de confiança.

**Parágrafo único.** Ao servidor requisitado na forma deste artigo são assegurados todos os direitos e vantagens a que façam jus no órgão ou entidade de origem, considerando-se o período de requisição para todos os efeitos da vida funcional, como efetivo exercício no cargo que ocupe no órgão ou entidade de origem.

**Art. 123.** Ato do Ministro de Estado do Planejamento, Orçamento e Gestão fixará o quantitativo ideal de cargos efetivos, ocupados, a serem mantidos, mediante lotação, requisição ou exercício, no âmbito do Cade e da Secretaria de Acompanhamento Econômico, bem como fixará cronograma para que sejam atingidos os seus quantitativos, observadas as dotações consignadas nos Orçamentos da União.

**Art. 124.** Ficam criados, no âmbito do Poder Executivo Federal, para alocação ao Cade, os seguintes cargos em comissão do Grupo-Direção e Assessoramento Superiores - DAS: 2 (dois) cargos de natureza especial NES de Presidente do Cade e Superintendente-Geral do Cade, 7 (sete) DAS-6, 16 (dezesseis) DAS-4, 8 (oito) DAS-3, 11 (onze) DAS-2 e 21 (vinte e um) DAS-1.

**Art. 125.** O Poder Executivo disporá sobre a estrutura regimental do Cade, sobre as competências e atribuições, denominação das unidades e especificações dos cargos, promovendo a alocação, nas unidades internas da autarquia, dos cargos em comissão e das funções gratificadas.

**Art. 126.** Ficam extintos, no âmbito do Poder Executivo Federal, os seguintes cargos em comissão do Grupo-Direção e Assessoramento Superiores - DAS e Funções Gratificadas - FG: 3 (três) DAS-5, 2 (duas) FG-1 e 16 (dezesseis) FG-3.

**Art. 127.** Ficam revogados a Lei nº 9.781, de 19 de janeiro de 1999, os arts. 5º e 6º da Lei nº 8.137, de 27 de dezembro de 1990, e os arts. 1º a 85 e 88 a 93 da Lei nº 8.884, de 11 de junho de 1994.

**Art. 128.** Esta Lei entra em vigor após decorridos 180 (cento e oitenta) dias de sua publicação oficial.

Brasília, 30 de novembro de 2011;
190º da Independência e 123º da República.

Dilma Rousseff
José Eduardo Cardozo
Guido Mantega
Eva Maria Cella Dal Chiavon
Luís Inácio Lucena Adams

# LEI COMPLEMENTAR Nº 148, DE 25 DE NOVEMBRO DE 2014

*Altera a Lei Complementar nº 101, de 4 de maio de 2000, que estabelece normas de finanças públicas voltadas para a responsabilidade na gestão fiscal; dispõe sobre critérios de indexação dos contratos de refinanciamento da dívida celebrados entre a União, Estados, o Distrito Federal e Municípios; e dá outras providências.*

- DOU de 26.11.2014
- LC 151/2015 – Altera a LC 148/2014; revoga as Leis 10.819/2003, e 11.429/2006.

A PRESIDENTA DA REPÚBLICA Faço saber que o Congresso Nacional decreta e eu sanciono a seguinte Lei Complementar:

**Art. 1º.** (VETADO).

**Art. 2º.** A União adotará, nos contratos de refinanciamento de dívidas celebradas entre a União, os Estados, o Distrito Federal e os Municípios, com base, respectivamente, na Lei nº 9.496, de 11 de setembro de 1997, e na Medida Provisória nº 2.185-35, de 24 de agosto de 2001, e nos contratos de empréstimos firmados com os Estados e o Distrito Federal ao amparo da Medida Provisória nº 2.192-70, de 24 de agosto de 2001, as seguintes condições, aplicadas a partir de 1º de janeiro de 2013: (Redação dada pela Lei Complementar nº 151, de 2015)

**I** – juros calculados e debitados mensalmente, à taxa nominal de 4% a.a. (quatro por cento ao ano) sobre o saldo devedor previamente atualizado; e

**II** – atualização monetária calculada mensalmente com base na variação do Índice Nacional de Preços ao Consumidor Amplo (IPCA), apurado pela Fundação Instituto Brasileiro de Geografia e Estatística (IBGE), ou outro índice que venha a substituí-lo.

**§ 1º.** Os encargos de que trata o *caput* ficarão limitados à taxa referencial do Sistema Especial de Liquidação e de Custódia (Selic) para os títulos federais.

**§ 2º.** Para fins de aplicação da limitação referida no § 1º, será comparada mensalmente a variação acumulada do IPCA + 4% a.a. (quatro por cento ao ano) com a variação acumulada da taxa Selic.

**§ 3º.** O IPCA e a taxa Selic estarão referenciados ao segundo mês anterior ao de sua aplicação.

**§ 4º.** (VETADO).

**Art. 3º.** A União concederá descontos sobre os saldos devedores dos contratos referidos no art. 2º, em valor correspondente à diferença entre o montante do saldo devedor existente em 1º de janeiro de 2013 e aquele apurado utilizando-se a variação acumulada da taxa Selic desde a assinatura dos respectivos contratos, observadas todas as ocorrências que impactaram o saldo devedor no período. (Redação dada pela Lei Complementar nº 151, de 2015)

**Art. 4º.** Os efeitos financeiros decorrentes das condições previstas nos arts. 2º e 3º serão aplicados ao saldo devedor, mediante aditamento contratual.

**Parágrafo único:** A União terá até 31 de janeiro de 2016 para promover os aditivos contratuais, independentemente de regulamentação, após o que o devedor poderá recolher, a TÍTULO de pagamento à União, o montante devido, com a aplicação da Lei, ficando a União obrigada a ressarcir ao devedor os valores eventualmente pagos a maior. (Incluído pela Lei Complementar nº 151, de 2015)

**Arts. 5º a 6º** *(Revogados pela LC 178/2021)*

**Art. 7º.** É a União autorizada a formalizar aditivo aos contratos de refinanciamento de dívidas dos Municípios das capitais efetuados no âmbito da Medida Provisória nº 2.185-35, de 24 de agosto de 2001, para incluir a regra de que trata o inciso VI do § 1º do art. 8º da Medida Provisória nº 2.185-35, de 24 de agosto de 2001.

**Art. 8º.** O § 5º do art. 3º da Lei nº 9.496, de 11 de setembro de 1997, passa a vigorar com a seguinte redação:

(...)

**Art. 9º.** É a União autorizada a formalizar aditivo aos contratos de refinanciamento de dívidas dos Estados e do Distrito Federal efetuados no âmbito da Lei nº 9.496, de 11 de setembro de 1997, para alterar a regra de que trata o § 5º do art. 3º da Lei nº 9.496, de 11 de setembro de 1997.

**Art. 10.** O Ministério da Fazenda, mediante ato normativo, estabelecerá critérios para a verificação prevista no art. 32 da Lei Complementar nº 101, de 4 de maio de 2000, diretamente pelas instituições financeiras de que trata o art. 33 da citada Lei Complementar, levando em consideração o valor da operação de crédito e a situação econômico-financeira do ente da Federação, de maneira a atender aos princípios da eficiência e da economicidade.

**Parágrafo único.** Na hipótese da verificação prevista no *caput*, deverá o Poder Executivo do ente da Federação formalizar o pleito à instituição financeira, acompanhado de demonstração da existência de margens da operação de crédito nos limites de endividamento e de certidão do Tribunal de Contas de sua jurisdição sobre o cumprimento das condições nos termos definidos pelo Senado Federal.

**Art. 11.** É vedada aos Estados, ao Distrito Federal e aos Municípios a emissão de títulos da dívida pública mobiliária.

**Art. 12.** Esta Lei Complementar entra em vigor na data de sua publicação.

Brasília, 25 de novembro de 2014; 193º da Independência e 126º da República.

Dilma Rousseff

Guido Mantega

# LEI Nº 13.254, DE 13 DE JANEIRO DE 2016

*Dispõe sobre o Regime Especial de Regularização Cambial e Tributária (RERCT) de recursos, bens ou direitos de origem lícita, não declarados ou declarados incorretamente, remetidos, mantidos no exterior ou repatriados por residentes ou domiciliados no País.*

- D.O.U. de 14.1.2016

A PRESIDENTA DA REPÚBLICA Faço saber que o Congresso Nacional decreta e eu sanciono a seguinte Lei:

- v. Lei 5.172/1966 – Dispõe sobre o Sistema Tributário Nacional e institui normas gerais de direito tributário aplicáveis à União, Estados e Municípios.
- v. Instrução Normativa RFB 1627/2016 – Dispõe sobre o Regime Especial de Regularização Cambial e Tributária. (D.O.U. de 15.03.2016)

**Art. 1º.** É instituído o Regime Especial de Regularização Cambial e Tributária (RERCT), para declaração voluntária de recursos, bens ou direitos de origem lícita, não declarados ou declarados com omissão ou incorreção em relação a dados essenciais, remetidos ou mantidos no exterior, ou repatriados por residentes ou domiciliados no País, conforme a legislação cambial ou tributária, nos termos e condições desta Lei.

**§ 1º.** O RERCT aplica-se aos residentes ou domiciliados no País em 31 de dezembro de 2014 que tenham sido ou ainda sejam proprietários ou titulares de ativos, bens ou direitos em períodos anteriores a 31 de dezembro de 2014, ainda que, nessa data, não possuam saldo de recursos ou TÍTULO de propriedade de bens e direitos.

**§ 2º.** Os efeitos desta Lei serão aplicados aos titulares de direito ou de fato que, voluntariamente, declararem ou retificarem a declaração incorreta referente a recursos, bens ou direitos, acompanhados de documentos e informações sobre sua identificação, titularidade ou destinação.

**§ 3º.** O RERCT aplica-se também aos não residentes no momento da publicação desta Lei, desde que residentes ou domiciliados no País conforme a legislação tributária em 31 de dezembro de 2014.

**§ 4º.** Os efeitos desta Lei serão aplicados também ao espólio cuja sucessão esteja aberta em 31 de dezembro de 2014.

**§ 4º-A.** O RERCT aplica-se também ao espólio cuja sucessão tenha sido aberta até a data de adesão ao RERCT.

**§ 5º.** Esta Lei não se aplica aos sujeitos que tiverem sido condenados em ação penal:

**I** – (VETADO); e

**II** – cujo objeto seja um dos crimes listados no § 1º do art. 5º, ainda que se refira aos recursos, bens ou direitos a serem regularizados pelo RERCT.

**Art. 2º.** Consideram-se, para os fins desta Lei:

**I** – recursos ou patrimônio não declarados ou declarados com omissão ou incorreção em relação a dados essenciais: os valores, os bens materiais ou imateriais, os capitais e os direitos,

FINANCEIRO E TRIBUTÁRIO

independentemente da natureza, origem ou moeda que sejam ou tenham sido, anteriormente a 31 de dezembro de 2014, de propriedade de pessoas físicas ou jurídicas residentes, domiciliadas ou com sede no País;

**II** – recursos ou patrimônio de origem lícita: os bens e os direitos adquiridos com recursos oriundos de atividades permitidas ou não proibidas pela lei, bem como o objeto, o produto ou o proveito dos crimes previstos no § 1º do art. 5º;

**III** – recursos ou patrimônio repatriados objeto do RERCT: todos os recursos ou patrimônio, em qualquer moeda ou forma, de propriedade de residentes ou de domiciliados no País, ainda que sob a titularidade de não residentes, da qual participe, seja sócio, proprietário ou beneficiário, que foram adquiridos, transferidos ou empregados no Brasil, com ou sem registro no Banco Central do Brasil, e não se encontrem devidamente declarados;

**IV** – recursos ou patrimônio remetidos ou mantidos no exterior: os valores, os bens materiais ou imateriais, os capitais e os direitos não declarados ou declarados com omissão ou incorreção em relação a dados essenciais e remetidos ou mantidos fora do território nacional;

**V** – titular: proprietário dos recursos ou patrimônio não declarados, remetidos ou mantidos no exterior ou repatriados indevidamente.

**Art. 3º.** O RERCT aplica-se a todos os recursos, bens ou direitos de origem lícita de residentes ou domiciliados no País até 31 de dezembro de 2014, incluindo movimentações anteriormente existentes, remetidos ou mantidos no exterior, bem como aos que tenham sido transferidos para o País, em qualquer caso, e que não tenham sido declarados ou tenham sido declarados com omissão ou incorreção em relação a dados essenciais, como:

**I** – depósitos bancários, certificados de depósitos, cotas de fundos de investimento, instrumentos financeiros, apólices de seguro, certificados de investimento ou operações de capitalização, depósitos em cartões de crédito, fundos de aposentadoria ou pensão;

**II** – operação de empréstimo com pessoa física ou jurídica;

**III** – recursos, bens ou direitos de qualquer natureza, decorrentes de operações de câmbio ilegítimas ou não autorizadas;

**IV** – recursos, bens ou direitos de qualquer natureza, integralizados em empresas estrangeiras sob a forma de ações, integralização de capital, contribuição de capital ou qualquer outra forma de participação societária ou direito de participação no capital de pessoas jurídicas com ou sem personalidade jurídica;

**V** – ativos intangíveis disponíveis no exterior de qualquer natureza, como marcas, copyright, software, know-how, patentes e todo e qualquer direito submetido ao regime de royalties;

**VI** – bens imóveis em geral ou ativos que representem direitos sobre bens imóveis;

**VII** – veículos, aeronaves, embarcações e demais bens móveis sujeitos a registro em geral, ainda que em alienação fiduciária;

**VIII** – (VETADO); e

**IX** – (VETADO).

**Art. 4º.** Para adesão ao RERCT, a pessoa física ou jurídica deverá apresentar à Secretaria da Receita Federal do Brasil (RFB) e, em cópia para fins de registro, ao Banco Central do Brasil declaração única de regularização específica contendo a descrição pormenorizada dos recursos, bens e direitos de qualquer natureza de que seja titular em 31 de dezembro de 2014 a serem regularizados, com o respectivo valor em real, ou, no caso de inexistência de saldo ou TÍTULO de propriedade em 31 de dezembro de 2014, a descrição das condutas praticadas pelo declarante que se enquadrem nos crimes previstos no § 1º do art. 5º desta Lei e dos respectivos bens e recursos que possuiu.

**§ 1º.** A declaração única de regularização a que se refere o *caput* deverá conter:

**I** – a identificação do declarante;

**II** – as informações fornecidas pelo contribuinte necessárias à identificação dos recursos, bens ou direitos a serem regularizados, bem como de sua titularidade e origem;

**III** – o valor, em real, dos recursos, bens ou direitos de qualquer natureza declarados;

**IV** – declaração do contribuinte de que os bens ou direitos de qualquer natureza declarados têm origem em atividade econômica lícita;

**V** – na hipótese de inexistência de saldo dos recursos, ou de titularidade de propriedade de bens ou direitos referidos no *caput*, em 31 de dezembro de 2014, a descrição das condutas praticadas pelo declarante que se enquadrem nos crimes previstos no § 1º do art. 5º desta Lei e dos respectivos recursos, bens ou direitos de qualquer natureza não declarados, remetidos ou mantidos no exterior ou repatriados, ainda que posteriormente repassados à titularidade ou responsabilidade, direta ou indireta, de trust de quaisquer espécies, fundações, sociedades despersonalizadas, fideicomissos, ou dispostos mediante a entrega a pessoa física ou jurídica, personalizada ou não, para guarda, depósito, investimento, posse ou propriedade de que sejam beneficiários efetivos o interessado, seu representante ou pessoa por ele designada; e

**VI** – (VETADO).

**§ 2º.** Os recursos, bens e direitos de qualquer natureza constantes da declaração única para adesão ao RERCT deverão também ser informados na:

**I** – declaração retificadora de ajuste anual do imposto de renda relativa ao ano-calendário de 2014 e posteriores, no caso de pessoa física;

**II** – declaração retificadora da declaração de bens e capitais no exterior relativa ao ano-calendário de 2014 e posteriores, no caso de pessoa física e jurídica, se a ela estiver obrigada; e

**III** – escrituração contábil societária relativa ao ano-calendário da adesão e posteriores, no caso de pessoa jurídica.

**§ 3º.** A declaração das condutas e bens referidos no inciso V do § 1º não implicará a apresentação das declarações previstas nos incisos I, II e III do § 2º.

**§ 4º.** Após a adesão ao RERCT e consequente regularização nos termos do *caput*, a opção de repatriação pelo declarante de ativos financeiros no exterior deverá ocorrer por intermédio de instituição financeira autorizada a funcionar no País e a operar no mercado de câmbio, mediante apresentação do protocolo de entrega da declaração de que trata o *caput* deste artigo.

**§ 5º.** A regularização de ativos mantidos em nome de interposta pessoa estenderá a ela a extinção de punibilidade prevista no § 1º do art. 5º, nas condições previstas no referido artigo.

**§ 6º.** É a pessoa física ou jurídica que aderir ao RERCT obrigada a manter em boa guarda e ordem e em sua posse, pelo prazo de 5 (cinco) anos, cópia dos documentos referidos no § 8º que ampararam a declaração de adesão ao RERCT e a apresentá-los se e quando exigidos pela RFB.

**§ 7º.** Os rendimentos, frutos e acessórios decorrentes do aproveitamento, no exterior ou no País, dos recursos, bens ou direitos de qualquer natureza regularizados por meio da declaração única a que se refere o *caput* deste artigo, obtidos no ano-calendário de 2015, deverão ser incluídos nas declarações previstas no § 2º referentes ao ano-calendário da adesão e posteriores, aplicando-se o disposto no art. 138 da Lei nº 5.172, de 25 de outubro de 1966 (Código Tributário Nacional), se as retificações necessárias forem feitas até o último dia do prazo para adesão ao RERCT.

**§ 8º.** Para fins da declaração prevista no *caput*, o valor dos ativos a serem declarados deve corresponder aos valores de mercado, presumindo-se como tal:

**I** – para os ativos referidos nos incisos I e III do art. 3º, o saldo existente em 31 de dezembro de 2014, conforme documento disponibilizado pela instituição financeira custodiante;

**II** – para os ativos referidos no inciso II do art. 3º, o saldo credor remanescente em 31 de dezembro de 2014, conforme contrato entre as partes;

**III** – para os ativos referidos no inciso IV do art. 3º, o valor de patrimônio líquido apurado em 31 de dezembro de 2014, conforme balanço patrimonial levantado nessa data;

**IV** – para os ativos referidos nos incisos V, VI, VII e IX do art. 3º, o valor de mercado apurado conforme avaliação feita por entidade especializada;

**V** – (VETADO); e

**VI** – para os ativos não mais existentes ou que não sejam de propriedade do declarante em 31 de dezembro de 2014, o valor apontado por documento idôneo que retrate o bem ou a operação a ele referente.

**§ 9º.** Para fins de apuração do valor do ativo em real, o valor expresso em moeda estrangeira deve ser convertido:

**I** – em dólar norte-americano pela cotação do dólar fixada, para venda, pelo Banco Central do Brasil, para o último dia útil do mês de dezembro de 2014; e

**II** – em moeda nacional pela cotação do dólar fixada, para venda, pelo Banco Central do Brasil, para o último dia útil do mês de dezembro de 2014.

**§ 10.** Para os recursos já repatriados, a declaração deverá ser feita tendo como base o valor do ativo em real em 31 de dezembro de 2014.

**§ 11.** Estão isentos da multa de que trata o art. 8º os valores disponíveis em contas no exterior no limite de até R$ 10.000,00 (dez mil reais) por pessoa, convertidos em dólar norte-americano em 31 de dezembro de 2014.

**§ 12.** A declaração de regularização de que trata o *caput* não poderá ser, por qualquer modo, utilizada:

**I** – como único indício ou elemento para efeitos de expediente investigatório ou procedimento criminal;

**II** – para fundamentar, direta ou indiretamente, qualquer procedimento administrativo de natureza tributária ou cambial em relação aos recursos dela constantes.

**§ 13.** Sempre que o montante de ativos financeiros for superior a USD 100.000,00 (cem mil dólares norte-americanos), sem prejuízo do previsto no § 4º, o declarante deverá solicitar e autorizar a instituição financeira no exterior a enviar informação sobre o saldo desses ativos em 31 de dezembro de 2014 para instituição financeira autorizada a funcionar no País, que prestará tal informação à RFB, não cabendo à instituição financeira autorizada a funcionar no País responsabilidade alguma quanto à averiguação das informações prestadas pela instituição financeira estrangeira.

**Art. 5º.** A adesão ao programa dar-se-á mediante entrega da declaração dos recursos, bens e direitos sujeitos à regularização prevista no *caput* do art. 4º e pagamento integral do imposto previsto no art. 6º e da multa prevista no art. 8º desta Lei.

**§ 1º.** O cumprimento das condições previstas no *caput* antes de decisão criminal extinguirá, em relação a recursos, bens e direitos a serem regularizados nos termos desta Lei, a punibilidade dos crimes a seguir previstos, praticados até a data de adesão ao RERCT:

**I** – no art. 1º e nos incisos I, II e V do art. 2º da Lei nº 8.137, de 27 de dezembro de 1990;

**II** – na Lei nº 4.729, de 14 de julho de 1965;

**III** – no art. 337-A do Decreto-Lei nº 2.848, de 7 de dezembro de 1940 (Código Penal);

**IV** – nos seguintes arts. do Decreto-Lei nº 2.848, de 7 de dezembro de 1940 (Código Penal), quando exaurida sua potencialidade lesiva com a prática dos crimes previstos nos incisos I a III:

a) 297;

b) 298;

c) 299;

d) 304;

**V** – (VETADO);

**VI** – no *caput* e no parágrafo único do art. 22 da Lei nº 7.492, de 16 de junho de 1986;

**VII** – no art. 1º da Lei nº 9.613, de 3 de março de 1998, quando o objeto do crime for bem, direito ou valor proveniente, direta ou indiretamente, dos crimes previstos nos incisos I a VI;

**VIII** – (VETADO).

**§ 2º.** A extinção da punibilidade a que se refere o § 1º:

**I** – (VETADO);

**II** – somente ocorrerá se o cumprimento das condições se der antes do trânsito em julgado da decisão criminal condenatória;

**III** – produzirá, em relação à administração pública, a extinção de todas as obrigações de natureza cambial ou financeira, principais ou acessórias, inclusive as meramente formais, que pudessem ser exigíveis em relação aos bens e direitos declarados, ressalvadas as previstas nesta Lei.

**§ 3º**. (VETADO).

**§ 4º**. (VETADO).

**§ 5º**. Na hipótese dos incisos V e VI do § 1º, a extinção da punibilidade será restrita aos casos em que os recursos utilizados na operação de câmbio não autorizada, as divisas ou moedas saídas do País sem autorização legal ou os depósitos mantidos no exterior e não declarados à repartição federal competente possuírem origem lícita ou forem provenientes, direta ou indiretamente, de quaisquer dos crimes previstos nos incisos I, II, III, VII ou VIII do § 1º.

**Art. 6º.** Para fins do disposto nesta Lei, o montante dos ativos objeto de regularização será considerado acréscimo patrimonial adquirido em 31 de dezembro de 2014, ainda que nessa data não exista saldo ou TÍTULO de propriedade, na forma do inciso II do *caput* e do § 1º do art. 43 da Lei nº 5.172, de 25 de outubro de 1966 (Código Tributário Nacional), sujeitando-se a pessoa, física ou jurídica, ao pagamento do imposto de renda sobre ele, a TÍTULO de ganho de capital, à alíquota de 15% (quinze por cento), vigente em 31 de dezembro de 2014.

**§ 1º**. A arrecadação referida no *caput* será compartilhada com Estados e Municípios na forma estabelecida pela Constituição Federal, especialmente nos termos do que dispõe o inciso I de seu art. 159.

**§ 2º**. Na apuração da base de cálculo dos tributos de que trata este artigo, correspondente ao valor do ativo em real, não serão admitidas deduções de espécie alguma ou descontos de custo de aquisição.

**§ 3º**. Para fins de apuração do valor do ativo em real, o valor expresso em moeda estrangeira deve ser convertido:

**I** – em dólar norte-americano pela cotação do dólar fixada, para venda, pelo Banco Central do Brasil, para o último dia útil do mês de dezembro de 2014; e

**II** – em moeda nacional pela cotação do dólar fixada, para venda, pelo Banco Central do Brasil, para o último dia útil do mês de dezembro de 2014.

**§ 4º**. A regularização dos bens e direitos e o pagamento dos tributos na forma deste artigo e da multa de que trata o art. 8º implicarão a remissão dos créditos tributários decorrentes do descumprimento de obrigações tributárias e a redução de 100% (cem por cento) das multas de mora, de ofício ou isoladas e dos encargos legais diretamente relacionados a esses bens e direitos em relação a fatos geradores ocorridos até 31 de dezembro de 2014 e excluirão a multa pela não entrega completa e tempestiva da declaração de capitais brasileiros no exterior, na forma definida pelo Banco Central do Brasil, as penalidades aplicadas pela Comissão de Valores Mobiliários ou outras entidades regulatórias e as penalidades previstas na Lei nº 4.131, de 3 de setembro de 1962, na Lei nº 9.069, de 29 de junho de 1995, e na Medida Provisória nº 2.224, de 4 de setembro de 2001.

**§ 5º**. A remissão e a redução das multas previstas no § 4º não alcançam os tributos retidos por sujeito passivo, na condição de responsável, e não recolhidos aos cofres públicos no prazo legal.

**§ 6º**. A opção pelo RERCT dispensa o pagamento de acréscimos moratórios incidentes sobre o imposto de que trata o *caput*.

**§ 7º**. O imposto pago na forma deste artigo será considerado como tributação definitiva e não permitirá a restituição de valores anteriormente pagos.

**§ 8º**. A opção pelo RERCT e o pagamento do imposto na forma do *caput* importam confissão irrevogável e irretratável dos débitos em nome do sujeito passivo na condição de contribuinte ou responsável, configuram confissão extrajudicial nos termos dos arts. 348, 353 e 354 da Lei nº 5.869, de 11 de janeiro de 1973 (Código de Processo Civil), e condicionam o sujeito passivo à aceitação plena e irretratável de todas as condições estabelecidas nesta Lei.

**Art. 7º.** A adesão ao RERCT poderá ser feita no prazo de 210 (duzentos e dez) dias, contado a partir da data de entrada em vigor do ato da RFB de que trata o art. 10, com declaração da situação patrimonial em 31 de dezembro de 2014 e o consequente pagamento do tributo e da multa.

**§ 1º**. A divulgação ou a publicidade das informações presentes no RERCT implicarão efeito equivalente à quebra do sigilo fiscal, sujeitando o responsável às penas previstas na Lei Complementar 105, de 10 de janeiro de 2001, e no art. 325 do Decreto-Lei nº 2.848, de 7 de dezembro de 1940 (Código Penal), e, no caso de funcionário público, à pena de demissão.

**§ 2º**. Sem prejuízo do disposto no § 6º do art. 4º, é vedada à RFB, ao Conselho Monetário Nacional (CMN), ao Banco Central do Brasil e aos demais órgãos públicos intervenientes do RERCT a divulgação ou o compartilhamento das informações prestadas pelos declarantes que tiverem aderido ao RERCT com os Estados, o Distrito Federal e os Municípios, inclusive para fins de constituição de crédito tributário.

**Art. 8º.** Sobre o valor do imposto apurado na forma do art. 6º incidirá multa de 100% (cem por cento).

**§ 1º**. (VETADO).

**§ 2º**. Compete à RFB a administração das atividades relativas à operacionalização, à cobrança, à arrecadação, à restituição e à fiscalização da multa de que trata o *caput*.

**Art. 9º.** Será excluído do RERCT o contribuinte que apresentar declarações ou documentos falsos relativos à titularidade e à condição jurídica dos recursos, bens ou direitos declarados nos termos do art. 1º desta Lei ou aos documentos previstos no § 8º do art. 4º.

**§ 1º.** Em caso de exclusão do RERCT, serão cobrados os valores equivalentes aos tributos, multas e juros incidentes, deduzindo-se o que houver sido anteriormente pago, sem prejuízo da aplicação das penalidades cíveis, penais e administrativas cabíveis.

**§ 2º.** Na hipótese de exclusão do contribuinte do RERCT, a instauração ou a continuidade de procedimentos investigatórios quanto à origem dos ativos objeto de regularização somente poderá ocorrer se houver evidências documentais não relacionadas à declaração do contribuinte.

**§ 3º.** A declaração com incorreção em relação ao valor dos ativos não ensejará a exclusão do RERCT, resguardado o direito da Fazenda Pública de exigir o pagamento dos tributos e acréscimos legais incidentes sobre os valores declarados incorretamente, nos termos da legislação do imposto sobre a renda.

**§ 4º.** Somente o pagamento integral dos tributos e acréscimos de que trata o § 3º no prazo de 30 (trinta) dias da ciência do auto de infração extinguirá a punibilidade dos crimes praticados pelo declarante previstos no § 1º do art. 5º relacionados aos ativos declarados incorretamente.

**Art. 10.** O disposto nesta Lei será regulamentado:

**I** – pela RFB, no âmbito de suas competências; e

**II** – (VETADO).

**Art. 11.** Os efeitos desta Lei não serão aplicados aos detentores de cargos, empregos e funções públicas de direção ou eletivas, nem ao respectivo cônjuge e aos parentes consanguíneos ou afins, até o segundo grau ou por adoção, na data de publicação desta Lei.

**Art. 12.** Esta Lei entra em vigor na data de sua publicação.

Brasília, 13 de janeiro de 2016;
195º da Independência e 128º da República.
Dilma Rousseff
José Eduardo Cardozo
Nelson Barbosa
Valdir Moysés Simão

# Direito Empresarial

# PLANO DE ESTUDO

| Diploma | Estudado | Revisão 1 | Revisão 2 | Revisão 3 | Questões |
|---|---|---|---|---|---|
| Lei nº 5.474/1968 | | | | | |
| Lei nº 6.024/1974 | | | | | |
| Lei nº 6.404/1976 | | | | | |
| Lei nº 9.279/1996 | | | | | |

## LEI Nº 5.474, DE 18 DE JULHO DE 1968

*Dispõe sobre as duplicatas e dá outras providências.*

- D.O.U. de 19.7.1968; ret. DOU de 25.7.1968.

O PRESIDENTE DA REPÚBLICA Faço saber que o Congresso Nacional decreta e eu sanciono a seguinte Lei:

### CAPÍTULO I. DA FATURA E DA DUPLICATA

**Art. 1º.** Em todo o contrato de compra e venda mercantil entre partes domiciliadas no território brasileiro, com prazo não inferior a 30 (trinta) dias, contado da data da entrega ou despacho das mercadorias, o vendedor extrairá a respectiva fatura para apresentação ao comprador.

**§ 1º.** A fatura discriminará as mercadorias vendidas ou, quando convier ao vendedor, indicará somente os números e valores das notas parciais expedidas por ocasião das vendas, despachos ou entregas das mercadorias.

**§ 2º.** *(Revogado pelo Decreto-lei nº 436, de 1969)*

**Art. 2º.** No ato da emissão da fatura, dela poderá ser extraída uma duplicata para circulação como efeito comercial, não sendo admitida qualquer outra espécie de título de crédito para documentar o saque do vendedor pela importância faturada ao comprador.

**§ 1º.** A duplicata conterá:

**I** – a denominação "duplicata", a data de sua emissão e o número de ordem;

**II** – o número da fatura;

- Se na duplicata constou o número errado da fatura, isso invalida o título, tornando-o inexigível. Isso porque o número da fatura é requisito legal da duplicata.
  Assim, em observância ao princípio da literalidade, a aposição de número incorreto da fatura na duplicata invalida o título de crédito,retirando-lhe a exigibilidade executiva extrajudicial.
- STJ. 3ª Turma. REsp 1601552-PE, Rel. Min. Ricardo Villas Bôas Cueva, julgado em 05/11/2019 (Info 660).

**III** – a data certa do vencimento ou a declaração de ser a duplicata à vista;

**IV** – o nome e domicílio do vendedor e do comprador;

**V** – a importância a pagar, em algarismos e por extenso;

**VI** – a praça de pagamento;

**VII** – a cláusula à ordem;

**VIII** – a declaração do reconhecimento de sua exatidão e da obrigação de pagá-la, a ser assinada pelo comprador, como aceite cambial;

**IX** – a assinatura do emitente.

- A assinatura do sacador/emitente da duplicata é requisito que pode ser suprido por outro meio. STJ. 3ª Turma. REsp 1790004-PR, Rel. Min. Nancy Andrighi, julgado em 13/10/2020 (Info 681).

**§ 2º.** Uma só duplicata não pode corresponder a mais de uma fatura.

**§ 3º.** Nos casos de venda para pagamento em parcelas, poderá ser emitida duplicata única, em que se discriminarão todas as prestações e seus vencimentos, ou série de duplicatas, uma para cada prestação, distinguindo-se a numeração a que se refere o item I do § 1º deste artigo, pelo acréscimo de letra do alfabeto, em sequência.

**Art. 3º.** A duplicata indicará sempre o valor total da fatura, ainda que o comprador tenha direito a qualquer rebate, mencionando o vendedor o valor líquido que o comprador deverá reconhecer como obrigação de pagar.

**§ 1º.** Não se incluirão no valor total da duplicata os abatimentos de preços das mercadorias feitos pelo vendedor até o ato do faturamento, desde que constem da fatura.

**§ 2º.** A venda mercantil para pagamento contra a entrega da mercadoria ou do conhecimento de transporte, sejam ou não da mesma praça vendedor e comprador, ou para pagamento em prazo inferior a 30 (trinta) dias, contado da entrega ou despacho das mercadorias, poderá representar-se, também, por duplicata, em que se declarará que o pagamento será feito nessas condições.

**Art. 4º.** Nas vendas realizadas por consignatários ou comissários e faturadas em nome e por conta do consignante ou comitente, caberá àqueles cumprir os dispositivos desta Lei.

**Art. 5º.** Quando a mercadoria for vendida por conta do consignatário, este é obrigado, na ocasião de expedir a fatura e a duplicata, a comunicar a venda ao consignante.

**§ 1º.** Por sua vez, o consignante expedirá fatura e duplicata correspondente à mesma venda, a fim de ser esta assinada pelo consignatário, mencionando-se o prazo estipulado para a liquidação do saldo da conta.

**§ 2º.** Fica o consignatário dispensado de emitir duplicata quando na comunicação a que se refere o § 1º declarar que o produto líquido apurado está à disposição do consignante.

### CAPÍTULO II. DA REMESSA E DA DEVOLUÇÃO DA DUPLICATA

**Art. 6º.** A remessa de duplicata poderá ser feita diretamente pelo vendedor ou por seus representantes, por intermédio de instituições financeiras, procuradores ou correspondentes que se incumbam de apresentá-la ao comprador na praça ou no lugar de seu estabelecimento, podendo os intermediários devolvê-la, depois de assinada, ou conservá-la em seu poder até o momento do resgate, segundo as instruções de quem lhes cometeu o encargo.

**§ 1º.** O prazo para remessa da duplicata será de 30 (trinta) dias, contado da data de sua emissão.

**§ 2º.** Se a remessa for feita por intermédio de representantes, instituições financeiras, procuradores ou correspondentes, estes deverão apresentar o título ao comprador dentro de dez dias, contados da data de seu recebimento na praça de pagamento.

**Art. 7º.** A duplicata, quando não for à vista, deverá ser devolvida pelo comprador ao apresentante dentro do prazo de 10 (dez) dias, contados da data de sua apresentação, devidamente assinada ou acompanhada de declaração, por escrito, contendo as razões da falta do aceite.

**§ 1º.** Havendo expressa concordância da instituição financeira cobradora, o sacado poderá reter a duplicata em seu poder até a data do vencimento, desde que comunique, por escrito, à apresentante, o aceite e a retenção.

**§ 2º.** A comunicação de que trata o parágrafo anterior substituirá, quando necessário, no ato do protesto ou na execução judicial, a duplicata a que se refere.

**Art. 8º.** O comprador só poderá deixar de aceitar a duplicata por motivo de:

**I** – avaria ou não recebimento das mercadorias, quando não expedidas ou não entregues por sua conta e risco;

**II** – vícios, defeitos e diferenças na qualidade ou na quantidade das mercadorias, devidamente comprovados;

**III** – divergência nos prazos ou nos preços ajustados.

## CAPÍTULO III. DO PAGAMENTO DAS DUPLICATAS

**Art. 9º.** É lícito ao comprador resgatar a duplicata antes de aceitá-la ou antes da data do vencimento.

**§ 1º.** A prova do pagamento é o recibo, passado pelo legítimo portador ou por seu representante com poderes especiais, no verso do próprio título ou em documento, em separado, com referência expressa à duplicata.

‣ CC, art. 324.

**§ 2º.** Constituirá, igualmente, prova de pagamento, total ou parcial, da duplicata, a liquidação de cheque, a favor do estabelecimento endossatário, no qual conste, no verso, que seu valor se destina à amortização ou liquidação da duplicata nele caracterizada.

**Art. 10.** No pagamento da duplicata poderão ser deduzidos quaisquer créditos a favor do devedor, resultantes de devolução de mercadorias, diferenças de preço, enganos verificados, pagamentos por conta e outros motivos assemelhados, desde que devidamente autorizados.

**Art. 11.** A duplicata admite reforma ou prorrogação do prazo de vencimento mediante declaração em separado ou nela escrita, assinada pelo vendedor ou endossatário, ou por representante com poderes especiais.

**Parágrafo único.** A reforma ou prorrogação de que trata este artigo, para manter a coobrigação dos demais intervenientes por endosso ou aval, requer a anuência expressa destes.

**Art. 12.** O pagamento da duplicata poderá ser assegurado por aval, sendo o avalista equiparado àquele cujo nome indicar; na falta da indicação, àquele abaixo de cuja firma lançar a sua; fora desses casos, ao comprador.

**Parágrafo único.** O aval dado posteriormente ao vencimento do título produzirá os mesmos efeitos que o prestado anteriormente àquela ocorrência.

## CAPÍTULO IV. DO PROTESTO

‣ Lei 9.492/1997 – Define competência, regulamenta os serviços concernentes ao protesto de títulos e outros documentos de dívida.

**Art. 13.** A duplicata é protestável por falta de aceite, de devolução ou de pagamento.

**§ 1º.** Por falta de aceite, de devolução ou de pagamento, o protesto será tirado, conforme o caso, mediante apresentação da duplicata, da triplicata, ou, ainda, por simples indicações do portador, na falta de devolução do título.

**§ 2º.** O fato de não ter sido exercida a faculdade de protestar o título, por falta de aceite ou de devolução, não elide a possibilidade de protesto por falta de pagamento.

**§ 3º.** O protesto será tirado na praça de pagamento constante do título.

**§ 4º.** O portador que não tirar o protesto da duplicata, em forma regular e dentro do prazo de 30 (trinta) dias, contado da data de seu vencimento, perderá o direito de regresso contra os endossantes e respectivos avalistas.

**Art. 14.** Nos casos de protesto, por falta de aceite, de devolução ou de pagamento, ou feitos por indicações do portador o instrumento de protesto deverá conter os requisitos enumerados no art. 29 do Dec. 2.044, de 31 de dezembro de 1908, exceto a transcrição mencionada no inciso II, que será substituída pela reprodução das indicações feitas pelo portador do título.

## CAPÍTULO V. DO PROCESSO PARA COBRANÇA DA DUPLICATA

**Art. 15.** A cobrança judicial de duplicata ou triplicata será efetuada de conformidade com o processo aplicável aos títulos executivos extrajudiciais, de que cogita o Livro II do Código de Processo Civil, quando se tratar:

‣ CPC/15: arts. 771 e ss.

**I** – de duplicata ou triplicata aceita, protestada ou não;

**II** – de duplicata ou triplicata não aceita, contanto que, cumulativamente:

*a)* haja sido protestada;

*b)* esteja acompanhada de documento hábil comprobatório da entrega e do recebimento da mercadoria, permitida a sua comprovação por meio eletrônico; *(Redação dada pela Lei 14.301/2022) c)* o sacado não tenha, comprovadamente, recusado o aceite, no prazo, nas condições e pelos motivos previstos nos arts. 7º e 8º desta Lei.

**§ 1º.** Contra o sacador, os endossantes e respectivos avalistas caberá o processo de execução referido neste artigo, quaisquer que sejam a forma e as condições do protesto.

**§ 2º.** Processar-se-á também da mesma maneira a execução de duplicata ou triplicata não aceita e não devolvida, desde que haja sido protestada mediante indicações do credor ou do apresentante do título, nos termos do art. 14, preenchidas as condições do inciso II deste artigo.

**§ 3º** A comprovação por meio eletrônico de que trata a alínea b do inciso II do *caput* deste artigo poderá ser disciplinada em ato do Poder Executivo federal. *(Acrescido pela Lei 14.301/2022)*

**Art. 16.** Aplica-se o procedimento ordinário previsto no Código de Processo Civil à ação do credor contra o devedor, por duplicata ou triplicata que não preencha os requisitos do art. 15, I e II, e §§ 1º e 2º, bem como à ação para ilidir as razões invocadas pelo devedor para o não aceite do título, nos casos previstos no art. 8º.

**Art. 17.** O foro competente para a cobrança judicial da duplicata ou da triplicata é o da praça de pagamento constante do título, ou outra de domicílio do comprador e, no caso de ação regressiva, a dos sacadores, dos endossantes e respectivos avalistas.

**Art. 18.** A pretensão à execução da duplicata prescreve:

**I** – contra o sacado e respectivos avalistas, em três anos, contados da data do vencimento do título;

**II** – contra endossante e seus avalistas, em um ano, contado da data do protesto;

**III** – de qualquer dos coobrigados, contra os demais, em um ano, contado da data em que haja sido efetuado o pagamento do título.

**§ 1º.** A cobrança judicial poderá ser proposta contra um ou contra todos os coobrigados, sem observância da ordem em que figurem no título.

**§ 2º.** Os coobrigados da duplicata respondem solidariamente pelo aceite e pelo pagamento.

## CAPÍTULO VI.
## DA ESCRITA ESPECIAL

**Art. 19.** A adoção do regime de vendas de que trata o art. 2º desta Lei obriga o vendedor a ter e a escriturar o Livro de Registro de Duplicatas.

▸ CC, art. 1.180.

**§ 1º.** No Registro de Duplicatas serão escrituradas, cronologicamente, todas as duplicatas emitidas, com o número de ordem, data e valor das faturas originárias e data de sua expedição; nome e domicílio do comprador; anotações das reformas; prorrogações e outras circunstâncias necessárias.

**§ 2º.** Os Registros de Duplicatas, que não poderão conter emendas, borrões, rasuras ou entrelinhas, deverão ser conservados nos próprios estabelecimentos.

**§ 3º.** O Registro de Duplicatas poderá ser substituído por qualquer sistema mecanizado, desde que os requisitos deste artigo sejam observados.

## CAPÍTULO VII.
## DAS DUPLICATAS DE PRESTAÇÃO DE SERVIÇOS

**Art. 20.** Poderão emitir, na forma prevista nesta Lei, fatura e duplicata: *(Redação dada pela Lei 14.206/2021)*

**I** - as empresas, individuais ou coletivas, fundações ou sociedades civis que se dediquem à prestação de serviços; e *(Acrescido pela Lei 14.206/2021)*

**II** - o Transportador Autônomo de Cargas (TAC), de que trata o inciso I do *caput* do art. 2º da Lei nº 11.442, de 5 de janeiro de 2007. *(Acrescido pela Lei 14.206/2021)*

**§ 1º.** A fatura deverá discriminar a natureza dos serviços prestados.

**§ 2º.** A soma a pagar em dinheiro corresponderá ao preço dos serviços prestados.

**§ 3º.** Aplicam-se à fatura e à duplicata ou triplicata de prestação de serviços, com as adaptações cabíveis, as disposições referentes à fatura e à duplicata ou triplicata de venda mercantil, constituindo documento hábil, para transcrição do instrumento de protesto, qualquer documento que comprove a efetiva prestação dos serviços e o vínculo contratual que a autorizou.

**Art. 21.** O sacado poderá deixar de aceitar a duplicata de prestação de serviços por motivo de:

**I** – não correspondência com os serviços efetivamente contratados;

**II** – vícios ou defeitos na qualidade dos serviços prestados, devidamente comprovados;

**III** – divergências nos prazos ou nos preços ajustados.

**Art. 22.** Equiparam-se às entidades constantes do art. 20, para os efeitos da presente Lei, ressalvado o disposto no Capítulo VI, os profissionais liberais e os que prestam serviço de natureza eventual, desde que o valor do serviço ultrapasse a cem cruzeiros novos.

**§ 1º.** Nos casos deste artigo, o credor enviará ao devedor fatura ou conta que mencione a natureza e valor dos serviços prestados, data e local do pagamento e o vínculo contratual que deu origem aos serviços executados.

**§ 2º.** Registrada a fatura ou conta no Cartório de Títulos e Documentos, será ela remetida ao devedor, com as cautelas constantes do art. 6º.

**§ 3º.** O não pagamento da fatura ou conta no prazo nela fixado autorizará o credor a levá-la a protesto, valendo, na ausência do original, certidão do cartório competente.

**§ 4º.** O instrumento do protesto, elaborado com as cautelas do art. 14, discriminando a fatura ou conta original ou a certidão do Cartório de Títulos e Documentos, autorizará o ajuizamento do competente processo de execução na forma prescrita nesta Lei.

## CAPÍTULO VIII. DAS DISPOSIÇÕES GERAIS

**Art. 23.** A perda ou extravio da duplicata obrigará o vendedor a extrair triplicata, que terá os mesmos efeitos e requisitos e obedecerá às mesmas formalidades daquela.

**Art. 24.** Da duplicata poderão constar outras indicações, desde que não alterem sua feição característica.

**Art. 25.** Aplicam-se à duplicata e à triplicata, no que couber, os dispositivos da legislação sobre emissão, circulação e pagamento das Letras de Câmbio.

**Art. 26.** O art. 172 do Código Penal (Dec.-lei nº 2.848, de 7 de dezembro de 1940) passa a vigorar com a seguinte redação:

- Alteração incorporada ao texto do referido CP.

**Art. 27.** O Conselho Monetário Nacional, por proposta do Ministério da Indústria e do Comércio, baixará, dentro de 120 (cento e vinte) dias da data da publicação desta Lei, normas para padronização formal dos títulos e documentos nela referidos fixando prazo para sua adoção obrigatória.

**Art. 28.** Esta Lei entrará em vigor 30 (trinta) dias após a data de sua publicação, revogando-se a Lei nº 187, de 15 de janeiro de 1936, a Lei nº 4.068, de 9 de junho de 1962, os Decs.-leis nºs 265, de 28 de fevereiro de 1967; 320, de 29 de março de 1967; 331, de 21 de setembro de 1967 e 345, de 28 de dezembro de 1967, na parte referente às duplicatas e todas as demais disposições em contrário.

Brasília, 18 de julho de 1968;
147º da Independência e 80º da República.

A. Costa E Silva

Luís Antônio da Gama e Silva

Antônio Delfim Netto

Edmundo de Macedo Soares

# LEI Nº 6.024, DE 13 DE MARÇO DE 1974

*Dispõe sobre a intervenção e a liquidação extrajudicial de instituições financeiras e dá outras providências.*

- DOU de 14.3.1974; ret. DOU de 8.4.1974.

O PRESIDENTE DA REPÚBLICA Faço saber que o Congresso Nacional decreta e eu sanciono a seguinte Lei:

## CAPÍTULO I. DISPOSIÇÃO PRELIMINAR

**Art. 1º.** As instituições financeiras privadas e as públicas não federais, assim como as cooperativas de crédito, estão sujeitas, nos termos desta Lei, à intervenção ou à liquidação extrajudicial, em ambos os casos efetuada e decretada pelo Banco Central do Brasil, sem prejuízo do disposto nos arts. 137 e 138 do Dec.-lei nº 2.627, de 26 de setembro de 1940, ou à falência, nos termos da legislação vigente.

- Lei 6.404/1976 revogou os arts. 137 e 138 do Dec.-lei 2.627/1940..
- Lei 11.101/2005: art. 2º, II.
- Lei 9.447/1997 – Responsabilidade solidária de controladores de instituições submetidas aos regimes de que tratam a Lei 6.024/1974, e o Decreto-lei 2.321/1987; sobre a indisponibilidade de seus bens; sobre a responsabilização das empresas de auditoria contábil ou dos auditores contábeis independentes; sobre privatização de instituições cujas ações sejam desapropriadas, na forma do Decreto-lei 2.321/1987.
- Lei 4.595/1964: arts. 17 e 45.
- Decreto-Lei 2.321/1987 – Institui, em defesa das finanças públicas, regime de administração especial temporária, nas instituições financeiras privadas e públicas não federais.

## CAPÍTULO II. DA INTERVENÇÃO E SEU PROCESSO

### SEÇÃO I. DA INTERVENÇÃO

**Art. 2º.** Far-se-á a intervenção quando se verificarem as seguintes anormalidades nos negócios sociais da instituição:

**I** – a entidade sofrer prejuízo, decorrente de má administração, que sujeite a riscos os seus credores;

**II** – forem verificadas reiteradas infrações a dispositivos da legislação bancária não regularizadas após as determinações do Banco Central do Brasil, no uso das suas atribuições de fiscalização;

**III** – na hipótese de ocorrer qualquer dos fatos mencionados nos arts. 1º e 2º do Dec.-lei nº 7.661, de 21 de junho de 1945 (Lei de Falências), houver possibilidade de evitar-se a liquidação extrajudicial.

- Lei 11.101/2005 revogou o Dec.-lei 7.661/1945.

**Art. 3º.** A intervenção será decretada *ex officio* pelo Banco Central do Brasil, ou por solicitação dos administradores da instituição – se o respectivo estatuto lhes conferir esta competência – com indicação das causas do pedido, sem prejuízo da responsabilidade civil e criminal em que incorrerem os mesmos administradores, pela indicação falsa ou dolosa.

**Art. 4º.** O período da intervenção não excederá a seis meses, o qual, por decisão do Banco Central do Brasil, poderá ser prorrogado, uma única vez, até o máximo de outros seis meses.

**Art. 5º.** A intervenção será executada por interventor nomeado pelo Banco Central do Brasil, com plenos poderes de gestão.

**Parágrafo único.** Dependerão de prévia e expressa autorização do Banco Central do Brasil os atos do interventor que impliquem em disposição ou oneração do patrimônio da sociedade, admissão e demissão de pessoal.

**Art. 6º.** A intervenção produzirá, desde sua decretação, os seguintes efeitos:

*a)* suspensão da exigibilidade das obrigações vencidas;

*b)* suspensão da fluência do prazo das obrigações vincendas anteriormente contraídas;

*c)* inexigibilidade dos depósitos já existentes à data de sua decretação.

**Art. 7º.** A intervenção cessará:

*a)* se os interessados, apresentando as necessárias condições de garantia, julgados a critério do Banco Central do Brasil, tomarem a si o prosseguimento das atividades econômicas da empresa;

*b)* quando, a critério do Banco Central do Brasil, a situação da entidade se houver normalizado;

*c)* se decretada a liquidação extrajudicial, ou a falência da entidade.

## SEÇÃO II.
## DO PROCESSO DA INTERVENÇÃO

**Art. 8º.** Independentemente da publicação do ato de sua nomeação, o interventor será investido, de imediato, em suas funções, mediante termo de posse lavrado no "Diário" da entidade, ou, na falta deste, no livro que o substituir, com a transcrição do ato que houver decretado a medida e que o tenha nomeado.

**Art. 9º.** Ao assumir suas funções, o interventor:

*a)* arrecadará, mediante termo, todos os livros da entidade e os documentos de interesse da administração;

*b)* levantará o balanço geral e o inventário de todos os livros, documentos, dinheiro e demais bens da entidade, ainda que em poder de terceiros, a qualquer título.

**Parágrafo único.** O termo de arrecadação, o balanço geral e o inventário, deverão ser assinados também pelos administradores em exercício no dia anterior ao da posse do interventor, os quais poderão apresentar, em separado, as declarações e observações que julgarem a bem dos seus interesses.

**Art. 10.** Os ex-administradores da entidade deverão entregar ao interventor, dentro de cinco dias, contados da posse deste, declaração, assinada em conjunto por todos eles, de que conste a indicação:

*a)* do nome, nacionalidade, estado civil e endereço dos administradores e membros do Conselho Fiscal, que estiverem em exercício nos últimos 12 meses anteriores à decretação da medida;

*b)* dos mandatos que, porventura, tenham outorgado em nome da instituição, indicando o seu objeto, nome e endereço do mandatário;

*c)* dos bens imóveis, assim como dos móveis, que não se encontrem no estabelecimento;

*d)* da participação que, porventura, cada administrador ou membro do Conselho Fiscal tenha em outras sociedades, com a respectiva indicação.

**Art. 11.** O interventor, dentro em 60 dias, contados de sua posse, prorrogável se necessário, apresentará ao Banco Central do Brasil relatório, que conterá:

*a)* exame da escrituração, da aplicação dos fundos e disponibilidade, e da situação econômico-financeira da instituição;

*b)* indicação, devidamente comprovada, dos atos e omissões danosos que eventualmente tenha verificado;

*c)* proposta justificada da adoção das providências que lhe pareçam convenientes à instituição.

**Parágrafo único.** As disposições deste artigo não impedem que o interventor, antes da apresentação do relatório, proponha ao Banco Central do Brasil a adoção de qualquer providência que lhe pareça necessária e urgente.

**Art. 12.** À vista do relatório ou da proposta do interventor, o Banco Central do Brasil poderá:

*a)* determinar a cessação da intervenção, hipótese em que o interventor será autorizado a promover os atos que, nesse sentido, se tornarem necessários;

*b)* manter a instituição sob intervenção, até serem eliminadas as irregularidades que a motivaram, observado o disposto no art. 4º;

*c)* decretar a liquidação extrajudicial da entidade;

*d)* autorizar o interventor a requerer a falência da entidade quando o seu ativo não for suficiente para cobrir sequer metade do valor dos créditos quirografários, ou quando julgada inconveniente a liquidação extrajudicial, ou quando a complexidade dos negócios da instituição ou a gravidade dos fatos apurados aconselharem a medida.

**Art. 13.** Das decisões do interventor caberá recurso, sem efeito suspensivo, dentro de dez dias da respectiva ciência, para o Banco Central do Brasil, em única instância.

**§ 1º.** Findo o prazo, sem a interposição de recurso, a decisão assumirá caráter definitivo.

**§ 2º.** O recurso será entregue, mediante protocolo, ao interventor que o informará e o encaminhará, dentro em cinco dias, ao Banco Central do Brasil.

**Art. 14.** O interventor prestará contas ao Banco Central do Brasil, independentemente de qualquer exigência, no momento em que deixar suas funções, ou a qualquer tempo, quando solicitado, e responderá, civil e criminalmente, por seus atos.

# CAPÍTULO III.
# DA LIQUIDAÇÃO EXTRAJUDICIAL

## SEÇÃO I.
## DA APLICAÇÃO E DOS EFEITOS DA MEDIDA

**Art. 15.** Decretar-se-á a liquidação extrajudicial da instituição financeira:

**I** – *ex officio*:

*a)* em razão de ocorrências que comprometam sua situação econômica ou financeira especialmente quando deixar de satisfazer, com pontualidade, seus compromissos ou quando se caracterizar qualquer dos motivos que autorizem a declaração de falência;

*b)* quando a administração violar gravemente as normas legais e estatutárias que disciplinam a atividade da instituição, bem como as determinações do Conselho Monetário Nacional ou do Banco Central do Brasil, no uso de suas atribuições legais;

*c)* quando a instituição sofrer prejuízo que sujeite a risco anormal seus credores quirografários;

*d)* quando, cassada a autorização para funcionar, a instituição não iniciar, nos 90 dias seguintes, sua liquidação ordinária, ou quando, iniciada esta, verificar o Banco Central do Brasil que a morosidade de sua administração pode acarretar prejuízo para os credores;

**II** – a requerimento dos administradores da instituição – se o respectivo estatuto social lhes conferir esta competência ou por proposta do interventor, expostos circunstanciadamente os motivos justificadores da medida.

**§ 1º**. O Banco Central do Brasil decidirá sobre a gravidade dos fatos determinantes da liquidação extrajudicial, considerando as repercussões deste sobre os interesses dos mercados financeiro e de capitais, e, poderá, em lugar da liquidação, efetuar a intervenção, se julgar esta medida suficiente para a normalização dos negócios da instituição, e preservação daqueles interesses.

**§ 2º**. O ato do Banco Central do Brasil, que decretar a liquidação extrajudicial, indicará a data em que se tenha caracterizado o estado que a determinou, fixando o termo legal da liquidação que não poderá ser superior a 60 (sessenta) dias contados do primeiro protesto por falta de pagamento ou, na falta deste do ato que haja decretado a intervenção ou a liquidação.

**Art. 16.** A liquidação extrajudicial será executada por liquidante nomeado pelo Banco Central do Brasil, com amplos poderes de administração e liquidação, especialmente os de verificação e classificação dos créditos, podendo nomear e demitir funcionários, fixando-lhes os vencimentos, outorgar e cassar mandatos, propor ações e representar a massa em juízo ou fora dele.

**§ 1º**. Com prévia e expressa autorização do Banco Central do Brasil, poderá o liquidante, em benefício da massa, ultimar os negócios pendentes e, a qualquer tempo, onerar ou alienar seus bens, neste último caso através de licitações.

**§ 2º**. Os honorários do liquidante, a serem pagos por conta da liquidanda, serão fixados pelo Banco Central do Brasil.

**Art. 17.** Em todos os atos, documentos e publicações de interesse da liquidação, será usada, obrigatoriamente, a expressão "Em liquidação extrajudicial", em seguida à denominação da entidade.

**Art. 18.** A decretação da liquidação extrajudicial produzirá, de imediato, os seguintes efeitos:

*a)* suspensão das ações e execuções iniciadas sobre direitos e interesses relativos ao acervo da entidade liquidanda, não podendo ser intentadas quaisquer outras, enquanto durar a liquidação;

*b)* vencimento antecipado das obrigações da liquidanda;

› Lei 5.172/1966: art. 190.

*c)* não atendimento das cláusulas penais dos contratos unilaterais vencidos em virtude da decretação da liquidação extrajudicial;

*d)* não fluência de juros, mesmo que estipulados, contra a massa, enquanto não integralmente pago o passivo;

*e)* interrupção da prescrição relativa a obrigações de responsabilidade da instituição;

*f)* não reclamação de correção monetária de quaisquer dívidas passivas, nem de penas pecuniárias por infração de leis penais ou administrativas.

› Dec.-lei 1.477/1976: art. 2º.

**Art. 19.** A liquidação extrajudicial será encerrada: (Redação dada pela Lei nº 13.506, de 2017)

*a)* (Revogado). (Redação dada pela Lei nº 13.506, de 2017)

*b)* (Revogado). (Redação dada pela Lei nº 13.506, de 2017)

*c)* (Revogado). (Redação dada pela Lei nº 13.506, de 2017)

*d)* (Revogado). (Redação dada pela Lei nº 13.506, de 2017)

**I** – por decisão do Banco Central do Brasil, nas seguintes hipóteses: (Incluído pela Lei nº 13.506, de 2017)

*a)* pagamento integral dos credores quirografários; (Incluído pela Lei nº 13.506, de 2017)

*b)* mudança de objeto social da instituição para atividade econômica não integrante do Sistema Financeiro Nacional; (Incluído pela Lei nº 13.506, de 2017)

*c)* transferência do controle societário da instituição; (Incluído pela Lei nº 13.506, de 2017)

*d)* convolação em liquidação ordinária; (Incluído pela Lei nº 13.506, de 2017)

*e)* exaustão do ativo da instituição, mediante a sua realização total e a distribuição do produto entre os credores, ainda que não ocorra o pagamento integral dos créditos; ou (Incluído pela Lei nº 13.506, de 2017)

*f)* iliquidez ou difícil realização do ativo remanescente na instituição, reconhecidas pelo Banco Central do Brasil; (Incluído pela Lei nº 13.506, de 2017)

**II** – pela decretação da falência da instituição. (Incluído pela Lei nº 13.506, de 2017)

**§ 1°** Encerrada a liquidação extrajudicial nas hipóteses previstas nas alíneas "a", "b", "d", "e" e "f" do inciso I do *caput* deste artigo, o Banco Central do Brasil comunicará o encerramento ao órgão competente do registro do comércio, que deverá: (Incluído pela Lei nº 13.506, de 2017)

**I** – nas hipóteses das alíneas "b" e "d" do inciso I do *caput* deste artigo, promover as anotações pertinentes; (Incluído pela Lei nº 13.506, de 2017)

**II** – nas hipóteses das alíneas "a", "e" e "f" do inciso I do *caput* deste artigo, proceder à anotação do encerramento da liquidação extrajudicial no registro correspondente e substituir, na denominação da sociedade, a expressão "Em liquidação extrajudicial" por "Liquidação extrajudicial encerrada". (Incluído pela Lei nº 13.506, de 2017)

**§ 2°** Encerrada a liquidação extrajudicial nas hipóteses previstas no inciso I do *caput* deste artigo, o prazo prescricional relativo às obrigações da instituição voltará a contar da data da publicação do ato de encerramento do regime. (Incluído pela Lei nº 13.506, de 2017)

**§ 3°** O encerramento da liquidação extrajudicial nas hipóteses previstas nas alíneas "b" e "d" do inciso I do *caput* deste artigo pode ser proposto ao Banco Central do Brasil, após a aprovação por maioria simples dos presentes à assembleia geral de credores, pelos: (Incluído pela Lei nº 13.506, de 2017)

**I** – cooperados ou associados, autorizados pela assembleia geral; ou (Incluído pela Lei nº 13.506, de 2017)

**II** – controladores. (Incluído pela Lei nº 13.506, de 2017)

**§ 4°** A assembleia geral de credores a que se refere o § 3º será presidida pelo liquidante e nela poderão votar os titulares de créditos inscritos no quadro geral de credores, computados os votos proporcionalmente ao valor dos créditos dos presentes. (Incluído pela Lei nº 13.506, de 2017)

**§ 5°** Encerrada a liquidação extrajudicial nas hipóteses previstas no inciso I do *caput* deste artigo, o acervo remanescente da instituição, se houver, será restituído: (Incluído pela Lei nº 13.506, de 2017)

**I** – ao último sócio controlador ou a qualquer sócio participante do grupo de controle ou, na impossibilidade de identificá-lo ou localizá-lo, ao maior acionista ou cotista da sociedade; ou (Incluído pela Lei nº 13.506, de 2017)

**II** – a qualquer cooperado, no caso de cooperativa de crédito. (Incluído pela Lei nº 13.506, de 2017)

**§ 6°** As pessoas referidas no § 5º deste artigo não poderão recusar o recebimento do acervo remanescente e serão consideradas depositárias dos bens recebidos. (Incluído pela Lei nº 13.506, de 2017)

**§ 7°** Na hipótese em que o lugar em que se encontrarem as pessoas referidas no § 5º deste artigo for ignorado, incerto ou inacessível, ou na hipótese de suspeita de ocultação, é o liquidante autorizado a depositar o acervo remanescente em favor delas, no juízo ao qual caberia decretar a falência. (Incluído pela Lei nº 13.506, de 2017)

## SEÇÃO II. DO PROCESSO DA LIQUIDAÇÃO EXTRAJUDICIAL

**Art. 20.** Aplicam-se, ao processo da liquidação extrajudicial, as disposições relativas ao processo da intervenção, constantes dos arts. 8º, 9º, 10 e 11, desta Lei.

**Art. 21.** À vista do relatório ou da proposta previstos no art. 11, apresentados pelo liquidante na conformidade do artigo anterior, o Banco Central do Brasil poderá autorizá-lo a:

*a)* prosseguir na liquidação extrajudicial;

*b)* requerer a falência da entidade, quando o seu ativo não for suficiente para cobrir pelo menos a metade do valor dos créditos quirografários, ou quando houver fundados indícios de crimes falimentares.

**Parágrafo único.** Sem prejuízo do disposto neste artigo, em qualquer tempo, o Banco Central do Brasil poderá estudar pedidos de cessação da liquidação extrajudicial, formulados pelos interessados, concedendo ou recusando a medida pleiteada, segundo as garantias oferecidas e as conveniências de ordem geral.

**Art. 22.** Se determinado o prosseguimento da liquidação extrajudicial o liquidante fará publicar, no *Diário Oficial da União* e em jornal de grande circulação do local da sede da entidade, aviso aos credores para que declarem os respectivos créditos, dispensados desta formalidade os credores por depósitos ou por letras de câmbio de aceite da instituição financeira liquidanda.

**§ 1º.** No aviso de que trata este artigo, o liquidante fixará o prazo para a declaração dos créditos, o qual não será inferior a 20 (vinte), nem superior a 40 (quarenta) dias, conforme a importância da liquidação e os interesses nela envolvidos.

**§ 2º.** Relativamente aos créditos dispensados de habilitação, o liquidante manterá, na sede da liquidanda, relação nominal dos depositantes e respectivos saldos, bem como relação das letras de câmbio de seu aceite.

**§ 3º.** Aos credores obrigados à declaração assegurar-se-á o direito de obterem do liquidante as informações, extratos de contas, saldos e outros elementos necessários à defesa dos seus interesses e à prova dos respectivos créditos.

**§ 4º.** O liquidante dará sempre recibo das declarações de crédito e dos documentos recebidos.

**Art. 23.** O liquidante juntará a cada declaração a informação completa a respeito do resultado das averiguações a que procedeu nos livros, papéis e assentamentos da entidade, relativos ao crédito declarado, bem como sua decisão quanto à legitimidade, valor e classificação.

**Parágrafo único.** O liquidante poderá exigir dos ex-administradores da instituição que prestem informações sobre qualquer dos créditos declarados.

**Art. 24.** Os credores serão notificados, por escrito, da decisão do liquidante, os quais, a contar da data do recebimento da notificação, terão o prazo de 10 (dez) dias para recorrer, ao Banco Central do Brasil, do ato que lhes pareça desfavorável.

**Art. 25.** Esgotado o prazo para a declaração de créditos e julgados estes, o liquidante organizará o quadro geral de credores e publicará, na forma prevista no art. 22, aviso de que dito quadro, juntamente com o balanço geral, se acha fixado na sede e demais dependências da entidade, para conhecimento dos interessados.

**Parágrafo único.** Após a publicação mencionada neste artigo, qualquer interessado poderá impugnar a legitimidade, valor, ou a classificação dos créditos constantes do referido quadro.

**Art. 26.** A impugnação será apresentada por escrito, devidamente justificada com os documentos julgados convenientes, dentro de dez dias, contados da data da publicação de que trata o artigo anterior.

**§ 1º.** A entrega da impugnação será feita contra recibo, passado pelo liquidante, com cópia que será juntada ao processo.

**§ 2º.** O titular do crédito impugnado será notificado pelo liquidante e, a contar da data do recebimento da notificação, terá o prazo de 5 (cinco) dias para oferecer as alegações e provas que julgar convenientes à defesa dos seus direitos.

**§ 3º.** O liquidante encaminhará as impugnações com o seu parecer, juntando os elementos probatórios, à decisão do Banco Central do Brasil.

**§ 4º.** Julgadas todas as impugnações, o liquidante fará publicar avisos na forma do art. 22, sobre as eventuais modificações no quadro geral de credores que, a partir desse momento, será considerado definitivo.

**Art. 27.** Os credores que se julgarem prejudicados pelo não provimento do recurso interposto, ou pela decisão proferida na impugnação poderão prosseguir nas ações que tenham sido suspensas por força do art. 18, ou propor as que couberem, dando ciência do fato ao liquidante para que este reserve fundos suficientes à eventual satisfação dos respectivos pedidos.

**Parágrafo único.** Decairão do direito assegurado neste artigo os interessados que não o exercitarem dentro do prazo de 30 (trinta) dias, contados da data em que for considerado definitivo o quadro geral dos credores, com a publicação a que alude o § 4º do artigo anterior.

**Art. 28.** Nos casos de descoberta de falsidade, dolo, simulação, fraude, erro essencial, ou de documentos ignorados na época do julgamento dos créditos, o liquidante ou qualquer credor admitido pode pedir ao Banco Central do Brasil, até ao encerramento da liquidação, a exclusão, ou outra classificação, ou a simples retificação de qualquer crédito.

**Parágrafo único.** O titular desse crédito será notificado do pedido e, a contar da data do recebimento da notificação, terá o prazo de 5 (cinco) dias para oferecer as alegações e provas que julgar convenientes, sendo-lhe assegurado o direito a que se refere o artigo anterior, se se julgar prejudicado pela decisão proferida, que lhe será notificada por escrito, contando-se da data do recebimento da notificação o prazo de decadência fixado no parágrafo único do mesmo artigo.

**Art. 29.** Incluem-se, entre os encargos da massa, as quantias a ela fornecidas pelos credores, pelo liquidante ou pelo Banco Central do Brasil.

**Art. 30.** Salvo expressa disposição em contrário desta Lei, das decisões do liquidante caberá recurso, sem efeito suspensivo, dentro em dez dias da respectiva ciência, para o Banco Central do Brasil, em única instância.

**§ 1º.** Findo o prazo, sem a interposição de recurso, a decisão assumirá caráter definitivo.

**§ 2º.** O recurso será entregue, mediante protocolo, ao liquidante, que o informará e o encaminhará, dentro de cinco dias, ao Banco Central do Brasil.

**Art. 31.** No resguardo da economia pública, da poupança privada e da segurança nacional, sempre que a atividade da entidade liquidanda colidir com os interesses daquelas áreas, poderá o liquidante, prévia e expressamente autorizado pelo Banco Central do Brasil, adotar qualquer forma especial ou qualificada de realização do ativo e liquidação do passivo, ceder o ativo a terceiros, organizar ou reorganizar sociedade para continuação geral ou parcial do negócio ou atividade da liquidanda.

▸ Decreto 92.061/1985 – Regulamenta o artigo 31 da Lei 6.024/1974.

**§ 1º.** Os atos referidos neste artigo produzem efeitos jurídicos imediatos, independentemente de formalidades e registros.

**§ 2º.** Os registros correspondentes serão procedidos no prazo de 15 (quinze) dias, pelos Oficiais dos Registros de Imóveis e pelos Registros do Comércio, bem como pelos demais órgãos da administração pública, quando for o caso, à vista da comunicação formal, que lhes tenha sido feita pelo liquidante.

**Art. 32.** Apurados, no curso da liquidação, seguros elementos de prova, mesmo indiciária, da prática de contravenções penais ou crimes, por parte de qualquer dos antigos administradores e membros do Conselho Fiscal, o liquidante os encaminhará ao órgão do Ministério Público para que este promova a ação penal.

**Art. 33.** O liquidante prestará contas ao Banco Central do Brasil independentemente de qualquer exigência no momento em que deixar suas funções ou a qualquer tempo, quando solicitado, e responderá, civil e criminalmente, por seus atos.

**Art. 34.** Aplicam-se à liquidação extrajudicial no que couberem e não colidirem com os preceitos desta Lei, as disposições da Lei de Falências (Dec.-lei 7.661 de 21 de junho de 1945), equiparando-se ao síndico, o liquidante, ao juiz da falência, o Banco Central do Brasil, sendo competente para conhecer da ação revocatória prevista no art. 55 daquele Decreto-lei, o juiz a quem caberia processar e julgar a falência da instituição liquidanda.

▸ Lei 11.101/2005 revogou o Dec.-lei 7.661/1945.

**Art. 35.** Os atos indicados nos arts. 52 e 53 da Lei de Falências (Dec.-lei nº 7.661, de 1945) praticados pelos administradores da liquidanda poderão ser declarados nulos ou revogados, cumprindo o disposto nos arts. 54 e 58 da mesma Lei.

▸ Lei 11.101/2005 revogou o Dec.-lei 7.661/1945.

**Parágrafo único.** A ação revogatória será proposta pelo liquidante, observado o disposto nos arts. 55, 56 e 57 da Lei de Falências.

## CAPÍTULO IV. DOS ADMINISTRADORES E MEMBROS DO CONSELHO FISCAL

### SEÇÃO I. DA INDISPONIBILIDADE DOS BENS

**Art. 36.** Os administradores das instituições financeiras em intervenção, em liquidação extrajudicial ou em falência, ficarão com todos os seus bens indisponíveis, não podendo, por qualquer forma, direta ou indireta, aliená-los ou onerá-los, até apuração e liquidação final de suas responsabilidades.

**§ 1º.** A indisponibilidade prevista neste artigo decorre do ato que decretar a intervenção, a liquidação extrajudicial ou a falência, e atinge a todos aqueles que tenham estado no exercício das funções nos 12 meses anteriores ao mesmo ato.

**§ 2º.** Por proposta do Banco Central do Brasil, aprovada pelo Conselho Monetário Nacional, a indisponibilidade prevista neste artigo poderá ser estendida:

*a)* aos bens de gerentes, conselheiros fiscais e aos de todos aqueles que, até o limite da responsabilidade estimada de cada um, tenham concorrido, nos últimos 12 meses, para a decretação da intervenção ou da liquidação extrajudicial;

*b)* aos bens de pessoas que, nos últimos 12 meses, os tenham a qualquer título, adquirido de administradores da instituição, ou das pessoas referidas na alínea anterior, desde que haja seguros elementos de convicção de que se trata de simulada transferência com o fim de evitar os efeitos desta Lei.

**§ 3º.** Não se incluem nas disposições deste artigo os bens considerados inalienáveis ou impenhoráveis pela legislação em vigor.

**§ 4º.** Não são igualmente atingidos pela indisponibilidade os bens objeto de contrato de alienação, de promessa de compra e venda, de cessão ou promessa de cessão de direitos, desde que os respectivos instrumentos tenham sido levados ao competente registro público, anteriormente à data da decretação da intervenção, da liquidação extrajudicial ou da falência.

**Art. 37.** Os abrangidos pela indisponibilidade de bens de que trata o artigo anterior não poderão ausentar-se do foro da intervenção, da liquidação extrajudicial ou da falência, sem prévia e expressa autorização do Banco Central do Brasil ou do juiz da falência.

**Art. 38.** Decretada a intervenção, a liquidação extrajudicial ou a falência, o interventor, o liquidante ou escrivão da falência comunicará ao registro público competente e às Bolsas de Valores a indisponibilidade de bens imposta no art. 36.

**Parágrafo único.** Recebida a comunicação, a autoridade competente ficará relativamente a esses bens impedida de:

*a)* fazer transcrições, inscrições ou averbações de documentos públicos ou particulares;

*b)* arquivar atos ou contratos que importem em transferência de cotas sociais, ações ou partes beneficiárias;

*c)* realizar ou registrar operações e títulos de qualquer natureza;

*d)* processar a transferência de propriedade de veículos automotores.

### SEÇÃO II. DA RESPONSABILIDADE DOS ADMINISTRADORES E MEMBROS DO CONSELHO FISCAL

**Art. 39.** Os administradores e membros do Conselho Fiscal de instituições financeiras responderão, a qualquer tempo, salvo prescrição extintiva, pelos atos que tiverem praticado ou omissões em que houverem incorrido.

**Art. 40.** Os administradores de instituições financeiras respondem solidariamente pelas obrigações por elas assumidas durante sua gestão, até que se cumpram.

▸ Lei 9.447/1997: arts. 1º a 3º.

**Parágrafo único.** A responsabilidade solidária se circunscreverá ao montante dos prejuízos causados.

**Art. 41.** Decretada a intervenção, a liquidação extrajudicial ou a falência de instituição financeira, o Banco Central do Brasil procederá a inquérito, a fim de apurar as causas que levaram a sociedade àquela situação e a responsabilidade de seus administradores e membros do Conselho Fiscal.

**§ 1º.** Para os efeitos deste artigo, decretada a falência, o escrivão do feito a comunicará, dentro em 24 horas, ao Banco Central do Brasil.

**§ 2º.** O inquérito será aberto imediatamente à decretação da intervenção ou da liquidação extrajudicial, ou ao recebimento da comunicação da falência, e concluído dentro em 120 (cento e vinte) dias, prorrogáveis, se absolutamente necessário, por igual prazo.

**§ 3º.** No inquérito, o Banco Central do Brasil poderá:

*a)* examinar, quando e quantas vezes julgar necessário, a contabilidade, os arquivos, os documentos, os valores e mais elementos das instituições;

*b)* tomar depoimentos solicitando para isso, se necessário, o auxílio da polícia;

*c)* solicitar informações a qualquer autoridade ou repartição pública, ao juiz da falência, ao

órgão do Ministério Público, ao síndico, ao liquidante ou ao interventor;
*d)* examinar, por pessoa que designar, os autos da falência e obter, mediante solicitação escrita, cópias ou certidões de peças desses autos;
*e)* examinar a contabilidade e os arquivos de terceiros com os quais a instituição financeira tiver negociado e no que entender com esses negócios, bem como a contabilidade e os arquivos dos ex-administradores, se comerciantes ou industriais sob firma individual, e as respectivas contas junto a outras instituições financeiras.
**§ 4º**. Os ex-administradores poderão acompanhar o inquérito, oferecer documentos e indicar diligências.

**Art. 42.** Concluída a apuração, os ex-administradores serão convidados, por carta, a apresentar, por escrito, suas alegações e explicações dentro em cinco dias, comuns para todos.

**Art. 43.** Transcorrido o prazo do artigo anterior, com ou sem a defesa, será o inquérito encerrado com um relatório, do qual constarão, em síntese, a situação da entidade examinada, as causas de sua queda, o nome, a qualificação e a relação dos bens particulares dos que, nos últimos cinco anos, geriram a sociedade, bem como o montante ou a estimativa dos prejuízos apurados em cada gestão.

**Art. 44.** Se o inquérito concluir pela inexistência de prejuízo, será, no caso de intervenção e de liquidação extrajudicial, arquivado no próprio Banco Central do Brasil ou, no caso de falência, será remetido ao competente juiz, que o mandará apensar aos respectivos autos.
**Parágrafo único.** Na hipótese prevista neste artigo, o Banco Central do Brasil, nos casos de intervenção e de liquidação extrajudicial, ou o juiz, no caso de falência, de ofício ou a requerimento de qualquer interessado, determinará o levantamento da indisponibilidade de que trata o art. 36.

**Art. 45.** Concluindo o inquérito pela existência de prejuízos, será ele, com o respectivo relatório, remetido pelo Banco Central do Brasil ao juiz da falência, ou ao que for competente para decretá-la, o qual o fará com vista ao órgão do Ministério Público, que, em oito dias, sob pena de responsabilidade, requererá o sequestro dos bens dos ex-administradores, que não tinham sido atingidos pela indisponibilidade prevista no art. 36, quantos bastem para a efetivação da responsabilidade.
**§ 1º**. Em caso de intervenção ou liquidação extrajudicial, a distribuição do inquérito ao juízo competente, na forma deste artigo, previne a jurisdição do mesmo juízo na hipótese de vir a ser decretada a falência.
**§ 2º**. Feito o arresto, os bens serão depositados em mãos do interventor, do liquidante ou do síndico, conforme a hipótese, cumprindo ao depositário administrá-los, receber os respectivos rendimentos e prestar contas a final.

**Art. 46.** A responsabilidade dos ex-administradores, definida nesta Lei, será apurada em ação própria, proposta no juízo da falência ou no que for para ela competente.
**Parágrafo único.** O órgão do Ministério Público, nos casos de intervenção e liquidação extrajudicial, proporá a ação obrigatoriamente dentro em 30 (trinta) dias a contar da realização do arresto, sob pena de responsabilidade e preclusão da sua iniciativa. Findo esse prazo, ficarão os autos em cartório, à disposição de qualquer credor que poderá iniciar a ação, nos 15 dias seguintes. Se neste último prazo ninguém o fizer, levantar-se-ão o arresto e a indisponibilidade, apensando-se os autos aos da falência, se for o caso.

**Art. 47.** Se, decretado o arresto ou proposta a ação, sobrevier a falência da entidade, competirá ao síndico tomar, daí por diante, as providências necessárias ao efetivo cumprimento das determinações desta Lei, cabendo-lhe promover a devida substituição processual, no prazo de 30 (trinta) dias, contados da data do seu compromisso.

**Art. 48.** Independentemente do inquérito e do arresto, qualquer das partes, a que se refere o parágrafo único do art. 46, no prazo nele previsto, poderá propor a ação de responsabilidade dos ex-administradores, na forma desta Lei.

**Art. 49.** Passada em julgado a sentença que declarar a responsabilidade dos ex-administradores, o arresto e a indisponibilidade de bens se convolarão em penhora, seguindo-se o processo de execução.
**§ 1º**. Apurados os bens penhorados e pagas as custas judiciais, o líquido será entregue ao interventor, ao liquidante ou ao síndico, conforme o caso, para rateio entre os credores da instituição.
**§ 2º**. Se, no curso da ação ou da execução, encerrar-se a intervenção ou a liquidação extrajudicial, o interventor ou o liquidante, por ofício, dará conhecimento da ocorrência ao juiz, solicitando sua substituição como depositário dos bens arrestados ou penhorados, e fornecendo a relação nominal e respectivos saldos dos credores a serem, nesta hipótese, diretamente contemplados com o rateio previsto no parágrafo anterior.

## CAPÍTULO V. DISPOSIÇÕES GERAIS

**Art. 50.** A intervenção determina a suspensão, e, a liquidação extrajudicial, a perda do mandato, respectivamente, dos administradores e membros do Conselho Fiscal e dos de quaisquer outros órgãos criados pelo estatuto, competindo, exclusivamente, ao interventor e ao liquidante a convocação da assembleia geral nos casos em que julgarem conveniente.

**Art. 51.** Com o objetivo de preservar os interesses da poupança popular e a integridade do acervo das entidades submetidas a intervenção ou a liquidação extrajudicial, o Banco Central do Brasil poderá estabelecer idêntico regime para as pessoas jurídicas que com elas tenham integração de atividade ou vínculo de interesse, ficando os seus administradores sujeitos aos preceitos desta Lei.
**Parágrafo único.** Verifica-se integração de atividade ou vínculo de interesse, quando as pessoas jurídicas referidas neste artigo forem

devedoras da sociedade sob intervenção ou submetida a liquidação extrajudicial, ou quando seus sócios ou acionistas participarem do capital desta em importância superior a 10% (dez por cento), ou sejam cônjuges, ou parentes até o segundo grau, consanguíneos ou afins, de seus diretores ou membros dos conselhos consultivo, administrativo, fiscal ou semelhantes.

**Art. 52.** Aplicam-se as disposições da presente Lei às sociedades ou empresas que integram o sistema de distribuição de títulos ou valores mobiliários no mercado de capitais (art. 5º da Lei nº 4.728, de 14 de julho de 1965), assim como às sociedades ou empresas corretoras de câmbio.

**§ 1º.** A intervenção nessas sociedades ou empresas, ou sua liquidação extrajudicial, poderá ser decretada pelo Banco Central do Brasil por iniciativa própria ou por solicitação das Bolsas de Valores, quanto às corretoras a elas associadas, mediante representação fundamentada.

**§ 2º.** Por delegação de competência do Banco Central do Brasil e sem prejuízo de suas atribuições, a intervenção ou a liquidação extrajudicial das sociedades corretoras, membros das Bolsas de Valores, poderá ser processada por estas, sendo competente, no caso, aquela da área em que a sociedade tiver sede.

**Art. 53.** As sociedades ou empresas que integram o sistema de distribuição de títulos ou valores mobiliários no mercado de capitais, assim como as sociedades ou empresas corretoras de câmbio, não poderão como as instituições financeiras impetrar concordata.

**Art. 54.** As disposições da presente Lei estendem-se às intervenções e liquidações extrajudiciais em curso, no que couberem.

**Art. 55.** O Banco Central do Brasil é autorizado a prestar assistência financeira às Bolsas de Valores, nas condições fixadas pelo Conselho Monetário Nacional, quando, a seu critério, se fizer necessária para que elas se adaptem, inteiramente, às exigências do mercado de capitais.

**Parágrafo único.** A assistência financeira prevista neste artigo poderá ser estendida às Bolsas de Valores, nos casos de intervenção ou liquidação extrajudicial em sociedades corretoras de valores mobiliários e de câmbio, com vistas a resguardar legítimos interesses de investidores.

**Art. 56.** Ao art. 129 do Dec.-lei nº 2.627, de 26 de setembro de 1940, é acrescentado o seguinte parágrafo, além do que já lhe fora aditado pela Lei nº 5.589, de 3 de julho de 1970.

- Alteração incorporada ao texto do Decreto-lei.
- Lei 6.404/1976 revogou o art. 129 do Dec.-lei 2.627/1940..

**Art. 57.** Esta Lei entrará em vigor na data de sua publicação, revogada a Lei nº 1.808, de 7 de janeiro de 1953, os Decs.-leis nºs 9.228, de 3 de maio de 1946; 9.328, de 10 de junho de 1946; 9.346, de 10 de junho de 1946; 48, de 18 de novembro de 1966; 462, de 11 de fevereiro de 1969, e 685, de 17 de julho de 1969, e demais disposições gerais e especiais em contrário.

Brasília, 13 de março de 1974; 153º da Independência e 86º da República.

Emílio G. Médici

Antônio Delfim Neto

# LEI Nº 6.404, DE 15 DE DEZEMBRO DE 1976

*Dispõe sobre as sociedades por ações.*

- D.O.U. de 17.12.1976

O PRESIDENTE DA REPÚBLICA

Faço saber que o Congresso Nacional decreta e eu sanciono a seguinte Lei:

## CAPÍTULO I. CARACTERÍSTICAS E NATUREZA DA COMPANHIA OU SOCIEDADE ANÔNIMA

### CARACTERÍSTICAS

**Art. 1º.** A companhia ou sociedade anônima terá o capital dividido em ações, e a responsabilidade dos sócios ou acionistas será limitada ao preço de emissão das ações subscritas ou adquiridas.

- CC: arts. 1.088 e 1.089, e 1.126 e 1.133.

### OBJETIVO SOCIAL

**Art. 2º.** Pode ser objeto da companhia qualquer empresa de fim lucrativo, não contrário à lei, à ordem pública e aos bons costumes.

**§ 1º.** Qualquer que seja o objeto, a companhia é mercantil e se rege pelas leis e usos do comércio.

**§ 2º.** O estatuto social definirá o objeto de modo preciso e completo.

**§ 3º.** A companhia pode ter por objeto participar de outras sociedades; ainda que não prevista no estatuto, a participação é facultada como meio de realizar o objeto social, ou para beneficiar-se de incentivos fiscais.

#### Denominação

**Art. 3º.** A sociedade será designada por denominação acompanhada das expressões "companhia", ou "sociedade anônima", expressas por extenso ou abreviadamente mas vedada a utilização da primeira ao final.

**§ 1º.** O nome do fundador, acionista, ou pessoa que por qualquer outro modo tenha concorrido para o êxito da empresa, poderá figurar na denominação.

**§ 2º.** Se a denominação for idêntica ou semelhante a de companhia já existente assistirá à prejudicada o direito de requerer a modificação, por via administrativa (artigo 97) ou em juízo, e demandar as perdas e danos resultantes.

- CC, art. 1.163.
- Lei 8.934/1994, art. 35, V.

### COMPANHIA ABERTA E FECHADA

**Art. 4º.** Para os efeitos desta Lei, a companhia é aberta ou fechada conforme os valores mobiliários de sua emissão estejam ou não admitidos à negociação no mercado de valores mobiliários.

- Lei 6.385/1976 – Dispõe sobre o mercado de valores mobiliários e cria a Comissão de Valores Mobiliários.

**§ 1º.** Somente os valores mobiliários de emissão de companhia registrada na Comissão de

Valores Mobiliários podem ser negociados no mercado de valores mobiliários.

**§ 2º.** Nenhuma distribuição pública de valores mobiliários será efetivada no mercado sem prévio registro na Comissão de Valores Mobiliários.

**§ 3º.** A Comissão de Valores Mobiliários poderá classificar as companhias abertas em categorias, segundo as espécies e classes dos valores mobiliários por ela emitidos negociados no mercado, e especificará as normas sobre companhias abertas aplicáveis a cada categoria.

**§ 4º.** O registro de companhia aberta para negociação de ações no mercado somente poderá ser cancelado se a companhia emissora de ações, o acionista controlador ou a sociedade que a controle, direta ou indiretamente, formular oferta pública para adquirir a totalidade das ações em circulação no mercado, por preço justo, ao menos igual ao valor de avaliação da companhia, apurado com base nos critérios, adotados de forma isolada ou combinada, de patrimônio líquido contábil, de patrimônio líquido avaliado a preço de mercado, de fluxo de caixa descontado, de comparação por múltiplos, de cotação das ações no mercado de valores mobiliários, ou com base em outro critério aceito pela Comissão de Valores Mobiliários, assegurada a revisão do valor da oferta, em conformidade com o disposto no art. 4º-A.

**§ 5º.** Terminado o prazo da oferta pública fixado na regulamentação expedida pela Comissão de Valores Mobiliários, se remanescerem em circulação menos de 5% (cinco por cento) do total das ações emitidas pela companhia, a assembleia geral poderá deliberar o resgate dessas ações pelo valor da oferta de que trata o § 4º, desde que deposite em estabelecimento bancário autorizado pela Comissão de Valores Mobiliários, à disposição dos seus titulares, o valor de resgate, não se aplicando, nesse caso, o disposto no § 6º do art. 44.

**§ 6º.** O acionista controlador ou a sociedade controladora que adquirir ações da companhia aberta sob seu controle que elevem sua participação, direta ou indireta, em determinada espécie e classe de ações à porcentagem que, segundo normas gerais expedidas pela Comissão de Valores Mobiliários, impeça a liquidez de mercado das ações remanescentes, será obrigado a fazer oferta pública, por preço determinado nos termos do § 4º, para aquisição da totalidade das ações remanescentes no mercado.

**Art. 4º-A.** Na companhia aberta, os titulares de, no mínimo, 10% (dez por cento) das ações em circulação no mercado poderão requerer aos administradores da companhia que convoquem assembleia especial dos acionistas titulares de ações em circulação no mercado, para deliberar sobre a realização de nova avaliação pelo mesmo ou por outro critério, para efeito de determinação do valor de avaliação da companhia, referido no § 4º do art. 4º.

**§ 1º.** O requerimento deverá ser apresentado no prazo de 15 (quinze) dias da divulgação do valor da oferta pública, devidamente fundamentado e acompanhado de elementos de convicção que demonstrem a falha ou imprecisão no emprego da metodologia de cálculo ou no critério de avaliação adotado, podendo os acionistas referidos no *caput* convocar a assembleia quando os administradores não atenderem, no prazo de 8 (oito) dias, ao pedido de convocação.

**§ 2º.** Consideram-se ações em circulação no mercado todas as ações do capital da companhia aberta menos as de propriedade do acionista controlador, de diretores, de conselheiros de administração e as em tesouraria.

**§ 3º.** Os acionistas que requererem a realização de nova avaliação e aqueles que votarem a seu favor deverão ressarcir a companhia pelos custos incorridos, caso o novo valor seja inferior ou igual ao valor inicial da oferta pública.

**§ 4º.** Caberá à Comissão de Valores Mobiliários disciplinar o disposto no art. 4º e neste artigo, e fixar prazos para a eficácia desta revisão.

## CAPÍTULO II. CAPITAL SOCIAL

### SEÇÃO I. VALOR

#### FIXAÇÃO NO ESTATUTO E MOEDA

**Art. 5º.** O estatuto da companhia fixará o valor do capital social, expresso em moeda nacional.

**Parágrafo único.** A expressão monetária do valor do capital social realizado será corrigida anualmente (artigo 167).

#### ALTERAÇÃO

**Art. 6º.** O capital social somente poderá ser modificado com observância dos preceitos desta Lei e do estatuto social (artigos 166 a 174).

### SEÇÃO II. FORMAÇÃO

#### DINHEIRO E BENS

**Art. 7º.** O capital social poderá ser formado com contribuições em dinheiro ou em qualquer espécie de bens suscetíveis de avaliação em dinheiro.

#### AVALIAÇÃO

**Art. 8º.** A avaliação dos bens será feita por 3 (três) peritos ou por empresa especializada, nomeados em assembleia geral dos subscritores, convocada pela imprensa e presidida por um dos fundadores, instalando-se em primeira convocação com a presença de subscritores que representem metade, pelo menos, do capital social, e em segunda convocação com qualquer número.

**§ 1º.** Os peritos ou a empresa avaliadora deverão apresentar laudo fundamentado, com a indicação dos critérios de avaliação e dos elementos de comparação adotados e instruído com os documentos relativos aos bens avaliados, e estarão presentes à assembleia que conhecer do laudo, a fim de prestarem as informações que lhes forem solicitadas.

**§ 2º.** Se o subscritor aceitar o valor aprovado pela assembleia, os bens incorporar-se-ão ao patrimônio da companhia, competindo aos primeiros diretores cumprir as formalidades necessárias à respectiva transmissão.

**§ 3º.** Se a assembleia não aprovar a avaliação, ou o subscritor não aceitar a avaliação aprovada, ficará sem efeito o projeto de constituição da companhia.

**§ 4º.** Os bens não poderão ser incorporados ao patrimônio da companhia por valor acima do que lhes tiver dado o subscritor.

**§ 5º.** Aplica-se à assembleia referida neste artigo o disposto nos §§ 1º e 2º do art. 115.

**§ 6º.** Os avaliadores e o subscritor responderão perante a companhia, os acionistas e terceiros, pelos danos que lhes causarem por culpa ou dolo na avaliação dos bens, sem prejuízo da responsabilidade penal em que tenham incorrido; no caso de bens em condomínio, a responsabilidade dos subscritores é solidária.

### TRANSFERÊNCIA DOS BENS

**Art. 9º.** Na falta de declaração expressa em contrário, os bens transferem-se à companhia a título de propriedade.

### RESPONSABILIDADE DO SUBSCRITOR

**Art. 10.** A responsabilidade civil dos subscritores ou acionistas que contribuírem com bens para a formação do capital social será idêntica à do vendedor.

**Parágrafo único.** Quando a entrada consistir em crédito, o subscritor ou acionista responderá pela solvência do devedor.

## CAPÍTULO III. AÇÕES

### SEÇÃO I. NÚMERO E VALOR NOMINAL

### FIXAÇÃO NO ESTATUTO

**Art. 11.** O estatuto fixará o número das ações em que se divide o capital social e estabelecerá se as ações terão, ou não, valor nominal.

**§ 1º.** Na companhia com ações sem valor nominal, o estatuto poderá criar uma ou mais classes de ações preferenciais com valor nominal.

**§ 2º.** O valor nominal será o mesmo para todas as ações da companhia.

**§ 3º.** O valor nominal das ações de companhia aberta não poderá ser inferior ao mínimo fixado pela Comissão de Valores Mobiliários.

› Lei 6.385/1976, art. 19, § 6º.

### ALTERAÇÃO

**Art. 12.** O número e o valor nominal das ações somente poderão ser alterados nos casos de modificação do valor do capital social ou da sua expressão monetária, de desdobramento ou grupamento de ações, ou de cancelamento de ações autorizado nesta Lei.

### SEÇÃO II. PREÇO DE EMISSÃO

STJ, 371. Nos contratos de participação financeira para a aquisição de linha telefônica, o Valor Patrimonial da Ação (VPA) é apurado com base no balancete do mês da integralização.

### AÇÕES COM VALOR NOMINAL

**Art. 13.** É vedada a emissão de ações por preço inferior ao seu valor nominal.

**§ 1º.** A infração do disposto neste artigo importará nulidade do ato ou operação e responsabilidade dos infratores, sem prejuízo da ação penal que no caso couber.

**§ 2º.** A contribuição do subscritor que ultrapassar o valor nominal constituirá reserva de capital (artigo 182, § 1º).

### AÇÕES SEM VALOR NOMINAL

**Art. 14.** O preço de emissão das ações sem valor nominal será fixado, na constituição da companhia, pelos fundadores, e no aumento de capital, pela assembleia geral ou pelo conselho de administração (artigos 166 e 170, § 2º).

**Parágrafo único.** O preço de emissão pode ser fixado com parte destinada à formação de reserva de capital; na emissão de ações preferenciais com prioridade no reembolso do capital, somente a parcela que ultrapassar o valor de reembolso poderá ter essa destinação.

### SEÇÃO III. ESPÉCIES E CLASSES

### ESPÉCIES

**Art. 15.** As ações, conforme a natureza dos direitos ou vantagens que confiram a seus titulares, são ordinárias, preferenciais, ou de fruição.

**§ 1º** As ações ordinárias e preferenciais poderão ser de uma ou mais classes, observado, no caso das ordinárias, o disposto nos arts. 16, 16-A e 110-A desta Lei. *(Redação dada pela Lei 14.195/2021)*

**§ 2º.** O número de ações preferenciais sem direito a voto, ou sujeitas a restrição no exercício desse direito, não pode ultrapassar 50% (cinquenta por cento) do total das ações emitidas.

### AÇÕES ORDINÁRIAS

**Art. 16.** As ações ordinárias de companhia fechada poderão ser de classes diversas, em função de:

**I** – conversibilidade em ações preferenciais;

**II** – exigência de nacionalidade brasileira do acionista; ou

**III** – direito de voto em separado para o preenchimento de determinados cargos de órgãos administrativos.

**IV** - atribuição de voto plural a uma ou mais classes de ações, observados o limite e as condições dispostos no art. 110-A desta Lei. *(Acrescido pela Lei 14.195/2021)*

**Parágrafo único.** A alteração do estatuto na parte em que regula a diversidade de classes, se não for expressamente prevista e regulada, requererá a concordância de todos os titulares das ações atingidas. *(Redação dada pela Lei 14.195/2021)*

**Art. 16-A.** Na companhia aberta, é vedada a manutenção de mais de uma classe de ações ordinárias, ressalvada a adoção do voto plural nos termos e nas condições dispostos no art. 110-A desta Lei. *(Acrescido pela Lei 14.195/2021)*

## AÇÕES PREFERENCIAIS

**Art. 17.** As preferências ou vantagens das ações preferenciais podem consistir:

**I** – em prioridade na distribuição de dividendo, fixo ou mínimo;

**II** – em prioridade no reembolso do capital, com prêmio ou sem ele; ou

**III** – na acumulação das preferências e vantagens de que tratam os incisos I e II.

**§ 1º.** Independentemente do direito de receber ou não o valor de reembolso do capital com prêmio ou sem ele, as ações preferenciais sem direito de voto ou com restrição ao exercício deste direito, somente serão admitidas à negociação no mercado de valores mobiliários se a elas for atribuída pelo menos uma das seguintes preferências ou vantagens:

**I** – direito de participar do dividendo a ser distribuído, correspondente a, pelo menos, 25% (vinte e cinco por cento) do lucro líquido do exercício, calculado na forma do art. 202, de acordo com o seguinte critério:

*a)* prioridade no recebimento dos dividendos mencionados neste inciso correspondente a, no mínimo, 3% (três por cento) do valor do patrimônio líquido da ação; e

*b)* direito de participar dos lucros distribuídos em igualdade de condições com as ordinárias, depois de a estas assegurado dividendo igual ao mínimo prioritário estabelecido em conformidade com a alínea *a*; ou

**II** – direito ao recebimento de dividendo, por ação preferencial, pelo menos 10% (dez por cento) maior do que o atribuído a cada ação ordinária; ou

**III** – direito de serem incluídas na oferta pública de alienação de controle, nas condições previstas no art. 254-A, assegurado o dividendo pelo menos igual ao das ações ordinárias.

**§ 2º.** Deverão constar do estatuto, com precisão e minúcia, outras preferências ou vantagens que sejam atribuídas aos acionistas sem direito a voto, ou com voto restrito, além das previstas neste artigo.

**§ 3º.** Os dividendos, ainda que fixos ou cumulativos, não poderão ser distribuídos em prejuízo do capital social, salvo quando, em caso de liquidação da companhia, essa vantagem tiver sido expressamente assegurada.

**§ 4º.** Salvo disposição em contrário no estatuto, o dividendo prioritário não é cumulativo, a ação com dividendo fixo não participa dos lucros remanescentes e a ação com dividendo mínimo participa dos lucros distribuídos em igualdade de condições com as ordinárias, depois de a estas assegurado dividendo igual ao mínimo.

**§ 5º.** Salvo no caso de ações com dividendo fixo, o estatuto não pode excluir ou restringir o direito das ações preferenciais de participar dos aumentos de capital decorrentes da capitalização de reservas ou lucros (art. 169).

**§ 6º.** O estatuto pode conferir às ações preferenciais com prioridade na distribuição de dividendo cumulativo, o direito de recebê-lo, no exercício em que o lucro for insuficiente, à conta das reservas de capital de que trata o § 1º do art. 182.

**§ 7º.** Nas companhias objeto de desestatização poderá ser criada ação preferencial de classe especial, de propriedade exclusiva do ente desestatizante, à qual o estatuto social poderá conferir os poderes que especificar, inclusive o poder de veto às deliberações da assembleia geral nas matérias que especificar.

## VANTAGENS POLÍTICAS

**Art. 18.** O estatuto pode assegurar a uma ou mais classes de ações preferenciais o direito de eleger, em votação em separado, um ou mais membros dos órgãos de administração.

**Parágrafo único.** O estatuto pode subordinar as alterações estatutárias que especificar à aprovação, em assembleia especial, dos titulares de uma ou mais classes de ações preferenciais.

## REGULAÇÃO NO ESTATUTO

**Art. 19.** O estatuto da companhia com ações preferenciais declarará as vantagens ou preferências atribuídas a cada classe dessas ações e as restrições a que ficarão sujeitas, e poderá prever o resgate ou a amortização, a conversão de ações de uma classe em ações de outra e em ações ordinárias, e destas em preferenciais, fixando as respectivas condições.

## SEÇÃO IV.
## FORMA

**Art. 20.** As ações devem ser nominativas.

## AÇÕES NÃO INTEGRALIZADAS

**Art. 21.** Além dos casos regulados em lei especial, as ações terão obrigatoriamente forma nominativa ou endossável até o integral pagamento do preço de emissão.

### DETERMINAÇÃO NO ESTATUTO

**Art. 22.** O estatuto determinará a forma das ações e a conversibilidade de uma em outra forma.

**Parágrafo único.** As ações ordinárias da companhia aberta e ao menos uma das classes de ações ordinárias da companhia fechada, quando tiverem a forma ao portador, serão obrigatoriamente conversíveis, à vontade do acionista, em nominativas ou endossáveis.

## SEÇÃO V.
## CERTIFICADOS

### EMISSÃO

**Art. 23.** A emissão de certificado de ação somente será permitida depois de cumpridas as formalidades necessárias ao funcionamento legal da companhia.

**§ 1º.** A infração do disposto neste artigo importa nulidade do certificado e responsabilidade dos infratores.

**§ 2º.** Os certificados das ações, cujas entradas não consistirem em dinheiro, só poderão ser emitidos depois de cumpridas as formalidades necessárias à transmissão de bens, ou de realizados os créditos.

**§ 3º.** A companhia poderá cobrar o custo da substituição dos certificados, quando pedida pelo acionista.

### REQUISITOS

**Art. 24.** Os certificados das ações serão escritos em vernáculo e conterão as seguintes declarações:

**I** - denominação da companhia, sua sede e prazo de duração;

**II** - o valor do capital social, a data do ato que o tiver fixado, o número de ações em que se divide e o valor nominal das ações, ou a declaração de que não têm valor nominal;

**III** - nas companhias com capital autorizado, o limite da autorização, em número de ações ou valor do capital social;

**IV** - o número de ações ordinárias e preferenciais das diversas classes, se houver, as vantagens ou preferências conferidas a cada classe e as limitações ou restrições a que as ações estiverem sujeitas;

**V** - o número de ordem do certificado e da ação, e a espécie e classe a que pertence;

**VI** - os direitos conferidos às partes beneficiárias, se houver;

**VII** - a época e o lugar da reunião da assembleia geral ordinária;

**VIII** - a data da constituição da companhia e do arquivamento e publicação de seus atos constitutivos;

**IX** - o nome do acionista;

**X** - o débito do acionista e a época e o lugar de seu pagamento, se a ação não estiver integralizada;

**XI** - a data da emissão do certificado e as assinaturas de dois diretores, ou do agente emissor de certificados (art. 27).

**§ 1º.** A omissão de qualquer dessas declarações dá ao acionista direito à indenização por perdas e danos contra a companhia e os diretores na gestão dos quais os certificados tenham sido emitidos.

**§ 2º.** Os certificados de ações emitidas por companhias abertas podem ser assinados por 2 (dois) mandatários com poderes especiais, ou autenticados por chancela mecânica, observadas as normas expedidas pela Comissão de Valores Mobiliários.

### TÍTULOS MÚLTIPLOS E CAUTELAS

**Art. 25.** A companhia poderá, satisfeitos os requisitos do artigo 24, emitir certificados de múltiplos de ações e, provisoriamente, cautelas que as representem.

**Parágrafo único.** Os títulos múltiplos das companhias abertas obedecerão à padronização de número de ações fixada pela Comissão de Valores Mobiliários.

### CUPÕES

**Art. 26.** Aos certificados das ações ao portador podem ser anexados cupões relativos a dividendos ou outros direitos.

**Parágrafo único.** Os cupões conterão a denominação da companhia, a indicação do lugar da sede, o número de ordem do certificado, a classe da ação e o número de ordem do cupão.

### AGENTE EMISSOR DE CERTIFICADOS

**Art. 27.** A companhia pode contratar a escrituração e a guarda dos livros de registro e transferência de ações e a emissão dos certificados com instituição financeira autorizada pela Comissão de Valores Mobiliários a manter esse serviço.

**§ 1º.** Contratado o serviço, somente o agente emissor poderá praticar os atos relativos aos registros e emitir certificados.

**§ 2º.** O nome do agente emissor constará das publicações e ofertas públicas de valores mobiliários feitas pela companhia.

**§ 3º.** Os certificados de ações emitidos pelo agente emissor da companhia deverão ser numerados seguidamente, mas a numeração das ações será facultativa.

## SEÇÃO VI.
## PROPRIEDADE E CIRCULAÇÃO

### INDIVISIBILIDADE

**Art. 28.** A ação é indivisível em relação à companhia.

**Parágrafo único.** Quando a ação pertencer a mais de uma pessoa, os direitos por ela conferidos serão exercidos pelo representante do condomínio.

## NEGOCIABILIDADE

**Art. 29.** As ações da companhia aberta somente poderão ser negociadas depois de realizados 30% (trinta por cento) do preço de emissão.

**Parágrafo único.** A infração do disposto neste artigo importa na nulidade do ato.

## NEGOCIAÇÃO COM AS PRÓPRIAS AÇÕES

**Art. 30.** A companhia não poderá negociar com as próprias ações.

**§ 1º.** Nessa proibição não se compreendem:

*a)* as operações de resgate, reembolso ou amortização previstas em lei;

*b)* a aquisição, para permanência em tesouraria ou cancelamento, desde que até o valor do saldo de lucros ou reservas, exceto a legal, e sem diminuição do capital social ou por doação;

*c)* a alienação das ações adquiridas nos termos da alínea *b* e mantidas em tesouraria;

*d)* a compra quando, resolvida a redução do capital mediante restituição, em dinheiro, de parte do valor das ações, o preço destas em bolsa for inferior ou igual à importância que deve ser restituída.

**§ 2º.** A aquisição das próprias ações pela companhia aberta obedecerá, sob pena de nulidade, às normas expedidas pela Comissão de Valores Mobiliários, que poderá subordiná-la a prévia autorização em cada caso.

**§ 3º.** A companhia não poderá receber em garantia as próprias ações, salvo para assegurar a gestão dos seus administradores.

**§ 4º.** As ações adquiridas nos termos da alínea *b* do § 1º, enquanto mantidas em tesouraria, não terão direito a dividendo nem a voto.

**§ 5º.** No caso da alínea *d* do § 1º, as ações adquiridas serão retiradas definitivamente de circulação.

## AÇÕES NOMINATIVAS

**Art. 31.** A propriedade das ações nominativas presume-se pela inscrição do nome do acionista no livro de "Registro de Ações Nominativas" ou pelo extrato que seja fornecido pela instituição custodiante, na qualidade de proprietária fiduciária das ações.

**§ 1º.** A transferência das ações nominativas opera-se por termo lavrado no livro de "Transferência de Ações Nominativas", datado e assinado pelo cedente e pelo cessionário, ou seus legítimos representantes.

**§ 2º.** A transferência das ações nominativas em virtude de transmissão por sucessão universal ou legado, de arrematação, adjudicação ou outro ato judicial, ou por qualquer outro título, somente se fará mediante averbação no livro de "Registro de Ações Nominativas", à vista de documento hábil, que ficará em poder da companhia.

**§ 3º.** Na transferência das ações nominativas adquiridas em Bolsa de Valores, o cessionário será representado, independentemente de instrumento de procuração, pela sociedade corretora, ou pela caixa de liquidação da Bolsa de Valores.

## AÇÕES ENDOSSÁVEIS

**Art. 32.** *(Revogado pela Lei nº 8.021, de 1990).*

## AÇÕES AO PORTADOR

**Art. 33.** *(Revogado pela Lei nº 8.021, de 1990).*

## AÇÕES ESCRITURAIS

**Art. 34.** O estatuto da companhia pode autorizar ou estabelecer que todas as ações da companhia, ou uma ou mais classes delas, sejam mantidas em contas de depósito, em nome de seus titulares, na instituição que designar, sem emissão de certificados.

**§ 1º.** No caso de alteração estatutária, a conversão em ação escritural depende da apresentação e do cancelamento do respectivo certificado em circulação.

**§ 2º.** Somente as instituições financeiras autorizadas pela Comissão de Valores Mobiliários podem manter serviços de escrituração de ações e de outros valores mobiliários.

‣ Lei 6.385/1976: arts. 19, § 4º.

**§ 3º.** A companhia responde pelas perdas e danos causados aos interessados por erros ou irregularidades no serviço de ações escriturais, sem prejuízo do eventual direito de regresso contra a instituição depositária.

**Art. 35.** A propriedade da ação escritural presume-se pelo registro na conta de depósito das ações, aberta em nome do acionista nos livros da instituição depositária.

**§ 1º.** A transferência da ação escritural opera-se pelo lançamento efetuado pela instituição depositária em seus livros, a débito da conta de ações do alienante e a crédito da conta de ações do adquirente, à vista de ordem escrita do alienante, ou de autorização ou ordem judicial, em documento hábil que ficará em poder da instituição.

**§ 2º.** A instituição depositária fornecerá ao acionista extrato da conta de depósito das ações escriturais, sempre que solicitado, ao término de todo mês em que for movimentada e, ainda que não haja movimentação, ao menos uma vez por ano.

**§ 3º.** O estatuto pode autorizar a instituição depositária a cobrar do acionista o custo do serviço de transferência da propriedade das ações escriturais, observados os limites máximos fixados pela Comissão de Valores Mobiliários.

## LIMITAÇÕES À CIRCULAÇÃO

**Art. 36.** O estatuto da companhia fechada pode impor limitações à circulação das ações nominativas, contanto que regule minuciosamente tais limitações e não impeça a negociação, nem sujeite o acionista ao arbítrio dos órgãos de administração da companhia ou da maioria dos acionistas.

**Parágrafo único.** A limitação à circulação criada por alteração estatutária somente se aplicará às ações cujos titulares com ela expressamente concordarem, mediante pedido de averbação no livro de "Registro de Ações Nominativas".

### SUSPENSÃO DOS SERVIÇOS DE CERTIFICADOS

**Art. 37.** A companhia aberta pode, mediante comunicação às Bolsas de Valores em que suas ações forem negociadas e publicação de anúncio, suspender, por períodos que não ultrapassem, cada um, 15 (quinze) dias, nem o total de 90 (noventa) dias durante o ano, os serviços de transferência, conversão e desdobramento de certificados.

**Parágrafo único.** O disposto neste artigo não prejudicará o registro da transferência das ações negociadas em bolsa anteriormente ao início do período de suspensão.

### PERDA OU EXTRAVIO

**Art. 38.** O titular de certificado perdido ou extraviado de ação ao portador ou endossável poderá, justificando a propriedade e a perda ou extravio, promover, na forma da lei processual, o procedimento de anulação e substituição para obter a expedição de novo certificado.

**§ 1º.** Somente será admitida a anulação e substituição de certificado ao portador ou endossado em branco à vista da prova, produzida pelo titular, da destruição ou inutilização do certificado a ser substituído.

**§ 2º.** Até que o certificado seja recuperado ou substituído, as transferências poderão ser averbadas sob condição, cabendo à companhia exigir do titular, para satisfazer dividendo e demais direitos, garantia idônea de sua eventual restituição.

## SEÇÃO VII. CONSTITUIÇÃO DE DIREITOS REAIS E OUTROS ÔNUS

### PENHOR

**Art. 39.** O penhor ou caução de ações se constitui pela averbação do respectivo instrumento no livro de Registro de Ações Nominativas.

**§ 1º.** O penhor da ação escritural se constitui pela averbação do respectivo instrumento nos livros da instituição financeira, a qual será anotada no extrato da conta de depósito fornecido ao acionista.

**§ 2º.** Em qualquer caso, a companhia, ou a instituição financeira, tem o direito de exigir, para seu arquivo, um exemplar do instrumento de penhor.

### OUTROS DIREITOS E ÔNUS

**Art. 40.** O usufruto, o fideicomisso, a alienação fiduciária em garantia e quaisquer cláusulas ou ônus que gravarem a ação deverão ser averbados:

**I** - se nominativa, no livro de "Registro de Ações Nominativas";

**II** - se escritural, nos livros da instituição financeira, que os anotará no extrato da conta de depósito fornecida ao acionista.

**Parágrafo único.** Mediante averbação nos termos deste artigo, a promessa de venda da ação e o direito de preferência à sua aquisição são oponíveis a terceiros.

## SEÇÃO VIII. CUSTÓDIA DE AÇÕES FUNGÍVEIS

**Art. 41.** A instituição autorizada pela Comissão de Valores Mobiliários a prestar serviços de custódia de ações fungíveis pode contratar custódia em que as ações de cada espécie e classe da companhia sejam recebidas em depósito como valores fungíveis, adquirindo a instituição depositária a propriedade fiduciária das ações.

**§ 1º.** A instituição depositária não pode dispor das ações e fica obrigada a devolver ao depositante a quantidade de ações recebidas, com as modificações resultantes de alterações no capital social ou no número de ações da companhia emissora, independentemente do número de ordem das ações ou dos certificados recebidos em depósito.

**§ 2º.** Aplica-se o disposto neste artigo, no que couber, aos demais valores mobiliários.

**§ 3º.** A instituição depositária ficará obrigada a comunicar à companhia emissora:

**I** - imediatamente, o nome do proprietário efetivo quando houver qualquer evento societário que exija a sua identificação; e

**II** - no prazo de até 10 (dez) dias, a contratação da custódia e a criação de ônus ou gravames sobre as ações.

**§ 4º.** A propriedade das ações em custódia fungível será provada pelo contrato firmado entre o proprietário das ações e a instituição depositária.

**§ 5º.** A instituição tem as obrigações de depositária e responde perante o acionista e terceiros pelo descumprimento de suas obrigações.

### REPRESENTAÇÃO E RESPONSABILIDADE

**Art. 42.** A instituição financeira representa, perante a companhia, os titulares das ações recebidas em custódia nos termos do artigo 41, para receber dividendos e ações bonificadas e exercer direito de preferência para subscrição de ações.

**§ 1º.** Sempre que houver distribuição de dividendos ou bonificação de ações e, em qualquer caso, ao menos uma vez por ano, a instituição financeira fornecerá à companhia a lista dos depositantes de ações recebidas nos termos deste artigo, assim como a quantidade de ações de cada um.

**§ 2º**. O depositante pode, a qualquer tempo, extinguir a custódia e pedir a devolução dos certificados de suas ações.

**§ 3º**. A companhia não responde perante o acionista nem terceiros pelos atos da instituição depositária das ações.

## SEÇÃO IX.
## CERTIFICADO DE DEPÓSITO DE AÇÕES

**Art. 43.** A instituição financeira autorizada a funcionar como agente emissor de certificados (art. 27) pode emitir título representativo das ações que receber em depósito, do qual constarão:

**I** – o local e a data da emissão;

**II** – o nome da instituição emitente e as assinaturas de seus representantes;

**III** – a denominação "Certificado de Depósito de Ações";

**IV** – a especificação das ações depositadas;

**V** – a declaração de que as ações depositadas, seus rendimentos e o valor recebido nos casos de resgate ou amortização somente serão entregues ao titular do certificado de depósito, contra apresentação deste;

**VI** – o nome e a qualificação do depositante;

**VII** – o preço do depósito cobrado pelo banco, se devido na entrega das ações depositadas;

**VIII** – o lugar da entrega do objeto do depósito.

**§ 1º**. A instituição financeira responde pela origem e autenticidade dos certificados das ações depositadas.

**§ 2º**. Emitido o certificado de depósito, as ações depositadas, seus rendimentos, o valor de resgate ou de amortização não poderão ser objeto de penhora, arresto, sequestro, busca ou apreensão, ou qualquer outro embaraço que impeça sua entrega ao titular do certificado, mas este poderá ser objeto de penhora ou de qualquer medida cautelar por obrigação do seu titular.

**§ 3º**. Os certificados de depósito de ações serão nominativos, podendo ser mantidos sob o sistema escritural.

**§ 4º**. Os certificados de depósito de ações poderão, a pedido do seu titular, e por sua conta, ser desdobrados ou grupados.

**§ 5º**. Aplicam-se ao endosso do certificado, no que couber, as normas que regulam o endosso de títulos cambiários.

## SEÇÃO X.
## RESGATE, AMORTIZAÇÃO E REEMBOLSO

### RESGATE E AMORTIZAÇÃO

**Art. 44.** O estatuto ou a assembleia geral extraordinária pode autorizar a aplicação de lucros ou reservas no resgate ou na amortização de ações, determinando as condições e o modo de proceder-se à operação.

**§ 1º**. O resgate consiste no pagamento do valor das ações para retirá-las definitivamente de circulação, com redução ou não do capital social; mantido o mesmo capital, será atribuído, quando for o caso, novo valor nominal às ações remanescentes.

**§ 2º**. A amortização consiste na distribuição aos acionistas, a título de antecipação e sem redução do capital social, de quantias que lhes poderiam tocar em caso de liquidação da companhia.

**§ 3º**. A amortização pode ser integral ou parcial e abranger todas as classes de ações ou só uma delas.

**§ 4º**. O resgate e a amortização que não abrangerem a totalidade das ações de uma mesma classe serão feitos mediante sorteio; sorteadas ações custodiadas nos termos do artigo 41, a instituição financeira especificará, mediante rateio, as resgatadas ou amortizadas, se outra forma não estiver prevista no contrato de custódia.

**§ 5º**. As ações integralmente amortizadas poderão ser substituídas por ações de fruição, com as restrições fixadas pelo estatuto ou pela assembleia geral que deliberar a amortização; em qualquer caso, ocorrendo liquidação da companhia, as ações amortizadas só concorrerão ao acervo líquido depois de assegurado às ações não amortizadas valor igual ao da amortização, corrigido monetariamente.

**§ 6º**. Salvo disposição em contrário do estatuto social, o resgate de ações de uma ou mais classes só será efetuado se, em assembleia especial convocada para deliberar essa matéria específica, for aprovado por acionistas que representem, no mínimo, a metade das ações da(s) classe(s) atingida(s).

### REEMBOLSO

**Art. 45.** O reembolso é a operação pela qual, nos casos previstos em lei, a companhia paga aos acionistas dissidentes de deliberação da assembleia geral o valor de suas ações.

**§ 1º**. O estatuto pode estabelecer normas para a determinação do valor de reembolso, que, entretanto, somente poderá ser inferior ao valor de patrimônio líquido constante do último balanço aprovado pela assembleia geral, observado o disposto no § 2º, se estipulado com base no valor econômico da companhia, a ser apurado em avaliação (§§ 3º e 4º).

**§ 2º**. Se a deliberação da assembleia geral ocorrer mais de 60 (sessenta) dias depois da data do último balanço aprovado, será facultado ao acionista dissidente pedir, juntamente com o reembolso, levantamento de balanço especial em data que atenda àquele prazo. Nesse caso, a companhia pagará imediatamente 80% (oitenta por cento) do valor de reembolso calculado com base no último balanço e, levantado o balanço especial, pagará o saldo no prazo de 120 (cento e vinte), dias a contar da data da deliberação da assembleia geral.

**§ 3º**. Se o estatuto determinar a avaliação da ação para efeito de reembolso, o valor será o determinado por 3 (três) peritos ou empresa especializada, mediante laudo que satisfaça os requisitos do § 1º do art. 8º e com a responsabilidade prevista no § 6º do mesmo artigo.

**§ 4º.** Os peritos ou empresa especializada serão indicados em lista sêxtupla ou tríplice, respectivamente, pelo conselho de administração ou, se não houver, pela diretoria, e escolhidos pela Assembleia geral em deliberação tomada por maioria absoluta de votos, não se computando os votos em branco, cabendo a cada ação, independentemente de sua espécie ou classe, o direito a um voto.

**§ 5º.** O valor de reembolso poderá ser pago à conta de lucros ou reservas, exceto a legal, e nesse caso as ações reembolsadas ficarão em tesouraria.

**§ 6º.** Se, no prazo de 120 (cento e vinte) dias, a contar da publicação da ata da assembleia, não forem substituídos os acionistas cujas ações tenham sido reembolsadas à conta do capital social, este considerar-se-á reduzido no montante correspondente, cumprindo aos órgãos da administração convocar a assembleia geral, dentro de cinco dias, para tomar conhecimento daquela redução.

**§ 7º.** Se sobrevier a falência da sociedade, os acionistas dissidentes, credores pelo reembolso de suas ações, serão classificados como quirografários em quadro separado, e os rateios que lhes couberem serão imputados no pagamento dos créditos constituídos anteriormente à data da publicação da ata da assembleia. As quantias assim atribuídas aos créditos mais antigos não se deduzirão dos créditos dos ex-acionistas, que subsistirão integralmente para serem satisfeitos pelos bens da massa, depois de pagos os primeiros.

**§ 8º.** Se, quando ocorrer a falência, já se houver efetuado, à conta do capital social, o reembolso dos ex-acionistas, estes não tiverem sido substituídos, e a massa não bastar para o pagamento dos créditos mais antigos, caberá ação revocatória para restituição do reembolso pago com redução do capital social, até a concorrência do que remanescer dessa parte do passivo. A restituição será havida, na mesma proporção, de todos os acionistas cujas ações tenham sido reembolsadas.

## CAPÍTULO IV. PARTES BENEFICIÁRIAS

### CARACTERÍSTICAS

**Art. 46.** A companhia pode criar, a qualquer tempo, títulos negociáveis, sem valor nominal e estranhos ao capital social, denominados "partes beneficiárias".

**§ 1º.** As partes beneficiárias conferirão aos seus titulares direito de crédito eventual contra a companhia, consistente na participação nos lucros anuais (art. 190).

**§ 2º.** A participação atribuída às partes beneficiárias, inclusive para formação de reserva para resgate, se houver, não ultrapassará 0,1 (um décimo) dos lucros.

**§ 3º.** É vedado conferir às partes beneficiárias qualquer direito privativo de acionista, salvo o de fiscalizar, nos termos desta Lei, os atos dos administradores.

**§ 4º.** É proibida a criação de mais de uma classe ou série de partes beneficiárias.

### EMISSÃO

**Art. 47.** As partes beneficiárias poderão ser alienadas pela companhia, nas condições determinadas pelo estatuto ou pela assembleia geral, ou atribuídas a fundadores, acionistas ou terceiros, como remuneração de serviços prestados à companhia.

**Parágrafo único.** É vedado às companhias abertas emitir partes beneficiárias.

### RESGATE E CONVERSÃO

**Art. 48.** O estatuto fixará o prazo de duração das partes beneficiárias e, sempre que estipular resgate, deverá criar reserva especial para esse fim.

**§ 1º.** O prazo de duração das partes beneficiárias atribuídas gratuitamente, salvo as destinadas a sociedades ou fundações beneficentes dos empregados da companhia, não poderá ultrapassar 10 (dez) anos.

**§ 2º.** O estatuto poderá prever a conversão das partes beneficiárias em ações, mediante capitalização de reserva criada para esse fim.

**§ 3º.** No caso de liquidação da companhia, solvido o passivo exigível, os titulares das partes beneficiárias terão direito de preferência sobre o que restar do ativo até a importância da reserva para resgate ou conversão.

### CERTIFICADOS

**Art. 49.** Os certificados das partes beneficiárias conterão:

**I** – a denominação "Parte Beneficiária";

**II** – a denominação da companhia, sua sede e prazo de duração;

**III** – o valor do capital social, a data do ato que o fixou e o número de ações em que se divide;

**IV** – o número de partes beneficiárias criadas pela companhia e o respectivo número de ordem;

**V** – os direitos que lhes são atribuídos pelo estatuto, o prazo de duração e as condições de resgate, se houver;

**VI** – a data da constituição da companhia e do arquivamento e publicação dos seus atos constitutivos;

**VII** – o nome do beneficiário;

**VIII** – a data da emissão do certificado e as assinaturas de dois diretores.

### FORMA, PROPRIEDADE, CIRCULAÇÃO E ÔNUS

**Art. 50.** As partes beneficiárias serão nominativas e a elas se aplica, no que couber, o disposto nas seções V a VII do Capítulo III.

**§ 1º**. As partes beneficiárias serão registradas em livros próprios, mantidos pela companhia.

**§ 2º**. As partes beneficiárias podem ser objeto de depósito com emissão de certificado, nos termos do artigo 43.

## MODIFICAÇÃO DOS DIREITOS

**Art. 51.** A reforma do estatuto que modificar ou reduzir as vantagens conferidas às partes beneficiárias só terá eficácia quando aprovada pela metade, no mínimo, dos seus titulares, reunidos em assembleia geral especial.

**§ 1º**. A assembleia será convocada, através da imprensa, de acordo com as exigências para convocação das assembleias de acionistas, com 1 (um) mês de antecedência, no mínimo. Se, após 2 (duas) convocações, deixar de instalar-se por falta de número, somente 6 (seis) meses depois outra poderá ser convocada.

**§ 2º**. Cada parte beneficiária dá direito a 1 (um) voto, não podendo a companhia votar com os títulos que possuir em tesouraria.

**§ 3º**. A emissão de partes beneficiárias poderá ser feita com a nomeação de agente fiduciário dos seus titulares, observado, no que couber, o disposto nos artigos 66 a 71.

## CAPÍTULO V. DEBÊNTURES

## CARACTERÍSTICAS

**Art. 52.** A companhia poderá emitir debêntures que conferirão aos seus titulares direito de crédito contra ela, nas condições constantes da escritura de emissão e, se houver, do certificado.

### SEÇÃO I. DIREITO DOS DEBENTURISTAS

## EMISSÕES E SÉRIES

**Art. 53.** A companhia poderá efetuar mais de uma emissão de debêntures, e cada emissão pode ser dividida em séries.

**Parágrafo único.** As debêntures da mesma série terão igual valor nominal e conferirão a seus titulares os mesmos direitos.

## VALOR NOMINAL

**Art. 54.** A debênture terá valor nominal expresso em moeda nacional, salvo nos casos de obrigação que, nos termos da legislação em vigor, possa ter o pagamento estipulado em moeda estrangeira.

**§ 1º**. A debênture poderá conter cláusula de correção monetária, com base nos coeficientes fixados para correção de títulos da dívida pública, na variação da taxa cambial ou em outros referenciais não expressamente vedados em lei.

**§ 2º**. A escritura de debênture poderá assegurar ao debenturista a opção de escolher receber o pagamento do principal e acessórios, quando do vencimento, amortização ou resgate, em moeda ou em bens avaliados nos termos do art. 8º.

## VENCIMENTO, AMORTIZAÇÃO E RESGATE

**Art. 55.** A época do vencimento da debênture deverá constar da escritura de emissão e do certificado, podendo a companhia estipular amortizações parciais de cada série, criar fundos de amortização e reservar-se o direito de resgate antecipado, parcial ou total, dos títulos da mesma série.

**§ 1º**. A amortização de debêntures da mesma série deve ser feita mediante rateio.

**§ 2º**. O resgate parcial de debêntures da mesma série deve ser feito:

**I** – mediante sorteio; ou

**II** – se as debêntures estiverem cotadas por preço inferior ao valor nominal, por compra no mercado organizado de valores mobiliários, observadas as regras expedidas pela Comissão de Valores Mobiliários.

**§ 3º**. É facultado à companhia adquirir debêntures de sua emissão:

**I** – por valor igual ou inferior ao nominal, devendo o fato constar do relatório da administração e das demonstrações financeiras; ou

**II** – por valor superior ao nominal, desde que observe as regras expedidas pela Comissão de Valores Mobiliários.

**§ 4º**. A companhia poderá emitir debêntures cujo vencimento somente ocorra nos casos de inadimplência da obrigação de pagar juros e dissolução da companhia, ou de outras condições previstas no título.

## JUROS E OUTROS DIREITOS

**Art. 56.** A debênture poderá assegurar ao seu titular juros, fixos ou variáveis, participação no lucro da companhia e prêmio de reembolso.

## CONVERSIBILIDADE EM AÇÕES

**Art. 57.** A debênture poderá ser conversível em ações nas condições constantes da escritura de emissão, que especificará:

**I** – as bases da conversão, seja em número de ações em que poderá ser convertida cada debênture, seja como relação entre o valor nominal da debênture e o preço de emissão das ações;

**II** – a espécie e a classe das ações em que poderá ser convertida;

**III** – o prazo ou época para o exercício do direito à conversão;

**IV** – as demais condições a que a conversão acaso fique sujeita.

**§ 1º**. Os acionistas terão direito de preferência para subscrever a emissão de debêntures com cláusula de conversibilidade em ações, observado o disposto nos artigos 171 e 172.

**§ 2º**. Enquanto puder ser exercido o direito à conversão, dependerá de prévia aprovação dos debenturistas, em assembleia especial,

ou de seu agente fiduciário, a alteração do estatuto para:
*a)* mudar o objeto da companhia;
*b)* criar ações preferenciais ou modificar as vantagens das existentes, em prejuízo das ações em que são conversíveis as debêntures.

## SEÇÃO II. ESPÉCIES

**Art. 58.** A debênture poderá, conforme dispuser a escritura de emissão, ter garantia real ou garantia flutuante, não gozar de preferência ou ser subordinada aos demais credores da companhia.

› Lei 11.101/2005: arts. 83, II, VIII, a, e 124, parágrafo único.

**§ 1º**. A garantia flutuante assegura à debênture privilégio geral sobre o ativo da companhia, mas não impede a negociação dos bens que compõem esse ativo.

**§ 2º**. As garantias poderão ser constituídas cumulativamente.

**§ 3º** As debêntures com garantia flutuante de nova emissão são preferidas pelas de emissão ou de emissões anteriores, e a prioridade se estabelece pela data do arquivamento do ato societário que deliberou sobre a emissão, concorrendo as séries, dentro da mesma emissão, em igualdade. *(Redação dada pela Lei 14.711/2023)*

**§ 4º**. A debênture que não gozar de garantia poderá conter cláusula de subordinação aos credores quirografários, preferindo apenas os acionistas no ativo remanescente, se houver, em caso de liquidação da companhia.

**§ 5º**. A obrigação de não alienar ou onerar bem imóvel ou outro bem sujeito a registro de propriedade, assumida pela companhia na escritura de emissão, é oponível a terceiros, desde que averbada no competente registro.

**§ 6º**. As debêntures emitidas por companhia integrante de grupo de sociedades (artigo 265) poderão ter garantia flutuante do ativo de 2 (duas) ou mais sociedades do grupo.

## SEÇÃO III. CRIAÇÃO E EMISSÃO

### COMPETÊNCIA

**Art. 59.** A deliberação sobre emissão de debêntures é da competência privativa da assembleia geral, que deverá fixar, observado o que a respeito dispuser o estatuto:

**I** – o valor da emissão ou os critérios de determinação do seu limite, e a sua divisão em séries, se for o caso;

**II** – o número e o valor nominal das debêntures;

**III** – as garantias reais ou a garantia flutuante, se houver;

**IV** – as condições de correção monetária, se houver;

**V** – a conversibilidade ou não em ações e as condições a serem observadas na conversão;

**VI** – a época e as condições de vencimento, amortização ou resgate;

**VII** – a época e as condições do pagamento dos juros, da participação nos lucros e do prêmio de reembolso, se houver;

**VIII** - o modo de subscrição ou colocação e o tipo das debêntures; e *(Redação dada pela Lei 14.711/2023)*

**IX** - o desmembramento, do seu valor nominal, dos juros e dos demais direitos conferidos aos titulares. *(Acrescido pela Lei 14.711/2023)*

**§ 1º** O conselho de administração ou a diretoria poderão deliberar sobre a emissão de debêntures não conversíveis em ações, exceto se houver disposição estatutária em contrário. *(Redação dada pela Lei 14.711/2023)*

**§ 2º**. O estatuto da companhia aberta poderá autorizar o conselho de administração a, dentro dos limites do capital autorizado, deliberar sobre a emissão de debêntures conversíveis em ações, especificando o limite do aumento de capital decorrente da conversão das debêntures, em valor do capital social ou em número de ações, e as espécies e classes das ações que poderão ser emitidas.

**§ 3º** O órgão competente da companhia poderá deliberar que a emissão terá valor e número de série indeterminados, dentro dos limites por ela fixados. *(Redação dada pela Lei 14.711/2023)*

**§ 4º**. Nos casos não previstos nos §§ 1º e 2º, a assembleia geral pode delegar ao conselho de administração a deliberação sobre as condições de que tratam os incisos VI a VIII do *caput* e sobre a oportunidade da emissão.

**§ 5º** Caberá à Comissão de Valores Mobiliários disciplinar o disposto no inciso IX do *caput* deste artigo. *(Acrescido pela Lei 14.711/2023)*

### LIMITE DE EMISSÃO

**Art. 60.** *(Revogado pela Lei nº 12.431, de 2011).*

### ESCRITURA DE EMISSÃO

**Art. 61.** A companhia fará constar da escritura de emissão os direitos conferidos pelas debêntures, suas garantias e demais cláusulas ou condições.

**§ 1º**. A escritura de emissão, por instrumento público ou particular, de debêntures distribuídas ou admitidas à negociação no mercado, terá obrigatoriamente a intervenção de agente fiduciário dos debenturistas (artigos 66 a 70).

**§ 2º**. Cada nova série da mesma emissão será objeto de aditamento à respectiva escritura.

**§ 3º**. A Comissão de Valores Mobiliários poderá aprovar padrões de cláusulas e condições que devam ser adotados nas escrituras de emissão de debêntures destinadas à negociação em bolsa ou no mercado de balcão, e recusar a admissão ao mercado da emissão que não satisfaça a esses padrões.

### REGISTRO

**Art. 62.** Nenhuma emissão de debêntures será feita sem que tenham sido satisfeitos os seguintes requisitos:

**I** - arquivamento, no registro do comércio, do ato societário que deliberar sobre a emissão de que trata o art. 59 desta Lei e a sua publicação: *(Redação dada pela Lei 14.711/2023)*

a) na forma prevista no § 5º deste artigo, para companhias abertas; e *(Acrescida pela Lei 14.711/2023)*

b) na forma prevista no § 6º deste artigo, para companhias fechadas; *(Acrescida pela Lei 14.711/2023)*

**II** - *(Revogado pela Lei 14.711/2023)*

**III** – constituição das garantias reais, se for o caso.

**§ 1º.** Os administradores da companhia respondem pelas perdas e danos causados à companhia ou a terceiros por infração deste artigo.

**§ 2º** O agente fiduciário e o debenturista poderão promover os registros requeridos neste artigo e sanar as lacunas e as irregularidades existentes no arquivamento ou nos registros promovidos pelos administradores da companhia, hipótese em que o oficial do registro notificará a administração da companhia para que lhe forneça as indicações e os documentos necessários. *(Redação dada pela Lei 14.711/2023)*

**§§ 3º a 4º** *(Revogados pela Lei 14.711/2023)*

**§ 5º** A Comissão de Valores Mobiliários disciplinará o registro e a divulgação do ato societário de que trata a alínea a do inciso I do *caput* deste artigo e da escritura de emissão das debêntures objeto de oferta pública ou admitidas à negociação e os seus aditamentos. *(Acrescido pela Lei 14.711/2023)*

**§ 6º** O Poder Executivo federal disciplinará o registro e a divulgação do ato societário de que trata a alínea b do inciso I do *caput* deste artigo e da escritura de emissão das debêntures de companhias fechadas e os seus aditamentos. *(Acrescido pela Lei 14.711/2023)*

## SEÇÃO IV.
## FORMA, PROPRIEDADE, CIRCULAÇÃO E ÔNUS

**Art. 63.** As debêntures serão nominativas, aplicando-se, no que couber, o disposto nas seções V a VII do Capítulo III.

**§ 1º.** As debêntures podem ser objeto de depósito com emissão de certificado, nos termos do art. 43.

**§ 2º.** A escritura de emissão pode estabelecer que as debêntures sejam mantidas em contas de custódia, em nome de seus titulares, na instituição que designar, sem emissão de certificados, aplicando-se, no que couber, o disposto no art. 41.

## SEÇÃO V.
## CERTIFICADOS

### REQUISITOS

**Art. 64.** Os certificados das debêntures conterão:

**I** – a denominação, sede, prazo de duração e objeto da companhia;

**II** – a data da constituição da companhia e do arquivamento e publicação dos seus atos constitutivos;

**III** - a data de publicação da ata de deliberação sobre a emissão na forma prevista no art. 59 desta Lei; *(Redação dada pela Lei 14.711/2023)*

**IV** – a data e ofício do registro de imóveis em que foi inscrita a emissão;

**V** – a denominação "Debênture" e a indicação da sua espécie, pelas palavras "com garantia real", "com garantia flutuante", "sem preferência" ou "subordinada";

**VI** – a designação da emissão e da série;

**VII** – o número de ordem;

**VIII** – o valor nominal e a cláusula de correção monetária, se houver, as condições de vencimento, amortização, resgate, juros, participação no lucro ou prêmio de reembolso, e a época em que serão devidos;

**IX** – as condições de conversibilidade em ações, se for o caso;

**X** – o nome do debenturista;

**XI** – o nome do agente fiduciário dos debenturistas, se houver;

**XII** – a data da emissão do certificado e a assinatura de dois diretores da companhia;

**XIII** – a autenticação do agente fiduciário, se for o caso.

### TÍTULOS MÚLTIPLOS E CAUTELAS

**Art. 65.** A companhia poderá emitir certificados de múltiplos de debêntures e, provisoriamente, cautelas que as representem, satisfeitos os requisitos do artigo 64.

**§ 1º.** Os títulos múltiplos de debêntures das companhias abertas obedecerão à padronização de quantidade fixada pela Comissão de Valores Mobiliários.

**§ 2º.** Nas condições previstas na escritura de emissão com nomeação de agente fiduciário, os certificados poderão ser substituídos, desdobrados ou grupados.

## SEÇÃO VI.
## AGENTE FIDUCIÁRIO DOS DEBENTURISTAS

### REQUISITOS E INCOMPATIBILIDADES

**Art. 66.** O agente fiduciário será nomeado e deverá aceitar a função na escritura de emissão das debêntures.

**§ 1º**. Somente podem ser nomeados agentes fiduciários as pessoas naturais que satisfaçam aos requisitos para o exercício de cargo em órgão de administração da companhia e as instituições financeiras que, especialmente autorizadas pelo Banco Central do Brasil, tenham por objeto a administração ou a custódia de bens de terceiros.

**§ 2º**. A Comissão de Valores Mobiliários poderá estabelecer que nas emissões de debêntures negociadas no mercado o agente fiduciário, ou um dos agentes fiduciários, seja instituição financeira.

**§ 3º**. Não pode ser agente fiduciário:

*a)* pessoa que já exerça a função em outra emissão da mesma companhia, a menos que autorizado, nos termos das normas expedidas pela Comissão de Valores Mobiliários;

*b)* instituição financeira coligada à companhia emissora ou à entidade que subscreva a emissão para distribuí-la no mercado, e qualquer sociedade por elas controlada;

*c)* credor, por qualquer título, da sociedade emissora, ou sociedade por ele controlada;

*d)* instituição financeira cujos administradores tenham interesse na companhia emissora;

*e)* pessoa que, de qualquer outro modo, se coloque em situação de conflito de interesse pelo exercício da função.

**§ 4º**. O agente fiduciário que, por circunstâncias posteriores à emissão, ficar impedido de continuar a exercer a função deverá comunicar imediatamente o fato aos debenturistas e pedir sua substituição.

## SUBSTITUIÇÃO, REMUNERAÇÃO E FISCALIZAÇÃO

**Art. 67.** A escritura de emissão estabelecerá as condições de substituição e remuneração do agente fiduciário, observadas as normas expedidas pela Comissão de Valores Mobiliários.

**Parágrafo único.** A Comissão de Valores Mobiliários fiscalizará o exercício da função de agente fiduciário das emissões distribuídas no mercado, ou de debêntures negociadas em bolsa ou no mercado de balcão, podendo:

*a)* nomear substituto provisório, nos casos de vacância;

*b)* suspender o agente fiduciário de suas funções e dar-lhe substituto, se deixar de cumprir os seus deveres.

## DEVERES E ATRIBUIÇÕES

**Art. 68.** O agente fiduciário representa, nos termos desta Lei e da escritura de emissão, a comunhão dos debenturistas perante a companhia emissora.

**§ 1º**. São deveres do agente fiduciário:

*a)* proteger os direitos e interesses dos debenturistas, empregando no exercício da função o cuidado e a diligência que todo homem ativo e probo costuma empregar na administração de seus próprios bens;

*b)* elaborar relatório e colocá-lo anualmente à disposição dos debenturistas, dentro de 4 (quatro) meses do encerramento do exercício social da companhia, informando os fatos relevantes ocorridos durante o exercício, relativos à execução das obrigações assumidas pela companhia, aos bens garantidores das debêntures e à constituição e aplicação do fundo de amortização, se houver; do relatório constará, ainda, declaração do agente sobre sua aptidão para continuar no exercício da função;

*c)* notificar os debenturistas, no prazo máximo de 60 (sessenta) dias, de qualquer inadimplemento, pela companhia, de obrigações assumidas na escritura da emissão.

**§ 2º**. A escritura de emissão disporá sobre o modo de cumprimento dos deveres de que tratam as alíneas *b* e *c* do parágrafo anterior.

**§ 3º**. O agente fiduciário pode usar de qualquer ação para proteger direitos ou defender interesses dos debenturistas, sendo-lhe especialmente facultado, no caso de inadimplemento da companhia:

*a)* declarar, observadas as condições da escritura de emissão, antecipadamente vencidas as debêntures e cobrar o seu principal e acessórios;

*b)* executar garantias reais, receber o produto da cobrança e aplicá-lo no pagamento, integral ou proporcional, dos debenturistas;

*c)* requerer a falência da companhia emissora, se não existirem garantias reais;

*d)* representar os debenturistas em processos de falência, concordata, intervenção ou liquidação extrajudicial da companhia emissora, salvo deliberação em contrário da assembleia dos debenturistas;

*e)* tomar qualquer providência necessária para que os debenturistas realizem os seus créditos.

**§ 4º**. O agente fiduciário responde perante os debenturistas pelos prejuízos que lhes causar por culpa ou dolo no exercício das suas funções.

**§ 5º**. O crédito do agente fiduciário por despesas que tenha feito para proteger direitos e interesses ou realizar créditos dos debenturistas será acrescido à dívida da companhia emissora, gozará das mesmas garantias das debêntures e preferirá a estas na ordem de pagamento.

**§ 6º**. Serão reputadas não escritas as cláusulas da escritura de emissão que restringirem os deveres, atribuições e responsabilidade do agente fiduciário previstos neste artigo.

## OUTRAS FUNÇÕES

**Art. 69.** A escritura de emissão poderá ainda atribuir ao agente fiduciário as funções de autenticar os certificados de debêntures, administrar o fundo de amortização, manter em custódia bens dados em garantia e efetuar os pagamentos de juros, amortização e resgate.

## SUBSTITUIÇÃO DE GARANTIAS E MODIFICAÇÃO DA ESCRITURA

**Art. 70.** A substituição de bens dados em garantia, quando autorizada na escritura de emissão, dependerá da concordância do agente fiduciário.

**Parágrafo único.** O agente fiduciário não tem poderes para acordar na modificação das cláusulas e condições da emissão.

## SEÇÃO VII.
## ASSEMBLEIA DE DEBENTURISTAS

**Art. 71.** Os titulares de debêntures da mesma emissão ou série podem, a qualquer tempo, reunir-se em assembleia a fim de deliberar sobre matéria de interesse da comunhão dos debenturistas.

**§ 1º**. A assembleia de debenturistas pode ser convocada pelo agente fiduciário, pela companhia emissora, por debenturistas que representem 10% (dez por cento), no mínimo, dos títulos em circulação, e pela Comissão de Valores Mobiliários.

**§ 2º**. Aplica-se à assembleia de debenturistas, no que couber, o disposto nesta Lei sobre a assembleia geral de acionistas.

**§ 3º**. A assembleia se instalará, em primeira convocação, com a presença de debenturistas que representem metade, no mínimo, das debêntures em circulação, e, em segunda convocação, com qualquer número.

**§ 4º**. O agente fiduciário deverá comparecer à assembleia e prestar aos debenturistas as informações que lhe forem solicitadas.

**§ 5º**. A escritura de emissão estabelecerá a maioria necessária, que não será inferior à metade das debêntures em circulação, para aprovar modificação nas condições das debêntures.

**§ 6º**. Nas deliberações da assembleia, a cada debênture caberá um voto.

**§ 7º** Na hipótese prevista no inciso IX do *caput* do art. 59 desta Lei, o cômputo dos votos nas deliberações de assembleia ocorrerá pelo direito econômico proporcional possuído por titular. *(Acrescido pela Lei 14.711/2023)*

**§ 8º** A Comissão de Valores Mobiliários poderá autorizar a redução do quórum previsto no § 5º deste artigo na hipótese de debêntures de companhia aberta, quando a propriedade das debêntures estiver dispersa no mercado. *(Acrescido pela Lei 14.711/2023)*

**§ 9º** Na hipótese prevista no § 8º deste artigo, a autorização da Comissão de Valores Mobiliários será mencionada nos avisos de convocação, e a deliberação com quórum reduzido somente poderá ser adotada em terceira convocação. *(Acrescido pela Lei 14.711/2023)*

**§ 10.** Para fins do disposto no § 8º deste artigo, considera-se que a propriedade das debêntures está dispersa quando nenhum debenturista detiver, direta ou indiretamente, mais de metade das debêntures. *(Acrescido pela Lei 14.711/2023)*

## SEÇÃO VIII.
## CÉDULA DE DEBÊNTURES

**Art. 72.** As instituições financeiras autorizadas pelo Banco Central do Brasil a efetuar esse tipo de operação poderão emitir cédulas lastreadas em debêntures, com garantia própria, que conferirão a seus titulares direito de crédito contra o emitente, pelo valor nominal e os juros nela estipulados.

**§ 1º**. A cédula será nominativa, escritural ou não.

**§ 2º**. O certificado da cédula conterá as seguintes declarações:

*a)* o nome da instituição financeira emitente e as assinaturas dos seus representantes;

*b)* o número de ordem, o local e a data da emissão;

*c)* a denominação "Cédula de Debêntures";

*d)* o valor nominal e a data do vencimento;

*e)* os juros, que poderão ser fixos ou variáveis, e as épocas do seu pagamento;

*f)* o lugar do pagamento do principal e dos juros;

*g)* a identificação das debêntures-lastro, do seu valor e da garantia constituída;

*h)* o nome do agente fiduciário dos debenturistas;

*i)* a cláusula de correção monetária, se houver;

*j)* o nome do titular;

## SEÇÃO IX.
## EMISSÃO DE DEBÊNTURES NO ESTRANGEIRO

**Art. 73.** Somente com a prévia aprovação do Banco Central do Brasil as companhias brasileiras poderão emitir debêntures no Exterior com garantia real ou flutuante de bens situados no País.

**§ 1º**. Os credores por obrigações contraídas no Brasil terão preferência sobre os créditos por debêntures emitidas no Exterior por companhias estrangeiras autorizadas a funcionar no País, salvo se a emissão tiver sido previamente autorizada pelo Banco Central do Brasil e o seu produto aplicado em estabelecimento situado no território nacional.

**§ 2º**. Em qualquer caso, somente poderão ser remetidos para o Exterior o principal e os encargos de debêntures registradas no Banco Central do Brasil.

**§ 3º** A emissão de debêntures no estrangeiro também observará os requisitos previstos no art. 62 desta Lei, com a divulgação no sítio eletrônico da companhia dos documentos exigidos pelas leis do país que as houver emitido, os quais deverão estar acompanhados de sua tradução simples, caso não tenham sido redigidos em língua portuguesa. *(Redação dada pela Lei 14.711/2023)*

**§ 4º**. A negociação, no mercado de capitais do Brasil, de debêntures emitidas no estrangeiro, depende de prévia autorização da Comissão de Valores Mobiliários.

SEÇÃO X.
EXTINÇÃO

**Art. 74.** A companhia emissora fará, nos livros próprios, as anotações referentes à extinção das debêntures, e manterá arquivados, pelo prazo de 5 (cinco) anos, juntamente com os documentos relativos à extinção, os certificados cancelados ou os recibos dos titulares das contas das debêntures escriturais.

**§ 1º.** Se a emissão tiver agente fiduciário, caberá a este fiscalizar o cancelamento dos certificados.

**§ 2º.** Os administradores da companhia responderão solidariamente pelas perdas e danos decorrentes da infração do disposto neste artigo.

## CAPÍTULO VI.
## BÔNUS DE SUBSCRIÇÃO

### CARACTERÍSTICAS

**Art. 75.** A companhia poderá emitir, dentro do limite de aumento de capital autorizado no estatuto (artigo 168), títulos negociáveis denominados "Bônus de Subscrição".

**Parágrafo único.** Os bônus de subscrição conferirão aos seus titulares, nas condições constantes do certificado, direito de subscrever ações do capital social, que será exercido mediante apresentação do título à companhia e pagamento do preço de emissão das ações.

### COMPETÊNCIA

**Art. 76.** A deliberação sobre emissão de bônus de subscrição compete à assembleia geral, se o estatuto não a atribuir ao conselho de administração.

### EMISSÃO

**Art. 77.** Os bônus de subscrição serão alienados pela companhia ou por ela atribuídos, como vantagem adicional, aos subscritores de emissões de suas ações ou debêntures.

**Parágrafo único.** Os acionistas da companhia gozarão, nos termos dos artigos 171 e 172, de preferência para subscrever a emissão de bônus.

### FORMA, PROPRIEDADE E CIRCULAÇÃO

**Art. 78.** Os bônus de subscrição terão a forma nominativa.

**Parágrafo único.** Aplica-se aos bônus de subscrição, no que couber, o disposto nas Seções V a VII do Capítulo III.

### CERTIFICADOS

**Art. 79.** O certificado de bônus de subscrição conterá as seguintes declarações:

**I** – as previstas nos números. I a IV do artigo 24;

**II** – a denominação "Bônus de Subscrição";

**III** – o número de ordem;

**IV** – o número, a espécie e a classe das ações que poderão ser subscritas, o preço de emissão ou os critérios para sua determinação;

**V** – a época em que o direito de subscrição poderá ser exercido e a data do término do prazo para esse exercício;

**VI** – o nome do titular;

**VII** – a data da emissão do certificado e as assinaturas de dois diretores.

## CAPÍTULO VII.
## CONSTITUIÇÃO DA COMPANHIA

SEÇÃO I.
REQUISITOS PRELIMINARES

**Art. 80.** A constituição da companhia depende do cumprimento dos seguintes requisitos preliminares:

**I** – subscrição, pelo menos por 2 (duas) pessoas, de todas as ações em que se divide o capital social fixado no estatuto;

**II** – realização, como entrada, de 10% (dez por cento), no mínimo, do preço de emissão das ações subscritas em dinheiro;

**III** – depósito, no Banco do Brasil S.A., ou em outro estabelecimento bancário autorizado pela Comissão de Valores Mobiliários, da parte do capital realizado em dinheiro.

**Parágrafo único.** O disposto no número II não se aplica às companhias para as quais a lei exige realização inicial de parte maior do capital social.

### DEPÓSITO DA ENTRADA

**Art. 81.** O depósito referido no número III do artigo 80 deverá ser feito pelo fundador, no prazo de 5 (cinco) dias contados do recebimento das quantias, em nome do subscritor e a favor da sociedade em organização, que só poderá levantá-lo após haver adquirido personalidade jurídica.

**Parágrafo único.** Caso a companhia não se constitua dentro de 6 (seis) meses da data do depósito, o banco restituirá as quantias depositadas diretamente aos subscritores.

SEÇÃO II.
CONSTITUIÇÃO POR SUBSCRIÇÃO PÚBLICA REGISTRO DA EMISSÃO

**Art. 82.** A constituição de companhia por subscrição pública depende do prévio registro da emissão na Comissão de Valores Mobiliários, e a subscrição somente poderá ser efetuada com a intermediação de instituição financeira.

**§ 1º.** O pedido de registro de emissão obedecerá às normas expedidas pela Comissão de Valores Mobiliários e será instruído com:

*a)* o estudo de viabilidade econômica e financeira do empreendimento;

*b)* o projeto do estatuto social;

*c)* o prospecto, organizado e assinado pelos fundadores e pela instituição financeira intermediária.

**§ 2º.** A Comissão de Valores Mobiliários poderá condicionar o registro a modificações no estatuto ou no prospecto e denegá-lo por inviabilidade ou temeridade do empreendimento, ou inidoneidade dos fundadores.

## PROJETO DE ESTATUTO

**Art. 83.** O projeto de estatuto deverá satisfazer a todos os requisitos exigidos para os contratos das sociedades mercantis em geral e aos peculiares às companhias, e conterá as normas pelas quais se regerá a companhia.

‣ CC, art. 997.

## PROSPECTO

**Art. 84.** O prospecto deverá mencionar, com precisão e clareza, as bases da companhia e os motivos que justifiquem a expectativa de bom êxito do empreendimento, e em especial:

**I** – o valor do capital social a ser subscrito, o modo de sua realização e a existência ou não de autorização para aumento futuro;

**II** – a parte do capital a ser formada com bens, a discriminação desses bens e o valor a eles atribuídos pelos fundadores;

**III** – o número, as espécies e classes de ações em que se dividirá o capital; o valor nominal das ações, e o preço da emissão das ações;

**IV** – a importância da entrada a ser realizada no ato da subscrição;

**V** – as obrigações assumidas pelos fundadores, os contratos assinados no interesse da futura companhia e as quantias já despendidas e por despender;

**VI** – as vantagens particulares, a que terão direito os fundadores ou terceiros, e o dispositivo do projeto do estatuto que as regula;

**VII** – a autorização governamental para constituir-se a companhia, se necessária;

**VIII** – as datas de início e término da subscrição e as instituições autorizadas a receber as entradas;

**IX** – a solução prevista para o caso de excesso de subscrição;

**X** – o prazo dentro do qual deverá realizar-se a assembleia de constituição da companhia, ou a preliminar para avaliação dos bens, se for o caso;

**XI** – o nome, nacionalidade, estado civil, profissão e residência dos fundadores, ou, se pessoa jurídica, a firma ou denominação, nacionalidade e sede, bem como o número e espécie de ações que cada um houver subscrito;

**XII** – a instituição financeira intermediária do lançamento, em cujo poder ficarão depositados os originais do prospecto e do projeto de estatuto, com os documentos a que fizerem menção, para exame de qualquer interessado.

## LISTA, BOLETIM E ENTRADA

**Art. 85.** No ato da subscrição das ações a serem realizadas em dinheiro, o subscritor pagará entrada e assinará a lista ou o boletim individual autenticados pela instituição autorizada a receber as entradas, qualificando-se pelo nome, nacionalidade, residência, estado civil, profissão e documento de identidade, ou, se pessoa jurídica, pela firma ou denominação, nacionalidade e sede, devendo especificar o número das ações subscritas, a sua espécie e classe, se houver mais de uma, e o total da entrada.

**§ 1º** A subscrição poderá ser feita, nas condições previstas no prospecto, por carta à instituição, acompanhada das declarações a que se refere este artigo e do pagamento da entrada. (*Redação dada pela Lei 13.874/2019*)

**§ 2º** Será dispensada a assinatura de lista ou de boletim a que se refere o *caput* deste artigo na hipótese de oferta pública cuja liquidação ocorra por meio de sistema administrado por entidade administradora de mercados organizados de valores mobiliários. (*Acrescido pela Lei 13.874/2019*)

## CONVOCAÇÃO DE ASSEMBLEIA

**Art. 86.** Encerrada a subscrição e havendo sido subscrito todo o capital social, os fundadores convocarão a assembleia geral que deverá:

**I** – promover a avaliação dos bens, se for o caso (artigo 8º);

**II** – deliberar sobre a constituição da companhia.

**Parágrafo único.** Os anúncios de convocação mencionarão hora, dia e local da reunião e serão inseridos nos jornais em que houver sido feita a publicidade da oferta de subscrição.

## ASSEMBLEIA DE CONSTITUIÇÃO

**Art. 87.** A assembleia de constituição instalar-se-á, em primeira convocação, com a presença de subscritores que representem, no mínimo, metade do capital social, e, em segunda convocação, com qualquer número.

**§ 1º.** Na assembleia, presidida por um dos fundadores e secretariada por subscritor, será lido o recibo de depósito de que trata o número III do artigo 80, bem como discutido e votado o projeto de estatuto.

**§ 2º.** Cada ação, independentemente de sua espécie ou classe, dá direito a um voto; a maioria não tem poder para alterar o projeto de estatuto.

**§ 3º.** Verificando-se que foram observadas as formalidades legais e não havendo oposição de subscritores que representem mais da metade do capital social, o presidente declarará constituída a companhia, procedendo-se, a seguir, à eleição dos administradores e fiscais.

**§ 4º.** A ata da reunião, lavrada em duplicata, depois de lida e aprovada pela assembleia, será assinada por todos os subscritores presentes, ou por quantos bastem à validade das deliberações; um exemplar ficará em poder da companhia e o outro será destinado ao registro do comércio.

### SEÇÃO III. CONSTITUIÇÃO POR SUBSCRIÇÃO PARTICULAR

**Art. 88.** A constituição da companhia por subscrição particular do capital pode fazer-se por deliberação dos subscritores em assembleia geral ou por escritura pública, considerando-se fundadores todos os subscritores.

**§ 1º.** Se a forma escolhida for a de assembleia geral observar-se-á o disposto nos artigos 86 e 87, devendo ser entregues à assembleia o projeto do estatuto, assinado em duplicata por todos os subscritores do capital, e as listas ou boletins de subscrição de todas as ações.

**§ 2º.** Preferida a escritura pública, será ela assinada por todos os subscritores, e conterá:

*a)* a qualificação dos subscritores, nos termos do artigo 85;

*b)* o estatuto da companhia;

*c)* a relação das ações tomadas pelos subscritores e a importância das entradas pagas;

*d)* a transcrição do recibo do depósito referido no número III do artigo 80;

*e)* a transcrição do laudo de avaliação dos peritos, caso tenha havido subscrição do capital social em bens (artigo 8º);

*f)* a nomeação dos primeiros administradores e, quando for o caso, dos fiscais.

### SEÇÃO IV. DISPOSIÇÕES GERAIS

**Art. 89.** A incorporação de imóveis para formação do capital social não exige escritura pública.

**Art. 90.** O subscritor pode fazer-se representar na assembleia geral ou na escritura pública por procurador com poderes especiais.

**Art. 91.** Nos atos e publicações referentes a companhia em constituição, sua denominação deverá ser aditada da cláusula "em organização".

**Art. 92.** Os fundadores e as instituições financeiras que participarem da constituição por subscrição pública responderão, no âmbito das respectivas atribuições, pelos prejuízos resultantes da inobservância de preceitos legais.

**Parágrafo único.** Os fundadores responderão, solidariamente, pelo prejuízo decorrente de culpa ou dolo em atos ou operações anteriores à constituição.

**Art. 93.** Os fundadores entregarão aos primeiros administradores eleitos todos os documentos, livros ou papéis relativos à constituição da companhia ou a esta pertencentes.

## CAPÍTULO VIII. FORMALIDADES COMPLEMENTARES DA CONSTITUIÇÃO

### ARQUIVAMENTO E PUBLICAÇÃO

**Art. 94.** Nenhuma companhia poderá funcionar sem que sejam arquivados e publicados seus atos constitutivos.

### COMPANHIA CONSTITUÍDA POR ASSEMBLEIA

**Art. 95.** Se a companhia houver sido constituída por deliberação em assembleia geral, deverão ser arquivados no registro do comércio do lugar da sede:

**I** - um exemplar do estatuto social, assinado por todos os subscritores (artigo 88, § 1º) ou, se a subscrição houver sido pública, os originais do estatuto e do prospecto, assinados pelos fundadores, bem como do jornal em que tiverem sido publicados;

**II** - a relação completa, autenticada pelos fundadores ou pelo presidente da assembleia, dos subscritores do capital social, com a qualificação, número das ações e o total da entrada de cada subscritor (artigo 85);

**III** - o recibo do depósito a que se refere o número III do artigo 80;

**IV** - duplicata das atas das assembleias realizadas para a avaliação de bens quando for o caso (artigo 8º);

**V** - duplicata da ata da assembleia geral dos subscritores que houver deliberado a constituição da companhia (artigo 87).

### COMPANHIA CONSTITUÍDA POR ESCRITURA PÚBLICA

**Art. 96.** Se a companhia tiver sido constituída por escritura pública, bastará o arquivamento de certidão do instrumento.

### REGISTRO DO COMÉRCIO

**Art. 97.** Cumpre ao registro do comércio examinar se as prescrições legais foram observadas na constituição da companhia, bem como se no estatuto existem cláusulas contrárias à lei, à ordem pública e aos bons costumes.

**§ 1º.** Se o arquivamento for negado, por inobservância de prescrição ou exigência legal ou por irregularidade verificada na constituição da companhia, os primeiros administradores deverão convocar imediatamente a assembleia geral para sanar a falta ou irregularidade, ou autorizar as providências que se fizerem necessárias. A instalação e funcionamento da assembleia obedecerão ao disposto no artigo 87, devendo a deliberação ser tomada por acionistas que representem, no mínimo, metade do capital social. Se a falta for do estatuto, poderá ser sanada na mesma assembleia, a qual deliberará, ainda, sobre se a companhia deve promover a responsabilidade civil dos fundadores (artigo 92).

**§ 2º.** Com a 2ª via da ata da assembleia e a prova de ter sido sanada a falta ou irregularidade, o registro do comércio procederá o arquivamento dos atos constitutivos da companhia.

**§ 3º.** A criação de sucursais, filiais ou agências, observado o disposto no estatuto, será arquivada no registro do comércio.

## PUBLICAÇÃO E TRANSFERÊNCIA DE BENS

**Art. 98.** Arquivados os documentos relativos à constituição da companhia, os seus administradores providenciarão, nos 30 (trinta) dias subsequentes, a publicação deles, bem como a de certidão do arquivamento, em órgão oficial do local de sua sede.

**§ 1º.** Um exemplar do órgão oficial deverá ser arquivado no registro do comércio.

**§ 2º.** A certidão dos atos constitutivos da companhia, passada pelo registro do comércio em que foram arquivados, será o documento hábil para a transferência, por transcrição no registro público competente, dos bens com que o subscritor tiver contribuído para a formação do capital social (artigo 8º, § 2º).

**§ 3º.** A ata da assembleia geral que aprovar a incorporação deverá identificar o bem com precisão, mas poderá descrevê-lo sumariamente, desde que seja suplementada por declaração, assinada pelo subscritor, contendo todos os elementos necessários para a transcrição no registro público.

## RESPONSABILIDADE DOS PRIMEIROS ADMINISTRADORES

**Art. 99.** Os primeiros administradores são solidariamente responsáveis perante a companhia pelos prejuízos causados pela demora no cumprimento das formalidades complementares à sua constituição.

**Parágrafo único.** A companhia não responde pelos atos ou operações praticadas pelos primeiros administradores antes de cumpridas as formalidades de constituição, mas a assembleia geral poderá deliberar em contrário.

## CAPÍTULO IX. LIVROS SOCIAIS

**Art. 100.** A companhia deve ter, além dos livros obrigatórios para qualquer comerciante, os seguintes, revestidos das mesmas formalidades legais:

**I** – o livro de Registro de Ações Nominativas, para inscrição, anotação ou averbação:

*a)* do nome do acionista e do número das suas ações;

*b)* das entradas ou prestações de capital realizado;

*c)* das conversões de ações, de uma em outra espécie ou classe;

*d)* do resgate, reembolso e amortização das ações, ou de sua aquisição pela companhia;

*e)* das mutações operadas pela alienação ou transferência de ações;

*f)* do penhor, usufruto, fideicomisso, da alienação fiduciária em garantia ou de qualquer ônus que grave as ações ou obste sua negociação;

**II** – o livro de "Transferência de Ações Nominativas", para lançamento dos termos de transferência, que deverão ser assinados pelo cedente e pelo cessionário ou seus legítimos representantes;

**III** – o livro de "Registro de Partes Beneficiárias Nominativas" e o de "Transferência de Partes Beneficiárias Nominativas", se tiverem sido emitidas, observando-se, em ambos, no que couber, o disposto nos números I e II deste artigo;

**IV** – o livro de Atas das Assembleias-Gerais;

**V** – o livro de Presença dos Acionistas;

**VI** – os livros de Atas das Reuniões do Conselho de Administração, se houver, e de Atas das Reuniões de Diretoria;

**VII** – o livro de Atas e Pareceres do Conselho Fiscal.

**§ 1º.** A qualquer pessoa, desde que se destinem a defesa de direitos e esclarecimento de situações de interesse pessoal ou dos acionistas ou do mercado de valores mobiliários, serão dadas certidões dos assentamentos constantes dos livros mencionados nos incisos I a III, e por elas a companhia poderá cobrar o custo do serviço, cabendo, do indeferimento do pedido por parte da companhia, recurso à Comissão de Valores Mobiliários.

**§ 2º.** Nas companhias abertas, os livros referidos nos incisos I a V do *caput* deste artigo poderão ser substituídos, observadas as normas expedidas pela Comissão de Valores Mobiliários, por registros mecanizados ou eletrônicos.

**§ 3º** Nas companhias fechadas, os livros referidos nos incisos I, II, III, IV e V do *caput* deste artigo poderão ser substituídos por registros mecanizados ou eletrônicos, nos termos do regulamento. *(Acrescido pela Lei 14.195/2021)*

## ESCRITURAÇÃO DO AGENTE EMISSOR

**Art. 101.** O agente emissor de certificados (art. 27) poderá substituir os livros referidos nos incisos I a III do art. 100 pela sua escrituração e manter, mediante sistemas adequados, aprovados pela Comissão de Valores Mobiliários, os registros de propriedade das ações, partes beneficiárias, debêntures e bônus de subscrição, devendo uma vez por ano preparar lista dos seus titulares, com o número dos títulos de cada um, a qual será encadernada, autenticada no registro do comércio e arquivada na companhia.

**§ 1º.** Os termos de transferência de ações nominativas perante o agente emissor poderão ser lavrados em folhas soltas, à vista do certificado da ação, no qual serão averbados a transferência e o nome e qualificação do adquirente.

**§ 2º.** Os termos de transferência em folhas soltas serão encadernados em ordem cronológica, em livros autenticados no registro do comércio e arquivados no agente emissor.

## AÇÕES ESCRITURAIS

**Art. 102.** A instituição financeira depositária de ações escriturais deverá fornecer à companhia, ao menos uma vez por ano, cópia dos extratos das contas de depósito das ações e a lista dos acionistas com a quantidade das respectivas ações, que serão encadernadas em livros autenticados no registro do comércio e arquivados na instituição financeira.

## FISCALIZAÇÃO E DÚVIDAS NO REGISTRO

**Art. 103.** Cabe à companhia verificar a regularidade das transferências e da constituição de direitos ou ônus sobre os valores mobiliários de sua emissão; nos casos dos artigos 27 e 34, essa atribuição compete, respectivamente, ao agente emissor de certificados e à instituição financeira depositária das ações escriturais.

**Parágrafo único.** As dúvidas suscitadas entre o acionista, ou qualquer interessado, e a companhia, o agente emissor de certificados ou a instituição financeira depositária das ações escriturais, a respeito das averbações ordenadas por esta Lei, ou sobre anotações, lançamentos ou transferências de ações, partes beneficiárias, debêntures, ou bônus de subscrição, nos livros de registro ou transferência, serão dirimidas pelo juiz competente para solucionar as dúvidas levantadas pelos oficiais dos registros públicos, excetuadas as questões atinentes à substância do direito.

## RESPONSABILIDADE DA COMPANHIA

**Art. 104.** A companhia é responsável pelos prejuízos que causar aos interessados por vícios ou irregularidades verificadas nos livros de que tratam os incisos I a III do art. 100.

**Parágrafo único.** A companhia deverá diligenciar para que os atos de emissão e substituição de certificados, e de transferências e averbações nos livros sociais, sejam praticados no menor prazo possível, não excedente do fixado pela Comissão de Valores Mobiliários, respondendo perante acionistas e terceiros pelos prejuízos decorrentes de atrasos culposos.

## EXIBIÇÃO DOS LIVROS

**Art. 105.** A exibição por inteiro dos livros da companhia pode ser ordenada judicialmente sempre que, a requerimento de acionistas que representem, pelo menos, 5% (cinco por cento) do capital social, sejam apontados atos violadores da lei ou do estatuto, ou haja fundada suspeita de graves irregularidades praticadas por qualquer dos órgãos da companhia.

## CAPÍTULO X. ACIONISTAS

### SEÇÃO I. OBRIGAÇÃO DE REALIZAR O CAPITAL

## CONDIÇÕES E MORA

**Art. 106.** O acionista é obrigado a realizar, nas condições previstas no estatuto ou no boletim de subscrição, a prestação correspondente às ações subscritas ou adquiridas.

**§ 1º.** Se o estatuto e o boletim forem omissos quanto ao montante da prestação e ao prazo ou data do pagamento, caberá aos órgãos da administração efetuar chamada, mediante avisos publicados na imprensa, por 3 (três) vezes, no mínimo, fixando prazo, não inferior a 30 (trinta) dias, para o pagamento.

**§ 2º.** O acionista que não fizer o pagamento nas condições previstas no estatuto ou boletim, ou na chamada, ficará de pleno direito constituído em mora, sujeitando-se ao pagamento dos juros, da correção monetária e da multa que o estatuto determinar, esta não superior a 10% (dez por cento) do valor da prestação.

## ACIONISTA REMISSO

**Art. 107.** Verificada a mora do acionista, a companhia pode, à sua escolha:

**I** – promover contra o acionista, e os que com ele forem solidariamente responsáveis (artigo 108), processo de execução para cobrar as importâncias devidas, servindo o boletim de subscrição e o aviso de chamada como título extrajudicial nos termos do Código de Processo Civil; ou

▸ Lei 13.105/2015 - CPC.

**II** – mandar vender as ações em Bolsa de Valores, por conta e risco do acionista.

**§ 1º.** Será havida como não escrita, relativamente à companhia, qualquer estipulação do estatuto ou do boletim de subscrição que exclua ou limite o exercício da opção prevista neste artigo, mas o subscritor de boa-fé terá ação, contra os responsáveis pela estipulação, para haver perdas e danos sofridos, sem prejuízo da responsabilidade penal que no caso couber.

**§ 2º.** A venda será feita em leilão especial na Bolsa de Valores do lugar da sede social, ou, se não houver, na mais próxima, depois de publicado aviso, por 3 (três) vezes, com antecedência mínima de 3 (três) dias. Do produto da venda serão deduzidos as despesas com a operação e, se previsto no estatuto, os juros, correção monetária e multa, ficando o saldo à disposição do ex-acionista, na sede da sociedade.

**§ 3º.** É facultado à companhia, mesmo após iniciada a cobrança judicial, mandar vender a ação em Bolsa de Valores; a companhia poderá também promover a cobrança judicial se as ações oferecidas em bolsa não encontrarem tomador, ou se o preço apurado não bastar para pagar os débitos do acionista.

**§ 4º.** Se a companhia não conseguir, por qualquer dos meios previstos neste artigo, a integralização das ações, poderá declará-las caducas e fazer suas as entradas realizadas, integralizando-as com lucros ou reservas, exceto a legal; se não tiver lucros e reservas suficientes, terá o prazo de 1 (um) ano para colocar as ações caídas em comisso, findo o qual, não tendo sido encontrado comprador, a assembleia geral deliberará sobre a redução do capital em importância correspondente.

### RESPONSABILIDADE DOS ALIENANTES

**Art. 108.** Ainda quando negociadas as ações, os alienantes continuarão responsáveis, solidariamente com os adquirentes, pelo pagamento das prestações que faltarem para integralizar as ações transferidas.

**Parágrafo único.** Tal responsabilidade cessará, em relação a cada alienante, no fim de 2 (dois) anos a contar da data da transferência das ações.

## SEÇÃO II.
## DIREITOS ESSENCIAIS

**Art. 109.** Nem o estatuto social nem a assembleia geral poderão privar o acionista dos direitos de:

**I** – participar dos lucros sociais;

**II** – participar do acervo da companhia, em caso de liquidação;

**III** – fiscalizar, na forma prevista nesta Lei, a gestão dos negócios sociais;

**IV** – preferência para subscrição de ações, partes beneficiárias conversíveis em ações, debêntures conversíveis em ações e bônus de subscrição, observado o disposto nos artigos 171 e 172;

**V** – retirar-se da sociedade nos casos previstos nesta Lei.

**§ 1º.** As ações de cada classe conferirão iguais direitos aos seus titulares.

**§ 2º.** Os meios, processos ou ações que a lei confere ao acionista para assegurar os seus direitos não podem ser elididos pelo estatuto ou pela assembleia geral.

**§ 3º.** O estatuto da sociedade pode estabelecer que as divergências entre os acionistas e a companhia, ou entre os acionistas controladores e os acionistas minoritários, poderão ser solucionadas mediante arbitragem, nos termos em que especificar.

## SEÇÃO III.
## DIREITO DE VOTO

### DISPOSIÇÕES GERAIS

**Art. 110.** A cada ação ordinária corresponde 1 (um) voto nas deliberações da assembleia geral.

**§ 1º.** O estatuto pode estabelecer limitação ao número de votos de cada acionista.

**§ 2º** *(Revogado pela Lei 14.195/2021)*

**Art. 110-A.** É admitida a criação de uma ou mais classes de ações ordinárias com atribuição de voto plural, não superior a 10 (dez) votos por ação ordinária: *(Acrescido pela Lei 14.195/2021)*

**I** - na companhia fechada; e

**II** - na companhia aberta, desde que a criação da classe ocorra previamente à negociação de quaisquer ações ou valores mobiliários conversíveis em ações de sua emissão em mercados organizados de valores mobiliários.

**§ 1º** A criação de classe de ações ordinárias com atribuição do voto plural depende do voto favorável de acionistas que representem:

**I** - metade, no mínimo, do total de votos conferidos pelas ações com direito a voto; e

**II** - metade, no mínimo, das ações preferenciais sem direito a voto ou com voto restrito, se emitidas, reunidas em assembleia especial convocada e instalada com as formalidades desta Lei.

**§ 2º** Nas deliberações de que trata o § 1º deste artigo, será assegurado aos acionistas dissidentes o direito de se retirarem da companhia mediante reembolso do valor de suas ações nos termos do art. 45 desta Lei, salvo se a criação da classe de ações ordinárias com atribuição de voto plural já estiver prevista ou autorizada pelo estatuto.

**§ 3º** O estatuto social da companhia, aberta ou fechada, nos termos dos incisos I e II do *caput* deste artigo, poderá exigir quórum maior para as deliberações de que trata o § 1º deste artigo.

**§ 4º** A listagem de companhias que adotem voto plural e a admissão de valores mobiliários de sua emissão em segmento de listagem de mercados organizados sujeitar-se-ão à observância das regras editadas pelas respectivas entidades administradoras, que deverão dar transparência sobre a condição de tais companhias abertas.

**§ 5º** Após o início da negociação das ações ou dos valores mobiliários conversíveis em ações em mercados organizados de valores mobiliários, é vedada a alteração das características de classe de ações ordinárias com atribuição de voto plural, exceto para reduzir os respectivos direitos ou vantagens.

**§ 6º** É facultado aos acionistas estipular no estatuto social o fim da vigência do voto plural condicionado a um evento ou a termo, observado o disposto nos §§ 7º e 8º deste artigo.

**§ 7º** O voto plural atribuído às ações ordinárias terá prazo de vigência inicial de até 7 (sete) anos, prorrogável por qualquer prazo, desde que:

**I** - seja observado o disposto nos §§ 1º e 3º deste artigo para a aprovação da prorrogação;

**II** - sejam excluídos das votações os titulares de ações da classe cujo voto plural se pretende prorrogar; e

**III** - seja assegurado aos acionistas dissidentes, nas hipóteses de prorrogação, o direito previsto no § 2º deste artigo.

**§ 8º** As ações de classe com voto plural serão automaticamente convertidas em ações ordinárias sem voto plural na hipótese de:

**I** - transferência, a qualquer título, a terceiros, exceto nos casos em que:

a) o alienante permanecer indiretamente como único titular de tais ações e no controle dos direitos políticos por elas conferidos;

b) o terceiro for titular da mesma classe de ações com voto plural a ele alienadas; ou

c) a transferência ocorrer no regime de titularidade fiduciária para fins de constituição do depósito centralizado; ou

**II** - o contrato ou acordo de acionistas, entre titulares de ações com voto plural e acionistas que não sejam titulares de ações com voto plural, dispor sobre exercício conjunto do direito de voto.

**§ 9º** Quando a lei expressamente indicar quóruns com base em percentual de ações ou do capital social, sem menção ao número de votos conferidos pelas ações, o cálculo respectivo deverá desconsiderar a pluralidade de voto.

**§ 10.** *(Vetado na Lei 14.195/2021).*

**§ 11.** São vedadas as operações:

**I** - de incorporação, de incorporação de ações e de fusão de companhia aberta que não adote voto plural, e cujas ações ou valores mobiliários conversíveis em ações sejam negociados em mercados organizados, em companhia que adote voto plural;

**II** - de cisão de companhia aberta que não adote voto plural, e cujas ações ou valores mobiliários conversíveis em ações sejam negociados em mercados organizados, para constituição de nova companhia com adoção do voto plural, ou incorporação da parcela cindida em companhia que o adote.

**§ 12.** Não será adotado o voto plural nas votações pela assembleia de acionistas que deliberarem sobre:

**I** - a remuneração dos administradores; e

**II** - a celebração de transações com partes relacionadas que atendam aos critérios de relevância a serem definidos pela Comissão de Valores Mobiliários.

**§ 13.** O estatuto social deverá estabelecer, além do número de ações de cada espécie e classe em que se divide o capital social, no mínimo:

**I** - o número de votos atribuído por ação de cada classe de ações ordinárias com direito a voto, respeitado o limite de que trata o *caput* deste artigo;

**II** - o prazo de duração do voto plural, observado o limite previsto no § 7º deste artigo, bem como eventual quórum qualificado para deliberar sobre as prorrogações, nos termos do § 3º deste artigo; e

**III** - se aplicável, outras hipóteses de fim de vigência do voto plural condicionadas a evento ou a termo, além daquelas previstas neste artigo, conforme autorizado pelo § 6º deste artigo.

**§ 14.** As disposições relativas ao voto plural não se aplicam às empresas públicas, às sociedades de economia mista, às suas subsidiárias e às sociedades controladas direta ou indiretamente pelo poder público.

## AÇÕES PREFERENCIAIS

**Art. 111.** O estatuto poderá deixar de conferir às ações preferenciais algum ou alguns dos direitos reconhecidos às ações ordinárias, inclusive o de voto, ou conferi-lo com restrições, observado o disposto no artigo 109.

**§ 1º.** As ações preferenciais sem direito de voto adquirirão o exercício desse direito se a companhia, pelo prazo previsto no estatuto, não superior a 3 (três) exercícios consecutivos, deixar de pagar os dividendos fixos ou mínimos a que fizerem jus, direito que conservarão até o pagamento, se tais dividendos não forem cumulativos, ou até que sejam pagos os cumulativos em atraso.

**§ 2º.** Na mesma hipótese e sob a mesma condição do § 1º, as ações preferenciais com direito de voto restrito terão suspensas as limitações ao exercício desse direito.

**§ 3º.** O estatuto poderá estipular que o disposto nos §§ 1º e 2º vigorará a partir do término da implantação do empreendimento inicial da companhia.

## NÃO EXERCÍCIO DE VOTO PELAS AÇÕES AO PORTADOR

**Art. 112.** Somente os titulares de ações nominativas endossáveis e escriturais poderão exercer o direito de voto.

**Parágrafo único.** Os titulares de ações preferenciais ao portador que adquirirem direito de voto de acordo com o disposto nos §§ 1º e 2º do artigo 111, e enquanto dele gozarem, poderão converter as ações em nominativas ou endossáveis, independentemente de autorização estatutária.

## VOTO DAS AÇÕES EMPENHADAS E ALIENADAS FIDUCIARIAMENTE

**Art. 113.** O penhor da ação não impede o acionista de exercer o direito de voto; será lícito, todavia, estabelecer, no contrato, que o acionista não poderá, sem consentimento do credor pignoratício, votar em certas deliberações.

**Parágrafo único.** O credor garantido por alienação fiduciária da ação não poderá exercer o direito de voto; o devedor somente poderá exercê-lo nos termos do contrato.

## VOTO DAS AÇÕES GRAVADAS COM USUFRUTO

**Art. 114.** O direito de voto da ação gravada com usufruto, se não for regulado no ato de constituição do gravame, somente poderá ser exercido mediante prévio acordo entre o proprietário e o usufrutuário.

## ABUSO DO DIREITO DE VOTO E CONFLITO DE INTERESSES

**Art. 115.** O acionista deve exercer o direito a voto no interesse da companhia; considerar-se-á abusivo o voto exercido com o fim de causar dano à companhia ou a outros acionistas, ou de obter, para si ou para outrem, vantagem a que não faz jus e de que resulte, ou possa resultar, prejuízo para a companhia ou para outros acionistas.

**§ 1º.** O acionista não poderá votar nas deliberações da assembleia geral relativas ao laudo de avaliação de bens com que concorrer para a formação do capital social e à aprovação de suas contas como administrador, nem em quaisquer outras que puderem beneficiá-lo de modo particular, ou em que tiver interesse conflitante com o da companhia.

**§ 2º**. Se todos os subscritores forem condôminos de bem com que concorreram para a formação do capital social, poderão aprovar o laudo, sem prejuízo da responsabilidade de que trata o § 6º do artigo 8º.

**§ 3º**. O acionista responde pelos danos causados pelo exercício abusivo do direito de voto, ainda que seu voto não haja prevalecido.

**§ 4º**. A deliberação tomada em decorrência do voto de acionista que tem interesse conflitante com o da companhia é anulável; o acionista responderá pelos danos causados e será obrigado a transferir para a companhia as vantagens que tiver auferido.

**§ 5º a 10**. *(VETADOS).*

## SEÇÃO IV.
## ACIONISTA CONTROLADOR

### DEVERES

**Art. 116.** Entende-se por acionista controlador a pessoa, natural ou jurídica, ou o grupo de pessoas vinculadas por acordo de voto, ou sob controle comum, que:

*a)* é titular de direitos de sócio que lhe assegurem, de modo permanente, a maioria dos votos nas deliberações da assembleia geral e o poder de eleger a maioria dos administradores da companhia; e

*b)* usa efetivamente seu poder para dirigir as atividades sociais e orientar o funcionamento dos órgãos da companhia.

**Parágrafo único.** O acionista controlador deve usar o poder com o fim de fazer a companhia realizar o seu objeto e cumprir sua função social, e tem deveres e responsabilidades para com os demais acionistas da empresa, os que nela trabalham e para com a comunidade em que atua, cujos direitos e interesses deve lealmente respeitar e atender.

**Art. 116-A.** O acionista controlador da companhia aberta e os acionistas, ou grupo de acionistas, que elegerem membro do conselho de administração ou membro do conselho fiscal, deverão informar imediatamente as modificações em sua posição acionária na companhia à Comissão de Valores Mobiliários e às Bolsas de Valores ou entidades do mercado de balcão organizado nas quais os valores mobiliários de emissão da companhia estejam admitidos à negociação, nas condições e na forma determinadas pela Comissão de Valores Mobiliários.

### RESPONSABILIDADE

**Art. 117.** O acionista controlador responde pelos danos causados por atos praticados com abuso de poder.

**§ 1º**. São modalidades de exercício abusivo de poder:

*a)* orientar a companhia para fim estranho ao objeto social ou lesivo ao interesse nacional, ou levá-la a favorecer outra sociedade, brasileira ou estrangeira, em prejuízo da participação dos acionistas minoritários nos lucros ou no acervo da companhia, ou da economia nacional;

*b)* promover a liquidação de companhia próspera, ou a transformação, incorporação, fusão ou cisão da companhia, com o fim de obter, para si ou para outrem, vantagem indevida, em prejuízo dos demais acionistas, dos que trabalham na empresa ou dos investidores em valores mobiliários emitidos pela companhia;

*c)* promover alteração estatutária, emissão de valores mobiliários ou adoção de políticas ou decisões que não tenham por fim o interesse da companhia e visem a causar prejuízo a acionistas minoritários, aos que trabalham na empresa ou aos investidores em valores mobiliários emitidos pela companhia;

*d)* eleger administrador ou fiscal que sabe inapto, moral ou tecnicamente;

*e)* induzir, ou tentar induzir, administrador ou fiscal a praticar ato ilegal, ou, descumprindo seus deveres definidos nesta Lei e no estatuto, promover, contra o interesse da companhia, sua ratificação pela assembleia geral;

*f)* contratar com a companhia, diretamente ou através de outrem, ou de sociedade na qual tenha interesse, em condições de favorecimento ou não equitativas;

*g)* aprovar ou fazer aprovar contas irregulares de administradores, por favorecimento pessoal, ou deixar de apurar denúncia que saiba ou devesse saber procedente, ou que justifique fundada suspeita de irregularidade;

*h)* subscrever ações, para os fins do disposto no art. 170, com a realização em bens estranhos ao objeto social da companhia.

**§ 2º**. No caso da alínea *e* do § 1º, o administrador ou fiscal que praticar o ato ilegal responde solidariamente com o acionista controlador.

**§ 3º**. O acionista controlador que exerce cargo de administrador ou fiscal tem também os deveres e responsabilidades próprios do cargo.

## SEÇÃO V.
## ACORDO DE ACIONISTAS

**Art. 118.** Os acordos de acionistas, sobre a compra e venda de suas ações, preferência para adquiri-las, exercício do direito a voto, ou do poder de controle deverão ser observados pela companhia quando arquivados na sua sede.

**§ 1º**. As obrigações ou ônus decorrentes desses acordos somente serão oponíveis a terceiros, depois de averbados nos livros de registro e nos certificados das ações, se emitidos.

**§ 2º**. Esses acordos não poderão ser invocados para eximir o acionista de responsabilidade no exercício do direito de voto (artigo 115) ou do poder de controle (artigos 116 e 117).

**§ 3º**. Nas condições previstas no acordo, os acionistas podem promover a execução específica das obrigações assumidas.

**§ 4º.** As ações averbadas nos termos deste artigo não poderão ser negociadas em bolsa ou no mercado de balcão.

**§ 5º.** No relatório anual, os órgãos da administração da companhia aberta informarão à assembleia geral as disposições sobre política de reinvestimento de lucros e distribuição de dividendos, constantes de acordos de acionistas arquivados na companhia.

**§ 6º.** O acordo de acionistas cujo prazo for fixado em função de termo ou condição resolutiva somente pode ser denunciado segundo suas estipulações.

**§ 7º.** O mandato outorgado nos termos de acordo de acionistas para proferir, em assembleia geral ou especial, voto contra ou a favor de determinada deliberação, poderá prever prazo superior ao constante do § 1º do art. 126 desta Lei.

**§ 8º.** O presidente da assembleia ou do órgão colegiado de deliberação da companhia não computará o voto proferido com infração de acordo de acionistas devidamente arquivado.

**§ 9º.** O não comparecimento à assembleia ou às reuniões dos órgãos de administração da companhia, bem como as abstenções de voto de qualquer parte de acordo de acionistas ou de membros do conselho de administração eleitos nos termos de acordo de acionistas, assegura à parte prejudicada o direito de votar com as ações pertencentes ao acionista ausente ou omisso e, no caso de membro do conselho de administração, pelo conselheiro eleito com os votos da parte prejudicada.

**§ 10.** Os acionistas vinculados a acordo de acionistas deverão indicar, no ato de arquivamento, representante para comunicar-se com a companhia, para prestar ou receber informações, quando solicitadas.

**§ 11.** A companhia poderá solicitar aos membros do acordo esclarecimento sobre suas cláusulas.

### SEÇÃO VI.
### REPRESENTAÇÃO DE ACIONISTA RESIDENTE OU DOMICILIADO NO EXTERIOR

**Art. 119.** O acionista residente ou domiciliado no Exterior deverá manter, no País, representante com poderes para receber citação em ações contra ele, propostas com fundamento nos preceitos desta Lei.

**Parágrafo único.** O exercício, no Brasil, de qualquer dos direitos de acionista, confere ao mandatário ou representante legal qualidade para receber citação judicial.

### SEÇÃO VII.
### SUSPENSÃO DO EXERCÍCIO DE DIREITOS

**Art. 120.** A assembleia geral poderá suspender o exercício dos direitos do acionista que deixar de cumprir obrigação imposta pela lei ou pelo estatuto, cessando a suspensão logo que cumprida a obrigação.

## CAPÍTULO XI.
## ASSEMBLEIA GERAL

### SEÇÃO I.
### DISPOSIÇÕES GERAIS

**Art. 121.** A assembleia geral, convocada e instalada de acordo com a lei e o estatuto, tem poderes para decidir todos os negócios relativos ao objeto da companhia e tomar as resoluções que julgar convenientes à sua defesa e desenvolvimento.

**Parágrafo único.** Nas companhias, abertas e fechadas, o acionista poderá participar e votar a distância em assembleia geral, nos termos do regulamento da Comissão de Valores Mobiliários e do órgão competente do Poder Executivo federal, respectivamente. *(Redação dada pela Lei 14.030/2020)*

### COMPETÊNCIA PRIVATIVA

**Art. 122.** Compete privativamente à assembleia geral:

**I** – reformar o estatuto social;

**II** – eleger ou destituir, a qualquer tempo, os administradores e fiscais da companhia, ressalvado o disposto no inciso II do art. 142;

**III** – tomar, anualmente, as contas dos administradores e deliberar sobre as demonstrações financeiras por eles apresentadas;

**IV** – autorizar a emissão de debêntures, ressalvado o disposto nos §§ 1º, 2º e 4º do art. 59;

**V** – suspender o exercício dos direitos do acionista (art. 120);

**VI** – deliberar sobre a avaliação de bens com que o acionista concorrer para a formação do capital social;

**VII** – autorizar a emissão de partes beneficiárias;

**VIII** - deliberar sobre transformação, fusão, incorporação e cisão da companhia, sua dissolução e liquidação, eleger e destituir liquidantes e julgar as suas contas *(Redação dada pela Lei 14.195/2021)*

**IX** - autorizar os administradores a confessar falência e a pedir recuperação judicial; e *(Redação dada pela Lei 14.195/2021)*

**X** - deliberar, quando se tratar de companhias abertas, sobre a celebração de transações com partes relacionadas, a alienação ou a contribuição para outra empresa de ativos, caso o valor da operação corresponda a mais de 50% (cinquenta por cento) do valor dos ativos totais da companhia constantes do último balanço aprovado. *(Redação dada pela Lei 14.195/2021)*

**Parágrafo único.** Em caso de urgência, a confissão de falência ou o pedido de recuperação judicial poderá ser formulado pelos administradores, com a concordância do acionista controlador, se houver, hipótese em que a assembleia geral será convocada imediatamente para deliberar sobre a matéria. *(Redação dada pela Lei 14.195/2021)*

### COMPETÊNCIA PARA CONVOCAÇÃO

**Art. 123.** Compete ao conselho de administração, se houver, ou aos diretores, observado o disposto no estatuto, convocar a assembleia geral.

**Parágrafo único.** A assembleia geral pode também ser convocada:

*a)* pelo conselho fiscal, nos casos previstos no número V do artigo 163;

*b)* por qualquer acionista, quando os administradores retardarem, por mais de 60 (sessenta) dias, a convocação nos casos previstos em lei ou no estatuto;

*c)* por acionistas que representem 5% (cinco por cento), no mínimo, do capital social, quando os administradores não atenderem, no prazo de oito dias, a pedido de convocação que apresentarem, devidamente fundamentado, com indicação das matérias a serem tratadas;

*d)* por acionistas que representem 5% (cinco por cento), no mínimo, do capital votante, ou 5% (cinco por cento), no mínimo, dos acionistas sem direito a voto, quando os administradores não atenderem, no prazo de 8 (oito) dias, a pedido de convocação de assembleia para instalação do conselho fiscal.

### MODO DE CONVOCAÇÃO E LOCAL

**Art. 124.** A convocação far-se-á mediante anúncio publicado por 3 (três) vezes, no mínimo, contendo, além do local, data e hora da assembleia, a ordem do dia, e, no caso de reforma do estatuto, a indicação da matéria.

**§ 1º.** A primeira convocação da assembleia geral deverá ser feita:

**I** – na companhia fechada, com 8 (oito) dias de antecedência, no mínimo, contado o prazo da publicação do primeiro anúncio; não se realizando a assembleia, será publicado novo anúncio, de segunda convocação, com antecedência mínima de 5 (cinco) dias;

**II** - na companhia aberta, com 21 (vinte e um) dias de antecedência, e a segunda convocação com 8 (oito) dias de antecedência. *(Redação dada pela Lei 14.195/2021)*

**§ 2º** A assembleia geral deverá ser realizada, preferencialmente, no edifício onde a companhia tiver sede ou, por motivo de força maior, em outro lugar, desde que seja no mesmo Município da sede e seja indicado com clareza nos anúncios. *(Redação dada pela Lei 14.030/2020)*

**§ 2º-A** Sem prejuízo do disposto no § 2º deste artigo, as companhias, abertas e fechadas, poderão realizar assembleia digital, nos termos do regulamento da Comissão de Valores Mobiliários e do órgão competente do Poder Executivo federal, respectivamente. *(Redação dada pela Lei 14.030/2020)*

**§ 3º.** Nas companhias fechadas, o acionista que representar 5% (cinco por cento), ou mais, do capital social, será convocado por telegrama ou carta registrada, expedidos com a antecedência prevista no § 1º, desde que o tenha solicitado, por escrito, à companhia, com a indicação do endereço completo e do prazo de vigência do pedido, não superior a 2 (dois) exercícios sociais, e renovável; essa convocação não dispensa a publicação do aviso previsto no § 1º, e sua inobservância dará ao acionista direito de haver, dos administradores da companhia, indenização pelos prejuízos sofridos.

**§ 4º.** Independentemente das formalidades previstas neste artigo, será considerada regular a assembleia geral a que comparecerem todos os acionistas.

**§ 5º.** A Comissão de Valores Mobiliários poderá, a seu exclusivo critério, mediante decisão fundamentada de seu Colegiado, a pedido de qualquer acionista, e ouvida a companhia:

**I** - determinar, fundamentadamente, o adiamento de assembleia geral por até 30 (trinta) dias, em caso de insuficiência de informações necessárias para a deliberação, contado o prazo da data em que as informações completas forem colocadas à disposição dos acionistas; e *(Redação dada pela Lei 14.195/2021)*

**II** – interromper, por até 15 (quinze) dias, o curso do prazo de antecedência da convocação de assembleia geral extraordinária de companhia aberta, a fim de conhecer e analisar as propostas a serem submetidas à assembleia e, se for o caso, informar à companhia, até o término da interrupção, as razões pelas quais entende que a deliberação proposta à assembleia viola dispositivos legais ou regulamentares.

**§ 6º.** As companhias abertas com ações admitidas à negociação em Bolsa de Valores deverão remeter, na data da publicação do anúncio de convocação da assembleia, à bolsa de valores em que suas ações forem mais negociadas, os documentos postos à disposição dos acionistas para deliberação na assembleia geral.

### QUORUM DE INSTALAÇÃO

**Art. 125.** Ressalvadas as exceções previstas em lei, a assembleia geral instalar-se-á, em primeira convocação, com a presença de acionistas que representem, no mínimo, 1/4 (um quarto) do total de votos conferidos pelas ações com direito a voto e, em segunda convocação, instalar-se-á com qualquer número. *(Redação dada pela Lei 14.195/2021)*

**Parágrafo único.** Os acionistas sem direito de voto podem comparecer à assembleia geral e discutir a matéria submetida à deliberação.

### LEGITIMAÇÃO E REPRESENTAÇÃO

**Art. 126.** As pessoas presentes à assembleia deverão provar a sua qualidade de acionista, observadas as seguintes normas:

**I** – os titulares de ações nominativas exibirão, se exigido, documento hábil de sua identidade;

**II** – os titulares de ações escriturais ou em custódia nos termos do art. 41, além do documento de identidade, exibirão, ou depositarão na companhia, se o estatuto o exigir, comprovante expedido pela instituição financeira depositária;

**III** – os titulares de ações ao portador exibirão os respectivos certificados, ou documento de depósito nos termos do número II;

**IV** – os titulares de ações escriturais ou em custódia nos termos do artigo 41, além do documento de identidade, exibirão, ou depositarão na companhia, se o estatuto o exigir, comprovante expedido pela instituição financeira depositária.

**§ 1º.** O acionista pode ser representado na assembleia geral por procurador constituído há menos de 1 (um) ano, que seja acionista, administrador da companhia ou advogado; na companhia aberta, o procurador pode, ainda, ser instituição financeira, cabendo ao administrador de fundos de investimento representar os condôminos.

**§ 2º.** O pedido de procuração mediante correspondência, ou anúncio publicado, sem prejuízo da regulamentação que, sobre o assunto vier a baixar a Comissão de Valores Mobiliários, deverá satisfazer aos seguintes requisitos:

*a)* conter todos os elementos informativos necessários ao exercício do voto pedido;

*b)* facultar ao acionista o exercício de voto contrário à decisão com indicação de outro procurador para o exercício desse voto;

*c)* ser dirigido a todos os titulares de ações cujos endereços constem da companhia.

**§ 3º.** É facultado a qualquer acionista, detentor de ações, com ou sem voto, que represente 0,5% (meio por cento), no mínimo, do capital social, solicitar relação de endereços dos acionistas, para os fins previstos no § 1º, obedecidos sempre os requisitos do parágrafo anterior.

**§ 4º.** Têm a qualidade para comparecer à assembleia os representantes legais dos acionistas.

## LIVRO DE PRESENÇA

**Art. 127.** Antes de abrir-se a assembleia, os acionistas assinarão o "Livro de Presença", indicando o seu nome, nacionalidade e residência, bem como a quantidade, espécie e classe das ações de que forem titulares.

**Parágrafo único.** Considera-se presente em assembleia geral, para todos os efeitos desta Lei, o acionista que registrar a distância sua presença, na forma prevista em regulamento da Comissão de Valores Mobiliários.

## MESA

**Art. 128.** Os trabalhos da assembleia serão dirigidos por mesa composta, salvo disposição diversa do estatuto, de presidente e secretário, escolhidos pelos acionistas presentes.

## QUORUM DAS DELIBERAÇÕES

**Art. 129.** As deliberações da assembleia geral, ressalvadas as exceções previstas em lei, serão tomadas por maioria absoluta de votos, não se computando os votos em branco.

**§ 1º.** O estatuto da companhia fechada pode aumentar o *quorum* exigido para certas deliberações, desde que especifique as matérias.

**§ 2º.** No caso de empate, se o estatuto não estabelecer procedimento de arbitragem e não contiver norma diversa, a assembleia será convocada, com intervalo mínimo de 2 (dois) meses, para votar a deliberação; se permanecer o empate e os acionistas não concordarem em cometer a decisão a um terceiro, caberá ao Poder Judiciário decidir, no interesse da companhia.

## ATA DA ASSEMBLEIA

**Art. 130.** Dos trabalhos e deliberações da assembleia será lavrada, em livro próprio, ata assinada pelos membros da mesa e pelos acionistas presentes. Para validade da ata é suficiente a assinatura de quantos bastem para constituir a maioria necessária para as deliberações tomadas na assembleia. Da ata tirar-se-ão certidões ou cópias autênticas para os fins legais.

**§ 1º.** A ata poderá ser lavrada na forma de sumário dos fatos ocorridos, inclusive dissidências e protestos, e conter a transcrição apenas das deliberações tomadas, desde que:

*a)* os documentos ou propostas submetidas à assembleia, assim como as declarações de voto ou dissidência, referidos na ata, sejam numerados seguidamente, autenticados pela mesa e por qualquer acionista que o solicitar, e arquivados na companhia;

*b)* a mesa, a pedido de acionista interessado, autentique exemplar ou cópia de proposta, declaração de voto ou dissidência, ou protesto apresentado.

**§ 2º.** A assembleia geral da companhia aberta pode autorizar a publicação de ata com omissão das assinaturas dos acionistas.

**§ 3º.** Se a ata não for lavrada na forma permitida pelo § 1º, poderá ser publicado apenas o seu extrato, com o sumário dos fatos ocorridos e a transcrição das deliberações tomadas.

## ESPÉCIES DE ASSEMBLEIA

**Art. 131.** A assembleia geral é ordinária quando tem por objeto as matérias previstas no artigo 132, e extraordinária nos demais casos.

**Parágrafo único.** A assembleia geral ordinária e a assembleia geral extraordinária poderão ser, cumulativamente, convocadas e realizadas no mesmo local, data e hora, instrumentadas em ata única.

## SEÇÃO II.
## ASSEMBLEIA GERAL ORDINÁRIA

## OBJETO

**Art. 132.** Anualmente, nos 4 (quatro) primeiros meses seguintes ao término do exercício social, deverá haver 1 (uma) assembleia geral para:

**I** - tomar as contas dos administradores, examinar, discutir e votar as demonstrações financeiras;

**II** - deliberar sobre a destinação do lucro líquido do exercício e a distribuição de dividendos;

**III** - eleger os administradores e os membros do conselho fiscal, quando for o caso;

**IV** - aprovar a correção da expressão monetária do capital social (artigo 167).

## DOCUMENTOS DA ADMINISTRAÇÃO

**Art. 133.** Os administradores devem comunicar, até 1 (um) mês antes da data marcada para a realização da assembleia geral ordinária, por anúncios publicados na forma prevista no artigo 124, que se acham à disposição dos acionistas:

**I** - o relatório da administração sobre os negócios sociais e os principais fatos administrativos do exercício findo;

**II** - a cópia das demonstrações financeiras;

**III** - o parecer dos auditores independentes, se houver;

**IV** - o parecer do conselho fiscal, inclusive votos dissidentes, se houver; e

**V** - demais documentos pertinentes a assuntos incluídos na ordem do dia.

**§ 1º**. Os anúncios indicarão o local ou locais onde os acionistas poderão obter cópias desses documentos.

**§ 2º**. A companhia remeterá cópia desses documentos aos acionistas que o pedirem por escrito, nas condições previstas no § 3º do art. 124.

**§ 3º**. Os documentos referidos neste artigo, à exceção dos constantes dos incisos IV e V, serão publicados até 5 (cinco) dias, pelo menos, antes da data marcada para a realização da assembleia geral.

**§ 4º**. A assembleia geral que reunir a totalidade dos acionistas poderá considerar sanada a falta de publicação dos anúncios ou a inobservância dos prazos referidos neste artigo; mas é obrigatória a publicação dos documentos antes da realização da assembleia.

**§ 5º**. A publicação dos anúncios é dispensada quando os documentos a que se refere este artigo são publicados até 1 (um) mês antes da data marcada para a realização da assembleia geral ordinária.

## PROCEDIMENTO

**Art. 134.** Instalada a assembleia geral, proceder-se-á, se requerida por qualquer acionista, à leitura dos documentos referidos no artigo 133 e do parecer do conselho fiscal, se houver, os quais serão submetidos pela mesa à discussão e votação.

**§ 1º**. Os administradores da companhia, ou ao menos um deles, e o auditor independente, se houver, deverão estar presentes à assembleia para atender a pedidos de esclarecimentos de acionistas, mas os administradores não poderão votar, como acionistas ou procuradores, os documentos referidos neste artigo.

**§ 2º**. Se a assembleia tiver necessidade de outros esclarecimentos, poderá adiar a deliberação e ordenar diligências; também será adiada a deliberação, salvo dispensa dos acionistas presentes, na hipótese de não comparecimento de administrador, membro do conselho fiscal ou auditor independente.

**§ 3º**. A aprovação, sem reserva, das demonstrações financeiras e das contas, exonera de responsabilidade os administradores e fiscais, salvo erro, dolo, fraude ou simulação (artigo 286).

**§ 4º**. Se a assembleia aprovar as demonstrações financeiras com modificação no montante do lucro do exercício ou no valor das obrigações da companhia, os administradores promoverão, dentro de 30 (trinta) dias, a republicação das demonstrações, com as retificações deliberadas pela assembleia; se a destinação dos lucros proposta pelos órgãos de administração não lograr aprovação (artigo 176, § 3º), as modificações introduzidas constarão da ata da assembleia.

**§ 5º**. A ata da assembleia geral ordinária será arquivada no registro do comércio e publicada.

**§ 6º**. As disposições do § 1º, segunda parte, não se aplicam quando, nas sociedades fechadas, os diretores forem os únicos acionistas.

## SEÇÃO III.
## ASSEMBLEIA GERAL EXTRAORDINÁRIA

## REFORMA DO ESTATUTO

**Art. 135.** A assembleia geral extraordinária que tiver por objeto a reforma do estatuto somente se instalará, em primeira convocação, com a presença de acionistas que representem, no mínimo, 2/3 (dois terços) do total de votos conferidos pelas ações com direito a voto, mas poderá instalar-se, em segunda convocação, com qualquer número. *(Redação dada pela Lei 14.195/2021)*

**§ 1º**. Os atos relativos a reformas do estatuto, para valerem contra terceiros, ficam sujeitos às formalidades de arquivamento e publicação, não podendo, todavia, a falta de cumprimento dessas formalidades ser oposta, pela companhia ou por seus acionistas, a terceiros de boa-fé.

**§ 2º**. Aplica-se aos atos de reforma do estatuto o disposto no artigo 97 e seus §§ 1º e 2º e no artigo 98 e seu § 1º.

**§ 3º**. Os documentos pertinentes à matéria a ser debatida na assembleia geral extraordinária deverão ser postos à disposição dos acionistas, na sede da companhia, por ocasião da publicação do primeiro anúncio de convocação da assembleia geral.

## QUORUM QUALIFICADO

**Art. 136.** É necessária a aprovação de acionistas que representem metade, no mínimo, do total de votos conferidos pelas ações com direito a voto, se maior quórum não for exigido pelo estatuto da companhia cujas ações não estejam admitidas à negociação em bolsa ou no mercado de balcão, para deliberação sobre: *(Redação dada pela Lei 14.195/2021)*

**I** – criação de ações preferenciais ou aumento de classe de ações preferenciais existentes, sem guardar proporção com as demais classes de ações preferenciais, salvo se já previstos ou autorizados pelo estatuto;

**II** – alteração nas preferências, vantagens e condições de resgate ou amortização de uma ou mais classes de ações preferenciais, ou criação de nova classe mais favorecida;

**III** – redução do dividendo obrigatório;

**IV** – fusão da companhia, ou sua incorporação em outra;

**V** – participação em grupo de sociedades (art. 265);

**VI** – mudança do objeto da companhia;

**VII** – cessação do estado de liquidação da companhia;

**VIII** – criação de partes beneficiárias;

**IX** – cisão da companhia;

**X** – dissolução da companhia.

**§ 1º**. Nos casos dos incisos I e II, a eficácia da deliberação depende de prévia aprovação ou da ratificação, em prazo improrrogável de um ano, por titulares de mais da metade de cada classe de ações preferenciais prejudicadas, reunidos em assembleia especial convocada pelos administradores e instalada com as formalidades desta Lei.

**§ 2º** A Comissão de Valores Mobiliários pode autorizar a redução do quórum previsto neste artigo no caso de companhia aberta com a propriedade das ações dispersa no mercado e cujas 3 (três) últimas assembleias tenham sido realizadas com a presença de acionistas que representem menos da metade do total de votos conferidos pelas ações com direito a voto. *(Redação dada pela Lei 14.195/2021)*

**§ 2º-A**. Na hipótese do § 2º deste artigo, a autorização da Comissão de Valores Mobiliários será mencionada nos avisos de convocação e a deliberação com quórum reduzido somente poderá ser adotada em terceira convocação. *(Acrescido pela Lei 14.195/2021)*

**§ 3º** O disposto nos §§ 2º e 2º-A deste artigo aplica-se também às assembleias especiais de acionistas preferenciais de que trata o § 1º deste artigo. *(Redação dada pela Lei 14.195/2021)*

**§ 4º**. Deverá constar da ata da assembleia geral que deliberar sobre as matérias dos incisos I e II, se não houver prévia aprovação, que a deliberação só terá eficácia após a sua ratificação pela assembleia especial prevista no § 1º.

## DIREITO DE RETIRADA

**Art. 136-A.** A aprovação da inserção de convenção de arbitragem no estatuto social, observado o quorum do art. 136, obriga a todos os acionistas, assegurado ao acionista dissidente o direito de retirar-se da companhia mediante o reembolso do valor de suas ações, nos termos do art. 45.

**§ 1º**. A convenção somente terá eficácia após o decurso do prazo de 30 (trinta) dias, contado da publicação da ata da assembleia geral que a aprovou.

**§ 2º**. O direito de retirada previsto no *caput* não será aplicável:

**I** – caso a inclusão da convenção de arbitragem no estatuto social represente condição para que os valores mobiliários de emissão da companhia sejam admitidos à negociação em segmento de listagem de bolsa de valores ou de mercado de balcão organizado que exija dispersão acionária mínima de 25% (vinte e cinco por cento) das ações de cada espécie ou classe;

**II** – caso a inclusão da convenção de arbitragem seja efetuada no estatuto social de companhia aberta cujas ações sejam dotadas de liquidez e dispersão no mercado, nos termos das alíneas a e b do inciso II do art. 137 desta Lei.

**Art. 137.** A aprovação das matérias previstas nos incisos I a VI e IX do art. 136 dá ao acionista dissidente o direito de retirar-se da companhia, mediante reembolso do valor das suas ações (art. 45), observadas as seguintes normas:

**I** – nos casos dos incisos I e II do art. 136, somente terá direito de retirada o titular de ações de espécie ou classe prejudicadas;

**II** – nos casos dos incisos IV e V do art. 136, não terá direito de retirada o titular de ação de espécie ou classe que tenha liquidez e dispersão no mercado, considerando-se haver:

*a)* liquidez, quando a espécie ou classe de ação, ou certificado que a represente, integre índice geral representativo de carteira de valores mobiliários admitido à negociação no mercado de valores mobiliários, no Brasil ou no exterior, definido pela Comissão de Valores Mobiliários; e

*b)* dispersão, quando o acionista controlador, a sociedade controladora ou outras sociedades sob seu controle detiverem menos da metade da espécie ou classe de ação;

III – no caso do inciso IX do art. 136, somente haverá direito de retirada se a cisão implicar:

*a)* mudança do objeto social, salvo quando o patrimônio cindido for vertido para sociedade cuja atividade preponderante coincida com a decorrente do objeto social da sociedade cindida;

*b)* redução do dividendo obrigatório; ou

*c)* participação em grupo de sociedades;

**IV** – o reembolso da ação deve ser reclamado à companhia no prazo de 30 (trinta) dias contado da publicação da ata da assembleia geral;

**V** – o prazo para o dissidente de deliberação de assembleia especial (art. 136, § 1º) será contado da publicação da respectiva ata;

**VI** – o pagamento do reembolso somente poderá ser exigido após a observância do disposto no § 3º e, se for o caso, da ratificação da deliberação pela assembleia geral.

**§ 1º**. O acionista dissidente de deliberação da assembleia, inclusive o titular de ações preferenciais sem direito de voto, poderá exercer o direito de reembolso das ações de que, comprovadamente, era titular na data da primeira publicação do edital de convocação da assembleia, ou na data da comunicação do fato relevante objeto da deliberação, se anterior.

**§ 2º**. O direito de reembolso poderá ser exercido no prazo previsto nos incisos IV ou V do *caput* deste artigo, conforme o caso, ainda que o titular das ações tenha se abstido de votar contra a deliberação ou não tenha comparecido à assembleia.

**§ 3º**. Nos 10 (dez) dias subsequentes ao término do prazo de que tratam os incisos IV e V do *caput* deste artigo, conforme o caso, contado da publicação da ata da assembleia geral ou da assembleia especial que ratificar a deliberação, é facultado aos órgãos da administração convocar a assembleia geral para ratificar ou reconsiderar a deliberação, se entenderem que o pagamento do preço do reembolso das ações aos acionistas dissidentes que exerceram o direito de retirada porá em risco a estabilidade financeira da empresa.

**§ 4º**. Decairá do direito de retirada o acionista que não o exercer no prazo fixado.

## CAPÍTULO XII. CONSELHO DE ADMINISTRAÇÃO E DIRETORIA

### ADMINISTRAÇÃO DA COMPANHIA

**Art. 138.** A administração da companhia competirá, conforme dispuser o estatuto, ao conselho de administração e à diretoria, ou somente à diretoria.

**§ 1º**. O conselho de administração é órgão de deliberação colegiada, sendo a representação da companhia privativa dos diretores.

**§ 2º**. As companhias abertas e as de capital autorizado terão, obrigatoriamente, conselho de administração.

**§ 3º** É vedada, nas companhias abertas, a acumulação do cargo de presidente do conselho de administração e do cargo de diretor-presidente ou de principal executivo da companhia. *(Acrescido pela Lei 14.195/2021)*

**§ 4º** A Comissão de Valores Mobiliários poderá editar ato normativo que excepcione as companhias de menor porte previstas no art. 294-B desta Lei da vedação de que trata o § 3º deste artigo. *(Acrescido pela Lei 14.195/2021)*

**Art. 139.** As atribuições e poderes conferidos por lei aos órgãos de administração não podem ser outorgados a outro órgão, criado por lei ou pelo estatuto.

### SEÇÃO I. CONSELHO DE ADMINISTRAÇÃO

### COMPOSIÇÃO

**Art. 140.** O conselho de administração será composto por, no mínimo, 3 (três) membros, eleitos pela assembleia geral e por ela destituíveis a qualquer tempo, devendo o estatuto estabelecer:

**I** – o número de conselheiros, ou o máximo e mínimo permitidos, e o processo de escolha e substituição do presidente do conselho pela assembleia ou pelo próprio conselho;

**II** – o modo de substituição dos conselheiros;

**III** – o prazo de gestão, que não poderá ser superior a 3 (três) anos, permitida a reeleição;

**IV** – as normas sobre convocação, instalação e funcionamento do conselho, que deliberará por maioria de votos, podendo o estatuto estabelecer *quorum* qualificado para certas deliberações, desde que especifique as matérias.

**§ 1º** O estatuto poderá prever a participação no conselho de representantes dos empregados, escolhidos pelo voto destes, em eleição direta, organizada pela empresa, em conjunto com as entidades sindicais que os representam. *(Acrescido pela Lei 14.195/2021)*

**§ 2º** Na composição do conselho de administração das companhias abertas, é obrigatória a participação de conselheiros independentes, nos termos e nos prazos definidos pela Comissão de Valores Mobiliários. *(Acrescido pela Lei 14.195/2021)*

### VOTO MÚLTIPLO

**Art. 141.** Na eleição dos conselheiros, é facultado aos acionistas que representem, no mínimo, 10% (dez por cento) do capital social com direito a voto, esteja ou não previsto no estatuto, requerer a adoção do processo de voto múltiplo, por meio do qual o número de votos de cada ação será multiplicado pelo número de cargos a serem preenchidos, reconhecido ao acionista o direito de cumular os votos em um só candidato ou distribuí-los entre vários. *(Redação dada pela Lei 14.195/2021)*

**§ 1º**. A faculdade prevista neste artigo deverá ser exercida pelos acionistas até 48 (quarenta e oito) horas antes da assembleia geral, cabendo à mesa que dirigir os trabalhos da assembleia informar previamente aos acionistas, à vista do "Livro de Presença", o número de votos necessários para a eleição de cada membro do conselho.

**§ 2º**. Os cargos que, em virtude de empate, não forem preenchidos, serão objeto de nova votação, pelo mesmo processo, observado o disposto no § 1º, *in fine*.

**§ 3º**. Sempre que a eleição tiver sido realizada por esse processo, a destituição de qualquer membro do conselho de administração pela assembleia geral importará destituição dos demais membros, procedendo-se a nova eleição; nos demais casos de vaga, não havendo suplente, a primeira assembleia geral procederá à nova eleição de todo o conselho.

**§ 4º**. Terão direito de eleger e destituir um membro e seu suplente do conselho de administração, em votação em separado na assembleia geral, excluído o acionista controlador, a maioria dos titulares, respectivamente:

**I** – de ações de emissão de companhia aberta com direito a voto, que representem, pelo menos, 15% (quinze por cento) do total das ações com direito a voto; e

**II** – de ações preferenciais sem direito a voto ou com voto restrito de emissão de companhia aberta, que representem, no mínimo, 10% (dez por cento) do capital social, que não houverem exercido o direito previsto no estatuto, em conformidade com o art. 18.

**§ 5º.** Verificando-se que nem os titulares de ações com direito a voto e nem os titulares de ações preferenciais sem direito a voto ou com voto restrito perfizeram, respectivamente, o *quorum* exigido nos incisos I e II do § 4º, ser-lhes-á facultado agregar suas ações para elegerem em conjunto um membro e seu suplente para o conselho de administração, observando-se, nessa hipótese, o *quorum* exigido pelo inciso II do § 4º.

**§ 6º.** Somente poderão exercer o direito previsto no § 4º os acionistas que comprovarem a titularidade ininterrupta da participação acionária ali exigida durante o período de 3 (três) meses, no mínimo, imediatamente anterior à realização da assembleia geral.

**§ 7º** Sempre que, cumulativamente, a eleição do conselho de administração ocorrer pelo sistema do voto múltiplo e os titulares de ações ordinárias ou preferenciais exercerem a prerrogativa de eleger conselheiro, será assegurado a acionista ou a grupo de acionistas vinculados por acordo de votos que detenham mais de 50% (cinquenta por cento) do total de votos conferidos pelas ações com direito a voto o direito de eleger conselheiros em número igual ao dos eleitos pelos demais acionistas, mais um, independentemente do número de conselheiros que, segundo o estatuto, componha o órgão. *(Redação dada pela Lei 14.195/2021)*

**§ 8º.** A companhia deverá manter registro com a identificação dos acionistas que exercerem a prerrogativa a que se refere o § 4º.

**§ 9º.** *(VETADO).*

## COMPETÊNCIA

**Art. 142.** Compete ao conselho de administração:

**I** – fixar a orientação geral dos negócios da companhia;

**II** – eleger e destituir os diretores da companhia e fixar-lhes as atribuições, observado o que a respeito dispuser o estatuto;

› Lei 6.404/1976, art. 122, II.

**III** – fiscalizar a gestão dos diretores, examinar, a qualquer tempo, os livros e papéis da companhia, solicitar informações sobre contratos celebrados ou em via de celebração, e quaisquer outros atos;

**IV** – convocar a assembleia geral quando julgar conveniente, ou no caso do artigo 132;

**V** – manifestar-se sobre o relatório da administração e as contas da diretoria;

**VI** – manifestar-se previamente sobre atos ou contratos, quando o estatuto assim o exigir;

**VII** – deliberar, quando autorizado pelo estatuto, sobre a emissão de ações ou de bônus de subscrição;

**VIII** – autorizar, se o estatuto não dispuser em contrário, a alienação de bens do ativo não circulante, a constituição de ônus reais e a prestação de garantias a obrigações de terceiros;

**IX** – escolher e destituir os auditores independentes, se houver.

**§ 1º.** Serão arquivadas no registro do comércio e publicadas as atas das reuniões do conselho de administração que contiverem deliberação destinada a produzir efeitos perante terceiros.

**§ 2º.** A escolha e a destituição do auditor independente ficará sujeita a veto, devidamente fundamentado, dos conselheiros eleitos na forma do art. 141, § 4º, se houver.

## SEÇÃO II.
## DIRETORIA

## COMPOSIÇÃO

**Art. 143.** A Diretoria será composta por 1 (um) ou mais membros eleitos e destituíveis a qualquer tempo pelo conselho de administração ou, se inexistente, pela assembleia geral, e o estatuto estabelecerá: *(Redação dada pela LC 182/2021)*

**I** – o número de diretores, ou o máximo e o mínimo permitidos;

**II** – o modo de sua substituição;

**III** – o prazo de gestão, que não será superior a 3 (três) anos, permitida a reeleição;

**IV** – as atribuições e poderes de cada diretor.

**§ 1º.** Os membros do conselho de administração, até o máximo de 1/3 (um terço), poderão ser eleitos para cargos de diretores.

**§ 2º.** O estatuto pode estabelecer que determinadas decisões, de competência dos diretores, sejam tomadas em reunião da diretoria.

## REPRESENTAÇÃO

**Art. 144.** No silêncio do estatuto e inexistindo deliberação do conselho de administração (artigo 142, II e parágrafo único), competirão a qualquer diretor a representação da companhia e a prática dos atos necessários ao seu funcionamento regular.

**Parágrafo único.** Nos limites de suas atribuições e poderes, é lícito aos diretores constituir mandatários da companhia, devendo ser especificados no instrumento os atos ou operações que poderão praticar e a duração do mandato, que, no caso de mandato judicial, poderá ser por prazo indeterminado.

## SEÇÃO III.
## ADMINISTRADORES

## NORMAS COMUNS

**Art. 145.** As normas relativas a requisitos, impedimentos, investidura, remuneração, deveres e responsabilidades dos administradores aplicam-se a conselheiros e diretores.

## REQUISITOS E IMPEDIMENTOS

**Art. 146.** Apenas pessoas naturais poderão ser eleitas para membros dos órgãos de administração. *(Redação dada pela Lei 14.195/2021)*

**§ 1º.** A ata da assembleia geral ou da reunião do conselho de administração que eleger administradores deverá conter a qualificação e o prazo de gestão de cada um dos eleitos, devendo ser arquivada no registro do comércio e publicada.

**§ 2º** A posse de administrador residente ou domiciliado no exterior fica condicionada à constituição de representante residente no País, com poderes para, até, no mínimo, 3 (três) anos após o término do prazo de gestão do administrador, receber: *(Redação dada pela Lei 14.195/2021)*

**I** - citações em ações contra ele propostas com base na legislação societária; e *(Acrescido pela Lei 14.195/2021)*

**II** - citações e intimações em processos administrativos instaurados pela Comissão de Valores Mobiliários, no caso de exercício de cargo de administração em companhia aberta. *(Acrescido pela Lei 14.195/2021)*

**Art. 147.** Quando a lei exigir certos requisitos para a investidura em cargo de administração da companhia, a assembleia geral somente poderá eleger quem tenha exibido os necessários comprovantes, dos quais se arquivará cópia autêntica na sede social.

**§ 1º.** São inelegíveis para os cargos de administração da companhia as pessoas impedidas por lei especial, ou condenadas por crime falimentar, de prevaricação, peita ou suborno, concussão, peculato contra a economia popular, a fé pública ou a propriedade, ou a pena criminal que vede, ainda que temporariamente, o acesso a cargos públicos.

**§ 2º.** São ainda inelegíveis para os cargos de administração de companhia aberta as pessoas declaradas inabilitadas por ato da Comissão de Valores Mobiliários.

**§ 3º.** O conselheiro deve ter reputação ilibada, não podendo ser eleito, salvo dispensa da assembleia geral, aquele que:

**I** – ocupar cargos em sociedades que possam ser consideradas concorrentes no mercado, em especial, em conselhos consultivos, de administração ou fiscal; e

**II** – tiver interesse conflitante com a sociedade.

**§ 4º.** A comprovação do cumprimento das condições previstas no § 3º será efetuada por meio de declaração firmada pelo conselheiro eleito nos termos definidos pela Comissão de Valores Mobiliários, com vistas ao disposto nos arts. 145 e 159, sob as penas da lei.

## GARANTIA DA GESTÃO

**Art. 148.** O estatuto pode estabelecer que o exercício do cargo de administrador deva ser assegurado, pelo titular ou por terceiro, mediante penhor de ações da companhia ou outra garantia.

**Parágrafo único.** A garantia só será levantada após aprovação das últimas contas apresentadas pelo administrador que houver deixado o cargo.

## INVESTIDURA

**Art. 149.** Os conselheiros e diretores serão investidos nos seus cargos mediante assinatura de termo de posse no livro de atas do conselho de administração ou da diretoria, conforme o caso.

**§ 1º.** Se o termo não for assinado nos 30 (trinta) dias seguintes à nomeação, esta tornar-se-á sem efeito, salvo justificação aceita pelo órgão da administração para o qual tiver sido eleito.

**§ 2º.** O termo de posse deverá conter, sob pena de nulidade, a indicação de pelo menos um domicílio no qual o administrador receberá as citações e intimações em processos administrativos e judiciais relativos a atos de sua gestão, as quais reputar-se-ão cumpridas mediante entrega no domicílio indicado, o qual somente poderá ser alterado mediante comunicação por escrito à companhia.

## SUBSTITUIÇÃO E TÉRMINO DA GESTÃO

**Art. 150.** No caso de vacância do cargo de conselheiro, salvo disposição em contrário do estatuto, o substituto será nomeado pelos conselheiros remanescentes e servirá até a primeira assembleia geral. Se ocorrer vacância da maioria dos cargos, a assembleia geral será convocada para proceder a nova eleição.

**§ 1º.** No caso de vacância de todos os cargos do conselho de administração, compete à diretoria convocar a assembleia geral.

**§ 2º.** No caso de vacância de todos os cargos da diretoria, se a companhia não tiver conselho de administração, compete ao conselho fiscal, se em funcionamento, ou a qualquer acionista, convocar a assembleia geral, devendo o representante de maior número de ações praticar, até a realização da assembleia, os atos urgentes de administração da companhia.

**§ 3º.** O substituto eleito para preencher cargo vago completará o prazo de gestão do substituído.

**§ 4º.** O prazo de gestão do conselho de administração ou da diretoria se estende até a investidura dos novos administradores eleitos.

## RENÚNCIA

**Art. 151.** A renúncia do administrador torna-se eficaz, em relação à companhia, desde o momento em que lhe for entregue a comunicação escrita do renunciante, e em relação a terceiros de boa-fé, após arquivamento no registro do comércio e publicação, que poderão ser promovidos pelo renunciante.

## REMUNERAÇÃO

**Art. 152.** A assembleia geral fixará o montante global ou individual da remuneração dos administradores, inclusive benefícios de qualquer natureza e verbas de representação, tendo em conta suas responsabilidades, o tempo dedicado às suas funções, sua competência e reputação profissional e o valor dos seus serviços no mercado.

**§ 1º.** O estatuto da companhia que fixar o dividendo obrigatório em 25% (vinte e cinco por cento) ou mais do lucro líquido, pode atribuir aos administradores participação no lucro da companhia, desde que o seu total não ultrapasse a remuneração anual dos administradores nem 0,1 (um décimo) dos lucros (artigo 190), prevalecendo o limite que for menor.

**§ 2º.** Os administradores somente farão jus à participação nos lucros do exercício social em relação ao qual for atribuído aos acionistas o dividendo obrigatório, de que trata o artigo 202.

## SEÇÃO IV. DEVERES E RESPONSABILIDADES

## DEVER DE DILIGÊNCIA

**Art. 153.** O administrador da companhia deve empregar, no exercício de suas funções, o cuidado e diligência que todo homem ativo e probo costuma empregar na administração dos seus próprios negócios.

## FINALIDADES DAS ATRIBUIÇÕES E DESVIO DE PODER

**Art. 154.** O administrador deve exercer as atribuições que a lei e o estatuto lhe conferem para lograr os fins e no interesse da companhia, satisfeitas as exigências do bem público e da função social da empresa.

**§ 1º.** O administrador eleito por grupo ou classe de acionistas tem, para com a companhia, os mesmos deveres que os demais, não podendo, ainda que para defesa do interesse dos que o elegeram, faltar a esses deveres.

**§ 2º.** É vedado ao administrador:

*a)* praticar ato de liberdade à custa da companhia;

*b)* sem prévia autorização da assembleia geral ou do conselho de administração, tomar por empréstimo recursos ou bens da companhia, ou usar, em proveito próprio, de sociedade em que tenha interesse, ou de terceiros, os seus bens, serviços ou crédito;

*c)* receber de terceiros, sem autorizarão estatutária ou da assembleia geral, qualquer modalidade de vantagens pessoal, direta ou indireta, em razão do exercício de seu cargo.

**§ 3º.** As importâncias recebidas com infração ao disposto na alínea *c* do § 2º pertencerão à companhia.

**§ 4º.** O conselho de administração ou a diretoria podem autorizar a prática de atos gratuitos razoáveis em benefício dos empregados ou da comunidade de que participe a empresa, tendo em vista suas responsabilidades sociais.

## DEVER DE LEALDADE

**Art. 155.** O administrador deve servir com lealdade à companhia e manter reserva sobre os seus negócios, sendo-lhe vedado:

**I** – usar, em benefício próprio ou de outrem, com ou sem prejuízo para a companhia, as oportunidades comerciais de que tenha conhecimento em razão do exercício de seu cargo;

**II** – omitir-se no exercício ou proteção de direitos da companhia ou, visando à obtenção de vantagens, para si ou para outrem, deixar de aproveitar oportunidades de negócio de interesse da companhia;

**III** – adquirir, para revender com lucro, bem ou direito que sabe necessário à companhia, ou que esta tencione adquirir.

**§ 1º.** Cumpre, ademais, ao administrador de companhia aberta, guardar sigilo sobre qualquer informação que ainda não tenha sido divulgada para conhecimento do mercado, obtida em razão do cargo e capaz de influir de modo ponderável na cotação de valores mobiliários, sendo-lhe vedado valer-se da informação para obter, para si ou para outrem, vantagem mediante compra ou venda de valores mobiliários.

**§ 2º.** O administrador deve zelar para que a violação do disposto no § 1º não possa ocorrer através de subordinados ou terceiros de sua confiança.

**§ 3º.** A pessoa prejudicada em compra e venda de valores mobiliários, contratada com infração do disposto nos §§ 1º e 2º, tem direito de haver do infrator indenização por perdas e danos, a menos que ao contratar já conhecesse a informação.

**§ 4º.** É vedada a utilização de informação relevante ainda não divulgada, por qualquer pessoa que a ela tenha tido acesso, com a finalidade de auferir vantagem, para si ou para outrem, no mercado de valores mobiliários.

## CONFLITO DE INTERESSE

**Art. 156.** É vedado ao administrador intervir em qualquer posição social em que tiver interesse conflitante com o da companhia, bem como na deliberação que a respeito tomarem os demais administradores, cumprindo-lhe cientificá-los do seu impedimento e fazer consignar, em ata de reunião do conselho de administração ou da diretoria, a natureza e extensão do seu interesse.

**§ 1º.** Ainda que observado o disposto neste artigo, o administrador somente pode contratar com a companhia em condições razoáveis ou equitativas, idênticas às que prevalecem no mercado ou em que a companhia contrataria com terceiros.

**§ 2º**. O negócio contratado com infração do disposto no § 1º é anulável, e o administrador interessado será obrigado a transferir para a companhia as vantagens que dele tiver auferido.

## DEVER DE INFORMAR

**Art. 157.** O administrador de companhia aberta deve declarar, ao firmar o termo de posse, o número de ações, bônus de subscrição, opções de compra de ações e debêntures conversíveis em ações, de emissão da companhia e de sociedades controladas ou do mesmo grupo, de que seja titular.

**§ 1º**. O administrador de companhia aberta é obrigado a revelar à assembleia geral ordinária, a pedido de acionistas que representem 5% (cinco por cento) ou mais do capital social:

*a)* o número dos valores mobiliários de emissão da companhia ou de sociedades controladas, ou do mesmo grupo, que tiver adquirido ou alienado, diretamente ou através de outras pessoas, no exercício anterior;

*b)* as opções de compra de ações que tiver contratado ou exercido no exercício anterior;

*c)* os benefícios ou vantagens, indiretas ou complementares, que tenha recebido ou esteja recebendo da companhia e de sociedades coligadas, controladas ou do mesmo grupo;

*d)* as condições dos contratos de trabalho que tenham sido firmados pela companhia com os diretores e empregados de alto nível;

*e)* quaisquer atos ou fatos relevantes nas atividades da companhia.

**§ 2º**. Os esclarecimentos prestados pelo administrador poderão, a pedido de qualquer acionista, ser reduzidos a escrito, autenticados pela mesa da assembleia, e fornecidos por cópia aos solicitantes.

**§ 3º**. A revelação dos atos ou fatos de que trata este artigo só poderá ser utilizada no legítimo interesse da companhia ou do acionista, respondendo os solicitantes pelos abusos que praticarem.

**§ 4º**. Os administradores da companhia aberta são obrigados a comunicar imediatamente à Bolsa de Valores e a divulgar pela imprensa qualquer deliberação da assembleia geral ou dos órgãos de administração da companhia, ou fato relevante ocorrido nos seus negócios, que possa influir, de modo ponderável, na decisão dos investidores do mercado de vender ou comprar valores mobiliários emitidos pela companhia.

**§ 5º**. Os administradores poderão recusar-se a prestar a informação (§ 1º, *e*), ou deixar de divulgá-la (§ 4º), se entenderem que sua revelação porá em risco interesse legítimo da companhia, cabendo à Comissão de Valores Mobiliários, a pedido dos administradores, de qualquer acionista, ou por iniciativa própria, decidir sobre a prestação de informação e responsabilizar os administradores, se for o caso.

**§ 6º**. Os administradores da companhia aberta deverão informar imediatamente, nos termos e na forma determinados pela Comissão de Valores Mobiliários, a esta e às Bolsas de Valores ou entidades do mercado de balcão organizado nas quais os valores mobiliários de emissão da companhia estejam admitidos à negociação, as modificações em suas posições acionárias na companhia.

## RESPONSABILIDADE DOS ADMINISTRADORES

**Art. 158.** O administrador não é pessoalmente responsável pelas obrigações que contrair em nome da sociedade e em virtude de ato regular de gestão; responde, porém, civilmente, pelos prejuízos que causar, quando proceder:

**I** – dentro de suas atribuições ou poderes, com culpa ou dolo;

**II** – com violação da lei ou do estatuto.

**§ 1º**. O administrador não é responsável por atos ilícitos de outros administradores, salvo se com eles for conivente, se negligenciar em descobri-los ou se, deles tendo conhecimento, deixar de agir para impedir a sua prática. Exime-se de responsabilidade o administrador dissidente que faça consignar sua divergência em ata de reunião do órgão de administração ou, não sendo possível, dela dê ciência imediata e por escrito ao órgão da administração, ao conselho fiscal, se em funcionamento, ou à assembleia geral.

**§ 2º**. Os administradores são solidariamente responsáveis pelos prejuízos causados em virtude do não cumprimento dos deveres impostos por lei para assegurar o funcionamento normal da companhia, ainda que, pelo estatuto, tais deveres não caibam a todos eles.

**§ 3º**. Nas companhias abertas, a responsabilidade de que trata o § 2º ficará restrita, ressalvado o disposto no § 4º, aos administradores que, por disposição do estatuto, tenham atribuição específica de dar cumprimento àqueles deveres.

**§ 4º**. O administrador que, tendo conhecimento do não cumprimento desses deveres por seu predecessor, ou pelo administrador competente nos termos do § 3º, deixar de comunicar o fato à assembleia geral, tornar-se-á por ele solidariamente responsável.

**§ 5º**. Responderá solidariamente com o administrador quem, com o fim de obter vantagem para si ou para outrem, concorrer para a prática de ato com violação da lei ou do estatuto.

## AÇÃO DE RESPONSABILIDADE

**Art. 159.** Compete à companhia, mediante prévia deliberação da assembleia geral, a ação de responsabilidade civil contra o administrador, pelos prejuízos causados ao seu patrimônio.

**§ 1º**. A deliberação poderá ser tomada em assembleia geral ordinária e, se prevista na ordem do dia, ou for consequência direta de assunto nela incluído, em assembleia geral extraordinária.

**§ 2º**. O administrador ou administradores contra os quais deva ser proposta ação ficarão impedidos e deverão ser substituídos na mesma assembleia.

**§ 3º.** Qualquer acionista poderá promover a ação, se não for proposta no prazo de 3 (três) meses da deliberação da assembleia geral.

**§ 4º.** Se a assembleia deliberar não promover a ação, poderá ela ser proposta por acionistas que representem 5% (cinco por cento), pelo menos, do capital social.

**§ 5º.** Os resultados da ação promovida por acionista deferem-se à companhia, mas esta deverá indenizá-lo, até o limite daqueles resultados, de todas as despesas em que tiver incorrido, inclusive correção monetária e juros dos dispêndios realizados.

**§ 6º.** O juiz poderá reconhecer a exclusão da responsabilidade do administrador, se convencido de que este agiu de boa-fé e visando ao interesse da companhia.

**§ 7º.** A ação prevista neste artigo não exclui a que couber ao acionista ou terceiro diretamente prejudicado por ato de administrador.

## ÓRGÃOS TÉCNICOS E CONSULTIVOS

**Art. 160.** As normas desta Seção aplicam-se aos membros de quaisquer órgãos, criados pelo estatuto, com funções técnicas ou destinados a aconselhar os administradores.

## CAPÍTULO XIII. CONSELHO FISCAL

## COMPOSIÇÃO E FUNCIONAMENTO

**Art. 161.** A companhia terá um conselho fiscal e o estatuto disporá sobre seu funcionamento, de modo permanente ou nos exercícios sociais em que for instalado a pedido de acionistas.

**§ 1º.** O conselho fiscal será composto de, no mínimo, 3 (três) e, no máximo, 5 (cinco) membros, e suplentes em igual número, acionistas ou não, eleitos pela assembleia geral.

**§ 2º.** O conselho fiscal, quando o funcionamento não for permanente, será instalado pela assembleia geral a pedido de acionistas que representem, no mínimo, 0,1 (um décimo) das ações com direito a voto, ou 5% (cinco por cento) das ações sem direito a voto, e cada período de seu funcionamento terminará na primeira assembleia geral ordinária após a sua instalação.

**§ 3º.** O pedido de funcionamento do conselho fiscal, ainda que a matéria não conste do anúncio de convocação, poderá ser formulado em qualquer assembleia geral, que elegerá os seus membros.

**§ 4º.** Na constituição do conselho fiscal serão observadas as seguintes normas:

*a)* os titulares de ações preferenciais sem direito a voto, ou com voto restrito, terão direito de eleger, em votação em separado, 1 (um) membro e respectivo suplente; igual direito terão os acionistas minoritários, desde que representem, em conjunto, 10% (dez por cento) ou mais das ações com direito a voto;

*b)* ressalvado o disposto na alínea anterior, os demais acionistas com direito a voto poderão eleger os membros efetivos e suplentes que, em qualquer caso, serão em número igual ao dos eleitos nos termos da alínea *a*, mais um.

**§ 5º.** Os membros do conselho fiscal e seus suplentes exercerão seus cargos até a primeira assembleia-geral ordinária que se realizar após a sua eleição, e poderão ser reeleitos.

**§ 6º.** Os membros do conselho fiscal e seus suplentes exercerão seus cargos até a primeira assembleia geral ordinária que se realizar após a sua eleição, e poderão ser reeleitos.

**§ 7º.** A função de membro do conselho fiscal é indelegável.

## REQUISITOS, IMPEDIMENTOS E REMUNERAÇÃO

**Art. 162.** Somente podem ser eleitas para o conselho fiscal pessoas naturais, residentes no País, diplomadas em curso de nível universitário, ou que tenham exercido por prazo mínimo de 3 (três) anos, cargo de administrador de empresa ou de conselheiro fiscal.

**§ 1º.** Nas localidades em que não houver pessoas habilitadas, em número suficiente, para o exercício da função, caberá ao juiz dispensar a companhia da satisfação dos requisitos estabelecidos neste artigo.

**§ 2º.** Não podem ser eleitos para o conselho fiscal, além das pessoas enumeradas nos parágrafos do artigo 147, membros de órgãos de administração e empregados da companhia ou de sociedade controlada ou do mesmo grupo, e o cônjuge ou parente, até terceiro grau, de administrador da companhia.

**§ 3º.** A remuneração dos membros do conselho fiscal, além do reembolso, obrigatório, das despesas de locomoção e estada necessárias ao desempenho da função, será fixada pela assembleia geral que os eleger, e não poderá ser inferior, para cada membro em exercício, a 10% (dez por cento) da que, em média, for atribuída a cada diretor, não computados benefícios, verbas de representação e participação nos lucros.

## COMPETÊNCIA

**Art. 163.** Compete ao conselho fiscal:

**I** – fiscalizar, por qualquer de seus membros, os atos dos administradores e verificar o cumprimento dos seus deveres legais e estatutários;

**II** – opinar sobre o relatório anual da administração, fazendo constar do seu parecer as informações complementares que julgar necessárias ou úteis à deliberação da assembleia geral;

**III** – opinar sobre as propostas dos órgãos da administração, a serem submetidas à assembleia geral, relativas a modificação do capital social, emissão de debêntures ou bônus de subscrição, planos de investimento ou orçamentos de capital, distribuição de dividendos, transformação, incorporação, fusão ou cisão;

**IV** – denunciar, por qualquer de seus membros, aos órgãos de administração e, se estes não tomarem as providências necessárias para a proteção dos interesses da companhia, à assembleia geral, os erros, fraudes ou crimes que descobrirem, e sugerir providências úteis à companhia;

**V** – convocar a assembleia geral ordinária, se os órgãos da administração retardarem por mais de 1 (um) mês essa convocação, e a extraordinária, sempre que ocorrerem motivos graves ou urgentes, incluindo na agenda das assembleias as matérias que considerarem necessárias;

**VI** – analisar, ao menos trimestralmente, o balancete e demais demonstrações financeiras elaboradas periodicamente pela companhia;

**VII** – examinar as demonstrações financeiras de exercício social e sobre elas opinar;

**VIII** – exercer essas atribuições, durante a liquidação, tendo em vista as disposições especiais que a regulam.

**§ 1º.** Os órgãos de administração são obrigados, através de comunicação por escrito, a colocar à disposição dos membros em exercício do conselho fiscal, dentro de 10 (dez) dias, cópias das atas de suas reuniões e, dentro de 15 (quinze) dias do seu recebimento, cópias dos balancetes e demais demonstrações financeiras elaboradas periodicamente e, quando houver, dos relatórios de execução de orçamentos.

**§ 2º.** O conselho fiscal, a pedido de qualquer dos seus membros, solicitará aos órgãos de administração esclarecimentos ou informações, desde que relativas à sua função fiscalizadora, assim como a elaboração de demonstrações financeiras ou contábeis especiais.

**§ 3º.** Os membros do conselho fiscal assistirão às reuniões do conselho de administração, se houver, ou da diretoria, em que se deliberar sobre os assuntos em que devam opinar (ns. II, III e VII).

**§ 4º.** Se a companhia tiver auditores independentes, o conselho fiscal, a pedido de qualquer de seus membros, poderá solicitar-lhes esclarecimentos ou informações, e a apuração de fatos específicos.

**§ 5º.** Se a companhia não tiver auditores independentes, o conselho fiscal poderá, para melhor desempenho das suas funções, escolher contador ou firma de auditoria e fixar-lhes os honorários, dentro de níveis razoáveis, vigentes na praça e compatíveis com a dimensão econômica da companhia, os quais serão pagos por esta.

**§ 6º.** O conselho fiscal deverá fornecer ao acionista, ou grupo de acionistas que representem, no mínimo, 5% (cinco por cento) do capital social, sempre que solicitadas, informações sobre matérias de sua competência.

**§ 7º.** As atribuições e poderes conferidos pela lei ao conselho fiscal não podem ser outorgados a outro órgão da companhia.

**§ 8º.** O conselho fiscal poderá, para apurar fato cujo esclarecimento seja necessário ao desempenho de suas funções, formular, com justificativa, questões a serem respondidas por perito e solicitar à diretoria que indique, para esse fim, no prazo máximo de 30 (trinta) dias, 3 (três) peritos, que podem ser pessoas físicas ou jurídicas, de notório conhecimento na área em questão, entre os quais o conselho fiscal escolherá um, cujos honorários serão pagos pela companhia.

### PARECERES E REPRESENTAÇÕES

**Art. 164.** Os membros do conselho fiscal, ou ao menos um deles, deverão comparecer às reuniões da assembleia geral e responder aos pedidos de informações formulados pelos acionistas.

**Parágrafo único.** Os pareceres e representações do conselho fiscal, ou de qualquer um de seus membros, poderão ser apresentados e lidos na assembleia geral, independentemente de publicação e ainda que a matéria não conste da ordem do dia.

### DEVERES E RESPONSABILIDADES

**Art. 165.** Os membros do conselho fiscal têm os mesmos deveres dos administradores de que tratam os arts. 153 a 156 e respondem pelos danos resultantes de omissão no cumprimento de seus deveres e de atos praticados com culpa ou dolo, ou com violação da lei ou do estatuto.

**§ 1º.** Os membros do conselho fiscal deverão exercer suas funções no exclusivo interesse da companhia; considerar-se-á abusivo o exercício da função com o fim de causar dano à companhia, ou aos seus acionistas ou administradores, ou de obter, para si ou para outrem, vantagem a que não faz jus e de que resulte, ou possa resultar, prejuízo para a companhia, seus acionistas ou administradores.

**§ 2º.** O membro do conselho fiscal não é responsável pelos atos ilícitos de outros membros, salvo se com eles foi conivente, ou se concorrer para a prática do ato.

**§ 3º.** A responsabilidade dos membros do conselho fiscal por omissão no cumprimento de seus deveres é solidária, mas dela se exime o membro dissidente que fizer consignar sua divergência em ata da reunião do órgão e a comunicar aos órgãos da administração e à assembleia geral.

**Art. 165-A.** Os membros do conselho fiscal da companhia aberta deverão informar imediatamente as modificações em suas posições acionárias na companhia à Comissão de Valores Mobiliários e às Bolsas de Valores ou entidades do mercado de balcão organizado nas quais os valores mobiliários de emissão da companhia estejam admitidos à negociação, nas condições e na forma determinadas pela Comissão de Valores Mobiliários.

## CAPÍTULO XIV. MODIFICAÇÃO DO CAPITAL SOCIAL

### SEÇÃO I. AUMENTO

## COMPETÊNCIA

**Art. 166.** O capital social pode ser aumentado:
**I** – por deliberação da assembleia geral ordinária, para correção da expressão monetária do seu valor (artigo 167);
**II** – por deliberação da assembleia geral ou do conselho de administração, observado o que a respeito dispuser o estatuto, nos casos de emissão de ações dentro do limite autorizado no estatuto (artigo 168);
**III** – por conversão, em ações, de debêntures ou partes beneficiárias e pelo exercício de direitos conferidos por bônus de subscrição, ou de opção de compra de ações;
**IV** – por deliberação da assembleia geral extraordinária convocada para decidir sobre reforma do estatuto social, no caso de inexistir autorização de aumento, ou de estar a mesma esgotada.
**§ 1º.** Dentro dos 30 (trinta) dias subsequentes à efetivação do aumento, a companhia requererá ao registro do comércio a sua averbação, nos casos dos números I a III, ou o arquivamento da ata da assembleia de reforma do estatuto, no caso do número IV.
**§ 2º.** O conselho fiscal, se em funcionamento, deverá, salvo nos casos do número III, ser obrigatoriamente ouvido antes da deliberação sobre o aumento de capital.

## CORREÇÃO MONETÁRIA ANUAL

**Art. 167.** A reserva de capital constituída por ocasião do balanço de encerramento do exercício social e resultante da correção monetária do capital realizado (artigo 182, § 2º) será capitalizada por deliberação da assembleia geral ordinária que aprovar o balanço.
**§ 1º.** Na companhia aberta, a capitalização prevista neste artigo será feita sem modificação do número de ações emitidas e com aumento do valor nominal das ações, se for o caso.
**§ 2º.** A companhia poderá deixar de capitalizar o saldo da reserva correspondente às frações de centavo do valor nominal das ações, ou, se não tiverem valor nominal, à fração inferior a 1% (um por cento) do capital social.
**§ 3º.** Se a companhia tiver ações com e sem valor nominal, a correção do capital correspondente às ações com valor nominal será feita separadamente, sendo a reserva resultante capitalizada em benefício dessas ações.

## CAPITAL AUTORIZADO

**Art. 168.** O estatuto pode conter autorização para aumento do capital social independentemente de reforma estatutária.
**§ 1º.** A autorização deverá especificar:
*a)* o limite de aumento, em valor do capital ou em número de ações, e as espécies e classes das ações que poderão ser emitidas;
*b)* o órgão competente para deliberar sobre as emissões, que poderá ser a assembleia geral ou o conselho de administração;
*c)* as condições a que estiverem sujeitas as emissões;
*d)* os casos ou as condições em que os acionistas terão direito de preferência para subscrição, ou de inexistência desse direito (artigo 172).
**§ 2º.** O limite de autorização, quando fixado em valor do capital social, será anualmente corrigido pela assembleia geral ordinária, com base nos mesmos índices adotados na correção do capital social.
**§ 3º.** O estatuto pode prever que a companhia, dentro do limite de capital autorizado, e de acordo com plano aprovado pela assembleia geral, outorgue opção de compra de ações a seus administradores ou empregados, ou a pessoas naturais que prestem serviços à companhia ou a sociedade sob seu controle.

## CAPITALIZAÇÃO DE LUCROS E RESERVAS

**Art. 169.** O aumento mediante capitalização de lucros ou de reservas importará alteração do valor nominal das ações ou distribuição das ações novas, correspondentes ao aumento, entre acionistas, na proporção do número de ações que possuírem.
**§ 1º.** Na companhia com ações sem valor nominal, a capitalização de lucros ou de reservas poderá ser efetivada sem modificação do número de ações.
**§ 2º.** Às ações distribuídas de acordo com este artigo se estenderão, salvo cláusula em contrário dos instrumentos que os tenham constituído, o usufruto, o fideicomisso, a inalienabilidade e a incomunicabilidade que porventura gravarem as ações de que elas forem derivadas.
**§ 3º.** As ações que não puderem ser atribuídas por inteiro a cada acionista serão vendidas em Bolsa, dividindo-se o produto da venda, proporcionalmente, pelos titulares das frações; antes da venda, a companhia fixará prazo, não inferior a 30 (trinta) dias, durante o qual os acionistas poderão transferir as frações de ação.

## AUMENTO MEDIANTE SUBSCRIÇÃO DE AÇÕES

**Art. 170.** Depois de realizados 3/4 (três quartos), no mínimo, do capital social, a companhia pode aumentá-lo mediante subscrição pública ou particular de ações.
**§ 1º.** O preço de emissão deverá ser fixado, sem diluição injustificada da participação dos antigos acionistas, ainda que tenham direito de preferência para subscrevê-las, tendo em vista, alternativa ou conjuntamente:
**I** – a perspectiva de rentabilidade da companhia;
**II** – o valor do patrimônio líquido da ação;
**III** – a cotação de suas ações em Bolsa de Valores ou no mercado de balcão organizado, admitido ágio ou deságio em função das condições do mercado.
**§ 2º.** A assembleia geral, quando for de sua competência deliberar sobre o aumento, poderá delegar ao conselho de administração a

fixação do preço de emissão de ações a serem distribuídas no mercado.

**§ 3º**. A subscrição de ações para realização em bens será sempre procedida com observância do disposto no artigo 8º, e a ela se aplicará o disposto nos §§ 2º e 3º do artigo 98.

**§ 4º**. As entradas e as prestações da realização das ações poderão ser recebidas pela companhia independentemente de depósito bancário.

**§ 5º**. No aumento de capital observar-se-á, se mediante subscrição pública, o disposto no artigo 82, e se mediante subscrição particular, o que a respeito for deliberado pela assembleia geral ou pelo conselho de administração, conforme dispuser o estatuto.

**§ 6º**. Ao aumento de capital aplica-se, no que couber, o disposto sobre a constituição da companhia, exceto na parte final do § 2º do art. 82.

**§ 7º**. A proposta de aumento do capital deverá esclarecer qual o critério adotado, nos termos do § 1º deste artigo, justificando pormenorizadamente os aspectos econômicos que determinaram a sua escolha.

## DIREITO DE PREFERÊNCIA

**Art. 171.** Na proporção do número de ações que possuírem, os acionistas terão preferência para a subscrição do aumento de capital.

**§ 1º**. Se o capital for dividido em ações de diversas espécies ou classes e o aumento for feito por emissão de mais de uma espécie ou classe, observar-se-ão as seguintes normas:

*a)* no caso de aumento, na mesma proporção, do número de ações de todas as espécies e classes existentes, cada acionista exercerá o direito de preferência sobre ações idênticas às de que for possuidor;

*b)* se as ações emitidas forem de espécies e classes existentes, mas importarem alteração das respectivas proporções no capital social, a preferência será exercida sobre ações de espécies e classes idênticas às de que forem possuidores os acionistas, somente se estendendo às demais se aquelas forem insuficientes para lhes assegurar, no capital aumentado, a mesma proporção que tinham no capital antes do aumento;

*c)* se houver emissão de ações de espécie ou classe diversa das existentes, cada acionista exercerá a preferência, na proporção do número de ações que possuir, sobre ações de todas as espécies e classes do aumento.

**§ 2º**. No aumento mediante capitalização de créditos ou subscrição em bens, será sempre assegurado aos acionistas o direito de preferência e, se for o caso, as importâncias por eles pagas serão entregues ao titular do crédito a ser capitalizado ou do bem a ser incorporado.

**§ 3º**. Os acionistas terão direito de preferência para subscrição das emissões de debêntures conversíveis em ações, bônus de subscrição e partes beneficiárias conversíveis em ações emitidas para alienação onerosa; mas na conversão desses títulos em ações, ou na outorga e no exercício de opção de compra de ações, não haverá direito de preferência.

**§ 4º**. O estatuto ou a assembleia geral fixará prazo de decadência, não inferior a 30 (trinta) dias, para o exercício do direito de preferência.

**§ 5º**. No usufruto e no fideicomisso, o direito de preferência, quando não exercido pelo acionista até 10 (dez) dias antes do vencimento do prazo, poderá sê-lo pelo usufrutuário ou fideicomissário.

**§ 6º**. O acionista poderá ceder seu direito de preferência.

**§ 7º**. Na companhia aberta, o órgão que deliberar sobre a emissão mediante subscrição particular deverá dispor sobre as sobras de valores mobiliários não subscritos, podendo:

*a)* mandar vendê-las em Bolsa, em benefício da companhia; ou

*b)* rateá-las, na proporção dos valores subscritos, entre os acionistas que tiverem pedido, no boletim ou lista de subscrição, reserva de sobras; nesse caso, a condição constará dos boletins e listas de subscrição e o saldo não rateado será vendido em Bolsa, nos termos da alínea anterior.

**§ 8º**. Na companhia fechada, será obrigatório o rateio previsto na alínea *b* do § 7º, podendo o saldo, se houver, ser subscrito por terceiros, de acordo com os critérios estabelecidos pela assembleia geral ou pelos órgãos da administração.

## EXCLUSÃO DO DIREITO DE PREFERÊNCIA

**Art. 172.** O estatuto da companhia aberta que contiver autorização para o aumento do capital pode prever a emissão, sem direito de preferência para os antigos acionistas, ou com redução do prazo de que trata o § 4º do art. 171, de ações e debêntures conversíveis em ações, ou bônus de subscrição, cuja colocação seja feita mediante:

**I** – venda em Bolsa de Valores ou subscrição pública; ou

**II** – permuta por ações, em oferta pública de aquisição de controle, nos termos dos arts. 257 e 263.

**Parágrafo único.** O estatuto da companhia, ainda que fechada, pode excluir o direito de preferência para subscrição de ações nos termos de lei especial sobre incentivos fiscais.

## SEÇÃO II.
## REDUÇÃO

**Art. 173.** A assembleia geral poderá deliberar a redução do capital social se houver perda, até o montante dos prejuízos acumulados, ou se julgá-lo excessivo.

**§ 1º**. A proposta de redução do capital social, quando de iniciativa dos administradores, não poderá ser submetida à deliberação da assembleia geral sem o parecer do conselho fiscal, se em funcionamento.

**§ 2º.** A partir da deliberação de redução ficarão suspensos os direitos correspondentes às ações cujos certificados tenham sido emitidos, até que sejam apresentados à companhia para substituição.

## OPOSIÇÃO DOS CREDORES

**Art. 174.** Ressalvado o disposto nos artigos 45 e 107, a redução do capital social com restituição aos acionistas de parte do valor das ações, ou pela diminuição do valor destas, quando não integralizadas, à importância das entradas, só se tornará efetiva 60 (sessenta) dias após a publicação da ata da assembleia geral que a tiver deliberado.

**§ 1º.** Durante o prazo previsto neste artigo, os credores quirografários por títulos anteriores à data da publicação da ata poderão, mediante notificação, de que se dará ciência ao registro do comércio da sede da companhia, opor-se à redução do capital; decairão desse direito os credores que o não exercerem dentro do prazo.

**§ 2º.** Findo o prazo, a ata da assembleia geral que houver deliberado a redução poderá ser arquivada se não tiver havido oposição ou, se tiver havido oposição de algum credor, desde que feita a prova do pagamento do seu crédito ou do depósito judicial da importância respectiva.

**§ 3º.** Se houver em circulação debêntures emitidas pela companhia, a redução do capital, nos casos previstos neste artigo, não poderá ser efetivada sem prévia aprovação pela maioria dos debenturistas, reunidos em assembleia especial.

# CAPÍTULO XV. EXERCÍCIO SOCIAL E DEMONSTRAÇÕES FINANCEIRAS

## SEÇÃO I. EXERCÍCIO SOCIAL

**Art. 175.** O exercício social terá duração de 1 (um) ano e a data do término será fixada no estatuto.

**Parágrafo único.** Na constituição da companhia e nos casos de alteração estatutária o exercício social poderá ter duração diversa.

## SEÇÃO II. DEMONSTRAÇÕES FINANCEIRAS

### DISPOSIÇÕES GERAIS

**Art. 176.** Ao fim de cada exercício social, a diretoria fará elaborar, com base na escrituração mercantil da companhia, as seguintes demonstrações financeiras, que deverão exprimir com clareza a situação do patrimônio da companhia e as mutações ocorridas no exercício:

**I** - balanço patrimonial;

**II** - demonstração dos lucros ou prejuízos acumulados;

**III** - demonstração do resultado do exercício; e

**IV** - demonstração dos fluxos de caixa; e

**V** - se companhia aberta, demonstração do valor adicionado.

**§ 1º.** As demonstrações de cada exercício serão publicadas com a indicação dos valores correspondentes das demonstrações do exercício anterior.

**§ 2º.** Nas demonstrações, as contas semelhantes poderão ser agrupadas; os pequenos saldos poderão ser agregados, desde que indicada a sua natureza e não ultrapassem 0,1 (um décimo) do valor do respectivo grupo de contas; mas é vedada a utilização de designações genéricas, como "diversas contas" ou "contas correntes".

**§ 3º.** As demonstrações financeiras registrarão a destinação dos lucros segundo a proposta dos órgãos da administração, no pressuposto de sua aprovação pela assembleia geral.

**§ 4º.** As demonstrações serão complementadas por notas explicativas e outros quadros analíticos ou demonstrações contábeis necessários para esclarecimento da situação patrimonial e dos resultados do exercício.

**§ 5º.** As notas explicativas devem:

**I** - apresentar informações sobre a base de preparação das demonstrações financeiras e das práticas contábeis específicas selecionadas e aplicadas para negócios e eventos significativos;

**II** - divulgar as informações exigidas pelas práticas contábeis adotadas no Brasil que não estejam apresentadas em nenhuma outra parte das demonstrações financeiras;

**III** - fornecer informações adicionais não indicadas nas próprias demonstrações financeiras e consideradas necessárias para uma apresentação adequada; e

**IV** - indicar:

*a)* os principais critérios de avaliação dos elementos patrimoniais, especialmente estoques, dos cálculos de depreciação, amortização e exaustão, de constituição de provisões para encargos ou riscos, e dos ajustes para atender a perdas prováveis na realização de elementos do ativo;

*b)* os investimentos em outras sociedades, quando relevantes (art. 247, parágrafo único);

*c)* o aumento de valor de elementos do ativo resultante de novas avaliações (art. 182, § 3º);

*d)* os ônus reais constituídos sobre elementos do ativo, as garantias prestadas a terceiros e outras responsabilidades eventuais ou contingentes;

*e)* a taxa de juros, as datas de vencimento e as garantias das obrigações a longo prazo;

*f)* o número, espécies e classes das ações do capital social;

*g)* as opções de compra de ações outorgadas e exercidas no exercício;

*h)* os ajustes de exercícios anteriores (art. 186, § 1º); e

*i)* os eventos subsequentes à data de encerramento do exercício que tenham, ou possam vir a ter, efeito relevante sobre a situação financeira e os resultados futuros da companhia.

**§ 6º.** A companhia fechada com patrimônio líquido, na data do balanço, inferior a R$

2.000.000,00 (dois milhões de reais) não será obrigada à elaboração e publicação da demonstração dos fluxos de caixa.

**§ 7º.** A Comissão de Valores Mobiliários poderá, a seu critério, disciplinar de forma diversa o registro de que trata o § 3º deste artigo.

## ESCRITURAÇÃO

**Art. 177.** A escrituração da companhia será mantida em registros permanentes, com obediência aos preceitos da legislação comercial e desta Lei e aos princípios de contabilidade geralmente aceitos, devendo observar métodos ou critérios contábeis uniformes no tempo e registrar as mutações patrimoniais segundo o regime de competência.

**§ 1º.** As demonstrações financeiras do exercício em que houver modificação de métodos ou critérios contábeis, de efeitos relevantes, deverão indicá-la em nota e ressaltar esses efeitos.

**§ 2º.** A companhia observará exclusivamente em livros ou registros auxiliares, sem qualquer modificação da escrituração mercantil e das demonstrações reguladas nesta Lei, as disposições da lei tributária, ou de legislação especial sobre a atividade que constitui seu objeto, que prescrevam, conduzam ou incentivem a utilização de métodos ou critérios contábeis diferentes ou determinem registros, lançamentos ou ajustes ou a elaboração de outras demonstrações financeiras.

**I** – *(Revogado pela Lei nº 11.941, de 2009).*

**II** – *(Revogado pela Lei nº 11.941, de 2009).*

**§ 3º.** As demonstrações financeiras das companhias abertas observarão, ainda, as normas expedidas pela Comissão de Valores Mobiliários e serão obrigatoriamente submetidas a auditoria por auditores independentes nela registrados.

**§ 4º.** As demonstrações financeiras serão assinadas pelos administradores e por contabilistas legalmente habilitados.

**§ 5º.** As normas expedidas pela Comissão de Valores Mobiliários a que se refere o § 3º deste artigo deverão ser elaboradas em consonância com os padrões internacionais de contabilidade adotados nos principais mercados de valores mobiliários.

**§ 6º.** As companhias fechadas poderão optar por observar as normas sobre demonstrações financeiras expedidas pela Comissão de Valores Mobiliários para as companhias abertas.

**§ 7º.** *(Revogado pela Lei nº 11.941, de 2009).*

## SEÇÃO III.
## BALANÇO PATRIMONIAL

## GRUPO DE CONTAS

**Art. 178.** No balanço, as contas serão classificadas segundo os elementos do patrimônio que registrem, e agrupadas de modo a facilitar o conhecimento e a análise da situação financeira da companhia.

**§ 1º.** No ativo, as contas serão dispostas em ordem decrescente de grau de liquidez dos elementos nelas registrados, nos seguintes grupos:

**I** – ativo circulante; e

**II** – ativo não circulante, composto por ativo realizável a longo prazo, investimentos, imobilizado e intangível.

**§ 2º.** No passivo, as contas serão classificadas nos seguintes grupos:

**I** – passivo circulante;

**II** – passivo não circulante; e

**III** – patrimônio líquido, dividido em capital social, reservas de capital, ajustes de avaliação patrimonial, reservas de lucros, ações em tesouraria e prejuízos acumulados.

**§ 3º** Os saldos devedores e credores que a companhia não tiver direito de compensar serão classificados separadamente.

## ATIVO

**Art. 179.** As contas serão classificadas do seguinte modo:

**I** – no ativo circulante: as disponibilidades, os direitos realizáveis no curso do exercício social subsequente e as aplicações de recursos em despesas do exercício seguinte;

**II** – no ativo realizável a longo prazo: os direitos realizáveis após o término do exercício seguinte, assim como os derivados de vendas, adiantamentos ou empréstimos a sociedades coligadas ou controladas (artigo 243), diretores, acionistas ou participantes no lucro da companhia, que não constituírem negócios usuais na exploração do objeto da companhia;

**III** – em investimentos: as participações permanentes em outras sociedades e os direitos de qualquer natureza, não classificáveis no ativo circulante, e que não se destinem à manutenção da atividade da companhia ou da empresa;

**IV** – no ativo imobilizado: os direitos que tenham por objeto bens corpóreos destinados à manutenção das atividades da companhia ou da empresa ou exercidos com essa finalidade, inclusive os decorrentes de operações que transfiram à companhia os benefícios, riscos e controle desses bens;

**V** – *(Revogado pela Lei nº 11.941, de 2009).*

**VI** – no intangível: os direitos que tenham por objeto bens incorpóreos destinados à manutenção da companhia ou exercidos com essa finalidade, inclusive o fundo de comércio adquirido.

**Parágrafo único.** Na companhia em que o ciclo operacional da empresa tiver duração maior que o exercício social, a classificação no circulante ou longo prazo terá por base o prazo desse ciclo.

## PASSIVO EXIGÍVEL

**Art. 180.** As obrigações da companhia, inclusive financiamentos para aquisição de direitos do ativo não circulante, serão classificadas no passivo circulante, quando se vencerem no exercício seguinte, e no passivo não circulante, se tiverem vencimento em prazo maior, observado o disposto no parágrafo único do art. 179 desta Lei.

## RESULTADOS DE EXERCÍCIOS FUTUROS

**Art. 181.** *(Revogado pela Lei nº 11.941, de 2009).*

## PATRIMÔNIO LÍQUIDO

**Art. 182.** A conta do capital social discriminará o montante subscrito e, por dedução, a parcela ainda não realizada.

**§ 1º.** Serão classificadas como reservas de capital as contas que registrarem:

*a)* a contribuição do subscritor de ações que ultrapassar o valor nominal e a parte do preço de emissão das ações sem valor nominal que ultrapassar a importância destinada à formação do capital social, inclusive nos casos de conversão em ações de debêntures ou partes beneficiárias;

*b)* o produto da alienação de partes beneficiárias e bônus de subscrição;

*c) (Revogada pela Lei nº 11.638, de 2007).*

*d) (Revogada pela Lei nº 11.638, de 2007).*

**§ 2º.** Será ainda registrado como reserva de capital o resultado da correção monetária do capital realizado, enquanto não capitalizado.

**§ 3º.** Serão classificadas como ajustes de avaliação patrimonial, enquanto não computadas no resultado do exercício em obediência ao regime de competência, as contrapartidas de aumentos ou diminuições de valor atribuídos a elementos do ativo e do passivo, em decorrência da sua avaliação a valor justo, nos casos previstos nesta Lei ou, em normas expedidas pela Comissão de Valores Mobiliários, com base na competência conferida pelo § 3º do art. 177 desta Lei.

**§ 4º.** Serão classificadas como reservas de lucros as contas constituídas pela apropriação de lucros da companhia.

**§ 5º.** As ações em tesouraria deverão ser destacadas no balanço como dedução da conta do patrimônio líquido que registrar a origem dos recursos aplicados na sua aquisição.

## CRITÉRIOS DE AVALIAÇÃO DO ATIVO

**Art. 183.** No balanço, os elementos do ativo serão avaliados segundo os seguintes critérios:

**I** – as aplicações em instrumentos financeiros, inclusive derivativos, e em direitos e títulos de créditos, classificados no ativo circulante ou no realizável a longo prazo:

*a)* pelo seu valor justo, quando se tratar de aplicações destinadas à negociação ou disponíveis para venda; e

*b)* pelo valor de custo de aquisição ou valor de emissão, atualizado conforme disposições legais ou contratuais, ajustado ao valor provável de realização, quando este for inferior, no caso das demais aplicações e os direitos e títulos de crédito;

**II** – os direitos que tiverem por objeto mercadorias e produtos do comércio da companhia, assim como matérias-primas, produtos em fabricação e bens em almoxarifado, pelo custo de aquisição ou produção, deduzido de provisão para ajustá-lo ao valor de mercado, quando este for inferior;

**III** – os investimentos em participação no capital social de outras sociedades, ressalvado o disposto nos artigos 248 a 250, pelo custo de aquisição, deduzido de provisão para perdas prováveis na realização do seu valor, quando essa perda estiver comprovada como permanente, e que não será modificado em razão do recebimento, sem custo para a companhia, de ações ou quotas bonificadas;

**IV** – os demais investimentos, pelo custo de aquisição, deduzido de provisão para atender às perdas prováveis na realização do seu valor, ou para redução do custo de aquisição ao valor de mercado, quando este for inferior;

**V** – os direitos classificados no imobilizado, pelo custo de aquisição, deduzido do saldo da respectiva conta de depreciação, amortização ou exaustão;

**VI** – *(Revogado pela Lei nº 11.941, de 2009).*

**VII** – os direitos classificados no intangível, pelo custo incorrido na aquisição deduzido do saldo da respectiva conta de amortização;

**VIII** – os elementos do ativo decorrentes de operações de longo prazo serão ajustados a valor presente, sendo os demais ajustados quando houver efeito relevante.

**§ 1º.** Para efeitos do disposto neste artigo, considera-se valor justo:

*a)* das matérias-primas e dos bens em almoxarifado, o preço pelo qual possam ser repostos, mediante compra no mercado;

*b)* dos bens ou direitos destinados à venda, o preço líquido de realização mediante venda no mercado, deduzidos os impostos e demais despesas necessárias para a venda, e a margem de lucro;

*c)* dos investimentos, o valor líquido pelo qual possam ser alienados a terceiros.

*d)* dos instrumentos financeiros, o valor que pode se obter em um mercado ativo, decorrente de transação não compulsória realizada entre partes independentes; e, na ausência de um mercado ativo para um determinado instrumento financeiro:

1) o valor que se pode obter em um mercado ativo com a negociação de outro instrumento financeiro de natureza, prazo e risco similares;

2) o valor presente líquido dos fluxos de caixa futuros para instrumentos financeiros de natureza, prazo e risco similares; ou

3) o valor obtido por meio de modelos matemático-estatísticos de precificação de instrumentos financeiros.

**§ 2º.** A diminuição do valor dos elementos dos ativos imobilizado e intangível será registrada periodicamente nas contas de:

*a)* depreciação, quando corresponder à perda do valor dos direitos que têm por objeto bens físicos sujeitos a desgaste ou perda de utilidade por uso, ação da natureza ou obsolescência;

*b)* amortização, quando corresponder à perda do valor do capital aplicado na aquisição de direitos da propriedade industrial ou comercial e quaisquer outros com existência ou exercício de duração limitada, ou cujo objeto sejam bens de utilização por prazo legal ou contratualmente limitado;

*c)* exaustão, quando corresponder à perda do valor, decorrente da sua exploração, de direitos cujo objeto sejam recursos minerais ou florestais, ou bens aplicados nessa exploração.

**§ 3º**. A companhia deverá efetuar, periodicamente, análise sobre a recuperação dos valores registrados no imobilizado e no intangível, a fim de que sejam:

I – registradas as perdas de valor do capital aplicado quando houver decisão de interromper os empreendimentos ou atividades a que se destinavam ou quando comprovado que não poderão produzir resultados suficientes para recuperação desse valor; ou

II – revisados e ajustados os critérios utilizados para determinação da vida útil econômica estimada e para cálculo da depreciação, exaustão e amortização.

**§ 4º**. Os estoques de mercadorias fungíveis destinadas à venda poderão ser avaliados pelo valor de mercado, quando esse for o costume mercantil aceito pela técnica contábil.

## CRITÉRIOS DE AVALIAÇÃO DO PASSIVO

**Art. 184.** No balanço, os elementos do passivo serão avaliados de acordo com os seguintes critérios:

**I** – as obrigações, encargos e riscos, conhecidos ou calculáveis, inclusive Imposto sobre a Renda a pagar com base no resultado do exercício, serão computados pelo valor atualizado até a data do balanço;

**II** – as obrigações em moeda estrangeira, com cláusula de paridade cambial, serão convertidas em moeda nacional à taxa de câmbio em vigor na data do balanço;

**III** – as obrigações, os encargos e os riscos classificados no passivo não circulante serão ajustados ao seu valor presente, sendo os demais ajustados quando houver efeito relevante.

## CRITÉRIOS DE AVALIAÇÃO EM OPERAÇÕES SOCIETÁRIAS

**Art. 184-A.** A Comissão de Valores Mobiliários estabelecerá, com base na competência conferida pelo § 3º do art. 177 desta Lei, normas especiais de avaliação e contabilização aplicáveis à aquisição de controle, participações societárias ou negócios.

## CORREÇÃO MONETÁRIA

**Art. 185.** *(Revogado pela Lei nº 7.730, de 1989).*

## SEÇÃO IV. DEMONSTRAÇÃO DE LUCROS OU PREJUÍZOS ACUMULADOS

**Art. 186.** A demonstração de lucros ou prejuízos acumulados discriminará:

**I** – o saldo do início do período, os ajustes de exercícios anteriores e a correção monetária do saldo inicial;

**II** – as reversões de reservas e o lucro líquido do exercício;

**III** – as transferências para reservas, os dividendos, a parcela dos lucros incorporada ao capital e o saldo ao fim do período.

**§ 1º**. Como ajustes de exercícios anteriores serão considerados apenas os decorrentes de efeitos da mudança de critério contábil, ou da retificação de erro imputável a determinado exercício anterior, e que não possam ser atribuídos a fatos subsequentes.

**§ 2º**. A demonstração de lucros ou prejuízos acumulados deverá indicar o montante do dividendo por ação do capital social e poderá ser incluída na demonstração das mutações do patrimônio líquido, se elaborada e publicada pela companhia.

## SEÇÃO V. DEMONSTRAÇÃO DO RESULTADO DO EXERCÍCIO

**Art. 187.** A demonstração do resultado do exercício discriminará:

**I** – a receita bruta das vendas e serviços, as deduções das vendas, os abatimentos e os impostos;

**II** – a receita líquida das vendas e serviços, o custo das mercadorias e serviços vendidos e o lucro bruto;

**III** – as despesas com as vendas, as despesas financeiras, deduzidas das receitas, as despesas gerais e administrativas, e outras despesas operacionais;

**IV** – o lucro ou prejuízo operacional, as outras receitas e as outras despesas;

**V** – o resultado do exercício antes do Imposto sobre a Renda e a provisão para o imposto;

**VI** – as participações de debêntures, empregados, administradores e partes beneficiárias, mesmo na forma de instrumentos financeiros, e de instituições ou fundos de assistência ou previdência de empregados, que não se caracterizem como despesa;

**VII** – o lucro ou prejuízo líquido do exercício e o seu montante por ação do capital social.

**§ 1º**. Na determinação do resultado do exercício serão computados:

*a)* as receitas e os rendimentos ganhos no período, independentemente da sua realização em moeda; e

*b)* os custos, despesas, encargos e perdas, pagos ou incorridos, correspondentes a essas receitas e rendimentos.

**§ 2º**. *(Revogado pela Lei nº 11.638, de 2007).*

SEÇÃO VI.
DEMONSTRAÇÕES DOS FLUXOS DE CAIXA E DO VALOR ADICIONADO

**Art. 188.** As demonstrações referidas nos incisos IV e V do *caput* do art. 176 desta Lei indicarão, no mínimo:

**I** – demonstração dos fluxos de caixa – as alterações ocorridas, durante o exercício, no saldo de caixa e equivalentes de caixa, segregando-se essas alterações em, no mínimo, 3 (três) fluxos:

*a)* das operações;

*b)* dos financiamentos; e

*c)* dos investimentos;

**II** – demonstração do valor adicionado – o valor da riqueza gerada pela companhia, a sua distribuição entre os elementos que contribuíram para a geração dessa riqueza, tais como empregados, financiadores, acionistas, governo e outros, bem como a parcela da riqueza não distribuída.

**III** – *(Revogado pela Lei nº 11.941, de 2009).*

**IV** – *(Revogado pela Lei nº 11.941, de 2009).*

## CAPÍTULO XVI.
## LUCROS, RESERVAS E DIVIDENDOS

SEÇÃO I.
LUCRO

### DEDUÇÃO DE PREJUÍZOS E IMPOSTO SOBRE A RENDA

**Art. 189.** Do resultado do exercício serão deduzidos, antes de qualquer participação, os prejuízos acumulados e a provisão para o Imposto sobre a Renda.

**Parágrafo único.** O prejuízo do exercício será obrigatoriamente absorvido pelos lucros acumulados, pelas reservas de lucros e pela reserva legal, nessa ordem.

### PARTICIPAÇÕES

**Art. 190.** As participações estatutárias de empregados, administradores e partes beneficiárias serão determinadas, sucessivamente e nessa ordem, com base nos lucros que remanescerem depois de deduzida a participação anteriormente calculada.

**Parágrafo único.** Aplica-se ao pagamento das participações dos administradores e das partes beneficiárias o disposto nos parágrafos do artigo 201.

### LUCRO LÍQUIDO

**Art. 191.** Lucro líquido do exercício é o resultado do exercício que remanescer depois de deduzidas as participações de que trata o artigo 190.

### PROPOSTA DE DESTINAÇÃO DO LUCRO

**Art. 192.** Juntamente com as demonstrações financeiras do exercício, os órgãos da administração da companhia apresentarão à assembleia geral ordinária, observado o disposto nos artigos 193 a 203 e no estatuto, proposta sobre a destinação a ser dada ao lucro líquido do exercício.

SEÇÃO II.
RESERVAS E RETENÇÃO DE LUCROS

### RESERVA LEGAL

**Art. 193.** Do lucro líquido do exercício, 5% (cinco por cento) serão aplicados, antes de qualquer outra destinação, na constituição da reserva legal, que não excederá de 20% (vinte por cento) do capital social.

**§ 1º.** A companhia poderá deixar de constituir a reserva legal no exercício em que o saldo dessa reserva, acrescido do montante das reservas de capital de que trata o § 1º do artigo 182, exceder de 30% (trinta por cento) do capital social.

**§ 2º.** A reserva legal tem por fim assegurar a integridade do capital social e somente poderá ser utilizada para compensar prejuízos ou aumentar o capital.

### RESERVAS ESTATUTÁRIAS

**Art. 194.** O estatuto poderá criar reservas desde que, para cada uma:

**I** – indique, de modo preciso e completo, a sua finalidade;

**II** – fixe os critérios para determinar a parcela anual dos lucros líquidos que serão destinados à sua constituição; e

**III** – estabeleça o limite máximo da reserva.

### RESERVAS PARA CONTINGÊNCIAS

**Art. 195.** A assembleia geral poderá, por proposta dos órgãos da administração, destinar parte do lucro líquido à formação de reserva com a finalidade de compensar, em exercício futuro, a diminuição do lucro decorrente de perda julgada provável, cujo valor possa ser estimado.

**§ 1º.** A proposta dos órgãos da administração deverá indicar a causa da perda prevista e justificar, com as razões de prudência que a recomendem, a constituição da reserva.

**§ 2º.** A reserva será revertida no exercício em que deixarem de existir as razões que justificaram a sua constituição ou em que ocorrer a perda.

### RESERVA DE INCENTIVOS FISCAIS

**Art. 195-A.** A assembleia geral poderá, por proposta dos órgãos de administração, destinar para a reserva de incentivos fiscais a parcela do lucro líquido decorrente de doações ou subvenções governamentais para investimentos, que poderá ser excluída da base de cálculo do dividendo obrigatório (inciso I do *caput* do art. 202 desta Lei).

### RETENÇÃO DE LUCROS

**Art. 196.** A assembleia geral poderá, por proposta dos órgãos da administração, deliberar reter parcela do lucro líquido do exercício prevista em orçamento de capital por ela previamente aprovado.

**§ 1º.** O orçamento, submetido pelos órgãos da administração com a justificativa da retenção de lucros proposta, deverá compreender todas as fontes de recursos e aplicações de capital, fixo ou circulante, e poderá ter a duração de até 5 (cinco) exercícios, salvo no caso de execução, por prazo maior, de projeto de investimento.

**§ 2º.** O orçamento poderá ser aprovado pela assembleia geral ordinária que deliberar sobre o balanço do exercício e revisado anualmente, quando tiver duração superior a um exercício social.

### RESERVA DE LUCROS A REALIZAR

**Art. 197.** No exercício em que o montante do dividendo obrigatório, calculado nos termos do estatuto ou do art. 202, ultrapassar a parcela realizada do lucro líquido do exercício, a assembleia geral poderá, por proposta dos órgãos de administração, destinar o excesso à constituição de reserva de lucros a realizar.

**§ 1º.** Para os efeitos deste artigo, considera-se realizada a parcela do lucro líquido do exercício que exceder da soma dos seguintes valores:

**I** – o resultado líquido positivo da equivalência patrimonial (art. 248); e

**II** – o lucro, rendimento ou ganho líquidos em operações ou contabilização de ativo e passivo pelo valor de mercado, cujo prazo de realização financeira ocorra após o término do exercício social seguinte.

**§ 2º.** A reserva de lucros a realizar somente poderá ser utilizada para pagamento do dividendo obrigatório e, para efeito do inciso III do art. 202, serão considerados como integrantes da reserva os lucros a realizar de cada exercício que forem os primeiros a serem realizados em dinheiro.

### LIMITE DA CONSTITUIÇÃO DE RESERVAS E RETENÇÃO DE LUCROS

**Art. 198.** A destinação dos lucros para constituição das reservas de que trata o artigo 194 e a retenção nos termos do artigo 196 não poderão ser aprovadas, em cada exercício, em prejuízo da distribuição do dividendo obrigatório (artigo 202).

### LIMITE DO SALDO DAS RESERVAS DE LUCRO

**Art. 199.** O saldo das reservas de lucros, exceto as para contingências, de incentivos fiscais e de lucros a realizar, não poderá ultrapassar o capital social. Atingindo esse limite, a assembleia deliberará sobre aplicação do excesso na integralização ou no aumento do capital social ou na distribuição de dividendos.

### RESERVAS DE CAPITAL

**Art. 200.** As reservas de capital somente poderão ser utilizadas para:

› Lei 6.404/1976, art. 192.

**I** – absorção de prejuízos que ultrapassarem os lucros acumulados e as reservas de lucros (artigo 189, parágrafo único);

**II** – resgate, reembolso ou compra de ações;

**III** – resgate de partes beneficiárias;

**IV** – incorporação ao capital social;

**V** – pagamento de dividendo a ações preferenciais, quando essa vantagem lhes for assegurada (artigo 17, § 5º).

**Parágrafo único.** A reserva constituída com o produto da venda de partes beneficiárias poderá ser destinada ao resgate desses títulos.

## SEÇÃO III.
## DIVIDENDOS

### ORIGEM

**Art. 201.** A companhia somente pode pagar dividendos à conta de lucro líquido do exercício, de lucros acumulados e de reserva de lucros; e à conta de reserva de capital, no caso das ações preferenciais de que trata o § 5º do artigo 17.

**§ 1º.** A distribuição de dividendos com inobservância do disposto neste artigo implica responsabilidade solidária dos administradores e fiscais, que deverão repor à caixa social a importância distribuída, sem prejuízo da ação penal que no caso couber.

**§ 2º.** Os acionistas não são obrigados a restituir os dividendos que em boa-fé tenham recebido. Presume-se a má-fé quando os dividendos forem distribuídos sem o levantamento do balanço ou em desacordo com os resultados deste.

### DIVIDENDO OBRIGATÓRIO

**Art. 202.** Os acionistas têm direito de receber como dividendo obrigatório, em cada exercício, a parcela dos lucros estabelecida no estatuto ou, se este for omisso, a importância determinada de acordo com as seguintes normas:

**I** – metade do lucro líquido do exercício diminuído ou acrescido dos seguintes valores:

*a)* importância destinada à constituição da reserva legal (art. 193); e

*b)* importância destinada à formação da reserva para contingências (art. 195) e reversão da mesma reserva formada em exercícios anteriores;

**II** – o pagamento do dividendo determinado nos termos do inciso I poderá ser limitado ao montante do lucro líquido do exercício que tiver sido realizado, desde que a diferença seja registrada como reserva de lucros a realizar (art. 197);

**III** – os lucros registrados na reserva de lucros a realizar, quando realizados e se não tiverem sido absorvidos por prejuízos em exercícios subsequentes, deverão ser acrescidos ao primeiro dividendo declarado após a realização.

**§ 1º.** O estatuto poderá estabelecer o dividendo como porcentagem do lucro ou do capital social, ou fixar outros critérios para determiná-lo, desde que sejam regulados com precisão e minúcia e não sujeitem os acionistas minoritários ao arbítrio dos órgãos de administração ou da maioria.

**§ 2º.** Quando o estatuto for omisso e a assembleia geral deliberar alterá-lo para introduzir norma sobre a matéria, o dividendo obrigatório não poderá ser inferior a 25% (vinte e cinco por cento) do lucro líquido ajustado nos termos do inciso I deste artigo.

**§ 3º.** A assembleia geral pode, desde que não haja oposição de qualquer acionista presente, deliberar a distribuição de dividendo inferior ao obrigatório, nos termos deste artigo, ou a retenção de todo o lucro líquido, nas seguintes sociedades:

**I** – companhias abertas exclusivamente para a captação de recursos por debêntures não conversíveis em ações;

**II** – companhias fechadas, exceto nas controladas por companhias abertas que não se enquadrem na condição prevista no inciso I.

**§ 4º.** O dividendo previsto neste artigo não será obrigatório no exercício social em que os órgãos da administração informarem à assembleia geral ordinária ser ele incompatível com a situação financeira da companhia. O conselho fiscal, se em funcionamento, deverá dar parecer sobre essa informação e, na companhia aberta, seus administradores encaminharão à Comissão de Valores Mobiliários, dentro de 5 (cinco) dias da realização da assembleia geral, exposição justificativa da informação transmitida à assembleia.

**§ 5º.** Os lucros que deixarem de ser distribuídos nos termos do § 4º serão registrados como reserva especial e, se não absorvidos por prejuízos em exercícios subsequentes, deverão ser pagos como dividendo assim que o permitir a situação financeira da companhia.

**§ 6º.** Os lucros não destinados nos termos dos arts. 193 a 197 deverão ser distribuídos como dividendos.

## DIVIDENDOS DE AÇÕES PREFERENCIAIS

**Art. 203.** O disposto nos artigos 194 a 197, e 202, não prejudicará o direito dos acionistas preferenciais de receber os dividendos fixos ou mínimos a que tenham prioridade, inclusive os atrasados, se cumulativos.

## DIVIDENDOS INTERMEDIÁRIOS

**Art. 204.** A companhia que, por força de lei ou de disposição estatutária, levantar balanço semestral, poderá declarar, por deliberação dos órgãos de administração, se autorizados pelo estatuto, dividendo à conta do lucro apurado nesse balanço.

**§ 1º.** A companhia poderá, nos termos de disposição estatutária, levantar balanço e distribuir dividendos em períodos menores, desde que o total dos dividendos pagos em cada semestre do exercício social não exceda o montante das reservas de capital de que trata o § 1º do artigo 182.

**§ 2º.** O estatuto poderá autorizar os órgãos de administração a declarar dividendos intermediários, à conta de lucros acumulados ou de reservas de lucros existentes no último balanço anual ou semestral.

## PAGAMENTO DE DIVIDENDOS

**Art. 205.** A companhia pagará o dividendo de ações nominativas à pessoa que, na data do ato de declaração do dividendo, estiver inscrita como proprietária ou usufrutuária da ação.

**§ 1º.** Os dividendos poderão ser pagos por cheque nominativo remetido por via postal para o endereço comunicado pelo acionista à companhia, ou mediante crédito em conta corrente bancária aberta em nome do acionista.

**§ 2º.** Os dividendos das ações em custódia bancária ou em depósito nos termos dos artigos 41 e 43 serão pagos pela companhia à instituição financeira depositária, que será responsável pela sua entrega aos titulares das ações depositadas.

**§ 3º.** O dividendo deverá ser pago, salvo deliberação em contrário da assembleia geral, no prazo de 60 (sessenta) dias da data em que for declarado e, em qualquer caso, dentro do exercício social.

# CAPÍTULO XVII. DISSOLUÇÃO, LIQUIDAÇÃO E EXTINÇÃO

## SEÇÃO I. DISSOLUÇÃO

**Art. 206.** Dissolve-se a companhia:

**I** – de pleno direito:

*a)* pelo término do prazo de duração;

*b)* nos casos previstos no estatuto;

*c)* por deliberação da assembleia geral (art. 136, X);

*d)* pela existência de 1 (um) único acionista, verificada em assembleia geral ordinária, se o mínimo de 2 (dois) não for reconstituído até à do ano seguinte, ressalvado o disposto no artigo 251;

*e)* pela extinção, na forma da lei, da autorização para funcionar;

**II** – por decisão judicial:

*a)* quando anulada a sua constituição, em ação proposta por qualquer acionista;

*b)* quando provado que não pode preencher o seu fim, em ação proposta por acionistas que

representem 5% (cinco por cento) ou mais do capital social;
*c)* em caso de falência, na forma prevista na respectiva lei;
**III** – por decisão de autoridade administrativa competente, nos casos e na forma previstos em lei especial.

### EFEITOS

**Art. 207.** A companhia dissolvida conserva a personalidade jurídica, até a extinção, com o fim de proceder à liquidação.

## SEÇÃO II. LIQUIDAÇÃO

### LIQUIDAÇÃO PELOS ÓRGÃOS DA COMPANHIA

**Art. 208.** Silenciando o estatuto, compete à assembleia geral, nos casos do número I do artigo 206, determinar o modo de liquidação e nomear o liquidante e o conselho fiscal que devam funcionar durante o período de liquidação.
**§ 1º.** A companhia que tiver conselho de administração poderá mantê-lo, competindo-lhe nomear o liquidante; o funcionamento do conselho fiscal será permanente ou a pedido de acionistas, conforme dispuser o estatuto.
**§ 2º.** O liquidante poderá ser destituído, a qualquer tempo, pelo órgão que o tiver nomeado.

### LIQUIDAÇÃO JUDICIAL

**Art. 209.** Além dos casos previstos no número II do artigo 206, a liquidação será processada judicialmente:
**I** – a pedido de qualquer acionista, se os administradores ou a maioria de acionistas deixarem de promover a liquidação, ou a ela se opuserem, nos casos do número I do artigo 206;
**II** – a requerimento do Ministério Público, à vista de comunicação da autoridade competente, se a companhia, nos 30 (trinta) dias subsequentes à dissolução, não iniciar a liquidação ou, se após iniciá-la, a interromper por mais de 15 (quinze) dias, no caso da alínea *e* do número I do artigo 301.
**Parágrafo único.** Na liquidação judicial será observado o disposto na lei processual, devendo o liquidante ser nomeado pelo juiz.

### DEVERES DO LIQUIDANTE

**Art. 210.** São deveres do liquidante:
**I** – arquivar e publicar a ata da assembleia geral, ou certidão de sentença, que tiver deliberado ou decidido a liquidação;
**II** – arrecadar os bens, livros e documentos da companhia, onde quer que estejam;
**III** – fazer levantar de imediato, em prazo não superior ao fixado pela assembleia geral ou pelo juiz, o balanço patrimonial da companhia;
**IV** – ultimar os negócios da companhia, realizar o ativo, pagar o passivo, e partilhar o remanescente entre os acionistas;
**V** – exigir dos acionistas, quando o ativo não bastar para a solução do passivo, a integralização de suas ações;
**VI** – convocar a assembleia geral, nos casos previstos em lei ou quando julgar necessário;
**VII** – confessar a falência da companhia e pedir concordata, nos casos previstos em lei;
**VIII** – finda a liquidação, submeter à assembleia geral relatório dos atos e operações da liquidação e suas contas finais;
**IX** – arquivar e publicar a ata da assembleia geral que houver encerrado a liquidação.

### PODERES DO LIQUIDANTE

**Art. 211.** Compete ao liquidante representar a companhia e praticar todos os atos necessários à liquidação, inclusive alienar bens móveis ou imóveis, transigir, receber e dar quitação.
**Parágrafo único.** Sem expressa autorização da assembleia geral o liquidante não poderá gravar bens e contrair empréstimos, salvo quando indispensáveis ao pagamento de obrigações inadiáveis, nem prosseguir, ainda que para facilitar a liquidação, na atividade social.

### DENOMINAÇÃO DA COMPANHIA

**Art. 212.** Em todos os atos ou operações, o liquidante deverá usar a denominação social seguida das palavras "em liquidação".

### ASSEMBLEIA GERAL

**Art. 213.** O liquidante convocará a assembleia geral cada 6 (seis) meses, para prestar-lhe contas dos atos e operações praticados no semestre e apresentar-lhe o relatório e o balanço do estado da liquidação; a assembleia geral pode fixar, para essas prestações de contas, períodos menores ou maiores que, em qualquer caso, não serão inferiores a 3 (três) nem superiores a 12 (doze) meses.
**§ 1º.** Nas assembleias-gerais da companhia em liquidação todas as ações gozam de igual direito de voto, tornando-se ineficazes as restrições ou limitações porventura existentes em relação às ações ordinárias ou preferenciais; cessando o estado de liquidação, restaura-se a eficácia das restrições ou limitações relativas ao direito de voto.
**§ 2º.** No curso da liquidação judicial, as assembleias-gerais necessárias para deliberar sobre os interesses da liquidação serão convocadas por ordem do juiz, a quem compete presidi-las e resolver, sumariamente, as dúvidas e litígios que forem suscitados. As atas das assembleias-gerais serão, por cópias autênticas, apensadas ao processo judicial.

### PAGAMENTO DO PASSIVO

**Art. 214.** Respeitados os direitos dos credores preferenciais, o liquidante pagará as dívidas sociais proporcionalmente e sem distinção entre vencidas e vincendas, mas, em relação a estas, com desconto às taxas bancárias.

**Parágrafo único.** Se o ativo for superior ao passivo, o liquidante poderá, sob sua responsabilidade pessoal, pagar integralmente as dívidas vencidas.

### PARTILHA DO ATIVO

**Art. 215.** A assembleia geral pode deliberar que antes de ultimada a liquidação, e depois de pagos todos os credores, se façam rateios entre os acionistas, à proporção que se forem apurando os haveres sociais.

**§ 1º** É facultado à assembleia geral aprovar, pelo voto de acionistas que representem, no mínimo, 90% (noventa por cento) dos votos conferidos pelas ações com direito a voto, depois de pagos ou garantidos os credores, condições especiais para a partilha do ativo remanescente, com a atribuição de bens aos sócios, pelo valor contábil ou outro por ela fixado. *(Redação dada pela Lei 14.195/2021)*

**§ 2º**. Provado pelo acionista dissidente (artigo 216, § 2º) que as condições especiais de partilha visaram a favorecer a maioria, em detrimento da parcela que lhe tocaria, se inexistissem tais condições, será a partilha suspensa, se não consumada, ou, se já consumada, os acionistas majoritários indenizarão os minoritários pelos prejuízos apurados.

### PRESTAÇÃO DE CONTAS

**Art. 216.** Pago o passivo e rateado o ativo remanescente, o liquidante convocará a assembleia geral para a prestação final das contas.

**§ 1º**. Aprovadas as contas, encerra-se a liquidação e a companhia se extingue.

**§ 2º**. O acionista dissidente terá o prazo de 30 (trinta) dias, a contar da publicação da ata, para promover a ação que lhe couber.

### RESPONSABILIDADE NA LIQUIDAÇÃO

**Art. 217.** O liquidante terá as mesmas responsabilidades do administrador, e os deveres e responsabilidades dos administradores, fiscais e acionistas subsistirão até a extinção da companhia.

### DIREITO DO CREDOR NÃO SATISFEITO

**Art. 218.** Encerrada a liquidação, o credor não satisfeito só terá direito de exigir dos acionistas, individualmente, o pagamento de seu crédito, até o limite da soma, por eles recebida, e de propor contra o liquidante, se for o caso, ação de perdas e danos. O acionista executado terá direito de haver dos demais a parcela que lhes couber no crédito pago.

### SEÇÃO III. EXTINÇÃO

**Art. 219.** Extingue-se a companhia:

**I** – pelo encerramento da liquidação;

**II** – pela incorporação ou fusão, e pela cisão com versão de todo o patrimônio em outras sociedades.

## CAPÍTULO XVIII. TRANSFORMAÇÃO, INCORPORAÇÃO, FUSÃO E CISÃO

### SEÇÃO I. TRANSFORMAÇÃO

### CONCEITO E FORMA

**Art. 220.** A transformação é a operação pela qual a sociedade passa, independentemente de dissolução e liquidação, de um tipo para outro.

**Parágrafo único.** A transformação obedecerá aos preceitos que regulam a constituição e o registro do tipo a ser adotado pela sociedade.

### DELIBERAÇÃO

**Art. 221.** A transformação exige o consentimento unânime dos sócios ou acionistas, salvo se prevista no estatuto ou no contrato social, caso em que o sócio dissidente terá o direito de retirar-se da sociedade.

**Parágrafo único.** Os sócios podem renunciar, no contrato social, ao direito da retirada no caso de transformação em companhia.

### DIREITO DOS CREDORES

**Art. 222.** A transformação não prejudicará, em caso algum, os direitos dos credores, que continuarão, até o pagamento integral dos seus créditos, com as mesmas garantias que o tipo anterior de sociedade lhes oferecia.

**Parágrafo único.** A falência da sociedade transformada somente produzirá efeitos em relação aos sócios que, no tipo anterior, a eles estariam sujeitos, se o pedirem os titulares de créditos anteriores à transformação, e somente a estes beneficiará.

### SEÇÃO II. INCORPORAÇÃO, FUSÃO E CISÃO COMPETÊNCIA E PROCESSO

▸ CC: arts. 1.113 a 1.122.

**Art. 223.** A incorporação, fusão e cisão podem ser operadas entre sociedades de tipos iguais ou diferentes e deverão ser deliberadas na forma prevista para a alteração dos respectivos estatutos ou contratos sociais.

**§ 1º**. Nas operações em que houver criação de sociedade serão observadas as normas reguladoras da constituição das sociedades do seu tipo.

**§ 2º**. Os sócios ou acionistas das sociedades incorporadas, fundidas ou cindidas receberão, diretamente da companhia emissora, as ações que lhes couberem.

**§ 3º**. Se a incorporação, fusão ou cisão envolverem companhia aberta, as sociedades que a sucederem serão também abertas, devendo obter o respectivo registro e, se for o caso, promover a admissão de negociação das novas ações no mercado secundário, no prazo máximo de cento e vinte dias, contados da data da assembleia geral que aprovou a operação, observando as normas pertinentes baixadas pela Comissão de Valores Mobiliários.

**§ 4º**. O descumprimento do previsto no parágrafo anterior dará ao acionista direito de retirar-se da companhia, mediante reembolso do valor das suas ações (art. 45), nos trinta dias seguintes ao término do prazo nele referido, observado o disposto nos §§ 1º e 4º do art. 137.

## PROTOCOLO

**Art. 224.** As condições da incorporação, fusão ou cisão com incorporação em sociedade existente constarão de protocolo firmado pelos órgãos de administração ou sócios das sociedades interessadas, que incluirá:

**I** – o número, espécie e classe das ações que serão atribuídas em substituição dos direitos de sócios que se extinguirão e os critérios utilizados para determinar as relações de substituição;

**II** – os elementos ativos e passivos que formarão cada parcela do patrimônio, no caso de cisão;

**III** – os critérios de avaliação do patrimônio líquido, a data a que será referida a avaliação, e o tratamento das variações patrimoniais posteriores;

**IV** – a solução a ser adotada quanto às ações ou quotas do capital de uma das sociedades possuídas por outra;

**V** – o valor do capital das sociedades a serem criadas ou do aumento ou redução do capital das sociedades que forem parte na operação;

**VI** – o projeto ou projetos de estatuto, ou de alterações estatutárias, que deverão ser aprovados para efetivar a operação;

**VII** – todas as demais condições a que estiver sujeita a operação.

**Parágrafo único.** Os valores sujeitos a determinação serão indicados por estimativa.

## JUSTIFICAÇÃO

**Art. 225.** As operações de incorporação, fusão e cisão serão submetidas à deliberação da assembleia geral das companhias interessadas mediante justificação, na qual serão expostos:

**I** – os motivos ou fins da operação, e o interesse da companhia na sua realização;

**II** – as ações que os acionistas preferenciais receberão e as razões para a modificação dos seus direitos, se prevista;

**III** – a composição, após a operação, segundo espécies e classes das ações, do capital das companhias que deverão emitir ações em substituição às que se deverão extinguir;

**IV** – o valor de reembolso das ações a que terão direito os acionistas dissidentes.

## TRANSFORMAÇÃO, INCORPORAÇÃO, FUSÃO E CISÃO

**Art. 226.** As operações de incorporação, fusão e cisão somente poderão ser efetivadas nas condições aprovadas se os peritos nomeados determinarem que o valor do patrimônio ou patrimônios líquidos a serem vertidos para a formação de capital social é, ao menos, igual ao montante do capital a realizar.

**§ 1º** As ações ou quotas do capital da sociedade a ser incorporada que forem de propriedade da companhia incorporadora poderão, conforme dispuser o protocolo de incorporação, ser extintas, ou substituídas por ações em tesouraria da incorporadora, até o limite dos lucros acumulados e reservas, exceto a legal.

**§ 2º**. O disposto no § 1º aplicar-se-á aos casos de fusão, quando uma das sociedades fundidas for proprietária de ações ou quotas de outra, e de cisão com incorporação, quando a companhia que incorporar parcela do patrimônio da cindida for proprietária de ações ou quotas do capital desta.

**§ 3º**. A Comissão de Valores Mobiliários estabelecerá normas especiais de avaliação e contabilização aplicáveis às operações de fusão, incorporação e cisão que envolvam companhia aberta.

## INCORPORAÇÃO

**Art. 227.** A incorporação é a operação pela qual uma ou mais sociedades são absorvidas por outra, que lhes sucede em todos os direitos e obrigações.

**§ 1º**. A assembleia geral da companhia incorporadora, se aprovar o protocolo da operação, deverá autorizar o aumento de capital a ser subscrito e realizado pela incorporada mediante versão do seu patrimônio líquido, e nomear os peritos que o avaliarão.

**§ 2º**. A sociedade que houver de ser incorporada, se aprovar o protocolo da operação, autorizará seus administradores a praticarem os atos necessários à incorporação, inclusive a subscrição do aumento de capital da incorporadora.

**§ 3º**. Aprovados pela assembleia geral da incorporadora o laudo de avaliação e a incorporação, extingue-se a incorporada, competindo à primeira promover o arquivamento e a publicação dos atos da incorporação.

## FUSÃO

**Art. 228.** A fusão é a operação pela qual se unem duas ou mais sociedades para formar sociedade nova, que lhes sucederá em todos os direitos e obrigações.

**§ 1º**. A assembleia geral de cada companhia, se aprovar o protocolo de fusão, deverá nomear os peritos que avaliarão os patrimônios líquidos das demais sociedades.

**§ 2º.** Apresentados os laudos, os administradores convocarão os sócios ou acionistas das sociedades para uma assembleia geral, que deles tomará conhecimento e resolverá sobre a constituição definitiva da nova sociedade, vedado aos sócios ou acionistas votar o laudo de avaliação do patrimônio líquido da sociedade de que fazem parte.

**§ 3º.** Constituída a nova companhia, incumbirá aos primeiros administradores promover o arquivamento e a publicação da fusão.

## CISÃO

**Art. 229.** A cisão é a operação pela qual a companhia transfere parcelas do seu patrimônio para uma ou mais sociedades, constituídas para esse fim ou já existentes, extinguindo-se a companhia cindida, se houver versão de todo o seu patrimônio, ou dividindo-se o seu capital, se parcial a versão.

**§ 1º.** Sem prejuízo do disposto no artigo 233, a sociedade que absorver parcela do patrimônio da companhia cindida sucede a esta nos direitos e obrigações relacionados no ato da cisão; no caso de cisão com extinção, as sociedades que absorverem parcelas do patrimônio da companhia cindida sucederão a esta, na proporção dos patrimônios líquidos transferidos, nos direitos e obrigações não relacionados.

**§ 2º.** Na cisão com versão de parcela do patrimônio em sociedade nova, a operação será deliberada pela assembleia geral da companhia à vista de justificação que incluirá as informações de que tratam os números do artigo 224; a assembleia, se a aprovar, nomeará os peritos que avaliarão a parcela do patrimônio a ser transferida, e funcionará como assembleia de constituição da nova companhia.

**§ 3º.** A cisão com versão de parcela de patrimônio em sociedade já existente obedecerá às disposições sobre incorporação (artigo 227).

**§ 4º.** Efetivada a cisão com extinção da companhia cindida, caberá aos administradores das sociedades que tiverem absorvido parcelas do seu patrimônio promover o arquivamento e publicação dos atos da operação; na cisão com versão parcial do patrimônio, esse dever caberá aos administradores da companhia cindida e da que absorver parcela do seu patrimônio.

**§ 5º.** As ações integralizadas com parcelas de patrimônio da companhia cindida serão atribuídas a seus titulares, em substituição às extintas, na proporção das que possuíam; a atribuição em proporção diferente requer aprovação de todos os titulares, inclusive das ações sem direito a voto.

## DIREITO DA RETIRADA

**Art. 230.** Nos casos de incorporação ou fusão, o prazo para exercício do direito de retirada, previsto no art. 137, inciso II, será contado a partir da publicação da ata que aprovar o protocolo ou justificação, mas o pagamento do preço de reembolso somente será devido se a operação vier a efetivar-se.

## DIREITOS DOS DEBENTURISTAS

**Art. 231.** A incorporação, fusão ou cisão da companhia emissora de debêntures em circulação dependerá da prévia aprovação dos debenturistas, reunidos em assembleia especialmente convocada com esse fim.

**§ 1º.** Será dispensada a aprovação pela assembleia se for assegurado aos debenturistas que o desejarem, durante o prazo mínimo de 6 (seis) meses a contar da data da publicação das atas das assembleias relativas à operação, o resgate das debêntures de que forem titulares.

**§ 2º.** No caso do § 1º, a sociedade cindida e as sociedades que absorverem parcelas do seu patrimônio responderão solidariamente pelo resgate das debêntures.

## DIREITOS DOS CREDORES NA INCORPORAÇÃO OU FUSÃO

**Art. 232.** Até 60 (sessenta) dias depois de publicados os atos relativos à incorporação ou à fusão, o credor anterior por ela prejudicado poderá pleitear judicialmente a anulação da operação; findo o prazo, decairá do direito o credor que não o tiver exercido.

**§ 1º.** A consignação da importância em pagamento prejudicará a anulação pleiteada.

**§ 2º.** Sendo ilíquida a dívida, a sociedade poderá garantir-lhe a execução, suspendendo-se o processo de anulação.

**§ 3º.** Ocorrendo, no prazo deste artigo, a falência da sociedade incorporadora ou da sociedade nova, qualquer credor anterior terá o direito de pedir a separação dos patrimônios, para o fim de serem os créditos pagos pelos bens das respectivas massas.

## DIREITOS DOS CREDORES NA CISÃO

**Art. 233.** Na cisão com extinção da companhia cindida, as sociedades que absorverem parcelas do seu patrimônio responderão solidariamente pelas obrigações da companhia extinta. A companhia cindida que subsistir e as que absorverem parcelas do seu patrimônio responderão solidariamente pelas obrigações da primeira anteriores à cisão.

**Parágrafo único.** O ato de cisão parcial poderá estipular que as sociedades que absorverem parcelas do patrimônio da companhia cindida serão responsáveis apenas pelas obrigações que lhes forem transferidas, sem solidariedade entre si ou com a companhia cindida, mas, nesse caso, qualquer credor anterior poderá se opor à estipulação, em relação ao seu crédito, desde que notifique a sociedade no prazo de 90 (noventa) dias a contar da data da publicação dos atos da cisão.

## AVERBAÇÃO DA SUCESSÃO

**Art. 234.** A certidão, passada pelo registro do comércio, da incorporação, fusão ou cisão, é documento hábil para a averbação, nos registros públicos competentes, da sucessão, decorrente da operação, em bens, direitos e obrigações.

# CAPÍTULO XIX. SOCIEDADES DE ECONOMIA MISTA

## LEGISLAÇÃO APLICÁVEL

**Art. 235.** As sociedades anônimas de economia mista estão sujeitas a esta Lei, sem prejuízo das disposições especiais de lei federal.

**§ 1º.** As companhias abertas de economia mista estão também sujeitas às normas expedidas pela Comissão de Valores Mobiliários.

**§ 2º.** As companhias de que participarem, majoritária ou minoritariamente, as sociedades de economia mista, estão sujeitas ao disposto nesta Lei, sem as exceções previstas neste Capítulo.

### CONSTITUIÇÃO E AQUISIÇÃO DE CONTROLE

**Art. 236.** A constituição de companhia de economia mista depende de prévia autorização legislativa.

**Parágrafo único.** Sempre que pessoa jurídica de direito público adquirir, por desapropriação, o controle de companhia em funcionamento, os acionistas terão direito de pedir, dentro de 60 (sessenta) dias da publicação da primeira ata da assembleia geral, realizada após a aquisição do controle, o reembolso das suas ações, salvo se a companhia já se achava sob o controle, direto ou indireto, de outra pessoa jurídica de direito público, ou no caso de concessionária de serviço público.

## OBJETO

**Art. 237.** A companhia de economia mista somente poderá explorar os empreendimentos ou exercer as atividades previstas na lei que autorizou a sua constituição.

**§ 1º.** A companhia de economia mista somente poderá participar de outras sociedades quando autorizada por lei no exercício de opção legal para aplicar Imposto sobre a Renda ou investimentos para o desenvolvimento regional ou setorial.

**§ 2º.** As instituições financeiras de economia mista poderão participar de outras sociedades, observadas as normas estabelecidas pelo Banco Central do Brasil.

## ACIONISTA CONTROLADOR

**Art. 238.** A pessoa jurídica que controla a companhia de economia mista tem os deveres e responsabilidades do acionista controlador (artigos 116 e 117), mas poderá orientar as atividades da companhia de modo a atender ao interesse público que justificou a sua criação.

## ADMINISTRAÇÃO

**Art. 239.** As companhias de economia mista terão obrigatoriamente conselho de administração, assegurado à minoria o direito de eleger um dos conselheiros, se maior número não lhes couber pelo processo de voto múltiplo.

**Parágrafo único.** Os deveres e responsabilidades dos administradores das companhias de economia mista são os mesmos dos administradores das companhias abertas.

## CONSELHO FISCAL

**Art. 240.** O funcionamento do conselho fiscal será permanente nas companhias de economia mista; um dos seus membros, e respectivo suplente, será eleito pelas ações ordinárias minoritárias e outro pelas ações preferenciais, se houver.

## CORREÇÃO MONETÁRIA

**Art. 241.** *(Revogado pelo Decreto-lei nº 2.287, de 1986).*

## FALÊNCIA E RESPONSABILIDADE SUBSIDIÁRIA

**Art. 242.** *(Revogado pela Lei nº 10.303, de 2001).*

# CAPÍTULO XX. SOCIEDADES COLIGADAS, CONTROLADORAS E CONTROLADAS

### SEÇÃO I. INFORMAÇÕES NO RELATÓRIO DA ADMINISTRAÇÃO

**Art. 243.** O relatório anual da administração deve relacionar os investimentos da companhia em sociedades coligadas e controladas e mencionar as modificações ocorridas durante o exercício.

**§ 1º.** São coligadas as sociedades nas quais a investidora tenha influência significativa.

- CC: arts. 1.097 a 1.101.

**§ 2º.** Considera-se controlada a sociedade na qual a controladora, diretamente ou através de outras controladas, é titular de direitos de sócio que lhe assegurem, de modo permanente, preponderância nas deliberações sociais e o poder de eleger a maioria dos administradores.

**§ 3º.** A companhia aberta divulgará as informações adicionais, sobre coligadas e controladas, que forem exigidas pela Comissão de Valores Mobiliários.

**§ 4º.** Considera-se que há influência significativa quando a investidora detém ou exerce o poder de participar nas decisões das políticas financeira ou operacional da investida, sem controlá-la.

**§ 5º** É presumida influência significativa quando a investidora for titular de 20% (vinte por cento) ou mais dos votos conferidos pelo capital da investida, sem controlá-la. *(Redação dada pela Lei 14.195/2021)*

## SEÇÃO II.
## PARTICIPAÇÃO RECÍPROCA

**Art. 244.** É vedada a participação recíproca entre a companhia e suas coligadas ou controladas.

**§ 1º.** O disposto neste artigo não se aplica ao caso em que ao menos uma das sociedades participa de outra com observância das condições em que a lei autoriza a aquisição das próprias ações (artigo 30, § 1º, *b*).

**§ 2º.** As ações do capital da controladora, de propriedade da controlada, terão suspenso o direito de voto.

**§ 3º.** O disposto no § 2º do artigo 30 aplica-se à aquisição de ações da companhia aberta por suas coligadas e controladas.

**§ 4º.** No caso do § 1º, a sociedade deverá alienar, dentro de 6 (seis) meses, as ações ou quotas que excederem do valor dos lucros ou reservas, sempre que esses sofrerem redução.

**§ 5º.** A participação recíproca, quando ocorrer em virtude de incorporação, fusão ou cisão, ou da aquisição, pela companhia, do controle de sociedade, deverá ser mencionada nos relatórios e demonstrações financeiras de ambas as sociedades, e será eliminada no prazo máximo de 1 (um) ano; no caso de coligadas, salvo acordo em contrário, deverão ser alienadas as ações ou quotas de aquisição mais recente ou, se da mesma data, que representem menor porcentagem do capital social.

**§ 6º.** A aquisição de ações ou quotas de que resulte participação recíproca com violação ao disposto neste artigo importa responsabilidade civil solidária dos administradores da sociedade, equiparando-se, para efeitos penais, à compra ilegal das próprias ações.

## SEÇÃO III.
## RESPONSABILIDADE DOS ADMINISTRADORES E DAS SOCIEDADES CONTROLADORAS

### ADMINISTRADORES

**Art. 245.** Os administradores não podem, em prejuízo da companhia, favorecer sociedade coligada, controladora ou controlada, cumprindo-lhes zelar para que as operações entre as sociedades, se houver, observem condições estritamente comutativas, ou com pagamento compensatório adequado; e respondem perante a companhia pelas perdas e danos resultantes de atos praticados com infração ao disposto neste artigo.

### SOCIEDADE CONTROLADORA

**Art. 246.** A sociedade controladora será obrigada a reparar os danos que causar à companhia por atos praticados com infração ao disposto nos artigos 116 e 117.

**§ 1º.** A ação para haver reparação cabe:

*a)* a acionistas que representem 5% (cinco por cento) ou mais do capital social;

*b)* a qualquer acionista, desde que preste caução pelas custas e honorários de advogado devidos no caso de vir a ação ser julgada improcedente.

**§ 2º.** A sociedade controladora, se condenada, além de reparar o dano e arcar com as custas, pagará honorários de advogado de 20% (vinte por cento) e prêmio de 5% (cinco por cento) ao autor da ação, calculados sobre o valor da indenização.

## SEÇÃO IV.
## DEMONSTRAÇÕES FINANCEIRAS NOTAS EXPLICATIVAS

**Art. 247.** As notas explicativas dos investimentos a que se refere o art. 248 desta Lei devem conter informações precisas sobre as sociedades coligadas e controladas e suas relações com a companhia, indicando:

**I** – a denominação da sociedade, seu capital social e patrimônio líquido;

**II** – o número, espécies e classes das ações ou quotas de propriedade da companhia, e o preço de mercado das ações, se houver;

**III** – o lucro líquido do exercício;

**IV** – os créditos e obrigações entre a companhia e as sociedades coligadas e controladas;

**V** – o montante das receitas e despesas em operações entre a companhia e as sociedades coligadas e controladas.

**Parágrafo único.** Considera-se relevante o investimento:

*a)* em cada sociedade coligada ou controlada, se o valor contábil é igual ou superior a 10% (dez por cento) do valor do patrimônio líquido da companhia;

*b)* no conjunto das sociedades coligadas e controladas, se o valor contábil é igual ou superior a 15% (quinze por cento) do valor do patrimônio líquido da companhia.

### AVALIAÇÃO DO INVESTIMENTO EM COLIGADAS E CONTROLADAS

**Art. 248.** No balanço patrimonial da companhia, os investimentos em coligadas ou em controladas e em outras sociedades que façam parte de um mesmo grupo ou estejam sob controle comum serão avaliados pelo método da equivalência patrimonial, de acordo com as seguintes normas:

**I** – o valor do patrimônio líquido da coligada ou da controlada será determinado com base em balanço patrimonial ou balancete de verificação levantado, com observância das normas desta Lei, na mesma data, ou até 60 (sessenta) dias, no máximo, antes da data do balanço da companhia; no valor de patrimônio líquido não serão computados os resultados não realizados decorrentes de negócios com a companhia, ou com outras sociedades coligadas à companhia, ou por ela controladas;

**II** – o valor do investimento será determinado mediante a aplicação, sobre o valor de patrimônio líquido referido no número anterior, da porcentagem de participação no capital da coligada ou controlada;

**III** – a diferença entre o valor do investimento, de acordo com o número II, e o custo de aquisição corrigido monetariamente; somente será registrada como resultado do exercício:

*a)* se decorrer de lucro ou prejuízo apurado na coligada ou controlada;

*b)* se corresponder, comprovadamente, a ganhos ou perdas efetivas;

*c)* no caso de companhia aberta, com observância das normas expedidas pela Comissão de Valores Mobiliários.

**§ 1º**. Para efeito de determinar a relevância do investimento, nos casos deste artigo, serão computados como parte do custo de aquisição os saldos de créditos da companhia contra as coligadas e controladas.

**§ 2º**. A sociedade coligada, sempre que solicitada pela companhia, deverá elaborar e fornecer o balanço ou balancete de verificação previsto no número I.

## DEMONSTRAÇÕES CONSOLIDADAS

**Art. 249.** A companhia aberta que tiver mais de 30% (trinta por cento) do valor do seu patrimônio líquido representado por investimentos em sociedades controladas deverá elaborar e divulgar, juntamente com suas demonstrações financeiras, demonstrações consolidadas nos termos do artigo 250.

**Parágrafo único.** A Comissão de Valores Mobiliários poderá expedir normas sobre as sociedades cujas demonstrações devam ser abrangidas na consolidação, e:

*a)* determinar a inclusão de sociedades que, embora não controladas, sejam financeira ou administrativamente dependentes da companhia;

*b)* autorizar, em casos especiais, a exclusão de uma ou mais sociedades controladas.

## NORMAS SOBRE CONSOLIDAÇÃO

**Art. 250.** Das demonstrações financeiras consolidadas serão excluídas:

**I** – as participações de uma sociedade em outra;

**II** – os saldos de quaisquer contas entre as sociedades;

**III** – as parcelas dos resultados do exercício, dos lucros ou prejuízos acumulados e do custo de estoques ou do ativo não circulante que corresponderem a resultados, ainda não realizados, de negócios entre as sociedades.

**§ 1º**. A participação dos acionistas não controladores no patrimônio líquido e no lucro do exercício será destacada, respectivamente, no balanço patrimonial e na demonstração do resultado do exercício.

**§ 2º**. A parcela do custo de aquisição do investimento em controlada, que não for absorvida na consolidação, deverá ser mantida no ativo não circulante, com dedução da provisão adequada para perdas já comprovadas, e será objeto de nota explicativa.

**§ 3º**. O valor da participação que exceder do custo de aquisição constituirá parcela destacada dos resultados de exercícios futuros até que fique comprovada a existência de ganho efetivo.

**§ 4º**. Para fins deste artigo, as sociedades controladas, cujo exercício social termine mais de 60 (sessenta) dias antes da data do encerramento do exercício da companhia, elaborarão, com observância das normas desta Lei, demonstrações financeiras extraordinárias em data compreendida nesse prazo.

## SEÇÃO V.
## SUBSIDIÁRIA INTEGRAL

**Art. 251.** A companhia pode ser constituída, mediante escritura pública, tendo como único acionista sociedade brasileira.

**§ 1º**. A sociedade que subscrever em bens o capital de subsidiária integral deverá aprovar o laudo de avaliação de que trata o artigo 8º, respondendo nos termos do § 6º do artigo 8º e do artigo 10 e seu parágrafo único.

**§ 2º**. A companhia pode ser convertida em subsidiária integral mediante aquisição, por sociedade brasileira, de todas as suas ações, ou nos termos do artigo 252.

## INCORPORAÇÃO DE AÇÕES

**Art. 252.** A incorporação de todas as ações do capital social ao patrimônio de outra companhia brasileira, para convertê-la em subsidiária integral, será submetida à deliberação da assembleia geral das duas companhias mediante protocolo e justificação, nos termos dos artigos 224 e 225.

**§ 1º**. A assembleia geral da companhia incorporadora, se aprovar a operação, deverá autorizar o aumento do capital, a ser realizado com as ações a serem incorporadas e nomear os peritos que as avaliarão; os acionistas não terão direito de preferência para subscrever o aumento de capital, mas os dissidentes poderão retirar-se da companhia, observado o disposto no art. 137, II, mediante o reembolso do valor de suas ações, nos termos do art. 230.

**§ 2º** A assembleia geral da companhia cujas ações houverem de ser incorporadas somente poderá aprovar a operação por metade, no mínimo, do total de votos conferidos pelas ações com direito a voto e, se a aprovar, autorizará a diretoria a subscrever o aumento do capital da incorporadora, por conta dos seus acionistas, e os dissidentes da deliberação terão direito de se retirar da companhia, observado o disposto no inciso II do *caput* do art. 137 desta Lei, mediante o reembolso do valor de suas ações, nos termos do art. 230 desta Lei. *(Redação dada pela Lei 14.195/2021)*

**§ 3º**. Aprovado o laudo de avaliação pela assembleia geral da incorporadora, efetivar-se-á a incorporação e os titulares das ações incorporadas receberão diretamente da incorporadora as ações que lhes couberem.

**§ 4º**. A Comissão de Valores Mobiliários estabelecerá normas especiais de avaliação e contabilização aplicáveis às operações de incorporação de ações que envolvam companhia aberta.

## ADMISSÃO DE ACIONISTAS EM SUBSIDIÁRIA INTEGRAL

**Art. 253.** Na proporção das ações que possuírem no capital da companhia, os acionistas terão direito de preferência para:

**I** – adquirir ações do capital da subsidiária integral, se a companhia decidir aliená-las no todo ou em parte; e

**II** – subscrever aumento de capital da subsidiária integral, se a companhia decidir admitir outros acionistas.

**Parágrafo único.** As ações ou o aumento de capital de subsidiária integral serão oferecidos aos acionistas da companhia em assembleia geral convocada para esse fim, aplicando-se à hipótese, no que couber, o disposto no artigo 171.

### SEÇÃO VI.
### ALIENAÇÃO DE CONTROLE

## DIVULGAÇÃO

**Art. 254.** *(Revogado pela Lei nº 9.457, de 1997).*

**Art. 254-A.** A alienação, direta ou indireta, do controle de companhia aberta somente poderá ser contratada sob a condição, suspensiva ou resolutiva, de que o adquirente se obrigue a fazer oferta pública de aquisição das ações com direito a voto de propriedade dos demais acionistas da companhia, de modo a lhes assegurar o preço no mínimo igual a 80% (oitenta por cento) do valor pago por ação com direito a voto, integrante do bloco de controle.

**§ 1º**. Entende-se como alienação de controle a transferência, de forma direta ou indireta, de ações integrantes do bloco de controle, de ações vinculadas a acordos de acionistas e de valores mobiliários conversíveis em ações com direito a voto, cessão de direitos de subscrição de ações e de outros títulos ou direitos relativos a valores mobiliários conversíveis em ações que venham a resultar na alienação de controle acionário da sociedade.

**§ 2º**. A Comissão de Valores Mobiliários autorizará a alienação de controle de que trata o *caput*, desde que verificado que as condições da oferta pública atendem aos requisitos legais.

**§ 3º**. Compete à Comissão de Valores Mobiliários estabelecer normas a serem observadas na oferta pública de que trata o *caput*.

**§ 4º**. O adquirente do controle acionário de companhia aberta poderá oferecer aos acionistas minoritários a opção de permanecer na companhia, mediante o pagamento de um prêmio equivalente à diferença entre o valor de mercado das ações e o valor pago por ação integrante do bloco de controle.

**§ 5º**. (*VETADO*).

## COMPANHIA ABERTA SUJEITA A AUTORIZAÇÃO

**Art. 255.** A alienação do controle de companhia aberta que dependa de autorização do governo para funcionar está sujeita à prévia autorização do órgão competente para aprovar a alteração do seu estatuto.

**§ 1º**. (*Revogado pela Lei nº 9.457, de 1997*).

**§ 2º**. (*Revogado pela Lei nº 9.457, de 1997*).

## APROVAÇÃO PELA ASSEMBLEIA GERAL DA COMPRADORA

**Art. 256.** A compra, por companhia aberta, do controle de qualquer sociedade mercantil, dependerá de deliberação da assembleia geral da compradora, especialmente convocada para conhecer da operação, sempre que:

**I** – o preço de compra constituir, para a compradora, investimento relevante (artigo 247, parágrafo único); ou

**II** – o preço médio de cada ação ou quota ultrapassar uma vez e meia o maior dos 3 (três) valores a seguir indicados:

*a)* cotação média das ações em bolsa ou no mercado de balcão organizado, durante os noventa dias anteriores à data da contratação;

*b)* valor de patrimônio líquido (artigo 248) da ação ou quota, avaliado o patrimônio a preços de mercado (artigo 183, § 1º);

*c)* valor do lucro líquido da ação ou quota, que não poderá ser superior a 15 (quinze) vezes o lucro líquido anual por ação (artigo 187, VII) nos 2 (dois) últimos exercícios sociais, atualizado monetariamente.

**§ 1º**. A proposta ou o contrato de compra, acompanhado de laudo de avaliação, observado o disposto no art. 8º, §§ 1º e 6º, será submetido à prévia autorização da assembleia geral, ou à sua ratificação, sob pena de responsabilidade dos administradores, instruído com todos os elementos necessários à deliberação.

**§ 2º**. Se o preço da aquisição ultrapassar uma vez e meia o maior dos três valores de que trata o inciso II do *caput*, o acionista dissidente da deliberação da assembleia que a aprovar terá o direito de retirar-se da companhia mediante reembolso do valor de suas ações, nos termos do art. 137, observado o disposto em seu inciso II.

### SEÇÃO VII.
### AQUISIÇÃO DE CONTROLE MEDIANTE OFERTA PÚBLICA

## REQUISITOS

**Art. 257.** A oferta pública para aquisição de controle de companhia aberta somente poderá ser feita com a participação de instituição financeira que garanta o cumprimento das obrigações assumidas pelo ofertante.

**§ 1º**. Se a oferta contiver permuta, total ou parcial, dos valores mobiliários, somente poderá ser efetuada após prévio registro na Comissão de Valores Mobiliários.

**§ 2º**. A oferta deverá ter por objeto ações com direito a voto em número suficiente para assegurar o controle da companhia e será irrevogável.

**§ 3º**. Se o ofertante já for titular de ações votantes do capital da companhia, a oferta poderá ter por objeto o número de ações necessário para completar o controle, mas o ofertante deverá fazer prova, perante a Comissão de Valores Mobiliários, das ações de sua propriedade.

**§ 4º**. A Comissão de Valores Mobiliários poderá expedir normas sobre oferta pública de aquisição de controle.

### INSTRUMENTO DA OFERTA DE COMPRA

**Art. 258.** O instrumento de oferta de compra, firmado pelo ofertante e pela instituição financeira que garante o pagamento, será publicado na imprensa e deverá indicar:

**I** – o número mínimo de ações que o ofertante se propõe a adquirir e, se for o caso, o número máximo;

**II** – o preço e as condições de pagamento;

**III** – a subordinação da oferta ao número mínimo de aceitantes e a forma de rateio entre os aceitantes, se o número deles ultrapassar o máximo fixado;

**IV** – o procedimento que deverá ser adotado pelos acionistas aceitantes para manifestar a sua aceitação e efetivar a transferência das ações;

**V** – o prazo de validade da oferta, que não poderá ser inferior a 20 (vinte) dias;

**VI** – informações sobre o ofertante.

**Parágrafo único.** A oferta será comunicada à Comissão de Valores Mobiliários dentro de 24 (vinte e quatro) horas da primeira publicação.

### INSTRUMENTO DE OFERTA DE PERMUTA

**Art. 259.** O projeto de instrumento de oferta de permuta será submetido à Comissão de Valores Mobiliários com o pedido de registro prévio da oferta e deverá conter, além das referidas no artigo 258, informações sobre os valores mobiliários oferecidos em permuta e as companhias emissoras desses valores.

**Parágrafo único.** A Comissão de Valores Mobiliários poderá fixar normas sobre o instrumento de oferta de permuta e o seu registro prévio.

### SIGILO

**Art. 260.** Até a publicação da oferta, o ofertante, a instituição financeira intermediária e a Comissão de Valores Mobiliários devem manter sigilo sobre a oferta projetada, respondendo o infrator pelos danos que causar.

### PROCESSAMENTO DA OFERTA

**Art. 261.** A aceitação da oferta deverá ser feita nas instituições financeiras ou do mercado de valores mobiliários indicadas no instrumento de oferta e os aceitantes deverão firmar ordens irrevogáveis de venda ou permuta, nas condições ofertadas, ressalvado o disposto no § 1º do artigo 262.

**§ 1º**. É facultado ao ofertante melhorar, uma vez, as condições de preço ou forma de pagamento, desde que em porcentagem igual ou superior a 5% (cinco por cento) e até 10 (dez) dias antes do término do prazo da oferta; as novas condições se estenderão aos acionistas que já tiverem aceito a oferta.

**§ 2º**. Findo o prazo da oferta, a instituição financeira intermediária comunicará o resultado à Comissão de Valores Mobiliários e, mediante publicação pela imprensa, aos aceitantes.

**§ 3º**. Se o número de aceitantes ultrapassar o máximo, será obrigatório o rateio, na forma prevista no instrumento da oferta.

### OFERTA CONCORRENTE

**Art. 262.** A existência de oferta pública em curso não impede oferta concorrente, desde que observadas as normas desta Seção.

**§ 1º**. A publicação de oferta concorrente torna nulas as ordens de venda que já tenham sido firmadas em aceitação de oferta anterior.

**§ 2º**. É facultado ao primeiro ofertante prorrogar o prazo de sua oferta até fazê-lo coincidir com o da oferta concorrente.

### NEGOCIAÇÃO DURANTE A OFERTA

**Art. 263.** A Comissão de Valores Mobiliários poderá expedir normas que disciplinem a negociação das ações objeto da oferta durante o seu prazo.

## SEÇÃO VIII. INCORPORAÇÃO DE COMPANHIA CONTROLADA

**Art. 264.** Na incorporação, pela controladora, de companhia controlada, a justificação, apresentada à assembleia geral da controlada, deverá conter, além das informações previstas nos arts. 224 e 225, o cálculo das relações de substituição das ações dos acionistas não controladores da controlada com base no valor do patrimônio líquido das ações da controladora e da controlada, avaliados os dois patrimônios segundo os mesmos critérios e na mesma data, a preços de mercado, ou com base em outro critério aceito pela Comissão de Valores Mobiliários, no caso de companhias abertas.

**§ 1º**. A avaliação dos dois patrimônios será feita por três peritos ou empresa especializada e, no caso de companhias abertas, por empresa especializada.

**§ 2º**. Para efeito da comparação referida neste artigo, as ações do capital da controlada de propriedade da controladora serão avaliadas, no patrimônio desta, em conformidade com o disposto no *caput*.

**§ 3º.** Se as relações de substituição das ações dos acionistas não controladores, previstas no protocolo da incorporação, forem menos vantajosas que as resultantes da comparação prevista neste artigo, os acionistas dissidentes da deliberação da assembleia geral da controlada que aprovar a operação, poderão optar, no prazo previsto no art. 230, entre o valor de reembolso fixado nos termos do art. 45 e o valor apurado em conformidade com o disposto no *caput*, observado o disposto no art. 137, inciso II.

**§ 4º.** Aplicam-se as normas previstas neste artigo à incorporação de controladora por sua controlada, à fusão de companhia controladora com a controlada, à incorporação de ações de companhia controlada ou controladora, à incorporação, fusão e incorporação de ações de sociedades sob controle comum.

**§ 5º.** O disposto neste artigo não se aplica no caso de as ações do capital da controlada terem sido adquiridas no pregão da Bolsa de Valores ou mediante oferta pública nos termos dos artigos 257 e 263.

## CAPÍTULO XXI. GRUPO DE SOCIEDADES

### SEÇÃO I. CARACTERÍSTICAS E NATUREZA

#### CARACTERÍSTICAS

**Art. 265.** A sociedade controladora e suas controladas podem constituir, nos termos deste Capítulo, grupo de sociedades, mediante convenção pela qual se obriguem a combinar recursos ou esforços para a realização dos respectivos objetos, ou a participar de atividades ou empreendimentos comuns.

**§ 1º.** A sociedade controladora, ou de comando do grupo, deve ser brasileira, e exercer, direta ou indiretamente, e de modo permanente, o controle das sociedades filiadas, como titular de direitos de sócio ou acionista, ou mediante acordo com outros sócios ou acionistas.

**§ 2º.** A participação recíproca das sociedades do grupo obedecerá ao disposto no artigo 244.

#### NATUREZA

**Art. 266.** As relações entre as sociedades, a estrutura administrativa do grupo e a coordenação ou subordinação dos administradores das sociedades filiadas serão estabelecidas na convenção do grupo, mas cada sociedade conservará personalidade e patrimônios distintos.

#### DESIGNAÇÃO

**Art. 267.** O grupo de sociedades terá designação de que constarão as palavras "grupo de sociedades" ou "grupo".

**Parágrafo único.** Somente os grupos organizados de acordo com este Capítulo poderão usar designação com as palavras "grupo" ou "grupo de sociedades".

#### COMPANHIAS SUJEITAS A AUTORIZAÇÃO PARA FUNCIONAR

**Art. 268.** A companhia que, por seu objeto, depende de autorização para funcionar, somente poderá participar de grupo de sociedades após a aprovação da convenção do grupo pela autoridade competente para aprovar suas alterações estatutárias.

### SEÇÃO II. CONSTITUIÇÃO, REGISTRO E PUBLICIDADE

**Art. 269.** O grupo de sociedades será constituído por convenção aprovada pelas sociedades que o componham, a qual deverá conter:

**I** – a designação do grupo;

**II** – a indicação da sociedade de comando e das filiadas;

**III** – as condições de participação das diversas sociedades;

**IV** – o prazo de duração, se houver, e as condições de extinção;

**V** – as condições para admissão de outras sociedades e para a retirada das que o componham;

**VI** – os órgãos e cargos da administração do grupo, suas atribuições e as relações entre a estrutura administrativa do grupo e as das sociedades que o componham;

**VII** – a declaração da nacionalidade do controle do grupo;

**VIII** – as condições para alteração da convenção.

**Parágrafo único.** Para os efeitos do número VII, o grupo de sociedades considera-se sob controle brasileiro se a sua sociedade de comando está sob o controle de:

*a)* pessoas naturais residentes ou domiciliadas no Brasil;

*b)* pessoas jurídicas de direito público interno; ou

*c)* sociedade ou sociedades brasileiras que, direta ou indiretamente, estejam sob controle das pessoas referidas nas alíneas *a* e *b*.

#### APROVAÇÃO PELOS SÓCIOS DAS SOCIEDADES

**Art. 270.** A convenção de grupo deve ser aprovada com observância das normas para alteração do contrato social ou do estatuto (art. 136, V).

**Parágrafo único.** Os sócios ou acionistas dissidentes da deliberação de se associar a grupo têm direito, nos termos do artigo 137, ao reembolso de suas ações ou quotas.

#### REGISTRO E PUBLICIDADE

**Art. 271.** Considera-se constituído o grupo a partir da data do arquivamento, no registro do comércio da sede da sociedade de comando, dos seguintes documentos:

**I** – convenção de constituição do grupo;

**II** – atas das assembleias-gerais, ou instrumentos de alteração contratual, de todas as sociedades que tiverem aprovado a constituição do grupo;

**III** – declaração autenticada do número das ações ou quotas de que a sociedade de comando e as demais sociedades integrantes do grupo são titulares em cada sociedade filiada, ou exemplar de acordo de acionistas que assegura o controle da sociedade filiada.

**§ 1º.** Quando as sociedades filiadas tiverem sede em locais diferentes, deverão ser arquivadas no registro do comércio das respectivas sedes as atas de assembleia ou alterações contratuais que tiverem aprovado a convenção, sem prejuízo do registro na sede da sociedade de comando.

**§ 2º.** As certidões de arquivamento no Registro do comércio serão publicadas.

**§ 3º.** A partir da data do arquivamento, a sociedade de comando e as filiadas passarão a usar as respectivas denominações acrescidas da designação do grupo.

**§ 4º.** As alterações da convenção do grupo serão arquivadas e publicadas nos termos deste artigo, observando-se o disposto no § 1º do artigo 135.

## SEÇÃO III. ADMINISTRAÇÃO

### ADMINISTRADORES DO GRUPO

**Art. 272.** A convenção deve definir a estrutura administrativa do grupo de sociedades, podendo criar órgãos de deliberação colegiada e cargos de direção-geral.

**Parágrafo único.** A representação das sociedades perante terceiros, salvo disposição expressa na convenção do grupo, arquivada no registro do comércio e publicada, caberá exclusivamente aos administradores de cada sociedade, de acordo com os respectivos estatutos ou contratos sociais.

### ADMINISTRADORES DAS SOCIEDADES FILIADAS

**Art. 273.** Aos administradores das sociedades filiadas, sem prejuízo de suas atribuições, poderes e responsabilidades, de acordo com os respectivos estatutos ou contratos sociais, compete observar a orientação geral estabelecida e as instruções expedidas pelos administradores do grupo que não importem violação da lei ou da convenção do grupo.

### REMUNERAÇÃO

**Art. 274.** Os administradores do grupo e os investidos em cargos de mais de uma sociedade poderão ter a sua remuneração rateada entre as diversas sociedades, e a gratificação dos administradores, se houver, poderá ser fixada, dentro dos limites do § 1º do artigo 152 com base nos resultados apurados nas demonstrações financeiras consolidadas do grupo.

## SEÇÃO IV. DEMONSTRAÇÕES FINANCEIRAS

**Art. 275.** O grupo de sociedades publicará, além das demonstrações financeiras referentes a cada uma das companhias que o compõem, demonstrações consolidadas, compreendendo todas as sociedades do grupo, elaboradas com observância do disposto no artigo 250.

**§ 1º.** As demonstrações consolidadas do grupo serão publicadas juntamente com as da sociedade de comando.

**§ 2º.** A sociedade de comando deverá publicar demonstrações financeiras nos termos desta Lei, ainda que não tenha a forma de companhia.

**§ 3º.** As companhias filiadas indicarão, em nota às suas demonstrações financeiras publicadas, o órgão que publicou a última demonstração consolidada do grupo a que pertencer.

**§ 4º.** As demonstrações consolidadas de grupo de sociedades que inclua companhia aberta serão obrigatoriamente auditadas por auditores independentes registrados na Comissão de Valores Mobiliários, e observarão as normas expedidas por essa Comissão.

## SEÇÃO V. PREJUÍZOS RESULTANTES DE ATOS CONTRÁRIOS À CONVENÇÃO

**Art. 276.** A combinação de recursos e esforços, a subordinação dos interesses de uma sociedade aos de outra, ou do grupo, e a participação em custos, receitas ou resultados de atividades ou empreendimentos somente poderão ser opostos aos sócios minoritários das sociedades filiadas nos termos da convenção do grupo.

**§ 1º.** Consideram-se minoritários, para os efeitos deste artigo, todos os sócios da filiada, com exceção da sociedade de comando e das demais filiadas do grupo.

**§ 2º.** A distribuição de custos, receitas e resultados e as compensações entre sociedades, previstas na convenção do grupo, deverão ser determinadas e registradas no balanço de cada exercício social das sociedades interessadas.

**§ 3º.** Os sócios minoritários da filiada terão ação contra os seus administradores e contra a sociedade de comando do grupo para haver reparação de prejuízos resultantes de atos praticados com infração das normas deste artigo, observado o disposto nos parágrafos do artigo 246.

### CONSELHO FISCAL DAS FILIADAS

**Art. 277.** O funcionamento do conselho fiscal da companhia filiada a grupo, quando não for permanente, poderá ser pedido por acionistas não controladores que representem, no mínimo, 5% (cinco por cento) das ações ordinárias, ou das ações preferenciais sem direito de voto.

**§ 1º.** Na constituição do conselho fiscal da filiada serão observadas as seguintes normas:

*a)* os acionistas não controladores votarão em separado, cabendo às ações com direito a voto o direito de eleger 1 (um) membro e respectivo suplente e às ações sem direito a voto, ou com voto restrito, o de eleger outro;

*b)* a sociedade de comando e as filiadas poderão eleger número de membros, e respectivos suplentes, igual ao dos eleitos nos termos da alínea *a*, mais um.

**§ 2º.** O conselho fiscal da sociedade filiada poderá solicitar aos órgãos de administração da sociedade de comando, ou de outras filiadas, os esclarecimentos ou informações que julgar necessários para fiscalizar a observância da convenção do grupo.

## CAPÍTULO XXII. CONSÓRCIO

**Art. 278.** As companhias e quaisquer outras sociedades, sob o mesmo controle ou não, podem constituir consórcio para executar determinado empreendimento, observado o disposto neste Capítulo.

**§ 1º.** O consórcio não tem personalidade jurídica e as consorciadas somente se obrigam nas condições previstas no respectivo contrato, respondendo cada uma por suas obrigações, sem presunção de solidariedade.

**§ 2º.** A falência de uma consorciada não se estende às demais, subsistindo o consórcio com as outras contratantes; os créditos que porventura tiver a falida serão apurados e pagos na forma prevista no contrato de consórcio.

**Art. 279.** O consórcio será constituído mediante contrato aprovado pelo órgão da sociedade competente para autorizar a alienação de bens do ativo não circulante, do qual constarão:

▸ Lei 8.934/1994, art. 32, II, b.

**I** – a designação do consórcio, se houver;

**II** – o empreendimento que constitua o objeto do consórcio;

**III** – a duração, endereço e foro;

**IV** – a definição das obrigações e responsabilidade de cada sociedade consorciada, e das prestações específicas;

**V** – normas sobre recebimento de receitas e partilha de resultados;

**VI** – normas sobre administração do consórcio, contabilização, representação das sociedades consorciadas e taxa de administração, se houver;

**VII** – forma de deliberação sobre assuntos de interesse comum, com o número de votos que cabe a cada consorciado;

**VIII** – contribuição de cada consorciado para as despesas comuns, se houver.

**Parágrafo único.** O contrato de consórcio e suas alterações serão arquivados no registro do comércio do lugar da sua sede, devendo a certidão do arquivamento ser publicada.

## CAPÍTULO XXIII. SOCIEDADES EM COMANDITA POR AÇÕES

▸ CC: arts. 1.045 a 1.051.

**Art. 280.** A sociedade em comandita por ações terá o capital dividido em ações e reger-se-á pelas normas relativas às companhias ou sociedades anônimas, sem prejuízo das modificações constantes deste Capítulo.

**Art. 281.** A sociedade poderá comerciar sob firma ou razão social, da qual só farão parte os nomes dos sócios-diretores ou gerentes. Ficam ilimitada e solidariamente responsáveis, nos termos desta Lei, pelas obrigações sociais, os que, por seus nomes figurarem na firma ou razão social.

**Parágrafo único.** A denominação ou a firma deve ser seguida das palavras "Comandita por Ações", por extenso ou abreviadamente.

**Art. 282.** Apenas o sócio ou acionista tem qualidade para administrar ou gerir a sociedade, e, como diretor ou gerente, responder, subsidiária mas ilimitada e solidariamente, pelas obrigações da sociedade.

**§ 1º.** Os diretores ou gerentes serão nomeados, sem limitação de tempo, no estatuto da sociedade, e somente poderão ser destituídos por deliberação de acionistas que representem 2/3 (dois terços), no mínimo, do capital social.

**§ 2º.** O diretor ou gerente que for destituído ou se exonerar continuará responsável pelas obrigações sociais contraídas sob sua administração.

**Art. 283.** A assembleia geral não pode, sem o consentimento dos diretores ou gerentes, mudar o objeto essencial da sociedade, prorrogar-lhe o prazo de duração, aumentar ou diminuir o capital social, emitir debêntures ou criar partes beneficiárias nem aprovar a participação em grupo de sociedade.

**Art. 284.** Não se aplica à sociedade em comandita por ações o disposto nesta Lei sobre voto plural, sobre conselho de administração, sobre autorização estatutária de aumento de capital e sobre emissão de bônus de subscrição. *(Redação dada pela Lei 14.195/2021)*

## CAPÍTULO XXIV. PRAZOS DE PRESCRIÇÃO

**Art. 285.** A ação para anular a constituição da companhia, por vício ou defeito, prescreve em 1 (um) ano, contado da publicação dos atos constitutivos.

**Parágrafo único.** Ainda depois de proposta a ação, é lícito à companhia, por deliberação da assembleia geral, providenciar para que seja sanado o vício ou defeito.

**Art. 286.** A ação para anular as deliberações tomadas em assembleia geral ou especial, irregularmente convocada ou instalada, violadoras da lei ou do estatuto, ou eivadas de erro, dolo, fraude ou simulação prescreve em 2 (dois) anos, contados da deliberação.

**Art. 287.** Prescreve:

**I** – em, 1 (um) ano:

*a)* a ação contra peritos e subscritores do capital, para deles haver reparação civil pela avaliação de bens, contado o prazo da publicação da ata da assembleia geral que aprovar o laudo;

*b)* a ação dos credores não pagos contra os acionistas e os liquidantes, contado o prazo da publicação da ata de encerramento da liquidação da companhia;

**II** – em 3 (três) anos:

*a)* a ação para haver dividendos, contado o prazo da data em que tenham sido postos à disposição do acionista;

*b)* a ação contra os fundadores, acionistas, administradores, liquidantes, fiscais ou sociedade de comando, para deles haver reparação civil por atos culposos ou dolosos, no caso de violação da lei, do estatuto ou da convenção do grupo, contado o prazo:

1) para os fundadores, da data da publicação dos atos constitutivos da companhia;

2) para os acionistas, administradores, fiscais e sociedades de comando, da data da publicação da ata que aprovar o balanço referente ao exercício em que a violação tenha ocorrido;

3) para os liquidantes, da data da publicação da ata da primeira assembleia geral posterior à violação;

*c)* a ação contra acionistas para restituição de dividendos recebidos de má-fé, contado o prazo da data da publicação da ata de assembleia geral ordinária do exercício em que os dividendos tenham sido declarados;

*d)* a ação contra os administradores ou titulares de partes beneficiárias para restituição das participações no lucro recebidas de má-fé, contado o prazo da data da publicação da ata da assembleia geral ordinária do exercício em que as participações tenham sido pagas;

*e)* a ação contra o agente fiduciário de debenturistas ou titulares de partes beneficiárias para dele haver reparação civil por atos culposos ou dolosos, no caso de violação da lei ou da escritura de emissão, a contar da publicação da ata da assembleia geral que tiver tomado conhecimento da violação;

*f)* a ação contra o violador do dever de sigilo de que trata o artigo 260 para dele haver reparação civil, a contar da data da publicação da oferta;

*g)* a ação movida pelo acionista contra a companhia, qualquer que seja o seu fundamento.

**Art. 288.** Quando a ação se originar de fato que deva ser apurado no juízo criminal, não ocorrerá prescrição antes da respectiva sentença definitiva, ou da prescrição da ação penal.

## CAPÍTULO XXV.
## DISPOSIÇÕES GERAIS

**Art. 289.** As publicações ordenadas por esta Lei obedecerão às seguintes condições: (*Redação dada pela Lei 13.818/2019*)

**I** - deverão ser efetuadas em jornal de grande circulação editado na localidade em que esteja situada a sede da companhia, de forma resumida e com divulgação simultânea da íntegra dos documentos na página do mesmo jornal na internet, que deverá providenciar certificação digital da autenticidade dos documentos mantidos na página própria emitida por autoridade certificadora credenciada no âmbito da Infraestrutura de Chaves Públicas Brasileiras (ICP-Brasil); (*Acrescido pela Lei 13.818/2019*)

**II** - no caso de demonstrações financeiras, a publicação de forma resumida deverá conter, no mínimo, em comparação com os dados do exercício social anterior, informações ou valores globais relativos a cada grupo e a respectiva classificação de contas ou registros, assim como extratos das informações relevantes contempladas nas notas explicativas e nos pareceres dos auditores independentes e do conselho fiscal, se houver. (*Acrescido pela Lei 13.818/2019*)

**§ 1º.** A Comissão de Valores Mobiliários poderá determinar que as publicações ordenadas por esta Lei sejam feitas, também, em jornal de grande circulação nas localidades em que os valores mobiliários da companhia sejam negociados em bolsa ou em mercado de balcão, ou disseminadas por algum outro meio que assegure sua ampla divulgação e imediato acesso às informações.

**§ 2º.** Se no lugar em que estiver situada a sede da companhia não for editado jornal, a publicação se fará em órgão de grande circulação local.

**§ 3º.** A companhia deve fazer as publicações previstas nesta Lei sempre no mesmo jornal, e qualquer mudança deverá ser precedida de aviso aos acionistas no extrato da ata da assembleia geral ordinária.

**§ 4º.** O disposto no final do § 3º não se aplica à eventual publicação de atas ou balanços em outros jornais.

**§ 5º.** Todas as publicações ordenadas nesta Lei deverão ser arquivadas no registro do comércio.

**§ 6º.** As publicações do balanço e da demonstração de lucros e perdas poderão ser feitas adotando-se como expressão monetária o milhar de reais.

**§ 7º.** Sem prejuízo do disposto no *caput* deste artigo, as companhias abertas poderão, ainda, disponibilizar as referidas publicações pela rede mundial de computadores.

**Art. 290.** A indenização por perdas e danos em ações com fundamento nesta Lei será corrigida monetariamente até o trimestre civil em que for efetivamente liquidada.

**Art. 291.** A Comissão de Valores Mobiliários poderá reduzir, mediante fixação de escala em função do valor do capital social, a porcentagem mínima aplicável às companhias abertas, estabelecida no art. 105; na alínea *c* do parágrafo único do art. 123; no *caput* do art. 141; no § 1º do art. 157; no § 4º do art. 159; no § 2º do art. 161; no § 6º do art. 163; na alínea *a* do § 1º do art. 246; e no art. 277.

**Parágrafo único.** A Comissão de Valores Mobiliários poderá reduzir a porcentagem de que trata o artigo 249.

**Art. 292.** As sociedades de que trata o artigo 62 da Lei 4.728, de 14 de julho de 1965, podem ter suas ações ao portador.

**Art. 293.** A Comissão de Valores Mobiliários poderá autorizar as bolsas de valores e outras entidades, que sejam ou não instituições financeiras, a prestar os serviços previstos nos seguintes dispositivos desta Lei: *(Redação dada pela Lei 14.430/2022)*

**I** - art. 27; *(Acrescido pela Lei 14.430/2022)*

**II** - § 2º do art. 34; *(Acrescido pela Lei 14.430/2022)*

**III** - § 1º do art. 39; *(Acrescido pela Lei 14.430/2022)*

**IV** - arts. 40, 41, 42, 43 e 44; *(Acrescido pela Lei 14.430/2022)*

**V** - art. 72; e *(Acrescido pela Lei 14.430/2022)*

**VI** - arts. 102 e 103. *(Acrescido pela Lei 14.430/2022)*

**Parágrafo único.** *(Revogado pela Lei nº 12.810, de 2013).*

**Art. 294.** A companhia fechada que tiver receita bruta anual de até R$ 78.000.000,00 (setenta e oito milhões de reais) poderá: *(Redação dada pela LC 182/2021)*

**I e II**– *(Revogados pela LC 182/2021)*

**III** - realizar as publicações ordenadas por esta Lei de forma eletrônica, em exceção ao disposto no art. 289 desta Lei; e *(Acrescido pela LC 182/2021)*

**IV** - substituir os livros de que trata o art. 100 desta Lei por registros mecanizados ou eletrônicos. *(Acrescido pela LC 182/2021)*

**§ 1º.** A companhia deverá guardar os recibos de entrega dos anúncios de convocação e arquivar no registro de comércio, juntamente com a ata da assembleia, cópia autenticada dos mesmos.

**§ 2º.** Nas companhias de que trata este artigo, o pagamento da participação dos administradores poderá ser feita sem observância do disposto no § 2º do artigo 152, desde que aprovada pela unanimidade dos acionistas.

**§ 3º.** O disposto neste artigo não se aplica à companhia controladora de grupo de sociedade, ou a ela filiadas.

**§ 4º** Na hipótese de omissão do estatuto quanto à distribuição de dividendos, estes serão estabelecidos livremente pela assembleia geral, hipótese em que não se aplicará o disposto no art. 202 desta Lei, desde que não seja prejudicado o direito dos acionistas preferenciais de receber os dividendos fixos ou mínimos a que tenham prioridade. *(Acrescido pela LC 182/2021)*

**§ 5º** Ato do Ministro de Estado da Economia disciplinará o disposto neste artigo. *(Acrescido pela LC 182/2021)*

**Art. 294-A.** A Comissão de Valores Mobiliários regulamentará as condições facilitadas para o acesso de companhias de menor porte ao mercado de capitais, e será permitido dispensar ou modular a observância ao disposto: *(Acrescido pela LC 182/2021)*

**I** - no art. 161 desta Lei, quanto à obrigatoriedade de instalação do conselho fiscal a pedido de acionistas;

**II** - no § 5º do art. 170 desta Lei, quanto à obrigatoriedade de intermediação de instituição financeira em distribuições públicas de valores mobiliários, sem prejuízo da competência prevista no inciso III do § 3º do art. 2º da Lei nº 6.385, de 7 de dezembro de 1976;

**III** - no inciso I do *caput* do art. 109, nos §§ 1º e 2º do art. 111 e no art. 202 desta Lei, quanto ao recebimento de dividendo obrigatório;

**IV** - no art. 289 desta Lei, quanto à forma de realização das publicações ordenadas por esta Lei; e

**V** – *(Vetado na LC 182/2021)*

**Art. 294-B.** Para fins do disposto nesta Lei, considera-se companhia de menor porte aquela que aufira receita bruta anual inferior a R$ 500.000.000,00 (quinhentos milhões de reais). *(Acrescido pela LC 182/2021)*

**§ 1º** A regulamentação editada não prejudica o estabelecimento de procedimentos simplificados aplicáveis às companhias de menor porte, pela Comissão de Valores Mobiliários, com base nas competências previstas na Lei nº 6.385, de 7 de dezembro de 1976, especialmente quanto:

**I** - à obtenção de registro de emissor;

**II** - às distribuições públicas de valores mobiliários de sua emissão; e

**III** - à elaboração e à prestação de informações periódicas e eventuais.

**§ 2º** A Comissão de Valores Mobiliários poderá:

**I** - estabelecer a forma de atualização do valor previsto no *caput* deste artigo e os critérios adicionais para a manutenção da condição de companhia de menor porte após seu acesso ao mercado de capitais; e

**II** - disciplinar o tratamento a ser empregado às companhias abertas que se caracterizem como de menor porte nos termos do *caput* deste artigo.

## CAPÍTULO XXVI. DISPOSIÇÕES TRANSITÓRIAS

**Art. 295.** A presente Lei entrará em vigor 60 (sessenta) dias após a sua publicação, aplicando-se, todavia, a partir da data da publicação, às companhias que se constituírem.

**§ 1º.** O disposto neste artigo não se aplica às disposições sobre:

*a)* elaboração das demonstrações financeiras, que serão observadas pelas companhias existentes a partir do exercício social que se iniciar após 1º de janeiro de 1978;

*b)* a apresentação, nas demonstrações financeiras, de valores do exercício anterior (artigo 176, § 1º), que será obrigatória a partir do balanço do exercício social subsequente ao referido na alínea anterior;

*c)* elaboração e publicação de demonstrações financeiras consolidadas, que somente serão obrigatórias para os exercícios iniciados a partir de 1º de janeiro de 1978.

**§ 2º.** A participação dos administradores nos lucros sociais continuará a regular-se pelas disposições legais e estatutárias em vigor, aplicando-se o disposto nos §§ 1º e 2º do artigo 152 a partir do exercício social que se iniciar no curso do ano de 1977.

**§ 3º.** A restrição ao direito de voto das ações ao portador (artigo 112) só vigorará a partir de 1 (um) ano a contar da data em que esta Lei entrar em vigor.

**Art. 296.** As companhias existentes deverão proceder à adaptação do seu estatuto aos preceitos desta Lei no prazo de 1 (um) ano a contar da data em que ela entrar em vigor, devendo para esse fim ser convocada assembleia geral dos acionistas.

**§ 1º.** Os administradores e membros do conselho fiscal respondem pelos prejuízos que causarem pela inobservância do disposto neste artigo.

**§ 2º.** O disposto neste artigo não prejudicará os direitos pecuniários conferidos por partes beneficiárias e debêntures em circulação na data da publicação desta Lei, que somente poderão ser modificados ou reduzidos com observância do disposto no artigo 51 e no § 5º do artigo 71.

**§ 3º.** As companhias existentes deverão eliminar, no prazo de 5 (cinco) anos a contar da data da entrada em vigor desta Lei, as participações recíprocas vedadas pelo artigo 244 e seus parágrafos.

**§ 4º.** As companhias existentes, cujo estatuto for omisso quanto à fixação do dividendo, ou que o estabelecer em condições que não satisfaçam aos requisitos do § 1º do artigo 202 poderão, dentro do prazo previsto neste artigo, fixá-lo em porcentagem inferior à prevista no § 2º do artigo 202, mas os acionistas dissidentes dessa deliberação terão direito de retirar-se da companhia, mediante reembolso do valor de suas ações, com observância do disposto nos artigos 45 e 137.

**§ 5º.** O disposto no artigo 199 não se aplica às reservas constituídas e aos lucros acumulados em balanços levantados antes de 1º de janeiro de 1977.

**§ 6º.** O disposto nos §§ 1º e 2º do artigo 237 não se aplica às participações existentes na data da publicação desta Lei.

**Art. 297.** As companhias existentes que tiverem ações preferenciais com prioridade na distribuição de dividendo fixo ou mínimo ficarão dispensadas do disposto no artigo 167 e seu § 1º, desde que no prazo de que trata o artigo 296 regulem no estatuto a participação das ações preferenciais na correção anual do capital social, com observância das seguintes normas:

**I** – o aumento de capital poderá ficar na dependência de deliberação da assembleia geral, mas será obrigatório quando o saldo da conta de que trata o § 3º do artigo 182 ultrapassar 50% (cinquenta por cento) do capital social;

**II** – a capitalização da reserva poderá ser procedida mediante aumento do valor nominal das ações ou emissões de novas ações bonificadas, cabendo à assembleia geral escolher, em cada aumento de capital, o modo a ser adotado;

**III** – em qualquer caso, será observado o disposto no § 4º do artigo 17;

**IV** – as condições estatutárias de participação serão transcritas nos certificados das ações da companhia.

**Art. 298.** As companhias existentes, com capital inferior a Cr$ 5.000.000,00 (cinco milhões de cruzeiros), poderão, no prazo de que trata o artigo 296, deliberar, pelo voto de acionistas que representem 2/3 (dois terços) do capital social, a sua transformação em sociedade por quotas, de responsabilidade limitada, observadas as seguintes normas:

**I** – na deliberação da assembleia a cada ação caberá 1 (um) voto, independentemente de espécie ou classe;

**II** – a sociedade por quotas resultante da transformação deverá ter o seu capital integralizado e o seu contrato social assegurará aos sócios a livre transferência das quotas, entre si ou para terceiros;

**III** – o acionista dissidente da deliberação da assembleia poderá pedir o reembolso das ações pelo valor de patrimônio líquido a preços de mercado, observado o disposto nos artigos 45 e 137;

**IV** – o prazo para o pedido de reembolso será de 90 (noventa) dias a partir da data da publicação da ata da assembleia, salvo para os titulares de ações nominativas, que será contado da data do recebimento de aviso por escrito da companhia.

**Art. 299.** Ficam mantidas as disposições sobre sociedades por ações, constantes de legislação especial sobre a aplicação de incentivos fiscais nas áreas da Sudene, Sudam, Sudepe, Embratur e Reflorestamento, bem como todos os dispositivos das Leis nºs 4.131, de 3 de setembro de 1962, e 4.390, de 29 de agosto de 1964.

**Art. 299-A.** O saldo existente em 31 de dezembro de 2008 no ativo diferido que, pela sua natureza, não puder ser alocado a outro grupo de contas, poderá permanecer no ativo sob essa classificação até sua completa amortização, sujeito à análise sobre a recuperação de que trata o § 3º do art. 183 desta Lei.

**Art. 299-B.** O saldo existente no resultado de exercício futuro em 31 de dezembro de 2008 deverá ser reclassificado para o passivo não circulante em conta representativa de receita diferida.

**Parágrafo único.** O registro do saldo de que trata o *caput* deste artigo deverá evidenciar a receita diferida e o respectivo custo diferido.

**Art. 300.** Ficam revogados o Decreto-Lei 2.627, de 26 de setembro de 1940, com exceção dos artigos 59 a 73, e demais disposições em contrário.

Brasília, 15 de dezembro de 1976; 155º da Independência e 88º da República.

Ernesto Geisel

Mário Henrique Simonsen

# LEI Nº 9.279, DE 14 DE MAIO DE 1996

*Regula direitos e obrigações relativos à propriedade industrial.*

▸ D.O.U. 15.5.1996

O PRESIDENTE DA REPÚBLICA

Faço saber que o Congresso Nacional decreta e eu sanciono a seguinte Lei:

## DISPOSIÇÕES PRELIMINARES

**Art. 1º.** Esta Lei regula direitos e obrigações relativos à propriedade industrial.

▸ CF/88, art. 5º, XXIX.

**Art. 2º.** A proteção dos direitos relativos à propriedade industrial, considerado o seu interesse social e o desenvolvimento tecnológico e econômico do País, efetua-se mediante:

**I** – concessão de patentes de invenção e de modelo de utilidade;

**II** – concessão de registro de desenho industrial;

**III** – concessão de registro de marca;

**IV** – repressão às falsas indicações geográficas; e

**V** – repressão à concorrência desleal.

**VI** - concessão de registro para jogos eletrônicos. *(Acrescido pela Lei 14.852/2024)*

**Art. 3º.** Aplica-se também o disposto nesta Lei:

**I** – ao pedido de patente ou de registro proveniente do exterior e depositado no País por quem tenha proteção assegurada por tratado ou convenção em vigor no Brasil; e

**II** – aos nacionais ou pessoas domiciliadas em país que assegure aos brasileiros ou pessoas domiciliadas no Brasil a reciprocidade de direitos iguais ou equivalentes.

**Art. 4º.** As disposições dos tratados em vigor no Brasil são aplicáveis, em igualdade de condições, às pessoas físicas e jurídicas nacionais ou domiciliadas no País.

**Art. 5º.** Consideram-se bens móveis, para os efeitos legais, os direitos de propriedade industrial.

▸ CC: arts. 82 a 84.

## TÍTULO I. DAS PATENTES

## CAPÍTULO I. DA TITULARIDADE

**Art. 6º.** Ao autor de invenção ou modelo de utilidade será assegurado o direito de obter a patente que lhe garanta a propriedade, nas condições estabelecidas nesta Lei.

**§ 1º.** Salvo prova em contrário, presume-se o requerente legitimado a obter a patente.

**§ 2º.** A patente poderá ser requerida em nome próprio, pelos herdeiros ou sucessores do autor, pelo cessionário ou por aquele a quem a lei ou o contrato de trabalho ou de prestação de serviços determinar que pertença a titularidade.

**§ 3º.** Quando se tratar de invenção ou de modelo de utilidade realizado conjuntamente por duas ou mais pessoas, a patente poderá ser requerida por todas ou qualquer delas, mediante nomeação e qualificação das demais, para ressalva dos respectivos direitos.

**§ 4º.** O inventor será nomeado e qualificado, podendo requerer a não divulgação de sua nomeação.

**Art. 7º.** Se dois ou mais autores tiverem realizado a mesma invenção ou modelo de utilidade, de forma independente, o direito de obter patente será assegurado àquele que provar o depósito mais antigo, independentemente das datas de invenção ou criação.

**Parágrafo único.** A retirada de depósito anterior sem produção de qualquer efeito dará prioridade ao depósito imediatamente posterior.

## CAPÍTULO II. DA PATENTEABILIDADE

### SEÇÃO I. DAS INVENÇÕES E DOS MODELOS DE UTILIDADE PATENTEÁVEIS

**Art. 8º.** É patenteável a invenção que atenda aos requisitos de novidade, atividade inventiva e aplicação industrial.

**Art. 9º.** É patenteável como modelo de utilidade o objeto de uso prático, ou parte deste, suscetível de aplicação industrial, que apresente nova forma ou disposição, envolvendo ato inventivo, que resulte em melhoria funcional no seu uso ou em sua fabricação.

**Art. 10.** Não se considera invenção nem modelo de utilidade:

**I** – descobertas, teorias científicas e métodos matemáticos;

**II** – concepções puramente abstratas;

**III** – esquemas, planos, princípios ou métodos comerciais, contábeis, financeiros, educativos, publicitários, de sorteio e de fiscalização;

**IV** – as obras literárias, arquitetônicas, artísticas e científicas ou qualquer criação estética;

**V** – programas de computador em si;

**VI** – apresentação de informações;

**VII** – regras de jogo;

**VIII** – técnicas e métodos operatórios ou cirúrgicos, bem como métodos terapêuticos ou de diagnóstico, para aplicação no corpo humano ou animal; e

**IX** – o todo ou parte de seres vivos naturais e materiais biológicos encontrados na natureza, ou ainda que dela isolados, inclusive o genoma ou germoplasma de qualquer ser vivo natural e os processos biológicos naturais.

**Art. 11.** A invenção e o modelo de utilidade são considerados novos quando não compreendidos no estado da técnica.

**§ 1º.** O estado da técnica é constituído por tudo aquilo tornado acessível ao público antes da data de depósito do pedido de patente, por descrição escrita ou oral, por uso ou qualquer outro meio, no Brasil ou no exterior, ressalvado o disposto nos arts. 12, 16 e 17.

**§ 2º.** Para fins de aferição da novidade, o conteúdo completo de pedido depositado no Brasil, e ainda não publicado, será considerado estado da técnica a partir da data de depósito, ou da prioridade reivindicada, desde que venha a ser publicado, mesmo que subsequentemente.

**§ 3º.** O disposto no parágrafo anterior será aplicado ao pedido internacional de patente depositado segundo tratado ou convenção em vigor no Brasil, desde que haja processamento nacional.

**Art. 12.** Não será considerada como estado da técnica a divulgação de invenção ou modelo de utilidade, quando ocorrida durante os 12 (doze) meses que precederem a data de depósito ou a da prioridade do pedido de patente, se promovida:

**I** – pelo inventor;

**II** – pelo Instituto Nacional da Propriedade Industrial – INPI, através de publicação oficial do pedido de patente depositado sem o consentimento do inventor, baseado em informações deste obtidas ou em decorrência de atos por ele realizados; ou

**III** – por terceiros, com base em informações obtidas direta ou indiretamente do inventor ou em decorrência de atos por este realizados.

**Parágrafo único.** O INPI poderá exigir do inventor declaração relativa à divulgação, acompanhada ou não de provas, nas condições estabelecidas em regulamento.

**Art. 13.** A invenção é dotada de atividade inventiva sempre que, para um técnico no assunto, não decorra de maneira evidente ou óbvia do estado da técnica.

**Art. 14.** O modelo de utilidade é dotado de ato inventivo sempre que, para um técnico no assunto, não decorra de maneira comum ou vulgar do estado da técnica.

**Art. 15.** A invenção e o modelo de utilidade são considerados suscetíveis de aplicação industrial quando possam ser utilizados ou produzidos em qualquer tipo de indústria.

## SEÇÃO II.
## DA PRIORIDADE

**Art. 16.** Ao pedido de patente depositado em país que mantenha acordo com o Brasil, ou em organização internacional, que produza efeito de depósito nacional, será assegurado direito de prioridade, nos prazos estabelecidos no acordo, não sendo o depósito invalidado nem prejudicado por fatos ocorridos nesses prazos.

**§ 1º.** A reivindicação de prioridade será feita no ato de depósito, podendo ser suplementada dentro de 60 (sessenta) dias por outras prioridades anteriores à data do depósito no Brasil.

**§ 2º.** A reivindicação de prioridade será comprovada por documento hábil da origem, contendo número, data, título, relatório descritivo e, se for o caso, reivindicações e desenhos, acompanhado de tradução simples da certidão de depósito ou documento equivalente, contendo dados identificadores do pedido, cujo teor será de inteira responsabilidade do depositante.

**§ 3º.** Se não efetuada por ocasião do depósito, a comprovação deverá ocorrer em até 180 (cento e oitenta) dias contados do depósito.

**§ 4º.** Para os pedidos internacionais depositados em virtude de tratado em vigor no Brasil, a tradução prevista no § 2º deverá ser apresentada no prazo de 60 (sessenta) dias contados da data da entrada no processamento nacional.

**§ 5º.** No caso de o pedido depositado no Brasil estar fielmente contido no documento da origem, será suficiente uma declaração do depositante a este respeito para substituir a tradução simples.

**§ 6º.** Tratando-se de prioridade obtida por cessão, o documento correspondente deverá ser apresentado dentro de 180 (cento e oitenta) dias contados do depósito, ou, se for o caso, em até 60 (sessenta) dias da data da entrada no processamento nacional, dispensada a legalização consular no país de origem.

**§ 7º.** A falta de comprovação nos prazos estabelecidos neste artigo acarretará a perda da prioridade.

**§ 8º.** Em caso de pedido depositado com reivindicação de prioridade, o requerimento para antecipação de publicação deverá ser instruído com a comprovação da prioridade.

**Art. 17.** O pedido de patente de invenção ou de modelo de utilidade depositado originalmente no Brasil, sem reivindicação de prioridade e não publicado, assegurará o direito de prioridade ao pedido posterior sobre a mesma matéria depositado no Brasil pelo mesmo requerente ou sucessores, dentro do prazo de 1 (um) ano.

**§ 1º.** A prioridade será admitida apenas para a matéria revelada no pedido anterior, não se estendendo a matéria nova introduzida.

**§ 2º.** O pedido anterior ainda pendente será considerado definitivamente arquivado.

**§ 3º.** O pedido de patente originário de divisão de pedido anterior não poderá servir de base a reivindicação de prioridade.

## SEÇÃO III.
## DAS INVENÇÕES E DOS MODELOS DE UTILIDADE NÃO PATENTEÁVEIS

**Art. 18.** Não são patenteáveis:

**I** – o que for contrário à moral, aos bons costumes e à segurança, à ordem e à saúde públicas;

**II** – as substâncias, matérias, misturas, elementos ou produtos de qualquer espécie, bem como a modificação de suas propriedades físico-químicas e os respectivos processos de obtenção ou modificação, quando resultantes de transformação do núcleo atômico; e

**III** – o todo ou parte dos seres vivos, exceto os micro-organismos transgênicos que atendam aos três requisitos de patenteabilidade – novidade, atividade inventiva e aplicação industrial

– previstos no art. 8º e que não sejam mera descoberta.

› Lei 11.105/2005 – Regulamenta os incisos II, IV e V do § 1º do art. 225 da CF, estabelece normas de segurança e mecanismos de fiscalização de atividades que envolvam organismos geneticamente modificados – OGM e seus derivados.

**Parágrafo único.** Para os fins desta Lei, micro-organismos transgênicos são organismos, exceto o todo ou parte de plantas ou de animais, que expressem, mediante intervenção humana direta em sua composição genética, uma característica normalmente não alcançável pela espécie em condições naturais.

## CAPÍTULO III. DO PEDIDO DE PATENTE

### SEÇÃO I. DO DEPÓSITO DO PEDIDO

**Art. 19.** O pedido de patente, nas condições estabelecidas pelo INPI, conterá:

**I** – requerimento;

**II** – relatório descritivo;

**III** – reivindicações;

**IV** – desenhos, se for o caso;

**V** – resumo; e

**VI** – comprovante do pagamento da retribuição relativa ao depósito.

**Art. 20.** Apresentado o pedido, será ele submetido a exame formal preliminar e, se devidamente instruído, será protocolizado, considerada a data de depósito a da sua apresentação.

**Art. 21.** O pedido que não atender formalmente ao disposto no art. 19, mas que contiver dados relativos ao objeto, ao depositante e ao inventor, poderá ser entregue, mediante recibo datado, ao INPI, que estabelecerá as exigências a serem cumpridas, no prazo de 30 (trinta) dias, sob pena de devolução ou arquivamento da documentação.

**Parágrafo único.** Cumpridas as exigências, o depósito será considerado como efetuado na data do recibo.

### SEÇÃO II. DAS CONDIÇÕES DO PEDIDO

**Art. 22.** O pedido de patente de invenção terá de se referir a uma única invenção ou a um grupo de invenções inter-relacionadas de maneira a compreenderem um único conceito inventivo.

**Art. 23.** O pedido de patente de modelo de utilidade terá de se referir a um único modelo principal, que poderá incluir uma pluralidade de elementos distintos, adicionais ou variantes construtivas ou configurativas, desde que mantida a unidade técnico-funcional e corporal do objeto.

**Art. 24.** O relatório deverá descrever clara e suficientemente o objeto, de modo a possibilitar sua realização por técnico no assunto e indicar, quando for o caso, a melhor forma de execução.

**Parágrafo único.** No caso de material biológico essencial à realização prática do objeto do pedido, que não possa ser descrito na forma deste artigo e que não estiver acessível ao público, o relatório será suplementado por depósito do material em instituição autorizada pelo INPI ou indicada em acordo internacional.

**Art. 25.** As reivindicações deverão ser fundamentadas no relatório descritivo, caracterizando as particularidades do pedido e definindo, de modo claro e preciso, a matéria objeto da proteção.

**Art. 26.** O pedido de patente poderá ser dividido em dois ou mais, de ofício ou a requerimento do depositante, até o final do exame, desde que o pedido dividido:

**I** – faça referência específica ao pedido original; e

**II** – não exceda à matéria revelada constante do pedido original.

**Parágrafo único.** O requerimento de divisão em desacordo com o disposto neste artigo será arquivado.

**Art. 27.** Os pedidos divididos terão a data de depósito do pedido original e o benefício de prioridade deste, se for o caso.

**Art. 28.** Cada pedido dividido estará sujeito a pagamento das retribuições correspondentes.

**Art. 29.** O pedido de patente retirado ou abandonado será obrigatoriamente publicado.

**§ 1º.** O pedido de retirada deverá ser apresentado em até 16 (dezesseis) meses, contados da data do depósito ou da prioridade mais antiga.

**§ 2º.** A retirada de um depósito anterior sem produção de qualquer efeito dará prioridade ao depósito imediatamente posterior.

### SEÇÃO III. DO PROCESSO E DO EXAME DO PEDIDO

**Art. 30.** O pedido de patente será mantido em sigilo durante 18 (dezoito) meses contados da data de depósito ou da prioridade mais antiga, quando houver, após o que será publicado, à exceção do caso previsto no art. 75.

**§ 1º.** A publicação do pedido poderá ser antecipada a requerimento do depositante.

**§ 2º.** Da publicação deverão constar dados identificadores do pedido de patente, ficando cópia do relatório descritivo, das reivindicações, do resumo e dos desenhos à disposição do público no INPI.

**§ 3º.** No caso previsto no parágrafo único do art. 24, o material biológico tornar-se-á acessível ao público com a publicação de que trata este artigo.

**Art. 31.** Publicado o pedido de patente e até o final do exame, será facultada a apresentação, pelos interessados, de documentos e informações para subsidiarem o exame.

**Parágrafo único.** O exame não será iniciado antes de decorridos 60 (sessenta) dias da publicação do pedido.

**Art. 32.** Para melhor esclarecer ou definir o pedido de patente, o depositante poderá efetuar alterações até o requerimento do exame, desde que estas se limitem à matéria inicialmente revelada no pedido.

**Art. 33.** O exame do pedido de patente deverá ser requerido pelo depositante ou por qualquer interessado, no prazo de 36 (trinta e seis) meses contados da data do depósito, sob pena do arquivamento do pedido.

**Parágrafo único.** O pedido de patente poderá ser desarquivado, se o depositante assim o requerer, dentro de 60 (sessenta) dias contados do arquivamento, mediante pagamento de uma retribuição específica, sob pena de arquivamento definitivo.

**Art. 34.** Requerido o exame, deverão ser apresentados, no prazo de 60 (sessenta) dias, sempre que solicitado, sob pena de arquivamento do pedido:

**I** – objeções, buscas de anterioridade e resultados de exame para concessão de pedido correspondente em outros países, quando houver reivindicação de prioridade;

**II** – documentos necessários à regularização do processo e exame do pedido; e

**III** – tradução simples do documento hábil referido no § 2º do art. 16, caso esta tenha sido substituída pela declaração prevista no § 5º do mesmo artigo.

**Art. 35.** Por ocasião do exame técnico, será elaborado o relatório de busca e parecer relativo a:

**I** – patenteabilidade do pedido;

**II** – adaptação do pedido à natureza reivindicada;

**III** – reformulação do pedido ou divisão; ou

**IV** – exigências técnicas.

**Art. 36.** Quando o parecer for pela não patenteabilidade ou pelo não enquadramento do pedido na natureza reivindicada ou formular qualquer exigência, o depositante será intimado para manifestar-se no prazo de 90 (noventa) dias.

**§ 1º.** Não respondida a exigência, o pedido será definitivamente arquivado.

**§ 2º.** Respondida a exigência, ainda que não cumprida, ou contestada sua formulação, e havendo ou não manifestação sobre a patenteabilidade ou o enquadramento, dar-se-á prosseguimento ao exame.

**Art. 37.** Concluído o exame, será proferida decisão, deferindo ou indeferindo o pedido de patente.

## CAPÍTULO IV. DA CONCESSÃO E DA VIGÊNCIA DA PATENTE

### SEÇÃO I. DA CONCESSÃO DA PATENTE

**Art. 38.** A patente será concedida depois de deferido o pedido, e comprovado o pagamento da retribuição correspondente, expedindo-se a respectiva carta-patente.

**§ 1º.** O pagamento da retribuição e respectiva comprovação deverão ser efetuados no prazo de 60 (sessenta) dias contados do deferimento.

**§ 2º.** A retribuição prevista neste artigo poderá ainda ser paga e comprovada dentro de 30 (trinta) dias após o prazo previsto no parágrafo anterior, independentemente de notificação, mediante pagamento de retribuição específica, sob pena de arquivamento definitivo do pedido.

**§ 3º.** Reputa-se concedida a patente na data de publicação do respectivo ato.

**Art. 39.** Da carta-patente deverão constar o número, o título e a natureza respectivos, o nome do inventor, observado o disposto no § 4º do art. 6º, a qualificação e o domicílio do titular, o prazo de vigência, o relatório descritivo, as reivindicações e os desenhos, bem como os dados relativos à prioridade.

### SEÇÃO II. DA VIGÊNCIA DA PATENTE

**Art. 40.** A patente de invenção vigorará pelo prazo de 20 (vinte) anos e a de modelo de utilidade pelo prazo 15 (quinze) anos contados da data de depósito.

**Parágrafo único.** *(Revogado pela Lei 14.195/2021)*

## CAPÍTULO V. DA PROTEÇÃO CONFERIDA PELA PATENTE

### SEÇÃO I. DOS DIREITOS

**Art. 41.** A extensão da proteção conferida pela patente será determinada pelo teor das reivindicações, interpretado com base no relatório descritivo e nos desenhos.

**Art. 42.** A patente confere ao seu titular o direito de impedir terceiro, sem o seu consentimento, de produzir, usar, colocar à venda, vender ou importar com estes propósitos:

**I** – produto objeto de patente;

**II** – processo ou produto obtido diretamente por processo patenteado.

**§ 1º.** Ao titular da patente é assegurado ainda o direito de impedir que terceiros contribuam para que outros pratiquem os atos referidos neste artigo.

**§ 2º.** Ocorrerá violação de direito da patente de processo, a que se refere o inciso II, quando o possuidor ou proprietário não comprovar, mediante determinação judicial específica, que o seu produto foi obtido por processo de fabricação diverso daquele protegido pela patente.

**Art. 43.** O disposto no artigo anterior não se aplica:

**I** – aos atos praticados por terceiros não autorizados, em caráter privado e sem finalidade comercial, desde que não acarretem prejuízo ao interesse econômico do titular da patente;

**II** – aos atos praticados por terceiros não autorizados, com finalidade experimental, relacionados a estudos ou pesquisas científicas ou tecnológicas;

**III** – à preparação de medicamento de acordo com prescrição médica para casos individuais, executada por profissional habilitado, bem como ao medicamento assim preparado;

**IV** – a produto fabricado de acordo com patente de processo ou de produto que tiver sido colocado no mercado interno diretamente pelo titular da patente ou com seu consentimento;

**V** – a terceiros que, no caso de patentes relacionadas com matéria viva, utilizem, sem finalidade econômica, o produto patenteado como fonte inicial de variação ou propagação para obter outros produtos; e

**VI** – a terceiros que, no caso de patentes relacionadas com matéria viva, utilizem, ponham em circulação ou comercializem um produto patenteado que haja sido introduzido licitamente no comércio pelo detentor da patente ou por detentor de licença, desde que o produto patenteado não seja utilizado para multiplicação ou propagação comercial da matéria viva em causa;

**VII** – aos atos praticados por terceiros não autorizados, relacionados à invenção protegida por patente, destinados exclusivamente à produção de informações, dados e resultados de testes, visando à obtenção do registro de comercialização, no Brasil ou em outro país, para a exploração e comercialização do produto objeto da patente, após a expiração dos prazos estipulados no art. 40.

**Art. 44.** Ao titular da patente é assegurado o direito de obter indenização pela exploração indevida de seu objeto, inclusive em relação à exploração ocorrida entre a data da publicação do pedido e a da concessão da patente.

**§ 1º.** Se o infrator obteve, por qualquer meio, conhecimento do conteúdo do pedido depositado, anteriormente à publicação, contar-se-á o período da exploração indevida para efeito da indenização a partir da data de início da exploração.

**§ 2º.** Quando o objeto do pedido de patente se referir a material biológico, depositado na forma do parágrafo único do art. 24, o direito à indenização será somente conferido quando o material biológico se tiver tornado acessível ao público.

**§ 3º.** O direito de obter indenização por exploração indevida, inclusive com relação ao período anterior à concessão da patente, está limitado ao conteúdo do seu objeto, na forma do art. 41.

### SEÇÃO II.
### DO USUÁRIO ANTERIOR

**Art. 45.** À pessoa de boa-fé que, antes da data de depósito ou de prioridade de pedido de patente, explorava seu objeto no País, será assegurado o direito de continuar a exploração, sem ônus, na forma e condição anteriores.

**§ 1º.** O direito conferido na forma deste artigo só poderá ser cedido juntamente com o negócio ou empresa, ou parte desta que tenha direta relação com a exploração do objeto da patente, por alienação ou arrendamento.

**§ 2º.** O direito de que trata este artigo não será assegurado a pessoa que tenha tido conhecimento do objeto da patente através de divulgação na forma do art. 12, desde que o pedido tenha sido depositado no prazo de 1 (um) ano, contado da divulgação.

## CAPÍTULO VI.
## DA NULIDADE DA PATENTE

### SEÇÃO I.
### DAS DISPOSIÇÕES GERAIS

**Art. 46.** É nula a patente concedida contrariando as disposições desta Lei.

**Art. 47.** A nulidade poderá não incidir sobre todas as reivindicações, sendo condição para a nulidade parcial o fato de as reivindicações subsistentes constituírem matéria patenteável por si mesmas.

**Art. 48.** A nulidade da patente produzirá efeitos a partir da data do depósito do pedido.

**Art. 49.** No caso de inobservância do disposto no art. 6º, o inventor poderá, alternativamente, reivindicar, em ação judicial, a adjudicação da patente.

### SEÇÃO II.
### DO PROCESSO ADMINISTRATIVO DE NULIDADE

**Art. 50.** A nulidade da patente será declarada administrativamente quando:

**I** – não tiver sido atendido qualquer dos requisitos legais;

**II** – o relatório e as reivindicações não atenderem ao disposto nos arts. 24 e 25, respectivamente;

**III** – o objeto da patente se estenda além do conteúdo do pedido originalmente depositado; ou

**IV** – no seu processamento, tiver sido omitida qualquer das formalidades essenciais, indispensáveis à concessão.

**Art. 51.** O processo de nulidade poderá ser instaurado de ofício ou mediante requerimento de qualquer pessoa com legítimo interesse, no prazo de 6 (seis) meses contados da concessão da patente.

**Parágrafo único.** O processo de nulidade prosseguirá ainda que extinta a patente.

**Art. 52.** O titular será intimado para se manifestar no prazo de 60 (sessenta) dias.

**Art. 53.** Havendo ou não manifestação, decorrido o prazo fixado no artigo anterior, o INPI emitirá parecer, intimando o titular e o requerente para se manifestarem no prazo comum de 60 (sessenta) dias.

**Art. 54.** Decorrido o prazo fixado no artigo anterior, mesmo que não apresentadas as manifestações, o processo será decidido pelo Presidente do INPI, encerrando-se a instância administrativa.

**Art. 55.** Aplicam-se, no que couber, aos certificados de adição, as disposições desta Seção.

### SEÇÃO III. DA AÇÃO DE NULIDADE

**Art. 56.** A ação de nulidade poderá ser proposta a qualquer tempo da vigência da patente, pelo INPI ou por qualquer pessoa com legítimo interesse.

**§ 1º.** A nulidade da patente poderá ser arguida, a qualquer tempo, como matéria de defesa.

**§ 2º.** O juiz poderá, preventiva ou incidentalmente, determinar a suspensão dos efeitos da patente, atendidos os requisitos processuais próprios.

**Art. 57.** A ação de nulidade de patente será ajuizada no foro da Justiça Federal e o INPI, quando não for autor, intervirá no feito.

**§ 1º.** O prazo para resposta do réu titular da patente será de 60 (sessenta) dias.

**§ 2º.** Transitada em julgado a decisão da ação de nulidade, o INPI publicará anotação, para ciência de terceiros.

## CAPÍTULO VII. DA CESSÃO E DAS ANOTAÇÕES

**Art. 58.** O pedido de patente ou a patente, ambos de conteúdo indivisível, poderão ser cedidos, total ou parcialmente.

**Art. 59.** O INPI fará as seguintes anotações:

**I** – da cessão, fazendo constar a qualificação completa do cessionário;

**II** – de qualquer limitação ou ônus que recaia sobre o pedido ou a patente; e

**III** – das alterações de nome, sede ou endereço do depositante ou titular.

**Art. 60.** As anotações produzirão efeito em relação a terceiros a partir da data de sua publicação.

## CAPÍTULO VIII. DAS LICENÇAS

### SEÇÃO I. DA LICENÇA VOLUNTÁRIA

**Art. 61.** O titular de patente ou o depositante poderá celebrar contrato de licença para exploração.

**Parágrafo único.** O licenciado poderá ser investido pelo titular de todos os poderes para agir em defesa da patente.

**Art. 62.** O contrato de licença deverá ser averbado no INPI para que produza efeitos em relação a terceiros.

**§ 1º.** A averbação produzirá efeitos em relação a terceiros a partir da data de sua publicação.

**§ 2º.** Para efeito de validade de prova de uso, o contrato de licença não precisará estar averbado no INPI.

**Art. 63.** O aperfeiçoamento introduzido em patente licenciada pertence a quem o fizer, sendo assegurado à outra parte contratante o direito de preferência para seu licenciamento.

### SEÇÃO II. DA OFERTA DE LICENÇA

**Art. 64.** O titular da patente poderá solicitar ao INPI que a coloque em oferta para fins de exploração.

**§ 1º.** O INPI promoverá a publicação da oferta.

**§ 2º.** Nenhum contrato de licença voluntária de caráter exclusivo será averbado no INPI sem que o titular tenha desistido da oferta.

**§ 3º.** A patente sob licença voluntária, com caráter de exclusividade, não poderá ser objeto de oferta.

**§ 4º.** O titular poderá, a qualquer momento, antes da expressa aceitação de seus termos pelo interessado, desistir da oferta, não se aplicando o disposto no art. 66.

**Art. 65.** Na falta de acordo entre o titular e o licenciado, as partes poderão requerer ao INPI o arbitramento da remuneração.

**§ 1º.** Para efeito deste artigo, o INPI observará o disposto no § 4º do art. 73.

**§ 2º.** A remuneração poderá ser revista decorrido 1 (um) ano de sua fixação.

**Art. 66.** A patente em oferta terá sua anuidade reduzida à metade no período compreendido entre o oferecimento e a concessão da primeira licença, a qualquer título.

**Art. 67.** O titular da patente poderá requerer o cancelamento da licença se o licenciado não der início à exploração efetiva dentro de 1 (um) ano da concessão, interromper a exploração por prazo superior a 1 (um) ano, ou, ainda, se não forem obedecidas as condições para a exploração.

### SEÇÃO III. DA LICENÇA COMPULSÓRIA

**Art. 68.** O titular ficará sujeito a ter a patente licenciada compulsoriamente se exercer os direitos dela decorrentes de forma abusiva, ou por meio dela praticar abuso de poder econômico, comprovado nos termos da lei, por decisão administrativa ou judicial.

**§ 1º.** Ensejam, igualmente, licença compulsória:

**I** – a não exploração do objeto da patente no território brasileiro por falta de fabricação ou fabricação incompleta do produto, ou, ainda, a falta de uso integral do processo patenteado, ressalvados os casos de inviabilidade econômica, quando será admitida a importação; ou

**II** – a comercialização que não satisfizer às necessidades do mercado.

**§ 2º**. A licença só poderá ser requerida por pessoa com legítimo interesse e que tenha capacidade técnica e econômica para realizar a exploração eficiente do objeto da patente, que deverá destinar-se, predominantemente, ao mercado interno, extinguindo-se nesse caso a excepcionalidade prevista no inciso I do parágrafo anterior.

**§ 3º**. No caso de a licença compulsória ser concedida em razão de abuso de poder econômico, ao licenciado, que propõe fabricação local, será garantido um prazo, limitado ao estabelecido no art. 74, para proceder à importação do objeto da licença, desde que tenha sido colocado no mercado diretamente pelo titular ou com o seu consentimento.

**§ 4º**. No caso de importação para exploração de patente e no caso da importação prevista no parágrafo anterior, será igualmente admitida a importação por terceiros de produto fabricado de acordo com patente de processo ou de produto, desde que tenha sido colocado no mercado diretamente pelo titular ou com o seu consentimento.

**§ 5º**. A licença compulsória de que trata o § 1º somente será requerida após decorridos 3 (três) anos da concessão da patente.

**Art. 69.** A licença compulsória não será concedida se, à data do requerimento, o titular:

**I** – justificar o desuso por razões legítimas;

**II** – comprovar a realização de sérios e efetivos preparativos para a exploração; ou

**III** – justificar a falta de fabricação ou comercialização por obstáculo de ordem legal.

**Art. 70.** A licença compulsória será ainda concedida quando, cumulativamente, se verificarem as seguintes hipóteses:

**I** – ficar caracterizada situação de dependência de uma patente em relação a outra;

**II** – o objeto da patente dependente constituir substancial progresso técnico em relação à patente anterior; e

**III** – o titular não realizar acordo com o titular da patente dependente para exploração da patente anterior.

**§ 1º**. Para os fins deste artigo considera-se patente dependente aquela cuja exploração depende obrigatoriamente da utilização do objeto de patente anterior.

**§ 2º**. Para efeito deste artigo, uma patente de processo poderá ser considerada dependente de patente do produto respectivo, bem como uma patente de produto poderá ser dependente de patente de processo.

**§ 3º**. O titular da patente licenciada na forma deste artigo terá direito a licença compulsória cruzada da patente dependente.

**Art. 71.** Nos casos de emergência nacional ou internacional ou de interesse público declarados em lei ou em ato do Poder Executivo federal, ou de reconhecimento de estado de calamidade pública de âmbito nacional pelo Congresso Nacional, poderá ser concedida licença compulsória, de ofício, temporária e não exclusiva, para a exploração da patente ou do pedido de patente, sem prejuízo dos direitos do respectivo titular, desde que seu titular ou seu licenciado não atenda a essa necessidade. *(Redação dada pela Lei 14.200/2021)*

**§ 1º** O ato de concessão da licença estabelecerá seu prazo de vigência e a possibilidade de prorrogação. *(Parágrafo único transformado em § 1º pela Lei 14.200/2021)*

**§ 2º** Nos casos previstos no *caput* deste artigo, o Poder Executivo federal publicará lista de patentes ou de pedidos de patente, não aplicável o prazo de sigilo previsto no art. 30 desta Lei, potencialmente úteis ao enfrentamento das situações previstas no *caput* deste artigo, no prazo de até 30 (trinta) dias após a data de publicação da declaração de emergência ou de interesse público, ou do reconhecimento de estado de calamidade pública, excluídos as patentes e os pedidos de patente que forem objetos de acordos de transferência da tecnologia de produção ou de licenciamento voluntário capazes de assegurar o atendimento da demanda interna, nos termos previstos em regulamento. *(Acrescido pela Lei 14.200/2021)*

**§ 3º** Entes públicos, instituições de ensino e pesquisa e outras entidades representativas da sociedade e do setor produtivo deverão ser consultados no processo de elaboração da lista de patentes ou de pedidos de patente que poderão ser objeto de licença compulsória, nos termos previstos em regulamento. *(Acrescido pela Lei 14.200/2021)*

**§ 4º** Qualquer instituição pública ou privada poderá apresentar pedido para inclusão de patente ou de pedido de patente na lista referida no § 2º deste artigo. *(Acrescido pela Lei 14.200/2021)*

**§ 5º** A lista referida no § 2º deste artigo conterá informações e dados suficientes para permitir a análise individualizada acerca da utilidade de cada patente e pedido de patente e contemplará, pelo menos: *(Acrescido pela Lei 14.200/2021)*

**I** - o número individualizado das patentes ou dos pedidos de patente que poderão ser objeto de licença compulsória;

**II** - a identificação dos respectivos titulares;

**III** - a especificação dos objetivos para os quais será autorizado cada licenciamento compulsório.

**§ 6º** A partir da lista publicada nos termos do § 2º deste artigo, o Poder Executivo realizará, no prazo de 30 (trinta) dias, prorrogável por igual período, a avaliação individualizada das invenções e modelos de utilidade listados e somente concederá a licença compulsória, de forma não exclusiva, para produtores que possuam capacidade técnica e econômica comprovada para a produção do objeto da patente ou do pedido de patente, desde que conclua pela sua utilidade no enfrentamento da situação que a fundamenta. *(Acrescido pela Lei 14.200/2021)*

**§ 7º** Patentes ou pedidos de patente que ainda não tiverem sido objeto de licença compulsória poderão ser excluídos da lista referida no § 2º deste artigo nos casos em que a autoridade competente definida pelo Poder Executivo considerar que seus titulares assumiram compromissos objetivos capazes de assegurar o atendimento da demanda interna em condições de volume, de preço e de prazo compatíveis com as necessidades de emergência nacional ou internacional, de interesse público ou de estado de calamidade pública de âmbito nacional por meio de uma ou mais das seguintes alternativas: *(Acrescido pela Lei 14.200/2021)*

**I** - exploração direta da patente ou do pedido de patente no País;

**II** - licenciamento voluntário da patente ou do pedido de patente; ou

**III** - contratos transparentes de venda de produto associado à patente ou ao pedido de patente.

**§§ 8º a 10.** *(Vetados na Lei 14.200/2021)*

**§ 11.** As instituições públicas que possuírem informações, dados e documentos relacionados com o objeto da patente ou do pedido de patente ficam obrigadas a compartilhar todos os elementos úteis à reprodução do objeto licenciado, não aplicáveis, nesse caso, as normas relativas à proteção de dados nem o disposto no inciso XIV do *caput* do art. 195 desta Lei. *(Acrescido pela Lei 14.200/2021)*

**§ 12.** No arbitramento da remuneração do titular da patente ou do pedido de patente, serão consideradas as circunstâncias de cada caso, observados, obrigatoriamente, o valor econômico da licença concedida, a duração da licença e as estimativas de investimentos necessários para sua exploração, bem como os custos de produção e o preço de venda no mercado nacional do produto a ela associado. *(Acrescido pela Lei 14.200/2021)*

**§ 13.** A remuneração do titular da patente ou do pedido de patente objeto de licença compulsória será fixada em 1,5% (um inteiro e cinco décimos por cento) sobre o preço líquido de venda do produto a ela associado até que seu valor venha a ser efetivamente estabelecido. *(Acrescido pela Lei 14.200/2021)*

**§ 14.** A remuneração do titular do pedido de patente objeto de licença compulsória somente será devida caso a patente venha a ser concedida, e o pagamento, correspondente a todo o período da licença, deverá ser efetivado somente após a concessão da patente. *(Acrescido pela Lei 14.200/2021)*

**§ 15.** A autoridade competente dará prioridade à análise dos pedidos de patente que forem objeto de licença compulsória. *(Acrescido pela Lei 14.200/2021)*

**§ 16.** Os produtos que estiverem sujeitos ao regime de vigilância sanitária deverão observar todos os requisitos previstos na legislação sanitária e somente poderão ser comercializados após a concessão de autorização, de forma definitiva ou para uso em caráter emergencial, pela autoridade sanitária federal, nos termos previstos em regulamento. *(Acrescido pela Lei 14.200/2021)*

**§ 17.** *(Vetado na Lei 14.200/2021)*

**§ 18.** Independentemente da concessão de licença compulsória, o poder público dará prioridade à celebração de acordos de cooperação técnica e de contratos com o titular da patente para a aquisição da tecnologia produtiva e de seu processo de transferência. *(Acrescido pela Lei 14.200/2021)*

**Art. 71-A.** Poderá ser concedida, por razões humanitárias e nos termos de tratado internacional do qual a República Federativa do Brasil seja parte, licença compulsória de patentes de produtos destinados à exportação a países com insuficiente ou nenhuma capacidade de fabricação no setor farmacêutico para atendimento de sua população. *(Acrescido pela Lei 14.200/2021)*

**Art. 72.** As licenças compulsórias serão sempre concedidas sem exclusividade, não se admitindo o sublicenciamento.

**Art. 73.** O pedido de licença compulsória deverá ser formulado mediante indicação das condições oferecidas ao titular da patente.

**§ 1º.** Apresentado o pedido de licença, o titular será intimado para manifestar-se no prazo de 60 (sessenta) dias, findo o qual, sem manifestação do titular, será considerada aceita a proposta nas condições oferecidas.

**§ 2º.** O requerente de licença que invocar abuso de direitos patentários ou abuso de poder econômico deverá juntar documentação que o comprove.

**§ 3º.** No caso de a licença compulsória ser requerida com fundamento na falta de exploração, caberá ao titular da patente comprovar a exploração.

**§ 4º.** Havendo contestação, o INPI poderá realizar as necessárias diligências, bem como designar comissão, que poderá incluir especialistas não integrantes dos quadros da autarquia, visando arbitrar a remuneração que será paga ao titular.

**§ 5º.** Os órgãos e entidades da administração pública direta ou indireta, federal, estadual e municipal, prestarão ao INPI as informações solicitadas com o objetivo de subsidiar o arbitramento da remuneração.

**§ 6º.** No arbitramento da remuneração, serão consideradas as circunstâncias de cada caso, levando-se em conta, obrigatoriamente, o valor econômico da licença concedida.

**§ 7º.** Instruído o processo, o INPI decidirá sobre a concessão e condições da licença compulsória no prazo de 60 (sessenta) dias.

**§ 8º.** O recurso da decisão que conceder a licença compulsória não terá efeito suspensivo.

**Art. 74.** Salvo razões legítimas, o licenciado deverá iniciar a exploração do objeto da patente no prazo de 1 (um) ano da concessão da licença, admitida a interrupção por igual prazo.

**§ 1º.** O titular poderá requerer a cassação da licença quando não cumprido o disposto neste artigo.

**§ 2º.** O licenciado ficará investido de todos os poderes para agir em defesa da patente.

**§ 3º.** Após a concessão da licença compulsória, somente será admitida a sua cessão quando realizada conjuntamente com a cessão, alienação ou arrendamento da parte do empreendimento que a explore.

## CAPÍTULO IX. DA PATENTE DE INTERESSE DA DEFESA NACIONAL

**Art. 75.** O pedido de patente originário do Brasil cujo objeto interesse à defesa nacional será processado em caráter sigiloso e não estará sujeito às publicações previstas nesta Lei.

- Decreto 2.553/1998 – Regulamenta os arts. 75 e 88 a 93 da Lei 9.279/1996.

**§ 1º.** O INPI encaminhará o pedido, de imediato, ao órgão competente do Poder Executivo para, no prazo de 60 (sessenta) dias, manifestar-se sobre o caráter sigiloso. Decorrido o prazo sem a manifestação do órgão competente, o pedido será processado normalmente.

**§ 2º.** É vedado o depósito no exterior de pedido de patente cujo objeto tenha sido considerado de interesse da defesa nacional, bem como qualquer divulgação do mesmo, salvo expressa autorização do órgão competente.

**§ 3º.** A exploração e a cessão do pedido ou da patente de interesse da defesa nacional estão condicionadas à prévia autorização do órgão competente, assegurada indenização sempre que houver restrição dos direitos do depositante ou do titular.

## CAPÍTULO X. DO CERTIFICADO DE ADIÇÃO DE INVENÇÃO

**Art. 76.** O depositante do pedido ou titular de patente de invenção poderá requerer, mediante pagamento de retribuição específica, certificado de adição para proteger aperfeiçoamento ou desenvolvimento introduzido no objeto da invenção, mesmo que destituído de atividade inventiva, desde que a matéria se inclua no mesmo conceito inventivo.

**§ 1º.** Quando tiver ocorrido a publicação do pedido principal, o pedido de certificado de adição será imediatamente publicado.

**§ 2º.** O exame do pedido de certificado de adição obedecerá ao disposto nos arts. 30 a 37, ressalvado o disposto no parágrafo anterior.

**§ 3º.** O pedido de certificado de adição será indeferido se o seu objeto não apresentar o mesmo conceito inventivo.

**§ 4º.** O depositante poderá, no prazo do recurso, requerer a transformação do pedido de certificado de adição em pedido de patente, beneficiando-se da data de depósito do pedido de certificado, mediante pagamento das retribuições cabíveis.

**Art. 77.** O certificado de adição é acessório da patente, tem a data final de vigência desta e acompanha-a para todos os efeitos legais.

**Parágrafo único.** No processo de nulidade, o titular poderá requerer que a matéria contida no certificado de adição seja analisada para se verificar a possibilidade de sua subsistência, sem prejuízo do prazo de vigência da patente.

## CAPÍTULO XI. DA EXTINÇÃO DA PATENTE

**Art. 78.** A patente extingue-se:

**I** – pela expiração do prazo de vigência;

**II** – pela renúncia de seu titular, ressalvado o direito de terceiros;

**III** – pela caducidade;

**IV** – pela falta de pagamento da retribuição anual, nos prazos previstos no § 2º do art. 84 e no art. 87; e

**V** – pela inobservância do disposto no art. 217.

**Parágrafo único.** Extinta a patente, o seu objeto cai em domínio público.

**Art. 79.** A renúncia só será admitida se não prejudicar direitos de terceiros.

**Art. 80.** Caducará a patente, de ofício ou a requerimento de qualquer pessoa com legítimo interesse, se, decorridos 2 (dois) anos da concessão da primeira licença compulsória, esse prazo não tiver sido suficiente para prevenir ou sanar o abuso ou desuso, salvo motivos justificáveis.

**§ 1º.** A patente caducará quando, na data do requerimento da caducidade ou da instauração de ofício do respectivo processo, não tiver sido iniciada a exploração.

**§ 2º.** No processo de caducidade instaurado a requerimento, o INPI poderá prosseguir se houver desistência do requerente.

**Art. 81.** O titular será intimado mediante publicação para se manifestar, no prazo de 60 (sessenta) dias, cabendo-lhe o ônus da prova quanto à exploração.

**Art. 82.** A decisão será proferida dentro de 60 (sessenta) dias, contados do término do prazo mencionado no artigo anterior.

**Art. 83.** A decisão da caducidade produzirá efeitos a partir da data do requerimento ou da publicação da instauração de ofício do processo.

## CAPÍTULO XII. DA RETRIBUIÇÃO ANUAL

**Art. 84.** O depositante do pedido e o titular da patente estão sujeitos ao pagamento de retribuição anual, a partir do início do terceiro ano da data do depósito.

**§ 1º.** O pagamento antecipado da retribuição anual será regulado pelo INPI.

**§ 2º.** O pagamento deverá ser efetuado dentro dos primeiros 3 (três) meses de cada período anual, podendo, ainda, ser feito, independente de notificação, dentro dos 6 (seis) meses subsequentes, mediante pagamento de retribuição adicional.

**Art. 85.** O disposto no artigo anterior aplica-se aos pedidos internacionais depositados em virtude de tratado em vigor no Brasil, devendo o pagamento das retribuições anuais vencidas antes da data da entrada no processamento nacional ser efetuado no prazo de 3 (três) meses dessa data.

**Art. 86.** A falta de pagamento da retribuição anual, nos termos dos arts. 84 e 85, acarretará o arquivamento do pedido ou a extinção da patente.

## CAPÍTULO XIII.
## DA RESTAURAÇÃO

**Art. 87.** O pedido de patente e a patente poderão ser restaurados, se o depositante ou o titular assim o requerer, dentro de 3 (três) meses, contados da notificação do arquivamento do pedido ou da extinção da patente, mediante pagamento de retribuição específica.

## CAPÍTULO XIV.
## DA INVENÇÃO E DO MODELO DE UTILIDADE REALIZADO POR EMPREGADO OU PRESTADOR DE SERVIÇO

‣ Decreto 2.553/1998 – Regulamenta os arts. 75 e 88 a 93 da Lei 9.279/1996.

**Art. 88.** A invenção e o modelo de utilidade pertencem exclusivamente ao empregador quando decorrerem de contrato de trabalho cuja execução ocorra no Brasil e que tenha por objeto a pesquisa ou a atividade inventiva, ou resulte esta da natureza dos serviços para os quais foi o empregado contratado.

**§ 1º.** Salvo expressa disposição contratual em contrário, a retribuição pelo trabalho a que se refere este artigo limita-se ao salário ajustado.

**§ 2º.** Salvo prova em contrário, consideram-se desenvolvidos na vigência do contrato a invenção ou o modelo de utilidade, cuja patente seja requerida pelo empregado até 1 (um) ano após a extinção do vínculo empregatício.

**Art. 89.** O empregador, titular da patente, poderá conceder ao empregado, autor de invento ou aperfeiçoamento, participação nos ganhos econômicos resultantes da exploração da patente, mediante negociação com o interessado ou conforme disposto em norma da empresa.

**Parágrafo único.** A participação referida neste artigo não se incorpora, a qualquer título, ao salário do empregado.

**Art. 90.** Pertencerá exclusivamente ao empregado a invenção ou o modelo de utilidade por ele desenvolvido, desde que desvinculado do contrato de trabalho e não decorrente da utilização de recursos, meios, dados, materiais, instalações ou equipamentos do empregador.

**Art. 91.** A propriedade de invenção ou de modelo de utilidade será comum, em partes iguais, quando resultar da contribuição pessoal do empregado e de recursos, dados, meios, materiais, instalações ou equipamentos do empregador, ressalvada expressa disposição contratual em contrário.

**§ 1º.** Sendo mais de um empregado, a parte que lhes couber será dividida igualmente entre todos, salvo ajuste em contrário.

**§ 2º.** É garantido ao empregador o direito exclusivo de licença de exploração e assegurada ao empregado a justa remuneração.

**§ 3º.** A exploração do objeto da patente, na falta de acordo, deverá ser iniciada pelo empregador dentro do prazo de 1 (um) ano, contado da data de sua concessão, sob pena de passar à exclusiva propriedade do empregado a titularidade da patente, ressalvadas as hipóteses de falta de exploração por razões legítimas.

**§ 4º.** No caso de cessão, qualquer dos cotitulares, em igualdade de condições, poderá exercer o direito de preferência.

**Art. 92.** O disposto nos artigos anteriores aplica-se, no que couber, às relações entre o trabalhador autônomo ou o estagiário e a empresa contratante e entre empresas contratantes e contratadas.

**Art. 93.** Aplica-se o disposto neste Capítulo, no que couber, às entidades da Administração Pública, direta, indireta e fundacional, federal, estadual ou municipal.

**Parágrafo único.** Na hipótese do art. 88, será assegurada ao inventor, na forma e condições previstas no estatuto ou regimento interno da entidade a que se refere este artigo, premiação de parcela no valor das vantagens auferidas com o pedido ou com a patente, a título de incentivo.

# TÍTULO II.
# DOS DESENHOS INDUSTRIAIS

## CAPÍTULO I.
## DA TITULARIDADE

**Art. 94.** Ao autor será assegurado o direito de obter registro de desenho industrial que lhe confira a propriedade, nas condições estabelecidas nesta Lei.

**Parágrafo único.** Aplicam-se ao registro de desenho industrial, no que couber, as disposições dos arts. 6º e 7º.

## CAPÍTULO II.
## DA REGISTRABILIDADE

### SEÇÃO I.
### DOS DESENHOS INDUSTRIAIS REGISTRÁVEIS

**Art. 95.** Considera-se desenho industrial a forma plástica ornamental de um objeto ou o conjunto ornamental de linhas e cores que possa ser aplicado a um produto, proporcionando resultado visual novo e original na sua configuração externa e que possa servir de tipo de fabricação industrial.

**Art. 96.** O desenho industrial é considerado novo quando não compreendido no estado da técnica.

**§ 1º.** O estado da técnica é constituído por tudo aquilo tornado acessível ao público antes da data de depósito do pedido, no Brasil ou no exterior, por uso ou qualquer outro meio, ressalvado o disposto no § 3º deste artigo e no art. 99.

**§ 2º.** Para aferição unicamente da novidade, o conteúdo completo de pedido de patente ou de registro depositado no Brasil, e ainda não publicado, será considerado como incluído no estado da técnica a partir da data de depósito, ou da prioridade reivindicada, desde que venha a ser publicado, mesmo que subsequentemente.

**§ 3º.** Não será considerado como incluído no estado da técnica o desenho industrial cuja divulgação tenha ocorrido durante os 180 (cento e oitenta) dias que precederem a data do depósito ou a da prioridade reivindicada, se promovida nas situações previstas nos incisos I a III do art. 12.

**Art. 97.** O desenho industrial é considerado original quando dele resulte uma configuração visual distintiva, em relação a outros objetos anteriores.

**Parágrafo único.** O resultado visual original poderá ser decorrente da combinação de elementos conhecidos.

**Art. 98.** Não se considera desenho industrial qualquer obra de caráter puramente artístico.

### SEÇÃO II.
### DA PRIORIDADE

**Art. 99.** Aplicam-se ao pedido de registro, no que couber, as disposições do art. 16, exceto o prazo previsto no seu § 3º, que será de 90 (noventa) dias.

### SEÇÃO III.
### DOS DESENHOS INDUSTRIAIS NÃO REGISTRÁVEIS

**Art. 100.** Não é registrável como desenho industrial:

**I** – o que for contrário à moral e aos bons costumes ou que ofenda a honra ou imagem de pessoas, ou atente contra liberdade de consciência, crença, culto religioso ou ideia e sentimentos dignos de respeito e veneração;

**II** – a forma necessária comum ou vulgar do objeto ou, ainda, aquela determinada essencialmente por considerações técnicas ou funcionais.

## CAPÍTULO III.
## DO PEDIDO DE REGISTRO

### SEÇÃO I.
### DO DEPÓSITO DO PEDIDO

**Art. 101.** O pedido de registro, nas condições estabelecidas pelo INPI, conterá:

**I** – requerimento;

**II** – relatório descritivo, se for o caso;

**III** – reivindicações, se for o caso;

**IV** – desenhos ou fotografias;

**V** – campo de aplicação do objeto; e

**VI** – comprovante do pagamento da retribuição relativa ao depósito.

**Parágrafo único.** Os documentos que integram o pedido de registro deverão ser apresentados em língua portuguesa.

**Art. 102.** Apresentado o pedido, será ele submetido a exame formal preliminar e, se devidamente instruído, será protocolizado, considerada a data do depósito a da sua apresentação.

**Art. 103.** O pedido que não atender formalmente ao disposto no art. 101, mas que contiver dados suficientes relativos ao depositante, ao desenho industrial e ao autor, poderá ser entregue, mediante recibo datado, ao INPI, que estabelecerá as exigências a serem cumpridas, em 5 (cinco) dias, sob pena de ser considerado inexistente.

**Parágrafo único.** Cumpridas as exigências, o depósito será considerado como efetuado na data da apresentação do pedido.

### SEÇÃO II.
### DAS CONDIÇÕES DO PEDIDO

**Art. 104.** O pedido de registro de desenho industrial terá que se referir a um único objeto, permitida uma pluralidade de variações, desde que se destinem ao mesmo propósito e guardem entre si a mesma característica distintiva preponderante, limitado cada pedido ao máximo de 20 (vinte) variações.

**Parágrafo único.** O desenho deverá representar clara e suficientemente o objeto e suas variações, se houver, de modo a possibilitar sua reprodução por técnico no assunto.

**Art. 105.** Se solicitado o sigilo na forma do § 1º do art. 106, poderá o pedido ser retirado em até 90 (noventa) dias contados da data do depósito.

**Parágrafo único.** A retirada de um depósito anterior sem produção de qualquer efeito dará prioridade ao depósito imediatamente posterior.

### SEÇÃO III.
### DO PROCESSO E DO EXAME DO PEDIDO

**Art. 106.** Depositado o pedido de registro de desenho industrial e observado o disposto nos arts. 100, 101 e 104, será automaticamente publicado e simultaneamente concedido o registro, expedindo-se o respectivo certificado.

**§ 1º.** A requerimento do depositante, por ocasião do depósito, poderá ser mantido em sigilo o pedido, pelo prazo de 180 (cento e oitenta) dias contados da data do depósito, após o que será processado.

**§ 2º.** Se o depositante se beneficiar do disposto no art. 99, aguardar-se-á a apresentação do documento de prioridade para o processamento do pedido.

**§ 3º.** Não atendido o disposto nos arts. 101 e 104, será formulada exigência, que deverá ser respondida em 60 (sessenta) dias, sob pena de arquivamento definitivo.

**§ 4º.** Não atendido o disposto no art. 100, o pedido de registro será indeferido.

## CAPÍTULO IV. DA CONCESSÃO E DA VIGÊNCIA DO REGISTRO

**Art. 107.** Do certificado deverão constar o número e o título, nome do autor – observado o disposto no § 4º do art. 6º, o nome, a nacionalidade e o domicílio do titular, o prazo de vigência, os desenhos, os dados relativos à prioridade estrangeira, e, quando houver, relatório descritivo e reivindicações.

**Art. 108.** O registro vigorará pelo prazo de 10 (dez) anos contados da data do depósito, prorrogável por 3 (três) períodos sucessivos de 5 (cinco) anos cada.

**§ 1º** O pedido de prorrogação deverá ser formulado durante o último ano de vigência do registro, instruído com o comprovante do pagamento da respectiva retribuição.

**§ 2º** Se o pedido de prorrogação não tiver sido formulado até o termo final da vigência do registro, o titular poderá fazê-lo nos 180 (cento e oitenta) dias subsequentes, mediante o pagamento de retribuição adicional.

## CAPÍTULO V. DA PROTEÇÃO CONFERIDA PELO REGISTRO

**Art. 109.** A propriedade do desenho industrial adquire-se pelo registro validamente concedido.

**Parágrafo único.** Aplicam-se ao registro do desenho industrial, no que couber, as disposições do art. 42 e dos incisos I, II e IV do art. 43.

**Art. 110.** À pessoa que, de boa-fé, antes da data do depósito ou da prioridade do pedido de registro explorava seu objeto no País, será assegurado o direito de continuar a exploração, sem ônus, na forma e condição anteriores.

**§ 1º.** O direito conferido na forma deste artigo só poderá ser cedido juntamente com o negócio ou empresa, ou parte deste, que tenha direta relação com a exploração do objeto do registro, por alienação ou arrendamento.

**§ 2º.** O direito de que trata este artigo não será assegurado a pessoa que tenha tido conhecimento do objeto do registro através de divulgação nos termos do § 3º do art. 96, desde que o pedido tenha sido depositado no prazo de 6 (seis) meses contados da divulgação.

## CAPÍTULO VI. DO EXAME DE MÉRITO

**Art. 111.** O titular do desenho industrial poderá requerer o exame do objeto do registro, a qualquer tempo da vigência, quanto aos aspectos de novidade e de originalidade.

**Parágrafo único.** O INPI emitirá parecer de mérito, que, se concluir pela ausência de pelo menos um dos requisitos definidos nos arts. 95 a 98, servirá de fundamento para instauração de ofício de processo de nulidade do registro.

## CAPÍTULO VII. DA NULIDADE DO REGISTRO

### SEÇÃO I. DAS DISPOSIÇÕES GERAIS

**Art. 112.** É nulo o registro concedido em desacordo com as disposições desta Lei.

**§ 1º.** A nulidade do registro produzirá efeitos a partir da data do depósito do pedido.

**§ 2º.** No caso de inobservância do disposto no art. 94, o autor poderá, alternativamente, reivindicar a adjudicação do registro.

### SEÇÃO II. DO PROCESSO ADMINISTRATIVO DE NULIDADE

**Art. 113.** A nulidade do registro será declarada administrativamente quando tiver sido concedido com infringência dos arts. 94 a 98.

**§ 1º.** O processo de nulidade poderá ser instaurado de ofício ou mediante requerimento de qualquer pessoa com legítimo interesse, no prazo de 5 (cinco) anos contados da concessão do registro, ressalvada a hipótese prevista no parágrafo único do art. 111.

**§ 2º.** O requerimento ou a instauração de ofício suspenderá os efeitos da concessão do registro se apresentada ou publicada no prazo de 60 (sessenta) dias da concessão.

**Art. 114.** O titular será intimado para se manifestar no prazo de 60 (sessenta) dias contados da data da publicação.

**Art. 115.** Havendo ou não manifestação, decorrido o prazo fixado no artigo anterior, o INPI emitirá parecer, intimando o titular e o requerente para se manifestarem no prazo comum de 60 (sessenta) dias.

**Art. 116.** Decorrido o prazo fixado no artigo anterior, mesmo que não apresentadas as manifestações, o processo será decidido pelo Presidente do INPI, encerrando-se a instância administrativa.

**Art. 117.** O processo de nulidade prosseguirá, ainda que extinto o registro.

### SEÇÃO III. DA AÇÃO DE NULIDADE

**Art. 118.** Aplicam-se à ação de nulidade de registro de desenho industrial, no que couber, as disposições dos arts. 56 e 57.

## CAPÍTULO VIII. DA EXTINÇÃO DO REGISTRO

**Art. 119.** O registro extingue-se:

**I** – pela expiração do prazo de vigência;

**II** – pela renúncia de seu titular, ressalvado o direito de terceiros;

**III** – pela falta de pagamento da retribuição prevista nos arts. 108 e 120; ou

**IV** – pela inobservância do disposto no art. 217.

## CAPÍTULO IX. DA RETRIBUIÇÃO QUINQUENAL

**Art. 120.** O titular do registro está sujeito ao pagamento de retribuição quinquenal, a partir do segundo quinquênio da data do depósito.

**§ 1º.** O pagamento do segundo quinquênio será feito durante o 5º (quinto) ano da vigência do registro.

**§ 2º.** O pagamento dos demais quinquênios será apresentado junto com o pedido de prorrogação a que se refere o art. 108.

**§ 3º.** O pagamento dos quinquênios poderá ainda ser efetuado dentro dos 6 (seis) meses subsequentes ao prazo estabelecido no parágrafo anterior, mediante pagamento de retribuição adicional.

## CAPÍTULO X. DAS DISPOSIÇÕES FINAIS

**Art. 121.** As disposições dos arts. 58 a 63 aplicam-se, no que couber, à matéria de que trata o presente Título, disciplinando-se o direito do empregado ou prestador de serviços pelas disposições dos arts. 88 a 93.

# TÍTULO III. DAS MARCAS

## CAPÍTULO I. DA REGISTRABILIDADE

### SEÇÃO I. DOS SINAIS REGISTRÁVEIS COMO MARCA

**Art. 122.** São suscetíveis de registro como marca os sinais distintivos visualmente perceptíveis, não compreendidos nas proibições legais.

**Art. 123.** Para os efeitos desta Lei, considera-se:

**I** – marca de produto ou serviço: aquela usada para distinguir produto ou serviço de outro idêntico, semelhante ou afim, de origem diversa;

**II** – marca de certificação: aquela usada para atestar a conformidade de um produto ou serviço com determinadas normas ou especificações técnicas, notadamente quanto à qualidade, natureza, material utilizado e metodologia empregada; e

**III** – marca coletiva: aquela usada para identificar produtos ou serviços provindos de membros de uma determinada entidade.

### SEÇÃO II. DOS SINAIS NÃO REGISTRÁVEIS COMO MARCA

**Art. 124.** Não são registráveis como marca:

**I** – brasão, armas, medalha, bandeira, emblema, distintivo e monumento oficiais, públicos, nacionais, estrangeiros ou internacionais, bem como a respectiva designação, figura ou imitação;

**II** – letra, algarismo e data, isoladamente, salvo quando revestidos de suficiente forma distintiva;

**III** – expressão, figura, desenho ou qualquer outro sinal contrário à moral e aos bons costumes ou que ofenda a honra ou imagem de pessoas ou atente contra liberdade de consciência, crença, culto religioso ou ideia e sentimento dignos de respeito e veneração;

**IV** – designação ou sigla de entidade ou órgão público, quando não requerido o registro pela própria entidade ou órgão público;

**V** – reprodução ou imitação de elemento característico ou diferenciador de título de estabelecimento ou nome de empresa de terceiros, suscetível de causar confusão ou associação com estes sinais distintivos;

**VI** – sinal de caráter genérico, necessário, comum, vulgar ou simplesmente descritivo, quando tiver relação com o produto ou serviço a distinguir, ou aquele empregado comumente para designar uma característica do produto ou serviço, quanto à natureza, nacionalidade, peso, valor, qualidade e época de produção ou de prestação do serviço, salvo quando revestidos de suficiente forma distintiva;

**VII** – sinal ou expressão empregada apenas como meio de propaganda;

**VIII** – cores e suas denominações, salvo se dispostas ou combinadas de modo peculiar e distintivo;

**IX** – indicação geográfica, sua imitação suscetível de causar confusão ou sinal que possa falsamente induzir indicação geográfica;

**X** – sinal que induza a falsa indicação quanto à origem, procedência, natureza, qualidade ou utilidade do produto ou serviço a que a marca se destina;

**XI** – reprodução ou imitação de cunho oficial, regularmente adotada para garantia de padrão de qualquer gênero ou natureza;

**XII** – reprodução ou imitação de sinal que tenha sido registrado como marca coletiva ou de certificação por terceiro, observado o disposto no art. 154;

**XIII** – nome, prêmio ou símbolo de evento esportivo, artístico, cultural, social, político, econômico ou técnico, oficial ou oficialmente reconhecido, bem como a imitação suscetível de criar confusão, salvo quando autorizados pela autoridade competente ou entidade promotora do evento;

**XIV** – reprodução ou imitação de título, apólice, moeda e cédula da União, dos Estados, do Distrito Federal, dos Territórios, dos Municípios, ou de país;

**XV** – nome civil ou sua assinatura, nome de família ou patronímico e imagem de terceiros, salvo com consentimento do titular, herdeiros ou sucessores;

**XVI** – pseudônimo ou apelido notoriamente conhecidos, nome artístico singular ou coletivo, salvo com consentimento do titular, herdeiros ou sucessores;

**XVII** – obra literária, artística ou científica, assim como os títulos que estejam protegidos pelo direito autoral e sejam suscetíveis de causar confusão ou associação, salvo com consentimento do autor ou titular;

**XVIII** – termo técnico usado na indústria, na ciência e na arte, que tenha relação com o produto ou serviço a distinguir;

**XIX** – reprodução ou imitação, no todo ou em parte, ainda que com acréscimo, de marca alheia registrada, para distinguir ou certificar produto ou serviço idêntico, semelhante ou afim, suscetível de causar confusão ou associação com marca alheia;

**XX** – dualidade de marcas de um só titular para o mesmo produto ou serviço, salvo quando, no caso de marcas de mesma natureza, se revestirem de suficiente forma distintiva;

**XXI** – a forma necessária, comum ou vulgar do produto ou de acondicionamento, ou, ainda, aquela que não possa ser dissociada de efeito técnico;

**XXII** – objeto que estiver protegido por registro de desenho industrial de terceiro; e

**XXIII** – sinal que imite ou reproduza, no todo ou em parte, marca que o requerente evidentemente não poderia desconhecer em razão de sua atividade, cujo titular seja sediado ou domiciliado em território nacional ou em país com o qual o Brasil mantenha acordo ou que assegure reciprocidade de tratamento, se a marca se destinar a distinguir produto ou serviço idêntico, semelhante ou afim, suscetível de causar confusão ou associação com aquela marca alheia.

### SEÇÃO III.
### MARCA DE ALTO RENOME

**Art. 125.** À marca registrada no Brasil considerada de alto renome será assegurada proteção especial, em todos os ramos de atividade.

### SEÇÃO IV.
### MARCA NOTORIAMENTE CONHECIDA

**Art. 126.** A marca notoriamente conhecida em seu ramo de atividade nos termos do art. 6º *bis* (I), da Convenção da União de Paris para Proteção da Propriedade Industrial, goza de proteção especial, independentemente de estar previamente depositada ou registrada no Brasil.

**§ 1º.** A proteção de que trata este artigo aplica-se também às marcas de serviço.

**§ 2º.** O INPI poderá indeferir de ofício pedido de registro de marca que reproduza ou imite, no todo ou em parte, marca notoriamente conhecida.

## CAPÍTULO II.
## PRIORIDADE

**Art. 127.** Ao pedido de registro de marca depositado em país que mantenha acordo com o Brasil ou em organização internacional, que produza efeito de depósito nacional, será assegurado direito de prioridade, nos prazos estabelecidos no acordo, não sendo o depósito invalidado nem prejudicado por fatos ocorridos nesses prazos.

**§ 1º.** A reivindicação da prioridade será feita no ato de depósito, podendo ser suplementada dentro de 60 (sessenta) dias, por outras prioridades anteriores à data do depósito no Brasil.

**§ 2º.** A reivindicação da prioridade será comprovada por documento hábil da origem, contendo o número, a data e a reprodução do pedido ou do registro, acompanhado de tradução simples, cujo teor será de inteira responsabilidade do depositante.

**§ 3º.** Se não efetuada por ocasião do depósito, a comprovação deverá ocorrer em até 4 (quatro) meses, contados do depósito, sob pena de perda da prioridade.

**§ 4º.** Tratando-se de prioridade obtida por cessão, o documento correspondente deverá ser apresentado junto com o próprio documento de prioridade.

## CAPÍTULO III.
## DOS REQUERENTES DE REGISTRO

**Art. 128.** Podem requerer registro de marca as pessoas físicas ou jurídicas de direito público ou de direito privado.

**§ 1º.** As pessoas de direito privado só podem requerer registro de marca relativo à atividade que exerçam efetiva e licitamente, de modo direto ou através de empresas que controlem direta ou indiretamente, declarando, no próprio requerimento, esta condição, sob as penas da lei.

**§ 2º.** O registro de marca coletiva só poderá ser requerido por pessoa jurídica representativa de coletividade, a qual poderá exercer atividade distinta da de seus membros.

**§ 3º.** O registro da marca de certificação só poderá ser requerido por pessoa sem interesse comercial ou industrial direto no produto ou serviço atestado.

**§ 4º.** A reivindicação de prioridade não isenta o pedido da aplicação dos dispositivos constantes deste Título.

## CAPÍTULO IV.
## DOS DIREITOS SOBRE A MARCA

### SEÇÃO I.
### AQUISIÇÃO

**Art. 129.** A propriedade da marca adquire-se pelo registro validamente expedido, conforme as disposições desta Lei, sendo assegurado ao titular seu uso exclusivo em todo o território nacional, observado quanto às marcas coletivas e de certificação o disposto nos arts. 147 e 148.

‣ Marcas "fracas", evocativas, descritivas ou sugestivas: são aquelas que apresentam baixo grau de distintividade, por se constituírem a partir de expressões que remetem à finalidade, natureza ou características do produto ou serviço por elas identificado. São formadas, portanto, por expressões de uso comum, de pouca originalidade. Em caso de marcas evocativas ou sugestivas, a exclusividade conferida ao titular do registro comporta mitigação, devendo ele suportar o ônus da convivência com outras marcas semelhantes. STJ. 3ª Turma. REsp 1773244/RJ, Rel. Min. Nancy Andrighi, julgado em 02/04/2019.

**§ 1º.** Toda pessoa que, de boa-fé, na data da prioridade ou depósito, usava no País, há pelo menos 6 (seis) meses, marca idêntica ou semelhante, para distinguir ou certificar produto ou serviço idêntico, semelhante ou afim, terá direito de precedência ao registro.

**§ 2º.** O direito de precedência somente poderá ser cedido juntamente com o negócio da empresa, ou parte deste, que tenha direta relação com o uso da marca, por alienação ou arrendamento.

### SEÇÃO II. DA PROTEÇÃO CONFERIDA PELO REGISTRO

**Art. 130.** Ao titular da marca ou ao depositante é ainda assegurado o direito de:

**I** - ceder seu registro ou pedido de registro;

**II** - licenciar seu uso;

**III** - zelar pela sua integridade material ou reputação.

**Art. 131.** A proteção de que trata esta Lei abrange o uso da marca em papéis, impressos, propaganda e documentos relativos à atividade do titular.

**Art. 132.** O titular da marca não poderá:

**I** - impedir que comerciantes ou distribuidores utilizem sinais distintivos que lhes são próprios, juntamente com a marca do produto, na sua promoção e comercialização;

**II** - impedir que fabricantes de acessórios utilizem a marca para indicar a destinação do produto, desde que obedecidas as práticas leais de concorrência;

**III** - impedir a livre circulação de produto colocado no mercado interno, por si ou por outrem com seu consentimento, ressalvado o disposto nos §§ 3º e 4º do art. 68; e

**IV** - impedir a citação da marca em discurso, obra científica ou literária ou qualquer outra publicação, desde que sem conotação comercial e sem prejuízo para seu caráter distintivo.

## CAPÍTULO V. DA VIGÊNCIA, DA CESSÃO E DAS ANOTAÇÕES

### SEÇÃO I. DA VIGÊNCIA

**Art. 133.** O registro da marca vigorará pelo prazo de 10 (dez) anos, contados da data da concessão do registro, prorrogável por períodos iguais e sucessivos.

**§ 1º.** O pedido de prorrogação deverá ser formulado durante o último ano de vigência do registro, instruído com o comprovante do pagamento da respectiva retribuição.

**§ 2º.** Se o pedido de prorrogação não tiver sido efetuado até o termo final da vigência do registro, o titular poderá fazê-lo nos 6 (seis) meses subsequentes, mediante o pagamento de retribuição adicional.

**§ 3º.** A prorrogação não será concedida se não atendido o disposto no art. 128.

### SEÇÃO II. DA CESSÃO

**Art. 134.** O pedido de registro e o registro poderão ser cedidos, desde que o cessionário atenda aos requisitos legais para requerer tal registro.

**Art. 135.** A cessão deverá compreender todos os registros ou pedidos, em nome do cedente, de marcas iguais ou semelhantes, relativas a produto ou serviço idêntico, semelhante ou afim, sob pena de cancelamento dos registros ou arquivamento dos pedidos não cedidos.

### SEÇÃO III. DAS ANOTAÇÕES

**Art. 136.** O INPI fará as seguintes anotações:

**I** - da cessão, fazendo constar a qualificação completa do cessionário;

**II** - de qualquer limitação ou ônus que recaia sobre o pedido ou registro; e

**III** - das alterações de nome, sede ou endereço do depositante ou titular.

**Art. 137.** As anotações produzirão efeitos em relação a terceiros a partir da data de sua publicação.

**Art. 138.** Cabe recurso da decisão que:

**I** - indeferir anotação de cessão;

**II** - cancelar o registro ou arquivar o pedido, nos termos do art. 135.

### SEÇÃO IV. DA LICENÇA DE USO

**Art. 139.** O titular de registro ou o depositante de pedido de registro poderá celebrar contrato de licença para uso da marca, sem prejuízo de seu direito de exercer controle efetivo sobre as especificações, natureza e qualidade dos respectivos produtos ou serviços.

**Parágrafo único.** O licenciado poderá ser investido pelo titular de todos os poderes para agir em defesa da marca, sem prejuízo dos seus próprios direitos.

**Art. 140.** O contrato de licença deverá ser averbado no INPI para que produza efeitos em relação a terceiros.

**§ 1º.** A averbação produzirá efeitos em relação a terceiros a partir da data de sua publicação.

**§ 2º.** Para efeito de validade de prova de uso, o contrato de licença não precisará estar averbado no INPI.

**Art. 141.** Da decisão que indeferir a averbação do contrato de licença cabe recurso.

## CAPÍTULO VI. DA PERDA DOS DIREITOS

**Art. 142.** O registro da marca extingue-se:

**I** – pela expiração do prazo de vigência;

**II** – pela renúncia, que poderá ser total ou parcial em relação aos produtos ou serviços assinalados pela marca;

**III** – pela caducidade; ou

**IV** – pela inobservância do disposto no art. 217.

**Art. 143.** Caducará o registro, a requerimento de qualquer pessoa com legítimo interesse se, decorridos 5 (cinco) anos da sua concessão, na data do requerimento:

**I** – o uso da marca não tiver sido iniciado no Brasil; ou

**II** – o uso da marca tiver sido interrompido por mais de 5 (cinco) anos consecutivos, ou se, no mesmo prazo, a marca tiver sido usada com modificação que implique alteração de seu caráter distintivo original, tal como constante do certificado de registro.

**§ 1º.** Não ocorrerá caducidade se o titular justificar o desuso da marca por razões legítimas.

**§ 2º.** O titular será intimado para se manifestar no prazo de 60 (sessenta) dias, cabendo-lhe o ônus de provar o uso da marca ou justificar seu desuso por razões legítimas.

**Art. 144.** O uso da marca deverá compreender produtos ou serviços constantes do certificado, sob pena de caducar parcialmente o registro em relação aos não semelhantes ou afins daqueles para os quais a marca foi comprovadamente usada.

**Art. 145.** Não se conhecerá do requerimento de caducidade se o uso da marca tiver sido comprovado ou justificado seu desuso em processo anterior, requerido há menos de 5 (cinco) anos.

**Art. 146.** Da decisão que declarar ou denegar a caducidade caberá recurso.

## CAPÍTULO VII. DAS MARCAS COLETIVAS E DE CERTIFICAÇÃO

**Art. 147.** O pedido de registro de marca coletiva conterá regulamento de utilização, dispondo sobre condições e proibições de uso da marca.

**Parágrafo único.** O regulamento de utilização, quando não acompanhar o pedido, deverá ser protocolizado no prazo de 60 (sessenta) dias do depósito, sob pena de arquivamento definitivo do pedido.

**Art. 148.** O pedido de registro da marca de certificação conterá:

**I** – as características do produto ou serviço objeto de certificação; e

**II** – as medidas de controle que serão adotadas pelo titular.

**Parágrafo único.** A documentação prevista nos incisos I e II deste artigo, quando não acompanhar o pedido, deverá ser protocolizada no prazo de 60 (sessenta) dias, sob pena de arquivamento definitivo do pedido.

**Art. 149.** Qualquer alteração no regulamento de utilização deverá ser comunicada ao INPI, mediante petição protocolizada, contendo todas as condições alteradas, sob pena de não ser considerada.

**Art. 150.** O uso da marca independe de licença, bastando sua autorização no regulamento de utilização.

**Art. 151.** Além das causas de extinção estabelecidas no art. 142, o registro da marca coletiva e de certificação extingue-se quando:

**I** – a entidade deixar de existir; ou

**II** – a marca for utilizada em condições outras que não aquelas previstas no regulamento de utilização.

**Art. 152.** Só será admitida a renúncia ao registro de marca coletiva quando requerida nos termos do contrato social ou estatuto da própria entidade, ou, ainda, conforme o regulamento de utilização.

**Art. 153.** A caducidade do registro será declarada se a marca coletiva não for usada por mais de uma pessoa autorizada, observado o disposto nos arts. 143 a 146.

**Art. 154.** A marca coletiva e a de certificação que já tenham sido usadas e cujos registros tenham sido extintos não poderão ser registradas em nome de terceiro, antes de expirado o prazo de 5 (cinco) anos, contados da extinção do registro.

## CAPÍTULO VIII. DO DEPÓSITO

**Art. 155.** O pedido deverá referir-se a um único sinal distintivo e, nas condições estabelecidas pelo INPI, conterá:

**I** – requerimento;

**II** – etiquetas, quando for o caso; e

**III** – comprovante do pagamento da retribuição relativa ao depósito.

**Parágrafo único.** O requerimento e qualquer documento que o acompanhe deverão ser apresentados em língua portuguesa e, quando houver documento em língua estrangeira, sua tradução simples deverá ser apresentada no ato do depósito ou dentro dos 60 (sessenta) dias subsequentes, sob pena de não ser considerado o documento.

**Art. 156.** Apresentado o pedido, será ele submetido a exame formal preliminar e, se devidamente instruído, será protocolizado, considerada a data de depósito a da sua apresentação.

**Art. 157.** O pedido que não atender formalmente ao disposto no art. 155, mas que contiver dados suficientes relativos ao depositante, sinal marcário e classe, poderá ser entregue, mediante recibo datado, ao INPI, que estabelecerá as exigências a serem cumpridas pelo depositante, em 5 (cinco) dias, sob pena de ser considerado inexistente.

**Parágrafo único.** Cumpridas as exigências, o depósito será considerado como efetuado na data da apresentação do pedido.

## CAPÍTULO IX.
## DO EXAME

**Art. 158.** Protocolizado, o pedido será publicado para apresentação de oposição no prazo de 60 (sessenta) dias.

**§ 1º.** O depositante será intimado da oposição, podendo se manifestar no prazo de 60 (sessenta) dias.

**§ 2º.** Não se conhecerá da oposição, nulidade administrativa ou de ação de nulidade se, fundamentada no inciso XXIII do art. 124 ou no art. 126, não se comprovar, no prazo de 60 (sessenta) dias após a interposição, o depósito do pedido de registro da marca na forma desta Lei.

**Art. 159.** Decorrido o prazo de oposição ou, se interposta esta, findo o prazo de manifestação, será feito o exame, durante o qual poderão ser formuladas exigências, que deverão ser respondidas no prazo de 60 (sessenta) dias.

**§ 1º.** Não respondida a exigência, o pedido será definitivamente arquivado.

**§ 2º.** Respondida a exigência, ainda que não cumprida, ou contestada a sua formulação, dar-se-á prosseguimento ao exame.

**Art. 160.** Concluído o exame, será proferida decisão, deferindo ou indeferindo o pedido de registro.

## CAPÍTULO X.
## DA EXPEDIÇÃO DO CERTIFICADO DE REGISTRO

**Art. 161.** O certificado de registro será concedido depois de deferido o pedido e comprovado o pagamento das retribuições correspondentes.

**Art. 162.** O pagamento das retribuições, e sua comprovação, relativas à expedição do certificado de registro e ao primeiro decênio de sua vigência, deverão ser efetuados no prazo de 60 (sessenta) dias contados do deferimento.

**Parágrafo único.** A retribuição poderá ainda ser paga e comprovada dentro de 30 (trinta) dias após o prazo previsto neste artigo, independentemente de notificação, mediante o pagamento de retribuição específica, sob pena de arquivamento definitivo do pedido.

**Art. 163.** Reputa-se concedido o certificado de registro na data da publicação do respectivo ato.

**Art. 164.** Do certificado deverão constar a marca, o número e data do registro, nome, nacionalidade e domicílio do titular, os produtos ou serviços, as características do registro e a prioridade estrangeira.

## CAPÍTULO XI.
## DA NULIDADE DO REGISTRO

### SEÇÃO I.
### DISPOSIÇÕES GERAIS

**Art. 165.** É nulo o registro que for concedido em desacordo com as disposições desta Lei.

**Parágrafo único.** A nulidade do registro poderá ser total ou parcial, sendo condição para a nulidade parcial o fato de a parte subsistente poder ser considerada registrável.

**Art. 166.** O titular de uma marca registrada em país signatário da Convenção da União de Paris para Proteção da Propriedade Industrial poderá, alternativamente, reivindicar, através de ação judicial, a adjudicação do registro, nos termos previstos no art. 6º *septies* (1) daquela Convenção.

**Art. 167.** A declaração de nulidade produzirá efeito a partir da data do depósito do pedido.

### SEÇÃO II.
### DO PROCESSO ADMINISTRATIVO DE NULIDADE

**Art. 168.** A nulidade do registro será declarada administrativamente quando tiver sido concedida com infringência do disposto nesta Lei.

**Art. 169.** O processo de nulidade poderá ser instaurado de ofício ou mediante requerimento de qualquer pessoa com legítimo interesse, no prazo de 180 (cento e oitenta) dias contados da data da expedição do certificado de registro.

**Art. 170.** O titular será intimado para se manifestar no prazo de 60 (sessenta) dias.

**Art. 171.** Decorrido o prazo fixado no artigo anterior, mesmo que não apresentada a manifestação, o processo será decidido pelo Presidente do INPI, encerrando-se a instância administrativa.

**Art. 172.** O processo de nulidade prosseguirá ainda que extinto o registro.

### SEÇÃO III.
### DA AÇÃO DE NULIDADE

**Art. 173.** A ação de nulidade poderá ser proposta pelo INPI ou por qualquer pessoa com legítimo interesse.

**Parágrafo único.** O juiz poderá, nos autos da ação de nulidade, determinar liminarmente a suspensão dos efeitos do registro e do uso da marca, atendidos os requisitos processuais próprios.

**Art. 174.** Prescreve em 5 (cinco) anos a ação para declarar a nulidade do registro, contados da data da sua concessão.

- A prescritibilidade do direito de alegar a nulidade de registro de marca, conforme previsto no art. 174 da Lei nº 9.279/96, não pode ser afastada por meio de aplicação da teoria dualista das nulidades. STJ. 3ª Turma.REsp 1.782.024-RJ, Rel. Min. Nancy Andrighi, julgado em 07/05/2019 (Info 648).

**Art. 175.** A ação de nulidade do registro será ajuizada no foro da justiça federal e o INPI, quando não for autor, intervirá no feito.

**§ 1º.** O prazo para resposta do réu titular do registro será de 60 (sessenta) dias.

**§ 2º.** Transitada em julgado a decisão da ação de nulidade, o INPI publicará anotação, para ciência de terceiros.

## TÍTULO IV. DAS INDICAÇÕES GEOGRÁFICAS

**Art. 176.** Constitui indicação geográfica a indicação de procedência ou a denominação de origem.

**Art. 177.** Considera-se indicação de procedência o nome geográfico de país, cidade, região ou localidade de seu território, que se tenha tornado conhecido como centro de extração, produção ou fabricação de determinado produto ou de prestação de determinado serviço.

**Art. 178.** Considera-se denominação de origem o nome geográfico de país, cidade, região ou localidade de seu território, que designe produto ou serviço cujas qualidades ou características se devam exclusiva ou essencialmente ao meio geográfico, incluídos fatores naturais e humanos.

**Art. 179.** A proteção estender-se-á à representação gráfica ou figurativa da indicação geográfica, bem como à representação geográfica de país, cidade, região ou localidade de seu território cujo nome seja indicação geográfica.

**Art. 180.** Quando o nome geográfico se houver tornado de uso comum, designando produto ou serviço, não será considerado indicação geográfica.

**Art. 181.** O nome geográfico que não constitua indicação de procedência ou denominação de origem poderá servir de elemento característico de marca para produto ou serviço, desde que não induza falsa procedência.

**Art. 182.** O uso da indicação geográfica é restrito aos produtores e prestadores de serviço estabelecidos no local, exigindo-se, ainda, em relação às denominações de origem, o atendimento de requisitos de qualidade.

**Parágrafo único.** O INPI estabelecerá as condições de registro das indicações geográficas.

## TÍTULO V. DOS CRIMES CONTRA A PROPRIEDADE INDUSTRIAL

### CAPÍTULO I. DOS CRIMES CONTRA AS PATENTES

**Art. 183.** Comete crime contra patente de invenção ou de modelo de utilidade quem:

**I** – fabrica produto que seja objeto de patente de invenção ou de modelo de utilidade, sem autorização do titular; ou

**II** – usa meio ou processo que seja objeto de patente de invenção, sem autorização do titular.

Pena – detenção, de 3 (três) meses a 1 (um) ano, ou multa.

**Art. 184.** Comete crime contra patente de invenção ou de modelo de utilidade quem:

**I** – exporta, vende, expõe ou oferece à venda, tem em estoque, oculta ou recebe, para utilização com fins econômicos, produto fabricado com violação de patente de invenção ou de modelo de utilidade, ou obtido por meio ou processo patenteado; ou

**II** – importa produto que seja objeto de patente de invenção ou de modelo de utilidade ou obtido por meio ou processo patenteado no País, para os fins previstos no inciso anterior, e que não tenha sido colocado no mercado externo diretamente pelo titular da patente ou com seu consentimento.

Pena – detenção, de 1 (um) a 3 (três) meses, ou multa.

**Art. 185.** Fornecer componente de um produto patenteado, ou material ou equipamento para realizar um processo patenteado, desde que a aplicação final do componente, material ou equipamento induza, necessariamente, à exploração do objeto da patente.

Pena – detenção, de 1 (um) a 3 (três) meses, ou multa.

**Art. 186.** Os crimes deste Capítulo caracterizam-se ainda que a violação não atinja todas as reivindicações da patente ou se restrinja à utilização de meios equivalentes ao objeto da patente.

### CAPÍTULO II. DOS CRIMES CONTRA OS DESENHOS INDUSTRIAIS

**Art. 187.** Fabricar, sem autorização do titular, produto que incorpore desenho industrial registrado, ou imitação substancial que possa induzir em erro ou confusão.

Pena – detenção, de 3 (três) meses a 1 (um) ano, ou multa.

**Art. 188.** Comete crime contra registro de desenho industrial quem:

**I** – exporta, vende, expõe ou oferece à venda, tem em estoque, oculta ou recebe, para utilização com fins econômicos, objeto que incorpore ilicitamente desenho industrial registrado, ou imitação substancial que possa induzir em erro ou confusão; ou

**II** – importa produto que incorpore desenho industrial registrado no País, ou imitação substancial que possa induzir em erro ou confusão, para os fins previstos no inciso anterior, e que não tenha sido colocado no mercado externo diretamente pelo titular ou com seu consentimento.

Pena – detenção, de 1 (um) a 3 (três) meses, ou multa.

### CAPÍTULO III. DOS CRIMES CONTRA AS MARCAS

**Art. 189.** Comete crime contra registro de marca quem:

**I** – reproduz, sem autorização do titular, no todo ou em parte, marca registrada, ou imita-a de modo que possa induzir confusão; ou

**II** – altera marca registrada de outrem já aposta em produto colocado no mercado.

Pena – detenção, de 3 (três) meses a 1 (um) ano, ou multa.

**Art. 190.** Comete crime contra registro de marca quem importa, exporta, vende, oferece ou expõe à venda, oculta ou tem em estoque:

**I** – produto assinalado com marca ilicitamente reproduzida ou imitada, de outrem, no todo ou em parte; ou

**II** – produto de sua indústria ou comércio, contido em vasilhame, recipiente ou embalagem que contenha marca legítima de outrem.

Pena – detenção, de 1 (um) a 3 (três) meses, ou multa.

## CAPÍTULO IV. DOS CRIMES COMETIDOS POR MEIO DE MARCA, TÍTULO DE ESTABELECIMENTO E SINAL DE PROPAGANDA

**Art. 191.** Reproduzir ou imitar, de modo que possa induzir em erro ou confusão, armas, brasões ou distintivos oficiais nacionais, estrangeiros ou internacionais, sem a necessária autorização, no todo ou em parte, em marca, título de estabelecimento, nome comercial, insígnia ou sinal de propaganda, ou usar essas reproduções ou imitações com fins econômicos.

Pena – detenção, de 1 (um) a 3 (três) meses, ou multa.

**Parágrafo único.** Incorre na mesma pena quem vende ou expõe ou oferece à venda produtos assinalados com essas marcas.

## CAPÍTULO V. DOS CRIMES CONTRA INDICAÇÕES GEOGRÁFICAS E DEMAIS INDICAÇÕES

**Art. 192.** Fabricar, importar, exportar, vender, expor ou oferecer à venda ou ter em estoque produto que apresente falsa indicação geográfica.

Pena – detenção, de 1 (um) a 3 (três) meses, ou multa.

**Art. 193.** Usar, em produto, recipiente, invólucro, cinta, rótulo, fatura, circular, cartaz ou em outro meio de divulgação ou propaganda, termos retificativos, tais como "tipo", "espécie", "gênero", "sistema", "semelhante", "sucedâneo", "idêntico", ou equivalente, não ressalvando a verdadeira procedência do produto.

Pena – detenção, de 1 (um) a 3 (três) meses, ou multa.

**Art. 194.** Usar marca, nome comercial, título de estabelecimento, insígnia, expressão ou sinal de propaganda ou qualquer outra forma que indique procedência que não a verdadeira, ou vender ou expor à venda produto com esses sinais.

Pena – detenção, de 1 (um) a 3 (três) meses, ou multa.

## CAPÍTULO VI. DOS CRIMES DE CONCORRÊNCIA DESLEAL

**Art. 195.** Comete crime de concorrência desleal quem:

**I** – publica, por qualquer meio, falsa afirmação, em detrimento de concorrente, com o fim de obter vantagem;

**II** – presta ou divulga, acerca de concorrente, falsa informação, com o fim de obter vantagem;

**III** – emprega meio fraudulento, para desviar, em proveito próprio ou alheio, clientela de outrem;

**IV** – usa expressão ou sinal de propaganda alheios, ou os imita, de modo a criar confusão entre os produtos ou estabelecimentos;

**V** – usa, indevidamente, nome comercial, título de estabelecimento ou insígnia alheios ou vende, expõe ou oferece à venda ou tem em estoque produto com essas referências;

**VI** – substitui, pelo seu próprio nome ou razão social, em produto de outrem, o nome ou razão social deste, sem o seu consentimento;

**VII** – atribui-se, como meio de propaganda, recompensa ou distinção que não obteve;

**VIII** – vende ou expõe ou oferece à venda, em recipiente ou invólucro de outrem, produto adulterado ou falsificado, ou dele se utiliza para negociar com produto da mesma espécie, embora não adulterado ou falsificado, se o fato não constitui crime mais grave;

**IX** – dá ou promete dinheiro ou outra utilidade a empregado de concorrente, para que o empregado, faltando ao dever do emprego, lhe proporcione vantagem;

**X** – recebe dinheiro ou outra utilidade, ou aceita promessa de paga ou recompensa, para, faltando ao dever de empregado, proporcionar vantagem a concorrente do empregador;

**XI** – divulga, explora ou utiliza-se, sem autorização, de conhecimentos, informações ou dados confidenciais, utilizáveis na indústria, comércio ou prestação de serviços, excluídos aqueles que sejam de conhecimento público ou que sejam evidentes para um técnico no assunto, a que teve acesso mediante relação contratual ou empregatícia, mesmo após o término do contrato;

**XII** – divulga, explora ou utiliza-se, sem autorização, de conhecimentos ou informações a que se refere o inciso anterior, obtidos por meios ilícitos ou a que teve acesso mediante fraude;

**XIII** – vende, expõe ou oferece à venda produto, declarando ser objeto de patente depositada, ou concedida, ou de desenho industrial registrado, que não o seja, ou menciona-o, em anúncio ou papel comercial, como depositado ou patenteado, ou registrado, sem o ser; ou

**XIV** – divulga, explora ou utiliza-se, sem autorização, de resultados de testes ou outros dados não divulgados, cuja elaboração envolva esforço considerável e que tenham sido apresentados a entidades governamentais como condição para aprovar a comercialização de produtos.

Pena – detenção, de 3 (três) meses a 1 (um) ano, ou multa.

**§ 1º.** Inclui-se nas hipóteses a que se referem os incisos XI e XII o empregador, sócio ou administrador da empresa, que incorrer nas tipificações estabelecidas nos mencionados dispositivos.

**§ 2º.** O disposto no inciso XIV não se aplica quanto à divulgação por órgão governamental competente para autorizar a comercialização de produto, quando necessário para proteger o público.

## CAPÍTULO VII. DAS DISPOSIÇÕES GERAIS

**Art. 196.** As penas de detenção previstas nos Capítulos I, II e III deste Título serão aumentadas de um terço à metade se:

**I** – o agente é ou foi representante, mandatário, preposto, sócio ou empregado do titular da patente ou do registro, ou, ainda, do seu licenciado; ou

**II** – a marca alterada, reproduzida ou imitada for de alto renome, notoriamente conhecida, de certificação ou coletiva.

**Art. 197.** As penas de multa previstas neste Título serão fixadas, no mínimo, em 10 (dez) e, no máximo, em 360 (trezentos e sessenta) dias-multa, de acordo com a sistemática do Código Penal.

**Parágrafo único.** A multa poderá ser aumentada ou reduzida, em até 10 (dez) vezes, em face das condições pessoais do agente e da magnitude da vantagem auferida, independentemente da norma estabelecida no artigo anterior.

**Art. 198.** Poderão ser apreendidos, de ofício ou a requerimento do interessado, pelas autoridades alfandegárias, no ato de conferência, os produtos assinalados com marcas falsificadas, alteradas ou imitadas ou que apresentem falsa indicação de procedência.

**Art. 199.** Nos crimes previstos neste Título somente se procede mediante queixa, salvo quanto ao crime do art. 191, em que a ação penal será pública.

**Art. 200.** A ação penal e as diligências preliminares de busca e apreensão, nos crimes contra a propriedade industrial, regulam-se pelo disposto no Código de Processo Penal, com as modificações constantes dos artigos deste Capítulo.

**Art. 201.** Na diligência de busca e apreensão, em crime contra patente que tenha por objeto a invenção de processo, o oficial do juízo será acompanhado por perito, que verificará, preliminarmente, a existência do ilícito, podendo o juiz ordenar a apreensão de produtos obtidos pelo contrafator com o emprego do processo patenteado.

**Art. 202.** Além das diligências preliminares de busca e apreensão, o interessado poderá requerer:

**I** – apreensão de marca falsificada, alterada ou imitada onde for preparada ou onde quer que seja encontrada, antes de utilizada para fins criminosos; ou

**II** – destruição de marca falsificada nos volumes ou produtos que a contiverem, antes de serem distribuídos, ainda que fiquem destruídos os envoltórios ou os próprios produtos.

**Art. 203.** Tratando-se de estabelecimentos industriais ou comerciais legalmente organizados e que estejam funcionando publicamente, as diligências preliminares limitar-se-ão à vistoria e apreensão dos produtos, quando ordenadas pelo juiz, não podendo ser paralisada a sua atividade licitamente exercida.

**Art. 204.** Realizada a diligência de busca e apreensão, responderá por perdas e danos a parte que a tiver requerido de má-fé, por espírito de emulação, mero capricho ou erro grosseiro.

**Art. 205.** Poderá constituir matéria de defesa na ação penal a alegação de nulidade da patente ou registro em que a ação se fundar. A absolvição do réu, entretanto, não importará a nulidade da patente ou do registro, que só poderá ser demandada pela ação competente.

**Art. 206.** Na hipótese de serem reveladas, em juízo, para a defesa dos interesses de qualquer das partes, informações que se caracterizem como confidenciais, sejam segredo de indústria ou de comércio, deverá o juiz determinar que o processo prossiga em segredo de justiça, vedado o uso de tais informações também à outra parte para outras finalidades.

**Art. 207.** Independentemente da ação criminal, o prejudicado poderá intentar as ações cíveis que considerar cabíveis na forma do Código de Processo Civil.

- CC, art. 935.
- Lei 13.105/2015 – Código de Processo Civil.

**Art. 208.** A indenização será determinada pelos benefícios que o prejudicado teria auferido se a violação não tivesse ocorrido.

**Art. 209.** Fica ressalvado ao prejudicado o direito de haver perdas e danos em ressarcimento de prejuízos causados por atos de violação de direitos de propriedade industrial e atos de concorrência desleal não previstos nesta Lei, tendentes a prejudicar a reputação ou os negócios alheios, a criar confusão entre estabelecimentos comerciais, industriais ou prestadores de serviço, ou entre os produtos e serviços postos no comércio.

**§ 1º.** Poderá o juiz, nos autos da própria ação, para evitar dano irreparável ou de difícil reparação, determinar liminarmente a sustação da violação ou de ato que a enseje, antes da citação do réu, mediante, caso julgue necessário, caução em dinheiro ou garantia fidejussória.

**§ 2º.** Nos casos de reprodução ou de imitação flagrante de marca registrada, o juiz poderá determinar a apreensão de todas as mercadorias, produtos, objetos, embalagens, etiquetas e outros que contenham a marca falsificada ou imitada.

**Art. 210.** Os lucros cessantes serão determinados pelo critério mais favorável ao prejudicado, dentre os seguintes:

- CC, art. 403.

**I** – os benefícios que o prejudicado teria auferido se a violação não tivesse ocorrido; ou

**II** – os benefícios que foram auferidos pelo autor da violação do direito; ou

**III** – a remuneração que o autor da violação teria pago ao titular do direito violado pela concessão de uma licença que lhe permitisse legalmente explorar o bem.

## TÍTULO VI. DA TRANSFERÊNCIA DE TECNOLOGIA E DA FRANQUIA

**Art. 211.** O INPI fará o registro dos contratos que impliquem transferência de tecnologia, contratos de franquia e similares para produzirem efeitos em relação a terceiros.

**Parágrafo único.** A decisão relativa aos pedidos de registro de contratos de que trata este artigo será proferida no prazo de 30 (trinta) dias, contados da data do pedido de registro.

## TÍTULO VII. DAS DISPOSIÇÕES GERAIS

### CAPÍTULO I. DOS RECURSOS

**Art. 212.** Salvo expressa disposição em contrário, das decisões de que trata esta Lei cabe recurso, que será interposto no prazo de 60 (sessenta) dias.

**§ 1º.** Os recursos serão recebidos nos efeitos suspensivo e devolutivo pleno, aplicando-se todos os dispositivos pertinentes ao exame de primeira instância, no que couber.

**§ 2º.** Não cabe recurso da decisão que determinar o arquivamento definitivo de pedido de patente ou de registro e da que deferir pedido de patente, de certificado de adição ou de registro de marca.

**§ 3º.** Os recursos serão decididos pelo Presidente do INPI, encerrando-se a instância administrativa.

**Art. 213.** Os interessados serão intimados para, no prazo de 60 (sessenta) dias, oferecerem contrarrazões ao recurso.

**Art. 214.** Para fins de complementação das razões oferecidas a título de recurso, o INPI poderá formular exigências, que deverão ser cumpridas no prazo de 60 (sessenta) dias.

**Parágrafo único.** Decorrido o prazo do *caput*, será decidido o recurso.

**Art. 215.** A decisão do recurso é final e irrecorrível na esfera administrativa.

### CAPÍTULO II. DOS ATOS DAS PARTES

**Art. 216.** Os atos previstos nesta Lei serão praticados pelas partes ou por seus procuradores, devidamente qualificados.

**§ 1º.** O instrumento de procuração, no original, traslado ou fotocópia autenticada, deverá ser em língua portuguesa, dispensados a legalização consular e o reconhecimento de firma.

**§ 2º.** A procuração deverá ser apresentada em até 60 (sessenta) dias contados da prática do primeiro ato da parte no processo, independente de notificação ou exigência, sob pena de arquivamento, sendo definitivo o arquivamento do pedido de patente, do pedido de registro de desenho industrial e de registro de marca.

**Art. 217.** A pessoa domiciliada no exterior deverá constituir e manter procurador devidamente qualificado e domiciliado no País, com poderes para representá-la administrativa e judicialmente, inclusive para receber citações.

**Art. 218.** Não se conhecerá da petição:

**I** – se apresentada fora do prazo legal; ou

**II** – se desacompanhada do comprovante da respectiva retribuição no valor vigente à data de sua apresentação.

**Art. 219.** Não serão conhecidos a petição, a oposição e o recurso, quando:

**I** – apresentados fora do prazo previsto nesta Lei;

**II** – não contiverem fundamentação legal; ou

**III** – desacompanhados do comprovante do pagamento da retribuição correspondente.

**Art. 220.** O INPI aproveitará os atos das partes, sempre que possível, fazendo as exigências cabíveis.

### CAPÍTULO III. DOS PRAZOS

**Art. 221.** Os prazos estabelecidos nesta Lei são contínuos, extinguindo-se automaticamente o direito de praticar o ato, após seu decurso, salvo se a parte provar que não o realizou por justa causa.

**§ 1º.** Reputa-se justa causa o evento imprevisto, alheio à vontade da parte e que a impediu de praticar o ato.

**§ 2º.** Reconhecida a justa causa, a parte praticará o ato no prazo que lhe for concedido pelo INPI.

**Art. 222.** No cômputo dos prazos, exclui-se o dia do começo e inclui-se o do vencimento.

**Art. 223.** Os prazos somente começam a correr a partir do primeiro dia útil após a intimação, que será feita mediante publicação no órgão oficial do INPI.

**Art. 224.** Não havendo expressa estipulação nesta Lei, o prazo para a prática do ato será de 60 (sessenta) dias.

## CAPÍTULO IV.
## DA PRESCRIÇÃO

**Art. 225.** Prescreve em 5 (cinco) anos a ação para reparação de dano causado ao direito de propriedade industrial.

## CAPÍTULO V.
## DOS ATOS DO INPI

**Art. 226.** Os atos do INPI nos processos administrativos referentes à propriedade industrial só produzem efeitos a partir da sua publicação no respectivo órgão oficial, ressalvados:

**I** – os que expressamente independerem de notificação ou publicação por força do disposto nesta Lei;

**II** – as decisões administrativas, quando feita notificação por via postal ou por ciência dada ao interessado no processo; e

**III** – os pareceres e despachos internos que não necessitem ser do conhecimento das partes.

## CAPÍTULO VI.
## DAS CLASSIFICAÇÕES

**Art. 227.** As classificações relativas às matérias dos Títulos I, II e III desta Lei serão estabelecidas pelo INPI, quando não fixadas em tratado ou acordo internacional em vigor no Brasil.

## CAPÍTULO VII.
## DA RETRIBUIÇÃO

**Art. 228.** Para os serviços previstos nesta Lei será cobrada retribuição, cujo valor e processo de recolhimento serão estabelecidos por ato do titular do órgão da administração pública federal a que estiver vinculado o INPI.

# TÍTULO VIII.
# DAS DISPOSIÇÕES TRANSITÓRIAS E FINAIS

**Art. 229.** Aos pedidos em andamento serão aplicadas as disposições desta Lei, exceto quanto à patenteabilidade dos pedidos depositados até 31 de dezembro de 1994, cujo objeto de proteção sejam substâncias, matérias ou produtos obtidos por meios ou processos químicos ou substâncias, matérias, misturas ou produtos alimentícios, químico-farmacêuticos e medicamentos de qualquer espécie, bem como os respectivos processos de obtenção ou modificação e cujos depositantes não tenham exercido a faculdade prevista nos arts. 230 e 231 desta Lei, os quais serão considerados indeferidos, para todos os efeitos, devendo o INPI publicar a comunicação dos aludidos indeferimentos.

**Parágrafo único.** Aos pedidos relativos a produtos farmacêuticos e produtos químicos para a agricultura, que tenham sido depositados entre 1º de janeiro de 1995 e 14 de maio de 1997, aplicam-se os critérios de patenteabilidade desta Lei, na data efetiva do depósito do pedido no Brasil, ou da prioridade, se houver, assegurando-se a proteção a partir da data da concessão da patente, pelo prazo remanescente a contar do dia do depósito no Brasil, limitado ao prazo previsto no *caput* do art. 40.

**Art. 229-A.** Consideram-se indeferidos os pedidos de patentes de processo apresentados entre 1º de janeiro de 1995 e 14 de maio de 1997, aos quais o art. 9º, alínea *c*, da Lei nº 5.772, de 21 de dezembro de 1971, não conferia proteção, devendo o INPI publicar a comunicação dos aludidos indeferimentos.

**Art. 229-B.** Os pedidos de patentes de produto apresentados entre 1º de janeiro de 1995 e 14 de maio de 1997, aos quais o art. 9º, alíneas *b* e *c*, da Lei nº 5.772, de 1971, não conferia proteção e cujos depositantes não tenham exercido a faculdade prevista nos arts. 230 e 231, serão decididos até 31 de dezembro de 2004, em conformidade com esta Lei.

**Art. 229-C.** *(Revogado pela Lei 14.195/2021)*

**Art. 230.** Poderá ser depositado pedido de patente relativo às substâncias, matérias ou produtos obtidos por meios ou processos químicos e as substâncias, matérias, misturas ou produtos alimentícios, químico-farmacêuticos e medicamentos de qualquer espécie, bem como os respectivos processos de obtenção ou modificação, por quem tenha proteção garantida em tratado ou convenção em vigor no Brasil, ficando assegurada a data do primeiro depósito no exterior, desde que seu objeto não tenha sido colocado em qualquer mercado, por iniciativa direta do titular ou por terceiro com seu consentimento, nem tenham sido realizados, por terceiros, no País, sérios e efetivos preparativos para a exploração do objeto do pedido ou da patente.

**§ 1º.** O depósito deverá ser feito dentro do prazo de 1 (um) ano contado da publicação desta Lei, e deverá indicar a data do primeiro depósito no exterior.

**§ 2º.** O pedido de patente depositado com base neste artigo será automaticamente publicado, sendo facultado a qualquer interessado manifestar-se, no prazo de 90 (noventa) dias, quanto ao atendimento do disposto no *caput* deste artigo.

**§ 3º.** Respeitados os arts. 10 e 18 desta Lei, e uma vez atendidas as condições estabelecidas neste artigo e comprovada a concessão da patente no país onde foi depositado o primeiro pedido, será concedida a patente no Brasil, tal como concedida no país de origem.

**§ 4º.** Fica assegurado à patente concedida com base neste artigo o prazo remanescente de proteção no país onde foi depositado o primeiro pedido, contado da data do depósito no Brasil e limitado ao prazo previsto no art. 40, não se aplicando o disposto no seu parágrafo único.

**§ 5º.** O depositante que tiver pedido de patente em andamento, relativo às substâncias, matérias ou produtos obtidos por meios ou processos químicos e as substâncias, matérias, misturas ou produtos alimentícios, químico-farmacêuticos e medicamentos de qualquer espécie, bem como os respectivos processos de obtenção ou modificação, poderá apresentar novo pedido, no prazo e condições estabelecidos neste artigo, juntando prova de desistência do pedido em andamento.

**§ 6º**. Aplicam-se as disposições desta Lei, no que couber, ao pedido depositado e à patente concedida com base neste artigo.

**Art. 231.** Poderá ser depositado pedido de patente relativo às matérias de que trata o artigo anterior, por nacional ou pessoa domiciliada no País, ficando assegurada a data de divulgação do invento, desde que seu objeto não tenha sido colocado em qualquer mercado, por iniciativa direta do titular ou por terceiro com seu consentimento, nem tenham sido realizados, por terceiros, no País, sérios e efetivos preparativos para a exploração do objeto do pedido.

**§ 1º**. O depósito deverá ser feito dentro do prazo de 1 (um) ano contado da publicação desta Lei.

**§ 2º**. O pedido de patente depositado com base neste artigo será processado nos termos desta Lei.

**§ 3º**. Fica assegurado à patente concedida com base neste artigo o prazo remanescente de proteção de 20 (vinte) anos contado da data da divulgação do invento, a partir do depósito no Brasil.

**§ 4º**. O depositante que tiver pedido de patente em andamento, relativo às matérias de que trata o artigo anterior, poderá apresentar novo pedido, no prazo e condições estabelecidos neste artigo, juntando prova de desistência do pedido em andamento.

**Art. 232.** A produção ou utilização, nos termos da legislação anterior, de substâncias, matérias ou produtos obtidos por meios ou processos químicos e as substâncias, matérias, misturas ou produtos alimentícios, químico-farmacêuticos e medicamentos de qualquer espécie, bem como os respectivos processos de obtenção ou modificação, mesmo que protegidos por patente de produto ou processo em outro país, de conformidade com tratado ou convenção em vigor no Brasil, poderão continuar, nas mesmas condições anteriores à aprovação desta Lei.

**§ 1º**. Não será admitida qualquer cobrança retroativa ou futura, de qualquer valor, a qualquer título, relativa a produtos produzidos ou processos utilizados no Brasil em conformidade com este artigo.

**§ 2º**. Não será igualmente admitida cobrança nos termos do parágrafo anterior, caso, no período anterior à entrada em vigência desta Lei, tenham sido realizados investimentos significativos para a exploração de produto ou de processo referidos neste artigo, mesmo que protegidos por patente de produto ou de processo em outro país.

**Art. 233.** Os pedidos de registro de expressão e sinal de propaganda e de declaração de notoriedade serão definitivamente arquivados e os registros e declaração permanecerão em vigor pelo prazo de vigência restante, não podendo ser prorrogados.

**Art. 234.** Fica assegurada ao depositante a garantia de prioridade de que trata o art. 7º da Lei nº 5.772, de 21 de dezembro de 1971, até o término do prazo em curso.

**Art. 235.** É assegurado o prazo em curso concedido na vigência da Lei nº 5.772, de 21 de dezembro de 1971.

**Art. 236.** O pedido de patente de modelo ou de desenho industrial depositado na vigência da Lei nº 5.772, de 21 de dezembro de 1971, será automaticamente denominado pedido de registro de desenho industrial, considerando-se, para todos os efeitos legais, a publicação já feita.

**Parágrafo único.** Nos pedidos adaptados serão considerados os pagamentos para efeito de cálculo de retribuição quinquenal devida.

**Art. 237.** Aos pedidos de patente de modelo ou de desenho industrial que tiverem sido objeto de exame na forma da Lei nº 5.772, de 21 de dezembro de 1971, não se aplicará o disposto no art. 111.

**Art. 238.** Os recursos interpostos na vigência da Lei nº 5.772, de 21 de dezembro de 1971, serão decididos na forma nela prevista.

**Art. 239.** Fica o Poder Executivo autorizado a promover as necessárias transformações no INPI, para assegurar à Autarquia autonomia financeira e administrativa, podendo esta:

**I** – contratar pessoal técnico e administrativo mediante concurso público;

**II** – fixar tabela de salários para os seus funcionários, sujeita à aprovação do Ministério a que estiver vinculado o INPI; e

**III** – dispor sobre a estrutura básica e regimento interno, que serão aprovados pelo Ministério a que estiver vinculado o INPI.

**Parágrafo único.** As despesas resultantes da aplicação deste artigo correrão por conta de recursos próprios do INPI.

**Art. 240.** O art. 2º da Lei nº 5.648, de 11 de dezembro de 1970, passa a ter a seguinte redação:

"Art. 2º O INPI tem por finalidade principal executar, no âmbito nacional, as normas que regulam a propriedade industrial, tendo em vista a sua função social, econômica, jurídica e técnica, bem como pronunciar-se quanto à conveniência de assinatura, ratificação e denúncia de convenções, tratados, convênios e acordos sobre propriedade industrial."

**Art. 241.** Fica o Poder Judiciário autorizado a criar juízos especiais para dirimir questões relativas à propriedade intelectual.

**Art. 242.** O Poder Executivo submeterá ao Congresso Nacional projeto de lei destinado a promover, sempre que necessário, a harmonização desta Lei com a política para propriedade industrial adotada pelos demais países integrantes do MERCOSUL.

**Art. 243.** Esta Lei entra em vigor na data de sua publicação quanto às matérias disciplinadas nos arts. 230, 231, 232 e 239, e 1 (um) ano após sua publicação quanto aos demais artigos.

**Art. 244.** Revogam-se a Lei nº 5.772, de 21 de dezembro de 1971, a Lei nº 6.348, de 7 de julho de 1976, os arts. 187 a 196 do Dec.-lei nº 2.848, de 7 de dezembro de 1940, os arts. 169 a 189 do Dec.-lei nº 7.903, de 27 de agosto de 1945, e as demais disposições em contrário.

Brasília, 14 de maio de 1996; 175º da Independência e 108º da República.

FERNANDO HENRIQUE CARDOSO
Nelson A. Jobim
Sebastião do Rego Barros Neto
Pedro Malan
Francisco Dornelles
José Israel Vargas

# Direito Previdenciário

# PLANO DE ESTUDO

| Diploma | Estudado | Revisão 1 | Revisão 2 | Revisão 3 | Questões |
|---|---|---|---|---|---|
| Lei nº 8.212/1991 | | | | | |
| Lei nº 8.213/1991 | | | | | |
| Lei nº 8.742/1993 | | | | | |
| Lei nº 9.717/1998 | | | | | |
| Lei nº 10.779/2003 | | | | | |
| Lei nº 10.887/2004 | | | | | |
| Lei nº 12.618/2012 | | | | | |
| Lei complementar nº 142/2013 | | | | | |
| Lei complementar nº 152/2015 | | | | | |

## LEI Nº 8.212, DE 24 DE JULHO DE 1991

*Dispõe sobre a organização da Seguridade Social, institui Plano de Custeio, e dá outras providências.*

- DOU 25.07.1991; Republicada no DOU 11.04.1996 e no DOU de 14.08.1998.
- Dec. nº 3.048, de 6-5-1999 (Regulamento da Previdência Social).

O PRESIDENTE DA REPÚBLICA

Faço saber que o Congresso Nacional decreta e eu sanciono a seguinte Lei:

### LEI ORGÂNICA DA SEGURIDADE SOCIAL

### TÍTULO I. CONCEITUAÇÃO E PRINCÍPIOS CONSTITUCIONAIS

**Art. 1º** A Seguridade Social compreende um conjunto integrado de ações de iniciativa dos poderes públicos e da sociedade, destinado a assegurar o direito relativo à saúde, à previdência e à assistência social.

**Parágrafo único.** A Seguridade Social obedecerá aos seguintes princípios e diretrizes:

*a)* universalidade da cobertura e do atendimento;

*b)* uniformidade e equivalência dos benefícios e serviços às populações urbanas e rurais;

*c)* seletividade e distributividade na prestação dos benefícios e serviços;

*d)* irredutibilidade do valor dos benefícios;

*e)* equidade na forma de participação no custeio;

*f)* diversidade da base de financiamento;

*g)* caráter democrático e descentralizado da gestão administrativa com a participação da comunidade, em especial de trabalhadores, empresários e aposentados.

### TÍTULO II. DA SAÚDE

**Art. 2º** A Saúde é direito de todos e dever do Estado, garantido mediante políticas sociais e econômicas que visem à redução do risco de doença e de outros agravos e ao acesso universal e igualitário às ações e serviços para sua promoção, proteção e recuperação.

**Parágrafo único.** As atividades de saúde são de relevância pública e sua organização obedecerá aos seguintes princípios e diretrizes:

*a)* acesso universal e igualitário;

*b)* provimento das ações e serviços através de rede regionalizada e hierarquizada, integrados em sistema único;

*c)* descentralização, com direção única em cada esfera de governo;

*d)* atendimento integral, com prioridade para as atividades preventivas;

*e)* participação da comunidade na gestão, fiscalização e acompanhamento das ações e serviços de saúde;

*f)* participação da iniciativa privada na assistência à saúde, obedecidos os preceitos constitucionais.

### TÍTULO III. DA PREVIDÊNCIA SOCIAL

**Art. 3º** A Previdência Social tem por fim assegurar aos seus beneficiários meios indispensáveis de manutenção, por motivo de incapacidade, idade avançada, tempo de serviço, desemprego involuntário, encargos de família e reclusão ou morte daqueles de quem dependiam economicamente.

**Parágrafo único.** A organização da Previdência Social obedecerá aos seguintes princípios e diretrizes:

*a)* universalidade de participação nos planos previdenciários, mediante contribuição;

*b)* valor da renda mensal dos benefícios, substitutos do salário de contribuição ou do rendimento do trabalho do segurado, não inferior ao do salário mínimo;

*c)* cálculo dos benefícios considerando-se os salários de contribuição, corrigidos monetariamente;

*d)* preservação do valor real dos benefícios;

*e)* previdência complementar facultativa, custeada por contribuição adicional.

### TÍTULO IV. DA ASSISTÊNCIA SOCIAL

**Art. 4º** A Assistência Social é a política social que provê o atendimento das necessidades básicas, traduzidas em proteção à família, à maternidade, à infância, à adolescência, à velhice e à pessoa portadora de deficiência, independentemente de contribuição à Seguridade Social.

**Parágrafo único.** A organização da Assistência Social obedecerá às seguintes diretrizes:

*a)* descentralização político-administrativa;

*b)* participação da população na formulação e controle das ações em todos os níveis.

### TÍTULO V. DA ORGANIZAÇÃO DA SEGURIDADE SOCIAL

**Art. 5º** As ações nas áreas de Saúde, Previdência Social e Assistência Social, conforme o disposto no Capítulo II do Título VIII da Constituição

Federal, serão organizadas em Sistema Nacional de Seguridade Social, na forma desta Lei.

**Arts. 6º e 7º** *Revogados pela* MP 2.216-37/2001.

**Art. 8º** As propostas orçamentárias anuais ou plurianuais da Seguridade Social serão elaboradas por Comissão integrada por três representantes, sendo um da área da saúde, um da área da previdência social e um da área de assistência social.

**Art. 9º** As áreas de Saúde, Previdência Social e Assistência Social são objeto de leis específicas, que regulamentarão sua organização e funcionamento.

## TÍTULO VI. DO FINANCIAMENTO DA SEGURIDADE SOCIAL

### INTRODUÇÃO

**Art. 10.** A Seguridade Social será financiada por toda sociedade, de forma direta e indireta, nos termos do artigo 195 da Constituição Federal e desta Lei, mediante recursos provenientes da União, dos Estados, do Distrito Federal, dos Municípios e de contribuições sociais.

**Art. 11.** No âmbito federal, o orçamento da Seguridade Social é composto das seguintes receitas:

I – receitas da União;

II – receitas das contribuições sociais;

III – receitas de outras fontes.

**Parágrafo único.** Constituem contribuições sociais:

*a)* as das empresas, incidentes sobre a remuneração paga ou creditada aos segurados a seu serviço;

*b)* as dos empregadores domésticos;

*c)* as dos trabalhadores, incidentes sobre o seu salário de contribuição;

*d)* as das empresas, incidentes sobre faturamento e lucro;

*e)* as incidentes sobre a receita de concursos de prognósticos.

## CAPÍTULO I. DOS CONTRIBUINTES

### SEÇÃO I DOS SEGURADOS

**Art. 12.** São segurados obrigatórios da Previdência Social as seguintes pessoas físicas:

**I** – como empregado:

*a)* aquele que presta serviço de natureza urbana ou rural à empresa, em caráter não eventual, sob sua subordinação e mediante remuneração, inclusive como diretor empregado;

*b)* aquele que, contratado por empresa de trabalho temporário, definida em legislação específica, presta serviço para atender a necessidade transitória de substituição de pessoal regular e permanente ou a acréscimo extraordinário de serviços de outras empresas;

*c)* o brasileiro ou estrangeiro domiciliado e contratado no Brasil para trabalhar como empregado em sucursal ou agência de empresa nacional no exterior;

*d)* aquele que presta serviço no Brasil a missão diplomática ou a repartição consular de carreira estrangeira e a órgãos a ela subordinados, ou a membros dessas missões e repartições, excluídos o não brasileiro sem residência permanente no Brasil e o brasileiro amparado pela legislação previdenciária do país da respectiva missão diplomática ou repartição consular;

*e)* o brasileiro civil que trabalha para a União, no exterior, em organismos oficiais brasileiros ou internacionais dos quais o Brasil seja membro efetivo, ainda que lá domiciliado e contratado, salvo se segurado na forma da legislação vigente do país do domicílio;

*f)* o brasileiro ou estrangeiro domiciliado e contratado no Brasil para trabalhar como empregado em empresa domiciliada no exterior, cuja maioria do capital votante pertença a empresa brasileira de capital nacional;

*g)* o servidor público ocupante de cargo em comissão, sem vínculo efetivo com a União, Autarquias, inclusive em regime especial, e Fundações Públicas Federais; (Alínea acrescida pela Lei 8.647/1993)

*h)* o exercente de mandato eletivo federal, estadual ou municipal, desde que não vinculado a regime próprio de previdência social (Alínea acrescida pela Lei nº 9.506, de 1997, com execução suspensa pelo Senado Federal, na forma do art. 52, X da Constituição Federal, pela Resolução nº 26, de 2005)

*i)* o empregado de organismo oficial internacional ou estrangeiro em funcionamento no Brasil, salvo quando coberto por regime próprio de previdência social; (Alínea acrescida pela Lei 9.876/1999)

*j)* o exercente de mandato eletivo federal, estadual ou municipal, desde que não vinculado a regime próprio de previdência social; (Alínea acrescida pela Lei 10.887/2004)

**II** – como empregado doméstico: aquele que presta serviço de natureza contínua a pessoa ou família, no âmbito residencial desta, em atividades sem fins lucrativos;

**III e IV** – *Revogados*. Lei 9.876/1999;

**V** – como contribuinte individual:

*a)* a pessoa física, proprietária ou não, que explora atividade agropecuária, a qualquer título, em caráter permanente ou temporário, em área superior a 4 (quatro) módulos fiscais; ou, quando em área igual ou inferior a 4 (quatro) módulos fiscais ou atividade pesqueira, com auxílio de empregados ou por intermédio de prepostos; ou ainda nas hipóteses dos §§ 10 e 11 deste artigo;

*b)* a pessoa física, proprietária ou não, que explora atividade de extração mineral – garimpo, em caráter permanente ou temporário, diretamente ou por intermédio de prepostos, com ou sem o auxílio de empregados, utilizados a qualquer título, ainda que de forma não contínua; (Alínea com a redação dada pela Lei 9.876/1999)

*c)* o ministro de confissão religiosa e o membro de instituto de vida consagrada, de congregação ou de ordem religiosa;

*d) Revogada. Lei 9.876/1999;*

*e)* o brasileiro civil que trabalha no exterior para organismo oficial internacional do qual o Brasil é membro efetivo, ainda que lá domiciliado e contratado, salvo quando coberto por regime próprio de previdência social;

*f)* o titular de firma individual urbana ou rural, o diretor não empregado e o membro de conselho de administração de sociedade anônima, o sócio solidário, o sócio de indústria, o sócio gerente e o sócio cotista que recebam remuneração decorrente de seu trabalho em empresa urbana ou rural, e o associado eleito para cargo de direção em cooperativa, associação ou entidade de qualquer natureza ou finalidade, bem como o síndico ou administrador eleito para exercer atividade de direção condominial, desde que recebam remuneração; (Acrescida pela Lei 9.876/1999)

*g)* quem presta serviço de natureza urbana ou rural, em caráter eventual, a uma ou mais empresas, sem relação de emprego; (Acrescida pela Lei 9.876/1999)

*h)* a pessoa física que exerce, por conta própria, atividade econômica de natureza urbana, com fins lucrativos ou não; (Acrescida pela Lei 9.876/1999)

**VI** – como trabalhador avulso: quem presta, a diversas empresas, sem vínculo empregatício, serviços de natureza urbana ou rural definidos no regulamento;

**VII** – como segurado especial: a pessoa física residente no imóvel rural ou em aglomerado urbano ou rural próximo a ele que, individualmente ou em regime de economia familiar, ainda que com o auxílio eventual de terceiros a título de mútua colaboração, na condição de:

- A Resolução 15/2017, do Senado Federal, suspendeu a execução deste inciso, declarado inconstitucional pelo STF, no julgamento do RE 363.852 (DOU 13.09.2017).

*a)* produtor, seja proprietário, usufrutuário, possuidor, assentado, parceiro ou meeiro outorgados, comodatário ou arrendatário rurais, que explore atividade: (Acrescida pela Lei 11.718/2008).

1. agropecuária em área de até quatro módulos fiscais; ou

2. de seringueiro ou extrativista vegetal que exerça suas atividades nos termos do inciso XII do *caput* do art. 2º da Lei nº 9.985, de 18 de julho de 2000, e faça dessas atividades o principal meio de vida;

*b)* pescador artesanal ou a este assemelhado, que faça da pesca profissão habitual ou principal meio de vida; e (Acrescida pela Lei 11.718/2008).

*c)* cônjuge ou companheiro, bem como filho maior de 16 (dezesseis) anos de idade ou a este equiparado, do segurado de que tratam as alíneas *a* e *b* deste inciso, que, comprovadamente, trabalhem com o grupo familiar respectivo. (Acrescida pela Lei 11.718/2008).

**§ 1º** Entende-se como regime de economia familiar a atividade em que o trabalho dos membros da família é indispensável à própria subsistência e ao desenvolvimento socioeconômico do núcleo familiar e é exercido em condições de mútua dependência e colaboração, sem a utilização de empregados permanentes.

**§ 2º** Todo aquele que exercer, concomitantemente, mais de uma atividade remunerada sujeita ao Regime Geral de Previdência Social é obrigatoriamente filiado em relação a cada uma delas.

**§ 3º** *Revogado pela Lei 11.718/2008.*

**§ 4º** O aposentado pelo Regime Geral de Previdência Social – RGPS que estiver exercendo ou que voltar a exercer atividade abrangida por este Regime é segurado obrigatório em relação a essa atividade, ficando sujeito às contribuições de que trata esta Lei, para fins de custeio da Seguridade Social. (Acrescido pela Lei 9.032/1995)

**§ 5º** O dirigente sindical mantém, durante o exercício do mandato eletivo, o mesmo enquadramento no Regime Geral de Previdência Social – RGPS de antes da investidura. (Acrescido pela Lei 9.528/1997)

**§ 6º** Aplica-se o disposto na alínea *g* do inciso I do *caput* ao ocupante de cargo de Ministro de Estado, de Secretário Estadual, Distrital ou Municipal, sem vínculo efetivo com a União, Estados, Distrito Federal e Municípios, suas autarquias, ainda que em regime especial, e fundações. (Acrescido pela Lei 9.876/1999)

**§ 7º** Para serem considerados segurados especiais, o cônjuge ou companheiro e os filhos maiores de 16 (dezesseis) anos ou os a estes equiparados deverão ter participação ativa nas atividades rurais do grupo familiar. (Acrescido pela Lei 11.718/2008)

**§ 8º** O grupo familiar poderá utilizar-se de empregados contratados por prazo determinado ou trabalhador de que trata a alínea g do inciso V do *caput* deste artigo, à razão de no máximo 120 (cento e vinte) pessoas por dia no ano civil, em períodos corridos ou intercalados ou, ainda, por tempo equivalente em horas de trabalho, não sendo computado nesse prazo o período de afastamento em decorrência da percepção de auxílio-doença.

**§ 9º** Não descaracteriza a condição de segurado especial: (Acrescido pela Lei 11.718/2008)

**I** – a outorga, por meio de contrato escrito de parceria, meação ou comodato, de até 50% (cinquenta por cento) de imóvel rural cuja área total não seja superior a quatro módulos fiscais, desde que outorgante e outorgado continuem a exercer a respectiva atividade, individualmente ou em regime de economia familiar;

**II** – a exploração da atividade turística da propriedade rural, inclusive com hospedagem, por não mais de 120 (cento e vinte) dias ao ano;

**III** – a participação em plano de previdência complementar instituído por entidade classista a que seja associado, em razão da condição de trabalhador rural ou de produtor rural em regime de economia familiar;

**IV** – ser beneficiário ou fazer parte de grupo familiar que tem algum componente que seja beneficiário de programa assistencial oficial de governo;

**V** – a utilização pelo próprio grupo familiar, na exploração da atividade, de processo de beneficiamento ou industrialização artesanal, na forma do § 11 do art. 25 desta Lei; e

**VI** – a associação em cooperativa agropecuária ou de crédito rural; e

**VII** – a incidência do Imposto Sobre Produtos Industrializados – IPI sobre o produto das atividades desenvolvidas nos termos do § 14 deste artigo.

**VIII** – a participação em programas e ações de pagamento por serviços ambientais. (Acrescido pela Lei 14.119/2021)

**§ 10.** Não é segurado especial o membro de grupo familiar que possuir outra fonte de rendimento, exceto se decorrente de: (Acrescido pela Lei 11.718/2008)

**I** – benefício de pensão por morte, auxílio-acidente ou auxílio-reclusão, cujo valor não supere o do menor benefício de prestação continuada da Previdência Social;

**II** – benefício previdenciário pela participação em plano de previdência complementar instituído nos termos do inciso IV do § 9º deste artigo;

**III** – exercício de atividade remunerada em período não superior a 120 (cento e vinte) dias, corridos ou intercalados, no ano civil, observado o disposto no § 13 deste artigo;

**IV** – exercício de mandato eletivo de dirigente sindical de organização da categoria de trabalhadores rurais;

**V** – exercício de mandato de vereador do município onde desenvolve a atividade rural, ou de dirigente de cooperativa rural constituída exclusivamente por segurados especiais, observado o disposto no § 13 deste artigo;

**VI** – parceria ou meação outorgada na forma e condições estabelecidas no inciso I do § 9º deste artigo;

**VII** – atividade artesanal desenvolvida com matéria-prima produzida pelo respectivo grupo familiar, podendo ser utilizada matéria-prima de outra origem, desde que a renda mensal obtida na atividade não exceda ao menor benefício de prestação continuada da Previdência Social; e

**VIII** – atividade artística, desde que em valor mensal inferior ao menor benefício de prestação continuada da Previdência Social.

**§ 11.** O segurado especial fica excluído dessa categoria (Acrescido pela Lei 11.718/2008)

**I** – a contar do primeiro dia do mês em que:

*a)* deixar de satisfazer as condições estabelecidas no inciso VII do *caput* deste artigo, sem prejuízo do disposto no art. 15 da Lei nº 8.213, de 24 de julho de 1991, ou exceder qualquer dos limites estabelecidos no inciso I do § 9º deste artigo;

*b)* enquadrar-se em qualquer outra categoria de segurado obrigatório do Regime Geral de Previdência Social, ressalvado o disposto nos incisos III, V, VII e VIII do § 10 e no § 14 deste artigo, sem prejuízo do disposto no art. 15 da Lei nº 8.213, de 24 de julho de 1991;

*c)* tornar-se segurado obrigatório de outro regime previdenciário; e

*d)* participar de sociedade empresária, de sociedade simples, como empresário individual ou como titular de empresa individual de responsabilidade limitada em desacordo com as limitações impostas pelo § 14 deste artigo;

**II** – a contar do primeiro dia do mês subsequente ao da ocorrência, quando o grupo familiar a que pertence exceder o limite de:

*a)* utilização de trabalhadores nos termos do § 8º deste artigo;

*b)* dias em atividade remunerada estabelecidos no inciso III do § 10 deste artigo; e

*c)* dias de hospedagem a que se refere o inciso II do § 9º deste artigo.

**§ 12.** Aplica-se o disposto na alínea *a* do inciso V do *caput* deste artigo ao cônjuge ou companheiro do produtor que participe da atividade rural por este explorada. (Acrescido pela Lei 11.718/2008)

**§ 13.** O disposto nos incisos III e V do § 10 e no § 14 deste artigo não dispensa o recolhimento da contribuição devida em relação ao exercício das atividades de que tratam os referidos dispositivos.

**§ 14.** A participação do segurado especial em sociedade empresária, em sociedade simples, como empresário individual ou como titular de empresa individual de responsabilidade limitada de objeto ou âmbito agrícola, agroindustrial ou agroturístico, considerada microempresa nos termos da Lei Complementar nº 123, de 14 de dezembro de 2006, não o exclui de tal categoria previdenciária, desde que, mantido o exercício da sua atividade rural na forma do inciso VII do *caput* e do § 1º, a pessoa jurídica componha-se apenas de segurados de igual natureza e sedie-se no mesmo Município ou em Município limítrofe àquele em que eles desenvolvam suas atividades.

**§ 15.** (Vetado)

**Art. 13.** O servidor civil ocupante de cargo efetivo ou o militar da União, dos Estados, do Distrito Federal ou dos Municípios, bem como o das respectivas autarquias e fundações, são excluídos do Regime Geral de Previdência Social consubstanciado nesta Lei, desde que amparados por regime próprio de previdência social.

**§ 1º** Caso o servidor ou o militar venham a exercer, concomitantemente, uma ou mais atividades abrangidas pelo Regime Geral de Previdência Social, tornar-se-ão segurados obrigatórios em relação a essas atividades.

**§ 2º** Caso o servidor ou o militar, amparados por regime próprio de previdência social, sejam requisitados para outro órgão ou entidade cujo regime previdenciário não permita a filiação nessa condição, permanecerão vinculados ao regime de origem, obedecidas as regras que cada ente estabeleça acerca de sua contribuição.

**Art. 14.** É segurado facultativo o maior de quatorze anos de idade que se filiar ao Regime Geral de Previdência Social, mediante contribuição, na forma do artigo 21, desde que não incluído nas disposições do artigo 12.

### SEÇÃO II
### DA EMPRESA E DO EMPREGADOR DOMÉSTICO

**Art. 15.** Considera-se:

**I** – empresa – a firma individual ou sociedade que assume o risco de atividade econômica urbana ou rural, com fins lucrativos ou não, bem como os órgãos e entidades da administração pública direta, indireta e fundacional;

**II** – empregador doméstico – a pessoa ou família que admite a seu serviço, sem finalidade lucrativa, empregado doméstico.

**Parágrafo único.** Equiparam-se a empresa, para os efeitos desta Lei, o contribuinte individual e a pessoa física na condição de proprietário ou dono de obra de construção civil, em relação a segurado que lhe presta serviço, bem como a cooperativa, a associação ou a entidade de qualquer natureza ou finalidade, a missão diplomática e a repartição consular de carreira estrangeiras.

## CAPÍTULO II.
## DA CONTRIBUIÇÃO DA UNIÃO

**Art. 16.** A contribuição da União é constituída de recursos adicionais do Orçamento Fiscal, fixados obrigatoriamente na lei orçamentária anual.

**Parágrafo único.** A União é responsável pela cobertura de eventuais insuficiências financeiras da Seguridade Social, quando decorrentes do pagamento de benefícios de prestação continuada da Previdência Social, na forma da Lei Orçamentária Anual.

**Art. 17.** Para pagamento dos encargos previdenciários da União, poderão contribuir os recursos da Seguridade Social referidos na alínea *d* do parágrafo único do artigo 11 desta Lei, na forma da Lei Orçamentária anual, assegurada a destinação de recursos para as ações desta Lei de Saúde e Assistência Social.

**Art. 18.** Os recursos da Seguridade Social referidos nas alíneas a, b, *c* e *d* do parágrafo único do artigo 11 desta Lei poderão contribuir, a partir do exercício de 1992, para o financiamento das despesas com pessoal e administração-geral apenas do Instituto Nacional do Seguro Social – INSS, do Instituto Nacional de Assistência Médica da Previdência Social – INAMPS, da Fundação Legião Brasileira de Assistência – LBA e da Fundação Centro Brasileira para Infância e Adolescência.

**Art. 19.** O Tesouro Nacional repassará mensalmente recursos referentes às contribuições mencionadas nas alíneas *d* e *e* do parágrafo único do artigo 11 desta Lei, destinados à execução do Orçamento da Seguridade Social.

## CAPÍTULO III.
## DA CONTRIBUIÇÃO DO SEGURADO

### SEÇÃO I
### DA CONTRIBUIÇÃO DOS SEGURADOS EMPREGADO, EMPREGADO DOMÉSTICO E TRABALHADOR AVULSO

**Art. 20.** A contribuição do empregado, inclusive o doméstico, e a do trabalhador avulso é calculada mediante a aplicação da correspondente alíquota sobre o seu salário de contribuição mensal, de forma não cumulativa, observado o disposto no artigo 28, de acordo com a seguinte tabela: (*Caput* com Redação dada pela Lei 9.032/1995)

| Salário de contribuição | Alíquota em % |
|---|---|
| até R$ 249,80 | 8,00 |
| de R$ 249,81 até R$ 416,33 | 9,00 |
| de R$ 416,34 até R$ 832,66 | 11,00 |

▸ Valores e alíquotas com redação pela Lei 9.129/1995.

▸ Vide valores atualizados pela Portaria MPS/MF 26/2023.

**§ 1º** Os valores do salário de contribuição serão reajustados, a partir da data de entrada em vigor desta Lei, na mesma época e com os mesmos índices que os do reajustamento dos benefícios de prestação continuada da Previdência Social.

**§ 2º** O disposto neste artigo aplica-se também aos segurados empregados e trabalhadores avulsos que prestem serviços a microempresas. (Acrescido pela Lei 8.620/1993)

### SEÇÃO II
### DA CONTRIBUIÇÃO DOS SEGURADOS CONTRIBUINTE INDIVIDUAL E FACULTATIVO

▸ Rubrica da Seção com Redação dada pela Lei 9.876/1999.

**Art. 21.** A alíquota de contribuição dos segurados contribuinte individual e facultativo será de vinte por cento sobre o respectivo salário de contribuição.

**I e II** – *Revogados pela Lei 9.876/1999.*

**§ 1º** Os valores do salário de contribuição serão reajustados, a partir da data de entrada em vigor desta Lei, na mesma época e com os mesmos índices que os do reajustamento dos benefícios de prestação continuada da Previdência Social.

**§ 2º** No caso de opção pela exclusão do direito ao benefício de aposentadoria por tempo de contribuição, a alíquota de contribuição incidente sobre o limite mínimo mensal do salário de contribuição será de:

**I** – 11% (onze por cento), no caso do segurado contribuinte individual, ressalvado o disposto no inciso II, que trabalhe por conta própria, sem relação de trabalho com empresa ou equiparado e do segurado facultativo, observado o disposto na alínea *b* do inciso II deste parágrafo;

**II** – 5% (cinco por cento): (*caput* com Redação dada pela Lei 12.470/2011)

*a)* no caso do microempreendedor individual, de que trata o art. 18-A da Lei Complementar nº 123, de 14 de dezembro de 2006; e (Acrescida pela Lei 12.470/2011)

*b)* do segurado facultativo sem renda própria que se dedique exclusivamente ao trabalho doméstico no âmbito de sua residência, desde que pertencente a família de baixa renda. (Acrescida pela Lei 12.470/2011)

**§ 3º** O segurado que tenha contribuído na forma do § 2º deste artigo e pretenda contar o tempo de contribuição correspondente para fins de obtenção da aposentadoria por tempo de contribuição ou da contagem recíproca do tempo de contribuição a que se refere o art. 94 da Lei nº 8.213, de 24 de julho de 1991, deverá complementar a contribuição mensal mediante recolhimento, sobre o valor correspondente ao limite mínimo mensal do salário de contribuição em vigor na competência a ser complementada, da diferença entre o percentual pago e o de 20% (vinte por cento), acrescido dos juros moratórios de que trata o § 3º do art. 5º da Lei nº 9.430, de 27 de dezembro de 1996.

**§ 4º** Considera-se de baixa renda, para os fins do disposto na alínea *b* do inciso II do § 2º deste artigo, a família inscrita no Cadastro Único para Programas Sociais do Governo Federal – CadÚnico cuja renda mensal seja de até 2 (dois) salários mínimos.

**§ 5º** A contribuição complementar a que se refere o § 3º deste artigo será exigida a qualquer tempo, sob pena de indeferimento do benefício. (Acrescido pela Lei 12.507/2011)

## CAPÍTULO IV.
## DA CONTRIBUIÇÃO DA EMPRESA

**Art. 22.** A contribuição a cargo da empresa, destinada à Seguridade Social, além do disposto no artigo 23, é de:

**I** – 20% (vinte por cento) sobre o total das remunerações pagas, devidas ou creditadas a qualquer título, durante o mês, aos segurados empregados e trabalhadores avulsos que lhe prestem serviços, destinadas a retribuir o trabalho, qualquer que seja a sua forma, inclusive as gorjetas, os ganhos habituais sob a forma de utilidades e os adiantamentos decorrentes de reajuste salarial, quer pelos serviços efetivamente prestados, quer pelo tempo à disposição do empregador ou tomador de serviços, nos termos da lei ou do contrato ou, ainda, de convenção ou acordo coletivo de trabalho ou sentença normativa;

**II** – para o financiamento do benefício previsto nos artigos 57 e 58 da Lei nº 8.213, de 24 de julho de 1991, e daqueles concedidos em razão do grau de incidência de incapacidade laborativa decorrente dos riscos ambientais do trabalho, sobre o total das remunerações pagas ou creditadas, no decorrer do mês, aos segurados empregados e trabalhadores avulsos:

*a)* 1% (um por cento) para as empresas em cuja atividade preponderante o risco de acidentes do trabalho seja considerado leve;

*b)* 2% (dois por cento) para as empresas em cuja atividade preponderante esse risco seja considerado médio;

*c)* 3% (três por cento) para as empresas em cuja atividade preponderante esse risco seja considerado grave.

**III** – vinte por cento sobre o total das remunerações pagas ou creditadas a qualquer título, no decorrer do mês, aos segurados contribuintes individuais que lhe prestem serviços; (Acrescido pela Lei 9.876/1999)

**IV** – quinze por cento sobre o valor bruto da nota fiscal ou fatura de prestação de serviços, relativamente a serviços que lhe são prestados por cooperados por intermédio de cooperativas de trabalho. (Acrescido pela Lei 9.876/1999, com execução suspensa pelo Senado Federal, na forma do art. 52, X da Constituição Federal, pela Resolução nº 10, de 2016)

**§ 1º** No caso de bancos comerciais, bancos de investimentos, bancos de desenvolvimento, caixas econômicas, sociedades de crédito, financiamento e investimento, sociedades de crédito imobiliário, sociedades corretoras, distribuidoras de títulos e valores mobiliários, empresas de arrendamento mercantil, cooperativas de crédito, empresas de seguros privados e de capitalização, agentes autônomos de seguros privados e de crédito e entidades de previdência privada abertas e fechadas, além das contribuições referidas neste artigo e no artigo 23, é devida a contribuição adicional de dois vírgula cinco por cento sobre a base de cálculo definida nos incisos I e III deste artigo.

**§ 2º** Não integram a remuneração as parcelas de que trata o § 9º do artigo 28.

**§ 3º** O Ministério do Trabalho e da Previdência Social poderá alterar, com base nas estatísticas de acidentes do trabalho, apuradas em inspeção, o enquadramento de empresas para efeito da contribuição a que se refere o inciso II deste artigo, a fim de estimular investimentos em prevenção de acidentes.

**§ 4º** O Poder Executivo estabelecerá, na forma da lei, ouvido o Conselho Nacional da Seguridade Social, mecanismos de estímulo às empresas que se utilizem de empregados portadores de deficiências física, sensorial e/ou mental com desvio do padrão médio.

**§ 5º** (*Revogado pela Lei 10.256/2001*)

**§ 6º** A contribuição empresarial da associação desportiva que mantém equipe de futebol profissional destinada à Seguridade Social, em substituição à prevista nos incisos I e II deste artigo, corresponde a cinco por cento da receita bruta, decorrente dos espetáculos desportivos de que participem em todo território nacional em qualquer modalidade desportiva, inclusive jogos internacionais, e de qualquer forma de patrocínio, licenciamento de uso de marcas e símbolos, publicidade, propaganda e de transmissão de espetáculos desportivos. (Acrescido pela Lei 9.528/1997)

**§ 7º** Caberá à entidade promotora do espetáculo a responsabilidade de efetuar o desconto de cinco por cento da receita bruta decorrente dos espetáculos desportivos e o respectivo recolhimento ao Instituto Nacional do Seguro Social, no prazo de até dois dias úteis após a realização do evento. (Acrescido pela Lei 9.528/1997)

**§ 8º** Caberá à associação desportiva que mantém equipe de futebol profissional informar à entidade promotora do espetáculo desportivo todas as receitas auferidas no evento, discriminando-as detalhadamente. (Acrescido pela Lei 9.528/1997)

**§ 9º** No caso de a associação desportiva que mantém equipe de futebol profissional receber recursos de empresa ou entidade, a título de patrocínio, licenciamento de uso de marcas e símbolos, publicidade, propaganda e transmissão de espetáculos, esta última ficará com a responsabilidade de reter e recolher o percentual de cinco por cento da receita bruta decorrente do evento, inadmitida qualquer dedução, no prazo estabelecido na alínea *b*, inciso I, do artigo 30 desta Lei. (Acrescido pela Lei 9.528/1997)

**§ 10.** Não se aplica o disposto nos §§ 6º ao 9º às demais associações desportivas, que devem contribuir na forma dos incisos I e II deste artigo e do artigo 23 desta Lei. (Acrescido pela Lei 9.528/1997)

**§ 11.** O disposto nos §§ 6º ao 9º deste artigo aplica-se à associação desportiva que mantenha equipe de futebol profissional e atividade econômica organizada para a produção e circulação de bens e serviços e que se organize regularmente, segundo um dos tipos regulados nos arts. 1.039 a 1.092 da Lei 10.406, de 10 de janeiro de 2002 – Código Civil.

**§ 11-A.** O disposto no § 11 deste artigo aplica-se apenas às atividades diretamente relacionadas com a manutenção e administração de equipe profissional de futebol, não se estendendo às outras atividades econômicas exercidas pelas referidas sociedades empresariais beneficiárias. (Acrescido pela Lei 11.505/2007)

**§ 12.** VETADO.

**§ 13.** Não se considera como remuneração direta ou indireta, para os efeitos desta Lei, os valores despendidos pelas entidades religiosas e instituições de ensino vocacional com ministro de confissão religiosa, membros de instituto de vida consagrada, de congregação ou de ordem religiosa em face de seu mister religioso ou para sua subsistência desde que fornecidos em condições que independam da natureza e da quantidade do trabalho executado. (Acrescido pela Lei 10.170/2000)

**§ 14.** Para efeito de interpretação do § 13 deste artigo:

**I** – os critérios informadores dos valores despendidos pelas entidades religiosas e instituições de ensino vocacional aos ministros de confissão religiosa, membros de vida consagrada, de congregação ou de ordem religiosa não são taxativos e sim exemplificativos;

**II** – os valores despendidos, ainda que pagos de forma e montante diferenciados, em pecúnia ou a título de ajuda de custo de moradia, transporte, formação educacional, vinculados exclusivamente à atividade religiosa não configuram remuneração direta ou indireta.

**§ 15.** Na contratação de serviços de transporte rodoviário de carga ou de passageiro, de serviços prestados com a utilização de trator, máquina de terraplenagem, colheitadeira e assemelhados, a base de cálculo da contribuição da empresa corresponde a 20% (vinte por cento) do valor da nota fiscal, fatura ou recibo, quando esses serviços forem prestados por condutor autônomo de veículo rodoviário, auxiliar de condutor autônomo de veículo rodoviário, bem como por operador de máquinas. (Acrescido pela Lei nº 13.202, de 2015).

**§ 16.** Conforme previsto nos arts. 106 e 110 da Lei nº 5.172, de 25 de outubro de 1966 (Código Tributário Nacional), o disposto no § 14 deste artigo aplica-se aos fatos geradores anteriores à data de vigência da Lei nº 13.137, de 19 de junho de 2015, consideradas nulas as autuações emitidas em desrespeito ao previsto no respectivo diploma legal. *(Acrescido pela Lei 14.057/2020)*

**§ 17.** A alíquota da contribuição prevista no inciso I do *caput* deste artigo será de 8% (oito por cento) para os Municípios enquadrados nos coeficientes inferiores a 4,0 (quatro inteiros) da tabela de faixas de habitantes do § 2º do art. 91 da Lei nº 5.172, de 25 de outubro de 1966. *(Acrescido pela Lei 14.784/2023)*

**Art. 22-A.** A contribuição devida pela agroindústria, definida, para os efeitos desta Lei, como sendo o produtor rural pessoa jurídica cuja atividade econômica seja a industrialização de produção própria ou de produção própria e adquirida de terceiros, incidente sobre o valor da receita bruta proveniente da comercialização da produção, em substituição às previstas nos incisos I e II do artigo 22 desta Lei, é de:

**I** – 2,5 % (dois vírgula cinco por cento) destinados à Seguridade Social;

**II** – 0,1 % (zero vírgula um por cento) para o financiamento do benefício previsto nos artigos 57 e 58 da Lei nº 8.213, de 24 de julho de 1991, e daqueles concedidos em razão do grau de incidência de incapacidade para o trabalho decorrente dos riscos ambientais da atividade.

**§ 1º** VETADO.

**§ 2º** O disposto neste artigo não se aplica às operações relativas à prestação de serviços a terceiros, cujas contribuições previdenciárias continuam sendo devidas na forma do artigo 22 desta Lei.

**§ 3º** Na hipótese do § 2º, a receita bruta correspondente aos serviços prestados a terceiros será excluída da base de cálculo da contribuição de que trata o *caput*.

**§ 4º** O disposto neste artigo não se aplica às sociedades cooperativas e às agroindústrias de piscicultura, carcini-cultura, suinocultura e avicultura.

**§ 5º** O disposto no inciso I do artigo 3º da Lei nº 8.315, de 23 de dezembro de 1991, não se aplica ao empregador de que trata este artigo, que contribuirá com o adicional de 0,25% (zero vírgula vinte e cinco por cento) da receita bruta proveniente da comercialização da produção, destinado ao Serviço Nacional de Aprendizagem Rural (SENAR).

**§ 6º** Não se aplica o regime substitutivo de que trata este artigo à pessoa jurídica que, relativamente à atividade rural, se dedique ao florestamento e reflorestamento como fonte de matéria-prima para industrialização própria mediante a utilização de processo industrial que modifique a natureza química ou a transforme em pasta celulósica.

**§ 7º** Aplica-se o disposto no § 6º ainda que a pessoa jurídica comercialize resíduos vegetais ou sobras ou partes da produção, desde que a receita bruta decorrente dessa comercialização represente menos de um por cento de sua receita bruta proveniente da comercialização da produção.

**Art. 22-B.** As contribuições de que tratam os incisos I e II do artigo 22 desta Lei são substituídas, em relação à remuneração paga, devida ou creditada ao trabalhador rural contratado pelo consórcio simplificado de produtores rurais de que trata o artigo 25-A, pela contribuição dos respectivos produtores rurais, calculada na forma do artigo 25 desta Lei. (Acrescido pela Lei 10.256/2001)

**Art. 23.** As contribuições a cargo da empresa provenientes do faturamento e do lucro, destinadas à Seguridade Social, além do disposto no artigo 22, são calculadas mediante a aplicação das seguintes alíquotas:

**I** – 2% (dois por cento) sobre sua receita bruta, estabelecida segundo o disposto no § 1º do artigo 1º do Decreto-Lei nº 1.940, de 25 de maio de 1982, com a redação dada pelo artigo 22, do Decreto-Lei nº 2.397, de 21 de dezembro de 1987, e alterações posteriores;

- Conforme a LC 70/1991, a partir de 01.04.1992, a alíquota prevista neste inciso passou a incidir sobre o faturamento mensal.

**II** – 10% (dez por cento) sobre o lucro líquido do período base, antes da provisão para o Imposto de Renda, ajustado na forma do artigo 2º da Lei nº 8.034, de 12 de abril de 1990.

- Vide art. 19 da Lei 9.249/1995, que alterou para 8% a alíquota prevista neste inciso.

**§ 1º** No caso das instituições citadas no § 1º do artigo 22 desta Lei, a alíquota da contribuição prevista no inciso II é de quinze por cento.

- Vide LC 70/1991, que elevou em mais 8% a alíquota prevista neste parágrafo. Com o tempo, a Lei 9.249/1995 reduziu a mesma alíquota para 18%.

**§ 2º** O disposto neste artigo não se aplica às pessoas de que trata o artigo 25.

## CAPÍTULO V.
## DA CONTRIBUIÇÃO DO EMPREGADOR DOMÉSTICO

**Art. 24.** A contribuição do empregador doméstico incidente sobre o salário de contribuição do empregado doméstico a seu serviço é de:

**I** – 8% (oito por cento); e (Acrescido pela Lei nº 13.202, de 2015).

**II** – 0,8% (oito décimos por cento) para o financiamento do seguro contra acidentes de trabalho. (Acrescido pela Lei nº 13.202, de 2015).

**Parágrafo único.** Presentes os elementos da relação de emprego doméstico, o empregador doméstico não poderá contratar microempreendedor individual de que trata o art. 18-A da Lei Complementar 123, de 14 de dezembro de 2006, sob pena de ficar sujeito a todas as obrigações dela decorrentes, inclusive trabalhistas, tributárias e previdenciárias. (Acrescido pela Lei nº 12.470, de 2011).

## CAPÍTULO VI.
## DA CONTRIBUIÇÃO DO PRODUTOR RURAL E DO PESCADOR

- Rubrica do Capítulo com redação de acordo a Lei 8.398/1992.

**Art. 25.** A contribuição do empregador rural pessoa física, em substituição à contribuição de que tratam os incisos I e II do artigo 22, e a do segurado especial, referidos, respectivamente, na alínea *a* do inciso V e no inciso VII do artigo 12 desta Lei, destinada à Seguridade Social, é de:

**I** - 1,2% (um inteiro e dois décimos por cento) da receita bruta proveniente da comercialização da sua produção; (Redação dada pela Lei 13.606, de 2018).

**II** – 0,1% da receita bruta proveniente da comercialização da sua produção para financiamento das prestações por acidente do trabalho.

- Vide Decisão monocrática proferida pelo STF na Petição nº 8.140-DF, incidental ao Recurso Extraordinário nº 718.874.

**§ 1º** O segurado especial de que trata este artigo, além da contribuição obrigatória referida no *caput*, poderá contribuir, facultativamente, na forma do artigo 21 desta Lei. (Redação de acordo coma Lei 8.540/1992)

**§ 2º** A pessoa física de que trata a alínea *a* do inciso V do artigo 12 contribui, também, obrigatoriamente, na forma do artigo 21 desta Lei.

**§ 3º** Integram a produção, para os efeitos deste artigo, os produtos de origem animal ou vegetal, em estado natural ou submetidos a processos de beneficiamento ou industrialização rudimentar, assim compreendidos, entre outros, os processos de lavagem, limpeza, descaroçamento, pilagem, descascamento, lenhamento, pasteurização, resfriamento, secagem, fermentação, embalagem, cristalização, fundição, carvoejamento, cozimento, destilação, moagem e torrefação, bem como os subprodutos e os resíduos obtidos por meio desses processos, exceto, no caso de sociedades cooperativas, a parcela de produção que não seja objeto de repasse ao cooperado por meio de fixação de preço. *(Redação dada pela Lei 13.986/2020, vetado pelo Presidente da República, mantido pelo Congresso Nacional e publicado no DOU de 20.08.2020)*

**§ 4º** *(Revogado pela Lei 11.718/2008)*

**§ 5º** Vetado.

**§§ 6º a 8º** *(Revogados pela Lei 10.256/2001)*

**§ 9º** Vetado. *(Acrescido pela Lei 10.256/2001)*

**§ 10.** Integra a receita bruta de que trata este artigo, além dos valores decorrentes da comercialização da produção relativa aos produtos a que se refere o § 3º deste artigo, a receita proveniente: (Acrescido pela Lei 11.718/2008).

**I** – da comercialização da produção obtida em razão de contrato de parceria ou meação de parte do imóvel rural;

**II** – da comercialização de artigos de artesanato de que trata o inciso VII do § 10 do art. 12 desta Lei;

**III** – de serviços prestados, de equipamentos utilizados e de produtos comercializados no imóvel rural, desde que em atividades turística e de entretenimento desenvolvidas no próprio imóvel, inclusive hospedagem, alimentação, recepção, recreação e atividades pedagógicas, bem como taxa de visitação e serviços especiais;

**IV** – do valor de mercado da produção rural dada em pagamento ou que tiver sido trocada por outra, qualquer que seja o motivo ou finalidade; e

**V** – de atividade artística de que trata o inciso VIII do § 10 do art. 12 desta Lei.

**§ 11.** Considera-se processo de beneficiamento ou industrialização artesanal aquele realizado diretamente pelo próprio produtor rural pessoa física, desde que não esteja sujeito à incidência do Imposto Sobre Produtos Industrializados – IPI. (Acrescido pela Lei 11.718/2008)

**§ 12.** Não integra a base de cálculo da contribuição de que trata o *caput* deste artigo a produção rural destinada ao plantio ou reflorestamento, nem o produto animal destinado à reprodução ou criação pecuária ou granjeira e à utilização como cobaia para fins de pesquisas científicas, quando vendido pelo próprio produtor e por quem a utilize diretamente com essas finalidades e, no caso de produto vegetal, por pessoa ou entidade registrada no Ministério da Agricultura, Pecuária e Abastecimento que se dedique ao comércio de sementes e mudas no País. (Parágrafo vetado pelo Presidente da República na Lei nº 13.606, de 2018, mantido pelo Congresso Nacional e publicado no DOU de 18.04.2018)

**§ 13.** O produtor rural pessoa física poderá optar por contribuir na forma prevista no *caput* deste artigo ou na forma dos incisos I e II do *caput* do art. 22 desta Lei, manifestando sua opção mediante o pagamento da contribuição incidente sobre a folha de salários relativa a janeiro de cada ano, ou à primeira competência subsequente ao início da atividade rural, e será irretratável para todo o ano-calendário. (Acrescido pela Lei 13.606/2018, produzindo efeitos a partir de 01.01.2019).

**§ 14.** Considera-se receita bruta proveniente da comercialização da produção o valor da fixação de preço repassado ao cooperado pela cooperativa ao qual esteja associado, por ocasião da realização do ato cooperativo de que trata o art. 79 da Lei nº 5.764, de 16 de dezembro de 1971, não compreendidos valores pagos, creditados ou capitalizados a título de sobras, os quais não representam preço ou complemento de preço. *(Vetado pelo Presidente da República na Lei 13.986/2020, mantido pelo Congresso Nacional e publicado no DOU de 20.08.2020)*

**§ 15.** Não se considera receita bruta, para fins de base de cálculo das contribuições sociais devidas pelo produtor rural cooperado, a entrega ou o retorno de produção para a cooperativa nas operações em que não ocorra repasse pela cooperativa a título de fixação de preço, não podendo o mero retorno caracterizar permuta, compensação, dação em pagamento ou ressarcimento que represente valor, preço ou complemento de preço. *(Vetado pelo Presidente da República na Lei 13.986/2020, mantido pelo Congresso Nacional e publicado no DOU de 20.08.2020)*

**§ 16.** Aplica-se ao disposto no *caput* e nos §§ 3º, 14 e 15 deste artigo o caráter interpretativo de que trata o art. 106 da Lei nº 5.172, de 25 de outubro de 1966 (Código Tributário Nacional). *(Vetado pelo Presidente da República na Lei 13.986/2020, mantido pelo Congresso Nacional e publicado no DOU de 20.08.2020)*

**Art. 25-A.** Equipara-se ao empregador rural pessoa física o consórcio simplificado de produtores rurais, formado pela união de produtores rurais pessoas físicas, que outorgar a um deles poderes para contratar, gerir e demitir trabalhadores para prestação de serviços, exclusivamente, aos seus integrantes, mediante documento registrado em cartório de títulos e documentos.

**§ 1º** O documento de que trata o *caput* deverá conter a identificação de cada produtor, seu endereço pessoal e o de sua propriedade rural, bem como o respectivo registro no Instituto Nacional de Colonização e Reforma Agrária – INCRA ou informações relativas a parceria, arrendamento ou equivalente e a matrícula no Instituto Nacional do Seguro Social – INSS de cada um dos produtores rurais.

**§ 2º** O consórcio deverá ser matriculado no INSS em nome do empregador a quem hajam sido outorgados os poderes, na forma do regulamento.

**§ 3º** Os produtores rurais integrantes do consórcio de que trata o *caput* serão responsáveis solidários em relação às obrigações previdenciárias.

**§ 4º** (Vetado)

## CAPÍTULO VII. DA CONTRIBUIÇÃO SOBRE A RECEITA DE CONCURSOS DE PROGNÓSTICOS

**Art. 26.** Constitui receita da Seguridade Social a contribuição social sobre a receita de concursos de prognósticos a que se refere o inciso III do *caput* do art. 195 da Constituição. (Redação dada pela Lei 13.756/2018)

**§ 1º** *(Revogado pela Lei 13.756/2018)*

**§ 2º** *(Revogado pela Lei 13.756/2018)*

**§ 3º** *(Revogado pela Lei 13.756/2018)*

**§ 4º** O produto da arrecadação da contribuição será destinado ao financiamento da Seguridade Social. *(Incluído pela Lei nº 13.756/2018)*

**§ 5º** A base de cálculo da contribuição equivale à receita auferida nos concursos de prognósticos, sorteios e loterias. *(Incluído pela Lei 13.756/2018)*

**§ 6º** A alíquota da contribuição corresponde ao percentual vinculado à Seguridade Social em cada modalidade lotérica, conforme previsto em lei. *(Incluído pela Lei 13.756/2018)*

## CAPÍTULO VIII. DAS OUTRAS RECEITAS

**Art. 27.** Constituem outras receitas da Seguridade Social:

**I** – as multas, a atualização monetária e os juros moratórios;

**II** – a remuneração recebida por serviços de arrecadação, fiscalização e cobrança prestados a terceiros;

**III** – as receitas provenientes de prestação de outros serviços e de fornecimento ou arrendamento de bens;

**IV** – as demais receitas patrimoniais, industriais e financeiras;

**V** – as doações, legados, subvenções e outras receitas eventuais;

**VI** – 50% (cinquenta por cento) dos valores obtidos e aplicados na forma do parágrafo único do artigo 243 da Constituição Federal;

**VII** – 40% (quarenta por cento) do resultado dos leilões dos bens apreendidos pelo Departamento da Receita Federal;

**VIII** – outras receitas previstas em legislação específica.

**Parágrafo único.** O agente operador do Seguro Obrigatório para Proteção de Vítimas de Acidentes de Trânsito (SPVAT) poderá repassar à Seguridade Social percentual, a ser estabelecido em decreto do Presidente da República, de até 40% (quarenta por cento) do valor total do prêmio recolhido e destinado ao Sistema Único de Saúde (SUS), para custeio da assistência médico-hospitalar dos segurados vitimados em acidentes de trânsito. *(Redação dada pela LC 207/2024)*

## CAPÍTULO IX. DO SALÁRIO DE CONTRIBUIÇÃO

**Art. 28.** Entende-se por salário de contribuição:

**I** – para o empregado e trabalhador avulso: a remuneração auferida em uma ou mais empresas, assim entendida a totalidade dos rendimentos pagos, devidos ou creditados a qualquer título, durante o mês, destinados a retribuir o trabalho, qualquer que seja a sua forma, inclusive as gorjetas, os ganhos habituais sob a forma de utilidades e os adiantamentos decorrentes de reajuste salarial, quer pelos serviços efetivamente prestados, quer pelo tempo à disposição do empregador ou tomador de serviços nos termos da lei ou do contrato ou, ainda, de convenção ou acordo coletivo de trabalho ou sentença normativa;

**II** – para o empregado doméstico: a remuneração registrada na Carteira de Trabalho e Previdência Social, observadas as normas a serem estabelecidas em regulamento para comprovação do vínculo empregatício e do valor da remuneração;

**III** – para o contribuinte individual: a remuneração auferida em uma ou mais empresas ou pelo exercício de sua atividade por conta própria, durante o mês, observado o limite máximo a que se refere o § 5º; (Redação de acordo com Lei 9.876/1999)

**IV** – para o segurado facultativo: o valor por ele declarado, observado o limite máximo a que se refere o § 5º. (Acrescido pela Lei 9.876/1999)

**§ 1º** Quando a admissão, a dispensa, o afastamento ou a falta do empregado ocorrer no curso do mês, o salário de contribuição será proporcional ao número de dias de trabalho efetivo, na forma estabelecida em regulamento.

**§ 2º** O salário-maternidade é considerado salário de contribuição.

**§ 3º** O limite mínimo do salário de contribuição corresponde ao piso salarial, legal ou normativo, da categoria ou, inexistindo este, ao salário mínimo, tomado no seu valor mensal, diário ou horário, conforme o ajustado e o tempo de trabalho efetivo durante o mês.

**§ 4º** O limite mínimo do salário de contribuição do menor aprendiz corresponde à sua remuneração mínima definida em lei.

**§ 5º** O limite máximo do salário de contribuição é de Cr$ 170.000,00 (cento e setenta mil cruzeiros), reajustado a partir da data da entrada em vigor desta Lei, na mesma época e com os mesmos índices que os do reajustamento dos benefícios de prestação continuada da Previdência Social.

› Vide valores atualizados pela Portaria MPS/MF 26/2023.

**§ 6º** No prazo de cento e oitenta dias, a contar da data de publicação desta Lei, o Poder Executivo encaminhará ao Congresso Nacional projeto de lei estabelecendo a previdência complementar, pública e privada, em especial para os que possam contribuir acima do limite máximo estipulado no parágrafo anterior deste artigo.

**§ 7º** O décimo-terceiro salário (gratificação natalina) integra o salário de contribuição, exceto para o cálculo de benefício, na forma estabelecida em regulamento.

**§ 8º** (Revogado pela Lei nº 13.467, de 2017).

*a)* (Revogada pela Lei nº 13.467, de 2017).

*b) (Vetada).*

*c) (Revogada pela Lei 9.711/1998).*

**§ 9º** Não integram o salário de contribuição para os fins desta Lei, exclusivamente:

*a)* os benefícios da previdência social, nos termos e limites legais, salvo o salário-maternidade;

*b)* as ajudas de custo e o adicional mensal recebidos pelo aeronauta nos termos da Lei nº 5.929, de 30 de outubro de 1973;

*c)* a parcela *in natura* recebida de acordo com os programas de alimentação aprovados pelo Ministério do Trabalho e da Previdência Social, nos termos da Lei nº 6.321, de 14 de abril de 1976;

*d)* as importâncias recebidas a título de férias indenizadas e respectivo adicional constitucional, inclusive o valor correspondente à dobra da remuneração de férias de que trata o artigo 137 da Consolidação das Leis do Trabalho - CLT;
*e)* as importâncias:
1. previstas no inciso I do artigo 10 do Ato das Disposições Constitucionais Transitórias; (Acrescido pela Lei 9.528/1997)
2. relativas à indenização por tempo de serviço, anterior a 5 de outubro de 1988, do empregado não optante pelo Fundo de Garantia do Tempo de Serviço - FGTS; (Acrescido pela Lei 9.528/1997)
3. recebidas a título da indenização de que trata o artigo 479 da CLT; (Acrescido pela Lei 9.528/1997)
4. recebidas a título da indenização de que trata o artigo 14 da Lei nº 5.889, de 8 de junho de 1973; (Acrescido pela Lei 9.528/1997)
5. recebidas a título de incentivo à demissão; (Acrescido pela Lei 9.528/1997)
6. recebidas a título de abono de férias na forma dos artigos 143 e 144 da CLT; (Acrescido pela Lei 9.711/1998)
7. recebidas a título de ganhos eventuais e os abonos expressamente desvinculados do salário; (Acrescido pela Lei 9.711/1998)
8. recebidas a título de licença-prêmio indenizada; (Acrescido pela Lei 9.711/1998)
9. recebidas a título da indenização de que trata o artigo 9º da Lei nº 7.238, de 29 de outubro de 1984; (Acrescido pela Lei 9.711/1998)
*f)* a parcela recebida a título de vale-transporte, na forma da legislação própria;
*g)* a ajuda de custo, em parcela única, recebida exclusivamente em decorrência de mudança de local de trabalho do empregado, na forma do artigo 470 da CLT;
*h)* as diárias para viagens;
*i)* a importância recebida a título de bolsa de complementação educacional de estagiário, quando paga nos termos da Lei nº 6.494, de 7 de dezembro de 1977;
*j)* a participação nos lucros ou resultados da empresa, quando paga ou creditada de acordo com lei específica;
*l)* o abono do Programa de Integração Social - PIS e do Programa de Assistência ao Servidor Público - PASEP; (Acrescida pela Lei 9.528/1997)
*m)* os valores correspondentes a transporte, alimentação e habitação fornecidos pela empresa ao empregado contratado para trabalhar em localidade distante da de sua residência, em canteiro de obras ou local que, por força da atividade, exija deslocamento e estada, observadas as normas de proteção estabelecidas pelo Ministério do Trabalho; (Acrescida pela Lei 9.528/1997)
*n)* a importância paga ao empregado a título de complementação ao valor do auxílio-doença, desde que este direito seja extensivo à totalidade dos empregados da empresa; (Acrescida pela Lei 9.528/1997)
*o)* as parcelas destinadas à assistência ao trabalhador da agroindústria canavieira, de que trata o artigo 36 da Lei nº 4.870, de 1º de dezembro de 1965; (Acrescida pela Lei 9.528/1997)
*p)* o valor das contribuições efetivamente pago pela pessoa jurídica relativo a programa de previdência complementar, aberto ou fechado, desde que disponível à totalidade de seus empregados e dirigentes, observados, no que couber, os artigos 9º e 468 da CLT; (Acrescida pela Lei 9.528/1997)
*q)* o valor relativo à assistência prestada por serviço médico ou odontológico, próprio da empresa ou por ela conveniado, inclusive o reembolso de despesas com medicamentos, óculos, aparelhos ortopédicos, próteses, órteses, despesas médico-hospitalares e outras similares;
*r)* o valor correspondente a vestuários, equipamentos e outros acessórios fornecidos ao empregado e utilizados no local do trabalho para prestação dos respectivos serviços; (Acrescida pela Lei 9.528/1997)
*s)* o ressarcimento de despesas pelo uso de veículo do empregado e o reembolso creche pago em conformidade com a legislação trabalhista, observado o limite máximo de seis anos de idade, quando devidamente comprovadas as despesas realizadas; (Acrescida pela Lei 9.528/1997)
*t)* o valor relativo a plano educacional, ou bolsa de estudo, que vise à educação básica de empregados e seus dependentes e, desde que vinculada às atividades desenvolvidas pela empresa, à educação profissional e tecnológica de empregados, nos termos da Lei nº 9.394, de 20 de dezembro de 1996, e:
1. não seja utilizado em substituição de parcela salarial; e
2. o valor mensal do plano educacional ou bolsa de estudo, considerado individualmente, não ultrapasse 5% (cinco por cento) da remuneração do segurado a que se destina ou o valor correspondente a uma vez e meia o valor do limite mínimo mensal do salário de contribuição, o que for maior;
*u)* a importância recebida a título de bolsa de aprendizagem garantida ao adolescente até quatorze anos de idade, de acordo com o disposto no artigo 64 da Lei nº 8.069, de 13 de julho de 1990;
*v)* os valores recebidos em decorrência da cessão de direitos autorais; (Acrescida pela Lei 9.528/1997)
*x)* o valor da multa prevista no § 8º do artigo 477 da CLT; (Acrescida pela Lei 9.528/1997)
*y)* o valor correspondente ao vale-cultura. (Acrescida pela Lei 12.761/2012)
*z)* os prêmios e os abonos. *(Acrescida pela Lei nº 13.467, de 2017).*
aa) os valores recebidos a título de bolsa-atleta, em conformidade com a Lei nº 10.891, de 9 de julho de 2004. *(Acrescida pela Lei 13.756/2018)*
**§ 10.** Considera-se salário de contribuição, para o segurado empregado e trabalhador avulso, na condição prevista no § 5º do artigo 12, a remuneração efetivamente auferida na entidade

sindical ou empresa de origem. (Acrescido pela Lei 9.528/1997)

**§ 11.** Considera-se remuneração do contribuinte individual que trabalha como condutor autônomo de veículo rodoviário, como auxiliar de condutor autônomo de veículo rodoviário, em automóvel cedido em regime de colaboração, nos termos da Lei 6.094, de 30 de agosto de 1974, como operador de trator, máquina de terraplenagem, colheitadeira e assemelhados, o montante correspondente a 20% (vinte por cento) do valor bruto do frete, carreto, transporte de passageiros ou do serviço prestado, observado o limite máximo a que se refere o § 5º. (Acrescido pela Lei nº 13.202, de 2015).

**Art. 29.** *Revogado pela Lei 9.876/1999.*

## CAPÍTULO X. DA ARRECADAÇÃO E RECOLHIMENTO DAS CONTRIBUIÇÕES

**Art. 30.** A arrecadação e o recolhimento das contribuições ou de outras importâncias devidas à Seguridade Social obedecem às seguintes normas:

**I** – a empresa é obrigada a:

*a)* arrecadar as contribuições dos segurados empregados e trabalhadores avulsos a seu serviço, descontando-as da respectiva remuneração;

*b)* recolher os valores arrecadados na forma da alínea *a* deste inciso, a contribuição a que se refere o inciso IV do art. 22 desta Lei, assim como as contribuições a seu cargo incidentes sobre as remunerações pagas, devidas ou creditadas, a qualquer título, aos segurados empregados, trabalhadores avulsos e contribuintes individuais a seu serviço até o dia 20 (vinte) do mês subsequente ao da competência *(Redação dada pela Lei 11.933/2009)*;

*c)* recolher as contribuições de que tratam os incisos I e II do artigo 23, na forma e prazos definidos pela legislação tributária federal vigente;

**II** – os segurados contribuinte individual e facultativo estão obrigados a recolher sua contribuição por iniciativa própria, até o dia 15 (quinze) do mês seguinte ao da competência;

**III** – a empresa adquirente, consumidora ou consignatária ou a cooperativa são obrigadas a recolher a contribuição de que trata o art. 25 até o dia 20 (vinte) do mês subsequente ao da operação de venda ou consignação da produção, independentemente de essas operações terem sido realizadas diretamente com o produtor ou com intermediário pessoa física, na forma estabelecida em regulamento;

**IV** – a empresa adquirente, consumidora ou consignatária ou a cooperativa ficam sub-rogadas nas obrigações da pessoa física de que trata a alínea *a* do inciso V do artigo 12 e do segurado especial pelo cumprimento das obrigações do artigo 25 desta Lei, independentemente de as operações de venda ou consignação terem sido realizadas diretamente com o produtor ou com intermediário pessoa física, exceto no caso do inciso X deste artigo, na forma estabelecida em regulamento;

- Vide Decisão monocrática proferida pelo STF na Petição nº 8.140-DF, incidental ao Recurso Extraordinário nº 718.874.

**V** - o empregador doméstico fica obrigado a arrecadar e a recolher a contribuição do segurado empregado a seu serviço e a parcela a seu cargo, até o vigésimo dia do mês seguinte ao da competência; *(Redação dada pela Lei 14.438/2022, produzindo efeitos a partir da data de início da arrecadação por meio da prestação dos serviços digitais de geração de guias, a que se refere o inciso II do "caput" do art. 17 da Lei 8.036/1990, para fatos geradores ocorridos a partir da referida data)*

**VI** – o proprietário, o incorporador definido na Lei 4.591, de 16 de dezembro de 1964, o dono da obra ou condômino da unidade imobiliária, qualquer que seja a forma de contratação da construção, reforma ou acréscimo, são solidários com o construtor, e estes com a subempreiteira, pelo cumprimento das obrigações para com a Seguridade Social, ressalvado o seu direito regressivo contra o executor ou contratante da obra e admitida a retenção de importância a este devida para garantia do cumprimento dessas obrigações, não se aplicando, em qualquer hipótese, o benefício de ordem;

**VII** – exclui-se da responsabilidade solidária perante a Seguridade Social o adquirente de prédio ou unidade imobiliária que realizar a operação com empresa de comercialização ou incorporador de imóveis, ficando estes solidariamente responsáveis com o construtor;

**VIII** – nenhuma contribuição à Seguridade Social é devida se a construção residencial unifamiliar, destinada ao uso próprio, de tipo econômico, for executada sem mão de obra assalariada, observadas as exigências do regulamento;

**IX** – as empresas que integram grupo econômico de qualquer natureza respondem entre si, solidariamente, pelas obrigações decorrentes desta Lei;

**X** – a pessoa física de que trata a alínea *a* do inciso V do artigo 12 e o segurado especial são obrigados a recolher a contribuição de que trata o artigo 25 desta lei no prazo estabelecido no inciso III deste artigo, caso comercializem a sua produção:

*a)* no exterior;

*b)* diretamente, no varejo, ao consumidor pessoa física;

*c)* à pessoa física de que trata a alínea *a* do inciso V do artigo 12;

*d)* ao segurado especial;

**XI** – aplica-se o disposto nos incisos III e IV deste artigo à pessoa física não produtor rural que adquire produção para venda no varejo a consumidor pessoa física; (Acrescido pela Lei nº 9.528, de 1997).

**XII** – sem prejuízo do disposto no inciso X do *caput* deste artigo, o produtor rural pessoa física e o segurado especial são obrigados a recolher, diretamente, a contribuição incidente sobre a receita bruta proveniente:

*a)* da comercialização de artigos de artesanato elaborados com matéria-prima produzida pelo respectivo grupo familiar;

*b)* de comercialização de artesanato ou do exercício de atividade artística, observado o disposto nos incisos VII e VIII do § 10 do art. 12 desta Lei; e

*c)* de serviços prestados, de equipamentos utilizados e de produtos comercializados no imóvel rural, desde que em atividades turística e de entretenimento desenvolvidas no próprio imóvel, inclusive hospedagem, alimentação, recepção, recreação e atividades pedagógicas, bem como taxa de visitação e serviços especiais;

**XIII** – o segurado especial é obrigado a arrecadar a contribuição de trabalhadores a seu serviço e a recolhê-la no prazo referido na alínea *b* do inciso I do *caput* deste artigo.

**§ 1º** *(Revogado pela Lei 9.032, de 1995)*

**§ 2º** Se não houver expediente bancário nas datas indicadas:

**I** – no inciso II do *caput*, o recolhimento deverá ser efetuado até o dia útil imediatamente posterior; e

**II** – na alínea b do inciso I e nos incisos III, V, X e XIII do *caput*, até o dia útil imediatamente anterior. (Redação pela Lei nº 13.202, de 2015).

**§ 3º** Aplica-se à entidade sindical e à empresa de origem o disposto nas alíneas *a* e *b* do inciso I, relativamente à remuneração do segurado referido no § 5º do artigo 12. (Acrescido pela Lei nº 9.528, de 1997).

**§ 4º** Na hipótese de o contribuinte individual prestar serviço a uma ou mais empresas, poderá deduzir, da sua contribuição mensal, 45% (quarenta e cinco por cento) da contribuição da empresa, efetivamente recolhida ou declarada, incidente sobre a remuneração que esta lhe tenha pago ou creditado, limitada a dedução a nove por cento do respectivo salário de contribuição. (Acrescido pela Lei nº 9.876, de 1999).

**§ 5º** Aplica-se o disposto no § 4º ao cooperado que prestar serviço a empresa por intermédio de cooperativa de trabalho. (Acrescido pela Lei nº 9.876, de 1999).

**§ 6º** *(Revogado pela Lei nº 13.202, de 2015)*

**§ 7º** A empresa ou cooperativa adquirente, consumidora ou consignatária da produção fica obrigada a fornecer ao segurado especial cópia do documento fiscal de entrada da mercadoria, para fins de comprovação da operação e da respectiva contribuição previdenciária. (Acrescido pela Lei nº 11.718, de 2008).

**§ 8º** Quando o grupo familiar a que o segurado especial estiver vinculado não tiver obtido, no ano, por qualquer motivo, receita proveniente de comercialização de produção deverá comunicar a ocorrência à Previdência Social, na forma do regulamento. (Acrescido pela Lei nº 11.718, de 2008).

**§ 9º** Quando o segurado especial tiver comercializado sua produção do ano anterior exclusivamente com empresa adquirente, consignatária ou cooperativa, tal fato deverá ser comunicado à Previdência Social pelo respectivo grupo familiar. (Acrescido pela Lei nº 11.718, de 2008).

**Art. 31.** A empresa contratante de serviços executados mediante cessão de mão de obra, inclusive em regime de trabalho temporário, deverá reter 11% (onze por cento) do valor bruto da nota fiscal ou fatura de prestação de serviços e recolher, em nome da empresa cedente da mão de obra, a importância retida até o dia 20 (vinte) do mês subsequente ao da emissão da respectiva nota fiscal ou fatura, ou até o dia útil imediatamente anterior se não houver expediente bancário naquele dia, observado o disposto no § 5º do art. 33 desta Lei.

**§ 1º** O valor retido de que trata o *caput* deste artigo, que deverá ser destacado na nota fiscal ou fatura de prestação de serviços, poderá ser compensado por qualquer estabelecimento da empresa cedente da mão de obra, por ocasião do recolhimento das contribuições destinadas à Seguridade Social devidas sobre a folha de pagamento dos seus segurados.

**§ 2º** Na impossibilidade de haver compensação integral na forma do parágrafo anterior, o saldo remanescente será objeto de restituição.

**§ 3º** Para os fins desta Lei, entende-se como cessão de mão de obra a colocação à disposição do contratante, em suas dependências ou nas de terceiros, de segurados que realizem serviços contínuos, relacionados ou não com a atividade-fim da empresa, quaisquer que sejam a natureza e a forma de contratação.

**§ 4º** Enquadram-se na situação prevista no parágrafo anterior, além de outros estabelecidos em regulamento, os seguintes serviços:

**I** – limpeza, conservação e zeladoria;

**II** – vigilância e segurança;

**III** – empreitada de mão de obra;

**IV** – contratação de trabalho temporário na forma da Lei nº 6.019, de 3 de janeiro de 1974.

**§ 5º** O cedente da mão de obra deverá elaborar folhas de pagamento distintas para cada contratante. (Acrescido pela Lei 9.711/1998)

**§ 6º** Em se tratando de retenção e recolhimento realizados na forma do *caput* deste artigo, em nome de consórcio, de que tratam os arts. 278 e 279 da Lei nº 6.404, de 15 de dezembro de 1976, aplica-se o disposto em todo este artigo, observada a participação de cada uma das empresas consorciadas, na forma do respectivo ato constitutivo.

**Art. 32.** A empresa é também obrigada a:

**I** – preparar folhas de pagamento das remunerações pagas ou creditadas a todos os segurados a seu serviço, de acordo com os padrões e normas estabelecidos pelo órgão competente da Seguridade Social;

**II** – lançar mensalmente em títulos próprios de sua contabilidade, de forma discriminada, os fatos geradores de todas as contribuições, o montante das quantias descontadas, as contribuições da empresa e os totais recolhidos;

**III** – prestar à Secretaria da Receita Federal do Brasil todas as informações cadastrais, financeiras e contábeis de seu interesse, na forma por ela estabelecida, bem como os esclarecimentos necessários à fiscalização;

**IV** – declarar à Secretaria da Receita Federal do Brasil e ao Conselho Curador do Fundo de Garantia do Tempo de Serviço – FGTS, na forma, prazo e condições estabelecidos por esses órgãos, dados relacionados a fatos geradores, base de cálculo e valores devidos da contribuição previdenciária e outras informações de interesse do INSS ou do Conselho Curador do FGTS;

- O art. 49 da Lei 13.097/2015 dispõe que: Ficam anistiadas as multas previstas no art. 32-A da Lei 8.212, de 24 de julho de 1991, lançadas até a publicação desta Lei, desde que a declaração de que trata o inciso IV do *caput* do art. 32 da Lei 8.212, de 24 de julho de 1991, tenha sido apresentada até o último dia do mês subsequente ao previsto para a entrega.

**V** – *(Vetado)*

**VI** – comunicar, mensalmente, aos empregados, por intermédio de documento a ser definido em regulamento, os valores recolhidos sobre o total de sua remuneração ao INSS. (Acrescido pela Lei 12.692/2012).

**§ 1º** *(Revogado pela Lei 11.941/2009).*

**§ 2º** A declaração de que trata o inciso IV do *caput* deste artigo constitui instrumento hábil e suficiente para a exigência do crédito tributário, e suas informações comporão a base de dados para fins de cálculo e concessão dos benefícios previdenciários.

**§§ 3º a 8º** *(Revogados pela Lei 11.941/2009).*

**§ 9º** A empresa deverá apresentar o documento a que se refere o inciso IV do *caput* deste artigo ainda que não ocorram fatos geradores de contribuição previdenciária, aplicando-se, quando couber, a penalidade prevista no art. 32-A desta Lei.

**§ 10.** O descumprimento do disposto no inciso IV do *caput* deste artigo impede a expedição da certidão de prova de regularidade fiscal perante a Fazenda Nacional.

**§ 11.** Em relação aos créditos tributários, os documentos comprobatórios do cumprimento das obrigações de que trata este artigo devem ficar arquivados na empresa até que ocorra a prescrição relativa aos créditos decorrentes das operações a que se refiram.

**§ 12.** *(Vetado)*

**Art. 32-A.** O contribuinte que deixar de apresentar a declaração de que trata o inciso IV do *caput* do art. 32 desta Lei no prazo fixado ou que a apresentar com incorreções ou omissões será intimado a apresentá-la ou a prestar esclarecimentos e sujeitar-se-á às seguintes multas:

- O art. 48 da Lei 13.097/2015 dispõe que: O disposto no art. 32-A da Lei 8.212, de 24 de julho de 1991, deixa de produzir efeitos em relação aos fatos geradores ocorridos no período de 27 de maio de 2009 a 31 de dezembro de 2013, no caso de entrega de declaração sem ocorrência de fatos geradores de contribuição previdenciária.
- O art. 49 da Lei 13.097/2015 dispõe que: Ficam anistiadas as multas previstas no art. 32-A da Lei 8.212, de 24 de julho de 1991, lançadas até a publicação desta Lei, desde que a declaração de que trata o inciso IV do *caput* do art. 32 da Lei 8.212, de 24 de julho de 1991, tenha sido apresentada até o último dia do mês subsequente ao previsto para a entrega.

**I** – de R$ 20,00 (vinte reais) para cada grupo de 10 (dez) informações incorretas ou omitidas; e

**II** – de 2% (dois por cento) ao mês-calendário ou fração, incidentes sobre o montante das contribuições informadas, ainda que integralmente pagas, no caso de falta de entrega da declaração ou entrega após o prazo, limitada a 20% (vinte por cento), observado o disposto no § 3º deste artigo.

**§ 1º** Para efeito de aplicação da multa prevista no inciso II do *caput* deste artigo, será considerado como termo inicial o dia seguinte ao término do prazo fixado para entrega da declaração e como termo final a data da efetiva entrega ou, no caso de não apresentação, a data da lavratura do auto de infração ou da notificação de lançamento.

**§ 2º** Observado o disposto no § 3º deste artigo, as multas serão reduzidas:

**I** – à metade, quando a declaração for apresentada após o prazo, mas antes de qualquer procedimento de ofício; ou

**II** – a 75% (setenta e cinco por cento), se houver apresentação da declaração no prazo fixado em intimação.

**§ 3º** A multa mínima a ser aplicada será de:

**I** – R$ 200,00 (duzentos reais), tratando-se de omissão de declaração sem ocorrência de fatos geradores de contribuição previdenciária; e

**II** – R$ 500,00 (quinhentos reais), nos demais casos.

**Art. 32-B.** Os órgãos da administração direta, as autarquias, as fundações e as empresas públicas da União, dos Estados, do Distrito Federal e dos Municípios, cujas Normas Gerais de Direito Financeiro para elaboração e controle dos orçamentos estão definidas pela Lei nº 4.320, de 17 de março de 1964, e pela Lei Complementar nº 101, de 4 de maio de 2000, ficam obrigados, na forma estabelecida pela Secretaria da Receita Federal do Brasil do Ministério da Fazenda, a apresentar: (Artigo acrescido pela Lei nº 12.810, de 15.05.2013)

**I** – a contabilidade entregue ao Tribunal de Controle Externo; e

**II** – a folha de pagamento.

**Parágrafo único.** As informações de que trata o *caput* deverão ser apresentadas até o dia 30 de abril do ano seguinte ao encerramento do exercício.

**Art. 32-C.** O segurado especial responsável pelo grupo familiar que contratar na forma do § 8º do art. 12 apresentará as informações relacionadas ao registro de trabalhadores, aos fatos geradores, à base de cálculo e aos valores das contribuições devidas à Previdência Social e ao Fundo de Garantia do Tempo de Serviço – FGTS e outras informações de interesse da Secretaria da Receita Federal do Brasil, do Ministério da Previdência Social, do Ministério do Trabalho e Emprego e do Conselho Curador do FGTS, por meio de sistema eletrônico com entrada única de dados, e efetuará os recolhimentos por meio de documento único de arrecadação.

**§ 1º** Os Ministros de Estado da Fazenda, da Previdência Social e do Trabalho e Emprego disporão, em ato conjunto, sobre a prestação das informações, a apuração, o recolhimento e a distribuição dos recursos recolhidos e sobre as informações geradas por meio do sistema eletrônico e da guia de recolhimento de que trata o *caput*.

**§ 2º** As informações prestadas no sistema eletrônico de que trata o *caput* têm caráter declaratório, constituem instrumento hábil e suficiente para a exigência dos tributos e encargos apurados e substituirão, na forma regulamentada pelo ato conjunto que prevê o § 1º, a obrigatoriedade de entrega de todas as informações, formulários e declarações a que está sujeito o grupo familiar, inclusive as relativas ao recolhimento do FGTS.

**§ 3º** O segurado especial de que trata o *caput* deste artigo fica obrigado a arrecadar, até o vigésimo dia do mês seguinte ao da competência: *(Redação dada pela Lei 14.438/2022, produzindo efeitos a partir da data de início da arrecadação por meio da prestação dos serviços digitais de geração de guias, a que se refere o inciso II do "caput" do art. 17 da Lei 8.036/1990, para fatos geradores ocorridos a partir da referida data)*

**I** - as contribuições previstas nos incisos X, XII e XIII do *caput* do art. 30 desta Lei; *(Acrescido pela Lei 14.438/2022, produzindo efeitos a partir da data de início da arrecadação por meio da prestação dos serviços digitais de geração de guias, a que se refere o inciso II do "caput" do art. 17 da Lei 8.036/1990, para fatos geradores ocorridos a partir da referida data)*

**II** - os valores referentes ao FGTS; e *(Acrescido pela Lei 14.438/2022, produzindo efeitos a partir da data de início da arrecadação por meio da prestação dos serviços digitais de geração de guias, a que se refere o inciso II do "caput" do art. 17 da Lei 8.036/1990, para fatos geradores ocorridos a partir da referida data)*

**III** - os encargos trabalhistas sob a sua responsabilidade. *(Acrescido pela Lei 14.438/2022, produzindo efeitos a partir da data de início da arrecadação por meio da prestação dos serviços digitais de geração de guias, a que se refere o inciso II do "caput" do art. 17 da Lei 8.036/1990, para fatos geradores ocorridos a partir da referida data)*

**§ 4º** Os recolhimentos devidos, nos termos do § 3º, deverão ser pagos por meio de documento único de arrecadação.

**§ 5º** Se não houver expediente bancário na data indicada no § 3º, o recolhimento deverá ser antecipado para o dia útil imediatamente anterior.

**§ 6º** Os valores não pagos até a data do vencimento sujeitar-se-ão à incidência de acréscimos e encargos legais na forma prevista na legislação do Imposto sobre a Renda e Proventos de Qualquer Natureza para as contribuições de caráter tributário, e conforme o art. 22 da Lei nº 8.036, de 11 de maio de 1990, para os depósitos do FGTS, inclusive no que se refere às multas por atraso.

**§ 7º** O recolhimento do valor do FGTS na forma deste artigo será creditado diretamente em conta vinculada do trabalhador, assegurada a transferência dos elementos identificadores do recolhimento ao agente operador do fundo.

**§ 8º** O ato de que trata o § 1º regulará a compensação e a restituição dos valores dos tributos e dos encargos trabalhistas recolhidos, no documento único de arrecadação, indevidamente ou em montante superior ao devido.

**§ 9º** A devolução de valores do FGTS, depositados na conta vinculada do trabalhador, será objeto de norma regulamentar do Conselho Curador e do Agente Operador do Fundo de Garantia do Tempo de Serviço.

**§ 10.** O produto da arrecadação de que trata o § 3º será centralizado na Caixa Econômica Federal.

**§ 11.** A Caixa Econômica Federal, com base nos elementos identificadores do recolhimento, disponíveis no sistema de que trata o *caput* deste artigo, transferirá para a Conta Única do Tesouro Nacional os valores arrecadados dos tributos e das contribuições previstas nos incisos X, XII e XIII do *caput* do art. 30.

**§ 12.** A impossibilidade de utilização do sistema eletrônico referido no *caput* será objeto de regulamento, a ser editado pelo Ministério da Fazenda e pelo Agente Operador do FGTS.

**§ 13.** A sistemática de entrega das informações e recolhimentos de que trata o *caput* poderá ser estendida pelas autoridades previstas no § 1º para o produtor rural pessoa física de que trata a alínea a do inciso V do *caput* do art. 12.

**§ 14.** Aplica-se às informações entregues na forma deste artigo o disposto no § 2º do art. 32 e no art. 32-A.

**Art. 33.** À Secretaria da Receita Federal do Brasil compete planejar, executar, acompanhar e avaliar as atividades relativas à tributação, à fiscalização, à arrecadação, à cobrança e ao recolhimento das contribuições sociais previstas no parágrafo único do art. 11 desta Lei, das contribuições incidentes a título de substituição e das devidas a outras entidades e fundos.

**§ 1º** É prerrogativa da Secretaria da Receita Federal do Brasil, por intermédio dos Auditores Fiscais da Receita Federal do Brasil, o exame da contabilidade das empresas, ficando obrigados a prestar todos os esclarecimentos e informações solicitados o segurado e os terceiros responsáveis pelo recolhimento das contribuições previdenciárias e das contribuições devidas a outras entidades e fundos.

**§ 2º** A empresa, o segurado da Previdência Social, o serventuário da Justiça, o síndico ou seu representante, o comissário e o liquidante de empresa em liquidação judicial ou extrajudicial são obrigados a exibir todos os documentos e livros relacionados com as contribuições previstas nesta Lei.

**§ 3º** Ocorrendo recusa ou sonegação de qualquer documento ou informação, ou sua apresentação deficiente, a Secretaria da Receita Federal do Brasil pode, sem prejuízo da penalidade cabível, lançar de ofício a importância devida.

**§ 4º** Na falta de prova regular e formalizada pelo sujeito passivo, o montante dos salários pagos pela execução de obra de construção civil pode ser obtido mediante cálculo da mão de obra empregada, proporcional à área construída, de acordo com critérios estabelecidos pela Secretaria da Receita Federal do Brasil, cabendo ao proprietário, dono da obra, condômino da unidade imobiliária ou empresa corresponsável o ônus da prova em contrário.

**§ 5º** O desconto de contribuição e de consignação legalmente autorizadas sempre se presume feito oportuna e regularmente pela empresa a isso obrigada, não lhe sendo lícito alegar omissão para se eximir do recolhimento, ficando diretamente responsável pela importância que deixou de receber ou arrecadou em desacordo com o disposto nesta Lei.

**§ 6º** Se, no exame da escrituração contábil e de qualquer outro documento da empresa, a fiscalização constatar que a contabilidade não registra o movimento real de remuneração dos segurados a seu serviço, do faturamento e do lucro, serão apuradas, por aferição indireta, as contribuições efetivamente devidas, cabendo à empresa o ônus da prova em contrário.

**§ 7º** O crédito da seguridade social é constituído por meio de notificação de lançamento, de auto de infração e de confissão de valores devidos e não recolhidos pelo contribuinte.

**§ 8º** Aplicam-se às contribuições sociais mencionadas neste artigo as presunções legais de omissão de receita previstas nos §§ 2º e 3º do art. 12 do Decreto-Lei nº 1.598, de 26 de dezembro de 1977, e nos arts. 40, 41 e 42 da Lei nº 9.430, de 27 de dezembro de 1996.

**Art. 34.** *(Revogado pela Lei 11.941/2009)*

**Art. 35.** Os débitos com a União decorrentes das contribuições sociais previstas nas alíneas a, *b* e *c* do parágrafo único do art. 11 desta Lei, das contribuições instituídas a título de substituição e das contribuições devidas a terceiros, assim entendidas outras entidades e fundos, não pagos nos prazos previstos em legislação, serão acrescidos de multa de mora e juros de mora, nos termos do art. 61 da Lei nº 9.430, de 27 de dezembro de 1996.

**I a III** – *(Revogados pela Lei 11.941/2009)*

**§§ 1º a 4º** *(Revogados pela Lei 11.941/2009)*

**Art. 35-A.** Nos casos de lançamento de ofício relativos às contribuições referidas no art. 35 desta Lei, aplica-se o disposto no art. 44 da Lei nº 9.430, de 27 de dezembro de 1996.

**Art. 36.** *(Revogado pela Lei 8.218/1991)*

**Art. 37.** Constatado o não recolhimento total ou parcial das contribuições tratadas nesta Lei, não declaradas na forma do art. 32 desta Lei, a falta de pagamento de benefício reembolsado ou o descumprimento de obrigação acessória, será lavrado auto de infração ou notificação de lançamento.

**§§ 1º e 2º** *(Revogados pela Lei nº 11.941, de 2009)*

**Art. 38.** *(Revogado pela Lei 11.941/2009)*

**Art. 39.** O débito original e seus acréscimos legais, bem como outras multas previstas em lei, constituem dívida ativa da União, promovendo-se a inscrição em livro próprio daquela resultante das contribuições de que tratam as alíneas a, *b* e *c* do parágrafo único do art. 11 desta Lei.

**§ 1º** *(Revogado pela Lei 11.501/2007)*

**§ 2º** É facultado aos órgãos competentes, antes de ajuizar a cobrança da dívida ativa de que trata o *caput* deste artigo, promover o protesto de título dado em garantia, que será recebido *pro solvendo.*

**§ 3º** Serão inscritas como dívida ativa da União as contribuições que não tenham sido recolhidas ou parceladas resultantes das informações prestadas no documento a que se refere o inciso IV do art. 32 desta Lei.

**Art. 40.** Vetado.

**Art. 41.** *(Revogado pela Lei 11.941/2009)*

**Art. 42.** Os administradores de autarquias e fundações públicas, criadas e mantidas pelo Poder Público, de empresas públicas e de sociedades de economia mista sujeitas ao controle da União, dos Estados, do Distrito Federal ou dos Municípios, que se encontrarem em mora, por mais de 30 (trinta) dias, no recolhimento das contribuições previstas nesta Lei, tornam-se solidariamente responsáveis pelo respectivo pagamento, ficando ainda sujeitos às proibições do artigo 1º e às sanções dos artigos 4º e 7º do Decreto-Lei nº 368, de 19 de dezembro de 1968.

**Art. 43.** Nas ações trabalhistas de que resultar o pagamento de direitos sujeitos à incidência de contribuição previdenciária, o juiz, sob pena de responsabilidade, determinará o imediato recolhimento das importâncias devidas à Seguridade Social.

**§ 1º** Nas sentenças judiciais ou nos acordos homologados em que não figurarem, discriminadamente, as parcelas legais relativas às contribuições sociais, estas incidirão sobre o valor total apurado em liquidação de sentença ou sobre o valor do acordo homologado.

**§ 2º** Considera-se ocorrido o fato gerador das contribuições sociais na data da prestação do serviço.

**§ 3º** As contribuições sociais serão apuradas mês a mês, com referência ao período da prestação de serviços, mediante a aplicação de alíquotas, limites máximos do salário de contribuição e acréscimos legais moratórios vigentes relativamente a cada uma das competências abrangidas, devendo o recolhimento ser efetuado no mesmo prazo em que devam ser pagos os créditos encontrados em liquidação de sentença ou em acordo homologado, sendo que nesse último caso o recolhimento será feito em tantas parcelas quantas as previstas no acordo, nas mesmas datas em que sejam exigíveis e proporcionalmente a cada uma delas.

**§ 4º** No caso de reconhecimento judicial da prestação de serviços em condições que permitam a aposentadoria especial após 15 (quinze), 20 (vinte) ou 25 (vinte e cinco) anos de contribuição, serão devidos os acréscimos de contribuição de que trata o § 6º do art. 57 da Lei nº 8.213, de 24 de julho de 1991.

**§ 5º** Na hipótese de acordo celebrado após ter sido proferida decisão de mérito, a contribuição será calculada com base no valor do acordo.

**§ 6º** Aplica-se o disposto neste artigo aos valores devidos ou pagos nas Comissões de Conciliação Prévia de que trata a Lei nº 9.958, de 12 de janeiro de 2000.

**Art. 44.** *(Revogado pela Lei 11.501/2007)*

**Art. 45.** *(Revogado pela LC 128/2008)*

**Art. 45-A.** O contribuinte individual que pretenda contar como tempo de contribuição, para fins de obtenção de benefício no Regime Geral de Previdência Social ou de contagem recíproca do tempo de contribuição, período de atividade remunerada alcançada pela decadência deverá indenizar o INSS. (Artigo acrescido pela Lei 128/2008).

**§ 1º** O valor da indenização a que se refere o *caput* deste artigo e o § 1º do art. 55 da Lei nº 8.213, de 24 de julho de 1991, corresponderá a 20% (vinte por cento):

**I** – da média aritmética simples dos maiores salários de contribuição, reajustados, correspondentes a 80% (oitenta por cento) de todo o período contributivo decorrido desde a competência julho de 1994; ou

**II** – da remuneração sobre a qual incidem as contribuições para o regime próprio de previdência social a que estiver filiado o interessado, no caso de indenização para fins da contagem recíproca de que tratam os arts. 94 a 99 da Lei nº 8.213, de 24 de julho de 1991, observados o limite máximo previsto no art. 28 e o disposto em regulamento.

**§ 2º** Sobre os valores apurados na forma do § 1º deste artigo incidirão juros moratórios de 0,5% (cinco décimos por cento) ao mês, capitalizados anualmente, limitados ao percentual máximo de 50% (cinquenta por cento), e multa de 10% (dez por cento).

**§ 3º** O disposto no § 1º deste artigo não se aplica aos casos de contribuições em atraso não alcançadas pela decadência do direito de a Previdência constituir o respectivo crédito, obedecendo-se, em relação a elas, as disposições aplicadas às empresas em geral.

**Art. 46.** *(Revogado pela LC 128/2008)*

## CAPÍTULO XI. DA PROVA DE INEXISTÊNCIA DE DÉBITO

**Art. 47.** É exigida Certidão Negativa de Débito – CND, fornecida pelo órgão competente, nos seguintes casos:

**I** – da empresa:

*a)* na contratação com o Poder Público e no recebimento de benefícios ou incentivo fiscal ou creditício concedido por ele;

> **Atualização:** Lei 13.999/2020, Art. 4º. Para fins de concessão de crédito no âmbito do Pronampe, as instituições financeiras participantes ficam dispensadas de observar as seguintes disposições: IV – a alínea "a" do inciso I do *caput* do art. 47 da Lei nº 8.212, de 24 de julho de 1991.

*b)* na alienação ou oneração, a qualquer título, de bem imóvel ou direito a ele relativo;

*c)* na alienação ou oneração, a qualquer título, de bem móvel de valor superior a Cr$ 2.500.000,00 (dois milhões e quinhentos mil cruzeiros) incorporado ao ativo permanente da empresa;

▸ Vide valores atualizados pela Portaria MPS/MF 26/2023.

*d)* no registro ou arquivamento, no órgão próprio, de ato relativo a baixa ou redução de capital de firma individual, redução de capital social, cisão total ou parcial, transformação ou extinção de entidade ou sociedade comercial ou civil e transferência de controle de cotas de sociedades de responsabilidade limitada;

**II** – do proprietário, pessoa física ou jurídica, de obra de construção civil, quando de sua averbação no registro de imóveis, salvo no caso do inciso VIII do artigo 30.

**§ 1º** A prova de inexistência de débito deve ser exigida da empresa em relação a todas as suas dependências, estabelecimentos e obras de construção civil, independentemente do local onde se encontrem, ressalvado aos órgãos competentes o direito de cobrança de qualquer débito apurado posteriormente.

**§ 2º** A prova de inexistência de débito, quando exigível ao incorporador, independe da apresentada no registro de imóveis por ocasião da inscrição do memorial de incorporação.

**§ 3º** Fica dispensada a transcrição, em instrumento público ou particular, do inteiro teor do documento comprobatório de inexistência de débito, bastando a referência ao seu número de série e data da emissão, bem como a guarda do documento comprobatório à disposição dos órgãos competentes.

**§ 4º** O documento comprobatório de inexistência de débito poderá ser apresentado por cópia autenticada, dispensada a indicação de sua finalidade, exceto no caso do inciso II deste artigo.

**§ 5º** O prazo de validade da certidão expedida conjuntamente pela Secretaria Especial da Receita Federal do Brasil e pela Procuradoria-Geral da Fazenda Nacional do Ministério da Economia, referente aos tributos federais e à dívida ativa da União por elas administrados, será de até 180 (cento e oitenta) dias, contado da data de emissão da certidão, prorrogável, excepcionalmente, pelo prazo determinado em ato conjunto dos referidos órgãos. *(Redação dada pela Lei 14.148/2021)*

**§ 6º** Independe de prova de inexistência de débito:

*a)* a lavratura ou assinatura de instrumento, ato ou contrato que constitua retificação, ratificação ou efetivação de outro anterior para o qual já foi feita a prova;

*b)* a constituição de garantia para concessão de crédito rural, em qualquer de suas modalidades, por instituição de crédito pública ou privada, desde que o contribuinte referido no artigo 25, não seja responsável direto pelo recolhimento de contribuições sobre a sua produção para a Seguridade Social;

*c)* a averbação prevista no inciso II deste artigo, relativa a imóvel cuja construção tenha sido concluída antes de 22 de novembro de 1966;

*d)* o recebimento pelos Municípios de transferência de recursos destinados a ações de assistência social, educação, saúde e em caso de calamidade pública; (Acrescida pela Lei 11.960/2009)

*e)* a averbação da construção civil localizada em área objeto de regularização fundiária de interesse social, na forma da Lei nº 11.977, de 7 de julho de 2009. (Acrescida pela Lei 12.424/2011)

**§ 7º** O condômino adquirente de unidades imobiliárias de obra de construção civil não incorporada na forma da Lei nº 4.591, de 16 de dezembro de 1964, poderá obter documento comprobatório de inexistência de débito, desde que comprove o pagamento das contribuições relativas à sua unidade, conforme dispuser o regulamento.

**§ 8º** *(Revogado pela Lei 11.941/2009)*

**Art. 48.** A prática de ato com inobservância do disposto no artigo anterior, ou o seu registro, acarretará a responsabilidade solidária dos contratantes e do oficial que lavrar ou registrar o instrumento, sendo o ato nulo para todos os efeitos.

**§ 1º** Os órgãos competentes podem intervir em instrumento que depender de prova de inexistência de débito, a fim de autorizar sua lavratura, desde que o débito seja pago no ato ou o seu pagamento fique assegurado mediante confissão de dívida fiscal com o oferecimento de garantias reais suficientes, na forma estabelecida em regulamento.

**§ 2º** Em se tratando de alienação de bens do ativo de empresa em regime de liquidação extrajudicial, visando à obtenção de recursos necessários ao pagamento dos credores, independentemente do pagamento ou da confissão de dívida fiscal, o Instituto Nacional do Seguro Social – INSS poderá autorizar a lavratura do respectivo instrumento, desde que o valor do crédito previdenciário conste, regularmente, do quadro geral de credores, observada a ordem de preferência legal. (Acrescido pela Lei 9.639/1998)

**§ 3º** O servidor, o serventuário da Justiça, o titular de serventia extrajudicial e a autoridade ou órgão que infringirem o disposto no artigo anterior incorrerão em multa aplicada na forma estabelecida no artigo 92, sem prejuízo da responsabilidade administrativa e penal cabível. (§ 3º renumerado pela Lei 9.639/1998)

## TÍTULO VII. DAS DISPOSIÇÕES GERAIS

**Art. 49.** A matrícula da empresa será efetuada nos termos e condições estabelecidos pela Secretaria da Receita Federal do Brasil.

**I e II** – *(Revogados pela Lei 11.941/2009)*

**§ 1º** No caso de obra de construção civil, a matrícula deverá ser efetuada mediante comunicação obrigatória do responsável por sua execução, no prazo de 30 (trinta) dias, contado do início de suas atividades, quando obterá número cadastral básico, de caráter permanente.

a) e b) *(Revogadas pela Lei 11.941/2009)*

**§ 2º** *(Revogado pela Lei 11.941/2009)*

**§ 3º** O não cumprimento do disposto no § 1º deste artigo sujeita o responsável a multa na forma estabelecida no art. 92 desta Lei.

**§ 4º** O Departamento Nacional de Registro do Comércio (DNRC), por intermédio das Juntas Comerciais, e os Cartórios de Registro Civil de Pessoas Jurídicas prestarão, obrigatoriamente, ao Ministério da Economia, ao INSS e à Secretaria da Receita Federal do Brasil todas as informações referentes aos atos constitutivos e alterações posteriores relativos a empresas e entidades neles registradas. (Redação dada pela Lei 13.846/2019)

**§ 5º** A matrícula atribuída pela Secretaria da Receita Federal do Brasil ao produtor rural pessoa física ou segurado especial é o documento de inscrição do contribuinte, em substituição à inscrição no Cadastro Nacional de Pessoa Jurídica – CNPJ, a ser apresentado em suas relações com o Poder Público, inclusive para licenciamento sanitário de produtos de origem animal ou vegetal submetidos a processos de beneficiamento ou industrialização artesanal, com as instituições financeiras, para fins de contratação de operações de crédito, e com os adquirentes de sua produção ou fornecedores de sementes, insumos, ferramentas e demais implementos agrícolas. (Acrescido pela Lei 11.718/2008)

**§ 6º** O disposto no § 5º deste artigo não se aplica ao licenciamento sanitário de produtos sujeitos à incidência de Imposto sobre Produtos Industrializados ou ao contribuinte cuja inscrição no Cadastro Nacional de Pessoa Jurídica – CNPJ seja obrigatória. (Acrescido pela Lei 11.718/2008)

**Art. 50.** Para fins de fiscalização do INSS, o Município, por intermédio do órgão competente, fornecerá relação de alvarás para construção civil e documentos de "habite-se" concedidos.

**Art. 51.** O crédito relativo a contribuições, cotas e respectivos adicionais ou acréscimos de qualquer natureza arrecadados pelos órgãos competentes, bem como a atualização monetária e os juros de mora, estão sujeitos, nos processos de falência, concordata ou concurso de credores, às disposições atinentes aos créditos da União, aos quais são equiparados.

- A concordata foi substituída pela recuperação judicial, conforme Lei 11.101/2005 (Recuperação de Empresas e Falências).

**Parágrafo único.** O Instituto Nacional do Seguro Social – INSS reivindicará os valores descontados pela empresa de seus empregados e ainda não recolhidos.

**Art. 52.** Às empresas, enquanto estiverem em débito não garantido com a União, aplica-se o disposto no art. 32 da Lei nº 4.357, de 16 de julho de 1964. (*Caput* com redação dada pela Lei 11.941/2009)

**I e II** – *(Revogados pela Lei 11.941/2009)*

**Parágrafo único.** *(Revogado pela Lei 11.941/2009)*

**Art. 53.** Na execução judicial da dívida ativa da União, suas autarquias e fundações públicas, será facultado ao exequente indicar bens à penhora, a qual será efetivada concomitantemente com a citação inicial do devedor.

**§ 1º** Os bens penhorados nos termos deste artigo ficam desde logo indisponíveis.

**§ 2º** Efetuado o pagamento integral da dívida executada, com seus acréscimos legais, no prazo de 2 (dois) dias úteis contados da citação, independentemente da juntada aos autos do respectivo mandado, poderá ser liberada a penhora, desde que não haja outra execução pendente.

**§ 3º** O disposto neste artigo aplica-se também às execuções já processadas.

**§ 4º** Não sendo opostos embargos, no caso legal, ou sendo eles julgados improcedentes, os autos serão conclusos ao juiz do feito, para determinar o prosseguimento da execução.

**Art. 54.** Os órgãos competentes estabelecerão critério para a dispensa de constituição ou exigência de crédito de valor inferior ao custo dessa medida.

**Art. 55.** *(Revogado pela Lei 12.101/2009)*

**Art. 56.** A inexistência de débitos em relação às contribuições devidas ao Instituto Nacional do Seguro Social -INSS, a partir da publicação desta Lei, é condição necessária para que os Estados, o Distrito Federal e os Municípios possam receber as transferências dos recursos do Fundo de Participação dos Estados e do Distrito Federal – FPE e do Fundo de Participação dos Municípios – FPM, celebrar acordos, contratos, convênios ou ajustes, bem como receber empréstimos, financiamentos, avais e subvenções em geral de órgãos ou entidades da administração direta e indireta da União.

**§ 1º** (Artigo com eficácia interrompida pela MP nº 2.187-13, de 24.08.2001 e posteriormente renumerado pela Lei nº 12.810, de 15.05.2013).

**§ 2º** Os recursos do FPE e do FPM não transferidos em decorrência da aplicação do *caput* deste artigo poderão ser utilizados para quitação, total ou parcial, dos débitos relativos às contribuições de que tratam as alíneas a e c do parágrafo único do art. 11 desta Lei, a pedido do representante legal do Estado, Distrito Federal ou Município.

**Art. 57.** Os Estados, o Distrito Federal e os Municípios serão, igualmente, obrigados a apresentar, a partir de 1º de junho de 1992, para os fins do disposto no artigo anterior, comprovação de pagamento da parcela mensal referente aos débitos com o Instituto Nacional do Seguro Social – INSS, existentes até 1º de setembro de 1991, renegociados nos termos desta Lei.

**Art. 58.** Os débitos dos Estados, do Distrito Federal e dos Municípios para com o Instituto Nacional do Seguro Social – INSS, existentes até 1º de setembro de 1991, poderão ser liquidados em até 240 (duzentos e quarenta) parcelas mensais.

**§ 1º** Para apuração dos débitos será considerado o valor original atualizado pelo índice oficial utilizado pela Seguridade Social para correção de seus créditos.

**§ 2º** As contribuições descontadas até 30 de junho de 1992 dos segurados que tenham prestado serviços aos Estados, ao Distrito Federal e aos Municípios poderão ser objeto de acordo para parcelamento em até doze meses, não se lhes aplicando o disposto no § 1º do artigo 38 desta Lei. (Acrescido pela Lei 8.444/1992)

**Art. 59.** O Instituto Nacional do Seguro Social – INSS implantará, no prazo de 90 (noventa) dias a contar da data da publicação desta Lei, sistema próprio e informatizado de cadastro dos pagamentos e débitos dos Governos Estaduais, do Distrito Federal e das Prefeituras Municipais, que viabilize o permanente acompanhamento e fiscalização do disposto nos artigos 56, 57 e 58 e permita a divulgação periódica dos devedores da Previdência Social.

**Art. 60.** O pagamento dos benefícios da Seguridade Social será realizado por intermédio da rede bancária ou por outras formas definidas pelo Ministério da Previdência Social.

**Parágrafo único.** *(Revogado pela MP 2.170-36/2001)*

**Art. 61.** As receitas provenientes da cobrança de débitos dos Estados e Municípios e da alienação, arrendamento ou locação de bens móveis ou imóveis pertencentes ao patrimônio do Instituto Nacional do Seguro Social – INSS, deverão constituir reserva técnica, de longo prazo, que garantirá o seguro social estabelecido no Plano de Benefícios da Previdência Social.

**Parágrafo único.** É vedada a utilização dos recursos de que trata este artigo, para cobrir despesas de custeio em geral, inclusive as decorrentes de criação, majoração ou extensão dos benefícios ou serviços da Previdência Social, admitindo-se sua utilização, excepcionalmente, em despesas de capital, na forma da lei de orçamento.

**Art. 62.** A contribuição estabelecida na Lei nº 5.161, de 21 de outubro de 1966, em favor da Fundação Jorge Duprat Figueiredo de Segurança e Medicina do Trabalho – FUNDACENTRO, será de 2% (dois por cento) da receita proveniente da contribuição a cargo da empresa, a título de financiamento da complementação das prestações por acidente do trabalho, estabelecida no inciso II do artigo 22.

**Parágrafo único.** Os recursos referidos neste artigo poderão contribuir para o financiamento das despesas com pessoal e administração-geral da Fundação Jorge Duprat Figueiredo de Segurança e Medicina do Trabalho – FUNDACENTRO. (Acrescido pela Lei 9.639/1998)

## TÍTULO VIII
## DAS DISPOSIÇÕES FINAIS E TRANSITÓRIAS

## CAPÍTULO I
## DA MODERNIZAÇÃO DA PREVIDÊNCIA SOCIAL

**Arts. 63 a 66.** *(Revogados pela MP 2.216-37/2001)*

**Art. 67.** Até que seja implantado o Cadastro Nacional do Trabalhador – CNT, as instituições e órgãos federais, estaduais, do Distrito Federal e municipais, detentores de cadastros de empresas e de contribuintes em geral, deverão colocar à disposição do Instituto Nacional do Seguro Social – INSS, mediante a realização de convênios, todos os dados necessários à permanente atualização dos cadastros da Previdência Social.

**Art. 68.** O Titular do Cartório de Registro Civil de Pessoas Naturais remeterá ao INSS, em até 1 (um) dia útil, pelo Sistema Nacional de Informações de Registro Civil (Sirc) ou por outro meio que venha a substituí-lo, a relação dos nascimentos, dos natimortos, dos casamentos, dos óbitos, das averbações, das anotações e das retificações registradas na serventia. (Redação dada pela Lei 13.846/2019)

**§ 1º** Para os Municípios que não dispõem de provedor de conexão à internet ou de qualquer meio de acesso à internet, fica autorizada a remessa da relação em até 5 (cinco) dias úteis. (Redação dada pela Lei 13.846/2019)

**§ 2º** Para os registros de nascimento e de natimorto, constarão das informações, obrigatoriamente, a inscrição no Cadastro de Pessoas Físicas (CPF), o sexo, a data e o local de nascimento do registrado, bem como o nome completo, o sexo, a data e o local de nascimento e a inscrição no CPF da filiação. (Redação dada pela Lei 13.846/2019)

**§ 3º** Para os registros de casamento e de óbito, constarão das informações, obrigatoriamente, a inscrição no CPF, o sexo, a data e o local de nascimento do registrado, bem como, acaso disponíveis, os seguintes dados: (Redação dada pela Lei 13.846/2019)

**I** - número do cadastro perante o Programa de Integração Social (PIS) ou o Programa de Formação do Patrimônio do Servidor Público (Pasep); (Inciso acrescido pela Lei 13.846/2019)

**II** - Número de Identificação do Trabalhador (NIT); (Inciso acrescido pela Lei 13.846/2019)

**III** - número de benefício previdenciário ou assistencial, se a pessoa falecida for titular de qualquer benefício pago pelo INSS; (Inciso acrescido pela Lei 13.846/2019)

**IV** - número de registro da Carteira de Identidade e respectivo órgão emissor; (Inciso acrescido pela Lei 13.846/2019)

**V** - número do título de eleitor; (Inciso acrescido pela Lei 13.846/2019)

**VI** - número e série da Carteira de Trabalho e Previdência Social (CTPS). (Inciso acrescido pela Lei 13.846/2019)

**§ 4º** No caso de não haver sido registrado nenhum nascimento, natimorto, casamento, óbito ou averbações, anotações e retificações no mês, deverá o Titular do Cartório de Registro Civil de Pessoas Naturais comunicar este fato ao INSS até o 5º (quinto) dia útil do mês subsequente. (Redação dada pela Lei 13.846/2019)

**§ 5º** O descumprimento de qualquer obrigação imposta neste artigo e o fornecimento de informação inexata sujeitarão o Titular do Cartório de Registro Civil de Pessoas Naturais, além de outras penalidades previstas, à penalidade prevista no art. 92 desta Lei e à ação regressiva proposta pelo INSS, em razão dos danos sofridos. (Parágrafo acrescido pela Lei 13.846/2019)

**Art. 68-A.** A lavratura de procuração pública e a emissão de sua primeira via para fins exclusivos de recebimento de benefícios previdenciários ou assistenciais administrados pelo INSS são isentas do pagamento das custas e dos emolumentos. *(Acrescido pela Lei nº 14.199/2021)*

**Art. 69.** O INSS manterá programa permanente de revisão da concessão e da manutenção dos benefícios por ele administrados, a fim de apurar irregularidades ou erros materiais. (Redação dada pela Lei 13.846/2019)

**§ 1º** Na hipótese de haver indícios de irregularidade ou erros materiais na concessão, na manutenção ou na revisão do benefício, o INSS notificará o beneficiário, o seu representante legal ou o seu procurador para apresentar defesa, provas ou documentos dos quais dispuser, no prazo de: (Redação dada pela Lei 13.846/2019)

**I** - 30 (trinta) dias, no caso de trabalhador urbano; (Inciso acrescido pela Lei 13.846/2019)

**II** - 60 (sessenta) dias, no caso de trabalhador rural individual e avulso, agricultor familiar ou segurado especial. (Inciso acrescido pela Lei 13.846/2019)

**§ 2º** A notificação a que se refere o § 1º deste artigo será feita: (Redação dada pela Lei 13.846/2019)

**I** - preferencialmente por rede bancária ou por meio eletrônico, conforme previsto em regulamento; (Inciso acrescido pela Lei 13.846/2019)

**II** - por via postal, por carta simples, considerado o endereço constante do cadastro do benefício, hipótese em que o aviso de recebimento será considerado prova suficiente da notificação; (Inciso acrescido pela Lei 13.846/2019)

**III** - pessoalmente, quando entregue ao interessado em mãos; ou (Inciso acrescido pela Lei 13.846/2019)

**IV** - por edital, nos casos de retorno com a não localização do segurado, referente à comunicação indicada no inciso II deste parágrafo. (Inciso acrescido pela Lei 13.846/2019)

**§ 3º** A defesa poderá ser apresentada pelo canal de atendimento eletrônico do INSS ou na Agência da Previdência Social do domicílio do beneficiário, na forma do regulamento. (Parágrafo com redação dada pela Lei 13.846/2019)

**§ 4º** O benefício será suspenso nas seguintes hipóteses: (Parágrafo acrescido pela Lei 13.846/2019)

**I** - não apresentação da defesa no prazo estabelecido no § 1º deste artigo; (Inciso acrescido pela Lei 13.846/2019)

**II** - defesa considerada insuficiente ou improcedente pelo INSS. (Inciso acrescido pela Lei 13.846/2019)

**§ 5º** O INSS deverá notificar o beneficiário quanto à suspensão do benefício de que trata o § 4º deste artigo e conceder-lhe prazo de 30 (trinta) dias para interposição de recurso. (Parágrafo acrescido pela Lei 13.846/2019)

**§ 6º** Decorrido o prazo de 30 (trinta) dias após a suspensão a que se refere o § 4º deste artigo, sem que o beneficiário, o seu representante legal ou o seu procurador apresente recurso administrativo aos canais de atendimento do INSS ou a outros canais autorizados, o benefício será cessado. (Parágrafo acrescido pela Lei 13.846/2019)

**§ 7º** Para fins do disposto no *caput* deste artigo, o INSS poderá realizar recenseamento para atualização do cadastro dos beneficiários, abrangidos os benefícios administrados pelo INSS, observado o disposto no § 8º deste artigo. *(Redação dada pela Lei 14.199/2021)*

**§ 8º** Aquele que receber benefício realizará anualmente, no mês de aniversário do titular do benefício, a comprovação de vida, preferencialmente por meio de atendimento eletrônico com uso de biometria, ou outro meio definido pelo INSS que assegure a identificação inequívoca do beneficiário, implementado pelas instituições financeiras pagadoras dos benefícios, observadas as seguintes disposições: *(Redação dada pela Lei 14.199/2021)*

**I** - a prova de vida e a renovação de senha serão efetuadas pelo beneficiário, preferencialmente no mesmo ato, mediante identificação por funcionário da instituição financeira responsável pelo pagamento, quando não realizadas por atendimento eletrônico com uso de biometria; *(Redação dada pela Lei 14.199/2021)*

**II** - a prova de vida poderá ser realizada por representante legal ou por procurador do beneficiário, legalmente cadastrado no INSS; *(Redação dada pela Lei 14.199/2021)*

**III** - *(Revogado pela Lei 14.199/2021)*

**IV** - os órgãos competentes deverão dispor de meios alternativos que garantam a realização da prova de vida do beneficiário com idade igual ou superior a 80 (oitenta) anos ou com dificuldade de locomoção, inclusive por meio de atendimento domiciliar quando necessário; *(Redação dada pela Lei 14.199/2021)*

**IV-A** - as instituições financeiras deverão, obrigatoriamente, envidar esforços a fim de facilitar e auxiliar o beneficiário com idade igual ou superior a 80 (oitenta) anos ou com dificuldade de locomoção, de forma a evitar ao máximo o seu deslocamento até a agência bancária e, caso isso ocorra, dar-lhe preferência máxima de atendimento, para diminuir o tempo de permanência do idoso no recinto e evitar sua exposição a aglomeração; *(Acrescido pela Lei 14.199/2021)*

**IV-B** - a instituição financeira, quando a prova de vida for nela realizada, deverá enviar as informações ao INSS, bem como divulgar aos beneficiários, de forma ampla, todos os meios existentes para efetuar o procedimento, especialmente os remotos, a fim de evitar o deslocamento dos beneficiários; e *(Acrescido pela Lei 14.199/2021)*

**V** - o INSS poderá bloquear o pagamento do benefício encaminhado às instituições financeiras até que o beneficiário realize a prova de vida, permitida a liberação do pagamento automaticamente pela instituição financeira. *(Redação dada pela Lei 14.199/2021)*

**§ 9º** O recurso de que trata o § 5º deste artigo não terá efeito suspensivo. (Parágrafo acrescido pela Lei 13.846/2019)

**§ 10.** Apurada irregularidade recorrente ou fragilidade nos procedimentos, reconhecida na forma prevista no *caput* deste artigo ou pelos órgãos de controle, os procedimentos de análise e concessão de benefícios serão revistos, de modo a reduzir o risco de fraude e concessão irregular. (Parágrafo acrescido pela Lei 13.846/2019)

**§ 11.** Para fins do disposto no § 8º deste artigo, preservados a integridade dos dados e o sigilo eventualmente existente, o INSS: (Parágrafo acrescido pela Lei 13.846/2019)

**I** - terá acesso a todos os dados biométricos mantidos e administrados pelos órgãos públicos federais; e (Inciso acrescido pela Lei 13.846/2019)

**II** - poderá ter, por meio de convênio, acesso aos dados biométricos:

a) da Justiça Eleitoral; e

b) de outros entes federativos. (Inciso acrescido pela Lei 13.846/2019)

**Art. 70.** Os beneficiários da Previdência Social, aposentados por invalidez, ficam obrigados, sob pena de sustação do pagamento do benefício, a submeterem-se a exames médico-periciais, estabelecidos na forma do regulamento, que definirá sua periodicidade e os mecanismos de fiscalização e auditoria.

**Art. 71.** O Instituto Nacional do Seguro Social – INSS deverá rever os benefícios, inclusive os concedidos por acidente do trabalho, ainda que concedidos judicialmente, para avaliar a persistência, atenuação ou agravamento da incapacidade para o trabalho alegada como causa para a sua concessão.

**Parágrafo único.** Será cabível a concessão de liminar nas ações rescisórias e revisional, para suspender a execução do julgado rescindendo ou revisando, em caso de fraude ou erro material comprovado. (Acrescido pela Lei 9.032/1995)

**Art. 72.** O Instituto Nacional do Seguro Social – INSS promoverá, no prazo de 180 (cento e oitenta) dias a contar da publicação desta Lei, a revisão das indenizações associadas a benefícios por acidentes do trabalho, cujos valores excedam a Cr$ 1.700.000,00 (um milhão e setecentos mil cruzeiros).

**Art. 73.** O setor encarregado pela área de benefícios no âmbito do Instituto Nacional do Seguro Social – INSS deverá estabelecer indicadores qualitativos e quantitativos para acompanhamento e avaliação das concessões de benefícios realizadas pelos órgãos locais de atendimento.

**Art. 74.** Os postos de benefícios deverão adotar como prática o cruzamento das informações declaradas pelos segurados com os dados de cadastros de empresas e de contribuintes em geral quando da concessão de benefícios.

**Art. 75.** *(Revogado pela Lei 9.711/1998)*

**Art. 76.** O Instituto Nacional do Seguro Social – INSS deverá proceder ao recadastramento de todos aqueles que, por intermédio de procuração, recebem benefícios da Previdência Social.

**§ 1º** O documento de procuração deverá ser revalidado, anualmente, nos termos de norma definida pelo INSS. *(Parágrafo único transformado em § 1º e com redação dada pela Lei 14.199/2021)*

**§ 2º** Na hipótese de pagamento indevido de benefício a pessoa não autorizada, ou após o óbito do titular do benefício, a instituição financeira é responsável pela devolução dos valores ao INSS, em razão do descumprimento das obrigações a ela impostas por lei ou por força contratual. *(Acrescido pela Lei 14.199/2021)*

**Art. 77.** *(Revogado pela MP 2.216-37/2001)*

**Art. 78.** O Instituto Nacional do Seguro Social – INSS, na forma da legislação específica, fica autorizado a contratar auditorias externas, periodicamente, para analisar e emitir parecer sobre demonstrativos econômico-financeiros e contábeis, arrecadação, cobrança e fiscalização das contribuições, bem como pagamento dos benefícios, submetendo os resultados obtidos à apreciação do Conselho Nacional da Seguridade Social.

**Art. 79.** *(Revogado pela Lei 9.711/1998)*

**Art. 80.** Fica o Instituto Nacional do Seguro Social – INSS obrigado a:

**I** – enviar às empresas e aos seus segurados, quando solicitado, extrato relativo ao recolhimento das suas contribuições;

**II** – *(Revogado pela Lei 11.941/2009)*

**III** – emitir e enviar aos beneficiários o Aviso de Concessão de Benefício, além da memória de cálculo do valor dos benefícios concedidos;

**IV** – reeditar versão atualizada, nos termos do Plano de Benefícios, da Carta dos Direitos dos Segurados;

**V** – divulgar, com a devida antecedência, através dos meios de comunicação, alterações porventura realizadas na forma de contribuição das empresas e segurados em geral;

**VI** – descentralizar, progressivamente, o processamento eletrônico das informações, mediante extensão dos programas de informatização de postos de atendimento e de Regiões Fiscais;

**VII** – disponibilizará ao público, inclusive por meio de rede pública de transmissão de dados, informações atualizadas sobre as receitas e despesas do regime geral de previdência social, bem como os critérios e parâmetros adotados para garantir o equilíbrio financeiro e atuarial do regime. (Acrescido pela Lei 10.887/2004)

**§ 1º** O Ministério do Trabalho e Previdência divulgará, mensalmente, o resultado financeiro do Regime Geral de Previdência Social, no qual considerará: *(Acrescido pela Lei 14.360/2022)*

**I** - para fins de aferição do equilíbrio financeiro do regime, as renúncias previdenciárias em adição às receitas realizadas; e

**II** - para os demais fins, apenas as receitas efetivamente arrecadadas e as despesas orçamentárias e financeiras efetivamente liquidadas e pagas.

**§ 2º** Para fins de apuração das renúncias previdenciárias de que trata o inciso I do § 1º deste artigo, serão consideradas as informações prestadas pela Secretaria Especial da Receita Federal do Brasil do Ministério da Economia. *(Acrescido pela Lei 14.360/2022)*

**Art. 81.** *(Revogado pela Lei 11.941/2009)*

**Art. 82.** A Auditoria e a Procuradoria do Instituto Nacional do Seguro Social – INSS deverão, a cada trimestre, elaborar relação das auditorias realizadas e dos trabalhos executados, bem como dos resultados obtidos, enviando-a a apreciação do Conselho Nacional da Seguridade Social.

**Art. 83.** O Instituto Nacional do Seguro Social – INSS deverá implantar um programa de qualificação e treinamento sistemático de pessoal, bem como promover a reciclagem e redistribuição de funcionários conforme as demandas dos órgãos regionais e locais, visando a melhoria da qualidade do atendimento e o controle e a eficiência dos sistemas de arrecadação e fiscalização de contribuições, bem como de pagamento de benefícios.

**Art. 84.** *(Revogado pela MP 2.216-37/2001)*

## CAPÍTULO II
## DAS DEMAIS DISPOSIÇÕES

**Art. 85.** O Conselho Nacional da Seguridade Social será instalado no prazo de 30 (trinta) dias após a promulgação desta Lei.

**Art. 85-A.** Os tratados, convenções e outros acordos internacionais de que Estado estrangeiro ou organismo internacional e o Brasil sejam partes, e que versem sobre matéria previdenciária, serão interpretados como lei especial. (Acrescido pela Lei 9.876/1999)

**Art. 86.** *(Revogado pela MP 2.216-37/2001)*

**Art. 87.** Os orçamentos das pessoas jurídicas de direito público e das entidades da administração pública indireta devem consignar as dotações necessárias ao pagamento das contribuições da Seguridade Social, de modo a assegurar a sua regular liquidação dentro do exercício.

**Art. 88.** Os prazos de prescrição de que goza a União aplicam-se à Seguridade Social, ressalvado o disposto no artigo 46.

**Art. 89.** As contribuições sociais previstas nas alíneas a, *b* e *c* do parágrafo único do art. 11 desta Lei, as contribuições instituídas a título de substituição e as contribuições devidas a terceiros somente poderão ser restituídas ou compensadas nas hipóteses de pagamento ou recolhimento indevido ou maior que o devido, nos termos e condições estabelecidos pela Secretaria da Receita Federal do Brasil.

**§§ 1º a 3º** *(Revogados pela Lei 11.941/2009)*

**§ 4º** O valor a ser restituído ou compensado será acrescido de juros obtidos pela aplicação da taxa referencial do Sistema Especial de Liquidação e de Custódia – SELIC para títulos federais, acumulada mensalmente, a partir do mês subsequente ao do pagamento indevido ou a maior que o devido até o mês anterior ao da compensação ou restituição e de 1 % (um por cento) relativamente ao mês em que estiver sendo efetuada.

**§§ 5º a 7º** *(Revogados pela Lei 11.941/2009)*

**§ 8º** Verificada a existência de débito em nome do sujeito passivo, o valor da restituição será utilizado para extingui-lo, total ou parcialmente, mediante compensação. (Acrescido pela Lei 11.196/2005)

**§ 9º** Os valores compensados indevidamente serão exigidos com os acréscimos moratórios de que trata o art. 35 desta Lei.

**§ 10.** Na hipótese de compensação indevida, quando se comprove falsidade da declaração apresentada pelo sujeito passivo, o contribuinte estará sujeito à multa isolada aplicada no percentual previsto no inciso I do *caput* do art. 44 da Lei nº 9.430, de 27 de dezembro de 1996, aplicado em dobro, e terá como base de cálculo o valor total do débito indevidamente compensado.

**§ 11.** Aplica-se aos processos de restituição das contribuições de que trata este artigo e de reembolso de salário-família e salário-maternidade o rito previsto no Decreto nº 70.235, de 6 de março de 1972.

**§ 12.** O disposto no § 10 deste artigo não se aplica à compensação efetuada nos termos do art. 74 da Lei nº 9.430, de 27 de dezembro de 1996. *(Acrescido pela Lei 13.670/2018)*

**Art. 90.** O Conselho Nacional da Seguridade Social, dentro de 180 (cento e oitenta) dias da sua instalação, adotará as providências necessárias ao levantamento das dívidas da União para com a Seguridade Social.

**Art. 91.** Mediante requisição da Seguridade Social, a empresa é obrigada a descontar, da remuneração paga aos segurados a seu serviço, a importância proveniente de dívida ou responsabilidade por eles contraída junto à Seguridade Social, relativa a benefícios pagos indevidamente.

**Art. 92.** A infração de qualquer dispositivo desta Lei para a qual não haja penalidade expressamente cominada sujeita o responsável, conforme a gravidade da infração, a multa variável de Cr$ 100.000,00 (cem mil cruzeiros) a Cr$ 10.000.000,00 (dez milhões de cruzeiros), conforme dispuser o regulamento.

**Art. 93.** *(Revogado pela Lei 9.639/1998)*

**Parágrafo único.** *(Revogado pela Lei 11.941/2009)*

**Art. 94.** *(Revogado pela Lei 11.501/2007)*

**Art. 95.** *(Revogado pela Lei 9.983/2000)*

a) a *j)* *(Revogadas pela Lei 9.983/2000)*

**§ 1º** *(Revogado pela Lei 9.983/2000)*

**§ 2º** A empresa que transgredir as normas desta Lei, além das outras sanções previstas, sujeitar-se-á, nas condições em que dispuser o regulamento:

*a)* à suspensão de empréstimos e financiamentos, por instituições financeiras oficiais;

*b)* à revisão de incentivos fiscais de tratamento tributário especial;

*c)* à inabilitação para licitar e contratar com qualquer órgão ou entidade da administração pública direta ou indireta federal, estadual, do Distrito Federal ou municipal;

*d)* à interdição para o exercício do comércio, se for sociedade mercantil ou comerciante individual;

*e)* à desqualificação para impetrar concordata;

› A concordata foi substituída pela recuperação judicial, conforme Lei 11.101/2005 (Lei de Recuperação de Empresas e Falências).

*f)* à cassação de autorização para funcionar no país, quando for o caso.

**§§ 3º a 5º** *(Revogados pela Lei 9.983/2000)*

**Art. 96.** O Poder Executivo enviará ao Congresso Nacional, anualmente, acompanhando a Proposta Orçamentária da Seguridade Social, projeções atuariais relativas à Seguridade Social, abrangendo um horizonte temporal de, no mínimo, 20 (vinte) anos, considerando hipóteses alternativas quanto às variáveis demográficas, econômicas e institucionais relevantes.

**Art. 97.** Fica o Instituto Nacional do Seguro Social – INSS autorizado a proceder a alienação ou permuta, por ato da autoridade competente, de bens imóveis de sua propriedade considerados desnecessários ou não vinculados às suas atividades operacionais. (*Caput* com redação dada pela Lei 9.528/1997)

**§ 1º** Na alienação a que se refere este artigo será observado o disposto no artigo 18 e nos incisos I, II e III do artigo 19, da Lei nº 8.666, de 21 de junho de 1993, alterada pelas Leis 8.883, de 8 de junho de 1994, e 9.032, de 28 de abril de 1995. (Acrescido pela Lei 9.528/1997)

**§ 2º** *(Vetado)*

**Art. 98.** Nas execuções fiscais da dívida ativa do INSS, o leilão judicial dos bens penhorados realizar-se-á por leiloeiro oficial, indicado pelo credor, que procederá à hasta pública:

**I** – no primeiro leilão, pelo valor do maior lance, que não poderá ser inferior ao da avaliação;

**II** – no segundo leilão, por qualquer valor, excetuado o vil.

**§ 1º** Poderá o juiz, a requerimento do credor, autorizar seja parcelado o pagamento do valor da arrematação, na forma prevista para os parcelamentos administrativos de débitos previdenciários.

**§ 2º** Todas as condições do parcelamento deverão constar do edital de leilão.

**§ 3º** O débito do executado será quitado na proporção do valor de arrematação.

**§ 4º** O arrematante deverá depositar, no ato, o valor da primeira parcela.

**§ 5º** Realizado o depósito, será expedida carta de arrematação, contendo as seguintes disposições:
*a)* valor da arrematação, valor e número de parcelas mensais em que será pago;
*b)* constituição de hipoteca do bem adquirido, ou de penhor, em favor do credor, servindo a carta de título hábil para registro da garantia;
*c)* indicação do arrematante como fiel depositário do bem móvel, quando constituído penhor;
*d)* especificação dos critérios de reajustamento do saldo e das parcelas, que será sempre o mesmo vigente para os parcelamentos de débitos previdenciários.

**§ 6º** Se o arrematante não pagar, no vencimento, qualquer das parcelas mensais, o saldo devedor remanescente vencerá antecipadamente, que será acrescido em cinquenta por cento de seu valor a título de multa, e, imediatamente inscrito em dívida ativa e executado.

**§ 7º** Se no primeiro ou no segundo leilões a que se refere o *caput* não houver licitante, o INSS poderá adjudicar o bem por cinquenta por cento do valor da avaliação.

**§ 8º** Se o bem adjudicado não puder ser utilizado pelo INSS, e for de difícil venda, poderá ser negociado ou doado a outro órgão ou entidade pública que demonstre interesse na sua utilização.

**§ 9º** Não havendo interesse na adjudicação, poderá o juiz do feito, de ofício ou a requerimento do credor, determinar sucessivas repetições da hasta pública.

**§ 10.** O leiloeiro oficial, a pedido do credor, poderá ficar como fiel depositário dos bens penhorados e realizar a respectiva remoção.

**§ 11.** O disposto neste artigo aplica-se às execuções fiscais da Dívida Ativa da União.

**Art. 99.** O Instituto Nacional do Seguro Social – INSS poderá contratar leiloeiros oficiais para promover a venda administrativa dos bens, adjudicados judicialmente ou que receber em dação de pagamento.

**Parágrafo único.** O INSS, no prazo de sessenta dias, providenciará alienação do bem por intermédio do leiloeiro oficial.

**Art. 100.** *(Revogado pela Lei 9.528/1997)*

**Art. 101.** *(Revogado pela MP 2.187-13/2001)*

**Art. 102.** Os valores expressos em moeda corrente nesta Lei serão reajustados nas mesmas épocas e com os mesmos índices utilizados para o reajustamento dos benefícios de prestação continuada da Previdência Social.

**§ 1º** O disposto neste artigo não se aplica às penalidades previstas no art. 32-A desta Lei.

**§ 2º** O reajuste dos valores dos salários de contribuição em decorrência da alteração do salário mínimo será descontado por ocasião da aplicação dos índices a que se refere o *caput* deste artigo.

**Art. 103.** O Poder Executivo regulamentará esta lei no prazo de sessenta dias a partir da data de sua publicação.

**Art. 104.** Esta Lei entrará em vigor na data de sua publicação.

**Art. 105.** Revogam-se as disposições em contrário.

Brasília, em 24 de julho de 1991; 170º da Independência e 103º da República.
Fernando Collor
Antonio Magri

# LEI Nº 8.213, DE 24 DE JULHO DE 1991

*Dispõe sobre os Planos de Benefícios da Previdência Social e dá outras providências.*

- D.O.U. 25.7.1991, rep. 11.4.1996 e 14.8.1998

O PRESIDENTE DA REPÚBLICA Faço saber que o Congresso Nacional decreta e eu sanciono a seguinte Lei:

- CF/88: arts. 6º, 7º, IV, par. único, 40, 194, 195, II e § 2º, 201 e 202.
- EC 20/1998 – Modifica o sistema de previdência social, estabelece normas de transição.
- Lei 13.146/2015 – Estatuto da Pessoa com Deficiência.
- LC 142/2013 – Aposentadoria da pessoa com deficiência.
- LC 109/2001 – Dispõe sobre o Regime de Previdência Complementar.
- Lei 8.212/1991 – Dispõe sobre a organização da Seguridade Social, institui Plano de Custeio.
- Decreto 3.048/1999 – Aprova o Regulamento da Previdência Social.

O PRESIDENTE DA REPÚBLICA
Faço saber que o Congresso Nacional decreta e eu sanciono a seguinte Lei:

## TÍTULO I. DA FINALIDADE E DOS PRINCÍPIOS BÁSICOS DA PREVIDÊNCIA SOCIAL

**Art. 1º.** A Previdência Social, mediante contribuição, tem por fim assegurar aos seus beneficiários meios indispensáveis de manutenção, por motivo de incapacidade, desemprego involuntário, idade avançada, tempo de serviço, encargos familiares e prisão ou morte daqueles de quem dependiam economicamente.

- CF/88, art. 201.

**Art. 2º.** A Previdência Social rege-se pelos seguintes princípios e objetivos:

- CF/88, art. 194.
- Decreto 3.048/1999: arts. 1º, par. único e 4º.

**I** – universalidade de participação nos planos previdenciários;

**II** – uniformidade e equivalência dos benefícios e serviços às populações urbanas e rurais;

**III** – seletividade e distributividade na prestação dos benefícios;

**IV** – cálculo dos benefícios considerando-se os salários de contribuição corrigidos monetariamente;

**V** – irredutibilidade do valor dos benefícios de forma a preservar-lhes o poder aquisitivo;

- Decreto 3.048/1999: arts. 1º, par. único, IV e 4º, V.

**VI** – valor da renda mensal dos benefícios substitutos do salário de contribuição ou do rendimento do trabalho do segurado não inferior ao do salário mínimo;

- ADCT, art. 58.
- Decreto 3.048/1999, art. 214.

**VII** – previdência complementar facultativa, custeada por contribuição adicional;

- LC 109/2001 – Dispõe sobre o Regime de Previdência Complementar.

**VIII** – caráter democrático e descentralizado da gestão administrativa, com a participação do governo e da comunidade, em especial de trabalhadores em atividade, empregadores e aposentados.

› Decreto 3.048/1999, art. 4º, VII.

**Parágrafo único.** A participação referida no inciso VIII deste artigo será efetivada a nível federal, estadual e municipal.

**Art. 3º.** Fica instituído o Conselho Nacional de Previdência Social – CNPS, órgão superior de deliberação colegiada, que terá como membros:

› Lei 3.048/1999, art. 296-A.

**I** – seis representantes do Governo Federal;

**II** – nove representantes da sociedade civil, sendo:

a) três representantes dos aposentados e pensionistas;

b) três representantes dos trabalhadores em atividade;

c) três representantes dos empregadores.

**§ 1º.** Os membros do CNPS e seus respectivos suplentes serão nomeados pelo Presidente da República, tendo os representantes titulares da sociedade civil mandato de 2 (dois) anos, podendo ser reconduzidos, de imediato, uma única vez.

**§ 2º.** Os representantes dos trabalhadores em atividade, dos aposentados, dos empregadores e seus respectivos suplentes serão indicados pelas centrais sindicais e confederações nacionais.

**§ 3º.** O CNPS reunir-se-á, ordinariamente, uma vez por mês, por convocação de seu Presidente, não podendo ser adiada a reunião por mais de 15 (quinze) dias se houver requerimento nesse sentido da maioria dos conselheiros.

**§ 4º.** Poderá ser convocada reunião extraordinária por seu Presidente ou a requerimento de um terço de seus membros, conforme dispuser o regimento interno do CNPS.

**§ 5º.** (Revogado pela Lei nº 9.528, de 1997)

**§ 6º.** As ausências ao trabalho dos representantes dos trabalhadores em atividade, decorrentes das atividades do Conselho, serão abonadas, computando-se como jornada efetivamente trabalhada para todos os fins e efeitos legais.

**§ 7º.** Aos membros do CNPS, enquanto representantes dos trabalhadores em atividade, titulares e suplentes, é assegurada a estabilidade no emprego, da nomeação até um ano após o término do mandato de representação, somente podendo ser demitidos por motivo de falta grave, regularmente comprovada através de processo judicial.

**§ 8º.** Competirá ao Ministério do Trabalho e da Previdência Social proporcionar ao CNPS os meios necessários ao exercício de suas competências, para o que contará com uma Secretaria-Executiva do Conselho Nacional de Previdência Social.

**§ 9º.** O CNPS deverá se instalar no prazo de 30 (trinta) dias a contar da publicação desta Lei.

**Art. 4º.** Compete ao Conselho Nacional de Previdência Social–CNPS:

› Decreto 3.048/1999, art. 296.

**I** – estabelecer diretrizes gerais e apreciar as decisões de políticas aplicáveis à Previdência Social;

**II** – participar, acompanhar e avaliar sistematicamente a gestão previdenciária;

**III** – apreciar e aprovar os planos e programas da Previdência Social;

**IV** – apreciar e aprovar as propostas orçamentárias da Previdência Social, antes de sua consolidação na proposta orçamentária da Seguridade Social;

**V** – acompanhar e apreciar, através de relatórios gerenciais por ele definidos, a execução dos planos, programas e orçamentos no âmbito da Previdência Social;

**VI** – acompanhar a aplicação da legislação pertinente à Previdência Social;

**VII** – apreciar a prestação de contas anual a ser remetida ao Tribunal de Contas da União, podendo, se for necessário, contratar auditoria externa;

**VIII** – estabelecer os valores mínimos em litígio, acima dos quais será exigida a anuência prévia do Procurador-Geral ou do Presidente do INSS para formalização de desistência ou transigência judiciais, conforme o disposto no art. 132;

**IX** – elaborar e aprovar seu regimento interno.

**Parágrafo único.** As decisões proferidas pelo CNPS deverão ser publicadas no Diário Oficial da União.

**Art. 5º.** Compete aos órgãos governamentais:

**I** – prestar toda e qualquer informação necessária ao adequado cumprimento das competências do CNPS, fornecendo inclusive estudos técnicos;

**II** – encaminhar ao CNPS, com antecedência mínima de 2 (dois) meses do seu envio ao Congresso Nacional, a proposta orçamentária da Previdência Social, devidamente detalhada.

**Art. 6º.** Haverá, no âmbito da Previdência Social, uma Ouvidoria Geral, cujas atribuições serão definidas em regulamento.

**Arts. 7º e 8º.** *(Revogados pela MP 2.216-37/2001)*

## TÍTULO II. DO PLANO DE BENEFÍCIOS DA PREVIDÊNCIA SOCIAL

### CAPÍTULO ÚNICO DOS REGIMES DE PREVIDÊNCIA SOCIAL

**Art. 9º.** A Previdência Social compreende:

› Decreto 3.048/1999, art. 6º.

**I** – o Regime Geral de Previdência Social;

› Decreto 3.048/1999, art. 5º.
› Lei 8.036/1990 – Fundo de Garantia do Tempo de Serviço – FGTS.

**II** – o Regime Facultativo Complementar de Previdência Social.

› LC 109/2001 – Dispõe sobre o Regime de Previdência Complementar.

**§ 1º.** O Regime Geral de Previdência Social – RGPS garante a cobertura de todas as situações expressas no art. 1º desta Lei, exceto as de desemprego involuntário, objeto de lei específica, e de aposentadoria por tempo de contribuição para o trabalhador de que trata o § 2º do art. 21 da Lei nº 8.212, de 24 de julho de 1991.

‣ Decreto 3.048/1999: arts. 56 a 63.

**§ 2º.** O Regime Facultativo Complementar de Previdência Social será objeto de lei especifica.

‣ LC 109/2001 – Dispõe sobre o Regime de Previdência Complementar.

## TÍTULO III. DO REGIME GERAL DE PREVIDÊNCIA SOCIAL

‣ Decreto 3.048/1999: arts. 8º a 193.

## CAPÍTULO I. DOS BENEFICIÁRIOS

**Art. 10.** Os beneficiários do Regime Geral de Previdência Social classificam-se como segurados e dependentes, nos termos das Seções I e II deste capítulo.

‣ Decreto 3.048/1999, art. 8º.

### SEÇÃO I. DOS SEGURADOS

**Art. 11.** São segurados obrigatórios da Previdência Social as seguintes pessoas físicas:

‣ Decreto 3.048/1999: arts. 9º a 11.

**I** – como empregado:

‣ CLT, art. 3º.

*a)* aquele que presta serviço de natureza urbana ou rural à empresa, em caráter não eventual, sob sua subordinação e mediante remuneração, inclusive como diretor empregado;

*b)* aquele que, contratado por empresa de trabalho temporário, definida em legislação específica, presta serviço para atender a necessidade transitória de substituição de pessoal regular e permanente ou a acréscimo extraordinário de serviços de outras empresas;

‣ Lei 13.429/2017 – Altera dispositivos da Lei 6.019/1974; e dispõe sobre as relações de trabalho na empresa de prestação de serviços a terceiros.

‣ Lei 6.019/1974 – Dispõe sobre o Trabalho Temporário nas Empresas Urbanas.

*c)* o brasileiro ou o estrangeiro domiciliado e contratado no Brasil para trabalhar como empregado em sucursal ou agência de empresa nacional no exterior;

*d)* aquele que presta serviço no Brasil a missão diplomática ou a repartição consular de carreira estrangeira e a órgãos a elas subordinados, ou a membros dessas missões e repartições, excluídos o não brasileiro sem residência permanente no Brasil e o brasileiro amparado pela legislação previdenciária do país da respectiva missão diplomática ou repartição consular;

*e)* o brasileiro civil que trabalha para a União, no exterior, em organismos oficiais brasileiros ou internacionais dos quais o Brasil seja membro efetivo, ainda que lá domiciliado e contratado, salvo se segurado na forma da legislação vigente do país do domicílio;

*f)* o brasileiro ou estrangeiro domiciliado e contratado no Brasil para trabalhar como empregado em empresa domiciliada no exterior, cuja maioria do capital votante pertença a empresa brasileira de capital nacional;

*g)* o servidor público ocupante de cargo em comissão, sem vínculo efetivo com a União, Autarquias, inclusive em regime especial, e Fundações Públicas Federais.

‣ Lei 8.112/1990: arts. 183 a 185.

*h)* o exercente de mandato eletivo federal, estadual ou municipal, desde que não vinculado a regime próprio de previdência social;

*i)* o empregado de organismo oficial internacional ou estrangeiro em funcionamento no Brasil, salvo quando coberto por regime próprio de previdência social;

*j)* o exercente de mandato eletivo federal, estadual ou municipal, desde que não vinculado a regime próprio de previdência social;

**II** – como empregado doméstico: aquele que presta serviço de natureza contínua a pessoa ou família, no âmbito residencial desta, em atividades sem fins lucrativos;

‣ LC 150/2015: Dispõe sobre o contrato de trabalho doméstico.

**III** – (Revogado pela Lei nº 9.876, de 1999)

**IV** – (Revogado pela Lei nº 9.876, de 1999)

**V** – como contribuinte individual:

*a)* a pessoa física, proprietária ou não, que explora atividade agropecuária, a qualquer título, em caráter permanente ou temporário, em área superior a 4 (quatro) módulos fiscais; ou, quando em área igual ou inferior a 4 (quatro) módulos fiscais ou atividade pesqueira, com auxílio de empregados ou por intermédio de prepostos; ou ainda nas hipóteses dos §§ 9º e 10 deste artigo;

‣ Lei 5.889/1973 – Estatui normas reguladoras do trabalho rural.

*b)* a pessoa física, proprietária ou não, que explora atividade de extração mineral – garimpo, em caráter permanente ou temporário, diretamente ou por intermédio de prepostos, com ou sem o auxílio de empregados, utilizados a qualquer título, ainda que de forma não contínua;

‣ Lei 11.685/2008 – Institui o Estatuto do Garimpeiro.

*c)* o ministro de confissão religiosa e o membro de instituto de vida consagrada, de congregação ou de ordem religiosa;

*d)* (Revogado)

*e)* o brasileiro civil que trabalha no exterior para organismo oficial internacional do qual o Brasil é membro efetivo, ainda que lá domiciliado e contratado, salvo quando coberto por regime próprio de previdência social;

*f)* o titular de firma individual urbana ou rural, o diretor não empregado e o membro de conselho de administração de sociedade anônima, o sócio solidário, o sócio de indústria, o sócio gerente e o sócio cotista que recebam remuneração decorrente de seu trabalho em empresa urbana ou rural, e o associado eleito para cargo de direção em cooperativa, associação ou entidade de qualquer natureza ou finalidade, bem como o síndico ou administrador eleito para exercer atividade de direção condominial, desde que recebam remuneração;

*g)* quem presta serviço de natureza urbana ou rural, em caráter eventual, a uma ou mais empresas, sem relação de emprego;

*h)* a pessoa física que exerce, por conta própria, atividade econômica de natureza urbana, com fins lucrativos ou não;

**VI** – como trabalhador avulso: quem presta, a diversas empresas, sem vínculo empregatício, serviço de natureza urbana ou rural definidos no Regulamento;

**VII** – como segurado especial: a pessoa física residente no imóvel rural ou em aglomerado urbano ou rural próximo a ele que, individualmente ou em regime de economia familiar, ainda que com o auxílio eventual de terceiros, na condição de:

*a)* produtor, seja proprietário, usufrutuário, possuidor, assentado, parceiro ou meeiro outorgados, comodatário ou arrendatário rurais, que explore atividade:

1. agropecuária em área de até 4 (quatro) módulos fiscais;

2. de seringueiro ou extrativista vegetal que exerça suas atividades nos termos do inciso XII do *caput* do art. 2º da Lei nº 9.985, de 18 de julho de 2000, e faça dessas atividades o principal meio de vida;

*b)* pescador artesanal ou a este assemelhado que faça da pesca profissão habitual ou principal meio de vida; e

- Lei 10.779/2003 – Dispõe sobre a concessão do benefício de seguro desemprego, durante o período de defeso, ao pescador profissional que exerce a atividade pesqueira de forma artesanal.

*c)* cônjuge ou companheiro, bem como filho maior de 16 (dezesseis) anos de idade ou a este equiparado, do segurado de que tratam as alíneas a e b deste inciso, que, comprovadamente, trabalhem com o grupo familiar respectivo.

**§ 1º**. Entende-se como regime de economia familiar a atividade em que o trabalho dos membros da família é indispensável à própria subsistência e ao desenvolvimento socioeconômico do núcleo familiar e é exercido em condições de mútua dependência e colaboração, sem a utilização de empregados permanentes.

**§ 2º**. Todo aquele que exercer, concomitantemente, mais de uma atividade remunerada sujeita ao Regime Geral de Previdência Social é obrigatoriamente filiado em relação a cada uma delas.

**§ 3º**. O aposentado pelo Regime Geral de Previdência Social–RGPS que estiver exercendo ou que voltar a exercer atividade abrangida por este Regime é segurado obrigatório em relação a essa atividade, ficando sujeito às contribuições de que trata a Lei nº 8.212, de 24 de julho de 1991, para fins de custeio da Seguridade Social.

**§ 4º**. O dirigente sindical mantém, durante o exercício do mandato eletivo, o mesmo enquadramento no Regime Geral de Previdência Social-RGPS de antes da investidura.

**§ 5º**. Aplica-se o disposto na alínea *g* do inciso I do *caput* ao ocupante de cargo de Ministro de Estado, de Secretário Estadual, Distrital ou Municipal, sem vínculo efetivo com a União, Estados, Distrito Federal e Municípios, suas autarquias, ainda que em regime especial, e fundações.

**§ 6º**. Para serem considerados segurados especiais, o cônjuge ou companheiro e os filhos maiores de 16 (dezesseis) anos ou os a estes equiparados deverão ter participação ativa nas atividades rurais do grupo familiar.

- STJ, 657. Atendidos os requisitos de segurada especial no RGPS e do período de carência, a indígena menor de 16 anos faz jus ao salário-maternidade.

**§ 7º**. O grupo familiar poderá utilizar-se de empregados contratados por prazo determinado ou de trabalhador de que trata a alínea *g* do inciso V do *caput*, à razão de no máximo 120 (cento e vinte) pessoas por dia no ano civil, em períodos corridos ou intercalados ou, ainda, por tempo equivalente em horas de trabalho, não sendo computado nesse prazo o período de afastamento em decorrência da percepção de auxílio-doença.

**§ 8º**. Não descaracteriza a condição de segurado especial:

**I** – a outorga, por meio de contrato escrito de parceria, meação ou comodato, de até 50% (cinquenta por cento) de imóvel rural cuja área total não seja superior a 4 (quatro) módulos fiscais, desde que outorgante e outorgado continuem a exercer a respectiva atividade, individualmente ou em regime de economia familiar;

**II** – a exploração da atividade turística da propriedade rural, inclusive com hospedagem, por não mais de 120 (cento e vinte) dias ao ano;

**III** – a participação em plano de previdência complementar instituído por entidade classista a que seja associado em razão da condição de trabalhador rural ou de produtor rural em regime de economia familiar; e

**IV** – ser beneficiário ou fazer parte de grupo familiar que tem algum componente que seja beneficiário de programa assistencial oficial de governo;

**V** – a utilização pelo próprio grupo familiar, na exploração da atividade, de processo de beneficiamento ou industrialização artesanal, na forma do § 11 do art. 25 da Lei nº 8.212, de 24 de julho de 1991; e

**VI** – a associação em cooperativa agropecuária ou de crédito rural; e

**VII** – a incidência do Imposto Sobre Produtos Industrializados – IPI sobre o produto das atividades desenvolvidas nos termos do § 12.

**§ 9º**. Não é segurado especial o membro de grupo familiar que possuir outra fonte de rendimento, exceto se decorrente de:

**I** – benefício de pensão por morte, auxílio-acidente ou auxílio-reclusão, cujo valor não supere o do menor benefício de prestação continuada da Previdência Social;

**II** – benefício previdenciário pela participação em plano de previdência complementar instituído nos termos do inciso IV do § 8º deste artigo;

**III** – exercício de atividade remunerada em período não superior a 120 (cento e vinte) dias, corridos ou intercalados, no ano civil, observado o disposto no § 13 do art. 12 da Lei nº 8.212, de 24 de julho de 1991;

**IV** – exercício de mandato eletivo de dirigente sindical de organização da categoria de trabalhadores rurais;

**V** – exercício de mandato de vereador do Município em que desenvolve a atividade rural ou de dirigente de cooperativa rural constituída, exclusivamente, por segurados especiais, observado o disposto no § 13 do art. 12 da Lei nº 8.212, de 24 de julho de 1991;

**VI** – parceria ou meação outorgada na forma e condições estabelecidas no inciso I do § 8º deste artigo;

**VII** – atividade artesanal desenvolvida com matéria-prima produzida pelo respectivo grupo familiar, podendo ser utilizada matéria-prima de outra origem, desde que a renda mensal obtida na atividade não exceda ao menor benefício de prestação continuada da Previdência Social; e

**VIII** – atividade artística, desde que em valor mensal inferior ao menor benefício de prestação continuada da Previdência Social.

**§ 10.** O segurado especial fica excluído dessa categoria:

**I** – a contar do primeiro dia do mês em que:

*a)* deixar de satisfazer as condições estabelecidas no inciso VII do *caput* deste artigo, sem prejuízo do disposto no art. 15 desta Lei, ou exceder qualquer dos limites estabelecidos no inciso I do § 8º deste artigo;

*b)* enquadrar-se em qualquer outra categoria de segurado obrigatório do Regime Geral de Previdência Social, ressalvado o disposto nos incisos III, V, VII e VIII do § 9º e no § 12, sem prejuízo do disposto no art. 15;

*c)* tornar-se segurado obrigatório de outro regime previdenciário; e

*d)* participar de sociedade empresária, de sociedade simples, como empresário individual ou como titular de empresa individual de responsabilidade limitada em desacordo com as limitações impostas pelo § 12;

**II** – a contar do primeiro dia do mês subsequente ao da ocorrência, quando o grupo familiar a que pertence exceder o limite de:

*a)* utilização de terceiros na exploração da atividade a que se refere o § 7º deste artigo;

*b)* dias em atividade remunerada estabelecidos no inciso III do § 9º deste artigo; e

*c)* dias de hospedagem a que se refere o inciso II do § 8º deste artigo.

**§ 11.** Aplica-se o disposto na alínea a do inciso V do *caput* deste artigo ao cônjuge ou companheiro do produtor que participe da atividade rural por este explorada.

**§ 12.** A participação do segurado especial em sociedade empresária, em sociedade simples, como empresário individual ou como titular de empresa individual de responsabilidade limitada de objeto ou âmbito agrícola, agroindustrial ou agroturístico, considerada microempresa nos termos da Lei Complementar nº 123, de 14 de dezembro de 2006, não o exclui de tal categoria previdenciária, desde que, mantido o exercício da sua atividade rural na forma do inciso VII do *caput* e do § 1º, a pessoa jurídica componha-se apenas de segurados de igual natureza e sedie-se no mesmo Município ou em Município limítrofe àquele em que eles desenvolvam suas atividades.

**§ 13.** (VETADO).

**Art. 12.** O servidor civil ocupante de cargo efetivo ou o militar da União, dos Estados, do Distrito Federal ou dos Municípios, bem como o das respectivas autarquias e fundações, são excluídos do Regime Geral de Previdência Social consubstanciado nesta Lei, desde que amparados por regime próprio de previdência social.

- Lei 8.112/1990 – Dispõe sobre o regime jurídico dos servidores públicos civis da União, das autarquias e das fundações públicas federais.
- Decreto 3.048/1999, art. 10.

**§ 1º.** Caso o servidor ou o militar venham a exercer, concomitantemente, uma ou mais atividades abrangidas pelo Regime Geral de Previdência Social, tornar-se-ão segurados obrigatórios em relação a essas atividades.

**§ 2º.** Caso o servidor ou o militar, amparados por regime próprio de previdência social, sejam requisitados para outro órgão ou entidade cujo regime previdenciário não permita a filiação, nessa condição, permanecerão vinculados ao regime de origem, obedecidas as regras que cada ente estabeleça acerca de sua contribuição.

**Art. 13.** É segurado facultativo o maior de 14 (quatorze) anos que se filiar ao Regime Geral de Previdência Social, mediante contribuição, desde que não incluído nas disposições do art. 11.

- Decreto 3.048/1999, art. 11.

**Art. 14.** Consideram-se:

- Decreto 3.048/1999, art. 12.

**I** – empresa – a firma individual ou sociedade que assume o risco de atividade econômica urbana ou rural, com fins lucrativos ou não, bem como os órgãos e entidades da administração pública direta, indireta ou fundacional;

- CLT, art. 2º.

**II** – empregador doméstico – a pessoa ou família que admite a seu serviço, sem finalidade lucrativa, empregado doméstico.

- LC 150/2015 – Dispõe sobre o contrato de trabalho doméstico.

**Parágrafo único.** Equiparam-se a empresa, para os efeitos desta Lei, o contribuinte individual e a pessoa física na condição de proprietário ou dono de obra de construção civil, em relação a segurado que lhe presta serviço, bem como a cooperativa, a associação ou entidade de qualquer natureza ou finalidade, a missão diplomática e a repartição consular de carreira estrangeiras.

- Lei 10.666/2003 – Dispõe sobre a concessão da aposentadoria especial ao cooperado de cooperativa de trabalho ou de produção.

**Art. 15.** Mantém a qualidade de segurado, independentemente de contribuições:

**I** – sem limite de prazo, quem está em gozo de benefício, exceto do auxílio-acidente; (*Redação dada pela Lei 13.846/2019*)

**II** – até 12 (doze) meses após a cessação das contribuições, o segurado que deixar de exercer atividade remunerada abrangida pela Previdência Social ou estiver suspenso ou licenciado sem remuneração;

**III** - até 12 (doze) meses após cessar a segregação, o segurado acometido de doença de segregação compulsória;

- CLT, art. 476.
- Decreto 3.048/1999: arts. 13, III, e 71a 80.

**IV** - até 12 (doze) meses após o livramento, o segurado retido ou recluso;

- Decreto 3.048/1999: arts. 116 a119.

**V** - até 3 (três) meses após o licenciamento, o segurado incorporado às Forças Armadas para prestar serviço militar;

- Decreto 3.048/1999, art. 13, V.

**VI** - até 6 (seis) meses após a cessação das contribuições, o segurado facultativo.

**§ 1º**. O prazo do inciso II será prorrogado para até 24 (vinte e quatro) meses se o segurado já tiver pago mais de 120 (cento e vinte) contribuições mensais sem interrupção que acarrete a perda da qualidade de segurado.

**§ 2º**. Os prazos do inciso II ou do § 1º serão acrescidos de 12 (doze) meses para o segurado desempregado, desde que comprovada essa situação pelo registro no órgão próprio do Ministério do Trabalho e da Previdência Social.

**§ 3º**. Durante os prazos deste artigo, o segurado conserva todos os seus direitos perante a Previdência Social.

- Decreto 3.048/1999, art. 13, § 3º.

**§ 4º**. A perda da qualidade de segurado ocorrerá no dia seguinte ao do término do prazo fixado no Plano de Custeio da Seguridade Social para recolhimento da contribuição referente ao mês imediatamente posterior ao do final dos prazos fixados neste artigo e seus parágrafos.

- Decreto 3.048/1999, art. 14.

## SEÇÃO II.
## DOS DEPENDENTES

**Art. 16.** São beneficiários do Regime Geral de Previdência Social, na condição de dependentes do segurado:

- Decreto 3.048/1999: arts. 16 e 17.

**I** - o cônjuge, a companheira, o companheiro e o filho não emancipado, de qualquer condição, menor de 21 (vinte e um) anos ou inválido ou que tenha deficiência intelectual ou mental ou deficiência grave;

**II** - os pais;

**III** - o irmão não emancipado, de qualquer condição, menor de 21 (vinte e um) anos ou inválido ou que tenha deficiência intelectual ou mental ou deficiência grave;

**IV** - (Revogada pela Lei nº 9.032, de 1995)

**§ 1º**. A existência de dependente de qualquer das classes deste artigo exclui do direito às prestações os das classes seguintes.

**§ 2º**. O enteado e o menor tutelado equiparam-se a filho mediante declaração do segurado e desde que comprovada a dependência econômica na forma estabelecida no Regulamento.

**§ 3º**. Considera-se companheira ou companheiro a pessoa que, sem ser casada, mantém união estável com o segurado ou com a segurada, de acordo com o § 3º do art. 226 da Constituição Federal.

- Lei 9.278/1996 - Regula o § 3º do art. 226 da CF.
- Decreto 3.048/1999, art. 16, § 6º.

**§ 4º**. A dependência econômica das pessoas indicadas no inciso I é presumida e a das demais deve ser comprovada.

**§ 5º** As provas de união estável e de dependência econômica exigem início de prova material contemporânea dos fatos, produzido em período não superior a 24 (vinte e quatro) meses anterior à data do óbito ou do recolhimento à prisão do segurado, não admitida a prova exclusivamente testemunhal, exceto na ocorrência de motivo de força maior ou caso fortuito, conforme disposto no regulamento. (Redação dada pela Lei 13.846/2019))

**§ 6º** Na hipótese da alínea c do inciso V do § 2º do art. 77 desta Lei, a par da exigência do § 5º deste artigo, deverá ser apresentado, ainda, início de prova material que comprove união estável por pelo menos 2 (dois) anos antes do óbito do segurado. (Acrescido pela Lei 13.846/2019)

**§ 7º** Será excluído definitivamente da condição de dependente quem tiver sido condenado criminalmente por sentença com trânsito em julgado, como autor, coautor ou partícipe de homicídio doloso, ou de tentativa desse crime, cometido contra a pessoa do segurado, ressalvados os absolutamente incapazes e os inimputáveis. (Acrescido pela Lei 13.846/2019)

## SEÇÃO III.
## DAS INSCRIÇÕES

- Decreto 3.048/1999: arts. 18 a 24.

**Art. 17.** O Regulamento disciplinará a forma de inscrição do segurado e dos dependentes.

**§ 1º**. Incumbe ao dependente promover a sua inscrição quando do requerimento do benefício a que estiver habilitado.

**§ 2º**. (Revogado pela Lei nº 13.135, de 2015)

**§ 3º**. (Revogado pela Lei nº 11.718, de 2008)

**§ 4º**. A inscrição do segurado especial será feita de forma a vinculá-lo ao respectivo grupo familiar e conterá, além das informações pessoais, a identificação da propriedade em que desenvolve a atividade e a que título, se nela reside ou o Município onde reside e, quando for o caso, a identificação e inscrição da pessoa responsável pelo grupo familiar.

**§ 5º**. O segurado especial integrante de grupo familiar que não seja proprietário ou dono do imóvel rural em que desenvolve sua atividade deverá informar, no ato da inscrição, conforme o caso, o nome do parceiro ou meeiro outorgante, arrendador, comodante ou assemelhado.

**§ 6º**. (Revogado pela Lei nº 12.873, de 2013)

**§ 7º** Não será admitida a inscrição post mortem de segurado contribuinte individual e de segurado facultativo. (Acrescido pela Lei 13.846/2019)

## CAPÍTULO II.
## DAS PRESTAÇÕES EM GERAL

### SEÇÃO I.
### DAS ESPÉCIES DE PRESTAÇÕES

**Art. 18.** O Regime Geral de Previdência Social compreende as seguintes prestações, devidas inclusive em razão de eventos decorrentes de acidente do trabalho, expressas em benefícios e serviços:

- Decreto 3.048/1999, art. 25.

**I** – quanto ao segurado:

*a)* aposentadoria por invalidez;

- Lei 8.213/1991: arts. 42 a 47.
- Decreto 3.048/1999: arts. 43 a 50.

*b)* aposentadoria por idade;

- Lei 8.213/1991: arts. 48 a 51.
- Decreto 3.048/1999: arts. 51 a 54.

*c)* aposentadoria por tempo de contribuição;

- Decreto 3.048/1999: arts. 56 a 63.

*d)* aposentadoria especial;

- Lei 8.213/1991: arts. 57 e 58.
- Decreto 3.048/1999: arts. 64 a 70.

*e)* auxílio-doença;

- Lei 8.213/1991: arts. 59 a 63.
- CLT, art. 476.
- Decreto 3.048/1999: arts. 71 a 80.

*f)* salário-família;

- Lei 8.213/1991: arts. 65 a 70.
- Decreto 3.048/1999: arts. 81 a 92.

*g)* salário-maternidade;

- Lei 8.213/1991: arts. 71 a 73.
- Decreto 3.048/1999: arts. 93 a 103.

*h)* auxílio-acidente;

- Lei 8.213/1991, art. 86.
- Decreto 3.048/1999, art. 104.

*i)* (Revogada pela Lei nº 8.870, de 1994)

**II** – quanto ao dependente:

*a)* pensão por morte;

- Lei 8.213/1991: arts 74 a 79.
- Decreto 3.048/1999: arts. 105 a 115.

*b)* auxílio-reclusão;

- Decreto 3.048/1999: arts. 116 a 119.

**III** – quanto ao segurado e dependente:

*a)* (*Revogada pela Lei 9.032/1995*)

*b)* serviço social.

*c)* reabilitação profissional.

- Lei 8.213/1991: arts. 89 a 93.
- Decreto 3.048/1999: arts. 136 a 141.

**§ 1º.** Somente poderão beneficiar-se do auxílio-acidente os segurados incluídos nos incisos I, II, VI e VII do art. 11 desta Lei.

**§ 2º.** O aposentado pelo Regime Geral de Previdência Social–RGPS que permanecer em atividade sujeita a este Regime, ou a ele retornar, não fará jus a prestação alguma da Previdência Social em decorrência do exercício dessa atividade, exceto ao salário-família e à reabilitação profissional, quando empregado.

**§ 3º.** O segurado contribuinte individual, que trabalhe por conta própria, sem relação de trabalho com empresa ou equiparado, e o segurado facultativo que contribuam na forma do § 2º do art. 21 da Lei nº 8.212, de 24 de julho de 1991, não farão jus à aposentadoria por tempo de contribuição.

**§ 4º** Os benefícios referidos no *caput* deste artigo poderão ser solicitados, pelos interessados, aos Oficiais de Registro Civil das Pessoas Naturais, que encaminharão, eletronicamente, requerimento e respectiva documentação comprobatória de seu direito para deliberação e análise do Instituto Nacional do Seguro Social (INSS), nos termos do regulamento. (*Acrescido pela Lei 13.846/2019*)

**Art. 19.** Acidente do trabalho é o que ocorre pelo exercício do trabalho a serviço de empresa ou de empregador doméstico ou pelo exercício do trabalho dos segurados referidos no inciso VII do art. 11 desta Lei, provocando lesão corporal ou perturbação funcional que cause a morte ou a perda ou redução, permanente ou temporária, da capacidade para o trabalho.

- Lei 6.367/1976, art. 2º.

**§ 1º.** A empresa é responsável pela adoção e uso das medidas coletivas e individuais de proteção e segurança da saúde do trabalhador.

**§ 2º.** Constitui contravenção penal, punível com multa, deixar a empresa de cumprir as normas de segurança e higiene do trabalho.

**§ 3º.** É dever da empresa prestar informações pormenorizadas sobre os riscos da operação a executar e do produto a manipular.

**§ 4º.** O Ministério do Trabalho e da Previdência Social fiscalizará e os sindicatos e entidades representativas de classe acompanharão o fiel cumprimento do disposto nos parágrafos anteriores, conforme dispuser o Regulamento.

**Art. 20.** Consideram-se acidente do trabalho, nos termos do artigo anterior, as seguintes entidades mórbidas:

**I** – doença profissional, assim entendida a produzida ou desencadeada pelo exercício do trabalho peculiar a determinada atividade e constante da respectiva relação elaborada pelo Ministério do Trabalho e da Previdência Social;

**II** – doença do trabalho, assim entendida a adquirida ou desencadeada em função de condições especiais em que o trabalho é realizado e com ele se relacione diretamente, constante da relação mencionada no inciso I.

**§ 1º.** Não são consideradas como doença do trabalho:

*a)* a doença degenerativa;

*b)* a inerente a grupo etário;

*c)* a que não produza incapacidade laborativa;

*d)* a doença endêmica adquirida por segurado habitante de região em que ela se desenvolva, salvo comprovação de que é resultante de exposição ou contato direto determinado pela natureza do trabalho.

**§ 2º.** Em caso excepcional, constatando-se que a doença não incluída na relação prevista nos incisos I e II deste artigo resultou das condições especiais em que o trabalho é executado e com ele se relaciona diretamente, a Previdência Social deve considerá-la acidente do trabalho.

**Art. 21.** Equiparam-se também ao acidente do trabalho, para efeitos desta Lei:

- Lei 6.367/1976, art. 2º, § 1º.

**I** – o acidente ligado ao trabalho que, embora não tenha sido a causa única, haja contribuído diretamente para a morte do segurado, para redução ou perda da sua capacidade para o trabalho, ou produzido lesão que exija atenção médica para a sua recuperação;

**II** – o acidente sofrido pelo segurado no local e no horário do trabalho, em consequência de:

*a)* ato de agressão, sabotagem ou terrorismo praticado por terceiro ou companheiro de trabalho;

*b)* ofensa física intencional, inclusive de terceiro, por motivo de disputa relacionada ao trabalho;

*c)* ato de imprudência, de negligência ou de imperícia de terceiro ou de companheiro de trabalho;

*d)* ato de pessoa privada do uso da razão;

*e)* desabamento, inundação, incêndio e outros casos fortuitos ou decorrentes de força maior;

**III** – a doença proveniente de contaminação acidental do empregado no exercício de sua atividade;

**IV** – o acidente sofrido pelo segurado ainda que fora do local e horário de trabalho:

*a)* na execução de ordem ou na realização de serviço sob a autoridade da empresa;

*b)* na prestação espontânea de qualquer serviço à empresa para lhe evitar prejuízo ou proporcionar proveito;

*c)* em viagem a serviço da empresa, inclusive para estudo quando financiada por esta dentro de seus planos para melhor capacitação da mão de obra, independentemente do meio de locomoção utilizado, inclusive veículo de propriedade do segurado;

*d)* no percurso da residência para o local de trabalho ou deste para aquela, qualquer que seja o meio de locomoção, inclusive veículo de propriedade do segurado.

**§ 1º**. Nos períodos destinados a refeição ou descanso, ou por ocasião da satisfação de outras necessidades fisiológicas, no local do trabalho ou durante este, o empregado é considerado no exercício do trabalho.

**§ 2º**. Não é considerada agravação ou complicação de acidente do trabalho a lesão que, resultante de acidente de outra origem, se associe ou se superponha às consequências do anterior.

**Art. 21-A.** A perícia médica do Instituto Nacional do Seguro Social (INSS) considerará caracterizada a natureza acidentária da incapacidade quando constatar ocorrência de nexo técnico epidemiológico entre o trabalho e o agravo, decorrente da relação entre a atividade da empresa ou do empregado doméstico e a entidade mórbida motivadora da incapacidade elencada na Classificação Internacional de Doenças (CID), em conformidade com o que dispuser o regulamento.

**§ 1º**. A perícia médica do INSS deixará de aplicar o disposto neste artigo quando demonstrada a inexistência do nexo de que trata o *caput* deste artigo.

**§ 2º**. A empresa ou o empregador doméstico poderão requerer a não aplicação do nexo técnico epidemiológico, de cuja decisão caberá recurso, com efeito suspensivo, da empresa, do empregador doméstico ou do segurado ao Conselho de Recursos da Previdência Social.

**Art. 22.** A empresa ou o empregador doméstico deverão comunicar o acidente do trabalho à Previdência Social até o primeiro dia útil seguinte ao da ocorrência e, em caso de morte, de imediato, à autoridade competente, sob pena de multa variável entre o limite mínimo e o limite máximo do salário de contribuição, sucessivamente aumentada nas reincidências, aplicada e cobrada pela Previdência Social.

**§ 1º**. Da comunicação a que se refere este artigo receberão cópia fiel o acidentado ou seus dependentes, bem como o sindicato a que corresponda a sua categoria.

**§ 2º**. Na falta de comunicação por parte da empresa, podem formalizá-la o próprio acidentado, seus dependentes, a entidade sindical competente, o médico que o assistiu ou qualquer autoridade pública, não prevalecendo nestes casos o prazo previsto neste artigo.

**§ 3º**. A comunicação a que se refere o § 2º não exime a empresa de responsabilidade pela falta do cumprimento do disposto neste artigo.

**§ 4º**. Os sindicatos e entidades representativas de classe poderão acompanhar a cobrança, pela Previdência Social, das multas previstas neste artigo.

**§ 5º**. A multa de que trata este artigo não se aplica na hipótese do *caput* do art. 21-A.

**Art. 23.** Considera-se como dia do acidente, no caso de doença profissional ou do trabalho, a data do início da incapacidade laborativa para o exercício da atividade habitual, ou o dia da segregação compulsória, ou o dia em que for realizado o diagnóstico, valendo para este efeito o que ocorrer primeiro.

STJ, 507. A acumulação de auxílio-acidente com aposentadoria pressupõe que a lesão incapacitante e a aposentadoria sejam anteriores a 11/11/1997, observado o critério do art. 23 da Lei 8.213/1991 para definição do momento da lesão nos casos de doença profissional ou do trabalho.

## SEÇÃO II. DOS PERÍODOS DE CARÊNCIA

› Decreto 3.048/1999: arts. 26 a 30.

**Art. 24.** Período de carência é o número mínimo de contribuições mensais indispensáveis para que o beneficiário faça jus ao benefício, consideradas a partir do transcurso do primeiro dia dos meses de suas competências.

**Parágrafo único.** (Revogado pela lei nº 13.457, de 2017)

**Art. 25.** A concessão das prestações pecuniárias do Regime Geral de Previdência Social depende dos seguintes períodos de carência, ressalvado o disposto no art. 26:

**I** – auxílio-doença e aposentadoria por invalidez: 12 (doze) contribuições mensais;

**II** – aposentadoria por idade, aposentadoria por tempo de serviço e aposentadoria especial: 180 contribuições mensais.

**III** – salário-maternidade para as seguradas de que tratam os incisos V e VII do *caput* do art. 11 e o art. 13 desta Lei: 10 (dez) contribuições mensais, respeitado o disposto no parágrafo único do art. 39 desta Lei; e (Redação dada pela Lei 13.846/2019)

- É inconstitucional o período de carência para a concessão do benefício de salário-maternidade exigido para algumas categorias de seguradas (arts. 25, III, e 26, VI, Lei nº 8.213/91). Essa exigência viola os princípios da isonomia, da razoabilidade e da proteção constitucional à maternidade. STF. Plenário. ADI 2.110/DF e ADI 2.111/DF, Rel. Min. Nunes Marques, julgado em 21/03/2024 (Info 1129).

**IV** – auxílio-reclusão: 24 (vinte e quatro) contribuições mensais. (Acrescido pela Lei 13.846/2019)

**Parágrafo único.** Em caso de parto antecipado, o período de carência a que se refere o inciso III será reduzido em número de contribuições equivalente ao número de meses em que o parto foi antecipado.

**Art. 26.** Independe de carência a concessão das seguintes prestações:

**I** - pensão por morte, salário-família e auxílio-acidente; (Redação dada pela Lei 13.846/2019)

**II** – auxílio-doença e aposentadoria por invalidez nos casos de acidente de qualquer natureza ou causa e de doença profissional ou do trabalho, bem como nos casos de segurado que, após filiar-se ao RGPS, for acometido de alguma das doenças e afecções especificadas em lista elaborada pelos Ministérios da Saúde e da Previdência Social, atualizada a cada 3 (três) anos, de acordo com os critérios de estigma, deformação, mutilação, deficiência ou outro fator que lhe confira especificidade e gravidade que mereçam tratamento particularizado;

**III** – os benefícios concedidos na forma do inciso I do art. 39, aos segurados especiais referidos no inciso VII do art. 11 desta Lei;

**IV** – serviço social;

**V** – reabilitação profissional.

**VI** – salário-maternidade para as seguradas empregada, trabalhadora avulsa e empregada doméstica.

**Art. 27.** Para cômputo do período de carência, serão consideradas as contribuições:

**I** – referentes ao período a partir da data de filiação ao Regime Geral de Previdência Social (RGPS), no caso dos segurados empregados, inclusive os domésticos, e dos trabalhadores avulsos;

**II** – realizadas a contar da data de efetivo pagamento da primeira contribuição sem atraso, não sendo consideradas para este fim as contribuições recolhidas com atraso referentes a competências anteriores, no caso dos segurados contribuinte individual, especial e facultativo, referidos, respectivamente, nos incisos V e VII do art. 11 e no art. 13.

**Art. 27-A.** Na hipótese de perda da qualidade de segurado, para fins da concessão dos benefícios de auxílio-doença, de aposentadoria por invalidez, de salário-maternidade e de auxílio-reclusão, o segurado deverá contar, a partir da data da nova filiação à Previdência Social, com metade dos períodos previstos nos incisos I, III e IV do *caput* do art. 25 desta Lei. (Redação dada pela Lei 13.846/2019)

## SEÇÃO III.
## DO CÁLCULO DO VALOR DOS BENEFÍCIOS

### *SUBSEÇÃO I.*
### *DO SALÁRIO DE BENEFÍCIO*

- Decreto 3.048/1999: arts. 31 a 34.

**Art. 28.** O valor do benefício de prestação continuada, inclusive o regido por norma especial e o decorrente de acidente do trabalho, exceto o salário-família e o salário-maternidade, será calculado com base no salário de benefício.

- Decreto 3.048/1999, art. 31.

**§§ 1º a 4º** (Revogados pela Lei 9.032/1995).

**Art. 29.** O salário de benefício consiste:

- Decreto 3.048/1999, art. 32.

**I** – para os benefícios de que tratam as alíneas *b* e *c* do inciso I do art. 18, na média aritmética simples dos maiores salários de contribuição correspondentes a oitenta por cento de todo o período contributivo, multiplicada pelo fator previdenciário;

**II** – para os benefícios de que tratam as alíneas *a*, *d*, *e* e *h* do inciso I do art. 18, na média aritmética simples dos maiores salários de contribuição correspondentes a oitenta por cento de todo o período contributivo.

**§ 1º**. (Revogado pela Lei nº 9.876, de 1999)

**§ 2º**. O valor do salário de benefício não será inferior ao de um salário mínimo, nem superior ao do limite máximo do salário de contribuição na data de início do benefício.

**§ 3º**. Serão considerados para cálculo do salário de benefício os ganhos habituais do segurado empregado, a qualquer título, sob forma de moeda corrente ou de utilidades, sobre os quais tenha incidido contribuições previdenciárias, exceto o décimo-terceiro salário (gratificação natalina).

**§ 4º**. Não será considerado, para o cálculo do salário de benefício, o aumento dos salários de contribuição que exceder o limite legal, inclusive o voluntariamente concedido nos 36 (trinta e seis) meses imediatamente anteriores ao início do benefício, salvo se homologado pela Justiça do Trabalho, resultante de promoção regulada por normas gerais da empresa, admitida pela legislação do trabalho, de sentença normativa ou de reajustamento salarial obtido pela categoria respectiva.

**§ 5º**. Se, no período básico de cálculo, o segurado tiver recebido benefícios por incapacidade, sua duração será contada, considerando-se como salário de contribuição, no período, o salário de benefício que serviu de base para o cálculo da renda mensal, reajustado nas mesmas épocas e bases dos benefícios em geral, não podendo ser inferior ao valor de 1 (um) salário mínimo.

**§ 6º**. O salário de benefício do segurado especial consiste no valor equivalente ao salário mínimo, ressalvado o disposto no inciso II do art. 39 e nos §§ 3º e 4º do art. 48 desta Lei.

**I** – (Revogado pela Lei nº 11.718, de 2008)

**II** - (Revogado pela Lei nº 11.718, de 2008)

**§ 7º.** O fator previdenciário será calculado considerando-se a idade, a expectativa de sobrevida e o tempo de contribuição do segurado ao se aposentar, segundo a fórmula constante do Anexo desta Lei.

**§ 8º.** Para efeito do disposto no § 7º, a expectativa de sobrevida do segurado na idade da aposentadoria será obtida a partir da tábua completa de mortalidade construída pela Fundação Instituto Brasileiro de Geografia e Estatística - IBGE, considerando-se a média nacional única para ambos os sexos.

**§ 9º.** Para efeito da aplicação do fator previdenciário, ao tempo de contribuição do segurado serão adicionados:

**I** - 5 (cinco) anos, quando se tratar de mulher;

**II** - 5 (cinco) anos, quando se tratar de professor que comprove exclusivamente tempo de efetivo exercício das funções de magistério na educação infantil e no ensino fundamental e médio;

**III** - dez anos, quando se tratar de professora que comprove exclusivamente tempo de efetivo exercício das funções de magistério na educação infantil e no ensino fundamental e médio.

**§ 10.** O auxílio-doença não poderá exceder a média aritmética simples dos últimos 12 (doze) salários de contribuição, inclusive em caso de remuneração variável, ou, se não alcançado o número de 12 (doze), a média aritmética simples dos salários de contribuição existentes.

**§ 11.** (VETADO).

**§ 12.** (VETADO).

**§ 13.** (VETADO).

**Art. 29-A.** O INSS utilizará as informações constantes no Cadastro Nacional de Informações Sociais - CNIS sobre os vínculos e as remunerações dos segurados, para fins de cálculo do salário de benefício, comprovação de filiação ao Regime Geral de Previdência Social, tempo de contribuição e relação de emprego.

**§ 1º.** O INSS terá até 180 (cento e oitenta) dias, contados a partir da solicitação do pedido, para fornecer ao segurado as informações previstas no *caput* deste artigo.

**§ 2º.** O segurado poderá solicitar, a qualquer momento, a inclusão, exclusão ou retificação de informações constantes do CNIS, com a apresentação de documentos comprobatórios dos dados divergentes, conforme critérios definidos pelo INSS.

**§ 3º.** A aceitação de informações relativas a vínculos e remunerações inseridas extemporaneamente no CNIS, inclusive retificações de informações anteriormente inseridas, fica condicionada à comprovação dos dados ou das divergências apontadas, conforme critérios definidos em regulamento.

**§ 4º.** Considera-se extemporânea a inserção de dados decorrentes de documento inicial ou de retificação de dados anteriormente informados, quando o documento ou a retificação, ou a informação retificadora, forem apresentados após os prazos estabelecidos em regulamento.

**§ 5º.** Havendo dúvida sobre a regularidade do vínculo incluído no CNIS e inexistência de informações sobre remunerações e contribuições, o INSS exigirá a apresentação dos documentos que serviram de base à anotação, sob pena de exclusão do período.

**Art. 29-B.** Os salários de contribuição considerados no cálculo do valor do benefício serão corrigidos mês a mês de acordo com a variação integral do Índice Nacional de Preços ao Consumidor - INPC, calculado pela Fundação Instituto Brasileiro de Geografia e Estatística - IBGE.

**Art. 29-C.** O segurado que preencher o requisito para a aposentadoria por tempo de contribuição poderá optar pela não incidência do fator previdenciário no cálculo de sua aposentadoria, quando o total resultante da soma de sua idade e de seu tempo de contribuição, incluídas as frações, na data de requerimento da aposentadoria, for:

**I** - igual ou superior a noventa e cinco pontos, se homem, observando o tempo mínimo de contribuição de trinta e cinco anos; ou

**II** - igual ou superior a oitenta e cinco pontos, se mulher, observado o tempo mínimo de contribuição de trinta anos.

**§ 1º.** Para os fins do disposto no *caput*, serão somadas as frações em meses completos de tempo de contribuição e idade.

**§ 2º.** As somas de idade e de tempo de contribuição previstas no *caput* serão majoradas em um ponto em:

**I** - 31 de dezembro de 2018;

**II** - 31 de dezembro de 2020;

**III** - 31 de dezembro de 2022;

**IV** - 31 de dezembro de 2024; e

**V** - 31 de dezembro de 2026.

**§ 3º.** Para efeito de aplicação do disposto no *caput* e no § 2º, o tempo mínimo de contribuição do professor e da professora que comprovarem exclusivamente tempo de efetivo exercício de magistério na educação infantil e no ensino fundamental e médio será de, respectivamente, trinta e vinte e cinco anos, e serão acrescidos cinco pontos à soma da idade com o tempo de contribuição.

**§ 4º.** Ao segurado que alcançar o requisito necessário ao exercício da opção de que trata o *caput* e deixar de requerer aposentadoria será assegurado o direito à opção com a aplicação da pontuação exigida na data do cumprimento do requisito nos termos deste artigo.

**§ 5º.** (VETADO).

**Art. 29-D.** *(Vetado na Lei 13.183/2015)*

**Art. 30.** (Revogado pela Lei nº 9.032, de 1995)

**Art. 31.** O valor mensal do auxílio-acidente integra o salário de contribuição, para fins de cálculo do salário de benefício de qualquer aposentadoria, observado, no que couber, o disposto no art. 29 e no art. 86, § 5º. (Restabelecido com nova redação pela Lei nº 9.528, de 1997)

**Art. 32.** O salário de benefício do segurado que contribuir em razão de atividades concomitantes será calculado com base na soma dos salários de contribuição das atividades exercidas na data do requerimento ou do óbito, ou no período básico de cálculo, observado o disposto no art. 29 desta Lei. (*Redação dada pela Lei 13.846/2019*)

**I a III** – (*Revogados pela Lei 13.846/2019*)

**§ 1º** O disposto neste artigo não se aplica ao segurado que, em obediência ao limite máximo do salário de contribuição, contribuiu apenas por uma das atividades concomitantes. (*Parágrafo com redação dada pela Lei 13.846/2019*)

**§ 2º** Não se aplica o disposto neste artigo ao segurado que tenha sofrido redução do salário de contribuição das atividades concomitantes em respeito ao limite máximo desse salário. (*Parágrafo com redação dada pela Lei 13.846/2019*)

### *SUBSEÇÃO II.*
### *DA RENDA MENSAL DO BENEFÍCIO*

- Decreto 3.048/1999: arts. 35 a 39.

**Art. 33.** A renda mensal do benefício de prestação continuada que substituir o salário de contribuição ou o rendimento do trabalho do segurado não terá valor inferior ao do salário-mínimo, nem superior ao do limite máximo do salário de contribuição, ressalvado o disposto no art. 45 desta Lei.

**Art. 34.** No cálculo do valor da renda mensal do benefício, inclusive o decorrente de acidente do trabalho, serão computados:

**I** – para o segurado empregado, inclusive o doméstico, e o trabalhador avulso, os salários de contribuição referentes aos meses de contribuições devidas, ainda que não recolhidas pela empresa ou pelo empregador doméstico, sem prejuízo da respectiva cobrança e da aplicação das penalidades cabíveis, observado o disposto no § 5º do art. 29-A;

**II** – para o segurado empregado, inclusive o doméstico, o trabalhador avulso e o segurado especial, o valor mensal do auxílio-acidente, considerado como salário de contribuição para fins de concessão de qualquer aposentadoria, nos termos do art. 31;

**III** – para os demais segurados, os salários de contribuição referentes aos meses de contribuições efetivamente recolhidas.

**Art. 35.** Ao segurado empregado, inclusive o doméstico, e ao trabalhador avulso que tenham cumprido todas as condições para a concessão do benefício pleiteado, mas não possam comprovar o valor de seus salários de contribuição no período básico de cálculo, será concedido o benefício de valor mínimo, devendo esta renda ser recalculada quando da apresentação de prova dos salários de contribuição.

**Art. 36.** Para o segurado empregado doméstico que, tendo satisfeito as condições exigidas para a concessão do benefício requerido, não comprovar o efetivo recolhimento das contribuições devidas, será concedido o benefício de valor mínimo, devendo sua renda ser recalculada quando da apresentação da prova do recolhimento das contribuições.

**Art. 37.** A renda mensal inicial, recalculada de acordo com o disposto no art. 35, deve ser reajustada como a dos benefícios correspondentes com igual data de início e substituirá, a partir da data do requerimento de revisão do valor do benefício, a renda mensal que prevalecia até então.

**Art. 38.** Sem prejuízo do disposto no art. 35, cabe à Previdência Social manter cadastro dos segurados com todos os informes necessários para o cálculo da renda mensal dos benefícios.

**Art. 38-A.** O Ministério da Economia manterá sistema de cadastro dos segurados especiais no Cadastro Nacional de Informações Sociais (CNIS), observado o disposto nos §§ 4º e 5º do art. 17 desta Lei, e poderá firmar acordo de cooperação com o Ministério da Agricultura, Pecuária e Abastecimento e com outros órgãos da administração pública federal, estadual, distrital e municipal para a manutenção e a gestão do sistema de cadastro. (*Redação dada pela Lei 13.846/2019*)

**§ 1º**. O sistema de que trata o *caput* deste artigo preverá a manutenção e a atualização anual do cadastro e conterá as informações necessárias à caracterização da condição de segurado especial, nos termos do disposto no regulamento. (*Redação dada pela Lei 13.846/2019*)

**§ 2º**. Da aplicação do disposto neste artigo não poderá resultar nenhum ônus para os segurados, sem prejuízo do disposto no § 4º deste artigo. (*Redação dada pela Lei 13.846/2019*)

**§ 3º**. O INSS, no ato de habilitação ou de concessão de benefício, deverá verificar a condição de segurado especial e, se for o caso, o pagamento da contribuição previdenciária, nos termos da Lei nº 8.212, de 24 de julho de 1991, considerando, dentre outros, o que consta do Cadastro Nacional de Informações Sociais (CNIS) de que trata o art. 29-A desta Lei.

**§ 4º**. A atualização anual de que trata o § 1º deste artigo será feita até 30 de junho do ano subsequente. (*Acrescido pela Lei 13.846/2019*)

**§ 5º**. É vedada a atualização de que trata o § 1º deste artigo após o prazo de 5 (cinco) anos, contado da data estabelecida no § 4º deste artigo. (*Acrescido pela Lei 13.846/2019*)

**§ 6º**. Decorrido o prazo de 5 (cinco) anos de que trata o § 5º deste artigo, o segurado especial só poderá computar o período de trabalho rural se efetuados em época própria a comercialização da produção e o recolhimento da contribuição prevista no art. 25 da Lei nº 8.212, de 24 de julho de 1991. (*Redação dada pela Lei 13.846/2019*)

**Art. 38-B.** O INSS utilizará as informações constantes do cadastro de que trata o art. 38-A para fins de comprovação do exercício da atividade e da condição do segurado especial e do respectivo grupo familiar.

**§ 1º** A partir de 1º de janeiro de 2023, a comprovação da condição e do exercício da atividade rural do segurado especial ocorrerá, exclusivamente, pelas informações constantes do cadastro a que se refere o art. 38-A desta Lei. (Redação dada pela Lei 13.846/2019)

**§ 2º** Para o período anterior a 1º de janeiro de 2023, o segurado especial comprovará o tempo de exercício da atividade rural por meio de autodeclaração ratificada por entidades públicas credenciadas, nos termos do art. 13 da Lei nº 12.188, de 11 de janeiro de 2010, e por outros órgãos públicos, na forma prevista no regulamento. (Redação dada pela Lei 13.846/2019)

**§ 3º** Até 1º de janeiro de 2025, o cadastro de que trata o art. 38-A poderá ser realizado, atualizado e corrigido, sem prejuízo do prazo de que trata o § 1º deste artigo e da regra permanente prevista nos §§ 4º e 5º do art. 38-A desta Lei. (Acrescido pela Lei 13.846/2019)

**§ 4º** Na hipótese de divergência de informações entre o cadastro e outras bases de dados, para fins de reconhecimento do direito ao benefício, o INSS poderá exigir a apresentação dos documentos referidos no art. 106 desta Lei. (Redação dada pela Lei 13.846/2019)

**§ 5º** O cadastro e os prazos de que tratam este artigo e o art. 38-A desta Lei deverão ser amplamente divulgados por todos os meios de comunicação cabíveis para que todos os cidadãos tenham acesso à informação sobre a existência do referido cadastro e a obrigatoriedade de registro. (Acrescido pela Lei 13.846/2019)

**Art. 39.** Para os segurados especiais, referidos no inciso VII do *caput* do art. 11 desta Lei, fica garantida a concessão: (Redação dada pela Lei 13.846/2019)

**I** – de aposentadoria por idade ou por invalidez, de auxílio-doença, de auxílio-reclusão ou de pensão, no valor de 1 (um) salário mínimo, e de auxílio-acidente, conforme disposto no art. 86 desta Lei, desde que comprovem o exercício de atividade rural, ainda que de forma descontínua, no período imediatamente anterior ao requerimento do benefício, igual ao número de meses correspondentes à carência do benefício requerido, observado o disposto nos arts. 38-A e 38-B desta Lei; ou (Redação dada pela Lei 13.846/2019)

**II** – dos benefícios especificados nesta Lei, observados os critérios e a forma de cálculo estabelecidos, desde que contribuam facultativamente para a Previdência Social, na forma estipulada no Plano de Custeio da Seguridade Social.

**Parágrafo único.** Para a segurada especial fica garantida a concessão do salário-maternidade no valor de 1 (um) salário mínimo, desde que comprove o exercício de atividade rural, ainda que de forma descontínua, nos 12 (doze) meses imediatamente anteriores ao do início do benefício.

- STJ, 657. Atendidos os requisitos de segurada especial no RGPS e do período de carência, a indígena menor de 16 anos faz jus ao salário-maternidade.

**Art. 40.** É devido abono anual ao segurado e ao dependente da Previdência Social que, durante o ano, recebeu auxílio-doença, auxílio-acidente ou aposentadoria, pensão por morte ou auxílio-reclusão.

**Parágrafo único.** O abono anual será calculado, no que couber, da mesma forma que a Gratificação de Natal dos trabalhadores, tendo por base o valor da renda mensal do benefício do mês de dezembro de cada ano.

## SEÇÃO IV. DO REAJUSTAMENTO DO VALOR DOS BENEFÍCIOS

- Decreto 3.048/1999: arts. 40 a 42.

**Art. 41.** (Revogado pela lei nº 11.430, de 2006)

**I** – (Revogado pela Lei nº 11.430, de 2006)

**II** – (Revogado pela Lei nº 8.542, de 1992)

**III** e IV – (Revogados pela Lei nº 11.430, de 2006)

**§§ 1º a 6º.** (Revogados pela lei nº 11.430, de 2006)

**§ 7º.** (Revogado pela Lei nº 8.880, de 1994)

**§§ 8º e 9º.** (Revogados pela Lei nº 11.430, de 2006)

**Art. 41-A.** O valor dos benefícios em manutenção será reajustado, anualmente, na mesma data do reajuste do salário mínimo, *pro rata*, de acordo com suas respectivas datas de início ou do último reajustamento, com base no Índice Nacional de Preços ao Consumidor – INPC, apurado pela Fundação Instituto Brasileiro de Geografia e Estatística – IBGE.

**§ 1º.** Nenhum benefício reajustado poderá exceder o limite máximo do salário de benefício na data do reajustamento, respeitados os direitos adquiridos.

**§ 2º.** Os benefícios com renda mensal superior a um salário mínimo serão pagos do primeiro ao quinto dia útil do mês subsequente ao de sua competência, observada a distribuição proporcional do número de beneficiários por dia de pagamento.

**§ 3º.** Os benefícios com renda mensal no valor de até um salário mínimo serão pagos no período compreendido entre o quinto dia útil que anteceder o final do mês de sua competência e o quinto dia útil do mês subsequente, observada a distribuição proporcional dos beneficiários por dia de pagamento.

**§ 4º.** Para os efeitos dos §§ 2º e 3º deste artigo, considera-se dia útil aquele de expediente bancário com horário normal de atendimento.

**§ 5º.** O primeiro pagamento do benefício será efetuado até quarenta e cinco dias após a data da apresentação, pelo segurado, da documentação necessária a sua concessão.

**§ 6º.** Para os benefícios que tenham sido majorados devido à elevação do salário mínimo, o referido aumento deverá ser compensado no momento da aplicação do disposto no *caput* deste artigo, de acordo com normas a serem baixadas pelo Ministério da Previdência Social.

## SEÇÃO V. DOS BENEFÍCIOS

### *SUBSEÇÃO I. DA APOSENTADORIA POR INVALIDEZ*

STJ, 576. Ausente requerimento administrativo no INSS, o termo inicial para a implantação da aposentadoria por invalidez concedida judicialmente será a data da citação válida.

▸ Decreto 3.048/1999: arts. 43 a 50.

**Art. 42.** A aposentadoria por invalidez, uma vez cumprida, quando for o caso, a carência exigida, será devida ao segurado que, estando ou não em gozo de auxílio-doença, for considerado incapaz e insusceptível de reabilitação para o exercício de atividade que lhe garanta a subsistência, e ser-lhe-á paga enquanto permanecer nesta condição.

▸ A concessão da aposentadoria por invalidez deve considerar não apenas os elementos previstos no art. 42 da Lei nº 8.213/91, mas também aspectos socioeconômicos, profissionais e culturais do segurado, ainda que o laudo pericial tenha concluído pela incapacidade somente parcial para o trabalho. STJ. 2ª Turma. AgRg no AREsp 283.029-SP, Rel. Min. Humberto Martins, julgado em 9/4/2013 (Info 520).

**§ 1º.** A concessão de aposentadoria por invalidez dependerá da verificação da condição de incapacidade mediante exame médico-pericial a cargo da Previdência Social, podendo o segurado, às suas expensas, fazer-se acompanhar de médico de sua confiança.

**§ 1º-A.** O exame médico-pericial previsto no § 1º deste artigo poderá ser realizado com o uso de tecnologia de telemedicina ou por análise documental conforme situações e requisitos definidos em regulamento. *(Acrescido pela Lei 14.724/2023)*

**§ 2º.** A doença ou lesão de que o segurado já era portador ao filiar-se ao Regime Geral de Previdência Social não lhe conferirá direito à aposentadoria por invalidez, salvo quando a incapacidade sobrevier por motivo de progressão ou agravamento dessa doença ou lesão.

**Art. 43.** A aposentadoria por invalidez será devida a partir do dia imediato ao da cessação do auxílio-doença, ressalvado o disposto nos §§ 1º, 2º e 3º deste artigo.

**§ 1º.** Concluindo a perícia médica inicial pela existência de incapacidade total e definitiva para o trabalho, a aposentadoria por invalidez será devida:

*a)* ao segurado empregado, a contar do décimo sexto dia do afastamento da atividade ou a partir da entrada do requerimento, se entre o afastamento e a entrada do requerimento decorrerem mais de trinta dias;

*b)* ao segurado empregado doméstico, trabalhador avulso, contribuinte individual, especial e facultativo, a contar da data do início da incapacidade ou da data da entrada do requerimento, se entre essas datas decorrerem mais de trinta dias.

**§ 2º.** Durante os primeiros quinze dias de afastamento da atividade por motivo de invalidez, caberá à empresa pagar ao segurado empregado o salário.

**§ 3º.** (Revogado pela Lei nº 9.032, de 1995)

**§ 4º** O segurado aposentado por invalidez poderá ser convocado a qualquer momento para avaliação das condições que ensejaram o afastamento ou a aposentadoria, concedida judicial ou administrativamente, observado o disposto no art. 101 desta Lei.

**§ 5º** A pessoa com HIV/aids é dispensada da avaliação referida no § 4º deste artigo. (Acrescido pela Lei 13.847/2019)

**Art. 44.** A aposentadoria por invalidez, inclusive a decorrente de acidente do trabalho, consistirá numa renda mensal correspondente a 100% (cem por cento) do salário de benefício, observado o disposto na Seção III, especialmente no art. 33 desta Lei.

**§ 1º.** (Revogado pela Lei nº 9.528, de 1997)

**§ 2º.** Quando o acidentado do trabalho estiver em gozo de auxílio-doença, o valor da aposentadoria por invalidez será igual ao do auxílio-doença se este, por força de reajustamento, for superior ao previsto neste artigo.

**Art. 45.** O valor da aposentadoria por invalidez do segurado que necessitar da assistência permanente de outra pessoa será acrescido de 25% (vinte e cinco por cento).

▸ Não é possível a extensão do auxílio contido no art. 45 da lei 8.213/1991, também chamado de auxílio de grande invalidez ou auxílio-acompanhante, para todos os segurados aposentados que necessitem de ajuda permanente para o desempenho de atividades básicas da vida diária.
Tese fixada pelo STF:
No âmbito do Regime Geral de Previdência Social (RGPS), somente lei pode criar ou ampliar benefícios e vantagens previdenciárias, não havendo, por ora, previsão de extensão do auxílio da grande invalidez a todas as espécies de aposentadoria.
STF. Plenário. RE 1221446/RJ, Rel. Min. Dias Toffoli, julgado em 18/6/2021 (Repercussão Geral – Tema 1095) (Info 1022).

**Parágrafo único.** O acréscimo de que trata este artigo:

*a)* será devido ainda que o valor da aposentadoria atinja o limite máximo legal;

*b)* será recalculado quando o benefício que lhe deu origem for reajustado;

*c)* cessará com a morte do aposentado, não sendo incorporável ao valor da pensão.

**Art. 46.** O aposentado por invalidez que retornar voluntariamente à atividade terá sua aposentadoria automaticamente cancelada, a partir da data do retorno.

**Art. 47.** Verificada a recuperação da capacidade de trabalho do aposentado por invalidez, será observado o seguinte procedimento:

**I** – quando a recuperação ocorrer dentro de 5 (cinco) anos, contados da data do início da aposentadoria por invalidez ou do auxílio-doença que a antecedeu sem interrupção, o benefício cessará:

*a)* de imediato, para o segurado empregado que tiver direito a retornar à função que desempenhava na empresa quando se aposentou, na forma da legislação trabalhista, valendo como documento, para tal fim, o certificado de capacidade fornecido pela Previdência Social; ou

*b)* após tantos meses quantos forem os anos de duração do auxílio-doença ou da aposentadoria por invalidez, para os demais segurados;

**II** – quando a recuperação for parcial, ou ocorrer após o período do inciso I, ou ainda quando o segurado for declarado apto para o exercício de trabalho diverso do qual habitualmente exercia, a aposentadoria será mantida, sem prejuízo da volta à atividade:

*a)* no seu valor integral, durante 6 (seis) meses contados da data em que for verificada a recuperação da capacidade;

*b)* com redução de 50% (cinquenta por cento), no período seguinte de 6 (seis) meses;

*c)* com redução de 75% (setenta e cinco por cento), também por igual período de 6 (seis) meses, ao término do qual cessará definitivamente.

### *SUBSEÇÃO II. DA APOSENTADORIA POR IDADE*

- Decreto 3.048/1999: arts. 51 a 54.

**Art. 48.** A aposentadoria por idade será devida ao segurado que, cumprida a carência exigida nesta Lei, completar 65 (sessenta e cinco) anos de idade, se homem, e 60 (sessenta), se mulher.

**§ 1º.** Os limites fixados no *caput* são reduzidos para sessenta e cinquenta e cinco anos no caso de trabalhadores rurais, respectivamente homens e mulheres, referidos na alínea a do inciso I, na alínea g do inciso V e nos incisos VI e VII do art. 11.

**§ 2º.** Para os efeitos do disposto no § 1º deste artigo, o trabalhador rural deve comprovar o efetivo exercício de atividade rural, ainda que de forma descontínua, no período imediatamente anterior ao requerimento do benefício, por tempo igual ao número de meses de contribuição correspondente à carência do benefício pretendido, computado o período a que se referem os incisos III a VIII do § 9º do art. 11 desta Lei.

**§ 3º.** Os trabalhadores rurais de que trata o § 1º deste artigo que não atendam ao disposto no § 2º deste artigo, mas que satisfaçam essa condição, se forem considerados períodos de contribuição sob outras categorias do segurado, farão jus ao benefício ao completarem 65 (sessenta e cinco) anos de idade, se homem, e 60 (sessenta) anos, se mulher.

- Direito à aposentadoria híbrida mesmo que o último vínculo tenha sido urbano. A aposentadoria híbrida (art. 48, §§ 3º e 4º, da Lei nº 8.213/91) tem por objetivo alcançar os trabalhadores que, ao longo de sua vida, mesclaram períodos de labor urbano e rural, sem, contudo, perfazer tempo suficiente para se aposentar em nenhuma dessas atividades, quando isoladamente consideradas, permitindo-se, por conseguinte, a soma de ambos os tempos. Para ter direito à aposentadoria híbrida, a última atividade exercida pela pessoa deve ser a agrícola? Exige-se que a pessoa tenha saído da atividade urbana para a agrícola? NÃO. O reconhecimento do direito à aposentadoria híbrida por idade não está condicionado ao exercício de atividade rurícola no período imediatamente anterior ao requerimento administrativo. Em outras palavras, a aposentadoria híbrida pode ser concedida ainda que a última atividade do segurado tenha sido a urbana, ou seja, ainda que ele tenha começado na atividade rural e depois migrado para a urbana. STJ. 1ª Turma. REsp 1.476.383-PR, Rel. Min. Sérgio Kukina, julgado em 1º/10/2015 (Info 570).
- É possível considerar o tempo de serviço rural anterior ao advento da Lei nº 8.213/91 para fins de carência de aposentadoria híbrida por idade, sem que seja necessário o recolhimento de contribuições previdenciárias para esse fim. STJ. 1ª Turma. REsp 1.476.383-PR, Rel. Min. Sérgio Kukina, julgado em 1º/10/2015 (Info 570).

**§ 4º.** Para efeito do § 3º deste artigo, o cálculo da renda mensal do benefício será apurado de acordo com o disposto no inciso II do *caput* do art. 29 desta Lei, considerando-se como salário de contribuição mensal do período como segurado especial o limite mínimo de salário de contribuição da Previdência Social.

**Art. 49.** A aposentadoria por idade será devida:

**I** – ao segurado empregado, inclusive o doméstico, a partir:

*a)* da data do desligamento do emprego, quando requerida até essa data ou até 90 (noventa) dias depois dela; ou

*b)* da data do requerimento, quando não houver desligamento do emprego ou quando for requerida após o prazo previsto na alínea "a";

**II** – para os demais segurados, da data da entrada do requerimento.

**Art. 50.** A aposentadoria por idade, observado o disposto na Seção III deste Capítulo, especialmente no art. 33, consistirá numa renda mensal de 70% (setenta por cento) do salário de benefício, mais 1% (um por cento) deste, por grupo de 12 (doze) contribuições, não podendo ultrapassar 100% (cem por cento) do salário de benefício.

- Decreto 3.048/1999: arts. 31 e 32.

**Art. 51.** A aposentadoria por idade pode ser requerida pela empresa, desde que o segurado empregado tenha cumprido o período de carência e completado 70 (setenta) anos de idade, se do sexo masculino, ou 65 (sessenta e cinco) anos, se do sexo feminino, sendo compulsória, caso em que será garantida ao empregado a indenização prevista na legislação trabalhista, considerada como data da rescisão do contrato de trabalho a imediatamente anterior à do início da aposentadoria.

### *SUBSEÇÃO III. DA APOSENTADORIA POR TEMPO DE SERVIÇO*

**Art. 52.** A aposentadoria por tempo de serviço será devida, cumprida a carência exigida nesta Lei, ao segurado que completar 25 (vinte e cinco) anos de serviço, se do sexo feminino, ou 30 (trinta) anos, se do sexo masculino.

> STJ, 272. O trabalhador rural, na condição de segurado especial, sujeito à contribuição obrigatória sobre a produção rural comercializada, somente faz jus à aposentadoria por tempo de serviço, se recolher contribuições facultativas.

- CF/88: arts. 40 e 201, § 7º.

**Art. 53.** A aposentadoria por tempo de serviço, observado o disposto na Seção III deste Capítulo, especialmente no art. 33, consistirá numa renda mensal de:

**I** – para a mulher: 70% (setenta por cento) do salário de benefício aos 25 (vinte e cinco) anos de serviço, mais 6% (seis por cento) deste, para cada novo ano completo de atividade, até o máximo de 100% (cem por cento) do salário de benefício aos 30 (trinta) anos de serviço;

**II** – para o homem: 70% (setenta por cento) do salário de benefício aos 30 (trinta) anos de serviço, mais 6% (seis por cento) deste, para cada novo ano completo de atividade, até o máximo de 100% (cem por cento) do salário de benefício aos 35 (trinta e cinco) anos de serviço.

**Art. 54.** A data do início da aposentadoria por tempo de serviço será fixada da mesma forma que a da aposentadoria por idade, conforme o disposto no art. 49.

**Art. 55.** O tempo de serviço será comprovado na forma estabelecida no Regulamento, compreendendo, além do correspondente às atividades de qualquer das categorias de segurados de que trata o art. 11 desta Lei, mesmo que anterior à perda da qualidade de segurado:

**I** – o tempo de serviço militar, inclusive o voluntário, e o previsto no § 1º do art. 143 da

Constituição Federal, ainda que anterior à filiação ao Regime Geral de Previdência Social, desde que não tenha sido contado para inatividade remunerada nas Forças Armadas ou aposentadoria no serviço público;

**II** – o tempo intercalado em que esteve em gozo de auxílio-doença ou aposentadoria por invalidez;

**III** – o tempo de contribuição efetuada como segurado facultativo;

**IV** – o tempo de serviço referente ao exercício de mandato eletivo federal, estadual ou municipal, desde que não tenha sido contado para efeito de aposentadoria por outro regime de previdência social;

**V** – o tempo de contribuição efetuado por segurado depois de ter deixado de exercer atividade remunerada que o enquadrava no art. 11 desta Lei;

**VI** – o tempo de contribuição efetuado com base nos artigos 8º e 9º da Lei nº 8.162, de 8 de janeiro de 1991, pelo segurado definido no artigo 11, inciso I, alínea "g", desta Lei, sendo tais contribuições computadas para efeito de carência.

**§ 1º**. A averbação de tempo de serviço durante o qual o exercício da atividade não determinava filiação obrigatória ao anterior Regime de Previdência Social Urbana só será admitida mediante o recolhimento das contribuições correspondentes, conforme dispuser o Regulamento, observado o disposto no § 2º.

**§ 2º**. O tempo de serviço do segurado trabalhador rural, anterior à data de início de vigência desta Lei, será computado independentemente do recolhimento das contribuições a ele correspondentes, exceto para efeito de carência, conforme dispuser o Regulamento.

**§ 3º** A comprovação do tempo de serviço para os fins desta Lei, inclusive mediante justificativa administrativa ou judicial, observado o disposto no art. 108 desta Lei, só produzirá efeito quando for baseada em início de prova material contemporânea dos fatos, não admitida a prova exclusivamente testemunhal, exceto na ocorrência de motivo de força maior ou caso fortuito, na forma prevista no regulamento. (Redação dada pela Lei 13.846/2019)

**§ 4º**. Não será computado como tempo de contribuição, para efeito de concessão do benefício de que trata esta subseção, o período em que o segurado contribuinte individual ou facultativo tiver contribuído na forma do § 2º do art. 21 da Lei nº 8.212, de 24 de julho de 1991, salvo se tiver complementado as contribuições na forma do § 3º do mesmo artigo.

**Art. 56.** O professor, após 30 (trinta) anos, e a professora, após 25 (vinte e cinco) anos de efetivo exercício em funções de magistério poderão aposentar-se por tempo de serviço, com renda mensal correspondente a 100% (cem por cento) do salário de benefício, observado o disposto na Seção III deste Capítulo.

STF, 726. Para efeito de aposentadoria especial de professores, não se computa o tempo de serviço prestado fora da sala de aula.

- CF/88, art. 201, § 8º.

## *SUBSEÇÃO IV. DA APOSENTADORIA ESPECIAL*

SV, 33. Aplicam-se ao servidor público, no que couber, as regras do regime geral da previdência social sobre aposentadoria especial de que trata o artigo 40, § 4º, inciso III da Constituição Federal, até a edição de lei complementar específica.

- Decreto 3.048/1999: arts. 64 a 70.

**Art. 57.** A aposentadoria especial será devida, uma vez cumprida a carência exigida nesta Lei, ao segurado que tiver trabalhado sujeito a condições especiais que prejudiquem a saúde ou a integridade física, durante 15 (quinze), 20 (vinte) ou 25 (vinte e cinco) anos, conforme dispuser a lei.

- EC 20/1998, art.15.§ 1º. A aposentadoria especial, observado o disposto no art. 33 desta Lei, consistirá numa renda mensal equivalente a 100% (cem por cento) do salário de benefício.

**§ 1º**. A aposentadoria especial, observado o disposto no art. 33 desta Lei, consistirá numa renda mensal equivalente a 100% (cem por cento) do salário-de-benefício.

**§ 2º**. A data de início do benefício será fixada da mesma forma que a da aposentadoria por idade, conforme o disposto no art. 49.

**§ 3º**. A concessão da aposentadoria especial dependerá de comprovação pelo segurado, perante o Instituto Nacional do Seguro Social–INSS, do tempo de trabalho permanente, não ocasional nem intermitente, em condições especiais que prejudiquem a saúde ou a integridade física, durante o período mínimo fixado.

**§ 4º**. O segurado deverá comprovar, além do tempo de trabalho, exposição aos agentes nocivos químicos, físicos, biológicos ou associação de agentes prejudiciais à saúde ou à integridade física, pelo período equivalente ao exigido para a concessão do benefício.

**§ 5º**. O tempo de trabalho exercido sob condições especiais que sejam ou venham a ser consideradas prejudiciais à saúde ou à integridade física será somado, após a respectiva conversão ao tempo de trabalho exercido em atividade comum, segundo critérios estabelecidos pelo Ministério da Previdência e Assistência Social, para efeito de concessão de qualquer benefício.

**§ 6º**. O benefício previsto neste artigo será financiado com os recursos provenientes da contribuição de que trata o inciso II do art. 22 da Lei nº 8.212, de 24 de julho de 1991, cujas alíquotas serão acrescidas de doze, nove ou seis pontos percentuais, conforme a atividade exercida pelo segurado a serviço da empresa permita a concessão de aposentadoria especial após quinze, vinte ou vinte e cinco anos de contribuição, respectivamente.

**§ 7º**. O acréscimo de que trata o parágrafo anterior incide exclusivamente sobre a remuneração do segurado sujeito às condições especiais referidas no *caput*.

**§ 8º**. Aplica-se o disposto no art. 46 ao segurado aposentado nos termos deste artigo que continuar no exercício de atividade ou operação que o sujeite aos agentes nocivos constantes da relação referida no art. 58 desta Lei.

**Art. 58.** A relação dos agentes nocivos químicos, físicos e biológicos ou associação de agentes prejudiciais à saúde ou à integridade física considerados para fins de concessão da aposentadoria especial de que trata o artigo anterior será definida pelo Poder Executivo.

- EC 20/1998, art.15.

**§ 1º**. A comprovação da efetiva exposição do segurado aos agentes nocivos será feita mediante formulário, na forma estabelecida pelo Instituto Nacional do Seguro Social – INSS, emitido pela empresa ou seu preposto, com base em laudo técnico de condições ambientais do trabalho expedido por médico do trabalho ou engenheiro de segurança do trabalho nos termos da legislação trabalhista.

**§ 2º**. Do laudo técnico referido no parágrafo anterior deverão constar informação sobre a existência de tecnologia de proteção coletiva ou individual que diminua a intensidade do agente agressivo a limites de tolerância e recomendação sobre a sua adoção pelo estabelecimento respectivo.

**§ 3º**. A empresa que não mantiver laudo técnico atualizado com referência aos agentes nocivos existentes no ambiente de trabalho de seus trabalhadores ou que emitir documento de comprovação de efetiva exposição em desacordo com o respectivo laudo estará sujeita à penalidade prevista no art. 133 desta Lei.

**§ 4º**. A empresa deverá elaborar e manter atualizado perfil profissiográfico abrangendo as atividades desenvolvidas pelo trabalhador e fornecer a este, quando da rescisão do contrato de trabalho, cópia autêntica desse documento.

### *SUBSEÇÃO V.*
### *DO AUXÍLIO-DOENÇA*

- Decreto 3.048/1999: arts. 71 a 80.

**Art. 59.** O auxílio-doença será devido ao segurado que, havendo cumprido, quando for o caso, o período de carência exigido nesta Lei, ficar incapacitado para o seu trabalho ou para a sua atividade habitual por mais de 15 (quinze) dias consecutivos.

- CLT, art. 476.

**§ 1º** Não será devido o auxílio-doença ao segurado que se filiar ao Regime Geral de Previdência Social já portador da doença ou da lesão invocada como causa para o benefício, exceto quando a incapacidade sobrevier por motivo de progressão ou agravamento da doença ou da lesão. (Acrescido pela Lei 13.846/2019)

**§ 2º** Não será devido o auxílio-doença para o segurado recluso em regime fechado. (Acrescido pela Lei 13.846/2019)

**§ 3º** O segurado em gozo de auxílio-doença na data do recolhimento à prisão terá o benefício suspenso. (Acrescido pela Lei 13.846/2019)

**§ 4º** A suspensão prevista no § 3º deste artigo será de até 60 (sessenta) dias, contados da data do recolhimento à prisão, cessado o benefício após o referido prazo. (Acrescido pela Lei 13.846/2019)

**§ 5º** Na hipótese de o segurado ser colocado em liberdade antes do prazo previsto no § 4º deste artigo, o benefício será restabelecido a partir da data da soltura. (Acrescido pela Lei 13.846/2019)

**§ 6º** Em caso de prisão declarada ilegal, o segurado terá direito à percepção do benefício por todo o período devido. (Acrescido pela Lei 13.846/2019)

**§ 7º** O disposto nos §§ 2º, 3º, 4º, 5º e 6º deste artigo aplica-se somente aos benefícios dos segurados que forem recolhidos à prisão a partir da data de publicação desta Lei. (Acrescido pela Lei 13.846/2019)

**§ 8º** O segurado recluso em cumprimento de pena em regime aberto ou semiaberto terá direito ao auxílio-doença. (Acrescido pela Lei 13.846/2019)

**Art. 60.** O auxílio-doença será devido ao segurado empregado a contar do décimo sexto dia do afastamento da atividade, e, no caso dos demais segurados, a contar da data do início da incapacidade e enquanto ele permanecer incapaz.

**§ 1º**. Quando requerido por segurado afastado da atividade por mais de 30 (trinta) dias, o auxílio-doença será devido a contar da data da entrada do requerimento.

**§ 2º**. (*Revogado pela Lei nº 9.032, de 1995*)

**§ 3º**. Durante os primeiros quinze dias consecutivos ao do afastamento da atividade por motivo de doença, incumbirá à empresa pagar ao segurado empregado o seu salário integral.

**§ 4º**. A empresa que dispuser de serviço médico, próprio ou em convênio, terá a seu cargo o exame médico e o abono das faltas correpondentes ao período referido no § 3º, somente devendo encaminhar o segurado à perícia médica da Previdência Social quando a incapacidade ultrapassar 15 (quinze) dias.

- Consta conforme publicação oficial. Onde se lê "correpondentes"; leia-se "correspondentes".

**§ 5º** (*Revogado pela Lei 13.846/2019*)

**§ 6º**. O segurado que durante o gozo do auxílio-doença vier a exercer atividade que lhe garanta subsistência poderá ter o benefício cancelado a partir do retorno à atividade.

**§ 7º**. Na hipótese do § 6º, caso o segurado, durante o gozo do auxílio-doença, venha a exercer atividade diversa daquela que gerou o benefício, deverá ser verificada a incapacidade para cada uma das atividades exercidas.

**§ 8º** Sempre que possível, o ato de concessão ou de reativação de auxílio-doença, judicial ou administrativo, deverá fixar o prazo estimado para a duração do benefício.

**§ 9º** Na ausência de fixação do prazo de que trata o § 8º deste artigo, o benefício cessará após o prazo de cento e vinte dias, contado da data de concessão ou de reativação do auxílio-doença, exceto se o segurado requerer a sua prorrogação perante o INSS, na forma do regulamento, observado o disposto no art. 62 desta Lei.

**§ 10.** O segurado em gozo de auxílio-doença, concedido judicial ou administrativamente, poderá ser convocado a qualquer momento para avaliação das condições que ensejaram sua concessão ou manutenção, observado o disposto no art. 101 desta Lei.

**§ 11.** O segurado que não concordar com o resultado da avaliação da qual dispõe o § 10 deste artigo poderá apresentar, no prazo máximo de trinta dias, recurso da decisão da administração perante o Conselho de Recursos do Seguro Social, cuja análise médica pericial, se necessária, será feita pelo assistente técnico médico da junta de recursos do seguro social, perito diverso daquele que indeferiu o benefício.

**§ 11-A.** O exame médico-pericial previsto nos §§ 4º e 10 deste artigo, a cargo da Previdência Social, poderá ser realizado com o uso de tecnologia de telemedicina ou por análise documental conforme situações e requisitos definidos em regulamento. *(Acrescido pela Lei 14.724/2023)*

**§§ 12 e 13.** *(Acrescidos pela MP 767/2017, e não mantidos na Lei 13.457/2017, na qual foi convertida a referida MP)*

**§ 14.** Ato do Ministro de Estado do Trabalho e Previdência poderá estabelecer as condições de dispensa da emissão de parecer conclusivo da perícia médica federal quanto à incapacidade laboral, hipótese na qual a concessão do benefício de que trata este artigo será feita por meio de análise documental, incluídos atestados ou laudos médicos, realizada pelo INSS. *(Acrescido pela Lei 14.441/2022)*

**Art. 61.** O auxílio-doença, inclusive o decorrente de acidente do trabalho, consistirá numa renda mensal correspondente a 91% (noventa e um por cento) do salário de benefício, observado o disposto na Seção III, especialmente no art. 33 desta Lei.

**Art. 62.** O segurado em gozo de auxílio-doença, insuscetível de recuperação para sua atividade habitual, deverá submeter-se a processo de reabilitação profissional para o exercício de outra atividade.

**§ 1º** O benefício a que se refere o *caput* deste artigo será mantido até que o segurado seja considerado reabilitado para o desempenho de atividade que lhe garanta a subsistência ou, quando considerado não recuperável, seja aposentado por invalidez. (Renumerado pela Lei 13.846/2019)

**§ 2º** A alteração das atribuições e responsabilidades do segurado compatíveis com a limitação que tenha sofrido em sua capacidade física ou mental não configura desvio de cargo ou função do segurado reabilitado ou que estiver em processo de reabilitação profissional a cargo do INSS. (Acrescido pela Lei 13.846/2019)

**Art. 63.** O segurado empregado, inclusive o doméstico, em gozo de auxílio-doença será considerado pela empresa e pelo empregador doméstico como licenciado.

**Parágrafo único.** A empresa que garantir ao segurado licença remunerada ficará obrigada a pagar-lhe durante o período de auxílio-doença a eventual diferença entre o valor deste e a importância garantida pela licença.

**Art. 64.** (Revogado pela Lei nº 9.032, de 1995)

### *SUBSEÇÃO VI.*
### *DO SALÁRIO-FAMÍLIA*

‣ Decreto 3.048/1999: arts. 81 a 92.

**Art. 65.** O salário-família será devido, mensalmente, ao segurado empregado, inclusive o doméstico, e ao segurado trabalhador avulso, na proporção do respectivo número de filhos ou equiparados nos termos do § 2º do art. 16 desta Lei, observado o disposto no art. 66.

**Parágrafo único.** O aposentado por invalidez ou por idade e os demais aposentados com 65 (sessenta e cinco) anos ou mais de idade, se do sexo masculino, ou 60 (sessenta) anos ou mais, se do feminino, terão direito ao salário-família, pago juntamente com a aposentadoria.

**Art. 66.** O valor da cota do salário-família por filho ou equiparado de qualquer condição, até 14 (quatorze) anos de idade ou inválido de qualquer idade é de:

**I** – Cr$ 1.360,00 (um mil trezentos e sessenta cruzeiros), para o segurado com remuneração mensal não superior a Cr$ 51.000,00 (cinquenta e um mil cruzeiros);

‣ Vide valores atualizados pela Portaria MPS/MF 26/2023.

**II** – Cr$ 170,00 (cento e setenta cruzeiros), para o segurado com remuneração mensal superior a Cr$ 51.000,00 (cinquenta e um mil cruzeiros).

‣ Vide valores atualizados pela Portaria MPS/MF 26/2023.

**Art. 67.** O pagamento do salário-família é condicionado à apresentação da certidão de nascimento do filho ou da documentação relativa ao equiparado ou ao inválido, e à apresentação anual de atestado de vacinação obrigatória e de comprovação de frequência à escola do filho ou equiparado, nos termos do regulamento.

**Parágrafo único.** O empregado doméstico deve apresentar apenas a certidão de nascimento referida no *caput*.

**Art. 68.** As cotas do salário-família serão pagas pela empresa ou pelo empregador doméstico, mensalmente, junto com o salário, efetivando-se a compensação quando do recolhimento das contribuições, conforme dispuser o Regulamento.

**§ 1º.** A empresa ou o empregador doméstico conservarão durante 10 (dez) anos os comprovantes de pagamento e as cópias das certidões correspondentes, para fiscalização da Previdência Social.

**§ 2º.** Quando o pagamento do salário não for mensal, o salário-família será pago juntamente com o último pagamento relativo ao mês.

**Art. 69.** O salário-família devido ao trabalhador avulso poderá ser recebido pelo sindicato de classe respectivo, que se incumbirá de elaborar as folhas correspondentes e de distribuí-lo.

**Art. 70.** A cota do salário-família não será incorporada, para qualquer efeito, ao salário ou ao benefício.

## *SUBSEÇÃO VII. DO SALÁRIO-MATERNIDADE*

- Lei 13.301/2016: art. 18, § 3º.
- Lei 13.257/2016 – Dispõe sobre as políticas públicas para a primeira infância.
- Lei 11.770/2008 – Cria o Programa Empresa Cidadã, destinado à prorrogação da licença-maternidade mediante concessão de incentivo fiscal.
- Decreto 6.690/2008 – Institui o Programa de Prorrogação da Licença à Gestante e à Adotante, estabelece os critérios de adesão ao Programa.
- Decreto 3.048/1999: arts. 93 a 103.

**Art. 71.** O salário-maternidade é devido à segurada da Previdência Social, durante 120 (cento e vinte) dias, com início no período entre 28 (vinte e oito) dias antes do parto e a data de ocorrência deste, observadas as situações e condições previstas na legislação no que concerne à proteção à maternidade.

- STJ, 657. Atendidos os requisitos de segurada especial no RGPS e do período de carência, a indígena menor de 16 anos faz jus ao salário-maternidade.
- ADI 6.327: O STF, por unanimidade, conheceu da ação direta de inconstitucionalidade como arguição de descumprimento de preceito fundamental e, ratificando a medida cautelar, julgou procedente o pedido formulado para conferir interpretação conforme à Constituição ao artigo 392, § 1º, da CLT, assim como ao artigo 71 da Lei n. 8.213/91 e, por arrastamento, ao artigo 93 do seu Regulamento (Decreto n. 3.048/99), de modo a se considerar como termo inicial da licença-maternidade e do respectivo salário-maternidade a alta hospitalar do recém-nascido e/ou de sua mãe, o que ocorrer por último, prorrogando-se em todo o período o benefício, quando o período de internação exceder as duas semanas previstas no art. 392, § 2º, da CLT, e no art. 93, § 3º, do Decreto n. 3.048/99, nos termos do voto do Relator. Plenário, Sessão Virtual de 14.10.2022 a 21.10.2022

**Parágrafo único.** (*Revogado pela Lei nº 9.528, de 1997*)

**Art. 71-A.** Ao segurado ou segurada da Previdência Social que adotar ou obtiver guarda judicial para fins de adoção de criança é devido salário-maternidade pelo período de 120 (cento e vinte) dias.

**§ 1º.** O salário-maternidade de que trata este artigo será pago diretamente pela Previdência Social.

**§ 2º.** Ressalvado o pagamento do salário-maternidade à mãe biológica e o disposto no art. 71-B, não poderá ser concedido o benefício a mais de um segurado, decorrente do mesmo processo de adoção ou guarda, ainda que os cônjuges ou companheiros estejam submetidos a Regime Próprio de Previdência Social.

**Art. 71-B.** No caso de falecimento da segurada ou segurado que fizer jus ao recebimento do salário-maternidade, o benefício será pago, por todo o período ou pelo tempo restante a que teria direito, ao cônjuge ou companheiro sobrevivente que tenha a qualidade de segurado, exceto no caso do falecimento do filho ou de seu abandono, observadas as normas aplicáveis ao salário-maternidade.

**§ 1º.** O pagamento do benefício de que trata o *caput* deverá ser requerido até o último dia do prazo previsto para o término do salário-maternidade originário.

**§ 2º.** O benefício de que trata o *caput* será pago diretamente pela Previdência Social durante o período entre a data do óbito e o último dia do término do salário-maternidade originário e será calculado sobre:

**I** – a remuneração integral, para o empregado e trabalhador avulso;

**II** – o último salário de contribuição, para o empregado doméstico;

**III** – 1/12 (um doze avos) da soma dos 12 (doze) últimos salários de contribuição, apurados em um período não superior a 15 (quinze) meses, para o contribuinte individual, facultativo e desempregado; e

**IV** – o valor do salário mínimo, para o segurado especial.

**§ 3º.** Aplica-se o disposto neste artigo ao segurado que adotar ou obtiver guarda judicial para fins de adoção.

**Art. 71-C.** A percepção do salário-maternidade, inclusive o previsto no art. 71-B, está condicionada ao afastamento do segurado do trabalho ou da atividade desempenhada, sob pena de suspensão do benefício.

**Art. 72.** O salário-maternidade para a segurada empregada ou trabalhadora avulsa consistirá numa renda mensal igual a sua remuneração integral.

**§ 1º.** Cabe à empresa pagar o salário-maternidade devido à respectiva empregada gestante, efetivando-se a compensação, observado o disposto no art. 248 da Constituição Federal, quando do recolhimento das contribuições incidentes sobre a folha de salários e demais rendimentos pagos ou creditados, a qualquer título, à pessoa física que lhe preste serviço.

**§ 2º.** A empresa deverá conservar durante 10 (dez) anos os comprovantes dos pagamentos e os atestados correspondentes para exame pela fiscalização da Previdência Social.

**§ 3º.** O salário-maternidade devido à trabalhadora avulsa e à empregada do microempreendedor individual de que trata o art. 18-A da Lei Complementar nº 123, de 14 de dezembro de 2006, será pago diretamente pela Previdência Social.

**Art. 73.** Assegurado o valor de um salário-mínimo, o salário-maternidade para as demais seguradas, pago diretamente pela Previdência Social, consistirá:

**I** – em um valor correspondente ao do seu último salário de contribuição, para a segurada empregada doméstica;

**II** – em um doze avos do valor sobre o qual incidiu sua última contribuição anual, para a segurada especial;

**III** – em um doze avos da soma dos doze últimos salários de contribuição, apurados em um período não superior a quinze meses, para as demais seguradas.

**Parágrafo único.** Aplica-se à segurada desempregada, desde que mantida a qualidade de segurada, na forma prevista no art. 15 desta Lei, o disposto no inciso III do *caput* deste artigo. (Parágrafo único acrescido pela Lei 13.846/2019)

### *SUBSEÇÃO VIII. DA PENSÃO POR MORTE*

STJ, 340. A lei aplicável à concessão de pensão previdenciária por morte é aquela vigente na data do óbito do segurado.

STJ, 416. É devida a pensão por morte aos dependentes do segurado que, apesar de ter perdido essa qualidade, preencheu os requisitos legais para a obtenção de aposentadoria até a data do seu óbito.

‣ Decreto 3.048/1999: arts. 105 a 115.

**Art. 74.** A pensão por morte será devida ao conjunto dos dependentes do segurado que falecer, aposentado ou não, a contar da data:

**I** - do óbito, quando requerida em até 180 (cento e oitenta) dias após o óbito, para os filhos menores de 16 (dezesseis) anos, ou em até 90 (noventa) dias após o óbito, para os demais dependentes; (Redação dada pela Lei 13.846/2019)

**II** – do requerimento, quando requerida após o prazo previsto no inciso anterior;

**III** – da decisão judicial, no caso de morte presumida.

**§ 1º** Perde o direito à pensão por morte o condenado criminalmente por sentença com trânsito em julgado, como autor, coautor ou partícipe de homicídio doloso, ou de tentativa desse crime, cometido contra a pessoa do segurado, ressalvados os absolutamente incapazes e os inimputáveis. (Redação dada pela Lei 13.846/2019)

**§ 2º**. Perde o direito à pensão por morte o cônjuge, o companheiro ou a companheira se comprovada, a qualquer tempo, simulação ou fraude no casamento ou na união estável, ou a formalização desses com o fim exclusivo de constituir benefício previdenciário, apuradas em processo judicial no qual será assegurado o direito ao contraditório e à ampla defesa.

**§ 3º**. Ajuizada a ação judicial para reconhecimento da condição de dependente, este poderá requerer a sua habilitação provisória ao benefício de pensão por morte, exclusivamente para fins de rateio dos valores com outros dependentes, vedado o pagamento da respectiva cota até o trânsito em julgado da respectiva ação, ressalvada a existência de decisão judicial em contrário. (Redação dada pela Lei 13.846/2019)

**§ 4º**. Nas ações em que o INSS for parte, este poderá proceder de ofício à habilitação excepcional da referida pensão, apenas para efeitos de rateio, descontando-se os valores referentes a esta habilitação das demais cotas, vedado o pagamento da respectiva cota até o trânsito em julgado da respectiva ação, ressalvada a existência de decisão judicial em contrário. (Acrescido pela Lei 13.846/2019)

**§ 5º**. Julgada improcedente a ação prevista no § 3º ou § 4º deste artigo, o valor retido será corrigido pelos índices legais de reajustamento e será pago de forma proporcional aos demais dependentes, de acordo com as suas cotas e o tempo de duração de seus benefícios. (Acrescido pela Lei 13.846/2019)

**§ 6º**. Em qualquer caso, fica assegurada ao INSS a cobrança dos valores indevidamente pagos em função de nova habilitação. (Acrescido pela Lei 13.846/2019)

**Art. 75.** O valor mensal da pensão por morte será de cem por cento do valor da aposentadoria que o segurado recebia ou daquela a que teria direito se estivesse aposentado por invalidez na data de seu falecimento, observado o disposto no art. 33 desta lei.

**Art. 76.** A concessão da pensão por morte não será protelada pela falta de habilitação de outro possível dependente, e qualquer inscrição ou habilitação posterior que importe em exclusão ou inclusão de dependente só produzirá efeito a contar da data da inscrição ou habilitação.

**§ 1º**. O cônjuge ausente não exclui do direito à pensão por morte o companheiro ou a companheira, que somente fará jus ao benefício a partir da data de sua habilitação e mediante prova de dependência econômica.

**§ 2º**. O cônjuge divorciado ou separado judicialmente ou de fato que recebia pensão de alimentos concorrerá em igualdade de condições com os dependentes referidos no inciso I do art. 16 desta Lei.

STJ, 336. A mulher que renunciou aos alimentos na separação judicial tem direito à pensão previdenciária por morte do ex-marido, comprovada a necessidade econômica superveniente.

**§ 3º** Na hipótese de o segurado falecido estar, na data de seu falecimento, obrigado por determinação judicial a pagar alimentos temporários a ex-cônjuge, ex-companheiro ou ex-companheira, a pensão por morte será devida pelo prazo remanescente na data do óbito, caso não incida outra hipótese de cancelamento anterior do benefício. (Redação dada pela Lei 13.846/2019)

**Art. 77.** A pensão por morte, havendo mais de um pensionista, será rateada entre todos em parte iguais.

**§ 1º**. Reverterá em favor dos demais a parte daquele cujo direito à pensão cessar.

**§ 2º** O direito à percepção da cota individual cessará: (Redação dada pela Lei 13.846/2019)

**I** – pela morte do pensionista;

**II** – para o filho, a pessoa a ele equiparada ou o irmão, de ambos os sexos, ao completar vinte e um anos de idade, salvo se for inválido ou tiver deficiência intelectual ou mental ou deficiência grave;

**III** – para filho ou irmão inválido, pela cessação da invalidez;

**IV** – pelo decurso do prazo de recebimento de pensão pelo cônjuge, companheiro ou companheira, nos termos do § 5º.

**V** – para cônjuge ou companheiro:

*a)* se inválido ou com deficiência, pela cessação da invalidez ou pelo afastamento da deficiência, respeitados os períodos mínimos decorrentes da aplicação das alíneas "b" e "c";

*b)* em 4 (quatro) meses, se o óbito ocorrer sem que o segurado tenha vertido 18 (dezoito) contribuições mensais ou se o casamento ou a união estável tiverem sido iniciados em menos de 2 (dois) anos antes do óbito do segurado;

*c)* transcorridos os seguintes períodos, estabelecidos de acordo com a idade do beneficiário na data de óbito do segurado, se o óbito ocorrer depois de vertidas 18 (dezoito) contribuições mensais e pelo menos 2 (dois) anos após o início do casamento ou da união estável:

1) 3 (três) anos, com menos de 21 (vinte e um) anos de idade;

› Art. 1º, I, da Port. ME 424/2020, altera o período previsto neste item para :"I - três anos, com menos de vinte e dois anos de idade;"

2) 6 (seis) anos, entre 21 (vinte e um) e 26 (vinte e seis) anos de idade;

› Art. 1º, II, da Port. ME 424/2020, altera o período previsto neste item para: "II - seis anos, entre vinte e dois e vinte e sete anos de idade;"

3) 10 (dez) anos, entre 27 (vinte e sete) e 29 (vinte e nove) anos de idade;

› Art. 1º, III, da Port. ME 424/2020, altera o período previsto neste item para: "III - dez anos, entre vinte e oito e trinta anos de idade;"

4) 15 (quinze) anos, entre 30 (trinta) e 40 (quarenta) anos de idade;

› Art. 1º, IV, da Port. ME 424/2020, altera o período previsto neste item para: "IV - quinze anos, entre trinta e um e quarenta e um anos de idade;"

5) 20 (vinte) anos, entre 41 (quarenta e um) e 43 (quarenta e três) anos de idade;

› Art. 1º, V, da Port. ME 424/2020, altera o período previsto neste item para: "V - vinte anos, entre quarenta e dois e quarenta e quatro anos de idade;"

6) vitalícia, com 44 (quarenta e quatro) ou mais anos de idade.

› Art. 1º, VI, da Port. ME 424/2020, altera o período previsto neste item para: "VI - vitalícia, com quarenta e cinco ou mais anos de idade."

**VI** – pela perda do direito, na forma do § 1º do art. 74 desta Lei. (Inciso acrescido pela Lei 13.846/2019)

**§ 2º-A.** Serão aplicados, conforme o caso, a regra contida na alínea "a" ou os prazos previstos na alínea "c", ambas do inciso V do § 2º, se o óbito do segurado decorrer de acidente de qualquer natureza ou de doença profissional ou do trabalho, independentemente do recolhimento de 18 (dezoito) contribuições mensais ou da comprovação de 2 (dois) anos de casamento ou de união estável.

**§ 2º-B.** Após o transcurso de pelo menos 3 (três) anos e desde que nesse período se verifique o incremento mínimo de um ano inteiro na média nacional única, para ambos os sexos, correspondente à expectativa de sobrevida da população brasileira ao nascer, poderão ser fixadas, em números inteiros, novas idades para os fins previstos na alínea "c" do inciso V do § 2º, em ato do Ministro de Estado da Previdência Social, limitado o acréscimo na comparação com as idades anteriores ao referido incremento.

**§ 3º**. Com a extinção da parte do último pensionista a pensão extinguir-se-á.

**§ 4º**. (Revogado pela Lei nº 13.135, de 2015)

**§ 5º**. O tempo de contribuição a Regime Próprio de Previdência Social (RPPS) será considerado na contagem das 18 (dezoito) contribuições mensais de que tratam as alíneas "b" e "c" do inciso V do § 2º.

**§ 6º**. O exercício de atividade remunerada, inclusive na condição de microempreendedor individual, não impede a concessão ou manutenção da parte individual da pensão do dependente com deficiência intelectual ou mental ou com deficiência grave.

**§ 7º**. Se houver fundados indícios de autoria, coautoria ou participação de dependente, ressalvados os absolutamente incapazes e os inimputáveis, em homicídio, ou em tentativa desse crime, cometido contra a pessoa do segurado, será possível a suspensão provisória de sua parte no benefício de pensão por morte, mediante processo administrativo próprio, respeitados a ampla defesa e o contraditório, e serão devidas, em caso de absolvição, todas as parcelas corrigidas desde a data da suspensão, bem como a reativação imediata do benefício. (Acrescido pela Lei 13.846/2019)

**Art. 78.** Por morte presumida do segurado, declarada pela autoridade judicial competente, depois de 6 (seis) meses de ausência, será concedida pensão provisória, na forma desta Subseção.

**§ 1º**. Mediante prova do desaparecimento do segurado em consequência de acidente, desastre ou catástrofe, seus dependentes farão jus à pensão provisória independentemente da declaração e do prazo deste artigo.

**§ 2º**. Verificado o reaparecimento do segurado, o pagamento da pensão cessará imediatamente, desobrigados os dependentes da reposição dos valores recebidos, salvo má-fé.

**Art. 79.** (Revogado pela Lei 13.846/2019)

### *SUBSEÇÃO IX.*
### *DO AUXÍLIO-RECLUSÃO*

› Decreto 3.048/1999: arts. 116 a 119.

**Art. 80.** O auxílio-reclusão, cumprida a carência prevista no inciso IV do *caput* do art. 25 desta Lei, será devido, nas condições da pensão por morte, aos dependentes do segurado de baixa renda recolhido à prisão em regime fechado que não receber remuneração da empresa nem estiver em gozo de auxílio-doença, de pensão por morte, de salário-maternidade, de aposentadoria ou de abono de permanência em serviço. (Redação dada pela Lei 13.846/2019)

**§ 1º**. O requerimento do auxílio-reclusão será instruído com certidão judicial que ateste o recolhimento efetivo à prisão, e será obrigatória a apresentação de prova de permanência na condição de presidiário para a manutenção do benefício. (Redação dada pela Lei 13.846/2019)

**§ 2º**. O INSS celebrará convênios com os órgãos públicos responsáveis pelo cadastro dos presos para obter informações sobre o recolhimento à prisão. (Acrescido pela Lei 13.846/2019)

**§ 3º**. Para fins do disposto nesta Lei, considera-se segurado de baixa renda aquele que, no mês de competência de recolhimento à prisão, tenha renda, apurada nos termos do disposto no § 4º deste artigo, de valor igual ou inferior àquela prevista no art. 13 da Emenda Constitucional nº 20, de 15 de dezembro de 1998, corrigido pelos índices de reajuste aplicados aos benefícios do RGPS. (Redação dada pela Lei 13.846/2019)

**§ 4º**. A aferição da renda mensal bruta para enquadramento do segurado como de baixa renda ocorrerá pela média dos salários de contribuição apurados no período de 12 (doze) meses anteriores ao mês do recolhimento à prisão. (Acrescido pela Lei 13.846/2019)

**§ 5º.** A certidão judicial e a prova de permanência na condição de presidiário poderão ser substituídas pelo acesso à base de dados, por meio eletrônico, a ser disponibilizada pelo Conselho Nacional de Justiça, com dados cadastrais que assegurem a identificação plena do segurado e da sua condição de presidiário. (Acrescido pela Lei 13.846/2019)

**§ 6º.** Se o segurado tiver recebido benefícios por incapacidade no período previsto no § 4º deste artigo, sua duração será contada considerando-se como salário de contribuição no período o salário de benefício que serviu de base para o cálculo da renda mensal, reajustado na mesma época e com a mesma base dos benefícios em geral, não podendo ser inferior ao valor de 1 (um) salário mínimo. (Acrescido pela Lei 13.846/2019)

**§ 7º.** O exercício de atividade remunerada do segurado recluso, em cumprimento de pena em regime fechado, não acarreta a perda do direito ao recebimento do auxílio-reclusão para seus dependentes. (Acrescido pela Lei 13.846/2019)

**§ 8º.** Em caso de morte de segurado recluso que tenha contribuído para a previdência social durante o período de reclusão, o valor da pensão por morte será calculado levando-se em consideração o tempo de contribuição adicional e os correspondentes salários de contribuição, facultada a opção pelo valor do auxílio-reclusão. (Acrescido pela Lei 13.846/2019)

### *SUBSEÇÃO X.*
### *DOS PECÚLIOS*

**Art. 81.** (Revogado pela Lei 9.129/1995)

**Arts. 82 e 83.** *(Revogados pela Lei 9.032/1995)*

**Art. 84.** *(Revogado pela Lei 8.870/1994)*

**Art. 85.** *(Revogado pela Lei 9.032/1995)*

### *SUBSEÇÃO XI.*
### *DO AUXÍLIO-ACIDENTE*

STJ, 507. A acumulação de auxílio-acidente com aposentadoria pressupõe que a lesão incapacitante e a aposentadoria sejam anteriores a 11/11/1997, observado o critério do art. 23 da Lei 8.213/1991 para definição do momento da lesão nos casos de doença profissional ou do trabalho.

‣ Decreto 3.048/1999, art. 104.

**Art. 86.** O auxílio-acidente será concedido, como indenização, ao segurado quando, após consolidação das lesões decorrentes de acidente de qualquer natureza, resultarem sequelas que impliquem redução da capacidade para o trabalho que habitualmente exercia.

**§ 1º.** O auxílio-acidente mensal corresponderá a cinquenta por cento do salário de benefício e será devido, observado o disposto no § 5º, até a véspera do início de qualquer aposentadoria ou até a data do óbito do segurado.

‣ Lei 9.032/1995 revogou o citado § 5º.

**§ 2º.** O auxílio-acidente será devido a partir do dia seguinte ao da cessação do auxílio-doença, independentemente de qualquer remuneração ou rendimento auferido pelo acidentado, vedada sua acumulação com qualquer aposentadoria.

**§ 3º.** O recebimento de salário ou concessão de outro benefício, exceto de aposentadoria, observado o disposto no § 5º, não prejudicará a continuidade do recebimento do auxílio-acidente.

‣ Lei 9.032/1995 revogou o citado § 5º.

**§ 4º.** A perda da audição, em qualquer grau, somente proporcionará a concessão do auxílio-acidente, quando, além do reconhecimento de causalidade entre o trabalho e a doença, resultar, comprovadamente, na redução ou perda da capacidade para o trabalho que habitualmente exercia.

**§ 5º.** (Revogado pela Lei nº 9.032, de 1995)

### *SUBSEÇÃO XII.*
### *DO ABONO DE PERMANÊNCIA EM SERVIÇO*

**Art. 87.** (Revogado pela Lei nº 8.870, de 1994)

**Parágrafo único.** (Revogado pela Lei nº 8.870, de 1994)

## SEÇÃO VI.
## DOS SERVIÇOS

### *SUBSEÇÃO I.*
### *DO SERVIÇO SOCIAL*

**Art. 88.** Compete ao Serviço Social esclarecer junto aos beneficiários seus direitos sociais e os meios de exercê-los e estabelecer conjuntamente com eles o processo de solução dos problemas que emergirem da sua relação com a Previdência Social, tanto no âmbito interno da instituição como na dinâmica da sociedade.

**§ 1º.** Será dada prioridade aos segurados em benefício por incapacidade temporária e atenção especial aos aposentados e pensionistas.

**§ 2º.** Para assegurar o efetivo atendimento dos usuários serão utilizadas intervenção técnica, assistência de natureza jurídica, ajuda material, recursos sociais, intercâmbio com empresas e pesquisa social, inclusive mediante celebração de convênios, acordos ou contratos.

**§ 3º.** O Serviço Social terá como diretriz a participação do beneficiário na implementação e no fortalecimento da política previdenciária, em articulação com as associações e entidades de classe.

**§ 4º.** O Serviço Social, considerando a universalização da Previdência Social, prestará assessoramento técnico aos Estados e Municípios na elaboração e implantação de suas propostas de trabalho.

### *SUBSEÇÃO II.*
### *DA HABILITAÇÃO E DA REABILITAÇÃO PROFISSIONAL*

‣ Decreto 3.048/1999: arts. 136 a 141.

**Art. 89.** A habilitação e a reabilitação profissional e social deverão proporcionar ao beneficiário incapacitado parcial ou totalmente para o trabalho, e às pessoas portadoras de deficiência, os meios para a (re)educação e de (re)adaptação profissional e social indicados para participar do mercado de trabalho e do contexto em que vive.

**Parágrafo único.** A reabilitação profissional compreende:

*a)* o fornecimento de aparelho de prótese, órtese e instrumentos de auxílio para locomoção quando a perda ou redução da capacidade funcional puder ser atenuada por seu uso e dos equipamentos necessários à habilitação e reabilitação social e profissional;

*b)* a reparação ou a substituição dos aparelhos mencionados no inciso anterior, desgastados pelo uso normal ou por ocorrência estranha à vontade do beneficiário;

*c)* o transporte do acidentado do trabalho, quando necessário.

**Art. 90.** A prestação de que trata o artigo anterior é devida em caráter obrigatório aos segurados, inclusive aposentados e, na medida das possibilidades do órgão da Previdência Social, aos seus dependentes.

**Art. 91.** Será concedido, no caso de habilitação e reabilitação profissional, auxílio para tratamento ou exame fora do domicílio do beneficiário, conforme dispuser o Regulamento.

**Art. 92.** Concluído o processo de habilitação ou reabilitação social e profissional, a Previdência Social emitirá certificado individual, indicando as atividades que poderão ser exercidas pelo beneficiário, nada impedindo que este exerça outra atividade para a qual se capacitar.

**Art. 93.** A empresa com 100 (cem) ou mais empregados está obrigada a preencher de 2% (dois por cento) a 5% (cinco por cento) dos seus cargos com beneficiários reabilitados ou pessoas portadoras de deficiência, habilitadas, na seguinte proporção:

| | |
|---|---|
| **I** – até 200 empregados........... | 2% |
| **II** – de 201 a 500........................ | 3% |
| **III** – de 501 a 1.000.................... | 4% |
| **IV** – de 1.001 em diante............. | 5% |

**V** – (VETADO).

**§ 1º.** A dispensa de pessoa com deficiência ou de beneficiário reabilitado da Previdência Social ao final de contrato por prazo determinado de mais de 90 (noventa) dias e a dispensa imotivada em contrato por prazo indeterminado somente poderão ocorrer após a contratação de outro trabalhador com deficiência ou beneficiário reabilitado da Previdência Social.

**§ 2º.** Ao Ministério do Trabalho e Emprego incumbe estabelecer a sistemática de fiscalização, bem como gerar dados e estatísticas sobre o total de empregados e as vagas preenchidas por pessoas com deficiência e por beneficiários reabilitados da Previdência Social, fornecendo-os, quando solicitados, aos sindicatos, às entidades representativas dos empregados ou aos cidadãos interessados.

**§ 3º.** Para a reserva de cargos será considerada somente a contratação direta de pessoa com deficiência, excluído o aprendiz com deficiência de que trata a Consolidação das Leis do Trabalho (CLT), aprovada pelo Decreto-Lei nº 5.452, de 1º de maio de 1943.

**§ 4º.** (VETADO).

## SEÇÃO VII. DA CONTAGEM RECÍPROCA DE TEMPO DE SERVIÇO

› Decreto 3.048/1999: arts. 125 a 134.

**Art. 94.** Para efeito dos benefícios previstos no Regime Geral de Previdência Social ou no serviço público é assegurada a contagem recíproca do tempo de contribuição na atividade privada, rural e urbana, e do tempo de contribuição ou de serviço na administração pública, hipótese em que os diferentes sistemas de previdência social se compensarão financeiramente.

**§ 1º.** A compensação financeira será feita ao sistema a que o interessado estiver vinculado ao requerer o benefício pelos demais sistemas, em relação aos respectivos tempos de contribuição ou de serviço, conforme dispuser o Regulamento.

**§ 2º.** Não será computado como tempo de contribuição, para efeito dos benefícios previstos em regimes próprios de previdência social, o período em que o segurado contribuinte individual ou facultativo tiver contribuído na forma do § 2º do art. 21 da Lei nº 8.212, de 24 de julho de 1991, salvo se complementadas as contribuições na forma do § 3º do mesmo artigo.

**Art. 95.** *(Revogado pela MP 2.187-13/2001)*

**Art. 96.** O tempo de contribuição ou de serviço de que trata esta Seção será contado de acordo com a legislação pertinente, observadas as normas seguintes:

**I** – não será admitida a contagem em dobro ou em outras condições especiais;

**II** – é vedada a contagem de tempo de serviço público com o de atividade privada, quando concomitantes;

**III** – não será contado por um sistema o tempo de serviço utilizado para concessão de aposentadoria pelo outro;

**IV** – o tempo de serviço anterior ou posterior à obrigatoriedade de filiação à Previdência Social só será contado mediante indenização da contribuição correspondente ao período respectivo, com acréscimo de juros moratórios de zero vírgula cinco por cento ao mês, capitalizados anualmente, e multa de dez por cento.

**V** – é vedada a emissão de Certidão de Tempo de Contribuição (CTC) com o registro exclusivo de tempo de serviço, sem a comprovação de contribuição efetiva, exceto para o segurado empregado, empregado doméstico, trabalhador avulso e, a partir de 1º de abril de 2003, para o contribuinte individual que presta serviço a empresa obrigada a arrecadar a contribuição a seu cargo, observado o disposto no § 5º do art. 4º da Lei nº 10.666, de 8 de maio de 2003; (Redação dada pela Lei 13.846/2019)

**VI** – a CTC somente poderá ser emitida por regime próprio de previdência social para ex-servidor; (Acrescido pela Lei 13.846/2019)

**VII** – é vedada a contagem recíproca de tempo de contribuição do RGPS por regime próprio de previdência social sem a emissão da CTC correspondente, ainda que o tempo de contribuição referente ao RGPS tenha sido prestado pelo servidor público ao próprio ente instituidor; (Acrescido pela Redação dada pela Lei 13.846/2019)

**VIII** – é vedada a desaverbação de tempo em regime próprio de previdência social quando o tempo averbado tiver gerado a concessão de vantagens remuneratórias ao servidor público em atividade; e (Acrescido pela Lei 13.846/2019)

**IX** – para fins de elegibilidade às aposentadorias especiais referidas no § 4º do art. 40 e no § 1º do art. 201 da Constituição Federal, os períodos reconhecidos pelo regime previdenciário de origem como de tempo especial, sem conversão em tempo comum, deverão estar incluídos nos períodos de contribuição compreendidos na CTC e discriminados de data a data. (Acrescido pela Lei 13.846/2019)

**Parágrafo único.** O disposto no inciso V do *caput* deste artigo não se aplica ao tempo de serviço anterior à edição da Emenda Constitucional nº 20, de 15 de dezembro de 1998, que tenha sido equiparado por lei a tempo de contribuição. (Acrescido pela Lei 13.846/2019)

**Art. 97.** A aposentadoria por tempo de serviço, com contagem de tempo na forma desta Seção, será concedida ao segurado do sexo feminino a partir de 25 (vinte e cinco) anos completos de serviço, e, ao segurado do sexo masculino, a partir de 30 (trinta) anos completos de serviço, ressalvadas as hipóteses de redução previstas em lei.

**Art. 98.** Quando a soma dos tempos de serviço ultrapassar 30 (trinta) anos, se do sexo feminino, e 35 (trinta e cinco) anos, se do sexo masculino, o excesso não será considerado para qualquer efeito.

**Art. 99.** O benefício resultante de contagem de tempo de serviço na forma desta Seção será concedido e pago pelo sistema a que o interessado estiver vinculado ao requerê-lo, e calculado na forma da respectiva legislação.

## SEÇÃO VIII. DAS DISPOSIÇÕES DIVERSAS RELATIVAS ÀS PRESTAÇÕES

**Art. 100.** (VETADO)

**Art. 101.** O segurado em gozo de auxílio por incapacidade temporária, auxílio-acidente ou aposentadoria por incapacidade permanente e o pensionista inválido, cujos benefícios tenham sido concedidos judicial ou administrativamente, estão obrigados, sob pena de suspensão do benefício, a submeter-se a: *(Redação dada pela Lei 14.441/2022)*

**I** - exame médico a cargo da Previdência Social para avaliação das condições que ensejaram sua concessão ou manutenção; *(Acrescido pela Lei 14.441/2022)*

**II** - processo de reabilitação profissional prescrito e custeado pela Previdência Social; e *(Redação dada pela Lei 14.441/2022)*

**III** - tratamento oferecido gratuitamente, exceto o cirúrgico e a transfusão de sangue, que são facultativos. *(Redação dada pela Lei 14.441/2022)*

**§ 1º** O aposentado por invalidez e o pensionista inválido que não tenham retornado à atividade estarão isentos do exame de que trata o *caput* deste artigo:

**I** – após completarem cinquenta e cinco anos ou mais de idade e quando decorridos quinze anos da data da concessão da aposentadoria por invalidez ou do auxílio-doença que a precedeu; ou

**II** – após completarem sessenta anos de idade.

**§ 2º**. A isenção de que trata o § 1º não se aplica quando o exame tem as seguintes finalidades:

**I** – verificar a necessidade de assistência permanente de outra pessoa para a concessão do acréscimo de 25% (vinte e cinco por cento) sobre o valor do benefício, conforme dispõe o art. 45;

**II** – verificar a recuperação da capacidade de trabalho, mediante solicitação do aposentado ou pensionista que se julgar apto;

**III** – subsidiar autoridade judiciária na concessão de curatela, conforme dispõe o art. 110.

**§ 3º** (VETADO).

**§ 4º** A perícia de que trata este artigo terá acesso aos prontuários médicos do periciado no Sistema Único de Saúde (SUS), desde que haja a prévia anuência do periciado e seja garantido o sigilo sobre os dados dele.

**§ 5º** É assegurado o atendimento domiciliar e hospitalar pela perícia médica e social do INSS ao segurado com dificuldades de locomoção, quando seu deslocamento, em razão de sua limitação funcional e de condições de acessibilidade, imponha-lhe ônus desproporcional e indevido, nos termos do regulamento.

**§ 6º** As avaliações e os exames médico-periciais de que trata o inciso I do *caput*, inclusive na hipótese de que trata o § 5º deste artigo, poderão ser realizados com o uso de tecnologia de telemedicina ou por análise documental conforme situações e requisitos definidos em regulamento, observado o disposto nos §§ 11-A e 14 do art. 60 desta Lei e no § 12 do art. 30 da Lei nº 11.907, de 2 de fevereiro de 2009. *(Redação dada pela Lei 14.724/2023)*

**§ 7º** *(Revogado pela Lei 14.724/2023)*

**§ 8º** Em caso de cancelamento de agendamento para perícia presencial, o horário vago poderá ser preenchido por perícia com o uso de tecnologia de telemedicina, antecipando atendimento previsto para data futura, obedecida a ordem da fila. *(Acrescido pela Lei 14.724/2023)*

**§ 9º** No caso da antecipação de atendimento prevista no § 8º deste artigo, observar-se-á a disponibilidade do periciando para se submeter à perícia remota no horário tornado disponível. *(Acrescido pela Lei 14.724/2023)*

**Art. 102.** A perda da qualidade de segurado importa em caducidade dos direitos inerentes a essa qualidade.

**§ 1º.** A perda da qualidade de segurado não prejudica o direito à aposentadoria para cuja concessão tenham sido preenchidos todos os requisitos, segundo a legislação em vigor à época em que estes requisitos foram atendidos.

**§ 2º.** Não será concedida pensão por morte aos dependentes do segurado que falecer após a perda desta qualidade, nos termos do art. 15 desta Lei, salvo se preenchidos os requisitos para obtenção da aposentadoria na forma do parágrafo anterior.

**Art. 103.** O prazo de decadência do direito ou da ação do segurado ou beneficiário para a revisão do ato de concessão, indeferimento, cancelamento ou cessação de benefício e do ato de deferimento, indeferimento ou não concessão de revisão de benefício é de 10 (dez) anos, contado: (Redação dada pela Lei 13.846/2019)

▸ O art. 24 da Lei nº 13.486/2019, no que deu nova redação ao art. 103 da Lei nº 8.213/1991, foi declarado inconstitucional, em controle concentrado, pelo STF, na ADI nº 6.096 - DOU de 26.10.2020.

**I** – do dia primeiro do mês subsequente ao do recebimento da primeira prestação ou da data em que a prestação deveria ter sido paga com o valor revisto; ou (Acrescido pela Lei 13.846/2019)

**II** – do dia em que o segurado tomar conhecimento da decisão de indeferimento, cancelamento ou cessação do seu pedido de benefício ou da decisão de deferimento ou indeferimento de revisão de benefício, no âmbito administrativo. (Acrescido pela Lei 13.846/2019)

JEF, 81. Não incide o prazo decadencial previsto no art. 103, *caput*, da Lei n. 8.213/91, nos casos de indeferimento e cessação de benefícios, bem como em relação às questões não apreciadas pela Administração no ato da concessão.

**Parágrafo único.** Prescreve em cinco anos, a contar da data em que deveriam ter sido pagas, toda e qualquer ação para haver prestações vencidas ou quaisquer restituições ou diferenças devidas pela Previdência Social, salvo o direito dos menores, incapazes e ausentes, na forma do Código Civil.

**Art. 103-A.** O direito da Previdência Social de anular os atos administrativos de que decorram efeitos favoráveis para os seus beneficiários decai em dez anos, contados da data em que foram praticados, salvo comprovada má-fé.

**§ 1º.** No caso de efeitos patrimoniais contínuos, o prazo decadencial contar-se-á da percepção do primeiro pagamento.

**§ 2º.** Considera-se exercício do direito de anular qualquer medida de autoridade administrativa que importe impugnação à validade do ato.

**Art. 104.** As ações referentes à prestação por acidente do trabalho prescrevem em 5 (cinco) anos, observado o disposto no art. 103 desta Lei, contados da data:

SV, 22. A Justiça do Trabalho é competente para processar e julgar as ações de indenização por danos morais e patrimoniais decorrentes de acidente de trabalho propostas por empregado contra empregador, inclusive aquelas que ainda não possuíam sentença de mérito em primeiro grau quando da promulgação da Emenda Constitucional nº 45/04.

STF, 35. Em caso de acidente do trabalho ou de transporte, a concubina tem direito de ser indenizada pela morte do amásio, se entre êles não havia impedimento para o matrimônio.

▸ CLT, art. 4º, par. único.

**I** – do acidente, quando dele resultar a morte ou a incapacidade temporária, verificada esta em perícia médica a cargo da Previdência Social; ou

**II** – em que for reconhecida pela Previdência Social, a incapacidade permanente ou o agravamento das sequelas do acidente.

**Art. 105.** A apresentação de documentação incompleta não constitui motivo para recusa do requerimento de benefício.

**Art. 106.** A comprovação do exercício de atividade rural será feita, complementarmente à autodeclaração de que trata o § 2º e ao cadastro de que trata o § 1º, ambos do art. 38-B desta Lei, por meio de, entre outros: (Redação dada pela Lei 13.846/2019)

STJ, 577. É possível reconhecer o tempo de serviço rural anterior ao documento mais antigo apresentado, desde que amparado em convincente prova testemunhal colhida sob o contraditório.

**I** – contrato individual de trabalho ou Carteira de Trabalho e Previdência Social;

**II** – contrato de arrendamento, parceria ou comodato rural;

**III** – (Revogado pela Lei 13.846/2019)

**IV** – Declaração de Aptidão ao Programa Nacional de Fortalecimento da Agricultura Familiar, de que trata o inciso II do *caput* do art. 2º da Lei nº 12.188, de 11 de janeiro de 2010, ou por documento que a substitua; (Redação dada pela Lei 13.846/2019)

**V** – bloco de notas do produtor rural;

**VI** – notas fiscais de entrada de mercadorias, de que trata o § 7º do art. 30 da Lei nº 8.212, de 24 de julho de 1991, emitidas pela empresa adquirente da produção, com indicação do nome do segurado como vendedor;

**VII** – documentos fiscais relativos a entrega de produção rural à cooperativa agrícola, entreposto de pescado ou outros, com indicação do segurado como vendedor ou consignante;

**VIII** – comprovantes de recolhimento de contribuição à Previdência Social decorrentes da comercialização da produção;

**IX** – cópia da declaração de imposto de renda, com indicação de renda proveniente da comercialização de produção rural; ou

**X** – licença de ocupação ou permissão outorgada pelo Incra.

**Art. 107.** O tempo de serviço de que trata o art. 55 desta Lei será considerado para cálculo do valor da renda mensal de qualquer benefício.

**Art. 108.** Mediante justificação processada perante a Previdência Social, observado o disposto no § 3º do art. 55 e na forma estabelecida no Regulamento, poderá ser suprida a falta de documento ou provado ato do interesse de beneficiário ou empresa, salvo no que se refere a registro público.

**Art. 109.** O benefício será pago diretamente ao beneficiário, salvo em caso de ausência, moléstia contagiosa ou impossibilidade de locomoção, quando será pago a procurador, cujo mandato não terá prazo superior a doze meses, podendo ser renovado.

**Parágrafo único.** A impressão digital do beneficiário incapaz de assinar, aposta na presença de servidor da Previdência Social, vale como assinatura para quitação de pagamento de benefício.

**Art. 110.** O benefício devido ao segurado ou dependente civilmente incapaz será feito ao cônjuge, pai, mãe, tutor ou curador, admitindo-se, na sua falta e por período não superior a 6 (seis) meses, o pagamento a herdeiro necessário, mediante termo de compromisso firmado no ato do recebimento.

**§ 1º.** Para efeito de curatela, no caso de interdição do beneficiário, a autoridade judiciaria pode louvar-se no laudo médico-pericial da Previdência Social. (Renumerado pela Lei 13.846/2019)

**§ 2º.** O dependente excluído, na forma do § 7º do art. 16 desta Lei, ou que tenha a parte provisoriamente suspensa, na forma do § 7º do art. 77 desta Lei, não poderá representar outro dependente para fins de recebimento e percepção do benefício. (Acrescido pela Lei 13.846/2019)

**§ 3º.** O dependente que perde o direito à pensão por morte, na forma do § 1º do art. 74 desta Lei, não poderá representar outro dependente para fins de recebimento e percepção do benefício. (Acrescido pela Lei 13.846/2019)

**Art. 110-A.** No ato de requerimento de benefícios operacionalizados pelo INSS, não será exigida apresentação de termo de curatela de titular ou de beneficiário com deficiência, observados os procedimentos a serem estabelecidos em regulamento.

**Art. 111.** O segurado menor poderá, conforme dispuser o Regulamento, firmar recibo de benefício, independentemente da presença dos pais ou do tutor.

**Art. 112.** O valor não recebido em vida pelo segurado só será pago aos seus dependentes habilitados à pensão por morte ou, na falta deles, aos seus sucessores na forma da lei civil, independentemente de inventário ou arrolamento.

**Art. 113.** O benefício poderá ser pago mediante depósito em conta corrente ou por autorização de pagamento, conforme se dispuser em regulamento.

**Parágrafo único.** (Revogado pela Lei nº 9.876, de 1999)

**Art. 114.** Salvo quanto a valor devido à Previdência Social e a desconto autorizado por esta Lei, ou derivado da obrigação de prestar alimentos reconhecida em sentença judicial, o benefício não pode ser objeto de penhora, arresto ou sequestro, sendo nula de pleno direito a sua venda ou cessão, ou a constituição de qualquer ônus sobre ele, bem como a outorga de poderes irrevogáveis ou em causa própria para o seu recebimento.

**Art. 115.** Podem ser descontados dos benefícios:

**I** – contribuições devidas pelo segurado à Previdência Social;

**II** - pagamento administrativo ou judicial de benefício previdenciário ou assistencial indevido, ou além do devido, inclusive na hipótese de cessação do benefício pela revogação de decisão judicial, em valor que não exceda 30% (trinta por cento) da sua importância, nos termos do regulamento; (Redação dada pela Lei 13.846/2019)

**III** – Imposto de Renda retido na fonte;

**IV** – pensão de alimentos decretada em sentença judicial;

**V** – mensalidades de associações e demais entidades de aposentados legalmente reconhecidas, desde que autorizadas por seus filiados.

**VI** - pagamento de empréstimos, financiamentos e operações de arrendamento mercantil concedidos por instituições financeiras e sociedades de arrendamento mercantil, ou por entidades fechadas ou abertas de previdência complementar, públicas e privadas, quando expressamente autorizado pelo beneficiário, até o limite de 45% (quarenta e cinco por cento) do valor do benefício, sendo 35% (trinta e cinco por cento) destinados exclusivamente a empréstimos, financiamentos e arrendamentos mercantis, 5% (cinco por cento) destinados exclusivamente à amortização de despesas contraídas por meio de cartão de crédito consignado ou à utilização com a finalidade de saque por meio de cartão de crédito consignado e 5% (cinco por cento) destinados exclusivamente à amortização de despesas contraídas por meio de cartão consignado de benefício ou à utilização com a finalidade de saque por meio de cartão consignado de benefício. *(Redação dada pela Lei 14.431/2022)*

a) e b) *(Revogada pela Lei 14.431/2022)*

**§ 1º.** Na hipótese do inciso II, o desconto será feito em parcelas, conforme dispuser o regulamento, salvo má-fé.

**§ 2º.** Na hipótese dos incisos II e VI, haverá prevalência do desconto do inciso II.

**§ 3º.** Serão inscritos em dívida ativa pela Procuradoria-Geral Federal os créditos constituídos pelo INSS em decorrência de benefício previdenciário ou assistencial pago indevidamente ou além do devido, inclusive na hipótese de cessação do benefício pela revogação de decisão judicial, nos termos da Lei nº 6.830, de 22 de setembro de 1980, para a execução judicial. (*Redação dada pela Lei 13.846/2019*)

**§ 4º.** Será objeto de inscrição em dívida ativa, para os fins do disposto no § 3º deste artigo, em conjunto ou separadamente, o terceiro beneficiado que sabia ou deveria saber da origem do benefício pago indevidamente em razão de fraude, de dolo ou de coação, desde que devidamente identificado em procedimento administrativo de responsabilização. (*Acrescido pela Lei 13.846/2019*)

**§ 5º.** O procedimento de que trata o § 4º deste artigo será disciplinado em regulamento, nos termos da Lei nº 9.784, de 29 de janeiro de 1999, e no art. 27 do Decreto-Lei nº 4.657, de 4 de setembro de 1942. (*Acrescido pela Lei 13.846/2019*)

**§ 6º** *(Revogado pela Lei 14.438/2022)*

**Art. 116.** Será fornecido ao beneficiário demonstrativo minucioso das importâncias pagas, discriminando-se o valor da mensalidade, as diferenças eventualmente pagas com o período a que se referem e os descontos efetuados.

**Art. 117.** Empresas, sindicatos e entidades fechadas de previdência complementar poderão, mediante celebração de acordo de cooperação técnica com o INSS, encarregar-se, relativamente a seus empregados, associados ou beneficiários, de requerer benefícios previdenciários por meio eletrônico, preparando-os e instruindo-os nos termos do acordo. *(Redação dada pela Lei 14.020/2020)*

**I a III** – *(Revogados pela Lei 14.020/2020)*

**Parágrafo único.** *(Revogado pela Lei 14.020/2020)*

**Art. 117-A.** Empresas, sindicatos e entidades fechadas de previdência complementar poderão realizar o pagamento integral dos benefícios previdenciários devidos a seus beneficiários, mediante celebração de contrato com o INSS, dispensada a licitação. *(Acrescido pela Lei 14.020/2020)*

**§ 1º** Os contratos referidos no *caput* deste artigo deverão prever as mesmas obrigações, condições e valores devidos pelas instituições financeiras responsáveis pelo pagamento dos benefícios pelo INSS.

**§ 2º** As obrigações, condições e valores referidos no § 1º deste artigo serão definidos em ato próprio do INSS.

**Art. 118.** O segurado que sofreu acidente do trabalho tem garantida, pelo prazo mínimo de doze meses, a manutenção do seu contrato de trabalho na empresa, após a cessação do auxílio-doença acidentário, independentemente de percepção de auxílio-acidente.

**Parágrafo único.** (Revogado pela Lei nº 9.032, de 1995)

**Art. 119.** Por intermédio dos estabelecimentos de ensino, sindicatos, associações de classe, Fundação Jorge Duprat Figueiredo de Segurança e Medicina do Trabalho-FUNDACENTRO, órgãos públicos e outros meios, serão promovidas regularmente instrução e formação com vistas a incrementar costumes e atitudes prevencionistas em matéria de acidente, especialmente do trabalho.

**Art. 120.** A Previdência Social ajuizará ação regressiva contra os responsáveis nos casos de: (Redação dada pela Lei 13.846/2019)

**I** – negligência quanto às normas padrão de segurança e higiene do trabalho indicadas para a proteção individual e coletiva; (Inciso acrescido pela Lei 13.846/2019)

**II** – violência doméstica e familiar contra a mulher, nos termos da Lei nº 11.340, de 7 de agosto de 2006. (Inciso acrescido pela Lei 13.846/2019)

**Art. 121.** O pagamento de prestações pela Previdência Social em decorrência dos casos previstos nos incisos I e II do *caput* do art. 120 desta Lei não exclui a responsabilidade civil da empresa, no caso do inciso I, ou do responsável pela violência doméstica e familiar, no caso do inciso II. (Redação dada pela Lei 13.846/2019)

**Art. 122.** Se mais vantajoso, fica assegurado o direito à aposentadoria, nas condições legalmente previstas na data do cumprimento de todos os requisitos necessários à obtenção do benefício, ao segurado que, tendo completado 35 anos de serviço, se homem, ou trinta anos, se mulher, optou por permanecer em atividade.

**Art. 123.** (Revogado pela Lei nº 9.032, de 1995)

**Art. 124.** Salvo no caso de direito adquirido, não é permitido o recebimento conjunto dos seguintes benefícios da Previdência Social:

**I** – aposentadoria e auxílio-doença;

**II** – mais de uma aposentadoria;

**III** – aposentadoria e abono de permanência em serviço;

**IV** – salário-maternidade e auxílio-doença;

**V** – mais de um auxílio-acidente;

**VI** – mais de uma pensão deixada por cônjuge ou companheiro, ressalvado o direito de opção pela mais vantajosa.

**Parágrafo único.** É vedado o recebimento conjunto do seguro-desemprego com qualquer benefício de prestação continuada da Previdência Social, exceto pensão por morte ou auxílio-acidente.

**Art. 124-A.** O INSS implementará e manterá processo administrativo eletrônico para requerimento de benefícios e serviços e disponibilizará canais eletrônicos de atendimento. (Redação dada pela Lei 13.846/2019)

**§ 1º** O INSS facilitará o atendimento, o requerimento, a concessão, a manutenção e a revisão de benefícios por meio eletrônico e implementará procedimentos automatizados, de atendimento e prestação de serviços por meio de atendimento telefônico ou de canais remotos. (Acrescido pela Lei 13.846/2019)

**§ 2º** Poderão ser celebrados acordos de cooperação, na modalidade de adesão, com órgãos e entidades da União, dos Estados, do Distrito Federal e dos Municípios, para a recepção de documentos e o apoio administrativo às atividades do INSS que demandem serviços presenciais. (Acrescido pela Lei 13.846/2019)

**§ 3º** A implementação de serviços eletrônicos preverá mecanismos de controle preventivos de fraude e de identificação segura do cidadão. (Acrescido pela Lei 13.846/2019)

**§ 4º** As ligações telefônicas realizadas de telefone fixo ou móvel que visem à solicitação dos serviços referidos no § 1º deste artigo deverão ser gratuitas e serão consideradas de utilidade pública. *(Acrescido pela Lei 14.199/2021)*

**Art. 124-B.** O INSS, para o exercício de suas competências, observado o disposto nos incisos XI e XII do art. 5º da Constituição Federal e na Lei nº 13.709, de 14 de agosto de 2018, terá acesso aos dados necessários para a análise, a concessão, a revisão e a manutenção de benefícios por ele administrados, em especial aos dados: *(Redação dada pela Lei 13.846/2019)*

**I** – *(VETADO na Lei 13.846/2019)*

**II** – dos registros e dos prontuários eletrônicos do Sistema Único de Saúde (SUS), administrados pelo Ministério da Saúde; *(Inciso acrescido pela Lei 13.846/2019)*

**III** – dos documentos médicos mantidos por entidades públicas e privadas, sendo necessária, no caso destas últimas, a celebração de convênio para garantir o acesso; e *(Inciso acrescido pela Lei 13.846/2019)*

**IV** – de movimentação das contas do Fundo de Garantia por Tempo de Serviço (FGTS), instituído pela Lei nº 5.107, de 13 de setembro de 1966, mantidas pela Caixa Econômica Federal. *(Inciso acrescido pela Lei 13.846/2019)*

**§ 1º** Para fins do cumprimento do disposto no *caput* deste artigo, serão preservados a integridade e o sigilo dos dados acessados pelo INSS, eventualmente existentes, e o acesso aos dados dos prontuários eletrônicos do Sistema Único de Saúde (SUS) e dos documentos médicos mantidos por entidades públicas e privadas será exclusivamente franqueado aos peritos médicos federais designados pelo INSS. *(Redação dada pela Lei 13.846/2019)*

**§ 2º** O Ministério da Economia terá acesso às bases de dados geridas ou administradas pelo INSS, incluída a folha de pagamento de benefícios com o detalhamento dos pagamentos. *(Acrescido pela Lei 13.846/2019)*

**§ 3º** As bases de dados e as informações de que tratam o *caput* e o § 1º deste artigo poderão ser compartilhadas com os regimes próprios de previdência social, para estrita utilização em suas atribuições relacionadas à recepção, à análise, à concessão, à revisão e à manutenção de benefícios por eles administrados, preservados a integridade dos dados e o sigilo eventualmente existente, na forma disciplinada conjuntamente pela Secretaria Especial de Previdência e Trabalho do Ministério da Economia e pelo gestor dos dados. *(Acrescido pela Lei 13.846/2019)*

**§ 4º** Fica dispensada a celebração de convênio, de acordo de cooperação técnica ou de instrumentos congêneres para a efetivação do acesso aos dados de que trata o *caput* deste artigo, quando se tratar de dados hospedados por órgãos da administração pública federal, e caberá ao INSS a responsabilidade de arcar com os custos envolvidos, quando houver, no acesso ou na extração dos dados, exceto quando estabelecido de forma diversa entre os órgãos envolvidos. *(Acrescido pela Lei 13.846/2019)*

**§ 5º** As solicitações de acesso a dados hospedados por entidades privadas possuem característica de requisição, dispensados a celebração de convênio, acordo de cooperação técnica ou instrumentos congêneres para a efetivação do acesso aos dados de que trata o *caput* deste artigo e o ressarcimento de eventuais custos, vedado o compartilhamento dos dados com demais entidades de direito privado. *(Redação dada pela Lei 13.846/2019)*

**§ 6º** Excetua-se da vedação de que trata o § 5º deste artigo a autorização para compartilhamento com as entidades de previdência complementar das informações sobre o óbito de beneficiários dos planos de previdência por elas administrados. *(Acrescido pela Lei 14.131/2021)*

**Art. 124-C.** O servidor responsável pela análise dos pedidos dos benefícios previstos nesta Lei motivará suas decisões ou opiniões técnicas e responderá pessoalmente apenas na hipótese de dolo ou erro grosseiro. *(Artigo acrescido pela Lei 13.846/2019)*

**Art. 124-D** A administração pública federal desenvolverá ações de segurança da informação e comunicações, incluídas as de segurança cibernética, de segurança das infraestruturas, de qualidade dos dados e de segurança de interoperabilidade de bases governamentais, e efetuará a sua integração, inclusive com as bases de dados e informações dos Estados, dos Municípios e do Distrito Federal, com o objetivo de atenuar riscos e inconformidades em pagamentos de benefícios sociais. *(Artigo acrescido pela Lei 13.846/2019)*

**Art. 124-E e 124-F.** *(Vetados pela Lei 13.846/2019)*

## TÍTULO IV. DAS DISPOSIÇÕES FINAIS E TRANSITÓRIAS

• Decreto 3.048/1999: arts. 152 a 181-C.

**Art. 125.** Nenhum benefício ou serviço da Previdência Social poderá ser criado, majorado ou estendido, sem a correspondente fonte de custeio total.

**Art. 125-A.** Compete ao Instituto Nacional do Seguro Social – INSS realizar, por meio dos seus próprios agentes, quando designados, todos os atos e procedimentos necessários à verificação do atendimento das obrigações não tributárias impostas pela legislação previdenciária e à imposição da multa por seu eventual descumprimento.

**§ 1º.** A empresa disponibilizará a servidor designado por dirigente do INSS os documentos necessários à comprovação de vínculo empregatício, de prestação de serviços e de remuneração relativos a trabalhador previamente identificado.

**§ 2º.** Aplica-se ao disposto neste artigo, no que couber, o art. 126 desta Lei.

**§ 3º.** O disposto neste artigo não abrange as competências atribuídas em caráter privativo aos ocupantes do cargo de Auditor-Fiscal da Receita Federal do Brasil previstas no inciso I do *caput* do art. 6º da Lei nº 10.593, de 6 de dezembro de 2002.

**Art. 126.** Compete ao Conselho de Recursos da Previdência Social julgar: (Redação dada pela Lei 13.846/2019)

**I** – recursos das decisões do INSS nos processos de interesse dos beneficiários; *(Inciso acrescido pela Lei 13.846/2019)*

**II** – contestações e recursos relativos à atribuição, pelo Ministério da Economia, do Fator Acidentário de Prevenção aos estabelecimentos das empresas; *(Inciso acrescido pela Lei 13.846/2019)*

**III** – recursos das decisões do INSS relacionados à comprovação de atividade rural de segurado especial de que tratam os arts. 38-A e 38-B, ou demais informações relacionadas ao CNIS de que trata o art. 29-A desta Lei. *(Inciso acrescido pela Lei 13.846/2019)*

**IV** – recursos de processos relacionados à compensação financeira de que trata a Lei nº 9.796, de 5 de maio de 1999, e à supervisão e à fiscalização dos regimes próprios de previdência social de que trata a Lei nº 9.717, de 27 de novembro de 1998. *(Acrescido pela Lei 13.876/2019)*

**§§ 1º. e 2º.** *(Revogados pela Lei 11.727/2008)*

**§ 3º** A propositura de ação que tenha por objeto idêntico pedido sobre o qual versa o processo administrativo importa renúncia ao direito de recorrer na esfera administrativa e desistência do recurso interposto. (Redação dada pela Lei 13.846/2019)

**§ 4º** Os recursos de que tratam os incisos I e III do *caput* deste artigo poderão ser interpostos diretamente ao Conselho de Recursos da Previdência Social, que emitirá notificação eletrônica automática para o INSS reanalisar, no prazo máximo de 30 (trinta) dias, a decisão administrativa, na forma disciplinada por ato conjunto do Ministério do Trabalho e Previdência, do Conselho de Recursos da Previdência Social e do INSS. *(Acrescido pela Lei 14.441/2022)*

**Art. 127.** *(Revogado pela Lei nº 9.711, de 1998)*

**Art. 128.** As demandas judiciais que tiverem por objeto o reajuste ou a concessão de benefícios regulados nesta Lei cujos valores de execução não forem superiores a R$ 5.180,25 (cinco mil, cento e oitenta reais e vinte e cinco centavos) por autor poderão, por opção de cada um dos exequentes, ser quitadas no prazo de até sessenta dias após a intimação do trânsito em julgado da decisão, sem necessidade da expedição de precatório.

› Vide valores atualizados pela Portaria MPS/MF 26/2023.

**§ 1º.** É vedado o fracionamento, repartição ou quebra do valor da execução, de modo que o pagamento se faça, em parte, na forma estabelecida no *caput* e, em parte, mediante expedição do precatório.

**§ 2º.** É vedada a expedição de precatório complementar ou suplementar do valor pago na forma do *caput*.

**§ 3º.** Se o valor da execução ultrapassar o estabelecido no *caput*, o pagamento far-se-á sempre por meio de precatório.

**§ 4º.** É facultada à parte exequente a renúncia ao crédito, no que exceder ao valor estabelecido no *caput*, para que possa optar pelo pagamento do saldo sem o precatório, na forma ali prevista.

**§ 5º.** A opção exercida pela parte para receber os seus créditos na forma prevista no *caput* implica a renúncia do restante dos créditos porventura existentes e que sejam oriundos do mesmo processo.

**§ 6º.** O pagamento sem precatório, na forma prevista neste artigo, implica quitação total do pedido constante da petição inicial e determina a extinção do processo.

**§ 7º.** O disposto neste artigo não obsta a interposição de embargos à execução por parte do INSS.

**Art. 129.** Os litígios e medidas cautelares relativos a acidentes do trabalho serão apreciados:

**I** – na esfera administrativa, pelos órgãos da Previdência Social, segundo as regras e prazos aplicáveis às demais prestações, com prioridade para conclusão; e

**II** – na via judicial, pela Justiça dos Estados e do Distrito Federal, segundo o rito sumaríssimo, inclusive durante as férias forenses, mediante petição instruída pela prova de efetiva notificação do evento à Previdência Social, através de Comunicação de Acidente do Trabalho–CAT.

**Parágrafo único.** O procedimento judicial de que trata o inciso II deste artigo é isento do pagamento de quaisquer custas e de verbas relativas à sucumbência.

**Art. 129-A.** Os litígios e as medidas cautelares relativos aos benefícios por incapacidade de que trata esta Lei, inclusive os relativos a acidentes do trabalho, observarão o seguinte: *(Acrescido pela Lei 14.331/2022)*

**I** - quando o fundamento da ação for a discussão de ato praticado pela perícia médica federal, a petição inicial deverá conter, em complemento aos requisitos previstos no art. 319 da Lei nº 13.105, de 16 de março de 2015 (Código de Processo Civil):

a) descrição clara da doença e das limitações que ela impõe;

b) indicação da atividade para a qual o autor alega estar incapacitado;

c) possíveis inconsistências da avaliação médico-pericial discutida; e

d) declaração quanto à existência de ação judicial anterior com o objeto de que trata este artigo, esclarecendo os motivos pelos quais se entende não haver litispendência ou coisa julgada, quando for o caso;

**II** - para atendimento do disposto no art. 320 da Lei nº 13.105, de 16 de março de 2015 (Código de Processo Civil), a petição inicial, qualquer que seja o rito ou procedimento adotado, deverá ser instruída pelo autor com os seguintes documentos:

a) comprovante de indeferimento do benefício ou de sua não prorrogação, quando for o caso, pela administração pública;

b) comprovante da ocorrência do acidente de qualquer natureza ou do acidente do trabalho, sempre que houver um acidente apontado como causa da incapacidade;

c) documentação médica de que dispuser relativa à doença alegada como a causa da incapacidade discutida na via administrativa.

**§ 1º** Determinada pelo juízo a realização de exame médico-pericial por perito do juízo, este deverá, no caso de divergência com as conclusões do laudo administrativo, indicar em seu laudo de forma fundamentada as razões técnicas e científicas que amparam o dissenso, especialmente no que se refere à comprovação da incapacidade, sua data de início e a sua correlação com a atividade laboral do periciando.

**§ 2º** Quando a conclusão do exame médico pericial realizado por perito designado pelo juízo mantiver o resultado da decisão proferida pela perícia realizada na via administrativa, poderá o juízo, após a oitiva da parte autora, julgar improcedente o pedido.

**§ 3º** Se a controvérsia versar sobre outros pontos além do que exige exame médico-pericial, observado o disposto no § 1º deste artigo, o juízo dará seguimento ao processo, com a citação do réu.

**Art. 130.** Na execução contra o Instituto Nacional do Seguro Social-INSS, o prazo a que se refere o art. 730 do Código de Processo Civil é de trinta dias.

- Refere-se ao CPC/1973.
- CPC/15: arts. 535 e 910.

**Parágrafo único.** (*Revogado pela Lei nº 9.528, de 1997*)

**Art. 131.** O Ministro da Previdência e Assistência Social poderá autorizar o INSS a formalizar a desistência ou abster-se de propor ações e recursos em processos judiciais sempre que a ação versar matéria sobre a qual haja declaração de inconstitucionalidade proferida pelo Supremo Tribunal Federal – STF, Súm. ou jurisprudência consolidada do STF ou dos tribunais superiores.

**Parágrafo único.** O Ministro da Previdência e Assistência Social disciplinará as hipóteses em que a administração previdenciária federal, relativamente aos créditos previdenciários baseados em dispositivo declarado inconstitucional por decisão definitiva do Supremo Tribunal Federal, possa:

a) abster-se de constituí-los;

b) retificar o seu valor ou declará-los extintos, de ofício, quando houverem sido constituídos anteriormente, ainda que inscritos em dívida ativa;

c) formular desistência de ações de execução fiscal já ajuizadas, bem como deixar de interpor recursos de decisões judiciais.

**Art. 132.** A formalização de desistência ou transigência judiciais, por parte de procurador da Previdência Social, será sempre precedida da anuência, por escrito, do Procurador-Geral do Instituto Nacional do Seguro Social INSS, ou do presidente desse órgão, quando os valores em litígio ultrapassarem os limites definidos pelo Conselho Nacional de Previdência Social – CNPS.

**§ 1º.** Os valores, a partir dos quais se exigirá a anuência do Procurador-Geral ou do presidente do INSS, serão definidos periodicamente pelo CNPS, através de resolução própria.

**§ 2º.** Até que o CNPS defina os valores mencionados neste artigo, deverão ser submetidos à anuência prévia do Procurador-Geral ou do presidente do INSS a formalização de desistência ou transigência judiciais, quando os valores, referentes a cada segurado considerado separadamente, superarem, respectivamente, 10 (dez) ou 30 (trinta) vezes o teto do salário de benefício.

**Art. 133.** A infração a qualquer dispositivo desta Lei, para a qual não haja penalidade expressamente cominada, sujeita o responsável, conforme a gravidade da infração, à multa variável de Cr$ 100.000,00 (cem mil cruzeiros) a Cr$ 10.000.000,00 (dez milhões de cruzeiros). Atualizações decorrentes de normas de hierarquia inferior

- Vide valores atualizados pela Portaria MPS/MF 26/2023.

**Parágrafo único.** (*Revogado pela Lei nº 11.941, de 2009*)

**Art. 134.** Os valores expressos em moeda corrente nesta Lei serão reajustados nas mesmas épocas e com os mesmos índices utilizados para o reajustamento dos valores dos benefícios.

**Art. 135.** Os salários de contribuição utilizados no cálculo do valor de benefício serão considerados respeitando-se os limites mínimo e máximo vigentes nos meses a que se referirem.

**Art. 135-A.** Para o segurado filiado à Previdência Social até julho de 1994, no cálculo do salário de benefício das aposentadorias, exceto a aposentadoria por incapacidade permanente, o divisor considerado no cálculo da média dos salários de contribuição não poderá ser inferior a 108 (cento e oito) meses. *(Acrescido pela Lei 14.331/2022)*

**Art. 136.** Ficam eliminados o menor e o maior valor-teto para cálculo do salário de benefício.

**Art. 137.** Fica extinto o Programa de Previdência Social aos Estudantes, instituído pela Lei nº 7.004, de 24 de junho de 1982, mantendo-se o pagamento dos benefícios de prestação continuada com data de início até a entrada em vigor desta Lei.

**Art. 138.** Ficam extintos os regimes de Previdência Social instituídos pela Lei Complementar nº 11, de 25 de maio de 1971, e pela Lei nº 6.260, de 6 de novembro de 1975, sendo mantidos, com valor não inferior ao do salário mínimo, os benefícios concedidos até a vigência desta Lei.

**Parágrafo único.** Para os que vinham contribuindo regularmente para os regimes a que se refere este artigo, será contado o tempo de contribuição para fins do Regime Geral de Previdência Social, conforme disposto no Regulamento.

**Art. 139.** (*Revogado pela Lei nº 9.528, de 1997*)

**Art. 140.** (*Revogado pela Lei nº 9.528, de 1997*)

**Art. 141.** (*Revogado pela Lei nº 9.528, de 1997*)

**Art. 142.** Para o segurado inscrito na Previdência Social Urbana até 24 de julho de 1991, bem como para o trabalhador e o empregador rural cobertos pela Previdência Social Rural, a carência das aposentadorias por idade, por tempo de serviço e especial obedecerá à seguinte tabela, levando-se em conta o ano em que o segurado implementou todas as condições necessárias à obtenção do benefício:

| Ano de implementação das condições | Meses de contribuição exigidos |
|---|---|
| 1991 | 60 meses |
| 1992 | 60 meses |
| 1993 | 66 meses |
| 1994 | 72 meses |
| 1995 | 78 meses |
| 1996 | 90 meses |
| 1997 | 96 meses |
| 1998 | 102 meses |
| 1999 | 108 meses |
| 2000 | 114 meses |
| 2001 | 120 meses |
| 2002 | 126 meses |
| 2003 | 132 meses |
| 2004 | 138 meses |
| 2005 | 144 meses |
| 2006 | 150 meses |
| 2007 | 156 meses |
| 2008 | 162 meses |
| 2009 | 168 meses |
| 2010 | 174 meses |
| 2011 | 180 meses |

**Art. 143.** O trabalhador rural ora enquadrado como segurado obrigatório no Regime Geral de Previdência Social, na forma da alínea *a* do inciso I, ou do inciso IV ou VII do art. 11 desta Lei, pode requerer aposentadoria por idade, no valor de um salário mínimo, durante 15 (quinze) anos, contados a partir da data de vigência desta Lei, desde que comprove o exercício de atividade rural, ainda que descontínua, no período imediatamente anterior ao requerimento do benefício, em número de meses idêntico à carência do referido benefício.

‣ Lei 11.718/2008: arts. 2º e 3º, I.

**Arts. 144 a 147.** *(Revogados pela MP 2.187-13/2001)*

**Art. 148.** *(Revogado pela Lei nº 9.528, de 1997)*

**Art. 149.** As prestações, e o seu financiamento, referentes aos benefícios de ex-combatente e de ferroviário servidor público ou autárquico federal ou em regime especial que não optou pelo regime da Consolidação das Leis do Trabalho, na forma da Lei 6.184, de 11 de dezembro de 1974, bem como seus dependentes, serão objeto de legislação específica.

**Art. 150.** *(Revogado pela Lei nº 10.559, de 2002)*

**Art. 151.** Até que seja elaborada a lista de doenças mencionada no inciso II do art. 26, independe de carência a concessão de auxílio-doença e de aposentadoria por invalidez ao segurado que, após filiar-se ao RGPS, for acometido das seguintes doenças: tuberculose ativa, hanseníase, alienação mental, esclerose múltipla, hepatopatia grave, neoplasia maligna, cegueira, paralisia irreversível e incapacitante, cardiopatia grave, doença de Parkinson, espondiloartrose anquilosante, nefropatia grave, estado avançado da doença de Paget (osteíte deformante), síndrome da deficiência imunológica adquirida (aids) ou contaminação por radiação, com base em conclusão da medicina especializada.

**Art. 152** (Revogado pela Lei nº 9.528, de 1997)

**Art. 153.** O Regime Facultativo Complementar de Previdência Social será objeto de lei especial, a ser submetida à apreciação do Congresso Nacional dentro do prazo de 180 (cento e oitenta) dias.

**Art. 154.** O Poder Executivo regulamentará esta Lei no prazo de 60 (sessenta) dias a partir da data da sua publicação.

**Art. 155.** Esta Lei entra em vigor na data de sua publicação.

**Art. 156.** Revogam-se as disposições em contrário.

Brasília, em 24 de julho de 1991;
170º da Independência e 103º da República.

Fernando Collor

Antonio Magri

# LEI Nº 8.742, DE 7 DE DEZEMBRO DE 1993

*Dispõe sobre a organização da Assistência Social e dá outras providências.*

‣ DOU de 8.12.1993.

O PRESIDENTE DA REPÚBLICA

Faço saber que o Congresso Nacional decreta e eu sanciono a seguinte lei:

## LEI ORGÂNICA DA ASSISTÊNCIA SOCIAL

## CAPÍTULO I
## DAS DEFINIÇÕES E DOS OBJETIVOS

**Art. 1º.** A assistência social, direito do cidadão e dever do Estado, é Política de Seguridade Social não contributiva, que provê os mínimos sociais, realizada através de um conjunto integrado de ações de iniciativa pública e da sociedade, para garantir o atendimento às necessidades básicas.

‣ Ler os arts.203 e 204 da CF/88.

**Art. 2º.** A assistência social tem por objetivos:

**I** - a proteção social, que visa à garantia da vida, à redução de danos e à prevenção da incidência de riscos, especialmente:

a) a proteção à família, à maternidade, à infância, à adolescência e à velhice;

b) o amparo às crianças e aos adolescentes carentes;

c) a promoção da integração ao mercado de trabalho;

d) a habilitação e reabilitação das pessoas com deficiência e a promoção de sua integração à vida comunitária; e

e) a garantia de 1 (um) salário-mínimo de benefício mensal à pessoa com deficiência e ao idoso que comprovem não possuir meios de prover a própria manutenção ou de tê-la provida por sua família;

**II** - a vigilância socioassistencial, que visa a analisar territorialmente a capacidade protetiva das

PREVIDENCIÁRIO

famílias e nela a ocorrência de vulnerabilidades, de ameaças, de vitimizações e danos;

**III** - a defesa de direitos, que visa a garantir o pleno acesso aos direitos no conjunto das provisões socioassistenciais;

**IV** - (Revogado pela Lei 12.435/2011)

**V** - (Revogado pela Lei 12.435/2011)

**Parágrafo único.** Para o enfrentamento da pobreza, a assistência social realiza-se de forma integrada às políticas setoriais, garantindo mínimos sociais e provimento de condições para atender contingências sociais e promovendo a universalização dos direitos sociais.

**Art. 3º** Consideram-se entidades e organizações de assistência social aquelas sem fins lucrativos que, isolada ou cumulativamente, prestam atendimento e assessoramento aos beneficiários abrangidos por esta Lei, bem como as que atuam na defesa e garantia de direitos.

**§ 1º** São de atendimento aquelas entidades que, de forma continuada, permanente e planejada, prestam serviços, executam programas ou projetos e concedem benefícios de prestação social básica ou especial, dirigidos às famílias e indivíduos em situações de vulnerabilidade ou risco social e pessoal, nos termos desta Lei, e respeitadas as deliberações do Conselho Nacional de Assistência Social (CNAS), de que tratam os incisos I e II do art. 18. (Acrescido pela Lei 12.435/2011)

**§ 2º** São de assessoramento aquelas que, de forma continuada, permanente e planejada, prestam serviços e executam programas ou projetos voltados prioritariamente para o fortalecimento dos movimentos sociais e das organizações de usuários, formação e capacitação de lideranças, dirigidos ao público da política de assistência social, nos termos desta Lei, e respeitadas as deliberações do CNAS, de que tratam os incisos I e II do art. 18. (Acrescido pela Lei 12.435/2011)

**§ 3º** São de defesa e garantia de direitos aquelas que, de forma continuada, permanente e planejada, prestam serviços e executam programas e projetos voltados prioritariamente para a defesa e efetivação dos direitos socioassistenciais, construção de novos direitos, promoção da cidadania, enfrentamento das desigualdades sociais, articulação com órgãos públicos de defesa de direitos, dirigidos ao público da política de assistência social, nos termos desta Lei, e respeitadas as deliberações do CNAS, de que tratam os incisos I e II do art. 18. (Acrescido pela Lei 12.435/2011)

## CAPÍTULO II
## DOS PRINCÍPIOS E DAS DIRETRIZES

### SEÇÃO I
### DOS PRINCÍPIOS

**Art. 4º** A assistência social rege-se pelos seguintes princípios:

**I** - supremacia do atendimento às necessidades sociais sobre as exigências de rentabilidade econômica;

**II** - universalização dos direitos sociais, a fim de tornar o destinatário da ação assistencial alcançável pelas demais políticas públicas;

**III** - respeito à dignidade do cidadão, à sua autonomia e ao seu direito a benefícios e serviços de qualidade, bem como à convivência familiar e comunitária, vedando-se qualquer comprovação vexatória de necessidade;

**IV** - igualdade de direitos no acesso ao atendimento, sem discriminação de qualquer natureza, garantindo-se equivalência às populações urbanas e rurais;

**V** - divulgação ampla dos benefícios, serviços, programas e projetos assistenciais, bem como dos recursos oferecidos pelo Poder Público e dos critérios para sua concessão.

### SEÇÃO II
### DAS DIRETRIZES

**Art. 5º** A organização da assistência social tem como base as seguintes diretrizes:

**I** - descentralização político-administrativa para os Estados, o Distrito Federal e os Municípios, e comando único das ações em cada esfera de governo;

**II** - participação da população, por meio de organizações representativas, na formulação das políticas e no controle das ações em todos os níveis;

**III** - primazia da responsabilidade do Estado na condução da política de assistência social em cada esfera de governo.

## CAPÍTULO III
## DA ORGANIZAÇÃO E DA GESTÃO

**Art. 6º** A gestão das ações na área de assistência social fica organizada sob a forma de sistema descentralizado e participativo, denominado Sistema Único de Assistência Social (Suas), com os seguintes objetivos:

**I** - consolidar a gestão compartilhada, o cofinanciamento e a cooperação técnica entre os entes federativos que, de modo articulado, operam a proteção social não contributiva; (Acrescido pela Lei 12.435/2011)

**II** - integrar a rede pública e privada de serviços, programas, projetos e benefícios de assistência social, na forma do art. 6º-C; (Acrescido pela Lei 12.435/2011)

**III** - estabelecer as responsabilidades dos entes federativos na organização, regulação, manutenção e expansão das ações de assistência social; (Acrescido pela Lei 12.435/2011)

**IV** - definir os níveis de gestão, respeitadas as diversidades regionais e municipais; (Acrescido pela Lei 12.435/2011)

**V** - implementar a gestão do trabalho e a educação permanente na assistência social; (Acrescido pela Lei 12.435/2011)

**VI** - estabelecer a gestão integrada de serviços e benefícios; e (Acrescido pela Lei 12.435/2011)

**VII** - afiançar a vigilância socioassistencial e a garantia de direitos. (Acrescido pela Lei 12.435/2011)

**§ 1º** As ações ofertadas no âmbito do Suas têm por objetivo a proteção à família, à maternidade, à infância, à adolescência e à velhice e, como base de organização, o território. (Acrescido pela Lei 12.435/2011)

**§ 2º** O Suas é integrado pelos entes federativos, pelos respectivos conselhos de assistência social e pelas entidades e organizações de assistência social abrangidas por esta Lei. (Acrescido pela Lei 12.435/2011)

**§ 3º** A instância coordenadora da Política Nacional de Assistência Social é o Ministério do Desenvolvimento Social e Combate à Fome.

**§ 4º**. Cabe à instância coordenadora da Política Nacional de Assistência Social normatizar e padronizar o emprego e a divulgação da identidade visual do Suas.

**§ 5º**. A identidade visual do Suas deverá prevalecer na identificação de unidades públicas estatais, entidades e organizações de assistência social, serviços, programas, projetos e benefícios vinculados ao Suas.

**Art. 6º-A.** A assistência social organiza-se pelos seguintes tipos de proteção:

**I** - proteção social básica: conjunto de serviços, programas, projetos e benefícios da assistência social que visa a prevenir situações de vulnerabilidade e risco social por meio do desenvolvimento de potencialidades e aquisições e do fortalecimento de vínculos familiares e comunitários;

**II** - proteção social especial: conjunto de serviços, programas e projetos que tem por objetivo contribuir para a reconstrução de vínculos familiares e comunitários, a defesa de direito, o fortalecimento das potencialidades e aquisições e a proteção de famílias e indivíduos para o enfrentamento das situações de violação de direitos.

**Parágrafo único.** A vigilância socioassistencial é um dos instrumentos das proteções da assistência social que identifica e previne as situações de risco e vulnerabilidade social e seus agravos no território. (Acrescido pela Lei 12.435/2011)

**Art. 6º-B.** As proteções sociais básica e especial serão ofertadas pela rede socioassistencial, de forma integrada, diretamente pelos entes públicos e/ou pelas entidades e organizações de assistência social vinculadas ao Suas, respeitadas as especificidades de cada ação.

**§ 1º** A vinculação ao Suas é o reconhecimento pelo Ministério do Desenvolvimento Social e Combate à Fome de que a entidade de assistência social integra a rede socioassistencial.

**§ 2º** Para o reconhecimento referido no § 1º, a entidade deverá cumprir os seguintes requisitos:

**I** - constituir-se em conformidade com o disposto no art. 3º;

**II** - inscrever-se em Conselho Municipal ou do Distrito Federal, na forma do art. 9º;

**III** - integrar o sistema de cadastro de entidades de que trata o inciso XI do art. 19.

**§ 3º** As entidades e organizações de assistência social vinculadas ao Suas celebrarão convênios, contratos, acordos ou ajustes com o poder público para a execução, garantido financiamento integral, pelo Estado, de serviços, programas, projetos e ações de assistência social, nos limites da capacidade instalada, aos beneficiários abrangidos por esta Lei, observando-se as disponibilidades orçamentárias.

**§ 4º** O cumprimento do disposto no § 3º será informado ao Ministério do Desenvolvimento Social e Combate à Fome pelo órgão gestor local da assistência social. (Acrescido pela Lei 12.435/2011)

**Art. 6º-C.** As proteções sociais, básica e especial, serão ofertadas precipuamente no Centro de Referência de Assistência Social (Cras) e no Centro de Referência Especializado de Assistência Social (Creas), respectivamente, e pelas entidades sem fins lucrativos de assistência social de que trata o art. 3º desta Lei.

**§ 1º** O Cras é a unidade pública municipal, de base territorial, localizada em áreas com maiores índices de vulnerabilidade e risco social, destinada à articulação dos serviços socioassistenciais no seu território de abrangência e à prestação de serviços, programas e projetos socioassistenciais de proteção social básica às famílias.

**§ 2º** O Creas é a unidade pública de abrangência e gestão municipal, estadual ou regional, destinada à prestação de serviços a indivíduos e famílias que se encontram em situação de risco pessoal ou social, por violação de direitos ou contingência, que demandam intervenções especializadas da proteção social especial.

**§ 3º** Os Cras e os Creas são unidades públicas estatais instituídas no âmbito do Suas, que possuem interface com as demais políticas públicas e articulam, coordenam e ofertam os serviços, programas, projetos e benefícios da assistência social. (Acrescido pela Lei 12.435/2011)

**Art. 6º-D.** As instalações dos Cras e dos Creas devem ser compatíveis com os serviços neles ofertados, com espaços para trabalhos em grupo e ambientes específicos para recepção e atendimento reservado das famílias e indivíduos, assegurada a acessibilidade às pessoas idosas e com deficiência. (Acrescido pela Lei 12.435/2011)

**Art. 6º-E.** Os recursos do cofinanciamento do Suas, destinados à execução das ações continuadas de assistência social, poderão ser aplicados no pagamento dos profissionais que integrarem as equipes de referência, responsáveis pela organização e oferta daquelas ações, conforme percentual apresentado pelo Ministério do Desenvolvimento Social e Combate à Fome e aprovado pelo CNAS.

**Parágrafo único.** A formação das equipes de referência deverá considerar o número de famílias e indivíduos referenciados, os tipos e modalidades de atendimento e as aquisições que devem ser garantidas aos usuários, conforme deliberações do CNAS. (Acrescido pela Lei 12.435/2011)

**Art. 6º-F.** Fica instituído o Cadastro Único para Programas Sociais do Governo Federal (CadÚnico), registro público eletrônico com a finalidade de coletar, processar, sistematizar e disseminar informações para a identificação e a caracterização socioeconômica das famílias de baixa renda, nos termos do regulamento. *(Redação dada pela Lei 14.601/2023)*

**§ 1º** As famílias de baixa renda poderão inscrever-se no CadÚnico nas unidades públicas de que tratam os §§ 1º e 2º do art. 6º-C desta Lei ou, nos termos do regulamento, por meio eletrônico. *(Acrescido pela Lei 14.284/2021)*

**§ 2º** A inscrição no CadÚnico poderá ser obrigatória para acesso a programas sociais do governo federal, na forma estabelecida em regulamento. *(Redação dada pela Lei 14.601/2023)*

**§ 3º** Para fins de cumprimento do disposto no art. 12 da Emenda Constitucional nº 103, de 12 de novembro de 2019, e de ampliação da fidedignidade das informações cadastrais, será garantida a interoperabilidade de dados do CadÚnico com os dados constantes do Cadastro Nacional de Informações Sociais (CNIS), de que trata a Lei nº 8.213, de 24 de julho de 1991. *(Acrescido pela Lei 14.601/2023)*

**§ 4º** Os dados do CNIS incluídos no CadÚnico poderão ser acessados pelos órgãos gestores do CadÚnico, nas 3 (três) esferas da Federação, conforme termo de adesão do ente federativo ao CadÚnico, do qual constará cláusula de compromisso com o sigilo de dados. *(Acrescido pela Lei 14.601/2023)*

**§ 5º** A sociedade civil poderá cooperar com a identificação de pessoas que precisem ser inscritas no CadÚnico, nos termos do regulamento. *(Acrescido pela Lei 14.601/2023)*

**§ 6º** O CadÚnico coletará informações que caracterizem a condição socioeconômica e territorial das famílias, de forma a reduzir sua invisibilidade social e com vistas a identificar suas demandas por políticas públicas, na forma do regulamento. *(Acrescido pela Lei 14.601/2023)*

**Art. 7º** As ações de assistência social, no âmbito das entidades e organizações de assistência social, observarão as normas expedidas pelo Conselho Nacional de Assistência Social - CNAS, de que trata o art. 17 desta Lei.

**Art. 8º** A União, os Estados, o Distrito Federal e os Municípios, observados os princípios e diretrizes estabelecidos nesta Lei, fixarão suas respectivas Políticas de Assistência Social.

**Art. 9º** O funcionamento das entidades e organizações de assistência social depende de prévia inscrição no respectivo Conselho Municipal de Assistência Social, ou no Conselho de Assistência Social do Distrito Federal, conforme o caso.

**§ 1º** A regulamentação desta lei definirá os critérios de inscrição e funcionamento das entidades com atuação em mais de um município no mesmo Estado, ou em mais de um Estado ou Distrito Federal.

**§ 2º** Cabe ao Conselho Municipal de Assistência Social e ao Conselho de Assistência Social do Distrito Federal a fiscalização das entidades referidas no *caput* na forma prevista em lei ou regulamento.

**§ 3º** (Revogado pela Lei 12.101/2009)

**§ 4º** As entidades e organizações de assistência social podem, para defesa de seus direitos referentes à inscrição e ao funcionamento, recorrer aos Conselhos Nacional, Estaduais, Municipais e do Distrito Federal.

**Art. 10.** A União, os Estados, os Municípios e o Distrito Federal podem celebrar convênios com entidades e organizações de assistência social, em conformidade com os Planos aprovados pelos respectivos Conselhos.

**Art. 11.** As ações das três esferas de governo na área de assistência social realizam-se de forma articulada, cabendo a coordenação e as normas gerais à esfera federal e a coordenação e execução dos programas, em suas respectivas esferas, aos Estados, ao Distrito Federal e aos Municípios.

**Art. 12.** Compete à União:

**I** - responder pela concessão e manutenção dos benefícios de prestação continuada definidos no art. 203 da Constituição Federal;

**II** - cofinanciar, por meio de transferência automática, o aprimoramento da gestão, os serviços, os programas e os projetos de assistência social em âmbito nacional;

**III** - atender, em conjunto com os Estados, o Distrito Federal e os Municípios, às ações assistenciais de caráter de emergência;

**IV** - realizar o monitoramento e a avaliação da política de assistência social e assessorar Estados, Distrito Federal e Municípios para seu desenvolvimento. (Acrescido pela Lei 12.435/2011)

**Art. 12-A.** A União apoiará financeiramente o aprimoramento à gestão descentralizada dos serviços, programas, projetos e benefícios de assistência social, por meio do Índice de Gestão Descentralizada (IGD) do Sistema Único de Assistência Social (Suas), para a utilização no âmbito dos Estados, dos Municípios e do Distrito Federal, destinado, sem prejuízo de outras ações a serem definidas em regulamento, a:

**I** - medir os resultados da gestão descentralizada do Suas, com base na atuação do gestor estadual, municipal e do Distrito Federal na implementação, execução e monitoramento dos serviços, programas, projetos e benefícios de assistência social, bem como na articulação intersetorial;

**II** - incentivar a obtenção de resultados qualitativos na gestão estadual, municipal e do Distrito Federal do Suas; e

**III** - calcular o montante de recursos a serem repassados aos entes federados a título de apoio financeiro à gestão do Suas.

**§ 1º** Os resultados alcançados pelo ente federado na gestão do Suas, aferidos na forma de regulamento, serão considerados como prestação de contas dos recursos a serem transferidos a título de apoio financeiro.

**§ 2º** As transferências para apoio à gestão descentralizada do Suas adotarão a sistemática do Índice de Gestão Descentralizada do Programa Bolsa Família, previsto no art. 8º da Lei nº 10.836, de 9 de janeiro de 2004, e serão efetivadas por meio de procedimento integrado àquele índice.

**§ 3º** (VETADO).

**§ 4º** Para fins de fortalecimento dos Conselhos de Assistência Social dos Estados, Municípios e

Distrito Federal, percentual dos recursos transferidos deverá ser gasto com atividades de apoio técnico e operacional àqueles colegiados, na forma fixada pelo Ministério do Desenvolvimento Social e Combate à Fome, sendo vedada a utilização dos recursos para pagamento de pessoal efetivo e de gratificações de qualquer natureza a servidor público estadual, municipal ou do Distrito Federal. (Acrescido pela Lei 12.435/2011)

**Art. 13.** Compete aos Estados:

**I** - destinar recursos financeiros aos Municípios, a título de participação no custeio do pagamento dos benefícios eventuais de que trata o art. 22, mediante critérios estabelecidos pelos Conselhos Estaduais de Assistência Social;

**II** - cofinanciar, por meio de transferência automática, o aprimoramento da gestão, os serviços, os programas e os projetos de assistência social em âmbito regional ou local;

**III** - atender, em conjunto com os Municípios, às ações assistenciais de caráter de emergência;

**IV** - estimular e apoiar técnica e financeiramente as associações e consórcios municipais na prestação de serviços de assistência social;

**V** - prestar os serviços assistenciais cujos custos ou ausência de demanda municipal justifiquem uma rede regional de serviços, desconcentrada, no âmbito do respectivo Estado;

**VI** - realizar o monitoramento e a avaliação da política de assistência social e assessorar os Municípios para seu desenvolvimento. (Acrescido pela Lei 12.435/2011)

**Art. 14.** Compete ao Distrito Federal:

**I** - destinar recursos financeiros para custeio do pagamento dos benefícios eventuais de que trata o art. 22, mediante critérios estabelecidos pelos Conselhos de Assistência Social do Distrito Federal;

**II** - efetuar o pagamento dos auxílios natalidade e funeral;

**III** - executar os projetos de enfrentamento da pobreza, incluindo a parceria com organizações da sociedade civil;

**IV** - atender às ações assistenciais de caráter de emergência;

**V** - prestar os serviços assistenciais de que trata o art. 23 desta Lei;

**VI** - cofinanciar o aprimoramento da gestão, os serviços, os programas e os projetos de assistência social em âmbito local; (Acrescido pela Lei 12.435/2011)

**VII** - realizar o monitoramento e a avaliação da política de assistência social em seu âmbito. (Acrescido pela Lei 12.435/2011)

**Art. 15.** Compete aos Municípios:

**I** - destinar recursos financeiros para custeio do pagamento dos benefícios eventuais de que trata o art. 22, mediante critérios estabelecidos pelos Conselhos Municipais de Assistência Social;

**II** - efetuar o pagamento dos auxílios natalidade e funeral;

**III** - executar os projetos de enfrentamento da pobreza, incluindo a parceria com organizações da sociedade civil;

**IV** - atender às ações assistenciais de caráter de emergência;

**V** - prestar os serviços assistenciais de que trata o art. 23 desta Lei;

**VI** - cofinanciar o aprimoramento da gestão, os serviços, os programas e os projetos de assistência social em âmbito local; (Acrescido pela Lei 12.435/2011)

**VII** - realizar o monitoramento e a avaliação da política de assistência social em seu âmbito. (Acrescido pela Lei 12.435/2011)

**Art. 16.** As instâncias deliberativas do Suas, de caráter permanente e composição paritária entre governo e sociedade civil, são:

**I** - o Conselho Nacional de Assistência Social;

**II** - os Conselhos Estaduais de Assistência Social;

**III** - o Conselho de Assistência Social do Distrito Federal;

**IV** - os Conselhos Municipais de Assistência Social.

**Parágrafo único.** Os Conselhos de Assistência Social estão vinculados ao órgão gestor de assistência social, que deve prover a infraestrutura necessária ao seu funcionamento, garantindo recursos materiais, humanos e financeiros, inclusive com despesas referentes a passagens e diárias de conselheiros representantes do governo ou da sociedade civil, quando estiverem no exercício de suas atribuições. (Acrescido pela Lei 12.435/2011)

**Art. 17.** Fica instituído o Conselho Nacional de Assistência Social - CNAS, órgão superior de deliberação colegiada, vinculado à estrutura do órgão da Administração Pública Federal responsável pela coordenação da Política Nacional de Assistência Social, cujos membros, nomeados pelo Presidente da República, têm mandato de 2 (dois) anos, permitida uma única recondução por igual período.

**§ 1º** O Conselho Nacional de Assistência Social - CNAS é composto por 18 (dezoito) membros e respectivos suplentes, cujos nomes são indicados ao órgão da Administração Pública Federal responsável pela coordenação da Política Nacional de Assistência Social, de acordo com os critérios seguintes:

**I** - 9 (nove) representantes governamentais, incluindo 1 (um) representante dos Estados e 1 (um) dos Municípios;

**II** - 9 (nove) representantes da sociedade civil, dentre representantes dos usuários ou de organizações de usuários, das entidades e organizações de assistência social e dos trabalhadores do setor, escolhidos em foro próprio sob fiscalização do Ministério Público Federal.

**§ 2º** O Conselho Nacional de Assistência Social - CNAS é presidido por um de seus integrantes, eleito dentre seus membros, para mandato de 1 (um) ano, permitida uma única recondução por igual período.

**§ 3º** O Conselho Nacional de Assistência Social - CNAS contará com uma Secretaria Executiva, a qual terá sua estrutura disciplinada em ato do Poder Executivo.

**§ 4º** Os Conselhos de que tratam os incisos II, III e IV do art. 16, com competência para acompanhar a execução da política de assistência social, apreciar e aprovar a proposta orçamentária, em consonância com as diretrizes das conferências nacionais, estaduais, distrital e municipais, de acordo com seu âmbito de atuação, deverão ser instituídos, respectivamente, pelos Estados, pelo Distrito Federal e pelos Municípios, mediante lei específica.

**Art. 18.** Compete ao Conselho Nacional de Assistência Social:

**I** - aprovar a Política Nacional de Assistência Social;

**II** - normatizar as ações e regular a prestação de serviços de natureza pública e privada no campo da assistência social;

**III** - acompanhar e fiscalizar o processo de certificação das entidades e organizações de assistência social no Ministério do Desenvolvimento Social e Combate à Fome;

**IV** - apreciar relatório anual que conterá a relação de entidades e organizações de assistência social certificadas como beneficentes e encaminhá-lo para conhecimento dos Conselhos de Assistência Social dos Estados, Municípios e do Distrito Federal;

**V** - zelar pela efetivação do sistema descentralizado e participativo de assistência social;

**VI** - a partir da realização da II Conferência Nacional de Assistência Social em 1997, convocar ordinariamente a cada quatro anos a Conferência Nacional de Assistência Social, que terá a atribuição de avaliar a situação da assistência social e propor diretrizes para o aperfeiçoamento do sistema;

**VII** - (VETADO)

**VIII** - apreciar e aprovar a proposta orçamentária da Assistência Social a ser encaminhada pelo órgão da Administração Pública Federal responsável pela coordenação da Política Nacional de Assistência Social;

**IX** - aprovar critérios de transferência de recursos para os Estados, Municípios e Distrito Federal, considerando, para tanto, indicadores que informem sua regionalização mais eqüitativa, tais como: população, renda per capita, mortalidade infantil e concentração de renda, além de disciplinar os procedimentos de repasse de recursos para as entidades e organizações de assistência social, sem prejuízo das disposições da Lei de Diretrizes Orçamentárias;

**X** - acompanhar e avaliar a gestão dos recursos, bem como os ganhos sociais e o desempenho dos programas e projetos aprovados;

**XI** - estabelecer diretrizes, apreciar e aprovar os programas anuais e plurianuais do Fundo Nacional de Assistência Social - FNAS;

**XII** - indicar o representante do Conselho Nacional de Assistência Social - CNAS junto ao Conselho Nacional da Seguridade Social;

**XIII** - elaborar e aprovar seu regimento interno;

**XIV** - divulgar, no Diário Oficial da União, todas as suas decisões, bem como as contas do Fundo Nacional de Assistência Social - FNAS e os respectivos pareceres emitidos

**Parágrafo único.** (Revogado pela Lei 12.101/2009)

**Art. 19.** Compete ao órgão da Administração Pública Federal responsável pela coordenação da Política Nacional de Assistência Social:

**I** - coordenar e articular as ações no campo da assistência social;

**II** - propor ao Conselho Nacional de Assistência Social - CNAS a Política Nacional de Assistência Social, suas normas gerais, bem como os critérios de prioridade e de elegibilidade, além de padrões de qualidade na prestação de benefícios, serviços, programas e projetos;

**III** - prover recursos para o pagamento dos benefícios de prestação continuada definidos nesta Lei;

**IV** - elaborar e encaminhar a proposta orçamentária da assistência social, em conjunto com as demais áreas da Seguridade Social;

**V** - propor os critérios de transferência dos recursos de que trata esta lei;

**VI** - proceder à transferência dos recursos destinados à assistência social, na forma prevista nesta Lei;

**VII** - encaminhar à apreciação do Conselho Nacional de Assistência Social - CNAS relatórios trimestrais e anuais de atividades e de realização financeira dos recursos;

**VIII** - prestar assessoramento técnico aos Estados, ao Distrito Federal, aos Municípios e às entidades e organizações de assistência social;

**IX** - formular política para a qualificação sistemática e continuada de recursos humanos no campo da assistência social;

**X** - desenvolver estudos e pesquisas para fundamentar as análises de necessidades e formulação de proposições para a área;

**XI** - coordenar e manter atualizado o sistema de cadastro de entidades e organizações de assistência social, em articulação com os Estados, os Municípios e o Distrito Federal;

**XII** - articular-se com os órgãos responsáveis pelas políticas de saúde e previdência social, bem como com os demais responsáveis pelas políticas sócio-econômicas setoriais, visando à elevação do patamar mínimo de atendimento às necessidades básicas;

**XIII** - expedir os atos normativos necessários à gestão do Fundo Nacional de Assistência Social FNAS, de acordo com as diretrizes estabelecidas pelo Conselho Nacional de Assistência Social - CNAS;

**XIV** - elaborar e submeter ao Conselho Nacional de Assistência Social - CNAS os programas anuais e plurianuais de aplicação dos recursos do Fundo Nacional de Assistência Social - FNAS.

**Parágrafo único.** A atenção integral à saúde, inclusive a dispensação de medicamentos e produtos de interesse para a saúde, às famílias e indivíduos em situações de vulnerabilidade ou risco social e pessoal, nos termos desta Lei, dar-se-á independentemente da apresentação de documentos que comprovem domicílio ou inscrição no cadastro no Sistema Único de Saúde (SUS), em consonância com a diretriz de articulação das ações de assistência social e de saúde a que se refere o inciso XII deste artigo.

## CAPÍTULO IV
## DOS BENEFÍCIOS, DOS SERVIÇOS, DOS PROGRAMAS E DOS PROJETOS DE ASSISTÊNCIA SOCIAL

### SEÇÃO I
### DO BENEFÍCIO DE PRESTAÇÃO CONTINUADA

**Art. 20.** O benefício de prestação continuada é a garantia de um salário-mínimo mensal à pessoa com deficiência e ao idoso com 65 (sessenta e cinco) anos ou mais que comprovem não possuir meios de prover a própria manutenção nem de tê-la provida por sua família.

- CF/88, art. 203. A assistência social será prestada a quem dela necessitar, independentemente de contribuição à seguridade social, e tem por objetivos: (...) V - a garantia de um salário mínimo de benefício mensal à pessoa portadora de deficiência e ao idoso que comprovem não possuir meios de prover à própria manutenção ou de tê-la provida por sua família, conforme dispuser a lei.
- Estrangeiros residentes no Brasil têm direito ao BPC. Os estrangeiros residentes no País são beneficiários da assistência social prevista no art. 203, V, da Constituição Federal, uma vez atendidos os requisitos constitucionais e legais. STF. Plenário. RE 587970/SP, Rel. Min. Marco Aurélio, julgado em 19 e 20/4/2017 (repercussão geral) (Info 861).

**§ 1º** Para os efeitos do disposto no *caput*, a família é composta pelo requerente, o cônjuge ou companheiro, os pais e, na ausência de um deles, a madrasta ou o padrasto, os irmãos solteiros, os filhos e enteados solteiros e os menores tutelados, desde que vivam sob o mesmo teto.

**§ 2º** Para efeito de concessão do benefício de prestação continuada, considera-se pessoa com deficiência aquela que tem impedimento de longo prazo de natureza física, mental, intelectual ou sensorial, o qual, em interação com uma ou mais barreiras, pode obstruir sua participação plena e efetiva na sociedade em igualdade de condições com as demais pessoas.

- Não se exige incapacidade absoluta para conceder o benefício de prestação continuada. A Lei Orgânica da Assistência Social (LOAS) não exige incapacidade absoluta de pessoa com deficiência para concessão do Benefício de Prestação Continuada. STJ. 1ª Turma. REsp 1.404.019-SP, Rel. Min. Napoleão Nunes Maia Filho, julgado em 27/6/2017 (Info 608).

**I** - (Revogado pela Lei 12.470/2011)

**II** - (Revogado pela Lei 12.470/2011)

**§ 3º** Observados os demais critérios de elegibilidade definidos nesta Lei, terão direito ao benefício financeiro de que trata o *caput* deste artigo a pessoa com deficiência ou a pessoa idosa com renda familiar mensal per capita igual ou inferior a 1/4 (um quarto) do salário-mínimo. (Redação dada pela Lei 14.176/2021)

- Aplicação do art. 34 do Estatuto da pessoa Idosa ao benefício requerido por pessoa com deficiência. Aplica-se o parágrafo único do art. 34 do Estatuto da pessoa Idosa (Lei nº 10.741/2003), por analogia, a pedido de benefício assistencial feito por pessoa com deficiência a fim de que benefício previdenciário recebido por idoso, no valor de um salário mínimo, não seja computado no cálculo da renda per capita prevista no art. 20, § 3º, da Lei nº 8.742/93. STJ. 1ª Seção. REsp 1.355.052-SP, Rel. Min. Benedito Gonçalves, julgado em 25/2/2015 (recurso repetitivo) (Info 572).

**I** – *(Revogado pela Lei 14.176/2021)*;

**II** – *(VETADO na Lei 13.982/2020)*

**§ 4º** O benefício de que trata este artigo não pode ser acumulado pelo beneficiário com qualquer outro no âmbito da seguridade social ou de outro regime, salvo os da assistência médica e da pensão especial de natureza indenizatória, bem como as transferências de renda de que tratam o parágrafo único do art. 6º e o inciso VI do *caput* do art. 203 da Constituição Federal e o *caput* e o § 1º do art. 1º da Lei nº 10.835, de 8 de janeiro de 2004. *(Redação dada pela Lei 14.601/2023)*

**§ 5º** A condição de acolhimento em instituições de longa permanência não prejudica o direito do idoso ou da pessoa com deficiência ao benefício de prestação continuada.

**§ 6º** A concessão do benefício ficará sujeita à avaliação da deficiência e do grau de impedimento de que trata o § 2º, composta por avaliação médica e avaliação social realizadas por médicos peritos e por assistentes sociais do Instituto Nacional de Seguro Social - INSS.

**§ 6º-A.** O INSS poderá celebrar parcerias para a realização da avaliação social, sob a supervisão do serviço social da autarquia. *(Acrescido pela Lei 14.441/2022)*

**§ 7º** Na hipótese de não existirem serviços no município de residência do beneficiário, fica assegurado, na forma prevista em regulamento, o seu encaminhamento ao município mais próximo que contar com tal estrutura.

**§ 8º** A renda familiar mensal a que se refere o § 3º deverá ser declarada pelo requerente ou seu representante legal, sujeitando-se aos demais procedimentos previstos no regulamento para o deferimento do pedido. (Acrescido pela Lei 9.720/1998)

**§ 9º** Os valores recebidos a título de auxílio financeiro temporário ou de indenização por danos sofridos em decorrência de rompimento e colapso de barragens, bem como os rendimentos decorrentes de estágio supervisionado e de aprendizagem, não serão computados para fins de cálculo da renda familiar *per capita* a que se refere o § 3º deste artigo. *(Redação dada pela Lei 14.809/2024)*

**§ 10.** Considera-se impedimento de longo prazo, para os fins do § 2º deste artigo, aquele que produza efeitos pelo prazo mínimo de 2 (dois) anos. (Acrescido pela Lei 12.470/2011)

**§ 11.** Para concessão do benefício de que trata o *caput* deste artigo, poderão ser utilizados outros elementos probatórios da condição de miserabilidade do grupo familiar e da situação de vulnerabilidade, conforme regulamento. (Acrescido pela Lei 13.146/2015)

**§ 11-A.** O regulamento de que trata o § 11 deste artigo poderá ampliar o limite de renda mensal familiar per capita previsto no § 3º deste artigo para até 1/2 (meio) salário-mínimo, observado o disposto no art. 20-B desta Lei. *(Acrescido pela Lei 14.176/2021)*

**§ 12.** São requisitos para a concessão, a manutenção e a revisão do benefício as inscrições no Cadastro de Pessoas Físicas - CPF e no Cadastro Único para Programas Sociais do Governo Federal - Cadastro Único, conforme previsto em regulamento. (Acrescido pela Lei 13.846/2019)

**§ 13.** *(Acrescido pela MP 871/2019, não mantido pela Lei 13.846/2019, na qual foi convertida a referida Medida Provisória)*

**§ 14.** O benefício de prestação continuada ou o benefício previdenciário no valor de até 1 (um) salário-mínimo concedido a idoso acima de 65 (sessenta e cinco) anos de idade ou pessoa com deficiência não será computado, para fins de concessão do benefício de prestação continuada a outro idoso ou pessoa com deficiência da mesma família, no cálculo da renda a que se refere o § 3º deste artigo. *(Acrescido pela Lei 13.982/2020)*

**§ 15.** O benefício de prestação continuada será devido a mais de um membro da mesma família enquanto atendidos os requisitos exigidos nesta Lei. *(Acrescido pela Lei 13.982/2020)*

**Art. 20-A.** *(Revogado pela Lei 14.176/2021)*

**Art. 20-B.** Na avaliação de outros elementos probatórios da condição de miserabilidade e da situação de vulnerabilidade de que trata o § 11 do art. 20 desta Lei, serão considerados os seguintes aspectos para ampliação do critério de aferição da renda familiar mensal per capita de que trata o § 11-A do referido artigo: *(Acrescido pela Lei 14.176/2021)*

**I** – o grau da deficiência;

**II** – a dependência de terceiros para o desempenho de atividades básicas da vida diária; e

**III** – o comprometimento do orçamento do núcleo familiar de que trata o § 3º do art. 20 desta Lei exclusivamente com gastos médicos, com tratamentos de saúde, com fraldas, com alimentos especiais e com medicamentos do idoso ou da pessoa com deficiência não disponibilizados gratuitamente pelo SUS, ou com serviços não prestados pelo Suas, desde que comprovadamente necessários à preservação da saúde e da vida.

**§ 1º** A ampliação de que trata o *caput* deste artigo ocorrerá na forma de escalas graduais, definidas em regulamento.

**§ 2º** Aplicam-se à pessoa com deficiência os elementos constantes dos incisos I e III do *caput* deste artigo, e à pessoa idosa os constantes dos incisos II e III do *caput* deste artigo.

**§ 3º** O grau da deficiência de que trata o inciso I do *caput* deste artigo será aferido por meio de instrumento de avaliação biopsicossocial, observados os termos dos §§ 1º e 2º do art. 2º da Lei nº 13.146, de 6 de julho de 2015 (Estatuto da Pessoa com Deficiência), e do § 6º do art. 20 e do art. 40-B desta Lei.

**§ 4º** O valor referente ao comprometimento do orçamento do núcleo familiar com gastos de que trata o inciso III do *caput* deste artigo será definido em ato conjunto do Ministério da Cidadania, da Secretaria Especial de Previdência e Trabalho do Ministério da Economia e do INSS, a partir de valores médios dos gastos realizados pelas famílias exclusivamente com essas finalidades, facultada ao interessado a possibilidade de comprovação, conforme critérios definidos em regulamento, de que os gastos efetivos ultrapassam os valores médios.

**Art. 21.** O benefício de prestação continuada deve ser revisto a cada 2 (dois) anos para avaliação da continuidade das condições que lhe deram origem.

**§ 1º** O pagamento do benefício cessa no momento em que forem superadas as condições referidas no *caput*, ou em caso de morte do beneficiário.

**§ 2º** O benefício será cancelado quando se constatar irregularidade na sua concessão ou utilização.

**§ 3º** O desenvolvimento das capacidades cognitivas, motoras ou educacionais e a realização de atividades não remuneradas de habilitação e reabilitação, entre outras, não constituem motivo de suspensão ou cessação do benefício da pessoa com deficiência. (Acrescido pela Lei 12.435/2011)

**§ 4º** A cessação do benefício de prestação continuada concedido à pessoa com deficiência não impede nova concessão do benefício, desde que atendidos os requisitos definidos em regulamento.

**§ 5º** O beneficiário em gozo de benefício de prestação continuada concedido judicial ou administrativamente poderá ser convocado para avaliação das condições que ensejaram sua concessão ou manutenção, sendo-lhe exigida a presença dos requisitos previstos nesta Lei e no regulamento. *(Acrescido pela Lei 14.176/2021)*

**Art. 21-A.** O benefício de prestação continuada será suspenso pelo órgão concedente quando a pessoa com deficiência exercer atividade remunerada, inclusive na condição de microempreendedor individual.

**§ 1º** Extinta a relação trabalhista ou a atividade empreendedora de que trata o *caput* deste artigo e, quando for o caso, encerrado o prazo de pagamento do seguro-desemprego e não tendo o beneficiário adquirido direito a qualquer benefício previdenciário, poderá ser requerida a continuidade do pagamento do benefício suspenso, sem necessidade de realização de perícia médica ou reavaliação da deficiência e do grau de incapacidade para esse fim, respeitado o período de revisão previsto no *caput* do art. 21.

**§ 2º** A contratação de pessoa com deficiência como aprendiz não acarreta a suspensão do benefício de prestação continuada, limitado a 2 (dois) anos o recebimento concomitante da remuneração e do benefício. (Acrescido pela Lei 12.470/2011)

## SEÇÃO II
## DOS BENEFÍCIOS EVENTUAIS

**Art. 22.** Entendem-se por benefícios eventuais as provisões suplementares e provisórias que integram organicamente as garantias do Suas e são prestadas aos cidadãos e às famílias em virtude de nascimento, morte, situações de vulnerabilidade temporária e de calamidade pública.

**§ 1º** A concessão e o valor dos benefícios de que trata este artigo serão definidos pelos Estados, Distrito Federal e Municípios e previstos nas respectivas leis orçamentárias anuais, com base em critérios e prazos definidos pelos respectivos Conselhos de Assistência Social.

**§ 2º** O CNAS, ouvidas as respectivas representações de Estados e Municípios dele participantes, poderá propor, na medida das disponibilidades orçamentárias das 3 (três) esferas de governo, a instituição de benefícios subsidiários no valor de até 25% (vinte e cinco por cento) do salário-mínimo para cada criança de até 6 (seis) anos de idade.

**§ 3º** Os benefícios eventuais subsidiários não poderão ser cumulados com aqueles instituídos pelas Leis nº 10.954, de 29 de setembro de 2004, e nº 10.458, de 14 de maio de 2002.

## SEÇÃO III
## DOS SERVIÇOS

**Art. 23.** Entendem-se por serviços socioassistenciais as atividades continuadas que visem à melhoria de vida da população e cujas ações, voltadas para as necessidades básicas, observem os objetivos, princípios e diretrizes estabelecidos nesta Lei.

**§ 1º** O regulamento instituirá os serviços socioassistenciais. (Acrescido pela Lei 12.435/2011)

**§ 2º** Na organização dos serviços da assistência social serão criados programas de amparo, entre outros: *(Acrescido pela Lei 12.435/2011)*

**I** - às crianças e adolescentes em situação de risco pessoal e social, em cumprimento ao disposto no art. 227 da Constituição Federal e na Lei nº 8.069, de 13 de julho de 1990 (Estatuto da Criança e do Adolescente); *(Acrescido pela Lei 12.435/2011)*

**II** - às pessoas que vivem em situação de rua *(Acrescido pela Lei 12.435/2011).*

**III** - às pessoas idosas carentes residentes em instituições de longa permanência, nas quais o poder público apoiará o atendimento integral à saúde, na forma do regulamento. *(Acrescido pela Lei 14.878/2024)*

## SEÇÃO IV
## DOS PROGRAMAS DE ASSISTÊNCIA SOCIAL

**Art. 24.** Os programas de assistência social compreendem ações integradas e complementares com objetivos, tempo e área de abrangência definidos para qualificar, incentivar e melhorar os benefícios e os serviços assistenciais.

**§ 1º** Os programas de que trata este artigo serão definidos pelos respectivos Conselhos de Assistência Social, obedecidos os objetivos e princípios que regem esta Lei, com prioridade para a inserção profissional e social.

**§ 2º** Os programas voltados para o idoso e a integração da pessoa com deficiência serão devidamente articulados com o benefício de prestação continuada estabelecido no art. 20 desta Lei.

**Art. 24-A.** Fica instituído o Serviço de Proteção e Atendimento Integral à Família (Paif), que integra a proteção social básica e consiste na oferta de ações e serviços socioassistenciais de prestação continuada, nos Cras, por meio do trabalho social com famílias em situação de vulnerabilidade social, com o objetivo de prevenir o rompimento dos vínculos familiares e a violência no âmbito de suas relações, garantindo o direito à convivência familiar e comunitária.

**Parágrafo único.** Regulamento definirá as diretrizes e os procedimentos do Paif. (Acrescido pela Lei 12.435/2011)

**Art. 24-B.** Fica instituído o Serviço de Proteção e Atendimento Especializado a Famílias e Indivíduos (Paefi), que integra a proteção social especial e consiste no apoio, orientação e acompanhamento a famílias e indivíduos em situação de ameaça ou violação de direitos, articulando os serviços socioassistenciais com as diversas políticas públicas e com órgãos do sistema de garantia de direitos.

**Parágrafo único.** Regulamento definirá as diretrizes e os procedimentos do Paefi. (Acrescido pela Lei 12.435/2011)

**Art. 24-C.** Fica instituído o Programa de Erradicação do Trabalho Infantil (Peti), de caráter intersetorial, integrante da Política Nacional de Assistência Social, que, no âmbito do Suas, compreende transferências de renda, trabalho social com famílias e oferta de serviços socioeducativos para crianças e adolescentes que se encontrem em situação de trabalho.

**§ 1º** O Peti tem abrangência nacional e será desenvolvido de forma articulada pelos entes federados, com a participação da sociedade civil, e tem como objetivo contribuir para a retirada de crianças e adolescentes com idade inferior a 16 (dezesseis) anos em situação de trabalho, ressalvada a condição de aprendiz, a partir de 14 (quatorze) anos.

**§ 2º** As crianças e os adolescentes em situação de trabalho deverão ser identificados e ter os seus dados inseridos no Cadastro Único para Programas Sociais do Governo Federal (CadÚnico), com a devida identificação das situações de trabalho infantil. (Acrescido pela Lei 12.435/2011)

## SEÇÃO V
## DOS PROJETOS DE ENFRENTAMENTO DA POBREZA

**Art. 25.** Os projetos de enfrentamento da pobreza compreendem a instituição de investimento econômico-social nos grupos populares, buscando subsidiar, financeira e tecnicamente, iniciativas que lhes garantam meios, capacidade produtiva e de gestão para melhoria das condições gerais de subsistência, elevação do padrão da qualidade de vida, a preservação do meio-ambiente e sua organização social.

**Art. 26.** O incentivo a projetos de enfrentamento da pobreza assentar-se-á em mecanismos de articulação e de participação de diferentes áreas governamentais e em sistema de cooperação entre organismos governamentais, não governamentais e da sociedade civil.

## SEÇÃO VI
## DO AUXÍLIO-INCLUSÃO
*(Acrescida pela Lei 14.176/2021)*

**Art. 26-A.** Terá direito à concessão do auxílio-inclusão de que trata o art. 94 da Lei nº 13.146, de 6 de julho de 2015 (Estatuto da Pessoa com Deficiência), a pessoa com deficiência moderada ou grave que, cumulativamente: *(Acrescido pela Lei 14.176/2021)*

**I** - receba o benefício de prestação continuada, de que trata o art. 20 desta Lei, e passe a exercer atividade:

a) que tenha remuneração limitada a 2 (dois) salários-mínimos; e

b) que enquadre o beneficiário como segurado obrigatório do Regime Geral de Previdência Social ou como filiado a regime próprio de previdência social da União, dos Estados, do Distrito Federal ou dos Municípios;

**II** - tenha inscrição atualizada no CadÚnico no momento do requerimento do auxílio-inclusão;

**III** - tenha inscrição regular no CPF; e

**IV** - atenda aos critérios de manutenção do benefício de prestação continuada, incluídos os critérios relativos à renda familiar mensal per capita exigida para o acesso ao benefício, observado o disposto no § 4º deste artigo.

**§ 1º** O auxílio-inclusão poderá ainda ser concedido, nos termos do inciso I do *caput* deste artigo, mediante requerimento e sem retroatividade no pagamento, ao beneficiário:

**I** - que tenha recebido o benefício de prestação continuada nos 5 (cinco) anos imediatamente anteriores ao exercício da atividade remunerada; e

**II** - que tenha tido o benefício suspenso nos termos do art. 21-A desta Lei.

**§ 2º** O valor do auxílio-inclusão percebido por um membro da família não será considerado no cálculo da renda familiar mensal per capita de que trata o inciso IV do *caput* deste artigo, para fins de concessão e de manutenção de outro auxílio-inclusão no âmbito do mesmo grupo familiar.

**§ 3º** O valor do auxílio-inclusão e o da remuneração do beneficiário do auxílio-inclusão de que trata a alínea "a" do inciso I do *caput* deste artigo percebidos por um membro da família não serão considerados no cálculo da renda familiar mensal per capita de que tratam os §§ 3º e 11-A do art. 20 desta Lei para fins de manutenção de benefício de prestação continuada concedido anteriormente a outra pessoa do mesmo grupo familiar.

**§ 4º** Para fins de cálculo da renda familiar per capita de que trata o inciso IV do *caput* deste artigo, serão desconsideradas:

**I** - as remunerações obtidas pelo requerente em decorrência de exercício de atividade laboral, desde que o total recebido no mês seja igual ou inferior a 2 (dois) salários-mínimos; e

**II** - as rendas oriundas dos rendimentos decorrentes de estágio supervisionado e de aprendizagem.

**Art. 26-B.** O auxílio-inclusão será devido a partir da data do requerimento, e o seu valor corresponderá a 50% (cinquenta por cento) do valor do benefício de prestação continuada em vigor. *(Acrescido pela Lei 14.176/2021)*

**§ 1º** Ao requerer o auxílio-inclusão, o beneficiário autorizará a suspensão do benefício de prestação continuada, nos termos do art. 21-A desta Lei. *(Parágrafo único transformado em § 1º pela Lei 14.441/2022)*

**§ 2º** O auxílio-inclusão será concedido automaticamente pelo INSS, observado o preenchimento dos demais requisitos, mediante constatação, pela própria autarquia ou pelo Ministério da Cidadania, de acumulação do benefício de prestação continuada com o exercício de atividade remunerada. *(Acrescido pela Lei 14.441/2022)*

**§ 3º** Na hipótese do § 2º deste artigo, o auxílio-inclusão será devido a partir do primeiro dia da competência em que se identificou a ocorrência de acumulação do benefício de prestação continuada com o exercício de atividade remunerada, e o titular deverá ser notificado quanto à alteração do benefício e suas consequências administrativas. *(Acrescido pela Lei 14.441/2022)*

**Art. 26-C.** O pagamento do auxílio-inclusão não será acumulado com o pagamento de: *(Acrescido pela Lei 14.176/2021)*

**I** - benefício de prestação continuada de que trata o art. 20 desta Lei;

**II** - prestações a título de aposentadoria, de pensões ou de benefícios por incapacidade pagos por qualquer regime de previdência social; ou

**III** - seguro-desemprego.

**Art. 26-D.** O pagamento do auxílio-inclusão cessará na hipótese de o beneficiário: *(Acrescido pela Lei 14.176/2021)*

**I** - deixar de atender aos critérios de manutenção do benefício de prestação continuada; ou

**II** - deixar de atender aos critérios de concessão do auxílio-inclusão.

**Parágrafo único.** Ato do Poder Executivo federal disporá sobre o procedimento de verificação dos critérios de manutenção e de revisão do auxílio-inclusão.

**Art. 26-E.** O auxílio-inclusão não está sujeito a desconto de qualquer contribuição e não gera direito a pagamento de abono anual. *(Acrescido pela Lei 14.176/2021)*

**Art. 26-F.** Compete ao Ministério da Cidadania a gestão do auxílio-inclusão, e ao INSS a sua operacionalização e pagamento. *(Acrescido pela Lei 14.176/2021)*

**Art. 26-G.** As despesas decorrentes do pagamento do auxílio-inclusão correrão à conta do orçamento do Ministério da Cidadania. *(Acrescido pela Lei 14.176/2021)*

**§ 1º** O Poder Executivo federal compatibilizará o quantitativo de benefícios financeiros do auxílio-inclusão de que trata o art. 26-A desta Lei com as dotações orçamentárias existentes.

**§ 2º** O regulamento indicará o órgão do Poder Executivo responsável por avaliar os impactos da concessão do auxílio-inclusão na participação no mercado de trabalho, na redução de desigualdades e no exercício dos direitos e liberdades fundamentais das pessoas com deficiência, nos termos do § 16 do art. 37 da Constituição Federal.

**Art. 26-H.** No prazo de 10 (dez) anos, contado da data de publicação desta Seção, será promovida a revisão do auxílio-inclusão, observado o disposto no § 2º do art. 26-G desta Lei, com vistas a seu aprimoramento e ampliação. *(Acrescido pela Lei 14.176/2021)*

## CAPÍTULO V
## DO FINANCIAMENTO DA ASSISTÊNCIA SOCIAL

**Art. 27.** Fica o Fundo Nacional de Ação Comunitária - Funac, instituído pelo Decreto nº 91.970, de 22 de novembro de 1985, ratificado pelo Decreto Legislativo nº 66, de 18 de dezembro de 1990, transformado no Fundo Nacional de Assistência Social - FNAS.

**Art. 28.** O financiamento dos benefícios, serviços, programas e projetos estabelecidos nesta Lei far-se-á com os recursos da União, dos Estados, do Distrito Federal e dos Municípios, das demais contribuições sociais previstas no art. 195 da Constituição Federal, além daqueles que compõem o Fundo Nacional de Assistência Social - FNAS.

**§ 1º** Cabe ao órgão da Administração Pública responsável pela coordenação da Política de Assistência Social nas 3 (três) esferas de governo gerir o Fundo de Assistência Social, sob orientação e controle dos respectivos Conselhos de Assistência Social.

**§ 2º** O Poder Executivo disporá, no prazo de 180 (cento e oitenta) dias a contar da data de publicação desta lei, sobre o regulamento e funcionamento do Fundo Nacional de Assistência Social - FNAS.

**§ 3º** O financiamento da assistência social no Suas deve ser efetuado mediante cofinanciamento dos 3 (três) entes federados, devendo os recursos alocados nos fundos de assistência social ser voltados à operacionalização, prestação, aprimoramento e viabilização dos serviços, programas, projetos e benefícios desta política. (Acrescido pela Lei 12.435/2011)

**Art. 28-A.** (Revogado pela Lei 13.813/2019)

**Art. 29.** Os recursos de responsabilidade da União destinados à assistência social serão automaticamente repassados ao Fundo Nacional de Assistência Social - FNAS, à medida que se forem realizando as receitas.

**Parágrafo único.** Os recursos de responsabilidade da União destinados ao financiamento dos benefícios de prestação continuada, previstos no art. 20, poderão ser repassados pelo Ministério da Previdência e Assistência Social diretamente ao INSS, órgão responsável pela sua execução e manutenção. (Acrescido pela Lei 9.720/1998)

**Art. 30.** É condição para os repasses, aos Municípios, aos Estados e ao Distrito Federal, dos recursos de que trata esta lei, a efetiva instituição e funcionamento de:

**I** - Conselho de Assistência Social, de composição paritária entre governo e sociedade civil;

**II** - Fundo de Assistência Social, com orientação e controle dos respectivos Conselhos de Assistência Social;

**III** - Plano de Assistência Social.

**Parágrafo único.** É, ainda, condição para transferência de recursos do FNAS aos Estados, ao Distrito Federal e aos Municípios a comprovação orçamentária dos recursos próprios destinados à Assistência Social, alocados em seus respectivos Fundos de Assistência Social, a partir do exercício de 1999. (Acrescido pela Lei 9.720/1998)

**Art. 30-A.** O cofinanciamento dos serviços, programas, projetos e benefícios eventuais, no que couber, e o aprimoramento da gestão da política de assistência social no Suas se efetuam por meio de transferências automáticas entre os fundos de assistência social e mediante alocação de recursos próprios nesses fundos nas 3 (três) esferas de governo.

**Parágrafo único.** As transferências automáticas de recursos entre os fundos de assistência social efetuadas à conta do orçamento da seguridade social, conforme o art. 204 da Constituição Federal, caracterizam-se como despesa pública com a seguridade social, na forma do art. 24 da Lei Complementar nº 101, de 4 de maio de 2000. (Acrescido pela Lei 12.435/2011)

**Art. 30-B.** Caberá ao ente federado responsável pela utilização dos recursos do respectivo Fundo de Assistência Social o controle e o acompanhamento dos serviços, programas, projetos e benefícios, por meio dos respectivos órgãos de controle, independentemente de ações do órgão repassador dos recursos. (Acrescido pela Lei 12.435/2011)

**Art. 30-C.** A utilização dos recursos federais descentralizados para os fundos de assistência social dos Estados, dos Municípios e do Distrito Federal será declarada pelos entes recebedores ao ente transferidor, anualmente, mediante relatório de gestão submetido à apreciação do respectivo Conselho de Assistência Social, que comprove a execução das ações na forma de regulamento.

**Parágrafo único.** Os entes transferidores poderão requisitar informações referentes à aplicação dos recursos oriundos do seu fundo de assistência social, para fins de análise e acompanhamento de sua boa e regular utilização. (Acrescido pela Lei 12.435/2011)

## CAPÍTULO VI
## DAS DISPOSIÇÕES GERAIS E TRANSITÓRIAS

**Art. 31.** Cabe ao Ministério Público zelar pelo efetivo respeito aos direitos estabelecidos nesta lei.

**Art. 32.** O Poder Executivo terá o prazo de 60 (sessenta) dias, a partir da publicação desta Lei, obedecidas as normas por ela instituídas, para elaborar e encaminhar projeto de lei dispondo sobre a extinção e reordenamento dos órgãos de assistência social do Ministério do Bem-Estar Social.

**§ 1º** O projeto de que trata este artigo definirá formas de transferências de benefícios, serviços, programas, projetos, pessoal, bens móveis e imóveis para a esfera municipal.

**§ 2º** O Ministro de Estado do Bem-Estar Social indicará Comissão encarregada de elaborar o projeto de lei de que trata este artigo, que contará com a participação das organizações dos usuários, de trabalhadores do setor e de entidades e organizações de assistência social.

**Art. 33.** Decorrido o prazo de 120 (cento e vinte) dias da promulgação desta Lei, fica extinto o Conselho Nacional de Serviço Social - CNSS, revogando-se, em conseqüência, os Decretos-Lei nºs 525, de 1º de julho de 1938, e 657, de 22 de julho de 1943.

**§ 1º** O Poder Executivo tomará as providências necessárias para a instalação do Conselho Nacional de Assistência Social - CNAS e a transferência das atividades que passarão à sua competência dentro do prazo estabelecido no *caput*, de forma a assegurar não haja solução de continuidade.

**§ 2º** O acervo do órgão de que trata o *caput* será transferido, no prazo de 60 (sessenta) dias, para o Conselho Nacional de Assistência Social - CNAS, que promoverá, mediante critérios e prazos a serem fixados, a revisão dos processos de registro e certificado de entidade de fins filantrópicos das entidades e organização de assistência social, observado o disposto no art. 3º desta lei.

**Art. 34.** A União continuará exercendo papel supletivo nas ações de assistência social, por ela atualmente executadas diretamente no âmbito dos Estados, dos Municípios e do Distrito Federal, visando à implementação do disposto nesta Lei, por prazo máximo de 12 (doze) meses, contados a partir da data da publicação desta Lei.

**Art. 35.** Cabe ao órgão da Administração Pública Federal responsável pela coordenação da Política Nacional de Assistência Social operar os benefícios de prestação continuada de que trata esta lei, podendo, para tanto, contar com o concurso de outros órgãos do Governo Federal, na forma a ser estabelecida em regulamento.

**Parágrafo único.** O regulamento de que trata o *caput* definirá as formas de comprovação do direito ao benefício, as condições de sua suspensão, os procedimentos em casos de curatela e tutela e o órgão de credenciamento, de pagamento e de fiscalização, dentre outros aspectos.

**Art. 36.** As entidades e organizações de assistência social que incorrerem em irregularidades na aplicação dos recursos que lhes foram repassados pelos poderes públicos terão a sua vinculação ao Suas cancelada, sem prejuízo de responsabilidade civil e penal.

**Art. 37.** O benefício de prestação continuada será devido após o cumprimento, pelo requerente, de todos os requisitos legais e regulamentares exigidos para a sua concessão, inclusive apresentação da documentação necessária, devendo o seu pagamento ser efetuado em até quarenta e cinco dias após cumpridas as exigências de que trata este artigo.

**Parágrafo único.** No caso de o primeiro pagamento ser feito após o prazo previsto no *caput*, aplicar-se-á na sua atualização o mesmo critério adotado pelo INSS na atualização do primeiro pagamento de benefício previdenciário em atraso. (Acrescido pela Lei 9.720/1998)

**Art. 38.** (Revogado pela Lei 12.435/2011)

**Art. 39.** O Conselho Nacional de Assistência Social - CNAS, por decisão da maioria absoluta de seus membros, respeitados o orçamento da seguridade social e a disponibilidade do Fundo Nacional de Assistência Social - FNAS, poderá propor ao Poder Executivo a alteração dos limites de renda mensal per capita definidos no § 3º do art. 20 e *caput* do art. 22.

**Art. 40.** Com a implantação dos benefícios previstos nos arts. 20 e 22 desta Lei, extinguem-se a renda mensal vitalícia, o auxílio-natalidade e o auxílio-funeral existentes no âmbito da Previdência Social, conforme o disposto na Lei nº 8.213, de 24 de julho de 1991.

**§ 1º** A transferência dos beneficiários do sistema previdenciário para a assistência social deve ser estabelecida de forma que o atendimento à população não sofra solução de continuidade.

**§ 2º** É assegurado ao maior de setenta anos e ao inválido o direito de requerer a renda mensal vitalícia junto ao INSS até 31 de dezembro de 1995, desde que atenda, alternativamente, aos requisitos estabelecidos nos incisos I, II ou III do § 1º do art. 139 da Lei nº 8.213, de 24 de julho de 1991.

**Art. 40-A.** Os benefícios monetários decorrentes do disposto nos arts. 22, 24-C e 25 desta Lei serão pagos preferencialmente à mulher responsável pela unidade familiar, quando cabível. (Acrescido pela Lei 13.014/2014)

**Art. 40-B.** Enquanto não estiver regulamentado o instrumento de avaliação de que tratam os §§ 1º e 2º do art. 2º da Lei nº 13.146, de 6 de julho de 2015 (Estatuto da Pessoa com Deficiência), a concessão do benefício de prestação continuada à pessoa com deficiência ficará sujeita à avaliação do grau da deficiência e do impedimento de que trata o § 2º do art. 20 desta Lei, composta por avaliação médica e avaliação social realizadas, respectivamente, pela Perícia Médica Federal e pelo serviço social do INSS, com a utilização de instrumentos desenvolvidos especificamente para esse fim. *(Acrescido pela Lei 14.176/2021)*

**§ 1º** O INSS poderá celebrar parcerias para a realização da avaliação social, sob a supervisão do serviço social da autarquia. *(Parágrafo único transformado em § 1º pela Lei 14.724/2023)*

**§ 2º** A avaliação médica prevista no *caput* deste artigo poderá ser realizada com o uso de tecnologia de telemedicina ou por análise documental conforme situações e requisitos definidos em regulamento. *(Acrescido pela Lei 14.724/2023)*

**Art. 40-C.** Os eventuais débitos do beneficiário decorrentes de recebimento irregular do benefício de prestação continuada ou do auxílio-inclusão poderão ser consignados no valor mensal desses benefícios, nos termos do regulamento. *(Acrescido pela Lei 14.176/2021)*

**Art. 41.** Esta lei entra em vigor na data da sua publicação.

**Art. 42.** Revogam-se as disposições em contrário.

Brasília, 7 de dezembro de 1993, 172º da Independência e 105º da República.

Itamar Franco

Jutahy Magalhães Júnior

# LEI Nº 9.717, DE 27 DE NOVEMBRO DE 1998

*Dispõe sobre regras gerais para a organização e o funcionamento dos regimes próprios de previdência social dos servidores públicos da União, dos Estados, do Distrito Federal e dos Municípios, dos militares dos Estados e do Distrito Federal e dá outras providências.*

› DOU de 28.11.1998.

O PRESIDENTE DA REPÚBLICA,

Faço saber que o Congresso Nacional decreta e eu sanciono a seguinte Lei:

**Art. 1º** Os regimes próprios de previdência social dos servidores públicos da União, dos Estados, do Distrito Federal e dos Municípios, dos militares dos Estados e do Distrito Federal deverão ser organizados, baseados em normas gerais de contabilidade e atuária, de modo a garantir o seu equilíbrio financeiro e atuarial, observados os seguintes critérios:

**I** – realização de avaliação atuarial inicial e em cada balanço utilizando-se parâmetros gerais, para a organização e revisão do plano de custeio e benefícios;

**II** – financiamento mediante recursos provenientes da União, dos Estados, do Distrito Federal e dos Municípios e das contribuições do pessoal civil e militar, ativo, inativo e dos pensionistas, para os seus respectivos regimes;

**III** – as contribuições e os recursos vinculados ao Fundo Previdenciário da União, dos Estados, do Distrito Federal e dos Municípios e as contribuições do pessoal civil e militar, ativo, inativo, e dos pensionistas, somente poderão ser utilizadas para pagamento de benefícios previdenciários dos respectivos regimes, ressalvadas as despesas administrativas estabelecidas no art. 6º, inciso VIII, desta Lei, observado os limites de gastos estabelecidos em parâmetros gerais;

**IV** – cobertura de um número mínimo de segurados, de modo que os regimes possam garantir diretamente a totalidade dos riscos cobertos no plano de benefícios, preservando o equilíbrio atuarial sem necessidade de resseguro, conforme parâmetros gerais;

**V** – cobertura exclusiva a servidores públicos titulares de cargos efetivos e a militares, e a seus respectivos dependentes, de cada ente estatal, vedado o pagamento de benefícios, mediante convênios ou consórcios entre Estados, entre Estados e Municípios e entre Municípios;

**VI** – pleno acesso dos segurados às informações relativas à gestão do regime e participação de representantes dos servidores públicos e dos militares, ativos e inativos, nos colegiados e instâncias de decisão em que os seus interesses sejam objeto de discussão e deliberação;

**VII** – registro contábil individualizado das contribuições de cada servidor e dos entes estatais, conforme diretrizes gerais;

**VIII** – identificação e consolidação em demonstrativos financeiros e orçamentários de todas as despesas fixas e variáveis com pessoal inativo civil, militar e pensionistas, bem como dos encargos incidentes sobre os proventos e pensões pagos;

**IX** – sujeição às inspeções e auditorias de natureza atuarial, contábil, financeira, orçamentária e patrimonial dos órgãos de controle interno e externo;

**X** – vedação de inclusão nos benefícios, para efeito de percepção destes, de parcelas remuneratórias pagas em decorrência de local de trabalho, de função de confiança ou de cargo em comissão, exceto quando tais parcelas integrarem a remuneração de contribuição do servidor que se aposentar com fundamento no art. 40 da Constituição Federal, respeitado, em qualquer hipótese, o limite previsto no § 2º do citado artigo;

**XI** – vedação de inclusão nos benefícios, para efeito de percepção destes, do abono de permanência de que tratam o § 19 do art. 40 da Constituição Federal, o § 5º do art. 2º e o § 1º do art. 3º da Emenda Constitucional nº 41, de 19 de dezembro de 2003.

**§ 1º** Aplicam-se adicionalmente aos regimes próprios de previdência social as disposições estabelecidas no art. 6º desta Lei relativas aos fundos com finalidade previdenciária por eles instituídos. (Redação dada pela Lei 13.846/2019)

**§ 2º** Os regimes próprios de previdência social da União, dos Estados, do Distrito Federal e dos Municípios operacionalizarão a compensação financeira a que se referem o § 9º do art. 201 da Constituição Federal e a Lei nº 9.796, de 5 de maio de 1999, entre si e com o regime geral de previdência social, sob pena de incidirem nas sanções de que trata o art. 7º desta Lei. (Parágrafo acrescido pela Lei 13.846/2019)

**Art. 1º-A** O servidor público titular de cargo efetivo da União, dos Estados, do Distrito Federal e dos Municípios ou o militar dos Estados e do Distrito Federal filiado a regime próprio de previdência social, quando cedido a órgão ou entidade de outro ente da federação, com ou sem ônus para o cessionário, permanecerá vinculado ao regime de origem.

**Art. 2º** A contribuição da União, dos Estados, do Distrito Federal e dos Municípios, incluídas suas autarquias e fundações, aos regimes próprios de previdência social a que estejam vinculados seus servidores não poderá ser inferior ao valor da contribuição do servidor ativo, nem superior ao dobro desta contribuição.

**§ 1º** A União, os Estados, o Distrito Federal e os Municípios são responsáveis pela cobertura de eventuais insuficiências financeiras do respectivo regime próprio, decorrentes do pagamento de benefícios previdenciários.

**§ 2º** A União, os Estados, o Distrito Federal e os Municípios publicarão, até 30 (trinta) dias após o encerramento de cada bimestre, demonstrativo financeiro e orçamentário da receita e despesa previdenciárias acumuladas no exercício financeiro em curso.

**§§ 3º a 7º** *(Revogados pela Lei 10.887/2004)*

**Art. 2º-A** *(Revogado pela Lei 10.887/2004)*

**Art. 3º** As alíquotas de contribuição dos servidores ativos dos Estados, do Distrito Federal e dos Municípios para os respectivos regimes próprios de previdência social não serão inferiores às dos servidores titulares de cargos efetivos da União, devendo ainda ser observadas, no caso das contribuições sobre os proventos dos inativos e sobre as pensões, as mesmas alíquotas aplicadas às remunerações dos servidores em atividade do respectivo ente estatal.

**Art. 4º** *(Revogado pela Lei 10.887/2004)*

**Art. 5º** Os regimes próprios de previdência social dos servidores públicos da União, dos Estados, do Distrito Federal e dos Municípios, dos militares dos Estados e do Distrito Federal não poderão conceder benefícios distintos dos previstos no Regime Geral de Previdência Social, de que trata a Lei nº 8.213, de 24 de julho de 1991, salvo disposição em contrário da Constituição Federal.

**Parágrafo único.** Fica vedada a concessão de aposentadoria especial, nos termos do § 4º do art. 40 da Constituição Federal, até que lei complementar federal discipline a matéria.

**Art. 6º** Fica facultada à União, aos Estados, ao Distrito Federal e aos Municípios, a constituição de fundos integrados de bens, direitos e ativos, com finalidade previdenciária, desde que observados os critérios de que trata o art. 1º e, adicionalmente, os seguintes preceitos:

**I** – *(Revogado pela MP 2.187-13/2001)*

**II** – existência de conta do fundo distinta da conta do Tesouro da unidade federativa;

**III** – *(Revogado pela MP 2.187-13/2001)*

**IV** – aplicação de recursos, conforme estabelecido pelo Conselho Monetário Nacional;

**V** – vedação da utilização de recursos do fundo de bens, direitos e ativos para empréstimos de qualquer natureza, inclusive à União, aos Estados, ao Distrito Federal e aos Municípios, a entidades da administração indireta e aos respectivos segurados;

**VI** – vedação à aplicação de recursos em títulos públicos, com exceção de títulos do Governo Federal;

**VII** – avaliação de bens, direitos e ativos de qualquer natureza integrados ao fundo, em conformidade com a Lei 4.320, de 17 de março de 1964 e alterações subseqüentes;

**VIII** – estabelecimento de limites para a taxa de administração, conforme parâmetros gerais;

**IX** – constituição e extinção do fundo mediante lei.

**Parágrafo único.** No estabelecimento das condições e dos limites para aplicação dos recursos dos regimes próprios de previdência social, na forma do inciso IV do *caput* deste artigo, o Conselho Monetário Nacional deverá considerar, entre outros requisitos: (Parágrafo único acrescido pela Lei 13.846/2019)

**I** - a natureza pública das unidades gestoras desses regimes e dos recursos aplicados, exigindo a observância dos princípios de segurança, proteção e prudência financeira;

**II** - a necessidade de exigência, em relação às instituições públicas ou privadas que administram, direta ou indiretamente por meio de fundos de investimento, os recursos desses regimes, da observância de critérios relacionados a boa qualidade de gestão, ambiente de controle interno, histórico e experiência de atuação, solidez patrimonial, volume de recursos sob administração e outros destinados à mitigação de riscos.

**Art. 7º** O descumprimento do disposto nesta Lei pelos Estados, Distrito Federal e Municípios e pelos respectivos fundos, implicará, a partir de 1º de julho de 1999:

**I** – suspensão das transferências voluntárias de recursos pela União;

**II** – impedimento para celebrar acordos, contratos, convênios ou ajustes, bem como receber empréstimos, financiamentos, avais e subvenções em geral de órgãos ou entidades da Administração direta e indireta da União;

**III** – suspensão de empréstimos e financiamentos por instituições financeiras federais.

**IV** - (Revogado pela Lei 13.846/2019)

**Art. 8º** Os responsáveis pelos poderes, órgãos ou entidades do ente estatal, os dirigentes da unidade gestora do respectivo regime próprio de previdência social e os membros dos seus conselhos e comitês respondem diretamente por infração ao disposto nesta Lei, sujeitando-se, no que couber, ao regime disciplinar estabelecido na Lei Complementar nº 109, de 29 de maio de 2001, e seu regulamento, e conforme diretrizes gerais. (Redação dada pela Lei 13.846/2019)

**§ 1º** As infrações serão apuradas mediante processo administrativo que tenha por base o auto, a representação ou a denúncia positiva dos fatos irregulares, assegurados ao acusado o contraditório e a ampla defesa, em conformidade com diretrizes gerais. (Redação dada pela Lei 13.846/2019)

**§ 2º** São também responsáveis quaisquer profissionais que prestem serviços técnicos ao ente estatal e respectivo regime próprio de previdência social, diretamente ou por intermédio de pessoa jurídica contratada. (Parágrafo acrescido pela Lei 13.846/2019)

**Art. 8º-A.** Os dirigentes do ente federativo instituidor do regime próprio de previdência social e da unidade gestora do regime e os demais responsáveis pelas ações de investimento e aplicação dos recursos previdenciários, inclusive os consultores, os distribuidores, a instituição financeira administradora da carteira, o fundo de investimentos que tenha recebido os recursos e seus gestores e administradores serão solidariamente responsáveis, na medida de sua participação, pelo ressarcimento dos prejuízos decorrentes de aplicação em desacordo com a legislação vigente a que tiverem dado causa. (Artigo acrescido pela Lei 13.846/2019)

**Art. 8º-B.** Os dirigentes da unidade gestora do regime próprio de previdência social deverão atender aos seguintes requisitos mínimos: (Artigo acrescido pela Lei 13.846/2019)

**I** - não ter sofrido condenação criminal ou incidido em alguma das demais situações de inelegilidade previstas no inciso I do *caput* do art. 1º da Lei Complementar nº 64, de 18 de maio de 1990, observados os critérios e prazos previstos na referida Lei Complementar;

**II** - possuir certificação e habilitação comprovadas, nos termos definidos em parâmetros gerais;

**III** - possuir comprovada experiência no exercício de atividade nas áreas financeira, administrativa, contábil, jurídica, de fiscalização, atuarial ou de auditoria;

**IV** - ter formação superior.

**Parágrafo único.** Os requisitos a que se referem os incisos I e II do *caput* deste artigo aplicam-se aos membros dos conselhos deliberativo e fiscal e do comitê de investimentos da unidade gestora do regime próprio de previdência social.

**Art. 9º** Compete à União, por intermédio da Secretaria Especial de Previdência e Trabalho do Ministério da Economia, em relação aos regimes próprios de previdência social e aos seus fundos previdenciários: (Redação dada pela Lei 13.846/2019)

**I** - a orientação, a supervisão, a fiscalização e o acompanhamento; (Inciso com redação dada pela Lei 13.846/2019)

**II** - o estabelecimento e a publicação de parâmetros, diretrizes e critérios de responsabilidade previdenciária na sua instituição, organização e funcionamento, relativos a custeio, benefícios, atuária, contabilidade, aplicação e utilização de recursos e constituição e manutenção dos fundos previdenciários, para preservação do caráter contributivo e solidário e do equilíbrio financeiro e atuarial; (Inciso com redação dada pela Lei 13.846/2019)

**III** - a apuração de infrações, por servidor credenciado, e a aplicação de penalidades, por órgão próprio, nos casos previstos no art. 8º desta Lei; (Inciso com redação dada pela Lei 13.846/2019)

**IV** - a emissão do Certificado de Regularidade Previdenciária (CRP), que atestará, para os fins do disposto no art. 7º desta Lei, o cumprimento, pelos Estados, Distrito Federal e Municípios, dos critérios e exigências aplicáveis aos regimes próprios de previdência social e aos seus fundos previdenciários. (Inciso acrescido pela Lei 13.846/2019)

**Parágrafo único.** A União, os Estados, o Distrito Federal e os Municípios encaminharão à Secretaria Especial de Previdência e Trabalho do Ministério da Economia, na forma, na periodicidade e nos critérios por ela definidos, dados e informações sobre o regime próprio de previdência social e seus segurados. (Redação dada pela Lei 13.846/2019)

**Art. 10.** No caso de extinção de regime próprio de previdência social, a União, o Estado, o Distrito Federal e os Municípios assumirão integralmente a responsabilidade pelo pagamento dos benefícios concedidos durante a sua vigência, bem como daqueles benefícios cujos requisitos necessários a sua concessão foram implementados anteriormente à extinção do regime próprio de previdência social.

**Art. 11.** Esta Lei entra em vigor na data de sua publicação.

Brasília, 27 de novembro de 1998;
177º da Independência e 110º da República.
Fernando Henrique Cardoso
Waldeck Ornélas

# LEI Nº 10.779, DE 25 DE NOVEMBRO DE 2003

*Dispõe sobre a concessão do benefício de seguro desemprego, durante o período de defeso, ao pescador profissional que exerce a atividade pesqueira de forma artesanal.*

› D.O.U. de 26.11.2003.

O PRESIDENTE DA REPÚBLICA

Faço saber que o Congresso Nacional decreta e eu sanciono a seguinte Lei:

**Art. 1º** O pescador artesanal de que tratam a alínea "b" do inciso VII do art. 12 da Lei nº 8.212, de 24 de julho de 1991, e a alínea "b" do inciso VII do art. 11 da Lei nº 8.213, de 24 de julho de 1991, desde que exerça sua atividade profissional ininterruptamente, de forma artesanal e individualmente ou em regime de economia familiar, fará jus ao benefício do seguro-desemprego, no valor de 1 (um) salário-mínimo mensal, durante o período de defeso de atividade pesqueira para a preservação da espécie.

**§ 1º** Considera-se profissão habitual ou principal meio de vida a atividade exercida durante o período compreendido entre o defeso anterior e o em curso, ou nos 12 (doze) meses imediatamente anteriores ao do defeso em curso, o que for menor.

**§ 2º** O período de defeso de atividade pesqueira é o fixado pelo Instituto Brasileiro do Meio Ambiente e dos Recursos Naturais Renováveis – IBAMA, em relação à espécie marinha, fluvial ou lacustre a cuja captura o pescador se dedique.

**§ 3º** Considera-se ininterrupta a atividade exercida durante o período compreendido entre o defeso anterior e o em curso, ou nos 12 (doze) meses imediatamente anteriores ao do defeso em curso, o que for menor.

**§ 4º** Somente terá direito ao seguro-desemprego o segurado especial pescador artesanal que não disponha de outra fonte de renda diversa da decorrente da atividade pesqueira.

**§ 5º** O pescador profissional artesanal não fará jus, no mesmo ano, a mais de um benefício de

seguro-desemprego decorrente de defesos relativos a espécies distintas.
**§ 6º** A concessão do benefício não será extensível às atividades de apoio à pesca nem aos familiares do pescador profissional que não satisfaçam os requisitos e as condições estabelecidos nesta Lei.
**§ 7º** O benefício do seguro-desemprego é pessoal e intransferível.
**§ 8º** O período de recebimento do benefício não poderá exceder o limite máximo variável de que trata o *caput* do art. 4º da Lei nº 7.998, de 11 de janeiro de 1990, ressalvado o disposto nos §§ 4º e 5º do referido artigo.
**Art. 2º** Cabe ao Instituto Nacional do Seguro Social (INSS) receber e processar os requerimentos e habilitar os beneficiários, nos termos do regulamento.
**I a IV** – *(Revogados pela Lei 13.134/2015)*
a) a c) *(Revogadas pela Lei 13.134/2015)*
**§ 1º** Para fazer jus ao benefício, o pescador não poderá estar em gozo de nenhum benefício decorrente de benefício previdenciário ou assistencial de natureza continuada, exceto pensão por morte, auxílio-acidente e transferências de renda de que tratam o parágrafo único do art. 6º e o inciso VI do *caput* do art. 203 da Constituição Federal e o *caput* e o § 1º do art. 1º da Lei nº 10.835, de 8 de janeiro de 2004. *(Redação dada pela Lei 14.601/2023)*
**§ 2º** Para se habilitar ao benefício, o pescador deverá apresentar ao INSS os seguintes documentos:
**I** – registro como pescador profissional, categoria artesanal, devidamente atualizado no Registro Geral da Atividade Pesqueira (RGP), emitido pelo Ministério da Pesca e Aquicultura com antecedência mínima de 1 (um) ano, contado da data de requerimento do benefício;
**II** – cópia do documento fiscal de venda do pescado a empresa adquirente, consumidora ou consignatária da produção, em que conste, além do registro da operação realizada, o valor da respectiva contribuição previdenciária de que trata o § 7º do art. 30 da Lei nº 8.212, de 24 de julho de 1991, ou comprovante de recolhimento da contribuição previdenciária, caso tenha comercializado sua produção a pessoa física; e
**III** – outros estabelecidos em ato do Ministério da Previdência Social que comprovem:
a) o exercício da profissão, na forma do art. 1º desta Lei;
b) que se dedicou à pesca durante o período definido no § 3º do art. 1º desta Lei;
c) que não dispõe de outra fonte de renda diversa da decorrente da atividade pesqueira.
**§ 3º** O INSS, no ato de habilitação ao benefício, deverá verificar a condição de segurado pescador artesanal e o pagamento da contribuição previdenciária, nos termos da Lei nº 8.212, de 24 de julho de 1991, nos últimos 12 (doze) meses imediatamente anteriores ao requerimento do benefício ou desde o último período de defeso até o requerimento do benefício, o que for menor, observado, quando for o caso, o disposto no inciso II do § 2º.
**§ 4º** O Ministério da Previdência Social e o Ministério da Pesca e Aquicultura desenvolverão atividades que garantam ao INSS acesso às informações cadastrais disponíveis no RGP, de que trata o art. 24 da Lei nº 11.959, de 29 de junho de 2009, necessárias para a concessão do seguro-desemprego.
**§ 5º** Da aplicação do disposto no § 4º deste artigo não poderá resultar nenhum ônus para os segurados.
**§ 6º** O Ministério da Previdência Social poderá, quando julgar necessário, exigir outros documentos para a habilitação do benefício.
**§ 7º** O INSS deverá divulgar mensalmente lista com todos os beneficiários que estão em gozo do seguro-desemprego no período de defeso, detalhados por localidade, nome, endereço e número e data de inscrição no RGP.
**§§ 8º a 10.** *(Revogados pela Lei 14.601/2023)*
**Art. 3º** Sem prejuízo das sanções civis e penais cabíveis, todo aquele que fornecer ou beneficiar-se de atestado falso para o fim de obtenção do benefício de que trata esta Lei estará sujeito:
**I** – a demissão do cargo que ocupa, se servidor público;
**II** – a suspensão de sua atividade, com cancelamento do seu registro, por dois anos, se pescador profissional.
**Art. 4º** O benefício de que trata esta Lei será cancelado nas seguintes hipóteses:
**I** – início de atividade remunerada;
**II** – início de percepção de outra renda;
**III** – morte do beneficiário;
**IV** – desrespeito ao período de defeso; ou
**V** – comprovação de falsidade nas informações prestadas para a obtenção do benefício.
**Art. 5º** O benefício do seguro-desemprego a que se refere esta Lei será pago à conta do Fundo de Amparo ao Trabalhador – FAT, instituído pela Lei nº 7.998, de 11 de janeiro de 1990.
**Art. 6º** Esta Lei entra em vigor na data de sua publicação.
**Art. 7º** Fica revogada a Lei nº 8.287, de 20 de dezembro de 1991.

Brasília, 25 de novembro de 2003;
182º da Independência e 115º da República.
LUIZ INÁCIO LULA DA SILVA
Jaques Wagner

## LEI Nº 10.887, DE 18 DE JUNHO DE 2004

*Dispõe sobre a aplicação de disposições da Emenda Constitucional nº 41, de 19 de dezembro de 2003, altera dispositivos das Leis nºs 9.717, de 27 de novembro de 1998, 8.213, de 24 de julho de 1991, 9.532, de 10 de dezembro de 1997, e dá outras providências.*

▸ DOU de 21.6.2004

O PRESIDENTE DA REPÚBLICA
Faço saber que o Congresso Nacional decreta e eu sanciono a seguinte Lei:

**Art. 1º** No cálculo dos proventos de aposentadoria dos servidores titulares de cargo efetivo de qualquer dos Poderes da União, dos Estados, do Distrito Federal e dos Municípios, incluídas suas autarquias e fundações, previsto no § 3º do art. 40 da Constituição Federal e no art. 2º da Emenda Constitucional nº 41, de 19 de dezembro de 2003, será considerada a média aritmética simples das maiores remunerações, utilizadas como base para as contribuições do servidor aos regimes de previdência a que esteve vinculado, correspondentes a 80% (oitenta por cento) de todo o período contributivo desde a competência julho de 1994 ou desde a do início da contribuição, se posterior àquela competência.

**§ 1º** As remunerações consideradas no cálculo do valor inicial dos proventos terão os seus valores atualizados mês a mês de acordo com a variação integral do índice fixado para a atualização dos salários-de-contribuição considerados no cálculo dos benefícios do regime geral de previdência social.

**§ 2º** A base de cálculo dos proventos será a remuneração do servidor no cargo efetivo nas competências a partir de julho de 1994 em que não tenha havido contribuição para regime próprio.

**§ 3º** Os valores das remunerações a serem utilizadas no cálculo de que trata este artigo serão comprovados mediante documento fornecido pelos órgãos e entidades gestoras dos regimes de previdência aos quais o servidor esteve vinculado ou por outro documento público, na forma do regulamento.

**§ 4º** Para os fins deste artigo, as remunerações consideradas no cálculo da aposentadoria, atualizadas na forma do § 1º deste artigo, não poderão ser:

**I** - inferiores ao valor do salário-mínimo;

**II** - superiores ao limite máximo do salário--de-contribuição, quanto aos meses em que o servidor esteve vinculado ao regime geral de previdência social.

**§ 5º** Os proventos, calculados de acordo com o *caput* deste artigo, por ocasião de sua concessão, não poderão ser inferiores ao valor do salário-mínimo nem exceder a remuneração do respectivo servidor no cargo efetivo em que se deu a aposentadoria.

**Art. 2º.** Aos dependentes dos servidores titulares de cargo efetivo e dos aposentados de qualquer dos Poderes da União, dos Estados, do Distrito Federal e dos Municípios, incluídas suas autarquias e fundações, falecidos a partir da data de publicação desta Lei, será concedido o benefício de pensão por morte, que será igual:

**I** - à totalidade dos proventos percebidos pelo aposentado na data anterior à do óbito, até o limite máximo estabelecido para os benefícios do regime geral de previdência social, acrescida de 70% (setenta por cento) da parcela excedente a este limite; ou

**II** - à totalidade da remuneração do servidor no cargo efetivo na data anterior à do óbito, até o limite máximo estabelecido para os benefícios do regime geral de previdência social, acrescida de 70% (setenta por cento) da parcela excedente a este limite, se o falecimento ocorrer quando o servidor ainda estiver em atividade.

**Parágrafo único.** Aplica-se ao valor das pensões o limite previsto no art. 40, § 2º, da Constituição Federal.

**Art. 3º.** Para os fins do disposto no inciso XI do art. 37 da Constituição Federal, a União, os Estados, o Distrito Federal e os Municípios instituirão sistema integrado de dados relativos às remunerações, proventos e pensões pagos aos respectivos servidores e militares, ativos e inativos, e pensionistas, na forma do regulamento.

**Art. 4º.** A contribuição social do servidor público ativo de qualquer dos Poderes da União, incluídas suas autarquias e fundações, para a manutenção do respectivo regime próprio de previdência social, será de 11% (onze por cento), incidentes sobre: (Redação dada pela Lei nº 12.618, de 2012)

**I** - a totalidade da base de contribuição, em se tratando de servidor que tiver ingressado no serviço público até a data da publicação do ato de instituição do regime de previdência complementar para os servidores públicos federais titulares de cargo efetivo e não tiver optado por aderir a ele; (Incluído pela Lei nº 12.618, de 2012)

**II** - a parcela da base de contribuição que não exceder ao limite máximo estabelecido para os benefícios do regime geral de previdência social, em se tratando de servidor: (Incluído pela Lei nº 12.618, de 2012)

a) que tiver ingressado no serviço público até a data a que se refere o inciso I e tenha optado por aderir ao regime de previdência complementar ali referido; ou (Incluído pela Lei nº 12.618, de 2012)

b) que tiver ingressado no serviço público a partir da data a que se refere o inciso I, independentemente de adesão ao regime de previdência complementar ali referido. (Incluído pela Lei nº 12.618, de 2012)

**§ 1º** Entende-se como base de contribuição o vencimento do cargo efetivo, acrescido das vantagens pecuniárias permanentes estabelecidas em lei, os adicionais de caráter individual ou quaisquer outras vantagens, excluídas:

**I** - as diárias para viagens;

**II** - a ajuda de custo em razão de mudança de sede;

**III** - a indenização de transporte;

**IV** - o salário-família;

**V** - o auxílio-alimentação;

**VI** - o auxílio-creche;

**VII** - as parcelas remuneratórias pagas em decorrência de local de trabalho;

**VIII** - a parcela percebida em decorrência do exercício de cargo em comissão ou de função comissionada ou gratificada; (Redação dada pela Lei nº 12.688, de 2012)

**IX** - o abono de permanência de que tratam o § 19 do art. 40 da Constituição Federal, o § 5º do art. 2º e o § 1º do art. 3º da Emenda Constitucional nº 41, de 19 de dezembro de 2003; (Redação dada pela Lei nº 12.688, de 2012)

**X** - o adicional de férias; (Incluído pela Lei nº 12.688, de 2012)
**XI** - o adicional noturno; (Incluído pela Lei nº 12.688, de 2012)
**XII** - o adicional por serviço extraordinário; (Incluído pela Lei nº 12.688, de 2012)
**XIII** - a parcela paga a título de assistência à saúde suplementar; (Incluído pela Lei nº 12.688, de 2012)
**XIV** - a parcela paga a título de assistência pré-escolar; (Incluído pela Lei nº 12.688, de 2012)
**XV** - a parcela paga a servidor público indicado para integrar conselho ou órgão deliberativo, na condição de representante do governo, de órgão ou de entidade da administração pública do qual é servidor; (Incluído pela Lei nº 12.688, de 2012)
**XVI** - o auxílio-moradia; (Incluído pela Lei nº 12.688, de 2012)
**XVII** - a Gratificação por Encargo de Curso ou Concurso, de que trata o art. 76-A da Lei nº 8.112, de 11 de dezembro de 1990; (Incluído pela Lei nº 12.688, de 2012)
**XVIII** - a Gratificação Temporária das Unidades dos Sistemas Estruturadores da Administração Pública Federal (GSISTE), instituída pela Lei nº 11.356, de 19 de outubro de 2006; (Incluído pela Lei nº 12.688, de 2012)
**XIX** - a Gratificação Temporária do Sistema de Administração dos Recursos de Informação e Informática (GSISP), instituída pela Lei nº 11.907, de 2 de fevereiro de 2009; (Redação dada pela Lei nº 13.328, de 2016)
**XX** - a Gratificação Temporária de Atividade em Escola de Governo (GAEG), instituída pela Lei nº 11.907, de 2 de fevereiro de 2009; (Incluído pela Lei nº 13.328, de 2016)
**XXI** - a Gratificação Específica de Produção de Radioisótopos e Radiofármacos (GEPR), instituída pela Lei nº 11.907, de 2 de fevereiro de 2009; (Incluído pela Lei nº 13.328, de 2016)
**XXII** - a Gratificação de Raio X; (Redação dada pela Lei nº 13.464, de 2017)
**XXIII** - a parcela relativa ao Bônus de Eficiência e Produtividade na Atividade Tributária e Aduaneira, recebida pelos servidores da carreira Tributária e Aduaneira da Receita Federal do Brasil; (Incluído pela Lei nº 13.464, de 2017)
**XXIV** - a parcela relativa ao Bônus de Eficiência e Produtividade na Atividade de Auditoria-Fiscal do Trabalho, recebida pelos servidores da carreira de Auditoria-Fiscal do Trabalho. (Incluído pela Lei nº 13.464, de 2017)
**XXV** - (Incluído Medida Provisória nº 805, de 2017 que teve sua vigência encerrada em 8 de abril, de 2018)
**XXVI** - o Bônus de Desempenho Institucional por Perícia Médica em Benefícios por Incapacidade (BPMBI); *(Redação dada pela Lei 14.875/2024)*
**XXVII** - o Bônus de Desempenho Institucional por Análise de Benefícios com Indícios de Irregularidade do Monitoramento Operacional de Benefícios (BMOB); e *(Redação dada pela Lei 14.875/2024)*
**XXVIII** - a Gratificação Temporária de Proteção e Defesa Civil (GPDEC). *(Acrescido pela Lei 14.875/2024)*
**§ 2º** O servidor ocupante de cargo efetivo poderá optar pela inclusão na base de cálculo da contribuição, para efeito de cálculo do benefício a ser concedido com fundamento no art. 40 da Constituição Federal e no art. 2º da Emenda Constitucional nº 41, de 19 de dezembro de 2003, respeitada a limitação estabelecida no § 2º do art. 40 da Constituição Federal e no art. 26 da Emenda Constitucional nº 103, de 12 de novembro de 2019, das seguintes parcelas: *(Redação dada pela Lei 14.875/2024)*
**I** - as percebidas em decorrência de local de trabalho e do exercício de cargo em comissão ou de função comissionada ou gratificada; *(Acrescido pela Lei 14.875/2024)*
**II** - a GSISTE; *(Acrescido pela Lei 14.875/2024)*
**III** - a GSISP; *(Acrescido pela Lei 14.875/2024)*
**IV** - a GAEG; *(Acrescido pela Lei 14.875/2024)*
**V** - a GEPR; *(Acrescido pela Lei 14.875/2024)*
**VI** - a Gratificação de Raio X; *(Acrescido pela Lei 14.875/2024)*
**VII** - as recebidas a título de adicional noturno ou de adicional por serviço extraordinário; e *(Acrescido pela Lei 14.875/2024)*
**VIII** - a GPDEC. *(Acrescido pela Lei 14.875/2024)*
**Art. 5º** Os aposentados e os pensionistas de qualquer dos Poderes da União, incluídas suas autarquias e fundações, contribuirão com 11% (onze por cento), incidentes sobre o valor da parcela dos proventos de aposentadorias e pensões concedidas de acordo com os critérios estabelecidos no art. 40 da Constituição Federal e nos arts. 2º e 6º da Emenda Constitucional nº 41, de 19 de dezembro de 2003, que supere o limite máximo estabelecido para os benefícios do regime geral de previdência social.
**Art. 6º** Os aposentados e os pensionistas de qualquer dos Poderes da União, incluídas suas autarquias e fundações, em gozo desses benefícios na data de publicação da Emenda Constitucional no 41, de 19 de dezembro de 2003, contribuirão com 11% (onze por cento), incidentes sobre a parcela dos proventos de aposentadorias e pensões que supere 60% (sessenta por cento) do limite máximo estabelecido para os benefícios do regime geral de previdência social.
**Parágrafo único.** A contribuição de que trata o *caput* deste artigo incidirá sobre os proventos de aposentadorias e pensões concedidas aos servidores e seus dependentes que tenham cumprido todos os requisitos para obtenção desses benefícios com base nos critérios da legislação vigente até 31 de dezembro de 2003.
**Art. 7º** O servidor ocupante de cargo efetivo que tenha completado as exigências para aposentadoria voluntária estabelecidas na alínea a do inciso III do § 1º do art. 40 da Constituição Federal, no § 5º do art. 2º ou no § 1º do art. 3º da Emenda Constitucional nº 41, de 19 de dezembro de 2003, e que opte por permanecer em atividade fará jus a abono de permanência equivalente ao valor da sua contribuição previdenciária até completar as exigências para

aposentadoria compulsória contidas no inciso II do § 1º do art. 40 da Constituição Federal.

**Art. 8º** A contribuição da União, de suas autarquias e fundações para o custeio do regime de previdência, de que trata o art. 40 da Constituição Federal, será o dobro da contribuição do servidor ativo, devendo o produto de sua arrecadação ser contabilizado em conta específica.

**Parágrafo único.** A União é responsável pela cobertura de eventuais insuficiências financeiras do regime decorrentes do pagamento de benefícios previdenciários.

**Art. 8º-A.** A responsabilidade pela retenção e recolhimento das contribuições de que tratam os arts. 4º a 6º e 8º será do dirigente e do ordenador de despesa do órgão ou entidade que efetuar o pagamento da remuneração ou do benefício. (Incluído pela Lei nº 12.350, de 2010)

**§ 1º** O recolhimento das contribuições de que trata este artigo deve ser efetuado: (Incluído pela Lei nº 12.350, de 2010)

**I** – até o dia 15, no caso de pagamentos de remunerações ou benefícios efetuados no primeiro decêndio do mês; (Incluído pela Lei nº 12.350, de 2010)

**II** – até o dia 25, no caso de pagamentos de remunerações ou benefícios efetuados no segundo decêndio do mês; ou (Incluído pela Lei nº 12.350, de 2010)

**III** – até o dia 5 do mês posterior, no caso de pagamentos de remunerações ou benefícios efetuados no último decêndio do mês. (Incluído pela Lei nº 12.350, de 2010)

**§ 2º** O não recolhimento das contribuições nos prazos previstos no § 1º: (Incluído pela Lei nº 12.350, de 2010)

**I** – enseja a aplicação dos acréscimos de mora previstos para os tributos federais; e (Incluído pela Lei nº 12.350, de 2010)

**II** – sujeita o responsável às sanções penais e administrativas cabíveis. (Incluído pela Lei nº 12.350, de 2010)

**§ 3º** A não retenção das contribuições pelo órgão pagador sujeita o responsável às sanções penais e administrativas, cabendo a esse órgão apurar os valores não retidos e proceder ao desconto na folha de pagamento do servidor ativo, do aposentado e do pensionista, em rubrica e classificação contábil específicas, podendo essas contribuições ser parceladas na forma do art. 46 da Lei nº 8.112, de 11 de dezembro de 1990, observado o disposto no art. 56 da Lei nº 9.784, de 29 de janeiro de 1999. (Incluído pela Lei nº 12.688, de 2012)

**§ 4º** Caso o órgão público não observe o disposto no § 3º, a Secretaria da Receita Federal do Brasil formalizará representações aos órgãos de controle e constituirá o crédito tributário relativo à parcela devida pelo servidor ativo, aposentado ou pensionista. (Incluído pela Lei nº 12.688, de 2012)

**Art. 9º** A unidade gestora do regime próprio de previdência dos servidores, prevista no art. 40, § 20, da Constituição Federal:

**I** - contará com colegiado, com participação paritária de representantes e de servidores dos Poderes da União, cabendo-lhes acompanhar e fiscalizar sua administração, na forma do regulamento;

**II** - procederá, no mínimo a cada 5 (cinco) anos, a recenseamento previdenciário, abrangendo todos os aposentados e pensionistas do respectivo regime;

**III** - disponibilizará ao público, inclusive por meio de rede pública de transmissão de dados, informações atualizadas sobre as receitas e despesas do respectivo regime, bem como os critérios e parâmetros adotados para garantir o seu equilíbrio financeiro e atuarial.

**Art. 10.** A Lei nº 9.717, de 27 de novembro de 1998, com a redação dada pela Medida Provisória nº 2.187-13, de 24 de agosto de 2001, passa a vigorar com as seguintes alterações:

(...)

**Art. 11.** A Lei nº 8.212, de 24 de julho de 1991, passa a vigorar com as seguintes alterações:

(...)

**Art. 12.** A Lei nº 8.213, de 24 de julho de 1991, passa a vigorar com as seguintes alterações:

(...)

**Art. 13.** O art. 11 da Lei nº 9.532, de 10 de dezembro de 1997, passa a vigorar com a seguinte redação:

(...)

**Art. 14.** O art. 12 da Lei nº 10.666, de 8 de maio de 2003, passa a vigorar com a seguinte redação:

(...)

**Art. 15.** Os proventos de aposentadoria e as pensões de que tratam os arts. 1º e 2º desta Lei serão reajustados, a partir de janeiro de 2008, na mesma data e índice em que se der o reajuste dos benefícios do regime geral de previdência social, ressalvados os beneficiados pela garantia de paridade de revisão de proventos de aposentadoria e pensões de acordo com a legislação vigente. (Redação dada pela Lei nº 11.784, de 2008)

- O STF deu interpretação conforme à Constituição ao art. 15 da Lei nº 10.887/2004, de modo a restringir-lhe a aplicabilidade apenas aos servidores ativos e inativos e aos pensionistas da União. Isso porque é formalmente inconstitucional lei federal que determina a todos os entes federados mantenedores de regimes próprios da previdência social a realização de reajustes, na mesma data e índice em que se der o reacerto dos benefícios do regime geral, excetuados os beneficiados pela garantia da paridade. STF. Plenário. ADI 4582/DF, Rel. Min. André Mendonça, julgado em 28/10/2022 (Info 1074).

**Art. 16.** As contribuições a que se referem os arts. 4º, 5º e 6º desta Lei serão exigíveis a partir de 20 de maio de 2004.

**§ 1º** Decorrido o prazo estabelecido no *caput* deste artigo, os servidores abrangidos pela isenção de contribuição referida no § 1º do art. 3º e no § 5º do art. 8º da Emenda Constitucional nº 20, de 15 de dezembro de 1998, passarão a recolher contribuição previdenciária correspondente, fazendo jus ao abono a que se refere o art. 7º desta Lei.

**§ 2º** A contribuição de que trata o art. 1º da Lei nº 9.783, de 28 de janeiro de 1999, fica mantida até o início do recolhimento da contribuição a que se refere o *caput* deste artigo, para os servidores ativos.

**Art. 16-A.** A contribuição do Plano de Seguridade do Servidor Público (PSS), decorrente de valores pagos em cumprimento de decisão judicial, ainda que derivada de homologação de acordo, será retida na fonte, no momento do pagamento ao beneficiário ou seu representante legal, pela instituição financeira responsável pelo pagamento, por intermédio da quitação da guia de recolhimento remetida pelo setor de precatórios do Tribunal respectivo, no caso de pagamento de precatório ou requisição de pequeno valor, ou pela fonte pagadora, no caso de implantação de rubrica específica em folha, mediante a aplicação da alíquota de 11% (onze por cento) sobre o valor pago. (Redação dada pela Lei nº 12.350, de 2010)

**Parágrafo único.** O recolhimento da contribuição deverá ser efetuado nos mesmos prazos previstos no § 1º do art. 8º-A, de acordo com a data do pagamento. (Redação dada pela Lei nº 12.688, de 2012)

**Art. 17.** Esta Lei entra em vigor na data de sua publicação.

**Art. 18.** Ficam revogados os §§ 3º, 4º, 5º, 6º e 7º do art. 2º, o art. 2º-A e o art. 4º da Lei nº 9.717, de 27 de novembro de 1998, o art. 8º da Medida Provisória nº 2.187-13, de 24 de agosto de 2001, na parte em que dá nova redação ao inciso X do art. 1º, ao art. 2º e ao art. 2º-A da Lei nº 9.717, de 27 de novembro de 1998, e a Lei nº 9.783, de 28 de janeiro de 1999.

Brasília, 18 de junho de 2004;
183º da Independência e 116º da República.
Luiz Inácio Lula da Silva
Guido Mantega
Amir Lando

# LEI Nº 12.618, DE 30 DE ABRIL DE 2012

*Institui o regime de previdência complementar para os servidores públicos federais titulares de cargo efetivo, inclusive os membros dos órgãos que menciona; fixa o limite máximo para a concessão de aposentadorias e pensões pelo regime de previdência de que trata o art. 40 da Constituição Federal; autoriza a criação de 3 (três) entidades fechadas de previdência complementar, denominadas Fundação de Previdência Complementar do Servidor Público Federal do Poder Executivo (Funpresp-Exe), Fundação de Previdência Complementar do Servidor Público Federal do Poder Legislativo (Funpresp-Leg) e Fundação de Previdência Complementar do Servidor Público Federal do Poder Judiciário (Funpresp-Jud); altera dispositivos da Lei nº 10.887, de 18 de junho de 2004; e dá outras providências.*

› DOU de 2.5.2012.

A PRESIDENTA DA REPÚBLICA

Faço saber que o Congresso Nacional decreta e eu sanciono a seguinte Lei:

## CAPÍTULO I DO REGIME DE PREVIDÊNCIA COMPLEMENTAR

**Art. 1º** É instituído, nos termos desta Lei, o regime de previdência complementar a que se referem os §§ 14, 15 e 16 do art. 40 da Constituição Federal para os servidores públicos titulares de cargo efetivo da União, suas autarquias e fundações, inclusive para os membros do Poder Judiciário, do Ministério Público da União e do Tribunal de Contas da União.

**§ 1º** Os servidores e os membros referidos no *caput* deste artigo que tenham ingressado no serviço público até a data anterior ao início da vigência do regime de previdência complementar poderão, mediante prévia e expressa opção, aderir ao regime de que trata este artigo, observado o disposto no art. 3º desta Lei.

**§ 2º** Os servidores e os membros referidos no *caput* deste artigo com remuneração superior ao limite máximo estabelecido para os benefícios do Regime Geral de Previdência Social, que venham a ingressar no serviço público a partir do início da vigência do regime de previdência complementar de que trata esta Lei, serão automaticamente inscritos no respectivo plano de previdência complementar desde a data de entrada em exercício.

**§ 3º** Fica assegurado ao participante o direito de requerer, a qualquer tempo, o cancelamento de sua inscrição, nos termos do regulamento do plano de benefícios.

**§ 4º** Na hipótese do cancelamento ser requerido no prazo de até noventa dias da data da inscrição, fica assegurado o direito à restituição integral das contribuições vertidas, a ser paga em até sessenta dias do pedido de cancelamento, corrigidas monetariamente.

**§ 5º** O cancelamento da inscrição previsto no § 4º não constitui resgate.

**§ 6º** A contribuição aportada pelo patrocinador será devolvida à respectiva fonte pagadora no mesmo prazo da devolução da contribuição aportada pelo participante.

**Art. 2º** Para os efeitos desta Lei, entende-se por:

**I** – patrocinador: a União, suas autarquias e fundações, em decorrência da aplicação desta Lei;

**II** – participante: o servidor público titular de cargo efetivo da União, inclusive o membro do Poder Judiciário, do Ministério Público e do Tribunal de Contas da União, que aderir aos planos de benefícios administrados pelas entidades a que se refere o art. 4º desta Lei;

**III** – assistido: o participante ou o seu beneficiário em gozo de benefício de prestação continuada.

**Art. 3º** Aplica-se o limite máximo estabelecido para os benefícios do regime geral de previdência social às aposentadorias e pensões a serem concedidas pelo regime de previdência da União de que trata o art. 40 da Constituição Federal, observado o disposto na Lei nº 10.887, de 18 de junho de 2004, aos servidores e membros referidos no *caput* do art. 1º desta Lei que tiverem ingressado no serviço público:

**I** – a partir do início da vigência do regime de previdência complementar de que trata o art. 1º desta Lei, independentemente de sua adesão ao plano de benefícios; e

**II** – até a data anterior ao início da vigência do regime de previdência complementar de que trata o art. 1º desta Lei, e nele tenham permanecido sem perda do vínculo efetivo, e que exerçam a opção prevista no § 16 do art. 40 da Constituição Federal.

**§ 1º** É assegurado aos servidores e membros referidos no inciso II do *caput* deste artigo o direito a um benefício especial calculado com base nas contribuições recolhidas ao regime de previdência da União, dos Estados, do Distrito Federal ou dos Municípios de que trata o art. 40 da Constituição Federal, observada a sistemática estabelecida nos §§ 2º a 3º deste artigo e o direito à compensação financeira de que trata o § 9º do art. 201 da Constituição Federal, nos termos da lei.

**§ 2º** O benefício especial terá como referência as remunerações anteriores à data de mudança do regime, utilizadas como base para as contribuições do servidor ao regime próprio de previdência da União, e, na hipótese de opção do servidor por averbação para fins de contagem recíproca, as contribuições decorrentes de regimes próprios de previdência dos Estados, do Distrito Federal e dos Municípios, atualizadas pelo Índice Nacional de Preços ao Consumidor Amplo (IPCA), divulgado pela Fundação Instituto Brasileiro de Geografia e Estatística (IBGE), ou pelo índice que vier a substituí-lo, e será equivalente a: *(Redação dada pela Lei 14.463/2022)*

**I** - para os termos de opção firmados até 30 de novembro de 2022, inclusive na vigência da Medida Provisória nº 1.119, de 25 de maio de 2022: a diferença entre a média aritmética simples das maiores remunerações referidas neste parágrafo correspondentes a 80% (oitenta por cento) de todo o período contributivo desde a competência de julho de 1994 ou desde a do início da contribuição, se posterior àquela competência, e o limite máximo a que se refere o *caput* deste artigo, multiplicada pelo fator de conversão; ou *(Acrescido pela Lei 14.463/2022)*

**II** - para os termos de opção firmados a partir de 1º de dezembro de 2022, em novas aberturas de prazo de migração, se houver: a diferença entre a média aritmética simples das remunerações referidas neste parágrafo correspondentes a 100% (cem por cento) de todo o período contributivo desde a competência de julho de 1994 ou desde a do início da contribuição, se posterior àquela competência, e o limite máximo a que se refere o *caput*, multiplicada pelo fator de conversão. *(Acrescido pela Lei 14.463/2022)*

**§ 3º** O fator de conversão a que se refere o § 2º deste artigo, cujo resultado é limitado ao máximo de 1 (um), será calculado pela fórmula $FC = Tc/Tt$, na qual: *(Redação dada pela Lei 14.463/2022)*

**I** - FC: fator de conversão; *(Acrescido pela Lei 14.463/2022)*

**II** - Tc: quantidade de contribuições mensais efetuadas para o regime próprio de previdência social da União, dos Estados, do Distrito Federal e dos Municípios de que trata o art. 40 da Constituição Federal, efetivamente pagas pelo servidor titular de cargo efetivo da União ou por membro do Poder Judiciário da União, do Tribunal de Contas da União, do Ministério Público da União ou da Defensoria Pública da União até a data da opção; e *(Acrescido pela Lei 14.463/2022)*

**III** - Tt: *(Acrescido pela Lei 14.463/2022)*

a) para os termos de opção firmados até 30 de novembro de 2022, inclusive na vigência da Medida Provisória nº 1.119, de 25 de maio de 2022:

1. igual a 455 (quatrocentos e cinquenta e cinco), quando se tratar de servidor titular de cargo efetivo da União ou membro do Poder Judiciário da União, do Tribunal de Contas da União, do Ministério Público da União ou da Defensoria Pública da União, se homem;
2. igual a 390 (trezentos e noventa), quando se tratar de servidor titular de cargo efetivo da União ou membro do Poder Judiciário da União, do Tribunal de Contas da União, do Ministério Público da União ou da Defensoria Pública da União, se mulher, ou servidor da União titular de cargo efetivo de professor da educação infantil ou do ensino fundamental; ou
3. igual a 325 (trezentos e vinte e cinco), quando se tratar de servidor titular de cargo efetivo da União de professor da educação infantil ou do ensino fundamental, se mulher; e

b) para os termos de opção firmados a partir de 1º de dezembro de 2022, em novas aberturas de prazo de migração, se houver: igual a 520 (quinhentos e vinte).

**§ 4º** Para os termos de opção firmados até 30 de novembro de 2022, inclusive na vigência da Medida Provisória nº 1.119, de 25 de maio de 2022, o fator de conversão será ajustado pelo órgão competente para a concessão do benefício quando, na forma prevista nas respectivas leis complementares, o tempo de contribuição exigido para concessão da aposentadoria de servidor com deficiência, ou que exerça atividade de risco, ou cujas atividades sejam exercidas sob condições especiais que prejudiquem a saúde ou a integridade física, for inferior ao Tt de que trata a alínea "a" do inciso III do § 3º deste artigo. *(Redação dada pela Lei 14.463/2022)*

**§ 5º** O benefício especial será pago pelo órgão competente da União, por ocasião da concessão de aposentadoria, inclusive por invalidez, ou pensão por morte pelo regime próprio de previdência da União, de que trata o art. 40 da Constituição Federal, enquanto perdurar o benefício pago por esse regime, inclusive junto com a gratificação natalina.

**§ 6º** O benefício especial: *(Redação dada pela Lei 14.463/2022)*

**I** - é opção que importa ato jurídico perfeito; *(Acrescido pela Lei 14.463/2022)*

**II** - será calculado de acordo com as regras vigentes no momento do exercício da opção de que trata o § 16 do art. 40 da Constituição Federal; *(Acrescido pela Lei 14.463/2022)*

**III** - será atualizado pelo mesmo índice aplicável ao benefício de aposentadoria ou pensão mantido pelo Regime Geral de Previdência Social; *(Acrescido pela Lei 14.463/2022)*

PREVIDENCIÁRIO

**IV** - não está sujeito à incidência de contribuição previdenciária; e *(Acrescido pela Lei 14.463/2022)*

**V** - está sujeito à incidência de imposto sobre a renda. *(Acrescido pela Lei 14.463/2022)*

**§ 7º** O prazo para a opção de que trata o inciso II do *caput* deste artigo será de 24 (vinte e quatro) meses, contados a partir do início da vigência do regime de previdência complementar instituído no *caput* do art. 1º desta Lei. *(Prazo reaberto até 29/3/2019 pela Lei 13.809/2019)*

**§ 8º** O exercício da opção a que se refere o inciso II do *caput* é irrevogável e irretratável, não sendo devida pela União e suas autarquias e fundações públicas qualquer contrapartida referente ao valor dos descontos já efetuados sobre a base de contribuição acima do limite previsto no *caput* deste artigo.

## CAPÍTULO II
## DAS ENTIDADES FECHADAS DE PREVIDÊNCIA COMPLEMENTAR

### SEÇÃO I
### DA CRIAÇÃO DAS ENTIDADES

**Art. 4º** É a União autorizada a criar, observado o disposto no art. 26 e no art. 31, as seguintes entidades fechadas de previdência complementar, com a finalidade de administrar e executar planos de benefícios de caráter previdenciário nos termos das Leis Complementares nºs 108 e 109, de 29 de maio de 2001:

**I** – a Fundação de Previdência Complementar do Servidor Público Federal do Poder Executivo (Funpresp-Exe), para os servidores públicos titulares de cargo efetivo do Poder Executivo, por meio de ato do Presidente da República;

**II** – a Fundação de Previdência Complementar do Servidor Público Federal do Poder Legislativo (Funpresp-Leg), para os servidores públicos titulares de cargo efetivo do Poder Legislativo e do Tribunal de Contas da União e para os membros deste Tribunal, por meio de ato conjunto dos Presidentes da Câmara dos Deputados e do Senado Federal; e

**III** – a Fundação de Previdência Complementar do Servidor Público Federal do Poder Judiciário (Funpresp-Jud), para os servidores públicos titulares de cargo efetivo e para os membros do Poder Judiciário, por meio de ato do Presidente do Supremo Tribunal Federal.

**§ 1º** A Funpresp-Exe, a Funpresp-Leg e a Funpresp-Jud: *(Redação dada pela Lei 14.463/2022)*

**I** - serão estruturadas na forma de fundação, com personalidade jurídica de direito privado; *(Acrescido pela Lei 14.463/2022)*

**II** - gozarão de autonomia administrativa, financeira e gerencial; e *(Acrescido pela Lei 14.463/2022)*

**III** - terão sede e foro no Distrito Federal. *(Acrescido pela Lei 14.463/2022)*

**§ 2º** Por ato conjunto das autoridades competentes para a criação das fundações previstas nos incisos I a III, poderá ser criada fundação que contemple os servidores públicos de 2 (dois) ou dos 3 (três) Poderes.

**§ 3º** Consideram-se membros do Tribunal de Contas da União, para os efeitos desta Lei, os Ministros, os Auditores de que trata o § 4º do art. 73 da Constituição Federal e os Subprocuradores- Gerais e Procuradores do Ministério Público junto ao Tribunal de Contas da União.

### SEÇÃO II
### DA ORGANIZAÇÃO DAS ENTIDADES

**Art. 5º** A estrutura organizacional das entidades de que trata esta Lei será constituída de conselho deliberativo, conselho fiscal e diretoria executiva, observadas as disposições da Lei Complementar nº 108, de 29 de maio de 2001.

**§ 1º** Os Conselhos Deliberativos terão composição paritária e cada um será integrado por 6 (seis) membros.

**§ 2º** Os Conselhos Fiscais terão composição paritária e cada um deles será integrado por 4 (quatro) membros.

**§ 3º** Os membros dos conselhos deliberativos e dos conselhos fiscais das entidades fechadas serão designados pelos Presidentes da República e do Supremo Tribunal Federal e por ato conjunto dos Presidentes da Câmara dos Deputados e do Senado Federal, respectivamente.

**§ 4º** A presidência dos conselhos deliberativos será exercida pelos membros indicados pelos patrocinadores, na forma prevista no estatuto das entidades fechadas de previdência complementar.

**§ 5º** A presidência dos conselhos fiscais será exercida pelos membros indicados pelos participantes e assistidos, na forma prevista no estatuto das entidades fechadas de previdência complementar.

**§ 6º** As diretorias executivas serão compostas, no máximo, por 4 (quatro) membros, nomeados pelos conselhos deliberativos das entidades fechadas de previdência complementar.

**§ 7º** VETADO.

**§ 8º** A remuneração e as vantagens de qualquer natureza dos membros das diretorias executivas das entidades fechadas de previdência complementar serão estabelecidas pelos seus conselhos deliberativos, em valores compatíveis com os níveis prevalecentes no mercado de trabalho para profissionais de graus equivalentes de formação profissional e de especialização. *(Redação dada pela Lei 14.463/2022)*

**§ 9º** A remuneração dos membros dos conselhos deliberativo e fiscal é limitada a 10% (dez por cento) do valor da remuneração dos membros da diretoria executiva.

**§ 10.** Os requisitos previstos nos incisos I a IV do art. 20 da Lei Complementar nº 108, de 29 de maio de 2001, estendem-se aos membros dos conselhos deliberativos e fiscais das entidades fechadas de previdência complementar.

**§ 11.** As entidades fechadas de previdência complementar poderão criar, observado o disposto no estatuto e regimento interno, comitês de assessoramento técnico, de caráter consultivo, para cada plano de benefícios por elas administrado, com representação paritária entre os patrocinadores e os participantes e assistidos, sendo estes eleitos pelos seus pares, com as atribuições de apresentar propostas e sugestões quanto à gestão da entidade e sua política de investimentos e à situação financeira e atuarial dos respectivos planos de benefícios e de formular recomendações prudenciais a elas relacionadas.

**§ 12.** VETADO.

## SEÇÃO III
## DISPOSIÇÕES GERAIS

**Art. 6º** É exigida a instituição de código de ética e de conduta, inclusive com regras para prevenir conflito de interesses e proibir operações dos dirigentes com partes relacionadas, que terá ampla divulgação, especialmente entre os participantes e assistidos e as partes relacionadas, cabendo aos conselhos fiscais das entidades fechadas de previdência complementar assegurar o seu cumprimento.

**Parágrafo único.** Compete ao órgão fiscalizador das entidades fechadas de previdência complementar definir o universo das partes relacionadas a que se refere o *caput* deste artigo.

**Art. 7º** O regime jurídico de pessoal das entidades fechadas de previdência complementar referidas no art. 4º desta Lei será o previsto na legislação trabalhista.

**Art. 8º** As entidades fechadas de que trata o art. 4º desta Lei, observado o disposto nesta Lei e nas Leis Complementares nºs 108, de 29 de maio de 2001, e 109, de 29 de maio de 2001, submetem-se às demais normas de direito público exclusivamente no que se refere à: *(Redação dada pela Lei 14.463/2022)*

**I** - submissão à legislação federal sobre licitação e contratos administrativos aplicável às empresas públicas e às sociedades de economia mista; *(Redação dada pela Lei 14.463/2022)*

**II** – realização de concurso público para a contratação de pessoal, no caso de empregos permanentes, ou de processo seletivo, em se tratando de contrato temporário, conforme a Lei nº 8.745, de 9 de dezembro de 1993;

**III** – publicação anual, na imprensa oficial ou em sítio oficial da administração pública certificado digitalmente por autoridade para esse fim credenciada no âmbito da Infraestrutura de Chaves Públicas Brasileira (ICP Brasil), de seus demonstrativos contábeis, atuariais, financeiros e de benefícios, sem prejuízo do fornecimento de informações aos participantes e assistidos dos planos de benefícios e ao órgão fiscalizador das entidades fechadas de previdência complementar, na forma das Leis Complementares nºs 108 e 109, de 29 de maio de 2001.

**Art. 9º** A administração das entidades fechadas de previdência complementar referidas no art. 4º desta Lei observará os princípios que regem a administração pública, especialmente os da eficiência e da economicidade, devendo adotar mecanismos de gestão operacional que maximizem a utilização de recursos, de forma a otimizar o atendimento aos participantes e assistidos e diminuir as despesas administrativas.

**§ 1º** As despesas administrativas referidas no *caput* deste artigo serão custeadas na forma dos regulamentos dos planos de benefícios, observado o disposto no *caput* do art. 7º da Lei Complementar nº 108, de 29 de maio de 2001, e ficarão limitadas aos valores estritamente necessários à sustentabilidade do funcionamento das entidades fechadas de previdência complementar.

**§ 2º** O montante de recursos destinados à cobertura das despesas administrativas será revisto ao final de cada ano, com vistas ao atendimento do disposto neste artigo.

**Art. 10.** As entidades fechadas de previdência complementar referidas no art. 4º desta Lei serão mantidas integralmente por suas receitas, oriundas das contribuições de patrocinadores, participantes e assistidos, dos resultados financeiros de suas aplicações e de doações e legados de qualquer natureza, observado o disposto no § 3º do art. 202 da Constituição Federal.

**Art. 11.** A União, suas autarquias e fundações são responsáveis, na qualidade de patrocinadores, pelo aporte de contribuições e pelas transferências às entidades fechadas de previdência complementar das contribuições descontadas dos seus servidores, observado o disposto nesta Lei e nos estatutos respectivos das entidades.

**§ 1º** As contribuições devidas pelos patrocinadores deverão ser pagas de forma centralizada pelos respectivos Poderes da União, pelo Ministério Público da União e pelo Tribunal de Contas da União.

**§ 2º** O pagamento ou a transferência das contribuições após o dia 10 (dez) do mês seguinte ao da competência:

**I** – enseja a aplicação dos acréscimos de mora previstos para os tributos federais; e

**II** – sujeita o responsável às sanções penais e administrativas cabíveis.

**§ 3º** As transferências referidas no *caput* deste artigo incluirão: *(Acrescido pela Lei 14.463/2022)*

**I** - as contratadas pelo servidor para cobertura de riscos de invalidez ou morte; e

**II** - as referidas no § 4º do art. 16 desta Lei.

# CAPÍTULO III
# DOS PLANOS DE BENEFÍCIOS

## SEÇÃO I
## DAS LINHAS GERAIS DOS PLANOS DE BENEFÍCIOS

**Art. 12.** Os planos de benefícios da Funpresp-Exe, da Funpresp-Leg e da Funpresp-Jud serão estruturados na modalidade de contribuição definida, nos termos da regulamentação estabelecida pelo órgão regulador das entidades fechadas de previdência complementar, e financiados de acordo com os planos de custeio definidos nos termos do art. 18 da Lei Complementar nº 109, de 29 de maio de 2001, observadas as demais disposições da Lei Complementar nº 108, de 29 de maio de 2001.

**§ 1º** A distribuição das contribuições nos planos de benefícios e nos planos de custeio será revista sempre que necessário, para manter o equilíbrio permanente dos planos de benefícios.

**§ 2º** Sem prejuízo do disposto no § 3º do art. 18 da Lei Complementar nº 109, de 29 de maio de 2001, o valor do benefício programado será calculado de acordo com o montante do saldo da conta acumulado pelo participante, devendo o valor do benefício estar permanentemente ajustado ao referido saldo.

**§ 3º** Os benefícios não programados serão definidos nos regulamentos dos planos, observado o seguinte:

**I** - devem ser assegurados, pelo menos, os benefícios decorrentes dos eventos invalidez e morte e, se for o caso, a cobertura de outros riscos atuariais; e

**II** - terão custeio específico para sua cobertura.

**§ 4º** Na gestão dos benefícios de que trata o § 3º deste artigo, as entidades fechadas de previdência complementar referidas no art. 4º desta Lei poderão contratá-los externamente ou administrá-los em seus próprios planos de benefícios.

**§ 5º** A concessão dos benefícios de que trata o § 3º aos participantes ou assistidos pela entidade fechada de previdência social é condicionada à concessão do benefício pelo regime próprio de previdência social.

**Art. 13.** Os requisitos para aquisição, manutenção e perda da qualidade de participante, assim como os requisitos de elegibilidade e a forma de concessão, cálculo e pagamento dos benefícios, deverão constar dos regulamentos dos planos de benefícios, observadas as disposições das Leis Complementares nºs 108 e 109, de 29 de maio de 2001, e a regulamentação do órgão regulador das entidades fechadas de previdência complementar.

**Parágrafo único.** O servidor com remuneração inferior ao limite máximo estabelecido para os benefícios do regime geral de previdência social poderá aderir aos planos de benefícios administrados pelas entidades fechadas de previdência complementar de que trata esta Lei, sem contrapartida do patrocinador, cuja base de cálculo será definida nos regulamentos.

**Art. 14.** Poderá permanecer filiado aos respectivos planos de benefícios o participante:

**I** - cedido a outro órgão ou entidade da administração pública direta ou indireta da União, Estados, Distrito Federal e Municípios, inclusive suas empresas públicas e sociedades de economia mista;

**II** - afastado ou licenciado do cargo efetivo temporariamente, com ou sem recebimento de remuneração;

**III** - que optar pelo benefício proporcional diferido ou autopatrocínio, na forma do regulamento do plano de benefícios.

**§ 1º** Os regulamentos dos planos de benefícios disciplinarão as regras para a manutenção do custeio do plano de benefícios, observada a legislação aplicável.

**§ 2º** Os patrocinadores arcarão com as suas contribuições somente quando a cessão, o afastamento ou a licença do cargo efetivo implicar ônus para a União, suas autarquias e fundações.

**§ 3º** Havendo cessão com ônus para o cessionário, este deverá recolher às entidades fechadas de previdência complementar referidas no art. 4º desta Lei a contribuição aos planos de benefícios, nos mesmos níveis e condições que seria devida pelos patrocinadores, na forma definida nos regulamentos dos planos.

## SEÇÃO II
## DOS RECURSOS GARANTIDORES

**Art. 15.** A aplicação dos recursos garantidores correspondentes às reservas, às provisões e aos fundos dos planos de benefícios da Funpresp-Exe, da Funpresp-Leg e da Funpresp-Jud obedecerá às diretrizes e aos limites prudenciais estabelecidos pelo Conselho Monetário Nacional (CMN).

**§ 1º** A gestão dos recursos garantidores dos planos de benefícios administrados pelas entidades referidas no *caput* poderá ser realizada por meio de carteira própria, carteira administrada ou fundos de investimento.

**§ 2º** As entidades referidas no *caput* contratarão, para a gestão dos recursos garantidores prevista neste artigo, somente instituições, administradores de carteiras ou fundos de investimento que estejam autorizados e registrados na Comissão de Valores Mobiliários (CVM).

**§ 3º** A contratação das instituições a que se refere o § 2º deste artigo será feita mediante licitação, cujos contratos terão prazo total máximo de execução de 5 (cinco) anos.

**§ 4º** O edital da licitação prevista no § 3º estabelecerá, entre outras, disposições relativas aos limites de taxa de administração e de custos que poderão ser imputados aos fundos, bem como, no que concerne aos administradores, a solidez, o porte e a experiência em gestão de recursos.

**§ 5º** Cada instituição contratada na forma deste artigo poderá administrar, no máximo, 20% (vinte por cento) dos recursos garantidores correspondentes às reservas técnicas, aos fundos e às provisões.

**§ 6º** As instituições referidas no § 5º deste artigo não poderão ter qualquer ligação societária com outra instituição que esteja concorrendo na mesma licitação ou que já administre reservas, provisões e fundos da mesma entidade fechada de previdência complementar.

SEÇÃO III
DAS CONTRIBUIÇÕES

**Art. 16.** As contribuições do patrocinador e do participante incidirão sobre a parcela da base de contribuição que exceder o limite máximo a que se refere o art. 3º desta Lei, observado o disposto no inciso XI do art. 37 da Constituição Federal.

**§ 1º** Para efeitos desta Lei, considera-se base de contribuição aquela definida pelo § 1º do art. 4º da Lei nº 10.887, de 18 de junho de 2004, podendo o participante optar pela inclusão de parcelas remuneratórias percebidas em decorrência do local de trabalho e do exercício de cargo em comissão ou função de confiança.

**§ 2º** A alíquota da contribuição do participante será por ele definida anualmente, observado o disposto no regulamento do plano de benefícios.

**§ 3º** A alíquota da contribuição do patrocinador será igual à do participante, observado o disposto no regulamento do plano de benefícios, e não poderá exceder o percentual de 8,5% (oito inteiros e cinco décimos por cento).

**§ 4º** Além da contribuição normal, o participante poderá contribuir facultativamente, sem contrapartida do patrocinador, na forma do regulamento do plano.

**§ 5º** A remuneração do servidor, quando devida durante afastamentos considerados por lei como de efetivo exercício, será integralmente coberta pelo ente público, continuando a incidir a contribuição para o regime instituído por esta Lei.

SEÇÃO IV
DISPOSIÇÕES ESPECIAIS

**Art. 17.** O plano de custeio previsto no art. 18 da Lei Complementar nº 109, de 29 de maio de 2001, discriminará o percentual da contribuição do participante e do patrocinador, conforme o caso, para cada um dos benefícios previstos no plano de benefícios, observado o disposto no art. 6º da Lei Complementar nº 108, de 29 de maio de 2001.

**§ 1º** O plano de custeio referido no *caput* deverá prever parcela da contribuição do participante e do patrocinador com o objetivo de compor o Fundo de Cobertura de Benefícios Extraordinários (FCBE), do qual serão vertidos montantes, a título de contribuições extraordinárias, à conta mantida em favor do participante, nas hipóteses e na forma prevista nesta Lei.

**§ 2º** As contribuições extraordinárias a que se refere o § 1º serão vertidas nas seguintes hipóteses:

**I** – morte do participante;

**II** – invalidez do participante;

**III** – aposentadoria nas hipóteses dos §§ 4º e 5º do art. 40 da Constituição Federal;

**IV** – aposentadoria das mulheres, na hipótese da alínea "a" do inciso III do § 1º do art. 40 da Constituição Federal; e

**V** – sobrevivência do assistido.

**§ 3º** O montante do aporte extraordinário de que tratam os incisos III e IV do § 2º será equivalente à diferença entre a reserva acumulada pelo participante e o produto desta mesma reserva multiplicado pela razão entre 35 (trinta e cinco) e o número de anos de contribuição exigido para a concessão do benefício pelo regime próprio de previdência social de que trata o art. 40 da Constituição Federal.

**Art. 18.** As entidades fechadas de previdência complementar referidas no art. 4º desta Lei manterão controles das reservas constituídas em nome do participante, registrando contabilmente as contribuições deste e as dos patrocinadores.

## CAPÍTULO IV
## DO CONTROLE E DA FISCALIZAÇÃO

**Art. 19.** A constituição, o funcionamento e a extinção da Funpresp-Exe, da Funpresp-Leg e da Funpresp-Jud, a aplicação de seus estatutos, regulamentos dos planos de benefícios, convênios de adesão e suas respectivas alterações, assim como as retiradas de patrocínios, dependerão de prévia e expressa autorização do órgão fiscalizador das entidades fechadas de previdência complementar.

**§ 1º** Serão submetidas ao órgão fiscalizador das entidades fechadas de previdência complementar:

**I** – as propostas de aprovação do estatuto e de instituição de planos de benefícios da entidade fechada de previdência complementar, bem como suas alterações; e

**II** – a proposta de adesão de novos patrocinadores a planos de benefícios em operação na entidade fechada de previdência complementar.

**§ 2º** No caso da Funpresp-Exe, as propostas de aprovação do estatuto, de adesão de novos patrocinadores e de instituição de planos devem estar acompanhadas de manifestação favorável do Ministério do Planejamento, Orçamento e Gestão e do Ministério da Fazenda.

**§ 3º** No caso da Funpresp-Leg, as propostas de aprovação do estatuto, de adesão de novos patrocinadores e de instituição de planos devem estar acompanhadas de manifestação favorável das Mesas Diretoras da Câmara dos Deputados e do Senado Federal.

**§ 4º** No caso da Funpresp-Jud, as propostas de aprovação do estatuto, de adesão de novos patrocinadores e de instituição de planos devem estar acompanhadas de manifestação favorável:

**I** – do Supremo Tribunal Federal;

**II** – VETADO.

**Art. 20.** A supervisão e a fiscalização da Funpresp-Exe, da Funpresp-Leg e da Funpresp-Jud e dos seus planos de benefícios competem ao órgão fiscalizador das entidades fechadas de previdência complementar.

**§ 1º** A competência exercida pelo órgão referido no *caput* deste artigo não exime os patrocinadores da responsabilidade pela supervisão e fiscalização sistemática das atividades das entidades fechadas de previdência complementar.

**§ 2º** Os resultados da supervisão e da fiscalização exercidas pelos patrocinadores serão encaminhados ao órgão mencionado no *caput* deste artigo.

**Art. 21.** Aplica-se, no âmbito da Funpresp-Exe, da Funpresp-Leg e da Funpresp-Jud, o regime disciplinar previsto no Capítulo VII da Lei Complementar nº 109, de 29 de maio de 2001.

## CAPÍTULO V
## DISPOSIÇÕES FINAIS E TRANSITÓRIAS

**Art. 22.** Aplica-se o benefício especial de que tratam os §§ 1º a 8º do art. 3º ao servidor público titular de cargo efetivo da União, inclusive ao membro do Poder Judiciário, do Ministério Público e do Tribunal de Contas da União, oriundo, sem quebra de continuidade, de cargo público estatutário de outro ente da federação que não tenha instituído o respectivo regime de previdência complementar e que ingresse em cargo público efetivo federal a partir da instituição do regime de previdência complementar de que trata esta Lei, considerando- se, para esse fim, o tempo de contribuição estadual, distrital ou municipal, assegurada a compensação financeira de que trata o § 9º do art. 201 da Constituição Federal.

**Art. 23.** Após a autorização de funcionamento da Funpresp- Exe, da Funpresp-Jud e da Funpresp-Leg, nos termos desta Lei, os servidores que deverão compor provisoriamente os conselhos deliberativos e os conselhos fiscais, dispensados da exigência da condição de participante ou assistido dos planos de benefícios das entidades fechadas de previdência complementar, serão nomeados, respectivamente, pelo Presidente da República, pelo Presidente do Supremo Tribunal Federal e por ato conjunto dos Presidentes da Câmara dos Deputados e do Senado Federal.

**Parágrafo único.** O mandato dos conselheiros de que trata o *caput* deste artigo será de 2 (dois) anos, durante os quais será realizada eleição direta para que os participantes e assistidos escolham os seus representantes, e os patrocinadores indicarão os seus representantes.

**Art. 24.** Para fins de implantação, ficam a Funpresp-Exe, a Funpresp-Leg e a Funpresp-Jud equiparadas às pessoas jurídicas a que se refere o art. 1º da Lei nº 8.745, de 9 de dezembro de 1993, com vistas à contratação de pessoal técnico e administrativo por tempo determinado.

**§ 1º** Considera-se como necessidade temporária de excepcional interesse público, para os efeitos da Lei nº 8.745, de 9 de dezembro de 1993, a contratação de pessoal técnico e administrativo, por tempo determinado, imprescindível ao funcionamento inicial da Funpresp-Exe, da Funpresp-Leg e da Funpresp-Jud.

**§ 2º** As contratações observarão o disposto no *caput* do art. 3º, no art. 6º, no inciso II do art. 7º e nos arts. 9º e 12 da Lei nº 8.745, de 9 de dezembro de 1993, e não poderão exceder o prazo de 24 (vinte e quatro) meses.

**Art. 25.** É a União autorizada, em caráter excepcional, no ato de criação das entidades fechadas de previdência complementar referidas no art. 4º, a promover aporte a título de adiantamento de contribuições futuras, necessário ao regular funcionamento inicial, no valor de:

**I** – Funpresp-Exe: até R$ 50.000.000,00 (cinquenta milhões de reais);

**II** – Funpresp-Leg: até R$ 25.000.000,00 (vinte e cinco milhões de reais); e

**III** – Funpresp-Jud: até R$ 25.000.000,00 (vinte e cinco milhões de reais).

**Art. 26.** A Funpresp-Exe, a Funpresp-Leg e a Funpresp-Jud deverão entrar em funcionamento em até 240 (duzentos e quarenta) dias após a publicação da autorização de funcionamento concedida pelo órgão fiscalizador das entidades fechadas de previdência complementar.

**Art. 27.** Aplicam-se ao regime de previdência complementar a que se referem os §§ 14, 15 e 16 do art. 40 da Constituição Federal as disposições das Leis Complementares nºs 108 e 109, de 29 de maio de 2001.

**Art. 28.** Até que seja promovida a contratação na forma prevista no § 3º do art. 15 desta Lei, a totalidade dos recursos garantidores correspondentes às reservas técnicas, aos fundos e às provisões dos planos de benefícios da Funpresp-Exe, da Funpresp- Leg e da Funpresp-Jud será administrada por instituição financeira federal, mediante taxa de administração praticada a preço de mercado, vedada a cobrança de taxas de **performance**.

**Art. 29.** O *caput* do art. 4º da Lei nº 10.887, de 18 de junho de 2004, passa a vigorar com a seguinte redação:

(...)

**Art. 30.** Para os fins do exercício do direito de opção de que trata o parágrafo único do art. 1º, considera-se instituído o regime de previdência complementar de que trata esta Lei a partir da data da publicação pelo órgão fiscalizador da autorização de aplicação dos regulamentos dos planos de benefícios de qualquer das entidades de que trata o art. 4º desta Lei.

**Art. 31.** A Funpresp-Exe, a Funpresp-Leg e a Funpresp-Jud deverão ser criadas pela União no prazo de 180 (cento e oitenta) dias, contado da publicação desta Lei, e iniciar o seu funcionamento nos termos do art. 26.

**§ 1º** Ultrapassados os prazos de que trata o *caput*, considera-se vigente, para todos os fins, o regime de previdência complementar de que trata esta Lei.

**§ 2º** Ultrapassados os prazos de que trata o *caput* sem o início do funcionamento de alguma das entidades referidas no art. 4º, os servidores e membros do respectivo Poder poderão aderir ao plano de benefícios da entidade que primeiro entrou em funcionamento até a regularização da situação.

**Art. 32.** Considera-se ato de improbidade, nos termos do art. 10 da Lei nº 8.429, de 2 de junho de 1992, o descumprimento injustificado dos prazos de que trata o art. 31.

**Art. 33.** Esta Lei entra em vigor:

**I** – quanto ao disposto no Capítulo I, na data em que forem criadas quaisquer das entidades de que trata o art. 4º, observado o disposto no art. 31; e

**II** – quanto aos demais dispositivos, na data de sua publicação.

Brasília, 30 de abril de 2012;
191º da Independência e 124º da República.

Dilma Rousseff
Guido Mantega
Miriam Belchior
Garibaldi Alves Filho
Luís Inácio Lucena Adams

## LEI COMPLEMENTAR Nº 142, DE 8 DE MAIO DE 2013

*Regulamenta o § 1º do art. 201 da Constituição Federal, no tocante à aposentadoria da pessoa com deficiência segurada do Regime Geral de Previdência Social – RGPS.*

- D.O.U. 9.5.2013
- Lei 13.146/2015 – Estatuto da Pessoa com Deficiência.

A PRESIDENTA DA REPÚBLICA

Faço saber que o Congresso Nacional decreta e eu sanciono a seguinte Lei Complementar:

**Art. 1º.** Esta Lei Complementar regulamenta a concessão de aposentadoria da pessoa com deficiência segurada do Regime Geral de Previdência Social – RGPS de que trata o § 1º do art. 201 da Constituição Federal.

**Art. 2º.** Para o reconhecimento do direito à aposentadoria de que trata esta Lei Complementar, considera-se pessoa com deficiência aquela que tem impedimentos de longo prazo de natureza física, mental, intelectual ou sensorial, os quais, em interação com diversas barreiras, podem obstruir sua participação plena e efetiva na sociedade em igualdade de condições com as demais pessoas.

**Art. 3º.** É assegurada a concessão de aposentadoria pelo RGPS ao segurado com deficiência, observadas as seguintes condições:

**I** – aos 25 (vinte e cinco) anos de tempo de contribuição, se homem, e 20 (vinte) anos, se mulher, no caso de segurado com deficiência grave;

**II** – aos 29 (vinte e nove) anos de tempo de contribuição, se homem, e 24 (vinte e quatro) anos, se mulher, no caso de segurado com deficiência moderada;

**III** – aos 33 (trinta e três) anos de tempo de contribuição, se homem, e 28 (vinte e oito) anos, se mulher, no caso de segurado com deficiência leve; ou

**IV** – aos 60 (sessenta) anos de idade, se homem, e 55 (cinquenta e cinco) anos de idade, se mulher, independentemente do grau de deficiência, desde que cumprido tempo mínimo de contribuição de 15 (quinze) anos e comprovada a existência de deficiência durante igual período.

**Parágrafo único.** Regulamento do Poder Executivo definirá as deficiências grave, moderada e leve para os fins desta Lei Complementar.

**Art. 4º.** A avaliação da deficiência será médica e funcional, nos termos do Regulamento.

**Art. 5º.** O grau de deficiência será atestado por perícia própria do Instituto Nacional do Seguro Social – INSS, por meio de instrumentos desenvolvidos para esse fim.

**Art. 6º.** A contagem de tempo de contribuição na condição de segurado com deficiência será objeto de comprovação, exclusivamente, na forma desta Lei Complementar.

**§ 1º.** A existência de deficiência anterior à data da vigência desta Lei Complementar deverá ser certificada, inclusive quanto ao seu grau, por ocasião da primeira avaliação, sendo obrigatória a fixação da data provável do início da deficiência.

**§ 2º.** A comprovação de tempo de contribuição na condição de segurado com deficiência em período anterior à entrada em vigor desta Lei Complementar não será admitida por meio de prova exclusivamente testemunhal.

**Art. 7º.** Se o segurado, após a filiação ao RGPS, tornar-se pessoa com deficiência, ou tiver seu grau de deficiência alterado, os parâmetros mencionados no art. 3º serão proporcionalmente ajustados, considerando-se o número de anos em que o segurado exerceu atividade laboral sem deficiência e com deficiência, observado o grau de deficiência correspondente, nos termos do regulamento a que se refere o parágrafo único do art. 3º desta Lei Complementar.

**Art. 8º.** A renda mensal da aposentadoria devida ao segurado com deficiência será calculada aplicando-se sobre o salário de benefício, apurado em conformidade com o disposto no art. 29 da Lei nº 8.213, de 24 de julho de 1991, os seguintes percentuais:

**I** – 100% (cem por cento), no caso da aposentadoria de que tratam os incisos I, II e III do art. 3º; ou

**II** – 70% (setenta por cento) mais 1% (um por cento) do salário de benefício por grupo de 12 (doze) contribuições mensais até o máximo de 30% (trinta por cento), no caso de aposentadoria por idade.

**Art. 9º.** Aplicam-se à pessoa com deficiência de que trata esta Lei Complementar:

**I** – o fator previdenciário nas aposentadorias, se resultar em renda mensal de valor mais elevado;

**II** – a contagem recíproca do tempo de contribuição na condição de segurado com deficiência relativa à filiação ao RGPS, ao regime próprio de previdência do servidor público ou a regime de previdência militar, devendo os regimes compensar-se financeiramente;

**III** – as regras de pagamento e de recolhimento das contribuições previdenciárias contidas na Lei nº 8.212, de 24 de julho de 1991;

**IV** – as demais normas relativas aos benefícios do RGPS;

**V** – a percepção de qualquer outra espécie de aposentadoria estabelecida na Lei nº 8.213, de 24 de julho de 1991, que lhe seja mais vantajosa do que as opções apresentadas nesta Lei Complementar.

**Art. 10.** A redução do tempo de contribuição prevista nesta Lei Complementar não poderá ser acumulada, no tocante ao mesmo período contributivo, com a redução assegurada aos casos de atividades exercidas sob condições especiais que prejudiquem a saúde ou a integridade física.

**Art. 11.** Esta Lei Complementar entra em vigor após decorridos 6 (seis) meses de sua publicação oficial.

Brasília, 8 de maio de 2013;
192º da Independência e 125º da República.

Dilma Rousseff

Miriam Belchior

Garibaldi Alves Filho

Maria Do Rosário Nunes

## LEI COMPLEMENTAR Nº 152, DE 3 DE DEZEMBRO DE 2015

*Dispõe sobre a aposentadoria compulsória por idade, com proventos proporcionais, nos termos do inciso II do § 1º do art. 40 da Constituição Federal.*

• D.O.U. de 4.12.2015

A PRESIDENTA DA REPÚBLICA

Faço saber que o Congresso Nacional decreta e eu promulgo, nos termos do parágrafo 5º do art. 66 da Constituição, a seguinte Lei Complementar:

**Art. 1º.** Esta Lei Complementar dispõe sobre a aposentadoria compulsória por idade, com proventos proporcionais, no âmbito da União, dos Estados, do Distrito Federal e dos Municípios, dos agentes públicos aos quais se aplica o inciso II do § 1º do art. 40 da Constituição Federal.

**Art. 2º.** Serão aposentados compulsoriamente, com proventos proporcionais ao tempo de contribuição, aos 75 (setenta e cinco) anos de idade:

**I** – os servidores titulares de cargos efetivos da União, dos Estados, do Distrito Federal e dos Municípios, incluídas suas autarquias e fundações;

**II** – os membros do Poder Judiciário;

**III** – os membros do Ministério Público;

**IV** – os membros das Defensorias Públicas;

**V** – os membros dos Tribunais e dos Conselhos de Contas.

**Parágrafo único.** Aos servidores do Serviço Exterior Brasileiro, regidos pela Lei nº 11.440, de 29 de dezembro de 2006, o disposto neste artigo será aplicado progressivamente à razão de 1 (um) ano adicional de limite para aposentadoria compulsória ao fim de cada 2 (dois) anos, a partir da vigência desta Lei Complementar, até o limite de 75 (setenta e cinco) anos previsto no *caput*.

**Art. 3º.** Revoga-se o inciso I do art. 1º da Lei Complementar nº 51, de 20 de dezembro de 1985.

**Art. 4º.** Esta Lei Complementar entra em vigor na data de sua publicação.

Brasília, 3 de dezembro de 2015;
194º da Independência e 127º da República.

Dilma Rousseff

# Direito Ambiental

# PLANO DE ESTUDO

| Diploma | Estudado | Revisão 1 | Revisão 2 | Revisão 3 | Questões |
|---|---|---|---|---|---|
| Resolução CONAMA nº 001/1986 | | | | | |
| Resolução CONAMA nº 001-A/1986 | | | | | |
| Lei nº 9.433/1997 *(Excertos)* | | | | | |
| Resolução CONAMA nº 237/1997 | | | | | |
| Lei nº 9.985/2000 | | | | | |
| Lei nº 11.105/2005 | | | | | |
| Lei nº 11.428/2006 | | | | | |
| Lei nº 12.187/2009 | | | | | |
| Lei nº 12.305/2010 *(Excertos)* | | | | | |
| Lei complementar nº 140/2011 | | | | | |
| Lei nº 14.785/2023 | | | | | |

## RESOLUÇÃO CONAMA Nº 001, DE 23 DE JANEIRO DE 1986

*Dispõe sobre critérios básicos e diretrizes gerais para a avaliação de impacto ambiental.*

‣ DOU de 17 de fevereiro de 1986.

O CONSELHO NACIONAL DO MEIO AMBIENTE – IBAMA, no uso das atribuições que lhe confere o artigo 48 do Decreto nº 88.351, de 1º de junho de 1983, para efetivo exercício das responsabilidades que lhe são atribuídas pelo artigo 18 do mesmo decreto, e Considerando a necessidade de se estabelecerem as definições, as responsabilidades, os critérios básicos e as diretrizes gerais para uso e implementação da Avaliação de Impacto Ambiental como um dos instrumentos da Política Nacional do Meio Ambiente, RESOLVE:

**Art. 1º.** Para efeito desta Resolução, considera-se impacto ambiental qualquer alteração das propriedades físicas, químicas e biológicas do meio ambiente, causada por qualquer forma de matéria ou energia resultante das atividades humanas que, direta ou indiretamente, afetam:

**I** – a saúde, a segurança e o bem-estar da população;

**II** – as atividades sociais e econômicas;

**III** – a biota;

**IV** – as condições estéticas e sanitárias do meio ambiente;

**V** – a qualidade dos recursos ambientais.

**Art. 2º.** Dependerá de elaboração de estudo de impacto ambiental e respectivo relatório de impacto ambiental – RIMA, a serem submetidos à aprovação do órgão estadual competente, e da Secretaria Especial do Meio Ambiente – SEMA em caráter supletivo, o licenciamento de atividades modificadoras do meio ambiente, tais como:

**I** – Estradas de rodagem com duas ou mais faixas de rolamento;

**II** – Ferrovias;

**III** – Portos e terminais de minério, petróleo e produtos químicos;

**IV** – Aeroportos, conforme definidos pelo inciso 1, artigo 48, do Decreto-Lei nº 32, de 18 de setembro de 1966;

**V** – Oleodutos, gasodutos, minerodutos, troncos coletores e emissários de esgotos sanitários;

**VI** – Linhas de transmissão de energia elétrica, acima de 230KV;

**VII** – Obras hidráulicas para exploração de recursos hídricos, tais como: barragem para fins hidrelétricos, acima de 10MW, de saneamento ou de irrigação, abertura de canais para navegação, drenagem e irrigação, retificação de cursos d'água, abertura de barras e embocaduras, transposição de bacias, diques;

**VIII** – Extração de combustível fóssil (petróleo, xisto, carvão);

**IX** – Extração de minério, inclusive os da classe II, definidas no Código de Mineração;

**X** – Aterros sanitários, processamento e destino final de resíduos tóxicos ou perigosos;

**XI** – Usinas de geração de eletricidade, qualquer que seja a fonte de energia primária, acima de 10MW;

**XII** – Complexo e unidades industriais e agro-industriais (petroquímicos, siderúrgicos, cloroquímicos, destilarias de álcool, hulha, extração e cultivo de recursos hidróbios);

**XIII** – Distritos industriais e zonas estritamente industriais – ZEI;

**XIV** – Exploração econômica de madeira ou de lenha, em áreas acima de 100 hectares ou menores, quando atingir áreas significativas em termos percentuais ou de importância do ponto de vista ambiental;

**XV** – Projetos urbanísticos, acima de 100 ha ou em áreas consideradas de relevante interesse ambiental a critério da SEMA e dos órgãos estaduais ou municipais;

**XVI** – Qualquer atividade que utilizar carvão vegetal, derivados ou produtos similares, em quantidade superior a dez toneladas por dia. (nova redação dada pela Resolução n° 11/86)

**XVII** – Projetos Agropecuários que contemplem áreas acima de 1.000 ha. ou menores, neste caso, quando se tratar de áreas significativas em termos percentuais ou de importância do ponto de vista ambiental, inclusive nas áreas de proteção ambiental. *(Acrescido pela Resolução 11/86)*

**XVIII** – Empreendimentos potencialmente lesivos ao patrimônio espeleológico nacional. *(Acrescido pela Resolução 5/87)*

**Art. 3º.** *(Revogado pela Resolução 237/97)*

**Art. 4º.** Os órgãos ambientais competentes e os órgãos setoriais do SISNAMA deverão compatibilizar os processos de licenciamento com as etapas de planejamento e implantação das atividades modificadoras do meio ambiente, respeitados os critérios e diretrizes estabelecidos por esta Resolução e tendo por base a natureza o porte e as peculiaridades de cada atividade.

**Art. 5º.** O estudo de impacto ambiental, além de atender à legislação, em especial os princípios e objetivos expressos na Lei de Política Nacional do Meio Ambiente, obedecerá às seguintes diretrizes gerais:

**I** – Contemplar todas as alternativas tecnológicas e de localização de projeto, confrontando-as com a hipótese de não execução do projeto;

**II** – Identificar e avaliar sistematicamente os impactos ambientais gerados nas fases de implantação e operação da atividade ;

**III** – Definir os limites da área geográfica a ser direta ou indiretamente afetada pelos impactos, denominada área de influência do projeto, considerando, em todos os casos, a bacia hidrográfica na qual se localiza;

**IV** – Considerar os planos e programas governamentais, propostos e em implantação na área de influência do projeto, e sua compatibilidade.

**Parágrafo único.** Ao determinar a execução do estudo de impacto ambiental o órgão estadual competente, ou a SEMA ou, no que couber ao Município, fixará as diretrizes adicionais que, pelas peculiaridades do projeto e características ambientais da área, forem julgadas necessárias, inclusive os prazos para conclusão e análise dos estudos.

**Art. 6º.** O estudo de impacto ambiental desenvolverá, no mínimo, as seguintes atividades técnicas:

**I** – Diagnóstico ambiental da área de influência do projeto completa descrição e análise dos recursos ambientais e suas interações, tal como existem, de modo a caracterizar a situação ambiental da área, antes da implantação do projeto, considerando:

*a)* o meio físico - o subsolo, as águas, o ar e o clima, destacando os recursos minerais, a topografia, os tipos e aptidões do solo, os corpos d'água, o regime hidrológico, as correntes marinhas, as correntes atmosféricas;

*b)* o meio biológico e os ecossistemas naturais - a fauna e a flora, destacando as espécies indicadoras da qualidade ambiental, de valor científico e econômico, raras e ameaçadas de extinção e as áreas de preservação permanente;

*c)* o meio sócio-econômico - o uso e ocupação do solo, os usos da água e a sócio-economia, destacando os sítios e monumentos arqueológicos, históricos e culturais da comunidade, as relações de dependência entre a sociedade local, os recursos ambientais e a potencial utilização futura desses recursos.

**II** – Análise dos impactos ambientais do projeto e de suas alternativas, através de identificação, previsão da magnitude e interpretação da importância dos prováveis impactos relevantes, discriminando: os impactos positivos e negativos (benéficos e adversos), diretos e indiretos, imediatos e a médio e longo prazos, temporários e permanentes; seu grau de reversibilidade; suas propriedades cumulativas e sinérgicas; a distribuição dos ônus e benefícios sociais.

**III** – Definição das medidas mitigadoras dos impactos negativos, entre elas os equipamentos de controle e sistemas de tratamento de despejos, avaliando a eficiência de cada uma delas.

**IV** – Elaboração do programa de acompanhamento e monitoramento dos impactos positivos e negativos, indicando os fatores e parâmetros a serem considerados.

**Parágrafo único.** Ao determinar a execução do estudo de impacto ambiental, o órgão estadual competente; ou a SEMA ou quando couber, o Município fornecerá as instruções adicionais que se fizerem necessárias, pelas peculiaridades do projeto e características ambientais da área.

**Art. 7º.** *(Revogado pela Resolução 237/97)*

**Art. 8º.** Correrão por conta do proponente do projeto todas as despesas e custos referentes à realização do estudo de impacto ambiental, tais como: coleta e aquisição dos dados e informações, trabalhos e inspeções de campo, análises de laboratório, estudos técnicos e científicos e acompanhamento e monitoramento dos impactos, elaboração do RIMA e fornecimento de pelo menos 5 (cinco) cópias.

**Art. 9º.** O relatório de impacto ambiental - RIMA refletirá as conclusões do estudo de impacto ambiental e conterá, no mínimo:

**I** – Os objetivos e justificativas do projeto, sua relação e compatibilidade com as políticas setoriais, planos e programas governamentais;

**II** – A descrição do projeto e suas alternativas tecnológicas e locacionais, especificando para cada um deles, nas fases de construção e operação a área de influência, as matérias primas, e mão-de-obra, as fontes de energia, os processos e técnicas operacionais, os prováveis efluentes, emissões, resíduos e perdas de energia, os empregos diretos e indiretos a serem gerados;

**III** – A síntese dos resultados dos estudos de diagnósticos ambiental da área de influência do projeto;

**IV** – A descrição dos prováveis impactos ambientais da implantação e operação da atividade, considerando o projeto, suas alternativas, os horizontes de tempo de incidência dos impactos e indicando os métodos, técnicas e critérios adotados para sua identificação, quantificação e interpretação;

**V** – A caracterização da qualidade ambiental futura da área de influência, comparando as diferentes situações da adoção do projeto e suas alternativas, bem como com a hipótese de sua não realização;

**VI** – A descrição do efeito esperado das medidas mitigadoras previstas em relação aos impactos negativos, mencionando aqueles que não puderam ser evitados, e o grau de alteração esperado;

**VII** – O programa de acompanhamento e monitoramento dos impactos;

**VIII** – Recomendação quanto à alternativa mais favorável (conclusões e comentários de ordem geral).

**Parágrafo único.** O RIMA deve ser apresentado de forma objetiva e adequada a sua compreensão. As informações devem ser traduzidas em linguagem acessível, ilustradas por mapas, cartas, quadros, gráficos e demais técnicas de comunicação visual, de modo que se possam entender as vantagens e desvantagens do projeto, bem como todas as conseqüências ambientais de sua implementação.

**Art. 10.** O órgão estadual competente, ou a SEMA ou, quando couber, o Município terá um prazo para se manifestar de forma conclusiva sobre o RIMA apresentado.

**Parágrafo único.** O prazo a que se refere o *caput* deste artigo terá o seu termo inicial na data do recebimento pelo órgão estadual competente ou pela SEMA do estudo do impacto ambiental e seu respectivo RIMA.

**Art. 11.** Respeitado o sigilo industrial, assim solicitando e demonstrando pelo interessado o RIMA será acessível ao público. Suas cópias permanecerão à disposição dos interessados, nos centros de documentação ou bibliotecas da SEMA e do órgão estadual de controle ambiental correspondente, inclusive durante o período de análise técnica.

**§ 1º.** Os órgãos públicos que manifestarem interesse, ou tiverem relação direta com o projeto, receberão cópia do RIMA, para conhecimento e manifestação.

**§ 2º.** Ao determinar a execução do estudo de impacto ambiental e apresentação do RIMA, o órgão estadual competente ou a SEMA ou, quando couber o Município, determinará o prazo para recebimento dos comentários a serem feitos pelos órgãos públicos e demais interessados e, sempre que julgar necessário, promoverá a realização de audiência pública para informação sobre o projeto e seus impactos ambientais e discussão do RIMA.

**Art. 12.** Esta Resolução entra em vigor na data de sua publicação.

FLÁVIO PEIXOTO DA SILVEIRA
Presidente do Conselho

## RESOLUÇÃO CONAMA Nº 001-A, DE 23 DE JANEIRO DE 1986

*Dispõe sobre o transporte de produtos perigosos em território nacional.*

O CONSELHO NACIONAL DO MEIO AMBIENTE – CONAMA, no uso das atribuições que lhe confere o inciso II do artigo 7º do Decreto nº 88.351, de 1º de junho de 1983, alterado pelo Decreto nº 91.305, de 3 de junho de 1985, e o artigo 48 do mesmo diploma legal, e considerando o crescente número de cargas perigosas que circulam próximas a áreas densamente povoadas, de proteção de mananciais, reservatórios de água e de proteção do ambiente natural, bem como a necessidade de se obterem níveis adequados de segurança no seu transporte, para evitar a degradação ambiental e prejuízos à saúde, RESOLVE:

- DOU de 04.08.1986.

**Art. 1º.** Quando considerado conveniente pelos Estados, o transporte de produtos perigosos, em seus territórios, deverá ser efetuado mediante medidas essenciais complementares às estabelecidas pelo Decreto nº 88.821, de 6 de outubro de 1983.

**Art. 2º.** Os órgãos estaduais de meio ambiente deverão ser comunicados pelo transportador de produtos perigosos, com a antecedência mínima de setenta e duas horas de sua efetivação, a fim de que sejam adotadas as providências cabíveis.

**Art. 3º.** Na hipótese de que trata o artigo 1º, o CONAMA recomendo aos órgãos estaduais de meio ambiente que definam em conjunto com os órgãos de trânsito, os cuidados especiais a serem adotados.

**Art. 4º.** A presente Resolução, entra em vigor na data de sua publicação.

DENI LINEU SCHWARTZ
Presidente do Conselho

## LEI Nº 9.433, DE 8 DE JANEIRO DE 1997

*(EXCERTOS)*

*Institui a Política Nacional de Recursos Hídricos, cria o Sistema Nacional de Gerenciamento de Recursos Hídricos, regulamenta o inciso XIX do art. 21 da Constituição Federal e altera o art. 1º da Lei nº 8.001, de 13 de março de 1990, que modificou a Lei nº 7.990, de 28 de dezembro de 1989.*

- DOU de 9.1.1997.
- Política Nacional de Recursos Hídricos

O PRESIDENTE DA REPÚBLICA
Faço saber que o Congresso Nacional decreta e eu sanciono a seguinte Lei:

### TÍTULO I
### DA POLÍTICA NACIONAL DE RECURSOS HÍDRICOS

### CAPÍTULO I
### DOS FUNDAMENTOS

**Art. 1º** A Política Nacional de Recursos Hídricos baseia-se nos seguintes fundamentos:

**I** - a água é um bem de domínio público;

**II** - a água é um recurso natural limitado, dotado de valor econômico;

**III** - em situações de escassez, o uso prioritário dos recursos hídricos é o consumo humano e a dessedentação de animais;

**IV** - a gestão dos recursos hídricos deve sempre proporcionar o uso múltiplo das águas;

**V** - a bacia hidrográfica é a unidade territorial para implementação da Política Nacional de Recursos Hídricos e atuação do Sistema Nacional de Gerenciamento de Recursos Hídricos;

**VI** - a gestão dos recursos hídricos deve ser descentralizada e contar com a participação do Poder Público, dos usuários e das comunidades.

## CAPÍTULO II
## DOS OBJETIVOS

**Art. 2º** São objetivos da Política Nacional de Recursos Hídricos:

**I** - assegurar à atual e às futuras gerações a necessária disponibilidade de água, em padrões de qualidade adequados aos respectivos usos;

**II** - a utilização racional e integrada dos recursos hídricos, incluindo o transporte aquaviário, com vistas ao desenvolvimento sustentável;

**III** - a prevenção e a defesa contra eventos hidrológicos críticos de origem natural ou decorrentes do uso inadequado dos recursos naturais.

**IV** - incentivar e promover a captação, a preservação e o aproveitamento de águas pluviais.

## CAPÍTULO III
## DAS DIRETRIZES GERAIS DE AÇÃO

**Art. 3º** Constituem diretrizes gerais de ação para implementação da Política Nacional de Recurso Hídricos:

**I** - a gestão sistemática dos recursos hídricos, sem dissociação dos aspectos de quantidade e qualidade;

**II** - a adequação da gestão de recursos hídricos às diversidades físicas, bióticas, demográficas, econômicas, sociais e culturais das diversas regiões do País;

**III** - a integração da gestão de recursos hídricos com a gestão ambiental;

**IV** - a articulação do planejamento de recursos hídricos com o dos setores usuários e com os planejamentos regional, estadual e nacional;

**V** - a articulação da gestão de recursos hídricos com a do uso do solo;

**VI** - a integração da gestão das bacias hidrográficas com a dos sistemas estuarinos e zonas costeiras.

**Art. 4º** A União articular-se-á com os Estados tendo em vista o gerenciamento dos recursos hídricos de interesse comum.

## CAPÍTULO IV
## DOS INSTRUMENTOS

**Art. 5º** São instrumentos da Política Nacional de Recursos Hídricos:

**I** - os Planos de Recursos Hídricos;

**II** - o enquadramento dos corpos de água em classes, segundo os usos preponderantes da água,

**III** - a outorga dos direitos de uso de recursos hídricos;

**IV** - a cobrança pelo uso de recursos hídricos;

**V** - a compensação a municípios;

**VI** - o Sistema de Informações sobre Recursos Hídricos.

### SEÇÃO I
### DOS PLANOS DE RECURSOS HÍDRICOS

**Art. 6º** Os Planos de Recursos Hídricos são planos diretores que visam a fundamentar e orientar a implementação da Política Nacional de Recursos Hídricos e o gerenciamento dos recursos hídricos.

**Art. 7º** Os Planos de Recursos Hídricos são planos de longo prazo, com horizonte de planejamento compatível com o período de implantação de seus programas e projetos e terão o seguinte conteúdo mínimo:

**I** - diagnóstico da situação atual dos recursos hídricos;

**II** - análise de alternativas de crescimento demográfico, de evolução de atividades produtivas e de modificações dos padrões de ocupação do solo;

**III** - balanço entre disponibilidades e demandas futuras dos recursos hídricos, em quantidade e qualidade, com identificação de conflitos potenciais;

**IV** - metas de racionalização de uso, aumento da quantidade e melhoria da qualidade dos recursos hídricos disponíveis;

**V** - medidas a serem tomadas, programas a serem desenvolvidos e projetos a serem implantados, para o atendimento das metas previstas;

**VI** - (VETADO)

**VII** - (VETADO)

**VIII** - prioridades para outorga de direitos de uso de recursos hídricos;

**IX** - diretrizes e critérios para a cobrança pelo uso dos recursos hídricos;

**X** - propostas para a criação de áreas sujeitas a restrição de uso, com vistas à proteção dos recursos hídricos.

**Art. 8º** Os Planos de Recursos Hídricos serão elaborados por bacia hidrográfica, por Estado e para o País.

### SEÇÃO II
### DO ENQUADRAMENTO DOS CORPOS DE ÁGUA EM CLASSES, SEGUNDO OS USOS PREPONDERANTES DA ÁGUA

**Art. 9º** O enquadramento dos corpos de água em classes, segundo os usos preponderantes da água, visa a:

**I** - assegurar às águas qualidade compatível com os usos mais exigentes a que forem destinadas;

**II** - diminuir os custos de combate à poluição das águas, mediante ações preventivas permanentes.

**Art. 10.** As classes de corpos de água serão estabelecidas pela legislação ambiental.

### SEÇÃO III
### DA OUTORGA DE DIREITOS DE USO DE RECURSOS HÍDRICOS

**Art. 11.** O regime de outorga de direitos de uso de recursos hídricos tem como objetivos assegurar o controle quantitativo e qualitativo dos usos da água e o efetivo exercício dos direitos de acesso à água.

**Art. 12.** Estão sujeitos a outorga pelo Poder Público os direitos dos seguintes usos de recursos hídricos:

**I** - derivação ou captação de parcela da água existente em um corpo de água para consumo final, inclusive abastecimento público, ou insumo de processo produtivo;

**II** - extração de água de aqüífero subterrâneo para consumo final ou insumo de processo produtivo;

**III** - lançamento em corpo de água de esgotos e demais resíduos líquidos ou gasosos, tratados ou não, com o fim de sua diluição, transporte ou disposição final;

**IV** - aproveitamento dos potenciais hidrelétricos;

**V** - outros usos que alterem o regime, a quantidade ou a qualidade da água existente em um corpo de água.

**§ 1º** Independem de outorga pelo Poder Público, conforme definido em regulamento:

**I** - o uso de recursos hídricos para a satisfação das necessidades de pequenos núcleos populacionais, distribuídos no meio rural;

**II** - as derivações, captações e lançamentos considerados insignificantes;

**III** - as acumulações de volumes de água consideradas insignificantes.

**§ 2º** A outorga e a utilização de recursos hídricos para fins de geração de energia elétrica estará subordinada ao Plano Nacional de Recursos Hídricos, aprovado na forma do disposto no inciso VIII do art. 35 desta Lei, obedecida a disciplina da legislação setorial específica.

**Art. 13.** Toda outorga estará condicionada às prioridades de uso estabelecidas nos Planos de Recursos Hídricos e deverá respeitar a classe em que o corpo de água estiver enquadrado e a manutenção de condições adequadas ao transporte aquaviário, quando for o caso.

**Parágrafo único.** A outorga de uso dos recursos hídricos deverá preservar o uso múltiplo destes.

**Art. 14.** A outorga efetivar-se-á por ato da autoridade competente do Poder Executivo Federal, dos Estados ou do Distrito Federal.

**§ 1º** O Poder Executivo Federal poderá delegar aos Estados e ao Distrito Federal competência para conceder outorga de direito de uso de recurso hídrico de domínio da União.

**§ 2º** (VETADO)

**Art. 15.** A outorga de direito de uso de recursos hídricos poderá ser suspensa parcial ou totalmente, em definitivo ou por prazo determinado, nas seguintes circunstâncias:

**I** - não cumprimento pelo outorgado dos termos da outorga;

**II** - ausência de uso por três anos consecutivos;

**III** - necessidade premente de água para atender a situações de calamidade, inclusive as decorrentes de condições climáticas adversas;

**IV** - necessidade de se prevenir ou reverter grave degradação ambiental;

**V** - necessidade de se atender a usos prioritários, de interesse coletivo, para os quais não se disponha de fontes alternativas;

**VI** - necessidade de serem mantidas as características de navegabilidade do corpo de água.

**Art. 16.** Toda outorga de direitos de uso de recursos hídricos far-se-á por prazo não excedente a trinta e cinco anos, renovável.

**Art. 17.** (VETADO)

**Art. 18.** A outorga não implica a alienação parcial das águas, que são inalienáveis, mas o simples direito de seu uso.

## SEÇÃO IV
## DA COBRANÇA DO USO DE RECURSOS HÍDRICOS

**Art. 19.** A cobrança pelo uso de recursos hídricos objetiva:

**I** - reconhecer a água como bem econômico e dar ao usuário uma indicação de seu real valor;

**II** - incentivar a racionalização do uso da água;

**III** - obter recursos financeiros para o financiamento dos programas e intervenções contemplados nos planos de recursos hídricos.

**Art. 20.** Serão cobrados os usos de recursos hídricos sujeitos a outorga, nos termos do art. 12 desta Lei.

**Parágrafo único.** (VETADO)

**Art. 21.** Na fixação dos valores a serem cobrados pelo uso dos recursos hídricos devem ser observados, dentre outros:

**I** - nas derivações, captações e extrações de água, o volume retirado e seu regime de variação;

**II** - nos lançamentos de esgotos e demais resíduos líquidos ou gasosos, o volume lançado e seu regime de variação e as características físico-químicas, biológicas e de toxidade do afluente.

**Art. 22.** Os valores arrecadados com a cobrança pelo uso de recursos hídricos serão aplicados prioritariamente na bacia hidrográfica em que foram gerados e serão utilizados:

**I** - no financiamento de estudos, programas, projetos e obras incluídos nos Planos de Recursos Hídricos;

**II** - no pagamento de despesas de implantação e custeio administrativo dos órgãos e entidades integrantes do Sistema Nacional de Gerenciamento de Recursos Hídricos.

**§ 1º** A aplicação nas despesas previstas no inciso II deste artigo é limitada a sete e meio por cento do total arrecadado.

**§ 2º** Os valores previstos no *caput* deste artigo poderão ser aplicados a fundo perdido em projetos e obras que alterem, de modo considerado benéfico à coletividade, a qualidade, a quantidade e o regime de vazão de um corpo de água.

**§ 3º** (VETADO)

**Art. 23.** (VETADO)

## SEÇÃO V
## DA COMPENSAÇÃO A MUNICÍPIOS

**Art. 24.** (VETADO)

## SEÇÃO VI
## DO SISTEMA DE INFORMAÇÕES SOBRE RECURSOS HÍDRICOS

**Art. 25.** O Sistema de Informações sobre Recursos Hídricos é um sistema de coleta, tratamento, armazenamento e recuperação de informações sobre recursos hídricos e fatores intervenientes em sua gestão.

**Parágrafo único.** Os dados gerados pelos órgãos integrantes do Sistema Nacional de Gerenciamento de Recursos Hídricos serão incorporados ao Sistema Nacional de Informações sobre Recursos Hídricos.

**Art. 26.** São princípios básicos para o funcionamento do Sistema de Informações sobre Recursos Hídricos:

**I** - descentralização da obtenção e produção de dados e informações;

**II** - coordenação unificada do sistema;

**III** - acesso aos dados e informações garantido à toda a sociedade.

**Art. 27.** São objetivos do Sistema Nacional de Informações sobre Recursos Hídricos:

**I** - reunir, dar consistência e divulgar os dados e informações sobre a situação qualitativa e quantitativa dos recursos hídricos no Brasil;

**II** - atualizar permanentemente as informações sobre disponibilidade e demanda de recursos hídricos em todo o território nacional;

**III** - fornecer subsídios para a elaboração dos Planos de Recursos Hídricos.

## CAPÍTULO V
## DO RATEIO DE CUSTOS DAS OBRAS DE USO MÚLTIPLO, DE INTERESSE COMUM OU COLETIVO

**Art. 28.** (VETADO)

## CAPÍTULO VI
## DA AÇÃO DO PODER PÚBLICO

**Art. 29.** Na implementação da Política Nacional de Recursos Hídricos, compete ao Poder Executivo Federal:

**I** - tomar as providências necessárias à implementação e ao funcionamento do Sistema de Nacional de Gerenciamento de Recursos Hídricos.

**II** - outorgar os direitos de uso de recursos hídricos, e regulamentar e fiscalizar os usos, na sua esfera de competência;

**III** - implantar e gerir o Sistema de Informações sobre Recursos Hídricos, em âmbito nacional;

**IV** - promover a integração da gestão de recursos hídricos com a gestão ambiental.

**Parágrafo único.** O Poder Executivo Federal indicará, por decreto, a autoridade responsável pela efetivação de outorgas de direito de uso dos recursos hídricos sob domínio da União.

**Art. 30.** Na implementação da Política Nacional de Recursos Hídricos, cabe aos Poderes Executivos Estaduais e do Distrito Federal, na sua esfera de competência:

**I** - outorgar os direitos de uso de recursos hídricos e regulamentar e fiscalizar os seus usos;

**II** - realizar o controle técnico das obras de oferta hídrica;

**III** - implantar e gerir o Sistema de Informações sobre Recursos Hídricos, em âmbito estadual e do Distrito Federal;

**IV** - promover a integração da gestão de recursos hídricos com a gestão ambiental.

**Art. 31.** Na implementação da Política Nacional de Recursos Hídricos, os Poderes Executivos do Distrito Federal e dos municípios promoverão a integração das políticas locais de saneamento básico, de uso, ocupação e conservação do solo e de meio ambiente com as políticas federal e estaduais de recursos hídricos.

# TÍTULO II
# DO SISTEMA NACIONAL DE GERENCIAMENTO DE RECURSOS HÍDRICOS

## CAPÍTULO I
## DOS OBJETIVOS E DA COMPOSIÇÃO

**Art. 32.** Fica criado o Sistema Nacional de Gerenciamento de Recursos Hídricos, com os seguintes objetivos:

**I** - coordenar a gestão integrada das águas;

**II** - arbitrar administrativamente os conflitos relacionados com os recursos hídricos;

**III** - implementar a Política Nacional de Recursos Hídricos;

**IV** - planejar, regular e controlar o uso, a preservação e a recuperação dos recursos hídricos;

**V** - promover a cobrança pelo uso de recursos hídricos.

**Art. 33.** Integram o Sistema Nacional de Gerenciamento de Recursos Hídricos.

**I** - Conselho Nacional de Recursos Hídricos;

**I-A.** - a Agência Nacional de Águas;

**II** - os Conselhos de Recursos Hídricos dos Estados e do Distrito Federal;

**III** - os Comitês de Bacia Hidrográfica;

**IV** - os órgão dos poderes públicos federal, estaduais, do Distrito Federal e municipais cujas competências se relacionem com a gestão de recurso hídricos;

**V** - as Agências de Água.

## CAPÍTULO II
## DO CONSELHO NACIONAL DE RECURSOS HÍDRICOS

**Art. 34.** O Conselho Nacional de Recursos Hídricos é composto por:

**I** - representantes dos Ministérios e Secretarias da Presidência da República com atuação no gerenciamento ou no uso de recursos hídricos;
**II** - representantes indicados pelos Conselhos Estaduais de Recursos Hídricos;
**III** - representantes dos usuários dos recursos hídricos;
**IV** - representantes das organizações civis de recursos hídricos.
**Parágrafo único.** O número de representantes do Poder Executivo Federal não poderá exceder à metade mais um do total dos membros do Conselho Nacional de Recursos Hídricos.

**Art. 35.** Compete ao Conselho Nacional de Recursos Hídricos:
**I** - promover a articulação do planejamento de recursos hídricos com os planejamentos nacional, regional, estaduais e dos setores usuários;
**II** - arbitrar, em última instância administrativa, os conflitos existentes entre Conselhos Estaduais de Recursos Hídricos;
**III** - deliberar sobre os projetos de aproveitamento de recursos hídricos cujas repercussões extrapolem o âmbito dos Estados em que serão implantados;
**IV** - deliberar sobre as questões que lhe tenham sido encaminhadas pelos Conselhos Estaduais de Recursos Hídricos ou pelos Comitês de Bacia Hidrográfica;
**V** - analisar propostas de alteração da legislação pertinente a recursos hídricos e à Política Nacional de Recursos Hídricos;
**VI** - estabelecer diretrizes complementares para implementação da Política Nacional de Recursos Hídricos, aplicação de seus instrumentos e atuação do Sistema Nacional de Gerenciamento de Recursos Hídricos;
**VII** - aprovar propostas de instituição dos Comitês de Bacia Hidrográfica e estabelecer critérios gerais para a elaboração de seus regimentos;
**VIII** - (VETADO)
**IX** - acompanhar a execução e aprovar o Plano Nacional de Recursos Hídricos e determinar as providências necessárias ao cumprimento de suas metas;
**X** - estabelecer critérios gerais para a outorga de direitos de uso de recursos hídricos e para a cobrança por seu uso.
**XI** - zelar pela implementação da Política Nacional de Segurança de Barragens (PNSB);
**XII** - estabelecer diretrizes para implementação da PNSB, aplicação de seus instrumentos e atuação do Sistema Nacional de Informações sobre Segurança de Barragens (SNISB);
**XIII** - apreciar o Relatório de Segurança de Barragens, fazendo, se necessário, recomendações para melhoria da segurança das obras, bem como encaminhá-lo ao Congresso Nacional.

**Art. 36.** O Conselho Nacional de Recursos Hídricos será gerido por:
**I** - 1 (um) Presidente, que será o Ministro de Estado da Integração e do Desenvolvimento Regional; *(Redação dada pela Lei 14.600/2023)*
**II** - 1 (um) Secretário-Executivo, que será o titular do órgão integrante da estrutura do Ministério da Integração e do Desenvolvimento Regional responsável pela gestão dos recursos hídricos. *(Redação dada pela Lei 14.600/2023)*

## CAPÍTULO III
## DOS COMITÊS DE BACIA HIDROGRÁFICA

**Art. 37.** Os Comitês de Bacia Hidrográfica terão como área de atuação:
**I** - a totalidade de uma bacia hidrográfica;
**II** - sub-bacia hidrográfica de tributário do curso de água principal da bacia, ou de tributário desse tributário; ou
**III** - grupo de bacias ou sub-bacias hidrográficas contíguas.
**Parágrafo único.** A instituição de Comitês de Bacia Hidrográfica em rios de domínio da União será efetivada por ato do Presidente da República.

**Art. 38.** Compete aos Comitês de Bacia Hidrográfica, no âmbito de sua área de atuação:
**I** - promover o debate das questões relacionadas a recursos hídricos e articular a atuação das entidades intervenientes;
**II** - arbitrar, em primeira instância administrativa, os conflitos relacionados aos recursos hídricos;
**III** - aprovar o Plano de Recursos Hídricos da bacia;
**IV** - acompanhar a execução do Plano de Recursos Hídricos da bacia e sugerir as providências necessárias ao cumprimento de suas metas;
**V** - propor ao Conselho Nacional e aos Conselhos Estaduais de Recursos Hídricos as acumulações, derivações, captações e lançamentos de pouca expressão, para efeito de isenção da obrigatoriedade de outorga de direitos de uso de recursos hídricos, de acordo com os domínios destes;
**VI** - estabelecer os mecanismos de cobrança pelo uso de recursos hídricos e sugerir os valores a serem cobrados;
**VII** - (VETADO)
**VIII** - (VETADO)
**IX** - estabelecer critérios e promover o rateio de custo das obras de uso múltiplo, de interesse comum ou coletivo.
**Parágrafo único.** Das decisões dos Comitês de Bacia Hidrográfica caberá recurso ao Conselho Nacional ou aos Conselhos Estaduais de Recursos Hídricos, de acordo com sua esfera de competência.

**Art. 39.** Os Comitês de Bacia Hidrográfica são compostos por representantes:
**I** - da União;
**II** - dos Estados e do Distrito Federal cujos territórios se situem, ainda que parcialmente, em suas respectivas áreas de atuação;
**III** - dos Municípios situados, no todo ou em parte, em sua área de atuação;
**IV** - dos usuários das águas de sua área de atuação;

**V** - das entidades civis de recursos hídricos com atuação comprovada na bacia.

**§ 1º** O número de representantes de cada setor mencionado neste artigo, bem como os critérios para sua indicação, serão estabelecidos nos regimentos dos comitês, limitada a representação dos poderes executivos da União, Estados, Distrito Federal e Municípios à metade do total de membros.

**§ 2º** Nos Comitês de Bacia Hidrográfica de bacias de rios fronteiriços e transfronteiriços de gestão compartilhada, a representação da União deverá incluir um representante do Ministério das Relações Exteriores.

**§ 3º** Nos Comitês de Bacia Hidrográfica de bacias cujos territórios abranjam terras indígenas devem ser incluídos representantes:

**I** - da Fundação Nacional do Índio - FUNAI, como parte da representação da União;

**II** - das comunidades indígenas ali residentes ou com interesses na bacia.

**§ 4º** A participação da União nos Comitês de Bacia Hidrográfica com área de atuação restrita a bacias de rios sob domínio estadual, dar-se-á na forma estabelecida nos respectivos regimentos.

**Art. 40.** Os Comitês de Bacia Hidrográfica serão dirigidos por um Presidente e um Secretário, eleitos dentre seus membros.

## CAPÍTULO IV
## DAS AGÊNCIAS DE ÁGUA

**Art. 41.** As Agências de Água exercerão a função de secretaria executiva do respectivo ou respectivos Comitês de Bacia Hidrográfica.

**Art. 42.** As Agências de Água terão a mesma área de atuação de um ou mais Comitês de Bacia Hidrográfica.

**Parágrafo único.** A criação das Agências de Água será autorizada pelo Conselho Nacional de Recursos Hídricos ou pelos Conselhos Estaduais de Recursos Hídricos mediante solicitação de um ou mais Comitês de Bacia Hidrográfica.

**Art. 43.** A criação de uma Agência de Água é condicionada ao atendimento dos seguintes requisitos:

**I** - prévia existência do respectivo ou respectivos Comitês de Bacia Hidrográfica;

**II** - viabilidade financeira assegurada pela cobrança do uso dos recursos hídricos em sua área de atuação.

**Art. 44.** Compete às Agências de Água no âmbito de sua área de atuação:

**I** - manter balanço atualizado da disponibilidade de recursos hídricos em sua área de atuação;

**II** - manter o cadastro de usuários de recursos hídricos;

**III** - efetuar, mediante delegação do outorgante, a cobrança pelo uso de recursos hídricos;

**IV** - analisar e emitir pareceres sobre os projetos e obras a serem financiados com recursos gerados pela cobrança pelo uso de Recursos Hídricos e encaminhá-los à instituição financeira responsável pela administração desses recursos;

**V** - acompanhar a administração financeira dos recursos arrecadados com a cobrança pelo uso de recursos hídricos em sua área de atuação;

**VI** - gerir o Sistema de Informações sobre Recursos Hídricos em sua área de atuação;

**VII** - celebrar convênios e contratar financiamentos e serviços para a execução de suas competências;

**VIII** - elaborar a sua proposta orçamentária e submetê-la à apreciação do respectivo ou respectivos Comitês de Bacia Hidrográfica;

**IX** - promover os estudos necessários para a gestão dos recursos hídricos em sua área de atuação;

**X** - elaborar o Plano de Recursos Hídricos para apreciação do respectivo Comitê de Bacia Hidrográfica;

**XI** - propor ao respectivo ou respectivos Comitês de Bacia Hidrográfica:

a) o enquadramento dos corpos de água nas classes de uso, para encaminhamento ao respectivo Conselho Nacional ou Conselhos Estaduais de Recursos Hídricos, de acordo com o domínio destes;

b) os valores a serem cobrados pelo uso de recursos hídricos;

c) o plano de aplicação dos recursos arrecadados com a cobrança pelo uso de recursos hídricos;

d) o rateio de custo das obras de uso múltiplo, de interesse comum ou coletivo.

## CAPÍTULO V
## DA SECRETARIA EXECUTIVA DO CONSELHO NACIONAL DE RECURSOS HÍDRICOS

**Art. 45.** A Secretaria-Executiva do Conselho Nacional de Recursos Hídricos será exercida pelo órgão integrante da estrutura do Ministério da Integração e do Desenvolvimento Regional responsável pela gestão dos recursos hídricos. *(Redação dada pela Lei 14.600/2023)*

**Art. 46.** Compete à Secretaria Executiva do Conselho Nacional de Recursos Hídricos:

**I** - prestar apoio administrativo, técnico e financeiro ao Conselho Nacional de Recursos Hídricos;

**II** - (Revogado pela Lei 9.984/2000)

**III** - instruir os expedientes provenientes do Conselho Estaduais de Recursos Hídricos e dos Comitês de Bacia Hidrográfica;

**IV** - (Revogado pela Lei 9.984/2000)

**V** - elaborar seu programa de trabalho e respectiva proposta orçamentária anual e submetê-los à aprovação do Conselho Nacional de Recursos Hídricos.

## CAPÍTULO VI
## DAS ORGANIZAÇÕES CIVIS DE RECURSOS HÍDRICOS

**Art. 47.** São consideradas, para os efeitos desta Lei, organizações civis de recursos hídricos:

**I** - consórcios e associações intermunicipais de bacias hidrográficas;

**II** - associações regionais, locais ou setoriais de usuários de recursos hídricos;

**III** - organizações técnicas e de ensino e pesquisa com interesse na área de recursos hídricos;

**IV** - organizações não-governamentais com objetivos de defesa de interesses difusos e coletivos da sociedade;

**V** - outras organizações reconhecidas pelo Conselho Nacional ou pelos Conselhos Estaduais de Recursos Hídricos.

**Art. 48.** Para integrar o Sistema Nacional de Recursos Hídricos, as organizações civis de recursos hídricos devem ser legalmente constituídas.

## TÍTULO III
## DAS INFRAÇÕES E PENALIDADES

**Art. 49.** Constitui infração das normas de utilização de recursos hídricos superficiais ou subterrâneos:

**I** - derivar ou utilizar recursos hídricos para qualquer finalidade, sem a respectiva outorga de direito de uso;

**II** - iniciar a implantação ou implantar empreendimento relacionado com a derivação ou a utilização de recursos hídricos, superficiais ou subterrâneos, que implique alterações no regime, quantidade ou qualidade dos mesmos, sem autorização dos órgãos ou entidades competentes;

**III** - (VETADO)

**IV** - utilizar-se dos recursos hídricos ou executar obras ou serviços relacionados com os mesmos em desacordo com as condições estabelecidas na outorga;

**V** - perfurar poços para extração de água subterrânea ou operá-los sem a devida autorização;

**VI** - fraudar as medições dos volumes de água utilizados ou declarar valores diferentes dos medidos;

**VII** - infringir normas estabelecidas no regulamento desta Lei e nos regulamentos administrativos, compreendendo instruções e procedimentos fixados pelos órgãos ou entidades competentes;

**VIII** - obstar ou dificultar a ação fiscalizadora das autoridades competentes no exercício de suas funções.

**Art. 50.** Por infração de qualquer disposição legal ou regulamentar referente à execução de obras e serviços hidráulicos, derivação ou utilização de recursos hídricos, ou pelo não atendimento das solicitações feitas, o infrator, a critério da autoridade competente, ficará sujeito às seguintes penalidades, independentemente de sua ordem de enumeração: *(Redação dada pela Lei 14.066/2020)*

**I** - advertência por escrito, na qual serão estabelecidos prazos para correção das irregularidades;

**II** - multa, simples ou diária, proporcional à gravidade da infração, de R$ 100,00 (cem reais) a R$ 50.000.000,00 (cinquenta milhões de reais); *(Redação dada pela Lei 14.066/2020)*

**III** - embargo provisório, por prazo determinado, para execução de serviços e obras necessárias ao efetivo cumprimento das condições de outorga ou para o cumprimento de normas referentes ao uso, controle, conservação e proteção dos recursos hídricos;

**IV** - embargo definitivo, com revogação da outorga, se for o caso, para repor incontinenti, no seu antigo estado, os recursos hídricos, leitos e margens, nos termos dos arts. 58 e 59 do Código de Águas ou tamponar os poços de extração de água subterrânea.

**§ 1º** Sempre que da infração cometida resultar prejuízo a serviço público de abastecimento de água, riscos à saúde ou à vida, perecimento de bens ou animais, ou prejuízos de qualquer natureza a terceiros, a multa a ser aplicada nunca será inferior à metade do valor máximo cominado em abstrato.

**§ 2º** No caso dos incisos III e IV, independentemente da pena de multa, serão cobradas do infrator as despesas em que incorrer a Administração para tornar efetivas as medidas previstas nos citados incisos, na forma dos arts. 36, 53, 56 e 58 do Código de Águas, sem prejuízo de responder pela indenização dos danos a que der causa.

**§ 3º** Da aplicação das sanções previstas neste título caberá recurso à autoridade administrativa competente, nos termos do regulamento.

**§ 4º** Em caso de reincidência, a multa será aplicada em dobro.

## TÍTULO IV
## DAS DISPOSIÇÕES GERAIS E TRANSITÓRIAS

**Art. 51.** O Conselho Nacional de Recursos Hídricos e os Conselhos Estaduais de Recursos Hídricos poderão delegar a organizações sem fins lucrativos relacionadas no art. 47 desta Lei, por prazo determinado, o exercício de funções de competência das Agências de Água, enquanto esses organismos não estiverem constituídos.

**Art. 52.** Enquanto não estiver aprovado e regulamentado o Plano Nacional de Recursos Hídricos, a utilização dos potenciais hidráulicos para fins de geração de energia elétrica continuará subordinada à disciplina da legislação setorial específica.

**Art. 53.** O Poder Executivo, no prazo de cento e vinte dias a partir da publicação desta Lei, encaminhará ao Congresso Nacional projeto de lei dispondo sobre a criação das Agências de Água.

(...)

**Art. 55.** O Poder Executivo Federal regulamentará esta Lei no prazo de cento e oitenta dias, contados da data de sua publicação.

**Art. 56.** Esta Lei entra em vigor na data de sua publicação.

**Art. 57.** Revogam-se as disposições em contrário.

Brasília, 8 de janeiro de 1997;
176º da Independência e 109º da República.
Fernando Henrique Cardoso
Gustavo Krause

## RESOLUÇÃO CONAMA Nº 237, DE 19 DE DEZEMBRO DE 1997

*Dispõe sobre a revisão e complementação dos procedimentos e critérios utilizados para o licenciamento ambiental*

• DOU de 22.12.1997; ret. DOU de 13.10.2003.

O CONSELHO NACIONAL DO MEIO AMBIENTE - CONAMA, no uso das atribuições e competências que lhe são conferidas pela Lei nº 6.938, de 31 de agosto de 1981, regulamentadas pelo Decreto nº 99.274, de 6 de junho de 1990, e tendo em vista o disposto em seu Regimento Interno, e

Considerando a necessidade de revisão dos procedimentos e critérios utilizados no licenciamento ambiental, de forma a efetivar a utilização do sistema de licenciamento como instrumento de gestão ambiental, instituído pela Política Nacional do Meio Ambiente;

Considerando a necessidade de se incorporar ao sistema de licenciamento ambiental os instrumentos de gestão ambiental, visando o desenvolvimento sustentável e a melhoria contínua;

Considerando as diretrizes estabelecidas na Resolução CONAMA nº 11/94, que determina a necessidade de revisão no sistema de licenciamento ambiental;

Considerando a necessidade de regulamentação de aspectos do licenciamento ambiental estabelecidos na Política Nacional de Meio Ambiente que ainda não foram definidos;

Considerando a necessidade de ser estabelecido critério para exercício da competência para o licenciamento a que se refere o artigo 10 da Lei nº 6.938, de 31 de agosto de 1981;

Considerando a necessidade de se integrar a atuação dos órgãos competentes do Sistema Nacional de Meio Ambiente - SISNAMA na execução da Política Nacional do Meio Ambiente, em conformidade com as respectivas competências, resolve:

**Art. 1º.** Para efeito desta Resolução são adotadas as seguintes definições:

**I** – Licenciamento Ambiental: procedimento administrativo pelo qual o órgão ambiental competente licencia a localização, instalação, ampliação e a operação de empreendimentos e atividades utilizadoras de recursos ambientais, consideradas efetiva ou potencialmente poluidoras ou daquelas que, sob qualquer forma, possam causar degradação ambiental, considerando as disposições legais e regulamentares e as normas técnicas aplicáveis ao caso.

**II** – Licença Ambiental: ato administrativo pelo qual o órgão ambiental competente, estabelece as condições, restrições e medidas de controle ambiental que deverão ser obedecidas pelo empreendedor, pessoa física ou jurídica, para localizar, instalar, ampliar e operar empreendimentos ou atividades utilizadoras dos recursos ambientais consideradas efetiva ou potencialmente poluidoras ou aquelas que, sob qualquer forma, possam causar degradação ambiental.

**III** – Estudos Ambientais: são todos e quaisquer estudos relativos aos aspectos ambientais relacionados à localização, instalação, operação e ampliação de uma atividade ou empreendimento, apresentado como subsídio para a análise da licença requerida, tais como: relatório ambiental, plano e projeto de controle ambiental, relatório ambiental preliminar, diagnóstico ambiental, plano de manejo, plano de recuperação de área degradada e análise preliminar de risco.

**IV** – Impacto Ambiental Regional: é todo e qualquer impacto ambiental que afete diretamente (área de influência direta do projeto), no todo ou em parte, o território de dois ou mais Estados.

**Art. 2º.** A localização, construção, instalação, ampliação, modificação e operação de empreendimentos e atividades utilizadoras de recursos ambientais consideradas efetiva ou potencialmente poluidoras, bem como os empreendimentos capazes, sob qualquer forma, de causar degradação ambiental, dependerão de prévio licenciamento do órgão ambiental competente, sem prejuízo de outras licenças legalmente exigíveis.

**§ 1º.** Estão sujeitos ao licenciamento ambiental os empreendimentos e as atividades relacionadas no anexo 1, parte integrante desta Resolução.

**§ 2º.** Caberá ao órgão ambiental competente definir os critérios de exigibilidade, o detalhamento e a complementação do anexo 1, levando em consideração as especificidades, os riscos ambientais, o porte e outras características do empreendimento ou atividade.

**Art. 3º.** A licença ambiental para empreendimentos e atividades consideradas efetiva ou potencialmente causadoras de significativa degradação do meio dependerá de prévio estudo de impacto ambiental e respectivo relatório de impacto sobre o meio ambiente (EIA/RIMA), ao qual dar-se-á publicidade, garantida a realização de audiências públicas, quando couber, de acordo com a regulamentação.

**Parágrafo único.** O órgão ambiental competente, verificando que a atividade ou empreendimento não é potencialmente causador de significativa degradação do meio ambiente, definirá os estudos ambientais pertinentes ao respectivo processo de licenciamento.

**Art. 4º.** Compete ao Instituto Brasileiro do Meio Ambiente e dos Recursos Naturais Renováveis - IBAMA, órgão executor do SISNAMA, o licenciamento ambiental a que se refere o artigo 10 da Lei nº 6.938, de 31 de agosto de 1981, de empreendimentos e atividades com significativo impacto ambiental de âmbito nacional ou regional, a saber:

**I** - localizadas ou desenvolvidas conjuntamente no Brasil e em país limítrofe; no mar territorial; na plataforma continental; na zona econômica exclusiva; em terras indígenas ou em unidades de conservação do domínio da União.

**II** - localizadas ou desenvolvidas em dois ou mais Estados;

**III** - cujos impactos ambientais diretos ultrapassem os limites territoriais do País ou de um ou mais Estados;

**IV** - destinados a pesquisar, lavrar, produzir, beneficiar, transportar, armazenar e dispor material radioativo, em qualquer estágio, ou que utilizem energia nuclear em qualquer de suas formas e aplicações, mediante parecer da Comissão Nacional de Energia Nuclear - CNEN;

**V** - bases ou empreendimentos militares, quando couber, observada a legislação específica.

**§ 1º.** O IBAMA fará o licenciamento de que trata este artigo após considerar o exame técnico procedido pelos órgãos ambientais dos Estados e Municípios em que se localizar a atividade ou empreendimento, bem como, quando couber, o parecer dos demais órgãos competentes da União, dos Estados, do Distrito Federal e dos Municípios, envolvidos no procedimento de licenciamento.

**§ 2º.** O IBAMA, ressalvada sua competência supletiva, poderá delegar aos Estados o licenciamento de atividade com significativo impacto ambiental de âmbito regional, uniformizando, quando possível, as exigências.

**Art. 5º.** Compete ao órgão ambiental estadual ou do Distrito Federal o licenciamento ambiental dos empreendimentos e atividades:

**I** - localizados ou desenvolvidos em mais de um Município ou em unidades de conservação de domínio estadual ou do Distrito Federal;

**II** - localizados ou desenvolvidos nas florestas e demais formas de vegetação natural de preservação permanente relacionadas no artigo 2º da Lei nº 4.771, de 15 de setembro de 1965, e em todas as que assim forem consideradas por normas federais, estaduais ou municipais;

**III** - cujos impactos ambientais diretos ultrapassem os limites territoriais de um ou mais Municípios;

**IV** - delegados pela União aos Estados ou ao Distrito Federal, por instrumento legal ou convênio.

**Parágrafo único.** O órgão ambiental estadual ou do Distrito Federal fará o licenciamento de que trata este artigo após considerar o exame técnico procedido pelos órgãos ambientais dos Municípios em que se localizar a atividade ou empreendimento, bem como, quando couber, o parecer dos demais órgãos competentes da União, dos Estados, do Distrito Federal e dos Municípios, envolvidos no procedimento de licenciamento.

**Art. 6º.** Compete ao órgão ambiental municipal, ouvidos os órgãos competentes da União, dos Estados e do Distrito Federal, quando couber, o licenciamento ambiental de empreendimentos e atividades de impacto ambiental local e daquelas que lhe forem delegadas pelo Estado por instrumento legal ou convênio.

**Art. 7º.** Os empreendimentos e atividades serão licenciados em um único nível de competência, conforme estabelecido nos artigos anteriores.

**Art. 8º.** O Poder Público, no exercício de sua competência de controle, expedirá as seguintes licenças:

**I** - Licença Prévia (LP) - concedida na fase preliminar do planejamento do empreendimento ou atividade aprovando sua localização e concepção, atestando a viabilidade ambiental e estabelecendo os requisitos básicos e condicionantes a serem atendidos nas próximas fases de sua implementação;

**II** - Licença de Instalação (LI) - autoriza a instalação do empreendimento ou atividade de acordo com as especificações constantes dos planos, programas e projetos aprovados, incluindo as medidas de controle ambiental e demais condicionantes, da qual constituem motivo determinante;

**III** - Licença de Operação (LO) - autoriza a operação da atividade ou empreendimento, após a verificação do efetivo cumprimento do que consta das licenças anteriores, com as medidas de controle ambiental e condicionantes determinados para a operação.

**Parágrafo único.** As licenças ambientais poderão ser expedidas isolada ou sucessivamente, de acordo com a natureza, características e fase do empreendimento ou atividade.

**Art. 9º.** O CONAMA definirá, quando necessário, licenças ambientais específicas, observadas a natureza, características e peculiaridades da atividade ou empreendimento e, ainda, a compatibilização do processo de licenciamento com as etapas de planejamento, implantação e operação.

**Art. 10.** O procedimento de licenciamento ambiental obedecerá às seguintes etapas:

**I** - Definição pelo órgão ambiental competente, com a participação do empreendedor, dos documentos, projetos e estudos ambientais, necessários ao início do processo de licenciamento correspondente à licença a ser requerida;

**II** - Requerimento da licença ambiental pelo empreendedor, acompanhado dos documentos, projetos e estudos ambientais pertinentes, dando-se a devida publicidade;

**III** - Análise pelo órgão ambiental competente, integrante do SISNAMA, dos documentos, projetos e estudos ambientais apresentados e a realização de vistorias técnicas, quando necessárias;

**IV** – Solicitação de esclarecimentos e complementações pelo órgão ambiental competente integrante do SISNAMA, uma única vez, em decorrência da análise dos documentos, projetos e estudos ambientais apresentados, quando couber, podendo haver a reiteração da mesma solicitação caso os esclarecimentos e complementações não tenham sido satisfatórios;

**V** – Audiência pública, quando couber, de acordo com a regulamentação pertinente;

**VI** – Solicitação de esclarecimentos e complementações pelo órgão ambiental competente, decorrentes de audiências públicas, quando couber, podendo haver reiteração da solicitação quando os esclarecimentos e complementações não tenham sido satisfatórios;

**VII** – Emissão de parecer técnico conclusivo e, quando couber, parecer jurídico;

**VIII** – Deferimento ou indeferimento do pedido de licença, dando-se a devida publicidade.

**§ 1º.** No procedimento de licenciamento ambiental deverá constar, obrigatoriamente, a certidão da Prefeitura Municipal, declarando que o local e o tipo de empreendimento ou atividade estão em conformidade com a legislação aplicável ao uso e ocupação do solo e, quando for o caso, a autorização para supressão de vegetação e a outorga para o uso da água, emitidas pelos órgãos competentes.

**§ 2º.** No caso de empreendimentos e atividades sujeitos ao estudo de impacto ambiental - EIA, se verificada a necessidade de nova complementação em decorrência de esclarecimentos já prestados, conforme incisos IV e VI, o órgão ambiental competente, mediante decisão motivada e com a participação do empreendedor, poderá formular novo pedido de complementação.

**Art. 11.** Os estudos necessários ao processo de licenciamento deverão ser realizados por profissionais legalmente habilitados, às expensas do empreendedor.

**Parágrafo único.** O empreendedor e os profissionais que subscrevem os estudos previstos no *caput* deste artigo serão responsáveis pelas informações apresentadas, sujeitando-se às sanções administrativas, civis e penais.

**Art. 12.** O órgão ambiental competente definirá, se necessário, procedimentos específicos para as licenças ambientais, observadas a natureza, características e peculiaridades da atividade ou empreendimento e, ainda, a compatibilização do processo de licenciamento com as etapas de planejamento, implantação e operação.

**§ 1º.** Poderão ser estabelecidos procedimentos simplificados para as atividades e empreendimentos de pequeno potencial de impacto ambiental, que deverão ser aprovados pelos respectivos Conselhos de Meio Ambiente.

**§ 2º.** Poderá ser admitido um único processo de licenciamento ambiental para pequenos empreendimentos e atividades similares e vizinhos ou para aqueles integrantes de planos de desenvolvimento aprovados, previamente, pelo órgão governamental competente, desde que definida a responsabilidade legal pelo conjunto de empreendimentos ou atividades.

**§ 3º.** Deverão ser estabelecidos critérios para agilizar e simplificar os procedimentos de licenciamento ambiental das atividades e empreendimentos que implementem planos e programas voluntários de gestão ambiental, visando a melhoria contínua e o aprimoramento do desempenho ambiental.

**Art. 13.** O custo de análise para a obtenção da licença ambiental deverá ser estabelecido por dispositivo legal, visando o ressarcimento, pelo empreendedor, das despesas realizadas pelo órgão ambiental competente.

**Parágrafo único.** Facultar-se-á ao empreendedor acesso à planilha de custos realizados pelo órgão ambiental para a análise da licença.

**Art. 14.** O órgão ambiental competente poderá estabelecer prazos de análise diferenciados para cada modalidade de licença (LP, LI e LO), em função das peculiaridades da atividade ou empreendimento, bem como para a formulação de exigências complementares, desde que observado o prazo máximo de 6 (seis) meses a contar do ato de protocolar o requerimento até seu deferimento ou indeferimento, ressalvados os casos em que houver EIA/RIMA e/ou audiência pública, quando o prazo será de até 12 (doze) meses.

**§ 1º.** A contagem do prazo previsto no *caput* deste artigo será suspensa durante a elaboração dos estudos ambientais complementares ou preparação de esclarecimentos pelo empreendedor.

**§ 2º.** Os prazos estipulados no *caput* poderão ser alterados, desde que justificados e com a concordância do empreendedor e do órgão ambiental competente.

**Art. 15.** O empreendedor deverá atender à solicitação de esclarecimentos e complementações, formuladas pelo órgão ambiental competente, dentro do prazo máximo de 4 (quatro) meses, a contar do recebimento da respectiva notificação.

**Parágrafo único.** O prazo estipulado no *caput* poderá ser prorrogado, desde que justificado e com a concordância do empreendedor e do órgão ambiental competente.

**Art. 16.** O não cumprimento dos prazos estipulados nos artigos 14 e 15, respectivamente, sujeitará o licenciamento à ação do órgão que detenha competência para atuar supletivamente e o empreendedor ao arquivamento de seu pedido de licença.

**Art. 17.** O arquivamento do processo de licenciamento não impedirá a apresentação de novo requerimento de licença, que deverá obedecer aos procedimentos estabelecidos no artigo 10, mediante novo pagamento de custo de análise.

**Art. 18.** O órgão ambiental competente estabelecerá os prazos de validade de cada tipo de licença, especificando-os no respectivo documento, levando em consideração os seguintes aspectos:

**I** – O prazo de validade da Licença Prévia (LP) deverá ser, no mínimo, o estabelecido pelo cronograma de elaboração dos planos, programas e projetos relativos ao empreendimento ou atividade, não podendo ser superior a 5 (cinco) anos.

**II** – O prazo de validade da Licença de Instalação (LI) deverá ser, no mínimo, o estabelecido pelo cronograma de instalação do empreendimento ou atividade, não podendo ser superior a 6 (seis) anos.

**III** – O prazo de validade da Licença de Operação (LO) deverá considerar os planos de controle ambiental e será de, no mínimo, 4 (quatro) anos e, no máximo, 10 (dez) anos.

**§ 1º.** A Licença Prévia (LP) e a Licença de Instalação (LI) poderão ter os prazos de validade prorrogados, desde que não ultrapassem os prazos máximos estabelecidos nos incisos I e II.

**§ 2º.** O órgão ambiental competente poderá estabelecer prazos de validade específicos para a Licença de Operação (LO) de empreendimentos ou atividades que, por sua natureza e peculiaridades, estejam sujeitos a encerramento ou modificação em prazos inferiores.

**§ 3º.** Na renovação da Licença de Operação (LO) de uma atividade ou empreendimento, o órgão ambiental competente poderá, mediante decisão motivada, aumentar ou diminuir o seu prazo de validade, após avaliação do desempenho ambiental da atividade ou empreendimento no período de vigência anterior, respeitados os limites estabelecidos no inciso III.

**§ 4º.** A renovação da Licença de Operação (LO) de uma atividade ou empreendimento deverá ser requerida com antecedência mínima de 120 (cento e vinte) dias da expiração de seu prazo de validade, fixado na respectiva licença, ficando este automaticamente prorrogado até a manifestação definitiva do órgão ambiental competente.

**Art. 19.** O órgão ambiental competente, mediante decisão motivada, poderá modificar os condicionantes e as medidas de controle e adequação, suspender ou cancelar uma licença expedida, quando ocorrer:

**I** – violação ou inadequação de quaisquer condicionantes ou normas legais;

**II** – omissão ou falsa descrição de informações relevantes que subsidiaram a expedição da licença;

**III** – superveniência de graves riscos ambientais e de saúde.

**Art. 20.** Os entes federados, para exercerem suas competências licenciatórias, deverão ter implementados os Conselhos de Meio Ambiente, com caráter deliberativo e participação social e, ainda, possuir em seus quadros ou a sua disposição profissionais legalmente habilitados.

**Art. 21.** Esta Resolução entra em vigor na data de sua publicação, aplicando seus efeitos aos processos de licenciamento em tramitação nos órgãos ambientais competentes, revogadas as disposições em contrário, em especial os artigos 3º e 7º da Resolução CONAMA nº 1, de 23 de janeiro de 1986.

- Deixamos de publicar o Anexo I.

GUSTAVO KRAUSE GONÇALVES SOBRINHO

Presidente do Conselho

# LEI Nº 9.985, DE 18 DE JULHO DE 2000

*Regulamenta o art. 225, § 1º, incisos I, II, III e VII da Constituição Federal, institui o Sistema Nacional de Unidades de Conservação da Natureza e dá outras providências.*

- D.O.U. 19.7.2000
- Lei 12.651/2012 – Dispõe sobre a proteção da vegetação nativa. (Código Florestal)
- Lei 11.794/2008 – Regulamenta o inciso VII do § 1º do art. 225 da CF, estabelecendo procedimentos para o uso científico de animais.
- Lei 11.460/2007 – Dispõe sobre o plantio de organismos geneticamente modificados em unidades de conservação.
- Lei 11.428/2006 – Dispõe sobre a utilização e proteção da vegetação nativa do Bioma Mata Atlântica.
- Lei 11.284/2006 – Dispõe sobre a gestão de florestas públicas para a produção sustentável; institui, na estrutura do Ministério do Meio Ambiente, o Serviço Florestal Brasileiro – SFB; cria o Fundo Nacional de Desenvolvimento Florestal – FNDF.
- Lei 11.105/2005 – Regulamenta os incisos II, IV e V do § 1º do art. 225 da CF, estabelece normas de segurança e mecanismos de fiscalização de atividades que envolvam organismos geneticamente modificados – OGM e seus derivados, cria o Conselho Nacional de Biossegurança – CNBS, reestrutura a Comissão Técnica Nacional de Biossegurança – CTNBio, dispõe sobre a Política Nacional de Biossegurança – PNB.
- Decreto 4.340/2002 – Regulamenta artigos da Lei 9.985/2000, que dispõe sobre o Sistema Nacional de Unidades de Conservação da Natureza – SNUC.
- Resolução 371/2006 do Conama – Estabelece diretrizes aos órgãos ambientais para o cálculo, cobrança, aplicação, aprovação e controle de gastos de recursos advindos de compensação ambiental, conforme a Lei 9.985/2000, que institui o Sistema Nacional de Unidades de Conservação da Natureza – SNUC.

O VICE-PRESIDENTE DA REPÚBLICA, no exercício do cargo de PRESIDENTE DA REPÚBLICA

Faço saber que o Congresso Nacional decreta e eu sanciono a seguinte Lei:

## CAPÍTULO I. DAS DISPOSIÇÕES PRELIMINARES

**Art. 1º.** Esta Lei institui o Sistema Nacional de Unidades de Conservação da Natureza – SNUC, estabelece critérios e normas para a criação, implantação e gestão das unidades de conservação.

**Art. 2º.** Para os fins previstos nesta Lei, entende-se por:

**I** – unidade de conservação: espaço territorial e seus recursos ambientais, incluindo as águas jurisdicionais, com características naturais relevantes, legalmente instituído pelo Poder Público, com objetivos de conservação e limites definidos, sob regime especial de administração, ao qual se aplicam garantias adequadas de proteção;

**II** – conservação da natureza: o manejo do uso humano da natureza, compreendendo a preservação, a manutenção, a utilização sustentável, a restauração e a recuperação do ambiente natural, para que possa produzir o maior benefício, em bases sustentáveis, às atuais gerações, mantendo seu potencial de satisfazer as necessidades e aspirações das gerações futuras, e garantindo a sobrevivência dos seres vivos em geral;

**III** – diversidade biológica: a variabilidade de organismos vivos de todas as origens, compreendendo, dentre outros, os ecossistemas terrestres, marinhos e outros ecossistemas aquáticos e os complexos ecológicos de que fazem parte; compreendendo ainda a diversidade dentro de espécies, entre espécies e de ecossistemas;

**IV** – recurso ambiental: a atmosfera, as águas interiores, superficiais e subterrâneas, os estuários, o mar territorial, o solo, o subsolo, os elementos da biosfera, a fauna e a flora;

**V** – preservação: conjunto de métodos, procedimentos e políticas que visem a proteção a longo prazo das espécies, habitats e ecossistemas, além da manutenção dos processos ecológicos, prevenindo a simplificação dos sistemas naturais;

**VI** – proteção integral: manutenção dos ecossistemas livres de alterações causadas por interferência humana, admitido apenas o uso indireto dos seus atributos naturais;

**VII** – conservação *in situ*: conservação de ecossistemas e habitats naturais e a manutenção e recuperação de populações viáveis de espécies em seus meios naturais e, no caso de espécies domesticadas ou cultivadas, nos meios onde tenham desenvolvido suas propriedades características;

**VIII** – manejo: todo e qualquer procedimento que vise assegurar a conservação da diversidade biológica e dos ecossistemas;

**IX** – uso indireto: aquele que não envolve consumo, coleta, dano ou destruição dos recursos naturais;

**X** – uso direto: aquele que envolve coleta e uso, comercial ou não, dos recursos naturais;

**XI** – uso sustentável: exploração do ambiente de maneira a garantir a perenidade dos recursos ambientais renováveis e dos processos ecológicos, mantendo a biodiversidade e os demais atributos ecológicos, de forma socialmente justa e economicamente viável;

**XII** – extrativismo: sistema de exploração baseado na coleta e extração, de modo sustentável, de recursos naturais renováveis;

**XIII** – recuperação: restituição de um ecossistema ou de uma população silvestre degradada a uma condição não degradada, que pode ser diferente de sua condição original;

**XIV** – restauração: restituição de um ecossistema ou de uma população silvestre degradada o mais próximo possível da sua condição original;

**XV** – *(VETADO)*;

**XVI** – zoneamento: definição de setores ou zonas em uma unidade de conservação com objetivos de manejo e normas específicos, com o propósito de proporcionar os meios e as condições para que todos os objetivos da unidade possam ser alcançados de forma harmônica e eficaz;

**XVII** – plano de manejo: documento técnico mediante o qual, com fundamento nos objetivos gerais de uma unidade de conservação, se estabelece o seu zoneamento e as normas que devem presidir o uso da área e o manejo dos recursos naturais, inclusive a implantação das estruturas físicas necessárias à gestão da unidade;

**XVIII** – zona de amortecimento: o entorno de uma unidade de conservação, onde as atividades humanas estão sujeitas a normas e restrições específicas, com o propósito de minimizar os impactos negativos sobre a unidade; e

**XIX** – corredores ecológicos: porções de ecossistemas naturais ou seminaturais, ligando unidades de conservação, que possibilitam entre elas o fluxo de genes e o movimento da biota, facilitando a dispersão de espécies e a recolonização de áreas degradadas, bem como a manutenção de populações que demandam para sua sobrevivência áreas com extensão maior do que aquela das unidades individuais.

## CAPÍTULO II. DO SISTEMA NACIONAL DE UNIDADES DE CONSERVAÇÃO DA NATUREZA – SNUC

**Art. 3º.** O Sistema Nacional de Unidades de Conservação da Natureza – SNUC é constituído pelo conjunto das unidades de conservação federais, estaduais e municipais, de acordo com o disposto nesta Lei.

**Art. 4º.** O SNUC tem os seguintes objetivos:

**I** – contribuir para a manutenção da diversidade biológica e dos recursos genéticos no território nacional e nas águas jurisdicionais;

**II** – proteger as espécies ameaçadas de extinção no âmbito regional e nacional;

**III** – contribuir para a preservação e a restauração da diversidade de ecossistemas naturais;

**IV** – promover o desenvolvimento sustentável a partir dos recursos naturais;

**V** – promover a utilização dos princípios e práticas de conservação da natureza no processo de desenvolvimento;

**VI** – proteger paisagens naturais e pouco alteradas de notável beleza cênica;

**VII** – proteger as características relevantes de natureza geológica, geomorfológica, espeleológica, arqueológica, paleontológica e cultural;

**VIII** – proteger e recuperar recursos hídricos e edáficos;

**IX** – recuperar ou restaurar ecossistemas degradados;

**X** – proporcionar meios e incentivos para atividades de pesquisa científica, estudos e monitoramento ambiental;

**XI** – valorizar econômica e socialmente a diversidade biológica;

**XII** – favorecer condições e promover a educação e interpretação ambiental, a recreação em contato com a natureza e o turismo ecológico;

**XIII** – proteger os recursos naturais necessários à subsistência de populações tradicionais, respeitando e valorizando seu conhecimento e sua cultura e promovendo-as social e economicamente.

**Art. 5º.** O SNUC será regido por diretrizes que:

**I** – assegurem que no conjunto das unidades de conservação estejam representadas amostras significativas e ecologicamente viáveis das diferentes populações, habitats e ecossistemas do território nacional e das águas jurisdicionais, salvaguardando o patrimônio biológico existente;

**II** – assegurem os mecanismos e procedimentos necessários ao envolvimento da sociedade no estabelecimento e na revisão da política nacional de unidades de conservação;

**III** – assegurem a participação efetiva das populações locais na criação, implantação e gestão das unidades de conservação;

**IV** – busquem o apoio e a cooperação de organizações não governamentais, de organizações privadas e pessoas físicas para o desenvolvimento de estudos, pesquisas científicas, práticas de educação ambiental, atividades de lazer e de turismo ecológico, monitoramento, manutenção e outras atividades de gestão das unidades de conservação;

**V** – incentivem as populações locais e as organizações privadas a estabelecerem e administrarem unidades de conservação dentro do sistema nacional;

**VI** – assegurem, nos casos possíveis, a sustentabilidade econômica das unidades de conservação;

**VII** – permitam o uso das unidades de conservação para a conservação *in situ* de populações das variantes genéticas selvagens dos animais e plantas domesticados e recursos genéticos silvestres;

**VIII** – assegurem que o processo de criação e a gestão das unidades de conservação sejam feitos de forma integrada com as políticas de administração das terras e águas circundantes, considerando as condições e necessidades sociais e econômicas locais;

**IX** – considerem as condições e necessidades das populações locais no desenvolvimento e adaptação de métodos e técnicas de uso sustentável dos recursos naturais;

**X** – garantam às populações tradicionais cuja subsistência dependa da utilização de recursos naturais existentes no interior das unidades de conservação meios de subsistência alternativos ou a justa indenização pelos recursos perdidos;

**XI** – garantam uma alocação adequada dos recursos financeiros necessários para que, uma vez criadas, as unidades de conservação possam ser geridas de forma eficaz e atender aos seus objetivos;

**XII** – busquem conferir às unidades de conservação, nos casos possíveis e respeitadas as conveniências da administração, autonomia administrativa e financeira; e

**XIII** – busquem proteger grandes áreas por meio de um conjunto integrado de unidades de conservação de diferentes categorias, próximas ou contíguas, e suas respectivas zonas de amortecimento e corredores ecológicos, integrando as diferentes atividades de preservação da natureza, uso sustentável dos recursos naturais e restauração e recuperação dos ecossistemas.

**Art. 6º.** O SNUC será gerido pelos seguintes órgãos, com as respectivas atribuições:

**I** – órgão consultivo e deliberativo: o Conselho Nacional do Meio Ambiente – Conama, com as atribuições de acompanhar a implementação do Sistema;

**II** – órgão central: o Ministério do Meio Ambiente, com a finalidade de coordenar o Sistema; e

**III** – órgãos executores: o Instituto Chico Mendes e o Ibama, em caráter supletivo, os órgãos estaduais e municipais, com a função de implementar o SNUC, subsidiar as propostas de criação e administrar as unidades de conservação federais, estaduais e municipais, nas respectivas esferas de atuação.

**Parágrafo único.** Podem integrar o SNUC, excepcionalmente e a critério do Conama, unidades de conservação estaduais e municipais que, concebidas para atender a peculiaridades regionais ou locais, possuam objetivos de manejo que não possam ser satisfatoriamente atendidos por nenhuma categoria prevista nesta Lei e cujas características permitam, em relação a estas, uma clara distinção.

## CAPÍTULO III. DAS CATEGORIAS DE UNIDADES DE CONSERVAÇÃO

**Art. 7º.** As unidades de conservação integrantes do SNUC dividem-se em 2 (dois) grupos, com características específicas:

**I** – Unidades de Proteção Integral;

› Lei 9.985/2000, art. 8º.

**II** – Unidades de Uso Sustentável.

› Lei 9.985/2000, art. 14.

**§ 1º.** O objetivo básico das Unidades de Proteção Integral é preservar a natureza, sendo admitido apenas o uso indireto dos seus recursos naturais, com exceção dos casos previstos nesta Lei.

**§ 2º.** O objetivo básico das Unidades de Uso Sustentável é compatibilizar a conservação da natureza com o uso sustentável de parcela dos seus recursos naturais.

› Lei 9.605/1998, art. 40-A, § 1º.

**Art. 8º.** O grupo das Unidades de Proteção Integral é composto pelas seguintes categorias de unidade de conservação:

› Lei 9.985/2000, art. 7º, I.

**I** – Estação Ecológica;

**II** – Reserva Biológica;

**III** – Parque Nacional;

**IV** – Monumento Natural;

**V** – Refúgio de Vida Silvestre.

**Art. 9º.** A Estação Ecológica tem como objetivo a preservação da natureza e a realização de pesquisas científicas.

**§ 1º.** A Estação Ecológica é de posse e domínio públicos, sendo que as áreas particulares incluídas em seus limites serão desapropriadas, de acordo com o que dispõe a lei.

**§ 2º.** É proibida a visitação pública, exceto quando com objetivo educacional, de acordo com o que dispuser o Plano de Manejo da unidade ou regulamento específico.

**§ 3º.** A pesquisa científica depende de autorização prévia do órgão responsável pela administração da unidade e está sujeita às condições e restrições por este estabelecidas, bem como àquelas previstas em regulamento.

**§ 4º.** Na Estação Ecológica só podem ser permitidas alterações dos ecossistemas no caso de:

**I** – medidas que visem a restauração de ecossistemas modificados;

**II** – manejo de espécies com o fim de preservar a diversidade biológica;

**III** – coleta de componentes dos ecossistemas com finalidades científicas;

**IV** – pesquisas científicas cujo impacto sobre o ambiente seja maior do que aquele causado pela simples observação ou pela coleta controlada de componentes dos ecossistemas, em uma área correspondente a no máximo 3% (três por cento) da extensão total da unidade e até o limite de 1.500 (um mil e quinhentos) hectares.

**Art. 10.** A Reserva Biológica tem como objetivo a preservação integral da biota e demais atributos naturais existentes em seus limites, sem interferência humana direta ou modificações ambientais, excetuando-se as medidas de recuperação de seus ecossistemas alterados e as ações de manejo necessárias para recuperar e preservar o equilíbrio natural, a diversidade biológica e os processos ecológicos naturais.

**§ 1º.** A Reserva Biológica é de posse e domínio públicos, sendo que as áreas particulares incluídas em seus limites serão desapropriadas, de acordo com o que dispõe a lei.

**§ 2º.** É proibida a visitação pública, exceto aquela com objetivo educacional, de acordo com regulamento específico.

**§ 3º.** A pesquisa científica depende de autorização prévia do órgão responsável pela administração da unidade e está sujeita às condições e restrições por este estabelecidas, bem como àquelas previstas em regulamento.

**Art. 11.** O Parque Nacional tem como objetivo básico a preservação de ecossistemas naturais de grande relevância ecológica e beleza cênica, possibilitando a realização de pesquisas científicas e o desenvolvimento de atividades de educação e interpretação ambiental, de recreação em contato com a natureza e de turismo ecológico.

**§ 1º.** O Parque Nacional é de posse e domínio públicos, sendo que as áreas particulares incluídas em seus limites serão desapropriadas, de acordo com o que dispõe a lei.

**§ 2º.** A visitação pública está sujeita às normas e restrições estabelecidas no Plano de Manejo da unidade, às normas estabelecidas pelo órgão responsável por sua administração e àquelas previstas em regulamento.

**§ 3º.** A pesquisa científica depende de autorização prévia do órgão responsável pela administração da unidade e está sujeita às condições e restrições por este estabelecidas, bem como àquelas previstas em regulamento.

**§ 4º.** As unidades dessa categoria, quando criadas pelo Estado ou Município, serão denominadas, respectivamente, Parque Estadual e Parque Natural Municipal.

**Art. 12.** O Monumento Natural tem como objetivo básico preservar sítios naturais raros, singulares ou de grande beleza cênica.

**§ 1º.** O Monumento Natural pode ser constituído por áreas particulares, desde que seja possível compatibilizar os objetivos da unidade com a utilização da terra e dos recursos naturais do local pelos proprietários.

**§ 2º.** Havendo incompatibilidade entre os objetivos da área e as atividades privadas ou não havendo aquiescência do proprietário às condições propostas pelo órgão responsável pela administração da unidade para a coexistência do Monumento Natural com o uso da propriedade, a área deve ser desapropriada, de acordo com o que dispõe a lei.

**§ 3º.** A visitação pública está sujeita às condições e restrições estabelecidas no Plano de Manejo da unidade, às normas estabelecidas pelo órgão responsável por sua administração e àquelas previstas em regulamento.

**Art. 13.** O Refúgio de Vida Silvestre tem como objetivo proteger ambientes naturais onde se asseguram condições para a existência ou reprodução de espécies ou comunidades da flora local e da fauna residente ou migratória.

**§ 1º.** O Refúgio de Vida Silvestre pode ser constituído por áreas particulares, desde que seja possível compatibilizar os objetivos da unidade com a utilização da terra e dos recursos naturais do local pelos proprietários.

**§ 2º.** Havendo incompatibilidade entre os objetivos da área e as atividades privadas ou não havendo aquiescência do proprietário às condições propostas pelo órgão responsável pela administração da unidade para a coexistência do Refúgio de Vida Silvestre com o uso da propriedade, a área deve ser desapropriada, de acordo com o que dispõe a lei.

**§ 3º.** A visitação pública está sujeita às normas e restrições estabelecidas no Plano de Manejo da unidade, às normas estabelecidas pelo órgão responsável por sua administração e àquelas previstas em regulamento.

**§ 4º.** A pesquisa científica depende de autorização prévia do órgão responsável pela administração da unidade e está sujeita às condições e restrições por este estabelecidas, bem como àquelas previstas em regulamento.

**Art. 14.** Constituem o Grupo das Unidades de Uso Sustentável as seguintes categorias de unidade de conservação:

▸ Lei 9.985/2000, art. 7º, II.

**I** – Área de Proteção Ambiental;

**II** – Área de Relevante Interesse Ecológico;

**III** – Floresta Nacional;

**IV** – Reserva Extrativista;

**V** – Reserva de Fauna;

**VI** – Reserva de Desenvolvimento Sustentável; e

VII – Reserva Particular do Patrimônio Natural.

**Art. 15.** A Área de Proteção Ambiental é uma área em geral extensa, com um certo grau de ocupação humana, dotada de atributos abióticos, bióticos, estéticos ou culturais especialmente importantes para a qualidade de vida e o bem-estar das populações humanas, e tem como objetivos básicos proteger a diversidade biológica, disciplinar o processo de ocupação e assegurar a sustentabilidade do uso dos recursos naturais.

- Decreto 4.340/2002 – Regulamenta artigos da Lei 9.985/2000, que dispõe sobre o Sistema Nacional de Unidades de Conservação da Natureza – SNUC.
- Lei 9.605/1998, art. 40-A, § 1º.

**§ 1º.** A Área de Proteção Ambiental é constituída por terras públicas ou privadas.

**§ 2º.** Respeitados os limites constitucionais, podem ser estabelecidas normas e restrições para a utilização de uma propriedade privada localizada em uma Área de Proteção Ambiental.

**§ 3º.** As condições para a realização de pesquisa científica e visitação pública nas áreas sob domínio público serão estabelecidas pelo órgão gestor da unidade.

**§ 4º.** Nas áreas sob propriedade privada, cabe ao proprietário estabelecer as condições para pesquisa e visitação pelo público, observadas as exigências e restrições legais.

**§ 5º.** A Área de Proteção Ambiental disporá de um Conselho presidido pelo órgão responsável por sua administração e constituído por representantes dos órgãos públicos, de organizações da sociedade civil e da população residente, conforme se dispuser no regulamento desta Lei.

**Art. 16.** A Área de Relevante Interesse Ecológico é uma área em geral de pequena extensão, com pouca ou nenhuma ocupação humana, com características naturais extraordinárias ou que abriga exemplares raros da biota regional, e tem como objetivo manter os ecossistemas naturais de importância regional ou local e regular o uso admissível dessas áreas, de modo a compatibilizá-lo com os objetivos de conservação da natureza.

- Lei 9.605/1998, art. 40-A, § 1º.

**§ 1º.** A Área de Relevante Interesse Ecológico é constituída por terras públicas ou privadas.

**§ 2º.** Respeitados os limites constitucionais, podem ser estabelecidas normas e restrições para a utilização de uma propriedade privada localizada em uma Área de Relevante Interesse Ecológico.

**Art. 17.** A Floresta Nacional é uma área com cobertura florestal de espécies predominantemente nativas e tem como objetivo básico o uso múltiplo sustentável dos recursos florestais e a pesquisa científica, com ênfase em métodos para exploração sustentável de florestas nativas.

- Decreto 4.340/2002 – Regulamenta artigos da Lei 9.985/2000, que dispõe sobre o Sistema Nacional de Unidades de Conservação da Natureza – SNUC.
- Lei 11.284/2006 – Dispõe sobre a utilização e proteção da vegetação nativa do Bioma Mata Atlântica.
- Lei 9.605/1998, art. 40-A, § 1º.

**§ 1º.** A Floresta Nacional é de posse e domínio públicos, sendo que as áreas particulares incluídas em seus limites devem ser desapropriadas de acordo com o que dispõe a lei.

**§ 2º.** Nas Florestas Nacionais é admitida a permanência de populações tradicionais que a habitam quando de sua criação, em conformidade com o disposto em regulamento e no Plano de Manejo da unidade.

**§ 3º.** A visitação pública é permitida, condicionada às normas estabelecidas para o manejo da unidade pelo órgão responsável por sua administração.

**§ 4º.** A pesquisa é permitida e incentivada, sujeitando-se à prévia autorização do órgão responsável pela administração da unidade, às condições e restrições por este estabelecidas e àquelas previstas em regulamento.

**§ 5º.** A Floresta Nacional disporá de um Conselho Consultivo, presidido pelo órgão responsável por sua administração e constituído por representantes de órgãos públicos, de organizações da sociedade civil e, quando for o caso, das populações tradicionais residentes.

**§ 6º.** A unidade desta categoria, quando criada pelo Estado ou Município, será denominada, respectivamente, Floresta Estadual e Floresta Municipal.

**Art. 18.** A Reserva Extrativista é uma área utilizada por populações extrativistas tradicionais, cuja subsistência baseia-se no extrativismo e, complementarmente, na agricultura de subsistência e na criação de animais de pequeno porte, e tem como objetivos básicos proteger os meios de vida e a cultura dessas populações, e assegurar o uso sustentável dos recursos naturais da unidade.

- Decreto 4.340/2002 – Regulamenta artigos da Lei 9.985/2000, que dispõe sobre o Sistema Nacional de Unidades de Conservação da Natureza – SNUC.
- Lei 9.605/1998, art. 40-A, § 1º.

**§ 1º.** A Reserva Extrativista é de domínio público, com uso concedido às populações extrativistas tradicionais conforme o disposto no art. 23 desta Lei e em regulamentação específica, sendo que as áreas particulares incluídas em seus limites devem ser desapropriadas, de acordo com o que dispõe a lei.

- Lei 6.938/1981, art. 9º, VI.

**§ 2º.** A Reserva Extrativista será gerida por um Conselho Deliberativo, presidido pelo órgão responsável por sua administração e constituído por representantes de órgãos públicos, de organizações da sociedade civil e das populações tradicionais residentes na área, conforme se dispuser em regulamento e no ato de criação da unidade.

**§ 3º.** A visitação pública é permitida, desde que compatível com os interesses locais e de acordo com o disposto no Plano de Manejo da área.

**§ 4º.** A pesquisa científica é permitida e incentivada, sujeitando-se à prévia autorização do órgão responsável pela administração da unidade, às condições e restrições por este estabelecidas e às normas previstas em regulamento.

**§ 5º.** O Plano de Manejo da unidade será aprovado pelo seu Conselho Deliberativo.

**§ 6º**. São proibidas a exploração de recursos minerais e a caça amadorística ou profissional.

**§ 7º**. A exploração comercial de recursos madeireiros só será admitida em bases sustentáveis e em situações especiais e complementares às demais atividades desenvolvidas na Reserva Extrativista, conforme o disposto em regulamento e no Plano de Manejo da unidade.

**Art. 19.** A Reserva de Fauna é uma área natural com populações animais de espécies nativas, terrestres ou aquáticas, residentes ou migratórias, adequadas para estudos técnico-científicos sobre o manejo econômico sustentável de recursos faunísticos.

- Lei 9.605/1998, art. 40-A, § 1º.

**§ 1º**. A Reserva de Fauna é de posse e domínio públicos, sendo que as áreas particulares incluídas em seus limites devem ser desapropriadas de acordo com o que dispõe a lei.

**§ 2º**. A visitação pública pode ser permitida, desde que compatível com o manejo da unidade e de acordo com as normas estabelecidas pelo órgão responsável por sua administração.

**§ 3º**. É proibido o exercício da caça amadorística ou profissional.

**§ 4º**. A comercialização dos produtos e subprodutos resultantes das pesquisas obedecerá ao disposto nas leis sobre fauna e regulamentos.

**Art. 20.** A Reserva de Desenvolvimento Sustentável é uma área natural que abriga populações tradicionais, cuja existência baseia-se em sistemas sustentáveis de exploração dos recursos naturais, desenvolvidos ao longo de gerações e adaptados às condições ecológicas locais e que desempenham um papel fundamental na proteção da natureza e na manutenção da diversidade biológica.

- Decreto 4.340/2002 – Regulamenta artigos da Lei 9.985/2000, que dispõe sobre o Sistema Nacional de Unidades de Conservação da Natureza – SNUC.
- Lei 9.605/1998, art. 40-A, § 1º.

**§ 1º**. A Reserva de Desenvolvimento Sustentável tem como objetivo básico preservar a natureza e, ao mesmo tempo, assegurar as condições e os meios necessários para a reprodução e a melhoria dos modos e da qualidade de vida e exploração dos recursos naturais das populações tradicionais, bem como valorizar, conservar e aperfeiçoar o conhecimento e as técnicas de manejo do ambiente, desenvolvido por estas populações.

**§ 2º**. A Reserva de Desenvolvimento Sustentável é de domínio público, sendo que as áreas particulares incluídas em seus limites devem ser, quando necessário, desapropriadas, de acordo com o que dispõe a lei.

**§ 3º**. O uso das áreas ocupadas pelas populações tradicionais será regulado de acordo com o disposto no art. 23 desta Lei e em regulamentação específica.

**§ 4º**. A Reserva de Desenvolvimento Sustentável será gerida por um Conselho Deliberativo, presidido pelo órgão responsável por sua administração e constituído por representantes de órgãos públicos, de organizações da sociedade civil e das populações tradicionais residentes na área, conforme se dispuser em regulamento e no ato de criação da unidade.

**§ 5º**. As atividades desenvolvidas na Reserva de Desenvolvimento Sustentável obedecerão às seguintes condições:

**I** – é permitida e incentivada a visitação pública, desde que compatível com os interesses locais e de acordo com o disposto no Plano de Manejo da área;

**II** – é permitida e incentivada a pesquisa científica voltada à conservação da natureza, à melhor relação das populações residentes com seu meio e à educação ambiental, sujeitando-se à prévia autorização do órgão responsável pela administração da unidade, às condições e restrições por este estabelecidas e às normas previstas em regulamento;

**III** – deve ser sempre considerado o equilíbrio dinâmico entre o tamanho da população e a conservação; e

**IV** – é admitida a exploração de componentes dos ecossistemas naturais em regime de manejo sustentável e a substituição da cobertura vegetal por espécies cultiváveis, desde que sujeitas ao zoneamento, às limitações legais e ao Plano de Manejo da área.

**§ 6º**. O Plano de Manejo da Reserva de Desenvolvimento Sustentável definirá as zonas de proteção integral, de uso sustentável e de amortecimento e corredores ecológicos, e será aprovado pelo Conselho Deliberativo da unidade.

**Art. 21.** A Reserva Particular do Patrimônio Natural é uma área privada, gravada com perpetuidade, com o objetivo de conservar a diversidade biológica.

- Decreto 5.746/2006 – Regulamenta o art. 21 da Lei 9.985/2000.

**§ 1º**. O gravame de que trata este artigo constará de termo de compromisso assinado perante o órgão ambiental, que verificará a existência de interesse público, e será averbado à margem da inscrição no Registro Público de Imóveis.

**§ 2º**. Só poderá ser permitida, na Reserva Particular do Patrimônio Natural, conforme se dispuser em regulamento:

**I** – a pesquisa científica;

**II** – a visitação com objetivos turísticos, recreativos e educacionais;

**III** – (*VETADO*).

**§ 3º**. Os órgãos integrantes do SNUC, sempre que possível e oportuno, prestarão orientação técnica e científica ao proprietário de Reserva Particular do Patrimônio Natural para a elaboração de um Plano de Manejo ou de Proteção e de Gestão da unidade.

## CAPÍTULO IV. DA CRIAÇÃO, IMPLANTAÇÃO E GESTÃO DAS UNIDADES DE CONSERVAÇÃO

**Art. 22.** As unidades de conservação são criadas por ato do Poder Público.

- Decreto 4.340/2002 – Regulamenta artigos da Lei 9.985/2000, que dispõe sobre o Sistema Nacional de Unidades de Conservação da Natureza – SNUC.

**§ 1º.** (*VETADO*).

**§ 2º.** A criação de uma unidade de conservação deve ser precedida de estudos técnicos e de consulta pública que permitam identificar a localização, a dimensão e os limites mais adequados para a unidade, conforme se dispuser em regulamento.

**§ 3º.** No processo de consulta de que trata o § 2º, o Poder Público é obrigado a fornecer informações adequadas e inteligíveis à população local e a outras partes interessadas.

**§ 4º.** Na criação de Estação Ecológica ou Reserva Biológica não é obrigatória a consulta de que trata o § 2º deste artigo.

**§ 5º.** As unidades de conservação do grupo de Uso Sustentável podem ser transformadas total ou parcialmente em unidades do grupo de Proteção Integral, por instrumento normativo do mesmo nível hierárquico do que criou a unidade, desde que obedecidos os procedimentos de consulta estabelecidos no § 2º deste artigo.

**§ 6º.** A ampliação dos limites de uma unidade de conservação, sem modificação dos seus limites originais, exceto pelo acréscimo proposto, pode ser feita por instrumento normativo do mesmo nível hierárquico do que criou a unidade, desde que obedecidos os procedimentos de consulta estabelecidos no § 2º deste artigo.

**§ 7º.** A desafetação ou redução dos limites de uma unidade de conservação só pode ser feita mediante lei específica.

**Art. 22-A.** O Poder Público poderá, ressalvadas as atividades agropecuárias e outras atividades econômicas em andamento e obras públicas licenciadas, na forma da lei, decretar limitações administrativas provisórias ao exercício de atividades e empreendimentos efetiva ou potencialmente causadores de degradação ambiental, para a realização de estudos com vistas na criação de Unidade de Conservação, quando, a critério do órgão ambiental competente, houver risco de dano grave aos recursos naturais ali existentes.

**§ 1º.** Sem prejuízo da restrição e observada a ressalva constante do *caput*, na área submetida a limitações administrativas, não serão permitidas atividades que importem em exploração a corte raso da floresta e demais formas de vegetação nativa.

**§ 2º.** A destinação final da área submetida ao disposto neste artigo será definida no prazo de 7 (sete) meses, improrrogáveis, findo o qual fica extinta a limitação administrativa.

**Art. 23.** A posse e o uso das áreas ocupadas pelas populações tradicionais nas Reservas Extrativistas e Reservas de Desenvolvimento Sustentável serão regulados por contrato, conforme se dispuser no regulamento desta Lei.

**§ 1º.** As populações de que trata este artigo obrigam-se a participar da preservação, recuperação, defesa e manutenção da unidade de conservação.

**§ 2º.** O uso dos recursos naturais pelas populações de que trata este artigo obedecerá às seguintes normas:

**I** – proibição do uso de espécies localmente ameaçadas de extinção ou de práticas que danifiquem os seus habitats;

**II** – proibição de práticas ou atividades que impeçam a regeneração natural dos ecossistemas;

**III** – demais normas estabelecidas na legislação, no Plano de Manejo da unidade de conservação e no contrato de concessão de direito real de uso.

**Art. 24.** O subsolo e o espaço aéreo, sempre que influírem na estabilidade do ecossistema, integram os limites das unidades de conservação.

- Decreto 4.340/2002 – Regulamenta artigos da Lei 9.985/2000, que dispõe sobre o Sistema Nacional de Unidades de Conservação da Natureza – SNUC.

**Art. 25.** As unidades de conservação, exceto Área de Proteção Ambiental e Reserva Particular do Patrimônio Natural, devem possuir uma zona de amortecimento e, quando conveniente, corredores ecológicos.

- Decreto 4.340/2002 – Regulamenta artigos da Lei 9.985/2000, que dispõe sobre o Sistema Nacional de Unidades de Conservação da Natureza – SNUC.

**§ 1º.** O órgão responsável pela administração da unidade estabelecerá normas específicas regulamentando a ocupação e o uso dos recursos da zona de amortecimento e dos corredores ecológicos de uma unidade de conservação.

**§ 2º.** Os limites da zona de amortecimento e dos corredores ecológicos e as respectivas normas de que trata o § 1º poderão ser definidas no ato de criação da unidade ou posteriormente.

**Art. 26.** Quando existir um conjunto de unidades de conservação de categorias diferentes ou não, próximas, justapostas ou sobrepostas, e outras áreas protegidas públicas ou privadas, constituindo um mosaico, a gestão do conjunto deverá ser feita de forma integrada e participativa, considerando-se os seus distintos objetivos de conservação, de forma a compatibilizar a presença da biodiversidade, a valorização da sociodiversidade e o desenvolvimento sustentável no contexto regional.

- Decreto 4.340/2002 – Regulamenta artigos da Lei 9.985/2000, que dispõe sobre o Sistema Nacional de Unidades de Conservação da Natureza – SNUC.

**Parágrafo único.** O regulamento desta Lei disporá sobre a forma de gestão integrada do conjunto das unidades.

**Art. 27.** As unidades de conservação devem dispor de um Plano de Manejo.

- Decreto 4.340/2002 – Regulamenta artigos da Lei 9.985/2000, que dispõe sobre o Sistema Nacional de Unidades de Conservação da Natureza – SNUC.

**§ 1º.** O Plano de Manejo deve abranger a área da unidade de conservação, sua zona de amortecimento e os corredores ecológicos, incluindo medidas com o fim de promover sua integração à vida econômica e social das comunidades vizinhas.

**§ 2º** Na elaboração, atualização e implementação do Plano de Manejo das Reservas Extrativistas, das Reservas de Desenvolvimento Sustentável, das Áreas de Proteção Ambiental e, quando couber, das Florestas Nacionais e das Áreas de Relevante Interesse Ecológico, será assegurada a ampla participação da população residente.

**§ 3º**. O Plano de Manejo de uma unidade de conservação deve ser elaborado no prazo de 5 (cinco) anos a partir da data de sua criação.

**§ 4º**. O Plano de Manejo poderá dispor sobre as atividades de liberação planejada e cultivo de organismos geneticamente modificados nas Áreas de Proteção Ambiental e nas zonas de amortecimento das demais categorias de unidade de conservação, observadas as informações contidas na decisão técnica da Comissão Técnica Nacional de Biossegurança - CTNBio sobre:

**I** - o registro de ocorrência de ancestrais diretos e parentes silvestres;

**II** - as características de reprodução, dispersão e sobrevivência do organismo geneticamente modificado;

**III** - o isolamento reprodutivo do organismo geneticamente modificado em relação aos seus ancestrais diretos e parentes silvestres; e

**IV** - situações de risco do organismo geneticamente modificado à biodiversidade.

**Art. 28.** São proibidas, nas unidades de conservação, quaisquer alterações, atividades ou modalidades de utilização em desacordo com os seus objetivos, o seu Plano de Manejo e seus regulamentos.

**Parágrafo único.** Até que seja elaborado o Plano de Manejo, todas as atividades e obras desenvolvidas nas unidades de conservação de proteção integral devem se limitar àquelas destinadas a garantir a integridade dos recursos que a unidade objetiva proteger, assegurando-se às populações tradicionais porventura residentes na área as condições e os meios necessários para a satisfação de suas necessidades materiais, sociais e culturais.

**Art. 29.** Cada unidade de conservação do grupo de Proteção Integral disporá de um Conselho Consultivo, presidido pelo órgão responsável por sua administração e constituído por representantes de órgãos públicos, de organizações da sociedade civil, por proprietários de terras localizadas em Refúgio de Vida Silvestre ou Monumento Natural, quando for o caso, e, na hipótese prevista no § 2º do art. 42, das populações tradicionais residentes, conforme se dispuser em regulamento e no ato de criação da unidade.

- Decreto 4.340/2002 - Regulamenta artigos da Lei 9.985/2000, que dispõe sobre o Sistema Nacional de Unidades de Conservação da Natureza - SNUC.

**Art. 30.** As unidades de conservação podem ser geridas por organizações da sociedade civil de interesse público com objetivos afins aos da unidade, mediante instrumento a ser firmado com o órgão responsável por sua gestão.

- Decreto 4.340/2002 - Regulamenta artigos da Lei 9.985/2000, que dispõe sobre o Sistema Nacional de Unidades de Conservação da Natureza - SNUC.

**Art. 31.** É proibida a introdução nas unidades de conservação de espécies não autóctones.

**§ 1º**. Excetuam-se do disposto neste artigo as Áreas de Proteção Ambiental, as Florestas Nacionais, as Reservas Extrativistas e as Reservas de Desenvolvimento Sustentável, bem como os animais e plantas necessários à administração e às atividades das demais categorias de unidades de conservação, de acordo com o que se dispuser em regulamento e no Plano de Manejo da unidade.

**§ 2º**. Nas áreas particulares localizadas em Refúgios de Vida Silvestre e Monumentos Naturais podem ser criados animais domésticos e cultivadas plantas considerados compatíveis com as finalidades da unidade, de acordo com o que dispuser o seu Plano de Manejo.

**Art. 32.** Os órgãos executores articular-se-ão com a comunidade científica com o propósito de incentivar o desenvolvimento de pesquisas sobre a fauna, a flora e a ecologia das unidades de conservação e sobre formas de uso sustentável dos recursos naturais, valorizando-se o conhecimento das populações tradicionais.

**§ 1º**. As pesquisas científicas nas unidades de conservação não podem colocar em risco a sobrevivência das espécies integrantes dos ecossistemas protegidos.

**§ 2º**. A realização de pesquisas científicas nas unidades de conservação, exceto Área de Proteção Ambiental e Reserva Particular do Patrimônio Natural, depende de aprovação prévia e está sujeita à fiscalização do órgão responsável por sua administração.

**§ 3º**. Os órgãos competentes podem transferir para as instituições de pesquisa nacionais, mediante acordo, a atribuição de aprovar a realização de pesquisas científicas e de credenciar pesquisadores para trabalharem nas unidades de conservação.

**Art. 33.** A exploração comercial de produtos, subprodutos ou serviços obtidos ou desenvolvidos a partir dos recursos naturais, biológicos, cênicos ou culturais ou da exploração da imagem de unidade de conservação, exceto Área de Proteção Ambiental e Reserva Particular do Patrimônio Natural, dependerá de prévia autorização e sujeitará o explorador a pagamento, conforme disposto em regulamento.

- Decreto 4.340/2002 - Regulamenta artigos da Lei 9.985/2000, que dispõe sobre o Sistema Nacional de Unidades de Conservação da Natureza - SNUC.

**Art. 34.** Os órgãos responsáveis pela administração das unidades de conservação podem receber recursos ou doações de qualquer natureza, nacionais ou internacionais, com ou sem encargos, provenientes de organizações privadas ou públicas ou de pessoas físicas que desejarem colaborar com a sua conservação.

**Parágrafo único.** A administração dos recursos obtidos cabe ao órgão gestor da unidade, e estes serão utilizados exclusivamente na sua implantação, gestão e manutenção.

**Art. 35.** Os recursos obtidos pelas unidades de conservação do grupo de Proteção Integral mediante a cobrança de taxa de visitação e outras rendas decorrentes de arrecadação, serviços e atividades da própria unidade serão aplicados de acordo com os seguintes critérios:

**I** – até 50% (cinquenta por cento), e não menos que 25% (vinte e cinco por cento), na implementação, manutenção e gestão da própria unidade;

**II** – até 50% (cinquenta por cento), e não menos que 25% (vinte e cinco por cento), na regularização fundiária das unidades de conservação do grupo;

**III** – até 50% (cinquenta por cento), e não menos que 15% (quinze por cento), na implementação, manutenção e gestão de outras unidades de conservação do grupo de Proteção Integral.

**Art. 36.** Nos casos de licenciamento ambiental de empreendimentos de significativo impacto ambiental, assim considerado pelo órgão ambiental competente, com fundamento em estudo de impacto ambiental e respectivo relatório – EIA/Rima, o empreendedor é obrigado a apoiar a implantação e manutenção de unidade de conservação do grupo de Proteção Integral, de acordo com o disposto neste artigo e no regulamento desta Lei.

- Decreto 4.340/2002 – Regulamenta artigos da Lei 9.985/2000, que dispõe sobre o Sistema Nacional de Unidades de Conservação da Natureza – SNUC.

**§ 1º**. O montante de recursos a ser destinado pelo empreendedor para esta finalidade não pode ser inferior a 0,5% (meio por cento) dos custos totais previstos para a implantação do empreendimento, sendo o percentual fixado pelo órgão ambiental licenciador, de acordo com o grau de impacto ambiental causado pelo empreendimento.

- ADIN 3.378-6: O STF, por maioria de votos, declarou a inconstitucionalidade da expressão "não pode ser inferior a 0,5% (meio por cento) dos custos totais previstos para a implantação do empreendimento". (D.O.U. 20.6.2008)

**§ 2º**. Ao órgão ambiental licenciador compete definir as unidades de conservação a serem beneficiadas, considerando as propostas apresentadas no EIA/Rima e ouvido o empreendedor, podendo inclusive ser contemplada a criação de novas unidades de conservação.

**§ 3º**. Quando o empreendimento afetar unidade de conservação específica ou sua zona de amortecimento, o licenciamento a que se refere o *caput* deste artigo só poderá ser concedido mediante autorização do órgão responsável por sua administração, e a unidade afetada, mesmo que não pertencente ao grupo de Proteção Integral, deverá ser uma das beneficiárias da compensação definida neste artigo.

- Resolução do Conama 428/2010 – Dispõe, no âmbito do licenciamento ambiental sobre a autorização do órgão responsável pela administração da Unidade de Conservação (UC), de que trata o § 3º do artigo 36 da Lei 9.985/2000, bem como sobre a ciência do órgão responsável pela administração da UC no caso de licenciamento ambiental de empreendimentos não sujeitos a EIA-RIMA.

**§ 4º** A obrigação de que trata o *caput* deste artigo poderá, em virtude do interesse público, ser cumprida em unidades de conservação de posse e domínio públicos do grupo de Uso Sustentável, especialmente as localizadas na Amazônia Legal.

## CAPÍTULO V. DOS INCENTIVOS, ISENÇÕES E PENALIDADES

**Art. 37.** (*VETADO*).

**Art. 38.** A ação ou omissão das pessoas físicas ou jurídicas que importem inobservância aos preceitos desta Lei e a seus regulamentos ou resultem em dano à flora, à fauna e aos demais atributos naturais das unidades de conservação, bem como às suas instalações e às zonas de amortecimento e corredores ecológicos, sujeitam os infratores às sanções previstas em lei.

**Art. 39.** Dê-se ao art. 40 da Lei 9.605, de 12 de fevereiro de 1998, a seguinte redação:

(...)

**Art. 40.** Acrescente-se à Lei 9.605, de 1998, o seguinte art. 40-A:

(...)

## CAPÍTULO VI. DAS RESERVAS DA BIOSFERA

**Art. 41.** A Reserva da Biosfera é um modelo, adotado internacionalmente, de gestão integrada, participativa e sustentável dos recursos naturais, com os objetivos básicos de preservação da diversidade biológica, o desenvolvimento de atividades de pesquisa, o monitoramento ambiental, a educação ambiental, o desenvolvimento sustentável e a melhoria da qualidade de vida das populações.

- Decreto 4.340/2002 – Regulamenta artigos da Lei 9.985/2000, que dispõe sobre o Sistema Nacional de Unidades de Conservação da Natureza – SNUC.

**§ 1º**. A Reserva da Biosfera é constituída por:

**I** – uma ou várias áreas-núcleo, destinadas à proteção integral da natureza;

**II** – uma ou várias zonas de amortecimento, onde só são admitidas atividades que não resultem em dano para as áreas-núcleo; e

**III** – uma ou várias zonas de transição, sem limites rígidos, onde o processo de ocupação e o manejo dos recursos naturais são planejados e conduzidos de modo participativo e em bases sustentáveis.

**§ 2º**. A Reserva da Biosfera é constituída por áreas de domínio público ou privado.

**§ 3º**. A Reserva da Biosfera pode ser integrada por unidades de conservação já criadas pelo Poder Público, respeitadas as normas legais que disciplinam o manejo de cada categoria específica.

**§ 4º**. A Reserva da Biosfera é gerida por um Conselho Deliberativo, formado por representantes de instituições públicas, de organizações da sociedade civil e da população residente, conforme se dispuser em regulamento e no ato de constituição da unidade.

**§ 5º**. A Reserva da Biosfera é reconhecida pelo Programa Intergovernamental "O Homem e a Biosfera – MAB", estabelecido pela Unesco, organização da qual o Brasil é membro.

## CAPÍTULO VII. DAS DISPOSIÇÕES GERAIS E TRANSITÓRIAS

**Art. 42.** As populações tradicionais residentes em unidades de conservação nas quais sua permanência não seja permitida serão indenizadas ou compensadas pelas benfeitorias existentes e devidamente realocadas pelo Poder Público, em local e condições acordados entre as partes.

- Decreto 4.340/2002 – Regulamenta artigos da Lei 9.985/2000, que dispõe sobre o Sistema Nacional de Unidades de Conservação da Natureza – SNUC.

**§ 1º**. O Poder Público, por meio do órgão competente, priorizará o reassentamento das populações tradicionais a serem realocadas.

**§ 2º**. Até que seja possível efetuar o reassentamento de que trata este artigo, serão estabelecidas normas e ações específicas destinadas a compatibilizar a presença das populações tradicionais residentes com os objetivos da unidade, sem prejuízo dos modos de vida, das fontes de subsistência e dos locais de moradia destas populações, assegurando-se a sua participação na elaboração das referidas normas e ações.

**§ 3º**. Na hipótese prevista no § 2º, as normas regulando o prazo de permanência e suas condições serão estabelecidas em regulamento.

**Art. 43.** O Poder Público fará o levantamento nacional das terras devolutas, com o objetivo de definir áreas destinadas à conservação da natureza, no prazo de 5 (cinco) anos após a publicação desta Lei.

**Art. 44.** As ilhas oceânicas e costeiras destinam-se prioritariamente à proteção da natureza e sua destinação para fins diversos deve ser precedida de autorização do órgão ambiental competente.

**Parágrafo único.** Estão dispensados da autorização citada no *caput* os órgãos que se utilizam das citadas ilhas por força de dispositivos legais ou quando decorrente de compromissos legais assumidos.

**Art. 45.** Excluem-se das indenizações referentes à regularização fundiária das unidades de conservação, derivadas ou não de desapropriação:

**I** – (*VETADO*).

**II** – (*VETADO*).

**III** – as espécies arbóreas declaradas imunes de corte pelo Poder Público;

**IV** – expectativas de ganhos e lucro cessante;

**V** – o resultado de cálculo efetuado mediante a operação de juros compostos;

**VI** – as áreas que não tenham prova de domínio inequívoco e anterior à criação da unidade.

**Art. 46.** A instalação de redes de abastecimento de água, esgoto, energia e infraestrutura urbana em geral, em unidades de conservação onde estes equipamentos são admitidos, depende de prévia aprovação do órgão responsável por sua administração, sem prejuízo da necessidade de elaboração de estudos de impacto ambiental e outras exigências legais.

**Parágrafo único.** Esta mesma condição se aplica à zona de amortecimento das unidades do grupo de Proteção Integral, bem como às áreas de propriedade privada inseridas nos limites dessas unidades e ainda não indenizadas.

**Art. 47.** O órgão ou empresa, público ou privado, responsável pelo abastecimento de água ou que faça uso de recursos hídricos, beneficiário da proteção proporcionada por uma unidade de conservação, deve contribuir financeiramente para a proteção e implementação da unidade, de acordo com o disposto em regulamentação específica.

- Decreto 4.340/2002 – Regulamenta artigos da Lei 9.985/2000, que dispõe sobre o Sistema Nacional de Unidades de Conservação da Natureza – SNUC.

**Art. 48.** O órgão ou empresa, público ou privado, responsável pela geração e distribuição de energia elétrica, beneficiário da proteção oferecida por uma unidade de conservação, deve contribuir financeiramente para a proteção e implementação da unidade, de acordo com o disposto em regulamentação específica.

- Decreto 4.340/2002 – Regulamenta artigos da Lei 9.985/2000, que dispõe sobre o Sistema Nacional de Unidades de Conservação da Natureza – SNUC.

**Art. 49.** A área de uma unidade de conservação do grupo de Proteção Integral é considerada zona rural, para os efeitos legais.

**Parágrafo único.** A zona de amortecimento das unidades de conservação de que trata este artigo, uma vez definida formalmente, não pode ser transformada em zona urbana.

**Art. 50.** O Ministério do Meio Ambiente organizará e manterá um Cadastro Nacional de Unidades de Conservação, com a colaboração do Ibama e dos órgãos estaduais e municipais competentes.

**§ 1º**. O Cadastro a que se refere este artigo conterá os dados principais de cada unidade de conservação, incluindo, dentre outras características relevantes, informações sobre espécies ameaçadas de extinção, situação fundiária, recursos hídricos, clima, solos e aspectos socioculturais e antropológicos.

**§ 2º**. O Ministério do Meio Ambiente divulgará e colocará à disposição do público interessado os dados constantes do Cadastro.

**Art. 51.** O Poder Executivo Federal submeterá à apreciação do Congresso Nacional, a cada 2 (dois) anos, um relatório de avaliação global da situação das unidades de conservação federais do País.

**Art. 52.** Os mapas e cartas oficiais devem indicar as áreas que compõem o SNUC.

**Art. 53.** O Ibama elaborará e divulgará periodicamente uma relação revista e atualizada das espécies da flora e da fauna ameaçadas de extinção no território brasileiro.

**Parágrafo único.** O Ibama incentivará os competentes órgãos estaduais e municipais a elaborarem relações equivalentes abrangendo suas respectivas áreas de jurisdição.

**Art. 54.** O Ibama, excepcionalmente, pode permitir a captura de exemplares de espécies ameaçadas de extinção destinadas a programas de criação em cativeiro ou formação de coleções científicas, de acordo com o disposto nesta Lei e em regulamentação específica.

**Art. 55.** As unidades de conservação e áreas protegidas criadas com base nas legislações anteriores e que não pertençam às categorias previstas nesta Lei serão reavaliadas, no todo ou em parte, no prazo de até 2 (dois) anos, com o objetivo de definir sua destinação com base na categoria e função para as quais foram criadas, conforme o disposto no regulamento desta Lei.

- Decreto 4.340/2002 – Regulamenta artigos da Lei 9.985/2000, que dispõe sobre o Sistema Nacional de Unidades de Conservação da Natureza – SNUC.

**Art. 56.** (*VETADO*).

**Art. 57.** Os órgãos federais responsáveis pela execução das políticas ambiental e indigenista deverão instituir grupos de trabalho para, no prazo de 180 (cento e oitenta) dias a partir da vigência desta Lei, propor as diretrizes a serem adotadas com vistas à regularização das eventuais superposições entre áreas indígenas e unidades de conservação.

**Parágrafo único.** No ato de criação dos grupos de trabalho serão fixados os participantes, bem como a estratégia de ação e a abrangência dos trabalhos, garantida a participação das comunidades envolvidas.

**Art. 57-A.** O Poder Executivo estabelecerá os limites para o plantio de organismos geneticamente modificados nas áreas que circundam as unidades de conservação até que seja fixada sua zona de amortecimento e aprovado o seu respectivo Plano de Manejo.

- Decreto 5.950/2006 – Regulamenta o art. 57-A da Lei 9.985/2000, para estabelecer os limites para o plantio de organismos geneticamente modificados nas áreas que circundam as unidades de conservação.

**Parágrafo único.** O disposto no *caput* deste artigo não se aplica às Áreas de Proteção Ambiental e Reservas de Particulares do Patrimônio Nacional.

**Art. 58.** O Poder Executivo regulamentará esta Lei, no que for necessário à sua aplicação, no prazo de 180 (cento e oitenta) dias a partir da data de sua publicação.

**Art. 59.** Esta Lei entra em vigor na data de sua publicação.

**Art. 60.** Revogam-se os arts. 5º e 6º da Lei nº 4.771, de 15 de setembro de 1965; o art. 5º da Lei nº 5.197, de 3 de janeiro de 1967; e o art. 18 da Lei nº 6.938, de 31 de agosto de 1981.

- Lei 12.651/2012 revogou a Lei 4.771/1965.

Brasília, 18 de julho de 2000;
179º da Independência e 112º da República.

Marco Antonio de Oliveira Maciel
José Sarney Filho

# LEI Nº 11.105, DE 24 DE MARÇO DE 2005

*Regulamenta os incisos II, IV e V do § 1º do art. 225 da Constituição Federal, estabelece normas de segurança e mecanismos de fiscalização de atividades que envolvam organismos geneticamente modificados – OGM e seus derivados, cria o Conselho Nacional de Biossegurança – CNBS, reestrutura a Comissão Técnica Nacional de Biossegurança – CTNBio, dispõe sobre a Política Nacional de Biossegurança – PNB, revoga a Lei nº 8.974, de 5 de janeiro de 1995, e a Medida Provisória nº 2.191-9, de 23 de agosto de 2001, e os arts. 5º, 6º, 7º, 8º, 9º, 10 e 16 da Lei nº 10.814, de 15 de dezembro de 2003, e dá outras providências.*

- D.O.U. 28.3.2005

O PRESIDENTE DA REPÚBLICA

Faço saber que o Congresso Nacional decreta e eu sanciono a seguinte Lei:

- Lei 13.123/2015, art. 6º.
- Lei 9.985/2000 – Regulamenta o art. 225, § 1º, incisos I, II, III e VII da CF, institui o Sistema Nacional de Unidades de Conservação da Natureza.
- Decreto 5.591/2005 – Regulamenta dispositivos da Lei 11.105/2005.

## CAPÍTULO I. DISPOSIÇÕES PRELIMINARES E GERAIS

**Art. 1º.** Esta Lei estabelece normas de segurança e mecanismos de fiscalização sobre a construção, o cultivo, a produção, a manipulação, o transporte, a transferência, a importação, a exportação, o armazenamento, a pesquisa, a comercialização, o consumo, a liberação no meio ambiente e o descarte de organismos geneticamente modificados – OGM e seus derivados, tendo como diretrizes o estímulo ao avanço científico na área de biossegurança e biotecnologia, a proteção à vida e à saúde humana, animal e vegetal, e a observância do princípio da precaução para a proteção do meio ambiente.

**§ 1º.** Para os fins desta Lei, considera-se atividade de pesquisa a realizada em laboratório, regime de contenção ou campo, como parte do processo de obtenção de OGM e seus derivados ou de avaliação da biossegurança de OGM e seus derivados, o que engloba, no âmbito experimental, a construção, o cultivo, a manipulação, o transporte, a transferência, a importação, a exportação, o armazenamento, a liberação no meio ambiente e o descarte de OGM e seus derivados.

**§ 2º.** Para os fins desta Lei, considera-se atividade de uso comercial de OGM e seus derivados a que não se enquadra como atividade de pesquisa, e que trata do cultivo, da produção, da manipulação, do transporte, da transferência, da comercialização, da importação, da exportação, do armazenamento, do consumo, da liberação e do descarte de OGM e seus derivados para fins comerciais.

**Art. 2º.** As atividades e projetos que envolvam OGM e seus derivados, relacionados ao ensino com manipulação de organismos vivos, à pesquisa científica, ao desenvolvimento tecnológico e à produção industrial ficam restritos ao âmbito de entidades de direito público ou privado, que serão responsáveis pela obediência aos preceitos desta Lei e de sua regulamentação, bem como pelas eventuais consequências ou efeitos advindos de seu descumprimento.

**§ 1º.** Para os fins desta Lei, consideram-se atividades e projetos no âmbito de entidade os conduzidos em instalações próprias ou sob a responsabilidade administrativa, técnica ou científica da entidade.

**§ 2º.** As atividades e projetos de que trata este artigo são vedados a pessoas físicas em atuação autônoma e independente, ainda que mantenham vínculo empregatício ou qualquer outro com pessoas jurídicas.

**§ 3º.** Os interessados em realizar atividade prevista nesta Lei deverão requerer autorização à Comissão Técnica Nacional de Biossegurança – CTNBio, que se manifestará no prazo fixado em regulamento.

**§ 4º.** As organizações públicas e privadas, nacionais, estrangeiras ou internacionais, financiadoras ou patrocinadoras de atividades ou de projetos referidos no *caput* deste artigo devem exigir a apresentação de Certificado de Qualidade em Biossegurança, emitido pela CTNBio, sob pena de se tornarem corresponsáveis pelos eventuais efeitos decorrentes do descumprimento desta Lei ou de sua regulamentação.

**Art. 3º.** Para os efeitos desta Lei, considera-se:

**I** – organismo: toda entidade biológica capaz de reproduzir ou transferir material genético, inclusive vírus e outras classes que venham a ser conhecidas;

**II** – ácido desoxirribonucleico – ADN, ácido ribonucleico – ARN: material genético que contém informações determinantes dos caracteres hereditários transmissíveis à descendência;

**III** – moléculas de ADN/ARN recombinante: as moléculas manipuladas fora das células vivas mediante a modificação de segmentos de ADN/ARN natural ou sintético e que possam multiplicar-se em uma célula viva, ou ainda as moléculas de ADN/ARN resultantes dessa multiplicação; consideram-se também os segmentos de ADN/ARN sintéticos equivalentes aos de ADN/ARN natural;

**IV** – engenharia genética: atividade de produção e manipulação de moléculas de ADN/ARN recombinante;

**V** – organismo geneticamente modificado – OGM: organismo cujo material genético – ADN/ARN tenha sido modificado por qualquer técnica de engenharia genética;

**VI** – derivado de OGM: produto obtido de OGM e que não possua capacidade autônoma de replicação ou que não contenha forma viável de OGM;

**VII** – célula germinal humana: célula-mãe responsável pela formação de gametas presentes nas glândulas sexuais femininas e masculinas e suas descendentes diretas em qualquer grau de ploidia;

**VIII** – clonagem: processo de reprodução assexuada, produzida artificialmente, baseada em um único patrimônio genético, com ou sem utilização de técnicas de engenharia genética;

**IX** – clonagem para fins reprodutivos: clonagem com a finalidade de obtenção de um indivíduo;

**X** – clonagem terapêutica: clonagem com a finalidade de produção de células-tronco embrionárias para utilização terapêutica;

**XI** – células-tronco embrionárias: células de embrião que apresentam a capacidade de se transformar em células de qualquer tecido de um organismo.

**§ 1º.** Não se inclui na categoria de OGM o resultante de técnicas que impliquem a introdução direta, num organismo, de material hereditário, desde que não envolvam a utilização de moléculas de ADN/ARN recombinante ou OGM, inclusive fecundação *in vitro*, conjugação, transdução, transformação, indução poliploide e qualquer outro processo natural.

**§ 2º.** Não se inclui na categoria de derivado de OGM a substância pura, quimicamente definida, obtida por meio de processos biológicos e que não contenha OGM, proteína heteróloga ou ADN recombinante.

**Art. 4º.** Esta Lei não se aplica quando a modificação genética for obtida por meio das seguintes técnicas, desde que não impliquem a utilização de OGM como receptor ou doador:

**I** – mutagênese;

**II** – formação e utilização de células somáticas de hibridoma animal;

**III** – fusão celular, inclusive a de protoplasma, de células vegetais, que possa ser produzida mediante métodos tradicionais de cultivo;

**IV** – autoclonagem de organismos não patogênicos que se processe de maneira natural.

**Art. 5º.** É permitida, para fins de pesquisa e terapia, a utilização de células-tronco embrionárias obtidas de embriões humanos produzidos por fertilização *in vitro* e não utilizados no respectivo procedimento, atendidas as seguintes condições:

**I** – sejam embriões inviáveis; ou

**II** – sejam embriões congelados há 3 (três) anos ou mais, na data da publicação desta Lei, ou que, já congelados na data da publicação desta Lei, depois de completarem 3 (três) anos, contados a partir da data de congelamento.

**§ 1º.** Em qualquer caso, é necessário o consentimento dos genitores.

**§ 2º.** Instituições de pesquisa e serviços de saúde que realizem pesquisa ou terapia com células-tronco embrionárias humanas deverão submeter seus projetos à apreciação e aprovação dos respectivos comitês de ética em pesquisa.

**§ 3º.** É vedada a comercialização do material biológico a que se refere este artigo e sua prática implica o crime tipificado no art. 15 da Lei nº 9.434, de 4 de fevereiro de 1997.

**Art. 6º.** Fica proibido:

**I** – implementação de projeto relativo a OGM sem a manutenção de registro de seu acompanhamento individual;

**II** – engenharia genética em organismo vivo ou o manejo *in vitro* de ADN/ARN natural ou recombinante, realizado em desacordo com as normas previstas nesta Lei;

**III** – engenharia genética em célula germinal humana, zigoto humano e embrião humano;

**IV** – clonagem humana;

**V** – destruição ou descarte no meio ambiente de OGM e seus derivados em desacordo com as normas estabelecidas pela CTNBio, pelos órgãos e entidades de registro e fiscalização, referidos no art. 16 desta Lei, e as constantes desta Lei e de sua regulamentação;

**VI** – liberação no meio ambiente de OGM ou seus derivados, no âmbito de atividades de pesquisa, sem a decisão técnica favorável da CTNBio e, nos casos de liberação comercial, sem o parecer técnico favorável da CTNBio, ou sem o licenciamento do órgão ou entidade ambiental responsável, quando a CTNBio considerar a atividade como potencialmente causadora de degradação ambiental, ou sem a aprovação do Conselho Nacional de Biossegurança – CNBS, quando o processo tenha sido por ele avocado, na forma desta Lei e de sua regulamentação;

**VII** – a utilização, a comercialização, o registro, o patenteamento e o licenciamento de tecnologias genéticas de restrição do uso.

**Parágrafo único.** Para os efeitos desta Lei, entende-se por tecnologias genéticas de restrição do uso qualquer processo de intervenção humana para geração ou multiplicação de plantas geneticamente modificadas para produzir estruturas reprodutivas estéreis, bem como qualquer forma de manipulação genética que vise à ativação ou desativação de genes relacionados à fertilidade das plantas por indutores químicos externos.

**Art. 7º.** São obrigatórias:

**I** – a investigação de acidentes ocorridos no curso de pesquisas e projetos na área de engenharia genética e o envio de relatório respectivo à autoridade competente no prazo máximo de 5 (cinco) dias a contar da data do evento;

**II** – a notificação imediata à CTNBio e às autoridades da saúde pública, da defesa agropecuária e do meio ambiente sobre acidente que possa provocar a disseminação de OGM e seus derivados;

**III** – a adoção de meios necessários para plenamente informar à CTNBio, às autoridades da saúde pública, do meio ambiente, da defesa agropecuária, à coletividade e aos demais empregados da instituição ou empresa sobre os riscos a que possam estar submetidos, bem como os procedimentos a serem tomados no caso de acidentes com OGM.

## CAPÍTULO II. DO CONSELHO NACIONAL DE BIOSSEGURANÇA – CNBS

**Art. 8º.** Fica criado o Conselho Nacional de Biossegurança – CNBS, vinculado à Presidência da República, órgão de assessoramento superior do Presidente da República para a formulação e implementação da Política Nacional de Biossegurança – PNB.

**§ 1º.** Compete ao CNBS:

**I** – fixar princípios e diretrizes para a ação administrativa dos órgãos e entidades federais com competências sobre a matéria;

**II** – analisar, a pedido da CTNBio, quanto aos aspectos da conveniência e oportunidade socioeconômicas e do interesse nacional, os pedidos de liberação para uso comercial de OGM e seus derivados;

**III** – avocar e decidir, em última e definitiva instância, com base em manifestação da CTNBio e, quando julgar necessário, dos órgãos e entidades referidos no art. 16 desta Lei, no âmbito de suas competências, sobre os processos relativos a atividades que envolvam o uso comercial de OGM e seus derivados;

**IV** – *(VETADO).*

**§ 2º.** *(VETADO).*

**§ 3º.** Sempre que o CNBS deliberar favoravelmente à realização da atividade analisada, encaminhará sua manifestação aos órgãos e entidades de registro e fiscalização referidos no art. 16 desta Lei.

**§ 4º.** Sempre que o CNBS deliberar contrariamente à atividade analisada, encaminhará sua manifestação à CTNBio para informação ao requerente.

**Art. 9º.** O CNBS é composto pelos seguintes membros:

**I** – Ministro de Estado Chefe da Casa Civil da Presidência da República, que o presidirá;

**II** – Ministro de Estado da Ciência e Tecnologia;

**III** – Ministro de Estado do Desenvolvimento Agrário;

**IV** – Ministro de Estado da Agricultura, Pecuária e Abastecimento;

**V** – Ministro de Estado da Justiça;

**VI** – Ministro de Estado da Saúde;

**VII** – Ministro de Estado do Meio Ambiente;

**VIII** – Ministro de Estado do Desenvolvimento, Indústria e Comércio Exterior;

**IX** – Ministro de Estado das Relações Exteriores;

**X** – Ministro de Estado da Defesa;

**XI** – Secretário Especial de Aquicultura e Pesca da Presidência da República.

**§ 1º.** O CNBS reunir-se-á sempre que convocado pelo Ministro de Estado Chefe da Casa Civil da Presidência da República, ou mediante provocação da maioria de seus membros.

**§ 2º.** *(VETADO).*

**§ 3º.** Poderão ser convidados a participar das reuniões, em caráter excepcional, representantes do setor público e de entidades da sociedade civil.

**§ 4º.** O CNBS contará com uma Secretaria-Executiva, vinculada à Casa Civil da Presidência da República.

**§ 5º.** A reunião do CNBS poderá ser instalada com a presença de 6 (seis) de seus membros e as decisões serão tomadas com votos favoráveis da maioria absoluta.

## CAPÍTULO III. DA COMISSÃO TÉCNICA NACIONAL DE BIOSSEGURANÇA – CTNBIO

**Art. 10.** A CTNBio, integrante do Ministério da Ciência e Tecnologia, é instância colegiada multidisciplinar de caráter consultivo e deliberativo, para prestar apoio técnico e de assessoramento ao Governo Federal na formulação, atualização e implementação da PNB de OGM e seus derivados, bem como no estabelecimento de normas técnicas de segurança e de pareceres técnicos referentes à autorização para atividades que envolvam pesquisa e uso comercial de OGM e seus derivados, com base na avaliação de seu risco zoofitossanitário, à saúde humana e ao meio ambiente.

**Parágrafo único.** A CTNBio deverá acompanhar o desenvolvimento e o progresso técnico e científico nas áreas de biossegurança, biotecnologia, bioética e afins, com o objetivo de aumentar sua capacitação para a proteção da saúde humana, dos animais e das plantas e do meio ambiente.

**Art. 11.** A CTNBio, composta de membros titulares e suplentes, designados pelo Ministro de Estado da Ciência e Tecnologia, será constituída por 27 (vinte e sete) cidadãos brasileiros de reconhecida competência técnica, de notória atuação e saber científicos, com grau acadêmico de doutor e com destacada atividade profissional nas áreas de biossegurança, biotecnologia, biologia, saúde humana e animal ou meio ambiente, sendo:

**I** – 12 (doze) especialistas de notório saber científico e técnico, em efetivo exercício profissional, sendo:

*a)* 3 (três) da área de saúde humana;

*b)* 3 (três) da área animal;

*c)* 3 (três) da área vegetal;

*d)* 3 (três) da área de meio ambiente;

**II** – um representante de cada um dos seguintes órgãos, indicados pelos respectivos titulares:

*a)* Ministério da Ciência e Tecnologia;

*b)* Ministério da Agricultura, Pecuária e Abastecimento;

*c)* Ministério da Saúde;

*d)* Ministério do Meio Ambiente;

*e)* Ministério do Desenvolvimento Agrário;

› Lei 13.341/2016, art. 1º, V.

*f)* Ministério do Desenvolvimento, Indústria e Comércio Exterior;

*g)* Ministério da Defesa;

*h)* Secretaria Especial de Aquicultura e Pesca da Presidência da República;

*i)* Ministério das Relações Exteriores;

**III** – um especialista em defesa do consumidor, indicado pelo Ministro da Justiça;

**IV** – um especialista na área de saúde, indicado pelo Ministro da Saúde;

**V** – um especialista em meio ambiente, indicado pelo Ministro do Meio Ambiente;

**VI** – um especialista em biotecnologia, indicado pelo Ministro da Agricultura, Pecuária e Abastecimento;

**VII** – um especialista em agricultura familiar, indicado pelo Ministro do Desenvolvimento Agrário;

**VIII** – um especialista em saúde do trabalhador, indicado pelo Ministro do Trabalho e Emprego.

**§ 1º.** Os especialistas de que trata o inciso I do *caput* deste artigo serão escolhidos a partir de lista tríplice, elaborada com a participação das sociedades científicas, conforme disposto em regulamento.

**§ 2º.** Os especialistas de que tratam os incisos III a VIII do *caput* deste artigo serão escolhidos a partir de lista tríplice, elaborada pelas organizações da sociedade civil, conforme disposto em regulamento.

**§ 3º.** Cada membro efetivo terá um suplente, que participará dos trabalhos na ausência do titular.

**§ 4º.** Os membros da CTNBio terão mandato de 2 (dois) anos, renovável por até mais 2 (dois) períodos consecutivos.

**§ 5º.** O presidente da CTNBio será designado, entre seus membros, pelo Ministro da Ciência e Tecnologia para um mandato de 2 (dois) anos, renovável por igual período.

**§ 6º.** Os membros da CTNBio devem pautar a sua atuação pela observância estrita dos conceitos ético-profissionais, sendo vedado participar do julgamento de questões com as quais tenham algum envolvimento de ordem profissional ou pessoal, sob pena de perda de mandato, na forma do regulamento.

**§ 7º.** A reunião da CTNBio poderá ser instalada com a presença de 14 (catorze) de seus membros, incluído pelo menos um representante de cada uma das áreas referidas no inciso I do *caput* deste artigo.

**§ 8º.** *(VETADO).*

**§ 8º-A.** As decisões da CTNBio serão tomadas com votos favoráveis da maioria absoluta de seus membros.

**§ 9º.** Órgãos e entidades integrantes da administração pública federal poderão solicitar participação nas reuniões da CTNBio para tratar de assuntos de seu especial interesse, sem direito a voto.

**§ 10.** Poderão ser convidados a participar das reuniões, em caráter excepcional, representantes da comunidade científica e do setor público e entidades da sociedade civil, sem direito a voto.

**Art. 12.** O funcionamento da CTNBio será definido pelo regulamento desta Lei.

**§ 1º.** A CTNBio contará com uma Secretaria-Executiva e cabe ao Ministério da Ciência e Tecnologia prestar-lhe o apoio técnico e administrativo.

**§ 2º.** *(VETADO).*

**Art. 13.** A CTNBio constituirá subcomissões setoriais permanentes na área de saúde humana, na área animal, na área vegetal e na área ambiental, e poderá constituir subcomissões extraordinárias, para análise prévia dos temas a serem submetidos ao plenário da Comissão.

**§ 1º.** Tanto os membros titulares quanto os suplentes participarão das subcomissões setoriais e caberá a todos a distribuição dos processos para análise.

**§ 2º.** O funcionamento e a coordenação dos trabalhos nas subcomissões setoriais e extraordinárias serão definidos no regimento interno da CTNBio.

**Art. 14.** Compete à CTNBio:

**I** – estabelecer normas para as pesquisas com OGM e derivados de OGM;

**II** – estabelecer normas relativamente às atividades e aos projetos relacionados a OGM e seus derivados;

**III** – estabelecer, no âmbito de suas competências, critérios de avaliação e monitoramento de risco de OGM e seus derivados;

**IV** – proceder à análise da avaliação de risco, caso a caso, relativamente a atividades e projetos que envolvam OGM e seus derivados;

**V** – estabelecer os mecanismos de funcionamento das Comissões Internas de Biossegurança – CIBio, no âmbito de cada instituição que se dedique ao ensino, à pesquisa científica, ao desenvolvimento tecnológico e à produção industrial que envolvam OGM ou seus derivados;

**VI** – estabelecer requisitos relativos à biossegurança para autorização de funcionamento de laboratório, instituição ou empresa que desenvolverá atividades relacionadas a OGM e seus derivados;

**VII** – relacionar-se com instituições voltadas para a biossegurança de OGM e seus derivados, em âmbito nacional e internacional;

**VIII** – autorizar, cadastrar e acompanhar as atividades de pesquisa com OGM ou derivado de OGM, nos termos da legislação em vigor;

**IX** – autorizar a importação de OGM e seus derivados para atividade de pesquisa;

**X** – prestar apoio técnico consultivo e de assessoramento ao CNBS na formulação da PNB de OGM e seus derivados;

**XI** – emitir Certificado de Qualidade em Biossegurança – CQB para o desenvolvimento de atividades com OGM e seus derivados em laboratório, instituição ou empresa e enviar cópia do processo aos órgãos de registro e fiscalização referidos no art. 16 desta Lei;

**XII** – emitir decisão técnica, caso a caso, sobre a biossegurança de OGM e seus derivados no âmbito das atividades de pesquisa e de uso comercial de OGM e seus derivados, inclusive a classificação quanto ao grau de risco e nível de biossegurança exigido, bem como medidas de segurança exigidas e restrições ao uso;

**XIII** – definir o nível de biossegurança a ser aplicado ao OGM e seus usos, e os respectivos procedimentos e medidas de segurança quanto ao seu uso, conforme as normas estabelecidas na regulamentação desta Lei, bem como quanto aos seus derivados;

**XIV** – classificar os OGM segundo a classe de risco, observados os critérios estabelecidos no regulamento desta Lei;

**XV** – acompanhar o desenvolvimento e o progresso técnico-científico na biossegurança de OGM e seus derivados;

**XVI** – emitir resoluções, de natureza normativa, sobre as matérias de sua competência;

**XVII** – apoiar tecnicamente os órgãos competentes no processo de prevenção e investigação de acidentes e de enfermidades, verificados no curso dos projetos e das atividades com técnicas de ADN/ARN recombinante;

**XVIII** – apoiar tecnicamente os órgãos e entidades de registro e fiscalização, referidos no art. 16 desta Lei, no exercício de suas atividades relacionadas a OGM e seus derivados;

**XIX** – divulgar no Diário Oficial da União, previamente à análise, os extratos dos pleitos e, posteriormente, dos pareceres dos processos que lhe forem submetidos, bem como dar ampla publicidade no Sistema de Informações em Biossegurança – SIB a sua agenda, processos em trâmite, relatórios anuais, atas das reuniões e demais informações sobre suas atividades, excluídas as informações sigilosas, de interesse comercial, apontadas pelo proponente e assim consideradas pela CTNBio;

**XX** – identificar atividades e produtos decorrentes do uso de OGM e seus derivados potencialmente causadores de degradação do meio ambiente ou que possam causar riscos à saúde humana;

**XXI** – reavaliar suas decisões técnicas por solicitação de seus membros ou por recurso dos órgãos e entidades de registro e fiscalização, fundamentado em fatos ou conhecimentos científicos novos, que sejam relevantes quanto à biossegurança do OGM ou derivado, na forma desta Lei e seu regulamento;

**XXII** – propor a realização de pesquisas e estudos científicos no campo da biossegurança de OGM e seus derivados;

**XXIII** – apresentar proposta de regimento interno ao Ministro da Ciência e Tecnologia.

**§ 1º.** Quanto aos aspectos de biossegurança do OGM e seus derivados, a decisão técnica da CTNBio vincula os demais órgãos e entidades da administração.

**§ 2º.** Nos casos de uso comercial, dentre outros aspectos técnicos de sua análise, os órgãos de registro e fiscalização, no exercício de suas atribuições em caso de solicitação pela CTNBio, observarão, quanto aos aspectos de biossegurança do OGM e seus derivados, a decisão técnica da CTNBio.

**§ 3º.** Em caso de decisão técnica favorável sobre a biossegurança no âmbito da atividade de pesquisa, a CTNBio remeterá o processo respectivo aos órgãos e entidades referidos no art. 16 desta Lei, para o exercício de suas atribuições.

**§ 4º.** A decisão técnica da CTNBio deverá conter resumo de sua fundamentação técnica, explicitar as medidas de segurança e restrições ao uso do OGM e seus derivados e considerar as particularidades das diferentes regiões do País, com o objetivo de orientar e subsidiar os órgãos e entidades de registro e fiscalização, referidos no art. 16 desta Lei, no exercício de suas atribuições.

**§ 5º.** Não se submeterá a análise e emissão de parecer técnico da CTNBio o derivado cujo OGM já tenha sido por ela aprovado.

**§ 6º.** As pessoas físicas ou jurídicas envolvidas em qualquer das fases do processo de produção agrícola, comercialização ou transporte de produto geneticamente modificado que tenham obtido a liberação para uso comercial estão dispensadas de apresentação do CQB e constituição de CIBio, salvo decisão em contrário da CTNBio.

**Art. 15.** A CTNBio poderá realizar audiências públicas, garantida participação da sociedade civil, na forma do regulamento.

**Parágrafo único.** Em casos de liberação comercial, audiência pública poderá ser requerida por partes interessadas, incluindo-se entre estas organizações da sociedade civil que comprovem interesse relacionado à matéria, na forma do regulamento.

## CAPÍTULO IV. DOS ÓRGÃOS E ENTIDADES DE REGISTRO E FISCALIZAÇÃO

**Art. 16.** Caberá aos órgãos e entidades de registro e fiscalização do Ministério da Saúde, do Ministério da Agricultura, Pecuária e Abastecimento e do Ministério do Meio Ambiente, e da Secretaria Especial de Aquicultura e Pesca da Presidência da República entre outras atribuições, no campo de suas competências, observadas a decisão técnica da CTNBio, as deliberações do CNBS e os mecanismos estabelecidos nesta Lei e na sua regulamentação:

**I** – fiscalizar as atividades de pesquisa de OGM e seus derivados;

**II** – registrar e fiscalizar a liberação comercial de OGM e seus derivados;

**III** – emitir autorização para a importação de OGM e seus derivados para uso comercial;

**IV** – manter atualizado no SIB o cadastro das instituições e responsáveis técnicos que realizam atividades e projetos relacionados a OGM e seus derivados;

**V** – tornar públicos, inclusive no SIB, os registros e autorizações concedidas;

**VI** – aplicar as penalidades de que trata esta Lei;

**VII** – subsidiar a CTNBio na definição de quesitos de avaliação de biossegurança de OGM e seus derivados.

**§ 1º.** Após manifestação favorável da CTNBio, ou do CNBS, em caso de avocação ou recurso, caberá, em decorrência de análise específica e decisão pertinente:

**I** – ao Ministério da Agricultura, Pecuária e Abastecimento emitir as autorizações e registros e fiscalizar produtos e atividades que utilizem OGM e seus derivados destinados a uso animal, na agricultura, pecuária, agroindústria e áreas afins, de acordo com a legislação em vigor e segundo o regulamento desta Lei;

**II** – ao órgão competente do Ministério da Saúde emitir as autorizações e registros e fiscalizar produtos e atividades com OGM e seus derivados destinados a uso humano, farmacológico, domissanitário e áreas afins, de acordo com a legislação em vigor e segundo o regulamento desta Lei;

**III** – ao órgão competente do Ministério do Meio Ambiente emitir as autorizações e registros e fiscalizar produtos e atividades que envolvam OGM e seus derivados a serem liberados nos ecossistemas naturais, de acordo com a legislação em vigor e segundo o regulamento desta Lei, bem como o licenciamento, nos casos em que a CTNBio deliberar, na forma desta Lei, que o OGM é potencialmente causador de significativa degradação do meio ambiente;

**IV** – à Secretaria Especial de Aquicultura e Pesca da Presidência da República emitir as autorizações e registros de produtos e atividades com OGM e seus derivados destinados ao uso na pesca e aquicultura, de acordo com a legislação em vigor e segundo esta Lei e seu regulamento.

**§ 2º.** Somente se aplicam as disposições dos incisos I e II do art. 8º e do *caput* do art. 10 da Lei nº 6.938, de 31 de agosto de 1981, nos casos em que a CTNBio deliberar que o OGM é potencialmente causador de significativa degradação do meio ambiente.

**§ 3º.** A CTNBio delibera, em última e definitiva instância, sobre os casos em que a atividade é potencial ou efetivamente causadora de degradação ambiental, bem como sobre a necessidade do licenciamento ambiental.

**§ 4º.** A emissão dos registros, das autorizações e do licenciamento ambiental referidos nesta Lei deverá ocorrer no prazo máximo de 120 (cento e vinte) dias.

**§ 5º.** A contagem do prazo previsto no § 4º deste artigo será suspensa, por até 180 (cento e oitenta) dias, durante a elaboração, pelo requerente, dos estudos ou esclarecimentos necessários.

**§ 6º.** As autorizações e registros de que trata este artigo estarão vinculados à decisão técnica da CTNBio correspondente, sendo vedadas exigências técnicas que extrapolem as condições estabelecidas naquela decisão, nos aspectos relacionados à biossegurança.

**§ 7º.** Em caso de divergência quanto à decisão técnica da CTNBio sobre a liberação comercial de OGM e derivados, os órgãos e entidades de registro e fiscalização, no âmbito de suas competências, poderão apresentar recurso ao CNBS, no prazo de até 30 (trinta) dias, a contar da data de publicação da decisão técnica da CTNBio.

## CAPÍTULO V. DA COMISSÃO INTERNA DE BIOSSEGURANÇA – CIBIO

**Art. 17.** Toda instituição que utilizar técnicas e métodos de engenharia genética ou realizar pesquisas com OGM e seus derivados deverá criar uma Comissão Interna de Biossegurança – CIBio, além de indicar um técnico principal responsável para cada projeto específico.

**Art. 18.** Compete à CIBio, no âmbito da instituição onde constituída:

**I** – manter informados os trabalhadores e demais membros da coletividade, quando suscetíveis de serem afetados pela atividade, sobre as questões relacionadas com a saúde e a segurança, bem como sobre os procedimentos em caso de acidentes;

**II** – estabelecer programas preventivos e de inspeção para garantir o funcionamento das instalações sob sua responsabilidade, dentro dos padrões e normas de biossegurança, definidos pela CTNBio na regulamentação desta Lei;

**III** – encaminhar à CTNBio os documentos cuja relação será estabelecida na regulamentação desta Lei, para efeito de análise, registro ou autorização do órgão competente, quando couber;

**IV** – manter registro do acompanhamento individual de cada atividade ou projeto em desenvolvimento que envolvam OGM ou seus derivados;

**V** – notificar à CTNBio, aos órgãos e entidades de registro e fiscalização, referidos no art. 16 desta Lei, e às entidades de trabalhadores o resultado de avaliações de risco a que estão submetidas as pessoas expostas, bem como qualquer acidente ou incidente que possa provocar a disseminação de agente biológico;

**VI** – investigar a ocorrência de acidentes e as enfermidades possivelmente relacionados a OGM e seus derivados e notificar suas conclusões e providências à CTNBio.

## CAPÍTULO VI.
## DO SISTEMA DE INFORMAÇÕES EM BIOSSEGURANÇA – SIB

**Art. 19.** Fica criado, no âmbito do Ministério da Ciência e Tecnologia, o Sistema de Informações em Biossegurança – SIB, destinado à gestão das informações decorrentes das atividades de análise, autorização, registro, monitoramento e acompanhamento das atividades que envolvam OGM e seus derivados.

**§ 1º.** As disposições dos atos legais, regulamentares e administrativos que alterem, complementem ou produzam efeitos sobre a legislação de biossegurança de OGM e seus derivados deverão ser divulgadas no SIB concomitantemente com a entrada em vigor desses atos.

**§ 2º.** Os órgãos e entidades de registro e fiscalização, referidos no art. 16 desta Lei, deverão alimentar o SIB com as informações relativas às atividades de que trata esta Lei, processadas no âmbito de sua competência.

## CAPÍTULO VII.
## DA RESPONSABILIDADE CIVIL E ADMINISTRATIVA

**Art. 20.** Sem prejuízo da aplicação das penas previstas nesta Lei, os responsáveis pelos danos ao meio ambiente e a terceiros responderão, solidariamente, por sua indenização ou reparação integral, independentemente da existência de culpa.

**Art. 21.** Considera-se infração administrativa toda ação ou omissão que viole as normas previstas nesta Lei e demais disposições legais pertinentes.

**Parágrafo único.** As infrações administrativas serão punidas na forma estabelecida no regulamento desta Lei, independentemente das medidas cautelares de apreensão de produtos, suspensão de venda de produto e embargos de atividades, com as seguintes sanções:

**I** – advertência;

**II** – multa;

**III** – apreensão de OGM e seus derivados;

**IV** – suspensão da venda de OGM e seus derivados;

**V** – embargo da atividade;

**VI** – interdição parcial ou total do estabelecimento, atividade ou empreendimento;

**VII** – suspensão de registro, licença ou autorização;

**VIII** – cancelamento de registro, licença ou autorização;

**IX** – perda ou restrição de incentivo e benefício fiscal concedidos pelo governo;

**X** – perda ou suspensão da participação em linha de financiamento em estabelecimento oficial de crédito;

**XI** – intervenção no estabelecimento;

**XII** – proibição de contratar com a administração pública, por período de até 5 (cinco) anos.

**Art. 22.** Compete aos órgãos e entidades de registro e fiscalização, referidos no art. 16 desta Lei, definir critérios, valores e aplicar multas de R$ 2.000,00 (dois mil reais) a R$ 1.500.000,00 (um milhão e quinhentos mil reais), proporcionalmente à gravidade da infração.

**§ 1º.** As multas poderão ser aplicadas cumulativamente com as demais sanções previstas neste artigo.

**§ 2º.** No caso de reincidência, a multa será aplicada em dobro.

**§ 3º.** No caso de infração continuada, caracterizada pela permanência da ação ou omissão inicialmente punida, será a respectiva penalidade aplicada diariamente até cessar sua causa, sem prejuízo da paralisação imediata da atividade ou da interdição do laboratório ou da instituição ou empresa responsável.

**Art. 23.** As multas previstas nesta Lei serão aplicadas pelos órgãos e entidades de registro e fiscalização dos Ministérios da Agricultura, Pecuária e Abastecimento, da Saúde, do Meio Ambiente e da Secretaria Especial de Aquicultura e Pesca da Presidência da República, referidos no art. 16 desta Lei, de acordo com suas respectivas competências.

**§ 1º.** Os recursos arrecadados com a aplicação de multas serão destinados aos órgãos e entidades de registro e fiscalização, referidos no art. 16 desta Lei, que aplicarem a multa.

**§ 2º.** Os órgãos e entidades fiscalizadores da administração pública federal poderão celebrar convênios com os Estados, Distrito Federal e Municípios, para a execução de serviços relacionados à atividade de fiscalização prevista nesta Lei e poderão repassar-lhes parcela da receita obtida com a aplicação de multas.

**§ 3º.** A autoridade fiscalizadora encaminhará cópia do auto de infração à CTNBio.

**§ 4º.** Quando a infração constituir crime ou contravenção, ou lesão à Fazenda Pública ou ao consumidor, a autoridade fiscalizadora representará junto ao órgão competente para apuração das responsabilidades administrativa e penal.

## CAPÍTULO VIII.
## DOS CRIMES E DAS PENAS

**Art. 24.** Utilizar embrião humano em desacordo com o que dispõe o art. 5º desta Lei:

Pena – detenção, de 1 (um) a 3 (três) anos, e multa.

**Art. 25.** Praticar engenharia genética em célula germinal humana, zigoto humano ou embrião humano:

Pena – reclusão, de 1 (um) a 4 (quatro) anos, e multa.

**Art. 26.** Realizar clonagem humana:

Pena – reclusão, de 2 (dois) a 5 (cinco) anos, e multa.

**Art. 27.** Liberar ou descartar OGM no meio ambiente, em desacordo com as normas estabelecidas pela CTNBio e pelos órgãos e entidades de registro e fiscalização:

Pena – reclusão, de 1 (um) a 4 (quatro) anos, e multa.

**§ 1º.** *(VETADO).*

**§ 2º.** Agrava-se a pena:

**I** – de 1/6 (um sexto) a 1/3 (um terço), se resultar dano à propriedade alheia;

**II** – de 1/3 (um terço) até a 1/2 (metade), se resultar dano ao meio ambiente;

**III** – da 1/2 (metade) até 2/3 (dois terços), se resultar lesão corporal de natureza grave em outrem;

**IV** – de 2/3 (dois terços) até o dobro, se resultar a morte de outrem.

**Art. 28.** Utilizar, comercializar, registrar, patentear e licenciar tecnologias genéticas de restrição do uso:

Pena – reclusão, de 2 (dois) a 5 (cinco) anos, e multa.

**Art. 29.** Produzir, armazenar, transportar, comercializar, importar ou exportar OGM ou seus derivados, sem autorização ou em desacordo com as normas estabelecidas pela CTNBio e pelos órgãos e entidades de registro e fiscalização:

Pena – reclusão, de 1 (um) a 2 (dois) anos, e multa.

## CAPÍTULO IX. DISPOSIÇÕES FINAIS E TRANSITÓRIAS

**Art. 30.** Os OGM que tenham obtido decisão técnica da CTNBio favorável a sua liberação comercial até a entrada em vigor desta Lei poderão ser registrados e comercializados, salvo manifestação contrária do CNBS, no prazo de 60 (sessenta) dias, a contar da data da publicação desta Lei.

**Art. 31.** A CTNBio e os órgãos e entidades de registro e fiscalização, referidos no art. 16 desta Lei, deverão rever suas deliberações de caráter normativo, no prazo de 120 (cento e vinte) dias, a fim de promover sua adequação às disposições desta Lei.

**Art. 32.** Permanecem em vigor os Certificados de Qualidade em Biossegurança, comunicados e decisões técnicas já emitidos pela CTNBio, bem como, no que não contrariarem o disposto nesta Lei, os atos normativos emitidos ao amparo da Lei nº 8.974, de 5 de janeiro de 1995.

**Art. 33.** As instituições que desenvolverem atividades reguladas por esta Lei na data de sua publicação deverão adequar-se as suas disposições no prazo de 120 (cento e vinte) dias, contado da publicação do decreto que a regulamentar.

**Art. 34.** Ficam convalidados e tornam-se permanentes os registros provisórios concedidos sob a égide da Lei nº 10.814, de 15 de dezembro de 2003.

**Art. 35.** Ficam autorizadas a produção e a comercialização de sementes de cultivares de soja geneticamente modificadas tolerantes a glifosato registradas no Registro Nacional de Cultivares – RNC do Ministério da Agricultura, Pecuária e Abastecimento.

**Art. 36.** Fica autorizado o plantio de grãos de soja geneticamente modificada tolerante a glifosato, reservados pelos produtores rurais para uso próprio, na safra 2004/2005, sendo vedada a comercialização da produção como semente.

› Decreto 5.534/2005, art. 1º.

**Parágrafo único.** O Poder Executivo poderá prorrogar a autorização de que trata o *caput* deste artigo.

**Art. 37.** A descrição do Código 20 do Anexo VIII da Lei nº 6.938, de 31 de agosto de 1981, acrescido pela Lei nº 10.165, de 27 de dezembro de 2000, passa a vigorar com a seguinte redação:

**"ANEXO VIII**

| Código | Categoria | Descrição | Pp/gu |
|---|---|---|---|
| .......... | .................... | ................................................................................ | ........ |
| 20 | Uso de Recursos Naturais | Silvicultura; exploração econômica da madeira ou lenha e subprodutos florestais; importação ou exportação da fauna e flora nativas brasileiras; atividade de criação e exploração econômica de fauna exótica e de fauna silvestre; utilização do patrimônio genético natural; exploração de recursos aquáticos vivos; introdução de espécies exóticas, exceto para melhoramento genético vegetal e uso na agricultura; introdução de espécies geneticamente modificadas previamente identificadas pela CTNBio como potencialmente causadoras de significativa degradação do meio ambiente; uso da diversidade biológica pela biotecnologia em atividades previamente identificadas pela CTNBio como potencialmente causadoras de significativa degradação do meio ambiente. | Médio |
| .......... | ............ | ................................................................................ | .......... |

**Art. 38.** *(VETADO).*

**Art. 39.** Não se aplica aos OGM e seus derivados o disposto na Lei nº 7.802, de 11 de julho de 1989, e suas alterações, exceto para os casos em que eles sejam desenvolvidos para servir de matéria-prima para a produção de agrotóxicos.

**Art. 40.** Os alimentos e ingredientes alimentares destinados ao consumo humano ou animal que contenham ou sejam produzidos a partir de OGM ou derivados deverão conter informação nesse sentido em seus rótulos, conforme regulamento.

**Art. 41.** Esta Lei entra em vigor na data de sua publicação.

**Art. 42.** Revogam-se a Lei nº 8.974, de 5 de janeiro de 1995, a Medida Provisória nº 2.191-9, de 23 de agosto de 2001, e os arts. 5º, 6º, 7º, 8º, 9º, 10 e 16 da Lei nº 10.814, de 15 de dezembro de 2003.

Brasília, 24 de março de 2005;
184º da Independência e 117º da República.
Luiz Inácio Lula da Silva
Márcio Thomaz Bastos
Celso Luiz Nunes Amorim
Roberto Rodrigues
Humberto Sérgio Costa Lima
Luiz Fernando Furlan
Patrus Ananias
Eduardo Campos
Marina Silva
Miguel Soldatelli Rossetto
José Dirceu de Oliveira e Silva

# LEI Nº 11.428, DE 22 DE DEZEMBRO DE 2006

*Dispõe sobre a utilização e proteção da vegetação nativa do Bioma Mata Atlântica, e dá outras providências.*

- DOU de 26.12.2006; ret. DOU de 9.1.2007.

O PRESIDENTE DA REPÚBLICA

Faço saber que o Congresso Nacional decreta e eu sanciono a seguinte Lei:

## TÍTULO I. DAS DEFINIÇÕES, OBJETIVOS E PRINCÍPIOS DO REGIME JURÍDICO DO BIOMA MATA ATLÂNTICA

**Art. 1º.** A conservação, a proteção, a regeneração e a utilização do Bioma Mata Atlântica, patrimônio nacional, observarão o que estabelece esta Lei, bem como a legislação ambiental vigente, em especial a Lei nº 4.771, de 15 de setembro de 1965.

- Lei 12.651/2012 revogou a Lei 4.771/1965.
- Decreto 6.660/2008 – Regulamenta dispositivos da Lei 11.428/2006.
- Decreto 11.687/2023 – Dispõe sobre as ações relativas à prevenção, ao monitoramento, ao controle e à redução de desmatamento e degradação florestal no Bioma Amazônia.

## CAPÍTULO I. DAS DEFINIÇÕES

**Art. 2º.** Para os efeitos desta Lei, consideram-se integrantes do Bioma Mata Atlântica as seguintes formações florestais nativas e ecossistemas associados, com as respectivas delimitações estabelecidas em mapa do Instituto Brasileiro de Geografia e Estatística – IBGE, conforme regulamento: Floresta Ombrófila Densa; Floresta Ombrófila Mista, também denominada de Mata de Araucárias; Floresta Ombrófila Aberta; Floresta Estacional Semidecidual; e Floresta Estacional Decidual, bem como os manguezais, as vegetações de restingas, campos de altitude, brejos interioranos e encraves florestais do Nordeste.

- Decreto 6.660/2008 – Regulamenta dispositivos da Lei 11.428/2006.

**Parágrafo único.** Somente os remanescentes de vegetação nativa no estágio primário e nos estágios secundário inicial, médio e avançado de regeneração na área de abrangência definida no *caput* deste artigo terão seu uso e conservação regulados por esta Lei.

**Art. 3º.** Consideram-se para os efeitos desta Lei:

**I** – pequeno produtor rural: aquele que, residindo na zona rural, detenha a posse de gleba rural não superior a 50 (cinquenta) hectares, explorando-a mediante o trabalho pessoal e de sua família, admitida a ajuda eventual de terceiros, bem como as posses coletivas de terra considerando-se a fração individual não superior a 50 (cinquenta) hectares, cuja renda bruta seja proveniente de atividades ou usos agrícolas, pecuários ou silviculturais ou do extrativismo rural em 80% (oitenta por cento) no mínimo;

**II** – população tradicional: população vivendo em estreita relação com o ambiente natural, dependendo de seus recursos naturais para a sua reprodução sociocultural, por meio de atividades de baixo impacto ambiental;

**III** – pousio: prática que prevê a interrupção de atividades ou usos agrícolas, pecuários ou silviculturais do solo por até 10 (dez) anos para possibilitar a recuperação de sua fertilidade;

- Art. 3º, XXIV, da Lei 12.651/2012.

**IV** – prática preservacionista: atividade técnica e cientificamente fundamentada, imprescindível à proteção da integridade da vegetação nativa, tal como controle de fogo, erosão, espécies exóticas e invasoras;

**V** – exploração sustentável: exploração do ambiente de maneira a garantir a perenidade dos recursos ambientais renováveis e dos processos ecológicos, mantendo a biodiversidade e os demais atributos ecológicos, de forma socialmente justa e economicamente viável;

**VI** – enriquecimento ecológico: atividade técnica e cientificamente fundamentada que vise à recuperação da diversidade biológica em áreas de vegetação nativa, por meio da reintrodução de espécies nativas;

**VII** – utilidade pública:

*a)* atividades de segurança nacional e proteção sanitária;

*b)* as obras essenciais de infraestrutura de interesse nacional destinadas aos serviços públicos de transporte, saneamento e energia, declaradas pelo poder público federal ou dos Estados;

**VIII** – interesse social:

*a)* as atividades imprescindíveis à proteção da integridade da vegetação nativa, tais como: prevenção, combate e controle do fogo, controle da erosão, erradicação de invasoras e proteção de plantios com espécies nativas, conforme resolução do Conselho Nacional do Meio Ambiente – CONAMA;

*b)* as atividades de manejo agroflorestal sustentável praticadas na pequena propriedade ou posse rural familiar que não descaracterizem a cobertura vegetal e não prejudiquem a função ambiental da área;

*c)* demais obras, planos, atividades ou projetos definidos em resolução do Conselho Nacional do Meio Ambiente.

**Art. 4º.** A definição de vegetação primária e de vegetação secundária nos estágios avançado, médio e inicial de regeneração do Bioma Mata Atlântica, nas hipóteses de vegetação nativa localizada, será de iniciativa do Conselho Nacional do Meio Ambiente.

**§ 1º.** O Conselho Nacional do Meio Ambiente terá prazo de 180 (cento e oitenta) dias para estabelecer o que dispõe o *caput* deste artigo, sendo que qualquer intervenção na vegetação primária ou secundária nos estágios avançado e médio de regeneração somente poderá ocorrer após atendido o disposto neste artigo.

**§ 2º.** Na definição referida no *caput* deste artigo, serão observados os seguintes parâmetros básicos:

**I** – fisionomia;

**II** – estratos predominantes;

**III** – distribuição diamétrica e altura;

**IV** – existência, diversidade e quantidade de epífitas;

**V** – existência, diversidade e quantidade de trepadeiras;

**VI** – presença, ausência e características da serapilheira;

**VII** – sub-bosque;

**VIII** – diversidade e dominância de espécies;

**IX** – espécies vegetais indicadoras.

**Art. 5º.** A vegetação primária ou a vegetação secundária em qualquer estágio de regeneração do Bioma Mata Atlântica não perderão esta classificação nos casos de incêndio, desmatamento ou qualquer outro tipo de intervenção não autorizada ou não licenciada.

## CAPÍTULO II. DOS OBJETIVOS E PRINCÍPIOS DO REGIME JURÍDICO DO BIOMA MATA ATLÂNTICA

**Art. 6º.** A proteção e a utilização do Bioma Mata Atlântica têm por objetivo geral o desenvolvimento sustentável e, por objetivos específicos, a salvaguarda da biodiversidade, da saúde humana, dos valores paisagísticos, estéticos e turísticos, do regime hídrico e da estabilidade social.

**Parágrafo único.** Na proteção e na utilização do Bioma Mata Atlântica, serão observados os princípios da função socioambiental da propriedade, da equidade Inter geracional, da prevenção, da precaução, do usuário-pagador, da transparência das informações e atos, da gestão democrática, da celeridade procedimental, da gratuidade dos serviços administrativos prestados ao pequeno produtor rural e às populações tradicionais e do respeito ao direito de propriedade.

**Art. 7º.** A proteção e a utilização do Bioma Mata Atlântica far-se-ão dentro de condições que assegurem:

**I** – a manutenção e a recuperação da biodiversidade, vegetação, fauna e regime hídrico do Bioma Mata Atlântica para as presentes e futuras gerações;

**II** – o estímulo à pesquisa, à difusão de tecnologias de manejo sustentável da vegetação e à formação de uma consciência pública sobre a necessidade de recuperação e manutenção dos ecossistemas;

**III** – o fomento de atividades públicas e privadas compatíveis com a manutenção do equilíbrio ecológico;

**IV** – o disciplinamento da ocupação rural e urbana, de forma a harmonizar o crescimento econômico com a manutenção do equilíbrio ecológico.

## TÍTULO II. DO REGIME JURÍDICO GERAL DO BIOMA MATA ATLÂNTICA

**Art. 8º.** O corte, a supressão e a exploração da vegetação do Bioma Mata Atlântica far-se-ão de maneira diferenciada, conforme se trate de vegetação primária ou secundária, nesta última levando-se em conta o estágio de regeneração.

**Art. 9º.** A exploração eventual, sem propósito comercial direto ou indireto, de espécies da flora nativa, para consumo nas propriedades ou posses das populações tradicionais ou de pequenos produtores rurais, independe de autorização dos órgãos competentes, conforme regulamento.

**Parágrafo único.** Os órgãos competentes, sem prejuízo do disposto no *caput* deste artigo, deverão assistir as populações tradicionais e os pequenos produtores no manejo e exploração sustentáveis das espécies da flora nativa.

**Art. 10.** O poder público fomentará o enriquecimento ecológico da vegetação do Bioma Mata Atlântica, bem como o plantio e o reflorestamento com espécies nativas, em especial as iniciativas voluntárias de proprietários rurais.

**§ 1º.** Nos casos em que o enriquecimento ecológico exigir a supressão de espécies nativas que gerem produtos ou subprodutos comercializáveis, será exigida a autorização do órgão estadual ou federal competente, mediante procedimento simplificado.

**§ 2º.** Visando a controlar o efeito de borda nas áreas de entorno de fragmentos de vegetação nativa, o poder público fomentará o plantio de espécies florestais, nativas ou exóticas.

**Art. 11.** O corte e a supressão de vegetação primária ou nos estágios avançado e médio de regeneração do Bioma Mata Atlântica ficam vedados quando:

**I** – a vegetação:

*a)* abrigar espécies da flora e da fauna silvestres ameaçadas de extinção, em território nacional ou em âmbito estadual, assim declaradas pela União ou pelos Estados, e a intervenção ou o parcelamento puserem em risco a sobrevivência dessas espécies;

*b)* exercer a função de proteção de mananciais ou de prevenção e controle de erosão;

*c)* formar corredores entre remanescentes de vegetação primária ou secundária em estágio avançado de regeneração;

*d)* proteger o entorno das unidades de conservação; ou

*e)* possuir excepcional valor paisagístico, reconhecido pelos órgãos executivos competentes do Sistema Nacional do Meio Ambiente – SISNAMA;

**II** – o proprietário ou posseiro não cumprir os dispositivos da legislação ambiental, em especial as exigências da Lei nº 4.771, de 15 de setembro de 1965, no que respeita às Áreas de Preservação Permanente e à Reserva Legal.

› Lei 12.651/2012 revogou a Lei 4.771/1965.

**Parágrafo único.** Verificada a ocorrência do previsto na alínea *a* do inciso I deste artigo, os órgãos competentes do Poder Executivo adotarão as medidas necessárias para proteger as espécies da flora e da fauna silvestres ameaçadas de extinção caso existam fatores que o exijam, ou fomentarão e apoiarão as ações e os proprietários de áreas que estejam mantendo ou sustentando a sobrevivência dessas espécies.

**Art. 12.** Os novos empreendimentos que impliquem o corte ou a supressão de vegetação do Bioma Mata Atlântica deverão ser implantados preferencialmente em áreas já substancialmente alteradas ou degradadas.

**Art. 13.** Os órgãos competentes do Poder Executivo adotarão normas e procedimentos especiais para assegurar ao pequeno produtor e às populações tradicionais, nos pedidos de autorização de que trata esta Lei:

**I** – acesso fácil à autoridade administrativa, em local próximo ao seu lugar de moradia;

**II** – procedimentos gratuitos, céleres e simplificados, compatíveis com o seu nível de instrução;

**III** – análise e julgamento prioritários dos pedidos.

**Art. 14.** A supressão de vegetação primária e secundária no estágio avançado de regeneração somente poderá ser autorizada em caso de utilidade pública, sendo que a vegetação secundária em estágio médio de regeneração poderá ser suprimida nos casos de utilidade pública e interesse social, em todos os casos devidamente caracterizados e motivados em procedimento administrativo próprio, quando inexistir alternativa técnica e locacional ao empreendimento proposto, ressalvado o disposto no inciso I do art. 30 e nos §§ 1º e 2º do art. 31 desta Lei.

**§ 1º.** A supressão de que trata o *caput* deste artigo dependerá de autorização do órgão ambiental estadual competente, com anuência prévia, quando couber, do órgão federal ou municipal de meio ambiente, ressalvado o disposto no § 2º deste artigo.

**§ 2º.** A supressão de vegetação no estágio médio de regeneração situada em área urbana dependerá de autorização do órgão ambiental municipal competente, desde que o município possua conselho de meio ambiente, com caráter deliberativo e plano diretor, mediante anuência prévia do órgão ambiental estadual competente fundamentada em parecer técnico.

**§ 3º.** Na proposta de declaração de utilidade pública disposta na alínea *b* do inciso VII do art. 3º desta Lei, caberá ao proponente indicar de forma detalhada a alta relevância e o interesse nacional.

**Art. 15.** Na hipótese de obra ou atividade potencialmente causadora de significativa degradação do meio ambiente, o órgão competente exigirá a elaboração de Estudo Prévio de Impacto Ambiental, ao qual se dará publicidade, assegurada a participação pública.

**Art. 16.** Na regulamentação desta Lei, deverão ser adotadas normas e procedimentos especiais, simplificados e céleres, para os casos de reutilização das áreas agrícolas submetidas ao pousio.

**Art. 17.** O corte ou a supressão de vegetação primária ou secundária nos estágios médio ou avançado de regeneração do Bioma Mata Atlântica, autorizados por esta Lei, ficam condicionados à compensação ambiental, na forma da destinação de área equivalente à extensão da área desmatada, com as mesmas características ecológicas, na mesma bacia hidrográfica, sempre que possível na mesma microbacia hidrográfica, e, nos casos previstos nos arts. 30 e 31, ambos desta Lei, em áreas localizadas no mesmo Município ou região metropolitana.

**§ 1º.** Verificada pelo órgão ambiental a impossibilidade da compensação ambiental prevista no *caput* deste artigo, será exigida a reposição florestal, com espécies nativas, em área equivalente à desmatada, na mesma bacia hidrográfica, sempre que possível na mesma microbacia hidrográfica.

**§ 2º.** A compensação ambiental a que se refere este artigo não se aplica aos casos previstos no inciso III do art. 23 desta Lei ou de corte ou supressão ilegais.

**Art. 18.** No Bioma Mata Atlântica, é livre a coleta de subprodutos florestais tais como frutos, folhas ou sementes, bem como as atividades de uso indireto, desde que não coloquem em risco as espécies da fauna e flora, observando-se as limitações legais específicas e em particular as relativas ao acesso ao patrimônio genético, à proteção e ao acesso ao conhecimento tradicional associado e de biossegurança.

**Art. 19.** O corte eventual de vegetação primária ou secundária nos estágios médio e avançado de regeneração do Bioma Mata Atlântica, para fins de práticas preservacionistas e de pesquisa científica, será devidamente regulamentado pelo Conselho Nacional do Meio Ambiente e autorizado pelo órgão competente do SISNAMA.

## TÍTULO III. DO REGIME JURÍDICO ESPECIAL DO BIOMA MATA ATLÂNTICA

### CAPÍTULO I. DA PROTEÇÃO DA VEGETAÇÃO PRIMÁRIA

**Art. 20.** O corte e a supressão da vegetação primária do Bioma Mata Atlântica somente serão autorizados em caráter excepcional, quando necessários à realização de obras, projetos ou atividades de utilidade pública, pesquisas científicas e práticas preservacionistas.

**Parágrafo único.** O corte e a supressão de vegetação, no caso de utilidade pública, obedecerão ao disposto no art. 14 desta Lei, além da realização de Estudo Prévio de Impacto Ambiental/Relatório de Impacto Ambiental - EIA/RIMA.

### CAPÍTULO II. DA PROTEÇÃO DA VEGETAÇÃO SECUNDÁRIA EM ESTÁGIO AVANÇADO DE REGENERAÇÃO

**Art. 21.** O corte, a supressão e a exploração da vegetação secundária em estágio avançado de regeneração do Bioma Mata Atlântica somente serão autorizados:

**I** - em caráter excepcional, quando necessários à execução de obras, atividades ou projetos de utilidade pública, pesquisa científica e práticas preservacionistas;

**II** - *(VETADO).*

**III** - nos casos previstos no inciso I do art. 30 desta Lei.

**Art. 22.** O corte e a supressão previstos no inciso I do art. 21 desta Lei no caso de utilidade pública serão realizados na forma do art. 14 desta Lei, além da realização de Estudo Prévio de Impacto Ambiental, bem como na forma do art. 19 desta Lei para os casos de práticas preservacionistas e pesquisas científicas.

### CAPÍTULO III. DA PROTEÇÃO DA VEGETAÇÃO SECUNDÁRIA EM ESTÁGIO MÉDIO DE REGENERAÇÃO

**Art. 23.** O corte, a supressão e a exploração da vegetação secundária em estágio médio de regeneração do Bioma Mata Atlântica somente serão autorizados:

**I** - em caráter excepcional, quando necessários à execução de obras, atividades ou projetos de utilidade pública ou de interesse social, pesquisa científica e práticas preservacionistas;

**II** - *(VETADO).*

**III** - quando necessários ao pequeno produtor rural e populações tradicionais para o exercício de atividades ou usos agrícolas, pecuários ou silviculturais imprescindíveis à sua subsistência e de sua família, ressalvadas as áreas de preservação permanente e, quando for o caso, após averbação da reserva legal, nos termos da Lei nº 4.771, de 15 de setembro de 1965;

- Lei 12.651/2012 revogou a Lei 4.771/1965.

**IV** - nos casos previstos nos §§ 1º e 2º do art. 31 desta Lei.

**Art. 24.** O corte e a supressão da vegetação em estágio médio de regeneração, de que trata o inciso I do art. 23 desta Lei, nos casos de utilidade pública ou interesse social, obedecerão ao disposto no art. 14 desta Lei.

**Parágrafo único.** Na hipótese do inciso III do art. 23 desta Lei, a autorização é de competência do órgão estadual competente, informando-se ao Ibama, na forma da regulamentação desta Lei.

### CAPÍTULO IV. DA PROTEÇÃO DA VEGETAÇÃO SECUNDÁRIA EM ESTÁGIO INICIAL DE REGENERAÇÃO

**Art. 25.** O corte, a supressão e a exploração da vegetação secundária em estágio inicial de regeneração do Bioma Mata Atlântica serão autorizados pelo órgão estadual competente.

**Parágrafo único.** O corte, a supressão e a exploração de que trata este artigo, nos Estados em que a vegetação primária e secundária remanescente do Bioma Mata Atlântica for inferior a 5% (cinco por cento) da área original, submeter-se-ão ao regime jurídico aplicável à vegetação secundária em estágio médio de regeneração, ressalvadas as áreas urbanas e regiões metropolitanas.

**Art. 26.** Será admitida a prática agrícola do pousio nos Estados da Federação onde tal procedimento é utilizado tradicionalmente.

### CAPÍTULO V. DA EXPLORAÇÃO SELETIVA DE VEGETAÇÃO SECUNDÁRIA EM ESTÁGIOS AVANÇADO, MÉDIO E INICIAL DE REGENERAÇÃO

**Art. 27.** *(Vetado).*

**Art. 28.** O corte, a supressão e o manejo de espécies arbóreas pioneiras nativas em fragmentos florestais em estágio médio de regeneração, em que sua presença for superior a 60% (sessenta por cento) em relação às demais espécies, poderão ser autorizados pelo órgão estadual competente, observado o disposto na Lei nº 4.771, de 15 de setembro de 1965.

▸ Lei 12.651/2012 revogou a Lei 4.771/1965.

**Art. 29.** *(VETADO).*

## CAPÍTULO VI. DA PROTEÇÃO DO BIOMA MATA ATLÂNTICA NAS ÁREAS URBANAS E REGIÕES METROPOLITANAS

**Art. 30.** É vedada a supressão de vegetação primária do Bioma Mata Atlântica, para fins de loteamento ou edificação, nas regiões metropolitanas e áreas urbanas consideradas como tal em lei específica, aplicando-se à supressão da vegetação secundária em estágio avançado de regeneração as seguintes restrições:

**I** – nos perímetros urbanos aprovados até a data de início de vigência desta Lei, a supressão de vegetação secundária em estágio avançado de regeneração dependerá de prévia autorização do órgão estadual competente e somente será admitida, para fins de loteamento ou edificação, no caso de empreendimentos que garantam a preservação de vegetação nativa em estágio avançado de regeneração em no mínimo 50% (cinquenta por cento) da área total coberta por esta vegetação, ressalvado o disposto nos arts. 11 12 e 17 desta Lei e atendido o disposto no Plano Diretor do Município e demais normas urbanísticas e ambientais aplicáveis;

**II** – nos perímetros urbanos aprovados após a data de início de vigência desta Lei, é vedada a supressão de vegetação secundária em estágio avançado de regeneração do Bioma Mata Atlântica para fins de loteamento ou edificação.

**Art. 31.** Nas regiões metropolitanas e áreas urbanas, assim consideradas em lei, o parcelamento do solo para fins de loteamento ou qualquer edificação em área de vegetação secundária, em estágio médio de regeneração, do Bioma Mata Atlântica, devem obedecer ao disposto no Plano Diretor do Município e demais normas aplicáveis, e dependerão de prévia autorização do órgão estadual competente, ressalvado o disposto nos arts. 11, 12 e 17 desta Lei.

**§ 1º.** Nos perímetros urbanos aprovados até a data de início de vigência desta Lei, a supressão de vegetação secundária em estágio médio de regeneração somente será admitida, para fins de loteamento ou edificação, no caso de empreendimentos que garantam a preservação de vegetação nativa em estágio médio de regeneração em no mínimo 30% (trinta por cento) da área total coberta por esta vegetação.

**§ 2º.** Nos perímetros urbanos delimitados após a data de início de vigência desta Lei, a supressão de vegetação secundária em estágio médio de regeneração fica condicionada à manutenção de vegetação em estágio médio de regeneração em no mínimo 50% (cinquenta por cento) da área total coberta por esta vegetação.

## CAPÍTULO VII. DAS ATIVIDADES MINERÁRIAS EM ÁREAS DE VEGETAÇÃO SECUNDÁRIA EM ESTÁGIO AVANÇADO E MÉDIO DE REGENERAÇÃO

**Art. 32.** A supressão de vegetação secundária em estágio avançado e médio de regeneração para fins de atividades minerárias somente será admitida mediante:

**I** – licenciamento ambiental, condicionado à apresentação de Estudo Prévio de Impacto Ambiental/Relatório de Impacto Ambiental – EIA/RIMA, pelo empreendedor, e desde que demonstrada a inexistência de alternativa técnica e locacional ao empreendimento proposto;

**II** – adoção de medida compensatória que inclua a recuperação de área equivalente à área do empreendimento, com as mesmas características ecológicas, na mesma bacia hidrográfica e sempre que possível na mesma microbacia hidrográfica, independentemente do disposto no art. 36 da Lei nº 9.985, de 18 de julho de 2000.

## TÍTULO IV. DOS INCENTIVOS ECONÔMICOS

**Art. 33.** O poder público, sem prejuízo das obrigações dos proprietários e posseiros estabelecidas na legislação ambiental, estimulará, com incentivos econômicos, a proteção e o uso sustentável do Bioma Mata Atlântica.

**§ 1º.** Na regulamentação dos incentivos econômicos ambientais, serão observadas as seguintes características da área beneficiada:

**I** – a importância e representatividade ambientais do ecossistema e da gleba;

**II** – a existência de espécies da fauna e flora ameaçadas de extinção;

**III** – a relevância dos recursos hídricos;

**IV** – o valor paisagístico, estético e turístico;

**V** – o respeito às obrigações impostas pela legislação ambiental;

**VI** – a capacidade de uso real e sua produtividade atual.

**§ 2º.** Os incentivos de que trata este TÍTULO não excluem ou restringem outros benefícios, abatimentos e deduções em vigor, em especial as doações a entidades de utilidade pública efetuadas por pessoas físicas ou jurídicas.

**Art. 34.** As infrações dos dispositivos que regem os benefícios econômicos ambientais, sem prejuízo das sanções penais e administrativas cabíveis, sujeitarão os responsáveis a multa civil de 3 (três) vezes o valor atualizado recebido, ou do imposto devido em relação a cada exercício financeiro, além das penalidades e demais acréscimos previstos na legislação fiscal.

**§ 1º.** Para os efeitos deste artigo, considera-se solidariamente responsável por inadimplência ou irregularidade a pessoa física ou jurídica doadora ou propositora de projeto ou proposta de benefício.

**§ 2º.** A existência de pendências ou irregularidades na execução de projetos de proponentes no órgão competente do SISNAMA suspenderá a análise ou concessão de novos incentivos, até a efetiva regularização.

**Art. 35.** A conservação, em imóvel rural ou urbano, da vegetação primária ou da vegetação secundária em qualquer estágio de regeneração do Bioma Mata Atlântica cumpre função social e é de interesse público, podendo, a critério do proprietário, as áreas sujeitas à restrição de que trata esta Lei ser computadas para efeito da Reserva Legal e seu excedente utilizado para fins de compensação ambiental ou instituição de Cota de Reserva Ambiental - CRA.

**Parágrafo único.** Ressalvadas as hipóteses previstas em lei, as áreas de preservação permanente não integrarão a reserva legal.

## CAPÍTULO I. DO FUNDO DE RESTAURAÇÃO DO BIOMA MATA ATLÂNTICA

**Art. 36.** Fica instituído o Fundo de Restauração do Bioma Mata Atlântica destinado ao financiamento de projetos de restauração ambiental e de pesquisa científica.

**§ 1º.** *(VETADO).*

**§ 2º.** *(VETADO).*

**§ 3º.** *(VETADO).*

**Art. 37.** Constituirão recursos do Fundo de que trata o art. 36 desta Lei:

**I** - dotações orçamentárias da União;

**II** - recursos resultantes de doações, contribuições em dinheiro, valores, bens móveis e imóveis, que venha a receber de pessoas físicas e jurídicas, nacionais ou internacionais;

**III** - rendimentos de qualquer natureza, que venha a auferir como remuneração decorrente de aplicações do seu patrimônio;

**IV** - outros, destinados em lei.

**Art. 38.** Serão beneficiados com recursos do Fundo de Restauração do Bioma Mata Atlântica os projetos que envolvam conservação de remanescentes de vegetação nativa, pesquisa científica ou áreas a serem restauradas, implementados em Municípios que possuam plano municipal de conservação e recuperação da Mata Atlântica, devidamente aprovado pelo Conselho Municipal de Meio Ambiente.

**§ 1º.** Terão prioridade de apoio os projetos destinados à conservação e recuperação das áreas de preservação permanente, reservas legais, reservas particulares do patrimônio natural e áreas do entorno de unidades de conservação.

**§ 2º.** Os projetos poderão beneficiar áreas públicas e privadas e serão executados por órgãos públicos, instituições acadêmicas públicas e organizações da sociedade civil de interesse público que atuem na conservação, restauração ou pesquisa científica no Bioma Mata Atlântica.

## CAPÍTULO II. DA SERVIDÃO AMBIENTAL

**Art. 39.** *(VETADO).*

**Art. 40.** *(VETADO).*

## CAPÍTULO III. DOS INCENTIVOS CREDITÍCIOS

**Art. 41.** O proprietário ou posseiro que tenha vegetação primária ou secundária em estágios avançado e médio de regeneração do Bioma Mata Atlântica receberá das instituições financeiras benefícios creditícios, entre os quais:

**I** - prioridade na concessão de crédito agrícola, para os pequenos produtores rurais e populações tradicionais;

**II** - *(VETADO).*

**III** - *(VETADO).*

**Parágrafo único.** Os critérios, condições e mecanismos de controle dos benefícios referidos neste artigo serão definidos, anualmente, sob pena de responsabilidade, pelo órgão competente do Poder Executivo, após anuência do órgão competente do Ministério da Fazenda.

## TÍTULO V. DAS PENALIDADES

**Art. 42.** A ação ou omissão das pessoas físicas ou jurídicas que importem inobservância aos preceitos desta Lei e a seus regulamentos ou resultem em dano à flora, à fauna e aos demais atributos naturais sujeitam os infratores às sanções previstas em lei, em especial as dispostas na Lei nº 9.605, de 12 de fevereiro de 1998, e seus decretos regulamentadores.

**Art. 43.** A Lei nº 9.605, de 12 de fevereiro de 1998, passa a vigorar acrescida do seguinte art. 38-A:

(...)

**Art. 44.** *(VETADO).*

## TÍTULO VI. DISPOSIÇÕES FINAIS

**Art. 45.** *(VETADO).*

**Art. 46.** Os órgãos competentes adotarão as providências necessárias para o rigoroso e fiel cumprimento desta Lei, e estimularão estudos técnicos e científicos visando à conservação e ao manejo racional do Bioma Mata Atlântica e de sua biodiversidade.

**Art. 47.** Para os efeitos do inciso I do *caput* do art. 3º desta Lei, somente serão consideradas as propriedades rurais com área de até 50 (cinquenta) hectares, registradas em cartório até a data de início de vigência desta Lei, ressalvados os casos de fracionamento por transmissão *causa mortis*.

**Art. 48.** O art. 10 da Lei nº 9.393, de 19 de dezembro de 1996, passa a vigorar com a seguinte redação:

› Alterações já incorporadas ao texto da referida lei.

**Art. 50.** *(VETADO).*

**Art. 51.** Esta Lei entra em vigor na data de sua publicação.

Brasília, 22 de dezembro de 2006;
185º da Independência e 118º da República.

Luiz Inácio Lula da Silva

Márcio Thomaz Bastos

Guido Mantega
Marina Silva
Álvaro Augusto Ribeiro Costa

## LEI Nº 12.187, DE 29 DE DEZEMBRO DE 2009

*Institui a Política Nacional sobre Mudança do Clima - PNMC e dá outras providências.*

› DOU de 29.12.2009 – Edição extra.

O PRESIDENTE DA REPÚBLICA

Faço saber que o Congresso Nacional decreta e eu sanciono a seguinte Lei:

**Art. 1º** Esta Lei institui a Política Nacional sobre Mudança do Clima - PNMC e estabelece seus princípios, objetivos, diretrizes e instrumentos.

**Art. 2º** Para os fins previstos nesta Lei, entende-se por:

**I** - adaptação: iniciativas e medidas para reduzir a vulnerabilidade dos sistemas naturais e humanos frente aos efeitos atuais e esperados da mudança do clima;

**II** - efeitos adversos da mudança do clima: mudanças no meio físico ou biota resultantes da mudança do clima que tenham efeitos deletérios significativos sobre a composição, resiliência ou produtividade de ecossistemas naturais e manejados, sobre o funcionamento de sistemas socioeconômicos ou sobre a saúde e o bem-estar humanos;

**III** - emissões: liberação de gases de efeito estufa ou seus precursores na atmosfera numa área específica e num período determinado;

**IV** - fonte: processo ou atividade que libere na atmosfera gás de efeito estufa, aerossol ou precursor de gás de efeito estufa;

**V** - gases de efeito estufa: constituintes gasosos, naturais ou antrópicos, que, na atmosfera, absorvem e reemitem radiação infravermelha;

**VI** - impacto: os efeitos da mudança do clima nos sistemas humanos e naturais;

**VII** - mitigação: mudanças e substituições tecnológicas que reduzam o uso de recursos e as emissões por unidade de produção, bem como a implementação de medidas que reduzam as emissões de gases de efeito estufa e aumentem os sumidouros;

**VIII** - mudança do clima: mudança de clima que possa ser direta ou indiretamente atribuída à atividade humana que altere a composição da atmosfera mundial e que se some àquela provocada pela variabilidade climática natural observada ao longo de períodos comparáveis;

**IX** - sumidouro: processo, atividade ou mecanismo que remova da atmosfera gás de efeito estufa, aerossol ou precursor de gás de efeito estufa; e

**X** - vulnerabilidade: grau de suscetibilidade e incapacidade de um sistema, em função de sua sensibilidade, capacidade de adaptação, e do caráter, magnitude e taxa de mudança e variação do clima a que está exposto, de lidar com os efeitos adversos da mudança do clima, entre os quais a variabilidade climática e os eventos extremos.

**Art. 3º** A PNMC e as ações dela decorrentes, executadas sob a responsabilidade dos entes políticos e dos órgãos da administração pública, observarão os princípios da precaução, da prevenção, da participação cidadã, do desenvolvimento sustentável e o das responsabilidades comuns, porém diferenciadas, este último no âmbito internacional, e, quanto às medidas a serem adotadas na sua execução, será considerado o seguinte:

**I** - todos têm o dever de atuar, em benefício das presentes e futuras gerações, para a redução dos impactos decorrentes das interferências antrópicas sobre o sistema climático;

**II** - serão tomadas medidas para prever, evitar ou minimizar as causas identificadas da mudança climática com origem antrópica no território nacional, sobre as quais haja razoável consenso por parte dos meios científicos e técnicos ocupados no estudo dos fenômenos envolvidos;

**III** - as medidas tomadas devem levar em consideração os diferentes contextos socioeconomicos de sua aplicação, distribuir os ônus e encargos decorrentes entre os setores econômicos e as populações e comunidades interessadas de modo equitativo e equilibrado e sopesar as responsabilidades individuais quanto à origem das fontes emissoras e dos efeitos ocasionados sobre o clima;

**IV** - o desenvolvimento sustentável é a condição para enfrentar as alterações climáticas e conciliar o atendimento às necessidades comuns e particulares das populações e comunidades que vivem no território nacional;

**V** - as ações de âmbito nacional para o enfrentamento das alterações climáticas, atuais, presentes e futuras, devem considerar e integrar as ações promovidas no âmbito estadual e municipal por entidades públicas e privadas;

**VI** - (VETADO)

**Art. 4º** A Política Nacional sobre Mudança do Clima - PNMC visará:

**I** - à compatibilização do desenvolvimento econômico-social com a proteção do sistema climático;

**II** - à redução das emissões antrópicas de gases de efeito estufa em relação às suas diferentes fontes;

**III** - (VETADO);

**IV** - ao fortalecimento das remoções antrópicas por sumidouros de gases de efeito estufa no território nacional;

**V** - à implementação de medidas para promover a adaptação à mudança do clima pelas 3 (três) esferas da Federação, com a participação e a colaboração dos agentes econômicos e sociais interessados ou beneficiários, em particular aqueles especialmente vulneráveis aos seus efeitos adversos;

**VI** - à preservação, à conservação e à recuperação dos recursos ambientais, com particular atenção aos grandes biomas naturais tidos como Patrimônio Nacional;

**VII** - à consolidação e à expansão das áreas legalmente protegidas e ao incentivo aos reflorestamentos e à recomposição da cobertura vegetal em áreas degradadas;

**VIII** - ao estímulo ao desenvolvimento do Mercado Brasileiro de Redução de Emissões - MBRE.

**Parágrafo único.** Os objetivos da Política Nacional sobre Mudança do Clima deverão estar em consonância com o desenvolvimento sustentável a fim de buscar o crescimento econômico, a erradicação da pobreza e a redução das desigualdades sociais.

**Art. 5º** São diretrizes da Política Nacional sobre Mudança do Clima:

**I** - os compromissos assumidos pelo Brasil na Convenção-Quadro das Nações Unidas sobre Mudança do Clima, no Protocolo de Quioto e nos demais documentos sobre mudança do clima dos quais vier a ser signatário;

**II** - as ações de mitigação da mudança do clima em consonância com o desenvolvimento sustentável, que sejam, sempre que possível, mensuráveis para sua adequada quantificação e verificação a posteriori;

**III** - as medidas de adaptação para reduzir os efeitos adversos da mudança do clima e a vulnerabilidade dos sistemas ambiental, social e econômico;

**IV** - as estratégias integradas de mitigação e adaptação à mudança do clima nos âmbitos local, regional e nacional;

**V** - o estímulo e o apoio à participação dos governos federal, estadual, distrital e municipal, assim como do setor produtivo, do meio acadêmico e da sociedade civil organizada, no desenvolvimento e na execução de políticas, planos, programas e ações relacionados à mudança do clima;

**VI** - a promoção e o desenvolvimento de pesquisas científico-tecnológicas, e a difusão de tecnologias, processos e práticas orientados a:

a) mitigar a mudança do clima por meio da redução de emissões antrópicas por fontes e do fortalecimento das remoções antrópicas por sumidouros de gases de efeito estufa;

b) reduzir as incertezas nas projeções nacionais e regionais futuras da mudança do clima;

c) identificar vulnerabilidades e adotar medidas de adaptação adequadas;

**VII** - a utilização de instrumentos financeiros e econômicos para promover ações de mitigação e adaptação à mudança do clima, observado o disposto no art. 6º;

**VIII** - a identificação, e sua articulação com a Política prevista nesta Lei, de instrumentos de ação governamental já estabelecidos aptos a contribuir para proteger o sistema climático;

**IX** - o apoio e o fomento às atividades que efetivamente reduzam as emissões ou promovam as remoções por sumidouros de gases de efeito estufa;

**X** - a promoção da cooperação internacional no âmbito bilateral, regional e multilateral para o financiamento, a capacitação, o desenvolvimento, a transferência e a difusão de tecnologias e processos para a implementação de ações de mitigação e adaptação, incluindo a pesquisa científica, a observação sistemática e o intercâmbio de informações;

**XI** - o aperfeiçoamento da observação sistemática e precisa do clima e suas manifestações no território nacional e nas áreas oceânicas contíguas;

**XII** - a promoção da disseminação de informações, a educação, a capacitação e a conscientização pública sobre mudança do clima;

**XIII** - o estímulo e o apoio à manutenção e à promoção:

a) de práticas, atividades e tecnologias de baixas emissões de gases de efeito estufa;

b) de padrões sustentáveis de produção e consumo.

**Art. 6º** São instrumentos da Política Nacional sobre Mudança do Clima:

**I** - o Plano Nacional sobre Mudança do Clima;

**II** - o Fundo Nacional sobre Mudança do Clima;

**III** - os Planos de Ação para a Prevenção e Controle do Desmatamento nos biomas;

**IV** - a Comunicação Nacional do Brasil à Convenção-Quadro das Nações Unidas sobre Mudança do Clima, de acordo com os critérios estabelecidos por essa Convenção e por suas Conferências das Partes;

**V** - as resoluções da Comissão Interministerial de Mudança Global do Clima;

**VI** - as medidas fiscais e tributárias destinadas a estimular a redução das emissões e remoção de gases de efeito estufa, incluindo alíquotas diferenciadas, isenções, compensações e incentivos, a serem estabelecidos em lei específica;

**VII** - as linhas de crédito e financiamento específicas de agentes financeiros públicos e privados;

**VIII** - o desenvolvimento de linhas de pesquisa por agências de fomento;

**IX** - as dotações específicas para ações em mudança do clima no orçamento da União;

**X** - os mecanismos financeiros e econômicos referentes à mitigação da mudança do clima e à adaptação aos efeitos da mudança do clima que existam no âmbito da Convenção-Quadro das Nações Unidas sobre Mudança do Clima e do Protocolo de Quioto;

**XI** - os mecanismos financeiros e econômicos, no âmbito nacional, referentes à mitigação e à adaptação à mudança do clima;

**XII** - as medidas existentes, ou a serem criadas, que estimulem o desenvolvimento de processos e tecnologias, que contribuam para a redução de emissões e remoções de gases de efeito estufa, bem como para a adaptação, dentre as quais o estabelecimento de critérios de preferência nas licitações e concorrências públicas, compreendidas aí as parcerias público-privadas e a autorização, permissão, outorga e concessão para exploração de serviços públicos e recursos naturais, para as propostas que propiciem maior economia de energia, água e outros recursos naturais e redução da emissão de gases de efeito estufa e de resíduos;

**XIII** - os registros, inventários, estimativas, avaliações e quaisquer outros estudos de emissões de gases de efeito estufa e de suas fontes, elaborados com base em informações e dados fornecidos por entidades públicas e privadas;

**XIV** - as medidas de divulgação, educação e conscientização;

**XV** - o monitoramento climático nacional;

**XVI** - os indicadores de sustentabilidade;

**XVII** - o estabelecimento de padrões ambientais e de metas, quantificáveis e verificáveis, para a redução de emissões antrópicas por fontes e para as remoções antrópicas por sumidouros de gases de efeito estufa;

**XVIII** - a avaliação de impactos ambientais sobre o microclima e o macroclima.

**Art. 7º** Os instrumentos institucionais para a atuação da Política Nacional de Mudança do Clima incluem:

**I** - o Comitê Interministerial sobre Mudança do Clima;

**II** - a Comissão Interministerial de Mudança Global do Clima;

**III** - o Fórum Brasileiro de Mudança do Clima;

**IV** - a Rede Brasileira de Pesquisas sobre Mudanças Climáticas Globais - Rede Clima;

**V** - a Comissão de Coordenação das Atividades de Meteorologia, Climatologia e Hidrologia.

**Art. 8º** As instituições financeiras oficiais disponibilizarão linhas de crédito e financiamento específicas para desenvolver ações e atividades que atendam aos objetivos desta Lei e voltadas para induzir a conduta dos agentes privados à observância e execução da PNMC, no âmbito de suas ações e responsabilidades sociais.

**Art. 9º** O Mercado Brasileiro de Redução de Emissões - MBRE será operacionalizado em bolsas de mercadorias e futuros, bolsas de valores e entidades de balcão organizado, autorizadas pela Comissão de Valores Mobiliários - CVM, onde se dará a negociação de títulos mobiliários representativos de emissões de gases de efeito estufa evitadas certificadas.

**Art. 10.** (VETADO)

**Art. 11.** Os princípios, objetivos, diretrizes e instrumentos das políticas públicas e programas governamentais deverão compatibilizar-se com os princípios, objetivos, diretrizes e instrumentos desta Política Nacional sobre Mudança do Clima.

**Parágrafo único.** Decreto do Poder Executivo estabelecerá, em consonância com a Política Nacional sobre Mudança do Clima, os Planos setoriais de mitigação e de adaptação às mudanças climáticas visando à consolidação de uma economia de baixo consumo de carbono, na geração e distribuição de energia elétrica, no transporte público urbano e nos sistemas modais de transporte interestadual de cargas e passageiros, na indústria de transformação e na de bens de consumo duráveis, nas indústrias químicas fina e de base, na indústria de papel e celulose, na mineração, na indústria da construção civil, nos serviços de saúde e na agropecuária, com vistas em atender metas gradativas de redução de emissões antrópicas quantificáveis e verificáveis, considerando as especificidades de cada setor, inclusive por meio do Mecanismo de Desenvolvimento Limpo - MDL e das Ações de Mitigação Nacionalmente Apropriadas - NAMAs.

**Art. 12.** Para alcançar os objetivos da PNMC, o País adotará, como compromisso nacional voluntário, ações de mitigação das emissões de gases de efeito estufa, com vistas em reduzir entre 36,1% (trinta e seis inteiros e um décimo por cento) e 38,9% (trinta e oito inteiros e nove décimos por cento) suas emissões projetadas até 2020.

**Parágrafo único.** A projeção das emissões para 2020 assim como o detalhamento das ações para alcançar o objetivo expresso no *caput* serão dispostos por decreto, tendo por base o segundo Inventário Brasileiro de Emissões e Remoções Antrópicas de Gases de Efeito Estufa não Controlados pelo Protocolo de Montreal, a ser concluído em 2010.

**Art. 13.** Esta Lei entra em vigor na data de sua publicação.

Brasília, 29 de dezembro de 2009;
188º da Independência e 121º da República.

Luiz Inácio Lula da Silva
Nelson Machado
Edison Lobão
Paulo Bernardo Silva
Luís Inácio Lucena Adams

# LEI Nº 12.305, DE 2 DE AGOSTO DE 2010 (EXCERTOS)

*Institui a Política Nacional de Resíduos Sólidos; altera a Lei nº 9.605, de 12 de fevereiro de 1998; e dá outras providências.*

- DOU de 3.8.2010.
- Política Nacional de Resíduos Sólidos
- Decreto 11.043/2022 (Aprova o Plano Nacional de Resíduos Sólidos).

O PRESIDENTE DA REPÚBLICA

Faço saber que o Congresso Nacional decreta e eu sanciono a seguinte Lei:

## TÍTULO I DISPOSIÇÕES GERAIS

### CAPÍTULO I DO OBJETO E DO CAMPO DE APLICAÇÃO

**Art. 1º** Esta Lei institui a Política Nacional de Resíduos Sólidos, dispondo sobre seus princípios, objetivos e instrumentos, bem como sobre as diretrizes relativas à gestão integrada e ao gerenciamento de resíduos sólidos, incluídos os perigosos, às responsabilidades dos geradores e do poder público e aos instrumentos econômicos aplicáveis.

**§ 1º** Estão sujeitas à observância desta Lei as pessoas físicas ou jurídicas, de direito público ou privado, responsáveis, direta ou indiretamente, pela geração de resíduos sólidos e as que desenvolvam ações relacionadas à gestão integrada ou ao gerenciamento de resíduos sólidos.

**§ 2º** Esta Lei não se aplica aos rejeitos radioativos, que são regulados por legislação específica.

**Art. 2º** Aplicam-se aos resíduos sólidos, além do disposto nesta Lei, nas Leis nºs 11.445, de 5 de janeiro de 2007, 9.974, de 6 de junho de 2000, e 9.966, de 28 de abril de 2000, as normas estabelecidas pelos órgãos do Sistema Nacional do Meio Ambiente (Sisnama), do Sistema Nacional de Vigilância Sanitária (SNVS), do Sistema Unificado de Atenção à Sanidade Agropecuária (Suasa) e do Sistema Nacional de Metrologia, Normalização e Qualidade Industrial (Sinmetro).

## CAPÍTULO II
## DEFINIÇÕES

**Art. 3º** Para os efeitos desta Lei, entende-se por:

**I** - acordo setorial: ato de natureza contratual firmado entre o poder público e fabricantes, importadores, distribuidores ou comerciantes, tendo em vista a implantação da responsabilidade compartilhada pelo ciclo de vida do produto;

**II** - área contaminada: local onde há contaminação causada pela disposição, regular ou irregular, de quaisquer substâncias ou resíduos;

**III** - área órfã contaminada: área contaminada cujos responsáveis pela disposição não sejam identificáveis ou individualizáveis;

**IV** - ciclo de vida do produto: série de etapas que envolvem o desenvolvimento do produto, a obtenção de matérias-primas e insumos, o processo produtivo, o consumo e a disposição final;

**V** - coleta seletiva: coleta de resíduos sólidos previamente segregados conforme sua constituição ou composição;

**VI** - controle social: conjunto de mecanismos e procedimentos que garantam à sociedade informações e participação nos processos de formulação, implementação e avaliação das políticas públicas relacionadas aos resíduos sólidos;

**VII** - destinação final ambientalmente adequada: destinação de resíduos que inclui a reutilização, a reciclagem, a compostagem, a recuperação e o aproveitamento energético ou outras destinações admitidas pelos órgãos competentes do Sisnama, do SNVS e do Suasa, entre elas a disposição final, observando normas operacionais es pecíficas de modo a evitar danos ou riscos à saúde pública e à segurança e a minimizar os impactos ambientais adversos;

**VIII** - disposição final ambientalmente adequada: distribuição ordenada de rejeitos em aterros, observando normas operacionais específicas de modo a evitar danos ou riscos à saúde pública e à segurança e a minimizar os impactos ambientais adversos;

**IX** - geradores de resíduos sólidos: pessoas físicas ou jurídicas, de direito público ou privado, que geram resíduos sólidos por meio de suas atividades, nelas incluído o consumo;

**X** - gerenciamento de resíduos sólidos: conjunto de ações exercidas, direta ou indiretamente, nas etapas de coleta, transporte, transbordo, tratamento e destinação final ambientalmente adequada dos resíduos sólidos e disposição final ambientalmente adequada dos rejeitos, de acordo com plano municipal de gestão integrada de resíduos sólidos ou com plano de gerenciamento de resíduos sólidos, exigidos na forma desta Lei;

**XI** - gestão integrada de resíduos sólidos: conjunto de ações voltadas para a busca de soluções para os resíduos sólidos, de forma a considerar as dimensões política, econômica, ambiental, cultural e social, com controle social e sob a premissa do desenvolvimento sustentável;

**XII** - logística reversa: instrumento de desenvolvimento econômico e social caracterizado por um conjunto de ações, procedimentos e meios destinados a viabilizar a coleta e a restituição dos resíduos sólidos ao setor empresarial, para reaproveitamento, em seu ciclo ou em outros ciclos produtivos, ou outra destinação final ambientalmente adequada;

**XIII** - padrões sustentáveis de produção e consumo: produção e consumo de bens e serviços de forma a atender as necessidades das atuais gerações e permitir melhores condições de vida, sem comprometer a qualidade ambiental e o atendimento das necessidades das gerações futuras;

**XIV** - reciclagem: processo de transformação dos resíduos sólidos que envolve a alteração de suas propriedades físicas, físico-químicas ou biológicas, com vistas à transformação em insumos ou novos produtos, observadas as condições e os padrões estabelecidos pelos órgãos competentes do Sisnama e, se couber, do SNVS e do Suasa;

**XV** - rejeitos: resíduos sólidos que, depois de esgotadas todas as possibilidades de tratamento e recuperação por processos tecnológicos disponíveis e economicamente viáveis, não apresentem outra possibilidade que não a disposição final ambientalmente adequada;

**XVI** - resíduos sólidos: material, substância, objeto ou bem descartado resultante de atividades humanas em sociedade, a cuja destinação final se procede, se propõe proceder ou se está obrigado a proceder, nos estados sólido ou semissólido, bem como gases contidos em recipientes e líquidos cujas particularidades tornem inviável o seu lançamento na rede pública de esgotos ou em corpos d'água, ou exijam para isso soluções técnica ou economicamente inviáveis em face da melhor tecnologia disponível;

**XVII** - responsabilidade compartilhada pelo ciclo de vida dos produtos: conjunto de atribuições individualizadas e encadeadas dos fabricantes, importadores, distribuidores e comerciantes, dos consumidores e dos titulares dos serviços públicos de limpeza urbana e de manejo dos resíduos sólidos, para minimizar o volume de resíduos sólidos e rejeitos gerados, bem como para reduzir os impactos causados à saúde humana e à qualidade ambiental decorrentes do ciclo de vida dos produtos, nos termos desta Lei;

**XVIII** - reutilização: processo de aproveitamento dos resíduos sólidos sem sua transformação biológica, física ou físico-química, observadas as condições e os padrões estabelecidos pelos órgãos competentes do Sisnama e, se couber, do SNVS e do Suasa;

**XIX** - serviço público de limpeza urbana e de manejo de resíduos sólidos: conjunto de atividades previstas no art. 7º da Lei nº 11.445, de 2007.

## TÍTULO II
## DA POLÍTICA NACIONAL DE RESÍDUOS SÓLIDOS

### CAPÍTULO I
### DISPOSIÇÕES GERAIS

**Art. 4º** A Política Nacional de Resíduos Sólidos reúne o conjunto de princípios, objetivos, instrumentos, diretrizes, metas e ações adotados pelo Governo Federal, isoladamente ou em regime de cooperação com Estados, Distrito Federal, Municípios ou particulares, com vistas à gestão integrada e ao gerenciamento ambientalmente adequado dos resíduos sólidos.

**Art. 5º** A Política Nacional de Resíduos Sólidos integra a Política Nacional do Meio Ambiente e articula-se com a Política Nacional de Educação Ambiental, regulada pela Lei nº 9.795, de 27 de abril de 1999, com a Política Federal de Saneamento Básico, regulada pela Lei nº 11.445, de 2007, e com a Lei nº 11.107, de 6 de abril de 2005.

### CAPÍTULO II
### DOS PRINCÍPIOS E OBJETIVOS

**Art. 6º** São princípios da Política Nacional de Resíduos Sólidos:

**I** - a prevenção e a precaução;

**II** - o poluidor-pagador e o protetor-recebedor;

**III** - a visão sistêmica, na gestão dos resíduos sólidos, que considere as variáveis ambiental, social, cultural, econômica, tecnológica e de saúde pública;

**IV** - o desenvolvimento sustentável;

**V** - a ecoeficiência, mediante a compatibilização entre o fornecimento, a preços competitivos, de bens e serviços qualificados que satisfaçam as necessidades humanas e tragam qualidade de vida e a redução do impacto ambiental e do consumo de recursos naturais a um nível, no mínimo, equivalente à capacidade de sustentação estimada do planeta;

**VI** - a cooperação entre as diferentes esferas do poder público, o setor empresarial e demais segmentos da sociedade;

**VII** - a responsabilidade compartilhada pelo ciclo de vida dos produtos;

**VIII** - o reconhecimento do resíduo sólido reutilizável e reciclável como um bem econômico e de valor social, gerador de trabalho e renda e promotor de cidadania;

**IX** - o respeito às diversidades locais e regionais;

**X** - o direito da sociedade à informação e ao controle social;

**XI** - a razoabilidade e a proporcionalidade.

**Art. 7º** São objetivos da Política Nacional de Resíduos Sólidos:

**I** - proteção da saúde pública e da qualidade ambiental;

**II** - não geração, redução, reutilização, reciclagem e tratamento dos resíduos sólidos, bem como disposição final ambientalmente adequada dos rejeitos;

**III** - estímulo à adoção de padrões sustentáveis de produção e consumo de bens e serviços;

**IV** - adoção, desenvolvimento e aprimoramento de tecnologias limpas como forma de minimizar impactos ambientais;

**V** - redução do volume e da periculosidade dos resíduos perigosos;

**VI** - incentivo à indústria da reciclagem, tendo em vista fomentar o uso de matérias-primas e insumos derivados de materiais recicláveis e reciclados;

**VII** - gestão integrada de resíduos sólidos;

**VIII** - articulação entre as diferentes esferas do poder público, e destas com o setor empresarial, com vistas à cooperação técnica e financeira para a gestão integrada de resíduos sólidos;

**IX** - capacitação técnica continuada na área de resíduos sólidos;

**X** - regularidade, continuidade, funcionalidade e universalização da prestação dos serviços públicos de limpeza urbana e de manejo de resíduos sólidos, com adoção de mecanismos gerenciais e econômicos que assegurem a recuperação dos custos dos serviços prestados, como forma de garantir sua sustentabilidade operacional e financeira, observada a Lei nº 11.445, de 2007;

**XI** - prioridade, nas aquisições e contratações governamentais, para:

a) produtos reciclados e recicláveis;

b) bens, serviços e obras que considerem critérios compatíveis com padrões de consumo social e ambientalmente sustentáveis;

**XII** - integração dos catadores de materiais reutilizáveis e recicláveis nas ações que envolvam a responsabilidade compartilhada pelo ciclo de vida dos produtos;

**XIII** - estímulo à implementação da avaliação do ciclo de vida do produto;

**XIV** - incentivo ao desenvolvimento de sistemas de gestão ambiental e empresarial voltados para a melhoria dos processos produtivos e ao reaproveitamento dos resíduos sólidos, incluídos a recuperação e o aproveitamento energético;

**XV** - estímulo à rotulagem ambiental e ao consumo sustentável.

## CAPÍTULO III
## DOS INSTRUMENTOS

**Art. 8º** São instrumentos da Política Nacional de Resíduos Sólidos, entre outros:

**I** - os planos de resíduos sólidos;

**II** - os inventários e o sistema declaratório anual de resíduos sólidos;

**III** - a coleta seletiva, os sistemas de logística reversa e outras ferramentas relacionadas à implementação da responsabilidade compartilhada pelo ciclo de vida dos produtos;

**IV** - o incentivo à criação e ao desenvolvimento de cooperativas ou de outras formas de associação de catadores de materiais reutilizáveis e recicláveis;

**V** - o monitoramento e a fiscalização ambiental, sanitária e agropecuária;

**VI** - a cooperação técnica e financeira entre os setores público e privado para o desenvolvimento de pesquisas de novos produtos, métodos, processos e tecnologias de gestão, reciclagem, reutilização, tratamento de resíduos e disposição final ambientalmente adequada de rejeitos;

**VII** - a pesquisa científica e tecnológica;

**VIII** - a educação ambiental;

**IX** - os incentivos fiscais, financeiros e creditícios;

**X** - o Fundo Nacional do Meio Ambiente e o Fundo Nacional de Desenvolvimento Científico e Tecnológico;

**XI** - o Sistema Nacional de Informações sobre a Gestão dos Resíduos Sólidos (Sinir);

**XII** - o Sistema Nacional de Informações em Saneamento Básico (Sinisa);

**XIII** - os conselhos de meio ambiente e, no que couber, os de saúde;

**XIV** - os órgãos colegiados municipais destinados ao controle social dos serviços de resíduos sólidos urbanos;

**XV** - o Cadastro Nacional de Operadores de Resíduos Perigosos;

**XVI** - os acordos setoriais;

**XVII** - no que couber, os instrumentos da Política Nacional de Meio Ambiente, entre eles:

a) os padrões de qualidade ambiental;

b) o Cadastro Técnico Federal de Atividades Potencialmente Poluidoras ou Utilizadoras de Recursos Ambientais;

c) o Cadastro Técnico Federal de Atividades e Instrumentos de Defesa Ambiental;

d) a avaliação de impactos ambientais;

e) o Sistema Nacional de Informação sobre Meio Ambiente (Sinima);

f) o licenciamento e a revisão de atividades efetiva ou potencialmente poluidoras;

**XVIII** - os termos de compromisso e os termos de ajustamento de conduta;

**XIX** - o incentivo à adoção de consórcios ou de outras formas de cooperação entre os entes federados, com vistas à elevação das escalas de aproveitamento e à redução dos custos envolvidos.

# TÍTULO III
# DAS DIRETRIZES APLICÁVEIS AOS RESÍDUOS SÓLIDOS

## CAPÍTULO I
## DISPOSIÇÕES PRELIMINARES

**Art. 9º** Na gestão e gerenciamento de resíduos sólidos, deve ser observada a seguinte ordem de prioridade: não geração, redução, reutilização, reciclagem, tratamento dos resíduos sólidos e disposição final ambientalmente adequada dos rejeitos.

**§ 1º** Poderão ser utilizadas tecnologias visando à recuperação energética dos resíduos sólidos urbanos, desde que tenha sido comprovada sua viabilidade técnica e ambiental e com a implantação de programa de monitoramento de emissão de gases tóxicos aprovado pelo órgão ambiental.

**§ 2º** A Política Nacional de Resíduos Sólidos e as Políticas de Resíduos Sólidos dos Estados, do Distrito Federal e dos Municípios serão compatíveis com o disposto no *caput* e no § 1º deste artigo e com as demais diretrizes estabelecidas nesta Lei.

**Art. 10.** Incumbe ao Distrito Federal e aos Municípios a gestão integrada dos resíduos sólidos gerados nos respectivos territórios, sem prejuízo das competências de controle e fiscalização dos órgãos federais e estaduais do Sisnama, do SNVS e do Suasa, bem como da responsabilidade do gerador pelo gerenciamento de resíduos, consoante o estabelecido nesta Lei.

**Art. 11.** Observadas as diretrizes e demais determinações estabelecidas nesta Lei e em seu regulamento, incumbe aos Estados:

**I** - promover a integração da organização, do planejamento e da execução das funções públicas de interesse comum relacionadas à gestão dos resíduos sólidos nas regiões metropolitanas, aglomerações urbanas e microrregiões, nos termos da lei complementar estadual prevista no § 3º do art. 25 da Constituição Federal;

**II** - controlar e fiscalizar as atividades dos geradores sujeitas a licenciamento ambiental pelo órgão estadual do Sisnama.

**Parágrafo único.** A atuação do Estado na forma do *caput* deve apoiar e priorizar as iniciativas do Município de soluções consorciadas ou compartilhadas entre 2 (dois) ou mais Municípios.

**Art. 12.** A União, os Estados, o Distrito Federal e os Municípios organizarão e manterão, de forma conjunta, o Sistema Nacional de Informações sobre a Gestão dos Resíduos Sólidos (Sinir), articulado com o Sinisa e o Sinima.

**Parágrafo único.** Incumbe aos Estados, ao Distrito Federal e aos Municípios fornecer ao órgão federal responsável pela coordenação do Sinir todas as informações necessárias sobre os resíduos sob sua esfera de competência, na forma e na periodicidade estabelecidas em regulamento.

**Art. 13.** Para os efeitos desta Lei, os resíduos sólidos têm a seguinte classificação:

**I** - quanto à origem:

a) resíduos domiciliares: os originários de atividades domésticas em residências urbanas;

b) resíduos de limpeza urbana: os originários da varrição, limpeza de logradouros e vias públicas e outros serviços de limpeza urbana;

c) resíduos sólidos urbanos: os englobados nas alíneas "a" e "b";

d) resíduos de estabelecimentos comerciais e prestadores de serviços: os gerados nessas atividades, excetuados os referidos nas alíneas "b", "e", "g", "h" e "j";

e) resíduos dos serviços públicos de saneamento básico: os gerados nessas atividades, excetuados os referidos na alínea "c";

f) resíduos industriais: os gerados nos processos produtivos e instalações industriais;

g) resíduos de serviços de saúde: os gerados nos serviços de saúde, conforme definido em regulamento ou em normas estabelecidas pelos órgãos do Sisnama e do SNVS;

h) resíduos da construção civil: os gerados nas construções, reformas, reparos e demolições de obras de construção civil, incluídos os resultantes da preparação e escavação de terrenos para obras civis;

i) resíduos agrossilvopastoris: os gerados nas atividades agropecuárias e silviculturais, incluídos os relacionados a insumos utilizados nessas atividades;

j) resíduos de serviços de transportes: os originários de portos, aeroportos, terminais alfandegários, rodoviários e ferroviários e passagens de fronteira;

k) resíduos de mineração: os gerados na atividade de pesquisa, extração ou beneficiamento de minérios;

**II** - quanto à periculosidade:

a) resíduos perigosos: aqueles que, em razão de suas características de inflamabilidade, corrosividade, reatividade, toxicidade, patogenicidade, carcinogenicidade, teratogenicidade e mutagenicidade, apresentam significativo risco à saúde pública ou à qualidade ambiental, de acordo com lei, regulamento ou norma técnica;

b) resíduos não perigosos: aqueles não enquadrados na alínea "I".

**Parágrafo único.** Respeitado o disposto no art. 20, os resíduos referidos na alínea "I" do inciso I do *caput*, se caracterizados como não perigosos, podem, em razão de sua natureza, composição ou volume, ser equiparados aos resíduos domiciliares pelo poder público municipal.

## CAPÍTULO II
## DOS PLANOS DE RESÍDUOS SÓLIDOS

### SEÇÃO I
### DISPOSIÇÕES GERAIS

**Art. 14.** São planos de resíduos sólidos:

**I** - o Plano Nacional de Resíduos Sólidos;

**II** - os planos estaduais de resíduos sólidos;

**III** - os planos microrregionais de resíduos sólidos e os planos de resíduos sólidos de regiões metropolitanas ou aglomerações urbanas;

**IV** - os planos intermunicipais de resíduos sólidos;

**V** - os planos municipais de gestão integrada de resíduos sólidos;

**VI** - os planos de gerenciamento de resíduos sólidos.

**Parágrafo único.** É assegurada ampla publicidade ao conteúdo dos planos de resíduos sólidos, bem como controle social em sua formulação, implementação e operacionalização, observado o disposto na Lei nº 10.650, de 16 de abril de 2003, e no art. 47 da Lei nº 11.445, de 2007.

### SEÇÃO II
### DO PLANO NACIONAL DE RESÍDUOS SÓLIDOS

**Art. 15.** A União elaborará, sob a coordenação do Ministério do Meio Ambiente, o Plano Nacional de Resíduos Sólidos, com vigência por prazo indeterminado e horizonte de 20 (vinte) anos, a ser atualizado a cada 4 (quatro) anos, tendo como conteúdo mínimo:

**I** - diagnóstico da situação atual dos resíduos sólidos;

**II** - proposição de cenários, incluindo tendências internacionais e macroeconômicas;

**III** - metas de redução, reutilização, reciclagem, entre outras, com vistas a reduzir a quantidade de resíduos e rejeitos encaminhados para disposição final ambientalmente adequada;

**IV** - metas para o aproveitamento energético dos gases gerados nas unidades de disposição final de resíduos sólidos;

**V** - metas para a eliminação e recuperação de lixões, associadas à inclusão social e à emancipação econômica de catadores de materiais reutilizáveis e recicláveis;

**VI** - programas, projetos e ações para o atendimento das metas previstas;

**VII** - normas e condicionantes técnicas para o acesso a recursos da União, para a obtenção de seu aval ou para o acesso a recursos administrados, direta ou indiretamente, por entidade federal, quando destinados a ações e programas de interesse dos resíduos sólidos;

**VIII** - medidas para incentivar e viabilizar a gestão regionalizada dos resíduos sólidos;

**IX** - diretrizes para o planejamento e demais atividades de gestão de resíduos sólidos das regiões integradas de desenvolvimento instituídas por lei complementar, bem como para as áreas de especial interesse turístico;

**X** - normas e diretrizes para a disposição final de rejeitos e, quando couber, de resíduos;

**XI** - meios a serem utilizados para o controle e a fiscalização, no âmbito nacional, de sua implementação e operacionalização, assegurado o controle social.

**Parágrafo único.** O Plano Nacional de Resíduos Sólidos será elaborado mediante processo de mobilização e participação social, incluindo a realização de audiências e consultas públicas.

## SEÇÃO III
## DOS PLANOS ESTADUAIS DE RESÍDUOS SÓLIDOS

**Art. 16.** A elaboração de plano estadual de resíduos sólidos, nos termos previstos por esta Lei, é condição para os Estados terem acesso a recursos da União, ou por ela controlados, destinados a empreendimentos e serviços relacionados à gestão de resíduos sólidos, ou para serem beneficiados por incentivos ou financiamentos de entidades federais de crédito ou fomento para tal finalidade.

**§ 1º** Serão priorizados no acesso aos recursos da União referidos no *caput* os Estados que instituírem microrregiões, consoante o § 3º do art. 25 da Constituição Federal, para integrar a organização, o planejamento e a execução das ações a cargo de Municípios limítrofes na gestão dos resíduos sólidos.

**§ 2º** Serão estabelecidas em regulamento normas complementares sobre o acesso aos recursos da União na forma deste artigo.

**§ 3º** Respeitada a responsabilidade dos geradores nos termos desta Lei, as microrregiões instituídas conforme previsto no § 1º abrangem atividades de coleta seletiva, recuperação e reciclagem, tratamento e destinação final dos resíduos sólidos urbanos, a gestão de resíduos de construção civil, de serviços de transporte, de serviços de saúde, agrossilvopastoris ou outros resíduos, de acordo com as peculiaridades microrregionais.

**Art. 17.** O plano estadual de resíduos sólidos será elaborado para vigência por prazo indeterminado, abrangendo todo o território do Estado, com horizonte de atuação de 20 (vinte) anos e revisões a cada 4 (quatro) anos, e tendo como conteúdo mínimo:

**I** - diagnóstico, incluída a identificação dos principais fluxos de resíduos no Estado e seus impactos socioeconômicos e ambientais;

**II** - proposição de cenários;

**III** - metas de redução, reutilização, reciclagem, entre outras, com vistas a reduzir a quantidade de resíduos e rejeitos encaminhados para disposição final ambientalmente adequada;

**IV** - metas para o aproveitamento energético dos gases gerados nas unidades de disposição final de resíduos sólidos;

**V** - metas para a eliminação e recuperação de lixões, associadas à inclusão social e à emancipação econômica de catadores de materiais reutilizáveis e recicláveis;

**VI** - programas, projetos e ações para o atendimento das metas previstas;

**VII** - normas e condicionantes técnicas para o acesso a recursos do Estado, para a obtenção de seu aval ou para o acesso de recursos administrados, direta ou indiretamente, por entidade estadual, quando destinados às ações e programas de interesse dos resíduos sólidos;

**VIII** - medidas para incentivar e viabilizar a gestão consorciada ou compartilhada dos resíduos sólidos;

**IX** - diretrizes para o planejamento e demais atividades de gestão de resíduos sólidos de regiões metropolitanas, aglomerações urbanas e microrregiões;

**X** - normas e diretrizes para a disposição final de rejeitos e, quando couber, de resíduos, respeitadas as disposições estabelecidas em âmbito nacional;

**XI** - previsão, em conformidade com os demais instrumentos de planejamento territorial, especialmente o zoneamento ecológicoeconômico e o zoneamento costeiro, de:

a) zonas favoráveis para a localização de unidades de tratamento de resíduos sólidos ou de disposição final de rejeitos;

b) áreas degradadas em razão de disposição inadequada de resíduos sólidos ou rejeitos a serem objeto de recuperação ambiental;

**XII** - meios a serem utilizados para o controle e a fiscalização, no âmbito estadual, de sua implementação e operacionalização, assegurado o controle social.

**§ 1º** Além do plano estadual de resíduos sólidos, os Estados poderão elaborar planos microrregionais de resíduos sólidos, bem como planos específicos direcionados às regiões metropolitanas ou às aglomerações urbanas.

**§ 2º** A elaboração e a implementação pelos Estados de planos microrregionais de resíduos sólidos, ou de planos de regiões metropolitanas ou aglomerações urbanas, em consonância com o previsto no § 1º, dar-se-ão obrigatoriamente com a participação dos Municípios envolvidos e não excluem nem substituem qualquer das prerrogativas a cargo dos Municípios previstas por esta Lei.

**§ 3º** Respeitada a responsabilidade dos geradores nos termos desta Lei, o plano microrregional de resíduos sólidos deve atender ao previsto para o plano estadual e estabelecer soluções integradas para a coleta seletiva, a recuperação e a reciclagem, o tratamento e a destinação final dos resíduos sólidos urbanos e, consideradas as peculiaridades microrregionais, outros tipos de resíduos.

## SEÇÃO IV
## DOS PLANOS MUNICIPAIS DE GESTÃO INTEGRADA DE RESÍDUOS SÓLIDOS

**Art. 18.** A elaboração de plano municipal de gestão integrada de resíduos sólidos, nos termos previstos por esta Lei, é condição para o Distrito Federal e os Municípios terem acesso a recursos da União, ou por ela controlados, destinados a empreendimentos e serviços relacionados à limpeza urbana e ao manejo de resíduos sólidos, ou para serem beneficiados por incentivos ou financiamentos de entidades federais de crédito ou fomento para tal finalidade.

**§ 1º** Serão priorizados no acesso aos recursos da União referidos no *caput* os Municípios que:

**I** - optarem por soluções consorciadas intermunicipais para a gestão dos resíduos sólidos, incluída a elaboração e implementação de plano intermunicipal, ou que se inserirem de forma voluntária nos planos microrregionais de resíduos sólidos referidos no § 1º do art. 16;

**II** - implantarem a coleta seletiva com a participação de cooperativas ou outras formas de associação de catadores de materiais reutilizáveis e recicláveis formadas por pessoas físicas de baixa renda.

**§ 2º** Serão estabelecidas em regulamento normas complementares sobre o acesso aos recursos da União na forma deste artigo.

**Art. 19.** O plano municipal de gestão integrada de resíduos sólidos tem o seguinte conteúdo mínimo:

**I** - diagnóstico da situação dos resíduos sólidos gerados no respectivo território, contendo a origem, o volume, a caracterização dos resíduos e as formas de destinação e disposição final adotadas;

**II** - identificação de áreas favoráveis para disposição final ambientalmente adequada de rejeitos, observado o plano diretor de que trata o § 1º do art. 182 da Constituição Federal e o zoneamento ambiental, se houver;

**III** - identificação das possibilidades de implantação de soluções consorciadas ou compartilhadas com outros Municípios, considerando, nos critérios de economia de escala, a proximidade dos locais estabelecidos e as formas de prevenção dos riscos ambientais;

**IV** - identificação dos resíduos sólidos e dos geradores sujeitos a plano de gerenciamento específico nos termos do art. 20 ou a sistema de logística reversa na forma do art. 33, observadas as disposições desta Lei e de seu regulamento, bem como as normas estabelecidas pelos órgãos do Sisnama e do SNVS;

**V** - procedimentos operacionais e especificações mínimas a serem adotados nos serviços públicos de limpeza urbana e de manejo de resíduos sólidos, incluída a disposição final ambientalmente adequada dos rejeitos e observada a Lei nº 11.445, de 2007;

**VI** - indicadores de desempenho operacional e ambiental dos serviços públicos de limpeza urbana e de manejo de resíduos sólidos;

**VII** - regras para o transporte e outras etapas do gerenciamento de resíduos sólidos de que trata o art. 20, observadas as normas estabelecidas pelos órgãos do Sisnama e do SNVS e demais disposições pertinentes da legislação federal e estadual;

**VIII** - definição das responsabilidades quanto à sua implementação e operacionalização, incluídas as etapas do plano de gerenciamento de resíduos sólidos a que se refere o art. 20 a cargo do poder público;

**IX** - programas e ações de capacitação técnica voltados para sua implementação e operacionalização;

**X** - programas e ações de educação ambiental que promovam a não geração, a redução, a reutilização e a reciclagem de resíduos sólidos;

**XI** - programas e ações para a participação dos grupos interessados, em especial das cooperativas ou outras formas de associação de catadores de materiais reutilizáveis e recicláveis formadas por pessoas físicas de baixa renda, se houver;

**XII** - mecanismos para a criação de fontes de negócios, emprego e renda, mediante a valorização dos resíduos sólidos;

**XIII** - sistema de cálculo dos custos da prestação dos serviços públicos de limpeza urbana e de manejo de resíduos sólidos, bem como a forma de cobrança desses serviços, observada a Lei nº 11.445, de 2007;

**XIV** - metas de redução, reutilização, coleta seletiva e reciclagem, entre outras, com vistas a reduzir a quantidade de rejeitos encaminhados para disposição final ambientalmente adequada;

**XV** - descrição das formas e dos limites da participação do poder público local na coleta seletiva e na logística reversa, respeitado o disposto no art. 33, e de outras ações relativas à responsabilidade compartilhada pelo ciclo de vida dos produtos;

**XVI** - meios a serem utilizados para o controle e a fiscalização, no âmbito local, da implementação e operacionalização dos planos de gerenciamento de resíduos sólidos de que trata o art. 20 e dos sistemas de logística reversa previstos no art. 33;

**XVII** - ações preventivas e corretivas a serem praticadas, incluindo programa de monitoramento;

**XVIII** - identificação dos passivos ambientais relacionados aos resíduos sólidos, incluindo áreas contaminadas, e respectivas medidas saneadoras;

**XIX** - periodicidade de sua revisão, observado o período máximo de 10 (dez) anos. *(Redação dada pela Lei 14.026/2020)*

**§ 1º** O plano municipal de gestão integrada de resíduos sólidos pode estar inserido no plano de saneamento básico previsto no art. 19 da Lei nº 11.445, de 2007, respeitado o conteúdo mínimo previsto nos incisos do *caput* e observado o disposto no § 2º, todos deste artigo.

**§ 2º** Para Municípios com menos de 20.000 (vinte mil) habitantes, o plano municipal de gestão integrada de resíduos sólidos terá conteúdo simplificado, na forma do regulamento.

**§ 3º** O disposto no § 2º não se aplica a Municípios:

**I** - integrantes de áreas de especial interesse turístico;

**II** - inseridos na área de influência de empreendimentos ou atividades com significativo impacto ambiental de âmbito regional ou nacional;

AMBIENTAL

**III** - cujo território abranja, total ou parcialmente, Unidades de Conservação.

**§ 4º** A existência de plano municipal de gestão integrada de resíduos sólidos não exime o Município ou o Distrito Federal do licenciamento ambiental de aterros sanitários e de outras infraestruturas e instalações operacionais integrantes do serviço público de limpeza urbana e de manejo de resíduos sólidos pelo órgão competente do Sisnama.

**§ 5º** Na definição de responsabilidades na forma do inciso VIII do *caput* deste artigo, é vedado atribuir ao serviço público de limpeza urbana e de manejo de resíduos sólidos a realização de etapas do gerenciamento dos resíduos a que se refere o art. 20 em desacordo com a respectiva licença ambiental ou com normas estabelecidas pelos órgãos do Sisnama e, se couber, do SNVS.

**§ 6º** Além do disposto nos incisos I a XIX do *caput* deste artigo, o plano municipal de gestão integrada de resíduos sólidos contemplará ações específicas a serem desenvolvidas no âmbito dos órgãos da administração pública, com vistas à utilização racional dos recursos ambientais, ao combate a todas as formas de desperdício e à minimização da geração de resíduos sólidos.

**§ 7º** O conteúdo do plano municipal de gestão integrada de resíduos sólidos será disponibilizado para o Sinir, na forma do regulamento.

**§ 8º** A inexistência do plano municipal de gestão integrada de resíduos sólidos não pode ser utilizada para impedir a instalação ou a operação de empreendimentos ou atividades devidamente licenciados pelos órgãos competentes.

**§ 9º** Nos termos do regulamento, o Município que optar por soluções consorciadas intermunicipais para a gestão dos resíduos sólidos, assegurado que o plano intermunicipal preencha os requisitos estabelecidos nos incisos I a XIX do *caput* deste artigo, pode ser dispensado da elaboração de plano municipal de gestão integrada de resíduos sólidos.

## SEÇÃO V
## DO PLANO DE GERENCIAMENTO DE RESÍDUOS SÓLIDOS

**Art. 20.** Estão sujeitos à elaboração de plano de gerenciamento de resíduos sólidos:

**I** - os geradores de resíduos sólidos previstos nas alíneas "e", "f", "g" e "k" do inciso I do art. 13;

**II** - os estabelecimentos comerciais e de prestação de serviços que:

a) gerem resíduos perigosos;

b) gerem resíduos que, mesmo caracterizados como não perigosos, por sua natureza, composição ou volume, não sejam equiparados aos resíduos domiciliares pelo poder público municipal;

**III** - as empresas de construção civil, nos termos do regulamento ou de normas estabelecidas pelos órgãos do Sisnama;

**IV** - os responsáveis pelos terminais e outras instalações referidas na alínea "j" do inciso I do art. 13 e, nos termos do regulamento ou de normas estabelecidas pelos órgãos do Sisnama e, se couber, do SNVS, as empresas de transporte;

**V** - os responsáveis por atividades agrossilvopastoris, se exigido pelo órgão competente do Sisnama, do SNVS ou do Suasa.

**Parágrafo único.** Observado o disposto no Capítulo IV deste Título, serão estabelecidas por regulamento exigências específicas relativas ao plano de gerenciamento de resíduos perigosos.

**Art. 21.** O plano de gerenciamento de resíduos sólidos tem o seguinte conteúdo mínimo:

**I** - descrição do empreendimento ou atividade;

**II** - diagnóstico dos resíduos sólidos gerados ou administrados, contendo a origem, o volume e a caracterização dos resíduos, incluindo os passivos ambientais a eles relacionados;

**III** - observadas as normas estabelecidas pelos órgãos do Sisnama, do SNVS e do Suasa e, se houver, o plano municipal de gestão integrada de resíduos sólidos:

a) explicitação dos responsáveis por cada etapa do gerenciamento de resíduos sólidos;

b) definição dos procedimentos operacionais relativos às etapas do gerenciamento de resíduos sólidos sob responsabilidade do gerador;

**IV** - identificação das soluções consorciadas ou compartilhadas com outros geradores;

**V** - ações preventivas e corretivas a serem executadas em situações de gerenciamento incorreto ou acidentes;

**VI** - metas e procedimentos relacionados à minimização da geração de resíduos sólidos e, observadas as normas estabelecidas pelos órgãos do Sisnama, do SNVS e do Suasa, à reutilização e reciclagem;

**VII** - se couber, ações relativas à responsabilidade compartilhada pelo ciclo de vida dos produtos, na forma do art. 31;

**VIII** - medidas saneadoras dos passivos ambientais relacionados aos resíduos sólidos;

**IX** - periodicidade de sua revisão, observado, se couber, o prazo de vigência da respectiva licença de operação a cargo dos órgãos do Sisnama.

**§ 1º** O plano de gerenciamento de resíduos sólidos atenderá ao disposto no plano municipal de gestão integrada de resíduos sólidos do respectivo Município, sem prejuízo das normas estabelecidas pelos órgãos do Sisnama, do SNVS e do Suasa.

**§ 2º** A inexistência do plano municipal de gestão integrada de resíduos sólidos não obsta a elaboração, a implementação ou a operacionalização do plano de gerenciamento de resíduos sólidos.

**§ 3º** Serão estabelecidos em regulamento:

**I** - normas sobre a exigibilidade e o conteúdo do plano de gerenciamento de resíduos sólidos relativo à atuação de cooperativas ou de outras formas de associação de catadores de materiais reutilizáveis e recicláveis;

**II** - critérios e procedimentos simplificados para apresentação dos planos de gerenciamento de resíduos sólidos para microempresas e empresas de pequeno porte, assim consideradas as definidas nos incisos I e II do art. 3º da Lei Complementar nº 123, de 14 de dezembro de 2006, desde que as atividades por elas desenvolvidas não gerem resíduos perigosos.

**Art. 22.** Para a elaboração, implementação, operacionalização e monitoramento de todas as etapas do plano de gerenciamento de resíduos sólidos, nelas incluído o controle da disposição final ambientalmente adequada dos rejeitos, será designado responsável técnico devidamente habilitado.

**Art. 23.** Os responsáveis por plano de gerenciamento de resíduos sólidos manterão atualizadas e disponíveis ao órgão municipal competente, ao órgão licenciador do Sisnama e a outras autoridades, informações completas sobre a implementação e a operacionalização do plano sob sua responsabilidade.

**§ 1º** Para a consecução do disposto no *caput*, sem prejuízo de outras exigências cabíveis por parte das autoridades, será implementado sistema declaratório com periodicidade, no mínimo, anual, na forma do regulamento.

**§ 2º** As informações referidas no *caput* serão repassadas pelos órgãos públicos ao Sinir, na forma do regulamento.

**Art. 24.** O plano de gerenciamento de resíduos sólidos é parte integrante do processo de licenciamento ambiental do empreendimento ou atividade pelo órgão competente do Sisnama.

**§ 1º** Nos empreendimentos e atividades não sujeitos a licenciamento ambiental, a aprovação do plano de gerenciamento de resíduos sólidos cabe à autoridade municipal competente.

**§ 2º** No processo de licenciamento ambiental referido no § 1º a cargo de órgão federal ou estadual do Sisnama, será assegurada oitiva do órgão municipal competente, em especial quanto à disposição final ambientalmente adequada de rejeitos.

## CAPÍTULO III
## DAS RESPONSABILIDADES DOS GERADORES E DO PODER PÚBLICO

### SEÇÃO I
### DISPOSIÇÕES GERAIS

**Art. 25.** O poder público, o setor empresarial e a coletividade são responsáveis pela efetividade das ações voltadas para assegurar a observância da Política Nacional de Resíduos Sólidos e das diretrizes e demais determinações estabelecidas nesta Lei e em seu regulamento.

**Art. 26.** O titular dos serviços públicos de limpeza urbana e de manejo de resíduos sólidos é responsável pela organização e prestação direta ou indireta desses serviços, observados o respectivo plano municipal de gestão integrada de resíduos sólidos, a Lei nº 11.445, de 2007, e as disposições desta Lei e seu regulamento.

**Art. 27.** As pessoas físicas ou jurídicas referidas no art. 20 são responsáveis pela implementação e operacionalização integral do plano de gerenciamento de resíduos sólidos aprovado pelo órgão competente na forma do art. 24.

**§ 1º** A contratação de serviços de coleta, armazenamento, transporte, transbordo, tratamento ou destinação final de resíduos sólidos, ou de disposição final de rejeitos, não isenta as pessoas físicas ou jurídicas referidas no art. 20 da responsabilidade por danos que vierem a ser provocados pelo gerenciamento inadequado dos respectivos resíduos ou rejeitos.

**§ 2º** Nos casos abrangidos pelo art. 20, as etapas sob responsabilidade do gerador que forem realizadas pelo poder público serão devidamente remuneradas pelas pessoas físicas ou jurídicas responsáveis, observado o disposto no § 5º do art. 19.

**Art. 28.** O gerador de resíduos sólidos domiciliares tem cessada sua responsabilidade pelos resíduos com a disponibilização adequada para a coleta ou, nos casos abrangidos pelo art. 33, com a devolução.

**Art. 29.** Cabe ao poder público atuar, subsidiariamente, com vistas a minimizar ou cessar o dano, logo que tome conhecimento de evento lesivo ao meio ambiente ou à saúde pública relacionado ao gerenciamento de resíduos sólidos.

**Parágrafo único.** Os responsáveis pelo dano ressarcirão integralmente o poder público pelos gastos decorrentes das ações empreendidas na forma do *caput*.

### SEÇÃO II
### DA RESPONSABILIDADE COMPARTILHADA

**Art. 30.** É instituída a responsabilidade compartilhada pelo ciclo de vida dos produtos, a ser implementada de forma individualizada e encadeada, abrangendo os fabricantes, importadores, distribuidores e comerciantes, os consumidores e os titulares dos serviços públicos de limpeza urbana e de manejo de resíduos sólidos, consoante as atribuições e procedimentos previstos nesta Seção.

**Parágrafo único.** A responsabilidade compartilhada pelo ciclo de vida dos produtos tem por objetivo:

**I** - compatibilizar interesses entre os agentes econômicos e sociais e os processos de gestão empresarial e mercadológica com os de gestão ambiental, desenvolvendo estratégias sustentáveis;

**II** - promover o aproveitamento de resíduos sólidos, direcionando- os para a sua cadeia produtiva ou para outras cadeias produtivas;

**III** - reduzir a geração de resíduos sólidos, o desperdício de materiais, a poluição e os danos ambientais;

**IV** - incentivar a utilização de insumos de menor agressividade ao meio ambiente e de maior sustentabilidade;

**V** - estimular o desenvolvimento de mercado, a produção e o consumo de produtos derivados de materiais reciclados e recicláveis;

**VI** - propiciar que as atividades produtivas alcancem eficiência e sustentabilidade;

**VII** - incentivar as boas práticas de responsabilidade socioambiental.

**Art. 31.** Sem prejuízo das obrigações estabelecidas no plano de gerenciamento de resíduos sólidos e com vistas a fortalecer a responsabilidade compartilhada e seus objetivos, os fabricantes, importadores, distribuidores e comerciantes têm responsabilidade que abrange:

**I** - investimento no desenvolvimento, na fabricação e na colocação no mercado de produtos:

a) que sejam aptos, após o uso pelo consumidor, à reutilização, à reciclagem ou a outra forma de destinação ambientalmente adequada;

b) cuja fabricação e uso gerem a menor quantidade de resíduos sólidos possível;

**II** - divulgação de informações relativas às formas de evitar, reciclar e eliminar os resíduos sólidos associados a seus respectivos produtos;

**III** - recolhimento dos produtos e dos resíduos remanescentes após o uso, assim como sua subsequente destinação final ambientalmente adequada, no caso de produtos objeto de sistema de logística reversa na forma do art. 33;

**IV** - compromisso de, quando firmados acordos ou termos de compromisso com o Município, participar das ações previstas no plano municipal de gestão integrada de resíduos sólidos, no caso de produtos ainda não inclusos no sistema de logística reversa.

**Art. 32.** As embalagens devem ser fabricadas com materiais que propiciem a reutilização ou a reciclagem.

**§ 1º** Cabe aos respectivos responsáveis assegurar que as embalagens sejam:

**I** - restritas em volume e peso às dimensões requeridas à proteção do conteúdo e à comercialização do produto;

**II** - projetadas de forma a serem reutilizadas de maneira tecnicamente viável e compatível com as exigências aplicáveis ao produto que contêm;

**III** - recicladas, se a reutilização não for possível.

**§ 2º** O regulamento disporá sobre os casos em que, por razões de ordem técnica ou econômica, não seja viável a aplicação do disposto no *caput*.

- Decreto 11.300/2022 *(Regulamenta este dispositivo)*

**§ 3º** É responsável pelo atendimento do disposto neste artigo todo aquele que:

**I** - manufatura embalagens ou fornece materiais para a fabricação de embalagens;

**II** - coloca em circulação embalagens, materiais para a fabricação de embalagens ou produtos embalados, em qualquer fase da cadeia de comércio.

**Art. 33.** São obrigados a estruturar e implementar sistemas de logística reversa, mediante retorno dos produtos após o uso pelo consumidor, de forma independente do serviço público de limpeza urbana e de manejo dos resíduos sólidos, os fabricantes, importadores, distribuidores e comerciantes de:

- Decreto 11.413/2023 (Institui o Certificado de Crédito de Reciclagem de Logística Reversa, o Certificado de Estruturação e Reciclagem de Embalagens em Geral e o Certificado de Crédito de Massa Futura, no âmbito dos sistemas de logística reversa de que trata este dispositivo).

**I** - agrotóxicos, seus resíduos e embalagens, assim como outros produtos cuja embalagem, após o uso, constitua resíduo perigoso, observadas as regras de gerenciamento de resíduos perigosos previstas em lei ou regulamento, em normas estabelecidas pelos órgãos do Sisnama, do SNVS e do Suasa, ou em normas técnicas;

**II** - pilhas e baterias;

**III** - pneus;

**IV** - óleos lubrificantes, seus resíduos e embalagens;

**V** - lâmpadas fluorescentes, de vapor de sódio e mercúrio e de luz mista;

**VI** - produtos eletroeletrônicos e seus componentes.

**§ 1º** Na forma do disposto em regulamento ou em acordos setoriais e termos de compromisso firmados entre o poder público e o setor empresarial, os sistemas previstos no *caput* serão estendidos a produtos comercializados em embalagens plásticas, metálicas ou de vidro, e aos demais produtos e embalagens, considerando, prioritariamente, o grau e a extensão do impacto à saúde pública e ao meio ambiente dos resíduos gerados.

- Decreto 11.300/2022 *(Regulamenta este dispositivo)*

**§ 2º** A definição dos produtos e embalagens a que se refere o § 1º considerará a viabilidade técnica e econômica da logística reversa, bem como o grau e a extensão do impacto à saúde pública e ao meio ambiente dos resíduos gerados.

**§ 3º** Sem prejuízo de exigências específicas fixadas em lei ou regulamento, em normas estabelecidas pelos órgãos do Sisnama e do SNVS, ou em acordos setoriais e termos de compromisso firmados entre o poder público e o setor empresarial, cabe aos fabricantes, importadores, distribuidores e comerciantes dos produtos a que se referem os incisos II, III, V e VI ou dos produtos e embalagens a que se referem os incisos I e IV do *caput* e o § 1º tomar todas as medidas necessárias para assegurar a implementação e operacionalização do sistema de logística reversa sob seu encargo, consoante o estabelecido neste artigo, podendo, entre outras medidas:

**I** - implantar procedimentos de compra de produtos ou embalagens usados;

**II** - disponibilizar postos de entrega de resíduos reutilizáveis e recicláveis;

**III** - atuar em parceria com cooperativas ou outras formas de associação de catadores de materiais reutilizáveis e recicláveis, nos casos de que trata o § 1º.

**§ 4º** Os consumidores deverão efetuar a devolução após o uso, aos comerciantes ou distribuidores, dos produtos e das embalagens a que se referem os incisos I a VI do *caput*, e de outros produtos ou embalagens objeto de logística reversa, na forma do § 1º.

**§ 5º** Os comerciantes e distribuidores deverão efetuar a devolução aos fabricantes ou aos importadores dos produtos e embalagens reunidos ou devolvidos na forma dos §§ 3º e 4º.

**§ 6º** Os fabricantes e os importadores darão destinação ambientalmente adequada aos produtos e às embalagens reunidos ou devolvidos, sendo o rejeito encaminhado para a disposição final ambientalmente adequada, na forma estabelecida pelo órgão competente do Sisnama e, se houver, pelo plano municipal de gestão integrada de resíduos sólidos.

**§ 7º** Se o titular do serviço público de limpeza urbana e de manejo de resíduos sólidos, por acordo setorial ou termo de compromisso firmado com o setor empresarial, encarregar-se de atividades de responsabilidade dos fabricantes, importadores, distribuidores e comerciantes nos sistemas de logística reversa dos produtos e embalagens a que se refere este artigo, as ações do poder público serão devidamente remuneradas, na forma previamente acordada entre as partes.

**§ 8º** Com exceção dos consumidores, todos os participantes dos sistemas de logística reversa manterão atualizadas e disponíveis ao órgão municipal competente e a outras autoridades informações completas sobre a realização das ações sob sua responsabilidade.

**Art. 34.** Os acordos setoriais ou termos de compromisso referidos no inciso IV do *caput* do art. 31 e no § 1º do art. 33 podem ter abrangência nacional, regional, estadual ou municipal.

**§ 1º** Os acordos setoriais e termos de compromisso firmados em âmbito nacional têm prevalência sobre os firmados em âmbito regional ou estadual, e estes sobre os firmados em âmbito municipal.

**§ 2º** Na aplicação de regras concorrentes consoante o § 1º, os acordos firmados com menor abrangência geográfica podem ampliar, mas não abrandar, as medidas de proteção ambiental constantes nos acordos setoriais e termos de compromisso firmados com maior abrangência geográfica.

**Art. 35.** Sempre que estabelecido sistema de coleta seletiva pelo plano municipal de gestão integrada de resíduos sólidos e na aplicação do art. 33, os consumidores são obrigados a:

**I** - acondicionar adequadamente e de forma diferenciada os resíduos sólidos gerados;

**II** - disponibilizar adequadamente os resíduos sólidos reutilizáveis e recicláveis para coleta ou devolução.

**Parágrafo único.** O poder público municipal pode instituir incentivos econômicos aos consumidores que participam do sistema de coleta seletiva referido no *caput*, na forma de lei municipal.

**Art. 36.** No âmbito da responsabilidade compartilhada pelo ciclo de vida dos produtos, cabe ao titular dos serviços públicos de limpeza urbana e de manejo de resíduos sólidos, observado, se houver, o plano municipal de gestão integrada de resíduos sólidos:

**I** - adotar procedimentos para reaproveitar os resíduos sólidos reutilizáveis e recicláveis oriundos dos serviços públicos de limpeza urbana e de manejo de resíduos sólidos;

**II** - estabelecer sistema de coleta seletiva;

**III** - articular com os agentes econômicos e sociais medidas para viabilizar o retorno ao ciclo produtivo dos resíduos sólidos reutilizáveis e recicláveis oriundos dos serviços de limpeza urbana e de manejo de resíduos sólidos;

**IV** - realizar as atividades definidas por acordo setorial ou termo de compromisso na forma do § 7º do art. 33, mediante a devida remuneração pelo setor empresarial;

**V** - implantar sistema de compostagem para resíduos sólidos orgânicos e articular com os agentes econômicos e sociais formas de utilização do composto produzido;

**VI** - dar disposição final ambientalmente adequada aos resíduos e rejeitos oriundos dos serviços públicos de limpeza urbana e de manejo de resíduos sólidos.

**§ 1º** Para o cumprimento do disposto nos incisos I a IV do *caput*, o titular dos serviços públicos de limpeza urbana e de manejo de resíduos sólidos priorizará a organização e o funcionamento de cooperativas ou de outras formas de associação de catadores de materiais reutilizáveis e recicláveis formadas por pessoas físicas de baixa renda, bem como sua contratação.

**§ 2º** A contratação prevista no § 1º é dispensável de licitação, nos termos do inciso XXVII do art. 24 da Lei nº 8.666, de 21 de junho de 1993.

## CAPÍTULO IV
## DOS RESÍDUOS PERIGOSOS

**Art. 37.** A instalação e o funcionamento de empreendimento ou atividade que gere ou opere com resíduos perigosos somente podem ser autorizados ou licenciados pelas autoridades competentes se o responsável comprovar, no mínimo, capacidade técnica e econômica, além de condições para prover os cuidados necessários ao gerenciamento desses resíduos.

**Art. 38.** As pessoas jurídicas que operam com resíduos perigosos, em qualquer fase do seu gerenciamento, são obrigadas a se cadastrar no Cadastro Nacional de Operadores de Resíduos Perigosos.

**§ 1º** O cadastro previsto no *caput* será coordenado pelo órgão federal competente do Sisnama e implantado de forma conjunta pelas autoridades federais, estaduais e municipais.

**§ 2º** Para o cadastramento, as pessoas jurídicas referidas no *caput* necessitam contar com responsável técnico pelo gerenciamento dos resíduos perigosos, de seu próprio quadro de funcionários ou contratado, devidamente habilitado, cujos dados serão mantidos atualizados no cadastro.

**§ 3º** O cadastro a que se refere o *caput* é parte integrante do Cadastro Técnico Federal de Atividades Potencialmente Poluidoras ou Utilizadoras de Recursos Ambientais e do Sistema de Informações previsto no art. 12.

**Art. 39.** As pessoas jurídicas referidas no art. 38 são obrigadas a elaborar plano de gerenciamento de resíduos perigosos e submetê-lo ao órgão competente do Sisnama e, se couber, do SNVS, observado o conteúdo mínimo estabelecido no art. 21 e demais exigências previstas em regulamento ou em normas técnicas.

**§ 1º** O plano de gerenciamento de resíduos perigosos a que se refere o *caput* poderá estar inserido no plano de gerenciamento de resíduos a que se refere o art. 20.

**§ 2º** Cabe às pessoas jurídicas referidas no art. 38:

**I** - manter registro atualizado e facilmente acessível de todos os procedimentos relacionados à implementação e à operacionalização do plano previsto no *caput*;

**II** - informar anualmente ao órgão competente do Sisnama e, se couber, do SNVS, sobre a quantidade, a natureza e a destinação temporária ou final dos resíduos sob sua responsabilidade;

**III** - adotar medidas destinadas a reduzir o volume e a periculosidade dos resíduos sob sua responsabilidade, bem como a aperfeiçoar seu gerenciamento;

**IV** - informar imediatamente aos órgãos competentes sobre a ocorrência de acidentes ou outros sinistros relacionados aos resíduos perigosos.

**§ 3º** Sempre que solicitado pelos órgãos competentes do Sisnama e do SNVS, será assegurado acesso para inspeção das instalações e dos procedimentos relacionados à implementação e à operacionalização do plano de gerenciamento de resíduos perigosos.

**§ 4º** No caso de controle a cargo de órgão federal ou estadual do Sisnama e do SNVS, as informações sobre o conteúdo, a implementação e a operacionalização do plano previsto no *caput* serão repassadas ao poder público municipal, na forma do regulamento.

**Art. 40.** No licenciamento ambiental de empreendimentos ou atividades que operem com resíduos perigosos, o órgão licenciador do Sisnama pode exigir a contratação de seguro de responsabilidade civil por danos causados ao meio ambiente ou à saúde pública, observadas as regras sobre cobertura e os limites máximos de contratação fixados em regulamento.

**Parágrafo único.** O disposto no *caput* considerará o porte da empresa, conforme regulamento.

**Art. 41.** Sem prejuízo das iniciativas de outras esferas governamentais, o Governo Federal deve estruturar e manter instrumentos e atividades voltados para promover a descontaminação de áreas órfãs.

**Parágrafo único.** Se, após descontaminação de sítio órfão realizada com recursos do Governo Federal ou de outro ente da Federação, forem identificados os responsáveis pela contaminação, estes ressarcirão integralmente o valor empregado ao poder público.

## CAPÍTULO V
## DOS INSTRUMENTOS ECONÔMICOS

**Art. 42.** O poder público poderá instituir medidas indutoras e linhas de financiamento para atender, prioritariamente, às iniciativas de:

**I** - prevenção e redução da geração de resíduos sólidos no processo produtivo;

**II** - desenvolvimento de produtos com menores impactos à saúde humana e à qualidade ambiental em seu ciclo de vida;

**III** - implantação de infraestrutura física e aquisição de equipamentos para cooperativas ou outras formas de associação de catadores de materiais reutilizáveis e recicláveis formadas por pessoas físicas de baixa renda;

**IV** - desenvolvimento de projetos de gestão dos resíduos sólidos de caráter intermunicipal ou, nos termos do inciso I do *caput* do art. 11, regional;

**V** - estruturação de sistemas de coleta seletiva e de logística reversa;

**VI** - descontaminação de áreas contaminadas, incluindo as áreas órfãs;

**VII** - desenvolvimento de pesquisas voltadas para tecnologias limpas aplicáveis aos resíduos sólidos;

**VIII** - desenvolvimento de sistemas de gestão ambiental e empresarial voltados para a melhoria dos processos produtivos e ao reaproveitamento dos resíduos.

**Art. 43.** No fomento ou na concessão de incentivos creditícios destinados a atender diretrizes desta Lei, as instituições oficiais de crédito podem estabelecer critérios diferenciados de acesso dos beneficiários aos créditos do Sistema Financeiro Nacional para investimentos produtivos.

**Art. 44.** A União, os Estados, o Distrito Federal e os Municípios, no âmbito de suas competências, poderão instituir normas com o objetivo de conceder incentivos fiscais, financeiros ou creditícios, respeitadas as limitações da Lei Complementar nº 101, de 4 de maio de 2000 (Lei de Responsabilidade Fiscal), a:

**I** - indústrias e entidades dedicadas à reutilização, ao tratamento e à reciclagem de resíduos sólidos produzidos no território nacional;

**II** - projetos relacionados à responsabilidade pelo ciclo de vida dos produtos, prioritariamente em parceria com cooperativas ou outras formas de associação de catadores de materiais reutilizáveis e recicláveis formadas por pessoas físicas de baixa renda;

**III** - empresas dedicadas à limpeza urbana e a atividades a ela relacionadas.

**Art. 45.** Os consórcios públicos constituídos, nos termos da Lei nº 11.107, de 2005, com o objetivo de viabilizar a descentralização e a prestação de serviços públicos que envolvam resíduos sólidos, têm prioridade na obtenção dos incentivos instituídos pelo Governo Federal.

**Art. 46.** O atendimento ao disposto neste Capítulo será efetivado em consonância com a Lei Complementar nº 101, de 2000 (Lei de

Responsabilidade Fiscal), bem como com as diretrizes e objetivos do respectivo plano plurianual, as metas e as prioridades fixadas pelas leis de diretrizes orçamentárias e no limite das disponibilidades propiciadas pelas leis orçamentárias anuais.

## CAPÍTULO VI
## DAS PROIBIÇÕES

**Art. 47.** São proibidas as seguintes formas de destinação ou disposição final de resíduos sólidos ou rejeitos:

**I** - lançamento em praias, no mar ou em quaisquer corpos hídricos;

**II** - lançamento in natura a céu aberto, excetuados os resíduos de mineração;

**III** - queima a céu aberto ou em recipientes, instalações e equipamentos não licenciados para essa finalidade;

**IV** - outras formas vedadas pelo poder público.

**§ 1º** Quando decretada emergência sanitária, a queima de resíduos a céu aberto pode ser realizada, desde que autorizada e acompanhada pelos órgãos competentes do Sisnama, do SNVS e, quando couber, do Suasa.

**§ 2º** Assegurada a devida impermeabilização, as bacias de decantação de resíduos ou rejeitos industriais ou de mineração, devidamente licenciadas pelo órgão competente do Sisnama, não são consideradas corpos hídricos para efeitos do disposto no inciso I do *caput*.

**Art. 48.** São proibidas, nas áreas de disposição final de resíduos ou rejeitos, as seguintes atividades:

**I** - utilização dos rejeitos dispostos como alimentação;

**II** - catação, observado o disposto no inciso V do art. 17;

**III** - criação de animais domésticos;

**IV** - fixação de habitações temporárias ou permanentes;

**V** - outras atividades vedadas pelo poder público.

**Art. 49.** É proibida a importação de resíduos sólidos perigosos e rejeitos, bem como de resíduos sólidos cujas características causem dano ao meio ambiente, à saúde pública e animal e à sanidade vegetal, ainda que para tratamento, reforma, reúso, reutilização ou recuperação.

## TÍTULO IV
## DISPOSIÇÕES TRANSITÓRIAS E FINAIS

**Art. 50.** A inexistência do regulamento previsto no § 3º do art. 21 não obsta a atuação, nos termos desta Lei, das cooperativas ou outras formas de associação de catadores de materiais reutilizáveis e recicláveis.

**Art. 51.** Sem prejuízo da obrigação de, independentemente da existência de culpa, reparar os danos causados, a ação ou omissão das pessoas físicas ou jurídicas que importe inobservância aos preceitos desta Lei ou de seu regulamento sujeita os infratores às sanções previstas em lei, em especial às fixadas na Lei nº 9.605, de 12 de fevereiro de 1998, que "dispõe sobre as sanções penais e administrativas derivadas de condutas e atividades lesivas ao meio ambiente, e dá outras providências", e em seu regulamento.

**Art. 52.** A observância do disposto no *caput* do art. 23 e no § 2º do art. 39 desta Lei é considerada obrigação de relevante interesse ambiental para efeitos do art. 68 da Lei nº 9.605, de 1998, sem prejuízo da aplicação de outras sanções cabíveis nas esferas penal e administrativa.

**Art. 53.** O § 1º do art. 56 da Lei nº 9.605, de 12 de fevereiro de 1998, passa a vigorar com a seguinte redação:

"Art. 56. (...)

§ 1º Nas mesmas penas incorre quem:

I - abandona os produtos ou substâncias referidos no *caput* ou os utiliza em desacordo com as normas ambientais ou de segurança;

II - manipula, acondiciona, armazena, coleta, transporta, reutiliza, recicla ou dá destinação final a resíduos perigosos de forma diversa da estabelecida em lei ou regulamento.

(...)" (NR)

**Art. 54.** A disposição final ambientalmente adequada dos rejeitos deverá ser implantada até 31 de dezembro de 2020, exceto para os Municípios que até essa data tenham elaborado plano intermunicipal de resíduos sólidos ou plano municipal de gestão integrada de resíduos sólidos e que disponham de mecanismos de cobrança que garantam sua sustentabilidade econômico-financeira, nos termos do art. 29 da Lei nº 11.445, de 5 de janeiro de 2007, para os quais ficam definidos os seguintes prazos: *(Redação dada pela Lei 14.026/2020)*

**I** - até 2 de agosto de 2021, para capitais de Estados e Municípios integrantes de Região Metropolitana (RM) ou de Região Integrada de Desenvolvimento (Ride) de capitais; *(Acrescido pela Lei 14.026/2020)*

**II** - até 2 de agosto de 2022, para Municípios com população superior a 100.000 (cem mil) habitantes no Censo 2010, bem como para Municípios cuja mancha urbana da sede municipal esteja situada a menos de 20 (vinte) quilômetros da fronteira com países limítrofes; *(Acrescido pela Lei 14.026/2020)*

**III** - até 2 de agosto de 2023, para Municípios com população entre 50.000 (cinquenta mil) e 100.000 (cem mil) habitantes no Censo 2010; e *(Acrescido pela Lei 14.026/2020)*

**IV** - até 2 de agosto de 2024, para Municípios com população inferior a 50.000 (cinquenta mil) habitantes no Censo 2010. *(Acrescido pela Lei 14.026/2020)*

**§ 1º** *(VETADO na Lei 14.026/2020)*

**§ 2º** Nos casos em que a disposição de rejeitos em aterros sanitários for economicamente inviável, poderão ser adotadas outras soluções, observadas normas técnicas e operacionais estabelecidas pelo órgão competente, de modo a evitar danos ou riscos à saúde pública e à segurança e a minimizar os impactos ambientais. *(Acrescido pela Lei 14.026/2020)*

**Art. 55.** O disposto nos arts. 16 e 18 entra em vigor 2 (dois) anos após a data de publicação desta Lei.

**Art. 56.** A logística reversa relativa aos produtos de que tratam os incisos V e VI do *caput* do art. 33 será implementada progressivamente segundo cronograma estabelecido em regulamento.

**Art. 57.** Esta Lei entra em vigor na data de sua publicação.

Brasília, 2 de agosto de 2010;
189º da Independência e 122º da República.
Luiz Inácio Lula da Silva
Rafael Thomaz Favetti
Guido Mantega
José Gomes Temporão
Miguel Jorge
Izabella Mônica Vieira Teixeira
João Reis Santana Filho
Marcio Fortes De Almeida
Alexandre Rocha Santos Padilha

# LEI COMPLEMENTAR Nº 140, DE 8 DE DEZEMBRO DE 2011

*Fixa normas, nos termos dos incisos III, VI e VII do caput e do parágrafo único do art. 23 da Constituição Federal, para a cooperação entre a União, os Estados, o Distrito Federal e os Municípios nas ações administrativas decorrentes do exercício da competência comum relativas à proteção das paisagens naturais notáveis, à proteção do meio ambiente, ao combate à poluição em qualquer de suas formas e à preservação das florestas, da fauna e da flora; e altera a Lei nº 6.938, de 31 de agosto de 1981.*

› D.O.U. de 9.12.2011; retificação: 12.12.2011

A PRESIDENTA DA REPÚBLICA

Faço saber que o Congresso Nacional decreta e eu sanciono a seguinte Lei Complementar:

## CAPÍTULO I. DISPOSIÇÕES GERAIS

**Art. 1º.** Esta Lei Complementar fixa normas, nos termos dos incisos III, VI e VII do *caput* e do parágrafo único do art. 23 da Constituição Federal, para a cooperação entre a União, os Estados, o Distrito Federal e os Municípios nas ações administrativas decorrentes do exercício da competência comum relativas à proteção das paisagens naturais notáveis, à proteção do meio ambiente, ao combate à poluição em qualquer de suas formas e à preservação das florestas, da fauna e da flora.

**Art. 2º.** Para os fins desta Lei Complementar, consideram-se:

**I** – licenciamento ambiental: o procedimento administrativo destinado a licenciar atividades ou empreendimentos utilizadores de recursos ambientais, efetiva ou potencialmente poluidores ou capazes, sob qualquer forma, de causar degradação ambiental;

**II** – atuação supletiva: ação do ente da Federação que se substitui ao ente federativo originariamente detentor das atribuições, nas hipóteses definidas nesta Lei Complementar;

**III** – atuação subsidiária: ação do ente da Federação que visa a auxiliar no desempenho das atribuições decorrentes das competências comuns, quando solicitado pelo ente federativo originariamente detentor das atribuições definidas nesta Lei Complementar.

**Art. 3º.** Constituem objetivos fundamentais da União, dos Estados, do Distrito Federal e dos Municípios, no exercício da competência comum a que se refere esta Lei Complementar:

**I** – proteger, defender e conservar o meio ambiente ecologicamente equilibrado, promovendo gestão descentralizada, democrática e eficiente;

**II** – garantir o equilíbrio do desenvolvimento socioeconômico com a proteção do meio ambiente, observando a dignidade da pessoa humana, a erradicação da pobreza e a redução das desigualdades sociais e regionais;

**III** – harmonizar as políticas e ações administrativas para evitar a sobreposição de atuação entre os entes federativos, de forma a evitar conflitos de atribuições e garantir uma atuação administrativa eficiente;

**IV** – garantir a uniformidade da política ambiental para todo o País, respeitadas as peculiaridades regionais e locais.

## CAPÍTULO II. DOS INSTRUMENTOS DE COOPERAÇÃO

**Art. 4º.** Os entes federativos podem valer-se, entre outros, dos seguintes instrumentos de cooperação institucional:

**I** – consórcios públicos, nos termos da legislação em vigor;

**II** – convênios, acordos de cooperação técnica e outros instrumentos similares com órgãos e entidades do Poder Público, respeitado o art. 241 da Constituição Federal;

**III** – Comissão Tripartite Nacional, Comissões Tripartites Estaduais e Comissão Bipartite do Distrito Federal;

**IV** – fundos públicos e privados e outros instrumentos econômicos;

**V** – delegação de atribuições de um ente federativo a outro, respeitados os requisitos previstos nesta Lei Complementar;

**VI** – delegação da execução de ações administrativas de um ente federativo a outro, respeitados os requisitos previstos nesta Lei Complementar.

**§ 1º.** Os instrumentos mencionados no inciso II do *caput* podem ser firmados com prazo indeterminado.

**§ 2º.** A Comissão Tripartite Nacional será formada, paritariamente, por representantes dos Poderes Executivos da União, dos Estados, do

Distrito Federal e dos Municípios, com o objetivo de fomentar a gestão ambiental compartilhada e descentralizada entre os entes federativos.

**§ 3º.** As Comissões Tripartites Estaduais serão formadas, paritariamente, por representantes dos Poderes Executivos da União, dos Estados e dos Municípios, com o objetivo de fomentar a gestão ambiental compartilhada e descentralizada entre os entes federativos.

**§ 4º.** A Comissão Bipartite do Distrito Federal será formada, paritariamente, por representantes dos Poderes Executivos da União e do Distrito Federal, com o objetivo de fomentar a gestão ambiental compartilhada e descentralizada entre esses entes federativos.

**§ 5º.** As Comissões Tripartites e a Comissão Bipartite do Distrito Federal terão sua organização e funcionamento regidos pelos respectivos regimentos internos.

**Art. 5º.** O ente federativo poderá delegar, mediante convênio, a execução de ações administrativas a ele atribuídas nesta Lei Complementar, desde que o ente destinatário da delegação disponha de órgão ambiental capacitado a executar as ações administrativas a serem delegadas e de conselho de meio ambiente.

**Parágrafo único.** Considera-se órgão ambiental capacitado, para os efeitos do disposto no *caput*, aquele que possui técnicos próprios ou em consórcio, devidamente habilitados e em número compatível com a demanda das ações administrativas a serem delegadas.

## CAPÍTULO III. DAS AÇÕES DE COOPERAÇÃO

**Art. 6º.** As ações de cooperação entre a União, os Estados, o Distrito Federal e os Municípios deverão ser desenvolvidas de modo a atingir os objetivos previstos no art. 3º e a garantir o desenvolvimento sustentável, harmonizando e integrando todas as políticas governamentais.

**Art. 7º.** São ações administrativas da União:

**I** – formular, executar e fazer cumprir, em âmbito nacional, a Política Nacional do Meio Ambiente;

**II** – exercer a gestão dos recursos ambientais no âmbito de suas atribuições;

**III** – promover ações relacionadas à Política Nacional do Meio Ambiente nos âmbitos nacional e internacional;

**IV** – promover a integração de programas e ações de órgãos e entidades da administração pública da União, dos Estados, do Distrito Federal e dos Municípios, relacionados à proteção e à gestão ambiental;

**V** – articular a cooperação técnica, científica e financeira, em apoio à Política Nacional do Meio Ambiente;

**VI** – promover o desenvolvimento de estudos e pesquisas direcionados à proteção e à gestão ambiental, divulgando os resultados obtidos;

**VII** – promover a articulação da Política Nacional do Meio Ambiente com as de Recursos Hídricos, Desenvolvimento Regional, Ordenamento Territorial e outras;

**VIII** – organizar e manter, com a colaboração dos órgãos e entidades da administração pública dos Estados, do Distrito Federal e dos Municípios, o Sistema Nacional de Informação sobre Meio Ambiente (Sinima);

**IX** – elaborar o zoneamento ambiental de âmbito nacional e regional;

**X** – definir espaços territoriais e seus componentes a serem especialmente protegidos;

**XI** – promover e orientar a educação ambiental em todos os níveis de ensino e a conscientização pública para a proteção do meio ambiente;

**XII** – controlar a produção, a comercialização e o emprego de técnicas, métodos e substâncias que comportem risco para a vida, a qualidade de vida e o meio ambiente, na forma da lei;

**XIII** – exercer o controle e fiscalizar as atividades e empreendimentos cuja atribuição para licenciar ou autorizar, ambientalmente, for cometida à União;

**XIV** – promover o licenciamento ambiental de empreendimentos e atividades:

*a)* localizados ou desenvolvidos conjuntamente no Brasil e em país limítrofe;

*b)* localizados ou desenvolvidos no mar territorial, na plataforma continental ou na zona econômica exclusiva;

*c)* localizados ou desenvolvidos em terras indígenas;

*d)* localizados ou desenvolvidos em unidades de conservação instituídas pela União, exceto em Áreas de Proteção Ambiental (APAs);

*e)* localizados ou desenvolvidos em 2 (dois) ou mais Estados;

*f)* de caráter militar, excetuando-se do licenciamento ambiental, nos termos de ato do Poder Executivo, aqueles previstos no preparo e emprego das Forças Armadas, conforme disposto na Lei Complementar 97, de 9 de junho de 1999;

*g)* destinados a pesquisar, lavrar, produzir, beneficiar, transportar, armazenar e dispor material radioativo, em qualquer estágio, ou que utilizem energia nuclear em qualquer de suas formas e aplicações, mediante parecer da Comissão Nacional de Energia Nuclear (CNEN); ou

*h)* que atendam tipologia estabelecida por ato do Poder Executivo, a partir de proposição da Comissão Tripartite Nacional, assegurada a participação de um membro do Conselho Nacional do Meio Ambiente (Conama), e considerados os critérios de porte, potencial poluidor e natureza da atividade ou empreendimento;

**XV** – aprovar o manejo e a supressão de vegetação, de florestas e formações sucessoras em:

*a)* florestas públicas federais, terras devolutas federais ou unidades de conservação instituídas pela União, exceto em APAs; e

*b)* atividades ou empreendimentos licenciados ou autorizados, ambientalmente, pela União;

**XVI** – elaborar a relação de espécies da fauna e da flora ameaçadas de extinção e de espécies sobre-explotadas no território nacional, mediante laudos e estudos técnico-científicos, fomentando as atividades que conservem essas espécies in situ;

**XVII** – controlar a introdução no País de espécies exóticas potencialmente invasoras que possam ameaçar os ecossistemas, habitats e espécies nativas;

**XVIII** – aprovar a liberação de exemplares de espécie exótica da fauna e da flora em ecossistemas naturais frágeis ou protegidos;

**XIX** – controlar a exportação de componentes da biodiversidade brasileira na forma de espécimes silvestres da flora, micro-organismos e da fauna, partes ou produtos deles derivados;

**XX** – controlar a apanha de espécimes da fauna silvestre, ovos e larvas;

**XXI** – proteger a fauna migratória e as espécies inseridas na relação prevista no inciso XVI;

**XXII** – exercer o controle ambiental da pesca em âmbito nacional ou regional;

**XXIII** – gerir o patrimônio genético e o acesso ao conhecimento tradicional associado, respeitadas as atribuições setoriais;

**XXIV** – exercer o controle ambiental sobre o transporte marítimo de produtos perigosos; e

**XXV** – exercer o controle ambiental sobre o transporte interestadual, fluvial ou terrestre, de produtos perigosos.

**Parágrafo único.** O licenciamento dos empreendimentos cuja localização compreenda concomitantemente áreas das faixas terrestre e marítima da zona costeira será de atribuição da União exclusivamente nos casos previstos em tipologia estabelecida por ato do Poder Executivo, a partir de proposição da Comissão Tripartite Nacional, assegurada a participação de um membro do Conselho Nacional do Meio Ambiente (Conama) e considerados os critérios de porte, potencial poluidor e natureza da atividade ou empreendimento.

**Art. 8º.** São ações administrativas dos Estados:

**I** – executar e fazer cumprir, em âmbito estadual, a Política Nacional do Meio Ambiente e demais políticas nacionais relacionadas à proteção ambiental;

**II** – exercer a gestão dos recursos ambientais no âmbito de suas atribuições;

**III** – formular, executar e fazer cumprir, em âmbito estadual, a Política Estadual de Meio Ambiente;

**IV** – promover, no âmbito estadual, a integração de programas e ações de órgãos e entidades da administração pública da União, dos Estados, do Distrito Federal e dos Municípios, relacionados à proteção e à gestão ambiental;

**V** – articular a cooperação técnica, científica e financeira, em apoio às Políticas Nacional e Estadual de Meio Ambiente;

**VI** – promover o desenvolvimento de estudos e pesquisas direcionados à proteção e à gestão ambiental, divulgando os resultados obtidos;

**VII** – organizar e manter, com a colaboração dos órgãos municipais competentes, o Sistema Estadual de Informações sobre Meio Ambiente;

**VIII** – prestar informações à União para a formação e atualização do Sinima;

**IX** – elaborar o zoneamento ambiental de âmbito estadual, em conformidade com os zoneamentos de âmbito nacional e regional;

**X** – definir espaços territoriais e seus componentes a serem especialmente protegidos;

**XI** – promover e orientar a educação ambiental em todos os níveis de ensino e a conscientização pública para a proteção do meio ambiente;

**XII** – controlar a produção, a comercialização e o emprego de técnicas, métodos e substâncias que comportem risco para a vida, a qualidade de vida e o meio ambiente, na forma da lei;

**XIII** – exercer o controle e fiscalizar as atividades e empreendimentos cuja atribuição para licenciar ou autorizar, ambientalmente, for cometida aos Estados;

**XIV** – promover o licenciamento ambiental de atividades ou empreendimentos utilizadores de recursos ambientais, efetiva ou potencialmente poluidores ou capazes, sob qualquer forma, de causar degradação ambiental, ressalvado o disposto nos arts. 7º e 9º;

**XV** – promover o licenciamento ambiental de atividades ou empreendimentos localizados ou desenvolvidos em unidades de conservação instituídas pelo Estado, exceto em Áreas de Proteção Ambiental (APAs);

**XVI** – aprovar o manejo e a supressão de vegetação, de florestas e formações sucessoras em:

*a)* florestas públicas estaduais ou unidades de conservação do Estado, exceto em Áreas de Proteção Ambiental (APAs);

*b)* imóveis rurais, observadas as atribuições previstas no inciso XV do art. 7º; e

*c)* atividades ou empreendimentos licenciados ou autorizados, ambientalmente, pelo Estado;

**XVII** – elaborar a relação de espécies da fauna e da flora ameaçadas de extinção no respectivo território, mediante laudos e estudos técnico-científicos, fomentando as atividades que conservem essas espécies *in situ*;

**XVIII** – controlar a apanha de espécimes da fauna silvestre, ovos e larvas destinadas à implantação de criadouros e à pesquisa científica, ressalvado o disposto no inciso XX do art. 7º;

**XIX** – aprovar o funcionamento de criadouros da fauna silvestre;

**XX** – exercer o controle ambiental da pesca em âmbito estadual; e

**XXI** – exercer o controle ambiental do transporte fluvial e terrestre de produtos perigosos, ressalvado o disposto no inciso XXV do art. 7º.

**Art. 9º.** São ações administrativas dos Municípios:

**I** – executar e fazer cumprir, em âmbito municipal, as Políticas Nacional e Estadual de Meio Ambiente e demais políticas nacionais e estaduais relacionadas à proteção do meio ambiente;

**II** – exercer a gestão dos recursos ambientais no âmbito de suas atribuições;

**III** – formular, executar e fazer cumprir a Política Municipal de Meio Ambiente;

**IV** – promover, no Município, a integração de programas e ações de órgãos e entidades da administração pública federal, estadual e municipal, relacionados à proteção e à gestão ambiental;

**V** – articular a cooperação técnica, científica e financeira, em apoio às Políticas Nacional, Estadual e Municipal de Meio Ambiente;

**VI** – promover o desenvolvimento de estudos e pesquisas direcionados à proteção e à gestão ambiental, divulgando os resultados obtidos;

**VII** – organizar e manter o Sistema Municipal de Informações sobre Meio Ambiente;

**VIII** – prestar informações aos Estados e à União para a formação e atualização dos Sistemas Estadual e Nacional de Informações sobre Meio Ambiente;

**IX** – elaborar o Plano Diretor, observando os zoneamentos ambientais;

**X** – definir espaços territoriais e seus componentes a serem especialmente protegidos;

**XI** – promover e orientar a educação ambiental em todos os níveis de ensino e a conscientização pública para a proteção do meio ambiente;

**XII** – controlar a produção, a comercialização e o emprego de técnicas, métodos e substâncias que comportem risco para a vida, a qualidade de vida e o meio ambiente, na forma da lei;

**XIII** – exercer o controle e fiscalizar as atividades e empreendimentos cuja atribuição para licenciar ou autorizar, ambientalmente, for cometida ao Município;

**XIV** – observadas as atribuições dos demais entes federativos previstas nesta Lei Complementar, promover o licenciamento ambiental das atividades ou empreendimentos:

*a)* que causem ou possam causar impacto ambiental de âmbito local, conforme tipologia definida pelos respectivos Conselhos Estaduais de Meio Ambiente, considerados os critérios de porte, potencial poluidor e natureza da atividade; ou

*b)* localizados em unidades de conservação instituídas pelo Município, exceto em Áreas de Proteção Ambiental (APAs);

**XV** – observadas as atribuições dos demais entes federativos previstas nesta Lei Complementar, aprovar:

*a)* a supressão e o manejo de vegetação, de florestas e formações sucessoras em florestas públicas municipais e unidades de conservação instituídas pelo Município, exceto em Áreas de Proteção Ambiental (APAs); e

*b)* a supressão e o manejo de vegetação, de florestas e formações sucessoras em empreendimentos licenciados ou autorizados, ambientalmente, pelo Município.

**Art. 10.** São ações administrativas do Distrito Federal as previstas nos arts. 8º e 9º.

**Art. 11.** A lei poderá estabelecer regras próprias para atribuições relativas à autorização de manejo e supressão de vegetação, considerada a sua caracterização como vegetação primária ou secundária em diferentes estágios de regeneração, assim como a existência de espécies da flora ou da fauna ameaçadas de extinção.

**Art. 12.** Para fins de licenciamento ambiental de atividades ou empreendimentos utilizadores de recursos ambientais, efetiva ou potencialmente poluidores ou capazes, sob qualquer forma, de causar degradação ambiental, e para autorização de supressão e manejo de vegetação, o critério do ente federativo instituidor da unidade de conservação não será aplicado às Áreas de Proteção Ambiental (APAs).

**Parágrafo único.** A definição do ente federativo responsável pelo licenciamento e autorização a que se refere o *caput*, no caso das APAs, seguirá os critérios previstos nas alíneas a, b, e, f e h do inciso XIV do art. 7º, no inciso XIV do art. 8º e na alínea a do inciso XIV do art. 9º.

**Art. 13.** Os empreendimentos e atividades são licenciados ou autorizados, ambientalmente, por um único ente federativo, em conformidade com as atribuições estabelecidas nos termos desta Lei Complementar.

**§ 1º.** Os demais entes federativos interessados podem manifestar-se ao órgão responsável pela licença ou autorização, de maneira não vinculante, respeitados os prazos e procedimentos do licenciamento ambiental.

**§ 2º.** A supressão de vegetação decorrente de licenciamentos ambientais é autorizada pelo ente federativo licenciador.

**§ 3º.** Os valores alusivos às taxas de licenciamento ambiental e outros serviços afins devem guardar relação de proporcionalidade com o custo e a complexidade do serviço prestado pelo ente federativo.

**Art. 14.** Os órgãos licenciadores devem observar os prazos estabelecidos para tramitação dos processos de licenciamento.

**§ 1º.** As exigências de complementação oriundas da análise do empreendimento ou atividade devem ser comunicadas pela autoridade licenciadora de uma única vez ao empreendedor, ressalvadas aquelas decorrentes de fatos novos.

**§ 2º.** As exigências de complementação de informações, documentos ou estudos feitas pela autoridade licenciadora suspendem o prazo de aprovação, que continua a fluir após o seu atendimento integral pelo empreendedor.

**§ 3º.** O decurso dos prazos de licenciamento, sem a emissão da licença ambiental, não implica emissão tácita nem autoriza a prática de ato que dela dependa ou decorra, mas instaura a competência supletiva referida no art. 15.

**§ 4º.** A renovação de licenças ambientais deve ser requerida com antecedência mínima de 120 (cento e vinte) dias da expiração de seu prazo de validade, fixado na respectiva licença, ficando este automaticamente prorrogado até a manifestação definitiva do órgão ambiental competente.

- O STF deu interpretação conforme a Constituição Federal ao ao § 4º do art. 14 da LC 140/2011, para o fim de estabelecer que a omissão ou mora administrativa imotivada e desproporcional na manifestação definitiva sobre os pedidos de renovação de licenças ambientais instaura a competência supletiva do art. 15. Isso porque é inconstitucional regra que autoriza estado indeterminado de prorrogação automática de licença ambiental. STF. Plenário. ADI 4757/DF, Rel. Min. Rosa Weber, julgado em 12/12/2022 (Info 1079).

**Art. 15.** Os entes federativos devem atuar em caráter supletivo nas ações administrativas de licenciamento e na autorização ambiental, nas seguintes hipóteses:

**I** – inexistindo órgão ambiental capacitado ou conselho de meio ambiente no Estado ou no Distrito Federal, a União deve desempenhar as ações administrativas estaduais ou distritais até a sua criação;

**II** – inexistindo órgão ambiental capacitado ou conselho de meio ambiente no Município, o Estado deve desempenhar as ações administrativas municipais até a sua criação; e

**III** – inexistindo órgão ambiental capacitado ou conselho de meio ambiente no Estado e no Município, a União deve desempenhar as ações administrativas até a sua criação em um daqueles entes federativos.

**Art. 16.** A ação administrativa subsidiária dos entes federativos dar-se-á por meio de apoio técnico, científico, administrativo ou financeiro, sem prejuízo de outras formas de cooperação.

**Parágrafo único.** A ação subsidiária deve ser solicitada pelo ente originariamente detentor da atribuição nos termos desta Lei Complementar.

**Art. 17.** Compete ao órgão responsável pelo licenciamento ou autorização, conforme o caso, de um empreendimento ou atividade, lavrar auto de infração ambiental e instaurar processo administrativo para a apuração de infrações à legislação ambiental cometidas pelo empreendimento ou atividade licenciada ou autorizada.

**§ 1º**. Qualquer pessoa legalmente identificada, ao constatar infração ambiental decorrente de empreendimento ou atividade utilizadores de recursos ambientais, efetiva ou potencialmente poluidores, pode dirigir representação ao órgão a que se refere o *caput*, para efeito do exercício de seu poder de polícia.

**§ 2º**. Nos casos de iminência ou ocorrência de degradação da qualidade ambiental, o ente federativo que tiver conhecimento do fato deverá determinar medidas para evitá-la, fazer cessá-la ou mitigá-la, comunicando imediatamente ao órgão competente para as providências cabíveis.

**§ 3º**. O disposto no *caput* deste artigo não impede o exercício pelos entes federativos da atribuição comum de fiscalização da conformidade de empreendimentos e atividades efetiva ou potencialmente poluidores ou utilizadores de recursos naturais com a legislação ambiental em vigor, prevalecendo o auto de infração ambiental lavrado por órgão que detenha a atribuição de licenciamento ou autorização a que se refere o *caput*.

▸ O STF deu interpretação conforme a Constituição ao § 3º do art. 17 da LC 140/2011, esclarecendo que a prevalência do auto de infração lavrado pelo órgão originalmente competente para o licenciamento ou autorização ambiental não exclui a atuação supletiva de outro ente federado, desde que comprovada omissão ou insuficiência na tutela fiscalizatória. No exercício da cooperação administrativa cabe atuação suplementar – ainda que não conflitiva – da União com a dos órgãos estadual e municipal. STF. Plenário. ADI 4757/DF, Rel. Min. Rosa Weber, julgado em 12/12/2022 (Info 1079).

## CAPÍTULO IV. DISPOSIÇÕES FINAIS E TRANSITÓRIAS

**Art. 18.** Esta Lei Complementar aplica-se apenas aos processos de licenciamento e autorização ambiental iniciados a partir de sua vigência.

**§ 1º**. Na hipótese de que trata a alínea h do inciso XIV do art. 7º, a aplicação desta Lei Complementar dar-se-á a partir da entrada em vigor do ato previsto no referido dispositivo.

**§ 2º**. Na hipótese de que trata a alínea a do inciso XIV do art. 9º, a aplicação desta Lei Complementar dar-se-á a partir da edição da decisão do respectivo Conselho Estadual.

**§ 3º**. Enquanto não forem estabelecidas as tipologias de que tratam os §§ 1º e 2º deste artigo, os processos de licenciamento e autorização ambiental serão conduzidos conforme a legislação em vigor.

**Art. 19.** O manejo e a supressão de vegetação em situações ou áreas não previstas nesta Lei Complementar dar-se-ão nos termos da legislação em vigor.

**Art. 20.** O art. 10 da Lei nº 6.938, de 31 de agosto de 1981, passa a vigorar com a seguinte redação:

▸ Alteração incorporada ao texto da referida lei.

**Art. 21.** Revogam-se os §§ 2º, 3º e 4º do art. 10 e o § 1º do art. 11 da Lei nº 6.938, de 31 de agosto de 1981.

**Art. 22.** Esta Lei Complementar entra em vigor na data de sua publicação.

Brasília, 8 de dezembro de 2011;
190º da Independência e 123º da República.
Dilma Rousseff
Francisco Gaetani

# LEI Nº 14.785, DE 27 DE DEZEMBRO DE 2023

*Dispõe sobre a pesquisa, a experimentação, a produção, a embalagem, a rotulagem, o transporte, o armazenamento, a comercialização, a utilização, a importação, a exportação, o destino final dos resíduos e das embalagens, o registro, a classificação, o controle, a inspeção e a fiscalização de agrotóxicos, de produtos de controle ambiental, de seus produtos técnicos e afins; revoga as Leis nºs 7.802, de 11 de julho de 1989, e 9.974, de 6 de junho de 2000, e partes de anexos das Leis nºs 6.938, de 31 de agosto de 1981, e 9.782, de 26 de janeiro de 1999.*

**O PRESIDENTE DA REPÚBLICA**
Faço saber que o Congresso Nacional decreta e eu sanciono a seguinte Lei:

## CAPÍTULO I DISPOSIÇÕES PRELIMINARES

**Art. 1º** A pesquisa, a experimentação, a produção, a embalagem, a rotulagem, o transporte, o armazenamento, a comercialização, a utilização, a importação, a exportação, o destino final dos resíduos e das embalagens, o registro, a classificação, o controle, a inspeção e a fiscalização de agrotóxicos, de produtos de controle ambiental, de seus produtos técnicos e afins são regidos por esta Lei.

**§ 1º** Os produtos e os agentes de processos físicos, químicos ou biológicos destinados ao uso nos setores de proteção de ambientes urbanos e industriais são regidos pela Lei nº 6.360, de 23 de setembro de 1976.

**§ 2º** Os produtos com função adjuvante não são regulados por esta Lei e serão regidos por regulamento específico.

**Art. 2º** Para os efeitos desta Lei, consideram-se:

**I** - aditivo: substância ou produto adicionado a agrotóxicos, a produtos de controle ambiental e afins, para melhorar sua ação, função, durabilidade, estabilidade e detecção ou para facilitar o processo de produção;

**II** - adjuvante: produto utilizado em mistura com produtos formulados para melhorar a sua aplicação;

**III** - afins: substâncias e produtos empregados como desfolhantes, dessecantes, fitorreguladores, ativadores de planta, protetores e outros com finalidades específicas;

**IV** - agente biológico de controle: organismo vivo, de ocorrência natural ou obtido por manipulação genética, introduzido no ambiente para o controle de uma população ou de atividades biológicas de outro organismo vivo considerado nocivo;

**V** - alvo biológico: organismo que demanda controle pelo uso de agrotóxico ou de produto de controle ambiental;

**VI** - análise dos riscos: processo constituído pelas seguintes fases:

a) avaliação dos riscos: caracterização científica e sistemática da natureza e da magnitude dos riscos à saúde humana e ao meio ambiente resultantes da exposição a determinadas substâncias ou produtos, cujo processo inclui a identificação do perigo, a avaliação da dose-resposta (caracterização do perigo), a avaliação da exposição à substância e a caracterização do risco;

b) comunicação dos riscos: transmissão de informações relativas a perigos e a riscos, bem como a fatores relacionados com riscos e com a percepção do risco, especialmente as pertinentes ao manuseamento e à aplicação de agrotóxico e de produtos de controle ambiental, bem como ao estabelecimento de requisitos mínimos de saúde e segurança no local de trabalho para precaver os riscos decorrentes da exposição dos trabalhadores a esses produtos, e as medidas preventivas, gerais e específicas, para a redução desses riscos;

c) gestão dos riscos: processo decorrente da avaliação dos riscos, que consiste em ponderar fatores econômicos, sociais e regulatórios, bem como os efeitos sobre a saúde humana e o meio ambiente, em consulta às partes interessadas, levados em conta a avaliação dos riscos e outros fatores legítimos, e, se necessário, em selecionar opções apropriadas para proteger a saúde e o meio ambiente;

**VII** - culturas com suporte fitossanitário insuficiente (CSFI): culturas para as quais a falta ou o número reduzido de agrotóxicos e afins registrados acarreta impacto socioeconômico negativo, em função do não atendimento das demandas fitossanitárias;

**VIII** - dano: manifestação nociva de uma substância ou processo para a saúde humana ou para o meio ambiente;

**IX** - fabricante: pessoa jurídica habilitada a produzir produto técnico ou produto técnico equivalente;

**X** - formulador: pessoa jurídica habilitada a produzir agrotóxicos, produtos de controle ambiental e afins;

**XI** - homologação: ato dos órgãos federais de validação dos documentos apresentados pelo registrante do produto e demais agentes previstos nesta Lei;

**XII** - importação: ato de entrada de agrotóxicos, de produtos de controle ambiental e afins no País;

**XIII** - impureza: substância diferente do ingrediente ativo derivada do seu processo de produção;

**XIV** - ingrediente ativo: agente físico, químico ou biológico que confere eficácia a agrotóxicos, a produtos de controle ambiental e afins;

**XV** - intervalo de reentrada: intervalo de tempo entre a aplicação de agrotóxicos, de produtos de controle ambiental e afins e a entrada de pessoas na área tratada sem a necessidade de uso de equipamento de proteção individual (EPI);

**XVI** - intervalo de segurança na aplicação de agrotóxicos, de produtos de controle ambiental e afins:

a) antes da colheita: intervalo de tempo entre a última aplicação e a colheita;

b) em ambientes hídricos: intervalo de tempo entre a última aplicação e o reinício das atividades de irrigação, de dessedentação de animais, de balneabilidade, de consumo de alimentos provenientes do local e de captação para abastecimento público;

c) em pastagens: intervalo de tempo entre a última aplicação e o consumo do pasto;

d) pós-colheita: intervalo de tempo entre a última aplicação e a comercialização do produto tratado;

**XVII** - Limite Máximo de Resíduo (LMR): quantidade máxima de resíduo de agrotóxicos ou afins oficialmente aceita no alimento, em decorrência de aplicação adequada em fases específicas, desde a sua produção até o consumo, expressa em partes (em peso) do ingrediente ativo do agrotóxico, afim ou seus resíduos por milhão de partes (em peso) de alimento (ppm ou mg/kg);

**XVIII** - manipulador: pessoa jurídica habilitada e autorizada a fracionar e a reembalar agrotóxicos, produtos de controle ambiental e afins, com objetivo específico de comercialização;

**XIX** - matéria-prima: substância, produto ou organismo utilizado na obtenção de ingrediente ativo ou de produto que o contenha, por processo físico, químico ou biológico;

**XX** - mistura em tanque: associação de agrotóxicos, de produtos de controle ambiental e afins no tanque do equipamento aplicador;

**XXI** - monografia: instrumento público que compila de forma sumarizada diversas informações e dados dos estudos de ingrediente ativo ou de agente biológico de agrotóxico ou de produto de controle ambiental, com registro vigente ou não, resultantes da avaliação efetuada no País e com manutenção de atualizações que vierem a ser incorporadas;

**XXII** - órgão registrante: órgão da administração pública federal que atribui o direito de fabricar, de formular, de comercializar, de exportar, de importar, de manipular ou de utilizar agrotóxico, produto de controle ambiental e produto técnico;

**XXIII** - outro ingrediente: substância ou produto não ativo em relação à eficácia dos agrotóxicos ou dos produtos de controle ambiental usado apenas como veículo ou diluente ou para conferir características próprias às formulações;

**XXIV** - país de origem: país ou países em que o produto fitossanitário, o produto de controle ambiental ou afim é produzido;

**XXV** - pesquisa e desenvolvimento: procedimentos técnico-científicos efetuados com vistas a gerar informações e conhecimentos a respeito da aplicabilidade de agrotóxicos, de produtos de controle ambiental, de seus componentes e afins, da sua eficiência e dos seus efeitos sobre a saúde humana e o meio ambiente;

**XXVI** - agrotóxicos: produtos e agentes de processos físicos, químicos ou biológicos destinados ao uso nos setores de produção, no armazenamento e no beneficiamento de produtos agrícolas, nas pastagens ou na proteção de florestas plantadas, cuja finalidade seja alterar a composição da flora ou da fauna, a fim de preservá-las da ação danosa de seres vivos considerados nocivos;

**XXVII** - pré-mistura: produto obtido a partir de produto técnico, por intermédio de processos físicos, químicos ou biológicos, destinado exclusivamente à preparação de produtos formulados;

**XXVIII** - produção: processo de natureza química, física ou biológica para obtenção de agrotóxicos, de produtos de controle ambiental e de seus produtos técnicos;

**XXIX** - produto atípico: produto formulado à base de cobre, de enxofre e de óleos vegetais ou minerais;

**XXX** - produtos de controle ambiental: produtos e agentes de processos físicos, químicos ou biológicos destinados ao uso nos setores de proteção de florestas nativas ou de outros ecossistemas e de ambientes hídricos, cuja finalidade seja alterar a composição da flora ou da fauna, a fim de preservá-las da ação danosa de seres vivos considerados nocivos;

**XXXI** - produto de degradação: substância ou produto resultante de processos de degradação, de agrotóxicos, de produtos de controle ambiental, de seus produtos técnicos e afins;

**XXXII** - produto fitossanitário para uso próprio: agrotóxico biológico produzido por pessoa física ou jurídica com exclusiva finalidade de uso em lavouras próprias, em sistemas de produção orgânica ou convencional;

**XXXIII** - produto formulado: agrotóxico, produto de controle ambiental ou afim obtido a partir de produto técnico ou de pré-mistura, por intermédio de processo físico, ou diretamente de matérias-primas, por meio de processos físicos, químicos ou biológicos;

**XXXIV** - produto genérico: agrotóxico, produto de controle ambiental ou afim formulado exclusivamente a partir de produto técnico equivalente;

**XXXV** - produto idêntico: agrotóxico, produto de controle ambiental ou afim com composição qualitativa e quantitativa idêntica à de outro produto já registrado, com os mesmos fabricantes e formuladores, indicações, alvos e doses;

**XXXVI** - produto novo: produto com ingrediente ativo ainda não registrado ou autorizado no País;

**XXXVII** - produto técnico: produto obtido diretamente de matérias-primas por processo físico, químico ou biológico destinado à obtenção de produtos formulados ou de pré-misturas e cuja composição contém teor definido de ingrediente ativo e de impurezas, podendo conter estabilizantes e produtos relacionados, tais como isômeros;

**XXXVIII** - produto técnico equivalente: produto técnico que tem o mesmo ingrediente ativo de outro produto técnico já registrado, cujos teor e conteúdo de impurezas não variam a ponto de alterar seu perfil toxicológico ou ecotoxicológico conforme os critérios e os procedimentos sobre equivalência estabelecidos pela Organização das Nações Unidas para a Alimentação e a Agricultura (FAO);

**XXXIX** - produto técnico de referência: produto técnico que tem seu registro suportado por estudos físico-químicos, toxicológicos e ambientais completos;

**XL** - receituário agronômico: prescrição para utilização de agrotóxico, de produto de controle ambiental ou afim por profissional legalmente habilitado;

**XLI** - registrante de produto: pessoa jurídica legalmente habilitada que solicita o registro de agrotóxico, de produto de controle ambiental, de produto técnico ou afim;

**XLII** - registro ou autorização de produto: ato privativo de órgão federal registrante, que atribui o direito de produzir, de comercializar, de exportar, de importar, de manipular ou de utilizar agrotóxico, produto de controle ambiental, produto técnico ou afim;

**XLIII** - Registro Especial Temporário (RET): ato privativo do órgão registrante, destinado a atribuir o direito de importar, de produzir e de utilizar agrotóxico, produto de controle ambiental ou afim para finalidades específicas em pesquisa e desenvolvimento, por tempo determinado, podendo conferir o direito de importar ou de produzir a quantidade necessária à pesquisa e à experimentação;

**XLIV** - resíduo: substância ou mistura de substâncias remanescente ou existente em alimentos ou no meio ambiente decorrente do uso ou da presença de agrotóxicos, de produtos de controle ambiental e afins, inclusive de quaisquer derivados específicos, tais como produtos de conversão e de degradação, metabólitos, produtos de reação e impurezas, considerada toxicológica e ambientalmente importante;

**XLV** - reprocessamento: procedimento a ser seguido quando houver necessidade de mistura de lotes com validade a vencer ou vencida ou quando houver necessidade de correção físico-química de determinado lote;

**XLVI** - retrabalho: procedimento para troca de embalagens primárias ou secundárias e para atualização ou substituição de rótulos e de bulas, sem a extensão do prazo de validade original;

**XLVII** - revalidação: procedimento de extensão do prazo de validade original do produto com validade próxima ao vencimento ou vencido;

**XLVIII** - Sistema Globalmente Harmonizado de Classificação e Rotulagem de Produtos Químicos (GHS): sistema de classificação e rotulagem de produtos químicos, de agrotóxicos, de produtos de controle ambiental e afins, que assegura que os perigos associados aos referidos produtos sejam comunicados de forma fácil e clara;

**XLIX** - titular de registro: pessoa jurídica que detém os direitos e as obrigações conferidos pelo registro de agrotóxico, de produto de controle ambiental, de produto técnico ou afim;

**L** - unidade própria de produção: local de produção de produto fitossanitário para uso próprio;

**LI** - perigo: propriedade inerente a um agente físico, químico ou biológico, com potencialidades para provocar efeito nocivo à saúde humana ou ao meio ambiente;

**LII** - risco: probabilidade da ocorrência de efeito nocivo à saúde ou ao meio ambiente combinada com a severidade desse efeito, como consequência da exposição a um perigo.

**Art. 3º** Os agrotóxicos, os produtos de controle ambiental, os produtos técnicos e afins, de acordo com as definições constantes do art. 2º desta Lei, somente poderão ser pesquisados, produzidos, exportados, importados, comercializados e utilizados se previamente autorizados ou registrados em órgão federal, nos termos desta Lei.

**§ 1º** A conclusão dos pleitos de registro e suas alterações deverão ocorrer nos seguintes prazos, contados da sua submissão:

**I** - produto novo - formulado: 24 (vinte e quatro) meses;

**II** - produto novo - técnico: 24 (vinte e quatro) meses;

**III** - produto formulado: 12 (doze) meses;

**IV** - produto genérico: 12 (doze) meses;

**V** - produto formulado idêntico: 60 (sessenta) dias;

**VI** - produto técnico equivalente: 12 (doze) meses;

**VII** - produto atípico: 12 (doze) meses;

**VIII** - Registro Especial Temporário (RET): 30 (trinta) dias;

**IX** - produto para a agricultura orgânica: 12 (doze) meses;

**X** - produto à base de agente biológico de controle: 12 (doze) meses;

**XI** - pré-mistura: 12 (doze) meses;

**XII** - conjunto de alterações do art. 26 desta Lei: 30 (trinta) dias;

**XIII** - demais alterações: 180 (cento e oitenta) dias.

**§ 2º** É criado o Registro Especial Temporário (RET) para produtos novos que se destinarem à pesquisa e à experimentação.

**§ 3º** Entidades públicas e privadas de ensino, de assistência técnica ou de pesquisa poderão realizar experimentação e pesquisa e fornecer laudos nos setores da agronomia, da toxicologia, de resíduos, da química e do meio ambiente.

**§ 4º** O órgão federal registrante deverá avaliar e concluir a solicitação do RET no prazo de até 30 (trinta) dias, contado do recebimento do pleito.

**§ 5º** Após a emissão do RET, é assegurada a realização de auditorias pelo órgão registrante.

**§ 6º** As condições a serem observadas para a autorização de uso de agrotóxicos, de produtos de controle ambiental e afins deverão considerar os limites máximos de resíduos estabelecidos nas monografias de ingrediente ativo publicadas pelo órgão federal responsável pelo setor da saúde.

**§ 7º** No caso de inexistência dos limites máximos de resíduos estabelecidos nos termos do § 6º deste artigo, devem ser observados aqueles definidos pela FAO ou pelo *Codex Alimentarius*, ou por estudos conduzidos por laboratórios supervisionados por autoridade de monitoramento oficial de um país-membro da Organização para a Cooperação e o Desenvolvimento Econômico (OCDE).

**§ 8º** As exigências para o registro de agrotóxicos, de produtos de controle ambiental e afins deverão observar os acordos internacionais relacionados à matéria dos quais o País faça parte.

**§ 9º** Quando organizações internacionais responsáveis pela saúde, pela alimentação ou pelo meio ambiente das quais o Brasil seja membro integrante ou com as quais seja signatário de acordos e de convênios alertarem para riscos ou desaconselharem o uso de agrotóxicos, de produtos de controle ambiental e afins, deverá a autoridade competente tomar providências de reanálise dos riscos considerando aspectos econômicos e fitossanitários e a possibilidade de uso de produtos substitutos.

**§ 10.** Proceder-se-á à análise de risco para a concessão dos registros dos produtos novos, bem como para a modificação nos usos que implique aumento de dose, inclusão de cultura, equipamento de aplicação ou nos casos de reanálise.

**§ 11.** Os estudos de eficiência e de praticabilidade relacionados respectivamente a produtos formulados e a produtos formulados com base em produto técnico equivalente não serão exigidos dos produtos que, comparados a produtos formulados já registrados, apresentarem cumulativamente as seguintes características:

**I** - mesmo tipo de formulação; e

**II** - mesmas indicações de uso (culturas e dose) e modalidades de emprego já registradas.

**§ 12.** A dispensa de realização de testes de que trata o § 11 deste artigo não isenta a empresa da apresentação de informações que atestem a não fitotoxicidade do produto para os fins propostos.

**§ 13.** Os estudos de resíduos relacionados a produtos formulados e a produtos formulados com base em produto técnico equivalente não serão exigidos dos produtos que, comparados a produtos formulados já registrados, apresentarem cumulativamente as seguintes características:

**I** - mesmo tipo de formulação;

**II** - mesmas indicações de culturas e modalidades de emprego já registradas;

**III** - aplicação de quantidade igual ou inferior de ingrediente ativo durante o ciclo ou a safra da cultura; e

**IV** - intervalo de segurança igual ou superior.

**§ 14.** Para a comparação de que trata o § 13 deste artigo, os produtos formulados já registrados deverão possuir:

**I** - relatório analítico com a descrição do método de análise e todos os cromatogramas que permitam a quantificação dos Limites Máximos de Resíduos (LMRs); e

**II** - ensaios de resíduos.

**§ 15.** Para fins de condução de ensaios de resíduos, serão consideradas similares as formulações do tipo concentrado emulsionável (CE ou EC), pó molhável (PM ou WP), granulado dispersível (WG), suspensão concentrada (SC) e líquido solúvel (SL).

**§ 16.** Os critérios a serem adotados para o reconhecimento de LMRs de agrotóxicos nas importações de produtos vegetais *in natura* obedecerão ao disposto nos tratados e nos acordos internacionais firmados pelo Brasil, em conformidade com as respectivas resoluções de seus Conselhos.

**§ 17.** Na regulamentação desta Lei, o poder público deverá buscar a simplificação e a desburocratização de procedimentos e a redução de custos e do tempo necessário para a conclusão das análises dos processos de registro.

## CAPÍTULO II
## DO REGISTRO

**Art. 4º** É estabelecido o órgão federal responsável pelo setor da agricultura como o órgão registrante de agrotóxicos, de produtos técnicos e afins, bem como o órgão federal responsável pelo setor do meio ambiente como o órgão registrante de produtos de controle ambiental, de produtos técnicos e afins.

**§ 1º** As exigências para o registro de agrotóxicos, de produtos de controle ambiental e afins, de que trata o *caput* deste artigo, deverão seguir o GHS, o Acordo sobre a Aplicação de Medidas Sanitárias e Fitossanitárias (SPS) e o *Codex Alimentarius*.

**§ 2º** O processo decisório de gestão de riscos será fundamentado na análise de riscos nos processos de registro de agrotóxicos, de produtos de controle ambiental, de produtos técnicos e afins.

**§ 3º** É proibido o registro de agrotóxicos, de produtos de controle ambiental e afins que apresentem risco inaceitável, observado o disposto no § 1º deste artigo, para os seres humanos ou para o meio ambiente, por permanecerem inseguros, mesmo com a implementação das medidas de gestão de risco.

**§ 4º** A análise dos riscos é obrigatória para a concessão de registro de agrotóxicos e de produtos de controle ambiental.

**§ 5º** Caberá aos órgãos registrantes:

**I** - aplicar as penalidades de que trata esta Lei;

**II** - auditar entidades públicas e privadas de ensino, de assistência técnica e de pesquisa que realizam experimentação e pesquisa e emitem pareceres técnicos;

**III** - autorizar as empresas a realizar a comunicação de risco e a emitir rótulos e bulas em consonância com o GHS;

**IV** - controlar e fiscalizar a pesquisa, a produção, a importação e a exportação dos produtos técnicos, dos produtos técnicos equivalentes, das pré-misturas, dos produtos formulados e dos produtos genéricos, bem como os estabelecimentos que realizam essas atividades;

**V** - coordenar as reanálises dos riscos; *(Vetado pelo Presidente da República, mantido pelo Congresso Nacional e publicado no DOU de 22.05.2024)*

**VI** - coordenar o processo de registro;

**VII** - estabelecer critérios de prioridades de análise, de acordo com as demandas ou as ocorrências fitossanitárias ou ambientais;

**VIII** - adotar medidas para desburocratizar e informatizar o processo de registro;

**IX** - emitir as autorizações e registros;

**X** - estabelecer procedimentos para o registro, a autorização, a inclusão, a reavaliação e a fiscalização de produtos;

**XI** - fiscalizar a qualidade dos produtos técnicos, dos produtos técnicos equivalentes, das pré-misturas, dos produtos formulados e dos produtos genéricos em face das características do produto registrado;

**XII** - promover a capacitação dos técnicos incumbidos de registro, de autorização e de fiscalização dos produtos.

## CAPÍTULO III
## DAS COMPETÊNCIAS

## SEÇÃO I
## DAS COMPETÊNCIAS DOS ÓRGÃOS FEDERAIS

**Art. 5º** Compete ao órgão federal responsável pelo setor da agricultura:

**I** - analisar propostas de edição e de alteração de atos normativos sobre as matérias tratadas nesta Lei e promover ajustes e adequações considerados cabíveis quanto aos agrotóxicos;

**II** - apoiar tecnicamente os órgãos competentes no processo de investigação de acidentes e de enfermidades verificados nas atividades com uso de agrotóxicos, de produtos técnicos e afins;

**III** - autorizar e emitir o documento eletrônico de RET para a realização de pesquisa e desenvolvimento de novos agrotóxicos, de novos produtos técnicos e afins e estabelecer as medidas de segurança que deverão ser adotadas, bem como auditar os registros já expedidos;

**IV** - conceder os registros e as autorizações de agrotóxicos para os fins previstos no *caput* do art. 1º desta Lei;

**V** - dar publicidade no seu sítio eletrônico aos pleitos de registro de agrotóxicos em até 30 (trinta) dias após a submissão pelo registrante, bem como à conclusão das avaliações;

**VI** - definir e estabelecer prioridades de análise dos pleitos de registro de agrotóxicos para os órgãos federais responsáveis pelos setores da saúde e do meio ambiente;

**VII** - analisar e homologar os pareceres técnicos apresentados nos pleitos de registro de produtos técnicos, de produtos equivalentes, de pré-misturas, de produtos formulados e de produtos genéricos, conforme as análises de risco à saúde e ao meio ambiente, e divulgar em seu sítio eletrônico;

**VIII** - monitorar conjuntamente com o órgão federal responsável pelo setor da saúde os resíduos de agrotóxicos em produtos de origem vegetal.

**Art. 6º** Compete ao órgão federal responsável pelo setor da saúde:

**I** - apoiar tecnicamente os órgãos competentes no processo de investigação de acidentes e de enfermidades verificados nas atividades com uso de agrotóxicos, de produtos de controle ambiental e afins;

**II** - elaborar e manter as monografias referentes aos ingredientes ativos e dar-lhes publicidade;

**III** - estabelecer exigências para a elaboração dos dossiês de toxicologia ocupacional e dietética;

**IV** - analisar e homologar a avaliação de risco toxicológico apresentada pelo requerente dos agrotóxicos, dos produtos de controle ambiental, dos produtos técnicos e afins, facultada a solicitação de complementação de informações;

**V** - priorizar as análises dos pleitos de registros de agrotóxicos e de produtos de controle ambiental conforme estabelecido pelo órgão registrante.

**Art. 7º** Compete ao órgão federal responsável pelo setor do meio ambiente:

**I** - apoiar tecnicamente os órgãos competentes no processo de investigação de acidentes de natureza ambiental verificados nas atividades com uso de agrotóxicos, de produtos de controle ambiental e afins;

**II** - estabelecer exigências para a elaboração dos dossiês de ecotoxicologia;

**III** - analisar e homologar a análise de risco ambiental apresentada pelo requerente dos agrotóxicos, dos produtos de controle ambiental e afins, facultada a solicitação de complementação de informações;

**IV** - priorizar as análises dos pleitos de registros de agrotóxicos e de produtos de controle ambiental conforme estabelecido pelo órgão registrante;

**V** - analisar propostas de edição e de alteração de atos normativos sobre as matérias tratadas nesta Lei e promover ajustes e adequações considerados cabíveis quanto aos produtos de controle ambiental;

**VI** - autorizar e emitir o documento eletrônico de RET para a realização de pesquisa e desenvolvimento de novos produtos de controle ambiental, de novos produtos técnicos e afins e estabelecer as medidas de segurança que deverão ser adotadas, bem como auditar os registros já expedidos;

**VII** - conceder os registros e as autorizações de produtos de controle ambiental para os fins previstos no *caput* do art. 1º desta Lei;

**VIII** - dar publicidade no seu sítio eletrônico aos pleitos de registro de produtos de controle ambiental em até 30 (trinta) dias após a submissão pelo registrante, bem como à conclusão das avaliações;

**IX** - definir e estabelecer prioridades de análise dos pleitos de registro dos produtos de controle ambiental;

**X** - priorizar as análises dos pleitos de registro dos agrotóxicos conforme estabelecido pelo órgão registrante.

## SEÇÃO II
## DAS COMPETÊNCIAS DA UNIÃO, DOS ESTADOS E DO DISTRITO FEDERAL

**Art. 8º** No exercício de sua competência, a União adotará as seguintes providências:

**I** - legislar sobre a produção, o registro, o comércio interestadual, a exportação, a importação, o transporte, a classificação e o controle tecnológico e toxicológico;

**II** - controlar e fiscalizar os estabelecimentos de produção, de importação e de exportação;

**III** - analisar e homologar a análise de risco dos agrotóxicos e dos produtos de controle ambiental, de seus componentes e afins, nacionais e importados, facultada a solicitação de complementação de informações;

**IV** - controlar e fiscalizar a produção, a exportação e a importação.

**Parágrafo único.** A União, por meio dos órgãos federais competentes, prestará o apoio necessário às ações de controle e de fiscalização à unidade da Federação que não dispuser dos meios necessários.

**Art. 9º** Compete aos Estados e ao Distrito Federal, nos termos dos arts. 23 e 24 da Constituição Federal, legislar supletivamente sobre o uso, a produção, o consumo, o comércio e o armazenamento dos agrotóxicos e dos produtos de controle ambiental, de seus componentes e afins, bem como fiscalizar o uso, o consumo, o comércio, o armazenamento e o transporte interno deles.

**Parágrafo único.** Compete aos Municípios, nos termos do inciso II do *caput* do art. 30 da Constituição Federal, legislar supletivamente sobre o uso e o armazenamento dos agrotóxicos e dos produtos de controle ambiental, de seus componentes e afins.

**Art. 10.** Compete ao poder público a fiscalização:

**I** - da devolução e da destinação adequada de embalagens vazias de agrotóxicos, de produtos de controle ambiental e afins, de produtos apreendidos pela ação fiscalizadora e daqueles impróprios para utilização ou em desuso;

**II** - do armazenamento, do transporte, da reciclagem, da reutilização e da inutilização das embalagens vazias dos produtos referidos no inciso I deste *caput*.

**Art. 11.** Os Estados e o Distrito Federal usarão os dados existentes no registro dos órgãos federais para o exercício de suas atividades de controle e de fiscalização.

**Parágrafo único.** A publicação do registro dos agrotóxicos, dos produtos de controle ambiental e afins no sítio eletrônico do órgão federal registrante autoriza a comercialização e o uso nos Estados e no Distrito Federal.

## CAPÍTULO IV
## DOS PROCEDIMENTOS DE REGISTRO

### SEÇÃO I
### DO REGISTRO

**Art. 12.** O registrante deverá apresentar ao órgão federal registrante requerimento de registro de produtos técnicos, de produtos formulados, de pré-misturas e afins, de agrotóxicos e de produtos de controle ambiental, conforme dados, estudos, relatórios, pareceres e informações exigidos de acordo com as diretrizes e as imposições desta Lei, por meio de sistema informatizado.

**§ 1º** Os registrantes e os titulares de registro fornecerão obrigatoriamente à União as inovações concernentes aos dados fornecidos para o registro de seus produtos.

**§ 2º** A empresa registrante deverá apresentar a análise de risco juntamente com o requerimento de registro ou de alterações pós-registro de produtos com ingredientes ativos novos no Brasil e de outros que alterem o nível de exposição, tais como aumento de dose, inclusão de cultura e modificação de equipamento de aplicação.

**§ 3º** A empresa registrante é responsável pelo teor das informações fornecidas.

**§ 4º** A contagem do prazo será suspensa caso qualquer dos órgãos avaliadores solicite por escrito e fundamentadamente documentos ou informações adicionais, e será reiniciada a partir do atendimento da exigência.

**§ 5º** A falta de atendimento de pedidos complementares no prazo de 30 (trinta) dias implicará o arquivamento do processo e o indeferimento do pleito pelo órgão encarregado do registro, salvo se apresentada, formalmente, justificativa técnica considerada procedente pelo órgão solicitante, que poderá conceder prazo adicional, o que será obrigatoriamente comunicado aos demais órgãos para as providências cabíveis.

**Art. 13.** O registrante de produto ou o titular de registro deve apresentar ao órgão registrante, quando solicitado, amostra e padrões analíticos considerados necessários, conforme diretrizes estabelecidas pelo órgão federal registrante.

### SEÇÃO II
### DAS MATÉRIAS-PRIMAS, DOS OUTROS INGREDIENTES E DOS ADITIVOS

**Art. 14.** Serão consideradas autorizadas as matérias-primas especificadas no processo de síntese do produto técnico registrado e do produto técnico equivalente registrado, bem como os outros ingredientes e aditivos usados na fabricação de produtos genéricos, de produtos formulados e afins.

**Parágrafo único.** O órgão federal registrante publicará e manterá atualizada a lista de matérias-primas, de outros ingredientes e de aditivos autorizados.

### SEÇÃO III
### DO REGISTRO DE PRODUTO IDÊNTICO

**Art. 15.** O agrotóxico ou o produto de controle ambiental idêntico será registrado, em até 60 (sessenta) dias, com o uso dos mesmos dados e informações de outro produto já registrado, pelo mesmo titular ou por terceiros autorizados, quando apresentar composição qualitativa e quantitativa idêntica, os mesmos fabricantes ou os mesmos formuladores, a mesma indicação de uso, as mesmas doses e apenas marca comercial distinta.

**§ 1º** O registrante da marca comercial deverá depositar no órgão registrante o novo rótulo e a documentação em conformidade com o disposto no *caput* deste artigo.

**§ 2º** O órgão registrante terá o prazo máximo de 30 (trinta) dias, contado da data do requerimento, para publicá-lo no Diário Oficial da União ou no seu sítio eletrônico.

### SEÇÃO IV
### DA AUTORIZAÇÃO DE EXTENSÃO DE

## USO DE AGROTÓXICOS EM CULTURAS COM SUPORTE FITOSSANITÁRIO INSUFICIENTE (CSFI)

**Art. 16.** Instituições representativas de agricultores ou de profissionais legalmente habilitados e conselhos de categorias profissionais legalmente habilitadas, entidades de pesquisa ou de extensão ou os titulares de registro poderão pedir ao órgão federal registrante a autorização da extensão de uso de agrotóxicos ou afins já registrados para controle de alvos biológicos em culturas com suporte fitossanitário insuficiente (CSFI) e deverão instruir o processo com os estudos para a análise do órgão registrante, caso necessário.

**§ 1º** O órgão federal responsável pelo setor da agricultura consultará as empresas detentoras de registro do produto solicitado e emitirá parecer conclusivo acerca do deferimento ou não da autorização da extensão de uso para as CSFI no prazo de 30 (trinta) dias, com publicação do resultado no Diário Oficial da União ou em seu sítio eletrônico.

**§ 2º** O órgão federal registrante indicará alternativa para a cultura e o alvo biológico, no caso de o pleito ser indeferido.

**§ 3º** A autorização prevista no *caput* deste artigo concede ao agricultor o direito do uso do ingrediente ativo, desde que recomendado por profissional legalmente habilitado e de acordo com as regras estabelecidas pelo órgão federal responsável pelo setor da agricultura.

**§ 4º** O órgão federal responsável pelo setor da agricultura deverá disponibilizar as recomendações e a extensão de uso do agrotóxico autorizadas em seu sítio eletrônico.

**§ 5º** Será realizado monitoramento de resíduo pelos órgãos federais competentes nas CSFI que tenham o uso de agrotóxico ou afins autorizado na forma do *caput* deste artigo.

## SEÇÃO V
## DO COMUNICADO DE PRODUÇÃO PARA EXPORTAÇÃO

**Art. 17.** Os agrotóxicos, os produtos de controle ambiental e afins destinados exclusivamente à exportação serão dispensados de registro no órgão registrante, que será substituído por comunicado de produção para a exportação.

**§ 1º** A empresa exportadora deverá comunicar ao órgão registrante o produto e os quantitativos a serem exportados e sua destinação.

**§ 2º** O órgão registrante acolherá o comunicado por meio de sistema de controle informatizado.

## SEÇÃO VI
## DA PERMISSÃO PARA IMPORTAÇÃO

**Art. 18.** Prescinde do registro a declaração do estado de emergência fitossanitária pelo Poder Executivo em função de situação epidemiológica que indique risco iminente de introdução de doença exótica ou praga quarentenária ausente no País, ou risco de surto ou epidemia de doença ou praga já existente, caso em que o órgão registrante é autorizado a anuir com a importação e a conceder permissão emergencial temporária de produção, de distribuição, de comercialização e de uso de agrotóxicos, de produtos de controle ambiental e afins, conforme os arts. 52 a 54 da Lei nº 12.873, de 24 de outubro de 2013.

## SEÇÃO VII
## DO REGISTRO POR EQUIVALÊNCIA

**Art. 19.** Produtos técnicos poderão ser registrados por equivalência quando possuírem o mesmo ingrediente ativo, cujos teor e conteúdo de impurezas não variem a ponto de alterar seu perfil toxicológico conforme os critérios e os procedimentos sobre equivalência estabelecidos pela FAO.

**Parágrafo único.** Os estudos e os testes de equivalência poderão ser realizados por órgãos, por instituições de pesquisa ou por laboratórios, públicos ou privados, credenciados pelo órgão federal competente.

**Art. 20.** O órgão federal registrante informará ao requerente de registro por equivalência se o produto técnico de referência indicado contém ou não os estudos, os testes, os dados e as informações necessários à avaliação do registro, no prazo de 15 (quinze) dias, contado da solicitação do registro de produto técnico por equivalência.

**§ 1º** Quando o produto técnico de referência indicado não contiver os estudos, os testes, os dados e as informações necessários à avaliação, o órgão federal registrante, ouvidos os demais órgãos, informará ao requerente de registro por equivalência quais produtos técnicos estão aptos a serem indicados como produto técnico de referência para o ingrediente ativo de interesse ou a alternativa de encaminhamento para o pleito de registro, no prazo de 30 (trinta) dias após o prazo previsto no *caput* deste artigo.

**§ 2º** Os produtos técnicos registrados com base em equivalência não poderão ser indicados como produtos técnicos de referência.

**§ 3º** Os produtos com registro cancelado poderão ser indicados como produtos técnicos de referência, desde que atendam aos requisitos previstos na legislação para registro de agrotóxicos, de produtos de controle ambiental e afins e contenham os estudos, os testes, os dados e as informações necessários ao registro por equivalência.

## SEÇÃO VIII
## DO REGISTRO DE PESSOAS JURÍDICAS

**Art. 21.** As pessoas jurídicas que sejam prestadoras de serviços para terceiros na aplicação de agrotóxicos, de produtos de controle ambiental e afins, ou que os produzam, importem, exportem ou comercializem, são obrigadas a promover registro único no órgão federal registrante, de forma a permitir a sua identificação e as suas atividades e o compartilhamento das informações entre as instituições participantes e os órgãos competentes dos Estados ou dos Municípios.

**§ 1º** São prestadoras de serviços as pessoas jurídicas que executam trabalho de prevenção, de destruição e de controle de seres vivos considerados nocivos, com a aplicação de agrotóxicos, de produtos de controle ambiental e afins.

**§ 2º** Nenhum estabelecimento que exerça as atividades definidas no *caput* deste artigo poderá funcionar sem a assistência e a responsabilidade de técnico legalmente habilitado.

**§ 3º** Cada estabelecimento terá registro específico e independente, ainda que exista mais de um na mesma localidade de propriedade da mesma pessoa, empresa, grupo de pessoas ou de empresas.

**§ 4º** Quando o estabelecimento produzir ou comercializar outros produtos além de agrotóxicos, de produtos de controle ambiental e afins, estes deverão estar adequadamente isolados dos demais.

## SEÇÃO IX
## DO SISTEMA UNIFICADO DE CADASTRO E DE UTILIZAÇÃO DE AGROTÓXICOS E DE PRODUTOS DE CONTROLE AMBIENTAL INFORMATIZADO

**Art. 22.** É instituído o Sistema Unificado de Cadastro e de Utilização de Agrotóxicos e de Produtos de Controle Ambiental Informatizado, de abrangência nacional, que será implantado, mantido e atualizado pelos órgãos registrantes, no âmbito de suas competências.

**§ 1º** Deverão ser cadastrados no Sistema de que trata o *caput* os estabelecimentos produtores, manipuladores, importadores e exportadores, as instituições dedicadas à pesquisa e à experimentação, os distribuidores, os profissionais legalmente habilitados, os agricultores usuários e as prestadoras de serviços para terceiros na aplicação de agrotóxicos e de produtos de controle ambiental.

**§ 2º** O Sistema de que trata o *caput* será regulamentado pelos órgãos registrantes, no âmbito de suas competências.

**§ 3º** O Sistema de que trata o *caput* será estruturado por meio da captura de dados por via eletrônica dos receituários agronômicos emitidos por profissionais legalmente habilitados.

**§ 4º** A venda de agrotóxicos e de produtos de controle ambiental aos usuários será feita por meio de receituário agronômico prescrito por profissionais legalmente habilitados, salvo casos excepcionais que forem previstos na regulamentação desta Lei.

**§ 5º** O receituário agronômico eletrônico obtido do Sistema de que trata o *caput* deverá conter, no mínimo:

**I** - nome do usuário e endereço;

**II** - cultura e área ou volumes tratados;

**III** - local da aplicação e endereço;

**IV** - nome comercial do produto usado;

**V** - quantidade empregada do produto comercial;

**VI** - forma de aplicação;

**VII** - data da prestação do serviço;

**VIII** - precauções de uso e recomendações gerais relativas à saúde humana, a animais domésticos e à proteção ao meio ambiente;

**IX** - identificação e assinatura do responsável técnico, do aplicador e do usuário.

**Art. 23.** A empresa requerente deverá comunicar quaisquer alterações estatutárias ou contratuais aos órgãos federais registrantes e fiscalizadores até 30 (trinta) dias após seu registro em órgão competente.

**Art. 24.** As empresas importadoras, exportadoras, produtoras ou formuladoras de agrotóxicos, de produtos de controle ambiental e afins passarão a adotar, para cada partida importada, exportada, produzida ou formulada, codificação específica, que deverá constar de todas as embalagens dela originadas, vedado o uso do mesmo código para partidas diferentes.

**Art. 25.** As pessoas jurídicas que produzam, comercializem, importem, exportem ou que sejam prestadoras de serviços para terceiros na aplicação de agrotóxicos, de produtos de controle ambiental e afins são obrigadas a manter à disposição dos órgãos de fiscalização o livro de registro ou outro sistema de controle, com:

**I** - no caso de produtor de agrotóxicos, de produtos de controle ambiental, de seus produtos técnicos e afins:

a) relação detalhada do estoque existente;

b) nome comercial dos produtos e quantidades produzidas e comercializadas;

**II** - no caso dos estabelecimentos que comercializem agrotóxicos, produtos de controle ambiental e afins no mercado interno:

a) relação detalhada do estoque existente;

b) nome comercial dos produtos e quantidades comercializadas, acompanhados dos respectivos receituários;

**III** - no caso dos estabelecimentos que importem ou exportem agrotóxicos, produtos de controle ambiental e afins:

a) relação detalhada do estoque existente;

b) nome comercial dos produtos e quantidades importadas ou exportadas;

c) cópia das respectivas autorizações emitidas pelo órgão federal competente;

**IV** - no caso de pessoas jurídicas que sejam prestadoras de serviços para terceiros na aplicação de agrotóxicos, de produtos de controle ambiental e afins:

a) relação detalhada do estoque existente;

b) programa de treinamento de seus aplicadores;

c) nome comercial dos produtos e quantidades aplicadas, acompanhados dos respectivos receituários e da guia de aplicação;

d) cópia do receituário agronômico.

## CAPÍTULO V
## DAS ALTERAÇÕES, DA REANÁLISE E DA ANÁLISE DOS RISCOS DE AGROTÓXICOS E DE PRODUTOS DE CONTROLE AMBIENTAL

### SEÇÃO I
### DAS ALTERAÇÕES

**Art. 26.** São isentas de avaliação técnica e devem ser homologadas pelo órgão registrante as seguintes alterações de registro:

**I** - marca comercial, razão social e transferências de titularidade;

**II** - exclusão de fabricantes;

**III** - inclusão e exclusão de formulador, de manipulador e de importador constantes da lista positiva publicada pelo órgão federal registrante;

**IV** - inclusão e exclusão de embalagens constantes de lista positiva publicada pelo órgão federal registrante;

**V** - alteração de endereço do titular de registro;

**VI** - alteração de endereço e da razão social do fabricante, do formulador e do manipulador, desde que não haja mudança física ou geográfica da localização da unidade fabril;

**VII** - exclusão de culturas ou alvos biológicos;

**VIII** - inclusão de fabricante já aprovado em produto técnico ou em produto técnico equivalente no respectivo registro do produto formulado.

**§ 1º** Os requerimentos de alteração de registro descritos neste artigo deverão ser submetidos pela empresa registrante preferencialmente no formato eletrônico para apreciação do órgão federal registrante.

**§ 2º** O órgão federal registrante publicará lista positiva atualizada com embalagens e formuladores autorizados.

**§ 3º** Por decorrência de alterações procedidas na forma deste artigo, o titular do registro é obrigado a proceder às alterações nos rótulos e nas bulas dos produtos produzidos a partir das alterações, no prazo de 12 (doze) meses.

**§ 4º** A empresa registrante é responsável pelo teor das informações fornecidas.

**Art. 27.** Serão avaliadas tecnicamente pelo órgão registrante as seguintes alterações de registro:

**I** - processo produtivo; *(Vetado pelo Presidente da República, mantido pelo Congresso Nacional e publicado no DOU de 22.05.2024)*

**II** - especificações do produto técnico e formulado; *(Vetado pelo Presidente da República, mantido pelo Congresso Nacional e publicado no DOU de 22.05.2024)*

**III** - alteração de matérias-primas, de outros ingredientes ou de aditivos; *(Vetado pelo Presidente da República, mantido pelo Congresso Nacional e publicado no DOU de 22.05.2024)*

**IV** - inclusão de fabricante;

**V** - adequação relacionada a atualização de resíduo nas culturas já indicadas nas monografias.

**§ 1º** O órgão registrante terá o prazo de 180 (cento e oitenta) dias, contado da data de recebimento do pedido de alteração, para autorizar ou indeferir o pleito, as alterações requeridas nos termos deste artigo ou solicitar complementação de informações para atendimento do pleito e, neste caso, os prazos obedecerão à regra prevista no art. 12 desta Lei.

**§ 2º** Toda autorização de alteração de dados de registro realizada pelo órgão federal responsável pelo setor da agricultura ou do meio ambiente passará a ter efeito a partir da data de sua publicação no Diário Oficial da União ou no sítio eletrônico do respectivo órgão.

**§ 3º** Por decorrência de alterações procedidas na forma deste artigo, o titular do registro é obrigado a proceder às alterações nos rótulos e nas bulas dos produtos produzidos, no prazo de 12 (doze) meses, contado da publicação das alterações.

### SEÇÃO II
### DA REANÁLISE DOS RISCOS

**Art. 28.** O órgão federal responsável pelo setor da agricultura é o coordenador do processo de reanálise dos agrotóxicos e poderá solicitar informações aos órgãos da saúde e do meio ambiente para complementar sua análise. *(Vetado pelo Presidente da República, mantido pelo Congresso Nacional e publicado no DOU de 22.05.2024)*

**Parágrafo único.** O órgão federal responsável pelo setor do meio ambiente é o coordenador do processo de reanálise dos produtos de controle ambiental e poderá solicitar informações ao órgão da saúde para complementar sua análise.

**Art. 29.** As reanálises dos agrotóxicos e afins deverão ser realizadas e concluídas no prazo de até 1 (um) ano, prorrogável por 6 (seis) meses mediante justificativa técnica, sem prejuízo da análise de pleitos e de alterações de registro em tramitação, bem como da manutenção da comercialização, da produção, da importação e do uso do produto à base do ingrediente ativo em reanálise.

**§ 1º** O órgão federal responsável pelo setor da agricultura deverá desenvolver um plano fitossanitário de substituição do produto, com vistas ao controle de alvos biológicos que porventura possam ficar sem alternativas para manejo integrado de pragas.

**§ 2º** Os pedidos de registro de produtos à base do ingrediente ativo em reanálise poderão ser deferidos pelo órgão federal responsável pelo setor da agricultura enquanto não concluir sua reanálise. *(Vetado pelo Presidente da República, mantido pelo Congresso Nacional e publicado no DOU de 22.05.2024)*

**Art. 30.** As reanálises dos produtos de controle ambiental e afins deverão ser realizadas e concluídas no prazo de até 1 (um) ano, prorrogável por 6 (seis) meses mediante justificativa técnica, sem prejuízo da análise de pleitos e

AMBIENTAL

de alterações de registro em tramitação, bem como da manutenção da comercialização, da produção, da importação, da exportação e do uso do produto à base do ingrediente ativo em reanálise.

**§ 1º** Durante a reanálise, o órgão federal responsável pelo setor do meio ambiente deverá desenvolver um plano de controle ambiental sistêmico de substituição do produto, com vistas ao controle de alvos biológicos que porventura possam ficar sem alternativas de manejo.

**§ 2º** Os pedidos de registro de produtos à base do ingrediente ativo em reanálise poderão ser concedidos pelo órgão federal responsável pelo setor do meio ambiente enquanto não concluir sua reanálise. *(Vetado pelo Presidente da República, mantido pelo Congresso Nacional e publicado no DOU de 22.05.2024)*

**Art. 31.** Ao final do procedimento de reanálise, após manifestação conclusiva, o órgão federal registrante poderá:

**I** - manter o registro sem alterações;

**II** - manter o registro mediante a necessária adequação;

**III** - propor a mudança da formulação, da dose ou do uso;

**IV** - restringir a comercialização;

**V** - proibir, suspender ou restringir a produção ou a importação;

**VI** - proibir, suspender ou restringir o uso;

**VII** - cancelar ou suspender o registro.

**Parágrafo único.** Antes da aplicação das hipóteses previstas nos incisos IV, V, VI e VII do *caput* deste artigo devem ser adotadas as medidas previstas nos arts. 29 e 30 desta Lei.

**Art. 32.** Em nenhuma hipótese será dado tratamento diferenciado entre as empresas com requerimentos ou com alteração de registro em tramitação e as empresas com registro ou com permissão para comercialização, produção, importação, exportação e uso do produto à base do ingrediente ativo em reanálise.

**Art. 33.** É vedada a reanálise de registro de agrotóxicos, de produtos de controle ambiental e afins que se fundamente em relatórios, dados e informações fornecidos somente por interessado detentor do registro.

## CAPÍTULO VI
## DA REPRESSÃO ÀS INFRAÇÕES CONTRA A ORDEM ECONÔMICA

**Art. 34.** O procedimento de registro, de produção e de comercialização de agrotóxicos, de produtos de controle ambiental, de componentes e afins, regulados nos termos desta Lei, deverá obedecer, igualmente, ao previsto na Lei nº 12.529, de 30 de novembro de 2011, de forma a prevenir e repreender as infrações contra a ordem econômica e de modo que nenhuma empresa ou grupo de empresas seja capaz de alterar, unilateral ou coordenadamente, as condições de mercado.

**Art. 35.** Emitido o registro para o agrotóxico, o produto de controle ambiental ou afim, o titular do registro terá até 2 (dois) anos para iniciar a produção e a comercialização do produto, sob pena de cancelamento do registro concedido.

**§ 1º** Obtido o registro, o titular do registro deverá informar o órgão registrante do início da produção e da comercialização do produto registrado.

**§ 2º** Ocorrido o cancelamento do registro do produto na forma do *caput* deste artigo, o titular somente poderá pleitear novo registro após transcorrido 1 (um) ano do cancelamento.

## CAPÍTULO VII
## DO CONTROLE DE QUALIDADE

**Art. 36.** O órgão registrante manterá atualizados e aperfeiçoados os mecanismos destinados a fiscalizar a qualidade dos agrotóxicos, dos produtos de controle ambiental e afins, tendo em vista a identidade, a pureza e a eficácia dos produtos.

**§ 1º** As medidas a que se refere este artigo efetivar-se-ão por meio das especificações e do controle da qualidade dos produtos e da fiscalização da pesquisa, da manipulação, da produção e da importação.

**§ 2º** A definição das especificações, dos níveis de controle e das tolerâncias para o controle de qualidade dos agrotóxicos, dos produtos de controle ambiental, de seus produtos técnicos, dos outros ingredientes e afins será fixada pelo órgão registrante.

**§ 3º** Os limites aceitáveis de diferença entre a composição do produto formulado e o resultado da avaliação química obedecerão ao estabelecido pelo órgão registrante.

**Art. 37.** Sem prejuízo do controle e da fiscalização a cargo do poder público, toda empresa fabricante, formuladora ou importadora de agrotóxicos, de produtos de controle ambiental e afins deverá dispor de unidade de controle de qualidade, que poderá ser em laboratório próprio ou terceirizado, com a finalidade de verificar, com a emissão de laudos, a qualidade do processo produtivo, das matérias-primas e das substâncias empregadas, quando couber, e dos produtos finais fabricados, formulados ou importados.

**Parágrafo único.** As empresas fabricantes de agrotóxicos, de produtos de controle ambiental e afins que contenham impurezas relevantes do ponto de vista toxicológico ou ambiental fornecerão laudos de análise do teor de impurezas toxicologicamente relevantes, conforme estabelecido por ocasião da concessão do registro.

**Art. 38.** As empresas titulares de registro, fabricantes e formuladoras de agrotóxicos, de produtos de controle ambiental e afins, de produtos técnicos e de outros ingredientes, poderão adotar procedimentos de revalidação, de retrabalho e de reprocessamento, conforme procedimento a ser estabelecido pelos respectivos órgãos registrantes em ato específico.

## CAPÍTULO VIII
## DA COMERCIALIZAÇÃO, DAS EMBALAGENS, DOS RÓTULOS E DAS BULAS

### SEÇÃO I
### DA COMERCIALIZAÇÃO

**Art. 39.** Os agrotóxicos, os produtos de controle ambiental e afins serão comercializados diretamente aos usuários mediante a apresentação de receita agronômica própria emitida por profissional legalmente habilitado, salvo casos excepcionais que forem previstos na regulamentação desta Lei.

**§ 1º** O profissional habilitado poderá prescrever receita agronômica antes da ocorrência da praga, de forma preventiva, com vistas ao controle de alvos biológicos que necessitam de aplicação de agrotóxicos, de produtos de controle ambiental e afins.

**§ 2º** O profissional habilitado poderá recomendar mistura em tanque, quando necessário.

**Art. 40.** As empresas titulares de registro deverão encaminhar ao órgão federal registrante até 31 de janeiro de cada ano, em via eletrônica, os dados anuais referentes às quantidades de produtos importados, exportados, produzidos, formulados e comercializados de acordo com o modelo de relatório anual do órgão registrante.

### SEÇÃO II
### DAS EMBALAGENS

**Art. 41.** As embalagens dos agrotóxicos, dos produtos de controle ambiental e afins deverão, entre outros requisitos:

**I** - ser projetadas e fabricadas de forma a impedir qualquer vazamento, evaporação, perda ou alteração de seu conteúdo e a facilitar as operações de lavagem, de classificação, de reutilização e de reciclagem;

**II** - ser constituídas de materiais insuscetíveis de serem atacados pelo conteúdo ou de formar com ele combinações nocivas ou perigosas;

**III** - ser suficientemente resistentes em todas as suas partes, de forma a não sofrer enfraquecimento e a responder adequadamente às exigências de sua normal conservação;

**IV** - ser providas de lacre que seja irremediavelmente destruído ao ser aberto pela primeira vez;

**V** - (*Vetado na Lei 14.785/2023*).

**§ 1º** A manipulação, o fracionamento e a reembalagem de agrotóxicos, de produtos de controle ambiental e afins com o objetivo de comercialização somente poderão ser realizados pela empresa produtora, ou por estabelecimento devidamente autorizado e sob responsabilidade daquela, em locais e em condições previamente autorizados pelos órgãos competentes.

**§ 2º** Os usuários de agrotóxicos, de produtos de controle ambiental e afins deverão efetuar a devolução das embalagens vazias, suas tampas e eventuais resíduos pós-consumo dos produtos aos estabelecimentos comerciais em que foram adquiridos, de acordo com as instruções previstas nas respectivas bulas, no prazo de até 1 (um) ano, contado da data de compra, ou da data de vencimento, ou prazo superior, se autorizado pelo órgão registrante, podendo a devolução ser intermediada por postos ou centrais de recebimento, bem como por ações de recebimento itinerantes, desde que autorizados e fiscalizados pelo órgão competente.

**§ 3º** Quando o produto não for fabricado no País, assumirá a responsabilidade de que trata o § 2º deste artigo a pessoa jurídica responsável pela importação e, quando se tratar de produto importado submetido a processamento industrial ou a novo acondicionamento, caberá ao órgão registrante defini-la.

**§ 4º** As embalagens rígidas que contiverem formulações miscíveis ou dispersíveis em água deverão ser submetidas pelo usuário à operação de tríplice lavagem ou tecnologia equivalente, conforme normas técnicas oriundas dos órgãos competentes e orientação constante de seus rótulos e bulas.

**§ 5º** As empresas produtoras e comercializadoras de agrotóxicos, de produtos de controle ambiental e afins são responsáveis pela destinação das embalagens vazias e de eventuais resíduos pós-consumo dos produtos por elas fabricados e comercializados com vistas à sua reutilização, reciclagem ou inutilização após a devolução pelos usuários e pela ação fiscalizatória, obedecidas as normas e as instruções dos órgãos competentes.

**§ 6º** As empresas produtoras de equipamentos para pulverização agrícola deverão inserir nos novos equipamentos adaptações destinadas a facilitar as operações de tríplice lavagem ou tecnologia equivalente.

**§ 7º** As empresas produtoras e comercializadoras de agrotóxicos, de produtos de controle ambiental e afins implementarão, em colaboração com o poder público, programas educativos e mecanismos de controle da devolução das embalagens vazias por parte dos usuários.

**Art. 42.** As alterações de embalagens, de rótulos e de bulas deverão ser realizadas no prazo de até 12 (doze) meses, contado da data de homologação da alteração, permitido o uso das embalagens, dos rótulos e das bulas remanescentes na produção, dentro do referido prazo.

### SEÇÃO III
### DA ROTULAGEM PARA VENDA E USO

**Art. 43.** Para serem vendidos ou expostos à venda em todo o território nacional, os agrotóxicos, os produtos de controle ambiental e afins são obrigados a exibir rótulos próprios e bulas, redigidos em português, que contenham, entre outros, os seguintes dados:

**I** - indicações para a identificação do produto, compreendidos:

a) o nome do produto;

b) o nome e a percentagem de cada princípio ativo e a percentagem total dos ingredientes inertes que o produto contém;
c) a quantidade de agrotóxicos, de produtos de controle ambiental ou afins que a embalagem contém, expressa em unidades de peso ou de volume, conforme o caso;
d) o nome e o endereço do fabricante e do importador;
e) os números de registro do produto e do estabelecimento fabricante ou importador;
f) o número do lote ou da partida;
g) o resumo dos principais usos do produto;
h) a classificação toxicológica e ambiental do produto, de acordo com o GHS;
**II** - instruções para utilização, compreendidos:
a) as datas de fabricação e de vencimento;
b) o intervalo de segurança;
c) as informações sobre o modo de utilização, incluídos, entre outros, a indicação de onde ou sobre o que deve ser aplicado, os nomes comum e científico do alvo biológico que se pode com ele combater ou os efeitos que se pode obter, a época em que a aplicação deve ser feita, o número de aplicações e, se for o caso, o espaçamento entre elas, as doses e os limites de sua utilização, as recomendações para uso em misturas em tanque e o potencial hidrogeniônico (pH) ideal da calda de pulverização;
d) as informações sobre os equipamentos a serem usados e a descrição dos processos de tríplice lavagem ou tecnologia equivalente, os procedimentos para a devolução, destinação, transporte, reciclagem, reutilização e inutilização das embalagens vazias e os efeitos sobre o meio ambiente decorrentes da destinação inadequada dos recipientes;
**III** - informações, de acordo com o GHS, relativas aos perigos potenciais, compreendidos:
a) os possíveis efeitos prejudiciais sobre a saúde do homem e dos animais e sobre o meio ambiente;
b) as precauções para evitar danos a pessoas que aplicam ou manipulam o produto e a terceiros, aos animais domésticos, à fauna, à flora e ao meio ambiente;
c) os símbolos de perigo e as frases de advertência padronizados, de acordo com a classificação toxicológica do produto;
d) as instruções para o caso de acidente, incluídos sintomas de alarme, primeiros socorros, antídotos e recomendações para os médicos;
**IV** - recomendação para que o usuário leia o rótulo e a bula antes de utilizar o produto.
**§ 1º** Os textos e os símbolos impressos nos rótulos serão claramente visíveis e facilmente legíveis em condições normais e por pessoas comuns.
**§ 2º** É facultada a inscrição, nos rótulos e nas bulas, de dados não estabelecidos como obrigatórios, sem necessidade de prévia aprovação, desde que:
**I** - não dificultem a visibilidade e a compreensão dos dados obrigatórios;
**II** - não contenham:
a) afirmações ou imagens que possam induzir o usuário a erro quanto à natureza, à composição, à segurança e à eficácia do produto e à sua adequação ao uso;
b) comparações falsas ou equívocas com outros produtos;
c) indicações que contradigam as informações obrigatórias;
d) declarações de propriedade relativas à inocuidade, tais como "seguro", "não venenoso", "não tóxico", com ou sem frase complementar, como "quando utilizado segundo as instruções";
e) afirmações de que o produto é recomendado por qualquer órgão do governo.
**§ 3º** Quando, mediante aprovação do órgão competente, for juntado folheto complementar que amplie os dados do rótulo, ou que contenha dados que obrigatoriamente deste devessem constar, mas que nele não couberam pelas dimensões reduzidas da embalagem, observar-se-á o seguinte:
**I** - deverá ser incluída no rótulo frase que recomende a leitura do folheto anexo antes da utilização do produto;
**II** - deverão constar tanto do rótulo quanto do folheto, em qualquer hipótese, os símbolos de perigo, o nome do produto, as precauções e as instruções de primeiros socorros, bem como o nome e o endereço do fabricante ou do importador.

**Art. 44.** A empresa registrante é obrigada a informar sobre eventual incompatibilidade de mistura de seu agrotóxico com outros agrotóxicos ou afins.

**Art. 45.** As alterações que se fizerem necessárias em rótulos e em bulas decorrentes de restrições estabelecidas por órgãos competentes dos Estados ou do Distrito Federal, em conformidade com o art. 9º desta Lei, observarão o seguinte:
**I** - deverão estar em conformidade com o GHS;
**II** - serão dispensadas de aprovação federal;
**III** - deverão ser colocadas na área da bula destinada a essa finalidade e comunicadas pela empresa registrante ao órgão federal registrante, no prazo de até 12 (doze) meses.
**Parágrafo único.** As bulas modificadas deverão ser encaminhadas preferencialmente via sistema eletrônico ao órgão federal registrante no prazo referido no inciso III do *caput* deste artigo.

## CAPÍTULO IX
## DO ARMAZENAMENTO E DO TRANSPORTE

**Art. 46.** O armazenamento de agrotóxicos, de produtos de controle ambiental e afins obedecerá à legislação específica vigente para produtos químicos e às instruções fornecidas pelo fabricante, inclusive especificações e procedimentos a serem adotados no caso de acidentes, de derramamento ou de vazamento de produto.

**Art. 47.** O transporte de agrotóxicos, de produtos de controle ambiental e afins está sujeito às regras e aos procedimentos estabelecidos na legislação específica de produtos químicos.

## CAPÍTULO X
## DA INSPEÇÃO E DA FISCALIZAÇÃO

**Art. 48.** A inspeção e a fiscalização de agrotóxicos, de produtos de controle ambiental, de produtos técnicos e afins serão definidas em regulamento específico pelo órgão registrante.

## CAPÍTULO XI
## DA RESPONSABILIDADE CIVIL E ADMINISTRATIVA

**Art. 49.** Sem prejuízo da aplicação das penas previstas nesta Lei, os responsáveis pelos danos ao meio ambiente e a terceiros responderão, solidariamente, por sua indenização ou reparação integral.

**Art. 50.** As responsabilidades pelos danos causados à saúde das pessoas e ao meio ambiente por ocasião da produção, da comercialização, da utilização e do transporte de agrotóxicos, de produtos de controle ambiental e afins, bem como por ocasião da destinação de embalagens vazias, cabem:

**I** - ao profissional, quando for comprovada receita errada ou constatada imperícia, imprudência ou negligência;

**II** - ao usuário ou ao prestador de serviços, quando tiver procedido em desacordo com o receituário agronômico ou as recomendações do fabricante e dos órgãos registrantes e sanitário-ambientais;

**III** - ao comerciante, quando tiver efetuado venda sem o receituário agronômico ou em desacordo com ele, se o receituário for exigido;

**IV** - ao registrante, quando tiver omitido informações ou fornecido informações incorretas;

**V** - ao agricultor, quando tiver produzido produtos agrícolas em desacordo com as recomendações do fabricante ou em desacordo com o receituário agronômico, ou quando não tiver dado destinação às embalagens vazias em conformidade com a legislação pertinente;

**VI** - ao empregador, quando não tiver fornecido os equipamentos adequados à proteção da saúde dos trabalhadores na produção, na distribuição e na aplicação dos produtos e quando não tiver feito a manutenção dos equipamentos.

**Art. 51.** Aquele que produzir, importar, comercializar, transportar, aplicar, prestar serviço ou der destinação a sobras e embalagens vazias de agrotóxicos, de produtos de controle ambiental e afins em descumprimento às exigências estabelecidas na legislação pertinente estará sujeito às sanções estabelecidas nesta Lei.

**Art. 52.** Considera-se infração administrativa toda ação ou omissão que viole as normas previstas nesta Lei e as demais disposições legais pertinentes.

› Artigo retificado no *DOU* de 16.04.2024.

**§ 1º** As infrações administrativas serão punidas na forma estabelecida no regulamento desta Lei, independentemente das medidas cautelares de apreensão de produtos, de suspensão de venda de produto e de embargos de atividades, com as seguintes sanções:

**I** - advertência;

**II** - multa;

**III** - apreensão ou interdição do agrotóxico, do produto de controle ambiental ou afim;

**IV** - inutilização do agrotóxico, do produto de controle ambiental ou afim;

**V** - suspensão de registro, de autorização ou de licença do agrotóxico, do produto de controle ambiental ou afim;

**VI** - cancelamento de registro, de autorização ou de licença do agrotóxico, do produto de controle ambiental ou afim;

**VII** - interdição temporária ou definitiva parcial ou total do estabelecimento, da atividade ou do empreendimento;

**VIII** - destruição de vegetais, de partes de vegetais e de alimentos com resíduos acima do permitido;

**IX** - destruição de vegetais, de partes de vegetais e de alimentos, nos quais tenha havido aplicação de produtos de uso não autorizado, a critério do órgão competente.

**§ 2º** A autoridade fiscalizadora fará a divulgação das sanções impostas aos infratores desta Lei nos veículos oficiais, ressalvado o direito ao contraditório e observado o disposto no art. 23 da Lei nº 12.527, de 18 de novembro de 2011 (Lei de Acesso à Informação).

**Art. 53.** Os agrotóxicos, os produtos de controle ambiental e afins apreendidos como resultado da ação fiscalizadora serão inutilizados ou poderão ter outro destino, a critério da autoridade competente.

**Art. 54.** O poder público desenvolverá ações de educação, de instrução, de divulgação e de esclarecimento que estimulem o uso seguro e eficaz de agrotóxicos, de produtos de controle ambiental e afins, com o objetivo de reduzir eventuais efeitos prejudiciais aos seres humanos e ao meio ambiente e de prevenir acidentes decorrentes de sua utilização indevida.

**Art. 55.** Compete aos órgãos de registro e de fiscalização referidos nos arts. 8º e 9º desta Lei definir critérios e valores e aplicar multas de R$ 2.000,00 (dois mil reais) a R$ 2.000.000,00 (dois milhões de reais), proporcionalmente à gravidade da infração.

**§ 1º** As multas poderão ser aplicadas cumulativamente com as demais sanções previstas nesta Lei.

**§ 2º** No caso de reincidência na mesma infração, a multa será aplicada em dobro.

**§ 3º** No caso de infração continuada, caracterizada pela permanência da ação ou da omissão inicialmente punida, será a respectiva penalidade aplicada diariamente até cessar sua causa, sem prejuízo da paralisação imediata da atividade ou da interdição do laboratório ou da instituição ou empresa responsável.

**§ 4º** As multas previstas nesta Lei serão aplicadas pelos órgãos e pelas entidades de registro e de fiscalização, de acordo com as respectivas competências.

**§ 5º** Os órgãos e as entidades fiscalizadores da administração pública federal poderão celebrar convênios com os Estados, o Distrito Federal e os Municípios para a execução de serviços relacionados à atividade de fiscalização prevista nesta Lei e poderão repassar-lhes parcela da receita obtida com a aplicação de multas.

**§ 6º** Quando a infração constituir crime ou contravenção, ou lesão à Fazenda Pública ou ao consumidor, a autoridade fiscalizadora encaminhará cópia do auto de infração aos órgãos competentes para a apuração das responsabilidades administrativa e penal.

## CAPÍTULO XII
## DOS CRIMES E DAS PENAS

**Art. 56.** Produzir, armazenar, transportar, importar, utilizar ou comercializar agrotóxicos, produtos de controle ambiental ou afins não registrados ou não autorizados:

Pena: reclusão, de 3 (três) a 9 (nove) anos, e multa.

**Parágrafo único.** A pena será aumentada:

**I** - de 1/6 (um sexto) a 1/3 (um terço), se do crime resultar dano à propriedade alheia;

**II** - de 1/3 (um terço) até a metade, se do crime resultar dano ao meio ambiente;

**III** - da metade até 2/3 (dois terços), se do crime resultar lesão corporal de natureza grave em outrem;

**IV** - de 2/3 (dois terços) até o dobro, se do crime resultar a morte.

**Art. 57.** Produzir, importar, comercializar ou dar destinação a resíduos e a embalagens vazias de agrotóxicos, de produtos de controle ambiental ou afins em desacordo com esta Lei:

Pena: reclusão, de 2 (dois) a 4 (quatro) anos, e multa.

## CAPÍTULO XIII
## DO SISTEMA UNIFICADO DE INFORMAÇÃO, PETIÇÃO E AVALIAÇÃO ELETRÔNICA

**Art. 58.** É instituído o Sistema Unificado de Informação, Petição e Avaliação Eletrônica (Sispa), coordenado pelo órgão federal responsável pelo setor da agricultura, com o objetivo de:

**I** - adotar sistema único de avaliação dos requerimentos de registro e de alterações de registro de agrotóxicos, para os fins previstos no *caput* do art. 1º desta Lei;

**II** - disponibilizar informações sobre o andamento dos processos relacionados com agrotóxicos;

**III** - facilitar a apresentação, o cadastro e a avaliação dos dados e informações apresentados pelas empresas registrantes;

**IV** - facilitar o acolhimento de dados e informações relativos à comercialização de agrotóxicos e afins;

**V** - garantir a segurança da informação sigilosa e de segredos industriais sob pena de responsabilidade;

**VI** - implementar, manter e disponibilizar dados e informações sobre as quantidades totais de produtos, por categoria, importados, produzidos, exportados e comercializados no País, bem como os produtos não comercializados;

**VII** - manter cadastro e disponibilizar informações sobre as empresas e as áreas autorizadas para pesquisa e para experimentação de agrotóxicos e afins;

**VIII** - permitir a interação eletrônica com as empresas registrantes de agrotóxicos e afins;

**IX** - proceder à submissão eletrônica obrigatória de todos os requerimentos de processos de registro e de alterações de registro de agrotóxicos e afins.

**Parágrafo único.** O Sispa será desenvolvido e implementado no prazo de 360 (trezentos e sessenta) dias, contado da publicação desta Lei.

## CAPÍTULO XIV
## DA CRIAÇÃO DA TAXA DE AVALIAÇÃO E DE REGISTRO

### SEÇÃO I
### DA CRIAÇÃO, DO FATO GERADOR, DOS SUJEITOS PASSIVOS E DOS VALORES

**Art. 59.** (*Vetado na Lei 14.785/2023*).

## CAPÍTULO XV
## DA DESTINAÇÃO DOS VALORES ARRECADADOS COM A TAXA DE AVALIAÇÃO E DE REGISTRO

**Arts. 60 e 61.** (*Vetados na Lei 14.785/2023*).

**Art. 62.** Também poderão constituir recursos do FFAP para a fiscalização e o fomento do desenvolvimento de atividades fitossanitárias e a promoção da inovação tecnológica do setor agrícola em sanidade vegetal:

**I** - (*Vetado na Lei 14.785/2023*);

**II** - recursos orçamentários da União direcionados para a mesma finalidade;

**III** - doações de pessoas físicas ou jurídicas, públicas ou privadas, nacionais ou internacionais;

**IV** - recursos do Fundo Nacional de Desenvolvimento Científico e Tecnológico (FNDCT), instituído pela Lei nº 11.540, de 12 de novembro de 2007;

**V** - recursos do Fundo Nacional de Meio Ambiente, instituído pela Lei nº 7.797, de 10 de julho de 1989;

**VI** - outras receitas que lhe vierem a ser destinadas.

**§ 1º** Os recursos do FFAP serão aplicados prioritariamente em projetos nas seguintes áreas:

**I** - desenvolvimento e instrumentalização técnica das áreas de análise e de registro de agrotóxicos e de produtos de controle ambiental;

**II** - desenvolvimento, implementação e manutenção do Sispa;

**III** - controle e monitoramento das atividades de uso de produtos fitossanitários;

**IV** - capacitação em manejo fitossanitário e formação de agentes multiplicadores em atividade fitossanitária e segurança do trabalhador rural;

**V** - educação de controle ambiental e manejo fitossanitário;

**VI** - contratação de consultores *ad hoc* para fins de suporte técnico nas análises dos processos de registro dos produtos considerados prioritários pelo órgão registrante.

**§ 2º** Será elaborado Plano Anual de Aplicação (PAA) dos recursos do FFAP, e deverá ser apresentado anualmente relatório de sua execução.

**§ 3º** Os recursos do FFAP somente poderão ser destinados a projetos de órgãos e de entidades públicas ou de entidades privadas sem fins lucrativos.

**§ 4º** A aplicação dos recursos do FFAP nos projetos de que trata o § 1º deste artigo será feita prioritariamente em entidades públicas, de pesquisa e de difusão de tecnologia.

## CAPÍTULO XVI
## DISPOSIÇÕES FINAIS E TRANSITÓRIAS

**Art. 63.** As instituições que desenvolverem atividades reguladas por esta Lei na data de sua publicação deverão adequar-se aos seus dispositivos no prazo de 360 (trezentos e sessenta) dias, contado da publicação desta Lei.

**Art. 64.** São convalidados os atos praticados com fundamento na Lei nº 7.802, de 11 de julho de 1989.

**Art. 65.** Revogam-se:

**I** - as Leis nºs 7.802, de 11 de julho de 1989, e 9.974, de 6 de junho de 2000;

**II e III** - (*Vetados na Lei 14.785/2023*).

**Art. 66.** Esta Lei entra em vigor na data de sua publicação.

Brasília, 27 de dezembro de 2023; 202º da Independência e 135º da República.

LUIZ INÁCIO LULA DA SILVA

DOU - 28/12/2023

# Direito Internacional

# PLANO DE ESTUDO

| Diploma | Estudado | Revisão 1 | Revisão 2 | Revisão 3 | Questões |
|---|---|---|---|---|---|
| Decreto nº 56.435/1965 | | | | | |
| Decreto nº 56.826/1965 | | | | | |
| Decreto nº 61.078/1967 | | | | | |
| Decreto nº 592/1992 *(Excertos)* | | | | | |
| Decreto nº 678/1992 | | | | | |
| Decreto nº 1.901/1996 | | | | | |
| Decreto nº 3.413/2000 | | | | | |
| Decreto nº 4.388/2002 *(Excertos)* | | | | | |
| Decreto nº 4.982/2004 | | | | | |
| Decreto nº 5.919/2006 | | | | | |
| Decreto nº 7.030/2009 | | | | | |
| Decreto nº 7.225/2010 | | | | | |
| Lei nº 13.445/2017 | | | | | |
| Decreto nº 9.176/2017 | | | | | |
| Lei nº 13.810/2019 | | | | | |

## DECRETO Nº 56.435, DE 8 DE JUNHO DE 1965

*Promulga a Convenção de Viena sobre Relações Diplomáticas.*

‣ DOU 11.6.1965 e retificado em 7.7.1965.

O PRESIDENTE DA REPÚBLICA,

Havendo o Congresso Nacional aprovado pelo Decreto Legislativo nº 103, de 1964, a Convenção de Viena sobre Relações Diplomáticas, assinada a 18 de abril de 1961;

E havendo a referida Convenção entrado em vigor para o Brasil, de acordo com o artigo 51, parágrafo 2, a 24 de abril de 1965, trinta dias após o depósito do Instrumento brasileiro de ratificação, que se efetuou a 25 de março de 1965,

DECRETA:

Que o mesmo, apenso por cópia ao presente decreto, seja executado e cumprido tão inteiramente como se contém.

Brasília, 8 de junho de 1965;
144º da Independência e 77º da República.
H. Castello Branco
V. Da Cunha

### CONVENÇÃO DE VIENA SOBRE RELAÇÕES DIPLOMÁTICAS

Os Estados Partes na presente Convenção,

Considerando que, desde tempos remotos, os povos de todas as Nações têm reconhecido a condição dos agentes diplomáticos;

Conscientes dos propósitos e princípios da Carta das Nações unidas relativos à igualdade soberana dos Estados, à manutenção da paz e da segurança internacional e ao desenvolvimento das relações de amizade entre as Nações;

Estimando que uma Convenção Internacional sobre relações, privilégios e imunidades diplomáticas contribuirá para o desenvolvimento de relações amistosas entre as Nações, independentemente da diversidade dos seus regimes constitucionais e sociais;

Reconhecendo que a finalidade de tais privilégios e imunidades não é beneficiar indivíduos, mas, sim, a de garantir o eficaz desempenho das funções das Missões diplomáticas, em seu caráter de representantes dos Estados;

Afirmando que as normas de Direito internacional consuetudinário devem continuar regendo as questões que não tenham sido expressamente reguladas nas disposições da presente Convenção;

Convieram no seguinte:

#### ARTIGO 1

Para os efeitos da presente Convenção:

a) "Chefe de Missão" é a pessoa encarregada pelo Estado acreditante de agir nessa qualidade;

b) "Membros da Missão" são o Chefe da Missão e os membros do pessoal da Missão;

c) "Membros do Pessoal da Missão" são os membros do pessoal diplomático, do pessoal administrativo e técnico e do pessoal de serviço da Missão;

d) "Membros do Pessoal Diplomático" são os membros do pessoal da Missão que tiverem a qualidade de diplomata;

e) "Agente Diplomático" é o Chefe da Missão ou um membro do pessoal diplomático da Missão;

f) "Membros do Pessoal Administrativo e Técnico" são os membros do pessoal da Missão empregados no serviço administrativo e técnico da Missão;

g) "Membros do Pessoal de Serviço" são os membros do pessoal da Missão empregados no serviço doméstico da Missão;

h) "Criado particular" é a pessoa do serviço doméstico de um membro da Missão que não seja empregado do Estado acreditante,

i) "Locais da Missão" são os edifícios, ou parte dos edifícios, e terrenos anexos, seja quem for o seu proprietário, utilizados para as finalidades da Missão inclusive a residência do Chefe da Missão.

#### ARTIGO 2

O estabelecimento de relações diplomáticas entre Estados e o envio de Missões diplomáticas permanentes efetua-se por consentimento mútuo.

#### ARTIGO 3

As funções de uma Missão diplomática consistem, entre outras, em:

a) representar o Estado acreditante perante o Estado acreditado;

b) proteger no Estado acreditado os interesses do Estado acreditante e de seus nacionais, dentro dos limites permitidos pelo direito internacional;

c) negociar com o Governo do Estado acreditado;

d) inteirar-se por todos os meios lícitos das condições existentes e da evolução dos acontecimentos no Estado acreditado e informar a esse respeito o Governo do Estado acreditante;

e) promover relações amistosas e desenvolver as relações econômicas, culturais e científicas entre o Estado acreditante e o Estado acreditado.

2. Nenhuma disposição da presente Convenção poderá ser interpretada como impedindo o

exercício de funções consulares pela Missão diplomática.

ARTIGO 4

1. O Estado acreditante deverá certificar-se de que a pessoa que pretende nomear como Chefe da Missão perante o Estado acreditado obteve o Agrément do referido Estado.

2. O Estado acreditado não está obrigado a dar ao Estado acreditante as razões da negação do "agrément".

ARTIGO 5

1. O Estado acreditante poderá depois de haver feito a devida notificação aos Estados creditados interessados, nomear um Chefe de Missão ou designar qualquer membro do pessoal diplomático perante dois ou mais Estados, a não ser que um dos Estados acreditados a isso se oponha expressamente.

2. Se um Estado acredita um Chefe de Missão perante dois ou mais Estados, poderá estabelecer uma Missão diplomática dirigida por um Encarregado de Negócios ad interim em cada um dos Estados onde o Chefe da Missão não tenha a sua sede permanente.

3. O Chefe da Missão ou qualquer membro do pessoal diplomático da Missão poderá representar o Estado acreditante perante uma organização internacional.

ARTIGO 6

Dois ou mais Estados poderão acreditar a mesma pessoa como Chefe de Missão perante outro Estado, a não ser que o Estado acreditado a isso se oponha.

ARTIGO 7

Respeitadas as disposições dos artigos, 5º, 8º, 9º e 11, o Estado acreditante poderá nomear livremente os membros do pessoal da Missão. No caso dos adidos militar, naval ou aéreo, o Estado acreditado poderá exigir que seus nomes lhes sejam previamente submetidos para efeitos de aprovação.

ARTIGO 8

1. Os membros do pessoal diplomático da Missão deverão, em princípio, ter a nacionalidade do Estado acreditante.

2. Os membros do pessoal diplomático da Missão não poderão ser nomeados dentre pessoas que tenham a nacionalidade do Estado acreditado, exceto com o consentimento do referido Estado, que poderá retirá-lo em qualquer momento.

3. O Estado acreditado poderá exercer o mesmo direito com relação a nacionais de terceiro Estado que não sejam igualmente nacionais do Estado acreditante.

ARTIGO 9

1. O Estado acreditado poderá a qualquer momento, e sem ser obrigado a justificar a sua decisão, notificar ao Estado acreditante que o Chefe da Missão ou qualquer membro do pessoal diplomático da Missão é persona non grata ou que outro membro do pessoal da Missão não é aceitável. O Estado acreditante, conforme o caso, retirará a pessoa em questão ou dará por terminadas as suas funções na Missão. Uma Pessoa poderá ser declarada non grata ou não aceitável mesmo antes de chegar ao território do Estado acreditado.

2. Se o Estado acreditante se recusar a cumprir, ou não cumpre dentro de um prazo razoável, as obrigações que lhe incumbem, nos termos do parágrafo 1º deste artigo, o Estado acreditado poderá recusar-se a reconhecer tal pessoa como membro da Missão.

ARTIGO 10

1. Serão notificados ao Ministério das Relações Exteriores do Estado acreditado, ou a outro Ministério em que se tenha convindo:

a) a nomeação dos membros do pessoal da Missão, sua chegada e partida definitiva ou o termo das suas funções na Missão;

b) a chegada e partida definitiva de pessoas pertencentes à família de um membro da missão e, se for o caso, o fato de uma pessoa vir a ser ou deixar de ser membro da família de um membro da Missão;

c) a chegada e a partida definitiva dos criados particulares a serviço das pessoas a que se refere a alínea a) deste parágrafo e, se for o caso, o fato de terem deixado o serviço de tais pessoas;

d) a admissão e a despedida de pessoas residentes no Estado acreditado como membros da Missão ou como criados particulares com direito a privilégios e imunidades.

2. Sempre que possível, a chegada e a partida definitiva deverão também ser previamente notificadas.

ARTIGO 11

1. Não havendo acordo explícito sobre o número de membros da Missão, o Estado acreditado poderá exigir que o efetivo da Missão seja mantido dentro dos limites que considere razoável e normal, tendo em conta as circunstâncias e condições existentes nesse Estado e as necessidades da referida Missão.

2. O Estado acreditado poderá igualmente, dentro dos mesmos limites e sem discriminação, recusar-se a admitir funcionários de uma determinada categoria.

ARTIGO 12

O Estado acreditado não poderá, sem o consentimento expresso e prévio do Estado acreditado, instalar escritórios que façam parte da Missão em localidades distintas daquela em que a Missão tem a sua sede.

ARTIGO 13

1. O Chefe da Missão é considerado como tendo assumido as suas funções no Estado acreditado no momento em que tenha entregado suas credenciais ou tenha comunicado a sua chegada e apresentado as cópias figuradas de suas credenciais ao Ministério das Relações

Exteriores, ou ao Ministério em que se tenha convindo, de acordo com a prática observada no Estado acreditado, a qual deverá ser aplicada de maneira uniforme.

2. A ordem de entrega das credenciais ou de sua cópia figurada será determinada pela data e hora da chegada do Chefe da Missão.

### ARTIGO 14

1. Os Chefes de Missão dividem-se em três classes:

a) Embaixadores ou Núncios acreditados perante Chefes de Estado, e outros Chefes de Missões de categoria equivalente;

b) Enviados, Ministro ou internúncios, acreditados perante Chefe de Estado;

c) Encarregados de Negócios, acreditados perante Ministros das Relações Exteriores.

2. Salvo em questões de precedência e etiqueta, não se fará nenhuma distinção entre Chefes de Missão em razão de sua classe.

### ARTIGO 15

Os Estados, por acordo, determinarão a classe a que devem pertencer os Chefes de suas Missões.

### ARTIGO 16

1. A precedência dos Chefes de Missão, dentro de cada classe, se estabelecerá de acordo com a data e hora em que tenham assumido suas funções, nos termos do art. 13.

2. As modificações nas credenciais de um Chefe de Missão, desde que não impliquem mudança de classe, não alteram a sua ordem de precedência.

3. O presente artigo não afeta a prática que exista ou venha a existir no Estado acreditado com respeito à precedência do representante da Santa Sé.

### ARTIGO 17

O Chefe da Missão notificará ao Ministério da Relações Exteriores, ou a outro Ministério em que as partes tenham convindo, a ordem de precedência dos Membros do pessoal diplomático da Missão.

### ARTIGO 18

O Cerimonial que se observe em cada Estado para recepção dos Chefes de Missão deverá ser uniforme a respeito de cada classe.

### ARTIGO 19

1. Em caso de vacância do posto de Chefe da Missão, ou se um Chefe de Missão estiver impedido de desempenhar suas funções, um Encarregado de Negócios ad interim exercerá provisoriamente a chefia da Missão. O nome do Encarregado de Negócios ad interim será comunicado ao Ministério das relações Exteriores do Estado acreditado, ou ao Ministério em que as partes tenham convindo, pelo Chefe da Missão ou, se este não poder fazê-lo, pelo Ministério das Relações Extintores do Estado acreditante.

2. Se nenhum membro do pessoal diplomático estiver presente no Estado acreditado, um membro do pessoal administrativo e técnico poderá, com o consentimento do Estado acreditado, ser designado pelo Estado acreditante para encarregar-se dos assuntos administrativos correntes da Missão.

### ARTIGO 20

A missão e seu Chefe terão o direito de usar a bandeira e o escudo do Estado acreditante nos locais da Missão, inclusive na residência do Chefe da Missão e nos seus meios de transporte.

### ARTIGO 21

1. O Estado acreditado deverá facilitar a aquisição em seu território, de acordo com as suas leis, pelo Estado acreditado, dos locais necessários à Missão ou ajudá-lo a consegui-los de outra maneira.

2. Quando necessário, ajudará também as Missões a obterem alojamento adequado para seus membros.

### ARTIGO 22

1. Os locais da Missão são invioláveis. Os Agentes do Estado acreditado não poderão neles penetrar sem o consentimento do Chefe da Missão.

2. O Estado acreditado tem a obrigação especial de adotar todas as medidas apropriadas para proteger os locais da Missão contra qualquer intrusão ou dano e evitar perturbações à tranquilidade da Missão ou ofensas à sua dignidade.

3. Os locais da Missão, em mobiliário e demais bens neles situados, assim como os meios de transporte da Missão, não poderão ser objeto de busca, requisição, embargo ou medida de execução.

### ARTIGO 23

1. O Estado acreditante e o Chefe da Missão estão isentos de todos os impostos e taxas, nacionais, regionais ou municipais, sobre os locais da Missão de que sejam proprietários ou inquilinos, excetuados os que representem o pagamento de serviços específicos que lhes sejam prestados.

2. A isenção fiscal a que se refere este artigo não se aplica aos impostos e taxas cujo pagamento, na conformidade da legislação do Estado acreditado, incumbir as pessoas que contratem com o Estado acreditante ou com o Chefe da Missão.

### ARTIGO 24

Os arquivos e documentos da Missão são invioláveis, em qualquer momento e onde quer que se encontrem.

### ARTIGO 25

O Estado acreditado dará todas as facilidades para o desempenho das funções da Missão.

### ARTIGO 26

Salvo o disposto nas leis e regulamentos relativos a zonas cujo acesso é proibido ou regulamentado por motivos de segurança nacional, o Estado acreditado garantirá a todos os membros da Missão a liberdade de circulação e trânsito em seu território.

### ARTIGO 27

1. O Estado acreditado permitirá e protegerá a livre comunicação da Missão para todos os fins oficiais. Para comunicar-se com o Governo e demais Missões e Consulados do Estado acreditante, onde quer que se encontrem, a Missão poderá empregar todos os meios de comunicação adequados, inclusive correios diplomáticos e mensagens em códigos ou cifra. Não obstante, a Missão só poderá instalar e usar uma emissora de rádio com o consentimento do Estado acreditado.

2. A correspondência oficial da Missão é inviolável. Por correspondência oficial entende-se toda correspondência concernente à Missão e suas funções.

3. A mala diplomática não poderá ser aberta ou retida.

4. Os volumes que constituam a mala diplomática deverão conter sinais exteriores visíveis que indiquem o seu caráter e só poderão conter documentos diplomáticos e objetos destinados a uso oficial.

5. O correio diplomático, que deverá estar munido de um documento oficial que indique sua condição e o número de volumes que constituam a mala diplomática, será, no desempenho das suas funções, protegido pelo Estado acreditado.

6. O Estado acreditante ou a Missão poderão designar correios diplomáticos "ad hoc". Em tal caso, aplicar-se-ão as disposições do parágrafo 5 deste artigo, mas as imunidades nele mencionadas deixarão de se aplicar, desde que o referido correio tenha entregado ao destinatário a mala diplomática que lhe fora confiada.

7. A mala diplomática poderá ser confiada ao comandante de uma aeronave comercial que tenha de aterrissar num aeroporto de entrada autorizada. O comandante será munido de um documento oficial que indique o número de volumes que constituam a mala, mas não será considerado correio diplomático. A Missão poderá enviar um de seus membros para receber a mala diplomática, direta e livremente, das mãos do comandante da aeronave.

### ARTIGO 28

Os direitos e emolumentos que a Missão perceba em razão da prática de atos oficiais estarão isentos de todos os impostos ou taxas.

### ARTIGO 29

A pessoa do agente diplomático é inviolável. Não poderá ser objeto de nenhuma forma de detenção ou prisão. O Estado acreditado tratá-lo-á com o devido respeito e adotará todas as medidas adequadas para impedir qualquer ofensa à sua pessoa, liberdade ou dignidade.

### ARTIGO 30

A residência particular do agente diplomático goza da mesma inviolabilidade e proteção que os locais da missão.

2. Seus documentos, sua correspondência e, sob reserva do disposto no parágrafo 3 do artigo 31, seus bens gozarão igualmente de inviolabilidade.

### ARTIGO 31

1. O agente diplomático gozará de imunidade de jurisdição penal do Estado acreditado. Gozará também da imunidade de jurisdição civil e administrativa, a não ser que se trate de:

a) uma ação real sobre imóvel privado situado no território do Estado acreditado, salvo se o agente diplomático o possuir por conta do Estado acreditado para os fins da missão.

b) uma ação sucessória na qual o agente diplomático figure, a título privado e não em nome do Estado, como executor testamentário, administrador, herdeiro ou legatário.

c) uma ação referente a qualquer profissão liberal ou atividade comercial exercida pelo agente diplomático no Estado acreditado fora de suas funções oficiais.

2. O agente diplomático não é obrigado a prestar depoimento como testemunha.

3. O agente diplomático não está sujeito a nenhuma medida de execução a não ser nos casos previstos nas alíneas "a", "b" e "c" do parágrafo 1 deste artigo e desde que a execução possa realizar-se sem afetar a inviolabilidade de sua pessoa ou residência.

4. A imunidade de jurisdição de um agente diplomático no Estado acreditado não o isenta da jurisdição do Estado acreditante.

### ARTIGO 32

1. O Estado acreditante pode renunciar à imunidade de jurisdição dos seus agentes diplomáticos e das pessoas que gozam de imunidade nos termos do artigo 37.

2. A renúncia será sempre expressa.

3. Se um agente diplomático ou uma pessoa que goza de imunidade de jurisdição nos termos do artigo 37 inicia uma ação judicial, não lhe será permitido invocar a imunidade de jurisdição no tocante a uma reconvenção ligada à ação principal.

4. A renúncia à imunidade de jurisdição no tocante às ações civis ou administrativas não implica renúncia a imunidade quanto as medidas de execução da sentença, para as quais nova renúncia é necessária.

### ARTIGO 33

1. Salvo o disposto no parágrafo 3 deste artigo o agente diplomático estará no tocante aos serviços prestados ao Estado acreditante, isento das disposições sobre seguro social que possam vigorar no Estado acreditado.

2. A isenção prevista no parágrafo 1 deste artigo aplicar-se-á também aos criados particulares

que se acham ao serviço exclusivo do agente diplomático, desde que.

a) Não sejam nacionais do Estado acreditado nem nele tenham residência permanente; e

b) Estejam protegidos pelas disposições sobre seguro social vigentes no Estado acreditado ou em terceiro estado.

3. O agente diplomático que empregue pessoas a quem não se aplique a isenção prevista no parágrafo 2 deste artigo deverá respeitar as obrigações impostas aos patrões pelas disposições sobre seguro social vigentes no Estado acreditado.

4. A isenção prevista nos parágrafos 1 e 2 deste artigo não exclui a participação voluntária no sistema de seguro social do Estado acreditado, desde que tal participação seja admitida pelo referido Estado.

5. As disposições deste artigo não afetam os acordos bilaterais ou multilaterais sobre seguro social já concluídos e não impedem a celebração ulterior de acordos de tal natureza.

### ARTIGO 34

O agente diplomático gozará de isenção de todos os impostos e taxas, pessoais ou reais, nacionais, regionais ou municipais, com as exceções seguintes:

a) os impostos indiretos que estejam normalmente incluídos no preço das mercadorias ou dos serviços;

b) os impostos e taxas sobre bens imóveis privados situados no território do Estado acreditado, a não ser que o agente diplomático os possua em nome do Estado acreditante e para os fins da missão;

c) os direitos de sucessão percebidos pelo Estado acreditado, salvo o disposto no parágrafo 4 do artigo 39;

d) os impostos e taxas sobre rendimentos privados que tenham a sua origem no Estado acreditado e os impostos sobre o capital referentes a investimentos em empresas comerciais no Estado acreditado.

e) os impostos e taxas que incidem sobre a remuneração relativa a serviços específicos;

f) os direitos de registro, de hipoteca, custas judiciais e imposto de selo relativos a bens imóveis, salvo o disposto no artigo 23.

### ARTIGO 35

O estado acreditado devera isentar os agentes diplomáticos de toda prestação pessoal, de todo serviço público, seja qual for a sua natureza, e de obrigações militares tais como requisições, contribuições e alojamento militar.

### ARTIGO 36

1. De acordo com leis e regulamentos que adote, o estado acreditado permitirá a entrada livre do pagamento de direitos aduaneiros, taxas e gravames conexos que não constituam despesas de armazenagem, transporte e outras relativas a serviços análogos;

a) dos objetos destinados ao uso oficial da missão;

b) dos objetos destinados ao uso pessoal do agente diplomático ou dos membros da sua família que com ele vivam, incluídos os bens destinados à sua instalação.

2. A bagagem pessoal do agente diplomático não está sujeita a inspeção, salvo se existirem motivos sérios para crer que a mesma contém objetos não previstos nas isenções mencionadas no parágrafo 1 deste artigo, ou objetos cuja importação ou exportação é proibida pela legislação do Estado acreditado, ou sujeitos aos seus regulamentos de quarentena. Nesse caso a inspeção só poderá ser feita em presença de agente diplomático ou de seu representante autorizado.

### ARTIGO 37

1. Os membros da família de um agente diplomático que com ele vivam gozarão dos privilégios e imunidade mencionados nos artigos 29 e 36, desde que não sejam nacionais do estado acreditado.

2. Os membros do pessoal administrativo e técnico da missão, assim como os membros de suas famílias que com eles vivam, desde que não sejam nacionais do estado acreditado nem nele tenham residência permanente, gozarão dos privilégios e imunidades mencionados nos artigos 29 a 35 com ressalva de que a imunidade de jurisdição civil e administrativa do estado acreditado, mencionado no parágrafo 1 do artigo 31, não se estenderá aos atos por eles praticados fora do exército de suas funções; gozarão também dos privilégios mencionados no parágrafo 1 do artigo 36, no que respeita aos objetos importados para a primeira instalação.

3. Os membros do pessoal de serviço da Missão, que não sejam nacionais do Estado acreditado nem nele tenham residência permanente, gozarão de imunidades quanto aos atos praticados no exercício de suas funções, de isenção de impostos e taxas sobre os salários que perceberem pelos seus serviços e da isenção prevista no artigo 33.

4. Os criados particulares dos membros da Missão, que não sejam nacionais do Estado acreditado nem nele tenham residência permanente, estão isentos de impostos e taxas sobre os salários que perceberem pelos seus serviços. Nos demais casos, só gozarão de privilégios e imunidades na medida reconhecida pelo referido Estado. Todavia, o Estado acreditado deverá exercer a sua jurisdição sobre tais pessoas de modo a não interferir demasiadamente como o desempenho das funções da Missão.

### ARTIGO 38

1. A não ser na medida em que o Estado acreditado conceda outros privilégios e imunidades, o agente diplomático que seja nacional do referido Estado ou nele tenha residência permanente gozará da imunidade de jurisdição e de inviolabilidade apenas quanto aos atos oficiais praticados no desempenho de suas funções.

2. Os demais membros do pessoal da Missão e os criados particulares, que sejam nacionais

do Estado acreditado ou nele tenham a sua residência permanente, gozarão apenas dos privilégios e imunidades que lhes forem reconhecidos pelo referido Estado. Todavia, o Estado acreditado deverá exercer a sua jurisdição sobre tais pessoas de maneira a não interferir demasiadamente como o desempenho das funções da Missão.

### ARTIGO 39

1. Toda a pessoa que tenha direito a privilégios e imunidades gozará dos mesmos a partir do momento em que entrar no território do estado acreditado para assumir o seu posto ou, no caso de já se encontrar no referido território, desde que a sua nomeação tenha sido notificada ao Ministério das Relações Exteriores ou ao Ministério em que se tenha convindo.
2. Quando terminarem as funções de uma pessoa que goze de privilégios e imunidades esses privilégios e imunidades cessarão normalmente no momento em que essa pessoa deixar o país ou quando transcorrido um prazo razoável que lhe tenha sido concedido para tal fim mas perdurarão até esse momento mesmo em caso de conflito armado. Todavia a imunidade subsiste no que diz respeito aos atos praticados por tal pessoal no exercício de suas funções como Membro da Missão.
3. Em caso de falecimento de um membro da Missão os membros de sua família continuarão no gôzo dos privilégios e imunidades a que tem direito até a expiração de um prazo razoável que lhes permita deixar o território do Estado acreditado.
4. Em caso de falecimento de um membro da Missão, que não seja nacional do Estado acreditado nem nele tenha residência permanente, ou de membro de sua família que com ele viva, o Estado acreditado permitirá que os bens móveis do falecido sejam retirados do país com exceção dos que nele foram adquiridos e cuja exportação seja proibida no momento do falecimento. Não serão cobrados direitos de sucessão sobre os bens móveis cuja situação no Estado acreditado era devida unicamente à presença do falecimento no referido Estado, como membro da Missão ou como membro da família de um membro da Missão.

### ARTIGO 40

1. Se o agente diplomático atravessa o território ou se encontra no território de um terceiro Estado, que lhe concedeu visto no passaporte quando esse visto for exigido, a fim de assumir ou reassumir o seu posto ou regressar ao seu país, o terceiro Estado conceder-lhe-á inviolabilidade e todas as outras imunidades necessárias para lhe permitir o trânsito ou o regresso. Esta regra será igualmente aplicável aos membros da família; que gozem de privilégios e imunidades, que acompanhem o agente diplomático quer viagem separadamente. Para reunir-se a ele ou regressar ao seu país.
2. Em circunstâncias análogas às previstas no parágrafo 1 deste artigo, os terceiros Estados não deverão dificultar a passagem através do seu território dos membros do pessoal administrado e técnico ou de serviço da Missão e dos membros de suas famílias.
3. Os terceiros Estados concederão à correspondência e a outras comunicações oficiais em trânsito inclusive às mensagens em código ou cifra a mesma liberdade e proteção concedida pelo Estado acreditado. Concederão aos correios diplomáticos a quem um visto no passaporte tenha sido concedido quando esse visto for exigido bem como às malas diplomáticas em trânsito a mesma inviolabilidade e proteção a que se acha obrigado o Estado acreditado.
4. As obrigações dos terceiros Estados em virtude dos parágrafos 1, 2 e 3 deste artigo serão aplicáveis também às pessoas mencionadas respectivamente nesses parágrafos, bem como às comunicações oficiais e às malas diplomáticas quanto as mesmas se encontrem no território do terceiro Estado por motivo de forca maior.

### ARTIGO 41

1. Sem prejuízo de seus privilégios e imunidade todas as pessoas que gozem desses privilégios e imunidades deverão respeitar as leis e os regulamentos do Estado acreditado. Têm também o dever de não se imiscuir nos assuntos internos do referido Estado.
2. Todos os assuntos oficiais que o Estado acreditante confiar à Missão para serem tratados com o Estado acreditado deverão sê-lo com o Ministério das Relações Exteriores ou por seu intermédio ou com outro Ministério em que se tenha convindo.
3. Os locais da Missão não devem ser utilizados de maneira incompatível com as funções da Missão tais como são enunciadas na presente Convenção em outras normas de direito internacional geral ou em acordos especiais em vigor entre o Estado acreditado.

### ARTIGO 42

O agente diplomático não exercerá no Estado acreditado nenhuma atividade profissional ou comercial em proveito próprio.

### ARTIGO 43

As funções de agente diplomático terminarão, "inter-alia".

a) pela notificação do Estado acreditante ao Estado acreditado e que as funções do agente diplomático terminaram;

b) pela notificação do Estado acreditado ao Estado acreditante de que, nos termos do parágrafo 2 do artigo 9, se recusa a reconhecer o agente diplomático como membro da Missão.

### ARTIGO 44

O Estado acreditado deverá, mesmo no caso de conflito armado conceder facilidades para que as pessoas que gozem de privilégios e imunidades e não sejam nacionais do Estado acreditado, bem como os membros de suas famílias, seja qual for a sua nacionalidade, possam deixar o seu território o mais depressa possível. Especialmente, deverá colocar à sua disposição se necessário, os meios de transporte indispensáveis para tais pessoas e seus bens.

ARTIGO 45

Em caso de ruptura das relações diplomáticas entre dois Estados ou se uma Missão e retirada definitiva ou temporariamente:

a) o Estado acreditado está obrigado a respeitar e a proteger, mesmo em caso de conflito armado, os locais da Missão bem como os seus bens e arquivos;

b) o Estado acreditante poderá confiar a guarda dos locais da Missão bem como de seus bens e arquivos a um terceiro Estado aceitável para o Estado acreditado;

c) o Estado acreditante poderá confiar a proteção de seus interesses e dos de seus nacionais a um terceiro Estado acreditado.

ARTIGO 46

Com o consentimento prévio do Estado acreditado e a pedido de um terceiro Estado nele não representado, o Estado acreditante poderá assumir a proteção temporária dos interesses do terceiro Estado e de seus nacionais.

ARTIGO 47

1. Na aplicação das disposições da presente Convenção, o Estado acreditado não fará nenhuma discriminação entre Estado.

2. Todavia, não será considerada discriminação:

a) o fato de o Estado acreditante aplicar restritivamente uma das disposições da presente Convenção, quando a mesma for aplicada de igual maneira à sua Missão no Estado acreditado;

b) o fato de os Estados em virtude de costume ou convênio se concederem reciprocamente um tratamento mais favorável do que o questionado pelas disposições da presente Convenção.

ARTIGO 48

A presente Convenção ficará aberta para assinatura de todos os Estados Membros das Nações Unidas de uma organização especializada bem como dos Estados Partes no Estatuto da Corte Internacional de Justiça e de qualquer outro Estado convidado pela Assembleia Geral das Nações Unidas a tornar-se Parte na Convenção, da maneira seguinte: até 31 de outubro de 1961, no Ministério Federal dos Negócios Estrangeiros da Áustria e, depois, até 13 de marco de 1962, na sede das Nações Unidas, em Nova York.

ARTIGO 49

A presente Convenção será ratificada, os instrumentos de ratificação serão depositados perante o Secretário-geral das Nações Unidas.

ARTIGO 50

A presente Convenção permanecerá aberta à adesão de todo o Estado pertencente a qualquer das quatro categorias mencionadas no artigo 48. Os instrumentos de adesão serão depositados perante o Secretário-Geral das Nações Unidas.

ARTIGO 51

1. A presente Convenção entrará em vigor no trigésimo dia que se seguir à data do deposito perante o Secretário-Geral das Nações Unidas do vigésimo-segundo instrumento de ratificação ou adesão.

2. Para cada um dos Estados que ratificarem a Convenção ou a ela aderirem depois do depósito do vigésimo segundo instrumento de ratificação ou adesão, a Convenção entrará em vigor no trigésimo dia após o depósito, por esse Estado, do instrumento de ratificação ou adesão.

ARTIGO 52

O Secretário-geral das Nações Unidas comunicará a todos os Estados pertencentes a qualquer das quatro categorias mencionadas no artigo 48:

a) as assinaturas apostas à presente Convenção e o deposito dos instrumentos de ratificação ou adesão nos termos dos artigos 48, 49 e 50,

b) a data em que a presente Convenção entrara em vigor, nos termos do artigo 51.

ARTIGO 53

O original da presente Convenção, cujos textos em chinês, espanhol, francês, inglês e russo, fazem igualmente fé, será depositado perante o Secretário-geral das Nações Unidas, que enviará cópias certificadas conforme a todos os Estados pertencentes a qualquer das quatro categorias mencionadas no artigo 48.

Em fé do que, os plenipotenciários os assinados, devidamente autorizados pelos respectivos Governos assinaram a presente Convenção.

Feito em Viena, aos dezoito dias do mês de abril de mil novecentos e sessenta e um.

## DECRETO Nº 56.826, DE 2 DE SETEMBRO DE 1965

*Promulga a Convenção sôbre a prestação de alimentos no estrangeiro.*

- DOU de 08.09.1965.

O PRESIDENTE DA REPÚBLICA, havendo o Congresso Nacional aprovado pelo Decreto Legislativo número 10, de 1958, a Convenção sôbre prestação de alimentos no estrangeiro, assinada pelo Brasil a 31 de dezembro de 1956;

Havendo a referida Convenção entrado em vigor, para o Brasil em 14 de dezembro de 1960, trinta dias após o depósito do instrumento brasileiro de ratificação junto ao Secretário Geral das Nações Unidas realizado a 14 de novembro de 1960;

E havendo a Procuradoria Geral do Distrito Federal assumido no Brasil as funções de Autoridade Remetente e Instituição Intermediária, previstos nos parágrafos 1 e 2 do artigo 2 da Convenção,

DECRETA:

Que a mesma apensa por cópia ao presente decreto, seja executada e cumprida tão inteiramente como nela se contém.

Brasília, 2 de setembro de 1965;
144º da Independência e 77º da República.
H. Castello Branco
Vasco Da Cunha

## CONVENÇÃO SÔBRE A PRESTAÇÃO DE ALIMENTOS NO ESTRANGEIRO

Preâmbulo

Considerando a urgência de uma solução para o problema humanitário surgido pela situação das pessoas sem recursos que dependem, para o seu sustento, de pessoas no estrangeiro,

Considerando que, no estrangeiro, a execução de ações sôbre prestação de alimentos ou o cumprimento de decisões relativas ao assunto suscita sérias dificuldades legais e práticas,

Dispostas a prover os meios que permitam resolver êstes problemas e vencer estas dificuldades,

As Partes Contratantes convieram nas seguintes disposições:

### ARTIGO I
### Objeto de Convenção

1. A presente Convenção tem como objeto facilitar a uma pessoa, doravante designada como demandante, que se encontra no território de uma das Partes Contratantes, a obtenção de alimentos aos quais pretende ter direito por parte de outra pessoa, doravante designada como demandado, que se encontra sob jurisdição de outra Parte Contratante. Os organismos utilizados para êste fim serão doravante designados como Autoridades Remetentes e Instituições Intermediárias.

2. Os meios jurídicos previstos na presente Convenção completarão, sem os substituir, quaisquer outros meios jurídicos existentes em direito interno ou internacional.

### ARTIGO II
### Designação das Instituições

1. Cada Parte Contratante designará, no momento do depósito do instrumento de ratificação ou de adesão, uma ou mais autoridades administrativas ou judiciárias que exercerão em seu território as funções de Autoridades Remetentes.

2. Cada Parte Contratante designará, no momento do depósito do instrumento de ratificação ou adesão, um organismo público ou particular que exercerá em seu território as funções de Instituição Intermediária.

3. Cada Parte Contratante comunicará, sem demora, ao Secretário Geral das Nações Unidas, as designações feitas de acôrdo com as disposições dos parágrafos 1 e 2, bem como qualquer modificação a respeito.

4. As Autoridades Remetentes e as Instituições Intermediárias poderão entrar em contato direto com as Autoridades Remetentes e as Instituições Intermediárias das outras Partes Contratantes.

### ARTIGO III
### Apresentação do Pedido à Autoridades Remetente

1. Se o demandante se encontrar no território de uma Parte Contratante, doravante designada como o Estado do demandante, e o demandante se encontrar sob a jurisdição de outra Parte Contratante, doravante designada como o Estado do demandado, o primeiro poderá encaminhar um pedido a uma Autoridade Remetente do Estado onde se encontrar para obter alimentos da parte do demandado.

2. Cada Parte Contratante informará o Secretário Geral dos elementos de prova normalmente exigidos pela lei do Estado da Instituíção Intermediária para justificar os pedidos de prestação de alimentos, assim como das condições em que êstes elementos devem ser apresentados para serem admissíveis e das outras condições estabelecidas por lei.

3. O pedido deverá ser acompanhado de todos os documentos pertinentes, inclusive, se necessário fôr, de uma procuração que autorize a Instituição Intermediária a agir em nome do demandante ou a designar uma pessoa habilitada para o fazer; deverá ser igualmente, acompanhado de uma fotografia do demandante e, se possível, de uma fotografia do demandado.

4. A Autoridade Remetente tomará tôdas as medidas que estiverem ao seu alcance para assegurar o cumprimento dos requisitos exigidos pela lei do Estado da Instituição Intermediária; ressalvadas as disposições desta lei, o pedido incluirá as seguintes informações:

a) Nome e prenomes, endereços, data de nascimento, nacionalidade e profissão do demandante, bem como, se necessário fôr, nome e endereço de seu representante legal;

b) Nome e prenomes do demandado e, na medida em que o demandante dêles tiver conhecimento, os seus endereços sucessivos durante os cinco últimos anos, sua data de nascimento, sua nacionalidade e sua profissão;

c) Uma exposição pormenorizada dos motivos nos quais fôr baseado o pedido, o objeto dêste e quaisquer outras informações pertinentes, inclusive as relativas à situação econômica e familiar do demandante e do demandado.

### ARTIGO IV
### Transmissão de documentos

1. A Autoridade Remetente transmitirá os documentos à Instituição Intermediária designada pelo Estado do demandado, a menos que considere que o pedido não foi formulado de boa-fé.

2. Antes de transmitir os documentos a Autoridade Remetente certificar-se-á de que êstes últimos se encontram, pela lei do Estado do demandante, em boa e devida forma.

3. A Autoridade Remetente poderá manifestar a Instituição Intermediária sua opinião sôbre o mérito do pedido e recomendar que se conceda ao demandante assistência judiciária gratuita e isenção de custos.

## ARTIGO V
## Transmissão de Sentenças e outros Atos Judiciários

1. A Autoridade Remetente transmitirá, a pedido do demandante e em conformidade com as disposições com o artigo IV, qualquer decisão, em matéria de alimento, provisória ou definitiva ou qualquer outro ato judiciário emanado, em favor do demandante, de tribunal competente de uma das Partes Contratantes, e, se necessário e possível, o relatório dos debates durante os quais esta decisão tenha sido tomada.
2. As decisões e atos judiciários referidos no parágrafo precedente poderão substituir ou completar os documentos mencionados no artigo III.
3. O procedimento previsto no artigo VI poderá incluir, conforme a lei do Estado do demandado, o exequatur ou o registro, ou ainda uma nova ação, baseada na decisão transmitida em virtude das disposições do parágrafo 1.

## ARTIGO VI
## Funções da Instituição Intermediária

1. A Instituição Intermediária, atuando dentro dos limites dos podêres conferidos pelo demandante, tomará, em nome dêste, quaisquer medidas apropriadas para assegurar a prestação dos alimentos. Ela poderá, igualmente, transigir e, quando necessário, iniciar e prosseguir uma ação alimentar e fazer executar qualquer setença, decisão ou outro ato judiciário.
2. A Instituição Intermediária manterá a Autoridade Remetente informada e, se não puder atuar, a notificará das razões e lhe devolverá a documentação.
3. Não obstante qualquer disposição da presente Convenção, a lei que regerá as ações mencionadas e qualquer questão conexa será a do Estado do demandado, inclusive em matéria de direito internacional privado.

## ARTIGO VII
## Cartas Rogatórias

Se a lei das duas Partes Contratantes interessadas admitir cartas rogatórias serão aplicáveis as seguintes disposições:
a) O tribunal ao qual tiver sido submetida a ação alimentar poderá, para obter documentos ou outras provas, pedir a execução de uma carta rogatória, seja ao tribunal competente da outra Parte Contratante em cujo território a carta deverá ser executada.
b) A fim de que as Partes possam assistir a êste procedimento ou nêle se fazer representar, a autoridade referida deverá informar a Autoridade Remetente e a Instituição Intermediária interessadas, bem como o demandado, da data e do lugar em que se procederá à medida solicitada.
c) A carta rogatória deverá ser executada com toda a diligência desejada; se não houver sido executada dentro de um período de quatro meses a partir da data do recebimento da carta pela autoridade requerida, a autoridade requerente deverá ser informada das razões da não-execução ou do atraso.
d) A execução da carta rogatória não poderá dar lugar ao reembôlso de taxas ou de despesas de qualquer natureza.
e) Só poderá negar se a execução da carta rogatória:
1) Se a autenticidade do documento não tiver sido provada.
2) Se a Parte Contratante em cujo território a carta rogatória deverá ser executada, julgar que esta última comprometeria a sua soberania ou a sua segurança.

## ARTIGO VIII
## Modificação das Decisões Judiciárias

As disposições da presente Convenção serão igualmente aplicáveis aos pedidos de modificação das decisões judiciárias sôbre prestação de alimentos.

## ARTIGO IX
## Isenções e Facilidades

1. Nos procedimentos previstos na presente Convenção, os demandantes gozarão do tratamento e das isenções de custos e de despesas concedidas aos demandantes residentes no Estado em cujo território fôr proposta a ação.
2. Dos demandantes estrangeiros ou não residentes não poderá ser exigida uma caução " judicatum solvi ", ou qualquer outro pagamento ou depósito para garantir a cobertura das despesas.
3. As autoridades remetentes e as Instituições intermediárias não poderão perceber remuneração alguma pelos serviços que prestarem em conformidade com as disposições da presente Convenção.

## ARTIGO X
## Transferência de Fundos

As Partes Contratantes cuja lei imponha restrições à transferência de fundos para o estrangeiro, concederão a máxima prioridade à transferência de fundos destinados ao pagamento de alimentos ou à cobertura das despesas ocasionadas por qualquer procedimento judicial previsto na presente Convenção.

## ARTIGO XI
## Cláusula Federal

No caso de um Estado Federal ou não unitário, serão aplicadas as seguintes disposições:
a) No que concerne aos artigos da presente Convenção cuja execução dependa da ação legislativa do poder legislativo federal, as

obrigações do Govêrno Federal serão, nesta medida, as mesmas que as das Partes que não são Estados federais;

b) No que concerne aos artigos da presente Convenção cuja a aplicação dependa da ação legislativa de cada um dos Estados, províncias ou cantões constitutivos e que não estejam, em virtude do sistema constituicional da Federação, obrigados a tomar medidas legislativas, o Govêrno Federal levará, no mais breve possível e com parecer favorável, os artigos mencionados ao conhecimento das autoriades competentes dos Estados províncias ou cantões;

c) Todo Estado federal que seja Parte na Presente Convenção fornecerá, a pedido de qualquer outra Parte Contratante lhe tenha sido transmitido pelo Secretário Geral, um relato da legislação e das práticas em vigor na Federação e nas suas unidades constitutivas, no que concerne a determinada disposição da Convenção, indicando a medida em que, por uma ação legislativa ou outra, tal disposição tenha sido aplicada.

## ARTIGO XII
## Aplicação Territorial

As disposições da presente Convenção serão aplicadas, nas mesmas condições, aos territórios não autônomos, sob tutela e a qualquer território representado, no plano internacional, por uma Parte Contratante a menos que esta última, ao ratificar a presente Convenção ou a ela aderir, declare que esta não se aplicará a determinado território ou territórios que estejam nestas condições. Qualquer Parte Contratante que tenha feito esta declaração poderá ulteriormente, a qualquer momento, por notificação ao Secretário Geral, estender a aplicação da Convenção aos territórios assim excluídos ou a qualquer um dentre êles.

## ARTIGO XIII
## Assinatura, Ratificação e Adesão

1. A presente Convenção ficará aberta, até 31 de dezembro de 1956, à assinatura de qualquer Estado Membro da Organização das Nações Unidas, de qualquer Estado não-membro que seja Parte no Estatuto da Côrte Internacional de Justiça ou membro de uma agência especializada assim de como qualquer outro Estado não membro convidado, pelo Conselho Econômico e Social, a se tornar parte na Convenção.

2. A presente Convenção será ratificada. Os instrumentos de ratificação serão depositados em poder do Secretário Geral.

3. Qualquer um dos Estados mencionados no parágrafo 1 do presente artigo poderá, a qualquer momento, aderir à presente Convenção. Os instrumentos de adesão serão depositados em poder do Secretário Geral.

## ARTIGO XIV
## Entrada em Vigor

1. A presente Convenção entrará em vigor no trigésimo dia seguinte à data do depósito do terceiro instrumento de ratificação ou de adesão, efetuado em conformidade com as disposições do art. XIII.

2. Para cada um dos Estados que ratificarem ou que a ela aderirem depois do depósito do terceiro instrumento de ratificação ou de adesão, a Convenção entrará em vigor no trigésimo dia seguinte à data do depósito, por êste Estado, do seu instrumento de ratificação ou de adesão.

## ARTIGO XV
## Denúncia

1. Qualquer Parte Contratante poderá denunciar a presente Convenção, por notificação dirigida ao Secretário Geral. A denúncia poderá igualmente se aplicar a todos ou a um dos territórios mencionados no art.XII.

2. A denúncia entrará em vigor um ano após a data em que o Secretário Geral tiver recebido a notificação, com exceção das questões que estiverem sendo tratadas no momento em que ela se tornar efetiva.

## ARTIGO XVI
## Solução de Controvérsias

Se surgir entre quaisquer das Partes Contratantes uma controvérsia relativa a interpretação ou à aplicação da presente Convenção, e se esta controvérsia não tiver sido resolvida por outros meios, será submetida à Côrte Internacional da Justiça, seja por notificação de um acôrdo especial, seja a pedido de uma das partes na controvérsia.

## ARTIGO XVII
## Reservas

1. Se, no momento da assinatura, da ratificação ou da adesão, um Estado fizer uma reserva a um dos artigos da presente Convenção, o Secretário Geral comunicará o texto da reserva às demais Partes Contratantes e aos outros Estados referidos no art.XIII; Qualquer Parte Contratante que não aceitar a reserva mencionada poderá, num prazo de noventa dias a contar da data desta comunicação, notificar ao Secretário Geral que não aceita a reserva e neste caso, a convenção não entrará em vigor entre o Estado que apresentar a objeção e o Estado autor da reserva. Qualquer Estado que posteriormente, aderir à Convenção poderá, no momento do depósito do instrumento de adesão, efetuar uma notificação dêste gênero.

2. Uma Parte Contratante poderá, a qualquer momento, retirar uma reserva que tenha formulado anteriormente, e deverá notificar esta decisão ao Secretário Geral.

## ARTIGO XVIII
## Reciprocidade

Uma Parte Contratante poderá invocar as disposições da presente Convenção contra outras Partes Contratantes sòmente na medida em que ela mesma estiver obrigada pela Convenção.

## ARTIGO XIX
## Notificações do Secretário Geral

O Secretário Geral notificará a todos os Estados Membros das Nações Unidas e aos Estados não membros referidos no art. XIII:

a) As comunicações previstas no § 3º do art. II;

b) As informações recebidas em conformidade com as disposições do § 2º do art.III;

c) As declarações e notificações feitas em conformidade com as disposições do art. XII;

d) As assinaturas, ratificações e adesões feitas em conformidade com as disposições do art. XIII;

e) A data na qual a Convenção entrou em vigor, em conformidade com o § 1º do art.XIV;

f) As denúncias feitas em conformidade com as disposições do§ 1º do art. XV;

g) As reservas e notificações feitas em conformidade com as disposições do art. XVII.

2. O Secretário-Geral notificará a tôdas as partes Contratantes os pedidos de revisão, bem como as respostas aos mesmos, enviadas em virtude do art. XX.

## ARTIGO XX

1. Qualquer Parte Contratante poderápedir a qualquer momento por notificação dirigida ao Secretário Geral, a revisão da presente Convenção.

2. O Secretário Geral transmitirá esta notificação a cada uma das Partes Contratantes, pedindo-lhes que lhe comuniquem, dentro de um prazo de quatro meses, se desejam a reunião de uma conferência para examinar a revisão proposta. Se a maioria da Partes Contratantes responder afirmativamente, o Secretário Geral convocará esta conferência.

## ARTIGO XXI
## Depósito da Convenção e Línguas

O original da presente Convenção, cujos textos nas línguas inglesa, chinesa, espanhola, francesa e russa fazem igualmente fé, será depositado em poder do Secretário Geral que enviará cópias autenticadas a todos os Estados referidos no art. XIII.

# DECRETO Nº 61.078, DE 26 DE JULHO DE 1967

*Promulga a Convenção de Viena sobre Relações Consulares*

▸ DOU de 28.7.1967.

O Presidente da República,

Havendo o Congresso Nacional aprovado pelo Decreto Legislativo nº 6, de 1967, a Convenção de Viena sobre Relações Consulares, assinada nessa cidade, a 24 de abril de 1963;

E havendo a referida Convenção entrado em vigor para o Brasil, de conformidade com seu artigo 77, parágrafo 2º, a 10 de junho de 1967, isto é, trinta dias após o depósito do instrumento brasileiro de ratificação junto ao Secretário-Geral das Nações Unidas, realizado a 11 de maio de 1967, decreta:

Que a mesma, apensa por cópia ao presente Decreto, seja executada e cumprida tão inteiramente como nela se contém.

Brasília, 26 de julho de 1967; 146º da Independência e 79º da República.

A Costa e Silva

José de Magalhães Pinto

## CONVENÇÃO DE VIENA SOBRE RELAÇÕES CONSULARES

Os Estados Partes na presente Convenção.

Considerando que, desde tempos remotos, se estabeleceram relações consulares entre os povos,

Conscientes dos propósitos e princípios da Carta das Nações Unidas relativos à igualdade soberana dos Estados, à manutenção da paz e da segurança internacionais e ao desenvolvimento das relações de amizade entre as nações,

Considerando que a Conferência das Nações Unidas sobre Relações e Imunidades Diplomáticas adotou a Convenção de Viena sobre Relações Diplomáticas, que foi aberta à assinatura no dia 18 de abril de 1961,

Persuadidos de que uma convenção internacional sobre as relações, privilégios e imunidades consulares contribuiria também para o desenvolvimento de relações amistosas entre os países, independentemente de seus regimes constitucionais e sociais,

Convencidos de que a finalidade de tais privilégios e imunidades não é beneficiar indivíduos, mas assegurar o eficaz desempenho das funções das repartições consulares, em nome de seus respectivos Estados,

Afirmando que as normas de direito consuetudinário internacional devem continuar regendo as questões que não tenham sido expressamente reguladas pelas disposições da presente Convenção,

Convieram no seguinte:

### Artigo 1º
### Definições

1. Para os fins da presente Convenção, as expressões abaixo devem ser entendidas como a seguir se explica:

a) por "repartição consular", todo consulado geral, consulado, vice-consulado ou agência consular;

b) por "jurisdição consular", o território atribuído a uma repartição consular para o exercício das funções consulares;
c) por "chefe de repartição consular", a pessoa encarregada de agir nessa qualidade;
d) por "funcionário consular", toda pessoa, inclusive o chefe da repartição consular, encarregada nesta qualidade do exercício de funções consulares;
e) por "empregado consular", toda pessoa empregada nos serviços administrativos ou técnicos de uma repartição consular;
f) por "membro do pessoal de serviço", toda pessoa empregada no serviço doméstico de uma repartição consular;
g) por "membro da repartição consular", os funcionários consulares, empregados consulares, e membros do pessoal de serviço;
h) por "membros do pessoal consular", os funcionários consulares com exceção do chefe da repartição consular, os empregados consulares e os membros do pessoal de serviço;
i) por "membro do pessoal privado", a pessoa empregada exclusivamente no serviço particular de um membro da repartição consular;
j) por "locais consulares", os edifícios, ou parte dos edifícios, e terrenos anexos, que, qualquer que seja seu proprietário, sejam utilizados exclusivamente para as finalidades da repartição consular;
k) por "arquivos consulares", todos os papéis, documentos, correspondência, livros, filmes, fitas magnéticas e registros da repartição consular, bem como as cifras e os códigos, os fichários e os móveis destinados a protegê-los e conservá-los.
2. Existem duas categorias de funcionários consulares: os funcionários consulares de carreira e os funcionários consulares honorários. As disposições do Capítulo II da presente Convenção aplicam-se às repartições consulares dirigidas por funcionários consulares de carreira; as disposições do Capítulo III aplicam-se às repartições consulares dirigidas por funcionários consulares honorários.
3. A situação peculiar dos membros das repartições consulares que são nacionais ou residentes permanentes do Estado receptor rege-se pelo Artigo 71 da presente Convenção.

## Capítulo Primeiro
## As Relações Consulares em Geral

### Seção I
### Estabelecimento e Exercício das Relações Consulares

#### Artigo 2º
#### Estabelecimento de Relações Consulares

1. O estabelecimento de relações consulares entre Estados far-se-á por consentimento mútuo.
2. O consentimento dado para o estabelecimento de relações diplomáticas entre dois Estados implicará, salvo indicação em contrário, o consentimento para o estabelecimento de relações consulares.
3. A ruptura das relações diplomáticas não acarretará ipso facto a ruptura das relações consulares.

#### Artigo 3º
#### Exercício das Funções Consulares

As funções consulares serão exercidas por repartições consulares. Serão também exercidas por missões diplomáticas de conformidade com as disposições da presente Convenção.

#### Artigo 4º
#### Estabelecimento de uma Repartição Consular

1. Uma repartição consular não poder ser estabelecida no território do Estado receptor sem seu consentimento.
2. A sede da repartição consular, sua classe e a jurisdição consular serão fixadas pelo Estado que envia e submetidas à aprovação do Estado receptor.
3. O Estado que envia não poderá modificar posteriormente a sede da repartição consular, sua classe ou jurisdição consular, sem o consentimento do Estado receptor.
4. Também será necessário o consentimento do Estado receptor se um consulado geral ou um consulado desejar abrir um vice-consulado ou uma agência consular numa localidade diferente daquela onde se situa a própria repartição consular.
5. Não se poderá abrir fora da sede da repartição consular uma dependência que dela faça parte, sem haver obtido previamente o consentimento expresso do Estado receptor.

#### Artigo 5º
#### Funções Consulares

As funções consulares consistem em:
a) proteger, no Estado receptor, os interesses do Estado que envia e de seus nacionais, pessoas físicas ou jurídicas, dentro dos limites permitidos pelo direito internacional;
b) fomentar o desenvolvimento das relações comerciais, econômicas, culturais e científicas entre o Estado que envia e o Estado receptor e promover ainda relações amistosas entre eles, de conformidade com as disposições da presente Convenção;
c) informar-se, por todos os meios lícitos, das condições e da evolução da vida comercial, econômica, cultural e científica do Estado receptor, informar a respeito o governo do Estado que envia e fornecer dados às pessoas interessadas;
d) expedir passaportes e documentos de viagem aos nacionais do Estado que envia, bem como vistos e documentos apropriados às

pessoas que desejarem viajar para o referido Estado;

e) prestar ajuda e assistência aos nacionais, pessoas físicas ou jurídicas do Estado que envia;

f) agir na qualidade de notário e oficial de registro civil, exercer funções similares, assim como outras de caráter administrativo, sempre que não contrariem as leis e regulamentos do Estado receptor;

g) resguardar, de acordo com as leis e regulamentos do Estado receptor, os interesses dos nacionais do Estado que envia, pessoas físicas ou jurídicas, nos casos de sucessão por morte verificada no território do Estado receptor;

h) resguardar, nos limites fixados pelas leis e regulamentos do Estado receptor, os interesses dos menores e dos incapazes, nacionais do país que envia, particularmente quando para eles for requerida a instituição de tutela ou curatela;

i) representar os nacionais do país que envia e tomar as medidas convenientes para sua representação perante os tribunais e outras autoridades do Estado receptor, de conformidade com a prática e os procedimentos em vigor neste último, visando conseguir, de acordo com as leis e regulamentos do mesmo, a adoção de medidas provisórias para a salvaguarda dos direitos e interesses destes nacionais, quando, por estarem ausentes ou por qualquer outra causa, não possam os mesmos defendê-los em tempo útil;

j) comunicar decisões judiciais e extrajudiciais e executar comissões rogatórias de conformidade com os acordos internacionais em vigor, ou, em sua falta, de qualquer outra maneira compatível com as leis e regulamentos do Estado receptor;

k) exercer, de conformidade com as leis e regulamentos do Estado que envia, os direitos de controle e de inspeção sobre as embarcações que tenham a nacionalidade do Estado que envia, e sobre as aeronaves nele matriculadas, bem como sobre suas tripulações;

l) prestar assistência às embarcações e aeronaves a que se refere a alínea "k" do presente artigo e também às tripulações: receber as declarações sobre as viagens dessas embarcações, examinar e visar os documentos de bordo e, sem prejuízo dos poderes das autoridades do Estado receptor, abrir inquéritos sobre os incidentes ocorridos durante a travessia e resolver todo tipo de litígio que possa surgir entre o capitão, os oficiais e os marinheiros, sempre que autorizado pelas leis e regulamentos do Estado que envia;

m) exercer todas as demais funções confiadas à repartição consular pelo Estado que envia, as quais não sejam proibidas pelas leis e regulamentos do Estado receptor, ou às quais este não se oponha, ou ainda as que lhe sejam atribuídas pelos acordos internacionais em vigor entre o Estado que envia e o Estado receptor.

### Artigo 6º
### Exercício de Funções Consulares fora da Jurisdição Consular

Em circunstâncias especiais, o funcionário consular poderá, com o consentimento do Estado receptor, exercer funções fora de sua jurisdição consular.

### Artigo 7º
### Exercício de Funções Consulares em Terceiros Estados

O Estado que envia poderá, depois de notificação aos Estados interessado, e a não ser que um deles a isso se opuser expressamente, encarregar uma repartição consular estabelecida em um Estado do exercício de funções consulares em outro Estado.

### Artigo 8º
### Exercício de Funções Consulares por Conta de Terceiro Estado

Uma repartição consular do Estado que envia poderá, depois da notificação competente ao Estado receptor e sempre que este não se opuser, exercer funções consulares por conta de um terceiro Estado.

### Artigo 9º
### Categorias de Chefes de Repartição Consular

1. Os chefes de repartição consular se dividem em quatro categorias, a saber:

a) cônsules-gerais;

b) cônsules;

c) vice-cônsules;

d) agentes consulares.

2. O parágrafo 1º deste artigo não limitará, de modo algum, o direito de qualquer das Partes Contratantes de fixar a denominação dos funcionários consulares que não forem chefes de repartição consular.

### Artigo 10º
### Nomeação e Admissão dos Chefes de Repartição Consular

1. Os Chefes de repartição consular serão nomeados pelo Estado que envia e serão admitidos ao exercício de suas funções pelo Estado receptor.

2. Sem prejuízo das disposições desta Convenção, as modalidades de nomeação e admissão do chefe de repartição consular serão determinadas pelas leis, regulamentos e práticas do Estado que envia e do Estado receptor, respectivamente.

### Artigo 11º
### Carta-Patente ou Notificação da Nomeação

1. O chefe da repartição consular será munido, pelo Estado que envia, de um documento, sob forma de carta-patente ou instrumento similar,

feito para cada nomeação, que ateste sua qualidade e que indique, como regra geral, seu nome completo, sua classe e categoria, a jurisdição consular e a sede da repartição consular.
2. O Estado que envia transmitirá a carta-patente ou instrumento similar, por via diplomática ou outra via apropriada, ao Governo do Estado em cujo território o chefe da repartição consular irá exercer suas funções.
3. Se o Estado receptor o aceitar, o Estado que envia poderá substituir a carta-patente ou instrumento similar por uma notificação que contenha as indicações referidas no parágrafo 1º do presente artigo.

### Artigo 12º
### Exequatur

1. O Chefe da repartição consular será admitido no exercício de suas funções por uma autorização do Estado receptor denominada "exequatur", qualquer que seja a forma dessa autorização.
2. O Estado que negar a concessão de um exequatur não estará obrigado a comunicar ao Estado que envia os motivos dessa recusa.
3. Sem prejuízo das disposições dos artigos 13 e 15, o chefe da repartição consular não poderão iniciar suas funções antes de ter recebido o exequatur.

### Artigo 13º
### Admissão Provisória do Chefe da Repartição Consular

Até que lhe tenha sido concedido o exequatur, o chefe da repartição consular poderá ser admitido provisoriamente no exercício de suas funções. Neste caso, ser-lhe-ão aplicáveis as disposições da presente Convenção.

### Artigo 14º
### Notificação às Autoridades da Jurisdição Consular

Logo que o chefe da repartição consular for admitido, ainda que provisoriamente, no exercício de suas funções, o Estado receptor notificará imediatamente às autoridades competentes da jurisdição consular. Estará também obrigado a cuidar de que sejam tomadas as medidas necessárias a fim de que o chefe da repartição consular possa cumprir os deveres de seu cargo e beneficiar-se do tratamento previsto pelas disposições da presente Convenção.

### Artigo 15
### Exercício à Titulo Temporário das Funções de Chefe da Repartição Consular

1. Se o Chefe da repartição consular não puder exercer suas funções ou se seu lugar for considerado vago, um chefe interino poderá atuar, provisoriamente como tal.
2. O nome completo do chefe interino será comunicado ao Ministério das Relações Exteriores do Estado receptor ou à autoridade designada por esse Ministério, que pela missão diplomática do Estado que envia, quer, na falta de missão diplomática do Estado que envia no Estado receptor, pelo chefe da repartição consular, ou, se este não o puder fazer, por qualquer autoridade competente do Estado que envia. Como regra geral, esta notificação deverá ser feita previamente. O Estado receptor poderá sujeitar à sua aprovação a admissão, como chefe interino, de pessoa que não for nem agente diplomático nem funcionário consular do Estado que envia no Estado receptor.
3. As autoridades competentes do Estado receptor deverão prestar assistência e proteção ao chefe interino da repartição. Durante sua gestão as disposições da presente Convenção lhe serão aplicáveis como o seriam com referência ao chefe da repartição consular interessada. O Estado receptor, entretanto, não será obrigado a conceder a um chefe interino as facilidades, privilégios e imunidades de que goze o titular, caso não esteja aquele nas mesmas condições que preenche o titular.
4. Quando, nas condições previstas no parágrafo 1º do presente artigo, um membro do pessoal diplomático da representação diplomática do Estado que envia no Estado receptor for nomeado chefe interino de repartição consular pelo Estado que envia, continuará a gozar dos privilégios e imunidades diplomáticas, se o Estado a isso não se opuser.

### Artigo 16
### Precedência entre os Chefes de Repartições Consulares

1. A ordem de precedência dos chefes de repartição consular será estabelecida, em cada classe, em função da data da concessão do exequatur.
2. Se, entretanto, o chefe da repartição consular for admitido provisoriamente no exercício de suas funções antes de obter o exequatur, a data desta admissão provisória determinará a ordem de precedência; esta ordem será mantida após a concessão do exequatur.
3. A ordem de precedência entre dois ou mais chefes de repartição consular, que obtiverem na mesma data o exequatur ou a admissão provisória, será determinada pela data da apresentação ao Estado receptor de suas cartas-patentes ou instrumentos similares ou das notificações previstas no parágrafo 3º do artigo 11.
4. Os chefes interinos virão, na ordem de precedência, após todos os chefes de repartição consular. Entre eles, a precedência será determinada pelas datas em que assumirem suas funções como chefes interinos, as quais tenham sido indicadas nas notificações previstas no parágrafo 2º do artigo 15.
5. Os funcionários consulares honorários que forem chefes de repartição consular virão, na ordem de precedência, em cada classe, após os de carreira, de conformidade com a ordem

e as normas estabelecidas nos parágrafos precedentes.

6. Os chefes de repartição consular terão precedência sobre os funcionários consulares que não tenham tal qualidade.

### Artigo 17
### Prática de Atos Diplomáticos por Funcionários Consulares

1. Num Estado em que o Estado que envia não tiver missão diplomática e não estiver representado pela de um terceiro Estado, um funcionário consular poderá ser incumbido, com o consentimento do Estado receptor, e sem prejuízo de seu status consular, de praticar atos diplomáticos. A prática desses atos por um funcionário consular não lhe dará direito a privilégios e imunidades diplomáticas.

2. Um funcionário consular poderá, após notificação ao Estado receptor, atuar como representante do Estado que envia junto a qualquer organização intergovernamental. No desempenho dessas funções, terá direito a todos os privilégios e imunidades que o direito internacional consuetudinário ou os acordos internacionais concedem aos representantes junto a organizações intergovernamentais; entretanto, no desempenho de qualquer função consular, não terá direito a imunidade de jurisdição maior do que a reconhecida a funcionários consulares em virtude da presente Convenção.

### Artigo 18
### Nomeação da mesma Pessoa, como Funcionário Consular por dois ou mais Estados

Dois ou mais Estados poderão, com o consentimento do Estado receptor nomear a mesma pessoa como funcionário consular nesse Estado.

### Artigo 19
### Nomeação de Membro do Pessoal Consular

1. Respeitadas as disposições dos artigos 20, 22 e 23, o Estado que envia poderá nomear livremente os membros do pessoal consular.

2. O Estado que envia comunicará ao Estado receptor o nome completo, a classe e a categoria de todos os funcionários consulares, com exceção do chefe de repartição consular, com a devida antecedência para que o Estado receptor, se o desejar, possa exercer os direitos que lhe confere o parágrafo 3º do artigo 23.

3. O Estado que envia poderá, se suas leis e regulamentos o exigirem, pedir ao Estado receptor a concessão de exequatur para um funcionário consular que não for chefe de repartição consular.

4. O Estado receptor poderá, se suas leis e regulamentos o exigirem, conceder exequatur a um funcionário consular que não for chefe de repartição consular.

### Artigo 20
### Número de Membros da Repartição Consular

Na ausência de acordo expresso sobre o número de membros da repartição consular, o Estado receptor poderá exigir que este número seja mantido nos limites do que considera razoável e normal, segundo as circunstâncias e condições da jurisdição consular e as necessidades da repartição consular em apreço.

### Artigo 21
### Precedência entre os Funcionários Consulares de uma Repartição Consular

A ordem de precedência entre os funcionários consulares de uma repartição consular e quaisquer modificações à mesma serão comunicadas ao Ministério das Relações Exteriores do Estado receptor, ou à autoridade indicada por este Ministério, pela missão diplomática do Estado que envia ou, na falta de tal missão no Estado receptor, pelo chefe da repartição consular.

### Artigo 22
### Nacionalidade dos Funcionários Consulares

1. Os funcionários consulares deverão, em princípio, ter a nacionalidade do Estado que envia.

2. Os funcionários consulares só poderão ser escolhidos dentre os nacionais do Estado receptor com o consentimento expresso desse Estado, o qual poderá retirá-lo a qualquer momento.

3. O Estado receptor poderá reservar-se o mesmo direito, em relação aos nacionais de um terceiro Estado que não forem também nacionais do Estado que envia.

### Artigo 23
### Funcionário Declarado "Persona Non Grata"

1. O Estado receptor poderá, a qualquer momento, notificar ao Estado que envia que um funcionário consular "persona non grata" ou que qualquer outro membro da repartição consular não é aceitável. Nestas circunstâncias, o Estado que envia, conforme o caso, ou retirará a referida pessoa ou porá termo a suas funções nessa repartição consular.

2. Se o Estado que envia negar-se a executar, ou não executar num prazo razoável, as obrigações que lhe incumbem nos termos do parágrafo 1º do presente artigo, o Estado receptor poderá, conforme o caso, retirar o exequatur à pessoa referida ou deixar de considerá-la como membro do pessoal consular.

3. Uma pessoa nomeada membro de uma repartição consular poderá ser declarada inaceitável antes de chegar ao território do Estado receptor, ou se aí já estiver, antes de assumir suas funções na repartição consular. O Estado

que envia deverá, em qualquer dos casos, retirar a nomeação.

4. Nos casos mencionados nos parágrafos 1º e 3º do presente artigo, o Estado receptor não é obrigado a comunicar ao Estado que envia os motivos da sua decisão.

### Artigo 24
### Notificação ao Estado Receptor das Nomeações, Chegadas e Partidas

1. O Ministério das Relações Exteriores do Estado receptor, ou a autoridade indicada por este Ministério, será notificado de:

a) a nomeação dos membros de uma repartição consular, sua chegada após a nomeação para a mesma, sua partida definitiva ou a cessação de suas funções, bem como de quaisquer outras modificações que afetem seus status, ocorridas durante o tempo em que servir na repartição consular;

b) a chegada e a partida definitiva de uma pessoa da família de um membro da repartição consular que com ele viva, e, quando for o caso, o fato de uma pessoa se tornar, ou deixar de ser membro da família;

c) a chegada e a partida definitiva dos membros do pessoal privado e, quando for o caso, o término de seus serviços nessa qualidade;

d) a contratação e a dispensa de pessoas residentes no Estado receptor, seja na qualidade de membros da repartição consular ou de membros do pessoal privado, que tiverem direito a privilégios e imunidades.

2. A chegada e a partida definitiva serão notificadas igualmente com antecedência, sempre que possível.

## Seção II
## Término das Funções Consulares

### Artigo 25
### Término das Funções de um Membro da Repartição Consular

1. As funções de um membro da repartição terminam inter alia:

a) pela notificação do Estado que envia ao Estado receptor de que suas funções chegaram ao fim;

b) pela retirada do exequatur;

c) pela notificação do Estado receptor ao Estado que envia de que deixou de considerar a pessoa em apreço como membro do pessoal consular

### Artigo 26
### Partida do Território do Estado Receptor

O Estado receptor deverá, mesmo no caso de conflito armado, conceder aos membros da repartição consular e aos membros do pessoal privado, que não forem nacionais do Estado receptor, assim como aos membros de suas famílias que com eles vivam, qualquer que seja sua nacionalidade, o tempo e as facilidades necessárias para o reparar sua partida e deixar o território o mais cedo possível depois do término das suas funções. Deverá, especialmente, se for o caso, por à sua disposição os meios de transporte necessários para essas pessoas e seus bens, exceto os bens adquiridos no Estado receptor e cuja exportação estiver proibida no momento da saída.

### Artigo 27
### Proteção dos Locais e Arquivos Consulares e dos Interesses do Estado

Que Envia em Circunstâncias Excepcionais

1. No caso de rompimento das relações consulares entre dois Estados:

a) o Estado receptor ficará obrigado a respeitar e proteger, inclusive em caso de conflito armado, os locais consulares, os bens da repartição consular e seus arquivos;

b) o Estado que envia poderá confiar a custódia dos locais consulares, dos bens que aí se achem e dos arquivos consulares, a um terceiro Estado aceitável ao Estado receptor;

c) o Estado que envia poderá confiar a proteção de seus interesses e dos interesses de seus nacionais a um terceiro Estado aceitável pelo Estado receptor.

2. No caso de fechamento temporário ou definitivo de uma repartição consular, aplicar-se-ão as disposições de alínea "a" do parágrafo 1º do presente artigo.

Além disso:

a) se o Estado que envia, ainda que não estiver representado no Estado receptor por uma missão diplomática, tiver outra repartição consular no território do Estado receptor, esta poderá encarregar-se da custódia dos locais consulares que tenham sido fechados, dos bens que neles se encontrem e dos arquivos consulares e, com o consentimento do Estado receptor, do exercício das funções consulares na jurisdição da referida repartição consular; ou,

b) se o Estado que envia não tiver missão diplomática nem outra repartição consular no Estado receptor, aplicar-se-ão as disposições das alíneas "b" e "c" do parágrafo 1º deste artigo.

## Capítulo II
## Facilidades, Privilégios e Imunidades Relativos às Repartições Consulares, aos Funcionários

Consulares de Carreira e a outros Membros da Repartição Consular

## Seção I
## Facilidades, Privilégios e Imunidades Relativas às Repartições Consulares

## Artigo 28
## Facilidades Concedidas à Repartição Consular em suas Atividades

O Estado receptor concederá todas as facilidades para o exercício das funções da repartição consular.

## Artigo 29
## Uso da Bandeira e Escudo Nacionais

1. O Estado que envia terá direito a utilizar sua bandeira e escudo nacionais no Estado receptor, de acordo com as disposições do presente artigo.
2. O Estado que envia poderá ter sua bandeira nacional e colocar seu escudo no edifício ocupado pela repartição consular, à porta de entrada, assim como na residência do chefe da repartição consular e em seus meios de transporte, quando estes forem utilizados em serviços oficiais.
3. No exercício do direito reconhecido pelo presente artigo, levar-se-ão em conta as leis, os regulamentos e usos do Estado receptor.

## Artigo 30
## Acomodações

1. O Estado receptor deverá facilitar, de acordo com suas leis e regulamentos, a aquisição em seu território, pelo Estado que envia, de acomodações necessárias à repartição consular, ou ajudá-la a obter acomodações de outra maneira.
2. Deverá igualmente ajudar, quando necessário, a repartição consular a obter acomodações convenientes para seus membros.

## Artigo 31
## Inviolabilidade dos Locais Consulares

1. Os locais consulares serão invioláveis na medida do previsto no presente artigo.
2. As autoridades do Estado receptor não poderão penetrar na parte dos locais consulares que a repartição consular utilizar exclusivamente para as necessidades de seu trabalho, a não ser com o consentimento do chefe da repartição consular, da pessoa por ele designada ou do chefe da missão diplomática do Estado que envia. Todavia, o consentimento do chefe da repartição consular poderá ser presumido em caso de incêndio ou outro sinistro que exija medidas de proteção imediata.
3. Sem prejuízo das disposições do parágrafo 2º do presente artigo, o Estado receptor terá a obrigação especial de tomar as medidas apropriadas para proteger os locais consulares contra qualquer invasão ou dano, bem como para impedir que se perturbe a tranquilidade da repartição consular ou se atente contra sua dignidade.
4. Os locais consulares, seus imóveis, os bens da repartição consular e seus meios de transporte não poderão ser objeto de qualquer forma de requisição para fins de defesa nacional ou de utilidade pública. Se, para tais fins, for necessária a desapropriação, tomar-se-ão as medidas apropriadas para que não se perturbe o exercício das funções consulares, e pagar-se-á ao Estado que envia uma indenização rápida, adequada e efetiva.

## Artigo 32
## Isenção Fiscal dos Locais Consulares

1. Os locais consulares e a residência do chefe da repartição consular de carreira de que for proprietário o Estado que envia ou pessoa que atue em seu nome, estarão isentos de quaisquer impostos e taxas nacionais, regionais e municipais, excetuadas as taxas cobradas em pagamento de serviços específicos prestados.
2. A isenção fiscal prevista no parágrafo 1º do presente artigo não se aplica aos impostos e taxas que, de acordo com as leis e regulamentos do Estado receptor, devam ser pagos pela pessoa que contratou com o Estado que envia ou com a pessoa que atue em seu nome.

## Artigo 33
## Inviolabilidade dos Arquivos e Documentos Consulares

Os arquivos e documentos consulares serão sempre invioláveis, onde quer que estejam.

## Artigo 34
## Liberdade de Movimento

Sem prejuízo de suas leis e regulamentos relativos às zonas cujo acesso for proibido ou limitado por razões de segurança nacional, o Estado receptor assegurará a liberdade de movimento e circulação em seu território a todos os membros da repartição consular.

## Artigo 35
## Liberdade de Comunicação

1. O Estado receptor permitirá e protegerá a liberdade de comunicação da repartição consular para todos os fins oficiais. Ao se comunicar com o Governo, com as missões diplomáticas e outras repartições consulares do Estado que envia, onde quer que estejam, a repartição consular poderá empregar todos os meios de comunicação apropriados, inclusive correios diplomáticos e consulares, malas diplomáticas e consulares e mensagens em código ou cifra.; Todavia, a repartição consular só poderá instalar e usar uma emissora de rádio com o consentimento do Estado receptor.
2. A correspondência oficial da repartição consular é inviolável. Pela expressão "correspondência oficial" entender-se-á qualquer correspondência relativa à repartição consular e suas funções.
3. A mala consular não poderá ser aberta ou retida. Todavia, se as autoridades competentes do Estado receptor tiverem razões sérias para acreditar que a mala contém algo além da correspondência, documentos ou objetos

mencionados no parágrafo 4º do presente artigo, poderão pedir que a mala seja aberta em sua presença por representante autorizado do Estado que envia. Se o pedido for recusado pelas autoridades do Estado que envia a mala será devolvida ao lugar de origem.

4. Os volumes que constituírem a mala consular deverão ser providos de sinais exteriores visíveis, indicadores de seu caráter, e só poderão conter correspondência e documentos oficiais ou objetos destinados exclusivamente a uso oficial.

5. O correio consular deverá estar munido de documento oficial que ateste sua qualidade e que especifique o número de volumes que constituem a mala diplomática. Exceto com o consentimento do Estado receptor, o correio não poderá ser nacional do Estado receptor nem, salvo se for nacional do Estado que envia, residente permanente no Estado receptor. No exercício de suas funções, o correio será protegido pelo Estado receptor. Gozará de inviolabilidade pessoal e não poderá ser objeto de nenhuma forma de prisão ou detenção.

6. O Estado que envia, suas missões diplomáticas e suas repartições consulares poderão nomear correios consulares ad hoc. Neste caso, aplicar-se-ão as disposições do parágrafo 5º do presente artigo, sob a reserva de que as imunidades mencionadas deixarão de ser aplicáveis no momento em que o correio tiver entregue ao destinatário a mala pela qual é responsável.

7. A mala consular poderá ser confiada ao comandante de um navio ou aeronave comercial, que deverá chegar a um ponto de entrada autorizado. Tal comandante terá um documento oficial em que conste o número de volumes que constituem a mala, mas não será considerado correio consular. Mediante prévio acordo com as autoridades locais competentes, a repartição consular poderá enviar um de seus membros para tomar posse da mala, direta e livremente, das mãos do comandante de navio ou aeronave.

## Artigo 36
## Comunicação com os Nacionais do Estado que Envia

1. A fim de facilitar o exercício das funções consulares relativas aos nacionais do Estado que envia:

a) os funcionários consulares terão liberdade de se comunicar com os nacionais do Estado que envia e visitá-los. Os nacionais do Estado que envia terão a mesma liberdade de se comunicarem com os funcionários consulares e de visitá-los;

b) se o interessado lhes solicitar, as autoridades competentes do Estado receptor deverão, sem tardar, informar a repartição consular competente quando, em sua jurisdição, um nacional do Estado que envia for preso, encarcerado, posto em prisão preventiva ou detido de qualquer outra maneira. Qualquer comunicação endereçada à repartição consular pela pessoa detida, encarcerada ou presa preventivamente deve igualmente ser transmitida sem tardar pelas referidas autoridades. Estas deverão imediatamente informar o interessado de seus direitos nos termos do presente subparágrafo;

c) os funcionários consulares terão direito de visitar o nacional do Estado que envia, o qual estiver detido, encarcerado ou preso preventivamente, conservar e corresponder-se com ele, e providenciar sua defesa perante os tribunais. Terão igualmente o direito de visitar qualquer nacional do Estado que envia encarcerado, preso ou detido em sua jurisdição em virtude de execução de uma sentença. Todavia, os funcionários consulares deverão abster-se de intervir em favor de um nacional encarcerado, preso ou detido preventivamente, sempre que o interessado a isso se opuser expressamente.

2. As prerrogativas a que se refere o parágrafo 1º do presente artigo serão exercidas de acordo com as leis e regulamentos do Estado receptor, devendo, contudo, entender-se que tais leis e regulamentos não poderão impedir o pleno efeito dos direitos reconhecidos pelo presente artigo.

## Artigo 37
## Informações em Caso de Morte, Tutela, Curatela, Naufrágio e Acidente Aéreo

Quando as autoridades competentes do Estado receptor possuírem as informações correspondentes, estarão obrigada a:

a) em caso de morte de um nacional do Estado que envia, informar sem demora a repartição consular em cuja jurisdição a morte ocorreu;

b) notificar, sem demora, à repartição consular competente, todos os casos em que for necessária a nomeação de tutor ou curador para um menor ou incapaz, nacional do Estado que envia. O fornecimento dessa informação, todavia, não prejudicará a aplicação das leis e regulamentos do Estado receptor, relativas a essas nomeações;

c) informar sem demora a repartição consular mais próxima do lugar do sinistro, quando um navio, que tiver a nacionalidade do Estado que envia, naufragar ou encalhar no mar territorial ou nas águas internas do Estado receptor, ou quando uma aeronave matriculada no Estado que envia sofrer acidente no território do Estado receptor.

## Artigo 38
## Comunicações com as Autoridades do Estado Receptor

No exercício de suas funções, os funcionários consulares poderão comunicar-se com:

a) as autoridades locais competentes de sua jurisdição consular;

b) as autoridades centrais competentes do Estado receptor, se é na medida em que o permitirem as leis, regulamentos e usos do Estado receptor, bem como os acordos internacionais pertinentes.

### Artigo 39
### Direitos e Emolumentos Consulares

1. A repartição consular poderá cobrar no território do Estado receptor os direitos e emolumentos que as leis e os regulamentos do Estado que envia prescreverem para os atos consulares.
2. As somas recebidas a título de direitos e emolumentos previstos no parágrafo 1º do presente artigo e os recibos correspondentes estarão isentos de quaisquer impostos e taxas no Estado receptor.

## Seção II
## Facilidades, Privilégios e Imunidades Relativas aos Funcionários Consulares de Carreira e Outros Membros da Repartição Consular

### Artigo 40
### Proteção aos Funcionários Consulares

O Estado receptor tratará os funcionários consulares com o devido respeito e adotará todas as medidas adequadas para evitar qualquer atentado a sua pessoa, liberdade ou dignidade.

### Artigo 41
### Inviolabilidade Pessoal dos Funcionários Consulares

1. Os funcionários consulares não poderão ser detidos ou presos preventivamente, exceto em caso de crime grave e em decorrência de decisão de autoridade judiciária competente.
2. Exceto no caso previsto no parágrafo 1º do presente artigo, os funcionários consulares não podem ser presos nem submetidos a qualquer outra forma de limitação de sua liberdade pessoal, senão em decorrência de sentença judiciária definitiva.
3. Quando se instaurar processo penal contra um funcionário consular, este será obrigado a comparecer perante as autoridades competentes. Todavia, as diligências serão conduzidas com as deferências devidas à sua posição oficial e, exceto no caso previsto no parágrafo 1º deste artigo, de maneira a que perturbe o menos possível o exercício das funções consulares. Quando, nas circunstâncias previstas no parágrafo 1º deste artigo, for necessário decretar a prisão preventiva de um funcionário consular, o processo correspondente deverá iniciar-se sem a menor demora.

### Artigo 42
### Notificação em Caso de Detenção, Prisão Preventiva ou Instauração de Processo

Em caso de detenção, prisão preventiva de um membro do pessoal consular ou de instauração de processo penal contra o mesmo, o Estado receptor deverá notificar imediatamente o chefe da repartição consular. Se este último for o objeto de tais medidas, o Estado receptor levará o fato ao conhecimento do Estado que envia, por via diplomática.

### Artigo 43
### Imunidade de Jurisdição

1. Os funcionários consulares e os empregados consulares não estão sujeitos à jurisdição das autoridades judiciárias e administrativas do Estado receptor pelos atos realizados no exercício das funções consulares.
2. As disposições do parágrafo 1º do presente artigo não se aplicarão, entretanto, no caso de ação civil;
a) que resulte de contrato que o funcionário ou empregado consular não tiver realizado implícita ou explicitamente como agente do Estado que envia; ou
b) que seja proposta por terceiro como consequência de danos causados por acidente de veículo, navio ou aeronave, ocorrido no Estado receptor.

### Artigo 44
### Obrigação de Prestar Depoimento

1. Os membros de uma repartição consular poderão ser chamados a depor como testemunhas no decorrer de um processo judiciário ou administrativo. Um empregado consular ou um membro do pessoal de serviço não poderá negar-se a depor como testemunha exceto nos casos mencionados no parágrafo 3º do presente artigo. Se um funcionário consultar recusar-se a prestar depoimento, nenhuma medida coercitiva ou qualquer outra sanção ser-lhe-á aplicada.
2. A autoridade que solicitar o testemunho deverá evitar que o funcionário consular seja perturbado no exercício de suas funções. Poderá tomar o depoimento do funcionário consular em seu domicílio ou na repartição consular, ou aceitar sua declaração por escrito, sempre que for possível.
3. Os membros de uma repartição consular não serão obrigados a depor sobre fatos relacionados com o exercício de suas funções, nem a exibir correspondência e documentos oficiais que a elas se refiram. Poderão, igualmente, recusar-se a depor na qualidade de peritos sobre as leis do Estado que envia.

### Artigo 45
### Renúncia aos Privilégios e Imunidades

1. O Estado que envia poderá renunciar, com relação a um membro da repartição consular, aos privilégios e imunidades previstos nos artigos 41, 43 e 44.
2. A renúncia será sempre expressa, exceto no caso do disposto no parágrafo 3º do presente artigo, e deve ser comunicada por escrito ao Estado receptor.

3. Se um funcionário consular, ou empregado consular, propuser ação judicial sobre matéria de que goze de imunidade de jurisdição de acordo com o disposto no artigo 43, não poderá alegar esta imunidade com relação a qualquer pedido de reconvenção diretamente ligado à demanda principal.

4. A renúncia à imunidade de jurisdição quanto a ações civis ou administrativas não implicará na renúncia à imunidade quanto a medidas de execução de sentença, para as quais nova renúncia será necessária.

### Artigo 46
### Isenção do Registro de Estrangeiros e da Autorização de Residência

1. Os funcionários empregados consulares e os membros de suas famílias que com eles vivam estarão isentos de todas as obrigações previstas pelas leis e regulamentos do Estado receptor relativas ao registro de estrangeiros e à autorização de residência.

2. Todavia, as disposições do parágrafo 1º do presente artigo não se aplicarão aos empregados consulares que não sejam empregados permanentes do Estado que envia ou que exerçam no Estado receptor atividade privada de caráter lucrativo, nem tampouco aos membros da família desses empregados.

### Artigo 47
### Isenção de Autorização de Trabalho

1. Os membros da repartição consular estarão isentos, em relação aos serviços prestados ao Estado que envia, de quaisquer obrigações relativas à autorização de trabalho exigida pelas leis e regulamentos do Estado receptor referentes ao emprego de mão-de-obra estrangeira.

2. Os membros do pessoal privado, dos funcionários e empregados consulares, desde que não exerçam outra ocupação de caráter lucrativo no Estado receptor, estarão isentos das obrigações previstas no parágrafo 1º do presente artigo.

### Artigo 48
### Isenção do Regime de Previdência Social

1. Sem prejuízo do disposto no parágrafo 3º do presente artigo, os membros da repartição consular, com relação aos serviços prestados ao Estado que envia, e os membros de sua família que com eles vivam, estarão isentos das disposições de previdência social em vigor no Estado receptor.

2. A isenção prevista no parágrafo 1º do presente artigo aplicar-se-á também aos membros do pessoal privado que estejam a serviço exclusivo dos membros da repartição consular, sempre que:

a) não sejam nacionais do Estado receptor ou nele não residam permanentemente;

b) estejam protegidos pelas disposições sobre previdência social em vigor no Estado que envia ou num terceiro Estado.

3. Os membros da repartição consular que empreguem pessoas às quais não se aplique a isenção prevista no parágrafo 2º do presente artigo devem cumprir as obrigações impostas aos empregadores pelas disposições de previdência social do Estado receptor.

4. A isenção prevista nos parágrafos 1º e 2º do presente artigo não exclui a participação voluntária no regime de previdência social do Estado receptor, desde que seja permitida por este Estado.

### Artigo 49
### Isenção Fiscal

1. Os funcionários e empregados consulares, assim como os membros de suas famílias que com eles vivam, estarão isentos de quaisquer impostos e taxas, pessoais ou reais, nacionais, regionais ou municipais, com exceção dos:

a) impostos indiretos normalmente incluídos nos preços das mercadorias ou serviços;

b) impostos e taxas sobre bens imóveis privados situados no território do Estado receptor, sem prejuízo das disposições do artigo 32;

c) impostos de sucessão e de transmissão exigíveis pelo Estado receptor, sem prejuízo das disposições do parágrafo "b" do artigo 51;

d) impostos e taxas sobre rendas particulares, inclusive rendas de capital, que tenham origem no Estado receptor, e impostos sobre capital, correspondentes a investimentos realizados em empresas comerciais ou financeiras situadas no Estado receptor;

e) impostos e taxas percebidos como remuneração de serviços específicos prestados;

f) direitos de registro, taxas judiciárias, hipoteca e selo, sem prejuízo do disposto no artigo 32.

2. Os membros do pessoal de serviço estarão isentos de impostos e taxas sobre salários que recebam como remuneração de seus serviços.

3. Os membros da repartição consular que empregarem pessoas cujos ordenados ou salários não estejam isentos de imposto de renda no Estado receptor deverão respeitar as obrigações que as leis e regulamentos do referido Estado impuserem aos empregadores em matéria de cobrança do imposto de renda.

### Artigo 50
### Isenção de Impostos e de Inspeção Alfandegária

1. O Estado receptor, de acordo com as leis e regulamentos que adotar, permitirá a entrada e concederá isenção de quaisquer impostos alfandegários, tributos e despesas conexas, com exceção das despesas de depósito, de transporte e de serviços análogos, para:

a) os artigos destinados ao uso oficial da repartição consular;

b) os artigos destinados ao uso pessoal do funcionário consular e aos membros da família

que com ele vivam, inclusive os artigos destinados à sua instalação. Os artigos de consumo não deverão exceder as quantidades que estas pessoas necessitam para o consumo pessoal.
2. Os empregados consulares gozarão dos privilégios e isenções previstos no parágrafo 1º do presente artigo, com relação aos objetos importados quando da primeira instalação.
3. A bagagem pessoal que acompanha os funcionários consulares e os membros da sua família que com eles vivam estará isenta de inspeção alfandegária. A mesma só poderá ser inspecionada se houver sérias razões para se supor que contenha objetos diferentes dos mencionados na alínea "b" do parágrafo 1º do presente artigo, ou cuja importação ou exportação for proibida pelas leis e regulamentos do Estado receptor, ou que estejam sujeitos às suas leis e regulamentos de quarentena. Esta inspeção só poderá ser feita na presença do funcionário consular ou do membro de sua família interessado.

## Artigo 51
## Sucessão de um Membro da Repartição Consular ou de um Membro de sua Família

No caso de morte de um membro da repartição consular ou de um membro de sua família que com ele viva, o Estado receptor será obrigado a:
a) permitir a exportação dos bens móveis do defunto, exceto dos que, adquiridos no Estado receptor, tiverem a exportação proibida no momento da morte;
b) não cobrar impostos nacionais, regionais ou municipais sobre a sucessão ou a transmissão dos bens móveis que se encontrem no Estado receptor unicamente por ali ter vivido o defunto, como membro da repartição consular ou membro da família de um membro da repartição consular.

## Artigo 52
## Isenção de Prestação de Serviços Pessoais

O Estado receptor deverá isentar os membros da repartição consular e os membros de sua família que com eles vivam da prestação de qualquer serviço pessoal, de qualquer serviço de interesse público, seja qual for sua natureza, bem como de encargos militares tais como requisição, contribuições e alojamentos militares.

## Artigo 53
## Começo e Fim dos Privilégios e Imunidades Consulares

1. Todo membro da repartição consular gozará dos privilégios e imunidades previstos pela presente Convenção desde o momento em que entre no território do Estado receptor para chegar a seu posto, ou, se ele já se encontrar nesse território, desde o momento em que assumir suas funções na repartição consular.
2. Os membros da família de um membro da repartição consular que com ele vivam, assim como os membros de seu pessoal privado, gozarão dos privilégios e imunidades previsto na presente Convenção, a partir da última das seguintes datas: aquela a partir da qual o membro da repartição consular goze dos privilégios e imunidades de acordo com o parágrafo 1º do presente artigo; a data de sua entrada no território do Estado receptor ou a data em que se tornarem membros da referida família ou do referido pessoal privado.
3. Quando terminarem as funções de um membro da repartição consular, seus privilégios e imunidades, assim como os dos membros de sua família que com eles vivam, ou dos membros de seu pessoal privado cessarão normalmente na primeira das datas seguintes: no momento em que a referida pessoa abandonar o território do Estado receptor ou na expiração de um prazo razoável que lhe será concedido para esse fim, subsistindo, contudo, até esse momento, mesmo no caso de conflito armado. Quanto às pessoas mencionadas no parágrafo 2º do presente artigo, seus privilégios e imunidades cessarão no momento em que deixaram de pertencer à família de um membro da repartição consular ou de estar a seu serviço. Entretanto, quando essas pessoas se dispuserem a deixar o Estado receptor dentro de um prazo razoável, seu privilégios e imunidades subsistirão até o momento de sua partida.
4. Todavia, no que concerne aos atos praticados por um funcionário consular ou um empregado consular no exercício das suas funções, a imunidade de jurisdição subsistirá indefinidamente.
5. No caso de morte de um membro da repartição consular, os membros de sua família que com ele tenham vivido continuarão a gozar dos privilégios e imunidades que lhe correspondiam até a primeira das seguintes datas: a da partida do território do Estado receptor ou da expiração de um prazo razoável que lhes será concedido para esse fim.

## Artigo 54
## Obrigação dos Terceiros Estados

1. Se um funcionário consular atravessa o território ou se encontra no território de um terceiro Estado que lhe concedeu um visto, no caso deste visto ter sido necessário, para ir assumir ou reassumir suas funções na sua repartição consular ou para voltar ao Estado que envia, o terceiro Estado conceder-lhe-á as imunidades previstas em outros artigos da presente Convenção, necessárias para facilitar-lhe a travessia e o regresso. O terceiro Estado concederá o mesmo tratamento aos membros da família que com ele vivam e que gozem desses privilégios e imunidades, quer acompanhem o funcionário consular, quer viajem separadamente para reunir-se a ele ou regressar ao Estado que envia.
2. Em condições análogas àquelas especificadas no parágrafo 1º do presente artigo, os terceiros Estados não deverão dificultar a passagem

através do seu território aos demais membros da repartição consular e aos membros de sua família que com ele vivam.

3. Os terceiros Estados concederão à correspondência oficial e a outras comunicações oficiais em trânsito, inclusive às mensagens em código ou cifra, a mesma liberdade e proteção que o Estado receptor estiver obrigado a conceder em virtude da presente Convenção. Concederão aos correios consulares, a quem um visto tenha sido concedido, caso necessário, bem como às malas consulares em trânsito, a mesma inviolabilidade e proteção que o Estado receptor for obrigado a conceder em virtude da presente Convenção.

4. As obrigações dos terceiros Estados decorrentes dos parágrafos 1º, 2º e 3º do presente artigo aplicar-se-ão igualmente às pessoas mencionadas nos respectivos parágrafos, assim como às comunicações oficiais e às malas consulares, quando as mesmas se encontrem no território do terceiro Estado por motivo de força maior.

### Artigo 55
### Respeito às Leis e Regulamentos do Estado Receptor

1. Sem prejuízo de seus privilégios e imunidades, todas as pessoas que se beneficiem desses privilégios e imunidades deverão respeitar as leis e regulamentos do Estado receptor. Terão igualmente o dever de não se imiscuir nos assuntos internos do referido Estado.

2. Os locais consulares não devem ser utilizados de maneira incompatível com o exercício das funções consulares.

3. As disposições do parágrafo 2º do presente artigo não excluirão a possibilidade de se instalar, numa parte do edifício onde se encontrem os locais da repartição consular, os escritórios de outros organismos ou agências, contanto que os locais a eles destinados estejam separados dos que utilize a repartição consular, Neste caso, os mencionados escritórios não serão, para os fins da presente Convenção, considerados como parte integrante dos locais consulares.

### Artigo 56
### Seguro contra Danos Causados a Terceiros

Os membros da repartição consular deverão cumprir todas as obrigações impostas pelas leis e regulamentos do Estado receptor relativas ao seguro de responsabilidade civil por danos causados a terceiros pela utilização de qualquer veículo, navio ou aeronave.

### Artigo 57
### Disposições Especiais Relativas às Atividades Privadas de Caráter Lucrativo

1. Os funcionários consulares de carreira não exercerão, em proveito próprio, nenhuma atividade profissional ou comercial no Estado receptor.

2. Os privilégios e imunidades previstos no presente Capítulo não serão concedidos:

a) aos empregados consulares ou membros do pessoal de serviço que exercerem atividade privada de caráter lucrativo no Estado receptor;

b) aos membros da família das pessoas mencionadas na alínea "a", do presente parágrafo e aos de seu pessoal privado;

c) aos membros da família do membro da repartição consular que exercerem atividade privada de caráter lucrativo no Estado receptor.

## Capítulo III
## Regime Aplicável aos Funcionários Consulares Honorários e às

Repartições Consulares por Eles Dirigidas

### Artigo 58
### Disposições Gerais Relativas às Facilidades, Privilégios e Imunidades

1. Os artigos 28, 29,30, 34, 35, 36 ,37, 38 e 39, o parágrafo 3º do artigo 54 e os parágrafos 2º e 3º do artigo 55 aplicar-se-ão às repartições consulares dirigidas por um funcionário consular honorário. Ademais as facilidades, privilégios e imunidades destas repartições consulares serão reguladas pelos artigos 59, 60, 61 e 62.

2. Os artigos 42 e 43, o parágrafo 3º do artigo 44, os artigos 45 e 53, e o parágrafo 1º do artigo 55, aplicar-se-ão aos funcionários consulares honorários. As facilidades, privilégios e imunidades desses funcionários consulares reger-se-ão, outrossim, pelos artigos 63, 64, 65, 66 e 67.

3. Os privilégios e imunidades previstos na presente Convenção não serão concedidos aos membros da família de funcionário consular honorário nem aos da família de empregado consular de repartição consular dirigida por funcionário consular honorário.

4. O intercâmbio de malas consulares entre duas repartições consulares situadas em países diferentes e dirigidas por funcionários consulares honorários só será admitido com o consentimento dos dois Estados receptores.

### Artigo 59
### Proteção dos Locais Consulares

O Estado receptor adotará todas as medidas apropriadas para proteger os locais consulares de uma repartição consular dirigida por um funcionário consular honorário contra qualquer intrusão ou dano e para evitar perturbações à tranquilidade da repartição consular ou ofensas à sua dignidade.

### Artigo 60
### Isenção Fiscal dos Locais Consulares

1. Os locais consulares de uma repartição consular dirigida por funcionário consular honorário, de que seja proprietário ou locatário o Estado que envia, estarão isentos de todos os impostos

e taxas nacionais, regionais e municipais, exceto os que representem remuneração por serviços específicos prestados.
2. A isenção fiscal, prevista no parágrafo 1º do presente artigo, não se aplicará àqueles impostos e taxas cujo pagamento, de acordo com as leis e regulamentos do Estado receptor, couber às pessoas que contratarem com o Estado que envia.

### Artigo 61
### Inviolabilidade dos Arquivos e Documentos Consulares

Os arquivos e documentos consulares de uma repartição consular, cujo chefe for um funcionário consular honorário, serão sempre invioláveis onde quer que se encontrem, desde que estejam separados de outros papéis e documentos e, especialmente, da correspondência particular de chefe da repartição consular, da de qualquer pessoa que com ele trabalhe, bem como dos objetos, livros e documentos relacionados com sua profissão ou negócios.

### Artigo 62
### Isenção de Direitos Alfandegários

De acordo com as leis e regulamentos que adotar, o Estado receptor permitirá a entrada, com isenção de todos os direitos alfandegários, taxas e despesas conexas, com exceção das de depósito, transporte e serviços análogos, dos seguintes artigos, desde que sejam destinados exclusivamente ao uso oficial de uma repartição consular dirigida por funcionário consular honorário: escudos, bandeiras, letreiros, sinetes e selos, livros, impressos oficiais, mobiliário de escritório, material e equipamento de escritório e artigos similares fornecidos à repartição consular pelo Estado que envia ou por solicitação deste.

### Artigo 63
### Processo Penal

Quando um processo penal for instaurado contra funcionário consular honorário, este é obrigado a se apresentar às autoridades competentes. Entretanto, o processo deverá ser conduzido com as deferências devidas ao funcionário consular honorário interessado, em razão de sua posição oficial, e, exceto no caso em que esteja preso ou detido, de maneira a perturbar o menos possível o exercício das funções consulares. Quando for necessário decretar a prisão preventiva de um funcionário consular honorário, o processo correspondente deverá iniciar-se o mais breve possível.

### Artigo 64
### Proteção dos Funcionários Consulares Honorários

O Estado receptor é obrigado a conceder ao funcionário consular honorário a proteção de que possa necessitar em razão de sua posição oficial.

### Artigo 65
### Isenção do Registro de Estrangeiros e da Autorização de Residência

Os funcionários consulares honorários, com exceção dos que exercerem no Estado receptor atividade profissional ou comercial em proveito próprio, estarão isentos de quaisquer obrigações previstas pelas leis e regulamentos do Estado receptor em matéria de registro de estrangeiros e de autorização de residência.

### Artigo 66
### Isenção Fiscal

Os funcionários consulares honorários estarão isentos de quaisquer impostos e taxas sobre as remunerações e os emolumentos que recebam do Estado que envia em razão do exercício das funções consulares.

### Artigo 67
### Isenção de Prestação de Serviços Pessoais

O Estado receptor isentará os funcionários consulares honorários da prestação de quaisquer serviços pessoais ou de interesse público, qualquer que seja sua natureza, assim como das obrigações de caráter militar, especialmente requisições, contribuições e alojamentos militares.

### Artigo 68
### Caráter Facultativo da Instituição dos Funcionários Consulares Honorários

Cada Estado poderá decidir livremente se nomeará ou receberá funcionários consulares honorários.

## Capítulo IV
## Disposições Gerais

### Artigo 69
### Agentes Consulares que não Sejam Chefes de Repartição Consular

1. Cada Estado poderá decidir livremente se estabelecerá ou admitirá agências consulares dirigidas por agentes consulares que não tenham sido designados chefes de repartição consular pelo Estado que envia.
2. As condições em que as agências consulares poderão exercer suas atividades, de acordo com o parágrafo 1º do presente artigo, assim como os privilégios e imunidades de que poderão gozar os agentes consulares que as dirijam, serão estabelecidas por acordo entre o Estado que envia e o Estado receptor.

### Artigo 70
### Exercício de Funções Consulares pelas Missões Diplomáticas

1. As disposições da presente Convenção aplicar-se-ão também, na medida em que o contexto o permitir, ao exercício das funções consulares por missões diplomáticas.

2. Os nomes dos membros da missão diplomática, adidos à seção consular ou encarregados do exercício das funções consulares da missão, serão comunicados ao Ministério das Relações Exteriores do Estado receptor ou à autoridade designada por este Ministério.

3. No exercício das funções consulares, a missão diplomática poderá dirigir-se:

a) às autoridades locais da jurisdição consular;

b) às autoridades centrais do Estado receptor, desde que o permitam as leis, regulamentos e usos desse Estado ou os acordos internacionais pertinentes.

4. Os privilégios e imunidades dos membros da missão diplomática mencionados no parágrafo 2º do presente artigo continuarão a reger-se pelas regras de direito internacional relativas às relações diplomáticas.

### Artigo 71
### Nacionais ou Residentes Permanentes do Estado Receptor

1. Salvo se o Estado receptor conceder outras facilidades, privilégios e imunidades, os funcionários consulares que sejam nacionais ou residentes permanentes desse Estado somente gozarão de imunidade de jurisdição e de inviolabilidade pessoal pelos atos oficiais realizados no exercício de suas funções e do privilégio estabelecido no parágrafo 3º do artigo 44. No que diz respeito a esses funcionários consulares, o Estado receptor deverá também cumprir a obrigação prevista no artigo 42. Se um processo penal for instaurado contra esses funcionários consulares, as diligências deverão ser conduzidas, exceto no caso em que o funcionário estiver preso ou detido, de maneira a que se perturbe o menos possível o exercício das funções consulares.

2. Os demais membros da repartição consular que sejam nacionais ou residentes permanentes do Estado receptor e os membros de sua família, assim como os membros da família dos funcionários consulares mencionados no parágrafo 1º do presente artigo, só gozarão de facilidades, privilégios e imunidades que lhes forem concedidos pelo Estado receptor. Do mesmo modo, os membros da família de um membro da repartição consular e os membros do pessoal privado que sejam nacionais ou residentes permanentes do Estado receptor só gozarão das facilidades, privilégios e imunidades que lhes forem concedidos pelo Estado receptor. Todavia, o Estado receptor deverá exercer sua jurisdição sobre essas pessoas de maneira a não perturbar indevidamente o exercício das funções da repartição consular.

### Artigo 72
### Não-Discriminação entre Estados

1. O Estado receptor não discriminará entre os Estados ao aplicar as disposições da presente Convenção.

2. Todavia, não será considerado discriminatório:

a) que o Estado receptor aplique restritivamente qualquer das disposições da presente Convenção em consequência de igual tratamento às suas repartições consulares no Estado que envia;

b) que, por costume ou acordo, os Estados se concedam reciprocamente tratamento mais favorável que os estabelecidos nas disposições da presente Convenção.

### Artigo 73
### Relação entre a Presente Convenção e Outros Acordos Internacionais

1. As disposições da presente Convenção não prejudicarão outros acordos internacionais em vigor entre as partes contratantes dos mesmos.

2. Nenhuma das disposições da presente Convenção impedirá que os Estados concluam acordos que confirmem, completem, estendam ou ampliem suas disposições.

## Capítulo V
## Disposições Finais

### Artigo 74
### Assinatura

A presente Convenção ficará aberta à assinatura de todos os Estados-Membros da Organização das Nações Unidas ou de qualquer organização especializada, bem como de todo Estado-Parte do Estatuto da Corte Internacional de Justiça e de qualquer outro Estado convidado pela Assembleia Geral das Nações Unidas a se tornar parte da Convenção, da seguinte maneira: até 31 de outubro de 1963, no Ministério Federal dos Negócios Estrangeiros da Áustria e depois, até 31 de março de 1964, na Sede da Organização das Nações Unidas, em Nova Iorque.

### Artigo 75
### Ratificação

A presente Convenção está sujeita a ratificação. Os instrumentos de ratificação serão depositados junto ao Secretário-Geral das Nações Unidas.

### Artigo 76
### Adesão

A presente Convenção ficará aberta à adesão dos Estados pertencentes a qualquer das quatro categorias mencionadas no artigo 74. Os instrumentos de adesão serão depositados junto ao Secretário-Geral das Nações Unidas.

### Artigo 77
### Entrada em Vigor

1. A presente Convenção entrará em vigor no trigésimo dia que se seguir à data em que seja depositado junto ao Secretário-Geral as Organização das Nações Unidas o vigésimo segundo instrumento de ratificação ou adesão.
2. Para cada um dos Estados que ratificarem a Convenção ou a ela aderirem depois do depósito do vigésimo segundo instrumento de ratificação ou adesão, a Convenção entrará em vigor no trigésimo dia após o depósito, por esse Estado, do instrumento de ratificação ou adesão.

### Artigo 78
### Notificação pelo Secretário-Geral

O Secretário-Geral da Organização das Nações Unidas notificará a todos os Estados pertencentes a qualquer das quatro categorias mencionadas no artigo 74.
a) as assinaturas apostas à presente Convenção e o depósito dos instrumentos de ratificação ou adesão nos termos dos artigos 74, 75 e 76;
b) a data em que a presente Convenção entrar em vigor nos termos do artigo 77.

### Artigo 79
### Textos Autênticos

O original da presente Convenção, cujos textos em chinês, espanhol, francês, inglês e russo serão igualmente autênticos, será depositado junto ao Secretário-Geral da Organização das Nações Unidas, que enviará cópias autenticadas a todos os Estados pertencentes a qualquer das quatro categorias mencionadas no artigo 74.
Em fé do que os plenipotenciários abaixo-assinados, devidamente autorizados por seus respectivos Governos, assinaram a presente Convenção.
Feito em Viena, aos vinte e quatro de abril de mil novecentos e sessenta e três.

## DECRETO Nº 592, DE 6 DE JULHO DE 1992
## (EXCERTOS)

*Atos Internacionais. Pacto Internacional sobre Direitos Civis e Políticos. Promulgação.*

▸ D.O.U. de 7.7.1992.

O PRESIDENTE DA REPÚBLICA, no uso da atribuição que lhe confere o art. 84, inciso VIII, da Constituição, e
Considerando que o Pacto Internacional sobre Direitos Civis e Políticos foi adotado pela XXI Sessão da Assembleia-Geral das Nações Unidas, em 16 de dezembro de 1966;
Considerando que o Congresso Nacional aprovou o texto do referido diploma internacional por meio do Decreto Legislativo nº 226, de 12 de dezembro de 1991;
Considerando que a Carta de Adesão ao Pacto Internacional sobre Direitos Civis e Políticos foi depositada em 24 de janeiro de 1992;
Considerando que o pacto ora promulgado entrou em vigor, para o Brasil, em 24 de abril de 1992, na forma de seu art. 49, § 2º;
DECRETA:
**Art. 1º.** O Pacto Internacional sobre Direitos Civis e Políticos, apenso por cópia ao presente Decreto, será executado e cumprido tão inteiramente como nele se contém.
**Art. 2º.** Este Decreto entra em vigor na data de sua publicação.

Brasília, 6 de julho de 1992;
171º da Independência e 104º da República.
Fernando Collor
Celso Lafer

## ANEXO AO DECRETO QUE PROMULGA O PACTO INTERNACIONAL SOBRE DIREITOS CIVIS E POLÍTICOS/MRE

## PACTO INTERNACIONAL SOBRE DIREITOS CIVIS E POLÍTICOS

### PREÂMBULO

Os Estados Partes do presente Pacto,
Considerando que, em conformidade com os princípios proclamados na Carta das Nações Unidas, o reconhecimento da dignidade inerente a todos os membros da família humana e de seus direitos iguais e inalienáveis constitui o fundamento da liberdade, da justiça e da paz no mundo,
Reconhecendo que esses direitos decorrem da dignidade inerente à pessoa humana,
Reconhecendo que, em conformidade com a Declaração Universal dos Direitos do Homem, o ideal do ser humano livre, no gozo das liberdades civis e políticas e liberto do temor e da miséria, não pode ser realizado e menos que se criem às condições que permitam a cada um gozar de seus direitos civis e políticos, assim como de seus direitos econômicos, sociais e culturais,
Considerando que a Carta das Nações Unidas impõe aos Estados a obrigação de promover o respeito universal e efetivo dos direitos e das liberdades do homem,
Compreendendo que o indivíduo, por ter deveres para com seus semelhantes e para com a coletividade a que pertence, tem a obrigação de lutar pela promoção e observância dos direitos reconhecidos no presente Pacto,
Acordam o seguinte:

## PARTE I

### ARTIGO 1

1. Todos os povos têm direito à autodeterminação. Em virtude desse direito, determinam livremente seu estatuto político e asseguram livremente seu desenvolvimento econômico, social e cultural.

2. Para a consecução de seus objetivos, todos os povos podem dispor livremente se suas riquezas e de seus recursos naturais, sem prejuízo das obrigações decorrentes da cooperação econômica internacional, baseada no princípio do proveito mútuo, e do Direito Internacional. Em caso algum, poderá um povo ser privado de seus meios de subsistência.

3. Os Estados Partes do presente Pacto, inclusive aqueles que tenham a responsabilidade de administrar territórios não-autônomos e territórios sob tutela, deverão promover o exercício do direito à autodeterminação e respeitar esse direito, em conformidade com as disposições da Carta das Nações Unidas.

## PARTE II

### ARTIGO 2

1. Os Estados Partes do presente pacto comprometem-se a respeitar e garantir a todos os indivíduos que se achem em seu território e que estejam sujeitos a sua jurisdição os direitos reconhecidos no presente Pacto, sem discriminação alguma por motivo de raça, cor, sexo. língua, religião, opinião política ou de outra natureza, origem nacional ou social, situação econômica, nascimento ou qualquer condição.

2. Na ausência de medidas legislativas ou de outra natureza destinadas a tornar efetivos os direitos reconhecidos no presente Pacto, os Estados Partes do presente Pacto comprometem-se a tomar as providências necessárias com vistas a adotá-las, levando em consideração seus respectivos procedimentos constitucionais e as disposições do presente Pacto.

3. Os Estados Partes do presente Pacto comprometem-se a:

a) Garantir que toda pessoa, cujos direitos e liberdades reconhecidos no presente Pacto tenham sido violados, possa de um recurso efetivo, mesmo que a violência tenha sido perpetra por pessoas que agiam no exercício de funções oficiais;

b) Garantir que toda pessoa que interpuser tal recurso terá seu direito determinado pela competente autoridade judicial, administrativa ou legislativa ou por qualquer outra autoridade competente prevista no ordenamento jurídico do Estado em questão; e a desenvolver as possibilidades de recurso judicial;

c) Garantir o cumprimento, pelas autoridades competentes, de qualquer decisão que julgar procedente tal recurso.

### ARTIGO 3

Os Estados Partes no presente Pacto comprometem-se a assegurar a homens e mulheres igualdade no gozo de todos os direitos civis e políticos enunciados no presente Pacto.

### ARTIGO 4

1. Quando situações excepcionais ameacem a existência da nação e sejam proclamadas oficialmente, os Estados Partes do presente Pacto podem adotar, na estrita medida exigida pela situação, medidas que suspendam as obrigações decorrentes do presente Pacto, desde que tais medidas não sejam incompatíveis com as demais obrigações que lhes sejam impostas pelo Direito Internacional e não acarretem discriminação alguma apenas por motivo de raça, cor, sexo, língua, religião ou origem social.

2. A disposição precedente não autoriza qualquer suspensão dos artigos 6, 7, 8 (parágrafos 1 e 2) 11, 15, 16, e 18.

3. Os Estados Partes do presente Pacto que fizerem uso do direito de suspensão devem comunicar imediatamente aos outros Estados Partes do presente Pacto, por intermédio do Secretário-Geral da Organização das Nações Unidas, as disposições que tenham suspendido, bem como os motivos de tal suspensão. Os Estados partes deverão fazer uma nova comunicação, igualmente por intermédio do Secretário-Geral da Organização das Nações Unidas, na data em que terminar tal suspensão.

### ARTIGO 5

1. Nenhuma disposição do presente Pacto poderá ser interpretada no sentido de reconhecer a um Estado, grupo ou indivíduo qualquer direito de dedicar-se a quaisquer atividades ou praticar quaisquer atos que tenham por objetivo destruir os direitos ou liberdades reconhecidos no presente Pacto ou impor-lhe limitações mais amplas do que aquelas nele previstas.

2. Não se admitirá qualquer restrição ou suspensão dos direitos humanos fundamentais reconhecidos ou vigentes em qualquer Estado Parte do presente Pacto em virtude de leis, convenções, regulamentos ou costumes, sob pretexto de que o presente Pacto não os reconheça ou os reconheça em menor grau.

## PARTE III

### ARTIGO 6

1. O direito à vida é inerente à pessoa humana. Esse direito deverá ser protegido pela lei. Ninguém poderá ser arbitrariamente privado de sua vida.

2. Nos países em que a pena de morte não tenha sido abolida, esta poderá ser imposta apenas nos casos de crimes mais graves, em conformidade com legislação vigente na época em que o crime foi cometido e que não esteja em conflito com as disposições do presente Pacto, nem com a Convenção sobra a Prevenção

e a Punição do Crime de Genocídio. Poder-se-á aplicar essa pena apenas em decorrência de uma sentença transitada em julgado e proferida por tribunal competente.

3. Quando a privação da vida constituir crime de genocídio, entende-se que nenhuma disposição do presente artigo autorizará qualquer Estado Parte do presente Pacto a eximir-se, de modo algum, do cumprimento de qualquer das obrigações que tenham assumido em virtude das disposições da Convenção sobre a Prevenção e a Punição do Crime de Genocídio.

4. Qualquer condenado à morte terá o direito de pedir indulto ou comutação da pena. A anistia, o indulto ou a comutação da pena poderá ser concedido em todos os casos.

5. A pena de morte não deverá ser imposta em casos de crimes cometidos por pessoas menores de 18 anos, nem aplicada a mulheres em estado de gravidez.

6. Não se poderá invocar disposição alguma do presente artigo para retardar ou impedir a abolição da pena de morte por um Estado Parte do presente Pacto.

## ARTIGO 7

Ninguém poderá ser submetido à tortura, nem a penas ou tratamento cruéis, desumanos ou degradantes. Será proibido sobretudo, submeter uma pessoa, sem seu livre consentimento, a experiências médias ou cientificas.

## ARTIGO 8

1. Ninguém poderá ser submetido á escravidão; a escravidão e o tráfico de escravos, em todos as suas formas, ficam proibidos.

2. Ninguém poderá ser submetido à servidão.

3. a) Ninguém poderá ser obrigado a executar trabalhos forçados ou obrigatórios;

b) A alínea a) do presente parágrafo não poderá ser interpretada no sentido de proibir, nos países em que certos crimes sejam punidos com prisão e trabalhos forçados, o cumprimento de uma pena de trabalhos forçados, imposta por um tribunal competente;

c) Para os efeitos do presente parágrafo, não serão considerados "trabalhos forçados ou obrigatórios":

i) qualquer trabalho ou serviço, não previsto na alínea b) normalmente exigido de um individuo que tenha sido encarcerado em cumprimento de decisão judicial ou que, tendo sido objeto de tal decisão, ache-se em liberdade condicional;

ii) qualquer serviço de caráter militar e, nos países em que se admite a isenção por motivo de consciência, qualquer serviço nacional que a lei venha a exigir daqueles que se oponham ao serviço militar por motivo de consciência;

iii) qualquer serviço exigido em casos de emergência ou de calamidade que ameacem o bem-estar da comunidade;

iv) qualquer trabalho ou serviço que faça parte das obrigações cívicas normais.

## ARTIGO 9

1. Toda pessoa tem direito à liberdade e à segurança pessoais. Ninguém poderá ser preso ou encarcerado arbitrariamente. Ninguém poderá ser privado de liberdade, salvo pelos motivos previstos em lei e em conformidade com os procedimentos nela estabelecidos.

2. Qualquer pessoa, ao ser presa, deverá ser informada das razões da prisão e notificada, sem demora, das acusações formuladas contra ela.

3. Qualquer pessoa presa ou encarcerada em virtude de infração penal deverá ser conduzida, sem demora, à presença do juiz ou de outra autoridade habilitada por lei a exercer funções judiciais e terá o direito de ser julgada em prazo razoável ou de ser posta em liberdade. A prisão preventiva de pessoas que aguardam julgamento não deverá constituir a regra geral, mas a soltura poderá estar condicionada a garantias que assegurem o comparecimento da pessoa em questão à audiência, a todos os atos do processo e, se necessário for, para a execução da sentença.

4. Qualquer pessoa que seja privada de sua liberdade por prisão ou encarceramento terá o direito de recorrer a um tribunal para que este decida sobre a legislação de seu encarceramento e ordene sua soltura, caso a prisão tenha sido ilegal.

5. Qualquer pessoa vítima de prisão ou encarceramento ilegais terá direito à repartição.

## ARTIGO 10

1. Toda pessoa privada de sua liberdade deverá ser tratada com humanidade e respeito à dignidade inerente à pessoa humana.

2. a) As pessoas processadas deverão ser separadas, salvo em circunstâncias excepcionais, das pessoas condenadas e receber tratamento distinto, condizente com sua condição de pessoa não-condenada.

b) As pessoas processadas, jovens, deverão ser separadas das adultas e julgadas o mais rápido possível.

3. O regime penitenciário consistirá num tratamento cujo objetivo principal seja a reforma e a reabilitação normal dos prisioneiros. Os delinqüentes juvenis deverão ser separados dos adultos e receber tratamento condizente com sua idade e condição jurídica.

## ARTIGO 11

Ninguém poderá ser preso apenas por não poder cumprir com uma obrigação contratual.

## ARTIGO 12

1. Toda pessoa que se ache legalmente no território de um Estado terá o direito de nele livremente circular e escolher sua residência.

2. Toda pessoa terá o direito de sair livremente de qualquer país, inclusive de seu próprio país.

3. os direitos supracitados não poderão em lei e no intuito de restrições, a menos que estejam

previstas em lei e no intuito de proteger a segurança nacional e a ordem, a saúde ou a moral pública, bem como os direitos e liberdades das demais pessoas, e que sejam compatíveis com os outros direitos reconhecidos no presente Pacto.
4. Ninguém poderá ser privado arbitrariamente do direito de entrar em seu próprio país.

### ARTIGO 13

Um estrangeiro que se ache legalmente no território de um Estado Parte do presente Pacto só poderá dele ser expulso em decorrência de decisão adotada em conformidade com a lei e, a menos que razões imperativas de segurança nacional a isso se oponham, terá a possibilidade de expor as razões que militem contra sua expulsão e de ter seu caso reexaminado pelas autoridades competentes, ou por uma ou varias pessoas especialmente designadas pelas referidas autoridades, e de fazer-se representar com esse objetivo.

### ARTIGO 14

1. Todas as pessoas são iguais perante os tribunais e as cortes de justiça. Toda pessoa terá o direito de ser ouvida publicamente e com devidas garantias por um tribunal competente, independente e imparcial, estabelecido por lei, na apuração de qualquer acusação de caráter penal formulada contra ela ou na determinação de seus direitos e obrigações de caráter civil. A imprensa e o público poderão ser excluídos de parte da totalidade de um julgamento, quer por motivo de moral pública, de ordem pública ou de segurança nacional em uma sociedade democrática, quer quando o interesse da vida privada das Partes o exija, que na medida em que isso seja estritamente necessário na opinião da justiça, em circunstâncias específicas, nas quais a publicidade venha a prejudicar os interesses da justiça; entretanto, qualquer sentença proferida em matéria penal ou civil deverá torna-se pública, a menos que o interesse de menores exija procedimento oposto, ou processo diga respeito à controvérsia matrimoniais ou à tutela de menores.
2. Toda pessoa acusada de um delito terá direito a que se presuma sua inocência enquanto não for legalmente comprovada sua culpa.
3. Toda pessoa acusada de um delito terá direito, em plena igualmente, a, pelo menos, as seguintes garantias:
a) De ser informado, sem demora, numa língua que compreenda e de forma minuciosa, da natureza e dos motivos da acusão contra ela formulada;
b) De dispor do tempo e dos meios necessários à preparação de sua defesa e a comunicar-se com defensor de sua escolha;
c) De ser julgado sem dilações indevidas;
d) De estar presente no julgamento e de defender-se pessoalmente ou por intermédio de defensor de sua escolha; de ser informado, caso não tenha defensor, do direito que lhe assiste de tê-lo e, sempre que o interesse da justiça assim exija, de ter um defensor designado ex-offício gratuitamente, se não tiver meios para remunerá-lo;
e) De interrogar ou fazer interrogar as testemunhas de acusão e de obter o comparecimento eo interrogatório das testemunhas de defesa nas mesmas condições de que dispõem as de acusação;
f) De ser assistida gratuitamente por um intérprete, caso não compreenda ou não fale a língua empregada durante o julgamento;
g) De não ser obrigada a depor contra si mesma, nem a confessar-se culpada.
4. O processo aplicável a jovens que não sejam maiores nos termos da legislação penal em conta a idade dos menos e a importância de promover sua reintegração social.
5. Toda pessoa declarada culpada por um delito terá direito de recorrer da sentença condenatória e da pena a uma instância superior, em conformidade com a lei.
6. Se uma sentença condenatória passada em julgado for posteriormente anulada ou se um indulto for concedido, pela ocorrência ou descoberta de fatos novos que provem cabalmente a existência de erro judicial, a pessoa que sofreu a pena decorrente desse condenação deverá ser indenizada, de acordo com a lei, a menos que fique provado que se lhe pode imputar, total ou parcialmente, a não revelação dos fatos desconhecidos em tempo útil.
7. Ninguém poderá ser processado ou punido por um delito pelo qual já foi absorvido ou condenado por sentença passada em julgado, em conformidade com a lei e os procedimentos penais de cada país.

### ARTIGO 15

1. ninguém poderá ser condenado por atos omissões que não constituam delito de acordo com o direito nacional ou internacional, no momento em que foram cometidos. Tampouco poder-se-á impor pena mais grave do que a aplicável no momento da ocorrência do delito. Se, depois de perpetrado o delito, a lei estipular a imposição de pena mais leve, o delinqüente deverá dela beneficiar-se.
2. Nenhuma disposição do presente Pacto impedirá o julgamento ou a condenação de qualquer individuo por atos ou omissões que, momento em que forma cometidos, eram considerados delituosos de acordo com os princípios gerais de direito reconhecidos pela comunidade das nações.

### ARTIGO 16

Toda pessoa terá direito, em qualquer lugar, ao reconhecimento de sua personalidade jurídica.

### ARTIGO 17

1. Ninguém poderá ser objetivo de ingerências arbitrárias ou ilegais em sua vida privada, em sua família, em seu domicílio ou em sua cor-

respondência, nem de ofensas ilegais às suas honra e reputação.

2. Toda pessoa terá direito à proteção da lei contra essas ingerências ou ofensas.

## ARTIGO 18

1. Toda pessoa terá direito a liberdade de pensamento, de consciência e de religião. Esse direito implicará a liberdade de ter ou adotar uma religião ou uma crença de sua escolha e a liberdade de professar sua religião ou crença, individual ou coletivamente, tanto pública como privadamente, por meio do culto, da celebração de ritos, de práticas e do ensino.

2. Ninguém poderá ser submetido a medidas coercitivas que possam restringir sua liberdade de ter ou de adotar uma religião ou crença de sua escolha.

3. A liberdade de manifestar a própria religião ou crença estará sujeita apenas à limitações previstas em lei e que se façam necessárias para proteger a segurança, a ordem, a saúde ou a moral públicas ou os direitos e as liberdades das demais pessoas.

4. Os Estados Partes do presente Pacto comprometem-se a respeitar a liberdade dos países e, quando for o caso, dos tutores legais de assegurar a educação religiosa e moral dos filhos que esteja de acordo com suas próprias convicções.

## ARTIGO 19

1. ninguém poderá ser molestado por suas opiniões.

2. Toda pessoa terá direito à liberdade de expressão; esse direito incluirá a liberdade de procurar, receber e difundir informações e ideias de qualquer natureza, independentemente de considerações de fronteiras, verbalmente ou por escrito, em forma impressa ou artística, ou por qualquer outro meio de sua escolha.

3. O exercício do direito previsto no parágrafo 2 do presente artigo implicará deveres e responsabilidades especiais. Consequentemente, poderá estar sujeito a certas restrições, que devem, entretanto, ser expressamente previstas em lei e que se façam necessárias para:

a) assegurar o respeito dos direitos e da reputação das demais pessoas;

b) proteger a segurança nacional, a ordem, a saúde ou a moral públicas.

## ARTIGO 20

1. Será proibida por lei qualquer propaganda em favor da guerra.

2. Será proibida por lei qualquer apologia do ódio nacional, racial ou religioso que constitua incitamento à discriminação, à hostilidade ou a violência.

## ARTIGO 21

O direito de reunião pacifica será reconhecido. O exercício desse direito estará sujeito apenas às restrições previstas em lei e que se façam necessárias, em uma sociedade democrática, no interesse da segurança nacional, da segurança ou da ordem pública, ou para proteger a saúde ou a moral pública ou os direitos e as liberdades das demais pessoas.

## ARTIGO 22

1. Toda pessoa terá o direito de associar-se livremente a outras, inclusive o direito de construir sindicatos e de a eles filiar-se, para a proteção de seus interesses.

2. O exercício desse direito estará sujeito apenas ás restrições previstas em lei e que se façam necessárias, em uma sociedade democrática, no interesse da segurança nacional, da segurança e da ordem públicas, ou para proteger a saúde ou a moral públicas ou os direitos e liberdades das demais pessoas. O presente artigo não impedirá que se submeta a restrições legais o exercício desse direito por membros das forças armadas e da polícia.

3. Nenhuma das disposições do presente artigo permitirá que Estados Partes da Convenção de 1948 da Organização Internacional do Trabalho, relativa à liberdade sindical e à proteção do direito sindical, venham a adotar medidas legislativas que restrinjam ou aplicar a lei de maneira a restringir as garantias previstas na referida Convenção.

## ARTIGO 23

1. A família é o elemento natural e fundamental da sociedade e terá o direito de ser protegida pela sociedade e pelo Estado.

2. Será reconhecido o direito do homem e da mulher de, em idade núbil, contrair casamento e constituir família.

3. Casamento algum será celebrado sem o consentimento livre e pleno dos futuros esposos.

4. Os Estados Partes do presente Pacto deverão adotar as medidas apropriadas para assegurar a igualdade de direitos e responsabilidades dos esposos quanto ao casamento, durante o mesmo e por ocasião de sua dissolução. Em caso de dissolução, deverão adotar-se disposições que assegurem a proteção necessária para os filhos.

## ARTIGO 24

1. Toda criança terá direito, sem discriminação alguma por motivo de cor, sexo, língua, religião, origem nacional ou social, situação econômica ou nascimento, às medidas de proteção que a sua condição de menor requerer por parte de sua família, da sociedade e do Estado.

2. Toda criança deverá ser registrada imediatamente após seu nascimento e deverá receber um nome.

3. Toda criança terá o direito de adquirir uma nacionalidade.

## ARTIGO 25

Todo cidadão terá o direito e a possibilidade, sem qualquer das formas de discriminação mencionadas no artigo 2 e sem restrições infundadas:

a) de participar da condução dos assuntos públicos, diretamente ou por meio de representantes livremente escolhidos;

b) de votar e de ser eleito em eleições periódicas, autênticas, realizadas por sufrágio universal e igualitário e por voto secreto, que garantam a manifestação da vontade dos eleitores;

c) de ter acesso, em condições gerais de igualdade, às funções públicas de seu país.

### ARTIGO 26

Todas as pessoas são iguais perante a lei e têm direito, sem discriminação alguma, a igual proteção da Lei. A este respeito, a lei deverá proibir qualquer forma de discriminação e garantir a todas as pessoas proteção igual e eficaz contra qualquer discriminação por motivo de raça, cor, sexo, língua, religião, opinião política ou de outra natureza, origem nacional ou social, situação econômica, nascimento ou qualquer outra situação.

### ARTIGO 27

Nos Estados em que haja minorias étnicas, religiosas ou linguísticas, as pessoas pertencentes a essas minorias não poderão ser privadas do direito de ter, conjuntamente com outros membros de seu grupo, sua própria vida cultural, de professar e praticar sua própria religião e usar sua própria língua.

(...)

Em fé do quê, os abaixo-assinados, devidamente autorizados por seus respectivos Governos, assinaram o presente Pacto, aberto à assinatura em Nova York, aos 19 dias do mês de dezembro do ano de mil novecentos e sessenta e seis.

## DECRETO Nº 678, DE 6 DE NOVEMBRO DE 1992

*Promulga a Convenção Americana sobre Direitos Humanos (Pacto de São José da Costa Rica), de 22 de novembro de 1969.*

- DOU de 9.11.1992
- Dec. 7.037/2009 – Aprova o Programa Nacional de Direitos Humanos (PNDH-3).
- Dec. 592/ 1992 – Atos Internacionais. Pacto Internacional sobre Direitos Civis e Políticos. Promulgação.

O VICE-PRESIDENTE DA REPÚBLICA, no exercício do cargo de Presidente da República, no uso da atribuição que lhe confere o art. 84, inciso VIII, da Constituição, e

Considerando que a Convenção Americana sobre Direitos Humanos (Pacto de São José da Costa Rica), adotada no âmbito da Organização dos Estados Americanos, em São José da Costa Rica, em 22 de novembro de 1969, entrou em vigor internacional em 18 de julho de 1978, na forma do segundo parágrafo de seu artigo 74;

Considerando que o Governo brasileiro depositou a carta de adesão a essa Convenção em 25 de setembro de 1992;

Considerando que a Convenção Americana sobre Direitos Humanos (Pacto de São José da Costa Rica) entrou em vigor, para o Brasil, em 25 de setembro de 1992, de conformidade com o disposto no segundo parágrafo de seu artigo 74; decreta:

**Art. 1º.** A Convenção Americana sobre Direitos Humanos (Pacto de São José da Costa Rica), celebrada em São José da Costa Rica, em 22 de novembro de 1969, apensa por cópia ao presente decreto, deverá ser cumprida tão inteiramente como nela se contém.

**Art. 2º.** Ao depositar a Carta de Adesão a esse ato internacional, em 25 de setembro de 1992, o Governo brasileiro fez a seguinte declaração interpretativa: "O Governo do Brasil entende que os artigos 43 e 48, alínea *d*, não incluem o direito automático de visitas e inspeções *in loco* da Comissão Interamericana de Direitos Humanos, as quais dependerão da anuência expressa do Estado".

**Art. 3º.** O presente Decreto entra em vigor na data de sua publicação.

Brasília, 6 de novembro de 1992; 171º da Independência e 104º da República.

Itamar Franco

Fernando Henrique Cardoso

## ANEXO AO DECRETO QUE PROMULGA A CONVENÇÃO AMERICANA SOBRE DIREITOS HUMANOS (PACTO DE SÃO JOSÉ DA COSTA RICA) – MRE

### Convenção Americana sobre Direitos Humanos (1969)

**PREÂMBULO**

Os Estados americanos signatários da presente Convenção,

Reafirmando seu propósito de consolidar neste Continente, dentro do quadro das instituições democráticas, um regime de liberdade pessoal e de justiça social, fundado no respeito dos direitos essenciais do homem;

Reconhecendo que os direitos essenciais do homem não derivam do fato de ser ele nacional de determinado Estado, mas sim do fato de ter como fundamento os atributos da pessoa humana, razão por que justificam uma proteção internacional, de natureza convencional, coadjuvante ou complementar da que oferece o direito interno dos Estados americanos;

Considerando que esses princípios foram consagrados na Carta da Organização dos Estados Americanos, na Declaração Americana dos Direitos e Deveres do Homem e na Declaração Universal dos Direitos do Homem e que foram reafirmados e desenvolvidos em outros instrumentos internacionais, tanto de âmbito mundial como regional;

Reiterando que, de acordo com a Declaração Universal dos Direitos do Homem, só pode ser realizado o ideal do ser humano livre, isento do temor e da miséria, se forem criadas condições que permitam a cada pessoa gozar dos seus direitos econômicos, sociais e culturais, bem como dos seus direitos civis e políticos; e

Considerando que a Terceira Conferência Interamericana Extraordinária (Buenos Aires, 1967) aprovou a incorporação à própria Carta da Organização de normas mais amplas sobre direitos econômicos, sociais e educacionais e resolveu que uma convenção interamericana sobre direitos humanos determinasse a estrutura, competência e processo dos órgãos encarregados dessa matéria,

Convieram no seguinte:

## PARTE I. DEVERES DOS ESTADOS E DIREITOS PROTEGIDOS

## CAPÍTULO I. ENUMERAÇÃO DE DEVERES

### ARTIGO 1º. OBRIGAÇÃO DE RESPEITAR OS DIREITOS

1. Os Estados-Partes nesta Convenção comprometem-se a respeitar os direitos e liberdades nela reconhecidos e a garantir seu livre e pleno exercício a toda pessoa que esteja sujeita à sua jurisdição, sem discriminação alguma por motivo de raça, cor, sexo, idioma, religião, opiniões políticas ou de qualquer outra natureza, origem nacional ou social, posição econômica, nascimento ou qualquer outra condição social.

2. Para os efeitos desta Convenção, pessoa é todo ser humano.

### ARTIGO 2º. DEVER DE ADOTAR DISPOSIÇÕES DE DIREITO INTERNO

Se o exercício dos direitos e liberdades mencionados no artigo 1º ainda não estiver garantido por disposições legislativas ou de outra natureza, os Estados-Partes comprometem-se a adotar, de acordo com as suas normas constitucionais e com as disposições desta Convenção, as medidas legislativas ou de outra natureza que forem necessárias para tornar efetivos tais direitos e liberdades.

## CAPÍTULO II. DIREITOS CIVIS E POLÍTICOS

### ARTIGO 3º. DIREITO AO RECONHECIMENTO DA PERSONALIDADE JURÍDICA

Toda pessoa tem direito ao reconhecimento de sua personalidade jurídica.

### ARTIGO 4º. DIREITO À VIDA

1. Toda pessoa tem o direito de que se respeite sua vida. Esse direito deve ser protegido pela lei e, em geral, desde o momento da concepção. Ninguém pode ser privado da vida arbitrariamente.

2. Nos países que não houverem abolido a pena de morte, esta só poderá ser imposta pelos delitos mais graves, em cumprimento de sentença final de tribunal competente e em conformidade com lei que estabeleça tal pena, promulgada antes de haver o delito sido cometido. Tampouco se estenderá sua aplicação a delitos aos quais não se aplique atualmente.

3. Não se pode restabelecer a pena de morte nos Estados que a hajam abolido.

4. Em nenhum caso pode a pena de morte ser aplicada por delitos políticos, nem por delitos comuns conexos com delitos políticos.

5. Não se deve impor a pena de morte a pessoa que, no momento da perpetração do delito, for menor de dezoito anos, ou maior de setenta, nem aplicá-la a mulher em estado de gravidez.

6. Toda pessoa condenada à morte tem direito a solicitar anistia, indulto ou comutação da pena, os quais podem ser concedidos em todos os casos. Não se pode executar a pena de morte enquanto o pedido estiver pendente de decisão ante a autoridade competente.



### ARTIGO 5º. DIREITO À INTEGRIDADE PESSOAL

1. Toda pessoa tem o direito de que se respeite sua integridade física, psíquica e moral.

2. Ninguém deve ser submetido a torturas, nem a penas ou tratos cruéis, desumanos ou degradantes. Toda pessoa privada da liberdade deve ser tratada com o respeito devido à dignidade inerente ao ser humano.

3. A pena não pode passar da pessoa do delinquente.

4. Os processados devem ficar separados dos condenados, salvo em circunstâncias excepcionais, e ser submetidos a tratamento adequado à sua condição de pessoas não condenadas.

5. Os menores, quando puderem ser processados, devem ser separados dos adultos e conduzidos a tribunal especializado, com a maior rapidez possível, para seu tratamento.

6. As penas privativas da liberdade devem ter por finalidade essencial a reforma e a readaptação social dos condenados.

### ARTIGO 6º. PROIBIÇÃO DA ESCRAVIDÃO E DA SERVIDÃO

1. Ninguém pode ser submetido a escravidão ou a servidão, e tanto estas como o tráfico de escravos e o tráfico de mulheres são proibidos em todas as formas.

2. Ninguém deve ser constrangido a executar trabalho forçado ou obrigatório. Nos países em que se prescreve, para certos delitos, pena privativa da liberdade acompanhada de trabalhos forçados, esta disposição não pode ser interpretada no sentido de que proíbe o cumprimento da dita pena, imposta por juiz ou tribunal competente. O trabalho forçado

não deve afetar a dignidade nem a capacidade física e intelectual do recluso.

3. Não constituem trabalhos forçados ou obrigatórios para os efeitos deste artigo:

*a)* os trabalhos ou serviços normalmente exigidos de pessoa reclusa em cumprimento de sentença ou resolução formal expedida pela autoridade judiciária competente. Tais trabalhos ou serviços devem ser executados sob a vigilância e controle das autoridades públicas, e os indivíduos que os executarem não devem ser postos à disposição de particulares, companhias ou pessoas jurídicas de caráter privado;

*b)* o serviço militar e, nos países onde se admite a isenção por motivos de consciência, o serviço nacional que a lei estabelecer em lugar daquele;

*c)* o serviço imposto em casos de perigo ou calamidade que ameace a existência ou o bem-estar da comunidade; e

*d)* o trabalho ou serviço que faça parte das obrigações cívicas normais.

## ARTIGO 7º.
## DIREITO À LIBERDADE PESSOAL

1. Toda pessoa tem direito à liberdade e à segurança pessoais.

2. Ninguém pode ser privado de sua liberdade física, salvo pelas causas e nas condições previamente fixadas pelas constituições políticas dos Estados-Partes ou pelas leis de acordo com elas promulgadas.

3. Ninguém pode ser submetido a detenção ou encarceramento arbitrários.

4. Toda pessoa detida ou retida deve ser informada das razões da sua detenção e notificada, sem demora, da acusação ou acusações formuladas contra ela.

5. Toda pessoa detida ou retida deve ser conduzida, sem demora, à presença de um juiz ou outra autoridade autorizada pela lei a exercer funções judiciais e tem direito a ser julgada dentro de um prazo razoável ou a ser posta em liberdade, sem prejuízo de que prossiga o processo. Sua liberdade pode ser condicionada a garantias que assegurem o seu comparecimento em juízo.

6. Toda pessoa privada da liberdade tem direito a recorrer a um juiz ou tribunal competente, a fim de que este decida, sem demora, sobre a legalidade de sua prisão ou detenção e ordene sua soltura se a prisão ou a detenção forem ilegais. Nos Estados-Partes cujas leis preveem que toda pessoa que se vir ameaçada de ser privada de sua liberdade tem direito a recorrer a um juiz ou tribunal competente a fim de que este decida sobre a legalidade de tal ameaça, tal recurso não pode ser restringido nem abolido. O recurso pode ser interposto pela própria pessoa ou por outra pessoa.

7. Ninguém deve ser detido por dívida. Este princípio não limita os mandados de autoridade judiciária competente expedidos em virtude de inadimplemento de obrigação alimentar.

- Súm. Vinculante 25 do STF.
- Súm. 419 do STJ.

## ARTIGO 8º.
## GARANTIAS JUDICIAIS

1. Toda pessoa tem direito a ser ouvida, com as devidas garantias e dentro de um prazo razoável, por um juiz ou tribunal competente, independente e imparcial, estabelecido anteriormente por lei, na apuração de qualquer acusação penal formulada contra ela, ou para que se determinem seus direitos ou obrigações de natureza civil, trabalhista, fiscal ou de qualquer outra natureza.

2. Toda pessoa acusada de delito tem direito a que se presuma sua inocência enquanto não se comprove legalmente sua culpa. Durante o processo, toda pessoa tem direito, em plena igualdade, às seguintes garantias mínimas:

*a)* direito do acusado de ser assistido gratuitamente por tradutor ou intérprete, se não compreender ou não falar o idioma do juízo ou tribunal;

*b)* comunicação prévia e pormenorizada ao acusado da acusação formulada;

*c)* concessão ao acusado do tempo e dos meios adequados para a preparação de sua defesa;

*d)* direito do acusado de defender-se pessoalmente ou de ser assistido por um defensor de sua escolha e de comunicar-se, livremente e em particular, com seu defensor;

*e)* direito irrenunciável de ser assistido por um defensor proporcionado pelo Estado, remunerado ou não, segundo a legislação interna, se o acusado não se defender ele próprio nem nomear defensor dentro do prazo estabelecido pela lei;

*f)* direito da defesa de inquirir as testemunhas presentes no tribunal e de obter o comparecimento, como testemunhas ou peritos, de outras pessoas que possam lançar luz sobre os fatos;

*g)* direito de não ser obrigado a depor contra si mesma, nem a declarar-se culpada; e

*h)* direito de recorrer da sentença para juiz ou tribunal superior.

3. A confissão do acusado só é válida se feita sem coação de nenhuma natureza.

4. O acusado absolvido por sentença passada em julgado não poderá ser submetido a novo processo pelos mesmos fatos.

5. O processo penal deve ser público, salvo no que for necessário para preservar os interesses da justiça.

## ARTIGO 9º.
## PRINCÍPIO DA LEGALIDADE E DA RETROATIVIDADE

Ninguém pode ser condenado por ações ou omissões que, no momento em que forem cometidas, não sejam delituosas, de acordo com o direito aplicável. Tampouco se pode impor pena mais grave que a aplicável no momento da perpetração do delito. Se depois da perpetração do delito a lei dispuser a imposição de pena mais leve, o delinquente será por isso beneficiado.

### ARTIGO 10. DIREITO À INDENIZAÇÃO

Toda pessoa tem direito de ser indenizada conforme a lei, no caso de haver sido condenada em sentença passada em julgado, por erro judiciário.

### ARTIGO 11. PROTEÇÃO DA HONRA E DA DIGNIDADE

1. Toda pessoa tem direito ao respeito de sua honra e ao reconhecimento de sua dignidade.
2. Ninguém pode ser objeto de ingerências arbitrárias ou abusivas em sua vida privada, na de sua família, em seu domicílio ou em sua correspondência, nem de ofensas ilegais à sua honra ou reputação.
3. Toda pessoa tem direito à proteção da lei contra tais ingerências ou tais ofensas.

### ARTIGO 12. LIBERDADE DE CONSCIÊNCIA E DE RELIGIÃO

1. Toda pessoa tem direito à liberdade de consciência e de religião. Esse direito implica a liberdade de conservar sua religião ou suas crenças, ou de mudar de religião ou de crenças, bem como a liberdade de professar e divulgar sua religião ou suas crenças, individual ou coletivamente, tanto em público como em privado.
2. Ninguém pode ser objeto de medidas restritivas que possam limitar sua liberdade de conservar sua religião ou suas crenças, ou de mudar de religião ou de crenças.
3. A liberdade de manifestar a própria religião e as próprias crenças está sujeita unicamente às limitações prescritas pela lei e que sejam necessárias para proteger a segurança, a ordem, a saúde ou a moral pública ou os direitos ou liberdades das demais pessoas.
4. Os pais, e quando for o caso os tutores, têm direito a que seus filhos ou pupilos recebam a educação religiosa e moral que esteja acorde com suas próprias convicções.

### ARTIGO 13. LIBERDADE DE PENSAMENTO E DE EXPRESSÃO

1. Toda pessoa tem direito à liberdade de pensamento e de expressão. Esse direito compreende a liberdade de buscar, receber e difundir informações e ideias de toda natureza, sem consideração de fronteiras, verbalmente ou por escrito, ou em forma impressa ou artística, ou por qualquer outro processo de sua escolha.
2. O exercício do direito previsto no inciso precedente não pode estar sujeito a censura prévia, mas a responsabilidades ulteriores, que devem ser expressamente fixadas pela lei a ser necessárias para assegurar:

*a)* o respeito aos direitos ou à reputação das demais pessoas; ou

*b)* a proteção da segurança nacional, da ordem pública, ou da saúde ou da moral públicas.

3. Não se pode restringir o direito de expressão por vias ou meios indiretos, tais como o abuso de controles oficiais ou particulares de papel de imprensa, de frequências radioelétricas ou de equipamentos e aparelhos usados na difusão de informação, nem por quaisquer outros meios destinados a obstar a comunicação e a circulação de ideias e opiniões.
4. A lei pode submeter os espetáculos públicos a censura prévia, com o objetivo exclusivo de regular o acesso a eles, para proteção moral da infância e da adolescência, sem prejuízo do disposto no inciso 2.
5. A lei deve proibir toda propaganda a favor da guerra, bem como toda apologia ao ódio nacional, racial ou religioso que constitua incitação à discriminação, à hostilidade, ao crime ou à violência.

### ARTIGO 14. DIREITO DE RETIFICAÇÃO OU RESPOSTA

1. Toda pessoa atingida por informações inexatas ou ofensivas emitidas em seu prejuízo por meios de difusão legalmente regulamentados e que se dirijam ao público em geral, tem direito a fazer, pelo mesmo órgão de difusão, sua retificação ou resposta, nas condições que estabeleça a lei.
2. Em nenhum caso a retificação ou a resposta eximirão das outras responsabilidades legais em que se houver incorrido.
3. Para a efetiva proteção da honra e da reputação, toda publicação ou empresa jornalística, cinematográfica, de rádio ou televisão, deve ter uma pessoa responsável que não seja protegida por imunidades nem goze de foro especial.

### ARTIGO 15. DIREITO DE REUNIÃO

É reconhecido o direito de reunião pacífica e sem armas. O exercício de tal direito só pode estar sujeito às restrições previstas pela lei e que sejam necessárias, numa sociedade democrática, no interesse da segurança nacional, da segurança ou da ordem públicas, ou para proteger a saúde ou a moral pública ou os direitos e liberdades das demais pessoas.

### ARTIGO 16. LIBERDADE DE ASSOCIAÇÃO

1. Todas as pessoas têm o direito de associar-se livremente com fins ideológicos, religiosos, políticos, econômicos, trabalhistas, sociais, culturais, desportivos ou de qualquer outra natureza.
2. O exercício de tal direito só pode estar sujeito às restrições previstas pela lei que sejam necessárias, numa sociedade democrática, no interesse da segurança nacional, da segurança ou da ordem públicas, ou para proteger a saúde ou a moral pública ou os direitos e liberdades das demais pessoas.
3. O disposto neste artigo não impede a imposição de restrições legais, e mesmo a privação do exercício do direito de associação, aos membros das forças armadas e da polícia.

## ARTIGO 17.
## PROTEÇÃO DA FAMÍLIA

- v.CF/88: art. 226.

1. A família é o elemento natural e fundamental da sociedade e deve ser protegida pela sociedade e pelo Estado.
2. É reconhecido o direito do homem e da mulher de contraírem casamento e de fundarem uma família, se tiverem a idade e as condições para isso exigidas pelas leis internas, na medida em que não afetem estas o princípio da não discriminação estabelecido nesta Convenção.
3. O casamento não pode ser celebrado sem o livre e pleno consentimento dos contraentes.
4. Os Estados-Partes devem tomar medidas apropriadas no sentido de assegurar a igualdade de direitos e a adequada equivalência de responsabilidade dos cônjuges quanto ao casamento, durante o casamento e em caso de dissolução do mesmo. Em caso de dissolução, serão adotadas disposições que asseguram a proteção necessária aos filhos, com base unicamente no interesse e conveniência dos mesmos.
5. A lei deve reconhecer iguais direitos tanto aos filhos nascidos fora do casamento como aos nascidos dentro do casamento.

## ARTIGO 18.
## DIREITO AO NOME

Toda pessoa tem direito a um prenome e aos nomes de seus pais ou ao de um destes. A lei deve regular a forma de assegurar a todos esse direito, mediante nomes fictícios, se for necessário.

- CC: art. 16.

## ARTIGO 19.
## DIREITOS DA CRIANÇA

Toda criança tem direito às medidas de proteção que a sua condição de menor requer por parte da sua família, da sociedade e do Estado.

- Lei 13.431/2017 – Estabelece o sistema de garantia de direitos da criança e do adolescente vítima ou testemunha de violência e altera a Lei 8.069/1990 (Estatuto da Criança e do Adolescente).
- Lei 13.257/2016 – Dispõe sobre as políticas públicas para a primeira infância e altera a Lei 8.069/1990 (Estatuto da Criança e do Adolescente), o Dec.-lei 3.689/1941 (Código de Processo Penal), a Consolidação das Leis do Trabalho (CLT), aprovada pelo Dec.-lei 5.452/1943, a Lei 11.770/2008, e a Lei 12.662/2012.
- Lei 13.185/ 2015 – Institui o Programa de Combate à Intimidação Sistemática (Bullying).
- Lei 13.010/2014 – Altera a Lei 8.069/1990 (Estatuto da Criança e do Adolescente), para estabelecer o direito da criança e do adolescente de serem educados e cuidados sem o uso de castigos físicos ou de tratamento cruel ou degradante, e altera a Lei 9.394/1996. (Lei da Palmada)
- Lei 12.978/2014 – Altera o nome jurídico do art. 218-B do Decreto-Lei 2.848/1940 (Código Penal); e acrescenta inciso ao art. 1º da Lei 8.072/1990, para classificar como hediondo o crime de favorecimento da prostituição ou de outra forma de exploração sexual de criança ou adolescente ou de vulnerável.
- Lei 12.015/2009 – Altera o Título VI da Parte Especial do Decreto-Lei 2.848/1940 (Código Penal), e o art. 1º da Lei 8.072/1990, que dispõe sobre os crimes hediondos, nos termos do inciso XLIII do art. 5º da CF e revoga a Lei 2.252/1954, que trata de corrupção de menores.
- Lei 12.010/2009 – Dispõe sobre adoção; altera as Leis 8.069/1990 (Estatuto da Criança e do Adolescente), 8.560/1992; revoga dispositivos da Lei 10.406/2002 (Código Civil), e da Consolidação das Leis do Trabalho (CLT), aprovada pelo Decreto-Lei 5.452/1943.
- Lei 11.942/2009 – Dá nova redação aos arts. 14, 83 e 89 da Lei 7.210/1984 (Lei de Execução Penal), para assegurar às mães presas e aos recém-nascidos condições mínimas de assistência.
- Lei 8.069/1990 – Dispõe sobre o Estatuto da Criança e do Adolescente (ECA).
- Decreto Legislativo 311/2009 – Aprova o texto do Protocolo Facultativo ao Pacto Internacional sobre Direitos Civis e Políticos, adotado em Nova Iorque, em 16 de dezembro de 1966, e do Segundo Protocolo Facultativo ao Pacto Internacional sobre Direitos Civis e Políticos com vistas à Abolição da Pena de Morte, adotado e proclamado pela Resolução nº 44/128, de 15 de dezembro de 1989, com a reserva expressa no art. 2º.
- Decreto 5.017/2004 – Promulga o Protocolo Adicional à Convenção das Nações Unidas contra o Crime Organizado Transnacional Relativo à Prevenção, Repressão e Punição do Tráfico de Pessoas, em Especial Mulheres e Crianças. (Protocolo de Palermo)

## ARTIGO 20.
## DIREITO À NACIONALIDADE

1. Toda pessoa tem direito a uma nacionalidade.
2. Toda pessoa tem direito à nacionalidade do Estado em cujo território houver nascido, se não tiver direito a outra.
3. A ninguém se deve privar arbitrariamente de sua nacionalidade nem do direito de mudá-la.

- CF/88: arts. 5º, LXXI, 12, e 22, XIII.
- Dec.-lei 394/1938 – Regula a extradição.
- Lei 13.445/2017 (Lei de Migração).

## ARTIGO 21.
## DIREITO À PROPRIEDADE PRIVADA

1. Toda pessoa tem direito ao uso e gozo dos seus bens. A lei pode subordinar esse uso e gozo ao interesse social.
2. Nenhuma pessoa pode ser privada de seus bens, salvo mediante o pagamento de indenização justa, por motivo de utilidade pública ou de interesse social e nos casos e na forma estabelecidos pela lei.
3. Tanto a usura como qualquer outra forma de exploração do homem pelo homem devem ser reprimidas pela lei.

- CF/88: arts. 5º, XXII, XXIII, 170, II, III, 182, § 2º e 185.

## ARTIGO 22
## DIREITO DE CIRCULAÇÃO E DE RESIDÊNCIA

- CF/88: art. 5º, XV.

1. Toda pessoa que se ache legalmente no território de um Estado tem direito de circular nele e de nele residir em conformidade com as disposições legais.
2. Toda pessoa tem o direito de sair livremente de qualquer país, inclusive do próprio.
3. O exercício dos direitos acima mencionados não pode ser restringido senão em virtude de lei, na medida indispensável, numa sociedade democrática, para prevenir infrações penais ou para proteger a segurança nacional, a segurança ou a ordem pública, a moral ou a saúde públicas, ou os direitos e liberdades das demais pessoas.
4. O exercício dos direitos reconhecidos no inciso 1 pode também ser restringido pela lei, em zonas determinadas, por motivos de interesse público.
5. Ninguém pode ser expulso do território do Estado do qual for nacional, nem ser privado do direito de nele entrar.

- Dec-lei 394/1938 – Regula a extradição.

6. O estrangeiro que se ache legalmente no território de um Estado-Parte nesta Convenção só poderá dele ser expulso em cumprimento de decisão adotada de acordo com a lei.
7. Toda pessoa tem o direito de buscar e receber asilo em território estrangeiro, em caso de perseguição por delitos políticos ou comuns

conexos com delitos políticos e de acordo com a legislação de cada Estado e com os convênios internacionais.

8. Em nenhum caso o estrangeiro pode ser expulso ou entregue a outro país, seja ou não de origem, onde seu direito à vida ou à liberdade pessoal esteja em risco de violação por causa da sua raça, nacionalidade, religião, condição social ou de suas opiniões políticas.

9. É proibida a expulsão coletiva de estrangeiros.

### ARTIGO 23.
### DIREITOS POLÍTICOS

- CF/88: art. 14,§§ 3º e 4º, e §§ 7º a 9º.
- Lei 9.096/1995- Dispõe sobre partidos políticos, regulamenta os arts. 17 e 14, § 3º, inciso V, da CF.
- Lei 4.737/1965 – Institui o Código Eleitoral.
- Dec, Legislativo 311/2009 – Aprova o texto do Protocolo Facultativo ao Pacto Internacional sobre Direitos Civis e Políticos, adotado em Nova Iorque, em 16 de dezembro de 1966, e do Segundo Protocolo Facultativo ao Pacto Internacional sobre Direitos Civis e Políticos com vistas à Abolição da Pena de Morte, adotado e proclamado pela Resolução nº 44/128, de 15 de dezembro de 1989, com a reserva expressa no art. 2º.
- Decr. 592/ 1992 – Atos Internacionais. Pacto Internacional sobre Direitos Civis e Políticos. Promulgação.

1. Todos os cidadãos devem gozar dos seguintes direitos e oportunidades:

*a)* de participar da direção dos assuntos públicos, diretamente ou por meio de representantes livremente eleitos;

*b)* de votar e ser eleitos em eleições periódicas autênticas, realizadas por sufrágio universal e igual e por voto secreto que garanta a livre expressão da vontade dos eleitores; e

*c)* de ter acesso, em condições gerais de igualdade, às funções públicas de seu país.

2. A lei pode regular o exercício dos direitos e oportunidades e a que se refere o inciso anterior, exclusivamente por motivos de idade, nacionalidade, residência, idioma, instrução, capacidade civil ou mental, ou condenação, por juiz competente, em processo penal.

### ARTIGO 24.
### IGUALDADE PERANTE A LEI

- CF/88: art. 5º.

Todas as pessoas são iguais perante a lei. Por conseguinte, têm direito, sem discriminação, a igual proteção da lei.

### ARTIGO 25.
### PROTEÇÃO JUDICIAL

- CF/88: art. 5º, XXXIV, a.

1. Toda pessoa tem direito a um recurso simples e rápido ou a qualquer outro recurso efetivo, perante os juízes ou tribunais competentes, que a proteja contra atos que violem seus direitos fundamentais reconhecidos pela constituição, pela lei ou pela presente Convenção, mesmo quando tal violação seja cometida por pessoas que estejam atuando no exercício de suas funções oficiais.

2. Os Estados-Partes comprometem-se:

*a)* a assegurar que a autoridade competente prevista pelo sistema legal do Estado decida sobre os direitos de toda pessoa que interpuser tal recurso;

*b)* a desenvolver as possibilidades de recurso judicial; e

*c)* a assegurar o cumprimento, pelas autoridades competentes, de toda decisão em que se tenha considerado procedente o recurso.

## CAPÍTULO III.
## DIREITOS ECONÔMICOS, SOCIAIS E CULTURAIS

### ARTIGO 26.
### DESENVOLVIMENTO PROGRESSIVO

Os Estados-Partes comprometem-se a adotar providências, tanto no âmbito interno como mediante cooperação internacional, especialmente econômica e técnica, a fim de conseguir progressivamente a plena efetividade dos direitos que decorrem das normas econômicas, sociais e sobre educação, ciência e cultura, constantes da Carta da Organização dos Estados Americanos, reformada pelo Protocolo de Buenos Aires, na medida dos recursos disponíveis, por via legislativa ou por outros meios apropriados.

## CAPÍTULO IV.
## SUSPENSÃO DE GARANTIAS, INTERPRETAÇÃO E APLICAÇÃO

### ARTIGO 27.
### SUSPENSÃO DE GARANTIAS

- CF/88: arts. 5º, XXV, 22, III, 53, § 7º, e 136.

1. Em caso de guerra, de perigo público, ou de outra emergência que ameace a independência ou segurança do Estado-Parte, este poderá adotar disposições que, na medida e pelo tempo estritamente limitados às exigências da situação, suspendem as obrigações contraídas em virtude desta Convenção, desde que tais disposições não sejam incompatíveis com as demais obrigações que lhe impõe o Direito Internacional e não encerrem discriminação alguma fundada em motivos de raça, cor, sexo, idioma, religião ou origem social.

2. A disposição precedente não autoriza a suspensão dos direitos determinados nos seguintes artigos: 3 (Direito ao Reconhecimento da Personalidade Jurídica), 4 (Direito à Vida), 5 (Direito à Integridade Pessoal), 6 (Proibição da Escravidão e Servidão), 9 (Princípio da Legalidade e da Retroatividade), 12 (Liberdade de Consciência e de Religião), 17 (Proteção da Família), 18 (Direito ao Nome), 19 (Direitos da Criança), 20 (Direito à Nacionalidade) e 23 (Direitos Políticos), nem das garantias indispensáveis para a proteção de tais direitos.

3. Todo Estado-Parte que fizer uso do direito de suspensão deverá informar imediatamente os outros Estados-Partes na presente Convenção, por intermédio do Secretário-Geral da Organização dos Estados Americanos, das disposições cuja aplicação haja suspendido, dos motivos determinantes da suspensão e da data em que haja dado por terminada tal suspensão.

### ARTIGO 28.
### CLÁUSULA FEDERAL

1. Quando se tratar de um Estado-Parte constituído como Estado federal, o governo nacional do aludido Estado-Parte cumprirá todas as disposições da presente Convenção, relacionadas com as matérias sobre as quais exerce competência legislativa e judicial.
2. No tocante às disposições relativas às matérias que correspondem à competência das entidades componentes da federação, o governo nacional deve tomar imediatamente as medidas pertinentes, em conformidade com sua constituição e suas leis, a fim de que as autoridades competentes das referidas entidades possam adotar as disposições cabíveis para o cumprimento desta Convenção.
3. Quando dois ou mais Estados-Partes decidirem constituir entre eles uma federação ou outro tipo de associação, diligenciarão no sentido de que o pacto comunitário respectivo contenha as disposições necessárias para que continuem sendo efetivas no novo Estado assim organizado as normas da presente Convenção.

### ARTIGO 29.
### NORMAS DE INTERPRETAÇÃO

Nenhuma disposição desta Convenção pode ser interpretada no sentido de:
*a)* permitir a qualquer dos Estados-Partes, grupo ou pessoa, suprimir o gozo e exercício dos direitos e liberdades reconhecidos na Convenção ou limitá-los em maior medida do que a nela prevista;
*b)* limitar o gozo e exercício de qualquer direito ou liberdade que possam ser reconhecidos de acordo com as leis de qualquer dos Estados-Partes ou de acordo com outra convenção em que seja parte um dos referidos Estados;
*c)* excluir outros direitos e garantias que são inerentes ao ser humano ou que decorrem da forma democrática representativa de governo; e
*d)* excluir ou limitar o efeito que possam produzir a Declaração Americana dos Direitos e Deveres do Homem e outros atos internacionais da mesma natureza.

### ARTIGO 30
### ALCANCE DAS RESTRIÇÕES

As restrições permitidas, de acordo com esta Convenção, ao gozo e exercício dos direitos e liberdades nela reconhecidos, não podem ser aplicadas senão de acordo com leis que forem promulgadas por motivo de interesse geral e com o propósito para o qual houverem sido estabelecidas.

### ARTIGO 31
### RECONHECIMENTO DE OUTROS DIREITOS

Poderão ser incluídos no regime de proteção desta Convenção outros direitos e liberdades que forem reconhecidos de acordo com os processos estabelecidos nos artigos 69 e 70.

## CAPÍTULO V.
## DEVERES DAS PESSOAS

### ARTIGO 32.
### Correlação entre deveres e direitos

1. Toda pessoa tem deveres para com a família, a comunidade e a humanidade.
2. Os direitos de cada pessoa são limitados pelos direitos dos demais, pela segurança de todos e pelas justas exigências do bem comum, numa sociedade democrática.

# PARTE II.
# MEIOS DA PROTEÇÃO

## CAPÍTULO VI.
## ÓRGÃOS COMPETENTES

### ARTIGO 33.

São competentes para conhecer dos assuntos relacionados com o cumprimento dos compromissos assumidos pelos Estados-Partes nesta Convenção:
*a)* a Comissão Interamericana de Direitos Humanos, doravante denominada a Comissão; e
*b)* a Corte Interamericana de Direitos Humanos, doravante denominada a Corte.

## CAPÍTULO VII.
## COMISSÃO INTERAMERICANA DE DIREITOS HUMANOS

### SEÇÃO 1.
### ORGANIZAÇÃO

### ARTIGO 34.

A Comissão Interamericana de Direitos Humanos compor-se-á de sete membros, que deverão ser pessoas de alta autoridade moral e de reconhecido saber em matéria de direitos humanos.

### ARTIGO 35.

A Comissão representa todos os membros da Organização dos Estados Americanos.

### ARTIGO 36.

1. Os membros da Comissão serão eleitos a título pessoal, pela Assembleia Geral da Organização, de uma lista de candidatos propostos pelos governos dos Estados-Membros.
2. Cada um dos referidos governos pode propor até três candidatos nacionais do Estado que os propuser ou de qualquer outro Estado-Membro da Organização dos Estados Americanos. Quando for proposta uma lista de três candidatos, pelo menos um deles deverá ser nacional de Estado diferente do proponente.

### ARTIGO 37.

1. Os membros da Comissão serão eleitos por 4 (quatro) anos e só poderão ser reeleitos uma vez, porém o mandato de três dos membros

designados na primeira eleição expirará ao cabo de 2 (dois) anos. Logo depois da referida eleição, serão determinados por sorteio, na Assembleia Geral, os nomes desses três membros.
2. Não pode fazer parte da Comissão mais de um nacional de um mesmo Estado.

### ARTIGO 38.

As vagas que ocorrerem na Comissão, que não se devam à expiração normal do mandato, serão preenchidas pelo Conselho Permanente da Organização, de acordo com o que dispuser o Estatuto da Comissão.

### ARTIGO 39.

A Comissão elaborará seu estatuto e submetê-lo-á à aprovação da Assembleia Geral e expedirá seu próprio regulamento.

### ARTIGO 40.

Os serviços de secretaria da Comissão devem ser desempenhados pela unidade funcional especializada que faz parte da Secretaria-Geral da Organização e deve dispor dos recursos necessários para cumprir as tarefas que lhe forem confiadas pela Comissão.

## SEÇÃO 2.
## FUNÇÕES

### ARTIGO 41.

A Comissão tem a função principal de promover a observância e a defesa dos direitos humanos e, no exercício do seu mandato, tem as seguintes funções e atribuições:
*a)* estimular a consciência dos direitos humanos nos povos da América;
*b)* formular recomendações aos governos dos Estados-Membros, quando o considerar conveniente, no sentido de que adotem medidas progressivas em prol dos direitos humanos no âmbito de suas leis internas e seus preceitos constitucionais, bem como disposições apropriadas para promover o devido respeito a esses direitos;
*c)* preparar os estudos ou relatórios que considerar convenientes para o desempenho de suas funções;
*d)* solicitar aos governos dos Estados-Membros que lhe proporcionem informações sobre as medidas que adotarem em matéria de direitos humanos;
*e)* atender às consultas que, por meio da Secretaria-Geral da Organização dos Estados Americanos, lhe formularem os Estados-Membros sobre questões relacionadas com os direitos humanos e, dentro de suas possibilidades, prestar-lhes o assessoramento que eles lhe solicitarem;
*f)* atuar com respeito às petições e outras comunicações, no exercício de sua autoridade, de conformidade com o disposto nos artigos 44 a 51 desta Convenção; e
*g)* apresentar um relatório anual à Assembleia Geral da Organização dos Estados Americanos.

### ARTIGO 42.

Os Estados-Partes devem remeter à Comissão cópia dos relatórios e estudos que, em seus respectivos campos, submetem anualmente às Comissões Executivas do Conselho Interamericano Econômico e Social e do Conselho Interamericano de Educação, Ciência e Cultura, a fim de que aquela vele por que se promovam os direitos decorrentes das normas econômicas, sociais e sobre educação, ciência e cultura, constantes da Carta da Organização dos Estados Americanos, reformada pelo Protocolo de Buenos Aires.

### ARTIGO 43.

Os Estados-Partes obrigam-se a proporcionar à Comissão as informações que esta lhes solicitar sobre a maneira pela qual o seu direito interno assegura a aplicação efetiva de quaisquer disposições desta Convenção.

## SEÇÃO 3.
## COMPETÊNCIA

### ARTIGO 44.

Qualquer pessoa ou grupo de pessoas, ou entidade não governamental legalmente reconhecida em um ou mais Estados-Membros da Organização, pode apresentar à Comissão petições que contenham denúncias ou queixas de violação desta Convenção por um Estado-Parte.

### ARTIGO 45.

1. Todo Estado-Parte pode, no momento do depósito do seu instrumento de ratificação desta Convenção ou de adesão a ela, ou em qualquer momento posterior, declarar que reconhece a competência da Comissão para receber e examinar as comunicações em que um Estado-Parte alegue haver outro Estado-Parte incorrido em violações dos direitos humanos estabelecidos nesta Convenção.
2. As comunicações feitas em virtude deste artigo só podem ser admitidas e examinadas se forem apresentadas por um Estado-Parte que haja feito uma declaração pela qual reconheça a referida competência da Comissão. A Comissão não admitirá nenhuma comunicação contra um Estado-Parte que não haja feito tal declaração.
3. As declarações sobre reconhecimento de competência podem ser feitas para que esta vigore por tempo indefinido, por período determinado ou para casos específicos.
4. As declarações serão depositadas na Secretaria-Geral da Organização dos Estados Americanos, a qual encaminhará cópia das mesmas aos Estados-Membros da referida Organização.

### ARTIGO 46.

1. Para que uma petição ou comunicação apresentada de acordo com os artigos 44 ou 45 seja admitida pela Comissão, será necessário:
*a)* que hajam sido interpostos e esgotados os recursos da jurisdição interna, de acordo com os

princípios de direito internacional geralmente reconhecidos;

*b)* que seja apresentada dentro do prazo de 6 (seis) meses, a partir da data em que o presumido prejudicado em seus direitos tenha sido notificado da decisão definitiva;

*c)* que a matéria da petição ou comunicação não esteja pendente de outro processo de solução internacional; e

*d)* que, no caso do artigo 44, a petição contenha o nome, a nacionalidade, a profissão, o domicílio e a assinatura da pessoa ou pessoas ou do representante legal da entidade que submeter a petição.

2. As disposições das alíneas *a* e *b* do inciso 1 deste artigo não se aplicarão quando:

*a)* não existir, na legislação interna do Estado de que se tratar, o devido processo legal para a proteção do direito ou direitos que se alegue tenham sido violados;

*b)* não se houver permitido ao presumido prejudicado em seus direitos o acesso aos recursos da jurisdição interna, ou houver sido ele impedido de esgotá-los; e

*c)* houver demora injustificada na decisão sobre os mencionados recursos.

**ARTIGO 47.**

A Comissão declarará inadmissível toda petição ou comunicação apresentada de acordo com os artigos 44 ou 45 quando:

*a)* não preencher algum dos requisitos estabelecidos no artigo 46;

*b)* não expuser fatos que caracterizem violação dos direitos garantidos por esta Convenção;

*c)* pela exposição do próprio peticionário ou do Estado, for manifestamente infundada a petição ou comunicação ou for evidente sua total improcedência; ou

*d)* for substancialmente reprodução de petição ou comunicação anterior, já examinada pela Comissão ou por outro organismo internacional.

## SEÇÃO 4.
## PROCESSO

**ARTIGO 48.**

1. A Comissão, ao receber uma petição ou comunicação na qual se alegue violação de qualquer dos direitos consagrados nesta Convenção, procederá da seguinte maneira:

*a)* se reconhecer a admissibilidade da petição ou comunicação, solicitará informações ao Governo do Estado ao qual pertença a autoridade apontada como responsável pela violação alegada e transcreverá as partes pertinentes da petição ou comunicação. As referidas informações devem ser enviadas dentro de um prazo razoável, fixado pela Comissão ao considerar as circunstâncias de cada caso;

*b)* recebidas as informações, ou transcorrido o prazo fixado sem que sejam elas recebidas, verificará se existem ou subsistem os motivos da petição ou comunicação. No caso de não existirem ou não subsistirem, mandará arquivar o expediente;

*c)* poderá também declarar a inadmissibilidade ou a improcedência da petição ou comunicação, com base em informação ou prova superveniente;

*d)* se o expediente não houver sido arquivado, e com o fim de comprovar os fatos, a Comissão procederá, com conhecimento das partes, a um exame do assunto exposto na petição ou comunicação. Se for necessário e conveniente, a Comissão procederá a uma investigação para cuja eficaz realização solicitará, e os Estados interessados lhe proporcionarão, todas as facilidades necessárias;

*e)* poderá pedir aos Estados interessados qualquer informação pertinente e receberá, se isso lhe for solicitado, as exposições verbais ou escritas que apresentarem os interessados; e

*f)* pôr-se-á à disposição das partes interessadas, a fim de chegar a uma solução amistosa do assunto, fundada no respeito aos direitos humanos reconhecidos nesta Convenção.

2. Entretanto, em casos graves e urgentes, pode ser realizada uma investigação, mediante prévio consentimento do Estado em cujo território se alegue haver sido cometida a violação, tão somente com a apresentação de uma petição ou comunicação que reúna todos os requisitos formais de admissibilidade.

**ARTIGO 49.**

Se se houver chegado a uma solução amistosa de acordo com as disposições do inciso 1, *f*, do artigo 48, a Comissão redigirá um relatório que será encaminhado ao peticionário e aos Estados-Partes nesta Convenção e, posteriormente, transmitido, para sua publicação, ao Secretário-Geral da Organização dos Estados Americanos. O referido relatório conterá uma breve exposição dos fatos e da solução alcançada. Se qualquer das partes no caso o solicitar, ser-lhe-á proporcionada a mais ampla informação possível.

**ARTIGO 50.**

1. Se não se chegar a uma solução, e dentro do prazo que for fixado pelo Estatuto da Comissão, esta redigirá um relatório no qual exporá os fatos e suas conclusões. Se o relatório não representar, no todo ou em parte, o acordo unânime dos membros da Comissão, qualquer deles poderá agregar ao referido relatório seu voto em separado. Também se agregarão ao relatório as exposições verbais ou escritas que houverem sido feitas pelos interessados em virtude do inciso 1, e, do artigo 48.

2. O relatório será encaminhado aos Estados interessados, aos quais não será facultado publicá-lo.

3. Ao encaminhar o relatório, a Comissão pode formular as proposições e recomendações que julgar adequadas.

**ARTIGO 51.**

1. Se no prazo de 3 (três) meses, a partir da remessa aos Estados interessados do relatório da Comissão, o assunto não houver sido solucionado ou submetido à decisão da Corte pela Comissão ou pelo Estado interessado, aceitando sua competência, a Comissão poderá emitir, pelo voto da maioria absoluta dos seus membros, sua opinião e conclusões sobre a questão submetida à sua consideração.
2. A Comissão fará as recomendações pertinentes e fixará um prazo dentro do qual o Estado deve tomar as medidas que lhe competirem para remediar a situação examinada.
3. Transcorrido o prazo fixado, a Comissão decidirá, pelo voto da maioria absoluta dos seus membros, se o Estado tomou ou não medidas adequadas e se publica ou não seu relatório.

## CAPÍTULO VIII. CORTE INTERAMERICANA DE DIREITOS HUMANOS

### SEÇÃO 1 ORGANIZAÇÃO

**ARTIGO 52.**

1. A Corte compor-se-á de sete juízes, nacionais dos Estados-Membros da Organização, eleitos a título pessoal dentre juristas da mais alta autoridade moral, de reconhecida competência em matéria de direitos humanos, que reúnam as condições requeridas para o exercício das mais elevadas funções judiciais, de acordo com a lei do Estado do qual sejam nacionais, ou do Estado que os propuser como candidatos.
2. Não deve haver dois juízes da mesma nacionalidade.

**ARTIGO 53.**

1. Os juízes da Corte serão eleitos, em votação secreta e pelo voto da maioria absoluta dos Estados-Partes na Convenção, na Assembleia Geral da Organização, de uma lista de candidatos propostos pelos mesmos Estados.
2. Cada um dos Estados-Partes pode propor até três candidatos, nacionais do Estado que os propuser ou de qualquer outro Estado-Membro da Organização dos Estados Americanos. Quando se propuser uma lista de três candidatos, pelo menos um deles deverá ser nacional de Estado diferente do proponente.

**ARTIGO 54.**

1. Os juízes da Corte serão eleitos por um período de 6 (seis) anos e só poderão ser reeleitos uma vez. O mandato de três dos juízes designados na primeira eleição expirará ao cabo de 3 (três) anos. Imediatamente depois da referida eleição, determinar-se-ão por sorteio, na Assembleia Geral, os nomes desses três juízes.
2. O juiz eleito para substituir outro cujo mandato não haja expirado, completará o período deste.
3. Os juízes permanecerão em suas funções até o término dos seus mandatos. Entretanto, continuarão funcionando nos casos de que já houverem tomado conhecimento e que se encontrem em fase de sentença e, para tais efeitos, não serão substituídos pelos novos juízes eleitos.

**ARTIGO 55.**

1. O juiz que for nacional de algum dos Estados-Partes no caso submetido à Corte conservará o seu direito de conhecer o mesmo.
2. Se um dos juízes chamados a conhecer do caso for de nacionalidade de um dos Estados-Partes, outro Estado-Parte no caso poderá designar uma pessoa de sua escolha para integrar a Corte na qualidade de juiz *ad hoc*.
3. Se, dentre os juízes chamados a conhecer do caso, nenhum for da nacionalidade dos Estados-Partes, cada um destes poderá designar um juiz *ad hoc*.
4. O juiz *ad hoc* deve reunir os requisitos indicados no artigo 52.
5. Se vários Estados-Partes na Convenção tiverem o mesmo interesse no caso, serão considerados como uma só parte, para os fins das disposições anteriores. Em caso de dúvida, a Corte decidirá.

**ARTIGO 56.**

O *quorum* para as deliberações da Corte é constituído por cinco juízes.

**ARTIGO 57.**

A Comissão comparecerá em todos os casos perante a Corte.

**ARTIGO 58.**

1. A Corte terá sua sede no lugar que for determinado, na Assembleia Geral da Organização, pelos Estados-Partes na Convenção, mas poderá realizar reuniões no território de qualquer Estado-Membro da Organização dos Estados Americanos em que o considerar conveniente pela maioria dos seus membros e mediante prévia aquiescência do Estado respectivo. Os Estados-Partes na Convenção podem, na Assembleia Geral, por dois terços dos seus votos, mudar a sede da Corte.
2. A Corte designará seu Secretário.
3. O Secretário residirá na sede da Corte e deverá assistir às reuniões que ela realizar fora da mesma.

**ARTIGO 59.**

A Secretaria da Corte será por esta estabelecida e funcionará sob a direção do Secretário da Corte, de acordo com as normas administrativas da Secretaria-Geral da Organização em tudo o que não for incompatível com a independência da Corte. Seus funcionários serão nomeados pelo Secretário-Geral da Organização, em consulta com o Secretário da Corte.

### ARTIGO 60.

A Corte elaborará seu estatuto e submetê-lo-á à aprovação da Assembleia Geral e expedirá seu regimento.

## SEÇÃO 2.
## COMPETÊNCIA E FUNÇÕES

### ARTIGO 61.

1. Somente os Estados-Partes e a Comissão têm direito de submeter caso à decisão da Corte.
2. Para que a Corte possa conhecer de qualquer caso, é necessário que sejam esgotados os processos previstos nos artigos 48 a 50.

### ARTIGO 62

1. Todo Estado-Parte pode, no momento do depósito do seu instrumento de ratificação desta Convenção ou de adesão a ela, ou em qualquer momento posterior, declarar que reconhece como obrigatória, de pleno direito e sem convenção especial, a competência da Corte em todos os casos relativos à interpretação ou aplicação desta Convenção.
2. A declaração pode ser feita incondicionalmente, ou sob condição de reciprocidade, por prazo determinado ou para casos específicos. Deverá ser apresentada ao Secretário-Geral da Organização, que encaminhará cópias da mesma aos outros Estados-Membros da Organização e ao Secretário da Corte.
3. A Corte tem competência para conhecer de qualquer caso relativo à interpretação e aplicação das disposições desta Convenção que lhe seja submetido, desde que os Estados-Partes no caso tenham reconhecido ou reconheçam a referida competência, seja por declaração especial, como preveem os incisos anteriores, seja por convenção especial.

### ARTIGO 63.

1. Quando decidir que houve violação de um direito ou liberdade protegidos nesta Convenção, a Corte determinará que se assegure ao prejudicado o gozo do seu direito ou liberdade violados. Determinará também, se isso for procedente, que sejam reparadas as consequências da medida ou situação que haja configurado a violação desses direitos, bem como o pagamento de indenização justa à parte lesada.
2. Em casos de extrema gravidade e urgência, e quando se fizer necessário evitar danos irreparáveis às pessoas, a Corte, nos assuntos de que estiver conhecendo, poderá tomar as medidas provisórias que considerar pertinentes. Se se tratar de assuntos que ainda não estiverem submetidos ao seu conhecimento, poderá atuar a pedido da Comissão.

### ARTIGO 64.

1. Os Estados-Membros da Organização poderão consultar a Corte sobre a interpretação desta Convenção ou de outros tratados concernentes à proteção dos direitos humanos nos Estados americanos. Também poderão consultá-la, no que lhes compete, os órgãos enumerados no Capítulo X da Carta da Organização dos Estados Americanos, reformada pelo Protocolo de Buenos Aires.
2. A Corte, a pedido de um Estado-Membro da Organização, poderá emitir pareceres sobre a compatibilidade entre qualquer de suas leis internas e os mencionados instrumentos internacionais.

### ARTIGO 65.

A Corte submeterá à consideração da Assembleia Geral da Organização, em cada período ordinário de sessões, um relatório sobre suas atividades no ano anterior. De maneira especial, e com as recomendações pertinentes, indicará os casos em que um Estado não tenha dado cumprimento a suas sentenças.

## SEÇÃO 3.
## PROCESSO

### ARTIGO 66.

1. A sentença da Corte deve ser fundamentada.
2. Se a sentença não expressar no todo ou em parte a opinião unânime dos juízes, qualquer deles terá direito a que se agregue à sentença o seu voto dissidente ou individual.

### ARTIGO 67.

A sentença da Corte será definitiva e inapelável. Em caso de divergência sobre o sentido ou alcance da sentença, a Corte interpretá-la-á, a pedido de qualquer das partes, desde que o pedido seja apresentado dentro de 90 (noventa) dias a partir da data da notificação da sentença.

### ARTIGO 68.

1. Os Estados-Partes na Convenção comprometem-se a cumprir a decisão da Corte em todo caso em que forem partes.
2. A parte da sentença que determinar indenização compensatória poderá ser executada no país respectivo pelo processo interno vigente para a execução de sentenças contra o Estado.

### ARTIGO 69.

A sentença da Corte deve ser notificada às partes no caso e transmitida aos Estados-Partes na Convenção.

## CAPÍTULO IX.
## DISPOSIÇÕES COMUNS

### ARTIGO 70.

1. Os juízes da Corte e os membros da Comissão gozam, desde o momento de sua eleição e enquanto durar o seu mandato, das imunidades reconhecidas aos agentes diplomáticos pelo Direito Internacional. Durante o exercício dos seus cargos gozam, além disso, dos privilégios diplomáticos necessários para o desempenho de suas funções.
2. Não se poderá exigir responsabilidade em tempo algum dos juízes da Corte, nem dos

membros da Comissão, por votos e opiniões emitidos no EXERCÍCIO DE SUAS FUNÇÕES.

### ARTIGO 71.

Os cargos de juiz da Corte ou de membro da Comissão são incompatíveis com outras atividades que possam afetar sua independência ou imparcialidade conforme o que for determinado nos respectivos estatutos.

### ARTIGO 72.

Os juízes da Corte e os membros da Comissão perceberão honorários e despesas de viagem na forma e nas condições que determinarem os seus estatutos, levando em conta a importância e independência de suas funções. Tais honorários e despesas de viagem serão fixados no orçamento-programa da Organização dos Estados Americanos, no qual devem ser incluídas, além disso, as despesas da Corte e de sua Secretaria. Para tais efeitos, a Corte elaborará o seu próprio projeto de orçamento e submetê-lo-á à aprovação da Assembleia Geral, por intermédio da Secretaria-Geral. Esta última não poderá nele introduzir modificações.

### ARTIGO 73.

Somente por solicitação da Comissão ou da Corte, conforme o caso, cabe à Assembleia Geral da Organização resolver sobre as sanções aplicáveis aos membros da Comissão ou aos juízes da Corte que incorrerem nos casos previstos nos respectivos estatutos. Para expedir uma resolução, será necessária maioria de 2/3 (dois terços) dos votos dos Estados-Membros da Organização, no caso dos membros da Comissão; e, além disso, de dois terços dos votos dos Estados-Partes na Convenção, se se tratar dos juízes da Corte.

## PARTE III. DISPOSIÇÕES GERAIS E TRANSITÓRIAS

## CAPÍTULO X. ASSINATURA, RATIFICAÇÃO, RESERVA, EMENDA, PROTOCOLO E DENÚNCIA

### ARTIGO 74.

1. Esta Convenção fica aberta à assinatura e à ratificação ou adesão de todos os Estados-Membros da Organização dos Estados Americanos.
2. A ratificação desta Convenção ou a adesão a ela efetuar-se-á mediante depósito de um instrumento de ratificação ou de adesão na Secretaria-Geral da Organização dos Estados Americanos. Esta Convenção entrará em vigor logo que onze Estados houverem depositado os seus respectivos instrumentos de ratificação ou de adesão. Com referência a qualquer outro Estado que a ratificar ou que a ela aderir ulteriormente, a Convenção entrará em vigor na data do depósito do seu instrumento de ratificação ou de adesão.
3. O Secretário-Geral informará todos os Estados-Membros da Organização sobre a entrada em vigor da Convenção.

### ARTIGO 75.

Esta Convenção só pode ser objeto de reservas em conformidade com as disposições da Convenção de Viena sobre Direito dos Tratados, assinada em 23 de maio de 1969.

### ARTIGO 76.

1. Qualquer Estado-Parte, diretamente, e a Comissão ou a Corte, por intermédio do Secretário-Geral, podem submeter à Assembleia Geral, para o que julgarem conveniente, proposta de emenda a esta Convenção.
2. As emendas entrarão em vigor para os Estados que ratificarem as mesmas na data em que houver sido depositado o respectivo instrumento de ratificação que corresponda ao número de dois terços dos Estados-Partes nesta Convenção. Quanto aos outros Estados-Partes, entrarão em vigor na data em que depositarem eles os seus respectivos instrumentos de ratificação.

### ARTIGO 77.

1. De acordo com a faculdade estabelecida no artigo 31, qualquer Estado-Parte e a Comissão podem submeter à consideração dos Estados-Partes reunidos por ocasião da Assembleia Geral, projetos de protocolos adicionais a esta Convenção, com a finalidade de incluir progressivamente no regime de proteção da mesma outros direitos e liberdades.
2. Cada protocolo deve estabelecer as modalidades de sua entrada em vigor e será aplicado somente entre os Estados-Partes no mesmo.

### ARTIGO 78.

1. Os Estados-Partes poderão denunciar esta Convenção depois de expirado um prazo de 5 (cinco) anos, a partir da data de entrada em vigor da mesma e mediante aviso prévio de 1 (um) ano, notificando o Secretário-Geral da Organização, o qual deve informar as outras Partes.
2. Tal denúncia não terá o efeito de desligar o Estado-Parte interessado das obrigações contidas nesta Convenção, no que diz respeito a qualquer ato que, podendo constituir violação dessas obrigações, houver sido cometido por ele anteriormente à data na qual a denúncia produzir efeito.

## CAPÍTULO XI. DISPOSIÇÕES TRANSITÓRIAS

### SEÇÃO 1. COMISSÃO INTERAMERICANA DE DIREITOS HUMANOS

### ARTIGO 79.

Ao entrar em vigor esta Convenção, o Secretário-Geral pedirá por escrito a cada Estado-Membro da Organização que apresente, dentro de um prazo de 90 (noventa) dias, seus candidatos a membro da Comissão Interamericana de Direitos Humanos. O Secretário-Geral preparará uma lista por ordem alfabética dos candidatos apresentados e a encaminhará aos Estados-Membros da Organização pelo menos 30 (trinta) dias antes da Assembleia Geral seguinte.

### ARTIGO 80.

A eleição dos membros da Comissão far-se-á dentre os candidatos que figurem na lista a que se refere o artigo 79, por votação secreta da Assembleia Geral, e serão declarados eleitos os candidatos que obtiverem maior número de votos e a maioria absoluta dos votos dos representantes dos Estados-Membros. Se, para eleger todos os membros da Comissão, for necessário realizar várias votações, serão eliminados sucessivamente, na forma que for determinada pela Assembleia Geral, os candidatos que receberem menor número de votos.

## SEÇÃO 2.
## CORTE INTERAMERICANA DE DIREITOS HUMANOS

### ARTIGO 81.

Ao entrar em vigor esta Convenção, o Secretário-Geral solicitará por escrito a cada Estado-Parte que apresente, dentro de um prazo de 90 (noventa) dias, seus candidatos a juiz da Corte Interamericana de Direitos Humanos. O Secretário-Geral preparará uma lista por ordem alfabética dos candidatos apresentados e a encaminhará aos Estados-Partes pelo menos 30 (trinta) dias antes da Assembleia Geral seguinte.

### ARTIGO 82.

A eleição dos juízes da Corte far-se-á dentre os candidatos que figurem na lista a que se refere o artigo 81, por votação secreta dos Estados-Partes, na Assembleia Geral, e serão declarados eleitos os candidatos que obtiverem maior número de votos e a maioria absoluta dos votos dos representantes dos Estados-Partes. Se, para eleger todos os juízes da Corte, for necessário realizar várias votações, serão eliminados sucessivamente, na forma que for determinada pelos Estados- Partes, os candidatos que receberem menor número de votos.

### DECLARAÇÕES E RESERVAS

### DECLARAÇÃO DO CHILE

A Delegação do Chile apõe sua assinatura a esta Convenção, sujeita à sua posterior aprovação parlamentar e ratificação, em conformidade com as normas constitucionais vigentes.

### DECLARAÇÃO DO EQUADOR

A Delegação do Equador tem a honra de assinar a Convenção Americana sobre Direitos Humanos. Não crê necessário especificar reserva alguma, deixando a salvo tão somente a faculdade geral constante da mesma Convenção, que deixa aos governos a liberdade de ratificá-la.

### RESERVA DO URUGUAI

O artigo 80, parágrafo 2, da Constituição da República Oriental do Uruguai, estabelece que se suspende a cidadania "pela condição de legalmente processado em causa criminal de que possa resultar pena de penitenciária". Essa limitação ao exercício dos direitos reconhecidos no artigo 23 da Convenção não está prevista entre as circunstâncias que a tal respeito prevê o parágrafo 2 do referido artigo 23, motivo por que a Delegação do Uruguai formula a reserva pertinente.

Em fé do que, os plenipotenciários abaixo assinados, cujos plenos poderes foram encontrados em boa e devida forma, assinam esta Convenção, que se denominará "Pacto de São José da Costa Rica", na cidade de São José, Costa Rica, em vinte e dois de novembro de mil novecentos e sessenta e nove.

### DECLARAÇÃO INTERPRETATIVA DO BRASIL

Ao depositar a Carta de Adesão à Convenção Americana sobre Direitos Humanos (Pacto de São José da Costa Rica), em 25 de setembro de 1992, o Governo brasileiro fez a seguinte declaração interpretativa sobre os artigos 43 e 48, alínea *d*:

"O Governo do Brasil entende que os artigos 43 e 48, alínea *d*, não incluem o direito automático de visitas e inspeções *in loco* da Comissão Interamericana de Direitos Humanos, as quais dependerão da anuência expressa do Estado".

# DECRETO Nº 1.901, DE 9 DE MAIO DE 1996

*Promulga o Protocolo Adicional ao Tratado de Assunção sobre a Estrutura Institucional do Mercosul (Protocolo de Ouro Preto), de 17 de dezembro de 1994.*

▸ D.O.U. de 10.5.1996

O PRESIDENTE DA REPÚBLICA, no uso de suas atribuições que lhe confere o art. 84, inciso VIII, da Constituição, e

Considerando que o Protocolo Adicional ao Tratado de Assunção sobre a Estrutura Institucional do Mercosul foi assinado em Ouro Preto, em 17 de dezembro de 1994;

Considerando que o Protocolo ora promulgado foi oportunamente submetido ao Congresso Nacional, que o aprovou por meio do Decreto Legislativo 188, de 15 de dezembro de 1995;

Considerando que o Governo brasileiro depositou a Carta de Ratificação do Instrumento multilateral em epígrafe em 16 de fevereiro de 1996, passando o mesmo a vigorar, para o Brasil, naquela data, decreta:

**Art. 1º.** O Protocolo Adicional ao Tratado de Assunção sobre a Estrutura Institucional do

Mercosul, assinado em Ouro Preto, em 17 de dezembro de 1994, apenso por cópia ao presente Decreto, deverá ser executado e cumprido tão inteiramente como nele se contém.

**Art. 2º.** O presente Decreto entra em vigor na data de sua publicação.

Brasília, 9 de maio de 1996; 175º da Independência e 108º da República.

Fernando Henrique Cardoso

Sebastião Do Rego Barros Neto

## ANEXO AO DECRETO QUE PROMULGA O PROTOCOLO ADICONAL AO TRATADO DE ASSUNÇÃO SOBRE A ESTRUTURA INSTITUCIONAL DO MERCOSUL – PROTOCOLO DE OURO PRETO – /MER

### Protocolo adicional ao tratado de assunção sobre a estrutura institucional do mercosul – protocolo de ouro preto

A República Argentina, a República Federativa do Brasil, a República do Paraguai e a República Oriental do Uruguai, doravante denominadas "Estados-Partes";

Em cumprimento ao disposto no artigo 18 do Tratado de Assunção, de 26 de março de 1991;

Conscientes da importância dos avanços alcançados e da implementação da união aduaneira como etapa para a construção do mercado comum;

Reafirmando os princípios e objetivos do Tratado de Assunção e atentos para a necessidade de uma consideração especial para países e regiões menos desenvolvidos do Mercosul;

Atentos para a dinâmica implícita em todo processo de integração e para a consequente necessidade de adaptar a estrutura institucional do Mercosul às mudanças ocorridas;

Reconhecendo o destacado trabalho desenvolvido pelos órgãos existentes durante o período de transição,

Acordam:

## CAPÍTULO I. ESTRUTURA DO MERCOSUL

### ARTIGO 1º.

A estrutura institucional do Mercosul contará com os seguintes órgãos:

I – O Conselho do Mercado Comum (CMC);

II – O Grupo Mercado Comum (GMC);

III – A Comissão de Comércio do Mercosul (CCM);

IV – A Comissão Parlamentar Conjunta (CPC);

V – O Foro Consultivo Econômico-Social (FCES);

VI – A Secretaria Administrativa do Mercosul (SAM).

**Parágrafo único.** Poderão ser criados, nos termos do presente Protocolo, os órgãos auxiliares que se fizerem necessários à consecução dos objetivos do processo de integração.

### ARTIGO 2º.

São órgãos com capacidade decisória, de natureza intergovernamental, o Conselho do Mercado Comum, o Grupo Mercado Comum e a Comissão de Comércio do Mercosul.

## SEÇÃO I. DO CONSELHO DO MERCADO COMUM

### ARTIGO 3º.

O Conselho do Mercado Comum é o órgão superior do Mercosul ao qual incumbe a condução política do processo de integração e a tomada de decisões para assegurar o cumprimento dos objetivos estabelecidos pelo Tratado de Assunção e para lograr a constituição final do mercado comum.

### ARTIGO 4º.

O Conselho do Mercado Comum será integrado pelos Ministros das Relações Exteriores e pelo Ministro da Economia, ou seus equivalentes, dos Estados-Partes.

### ARTIGO 5º.

A Presidência do Conselho do Mercado Comum será exercida por rotação dos Estados-Partes, em ordem alfabética, pelo período de 6 (seis) meses.

### ARTIGO 6º.

O Conselho do Mercado Comum reunir-se-á quantas vezes estime oportuno, devendo fazê-lo pelo menos uma vez por semestre com a participação dos Presidentes dos Estados-Partes.

### ARTIGO 7º.

As reuniões do Conselho do Mercado Comum serão coordenadas pelos Ministérios das Relações Exteriores e poderão ser convidados a delas participar outros Ministros ou autoridades de nível ministerial.

### ARTIGO 8º.

São funções e atribuições do Conselho do Mercado Comum:

**I** – velar pelo cumprimento do Tratado de Assunção, de seus Protocolos e dos acordos firmados em seu âmbito;

**II** – formular políticas e promover as ações necessárias à conformação do mercado comum;

**III** – exercer a titularidade da personalidade jurídica do Mercosul.

**IV** – negociar e firmar acordos em nome do Mercosul com terceiros países, grupos de países e organizações internacionais. Estas funções podem ser delegadas ao Grupo Mercado Comum por mandato expresso, nas condições estipuladas no inciso VII do artigo 14;

**V** – manifestar-se sobre as propostas que lhe sejam elevadas pelo Grupo Mercado Comum;

**VI** – criar reuniões de ministros e pronunciar-se sobre os acordos que lhe sejam remetidos pelas mesmas;

**VII** – criar órgãos que estime pertinentes, assim como modificá-los ou extingui-los;

**VIII** – esclarecer, quando estime necessário, o conteúdo e o alcance de suas Decisões;

**IX** – designar o Diretor da Secretaria Administrativa do Mercosul;

**X** – adotar Decisões em matéria financeira e orçamentária;

**XI** – homologar o Regimento Interno do Grupo Mercado Comum.

### ARTIGO 9º.

O Conselho do Mercado Comum manifestar-se-á mediante Decisões, as quais serão obrigatórias para os Estados-Partes.

## SEÇÃO II.
## DO GRUPO MERCADO COMUM

### ARTIGO 10.

O Grupo Mercado Comum é o órgão executivo do Mercosul.

### ARTIGO 11.

O Grupo Mercado Comum será integrado por quatro membros titulares e quatro membros alternos por país, designados pelos respectivos Governos, dentre os quais devem constar necessariamente representantes dos Ministérios das Relações Exteriores, dos Ministérios da Economia (ou equivalentes) e dos Bancos Centrais. O Grupo Mercado comum será coordenado pelos Ministérios das Relações Exteriores.

### ARTIGO 12.

Ao elaborar e propor medidas concretas no desenvolvimento de seus trabalhos, o Grupo Mercado Comum poderá convocar, quando julgar conveniente, representantes de outros órgãos da Administração Pública ou da estrutura institucional do Mercosul.

### ARTIGO 13.

O Grupo Mercado Comum reunir-se-á de forma ordinária ou extraordinária, quantas vezes se fizerem necessárias, nas condições estipuladas por seu Regimento Interno.

### ARTIGO 14.

São funções e atribuições do Grupo Mercado Comum:

**I** – velar, nos limites de suas competências, pelo cumprimento do Tratado de Assunção, de seus Protocolos e dos Acordos firmados em seu âmbito;

**II** – propor projetos de Decisão ao Conselho do Mercado Comum;

**III** – tomar as medidas necessárias ao cumprimento das Decisões adotadas pelo Conselho do Mercado Comum;

**IV** – fixar programas de trabalho que assegurem avanços para o estabelecimento do mercado comum;

**V** – criar, modificar ou extinguir órgãos tais como subgrupos de trabalho e reuniões especializadas, para o cumprimento de seus objetivos;

**VI** – manifestar-se sobre as propostas ou recomendações que lhe forem submetidas pelos demais órgãos do Mercosul no âmbito de suas competências;

**VII** – negociar com a participação de representantes de todos os Estados-Partes, por delegação expressa do Conselho do Mercado Comum e dentro dos limites estabelecidos em mandatos específicos concedidos para este fim, acordos em nome do Mercosul com terceiros países, grupos de países e organismos internacionais. O Grupo Mercado Comum, quando dispuser de mandato para tal fim, procederá à assinatura dos mencionados acordos. O Grupo Mercado Comum, quando autorizado pelo Conselho do Mercado Comum, poderá delegar os referidos poderes à Comissão de Comércio do Mercosul.

**VIII** – aprovar o orçamento e a prestação de contas anual apresentada pela Secretaria Administrativa do Mercosul;

**IX** – adotar resoluções em matéria financeira e orçamentária, com base nas orientações emanadas do Conselho do Mercado Comum;

**X** – submeter ao Conselho do Mercado Comum seu Regimento Interno;

**XI** – organizar as reuniões do Conselho do Mercado Comum e preparar os relatórios e estudos que este lhe solicitar;

**XII** – eleger o Diretor da Secretaria Administrativa do Mercosul;

**XIII** – supervisionar as atividades da Secretaria Administrativa do Mercosul;

**XIV** – homologar os Regimentos Internos da Comissão de Comércio e do Foro Consultivo Econômico-Social;

### ARTIGO 15.

O Grupo Mercado Comum manifestar-se-á mediante Resoluções, as quais serão obrigatórias para os Estados-Partes.

## SEÇÃO III.
## DA COMISSÃO DE COMÉRCIO DO MERCOSUL

### ARTIGO 16.

À Comissão de Comércio do Mercosul, órgão encarregado de assistir o Grupo Mercado Comum, compete velar pela aplicação dos instrumentos de política comercial comum acordados pelos Estados-Partes para o funcionamento da união aduaneira, bem como acompanhar e revisar os temas e matérias relacionados com as políticas comerciais comuns, com o comércio intraMercosul e com terceiros países.

### ARTIGO 17.

A Comissão de Comércio do Mercosul será integrada por quatro membros titulares e quatro membros alternos por Estado-Parte e será coordenada pelos Ministérios das Relações Exteriores.

### ARTIGO 18.

A Comissão de Comércio do Mercosul reunir-se-á pelo menos uma vez por mês ou sempre que solicitado pelo Grupo Mercado Comum ou por qualquer dos Estados-Partes.

### ARTIGO 19.

São funções e atribuições da Comissão de Comércio do Mercosul:

**I** – velar pela aplicação dos instrumentos comuns de política comercial intraMercosul e com terceiros países, organizações intencionais e acordos de comércio;

**II** – considerar e pronunciar-se sobre as solicitações apresentadas pelos Estados-Partes com respeito à aplicação e ao cumprimento da tarifa externa comum e dos demais instrumentos de política comercial comum;

**III** – acompanhar a aplicação dos instrumentos de política comercial comum nos Estados-Partes;

**IV** – analisar a evolução dos instrumentos de política comercial comum para o funcionamento da união aduaneira e formular propostas a respeito ao Grupo Mercado Comum;

**V** – tomar as decisões vinculadas à administração e à aplicação da tarifa externa comum e dos instrumentos de política comercial comum acordados pelos Estados-Partes;

**VI** – informar ao Grupo Mercado Comum sobre a evolução e a aplicação dos instrumentos de política comercial comum, sobre o trâmite das solicitações recebidas e sobre as decisões adotadas a respeito delas;

**VII** – propor ao Grupo Mercado Comum novas normas ou modificações às normas existentes referentes à matéria comercial e aduaneira do Mercosul;

**VIII** – propor a revisão das alíquotas tarifárias de itens específicos da tarifa comum, inclusive para contemplar casos referentes a novas atividades produtivas no âmbito do Mercosul;

**IX** – estabelecer os comitês técnicos necessários ao adequado cumprimento de suas funções, bem como dirigir e supervisionar as atividades dos mesmos;

**X** – desempenhar as tarefas vinculadas à política comercial comum que lhe solicite o Grupo Mercado Comum;

**XI** – adotar o Regimento Interno, que submeterá ao Grupo Mercado Comum para sua homologação.

### ARTIGO 20.

A Comissão de Comércio do Mercosul manifestar-se-á mediante Diretrizes ou Propostas. As Diretrizes serão obrigatórias para os Estados-Partes.

### ARTIGO 21.

Além das funções e atribuições estabelecidas nos artigos 16 e 19 do presente Protocolo, caberá à Comissão de comércio do Mercosul considerar reclamações apresentadas pelas Seções Nacionais da Comissão de Comércio do Mercosul, originadas pelos Estados-Partes ou demandas de particulares – pessoas físicas ou jurídicas – relacionadas com as situações previstas nos artigos 1º ou 25 do Protocolo de Brasília, quando estiverem em sua área de competência.

**Parágrafo primeiro.** O exame das referidas reclamações no âmbito da Comissão de Comércio do Mercosul; não obstará a ação do Estado-Parte que efetuou a reclamação ao amparo do Protocolo de Brasília para Solução de Controvérsias.

**Parágrafo segundo.** As reclamações originadas nos casos estabelecidos no presente artigo obedecerão o procedimento previsto no anexo deste Protocolo.

## SEÇÃO IV.
## DA COMISSÃO PARLAMENTAR CONJUNTA

### ARTIGO 22.

A Comissão Parlamentar Conjunta é o órgão representativo dos Parlamentos dos Estados-Partes no âmbito do Mercosul.

### ARTIGO 23.

A Comissão Parlamentar Conjunta será integrada por igual número de parlamentares representantes dos Estados-Partes.

### ARTIGO 24.

Os integrantes da Comissão Parlamentar Conjunta serão designados pelos respectivos Parlamentares nacionais, de acordo com seus procedimentos internos.

### ARTIGO 25.

A Comissão Parlamentar Conjunta procurará acelerar os procedimentos internos correspondentes nos Estados-Partes para a pronta entrada em vigor das normas emanadas dos órgãos do Mercosul previstos no Artigo 2º deste Protocolo. Da mesma forma, coadjuvará na harmonização de legislações, tal como requerido pelo avanço do processo de integração. Quando necessário, o Conselho do Mercado Comum solicitará à Comissão Parlamentar Conjunta o exame de temas prioritários.

INTERNACIONAL

### ARTIGO 26.

A comissão Parlamentar Conjunta encaminhará, por intermédio do Grupo Mercado Comum, Recomendações ao Conselho do Mercado Comum.

### ARTIGO 27.

A Comissão Parlamentar Conjunta adotará o seu Regimento Interno.

## SEÇÃO V.
## DO FORO CONSULTIVO ECONÔMICO-SOCIAL

### ARTIGO 28.

O Foro Consultivo Econômico-Social é o órgão de representação dos setores econômicos e sociais e será integrado por igual número de representantes de cada Estado-Parte.

### ARTIGO 29.

O Foro Consultivo Econômico-Social terá função consultiva e manifestar-se-á mediante Recomendações no Grupo Mercado Comum.

### ARTIGO 30.

O Foro Consultivo Econômico-Social submeterá seu Regimento Interno ao Grupo Mercado Comum, para homologação.

## SEÇÃO VI.
## DA SECRETARIA ADMINISTRATIVA DO MERCOSUL

### ARTIGO 31.

O Mercosul contará com uma Secretaria Administrativa como órgão de apoio operacional. A Secretaria Administrativa do Mercosul será responsável pela prestação de serviço aos demais órgãos do Mercosul e terá sede permanente na cidade de Montevidéu.

### ARTIGO 32.

A Secretaria Administrativa do Mercosul desempenhará as seguintes atividades:

**I** – servir como arquivo oficial da documentação do Mercosul;

**II** – realizar a publicação e a difusão das decisões adotadas no âmbito do Mercosul. Nesse contexto, lhe corresponderá:

**i)** realizar, em coordenação como os Estados-Partes, as traduções autênticas para os idiomas espanhol e português de todas as decisões adotadas pelos órgãos da estrutura institucionais do Mercosul, conforme previsto no Artigo 39;

**ii)** editar o Boletim Oficial do Mercosul;

**III** – organizar os aspectos logísticos das reuniões do Conselho do Mercosul Comum, do Grupo Mercado Comum e da Comissão do Comércio do Mercosul e, dentro de suas possibilidades, dos demais órgãos do Mercosul, quando as mesmas forem realizadas em sua sede permanente. No que se refere às reuniões realizadas fora de sua sede permanente, a Secretaria Administrativa do Mercosul fornecerá apoio ao Estado que sediar o evento;

**IV** – informar regularmente os Estados-Partes sobre as medidas implementadas por cada país para incorporar em seu ordenamento jurídico as normas emanadas dos órgãos do Mercosul previstos no Artigo 2º deste Protocolo;

**V** – registrar as listas nacionais dos árbitros e especialistas, bem como desempenhar outras tarefas determinadas pelo Protocolo de Brasília, de 17 de dezembro de 1991;

**VI** – desempenhar as tarefas que lhe sejam solicitadas pelo Conselho do Mercado Comum, pelo Grupo Mercado Comum e pela Comissão do Comércio do Mercosul.

**VII** – elaborar seu projeto de orçamento e uma vez aprovado pelo Grupo Mercado Comum, praticar todos os atos necessários à sua correta execução;

**VIII** – apresentar anualmente ao Grupo Mercado Comum a sua prestação de contas, bem como relatório sobre suas atividades;

### ARTIGO 33.

A Secretaria Administrativa do Mercosul estará a cargo de um Diretor, o qual será nacional de um dos Estados-Partes. Será eleito pelo Grupo Mercado Comum, em bases rotativas prévia consulta aos Estados-Partes, e designado pelo Conselho do Mercado Comum. Terá mandato de 2 (dois) anos, vedada a reeleição.

## CAPÍTULO II.
## PERSONALIDADE JURÍDICA

### ARTIGO 34.

O Mercosul terá personalidade jurídica de Direito Internacional.

### ARTIGO 35.

O Mercosul poderá, no uso de suas atribuições, praticar todos os atos necessários à realização de seus objetivos, em especial contratar, adquirir ou alienar bens móveis e imóveis, comparecer em juízo, conservar fundos e fazer transferências.

### ARTIGO 36.

O Mercosul celebrará acordos de sede.

## CAPÍTULO III.
## SISTEMA DE TOMADA DE DECISÕES

### ARTIGO 37.

As decisões dos órgãos do Mercosul serão tomadas por consenso e com a presença de todos os Estados-Partes.

## CAPÍTULO IV. APLICAÇÃO INTERNA DAS NORMAS EMANADAS DOS ÓRGÃOS DO MERCOSUL

### ARTIGO 38.

Os Estados-Partes comprometem-se a adotar todas as medidas necessárias para assegurar, em seus respectivos territórios, o cumprimento das normas emanadas dos órgãos do Mercosul previstos no artigo 2º deste Protocolo.

**Parágrafo único.** Os Estados-Partes informarão à Secretaria Administrativa do Mercosul as medidas adotadas para esse fim.

### ARTIGO 39.

Serão publicados no Boletim Oficial do Mercosul, em sua íntegra, nos idiomas espanhol e português, o teor das Decisões do Conselho do Mercado Comum, das Resoluções do Grupo Mercado Comum, das Diretrizes da Comissão de Comércio do Mercosul e dos Laudos Arbitrais de solução de controvérsias, bem como de quaisquer atos aos quais o Conselho do Mercado Comum ou o Grupo Mercado Comum entendam necessário atribuir publicidade oficial.

### ARTIGO 40.

A fim de garantir a vigência simultânea nos Estados-Partes das normas emanadas dos órgãos do Mercosul previstos no Artigo 2º deste Protocolo, deverá ser observado o seguinte procedimento:

i) uma vez aprovada a norma, os Estados-Partes adotarão as medidas necessárias para a sua incorporação ao ordenamento jurídico nacional e comunicarão as mesmas à Secretaria Administrativa do Mercosul;

ii) quando todos os Estados-Partes tiverem informado sua incorporação aos respectivos ordenamentos jurídicos internos, a Secretaria Administrativa do Mercosul comunicará o fato a cada Estado-Parte;

iii) as normas entrarão em vigor simultaneamente nos Estados-Partes 30 (trinta) dias após a data da comunicação efetuada pela Secretaria Administrativa do Mercosul, nos termos do item anterior. Com esse objetivo, os Estados-Partes, dentro do prazo acima, darão publicidade do início da vigência das referidas normas por intermédio de seus respectivos diários oficiais.

## CAPÍTULO V. FONTES JURÍDICAS DO MERCOSUL

### ARTIGO 41.

As fontes jurídicas do Mercosul são:

**I** – o Tratado de Assunção, seus protocolos e os instrumentos adicionais ou complementares;

**II** – os acordos celebrados no âmbito do Tratado de Assunção e seus protocolos;

**III** – as Decisões do Conselho do Mercado Comum, as Resoluções do Grupo Mercado Comum e as Diretrizes da Comissão de Comércio do Mercosul, adotadas desde a entrada em vigor do Tratado de Assunção.

### ARTIGO 42.

As normas emanadas dos órgãos do Mercosul previstos no Artigo 2º deste Protocolo terão caráter obrigatório e deverão, quando necessário, ser incorporadas aos ordenamentos jurídicos nacionais mediante os procedimentos previstos pela legislação de cada país.

## CAPÍTULO VI. SISTEMA DE SOLUÇÃO DE CONTROVÉRSIAS

### ARTIGO 43.

As controvérsias que surgirem entre os Estados-Partes sobre a interpretação, a aplicação ou o não cumprimento das disposições contidas no Tratado de Assunção, dos acordos celebrados no âmbito do mesmo, bem como das Decisões do Conselho do Mercado Comum, das Resoluções do Grupo Mercado Comum e das Diretrizes da Comissão de Comércio do Mercosul, serão submetidas aos procedimentos de solução estabelecidos no Protocolo de Brasília, de 17 de dezembro de 1991.

**Parágrafo único.** Ficam também incorporadas aos Artigos 19 e 25 do Protocolo de Brasília as Diretrizes da Comissão de Comércio do Mercosul.

### ARTIGO 44.

Antes de culminar o processo de convergência da tarifa externa comum, os Estados-Partes efetuarão uma revisão do atual sistema de solução de controvérsias do Mercosul, com vistas à adoção do sistema permanente a que se refere o item 3 do Anexo III do Tratado de Assunção e o artigo 34 do Protocolo de Brasília.

## CAPÍTULO VII. ORÇAMENTO

### ARTIGO 45.

A Secretaria Administrativa do Mercosul contará com orçamento para cobrir seus gastos de funcionamento e aqueles que determine o Grupo Mercado Comum. Tal orçamento será financiado, em partes iguais, por contribuições dos Estados-Partes.

## CAPÍTULO VIII. IDIOMAS

### ARTIGO 46.

Os idiomas oficiais do Mercosul são o espanhol e o português. A versão oficial dos documentos de trabalho será a do idioma do país sede de cada reunião.

## CAPÍTULO IX. REVISÃO

### ARTIGO 47.

Os Estados-Partes convocarão, quando julgarem oportuno, conferência diplomática com o objetivo de revisar a estrutura institucional do Mercosul estabelecida pelo presente Protocolo, assim como as atribuições específicas de cada um de seus órgãos.

## CAPÍTULO X. VIGÊNCIA

### ARTIGO 48.

O presente Protocolo, parte integrante do Tratado de Assunção, terá duração indefinida e entrará em vigor 30 (trinta) dias após a data do depósito do terceiro instrumento de ratificação. O presente Protocolo e seus instrumentos de ratificação serão depositados ante o Governo da República do Paraguai.

### ARTIGO 49.

O Governo da República do Paraguai notificará aos Governos dos demais Estados-Partes a data do depósito dos instrumentos de ratificação e da entrada em vigor do presente Protocolo.

### ARTIGO 50.

Em matéria de adesão ou denúncia, regerão como um todo, para o presente Protocolo, as normas estabelecidas pelo Tratado de Assunção. A adesão ou denúncia ao Tratado de Assunção ou ao presente Protocolo significam, *ipso iure*, a adesão ou denúncia ao presente Protocolo e ao Tratado de Assunção.

## CAPÍTULO XI. DISPOSIÇÃO TRANSITÓRIA

### ARTIGO 51.

A estrutura institucional prevista no Tratado de Assunção, de 26 de março de 1991, assim como seus órgãos, será mantida até a data de entrada em vigor do presente Protocolo.

## CAPÍTULO XII. DISPOSIÇÕES GERAIS

### ARTIGO 52.

O presente Protocolo chamar-se-á "Protocolo de Ouro Preto".

### ARTIGO 53.

Ficam revogadas todas as disposições do Tratado de Assunção, de 26 de março de 1991, que conflitem com os termos do presente Protocolo e com o teor das Decisões aprovadas pelo Conselho do Mercado Comum, durante o período de transição.

Feito na cidade de Ouro Preto, República Federativa do Brasil, aos dezessete dias do mês de dezembro de mil novecentos e noventa e quatro, em um original, nos idiomas português e espanhol, sendo ambos os textos igualmente autênticos. O Governo da República do Paraguai enviará cópia devidamente autenticada do presente Protocolo aos Governos dos demais Estados-Partes.

PELA REPÚBLICA ARGENTINA
Carlos Saul Guido Di Tella
PELA REPÚBLICA FEDERATIA DO BRASIL
Itamar Franco/Celso I. N. Amorim
PELA REPÚBLICA DO PARAGUAI
Juan Carlos Wasmosy/Luiz Maria Ramirez Boettner
PELA REPÚBLICA ORIENTAL DO URUGUAI
Luiz Alberto Lacalle Herrera/Sergio Abreu

## ANEXO AO PROTOCOLO DE OURO PRETO

### Procedimento geral para reclamações perante a comissão de comércio do mercosul

### ARTIGO 1º.

As reclamações apresentadas pelas Seções Nacionais da Comissão de Comércio do Mercosul, originadas pelos Estados-Partes ou em reclamações de particulares – pessoas físicas ou jurídicas – de acordo com o previsto no Artigo 21 do Protocolo de Ouro Preto, observarão o procedimento estabelecido no presente Anexo.

### ARTIGO 2º.

O Estado-Parte reclamante apresentará sua reclamação perante a Presidência *Pro-Tempore* da Comissão de Comércio do Mercosul, a qual tomará as providências necessárias para a incorporação do tema na agenda da primeira reunião subsequente da Comissão de Comércio do Mercosul, respeitado o prazo mínimo de 1 (uma) semana de antecedência. Se não for adotada decisão na referida reunião, a Comissão de Comércio do Mercosul remeterá os antecedentes, sem outro procedimento, a um Comitê Técnico.

### ARTIGO 3º.

O Comitê Técnico preparará e encaminhará à Comissão de Comércio do Mercosul, no prazo máximo de 30 (trinta) dias corridos, um parecer conjunto sobre a matéria. Esse parecer, bem como as conclusões dos especialistas integrantes do Comitê Técnico, quando não for adotado parecer, serão levados em consideração pela Comissão de Comércio do Mercosul, quando esta decidir sobre a reclamação.

### ARTIGO 4º.

A Comissão de Comércio do Mercosul decidirá sobre a questão em sua primeira reunião ordinária posterior ao recebimento do parecer conjunto ou, na sua ausência, as conclusões dos especialistas, podendo também ser convocada uma reunião extraordinária com essa finalidade.

### ARTIGO 5º.

Se não for alcançado o consenso na primeira reunião mencionada no Artigo 4º, a Comissão de Comércio do Mercosul encaminhará ao Grupo Mercado Comum as diferentes alternativas propostas, assim como o parecer conjunto ou as conclusões dos especialistas do Comitê Técnico, a fim de que seja tomada uma decisão sobre a matéria. O Grupo Mercado Comum pronunciar-se-á a respeito no prazo de 30 (trinta) dias corridos, contados do recebimento, pela Presidência *Pro-Tempore*, das propostas encaminhadas pela Comissão de Comércio do Mercosul.

### ARTIGO 6º.

Se houver consenso quanto à procedência de reclamação, o Estado-Parte reclamado deverá tomar as medidas aprovadas na Comissão de Comércio do Mercosul ou no Grupo Mercado Comum. Em cada caso, a Comissão de Comércio do Mercosul ou, posteriormente, o Grupo Mercado Comum determinarão prazo razoável para a implementação dessas medidas. Decorrido tal prazo sem que o Estado reclamado tenha observado o disposto na decisão alcançada, seja na Comissão do Comércio do Mercosul ou no Grupo Mercado Comum, o Estado reclamante poderá recorrer diretamente ao procedimento previsto no Capítulo IV do Protocolo de Brasília.

### ARTIGO 7º.

Se não for alcançado consenso na Comissão de Comércio do Mercosul e, posteriormente, no Grupo Mercado Comum, ou se o Estado reclamado não observar, no prazo previsto no Artigo 6º, o disposto na decisão alcançada, o Estado reclamante poderá recorrer diretamente ao procedimento previsto no Capítulo IV do Protocolo de Brasília, fato que será comunicado à Secretaria Administrativa do Mercosul.

O Tribunal Arbitral, antes da emissão de seu Laudo, deverá, se assim solicitar o Estado reclamante, manifestar-se, no prazo de até 15 (quinze) dias após sua constituição, sobre as medidas provisórias que considere apropriadas, nas condições estipuladas pelo Artigo 18 do Protocolo de Brasília.

## DECRETO Nº 3.413, DE 14 DE ABRIL DE 2000

*Promulga a Convenção sobre os Aspectos Civis do Sequestro Internacional de Crianças, concluída na cidade de Haia, em 25 de outubro de 1980.*

‣ D.O. de 17.4.2000.

O PRESIDENTE DA REPÚBLICA, no uso da atribuição que lhe confere o art. 84, inciso VIII, da Constituição,

Considerando que a Convenção sobre os Aspectos Civis do Sequestro Internacional de Crianças foi concluída na cidade de Haia, em 25 de outubro de 1980, com reserva ao art. 24 da Convenção, permitida pelo seu art. 42, para determinar que os documentos estrangeiros juntados aos autos judiciais sejam acompanhados de tradução para o português, feita por tradutor juramentado oficial;

Considerando que o Congresso Nacional aprovou o ato multilateral em epígrafe por meio do Decreto Legislativo nº 79, de 15 de setembro de 1999;

Considerando que o ato em tela entrou em vigor internacional em 1º de dezembro de 1983;

Considerando que o Governo brasileiro depositou o Instrumento de Adesão da referida Convenção em 19 de outubro de 1999, passando a mesma a vigorar, para o Brasil, em 1º de janeiro de 2000;

DECRETA:

**Art. 1º** A Convenção sobre os Aspectos Civis do Sequestro Internacional de Crianças, concluída na cidade de Haia, em 25 de outubro de 1980, com reserva ao art. 24 da Convenção, permitida pelo seu art. 42, para determinar que os documentos estrangeiros juntados aos autos judiciais sejam acompanhados de tradução para o português, feita por tradutor juramentado oficial, apensa por cópia a este Decreto, deverá ser executada e cumprida tão inteiramente como nela se contém.

**Art. 2º** Este Decreto entra em vigor na data de sua publicação.

Brasília, 14 de abril de 2000; 179º da Independência e 112º da República.

Fernando Henrique Cardoso

Luiz Felipe Lampreia

## CONVENÇÃO SOBRE OS ASPECTOS CIVIS DO SEQUESTRO INTERNACIONAL DE CRIANÇAS

Os Estados signatários da presente Convenção,

Firmemente convictos de que os interesses da criança são de primordial importância em todas as questões relativas à sua guarda;

Desejando proteger a criança, no plano internacional, dos efeitos prejudiciais resultantes de mudança de domicílio ou de retenção ilícitas e estabelecer procedimentos que garantam o retorno imediato da criança ao Estado de sua residência habitual, bem como assegurar a proteção do direito de visita;

Decidiram concluir uma Convenção para esse efeito e acordaram nas seguintes disposições:

### CAPÍTULO I
### ÂMBITO DA CONVENÇÃO

**Artigo 1**

A presente Convenção tem por objetivo:

a) assegurar o retorno imediato de crianças ilicitamente transferidas para qualquer Estado Contratante ou nele retidas indevidamente;
b) fazer respeitar de maneira efetiva nos outros Estados Contratantes os direitos de guarda e de visita existentes num Estado Contratante.

**Artigo 2**

Os Estados Contratantes deverão tomar todas as medidas apropriadas que visem assegurar, nos respectivos territórios, a concretização dos objetivos da Convenção. Para tal, deverão recorrer a procedimentos de urgência.

**Artigo 3**

A transferência ou a retenção de uma criança é considerada ilícita quando:

a) tenha havido violação a direito de guarda atribuído a pessoa ou a instituição ou a qualquer outro organismo, individual ou conjuntamente, pela lei do Estado onde a criança tivesse sua residência habitual imediatamente antes de sua transferência ou da sua retenção; e

b) esse direito estivesse sendo exercido de maneira efetiva, individual ou em conjuntamente, no momento da transferência ou da retenção, ou devesse está-lo sendo se tais acontecimentos não tivessem ocorrido.

O direito de guarda referido na alínea a) pode resultar de uma atribuição de pleno direito, de uma decisão judicial ou administrativa ou de um acordo vigente segundo o direito desse Estado.

**Artigo 4**

A Convenção aplica-se a qualquer criança que tenha residência habitual num Estado Contratante, imediatamente antes da violação do direito de guarda ou de visita. A aplicação da Convenção cessa quando a criança atingir a idade de dezesseis anos.

**Artigo 5**

Nos termos da presente Convenção:

a) o "direito de guarda" compreenderá os direitos relativos aos cuidados com a pessoa da criança, e, em particular, o direito de decidir sobre o lugar da sua residência;

b) o "direito de visita" compreenderá o direito de levar uma criança, por um período limitado de tempo, para um lugar diferente daquele onde ela habitualmente reside.

## CAPÍTULO II
## AUTORIDADES CENTRAIS

**Artigo 6**

Cada Estado Contratante designará uma Autoridade Central encarregada de dar cumprimento às obrigações que lhe são impostas pela presente Convenção.

Estados federais, Estados em que vigorem vários sistemas legais ou Estados em que existam organizações territoriais autônomas terão a liberdade de designar mais de uma Autoridade Central e de especificar a extensão territorial dos poderes de cada uma delas. O Estado que utilize esta faculdade deverá designar a Autoridade Central à qual os pedidos poderão ser dirigidos para o efeito de virem a ser transmitidos à Autoridade Central internamente competente nesse Estado.

**Artigo 7**

As autoridades centrais devem cooperar entre si e promover a colaboração entre as autoridades competentes dos seus respectivos Estados, de forma a assegurar o retorno imediato das crianças e a realizar os demais objetivos da presente Convenção.

Em particular, deverão tomar, quer diretamente, quer através de um intermediário, todas as medidas apropriadas para:

a) localizar uma criança transferida ou retida ilicitamente:

b) evitar novos danos à criança, ou prejuízos às partes interessadas, tomando ou fazendo tomar medidas preventivas;

c) assegurar a entrega voluntária da criança ou facilitar uma solução amigável;

d) proceder, quando desejável, à troca de informações relativas à situação social da criança;

e) fornecer informações de caráter geral sobre a legislação de seu Estado relativa à aplicação da Convenção;

f) dar início ou favorecer a abertura de processo judicial ou administrativo que vise o retorno da criança ou, quando for o caso, que permita a organização ou o exercício efetivo do direito de visita;

g) acordar ou facilitar, conforme as circunstâncias, a obtenção de assistência judiciária e jurídica, incluindo a participação de um advogado;

h) assegurar no plano administrativo, quando necessário e oportuno, o retorno sem perigo da criança;

i) manterem-se mutuamente informados sobre o funcionamento da Convenção e, tanto quanto possível, eliminarem os obstáculos que eventualmente se oponham à aplicação desta.

## CAPÍTULO III
## RETORNO DA CRIANÇA

**Artigo 8**

Qualquer pessoa, instituição ou organismo que julgue que uma criança tenha sido transferida ou retirada em violação a um direito de guarda pode participar o fato à Autoridade Central do Estado de residência habitual da criança ou à Autoridade Central de qualquer outro Estado Contratante, para que lhe seja prestada assistência para assegurar o retorno da criança.

O pedido deve conter:

a) informação sobre a identidade do requerente, da criança e da pessoa a quem se atribui a transferência ou a retenção da criança;

b) caso possível, a data de nascimento da criança;

c) os motivos em que o requerente se baseia para exigir o retorno da criança;

d) todas as informações disponíveis relativas à localização da criança e à identidade da pessoa com a qual presumivelmente se encontra a criança. O pedido pode ser acompanhado ou complementado por:

e) cópia autenticada de qualquer decisão ou acordo considerado relevante;
f) atestado ou declaração emitidos pela Autoridade Central, ou por qualquer outra entidade competente do Estado de residência habitual, ou por uma pessoa qualificada, relativa à legislação desse Estado na matéria;
g) qualquer outro documento considerado relevante.

**Artigo 9**

Quando a Autoridade Central que recebeu o pedido mencionado no Artigo 8 tiver razões para acreditar que a criança se encontra em outro Estado Contratante, deverá transmitir o pedido, diretamente e sem demora, à Autoridade Central desse Estado Contratante e disso informará a Autoridade Central requerente ou, se for caso, o próprio requerente.

**Artigo 10**

A Autoridade Central do Estado onde a criança se encontrar deverá tomar ou fazer com que se tomem todas as medidas apropriadas para assegurar a entrega voluntária da mesma.

**Artigo 11**

As autoridades judiciais ou administrativas dos Estados Contratantes deverão adotar medidas de urgência com vistas ao retorno da criança.
Se a respectiva autoridade judicial ou administrativa não tiver tomado uma decisão no prazo de 6 semanas a contar da data em que o pedido lhe foi apresentado, o requerente ou a Autoridade Central do Estado requerido, por sua própria iniciativa ou a pedido da Autoridade Central do Estado requerente, poderá solicitar uma declaração sobre as razões da demora. Se for a Autoridade Central do Estado requerido a receber a resposta, esta autoridade deverá transmiti-la à Autoridade Central do Estado requerente ou, se for o caso, ao próprio requerente.

**Artigo 12**

Quando uma criança tiver sido ilicitamente transferida ou retida nos termos do Artigo 3 e tenha decorrido um período de menos de 1 ano entre a data da transferência ou da retenção indevidas e a data do início do processo perante a autoridade judicial ou administrativa do Estado Contratante onde a criança se encontrar, a autoridade respectiva deverá ordenar o retorno imediato da criança.
A autoridade judicial ou administrativa respectiva, mesmo após expirado o período de 1 ano referido no parágrafo anterior, deverá ordenar o retorno da criança, salvo quando for provado que a criança já se encontra integrada no seu novo meio.
Quando a autoridade judicial ou administrativa do Estado requerido tiver razões para crer que a criança tenha sido levada para outro Estado, poderá suspender o processo ou rejeitar o pedido para o retorno da criança.

**Artigo 13**

Sem prejuízo das disposições contidas no Artigo anterior, a autoridade judicial ou administrativa do Estado requerido não é obrigada a ordenar o retorno da criança se a pessoa, instituição ou organismo que se oponha a seu retorno provar:
a) que a pessoa, instituição ou organismo que tinha a seu cuidado a pessoa da criança não exercia efetivamente o direito de guarda na época da transferência ou da retenção, ou que havia consentido ou concordado posteriormente com esta transferência ou retenção; ou
b) que existe um risco grave de a criança, no seu retorno, ficar sujeita a perigos de ordem física ou psíquica, ou, de qualquer outro modo, ficar numa situação intolerável.
A autoridade judicial ou administrativa pode também recusar-se a ordenar o retorno da criança se verificar que esta se opõe a ele e que a criança atingiu já idade e grau de maturidade tais que seja apropriado levar em consideração as suas opiniões sobre o assunto.
Ao apreciar as circunstâncias referidas neste Artigo, as autoridades judiciais ou administrativas deverão tomar em consideração as informações relativas à situação social da criança fornecidas pela Autoridade Central ou por qualquer outra autoridade competente do Estado de residência habitual da criança.

**Artigo 14**

Para determinar a ocorrência de uma transferência ou retenção ilícitas nos termos do Artigo 3, as autoridades judiciais ou administrativas do Estado requerido poderão tomar ciência diretamente do direito e das decisões judiciais ou administrativas, formalmente reconhecidas ou não, no Estado de residência habitual da criança sem ter de recorrer a procedimentos específicos para a comprovação dessa legislação ou para o reconhecimento de decisões estrangeiras que seriam de outra forma aplicáveis.

**Artigo 15**

As autoridades judiciais ou administrativas de um Estado Contratante podem, antes de ordenar o retorno da criança, solicitar a produção pelo requerente de decisão ou de atestado passado pelas autoridades do Estado de residência habitual da criança comprovando que a transferência ou retenção deu-se de forma ilícita nos termos do Artigo 3º da Convenção, desde que essa decisão ou atestado possam ser obtidas no referido Estado. As autoridades centrais dos Estados Contratantes deverão, na medida do possível, auxiliar os requerentes a obter tal decisão ou atestado.

**Artigo 16**

Depois de terem sido informadas da transferência ou retenção ilícitas de uma criança nos termos do Artigo 3, as autoridades judiciais ou administrativas do Estado Contratante para onde a criança tenha sido levada ou onde esteja retida não poderão tomar decisões sobre o fundo do direito de guarda sem que fique determinado não estarem reunidas as condições previstas na presente Convenção para o retorno da criança ou sem que haja transcorrido um período razoável de tempo sem que seja apresentado pedido de aplicação da presente Convenção.

**Artigo 17**

O simples fato de que uma decisão relativa à guarda tenha sido tomada ou seja passível de reconhecimento no Estado requerido não poderá servir de base para justificar a recusa de fazer retornar a criança nos termos desta Convenção, mas as autoridades judiciais ou administrativas do Estado requerido poderão levar em consideração os motivos dessa decisão na aplicação da presente Convenção.

**Artigo 18**

As disposições deste Capítulo não limitam o poder das autoridades judiciais ou administrativas para ordenar o retorno da criança a qualquer momento

**Artigo 19**

Qualquer decisão sobre o retorno da criança, tomada nos termos da presente Convenção, não afeta os fundamentos do direito de guarda.

**Artigo 20**

O retorno da criança de acordo com as disposições contidas no Artigo 12º poderá ser recusado quando não for compatível com os princípios fundamentais do Estado requerido com relação à proteção dos direitos humanos e das liberdades fundamentais.

## CAPÍTULO IV
## DIREITO DE VISITA

**Artigo 21**

O pedido que tenha por objetivo a organização ou a proteção do efetivo exercício do direito de visita poderá ser dirigido à Autoridade Central de um Estado Contratante nas mesmas condições do pedido que vise o retorno da criança.

Às Autoridades Centrais, incumbe, de acordo com os deveres de cooperação previstos no Artigo 7, promover o exercício pacífico do direito de visita, bem como o preenchimento de todas as condições indispensáveis ao exercício deste direito. As autoridades centrais deverão tomar providências no sentido de remover, tanto quanto possível, todos os obstáculos ao exercício desse mesmo direito.

As Autoridades Centrais podem, diretamente ou por meio de intermediários, iniciar ou favorecer o procedimento legal com o intuito de organizar ou proteger o direito de visita e assegurar a observância das condições a que o exercício deste direito esteja sujeito.

## CAPÍTULO V
## DISPOSIÇÕES GERAIS

**Artigo 22**

Nenhuma caução ou depósito, qualquer que seja a sua denominação, poderá ser imposta para garantir o pagamento de custos e despesas relativas aos processos judiciais ou administrativos previstos na presente Convenção.

**Artigo 23**

Nenhuma legalização ou formalidade similar serão exigíveis no contexto da presente Convenção.

**Artigo 24**

Os pedidos, comunicações e outros documentos serão enviados na língua original à Autoridade Central do Estado requerido e acompanhados de uma tradução na língua oficial, ou numa das línguas oficiais, desse Estado, ou, quando tal tradução for dificilmente realizável, de uma tradução em francês ou inglês.

No entanto, um Estado Contratante poderá, fazendo a reserva prevista no Artigo 42, opor-se à utilização seja do francês, seja do inglês, mas não de ambos, em todo pedido, comunicação ou outro documento enviado à respectiva Autoridade Central.

**Artigo 25**

Os nacionais de um Estado Contratante e as pessoas que habitualmente residam nesse Estado terão direito, em tudo o que esteja relacionado à aplicação da presente Convenção, à assistência judiciária e jurídica em qualquer outro Estado Contratante, nas mesmas condições dos nacionais desse outro Estado e das pessoas que nele habitualmente residam.

**Artigo 26**

Cada Autoridade Central deverá arcar com os custos resultantes da aplicação da Convenção.

A Autoridade Central e os outros serviços públicos dos Estados Contratantes não deverão exigir o pagamento de custas pela apresentação de pedidos feitos nos termos da presente Convenção. Não poderão, em especial, exigir do requerente o pagamento de custos e despesas relacionadas ao processo ou, eventualmente, decorrentes da participação de advogado ou de consultor jurídico. No entanto, poderão exigir o pagamento das despesas ocasionadas pelo retorno da criança.

Todavia, qualquer Estado Contratante poderá, ao fazer a reserva prevista no Artigo 42, declarar que não se obriga ao pagamento dos encargos previstos no parágrafo anterior, referentes à participação de advogado ou de consultor jurídico ou ao pagamento dos custos judiciais, exceto se esses encargos puderem ser cobertos pelo seu sistema de assistência judiciária e jurídica.

Ao ordenar o retorno da criança ou ao regular o direito de visita no quadro da presente Convenção, as autoridades judiciais ou administrativas podem, caso necessário, impor à pessoa que transferiu, que reteve a criança ou que tenha impedido o exercício do direito de visita o pagamento de todas as despesas necessárias efetuadas pelo requerente ou em seu nome, inclusive as despesas de viagem, as despesas efetuadas com a representação judiciária do requerente e as despesas com o retorno da criança, bem como todos os custos e despesas incorridos na localização da criança.

**Artigo 27**

Quando for constatado que as condições exigidas pela presente Convenção não se encontram preenchidas ou que o pedido não tem fundamento, a Autoridade Central não será obrigada a recebê-lo. Nesse caso, a Autoridade Central informará de imediato o requerente ou, se for o caso, a Autoridade Central que haja remetido o pedido das suas razões.

**Artigo 28**

A Autoridade Central poderá exigir que o pedido seja acompanhado de uma autorização escrita dando-lhe poderes para agir em nome do requerente ou para nomear um representante habilitado a agir em seu nome.

**Artigo 29**

A Convenção não impedirá qualquer pessoa, instituição ou organismo que julgue ter havido violação do direito de guarda ou de visita, nos termos dos Artigos 3 ou 21, de dirigir-se diretamente às autoridades judiciais ou administrativas de qualquer dos Estados Contratantes, ao abrigo ou não das disposições da presente Convenção.

**Artigo 30**

Todo o pedido apresentado às autoridades centrais ou diretamente às autoridades judiciais ou administrativas de um Estado Contratante nos termos da presente Convenção, bem como qualquer documento ou informação a ele anexado ou fornecido por uma Autoridade Central, deverá ser admissível para os tribunais ou para as autoridades administrativas dos Estados Contratantes.

**Artigo 31**

Com relação a um Estado que, em matéria de guarda de criança, possua dois ou mais sistemas de direito aplicáveis em diferentes unidades territoriais:

a) qualquer referência à residência habitual nesse Estado significa residência habitual numa unidade territorial desse Estado;

b) qualquer referência à lei do Estado de residência habitual corresponde à lei da unidade territorial onde a criança tenha a sua residência habitual.

**Artigo 32**

Com relação a um Estado que, em matéria de guarda de criança, possua dois ou vários sistemas de direito aplicáveis a diferentes categorias de pessoas, qualquer referência à lei desse Estado corresponderá a referência ao sistema legal definido pelo direito deste Estado.

**Artigo 33**

Um Estado no qual diferentes unidades territoriais tenham as suas próprias regras de direito em matéria de guarda de crianças não será obrigado a aplicar a presente Convenção nos casos em que outro Estado com um sistema de direito unificado não esteja obrigado a aplicá-la.

**Artigo 34**

Nas matérias às quais se aplique a presente Convenção, esta prevalecerá sobre a Convenção de 5 de outubro de 1961 Relativa à Competência das Autoridades e à Lei Aplicável em Matéria de Proteção de Menores, no caso dos Estados Partes a ambas Convenções. Por outro lado, a presente Convenção não impedirá que outro instrumento internacional em vigor entre o Estado de origem e o Estado requerido ou que o direito não convencional do Estado requerido sejam invocados para obter o retorno de uma criança que tenha sido ilicitamente transferida ou retida, ou para organizar o direito de visita.

**Artigo 35**

Nos Estados Contratantes, a presente Convenção aplica-se apenas às transferências ou às retenções ilícitas ocorridas após sua entrada em vigor nesses Estados. Caso tenham sido feitas as declarações previstas nos Artigos 39 ou 40, a referência a um Estado Contratante feita no parágrafo anterior corresponderá a referência à unidade ou às unidades territoriais às quais a Convenção se aplica.

**Artigo 36**

Nenhuma disposição da presente Convenção impedirá que dois ou mais Estados Contratantes, com o objetivo de reduzir as restrições a que poderia estar sujeito o retorno da criança, estabeleçam entre si um acordo para derrogar as disposições que possam implicar tais restrições.

## CAPÍTULO VI
## CLÁUSULAS FINAIS

**Artigo 37**

A Convenção é aberta a assinatura dos Estados que eram membros da Conferência da Haia de Direito Internacional Privado quando de sua 14º sessão.

A Convenção será ratificada, aceita ou aprovada e os instrumentos de ratificação, de aceitação ou de aprovação serão depositados junto ao Ministério dos Negócios Estrangeiros do Reino dos Países Baixos.

**Artigo 38**

Qualquer outro Estado poderá aderir à Convenção.

O instrumento de adesão será depositado junto ao Ministério dos Negócios Estrangeiros do Reino dos Países Baixos.

A Convenção entrará em vigor, para o Estado aderente, no primeiro dia do terceiro mês após o depósito de seu instrumento de adesão.

A adesão apenas produzirá efeito nas relações entre o Estado aderente e os Estados Contratantes que tenham declarado aceitar essa adesão. Esta declaração deverá ser igualmente feita por qualquer Estado membro que ratifique, aceite ou aprove a Convenção após tal adesão. Esta declaração será depositada junto ao Ministério dos Negócios Estrangeiros do Reino dos Países Baixos, que, por via diplomática, enviará uma cópia autenticada a cada um dos Estados Contratantes.

A Convenção entrará em vigor entre o Estado aderente e o Estado que tenha declarado aceitar essa adesão no primeiro dia do terceiro mês após o depósito da declaração de aceitação.

**Artigo 39**

Qualquer Estado poderá, no momento da assinatura, da ratificação, da aceitação, da aprovação ou da adesão, declarar que a Convenção será aplicável ao conjunto dos territórios que internacionalmente representa ou apenas a um ou mais deles. Essa declaração produzirá efeito no momento em que a Convenção entrar em vigor para esse Estado.

Tal declaração, bem como qualquer extensão posterior, será notificada ao Ministério dos Negócios Estrangeiros do Reino dos Países Baixos.

**Artigo 40**

O Estado Contratante que compreenda duas ou mais unidades territoriais nas quais sejam aplicáveis diferentes sistemas de direito em relação às matérias reguladas pela presente Convenção poderá declarar, no momento da assinatura, da ratificação, da aceitação, da aprovação ou da adesão, que a presente Convenção deverá aplicar-se a todas as suas unidades territoriais ou somente a uma ou mais delas, e poderá, a qualquer momento, modificar essa declaração apresentando outra em substituição.

Tais declarações serão notificadas ao Ministério dos Negócios Estrangeiros do Reino dos Países Baixos, e mencionarão expressamente as unidades territoriais às quais a Convenção será aplicável.

**Artigo 41**

Quando o Estado Contratante possua um sistema de Governo em virtude do qual os poderes executivo, judiciário e legislativo sejam partilhados entre autoridades centrais e outras autoridades desse Estado, a assinatura, ratificação, aceitação ou aprovação da Convenção, ou adesão a esta, ou a declaração feita nos termos do Artigo 40, não trarão qualquer consequência quanto à partilha interna de poderes nesse Estado.

**Artigo 42**

Todo Estado Contratante poderá, até o momento da ratificação, aceitação, aprovação ou adesão, ou quando de uma declaração feita nos termos dos Artigos 39 ou 40, fazer uma ou ambas reservas previstas nos Artigos 24 e 26, terceiro parágrafo. Nenhuma outra reserva será admitida.

Qualquer Estado poderá, a qualquer momento, retirar uma reserva que haja feito. A retirada deverá ser notificada ao Ministério dos Negócios Estrangeiros do Reino dos Países Baixos.

O efeito da reserva cessará no primeiro dia do terceiro mês após a notificação mencionada no parágrafo anterior.

**Artigo 43**

A Convenção entrará em vigor no primeiro dia do terceiro mês após o depósito do terceiro instrumento de ratificação, aceitação, aprovação ou adesão previsto nos Artigos 37º e 38º.

Em seguida, a Convenção entrará em vigor:

1) para cada Estado que a ratifique, aceite, aprove ou a ela adira posteriormente, no primeiro dia do terceiro mês após o depósito do respectivo instrumento de ratificação, aceitação, aprovação ou adesão.

2) Para os territórios ou unidades territoriais onde a Convenção tenha sido tornada extensiva nos termos dos Artigos 39ºou 40º, no primeiro dia do terceiro mês após a notificação prevista nesses Artigos.

**Artigo 44**

A Convenção terá uma duração de cinco anos a partir da data da sua entrada em vigor, em conformidade com o primeiro parágrafo do Artigo 43, mesmo para os Estados que a tenham ratificado, aceito, aprovado ou a ela aderido posteriormente.

A Convenção será tacitamente renovada de cinco em cinco anos, salvo denúncia.

A denúncia deverá ser notificada ao Ministério dos Negócios Estrangeiros do Reino dos Países Baixos pelo menos 6 meses antes de expirar-se o período de cinco anos. A denúncia poderá limitar-se a certos territórios ou unidades territoriais onde a Convenção vigore.

A denúncia só produzirá efeito em relação ao Estado que a tenha notificado. A Convenção permanecerá em vigor para os outros Estados Contratantes.

**Artigo 45**

O Ministério dos Negócios Estrangeiros do Reino dos Países Baixos notificará os membros da Conferência, bem como os Estados que a ela tenham aderido em conformidade com as disposições contidas no Artigo 38º:

1) das assinaturas, ratificações, aceitações e aprovações referidas no Artigo 37;

2) das adesões referidas no Artigo 38;

3) da data em que a Convenção entrará em vigor, de acordo com o Artigo 43;

4) das extensões referidas no Artigo 39;

5) das declarações mencionadas nos Artigos 38 e 40;

6) das reservas previstas nos Artigos 24 e 26, terceiro parágrafo, e das retiradas de reservas previstas no Artigo 42;

7) das denúncias referidas no Artigo 44.

Em fé do que, os abaixo assinados, devidamente autorizados, assinaram a presente Convenção.

Feita na Haia, em 25 de outubro de 1980, em francês e em inglês, sendo ambos os textos igualmente originais, num único exemplar, que será depositado nos arquivos do Governo do Reino dos Países Baixos e do qual será remetida, por via diplomática, uma cópia certificada conforme a cada um dos Estados Membros da Conferência da Haia de Direito Internacional Privado à data da sua 14ª Sessão.

## DECRETO Nº 4.388, DE 25 DE SETEMBRO DE 2002 *(EXCERTOS)*

*Promulga o Estatuto de Roma do Tribunal Penal Internacional.*

▸ D.O.U. de 26.9.2002

O PRESIDENTE DA REPÚBLICA, no uso da atribuição que lhe confere o art. 84, inciso VIII, da Constituição,

Considerando que o Congresso Nacional aprovou o texto do Estatuto de Roma do Tribunal Penal Internacional, por meio do Decreto Legislativo nº 112, de 6 de junho de 2002;

Considerando que o mencionado Ato Internacional entrou em vigor internacional em 1º de julho de 2002, e passou a vigorar, para o Brasil, em 1º de setembro de 2002, nos termos de seu art. 126; decreta:

**Art. 1º.** O Estatuto de Roma do Tribunal Penal Internacional, apenso por cópia ao presente Decreto, será executado e cumprido tão inteiramente como nele se contém.

**Art. 2º.** São sujeitos à aprovação do Congresso Nacional quaisquer atos que possam resultar em revisão do referido Acordo, assim como quaisquer ajustes complementares que, nos termos do Art. 49, inciso I, da Constituição, acarretem encargos ou compromissos gravosos ao patrimônio nacional.

**Art. 3º.** Este Decreto entra em vigor na data de sua publicação.

Brasília, 25 de setembro de 2002; 181º da Independência e 114º da República.

Fernando Henrique Cardoso

Luiz Augusto Soint-Brisson De Araujo Castro

## ESTATUTO DE ROMA DO TRIBUNAL PENAL INTERNACIONAL

### Preâmbulo

Os Estados-Partes no presente Estatuto.

Conscientes de que todos os povos estão unidos por laços comuns e de que suas culturas foram construídas sobre uma herança que partilham, e preocupados com o fato deste delicado mosaico poder vir a quebrar-se a qualquer instante,

Tendo presente que, no decurso deste século, milhões de crianças, homens e mulheres têm sido vítimas de atrocidades inimagináveis que chocam profundamente a consciência da humanidade,

Reconhecendo que crimes de uma tal gravidade constituem uma ameaça à paz, à segurança e ao bem-estar da humanidade,

Afirmando que os crimes de maior gravidade, que afetam a comunidade internacional no seu conjunto, não devem ficar impunes e que a sua repressão deve ser efetivamente assegurada através da adoção de medidas em nível nacional e do reforço da cooperação internacional,

Decididos a por fim à impunidade dos autores desses crimes e a contribuir assim para a prevenção de tais crimes,

Relembrando que é dever de cada Estado exercer a respectiva jurisdição penal sobre os responsáveis por crimes internacionais,

Reafirmando os Objetivos e Princípios consignados na Carta das Nações Unidas e, em particular, que todos os Estados se devem abster de recorrer à ameaça ou ao uso da força, contra a integridade territorial ou a independência política de qualquer Estado, ou de atuar por qualquer outra forma incompatível com os Objetivos das Nações Unidas,

Salientando, a este propósito, que nada no presente Estatuto deverá ser entendido como autorizando qualquer Estado-Parte a intervir em um conflito armado ou nos assuntos internos de qualquer Estado,

Determinados em perseguir este objetivo e no interesse das gerações presentes e vindouras, a criar um Tribunal Penal Internacional com caráter permanente e independente, no âmbito do sistema das Nações Unidas, e com jurisdição sobre os crimes de maior gravidade que afetem a comunidade internacional no seu conjunto,

Sublinhando que o Tribunal Penal Internacional, criado pelo presente Estatuto, será complementar às jurisdições penais nacionais,

Decididos a garantir o respeito duradouro pela efetivação da justiça internacional,

Convieram no seguinte:

## CAPÍTULO I. CRIAÇÃO DO TRIBUNAL

### ARTIGO 1º. O TRIBUNAL

É criado, pelo presente instrumento, um Tribunal Penal Internacional ("o Tribunal"). O Tribunal será uma instituição permanente, com jurisdição sobre as pessoas responsáveis pelos crimes de maior gravidade com alcance internacional, de acordo com o presente Estatuto, e será complementar às jurisdições penais nacionais. A competência e o funcionamento do Tribunal reger-se-ão pelo presente Estatuto.

### ARTIGO 2º. RELAÇÃO DO TRIBUNAL COM AS NAÇÕES UNIDAS

A relação entre o Tribunal e as Nações Unidas será estabelecida através de um acordo a ser aprovado pela Assembleia dos Estados-Partes no presente Estatuto e, em seguida, concluído pelo Presidente do Tribunal em nome deste.

### ARTIGO 3º. SEDE DO TRIBUNAL

1. A sede do Tribunal será na Haia, Países Baixos ("o Estado anfitrião").
2. O Tribunal estabelecerá um acordo de sede com o Estado anfitrião, a ser aprovado pela Assembléia dos Estados-Partes e em seguida concluído pelo Presidente do Tribunal em nome deste.
3. Sempre que entender conveniente, o Tribunal poderá funcionar em outro local, nos termos do presente Estatuto.

### ARTIGO 4º. REGIME JURÍDICO E PODERES DO TRIBUNAL

1. O Tribunal terá personalidade jurídica internacional. Possuirá, igualmente, a capacidade

jurídica necessária ao desempenho das suas funções e à prossecução dos seus objetivos.

2. O Tribunal poderá exercer os seus poderes e funções nos termos do presente Estatuto, no território de qualquer Estado-Parte e, por acordo especial, no território de qualquer outro Estado.

## CAPÍTULO II. COMPETÊNCIA, ADMISSIBILIDADE E DIREITO APLICÁVEL

### ARTIGO 5º. CRIMES DA COMPETÊNCIA DO TRIBUNAL

1. A competência do Tribunal restringir-se-á aos crimes mais graves, que afetam a comunidade internacional no seu conjunto. Nos termos do presente Estatuto, o Tribunal terá competência para julgar os seguintes crimes:

*a)* O crime de genocídio;

*b)* Crimes contra a humanidade;

*c)* Crimes de guerra;

*d)* O crime de agressão.

2. O Tribunal poderá exercer a sua competência em relação ao crime de agressão desde que, nos termos dos artigos 121 e 123, seja aprovada uma disposição em que se defina o crime e se enunciem as condições em que o Tribunal terá competência relativamente a este crime. Tal disposição deve ser compatível com as disposições pertinentes da Carta das Nações Unidas.

### ARTIGO 6º. CRIME DE GENOCÍDIO

Para os efeitos do presente Estatuto, entende-se por "genocídio", qualquer um dos atos que a seguir se enumeram, praticado com intenção de destruir, no todo ou em parte, um grupo nacional, étnico, racial ou religioso, enquanto tal:

*a)* Homicídio de membros do grupo;

*b)* Ofensas graves à integridade física ou mental de membros do grupo;

*c)* Sujeição intencional do grupo a condições de vida com vista a provocar a sua destruição física, total ou parcial;

*d)* Imposição de medidas destinadas a impedir nascimentos no seio do grupo;

*e)* Transferência, à força, de crianças do grupo para outro grupo.

### ARTIGO 7º. CRIMES CONTRA A HUMANIDADE

1. Para os efeitos do presente Estatuto, entende-se por "crime contra a humanidade", qualquer um dos atos seguintes, quando cometido no quadro de um ataque, generalizado ou sistemático, contra qualquer população civil, havendo conhecimento desse ataque:

*a)* Homicídio;

*b)* Extermínio;

*c)* Escravidão;

*d)* Deportação ou transferência forçada de uma população;

*e)* Prisão ou outra forma de privação da liberdade física grave, em violação das normas fundamentais de direito internacional;

*f)* Tortura;

*g)* Agressão sexual, escravatura sexual, prostituição forçada, gravidez forçada, esterilização forçada ou qualquer outra forma de violência no campo sexual de gravidade comparável;

*h)* Perseguição de um grupo ou coletividade que possa ser identificado, por motivos políticos, raciais, nacionais, étnicos, culturais, religiosos ou de gênero, tal como definido no parágrafo 3º, ou em função de outros critérios universalmente reconhecidos como inaceitáveis no direito internacional, relacionados com qualquer ato referido neste parágrafo ou com qualquer crime da competência do Tribunal;

*i)* Desaparecimento forçado de pessoas;

*j)* Crime de *apartheid;*

*k)* Outros atos desumanos de caráter semelhante, que causem intencionalmente grande sofrimento, ou afetem gravemente a integridade física ou a saúde física ou mental.

2. Para efeitos do parágrafo 1º:

*a)* Por "ataque contra uma população civil" entende-se qualquer conduta que envolva a prática múltipla de atos referidos no parágrafo 1º contra uma população civil, de acordo com a política de um Estado ou de uma organização de praticar esses atos ou tendo em vista a prossecução dessa política;

*b)* O "extermínio" compreende a sujeição intencional a condições de vida, tais como a privação do acesso a alimentos ou medicamentos, com vista a causar a destruição de uma parte da população;

*c)* Por "escravidão" entende-se o exercício, relativamente a uma pessoa, de um poder ou de um conjunto de poderes que traduzam um direito de propriedade sobre uma pessoa, incluindo o exercício desse poder no âmbito do tráfico de pessoas, em particular mulheres e crianças;

*d)* Por "deportação ou transferência à força de uma população" entende-se o deslocamento forçado de pessoas, através da expulsão ou outro ato coercivo, da zona em que se encontram legalmente, sem qualquer motivo reconhecido no direito internacional;

*e)* Por "tortura" entende-se o ato por meio do qual uma dor ou sofrimentos agudos, físicos ou mentais, são intencionalmente causados a uma pessoa que esteja sob a custódia ou o controle do acusado; este termo não compreende a dor ou os sofrimentos resultantes unicamente de sanções legais, inerentes a essas sanções ou por elas ocasionadas;

*f)* Por "gravidez à força" entende-se a privação ilegal de liberdade de uma mulher que foi engravidada à força, com o propósito de alterar a composição étnica de uma população ou de cometer outras violações graves do direito internacional. Esta definição não pode, de modo algum, ser interpretada como afetando as disposições de direito interno relativas à gravidez;

*g)* Por "perseguição" entende-se a privação intencional e grave de direitos fundamentais em violação do direito internacional, por motivos relacionados com a identidade do grupo ou da coletividade em causa;

*h)* Por "crime de *apartheid*" entende-se qualquer ato desumano análogo aos referidos no parágrafo 1°, praticado no contexto de um regime institucionalizado de opressão e domínio sistemático de um grupo racial sobre um ou outros grupos nacionais e com a intenção de manter esse regime;

*i)* Por "desaparecimento forçado de pessoas" entende-se a detenção, a prisão ou o sequestro de pessoas por um Estado ou uma organização política ou com a autorização, o apoio ou a concordância destes, seguidos de recusa a reconhecer tal estado de privação de liberdade ou a prestar qualquer informação sobre a situação ou localização dessas pessoas, com o propósito de lhes negar a proteção da lei por um prolongado período de tempo.

3. Para efeitos do presente Estatuto, entende-se que o termo "gênero" abrange os sexos masculino e feminino, dentro do contexto da sociedade, não lhe devendo ser atribuído qualquer outro significado.

## ARTIGO 8º. CRIMES DE GUERRA

1. O Tribunal terá competência para julgar os crimes de guerra, em particular quando cometidos como parte integrante de um plano ou de uma política ou como parte de uma prática em larga escala desse tipo de crimes.

2. Para os efeitos do presente Estatuto, entende-se por "crimes de guerra":

*a)* As violações graves às Convenções de Genebra, de 12 de Agosto de 1949, a saber, qualquer um dos seguintes atos, dirigidos contra pessoas ou bens protegidos nos termos da Convenção de Genebra que for pertinente:

i) Homicídio doloso;

ii) Tortura ou outros tratamentos desumanos, incluindo as experiências biológicas;

iii) O ato de causar intencionalmente grande sofrimento ou ofensas graves à integridade física ou à saúde;

iv) Destruição ou a apropriação de bens em larga escala, quando não justificadas por quaisquer necessidades militares e executadas de forma ilegal e arbitrária;

v) O ato de compelir um prisioneiro de guerra ou outra pessoa sob proteção a servir nas forças armadas de uma potência inimiga;

vi) Privação intencional de um prisioneiro de guerra ou de outra pessoa sob proteção do seu direito a um julgamento justo e imparcial;

vii) Deportação ou transferência ilegais, ou a privação ilegal de liberdade;

viii) Tomada de reféns;

*b)* Outras violações graves das leis e costumes aplicáveis em conflitos armados internacionais no âmbito do direito internacional, a saber, qualquer um dos seguintes atos:

i) Dirigir intencionalmente ataques à população civil em geral ou civis que não participem diretamente nas hostilidades;

ii) Dirigir intencionalmente ataques a bens civis, ou seja bens que não sejam objetivos militares;

iii) Dirigir intencionalmente ataques ao pessoal, instalações, material, unidades ou veículos que participem numa missão de manutenção da paz ou de assistência humanitária, de acordo com a Carta das Nações Unidas, sempre que estes tenham direito à proteção conferida aos civis ou aos bens civis pelo direito internacional aplicável aos conflitos armados;

iv) Lançar intencionalmente um ataque, sabendo que o mesmo causará perdas acidentais de vidas humanas ou ferimentos na população civil, danos em bens de caráter civil ou prejuízos extensos, duradouros e graves no meio ambiente que se revelem claramente excessivos em relação à vantagem militar global concreta e direta que se previa;

v) Atacar ou bombardear, por qualquer meio, cidades, vilarejos, habitações ou edifícios que não estejam defendidos e que não sejam objetivos militares;

vi) Matar ou ferir um combatente que tenha deposto armas ou que, não tendo mais meios para se defender, se tenha incondicionalmente rendido;

vii) Utilizar indevidamente uma bandeira de trégua, a bandeira nacional, as insígnias militares ou o uniforme do inimigo ou das Nações Unidas, assim como os emblemas distintivos das Convenções de Genebra, causando deste modo a morte ou ferimentos graves;

viii) A transferência, direta ou indireta, por uma potência ocupante de parte da sua população civil para o território que ocupa ou a deportação ou transferência da totalidade ou de parte da população do território ocupado, dentro ou para fora desse território;

ix) Dirigir intencionalmente ataques a edifícios consagrados ao culto religioso, à educação, às artes, às ciências ou à beneficência, monumentos históricos, hospitais e lugares onde se agrupem doentes e feridos, sempre que não se trate de objetivos militares;

x) Submeter pessoas que se encontrem sob o domínio de uma parte beligerante a mutilações físicas ou a qualquer tipo de experiências médicas ou científicas que não sejam motivadas por um tratamento médico, dentário ou hospitalar, nem sejam efetuadas no interesse dessas pessoas, e que causem a morte ou coloquem seriamente em perigo a sua saúde;

xi) Matar ou ferir à traição pessoas pertencentes à nação ou ao exército inimigo;

xii) Declarar que não será dado quartel;

xiii) Destruir ou apreender bens do inimigo, a menos que tais destruições ou apreensões sejam imperativamente determinadas pelas necessidades da guerra;

xiv) Declarar abolidos, suspensos ou não admissíveis em tribunal os direitos e ações dos nacionais da parte inimiga;

xv) Obrigar os nacionais da parte inimiga a participar em operações bélicas dirigidas contra o seu próprio país, ainda que eles tenham estado ao serviço daquela parte beligerante antes do início da guerra;
xvi) Saquear uma cidade ou uma localidade, mesmo quando tomada de assalto;
xvii) Utilizar veneno ou armas envenenadas;
xviii) Utilizar gases asfixiantes, tóxicos ou outros gases ou qualquer líquido, material ou dispositivo análogo;
xix) Utilizar balas que se expandem ou achatam facilmente no interior do corpo humano, tais como balas de revestimento duro que não cobre totalmente o interior ou possui incisões;
xx) Utilizar armas, projéteis; materiais e métodos de combate que, pela sua própria natureza, causem ferimentos supérfluos ou sofrimentos desnecessários ou que surtam efeitos indiscriminados, em violação do direito internacional aplicável aos conflitos armados, na medida em que tais armas, projéteis, materiais e métodos de combate sejam objeto de uma proibição geral e estejam incluídos em um anexo ao presente Estatuto, em virtude de uma alteração aprovada em conformidade com o disposto nos artigos 121 e 123;
xxi) Ultrajar a dignidade da pessoa, em particular por meio de tratamentos humilhantes e degradantes;
xxii) Cometer atos de violação, escravidão sexual, prostituição forçada, gravidez à força, tal como definida na alínea *f)* do parágrafo 2º do artigo 7º, esterilização à força e qualquer outra forma de violência sexual que constitua também um desrespeito grave às Convenções de Genebra;
xxiii) Utilizar a presença de civis ou de outras pessoas protegidas para evitar que determinados pontos, zonas ou forças militares sejam alvo de operações militares;
xxiv) Dirigir intencionalmente ataques a edifícios, material, unidades e veículos sanitários, assim como o pessoal que esteja usando os emblemas distintivos das Convenções de Genebra, em conformidade com o direito internacional;
xxv) Provocar deliberadamente a inanição da população civil como método de guerra, privando-a dos bens indispensáveis à sua sobrevivência, impedindo, inclusive, o envio de socorros, tal como previsto nas Convenções de Genebra;
xxvi) Recrutar ou alistar menores de 15 anos nas forças armadas nacionais ou utilizá-los para participar ativamente nas hostilidades;
*c)* Em caso de conflito armado que não seja de índole internacional, as violações graves do artigo 3º comum às quatro Convenções de Genebra, de 12 de Agosto de 1949, a saber, qualquer um dos atos que a seguir se indicam, cometidos contra pessoas que não participem diretamente nas hostilidades, incluindo os membros das forças armadas que tenham deposto armas e os que tenham ficado impedidos de continuar a combater devido a doença, lesões, prisão ou qualquer outro motivo:
*i)* Atos de violência contra a vida e contra a pessoa, em particular o homicídio sob todas as suas formas, as mutilações, os tratamentos cruéis e a tortura;
ii) Ultrajes à dignidade da pessoa, em particular por meio de tratamentos humilhantes e degradantes;
iii) A tomada de reféns;
iv) As condenações proferidas e as execuções efetuadas sem julgamento prévio por um tribunal regularmente constituído e que ofereça todas as garantias judiciais geralmente reconhecidas como indispensáveis.
*d)* A alínea *c)* do parágrafo 2º do presente artigo aplica-se aos conflitos armados que não tenham caráter internacional e, por conseguinte, não se aplica a situações de distúrbio e de tensão internas, tais como motins, atos de violência esporádicos ou isolados ou outros de caráter semelhante;
*e)* As outras violações graves das leis e costumes aplicáveis aos conflitos armados que não têm caráter internacional, no quadro do direito internacional, a saber qualquer um dos seguintes atos:
i) Dirigir intencionalmente ataques à população civil em geral ou civis que não participem diretamente nas hostilidades;
ii) Dirigir intencionalmente ataques a edifícios, material, unidades e veículos sanitários, bem como ao pessoal que esteja usando os emblemas distintivos das Convenções de Genebra, em conformidade com o direito internacional;
iii) Dirigir intencionalmente ataques ao pessoal, instalações, material, unidades ou veículos que participem numa missão de manutenção da paz ou de assistência humanitária, de acordo com a Carta das Nações Unidas, sempre que estes tenham direito à proteção conferida pelo direito internacional dos conflitos armados aos civis e aos bens civis;
iv) Atacar intencionalmente edifícios consagrados ao culto religioso, à educação, às artes, às ciências ou à beneficência, monumentos históricos, hospitais e lugares onde se agrupem doentes e feridos, sempre que não se trate de objetivos militares;
v) Saquear um aglomerado populacional ou um local, mesmo quando tomado de assalto;
vi) Cometer atos de agressão sexual, escravidão sexual, prostituição forçada, gravidez à força, tal como definida na alínea *f* do parágrafo 2º do artigo 7º; esterilização à força ou qualquer outra forma de violência sexual que constitua uma violação grave do artigo 3º comum às quatro Convenções de Genebra;
vii) Recrutar ou alistar menores de 15 anos nas forças armadas nacionais ou em grupos, ou utilizá-los para participar ativamente nas hostilidades;
viii) Ordenar a deslocação da população civil por razões relacionadas com o conflito, salvo

se assim o exigirem a segurança dos civis em questão ou razões militares imperiosas;

ix) Matar ou ferir à traição um combatente de uma parte beligerante;

x) Declarar que não será dado quartel;

xi) Submeter pessoas que se encontrem sob o domínio de outra parte beligerante a mutilações físicas ou a qualquer tipo de experiências médicas ou científicas que não sejam motivadas por um tratamento médico, dentário ou hospitalar nem sejam efetuadas no interesse dessa pessoa, e que causem a morte ou ponham seriamente a sua saúde em perigo;

xii) Destruir ou apreender bens do inimigo, a menos que as necessidades da guerra assim o exijam;

*f)* A alínea *e)* do parágrafo 2º do presente artigo aplicar-se-á aos conflitos armados que não tenham caráter internacional e, por conseguinte, não se aplicará a situações de distúrbio e de tensão internas, tais como motins, atos de violência esporádicos ou isolados ou outros de caráter semelhante; aplicar-se-á, ainda, a conflitos armados que tenham lugar no território de um Estado, quando exista um conflito armado prolongado entre as autoridades governamentais e grupos armados organizados ou entre estes grupos.

3. O disposto nas alíneas *c)* e *e)* do parágrafo 2º, em nada afetará a responsabilidade que incumbe a todo o Governo de manter e de restabelecer a ordem pública no Estado, e de defender a unidade e a integridade territorial do Estado por qualquer meio legítimo.

## ARTIGO 9º. ELEMENTOS CONSTITUTIVOS DOS CRIMES

1. Os elementos constitutivos dos crimes que auxiliarão o Tribunal a interpretar e a aplicar os artigos 6º, 7º e 8º do presente Estatuto, deverão ser adotados por uma maioria de 2/3 (dois terços) dos membros da Assembleia dos Estados-Partes.

2. As alterações aos elementos constitutivos dos crimes poderão ser propostas por:

*a)* Qualquer Estado-Parte;

*b)* Os juízes, através de deliberação tomada por maioria absoluta;

*c)* O Procurador.

As referidas alterações entram em vigor depois de aprovadas por uma maioria de 2/3 (dois terços) dos membros da Assembléia dos Estados-Partes.

3. Os elementos constitutivos dos crimes e respectivas alterações deverão ser compatíveis com as disposições contidas no presente Estatuto.

## ARTIGO 10.

Nada no presente capítulo deverá ser interpretado como limitando ou afetando, de alguma maneira, as normas existentes ou em desenvolvimento de direito internacional com fins distintos dos do presente Estatuto.

## ARTIGO 11. COMPETÊNCIA RATIONE TEMPORIS

1. O Tribunal só terá competência relativamente aos crimes cometidos após a entrada em vigor do presente Estatuto.

2. Se um Estado se tornar Parte no presente Estatuto depois da sua entrada em vigor, o Tribunal só poderá exercer a sua competência em relação a crimes cometidos depois da entrada em vigor do presente Estatuto relativamente a esse Estado, a menos que este tenha feito uma declaração nos termos do parágrafo 3º do artigo 12.

## ARTIGO 12. CONDIÇÕES PRÉVIAS AO EXERCÍCIO DA JURISDIÇÃO

1. O Estado que se torne Parte no presente Estatuto, aceitará a jurisdição do Tribunal relativamente aos crimes a que se refere o artigo 5º.

2. Nos casos referidos nos parágrafos *a)* ou *c)* do artigo 13, o Tribunal poderá exercer a sua jurisdição se um ou mais Estados a seguir identificados forem Partes no presente Estatuto ou aceitarem a competência do Tribunal de acordo com o disposto no parágrafo 3º:

*a)* Estado em cujo território tenha tido lugar a conduta em causa, ou, se o crime tiver sido cometido a bordo de um navio ou de uma aeronave, o Estado de matrícula do navio ou aeronave;

*b)* Estado de que seja nacional a pessoa a quem é imputado um crime.

3. Se a aceitação da competência do Tribunal por um Estado que não seja Parte no presente Estatuto for necessária nos termos do parágrafo 2º, pode o referido Estado, mediante declaração depositada junto do Secretário, consentir em que o Tribunal exerça a sua competência em relação ao crime em questão. O Estado que tiver aceito a competência do Tribunal colaborará com este, sem qualquer demora ou exceção, de acordo com o disposto no Capítulo IX.

## ARTIGO 13. EXERCÍCIO DA JURISDIÇÃO

O Tribunal poderá exercer a sua jurisdição em relação a qualquer um dos crimes a que se refere o artigo 5º, de acordo com o disposto no presente Estatuto, se:

*a)* Um Estado-Parte denunciar ao Procurador, nos termos do artigo 14, qualquer situação em que haja indícios de ter ocorrido a prática de um ou vários desses crimes;

*b)* O Conselho de Segurança, agindo nos termos do Capítulo VII da Carta das Nações Unidas, denunciar ao Procurador qualquer situação em que haja indícios de ter ocorrido a prática de um ou vários desses crimes; ou

*c)* O Procurador tiver dado início a um inquérito sobre tal crime, nos termos do disposto no artigo 15.

## ARTIGO 14. DENÚNCIA POR UM ESTADO-PARTE

1. Qualquer Estado-Parte poderá denunciar ao Procurador uma situação em que haja indícios de ter ocorrido a prática de um ou vários crimes da competência do Tribunal e solicitar ao Procurador que a investigue, com vista a determinar se uma ou mais pessoas identificadas deverão ser acusadas da prática desses crimes.

2. O Estado que proceder à denúncia deverá, tanto quanto possível, especificar as circunstâncias relevantes do caso e anexar toda a documentação de que disponha.

## ARTIGO 15. PROCURADOR

1. O Procurador poderá, por sua própria iniciativa, abrir um inquérito com base em informações sobre a prática de crimes da competência do Tribunal.

2. O Procurador apreciará a seriedade da informação recebida. Para tal, poderá recolher informações suplementares junto aos Estados, aos órgãos da Organização das Nações Unidas, às Organizações Intergovernamentais ou Não Governamentais ou outras fontes fidedignas que considere apropriadas, bem como recolher depoimentos escritos ou orais na sede do Tribunal.

3. Se concluir que existe fundamento suficiente para abrir um inquérito, o Procurador apresentará um pedido de autorização nesse sentido ao Juízo de Instrução, acompanhado da documentação de apoio que tiver reunido. As vítimas poderão apresentar representações no Juízo de Instrução, de acordo com o Regulamento Processual.

4. Se, após examinar o pedido e a documentação que o acompanha, o Juízo de Instrução considerar que há fundamento suficiente para abrir um Inquérito e que o caso parece caber na jurisdição do Tribunal, autorizará a abertura do inquérito, sem prejuízo das decisões que o Tribunal vier a tomar posteriormente em matéria de competência e de admissibilidade.

5. A recusa do Juízo de Instrução em autorizar a abertura do inquérito não impedirá o Procurador de formular ulteriormente outro pedido com base em novos fatos ou provas respeitantes à mesma situação.

6. Se, depois da análise preliminar a que se referem os parágrafos 1º e 2º, o Procurador concluir que a informação apresentada não constitui fundamento suficiente para um inquérito, o Procurador informará quem a tiver apresentado de tal entendimento. Tal não impede que o Procurador examine, à luz de novos fatos ou provas, qualquer outra informação que lhe venha a ser comunicada sobre o mesmo caso.

## ARTIGO 16. ADIAMENTO DO INQUÉRITO E DO PROCEDIMENTO CRIMINAL

Nenhum inquérito ou procedimento crime poderá ter início ou prosseguir os seus termos, com base no presente Estatuto, por um período de 12 (doze) meses a contar da data em que o Conselho de Segurança assim o tiver solicitado em resolução aprovada nos termos do disposto no Capítulo VII da Carta das Nações Unidas; o pedido poderá ser renovado pelo Conselho de Segurança nas mesmas condições.

## ARTIGO 17. QUESTÕES RELATIVAS À ADMISSIBILIDADE

1. Tendo em consideração o décimo parágrafo do preâmbulo e o artigo 1º, o Tribunal decidirá sobre a não admissibilidade de um caso se:

*a)* O caso for objeto de inquérito ou de procedimento criminal por parte de um Estado que tenha jurisdição sobre o mesmo, salvo se este não tiver vontade de levar a cabo o inquérito ou o procedimento ou, não tenha capacidade para o fazer;

*b)* O caso tiver sido objeto de inquérito por um Estado com jurisdição sobre ele e tal Estado tenha decidido não dar seguimento ao procedimento criminal contra a pessoa em causa, a menos que esta decisão resulte do fato de esse Estado não ter vontade de proceder criminalmente ou da sua incapacidade real para o fazer;

*c)* A pessoa em causa já tiver sido julgada pela conduta a que se refere a denúncia, e não puder ser julgada pelo Tribunal em virtude do disposto no parágrafo 3º do artigo 20;

*d)* O caso não for suficientemente grave para justificar a ulterior intervenção do Tribunal.

2. A fim de determinar se há ou não vontade de agir num determinado caso, o Tribunal, tendo em consideração as garantias de um processo equitativo reconhecidas pelo direito internacional, verificará a existência de uma ou mais das seguintes circunstâncias:

*a)* O processo ter sido instaurado ou estar pendente ou a decisão ter sido proferida no Estado com o propósito de subtrair a pessoa em causa à sua responsabilidade criminal por crimes da competência do Tribunal, nos termos do disposto no artigo 5º;

*b)* Ter havido demora injustificada no processamento, a qual, dadas as circunstâncias, se mostra incompatível com a intenção de fazer responder a pessoa em causa perante a justiça;

*c)* O processo não ter sido ou não estar sendo conduzido de maneira independente ou imparcial, e ter estado ou estar sendo conduzido de uma maneira que, dadas as circunstâncias, seja incompatível com a intenção de levar a pessoa em causa perante a justiça;

3. A fim de determinar se há incapacidade de agir num determinado caso, o Tribunal verificará se o Estado, por colapso total ou substancial da respectiva administração da justiça ou por in-

disponibilidade desta, não estará em condições de fazer comparecer o acusado, de reunir os meios de prova e depoimentos necessários ou não estará, por outros motivos, em condições de concluir o processo.

## ARTIGO 18.
## DECISÕES PRELIMINARES SOBRE ADMISSIBILIDADE

1. Se uma situação for denunciada ao Tribunal nos termos do artigo 13, parágrafo *a)*, e o Procurador determinar que existem fundamentos para abrir um inquérito ou der início a um inquérito de acordo com os artigos 13, parágrafo *c)* e 15, deverá notificar todos os Estados-Partes e os Estados que, de acordo com a informação disponível, teriam jurisdição sobre esses crimes. O Procurador poderá proceder à notificação a título confidencial e, sempre que o considere necessário com vista a proteger pessoas, impedir a destruição de provas ou a fuga de pessoas, poderá limitar o âmbito da informação a transmitir aos Estados.

2. No prazo de 1 (um) mês após a recepção da referida notificação, qualquer Estado poderá informar o Tribunal de que está procedendo, ou já procedeu, a um inquérito sobre nacionais seus ou outras pessoas sob a sua jurisdição, por atos que possam constituir crimes a que se refere o artigo 5º e digam respeito à informação constante na respectiva notificação. A pedido desse Estado, o Procurador transferirá para ele o inquérito sobre essas pessoas, a menos que, a pedido do Procurador, o Juízo de Instrução decida autorizar o inquérito.

3. A transferência do inquérito poderá ser reexaminada pelo Procurador 6 (seis) meses após a data em que tiver sido decidida ou, a todo o momento, quando tenha ocorrido uma alteração significativa de circunstâncias, decorrente da falta de vontade ou da incapacidade efetiva do Estado de levar a cabo o inquérito.

4. O Estado interessado ou o Procurador poderão interpor recurso para o Juízo de Recursos da decisão proferida por um Juízo de Instrução, tal como previsto no artigo 82. Este recurso poderá seguir uma forma sumária.

5. Se o Procurador transferir o inquérito, nos termos do parágrafo 2º, poderá solicitar ao Estado interessado que o informe periodicamente do andamento do mesmo e de qualquer outro procedimento subsequente. Os Estados-Partes responderão a estes pedidos sem atrasos injustificados.

6. O Procurador poderá, enquanto aguardar uma decisão a proferir no Juízo de Instrução, ou a todo o momento se tiver transferido o inquérito nos termos do presente artigo, solicitar ao tribunal de instrução, a título excepcional, que o autorize a efetuar as investigações que considere necessárias para preservar elementos de prova, quando exista uma oportunidade única de obter provas relevantes ou um risco significativo de que essas provas possam não estar disponíveis numa fase ulterior.

7. O Estado que tenha recorrido de uma decisão do Juízo de Instrução nos termos do presente artigo poderá impugnar a admissibilidade de um caso nos termos do artigo 19, invocando fatos novos relevantes ou uma alteração significativa de circunstâncias.

## ARTIGO 19.
## IMPUGNAÇÃO DA JURISDIÇÃO DO TRIBUNAL OU DA ADMISSIBILIDADE DO CASO

1. O Tribunal deverá certificar-se de que detém jurisdição sobre todos os casos que lhe sejam submetidos. O Tribunal poderá pronunciar-se de ofício sobre a admissibilidade do caso em conformidade com o artigo 17.

2. Poderão impugnar a admissibilidade do caso, por um dos motivos referidos no artigo 17, ou impugnar a jurisdição do Tribunal:

*a)* O acusado ou a pessoa contra a qual tenha sido emitido um mandado ou ordem de detenção ou de comparecimento, nos termos do artigo 58;

*b)* Um Estado que detenha o poder de jurisdição sobre um caso, pelo fato de o estar investigando ou julgando, ou por já o ter feito antes; ou

*c)* Um Estado cuja aceitação da competência do Tribunal seja exigida, de acordo com o artigo 12.

3. O Procurador poderá solicitar ao Tribunal que se pronuncie sobre questões de jurisdição ou admissibilidade. Nas ações relativas a jurisdição ou admissibilidade, aqueles que tiverem denunciado um caso ao abrigo do artigo 13, bem como as vítimas, poderão também apresentar as suas observações ao Tribunal.

4. A admissibilidade de um caso ou a jurisdição do Tribunal só poderão ser impugnadas uma única vez por qualquer pessoa ou Estado a que se faz referência no parágrafo 2º. A impugnação deverá ser feita antes do julgamento ou no seu início. Em circunstâncias excepcionais, o Tribunal poderá autorizar que a impugnação se faça mais de uma vez ou depois do início do julgamento. As impugnações à admissibilidade de um caso feitas no início do julgamento, ou posteriormente com a autorização do Tribunal, só poderão fundamentar-se no disposto no parágrafo 1º, alínea *c)* do artigo 17.

5. Os Estados a que se referem as alíneas *b)* e *c)* do parágrafo 2º do presente artigo deverão deduzir impugnação logo que possível.

6. Antes da confirmação da acusação, a impugnação da admissibilidade de um caso ou da jurisdição do Tribunal será submetida ao Juízo de Instrução e, após confirmação, ao Juízo de Julgamento em Primeira Instância. Das decisões relativas à jurisdição ou admissibilidade caberá recurso para o Juízo de Recursos, de acordo com o artigo 82.

7. Se a impugnação for feita pelo Estado referido nas alíneas *b)* e *c)* do parágrafo 2º, o Procurador suspenderá o inquérito até que o Tribunal decida em conformidade com o artigo 17.

8. Enquanto aguardar uma decisão, o Procurador poderá solicitar ao Tribunal autorização para:

*a)* Proceder às investigações necessárias previstas no parágrafo 6º do artigo 18;

*b)* Recolher declarações ou o depoimento de uma testemunha ou completar o recolhimento e o exame das provas que tenha iniciado antes da impugnação; e

*c)* Impedir, em colaboração com os Estados interessados, a fuga de pessoas em relação às quais já tenha solicitado um mandado de detenção, nos termos do artigo 58.

9. A impugnação não afetará a validade de nenhum ato realizado pelo Procurador, nem de nenhuma decisão ou mandado anteriormente emitido pelo Tribunal.

10. Se o Tribunal tiver declarado que um caso não é admissível, de acordo com o artigo 17, o Procurador poderá pedir a revisão dessa decisão, após se ter certificado de que surgiram novos fatos que invalidam os motivos pelos quais o caso havia sido considerado inadmissível nos termos do artigo 17.

11. Se o Procurador, tendo em consideração as questões referidas no artigo 17, decidir transferir um inquérito, poderá pedir ao Estado em questão que o mantenha informado do seguimento do processo. Esta informação deverá, se esse Estado o solicitar, ser mantida confidencial. Se o Procurador decidir, posteriormente, abrir um inquérito, comunicará a sua decisão ao Estado para o qual foi transferido o processo.

## ARTIGO 20.
## NE BIS IN IDEM

1. Salvo disposição contrária do presente Estatuto, nenhuma pessoa poderá ser julgada pelo Tribunal por atos constitutivos de crimes pelos quais este já a tenha condenado ou absolvido.

2. Nenhuma pessoa poderá ser julgada por outro tribunal por um crime mencionado no artigo 5°, relativamente ao qual já tenha sido condenada ou absolvida pelo Tribunal.

3. O Tribunal não poderá julgar uma pessoa que já tenha sido julgada por outro tribunal, por atos também punidos pelos artigos 6º, 7º ou 8º, a menos que o processo nesse outro tribunal:

*a)* Tenha tido por objetivo subtrair o acusado à sua responsabilidade criminal por crimes da competência do Tribunal; ou

*b)* Não tenha sido conduzido de forma independente ou imparcial, em conformidade com as garantias de um processo equitativo reconhecidas pelo direito internacional, ou tenha sido conduzido de uma maneira que, no caso concreto, se revele incompatível com a intenção de submeter a pessoa à ação da justiça.

## ARTIGO 21.
## DIREITO APLICÁVEL

1. O Tribunal aplicará:

*a)* Em primeiro lugar, o presente Estatuto, os Elementos Constitutivos do Crime e o Regulamento Processual;

*b)* Em segundo lugar, se for o caso, os tratados e os princípios e normas de direito internacional aplicáveis, incluindo os princípios estabelecidos no direito internacional dos conflitos armados;

*c)* Na falta destes, os princípios gerais do direito que o Tribunal retire do direito interno dos diferentes sistemas jurídicos existentes, incluindo, se for o caso, o direito interno dos Estados que exerceriam normalmente a sua jurisdição relativamente ao crime, sempre que esses princípios não sejam incompatíveis com o presente Estatuto, com o direito internacional, nem com as normas e padrões internacionalmente reconhecidos.

2. O Tribunal poderá aplicar princípios e normas de direito tal como já tenham sido por si interpretados em decisões anteriores.

3. A aplicação e interpretação do direito, nos termos do presente artigo, deverá ser compatível com os direitos humanos internacionalmente reconhecidos, sem discriminação alguma baseada em motivos tais como o gênero, definido no parágrafo 3º do artigo 7º, a idade, a raça, a cor, a religião ou o credo, a opinião política ou outra, a origem nacional, étnica ou social, a situação econômica, o nascimento ou outra condição.

# CAPÍTULO III.
# PRINCÍPIOS GERAIS DE DIREITO PENAL

## ARTIGO 22.
## NULLUM CRIMEN SINE LEGE

1. Nenhuma pessoa será considerada criminalmente responsável, nos termos do presente Estatuto, a menos que a sua conduta constitua, no momento em que tiver lugar, um crime da competência do Tribunal.

2. A previsão de um crime será estabelecida de forma precisa e não será permitido o recurso à analogia. Em caso de ambiguidade, será interpretada a favor da pessoa objeto de inquérito, acusada ou condenada.

3. O disposto no presente artigo em nada afetará a tipificação de uma conduta como crime nos termos do direito internacional, independentemente do presente Estatuto.

## ARTIGO 23.
## NULLA POENA SINE LEGE

Qualquer pessoa condenada pelo Tribunal só poderá ser punida em conformidade com as disposições do presente Estatuto.

## ARTIGO 24.
## NÃO RETROATIVIDADE RATIONE PERSONAE

1. Nenhuma pessoa será considerada criminalmente responsável, de acordo com o presente

Estatuto, por uma conduta anterior à entrada em vigor do presente Estatuto.

2. Se o direito aplicável a um caso for modificado antes de proferida sentença definitiva, aplicar-se-á o direito mais favorável à pessoa objeto de inquérito, acusada ou condenada.

## ARTIGO 25.
## RESPONSABILIDADE CRIMINAL INDIVIDUAL

1. De acordo com o presente Estatuto, o Tribunal será competente para julgar as pessoas físicas.

2. Quem cometer um crime da competência do Tribunal será considerado individualmente responsável e poderá ser punido de acordo com o presente Estatuto.

3. Nos termos do presente Estatuto, será considerado criminalmente responsável e poderá ser punido pela prática de um crime da competência do Tribunal quem:

*a)* Cometer esse crime individualmente ou em conjunto ou por intermédio de outrem, quer essa pessoa seja, ou não, criminalmente responsável;

*b)* Ordenar, solicitar ou instigar à prática desse crime, sob forma consumada ou sob a forma de tentativa;

*c)* Com o propósito de facilitar a prática desse crime, for cúmplice ou encobridor, ou colaborar de algum modo na prática ou na tentativa de prática do crime, nomeadamente pelo fornecimento dos meios para a sua prática;

*d)* Contribuir de alguma outra forma para a prática ou tentativa de prática do crime por um grupo de pessoas que tenha um objetivo comum. Esta contribuição deverá ser intencional e ocorrer, conforme o caso:

i) Com o propósito de levar a cabo a atividade ou o objetivo criminal do grupo, quando um ou outro impliquem a prática de um crime da competência do Tribunal; ou

ii) Com o conhecimento da intenção do grupo de cometer o crime;

*e)* No caso de crime de genocídio, incitar, direta e publicamente, à sua prática;

*f)* Tentar cometer o crime mediante atos que contribuam substancialmente para a sua execução, ainda que não se venha a consumar devido a circunstâncias alheias à sua vontade. Porém, quem desistir da prática do crime, ou impedir de outra forma que este se consuma, não poderá ser punido em conformidade com o presente Estatuto pela tentativa, se renunciar total e voluntariamente ao propósito delituoso.

4. O disposto no presente Estatuto sobre a responsabilidade criminal das pessoas físicas em nada afetará a responsabilidade do Estado, de acordo com o direito internacional.

## ARTIGO 26.
## EXCLUSÃO DA JURISDIÇÃO RELATIVAMENTE A MENORES DE 18 ANOS

O Tribunal não terá jurisdição sobre pessoas que, à data da alegada prática do crime, não tenham ainda completado 18 anos de idade.

## ARTIGO 27.
## IRRELEVÂNCIA DA QUALIDADE OFICIAL

1. O presente Estatuto será aplicável de forma igual a todas as pessoas sem distinção alguma baseada na qualidade oficial. Em particular, a qualidade oficial de Chefe de Estado ou de Governo, de membro de Governo ou do Parlamento, de representante eleito ou de funcionário público, em caso algum eximirá a pessoa em causa de responsabilidade criminal nos termos do presente Estatuto, nem constituirá de *per se* motivo de redução da pena.

2. As imunidades ou normas de procedimento especiais decorrentes da qualidade oficial de uma pessoa; nos termos do direito interno ou do direito internacional, não deverão obstar a que o Tribunal exerça a sua jurisdição sobre essa pessoa.

## ARTIGO 28.
## RESPONSABILIDADE DOS CHEFES MILITARES E OUTROS SUPERIORES HIERÁRQUICOS

Além de outras fontes de responsabilidade criminal previstas no presente Estatuto, por crimes da competência do Tribunal:

*a)* O chefe militar, ou a pessoa que atue efetivamente como chefe militar, será criminalmente responsável por crimes da competência do Tribunal que tenham sido cometidos por forças sob o seu comando e controle efetivos ou sob a sua autoridade e controle efetivos, conforme o caso, pelo fato de não exercer um controle apropriado sobre essas forças quando:

*i)* Esse chefe militar ou essa pessoa tinha conhecimento ou, em virtude das circunstâncias do momento, deveria ter tido conhecimento de que essas forças estavam a cometer ou preparavam-se para cometer esses crimes; e

ii) Esse chefe militar ou essa pessoa não tenha adotado todas as medidas necessárias e adequadas ao seu alcance para prevenir ou reprimir a sua prática, ou para levar o assunto ao conhecimento das autoridades competentes, para efeitos de inquérito e procedimento criminal.

*b)* Nas relações entre superiores hierárquicos e subordinados, não referidos na alínea *a)*, o superior hierárquico será criminalmente responsável pelos crimes da competência do Tribunal que tiverem sido cometidos por subordinados sob a sua autoridade e controle efetivos, pelo fato de não ter exercido um controle apropriado sobre esses subordinados, quando:

*a)* O superior hierárquico teve conhecimento ou deliberadamente não levou em consideração a informação que indicava claramente que os subordinados estavam a cometer ou se preparavam para cometer esses crimes;

*b)* Esses crimes estavam relacionados com atividades sob a sua responsabilidade e controle efetivos; e

*c)* O superior hierárquico não adotou todas as medidas necessárias e adequadas ao seu alcance para prevenir ou reprimir a sua prática ou para levar o assunto ao conhecimento das autoridades competentes, para efeitos de inquérito e procedimento criminal.

## ARTIGO 29.
## IMPRESCRITIBILIDADE

Os crimes da competência do Tribunal não prescrevem.

## ARTIGO 30.
## ELEMENTOS PSICOLÓGICOS

1. Salvo disposição em contrário, nenhuma pessoa poderá ser criminalmente responsável e punida por um crime da competência do Tribunal, a menos que atue com vontade de o cometer e conhecimento dos seus elementos materiais.

2. Para os efeitos do presente artigo, entende-se que atua intencionalmente quem:

*a)* Relativamente a uma conduta, se propuser adotá-la;

*b)* Relativamente a um efeito do crime, se propuser causá-lo ou estiver ciente de que ele terá lugar em uma ordem normal dos acontecimentos.

3. Nos termos do presente artigo, entende-se por "conhecimento" a consciência de que existe uma circunstância ou de que um efeito irá ter lugar, em uma ordem normal dos acontecimentos. As expressões "ter conhecimento" e "com conhecimento" deverão ser entendidas em conformidade.

## ARTIGO 31.
## CAUSAS DE EXCLUSÃO DA RESPONSABILIDADE CRIMINAL

Sem prejuízo de outros fundamentos para a exclusão de responsabilidade criminal previstos no presente Estatuto, não será considerada criminalmente responsável a pessoa que, no momento da prática de determinada conduta:

*a)* Sofrer de enfermidade ou deficiência mental que a prive da capacidade para avaliar a ilicitude ou a natureza da sua conduta, ou da capacidade para controlar essa conduta a fim de não violar a lei;

*b)* Estiver em estado de intoxicação que a prive da capacidade para avaliar a ilicitude ou a natureza da sua conduta, ou da capacidade para controlar essa conduta a fim de não transgredir a lei, a menos que se tenha intoxicado voluntariamente em circunstâncias que lhe permitiam ter conhecimento de que, em consequência da intoxicação, poderia incorrer numa conduta tipificada como crime da competência do Tribunal, ou, de que haveria o risco de tal suceder;

*c)* Agir em defesa própria ou de terceiro com razoabilidade ou, em caso de crimes de guerra, em defesa de um bem que seja essencial para a sua sobrevivência ou de terceiro ou de um bem que seja essencial à realização de uma missão militar, contra o uso iminente e ilegal da força, de forma proporcional ao grau de perigo para si, para terceiro ou para os bens protegidos. O fato de participar em uma força que realize uma operação de defesa não será causa bastante de exclusão de responsabilidade criminal, nos termos desta alínea;

*d)* Tiver incorrido numa conduta que presumivelmente constitui crime da competência do Tribunal, em consequência de coação decorrente de uma ameaça iminente de morte ou ofensas corporais graves para si ou para outrem, e em que se veja compelida a atuar de forma necessária e razoável para evitar essa ameaça, desde que não tenha a intenção de causar um dano maior que aquele que se propunha evitar. Essa ameaça tanto poderá:

*i)* Ter sido feita por outras pessoas; ou

ii) Ser constituída por outras circunstâncias alheias à sua vontade.

2. O Tribunal determinará se os fundamentos de exclusão da responsabilidade criminal previstos no presente Estatuto serão aplicáveis no caso em apreço.

3. No julgamento, o Tribunal poderá levar em consideração outros fundamentos de exclusão da responsabilidade criminal; distintos dos referidos no parágrafo 1º, sempre que esses fundamentos resultem do direito aplicável em conformidade com o artigo 21. O processo de exame de um fundamento de exclusão deste tipo será definido no Regulamento Processual.

## ARTIGO 32.
## ERRO DE FATO OU ERRO DE DIREITO

1. O erro de fato só excluirá a responsabilidade criminal se eliminar o dolo requerido pelo crime.

2. O erro de direito sobre se determinado tipo de conduta constitui crime da competência do Tribunal não será considerado fundamento de exclusão de responsabilidade criminal. No entanto, o erro de direito poderá ser considerado fundamento de exclusão de responsabilidade criminal se eliminar o dolo requerido pelo crime ou se decorrer do artigo 33 do presente Estatuto.

## ARTIGO 33.
## DECISÃO HIERÁRQUICA E DISPOSIÇÕES LEGAIS

1. Quem tiver cometido um crime da competência do Tribunal, em cumprimento de uma decisão emanada de um Governo ou de um superior hierárquico, quer seja militar ou civil,

não será isento de responsabilidade criminal, a menos que:

*a)* Estivesse obrigado por lei a obedecer a decisões emanadas do Governo ou superior hierárquico em questão;

*b)* Não tivesse conhecimento de que a decisão era ilegal; e

*c)* A decisão não fosse manifestamente ilegal.

2. Para os efeitos do presente artigo, qualquer decisão de cometer genocídio ou crimes contra a humanidade será considerada como manifestamente ilegal.

## CAPÍTULO IV. COMPOSIÇÃO E ADMINISTRAÇÃO DO TRIBUNAL

### ARTIGO 34. ÓRGÃOS DO TRIBUNAL

O Tribunal será composto pelos seguintes órgãos:

*a)* A Presidência;

*b)* Uma Seção de Recursos, uma Seção de Julgamento em Primeira Instância e uma Seção de Instrução;

*c)* O Gabinete do Procurador;

*d)* A Secretaria.

### ARTIGO 35. EXERCÍCIO DAS FUNÇÕES DE JUIZ

1. Os juízes serão eleitos membros do Tribunal para exercer funções em regime de exclusividade e deverão estar disponíveis para desempenhar o respectivo cargo desde o início do seu mandato.

2. Os juízes que comporão a Presidência desempenharão as suas funções em regime de exclusividade desde a sua eleição.

3. A Presidência poderá, em função do volume de trabalho do Tribunal, e após consulta dos seus membros, decidir periodicamente em que medida é que será necessário que os restantes juízes desempenhem as suas funções em regime de exclusividade. Estas decisões não prejudicarão o disposto no artigo 40.

4. Os ajustes de ordem financeira relativos aos juízes que não tenham de exercer os respectivos cargos em regime de exclusividade serão adotadas em conformidade com o disposto no artigo 49.

### ARTIGO 36. QUALIFICAÇÕES, CANDIDATURA E ELEIÇÃO DOS JUÍZES

1. Sob reserva do disposto no parágrafo 2º, o Tribunal será composto por 18 juízes.

2. *a)* A Presidência, agindo em nome do Tribunal, poderá propor o aumento do número de juízes referido no parágrafo 1º fundamentando as razões pelas quais considera necessária e apropriada tal medida. O Secretário comunicará imediatamente a proposta a todos os Estados-Partes;

*b)* A proposta será seguidamente apreciada em sessão da Assembleia dos Estados-Partes convocada nos termos do artigo 112 e deverá ser considerada adotada se for aprovada na sessão por maioria de 2/3 (dois terços) dos membros da Assembleia dos Estados-Partes; a proposta entrará em vigor na data fixada pela Assembleia dos Estados-Partes;

*c)* i) Logo que seja aprovada a proposta de aumento do número de juízes, de acordo com o disposto na alínea *b)*, a eleição dos juízes adicionais terá lugar no período seguinte de sessões da Assembleia dos Estados-Partes, nos termos dos parágrafos 3º a 8º do presente artigo e do parágrafo 2º do artigo 37;

ii) Após a aprovação e a entrada em vigor de uma proposta de aumento do número de juízes, de acordo com o disposto nas alíneas *b)* e *c)* i), a Presidência poderá, a qualquer momento, se o volume de trabalho do Tribunal assim o justificar, propor que o número de juízes seja reduzido, mas nunca para um número inferior ao fixado no parágrafo 1º. A proposta será apreciada de acordo com o procedimento definido nas alíneas *a)* e *b)*. Caso a proposta seja aprovada, o número de juízes será progressivamente reduzido, à medida que expirem os mandatos e até que se alcance o número previsto.

3. *a)* Os juízes serão eleitos dentre pessoas de elevada idoneidade moral, imparcialidade e integridade, que reúnam os requisitos para o exercício das mais altas funções judiciais nos seus respectivos países.

*b)* Os candidatos a juízes deverão possuir:

*i)* Reconhecida competência em direito penal e direito processual penal e a necessária experiência em processos penais na qualidade de juiz, procurador, advogado ou outra função semelhante; ou

ii) Reconhecida competência em matérias relevantes de direito internacional, tais como o direito internacional humanitário e os direitos humanos, assim como vasta experiência em profissões jurídicas com relevância para a função judicial do Tribunal;

*c)* Os candidatos a juízes deverão possuir um excelente conhecimento e serem fluentes em, pelo menos, uma das línguas de trabalho do Tribunal.

4. *a)* Qualquer Estado-Parte no presente Estatuto poderá propor candidatos às eleições para juiz do Tribunal mediante:

*i)* O procedimento previsto para propor candidatos aos mais altos cargos judiciais do país; ou

ii) O procedimento previsto no Estatuto da Corte Internacional de Justiça para propor candidatos a esse Tribunal.

As propostas de candidatura deverão ser acompanhadas de uma exposição detalhada comprovativa de que o candidato possui os requisitos enunciados no parágrafo 3º;

*b)* Qualquer Estado-Parte poderá apresentar uma candidatura de uma pessoa que não tenha necessariamente a sua nacionalidade, mas que seja nacional de um Estado-Parte;

*c)* A Assembleia dos Estados-Partes poderá decidir constituir, se apropriado, uma Comissão consultiva para o exame das candidaturas, neste caso, a Assembleia dos Estados-Partes determinará a composição e o mandato da Comissão.

5. Para efeitos da eleição, serão estabelecidas duas listas de candidatos:

A lista A, com os nomes dos candidatos que reúnam os requisitos enunciados na alínea *b)* i) do parágrafo 3º; e

A lista B, com os nomes dos candidatos que reúnam os requisitos enunciados na alínea *b)* ii) do parágrafo 3º.

O candidato que reúna os requisitos constantes de ambas as listas, poderá escolher em qual delas deseja figurar. Na primeira eleição de membros do Tribunal, pelo menos 9 (nove) juízes serão eleitos entre os candidatos da lista A e pelo menos 5 (cinco) entre os candidatos da lista B. As eleições subsequentes serão organizadas por forma a que se mantenha no Tribunal uma proporção equivalente de juízes de ambas as listas.

6. *a)* Os juízes serão eleitos por escrutínio secreto, em sessão da Assembleia dos Estados-Partes convocada para esse efeito, nos termos do artigo 112. Sob reserva do disposto no parágrafo 7, serão eleitos os 18 (dezoito) candidatos que obtenham o maior número de votos e uma maioria de 2/3 (dois terços) dos Estados-Partes presentes e votantes;

*b)* No caso em que da primeira votação não resulte eleito um número suficiente de juízes, proceder-se-á a nova votação, de acordo com os procedimentos estabelecidos na alínea *a)*, até provimento dos lugares restantes.

7. O Tribunal não poderá ter mais de 1 (um) juiz nacional do mesmo Estado. Para este efeito, a pessoa que for considerada nacional de mais de um Estado será considerada nacional do Estado onde exerce habitualmente os seus direitos civis e políticos.

8. *a)* Na seleção dos juízes, os Estados-Partes ponderarão sobre a necessidade de assegurar que a composição do Tribunal inclua:

*i)* A representação dos principais sistemas jurídicos do mundo;

ii) Uma representação geográfica equitativa; e

iii) Uma representação justa de juízes do sexo feminino e do sexo masculino;

*b)* Os Estados-Partes levarão igualmente em consideração a necessidade de assegurar a presença de juízes especializados em determinadas matérias incluindo, entre outras, a violência contra mulheres ou crianças.

9. *a)* Salvo o disposto na alínea *b)*, os juízes serão eleitos por um mandato de 9 (nove) anos e não poderão ser reeleitos, salvo o disposto na alínea *c)* e no parágrafo 2º do artigo 37;

*b)* Na primeira eleição, 1/3 (um terço) dos juízes eleitos será selecionado por sorteio para exercer um mandato de 3 (três) anos; outro terço será selecionado, também por sorteio, para exercer um mandato de 6 (seis) anos; e os restantes exercerão um mandato de 9 (nove) anos;

*c)* Um juiz selecionado para exercer um mandato de 3 (três) anos, em conformidade com a alínea *b)*, poderá ser reeleito para um mandato completo.

10. Não obstante o disposto no parágrafo 9, um juiz afeto a um Juízo de Julgamento em Primeira Instância ou de Recurso, em conformidade com o artigo 39, permanecerá em funções até à conclusão do julgamento ou do recurso dos casos que tiver a seu cargo.

(...)

## ARTIGO 40. INDEPENDÊNCIA DOS JUÍZES

1. Os juízes serão independentes no desempenho das suas funções.

2. Os juízes não desenvolverão qualquer atividade que possa ser incompatível com o exercício das suas funções judiciais ou prejudicar a confiança na sua independência.

3. Os juízes que devam desempenhar os seus cargos em regime de exclusividade na sede do Tribunal não poderão ter qualquer outra ocupação de natureza profissional.

4. As questões relativas à aplicação dos parágrafos 2º e 3º serão decididas por maioria absoluta dos juízes. Nenhum juiz participará na decisão de uma questão que lhe diga respeito.

## ARTIGO 41. IMPEDIMENTO E DESQUALIFICAÇÃO DE JUÍZES

1. A Presidência poderá, a pedido de um juiz, declarar seu impedimento para o exercício de alguma das funções que lhe confere o presente Estatuto, em conformidade com o Regulamento Processual.

2. *a)* Nenhum juiz pode participar num caso em que, por qualquer motivo, seja posta em dúvida a sua imparcialidade. Será desqualificado, em conformidade com o disposto neste número, entre outras razões, se tiver intervindo anteriormente, a qualquer titulo, em um caso submetido ao Tribunal ou em um procedimento criminal conexo em nível nacional que envolva a pessoa objeto de inquérito ou procedimento criminal. Pode ser igualmente desqualificado por qualquer outro dos motivos definidos no Regulamento Processual;

*b)* O Procurador ou a pessoa objeto de inquérito ou procedimento criminal poderá solicitar a desqualificação de 1 (um) juiz em virtude do disposto no presente número;

*c)* As questões relativas à desqualificação de juízes serão decididas por maioria absoluta dos juízes. O juiz cuja desqualificação for solicitada, poderá pronunciar-se sobre a questão, mas não poderá tomar parte na decisão.

(...)

## ARTIGO 46.
## CESSAÇÃO DE FUNÇÕES

1. Um Juiz, o Procurador, um Procurador-Adjunto, o Secretário ou o Secretário-Adjunto cessará as respectivas funções, por decisão adotada de acordo com o disposto no parágrafo 2º, nos casos em que:

*a)* Se conclua que a pessoa em causa incorreu em falta grave ou incumprimento grave das funções conferidas pelo presente Estatuto, de acordo com o previsto no Regulamento Processual; ou

*b)* A pessoa em causa se encontre impossibilitada de desempenhar as funções definidas no presente Estatuto.

2. A decisão relativa à cessação de funções de um juiz, do Procurador ou de um Procurador-Adjunto, de acordo com o parágrafo 1º, será adotada pela Assembleia dos Estados-Partes em escrutínio secreto:

*a)* No caso de um juiz, por maioria de 2/3 (dois terços) dos Estados-Partes, com base em recomendação adotada por maioria de 2/3 (dois terços) dos restantes juízes;

*b)* No caso do Procurador, por maioria absoluta dos Estados-Partes;

*c)* No caso de um Procurador-Adjunto, por maioria absoluta dos Estados-Partes, com base na recomendação do Procurador.

3. A decisão relativa à cessação de funções do Secretário ou do Secretário-Adjunto, será adotada por maioria absoluta de votos dos juízes.

4. Os juízes, o Procurador, os Procuradores-Adjuntos, o Secretário ou o Secretário-Adjunto, cuja conduta ou idoneidade para o exercício das funções inerentes ao cargo em conformidade com o presente Estatuto tiver sido contestada ao abrigo do presente artigo, terão plena possibilidade de apresentar e obter meios de prova e produzir alegações de acordo com o Regulamento Processual; não poderão, no entanto, participar, de qualquer outra forma, na apreciação do caso.

## ARTIGO 47.
## MEDIDAS DISCIPLINARES

Os juízes, o Procurador, os Procuradores-Adjuntos, o Secretário ou o Secretário-Adjunto que tiverem cometido uma falta menos grave que a prevista no parágrafo 1º do artigo 46 incorrerão em responsabilidade disciplinar nos termos do Regulamento Processual.

## ARTIGO 48.
## PRIVILÉGIOS E IMUNIDADES

1. O Tribunal gozará, no território dos Estados-Partes, dos privilégios e imunidades que se mostrem necessários ao cumprimento das suas funções.

2. Os juízes, o Procurador, os Procuradores-Adjuntos e o Secretário gozarão, no exercício das suas funções ou em relação a estas, dos mesmos privilégios e imunidades reconhecidos aos chefes das missões diplomáticas, continuando a usufruir de absoluta imunidade judicial relativamente às suas declarações, orais ou escritas, e aos atos que pratiquem no desempenho de funções oficiais após o termo do respectivo mandato.

3. O Secretário-Adjunto, o pessoal do Gabinete do Procurador e o pessoal da Secretaria gozarão dos mesmos privilégios e imunidades e das facilidades necessárias ao cumprimento das respectivas funções, nos termos do acordo sobre os privilégios e imunidades do Tribunal.

4. Os advogados, peritos, testemunhas e outras pessoas, cuja presença seja requerida na sede do Tribunal, beneficiarão do tratamento que se mostre necessário ao funcionamento adequado deste, nos termos do acordo sobre os privilégios e imunidades do Tribunal.

5. Os privilégios e imunidades poderão ser levantados:

*a)* No caso de um juiz ou do Procurador, por decisão adotada por maioria absoluta dos juízes;

*b)* No caso do Secretário, pela Presidência;

*c)* No caso dos Procuradores-Adjuntos e do pessoal do Gabinete do Procurador, pelo Procurador;

*d)* No caso do Secretário-Adjunto e do pessoal da Secretaria, pelo Secretário.

(...)

# CAPÍTULO V.
# INQUÉRITO E PROCEDIMENTO CRIMINAL

## ARTIGO 53.
## ABERTURA DO INQUÉRITO

1. O Procurador, após examinar a informação de que dispõe, abrirá um inquérito, a menos que considere que, nos termos do presente Estatuto, não existe fundamento razoável para proceder ao mesmo. Na sua decisão, o Procurador terá em conta se:

*a)* A informação de que dispõe constitui fundamento razoável para crer que foi, ou está sendo, cometido um crime da competência do Tribunal;

*b)* O caso é ou seria admissível nos termos do artigo 17; e

*c)* Tendo em consideração a gravidade do crime e os interesses das vítimas, não existirão, contudo, razões substanciais para crer que o inquérito não serve os interesses da justiça.

Se decidir que não há motivo razoável para abrir um inquérito e se esta decisão se basear unicamente no disposto na alínea *c)*, o Procurador informará o Juízo de Instrução.

2. Se, concluído o inquérito, o Procurador chegar à conclusão de que não há fundamento suficiente para proceder criminalmente, na medida em que:

*a)* Não existam elementos suficientes, de fato ou de direito, para requerer a emissão de um mandado de detenção ou notificação para comparência, de acordo com o artigo 58;

*b)* O caso seja inadmissível, de acordo com o artigo 17; ou

*c)* O procedimento não serviria o interesse da justiça, consideradas todas as circunstâncias, tais como a gravidade do crime, os interesses das vítimas e a idade ou o estado de saúde do presumível autor e o grau de participação no alegado crime, comunicará a sua decisão, devidamente fundamentada, ao Juízo de Instrução e ao Estado que lhe submeteu o caso, de acordo com o artigo 14, ou ao Conselho de Segurança, se se tratar de um caso previsto no parágrafo *b)* do artigo 13.

3. *a)* A pedido do Estado que tiver submetido o caso, nos termos do artigo 14, ou do Conselho de Segurança, nos termos do parágrafo *b)* do artigo 13, o Juízo de Instrução poderá examinar a decisão do Procurador de não proceder criminalmente em conformidade com os parágrafos 1º ou 2º e solicitar-lhe que reconsidere essa decisão;

*b)* Além disso, o Juízo de Instrução poderá, oficiosamente, examinar a decisão do Procurador de não proceder criminalmente, se essa decisão se basear unicamente no disposto no parágrafo 1º, alínea *c)*, e no parágrafo 2º, alínea *c)*. Nesse caso, a decisão do Procurador só produzirá efeitos se confirmada pelo Juízo de Instrução.

4. O Procurador poderá, a todo o momento, reconsiderar a sua decisão de abrir um inquérito ou proceder criminalmente, com base em novos fatos ou novas informações.

## ARTIGO 54.
## FUNÇÕES E PODERES DO PROCURADOR EM MATÉRIA DE INQUÉRITO

1. O Procurador deverá:

*a)* A fim de estabelecer a verdade dos fatos, alargar o inquérito a todos os fatos e provas pertinentes para a determinação da responsabilidade criminal, em conformidade com o presente Estatuto e, para esse efeito, investigar, de igual modo, as circunstâncias que interessam quer à acusação, quer à defesa;

*b)* Adotar as medidas adequadas para assegurar a eficácia do inquérito e do procedimento criminal relativamente aos crimes da jurisdição do Tribunal e, na sua atuação, o Procurador terá em conta os interesses e a situação pessoal das vítimas e testemunhas, incluindo a idade, o gênero tal como definido no parágrafo 3º do artigo 7º, e o estado de saúde; terá igualmente em conta a natureza do crime, em particular quando envolva violência sexual, violência por motivos relacionados com a pertença a um determinado gênero e violência contra as crianças; e

*c)* Respeitar plenamente os direitos conferidos às pessoas pelo presente Estatuto.

2. O Procurador poderá realizar investigações no âmbito de um inquérito no território de um Estado:

*a)* De acordo com o disposto na Parte IX; ou

*b)* Mediante autorização do Juízo de Instrução, dada nos termos do parágrafo 3º, alínea *d)*, do artigo 57.

3. O Procurador poderá:

*a)* Reunir e examinar provas;

*b)* Convocar e interrogar pessoas objeto de inquérito e convocar e tomar o depoimento de vítimas e testemunhas;

*c)* Procurar obter a cooperação de qualquer Estado ou organização intergovernamental ou instrumento intergovernamental, de acordo com a respectiva competência e/ou mandato;

*d)* Celebrar acordos ou convênios compatíveis com o presente Estatuto, que se mostrem necessários para facilitar a cooperação de um Estado, de uma organização intergovernamental ou de uma pessoa;

*e)* Concordar em não divulgar, em qualquer fase do processo, documentos ou informação que tiver obtido, com a condição de preservar o seu caráter confidencial e com o objetivo único de obter novas provas, a menos que quem tiver facilitado a informação consinta na sua divulgação; e

*f)* Adotar ou requerer que se adotem as medidas necessárias para assegurar o caráter confidencial da informação, a proteção de pessoas ou a preservação da prova.

## ARTIGO 55.
## DIREITOS DAS PESSOAS NO DECURSO DO INQUÉRITO

1. No decurso de um inquérito aberto nos termos do presente Estatuto:

*a)* Nenhuma pessoa poderá ser obrigada a depor contra si própria ou a declarar-se culpada;

*b)* Nenhuma pessoa poderá ser submetida a qualquer forma de coação, intimidação ou ameaça, tortura ou outras formas de penas ou tratamentos cruéis, desumanos ou degradantes; e

*c)* Qualquer pessoa que for interrogada numa língua que não compreenda ou não fale fluentemente, será assistida, gratuitamente, por um intérprete competente e disporá das traduções que são necessárias às exigências de equidade;

*d)* Nenhuma pessoa poderá ser presa ou detida arbitrariamente, nem ser privada da sua liberdade, salvo pelos motivos previstos no presente Estatuto e em conformidade com os procedimentos nele estabelecidos.

2. Sempre que existam motivos para crer que uma pessoa cometeu um crime da competência do Tribunal e que deve ser interrogada pelo Procurador ou pelas autoridades nacionais, em virtude de um pedido feito em conformidade com o disposto na Parte IX do presente Estatuto, essa pessoa será informada, antes do interrogatório, de que goza ainda dos seguintes direitos:

*a)* A ser informada antes de ser interrogada de que existem indícios de que cometeu um crime da competência do Tribunal;

*b)* A guardar silêncio, sem que tal seja tido em consideração para efeitos de determinação da sua culpa ou inocência;

*c)* A ser assistida por um advogado da sua escolha ou, se não o tiver, a solicitar que lhe seja designado um defensor dativo, em todas as situações em que o interesse da justiça assim o exija e sem qualquer encargo se não possuir meios suficientes para lhe pagar; e

*d)* A ser interrogada na presença do seu advogado, a menos que tenha renunciado voluntariamente ao direito de ser assistida por um advogado.

## ARTIGO 56. INTERVENÇÃO DO JUÍZO DE INSTRUÇÃO EM CASO DE OPORTUNIDADE ÚNICA DE PROCEDER A UM INQUÉRITO

1. *a)* Sempre que considere que um inquérito oferece uma oportunidade única de recolher depoimentos ou declarações de uma testemunha ou de examinar, reunir ou verificar provas, o Procurador comunicará esse fato ao Juízo de Instrução;

*b)* Nesse caso, o Juízo de Instrução, a pedido do Procurador, poderá adotar as medidas que entender necessárias para assegurar a eficácia e a integridade do processo e, em particular, para proteger os direitos de defesa;

*c)* Salvo decisão em contrário do Juízo de Instrução, o Procurador transmitirá a informação relevante à pessoa que tenha sido detida, ou que tenha comparecido na sequência de notificação emitida no âmbito do inquérito a que se refere a alínea *a)*, para que possa ser ouvida sobre a matéria em causa.

2. As medidas a que se faz referência na alínea *b)* do parágrafo 1º poderão consistir em:

*a)* Fazer recomendações ou proferir despachos sobre o procedimento a seguir;

*b)* Ordenar que seja lavrado o processo;

*c)* Nomear um perito;

*d)* Autorizar o advogado de defesa do detido, ou de quem tiver comparecido no Tribunal na sequência de notificação, a participar no processo ou, no caso dessa detenção ou comparecimento não se ter ainda verificado ou não tiver ainda sido designado advogado, a nomear outro defensor que se encarregará dos interesses da defesa e os representará;

*e)* Encarregar um dos seus membros ou, se necessário, outro juiz disponível da Seção de Instrução ou da Seção de Julgamento em Primeira Instância, de formular recomendações ou proferir despachos sobre o recolhimento e a preservação de meios de prova e a inquirição de pessoas;

*f)* Adotar todas as medidas necessárias para reunir ou preservar meios de prova.

3. *a)* Se o Procurador não tiver solicitado as medidas previstas no presente artigo mas o Juízo de Instrução considerar que tais medidas serão necessárias para preservar meios de prova que lhe pareçam essenciais para a defesa no julgamento, o Juízo consultará o Procurador a fim de saber se existem motivos poderosos para este não requerer as referidas medidas. Se, após consulta, o Juízo concluir que a omissão de requerimento de tais medidas é injustificada, poderá adotar essas medidas de ofício.

*b)* O Procurador poderá recorrer da decisão do Juízo de Instrução de ofício, nos termos do presente número. O recurso seguirá uma forma sumária.

4. A admissibilidade dos meios de prova preservados ou recolhidos para efeitos do processo ou o respectivo registro, em conformidade com o presente artigo, reger-se-ão, em julgamento, pelo disposto no artigo 69, e terão o valor que lhes for atribuído pelo Juízo de Julgamento em Primeira Instância.

## ARTIGO 57. FUNÇÕES E PODERES DO JUÍZO DE INSTRUÇÃO

1. Salvo disposição em contrário contida no presente Estatuto, o Juízo de Instrução exercerá as suas funções em conformidade com o presente artigo.

2. *a)* Para os despachos do Juízo de Instrução proferidos ao abrigo dos artigos 15, 18, 19, 54, parágrafo 2º, 61, parágrafo 7, e 72, deve concorrer maioria de votos dos juízes que o compõem;

*b)* Em todos os outros casos, um único juiz do Juízo de Instrução poderá exercer as funções definidas no presente Estatuto, salvo disposição em contrário contida no Regulamento Processual ou decisão em contrário do Juízo de Instrução tomada por maioria de votos.

3. Independentemente das outras funções conferidas pelo presente Estatuto, o Juízo de Instrução poderá:

*a)* A pedido do Procurador, proferir os despachos e emitir os mandados que se revelem necessários para um inquérito;

*b)* A pedido de qualquer pessoa que tenha sido detida ou tenha comparecido na sequência de notificação expedida nos termos do artigo 58, proferir despachos, incluindo medidas tais como as indicadas no artigo 56, ou procurar obter, nos termos do disposto na Parte IX, a cooperação necessária para auxiliar essa pessoa a preparar a sua defesa;

*c)* Sempre que necessário, assegurar a proteção e o respeito pela privacidade de vítimas e testemunhas, a preservação da prova, a proteção de pessoas detidas ou que tenham comparecido na sequência de notificação para comparecimento, assim como a proteção de informação que afete a segurança nacional;

*d)* Autorizar o Procurador a adotar medidas específicas no âmbito de um inquérito, no território de um Estado-Parte sem ter obtido a cooperação deste nos termos do disposto na Parte IX, caso o Juízo de Instrução determine que, tendo em consideração, na medida do possível, a posição do referido Estado, este último não está manifestamente em condições de satisfazer um pedido de cooperação face à incapacidade de todas as autoridades ou órgãos do seu sistema judiciário com competência para dar seguimento a um pedido de cooperação formulado nos termos do disposto na Parte IX.

*e)* Quando tiver emitido um mandado de detenção ou uma notificação para comparecimento nos termos do artigo 58, e levando em consideração o valor das provas e os direitos das partes em questão, em conformidade com o disposto no presente Estatuto e no Regulamento Processual, procurar obter a cooperação dos Estados, nos termos do parágrafo 1º, alínea *k)* do artigo 93, para adoção de medidas cautelares que visem à apreensão, em particular no interesse superior das vítimas.

## ARTIGO 58.
## MANDADO DE DETENÇÃO E NOTIFICAÇÃO PARA COMPARECIMENTO DO JUÍZO DE INSTRUÇÃO

1. A todo o momento após a abertura do inquérito, o Juízo de Instrução poderá, a pedido do Procurador, emitir um mandado de detenção contra uma pessoa se, após examinar o pedido e as provas ou outras informações submetidas pelo Procurador, considerar que:

*a)* Existem motivos suficientes para crer que essa pessoa cometeu um crime da competência do Tribunal; e

*b)* A detenção dessa pessoa se mostra necessária para:

*i)* Garantir o seu comparecimento em tribunal;

ii) Garantir que não obstruirá, nem porá em perigo, o inquérito ou a ação do Tribunal; ou

iii) Se for o caso, impedir que a pessoa continue a cometer esse crime ou um crime conexo que seja da competência do Tribunal e tenha a sua origem nas mesmas circunstâncias.

2. Do requerimento do Procurador deverão constar os seguintes elementos:

*a)* O nome da pessoa em causa e qualquer outro elemento útil de identificação;

*b)* A referência precisa do crime da competência do Tribunal que a pessoa tenha presumivelmente cometido;

*c)* Uma descrição sucinta dos fatos que alegadamente constituem o crime;

*d)* Um resumo das provas e de qualquer outra informação que constitua motivo suficiente para crer que a pessoa cometeu o crime; e

*e)* Os motivos pelos quais o Procurador considere necessário proceder à detenção daquela pessoa.

3. Do mandado de detenção deverão constar os seguintes elementos:

*a)* O nome da pessoa em causa e qualquer outro elemento útil de identificação;

*b)* A referência precisa do crime da competência do Tribunal que justifique o pedido de detenção; e

*c)* Uma descrição sucinta dos fatos que alegadamente constituem o crime.

4. O mandado de detenção manter-se-á válido até decisão em contrário do Tribunal.

5. Com base no mandado de detenção, o Tribunal poderá solicitar a prisão preventiva ou a detenção e entrega da pessoa em conformidade com o disposto na Parte IX do presente Estatuto.

6. O Procurador poderá solicitar ao Juízo de Instrução que altere o mandado de detenção no sentido de requalificar os crimes aí indicados ou de adicionar outros. O Juízo de Instrução alterará o mandado de detenção se considerar que existem motivos suficientes para crer que a pessoa cometeu quer os crimes na forma que se indica nessa requalificação, quer os novos crimes.

7. O Procurador poderá solicitar ao Juízo de Instrução que, em vez de um mandado de detenção, emita uma notificação para comparecimento. Se o Juízo considerar que existem motivos suficientes para crer que a pessoa cometeu o crime que lhe é imputado e que uma notificação para comparecimento será suficiente para garantir a sua presença efetiva em tribunal, emitirá uma notificação para que a pessoa compareça, com ou sem a imposição de medidas restritivas de liberdade (distintas da detenção) se previstas no direito interno. Da notificação para comparecimento deverão constar os seguintes elementos:

*a)* O nome da pessoa em causa e qualquer outro elemento útil de identificação;

*b)* A data de comparecimento;

*c)* A referência precisa ao crime da competência do Tribunal que a pessoa alegadamente tenha cometido; e

*d)* Uma descrição sucinta dos fatos que alegadamente constituem o crime.

Esta notificação será diretamente feita à pessoa em causa.

## ARTIGO 59.
## Procedimento de Detenção no Estado da Detenção

1. O Estado-Parte que receber um pedido de prisão preventiva ou de detenção e entrega, adotará imediatamente as medidas necessárias para proceder à detenção, em conformidade com o respectivo direito interno e com o disposto na Parte IX.

2. O detido será imediatamente levado à presença da autoridade judiciária competente do Estado da detenção que determinará se, de acordo com a legislação desse Estado:

*a)* O mandado de detenção é aplicável à pessoa em causa;

*b)* A detenção foi executada de acordo com a lei;

*c)* Os direitos do detido foram respeitados,

3. O detido terá direito a solicitar à autoridade competente do Estado da detenção autorização para aguardar a sua entrega em liberdade.

4. Ao decidir sobre o pedido, a autoridade competente do Estado da detenção determinará se, em face da gravidade dos crimes imputados, se verificam circunstâncias urgentes e excepcionais que justifiquem a liberdade provisória e se existem as garantias necessárias para que

o Estado de detenção possa cumprir a sua obrigação de entregar a pessoa ao Tribunal. Essa autoridade não terá competência para examinar se o mandado de detenção foi regularmente emitido, nos termos das alíneas *a)* e *b)* do parágrafo 1º do artigo 58.

5. O pedido de liberdade provisória será notificado ao Juízo de Instrução, o qual fará recomendações à autoridade competente do Estado da detenção. Antes de tomar uma decisão, a autoridade competente do Estado da detenção terá em conta essas recomendações, incluindo as relativas a medidas adequadas para impedir a fuga da pessoa.

6. Se a liberdade provisória for concedida, o Juízo de Instrução poderá solicitar informações periódicas sobre a situação de liberdade provisória.

7. Uma vez que o Estado da detenção tenha ordenado a entrega, o detido será colocado, o mais rapidamente possível, à disposição do Tribunal.

## ARTIGO 60.
## INÍCIO DA FASE INSTRUTÓRIA

1. Logo que uma pessoa seja entregue ao Tribunal ou nele compareça voluntariamente em cumprimento de uma notificação para comparecimento, o Juízo de Instrução deverá assegurar-se de que essa pessoa foi informada dos crimes que lhe são imputados e dos direitos que o presente Estatuto lhe confere, incluindo o direito de solicitar autorização para aguardar o julgamento em liberdade.

2. A pessoa objeto de um mandado de detenção poderá solicitar autorização para aguardar julgamento em liberdade. Se o Juízo de Instrução considerar verificadas as condições enunciadas no parágrafo 1ºdo artigo 58, a detenção será mantida. Caso contrário, a pessoa será posta em liberdade, com ou sem condições.

3. O Juízo de Instrução reexaminará periodicamente a sua decisão quanto à liberdade provisória ou à detenção, podendo fazê-lo a todo o momento, a pedido do Procurador ou do interessado. Ao tempo da revisão, o Juízo poderá modificar a sua decisão quanto à detenção, à liberdade provisória ou às condições desta, se considerar que a alteração das circunstâncias o justifica.

4. O Juízo de Instrução certificar-se-á de que a detenção não será prolongada por período não razoável devido a demora injustificada por parte do Procurador. Caso se produza a referida demora, o Tribunal considerará a possibilidade de por o interessado em liberdade, com ou sem condições.

5. Se necessário, o Juízo de Instrução poderá emitir um mandado de detenção para garantir o comparecimento de uma pessoa que tenha sido posta em liberdade.

## ARTIGO 61.
## APRECIAÇÃO DA ACUSAÇÃO ANTES DO JULGAMENTO

1. Salvo o disposto no parágrafo 2º, e em um prazo razoável após a entrega da pessoa ao Tribunal ou ao seu comparecimento voluntário perante este, o Juízo de Instrução realizará uma audiência para apreciar os fatos constantes da acusação com base nos quais o Procurador pretende requerer o julgamento. A audiência ocorrerá lugar na presença do Procurador e do acusado, assim como do defensor deste.

2. O Juízo de Instrução, de ofício ou a pedido do Procurador, poderá realizar a audiência na ausência do acusado, a fim de apreciar os fatos constantes da acusação com base nos quais o Procurador pretende requerer o julgamento, se o acusado:

*a)* Tiver renunciado ao seu direito a estar presente; ou

*b)* Tiver fugido ou não for possível encontrá-lo, tendo sido tomadas todas as medidas razoáveis para assegurar o seu comparecimento em Tribunal e para o informar dos fatos constantes da acusação e da realização de uma audiência para apreciação dos mesmos.

Neste caso, o acusado será representado por um defensor, se o Juízo de Instrução decidir que tal servirá os interesses da justiça.

3. Num prazo razoável antes da audiência, o acusado:

*a)* Receberá uma cópia do documento especificando os fatos constantes da acusação com base nos quais o Procurador pretende requerer o julgamento; e

*b)* Será informado das provas que o Procurador pretende apresentar em audiência.

O Juízo de Instrução poderá proferir despacho sobre a divulgação de informação para efeitos da audiência.

4. Antes da audiência, o Procurador poderá reabrir o inquérito e alterar ou retirar parte dos fatos constantes da acusação. O acusado será notificado de qualquer alteração ou retirada em tempo razoável, antes da realização da audiência. No caso de retirada de parte dos fatos constantes da acusação, o Procurador informará o Juízo de Instrução dos motivos da mesma.

5. Na audiência, o Procurador produzirá provas satisfatórias dos fatos constantes da acusação, nos quais baseou a sua convicção de que o acusado cometeu o crime que lhe é imputado. O Procurador poderá basear-se em provas documentais ou um resumo das provas, não sendo obrigado a chamar as testemunhas que irão depor no julgamento.

6. Na audiência, o acusado poderá:

*a)* Contestar as acusações;

*b)* Impugnar as provas apresentadas pelo Procurador; e

*c)* Apresentar provas.

7. Com base nos fatos apreciados durante a audiência, o Juízo de Instrução decidirá se existem provas suficientes de que o acusado cometeu

os crimes que lhe são imputados. De acordo com essa decisão, o Juízo de Instrução:

*a)* Declarará procedente a acusação na parte relativamente à qual considerou terem sido reunidas provas suficientes e remeterá o acusado para o juízo de Julgamento em Primeira Instância, a fim de aí ser julgado pelos fatos confirmados;

*b)* Não declarará procedente a acusação na parte relativamente à qual considerou não terem sido reunidas provas suficientes;

*c)* Adiará a audiência e solicitará ao Procurador que considere a possibilidade de:

*i)* Apresentar novas provas ou efetuar novo inquérito relativamente a um determinado fato constante da acusação; ou

ii) Modificar parte da acusação, se as provas reunidas parecerem indicar que um crime distinto, da competência do Tribunal, foi cometido.

8. A declaração de não procedência relativamente a parte de uma acusação, proferida pelo Juízo de Instrução, não obstará a que o Procurador solicite novamente a sua apreciação, na condição de apresentar provas adicionais.

9. Tendo os fatos constantes da acusação sido declarados procedentes, e antes do início do julgamento, o Procurador poderá, mediante autorização do Juízo de Instrução e notificação prévia do acusado, alterar alguns fatos constantes da acusação. Se o Procurador pretender acrescentar novos fatos ou substituí-los por outros de natureza mais grave, deverá, nos termos do preserve artigo, requerer uma audiência para a respectiva apreciação. Após o início do julgamento, o Procurador poderá retirar a acusação, com autorização do Juízo de Instrução.

10. Qualquer mandado emitido deixará de ser válido relativamente aos fatos constantes da acusação que tenham sido declarados não procedentes pelo Juízo de Instrução ou que tenham sido retirados pelo Procurador.

11. Tendo a acusação sido declarada procedente nos termos do presente artigo, a Presidência designará um Juízo de Julgamento em Primeira Instância que, sob reserva do disposto no parágrafo 9 do presente artigo e no parágrafo 4º do artigo 64, se encarregará da fase seguinte do processo e poderá exercer as funções do Juízo de Instrução que se mostrem pertinentes e apropriadas nessa fase do processo.

## CAPÍTULO VI. O JULGAMENTO

### ARTIGO 62. LOCAL DO JULGAMENTO

Salvo decisão em contrário, o julgamento terá lugar na sede do Tribunal.

### ARTIGO 63. PRESENÇA DO ACUSADO EM JULGAMENTO

1. O acusado estará presente durante o julgamento.

2. Se o acusado, presente em tribunal, perturbar persistentemente a audiência, o Juízo de Julgamento em Primeira Instância poderá ordenar a sua remoção da sala e providenciar para que acompanhe o processo e dê instruções ao seu defensor a partir do exterior da mesma, utilizando, se necessário, meios técnicos de comunicação. Estas medidas só serão adotadas em circunstâncias excepcionais e pelo período estritamente necessário, após se terem esgotado outras possibilidades razoáveis.

### ARTIGO 64. FUNÇÕES E PODERES DO JUÍZO DE JULGAMENTO EM PRIMEIRA INSTÂNCIA

1. As funções e poderes do Juízo de Julgamento em Primeira Instância, enunciadas no presente artigo, deverão ser exercidas em conformidade com o presente Estatuto e o Regulamento Processual.

2. O Juízo de Julgamento em Primeira Instância zelará para que o julgamento seja conduzido de maneira equitativa e célere, com total respeito dos direitos do acusado e tendo em devida conta a proteção das vítimas e testemunhas.

3. O Juízo de Julgamento em Primeira Instância a que seja submetido um caso nos termos do presente Estatuto:

*a)* Consultará as partes e adotará as medidas necessárias para que o processo se desenrole de maneira equitativa e célere;

*b)* Determinará qual a língua, ou quais as línguas, a utilizar no julgamento; e

*c)* Sob reserva de qualquer outra disposição pertinente do presente Estatuto, providenciará pela revelação de quaisquer documentos ou da informação que não tenha sido divulgada anteriormente, com suficiente antecedência relativamente ao início do julgamento, a fim de permitir a sua preparação adequada para o julgamento.

4. O Juízo de Julgamento em Primeira Instância poderá, se mostrar necessário para o seu funcionamento eficaz e imparcial, remeter questões preliminares ao Juízo de Instrução ou, se necessário, a um outro juiz disponível da Seção de Instrução.

5. Mediante notificação às partes, o Juízo de Julgamento em Primeira Instância poderá, conforme se lhe afigure mais adequado, ordenar que as acusações contra mais de um acusado sejam deduzidas conjunta ou separadamente.

6. No desempenho das suas funções, antes ou no decurso de um julgamento, o Juízo de Julgamento em Primeira Instância poderá, se necessário:

*a)* Exercer qualquer uma das funções do Juízo de Instrução consignadas no parágrafo 11 do artigo 61;

*b)* Ordenar a comparência e a audição de testemunhas e a apresentação de documentos e outras provas, obtendo para tal, se necessário, o auxílio de outros Estados, conforme previsto no presente Estatuto;

*c)* Adotar medidas para a proteção da informação confidencial;

*d)* Ordenar a apresentação de provas adicionais às reunidas antes do julgamento ou às apresentadas no decurso do julgamento pelas partes;

*e)* Adotar medidas para a proteção do acusado, testemunhas e vítimas; e

*f)* Decidir sobre qualquer outra questão pertinente.

7. A audiência de julgamento será pública. No entanto, o Juízo de Julgamento em Primeira Instância poderá decidir que determinadas diligências se efetuem à porta fechada, em conformidade com os objetivos enunciados no artigo 68 ou com vista a proteger informação de caráter confidencial ou restrita que venha a ser apresentada como prova.

8. *a)* No início da audiência de julgamento, o Juízo de Julgamento em Primeira Instância ordenará a leitura ao acusado, dos fatos constantes da acusação previamente confirmados pelo Juízo de Instrução. O Juízo de Julgamento em Primeira Instância deverá certificar-se de que o acusado compreende a natureza dos fatos que lhe são imputados e dar-lhe a oportunidade de os confessar, de acordo com o disposto no artigo 65, ou de se declarar inocente;

*b)* Durante o julgamento, o juiz presidente poderá dar instruções sobre a condução da audiência, nomeadamente para assegurar que esta se desenrole de maneira equitativa e imparcial. Salvo qualquer orientação do juiz presidente, as partes poderão apresentar provas em conformidade com as disposições do presente Estatuto.

9. O Juízo de Julgamento em Primeira Instância poderá, inclusive, de ofício ou a pedido de uma das partes, a saber:

*a)* Decidir sobre a admissibilidade ou pertinência das provas; e

*b)* Tomar todas as medidas necessárias para manter a ordem na audiência.

10. O Juízo de Julgamento em Primeira Instância providenciará para que o Secretário proceda a um registro completo da audiência de julgamento onde sejam fielmente relatadas todas as diligências efetuadas, registro que deverá manter e preservar.

## ARTIGO 65. PROCEDIMENTO EM CASO DE CONFISSÃO

1. Se o acusado confessar nos termos do parágrafo 8, alínea *a)*, do artigo 64, o Juízo de Julgamento em Primeira Instância apurará:

*a)* Se o acusado compreende a natureza e as consequências da sua confissão;

*b)* Se essa confissão foi feita livremente, após devida consulta ao seu advogado de defesa; e

*c)* Se a confissão é corroborada pelos fatos que resultam:

*i)* Da acusação deduzida pelo Procurador e aceita pelo acusado;

ii) De quaisquer meios de prova que confirmam os fatos constantes da acusação deduzida pelo Procurador e aceita pelo acusado; e

iii) De quaisquer outros meios de prova, tais como depoimentos de testemunhas, apresentados pelo Procurador ou pelo acusado.

2. Se o Juízo de Julgamento em Primeira Instância estimar que estão reunidas as condições referidas no parágrafo 1º, considerará que a confissão, juntamente com quaisquer provas adicionais produzidas, constitui um reconhecimento de todos os elementos essenciais constitutivos do crime pelo qual o acusado se declarou culpado e poderá condená-lo por esse crime.

3. Se o Juízo de Julgamento em Primeira Instância estimar que não estão reunidas as condições referidas no parágrafo 1º, considerará a confissão como não tendo tido lugar e, nesse caso, ordenará que o julgamento prossiga de acordo com o procedimento comum estipulado no presente Estatuto, podendo transmitir o processo a outro Juízo de Julgamento em Primeira Instância.

4. Se o Juízo de Julgamento em Primeira Instância considerar necessária, no interesse da justiça, e em particular no interesse das vítimas, uma explanação mais detalhada dos fatos integrantes do caso, poderá:

*a)* Solicitar ao Procurador que apresente provas adicionais, incluindo depoimentos de testemunhas; ou

*b)* Ordenar que o processo prossiga de acordo com o procedimento comum estipulado no presente Estatuto, caso em que considerará a confissão como não tendo tido lugar e poderá transmitir o processo a outro Juízo de Julgamento em Primeira Instância.

5. Quaisquer consultas entre o Procurador e a defesa, no que diz respeito à alteração dos fatos constantes da acusação, à confissão ou à pena a ser imposta, não vincularão o Tribunal.

## ARTIGO 66. PRESUNÇÃO DE INOCÊNCIA

1. Toda a pessoa se presume inocente até prova da sua culpa perante o Tribunal, de acordo com o direito aplicável.

2. Incumbe ao Procurador o ônus da prova da culpa do acusado.

3. Para proferir sentença condenatória, o Tribunal deve estar convencido de que o acusado é culpado, além de qualquer dúvida razoável.

## ARTIGO 67. DIREITOS DO ACUSADO

1. Durante a apreciação de quaisquer fatos constantes da acusação, o acusado tem direito a ser ouvido em audiência pública, levando em conta o disposto no presente Estatuto, a uma audiência conduzida de forma equitativa e imparcial e às seguintes garantias mínimas, em situação de plena igualdade:

*a)* A ser informado, sem demora e de forma detalhada, numa língua que compreenda e fale fluentemente, da natureza, motivo e conteúdo dos fatos que lhe são imputados;

*b)* A dispor de tempo e de meios adequados para a preparação da sua defesa e a comunicar-se livre e confidencialmente com um defensor da sua escolha;

*c)* A ser julgado sem atrasos indevidos;

*d)* Salvo o disposto no parágrafo 2º do artigo 63, o acusado terá direito a estar presente na audiência de julgamento e a defender-se a si próprio ou a ser assistido por um defensor da sua escolha; se não o tiver, a ser informado do direito de o tribunal lhe nomear um defensor sempre que o interesse da justiça o exija, sendo tal assistência gratuita se o acusado carecer de meios suficientes para remunerar o defensor assim nomeado;

*e)* A inquirir ou a fazer inquirir as testemunhas de acusação e a obter o comparecimento das testemunhas de defesa e a inquirição destas nas mesmas condições que as testemunhas de acusação. O acusado terá também direito a apresentar defesa e a oferecer qualquer outra prova admissível, de acordo com o presente Estatuto;

*f)* A ser assistido gratuitamente por um intérprete competente e a serem-lhe facultadas as traduções necessárias que a equidade exija, se não compreender perfeitamente ou não falar a língua utilizada em qualquer ato processual ou documento produzido em tribunal;

*g)* A não ser obrigado a depor contra si próprio, nem a declarar-se culpado, e a guardar silêncio, sem que este seja levado em conta na determinação da sua culpa ou inocência;

*h)* A prestar declarações não ajuramentadas, oralmente ou por escrito, em sua defesa; e

*i)* A que não lhe seja imposta quer a inversão do ônus da prova, quer a impugnação.

2. Além de qualquer outra revelação de informação prevista no presente Estatuto, o Procurador comunicará à defesa, logo que possível, as provas que tenha em seu poder ou sob o seu controle e que, no seu entender, revelem ou tendam a revelar a inocência do acusado, ou a atenuar a sua culpa, ou que possam afetar a credibilidade das provas de acusação. Em caso de dúvida relativamente à aplicação do presente número, cabe ao Tribunal decidir.

## ARTIGO 68. PROTEÇÃO DAS VÍTIMAS E DAS TESTEMUNHAS E SUA PARTICIPAÇÃO NO PROCESSO

1. O Tribunal adotará as medidas adequadas para garantir a segurança, o bem-estar físico e psicológico, a dignidade e a vida privada das vítimas e testemunhas. Para tal, o Tribunal levará em conta todos os fatores pertinentes, incluindo a idade, o gênero tal como definido no parágrafo 3º do artigo 7º, e o estado de saúde, assim como a natureza do crime, em particular, mas não apenas quando este envolva elementos de agressão sexual, de violência relacionada com a pertença a um determinado gênero ou de violência contra crianças. O Procurador adotará estas medidas, nomeadamente durante o inquérito e o procedimento criminal. Tais medidas não poderão prejudicar nem ser incompatíveis com os direitos do acusado ou com a realização de um julgamento equitativo e imparcial.

2. Enquanto excepção ao princípio do caráter público das audiências estabelecido no artigo 67, qualquer um dos Juízos que compõem o Tribunal poderá, a fim de proteger as vítimas e as testemunhas ou o acusado, decretar que um ato processual se realize, no todo ou em parte, à porta fechada ou permitir a produção de prova por meios eletrônicos ou outros meios especiais. Estas medidas aplicar-se-ão, nomeadamente, no caso de uma vítima de violência sexual ou de um menor que seja vítima ou testemunha, salvo decisão em contrário adotada pelo Tribunal, ponderadas todas as circunstâncias, particularmente a opinião da vítima ou da testemunha.

3. Se os interesses pessoais das vítimas forem afetados, o Tribunal permitir-lhes-á que expressem as suas opiniões e preocupações em fase processual que entenda apropriada e por forma a não prejudicar os direitos do acusado nem a ser incompatível com estes ou com a realização de um julgamento equitativo e imparcial. Os representantes legais das vítimas poderão apresentar as referidas opiniões e preocupações quando o Tribunal o considerar oportuno e em conformidade com o Regulamento Processual.

4. A Unidade de Apoio às Vítimas e Testemunhas poderá aconselhar o Procurador e o Tribunal relativamente a medidas adequadas de proteção, mecanismos de segurança, assessoria e assistência a que se faz referência no parágrafo 6 do artigo 43.

5. Quando a divulgação de provas ou de informação, de acordo com o presente Estatuto, representar um grave perigo para a segurança de uma testemunha ou da sua família, o Procurador poderá, para efeitos de qualquer diligência anterior ao julgamento, não apresentar as referidas provas ou informação, mas antes um resumo das mesmas. As medidas desta natureza deverão ser postas em prática de uma forma que não seja prejudicial aos direitos do acusado

ou incompatível com estes e com a realização de um julgamento equitativo e imparcial.

6. Qualquer Estado poderá solicitar que sejam tomadas as medidas necessárias para assegurar a proteção dos seus funcionários ou agentes, bem como a proteção de toda a informação de caráter confidencial ou restrito.

### ARTIGO 69.
### PROVA

1. Em conformidade com o Regulamento Processual e antes de depor, qualquer testemunha se comprometerá a fazer o seu depoimento com verdade.

2. A prova testemunhal deverá ser prestada pela própria pessoa no decurso do julgamento, salvo quando se apliquem as medidas estabelecidas no artigo 68 ou no Regulamento Processual. De igual modo, o Tribunal poderá permitir que uma testemunha preste declarações oralmente ou por meio de gravação em vídeo ou áudio, ou que sejam apresentados documentos ou transcrições escritas, nos termos do presente Estatuto e de acordo com o Regulamento Processual. Estas medidas não poderão prejudicar os direitos do acusado, nem ser incompatíveis com eles.

3. As partes poderão apresentar provas que interessem ao caso, nos termos do artigo 64. O Tribunal será competente para solicitar de ofício a produção de todas as provas que entender necessárias para determinar a veracidade dos fatos.

4. O Tribunal poderá decidir sobre a relevância ou admissibilidade de qualquer prova, tendo em conta, entre outras coisas, o seu valor probatório e qualquer prejuízo que possa acarretar para a realização de um julgamento equitativo ou para a avaliação equitativa dos depoimentos de uma testemunha, em conformidade com o Regulamento Processual.

5. O Tribunal respeitará e atenderá aos privilégios de confidencialidade estabelecidos no Regulamento Processual.

6. O Tribunal não exigirá prova dos fatos do domínio público, mas poderá fazê-los constar dos autos.

7. Não serão admissíveis as provas obtidas com violação do presente Estatuto ou das normas de direitos humanos internacionalmente reconhecidas quando:

*a)* Essa violação suscite sérias dúvidas sobre a fiabilidade das provas; ou

*b)* A sua admissão atente contra a integridade do processo ou resulte em grave prejuízo deste.

8. O Tribunal, ao decidir sobre a relevância ou admissibilidade das provas apresentadas por um Estado, não poderá pronunciar-se sobre a aplicação do direito interno desse Estado.

### ARTIGO 70.
### INFRAÇÕES CONTRA A ADMINISTRAÇÃO DA JUSTIÇA

1. O Tribunal terá competência para conhecer das seguintes infrações contra a sua administração da justiça, quando cometidas intencionalmente:

*a)* Prestação de falso testemunho, quando há a obrigação de dizer a verdade, de acordo com o parágrafo 1º do artigo 69;

*b)* Apresentação de provas, tendo a parte conhecimento de que são falsas ou que foram falsificadas;

*c)* Suborno de uma testemunha, impedimento ou interferência no seu comparecimento ou depoimento, represálias contra uma testemunha por esta ter prestado depoimento, destruição ou alteração de provas ou interferência nas diligências de obtenção de prova;

*d)* Entrave, intimidação ou corrupção de um funcionário do Tribunal, com a finalidade de o obrigar ou o induzir a não cumprir as suas funções ou a fazê-lo de maneira indevida;

*e)* Represálias contra um funcionário do Tribunal, em virtude das funções que ele ou outro funcionário tenham desempenhado; e

*f)* Solicitação ou aceitação de suborno na qualidade de funcionário do Tribunal, e em relação com o desempenho das respectivas funções oficiais.

2. O Regulamento Processual estabelecerá os princípios e procedimentos que regularão o exercício da competência do Tribunal relativamente às infrações a que se faz referência no presente artigo. As condições de cooperação internacional com o Tribunal, relativamente ao procedimento que adote de acordo com o presente artigo, reger-se-ão pelo direito interno do Estado requerido.

3. Em caso de decisão condenatória, o Tribunal poderá impor uma pena de prisão não superior a 5 (cinco) anos, ou de multa, de acordo com o Regulamento Processual, ou ambas.

4. *a)* Cada Estado-Parte tornará extensivas as normas penais de direito interno que punem as infrações contra a realização da justiça às infrações contra a administração da justiça a que se faz referência no presente artigo, e que sejam cometidas no seu território ou por um dos seus nacionais;

*b)* A pedido do Tribunal, qualquer Estado-Parte submeterá, sempre que o entender necessário, o caso à apreciação das suas autoridades competentes para fins de procedimento criminal. Essas autoridades conhecerão do caso com diligência e acionarão os meios necessários para a sua eficaz condução.

### ARTIGO 71.
### SANÇÕES POR DESRESPEITO AO TRIBUNAL

1. Em caso de atitudes de desrespeito ao Tribunal, tal como perturbar a audiência ou recusar-se deliberadamente a cumprir as suas

instruções, o Tribunal poderá impor sanções administrativas que não impliquem privação de liberdade, como, por exemplo, a expulsão temporária ou permanente da sala de audiências, a multa ou outra medida similar prevista no Regulamento Processual.

2. O processo de imposição das medidas a que se refere o número anterior reger-se-á pelo Regulamento Processual.

## ARTIGO 72.
## PROTEÇÃO DE INFORMAÇÃO RELATIVA À SEGURANÇA NACIONAL

1. O presente artigo aplicar-se-á a todos os casos em que a divulgação de informação ou de documentos de um Estado possa, no entender deste, afetar os interesses da sua segurança nacional. Tais casos incluem os abrangidos pelas disposições constantes dos parágrafos 2º e 3º do artigo 56, parágrafo 3º do artigo 61, parágrafo 3º do artigo 64, parágrafo 2º do artigo 67, parágrafo 6 do artigo 68, parágrafo 6 do artigo 87 e do artigo 93, assim como os que se apresentem em qualquer outra fase do processo em que uma tal divulgação possa estar em causa.

2. O presente artigo aplicar-se-á igualmente aos casos em que uma pessoa a quem tenha sido solicitada a prestação de informação ou provas, se tenha recusado a apresenta-las ou tenha entregue a questão ao Estado, invocando que tal divulgação afetaria os interesses da segurança nacional do Estado, e o Estado em causa confirme que, no seu entender, essa divulgação afetaria os interesses da sua segurança nacional.

3. Nada no presente artigo afetará os requisitos de confidencialidade a que se referem as alíneas *e)* e *f)* do parágrafo 3º do artigo 54, nem a aplicação do artigo 73.

4. Se um Estado tiver conhecimento de que informações ou documentos do Estado estão a ser, ou poderão vir a ser, divulgados em qualquer fase do processo, e considerar que essa divulgação afetaria os seus interesses de segurança nacional, tal Estado terá o direito de intervir com vista a ver alcançada a resolução desta questão em conformidade com o presente artigo.

5. O Estado que considere que a divulgação de determinada informação poderá afetar os seus interesses de segurança nacional adotará, em conjunto com o Procurador, a defesa, o Juízo de Instrução ou o Juízo de Julgamento em Primeira Instância, conforme o caso, todas as medidas razoavelmente possíveis para encontrar uma solução através da concertação. Estas medidas poderão incluir:

*a)* A alteração ou o esclarecimento dos motivos do pedido;

*b)* Uma decisão do Tribunal relativa à relevância das informações ou dos elementos de prova solicitados, ou uma decisão sobre se as provas, ainda que relevantes, não poderiam ser ou ter sido obtidas junto de fonte distinta do Estado requerido;

*c)* A obtenção da informação ou de provas de fonte distinta ou em uma forma diferente; ou

*d)* Um acordo sobre as condições em que a assistência poderá ser prestada, incluindo, entre outras, a disponibilização de resumos ou exposições, restrições à divulgação, recurso ao procedimento à porta fechada ou à revelia de uma das partes, ou aplicação de outras medidas de proteção permitidas pelo Estatuto ou pelas Regulamento Processual.

6. Realizadas todas as diligências razoavelmente possíveis com vista a resolver a questão por meio de concertação, e se o Estado considerar não haver meios nem condições para que as informações ou os documentos possam ser fornecidos ou revelados sem prejuízo dos seus interesses de segurança nacional, notificará o Procurador ou o Tribunal nesse sentido, indicando as razões precisas que fundamentaram a sua decisão, a menos que a descrição específica dessas razões prejudique, necessariamente, os interesses de segurança nacional do Estado.

7. Posteriormente, se decidir que a prova é relevante e necessária para a determinação da culpa ou inocência do acusado, o Tribunal poderá adotar as seguintes medidas:

*a)* Quando a divulgação da informação ou do documento for solicitada no âmbito de um pedido de cooperação, nos termos da Parte IX do presente Estatuto ou nas circunstâncias a que se refere o parágrafo 2º do presente artigo, e o Estado invocar o motivo de recusa estatuído no parágrafo 4° do artigo 93:

*i)* O Tribunal poderá, antes de chegar a qualquer uma das conclusões a que se refere o ponto ii) da alínea *a)* do parágrafo 7º, solicitar consultas suplementares com o fim de ouvir o Estado, incluindo, se for caso disso, a sua realização à porta fechada ou à revelia de uma das partes;

ii) Se o Tribunal concluir que, ao invocar o motivo de recusa estatuído no parágrafo 4º do artigo 93, dadas as circunstâncias do caso, o Estado requerido não está a atuar de harmonia com as obrigações impostas pelo presente Estatuto, poderá remeter a questão nos termos do parágrafo 7 do artigo 87, especificando as razões da sua conclusão; e

iii) O Tribunal poderá tirar as conclusões, que entender apropriadas, em razão das circunstâncias, ao julgar o acusado, quanto à existência ou inexistência de um fato; ou

*b)* Em todas as restantes circunstâncias:

*i)* Ordenar a revelação; ou

ii) Se não ordenar a revelação, inferir, no julgamento do acusado, quanto à existência ou inexistência de um fato, conforme se mostrar apropriado.

## ARTIGO 73.
## INFORMAÇÃO OU DOCUMENTOS DISPONIBILIZADOS POR TERCEIROS

Se um Estado-Parte receber um pedido do Tribunal para que lhe forneça uma informação ou um documento que esteja sob sua custódia, posse ou controle, e que lhe tenha sido comunicado a título confidencial por um Estado, uma organização intergovernamental ou uma organização internacional, tal Estado-Parte deverá obter o consentimento do seu autor para a divulgação dessa informação ou documento. Se o autor for um Estado-Parte, este poderá consentir em divulgar a referida informação ou documento ou comprometer-se a resolver a questão com o Tribunal, salvaguardando-se o disposto no artigo 72. Se o autor não for um Estado-Parte e não consentir em divulgar a informação ou o documento, o Estado requerido comunicará ao Tribunal que não lhe será possível fornecer a informação ou o documento em causa, devido à obrigação previamente assumida com o respectivo autor de preservar o seu caráter confidencial.

## ARTIGO 74. REQUISITOS PARA A DECISÃO

1. Todos os juízes do Juízo de Julgamento em Primeira Instância estarão presentes em cada uma das fases do julgamento e nas deliberações. A Presidência poderá designar, conforme o caso, um ou vários juízes substitutos, em função das disponibilidades, para estarem presentes em todas as fases do julgamento, bem coma para substituírem qualquer membro do Juízo de Julgamento em Primeira Instância que se encontre impossibilitado de continuar a participar no julgamento.
2. O Juízo de Julgamento em Primeira Instância fundamentará a sua decisão com base na apreciação das provas e do processo no seu conjunto. A decisão não exorbitará dos fatos e circunstâncias descritos na acusação ou nas alterações que lhe tenham sido feitas. O Tribunal fundamentará a sua decisão exclusivamente nas provas produzidas ou examinadas em audiência de julgamento.
3. Os juízes procurarão tomar uma decisão por unanimidade e, não sendo possível, por maioria.
4. As deliberações do Juízo de Julgamento em Primeira Instância serão e permanecerão secretas.
5. A decisão será proferida por escrito e conterá uma exposição completa e fundamentada da apreciação das provas e as conclusões do Juízo de Julgamento em Primeira Instância. Será proferida uma só decisão pelo Juízo de Julgamento em Primeira Instância. Se não houver unanimidade, a decisão do Juízo de Julgamento em Primeira Instância conterá as opiniões tanto da maioria como da minoria dos juízes. A leitura da decisão ou de uma sua súmula far-se-á em audiência pública.

## ARTIGO 75. REPARAÇÃO EM FAVOR DAS VÍTIMAS

1. O Tribunal estabelecerá princípios aplicáveis às formas de reparação, tais como a restituição, a indenização ou a reabilitação, que hajam de ser atribuídas às vítimas ou aos titulares desse direito. Nesta base, o Tribunal poderá, de ofício ou por requerimento, em circunstâncias excepcionais, determinar a extensão e o nível dos danos, da perda ou do prejuízo causados às vítimas ou aos titulares do direito à reparação, com a indicação dos princípios nos quais fundamentou a sua decisão.
2. O Tribunal poderá lavrar despacho contra a pessoa condenada, no qual determinará a reparação adequada a ser atribuída às vítimas ou aos titulares de tal direito. Esta reparação poderá, nomeadamente, assumir a forma de restituição, indenização ou reabilitação. Se for caso disso, o Tribunal poderá ordenar que a indenização atribuída a título de reparação seja paga por intermédio do Fundo previsto no artigo 79.
3. Antes de lavrar qualquer despacho ao abrigo do presente artigo, o Tribunal poderá solicitar e levar em consideração as pretensões formuladas pela pessoa condenada, pelas vítimas, por outras pessoas interessadas ou por outros Estados interessados, bem como as observações formuladas em nome dessas pessoas ou desses Estados.
4. Ao exercer os poderes conferidos pelo presente artigo, o Tribunal poderá, após a condenação por crime que seja da sua competência, determinar se, para fins de aplicação dos despachos que lavrar ao abrigo do presente artigo, será necessário tomar quaisquer medidas em conformidade com o parágrafo 1º do artigo 93.
5. Os Estados-Partes observarão as decisões proferidas nos termos deste artigo como se as disposições do artigo 109 se aplicassem ao presente artigo.
6. Nada no presente artigo será interpretado como prejudicando os direitos reconhecidos às vítimas pelo direito interno ou internacional.

## ARTIGO 76. APLICAÇÃO DA PENA

1. Em caso de condenação, o Juízo de Julgamento em Primeira Instância determinará a pena a aplicar tendo em conta os elementos de prova e as exposições relevantes produzidos no decurso do julgamento,
2. Salvo nos casos em que seja aplicado o artigo 65 e antes de concluído o julgamento, o Juízo de Julgamento em Primeira Instância poderá, oficiosamente, e deverá, a requerimento do Procurador ou do acusado, convocar uma audiência suplementar, a fim de conhecer de quaisquer novos elementos de prova ou exposições relevantes para a determinação da pena, de harmonia com o Regulamento Processual.
3. Sempre que o parágrafo 2º for aplicável, as pretensões previstas no artigo 75 serão ouvidas pelo Juízo de Julgamento em Primeira Instância no decorrer da audiência suplementar referida no parágrafo 2º e, se necessário, no decorrer de qualquer nova audiência.
4. A sentença será proferida em audiência pública e, sempre que possível, na presença do acusado.

## CAPÍTULO VII.
## AS PENAS

### ARTIGO 77.
### PENAS APLICÁVEIS

1. Sem prejuízo do disposto no artigo 110, o Tribunal pode impor à pessoa condenada por um dos crimes previstos no artigo 5º do presente Estatuto uma das seguintes penas:

*a)* Pena de prisão por um número determinado de anos, até ao limite máximo de 30 (trinta) anos; ou

*b)* Pena de prisão perpétua, se o elevado grau de ilicitude do fato e as condições pessoais do condenado o justificarem,

2. Além da pena de prisão, o Tribunal poderá aplicar:

*a)* Uma multa, de acordo com os critérios previstos no Regulamento Processual;

*b)* A perda de produtos, bens e haveres provenientes, direta ou indiretamente, do crime, sem prejuízo dos direitos de terceiros que tenham agido de boa-fé.

### ARTIGO 78.
### DETERMINAÇÃO DA PENA

1. Na determinação da pena, o Tribunal atenderá, em harmonia com o Regulamento Processual, a fatores tais como a gravidade do crime e as condições pessoais do condenado.

2. O Tribunal descontará, na pena de prisão que vier a aplicar, o período durante o qual o acusado esteve sob detenção por ordem daquele. O Tribunal poderá ainda descontar qualquer outro período de detenção que tenha sido cumprido em razão de uma conduta constitutiva do crime.

3. Se uma pessoa for condenada pela prática de vários crimes, o Tribunal aplicará penas de prisão parcelares relativamente a cada um dos crimes e uma pena única, na qual será especificada a duração total da pena de prisão. Esta duração não poderá ser inferior à da pena parcelar mais elevada e não poderá ser superior a 30 anos de prisão ou ir além da pena de prisão perpétua prevista no artigo 77, parágrafo 1º, alínea *b)*.

### ARTIGO 79.
### FUNDO EM FAVOR DAS VÍTIMAS

1. Por decisão da Assembleia dos Estados-Partes, será criado um Fundo a favor das vítimas de crimes da competência do Tribunal, bem como das respectivas famílias.

2. O Tribunal poderá ordenar que o produto das multas e quaisquer outros bens declarados perdidos revertam para o Fundo.

3. O Fundo será gerido em harmonia com os critérios a serem adotados pela Assembleia dos Estados-Partes.

### ARTIGO 80.
### NÃO INTERFERÊNCIA NO REGIME DE APLICAÇÃO DE PENAS NACIONAIS E NOS DIREITOS INTERNOS

Nada no presente Capítulo prejudicará a aplicação, pelos Estados, das penas previstas nos respectivos direitos internos, ou a aplicação da legislação de Estados que não preveja as penas referidas neste capítulo.

## CAPÍTULO VIII.
## RECURSO E REVISÃO

### ARTIGO 81.
### RECURSO DA SENTENÇA CONDENATÓRIA OU ABSOLUTÓRIA OU DA PENA

1. A sentença proferida nos termos do artigo 74 é recorrível em conformidade com o disposto no Regulamento Processual nos seguintes termos:

*a)* O Procurador poderá interpor recurso com base num dos seguintes fundamentos:

i) Vício processual;

ii) Erro de fato; ou

iii) Erro de direito;

*b)* O condenado ou o Procurador, no interesse daquele; poderá interpor recurso com base num dos seguintes fundamentos:

*i)* Vício processual;

ii) Erro de fato;

iii) Erro de direito; ou

iv) Qualquer outro motivo suscetível de afetar a equidade ou a regularidade do processo ou da sentença.

2. *a)* O Procurador ou o condenado poderá, em conformidade com o Regulamento Processual, interpor recurso da pena decretada invocando desproporção entre esta e o crime;

*b)* Se, ao conhecer de recurso interposto da pena decretada, o Tribunal considerar que há fundamentos suscetíveis de justificar a anulação, no todo ou em parte, da sentença condenatória, poderá convidar o Procurador e o condenado a motivarem a sua posição nos termos da alínea *a)* ou *b)* do parágrafo 1º do artigo 81, após o que poderá pronunciar-se sobre a sentença condenatória nos termos do artigo 83;

*c)* O mesmo procedimento será aplicado sempre que o Tribunal, ao conhecer de recurso interposto unicamente da sentença condenatória, considerar haver fundamentos comprovativos de uma redução da pena nos termos da alínea *a)* do parágrafo 2º.

3. *a)* Salvo decisão em contrário do Juízo de Julgamento em Primeira Instância, o condenado permanecerá sob prisão preventiva durante a tramitação do recurso;

*b)* Se o período de prisão preventiva ultrapassar a duração da pena decretada, o condenado será posto em liberdade; todavia, se o Procurador também interpuser recurso, a libertação ficará sujeita às condições enunciadas na alínea *c)* infra;

*c)* Em caso de absolvição, o acusado será imediatamente posto em liberdade, sem prejuízo das seguintes condições:

*i)* Em circunstâncias excepcionais e tendo em conta, nomeadamente, o risco de fuga, a gravidade da infração e as probabilidades de o recurso ser julgado procedente, o Juízo de Julgamento em Primeira Instância poderá, a requerimento do Procurador, ordenar que o acusado seja mantido em regime de prisão preventiva durante a tramitação do recurso;

ii) A decisão proferida pelo juízo de julgamento em primeira instância nos termos da sub-alínea i), será recorrível em harmonia com as Regulamento Processual.

4. Sem prejuízo do disposto nas alíneas *a)* e *b)* do parágrafo 3º, a execução da sentença condenatória ou da pena ficará suspensa pelo período fixado para a interposição do recurso, bem como durante a fase de tramitação do recurso.

## ARTIGO 82.
## RECURSO DE OUTRAS DECISÕES

1. Em conformidade com o Regulamento Processual, qualquer uma das Partes poderá recorrer das seguintes decisões:

*a)* Decisão sobre a competência ou a admissibilidade do caso;

*b)* Decisão que autorize ou recuse a libertação da pessoa objeto de inquérito ou de procedimento criminal;

*c)* Decisão do Juízo de Instrução de agir por iniciativa própria, nos termos do parágrafo 3º do artigo 56;

*d)* Decisão relativa a uma questão suscetível de afetar significativamente a tramitação equitativa e célere do processo ou o resultado do julgamento, e cuja resolução imediata pelo Juízo de Recursos poderia, no entender do Juízo de Instrução ou do Juízo de Julgamento em Primeira Instância, acelerar a marcha do processo.

2. Quer o Estado interessado quer o Procurador poderão recorrer da decisão proferida pelo Juízo de Instrução, mediante autorização deste, nos termos do artigo 57, parágrafo 3º, alínea *d*). Este recurso adotará uma forma sumária.

3. O recurso só terá efeito suspensivo se o Juízo de Recursos assim o ordenar, mediante requerimento, em conformidade com o Regulamento Processual.

4. O representante legal das vítimas, o condenado ou o proprietário de boa-fé de bens que hajam sido afetados por um despacho proferido ao abrigo do artigo 75 poderá recorrer de tal despacho, em conformidade com o Regulamento Processual.

(...)

## ARTIGO 84.
## REVISÃO DA SENTENÇA CONDENATÓRIA OU DA PENA

1. O condenado ou, se este tiver falecido, o cônjuge sobrevivo, os filhos, os pais ou qualquer pessoa que, em vida do condenado, dele tenha recebido incumbência expressa, por escrito, nesse sentido, ou o Procurador no seu interesse, poderá submeter ao Juízo de Recursos um requerimento solicitando a revisão da sentença condenatória ou da pena pelos seguintes motivos:

*a)* A descoberta de novos elementos de prova:

*i)* De que não dispunha ao tempo do julgamento, sem que essa circunstância pudesse ser imputada, no todo ou em parte, ao requerente; e

ii) De tal forma importantes que, se tivessem ficado provados no julgamento, teriam provavelmente conduzido a um veredicto diferente;

*b)* A descoberta de que elementos de prova, apreciados no julgamento e decisivos para a determinação da culpa, eram falsos ou tinham sido objeto de contrafação ou falsificação;

*c)* Um ou vários dos juízes que intervieram na sentença condenatória ou confirmaram a acusação hajam praticado atos de conduta reprovável ou de incumprimento dos respectivos deveres de tal forma graves que justifiquem a sua cessação de funções nos termos do artigo 46.

2. O Juízo de Recursos rejeitará o pedido se o considerar manifestamente infundado. Caso contrário, poderá o Juízo, se julgar oportuno:

*a)* Convocar de novo o Juízo de Julgamento em Primeira Instância que proferiu a sentença inicial;

*b)* Constituir um novo Juízo de Julgamento em Primeira Instância; ou

*c)* Manter a sua competência para conhecer da causa, a fim de determinar se, após a audição das partes nos termos do Regulamento Processual, haverá lugar à revisão da sentença.

## ARTIGO 85.
## INDENIZAÇÃO DO DETIDO OU CONDENADO

1. Quem tiver sido objeto de detenção ou prisão ilegal terá direito a reparação.

2. Sempre que uma decisão final seja posteriormente anulada em razão de fatos novos ou recentemente descobertos que apontem inequivocamente para um erro judiciário, a pessoa que tiver cumprido pena em resultado de tal sentença condenatória será indenizada, em conformidade com a lei, a menos que fique provado que a não revelação, em tempo útil, do fato desconhecido lhe seja imputável, no todo ou em parte.

3. Em circunstâncias excepcionais e em face de fatos que conclusivamente demonstrem a existência de erro judiciário grave e manifesto, o Tribunal poderá, no uso do seu poder discricionário, atribuir uma indenização, de acordo com os critérios enunciados no Regulamento Processual, à pessoa que, em virtude de sentença absolutória ou de extinção da instância por tal motivo, haja sido posta em liberdade.

## CAPÍTULO IX.
## COOPERAÇÃO INTERNACIONAL E AUXÍLIO JUDICIÁRIO

## ARTIGO 86.
## OBRIGAÇÃO GERAL DE COOPERAR

Os Estados-Partes deverão, em conformidade com o disposto no presente Estatuto, cooperar plenamente com o Tribunal no inquérito e no procedimento contra crimes da competência deste.

## ARTIGO 87.
## PEDIDOS DE COOPERAÇÃO: DISPOSIÇÕES GERAIS

1. *a)* O Tribunal estará habilitado a dirigir pedidos de cooperação aos Estados-Partes. Estes pedidos serão transmitidos pela via diplomática ou por qualquer outra via apropriada escolhida pelo Estado-Parte no momento de ratificação, aceitação, aprovação ou adesão ao presente Estatuto.

Qualquer Estado-Parte poderá alterar posteriormente a escolha feita nos termos do Regulamento Processual.

*b)* Se for caso disso, e sem prejuízo do disposto na alínea *a)*, os pedidos poderão ser igualmente transmitidos pela Organização internacional de Polícia Criminal (Interpol) ou por qualquer outra organização regional competente.

2. Os pedidos de cooperação e os documentos comprovativos que os instruam serão redigidos na língua oficial do Estado requerido ou acompanhados de uma tradução nessa língua, ou numa das línguas de trabalho do Tribunal ou acompanhados de uma tradução numa dessas línguas, de acordo com a escolha feita pelo Estado requerido no momento da ratificação, aceitação, aprovação ou adesão ao presente Estatuto.

Qualquer alteração posterior será feita de harmonia com o Regulamento Processual.

3. O Estado requerido manterá a confidencialidade dos pedidos de cooperação e dos documentos comprovativos que os instruam, salvo quando a sua revelação for necessária para a execução do pedido.

4. Relativamente aos pedidos de auxílio formulados ao abrigo do presente Capítulo, o Tribunal poderá, nomeadamente em matéria de proteção da informação, tomar as medidas necessárias à garantia da segurança e do bem-estar físico ou psicológico das vítimas, das potenciais testemunhas e dos seus familiares. O Tribunal poderá solicitar que as informações fornecidas ao abrigo do presente Capítulo sejam comunicadas e tratadas por forma a que a segurança e o bem-estar físico ou psicológico das vítimas, das potenciais testemunhas e dos seus familiares sejam devidamente preservados.

5. *a)* O Tribunal poderá convidar qualquer Estado que não seja Parte no presente Estatuto a prestar auxílio ao abrigo do presente Capítulo com base num convênio *ad hoc*, num acordo celebrado com esse Estado ou por qualquer outro modo apropriado.

*b)* Se, após a celebração de um convênio *ad hoc* ou de um acordo com o Tribunal, um Estado que não seja Parte no presente Estatuto se recusar a cooperar nos termos de tal convênio ou acordo, o Tribunal dará conhecimento desse fato à Assembleia dos Estados-Partes ou ao Conselho de Segurança, quando tiver sido este a referenciar o fato ao Tribunal.

6. O Tribunal poderá solicitar informações ou documentos a qualquer organização intergovernamental. Poderá igualmente requerer outras formas de cooperação e auxílio a serem acordadas com tal organização e que estejam em conformidade com a sua competência ou o seu mandato.

7. Se, contrariamente ao disposto no presente Estatuto, um Estado-Parte recusar um pedido de cooperação formulado pelo Tribunal, impedindo-o assim de exercer os seus poderes e funções nos termos do presente Estatuto, o Tribunal poderá elaborar um relatório e remeter a questão à Assembleia dos Estados-Partes ou ao Conselho de Segurança, quando tiver sido este a submeter o fato ao Tribunal.

## ARTIGO 88.
## PROCEDIMENTOS PREVISTOS NO DIREITO INTERNO

Os Estados-Partes deverão assegurar-se de que o seu direito interno prevê procedimentos que permitam responder a todas as formas de cooperação especificadas neste Capítulo.

## ARTIGO 89.
## ENTREGA DE PESSOAS AO TRIBUNAL

1. O Tribunal poderá dirigir um pedido de detenção e entrega de uma pessoa, instruído com os documentos comprovativos referidos no artigo 91, a qualquer Estado em cujo território essa pessoa se possa encontrar, e solicitar a cooperação desse Estado na detenção e entrega da pessoa em causa. Os Estados-Partes darão satisfação aos pedidos de detenção e de entrega em conformidade com o presente Capítulo e com os procedimentos previstos nos respectivos direitos internos.

2. Sempre que a pessoa cuja entrega é solicitada impugnar a sua entrega perante um tribunal nacional com, base no princípio *ne bis in idem* previsto no artigo 20, o Estado requerido consultará, de imediato, o Tribunal para determinar se houve uma decisão relevante sobre a admissibilidade. Se o caso for considerado admissível, o Estado requerido dará seguimento ao pedido. Se estiver pendente decisão sobre a admissibilidade, o Estado requerido poderá diferir a execução do pedido até que o Tribunal se pronuncie.

3. *a)* Os Estados-Partes autorizarão, de acordo com os procedimentos previstos na respectiva legislação nacional, o trânsito, pelo seu território, de uma pessoa entregue ao Tribunal por um outro Estado, salvo quando o trânsito por esse Estado impedir ou retardar a entrega.

*b)* Um pedido de trânsito formulado pelo Tribunal será transmitido em conformidade com o artigo 87. Do pedido de trânsito constarão:
*i)* A identificação da pessoa transportada;
ii) Um resumo dos fatos e da respectiva qualificação jurídica;
iii) O mandado de detenção e entrega.
*c)* A pessoa transportada será mantida sob custódia no decurso do trânsito.
*d)* Nenhuma autorização será necessária se a pessoa for transportada por via aérea e não esteja prevista qualquer aterrissagem no território do Estado de trânsito.
*e)* Se ocorrer, uma aterrissagem imprevista no território do Estado de trânsito, poderá este exigir ao Tribunal a apresentação de um pedido de trânsito nos termos previstos na alínea *b*). O Estado de trânsito manterá a pessoa sob detenção até a recepção do pedido de trânsito e a efetivação do trânsito. Todavia, a detenção ao abrigo da presente alínea não poderá prolongar-se para além das 96 (noventa e seis) horas subsequentes à aterrissagem imprevista se o pedido não for recebido dentro desse prazo.
4. Se a pessoa reclamada for objeto de procedimento criminal ou estiver cumprindo uma pena no Estado requerido por crime diverso do que motivou o pedido de entrega ao Tribunal, este Estado consultará o Tribunal após ter decidido anuir ao pedido

## ARTIGO 90. PEDIDOS CONCORRENTES

1. Um Estado-Parte que, nos termos do artigo 89, receba um pedido de entrega de uma pessoa formulado pelo Tribunal, e receba igualmente, de qualquer outro Estado, um pedido de extradição relativo à mesma pessoa, pelos mesmos fatos que motivaram o pedido de entrega por parte do Tribunal, deverá notificar o Tribunal e o Estado requerente de tal fato.
2. Se o Estado requerente for um Estado-Parte, o Estado requerido dará prioridade ao pedido do Tribunal:
*a)* Se o Tribunal tiver decidido, nos termos do artigo 18 ou 19, da admissibilidade do caso a que respeita o pedido de entrega, e tal determinação tiver levado em conta o inquérito ou o procedimento criminal conduzido pelo Estado requerente relativamente ao pedido de extradição por este formulado; ou
*b)* Se o Tribunal tiver tomado a decisão referida na alínea *a)* em conformidade com a notificação feita pelo Estado requerido, em aplicação do parágrafo 1º.
3. Se o Tribunal não tiver tomado uma decisão nos termos da alínea *a*) do parágrafo 2º, o Estado requerido poderá, se assim o entender, estando pendente a determinação do Tribunal nos termos da alínea *b*) do parágrafo 2º, dar seguimento ao pedido de extradição formulado pelo Estado requerente sem, contudo, extraditar a pessoa até que o Tribunal decida sobre a admissibilidade do caso. A decisão do Tribunal seguirá a forma sumária.
4. Se o Estado requerente não for Parte no presente Estatuto, o Estado requerido, desde que não esteja obrigado por uma norma internacional a extraditar o acusado para o Estado requerente, dará prioridade ao pedido de entrega formulado pelo Tribunal, no caso de este se ter decidido pela admissibilidade do caso.
5. Quando um caso previsto no parágrafo 4º não tiver sido declarado admissível pelo Tribunal, o Estado requerido poderá, se assim o entender, dar seguimento ao pedido de extradição formulado pelo Estado requerente.
6. Relativamente aos casos em que o disposto no parágrafo 4º seja aplicável, mas o Estado requerido se veja obrigado, por força de uma norma internacional, a extraditar a pessoa para o Estado requerente que não seja Parte no presente Estatuto, o Estado requerido decidirá se procederá à entrega da pessoa em causa ao Tribunal ou se a extraditará para o Estado requerente. Na sua decisão, o Estado requerido terá em conta todos os fatores relevantes, incluindo, entre outros
*a)* A ordem cronológica dos pedidos;
*b)* Os interesses do Estado requerente, incluindo, se relevante, se o crime foi cometido no seu território bem como a nacionalidade das vítimas e da pessoa reclamada; e
*c)* A possibilidade de o Estado requerente vir a proceder posteriormente à entrega da pessoa ao Tribunal.
7. Se um Estado-Parte receber um pedido de entrega de uma pessoa formulado pelo Tribunal e um pedido de extradição formulado por um outro Estado-Parte relativamente à mesma pessoa, por fatos diferentes dos que constituem o crime objeto do pedido de entrega:
*a)* O Estado requerido dará prioridade ao pedido do Tribunal, se não estiver obrigado por uma norma internacional a extraditar a pessoa para o Estado requerente;
*b)* O Estado requerido terá de decidir se entrega a pessoa ao Tribunal ou a extradita para o Estado requerente, se estiver obrigado por uma norma internacional a extraditar a pessoa para o Estado requerente. Na sua decisão, o Estado requerido considerará todos os fatores relevantes, incluindo, entre outros, os constantes do parágrafo 6; todavia, deverá dar especial atenção à natureza e à gravidade dos fatos em causa.
8. Se, em conformidade com a notificação prevista no presente artigo, o Tribunal se tiver pronunciado pela inadmissibilidade do caso e, posteriormente, a extradição para o Estado requerente for recusada, o Estado requerido notificará o Tribunal dessa decisão.

## ARTIGO 91. CONTEÚDO DO PEDIDO DE DETENÇÃO E DE ENTREGA

1. O pedido de detenção e de entrega será formulado por escrito. Em caso de urgência, o pedido poderá ser feito através de qualquer outro meio de que fique registro escrito, devendo, no entanto, ser confirmado através dos

canais previstos na alínea *a)* do parágrafo 1º do artigo 87,

2. O pedido de detenção e entrega de uma pessoa relativamente à qual o Juízo de Instrução tiver emitido um mandado de detenção ao abrigo do artigo 58, deverá conter ou ser acompanhado dos seguintes documentos:

*a)* Uma descrição da pessoa procurada, contendo informação suficiente que permita a sua identificação, bem como informação sobre a sua provável localização;

*b)* Uma cópia do mandado de detenção; e

*c)* Os documentos, declarações e informações necessários para satisfazer os requisitos do processo de entrega pelo Estado requerido; contudo, tais requisitos não deverão ser mais rigorosos dos que os que devem ser observados em caso de um pedido de extradição em conformidade com tratados ou convênios celebrados entre o Estado requerido e outros Estados, devendo, se possível, ser menos rigorosos face à natureza específica de que se reveste o Tribunal.

3. Se o pedido respeitar à detenção e à entrega de uma pessoa já condenada, deverá conter ou ser acompanhado dos seguintes documentos:

*a)* Uma cópia do mandado de detenção dessa pessoa;

*b)* Uma cópia da sentença condenatória;

*c)* Elementos que demonstrem que a pessoa procurada é a mesma a que se refere a sentença condenatória; e

*d)* Se a pessoa já tiver sido condenada, uma cópia da sentença e, em caso de pena de prisão, a indicação do período que já tiver cumprido, bem como o período que ainda lhe falte cumprir.

4. Mediante requerimento do Tribunal, um Estado-Parte manterá, no que respeite a questões genéricas ou a uma questão específica, consultas com o Tribunal sobre quaisquer requisitos previstos no seu direito interno que possam ser aplicados nos termos da alínea *c)* do parágrafo 2º. No decurso de tais consultas, o Estado-Parte informará o Tribunal dos requisitos específicos constantes do seu direito interno.

## ARTIGO 92.
## PRISÃO PREVENTIVA

1. Em caso de urgência, o Tribunal poderá solicitar a prisão preventiva da pessoa procurada até a apresentação do pedido de entrega e os documentos de apoio referidos no artigo 91.

2. O pedido de prisão preventiva será transmitido por qualquer meio de que fique registro escrito e conterá:

*a)* Uma descrição da pessoa procurada, contendo informação suficiente que permita a sua identificação, bem como informação sobre a sua provável localização;

*b)* Uma exposição sucinta dos crimes pelos quais a pessoa é procurada, bem como dos fatos alegadamente constitutivos de tais crimes incluindo, se possível, a data e o local da sua prática;

*c)* Uma declaração que certifique a existência de um mandado de detenção ou de uma decisão condenatória contra a pessoa procurada; e

*d)* Uma declaração de que o pedido de entrega relativo à pessoa procurada será enviado posteriormente.

3. Qualquer pessoa mantida sob prisão preventiva poderá ser posta em liberdade se o Estado requerido não tiver recebido, em conformidade com o artigo 91, o pedido de entrega e os respectivos documentos no prazo fixado pelo Regulamento Processual. Todavia, essa pessoa poderá consentir na sua entrega antes do termo do período se a legislação do Estado requerido o permitir. Nesse caso, o Estado requerido procede à entrega da pessoa reclamada ao Tribunal, o mais rapidamente possível.

4. O fato de a pessoa reclamada ter sido posta em liberdade em conformidade com o parágrafo 3º não obstará a que seja de novo detida e entregue se o pedido de entrega e os documentos em apoio, vierem a ser apresentados posteriormente.

## ARTIGO 93.
## OUTRAS FORMAS DE COOPERAÇÃO

1. Em conformidade com o disposto no presente Capítulo e nos termos dos procedimentos previstos nos respectivos direitos internos, os Estados-Partes darão seguimento aos pedidos formulados pelo Tribunal para concessão de auxílio, no âmbito de inquéritos ou procedimentos criminais, no que se refere a:

*a)* Identificar uma pessoa e o local onde se encontra, ou localizar objetos;

*b)* Reunir elementos de prova, incluindo os depoimentos prestados sob juramento, bem como produzir elementos de prova, incluindo perícias e relatórios de que o Tribunal necessita;

*c)* Interrogar qualquer pessoa que seja objeto de inquérito ou de procedimento criminal;

*d)* Notificar documentos, nomeadamente documentos judiciários;

*e)* Facilitar o comparecimento voluntária, perante o Tribunal, de pessoas que deponham na qualidade de testemunhas ou de peritos;

*f)* Proceder à transferência temporária de pessoas, em conformidade com o parágrafo 7º;

*g)* Realizar inspeções, nomeadamente a exumação e o exame de cadáveres enterrados em fossas comuns;

*h)* Realizar buscas e apreensões;

*i)* Transmitir registros e documentos, nomeadamente registros e documentos oficiais;

*j)* Proteger vítimas e testemunhas, bem como preservar elementos de prova;

*k)* Identificar, localizar e congelar ou apreender o produto de crimes, bens, haveres e instrumentos ligados aos crimes, com vista à sua eventual declaração de perda, sem prejuízo dos direitos de terceiros de boa-fé; e

*l)* Prestar qualquer outra forma de auxílio não proibida pela legislação do Estado requerido, destinada a facilitar o inquérito e o julgamento por crimes da competência do Tribunal.

2. O Tribunal tem poderes para garantir à testemunha ou ao perito que perante ele compareça de que não serão perseguidos, detidos ou sujeitos a qualquer outra restrição da sua liberdade pessoal, por fato ou omissão anteriores à sua saída do território do Estado requerido.

3. Se a execução de uma determinada medida de auxílio constante de um pedido apresentado ao abrigo do parágrafo 1º não for permitida no Estado requerido em virtude de um princípio jurídico fundamental de aplicação geral, o Estado em causa iniciará sem demora consultas com o Tribunal com vista à solução dessa questão. No decurso das consultas, serão consideradas outras formas de auxílio, bem como as condições da sua realização. Se, concluídas as consultas, a questão não estiver resolvida, o Tribunal alterará o conteúdo do pedido conforme se mostrar necessário.

4. Nos termos do disposto no artigo 72, um Estado-Parte só poderá recusar, no todo ou em parte, um pedido de auxílio formulado pelo Tribunal se tal pedido se reportar unicamente à produção de documentos ou à divulgação de elementos de prova que atentem contra a sua segurança nacional.

5. Antes de denegar o pedido de auxílio previsto na alínea *l)* do parágrafo 1º, o Estado requerido considerará se o auxílio poderá ser concedido sob determinadas condições ou se poderá sê-lo em data ulterior ou sob uma outra forma, com a ressalva de que, se o Tribunal ou o Procurador aceitarem tais condições, deverão observá-las.

6. O Estado requerido que recusar um pedido de auxílio comunicará, sem demora, os motivos ao Tribunal ou ao Procurador.

7. *a)* O Tribunal poderá pedir a transferência temporária de uma pessoa detida para fins de identificação ou para obter um depoimento ou outra forma de auxílio. A transferência realizar-se-á sempre que:

*i)* A pessoa der o seu consentimento, livremente e com conhecimento de causa; e

ii) O Estado requerido concordar com a transferência, sem prejuízo das condições que esse Estado e o Tribunal possam acordar;

*b)* A pessoa transferida permanecerá detida. Esgotado o fim que determinou a transferência, o Tribunal reenviá-la-á imediatamente para o Estado requerido.

8. *a)* O Tribunal garantirá a confidencialidade dos documentos e das informações recolhidas, exceto se necessários para o inquérito e os procedimentos descritos no pedido;

*b)* O Estado requerido poderá, se necessário, comunicar os documentos ou as informações ao Procurador a título confidencial. O Procurador só poderá utilizá-los para recolher novos elementos de prova;

*c)* O Estado requerido poderá, de ofício ou a pedido do Procurador, autorizar a divulgação posterior de tais documentos ou informações; os quais poderão ser utilizados como meios de prova, nos termos do disposto nos Capítulos V e VI e no Regulamento Processual.

9. *a)* i) Se um Estado-Parte receber pedidos concorrentes formulados pelo Tribunal e por um outro Estado, no âmbito de uma obrigação internacional, e cujo objeto não seja nem a entrega nem a extradição, esforçar-se-á, mediante consultas com o Tribunal e esse outro Estado, por dar satisfação a ambos os pedidos adiando ou estabelecendo determinadas condições a um ou outro pedido, se necessário.

ii) Não sendo possível, os pedidos concorrentes observarão os princípios fixados no artigo 90.

*b)* Todavia, sempre que o pedido formulado pelo Tribunal respeitar a informações, bens ou pessoas que estejam sob o controle de um Estado terceiro ou de uma organização internacional ao abrigo de um acordo internacional, os Estados requeridos informarão o Tribunal em conformidade, este dirigirá o seu pedido ao Estado terceiro ou à organização internacional.

10. *a)* Mediante pedido, o Tribunal cooperará com um Estado-Parte e prestar-lhe-á auxílio na condução de um inquérito ou julgamento relacionado com fatos que constituam um crime da jurisdição do Tribunal ou que constituam um crime grave à luz do direito interno do Estado requerente.

*b)* i) O auxílio previsto na alínea *a)* deve compreender, a saber:

*a.* A transmissão de depoimentos, documentos e outros elementos de prova recolhidos no decurso do inquérito ou do julgamento conduzidos pelo Tribunal; e

*b.* O interrogatório de qualquer pessoa detida por ordem do Tribunal;

ii) No caso previsto na alínea *b*), i), *a;*

*a.* A transmissão dos documentos e de outros elementos de prova obtidos com o auxílio de um Estado necessita do consentimento desse Estado;

*b.* A transmissão de depoimentos, documentos e outros elementos de prova fornecidos quer por uma testemunha, quer por um perito, será feita em conformidade com o disposto no artigo 68.

*c)* O Tribunal poderá, em conformidade com as condições enunciadas neste número, deferir um pedido de auxílio formulado por um Estado que não seja parte no presente Estatuto.

(...)

## ARTIGO 98. COOPERAÇÃO RELATIVA À RENÚNCIA, À IMUNIDADE E AO CONSENTIMENTO NA ENTREGA

1. O Tribunal pode não dar seguimento a um pedido de entrega ou de auxílio por força do qual o Estado requerido devesse atuar de forma incompatível com as obrigações que lhe incumbem à luz do direito internacional em matéria de imunidade dos Estados ou de imunidade diplomática de pessoa ou de bens de um Estado terceiro, a menos que obtenha, previamente a

INTERNACIONAL

cooperação desse Estado terceiro com vista ao levantamento da imunidade.

2. O Tribunal pode não dar seguimento à execução de um pedido de entrega por força do qual o Estado requerido devesse atuar de forma incompatível com as obrigações que lhe incumbem em virtude de acordos internacionais à luz dos quais o consentimento do Estado de envio é necessário para que uma pessoa pertencente a esse Estado seja entregue ao Tribunal, a menos que o Tribunal consiga, previamente, obter a cooperação do Estado de envio para consentir na entrega.

## ARTIGO 99. EXECUÇÃO DOS PEDIDOS APRESENTADOS AO ABRIGO DOS ARTIGOS 93 E 96

1. Os pedidos de auxílio serão executados de harmonia com os procedimentos previstos na legislação interna do Estado requerido e, a menos que o seu direito interno o proíba, na forma especificada no pedido, aplicando qualquer procedimento nele indicado ou autorizando as pessoas nele indicadas a estarem presentes e a participarem na execução do pedido.

2. Em caso de pedido urgente, os documentos e os elementos de prova produzidos na resposta serão, a requerimento do Tribunal, enviados com urgência.

3. As respostas do Estado requerido serão transmitidas na sua língua e forma originais.

4. Sem prejuízo dos demais artigos do presente Capítulo, sempre que for necessário para a execução com sucesso de um pedido, e não haja que recorrer a medidas coercitivas, nomeadamente quando se trate de ouvir ou levar uma pessoa a depor de sua livre vontade, mesmo sem a presença das autoridades do Estado-Parte requerido se tal for determinante para a execução do pedido, ou quando se trate de examinar, sem proceder a alterações, um lugar público ou um outro local público, o Procurador poderá dar cumprimento ao pedido diretamente no território de um Estado, de acordo com as seguintes modalidades:

*a)* Quando o Estado requerido for o Estado em cujo território haja indícios de ter sido cometido o crime e existir uma decisão sobre a admissibilidade tal como previsto nos artigos 18 e 19, o Procurador poderá executar diretamente o pedido, depois de ter levado a cabo consultas tão amplas quanto possível com o Estado requerido;

*b)* Em outros casos, o Procurador poderá executar o pedido após consultas com o Estado-Parte requerido e tendo em conta as condições ou as preocupações razoáveis que esse Estado tenha eventualmente argumentado. Sempre que o Estado requerido verificar que a execução de um pedido nos termos da presente alínea suscita dificuldades, consultará de imediato o Tribunal para resolver a questão.

5. As disposições que autorizam a pessoa ouvida ou interrogada pelo Tribunal ao abrigo do artigo 72, a invocar as restrições previstas para impedir a divulgação de informações confidenciais relacionadas com a segurança nacional, aplicar-se-ão de igual modo à execução dos pedidos de auxílio referidos no presente artigo.

## ARTIGO 100. DESPESAS

1. As despesas ordinárias decorrentes da execução dos pedidos no território do Estado requerido serão por este suportadas, com exceção das seguintes, que correrão a cargo do Tribunal:

*a)* As despesas relacionadas com as viagens e a proteção das testemunhas e dos peritos ou com a transferência de detidos ao abrigo do artigo 93;

*b)* As despesas de tradução, de interpretação e de transcrição;

*c)* As despesas de deslocação e de estada dos juízes, do Procurador, dos Procuradores-adjuntos, do Secretário, do Secretário-Adjunto e dos membros do pessoal de todos os órgãos do Tribunal;

*d)* Os custos das perícias ou dos relatórios periciais solicitados pelo Tribunal;

*e)* As despesas decorrentes do transporte das pessoas entregues ao Tribunal pelo Estado de detenção; e

*f)* Após consulta, quaisquer despesas extraordinárias decorrentes da execução de um pedido.

2. O disposto no parágrafo 1º aplicar-se-á, sempre que necessário, aos pedidos dirigidos pelos Estados-Partes ao Tribunal. Neste caso, o Tribunal tomará a seu cargo as despesas ordinárias decorrentes da execução.

## ARTIGO 101. REGRA DA ESPECIALIDADE

1. Nenhuma pessoa entregue ao Tribunal nos termos do presente Estatuto poderá ser perseguida, condenada ou detida por condutas anteriores à sua entrega, salvo quando estas constituam crimes que tenham fundamentado a sua entrega.

2. O Tribunal poderá solicitar uma derrogação dos requisitos estabelecidos no parágrafo 1º ao Estado que lhe tenha entregue uma pessoa e, se necessário, facultar-lhe-á, em conformidade com o artigo 91, informações complementares. Os Estados-Partes estarão habilitados a conceder uma derrogação ao Tribunal e deverão envidar esforços nesse sentido.

## ARTIGO 102. TERMOS USADOS

Para os fins do presente Estatuto:

*a)* Por "entrega", entende-se a entrega de uma pessoa por um Estado ao Tribunal nos termos do presente Estatuto.

*b)* Por "extradição", entende-se a entrega de uma pessoa por um Estado a outro Estado conforme previsto em um tratado, em uma convenção ou no direito interno.

## CAPÍTULO X. EXECUÇÃO DA PENA

### ARTIGO 103. FUNÇÃO DOS ESTADOS NA EXECUÇÃO DAS PENAS PRIVATIVAS DE LIBERDADE

1. *a)* As penas privativas de liberdade serão cumpridas num Estado indicado pelo Tribunal a partir de uma lista de Estados que lhe tenham manifestado a sua disponibilidade para receber pessoas condenadas.

*b)* Ao declarar a sua disponibilidade para receber pessoas condenadas, um Estado poderá formular condições acordadas com o Tribunal e em conformidade com o presente Capítulo.

*c)* O Estado indicado no âmbito de um determinado caso dará prontamente a conhecer se aceita ou não a indicação do Tribunal.

2. *a)* O Estado da execução informará o Tribunal de qualquer circunstância, incluindo o cumprimento de quaisquer condições acordadas nos termos do parágrafo 1º, que possam afetar materialmente as condições ou a duração da detenção. O Tribunal será informado com, pelo menos, 45 (quarenta e cinco) dias de antecedência sobre qualquer circunstância dessa natureza, conhecida ou previsível. Durante este período, o Estado da execução não tomará qualquer medida que possa ser contrária às suas obrigações ao abrigo do artigo 110.

*b)* Se o Tribunal não puder aceitar as circunstâncias referidas na alínea *a)*, deverá informar o Estado da execução e proceder em harmonia com o parágrafo 1º do artigo 104.

3. Sempre que exercer o seu poder de indicação em conformidade com o parágrafo 1º, o Tribunal levará em consideração:

*a)* O princípio segundo o qual os Estados-Partes devem partilhar da responsabilidade na execução das penas privativas de liberdade, em conformidade com os princípios de distribuição equitativa estabelecidos no Regulamento Processual;

*b)* A aplicação de normas convencionais do direito internacional amplamente aceitas, que regulam o tratamento dos reclusos;

*c)* A opinião da pessoa condenada; e

*d)* A nacionalidade da pessoa condenada;

*e)* Outros fatores relativos às circunstâncias do crime, às condições pessoais da pessoa condenada ou à execução efetiva da pena, adequadas à indicação do Estado da execução.

4. Se nenhum Estado for designado nos termos do parágrafo 1º, a pena privativa de liberdade será cumprida num estabelecimento prisional designado pelo Estado anfitrião, em conformidade com as condições estipuladas no acordo que determinou o local da sede previsto no parágrafo 2º do artigo 3º. Neste caso, as despesas relacionadas com a execução da pena ficarão a cargo do Tribunal.

### ARTIGO 104. ALTERAÇÃO DA INDICAÇÃO DO ESTADO DA EXECUÇÃO

1. O Tribunal poderá, a qualquer momento, decidir transferir um condenado para uma prisão de um outro Estado.

2. A pessoa condenada pelo Tribunal poderá, a qualquer momento, solicitar-lhe que a transfira do Estado encarregado da execução.

### ARTIGO 105. EXECUÇÃO DA PENA

1. Sem prejuízo das condições que um Estado haja estabelecido nos termos do artigo 103, parágrafo 1º, alínea *b)*, a pena privativa de liberdade é vinculativa para os Estados-Partes, não podendo estes modificá-la em caso algum.

2. Será da exclusiva competência do Tribunal pronunciar-se sobre qualquer pedido de revisão ou recurso. O Estado da execução não obstará a que o condenado apresente um tal pedido.

### ARTIGO 106. CONTROLE DA EXECUÇÃO DA PENA E DAS CONDIÇÕES DE DETENÇÃO

1. A execução de uma pena privativa de liberdade será submetida ao controle do Tribunal e observará as regras convencionais internacionais amplamente aceitas em matéria de tratamento dos reclusos.

2. As condições de detenção serão reguladas pela legislação do Estado da execução e observarão as regras convencionais internacionais amplamente aceitas em matéria de tratamento dos reclusos. Em caso algum devem ser menos ou mais favoráveis do que as aplicáveis aos reclusos condenados no Estado da execução por infrações análogas.

3. As comunicações entre o condenado e o Tribunal serão livres e terão caráter confidencial.

### ARTIGO 107. TRANSFERÊNCIA DO CONDENADO DEPOIS DE CUMPRIDA A PENA

1. Cumprida a pena, a pessoa que não seja nacional do Estado da execução poderá, de acordo com a legislação desse mesmo Estado, ser transferida para um outro Estado obrigado a aceitá-la ou ainda para um outro Estado que aceite acolhê-la tendo em conta a vontade expressa pela pessoa em ser transferida para esse Estado; a menos que o Estado da execução autorize essa pessoa a permanecer no seu território.

2. As despesas relativas à transferência do condenado para um outro Estado nos termos do parágrafo 1° serão suportadas pelo Tribunal se nenhum Estado as tomar a seu cargo.

3. Sem prejuízo do disposto no artigo 108, o Estado da execução poderá igualmente, em harmonia com o seu direito interno, extraditar ou entregar por qualquer outro modo a pessoa a um Estado que tenha solicitado a sua extradição

ou a sua entrega para fins de julgamento ou de cumprimento de uma pena.

### ARTIGO 108.
### RESTRIÇÕES AO PROCEDIMENTO CRIMINAL OU À CONDENAÇÃO POR OUTRAS INFRAÇÕES

1. A pessoa condenada que esteja detida no Estado da execução não poderá ser objeto de procedimento criminal, condenação ou extradição para um Estado terceiro em virtude de uma conduta anterior à sua transferência para o Estado da execução, a menos que a Tribunal tenha dado a sua aprovação a tal procedimento, condenação ou extradição, a pedido do Estado da execução.

2. Ouvido o condenado, o Tribunal pronunciar-se-á sobre a questão.

3. O parágrafo 1º deixará de ser aplicável se o condenado permanecer voluntariamente no território do Estado da execução por um período superior a 30 dias após o cumprimento integral da pena proferida pelo Tribunal, ou se regressar ao território desse Estado após dele ter saído.

(...)

### ARTIGO 111.
### EVASÃO

Se um condenado se evadir do seu local de detenção e fugir do território do Estado da execução, este poderá, depois de ter consultado o Tribunal, pedir ao Estado no qual se encontra localizado o condenado que o entregue em conformidade com os acordos bilaterais ou multilaterais em vigor, ou requerer ao Tribunal que solicite a entrega dessa pessoa ao abrigo do Capítulo IX. O Tribunal poderá, ao solicitar a entrega da pessoa, determinar que esta seja entregue ao Estado no qual se encontrava a cumprir a sua pena, ou a outro Estado por ele indicado.

(...)

## CAPÍTULO XIII.
## CLÁUSULAS FINAIS

(...)

### ARTIGO 120.
### RESERVAS

Não são admitidas reservas a este Estatuto.

(...)

### ARTIGO 125.
### ASSINATURA, RATIFICAÇÃO, ACEITAÇÃO, APROVAÇÃO OU ADESÃO

1. O presente Estatuto estará aberto à assinatura de todos os Estados na sede da Organização das Nações Unidas para a Alimentação e a Agricultura, em Roma, a 17 de Julho de 1998, continuando aberto à assinatura no Ministério dos Negócios Estrangeiros de Itália, em Roma, até 17 de Outubro de 1998. Após esta data, o Estatuto continuará aberto na sede da Organização das Nações Unidas, em Nova Iorque, até 31 de Dezembro de 2000.

2. O presente Estatuto ficará sujeito a ratificação, aceitação ou aprovação dos Estados signatários. Os instrumentos de ratificação, aceitação ou aprovação serão depositados junto do Secretário-Geral da Organização das Nações Unidas.

3. O presente Estatuto ficará aberto à adesão de qualquer Estado. Os instrumentos de adesão serão depositados junto do Secretário-Geral da Organização das Nações Unidas.

### ARTIGO 126.
### ENTRADA EM VIGOR

1. O presente Estatuto entrará em vigor no primeiro dia do mês seguinte ao termo de um período de 60 (sessenta) dias após a data do depósito do sexagésimo instrumento de ratificação, de aceitação, de aprovação ou de adesão junto do Secretário-Geral da Organização das Nações Unidas.

2. Em relação ao Estado que ratifique, aceite ou aprove o Estatuto, ou a ele adira após o depósito do sexagésimo instrumento de ratificação, de aceitação, de aprovação ou de adesão, o Estatuto entrará em vigor no primeiro dia do mês seguinte ao termo de um período de 60 (sessenta) dias após a data do depósito do respectivo instrumento de ratificação, de aceitação, de aprovação ou de adesão.

### ARTIGO 127.
### RETIRADA

1. Qualquer Estado-Parte poderá, mediante notificação escrita e dirigida ao Secretário-Geral da Organização das Nações Unidas, retirar-se do presente Estatuto. A retirada produzirá efeitos 1 (um) ano após a data de recepção da notificação, salvo se esta indicar uma data ulterior.

2. A retirada não isentará o Estado das obrigações que lhe incumbem em virtude do presente Estatuto enquanto Parte do mesmo, incluindo as obrigações financeiras que tiver assumido, não afetando também a cooperação com o Tribunal no âmbito de inquéritos e de procedimentos criminais relativamente aos quais o Estado tinha o dever de cooperar e que se iniciaram antes da data em que a retirada começou a produzir efeitos; a retirada em nada afetará a prossecução da apreciação das causas que o Tribunal já tivesse começado a apreciar antes da data em que a retirada começou a produzir efeitos.

### ARTIGO 128.
### TEXTOS AUTÊNTICOS

O original do presente Estatuto, cujos textos em árabe, chinês, espanhol, francês, inglês e russo fazem igualmente fé, será depositado junto do Secretário-Geral das Nações Unidas, que enviará cópia autenticada a todos os Estados.

Em fé do que, os abaixo assinados, devidamente autorizados pelos respectivos Governos, assinaram o presente Estatuto.

Feito em Roma, aos dezessete dias do mês de julho de mil novecentos e noventa e oito.

# DECRETO Nº 4.982, DE 9 DE FEVEREIRO DE 2004

*Promulga o Protocolo de Olivos para a Solução de Controvérsias no Mercosul.*

- D.O.U. de 10.2.2004.

O PRESIDENTE DA REPÚBLICA, no uso da atribuição que lhe confere o art. 84, inciso IV, da Constituição, e

Considerando que o Congresso Nacional aprovou, por meio do Decreto Legislativo nº 712, de 14 de outubro de 2003, o texto do Protocolo de Olivos para a Solução de Controvérsias no Mercosul, concluído em Olivos, Argentina, em 18 de fevereiro de 2002;

Considerando que o Governo brasileiro depositou o instrumento de ratificação, em 2 de dezembro de 2003;

Considerando que o Protocolo entrou em vigor internacional, e para o Brasil, em 1º de janeiro de 2004;

DECRETA :

**Art. 1º** O Protocolo de Olivos para a Solução de Controvérsias no Mercosul, concluído em Olivos, Argentina, em 18 de fevereiro de 2002, apenso por cópia ao presente Decreto, será executado e cumprido tão inteiramente como nele se contém.

**Art. 2º** São sujeitos à aprovação do Congresso Nacional quaisquer atos que possam resultar em revisão do referido Protocolo ou que acarretem encargos ou compromissos gravosos ao patrimônio nacional, nos termos do art. 49, inciso I, da Constituição.

**Art. 3º** Este Decreto entra em vigor na data de sua publicação.

Brasília, 9 de fevereiro de 2004;
183º da Independência e 116º da República.
Luiz Inácio Lula da Silva
Celso Luiz Nunes Amorim

## Protocolo de Olivos para a Solução de Controvérsias no Mercosul

A República Argentina, a República Federativa do Brasil, a República do Paraguai e a República Oriental do Uruguai, doravante denominados "Estados Partes";

Tendo em conta

O Tratado de Assunção, o Protocolo de Brasília e o Protocolo de Ouro Preto;

Reconhecendo

Que a evolução do processo de integração no âmbito do MERCOSUL requer o aperfeiçoamento do sistema de solução de controvérsias;

Considerando

A necessidade de garantir a correta interpretação, aplicação e cumprimento dos instrumentos fundamentais do processo de integração e do conjunto normativo do MERCOSUL, de forma consistente e sistemática;

Convencidos

Da conveniência de efetuar modificações específicas no sistema de solução de controvérsias de maneira a consolidar a segurança jurídica no âmbito do MERCOSUL;

Acordaram o seguinte:

## CAPÍTULO I
## CONTROVÉRSIAS ENTRE ESTADOS PARTES

### Artigo 1
### Âmbito de Aplicação

1. As controvérsias que surjam entre os Estados Partes sobre a interpretação, a aplicação ou o não cumprimento do Tratado de Assunção, do Protocolo de Ouro Preto, dos protocolos e acordos celebrados no marco do Tratado de Assunção, das Decisões do Conselho do Mercado Comum, das Resoluções do Grupo Mercado Comum e das Diretrizes da Comissão de Comércio do MERCOSUL serão submetidas aos procedimentos estabelecidos no presente Protocolo.

2. As controvérsias compreendidas no âmbito de aplicação do presente Protocolo que possam também ser submetidas ao sistema de solução de controvérsias da Organização Mundial do Comércio ou de outros esquemas preferenciais de comércio de que sejam parte individualmente os Estados Partes do MERCOSUL poderão submeter-se a um ou outro foro, à escolha da parte demandante. Sem prejuízo disso, as partes na controvérsia poderão, de comum acordo, definir o foro.

Uma vez iniciado um procedimento de solução de controvérsias de acordo com o parágrafo anterior, nenhuma das partes poderá recorrer a mecanismos de solução de controvérsias estabelecidos nos outros foros com relação a um mesmo objeto, definido nos termos do artigo 14 deste Protocolo.

Não obstante, no marco do estabelecido neste numeral, o Conselho do Mercado Comum regulamentará os aspectos relativos à opção de foro.

## CAPÍTULO II
## MECANISMOS RELATIVOS A ASPECTOS TÉCNICOS

### Artigo 2
### Estabelecimento dos Mecanismos

1. Quando se considere necessário, poderão ser estabelecidos mecanismos expeditos para resolver divergências entre Estados Partes sobre aspectos técnicos regulados em instrumentos de políticas comerciais comuns.

2. As regras de funcionamento, o alcance desses mecanismos e a natureza dos pronunciamentos a serem emitidos nos mesmos serão definidos e aprovados por Decisão do Conselho do Mercado Comum.

## CAPÍTULO III
## OPINIÕES CONSULTIVAS

### Artigo 3
### Regime de Solicitação

O Conselho do Mercado Comum poderá estabelecer mecanismos relativos à solicitação de opiniões consultivas ao Tribunal Permanente de Revisão definindo seu alcance e seus procedimentos.

## CAPÍTULO IV
## NEGOCIAÇÕES DIRETAS

### Artigo 4
### Negociações

Os Estados Partes numa controvérsia procurarão resolvê-la, antes de tudo, mediante negociações diretas.

### Artigo 5
### Procedimento e Prazo

1. As negociações diretas não poderão, salvo acordo entre as partes na controvérsia, exceder um prazo de quinze (15) dias a partir da data em que uma delas comunicou à outra a decisão de iniciar a controvérsia.
2. Os Estados partes em uma controvérsia informarão ao Grupo Mercado Comum, por intermédio da Secretaria Administrativa do MERCOSUL, sobre as gestões que se realizarem durante as negociações e os resultados das mesmas.

## CAPÍTULO V
## INTERVENÇÃO DO GRUPO MERCADO COMUM

### Artigo 6
### Procedimento Opcional ante o GMC

1. Se mediante as negociações diretas não se alcançar um acordo ou se a controvérsia for solucionada apenas parcialmente, qualquer dos Estados partes na controvérsia poderá iniciar diretamente o procedimento arbitral previsto no Capítulo VI.
2. Sem prejuízo do estabelecido no numeral anterior, os Estados partes na controvérsia poderão, de comum acordo, submetê-la à consideração do Grupo Mercado Comum.
i) Nesse caso, o Grupo Mercado Comum avaliará a situação, dando oportunidade às partes na controvérsia para que exponham suas respectivas posições, requerendo, quando considere necessário, o assessoramento de especialistas selecionados da lista referida no artigo 43 do presente Protocolo.
ii) Os gastos relativos a esse assessoramento serão custeados em montantes iguais pelos Estados partes na controvérsia ou na proporção que determine o Grupo Mercado Comum.
3. A controvérsia também poderá ser levada à consideração do Grupo Mercado Comum se outro Estado, que não seja parte na controvérsia, solicitar, justificadamente, tal procedimento ao término das negociações diretas. Nesse caso, o procedimento arbitral iniciado pelo Estado Parte demandante não será interrompido, salvo acordo entre os Estados partes na controvérsia.

### Artigo 7
### Atribuições do GMC

1. Se a controvérsia for submetida ao Grupo Mercado Comum pelos Estados partes na controvérsia, este formulará recomendações que, se possível, deverão ser expressas e detalhadas, visando à solução da divergência.
2. Se a controvérsia for levada à consideração do Grupo Mercado Comum a pedido de um Estado que dela não é parte, o Grupo Mercado Comum poderá formular comentários ou recomendações a respeito.

### Artigo 8
### Prazo para Intervenção e Pronunciamento do GMC

O procedimento descrito no presente Capítulo não poderá estender-se por um prazo superior a trinta (30), dias a partir da data da reunião em que a controvérsia foi submetida à consideração do Grupo Mercado Comum.

## CAPÍTULO VI
## PROCEDIMENTO ARBITRAL AD HOC

### Artigo 9
### Início da Etapa Arbitral

1. Quando não tiver sido possível solucionar a controvérsia mediante a aplicação dos procedimentos referidos nos Capítulos IV e V, qualquer dos Estados partes na controvérsia poderá comunicar à Secretaria Administrativa do MERCOSUL sua decisão de recorrer ao procedimento arbitral estabelecido no presente Capítulo.
2. A Secretaria Administrativa do MERCOSUL notificará, de imediato, a comunicação ao outro ou aos outros Estados envolvidos na controvérsia e ao Grupo Mercado Comum.
3. A Secretaria Administrativa do MERCOSUL se encarregará das gestões administrativas que lhe sejam requeridas para a tramitação dos procedimentos.

### Artigo 10
### Composição do Tribunal Arbitral Ad Hoc

1. O procedimento arbitral tramitará ante um Tribunal Ad Hoc composto de três (3) árbitros. Os árbitros serão designados da seguinte maneira:

i) Cada Estado parte na controvérsia designará um (1) árbitro titular da lista prevista no artigo 11.1, no prazo de quinze (15) dias, contado a partir da data em que a Secretaria Administrativa do MERCOSUL tenha comunicado aos Estados partes na controvérsia a decisão de um deles de recorrer à arbitragem.

Simultaneamente, designará da mesma lista, um (1) árbitro suplente para substituir o árbitro titular em caso de incapacidade ou escusa deste em qualquer etapa do procedimento arbitral.

ii) Se um dos Estados partes na controvérsia não tiver nomeado seus árbitros no prazo indicado no numeral 2 (i), eles serão designados por sorteio pela Secretaria Administrativa do MERCOSUL em um prazo de dois (2) dias, contado a partir do vencimento daquele prazo, dentre os árbitros desse Estado da lista prevista no artigo 11.1.

3. O árbitro Presidente será designado da seguinte forma:

i) Os Estados partes na controvérsia designarão, de comum acordo, o terceiro árbitro, que presidirá o Tribunal Arbitral Ad Hoc, da lista prevista no artigo 11.2 (iii), em um prazo de quinze (15) dias, contado a partir da data em que a Secretaria Administrativa do MERCOSUL tenha comunicado aos Estados partes na controvérsia a decisão de um deles de recorrer à arbitragem.

Simultaneamente, designarão da mesma lista, um árbitro suplente para substituir o árbitro titular em caso de incapacidade ou escusa deste em qualquer etapa do procedimento arbitral.

O Presidente e seu suplente não poderão ser nacionais dos Estados partes na controvérsia.

ii) Se não houver acordo entre os Estados partes na controvérsia para escolher o terceiro árbitro dentro do prazo indicado, a Secretaria Administrativa do MERCOSUL, a pedido de qualquer um deles, procederá a sua designação por sorteio da lista do artigo 11.2 (iii), excluindo do mesmo os nacionais dos Estados partes na controvérsia.

iii) Os designados para atuar como terceiros árbitros deverão responder, em um prazo máximo de três (3) dias, contado a partir da notificação de sua designação, sobre sua aceitação para atuar em uma controvérsia.

4. A Secretaria Administrativa do MERCOSUL notificará os árbitros de sua designação.

## Artigo 11
## Listas de Árbitros

1. Cada Estado Parte designará doze (12) árbitros, que integrarão uma lista que ficará registrada na Secretaria Administrativa do MERCOSUL. A designação dos árbitros, juntamente com o curriculum vitae detalhado de cada um deles, será notificada simultaneamente aos demais Estados Partes e à Secretaria Administrativa do MERCOSUL.

i) Cada Estado Parte poderá solicitar esclarecimentos sobre as pessoas designadas pelos outros Estados Partes para integrar a lista referida no parágrafo anterior, dentro do prazo de trinta (30) dias, contado a partir de tal notificação.

ii) A Secretaria Administrativa do MERCOSUL notificará aos Estados Partes a lista consolidada de árbitros do MERCOSUL, bem como suas sucessivas modificações.

2. Cada Estado Parte proporá, ademais, quatro (4) candidatos para integrar a lista de terceiros árbitros. Pelo menos um dos árbitros indicados por cada Estado Parte para esta lista não será nacional de nenhum dos Estados Partes do MERCOSUL.

i) A lista deverá ser notificada aos demais Estados Partes, por intermédio da Presidência Pro Tempore, acompanhada pelo curriculum vitae de cada um dos candidatos propostos.

ii) Cada Estado Parte poderá solicitar esclarecimentos sobre as pessoas propostas pelos demais Estados Partes ou apresentar objeções justificadas aos candidatos indicados, conforme os critérios estabelecidos no artigo 35, dentro do prazo de trinta (30) dias, contado a partir da notificação dessas propostas.

As objeções deverão ser comunicadas por intermédio da Presidência Pro Tempore ao Estado Parte proponente. Se, em um prazo que não poderá exceder a trinta (30) dias contado da notificação, não se chegar a uma solução, prevalecerá a objeção.

iii) A lista consolidada de terceiros árbitros, bem como suas sucessivas modificações, acompanhadas do curriculum vitae dos árbitros, será comunicada pela Presidência Pro Tempore à Secretaria Administrativa do MERCOSUL, que a registrará e notificará aos Estados Partes.

## Artigo 12
## Representantes e Assessores

Os Estados partes na controvérsia designarão seus representantes ante o Tribunal Arbitral Ad Hoc e poderão ainda designar assessores para a defesa de seus direitos.

## Artigo 13
## Unificação de Representação

Se dois ou mais Estados Partes sustentarem a mesma posição na controvérsia, poderão unificar sua representação ante o Tribunal Arbitral e designarão um árbitro de comum acordo, no prazo estabelecido no artigo 10.2(i).

## Artigo 14
## Objeto da Controvérsia

1. O objeto das controvérsias ficará determinado pelos textos de apresentação e de resposta apresentados ante o Tribunal Arbitral Ad Hoc, não podendo ser ampliado posteriormente.

2. As alegações que as partes apresentem nos textos mencionados no numeral anterior se basearão nas questões que foram consideradas

nas etapas prévias, contempladas no presente Protocolo e no Anexo ao Protocolo de Ouro Preto.

3. Os Estados partes na controvérsia informarão ao Tribunal Arbitral Ad Hoc, nos textos mencionados no numeral 1 do presente artigo, sobre as instâncias cumpridas com anterioridade ao procedimento arbitral e farão uma exposição dos fundamentos de fato e de direito de suas respectivas posições.

### Artigo 15
### Medidas Provisórias

1. O Tribunal Arbitral Ad Hoc poderá, por solicitação da parte interessada, e na medida em que existam presunções fundamentadas de que a manutenção da situação poderá ocasionar danos graves e irreparáveis a uma das partes na controvérsia, ditar as medidas provisórias que considere apropriadas para prevenir tais danos.

2. O Tribunal poderá, a qualquer momento, tornar sem efeito tais medidas.

3. Caso o laudo seja objeto de recurso de revisão, as medidas provisórias que não tenham sido deixadas sem efeito antes da emissão do mesmo se manterão até o tratamento do tema na primeira reunião do Tribunal Permanente de Revisão, que deverá resolver sobre sua manutenção ou extinção.

### Artigo 16
### Laudo Arbitral

O Tribunal Arbitral Ad Hoc emitirá o laudo num prazo de sessenta (60) dias, prorrogáveis por decisão do Tribunal por um prazo máximo de trinta (30) dias, contado a partir da comunicação efetuada pela Secretaria Administrativa do MERCOSUL às partes e aos demais árbitros, informando a aceitação pelo árbitro Presidente de sua designação.

## CAPÍTULO VII
## PROCEDIMENTO DE REVISÃO

### Artigo 17
### Recurso de Revisão

1. Qualquer das partes na controvérsia poderá apresenta um recurso de revisão do laudo do Tribunal Arbitral Ad Hoc ao Tribunal Permanente de Revisão, em prazo não superior a quinze (15) dias a partir da notificação do mesmo.

2. O recurso estará limitado a questões de direito tratadas na controvérsia e às interpretações jurídicas desenvolvidas no laudo do Tribunal Arbitral Ad Hoc.

3.Os laudos dos Tribunais Ad Hoc emitidos com base nos princípios ex aequo et bono não serão suscetíveis de recurso de revisão.

4. A Secretaria Administrativa do MERCOSUL estará encarregada das gestões administrativas que lhe sejam encomendadas para o trâmite dos procedimentos e manterá informados os Estados partes na controvérsia e o Grupo Mercado Comum.

### Artigo 18
### Composição do Tribunal Permanente de Revisão

- Redação dada pelo Protocolo Modificativo do Protocolo de Olivos para a Solução de Controvérsias no Mercosul, promulgado pelo Decreto 10.215/2020.

1. O Tribunal Permanente de Revisão será integrado por um (1) árbitro titular designado por cada Estado Parte do MERCOSUL.

2. Cada Estado Parte designará um (1) árbitro titular e seu suplente por um período de dois (2) anos, renovável por no máximo dois períodos consecutivos.

3. Na eventualidade de que o Tribunal Permanente de Revisão passe a estar integrado por um número par de árbitros titulares, de acordo com o disposto no parágrafo 1º deste artigo, serão designados (1) um árbitro titular adicional e seu suplente, que terão a nacionalidade de algum dos Estados Partes do MERCOSUL, sem prejuízo do disposto no parágrafo 4º deste artigo.

O árbitro adicional titular e seu suplente serão escolhidos por unanimidade dos Estados Partes, de uma lista a ser conformada por dois (2) nomes indicados por cada Estado Parte, no prazo de trinta (30) dias a partir da entrada em vigor do Protocolo de Olivos para o novo membro ou a partir do desligamento de um Estado Parte, de acordo com o disposto no artigo 49 do Protocolo de Olivos.

Não havendo unanimidade, a designação se fará por sorteio que realizará o Secretário da Secretaria do Tribunal Permanente de Revisão, dentre os integrantes dessa lista, dentro dos dois (2) dias seguintes ao vencimento do prazo mencionado no parágrafo anterior.

O árbitro titular adicional e seu suplente serão designados por um período de dois (2) anos, renovável por no máximo 2 (dois) períodos consecutivos, à exceção do primeiro período, cuja duração será igual à duração restante do período dos demais árbitros que integram o Tribunal.

Quando o Tribunal Permanente de Revisão contar com a participação de um árbitro adicional e houver a adesão de um novo Estado Parte ao MERCOSUL ou a denúncia de um Estado Parte, o árbitro adicional e seu suplente, sem prejuízo do disposto no parágrafo 6º deste artigo, exercerão seus mandatos até que seja designado o árbitro do novo Estado Parte ou até que seja formalizada a denúncia do Estado Parte que se retira, de acordo com o disposto no Capítulo V do Tratado de Assunção.

4. Os Estados Partes, de comum acordo, poderão definir outros critérios para a designação do árbitro adicional e de seu suplente.

5. Pelo menos três (3) meses antes do término do mandato dos árbitros, os Estados Partes deverão manifestar-se a respeito de sua renovação ou propor novos candidatos.

6. Caso expire o período de atuação de um árbitro que esteja atuando em uma controvérsia, este deverá permanecer em função até sua conclusão.
7. Aplica-se, no que couber, aos procedimentos descritos neste artigo o disposto no artigo 11.2.

### Artigo 19
### Disponibilidade Permanente

Os integrantes do Tribunal Permanente de Revisão, uma vez que aceitem sua designação, deverão estar disponíveis permanentemente para atuar quando convocados.

### Artigo 20
### Funcionamento do Tribunal

▸ Redação dada pelo Protocolo Modificativo do Protocolo de Olivos para a Solução de Controvérsias no Mercosul, promulgado pelo Decreto 10.215/2020.

1. Quando a controvérsia envolver dois (2) Estados Partes, o Tribunal estará integrado por três (3) árbitros. Dois (2) árbitros serão nacionais de cada Estado parte na controvérsia e o terceiro, que exercerá a Presidência, será designado mediante sorteio a ser realizado pelo Secretário da Secretaria do Tribunal Permanente de Revisão, entre os árbitros restantes que não sejam nacionais dos Estados Partes na controvérsia, excluído o árbitro adicional eventualmente em exercício. A designação do Presidente dar-se-á no dia seguinte à interposição do recurso de revisão, data a partir da qual estará constituído o Tribunal para todos os efeitos.
2. Quando a controvérsia envolver mais de dois (2) Estados Partes, o Tribunal Permanente de Revisão estará constituído por todos os seus árbitros, nos termos do artigo 18.
3. Os Estados Partes, de comum acordo, poderão definir outros critérios para o funcionamento do Tribunal estabelecido neste artigo.

### Artigo 21
### Contestação do Recurso de Revisão e Prazo para o Laudo

1. A outra parte na controvérsia terá direito a contestar o recurso de revisão interposto, dentro do prazo de quinze (15) dias de notificada a apresentação de tal recurso.
2. O Tribunal Permanente de Revisão pronunciar-se-á sobre o recurso em um prazo máximo de trinta (30) dias, contado a partir da apresentação da contestação a que faz referência o numeral anterior ou do vencimento do prazo para a referida apresentação, conforme o caso. Por decisão do Tribunal, o prazo de trinta (30) dias poderá ser prorrogado por mais quinze (15) dias.

### Artigo 22
### Alcance do Pronunciamento

1. O Tribunal Permanente de Revisão poderá confirmar, modificar ou revogar a fundamentação jurídica e as decisões do Tribunal Arbitral Ad Hoc.
2. O laudo do Tribunal Permanente de Revisão será definitivo e prevalecerá sobre o laudo do Tribunal Arbitral Ad Hoc.

### Artigo 23
### Acesso direto ao Tribunal Permanente de Revisão

1. As partes na controvérsia, culminado o procedimento estabelecido nos artigos 4 e 5 deste Protocolo, poderão acordar expressamente submeter-se diretamente e em única instância ao Tribunal Permanente de Revisão, caso em que este terá as mesmas competências que um Tribunal Arbitral Ad Hoc, aplicando-se, no que corresponda, os Artigos 9, 12, 13, 14, 15 e 16 do presente Protocolo.
2. Nessas condições, os laudos do Tribunal Permanente de Revisão serão obrigatórios para os Estados partes na controvérsia a partir do recebimento da respectiva notificação, não estarão sujeitos a recursos de revisão e terão, com relação às partes, força de coisa julgada.

### Artigo 24
### Medidas Excepcionais e de Urgência

O Conselho do Mercado Comum poderá estabelecer procedimentos especiais para atender casos excepcionais de urgência que possam ocasionar danos irreparáveis às Partes.

## CAPÍTULO VIII
## LAUDOS ARBITRAIS

### Artigo 25
### Adoção dos Laudos

Os laudos do Tribunal Arbitral Ad Hoc e os do Tribunal Permanente de Revisão serão adotados por maioria, serão fundamentados e assinados pelo Presidente e pelos demais árbitros. Os árbitros não poderão fundamentar votos em dissidência e deverão manter a confidencialidade da votação. As deliberações também serão confidenciais e assim permanecerão em todo o momento.

### Artigo 26
### Obrigatoriedade dos Laudos

1. Os laudos dos Tribunais Arbitrais Ad Hoc são obrigatórios para os Estados partes na controvérsia a partir de sua notificação e terão, em relação a eles, força de coisa julgada se, transcorrido o prazo previsto no artigo 17.1 para interpor recurso de revisão, este não tenha sido interposto.
2. Os laudos do Tribunal Permanente de Revisão são inapeláveis, obrigatórios para os Estados partes na controvérsia a partir de sua notificação e terão, com relação a eles, força de coisa julgada.

### Artigo 27
### Obrigatoriedade do Cumprimento dos Laudos

Os laudos deverão ser cumpridos na forma e com o alcance com que foram emitidos. A adoção de medidas compensatórias nos termos deste Protocolo não exime o Estado parte de sua obrigação de cumprir o laudo.

### Artigo 28
### Recurso de Esclarecimento

1. Qualquer dos Estados partes na controvérsia poderá solicitar um esclarecimento do laudo do Tribunal Arbitral Ad Hoc ou do Tribunal Permanente de Revisão e sobre a forma com que deverá cumprir-se o laudo, dentro de quinze (15) dias subseqüentes à sua notificação.

2. O Tribunal respectivo se expedirá sobre o recurso nos quinze (15) dias subseqüentes à apresentação da referida solicitação e poderá outorgar um prazo adicional para o cumprimento do laudo.

### Artigo 29
### Prazo e Modalidade de Cumprimento

1. Os laudos do Tribunal Ad Hoc ou os do Tribunal Permanente de Revisão, conforme o caso, deverão ser cumpridos no prazo que os respectivos Tribunais estabelecerem. Se não for estabelecido um prazo, os laudos deverão ser cumpridos no prazo de trinta (30) dias seguintes à data de sua notificação.

2. Caso um Estado parte interponha recurso de revisão, o cumprimento do laudo do Tribunal Arbitral Ad Hoc será suspenso durante o trâmite do mesmo.

3. O Estado parte obrigado a cumprir o laudo informará à outra parte na controvérsia, assim como ao Grupo Mercado Comum, por intermédio da Secretaria Administrativa do MERCOSUL, sobre as medidas que adotará para cumprir o laudo, dentro dos quinze (15) dia contados desde sua notificação.

### Artigo 30
### Divergências sobre o Cumprimento do Laudo

1. Caso o Estado beneficiado pelo laudo entenda que as medidas adotadas não dão cumprimento ao mesmo, terá um prazo de trinta (30) dias, a partir da adoção das mesmas, para levar a situação à consideração do Tribunal Arbitral Ad Hoc ou do Tribunal Permanente de Revisão, conforme o caso.

2. O Tribunal respectivo terá um prazo de trinta (30) dias a partir da data que tomou conhecimento da situação para dirimir as questões referidas no numeral anterior.

3. Caso não seja possível a convocação do Tribunal Arbitral Ad Hoc que conheceu do caso, outro será conformado com o ou os suplentes necessários mencionados nos artigos 10.2 e 10.3.

## CAPÍTULO IX
## MEDIDAS COMPENSATÓRIAS

### Artigo 31
### Faculdade de Aplicar Medidas Compensatórias

1. Se um Estado parte na controvérsia não cumprir total ou parcialmente o laudo do Tribunal Arbitral, a outra parte na controvérsia terá a faculdade, dentro do prazo de um (1) ano, contado a partir do dia seguinte ao término do prazo referido no artigo 29.1, e independentemente de recorrer aos procedimentos do artigo 30, de iniciar a aplicação de medidas compensatórias temporárias, tais como a suspensão de concessões ou outras obrigações equivalentes, com vistas a obter o cumprimento do laudo.

2. O Estado Parte beneficiado pelo laudo procurará, em primeiro lugar, suspender as concessões ou obrigações equivalentes no mesmo setor ou setores afetados. Caso considere impraticável ou ineficaz a suspensão no mesmo setor, poderá suspender concessões ou obrigações em outro setor, devendo indicar as razões que fundamentam essa decisão.

3. As medidas compensatórias a serem tomadas deverão ser informadas formalmente pelo Estado Parte que as aplicará, com uma antecedência mínima de quinze (15) dias, ao Estado Parte que deve cumprir o laudo.

### Artigo 32
### Faculdade de Questionar Medidas Compensatórias

1. Caso o Estado Parte beneficiado pelo laudo aplique medidas compensatórias por considerar insuficiente o cumprimento do mesmo, mas o Estado Parte obrigado a cumprir o laudo considerar que as medidas adotadas são satisfatórias, este último terá um prazo de quinze (15) dias, contado a partir da notificação prevista no artigo 31.3, para levar esta situação à consideração do Tribunal Arbitral Ad Hoc ou do Tribunal Permanente de Revisão, conforme o caso, o qual terá um prazo de trinta (30) dias desde a sua constituição para se pronunciar sobre o assunto.

2. Caso o Estado Parte obrigado a cumprir o laudo considere excessivas as medidas compensatórias aplicadas, poderá solicitar, até quinze (15) dias depois da aplicação dessas medidas, que o Tribunal Ad Hoc ou o Tribunal Permanente de Revisão, conforme corresponda, se pronuncie a respeito, em um prazo não superior a (trinta) 30 dias, contado a partir da sua constituição.

i) O Tribunal pronunciar-se-á sobre as medidas compensatórias adotadas. Avaliará, conforme o caso, a fundamentação apresentada para aplicá-las em um setor distinto daquele afetado, assim como sua proporcionalidade com relação às conseqüências derivadas do não cumprimento do laudo.

ii) Ao analisar a proporcionalidade, o Tribunal deverá levar em consideração, entre outros elementos, o volume e/ou o valor de comércio no setor afetado, bem como qualquer outro prejuízo ou fator que tenha incidido na determinação do nível ou montante das medidas compensatórias.

3. O Estado Parte que aplicou as medidas deverá adequá-las à decisão do Tribunal em um prazo máximo de dez (10) dias, salvo se o Tribunal estabelecer outro prazo.

## CAPÍTULO X
## DISPOSIÇÕES COMUNS AOS CAPÍTULOS VI E VII

### Artigo 33
### Jurisdição dos Tribunais

Os Estados Partes declaram reconhecer como obrigatória, ipso facto e sem necessidade de acordo especial, a jurisdição dos Tribunais Arbitrais Ad Hoc que em cada caso se constituam para conhecer e resolver as controvérsias a que se refere o presente Protocolo, bem como a jurisdição do Tribunal Permanente de Revisão para conhecer e resolver as controvérsias conforme as competências que lhe confere o presente Protocolo.

### Artigo 34
### Direito Aplicável

1. Os Tribunais Arbitrais Ad Hoc e o Tribunal Permanente de Revisão decidirão a controvérsia com base no Tratado de Assunção, no Protocolo de Ouro Preto, nos protocolos e acordos celebrados no marco do Tratado de Assunção, nas Decisões do Conselho do Mercado Comum, nas Resoluções do Grupo Mercado Comum e nas Diretrizes da Comissão de Comércio do MERCOSUL, bem como nos princípios e disposições de Direito Internacional aplicáveis à matéria.

2. A presente disposição não restringe a faculdade dos Tribunais Arbitrais Ad Hoc ou a do Tribunal Permanente de Revisão, quando atue como instância direta e única conforme o disposto no artigo 23, de decidir a controvérsia ex aequo et bono, se as partes assim acordarem.

### Artigo 35
### Qualificação dos Árbitros

1. Os árbitros dos Tribunais Arbitrais Ad Hoc e os do Tribunal Permanente de Revisão deverão ser juristas de reconhecida competência nas matérias que possam ser objeto das controvérsias e ter conhecimento do conjunto normativo do MERCOSUL.

2. Os árbitros deverão observar a necessária imparcialidade e independência funcional da Administração Pública Central ou direta dos Estados Partes e não ter interesses de índole alguma na controvérsia. Serão designados em função de sua objetividade, confiabilidade e bom senso.

### Artigo 36
### Custos

1. Os gastos e honorários ocasionados pela atividade dos árbitros serão custeados pelo país que os designe e os gastos e honorários do Presidente do Tribunal Arbitral Ad Hoc serão custeados em partes iguais pelos Estados partes na controvérsia, a menos que o Tribunal decida distribuí-los em proporção distinta.

2. Os gastos e honorários ocasionados pela atividade dos árbitros do Tribunal Permanente de Revisão serão custeados em partes iguais pelos Estados partes na controvérsia, a menos que o Tribunal decida distribuí-los em proporção distinta.

3. Os gastos a que se referem os incisos anteriores poderão ser pagos por intermédio da Secretaria Administrativa do MERCOSUL. Os pagamentos poderão ser realizados por intermédio de um Fundo Especial que poderá ser criado pelos Estados Partes ao depositar as contribuições relativas ao orçamento da Secretaria Administrativa do MERCOSUL, conforme o artigo 45 do Protocolo de Ouro Preto, ou no momento de iniciar os procedimentos previstos nos Capítulos VI ou VII do presente Protocolo. O Fundo será administrado pela Secretaria Administrativa do MERCOSUL, a qual deverá anualmente prestar contas aos Estados Partes sobre sua utilização.

### Artigo 37
### Honorários e demais Gastos

Os honorários, gastos de transporte, hospedagem, diárias e outros gastos dos árbitros serão determinados pelo Grupo Mercado Comum.

### Artigo 38
### Sede

A sede do Tribunal Arbitral Permanente de Revisão será a cidade de Assunção. Não obstante, por razões fundamentadas, o Tribunal poderá reunir-se, excepcionalmente, em outras cidades do MERCOSUL. Os Tribunais Arbitrais Ad Hoc poderão reunir-se em qualquer cidade dos Estados Partes do MERCOSUL.

## CAPÍTULO XI
## RECLAMAÇÕES DE PARTICULARES

### Artigo 39
### Âmbito de Aplicação

O procedimento estabelecido no presente Capítulo aplicar-se-á às reclamações efetuadas por particulares (pessoas físicas ou jurídicas) em razão da sanção ou aplicação, por qualquer dos Estados Partes, de medidas legais ou administrativas de efeito restritivo, discriminatórias ou de concorrência desleal, em violação do Tratado de Assunção, do Protocolo de Ouro Preto, dos protocolos e acordos celebrados no marco do Tratado de Assunção, das Decisões do Conselho do Mercado Comum, das Resoluções do Grupo Mercado Comum e das Diretrizes da Comissão de Comércio do MERCOSUL.

### Artigo 40
### Início do Trâmite

1. Os particulares afetados formalizarão as reclamações ante a Seção Nacional do Grupo Mercado Comum do Estado Parte onde tenham sua residência habitual ou a sede de seus negócios.
2. Os particulares deverão fornecer elementos que permitam determinar a veracidade da violação e a existência ou ameaça de um prejuízo, para que a reclamação seja admitida pela Seção Nacional e para que seja avaliada pelo Grupo Mercado Comum e pelo grupo de especialistas, se for convocado.

### Artigo 41
### Procedimento

1. A menos que a reclamação se refira a uma questão que tenha motivado o início de um procedimento de Solução de Controvérsias de acordo com os Capítulos IV a VII deste Protocolo, a Seção Nacional do Grupo Mercado Comum que tenha admitido a reclamação conforme o artigo 40 do presente Capítulo deverá entabular consultas com a Seção Nacional do Grupo Mercado Comum do Estado Parte a que se atribui a violação, a fim de buscar, mediante as consultas, uma solução imediata à questão levantada. Tais consultas se darão por concluídas automaticamente e sem mais trâmites se a questão não tiver sido resolvida em um prazo de quinze (15) dias contado a partir da comunicação da reclamação ao Estado Parte a que se atribui a violação, salvo se as partes decidirem outro prazo.
2. Finalizadas as consultas, sem que se tenha alcançado uma solução, a Seção Nacional do Grupo Mercado Comum elevará a reclamação sem mais trâmite ao Grupo Mercado Comum.

### Artigo 42
### Intervenção do Grupo Mercado Comum

1. Recebida a reclamação, o Grupo Mercado Comum avaliará os requisitos estabelecidos no artigo 40.2, sobre os quais se baseou sua admissão pela Seção Nacional, na primeira reunião subseqüente ao seu recebimento. Se concluir que não estão reunidos os requisitos necessários para dar-lhe curso, rejeitará a reclamação sem mais trâmite, devendo pronunciar-se por consenso.
2. Se o Grupo Mercado Comum não rejeitar a reclamação, esta considerar-se-á admitida. Neste caso, o Grupo Mercado Comum procederá de imediato à convocação de um grupo de especialistas que deverá emitir um parecer sobre sua procedência, no prazo improrrogável de trinta (30) dias contado a partir da sua designação.
3. Nesse prazo, o grupo de especialistas dará oportunidade ao particular reclamante e aos Estados envolvidos na reclamação de serem ouvidos e de apresentarem seus argumentos, em audiência conjunta.

### Artigo 43
### Grupo de Especialistas

- Redação dada pelo Protocolo Modificativo do Protocolo de Olivos para a Solução de Controvérsias no Mercosul, promulgado pelo Decreto 10.215/2020.

1. O grupo de especialistas a que faz referência o artigo 42.2 será composto de três (3) membros designados pelo Grupo Mercado Comum ou, na falta de acordo sobre um ou mais especialistas, estes serão escolhidos por votação que os Estados Partes realizarão dentre os integrantes da lista de especialistas a que se refere o numeral 2º deste artigo. A Secretaria Administrativa do MERCOSUL comunicará ao Grupo Mercado Comum o nome do especialista ou dos especialistas que tiverem recebido o maior número de votos. Neste último caso, e salvo se o Grupo Mercado Comum decidir de outra maneira, um (1) dos especialistas designados não poderá ser nacional do Estado contra o qual foi formulada a reclamação, nem do Estado no qual o particular formalizou sua reclamação, nos termos do artigo 40.
2. Com o fim de constituir a lista dos especialistas, cada um dos Estados Partes designará seis (6) pessoas de reconhecida competência nas questões que possam ser objeto de reclamação. Esta lista ficará registrada na Secretaria Administrativa do MERCOSUL.
3. Os gastos derivados da atuação do grupo de especialistas serão custeados na proporção que determinar o Grupo Mercado Comum ou, na falta de acordo, em montantes iguais pelas partes diretamente envolvidas na reclamação.

### Artigo 44
### Parecer do Grupo de Especialistas

1. O grupo de especialistas elevará seu parecer ao Grupo Mercado Comum.
i) Se, em parecer unânime, se verificar a procedência da reclamação formulada contra um Estado Parte, qualquer outro Estado Parte poderá requerer-lhe a adoção de medidas corretivas ou a anulação das medidas questionadas. Se o requerimento não prosperar num prazo de quinze (15) dias, o Estado Parte que o efetuou poderá recorrer diretamente ao procedimento arbitral, nas condições estabelecidas no Capítulo VI do presente Protocolo.
ii) Recebido um parecer que considere improcedente a reclamação por unanimidade, o Grupo Mercado Comum imediatamente dará por concluída a mesma no âmbito do presente Capítulo.
iii) Caso o grupo de especialistas não alcance unanimidade para emitir um parecer, elevará suas distintas conclusões ao Grupo Mercado Co-

mum que, imediatamente, dará por concluída a reclamação no âmbito do presente Capítulo.
2. A conclusão da reclamação por parte do Grupo Mercado Comum, nos termos das alíneas (ii) e (iii) do numeral anterior, não impedirá que o Estado Parte reclamante dê início aos procedimentos previstos nos Capítulos IV a VI do presente Protocolo.

## CAPÍTULO XII
## DISPOSIÇÕES GERAIS

### Artigo 45
### Acordo ou Desistência

Em qualquer fase dos procedimentos, a parte que apresentou a controvérsia ou a reclamação poderá desistir das mesmas, ou as partes envolvidas no caso poderão chegar a um acordo dando-se por concluída a controvérsia ou a reclamação, em ambos os casos. As desistências e acordos deverão ser comunicados por intermédio da Secretaria Administrativa do MERCOSUL ao Grupo Mercado Comum, ou ao Tribunal que corresponda, conforme o caso.

### Artigo 46
### Confidencialidade

1. Todos os documentos apresentados no âmbito dos procedimentos previstos neste Protocolo são de caráter reservado às partes na controvérsia, à exceção dos laudos arbitrais.
2. A critério da Seção Nacional do Grupo Mercado Comum de cada Estado Parte e quando isso seja necessário para a elaboração das posições a serem apresentadas ante o Tribunal, esses documentos poderão ser dados a conhecer, exclusivamente, aos setores com interesse na questão.
3. Não obstante o estabelecido no numeral 1, o Conselho do Mercado Comum regulamentará a modalidade de divulgação dos textos e apresentações relativos a controvérsias já concluídas.

### Artigo 47
### Regulamentação

O Conselho do Mercado Comum aprovará a regulamentação do presente Protocolo no prazo de sessenta (60) dias a partir de sua entrada em vigência.

### Artigo 48
### Prazos

1. Todos os prazos estabelecidos no presente Protocolo são peremptórios e serão contados por dias corridos a partir do dia seguinte ao ato ou fato a que se referem. Não obstante, se o vencimento do prazo para apresentar um texto ou cumprir uma diligência não ocorrer em dia útil na sede da Secretaria Administrativa do MERCOSUL, a apresentação do texto ou cumprimento da diligência poderão ser feitos no primeiro dia útil imediatamente posterior a essa data.
2. Não obstante o estabelecido no numeral anterior, todos os prazos previstos no presente Protocolo poderão ser modificados de comum acordo pelas partes na controvérsia. Os prazos previstos para os procedimentos tramitados ante os Tribunais Arbitrais Ad Hoc e ante o Tribunal Permanente de Revisão poderão ser modificados quando as partes na controvérsia o solicitem ao respectivo Tribunal e este o conceda.

### Artigo 48 bis
### Secretaria do Tribunal Permanente de Revisão

- (Acrescido pelo Protocolo Modificativo do Protocolo de Olivos para a Solução de Controvérsias no Mercosul, promulgado pelo Decreto 10.215/2020).

3. O TPR contará com uma secretaria, denominada Secretaria do Tribunal Permanente de Revisão (ST), que estará a cargo de um Secretário, que deverá ser nacional de qualquer dos Estados Partes do MERCOSUL.
As funções da ST serão regulamentadas pelo Conselho do Mercado Comum.

## CAPÍTULO XIII
## DISPOSIÇÕES TRANSITÓRIAS

### Artigo 49
### Notificações Iniciais

Os Estados Partes realizarão as primeiras designações e notificações previstas nos artigos 11, 18 e 43.2 em um prazo de trinta (30) dias, contado a partir da entrada em vigor do presente Protocolo.

### Artigo 50
### Controvérsias em Trâmite

As controvérsias em trâmite iniciadas de acordo com o regime do Protocolo de Brasília continuarão a ser regidas exclusivamente pelo mesmo até sua total conclusão.

### Artigo 51
### Regras de Procedimento

1. O Tribunal Permanente de Revisão adotará suas próprias regras de procedimento no prazo de trinta (30) dias, contado a partir de sua constituição, as quais deverão ser aprovadas pelo Conselho do Mercado Comum.
2. Os Tribunais Arbitrais Ad Hoc adotarão suas próprias regras de procedimento, tomando como referência as Regras Modelos a serem aprovadas pelo Conselho do Mercado Comum.
3. As regras mencionadas nos numerais precedentes deste artigo garantirão que cada uma das partes na controvérsia tenha plena oportunidade de ser ouvida e de apresentar seus argumentos e assegurarão que os processos se realizem de forma expedita.

## CAPÍTULO XIV
## DISPOSIÇÕES FINAIS

### Artigo 52
### Vigência e depósito

1. O presente Protocolo, parte integrante do Tratado de Assunção, entrará em vigor no trigésimo dia a partir da data em que tenha sido depositado o quarto instrumento de ratificação.
2. A República do Paraguai será depositária do presente Protocolo e dos instrumentos de ratificação e notificará aos demais Estados Partes a data de depósito desses instrumentos, enviando cópia devidamente autenticada deste Protocolo ao demais Estados Partes.

### Artigo 53
### Revisão do Sistema

Antes de culminar o processo de convergência da tarifa externa comum, os Estados Partes efetuarão uma revisão do atual sistema de solução de controvérsias, com vistas à adoção do Sistema Permanente de Solução de Controvérsias para o Mercado Comum a que se refere o numeral 3 do Anexo III do Tratado de Assunção.

### Artigo 54
### Adesão ou Denúncia Ipso Jure

A adesão ao Tratado de Assunção significará ipso jure a adesão ao presente Protocolo.
A denúncia do presente Protocolo significará ipso jure a denúncia do Tratado de Assunção.

### Artigo 55
### Derrogação

1. O presente Protocolo derroga, a partir de sua entrada em vigência, o Protocolo de Brasília para a Solução de Controvérsias, adotado em 17 de dezembro de 1991 e o Regulamento do Protocolo de Brasília, aprovado pela Decisão CMC 17/98.
2. Não obstante, enquanto as controvérsias iniciadas sob o regime do Protocolo de Brasília não estejam concluídas totalmente e até se completarem os procedimentos previstos no artigo 49, continuará sendo aplicado, no que corresponda, o Protocolo de Brasília e seu Regulamento.
3. As referências ao Protocolo de Brasília que figuram no Protocolo de Ouro Preto e seu Anexo, entendem-se remetidas, no que corresponda, ao presente Protocolo.

### Artigo 56
### Idiomas

Serão idiomas oficiais em todos os procedimentos previstos no presente Protocolo o português e o espanhol.
Feito na cidade de Olivos, Província de Buenos Aires, República Argentina aos dezoito dias do mês de fevereiro de dois mil e dois, em um original, nos idiomas português e espanhol, sendo ambos os textos igualmente autênticos.

Pela República Argentina
EDUARDO DUHALDE
CARLOS RUCKAUF
Pela República Federativa do Brasil
FERNANDO HENRIQUE CARDOSO
CELSO LAFER
Pela República do Paraguai
LUIZ GONZALES MACCHI
JOSÉ ANTÔNIO MORENO RUFFINELLI
Pela República Oriental do Uruguai
JORGE BATTLE IBAÑEZ
DIDIER OPERTTI

# DECRETO Nº 5.919, DE 3 DE OUTUBRO DE 2006

*Promulga a Convenção Interamericana sobre o Cumprimento de Sentenças Penais no Exterior, concluída em Manágua, em 9 de junho de 1993, com reserva à primeira parte do parágrafo 2º do Artigo VII, relativa à redução dos períodos de prisão ou de cumprimento alternativo da pena.*

› D.O.U. de 4.10.2006.

O PRESIDENTE DA REPÚBLICA, no uso da atribuição que lhe confere o art. 84, inciso IV, da Constituição, e
Considerando que o Congresso Nacional aprovou, com reserva, o texto da Convenção Interamericana sobre o Cumprimento de Sentenças Penais no Exterior, concluída em Manágua, em 9 de junho de 1993, por meio do Decreto Legislativo nº 293, de 12 de julho de 2006;
Considerando que o Governo brasileiro ratificou a citada Convenção em 26 de abril de 2001;
Considerando que a Convenção entrou em vigor internacional em 12 de abril de 1996, e para o Brasil em 26 de maio de 2001;
DECRETA:

**Art. 1º** A Convenção Interamericana sobre o Cumprimento de Sentenças Penais no Exterior, concluída em Manágua, em 9 de junho de 1993, apensa por cópia ao presente Decreto, será executada e cumprida tão inteiramente como nela se contém, com reserva à primeira parte do parágrafo 2º do Artigo VII, relativa à redução dos períodos de prisão ou de cumprimento alternativo da pena.

**Art. 2º** São sujeitos à aprovação do Congresso Nacional quaisquer atos que possam resultar em revisão da referida Convenção ou que acarretem encargos ou compromissos gravosos ao patrimônio nacional, nos termos do art. 49, inciso I, da Constituição.

**Art. 3º** Este Decreto entra em vigor na data de sua publicação.

Brasília, 3 de outubro de 2006;
185º da Independência e 118º da República.
Luiz Inácio Lula da Silva
Celso Luiz Nunes Amorim

## CONVENÇÃO INTERAMERICANA SOBRE O CUMPRIMENTO DE SENTENÇAS PENAIS NO EXTERIOR

Os Estados Membros da Organização dos Estados Americanos,

Considerando que um dos propósitos essenciais da Organização dos Estados Americanos é, de conformidade com o artigo 2, alínea e, da Carta da OEA, "procurar a solução dos problemas políticos, jurídicos e econômicos que surgirem entre os Estados Membros";

Animados do desejo de cooperar a fim de assegurar melhor administração da justiça mediante a reabilitação social da pessoa sentenciada;

Persuadidos de que, para o cumprimento desses objetivos, é conveniente que se possa conceder à pessoa sentenciada a oportunidade de cumprir a sua pena no país do qual é nacional; e

Convencidos de que a melhor maneira de obter esses resultados é mediante a transferência da pessoa sentenciada,

Resolvem aprovar a seguinte Convenção Interamericana sobre o Cumprimento de Sentenças Penais no Exterior:

### ARTIGO I
### Definições

Para os efeitos desta Convenção, entender-se-á por:

1. Estado sentenciador: o Estado Parte do qual a pessoa sentenciada tenha de ser transferida.
2. Estado receptor: o Estado Parte para o qual a pessoa sentenciada tenha de ser transferida.
3. Sentença: a decisão judicial definitiva mediante a qual se imponha a uma pessoa, como pena pela prática de um delito, a privação da liberdade ou a restrição da mesma, em regime de liberdade vigiada, pena de execução condicional ou outras formas de supervisão sem detenção. Entende-se que uma sentença é definitiva se não estiver pendente apelação ordinária contra a condenação ou sentença no Estado Sentenciador, e se o prazo previsto para a apelação estiver expirado.
4. Pessoa sentenciada: a pessoa que, no território de um dos Estados Partes, venha a cumprir ou esteja cumprindo uma sentença.

### ARTIGO II
### Princípios Gerais

De conformidade com as disposições desta Convenção:

a) as sentenças impostas em um dos Estados Partes a nacionais de outro Estado Parte poderão ser cumpridas pela pessoa sentenciada no Estado do qual seja nacional; e

b) os Estados Partes comprometem-se a prestar a mais ampla cooperação no tocante à transferência de pessoas sentenciadas.

### ARTIGO III
### Condições para a Aplicação da Convenção

Esta Convenção aplicar-se-á unicamente nas seguintes condições:

1. Que exista sentença firme e definitiva na forma como foi definida no artigo I, parágrafo 3 desta Convenção.
2. Que a pessoa sentenciada concorde expressamente com a transferência, tendo sido previamente informada a respeito das conseqüências jurídicas da mesma.
3. Que o ato pelo qual a pessoa tenha sido condenada configure delito também no Estado receptor. Para esse efeito, não se levarão em conta as diferenças de denominação ou as que não afetem a natureza do delito.
4. Que a pessoa sentenciada seja nacional do Estado receptor.
5. Que a pena a ser cumprida não seja pena de morte.
6. Que a duração da pena ainda a ser cumprida seja, no momento da solicitação, de pelo menos seis meses.
7. Que a aplicação da sentença não seja contraditória com o ordenamento jurídico interno do Estado receptor.

### ARTIGO IV
### Prestação de Informação

1. Cada Estado Parte informará a respeito do conteúdo desta Convenção qualquer pessoa sentenciada que esteja compreendida nas disposições da mesma.
2. Os Estados Partes manterão informada a pessoa sentenciada a respeito do trâmite de sua transferência.

### ARTIGO V
### Procedimento para a Transferência

A transferência da pessoa sentenciada de um Estado para outro estará sujeita ao seguinte procedimento:

1. O trâmite poderá ser promovido pelo Estado sentenciador ou pelo Estado receptor. Em ambos os casos, requer-se que a pessoa sentenciada haja expressado seu consentimento ou, quando cabível, formulado a solicitação.
2. A solicitação de transferência será tramitada por intermédio das autoridades centrais indicadas conforme o artigo XI desta Convenção ou, na falta desta pela via diplomática ou consular. De conformidade com seu direito interno, cada Estado Parte informará as autoridades que considerar necessária a respeito do conteúdo desta Convenção. Além disso, procurará criar mecanismos de cooperação entre a autoridade central e as demais autoridades que devam intervir na transferência da pessoa sentenciada.
3. Se a sentença tiver sido proferida por um Estado ou província com jurisdição penal independente do Governo Federal, requerer-se-á para a aplicação deste procedimento de transferência a aprovação do respectivo Estado ou província.
4. Na solicitação de transferência, deverá ser proporcionada a informação que acredite o cumprimento das condições dispostas no artigo III.

INTERNACIONAL

5. Antes de efetuar-se a transferência, o Estado sentenciador permitirá ao Estado receptor verificar, se assim o desejar e por meio de um funcionário por este designado, se a pessoa sentenciada deu seu consentimento com pleno conhecimento das conseqüências jurídicas da mesma.

6. Ao decidir quanto à transferência de uma pessoa sentenciada, os Estados Partes poderão considerar, entre outros fatores, a possibilidade de contribuir para a sua reabilitação social; a gravidade do delito; conforme o caso, os antecedentes penais da pessoa sentenciada; seu estado de saúde; e os vínculos familiares, sociais ou de outra natureza com o Estado sentenciador e o Estado receptor.

7. O Estado sentenciador proporcionará ao Estado receptor cópia certificada da sentença, inclusive informação sobre o tempo já cumprido pela pessoa sentenciada e o que lhe deva ser creditado por motivos tais como trabalho, boa conduta ou prisão preventiva. O Estado receptor poderá solicitar qualquer informação adicional que considerar pertinente.

8. A entrega da pessoa sentenciada pelo Estado sentenciador ao Estado receptor será efetuada em local acordado pelas autoridades centrais. O Estado receptor será responsável pela custódia da pessoa sentenciada desde o momento em que esta lhe for entregue.

9. Todas as despesas relacionadas com a transferência da pessoa sentenciada até a entrega para sua custódia ao Estado receptor correrão por conta do Estado sentenciador.

10. O Estado receptor será responsável por todas as despesas em que se incorra na transferência da pessoa sentenciada desde o momento em que esta ficar sob sua custódia.

### ARTIGO VI
### Denegação de Transferência

Quando um Estado não aprovar a transferência de uma pessoa sentenciada, comunicará imediatamente sua decisão ao Estado solicitante e explicará o motivo de sua denegação, quando isto for possível e conveniente.

### ARTIGO VII
### Direito da Pessoa Sentenciada Transferida e Forma de Cumprimento da Sentença

1. A pessoa sentenciada que for transferida conforme previsto nesta Convenção não poderá ser detida, processada ou condenada novamente no Estado receptor pelo mesmo delito que motivou a sentença imposta pelo Estado sentenciador.

2. Salvo o disposto no artigo VIII desta Convenção, a pena de uma pessoa sentenciada transferida será cumprida de acordo com as leis e procedimentos do Estado receptor, inclusive a aplicação de quaisquer disposições relativas à redução de períodos de prisão ou do cumprimento alternativo da pena. Nenhum sentença será executada pelo Estado receptor de modo a prolongar a duração da pena para além da data em que expiraria, de acordo com os termos da sentença do tribunal do Estado sentenciador.

3. As autoridades do Estado Sentenciador poderão solicitar, por meio das autoridades centrais, informações sobre a situação corrente do cumprimento da pena de qualquer pessoa sentenciada transferida ao Estado receptor, de acordo com esta Convenção.

### ARTIGO VIII
### Revisão de Sentença e Efeitos no Estado Receptor

O Estado sentenciador conservará sua plena jurisdição para a revisão das sentenças proferidas por seus tribunais. Além disso, conservará a faculdade de conceder indulto, anistia ou perdão à pessoa sentenciada. O Estado receptor, ao receber notificação de qualquer decisão a respeito, deverá adotar imediatamente as medidas pertinentes.

### ARTIGO IX
### Aplicação da Convenção em Casos Especiais

Esta Convenção também poderá ser aplicada a pessoas sujeitas à vigilância ou a outras medidas de acordo com as leis de um Estado Parte relacionadas com infratores menores de idade. Para a transferência, obter-se-á consentimento de um representante legalmente autorizado.

Se o acordarem as Partes e para efeitos de seu tratamento no Estado receptor, poderá aplicar-se esta Convenção a pessoas que a autoridade competente houver declarado inimputáveis. As partes acordarão, de conformidade com o seu direito interno, o tipo de tratamento a ser dispensado às pessoas transferidas. Para a transferência deverá obter-se o consentimento de quem estiver legalmente facultado a concedê-lo.

### ARTIGO X
### Trânsito

Se a pessoa sentenciada, ao ser transferida, tiver que atravessar o território de um terceiro Estado Parte nesta Convenção, este deverá ser notificado, mediante o envio da decisão que concedeu a transferência pelo Estado sob cuja custódia se efetuará a citada transferência. Em tais casos, o Estado Parte de trânsito poderá ou não consentir no trânsito da pessoa sentenciada por seu território.

A mencionada notificação não será necessária quando se utilizarem os meios de transporte aéreo e não estiver prevista qualquer aterrissagem de escala no território do Estado Parte a ser sobrevoado.

### ARTIGO XI
### Autoridade Central

Os Estados Partes, ao assinar ou ratificar esta Convenção ou ao aderir a ela, notificarão à Secretaria-Geral da Organização dos Estados Americanos a designação da autoridade central encarregada de exercer as funções previstas nesta Convenção. A Secretaria-Geral distribuirá aos Estados Partes nesta Convenção uma lista das designações que tiver recebido.

ARTIGO XII
Alcance da Convenção

Nada do previsto nesta Convenção será interpretado no sentido de restringir outros tratados bilaterais ou multilaterais ou outros acordos assinados entre as Partes.

ARTIGO XIII
Cláusulas Finais

Esta Convenção estará aberta à assinatura dos Estados Membros da Organização dos Estados Americanos.

ARTIGO XIV

Esta Convenção estará sujeita a ratificação. Os instrumentos de ratificação serão depositados na Secretaria Geral da Organização dos Estados Americanos.

ARTIGO XV

Esta Convenção permanecerá aberta à adesão de qualquer outro Estado. Os instrumentos de adesão serão depositados na Secretaria Geral da Organização dos Estados Americanos.

ARTIGO XVI

Os Estados Partes poderão formular reservas a esta Convenção ao aprová-la, assiná-la, ratificá-la ou a ela aderir, desde que não sejam incompatíveis com o objetivo e propósito da Convenção e se refiram a uma ou mais disposições específicas.

ARTIGO XVII

Esta Convenção entrará em vigor para os Estados ratificantes no trigésimo dia contado a partir da data em que tiver sido depositado o segundo instrumento de ratificação.

Para o Estado que ratificar a Convenção ou a ela aderir depois de haver sido depositado o segundo instrumento de ratificação, a Convenção entrará em vigor no trigésimo dia contado a partir da data em que houver o Estado depositado seu instrumento de ratificação ou adesão.

ARTIGO XVIII

Esta Convenção vigerá indefinidamente, mas qualquer dos Estados Partes poderá denunciá-lo em qualquer momento. A denúncia será comunicada à Secretaria Geral da Organização dos Estados Americanos. Transcorrido um ano a partir da data da denúncia, a convenção cessará em seus efeitos para o Estado denunciante.

Não obstante, suas disposições permanecerão em vigor para o Estado denunciante em relação às pessoas condenadas que, ao amparo das mesmas, houverem sido transferidas, até o término das respectivas penas.

Os pedidos de traslado que se encontrem em trâmite no momento da denúncia desta Convenção serão complementados até sua completa execução, a menos que as Partes decidam o contrário.

ARTIGO XIX

O instrumento original desta Convenção, cujos textos em espanhol, francês, inglês e português são igualmente autênticos, será depositado na Secretaria Geral da Organização dos Estados Americanos, que enviará cópia autenticada do seu texto, para o respectivo registro e publicação, ao Secretariado das Nações Unidas, de conformidade com o artigo 102 da Carta das Nações Unidas. A Secretaria Geral da Organização dos Estados Americanos notificará aos Estados membros da referida Organização e aos Estados que houverem aderido à Convenção as assinaturas e os depósitos de instrumento de ratificação, de adesão e de denúncia, bem como as reservas que houver.

Em fé do que, os plenipotenciários abaixo assinados, devidamente autorizados por seus respectivos governos, assinam esta Convenção, que se denominará "Convenção Interamericana sobre o Cumprimento de Sentenças Penais no Exterior".

Feito na cidade de Manágua, Nicarágua, em nove de junho de mil novecentos e noventa e três.

## DECRETO Nº 7.030, DE 14 DE DEZEMBRO DE 2009

*Promulga a Convenção de Viena sobre o Direito dos Tratados, concluída em 23 de maio de 1969, com reserva aos Artigos 25 e 66.*

- DOU de 15.12.2009.

O PRESIDENTE DA REPÚBLICA, no uso da atribuição que lhe confere o art. 84, inciso IV, da Constituição, e

Considerando que o Congresso Nacional aprovou, por meio do Decreto Legislativo nº 496, de 17 de julho de 2009, a Convenção de Viena sobre o Direito dos Tratados, concluída em 23 de maio de 1969, com reserva aos Artigos 25 e 66;

Considerando que o Governo brasileiro depositou o instrumento de ratificação da referida Convenção junto ao Secretário-Geral das Nações Unidas em 25 de setembro de 2009;

DECRETA:

**Art. 1º** A Convenção de Viena sobre o Direito dos Tratados, concluída em 23 de maio de 1969, com reserva aos Artigos 25 e 66, apensa por cópia ao presente Decreto, será executada e cumprida tão inteiramente como nela se contém.

**Art. 2º** São sujeitos à aprovação do Congresso Nacional quaisquer atos que possam resultar em revisão da referida Convenção ou que acarretem encargos ou compromissos gravosos ao patrimônio nacional, nos termos do art. 49, inciso I, da Constituição.

**Art. 3º** Este Decreto entra em vigor na data de sua publicação.

Brasília, 14 de dezembro de 2009;
188º da Independência e 121º da República.
Luiz Inácio Lula da Silva
Antonio de Aguiar Patriota

INTERNACIONAL

## CONVENÇÃO DE VIENA SOBRE O DIREITO DOS TRATADOS

Os Estados Partes na presente Convenção,

Considerando o papel fundamental dos tratados na história das relações internacionais,

Reconhecendo a importância cada vez maior dos tratados como fonte do Direito Internacional e como meio de desenvolver a cooperação pacífica entre as nações, quaisquer que sejam seus sistemas constitucionais e sociais,

Constatando que os princípios do livre consentimento e da boa fé e a regra pacta sunt servanda são universalmente reconhecidos,

Afirmando que as controvérsias relativas aos tratados, tais como outras controvérsias internacionais, devem ser solucionadas por meios pacíficos e de conformidade com os princípios da Justiça e do Direito Internacional,

Recordando a determinação dos povos das Nações Unidas de criar condições necessárias à manutenção da Justiça e do respeito às obrigações decorrentes dos tratados,

Conscientes dos princípios de Direito Internacional incorporados na Carta das Nações Unidas, tais como os princípios da igualdade de direitos e da autodeterminação dos povos, da igualdade soberana e da independência de todos os Estados, da não-intervenção nos assuntos internos dos Estados, da proibição da ameaça ou do emprego da força e do respeito universal e observância dos direitos humanos e das liberdades fundamentais para todos,

Acreditando que a codificação e o desenvolvimento progressivo do direito dos tratados alcançados na presente Convenção promoverão os propósitos das Nações Unidas enunciados na Carta, que são a manutenção da paz e da segurança internacionais, o desenvolvimento das relações amistosas e a consecução da cooperação entre as nações,

Afirmando que as regras do Direito Internacional consuetudinário continuarão a reger as questões não reguladas pelas disposições da presente Convenção,

Convieram no seguinte:

## PARTE I
## INTRODUÇÃO

### ARTIGO 1
### Âmbito da Presente Convenção

A presente Convenção aplica-se aos tratados entre Estados.

### ARTIGO 2
### Expressões Empregadas

1. Para os fins da presente Convenção:

a) "tratado" significa um acordo internacional concluído por escrito entre Estados e regido pelo Direito Internacional, quer conste de um instrumento único, quer de dois ou mais instrumentos conexos, qualquer que seja sua denominação específica;

b) "ratificação", "aceitação", "aprovação" e "adesão" significam, conforme o caso, o ato internacional assim denominado pelo qual um Estado estabelece no plano internacional o seu consentimento em obrigar-se por um tratado;

c) "plenos poderes" significa um documento expedido pela autoridade competente de um Estado e pelo qual são designadas uma ou várias pessoas para representar o Estado na negociação, adoção ou autenticação do texto de um tratado, para manifestar o consentimento do Estado em obrigar-se por um tratado ou para praticar qualquer outro ato relativo a um tratado;

d) "reserva" significa uma declaração unilateral, qualquer que seja a sua redação ou denominação, feita por um Estado ao assinar, ratificar, aceitar ou aprovar um tratado, ou a ele aderir, com o objetivo de excluir ou modificar o efeito jurídico de certas disposições do tratado em sua aplicação a esse Estado;

e) "Estado negociador" significa um Estado que participou na elaboração e na adoção do texto do tratado;

f) "Estado contratante" significa um Estado que consentiu em se obrigar pelo tratado, tenha ou não o tratado entrado em vigor;

g) "parte" significa um Estado que consentiu em se obrigar pelo tratado e em relação ao qual este esteja em vigor;

h) "terceiro Estado" significa um Estado que não é parte no tratado;

i) "organização internacional" significa uma organização intergovernamental.

2. As disposições do parágrafo 1 relativas às expressões empregadas na presente Convenção não prejudicam o emprego dessas expressões, nem os significados que lhes possam ser dados na legislação interna de qualquer Estado.

### ARTIGO 3
### Acordos Internacionais Excluídos do Âmbito da Presente Convenção

O fato de a presente Convenção não se aplicar a acordos internacionais concluídos entre Estados e outros sujeitos de Direito Internacional, ou entre estes outros sujeitos de Direito Internacional, ou a acordos internacionais que não sejam concluídos por escrito, não prejudicará:

a) a eficácia jurídica desses acordos;

b) a aplicação a esses acordos de quaisquer regras enunciadas na presente Convenção às quais estariam sujeitos em virtude do Direito Internacional, independentemente da Convenção;

c) a aplicação da Convenção às relações entre Estados, reguladas em acordos internacionais em que sejam igualmente partes outros sujeitos de Direito Internacional.

### ARTIGO 4
### Irretroatividade da Presente Convenção

Sem prejuízo da aplicação de quaisquer regras enunciadas na presente Convenção a que os tratados estariam sujeitos em virtude do Direito Internacional, independentemente da Convenção, esta somente se aplicará aos tratados concluídos por Estados após sua entrada em vigor em relação a esses Estados.

ARTIGO 5
**Tratados Constitutivos de Organizações Internacionais e Tratados Adotados no Âmbito de uma Organização Internacional**

A presente Convenção aplica-se a todo tratado que seja o instrumento constitutivo de uma organização internacional e a todo tratado adotado no âmbito de uma organização internacional, sem prejuízo de quaisquer normas relevantes da organização.

## PARTE II
## CONCLUSÃO E ENTRADA EM VIGOR DE TRATADOS

### SEÇÃO 1
### CONCLUSÃO DE TRATADOS

ARTIGO 6
**Capacidade dos Estados para Concluir Tratados**

Todo Estado tem capacidade para concluir tratados.

ARTIGO 7
**Plenos Poderes**

1. Uma pessoa é considerada representante de um Estado para a adoção ou autenticação do texto de um tratado ou para expressar o consentimento do Estado em obrigar-se por um tratado se:
a) apresentar plenos poderes apropriados; ou
b) a prática dos Estados interessados ou outras circunstâncias indicarem que a intenção do Estado era considerar essa pessoa seu representante para esses fins e dispensar os plenos poderes.
2. Em virtude de suas funções e independentemente da apresentação de plenos poderes, são considerados representantes do seu Estado:
a) os Chefes de Estado, os Chefes de Governo e os Ministros das Relações Exteriores, para a realização de todos os atos relativos à conclusão de um tratado;
b) os Chefes de missão diplomática, para a adoção do texto de um tratado entre o Estado acreditante e o Estado junto ao qual estão acreditados;
c) os representantes acreditados pelos Estados perante uma conferência ou organização internacional ou um de seus órgãos, para a adoção do texto de um tratado em tal conferência, organização ou órgão.

ARTIGO 8
**Confirmação Posterior de um Ato Praticado sem Autorização**

Um ato relativo à conclusão de um tratado praticado por uma pessoa que, nos termos do artigo 7, não pode ser considerada representante de um Estado para esse fim não produz efeitos jurídicos, a não ser que seja confirmado, posteriormente, por esse Estado.

ARTIGO 9
**Adoção do Texto**

1. A adoção do texto do tratado efetua-se pelo consentimento de todos os Estados que participam da sua elaboração, exceto quando se aplica o disposto no parágrafo 2.
2. A adoção do texto de um tratado numa conferência internacional efetua-se pela maioria de dois terços dos Estados presentes e votantes, salvo se esses Estados, pela mesma maioria, decidirem aplicar uma regra diversa.

ARTIGO 10
**Autenticação do Texto**

O texto de um tratado é considerado autêntico e definitivo:
a) mediante o processo previsto no texto ou acordado pelos Estados que participam da sua elaboração; ou
b) na ausência de tal processo, pela assinatura, assinatura ad referendum ou rubrica, pelos representantes desses Estados, do texto do tratado ou da Ata Final da Conferência que incorporar o referido texto.

ARTIGO 11
**Meios de Manifestar Consentimento em Obrigar-se por um Tratado**

O consentimento de um Estado em obrigar-se por um tratado pode manifestar-se pela assinatura, troca dos instrumentos constitutivos do tratado, ratificação, aceitação, aprovação ou adesão, ou por quaisquer outros meios, se assim acordado.

ARTIGO 12
**Consentimento em Obrigar-se por um Tratado Manifestado pela Assinatura**

1. O consentimento de um Estado em obrigar-se por um tratado manifesta-se pela assinatura do representante desse Estado:
a) quando o tratado dispõe que a assinatura terá esse efeito;
b) quando se estabeleça, de outra forma, que os Estados negociadores acordaram em dar à assinatura esse efeito; ou
c) quando a intenção do Estado interessado em dar esse efeito à assinatura decorra dos plenos poderes de seu representante ou tenha sido manifestada durante a negociação.
2. Para os efeitos do parágrafo 1:
a) a rubrica de um texto tem o valor de assinatura do tratado, quando ficar estabelecido que os Estados negociadores nisso concordaram;
b) a assinatura ad referendum de um tratado pelo representante de um Estado, quando confirmada por esse Estado, vale como assinatura definitiva do tratado.

ARTIGO 13
**Consentimento em Obrigar-se por um**

**Tratado Manifestado pela Troca dos seus Instrumentos Constitutivos**

O consentimento dos Estados em se obrigarem por um tratado, constituído por instrumentos trocados entre eles, manifesta-se por essa troca:

a) quando os instrumentos estabeleçam que a troca produzirá esse efeito; ou

b) quando fique estabelecido, por outra forma, que esses Estados acordaram em que a troca dos instrumentos produziria esse efeito.

ARTIGO 14
**Consentimento em Obrigar-se por um Tratado Manifestado pela Ratificação, Aceitação ou Aprovação**

1. O consentimento de um Estado em obrigar-se por um tratado manifesta-se pela ratificação:

a) quando o tratado disponha que esse consentimento se manifeste pela ratificação;

b) quando, por outra forma, se estabeleça que os Estados negociadores acordaram em que a ratificação seja exigida;

c) quando o representante do Estado tenha assinado o tratado sujeito a ratificação; ou

d) quando a intenção do Estado de assinar o tratado sob reserva de ratificação decorra dos plenos poderes de seu representante ou tenha sido manifestada durante a negociação.

2. O consentimento de um Estado em obrigar-se por um tratado manifesta-se pela aceitação ou aprovação em condições análogas às aplicáveis à ratificação.

ARTIGO 15
**Consentimento em Obrigar-se por um Tratado Manifestado pela Adesão**

O consentimento de um Estado em obrigar-se por um tratado manifesta-se pela adesão:

a) quando esse tratado disponha que tal consentimento pode ser manifestado, por esse Estado, pela adesão;.

b) quando, por outra forma, se estabeleça que os Estados negociadores acordaram em que tal consentimento pode ser manifestado, por esse Estado, pela adesão; ou

c) quando todas as partes acordaram posteriormente em que tal consentimento pode ser manifestado, por esse Estado, pela adesão.

ARTIGO 16
**Troca ou Depósito dos Instrumentos de Ratificação, Aceitação, Aprovação ou Adesão**

A não ser que o tratado disponha diversamente, os instrumentos de ratificação, aceitação, aprovação ou adesão estabelecem o consentimento de um Estado em obrigar-se por um tratado por ocasião:

a) da sua troca entre os Estados contratantes;

b) do seu depósito junto ao depositário; ou

c) da sua notificação aos Estados contratantes ou ao depositário, se assim for convencionado.

ARTIGO 17
**Consentimento em Obrigar-se por Parte de um Tratado e Escolha entre Disposições Diferentes**

1. Sem prejuízo do disposto nos artigos 19 a 23, o consentimento de um Estado em obrigar-se por parte de um tratado só produz efeito se o tratado o permitir ou se outros Estados contratantes nisso acordarem.

2. O consentimento de um Estado em obrigar-se por um tratado que permite a escolha entre disposições diferentes só produz efeito se as disposições a que se refere o consentimento forem claramente indicadas.

ARTIGO 18
**Obrigação de Não Frustrar o Objeto e Finalidade de um Tratado antes de sua Entrada em Vigor**

Um Estado é obrigado a abster-se da prática de atos que frustrariam o objeto e a finalidade de um tratado, quando:

**Art. 1º** RETIRAR.

**I** – RETIRAR.

a) tiver assinado ou trocado instrumentos constitutivos do tratado, sob reserva de ratificação, aceitação ou aprovação, enquanto não tiver manifestado sua intenção de não se tornar parte no tratado; ou

b) tiver expressado seu consentimento em obrigar-se pelo tratado no período que precede a entrada em vigor do tratado e com a condição de esta não ser indevidamente retardada.

SEÇÃO 2
RESERVAS

ARTIGO 19
**Formulação de Reservas**

Um Estado pode, ao assinar, ratificar, aceitar ou aprovar um tratado, ou a ele aderir, formular uma reserva, a não ser que:

a) a reserva seja proibida pelo tratado;

b) o tratado disponha que só possam ser formuladas determinadas reservas, entre as quais não figure a reserva em questão; ou

c) nos casos não previstos nas alíneas a e b, a reserva seja incompatível com o objeto e a finalidade do tratado.

ARTIGO 20
**Aceitação de Reservas e Objeções às Reservas**

1. Uma reserva expressamente autorizada por um tratado não requer qualquer aceitação posterior pelos outros Estados contratantes, a não ser que o tratado assim disponha.

2. Quando se infere do número limitado dos Estados negociadores, assim como do objeto e da finalidade do tratado, que a aplicação do tratado na íntegra entre todas as partes é condição essencial para o consentimento de cada uma delas em obrigar-se pelo tratado, uma reserva requer a aceitação de todas as partes.

3. Quando o tratado é um ato constitutivo de uma organização internacional, a reserva

exige a aceitação do órgão competente da organização, a não ser que o tratado disponha diversamente.

4. Nos casos não previstos nos parágrafos precedentes e a menos que o tratado disponha de outra forma:

a) a aceitação de uma reserva por outro Estado contratante torna o Estado autor da reserva parte no tratado em relação àquele outro Estado, se o tratado está em vigor ou quando entrar em vigor para esses Estados;

b) a objeção feita a uma reserva por outro Estado contratante não impede que o tratado entre em vigor entre o Estado que formulou a objeção e o Estado autor da reserva, a não ser que uma intenção contrária tenha sido expressamente manifestada pelo Estado que formulou a objeção;

c) um ato que manifestar o consentimento de um Estado em obrigar-se por um tratado e que contiver uma reserva produzirá efeito logo que pelo menos outro Estado contratante aceitar a reserva.

5. Para os fins dos parágrafos 2 e 4, e a não ser que o tratado disponha diversamente, uma reserva é tida como aceita por um Estado se este não formulou objeção à reserva quer no decurso do prazo de doze meses que se seguir à data em que recebeu a notificação, quer na data em que manifestou o seu consentimento em obrigar-se pelo tratado, se esta for posterior.

### ARTIGO 21
### Efeitos Jurídicos das Reservas e das Objeções às Reservas

1. Uma reserva estabelecida em relação a outra parte, de conformidade com os artigos 19, 20 e 23:

a) modifica para o autor da reserva, em suas relações com a outra parte, as disposições do tratado sobre as quais incide a reserva, na medida prevista por esta; e

b) modifica essas disposições, na mesma medida, quanto a essa outra parte, em suas relações com o Estado autor da reserva.

2. A reserva não modifica as disposições do tratado quanto às demais partes no tratado em suas relações inter se.

3. Quando um Estado que formulou objeção a uma reserva não se opôs à entrada em vigor do tratado entre ele próprio e o Estado autor da reserva, as disposições a que se refere a reserva não se aplicam entre os dois Estados, na medida prevista pela reserva.

### ARTIGO 22
### Retirada de Reservas e de Objeções às Reservas

1. A não ser que o tratado disponha de outra forma, uma reserva pode ser retirada a qualquer momento, sem que o consentimento do Estado que a aceitou seja necessário para sua retirada.

2. A não ser que o tratado disponha de outra forma, uma objeção a uma reserva pode ser retirada a qualquer momento.

3. A não ser que o tratado disponha ou fique acordado de outra forma:

a) a retirada de uma reserva só produzirá efeito em relação a outro Estado contratante quando este Estado receber a correspondente notificação;

b) a retirada de uma objeção a uma reserva só produzirá efeito quando o Estado que formulou a reserva receber notificação dessa retirada.

### ARTIGO 23
### Processo Relativo às Reservas

1. A reserva, a aceitação expressa de uma reserva e a objeção a uma reserva devem ser formuladas por escrito e comunicadas aos Estados contratantes e aos outros Estados que tenham o direito de se tornar partes no tratado.

2. Uma reserva formulada quando da assinatura do tratado sob reserva de ratificação, aceitação ou aprovação, deve ser formalmente confirmada pelo Estado que a formulou no momento em que manifestar o seu consentimento em obrigar-se pelo tratado. Nesse caso, a reserva considerar-se-á feita na data de sua confirmação.

3. Uma aceitação expressa de uma reserva, ou objeção a uma reserva, feita antes da confirmação da reserva não requer confirmação.

4. A retirada de uma reserva ou de uma objeção a uma reserva deve ser formulada por escrito.

## SEÇÃO 3
## ENTRADA EM VIGOR DOS TRATADOS E APLICAÇÃO PROVISÓRIA

### ARTIGO 24
### Entrada em vigor

1. Um tratado entra em vigor na forma e na data previstas no tratado ou acordadas pelos Estados negociadores.

2. Na ausência de tal disposição ou acordo, um tratado entra em vigor tão logo o consentimento em obrigar-se pelo tratado seja manifestado por todos os Estados negociadores.

3. Quando o consentimento de um Estado em obrigar-se por um tratado for manifestado após sua entrada em vigor, o tratado entrará em vigor em relação a esse Estado nessa data, a não ser que o tratado disponha de outra forma.

4. Aplicam-se desde o momento da adoção do texto de um tratado as disposições relativas à autenticação de seu texto, à manifestação do consentimento dos Estados em obrigarem-se pelo tratado, à maneira ou à data de sua entrada em vigor, às reservas, às funções de depositário e aos outros assuntos que surjam necessariamente antes da entrada em vigor do tratado.

### ARTIGO 25
### Aplicação Provisória

1. Um tratado ou uma parte do tratado aplica-se provisoriamente enquanto não entra em vigor, se:

a) o próprio tratado assim dispuser; ou

b) os Estados negociadores assim acordarem por outra forma.
2. A não ser que o tratado disponha ou os Estados negociadores acordem de outra forma, a aplicação provisória de um tratado ou parte de um tratado, em relação a um Estado, termina se esse Estado notificar aos outros Estados, entre os quais o tratado é aplicado provisoriamente, sua intenção de não se tornar parte no tratado.

## PARTE III
## OBSERVÂNCIA, APLICAÇÃO E INTERPRETAÇÃO DE TRATADOS

### SEÇÃO 1
### OBSERVÂNCIA DE TRATADOS

**ARTIGO 26**
**Pacta sunt servanda**

Todo tratado em vigor obriga as partes e deve ser cumprido por elas de boa fé.

**ARTIGO 27**
**Direito Interno e Observância de Tratados**

Uma parte não pode invocar as disposições de seu direito interno para justificar o inadimplemento de um tratado. Esta regra não prejudica o artigo 46.

### SEÇÃO 2
### APLICAÇÃO DE TRATADOS

**ARTIGO 28**
**Irretroatividade de Tratados**

A não ser que uma intenção diferente se evidencie do tratado, ou seja estabelecida de outra forma, suas disposições não obrigam uma parte em relação a um ato ou fato anterior ou a uma situação que deixou de existir antes da entrada em vigor do tratado, em relação a essa parte.

**ARTIGO 29**
**Aplicação Territorial de Tratados**

A não ser que uma intenção diferente se evidencie do tratado, ou seja estabelecida de outra forma, um tratado obriga cada uma da partes em relação a todo o seu território.

**ARTIGO 30**
**Aplicação de Tratados Sucessivos sobre o Mesmo Assunto**

1. Sem prejuízo das disposições do artigo 103 da Carta das Nações Unidas, os direitos e obrigações dos Estados partes em tratados sucessivos sobre o mesmo assunto serão determinados de conformidade com os parágrafos seguintes.
2. Quando um tratado estipular que está subordinado a um tratado anterior ou posterior ou que não deve ser considerado incompatível com esse outro tratado, as disposições deste último prevalecerão.
3. Quando todas as partes no tratado anterior são igualmente partes no tratado posterior, sem que o tratado anterior tenha cessado de vigorar ou sem que a sua aplicação tenha sido suspensa nos termos do artigo 59, o tratado anterior só se aplica na medida em que as suas disposições sejam compatíveis com as do tratado posterior.
4. Quando as partes no tratado posterior não incluem todas a partes no tratado anterior:
a) nas relações entre os Estados partes nos dois tratados, aplica-se o disposto no parágrafo 3;
b) nas relações entre um Estado parte nos dois tratados e um Estado parte apenas em um desses tratados, o tratado em que os dois Estados são partes rege os seus direitos e obrigações recíprocos.
5. O parágrafo 4 aplica-se sem prejuízo do artigo 41, ou de qualquer questão relativa à extinção ou suspensão da execução de um tratado nos termos do artigo 60 ou de qualquer questão de responsabilidade que possa surgir para um Estado da conclusão ou da aplicação de um tratado cujas disposições sejam incompatíveis com suas obrigações em relação a outro Estado nos termos de outro tratado.

### SEÇÃO 3
### INTERPRETAÇÃO DE TRATADOS

**ARTIGO 31**
**Regra Geral de Interpretação**

1. Um tratado deve ser interpretado de boa fé segundo o sentido comum atribuível aos termos do tratado em seu contexto e à luz de seu objetivo e finalidade.
2. Para os fins de interpretação de um tratado, o contexto compreenderá, além do texto, seu preâmbulo e anexos:
a) qualquer acordo relativo ao tratado e feito entre todas as partes em conexão com a conclusão do tratado;
b) qualquer instrumento estabelecido por uma ou várias partes em conexão com a conclusão do tratado e aceito pelas outras partes como instrumento relativo ao tratado.
3. Serão levados em consideração, juntamente com o contexto:
a) qualquer acordo posterior entre as partes relativo à interpretação do tratado ou à aplicação de suas disposições;
b) qualquer prática seguida posteriormente na aplicação do tratado, pela qual se estabeleça o acordo das partes relativo à sua interpretação;
c) quaisquer regras pertinentes de Direito Internacional aplicáveis às relações entre as partes.
4. Um termo será entendido em sentido especial se estiver estabelecido que essa era a intenção das partes.

### ARTIGO 32
### Meios Suplementares de Interpretação

Pode-se recorrer a meios suplementares de interpretação, inclusive aos trabalhos preparatórios do tratado e às circunstâncias de sua conclusão, a fim de confirmar o sentido resultante da aplicação do artigo 31 ou de determinar o sentido quando a interpretação, de conformidade com o artigo 31:

a) deixa o sentido ambíguo ou obscuro; ou

b) conduz a um resultado que é manifestamente absurdo ou desarrazoado.

### ARTIGO 33
### Interpretação de Tratados Autenticados em Duas ou Mais Línguas

1. Quando um tratado foi autenticado em duas ou mais línguas, seu texto faz igualmente fé em cada uma delas, a não ser que o tratado disponha ou as partes concordem que, em caso de divergência, prevaleça um texto determinado.

2. Uma versão do tratado em língua diversa daquelas em que o texto foi autenticado só será considerada texto autêntico se o tratado o previr ou as partes nisso concordarem.

3. Presume-se que os termos do tratado têm o mesmo sentido nos diversos textos autênticos.

4. Salvo o caso em que um determinado texto prevalece nos termos do parágrafo 1, quando a comparação dos textos autênticos revela uma diferença de sentido que a aplicação dos artigos 31 e 32 não elimina, adotar-se-á o sentido que, tendo em conta o objeto e a finalidade do tratado, melhor conciliar os textos.

## SEÇÃO 4
## TRATADOS E TERCEIROS ESTADOS

### ARTIGO 34
### Regra Geral com Relação a Terceiros Estados

Um tratado não cria obrigações nem direitos para um terceiro Estado sem o seu consentimento.

### ARTIGO 35
### Tratados que Criam Obrigações para Terceiros Estados

Uma obrigação nasce para um terceiro Estado de uma disposição de um tratado se as partes no tratado tiverem a intenção de criar a obrigação por meio dessa disposição e o terceiro Estado aceitar expressamente, por escrito, essa obrigação.

### ARTIGO 36
### Tratados que Criam Direitos para Terceiros Estados

1. Um direito nasce para um terceiro Estado de uma disposição de um tratado se as partes no tratado tiverem a intenção de conferir, por meio dessa disposição, esse direito quer a um terceiro Estado, quer a um grupo de Estados a que pertença, quer a todos os Estados, e o terceiro Estado nisso consentir. Presume-se o seu consentimento até indicação em contrário, a menos que o tratado disponha diversamente.

2. Um Estado que exerce um direito nos termos do parágrafo 1 deve respeitar, para o exercício desse direito, as condições previstas no tratado ou estabelecidas de acordo com o tratado.

### ARTIGO 37
### Revogação ou Modificação de Obrigações ou Direitos de Terceiros Estados

1. Qualquer obrigação que tiver nascido para um terceiro Estado nos termos do artigo 35 só poderá ser revogada ou modificada com o consentimento das partes no tratado e do terceiro Estado, salvo se ficar estabelecido que elas haviam acordado diversamente.

2. Qualquer direito que tiver nascido para um terceiro Estado nos termos do artigo 36 não poderá ser revogado ou modificado pelas partes, se ficar estabelecido ter havido a intenção de que o direito não fosse revogável ou sujeito a modificação sem o consentimento do terceiro Estado.

### ARTIGO 38
### Regras de um Tratado Tornadas Obrigatórias para Terceiros Estados por Força do Costume Internacional

Nada nos artigos 34 a 37 impede que uma regra prevista em um tratado se torne obrigatória para terceiros Estados como regra consuetudinária de Direito Internacional, reconhecida como tal.

## PARTE IV
## EMENDA E MODIFICAÇÃO DE TRATADOS

### ARTIGO 39
### Regra Geral Relativa à Emenda de Tratados

Um tratado poderá ser emendado por acordo entre as partes. As regras estabelecidas na parte II aplicar-se-ão a tal acordo, salvo na medida em que o tratado dispuser diversamente.

### ARTIGO 40
### Emenda de Tratados Multilaterais

1. A não ser que o tratado disponha diversamente, a emenda de tratados multilaterais reger-se-á pelos parágrafos seguintes.

2. Qualquer proposta para emendar um tratado multilateral entre todas as partes deverá ser notificada a todos os Estados contratantes, cada um dos quais terá o direito de participar:

a) na decisão quanto à ação a ser tomada sobre essa proposta;

b) na negociação e conclusão de qualquer acordo para a emenda do tratado.

3. Todo Estado que possa ser parte no tratado poderá igualmente ser parte no tratado emendado.

4. O acordo de emenda não vincula os Estados que já são partes no tratado e que não

se tornaram partes no acordo de emenda; em relação a esses Estados, aplicar-se-á o artigo 30, parágrafo 4 (b).

5. Qualquer Estado que se torne parte no tratado após a entrada em vigor do acordo de emenda será considerado, a menos que manifeste intenção diferente:

a) parte no tratado emendado; e

b) parte no tratado não emendado em relação às partes no tratado não vinculadas pelo acordo de emenda.

### ARTIGO 41
### Acordos para Modificar Tratados Multilaterais somente entre Algumas Partes

1. Duas ou mais partes num tratado multilateral podem concluir um acordo para modificar o tratado, somente entre si, desde que:

a) a possibilidade de tal modificação seja prevista no tratado; ou

b) a modificação em questão não seja proibida pelo tratado; e

i) não prejudique o gozo pelas outras partes dos direitos provenientes do tratado nem o cumprimento de suas obrigações

ii) não diga respeito a uma disposição cuja derrogação seja incompatível com a execução efetiva do objeto e da finalidade do tratado em seu conjunto.

2. A não ser que, no caso previsto na alínea a do parágrafo 1, o tratado disponha de outra forma, as partes em questão notificarão às outras partes sua intenção de concluir o acordo e as modificações que este introduz no tratado.

# PARTE V
# NULIDADE, EXTINÇÃO E SUSPENSÃO DA EXECUÇÃO DE TRATADOS

## SEÇÃO 1
## DISPOSIÇÕES GERAIS

### ARTIGO 42
### Validade e Vigência de Tratados

1. A validade de um tratado ou do consentimento de um Estado em obrigar-se por um tratado só pode ser contestada mediante a aplicação da presente Convenção.

2. A extinção de um tratado, sua denúncia ou a retirada de uma das partes só poderá ocorrer em virtude da aplicação das disposições do tratado ou da presente Convenção. A mesma regra aplicase à suspensão da execução de um tratado.

### ARTIGO 43
### Obrigações Impostas pelo Direito Internacional, Independentemente de um Tratado

A nulidade de um tratado, sua extinção ou denúncia, a retirada de uma das partes ou a suspensão da execução de um tratado em conseqüência da aplicação da presente Convenção ou das disposições do tratado não prejudicarão, de nenhum modo, o dever de um Estado de cumprir qualquer obrigação enunciada no tratado à qual estaria ele sujeito em virtude do Direito Internacional, independentemente do tratado.

### ARTIGO 44
### Divisibilidade das Disposições de um Tratado

1. O direito de uma parte, previsto num tratado ou decorrente do artigo 56, de denunciar, retirar-se ou suspender a execução do tratado, só pode ser exercido em relação à totalidade do tratado, a menos que este disponha ou as partes acordem diversamente.

2. Uma causa de nulidade, de extinção, de retirada de uma das partes ou de suspensão de execução de um tratado, reconhecida na presente Convenção, só pode ser alegada em relação à totalidade do tratado, salvo nas condições previstas nos parágrafos seguintes ou no artigo 60.

3. Se a causa diz respeito apenas a determinadas cláusulas, só pode ser alegada em relação a essas cláusulas e desde que:

a) essas cláusulas sejam separáveis do resto do tratado no que concerne a sua aplicação;

b) resulte do tratado ou fique estabelecido de outra forma que a aceitação dessas cláusulas não constituía para a outra parte, ou para as outras partes no tratado, uma base essencial do seu consentimento em obrigar-se pelo tratado em seu conjunto; e

c) não seja injusto continuar a executar o resto do tratado.

4. Nos casos previstos nos artigos 49 e 50, o Estado que tem o direito de alegar o dolo ou a corrupção pode fazê-lo em relação à totalidade do tratado ou, nos termos do parágrafo 3, somente às determinadas cláusulas.

5. Nos casos previstos nos artigos 51, 52 e 53 a divisão das disposições de um tratado não é permitida.

### ARTIGO 45
### Perda do Direito de Invocar Causa de Nulidade,Extinção, Retirada ou Suspensão da Execução de um Tratado

Um Estado não pode mais invocar uma causa de nulidade, de extinção, de retirada ou de suspensão da execução de um tratado, com base nos artigos 46 a 50 ou nos artigos 60 e 62, se, depois de haver tomado conhecimento dos fatos, esse Estado:

a) tiver aceito, expressamente, que o tratado é válido, permanece em vigor ou continua em execução conforme o caso, ou

b) em virtude de sua conduta, deva ser considerado como tendo concordado em que o tratado é válido, permanece em vigor ou continua em execução, conforme o caso.

## SEÇÃO 2
## NULIDADE DE TRATADOS

### ARTIGO 46
### Disposições do Direito Interno sobre Competência para Concluir Tratados

1. Um Estado não pode invocar o fato de que seu consentimento em obrigar-se por um tratado foi expresso em violação de uma disposição de seu direito interno sobre competência para concluir tratados, a não ser que essa violação fosse manifesta e dissesse respeito a uma norma de seu direito interno de importância fundamental.
2. Uma violação é manifesta se for objetivamente evidente para qualquer Estado que proceda, na matéria, de conformidade com a prática normal e de boa fé.

### ARTIGO 47
### Restrições Específicas ao Poder de Manifestar o Consentimento de um Estado

Se o poder conferido a um representante de manifestar o consentimento de um Estado em obrigar-se por um determinado tratado tiver sido objeto de restrição específica, o fato de o representante não respeitar a restrição não pode ser invocado como invalidando o consentimento expresso, a não ser que a restrição tenha sido notificada aos outros Estados negociadores antes da manifestação do consentimento.

### ARTIGO 48
### Erro

1. Um Estado pode invocar erro no tratado como tendo invalidado o seu consentimento em obrigar-se pelo tratado se o erro se referir a um fato ou situação que esse Estado supunha existir no momento em que o tratado foi concluído e que constituía uma base essencial de seu consentimento em obrigar-se pelo tratado.
2. O parágrafo 1 não se aplica se o referido Estado contribui para tal erro pela sua conduta ou se as circunstâncias foram tais que o Estado devia ter-se apercebido da possibilidade de erro.
3. Um erro relativo à redação do texto de um tratado não prejudicará sua validade; neste caso, aplicar-se-á o artigo 79.

### ARTIGO 49
### Dolo

Se um Estado foi levado a concluir um tratado pela conduta fraudulenta de outro Estado negociador, o Estado pode invocar a fraude como tendo invalidado o seu consentimento em obrigar-se pelo tratado.

### ARTIGO 50
### Corrupção de Representante de um Estado

Se a manifestação do consentimento de um Estado em obrigar- se por um tratado foi obtida por meio da corrupção de seu representante, pela ação direta ou indireta de outro Estado negociador, o Estado pode alegar tal corrupção como tendo invalidado o seu consentimento em obrigar-se pelo tratado.

### ARTIGO 51
### Coação de Representante de um Estado

Não produzirá qualquer efeito jurídico a manifestação do consentimento de um Estado em obrigar-se por um tratado que tenha sido obtida pela coação de seu representante, por meio de atos ou ameaças dirigidas contra ele.

### ARTIGO 52
### Coação de um Estado pela Ameaça ou Emprego da Força

É nulo um tratado cuja conclusão foi obtida pela ameaça ou o emprego da força em violação dos princípios de Direito Internacional incorporados na Carta das Nações Unidas.

### ARTIGO 53
### Tratado em Conflito com uma Norma Imperativa de Direito Internacional Geral (jus cogens)

É nulo um tratado que, no momento de sua conclusão, conflite com uma norma imperativa de Direito Internacional geral. Para os fins da presente Convenção, uma norma imperativa de Direito Internacional geral é uma norma aceita e reconhecida pela comunidade internacional dos Estados como um todo, como norma da qual nenhuma derrogação é permitida e que só pode ser modificada por norma ulterior de Direito Internacional geral da mesma natureza.

## SEÇÃO 3
## EXTINÇÃO E SUSPENSÃO DA EXECUÇÃO DE TRATADOS

### ARTIGO 54
### Extinção ou Retirada de um Tratado em Virtude de suas Disposições ou por consentimento das Partes

A extinção de um tratado ou a retirada de uma das partes pode ter lugar:
a) de conformidade com as disposições do tratado; ou
b) a qualquer momento, pelo consentimento de todas as partes, após consulta com os outros Estados contratantes.

### ARTIGO 55
### Redução das Partes num Tratado Multilateral aquém do Número Necessário para sua Entrada em Vigor

A não ser que o tratado disponha diversamente, um tratado multilateral não se extingue pelo simples fato de que o número de partes ficou aquém do número necessário para sua entrada em vigor.

### ARTIGO 56
### Denúncia, ou Retirada, de um Tratado que não Contém Disposições sobre Extinção, Denúncia ou Retirada

1. Um tratado que não contém disposição relativa à sua extinção, e que não prevê denúncia

ou retirada, não é suscetível de denúncia ou retirada, a não ser que:

a) se estabeleça terem as partes tencionado admitir a possibilidade da denúncia ou retirada; ou

b) um direito de denúncia ou retirada possa ser deduzido da natureza do tratado.

2. Uma parte deverá notificar, com pelo menos doze meses de antecedência, a sua intenção de denunciar ou de se retirar de um tratado, nos termos do parágrafo 1.

**ARTIGO 57**
**Suspensão da Execução de um Tratado em Virtude de suas Disposições ou pelo Consentimento das Partes**

A execução de um tratado em relação a todas as partes ou a uma parte determinada pode ser suspensa:

a) de conformidade com as disposições do tratado; ou

b) a qualquer momento, pelo consentimento de todas as partes, após consulta com os outros Estados contratantes

**ARTIGO 58**
**Suspensão da Execução de Tratado Multilateral por Acordo apenas entre Algumas da Partes**

1. Duas ou mais partes num tratado multilateral podem concluir um acordo para suspender temporariamente, e somente entre si, a execução das disposições de um tratado se:

a) a possibilidade de tal suspensão estiver prevista pelo tratado; ou

b) essa suspensão não for proibida pelo tratado e:

i) não prejudicar o gozo, pelas outras partes, dos seus direitos decorrentes do tratado nem o cumprimento de suas obrigações

ii) não for incompatível com o objeto e a finalidade do tratado.

2. Salvo se, num caso previsto no parágrafo 1 (a), o tratado dispuser diversamente, as partes em questão notificarão às outras partes sua intenção de concluir o acordo e as disposições do tratado cuja execução pretendem suspender.

**ARTIGO 59**
**Extinção ou Suspensão da Execução de um Tratado em Virtude da Conclusão de um Tratado Posterior**

1. Considerar-se-á extinto um tratado se todas as suas partes concluírem um tratado posterior sobre o mesmo assunto e:

a) resultar do tratado posterior, ou ficar estabelecido por outra forma, que a intenção das partes foi regular o assunto por este tratado; ou

b) as disposições do tratado posterior forem de tal modo incompatíveis com as do anterior, que os dois tratados não possam ser aplicados ao mesmo tempo.

2. Considera-se apenas suspensa a execução do tratado anterior se se depreender do tratado posterior, ou ficar estabelecido de outra forma, que essa era a intenção das partes.

**ARTIGO 60**
**Extinção ou Suspensão da Execução de um Tratado em Conseqüência de sua Violação**

1. Uma violação substancial de um tratado bilateral por uma das partes autoriza a outra parte a invocar a violação como causa de extinção ou suspensão da execução de tratado, no todo ou em parte.

2. Uma violação substancial de um tratado multilateral por uma das partes autoriza:

a) as outras partes, por consentimento unânime, a suspenderem a execução do tratado, no todo ou em parte, ou a extinguirem o tratado, quer:

i) nas relações entre elas e o Estado faltoso;

ii) entre todas as partes;

b) uma parte especialmente prejudicada pela violação a invocá- la como causa para suspender a execução do tratado, no todo ou em parte, nas relações entre ela e o Estado faltoso;

c) qualquer parte que não seja o Estado faltoso a invocar a violação como causa para suspender a execução do tratado, no todo ou em parte, no que lhe diga respeito, se o tratado for de tal natureza que uma violação substancial de suas disposições por parte modifique radicalmente a situação de cada uma das partes quanto ao cumprimento posterior de suas obrigações decorrentes do tratado.

3. Uma violação substancial de um tratado, para os fins deste artigo, consiste:

a) numa rejeição do tratado não sancionada pela presente Convenção; ou

b) na violação de uma disposição essencial para a consecução do objeto ou da finalidade do tratado.

4. Os parágrafos anteriores não prejudicam qualquer disposição do tratado aplicável em caso de violação.

5. Os parágrafos 1 a 3 não se aplicam às disposições sobre a proteção da pessoa humana contidas em tratados de caráter humanitário, especialmente às disposições que proíbem qualquer forma de represália contra pessoas protegidas por tais tratados.

**ARTIGO 61**
**Impossibilidade Superveniente de Cumprimento**

1. Uma parte pode invocar a impossibilidade de cumprir um tratado como causa para extinguir o tratado ou dele retirar-se, se esta possibilidade resultar da destruição ou do desaparecimento definitivo de um objeto indispensável ao cumprimento do tratado. Se a impossibilidade for temporária, pode ser invocada somente como causa para suspender a execução do tratado.

2. A impossibilidade de cumprimento não pode ser invocada por uma das partes como causa para extinguir um tratado, dele retirarse, ou suspender a execução do mesmo, se a impossibilidade resultar de uma violação, por essa parte, quer de uma obrigação decorrente do tratado, quer de qualquer outra obrigação internacional em relação a qualquer outra parte no tratado.

### ARTIGO 62
### Mudança Fundamental de Circunstâncias

1. Uma mudança fundamental de circunstâncias, ocorrida em relação às existentes no momento da conclusão de um tratado, e não prevista pelas partes, não pode ser invocada como causa para extinguir um tratado ou dele retirar-se, salvo se:

a) a existência dessas circunstâncias tiver constituído uma condição essencial do consentimento das partes em obrigaremse pelo tratado; e

b) essa mudança tiver por efeito a modificação radical do alcance das obrigações ainda pendentes de cumprimento em virtude do tratado.

2. Uma mudança fundamental de circunstâncias não pode ser invocada pela parte como causa para extinguir um tratado ou dele retirar-se:

a) se o tratado estabelecer limites; ou

b) se a mudança fundamental resultar de violação, pela parte que a invoca, seja de uma obrigação decorrente do tratado, seja de qualquer outra obrigação internacional em relação a qualquer outra parte no tratado.

3. Se, nos termos dos parágrafos anteriores, uma parte pode invocar uma mudança fundamental de circunstâncias como causa para extinguir um tratado ou dele retirar-se, pode também invocá-la como causa para suspender a execução do tratado.

### ARTIGO 63
### Rompimento de Relações Diplomáticas e Consulares

O rompimento de relações diplomáticas ou consulares entre partes em um tratado não afetará as relações jurídicas estabelecidas entre elas pelo tratado, salvo na medida em que a existência de relações diplomáticas ou consulares for indispensável à aplicação do tratado.

### ARTIGO 64
### Superveniência de uma Nova Norma Imperativa de Direito Internacional Geral (jus cogens)

Se sobrevier uma nova norma imperativa de Direito Internacional geral, qualquer tratado existente que estiver em conflito com essa norma torna-se nulo e extingue-se.

## SEÇÃO 4
## PROCESSO

### ARTIGO 65
### Processo Relativo à Nulidade, Extinção, Retirada ou Suspensão da Execução de um Tratado

1. Uma parte que, nos termos da presente Convenção, invocar quer um vício no seu consentimento em obrigar-se por um tratado, quer uma causa para impugnar a validade de um tratado, extinguí-lo, dele retirar-se ou suspender sua aplicação, deve notificar sua pretensão às outras partes. A notificação indicará a medida que se propõe tomar em relação ao tratado e as razões para isso.

2. Salvo em caso de extrema urgência, decorrido o prazo de pelo menos três meses contados do recebimento da notificação, se nenhuma parte tiver formulado objeções, a parte que fez a notificação pode tomar, na forma prevista pelo artigo 67, a medida que propôs.

3. Se, porém, qualquer outra parte tiver formulado uma objeção, as partes deverão procurar uma solução pelos meios previstos, no artigo 33 da Carta das Nações Unidas.

4. Nada nos parágrafos anteriores afetará os direitos ou obrigações das partes decorrentes de quaisquer disposições em vigor que obriguem as partes com relação à solução de controvérsias.

5. Sem prejuízo do artigo 45, o fato de um Estado não ter feito a notificação prevista no parágrafo 1 não o impede de fazer tal notificação em resposta a outra parte que exija o cumprimento do tratado ou alegue a sua violação.

### ARTIGO 66
### Processo de Solução Judicial, de Arbitragem e de Conciliação

Se, nos termos do parágrafo 3 do artigo 65, nenhuma solução foi alcançada, nos 12 meses seguintes à data na qual a objeção foi formulada, o seguinte processo será adotado:

a) qualquer parte na controvérsia sobre a aplicação ou a interpretação dos artigos 53 ou 64 poderá, mediante pedido escrito, submetê-la à decisão da Corte Internacional de Justiça, salvo se as partes decidirem, de comum acordo, submeter a controvérsia a arbitragem;

b) qualquer parte na controvérsia sobre a aplicação ou a interpretação de qualquer um dos outros artigos da Parte V da presente Convenção poderá iniciar o processo previsto no Anexo à Convenção, mediante pedido nesse sentido ao Secretário-Geral das Nações Unidas.

### ARTIGO 67
### Instrumentos Declaratórios da Nulidade, da Extinção, da Retirada ou Suspensão da Execução de um Tratado

1. A notificação prevista no parágrafo 1 do artigo 65 deve ser feita por escrito.

2. Qualquer ato que declare a nulidade, a extinção, a retirada ou a suspensão da execução de um tratado, nos termos das disposições do tratado ou dos parágrafos 2 e 3 do artigo 65, será levado a efeito através de um instrumento comunicado às outras partes. Se o instrumento não for assinado pelo Chefe de Estado, Chefe de Governo ou Ministro das Relações Exteriores, o representante do Estado que faz a comunicação poderá ser convidado a exibir plenos poderes.

### ARTIGO 68
### Revogação de Notificações e Instrumentos Previstos nos Artigos 65 e 67

Uma notificação ou um instrumento previstos nos artigos 65 ou 67 podem ser revogados a qualquer momento antes que produzam efeitos.

## SEÇÃO 5
## CONSEQÜÊNCIAS DA NULIDADE, DA EXTINÇÃO E DA SUSPENSÃO DA EXECUÇÃO DE UM TRATADO

### ARTIGO 69
### Conseqüências da Nulidade de um Tratado

1. É nulo um tratado cuja nulidade resulta das disposições da presente Convenção. As disposições de um tratado nulo não têm eficácia jurídica.

2. Se, todavia, tiverem sido praticados atos em virtude desse tratado:

a) cada parte pode exigir de qualquer outra parte o estabelecimento, na medida do possível, em suas relações mútuas, da situação que teria existido se esses atos não tivessem sido praticados;

b) os atos praticados de boa fé, antes de a nulidade haver sido invocada, não serão tornados ilegais pelo simples motivo da nulidade do tratado.

3. Nos casos previsto pelos artigos 49, 50, 51 ou 52, o parágrafo 2 não se aplica com relação à parte a que é imputado o dolo, o ato de corrupção ou a coação.

4. No caso da nulidade do consentimento de um determinado Estado em obrigar-se por um tratado multilateral, aplicam-se as regras acima nas relações entre esse Estado e as partes no tratado.

### ARTIGO 70
### Conseqüências da Extinção de um Tratado

1. A menos que o tratado disponha ou as partes acordem de outra forma, a extinção de um, tratado, nos termos de suas disposições ou da presente Convenção:

a) libera as partes de qualquer obrigação de continuar a cumprir o tratado;

b) não prejudica qualquer direito, obrigação ou situação jurídica das partes, criados pela execução do tratado antes de sua extinção.

2. Se um Estado denunciar um tratado multilateral ou dele se retirar, o parágrafo 1 aplica-se nas relações entre esse Estado e cada uma das outras partes no tratado, a partir da data em que produza efeito essa denúncia ou retirada.

### ARTIGO 71
### Conseqüências da Nulidade de um Tratado em Conflito com uma Norma Imperativa de Direito Internacional Geral

1. No caso de um tratado nulo em virtude do artigo 53, as partes são obrigadas a:

a) eliminar, na medida do possível, as conseqüências de qualquer ato praticado com base em uma disposição que esteja em conflito com a norma imperativa de Direito Internacional geral; e

b) adaptar suas relações mútuas à norma imperativa do Direito Internacional geral.

2. Quando um tratado se torne nulo e seja extinto, nos termos do artigo 64, a extinção do tratado:

a) libera as partes de qualquer obrigação de continuar a cumprir o tratado;

b) não prejudica qualquer direito, obrigação ou situação jurídica das partes, criados pela execução do tratado, antes de sua extinção; entretanto, esses direitos, obrigações ou situações só podem ser mantidos posteriormente, na medida em que sua manutenção não entre em conflito com a nova norma imperativa de Direito Internacional geral.

### ARTIGO 72
### Conseqüências da Suspensão da Execução de um Tratado

1. A não ser que o tratado disponha ou as partes acordem de outra forma, a suspensão da execução de um tratado, nos termos de suas disposições ou da presente Convenção:

a) libera as partes, entre as quais a execução do tratado seja suspensa, da obrigação de cumprir o tratado nas suas relações mútuas durante o período da suspensão;

b) não tem outro efeito sobre as relações jurídicas entre as partes, estabelecidas pelo tratado.

2. Durante o período da suspensão, as partes devem abster-se de atos tendentes a obstruir o reinício da execução do tratado.

## PARTE VI
## DISPOSIÇÕES DIVERSAS

### ARTIGO 73
### Caso de Sucessão de Estados, de Responsabilidade de um Estado e de Início de Hostilidades

As disposições da presente Convenção não prejulgarão qualquer questão que possa surgir em relação a um tratado, em virtude da sucessão de Estados, da responsabilidade internacional de um Estado ou do início de hostilidades entre Estados.

### ARTIGO 74
### Relações Diplomáticas e Consulares e Conclusão de Tratados

O rompimento ou a ausência de relações diplomáticas ou consulares entre dois ou mais Estados não obsta à conclusão de tratados entre os referidos Estados. A conclusão de um tratado, por si, não produz efeitos sobre as relações diplomáticas ou consulares.

### ARTIGO 75
### Caso de Estado Agressor

As disposições da presente Convenção não prejudicam qualquer obrigação que, em relação a um tratado, possa resultar para um Estado agressor de medidas tomadas em conformidade com a Carta das Nações Unidas, relativas à agressão cometida por esse Estado.

## PARTE VII
## DEPOSITÁRIOS, NOTIFICAÇÕES, CORREÇÕES E REGISTRO

### ARTIGO 76
### Depositários de Tratados

1. A designação do depositário de um tratado pode ser feita pelos Estados negociadores no próprio tratado ou de alguma outra forma. O depositário pode ser um ou mais Estados, uma organização internacional ou o principal funcionário administrativo dessa organização.

2. As funções do depositário de um tratado têm caráter internacional e o depositário é obrigado a agir imparcialmente no seu desempenho. Em especial, não afetará essa obrigação o fato de um tratado não ter entrado em vigor entre algumas das partes ou de ter surgido uma divergência, entre um Estado e o depositário, relativa ao desempenho das funções deste último.

### ARTIGO 77
### Funções dos Depositários

1. As funções do depositário, a não ser que o tratado disponha ou os Estados contratantes acordem de outra forma, compreendem particularmente:

a) guardar o texto original do tratado e quaisquer plenos poderes que lhe tenham sido entregues;

b) preparar cópias autenticadas do texto original e quaisquer textos do tratado em outros idiomas que possam ser exigidos pelo tratado e remetê-los às partes e aos Estados que tenham direito a ser partes no tratado;

c) receber quaisquer assinaturas ao tratado, receber e guardar quaisquer instrumentos, notificações e comunicações pertinentes ao mesmo;

d) examinar se a assinatura ou qualquer instrumento, notificação ou comunicação relativa ao tratado, está em boa e devida forma e, se necessário, chamar a atenção do Estado em causa sobre a questão;

e) informar as partes e os Estados que tenham direito a ser partes no tratado de quaisquer atos, notificações ou comunicações relativas ao tratado;

f) informar os Estados que tenham direito a ser partes no tratado sobre quando tiver sido recebido ou depositado o número de assinaturas ou de instrumentos de ratificação, de aceitação, de aprovação ou de adesão exigidos para a entrada em vigor do tratado;

g) registrar o tratado junto ao Secretariado das Nações Unidas;

h) exercer as funções previstas em outras disposições da presente Convenção.

2. Se surgir uma divergência entre um Estado e o depositário a respeito do exercício das funções deste último, o depositário levará a questão ao conhecimento dos Estados signatários e dos Estados contratantes ou, se for o caso, do órgão competente da organização internacional em causa.

### ARTIGO 78
### Notificações e Comunicações

A não ser que o tratado ou a presente Convenção disponham de outra forma, uma notificação ou comunicação que deva ser feita por um Estado, nos termos da presente Convenção:

a) será transmitida, se não houver depositário, diretamente aos Estados a que se destina ou, se houver depositário, a este último;

b) será considerada como tendo sido feita pelo Estado em causa somente a partir do seu recebimento pelo Estado ao qual é transmitida ou, se for o caso, pelo depositário;

c) se tiver sido transmitida a um depositário, será considerada como tendo sido recebida pelo Estado ao qual é destinada somente a partir do momento em que este Estado tenha recebido do depositário a informação prevista no parágrafo 1 (e) do artigo 77.

### ARTIGO 79
### Correção de Erros em Textos ou em Cópias Autenticadas de Tratados

1. Quando, após a autenticação do texto de um tratado, os Estados signatários e os Estados contratantes acordarem em que nele existe erro, este, salvo decisão sobre diferente maneira de correção, será corrigido:

a) mediante a correção apropriada no texto, rubricada por representantes devidamente credenciados;

b) mediante a elaboração ou troca de instrumento ou instrumentos em que estiver consignada a correção que se acordou em fazer; ou

c) mediante a elaboração de um texto corrigido da totalidade do tratado, segundo o mesmo processo utilizado para o texto original.

2. Quando o tratado tiver um depositário, este deve notificar aos Estados signatários e contratantes a existência do erro e a proposta de corrigi-lo e fixar um prazo apropriado durante o qual possam ser formulados objeções à correção proposta. Se, expirado o prazo:

a) nenhuma objeção tiver sido feita, o depositário deve efetuar e rubricar a correção do texto, lavrar a ata de retificação do texto e remeter cópias da mesma às partes e aos Estados que tenham direito a ser partes no tratado;

b) uma objeção tiver sido feita, o depositário deve comunicála aos Estados signatários e aos Estados contratantes.

3. As regras enunciadas nos parágrafos 1 e 2 aplicam-se igualmente quando o texto, autenticado em duas ou mais línguas, apresentar uma falta de concordância que, de acordo com os Estados signatários e os Estados contratantes, deva ser corrigida.

4. O texto corrigido substitui ab initio o texto defeituoso, a não ser que os Estados signatários e os Estados contratantes decidam de outra forma.

5. A correção do texto de um tratado já registrado será notificado ao Secretariado das Nações Unidas.

6. Quando se descobrir um erro numa cópia autenticada de um tratado, o depositário deve lavrar uma ata mencionando a retificação e remeter cópia da mesma aos Estados signatários e aos Estados contratantes.

### ARTIGO 80
### Registro e Publicação de Tratados

1. Após sua entrada em vigor, os tratados serão remetidos ao Secretariado das Nações Unidas para fins de registro ou de classificação e catalogação, conforme o caso, bem como de publicação

2. A designação de um depositário constitui autorização para este praticar os atos previstos no parágrafo anterior.

## PARTE VIII
## DISPOSIÇÕES FINAIS

### ARTIGO 81
### Assinatura

A presente Convenção ficará aberta à assinatura de todos. os Estados Membros das Nações Unidas ou de qualquer das agências especializadas ou da Agência Internacional de Energia Atômica, assim como de todas as partes no Estatuto da Corte Internacional de Justiça e de qualquer outro Estado convidado pela Assembléia Geral das Nações Unidas a tornar-se parte na Convenção, da seguinte maneira: até 30 de novembro de 1969, no Ministério Federal dos Negócios Estrangeiros da República da Áustria e, posteriormente, até 30 de abril de 1970, na sede das Nações Unidas em Nova York.

### ARTIGO 82
### Ratificação

A presente Convenção é sujeita à ratificação. Os instrumentos de ratificação serão depositados junto ao Secretário-Geral das Nações Unidas.

### ARTIGO 83
### Adesão

A presente Convenção permanecerá aberta à adesão de todo Estado pertencente a qualquer das categorias mencionadas no artigo 81. Os instrumentos de adesão serão depositados junto ao Secretário- Geral das Nações Unidas.

### ARTIGO 84
### Entrada em Vigor

1. A presente Convenção entrará em vigor no trigésimo dia que se seguir à data do depósito do trigésimo quinto instrumento de ratificação ou adesão.

2. Para cada Estado que ratificar a Convenção ou a ela aderir após o depósito do trigésimo quinto instrumento de ratificação ou adesão, a Convenção entrará em vigor no trigésimo dia após o depósito, por esse Estado, de seu instrumento de ratificação ou adesão.

### ARTIGO 85
### Textos Autênticos

O original da presente Convenção, cujos textos em chinês, espanhol, francês, inglês e russo fazem igualmente fé, será depositado junto ao Secretário-Geral das Nações Unidas.

Em fé do que, os plenipotenciários abaixo assinados, devidamente autorizados por seus respectivos Governos, assinaram a presente Convenção. Feita em Viena, aos vinte e três dias de maio de mil novecentos e sessenta e nove.

### ANEXO

1. O Secretário-Geral das Nações Unidas deve elaborar e manter uma lista de conciliadores composta de juristas qualificados. Para esse fim, todo Estado membro das Nações Unidas ou parte na presente Convenção será convidado a nomear dois conciliadores e os nomes das pessoas assim nomeadas constituirão a lista. A nomeação dos conciliadores, inclusive os nomeados para preencher uma vaga eventual, é feita por um período de cinco anos, renovável. Com a expiração do período para o qual forem nomeados, os conciliadores continuarão a exercer as funções para as quais tiverem sido escolhidos, nos termos do parágrafo seguinte.

2. Quando um pedido é apresentado ao Secretário-Geral nos termos do artigo 66, o Secretário-Geral deve submeter a controvérsia a uma comissão de conciliação, constituída do seguinte modo:

O Estado ou os Estados que constituem uma das partes na controvérsia nomeiam:

a) um conciliador da nacionalidade desse Estado ou de um desses Estados, escolhido ou não da lista prevista no parágrafo 1; e

b) um conciliador que não seja da nacionalidade desse Estado ou de um desses Estados, escolhido da lista.

O Estado ou os Estados que constituírem a outra parte na controvérsia nomeiam dois conciliadores do mesmo modo. Os quatro conciliadores escolhidos pelas partes devem ser nomeados num prazo de sessenta dias a partir da data do recebimento do pedido pelo Secretário-Geral. Nos sessenta dias que se seguirem à última nomeação, os quatro conciliadores nomeiam um quinto, escolhido da lista, que será o presidente. Se a nomeação do presidente ou de qualquer outro conciliador não for feita no prazo acima previsto para essa nomeação, será feita pelo Secretário-Geral nos sessenta dias seguintes à expiração desse prazo. O Secretário-Geral pode nomear como presidente uma das pessoas inscritas na lista ou um dos membros da Comissão de Direito Internacional. Qualquer um dos prazos, nos quais as nomeações devem ser feitas, pode ser prorrogado, mediante acordo das partes na controvérsia.

Qualquer vaga deve ser preenchida da maneira prevista para a nomeação inicial.

3. A Comissão de Conciliação adotará o seu próprio procedimento. A Comissão, com o consentimento das partes na controvérsia, pode

convidar qualquer outra parte no tratado a submeter seu ponto de vista oralmente ou por escrito. A decisão e as recomendações da Comissão serão adotadas por maioria de votos de seus cinco membros.

4. A Comissão pode chamar a atenção das partes na controvérsia sobre qualquer medida suscetível de facilitar uma solução amigável.

5. A Comissão deve ouvir as partes, examinar as pretensões e objeções e fazer propostas às partes a fim de ajudá-las a chegar a uma solução amigável da controvérsia.

6. A Comissão deve elaborar um relatório nos doze meses que se seguirem à sua constituição. Seu relatório deve ser depositado junto ao Secretário-Geral e comunicado às partes na controvérsia. O relatório da Comissão, inclusive todas as conclusões nele contidas quanto aos fatos e às questões de direito, não vincula as partes e não terá outro valor senão o de recomendações submetidas à consideração das partes, a fim de facilitar uma solução amigável da controvérsia.

7. O Secretário-Geral fornecerá à Comissão a assistência e as facilidades de que ela possa necessitar. As despesas da Comissão serão custeadas pelas Nações Unidas.

## DECRETO Nº 7.225, DE 1º DE JULHO DE 2010

*Promulga o Protocolo de Assunção sobre Compromisso com a Promoção e a Proteção dos Direitos Humanos do Mercosul, assinado em Assunção, em 20 de junho de 2005.*

▸ DOU de 2.7.2010

O Presidente da República no uso da atribuição que lhe confere o art. 84, inciso IV, da Constituição, e

Considerando que o Congresso Nacional aprovou, por meio do Decreto Legislativo nº 592, de 27 de agosto de 2009, o Protocolo de Assunção sobre Compromisso com a Promoção e a Proteção dos Direitos Humanos do Mercosul, assinado em Assunção, em 20 de junho de 2005;

Considerando que o Governo brasileiro depositou o instrumento de ratificação do referido Protocolo junto ao Governo do Paraguai, depositário do referido ato, em 4 de março de 2010;

Considerando que o Acordo entrou em vigor para o Brasil, no plano jurídico externo, em 3 de abril de 2010,

DECRETA:

**Art. 1º** O Protocolo de Assunção sobre Compromisso com a Promoção e a Proteção dos Direitos Humanos do Mercosul, apenso por cópia ao presente Decreto, será executado e cumprido tão inteiramente como nele se contém.

**Art. 2º** São sujeitos à aprovação do Congresso Nacional quaisquer atos que possam resultar em revisão do referido Acordo, bem como quaisquer ajustes complementares que, nos termos do inciso I do art. 49 da Constituição, acarretem encargos ou compromissos gravosos ao patrimônio nacional.

**Art. 3º** Este Decreto entra em vigor na data de sua publicação.

Brasília, 1º de julho de 2010;
189º da Independência e 122º da República.

Luiz Inácio Lula da Silva
Antonio de Aguiar Patriota

### MERCOSUL/CMC/DEC. Nº 17/05

### PROTOCOLO DE ASSUNÇÃO SOBRE COMPROMISSO COM A PROMOÇÃO E PROTEÇÃO DOS DIREITOS HUMANOS DO MERCOSUL

Tendo em vista: O Tratado de Assunção, o Protocolo de Ouro Preto e as Decisões Nº 40/04 do Conselho do Mercado Comum.

Considerando:

Que é fundamental assegurar a proteção, promoção e garantia dos Direitos Humanos e as liberdades fundamentais de todos as pessoas.

Que o gozo efetivo dos direitos fundamentais é condição indispensável para a consolidação do processo de integração.

O CONSELHO DO MERCADO COMUM
DECIDE:

**Art. 1** – Aprovar a assinatura do Protocolo de Assunção sobre Compromisso com a Promoção e Proteção dos Direitos Humanos do MERCOSUL, que consta como Anexo da presente Decisão.

**Art. 2** – Esta Decisão não necessita ser incorporada ao ordenamento jurídico dos Estados Partes, por regulamentar aspectos da organização ou do funcionamento do MERCOSUL.

**XXVIII CMC – Assunção, 19/VI/05**

### PROTOCOLO DE ASSUNÇÃO SOBRE COMPROMISSO COM A PROMOÇÃO E PROTEÇÃO DOS DIREITOS HUMANOS DO MERCOSUL

A República Argentina, a República Federativa do Brasil, a República do Paraguai e a República Oriental do Uruguai, Estados Partes do MERCOSUL, doravante as Partes,

Reafirmando os princípios e objetivos do Tratado de Assunção e do Protocolo de Ouro Preto;

Tendo presente a Decisão CMC Nº 40/04 que cria a Reunião de Altas Autoridades sobre Direitos Humanos do MERCOSUL;

Reiterando o expressado na Declaração Presidencial de Las Leñas de 27 de junho de 1992 no sentido de que a plena vigência das instituições democráticas é condição indispensável para a existência e o desenvolvimento do MERCOSUL;

Reafirmando o expressado na Declaração Presidencial sobre Compromisso Democrático no MERCOSUL;

Ratificando a plena vigência do Protocolo de Ushuaia sobre Compromisso Democrático no MERCOSUL a República da Bolívia e a República do Chile;

Reafirmando os princípios e normas contidos na Declaração Americana de Direitos e deveres do Homem, na Convenção Americana sobre Direitos Humanos e outros instrumentos regionais de direitos humanos, assim como na Carta Democrática Interamericana;

Ressaltando o expressado na Declaração e no Programa de Ação da Conferência Mundial de Direitos Humanos de 1993, que a democracia, o desenvolvimento e o respeito aos direitos humanos e liberdades fundamentais são conceitos interdependentes que se reforçam mutuamente;

Sublinhando o expressado em distintas resoluções da Assembléia Geral e da Comissão de Direitos Humanos das Nações Unidas, que o respeito aos direitos humanos e das liberdades fundamentais são elementos essenciais da democracia;

Reconhecendo a universalidade, a indivisibilidade, a interdependência e inter-relação de todos os direitos humanos, sejam direitos econômicos, sociais, culturais, civis ou políticos;

Reiterando a Declaração Presidencial de Porto Iguaçu de 8 de julho de 2004 na qual os Presidentes dos Estados Partes do MERCOSUL destacaram a alta prioridade atribuída à proteção, promoção e garantia dos direitos humanos e as liberdades fundamentais de todas as pessoas que habitam o MERCOSUL;

Reafirmando que a vigência da ordem democrática constitui uma garantia indispensável para o exercício efetivo dos direitos humanos e liberdades fundamentais, e que toda ruptura ou ameaça ao normal desenvolvimento do processo democrático em uma das Partes põe em risco o gozo efetivo dos direitos humanos;

## ACORDAM O SEGUINTE:

## ARTIGO 1

A plena vigência das instituições democráticas e o respeito dos direitos humanos e das liberdades fundamentais são condições essenciais para a vigência e evolução do processo de integração entre as Partes.

## ARTIGO 2

As Partes cooperarão mutuamente para a promoção e proteção efetiva dos direitos humanos e liberdades fundamentais através dos mecanismos institucionais estabelecidos no MERCOSUL.

## ARTIGO 3

O presente Protocolo se aplicará em caso de que se registrem graves e sistemáticas violações dos direitos humanos e liberdades fundamentais em uma das Partes em situações de crise institucional ou durante a vigência de estados de exceção previstos nos ordenamentos constitucionais respectivos. A tal efeito, as demais Partes promoverão as consultas pertinentes entre si e com a Parte afetada.

## ARTIGO 4

Quando as consultas mencionadas no artigo anterior resultarem ineficazes, as demais Partes considerarão a natureza e o alcance das medidas a aplicar, tendo em vista a gravidade da situação existente.

Tais medidas abarcarão desde a suspensão do direito a participar deste processo de integração até a suspensão dos direitos e obrigações emergentes do mesmo.

## ARTIGO 5

As medidas previstas no artigo 4 serão adotadas por consenso pelas Partes e comunicadas à Parte afetada, a qual não participará no processo decisório pertinente. Essas medidas entrarão em vigência na data em que se realize a comunicação respectiva à Parte afetada.

## ARTIGO 6

As medidas a que se refere o artigo 4 aplicadas à Parte afetada, cessarão a partir da data da comunicação a dita Parte de que as causas que as motivaram foram sanadas. Tal comunicação será transmitida pelas Partes que adotaram tais medidas.

## ARTIGO 7

O presente Protocolo se encontra aberto à adesão dos Estados Associados ao MERCOSUL.

## ARTIGO 8

O presente Protocolo entrará em vigor trinta (30) dias depois do depósito do instrumento de ratificação pelo quarto Estado Parte do MERCOSUL.

## ARTIGO 9

A República do Paraguai será depositária do presente Protocolo e dos respectivos instrumentos de ratificação, devendo notificar às Partes a data dos depósitos desses instrumentos e da entrada em vigor do Protocolo, assim como enviar-lhes cópia devidamente autenticada do mesmo.

Feito na cidade de Assunção, República do Paraguai, aos dezenove dias do mês de junho de dois mil e cinco, em um original, nos idiomas espanhol e português, sendo ambos os textos igualmente autênticos.

Pela República Argentina
RAFAEL BIELSA
Pela República Federativa do Brasil
CELSO LUIZ NUNES AMORIM
Pela República do Paraguai
LEILA RACHID
Pela República Oriental do Uruguai
REINALDO GARGANO

# LEI Nº 13.445, DE 24 DE MAIO DE 2017

*Institui a Lei de Migração.*

- DOU: 25.5.2017.
- Vigência: 180 dias de sua publicação oficial (25.05.2017.)
- Regulamento: Decreto nº 9.199/2017.

O PRESIDENTE DA REPÚBLICA
Faço saber que o Congresso Nacional decreta e eu sanciono a seguinte Lei:

## CAPÍTULO I
## DISPOSIÇÕES PRELIMINARES

### SEÇÃO I
### DISPOSIÇÕES GERAIS

**Art. 1º** Esta Lei dispõe sobre os **direitos e os deveres do migrante e do visitante**, regula a sua entrada e estada no País e estabelece princípios e diretrizes para as políticas públicas para o emigrante.

**§ 1º** Para os fins desta Lei, **considera-se**:

**I** - (VETADO);

**II** - **imigrante**: pessoa nacional de outro país ou apátrida que trabalha ou reside e se estabelece temporária ou definitivamente no Brasil;

**III** - **emigrante**: brasileiro que se estabelece temporária ou definitivamente no exterior;

**IV** - **residente fronteiriço**: pessoa nacional de país limítrofe ou apátrida que conserva a sua residência habitual em município fronteiriço de país vizinho;

**V** - **visitante**: pessoa nacional de outro país ou apátrida que vem ao Brasil para estadas de curta duração, sem pretensão de se estabelecer temporária ou definitivamente no território nacional;

**VI** - **apátrida**: pessoa que **não** seja considerada como nacional por nenhum Estado, segundo a sua legislação, nos termos da Convenção sobre o Estatuto dos Apátridas, de 1954, promulgada pelo Decreto nº 4.246, de 22 de maio de 2002 , ou assim reconhecida pelo Estado brasileiro.

**§ 2º** (VETADO).

**Art. 2º** Esta Lei **não prejudica** a aplicação de normas internas e internacionais específicas sobre refugiados, asilados, agentes e pessoal diplomático ou consular, funcionários de organização internacional e seus familiares.

### SEÇÃO II
### DOS PRINCÍPIOS E DAS GARANTIAS

**Art. 3º** A política migratória brasileira rege-se pelos seguintes **princípios e diretrizes:**

**I** - universalidade, indivisibilidade e interdependência dos direitos humanos;

**II** - repúdio e prevenção à xenofobia, ao racismo e a quaisquer formas de discriminação;

**III** - **não** criminalização da migração;

**IV** - **não** discriminação em razão dos critérios ou dos procedimentos pelos quais a pessoa foi admitida em território nacional;

**V** - promoção de entrada regular e de regularização documental;

**VI** - acolhida humanitária;

**VII** - desenvolvimento econômico, turístico, social, cultural, esportivo, científico e tecnológico do Brasil;

**VIII** - garantia do direito à reunião familiar;

**IX** - igualdade de tratamento e de oportunidade ao migrante e a seus familiares;

**X** - inclusão social, laboral e produtiva do migrante por meio de políticas públicas;

**XI** - acesso igualitário e livre do migrante a serviços, programas e benefícios sociais, bens públicos, educação, assistência jurídica integral pública, trabalho, moradia, serviço bancário e seguridade social;

**XII** - promoção e difusão de direitos, liberdades, garantias e obrigações do migrante;

**XIII** - diálogo social na formulação, na execução e na avaliação de políticas migratórias e promoção da participação cidadã do migrante;

**XIV** - fortalecimento da integração econômica, política, social e cultural dos povos da América Latina, mediante constituição de espaços de cidadania e de livre circulação de pessoas;

**XV** - cooperação internacional com Estados de origem, de trânsito e de destino de movimentos migratórios, a fim de garantir efetiva proteção aos direitos humanos do migrante;

**XVI** - integração e desenvolvimento das regiões de fronteira e articulação de políticas públicas regionais capazes de garantir efetividade aos direitos do residente fronteiriço;

**XVII** - proteção integral e atenção ao superior interesse da criança e do adolescente migrante;

**XVIII** - observância ao disposto em tratado;

**XIX** - proteção ao brasileiro no exterior;

**XX** - migração e desenvolvimento humano no local de origem, como direitos inalienáveis de todas as pessoas;

**XXI** - promoção do reconhecimento acadêmico e do exercício profissional no Brasil, nos termos da lei; e

**XXII** - repúdio a práticas de expulsão ou de deportação coletivas.

**Art. 4º** Ao migrante é **garantida** no território nacional, em condição de igualdade com os nacionais, a inviolabilidade do direito à vida, à liberdade, à igualdade, à segurança e à propriedade, bem como são **assegurados:**

**I** - direitos e liberdades civis, sociais, culturais e econômicos;

**II** - direito à liberdade de circulação em território nacional;

**III** - direito à reunião familiar do migrante com seu cônjuge ou companheiro e seus filhos, familiares e dependentes;

**IV** - medidas de proteção a vítimas e testemunhas de crimes e de violações de direitos;

**V** - direito de transferir recursos decorrentes de sua renda e economias pessoais a outro país, observada a legislação aplicável;
**VI** - direito de reunião para fins pacíficos;
**VII** - direito de associação, inclusive sindical, para fins lícitos;
**VIII** - acesso a serviços públicos de saúde e de assistência social e à previdência social, nos termos da lei, sem discriminação em razão da nacionalidade e da condição migratória;
**IX** - amplo acesso à justiça e à assistência jurídica integral gratuita aos que comprovarem insuficiência de recursos;
**X** - direito à educação pública, vedada a discriminação em razão da nacionalidade e da condição migratória;
**XI** - garantia de cumprimento de obrigações legais e contratuais trabalhistas e de aplicação das normas de proteção ao trabalhador, sem discriminação em razão da nacionalidade e da condição migratória;
**XII** - isenção das taxas de que trata esta Lei, mediante declaração de hipossuficiência econômica, na forma de regulamento;
**XIII** - direito de acesso à informação e garantia de confidencialidade quanto aos dados pessoais do migrante, nos termos da Lei nº 12.527, de 18 de novembro de 2011;
**XIV** - direito a abertura de conta bancária;
**XV** - direito de sair, de permanecer e de reingressar em território nacional, mesmo enquanto pendente pedido de autorização de residência, de prorrogação de estada ou de transformação de visto em autorização de residência; e
**XVI** - direito do imigrante de ser informado sobre as garantias que lhe são asseguradas para fins de regularização migratória.
**§ 1º** Os direitos e as garantias previstos nesta Lei serão exercidos em observância ao disposto na Constituição Federal, independentemente da situação migratória, observado o disposto no § 4º deste artigo, e **não** excluem outros decorrentes de tratado de que o Brasil seja parte.
**§ 2º** (VETADO).
**§ 3º** (VETADO).
**§ 4º** (VETADO).

## CAPÍTULO II
## DA SITUAÇÃO DOCUMENTAL DO MIGRANTE E DO VISITANTE

### SEÇÃO I
### DOS DOCUMENTOS DE VIAGEM

**Art. 5º** São **documentos de viagem:**
**I** - passaporte;
**II** - laissez-passer ;
**III** - autorização de retorno;
**IV** - salvo-conduto;
**V** - carteira de identidade de marítimo;
**VI** - carteira de matrícula consular;
**VII** - documento de identidade civil ou documento estrangeiro equivalente, quando admitidos em tratado;
**VIII** - certificado de membro de tripulação de transporte aéreo; e
**IX** - outros que vierem a ser reconhecidos pelo Estado brasileiro em regulamento.
**§ 1º** Os documentos previstos nos incisos I, II, III, IV, V, VI e IX, quando emitidos pelo Estado brasileiro, são de **propriedade da União**, cabendo a seu titular a **posse direta** e o **uso regular.**
**§ 2º** As **condições** para a concessão dos documentos de que trata o § 1º serão previstas em regulamento.

### SEÇÃO II
### DOS VISTOS

#### *SUBSEÇÃO I*
#### *DISPOSIÇÕES GERAIS*

**Art. 6º** O **visto** é o documento que dá a seu titular **expectativa de ingresso** em território nacional.
**Parágrafo único.** (VETADO).
**Art. 7º** O **visto** será **concedido** por embaixadas, consulados-gerais, consulados, vice-consulados e, quando habilitados pelo órgão competente do Poder Executivo, por escritórios comerciais e de representação do Brasil no exterior.
**Parágrafo único.** Excepcionalmente, os vistos diplomático, oficial e de cortesia poderão ser **concedidos no Brasil.**
**Art. 8º** Poderão ser cobrados **taxas** e **emolumentos** consulares pelo processamento do visto.
**Art. 9º Regulamento** disporá sobre:
**I** - requisitos de concessão de visto, bem como de sua simplificação, inclusive por reciprocidade;
**II** - prazo de validade do visto e sua forma de contagem;
**III** - prazo máximo para a primeira entrada e para a estada do imigrante e do visitante no País;
**IV** - hipóteses e condições de dispensa recíproca ou unilateral de visto e de taxas e emolumentos consulares por seu processamento; e
**V** - solicitação e emissão de visto por meio eletrônico.
**Parágrafo único.** A simplificação e a dispensa recíproca de visto ou de cobrança de taxas e emolumentos consulares por seu processamento poderão ser definidas por **comunicação diplomática.**
**Art. 10. Não** se concederá visto:
**I** - a quem **não** preencher os **requisitos** para o tipo de visto pleiteado;
**II** - a quem comprovadamente **ocultar condição** impeditiva de concessão de visto ou de ingresso no País; ou
**III** - a menor de **18 (dezoito) anos desacompanhado** ou sem autorização de viagem por escrito dos responsáveis legais ou de autoridade competente.
**Art. 11.** Poderá ser denegado visto a quem se enquadrar em pelo menos um dos casos

de impedimento definidos nos incisos I, II, III, IV e IX do art. 45.

**Parágrafo único.** A pessoa que tiver **visto brasileiro denegado** será **impedida** de ingressar no País enquanto permanecerem as condições que ensejaram a denegação.

*SUBSEÇÃO II*
*DOS TIPOS DE VISTO*

**Art. 12.** Ao solicitante que pretenda ingressar ou permanecer em território nacional poderá ser concedido **visto**:

**I** - de visita;
**II** - temporário;
**III** - diplomático;
**IV** - oficial;
**V** - de cortesia.

*SUBSEÇÃO III*
*DO VISTO DE VISITA*

**Art. 13.** O **visto de visita poderá ser concedido** ao visitante que venha ao Brasil para estada de curta duração, sem intenção de estabelecer residência, nos seguintes casos:

**I** - turismo;
**II** - negócios;
**III** - trânsito;
**IV** - atividades artísticas ou desportivas; e
**V** - outras hipóteses definidas em regulamento.

**§ 1º** É **vedado** ao beneficiário de visto de visita exercer **atividade remunerada** no Brasil.

**§ 2º** O beneficiário de visto de visita poderá receber **pagamento** do governo, de empregador brasileiro ou de entidade privada a título de diária, ajuda de custo, cachê, pró-labore ou outras despesas com a viagem, bem como concorrer a prêmios, inclusive em dinheiro, em competições desportivas ou em concursos artísticos ou culturais.

**§ 3º** O visto de visita **não** será exigido em caso **de escala ou conexão em território nacional**, desde que o visitante **não** deixe a área de trânsito internacional.

*SUBSEÇÃO IV*
*DO VISTO TEMPORÁRIO*

**Art. 14.** O **visto temporário** poderá ser concedido ao imigrante que venha ao Brasil com o intuito de **estabelecer residência por tempo determinado** e que se enquadre em pelo menos uma das seguintes **hipóteses**:

**I** - o visto temporário tenha como **finalidade**:
a) pesquisa, ensino ou extensão acadêmica;
b) tratamento de saúde;
c) acolhida humanitária;
d) estudo;
e) trabalho;
f) férias-trabalho;
g) prática de atividade religiosa ou serviço voluntário;
h) realização de investimento ou de atividade com relevância econômica, social, científica, tecnológica ou cultural;
i) reunião familiar;
j) atividades artísticas ou desportivas com contrato por prazo determinado;

**II** - o imigrante seja beneficiário de **tratado** em matéria de vistos;

**III** - outras hipóteses definidas em **regulamento**.

**§ 1º** O **visto temporário para pesquisa, ensino ou extensão acadêmica** poderá ser concedido ao imigrante **com ou sem vínculo empregatício** com a instituição de pesquisa ou de ensino brasileira, exigida, na hipótese de vínculo, a comprovação de formação superior compatível ou equivalente reconhecimento científico.

**§ 2º** O **visto temporário para tratamento de saúde** poderá ser concedido ao imigrante e a seu acompanhante, desde que o imigrante comprove possuir **meios de subsistência suficientes.**

**§ 3º** O **visto temporário para acolhida humanitária** poderá ser concedido ao apátrida ou ao nacional de qualquer país em situação de **grave ou iminente instabilidade institucional**, de conflito armado, de calamidade de grande proporção, de desastre ambiental ou de grave violação de direitos humanos ou de direito internacional humanitário, ou em outras hipóteses, na forma de regulamento.

**§ 4º** O **visto temporário para estudo** poderá ser concedido ao imigrante que pretenda vir ao Brasil para frequentar **curso regular** ou realizar **estágio** ou **intercâmbio** de estudo ou de pesquisa.

**§ 5º** Observadas as hipóteses previstas em regulamento, o **visto temporário para trabalho** poderá ser concedido ao imigrante que venha exercer atividade laboral, **com ou sem vínculo empregatício no Brasil**, desde que comprove oferta de trabalho formalizada por pessoa jurídica em atividade no País, dispensada esta exigência se o imigrante comprovar titulação em curso de ensino superior ou equivalente.

**§ 6º** O **visto temporário para férias-trabalho** poderá ser concedido ao imigrante maior de 16 (dezesseis) anos que seja nacional de país que conceda idêntico benefício ao nacional brasileiro, em termos definidos por comunicação diplomática.

**§ 7º** **Não** se exigirá do marítimo que ingressar no Brasil em viagem de longo curso ou em cruzeiros marítimos pela costa brasileira o visto temporário de que trata a alínea "e" do inciso I do *caput*, bastando a apresentação da carteira internacional de marítimo, nos termos de regulamento.

**§ 8º** É reconhecida ao imigrante a quem se tenha concedido visto temporário para trabalho a possibilidade de **modificação do local de exercício de sua atividade laboral.**

**§ 9º** O **visto para realização de investimento** poderá ser concedido ao imigrante que **aporte recursos** em projeto com potencial para geração de empregos ou de renda no País.

**§ 10.** (VETADO).

*SUBSEÇÃO V*
*DOS VISTOS DIPLOMÁTICO, OFICIAL E DE CORTESIA*

**Art. 15.** Os **vistos diplomático, oficial e de cortesia** serão **concedidos, prorrogados ou dispensados** na forma desta Lei e de regulamento.

**Parágrafo único.** Os **vistos diplomático e oficial** poderão ser **transformados em autorização de residência**, o que importará cessação de todas as prerrogativas, privilégios e imunidades decorrentes do respectivo visto.

**Art. 16.** Os **vistos diplomático e oficial** poderão ser concedidos a autoridades e funcionários estrangeiros que viajem ao Brasil em **missão oficial de caráter transitório ou permanente**, representando Estado estrangeiro ou organismo internacional reconhecido.

**§ 1º** **Não** se aplica ao titular dos vistos referidos no *caput* o disposto na **legislação trabalhista brasileira.**

**§ 2º** Os vistos diplomático e oficial poderão ser **estendidos aos dependentes** das autoridades referidas no *caput*.

**Art. 17.** O titular de **visto diplomático ou oficial** somente poderá ser **remunerado** por Estado estrangeiro ou organismo internacional, **ressalvado** o disposto em tratado que contenha cláusula específica sobre o assunto.

**Parágrafo único.** O dependente de titular de visto diplomático ou oficial **poderá** exercer atividade remunerada no Brasil, sob o amparo da legislação trabalhista brasileira, desde que seja nacional de país que assegure **reciprocidade** de tratamento ao nacional brasileiro, por **comunicação diplomática.**

**Art. 18.** O empregado particular **titular de visto de cortesia** somente poderá exercer atividade remunerada para o titular de visto diplomático, oficial ou de cortesia ao qual esteja vinculado, sob o amparo da legislação trabalhista brasileira.

**Parágrafo único.** O titular de visto diplomático, oficial ou de cortesia será **responsável pela saída** de seu empregado do território nacional.

## SEÇÃO III
## DO REGISTRO E DA IDENTIFICAÇÃO CIVIL DO IMIGRANTE E DOS DETENTORES DE VISTOS DIPLOMÁTICO, OFICIAL E DE CORTESIA

**Art. 19.** O **registro** consiste na **identificação civil** por dados biográficos e biométricos, e é **obrigatório** a todo imigrante detentor de visto temporário ou de autorização de residência.

**§ 1º** O registro gerará **número único de identificação** que garantirá o pleno exercício dos atos da vida civil.

**§ 2º** O documento de identidade do imigrante será **expedido** com base no número único de identificação.

**§ 3º** Enquanto **não** for expedida identificação civil, o documento comprobatório de que o imigrante a solicitou à autoridade competente **garantirá** ao titular o acesso aos direitos disciplinados nesta Lei.

**Art. 20.** A **identificação civil** de solicitante de refúgio, de asilo, de reconhecimento de apatridia e de acolhimento humanitário poderá ser realizada com a apresentação dos documentos de que o imigrante dispuser.

**Art. 21.** Os documentos de identidade emitidos **até a data de publicação** desta Lei continuarão **válidos** até sua total substituição.

**Art. 22.** A identificação civil, o documento de identidade e as formas de gestão da base cadastral dos detentores de vistos diplomático, oficial e de cortesia atenderão a disposições específicas previstas em regulamento.

# CAPÍTULO III
# DA CONDIÇÃO JURÍDICA DO MIGRANTE E DO VISITANTE

## SEÇÃO I
## DO RESIDENTE FRONTEIRIÇO

**Art. 23.** A fim de facilitar a sua livre circulação, poderá ser concedida ao **residente fronteiriço**, mediante requerimento, **autorização para a realização de atos da vida civil.**

**Parágrafo único.** Condições específicas poderão ser estabelecidas em regulamento ou tratado.

**Art. 24.** A autorização referida no *caput* do art. 23 indicará o Município fronteiriço no qual o residente estará autorizado a exercer os direitos a ele atribuídos por esta Lei.

**§ 1º** O residente fronteiriço detentor da autorização gozará das **garantias e dos direitos** assegurados pelo regime geral de migração desta Lei, conforme especificado em regulamento.

**§ 2º** O espaço geográfico de abrangência e de validade da autorização será **especificado** no documento de residente fronteiriço.

**Art. 25.** O documento de residente fronteiriço será **CANCELADO**, a qualquer tempo, se o titular:

**I** - tiver **fraudado** documento ou utilizado documento falso para obtê-lo;

**II** - obtiver outra condição migratória;

**III** - sofrer **condenação penal**; ou

**IV** - exercer direito **fora dos limites** previstos na autorização.

## SEÇÃO II
## DA PROTEÇÃO DO APÁTRIDA E DA REDUÇÃO DA APATRIDIA

**Art. 26.** Regulamento disporá sobre **instituto protetivo especial** do apátrida, consolidado em processo simplificado de naturalização.

**§ 1º** O processo de que trata o *caput* será iniciado **tão logo** seja **reconhecida a situação de apatridia.**

**§ 2º** Durante a tramitação do processo de reconhecimento da condição de apátrida, incidem todas as garantias e mecanismos protetivos e de facilitação da inclusão social relativos à Convenção sobre o Estatuto dos Apátridas de 1954, promulgada pelo Decreto nº 4.246, de 22 de maio de 2002, à Convenção relativa ao Estatuto dos Refugiados, promulgada pelo Decreto nº 50.215, de 28 de janeiro de 1961 , e à Lei nº 9.474, de 22 de julho de 1997 .

**§ 3º** Aplicam-se ao apátrida residente **todos os direitos** atribuídos ao migrante relacionados no art. 4º.

**§ 4º** O reconhecimento da condição de apátrida assegura os direitos e garantias previstos na Convenção sobre o Estatuto dos Apátridas, de 1954, promulgada pelo Decreto nº 4.246, de 22 de maio de 2002 , bem como outros direitos e garantias reconhecidos pelo Brasil.

**§ 5º** O processo de reconhecimento da condição de apátrida tem como objetivo verificar se o solicitante é **considerado nacional** pela legislação de algum Estado e poderá considerar informações, documentos e declarações prestadas pelo próprio solicitante e por órgãos e organismos nacionais e internacionais.

**§ 6º** Reconhecida a condição de apátrida, nos termos do inciso VI do § 1º do art. 1º, o solicitante será consultado sobre o **desejo de adquirir a nacionalidade brasileira.**

**§ 7º** Caso o apátrida opte pela naturalização, a decisão sobre o reconhecimento será **encaminhada ao órgão competente** do Poder Executivo para publicação dos atos necessários à efetivação da naturalização no prazo de 30 (trinta) dias, observado o art. 65.

**§ 8º** O apátrida reconhecido que **não** opte pela naturalização imediata terá a **autorização de residência** outorgada em caráter **definitivo.**

**§ 9º** Caberá **recurso** contra decisão negativa de reconhecimento da condição de apátrida.

**§ 10.** Subsistindo a denegação do reconhecimento da condição de apátrida, é **vedada** a devolução do indivíduo para país onde sua vida, integridade pessoal ou liberdade estejam em risco.

**§ 11.** Será reconhecido o **direito de reunião familiar** a partir do reconhecimento da condição de apátrida.

**§ 12.** Implica **perda da proteção** conferida por esta Lei:

**I** - a renúncia;

**II** - a prova da falsidade dos fundamentos invocados para o reconhecimento da condição de apátrida; ou

**III** - a existência de fatos que, se fossem conhecidos por ocasião do reconhecimento, teriam ensejado decisão negativa.

## SEÇÃO III
## DO ASILADO

**Art. 27.** O **asilo político**, que constitui ATO DISCRICIONÁRIO do Estado, poderá ser diplomático ou territorial e será outorgado como instrumento de proteção à pessoa.

**Parágrafo único.** Regulamento disporá sobre as condições para a concessão e a manutenção de asilo.

**Art. 28. Não** se concederá asilo a quem tenha cometido crime de **genocídio, crime contra a humanidade, crime de guerra ou crime de agressão,** nos termos do Estatuto de Roma do Tribunal Penal Internacional, de 1998, promulgado pelo Decreto nº 4.388, de 25 de setembro de 2002.

**Art. 29.** A saída do asilado do País **sem prévia comunicação** implica renúncia ao asilo.

## SEÇÃO IV
## DA AUTORIZAÇÃO DE RESIDÊNCIA

**Art. 30.** A **residência** poderá ser autorizada, **mediante registro,** ao imigrante, ao residente fronteiriço ou ao visitante que se enquadre em uma das seguintes hipóteses:

**I** - a residência tenha como **finalidade:**

a) pesquisa, ensino ou extensão acadêmica;

b) tratamento de saúde;

c) acolhida humanitária;

d) estudo;

e) trabalho;

f) férias-trabalho;

g) prática de atividade religiosa ou serviço voluntário;

h) realização de investimento ou de atividade com relevância econômica, social, científica, tecnológica ou cultural;

i) reunião familiar;

**II - a pessoa:**

a) seja beneficiária de tratado em matéria de residência e livre circulação;

b) seja detentora de oferta de trabalho;

c) já tenha possuído a nacionalidade brasileira e **não** deseje ou **não** reúna os requisitos para readquiri-la;

d) (VETADO);

e) seja beneficiária de refúgio, de asilo ou de proteção ao apátrida;

f) seja menor nacional de outro país ou apátrida, desacompanhado ou abandonado, que se encontre nas fronteiras brasileiras ou em território nacional;

g) tenha sido vítima de tráfico de pessoas, de trabalho escravo ou de violação de direito agravada por sua condição migratória;

h) esteja em liberdade provisória ou em cumprimento de pena no Brasil;

**III** - outras hipóteses definidas em regulamento.

**§ 1º Não** se concederá a autorização de residência a pessoa **condenada criminalmente** no Brasil ou no exterior por sentença **transitada em julgado,** desde que a conduta esteja tipificada na **legislação penal brasileira, ressalvados** os casos em que:

**I** - a conduta caracterize infração de menor potencial ofensivo;

**II** - (VETADO); ou

**III** - a pessoa se enquadre nas hipóteses previstas nas alíneas "b", "c" e "i" do inciso I e na alínea "a" do inciso II do *caput* deste artigo.

**§ 2º** O disposto no § 1º **não** obsta **progressão de regime de cumprimento de pena**, nos termos da Lei nº, de 11 de julho de 1984, ficando a pessoa autorizada a **trabalhar** quando assim exigido pelo novo regime de cumprimento de pena.

**§ 3º** Nos procedimentos conducentes ao cancelamento de autorização de residência e no recurso contra a negativa de concessão de autorização de residência devem ser respeitados o **contraditório e a ampla defesa.**

**Art. 31.** Os prazos e o procedimento da autorização de residência de que trata o art. 30 serão dispostos em regulamento, observado o disposto nesta Lei.

**§ 1º** Será facilitada a autorização de residência nas hipóteses das alíneas "a" e "e" do inciso I do art. 30 desta Lei, devendo a **deliberação** sobre a autorização ocorrer em prazo **não** superior a 60 (sessenta) dias, a **contar de sua solicitação.**

**§ 2º** Nova autorização de residência **poderá ser concedida**, nos termos do art. 30, mediante **requerimento.**

**§ 3º** O requerimento de nova autorização de residência **após o vencimento** do prazo da autorização anterior implicará aplicação da **sanção** prevista no inciso II do art. 109.

**§ 4º** O solicitante de refúgio, de asilo ou de proteção ao apátrida fará jus a **autorização provisória de residência** até a obtenção de resposta ao seu pedido.

**§ 5º** Poderá ser concedida autorização de residência independentemente da situação migratória.

**Art. 32.** Poderão ser cobradas **taxas** pela autorização de residência.

**Art. 33.** Regulamento disporá sobre a perda e o cancelamento da autorização de residência em razão de **fraude** ou de **ocultação de condição impeditiva** de concessão de visto, de ingresso ou de permanência no País, observado procedimento administrativo que garanta o contraditório e a ampla defesa.

**Art. 34.** Poderá ser **negada autorização de residência** com fundamento nas hipóteses previstas nos incisos I, II, III, IV e IX do art. 45.

**Art. 35.** A **posse ou a propriedade** de bem no Brasil **não** confere o direito de obter visto ou autorização de residência em território nacional, sem prejuízo do disposto sobre visto para realização de investimento.

**Art. 36.** O visto de visita ou de cortesia poderá ser **transformado** em autorização de residência, mediante requerimento e registro, desde que satisfeitos os requisitos previstos em regulamento.

## SEÇÃO V
## DA REUNIÃO FAMILIAR

**Art. 37.** O visto ou a autorização de residência para fins de **reunião familiar** será concedido ao imigrante:

**I** - cônjuge ou companheiro, sem discriminação alguma;

**II** - filho de imigrante beneficiário de autorização de residência, ou que tenha filho brasileiro ou imigrante beneficiário de autorização de residência;

**III** - ascendente, descendente até o segundo grau ou irmão de brasileiro ou de imigrante beneficiário de autorização de residência; ou

**IV** - que tenha brasileiro sob sua tutela ou guarda.

**Parágrafo único.** (VETADO).

# CAPÍTULO IV
# DA ENTRADA E DA SAÍDA DO TERRITÓRIO NACIONAL

## SEÇÃO I
## DA FISCALIZAÇÃO MARÍTIMA, AEROPORTUÁRIA E DE FRONTEIRA

**Art. 38.** As funções de **polícia marítima, aeroportuária e de fronteira** serão realizadas pela **Polícia Federal** nos pontos de entrada e de saída do território nacional.

**Parágrafo único.** É **DISPENSÁVEL** a fiscalização de passageiro, tripulante e estafe de navio em **passagem inocente, exceto** quando houver necessidade de descida de pessoa a terra ou de subida a bordo do navio.

**Art. 39.** O viajante deverá **permanecer** em área de fiscalização até que seu documento de viagem tenha sido verificado, **salvo** os casos previstos em lei.

**Art. 40.** Poderá ser autorizada a **admissão excepcional** no País de pessoa que se encontre em uma das seguintes condições, desde que esteja de posse de documento de viagem **válido:**

**I** - **não** possua visto;

**II** - seja titular de visto emitido com erro ou omissão;

**III** - tenha perdido a condição de residente por ter permanecido ausente do País na forma especificada em regulamento e detenha as condições objetivas para a concessão de nova autorização de residência;

**IV** - (VETADO); ou

**V** - seja criança ou adolescente desacompanhado de responsável legal e sem autorização expressa para viajar desacompanhado, independentemente do documento de viagem que portar, hipótese em que haverá imediato encaminhamento ao Conselho Tutelar ou, em caso de necessidade, a instituição indicada pela autoridade competente.

**Parágrafo único.** Regulamento poderá dispor sobre outras hipóteses excepcionais de admissão, observados os princípios e as diretrizes desta Lei.

**Art. 41.** A **entrada condicional**, em território nacional, de pessoa que **não** preencha os requisitos de admissão poderá ser autorizada mediante a assinatura, pelo transportador ou por seu agente, de **termo de compromisso** de custear as despesas com a permanência e com as providências para a repatriação do viajante.

**Art. 42.** O tripulante ou o passageiro que, por motivo de força maior, for obrigado a **interromper a viagem** em território nacional poderá ter seu desembarque permitido mediante termo de responsabilidade pelas despesas decorrentes do transbordo.

**Art. 43.** A autoridade responsável pela fiscalização contribuirá para a aplicação de **medidas sanitárias** em consonância com o Regulamento Sanitário Internacional e com outras disposições pertinentes

SEÇÃO II
DO IMPEDIMENTO DE INGRESSO

**Art. 44.** (VETADO).

**Art. 45.** Poderá ser **impedida de ingressar** no País, após entrevista individual e mediante ato fundamentado, a pessoa:

**I** - anteriormente **expulsa** do País, enquanto os efeitos da expulsão vigorarem;

**II - condenada ou respondendo** a processo por ato de terrorismo ou por crime de genocídio, crime contra a humanidade, crime de guerra ou crime de agressão, nos termos definidos pelo Estatuto de Roma do Tribunal Penal Internacional, de 1998, promulgado pelo Decreto nº 4.388, de 25 de setembro de 2002 ;

**III** - condenada ou respondendo a processo em outro país por **crime doloso passível de extradição** segundo a lei brasileira;

**IV** - que tenha o nome incluído em **lista de restrições** por ordem judicial ou por compromisso assumido pelo Brasil perante organismo internacional;

**V** - que apresente **documento de viagem** que:

a) **não** seja válido para o Brasil;

b) esteja com o prazo de validade vencido; ou

c) esteja com rasura ou indício de falsificação;

**VI** - que **não** apresente documento de viagem ou documento de identidade, quando admitido;

**VII** - cuja razão da viagem **não** seja condizente com o visto ou com o motivo alegado para a isenção de visto;

**VIII** - que tenha, comprovadamente, fraudado documentação ou prestado informação falsa por ocasião da solicitação de visto; ou

**IX** - que tenha praticado ato contrário aos princípios e objetivos dispostos na Constituição Federal.

**Parágrafo único. Ninguém** será **impedido de ingressar** no País por motivo de raça, religião, nacionalidade, pertinência a grupo social ou opinião política.

## CAPÍTULO V
## DAS MEDIDAS DE RETIRADA COMPULSÓRIA

SEÇÃO I
DISPOSIÇÕES GERAIS

**Art. 46.** A aplicação deste Capítulo observará o disposto na Lei nº 9.474, de 22 de julho de 1997 , e nas disposições legais, tratados, instrumentos e mecanismos que tratem da proteção aos apátridas ou de outras situações humanitárias.

**Art. 47.** A **repatriação**, a **deportação** e a **expulsão** serão feitas para o país de **nacionalidade ou de procedência** do migrante ou do visitante, ou para outro que o aceite, em observância aos tratados dos quais o Brasil seja parte.

**Art. 48.** Nos casos de **deportação** ou **expulsão**, o chefe da unidade da Polícia Federal **poderá representar** perante o juízo federal, respeitados, nos procedimentos judiciais, os direitos à ampla defesa e ao devido processo legal.

SEÇÃO II
DA REPATRIAÇÃO

**Art. 49.** A **repatriação** consiste em **medida administrativa** de devolução de pessoa em situação de impedimento ao país de procedência ou de nacionalidade.

**§ 1º** Será feita **imediata** comunicação do ato fundamentado de repatriação à empresa transportadora e à autoridade consular do país de procedência ou de nacionalidade do migrante ou do visitante, ou a quem o representa.

**§ 2º** A Defensoria Pública da União será **notificada**, preferencialmente por **via eletrônica**, no caso do § 4º deste artigo ou quando a repatriação imediata **não** seja possível.

**§ 3º** Condições específicas de repatriação podem ser definidas por regulamento ou tratado, observados os princípios e as garantias previstos nesta Lei.

**§ 4º Não** será aplicada medida de repatriação à pessoa em situação de refúgio ou de apatridia, de fato ou de direito, ao menor de **18 (dezoito) anos** desacompanhado ou separado de sua família, **exceto** nos casos em que se demonstrar favorável para a garantia de seus direitos ou para a reintegração a sua família de origem, ou a quem necessite de acolhimento humanitário, nem, em qualquer caso, medida de devolução para país ou região que possa apresentar risco à vida, à integridade pessoal ou à liberdade da pessoa.

**§ 5º** (VETADO).

SEÇÃO III
DA DEPORTAÇÃO

**Art. 50.** A **deportação** é medida decorrente de **procedimento administrativo** que consiste na retirada **compulsória** de pessoa que se

INTERNACIONAL

encontre em situação migratória irregular em território nacional.

**§ 1º** A deportação será precedida de **notificação pessoal** ao deportando, da qual constem, **expressamente**, as irregularidades verificadas e prazo para a regularização **não** inferior a 60 (sessenta) dias, podendo ser prorrogado, por igual período, por **despacho fundamentado** e mediante compromisso de a pessoa manter atualizadas suas informações domiciliares.

**§ 2º** A notificação prevista no § 1º **não** impede **a livre circulação** em território nacional, devendo o deportando informar seu domicílio e suas atividades.

**§ 3º** Vencido o prazo do § 1º sem que se regularize a situação migratória, a **deportação poderá ser executada.**

**§ 4º** A deportação **não** exclui eventuais **direitos adquiridos** em relações contratuais ou decorrentes da lei brasileira.

**§ 5º** A **saída voluntária** de pessoa notificada para deixar o País equivale ao cumprimento da notificação de deportação para todos os fins.

**§ 6º** O prazo previsto no § 1º poderá ser **reduzido** nos casos que se enquadrem no inciso IX do art. 45.

**Art. 51.** Os procedimentos conducentes à deportação devem respeitar o **contraditório** e a **ampla defesa** e a garantia de recurso com **efeito suspensivo.**

**§ 1º** A **Defensoria Pública da União** deverá ser notificada, **preferencialmente por meio eletrônico**, para prestação de assistência ao deportando em todos os procedimentos administrativos de deportação.

**§ 2º** A **ausência de manifestação** da Defensoria Pública da União, desde que prévia e devidamente notificada, **não** impedirá a efetivação da medida de deportação.

**Art. 52.** Em se tratando de **apátrida**, o procedimento de deportação dependerá de **prévia autorização** da autoridade competente.

**Art. 53. Não** se procederá à deportação se a medida configurar extradição **não** admitida pela legislação brasileira.

## SEÇÃO IV
## DA EXPULSÃO

**Art. 54.** A **expulsão** consiste em **medida administrativa de retirada compulsória** de migrante ou visitante do território nacional, conjugada com o **impedimento de reingresso por prazo determinado.**

**§ 1º** Poderá **dar causa** à **expulsão** a condenação com sentença transitada em julgado relativa à prática de:

**I** - crime de genocídio, crime contra a humanidade, crime de guerra ou crime de agressão, nos termos definidos pelo Estatuto de Roma do Tribunal Penal Internacional, de 1998, promulgado pelo Decreto nº 4.388, de 25 de setembro de 2002 ; ou

**II** - crime comum doloso passível de pena privativa de liberdade, consideradas a gravidade e as possibilidades de ressocialização em território nacional.

**§ 2º** Caberá à autoridade competente **resolver** sobre a expulsão, a duração do impedimento de reingresso e a suspensão ou a revogação dos efeitos da expulsão, observado o disposto nesta Lei.

**§ 3º** O **processamento da expulsão** em caso de crime comum **não** prejudicará a progressão de regime, o cumprimento da pena, a suspensão condicional do processo, a comutação da pena ou a concessão de pena alternativa, de indulto coletivo ou individual, de anistia ou de quaisquer benefícios concedidos em igualdade de condições ao nacional brasileiro.

**§ 4º** O **prazo** de vigência da medida de impedimento vinculada aos efeitos da expulsão será **proporcional** ao prazo total da pena aplicada e **nunca** será superior ao **dobro de seu tempo.**

**Art. 55. Não** se procederá à expulsão quando:

**I** - a medida configurar extradição **inadmitida** pela legislação brasileira;

**II** - o expulsando

a) tiver filho brasileiro que esteja sob sua guarda ou dependência econômica ou socioafetiva ou tiver pessoa brasileira sob sua tutela;

b) tiver cônjuge ou companheiro residente no Brasil, sem discriminação alguma, reconhecido judicial ou legalmente;

c) tiver ingressado no Brasil até os 12 (doze) anos de idade, residindo desde então no País;

d) for pessoa com mais de 70 (setenta) anos que resida no País há mais de 10 (dez) anos, considerados a gravidade e o fundamento da expulsão; ou

e) (VETADO).

**Art. 56.** Regulamento definirá procedimentos para apresentação e processamento de pedidos de **suspensão** e de **revogação** dos efeitos das medidas de expulsão e de impedimento de ingresso e permanência em território nacional.

**Art. 57.** Regulamento disporá sobre condições especiais de autorização de residência para viabilizar medidas de **ressocialização** a migrante e a visitante em cumprimento de penas aplicadas ou executadas em território nacional.

**Art. 58.** No processo de expulsão serão garantidos o **contraditório e a ampla defesa.**

**§ 1º** A **Defensoria Pública da União** será **notificada** da instauração de processo de expulsão, se **não** houver defensor constituído.

**§ 2º** Caberá **pedido de reconsideração** da decisão sobre a expulsão no prazo de 10 (dez) dias, a contar da notificação pessoal do expulsando.

**Art. 59.** Será considerada **regular** a situação migratória do expulsando cujo processo esteja pendente de decisão, nas condições previstas no art. 55.

**Art. 60.** A existência de processo de expulsão **não** impede a **saída voluntária** do expulsando do País.

SEÇÃO V
DAS VEDAÇÕES

**Art. 61.** **Não** se procederá à repatriação, à deportação ou à expulsão **coletivas.**

**Parágrafo único.** Entende-se por repatriação, deportação ou expulsão coletiva aquela que **não individualiza** a situação migratória irregular de cada pessoa.

**Art. 62.** **Não** se procederá à repatriação, à deportação ou à expulsão de nenhum indivíduo quando subsistirem razões para acreditar que a medida poderá colocar em **risco a vida ou a integridade pessoal.**

## CAPÍTULO VI
## DA OPÇÃO DE NACIONALIDADE E DA NATURALIZAÇÃO

SEÇÃO I
DA OPÇÃO DE NACIONALIDADE

**Art. 63.** O filho de pai ou de mãe brasileiro nascido no exterior e que **não** tenha sido registrado em repartição consular poderá, a qualquer tempo, promover **ação de opção de nacionalidade.**

**Parágrafo único.** O órgão de registro deve informar **periodicamente** à autoridade competente os dados relativos à opção de nacionalidade, conforme regulamento.

SEÇÃO II
DAS CONDIÇÕES DA NATURALIZAÇÃO

**Art. 64.** A **naturalização** pode ser:

**I** - ordinária;

**II** - extraordinária;

**III** - especial; ou

**IV** - provisória.

**Art. 65.** Será concedida a **naturalização ordinária** àquele que preencher as seguintes **condições:**

**I** - ter capacidade civil, segundo a lei brasileira;

**II** - ter residência em território nacional, pelo prazo mínimo de 4 (quatro) anos;

**III** - comunicar-se em língua portuguesa, consideradas as condições do naturalizando; e

**IV** - **não** possuir condenação penal ou estiver reabilitado, nos termos da lei.

**Art. 66.** O prazo de residência fixado no inciso II do *caput* do art. 65 será **reduzido** para, no mínimo, 1 (um) ano se o naturalizando preencher quaisquer das seguintes condições:

**I** - (VETADO);

**II** - ter filho brasileiro;

**III** - ter cônjuge ou companheiro brasileiro e **não** estar dele separado legalmente ou de fato no momento de concessão da naturalização;

**IV** - (VETADO);

**V** - haver prestado ou poder prestar serviço relevante ao Brasil; ou

**VI** - recomendar-se por sua capacidade profissional, científica ou artística.

**Parágrafo único.** O preenchimento das condições previstas nos incisos V e VI do *caput* será avaliado na forma disposta em regulamento.

**Art. 67.** A **naturalização extraordinária** será concedida a pessoa de qualquer nacionalidade fixada no Brasil há mais de 15 (quinze) anos ININTERRUPTOS **e sem condenação penal**, desde que requeira a nacionalidade brasileira.

**Art. 68.** A **naturalização especial** poderá ser concedida ao estrangeiro que se encontre em uma das seguintes situações:

**I** - seja cônjuge ou companheiro, há mais de 5 (cinco) anos, de integrante do Serviço Exterior Brasileiro em atividade ou de pessoa a serviço do Estado brasileiro no exterior; ou

**II** - seja ou tenha sido empregado em missão diplomática ou em repartição consular do Brasil por mais de 10 (dez) anos ininterruptos.

**Art. 69.** São **requisitos** para a concessão da **naturalização especial**:

**I** - ter capacidade civil, segundo a lei brasileira;

**II** - comunicar-se em língua portuguesa, consideradas as condições do naturalizando;

**III** - **não** possuir condenação penal ou estiver reabilitado, nos termos da lei.

**Art. 70.** A **naturalização provisória** poderá ser concedida ao migrante criança ou adolescente que tenha **fixado residência** em território nacional antes de completar **10 (dez) anos** de idade e deverá ser requerida por intermédio de seu representante legal.

**Parágrafo único.** A naturalização prevista no *caput* será **convertida** em definitiva se o naturalizando **expressamente assim o requerer** no prazo de 2 (dois) anos após atingir a maioridade.

**Art. 71.** O pedido de naturalização será apresentado e processado na forma prevista pelo órgão competente do Poder Executivo, sendo cabível **recurso em caso de denegação.**

**§ 1º** No curso do processo de naturalização, o naturalizando poderá requerer a tradução ou a adaptação de seu **nome** à língua portuguesa.

**§ 2º** Será mantido **cadastro** com o nome traduzido ou adaptado associado ao nome anterior.

**Art. 72.** No prazo de até 1 (um) ano após a concessão da naturalização, deverá o naturalizado comparecer perante a Justiça Eleitoral para o devido **cadastramento.**

SEÇÃO III
DOS EFEITOS DA NATURALIZAÇÃO

**Art. 73.** A naturalização produz efeitos **após a publicação** no Diário Oficial do ato de naturalização.

**Art. 74.** (VETADO).

INTERNACIONAL

SEÇÃO IV
DA PERDA DA NACIONALIDADE

**Art. 75.** O naturalizado **perderá a nacionalidade** em razão de condenação transitada em julgado por **atividade nociva ao interesse nacional**, nos termos do inciso I do § 4º do art. 12 da Constituição Federal .

**Parágrafo único.** O risco de geração de situação de apatridia será **levado em consideração** antes da efetivação da perda da nacionalidade.

SEÇÃO V
DA REAQUISIÇÃO DA NACIONALIDADE

**Art. 76.** O brasileiro que, em razão do previsto no inciso II do § 4º do art. 12 da Constituição Federal, houver perdido a nacionalidade, uma vez cessada a causa, **poderá readquiri-la** ou ter o ato que declarou a perda revogado, na forma definida pelo órgão competente do Poder Executivo.

## CAPÍTULO VII
## DO EMIGRANTE

SEÇÃO I
DAS POLÍTICAS PÚBLICAS PARA OS EMIGRANTES

**Art. 77.** As **políticas públicas** para os **emigrantes** observarão os seguintes **princípios** e **diretrizes**:

**I** - proteção e prestação de assistência consular por meio das representações do Brasil no exterior;

**II** - promoção de condições de vida digna, por meio, entre outros, da facilitação do registro consular e da prestação de serviços consulares relativos às áreas de educação, saúde, trabalho, previdência social e cultura;

**III** - promoção de estudos e pesquisas sobre os emigrantes e as comunidades de brasileiros no exterior, a fim de subsidiar a formulação de políticas públicas;

**IV** - atuação diplomática, nos âmbitos bilateral, regional e multilateral, em defesa dos direitos do emigrante brasileiro, conforme o direito internacional

**V** - ação governamental integrada, com a participação de órgãos do governo com atuação nas áreas temáticas mencionadas nos incisos I, II, III e IV, visando a assistir as comunidades brasileiras no exterior; e

**VI** - esforço permanente de desburocratização, atualização e modernização do sistema de atendimento, com o objetivo de aprimorar a assistência ao emigrante.

SEÇÃO II
DOS DIREITOS DO EMIGRANTE

**Art. 78.** Todo **emigrante** que decida retornar ao Brasil com ânimo de residência poderá introduzir no País, com isenção de direitos de importação e de taxas aduaneiras, os **bens novos ou usados** que um viajante, em compatibilidade com as circunstâncias de sua viagem, puder destinar para seu uso ou consumo **pessoal e profissional**, sempre que, por sua quantidade, natureza ou variedade, **não** permitam presumir importação ou exportação com fins comerciais ou industriais.

**Art. 79.** Em caso de ameaça à paz social e à ordem pública por grave ou iminente **instabilidade institucional** ou de **calamidade de grande proporção** na natureza, deverá ser prestada especial assistência ao emigrante pelas representações brasileiras no exterior.

**Art. 80.** O **tripulante brasileiro** contratado por embarcação ou armadora estrangeira, de cabotagem ou a longo curso e com sede ou filial no Brasil, que explore economicamente o mar territorial e a costa brasileira terá direito a **seguro** a cargo do contratante, válido para **todo** o período da contratação, conforme o disposto no Registro de Embarcações Brasileiras (REB), contra acidente de trabalho, invalidez total ou parcial e morte, sem prejuízo de benefícios de apólice mais favorável vigente no exterior.

## CAPÍTULO VIII
## DAS MEDIDAS DE COOPERAÇÃO

SEÇÃO I
DA EXTRADIÇÃO

**Art. 81.** A **extradição** é a medida de **cooperação internacional** entre o Estado brasileiro e outro Estado pela qual se concede ou solicita a **entrega** de pessoa sobre quem recaia condenação criminal definitiva ou para fins de instrução de processo penal em curso.

**§ 1º** A extradição será requerida por **via diplomática** ou pelas **autoridades centrais** designadas para esse fim.

**§ 2º** A extradição e sua rotina de comunicação serão realizadas pelo órgão competente do Poder Executivo em coordenação com as autoridades judiciárias e policiais competentes.

**Art. 82. Não** se concederá a **extradição** quando:

**I** - o indivíduo cuja extradição é solicitada ao Brasil for **brasileiro nato;**

**II** - o fato que motivar o pedido **não** for **considerado crime** no Brasil ou no Estado requerente;

**III** - o Brasil for competente, segundo suas leis, para **julgar o crime imputado** ao extraditando;

**IV** - a lei brasileira impuser ao crime pena de prisão inferior a 2 (dois) anos;

**V** - o extraditando estiver respondendo a processo ou já houver sido condenado ou absolvido no Brasil pelo **mesmo fato** em que se fundar o pedido;

**VI** - a punibilidade estiver extinta **pela prescrição**, segundo a lei brasileira ou a do Estado requerente;

**VII** - o fato constituir **crime político ou de opinião;**

**VIII** - o extraditando tiver de responder, no Estado requerente, perante **tribunal ou juízo de exceção**; ou

**IX** - o extraditando for **beneficiário de refúgio**, nos termos da Lei nº 9.474, de 22 de julho de 1997, ou de asilo territorial.

**§ 1º** A previsão constante do inciso VII do *caput* **não** impedirá a extradição quando o fato constituir, principalmente, infração à lei penal comum ou quando o crime comum, conexo ao delito político, constituir o fato principal.

**§ 2º** Caberá à **autoridade judiciária competente** a apreciação do caráter da infração

**§ 3º** Para determinação da incidência do disposto no inciso I, será observada, nos casos de aquisição de outra nacionalidade por naturalização, a **anterioridade do fato gerador da extradição.**

**§ 4º** O Supremo Tribunal Federal poderá **deixar de considerar crime político** o atentado contra chefe de Estado ou quaisquer autoridades, bem como crime contra a humanidade, crime de guerra, crime de genocídio e terrorismo.

**§ 5º** Admite-se a extradição de brasileiro naturalizado, nas hipóteses previstas na Constituição Federal.

**Art. 83.** São **condições** para **concessão da extradição**:

**I** - ter sido o crime cometido no território do Estado requerente ou serem aplicáveis ao extraditando as leis penais desse Estado; e

**II** - estar o extraditando respondendo a processo investigatório ou a processo penal ou ter sido condenado pelas autoridades judiciárias do Estado requerente a pena privativa de liberdade.

**Art. 84.** Em caso de **urgência**, o Estado interessado na extradição poderá, **previamente ou conjuntamente** com a formalização do pedido extradicional, **requerer**, por via diplomática ou por meio de autoridade central do Poder Executivo, **prisão cautelar** com o objetivo de assegurar a executoriedade da medida de extradição que, após exame da presença dos pressupostos formais de admissibilidade exigidos nesta Lei ou em tratado, deverá representar à autoridade judicial competente, ouvido previamente o Ministério Público Federal.

**§ 1º** O **pedido de prisão cautelar** deverá conter informação sobre o crime cometido e deverá ser fundamentado, podendo ser apresentado por correio, fax, mensagem eletrônica ou qualquer outro meio que assegure a comunicação por escrito.

**§ 2º** O pedido de prisão cautelar poderá ser **transmitido** à autoridade competente para extradição no Brasil por meio de canal estabelecido com o ponto focal da Organização Internacional de Polícia Criminal (Interpol) no País, devidamente instruído com a documentação comprobatória da existência de ordem de prisão proferida por Estado estrangeiro, e, em caso de ausência de tratado, com a promessa de reciprocidade recebida por via diplomática.

**§ 3º** Efetivada a prisão do extraditando, o pedido de extradição será encaminhado à **autoridade judiciária competente.**

**§ 4º** Na ausência de disposição específica em tratado, o Estado estrangeiro deverá **formalizar** o pedido de extradição no prazo de 60 (sessenta) dias, contado da data em que tiver sido cientificado da prisão do extraditando.

**§ 5º** Caso o pedido de extradição **não** seja apresentado no prazo previsto no § 4º, o extraditando deverá ser posto em liberdade, **não** se admitindo **novo pedido de prisão cautelar** pelo mesmo fato sem que a extradição tenha sido devidamente requerida.

**§ 6º** A prisão cautelar poderá ser prorrogada até o **julgamento final** da autoridade judiciária competente quanto à legalidade do pedido de extradição.

**Art. 85.** Quando mais de um Estado requerer a extradição da mesma pessoa, pelo mesmo fato, terá **preferência** o pedido daquele em cujo território a **infração foi cometida**.

**§ 1º** Em caso de crimes diversos, terá preferência, **sucessivamente:**

**I** - o Estado **requerente** em cujo território tenha sido cometido o crime mais grave, segundo a lei brasileira;

**II** - o Estado que em **primeiro lugar** tenha pedido a entrega do extraditando, se a gravidade dos crimes for idêntica;

**III** - o Estado de **origem**, ou, em sua falta, o **domiciliar do extraditando**, se os pedidos forem simultâneos.

**§ 2º** Nos casos **não** previstos nesta Lei, o órgão competente do Poder Executivo **decidirá** sobre a preferência do pedido, priorizando o Estado requerente que mantiver tratado de extradição com o Brasil.

**§ 3º** Havendo tratado com algum dos Estados requerentes, prevalecerão suas normas no que diz respeito à preferência de que trata este artigo.

**Art. 86.** O Supremo Tribunal Federal, ouvido o Ministério Público, poderá autorizar **prisão albergue ou domiciliar** ou determinar que o extraditando responda ao processo de extradição em **liberdade**, com **retenção** do documento de viagem ou outras medidas cautelares necessárias, até o julgamento da extradição ou a entrega do extraditando, se pertinente, considerando a situação administrativa migratória, os antecedentes do extraditando e as circunstâncias do caso.

**Art. 87.** O extraditando poderá entregar-se **voluntariamente** ao Estado requerente, desde que o declare expressamente, esteja assistido por advogado e seja advertido de que tem direito ao processo judicial de extradição e à proteção que tal direito encerra, caso em que o pedido será decidido pelo Supremo Tribunal Federal.

**Art. 88. Todo pedido** que possa originar processo de extradição em face de Estado estrangeiro deverá ser encaminhado ao órgão competente do Poder Executivo **diretamente**

INTERNACIONAL

pelo órgão do Poder Judiciário responsável pela decisão ou pelo processo penal que a fundamenta.

**§ 1º Compete** a órgão do Poder Executivo o papel de orientação, de informação e de avaliação dos elementos formais de admissibilidade dos processos preparatórios para encaminhamento ao Estado requerido.

**§ 2º** Compete aos órgãos do sistema de Justiça **vinculados** ao processo penal gerador de pedido de extradição a apresentação de todos os documentos, manifestações e demais elementos necessários para o processamento do pedido, inclusive suas traduções oficiais.

**§ 3º** O pedido deverá ser **instruído** com cópia autêntica ou com o original da sentença condenatória ou da decisão penal proferida, conterá indicações precisas sobre o local, a data, a natureza e as circunstâncias do fato criminoso e a identidade do extraditando e será acompanhado de cópia dos textos legais sobre o crime, a competência, a pena e a prescrição.

**§ 4º** O encaminhamento do pedido de extradição ao órgão competente do Poder Executivo confere **autenticidade** aos documentos.

**Art. 89.** O pedido de extradição originado de Estado estrangeiro será **recebido** pelo órgão competente do Poder Executivo e, após exame da presença dos pressupostos formais de admissibilidade exigidos nesta Lei ou em tratado, **encaminhado** à autoridade judiciária competente.

**Parágrafo único. Não** preenchidos os pressupostos referidos no *caput*, o pedido será **arquivado** mediante decisão fundamentada, **sem prejuízo** da possibilidade de renovação do pedido, devidamente instruído, uma vez superado o óbice apontado.

**Art. 90. Nenhuma** extradição será concedida **sem prévio pronunciamento** do Supremo Tribunal Federal sobre sua legalidade e procedência, **não** cabendo **recurso da decisão.**

**Art. 91.** Ao receber o pedido, o relator designará **dia e hora** para o interrogatório do extraditando e, conforme o caso, nomear-lhe-á **curador ou advogado**, se **não** o tiver.

**§ 1º** A **defesa**, a ser apresentada no prazo de 10 (dez) dias contado da data do interrogatório, versará sobre a identidade da pessoa reclamada, defeito de forma de documento apresentado ou ilegalidade da extradição.

**§ 2º Não** estando o processo devidamente instruído, o Tribunal, a requerimento do órgão do Ministério Público Federal correspondente, poderá **converter** o julgamento em diligência para suprir a falta.

**§ 3º** Para **suprir a falta** referida no § 2º, o Ministério Público Federal terá **PRAZO IMPRORROGÁVEL** de 60 (sessenta) dias, após o qual o pedido será julgado independentemente da diligência.

**§ 4º** O prazo referido no § 3º será contado da **data de notificação** à missão diplomática do Estado requerente.

**Art. 92.** Julgada **procedente** a extradição e autorizada a entrega pelo órgão competente do Poder Executivo, será o ato **comunicado** por via diplomática ao Estado requerente, que, no prazo de 60 (sessenta) dias da comunicação, deverá retirar o extraditando do território nacional.

**Art. 93.** Se o Estado requerente **não** retirar o extraditando do território nacional no prazo previsto no art. 92, será ele **posto em liberdade**, sem prejuízo de outras medidas aplicáveis.

**Art. 94. Negada** a extradição em fase judicial, **não** se admitirá **novo pedido** baseado no mesmo fato.

**Art. 95.** Quando o extraditando estiver sendo processado ou tiver sido condenado, no Brasil, por crime punível com pena privativa de liberdade, a extradição será executada somente depois da **conclusão do processo** ou do **cumprimento da pena,** ressalvadas as hipóteses de liberação antecipada pelo Poder Judiciário e de determinação da transferência da pessoa condenada.

**§ 1º** A **entrega do extraditando** será igualmente **adiada** se a efetivação da medida puser em risco sua vida em virtude de enfermidade grave comprovada por laudo médico oficial.

**§ 2º** Quando o extraditando estiver sendo processado ou tiver sido condenado, no Brasil, por **infração de menor potencial ofensivo**, a entrega poderá ser **imediatamente** efetivada.

**Art. 96. Não** será efetivada a entrega do extraditando sem que o Estado requerente assuma o **compromisso** de:

**I** - **não** submeter o extraditando a **prisão ou processo** por fato anterior ao pedido de extradição;

**II** - **computar** o tempo da prisão que, no Brasil, foi imposta por força da extradição;

**III** - comutar a pena corporal, perpétua ou de morte em pena privativa de liberdade, respeitado o limite máximo de cumprimento de 30 (trinta) anos;

**IV** - **não** entregar o extraditando, **sem consentimento do Brasil**, a outro Estado que o reclame;

**V** - **não** considerar qualquer motivo **político** para agravar a pena; e

**VI** - **não** submeter o extraditando a **tortura** ou a outros tratamentos ou penas **cruéis, desumanos ou degradantes.**

**Art. 97.** A entrega do extraditando, de acordo com as leis brasileiras e respeitado o direito de terceiro, será feita com os objetos e instrumentos do crime encontrados em seu poder.

**Parágrafo único.** Os objetos e instrumentos referidos neste artigo poderão ser entregues independentemente da entrega do extraditando.

**Art. 98.** O extraditando que, depois de entregue ao Estado requerente, escapar à ação da Justiça e homiziar-se no Brasil, ou por ele transitar, será detido mediante pedido feito diretamente por via diplomática ou pela Interpol e novamente entregue, sem outras formalidades.

**Art. 99. Salvo** motivo de ordem pública, poderá ser permitido, pelo órgão competente do Poder Executivo, o **trânsito no território nacional** de pessoa extraditada por Estado estrangeiro, bem como o da respectiva guarda, mediante apresentação de documento comprobatório de concessão da medida.

## SEÇÃO II
## DA TRANSFERÊNCIA DE EXECUÇÃO DA PENA

**Art. 100.** Nas hipóteses em que couber **solicitação de extradição executória**, a autoridade competente poderá solicitar ou autorizar a transferência de execução da pena, desde que observado o **princípio do non** *bis in idem*.

**Parágrafo único.** Sem prejuízo do disposto no Decreto-Lei nº 2.848, de 7 de dezembro de 1940 (Código Penal), a transferência de execução da pena será possível quando preenchidos os seguintes **requisitos:**

**I** - o condenado em território estrangeiro for **nacional** ou tiver **residência habitual** ou **vínculo pessoal** no Brasil;

**II** - a sentença tiver **transitado em julgado;**

**III** - a **duração** da condenação a cumprir ou que restar para cumprir for de, pelo menos, 1 (um) ano, na data de apresentação do pedido ao Estado da condenação;

**IV** - o fato que originou a condenação constituir **infração penal** perante a lei de ambas as partes; e

**V** - houver tratado ou promessa de **reciprocidade.**

**Art. 101.** O **pedido** de transferência de execução da pena de Estado estrangeiro será requerido por via diplomática ou por via de autoridades centrais.

**§ 1º** O pedido será recebido pelo órgão competente do Poder Executivo e, após exame da presença dos pressupostos formais de admissibilidade exigidos nesta Lei ou em tratado, encaminhado ao Superior Tribunal de Justiça para decisão quanto à **homologação.**

**§ 2º Não** preenchidos os pressupostos referidos no § 1º, o pedido será arquivado mediante **decisão fundamentada**, sem prejuízo da possibilidade de renovação do pedido, devidamente instruído, uma vez superado o óbice apontado.

**Art. 102.** A forma do pedido de transferência de execução da pena e seu processamento serão definidos em regulamento.

**Parágrafo único.** Nos casos previstos nesta Seção, a execução penal será de **competência** da Justiça FEDERAL.

## SEÇÃO III
## DA TRANSFERÊNCIA DE PESSOA CONDENADA

**Art. 103. A transferência de pessoa condenada** poderá ser concedida quando o pedido se fundamentar em tratado ou houver promessa de reciprocidade.

**§ 1º** O condenado no território nacional poderá ser transferido para seu país de nacionalidade ou país em que tiver residência habitual ou vínculo pessoal, desde que expresse **interesse** nesse sentido, a fim de cumprir pena a ele imposta pelo Estado brasileiro por sentença transitada em julgado.

**§ 2º** A transferência de pessoa condenada no Brasil pode ser concedida juntamente com a aplicação de **medida de impedimento de reingresso em território nacional**, na forma de regulamento.

**Art. 104.** A transferência de pessoa condenada será possível quando preenchidos os seguintes **requisitos:**

**I** - o condenado no território de uma das partes for nacional ou tiver residência habitual ou vínculo pessoal no território da outra parte que justifique a transferência;

**II** - a sentença tiver **transitado em julgado;**

**III** - a **duração** da condenação a cumprir ou que restar para cumprir for de, pelo menos, 1 (um) ano, na data de apresentação do pedido ao Estado da condenação;

**IV** - o fato que originou a condenação constituir **infração penal** perante a lei de ambos os Estados;

**V** - houver manifestação de **vontade** do condenado ou, quando for o caso, de seu representante; e

**VI** - houver **concordância** de ambos os Estados.

**Art. 105.** A forma do pedido de transferência de pessoa condenada e seu processamento serão definidos em regulamento.

**§ 1º** Nos casos previstos nesta Seção, a execução penal será de **competência** da Justiça FEDERAL.

**§ 2º Não** se procederá à transferência quando **inadmitida** a extradição.

**§ 3º** (VETADO).

# CAPÍTULO IX
# DAS INFRAÇÕES E DAS PENALIDADES ADMINISTRATIVAS

**Art. 106.** Regulamento disporá sobre o procedimento de apuração das infrações administrativas e seu processamento e sobre a fixação e a atualização das multas, em observância ao disposto nesta Lei.

**Art. 107.** As **infrações administrativas** previstas neste Capítulo serão apuradas em **processo administrativo próprio**, assegurados o contraditório e a ampla defesa e observadas as disposições desta Lei.

**§ 1º** O cometimento simultâneo de **duas ou mais infrações** importará CUMULAÇÃO das sanções cabíveis, respeitados os limites estabelecidos nos incisos V e VI do art. 108.

**§ 2º** A **multa** atribuída por dia de atraso ou por excesso de permanência poderá ser **convertida** em redução equivalente do período de autorização de estada para o visto de visita, em caso de nova entrada no País.

**Art. 108.** O **valor das multas** tratadas neste Capítulo considerará:

**I** - as hipóteses individualizadas nesta Lei;
**II** - a condição econômica do infrator, a reincidência e a gravidade da infração;
**III** - a atualização periódica conforme estabelecido em regulamento;
**IV** - o valor mínimo individualizável de R$ 100,00 (cem reais);
**V** - o valor mínimo de R$ 100,00 (cem reais) e o máximo de R$ 10.000,00 (dez mil reais) para infrações cometidas por pessoa física;
**VI** - o valor mínimo de R$ 1.000,00 (mil reais) e o máximo de R$ 1.000.000,00 (um milhão de reais) para infrações cometidas por pessoa jurídica, por ato infracional.

**Art. 109.** Constitui **infração**, sujeitando o infrator às seguintes **sanções:**
**I** - **entrar** em território nacional sem estar autorizado:
Sanção: deportação, caso **não** saia do País ou **não** regularize a situação migratória no prazo fixado;
**II** - **permanecer** em território nacional depois de esgotado o prazo legal da documentação migratória:
Sanção: multa por dia de excesso e deportação, caso **não** saia do País ou **não** regularize a situação migratória no prazo fixado;
**III** - deixar de se registrar, dentro do prazo de 90 (noventa) dias do ingresso no País, quando for obrigatória a identificação civil:
Sanção: multa;
**IV** - **deixar** o imigrante de se registrar, para efeito de autorização de residência, dentro do prazo de 30 (trinta) dias, quando orientado a fazê-lo pelo órgão competente:
Sanção: multa por dia de atraso;
**V** - **transportar** para o Brasil pessoa que esteja sem documentação migratória regular:
Sanção: multa por pessoa transportada;
**VI** - **deixar** a empresa transportadora de atender a compromisso de manutenção da estada ou de promoção da saída do território nacional de quem tenha sido autorizado a ingresso condicional no Brasil por **não** possuir a devida documentação migratória:
Sanção: multa;
**VII** - **furtar-se** ao controle migratório, na entrada ou saída do território nacional:
Sanção: multa.

**Art. 110.** As penalidades aplicadas serão objeto de **pedido de reconsideração e de recurso**, nos termos de regulamento.
**Parágrafo único.** Serão respeitados o contraditório, a ampla defesa e a garantia de recurso, assim como a situação de **hipossuficiência** do migrante ou do visitante.

## CAPÍTULO X
## DISPOSIÇÕES FINAIS E TRANSITÓRIAS

**Art. 111.** Esta Lei **não** prejudica **direitos e obrigações** estabelecidos por tratados vigentes no Brasil e que sejam mais benéficos ao migrante e ao visitante, em particular os tratados firmados no âmbito do Mercosul.

**Art. 112.** As autoridades brasileiras serão **tolerantes** quanto ao uso do **idioma** do residente fronteiriço e do imigrante quando eles se dirigirem a órgãos ou repartições públicas para reclamar ou reivindicar os direitos decorrentes desta Lei.

**Art. 113.** As taxas e emolumentos consulares são fixados em conformidade com a tabela anexa a esta Lei.
**§ 1º** Os valores das taxas e emolumentos consulares poderão ser ajustados pelo órgão competente da administração pública federal, de forma a preservar o interesse nacional ou a assegurar a reciprocidade de tratamento.
**§ 2º** **Não** serão cobrados **emolumentos consulares** pela concessão de:
**I** - vistos diplomáticos, oficiais e de cortesia; e
**II** - vistos em passaportes diplomáticos, oficiais ou de serviço, ou equivalentes, mediante reciprocidade de tratamento a titulares de documento de viagem similar brasileiro.
**§ 3º** **Não** serão cobrados taxas e emolumentos consulares pela concessão de vistos ou para a obtenção de documentos para regularização migratória aos integrantes de grupos vulneráveis e indivíduos em condição de hipossuficiência econômica.
**§ 4º** (VETADO).

**Art. 114.** Regulamento poderá estabelecer competência para órgãos do Poder Executivo disciplinarem aspectos específicos desta Lei.

**Art. 115.** O Decreto-Lei nº 2.848, de 7 de dezembro de 1940 (Código Penal), passa a vigorar acrescido do seguinte art. 232-A:
(...)

**Art. 116.** (VETADO).

**Art. 117.** O documento conhecido por Registro Nacional de Estrangeiro passa a ser denominado Registro Nacional Migratório.

**Art. 118.** (VETADO).

**Art. 119.** O visto emitido até a data de entrada em vigor desta Lei poderá ser utilizado até a data prevista de expiração de sua validade, podendo ser transformado ou ter seu prazo de estada prorrogado, nos termos de regulamento.

**Art. 120.** A Política Nacional de Migrações, Refúgio e Apatridia terá a finalidade de coordenar e articular ações setoriais implementadas pelo Poder Executivo federal em regime de cooperação com os Estados, o Distrito Federal e os Municípios, com participação de organizações da sociedade civil, organismos internacionais e entidades privadas, conforme regulamento.
**§ 1º** Ato normativo do Poder Executivo federal poderá definir os objetivos, a organização e a estratégia de coordenação da Política Nacional de Migrações, Refúgio e Apatridia.
**§ 2º** Ato normativo do Poder Executivo federal poderá estabelecer planos nacionais e outros instrumentos para a efetivação dos objetivos desta Lei e a coordenação entre órgãos e colegiados setoriais.

**§ 3º** Com vistas à formulação de políticas públicas, deverá ser produzida informação quantitativa e qualitativa, de forma sistemática, sobre os migrantes, com a criação de banco de dados.

**Art. 121.** Na aplicação desta Lei, devem ser observadas as disposições da Lei nº 9.474, de 22 de julho de 1997, nas situações que envolvam refugiados e solicitantes de refúgio.

**Art. 122.** A aplicação desta Lei **não** impede o tratamento mais **favorável** assegurado por tratado em que a República Federativa do Brasil seja parte.

**Art. 123. Ninguém será privado de sua liberdade** por razões migratórias, **exceto** nos casos previstos nesta Lei.

**Art. 124.** Revogam-se:

**I** - a Lei nº 818, de 18 de setembro de 1949; e

**II** - a Lei nº 6.815, de 19 de agosto de 1980 (Estatuto do Estrangeiro).

**Art. 125.** Esta Lei entra em vigor após decorridos 180 (cento e oitenta) dias de sua publicação oficial.

Brasília, 24 de maio de 2017;
196º da Independência e 129º da República.
MICHEL TEMER
Osmar Serraglio
Aloysio Nunes Ferreira Filho
Henrique Meirelles
Eliseu Padilha
Sergio Westphalen Etchegoyen
Grace Maria Fernandes Mendonça

› Optamos, nesta edição, pela não publicação do Anexo.

# DECRETO Nº 9.176, DE 19 DE OUTUBRO DE 2017

*Promulga a Convenção sobre a Cobrança Internacional de Alimentos para Crianças e Outros Membros da Família e o Protocolo sobre a Lei Aplicável às Obrigações de Prestar Alimentos, firmados pela República Federativa do Brasil, em Haia, em 23 de novembro de 2007.*

› DOU de 20.10.2017.

O PRESIDENTE DA REPÚBLICA, no uso da atribuição que lhe confere o art. 84, *caput*, inciso IV, da Constituição, e

Considerando que a República Federativa do Brasil firmou a Convenção sobre a Cobrança Internacional de Alimentos para Crianças e Outros Membros da Família e o Protocolo sobre a Lei Aplicável às Obrigações de Prestar Alimentos, em Haia, em 23 de novembro de 2007;

Considerando que o Congresso Nacional aprovou a Convenção e o Protocolo por meio do Decreto Legislativo nº 146, de 9 de dezembro de 2016, com reserva ao Artigo 20, § 1º, alínea "e", e ao Artigo 30, § 1º, com fundamento, respectivamente, no Artigo 20, § 2º, e no Artigo 30, § 8º, e realização da declaração que trata o Artigo 3º, § 2º, todos da Convenção;

Considerando que o Governo brasileiro depositou, junto ao Ministério dos Negócios Estrangeiros do Reino dos Países Baixos, em 17 de julho de 2017, os instrumentos de ratificação da Convenção e do Protocolo, com reserva ao Artigo 20, § 1º, alínea "e", e ao Artigo 30, § 1º, com fundamento, respectivamente, no Artigo 20, § 2º, e no Artigo 30, § 8º, e realização da declaração que trata o Artigo 3º, § 2º, todos da Convenção, e que os referidos instrumentos entrarão em vigor para a República Federativa do Brasil, no plano jurídico externo, em 1º de novembro de 2017;

DECRETA:

**Art. 1º** Ficam promulgados a Convenção sobre a Cobrança Internacional de Alimentos para Crianças e Outros Membros da Família e o Protocolo sobre a Lei Aplicável às Obrigações de Prestar Alimentos, firmados em Haia, em 23 de novembro de 2007, anexos a este Decreto, com reserva ao Artigo 20, § 1º, alínea "e", e ao Artigo 30, § 1º, com fundamento, respectivamente, no Artigo 20, § 2º, e no Artigo 30, § 8º, e realização da declaração que trata o Artigo 3º, § 2º, todos da Convenção.

**Art. 2º** São sujeitos à aprovação do Congresso Nacional atos que possam resultar em revisão da Convenção e do Protocolo e ajustes complementares que acarretem encargos ou compromissos gravosos ao patrimônio nacional, nos termos do inciso I do *caput* do art. 49 da Constituição.

**Art. 3º** Este Decreto entra em vigor na data de sua publicação.

Brasília, 19 de outubro de 2017; 196º da Independência e 129º da República.
Michel Temer
Aloysio Nunes Ferreira Filho

## CONVENÇÃO SOBRE A COBRANÇA INTERNACIONAL DE ALIMENTOS PARA CRIANÇAS E OUTROS MEMBROS DA FAMÍLIA

***(Concluída em 23 de novembro de 2007)***

Os Estados signatários da presente Convenção,

Desejando melhorar a cooperação entre os Estados para a cobrança internacional de alimentos para crianças e outros membros da família,

Conscientes da necessidade de dispor de procedimentos que produzam resultados e que sejam acessíveis, rápidos, eficientes, econômicos, adaptáveis a diversas situações e justos.

Desejando aproveitar os aspectos mais úteis das Convenções da Haia vigentes, assim como de outros instrumentos internacionais, particularmente a Convenção das Nações Unidas sobre a Prestação de Alimentos no Estrangeiro, de 20 de junho de 1956,

Pretendendo beneficiar-se dos avanços tecnológicos e criar um sistema flexível e adaptável às novas necessidades e às oportunidades oferecidas pelos avanços tecnológicos,

Recordando que, em conformidade com os artigos 3° e 27 da Convenção das Nações Unidas

INTERNACIONAL

sobre os Direitos da Criança, de 20 de novembro de 1989,

- em todas as medidas concernentes às crianças, o interesse superior da criança será considerado prioritário,

- toda criança tem direito a um padrão de vida adequado para permitir seu desenvolvimento físico, mental, espiritual, moral e social,

- os pais ou outros responsáveis pela criança têm a responsabilidade primária de assegurar, dentro de suas possibilidades e de sua capacidade financeira, as condições de vida necessárias para o desenvolvimento da criança, e

- os Estados devem tomar todas as medidas apropriadas, incluindo a conclusão de acordos internacionais, com vistas a assegurar alimentos para a criança por parte dos pais ou outros responsáveis, em particular quando essas pessoas vivam em Estado diferente daquele em que a criança reside,

Resolveram celebrar a presente Convenção e acordaram as seguintes disposições:

## CAPÍTULO I
## OBJETO, ÂMBITO DE APLICAÇÃO E DEFINIÇÕES

**Artigo 1º** – Objeto

A presente Convenção tem por objeto assegurar a eficácia da cobrança internacional de alimentos para crianças e outros membros da família, principalmente ao:

a) estabelecer um sistema abrangente de cooperação entre as autoridades dos Estados Contratantes;

b) possibilitar a apresentação de pedidos para a obtenção de decisões em matéria de alimentos;

c) garantir o reconhecimento e a execução de decisões em matéria de alimentos; e

d) requerer medidas eficazes para a rápida execução de decisões em matéria de alimentos.

**Artigo 2º** – Âmbito de aplicação

**§ 1º** A presente Convenção será aplicada:

a) às obrigações de prestar alimentos derivadas de uma relação de filiação, em favor de uma pessoa menor de 21 anos;

b) a reconhecimento e execução ou a execução de decisão relativa a obrigações de prestar alimentos decorrentes de relação conjugal, quando o pedido for apresentado juntamente com a solicitação de que trata a alínea a deste artigo; e

c) às obrigações de prestar alimentos decorrentes de relação conjugal, com exceção dos capítulos II e III.

**§ 2º** Qualquer Estado Contratante poderá, em conformidade com o artigo 62, reservar-se o direito de limitar a aplicação da Convenção, no que tange ao parágrafo 1º, alínea a, às pessoas que não tenham alcançado a idade de 18 anos. O Estado Contratante que fizer essa reserva não poderá exigir a aplicação da Convenção para pessoas de idade excluída por sua reserva.

**§ 3º** Qualquer Estado Contratante poderá, em conformidade com o artigo 63, declarar a extensão da aplicação, no todo ou em parte, da Convenção a outras obrigações de prestar alimentos derivadas de relação familiar, filiação, casamento ou afinidade, incluindo, especialmente, as obrigações relativas a pessoas vulneráveis. Tal declaração somente criará obrigações entre dois Estados Contratantes na medida em que suas declarações incluam as mesmas obrigações de prestar alimentos e as mesmas partes da Convenção.

**§ 4º** As disposições desta Convenção serão aplicadas às crianças independentemente do estado civil de seus pais.

**Artigo 3º** – Definições

Para os fins da presente Convenção:

a) "credor" significa pessoa a quem são devidos ou a quem se alegue serem devidos alimentos;

b) "devedor" significa pessoa que deve ou de quem se reclama alimentos;

c) "assistência jurídica" significa a assistência necessária para permitir aos demandantes conhecer e exercer seus direitos e para assegurar que seus pedidos sejam tratados de forma completa e efetiva no Estado Requerido. As formas de prover essa assistência podem incluir, na medida do necessário, consultoria jurídica, ajuda para apresentar o caso perante autoridade, representação em juízo e isenção de despesas processuais;

d) "acordo por escrito" significa acordo registrado em qualquer meio cujo conteúdo esteja disponível e possa ser utilizado como referência em consultas posteriores;

e) "acordo em matéria de alimentos" significa acordo por escrito relativo ao pagamento de alimentos que:

i) foi redigido ou registrado formalmente como instrumento autêntico por autoridade competente; ou

ii) foi autenticado, concluído, registrado ou depositado perante autoridade competente, e pode ser objeto de revisão e modificação por autoridade competente;

f) "pessoa vulnerável" significa pessoa que, em razão de limitação ou insuficiência de suas faculdades físicas ou mentais, não está em condições de prover sua própria mantença.

## CAPÍTULO II
## COOPERAÇÃO ADMINISTRATIVA

**Artigo 4º** – Designação de Autoridades Centrais

**§ 1º** Cada Estado Contratante designará uma Autoridade Central encarregada de cumprir as obrigações que a Convenção impõe a tal Autoridade.

**§ 2º** Estados federativos, Estados com mais de um sistema jurídico ou Estados que possuem unidades territoriais autônomas poderão designar mais de uma Autoridade Central e especificar o âmbito territorial ou pessoal de suas funções. O Estado que fizer uso dessa faculdade designará a Autoridade Central à qual pode ser endereçada qualquer comunicação para transmissão à Autoridade Central competente dentro desse Estado.

**§ 3º** A designação da Autoridade Central ou das Autoridades Centrais, seus dados de contato e, quando cabível, o alcance de suas funções, conforme o parágrafo 2º, serão comunicados pelo Estado Contratante à Secretaria Permanente da Conferência da Haia de Direito Internacional Privado no momento do depósito do instrumento de ratificação ou de adesão ou da declaração feita conforme o artigo 61. Os Estados Contratantes informarão prontamente à Secretaria Permanente qualquer modificação nessa designação.

**Artigo 5º** – Funções gerais das Autoridades Centrais

As Autoridades Centrais deverão:

a) cooperar entre si e promover a cooperação entre as autoridades competentes de seus respectivos Estados para alcançar os objetivos da Convenção;

b) procurar, na medida do possível, soluções para as dificuldades que surjam na aplicação da Convenção.

**Artigo 6º** – Funções específicas das Autoridades Centrais

**§ 1º** As Autoridades Centrais prestarão auxílio com relação aos pedidos previstos no Capítulo III. Em particular, deverão:

a) transmitir e receber tais pedidos;

b) iniciar ou facilitar o início de procedimentos relativos a esses pedidos.

**§ 2º** Em relação a tais pedidos, tomarão todas as medidas apropriadas para:

a) prestar ou facilitar a prestação de assistência jurídica, quando as circunstâncias assim o requeiram;

b) ajudar a localizar o devedor ou o credor;

c) ajudar a obter informações pertinentes relativas à renda e, se necessário, a outros aspectos econômicos do devedor ou do credor, incluindo a localização de ativos;

d) estimular soluções amigáveis a fim de obter pagamento voluntário de alimentos, recorrendo, quando apropriado, à mediação, à conciliação ou a outros procedimentos análogos;

e) facilitar a execução permanente das decisões em matéria de alimentos, inclusive o pagamento de valores atrasados;

f) facilitar a cobrança e a rápida transferência dos pagamentos de alimentos;

g) facilitar a obtenção de documentos ou outros elementos de prova;

h) prover assistência para a determinação de filiação quando esta for necessária para a cobrança de alimentos;

i) iniciar ou facilitar o início de procedimentos para obter as medidas cautelares necessárias que tenham caráter territorial e cuja finalidade seja assegurar o resultado de um pedido de alimentos em curso;

j) facilitar a comunicação de atos processuais.

**§ 3º** As funções da Autoridade Central estabelecidas por este artigo poderão ser desempenhadas, na medida do permitido na lei de seu Estado, por órgãos públicos ou outras instituições submetidas à supervisão das autoridades competentes desse Estado. A designação desses órgãos públicos ou outras instituições, bem como os dados de contato e o âmbito de suas funções, serão comunicados pelo Estado Contratante à Secretaria Permanente da Conferência da Haia de Direito Internacional Privado. Os Estados Contratantes comunicarão prontamente qualquer alteração à Secretaria Permanente.

**§ 4º** Nenhuma disposição deste artigo ou do artigo 7º será interpretada de maneira a impor a uma Autoridade Central a obrigação de exercer funções que, conforme a lei do Estado Requerido, são de competência exclusiva de autoridades judiciais.

**Artigo 7º** – Solicitação de medidas específicas

**§ 1º** Uma Autoridade Central poderá dirigir solicitação fundamentada a outra Autoridade Central para que esta adote as medidas específicas adequadas, conforme o artigo 6º, parágrafo 2º, alíneas b, c, g, h, i e j, desde que não esteja pendente qualquer pedido previsto no artigo 10. A Autoridade Central Requerida tomará tais medidas se as considerar necessárias para ajudar potencial demandante a apresentar pedido previsto no artigo 10 ou a decidir se deve apresentar tal pedido.

**§ 2º** Uma Autoridade Central poderá também adotar medidas específicas, por solicitação de outra Autoridade Central, referente a caso de cobrança de alimentos pendente no Estado Requerente que apresente algum elemento de estraneidade.

**Artigo 8º** – Custos da Autoridade Central

**§ 1º** Cada Autoridade Central assumirá seus próprios custos na aplicação desta Convenção.

**§ 2º** As Autoridades Centrais não repassarão ao demandante nenhum custo pelos serviços que prestarem com base nesta Convenção, com exceção dos custos excepcionais decorrentes de uma solicitação de medidas específicas nos termos do artigo 7º.

**§ 3º** A Autoridade Central Requerida não poderá cobrar os custos mencionados no parágrafo 2º sem concordância prévia do demandante sobre os custos dos referidos serviços.

## CAPÍTULO III
## PEDIDOS POR MEIO DE AUTORIDADES CENTRAIS

**Artigo 9º** – Pedido por meio de Autoridades Centrais

Pedidos previstos neste Capítulo serão remetidos à Autoridade Central do Estado Requerido por meio da Autoridade Central do Estado Contratante em que resida o demandante. Para os fins deste artigo, mera estada não constitui residência.

**Artigo 10** – Pedidos disponíveis

**§ 1º** As seguintes categorias de pedidos estarão disponíveis, no Estado Requerente, para o credor que pretenda cobrar alimentos, nos termos desta Convenção:

a) reconhecimento ou reconhecimento e execução de decisão;

b) execução de decisão proferida ou reconhecida no Estado Requerido;

c) obtenção de decisão no Estado Requerido quando não exista decisão, incluída a determinação de filiação, quando necessária;

d) obtenção de decisão no Estado Requerido quando reconhecimento e execução de decisão não forem possíveis ou tiverem sido denegados por falta de requisito para reconhecimento e execução, nos termos do artigo 20, ou por algum dos fundamentos especificados no artigo 22, alíneas b ou e;

e) modificação de decisão proferida no Estado Requerido;

f) modificação de decisão proferida em outro Estado que não o Requerido.

**§ 2º** As seguintes categorias de pedidos estarão disponíveis, no Estado Requerente, para o devedor contra quem exista decisão em matéria de alimentos:

a) reconhecimento de decisão ou procedimento equivalente que implique suspensão ou limitação da execução de decisão anterior proferida no Estado Requerido;

b) modificação de decisão proferida no Estado Requerido;

c) modificação de decisão proferida em outro Estado, que não o Requerido.

**§ 3º** Salvo se disposto de outro modo por esta Convenção, os pedidos previstos nos parágrafos 1º e 2º serão processados nos termos da lei do Estado Requerido e os pedidos previstos no parágrafo 1º, alíneas c a f e parágrafo 2º, alíneas b e c, estarão sujeitos às normas de competência aplicáveis no Estado Requerido.

**Artigo 11** – Conteúdo do pedido

**§ 1º** Todos os pedidos feitos com base no artigo 10 conterão, no mínimo:

a) declaração relativa à natureza do pedido ou dos pedidos;

b) nome e dados de contato do demandante, incluídos endereço e data de nascimento;

c) nome do demandado e, quando conhecidos, endereço e data de nascimento;

d) nome e data de nascimento de qualquer pessoa para a qual se solicite alimentos;

e) motivos em que se fundamenta o pedido;

f) quando a demanda for apresentada pelo credor, informação relativa ao local ao qual deve ser enviado ou eletronicamente transmitido.

g) qualquer informação ou documento especificado por declaração formulada pelo Estado Requerido, nos termos do artigo 63, salvo no caso dos pedidos previstos no artigo 10, parágrafo 1º, alínea a e parágrafo 2º, alínea a;

h) nome e dados de contato da pessoa ou do setor da Autoridade Central do Estado Requerente responsável pelo processamento do pedido.

**§ 2º** Quando cabível, o pedido incluirá também as seguintes informações, quando sejam conhecidas:

a) situação econômica do credor;

b) situação econômica do devedor, incluindo nome e endereço de seu empregador, bem como natureza e localização de seus bens;

c) qualquer outra informação que permita localizar o demandado.

**§ 3º** O pedido estará acompanhado de quaisquer informações ou documentos necessários, incluídos documentos relativos ao direito do demandante de receber assistência jurídica gratuita. Quando se tratar de pedido previsto nos artigos 10, parágrafo 1º, alínea a, e parágrafo 2º, alínea a, estará acompanhado unicamente dos documentos listados no artigo 25.

**§ 4º** Pedidos previstos no artigo 10 poderão ser apresentados por meio do formulário recomendado e publicado pela Conferência da Haia de Direito Internacional Privado.

**Artigo 12** – Transmissão, recepção e processamento de pedidos e casos por meio de Autoridades Centrais

**§ 1º** A Autoridade Central do Estado Requerente assistirá o demandante a certificar-se de que o pedido esteja acompanhado de todas as informações e documentos que, no entender dessa Autoridade, sejam necessários para a análise do pedido.

**§ 2º** A Autoridade Central do Estado Requerente, satisfeitos os requisitos da Convenção, transmitirá o pedido à Autoridade Central do Estado Requerido em favor do demandante e com o consentimento deste. O pedido estará acompanhado do formulário de transmissão previsto no Anexo 1. A Autoridade Central do Estado Requerente, quando solicitado pela Autoridade Central do Estado Requerido, fornecerá cópia completa, certificada pela autoridade competente do Estado de origem, de qualquer dos documentos indicados no artigo 16, parágrafo 3º, no artigo 25, parágrafo 1º, alíneas a), b) e d), parágrafo 3º, alínea b) e no artigo 30, parágrafo 3º.

**§ 3º** A Autoridade Central Requerida, dentro de seis semanas após a data de recepção do pedido, acusará seu recebimento utilizando o formulário previsto no Anexo 2, informará à Autoridade Central do Estado Requerente quais providências iniciais foram ou serão adotadas para executar o pedido e poderá solicitar quaisquer outros documentos ou informações. Dentro do mesmo prazo de seis semanas, a Autoridade Central Requerida fornecerá à Autoridade Central Requerente nome e dados de contato da pessoa ou do setor responsável por responder às consultas relativas ao estado de tramitação do pedido.

**§ 4º** Dentro de três meses após o aviso de recebimento, a Autoridade Central Requerida informará à Autoridade Central Requerente o estado de tramitação do pedido.

**§ 5º** As Autoridades Centrais Requerida e Requerente devem manter-se mutuamente informadas sobre:

a) nome da pessoa ou do setor responsável por um caso concreto;

b) estado de tramitação do caso;

e fornecerão respostas aos pedidos de informações em prazo razoável.

**§ 6º** As Autoridades Centrais processarão os casos com a celeridade que permita o exame adequado do seu conteúdo.

**§ 7º** As Autoridades Centrais utilizarão os meios de comunicação mais ágeis e eficazes de que disponham.

**§ 8º** A Autoridade Central Requerida poderá denegar o processamento do pedido somente quando manifestamente não cumprir os requisitos exigidos pela Convenção. Nesse caso, a Autoridade Central informará prontamente os motivos da recusa à Autoridade Central Requerente.

**§ 9º** A Autoridade Central Requerida não poderá recusar pedido pelo simples motivo da necessidade de documentos ou informações adicionais. Entretanto, a Autoridade Central Requerida poderá solicitar à Autoridade Central Requerente que apresente esses documentos ou informações adicionais. Caso a Autoridade Central Requerente não os apresente dentro de três meses ou em prazo maior fixado pela Autoridade Central Requerida, esta poderá decidir que não mais processará o pedido. Nesse caso, comunicará sua decisão à Autoridade Central Requerente.

**Artigo 13** – Meios de comunicação

Nenhum pedido apresentado por meio das Autoridades Centrais dos Estados Contratantes nos termos deste Capítulo, e nenhum documento ou informação anexado ou fornecido por uma Autoridade Central, poderão ser impugnados pelo demandado somente em razão dos meios de comunicação utilizados entre as Autoridades Centrais.

**Artigo 14** – Acesso efetivo aos procedimentos

**§ 1º** O Estado Requerido garantirá aos demandantes acesso efetivo aos procedimentos, incluídos os de execução e de recurso, que resultem de pedidos previstos neste Capítulo.

**§ 2º** Para garantir esse acesso efetivo, o Estado Requerido proporcionará assistência jurídica gratuita nos termos dos artigos 14 a 17, salvo nos casos de aplicação do parágrafo 3º.

**§ 3º** O Estado Requerido não estará obrigado a prestar assistência jurídica gratuita se, e na medida em que os procedimentos desse Estado permitam ao demandante formular seu pedido sem necessitar dessa assistência e que a Autoridade Central proporcione gratuitamente os serviços necessários.

**§ 4º** As condições de obtenção da assistência jurídica gratuita não serão mais restritivas do que as fixadas para os casos domésticos equivalentes.

**§ 5º** Não se exigirá qualquer garantia, fiança ou depósito, seja qual for sua denominação, para assegurar o pagamento de custos e despesas em procedimentos derivados desta Convenção.

**Artigo 15** – Assistência jurídica gratuita para os pedidos de alimentos para crianças

**§ 1º** O Estado Requerido prestará assistência jurídica gratuita para qualquer pedido em matéria de alimentos para pessoa menor de 21 anos, e decorrente de relação de filiação, apresentado por credor nos termos deste Capítulo.

**§ 2º** Não obstante o disposto no parágrafo 1º, o Estado Requerido poderá negar assistência jurídica gratuita para pedidos diferentes dos previstos no artigo 10, parágrafo 1º, alíneas a e b e dos casos compreendidos no artigo 20, parágrafo 4º, se considerar que, no mérito, o pedido ou qualquer recurso é manifestamente infundado.

**Artigo 16** – Declaração para permitir exame focado nos recursos econômicos da criança

**§ 1º** Não obstante o disposto no artigo 15, parágrafo 1º, um Estado poderá declarar que, de acordo com o artigo 63, prestará assistência jurídica gratuita em pedidos diversos dos previstos no artigo 10, parágrafo 1º, alíneas a e b e dos casos compreendidos no artigo 20, parágrafo 4º, somente por meio de exame dos recursos econômicos da criança.

**§ 2º** Um Estado, no momento de apresentar tal declaração, informará à Secretaria Permanente da Conferência da Haia de Direito Internacional Privado sobre a forma como realizará o exame dos recursos econômicos da criança, incluindo os parâmetros econômicos que deverão ser observados para satisfazer os critérios do exame.

**§ 3º** Um pedido referido no §1º, dirigido a um Estado que fez a declaração nele mencionada, conterá declaração formal do demandante indicando que os recursos econômicos da criança cumprem os parâmetros aos quais se faz referência no parágrafo 2º. O Estado Requerido só poderá solicitar mais provas sobre os recursos econômicos da criança se tiver fundamentos razoáveis para acreditar que a informação proporcionada pelo demandante é inexata.

**§ 4º** Se a mais favorável assistência jurídica prevista na lei do Estado Requerido com relação a pedidos de alimentos nos termos deste Capítulo em favor de crianças e decorrentes de relação de filiação for mais favorável do que a prevista nos parágrafos 1º a 3º, prestar-se-á a assistência jurídica mais favorável.

**Artigo 17** – Pedidos não enquadráveis nos artigos 15 ou 16

No caso de todos os pedidos apresentados em aplicação desta Convenção, exceto aqueles enquadrados nos artigos 15 ou 16:

a) a prestação de assistência jurídica gratuita poderá submeter-se a exame de recursos econômicos do demandante ou a análise de mérito;

b) um demandante que seja beneficiário de assistência jurídica gratuita no Estado de origem terá direito, em qualquer procedimento de reconhecimento ou execução, à assistência jurídica gratuita ao menos equivalente à prevista na lei do Estado Requerido nas mesmas circunstâncias.

## CAPÍTULO IV
## RESTRIÇÕES PARA INICIAR PROCEDIMENTOS

**Artigo 18** – Limites aos procedimentos

**§ 1º** Quando uma decisão for proferida no Estado Contratante no qual o credor tenha sua residência habitual, o devedor não poderá iniciar em qualquer outro Estado Contratante procedimentos para modificar a decisão ou obter nova decisão, enquanto o credor continuar residindo habitualmente no Estado no qual se proferiu a decisão.

**§ 2º** O disposto no parágrafo 1º não será aplicado:

a) quando as partes tiverem acordado por escrito a respeito da competência desse outro Estado Contratante, salvo em litígios sobre obrigações de prestar alimentos para crianças;

b) quando o credor se submeter à competência do outro Estado Contratante, expressamente ou opondo-se quanto ao mérito do caso, sem impugnar essa competência na primeira oportunidade disponível;

c) quando a autoridade competente do Estado de origem não puder ou se negar a exercer sua competência para modificar a decisão ou proferir uma nova; ou

d) quando a decisão adotada no Estado de origem não puder ser reconhecida ou declarada executável no Estado Contratante no qual se esteja buscando procedimentos para modificar a decisão ou se proferir uma nova.

## CAPÍTULO V
## RECONHECIMENTO E EXECUÇÃO

**Artigo 19** – Âmbito de aplicação do Capítulo

**§ 1º** O presente Capítulo aplicar-se-á às decisões proferidas por autoridade judicial ou administrativa em matéria de obrigação de prestar alimentos. O termo "decisão" inclui também ajustes ou acordos celebrados perante ditas autoridades ou homologados por essas. Uma decisão poderá estabelecer método de ajuste automático por indexação e exigência de pagar atrasados, alimentos retroativos ou juros, bem como fixação de custos ou despesas.

**§ 2º** Se a decisão não se referir exclusivamente a obrigação de prestar alimentos, a aplicação do presente Capítulo limitar-se-á às partes da decisão relativas à obrigação de prestar alimentos.

**§ 3º** Para os fins do parágrafo 1º, "autoridade administrativa" significa organismo público cujas decisões, em conformidade com a lei do Estado onde está estabelecido:

a) possam ser objeto de recurso ou de revisão por autoridade judicial; e

b) têm força e efeitos similares aos de decisão de autoridade judicial sobre a mesma matéria.

**§ 4º** O presente Capítulo também se aplica aos acordos em matéria de alimentos, em conformidade com o artigo 30.

**§ 5º** As disposições do presente Capítulo aplicar-se-ão aos pedidos de reconhecimento e execução apresentados diretamente à autoridade competente do Estado Requerido, em conformidade com o artigo 37.

**Artigo 20** – Requisitos para reconhecimento e execução

**§ 1º** Uma decisão proferida em um Estado Contratante ("o Estado de origem") será reconhecida e executada em outros Estados Contratantes se:

a) o demandado tinha sua residência habitual no Estado de origem ao tempo em que se iniciaram os procedimentos;

b) o demandado tiver se submetido à competência expressamente ou opondo-se quanto ao mérito sem impugnar essa competência na primeira oportunidade disponível;

c) o credor tinha sua residência habitual no Estado de origem ao tempo em que se iniciaram os procedimentos;

d) a criança para a qual se concedeu alimentos tinha sua residência habitual no Estado de origem ao tempo em que se iniciaram os procedimentos, desde que o demandado tenha vivido com a criança nesse Estado ou tenha residido nesse Estado e nele prestado alimentos para a criança;

e) as partes tiverem acordado por escrito a competência, salvo em litígios sobre obrigações de prestar alimentos para crianças; ou

f) a decisão tiver sido proferida por autoridade no exercício de sua competência sobre estado civil ou responsabilidade parental, salvo se dita competência tiver se baseada unicamente na nacionalidade de uma das partes.

**§ 2º** Um Estado Contratante poderá formular reserva, de acordo com o artigo 62, com relação ao parágrafo 1º, alíneas c, e, ou f.

**§ 3º** Um Estado Contratante que formule reserva de acordo com o parágrafo 2º reconhecerá e executará uma decisão se, em circunstâncias de fato semelhantes, sua lei outorgar ou tiver outorgado competência às suas autoridades para proferir essa decisão.

**§ 4º** Um Estado Contratante adotará todas as medidas necessárias para que se profira decisão em favor do credor quando não for possível o reconhecimento de decisão como consequência de reserva de acordo com o parágrafo 2º e se o devedor tiver sua residência habitual nesse Estado. O disposto na frase anterior não se aplicará aos pedidos diretos de reconhecimento e execução previstos no artigo 19, parágrafo 5º ou aos pedidos de alimentos referidos no artigo 2º, parágrafo 1º, alínea b.

**§ 5º** Uma decisão em favor de criança menor de 18 anos que não possa ser reconhecida somente em razão das reservas a que se referem o parágrafo 1º, alíneas c, e, ou f será aceita para reconhecer a legitimidade da criança a pleitear alimentos no Estado Requerido.

**§ 6º** Uma decisão só será reconhecida se surtir efeitos no Estado de origem e só será executada quando for executável no referido Estado.

**Artigo 21** – Divisibilidade e reconhecimento e execução parcial

**§ 1º** Se o Estado Requerido não puder reconhecer ou executar a totalidade da decisão, reconhecerá ou executará qualquer parte divisível da referida decisão que possa ser objeto de reconhecimento ou execução.

**§ 2º** Sempre será possível solicitar reconhecimento ou execução parcial de decisão.

**Artigo 22** – Fundamentos para denegação do reconhecimento e da execução

Reconhecimento e execução de decisão poderão ser denegados se:

a) o reconhecimento e a execução da decisão for manifestamente incompatível com a ordem pública do Estado Requerido;

b) a decisão tiver sido obtida mediante fraude processual;

c) estiver em curso perante autoridade do Estado Requerido procedimento entre as mesmas partes e com o mesmo objeto que tiver sido iniciado anteriormente;

d) a decisão for incompatível com outra decisão proferida entre as mesmas partes e com o mesmo objeto, seja no Estado Requerido ou em outro Estado, desde que essa última decisão cumpra os requisitos necessários para seu reconhecimento e execução no Estado Requerido;

e) no caso em que o demandado não tiver comparecido nem tiver sido representado no procedimento no Estado de origem:

i) quando a lei do Estado de origem previr a comunicação desse ato processual, e o demandado não tiver sido devidamente comunicado nem tiver tido a oportunidade de ser ouvido; ou

ii) quando a lei do Estado de origem não previr a comunicação desse ato processual, e o demandado não tiver sido devidamente comunicado da decisão nem tiver tido a oportunidade de recorrer quanto a questões de fato e de direito; ou

f) a decisão tiver sido proferida em desacordo com o artigo 18.

**Artigo 23** – Procedimento para um pedido de reconhecimento e execução

**§ 1º** Nos termos do disposto nesta Convenção, os procedimentos para reconhecimento e execução serão regidos pela lei do Estado Requerido.

**§ 2º** Quando pedido de reconhecimento e execução de decisão tiver sido feito por meio das Autoridades Centrais, em conformidade com o Capítulo III, a Autoridade Central Requerida prontamente:

a) transmitirá o pedido à autoridade competente que, sem demora, declarará a decisão executável ou a registrará para sua execução; ou

b) adotará essas medidas, se for a autoridade competente.

**§ 3º** Quando um pedido for apresentado diretamente a uma autoridade competente do Estado Requerido, de acordo com o artigo 19, parágrafo 5º, essa autoridade, sem demora, declarará a decisão executável ou registrar-la-á para execução.

**§ 4º** Uma declaração ou registro só poderá ser denegado pelas razões especificadas no artigo 22, alínea a. Nessa fase, demandante e demandado não poderão apresentar alegações.

**§ 5º** A comunicação dos atos processuais ao demandante e ao demandado, referente à declaração ou ao registro em conformidade com os parágrafos 2º e 3º, ou à denegação decidida de acordo com o parágrafo 4º, será prontamente realizada, e as partes poderão recorrer para alegar questões de fato e de direito.

**§ 6º** O recurso poderá ser apresentado dentro dos 30 dias seguintes à comunicação de ato processual prevista no parágrafo 5º. Se o recorrente não reside no Estado Contratante no qual se realizou ou se denegou a declaração ou o registro, o recurso poderá ser interposto dentro dos 60 dias seguintes à referida comunicação.

**§ 7º** O recurso poderá ser baseado somente:

a) nos fundamentos para denegação de reconhecimento e execução previstos no artigo 22;

b) nos requisitos para reconhecimento e execução previstos no artigo 20;

c) na autenticidade ou integridade de documento transmitido de acordo com o artigo 25, parágrafo 1º, alíneas a, b ou d ou parágrafo 3º, alínea b.

**§ 8º** O recurso do demandado também poderá se fundamentar na satisfação do débito quando reconhecimento e execução se refiram a débitos vencidos.

**§ 9º** Demandante e demandado serão prontamente intimados da decisão sobre o recurso.

**§ 10** Recurso ulterior, se permitido pela lei do Estado Requerido, não suspenderá a execução da decisão, salvo em circunstâncias excepcionais.

**§ 11** A autoridade competente atuará rapidamente para proferir decisão sobre reconhecimento e execução, assim como para decidir sobre qualquer recurso.

**Artigo 24** – Procedimento alternativo para um pedido de reconhecimento e execução

**§ 1º** Não obstante o disposto no artigo 23, parágrafos 2º a 11, um Estado poderá declarar, de acordo com o artigo 63, que aplicará o procedimento de reconhecimento e execução previsto neste artigo.

**§ 2º** Quando pedido de reconhecimento e execução de decisão tiver sido feito por meio das Autoridades Centrais de acordo com o Capítulo III, a Autoridade Central Requerida prontamente:

a) encaminhará o pedido à autoridade competente, que decidirá sobre o pedido de reconhecimento e execução; ou

b) proferirá tal decisão, se for a autoridade competente.

**§ 3º** A autoridade competente proferirá decisão sobre reconhecimento e execução depois que o demandado tiver sido comunicado sobre o procedimento devida e prontamente e depois de que ambas as partes tiverem tido a oportunidade adequada de serem ouvidas.

**§ 4º** A autoridade competente poderá conhecer de ofício os fundamentos para a denegação de reconhecimento e execução previstos no artigo 22, alíneas a, c e d. A autoridade competente poderá conhecer qualquer dos fundamentos previstos nos artigos 20, 22 e 23, parágrafo 7º, alínea c se forem alegados pelo demandado ou se surgirem a partir da leitura dos documentos apresentados de acordo com o artigo 25.

**§ 5º** A denegação de reconhecimento e execução também poderá ser fundamentada na satisfação do débito, quando o reconhecimento e a execução se refiram a débitos vencidos.

**§ 6º** O recurso ulterior, se permitido pela lei do Estado Requerido, não suspenderá a execução da decisão, salvo em circunstâncias excepcionais.

**§ 7º** A autoridade competente atuará rapidamente para proferir uma decisão sobre reconhecimento e execução, assim como para decidir sobre qualquer recurso.

**Artigo 25** – Documentos

**§ 1º** O pedido de reconhecimento e execução de acordo com os artigos 23 ou 24 será acompanhado dos seguintes documentos:

a) texto completo da decisão;

b) documento no qual conste que a decisão é executável no Estado de origem e, se a decisão emanou de uma autoridade administrativa, documento no qual se indique a observância dos requisitos previstos no artigo 19, parágrafo 3º, salvo se aquele Estado tiver declarado de acordo com o artigo 57 que as decisões de suas autoridades administrativas sempre cumprem tais requisitos;

c) se o demandado não compareceu nem foi representado nos procedimentos no Estado de origem, documento que ateste, conforme o caso, que o demandado foi devidamente comunicado do ato processual e que teve oportunidade de ser ouvido ou que foi devidamente comunicado da decisão e que teve oportunidade de recorrer para alegar questões de fato e de direito;

d) quando necessário, documento no qual se indique o montante dos valores atrasados e a data em que foram calculados;

e) quando necessário, em caso de decisão que estabeleça o ajuste automático dos valores mediante indexação, documento que contenha a informação necessária para realizar os cálculos correspondentes;

f) quando necessário, documento que indique a extensão do benefício de assistência jurídica gratuita recebida pelo demandante no Estado de origem.

**§ 2º** Em caso de recurso com fundamento no artigo 23, parágrafo 7º, alínea c, ou de pedido da autoridade competente do Estado Requerido, cópia completa do documento respectivo, certificada pela autoridade competente do Estado de origem, será prontamente fornecida:

a) pela Autoridade Central do Estado Requerente, quando o pedido tiver sido realizado de acordo com o Capítulo III;

b) pelo demandante, quando a solicitação tiver sido apresentada diretamente perante a autoridade competente do Estado Requerido.

**§ 3º** Um Estado Contratante poderá declarar, de acordo com o artigo 57:

a) que o pedido deve ser acompanhado de cópia completa da decisão, certificada pela autoridade competente no Estado de origem;

b) as circunstâncias nas quais aceitará, em vez do texto completo da decisão, resumo ou extrato da decisão, redigido pela autoridade competente do Estado de origem, o qual poderá ser apresentado mediante formulário recomendado e publicado pela Conferência da Haia de Direito Internacional Privado; ou

c) que não exige documento que indique que se cumprem os requisitos previstos no artigo 19, parágrafo 3º.

**Artigo 26** – Procedimento no caso de pedido de reconhecimento

Este Capítulo será aplicado, mutatis mutandis, a pedido de reconhecimento de decisão, à exceção da exigência do caráter executório, que será substituída pela exigência de que a decisão surta efeitos no Estado de origem.

**Artigo 27** – Questões de fato

As autoridades competentes do Estado Requerido estarão vinculadas às questões de fato nas quais a autoridade do Estado de origem tenha fundamentado sua decisão.

**Artigo 28** – Proibição de revisão de mérito

As autoridades competentes do Estado Requerido não poderão revisar o mérito de uma decisão.

**Artigo 29** – Não exigência da presença física da criança ou do demandante

Não será exigida a presença física da criança ou do demandante em qualquer procedimento iniciado no Estado Requerido de acordo com este Capítulo.

**Artigo 30** – Acordos em matéria de alimentos

**§ 1º** Acordo em matéria de alimentos celebrado em um Estado Contratante poderá ser reconhecido e executado como decisão de acordo com este Capítulo, desde que seja executável com força de decisão no Estado de origem.

**§ 2º** Para os efeitos do artigo 10, parágrafo 1º, alíneas a e b, e parágrafo 2º, alínea a, o termo "decisão" compreende acordo em matéria de alimentos.

**§ 3º** O pedido de reconhecimento e execução de acordo em matéria de alimentos será acompanhado dos seguintes documentos:

a) texto completo do acordo em matéria de alimentos; e

b) documento que indique que o acordo em matéria de alimentos é executável como decisão no Estado de origem.

**§ 4º** O reconhecimento e a execução de acordo em matéria de alimentos poderão ser denegados se:

a) o reconhecimento e a execução forem manifestamente incompatíveis com a ordem pública do Estado Requerido;

b) o acordo em matéria de alimentos tiver sido obtido mediante fraude ou falsificação;
c) o acordo em matéria de alimentos for incompatível com decisão proferida entre as mesmas partes e com o mesmo objeto, seja no Estado Requerido ou em outro Estado, desde que essa última decisão cumpra os requisitos necessários para obter seu reconhecimento e sua execução no Estado Requerido.

**§ 5º** As disposições deste Capítulo, com exceção dos artigos 20, 22, 23, parágrafo 7º, e do artigo 25, parágrafos 1º e 3º, serão aplicadas, mutatis mutandis, ao reconhecimento e à execução de acordo em matéria de alimentos, com as seguintes ressalvas:
a) declaração ou registro nos termos do artigo 23, parágrafos 2º e 3º, poderá ser denegada somente pelo fundamento previsto no parágrafo 4º, alínea a; e
b) recurso ou apelação a que se refere o artigo 23, parágrafo 6º, poderá ser fundamentado somente:
i) nos fundamentos de denegação de reconhecimento e execução previstos no parágrafo 4º;
ii) na autenticidade ou integridade de documento transmitido de acordo com o parágrafo 3º.
c) no que se refere ao procedimento previsto no artigo 24, parágrafo 4º, a autoridade competente poderá conhecer de ofício o fundamento para denegação de reconhecimento e execução previsto no parágrafo 4º, alínea a, deste artigo. A autoridade competente poderá conhecer todos os fundamentos previstos no parágrafo 4º deste artigo, bem como da autenticidade e da integridade de qualquer documento transmitido de acordo com o parágrafo 3º, se forem alegados pelo demandado ou se surgirem a partir da leitura de tais documentos.

**§ 6º** Quando estiver em andamento recurso a respeito de acordo em matéria de alimentos perante autoridade competente de um Estado Contratante, os procedimentos de reconhecimento e execução desse acordo serão suspensos.

**§ 7º** Um Estado poderá declarar que pedidos de reconhecimento e execução de acordos em matéria de alimentos poderão ser apresentados somente por meio de Autoridades Centrais.

**§ 8º** Um Estado Contratante poderá reservar o direito de não reconhecer nem executar acordo em matéria de alimentos, de acordo com o artigo 62.

**Artigo 31** – Decisões resultantes do efeito combinado
de medidas de urgência e sentenças que as confirmam
Quando uma decisão for o resultado do efeito combinado de uma medida de urgência proferida em um Estado e de uma decisão proferida por uma autoridade de outro Estado ("Estado confirmante") que confirme a medida de urgência:
a) considerar-se-á Estado de origem cada um desses Estados, para efeitos deste Capítulo;
b) os requisitos estabelecidos no artigo 22, alínea e, estarão cumpridos se o demandado tiver sido comunicado devidamente do ato processual no Estado confirmante e se tiver tido a oportunidade de recorrer da confirmação da medida de urgência;
c) o requisito estabelecido no artigo 20, parágrafo 6º, de que a decisão seja executável no Estado de origem, estará cumprido se a decisão for executável no Estado confirmante; e
d) o artigo 18 não impedirá o início de procedimentos de modificação da decisão em um ou em outro Estado.

## CAPÍTULO VI
## EXECUÇÃO PELO ESTADO REQUERIDO

**Artigo 32** – Execução conforme a lei nacional

**§ 1º** A execução será realizada de acordo com a lei do Estado Requerido, sujeita às disposições deste Capítulo.

**§ 2º** A execução será rápida.

**§ 3º** No caso de pedidos apresentados por meio de Autoridades Centrais, quando uma decisão tiver sido declarada executável ou tiver sido registrada para sua execução de acordo com o Capítulo V, proceder-se-á à execução sem necessidade de qualquer outra atuação por parte do demandante.

**§ 4º** Terão eficácia todas as normas relativas à duração da obrigação de prestar alimentos aplicáveis no Estado de origem da decisão.

**§ 5º** O prazo de prescrição relativo à execução de atrasados determinar-se-á de acordo com a lei do Estado de origem da decisão ou do Estado Requerido, a que estabelecer o prazo maior.

**Artigo 33** – Não discriminação
O Estado Requerido disponibilizará, para os casos compreendidos no âmbito desta Convenção, ao menos, as mesmas medidas de execução aplicáveis aos casos internos.

**Artigo 34** – Medidas de execução

**§ 1º** Os Estados Contratantes tornarão disponíveis nos seus direitos internos medidas efetivas para executar as decisões com base nesta Convenção.

**§ 2º** Tais medidas poderão abranger:
a) retenção do salário;
b) bloqueio de contas bancárias ou de outras fontes;
c) deduções nas prestações de seguro social;
d) gravame ou alienação forçada de bens;
e) retenção do reembolso de tributos;
f) retenção ou suspensão de benefícios de pensão;
g) informação aos organismos de crédito;
h) denegação, suspensão ou revogação de certas permissões (carteira de habilitação, por exemplo);
i) recurso à mediação, à conciliação ou a outros meios alternativos de solução de litígios que favoreçam a execução voluntária.

**Artigo 35** – Transferência de fundos

**§ 1º** Os Estados Contratantes são estimulados a promover, inclusive por meio de acordos internacionais, a utilização dos meios menos custosos e mais eficazes disponíveis para efetuar transferências de fundos destinados ao pagamento de alimentos.

**§ 2º** Um Estado Contratante, cuja lei imponha restrições às transferências de fundos, dará a mais alta prioridade às transferências de fundos destinados ao pagamento de alimentos com base nesta Convenção.

## CAPÍTULO VII
## ÓRGÃOS PÚBLICOS

**Artigo 36** – Órgãos públicos na qualidade de demandante

**§ 1º** Para os fins de pedido de reconhecimento e execução, em aplicação do artigo 10, parágrafo 1º, alíneas a e b, e dos casos do artigo 20, parágrafo 4º, o termo "credor" compreende órgão público que atue no lugar de pessoa a quem se deva alimentos ou órgão ao qual se deva reembolso de prestações pagas a título de alimentos.

**§ 2º** O direito de um órgão público de atuar no lugar de uma pessoa a quem se deva alimentos ou de pedir reembolso da prestação paga ao credor a título de alimentos é regido pela lei a que está submetido esse órgão.

**§ 3º** Um órgão público pode pedir reconhecimento ou execução de:

a) decisão proferida contra devedor a pedido de órgão público que reclame o pagamento de benefícios providos a título de alimentos;

b) decisão proferida que tenha como partes credor e devedor, na medida dos benefícios providos ao credor a título de alimentos.

**§ 4º** O órgão público que invocar o reconhecimento ou solicitar a execução de uma decisão fornecerá, a pedido, qualquer documento para comprovar tanto o seu direito, de acordo com o parágrafo 2º, quanto o pagamento das prestações ao credor.

## CAPÍTULO VIII
## DISPOSIÇÕES GERAIS

**Artigo 37** – Solicitações apresentadas diretamente
às autoridades competentes

**§ 1º** A Convenção não excluirá a possibilidade de recorrer a procedimentos disponíveis no direito interno de um Estado Contratante que autorizem uma pessoa (o demandante) a acionar diretamente uma autoridade competente deste Estado em matéria regida pela Convenção, incluindo a obtenção ou a modificação de decisão em matéria de alimentos, respeitado o disposto no artigo 18.

**§ 2º** O artigo 14, parágrafo 5º, e o artigo 17, alínea b, e as disposições dos Capítulos V, VI, VII e deste capítulo, à exceção do artigo 40, parágrafo 2º, do artigo 42, do artigo 43, parágrafo 3º, do artigo 44, parágrafo 3º, e dos artigos 45 e 55, aplicam-se às solicitações de reconhecimento e execução apresentadas diretamente a autoridade competente de um Estado Contratante.

**§ 3º** Para fins do parágrafo 2º, o artigo 2º, parágrafo 1º, alínea a, aplicar-se-á a decisão que outorga alimentos a pessoa vulnerável cuja idade for superior à idade especificada naquela alínea, quando tal decisão tenha sido proferida antes que a pessoa tivesse atingido essa idade e tenha concedido alimentos para além dessa idade, em razão de sua vulnerabilidade.

**Artigo 38** – Proteção de dados de caráter pessoal

Os dados pessoais obtidos ou transmitidos em aplicação da Convenção somente poderão ser utilizados para os fins para os quais foram obtidos ou transmitidos.

**Artigo 39** – Sigilo

Qualquer autoridade que processe informações assegurará seu sigilo de acordo com a lei do seu Estado.

**Artigo 40** – Não divulgação de informações

**§ 1º** Uma autoridade não poderá divulgar nem confirmar informações obtidas ou transmitidas em aplicação desta Convenção se entender que a saúde, a segurança ou a liberdade de uma pessoa possa ser colocada em risco.

**§ 2º** Uma decisão neste sentido, tomada por uma Autoridade Central, será levada em consideração por outra Autoridade Central, particularmente nos casos de violência familiar.

**§ 3º** Nenhuma previsão deste artigo impedirá a obtenção e a transmissão de informações por e entre autoridades, na medida necessária ao cumprimento das obrigações decorrentes da Convenção.

**Artigo 41** – Dispensa de legalização

Nenhuma legalização ou formalidade similar pode ser requerida no contexto desta Convenção.

**Artigo 42** – Procuração

A Autoridade Central do Estado Requerido somente poderá exigir procuração do demandante se for atuar em seu nome em processos judiciais ou perante outras autoridades ou, ainda, para designar representante para estes fins.

**Artigo 43** – Cobrança de custos

**§ 1º** A cobrança de quaisquer custos decorrentes da aplicação desta Convenção não terá prioridade sobre a cobrança de alimentos.

**§ 2º** Um Estado pode cobrar custos de uma parte sucumbente.

**§ 3º** Para os fins de um pedido decorrente do artigo 10, parágrafo 1º, alínea b, com a finalidade de cobrar os custos de uma parte sucumbente, de acordo com o parágrafo 2º, o termo "credor" no artigo 10, parágrafo 1º, incluirá um Estado.

**§ 4º** Este artigo aplicar-se-á sem prejuízo do artigo 8º.

**Artigo 44** – Exigências idiomáticas

**§ 1º** Qualquer pedido e documentos a ele relacionados serão redigidos no idioma original e acompanhados de tradução para o idioma oficial do Estado Requerido ou qualquer outro idioma que o Estado Requerido indicar que pode aceitar, mediante declaração feita de acordo com o artigo 63, salvo dispensa de tradução da autoridade competente deste Estado.

**§ 2º** Um Estado Contratante que possuir vários idiomas oficiais e que, por razões de direito interno, não puder aceitar para o conjunto de seu território documentos em desses idiomas, informará, mediante declaração feita de acordo com o artigo 63, o idioma para o qual devem ser traduzidos para envio às diferentes partes de seu território.

**§ 3º** Salvo se as Autoridades Centrais dispuserem em contrário, qualquer outra comunicação entre elas será enviada no idioma oficial do Estado Requerido ou em francês ou em inglês. Todavia, um Estado Contratante pode, fazendo a reserva prevista no artigo 62, opor-se à utilização do francês ou do inglês.

**Artigo 45** – Meios e custos de tradução

**§ 1º** Nos casos de pedidos previstos no Capítulo III, as Autoridades Centrais podem acordar, em caso especial ou de forma geral, que a tradução para o idioma oficial do Estado Requerido seja feita no Estado Requerido a partir do idioma original ou de qualquer outro idioma acordado. Se não houver acordo e se a Autoridade Central Requerente não puder cumprir as exigências do artigo 44, parágrafos 1º e 2º, o pedido e os documentos a ele relacionados poderão ser transmitidos acompanhados de tradução para francês ou inglês, para que seja traduzido posteriormente para o idioma oficial do Estado Requerido.

**§ 2º** Os custos de tradução decorrentes da aplicação do parágrafo 1º ficarão a cargo do Estado Requerente, salvo acordo em contrário das Autoridades Centrais dos Estados envolvidos.

**§ 3º** Não obstante o artigo 8º, a Autoridade Central Requerente poderá deixar a cargo do demandante os custos de tradução de um pedido e dos documentos que o acompanham, salvo se esses custos puderem ser cobertos pelo seu sistema de assistência jurídica.

**Artigo 46** – Sistemas jurídicos não unificados – Interpretação

**§ 1º** No que se refere a um Estado onde estão em vigor dois ou mais sistemas jurídicos ou conjuntos de normas que tratam de qualquer questão regida por esta Convenção, em relação a diferentes unidades territoriais:

a) qualquer referência à lei ou ao procedimento de um Estado será compreendida, quando cabível, como referência à lei ou ao procedimento vigente na unidade territorial pertinente;

b) qualquer referência a decisão proferida, reconhecida, reconhecida e executada, executada ou modificada naquele Estado será compreendida, quando cabível, como referência a decisão proferida, reconhecida, reconhecida e executada, executada ou modificada na unidade territorial pertinente;

c) qualquer referência a autoridade judicial ou administrativa daquele Estado será compreendida, quando cabível, como referência a autoridade judicial ou administrativa da unidade territorial pertinente;

d) qualquer referência a autoridades competentes, órgãos públicos ou outros órgãos daquele Estado, com exceção das Autoridades Centrais, será compreendida, quando cabível, como referência a autoridades ou órgãos autorizados a atuar na unidade territorial pertinente;

e) qualquer referência a residência ou residência habitual naquele Estado será compreendida, quando cabível, como referência a residência ou residência habitual na unidade territorial pertinente;

f) qualquer referência a localização de bens naquele Estado será compreendida, quando cabível, como referência a localização de bens na unidade territorial pertinente;

g) qualquer referência a acordo de reciprocidade em vigor naquele Estado será compreendida, quando cabível, como referência a acordo de reciprocidade vigente na unidade territorial pertinente;

h) qualquer referência a assistência jurídica gratuita naquele Estado será compreendida, quando cabível, como referência a assistência jurídica gratuita na unidade territorial pertinente;

i) qualquer referência a acordo em matéria de alimentos concluído em um Estado será compreendida, quando cabível, como referência a acordo em matéria de alimentos concluído na unidade territorial pertinente;

j) qualquer referência a cobrança de custos por um Estado será compreendida, quando cabível, como referência a cobrança de custos pela unidade territorial pertinente.

**§ 2º** Este artigo não se aplica a uma Organização Regional de Integração Econômica.

**Artigo 47** – Sistemas jurídicos não unificados – Regras materiais

**§ 1º** Um Estado Contratante com duas ou mais unidades territoriais nas quais se aplicam diferentes sistemas jurídicos não será obrigado a aplicar esta Convenção às situações que envolverem unicamente essas diferentes unidades territoriais.

**§ 2º** Uma autoridade competente em uma unidade territorial de um Estado Contratante com duas ou mais unidades territoriais nas quais se aplicam diferentes sistemas jurídicos não será obrigada a reconhecer ou executar decisão de outro Estado Contratante somente porque esta decisão foi reconhecida ou executada em outra unidade territorial do mesmo Estado Contratante nos termos desta Convenção.

**§ 3º** Este artigo não se aplica a uma Organização Regional de Integração Econômica.

**Artigo 48** – Coordenação com Convenções da Haia anteriores em matéria de obrigações alimentares

Nas relações entre Estados Contratantes, observado o disposto no artigo 56, parágrafo 2º, esta Convenção substitui a Convenção de Haia de 2 de outubro de 1973 sobre o Reconhecimento e Execução de Decisões Relativas às Obrigações de Prestar Alimentos e a Convenção de Haia de 15 de abril de 1958 com relação a reconhecimento e execução de decisões relativas às obrigações de prestar alimentos para crianças, na medida em que seus âmbitos de aplicação entre os Estados coincidam com o âmbito de aplicação desta Convenção.

**Artigo 49** – Coordenação com a Convenção de Nova Iorque de 1956

Nas relações entre Estados Contratantes, esta Convenção substitui a Convenção das Nações Unidas sobre Prestação de Alimentos no Estrangeiro, de 20 de junho de 1956, na medida em que seu âmbito de aplicação entre os Estados corresponda ao âmbito de aplicação desta Convenção.

**Artigo 50** – Relação com as Convenções da Haia anteriores

relativas à comunicação de atos processuais e à obtenção de provas

Esta Convenção não derroga a Convenção da Haia de 1º de março de 1954, relativa ao procedimento civil, a Convenção da Haia de 15 de novembro de 1965, relativa à citação, intimação e notificação no exterior de atos judiciais e extrajudiciais em matéria civil ou comercial, e a Convenção da Haia de 18 de março de 1970 sobre Obtenção de Provas no Exterior em Matéria Civil ou Comercial.

**Artigo 51** – Coordenação com instrumentos e acordos complementares

**§ 1º** Esta Convenção não derroga qualquer instrumento internacional celebrado antes desta, do qual Estados Contratantes sejam Partes e que contenham disposições sobre as matérias reguladas por esta Convenção.

**§ 2º** Qualquer Estado Contratante poderá celebrar com um ou mais Estados Contratantes acordos que contenham disposições sobre as matérias reguladas pela Convenção a fim de melhorar a aplicação da Convenção entre eles, desde que tais acordos estejam em consonância com o objeto e a finalidade desta Convenção e que não afetem, nas relações desses Estados com outros Estados Contratantes, a aplicação das disposições desta Convenção. Os Estados que tiverem celebrado tais acordos transmitirão cópia ao depositário desta Convenção.

**§ 3º** Os parágrafos 1º e 2º se aplicam igualmente a acordos de reciprocidade e a leis uniformes baseadas em vínculos especiais entre os Estados em questão.

**§ 4º** Esta Convenção não afeta a aplicação de instrumentos de Organização Regional de Integração Econômica Parte da Convenção adotados após sua celebração, no que se refere às matérias reguladas pela Convenção, desde que tais instrumentos não afetem, nas relações dos Estados membros da Organização Regional de Integração Econômica com outros Estados Contratantes, a aplicação das disposições da Convenção. No que se refere a reconhecimento ou execução de decisões entre os Estados membros da Organização Regional de Integração Econômica, a Convenção não afeta as regras da Organização, tenham sido elas adotadas antes ou depois da celebração desta Convenção.

**Artigo 52** – Regra da eficácia máxima

**§ 1º** Esta Convenção não impede a aplicação de tratado, acordo ou instrumento internacional vigente entre o Estado Requerente e o Estado Requerido ou de acordo de reciprocidade vigente no Estado Requerido que preveja:

a) bases mais amplas para reconhecimento de decisões em matéria de alimentos, sem prejuízo do artigo 22, alínea f, da Convenção;

b) procedimentos simplificados e mais céleres relativos a pedido de reconhecimento ou de reconhecimento e execução de decisões em matéria de alimentos;

c) assistência jurídica mais favorável que aquela prevista nos artigos 14 a 17; ou

d) procedimentos que permitam a demandante de um Estado Requerente apresentar solicitação diretamente à Autoridade Central do Estado Requerido.

**§ 2º** Esta Convenção não impedirá a aplicação de uma lei em vigor no Estado Requerido que preveja regras mais eficazes, tais como as mencionadas no parágrafo 1º, alíneas a a c. Entretanto, no que se refere aos procedimentos simplificados e mais céleres mencionados no parágrafo 1º, alínea b, esses devem ser compatíveis com a proteção oferecida às partes nos termos dos artigos 23 e 24, particularmente no que se refere aos direitos das partes de serem devidamente notificadas sobre os procedimentos e de terem oportunidade adequada de serem ouvidas, e no que se refere aos efeitos de contestação ou recurso.

**Artigo 53** – Interpretação uniforme

Para a interpretação desta Convenção, levar-se-á em conta seu caráter internacional e a necessidade de promover a uniformidade de sua aplicação.

**Artigo 54** – Avaliação do funcionamento prático da Convenção

**§ 1º** O Secretário-Geral da Conferência da Haia de Direito Internacional Privado convocará periodicamente uma Comissão Especial a fim de avaliar o funcionamento prático da Convenção e de estimular o desenvolvimento de boas práticas sobre a Convenção.

**§ 2º** Para esse fim, os Estados Contratantes colaborarão com a Secretaria Permanente da Conferência da Haia de Direito Internacional Privado a fim de coletar as informações relativas ao funcionamento prático da Convenção, incluindo estatísticas e jurisprudência.

**Artigo 55** – Alteração de formulários

**§ 1º** Os formulários anexados a esta Convenção poderão ser alterados por decisão de uma Comissão Especial convocada pelo Secretário-Geral da Conferência da Haia de Direito Internacional Privado, para a qual serão convidados todos os Estados Contratantes e todos os Membros. A proposta de alteração dos formulários será incluída na ordem do dia da Reunião.

**§ 2º** As alterações adotadas pelos Estados Contratantes presentes na Comissão especial entrarão em vigor para todos os Estados Contratantes no primeiro dia do sétimo mês após a data de sua comunicação pelo depositário a todos os Estados Contratantes.

**§ 3º** Durante o prazo previsto no parágrafo 2º, qualquer Estado Contratante poderá notificar por escrito ao depositário que faz reserva a essa alteração, de acordo com o artigo 62. O Estado que tenha feito tal reserva será tratado, no que se refere a essa alteração, como se não fosse Parte da Convenção, até que a reserva seja retirada.

**Artigo 56** – Disposições transitórias

**§ 1º** A Convenção será aplicada em todos os casos em que:

a) uma solicitação baseada no artigo 7º ou um pedido conforme o Capítulo III tenha sido recebido pela Autoridade Central do Estado Requerido após a entrada em vigor da Convenção entre o Estado Requerente e o Estado Requerido;

b) uma solicitação de reconhecimento e execução tenha sido apresentada diretamente a uma autoridade competente do Estado destinatário após a entrada em vigor da Convenção entre o Estado de origem e o Estado destinatário.

**§ 2º** No que se refere a reconhecimento e execução das decisões entre os Estados Contratantes desta Convenção que sejam igualmente Partes de alguma das Convenções da Haia em matéria de alimentos mencionadas no artigo 48, se as condições para reconhecimento e execução previstas nesta Convenção impedirem reconhecimento e execução de decisão proferida no Estado de origem antes da entrada em vigor desta Convenção neste Estado, a qual seria reconhecida e executada nos termos da Convenção em vigor ao tempo em que a decisão foi proferida, aplicar-se-ão as condições desta última Convenção.

**§ 3º** O Estado destinatário não é obrigado, com base nesta Convenção, a executar uma decisão ou um acordo em matéria de alimentos com relação a pagamentos devidos antes da entrada em vigor da Convenção entre o Estado de origem e o Estado destinatário, salvo no que se refere às obrigações de prestar alimentos decorrentes de uma relação de filiação em favor de uma pessoa menor de 21 anos.

**Artigo 57** – Fornecimento de informações relativas às leis, procedimentos e serviços

**§ 1º** Um Estado Contratante, ao tempo em que depositar seu instrumento de ratificação ou de adesão ou que fizer declaração prevista no artigo 61 da Convenção, fornecerá à Secretaria Permanente da Conferência da Haia de Direito Internacional Privado:

a) descrição de sua legislação e de seus procedimentos relativos às obrigações em matéria de alimentos;

b) descrição das medidas que tomará para satisfazer as obrigações decorrentes do artigo 6º;

c) descrição da forma pela qual fornecerá aos demandantes acesso efetivo aos procedimentos, de acordo com o artigo 14;

d) descrição de suas regras e procedimentos de execução, incluindo quaisquer limites à execução, principalmente das regras de proteção ao devedor e os prazos de prescrição;

e) qualquer declaração relativa ao artigo 25, parágrafo 1º, alínea b, e parágrafo 3º.

**§ 2º** Os Estados Contratantes poderão, para satisfazerem suas obrigações decorrentes do parágrafo 1º, utilizar formulário de perfil do país, recomendado e publicado pela Conferência da Haia de Direito Internacional Privado.

**§ 3º** As informações serão mantidas atualizadas pelos Estados Contratantes.

## CAPÍTULO IX
## DISPOSIÇÕES FINAIS

**Artigo 58** – Assinatura, ratificação e adesão

**§ 1º** A Convenção estará aberta para assinatura dos Estados que eram Membros da Conferência da Haia de Direito Internacional Privado quando da sua Vigésima-primeira Sessão e dos demais Estados que participaram daquela Sessão.

**§ 2º** Ela será ratificada, aceita ou aprovada e os instrumentos de ratificação, aceitação ou aprovação serão depositados junto ao Ministério dos Assuntos Estrangeiros do Reino dos Países Baixos, depositário da Convenção.

**§ 3º** Qualquer outro Estado ou Organização Regional de Integração Econômica poderá aderir à Convenção após sua entrada em vigor, de acordo com o artigo 60, parágrafo 1º.

**§ 4º** O instrumento de adesão será depositado junto ao depositário.

**§ 5º** A adesão somente terá efeito nas relações entre o Estado que adere e os Estados Contratantes que não tiverem oposto objeção a essa adesão nos 12 meses seguintes à data da notificação prevista no artigo 65. Tal objeção poderá igualmente ser oposta por qualquer Estado ao tempo de sua ratificação, aceitação ou aprovação da Convenção, posterior àquela adesão. Tais objeções serão notificadas ao depositário.

**Artigo 59** – Organizações Regionais de Integração Econômica

**§ 1º** Uma Organização Regional de Integração Econômica constituída unicamente de Estados soberanos e que têm competência sobre algumas ou todas as matérias reguladas por esta Convenção poderá igualmente assinar, aceitar, aprovar ou aderir a esta Convenção. A Organização Regional de Integração Econômica terá, nesse caso, os mesmos direitos e obrigações que um Estado Contratante, na medida em que a organização tenha competência sobre as matérias regidas pela Convenção.

**§ 2º** No momento da assinatura, da aceitação, da aprovação ou da adesão, a Organização Regional de Integração Econômica notificará ao depositário, por escrito, das matérias regidas por esta Convenção cuja competência lhe foi transferida por seus Estados Membros. A Organização notificará prontamente o depositário, por escrito, sobre qualquer modificação na delegação de competência especificada na notificação mais recente feita com base neste parágrafo.

**§ 3º** No momento da assinatura, aceitação, aprovação ou adesão, uma Organização Regional de Integração Econômica poderá declarar, de acordo com o artigo 63, que tem competência sobre todas as matérias regidas por esta Convenção e que os Estados Membros que transferiram suas competências à Organização Regional de Integração Econômica neste âmbito estão vinculados a esta Convenção pelo efeito da assinatura, aceitação, aprovação ou adesão da Organização.

**§ 4º** Para os fins de entrada em vigor desta Convenção, qualquer instrumento depositado por uma Organização Regional de Integração Econômica não será levado em conta, a menos que a Organização Regional de Integração Econômica faça uma declaração de acordo com o § 3º.

**§ 5º** Qualquer referência a "Estado Contratante" ou a "Estado" nesta Convenção aplicar-se-á igualmente, quando apropriado, a Organização Regional de Integração Econômica que seja Parte. Quando uma declaração for feita por uma Organização Regional de Integração Econômica de acordo com o parágrafo 3º, toda referência a "Estado Contratante" ou a "Estado" nesta Convenção aplicar-se-á igualmente, quando cabível, aos Estados Membros da Organização.

**Artigo 60** – Entrada em vigor

**§ 1º** A Convenção entrará em vigor no primeiro dia do mês seguinte ao fim de um período de três meses após o depósito do segundo instrumento de ratificação, aceitação ou aprovação de que trata o artigo 58.

**§ 2º** A partir de então, a Convenção entrará em vigor:

a) para cada Estado ou Organização Regional de Integração Econômica de acordo com o artigo 59, parágrafo 1º, ratificando-a, aceitando-a ou aprovando-a posteriormente, no primeiro dia do mês seguinte ao fim de um período de três meses após o depósito de seu instrumento de ratificação, aceitação ou aprovação;

b) para cada Estado ou Organização Regional de Integração Econômica de acordo com o artigo 58, parágrafo 3º, no dia seguinte ao fim do período durante o qual objeções podem ser opostas nos termos do artigo 58, parágrafo 5º;

c) para as unidades territoriais às quais a Convenção foi estendida de acordo com o artigo 61, no primeiro dia do mês seguinte ao fim de um período de três meses após a notificação mencionada em tal artigo.

**Artigo 61** – Declarações relativas aos sistemas jurídicos não-unificados

**§ 1º** Um Estado que tenha duas ou mais unidades territoriais às quais se apliquem diferentes sistemas jurídicos às matérias regidas por esta Convenção pode, ao tempo da assinatura, da ratificação, da aceitação, da aprovação ou da adesão, declarar, de acordo com o artigo 63, que esta Convenção se aplicará a todas as unidades territoriais ou somente a uma ou várias dentre elas, e poderá, a qualquer tempo, modificar essa declaração fazendo uma nova declaração.

**§ 2º** Qualquer declaração será notificada ao depositário e indicará expressamente as unidades territoriais às quais se aplica a Convenção.

**§ 3º** Se um Estado não fizer declaração sobre este artigo, a Convenção será aplicada a todas as unidades territoriais deste Estado.

**§ 4º** Este artigo não se aplica a uma Organização Regional de Integração Econômica.

**Artigo 62** – Reservas

**§ 1º** Qualquer Estado Contratante poderá, no mais tardar ao tempo da ratificação, da aceitação, da aprovação ou da adesão, ou ao tempo em que fizer uma declaração de acordo com o artigo 61, fazer uma ou mais das reservas previstas nos artigos 2º, parágrafo 2º, 20, parágrafo 2º, 30, parágrafo 8º, 44, parágrafo 3,º e 55, parágrafo 3º. Nenhuma outra reserva será admitida.

**§ 2º** Qualquer Estado poderá, a qualquer tempo, retirar uma reserva que tiver feito. Esta retirada será notificada ao depositário.

**§ 3º** O efeito da reserva cessará no primeiro dia do terceiro mês após a notificação mencionada no parágrafo 2º.

**§ 4º** As reservas feitas nos termos deste artigo não terão efeitos recíprocos, com exceção da reserva prevista no artigo 2º, parágrafo 2º.

**Artigo 63** – Declarações

**§ 1º** As declarações previstas no artigo 2º, parágrafo 3º, no artigo 11, parágrafo 1º, alínea g, no artigo 16, parágrafo 1º, no artigo 24, parágrafo 1º, no artigo 30, parágrafo 7º, no artigo 44, parágrafos 1º e 2º, no artigo 59, parágrafo 3º e no artigo 61, parágrafo 1º, poderão ser feitas quando da assinatura, ratificação, aceitação, aprovação ou adesão ou a qualquer tempo e poderão ser modificadas ou retiradas a qualquer tempo.

**§ 2º** As declarações, modificações e retiradas serão notificadas ao depositário.

**§ 3º** Uma declaração feita ao tempo da assinatura, da ratificação, da aceitação, da aprovação ou da adesão terá efeito no momento da entrada em vigor da Convenção para o Estado em questão.

**§ 4º** Uma declaração feita posteriormente, assim como uma modificação ou uma retirada de uma declaração, terá efeito no primeiro dia do mês seguinte ao fim de um período de três meses após a data de recepção da notificação pelo depositário.

**Artigo 64** – Denúncia

**§ 1º** Qualquer Estado Contratante poderá denunciar a Convenção por meio de notificação escrita ao depositário. A denúncia poderá se limitar a algumas unidades territoriais de um Estado às quais se aplica a Convenção.

**§ 2º** A denúncia terá efeito no primeiro dia do mês seguinte ao fim de um período de 12 meses após a data de recepção da notificação pelo depositário. Quando for especificado na notificação que a denúncia terá efeito em um período maior, ela o terá ao final do período em questão, após a data de recepção da notificação pelo depositário.

**Artigo 65** – Notificação

O depositário notificará os Membros da Conferência da Haia de Direito Internacional Privado, bem como os Estados e as Organizações Regionais de Integração Econômica que assinaram, ratificaram, aceitaram, aprovaram ou aderiram de acordo com os artigos 58 e 59, sobre as informações seguintes:

a) assinaturas, ratificações, aceitações e aprovações mencionadas nos artigos 58 e 59;

b) adesões e objeções às adesões mencionadas nos artigos 58, parágrafos 3º e 5º e 59;

c) data de entrada em vigor da Convenção de acordo com o artigo 60;

d) declarações previstas no artigo 2º, parágrafo 3º, no artigo 11, parágrafo 1º, alínea g, no artigo 16, parágrafo 1º, no artigo 24, parágrafo 1º, no artigo 30, parágrafo 7º, no artigo 44, parágrafos 1º e 2º, no artigo 59, parágrafo 3º, e no artigo 61, parágrafo 1º;

e) acordos previstos no artigo 51, parágrafo 2º;

f) reservas previstas no artigo 2º, parágrafo 2º, no artigo 20, parágrafo 2º, no artigo 30, parágrafo 8º, no artigo 44, parágrafo 3º e no artigo 55, parágrafo 3º, e retirada de reservas prevista no artigo 62, parágrafo 2º;

g) denúncias previstas no artigo 64.

Em fé do que, os abaixo assinados, devidamente autorizados, assinaram esta Convenção.

Feita na Haia, em 23 de novembro de 2007, em francês e inglês, sendo os dois textos igualmente autênticos, em um único exemplar, que será depositado nos arquivos do Governo do Reino dos Países Baixos e do qual uma cópia autenticada será enviada, pela via diplomática, a cada um dos Membros da Conferência da Haia de Direito Internacional Privado quando da sua Vigésima-primeira Sessão, bem como a cada um dos demais Estados que participaram daquela Sessão.

## PROTOCOLO SOBRE A LEI APLICÁVEL ÀS OBRIGAÇÕES DE PRESTAR ALIMENTOS

*(Concluído em 23 de novembro de 2007)*

Os Estados signatários do presente Protocolo,

Desejosos de estabelecer disposições comuns acerca da lei aplicável à obrigação de prestar alimentos,

Desejando modernizar a Convenção da Haia relativa à Lei Aplicável em Matéria de Obrigação de Prestar Alimentos a Menores, de 24 de outubro de 1956, e a Convenção da Haia sobre a Lei Aplicável à Obrigação de Prestar Alimentos, de 2 de outubro de 1973,

Desejando desenvolver regras gerais sobre a lei aplicável que possam complementar a Convenção da Haia de 23 de Novembro de 2007 sobre a Cobrança Internacional de Alimentos para Crianças e Outros Membros da Família,

Resolveram celebrar um Protocolo para esse fim e acordaram as seguintes disposições:

### Artigo 1º
### Âmbito de aplicação

1. O presente Protocolo definirá a lei aplicável à obrigação de prestar alimentos resultante de relações de parentesco, filiação, casamento ou afinidade, inclusive a obrigação de prestar alimentos em relação a crianças, independentemente do estado civil dos pais.

2. Decisões proferidas em aplicação do presente Protocolo não farão juízo prévio acerca da existência de alguma das relações dispostas no parágrafo 1º.

### Artigo 2º
### Aplicação universal

O presente Protocolo aplica-se mesmo que a lei aplicável seja aquela de um Estado não-contratante.

### Artigo 3º
### Norma Geral sobre a lei aplicável

1. As obrigações de prestar alimentos regular-se-ão pela lei do Estado de residência habitual do credor, salvo quando o presente Protocolo dispuser de outra forma.

2. Em caso de mudança de residência habitual do credor, a lei do Estado de nova residência habitual aplicar-se-á a partir do momento em que a mudança ocorra.

### Artigo 4º
### Normas especiais em favor de determinados credores

1. Os dispositivos seguintes aplicar-se-ão no caso de obrigação de prestar alimentos:

a) de pais em favor de seus filhos;

b) de pessoas distintas dos pais em favor de pessoas que não tenham atingido a idade de 21 anos, com exceção das obrigações que derivem das relações às quais o artigo 5º se refere; e

c) de filhos em favor de seus pais.

2. Aplicar-se-á a lei do foro se o credor não conseguir, em razão da lei referida no Artigo 3º, obter a prestação de alimentos do devedor.

3. Não obstante a previsão do artigo 3º, aplicar-se-á a lei do foro se o credor tiver acionado a autoridade competente do Estado de residência habitual do devedor. Entretanto, aplicar-se-á a lei do Estado da residência habitual do credor se este não puder obter a prestação de alimentos do devedor em razão da lei do foro.

4. Se o credor não conseguir obter a prestação de alimentos do devedor em razão das leis a que se refere o Artigo 3º e os parágrafos 2 e 3 do presente artigo, aplicar-se-á a lei do Estado da nacionalidade comum do credor e do devedor, se houver.

### Artigo 5º
### Norma especial relativa a cônjuges e ex-cônjuges

No caso de obrigação de prestar de alimentos entre cônjuges, ex-cônjuges ou entre pessoas

INTERNACIONAL

cujo matrimônio tenha sido anulado, o artigo 3º não se aplicará caso uma das partes se oponha, e a lei do outro Estado, em particular a do Estado de sua última residência habitual comum, apresentar vinculação mais estreita com o matrimônio. Neste caso, aplicar-se-á a lei deste outro Estado.

**Artigo 6º**
**Norma especial de defesa**

Com relação a obrigações de prestar alimentos distintas daquelas surgidas de relação entre pais e filhos em favor de criança e daquelas dispostas no artigo 5º, o devedor pode opor-se a uma pretensão do credor com o fundamento de que não existe tal obrigação nem segundo a lei do Estado de residência habitual do devedor, nem segundo a lei do Estado de nacionalidade comum das partes, se houver.

**Artigo 7º**
**Designação da lei aplicável para fins de um procedimento específico**

1. Não obstante as disposições previstas nos artigos 3º ao 6º, o credor e o devedor de alimentos poderão, unicamente para o propósito de procedimento específico em determinado Estado, designar expressamente a lei do referido Estado como aplicável a uma obrigação alimentar.
2. Uma designação feita antes da instituição de tal procedimento deverá ser objeto de acordo, firmado por ambas as partes, por escrito ou registrado em qualquer meio, cujo conteúdo seja acessível, de maneira a poder ser utilizado para consulta futura.

**Artigo 8º**
**Designação da lei aplicável**

1. Não obstante as disposições previstas nos artigos 3º ao 6º, o credor e o devedor de alimentos poderão, a qualquer momento, designar uma das leis seguintes como aplicável a uma obrigação de prestar alimentos:
a) a lei de qualquer Estado do qual alguma das partes seja nacional no momento da designação;
b) a lei do Estado de residência habitual de qualquer das partes no momento da designação;
c) a lei designada pelas partes como aplicável ou a lei de fato aplicada ao seu regime de bens;
d) a lei designada pelas partes como aplicável ou a lei de fato aplicada ao seu divórcio ou à sua separação judicial.
2. Tal acordo deverá ser feito por escrito ou registrado em qualquer meio, cujo conteúdo seja acessível, de maneira a poder ser utilizado para consulta futura, e deverá ser assinado por ambas as partes.
3. O parágrafo 1º não se aplicará às obrigações de prestar alimentos em favor de uma pessoa menor de 18 anos ou de um adulto que, por razões de diminuição ou insuficiência de suas faculdades pessoais, não se encontre em condições de proteger seus interesses.
4. Não obstante a lei designada pelas partes de acordo com o parágrafo 1º, a lei do Estado de residência habitual do credor, no momento da designação, determinará se o credor pode renunciar o seu direito a alimentos.
5. A menos que no momento da designação as partes tenham sido plenamente informadas e conscientizadas das consequências de sua designação, a lei designada pelas partes não se aplicará quando sua aplicação levar a consequências manifestamente injustas ou não razoáveis para qualquer das partes.

**Artigo 9º**
**"Domicílio" em vez de "nacionalidade"**

Um Estado que utilize o conceito de "domicílio" como fator de conexão em matéria de família poderá informar à Secretaria Permanente da Conferência da Haia de Direito Internacional Privado que, para os fins de casos apresentados perante suas autoridades, a palavra "nacionalidade" nos Artigos 4º e 6º será substituída pela palavra "domicílio", tal como definida naquele Estado.

**Artigo 10**
**Órgãos públicos**

O direito de um órgão público de solicitar o reembolso de benefício fornecido ao credor a título de prestação de alimentos reger-se-á pela lei a que esse órgão está sujeito.

**Artigo 11**
**Âmbito da lei aplicável**

A lei aplicável à obrigação de prestar alimentos determinará, entre outros:
a) se, em que medida, e de quem o credor pode reclamar alimentos;
b) a medida em que o credor pode reclamar alimentos retroativamente;
c) a base de cálculo do montante dos alimentos e a indexação;
d) quem pode iniciar um procedimento em matéria de alimentos, exceto as questões relativas à capacidade processual e à representação em juízo;
e) a prescrição ou o prazo para iniciar uma ação;
f) o alcance da obrigação de um devedor de alimentos, quando um órgão público solicita o reembolso das prestações fornecidas a um credor a título de alimentos.

**Artigo 12**
**Exclusão de reenvio**

No Protocolo, o termo "lei" significa o direito em vigor em um Estado, com exceção de suas normas de conflito de leis.

**Artigo 13**
**Ordem pública**

A aplicação da lei determinada de acordo com o Protocolo poderá ser recusada apenas na medida em que seus efeitos sejam manifestamente contrários à ordem pública do foro.

**Artigo 14**
**Determinação do montante de alimentos**

Mesmo que a lei aplicável disponha de outra forma, serão levados em consideração na determinação do montante da prestação de alimentos as necessidades do credor e os recursos do devedor, assim como qualquer compensação concedida ao credor em lugar dos pagamentos periódicos de prestação de alimentos.

**Artigo 15**
**Não aplicação do Protocolo a conflitos internos**

1. Um Estado Contratante no qual se apliquem diferentes sistemas jurídicos ou conjuntos de normas em matéria de obrigações de prestar alimentos não estará obrigado a aplicar as normas do Protocolo aos conflitos que envolvam unicamente tais diferentes sistemas ou conjuntos de normas legais.
2. O presente Artigo não se aplicará a uma Organização Regional de Integração Econômica.

**Artigo 16**
**Sistemas jurídicos não unificados de caráter territorial**

1. Em relação a um Estado no qual se apliquem, em unidades territoriais diferentes, dois ou mais sistemas jurídicos ou conjuntos de normas legais relativos às matérias tratadas pelo presente Protocolo:
a) qualquer referência à lei do Estado será interpretada, quando cabível, como uma referência à lei em vigor na unidade territorial pertinente;
b) qualquer referência às autoridades competentes ou órgãos públicos daquele Estado será interpretada, quando cabível, como uma referência àqueles competentes para atuar na unidade territorial pertinente;
c) qualquer referência à residência habitual naquele Estado será interpretada, quando cabível, como a residência habitual na unidade territorial pertinente;
d) qualquer referência ao Estado do qual duas pessoas tenham nacionalidade comum será interpretada como uma referência à unidade territorial designada pela lei daquele Estado ou, na ausência de normas pertinentes, à unidade territorial com a qual a obrigação de prestar alimentos tenha vinculação mais estreita;
e) qualquer referência ao Estado de que uma pessoa é nacional se interpretará como uma referência à unidade territorial designada pela lei daquele Estado ou, na ausência de normas pertinentes, à unidade territorial com a qual a pessoa tenha vinculação mais estreita.
2. Para os propósitos de identificação das leis aplicáveis em virtude do presente Protocolo, quando um Estado compreenda duas ou mais unidades territoriais, cada qual com seu próprio sistema jurídico ou conjunto de normas relativas a matérias reguladas pelo presente Protocolo, aplicar-se-ão as seguintes regras:
a) se houver, em determinado Estado, normas em vigor que determinem a lei de qual unidade territorial será aplicável, aplicar-se-á a lei daquela unidade;
b) na ausência de tais regras, aplicar-se-á a lei da unidade territorial pertinente, tal como definido no parágrafo 1.
3. O presente Artigo não se aplicará a uma Organização Regional de Integração Econômica.

**Artigo 17**
**Sistemas jurídicos não unificados de caráter pessoal**

Para fins de identificação da lei aplicável em virtude do presente Protocolo em relação a um Estado no qual existam dois ou mais sistemas jurídicos ou conjuntos de normas aplicáveis a diferentes categorias de pessoas relacionadas a matérias compreendidas no escopo do presente Protocolo, qualquer referência à lei de tal Estado se interpretará como uma referência ao sistema jurídico determinado pelas normas em vigor naquele Estado.

**Artigo 18**
**Coordenação com as Convenções da Haia em matéria**
de obrigações alimentares anteriores

Nas relações entre Estados Contratantes, o presente Protocolo substitui a Convenção da Haia, de 2 de outubro de 1973, sobre a Lei Aplicável às Obrigações de Prestar Alimentos e a Convenção da Haia, de 24 de outubro de 1956, sobre a Lei Aplicável às Obrigações de Prestar Alimentos a Menores.

**Artigo 19**
**Coordenação com outros instrumentos**

1. O presente Protocolo não afeta outros instrumentos internacionais aos quais os Estados Contratantes são ou se tornarão Partes e que contêm dispositivos sobre matérias reguladas pelo Protocolo, exceto se for feita declaração em contrário pelos Estados- Partes de tais instrumentos.
2. O Parágrafo 1º também se aplica às leis uniformes baseadas na existência de vínculos especiais de caráter regional ou de outra natureza entre os Estados interessados.

**Artigo 20**
**Interpretação uniforme**

Ao interpretar o presente Protocolo, dever-se-á ter em conta seu caráter internacional e a necessidade de promover a uniformidade em sua aplicação.

**Artigo 21**
**Revisão do funcionamento prático do Protocolo**

1. O Secretário-Geral da Conferência da Haia de Direito Internacional Privado convocará, quando necessário, uma Comissão Especial com o propósito de revisar o funcionamento prático do Protocolo.
2. Para o propósito de tal revisão, os Estados contratantes cooperarão com o Secretaria Permanente da Conferência da Haia de Direito

Internacional Privado na obtenção de jurisprudência relativa à aplicação do Protocolo.

### Artigo 22
### Disposições transitórias

O presente Protocolo não se aplicará a alimentos reclamados em um Estado Contratante por período anterior a sua entrada em vigor naquele Estado.

### Artigo 23
### Assinatura, ratificação e adesão

1. O presente Protocolo está aberto à assinatura de todos os Estados.
2. O presente Protocolo está sujeito a ratificação, aceitação ou aprovação pelos Estados signatários.
3. O presente Protocolo está aberto para adesão por todos os Estados.
4. Instrumentos de ratificação, aceitação, aprovação ou adesão serão depositados no Ministério de Relações Exteriores do Reino dos Países Baixos, depositário do Protocolo.

### Artigo 24
### Organizações Regionais de Integração Econômica

1. Uma Organização Regional de Integração Econômica constituída unicamente por Estados soberanos e que tenha competência sobre algumas ou todas as matérias reguladas pelo presente Protocolo poderá igualmente assinar, aceitar, aprovar ou aderir ao Protocolo. Nesse caso, a Organização Regional de Integração Econômica terá os mesmos direitos e obrigações que um Estado contratante na medida em que aquela Organização tenha competência sobre a matéria regulada pelo presente Protocolo.
2. No momento da assinatura, aceitação, aprovação ou adesão, a Organização Regional de Integração Econômica notificará, por escrito, ao depositário a matéria regulada pelo Protocolo sobre as quais os Estados Membros tenham transferido a competência para tal Organização.
3. No momento da assinatura, aceitação, aprovação ou adesão, a Organização Regional de Integração Econômica poderá declarar, de acordo com o Artigo 28, que exerce competência sobre todas as matérias reguladas pelo presente Protocolo e que os Estados Membros que tiverem transferido competência para a Organização Regional de Integração Econômica a respeito da matéria em questão estarão obrigados pelo presente Protocolo em virtude da assinatura, aceitação, aprovação ou adesão da Organização.
4. Para o propósito de entrada em vigor do Protocolo, um instrumento depositado por uma Organização Regional de Integração Econômica não será levado em consideração a menos que a Organização Regional de Integração Econômica faça uma declaração de acordo com o parágrafo 3.
5. Qualquer referência no Protocolo a "Estado Contratante " ou "Estado" se aplica igualmente a uma Organização Regional de Integração Econômica que seja Parte, quando apropriado. Quando uma Organização Regional de Integração Econômica fizer declaração disposta no parágrafo 3º, qualquer referência a "Estado Contratante" ou "Estado" no Protocolo aplicar-se-á igualmente aos Estados-Membros da Organização pertinente.

### Artigo 25
### Entrada em vigor

1. O Protocolo entrará em vigor no primeiro dia do mês seguinte ao fim de um período de três meses após o depósito do segundo instrumento de ratificação, aceitação, aprovação ou adesão de que trata o Artigo 23.
2. A partir de então, o Protocolo entrará em vigor:
a) para cada Estado ou cada Organização Regional de Integração Econômica a que se refere o artigo 24 que posteriormente o ratifique, aceite ou aprove, ou que lhe promova adesão, no primeiro dia do mês seguinte ao fim de um do período de três meses após o depósito de seus instrumentos de ratificação, aceitação, aprovação ou adesão.
b) para as unidades territoriais as quais o Protocolo tenha sido estendido de conformidade com o Artigo 26, no primeiro dia do mês seguinte ao fim de um período de três meses depois de notificação da declaração prevista no referido artigo.

### Artigo 26
### Declarações com respeito a sistemas jurídicos não-unificados

1. Um Estado que tenha duas ou mais unidades territoriais às quais se apliquem diferentes sistemas jurídicos às matérias regidas por este Protocolo pode, ao tempo da assinatura, da ratificação, da aceitação, da aprovação ou da adesão, declarar, de acordo com o artigo 28, que este Protocolo se aplicará a todas as unidades territoriais ou somente a uma ou várias dentre elas, e poderá, a qualquer tempo, modificar essa declaração fazendo uma nova declaração.
2. Qualquer declaração será notificada ao depositário e indicará expressamente as unidades territoriais às quais se aplica o Protocolo.
3. Se um Estado não fizer declaração sobre este artigo, o Protocolo será aplicado a todas as unidades territoriais deste Estado.
4. Este artigo não se aplica a uma Organização Regional de Integração Econômica.

### Artigo 27
### Reservas

Não se admitirão reservas ao presente Protocolo.

### Artigo 28
### Declarações

1. As declarações previstas no artigo 24, parágrafo 3º e no artigo 26, parágrafo 1º poderão ser feitas no momento da assinatura, ratificação, aceitação, aprovação ou adesão, ou a qualquer

tempo e poderão ser modificados ou retirados a qualquer tempo.

2. As declarações, as modificações e as retiradas serão notificadas ao depositário.

3. Uma declaração feita no momento da assinatura, ratificação, aceitação, aprovação ou adesão terá efeito no momento da entrada em vigor do presente Protocolo para o Estado em questão.

4. Uma declaração feita posteriormente, assim como qualquer modificação ou retirada de uma declaração, terá efeito no primeiro dia do mês seguinte ao fim de um período de três meses após a data de recepção da notificação pelo depositário.

### Artigo 29
### Denúncia

1. Qualquer Estado Contratante poderá denunciar o Protocolo por meio de notificação escrita ao depositário. A denúncia poderá se limitar a algumas unidades territoriais de um Estado que tenha um sistema jurídico não-unificado ao qual se aplique o Protocolo.

2. A denúncia terá efeito no primeiro dia do mês seguinte ao fim de um período de 12 meses após a data de recepção da notificação pelo depositário. Quando for especificado na notificação que a denúncia terá efeito em um período maior, ela o terá ao final do período em questão, após a data de recepção da notificação pelo depositário.

### Artigo 30
### Notificação

O depositário notificará os Membros da Conferência da Haia de Direito Internacional Privado, bem como os Estados e Organizações Regionais de Integração Econômica que assinaram, ratificaram, aceitaram, aprovaram ou aderiram de acordo com os artigos 23 e 24, sobre as informações seguintes:

a) assinaturas, ratificações, aceitações, aprovações e adesões mencionadas nos artigos 23 e 24;

b) data de entrada em vigor do Protocolo de acordo com o Artigo 25;

c) declarações previstas no artigo 24, parágrafo 3º e 26, parágrafo 1º;

d) denúncias previstas no artigo 29.

Em fé do que, os abaixo assinados, devidamente autorizados por seus respectivos Governos, assinaram o presente Tratado.

Feito na Haia, no dia 23 de novembro de 2007, nos idiomas francês e inglês, sendo ambos os textos igualmente autênticos, em um único exemplar, que será depositado nos arquivos do Governo do Reino dos Países Baixos e do qual uma cópia autenticada será enviada, pela via diplomática, a cada um dos Membros da Conferência da Haia de Direito Internacional Privado quando da sua Vigésima-primeira Sessão, bem como a cada um dos demais Estados que participaram daquela Sessão.

# LEI Nº 13.810, DE 8 DE MARÇO DE 2019

*Dispõe sobre o cumprimento de sanções impostas por resoluções do Conselho de Segurança das Nações Unidas, incluída a indisponibilidade de ativos de pessoas naturais e jurídicas e de entidades, e a designação nacional de pessoas investigadas ou acusadas de terrorismo, de seu financiamento ou de atos a ele correlacionados; e revoga a Lei nº 13.170, de 16 de outubro de 2015.*

- DOU de 8.3.2019 - Edição extra.

O PRESIDENTE DA REPÚBLICA

Faço saber que o Congresso Nacional decreta e eu sanciono a seguinte Lei:

- Decreto 9.825/2019: Regulamenta a Lei nº 13.810, de 8 de março de 2019, para dispor sobre o cumprimento de sanções impostas por resoluções do Conselho de Segurança das Nações Unidas e por designações de seus comitês de sanções, incluída a indisponibilidade de ativos de pessoas naturais e jurídicas e de entidades, e a designação nacional de pessoas investigadas ou acusadas de terrorismo, de seu financiamento ou de atos a ele correlacionados.

## CAPÍTULO I
## DISPOSIÇÕES GERAIS

**Art. 1º** Esta Lei dispõe sobre o cumprimento de sanções impostas por resoluções do Conselho de Segurança das Nações Unidas, incluída a indisponibilidade de ativos de pessoas naturais e jurídicas e de entidades, e a designação nacional de pessoas investigadas ou acusadas de terrorismo, de seu financiamento ou de atos a ele correlacionados.

**Art. 2º** Para fins do disposto nesta Lei, considera-se:

**I** – ativos: bens, direitos, valores, fundos, recursos ou serviços, de qualquer natureza, financeiros ou não;

**II** – indisponibilidade de ativos: proibição de transferir, converter, trasladar, disponibilizar ativos, ou deles dispor, direta ou indiretamente;

**III** – fundamentos objetivos: existência de indícios ou provas da prática de terrorismo, de seu financiamento ou de atos a ele correlacionados, por pessoa natural ou por intermédio de pessoa jurídica ou entidade, conforme disposto na Lei nº 13.260, de 16 de março de 2016;

**IV** – entidades: arranjos ou estruturas legais que não possuem personalidade jurídica, tais como fundos ou clubes de investimento; e

**V** – sem demora: imediatamente ou dentro de algumas horas.

**Art. 3º** A indisponibilidade de ativos de que trata esta Lei ocorrerá nas seguintes hipóteses:

**I** – por execução de resoluções do Conselho de Segurança das Nações Unidas ou por designações de seus comitês de sanções; ou

**II** – a requerimento de autoridade central estrangeira, desde que o pedido de indisponibilidade esteja de acordo com os princípios legais aplicáveis e apresente fundamentos objetivos para exclusivamente atender aos critérios de designação estabelecidos em resoluções do Conselho de Segurança das Nações Unidas ou de seus comitês de sanções.

INTERNACIONAL

**Art. 4º** A indisponibilidade de ativos não constitui a perda do direito de propriedade.

**Art. 5º** São nulos e ineficazes atos de disposição relacionados aos ativos indisponibilizados com fundamento nesta Lei, ressalvados os direitos de terceiro de boa-fé.

## CAPÍTULO II
## DA EXECUÇÃO DE RESOLUÇÕES DO CONSELHO DE SEGURANÇA DAS NAÇÕES UNIDAS OU DE DESIGNAÇÕES DE SEUS COMITÊS DE SANÇÕES

### SEÇÃO I
### DO CUMPRIMENTO IMEDIATO

**Art. 6º** As resoluções sancionatórias do Conselho de Segurança das Nações Unidas e as designações de seus comitês de sanções são dotadas de executoriedade imediata na República Federativa do Brasil.

**Parágrafo único.** (VETADO).

**Art. 7º** Sem prejuízo da obrigação de cumprimento imediato das resoluções sancionatórias do Conselho de Segurança das Nações Unidas e das designações de seus comitês de sanções, as resoluções e as designações de que trata este Capítulo, ou seus extratos, serão publicadas no Diário Oficial da União pelo Ministério das Relações Exteriores, em língua portuguesa, para fins de publicidade.

**Art. 8º** É vedado a todos os brasileiros, residentes ou não, ou a pessoas naturais, pessoas jurídicas ou entidades em território brasileiro, descumprir, por ação ou omissão, sanções impostas por resoluções do Conselho de Segurança das Nações Unidas ou por designações de seus comitês de sanções, em benefício de pessoas naturais, pessoas jurídicas ou entidades sancionadas, inclusive para disponibilizar ativos, direta ou indiretamente, em favor dessas pessoas ou entidades.

**Parágrafo único.** A vedação de que trata o *caput* deste artigo aplica-se aos órgãos dos Poderes da União, dos Estados, do Distrito Federal e dos Municípios e às entidades da administração pública indireta.

**Art. 9º** As pessoas naturais e jurídicas de que trata o art. 9º da Lei nº 9.613, de 3 de março de 1998, cumprirão, sem demora e sem prévio aviso aos sancionados, as resoluções do Conselho de Segurança das Nações Unidas ou as designações de seus comitês de sanções que determinem a indisponibilidade de ativos de titularidade, direta ou indireta, de pessoas físicas, de pessoas jurídicas ou de entidades submetidas a sanções decorrentes de tais resoluções, na forma e nas condições definidas por seu órgão regulador ou fiscalizador.

**Art. 10.** Sem prejuízo da obrigação de cumprimento imediato, o Ministério da Justiça e Segurança Pública comunicará, sem demora, as sanções de:

**I** – indisponibilidade de ativos aos órgãos reguladores ou fiscalizadores, para que comuniquem imediatamente às pessoas naturais ou jurídicas de que trata o art. 9º da Lei nº 9.613, de 3 março de 1998;

**II** – restrições à entrada de pessoas no território nacional, ou à saída dele, à Polícia Federal, para que adote providências imediatas de comunicação às empresas de transporte internacional; e

**III** – restrições à importação ou à exportação de bens à Secretaria Especial da Receita Federal do Ministério da Economia, à Polícia Federal e às Capitanias dos Portos, para que adotem providências imediatas de comunicação às administrações aeroportuárias, às empresas aéreas e às autoridades e operadores portuários.

**§ 1º** A comunicação a que se refere o inciso I do *caput* deste artigo será dirigida pelo Ministério da Justiça e Segurança Pública, também, para cumprimento sem demora:

**I** – às corregedorias de justiça dos Estados e do Distrito Federal;

**II** – à Agência Nacional de Aviação Civil;

**III** – ao Departamento Nacional de Trânsito do Ministério do Desenvolvimento Regional;

**IV** – às Capitanias dos Portos;

**V** – à Agência Nacional de Telecomunicações; e

**VI** – aos outros órgãos de registro público competentes.

**§ 2º** As comunicações de que trata este artigo poderão ser feitas por via eletrônica, com confirmação de recebimento.

**Art. 11.** A indisponibilidade de ativos e as tentativas de sua transferência relacionadas às pessoas naturais, às pessoas jurídicas ou às entidades sancionadas por resolução do Conselho de Segurança das Nações Unidas ou por designações de seus comitês de sanções serão comunicadas ao Ministério da Justiça e Segurança Pública, aos órgãos reguladores ou fiscalizadores das pessoas naturais ou das pessoas jurídicas de que trata o art. 9º da Lei nº 9.613, de 3 de março de 1998, e ao Conselho de Controle de Atividades Financeiras.

### SEÇÃO II
### DO AUXÍLIO DIRETO JUDICIAL

**Art. 12.** Na hipótese de haver informações sobre a existência de ativos sujeitos à indisponibilidade ou de pessoas e bens sujeitos a outra espécie de sanção determinada em resoluções do Conselho de Segurança das Nações Unidas ou em designações de seus comitês de sanções, sem que tenha ocorrido seu cumprimento na forma da Seção I deste Capítulo, a União ingressará, sem demora, com auxílio direto judicial para obtê-la.

**Parágrafo único.** As pessoas naturais e as pessoas jurídicas de que trata o art. 9º da Lei nº 9.613, de 3 de março de 1998, na forma e nas condições definidas por seu órgão regulador ou fiscalizador, e os órgãos e as entidades referidos no art. 10 desta Lei informarão, sem demora, ao Ministério da Justiça e Segurança Pública, a existência de pessoas e ativos sujeitos à sanção e as razões pelas quais deixaram de cumpri-la.

**Art. 13.** O Ministério da Justiça e Segurança Pública comunicará, sem demora, a existência de ativos sujeitos à indisponibilidade ou de pessoas e bens sujeitos a outra espécie de sanção à Advocacia-Geral da União, para que promova, sem demora, o auxílio direto judicial.

**Art. 14.** Instruído o pedido com os elementos a que se refere o art. 12 desta Lei, o juiz determinará, no prazo de 24 (vinte e quatro) horas, contado da data do recebimento dos autos, e sem a prévia oitiva do requerido, as medidas pertinentes para cumprimento da sanção.

**Parágrafo único.** Da determinação de que trata o *caput* deste artigo serão intimados para ciência e cumprimento da decisão as partes, os órgãos e as entidades referidos no art. 10 desta Lei e, caso seja necessário, a pessoa natural ou jurídica que informou a existência de pessoas ou de ativos sujeitos à sanção.

**Art. 15.** O juiz ordenará a citação do requerido para, caso deseje, impugnar a determinação no prazo de 15 (quinze) dias, contado da data da citação.

**§ 1º** A impugnação de que trata o *caput* deste artigo não terá efeito suspensivo e versará somente sobre:

**I** – homonímia;

**II** – erro na identificação do requerido ou dos ativos que sejam objeto de sanção;

**III** – exclusão do requerido da lista de sanções, por força de resolução proferida pelo Conselho de Segurança das Nações Unidas ou por designação de seus comitês de sanções; ou

**IV** – expiração do prazo de vigência do regime de sanções.

**§ 2º** A União será ouvida sobre a impugnação no prazo de 15 (quinze) dias, contado da data da intimação.

**Art. 16.** Havendo ou não a impugnação, o juiz proferirá sentença.

**Parágrafo único.** Intimados as partes, os órgãos e as entidades referidos no art. 10 desta Lei e, caso seja necessário, a pessoa natural ou jurídica que informou a existência dos ativos sujeitos à sanção, e se não houver interposição de recurso, os autos serão arquivados.

**Art. 17.** Na hipótese de sobrevir a exclusão posterior do requerido da ação originária da lista de pessoas sujeitas ao regime de sanções ou qualquer outra razão que, segundo o Conselho de Segurança das Nações Unidas ou seus comitês de sanções, fundamente a revogação da sanção, as partes poderão ingressar com ação revisional do que foi estatuído na sentença.

## CAPÍTULO III
## DO AUXÍLIO DIRETO JUDICIAL A REQUERIMENTO DE AUTORIDADE CENTRAL ESTRANGEIRA

**Art. 18.** A União poderá ingressar com auxílio direto judicial para indisponibilidade de ativos, a requerimento de autoridade central estrangeira, de modo a assegurar o resultado de investigações administrativas ou criminais e ações em curso em jurisdição estrangeira em face de terrorismo, de seu financiamento ou de atos a ele correlacionados.

**§ 1º** O Ministério da Justiça e Segurança Pública, em coordenação com o Ministério das Relações Exteriores, verificará, sem demora, se o requerimento de indisponibilidade de ativos formulado por autoridade central estrangeira está de acordo com os princípios legais aplicáveis e apresenta fundamentos objetivos para o seu atendimento.

**§ 2º** Verificado que o requerimento da autoridade central estrangeira está de acordo com os princípios legais aplicáveis e apresenta fundamentos objetivos para o seu atendimento, o Ministério da Justiça e Segurança Pública encaminhará, sem demora, o requerimento à Advocacia-Geral da União, para que promova, sem demora, o auxílio direto judicial, se houver elementos que demonstrem a existência, na República Federativa do Brasil, de ativos sujeitos à medida de indisponibilidade.

**Art. 19.** Aplica-se o disposto no art. 14, nos incisos I e II do § 1º e no § 2º do art. 15 e no art. 16 desta Lei ao auxílio direto judicial.

**Parágrafo único.** A impugnação de que trata o art. 15 desta Lei poderá versar também sobre a ausência de fundamentos objetivos para estabelecer a relação entre os ativos e os fatos investigados.

**Art. 20.** Compete ao Ministério da Justiça e Segurança Pública, em consulta com a autoridade central estrangeira, informar a Advocacia-Geral da União sobre a situação da investigação ou da ação.

**Art. 21.** Na hipótese de a autoridade central estrangeira informar que não é mais necessária a indisponibilidade de ativos, as partes poderão ingressar com ação revisional do que foi estatuído na sentença.

**Art. 22.** Aplica-se, no que couber, o auxílio direto judicial para atender a requerimento de autoridade central estrangeira que tenha por objetivo promover comunicações de atos processuais e obter outras medidas cautelares ou provas necessárias à investigação criminal ou às ações criminais em curso em outro país relativas ao financiamento ou apoio a atos terroristas, nos termos das alíneas "e" e "f" do item 2 da Resolução 1373 (2001) do Conselho de Segurança das Nações Unidas, de que trata o Decreto nº 3.976, de 18 de outubro de 2001.

**Parágrafo único.** No caso de auxílio direto para a prática de atos que não necessitem de prestação jurisdicional, o Ministério da Justiça e Segurança Pública adotará as providências necessárias para seu cumprimento.

**Art. 23.** O Ministério da Justiça e Segurança Pública informará à autoridade central estrangeira requerente:

**I** – as medidas adotadas; ou

**II** – a ausência de fundamentos objetivos para possibilitar o atendimento do requerimento.

## CAPÍTULO IV
## DAS DESIGNAÇÕES NACIONAIS

**Art. 24.** A União será intimada pelo juiz, de ofício, de decisões que decretem medidas assecuratórias de bens, direitos ou valores de pessoas investigadas ou acusadas, ou existentes em nome de pessoas interpostas, que sejam instrumento, produto ou proveito dos crimes de terrorismo, nos termos do art. 12 da Lei nº 13.260, de 16 de março de 2016, para que adote, caso seja necessário, as providências de designação nacional perante o Conselho de Segurança das Nações Unidas ou seu comitê de sanções pertinente.

**§ 1º** A Advocacia-Geral da União comunicará a decisão ao Ministério da Justiça e Segurança Pública e ao Ministério das Relações Exteriores, para que deliberem sobre a designação nacional e, caso seja necessário, comuniquem-na, sem demora, ao Conselho de Segurança das Nações Unidas ou ao seu comitê de sanções pertinente.

**§ 2º** A designação nacional será acompanhada dos elementos que a fundamentem, de acordo com o procedimento estabelecido na resolução correspondente do Conselho de Segurança das Nações Unidas.

## CAPÍTULO V
## DISPOSIÇÕES FINAIS

**Art. 25.** Os órgãos reguladores ou fiscalizadores das pessoas naturais ou jurídicas a que se refere o art. 9º da Lei nº 9.613, de 3 de março de 1998, editarão as normas necessárias ao cumprimento das disposições desta Lei.

**Parágrafo único.** Cabe aos órgãos reguladores ou fiscalizadores orientar, supervisionar e fiscalizar o cumprimento das medidas de indisponibilidade de ativos pelas pessoas naturais ou pelas pessoas jurídicas de que trata o art. 9º da Lei nº 9.613, de 3 de março de 1998, e aplicar as penalidades administrativas cabíveis.

**Art. 26.** O Ministério da Justiça e Segurança Pública manterá lista de pessoas naturais e jurídicas e entidades cujos ativos estão sujeitos à indisponibilidade em decorrência de resoluções do Conselho de Segurança das Nações Unidas ou de designação de seus comitês de sanções, de requerimento de outro país ou de designação nacional.

**Art. 27.** Qualquer pessoa natural ou jurídica ou entidade sancionada em decorrência de resoluções do Conselho de Segurança das Nações Unidas ou de designação de seus comitês de sanções poderá solicitar a sua exclusão das listas de sanções.

**§ 1º** A solicitação de exclusão será fundamentada, com vistas a atender aos critérios estabelecidos na resolução pertinente do Conselho de Segurança das Nações Unidas ou de designação de seus comitês de sanções, e encaminhada ao Ministério da Justiça e Segurança Pública.

**§ 2º** Analisada a solicitação de exclusão, o Ministério da Justiça e Segurança Pública deverá encaminhá-la ao Ministério das Relações Exteriores, que a transmitirá ao Conselho de Segurança das Nações Unidas ou ao comitê de sanções pertinente para sua deliberação.

**Art. 28.** Os ativos indisponibilizados poderão ser parcialmente liberados, caso necessário, para o custeio de despesas ordinárias ou extraordinárias.

**§ 1º** Para fins do disposto neste artigo, consideram-se despesas ordinárias, entre outras:

**I** – despesas básicas com alimentos, aluguéis, hipotecas, medicamentos, tratamentos médicos, impostos, seguros e tarifas de serviços públicos;

**II** – pagamento de honorários profissionais de montante razoável e reembolso de gastos efetuados com a prestação de serviços jurídicos; e

**III** – pagamento de taxas ou encargos relacionados com a administração e a manutenção ordinárias de fundos ou de outros ativos ou recursos indisponíveis.

**§ 2º** Na hipótese de pessoas naturais, pessoas jurídicas ou entidades incluídas nas listas de sanções do Conselho de Segurança das Nações Unidas ou de designação de seus comitês de sanções, a liberação parcial dos ativos bloqueados será autorizada:

**I** – para o custeio de despesas ordinárias, após notificação do Conselho de Segurança das Nações Unidas ou do seu comitê de sanções competente, sem que tenha havido objeção no prazo de 48 (quarenta e oito) horas, contado da data da notificação; e

**II** – para o custeio de despesas extraordinárias, após notificação e aprovação pelo Conselho de Segurança das Nações Unidas ou pelo seu comitê de sanções competente.

**§ 3º** Nas hipóteses de indisponibilidade de ativos decorrente de requerimento de autoridade central estrangeira ou de ordem judicial brasileira, a liberação parcial compete ao juiz que decidiu sobre a indisponibilidade, do que será intimada a União, com vistas à comunicação ao Conselho de Segurança das Nações Unidas ou a seu comitê de sanções competente.

**Art. 29.** As medidas de auxílio direto judicial previstas nesta Lei tramitarão sob segredo de justiça.

**Art. 30.** Nas hipóteses de os ativos estarem sujeitos a qualquer grau de deterioração ou depreciação ou de haver dificuldade para sua manutenção, poderá ser requerida ao juízo competente a alienação antecipada dos ativos declarados indisponíveis para a preservação de seus valores.

**§ 1º** O interessado será intimado da avaliação dos ativos para, caso deseje, manifestar-se no prazo de 10 (dez) dias, contado da data da intimação.

**§ 2º** Feita a avaliação dos ativos e dirimidas eventuais divergências sobre o valor a eles atribuído, será determinada a sua alienação em leilão ou pregão, preferencialmente eletrônico, por valor não inferior a 75% (setenta e cinco por cento) do valor atribuído pela avaliação.

**§ 3º** Realizado o leilão ou o pregão, a quantia apurada será depositada em conta bancária remunerada.

**§ 4º** Serão deduzidos da quantia apurada no leilão ou no pregão os tributos e as multas incidentes sobre o ativo alienado.

**Art. 31.** Será designada pessoa qualificada para a administração, a guarda ou a custódia dos ativos indisponibilizados, caso necessário.

**§ 1º** Aplicam-se à pessoa designada para os fins do disposto no *caput* deste artigo, no que couber, as disposições legais relativas ao administrador judicial.

**§ 2º** No caso de ativos financeiros, a sua administração caberá às instituições em que se encontrem, com incidência do bloqueio dos juros e de outros frutos civis e rendimentos decorrentes do contrato.

**Art. 32.** O Ministério da Justiça e Segurança Pública comunicará:

**I** – ao Ministério Público Federal e à Polícia Federal as medidas de indisponibilidade de ativos adotadas e as tentativas de transferência relacionadas às pessoas naturais, às pessoas jurídicas ou às entidades designadas, para avaliação de abertura ou não de investigação criminal; e

**II** – ao Ministério das Relações Exteriores as medidas de indisponibilidade de ativos adotadas em cumprimento das resoluções do Conselho de Segurança das Nações Unidas ou de designações de seus comitês de sanções, para conhecimento e comunicação ao respectivo organismo internacional.

**Art. 33.** Aplicam-se subsidiariamente a esta Lei, no que couber, as disposições da Lei nº 13.105, de 16 de março de 2015 (Código de Processo Civil), e do Decreto-Lei nº 3.689, de 3 de outubro de 1941 (Código de Processo Penal).

**Art. 34.** O Poder Executivo federal regulamentará esta Lei no prazo de 90 (noventa) dias, contado da data de sua publicação.

**Art. 35.** Revoga-se a Lei nº 13.170, de 16 de outubro de 2015.

**Art. 36.** Esta Lei entra em vigor após decorridos 90 (noventa) dias de sua publicação oficial.

Brasília, 8 de março de 2019; 198º da Independência e 131º da República.

Jair Messias Bolsonaro

Sérgio Moro

Ernesto Henrique Fraga Araújo

André Luiz De Almeida Mendonça

# Direito Eleitoral

# PLANO DE ESTUDO

| Diploma | Estudado | Revisão 1 | Revisão 2 | Revisão 3 | Questões |
|---|---|---|---|---|---|
| Lei complementar nº 64/1990 | | | | | |

## LEI COMPLEMENTAR Nº 64, DE 18 DE MAIO DE 1990

*Estabelece, de acordo com o art. 14, § 9º, da Constituição Federal, casos de inelegibilidade, prazos de cessação e determina outras providências.*

‣ D.O.U. de 21.5.1990

O PRESIDENTE DA REPÚBLICA, faço saber que o Congresso Nacional decreta e eu sanciono a seguinte lei:

**Art. 1º.** São inelegíveis:

**I** – para qualquer cargo:

‣ ADC 29 e 30: o STF julgou procedentes as ações mediante a declaração de constitucionalidade das hipóteses de inelegibilidades constantes nas alíneas c, d, f, g, h, j, m, n, o, p e q do art. 1º, I, da LC 64/1990.

*a)* os inalistáveis e os analfabetos;

TSE, 15. O exercício de mandato eletivo não é circunstância capaz, por si só, de comprovar a condição de alfabetizado do candidato.

‣ CF/1988: art. 14, § 4º.

*b)* os membros do Congresso Nacional, das Assembleias Legislativas, da Câmara Legislativa e das Câmaras Municipais que, hajam perdido os respectivos mandatos por infringência do disposto nos incisos I e II, do artigo 55 da Constituição Federal, dos dispositivos equivalentes sobre perda de mandato das Constituições Estaduais e Leis Orgânicas dos Municípios e do Distrito Federal, para as eleições que se realizarem durante o período remanescente do mandato para o qual foram eleitos e nos oito anos subsequentes ao término da legislatura;

*c)* o Governador e o Vice-Governador de Estado e do Distrito Federal e o Prefeito e o Vice-Prefeito que perderem seus cargos eletivos por infringência a dispositivo da Constituição Estadual, da Lei Orgânica do Distrito Federal ou da Lei Orgânica do Município, para as eleições que se realizarem durante o período remanescente e nos 8 (oito) anos subsequentes ao término do mandato para o qual tenham sido eleitos;

*d)* os que tenham contra sua pessoa representação julgada procedente pela Justiça Eleitoral, em decisão transitada em julgado ou proferida por órgão colegiado, em processo de apuração de abuso do poder econômico ou político, para a eleição na qual concorrem ou tenham sido diplomados, bem como para as que se realizarem nos 8 (oito) anos seguintes;

‣ LC 64/1990: art. 22, IV.

*e)* os que forem condenados, em decisão transitada em julgado ou proferida por órgão judicial colegiado, desde a condenação até o transcurso do prazo de 8 (oito) anos após o cumprimento da pena, pelos crimes:

1. contra a economia popular, a fé pública, a administração pública e o patrimônio público;
2. contra o patrimônio privado, o sistema financeiro, o mercado de capitais e os previstos na lei que regula a falência;
3. contra o meio ambiente e a saúde pública;
4. eleitorais, para os quais a lei comine pena privativa de liberdade;
5. de abuso de autoridade, nos casos em que houver condenação à perda do cargo ou à inabilitação para o exercício de função pública;
6. de lavagem ou ocultação de bens, direitos e valores;
7. de tráfico de entorpecentes e drogas afins, racismo, tortura, terrorismo e hediondos;
8. de redução à condição análoga à de escravo;
9. contra a vida e a dignidade sexual; e
10. praticados por organização criminosa, quadrilha ou bando;

*f)* os que forem declarados indignos do oficialato, ou com ele incompatíveis, pelo prazo de 8 (oito) anos;

*g)* os que tiverem suas contas relativas ao exercício de cargos ou funções públicas rejeitadas por irregularidade insanável que configure ato doloso de improbidade administrativa, e por decisão irrecorrível do órgão competente, salvo se esta houver sido suspensa ou anulada pelo Poder Judiciário, para as eleições que se realizarem nos 8 (oito) anos seguintes, contados a partir da data da decisão, aplicando-se o disposto no inciso II do art. 71 da Constituição Federal, a todos os ordenadores de despesa, sem exclusão de mandatários que houverem agido nessa condição;

‣ Lei 9.504/1997: art. 11, §§ 5º e 10.

*h)* os detentores de cargo na administração pública direta, indireta ou fundacional, que beneficiarem a si ou a terceiros, pelo abuso do poder econômico ou político, que forem condenados em decisão transitada em julgado ou proferida por órgão judicial colegiado, para a eleição na qual concorrem ou tenham sido diplomados, bem como para as que se realizarem nos 8 (oito) anos seguintes;

*i)* os que, em estabelecimentos de crédito, financiamento ou seguro, que tenham sido ou estejam sendo objeto de processo de liquidação judicial ou extrajudicial, hajam exercido, nos doze meses anteriores à respectiva decretação, cargo ou função de direção, administração ou representação, enquanto não forem exonerados de qualquer responsabilidade;

*j)* os que forem condenados, em decisão transitada em julgado ou proferida por órgão colegiado da Justiça Eleitoral, por corrupção eleitoral, por captação ilícita de sufrágio, por doação, captação ou gastos ilícitos de recursos de campanha ou por conduta vedada aos agentes públicos em campanhas eleitorais que impliquem cassação do registro ou do diploma, pelo prazo de 8 (oito) anos a contar da eleição;

*k)* o Presidente da República, o Governador de Estado e do Distrito Federal, o Prefeito, os membros do Congresso Nacional, das Assembleias Legislativas, da Câmara Legislativa, das Câmaras Municipais, que renunciarem a seus mandatos desde o oferecimento de representação ou petição capaz de autorizar a abertura de processo por infringência a dispositivo da Constituição Federal, da Constituição Estadual, da Lei Orgânica do Distrito Federal ou da Lei Orgânica do Município, para as eleições que se realizarem durante o período remanescente do mandato para o qual foram eleitos e nos 8 (oito) anos subsequentes ao término da legislatura;

*l)* os que forem condenados à suspensão dos direitos políticos, em decisão transitada em julgado ou proferida por órgão judicial colegiado, por ato doloso de improbidade administrativa que importe lesão ao patrimônio público e enriquecimento ilícito, desde a condenação ou o trânsito em julgado até o transcurso do prazo de 8 (oito) anos após o cumprimento da pena;

*m)* os que forem excluídos do exercício da profissão, por decisão sancionatória do órgão profissional competente, em decorrência de infração ético-profissional, pelo prazo de 8 (oito) anos, salvo se o ato houver sido anulado ou suspenso pelo Poder Judiciário;

*n)* os que forem condenados, em decisão transitada em julgado ou proferida por órgão judicial colegiado, em razão de terem desfeito ou simulado desfazer vínculo conjugal ou de união estável para evitar caracterização de inelegibilidade, pelo prazo de 8 (oito) anos após a decisão que reconhecer a fraude;

*o)* os que forem demitidos do serviço público em decorrência de processo administrativo ou judicial, pelo prazo de 8 (oito) anos, contado da decisão, salvo se o ato houver sido suspenso ou anulado pelo Poder Judiciário;

*p)* a pessoa física e os dirigentes de pessoas jurídicas responsáveis por doações eleitorais tidas por ilegais por decisão transitada em julgado ou proferida por órgão colegiado da Justiça Eleitoral, pelo prazo de 8 (oito) anos após a decisão, observando-se o procedimento previsto no art. 22;

*q)* os magistrados e os membros do Ministério Público que forem aposentados compulsoriamente por decisão sancionatória, que tenham perdido o cargo por sentença ou que tenham pedido exoneração ou aposentadoria voluntária na pendência de processo administrativo disciplinar, pelo prazo de 8 (oito) anos;

**II** – para Presidente e Vice-Presidente da República:

*a)* até 6 (seis) meses depois de afastados definitivamente de seus cargos e funções:

1 – os Ministros de Estado;

2 – os Chefes dos órgãos de assessoramento direto, civil e militar, da Presidência da República;

3 – o Chefe do órgão de assessoramento de informações da Presidência da República;

4 – o Chefe do Estado-Maior das Forças Armadas;

5 – o Advogado-Geral da União e o Consultor-Geral da República;

6 – os Chefes do Estado-Maior da Marinha, do Exército e da Aeronáutica;

7 – os Comandantes do Exército, Marinha e Aeronáutica;

8 – os Magistrados;

9 – os Presidentes, Diretores e Superintendentes de Autarquias, Empresas Públicas, Sociedades de Economia Mista e Fundações Públicas e as mantidas pelo poder público;

10 – os Governadores de Estado, do Distrito Federal e de Territórios;

11 – os Interventores Federais;

12 – os Secretários de Estado;

13 – os Prefeitos Municipais;

14 – os membros do Tribunal de Contas da União, dos Estados e do Distrito Federal;

15 – o Diretor-Geral do Departamento de Polícia Federal;

16 – os Secretários-Gerais, os Secretários Executivos, os Secretários Nacionais, os Secretários Federais dos Ministérios e as pessoas que ocupem cargos equivalentes;

*b)* os que tenham exercido, nos seis meses anteriores à eleição, nos Estados, no Distrito Federal, Territórios e em qualquer dos Poderes da União, cargo ou função, de nomeação pelo Presidente da República, sujeito à aprovação prévia do Senado Federal;

*c) (VETADA);*

*d)* os que, até 6 (seis) meses antes da eleição, tiverem competência ou interesse, direta, indireta ou eventual, no lançamento, arrecadação ou fiscalização de impostos, taxas e contribuições de caráter obrigatório, inclusive parafiscais, ou para aplicar multas relacionadas com essas atividades;

*e)* os que, até 6 (seis) meses antes da eleição, tenham exercido cargo ou função de direção, administração ou representação nas empresas de que tratam os artigos 3º e 5º da Lei 4.137, de 10 de setembro de 1962, quando, pelo âmbito e natureza de suas atividades, possam tais empresas influir na economia nacional;

- A Lei 4.137/1962 foi revogada pela Lei 8.884/1994, que foi revogada pela Lei 12.529/2011.

*f)* os que, detendo o controle de empresas ou grupo de empresas que atuem no Brasil, nas condições monopolísticas previstas no parágrafo único do art. 5º, da Lei citada na alínea anterior, não apresentarem à Justiça Eleitoral, até 6 (seis) meses antes do pleito, a prova de que fizeram cessar o abuso apurado, do poder econômico, ou de que transferiram, por força regular, o controle de referidas empresas ou grupo de empresas;

- Lei 12.529/2011: art. 36.

*g)* os que tenham, dentro dos 4 (quatro) meses anteriores ao pleito, ocupado cargo ou função de direção, administração ou representação em entidades representativas de classe, mantidas, total ou parcialmente, por contribuições impostas pelo Poder Público ou com recursos arrecadados e repassados pela Previdência Social;

*h)* os que, até 6 (seis) meses depois de afastados das funções, tenham exercido cargo de Presidente, Diretor ou Superintendente de sociedades com objetivos exclusivos de operações financeiras e façam publicamente apelo à poupança e ao crédito, inclusive através de cooperativas e da empresa ou estabelecimentos que gozem, sob qualquer forma, de vantagens asseguradas pelo Poder Público, salvo se decorrentes de contratos que obedeçam a cláusulas uniformes;

*i)* os que, dentro de 6 (seis) meses anteriores ao pleito, hajam exercido cargo ou função de direção, administração ou representação em pessoa jurídica ou em empresa que mantenha contrato de execução de obras, de prestação de serviços ou de fornecimento de bens com órgão do Poder Público ou sob seu controle, salvo no caso de contrato que obedeça as cláusulas uniformes;

*j)* os que, membros do Ministério Público, não se tenham afastado das suas funções até 6 (seis) meses anteriores ao pleito;

*l)* os que, servidores públicos, estatutários ou não, dos órgãos ou entidades da administração direta ou indireta da União, dos Estados, do Distrito Federal, dos Municípios e dos Territórios, inclusive das fundações mantidas pelo Poder Público, não se afastarem até 3 (três) meses anteriores ao pleito, garantido o direito à percepção dos seus vencimentos integrais;

- Lei 8.112/1990: art. 86.

**III** – para Governador e Vice-Governador de Estado e do Distrito Federal:

*a)* os inelegíveis para os cargos de Presidente e Vice-Presidente da República especificados na alínea *a*, do inciso II, deste artigo e, no tocante às demais alíneas, quando se tratar de repartição pública, associação ou empresas que operem no território do Estado ou do Distrito Federal, observados os mesmos prazos;

*b)* até 6 (seis) meses depois de afastados definitivamente de seus cargos ou funções:

1 – os Chefes dos Gabinetes Civil e Militar do Governador do Estado ou do Distrito Federal;

2 – os Comandantes do Distrito Naval, Região Militar e Zona Aérea;

3 – os diretores de órgãos estaduais ou sociedades de assistência aos Municípios;

4 – os Secretários da administração municipal ou membros de órgãos congêneres;

**IV** – para Prefeito e Vice-Prefeito:

*a)* no que lhes for aplicável, por identidade de situações, os inelegíveis para os cargos de Presidente e Vice-Presidente da República, Governador e Vice-Governador de Estado e do Distrito Federal, observado o prazo de 4 (quatro) meses para a desincompatibilização;

*b)* os membros do Ministério Público e Defensoria Pública em exercício na Comarca, nos 4 (quatro) meses anteriores ao pleito, sem prejuízo dos vencimentos integrais;

*c)* as autoridades policiais, civis ou militares, com exercício no Município, nos 4 (quatro) meses anteriores ao pleito;

**V** – para o Senado Federal:

*a)* os inelegíveis para os cargos de Presidente e Vice-Presidente da República especificados na alínea *a*, do inciso II, deste artigo e, no tocante às demais alíneas, quando se tratar de repartição pública, associação ou empresa que opere no território do Estado, observados os mesmos prazos;

*b)* em cada Estado e no Distrito Federal, os inelegíveis para os cargos de Governador e Vice-Governador, nas mesmas condições estabelecidas, observados os mesmos prazos;

**VI** – para a Câmara dos Deputados, Assembleia Legislativa e Câmara Legislativa, no que lhes for aplicável, por identidade de situações, os inelegíveis para o Senado Federal, nas mesmas condições estabelecidas, observados os mesmos prazos;

**VII** – para a Câmara Municipal:

*a)* no que lhes for aplicável, por identidade de situações, os inelegíveis para o Senado Federal e para a Câmara dos Deputados, observado o prazo de 6 (seis) meses para a desincompatibilização;

*b)* em cada Município, os inelegíveis para os cargos de Prefeito e Vice-Prefeito, observado o prazo de 6 (seis) meses para a desincompatibilização.

**§ 1º.** Para concorrência a outros cargos, o Presidente da República, os Governadores de Estado e do Distrito Federal e os Prefeitos devem renunciar aos respectivos mandatos até 6 (seis) meses antes do pleito.

- CF/1988: art. 14, § 6º.

**§ 2º.** O Vice-Presidente, o Vice-Governador e o Vice-Prefeito poderão candidatar-se a outros cargos, preservando os seus mandatos respectivos, desde que, nos últimos 6 (seis) meses anteriores ao pleito, não tenham sucedido ou substituído o titular.

**§ 3º.** São inelegíveis, no território de jurisdição do titular, o cônjuge e os parentes consanguíneos ou afins, até o segundo grau ou por adoção, do Presidente da República, de Governador de Estado ou Território, do Distrito Federal, de Prefeito ou de quem os haja substituído dentro dos 6 (seis) meses anteriores ao pleito, salvo se já titular de mandato eletivo e candidato à reeleição.

SV, 18. A dissolução da sociedade ou do vínculo conjugal, no curso do mandato, não afasta a inelegibilidade prevista no § 7º do artigo 14 da Constituição Federal.

- CF/1988: art. 14, § 7º.
- CC: arts. 1.591 a 1.595 e 1.723 a 1.727.

**§ 4º.** A inelegibilidade prevista na alínea *e* do inciso I deste artigo não se aplica aos crimes culposos e àqueles definidos em lei como de menor potencial ofensivo, nem aos crimes de ação penal privada.

**§ 4º-A.** A inelegibilidade prevista na alínea "g" do inciso I do *caput* deste artigo não se aplica aos responsáveis que tenham tido suas contas julgadas irregulares sem imputação de débito e sancionados exclusivamente com o pagamento de multa. *(Acrescido pela LC 184/2021)*

**§ 5º.** A renúncia para atender à desincompatibilização com vistas a candidatura a cargo eletivo ou para assunção de mandato não gerará a inelegibilidade prevista na alínea *k*, a menos que a Justiça Eleitoral reconheça fraude ao disposto nesta Lei Complementar.

**Art. 2º.** Compete à Justiça Eleitoral conhecer e decidir as arguições de inelegibilidade.

**Parágrafo único.** A arguição de inelegibilidade será feita perante:

**I** – o Tribunal Superior Eleitoral, quando se tratar de candidato a Presidente ou Vice-Presidente da República;

**II** – os Tribunais Regionais Eleitorais, quando se tratar de candidato a Senador, Governador e Vice-Governador de Estado e do Distrito Federal, Deputado Federal, Deputado Estadual e Deputado Distrital;

**III** – os Juízes Eleitorais, quando se tratar de candidato a Prefeito, Vice-Prefeito e Vereador.

**Art. 3º.** Caberá a qualquer candidato, a partido político, coligação ou ao Ministério Público, no prazo de 5 (cinco) dias, contados da publicação do pedido de registro do candidato, impugná-lo em petição fundamentada.

**§ 1º.** A impugnação, por parte do candidato, partido político ou coligação, não impede a ação do Ministério Público no mesmo sentido.

ELEITORAL

**§ 2º.** Não poderá impugnar o registro de candidato o representante do Ministério Público que, nos 4 (quatro) anos anteriores, tenha disputado cargo eletivo, integrado diretório de partido ou exercido atividade político-partidária.

**§ 3º.** O impugnante especificará, desde logo, os meios de prova com que pretende demonstrar a veracidade do alegado, arrolando testemunhas, se for o caso, no máximo de seis.

**Art. 4º.** A partir da data em que terminar o prazo para impugnação, passará a correr, após devida notificação, o prazo de 7 (sete) dias para que o candidato, partido político ou coligação possa contestá-la, juntar documentos, indicar rol de testemunhas e requerer a produção de outras provas, inclusive documentais, que se encontrarem em poder de terceiros, de repartições públicas ou em procedimentos judiciais, ou administrativos, salvo os processos em tramitação em segredo de justiça.

**Art. 5º.** Decorrido o prazo para contestação, se não se tratar apenas de matéria de direito e a prova protestada for relevante, serão designados os 4 (quatro) dias seguintes para inquirição das testemunhas do impugnante e do impugnado, as quais comparecerão por iniciativa das partes que as tiverem arrolado, com notificação judicial.

**§ 1º.** As testemunhas do impugnante e do impugnado serão ouvidas em uma só assentada.

**§ 2º.** Nos cinco dias subsequentes, o Juiz, ou o Relator, procederá a todas as diligências que determinar, de ofício ou a requerimento das partes.

**§ 3º.** No prazo do parágrafo anterior, o Juiz, ou o Relator, poderá ouvir terceiros, referidos pelas partes, ou testemunhas, como conhecedores dos fatos e circunstâncias que possam influir na decisão da causa.

**§ 4º.** Quando qualquer documento necessário à formação da prova se achar em poder de terceiro, o Juiz, ou o Relator, poderá ainda, no mesmo prazo, ordenar o respectivo depósito.

**§ 5º.** Se o terceiro, sem justa causa, não exibir o documento, ou não comparecer a juízo, poderá o Juiz contra ele expedir mandado de prisão e instaurar processo por crime de desobediência.

**Art. 6º.** Encerrado o prazo da dilação probatória, nos termos do artigo anterior, as partes, inclusive o Ministério Público, poderão apresentar alegações no prazo comum de 5 (cinco) dias.

**Art. 7º.** Encerrado o prazo para alegações, os autos serão conclusos ao Juiz, ou ao Relator, no dia imediato, para sentença ou julgamento pelo Tribunal.

**Parágrafo único.** O Juiz, ou Tribunal, formará sua convicção pela livre apreciação da prova, atendendo aos fatos e às circunstâncias constantes dos autos, ainda que não alegados pelas partes, mencionando, na decisão, os que motivaram seu convencimento.

**Art. 8º.** Nos pedidos de registro de candidatos a eleições municipais, o Juiz Eleitoral apresentará a sentença em cartório 3 (três) dias após a conclusão dos autos, passando a correr deste momento o prazo de 3 (três) dias para a interposição de recurso para o Tribunal Regional Eleitoral.

**§ 1º.** A partir da data em que for protocolizada a petição de recurso, passará a correr o prazo de 3 (três) dias para a apresentação de contrarrazões.

**§ 2º.** Apresentadas as contrarrazões, serão os autos imediatamente remetidos ao Tribunal Regional Eleitoral, inclusive por portador, se houver necessidade, decorrente da exiguidade de prazo, correndo as despesas do transporte por conta do recorrente, se tiver condições de pagá-las.

**Art. 9º.** Se o Juiz Eleitoral não apresentar a sentença no prazo do artigo anterior, o prazo para recurso só começará a correr após a publicação da mesma por edital, em cartório.

**Parágrafo único.** Ocorrendo a hipótese prevista neste artigo, o Corregedor Regional, de ofício, apurará o motivo do retardamento e proporá ao Tribunal Regional Eleitoral, se for o caso, a aplicação da penalidade cabível.

**Art. 10.** Recebidos os autos na Secretaria do Tribunal Regional Eleitoral, estes serão autuados e apresentados no mesmo dia ao Presidente, que, também na mesma data, os distribuirá a um Relator e mandará abrir vistas ao Procurador Regional pelo prazo de 2 (dois) dias.

**Parágrafo único.** Findo o prazo, com ou sem parecer, os autos serão enviados ao Relator, que os apresentará em mesa para julgamento em 3 (três) dias, independentemente de publicação em pauta.

**Art. 11.** Na sessão do julgamento, que poderá se realizar em até duas reuniões seguidas, feito o relatório, facultada a palavra às partes e ouvido o Procurador Regional, proferirá o Relator o seu voto e serão tomados os dos demais Juízes.

**§ 1º.** Proclamado o resultado, o Tribunal se reunirá para lavratura do acórdão, no qual serão indicados o direito, os fatos e as circunstâncias com base nos fundamentos do Relator ou do voto vencedor.

**§ 2º.** Terminada a sessão, far-se-á a leitura e a publicação do acórdão, passando a correr dessa data o prazo de 3 (três) dias, para a interposição de recurso para o Tribunal Superior Eleitoral, em petição fundamentada.

- LC 64/1990: art. 8º, *caput*.
- Lei 4.737/1965: art. 276, I.

**Art. 12.** Havendo recurso para o Tribunal Superior Eleitoral, a partir da data em que for protocolizada a petição passará a correr o prazo de 3 (três) dias para a apresentação de contrarrazões, notificado por telegrama o recorrido.

**Parágrafo único.** Apresentadas as contrarrazões, serão os autos imediatamente remetidos ao Tribunal Superior Eleitoral.

**Art. 13.** Tratando-se de registro a ser julgado originariamente por Tribunal Regional Eleitoral, observado o disposto no art. 6º desta Lei Complementar, o pedido de registro, com ou sem impugnação, será julgado em 3 (três) dias, independentemente de publicação em pauta.

**Parágrafo único.** Proceder-se-á ao julgamento na forma estabelecida no art. 11 desta Lei Complementar e, havendo recurso para o Tribunal Superior Eleitoral, observar-se-á o disposto no artigo anterior.

**Art. 14.** No Tribunal Superior Eleitoral, os recursos sobre registro de candidatos serão processados e julgados na forma prevista nos arts. 10 e 11 desta Lei Complementar.

**Art. 15.** Transitada em julgado ou publicada a decisão proferida por órgão colegiado que declarar a inelegibilidade do candidato, ser-lhe-á negado registro, ou cancelado, se já tiver sido feito, ou declarado nulo o diploma, se já expedido.

**Parágrafo único.** A decisão a que se refere o *caput*, independentemente da apresentação de recurso, deverá ser comunicada, de imediato, ao Ministério Público Eleitoral e ao órgão da Justiça Eleitoral competente para o registro de candidatura e expedição de diploma do réu.

**Art. 16.** Os prazos a que se referem o art. 3º e seguintes desta Lei Complementar são peremptórios e contínuos e correm em Secretaria ou Cartório e, a partir da data do encerramento do prazo para registro de candidatos, não se suspendem aos sábados, domingos e feriados.

**Art. 17.** É facultado ao partido político ou coligação que requerer o registro de candidato considerando inelegível dar-lhe substituto, mesmo que a decisão passada em julgado tenha sido proferida após o termo final do prazo de registro, caso em que a respectiva Comissão Executiva do Partido fará a escolha do candidato.

- Lei 9.504/1997: art. 13.
- Lei 4.737/1965: art. 101, § 5º.

**Art. 18.** A declaração de inelegibilidade do candidato à Presidência da República, Governador de Estado e do Distrito Federal e Prefeito Municipal não atingirá o candidato a Vice-Presidente, Vice-Governador ou Vice-Prefeito, assim como a destes não atingirá aqueles.

**Art. 19.** As transgressões pertinentes à origem de valores pecuniários, abuso do poder econômico ou político, em detrimento da liberdade de voto, serão apuradas mediante investigações jurisdicionais realizadas pelo Corregedor-Geral e Corregedores Regionais Eleitorais.

- Lei 9.504/1997: art. 22, §§ 3º e 4º.

**Parágrafo único.** A apuração e a punição das transgressões mencionadas no *caput* deste artigo terão o objetivo de proteger a normalidade e legitimidade das eleições contra a influência do poder econômico ou do abuso do exercício de função, cargo ou emprego na Administração direta, indireta e fundacional da União, dos Estados, do Distrito Federal e dos Municípios.

**Art. 20.** O candidato, partido político ou coligação são parte legítima para denunciar os culpados e promover-lhes a responsabilidade; a nenhum servidor público, inclusive de autarquias, de entidade paraestatal e de sociedade de economia mista será lícito negar ou retardar ato de ofício tendente a esse fim, sob pena de crime funcional.

**Art. 21.** As transgressões a que se refere o art. 19 desta Lei Complementar serão apuradas mediante procedimento sumaríssimo de investigação judicial, realizada pelo Corregedor-Geral e Corregedores Regionais Eleitorais, nos termos das Leis nºs 1.579, de 18 de março de 1952, 4.410, de 24 de setembro de 1964, com as modificações desta Lei Complementar.

**Art. 22.** Qualquer partido político, coligação, candidato ou Ministério Público Eleitoral poderá representar à Justiça Eleitoral, diretamente ao Corregedor-Geral ou Regional, relatando fatos e indicando provas, indícios e circunstâncias e pedir abertura de investigação judicial para apurar uso indevido, desvio ou abuso do poder econômico ou do poder de autoridade, ou utilização indevida de veículos ou meios de comunicação social, em benefício de candidato ou de partido político, obedecido o seguinte rito:

**I** – o Corregedor, que terá as mesmas atribuições do Relator em processos judiciais, ao despachar a inicial, adotará as seguintes providências:

*a)* ordenará que se notifique o representado do conteúdo da petição, entregando-se lhe a segunda via apresentada pelo representante com as cópias dos documentos, a fim de que, no prazo de 5 (cinco) dias, ofereça ampla defesa, juntada de documentos e rol de testemunhas, se cabível;

*b)* determinará que se suspenda o ato que deu motivo à representação, quando for relevante o fundamento e do ato impugnado puder resultar a ineficiência da medida, caso seja julgada procedente;

*c)* indeferirá desde logo a inicial, quando não for caso de representação ou lhe faltar algum requisito desta Lei Complementar;

**II** – no caso do Corregedor indeferir a reclamação ou representação, ou retardar lhe a solução, poderá o interessado renová-la perante o Tribunal, que resolverá dentro de 24 (vinte e quatro) horas;

**III** – o interessado, quando for atendido ou ocorrer demora, poderá levar o fato ao conhecimento do Tribunal Superior Eleitoral, a fim de que sejam tomadas as providências necessárias;

**IV** – feita a notificação, a Secretaria do Tribunal juntará aos autos cópia autêntica do ofício endereçado ao representado, bem como a prova da entrega ou da sua recusa em aceitá-la ou dar recibo;

**V** – findo o prazo da notificação, com ou sem defesa, abrir-se-á prazo de 5 (cinco) dias para inquirição, em uma só assentada, de testemunhas arroladas pelo representante e pelo representado, até o máximo de seis para cada um, as quais comparecerão independentemente de intimação;

**VI** – nos três dias subsequentes, o Corregedor procederá a todas as diligências que determinar, *ex officio* ou a requerimento das partes;

**VII** – no prazo da alínea anterior, o Corregedor poderá ouvir terceiros, referidos pelas partes, ou testemunhas, como conhecedores dos fatos e circunstâncias que possam influir na decisão do feito;

**VIII** – quando qualquer documento necessário à formação da prova se achar em poder de terceiro, inclusive estabelecimento de crédito, oficial ou privado, o Corregedor poderá, ainda, no mesmo prazo, ordenar o respectivo depósito ou requisitar cópias;

**IX** – se o terceiro, sem justa causa, não exibir o documento, ou não comparecer a juízo, o Juiz poderá expedir contra ele mandado de prisão e instaurar processo por crime de desobediência;

**X** – encerrado o prazo da dilação probatória, as partes, inclusive o Ministério Público, poderão apresentar alegações no prazo comum de 2 (dois) dias;

**XI** – terminado o prazo para alegações, os autos serão conclusos ao Corregedor, no dia imediato, para apresentação de relatório conclusivo sobre o que houver sido apurado;

**XII** – o relatório do Corregedor, que será assentado em 3 (três) dias, e os autos da representação serão encaminhados ao Tribunal competente, no dia imediato, com pedido de inclusão incontinenti do feito em pauta, para julgamento na primeira sessão subsequente;

**XIII** – no Tribunal, o Procurador-Geral ou Regional Eleitoral terá vista dos autos por 48 (quarenta e oito) horas, para se pronunciar sobre as imputações e conclusões do Relatório;

**XIV** – julgada procedente a representação, ainda que após a proclamação dos eleitos, o Tribunal declarará a inelegibilidade do representado e de quantos hajam contribuído para a prática do ato, cominando-lhes sanção de inelegibilidade para as eleições a se realizarem nos 8 (oito) anos subsequentes à eleição em que se verificou, além da cassação do registro ou diploma do candidato diretamente beneficiado pela interferência do poder econômico ou pelo desvio ou abuso do poder de autoridade ou dos meios de comunicação, determinando a remessa dos autos ao Ministério Público Eleitoral, para instauração de processo disciplinar, se for o caso, e de ação penal, ordenando quaisquer outras providências que a espécie comportar;

› LC 64/1990: art. 1º, I.

**XV** – *(Revogado pela LC 135/2010).*

**XVI** – para a configuração do ato abusivo, não será considerada a potencialidade de o fato alterar o resultado da eleição, mas apenas a gravidade das circunstâncias que o caracterizam.

**Parágrafo único.** O recurso contra a diplomação, interposto pelo representante, não impede a atuação do Ministério Público no mesmo sentido.

**Art. 23.** O Tribunal formará sua convicção pela livre apreciação dos fatos públicos e notórios, dos indícios e presunções e prova produzida, atentando para circunstâncias ou fatos, ainda que não indicados ou alegados pelas partes, mas que preservem o interesse público de lisura eleitoral.

**Art. 24.** Nas eleições municipais, o Juiz Eleitoral será competente para conhecer e processar a representação prevista nesta Lei Complementar, exercendo todas as funções atribuídas ao Corregedor-Geral ou Regional, constantes dos incisos I a XV do art. 22 desta Lei Complementar, cabendo ao representante do Ministério Público Eleitoral em função da Zona Eleitoral as atribuições deferidas ao Procurador-Geral e Regional Eleitoral, observadas as normas do procedimento previstas nesta Lei Complementar.

› Referido inciso XV foi revogado pela LC 35/2010.

**Art. 25.** Constitui crime eleitoral a arguição de inelegibilidade, ou a impugnação de registro de candidato feito por interferência do poder econômico, desvio ou abuso do poder de autoridade, deduzida de forma temerária ou de manifesta má-fé:

Pena – detenção, de 6 (seis) meses a 2 (dois) anos, e multa de 20 a 50 vezes o valor do Bônus do Tesouro Nacional – BTN e, no caso de sua extinção, de título público que o substitua.

**Art. 26.** Os prazos de desincompatibilização previstos nesta Lei Complementar que já estiverem ultrapassados na data de sua vigência considerar-se-ão atendidos desde que a desincompatibilização ocorra até 2 (dois) dias após a publicação desta Lei Complementar.

**Art. 26-A.** Afastada pelo órgão competente a inelegibilidade prevista nesta Lei Complementar, aplicar-se-á, quanto ao registro de candidatura, o disposto na lei que estabelece normas para as eleições.

› Lei 9.504/1997 – Normas para as eleições.

**Art. 26-B.** O Ministério Público e a Justiça Eleitoral darão prioridade, sobre quaisquer outros, aos processos de desvio ou abuso do poder econômico ou do poder de autoridade até que sejam julgados, ressalvados os de *habeas corpus* e mandado de segurança.

**§ 1º.** É defeso às autoridades mencionadas neste artigo deixar de cumprir qualquer prazo previsto nesta Lei Complementar sob alegação de acúmulo de serviço no exercício das funções regulares.

**§ 2º.** Além das polícias judiciárias, os órgãos da receita federal, estadual e municipal, os tribunais e órgãos de contas, o Banco Central do Brasil e o Conselho de Controle de Atividade Financeira auxiliarão a Justiça Eleitoral e o Ministério Público Eleitoral na apuração dos delitos eleitorais, com prioridade sobre as suas atribuições regulares.

**§ 3º.** O Conselho Nacional de Justiça, o Conselho Nacional do Ministério Público e as Corregedorias Eleitorais manterão acompanhamento dos relatórios mensais de atividades fornecidos pelas unidades da Justiça Eleitoral a fim de verificar eventuais descumprimentos injustificados de prazos, promovendo, quando for o caso, a devida responsabilização.

**Art. 26-C.** O órgão colegiado do tribunal ao qual couber a apreciação do recurso contra as decisões colegiadas a que se referem as alíneas *d, e, h, j, l* e n do inciso I do art. 1º poderá, em caráter cautelar, suspender a inelegibilidade sempre que existir plausibilidade da pretensão recursal e desde que a providência tenha sido expressamente requerida, sob pena de preclusão, por ocasião da interposição do recurso.

**§ 1º.** Conferido efeito suspensivo, o julgamento do recurso terá prioridade sobre todos os demais, à exceção dos de mandado de segurança e de *habeas corpus*.

**§ 2º.** Mantida a condenação de que derivou a inelegibilidade ou revogada a suspensão liminar mencionada no *caput*, serão desconstituídos o registro ou o diploma eventualmente concedidos ao recorrente.

**§ 3º.** A prática de atos manifestamente protelatórios por parte da defesa, ao longo da tramitação do recurso, acarretará a revogação do efeito suspensivo.

**Art. 27.** Esta Lei Complementar entra em vigor na data de sua publicação.

**Art. 28.** Revogam-se a Lei Complementar 5, de 29 de abril de 1970, e as demais disposições em contrário.

Brasília, 18 de maio de 1990; 169° da Independência e 102° da República.

FERNANDO COLLOR

# Súmulas

# PLANO DE ESTUDO

| Diploma | Estudado | Revisão 1 | Revisão 2 | Revisão 3 | Questões |
|---|---|---|---|---|---|
| Súmulas da Turma Nacional de Uniformização – TNU | | | | | |
| Súmulas dos Tribunais Regionais Federais – TRF | | | | | |

## SÚMULAS DA TURMA NACIONAL DE UNIFORMIZAÇÃO - TNU

**Súmula 1-TNU:** A conversão dos benefícios previdenciários em URV, em março/94, obedece às disposições do art. 20, incisos I e II da Lei 8.880/94 (MP nº 434/94).

- DJ: 08/10/2002

**Súmula 2-TNU:** Os benefícios previdenciários, em maio de 1996, deverão ser reajustados na forma da Medida Provisória 1.415, de 29 de abril de 1996, convertida na Lei 9.711, de 20 de novembro de 1998.

- DJ: 13/03/2003

**Súmula 3-TNU:** Os benefícios de prestação continuada, no regime geral da Previdência Social, devem ser reajustados com base no IGP-DI nos anos de 1997, 1999, 2000 e 2001.

- DJ: 09/05/2003
- CANCELADA EM: 30/09/2003

**Súmula 4-TNU:** Não há direito adquirido à condição de dependente de pessoa designada, quando o falecimento do segurado deu-se após o advento da Lei 9.032/95.

- DJ: 23/06/2003

**Súmula 5-TNU:** A prestação de serviço rural por menor de 12 a 14 anos, até o advento da Lei 8.213, de 24 de julho de 1991, devidamente comprovada, pode ser reconhecida para fins previdenciários.

- DJ: 25/09/2003

**Súmula 6-TNU:** A certidão de casamento ou outro documento idôneo que evidencie a condição de trabalhador rural do cônjuge constitui início razoável de prova material da atividade rurícola.

- DJ: 25/09/2003

**Súmula 7-TNU:** Descabe incidente de uniformização versando sobre honorários advocatícios por se tratar de questão de direito processual.

- DJ: 25/09/2003

**Súmula 8-TNU:** Os benefícios de prestação continuada, no regime geral da Previdência Social, não serão reajustados com base no IGP-DI nos anos de 1997, 1999, 2000 e 2001.

- DJ: 05/11/2003

**Súmula 9-TNU:** O uso de Equipamento de Proteção Individual (EPI), ainda que elimine a insalubridade, no caso de exposição a ruído, não descaracteriza o tempo de serviço especial prestado.

- DJ: 05/11/2003

**Súmula 10-TNU:** O tempo de serviço rural anterior à vigência da Lei n. 8.213/91 pode ser utilizado para fins de contagem recíproca, assim entendida aquela que soma tempo de atividade privada, rural ou urbana, ao de serviço público estatutário, desde que sejam recolhidas as respectivas contribuições previdenciárias.

- DJ: 03/12/2003

**Súmula 11-TNU:** A renda mensal, per capita, familiar, superior a ¼ (um quarto) do salário mínimo não impede a concessão do benefício assistencial previsto no art. 20, § 3º da Lei nº. 8.742 de 1993, desde que comprovada, por outros meios, a miserabilidade do postulante.

- DJ: 14/04/2004
- CANCELADA EM: 24/04/2006
- DJ: 12/5/2006

**Súmula 12-TNU:** Os juros moratórios são devidos pelo gestor do FGTS e incidem a partir da citação nas ações em que se reclamam diferenças de correção monetária, tenha havido ou não levantamento do saldo, parcial ou integralmente.

- DJ: 14/04/2004

**Súmula 13-TNU:** O reajuste concedido pelas Leis n. 8.622/93 e 8.627/93 (28,86%) constituiu revisão geral dos vencimentos e, por isso, é devido também aos militares que não o receberam em sua integralidade, compensado o índice então concedido, sendo limite temporal desse reajuste o advento da MP n. 2.131 de 28/12/2000.

- DJ: 10/05/2004

**Súmula 14-TNU:** Para a concessão de aposentadoria rural por idade, não se exige que o início de prova material corresponda a todo o período equivalente à carência do benefício.

- DJ: 24.05.2004

**Súmula 15-TNU:** O valor mensal da pensão por morte concedida antes da Lei nº 9.032, de 28 de abril de 1995, deve ser revisado de acordo com a nova redação dada ao art. 75 da Lei nº 8.213, de 24 de julho de 1991.

- DJ: 24/05/2004
- CANCELADA EM: 26/03/2007
- DJ: 08/05/2007

**Súmula 16-TNU:** A conversão em tempo de serviço comum, do período trabalhado em condições especiais, somente é possível relativamente à atividade exercida até 28 de maio de 1998 (art. 28 da Lei nº 9.711/98).

- DJ: 24/05/2004
- CANCELADA EM: 27.03.09
- DJ: 24/04/2009

**Súmula 17-TNU:** Não há renúncia tácita no Juizado Especial Federal, para fins de competência.

- DJ DATA: 24/05/2004

**Súmula 18-TNU:** Para fins previdenciários, o cômputo do tempo de serviço prestado como aluno-aprendiz exige a comprovação de que, durante o período de aprendizado,houve simultaneamente: (i) retribuição consubstanciada em prestação pecuniária ou em auxílios materiais; (ii) à conta do Orçamento; (iii) a título decontraprestação por labor; (iv) na execução de bens e serviços destinados a terceiros.

- DJ: 07/10/2004. Alterada DJe 19/02/2020.

**Súmula 19-TNU:** Para o cálculo da renda mensal inicial do benefício previdenciário, deve ser considerada, na atualização dos salários de contribuição anteriores a março de 1994, a variação integral do IRSM de fevereiro de 1994, na ordem de 39,67% (art. 21, § 1º, da Lei nº 8.880/94).

- DJ: 07/10/2004

**Súmula 20-TNU:** A Lei n. 8.112, de 11 de dezembro de 1990, não modificou a situação do servidor celetista anteriormente aposentado pela Previdência Social Urbana.

- DJ: 07/10/2004

**Súmula 21-TNU:** Não há direito adquirido a reajuste de benefícios previdenciários com base na variação do IPC (Índice de Preço ao Consumidor), de janeiro de 1989 (42,72%) e abril de 1990 (44,80%).

- DJ: 07/10/2004

**Súmula 22-TNU:** Se a prova pericial realizada em juízo dá conta de que a incapacidade já existia na data do requerimento administrativo, esta é o termo inicial do benefício assistencial.

- DJ: 07/10/2004

**Súmula 23-TNU:** As substituições de cargos ou funções de direção ou chefia ou de cargo de natureza especial ocorridas a partir da vigência da Medida Provisória nº 1.522, de 11/10/1996, e até o advento da Lei nº 9.527, de 10/12/1997, quando iguais ou inferiores a trinta dias, não geram direito à remuneração correspondente ao cargo ou função substituída.

- DJ: 10/03/2005

**Súmula 24-TNU:** O tempo de serviço do segurado trabalhador rural anterior ao advento da Lei nº 8.213/91, sem o recolhimento de contribuições previdenciárias, pode ser considerado para a concessão de benefício previdenciário do Regime Geral de Previdência Social (RGPS), exceto para efeito de carência, conforme a regra do art. 55, §2º, da Lei nº 8.213/91.

- DJ: 10/03/2005

**Súmula 25-TNU:** A revisão dos valores dos benefícios previdenciários, prevista no art. 58 do ADCT, deve ser feita com base no número de salários mínimos apurado na data da concessão, e não no mês de recolhimento da última contribuição.

**Súmula 26-TNU:** A atividade de vigilante enquadra-se como especial, equiparando-se à de guarda, elencada no item 2.5.7. do Anexo III do Decreto n. 53.831/64.

- DJ: 22/06/2005

**Súmula 27-TNU:** A ausência de registro em órgão do Ministério do Trabalho não impede a comprovação do desemprego por outros meios admitidos em Direito.

- DJ: 22/06/2005

**Súmula 28-TNU:** Encontra-se prescrita a pretensão de ressarcimento de perdas sofridas na atualização monetária da conta do Plano de Integração Social – PIS –, em virtude de expurgos ocorridos por ocasião dos Planos Econômicos Verão e Collor I.

- DJ: 05/01/2006

**Súmula 29-TNU:** Para os efeitos do art. 20, § 2º, da Lei n. 8.742, de 1993, incapacidade para a vida independente não é só aquela que impede as atividades mais elementares da pessoa, mas também a impossibilita de prover ao próprio sustento.

- DJ: 13/02/2006

**Súmula 30-TNU:** Tratando-se de demanda previdenciária, o fato de o imóvel ser superior ao módulo rural não afasta, por si só, a qualificação de seu proprietário como segurado especial, desde que comprovada, nos autos, a sua exploração em regime de economia familiar.

- DJ: 13/02/2006

**Súmula 31-TNU:** A anotação na CTPS decorrente de sentença trabalhista homologatória constitui início de prova material para fins previdenciários.

- DJ: 13/02/2006
- Revogada em: 22/11/2023
- DJe 29/11/2023

**Súmula 32-TNU:** O tempo de trabalho laborado com exposição a ruído é considerado especial, para fins de conversão em comum, nos seguintes níveis: superior a 80 decibéis, na vigência do Decreto n. 53.831/64 e, a contar de 5 de março de 1997, superior a 85 decibéis, por força da edição do Decreto n. 4.882, de 18 de novembro de 2003, quando a Administração Pública reconheceu e declarou a nocividade à saúde de tal índice de ruído.

- Cancelada em: 9/10/2013
- DOU: 11/10/2013

**Súmula 33-TNU:** Quando o segurado houver preenchido os requisitos legais para concessão da aposentadoria por tempo de serviço na data do requerimento administrativo, esta data será o termo inicial da concessão do benefício.

- DJ: 04/08/2006

**Súmula 34-TNU:** Para fins de comprovação do tempo de labor rural, o início de prova material deve ser contemporâneo à época dos fatos a provar.

- DJ: 04/08/2006

**Súmula 35-TNU:** A Taxa Selic, composta por juros de mora e correção monetária, incide nas repetições de indébito tributário.

- DJ: 09/01/2007

**Súmula 36-TNU:** Não há vedação legal à cumulação da pensão por morte de trabalhador rural com o benefício da aposentadoria por invalidez, por apresentarem pressupostos fáticos e fatos geradores distintos.

- DJ: 06/03/2007

**Súmula 37-TNU:** A pensão por morte, devida ao filho até os 21 anos de idade, não se prorroga pela pendência do curso universitário.

- DJ: 20/06/2007

**Súmula 38-TNU:** Aplica-se subsidiariamente a Tabela de Cálculos de Santa Catarina aos pedidos de revisão de RMI – OTN/ORTN, na atualização dos salários de contribuição.

- DJ: 20/06/2007

**Súmula 39-TNU:** Nas ações contra a Fazenda Pública, que versem sobre pagamento de diferenças decorrentes de reajuste nos vencimentos de servidores públicos, ajuizadas após 24/08/2001, os juros de mora devem ser fixados em 6% (seis por cento) ao ano (art. 1º-F da Lei 9.494/97).

- DJ: 20/06/2007

**Súmula 40-TNU:** Nenhuma diferença é devida a título de correção monetária dos depósitos do FGTS relativos ao mês de fevereiro de 1989.

- DJ: 26/09/2007

**Súmula 41-TNU:** A circunstância de um dos integrantes do núcleo familiar desempenhar atividade urbana não implica, por si só, a descaracterização do trabalhador rural como segurado especial, condição que deve ser analisada no caso concreto.

- DJ: 03/03/2010

**Súmula 42-TNU:** Não se conhece de incidente de uniformização que implique reexame de matéria de fato.

- DJ: 03/11/2011

**Súmula 43-TNU:** Não cabe incidente de uniformização que verse sobre matéria processual.

- DJ: 03/11/2011

**Súmula 44-TNU:** Para efeito de aposentadoria urbana por idade, a tabela progressiva de carência prevista no art. 142 da Lei nº 8.213/91 deve ser aplicada em função do ano em que o segurado completa a idade mínima para concessão do benefício, ainda que o período de carência só seja preenchido posteriormente.

- DOU: 14/12/2011

**Súmula 45-TNU:** Incide correção monetária sobre o salário-maternidade desde a época do parto, independentemente da data do requerimento administrativo.

- DOU: 14/12/2011

**Súmula 46-TNU:** O exercício de atividade urbana intercalada não impede a concessão de benefício previdenciário de trabalhador rural, condição que deve ser analisada no caso concreto.

- DOU: 15/03/2012

**Súmula 47-TNU:** Uma vez reconhecida a incapacidade parcial para o trabalho, o juiz deve analisar as condições pessoais e sociais do segurado para a concessão de aposentadoria por invalidez.

- DOU: 15/03/2012

**Súmula 48-TNU:** Para fins de concessão do benefício assistencial de prestação continuada, o conceito de pessoa com deficiência, que não se confunde necessariamente com situação de incapacidade laborativa, exige a configuração de impedimento de longo prazo com duração mínima de 2 (dois) anos, a ser aferido no caso concreto, desde o início do impedimento até a data prevista para a sua cessação.

- DOU: 18/04/2012. Alterada DJE 29/04/2019.

**Súmula 49-TNU:** Para reconhecimento de condição especial de trabalho antes de 29/4/1995, a exposição a agentes nocivos à saúde ou à integridade física não precisa ocorrer de forma permanente.

- DOU: 15/03/2012

**Súmula 50-TNU:** É possível a conversão do tempo de serviço especial em comum do trabalho prestado em qualquer período.

- DOU: 15/03/2012

**Súmula 51-TNU:** Os valores recebidos por força de antecipação dos efeitos de tutela, posteriormente revogada em demanda previdenciária, são irrepetíveis em razão da natureza alimentar e da boa-fé no seu recebimento.

- DJ: 15/03/2012
- CANCELADA EM: 30.08.2017
- DJE: 20/09/2017

**Súmula 52-TNU:** Para fins de concessão de pensão por morte, é incabível a regularização do recolhimento de contribuições de segurado contribuinte individual posteriormente a seu óbito, exceto quando as contribuições devam ser arrecadadas por empresa tomadora de serviços.

- DOU: 18/04/2012

**Súmula 53-TNU:** Não há direito a auxílio-doença ou a aposentadoria por invalidez quando a incapacidade para o trabalho é preexistente ao reingresso do segurado no Regime Geral de Previdência Social.

- DOU: 07/05/2012

**Súmula 54-TNU:** Para a concessão de aposentadoria por idade de trabalhador rural, o tempo de exercício de atividade equivalente à carência deve ser aferido no período imediatamente anterior ao requerimento administrativo ou à data do implemento da idade mínima.

- DOU: 07/05/2012

**Súmula 55-TNU:** A conversão do tempo de atividade especial em comum deve ocorrer com aplicação do fator multiplicativo em vigor na data da concessão da aposentadoria.

- DOU: 07/05/2012

**Súmula 56-TNU:** O prazo de trinta anos para prescrição da pretensão à cobrança de juros progressivos sobre saldo de conta vinculada ao FGTS tem início na data em que deixou de ser feito o crédito e incide sobre cada prestação mensal.

- DOU: 07/05/2012

**Súmula 57-TNU:** O auxílio-doença e a aposentadoria por invalidez não precedida de auxílio-doença, quando concedidos na vigência da Lei n. 9.876/1999, devem ter o salário de benefício apurado com base na média aritmética simples dos maiores salários de contribuição correspondentes a 80% do período contributivo, independentemente da data de filiação do segurado ou do número de contribuições mensais no período contributivo.

- DOU: 24/05/2012

**Súmula 58-TNU:** Não é devido o reajuste na indenização de campo por força da alteração trazida pelo Decreto n. 5.554/2005.

- DOU: 24/05/2012

**Súmula 59-TNU:** A ausência de declaração do objeto postado não impede a condenação da ECT a indenizar danos decorrentes do extravio, desde que o conteúdo da postagem seja demonstrado por outros meios de prova admitidos em direito.

- DOU: 24/05/2012

**Súmula 60-TNU:** O décimo terceiro salário não integra o salário de contribuição para fins de cálculo do salário de benefício, independentemente da data da concessão do benefício previdenciário.

- CANCELADA EM: 16/03/2016
- DOU: 21/03/2016

**Súmula 61-TNU:** As alterações promovidas pela Lei n. 11.960/2009 têm aplicação imediata na regulação dos juros de mora em condenações contra a Fazenda Pública, inclusive em matéria previdenciária, independentemente da data do ajuizamento da ação ou do trânsito em julgado.

- CANCELADA EM: 11/10/2013
- DOU: 11/10/2013

**Súmula 62-TNU:** O segurado contribuinte individual pode obter reconhecimento de atividade especial para fins previdenciários, desde que consiga comprovar exposição a agentes nocivos à saúde ou à integridade física.

- DOU: 03/07/2012

**Súmula 63-TNU:** A comprovação de união estável para efeito de concessão de pensão por morte prescinde de início de prova material.

- DOU: 23/08/2012

**Súmula 64-TNU:** O direito à revisão do ato de indeferimento de benefício previdenciário ou assistencial sujeita-se ao prazo decadencial de dez anos.

- CANCELADA EM: 18/06/2015
- DOU: 24/06/2015

**Súmula 65-TNU:** Os benefícios de auxílio-doença, auxílio-acidente e aposentadoria por invalidez concedidos no período de 28/3/2005 a 20/7/2005 devem ser calculados nos termos da Lei

n. 8.213/1991, em sua redação anterior à vigência da Medida Provisória n. 242/2005.

- DOU: 24/09/2012

**Súmula 66-TNU:** O servidor público ex-celetista que trabalhava sob condições especiais antes de migrar para o regime estatutário tem direito adquirido à conversão do tempo de atividade especial em tempo comum com o devido acréscimo legal, para efeito de contagem recíproca no regime previdenciário próprio dos servidores públicos.

- DOU: 24/09/2012

**Súmula 67-TNU:** O auxílio-alimentação recebido em pecúnia por segurado filiado ao Regime Geral da Previdência Social integra o salário de contribuição e sujeita-se à incidência de contribuição previdenciária.

- DOU: 24/09/2012

**Súmula 68-TNU:** O laudo pericial não contemporâneo ao período trabalhado é apto à comprovação da atividade especial do segurado.

- DOU: 24/09/2012

**Súmula 69-TNU:** O tempo de serviço prestado em empresa pública ou em sociedade de economia mista por servidor público federal somente pode ser contado para efeitos de aposentadoria e disponibilidade.

- DOU: 13/03/2013

**Súmula 70-TNU:** A atividade de tratorista pode ser equiparada à de motorista de caminhão para fins de reconhecimento de atividade especial mediante enquadramento por categoria profissional.

- DOU: 13/03/2013

**Súmula 71-TNU:** O mero contato do pedreiro com o cimento não caracteriza condição especial de trabalho para fins previdenciários.

- DOU: 13/03/2013

**Súmula 72-TNU:** É possível o recebimento de benefício por incapacidade durante período em que houve exercício de atividade remunerada quando comprovado que o segurado estava incapaz para as atividades habituais na época em que trabalhou.

- DOU: 13/03/2013

**Súmula 73-TNU:** O tempo de gozo de auxílio-doença ou de aposentadoria por invalidez não decorrentes de acidente de trabalho só pode ser computado como tempo de contribuição ou para fins de carência quando intercalado entre períodos nos quais houve recolhimento de contribuições para a previdência social.

- DOU: 13/03/2013

**Súmula 74-TNU:** O prazo de prescrição fica suspenso pela formulação de requerimento administrativo e volta a correr pelo saldo remanescente após a ciência da decisão administrativa final.

- DOU: 22/05/2013

**Súmula 75-TNU:** A Carteira de Trabalho e Previdência Social (CTPS) em relação à qual não se aponta defeito formal que lhe comprometa a fidedignidade goza de presunção relativa de veracidade, formando prova suficiente de tempo de serviço para fins previdenciários, ainda que a anotação de vínculo de emprego não conste no Cadastro Nacional de Informações Sociais (CNIS).

- DOU: 13/06/2013

**Súmula 76-TNU:** A averbação de tempo de serviço rural não contributivo não permite majorar o coeficiente de cálculo da renda mensal inicial de aposentadoria por idade previsto no art. 50 da Lei nº 8.213/91.

- DOU: 14/08/2013

**Súmula 77-TNU:** O julgador não é obrigado a analisar as condições pessoais e sociais quando não reconhecer a incapacidade do requerente para a sua atividade habitual.

- DOU: 06/09/2013

**Súmula 78-TNU:** Comprovado que o requerente de benefício é portador do vírus HIV, cabe ao julgador verificar as condições pessoais, sociais, econômicas e culturais, de forma a analisar a incapacidade em sentido amplo, em face da elevada estigmatização social da doença.

- DOU: 17/09/2014

**Súmula 79-TNU:** Nas ações em que se postula benefício assistencial, é necessária a comprovação das condições socioeconômicas do autor por laudo de assistente social, por auto de constatação lavrado por oficial de justiça ou, sendo inviabilizados os referidos meios, por prova testemunhal.

- DOU: 24/04/2015

**Súmula 80-TNU:** Nos pedidos de benefício de prestação continuada (LOAS), tendo em vista o advento da Lei 12.470/11, para adequada valoração dos fatores ambientais, sociais, econômicos e pessoais que impactam na participação da pessoa com deficiência na sociedade, é necessária a realização de avaliação social por assistente social ou outras providências aptas a revelar a efetiva condição vivida no meio social pelo requerente.

- DOU: 24/04/2015

**Súmula 81-TNU:** A impugnação de ato de indeferimento, cessação ou cancelamento de benefício previdenciário não se submete a qualquer prazo extintivo, seja em relação à revisão desses atos, seja em relação ao fundo de direito.

- DOU: 24/06/2015. Alterada DJe 11/12/2020.

**Súmula 82-TNU:** O código 1.3.2 do quadro anexo ao Decreto n.º 53.831/64, além dos profissionais da área da saúde, contempla os trabalhadores que exercem atividades de serviços gerais em limpeza e higienização de ambientes hospitalares.

- DOU: 30/11/2015

**Súmula 83-TNU:** A partir da entrada em vigor da Lei n. 8.870/94, o décimo terceiro salário não integra o salário de contribuição para fins de cálculo do salário de benefício.

- DOU: 21/03/2016

**Súmula 84-TNU:** Comprovada a situação de desemprego por mais de 3 anos, o trabalhador tem direito ao saque dos valores depositados em sua conta individual do PIS.

- DOU: 14/06/2017

**Súmula 85-TNU:** É possível a conversão de tempo comum em especial de período(s) anterior(es) ao advento da Lei nº 9.032/1995 (que alterou a redação do § 3º do art. 57 da Lei nº 8.213/1991), desde que todas as condições legais para a concessão do benefício pleiteado tenham sido atendidas antes da publicação da referida lei, independentemente da data de entrada do requerimento (DER).

- DOU: 29/08/2018

**Súmula 86-TNU:** Não cabe incidente de uniformização que tenha como objeto principal questão controvertida de natureza constitucional que ainda não tenha sido definida pelo Supremo Tribunal Federal em sua jurisprudência dominante.

- DOU: 18/12/2018
- CANCELADA EM: 26/08/2021
- DJE: 01/09/2021

**Súmula 87-TNU:** A eficácia do EPI não obsta o reconhecimento de atividade especial exercida antes de 03/12/1998, data de início da vigência da MP 1.729/1998, convertida na Lei n. 9.732/1998.

- DOU: 26/02/2019.

**Súmula 88-TNU:** A existência de limitação, ainda que leve, para o desempenho da atividade para o trabalho habitual enseja a concessão do benefício de auxílio-acidente, em observância a tese fixada sob o Tema 416 do Superior Tribunal de Justiça.

- DJeN Disponibilização em: 24/04/2024
- Publicada em: 25/04/2024

**Súmula 89-TNU:** Não há direito à concessão de benefício de auxílio-acidente quando, após consolidação das lesões decorrentes de acidente de qualquer natureza, resultarem seqüelas que não reduzem a capacidade laborativa habitual nem sequer demandam dispêndio de maior esforço na execução da atividade habitual.

- DJeN Disponibilização em: 24/04/2024
- Publicada em: 25/04/2024

# SÚMULAS DOS TRIBUNAIS REGIONAIS FEDERAIS – TRF

## SÚMULAS TRF 1

**1.** A isenção de custas do art. 9º, I, da Lei 6.032/74 não desobriga seus beneficiários da reposição prevista no art. 10, § 4º, da mesma lei.

- DJ: 11/12/1990

**2.** A isenção prevista no art. 9º, I, da Lei 6.032/74, é aplicável às causas sob jurisdição federal processadas perante a Justiça Estadual.

- DJ: 10/09/1991

**3.** Os direitos concedidos aos servidores públicos federais relativamente à transferência de uma para outra instituição de ensino, em razão de mudança de domicílio, são extensivos aos servidores dos Estados, Distrito Federal, Territórios e Municípios.

- DJ: 07/11/1991

**4.** A preferência prevista no art. 100, "caput", da Constituição Federal, não obriga a Fazenda Pública a dispensar a expedição de precatório no pagamento dos créditos de natureza alimentícia.

- DJ: 27/11/1991
- Cancelada em: 19/10/1993 - DJ II de 08/11/1993

**5.** O Adicional de Tarifa Portuária - ATP, instituído pela Lei 7.700, de 21/12/88, incide sobre todos os serviços definidos no art. 5º do Decreto 24.508, de 29/06/34.

- DJ: 27/11/1991

**6.** Cabível é a utilização do FGTS para pagamento do preço, total ou parcial, de imóvel funcional de valor superior a 10.000 VRF. Legitimidade passiva "ad causam" do presidente da CEF no mandado de segurança impetrado com tal objetivo.

- DJ: 10/02/1993

**7.** Extinto o Bônus do Tesouro Nacional, a correção monetária de benefícios previdenciários oriundos de condenação judicial passou a ser feita pelo Índice Nacional de Preços ao Consumidor.

- DJ: 08/03/1993

**8.** É constitucional a supressão do reajuste de 26,06% sobre salários, vencimentos, soldos, proventos e pensões, determinada pelo Decreto-Lei 2.335/87 (Plano Bresser).

- DJ: 11/03/1993

**9.** A prisão ordenada por magistrado da Justiça do Trabalho, em matéria penal de competência do juiz federal, a este deve ser comunicada, que, se for ilegal, a relaxará.

- DJ: 27/04/1993

**10.** Compete ao Tribunal Regional Federal conhecer de "habeas corpus" quando o coator for juiz do Trabalho.

- DJ: 27/04/1993

**11.** O art. 201, § 5º, da Constituição Federal, somente se aplica a partir da criação da respectiva fonte de custeio (Lei 8.212/91).

- DJ: 07/05/1993
- Cancelada/Revisada em: 11/05/1994 – DJ II de 06/06/1994, dando origem à Súmula 23/94

**12.** A Lei 7.604/87 não impede a revisão dos cálculos iniciais e dos reajustes posteriores dos valores de benefícios previdenciários (TFR, Súmula 260.)

- DJ: 06/08/1993

**13.** A atualização monetária de diferenças resultantes de revisão dos cálculos iniciais e dos reajustes posteriores dos valores de benefícios previdenciários é devida a partir do primeiro pagamento a menor, sendo sua contagem feita de acordo com a Súmula 71, do Tribunal Federal de Recursos, até o ajuizamento da ação e, após este, consoante o disposto na Lei 6.899/81.

- DJ: 06/08/1993
- Cancelada em: 15/05/1996 – DJ II de 24/06/1996

**14.** O art.202, da Constituição Federal, somente se aplica a partir da criação da respectiva fonte de custeio. (Lei 8.212/91).

- DJ: 06/08/1993

**15.** É inconstitucional a suspensão do reajuste de vencimentos, salários, soldos, proventos e pensões pela Unidade de Referência de Preços dos meses de abril e maio de 1988. (16,19% – Decreto-Lei 2.425/88).

- DJ: 06/08/1993
- Cancelada em: 27/09/1995 – DJ II de 05/02/1996

**16.** É inconstitucional a sustação do reajuste de vencimentos, salários, soldos, proventos e pensões pela Unidade de Referência de Preços do mês de fevereiro de 1989. (26,05% – Lei 7.730/89).

- DJ: 06/08/1993
- Cancelada em: 17/11/1994 – DJ II de 1º/12/1994
- Revisada em: 23/11/1994 – DJ II de 06/12/1994, dando origem à Súmula 28/94

**17.** Não existe direito adquirido à incorporação aos salários, vencimentos, proventos, soldos e pensões, do índice de reajuste de 84,32% de março e resíduos de janeiro e fevereiro de 1990. (Medida Provisória 154/90 e Lei 8.030/90).

- DJ: 29/11/1993

**18.** Os servidores transpostos para os cargos de Analista e Técnico de Finanças e Controle não fazem jus à Gratificação de Controle Interno auferida nos cargos de origem (Decretos-Leis 2.191/84, 2.225/85 e 2.346/87).

- DJ: 16/12/1993

**19.** O pagamento de benefícios previdenciários, vencimentos, salários, proventos, soldos e pensões, feito, administrativamente, com atraso, está sujeito a correção monetária desde o momento em que se tornou devido.

- DJ: 16/02/1994

**20.** O critério de revisão previsto no art. 58, do Ato das Disposições Constitucionais Transitórias, da Constituição Federal de 1988, é diverso do estatuído na Súmula 260, do Tribunal Federal de Recursos, e aplica-se somente aos benefícios previdenciários concedidos até 04/10/1988.

- DJ: 16/02/1994

**21.** O critério de revisão previsto na Súmula 260, do Tribunal Federal de Recursos, diverso do estabelecido no art. 58, do Ato das Disposições Constitucionais Transitórias, da Constituição Federal de 1988, e aplicável somente aos benefícios previdenciários concedidos até 04/10/1988, perdeu eficácia em 05/04/1989.

- DJ: 16/02/1994
- Cancelada em: 22/02/2005 - DJ II de 17/05/2005

**22.** São inconstitucionais, por impropriedade formal da via legislativa, os Decretos-Leis 2.445/88 e 2.449/88, que alteraram a contribuição para o Programa de Integração Social (PIS).

- DJ: 24/03/1994

**23.** São auto-aplicáveis as disposições constantes dos §§ 5º e 6º, do art. 201, da Constituição Federal.

- DJ: 14/06/1994

**24.** O reajuste concedido pela Lei 8.237/91 aos militares das Forças Armadas não é extensivo aos servidores civis.

- DJ: 23/06/1994

**25.** Nas ações que visem à devolução do empréstimo compulsório de combustível, cobrado indevidamente dos contribuintes, é suficiente a prova de propriedade do veículo, sendo desnecessária a comprovação da quantia paga a esse título, uma vez que o valor do resgate é de ser calculado com base nas Instruções Normativas 147/86, 92/87, 183/87 e 201/88, da SRF, sobre o consumo médio por veículo.

- DJ: 22/06/1994

**26.** A lei regente do recurso é a que está em vigor na data da publicação da sentença ou decisão.

- DJ: 12/09/1994

**27.** Não é admissível prova exclusivamente testemunhal para reconhecimento de tempo de exercício de atividade urbana e rural (Lei 8.213/91, art.55,§ 3º).

- DJ: 09/12/1994

**28.** Não existe direito adquirido à incorporação dos salários, vencimentos, proventos, soldos e pensões, do índice de reajuste de 26,05% de fevereiro de 1989 (Lei 7.730/89).

- DJ: 09/12/1994

**29.** O termo inicial do prazo de prescrição do empréstimo compulsório sobre combustíveis, previsto no art. 10 do Decreto-Lei 2.288/86, é o primeiro dia do quarto ano subseqüente ao triênio destinado à sua devolução.

- DJ: 20/02/1995
- Cancelada em: 21/09/2000 - DJ II de 03/10/2000

**30.** Não é da competência do Tribunal Regional Federal o processo e julgamento de prefeito municipal acusado de apropriação, ou desvio, de verbas recebidas de entidades federais e incorporadas ao patrimônio do município.

- DJ: 26/10/1995

**31.** A Gratificação Adicional por Tempo de Serviço incide, tão-somente, sobre o valor do vencimento-base.

- DJ: 10/11/1995

**32.** A frequência mínima do aluno deve ser apurada sobre o número de aulas dadas, se assim previsto no estatuto ou regimento da instituição de ensino, desde que não inferior ao piso legal.

- DJ: 22/11/1995

**33.** Aposentadoria especial decorrente do exercício de atividade perigosa, insalubre ou penosa não exige idade mínima do segurado.

- DJ: 05/02/1996

**34.** Na ação de desapropriação o parecer do assistente técnico pode ser juntado aos autos a qualquer tempo, antes de proferida a sentença.

- DJ: 29/04/1996

**35.** Concluídos os estudos do 2º grau, o aluno do curso profissionalizante está apto a ingressar em instituição de ensino superior mediante exame vestibular, independentemente da aprovação no estágio, que só é necessário à habilitação técnica do estudante.

- DJ: 19/08/1996

**36.** O inciso II do art.41, da Lei 8.213/91, revogado pela Lei 8.542/92, era compatível com as normas constitucionais que asseguram o reajuste dos benefícios para preservação de seu valor real.

- DJ: 14/10/1996

**37.** Os débitos judiciais devem ser atualizados, no período em que vigorou o congelamento, pela variação da OTN, de acordo com o IPC mensal.

- DJ: 23/10/1996

**38.** Nas ações que visem à repetição do valor indevidamente pago a título de empréstimo compulsório sobre aquisição de veículo, o prazo de prescrição inicia-se no primeiro dia do quarto ano posterior ao seu recolhimento.

- DJ: 07/10/1997
- Cancelada em: 21/09/2000 - DJ II de 03/10/2000

**39.** É defeso ao Poder Judiciário substituir-se à Administração para autorizar, conceder ou permitir a exploração de serviço de transporte rodoviário interestadual. (Constituição Federal, art. 21, XII, "e").

- DJ: 05/06/1998
- Cancelada em: 11/12/2002 - DJ II de 19/02/2003

**40.** O mandado de segurança não é a via própria para a comprovação de tempo de serviço para efeito previdenciário, quando ensejar dilação probatória.

- DJ: 08/06/1998

**41.** Os índices integrais de correção monetária, incluídos os expurgos inflacionários, a serem aplicados na execução de sentença condenatória de pagamento de benefícios previdenciários, vencimentos, salários, proventos, soldos e pensões, ainda que nela não haja previsão expressa, são de 42,72% em janeiro de 1989, 10,14% em fevereiro de 1989, 84,32% em março de 1990, 44,80% em abril de 1990, 7,87% em maio de 1990 e 21,87% em fevereiro de 1991.

- DJ: 28/09/1998

**42.** Nas execuções da dívida da União, o juiz não poderá reduzir o encargo de 20% (vinte por cento), previsto no Decreto-Lei 1.025/69.

- DJ: 22/11/1999

**43.** A transferência compulsória para instituição de ensino congênere, a que se refere o art. 99 da Lei 8.112/90, somente poderá ser efetivada de estabelecimento público para público ou de privado para privado, salvo a inexistência, no local de destino, de instituição de ensino da mesma natureza.

▸ DJ: 04/04/2000

**44.** Cabe agravo de instrumento das decisões concernentes à atualização de cálculo de liquidação.

▸ DJ: 29/03/2001

**45.** Não é devida a inclusão de juros moratórios em precatório complementar, salvo se não foi observado o prazo previsto no art. 100, § 1º da Constituição Federal no pagamento do precatório anterior.

▸ DJ: 14/09/2001

**46.** Na hipótese de descumprimento da obrigação de corrigir os saldos das contas vinculadas ao FGTS, no tempo certo, como previsto em lei, devem incidir juros moratórios no percentual de 0,5% (meio por cento) ao mês, a partir da citação, independentemente do levantamento ou da disponibilização dos aludidos saldos antes do cumprimento da decisão judicial.

▸ DJ: 30/01/2003

**47.** A ação de consignação em pagamento, em virtude da sua natureza declaratória, é imprópria para a discussão do reajuste da prestação dos contratos habitacionais, quer como substitutivo da ação de rito ordinário, quer como sucedâneo da ação cautelar.

▸ DJ: 26/03/2004

▸ Cancelada em: 19/05/2009 - DJ II de 20/07/2009

**48.** Não se aplica aos servidores militares transferidos "ex officio" e a seus dependentes a exigência de congeneridade entre a instituição de ensino superior de origem e a de destino, prevista no art. 99 da Lei 8.112/90.

▸ DJ: 09/09/2004

▸ Cancelada em: 05/07/2005 - DJ II de 17/08/2005

**49.** O critério de revisão previsto na Súmula 260 do Tribunal Federal de Recursos, diverso do estabelecido no art. 58 do Ato das Disposições Constitucionais Transitórias da Constituição Federal de 1988, perdeu eficácia a partir do Decreto-Lei 2.335, de 12 de junho de 1987.

▸ DJ: 20/05/2005

**50.** Prescreve em 3 (três) meses para a CONAB, o prazo para propositura da ação de depósito, contado a partir do dia em que a mercadoria foi ou deveria ser entregue (Decreto n. 1.102/1903, art. 11, in fine).

▸ DJ: 03/06/2013

**51.** É legítimo o edital do Exame Nacional do Ensino Médio (Enem) que prevê acesso às provas apenas para fins pedagógicos e recurso exclusivamente de ofício.

▸ DJ: 11/12/2013

**52.** A cobrança de taxa de matrícula ou mensalidade em qualquer curso ministrado em estabelecimento oficial de ensino público viola o disposto no art. 206, IV, da Constituição Federal.

▸ DJ: 18/05/2012

**53.** Consideram-se legais a Resolução 19.784/97 e a Portaria 158/02, ambas do Tribunal Superior Eleitoral.

▸ DJ: 18/12/2014

**54.** Não viola os arts. 199, § 4º, da Constituição Federal e 14, § 1º, da Lei 10.205/2001 a remessa de sangue de cordão umbilical para estocagem em laboratório localizado no exterior para preservação de células-tronco com fins terapêuticos, sem nenhum propósito de comercialização.

▸ DJ: 11/05/2015

**55.** Os Tribunais Regionais da Justiça Especializada possuem competência para julgar mandado de segurança contra atos de natureza administrativa, praticados por seus Presidentes.

▸ DJ: 17/05/2016

**56.** O art. 62 do Novo Código Florestal é aplicável aos reservatórios artificiais de água destinados a geração de energia ou ao abastecimento público que foram registrados ou tiveram seus contratos de concessão ou autorização assinados anteriormente à MP 2.166/67, de 24/08/2001, tão somente para evitar demolições, sem, no entanto, ter o condão de possibilitar novas edificações, ainda que seja além da cota máxima maximorum.

▸ DJ: 17/05/2016

**57.** A Resolução CONAMA nº 302/2002, que dispõe sobre os parâmetros, definições e limites de Áreas de Preservação Permanente de reservatórios artificiais, somente se aplica aos fatos a ela posteriores.

▸ DJ: 29/04/2016

**58.** A Resolução CONAMA nº 04/85, editada em razão do art. 18 da Lei nº 6.938/81, apenas contempla as formações florísticas e áreas de florestas como reserva ecológica, em nada se relacionando às áreas de preservação permanente incluídas no antigo Código Florestal (Lei nº 4.771/65) por ocasião da Medida Provisória nº 2.166-67/2001.

▸ DJ: 17/05/2016

**59.** A existência de lei municipal indicando a natureza urbana de determinada área é início de prova para se afastar a alegação de que o imóvel nela construído possui natureza rural, devendo ser cotejada com os demais elementos de prova acostados aos autos para fins de fixação da área de preservação permanente respectiva.

▸ DJ: 17/05/2016

## SÚMULAS TRF 2

**1.** O art. 29 do Decreto-Lei n. 2.303, de 1986, não se aplica aos créditos previdenciários.

▸ DJ: 05/07/1990

**2.** O art. 29, do Decreto-Lei n. 2.303, de 1986, não se aplica aos créditos do F.G.T.S.

▸ DJ: 09/10/90

**3.** A isenção do IOF, prevista no art. 6. do Decreto-Lei n. 2.434/88, somente se aplica as importações realizadas no amparo de guias emitidas a partir de 1. de julho de 1988.

▸ DJ: 28/12/90

**4.** A opção pelo FGTS, com efeito retroativo, na forma da Lei n. 5958/73, assegura ao optante o direito a taxa progressiva de juros prevista na Lei n. 5107/66.

▸ DJ 18/04/91

**5.** (Cancelada). Preenchidos os requisitos do art. 14 do CTN e desde que não distribuam lucros, as instituições de previdência privada gozam da imunidade de impostos prevista no art. 150, VI, "c", da Carta Magna de 1988 (art. 19, III, "c", da Constituição Federal de 1967.

▸ DJ 16/05/91

**6.** Execução Fiscal suspensa com base no artigo 40 da Lei n. 6830/80 não pode ser julgada extinta, mas arquivada sem baixa na distribuição, após o término do prazo de suspensão.

▸ DJU 26/06/1991

**7.** Inexistindo Lei Complementar específica o fato gerador do ICMS, antigo ICM, na hipótese prevista no Art. 155, §2., item IX, letra "a" da Carta de 1988, continua a ser a entrada da mercadoria no estabelecimento destinatário.

▸ DJU 08/07/1991

**8.** Ajuizada a execução fiscal, de valor inferior ao limite estipulado no artigo 1. do Decreto-Lei n. 1793/80, não cabe ao Juiz extinguir o processo sob alegação de falta de interesse processual da exequente.

▸ DJU 08/07/1991

**9.** A conversão do imposto sobre a renda devido pelas pessoas jurídicas nos termos do prescrito pelo art. 25 da Lei n. 7.730, de 31.01.89, não exclui a incidência da atualização monetária prevista no parágrafo único do art. 15 da Lei n. 7.738 , de 09.03.89.

▸ DJ 31/03/93

**10.** Cometido delito em local sujeito a jurisdição de nova Vara, e esta a competente para conhecer do inquérito policial distribuído anteriormente a outra Vara, não estando instaurada a ação penal, pelo recebimento da denúncia.

▸ DJ 27/10/93

**11.** É desnecessária a apresentação dos comprovantes de aquisição de combustíveis - gasolina ou álcool carburante - na acao de restituicao do empréstimo compulsório instituído pelo Decreto-Lei n. 2288, de 23 de julho de 1986, queestabeleceu, desde logo, a sistematica de calculo para sua devolução (art.16).

▸ DJ 26/04/94

**12.** São devidos honorários advocatícios no processo cautelar, em que houver litígio.

▸ DJ 06/07/94

**13.** Os servidores públicos federais civis e militares ainda não haviam implementado a condição temporal para a incorporação a sua remuneração do índice de reajuste de 84,32%, correspondente ao IPC de marco de 1990, quando sobreveio a medida provisória n. 154, de 15 de março de 1990, que incidiu imediatamente.

▸ DJ 29/08/94

**14.** A remessa necessária não pode ser provida para agravar a condenação imposta a Fazenda Pública, haja ou não recurso voluntário das partes.

▸ DJ 14/12/94

**15.** O parágrafo 3. do art. 109 da Constituição Federal de 1988, institui, quanto as causas de natureza previdenciária, hipótese de competência relativa, pelo que não elide a competência concorrente da Justiça Federal.

▸ DJ 26.09.95

**16.** O aumento da remuneração dos militares decorrente da aplicação da Lei n. 8.237/91 não é extensivo aos servidores civis.

▸ DJ 17/10/95

**17.** No reajuste dos benefícios de prestação continuada, mantidos pela Previdência Social, aplica-se o critério da Súmula n. 260 (salário mínimo) do extinto Tribunal Federal de Recursos até o sétimo mês após a vigência da Constituição Federal de 1988 e, a partir de então, os critérios de revisão estabelecidos no art. 58 do ADCT e 201, parágrafo 2., da mesma Carta Magna.

▸ DJ 22.11.95

**18.** O segurado da Previdência Social oficial, que recebe complementação de benefício de entidade de Previdência Privada, tem legitimidade "ad causam" para propor ação em face da primeira, com vistas a revisão de seu benefício previdenciário.

▸ DJ 15.08.96

**19.** (Cancelada). Não é cabível agravo regimental de decisão que examina a admissibilidade dos chamados recursos constitucionais - RE, REsp e RO.

▸ DJ 12.07.99

**20.** O adicional de tarifa portuária (ATP) incide apenas nas operações realizadas com mercadorias importadas e exportadas, objeto do comércio de navegação de longo curso, não incidindo sobre os serviços de utilização e atracação dos portos.

▸ DJ 08/03/2002

**21.** A diária de asilado concedida ao militar pode ser substituída pelo auxílio-invalidez, desde que não resulte em redução do montante global de seus proventos.

▸ DJ 08/03/2002

**22.** A diária de asilado concedida ao militar inativo é devida à esposa e dependentes do servidor falecido.

▸ DJ II 08/03/2002

**23.** Não incide imposto de renda sobre a indenização recebida pela adesão ao programa de desligamento voluntário.

▸ DJ 08/03/2002

**24.** A contribuição do salário-educação é constitucional, posto que foi expressamente recepcionada pela Constituição Federal de 1988, através do artigo 212, par. 5, não cabendo, portanto, a sua compensação.

▸ DJ 08/03/2002

**25.** Nas ações que versem sobre a inexigibilidade do salário-educação, devem figurar no pólo passivo da relação processual, na qualidade de litisconsortes passivos necessários, o Instituto Nacional de Seguro Social (INSS) e o Fundo Nacional de Desenvolvimento da Educação (FNDE).

▸ DJ 08/03/2002

**26.** O artigo 202, da Constituição Federal, em sua redação original, não é auto-aplicável, por depender de integração legislativa, só implementada com a edição das Leis 8212/91 e 8.213/91, que aprovaram o Plano de Custeio e de Benefícios da Previdência Social.

▸ DJ II 08/03/2002

**27.** Nas ações em que se discute a correção monetária dos saldos das contas vinculadas do FGTS, a legitimidade passiva é exclusiva da Caixa Econômica Federal.

▸ DJ 08/03/2002

**28.** Nas ações em que se discute a correção monetária dos saldos das contas vinculadas do FGTS a prescrição é trintenária, bem como, naquelas em que se discute a aplicação da taxa progressiva de juros, pois aos acessórios aplicam-se as regras adotadas para o principal.

▸ DJ 08/03/2002

**29.** No reajuste dos benefícios de prestação continuada, mantidos pela Previdência Social, aplica-se o critério da Súmula n. 260 do extinto Tribunal Federal de Recursos até o sétimo mês após a vigência da Constituição Federal de 1988 e, a partir de então, os critérios de revisão estabelecidos nos arts. 58 do ADCT e 201, par. 2, da mesma Carta Magna.

▸ DJ 30/07/2002

**30.** O exame psicotécnico é critério seletivo legitimo, desde que permita aos candidatos o conhecimento dos resultados pessoais e a interposição de eventual recurso, previsto em edital.

▸ DJ 13/06/2005.

**31.** Na execução fiscal, é vedada a nomeação à penhora de títulos da dívida pública sem liquidez imediata, de difícil ou duvidosa liquidação.

▸ DJ 13/06/2005

**32.** Conta-se como tempo de efetivo serviço, para fins previdenciários, o período de atividade como aluno-aprendiz em escola técnica, exercida sob a vigência do Decreto nº 4.073/42, desde que tenha havido retribuição pecuniária, admitindo-se como tal o recebimento de alimentação, vestuário, moradia, material escolar e parcela de renda auferida com a execução de encomendas para terceiros, à conta do orçamento da união, independente de descontos previdenciários.

▸ DJ 13/06/2005

**33.** (Cancelada). Nas causas em que for vencida a fazenda pública são devidos honorários advocatícios, fixados consoante apreciação equitativa do juiz, não sendo obrigatória a fixação da verba honorária em percentual mínimo, conforme facultado pelo § 4º do art. 20 do CPC.

▸ DJ 13/06/2005

**34.** A contribuição previdenciária sobre a remuneração paga aos administradores, autônomos e avulsos, tendo sido declarada inconstitucional, pode ser compensada com contribuições da mesma espécie, desnecessária a comprovação de inexistência de repercussão ou repasse, dada à sua natureza de tributo direto.

▸ DJ 13/06/2005

**35.** Não há direito adquirido ao reajuste de vencimentos, proventos ou pensões, pelos índices de 26,06% (Plano Bresser) e 26,05% (Plano Verão), relativos, respectivamente, ao ipc de junho/87 e à variação da URP de fevereiro/89.

▸ DJ 13/06/2005

**36.** Os conselhos de fiscalização profissional estão isentos de custas processuais, na Justiça Federal, apenas durante a vigência de norma isencional estabelecida pela lei nº 6032, de 30/04/74, revogada após a entrada em vigor da lei nº 9289, de 04/07/1996.

▸ DJ 13/06/2005

**37.** A isenção do Adicional ao Frete para Renovação da Marinha Mercante (AFRMM) depende da existência de ato internacional de natureza contratual, firmado pelo Brasil concedendo o benefício à mercadoria importada, não podendo ser concedida por acordo ou tratado de caráter geral, cujo objeto é a regulamentação do comércio internacional.

▸ DJ 13/06/2005

**38.** As importações de mercadorias realizadas após 1º de março de 1989, data em que entrou em vigor o sistema tributário nacional instituído pela Constituição Federal vigente, são regidas pelas leis dos Estados e do Distrito Federal, editadas com fundamento nos convênios, nos termos do § 8º do artigo 34, do ADCT, tendo como fato gerador do ICMS o recebimento da mercadoria pelo importador, que ocorre com o despacho aduaneiro, e aquelas importadas antes da referida data, continuam sujeitas à Súmula nº 7 deste Tribunal, considerando-se como fato gerador a entrada da mercadoria no estabelecimento destinatário.

▸ DJ 13/06/2005

**39.** A demora, ou inadimplência, nos repasses de verbas públicas para o programa de crédito educativo, não autorizam restrições ao exercício das atividades acadêmicas dos seus beneficiários por parte da instituição de ensino.

▸ DJ 13/06/2005

**40.** Em se tratando de crimes ambientais, a regra é a competência da Justiça Estadual, exceto se praticados em detrimento de bens, serviços ou interesses da União, de suas entidades autárquicas e empresas públicas.

▸ DJ 13/06/2005

**41.** Na ação de desapropriação, ou de constituição de servidão administrativa, proposta por concessionária de energia elétrica, manifestando a união expressamente falta de interesse em intervir no feito, não poderá ser obrigada a integrar a relação processual, competindo o julgamento à justiça estadual.

▸ DJ 13/06/2005

**42.** A petição inicial não pode ser indeferida liminarmente, ao fundamento de que as cópias que a instruem carecem de autenticação.

▸ DJ 13/06/2005

**43.** A cassação ou suspensão de benefício previdenciário é ato administrativo único, de efeitos permanentes, razão pela qual, impetrado o mandado de segurança após o prazo de 120 dias, opera-se a decadência.

▸ DJ 13/06/2005

**44.** Para a propositura de ações de natureza previdenciária é desnecessário o exaurimento das vias administrativas.

▸ DJ 13/06/2005

**45.** É dispensável a exigência de reconhecimento de firma em procuração com cláusula "ad judicia", outorgada a advogado para postulação em juízo apenas com poderes gerais para o foro.

▸ DJ 13/06/2005

**46.** A suspeita de fraude na concessão do benefício previdenciário não autoriza, de imediato, a sua suspensão ou cancelamento, sendo indispensável a apuração dos fatos mediante processo administrativo regular, assegurados o contraditório e a ampla defesa.

▸ DJ 13/06/2005

**47.** A ausência dos extratos das contas do FGTS não impede a propositura da ação judicial quando os referidos documentos estiverem supridos por outros meios que comprovem a existência do vínculo com o regime fundiário.

▸ DJ 13/06/2005

**48.** São devidos, para fins de correção monetária dos saldos do FGTS, os percentuais de 18,02% (LBC) quanto às perdas de junho de 1987, 42,72% (IPC) quanto às de janeiro de 1989, 44,80% (IPC) quanto às de abril de 1990, de 5,38% (BTN) para maio de 1990 e 7,00% (TR) para fevereiro de 1991.

▸ DJ 13/06/2005

**49.** As disposições contidas nos parágrafos §§ 5º e 6º do art. 201 da Constituição Federal, com redação dada pela Emenda Constitucional nº 20/98, são autoaplicáveis.

▸ DJ 13/06/2005

**50.** As anuidades da Ordem dos Advogados do Brasil não têm natureza tributária e estão afetas às Turmas Especializadas em Direito Administrativo.

▸ DJ 12/06/2008

**51.** O art. 32, da Lei nº 9.656/98, que trata do ressarcimento ao sistema único de saúde (SUS), é constitucional.

▸ DJ 14/01/2009

**52.** É inconstitucional a expressão "observado, quanto ao art. 3º, o disposto no art. 106, inciso i, da lei nº 5.172, de 25 de outubro de 1966 – Código Tributário Nacional", constante do art. 4º, segunda parte, da Lei Complementar nº 118, de 09 de fevereiro de 2005, por violação ao art. 5º – XXXVI da Constituição Federal.

▸ DJ 07/04/2009

**53.** Viola a garantia constitucional do livre exercício de qualquer trabalho, ofício ou profissão, a suspensão do direito de exercer a advocacia, prevista no art. 37, I, §§ 1º e 2º, da Lei 8.906/94, em razão do inadimplemento da contribuição anual devida à Ordem dos Advogados do Brasil.

▸ DJ 18/11/2009

**54.** A pensão de ex-combatente, por morte ocorrida na vigência das Leis 3.765/60 e 4.242/63, será devida às filhas, ainda que maiores e não inválidas, inclusive por reversão, em valor correspondente ao soldo de 2º Sargento.

▸ DJ 05/07/2010

**55.** A pensão de ex-combatente, por morte ocorrida na vigência das Leis 3.765/60 e 4.242/63, será devida às filhas, ainda que maiores e não inválidas, inclusive por reversão, em valor correspondente ao soldo de 2º Sargento, vedada a percepção cumulativa com qualquer outra importância dos cofres públicos.

▸ DJF2R, 17/03/2011

**56.** É inconstitucional a expressão "haverá a incidência uma única vez", constante do art. 1º-F da Lei nº 9.494/97, com a redação dada pelo art. 5º da Lei nº 11.960/2009.

▸ DJF2R, 08/06/2011

**57.** O Tribunal Regional Federal da 2ª Região, na Sessão Plenária realizada no dia 02 de junho de 2011, por unanimidade, aprovou, o enunciado da Súmula nº 56, consoante o disposto no art. 116 do Regimento Interno, a ser publicado no Diário Eletrônico da Justiça Federal da 2ª Região, por três vezes.

▸ DJF2R, 24/11/2011

**58.** É inconstitucional, por invadir a competência legislativa municipal, a Lei Estadual nº 4.223/2003, que disciplina o atendimento ao público e estipula tempo máximo de espera na fila pelos usuários dos serviços bancários das agências localizadas no Estado do Rio de Janeiro.

▸ DJF2R, 24/11/2011

**59.** É inconstitucional o art. 4º, segunda parte, da Lei Complementar nº 118, de 09 de fevereiro de 2005, considerando-se válida a aplicação do prazo de 5 anos apenas às ações ajuizadas após o decurso da vacatio legis de 120 dias, ou seja, a partir de 9 de junho de 2005.

▸ DJF2R, 23/05/2012

**60.** A pensão de ex-combatente, por morte ocorrida na vigência das Leis 3.765/60 e 4.242/63, será devida às filhas, ainda que maiores, desde que não possam prover os meios de sua subsistência, inclusive por reversão, em valor correspondente ao soldo de 2º Sargento, vedada a percepção cumulativa com qualquer outra importância dos cofres públicos.

▸ DJF2R-TRF2, Adm., 16/03/2016

**61.** Há remessa necessária nos casos de sentenças ilíquidas e condenatórias, de obrigação de fazer ou de não fazer, nos termos do artigo 496, inciso I e parágrafo 3º, do Código de Processo Civil de 2015.

▸ A Súmula 61 altera o enunciado da Súmula 55, conforme decisão do Órgão Especial de 04/04/2018.

## SÚMULAS TRF 3

**1.** Em matéria fiscal é cabível medida cautelar de depósito, inclusive quando a ação principal for declaratória de inexistência de obrigação tributária.

**2.** É direito do contribuinte, em ação cautelar, fazer o depósito integral de quantia em dinheiro para suspender a exigibilidade de crédito tributário.

▸ DJ: 21/05/1990

**3.** É ilegal a exigência da comprovação do prévio recolhimento do imposto de circulação de mercadorias e serviços como condição para a liberação de mercadorias importadas.

▸ DJ: 21/05/1990

**4.** A Fazenda Pública – nesta expressão incluídas as autarquias – nas execuções fiscais, não está sujeita ao prévio pagamento de despesas para custear diligência de oficial de justiça.

▸ DJ: 26/09/1991

**5.** O preceito contido no artigo 201, parágrafo 5º, da Constituição da República consubstancia norma de eficácia imediata, independendo sua aplicabilidade da edição de lei regulamentadora ou instituidora da fonte de custeio.

▸ DJU: 02/05/1994

**6.** O reajuste dos proventos resultantes de benefícios previdenciários deve obedecer às prescrições legais, afastadas as normas administrativas que disponham de maneira diversa.

▸ DJU: 14/03/1995

**7.** Para a apuração da renda mensal inicial dos benefícios previdenciários concedidos antes da Constituição Federal de 1988, a correção dos 24 (vinte e quatro) salários-de-contribuição, anteriores aos últimos 12 (doze), deve ser feita em conformidade com o que prevê o artigo 1º da Lei 6.423/77.

▸ DJU: 14/03/1995

**8.** Em se tratando de matéria previdenciária, incide a correção monetária a partir do vencimento de cada prestação do benefício, procedendo-se à atualização em consonância com os índices legalmente estabelecidos, tendo em vista o período compreendido entre o mês em que deveria ter sido pago, e o mês do referido pagamento.

▸ DJU: 14/03/1995

**9.** Em matéria previdenciária, torna-se desnecessário o prévio exaurimento da via administrativa, como condição de ajuizamento da ação.

▸ DJU: 14/03/1995

**10.** O artigo 475, inciso II, do CPC (remessa oficial) foi recepcionado pela vigente Constituição Federal.

▸ DJU: 26/08/1996

**11.** Na execução fiscal, a Fazenda Pública está obrigada a adiantar as despesas de transporte do oficial de justiça.

▸ DJU: 20/02/1998

**12.** Não incide o imposto de renda sobre a verba indenizatória recebida a título da denominada demissão incentivada ou voluntária.

▸ DJU: 04/10/1999

**13.** O artigo 201, parágrafo 6º, da Constituição da República tem aplicabilidade imediata para efeito de pagamento da gratificação natalina dos anos de 1988 e 1989.

▸ DJU: 30/01/2006

**14.** O salário mínimo de NCz$ 120,00 (cento e vinte cruzados novos) é aplicável ao cálculo dos benefícios previdenciários no mês de junho de 1989.

- DJU: 30/01/2006

**15.** Os extratos bancários não constituem documentos indispensáveis à propositura de ação em que se pleiteia a atualização monetária dos depósitos de contas do FGTS.

- DJU: 30/01/2006

**16.** Basta a comprovação da propriedade do veículo para assegurar a devolução, pela média de consumo, do empréstimo compulsório sobre a compra de gasolina e álcool previsto no Decreto-lei nº 2.288/1986.

- DJU: 09/02/2006

**17.** Não incide imposto de renda sobre verba indenizatória paga a título de férias vencidas e não gozadas em caso de rescisão contratual.

- DJU: 09/02/2006

**18.** O critério do art. 58 do ADCT é aplicável a partir de 05/04/1989 até a regulamentação da Lei de Benefícios pelo Decreto nº 357 de 09/12/91.

- DJU: 30/01/2006

**19.** É aplicável a variação do Índice de Reajuste do Salário Mínimo, no percentual de 39,67%, na atualização dos salários-de-contribuição anteriores a março de 1994, a fim de apurar a renda mensal inicial do benefício previdenciário.

- DJU: 30/01/2006

**20.** A regra do parágrafo 3° do artigo 109 da Constituição Federal abrange não só os segurados e beneficiários da previdência social, como também aqueles que pretendem ver declarada tal condição.

- DJU: 09/02/2006

**21.** A União Federal possui legitimidade passiva nas ações decorrentes do empréstimo compulsório previsto no Decreto-lei nº 2.288/86.

- DJU: 09/02/2006

**22.** É extensível aos beneficiários da Assistência Social (inciso V do artigo 203 da CF) a regra de delegação de competência do parágrafo 3º do artigo 109 da Constituição Federal, sendo exclusiva a legitimidade passiva do INSS.

- DJU: 09/02/2006

**23.** É territorial e não funcional a divisão da Seção Judiciária de São Paulo em Subseções. Sendo territorial, a competência é relativa, não podendo ser declinada de ofício, conforme dispõe o artigo 112 do CPC e Súmula 33 do STJ.

- DJU: 10/03/2006

**24.** É facultado aos segurados ou beneficiários da Previdência Social ajuizar ação na Justiça Estadual de seu domicílio, sempre que esse não for sede de Vara da Justiça Federal.

- DJU DATA: 10/03/2006

**25.** É territorial e não funcional a divisão da Seção Judiciária de São Paulo em Subseções. Sendo territorial, a competência é relativa, não podendo ser declinada de ofício, conforme dispõe o artigo 112 do CPC e Súmula 33 do STJ.

- DJU DATA: 10/03/2006

**26.** Não serão remetidas aos Juizados Especiais Federais as causas previdenciárias e assistenciais ajuizadas até a sua instalação, em tramitação em Vara Federal ou Vara Estadual no exercício de jurisdição Federal delegada.

- DJU:10/03/2006

**27.** É inaplicável a Súmula 343 do Supremo Tribunal Federal, em ação rescisória de competência da Segunda Seção, quando implicar exclusivamente interpretação de texto constitucional.

- DJU: 10/03/2006

**28.** O PIS é devido no regime da Lei Complementar nº 7/70 e legislação subseqüente, até o termo inicial de vigência da MP n° 1.212/95, diante da suspensão dos Decretos-leis n° 2.445/88 e n° 2.449/88 pela Resolução n° 49/95, do Senado Federal.

- DJU: 24/05/2006

**29.** Nas ações em que se discute a correção monetária dos depósitos das contas vinculadas do FGTS, a legitimidade passiva é exclusiva da Caixa Econômica Federal - CEF.

- DJU: 13/09/2006

**30.** É constitucional o empréstimo compulsório sobre o consumo de energia elétrica previsto na Lei 4.156/62, sendo legítima a sua cobrança até o exercício de 1993.

- DJU DATA: 13/09/2006

**31.** Na hipótese de suspensão da execução fiscal, com fundamento no artigo 40 da Lei 6.830/80, decorrido o prazo legal, serão os autos arquivados sem extinção do processo ou baixa na distribuição.

- DJU DATA: 04/12/2007

**32.** É competente o relator para dirimir conflito de competência em matéria penal através de decisão monocrática, por aplicação analógica do artigo 120, § único do Código de Processo Civil autorizada pelo artigo 3º do Código de Processo Penal.

- DJF3: 06/04/2009

**33.** É competente o relator para dirimir conflito de competência em matéria penal através de decisão monocrática, por aplicação analógica do artigo 120, § único do Código de Processo Civil autorizada pelo artigo 3º do Código de Processo Penal.

**34.** O inquérito não deve ser redistribuído para Vara Federal Criminal Especializada enquanto não se destinar a apuração de crime contra o sistema financeiro (Lei nº 7.492/86) ou delito de "lavagem" de ativos (Lei nº 9.613/98).

- DJF3: 06/04/2009

**35.** Os efeitos penais do artigo 9º, da Lei 10.684/03 aplicam-se ao Programa de Parcelamento Excepcional - PAEX.

- DJF3: 06/04/2011

**36.** É incabível a redistribuição de ações no âmbito dos Juizados Especiais Federais, salvo no caso de Varas situadas em uma mesma base territorial.

- DJF3 DATA: 13/02/2015

**37.** Compete à 3ª Seção julgar as ações referentes à devolução dos valores recebidos indevidamente a título de benefício previdenciário, independentemente do tipo de ação proposta.

**38.** Ausente controvérsia a respeito dos requisitos para a concessão ou revisão de benefício da seguridade social, cumpre à unidade judiciária com competência cível o julgamento de demanda que verse sobre a regularidade de processo administrativo previdenciário.

## SÚMULAS TRF 4

**1.** É inconstitucional a exigência do empréstimo compulsório instituído pelo artigo 10 do Decreto-Lei 2.288, de 1986, na aquisição de veículos de passeio e utilitários.

- DJ (Seção II) 02-10-91

**2.** Para o cálculo da aposentadoria por idade ou por tempo de serviço, no regime precedente à Lei n° 8.213, de 24 de julho de 1991, corrigem-se os

SÚMULAS

salários-de-contribuição, anteriores aos doze últimos meses, pela variação nominal da ORTN/OTN.

- DJ (Seção II) 13-01-92

**3.** **Os** juros de mora, impostos a partir da citação, incidem também sobre a soma das prestações previdenciárias vencidas.

- DJ (Seção II) 24-02-92

**4.** É constitucional a isenção prevista no art. 6° do Decreto-Lei n° 2.434, de 19.05.88.

- DJ (Seção II) 22-04-92

**5.** A correção monetária incidente até a data do ajuizamento deve integrar o valor da causa na ação de repetição de indébito.

- DJ (Seção II) 12-05-92

**6.** A autoridade administrativa não pode, com base na Instrução Normativa n° 54/81 - SRF, exigir a comprovação do recolhimento do ICMS por ocasião do desembaraço aduaneiro.

- DJ (Seção II) 20-05-92

**7.** É inconstitucional o art. 8° da Lei n° 7.689 de 15 de dezembro de 1988.

- DJ (Seção II) 20-05-92

**8.** Subsiste no novo texto constitucional a opção do segurado para ajuizar ações contra a Previdência Social no foro estadual do seu domicílio ou no do Juízo Federal.

- DJ (Seção II) de 20-05-92

**9.** Incide correção monetária sobre os valores pagos com atraso, na via administrativa, a título de vencimento, remuneração, provento, soldo, pensão ou benefício previdenciário, face à sua natureza alimentar.

- DJ (Seção II) de 06-11-92

**10.** A impenhorabilidade da Lei n° 8009/90 alcança o bem que, anteriormente ao seu advento, tenha sido objeto de constrição judicial.

- DJ (Seção II) de 20-05-93

**11.** O desapropriante está desobrigado de garantir compensação pelo deságio que os títulos da dívida agrária venham a sofrer, se levados ao mercado antecipadamente.

- DJ (Seção II) de 20-05-93

**12.** Na execução fiscal, quando a ciência da penhora for pessoal, o prazo para a oposição dos embargos de devedor inicia no dia seguinte ao da intimação deste.

- DJ (Seção II) de 20-05-93

**13.** É inconstitucional o empréstimo compulsório incidente sobre a compra de gasolina e álcool, instituído pelo artigo 10 do Decreto-Lei 2288, de 1986.

- DJ (Seção II) de 20-05-93

**14.** É constitucional o inciso I do artigo 3° da Lei 7787, de 1989.

- DJ (Seção II) de 20-05-93
- Cancelada DJ (Seção 2) de 31/08/1994

**15.** O reajuste dos benefícios de natureza previdenciária, na vigência do Decreto-Lei n° 2.351, de 7 de agosto de 1987, vinculava-se ao salário mínimo de referência e não ao piso nacional de salários.

- DJ (Seção II) de 14-10-93

**16.** A apelação genérica, pela improcedência da ação, não devolve ao Tribunal o exame da fixação dos honorários advocatícios, se esta deixou de ser atacada no recurso.

- DJ (Seção II) de 29-10-93

**17.** No cálculo de liquidação de débito judicial, inclui-se o índice de 70,28% relativo à correção monetária de janeiro de 1989.

- DJ (Seção II) de 02-12-93

**18.** O depósito judicial destinado a suspender a exigibilidade do crédito tributário somente poderá ser levantado, ou convertido em renda, após o trânsito em julgado da sentença.

- DJ (Seção II) de 02-12-93

**19.** É legítima a restrição imposta pela Portaria DECEX n° 8, de 13-05-91, no que respeita à importação de bens usados, dentre os quais pneus e veículos.

- DJ (Seção II) de 15-12-93

**20.** O art. 8°, parágrafo 1°, da Lei 8620/93 não isenta o INSS das custas judiciais, quando demandado na Justiça Estadual.

- DJ (Seção II) de 15-12-93

**21.** É constitucional a Contribuição Social criada pelo art. 1° da Lei Complementar n° 70, de 1991.

- DJ (Seção II) de 15-12-93

**22.** É inconstitucional a cobrança da taxa ou do emolumento para licenciamento de importação, de que trata o art. 10 da Lei 2.145/53, com a redação da Lei 7.690/88 e da Lei 8.387/91.

- DJ (Seção 2) de 05-05-94

**23.** É legítima a cobrança do empréstimo compulsório incidente sobre o consumo de energia elétrica, instituído pela Lei 4.156/62, inclusive na vigência da Constituição Federal de 1988.

- DJ (Seção 2) de 05-05-94

**24.** São auto-aplicáveis os parágrafos 5° e 6° do art. 201 da Constituição Federal de 1988.

- DJ (Seção 2) de 05-05-94

**25.** É cabível apelação da sentença que julga liquidação por cálculo, e agravo de instrumento da decisão que, no curso da execução, aprecia atualização da conta.

- DJ (Seção 2) de 05-05-94

**26.** O valor dos benefícios previdenciários devidos no mês de junho de 1989 tem por base o salário mínimo de NCz$120,00 (art. 1° da Lei 7.789/89).

- DJ (Seção 2) de 05-05-94

**27.** A prescrição não pode ser acolhida no curso do processo de execução, salvo se superveniente à sentença proferida no processo de conhecimento.

- DJ (Seção 2) de 05-05-94

**28.** São inconstitucionais as alterações introduzidas no Programa de Integração Social (PIS) pelos Decretos-Leis 2445/88 e 2449/88.

- DJ (Seção 2) de 05-05-94

**29.** Não cabe a exigência de estágio profissionalizante para efeito de matrícula em curso superior.

- DJ (Seção 2) de 05-05-94

**30.** A conversão do regime jurídico trabalhista para o estatutário não autoriza ao servidor o saque dos depósitos do FGTS.

- DJ (Seção 2) de 09-06-94

**31.** Na ação de repetição do indébito tributário, os juros de mora incidem a partir do trânsito da sentença em julgado.

- DJ (Seção 2) de 29-05-95

**32.** No cálculo de liquidação de débito judicial, inclui-se o índice de 42,72% relativo à correção monetária de janeiro de 1989.

- DJ (Seção 2) de 19-06-95

**33.** A devolução do empréstimo compulsório sobre combustíveis (art. 10 do Decreto-lei n°

2288/86) independe da apresentação das notas fiscais.

▸ DJ (Seção 2) de 08-09-95

**34.** Os municípios são imunes ao pagamento de IOF sobre suas aplicações financeiras.

▸ DJ (Seção 2) de 22-12-95

**35.** Inexiste direito adquirido a reajuste de vencimentos de servidores públicos federais com base na variação do IPC - Índice de Preços ao Consumidor - de março e abril de 1990.

▸ DJ (Seção 2) de 15-01-96

**36.** Inexiste direito adquirido a reajuste de benefícios previdenciários com base na variação do IPC - Índice de Preços ao Consumidor - de março e abril de 1990.

▸ DJ (Seção 2) de 15-01-96

**37.** Na liquidação de débito resultante de decisão judicial, incluem-se os índices relativos ao IPC de março, abril e maio de 1990 e fevereiro de 1991.

▸ DJ (Seção 2) de 14-03-96

**38.** São devidos os ônus sucumbenciais na ocorrência de perda do objeto por causa superveniente ao ajuizamento da ação.

▸ DJ (Seção 2) de 15-07-96

**39.** Aplica-se o índice de variação do salário da categoria profissional do mutuário para o cálculo do reajuste dos contratos de mútuo habitacional com cláusula PES, vinculados ao SFH.

▸ DJ (Seção 2) de 28-10-96

**40.** Por falta de previsão legal, é incabível a equivalência entre o salário-de-contribuição e o salário-de-benefício para o cálculo da renda mensal dos benefícios previdenciários.

▸ DJ (Seção 2) de 28-10-96

**41.** É incabível o seqüestro de valores ou bloqueio das contas bancárias do INSS para garantir a satisfação de débitos judiciais.

▸ DJ (Seção 2) de 28-10-96

**42.** A União e suas autarquias estão sujeitas ao adiantamento das despesas do oficial de justiça necessárias ao cumprimento de diligências por elas requeridas.

▸ DJ (Seção 2) de 16-04-97

**43.** As contribuições para o FGTS não têm natureza tributária, sujeitando-se ao prazo prescricional de trinta anos.

▸ DJ (Seção 2) de 14-01-98

**44.** É inconstitucional a contribuição previdenciária sobre o pro labore dos administradores, autônomos e avulsos, prevista nas Leis n.s 7.787/89 e 8.212/91.

▸ DJ (Seção 2) de 14-01-98

**45.** Descabe a concessão de liminar ou de antecipação de tutela para a compensação de tributos.

▸ DJ (Seção 2) de 14-01-98

**46.** É incabível a extinção do processo de execução fiscal pela falta de localização do devedor ou inexistência de bens penhoráveis (art. 40 da Lei nº 6830/80).

▸ DJ (Seção 2) de 14-01-98

**47.** Na correção monetária dos salários-de-contribuição integrantes do cálculo de renda mensal inicial dos beneficiários previdenciários, em relação ao período de março a agosto de 1991, não se aplica o índice de 230,40%.

▸ DJ (Seção 2) de 07-04-98

**48.** O abono previsto no artigo 9º, §6º, letra "b", da Lei nº 8178/91 está incluído no índice de 147,06%, referente ao reajuste dos benefícios previdenciários em 1º de setembro de 1991.

▸ DJ (Seção 2) de 07-04-98

**49.** O critério de cálculo da aposentadoria proporcional estabelecido no artigo 53 da Lei 8213/91 não ofende o texto constitucional.

▸ DJ (Seção 2) de 07-04-98

**50.** Não há direito adquirido à contribuição previdenciária sobre o teto máximo de 20 salários mínimos após a entrada em vigor da Lei nº 7787/89.

▸ DJ (Seção 2) de 07-04-98

**51.** Não se aplicam os critérios da súmula nº 260 do extinto Tribunal Federal de Recursos aos benefícios previdenciários concedidos após a Constituição Federal de 1988.

▸ DJ (Seção 2) de 07-04-98

**52.** São devidos juros de mora na atualização da conta objeto de precatório complementar.

▸ DJ (Seção 2) de 07-04-98

▸ Cancelada DJ (Seção 2) de 07/10/2003

**53.** A sentença que, independentemente de pedido, determina a correção monetária do débito judicial não é ultra ou extra petita.

▸ DJ (Seção 2) de 07-04-98

**54.** Os valores recebidos a título de incentivo à demissão voluntária não se sujeitam à incidência do imposto de renda.

▸ DJ (Seção 2) de 22-04-98

**55.** É constitucional a exigência de depósito prévio da multa para interposição de recurso administrativo, nas hipóteses previstas pelo art.93 da Lei nº 8212/91 - com a redação dada pela Lei nº 8870/94 - e pelo art. 636, § 1º, da CLT.

▸ DJ (Seção 2) de 15-06-98

**56.** Somente a Caixa Econômica Federal tem legitimidade passiva nas ações que objetivam a correção monetária das contas vinculadas do FGTS.

▸ DJ (Seção 2) de 03-11-98

**57.** As ações de cobrança de correção monetária das contas vinculadas do FGTS sujeitam-se ao prazo prescricional de trinta anos.

▸ DJ (Seção 2) de 03-11-98

**58.** A execução fiscal contra a Fazenda Pública rege-se pelo procedimento previsto no art. 730 do Código de Processo Civil.

▸ DJ (Seção 2) de 18-11-98

**59.** A UFIR, como índice de correção monetária de débitos e créditos tributários, passou a viger a partir de janeiro de 1992.

▸ DJ (Seção 2) de 18-11-98

**60.** Da decisão que não recebe ou que rejeita a denúncia cabe recurso em sentido estrito.

▸ DJ (Seção 2) de 29-04-99

**61.** A União e o INSS são litisconsortes passivos necessários nas ações em que seja postulado o benefício assistencial previsto no art. 20 da Lei 8742/93, não sendo caso de delegação de jurisdição federal.

▸ DJ (Seção 2) de 27-05-99

▸ Cancelada DJ (Seção 2) de 06/07/2004

**62.** Nas demandas que julgam procedente o pedido de diferença de correção monetária sobre depósitos do FGTS, não são devidos juros de mora relativamente às contas não movimentadas.

▸ DJ (Seção 2) de 23-02-2000

▸ Cancelada DJ (Seção 2) de 08/10/2004

**63.** Não é aplicável a súmula 343 do Supremo Tribunal Federal nas ações rescisórias versando matéria constitucional.

▸ DJ (Seção 2) de 09-05-2000

**64.** É dispensável o reconhecimento de firma nas procurações "ad judicia", mesmo para o exercício em juízo dos poderes especiais previstos no art. 38 do CPC.

▸ DJU (Seção2) de 07-03-2001

**65.** A pena decorrente do crime de omissão no recolhimento de contribuições previdenciárias não constitui prisão por dívida.

▸ DJU (Seção 2) de 03-10-2002

**66.** A anistia prevista no art. 11 da Lei nº 9.639/98 é aplicável aos agentes políticos, não aproveitando aos administradores de empresas privadas.

▸ DJU (Seção 2) de 03-10-2002

**67.** A prova da materialidade nos crimes de omissão no recolhimento de contribuições previdenciárias pode ser feita pela autuação e notificação da fiscalização, sendo desnecessária a realização de perícia.

▸ DJU (Seção 2) de 03-10-2002

**68.** A prova de dificuldades financeiras, e conseqüente inexigibilidade de outra conduta, nos crimes de omissão no recolhimento de contribuições previdenciárias, pode ser feita através de documentos, sendo desnecessária a realização de perícia.

▸ DJU (Seção 2) de 03-10-2002

**69.** A nova redação do art. 168-A do Código Penal não importa em descriminalização da conduta prevista no art. 95, "d", da Lei nº 8.212/91.

▸ DJU (Seção 2) de 03-10-2002

**70.** São devidos honorários advocatícios em execução de título judicial, oriundo de ação civil pública.

▸ DJ (Seção 2) de 06-10-2003

**71.** Os juros moratórios são devidos pelo gestor do FGTS e incidem a partir da citação nas ações em que se reclamam diferenças de correção monetária, tenha havido ou não levantamento do saldo, parcial ou integralmente.

▸ DJ (Seção 2) de 08-10-2004

**72.** É possível cumular aposentadoria urbana e pensão rural.

▸ DJ (Seção 2) de 02-02-2006

**73.** Admitem-se como início de prova material do efetivo exercício de atividade rural, em regime de economia familiar, documentos de terceiros, membros do grupo parental.

▸ DJ (Seção 2) de 02-02-2006

**74.** Extingue-se o direito à pensão previdenciária por morte do dependente que atinge 21 anos, ainda que estudante de curso superior.

▸ DJ (Seção 2) de 02-02-2006

**75.** Os juros moratórios, nas ações previdenciárias, devem ser fixados em 12% ao ano, a contar da citação.

▸ DJ (Seção 2) de 02-02-2006

**76.** Os honorários advocatícios, nas ações previdenciárias, devem incidir somente sobre as parcelas vencidas até a data da sentença de procedência ou do acórdão que reforme a sentença de improcedência.

▸ DJ (Seção 2) de 02-02-2006

**77.** O cálculo da renda mensal inicial de benefício previdenciário concedido a partir de março de 1994 inclui a variação integral do IRSM de fevereiro de 1994 (39,67%).

▸ DJ (Seção 2) de 08-02-2006

**78.** A constituição definitiva do crédito tributário é pressuposto da persecução penal concernente a crime contra a ordem tributária previsto no art. 1ª da Lei nº 8.137/90."

▸ DJ (Seção 2) de 22-03-2006

**79.** Cabível a denunciação da lide à Caixa Econômica Federal nas ações em que os ex-procuradores do Banco Meridional buscam o pagamento de verba honorária relativamente aos serviços prestados para a recuperação dos créditos cedidos no processo de privatização da instituição.

▸ D.E. (Judicial 2) de 26-05-2009

**80.** Incide o imposto de produtos industrializados na importação de veículo automotor por pessoa natural, ainda que não desempenhe atividade empresarial e o faça para uso próprio.

**81.** O transcurso de lapso temporal razoável superior a um ano é fundamento para a renovação do pedido de penhora on line via BACENJUD.

**82.** É inaplicável o princípio da insignificância ao estelionato cometido em detrimento de entidade de direito público.

**83.** Em face da preclusão consumativa, não pode a parte se valer de recurso excepcional adesivo quando, em momento anterior, já houver manifestado sua irresignação por meio do recurso excepcional autônomo.

**84.** Concedida a isenção do imposto de renda incidente sobre os proventos de aposentadoria percebidos por portadores de neoplasia maligna, nos termos art. 6º, inciso XIV, da Lei 7.713/88, não se exige a persistência dos sintomas para a manutenção do benefício.

**85.** A adesão a parcelamento de crédito tributário implica a suspensão da execução, mediante o arquivamento do feito, sem baixa na distribuição.

**86.** É desnecessária a apresentação de Ato Declaratório Ambiental - ADA para o reconhecimento do direito à isenção de Imposto Territorial Rural - ITR. Todavia, para o gozo da isenção do ITR no caso de área de "reserva legal", é imprescindível a averbação da referida área na matrícula do imóvel.

**87.** É admitida a pena de perdimento de veículo objeto de alienação fiduciária ou de arrendamento mercantil, independentemente da participação do credor fiduciário ou arrendante no evento que deu causa à pena.

**88.** O art. 6º, XIV, da Lei nº 7.713/1988, norma que deve ser interpretada na sua literalidade, não faz distinção entre cegueira binocular e monocular, para efeito de isenção de Imposto sobre a Renda.

**89.** A instituição da base de cálculo da Taxa de Saúde Suplementar (TSS) por resolução da Agência Nacional de Saúde Suplementar (RDC nº 10, de 2000) afronta o princípio da legalidade tributária, conforme o disposto no art. 97, IV, do CTN.

**90.** O encerramento de processo falimentar sem bens aptos à satisfação do crédito tributário, constada a impossibilidade de redirecionamento, conduz à extinção da execução fiscal por falta de interesse processual (art. 485, VI, CPC/15).

**91.** No parcelamento que prescinde de ato formal de exclusão, o prazo prescricional é interrompido, recomeçando a fluir, por inteiro, quando do descumprimento do acordo celebrado.

**92.** O custo dos serviços de capatazia não integra o "valor aduaneiro" para fins de composição da base de cálculo do imposto de importação.

**93.** Os funcionários transferidos da RFFSA para a VALEC não têm direito a perceber os seus proventos segundo o plano de cargos e salários dos empregados que sempre foram da VALEC, mas sim do plano de cargos e salários da extinta RFFSA (em conformidade com o § 2º, do art. 17, da Lei 11.483/2007).

**94.** A tipificação do ato de improbidade administrativa que atenta contra os princípios da administração pública, previsto no artigo 11 da Lei nº 8.429/92, exige apenas o dolo genérico, consistente na vontade de praticar a conduta.

**95.** A pensão especial devida ao ex-combatente pode ser cumulada com outro benefício previdenciário, desde que não tenham o mesmo fato gerador.

**96.** A concessão de adicional de atividade penosa para servidores em exercício em zonas de fronteira ou em localidades cujas condições de vida o justifiquem, previsto nos artigos 70 e 71 da Lei n. 8.112/90, está condicionada à prévia regulamentação que defina os parâmetros para sua percepção.

**97.** O servidor tem direito às férias, bem como ao respectivo adicional, no período correspondente à licença para capacitação, porquanto é considerado como de efetivo exercício, nos termos do art. 102, VIII, 'e', da Lei n.º 8.112/90.

**98.** Ressalvadas as hipóteses excepcionais, o registro na ANVISA constitui condição necessária ao fornecimento de medicamentos por decisão judicial.

**99.** A dispensação de medicamento oncológico, judicialmente determinada, far-se-á exclusivamente por estabelecimentos de saúde credenciados junto à Rede de Atenção Oncológica - CACON ou UNACON.

**100.** Nas ações em que se busca o deferimento judicial de prestações de saúde sujeitas à ordem de espera, somente se deferirá o pedido caso haja demonstração de que a urgência do caso impõe a respectiva realização antes do prazo apontado pelo Poder Público, administrativamente ou nos autos, para entrega administrativa da prestação.

**101.** Para o deferimento judicial de prestações de saúde não inseridas em um protocolo pré-estabelecido, não basta a prescrição do médico assistente, fazendo-se necessária a produção de provas atestando a adequação e a necessidade do pedido.

**102.** "É possível o cômputo do interregno em que o segurado esteve usufruindo benefício por incapacidade (auxílio-doença ou aposentadoria por invalidez) para fins de carência, desde que intercalado com períodos contributivos ou de efetivo trabalho."

**103.** "A concessão da aposentadoria híbrida ou mista, prevista no art. 48, §3º, da Lei nº 8.213/91, não está condicionada ao desempenho de atividade rurícola pelo segurado no momento imediatamente anterior ao requerimento administrativo, sendo, pois, irrelevante a natureza do trabalho exercido neste período."

**104.** "A legislação previdenciária não faz qualquer restrição quanto à admissibilidade da prova testemunhal, para comprovação da união estável, com vista à obtenção de benefício previdenciário."

**105.** Inexiste óbice à fixação da renda mensal do auxílio-acidente em patamar inferior ao salário mínimo, uma vez que tal benefício constitui mera indenização por redução de capacidade para o trabalho, não se lhe aplicando, assim, a disposição do art. 201, §2º, da Constituição Federal.

**106.** Quando impossível a realização de perícia técnica no local de trabalho do segurado, admite-se a produção desta prova em empresa similar, a fim de aferir a exposição aos agentes nocivos e comprovar a especialidade do labor.

**107.** O reconhecimento de verbas remuneratórias em reclamatória trabalhista autoriza o segurado a postular a revisão da renda mensal inicial, ainda que o INSS não tenha integrado a lide, devendo retroagir o termo inicial dos efeitos financeiros da revisão à data da concessão do benefício.

**108.** É impenhorável a quantia depositada até quarenta salários mínimos em caderneta de poupança (art. 833, X, NCPC), bem como a mantida em papel moeda, conta-corrente ou aplicada em CDB, RDB ou em fundo de investimentos, desde que seja a única reserva monetária, e ressalvado eventual abuso, má-fé, ou fraude.

**109.** É possível que a constrição executiva recaia sobre os direitos que o executado detém no contrato de alienação fiduciária.

**110.** Na vigência do CPC de 2015, subsiste o entendimento jurisprudencial consolidado de que o cumprimento individual de sentença de ação coletiva pode ser proposto no foro do domicílio do substituído ou no foro do juízo que proferiu a sentença coletiva, hipótese em que não haverá prevenção e os processos individuais serão livremente distribuídos.

**111.** O deferimento do processamento de recuperação judicial não é capaz de suspender, por si só, as execuções fiscais, mas obsta a realização de atos judiciais que reduzam o patrimônio da empresa em recuperação judicial, enquanto mantida essa condição.

**112.** A responsabilização dos sócios fundada na dissolução irregular da pessoa jurídica (art. 135 do CTN) prescinde de decretação da desconsideração de personalidade jurídica da empresa e, por conseguinte, inaplicável o incidente processual previsto nos arts. 133 a 137 do CPC/15.

**113.** A certidão do oficial de justiça atestando que a empresa não foi encontrada no endereço fornecido como domicílio fiscal constitui indício suficiente de dissolução irregular, apto a ensejar o redirecionamento da execução contra o sócio-gerente.

**114.** É indevida a exclusão do contribuinte do Programa de Recuperação Fiscal (Refis) instituído pela Lei nº 9.964/2000, sob o fundamento de que as parcelas, calculadas nos moldes da referida norma, são em montante insuficiente à amortização do débito consolidado.

**115.** Ação em que a parte autora objetiva a mera declaração de um direito, cujo reconhecimento acarretaria modificação de atos administrativos apenas de maneira reflexa, torna inaplicável a regra prevista no artigo 3º, § 1º, inciso III, da Lei nº. 10.259/2001, prevalecendo a competência absoluta pelo valor da causa, do JEF.

**116.** O militar transferido para a reserva sem ter usufruído a licença-prêmio, nem dela se valido para fins de aposentadoria, tem direito à conversão em pecúnia, sob pena de enriquecimento sem causa por parte da administração.

**117.** A lei aplicável para a análise do direito à reversão de pensão especial de ex-combatente é aquela vigente na data do óbito do militar.

SÚMULAS

**118.** Os requisitos específicos previstos no art. 30 da Lei 4.242/1963 devem ser preenchidos não apenas pelo ex-combatente, mas também por seus dependentes que venham a requerer a reversão.

**119.** Na ação civil pública por ato de improbidade administrativa, o mero indício da prática de atos ímprobos legitima o recebimento da petição inicial.

**120.** O auxílio-transporte é devido a todos os servidores que façam uso de algum meio de transporte, seja público ou privado, para se deslocarem entre sua residência e o local de trabalho, conforme orientação já sedimentada pelo Superior Tribunal de Justiça, a partir de interpretação do art. 1º da MP n.º 2.165-36/2001.

**121.** É competente a Justiça Federal nos feitos em que se discute cobertura securitária, no âmbito do Sistema Financeiro da Habitação (SFH), quando se tratar de apólice pública (ramo 66), vinculada ao FCVS, considerando o advento da Lei 13.000/2014, que assegurou a intervenção da CEF como representante judicial do FCVS.

**122.** Encerrada a jurisdição criminal de segundo grau, deve ter início a execução da pena imposta ao réu, independentemente da eventual interposição de recurso especial ou extraordinário.

- DE (Judicial) de 14/12/2016
- Cancelada DE (Judicial) de 14/04/2020

**123.** A caracterização do delito de descaminho prescinde da constituição do crédito tributário.

**124.** O habeas corpus não pode ser utilizado como substitutivo de recurso próprio, salvo em casos de flagrante ilegalidade.

**125.** Compete à Justiça Federal a execução das sentenças penais condenatórias por ela proferidas, salvo quando o cumprimento se der em estabelecimento estadual.

**126.** Não configura bis in idem a aplicação, ao tráfico transnacional de drogas, da causa de aumento relativa à transnacionalidade, prevista no artigo 40, inciso I, da Lei nº 11.343/06.

**127.** A conduta de utilizar ou instalar rádio transceptor em veículo automotor se enquadra no art. 70, da Lei 4.117/62, não se qualificando como desenvolvimento de atividade de telecomunicação, art. 183, da Lei 9.472/97.

**128.** É válida a instauração de procedimento investigatório com base em denúncia anônima, quando amparada por outro indício.

**129.** É lícita a sucessiva renovação da interceptação telefônica, enquanto persistir sua necessidade para a investigação.

**130.** A agravante baseada numa única reincidência e a atenuante da confissão espontânea, quando coexistirem, compensam-se integralmente.

**131.** Para que o juiz possa fixar o valor mínimo para a reparação dos danos causados pela infração, é necessário que a denúncia contenha pedido expresso nesse sentido ou que controvérsia dessa natureza tenha sido submetida ao contraditório da instrução criminal.

**132.** Na hipótese em que a condenação puder ser substituída por somente uma pena restritiva de direitos, a escolha entre as espécies previstas em lei deve recair, preferencialmente, sobre a de prestação de serviços à comunidade, porque melhor cumpre a finalidade de reeducação e ressocialização do agente.

**133.** Na execução ou cumprimento individual de sentença proferida em ação coletiva, mesmo na vigência do CPC-2015, são cabíveis honorários advocatícios, ainda que não-embargadas, mantendo-se válido o entendimento expresso da Súmula 345 do Superior Tribunal de Justiça.

**134.** A ausência de impugnação pela Fazenda Pública ao cumprimento de sentença não enseja a redução pela metade dos honorários advocatícios por ela devidos, não sendo aplicável à hipótese a regra do artigo 90, § 4º, combinado com o artigo 827, § 1º, ambos do CPC 2015.

**135.** É da competência do juízo previdenciário o julgamento de pedido de condenação por danos morais quando cumulado com o de concessão de benefício.

**136.** Compete às Varas e Turmas especializadas em matéria tributária o julgamento de ações que tenham por objeto a dedução da base de cálculo das contribuições sociais devidas, da remuneração paga à empregada gestante, prevista na Lei 14.151/21.

## SÚMULAS TRF 5

**01.** Na execução de dívida alimentícia da Fazenda Pública, observa-se o rito do art. 730, CPC, expedindo-se precatório cujo pagamento tem preferência, em classe especial.

**02.** A empresa que teve reconhecido o direito a isenção do imposto de renda, de conformidade com o art. 13 da Lei 4239, de 27.06.63, com a redação dada pelo artigo primeiro do Decreto-Lei 1564, de 29.06.77, antes do advento da Lei 7450, de 23.12.85, tem direito adquirido de ver seu pedido de prorrogação examinado pela SUDENE e obter a ampliação do benefício por até mais cinco anos, se comprovado o atendimento das condições estabelecidas no artigo terceiro do Decreto-Lei 1564, de 29.06.77.

**03.** O pagamento de diferenças de vencimentos decorrentes da incidência da URP, nos meses de abril e maio de 1988, não implica em perda de objeto da ação de conhecimento ou da execução, remanescendo a apuração de correção monetária, juros e ônus de sucumbência.

**04.** É válida a cobrança da contribuição prevista no Decreto-Lei 308/67, com base no limite máximo estabelecido no Decreto-Lei 1.952/82.

**05.** As prestações atrasadas, reconhecidas como devidas pela Administração Pública, devem ser pagas com correção monetária.

**06.** Subsiste, até a vigência e eficácia da Lei Complementar nº 70/91, a cobrança do FINSOCIAL com base no Decreto-Lei nº 1.940/82, sendo inconstitucionais as alterações introduzidas pela Lei 7.887/89, ressalvada a situação das empresas prestadoras de serviço.

**07.** São inconstitucionais as alterações na contribuição para o Programa de Integração Social introduzidas pelos Decretos-Leis 2.445 e 2.449.

**08.** São auto-aplicáveis as regras dos parágrafos 5º e 6º do art. 201 da Constituição Federal, ao estabelecerem o salário mínimo e a gratificação natalina para o benefício previdenciário.

**09.** É imediata a incidência da forma de cálculo prevista no art. 202 da Constituição Federal, mas não se aplica à aposentadoria implantada antes de outubro de 1988.

**10.** A contribuição previdenciária incide sobre a parte da folha de pagamentos da empresa aos seus administradores, sócios-gerentes e autônomos.

**11.** Aplica-se ao reajuste de benefício previdenciário, em setembro de 1991, o percentual de 147,06%.

**12.** É inconstitucional o empréstimo compulsório instituído pelo Decreto-Lei nº 2.288/86. Legitimidade passiva da União para a causa.

**13.** O empréstimo compulsório em favor da Eletrobrás foi recepcionado pela Constituição Federal de 1988.

**14.** É inconstitucional a cobrança da taxa de expediente para emissão de guia de importação (Lei 7.690/88, art. 10).

**15.** É válida a cobrança da Taxa de Fiscalização dos Mercados de Títulos e Valores Mobiliários (Lei 7.940/89), com base em tabela, por faixas de contribuintes.

**16.** O reajuste dos servidores militares estabelecido na Lei 8.237/91 não tem aplicação aos servidores civis.

**17.** É possível a aquisição do domínio útil de bens públicos em regime de aforamento, via usucapião, desde que a ação seja movida contra particular, até então enfiteuta, contra quem operar-se-á a prescrição aquisitiva, sem atingir o domínio direto da União.

**18.** PREVIDENCIÁRIO. TEMPO DE SERVIÇO. MONITOR UNIVERSITÁRIO. CONTAGEM INDEVIDA. O tempo de treinamento do estudante como monitor universitário não é contado para fins previdenciários

**19.** O deslocamento, a serviço, do Juiz do Trabalho substituto, no território da respectiva zona de atuação, previamente delimitado por ato do TRT, não gera direito ao pagamento de diárias. A ajuda de custo só é devida com a mudança de domicílio do magistrado, em caráter definitivo

**20.** Incide imposto de renda sobre os juros pagos pelas cooperativas de crédito aos seus cooperados, mesmo em montante inferior a 12% ao ano.

**21.** Compete às Varas Federais processar e julgar as execuções fiscais propostas pela União, suas autarquias e empresas públicas, salvo aquelas ajuizadas perante a Justiça Estadual, em exercício de competência delegada, até 13 de março de 2015.

**22.** O fator previdenciário incide na aposentadoria de professor (art. 201, § 8º, da CF/88; art. 56, da Lei nº 8.213/91), salvo em relação ao beneficiário que tenha adquirido o direito à jubilação antes da edição da Lei nº 9.876/99.

EDITORA
JusPODIVM
www.editorajuspodivm.com.br

COLOR
system

JUS3046